LE NUOVE LEGGI DEL DIRITTO DELL'ECONOMIA

Collana fondata da Michele Sandulli *e* Vittorio Santoro

Diretta da Ugo Patroni Griffi, Vittorio Santoro *e* Paolo Valensise

17

IL CODICE DELLA CRISI

Commentario

a cura di

Paolo Valensise, Giustino Di Cecco e Domenico Spagnuolo

G. Giappichelli Editore – Torino

VIA PO, 21 - TEL. 011-81.53.111
http://www.giappichelli.it

ISBN/EAN 978-88-7524-527-6
ISBN/EAN 978-88-921-7360-6 (ebook - pdf)

Composizione: Voxel Informatica s.a.s. - Chieri (To)

Stampa: Rotolito S.p.A. - Pioltello (MI)

Indice

Articolo 184

Contratto di affitto di azienda [*1026*]

Antonio Caiafa

Articolo 185

Contratto di locazione di immobili [*1033*]

Roberto Carleo

Articolo 186

Contratto di appalto [*1036*]

Silvio Martuccelli e Carlo Maria Martino

Articolo 187

Contratto di assicurazione [*1043*]

Federico Bonardi

Articolo 188

Contratto di edizione [*1047*]

Valeria Falce e Carmine Sautariello

Articolo 189

Rapporti di lavoro subordinato [*1052*]

Antonio Leonardo Fraioli

Autori

Niccolò Abriani, Professore ordinario nell'Università di Firenze
Francesco Accettella, Professore ordinario nell'Università di Chieti-Pescara "G. D'Annunzio"
Gianfranco Alfano, Ricercatore nell'Università di Napoli "Federico II"
Riccardo Alfonsi, Dottorando di ricerca nell'Università di Roma "La Sapienza"
Attilio Altieri, Docente a contratto nell'Università di Foggia
Carlo Amatucci, Professore ordinario nell'Università di Napoli "Federico II"
Stefano Ambrosini, Professore ordinario nell'Università del Piemonte Orientale
Caterina Luisa Appio, Professore ordinario nell'Università LUM "G. Degennaro"
Marco Arato, Professore associato nell'Università di Genova
Ferruccio Auletta, Professore ordinario nell'Università di Napoli "Federico II"
Amedeo Bassi, Professore ordinario nell'Università di Napoli "Federico II"
Pierdanilo Beltrami, Professore associato nell'Università di Parma
Riccardo Bencini, Docente a contratto nell'Università di Firenze
Domenico Benincasa, Docente a contratto nell'Università di Roma "Luiss Guido Carli"
Alessandro Benocci, Ricercatore nell'Università di Pisa
Antonio Blandini, Professore ordinario nell'Università di Napoli "Federico II"
Domenico Bonaccorsi di Patti, Ricercatore nell'Università di Roma "Tor Vergata"
Alessio Bonafine, Ricercatore nell'Università LUM "G. Degennaro"
Federico Bonardi, Avvocato
Federica Boncristiano, Dottore di ricerca nell'Università di Foggia
Sido Bonfatti, Professore ordinario nell'Università di Modena e Reggio Emilia
Chiara Briguglio, Dottoranda di ricerca nell'Università di Roma "La Sapienza"
Federico Briolini, Professore ordinario nell'Università di Chieti Pescara "G. D'Annunzio"
Antonio Caiafa, Professore nell'Università LUM "G. Degennaro"
Giovanni Capo, Professore ordinario nell'Università di Salerno
Pietro Cappabianca, Dottorando di ricerca nell'Università di Napoli "Federico II"
Maria Cecilia Cardarelli, Professore ordinario nell'Università del Salento
Roberto Carleo, Professore ordinario nell'Università di Napoli "Parthenope"
Francesco Casale, Professore associato nell'Università di Camerino
Daniela Caterino, Professore ordinario nell'Università di Bari "A. Moro"
Paolo Celentano, Magistrato presso la Corte di Appello di Napoli
Paolo Felice Censoni, Professore ordinario nell'Università di Urbino "Carlo Bo"
Davide Cesiano, Dottore di ricerca nell'Università di Napoli "Federico II"
Mario Civetta, Dottore commercialista

Andrea Colnaghi, Avvocato
Francesco D'Alessandro, Professore ordinario nell'Università Cattolica del Sacro Cuore
Giacomo D'Attorre, Professore ordinario nell'Università del Molise
Simone D'Orsi, Assegnista di ricerca nell'Università di Roma "Luiss Guido Carli"
Oreste De Cicco, Professore ordinario nell'Università di Napoli "Federico II"
Davide De Filippis, Docente a contratto nell'Università LUM "G. Degennaro"
Stanislao De Matteis, Magistrato presso la Corte Suprema di Cassazione
Vincenzo De Sensi, Docente a contratto nell'Università di Roma "Luiss Guido Carli"
Salvatore De Vitis, Ricercatore nell'Università del Salento
Alberto Dello Strologo, Professore associato nell'Università di Roma Tre
Vincenzo Di Cataldo Professore ordinario nell'Università di Catania
Giustino Di Cecco, Professore ordinario nell'Università di Roma Tre
Andrea Di Gregorio, Avvocato
Fabio Di Lorenzo, Magistrato presso il T.A.R. Campania
Tommaso Di Marcello, Professore associato nell'Università di Roma Tre
Marco Di Siena, Avvocato
Valeria Falce, Professore ordinario nell'Università Europea di Roma
Giovanni Falcone, Professore associato nell'Università "Pegaso"
Giuseppe Farina, Avvocato
Marco Farina, Docente a contratto presso l'università Europea di Roma
Giuseppe Fauceglia, Professore ordinario nell'Università di Salerno
Riccardo Fava, Docente a contratto nell'Università di Macerata
Pietro Paolo Ferraro, Professore ordinario nell'Università "Pegaso"
Cristiana Fiengo, Professore associato nell'Università di Napoli "Federico II"
Paola Filippi, Magistrato presso la Corte Suprema di Cassazione
Francesco Fimmanò, Professore ordinario nell'Università "Universitas Mercatorum"
Sabino Fortunato, Professore ordinario nell'Università di Roma Tre
Antonio Leonardo Fraioli, Professore associato nell'Università di Roma "Tor Vergata"
Paolo Ghionni Crivelli Visconti, Professore ordinario nell'Università di Napoli "Suor Orsola Benincasa"
Carlo Felice Giampaolino, Professore ordinario nell'Università di Roma "Tor Vergata"
Gianvito Giannelli, Professore ordinario nell'Università di Bari "A. Moro"
Vittorio Giorgi, Professore ordinario nell'Università di Udine
Andrea Guaccero, Professore ordinario nell'Università di Roma Tre
Fabrizio Guerrera, Professore ordinario nell'Università di Messina
Marco Gulotta, Dottore di ricerca nell'Università di Roma "Tor Vergata"
Federica Innocenti, Professore associato nell'Università di Perugia
Antonia Irace, Professore ordinario nell'Università di Siena
Alberto Jorio, Professore ordinario nell'Università di Torino
Dario Latella, Professore associato nell'Università di Messina
Paolo Lazzara, Professore ordinario nell'Università di Roma Tre
Giorgio Lener, Professore ordinario nell'Università di Roma "Tor Vergata"
Carlo Limatola, Professore associato nell'Università di Napoli "Parthenope"
Enrico Locascio Aliberti, Ricercatore nell'Università di Napoli "Federico II"

Carlo Longobardo, Professore ordinario nell'Università di Napoli "Federico II"
Marco Maltoni, Notaio
Giuseppe Marini, Professore ordinario nell'Università di Roma Tre
Anna Chiara Marrollo, Avvocato
Carlo Maria Martino, Avvocato
Francesco Saverio Martorano, Professore associato nell'Università di Napoli "Federico II"
Silvio Martuccelli, Professore ordinario nell'Università di Roma "Luiss Guido Carli"
Gennaro Mastrangelo, Magistrato presso il Ministero della Giustizia
Emanuele Mattei, Professore straordinario nell'Università "Link Campus"
Enrico Mauceri, Dottorando di Ricerca nell'Università di Palermo
Giorgio Meo, Professore ordinario nell'Università di Roma "Luiss Guido Carli"
Nicoletta Michieli, Dottore di ricerca nell'Università di Roma "Tor Vergata"
Maria Laura Micucci, Dottoranda di ricerca nell'Università di Napoli "Suor Orsola Benincasa"
Giampaolo Mora, Dottorando di ricerca nell'Università di Roma "Luiss Guido Carli"
Umberto Morera, Professore ordinario nell'Università di Roma "Tor Vergata"
Angelo Napolitano, Magistrato presso la Corte Suprema di Cassazione
Giovanni Battista Nardecchia, Magistrato presso la Corte Suprema di Cassazione
Alessandro Nigro, Professore ordinario nell'Università di Roma "La Sapienza"
Tommaso Nigro, Dottore commercialista
Nicola Nisio, Ricercatore nell'Università di Bari "A. Moro"
Niccolò Nisivoccia, Avvocato
Stefania Pacchi, Professore ordinario nell'Università di Siena
Davide Palazzo, Assegnista di ricerca nell'Università di Roma "La Sapienza"
Luciano Panzani, Magistrato, Docente a contratto nell'Università della Tuscia
Jacopo Paoloni, Ricercatore nell'Università di Roma Tre
Luigi Papi, Dottore di ricerca nell'Università di Roma Tre
Clemente Pecoraro, Professore ordinario nell'Università di Salerno
Michele Perrino, Professore ordinario nell'Università di Palermo
Valentina Pettirossi, Ricercatore nell'Università di Perugia
Leonardo Pica, Magistrato presso il Tribunale di Napoli
Francesca Picardi, Magistrato presso la Corte Suprema di Cassazione
Nicola Pisani, Professore ordinario nell'Università di Teramo
Gaetano Presti, Professore ordinario nell'Università Cattolica del Sacro Cuore
Massimo Proto, Professore ordinario nell'Università "Link Campus"
Annalisa Radin, Avvocato
Luca Restaino, Notaio
Edgardo Ricciardiello, Professore associato nell'Università di Bologna
Federico Riganti, Ricercatore nell'Università di Torino
Rosaria Romano, Professore ordinario nell'Università di Chieti-Pescara "G. D'Annunzio"
Emma Sabatelli, Professore associato nell'Università di Bari "A. Moro"
Renato Santagata de Castro, Professore ordinario nell'Università di Napoli "Parthenope"
Fabio Santangeli, Professore ordinario nell'Università di Catania
Giuseppe Santoni, Professore ordinario nell'Università di Roma "Tor Vergata"

Vittorio Santoro, Professore ordinario nell'Università di Siena
Daniele U. Santosuosso, Professore ordinario nell'Università di Roma "La Sapienza"
Carmine Sautariello, Avvocato
Antonio Scarpa, Magistrato presso la Corte Suprema di Cassazione
Laura Schiuma, Professore ordinario nell'Università di Perugia
Maurizio Sciuto, Professore ordinario nell'Università di Macerata
Giuliana Scognamiglio, Professore ordinario nell'Università di Roma "La Sapienza"
Ruggero Siciliano, Dottore di ricerca nell'Università di Roma "La Sapienza"
Domenico Spagnuolo, Professore associato nell'Università Roma Tre
Giovanni Strampelli, Professore ordinario nell'Università di Milano "Bocconi"
Fabrizio Tangorra, Notaio
Antonio Tavella, Avvocato
Roberta Tiscini, Professore ordinario nell'Università di Roma "La Sapienza"
Franco Trubiani, Ricercatore nell'Università di Napoli "Parthenope"
Ludovica Vairo, Dottoranda di ricerca nell'Università di Napoli "Federico II"
Paolo Valensise, Professore ordinario nell'Università di Roma Tre
Daniele Vattermoli, Professore ordinario nell'Università di Roma "La Sapienza"

Presentazione

Nel 2002 insieme con il compianto amico e collega Michele Sandulli davamo avvio alla collana "Le Nuove Leggi del Diritto dell'Economia" e, nella presentazione della stessa, scrivevamo: "I volumi della Collana intendono fornire un primo commento snello e al tempo stesso propositivo delle norme, ma anche offrire la documentazione, costituita dalle relazioni accompagnatorie e dai testi novellati, utili proprio nella prima fase di applicazione delle nuove discipline (...) uno strumento di studio e di lavoro, che da una parte possa essere di utilità immediata ai fini dell'interpretazione e dell'applicazione delle norme e dall'altra possa costituire un punto di avvio per ulteriori e più approfondite riflessioni". Sono certo, insieme con i condirettori U. Patroni Griffi e P. Valensise che questi nuovi volumi, curati dagli Allievi di Michele Sandulli, Paolo Valensise, Giustino Di Cecco e Domenico Spagnuolo, rispondano in pieno ai ricordati intenti della Collana, allo stesso tempo e come ricordano i curatori nella loro Prefazione, i volumi vogliono essere un omaggio alla memoria del Prof. Sandulli valoroso e indimenticato Maestro. L'approccio è rimasto quello delle precedenti opere appartenenti alla Collana, fornendo un commento agile e, al contempo, attento agli elementi principali e alle novità essenziali delle nuove disposizioni, prospettando le problematiche e le possibili direttrici di riflessione.

Il volume sul Codice della crisi d'impresa e dell'insolvenza era stato messo in cantiere diversi anni or sono per rispondere al criterio dell'immediatezza del commento che pure anima la Collana. Sembrerebbe, dunque, che l'opera sia "in ritardo", ma è solo apparenza, perché, in ragione dell'accidentato itinerario normativo che ha preceduto la definitiva entrata in vigore del nuovo Codice, il Commentario ha dovuto attendere l'emanazione dei primi correttivi (altri se ne prospettano) e, pertanto, ha richiesto un notevole e più complesso (del consueto) sforzo organizzativo.

Ho motivo, dunque, di rallegrarmi per vedere dato alle stampe il nuovo Commentario e aggiungo, a quelli dei curatori, i miei personali ringraziamenti a tutti gli autori e allo *staff* dell'attenta e infaticabile Casa Editrice Giappichelli. Un ringraziamento particolare rivolgo ai curatori di cui ben conosco e apprezzo la dedizione.

Siena, 29 gennaio 2024 Vittorio Santoro

Prefazione

Il Commentario al Codice della crisi e dell'insolvenza delle imprese riprende il filo delle precedenti opere della Collana delle Nuove Leggi del Diritto dell'Economia, fondato da Michele Sandulli e Vittorio Santoro e volta a fornire un primo qualificato approccio interpretativo e problematico alle principali novità normative che regolano le imprese e, più in generale, il sistema economico.

La realizzazione del Commentario al Codice della crisi è stata particolarmente complessa, innanzitutto in ragione del tortuoso percorso legislativo che ha caratterizzato la sua definitiva entrata in vigore. Come noto, l'*iter* ha preso le mosse dalla legge delega n. 155 del 2017 e, dopo l'emanazione, nel gennaio 2019, del d.lgs. n. 14, ha avuto una lunga battuta d'arresto, soprattutto in conseguenza dell'emergenza Covid, con il ripetuto rinvio dell'entrata in vigore delle nuove norme. Nelle more, sono stati eseguiti alcuni ulteriori importanti interventi normativi, come il d.lgs. n. 147 del 26 ottobre 2020 ed il successivo d.l. n. 118 del 24 agosto 2021, fino alle modifiche ed integrazioni del d.lgs. n. 83 del 17 giugno 2022, che ha anche recepito la direttiva (UE) 2019/2023 dedicata ai quadri di ristrutturazione preventiva e, da ultimo, ai ritocchi del d.lgs. 6 dicembre 2023, n. 224.

La rilevanza dell'Opera può essere apprezzata anche in relazione al coinvolgimento di un significativo numero di Autori, che rappresentano i più autorevoli specialisti della materia, sia Professori universitari, sia Magistrati e Professionisti, chiamati a dare concreta applicazione alle nuove disposizioni. L'ampiezza del gruppo degli Autori copre l'intero territorio nazionale, esprimendo così anche le diverse sensibilità correlate alle eterogenee problematiche del tessuto economico al quale le regole di prevenzione e composizione della crisi sono destinate ad applicarsi. Questa ricchezza di voci consente di fornire un importante ed articolato contributo nel commento delle nuove norme, sia al fine di offrire un più variegato catalogo di opinioni sulle nuove disposizioni e sui problemi che esse propongono, sia per rendere un commento integrale su tutto il nuovo Codice.

I commenti, riferiti a ciascun articolo del Codice, sono stati concepiti secondo un approccio attento in particolare alla trattazione delle principali novità recate dalla nuova normativa rispetto al previgente assetto.

A tutti gli Autori va il nostro più sentito ringraziamento per la preziosa disponibilità e la pazienza che hanno dimostrato, consentendoci di realizzare questa iniziativa che rappresenta l'ulteriore tappa di un percorso scientifico avviato con passione dai nostri Maestri.

Dedichiamo un particolare ringraziamento al Prof. Vittorio Santoro, che continua ad essere per noi riferimento e stimolo nella ricerca.

Un pensiero di commossa gratitudine va al Prof. Michele Sandulli, che troppo presto ci ha lasciato.

Ringraziamo il Dott. Davide De Filippis, che ci ha coadiuvato nelle diverse fasi della lavorazione e, da ultimo, l'Editore Giappichelli e tutti i suoi Collaboratori.

Roma, 29 gennaio 2024

Paolo Valensise
Giustino Di Cecco
Domenico Spagnuolo

Articolo 1

Ambito di applicazione

1. Il presente codice disciplina le situazioni di crisi o insolvenza del debitore, sia esso consumatore o professionista, ovvero imprenditore che eserciti, anche non a fini di lucro, un'attività commerciale, artigiana o agricola, operando quale persona fisica, persona giuridica o altro ente collettivo, gruppo di imprese o società pubblica, con esclusione dello Stato e degli enti pubblici.

2. Sono fatte salve le disposizioni delle leggi speciali in materia di:

a) amministrazione straordinaria delle grandi imprese. Se la crisi o l'insolvenza di dette imprese non sono disciplinate in via esclusiva, restano applicabili anche le procedure ordinarie regolate dal presente codice;

b) liquidazione coatta amministrativa ai sensi dell'articolo 293.

3. Sono fatte salve le disposizioni delle leggi speciali in materia di crisi di impresa delle società pubbliche.

4. Le disposizioni del presente codice in tema di liquidazione coatta amministrativa si applicano nelle regioni a statuto speciale e nelle province autonome di Trento e Bolzano compatibilmente con i rispettivi Statuti e le relative norme di attuazione, anche con riferimento alla legge costituzionale 18 ottobre 2001, n. 3.

Alberto Jorio

In aderenza all'indicazione espressa nell'art. 1, legge delega n. 155 del 2017, il Codice della crisi d'impresa e dell'insolvenza (d.lgs. 12 gennaio 2019, n. 14) esprime, nell'art. 1, il contenuto della nuova disciplina: trattasi di una riforma organica delle procedure concorsuali, intesa a regolare, come riferisce la relazione illustrativa, «*lo stato di crisi o di insolvenza di qualsiasi debitore – ivi compresi consumatori, professionisti ed imprenditori di ogni dimensione e natura, anche agricoli – operante come persona fisica, persona giuridica o altro ente collettivo, gruppo di imprese o società pubblica, con esclusione dei soli enti pubblici così qualificati dalla legge*».

La nuova disciplina traduce pertanto in regole specifiche gli indirizzi della legge delega, i quali sono nati, a loro volta, dalla diffusa percezione della necessità di dar conto, in un nuovo contesto organico, dell'evoluzione normativa subita in un decennio dall'originaria, vasta riforma alla legge del '42 introdotta con i decreti del 2005 e del 2006 (d.l. 14 marzo 2005, n. 35; d.lgs. 9 gennaio 2006, n. 9). Ma le nuove regole non sono solo il portato di una sistemazione organica del materiale normativo prodotto dal legislatore nel decennio trascorso; esse rappresentano, come emergerà anche da questo Commentario, una ulteriore e significativa evoluzione rispetto alla linea di tendenza espressa dai numerosi interventi normativi succedutisi dopo il 2006.

Riferisce la relazione illustrativa che «*la frequenza degli interventi normativi di natura episodica ed emergenziale, intervenendo su disposizioni della legge fallimentare modificate da poco, ha generato rilevanti difficoltà applicative e la formazione di indirizzi giurisprudenziali non consolidati, con un incremento delle controversie pendenti e il rallentamento notevole dei tempi di definizione delle procedure concorsuali. Di qui l'esigenza, largamente avvertita da tutti gli studiosi e dagli operatori del settore, di una riforma organica della materia che riconduca a linearità l'intero sistema normativo*». Ebbene, se questa sola fosse stata l'esigenza avvertita dal legislatore, sarebbe stata sufficiente la redazione di un testo unico, che raggruppasse le modificazioni normative intervenute nel precedente decennio. In realtà si è inteso portare a compimento un indirizzo che già aveva preso piede con i più recenti interventi. Solo così si comprendono, a tacer d'altro, la ulteriore valorizzazione della figura del pubblico ministero, le restrizioni al concordato prenotativo, le maggiori severità introdotte per la fruizione del concordato liquidatorio e del concordato in continuità, l'aggravamento degli oneri del curatore nei confronti del pubblico ministero. Si può riassuntivamente dire che il Codice è espressione del rafforzamento del potere giudiziario sulla gestione delle crisi d'impresa ed è quindi, sostanzialmente, un ritorno al passato, senza che da questa constatazione debba necessariamente derivare un giudizio negativo.

La riforma del 2005 e del 2006 era impostata su un principio di fondo che si può sintetizzare con il termine "autonomia". Essa recepiva principi ormai diffusi in altri ordinamenti e che trovavano origine ed ispirazione nel *Chapter 11* statunitense: libertà di contenuto negli accordi tra debitore e creditori volti ad evitare la liquidazione, superamento della *par condicio creditorum* tra i creditori chirografari attraverso la formazione delle classi di creditori divisi secondo natura giuridica dei crediti e interessi economici omogenei, regole del *cram down* (omologazione giudiziale della proposta e del piano, a fronte di opposizione di minoranze dissenzienti, ove ritenuti più favorevoli rispetto alle alternative possibili), del *best interest of creditors test* (verifica della migliore soluzione per i creditori) e della *absolute priority rule* (rispetto assoluto delle priorità – ai fini del soddisfacimento – tra le categorie di creditori indicate dalle leggi relative all'ordine di privilegi, ora in via di superamento con l'affermarsi nella disciplina UE della *relative priority rule*). Nella cornice di queste regole veniva lasciata al debitore e ai creditori la libertà di trovare il punto di incontro tra esigenze naturalmente confliggenti: quella del debitore di ottenere l'esdebitazione con il minor sacrificio possibile ed anche, ove consentito, la conservazione dell'azienda o di una sua parte; quella dei creditori di limitare il più possibile la perdita derivata dall'insolvenza del debitore. Le rigidità della legge fallimentare del '42 venivano superate con la introduzione di nuovi istituti (gli accordi di ristrutturazione dei debiti, i piani di risanamento) e con una riedizione del concordato preventivo.

Il vento dell'autonomia aveva investito anche il fallimento, con un deciso ridimensionamento dei poteri dell'organo giudiziario, tribunale e giudice delegato (aspetto, questo, assai meno presente nella legislazione americana [1]), e un corrispondente allargamento dei

[1] Cfr. AMATUCCI, *Diritto della "prognosi"*, 35 ss.

poteri del comitato dei creditori, un organo della procedura rivelatosi tuttavia ben presto l'anello debole della riforma.

Erano peraltro emersi in breve tempo i punti critici della riforma, soprattutto nella parte relativa agli accordi diretti ad evitare il fallimento, e ciò fu dovuto non tanto, o non solo, alla difficoltà di una interpretazione univoca delle nuove norme (che purtuttavia si manifestò: si pensi alla contrapposizione tra giudici di merito e giudici di legittimità sui poteri dell'autorità giudiziaria), quanto alla propensione di una parte degli operatori a tradire le finalità di fondo della riforma, con la presentazione di proposte e piani eccessivamente penalizzanti per i creditori e per di più destinati in parte a restare ineseguiti. Ma vi concorse anche l'incapacità dei soggetti preposti a far rispettare le nuove regole con la severità necessaria.

Al mantra dell'autonomia subentrò quindi ben presto una reazione, tradottasi in provvedimenti diretti a tutelare diritti e interessi ritenuti non sufficientemente protetti dai decreti del 2005 e del 2006. Il concordato preventivo, che aveva tra le innovazioni qualificanti l'introduzione del silenzio – assenso e la possibilità del cosiddetto "concordato in bianco", ha visto una restrizione nella formazione del consenso dei creditori mediante la nuova regola del voto (l. n. 132 del 2015) e il concordato prenotativo ha ricevuto un'opportuna migliore disciplina con la previsione delle relazioni mensili e la nomina, anche in questa fase, del commissario giudiziale (d.l. n. 83 del 2012). La tutela delle aspettative dei creditori si è tradotta nella regolamentazione del principio di competitività nelle cessioni del patrimonio del debitore e nella stessa proposta di concordato (d.l. n. 83 del 2012). Il concordato liquidatorio è stato reso possibile solo con la previsione di una percentuale di soddisfacimento minima dei creditori chirografari (l. n. 132 del 2015) e successivamente con la necessità dell'apporto di risorse esterne volte a incrementare la percentuale di soddisfacimento dei creditori.

Gli interventi normativi succedutisi al 2006 hanno quindi interessato soprattutto la parte della disciplina riguardante le soluzioni concordate, nella prospettiva di un riequilibrio tra la tutela degli interessi del debitore (non di rado connessi, con le proposte di concordato in continuità, alla salvaguardia degli organismi produttivi ancora *viables*) e la tutela delle legittime aspettative dei creditori. La disciplina che si era andata così costruendo presentava tuttavia lacune che attendevano una idonea sistemazione. Due sopra tutte: una regolamentazione del fenomeno della crisi del gruppo di imprese e una disciplina della prevenzione.

Sulla prevenzione, e quindi sulla necessità di interventi tempestivi volti ad anticipare la cura della crisi non ancora tradottasi in insolvenza, si era già esercitata con l'indicazione di norme puntuali la commissione ristretta Trevisanato 2, istituita con d.m. 27 febbraio 2004, che aveva redatto un progetto di legge completo, e comprensivo delle misure di prevenzione e di allerta[2], progetto che non venne tuttavia preso in considerazione dal legislatore, essenzialmente a causa di conflitti politici insorti nell'ambito della compagine ministeriale. Né potevano essere ritenute norme adeguate a stimolare l'impresa ad affrontare tempestivamente la crisi le nuove regole sul concordato prenotativo: occorreva un complesso di norme premiali nel caso di accesso tempestivo e sanzionatorie in caso di accesso tardivo.

---

[2] In JORIO, FORTUNATO (a cura di), *La riforma*.

La commissione ministeriale Rordorf, la successiva legge delega n. 155 del 2017 e il d.lgs. 12 gennaio 2019, n. 14 hanno elaborato le nuove norme in sintonia con le sollecitazioni provenienti dall'Unione Europea e dai principi della *Model Law*. La relazione illustrativa del d.lgs. 12 gennaio 2019, n. 14 ricorda espressamente «*la raccomandazione n. 2014/135/UE della Commissione del 12 marzo 2014, che ha posto il duplice obiettivo di garantire alle imprese sane in difficoltà finanziarie l'accesso a un quadro nazionale in materia di insolvenza che permetta di ristrutturarsi in una fase precoce e di dare una seconda opportunità in tutta l'Unione agli imprenditori onesti che falliscono*», nonché la proposta di direttiva del Parlamento europeo e del Consiglio del 22 novembre 2016 (divenuta definitiva il 20 giugno 2019 con il n. 1023 del 2019) «*in tema di quadri di ristrutturazione preventiva, seconda opportunità e misure volte ad aumentare l'efficacia delle procedure di ristrutturazione, insolvenza e liberazione dai debiti che prosegue sulla strada dell'intervento anticipato prima che l'impresa versi in gravi difficoltà e della ristrutturazione precoce per preservare le parti di attività economicamente sostenibili, ma anche la liquidazione dell'attivo se l'impresa non può essere salvata in altro modo*».

La direttiva UE 1023/2019 del 20 giugno 2019[3] ha richiamato tutti i principi formulati dalla Raccomandazione della Commissione UE del 12 marzo 2014 «*su un nuovo approccio al fallimento delle imprese e all'insolvenza*», la quale aveva esposto nei suoi "*considerando*" l'obiettivo primario di «*garantire a imprese sane in difficoltà finanziaria (…) l'accesso a un quadro nazionale in materia di insolvenza che permetta loro di ristrutturarsi in una fase precoce, in modo da evitare l'insolvenza*» (il secondo obiettivo consisteva nel «*dare un'opportunità in tutta l'Unione agli imprenditori onesti che falliscono*»): anticipazione dell'intervento risanatore prima che sopravvenga l'insolvenza; procedure flessibili che limitino l'intervento delle autorità giudiziarie o amministrative; nomina di un professionista nel campo della ristrutturazione, che aiuti nelle trattative sul piano di ristrutturazione; eventuale sospensione temporanea e non superiore ai dodici mesi, su richiesta del debitore e disposta dall'autorità giudiziaria, delle azioni esecutive individuali; priorità delle procedure di risanamento rispetto a quelle di liquidazione giudiziale; prosecuzione dei contratti pendenti; inefficacia delle clausole *ipso facto*, di scioglimento del rapporto in virtù della sola esistenza di trattative per la soluzione della crisi; divisione dei creditori in classi, la cui omogeneità sia verificata dall'autorità giudiziaria; applicazione delle regole della *absolute priority rule* (ma con aperture verso la *relative priority rule*) e del *cram down*: protezione da eventuali azioni revocatorie, nelle successive procedure di insolvenza, delle operazioni e i dei finanziamenti effettuati durante i processi di ristrutturazione e funzionali alla continuazione dell'attività nonché delle operazioni condotte in buona fede e strettamente connesse all'adozione o all'attuazione del piano di ristrutturazione; attenzione alla specializzazione dei giudici addetti alle procedure concorsuali.

Il favore verso iniziative dirette a evitare l'insolvenza (*to avoid insolvency*), e quindi a prevenire una situazione di crisi di gravità tale da comportare la liquidazione giudiziale, è stato espresso chiaramente anche dalle raccomandazioni della Banca Mondiale e di UNCITRAL[4],

---

[3] Sulla quale cfr. NIGRO, *La proposta*, 201 ss.; PANZANI, *La proposta*, 129 ss., STANGHELLINI, *La proposta*, 873 ss.; DE CESARI, *La proposta*, 1109 ss.; MONTELLA, *Ristrutturazione preventiva*, 1116 ss. E v. anche PERRINO, *Crisi di impresa*, 532 ss.

[4] UNCITRAL, *Legislative Guid.* E cfr. MAZZONI, *Procedure concorsuali*, 43 ss.; ID., *The social aspects*, 361 ss.

con un'evidente tendenza a indicare nell'insolvenza il presupposto del fallimento o comunque delle soluzioni giudiziali, e nelle crisi meno gravi la condizione per il buon esito degli accordi stragiudiziali tesi a individuare possibili *work out* dalla crisi, comportanti un ruolo residuale dell'intervento giudiziario

In sintonia con queste sollecitazioni (e dovendo peraltro confrontarsi con le prescrizioni della Direttiva: tema, questo, che avrebbe imposto un'attenta verifica e anche, presumibilmente, qualche modifica alla disciplina nazionale), la legge delega ha indicato le linee alle quali hanno dato attuazione il d.lgs. n. 14 del 2019 e le sue successive modifiche contenute nel d.lgs. 26 ottobre 2020, n. 147; del d.l. 24 agosto 2021, n. 118, convertito nella l. 21 ottobre 2021, n. 147; nel d.l. 30 aprile 2022, convertito nella l. 29 giugno 2022, n. 79; nel d.lgs. 17 giugno 2022, n. 83; nel d.l. 21 giugno 2022, n. 73, convertito nella l. 4 agosto 2022, n. 122.

Il Codice intende regolare lo stato di crisi o di insolvenza di qualsiasi debitore. Esso riguarda pertanto, oltre all'imprenditore commerciale, quand'anche eserciti l'impresa non a fini di lucro, il consumatore, il professionista e – come avverte la relazione – «*gli imprenditori di ogni dimensione e natura, anche agricoli*», siano essi persone fisiche, persone giuridiche, enti collettivi, gruppi di imprese o società pubbliche, con la logica esclusione dello Stato e degli enti pubblici[5]. Le distinzioni sulla disciplina applicabile emergono nell'ambito del testo normativo, a seconda della categoria di debitori cui le singole disposizioni sono destinate, tra le quali un'articolata disciplina del sovraindebitamento.

La riforma non riguarda l'insolvenza delle grandi imprese: una volta di più, come era avvenuto in occasione della riforma del 2005-2006, l'amministrazione straordinaria è stata sottratta ad una revisione nell'ambito di una riedizione organica della materia concorsuale. Revisione che avrebbe presumibilmente riguardato, tra l'altro, l'ambito di applicazione di questa disciplina speciale, con un'elevazione delle dimensioni delle imprese che vi sono soggette e con conseguente diminuzione del suo utilizzo.

Le motivazioni di questa esclusione sono metagiuridiche e in quanto tali si sottraggono ad analisi e commento in questa sede (anche se i risultati delle numerose procedure di a.s. avrebbero dovuto e dovrebbero indurre a riflessione). Il legislatore conferma comunque la regola già nota, e cioè che ove non sia stata disposta una disciplina specifica ed esclusiva debbano essere applicate alle crisi e alle insolvenze delle grandi imprese le procedure ordinarie regolate dal nuovo Codice. Il che vale, a tacer altro, per le procedure concordate di regolazione della crisi o dell'insolvenza, che trovano applicazione anche per le crisi delle grandi imprese.

Sono fatte salve anche le leggi speciali in materia di liquidazione coatta amministrativa, che stabiliscono l'ambito di applicazione di questa particolare disciplina, definendo le imprese che vi sono soggette e le regole applicabili nei casi particolari. Ma al di là dei limiti segnati da questa specificità, valgono le norme di cui al Titolo VII del Codice, che trovano applicazione anche nelle regioni a statuto speciale e nelle province autonome di Trento e Bolzano, compatibilmente con i rispettivi Statuti e le relative norme di attuazione relative alle autonomie previste dalla l. cost. 18 ottobre 2001, n. 3.

---

[5] Per un'apertura all'applicazione della disciplina del sovraindebitamento agli enti pubblici cfr. FIMMANÒ, COPPOLA, *Enti pubblici*.

Vengono infine conservate le disposizioni delle leggi speciali in materia di crisi d'impresa delle società pubbliche. In effetti il testo unico in materia di società a partecipazione pubblica (d.lgs. 19 agosto 2016, n. 175, modificato dal d.lgs. 16 giugno 2017, n. 100) ha introdotto nel nostro ordinamento un disciplina organica delle società a partecipazione pubblica che «*da un lato, prevede l'applicazione anche alle società 'pubbliche' della normativa concorsuale prevista per tutte le altre società, dall'altro, presenta elementi di differenziazione e specialità rispetto alle disposizioni di diritto comune*»[6]. Avverte al riguardo la Relazione che lo statuto speciale delle società pubbliche «*si ricollega a quanto previsto dall'articolo 14 del decreto legislativo n. 175 del 2016, a mente del quale le società a partecipazione pubblica sono soggette alle disposizioni sul fallimento e sul concordato preventivo, nonché, ove ne ricorrano i presupposti, a quelle in materia di amministrazione straordinaria delle grandi imprese in stato di insolvenza. In questo senso, peraltro, è la pacifica giurisprudenza di legittimità, che ha in più occasioni chiarito che tutte le società commerciali a totale o parziale partecipazione pubblica, quale che sia la composizione del loro capitale sociale, le attività in concreto esercitate, ovvero le forme di controllo cui siano in concreto sottoposte, restano assoggettate al fallimento, essendo loro applicabile l'art. 2221 c.c. in forza del rinvio alle norme del codice civile contenuto prima nell'art. 4, comma 13, del decreto legge n. 95 del 2012, conv. con modif. dalla legge n. 135 del 2012 e poi nell'art. 1, comma 3, del decreto legislativo n. 175 del 2016*»[7].

Saranno quindi applicabili a queste società le nuove norme in tema di concordato preventivo, di liquidazione giudiziale e di amministrazione straordinaria, mentre continueranno a valere le specifiche regole in tema di obblighi e poteri degli organi sociali per la fase di prevenzione e gestione della crisi. È d'altronde diffuso il convincimento che le norme del testo unico in materia di emersione anticipata della crisi d'impresa abbiano in un certo qual senso anticipato la disciplina dell'allerta contenuta nella riforma organica[8]. Nel distinguere le società a partecipazione pubblica dalle società a controllo pubblico, il testo unico dispone, per le seconde, la formulazione di specifici programmi di valutazione del rischio aziendale, i quali sono a loro volta il presupposto per l'adozione di opportune e tempestive iniziative dell'organo amministrativo dirette a prevenire la crisi o il suo aggravamento e a predisporre ed attuare piani di risanamento, con la previsione di responsabilità degli organi societari in caso di violazioni di questi doveri. Ma l'esistenza di significative differenze tra i due sistemi di allerta, nelle società "pubbliche" e nelle società private, pone l'interrogativo se debba sussistere autonomia tra i due regimi o se si possa invece pensare ad una integrazione, diretta a rendere applicabili alle società pubbliche anche le disposizioni più severe introdotte dal Codice. La previsione di "salvezza" della disciplina delle società pubbliche, formulata dall'art. 1, porta a ritenere che per queste società continueranno a valere le norme del testo unico, ma che ad esse potranno applicarsi anche quelle del Codice compatibili con la disciplina speciale, e ciò perché, come giustamente osservato,

[6] D'ATTORRE, *I piani*, 139 ss. E cfr. anche GUIZZI, ROSSI, *La crisi*, 271 ss.; GUERRERA, *Crisi e insolvenza*, 371 ss.; FIMMANÒ, *Insolvenza delle società*, 687 ss.

[7] Cfr. Cass., SS.UU., 13 settembre 2018, n. 22406). In senso conforme, più di recente, Cass., 22 febbraio 2019, n. 5346.

[8] VALENSISE, *Il ruolo*, 35 ss.

«tra le due discipline non sussiste incompatibilità, ma possibilità di reciproca integrazione, con conseguente assoggettamento degli organi sociali agli obblighi ed ai vincoli imposti tanto dall'una, quanto dall'altra» [9]. Può quindi parlarsi dell'esistenza da un rapporto di complementarità tra le due discipline [10]. Il che ha portato a sostenere che «in assenza di una disposizione speciale in materia, trov(ino) applicazione per le società pubbliche le norme ordinarie delle procedure di composizione della crisi in senso lato e conseguentemente anche delle procedure di allerta e di composizione assistita della crisi di cui al titolo II del CCI» [11].

---

[9] D'ATTORRE, *I piani*, 142 ss., ove una puntuale disamina dei punti di contatto e di differenziazione tra le due discipline.

[10] CNDCEC, *Relazione sul governo*.

[11] RANALLI, *Le misure*, 82.

Articolo 2
Definizioni

1. Ai fini del presente codice si intende per:

a) "crisi": lo stato del debitore che rende probabile l'insolvenza e che si manifesta con l'inadeguatezza dei flussi di cassa prospettici a far fronte alle obbligazioni nei successivi dodici mesi);

b) «insolvenza»: lo stato del debitore che si manifesta con inadempimenti od altri fatti esteriori, i quali dimostrino che il debitore non è più in grado di soddisfare regolarmente le proprie obbligazioni;

c) «sovraindebitamento»: lo stato di crisi o di insolvenza del consumatore, del professionista, dell'imprenditore minore, dell'imprenditore agricolo, delle start-up innovative di cui al decreto-legge 18 ottobre 2012, n. 179, convertito, con modificazioni, dalla legge 17 dicembre 2012, n. 221, e di ogni altro debitore non assoggettabile alla liquidazione giudiziale ovvero a liquidazione coatta amministrativa o ad altre procedure liquidatorie previste dal codice civile o da leggi speciali per il caso di crisi o insolvenza;

d) «impresa minore»: l'impresa che presenta congiuntamente i seguenti requisiti: 1) un attivo patrimoniale di ammontare complessivo annuo non superiore ad euro trecentomila nei tre esercizi antecedenti la data di deposito della istanza di apertura della liquidazione giudiziale o dall'inizio dell'attività se di durata inferiore; 2) ricavi, in qualunque modo essi risultino, per un ammontare complessivo annuo non superiore ad euro duecentomila nei tre esercizi antecedenti la data di deposito dell'istanza di apertura della liquidazione giudiziale o dall'inizio dell'attività se di durata inferiore; 3) un ammontare di debiti anche non scaduti non superiore ad euro cinquecentomila; i predetti valori possono essere aggiornati ogni tre anni con decreto del Ministro della giustizia adottato a norma dell'articolo 348;

e) «consumatore»: la persona fisica che agisce per scopi estranei all'attività imprenditoriale, commerciale, artigiana o professionale eventualmente svolta, anche se socia di una delle società appartenenti ad uno dei tipi regolati nei capi III, IV e VI del titolo V del libro quinto del codice civile, per i debiti estranei a quelli sociali;

f) «società pubbliche»: le società a controllo pubblico, le società a partecipazione pubblica e le società in house di cui all'articolo 2, lettere m), n), o), del decreto legislativo 19 agosto 2016, n. 175;

g) [Lettera abrogata dal d.lgs. 17 giugno 2022, n. 83];

h) "gruppo di imprese": l'insieme delle società, delle imprese e degli enti, esclusi lo Stato e gli enti territoriali, che, ai sensi degli articoli 2497 e 2545-septies del codice civile, esercitano o sono sottoposti alla direzione e coordinamento di una società, di un ente o di una persona fisica; a tal fine si presume, salvo prova contraria, che l'attività di direzione e coordinamento delle società del gruppo sia esercitata dalla società o ente tenuto al consolidamento dei loro bilanci oppure dalla società o ente che le controlla, direttamente o indirettamente, anche nei casi di controllo congiunto;)

i) «gruppi di imprese di rilevante dimensione»: i gruppi di imprese composti da un'impresa madre e imprese figlie da includere nel bilancio consolidato, che rispettano i limiti numerici di cui all'articolo 3, paragrafi 6 e 7, della direttiva 2013/34/UE del Parlamento europeo e del Consiglio del 26 giugno 2013;

l) «parti correlate»: si intendono quelle indicate come tali nel Regolamento della Consob in materia di operazioni con parti correlate;

m) «centro degli interessi principali del debitore» (COMI): il luogo in cui il debitore gestisce i suoi interessi in modo abituale e riconoscibile dai terzi;

(m-bis) "strumenti di regolazione della crisi e dell'insolvenza": le misure, gli accordi e le procedure volti al risanamento dell'impresa attraverso la modifica della composizione, dello stato o della struttura delle sue attività e passività o del capitale, oppure volti alla liquidazione del patrimonio o delle attività che, a richiesta del debitore, possono essere preceduti dalla composizione negoziata della crisi);

n) «albo dei gestori della crisi e insolvenza delle imprese»: l'albo, istituito presso il Ministero della giustizia e disciplinato dall'articolo 356, dei soggetti che su incarico del giudice svolgono, anche in forma associata o societaria, funzioni di gestione, supervisione o controllo nell'ambito degli strumenti di regolazione della crisi e dell'insolvenza e delle procedure di insolvenza previsti dal presente codice;

o) «professionista indipendente»: il professionista incaricato dal debitore nell'ambito di uno degli strumenti di regolazione della crisi e dell'insolvenza che soddisfi congiuntamente i seguenti requisiti: 1) essere iscritto all'albo dei gestori della crisi e insolvenza delle imprese, nonché nel registro dei revisori legali; 2) essere in possesso dei requisiti previsti dall'articolo 2399 del codice civile; 3) non essere legato all'impresa o ad altre parti interessate all'operazione di regolazione della crisi da rapporti di natura personale o professionale; il professionista ed i soggetti con i quali è eventualmente unito in associazione professionale non devono aver prestato negli ultimi cinque anni attività di lavoro subordinato o autonomo in favore del debitore, né essere stati membri degli organi di amministrazione o controllo dell'impresa, né aver posseduto partecipazioni in essa;

(o-bis) «"esperto": il soggetto terzo e indipendente, iscritto nell'elenco di cui all'articolo 13, comma 3 e nominato dalla commissione di cui al comma 6 del medesimo articolo 13, che facilita le trattative nell'ambito della composizione negoziata);

p) «misure protettive»: le misure temporanee richieste dal debitore per evitare che determinate azioni dei creditori possano pregiudicare, sin dalla fase delle trattative, il buon esito delle iniziative assunte per la regolazione della crisi o dell'insolvenza, anche prima dell'accesso a uno degli strumenti di regolazione della crisi e dell'insolvenza;

q) «misure cautelari»: i provvedimenti cautelari emessi dal giudice competente a tutela del patrimonio o dell'impresa del debitore, che appaiano secondo le circostanze più idonei ad assicurare provvisoriamente il buon esito delle trattative e gli effetti degli strumenti di regolazione della crisi e dell'insolvenza e delle procedure di insolvenza;

r) «classe di creditori»: insieme di creditori che hanno posizione giuridica e interessi economici omogenei;

s) «domicilio digitale»: il domicilio di cui all'articolo 1, comma 1, lettera n-ter) del decreto legislativo 7 marzo 2005, n. 82;

t) OCC: organismi di composizione delle crisi da sovraindebitamento disciplinati dal decreto del Ministro della giustizia del 24 settembre 2014, n. 202 e successive modificazioni, che svolgono i compiti di composizione assistita della crisi da sovraindebitamento previsti dal presente codice;

u) [*Lettera abrogata dal d.lgs. 17 giugno 2022, n. 83*].

Alberto Jorio

Sommario: 1. Le nozioni di insolvenza, di crisi e di sovraindebitamento. – 2. Le ulteriori definizioni.

1. – Il Codice enuncia una serie di parole chiave e di definizioni, con l'obiettivo di meglio delineare gli istituti regolati dalle nuove norme.

Mentre la nozione di insolvenza è rimasta invariata rispetto alle indicazioni dell'art. 5 della legge fallimentare del '42, la nozione di crisi è diversa rispetto a quella che era stata indicata dalla riforma della legge fallimentare degli anni 2005 e 2006, e delimita un campo di applicazione delle procedure concorsuali parzialmente distinto rispetto a quello occupato dalla nozione di insolvenza. L'imprenditore in crisi ma ancora, seppure "faticosamente", solvibile rispetto alle obbligazioni correnti può accedere alla procedura di composizione assistita della crisi, al concordato preventivo e al giudizio di omologazione degli accordi di ristrutturazione, può predisporre piani di risanamento o regolare in via provvisoria gli effetti della crisi attraverso una convenzione di moratoria, ma non è soggetto né alla liquidazione giudiziale né alla procedura di amministrazione straordinaria, in quanto, appunto, non (o non ancora) insolvente. A sua volta l'imprenditore insolvente può accedere al concordato preventivo ed è soggetto alla liquidazione giudiziale e all'amministrazione straordinaria, può predisporre un piano attestato e negoziare un accordo di ristrutturazione, ma non potrebbe accedere (secondo un'interpretazione per il vero minoritaria) alla procedura di composizione negoziata della crisi, e cioè all'istituto di nuovo conio, che costituisce una delle novità più significative della riforma.

Decenni di elaborazione giurisprudenziale e dottrinale hanno consentito di approfondire ogni profilo della nozione di insolvenza, che consiste nell'impotenza strutturale e non transitoria, e quindi definitiva e irreversibile, dell'imprenditore a soddisfare le proprie obbligazioni con gli strumenti normali a sua disposizione, siano essi mezzi propri ovvero mezzi dei quali egli possa disporre facendo ricorso ai consueti strumenti del credito [1]. Nella legge del '42 il carattere di definitività distingueva l'insolvenza dalla temporanea difficoltà ad adempiere, connotato tipico dell'abrogato istituto dell'amministrazione controllata; ma ciò che un tempo rilevava, comportando la dimostrazione e la verifica – per il vero non agevole – della superabilità in un determinato tempo (uno, e poi due anni) della intervenuta incapacità di adempiere, oggi non assume più significato autonomo per l'attivazione di una determinata procedura e rientra tra le innumerevoli sfaccettature dell'insolvenza quale condizione per l'accesso ad una soluzione giudiziale o stragiudiziale, richiedente l'indispensabile consenso dei creditori.

Per continuare ad essere solvibile l'imprenditore deve mantenersi in grado di soddisfare *regolarmente* le proprie obbligazioni. Regolarità degli adempimenti (termine non più

---

[1] SATTA, *Diritto fallimentare*, III ed., 47; FERRARA, BORGIOLI, *Il fallimento*, 139 s.; VASSALLI, *Diritto fallimentare*, I, 81 ss.; CAVALLI, *Il presupposto oggettivo*, in AMBROSINI, CAVALLI, JORIO, *Il fallimento*, 125 ss.; FABIANI, *Diritto fallimentare*, 78 ss.; CAPO, *I presupposti*, 63 ss.

ripreso nella definizione, ma è da ritenersi pur sempre presente) significa, ancor più che rispetto dei termini di scadenza delle obbligazioni, un uso dei normali strumenti di pagamento: il patrimonio deve conservare consistenza e qualità tali da consentire il rispetto di entrambe queste esigenze. E se le entrate dell'impresa non sono sufficienti, l'imprenditore può provvedere in due modi: attingendo dal proprio patrimonio le disponibilità finanziarie necessarie (e non importa se dalle attività investite nell'impresa o se da altre disponibilità personali, e quindi, per le società, mediante adeguati aumenti del capitale), oppure ricorrendo al credito, normalmente quello bancario, che egli ottiene a fronte della valutazione positiva che l'erogatore del credito compia delle sue capacità di restituire alla scadenza pattuita quanto concesso.

L'insolvenza non si identifica necessariamente con una carenza patrimoniale: l'attivo (effettivo) può anche essere superiore al passivo, e tuttavia non liquidabile in tempi sufficientemente rapidi per consentire il rispetto dei termini di adempimento. In tal caso si determina una situazione di illiquidità, la quale, a meno che l'imprenditore riceva credito da chi sia responsabilmente disposto a concedergli fiducia, è sinonimo di insolvenza. Per converso, la carenza patrimoniale, e quindi un'eccedenza del passivo rispetto all'attivo, non determina necessariamente insolvenza: se l'imprenditore merita credito può ricevere dai finanziatori quanto necessario per assolvere regolarmente le proprie obbligazioni. La solvibilità dell'imprenditore, e per contro il suo stato di insolvenza, coinvolge quindi, più che i profili patrimoniale ed economico, il profilo finanziario.

Le cause dell'insolvenza si assumono come irrilevanti ai fini della liquidazione giudiziale. Ma le cause del dissesto possono assumere significato quando si debba scegliere tra una prospettiva liquidatoria ed una diversa soluzione della crisi, e cioè l'accesso ad una procedura di concordato o di accordo con i creditori, od anche ad un piano di risanamento. «Per esempio, la constatazione che l'insolvenza sia stata causata da gravi colpe dei precedenti amministratori della società o, all'opposto, da cause di forza maggiore, non può ovviamente di per sé sola escludere la dichiarazione di fallimento (e ora la liquidazione giudiziale), ma può ben rilevare ai fini di valutare prospetticamente la capacità solutoria del debitore e la sua capienza patrimoniale», naturalmente a fronte di una rappresentazione immediata di un percorso alternativo alla prospettiva liquidatoria e della convincente dimostrazione della sua fattibilità[2].

L'attuale impossibilità di adempiere non esclude che essa sia reversibile, ma a questo fine occorrono l'adesione dei creditori ad una soluzione negoziata, comportante la rimessione, più o meno ampia, dei debiti e l'accettazione di una proposta compatibile con le disponibilità del debitore e destinata a realizzare un risultato ritenuto più favorevole per i creditori o quanto meno non inferiore rispetto alla liquidazione giudiziale.

La riforma del 2005-2006 aveva consentito all'impresa in crisi l'accesso al concordato preventivo e agli accordi di ristrutturazione, e nel comma 3 dell'art. 160 l. fall. si leggeva che «*ai fini di cui al primo comma per stato di crisi si intende anche lo stato d'insolvenza*». Queste indicazioni erano state salutate come significative novità sistematiche[3]: le soluzioni concorsuali si aprivano anche a situazioni di difficoltà economico-finanziarie non ancora tradottesi in insolvenza! Ma concettualmente, e ai fini del profilo strettamente giuridico

[2] SACCHI, DALMARTELLO, SEMEGHINI, *I presupposti*, 241.

[3] TERRANOVA, *Lo stato*, 161 s.

(trascurando quindi le qualificazioni che a questi termini vengono offerte sul piano aziendalistico), vi è sempre stata difficoltà ad indicare le linee di demarcazione tra i due concetti di crisi e di insolvenza. Il dato normativo prevedeva chiaramente, con riferimento al concordato preventivo, che il rapporto potesse essere inteso come di genere a specie, nel senso che l'insolvenza rappresentasse una delle forme, e certamente la più grave, in cui poteva manifestarsi la crisi dell'impresa commerciale, e che quindi, in definitiva, non si dovessero porre soverchi problemi ermeneutici nel distinguere la crisi dall'insolvenza ai fini dell'applicazione della nuova disciplina del concordato preventivo e per gli accordi di ristrutturazione, istituti ritenuti pienamente idonei ad essere utilizzati per la gestione delle criticità anche delle imprese non ancora tecnicamente insolventi Ma la distinzione tornava ad emergere per il fallimento, inapplicabile alle situazioni diverse dall'insolvenza, inducendo così a ritenere che la crisi definisse una situazione sua propria e ben distinta rispetto all'insolvenza, nella quale non fosse ancora presente l'incapacità definitiva di adempiere alle obbligazioni ma la situazione di difficoltà fosse tale da lasciar intravedere in un futuro di breve periodo il sopravvenire di tale incapacità, e quindi dell'insolvenza. Con la conseguenza, appunto, di escludere il fallimento dai rimedi per le situazioni di crisi che non si fossero ancora tradotte in insolvenza, normalmente rilevabile, quest'ultima, dai reiterati inadempimenti o da altri fatti esteriori equipollenti. Salvo ricorrere all'equivoca figura dell'insolvenza prospettica.

L'apertura delle procedure concorsuali, ad eccezione del fallimento, alle situazioni di crisi non ancora degenerate in insolvenza era stata salutata come uno strumento disponibile per anticipare la cura delle situazioni di criticità, senza che, tuttavia, si fossero poi verificati positivi riscontri alla propensione dei debitori semplicemente in crisi e non ancora insolventi a fruire di questa opportunità: come è noto, l'accesso al concordato preventivo è stato sempre utilizzato da debitori da lungo tempo insolventi[4]. La ritrosia degli imprenditori non ancora insolventi ad accedere al concordato preventivo e agli accordi di ristrutturazione era dovuta all'assenza di adeguate misure di prevenzione e di allerta, dirette a sospingere, se non proprio a costringere, gli imprenditori in difficoltà verso l'adozione di percorsi virtuosi.

La definizione di crisi introdotta dal Codice induce a riconsiderare alcuni punti fermi ai quali era pervenuta l'elaborazione giurisprudenziale e dottrinale dei concetti di insolvenza e di crisi.

Non è più possibile parlare oggi, se non in termini generici e "agiuridici", di rapporto tra genere e specie. La crisi ha un suo ambito specifico, che si differenzia da quello dell'insolvenza: le difficoltà nelle quali è venuta a trovarsi l'impresa indicano l'esistenza di una situazione nella quale le obbligazioni vengono ancora adempiute, seppure non regolarmente, ma in un contesto nel quale i flussi di cassa che si prospettano in un futuro prossimo si configurano come inadeguati a consentire di far fronte alle obbligazioni nell'arco temporale di un anno e sono idonei a indicare l'esistenza di un pericolo di insolvenza.

Il legislatore ha scelto di inserire a pieno titolo la disciplina del sovraindebitamento nel nuovo Codice. Il sovraindebitamento riguarda anzitutto il consumatore, che la lett. *e*) indica essere «*la persona fisica che agisce per scopi estranei all'attività imprenditoriale, commer-*

---

[4] FERRO, BASTIA, NONNO (a cura di), *Il concordato preventivo, passim.*

ciale, artigiana o professionale, anche se socia di una delle società appartenenti ad uno dei tipi regolati nei capi III, IV e VI del titolo V del libro quinto del codice civile», e cioè anche se socio illimitatamente responsabile di società in nome collettivo, di società in accomandita semplice e di società in accomandita per azioni (la definizione di consumatore risulta così più ampia rispetto a quella contenuta nella l. n. 3 del 2012 (art. 6, comma 2, lett. *b*), specificando peraltro che deve trattarsi di «*debiti estranei a quelli sociali*». Occorre quindi che il sovraindebitamento del consumatore riguardi debiti diversi da quelli eventualmente facenti capo allo stesso soggetto in ragione della sua corresponsabilità a qualsiasi titolo per i debiti sociali e che la relativa procedura di soddisfacimento di questi debiti non arrechi pregiudizio ai creditori sociali: il socio di una s.n.c., l'accomandatario di una s.a.s. e di una s.a.p.a., l'accomandante che si sia ingerito nell'amministrazione possono accedere alle procedure da sovraindebitamento per la regolazione dei debiti propri, e vengono così superate le incertezze insorte con la l. n. 3 del 2012 sulla applicabilità del piano del consumatore ai soci illimitatamente responsabili, in quanto assoggettabili al fallimento in conseguenza del fallimento sociale. Il limite consiste nel pregiudizio dei diritti dei creditori sociali: il socio non potrà destinare il patrimonio al soddisfacimento dei soli creditori personali, con nocumento dei primi. Il che rende problematica l'apertura di una procedura da sovraindebitamento che non tenga conto dello stato di salute della società commerciale alla quale il consumatore partecipi come socio illimitatamente responsabile o nei cui confronti egli figuri anche solo come fideiussore. Ed ugualmente dicasi per l'ipotesi in cui il soggetto in questione abbia garantito l'adempimento di obbligazioni aventi natura imprenditoriale. Problemi giuridici non lievi sorgono poi allorché la società alla quale egli partecipa venga assoggettata alla procedura di liquidazione giudiziale, procedura, quest'ultima, che deve considerarsi prioritaria e assorbente.

Le procedure da sovraindebitamento riguardano anche il professionista, l'impresa minore, l'imprenditore agricolo, le start-up innovative di cui al d.l. 18 ottobre 2012, n. 179, convertito con modificazioni dalla l. 17 dicembre 2012, n. 221, e qualsiasi altro debitore non assoggettabile alla liquidazione giudiziale, alla liquidazione coatta amministrativa o ad altre procedure liquidatorie previste dal codice civile o da leggi speciali per il caso di crisi o di insolvenza.

La nozione di sovraindebitamento e soprattutto la delimitazione dei soggetti destinatari hanno un'ovvia rilevanza ai fini dell'applicazione della nuova disciplina, concernente le procedure di composizione delle crisi dovute al sovraindebitamento, il piano di ristrutturazione dei debiti del consumatore, il concordato minore, riservato agli imprenditori elencati nell'art. 2 e quindi con esclusione del consumatore, che non è un imprenditore, la procedura di liquidazione controllata dei beni. Le regole che governano questo settore del nuovo Codice sono improntate a semplificazione dei procedimenti relativi alle imprese che invece eccedono i limiti quantitativi di cui all'art. 2, lett. *d*). Trattasi, in sostanza, di una disciplina più semplice e specifica rispetto al procedimento unitario, che resta applicabile solo nei limiti di compatibilità e per quanto non specificatamente previsto nelle disposizioni dettate in materia.

2. – «*La nuova definizione di 'impresa minore' contenuta nella lettera d)* – avverte la Relazione – *è stata elaborata mantenendo ferme le soglie previste dall'art. 1 del regio decreto 26* *marzo 1942, n. 267, per la non assoggettabilità a fallimento (art. 2, comma 1, lett. e), legge delega n. 155/1017), e corrisponde sostanzialmente alla figura dell'imprenditore 'sotto soglia' previsto dalla legge vigente. L'unica reale modifica consiste nell'eliminazione dell'espressione 'ricavi lordi', che, per la sua ambiguità, aveva suscitato qualche dubbio interpretativo. La nuova disposizione parla semplicemente di ricavi, sicché è chiaro il rinvio alla disciplina civilistica e, in particolare, agli articoli 2425 e 2425 bis del codice civile, che disciplinano le modalità di iscrizione di tale voce nel bilancio delle società di capitali*». La Relazione dà per scontato che la definizione di impresa minore valga anche per indicare le imprese non assoggettabili alle altre procedure concorsuali alternative alla liquidazione giudiziale (concordato preventivo, accordo di ristrutturazione dei debiti) ed invece le imprese assoggettabili, in alternativa alla liquidazione giudiziale, al concordato minore *ex* art. 74[5].

Delle società pubbliche, e cioè delle società a controllo pubblico o a partecipazione pubblica, e della loro disciplina speciale si è già detto nel commento all'art. 1, al quale si rinvia.

Rientrano nell'ambito delle società pubbliche le società *in house providing*, le quali hanno le caratteristiche disciplinate dal d.lgs. 19 agosto 2016, n. 175, che regola appunto le società pubbliche e a partecipazione pubblica. Le società *in house* ricevono affidamenti diretti di contratti pubblici dalle amministrazioni che esercitano su di esse il controllo e con esclusione della partecipazione di capitali privati, ad eccezione di quella prescritta da norme di legge e che avvenga in forme che non comportino controllo o potere di veto, né l'esercizio di un'influenza determinante sulla società controllata. Un particolare rilievo assume in queste società il controllo analogo, che viene definito dall'art. 2, comma 1, t.u. come «*la situazione in cui l'amministrazione esercita su una società un controllo analogo a quello esercitato sui propri servizi, esercitando un'influenza determinante sia sugli obiettivi strategici che sulle decisioni significative della società controllata*». L'assetto organizzativo su cui si sostanzia il controllo analogo «*può essere realizzato mediante clausole statutarie in deroga alle disposizioni di cui agli artt. 2380 bis e 2409* novies *c.c. (art. 16, comma 2, lett. a), ovvero mediante l'attribuzione al socio pubblico di particolari diritti ai sensi dell'art. 2468 c.c. (art. 16, comma 2 lett. c)*»[6].

Rientrano nella nuova disciplina del Codice, costituendone anzi una parte rilevante, le regole sulla crisi e sull'insolvenza dei gruppi. Dando esecuzione alla legge delega, il Codice introduce una definizione del gruppo come de «*l'insieme delle società, delle imprese e degli enti, esclusi lo Stato e gli enti territoriali che, ai sensi degli articoli 2497 e 2545 septies del codice civile, esercitano o sono sottoposti alla direzione e coordinamento di una società, di un ente o di una persona fisica*». Il richiamo dell'art. 2497 c.c. va inteso come rinvio a tutti gli articoli del codice civile che fanno da corollario a questa disposizione, sino all'art. 2497-*septies*. Nell'introdurre la presunzione (semplice) che «*l'attività di direzione e coordinamento di società sia esercitata dalla società o ente tenuti al consolidamento dei loro bilanci (riproponendo così il contenuto dell'art. 2497 sexies c.c.) oppure dalla società o ente che le controlla, direttamente o indirettamente, anche nei casi di controllo congiunto*», il Codice sembra

[5] LAMANNA, *Il nuovo codice*, 57.

[6] CIVERRA, *La società*, 323; IBBA, DEMURO, *Le società*; RE, *La crisi*, 650 ss., ove ampi riferimenti; CIAN, *I requisiti qualificatori*, 196 ss., ove ampi riferimenti.

escludere dal sistema presuntivo la persona fisica. Il che pare logico con riferimento alla prima parte della presunzione, relativa al consolidamento del bilancio, ma assai meno con riguardo alla seconda parte della presunzione.

Per la nozione di grandi imprese e di gruppi di imprese di rilevante dimensione il Codice recepisce integralmente le definizioni contenute, rispettivamente, nell'art. 3, § 4, e §§ 6 e 7 della direttiva 2013/34/UE del Parlamento europeo e del Consiglio del 26 giugno 2013. È considerata grande impresa l'impresa che superi almeno due dei seguenti criteri: stato patrimoniale di venti milioni di euro; ricavi netti di vendite e prestazioni per quaranta milioni di euro; numero medio di dipendenti durante l'esercizio di duecentocinquanta. Queste imprese sono escluse dalle procedure di allerta e di composizione negoziata della crisi, disciplinate dagli artt. 12 ss. del Codice e sono soggette alla procedura di amministrazione straordinaria, che è stata a sua volta esclusa dall'ambito di applicazione del Codice[7].

Per «*parti correlate*» si intendono – avverte la lett. *l*) – «*quelle indicate come tali nel Regolamento CONSOB in materia di operazioni con parti correlate*». Il rinvio è da intendersi all'allegato 1 del Regolamento, che stabilisce nella prima parte quando un soggetto possa definirsi parte correlata a una società e nella seconda parte che cosa si intenda per operazione con parte correlata.

Il «*centro degli interessi principali del debitore*» (COMI) è, precisa la lett. *m*), «*il luogo in cui il debitore gestisce i suoi interessi in modo abituale e riconoscibile dai terzi*». Riferisce la Relazione che «*in esecuzione del principio di cui all'art. 2, comma 1, lett. f), legge delega n. 155/2017, è stata recepita alla lettera m) la nozione, di matrice comunitaria, del centro di interessi principali del debitore (noto come COMI, center of main interests), che ai fini della competenza territoriale valorizza il criterio dell'apparenza e della riconoscibilità dai terzi*».

La nozione di COMI è contenuta nell'art. 3, regolamento UE 848/2015 del Parlamento europeo e del Consiglio, in tema di competenza giurisdizionale internazionale, ove si precisa che «*Sono competenti ad aprire la procedura d'insolvenza i giudici dello Stato membro nel cui territorio è situato il centro degli interessi principali del debitore ('procedura principale di insolvenza'). Il centro degli interessi principali è il luogo in cui il debitore esercita la gestione dei suoi interessi in modo abituale e riconoscibile dai terzi*», con la avvertenza che «*Per le società e le persone giuridiche si presume che il centro degli interessi principali sia, fino a prova contraria, il luogo in cui si trova la sede legale. Tale presunzione si applica solo se la sede legale non è stata spostata in un altro Stato membro entro il periodo di tre mesi precedente la domanda di apertura della procedura d'insolvenza*», dovendosi altrimenti procedere alla verifica in concreto.

Il d.lgs. n. 83 del 2022 ha introdotto alla lett. *m-bis*) la nozione di «*strumenti di regolazione della crisi e dell'insolvenza*», intendendosi per tali «*le misure, gli accordi e le procedure volti al risanamento dell'impresa attraverso la modifica della composizione, dello stato o della struttura delle sue attività e passività o del capitale, oppure volti alla liquidazione del patrimonio o delle attività che, a richiesta del debitore, possono essere preceduti dalla composizione*

[7] Sulla necessità di un'armonizzazione tra la nozione di grande impresa contenuta nell'art. 2 del Codice e quella dettata dall'art. 2, d.lgs. n. 270 del 1999 v. LAMANNA, *Il nuovo codice*, I, 59, e *ivi*, 64 s., ove puntuali rilievi sulle sfasature che si determinano nella disciplina UE per la delimitazione quantitativa dei gruppi "grandi", "piccoli" e "medi".

negoziata della crisi». Trattasi, in sostanza, di tutti gli istituti previsti dal nuovo Codice e che comportano, nella visione del legislatore, il tentativo di composizione stragiudiziale quale auspicato passaggio iniziale per l'accesso agli strumenti di soluzione della crisi.

L'Albo dei gestori della crisi e insolvenza delle imprese è l'albo istituito presso il Ministero della giustizia, nel quale sono iscritti i soggetti che su incarico del giudice «*svolgono, anche in forma associata o societaria, funzione di gestione, supervisione o controllo nell'ambito delle procedure di regolazione della crisi o dell'insolvenza*» regolate dal Codice. Trattasi, quindi, dell'albo nel quale devono essere iscritti i commissari giudiziali, i liquidatori e i curatori. Gli artt. 356 ss. disciplinano i requisiti e le modalità di iscrizione nell'albo, il funzionamento dell'albo (regolato da un apposito decreto ministeriale), i requisiti per la nomina agli incarichi nelle procedure. All'ultimo momento l'art. 358 ha inserito tra i soggetti che possono essere nominati curatori, commissari giudiziali e liquidatori i consulenti del lavoro. Per l'approfondimento su questi temi si rinvia al commento dei rispettivi articoli del Codice.

Il professionista indipendente è – recita l'art. 2, lett. *o*) – «*il professionista incaricato dal debitore nell'ambito di uno degli strumenti di regolazione della crisi o dell'insolvenza che soddisfi congiuntamente i seguenti requisiti: 1) essere iscritto all'albo dei gestori della crisi e insolvenza delle imprese, nonché nel registro dei revisori legali; 2) essere in possesso dei requisiti previsti dall'art. 2399 del codice civile*».

Il Codice ripropone quindi le ragioni di incompatibilità che sono causa di ineleggibilità e di decadenza dei sindaci, e che a loro volta rinviano alle cause di ineleggibilità e di decadenza degli amministratori: al professionista indipendente si richiede di non essere interdetto, inabilitato o fallito (ed ora assoggettato alla procedura di liquidazione giudiziale), di non essere stato condannato ad una pena comportante l'interdizione, anche temporanea, dai pubblici uffici, o essere stato dichiarato incapace ad esercitare uffici direttivi (art. 2382 c.c.). Egli deve inoltre essere in possesso dei requisiti indicati dall'art. 2399 c.c.: non essere coniuge, parente o affine entro il quarto grado degli amministratori della società, né di quelli delle società da questa controllate, della società che la controlla o di quelle sottoposte a comune controllo; non essere legato alla società o alle società da questa controllate o dalle società che la controllano o a quelle sottoposte a comune controllo da un rapporto di lavoro o da un rapporto continuativo di consulenza o di prestazione d'opera retribuita, ovvero da altri rapporti di natura patrimoniale che ne compromettano l'indipendenza. La cancellazione o la sospensione dal registro dei revisori legali e delle società di revisione legale e la perdita dei requisiti previsti dall'ultimo comma dell'art. 2397 c.c. sono causa di decadenza.

Il professionista ed i soggetti con i quali è eventualmente unito in associazione professionale non devono aver prestato negli ultimi cinque anni attività di lavoro subordinato o autonomo a favore del debitore, né essere stati membri degli organi di amministrazione o controllo dell'impresa né aver posseduto partecipazioni in essa.

Si tratta, nella sostanza, della rielaborazione della figura dell'attestatore prevista dall'art. 67, lett. *d*), l. fall., ove, peraltro, il legislatore era stato più incisivo, assumendo espressamente che il professionista non dovesse essere legato all'impresa e a coloro che avessero interesse al risanamento da rapporti di natura personale o professionale tali da comprometterne l'indipendenza di giudizio. L'aver omesso nell'art. 2 del Codice quest'ultima precisazione è stata giustamente ritenuto una dimenticanza inopportuna [8].

Il d.lgs. n. 83 del 2022 ha introdotto alla lett. *o-bis)* la nozione di esperto, che è un soggetto terzo indipendente, nominato nell'ambito del tentativo di composizione negoziata della crisi e preposto a facilitare le trattative nell'ambito di questo tentativo: la sua funzione è importante, in quanto diretta, appunto, a indicare punti di convergenza, ma anche ad attestare se il debitore si sia comportato secondo buona fede e correttezza nelle trattative.

Le misure protettive sono misure temporanee, disposte normalmente dal giudice al fine di evitare che determinate iniziative dei creditori possano pregiudicare, sin dalla fase delle trattative, il buon esito delle iniziative dirette alla regolazione della crisi o dell'insolvenza. Esse possono quindi essere disposte, ai sensi dell'art. 20, anche nella fase iniziale del procedimento per la soluzione concordata della crisi avviato su richiesta del debitore ed ancor prima che la fase iniziale sia avviata.

La nozione di misure protettive, enunciata nell'art. 2, lett. *p)*, con riferimento a quelle disposte dal giudice, si riferisce ad una categoria aperta, non tipizzata, e quindi senza un contenuto predefinito: «compete alla prudente valutazione del giudice individuarle tenuto conto, da un lato, delle indicazioni fornite dalla parte interessata e, dall'altro, del tipo di procedimento in corso, degli obiettivi di tutela che si intendono perseguire, della struttura giuridica o aziendale, dell'andamento e sviluppo delle trattative» [9]. Ma il maggior rilievo è ovviamente riservato alle misure tipizzate, consistenti nel divieto, sotto pena di nullità, di iniziare o proseguire azioni esecutive o cautelari sul patrimonio del debitore che ha chiesto o già ottenuto l'accesso ad un procedimento di composizione negoziata, stragiudiziale o giudiziale, della crisi o dell'insolvenza. Il procedimento per ottenere la misura protettiva è regolato dagli artt. 54 e 55, al cui commento si rinvia, merita peraltro sin d'ora ricordare che di regola le misure protettive non conseguono automaticamente alla richiesta di accesso alla procedura, ma necessitano di un provvedimento del giudice. In questo risiede la differenza rispetto alla disciplina abrogata, in sintonia con la direttiva europea: mentre l'art. 168 l. fall. prevedeva *l'automatic stay* dalla data della pubblicazione nel registro delle imprese del ricorso per l'accesso al concordato preventivo, costituendo in sostanza una conseguenza automatica dell'apertura della procedura (apertura coincidente con il deposito della domanda), le nuove norme dispongono che la misura protettiva sia concessa dal giudice a seguito dell'esecuzione degli atti istruttori ritenuti necessari. Solo se il debitore ne ha fatto espressa richiesta nella domanda di accesso a una delle procedure di regolazione della crisi o dell'insolvenza il divieto per i creditori anteriori opera immediatamente dalla data di pubblicazione della domanda nel registro delle imprese, per poi esser rivalutato dal giudice in un secondo, ma ravvicinato, momento (art. 54, comma 2, e art. 55, comma 3).

La nozione di misure cautelari è ben delineata nella definizione offerta dal Codice: trattasi dei provvedimenti che, in linea generale e senza necessità di tipizzazione, sono emessi dal giudice competente a tutela dell'integrità del patrimonio e dell'impresa del debitore, volti ad assicurare provvisoriamente gli effetti delle procedure di regolazione della crisi o dell'insolvenza. Le misure cautelari dipendono quindi sempre da un provvedimento

---

[8] LAMANNA, *Il nuovo codice*, 74 s.

[9] LAMANNA, *Il nuovo codice*, 76.

del giudice. Normalmente esse sono dirette a tutelare le ragioni dei creditori, tendendo ad evitare dispersioni patrimoniali, in linea con quanto già previsto dall'art. 15, comma 8, legge fallimentare, ma hanno uno spettro di applicazione più ampio, dovuto sia alla loro radicale atipicità, essendo rimessa al tribunale ogni valutazione circa le migliori modalità della loro attuazione, sia alla circostanza che esse possono essere disposte non soltanto nella fase che precede la liquidazione giudiziale ma anche durante le procedure di concordato preventivo e dell'accordo di ristrutturazione [10]. «Tra le misure atipiche possono rientrare: il sequestro della contabilità in caso di rischio di dispersione; il divieto di pagamenti di taluni creditori per non alterare la par condicio, la sospensione delle vendite esecutive disposte in attesa della apertura della procedura o delle azioni recuperatorie dei beni che, seppure di proprietà di terzi, sono stati destinati all'esercizio dell'impresa; in genere ogni provvedimento che determini la cristallizzazione del patrimonio del patrimonio del debitore» [11].

La nozione di "classe di creditori" rievoca esattamente quella già contenuta nell'art. 160 della legge fallimentare. Si ripropongono quindi nel Codice i medesimi criteri di individuazione che erano stati elaborati nel vigore della legge fallimentare

Il domicilio digitale è un «*indirizzo elettronico eletto presso un servizio di posta elettronica certificata o un servizio elettronico di recapito certificato qualificato, come definito dal regolamento (UE) 23 luglio 2014 n. 910 del Parlamento europeo e del Consiglio in materia di identificazione elettronica e servizi fiduciari per le transazioni elettroniche nel mercato interno e che abroga la direttiva 1999/93/CE, di seguito 'Regolamento eIDAS',valido ai fini delle comunicazioni elettroniche aventi valore legale*» (così il d.lgs. 7 marzo 2005, n. 82, aggiornato al d.lgs. 13 dicembre 2017, n. 217).

Gli Organismi di composizione della crisi da sovraindebitamento – OCC sono gli organismi – ricorda la Relazione – «*già destinati a svolgere i compiti di assistenza dei soggetti sovraindebitati, ora anche nella fase successiva alla ricezione della segnalazione di allerta per gli imprenditori agricoli e per le imprese minori*». Essi sono disciplinati dal decreto del Ministero della giustizia del 24 settembre 2014, n. 202 e successive modificazioni, che ha istituito il registro degli OCC e regolato le modalità di iscrizione nel medesimo registro «*degli organismi costituiti da parte di enti pubblici, deputati alla gestione della crisi da sovraindebitamento a norma dell'articolo 15 della legge 27 gennaio 2012, n. 3*» (così l'art. 1).

[10] SANZO, *Il nuovo codice*, 15.

[11] LAMANNA, *Il nuovo codice*, 78.

Articolo 3

Adeguatezza delle misure e degli assetti in funzione della rilevazione tempestiva della crisi d'impresa

1. L'imprenditore individuale deve adottare misure idonee a rilevare tempestivamente lo stato di crisi e assumere senza indugio le iniziative necessarie a farvi fronte.

2. L'imprenditore collettivo deve istituire un assetto organizzativo, amministrativo e contabile adeguato ai sensi dell'articolo 2086 del codice civile, ai fini della tempestiva rilevazione dello stato di crisi e dell'assunzione di idonee iniziative.

3. Al fine di prevedere tempestivamente l'emersione della crisi d'impresa, le misure di cui al comma 1 e gli assetti di cui al comma 2 devono consentire di:

a) rilevare eventuali squilibri di carattere patrimoniale o economico-finanziario, rapportati alle specifiche caratteristiche dell'impresa e dell'attività imprenditoriale svolta dal debitore;

b) verificare la sostenibilità dei debiti e le prospettive di continuità aziendale almeno per i dodici mesi successivi e rilevare i segnali di cui al comma 4;

c) ricavare le informazioni necessarie a utilizzare la lista di controllo particolareggiata e a effettuare il test pratico per la verifica della ragionevole perseguibilità del risanamento di cui all'articolo 13, al comma 2.

4. Costituiscono segnali per la previsione di cui al comma 3:

a) l'esistenza di debiti per retribuzioni scaduti da almeno trenta giorni pari a oltre la metà dell'ammontare complessivo mensile delle retribuzioni;

b) l'esistenza di debiti verso fornitori scaduti da almeno novanta giorni di ammontare superiore a quello dei debiti non scaduti;

c) l'esistenza di esposizioni nei confronti delle banche e degli altri intermediari finanziari che siano scadute da più di sessanta giorni o che abbiano superato da almeno sessanta giorni il limite degli affidamenti ottenuti in qualunque forma purché rappresentino complessivamente almeno il cinque per cento del totale delle esposizioni;

d) l'esistenza di una o più delle esposizioni debitorie previste dall'articolo 25-novies, comma 1.

Gaetano Presti

Sommario: 1. Genesi della norma e collegamento con l'art. 2086 c.c. – 2. La differente disciplina per imprese individuali e collettive. – 3. Misure idonee e assetto organizzativo adeguato. – 4. Le finalità delle misure e degli assetti.

1. – L'articolo in esame è il frutto di un parto alquanto complesso scandito in quattro fasi: *a*) la legge delega; *b*) la bozza 22 dicembre 2017 dei decreti delegati; *c*) il Codice emanato con il d.lgs. n. 14 del 2019; *d*) le modifiche al Codice, apportate subito prima della sua entrata in vigore, con il d.lgs. n. 83 del 2022.

La legge delega (l. n. 155 del 2017), nell'art. 14, comma 1, conferiva al Governo il potere di procedere «*alle modifiche delle seguenti disposizioni del codice civile rese necessarie per la definizione della disciplina organica di attuazione dei principi e criteri direttivi di cui alla presente legge, in particolare prevedendo: ... b) il dovere dell'imprenditore e degli organi sociali di istituire assetti organizzativi adeguati per la rilevazione tempestiva della crisi e della perdita della continuità aziendale, nonché di attivarsi per l'adozione tempestiva di uno degli strumenti previsti dall'ordinamento per il superamento della crisi e il recupero della continuità aziendale*».

In sede di prima scrittura delle norme delegate (bozza del 22 dicembre 2017) tale indicazione trovava sbocco, per un verso, nell'art. 4 dello schema di Codice ove ai commi 2 e 3 [1] si trovavano le stesse frasi che poi si sarebbero lette nella versione originaria del Codice; per altro verso, negli artt. 1 e 3 della proposta di decreto legislativo recante modifiche al codice civile. Nell'art. 1 di questa bozza di secondo decreto delegato, si modificava la rubrica dell'art. 2086 (da "Direzione e gerarchia nell'impresa" a "Gestione dell'impresa") e si introduceva un nuovo comma 2 di tale articolo così formulato: «*l'imprenditore, che operi in forma individuale, societaria o in qualunque altra veste, ha il dovere di istituire un assetto organizzativo, amministrativo e contabile adeguato alla natura e alle dimensioni dell'impresa, anche in funzione della rilevazione tempestiva della crisi d'impresa e della perdita della continuità aziendale, nonché di attivarsi senza indugio per l'adozione e l'attuazione di uno degli strumenti previsti dall'ordinamento per il superamento della crisi e il recupero della continuità aziendale*». Nell'art. 3, invece, si modificavano gli artt. 2257, 2380-*bis*, 2409-*novies*, 2475 c.c. per stabilire che, in qualsiasi tipo di società (ivi incluse, per via dei rimandi, le cooperative), la gestione dell'impresa si svolge nel rispetto dell'art. 2086, comma 2 c.c. e spetta esclusivamente agli amministratori, i quali compiono le operazioni necessarie per l'attuazione dell'oggetto sociale: nella relazione accompagnatoria tali modifiche venivano qualificate come "conseguenti richiami" all'art. 2086, comma 2, c.c. L'art. 3 infine si chiudeva con l'aggiunta di un nuovo comma 6 all'art. 2475 c.c. in base al quale «*si applica, in quanto compatibile, l'art. 2381*».

Le citate modifiche al codice civile sono poi transitate all'interno della versione originaria del Codice agli artt. 375 e 377 con un'unica, ma rilevante, differenza testuale rispetto alla bozza: nel nuovo testo dell'art. 2086, comma 2, c.c. l'inciso iniziale è passato da «*che operi in forma individuale, societaria o in qualunque altra veste*» a «*che operi in forma societaria o collettiva*». In tal modo si risolse la differenza che si poteva cogliere *ictu oculi* dal confronto tra le bozze originarie del Codice e dell'altro decreto: l'uno con disposizioni diversificate per imprese individuali e collettive, l'altro con la medesima disciplina. La scelta, peraltro, andò in favore della formulazione differenziata nonostante nella legge delega fosse utilizzata quella unitaria [2].

---

[1] Il comma 1, poi eliminato, disponeva che «*il debitore deve assumere le obbligazioni in modo prudente e proporzionale alle proprie capacità patrimoniali*».

[2] Nella legge delega la differenziazione si coglieva unicamente nell'identificazione del soggetto del dovere di istituire assetti organizzativi adeguati; rispettivamente, l'imprenditore individuale e gli organi sociali. Dal

Il d.lgs. 17 giugno 2022, n. 83 (di seguito, considerato che il decreto è attuazione della direttiva 2019/1023, anche il decreto *Insolvency*) è intervenuto in modo sostanziale sull'originaria versione della norma.

In primo luogo, se ne è cambiata la rubrica che da un generico, e forse eccessivamente lato[3], "doveri del debitore" è divenuta "adeguatezza delle misure e degli assetti in funzione della rilevazione tempestiva della crisi d'impresa" per sottolinearne la natura di attuazione della direttiva *Insolvency* ed evidenziarne il fine di ausilio all'imprenditore per cogliere tempestivamente i segnali di difficoltà piuttosto che di dovere per la cui inosservanza può essere tenuto responsabile[4]. In secondo luogo, dal punto di vista formale, si è opportunamente modificato il secondo comma per meglio allinearlo al nuovo comma 2 dell'art. 2086 c.c.: così il verbo "adottare" è stato sostituito da "istituire" e l'espressione "assetto organizzativo" è stata rimpiazzata con quella più articolata di "assetto organizzativo, amministrativo e contabile". Infine, e soprattutto, sono stati aggiunti due nuovi commi: il terzo che indica ciò che tanto le misure del comma 1 quanto gli assetti del comma 2 devono consentire di prevedere tempestivamente e il quarto che elenca i segnali rilevanti per la previsione della crisi dell'impresa. In definitiva, può dirsi che misure e assetti, pur mantenuti distinti nei primi due commi, sono stati unificati dall'assoluta identità dei risultati che devono consentire di ottenere in relazione alla crisi di impresa.

Anche queste ultime modifiche, intervenute meno di un mese prima dell'entrata in vigore del Codice, sono state tribolate nella loro gestazione. Il confronto tra lo schema di d. lgs. approvato in prima lettura dal Governo e inviato in Parlamento per i pareri delle Commissioni competenti e il provvedimento varato in seconda lettura dal Governo e che rappresenta il decreto *Insolvency* dimostra, infatti, che vi sono state una serie di piccole modificazioni per sottolineare, come si legge nella Relazione Illustrativa, «*che si tratta di disposizioni che si rivolgono all'imprenditore fornendogli le indicazioni utili per attivarsi ai primissimi segnali di difficoltà e non necessariamente segnali di allarme, significativi di una situazione già compromessa*»[5].

2. – Rinviando al seguito il commento degli articoli che hanno modificato il codice civile (e che, a differenza di quello ora in esame, sono entrati in vigore già nel marzo 2019), viene qui analizzato l'art. 3 che, diversamente dalle norme che hanno novellato il codice civile, non era stato oggetto di soverchia attenzione da parte dei primi commentatori, nonostante la sua stretta parentela con quelle.

La stessa collocazione della norma, subito dopo l'enucleazione dell'ambito applicativo del Codice e le definizioni, ne indicava tuttavia l'importanza "retorica"[6] rammentando

---

che poteva desumersi che l'obbligo era intestato all'imprenditore individuale non in quanto titolare ma in quanto gestore dell'impresa; sul punto, cfr. anche il commento all'art. 375, § 1.

[3] In effetti, dopo la soppressione dell'originario comma 1 (v. *supra*, nota 1), la norma non si rivolgeva a qualunque debitore, ma solo agli imprenditori.

[4] V. espressamente in questo senso la Relazione illustrativa.

[5] Altre micro modifiche derivano, invece, dal parziale adeguamento alle osservazioni formulate nel Parere del Consiglio di Stato datato 13 maggio 2022.

[6] BENAZZO, *Il Codice*, 283 parla di "pilastro portante" del Codice.

all'interprete, e soprattutto agli operatori, che la disciplina della crisi ... comincia prima della crisi.

Mentre infatti già l'art. 4, anche quando regola il comportamento del debitore, presuppone l'esistenza attuale della crisi, l'art. 3 aveva, e tuttora ha, il suo spazio applicativo in un momento anteriore collocandosi, per usare un'abusata metafora sanitaria, nell'ambito della medicina preventiva al fine, come si esprimeva la Relazione accompagnatoria alla versione originaria del Codice, di responsabilizzare il debitore.

Si è così espressamente sancito il dovere per qualsiasi imprenditore, indipendentemente dalla natura e dalle dimensioni dell'attività esercitata, di attrezzarsi per cogliere tempestivamente i segnali di crisi e assumere senza indugio le iniziative necessarie per farvi fronte. Letteralmente, infatti, entrambi i commi riguardano anche l'imprenditore agricolo e, usando il lessico del Codice, l'impresa minore (art. 2, comma 1, lett. *d*), ma non il soggetto non imprenditore.

Oggi, dopo il decreto *Insolvency*, benché – come si è visto – si sia voluta ridurre l'enfasi sul dovere del debitore (dovere che, peraltro, resta), il rilievo dell'art. 3 è ancora maggiore per il venir meno degli strumenti di allerta, come originariamente previsti.

Nella versione originaria del Codice anteriore al decreto *Insolvency*, in effetti, era possibile cogliere il nesso tra i doveri dell'art. 3 e gli strumenti di allerta della crisi, reso ancor più chiaro dall'art. 12, comma 1, che assegnava agli obblighi di segnalazione di cui agli artt. 14 e 15 lo stesso fine degli «*obblighi organizzativi posti a carico dell'imprenditore dal codice civile*»: vale a dire la «*tempestiva rilevazione degli indizi di crisi dell'impresa e la sollecita adozione delle misure più idonee alla sua composizione*». Ne derivava che gli strumenti di allerta si ponevano, anche cronologicamente, come presidi di secondo livello rispetto agli adeguati assetti organizzativi [7] di cui presupponevano il mancato funzionamento nel caso concreto [8].

Caduto sostanzialmente tale secondo pilastro [9], viene oggettivamente valorizzata la rilevanza del primo. Resta, tuttavia, anzi viene acuita, la scarsa comprensibilità del perché il legislatore abbia diversificato tra "misure" per l'imprenditore individuale e "assetti" per quello collettivo quando le une e gli altri sono finalizzati agli stessi scopi precisati unitariamente e senza differenziazioni nei nuovi commi 3 e 4 dell'articolo in esame.

L'esame dei primi due commi di cui si compone l'articolo mostra immediatamente una loro diversità strutturale: il primo comma, infatti, è autosufficiente e impone all'im-

[7] Così anche FICO, *Assetti organizzativi*. Nello stesso senso v. SPIOTTA, *Brevi riflessioni*; BENAZZO, *Il Codice*, 294 che, peraltro, a p. 298 (come VELLA, *L'allerta*, 4), sembrava qualificare gli adeguati assetti amministrativi come strumento di allerta.

[8] Non si comprendeva, tuttavia, perché, nonostante gli strumenti di allerta si applicassero (o meglio, ne fosse prevista l'applicazione) anche alle imprese individuali (benché se agricole o minori, e a prescindere dalla struttura individuale o collettiva, "compatibilmente con la loro struttura organizzativa": art. 12, comma 7), l'art. 12 rinviasse solo agli obblighi organizzativi previsti dal codice civile (e, quindi, per via del richiamo, al solo comma 2 dell'art. 3) e non anche alle cc.dd. "misure idonee" di cui all'art. 3, comma 1.

[9] Per la precisione, sia la c.d. allerta interna sia la c.d. allerta esterna sono sopravvissute nella versione finale del Codice (cfr. gli artt. 25-*octies* e 25-*novies*), ma ne è stata sensibilmente ridotta la portata. Basti qui ricordare che le segnalazioni, oggi, sono indirizzate solo alla società e non anche agli Organismi di composizione della crisi di impresa (OCRI), scomparsi nella disciplina; e che l'obbligo di segnalazione non è più assistito da misure premiali per il suo rispetto o sanzionatorie per l'inosservanza. Sul punto, v. SCIUTO, *Quel che resta*.

prenditore individuale di adottare **misure idonee** a rilevare tempestivamente lo stato di crisi e ad assumere senza indugio le iniziative necessarie a farvi fronte. Il secondo comma, invece, sancisce per l'imprenditore collettivo il dovere di istituire un **assetto organizzativo, amministrativo e contabile adeguato** ai sensi del nuovo comma 2 dell'art. 2086 c.c. (che peraltro specifica che l'assetto sia adeguato «*alla natura e alle dimensioni dell'impresa*») e, pertanto, si risolve in un pleonastico omaggio al principio di ridondanza giacché si limita a ribadire ciò che è già prescritto dalla norma richiamata. Una diversità può semmai cogliersi nella circostanza che mentre nell'art. 3, comma 2, l'assetto organizzativo adeguato è prescritto, parrebbe solo, «*ai fini della tempestiva rilevazione dello stato di crisi e dell'assunzione di idonee iniziative*», nell'art. 2086, comma 2, c.c. invece, lo stesso dovere è stabilito «***anche** in funzione della rilevazione tempestiva della crisi dell'impresa e della perdita della continuità aziendale, **nonché** di attivarsi senza indugio per l'adozione e l'attuazione di uno degli strumenti previsti dall'ordinamento per il superamento della crisi e il recupero della continuità aziendale*». Tuttavia, queste differenze terminologiche non vanno sopravvalutate sia perché la norma richiamata è più estesa come finalità (come emerge dall'uso di *anche* e *nonché*) sia perché non sembra sostenibile che l'espressione "idonee iniziative" contenuta nella parte finale dell'art. 3, comma 2, vada ristretta dalla formula utilizzata nella parte finale dell'art. 2086, comma 2, c.c. considerato che in essa si fa riferimento a (tutti) gli strumenti previsti dall'ordinamento per il superamento della crisi e il recupero della continuità aziendale; dunque, e del resto il contrario sarebbe illogico, non solo a quelli previsti dal Codice[10]. Altro discorso, ma verrà affrontato in sede di commento del nuovo art. 2086 c.c., è se la norma del codice civile imponga all'imprenditore collettivo, o meglio ai suoi gestori, un obbligo positivo di attivarsi per tentare di superare la crisi e recuperare la continuità aziendale[11].

Rinviando, quindi, l'esame del comma 2 dell'art. 3 al commento del nuovo art. 2086 c.c., va comunque rilevato che questa disordinata ripetizione di precetti legislativi non agevola il compito dell'interprete.

3. – Per quanto concerne l'imprenditore individuale il suo dovere preventivo nella versione originaria del Codice si connotava più in negativo che in positivo. Come si è visto, infatti, la differenza fondamentale tra i due commi dell'art. 3 riguardava – e tuttora riguarda – l'oggetto dell'obbligo di adozione rispettivamente previsto: nel primo comma misure idonee, nel secondo un assetto adeguato, come meglio (non troppo) precisato dall'art. 2086 c.c. Analoga, invece, benché espressa con modalità espressive non identiche (nel primo comma con la forma verbale, nel secondo con i corrispondenti sostantivi), era

[10] Sostanzialmente nello stesso senso v. Di Cataldo, Rossi, *Nuove regole generali*, 755 s. Diversa valutazione in Riolfo, *Il nuovo codice*, 405, nota 25, che sembra assegnare alle "iniziative" di cui all'art. 3 una latitudine maggiore di quanto previsto nell'art. 2086, comma 2, c.c. Sul punto v. anche Assonime, *Le nuove regole*, 35 e nota 96, che, sulla base di una non persuasiva secca distinzione tra perdita della continuità aziendale e crisi dell'impresa, distingue nell'ambito dell'art. 2086, comma 2, c.c. tra strumenti per il recupero della continuità aziendale (tutti quelli ammessi dall'ordinamento) e quelli per il superamento della crisi (solo quelli previsti dal Codice).

[11] Cfr. Di Cataldo, Rossi, *Nuove regole generali*, 753.

ed è la finalità: rilevare tempestivamente lo stato di crisi e assumere le iniziative necessarie a farvi fronte (o, nel secondo comma, idonee)[12].

Poteva dirsi allora, e forse può continuare a dirsi, che l'imprenditore individuale non ha il dovere di istituire un assetto organizzativo, amministrativo e contabile adeguato, ma quello – minore[13] – di adottare misure idonee. In cosa esattamente consista questa differenza, peraltro, è assai difficile da comprendere, tenuto conto che comunque il dovere di istituire un assetto organizzativo adeguato è parametrato (nell'art. 2086, comma 2, c.c. e quindi nell'art. 3, comma 2) alla natura e alle dimensioni dell'impresa collettiva; è, cioè, proporzionalmente graduato in relazione alla complessità dell'impresa. E che, benché riferito solo alle imprese collettive, il dovere di adeguata organizzazione è collegato all'attività (quindi all'impresa e non alla forma giuridica in cui essa è esercitata), come del resto risulta anche dalla sua collocazione all'interno del capo del codice civile dedicato all'impresa in generale e dal collegamento con l'aggettivo "organizzata" che caratterizza la definizione di imprenditore (art. 2082 c.c.)[14].

La scissione fra misure e assetti poteva forse spiegarsi con l'intento politico del legislatore di chiarire che la struttura individuale o collettiva dell'impresa deve marcare un segno di discontinuità forte nei doveri che sono richiesti, rispettivamente, all'imprenditore e agli amministratori dell'impresa collettiva[15]; con l'intento, probabilmente, di escludere in radice il rischio di un'interpretazione troppo simile per imprese individuali e collettive e, quindi, di sostanziale vanificazione del principio di proporzionalità[16].

Potrebbe sostenersi, allora, che mentre l'impresa collettiva deve essere in sé adeguatamente organizzata (come prevede l'art. 2086 c.c., *non solo* per, ma *anche* per rilevare lo stato di crisi e intervenire al riguardo), per quella individuale è sufficiente che siano previste misure – non necessariamente tradotte nell'istituzione di un complesso di regole, procedure e uffici – finalizzate esclusivamente a cogliere per tempo i segnali di crisi[17]. Discuti-

---

[12] Ancora una volta tuttavia vi sono differenze che, sebbene probabilmente non rilevanti, debbono essere evidenziate. Per un verso, solo nel comma primo le iniziative vanno assunte senza indugio; ma sembra proprio da escludere che l'imprenditore collettivo possa indugiare (e, d'altro canto, il richiamato art. 2086, comma 2, c.c. usa espressamente l'espressione "senza indugio"). Per altro verso, mentre il comma primo menziona «*le iniziative necessarie a farvi [n.d.a.: allo stato di crisi] fronte*», il comma secondo indica genericamente "idonee iniziative" senza specificarne né il carattere necessario né in relazione a cosa debba essere valutata l'idoneità; ma, ancora una volta, non si riesce a immaginare l'idoneità se non in relazione a quanto è necessario per far fronte allo stato di crisi.

[13] Cfr. MONTALENTI, *Gestione dell'impresa*, 483; FAUCEGLIA, *Il nuovo diritto*, 228; FICO, *Assetti organizzativi*. Secondo DI CATALDO, ROSSI, *Nuove regole generali*, 750 la mancata previsione dell'obbligo di un adeguato assetto organizzativo per l'imprenditore individuale «muove da puro buon senso, ed appare ragionevole». Sul punto v. anche, nel senso di ridurre, fin quasi ad annullarle, le differenze tra misure e assetti: SPIOTTA, *Brevi riflessioni*; FORTUNATO, *Codice della crisi*, 958 s.; CERRATO, *L'obbligo*, 1309.

[14] Nello stesso senso v. ABRIANI, ROSSI, *Nuova disciplina*, 395, nota 6.

[15] Anche SPOLIDORO, *Note critiche*, 261 s. reputa che si tratti di scelta politica e che sarebbe bastato il principio di proporzionalità.

[16] Non può celarsi la sensazione che la differente formulazione sia stata frutto della volontà politica di far risaltare una disciplina, almeno apparentemente, più morbida per le imprese individuali (che non coincidono del tutto, ma quasi, con il mitico "popolo delle partite IVA").

[17] Ad esempio, per le imprese individuali si potrebbe pensare, come misura idonea, anche al semplice affidamento in *outsourcing* a un soggetto esterno all'organizzazione dell'impresa del compito di rilevare e verifica-

bile è, in ogni caso, che la graduazione di regime, comunque vada declinata in concreto, dipenda non dal tipo di attività esercitata e/o dalle sue dimensioni sicché sarebbero sufficienti misure idonee per un'impresa individuale anche di ragguardevoli entità mentre sarebbero sempre necessari gli adeguati assetti organizzativi per una società (o anche un'associazione che eserciti un'impresa) benché di dimensioni assai ridotte[18]; criticabile, in sostanza, è il far dipendere la diversità di regime non dal fenomeno reale, ma dalla sua configurazione giuridica[19].

Queste considerazioni vanno oggi soppesate anche sulla base della circostanza che "misure" e "assetti" devono essere entrambi (le "misure" solo, gli "assetti" anche) funzionali ad assicurare i medesimi risultati: quelli indicati dal comma 3 (v. *infra*, § 4)[20].

Sembra allora di poter dire che le "misure" rappresentano un insieme più vasto di cui gli adeguati assetti organizzativi, amministrativi e contabili costituiscono una *species*. In altri termini, anche l'imprenditore individuale potrà essere obbligato a istituire un assetto organizzativo complesso quando la natura o le dimensioni della sua impresa implichino che solo da tale organizzazione possono derivare le informazioni di cui al comma 3[21].

La differenza, allora, consiste nel fatto che mentre l'imprenditore collettivo è sempre tenuto a istituire assetti organizzativi, amministrativi e contabili adeguati (quantunque in proporzione alla natura e alle dimensioni dell'impresa), quello individuale lo è solo quando ciò sia necessario per ottenere i risultati prescritti dai commi 3 e 4 dell'art. 3.

Tale diversità può trovare una giustificazione nella circostanza che mentre per l'imprenditore collettivo le finalità preventive della crisi sono solo uno dei fini cui l'organizzazione è finalizzata (cfr. l'art. 2086, comma 2, c.c.), per quello individuale invece sono le uniche previste dalla legge.

Ulteriore giustificazione può derivare dalla diversa valenza del dovere che, come sempre, e a dispetto della volontà dei redattori dell'ultimo intervento legislativo, si ricava dalla disciplina sanzionatoria, o meglio dalle conseguenze della sua violazione[22].

---

re periodicamente quanto previsto dal comma 3 dell'art. 3. Certamente per loro non è richiesto un intervento «di tipo organico-istituzionale e strutturale» (così BENAZZO, *Il Codice*, 276, nota 4). Sul punto v. anche SPIOTTA, *Brevi riflessioni*; LATELLA, *Nuovi assetti organizzativi*.

[18] Critici sul punto DI CATALDO, ROSSI, *Nuove regole generali*, 750 (con particolare riguardo all'obbligo per tutte le imprese collettive), e specularmente SPOLIDORO, *Note critiche*, 261, che sottolinea come la minor complessità dell'impresa individuale rappresenti solo l'*id quod plerumque accidit* e non un'indefettibile caratteristica. Di parere contrario, e adesivo all'impostazione del Codice, pare BENAZZO, *Il Codice*, 276, nota 4, che ritiene la distinzione legislativa coerente «*con la semplicità propria di un'impresa fondata sulla persona stessa dell'imprenditore*».

[19] La valorizzazione in sé della natura individuale o collettiva evoca l'ormai da tempo abrogata parte finale del comma 2 dell'art. 1 l. fall. secondo cui «*in nessun caso sono considerati piccoli imprenditori* [n.d.a.: e, quindi, non sono assoggettati alle procedure concorsuali] *le società commerciali*».

[20] Tanto da indurre diversi autori a considerare pressoché equivalenti misure e assetti (cfr. FERRI JR., ROSSI, *La gestione*, 94; AMBROSINI, *Assetti adeguati*, 434; CAGNASSO, *Scelte degli amministratori*, 112).

[21] Cfr. FORTUNATO, *Codice della crisi*, 2021, 749. Non credo, invece, che possa sostenersi anche la reciproca, e cioè (come sostengono DI CATALDO, ARCIDIACONO, *Decisioni organizzative*, 75) che l'imprenditore collettivo di ridotte dimensioni possa limitarsi all'adozione di misure idonee; e ciò per la circostanza che l'obbligo di adeguati assetti per l'imprenditore collettivo si fonda non (solo) sull'art. 3, ma (anche e soprattutto) sull'art. 2086 c.c. e ha finalità non ristrette alla sola rilevazione di situazioni di crisi.

[22] Non si può, peraltro, escludere che, in futuro, l'inosservanza del dovere di adottare le misure idonee

Il dovere (degli amministratori) dell'impresa collettiva è, infatti, sanzionato – sia nei confronti dei soci[23] o comunque dei soggetti che fanno parte dell'ente collettivo, sia nei confronti dei terzi – da un obbligo risarcitorio qualora l'inosservanza di tale dovere abbia provocato un danno. Nel caso dell'imprenditore individuale, invece, non vi è spazio concreto per questa sanzione poiché, per un verso, non vi sono per definizione altri contitolari dell'impresa[24] e, per altro verso, egli già risponde con tutto il suo patrimonio per tutte le obbligazioni derivanti dallo svolgimento dell'attività[25].

Se ne potrebbe dedurre, su un livello più comunicativo che prescrittivo, che l'art. 3 vada letto in una prospettiva diversa e che la differenza terminologica tra misure idonee e assetto organizzativo adeguato assuma rilevanza anche, forse addirittura di più, nella visuale dei terzi. La diversità di formulazione potrebbe, infatti, servire a segnalare loro che, a differenza degli assetti organizzativi adeguati (che possono essere effettivamente un presidio di maggior tutela in quanto, in caso di dissesto dell'impresa, possono aggiungere alla responsabilità patrimoniale dell'ente, e dei suoi soci se a responsabilità illimitata, quella risarcitoria dei soggetti chiamati a predisporli e che non hanno adempiuto a tale obbligo), la mancanza di misure idonee nulla aggiunge alla responsabilità comunque esistente di chi non le ha adottate.

Al riguardo, però, occorre tener conto di almeno due osservazioni[26] che assegnano un valore non solo retorico al dovere dell'imprenditore individuale di adottare le misure idonee.

Anzitutto, benché la violazione del dovere di adottare le misure idonee non sia compresa nell'elenco dei comportamenti che escludono di poter fruire dell'esdebitazione (art. 280), va ricordato che, in base all'ultimo comma dell'art. 278, sono esclusi dall'esdebitazione «*i debiti per il risarcimento dei danni da fatto illecito extracontrattuale*» (art. 278, comma 7). Se, quindi, la violazione del dovere di adottare le misure idonee venisse configurato nei confronti dei creditori come illecito extracontrattuale, questi ultimi avrebbero un titolo di responsabilità da (poter continuare a) far valere nei confronti dell'imprenditore (non in quanto titolare dell'impresa, ma in quanto suo gestore in violazione del dovere "organizzativo") anche in caso di esdebitazione[27].

---

possa avere conseguenze ulteriori rispetto a quelle oggi desumibili dai principi generali: p.e. la partecipazione a gare pubbliche oppure, a livello di rapporti fra privati, la valutazione del merito creditizio.

[23] Che in ogni caso hanno il potere di revocare l'amministratore inadempiente. Con la consueta finezza civilistica, che – sia detto per inciso – davvero il Codice non merita, SPOLIDORO, *Note critiche*, 261, adombra la possibilità (per poi scartarla, considerato che l'art. 2086, comma 2, c.c. è «norma che regola oggettivamente la funzione di chi gestisce un'impresa sociale») che l'esenzione dell'imprenditore individuale del dovere di predisporre un adeguato assetto organizzativo possa essere dipesa dal fatto che, se tale obbligo consiste in una prestazione dovuta dal gestore al titolare dell'impresa, allora ciò non sarebbe possibile nell'impresa individuale per via dell'identità tra creditore e debitore della prestazione.

[24] E ciò (a differenza di quanto notato da DI CATALDO, ROSSI, *Nuove regole generali*, 751) marca una differenza con le società di persone ove può ipotizzarsi una responsabilità non solo verso i terzi (che poco aggiunge alla responsabilità personale per le obbligazioni sociali), ma anche verso i soci non amministratori.

[25] ONZA, *Gli adeguati assetti*, 7, spiega la differenza con la constatazione che nell'impresa individuale manca un'organizzazione "altra da sé" rispetto all'imprenditore.

[26] Ulteriori ipotesi potrebbero essere quelle dell'impresa gestita in nome e per conto dell'incapace (ove si ha una distinzione tra chi gestisce l'impresa e colui al quale l'attività viene imputata) e quella dell'impresa sequestrata.

[27] È vero che una tale interpretazione corre il rischio di ridurre assai il significato dell'istituto dell'esdebitazione

In secondo luogo, nel caso in cui all'esercizio dell'impresa, di una sua sede secondaria o di un suo ramo, sia preposto un institore può rinvenirsi un soggetto obbligato a predisporre le misure idonee [28] e che, in caso di inadempimento, può essere chiamato a risponderne in via risarcitoria tanto nei confronti dei terzi (se da questa omissione o negligente adozione sia loro derivato un danno) quanto – qualora la violazione non sia imputabile anche a lui – nei confronti dell'imprenditore che si troverà, in ipotesi, a dover affrontare tardivamente una crisi alla quale in presenza di misure idonee avrebbe potuto far fronte con maggiore tempestività assumendo senza indugio le iniziative necessarie.

4. – Come si è accennato la legge assegna alle misure e agli assetti la stessa funzione. Le une e gli altri devono consentire di *prevedere tempestivamente l'emersione della crisi dell'impresa*. Non solo, quindi, di intercettare la crisi, ma in via anticipata di cogliere il prima possibile quei segnali di discontinuità che, se non tempestivamente affrontati, possono portare a una situazione patologica. In particolare, misure e assetti devono permettere di:

a) rilevare eventuali squilibri di carattere patrimoniale o economico-finanziario in relazione alle specifiche caratteristiche dell'impresa e dell'attività imprenditoriale svolta dal debitore;

b) verificare la sostenibilità dei debiti e le prospettive di continuità aziendale [29] almeno per i dodici mesi successivi e rilevare i segnali di cui al comma 4;

c) ricavare le informazioni necessarie a utilizzare la lista di controllo particolareggiata e a effettuare il test pratico per la verifica della ragionevole perseguibilità del risanamento di cui all'art. 13, comma 2.

Le tre categorie, che hanno il pregio di tradurre in concreto la richiesta legislativa di misure idonee e assetti adeguati [30], vanno esaminate partitamente.

a) Al di là della non facile comprensione di quale differenza vi sia tra "impresa" e "attività imprenditoriale" svolta dal debitore, è chiaro che la disposizione impone di rilevare e valutare ogni squilibrio che interessi una delle tre dimensioni in cui si articola qualsiasi impresa: quella patrimoniale, vale a dire l'esigenza che le passività siano coperte dalle attività; quella economica, vale a dire l'esigenza che la gestione dell'impresa generi un reddito; quella finanziaria, vale a dire che i flussi di cassa attivi siano sufficienti a coprire quelli passivi ovvero, più in generale, che le scadenze delle passività siano allineate a quelle delle attività.

Alla base della norma vi è la corretta percezione che, benché la dimensione dell'insolvenza e della crisi come definite dall'art. 2, lett. *a*) e *b*) siano di natura schiettamente

---

e di non soddisfare appieno l'esigenza di assicurare la possibilità di un *fresh start*. Tuttavia, anche in considerazione del fatto che il Codice estende l'esdebitazione anche alle società, non v'è dubbio che un conto è la responsabilità patrimoniale, altro quella risarcitoria; e che, seguendo l'opinione contraria, non sarebbe agevolmente spiegabile perché l'esdebitazione della società farebbe sopravvivere la responsabilità "organizzativa" dei suoi organi mentre quella dell'imprenditore individuale lo libererebbe anche dalla responsabilità per tale tipo di violazioni.

[28] FAUCEGLIA, *Il nuovo diritto*, 230, ritiene che l'institore non sarebbe coinvolto nell'attuazione del principio di adeguatezza e se ne chiede la ragione. V. FORTUNATO, *Codice della crisi*, 975, nota 49.

[29] Nel passaggio dallo schema di d.lgs. al definitivo decreto *Insolvency* questa lettera è, condivisibilmente, passata da una formulazione negativa (la non sostenibilità e l'assenza di prospettive di continuità aziendale) a una positiva che meglio evidenzia il fine della verifica richiesta.

[30] Cfr. diffusamente sul punto RANALLI, *La* governance, 2.

finanziaria, tuttavia, anche gli squilibri patrimoniali e/o economici – se non risolti – nel tempo si estendono all'ambito finanziario. E, conseguentemente, sono proprio tali squilibri, qualora rendano probabile la crisi o l'insolvenza, a consentire l'accesso al percorso della composizione negoziata, cioè lo strumento più tempestivo e duttile a disposizione dell'imprenditore (e solo dell'imprenditore) per affrontare le prime situazioni di difficoltà, anche quando non si siano ancora manifestate in una vera e propria crisi.

La norma presuppone come minimo la tenuta della contabilità e, poiché essa si applica a tutte le imprese comprese quelle agricole e quelle minori, sembra di potervi scorgere un'abrogazione implicita delle norme del codice civile (art. 2214, commi 1 e 3) che ritagliavano un'area di esenzione dall'obbligo di tenere le scritture contabili[31].

b) Questa previsione, in cui compare uno dei termini magici della retorica attuale (la "sostenibilità") sia pur in un senso ben diverso da quello con cui è altrove usata e abusata, è centrale nella costruzione del sistema di *early warning* imposto dalla direttiva. Misure e assetti, infatti, devono avere una proiezione *forward-looking* e consentire di verificare quel che presumibilmente accadrà nel prossimo futuro, ovvero nei successivi dodici mesi: va così verificato che in tale periodo vi sia copertura (tramite la liquidità già esistente e i flussi in entrata, siano essi da crediti o da finanziamenti) per i debiti che verranno a scadenza e, inoltre, che sussista la prospettiva della continuità aziendale. È, pertanto, necessario non solo che siano noti i dati contabili relativi al passato, ma anche che siano ragionevolmente e attendibilmente stimati dati prospettici soprattutto di natura economica e finanziaria.

Per quanto riguarda il passato, inoltre, misure e assetti devono consentire di rilevare i segnali (non più denominati di allarme, ma forse potremmo dire) di attenzione richiamati nel comma 4, e cioè:

a) l'esistenza di debiti per retribuzioni scaduti da almeno trenta giorni pari a oltre la metà dell'ammontare complessivo mensile delle retribuzioni;

b) l'esistenza di debiti verso fornitori scaduti da almeno novanta giorni di ammontare superiore a quello dei debiti non scaduti;

c) l'esistenza di esposizioni nei confronti delle banche e degli altri intermediari finanziari che siano scadute da più di sessanta giorni o che abbiano superato da almeno sessanta giorni il limite degli affidamenti ottenuti in qualunque forma purché rappresentino complessivamente almeno il cinque per cento del totale delle esposizioni;

d) l'esistenza di una o più delle esposizioni debitorie previste dall'art. 25-*novies*, comma 1 che, a loro volta, consistono;

i) per l'INPS, il ritardo di oltre novanta giorni nel versamento di contributi previdenziali di ammontare superiore: 1) per le imprese con lavoratori subordinati e parasubordinati, al 30% di quelli dovuti nell'anno precedente e all'importo di euro 15.000; 2) per le imprese senza lavoratori subordinati e parasubordinati, all'importo di euro 5.000;

ii) per l'INAIL, l'esistenza di un debito per premi assicurativi scaduto da oltre novanta giorni e non versato superiore all'importo di euro 5.000;

iii) per l'Agenzia delle entrate, l'esistenza di un debito scaduto e non versato relativo all'imposta sul valore aggiunto, risultante dalla comunicazione dei dati delle liquidazioni

[31] Non va comunque scordato che già la legislazione tributaria prevedeva obblighi contabili anche per imprese di minori dimensioni.

periodiche di cui all'art. 21-*bis*, d.l. 31 maggio 2010, n. 78, con., con modificazioni, dalla l. 30 luglio 2010, n. 122, superiore all'importo di euro 20.000 oppure di euro 5.000 purché non inferiore al 10% del volume d'affari dell'anno precedente[32];

iv) per l'Agenzia delle entrate-Riscossione, l'esistenza di crediti affidati per la riscossione, autodichiarati o definitivamente accertati e scaduti da oltre novanta giorni, superiori, per le imprese individuali, all'importo di euro 100.000, per le società di persone, all'importo di euro 200.000 e, per le altre società, all'importo di euro 500.000.

Non può essere questa la sede per una disamina analitica delle singole, e assai articolate, soglie. Va però sottolineato che si tratta di soglie basse, ma non ingiustificate né vessatorie. Come già prima si è ricordato, infatti, «si tratta di disposizioni che si rivolgono all'imprenditore fornendogli le indicazioni utili per attivarsi ai primissimi segnali di difficoltà e non necessariamente segnali, di allarme, significativi di una situazione già compromessa». In altri termini, sapendo che non possono essere predeterminati segnali univoci che valgano allo stesso modo per tutte le imprese e che quindi sempre vi sono i rischi simmetrici dei falsi positivi e dei falsi negativi, il legislatore ha consapevolmente preferito i primi perché non implicano conseguenze automatiche ma semplicemente avvertono i gestori delle imprese (e, se esistenti, gli organi di controllo) e rimettono loro la valutazione ponderata se quei segnali siano effettivamente significativi di una situazione di potenziale crisi nella quale è opportuno intervenire con immediatezza.

c) Infine misure e assetti devono essere strutturati in modo tale da consentire di ricavare (si potrebbe aggiungere: agevolmente e rapidamente) le informazioni necessarie a utilizzare la lista di controllo particolareggiata e a effettuare il test pratico per la verifica della ragionevole perseguibilità del risanamento di cui all'art. 13, comma 2.

In questa disposizione si coglie appieno il raccordo – già implicito, per vero, nella precedente lett. *a*) – tra misure e assetti e il nuovo istituto della composizione negoziata introdotto dal d.l. n. 118 del 2021 e oggi recepito all'interno del Codice. Come noto, per un verso, la composizione negoziata, percorso aperto a tutte le imprese, ha come presupposto l'esistenza di condizioni di squilibrio patrimoniale o economico-finanziario che ne rendono probabile la crisi o l'insolvenza, ma a condizione che risulti ragionevolmente perseguibile il risanamento (diretto o indiretto) dell'impresa; per altro verso, l'art. 25-*octies* impone all'organo di controllo societario, se esistente, di segnalare all'organo amministrativo la sussistenza dei presupposti per l'avvio della composizione negoziata.

La *check-list* e il *test* pratico (entrambi regolati nel decreto dirigenziale 28 settembre 2021 del direttore generale degli affari interni del ministero della Giustizia, rispettivamente nella sezione II e I) sono strumenti fondamentali non solo per l'accesso tempestivo al percorso della composizione negoziata ma anche per la sua riuscita, tanto più facile (o meno difficile) quanto più siano attendibili i dati su cui la proposta negoziale si fonda e, dunque, quanto più idonee siano le misure o adeguati gli assetti che tali dati producono.

Con il *test* pratico, invero, è possibile, in forme il più possibile semplificate e *user-friendly*, valutare preliminarmente la complessità del risanamento attraverso il rapporto tra

---

[32] Il Codice prevedeva una soglia fissa di euro 5.000; la modifica è intervenuta, pressoché contestualmente all'entrata in vigore del Codice, con l'art. 37-*bis*, comma 1, lett. *b*), d.l. 21 giugno 2022 conv. in l. 4 agosto 2022, n. 122.

l'entità del debito che deve essere ristrutturato e quella dei flussi finanziari liberi che possono essere posti annualmente al suo servizio: si tratta, quindi, di un *test* che serve sia a decidere se intraprendere la strada della composizione negoziata sia a decidere come conformare il piano da sottoporre ai creditori interessati. Naturalmente, il *test* pratico risulterà attendibile solo se i dati (consuntivi e previsionali) sono affidabili: da qui l'importanza di misure e assetti che possano dare corpo a questo affidamento.

Con la *check-list* invece il regolatore, conformemente alle disposizioni europee, si pone come consulente gratuito delle imprese (soprattutto delle PMI) fornendo – nella forma della lista di controllo – indicazioni operative (si badi, non precetti assoluti) per la redazione di un piano affidabile. Anche la *check-list* presuppone dati affidabili e, difatti, il primo gruppo di domande della lista di controllo riguarda proprio l'organizzazione dell'impresa (sez. II, § 1).

In conclusione, vista l'eguaglianza degli *output* che devono fornire nel quadro della prevenzione e della regolazione della crisi, non sembra che vi sia una grande differenza tra le misure che devono adottare gli imprenditori individuali e gli assetti che devono istituire quelli collettivi. Semmai, il punto critico è quello della proporzionalità giacché non appare facile comprendere come le imprese minori (individuali o collettive che siano) possano essere alleggerite nei loro doveri organizzativi se il risultato che ne deve sortire è comunque quello del comma 3 dell'art. 3 [33].

[33] Sul punto si segnala che ai fini della *check-list* in molti punti delle indicazioni operative si indica oltre alla *best practice* anche una *second best* (talvolta, peraltro, anch'essa non agevole per le PMI). Per la valutazione dei flussi finanziari al servizio del debito (sez. II, § 4.11), che normalmente deve avvenire "traducendo" i dati economici in flussi finanziari, alle micro e alle piccole imprese è consentito di «ricorrere alle sole grandezze economiche senza convertirle in flussi di cassa».

Articolo 4
Doveri delle parti

1. Nella composizione negoziata, nel corso delle trattative e dei procedimenti per l'accesso agli strumenti di regolazione della crisi e dell'insolvenza, debitore e creditori devono comportarsi secondo buona fede e correttezza.

2. Il debitore ha il dovere di:

a) illustrare la propria situazione in modo completo, veritiero e trasparente, fornendo tutte le informazioni necessarie e appropriate rispetto alle trattative avviate, anche nella composizione negoziata, e allo strumento di regolazione della crisi e dell'insolvenza prescelto;

b) assumere tempestivamente le iniziative idonee alla individuazione delle soluzioni per il superamento delle condizioni di cui all'articolo 12, comma 1, durante la composizione negoziata, e alla rapida definizione dello strumento di regolazione della crisi e dell'insolvenza prescelto, anche al fine di non pregiudicare i diritti dei creditori;

c) gestire il patrimonio o l'impresa durante i procedimenti nell'interesse prioritario dei creditori. Resta fermo quanto previsto dagli articoli 16, comma 4, e 21.

3. Ove non siano previste, dalla legge o dai contratti collettivi di cui all'articolo 2, comma 1, lettera g), del decreto legislativo 6 febbraio 2007, n. 25, diverse procedure di informazione e consultazione, il datore di lavoro, che occupa complessivamente più di quindici dipendenti, informa con comunicazione scritta, trasmessa anche tramite posta elettronica certificata, i soggetti sindacali di cui all'articolo 47, comma 1, della legge 29 dicembre 1990, n. 428, delle rilevanti determinazioni, assunte nel corso delle trattative della composizione negoziata e nella predisposizione del piano nell'ambito di uno strumento di regolazione della crisi e dell'insolvenza, che incidono sui rapporti di lavoro di una pluralità di lavoratori, anche solo per quanto riguarda l'organizzazione del lavoro o le modalità di svolgimento delle prestazioni. I soggetti sindacali, entro tre giorni dalla ricezione dell'informativa, possono chiedere all'imprenditore un incontro. La conseguente consultazione deve avere inizio entro cinque giorni dal ricevimento dell'istanza e, salvo diverso accordo tra i partecipanti, si intende esaurita decorsi dieci giorni dal suo inizio. La consultazione si svolge con vincolo di riservatezza rispetto alle informazioni qualificate come tali dal datore di lavoro o dai suoi rappresentanti nel legittimo interesse dell'impresa. In occasione della consultazione svolta nell'ambito della composizione negoziata è redatto, ai soli fini della determinazione del compenso dell'esperto di cui all'articolo 25-ter, comma 5, un sintetico rapporto sottoscritto dall'imprenditore e dall'esperto.

4. I creditori hanno il dovere di collaborare lealmente con il debitore, con l'esperto nella composizione negoziata e con gli organi nominati dall'autorità giudiziaria e amministrativa e di rispettare l'obbligo di riservatezza sulla situazione del debitore, sulle iniziative da questi assunte e sulle informazioni acquisite. Resta fermo quanto previsto dall'articolo 16, commi 5 e 6.

Amedeo Bassi

Sommario: 1. I princìpi. – 2. La composizione dei diversi interessi. – 3. La portata applicativa dei doveri. – 4. L'articolazione dei diversi doveri. – 5. Le conseguenze dell'inosservanza.

1. – Il comma 1 dell'art. 4 stabilisce che debitori e creditori debbono comportarsi secondo buona fede e correttezza nella composizione negoziata, nel corso delle trattative e dei procedimenti per l'accesso agli strumenti di regolazione della crisi e dell'insolvenza[1]. Questi criteri, sia che si ritenga che essi siano principi, sia che si preferisca ritenerli clausole generali[2] non hanno un contenuto preciso ed assoluto, e dipendono dai contesti storici e dagli ambienti in cui sono invocati. Così facendo, si concretizzano in regole di comportamento che possono essere molto diverse nel tempo e nello spazio. I due principi non rappresentano comunque la via per un superamento delle regole del sistema giuridico generale o particolare in cui si inseriscono, ma mirano ad una più corretta applicazione di quelle regole, in relazione al modificarsi degli interessi generali dell'ordinamento, che rappresentano la cornice in cui i principi possono operare. Pertanto, se da un lato correttezza e buona fede consistono sicuramente ed innanzitutto nel rispetto delle norme, e come tali non hanno una utilità concettuale propria, i due criteri assumono un valore aggiunto quando contribuiscono a chiarire i limiti all'esercizio di diritti soggettivi e di prerogative individuali che il legislatore non può analiticamente prevedere, anche in funzione della evoluzione delle basi del sistema socio economico nel quale le norme sono sorte. Inoltre, il valore aggiunto connesso alla enunciazione espressa dei principi consiste nel fatto che così come dalla loro violazione possono discendere conseguenze negative assimilabili alle sanzioni, accade talvolta che la legge preveda conseguenze positive e per così dire premiali connesse all'accertamento del loro rispetto. Ciò accade all'interno del Codice dove spesso la violazione non è sanzionata, mentre invece l'osservanza dei criteri è in vario modo premiata.

Bisogna infine osservare che nel Codice i principi di correttezza o buona fede hanno una duplice emersione. Essi sono principi o clausole generali di contenuto non predefinito dal legislatore, la cui attuazione caso per caso è affidata al giudice. Ma accade anche che nel Codice si trovino previsioni più specifiche, più dettagliate ed analitiche riconducibili ai medesimi principi. Esempi a caso: nel corso delle trattative per la composizione negoziale le parti debbono collaborare alla eventuale rinegoziazione dei contratti (art. 17, comma 5); il debitore è tenuto a compiere ogni atto necessario a dare esecuzione al piano del consumatore (art. 71); nel concordato il debitore è tenuto a compiere ogni atto necessario a dare esecuzione alla proposta (art. 118, comma 3).

---

[1] D'Attorre, *I principi generali*; Id., *La formulazione legislativa*, 470; Ambrosini, *I principi generali*, 29; Rordorf, *I doveri*, 589 ss.; Brogi, *Clausole generali*, 877 ss.

[2] Sul tema v. Libertini, *Ancora a proposito*; Patti, *Principi, clausole generali*; Alpa, *I principi generali*.

2. – Gli obblighi di correttezza e buona fede sono una conseguenza della emersione, all'interno delle procedure concorsuali, di una dimensione comunitaria che abbraccia – forzatamente – il debitore, i creditori e tutti coloro i cui interessi sono toccati dalla crisi (i terzi «controinteressati», meglio noti come *stakeholders*)[3]. Il discorso a questo proposito è molto delicato e complesso, e mi limiterò ad osservare che la molteplicità di interessi, che il Codice tenta di comporre con la previsione di diverse ed articolate procedure, può trovare soddisfazione solo con soluzioni di tipo *lato sensu* solidaristiche, con la ragionevole composizione, in un risultato unitario, delle varie esigenze contrapposte, che viceversa, confliggendo tra di loro, condurrebbero a risultati socialmente oggi non giustificabili. È, in definitiva, la odierna crisi dei diritti soggettivi, estrapolati dai rapporti individuali, ed operanti in contesti più complessi ed articolati. Non a caso è stato esattamente notato come i principi di correttezza e buona fede, partendo dalle previsioni del codice civile relative a singoli rapporti, abbiano subito una progressiva applicazione a situazioni più complesse, fino a giungere alla loro affermazione anche all'interno del processo civile[4].

3. – Stando alla definizione degli strumenti di regolazione della crisi e dell'insolvenza, contenuta nell'art. 2, comma 1, lett. *m-bis*), e al ripetuto richiamo alla composizione negoziata, i doveri previsti dall'art. 4 riguardano tutte le procedure, concorsuali o meno, giudiziarie e non, previste dal Codice. Essi hanno una particolare evidenza nella procedura di composizione negoziata della crisi, anche per la emersione di nuovi bisogni connessi alla emergenza epidemiologica degli ultimi anni[5]. Potrebbe caso mai dubitarsi se essi valgano anche per la liquidazione coatta amministrativa, con riferimento alla particolare posizione che in queste procedure ha la pubblica amministrazione, che non è né creditore né debitore. La estraneità della liquidazione coatta alla applicazione dei due criteri di comportamento potrebbe derivare dal fatto che buona fede e correttezza, nel senso in cui debbono essere correttamente intese, implicano che il soggetto coinvolto nella crisi, e soprattutto il creditore, abbia la piena disponibilità dei propri interessi, cosa che non accade per la pubblica amministrazione, che non è creditore, e che con la liquidazione coatta persegue interessi pubblici. Ma sorgono perlomeno due questioni, a questo proposito. La prima è che il fatto che il dovere di correttezza non sia espressamente previsto in determinate procedure, o in determinate situazioni, non significa che in esse ci si possa comportare in male fede o scorrettamente. Si tratta di capire quindi che valore aggiunto abbia la menzione legislativa di tali principi o clausole generali rispetto alla portata che essi hanno anche quando non siano espressamente richiamati, trattandosi di principi anche "inespressi"[6]. Per questa ragione, la affermazione che i due principi non si applicherebbero alla liquidazione coatta amministrativa non significherebbe che quest'ultima sia una procedura da *far west*, ma che la preminenza degli interessi pubblici può portare la pubblica amministrazione a non ritenersi partecipe della comunità dei creditori comuni e controinteressati, e ad adottare decisioni ispirate esclusivamente al proprio interesse. Tuttavia, e in senso

---

[3] FABIANI, *Il valore*, 5 ss.

[4] RORDORF, *Abuso del diritto*, 1199 ss.

[5] SALERNO, *La buona fede*, 433.

[6] FAUCEGLIA, *Il nuovo diritto*, 13.

contrario alla estraneità della pubblica amministrazione ai doversi di correttezza e buona fede, nel senso sopra precisato, il fatto che i principi sopra menzionati abbiano una forza espansiva anche per quanto riguarda gli interessi pubblici presenti nelle procedure concorsuali è testimoniato dalla previsione del *cram down* fiscale e previdenziale negli accordi di ristrutturazione (art. 63, comma 2-*bis*) e nei concordati (art. 88, comma 2-*bis*). Infatti, la possibilità di imporre al fisco e alla previdenza un consenso non espresso o un voto favorevole, anche quando la loro effettiva volontà sia di segno opposto, potrebbe essere considerata una sanzione per la violazione del criterio della correttezza o buona fede, consistente nel non aver voluto prendere in considerazione gli aspetti favorevoli della procedura e nel non aver saputo o voluto cogliere la vantaggiosità, anche per i propri interessi, della soluzione proposta dal debitore.

4. – Dopo la previsione in termini generali dei criteri di correttezza e buona fede il Codice passa ad una specificazione più analitica di tali doveri, distinguendo tra debitore (art. 4, comma 2), debitore datore di lavoro (art. 4, comma 3) e creditori (art. 4, comma 4). Inutile aggiungere che i due criteri vengono espressamente richiamati in molte altre norme contenute nel Codice, e, quando accade, come nel caso dell'art. 4, comma 2, la specificazione del contenuto pratico degli obblighi avviene con previsioni di carattere molto generico. La portata concreta degli obblighi può essere decisa o da statuizioni più specifiche della legge, come quelle del comma 2 dell'art. 4, o, come più spesso accadde, da decisioni dell'autorità giudiziaria.

Il dovere di correttezza e buona fede del debitore consiste a) nell'obbligo di illustrare la propria situazione in modo completo, veritiero e trasparente e nell'obbligo di fornire informazioni necessarie ed appropriate; b) nell'obbligo di assumere tempestivamente le iniziative per la soluzione della composizione negoziata e degli altri strumenti di regolazione della crisi e della insolvenza prescelti. Informazione e cooperazione sono i contenuti essenziali dei doveri dal punto di vista del legislatore.

Infine, l'art. 4, lett. *c*) precisa che durante i procedimenti il debitore deve gestire il patrimonio o l'impresa nell'interesse prioritario dei creditori, fermo restando – aggiunge la norma in esame – quanto previsto dagli artt. 16, comma 4 e 21, entrambi in tema di composizione negoziata. L'art. 4 stabilisce pleonasticamente e ripetitivamente che l'imprenditore deve rappresentare la sua situazione in modo completo e trasparente, e che deve gestire l'impresa senza pregiudicare ingiustamente gli interessi dei creditori. L'art. 21 insiste ulteriormente sulla gestione dell'impresa in pendenza delle trattative, sbandando tra tutela della sostenibilità economico finanziaria dell'attività e prevalente interesse dei creditori, e concludendo che «*restano ferme le responsabilità dell'imprenditore*», cosa che, come credo, nessuno avrebbe mai messo in dubbio. Il riferimento alla tutela dell'interesse prioritario dei creditori nella gestione dell'impresa è affermazione che implica il rovesciamento della prospettiva tradizionale del diritto commerciale e delle teorie socio economiche su cui esso si basa, con la differenza, rispetto a quanto si legge nella analisi economica del diritto, che mentre secondo questa teoria in caso di insolvenza la tutela dei creditori passa o deve passare in mano agli stessi, la affermazione del Codice lascia la gestione dell'impresa in crisi in mano al debitore mutando solo lo scopo della attività, senza che i creditori abbiano, perlomeno nella procedura di gestione negoziale, poteri di intromissione.

Il comma 3 dell'art. 4 esplicita gli obblighi di correttezza e buona fede in capo all'imprenditore datore di lavoro con più di quindici dipendenti, prevedendo obblighi specifici di informazione dei sindacati e la possibilità di una consultazione tra le parti interessate, sotto il vincolo della riservatezza.

I creditori, dal canto loro, hanno il dovere di collaborare lealmente con il debitore con l'esperto nella composizione negoziata e con gli organo delle varie procedure, rispettando l'obbligo di riservatezza. In particolare, sempre per quanto riguarda la procedura di composizione negoziata, i doveri di collaborazione gravano soprattutto sulle banche e sugli intermediari finanziari [7], che debbono partecipare alle trattative in modo attivo ed informato e che non possono sospendere o revocare gli affidamenti bancari per il semplice fatto della apertura della procedura, a meno che la sospensione o la revoca non siano richieste dalla disciplina di vigilanza prudenziale (art. 16, comma 5).

Infine, sempre ma limitatamente alla procedura di composizione negoziata, il codice (art. 16, comma 6) estende il dovere di leale e sollecita collaborazione e il dovere di rapido e motivato riscontro delle proposte in capo a tutte le parti coinvolte nelle trattative [8].

5. – Il problema principale che i doveri di correttezza e buona fede sollevano è quello delle conseguenze che derivano dalla loro inosservanza, o dal loro rispetto. Il Codice introduce alcune previsioni espresse di conseguenze negative connesse a comportamenti scorretti o in mala fede e prevede effetti positivi, benefici o premi per il soggetto che osservi quelle regole, cosa che non potrebbe forse fare il giudice in via interpretativa. D'altro canto, gli studi sui principi generali dimostrano che il sistema delle sanzioni, in senso ampio, quando si discute di correttezza, buona fede di abuso del diritto e di eccesso di potere, è molto ampio, oscillando tra invalidità, responsabilità, sostituzione di clausole contrattuali, rinegoziazione, diritto di recesso, e così via. Le conseguenze negative previste dal Codice sono prevalentemente di carattere processuale [9], sia a carico del debitore sia anche a carico del creditore. Ad es. il consumatore che si sia sovraindebitato con colpa grave, malafede o frode non può accedere alle procedure di composizione della crisi da sovraindebitamento (art. 69, comma 1) e il creditore che ha colpevolmente determinato la situazione di indebitamento del debitore non può presentare opposizione o reclamo (art. 69, comma 2). Un esempio di conseguenza positiva o premiale è quella prevista dall'art. 25-*sexies*, che consente all'imprenditore che abbia condotto le trattative secondo correttezza e buona fede di presentare una proposta di concordato semplificato.

---

[7] SALERNO, *La buona fede*, 440 ss.; RORDORF, *I doveri*, 598.

[8] SALERNO, *La buona fede*, 442.

[9] RORDORF, *I doveri*, 596.

Articolo 5

Trasparenza ed efficienza delle nomine e trattazione prioritaria delle controversie

1. Le nomine dei professionisti effettuate dalle commissioni di cui all'articolo 13, comma 6, dall'autorità giudiziaria o amministrativa e dagli organi da esse nominati devono assicurare il rispetto di criteri di trasparenza, rotazione ed efficienza.

2. Per assicurare il rispetto dei principi di cui al comma 1, il segretario generale della camera di commercio del capoluogo di regione comunica alle autorità che hanno nominato i membri delle commissioni gli incarichi conferiti. La comunicazione di cui al primo periodo è inviata entro il 15 gennaio di ciascun anno e riguarda gli incarichi conferiti dal 1° gennaio al 31 dicembre dell'anno precedente.

3. Il presidente del tribunale o, nei tribunali suddivisi in sezioni, il presidente della sezione cui è assegnata la trattazione degli strumenti di regolazione della crisi e dell'insolvenza o delle procedure di insolvenza vigila sull'osservanza dei principi di cui al comma 1 e ne assicura l'attuazione mediante l'adozione di protocolli condivisi con i giudici della sezione.

4. Le controversie in cui è parte un organo nominato dall'autorità giudiziaria o amministrativa nell'ambito degli strumenti di regolazione della crisi e dell'insolvenza o delle procedure di insolvenza o comunque un soggetto nei cui confronti è aperta una procedura prevista dal presente codice sono trattate con priorità. Il capo dell'ufficio trasmette annualmente al presidente della corte d'appello i dati relativi al numero e alla durata dei suddetti procedimenti, indicando le disposizioni adottate per assicurarne la celere trattazione. Il presidente della corte d'appello ne dà atto nella relazione sull'amministrazione della giustizia.

Amedeo Bassi

Il comma 1 dell'art. 5 stabilisce che le nomine di professionisti effettuate dalle commissioni di cui all'art. 13, comma 6 (nomina dell'esperto per la composizione negoziata da parte delle Commissioni delle Camere di Commercio), dall'autorità giudiziaria o amministrativa, e dagli organi da esse nominati devono assicurare il rispetto dei criteri di trasparenza, rotazione ed efficienza.

Il comma 2 aggiunge, limitatamente alla procedura di composizione negoziata, che il segretario generale della camera di commercio comunica annualmente alle autorità che hanno nominato i membri delle commissioni (presidente del tribunale delle imprese, presidente della camera di commercio, prefetto) gli incarichi conferiti. L'art. 13, comma 7 prevede i criteri per la nomina dell'esperto nella composizione negoziata.

Il comma 3, limitatamente, credo, alle nomine effettuate nell'ambito delle procedure concorsuali di competenza del tribunale, vigila sull'osservanza dei principi di cui al comma 1 e ne assicura la attuazione mediante la adozione di protocolli condivisi con i giudici della sezione.

I principi di trasparenza, rotazione ed efficienza non sono di semplice attuazione perché gli incarichi professionali in contesti normali sono basati su rapporti bilaterali che si fondano sull'*intuitus personae* e su scelte discrezionali, in cui confluiscono previsioni di costi e benefici, difficilmente sindacabili. Il requisito meno presente alla base degli incarichi conferiti da parte dell'imprenditore, anche in crisi, è proprio quello della rotazione, che in campo concorsuale si rende necessario, sia pure come criterio di massima, per garantire una equa distribuzione delle risorse che le procedure mettono a disposizione per attività professionali in prededuzione; equa distribuzione che è mille miglia lontana dalla mente dell'imprenditore, sino al momento in cui egli perde il controllo di questa attività, che però continua ad avvenire con le sue risorse. Tuttavia, allo stato, non esistono mezzi concreti migliori della rotazione per risolvere il problema degli incarichi professionali non conferiti dal debitore, anche se bisogna ammettere che il criterio della efficienza e della specializzazione non sempre è conciliabile con quello della rotazione [1].

Il comma 4 dell'art. 5 prevede infine che le controversie in cui è parte un organo o un soggetto delle procedure previste dal Codice sono trattate con priorità. L'art. 7, comma 2 aggiunge che nel caso di proposizione di più domande, il tribunale esamina in via prioritaria quella diretta a regolare la crisi con strumenti diversi dalla liquidazione giudiziale. Il capo dell'ufficio (verosimilmente il presidente del tribunale) trasmette al presidente della corte di appello i dati e le disposizioni adottate per la celere trattazione di tali controversie.

L'art. 362 disciplina specificamente la trattazione delle controversie concorsuali presso la Corte di cassazione, stabilendo, con noma ritenuta velleitaria e pleonastica [2] che presso la Corte alla sezione incaricata della trattazione delle controversie di cui al presente Codice sono destinati magistrati nel numero richiesto dalle esigenze di servizio tenuto conto dei procedimenti pendenti e dell'urgenza della definizione.

---

[1] Sulla necessità che si elaborino criteri di nomina RORDORF, *I doveri*, 601.

[2] RORDORF, *I doveri*, 602.

Articolo 5-*bis*

Pubblicazione delle informazioni e lista di controllo

1. Nei siti istituzionali del Ministero della giustizia e del Ministero dello sviluppo economico sono pubblicate informazioni pertinenti e aggiornate sugli strumenti per la anticipata emersione della crisi, sugli strumenti di regolazione della crisi e dell'insolvenza e sulle procedure di esdebitazione previsti dal presente codice e dalle leggi speciali dettate in materia di amministrazione straordinaria delle grandi imprese in crisi e di liquidazione coatta amministrativa. Le informazioni di cui al primo periodo sono inserite in apposita sezione dei siti internet dedicata alla crisi d'impresa, facilmente accessibile e di agevole consultazione.

2. Nei siti istituzionali di cui al comma 1 è altresì disponibile una lista di controllo particolareggiata, adeguata anche alle esigenze delle micro, piccole e medie imprese, che contiene indicazioni operative per la redazione dei piani di risanamento. Il contenuto della lista di controllo è definito con il decreto dirigenziale di cui all'articolo 13.

Luigi Papi

Sommario: 1. L'"accesso" alle informazioni rilevanti. – 2. La lista di controllo particolareggiata.

1. – L'art. 3, d.lgs. 17 giugno 2022, n. 83[1], di recepimento della direttiva (UE) 2019/1023 del Parlamento europeo e del Consiglio del 20 giugno 2019[2], è intervenuto sulla Sezione II del Titolo I del Capo II del Codice, innanzitutto mutandone la rubrica.

Rispetto alla versione originaria contenuta nel d.lgs. n. 14 del 2019, sono state anteposte ai termini «*economicità delle procedure*» le parole «*pubblicazione delle informazioni*». Tale modifica, conseguente – come si dirà – all'introduzione di un nuovo art. 5-*bis*, è il frutto dei rilievi contenuti nel parere reso dal Consiglio di Stato[3] sullo schema di decreto. In-

[1] Pubblicato in G.U. il 1° luglio 2022.

[2] Riguardante i quadri di ristrutturazione preventiva, l'esdebitazione e le interdizioni, nonché le misure volte ad aumentare l'efficacia delle procedure di ristrutturazione, insolvenza ed esdebitazione, e che modifica la direttiva (UE) 2017/1132 (direttiva sulla ristrutturazione e l'insolvenza).

[3] Parere n. 832/2022 del 13 maggio 2022.

vero il testo definitivo va persino oltre il monito dei giudici di Palazzo Spada, i quali si erano limitati a segnalare, rispetto alla sola rubrica dell'art. 5-*bis*, l'inopportunità del lemma "accesso" giacché non appropriato nel caso di pubblicazioni *online*, atteso che, come noto, nell'ordinamento è regolamentato l'"accesso a richiesta" dell'interessato, fenomeno diverso dalla libera fruizione di contenuti virtuali in assenza di intermediazione.

L'intervento si ispira a quanto enunciato dall'art. 3, §§ 3 e 4, della direttiva (UE) 2019/1023[4], nel tentativo di contribuire ad una maggiore consapevolezza da parte degli imprenditori circa i percorsi offerti dall'ordinamento nell'eventualità di un pericolo di crisi.

In generale, la previsione è costruita sull'opportunità/necessità di spingere il debitore che avverta i primi segnali di crisi ad intervenire in fase precoce, riconoscendo prontamente le proprie difficoltà finanziarie. Maggiori saranno le probabilità per l'impresa di sfuggire all'insolvenza o, in caso di irrimediabilità delle condizioni economiche, di gestire il processo di liquidazione con modalità ordinate ed efficaci, quanto più tempestiva sarà la diagnosi di crisi. Per tale ragione, la presenza di informazioni chiare, aggiornate e di agevole fruizione in ordine alle procedure di ristrutturazione preventiva è oltremodo decisiva, specie per le piccole e medie imprese[5].

Il comma 1 dell'art. 5-*bis* dispone, in particolare, la pubblicazione sui siti istituzionali dei Ministeri della giustizia e dello sviluppo economico, in un'apposita sezione dedicata alla crisi d'impresa, di tutte le informazioni utili ed aggiornate in ordine:

– ai mezzi attraverso i quali lo stato di crisi può essere tempestivamente rilevato;

– agli strumenti di regolazione della crisi e dell'insolvenza, anche rispetto alle diverse procedure di esdebitazione, predisposti nel Codice e nelle leggi speciali in materia di amministrazione straordinaria delle grandi imprese in crisi e di liquidazione coatta amministrativa, come i quadri di ristrutturazione preventiva.

La norma si premura di precisare che la relativa sezione *web* deve essere di facile accesso e agevolmente consultabile. Condizioni di più o meno radicato "analfabetismo informatico" – al di là di pur ragionevoli considerazioni in merito all'autoresponsabilità che grava su ciascuno rispetto all'onere di adeguamento al progresso sociale e tecnologico[6] – non possono tradursi in indiscriminate disparità nel godimento delle informazioni, specie in un frangente così delicato della vita d'impresa.

2. – Il comma 2 prevede che sui siti di entrambi i Ministeri citati sia pubblicata una lista di controllo particolareggiata (c.d. *check-list*), con risposta a quesiti e *faq*, contenente indicazioni pratiche per la stesura del piano di risanamento e redatta in modo che sia utilizzabile anche dalle micro, piccole e medie imprese. Le indicazioni presenti nella lista so-

[4] «*Gli Stati membri provvedono affinché i debitori e i rappresentanti dei lavoratori abbiano accesso a informazioni pertinenti e aggiornate sugli strumenti di allerta precoce disponibili, come pure sulle procedure e alle misure di ristrutturazione e di esdebitazione; gli Stati membri provvedono affinché le informazioni sull'accesso agli strumenti di allerta precoce siano pubblicamente disponibili online, specialmente per le PMI, siano facilmente accessibili e di agevole consultazione*».

[5] Cfr. ZANICHELLI, *Commento a prima lettura*.

[6] Sul punto sia concesso rinviare a PAPI, *Il rafforzamento*, in particolare § 358 ss.

no stabilite con decreto dirigenziale del Ministero della giustizia a norma dell'art. 13[7]. Le disposizioni sulla lista di controllo sono attuative dell'art. 8, § 2, della direttiva (UE) 2019/1023[8] che ricalca, di fatto, la norma in commento salvo per ciò che concerne la possibilità, offerta agli Stati membri, di rendere disponibile la lista almeno in un'altra lingua, in particolare una lingua utilizzata nel mondo degli affari a livello internazionale. Tale opportunità non è stata colta nonostante l'invito del Consiglio di Stato a valutare favorevolmente la pubblicazione anche in un altro idioma, non solo della lista riferibile alla composizione negoziata ma di tutte le informazioni considerate nel comma 1.

---

[7] Il comma 2 dell'art. 13 in particolare prescrive che «*sulla piattaforma sono disponibili una lista di controllo particolareggiata, adeguata anche alle esigenze delle micro, piccole e medie imprese, che contiene indicazioni operative per la redazione del piano di risanamento, un test pratico per la verifica della ragionevole perseguibilità del risanamento e un protocollo di conduzione della composizione negoziata accessibili da parte dell'imprenditore e dei professionisti dallo stesso incaricati. La struttura della piattaforma, il contenuto della lista di controllo particolareggiata, le modalità di esecuzione del test pratico e il contenuto del protocollo sono definiti dal decreto dirigenziale del Ministero della giustizia adottato ai sensi dell'articolo 3 del decreto-legge 24 agosto 2021, n. 118, convertito, con modificazioni, dalla legge 21 ottobre 2021, n. 147*». In particolare, la *check list* per la redazione del piano di risanamento è strutturata, in forma di questionario, in sei paragrafi corrispondenti alle singole fasi del processo di creazione del piano di rilancio dell'impresa individuate dal decreto dirigenziale. Per ogni paragrafo è prevista una serie di domande con indicazione del soggetto competente, individuato tra l'imprenditore e l'esperto indipendente. Le fasi sono: 1) verifica della presenza di una adeguata organizzazione dell'impresa; 2) rilevazione della situazione contabile e dell'andamento corrente; 3) analisi delle cause della crisi e Individuazione delle strategie di intervento atte a rimuovere le cause della crisi; 4) proiezioni dei flussi finanziari; 5) verifica della sostenibilità del riscadenzamento e rinegoziazione del debito sulla base dei flussi finanziari generabili in continuità; 6) il caso dei gruppi d'impresa.

[8] «*Gli Stati membri rendono disponibile online una lista di controllo particolareggiata per i piani di ristrutturazione, adeguata alle esigenze delle PMI. La lista di controllo include indicazioni pratiche su come deve essere redatto il piano di ristrutturazione a norma del diritto nazionale. La lista di controllo è messa a disposizione nella lingua o nelle lingue ufficiali dello Stato membro. Gli Stati membri valutano la possibilità di render disponibile la lista almeno in un'altra lingua, in particolare una utilizzata nel mondo degli affari a livello internazionale*».

Articolo 6
Prededucibilità dei crediti

1. Oltre ai crediti così espressamente qualificati dalla legge, sono prededucibili:

a) i crediti relativi a spese e compensi per le prestazioni rese dall'organismo di composizione della crisi da sovraindebitamento;

b) i crediti professionali sorti in funzione della domanda di omologazione degli accordi di ristrutturazione dei debiti o del piano di ristrutturazione soggetto a omologazione e per la richiesta delle misure protettive, nei limiti del 75% del credito accertato e a condizione che gli accordi o il piano siano omologati;

c) i crediti professionali sorti in funzione della presentazione della domanda di concordato preventivo nonché del deposito della relativa proposta e del piano che la correda, nei limiti del 75% del credito accertato e a condizione che la procedura sia aperta ai sensi dell'articolo 47;

d) i crediti legalmente sorti durante le procedure concorsuali per la gestione del patrimonio del debitore e la continuazione dell'esercizio dell'impresa, il compenso degli organi preposti e le prestazioni professionali richieste dagli organi medesimi.

2. La prededucibilità permane anche nell'ambito delle successive procedure esecutive o concorsuali.

Sabino Fortunato

Sommario: 1. Economicità delle procedure concorsuali e crediti prededucibili. – 2. Dai crediti di massa ai crediti prededucibili. – 3. Il progressivo incremento delle "prededuzioni tipiche". – 4. Le "prededuzioni atipiche" *ex* art. 111 l. fall. derivanti dai crediti sorti "in occasione o in funzione delle procedure concorsuali". – 5. Le quattro macrocategorie dei crediti prededucibili nel Codice. – 6. Condizioni e limiti alla prededucibilità dei crediti professionali. – 7. La permanenza della prededucibilità.

1. – L'art. 6 intende assolvere ad una duplice funzione: per un verso offrire una elencazione (piuttosto che una definizione) dei «*crediti prededucibili*», secondo un criterio misto (rinvio a previsioni espresse di legge o c.d. prededucibilità tipica o nominata; individuazione di quattro tipologie più o meno aperte o c.d. prededucibilità atipica); per altro verso collocare quella elencazione fra i principi generali del Codice come espressione di una esigenza di "economicità delle procedure"[1].

[1] La rubrica della sez. II, parte I, tit. I, capo II (*Principi generali*) del Codice è stata modificata dall'art. 3,

Sotto questo secondo aspetto, è noto che fra i principi generali della legge delega n. 155 del 2017 è dettato quello di «*ridurre la durata e i costi delle procedure concorsuali, anche attraverso misure di responsabilizzazione degli organi di gestione e di contenimento delle ipotesi di prededuzione, con riguardo altresì ai compensi dei professionisti, al fine di evitare che il pagamento dei crediti prededucibili assorba in misura rilevante l'attivo delle procedure*» (art. 2, comma 1, lett. *l*). L'Analisi di Impatto della Regolamentazione (AIR) – allegata alla Relazione ministeriale alla legge delega – rileva che «il concordato preventivo comporta esborsi superiori al 30% dell'attivo, mentre quelli del fallimento sono decisamente più contenuti (5%)». In particolare il principio di economicità o di contenimento dei costi ha finito per interessare i compensi dei professionisti incaricati dal debitore per la predisposizione degli atti necessari all'accesso alle varie procedure, considerati spesso esorbitanti o comunque non funzionali al concreto e utile perseguimento delle finalità proprie di ciascuna procedura.

In tal modo, tuttavia, l'esito regolatorio dei crediti prededucibili appare parziale e sorretto da *rationes* disomogenee.

Per una corretta interpretazione della disposizione in oggetto, è opportuno ripercorrere, sia pure a grandi linee, l'evoluzione della normativa che ha visto progressivamente dilatarsi il ruolo della prededucibilità nell'ambito delle procedure concorsuali.

2. – La categoria dei crediti prededucibili non compare in modo espresso nella formulazione originaria della legge fallimentare. L'art. 111, infatti, si limitava a stabilire l'«*ordine di distribuzione delle somme*» ricavate dalla liquidazione dell'attivo patrimoniale del fallito, imponendo che in sede di riparto dovesse procedersi in via prioritaria, rispetto al pagamento dei creditori concorrenti privilegiati e quindi chirografari, al pagamento delle «*spese, comprese le spese anticipate dall'erario, e dei debiti contratti per l'amministrazione del fallimento e per la continuazione dell'esercizio dell'impresa, se questo è stato autorizzato*». Si trattava e si tratta di quelli che la dottrina qualifica come "crediti di massa", per sottolineare che essi vengono assunti dagli organi fallimentari (o sono ad essi comunque riconducibili) nell'interesse della massa dei creditori concorsuali e devono pertanto gravare prioritariamente sull'attivo liquidato ad essi residualmente destinato[2].

In questa ottica i crediti di massa avevano una loro precisa collocazione nella sola procedura concorsuale liquidatoria, in quanto sorti dopo l'apertura del fallimento per effetto di obbligazioni assunte dai suoi organi o ad essi riferibili e funzionali alla acquisizione,

---

comma 1, d.lgs. n. 83 del 2022 da «*Economicità delle procedure*» a «*Pubblicazione delle informazioni ed economicità delle procedure*», per tener conto dell'attuazione della direttiva 2019/1023/UE – c.d. direttiva *Insolvency* – (art. 3, § 3, e art. 8, § 2), che dispone l'obbligo degli Stati membri di permettere l'accesso a «*informazioni pertinenti e aggiornate sugli strumenti di allerta precoce disponibili, come pure sulle procedure e sulle misure di ristrutturazione e di esdebitazione", nonché di rendere "disponibile online una lista di controllo particolareggiata per i piani di ristrutturazione, adeguata alle esigenze delle PMI*».

[2] Cfr. LEUZZI, *Dalla crisi*; e sulla nozione di crediti o "debiti di massa" si rinvia alla monografia di ALESSI, *Debiti di massa*, per il quale «i debiti di massa hanno natura processuale o meglio procedurale, perché nascono nell'ambito di una procedura concorsuale e per consentirne lo svolgimento, a differenza di quelli concorrenti, che generalmente hanno natura sostanziale, perché hanno origine prima della procedura concorsuale e fuori di essa» (10). Sulla natura sostanziale o procedurale dei crediti prededucibili si rinvia al par. 7 di questo commento.

amministrazione e liquidazione del patrimonio del fallito o connessi alla continuazione autorizzata dell'esercizio provvisorio dell'impresa.

Una limitata estensione della prededucibilità a crediti maturati prima dell'apertura del fallimento veniva ammessa per quelli contratti nel corso dell'amministrazione controllata di poi sfociata in fallimento, per l'ovvia ragione (equitativa) che la gestione dell'impresa era stata resa possibile proprio grazie al credito che in tale fase le veniva concesso e che tale gestione era comunque intesa ad accrescere o quantomeno a conservare il valore economico dell'impresa nell'interesse dei creditori. Sul piano strettamente giuridico si faceva leva poi sul principio della consecuzione delle procedure[3]. Si negava, tuttavia, che analogo ragionamento potesse applicarsi ai crediti maturati nel corso di altre procedure concorsuali minori, come il concordato preventivo, salvo che per i crediti sorti per obbligazioni contratte dalla stessa procedura, per il compenso del commissario giudiziale o del liquidatore giudiziale nonché per i crediti sorti per effetto della continuazione dell'attività d'impresa, quando la stessa fosse stata modalità essenziale della proposta di concordato, ammessa dal tribunale, approvata dai creditori e omologata[4].

In ogni caso la giurisprudenza negava la prededuzione ai crediti dei professionisti che avessero assistito il debitore, tanto nella amministrazione controllata quanto nel concordato preventivo, precedenti il fallimento[5].

Il passaggio dai "crediti di massa" alla più estesa categoria dei "crediti prededucibili" si compie con la riforma "organica" del 2006-2007[6], allorché viene riformulato l'art. 111 l. fall. ed inserito *ex-novo* l'art. 111-*bis* l. fall.: il primo teso a riassumere con un rinvio le ipotesi legali di crediti prededucibili e ad introdurre ipotesi atipiche genericamente individuate col sintagma di crediti «*sorti in occasione o in funzione delle procedure concorsuali*»; il secondo diretto a disciplinare in maniera innovativa l'accertamento del carattere prededucibile dei crediti all'interno della procedura fallimentare[7].

Mi sembra degna di essere sottolineata la circostanza che per la prima volta l'art. 111, pur sempre nel disporre l'ordine di distribuzione delle somme ricavate dalla liquidazione

---

[3] Cass., 16 giugno 1994, n. 5821, in *Dir. fall.*, 1995, II, 346; Cass., SS.UU., 14 ottobre 1977, n. 4370, in *Giur. it.*, 1978, I, 1051 ove si evidenzia che l'interpretazione estensiva, anche rispetto a una norma eccezionale – quale certamente è quella di cui all'art. 111 l. fall., derogando essa al principio generale della *par condicio creditorum* – deve ritenersi consentita in quanto la norma non è applicata al di fuori dei casi da essa previsti sulla base dell'*eadem ratio*, ma viene individuata attraverso l'esame del sistema nel quale la norma è inserita, una *voluntas legis* più ampia di quella espressa dalla sua formulazione letterale. Sul punto era intervenuta anche la Corte cost. n. 32 del 1995 con il rilievo che il riconoscimento della prededuzione serviva a «riequilibrare le condizioni di maggior rischio contrattuale» in cui i crediti venivano concessi nel corso dell'amministrazione controllata e ad «incentivarne così l'erogazione in funzione del positivo esito della procedura, nell'interesse di tutti i creditori». Sul rapporto di regola/eccezione fra il presunto principio della *par condicio creditorum* e l'art. 111 l. fall. v. in senso molto critico UBERTAZZI, *Prededuzione e* par condicio creditorum, 513 ss.

[4] L. BOGGIO, *Concordato preventivo*, 1828 con ampia casistica giurisprudenziale; Cass. n. 3581 del 2011.

[5] Cass., 25 luglio 2007, n. 16426, in *Fallimento*, 2008, 433 ss.; Cass., 24 luglio 2007, n. 16387, *ivi*, 431; Cass., 25 giugno 2002, n. 9262, in *Foro it.*, 2002, I, 3074; Cass., 16 maggio 1983, n. 3369, in *Giur. it.*, 1984, I, 1, 521. In dottrina v. PATTI, *Ammissione allo stato*, 51 ss.

[6] Cfr. artt. 99-100, d.lgs. n. 5 del 2006 e art. 8, d.lgs. n. 169 del 2007.

[7] A dire il vero il comma 2 dell'art. 111 l. fall. v.f. disponeva per i crediti di massa una qualche forma di disciplina, sancendo che «*i prelevamenti indicati al n. 1 sono determinati con decreto del giudice delegato*».

fallimentare, introduca la espressa qualificazione generica di «crediti prededucibili» al n. 1 del comma 1, facendovi seguire i crediti privilegiati (n. 2) e i crediti chirografari (n. 3)[8]. La precedente formulazione, identificativa al n. 1 dei crediti di massa, scompare del tutto per restare assorbita nella più generale categoria secondo cui «*sono considerati crediti prededucibili quelli così qualificati da una specifica disposizione di legge e quelli sorti in occasione o in funzione delle procedure concorsuali di cui alla presente legge*» (comma 2)[9].

Risulta evidente il mutamento di impostazione, collegato al diverso ruolo assunto nella logica complessiva della riforma dalle cc.dd. procedure concorsuali minori e in particolare alla radicalmente rinnovata funzione e struttura del concordato preventivo. Il *favor* abbracciato dalla riforma per le soluzioni negoziali alternative alla liquidazione fallimentare, preferibilmente anticipatorie dell'insolvenza e sorrette da una crisi non ancora irreversibile e tese ad agevolare la conservazione/salvataggio degli organismi produttivi, induceva il legislatore a creare *incentivi* finalizzati a soccorrere l'impresa in crisi. Fra questi incentivi la *prededucibilità di crediti funzionali all'accesso o anche al buon esito* delle procedure concorsuali alternative al fallimento appariva strumento essenziale per indurre professionisti e finanziatori ad offrire le proprie prestazioni all'imprenditore che diversamente – proprio per lo stato di crisi in cui versava – avrebbe difficilmente trovato il necessario sostegno al superamento della crisi o comunque alla sistemazione ordinata e concordata della stessa[10]. Di qui il superamento dell'angusta nozione dei crediti di massa e l'estensione della prededucibilità ai crediti sorti nel corso di o strumentali ad ogni altra procedura concorsuale disciplinata dalla legge fallimentare.

3. – Per effetto della riforma sono cresciute innanzitutto le *prededuzioni tipiche*: (i) divengono prededucibili i crediti derivanti da *finanziamenti* erogati ancor prima e *in funzione* dell'accesso a concordato preventivo o all'accordo di ristrutturazione dei debiti[11] o relativi a finanziamenti erogati *in esecuzione* delle medesime procedure omologate[12] od a fi-

---

[8] La novità è segnalata anche da PANI, *La prededuzione*, 2, il quale osserva che «non può non rilevarsi come il termine "prededuzione", nell'originaria versione della legge fallimentare, non esisteva neppure». Deve peraltro sottolinearsi che già gli artt. 20 e 52, d.lgs. n. 270 del 1999 (amministrazione straordinaria delle grandi imprese in crisi) utilizzava l'espressione «*soddisfatti in prededuzione*» a proposito dei «*crediti sorti per la continuazione dell'esercizio dell'impresa e la gestione del patrimonio del debitore*».

[9] Vi si aggiunge l'ulteriore specificazione, che a me pare pleonastica in quanto ripetitiva dell'ordine individuato nel comma 1, per cui «*tali crediti sono soddisfatti con preferenza ai sensi del primo comma n. 1)*».

[10] Analogamente PECORARO, *Crediti prededucibili*, 319.

[11] Cfr. art. 182-*quater*, comma 2, l. fall., che subordina la prededuzione alla condizione che il finanziamento sia previsto nel piano o nell'accordo e purché la prededuzione sia disposta nel decreto di ammissione al concordato o l'accordo sia omologato. L'art. 99, comma 5 (novellato dal d.lgs. n. 147 del 2020, dopo l'iniziale eliminazione della prededuzione per questa tipologia di finanziamenti c.d. ponte) mantiene la prededuzione sostanzialmente alle medesime condizioni, ma non è chiaro cosa significhi l'applicabilità delle «*disposizioni di cui ai commi da 1 a 4*» della medesima norma che si occupano dei finanziamenti richiesti nel corso delle procedure ivi contemplate, già peraltro con la domanda di accesso alle medesime.

[12] Art. 182-*quater*, comma 1, l. fall. L'art. 101 conferma la prededuzione solo «*quando è prevista la continuazione dell'attività aziendale*», con la precisazione che i finanziamenti devono essere «*espressamente previsti nel piano ad essi sottostante*». Sulla prededuzione spettante al finanziamento soci, in deroga agli artt. 2467 e 2497-*quinquies* c.c., v. art. 182-*quater*, comma 3, l. fall. e ora art. 102.

nanziamenti autorizzati dal tribunale *nel corso* della domanda di concordato preventivo, anche con riserva, o dell'accordo o anche solo della proposta di accordo di ristrutturazione [13]; (ii) o ancora le prededuzioni per *crediti* nascenti da atti di ordinaria amministrazione legalmente posti in essere o anche da atti urgenti di straordinaria amministrazione, in tal caso previa autorizzazione del tribunale, durante il concordato con riserva [14] o per *crediti* nascenti dai medesimi atti (in caso di straordinaria amministrazione previa autorizzazione del giudice delegato) dopo l'apertura della procedura di concordato e prima della omologazione [15].

Si aggiungono le prededuzioni previste dalla normativa relativa alla composizione della crisi da sovraindebitamento [16] e quelle disciplinate nell'ambito del neoistituto composizione negoziata della crisi [17].

Si tratta di prededuzioni previste espressamente dalla legge e che trovano *sostanziale conferma* nel Codice, come già indicato in nota, pur con qualche ulteriore specificazione e/o limitazione. In particolare è previsto che la prededuzione dei finanziamenti sopra enumerati possa decadere alla duplice congiunta condizione ove nella successiva liquidazione giudiziale emerga che: (i) il ricorso o l'attestazione contengano dati falsi o omettano informazioni rilevanti o comunque il debitore abbia commesso altri atti in frode ai creditori per ottenere l'autorizzazione; (ii) il curatore dimostri che i finanziatori, alla data dell'erogazione, erano a conoscenza di tali circostanze (cfr. artt. 99, comma 6, e 101, comma 2).

4. – I maggiori dubbi interpretativi si sono posti, peraltro, in merito al duplice criterio che individuava nel novellato art. 111 l. fall. le cc.dd. *prededuzioni atipiche* («*sono considerati crediti prededucibili … quelli sorti in occasione o in funzione delle procedure concorsuali di cui alla presente legge*»).

---

[13] Art. 182-*quinquies*, comma 1, che subordina la prededuzione dei cc.dd. finanziamenti interinali alla previa attestazione da parte di un professionista indipendente circa il fatto che i finanziamenti siano funzionali alla migliore soddisfazione dei creditori; art. 182-*quinquies*, comma 3, che esige trattarsi di finanziamenti erogati in via d'urgenza funzionali a urgenti necessità relative all'esercizio dell'attività aziendale. Per la disciplina di questa tipologia di finanziamenti ora recata dal Codice cfr. il relativo art. 99, commi da 1 a 4.

[14] Art. 161, comma 7, l. fall. V. ora l'art. 46, ma anche lo stesso art. 6, comma 1, lett. *d*).

[15] Art. 167, commi 1 e 2, l. fall. V. ora l'art. 94, ma anche lo stesso art. 6, comma 1, lett. *d*).

La legge fallimentare contemplava già molte altre prededuzioni tipiche: a titolo esemplificativo si pensi agli artt. 79 e 80 l. fall. quanto al credito per indennizzo dovuto rispettivamente dal curatore del fallito affittante o affittuario o dal curatore del fallito locatore in caso di recesso dal contratto pendente. I corrispondenti artt. 184 e 185 peraltro riducono l'indennizzo a «*credito concorsuale*»; il credito da controvalore in favore del titolare del diritto alla restituzione o rivendicazione di cose ai sensi dell'art. 103, ultimo periodo, l. fall. Il corrispondente art. 210 mantiene la prededuzione; il credito per il compenso spettante al curatore (art. 113, comma 2, l. fall.). Il corrispondente art. 227 conferma la prededuzione; e così via.

[16] Qui, tuttavia, la l. n. 3 del 2012 fa riferimento piuttosto alle prededuzioni atipiche con la formula di crediti sorti «*in occasione o in funzione*» delle procedure di composizione della crisi da sovraindebitamento da soddisfare in via prioritaria (artt. 13, comma 4-*bis* e 14-*duodecies*, comma 2). Il Codice sembra limitare la prededuzione ai «*crediti relativi a spese e compensi per le prestazioni*» rese dall'OCC.

[17] Il d.l. n. 118 del 2021, convertito nella l. n. 147 del 2021 prevede espressamente la prededucibilità del compenso dell'esperto (art. 16, comma 9). V. ora nello stesso senso l'art. 25-*ter*, comma 12. Inoltre sono prededucibili i finanziamenti autorizzati dal tribunale, su richiesta dell'imprenditore, concessi da terzi o da soci o a società di gruppo purché funzionali alla continuità aziendale e alla miglior soddisfazione dei creditori (art. 10 d.l. citato; ora art. 22).

La "occasionalità" è stata declinata alla stregua di un criterio *cronologico*, nel senso che deve trattarsi di crediti sorti *durante* la procedura concorsuale. La prededucibilità in tal caso tende a salvaguardare il principio di stabilità degli atti compiuti nel corso della procedura, ovviamente sotto il controllo dei suoi organi e per tutelare coloro che hanno instaurato rapporti con detti organi. Di qui l'affiancamento necessario al criterio temporale di un criterio soggettivo, sì che la Suprema Corte ha avuto modo di precisare che «il riferimento all'elemento cronologico ('in occasione'), deve essere integrato, per avere un senso compiuto, con un implicito elemento soggettivo e cioè quello della *riferibilità del credito all'attività degli organi della procedura*; in difetto di una tale integrazione il criterio in questione sarebbe palesemente irragionevole, in quanto porterebbe a considerare come prededucibili, per il solo fatto di essere sorti in occasione della procedura, i crediti conseguenti ad attività del debitore non funzionali ad esigenze della stessa»[18]. Devono peraltro ricomprendersi in questa categoria non solo le obbligazioni negozialmente assunte dagli organi della procedura, ma anche quelle occasionate comunque dall'attività anche non negoziale dei detti organi, quali per esempio i debiti risarcitori derivanti da fatti illeciti del curatore o i debiti tributari il cui presupposto sia maturato dopo l'apertura della procedura concorsuale[19].

La "funzionalità" ha sollevato le maggiori problematiche per la eccessiva genericità del termine, tanto che un primo orientamento, al fine di restringerne l'ambito applicativo, riteneva di dover fornire una interpretazione "ortopedica" della norma, sostituendo alla congiunzione alternativa dell'endiadi («*in occasione o in funzione*») una congiunzione copulativa («*in occasione e in funzione*»), sì che il credito poteva considerarsi prededucibile solo se sorto durante la procedura e nel contempo strumentale alle finalità della medesima, sì da essere sottoposto al controllo del Giudice, ciò che non poteva accadere per crediti strumentali alla procedura ma la cui causa genetica si poneva al di fuori della stessa, prima della sua apertura[20].

È prevalso tuttavia sia in dottrina che in giurisprudenza il diverso orientamento che riconosce piena autonomia ai due criteri della occasionalità e della funzionalità, attribuendo allora al secondo criterio la capacità di attrarre nell'area della prededucibilità anche quei crediti sorti «al di fuori dei limiti temporali della procedura, purché legati ad essa da un nesso di propedeuticità»[21] e, benché non sorti per effetto di attività degli organi della procedura, tuttavia «funzionali alla massa in quanto destinati ad apportare vantaggi a tutti i creditori»[22]. Al riguardo si è parlato di un nesso di inerenza *necessaria* alla procedura, nel senso che il parametro della funzionalità «va ancorato al requisito della utilità per la stessa da intendersi come necessaria strumentalità rispetto alla procedura e

[18] Così Cass. n. 1513 del 2014. Conforme Cass. n. 20113 del 2016.

[19] Per un'ampia elencazione di crediti prededucibili riconducibili a tale categoria cfr. BOZZA, SCHIAVON, *L'accertamento*, 481 ss.

[20] D. CALO, VIRGINTINO, *I crediti prededucibili*, 1037; D'AMORA, *Prededuzione e* par condicio, 363; in giurisprudenza, Trib. Pordenone, 8 ottobre, 2009, in *ilcaso.it*; Trib. Bari, 17 maggio 2010, in *Dir. fall.*, Trib. Varese, 11 aprile 2011, in *ilcaso.it*; Trib. Firenze, 26 marzo 2008, in *Foro it.*; Trib. La Spezia, 5 aprile 2012, Trib. Bolzano, 14 febbraio 2014, in *ilfallimentarista.it;* ma anche Cass., 14 febbraio 2011, n. 3582.

[21] AMBROSINI, *La ripartizione*, 662.

[22] MATTEI, *Della ripartizione*, 1282. Sulla funzionalità come "utilità" per tutti i creditori v. SILVESTRINI, *Art. 111*, 1555; VIVALDI, *La ripartizione*, 274; in giurisprudenza v. Trib. Prato, 24 giugno 2011, in *ilcaso.it*.

come rispondenza al suo scopo ed all'interesse della massa dei creditori»[23].

Questo orientamento è stato fatto proprio dalla Cassazione, che da un canto ha ribadito l'autonomia e l'alternatività dei due criteri e d'altro canto ne ha valorizzato la *ratio* come incentivo all'accesso alle procedure minori, tese ad evitare la procedura fallimentare[24].

Senonché il maggior punto di attrito è stato rappresentato dalla valutazione da compiere sul "vantaggio o utilità" per la massa dei creditori e in particolare per le prestazioni rese dai professionisti incaricati dal debitore al fine di accedere alle procedure concorsuali. Tre orientamenti si sono contrapposti: (i) il primo ha preteso che l'utilità dovesse apprezzarsi *in concreto* e *a posteriori*, sì che ove per esempio il concordato fosse sfociato in fallimento il giudice delegato avrebbe dovuto escludere la prededuzione[25]; (ii) il secondo orientamento ha ritenuto che l'utilità per la massa fosse da valutare *in astratto* ed *ex ante*, tenendo conto della finalità della procedura concorsuale adìta e della circostanza che le prestazioni compiute dal terzo siano così riconducibili alla «causa economico-organizzativa almeno preparatoria di una procedura concorsuale, a meno che non ne risulti dimostrato il carattere sovrabbondante o superfluo rispetto all'iniziativa assunta o finanche la conoscenza da parte del professionista del carattere fraudolento dell'iniziativa assunta dal debitore»[26]; (iii) il terzo orientamento minoritario, a dire il vero sviluppatosi con riguardo al concordato con riserva, ha invece fatto leva – più che sulla funzionalità – sul criterio della occasionalità (la fase di presentazione di proposta e piano completi si svolgono nel corso della procedura già avviata) e della tipicità (la prestazione professionale dovrebbe qualificarsi come "atto legalmente compiuto" nel corso della procedura ai sensi dell'art. 161, comma 7, l. fall.)[27].

A dirimere il contrasto sono intervenute le Sezioni Unite della Cassazione (sent. 31 dicembre 2021, n. 42093)[28] che hanno sostanzialmente avallato il secondo orientamento,

---

[23] Cfr. LAMANNA, *I crediti prededucibili*, 4; PATTI, *La prededuzione*, 1343; in giurisprudenza v. Trib. Prato, 14 giugno 2012, in *Fallimento*, 2012, 1479.

[24] Cfr. Cass., 24 gennaio 2014, n. 1513; Cass., 5 marzo 2014, n. 5098; Cass., 14 marzo 2014, n. 603; Cass., 17 aprile 2014, n. 8958.

[25] Cfr. Cass., 7 febbraio 2017, n. 3218; Cass., 18 dicembre 2015, n. 25589; Cass., 24 gennaio 2014, n. 1513; Cass., 5 marzo 2014, n. 5098; Cass., 17 aprile 2014, n. 8958; Cass., 10 settembre 2014, n. 19013; Cass., 7 marzo 2013, n. 5705; Cass., 8 aprile 2013, n. 8534; Cass., 13 dicembre 2013, n. 27926; Cass., 5 marzo 2012, n. 3402; Cass., 10 maggio 2012, n. 7166.

[26] Così PANI, *Il credito prededucibile*, 9. In giurisprudenza v. Cass. n. 220 del 2020; Cass. n. 13596 del 2020; Cass., 18 gennaio 2018, n. 1182; Cass. n. 12017 del 2018; Cass., 14 marzo 2017, n. 6517; Cass., 30 gennaio 2015, n. 1765; Cass., 6 febbraio 2015, n. 2264; Cass., 5 marzo 2015, n. 4486; Cass., 4 novembre 2015, n. 22450; Cass., 5 marzo 2014, n. 5098; Cass., 10 settembre 2014, n. 19013; Cass., 8 aprile 2013, n. 8533; Cass., 17 aprile 2013, n. 9316; Cass., 25 novembre 2013, n. 26336; Cass., 6 agosto 2010, n. 18437.

[27] Cass. n. 25471 del 2019.

[28] Il principio di diritto affermato dalle Sezioni Unite, dopo una accurata e articolata disamina dei molteplici profili sollevati in sede di rimessione, è il seguente: «il credito del professionista incaricato dal debitore di ausilio tecnico per l'accesso al concordato preventivo o il perfezionamento dei relativi atti è considerato prededucibile, anche nel successivo e consecutivo fallimento, se la relativa prestazione, anteriore o posteriore alla domanda di cui all'art. 161 l.f., sia stata funzionale, ai sensi dell'art. 111 co. 2 l.f., alle finalità della prima procedura, contribuendo con inerenza necessaria, secondo un giudizio *ex ante* rimesso all'apprezzamento del giudice del merito, alla conservazione o all'incremento dei valori aziendali dell'impresa, sempre che il debitore venga ammesso alla procedura ai sensi dell'art. 163 l.f., ciò permettendo istituzionalmente ai creditori, cui la proposta è

peraltro richiedendo che le prestazioni rese dai professionisti pervengano ad un *risultato minimo* consono alla procedura intrapresa (ad esempio, che nel concordato con riserva si pervenga all'*apertura* della procedura), in modo tale – osserva la Corte – che «la funzionalità può dirsi sussistente allora quando l'attività originante il credito sia ragionevolmente assunta, nella prospettazione delle circostanze ad essa coeve, proprio per assecondare, con l'instaurazione o lo svolgimento della specifica procedura concorsuale cui è volta, le utilità (patrimoniali, aziendali, negoziali) su cui può contare tipologicamente, cioè secondo le regole del modello implicato, l'intera massa dei creditori, destinati a prendere posizione sulla proposta del debitore; ciò ne permette l'assimilazione ad una nozione di costo esterno sostenibile al pari di quelli prodotti dalle attività interne degli organi concorsuali, se e quando potranno operare».

Da ultimo, in questa sintesi retrospettiva rispetto alle innovazioni recate dal Codice, va ricordato che le prededuzioni atipiche legate al duplice criterio della occasionalità e funzionalità sono riferite a crediti sorti nell'ambito di tutte le "procedure concorsuali" previste dalla legge fallimentare, il che porta ad escludere il piano attestato, ma a ricomprendervi – oltre che il fallimento, la liquidazione coatta e il concordato preventivo – anche l'accordo di ristrutturazione[29]. E non senza contrasti sulla possibile estensione a procedure concorsuali esterne alla legge fallimentare (come per esempio l'amministrazione straordinaria delle grandi imprese in crisi).

5. – L'art. 6, qui commentato, nell'ottica di dare attuazione al principio di economicità delle procedure, ha delimitato – parrebbe in maniera tassativa – l'elencazione delle ipotesi di prededucibilità, innanzitutto eliminando il duplice generale e generico criterio della occasionalità e funzionalità, il che non esclude che alcuni esiti interpretativi ad essi connessi permangano comunque nell'attuale esegesi della disposizione.

Come pure è stato osservato[30], possono considerarsi espressione del criterio della occasionalità le prededuzioni di cui alla lett. *d*) – e direi anche della lett. *a*) –, nonché espressione della funzionalità quelle relative alle lett. *b*) e *c*). Ma ovviamente si tratta di ipotesi ben più delimitate, soprattutto con riguardo al criterio della funzionalità.

Procediamo all'analisi delle quattro macrocategorie indicate:

a) i *crediti per spese e compensi spettanti all'OCC* nelle crisi da sovraindebitamento erano già nella l. n. 3 del 2012 qualificati come prededucibili, in quanto riconducibili a quelli sorti in occasione (o in funzione) delle relative procedure (come disponevano gli artt. 13, comma 4-*bis*, e 14-*duodecies*, comma 2). Nel Codice, tuttavia, l'art. 13, comma 4-*bis*, non viene ri-

rivolta, di potersi esprimere sulla stessa; restano impregiudicate, da un lato, la possibile ammissione al passivo, con l'eventuale causa di prelazione e, per l'altro, la non ammissione, totale o parziale, del singolo credito ove si accerti l'inadempimento della obbligazione assunta o la partecipazione del professionista ad attività fraudatoria». Per un commento favorevole alla sentenza cfr. NARDECCHIA, *La prededuzione*, 365 ss.; CASA, *La "quadratura*. Per una lettura critica, invece, GREGGIO, *La prededuzione*. Cfr. anche BOTTAI, PEZZANO, *Gli effetti*.

[29] Sul riconoscimento del carattere di "concorsualità" alla procedura omologatoria degli accordi di ristrutturazione v. Cass. sent. n. 1182 del 2018; Cass. n. 9087 del 2018; Cass. n. 15724 del 2019; Cass. n. 40913 del 2021. *Contra*, ancora, Trib. Reggio Emilia, 19 luglio 2018, in *ilcaso.it*, con nota di BONFATTI, *Estraneità degli Accordi*.

[30] PANI, *La prededuzione*, 22.

preso dalle corrispondenti disposizioni (artt. 65-83, in particolare art. 71 per la procedura di ristrutturazione dei debiti del consumatore e art. 81 per il concordato minore); mentre l'art. 14-*duodecies*, comma 2, trova corrispondenza per la «liquidazione controllata» nell'art. 277, comma 2[31]. Ne consegue che la prededuzione per le prestazioni dell'OCC trova la propria giustificazione in via generale nella lett. *a*) dell'art. 6 e, quanto alla liquidazione controllata, anche nell'art. 277 secondo il criterio della occasionalità.

La riproposizione, peraltro, del duplice criterio della occasionalità e funzionalità limitatamente alla liquidazione controllata del patrimonio del sovraindebitato apre la via alle prededuzioni atipiche per tale procedura riferibili ai detti criteri, ivi compresa la prededuzione per i crediti dei professionisti che affiancano il debitore; nel contempo solleva perplessità sulla legittimità costituzionale in merito alla disparità di trattamento che deriverebbe dal mancato riconoscimento di analoga prededuzione per i crediti professionali sorti in funzione dell'accesso alla procedura di ristrutturazione dei debiti del consumatore e al concordato minore[32].

L'abrogazione della «*composizione assistita*» della crisi d'impresa e la sua sostituzione con la «*composizione negoziata*» ha comportato la modifica della precedente formulazione della lett. *a*) in oggetto, che prevedeva la prededuzione anche per spese e compensi dell'OCRI. In sua mancanza, peraltro, la prededuzione – come si è già detto – compete alle spese e compenso dell'*esperto indipendente* (art. 25-*ter*, comma 12). La prededuzione del compenso dell'OCC e dell'esperto è integrale e non soffre limiti percentuali;

b) i *crediti professionali* sorti in funzione della *domanda* di omologazione degli «*accordi di ristrutturazione dei debiti*» o del neoistituito «*piano di ristrutturazione soggetto a omologazione*» e per la *richiesta* delle misure protettive sono prededucibili nel limite del 75% del *credito accertato* e a condizione che accordi o piano siano *omologati*.

La disposizione sancisce il carattere di concorsualità degli accordi di ristrutturazione, nel solco della giurisprudenza di legittimità; vi aggiunge il piano di ristrutturazione soggetto ad omologazione che sembra rivestire analoghi caratteri di concorsualità (proposta rivolta a tutti i creditori suddivisi in classi, senza che debba necessariamente essere rispettato l'ordine dei privilegi, salva la soddisfazione integrale dei lavoratori, accompagnata da attestazione di un professionista di veridicità dei dati e di fattibilità del piano e soggetta all'approvazione unanime delle classi).

I crediti professionali suscettibili di prededuzione paiono limitati a quelli inerenti la predisposizione della domanda di omologazione e della richiesta di misure protettive ai

---

[31] Il comma 2 dispone: «*I crediti sorti in occasione o in funzione della liquidazione sono soddisfatti con preferenza rispetto agli altri, con esclusione di quanto ricavato dalla liquidazione dei beni oggetto di pegno e ipoteca per la parte destinata ai creditori garantiti*».

[32] Mi sembra che PANI, *La prededuzione*, 23-24 incorra nella svista di considerare non riproposto nel Codice l'art. 14-*duodecies*, comma 2, cit., che è di contro ripreso nell'art. 277. Di qui le sue considerazioni sulla esclusione della prededuzione per i professionisti che affiancano il debitore sovraindebitato, di cui parrebbe superare il dubbio di legittimità costituzionale *ex* art. 3 Cost. per la circostanza che la presenza dell'OCC escluderebbe il ricorso necessario a professionisti di fiducia. Il dubbio, tuttavia, diventa più consistente a fronte di una possibile disparità di trattamento tra crediti professionali in funzione dell'accesso alla liquidazione controllata (la cui prededuzione è predicabile in forza dell'art. 277, comma 2) e crediti professionali in funzione dell'accesso alla procedura di ristrutturazione dei debiti del consumatore e al concordato minore.

sensi dell'art. 54, così coinvolgendo l'attività professionale funzionale alle trattative ancor prima del deposito della domanda di omologazione. Il credito diventa prededucibile solo se si realizza la condizione della omologazione e nei limiti del 75% del *credito accertato*. Al di là della misura percentuale, intesa ad attuare in modo discutibile il principio di economicità, va sottolineato l'ulteriore requisito dell'"accertamento" del credito, il che sembra evocare un sindacato giurisdizionale in sede di riconoscimento della prededuzione sotto i molteplici profili della necessaria inerenza alla procedura, dell'adeguatezza e non esorbitanza rispetto alle prestazioni effettuate e della eventuale insussistenza o ridimensionamento per inadempienze ravvisabili nell'attività del professionista. Sembra evidente che l'eventuale prededucibilità dedotta nell'accordo o nel piano non sarebbe di per sé sufficiente a garantire lo stesso livello di prededucibilità in una successiva procedura liquidatoria, ove si dovrebbe svolgere il giudizio di accertamento del credito;

c) i *crediti professionali* sorti in funzione della *presentazione* della domanda di concordato preventivo nonché del *deposito* di proposta e piano che la correda sono prededucibili nel limite del 75% del *credito accertato* e a condizione che la «*procedura sia aperta ai sensi dell'art. 47*».

Come per gli accordi di cui alla precedente lett. *b*), il credito professionale è prededucibile nel solito limite del 75% e a condizione che la procedura di concordato preventivo venga *aperta* (e non già definitivamente omologata) a seguito della positiva valutazione del tribunale di ammissibilità/ritualità della proposta (a seconda che la tipologia del concordato sia liquidatoria o in continuità aziendale) e di fattibilità del piano intesa come «*non manifesta inattitudine del medesimo a raggiungere gli obiettivi prefissati*» (concordato liquidatorio) o come manifesta inidoneità «*alla soddisfazione dei creditori, come proposta dal debitore, e alla conservazione dei valori aziendali*» (concordato in continuità). La disposizione supera, in tal modo, le incertezze che investivano sotto la legge fallimentare il riconoscimento della prededucibilità al credito professionale, in particolare per l'attività espletata fra il deposito della domanda di concordato con riserva e il successivo deposito di piano e proposta nonché di tutta la documentazione richiesta per il concordato pieno. Viene legificata, in altre parole, la posizione fatta propria dalla citata sentenza delle Sezioni Unite, secondo cui è necessario che la prestazione professionale raggiunga un "risultato minimo", rappresentato dalla possibilità che su proposta e piano possano esprimersi i creditori [33]. Ovviamente, se tale soluzione fornisce elementi di maggiore certezza, nel contempo offre il destro a critiche fondate sulla trasformazione della obbligazione professionale da obbligazione di mezzi a obbligazione di risultato, nonché sul possibile disincentivo all'ausilio professionale del debitore in crisi.

Quanto al credito "accertato" valgono le osservazioni formulate in precedenza per gli accordi.

Del tutto incomprensibile è, tuttavia, la ragione per cui non fruirebbero della prededucibilità le prestazioni professionali volte ad attivare misure protettive – come per gli accordi di ristrutturazione –, misure che in verità possono essere richieste e concesse in varie ipotesi: (i) con l'istanza di nomina dell'esperto o nel corso della composizione negoziata della

[33] Cfr. al riguardo NAPOLITANO, *La prededuzione*.

crisi (art. 54, comma 4, che richiama gli artt. 17 e 18); (ii) con la domanda di accesso ad uno degli strumenti di regolazione della crisi e dell'insolvenza, anche se con riserva, (artt. 54, commi 2 e 4, che richiamano rispettivamente l'art. 40 e l'art. 44, comma 1); (iii) prima ancora del deposito della domanda di omologazione degli accordi di ristrutturazione, anche ad efficacia estesa (e a mio avviso anche di omologazione del piano di ristrutturazione come si desume dall'art. 44, comma 1, lett. *a*) (art. 54, comma 3).

Quanto all'ipotesi *sub* (i), può essere comprensibile il mancato riconoscimento legislativo della prededuzione (benché non agevole da giustificare in termini di opportunità) al credito professionale per l'istanza di misure protettive nell'ambito di un istituto, come la composizione negoziata, al quale unanimemente non viene attribuita natura di "procedura concorsuale". L'ipotesi *sub* (iii) sembra peraltro assorbita dalla previsione di cui alla lett. b) che precede, riferibile proprio agli accordi di ristrutturazione e "in funzione" della relativa domanda, ma anche per la "richiesta" di misure protettive *tout court*, precedenti o coeve o successive al deposito della domanda di omologazione, pur sempre nei limiti e alla condizione previsti nella norma.

L'ipotesi *sub* (ii) rinvia alle richieste coeve o successive al deposito della domanda di accesso, anche con riserva, ad una procedura di regolazione della crisi, nella sostanza alla residua ipotesi di concordato preventivo. Ritengo che l'assurda e ingiustificabile interpretazione discriminatoria che farebbe venir meno la prededucibilità del credito professionale per la richiesta di misure protettive in tale ipotesi, in base al diverso tenore letterale della lett. *b*) e della lett. *c*) dell'art. 6 in commento, possa superarsi tenendo conto della circostanza che – a differenza degli accordi per i quali le misure possono precedere il deposito della domanda già nel corso delle trattative – per il concordato preventivo esse si accompagnano alla domanda piena o con riserva, o dopo la domanda con riserva, e sono dunque riconducibili al contenuto della domanda o al deposito di proposta e piano[34]. Varranno, comunque, limiti e condizione disciplinati nella lett. *c*);

d) l'ultima categoria tende a coincidere con i tradizionali "crediti di massa", sposando comunque il criterio della occasionalità, essendo tali *i crediti sorti* «*"durante" una qualsiasi "procedura concorsuale"*» (la norma non limita il beneficio ai crediti occasionati dalle sole procedure concorsuali disciplinate dal Codice, come faceva invece l'art. 111 l. fall.) e strumentali alla «*gestione del patrimonio*» del debitore o alla «*continuazione dell'esercizio dell'impresa*», cui si aggiungono i costi di procedura, ivi compresi i «*compensi degli organi preposti*» e le «*prestazioni professionali richieste dagli organi medesimi*».

Deve trattarsi di «*crediti legalmente sorti*» per le finalità indicate: ciò comporta che sono prededucibili i crediti sorti nel corso della procedura concorsuale assunti legittimamente dagli organi della procedura medesima, con affiancamento al criterio temporale altresì del criterio soggettivo (riferibilità all'attività degli organi) già posto in luce dalla giurisprudenza formatasi nel vigore della legge fallimentare; ma anche i crediti legittimamente assunti dal debitore nel corso della procedura per le indicate finalità, dovendosi distinguere le obbligazioni sorte per il compimento degli atti di ordinaria amministrazione che restano nella piena disponibilità del debitore da quelle derivanti dagli atti di straordinaria ammini-

[34] Diversamente PANI, *La prededuzione*, 29, che pur riconosce l'irragionevolezza di una soluzione contraria alla prededucibilità.

strazione che devono essere autorizzati dal tribunale o dal giudice delegato [35]. La distinzione fra le due tipologie di atti è funzionale alla incidenza sulla conservazione o meno dell'integrità e del valore del patrimonio e dunque sulla idoneità dell'atto a pregiudicare i valori dell'attivo compromettendo le capacità di soddisfare le ragioni dei creditori [36].

L'attuale formulazione della lett. d) solleva due interrogativi: (i) la prededucibilità si estende anche ai cc.dd. crediti involontari, cioè alle obbligazioni derivanti da atti illeciti riferibili all'attività degli organi preposti alla procedura? (ii) investe altresì la fase esecutiva delle procedure concorsuali?

Il primo quesito discende dalla circostanza che la formulazione della lett. d) in sede di primo correttivo al Codice (d.lgs. n. 147 del 2020, art. 2) era stata integrata con l'inciso che espressamente dichiarava prededucibili «*i crediti derivanti da attività non negoziali degli organi preposti, purché connesse alle loro funzioni, i crediti risarcitori derivanti da fatto colposo degli organi predetti*». Tale inciso è stato invece abrogato dall'ultima versione del Codice a seguito del d.lgs. n. 83 del 2022 (c.d. decreto *Insolvency*). Ciononostante mi pare che l'eliminazione sia dettata da una esigenza di semplificazione, potendosi ben ricondurre – come per il passato – le indicate obbligazioni a quelle sorte per attività riferibili agli organi preposti nella gestione del patrimonio del debitore e nell'esercizio dell'impresa, poiché una mancata e integrale tutela dei terzi sarebbe in queste ipotesi del tutto ingiustificata.

Il secondo quesito nasce dalla circostanza che le procedure concorsuali di regolazione della crisi come gli accordi, piani e concordati preventivi omologati trovano il loro momento conclusivo proprio nel provvedimento di omologazione, sì che potrebbe sostenersi che la "fase esecutiva" stia fuori della procedura e i crediti di terzi sorti in tale fase non potrebbero godere della prededuzione [37]. La medesima questione si poneva sotto il vigore della legge fallimentare e la giurisprudenza della Suprema Corte sembrava abbracciare due orientamenti diversi: il primo esigeva che il credito fosse espressamente contemplato nel piano sottoposto alla approvazione dei creditori e omologato dal tribunale [38]; il secondo attribuiva rilevanza alla funzionalità sostanziale del credito rispetto alla esecuzione del concordato [39]. Entrambi, comunque, finivano per abbracciare una nozione estesa di pro-

[35] E v. per la domanda di concordato preventivo, anche con riserva, l'art. 46, commi 1 e 3, con riferimento alle ipotesi autorizzatorie. Il comma 4, ribadisce poi che «*i crediti di terzi sorti per effetto degli atti legalmente compiuti dal debitore sono prededucibili*»: ciò conferma la prededucibilità dei crediti derivanti da obbligazioni per atti di straordinaria amministrazione *autorizzati*, ma anche dei crediti da obbligazioni per atti di ordinaria amministrazione, considerato che ai sensi dell'art. 94, comma 1 «*dalla data della presentazione della domanda di accesso al concordato preventivo e fino all'omologazione, il debitore conserva l'amministrazione dei suoi beni e l'esercizio dell'impresa, sotto la vigilanza del commissario giudiziale*». Per analoga impostazione nella legge fallimentare cfr. art. 161, comma 7, e art. 167, commi 1 e 2.

[36] Così Cass., sent. 29 maggio 2019, n. 14713, la quale precisa: «sono di ordinaria amministrazione gli atti di comune gestione dell'impresa strettamente aderenti alle finalità e dimensioni del suo patrimonio e quelli che – ancorché comportanti una spesa – lo migliorino o anche solo lo conservino; ricadono invece nell'area dell'amministrazione straordinaria gli atti suscettibili di ridurlo o di gravarlo di pesi o vincoli cui non corrispondono acquisizioni di utilità reali e prevalenti».

[37] Ritiene che non possa maturare alcuna prededuzione nella fase esecutiva del concordato preventivo PANZANI, *Ancora sulla prededuzione*, 939.

[38] Cass., 9 settembre 2016, n. 17911; Cass., 12 luglio 2018, n. 18488; Cass., 10 agosto 2021, n. 22604.

[39] Cass., 10 gennaio 2018, n. 380; Cass., 4 febbraio 2021, n. 2656.

cedura concorsuale, che mi pare potersi riproporre anche nel vigore del Codice facendo riferimento al nesso sostanziale fra insorgere del credito nella fase esecutiva e sua essenzialità alla realizzazione del piano omologato [40].

6. – L'indagine che precede fa emergere condizioni e limiti, sotto molteplici profili, alla prededucibilità dei crediti professionali sorti in funzione dell'accesso agli strumenti di regolazione della crisi e dell'insolvenza.

A. Innanzitutto si è osservato che, stando al tenore delle lett. *b*) e *c*) dell'art. 6, non godrebbero più del beneficio le prestazioni professionali di predisposizione della *domanda di autoliquidazione giudiziale* (pregresso autofallimento) (art. 37), nonché le prestazioni in funzione del *concordato semplificato* (art. 25-*sexies*), del *concordato minore* (art. 74), della *domanda di ristrutturazione dei debiti del consumatore* (art. 67) e *di accesso ad una procedura familiare* (art. 66) [41], tutte ipotesi che nel vigore della legge fallimentare potevano ricondursi al dettato dell'art. 111 in quanto crediti sorti in funzione dell'accesso a "procedure concorsuali".

Preliminarmente va osservato che si conferma la non prededucibilità delle prestazioni rese in funzione dei piani attestati di risanamento (art. 56), di cui è pacificamente esclusa la natura di procedura concorsuale.

In merito all'attribuzione della prededuzione al credito professionale in funzione della dichiarazione di autofallimento la giurisprudenza della Suprema Corte si è venuta stabilizzando in senso favorevole, riconducendo l'ipotesi al criterio della funzionalità *ex* art. 111 l. fall. [42]. Attualmente è molto dubbio che tale credito possa rientrare fra le categorie delineate dall'art. 6, considerato che le uniche procedure concorsuali contemplate ai fini delle prestazioni professionali strumentali al relativo accesso sono gli accordi e il piano di ristrutturazione nonché il concordato preventivo [43]. Ci si potrebbe chiedere se da ciò discenda una irragionevole disparità di trattamento, con violazione dell'art. 3 Cost. E tuttavia potrebbe prevalere l'idea che la ragionevolezza della soluzione adottata possa collegarsi al *favor* per le soluzioni alternative alla liquidazione giudiziale e all'incentivo verso una emersione anticipata della crisi che eviti la liquidazione giudiziale. Va tuttavia segnalata una recente decisione del Giudice delegato, Trib. Reggio Emilia, 2 maggio 2023, che in sede di ammissione del credito professionale strumentale all'autoliquidazione giudiziale ha stabilito che «non sarebbe ragionevole riconoscere la prededuzione al credito maturato dal professionista soltanto nel caso in cui lo strumento prescelto sia stato quello degli ADR o

[40] In questi termini mi pare anche PANI, *La prededuzione*; e ZANICHELLI, *Prededuzione dei crediti*, 559.

[41] Parlano di "dimenticanza" e comunque di incomprensibile omissione RASILE, ZANOTTI, *L'art. 6*.

[42] Ha statuito Cass., 28 giugno 2019, n. 17596 che «il credito del professionista che abbia assistito il debitore nella preparazione della documentazione per la proposizione dell'istanza di fallimento in proprio – sebbene sia attività che può essere svolta personalmente dal debitore ma che lo stesso ha scelto, per ragioni di opportunità o di convenienza, di affidare ad un esperto di settore – costituisce un credito sorto in funzione della procedura fallimentare e, come tale, è prededucibile ai sensi dell'art. 111, secondo comma, l. fall., che costituisce norma generale, applicabile a tutte le procedure concorsuali, come definitivamente chiarito anche dalla già menzionata abrogazione, nel 2012, dell'art. 182 *quater*, quarto comma, legge fall.». Ma v. già Cass., 9 settembre 2014, n. 18922; e successivamente Cass., 12 maggio 2021, n. 12578, Cass., 20 settembre 2021, n. 25313, e Cass., SS.UU., n. 42093 del 2021.

[43] Analoga conclusione in PANI, *La prededuzione*, 35.

del concordato preventivo, perché tale determinazione è il risultato di una attività di studio e lavoro che almeno in parte coincide a prescindere dall'esito finale, che non può essere con certezza conosciuto al momento dell'accettazione dell'incarico». Ne consegue che «il credito del professionista che ha assistito il debitore nella presentazione della domanda di liquidazione giudiziale in proprio, gode della prededuzione in forza di una interpretazione logico-sistematica dell'art. 6 CCII. Il dato letterale dell'art. 6 può essere superato in via interpretativa in ragione dell'*eadem ratio* che accomuna le fattispecie considerate espressamente in tale articolo e il credito professionale sorto in funzione della presentazione di una domanda di liquidazione giudiziale in proprio, al quale – pertanto – va riconosciuto carattere prededucibile nello stato passivo della liquidazione giudiziale»[44].

A conclusione favorevole può agevolmente pervenirsi per le prestazioni strumentali all'accesso al concordato semplificato e al concordato minore, valorizzando la natura concordataria dei relativi istituti e una interpretazione estensiva dell'art. 6, lett. *c*) costituzionalmente orientata[45].

Più difficoltosa, invece, una interpretazione evolutiva quanto alle prestazioni professionali strumentali alla domanda di ristrutturazione dei debiti del consumatore (anche sotto forma di procedura familiare): qui – com'è noto – la domanda va presentata tramite l'OCC, le cui prestazioni sono assistite dal beneficio della prededuzione e sembrano allora escludere analogo beneficio per i professionisti di fiducia del debitore.

B. Anche laddove il credito professionale è considerato prededucibile, si è visto che il suo riconoscimento è condizionato alla omologazione dell'accordo o del piano o all'apertura della procedura di concordato. Tali condizioni hanno sollevato critiche in merito a quella che è stata definita una sorta di modifica genetica della natura del credito professionale da obbligazione di mezzi a obbligazione di risultato, poiché esigere che la prededucibilità discenda dalla circostanza che la prestazione professionale attui un determinato fine, quello cioè di conseguire l'omologazione o l'ammissione alla procedura di concordato, significa sostanzialmente trasformare la prestazione professionale in prestazione di risultato[46]. Le Sezioni Unite, nella nota decisione n. 42093 del 2021, pur mantenendo ferma la qualificazione della prestazione professionale come obbligazione di mezzi, giustificano la condizione sul piano della funzionalità (o strumentalità) causale rispetto alla finalità propria della procedura concorsuale. In altre parole, una prestazione che non realizzi il risultato della omologazione di accordo o piano ovvero dell'apertura concordataria non potrebbe considerarsi funzionale alle relative procedure. A me pare, tuttavia, che il problema non sia in tal modo correttamente impostato. Al di là della problematicità in sé della distinzione fra obbligazione di mezzi e di risultato, posta in dubbio da parte della dottrina e dalle stesse Sezioni Unite della Cassazione[47], deve rilevarsi che quella

---

[44] V. il provvedimento in *ilfallimentarista.it*, maggio 2023. Più discutibile appare la non riproducibilità del limite del 75%, considerato che il G.D. ha ritenuto che «l'ammissione al passivo in prededuzione del credito professionale sorto in funzione della presentazione di una domanda di liquidazione giudiziale in proprio, non subisce limite del 75%, previsto solo con riferimento alle procedure concordate di soluzione della crisi (adr e concordato preventivo). Limite che non sussiste per la prededuzione prevista in tema di liquidazione controllata dall'art. 277 CCII».

[45] In senso opposto mi sembra PANI, *La prededuzione*, 35-36.

[46] Così soprattutto GREGGIO, *La prededuzione*, 10-11.

[47] Cass., SS.UU., 28 luglio 2005, n. 15781, in *Nuova giur. civ. comm.*, 2006, I, 828 ss., con nota di Viglione.

distinzione viene effettuata al fine di stabilire se l'obbligazione è stata correttamente adempiuta o meno, nel senso che per le obbligazioni di mezzi l'adempimento si realizza con il solo "*facere*" (comportamento diligente dell'obbligato, nella specie del professionista) senza che si richieda un risultato positivo. Ma la mancata attribuzione della prededucibilità al credito professionale non esclude il diligente adempimento della prestazione professionale, tanto che – ove ne ricorrano i presupposti – il credito, pur non prededucibile, potrà considerarsi privilegiato. La condizione dell'omologazione o dell'apertura della procedura concordataria vale ai soli fini del riconoscimento della prededucibilità e non certo ai fini dell'adempimento della prestazione e del sorgere del relativo credito.

Sotto questo profilo si pone, semmai, la questione dell'*accertamento del credito* evocata nella disposizione in commento. Senonché nel corso delle procedure degli accordi e del piano di ristrutturazione come anche del concordato preventivo non si fa luogo ad alcuno specifico accertamento dei crediti dichiarati dal debitore, poiché anzi l'art. 98 – al cui commento si rinvia – prevede che nel concordato preventivo «*i crediti prededucibili sono soddisfatti durante la procedura alla scadenza prevista dalla legge o dal contratto*». Pendenti le procedure minori o anche la loro fase esecutiva, l'accertamento del credito professionale (sotto il profilo della necessaria inerenza alla procedura, dell'adeguatezza e non esorbitanza rispetto alle prestazioni effettuate e della eventuale insussistenza o ridimensionamento per inadempienze ravvisabili nell'attività del professionista) potrà essere provocato solo instaurando un giudizio ordinario. Un accertamento interno alla procedura è invece doveroso nella successiva liquidazione giudiziale, laddove il credito professionale rimasto eventualmente inadempiuto dovrà essere insinuato al passivo e verrà sottoposto al vaglio del giudice delegato in sede di ammissione al passivo e del tribunale in sede di opposizione.

C. Lascia, infine, estremamente perplessi il limite percentuale del 75% del credito accertato per l'attribuzione della prededucibilità, con la conseguenza che l'ulteriore 25% sarà trattato come credito privilegiato *ex* art. 2751-*bis*, n. 2, c.c. La misura risponde formalmente al principio di economicità dettato dalla legge delega, ma non si comprende perché esso debba realizzarsi a scapito dei soli crediti professionali e non anche di altri crediti prededucibili. Di qui il sospetto che dietro il taglio percentuale si celi l'inconfessata convinzione del legislatore che i professionisti incrementino volutamente il credito, rendendo necessario un suo ridimensionamento. Ma ovviamente si tratta di misura agevolmente aggirabile, con una corsa ulteriore al rigonfiamento del credito. Del resto, il rimedio mi parrebbe discendere dall'accertamento del credito nella sua consistenza effettiva, che si attua nella liquidazione giudiziale, ma eventualmente con giudizio ordinario anche nelle procedure minori[48].

7. – L'ultimo comma dell'art. 6 risolve espressamente il problema della "stabilità" del carattere prededucibile del credito (quale esso sia) maturato in funzione o durante una procedura concorsuale minore anche nella procedura concorsuale successiva, considerato che quel carattere "permane" in «*successive procedure esecutive o concorsuali*». L'espressione utilizzata dal legislatore è tale che la prededucibilità del credito finisce per essere traslata dalla procedura in cui la stessa si origina in qualsiasi altra procedura, sia essa – come spes-

[48] Diversamente PANI, *La prededuzione*, 29-31.

so accade – la liquidazione giudiziale o altra procedura minore. E in verità il carattere prededucibile del credito sembra imporsi al di là della circostanza che esso sia collegato ad una "procedura concorsuale" piuttosto che ad altro istituto, come ad esempio la composizione negoziata della crisi in cui è possibile che si formino crediti prededucibili per finanziamenti autorizzati, oltre che per il compenso dell'esperto. E la traslazione impegna non solo procedure concorsuali ma anche procedure esecutive individuali.

Tutto ciò solleva il dubbio che il principio di permanenza della prededucibilità non sia strettamente connesso al principio di "consecuzione fra procedure", cui non è fatto espresso riferimento nella norma in oggetto. E infatti il carattere prededucibile del credito – come si è visto – è talvolta sganciato dalla sua maturazione con riferimento ad una procedura concorsuale né viene fatto valere solo in conseguenziali procedure concorsuali, ma anche in procedure esecutive individuali.

Nei primi commenti, tuttavia, si tende a collegare secondo la precedente impostazione processualistica il permanere della prededucibilità alla *consecutio* delle procedure, che sussiste solo quando tali procedure siano sostanzialmente unificate dalla medesima "situazione di crisi"[49]. Di contro a me pare, per le considerazioni qui effettuate, che la prededucibilità caratterizzi il credito in senso sostanziale e possa essere fatta valere in ogni altra circostanza di successiva e non necessariamente consecutiva esecuzione, individuale o concorsuale che sia[50].

[49] Non sussiste *consecutio procedurarum*, secondo Cass., 11 giugno 2019, n. 15724, se «partendo da un dato cronologico per passare, poi, ad una valutazione di carattere giuridico e/o economico, l'imprenditore, nell'eventuale iato temporale fra le procedure susseguitesi fra loro, sia intervenuto fattivamente nella gestione dell'impresa ed abbia variato la consistenza economica del suo stato di dissesto in maniera sostanziale, introducendo elementi di rilevante difformità rispetto alla situazione in precedenza apprezzata dagli organi giudiziari». Nel senso del necessario collegamento fra permanenza della prededucibilità e *consecutio* v. PANI, *La prededuzione*, 36-38.

[50] Analogamente ZANICHELLI, *Prededuzione dei crediti*, 559. Deve rammentarsi che dello stesso avviso si è dichiarato il Procuratore Generale presso la Cassazione nella sua requisitoria prodromica alla nota decisione delle Sezioni Unite, in cui si afferma: «12. – La risalente (v. Cass. n. 8013 del 1992 nonché Cass. n. 3741 del 1988) regola pretoria da ultima ricordata è destinata a mutare radicalmente con la prossima entrata in vigore del CCI. Ai sensi dell'art. 6, comma 2, CCI, infatti, la 'prededucibilità permane anche nell'ambito delle successive procedure esecutive o concorsuali' (art. 6, comma 2, CCI). Il riconoscimento della prededucibilità, con previsione qui chiaramente innovativa, non postulerà più, quindi, in nessun caso, un accertamento di consecutività tra le due procedure diretto a verificare che il presupposto oggettivo dell'ultima sia lo sviluppo di quella stessa crisi/insolvenza posta alla base della prima procedura. Il che è reso evidente dal chiaro tenore letterale della norma e dalla considerazione che la permanenza della prededuzione è estesa anche alle procedure esecutive individuali, procedure nelle quali non sarebbe neppure ipotizzabile una valutazione di continuità/discontinuità tra l'originaria e l'attuale insolvenza. In definitiva, una volta accertato che quel credito rientra tra quelli che godono della prededuzione ai sensi dell'art. 6 CCII, l'unico criterio che avrà rilevanza sarà quello soggettivo: sarà, cioè, necessario solo che la successiva procedura concorsuale o esecutiva riguardi lo stesso debitore imprenditore».

Articolo 7
Trattazione unitaria delle domande di accesso agli strumenti di regolazione della crisi e dell'insolvenza e alle procedure di insolvenza

1. Le domande di accesso agli strumenti di regolazione della crisi e dell'insolvenza e alle procedure di insolvenza sono trattate in un unico procedimento e ogni domanda sopravvenuta è riunita a quella già pendente. Il procedimento si svolge nelle forme di cui agli articoli 40 e 41.

2. Nel caso di proposizione di più domande, il tribunale esamina in via prioritaria quella diretta a regolare la crisi o l'insolvenza con strumenti diversi dalla liquidazione giudiziale o dalla liquidazione controllata, a condizione che:

la domanda medesima non sia manifestamente inammissibile;

il piano non sia manifestamente inadeguato a raggiungere gli obiettivi prefissati;

nella proposta siano espressamente indicate la convenienza per i creditori o, in caso di concordato in continuità aziendale, le ragioni della assenza di pregiudizio per i creditori.

3. Ferme le ipotesi di conversione di cui agli articoli 73 e 83, in tutti i casi in cui la domanda diretta a regolare la crisi o l'insolvenza con strumenti diversi dalla liquidazione giudiziale non è accolta ed è accertato lo stato di insolvenza, il tribunale procede, su istanza dei soggetti legittimati, all'apertura della liquidazione giudiziale. Allo stesso modo il tribunale procede in tutti i casi in cui la domanda è inammissibile o improcedibile e nei casi previsti dall'articolo 49, comma 2.

Chiara Briguglio

Sommario: 1. *Excursus* legislativo sul procedimento per la regolazione della crisi o dell'insolvenza. – 2. Incertezze dogmatiche e ordinamentali sui criteri di priorità e convenienza per i creditori. – 3. Riconferma applicativa del rapporto di continenza (*per incompatibilità*).

1. – La disposizione in commento, collocata topograficamente in apertura ai principi di carattere processuale del Codice, si caratterizza – *in primis* – per essere una delle poche ad aver mostrato una certa "resistenza" rispetto ai successivi e reiterati interventi di riforma. La tecnica di architettura combinatoria prescelta dal legislatore del d.lgs. 12 gennaio 2019, n. 14 presenta – infatti – una strutturale aderenza all'originario obiettivo perseguito dalla l. 19 ottobre 2017, n. 155, di delega al Governo per la riforma delle discipline della crisi di impresa e dell'insolvenza, di introdurre il c.d. «*procedimento unitario delle domande di regolazione della crisi o dell'insolvenza*».

Come risulta dalla Relazione Illustrativa [1], più precisamente, l'art. 7, comma 1 rappresenterebbe l'estrinsecazione in positivo del principio di unitarietà della procedura diretta all'accertamento e alla celere definizione in sede concorsuale dello stato di crisi o insolvenza, tutelato all'art. 2, comma 1, lett. *e*) ed *l*), della legge citata (l. 19 ottobre 2017, n. 155). Nonostante le notevoli perplessità che hanno – sin dagli albori della delega – accompagnato l'aspirazione a tale *reductio ad unum* [2], l'istituto – ad ogni buon conto – conferma la tendenza legislativa verso una radicale semplificazione e razionalizzazione del sistema delle procedure concorsuali [3].

Analizzando il tenore letterale del comma 1, si noti come il procedimento (che risulta disciplinato nelle sue componenti costitutive all'art. 40 ed all'art. 41) non si basa su un'aprioristica imposizione in ordine alla trattazione unitaria, ma su una riunione da attuarsi *ex post*, a fronte – cioè – della proposizione di domande ulteriori (*rectius*: sopravvenute) rispetto a quella *già* pendente [4]. Per "domanda sopravvenuta" deve intendersi, in particolare, sia quella relativa ad un distinto procedimento, sia la riconvenzionale spiegata dal debitore nel giudizio avviato dai soggetti di cui all'art. 37, oppure, ancora, un loro intervento nel giudizio instaurato dal debitore [5].

Tra le maglie di queste considerazioni si annida una prima, non irrilevante, differenza rispetto all'impostazione legislativa del 2017. In questo antecedente orizzonte di norma-

[1] Nella Relazione illustrativa ai decreti delegati in attuazione della l. 19 ottobre 2017, n. 155, del 14 novembre 2018 (Atto Camera n. 53) si legge che «È stato previsto un procedimento 'unitario' di accertamento giudiziale della crisi e dell'insolvenza, che costituisce, in via generale, una sorta di contenitore processuale uniforme delle iniziative di carattere giudiziale fondate sulla prospettazione della crisi o dell'insolvenza, fatte salve le disposizioni speciali riguardanti l'una o l'altra di tali situazioni». Condividendo la prospettiva di TISCINI, *Procedimento unitario*, 785 ss., «Non si collocava su un piano distonico rispetto a simili prospettive la cd. direttiva insolvency (direttiva UE n. 2019/1023)» dove «pur mancando una esplicita presa di posizione a favore dell'unitarietà del rito, era evidente l'auspicio per un unico "modello processuale" che si ispirasse a caratteristiche di celerità ed efficienza». Nello stesso senso, cfr., D'ALONZO, DE SANTIS, *Il cd. procedimento.*

[2] A tal proposito si veda, in particolare, MONTANARI, *Il cosiddetto procedimento*, 564 ss. In senso conforme, DE SANTIS, *Il processo*, 157 ss.

[3] Si noti, peraltro, come l'indirizzo di politica legislativa qui analizzato, tendente ad una maggiore armonizzazione, risulta riproposto anche con riferimento alle misure cautelari e protettive correlate di cui all'art. 8.

[4] Ai fini di una più ampia comprensione del regime della trattazione unitaria, v. PAGNI, *Codice della crisi*, 1159, laddove chiarisce che «Mentre in caso di domanda riconvenzionale o intervento, ove ammessi, il procedimento tornerà ad essere davvero "unico", si applicheranno le regole procedurali del giudizio avviato per primo, e non si avrà una mera riunione di procedimenti, ove questo non sia ritenuto possibile, e comunque in ogni caso in cui, per qualunque ragione, le istanze vengano presentate separatamente, spetterà al giudice chiamato alla trattazione congiunta stabilire con quali regole processuali gestire il cumulo che l'art. 7, comma 1, impone: è infatti difficile ricorrere ai criteri che, nell'art. 40, commi 3, 4 e 5, c.p.c., individuano il rito col quale le cause riunite dovranno essere trattate».

[5] Per una maggiore chiarezza sul concetto di "domanda sopravvenuta", v. PAGNI, *L'alternativa*, 1195, spec. 1196, dove si afferma che «la "riunione di domande" è termine ampio [...] una sorta si sineddoche che il legislatore utilizza tanto per comprendervi il caso di vera e propria riunione di procedimenti distinti, quanto il caso di proposizione di domande riconvenzionali o interventi nel procedimento già aperto dal ricorso al debitore o di uno dei soggetti di cui all'art. 37».

zione, si era – effettivamente – predisposto un *unico* modello processuale (a vocazione realmente onnicomprensiva) nel quale sarebbero – *ex ante* – confluite «*tutte le domande e istanze, anche contrapposte, di creditori, pubblico ministero e debitore* [...] *in conformità all'art. 15 r.d. 16 marzo 1942, n. 267*» [6].

In altri termini, si era in presenza di un'autentica e uniforme sequenza procedimentale, parametrata su quella (altrettanto uniforme) del procedimento per la dichiarazione di fallimento *ex* art. 15 l. fall. Nel testo attuale, poi effettivamente confluito nell'art. 7, l'originale obiettivo di unificazione non può dirsi propriamente raggiunto: piuttosto, «si sono uniformate dinamiche procedimentali che anche nel sistema previgente erano sostanzialmente corrispondenti, pure se topograficamente collocate nella legge fallimentare in zone diverse, essendo lì chiara la sede delle disposizioni relative al fallimento e di quelle sul concordato» [7]. Da qui, origina l'idea secondo cui il tormentato percorso di riforme e correttivi che ha, poi, condotto al Codice si è rivelato un'operazione di sistemazione generale piuttosto che di regolamentazione effettiva [8] del concorso tra procedure.

Ecco che l'assolutezza della tesi della "resistenza" dell'istituto in esame, sostenuta nell'*incipit* del presente commento, trova (necessariamente) un fattore di mitigazione per ciò che attiene alle modalità di concreta realizzazione dell'unitarietà, non incentrata – evidentemente – su una successione procedimentale predefinita e indefettibilmente omogenea, ma sull'eterogeneità, sia temporale che strutturale, della *riunione* [9]. A rigore di logica processuale, l'attuazione dell'art. 7, comma 1 attiene all'adozione di misure di natura *tendenzialmente* conservativa (quali – ad esempio – il concordato preventivo con continuità aziendale) o liquidatoria (concordato liquidatorio o liquidazione giudiziale).

2. – Procedendo con la disamina dell'art. 7, comma 2, si stabilisce che, a fronte della proposizione di più domande, «*il tribunale esamina in via prioritaria quella diretta a regolare la crisi o l'insolvenza con strumenti diversi dalla liquidazione giudiziale o dalla liquidazione controllata*». La norma si pone in linea con le spinte provenienti dalle istituzioni eu-

[6] Art. 2, lett. *d*), l. 19 ottobre 2017, n. 155.

[7] Così, TISCINI, *Procedimento unitario*, 785 ss. In senso conforme, cfr., TRISORIO LIUZZI, *L'ambito di applicazione*, 33, secondo cui «più che un procedimento unico, abbiamo procedimenti differenti che possono concludersi con provvedimenti diversi». Ancora, in dottrina, v., FABIANI, *La tutela giurisdizionale*, 46, in relazione alla problematica di «garantire il contraddittorio per la dichiarazione di liquidazione con la tutela del contraddittorio nel caso di apertura del concordato preventivo».

[8] Questa l'opinione di MONTANARI, *Il codice della crisi*, 270 ss., spec. 272 ss. In senso conforme v., anche, GASPERINI, *I termini processuali*, 5 ss., spec. 6, laddove afferma che «alla previsione di un "procedimento unitario" [...] non corrisponde un modello procedimentale effettivamente comune a tutti i percorsi processuali in astratto praticabili in quanto, una volta presentata la domanda nelle forme previste dall'art. 40 CCII, le strade finiscono inevitabilmente per differenziarsi a seconda che sia richiesta una soluzione pattizia della crisi ovvero liquidazione giudiziale».

[9] Occorre qui riportare le posizioni critiche di una certa parte della dottrina che, non a caso, fanno riferimento ad un'operazione di «*smantellamento o eclisse del procedimento unitario*» (v., MONTANARI, *Il cosiddetto procedimento*, 567). In senso contrario, in dottrina, cfr. PAGNI, *L'accesso alle procedure*, 550, promotore di un orientamento maggiormente flessibile, secondo cui, nonostante la diversità della riunione rispetto al procedimento *strictu sensu* inteso, si addiverrebbe comunque ad un provvedimento avente forma (e sostanza) di sentenza.

ropee, contenute prima nella raccomandazione (UE) 2014/135 e poi definitivamente trasfuse all'interno di una normativa *self executing* come il regolamento (UE) 2015/848, tendenti alla valorizzazione di un approccio gestorio rispetto al problema dell'insolvenza e della crisi d'impresa, scalfendo – così – la centralità del tradizionale impianto basato sull'automatismo della soluzione liquidatoria (ergo pubblicistico-dissolutoria) della dichiarazione di fallimento. Tra i più significativi corollari si riscontra, in primo luogo, la predilezione legislativa per una composizione della crisi che tenga conto delle potenzialità di riconversione del complesso produttivo e dei vari *benefits* derivanti dal regime di continuità aziendale [10] (basti pensare, a tal proposito, al mantenimento dei livelli occupazionali) [11]. Alla luce di questa innovativa modalità di intervento rispetto alla crisi/insolvenza, il legislatore del Codice ha, infatti, recepito e reso operativo questo richiamato *favor*, avvalendosi di un'inequivocabile aggettivazione (e, segnatamente, parlando di via "prioritaria"). Di più, si noti la scelta di individuare l'oggetto dell'accordata preferenza (*rectius*: della *priorità*) mediante una tecnica definitoria in negativo [12], parametrata sul concetto di *diversità*. La portata di una simile precisazione sul piano lessicale e terminologico, peraltro, si riverbera a livello applicativo, sancendo una deliberata *capitis deminutio* delle procedure concorsuali liquidatorie: soltanto, quindi, nell'eventualità in cui le domande di regolazione della crisi di natura conservativa abbiano dato esito negativo o siano risultate inappaganti (come, ad esempio, nel caso in cui il ricavato prodotto dal concordato in continuità non si sia reso sufficiente a soddisfare le pretese creditizie), il tribunale potrà dare avvio alla liquidazione giudiziale.

Permanendo ancora nel disposto dell'art. 7, comma 2, una qualche precisazione merita l'ultima parte, nella quale si fissa l'attestazione di *convenienza* per il ceto creditorio come *condicio sine qua non* del progetto di realizzazione del già citato *favor* verso l'approccio gestorio alla crisi/insolvenza, accompagnata dalla non manifesta inammissibilità della domanda e dalla non manifesta inadeguatezza del piano. Si innesta, qui, la *vexata quaestio* del rispetto, all'interno del Codice, del criterio del «*miglior soddisfacimento dei creditori*», inteso come principio cardine [13] delle procedure concorsuali, in quanto direttamente con-

---

[10] Eppure – come correttamente nota SANTANGELI, *Il procedimento unitario* – nel Codice «è eliminato qualunque riferimento alla continuità aziendale, anche indiretta, prevista nelle originarie stesure del decreto delegato: nel testo della "Prima bozza" del 22 dicembre 2017 il secondo comma dell'art. 10 imponeva la trattazione prioritaria della domanda diretta «al superamento della crisi con mantenimento della continuità aziendale, anche in capo a diverso imprenditore»; il riferimento viene mantenuto anche nella "Seconda bozza". L'art. 7, invece, rinuncia al riferimento alla continuità in favore del più generico riferimento alla trattazione prioritaria delle domande contenenti «strumenti diversi dalla liquidazione giudiziale o dalla liquidazione controllata».

[11] Ci si riferisce, in particolare, al Considerando n. 10 del regolamento (UE) 2015/848, dove si legge che «È opportuno estendere l'ambito di applicazione del presente regolamento a procedure che promuovono il salvataggio delle società economicamente valide ma che si trovano in difficoltà economiche e che danno una seconda opportunità agli imprenditori. In particolare, il regolamento dovrebbe essere esteso alle procedure di ristrutturazione del debitore nella fase in cui sussiste soltanto una probabilità di insolvenza, nonché alle procedure per cui il debitore mantiene un controllo totale o parziale dei suoi beni e affari».

[12] Riprendendo, infatti, la *littera legis* dell'art. 7, comma 2, si parla di «*strumenti diversi dalla liquidazione giudiziale o dalla liquidazione controllata*».

[13] Si noti, inoltre, come quello qui ricostruito come "*principio*", viene altrove interpretato come "*clausola*

nesso al principio civilistico di cui all'art. 2740 c.c., di attuazione della garanzia patrimoniale generica. Nella porzione di testo qui considerata, facente capo all'art. 7, comma 2, lett. *c*), si opera un generico (si potrebbe dire quasi pleonastico) richiamo alla «*convenienza per i creditori*» delle domande presentate, omettendo qualsiasi attenzione verso lo *standard* qualitativo della stessa. Si passa, dunque, dalla "miglior" soddisfazione [14] ad una che sia essenzialmente "conveniente" nell'economia complessiva del procedimento e considerata anche la compresenza con le ulteriori finalità conservative. A partire da questa osservazione sono scaturite non poche preoccupazioni [15] circa l'effettiva marginalizzazione, all'interno del Codice, dell'obiettivo cardine delle procedure concorsuali, inerente ad un'effettiva tutela delle pretese creditizie, non riducibile *sic et simpliciter* ad una mera attestazione di convenienza nel senso qui considerato. È, tuttavia, plausibile ritenere che l'affanno inerente alla «rimodulazione del dogma della responsabilità patrimoniale» [16], che – pur legittimamente – si potrebbe desumere dal regime processuale del procedimento in commento, rappresenta – forse – il portato di una visione pessimistica intorno ad un regime non ancora "varato" dalla prassi giudiziaria.

Valorizzando una prospettiva d'insieme che tenga conto del comma 1 e 2, è possibile ritenere che il primo fissi un criterio quantitativo di riunione (esaltando – in questo modo – la granitica unità del procedimento a fronte dell'eventuale pluralità delle domande); il secondo – invece – si propone di cristallizzare i criteri di priorità qualitativa: non manifesta inammissibilità della domanda, non manifesta inadeguatezza del piano ed, infine, convenienza della proposta per i creditori. Mentre quest'ultimo criterio sembra essere ancorato a valutazioni prospettiche più o meno discrezionali rimesse all'apprezzamento della comunità dei creditori (in relazione a quanto di più otterrebbero in sede liquidatoria), il primo e il secondo richiedono uno sforzo ricognitivo maggiore. Con riferimento all'inammissibilità, si potrebbe pensare ad un'irrituale instaurazione del procedimento o a condotte abusive nel prisma del diritto della crisi: prima, fra tutte, l'omissione di documenti che avrebbero consentito di tracciare la situazione economico-patrimoniale dell'impresa, la mancata predisposizione periodica della relazione sull'andamento finanziario e, in generale, l'inosservanza di tutte quelle ulteriori cautele imposte dal legislatore per evitare che lo strumento negoziale si riveli un espediente dilatorio rispetto liquidazione giudiziale. L'inadeguatezza del piano potrebbe, invece, essere confinata alla manifesta irragionevolezza di un approccio gestorio rispetto alla consistenza della crisi/insolvenza: si pensi, in tal senso, ad un accordo di ristrutturazione di debiti rispetto ad un'impresa con un indice di sovraindebitamento talmente elevato da non consentire alcun margine di risanamento (una caratteristica, dunque, molto vicina alla verifica sulla fattibilità economica del piano).

---

generale" (BROGI, *Clausole generali*, 878). Per finalità di ulteriore approfondimento, cfr., in dottrina, PATTI, *Il miglior soddisfacimento*, 1099.

[14] Espressione da collocare nel mite alveo ermeneutico della giurisprudenza di merito (Trib. Firenze, 2 novembre 2016, in *ilcaso.it*), dove «la miglior soddisfazione non deve essere intesa in senso assoluto come migliore soddisfazione astrattamente possibile [...] bensì come trattamento più favorevole attraverso un giudizio di comparazione tra il risultato economico prospettato dalla proposta in continuità e quello ricavabile da uno scenario alternativo caratterizzato dalla discontinuità e, quindi, dalla liquidazione dell'impresa».

[15] Cfr., in tal senso, FABIANI, *L'avvio*.

[16] Espressione mutuata da FABIANI, *La rimodulazione*.

Si tratta, tuttavia, di esemplificazioni che solo la prassi applicativa potrà eventualmente confermare, ampliare o restringere nel corso del tempo.

3. – Il terzo e ultimo comma dell'art. 7, contiene una regola meramente processuale, posta a completamento ed integrazione di quanto statuito nei commi precedenti: solo se le domande cc.dd. "alternative" (perché conservative) di regolazione della crisi e dell'insolvenza siano rigettate e sia contestualmente accertato lo stato di insolvenza, viene aperta la procedura liquidazione giudiziale. Si corrobora – cioè – quella tesi che vede quest'ultima nota modale di intervento nel fenomeno della crisi/insolvenza come *extrema ratio*, avente valenza sussidiaria e suppletiva rispetto a quelle a vocazione gestoria, come dapprima sottolineato.

Tale soluzione operativa, del resto, già campeggiava all'interno di un'autorevole giurisprudenza di legittimità [17] formatasi sotto l'impero dell'ormai previgente legge fallimentare (r.d. 16 marzo 1942, n. 267). In considerazione di quest'ultimo orientamento interpretativo, all'interno del Codice si conferma, pertanto, il rapporto tra concordato preventivo (*amplius*: domande alternative di regolazione della crisi/insolvenza) e fallimento (ora liquidazione giudiziale) declinato in termini di *continenza per incompatibilità* [18]. Di conseguenza, se, da un lato, l'apertura della procedura di liquidazione giudiziale implica – *ex se* – il rigetto della domanda di concordato (preso, qui, come esempio di una domanda alternativa di regolazione), l'omologazione di quest'ultimo determina, dall'altro, una declaratoria di improcedibilità delle istanze di liquidazione giudiziale presentate [19]. Sulla realizzazione di un'effettiva *riunione* processuale molto si discute: l'opinione maggioritaria concepisce questa soluzione in termini tendenzialmente diversi da quelli fatti palesi dall'art. 273 e 274 c.p.c. Stante l'intrinseca eterogeneità degli istituti di regolazione negoziale della

---

[17] Ci si riferisce a Cass., SS.UU., 15 maggio 2015, nn. 9935-9936, in *Giur. comm.*, 2017, 1, II, 21, con nota di DI GIROLAMO, *Le Sezioni unite*. Nella massima della sentenza citata, il supremo organo nomofilattico statuisce che «In tema di concordato preventivo, quando in conseguenza della ritenuta inammissibilità della domanda il tribunale dichiara il fallimento dell'imprenditore, su istanza di un creditore o su richiesta del pubblico ministero, può essere impugnata con reclamo solo la sentenza dichiarativa di fallimento e l'impugnazione può essere proposta anche formulando soltanto censure avverso la dichiarazione di inammissibilità della domanda di concordato preventivo». Nel rispetto del rapporto di continenza, ma anche nella direzione del *favor*, più volte richiamato, verso le soluzioni alternative (e conservative), si veda Cass. civ., sez. I, 20 febbraio 2020, n. 4343, in *Fallimento*, 2020, 1413, dove si è statuito che «La domanda di concordato preventivo ed il procedimento prefallimentare debbono essere coordinati in modo da garantire che la soluzione negoziale della crisi, ove percorribile, sia preferita al fallimento. Pertanto, ove siano contemporaneamente pendenti dinanzi ad uno stesso ufficio giudiziario, gli stessi possono essere riuniti ex art. 273 c.p.c., anche di ufficio, consentendo una siffatta riunione di raggiungere l'obiettivo della gestione coordinata».

[18] Un'interessante prospettiva di riflessione giuridica, guardando all'effettivo atteggiarsi dei rapporti tra concordato preventivo e fallimento nella dinamica processual-civilistica, fa riferimento ad una «pregiudizialità di sistema tra le procedure» (TISCINI, *Principio di prevalenza*, 768). Non diversamente, PAGNI, *L'accesso alle procedure*, 550-551 fa riferimento ad «iniziative tra loro incompatibili e dirette a regolare la stessa situazione di crisi con la conseguenza della riunione dei relativi procedimenti, ai sensi dell'art. 273 c.p.c., se pendenti innanzi allo stesso giudice, ovvero dell'applicazione delle disposizioni dettate dall'art. 39, comma 2, c.p.c., in tema di continenza e competenza, se pendenti presso giudici differenti».

[19] Si veda in dottrina CONSOLO, *Spiegazioni di diritto*, 377 per una più ampia analisi su Cass., SS.UU., 15 maggio 2015, nn. 9935-9936.

crisi rispetto all'alternativa liquidatoria, si preferisce avvalersi – piuttosto – del concetto di *coordinamento*[20] tra le procedure, attuato mediante la trattazione unitaria delle relative domande.

Ai sensi di quanto dispone, da ultimo, il terzo comma dell'articolo in commento, il tribunale procede – comunque – all'apertura della liquidazione giudiziale nei casi in cui la domanda è inammissibile o improcedibile, così come nell'ipotesi prevista all'art. 49, comma 2[21].

[20] Così, RANA, *Le regole*, 153 ss. Sulle conseguenze del mancato coordinamento, l'A. aggiunge che «l'omessa riunione non determina alcuna nullità, né impedisce la dichiarazione di fallimento, [...] purché il debitore abbia avuto formale conoscenza dell'iniziativa per la sua dichiarazione di fallimento».

[21] Per comodità espositiva si ritiene opportuno riportarne il tenore letterale: «*Allo stesso modo, su ricorso di uno dei soggetti legittimati, il tribunale provvede, osservate le disposizioni di cui all'articolo 44, comma 2, quando è decorso inutilmente o è stato revocato il termine di cui all'articolo 44, comma 1, lettera a), quando il debitore non ha depositato le spese di procedura di cui all'articolo 44, comma 1, lettera d), ovvero nei casi previsti dall'articolo 47, comma 4 e dall'art. 106 o in caso di mancata approvazione del concordato preventivo o quando il concordato preventivo o gli accordi di ristrutturazione non sono stati omologati*».

Articolo 8
Durata massima delle misure protettive

1. La durata complessiva delle misure protettive, fino alla omologazione dello strumento di regolazione della crisi e dell'insolvenza o alla apertura della procedura di insolvenza, non può superare il periodo, anche non continuativo, di dodici mesi, inclusi eventuali rinnovi o proroghe, tenuto conto delle misure protettive di cui all'articolo 18.

Chiara Briguglio

Sommario: 1. Preliminari rilievi tassonomici sulle misure protettive: verso un potenziamento di disciplina. – 2. Aspetti procedurali intorno alla strumentalità cautelare. – 3. Considerazioni sulle prime emergenti perplessità applicative in materia di proroga "a maglie larghe": *quid iuris*?

1. – Il passaggio ordinamentale dalla legge fallimentare del 1942 al Codice ha segnato l'introduzione di un frangente di regolamentazione delle c.d. «*misure protettive*» [1].

Partendo da un'analisi tassonomica, è possibile notare che il principale contesto operativo di riferimento è quello della stipula di un concordato preventivo o degli accordi di ristrutturazione dei debiti [2] e, come effetto principale, vi è il divieto per i creditori aventi

[1] Si ritiene che, nonostante la terminologia strutturata nei termini sopra menzionati compaia per la prima volta nel testo del d.lgs. 12 gennaio 2019, n. 14, è comunque possibile rintracciare taluni istituti equipollenti sul piano degli effetti, già resi operativi nell'impianto della legge fallimentare: il riferimento è all'art. 15, comma 8, l. fall., con riguardo al contesto prodromico alla dichiarazione di fallimento; all'art. 168 l. fall., in materia di concordato preventivo ed, infine, all'art. 182-*bis*, comma 3, nell'ambito degli accordi di ristrutturazione.

[2] Volendo fornire alcuni ulteriori cenni per completare il quadro legislativo vigente, occorre preliminarmente chiarire che le misure protettive di cui si occupa l'articolo in commento sono quelle relative agli strumenti di regolazione della crisi e dell'insolvenza delineate all'art. 54, comma 2, primo e secondo periodo, a tenore dei quali: «*Se il debitore ne ha fatto richiesta nella domanda di cui all'articolo 40, dalla data della pubblicazione della medesima domanda nel registro delle imprese, i creditori non possono iniziare o proseguire azioni esecutive e cautelari sul suo patrimonio o sui beni e sui diritti con i quali viene esercitata l'attività d'impresa. Dalla stessa data le prescrizioni rimangono sospese e le decadenze non si verificano e la sentenza di apertura della liquidazione giudiziale o di accertamento dello stato di insolvenza non può essere pronunciata*». Riproponendo una definizione avallata da un recente dottrina (IVONE, *Misure protettive*, 106 ss.), «si tratta di misure finalizzate ad evitare che in pendenza della procedura volta alla soluzione della crisi, i creditori aggrediscano individualmente gli assets aziendali allo scopo di assicurarsi cause legittime di prelazione, con la conseguenza però di pregiudicare l'integrità patrimoniale dell'impresa».

titolo anteriore all'apertura della procedura di proseguire o avviare azioni esecutive e cautelari sul patrimonio del debitore. La riconferma di una simile architettura rispetto ad alcuni istituti già previsti dalla legge fallimentare del '42 (sia per l'ambito di applicazione che per gli effetti), tiene conto – tuttavia – di una notevole flessibilizzazione dell'ambito di applicazione, laddove – in particolare – viene *expressis verbis* inclusa anche la «*procedura di insolvenza*»[3], ben lontana dalle soluzioni negoziali alla crisi d'impresa e già proiettata nel contesto di una ormai acclarata patologizzazione dei rapporti debito-credito. Peraltro, non è irrilevante precisare che, solo nell'ambito della liquidazione giudiziale ormai aperta, pur non potendo il debitore più beneficiare della concessione delle misure protettive *ex* artt. 8 e 54, si renderà comunque disponibile la tutela offerta dall'art. 150[4].

A ciò si aggiunga che, alla luce questo tendenziale potenziamento di disciplina voluto dal legislatore, la prassi recentemente formatasi in seno alla giurisprudenza di merito ha ritenuto applicabile la norma in esame al *concordato semplificato per la liquidazione del patrimonio*[5] in quanto direttamente ricompreso negli strumenti di cui all'art. 40[6], esaurendo – così – la totalità dei rimedi rimessi a disposizione dell'imprenditore in stato di crisi/insolvenza.

Accanto a questi preliminari rilievi, occorre evidenziare una significativa implementazione del requisito di prefigurazione legislativa integrale degli svolgimenti processuali (che si ritiene discendere direttamente dalla statuizione dell'art. 111, comma 1, Cost.[7]), nell'ottica di rendere maggiormente nitidi i vari passaggi di disciplina delle suddette misure protettive anche sul profilo della loro durata intertemporale, mai – prima d'ora – regolamentato. Obiettivo, questo, che fa capo ad una necessità di ade-

---

[3] Da intendersi, più correttamente, come espressione terminologica adoperata in sostituzione alla c.d. «*procedura di liquidazione giudiziale*».

[4] L'articolo citato fissa il *divieto di azioni esecutive e cautelari* alla stregua di un effetto automatico (c.d. "automatic stay") nel contesto della sola apertura della liquidazione giudiziale, non operando – invece – per tutti gli altri strumenti di regolazione della crisi e insolvenza. Per uno sguardo più approfondito sul punto v. BACCAGLINI CALCAGNO, *Le misure protettive*.

[5] Trattasi – come chiarito da un'autorevole dottrina – di uno strumento introdotto dal d.l. 24 agosto 2021, n. 118, convertito con modificazioni dalla l. 21 ottobre 2021, n. 147, che non è *strictu sensu* un *tertium genus* di concordato autonomo, «ma una procedura utilizzabile, ad esclusiva iniziativa del debitore, solo come sbocco della composizione negoziata, quando le trattative non abbiano portato ad altre soluzioni» (per la definizione v. BOZZA, *Il concordato semplificato*).

[6] Si fa, qui, riferimento alla sentenza pronunciata dal Tribunale di Milano (Trib. Milano, 16 settembre 2022, in *dejure.it*), secondo cui: «La disciplina delle misure protettive si applica in via generale a tutti i procedimenti per l'accesso agli strumenti di regolazione della crisi e dell'insolvenza (come definiti dall'art. 2 lett. *m-bis*), tra i quali rientra senza dubbio anche il concordato semplificato (anche ai sensi dell'art. 40)». Del resto, anche in dottrina (v., in particolare D'ATTORRE, *Il concordato semplificato*, 1603), si sostiene che «pacifica è la riconducibilità del Concordato Semplificato nella categoria delle procedure concorsuali, ricorrendone tutte le caratteristiche essenziali: vi è l'intervento di un'autorità pubblica, si pongono vincoli di varia natura sul patrimonio del debitore e si attua una regolamentazione coattiva dei diritti dei creditori nei confronti del debitore».

[7] Per comodità espositiva si ritiene opportuno riportarne il tenore letterale dell'art. 111, comma 1, Cost.: «*La giurisdizione si attua mediante il giusto processo regolato dalla legge*».

guamento sia a modelli mutuati dal panorama comparatistico (e oggi pienamente consolidatisi [8]) sia a sollecitazioni provenienti dalle istituzioni europee [9].

2. – Passando alla sceneggiatura normativa dell'articolo in commento, essa si segnala per aver previsto, con lodevole (e auspicato) spirito di innovazione [10], una durata massima delle misure citate, aumentando – così – la certezza e la salda tenuta dei rapporti giuridici coinvolti (*rectius*, incisi) dal fenomeno della crisi/insolvenza, mediante un delicato bilanciamento tra la tutela delle ragioni creditorie e la posizione economica dell'imprenditore in crisi. La disposizione, nel cristallizzare la durata complessiva in 12 mesi [11], si propone di attuare la regola contenuta nella Direttiva *Insolvency* all'art. 6, § 8 [12]. Nonostante la piena aderenza alla matrice eurounitaria, si ritiene che tale previsione, così strutturata, non sia sufficientemente tarata sulla prassi concorsuale italiana: a titolo esemplificativo, attenendosi a questo impianto intertemporale, si dovrebbe necessariamente affermare che «un concordato preventivo non possa durare dall'inizio del procedimento fino all'omologa per più di dodici mesi» [13]. È del tutto probabile che l'antefatto logico-giuridico della norma europea sia il corretto (verrebbe da dire quasi ineccepibile) e tempestivo funzionamento delle procedure di allerta, di cui – tuttavia e, quanto meno, nello scenario domestico – è più che lecito dubitare [14].

---

[8] Si prenda, a titolo esemplificativo, la disciplina francese con riferimento al "diritto di allerta economica" (*droit d'alerte économique*) previsto agli artt. L.2323-78 ss. e R.2323-18 del *Code de travail*, unito alle procedure stragiudiziali di allerta disciplinate dagli artt. L.611-1 ss. del *Code de commerce*. Ai fini di un maggiore approfondimento in materia si rimanda a CARMELLINO, *Le droit francais*, 1057 ss.; WENNER, CARBONE, *Le procedure concorsuali*.

[9] Il riferimento, qui, operato è al d.lgs. 17 giugno 2022, n. 83 che, nel modificare il testo del Codice come consegnato dal d.lgs. 12 gennaio 2019, n. 14, ha recepito la dir. UE n. 1023/2019 (c.d. direttiva *Insolvency*). A ciò si aggiunga che – come risulta dalla Relazione illustrativa al Codice – l'art. 8 «*in linea con il richiamo alla normativa dell'Unione europea contenuto nell'art. 1, comma 2, legge delega, n. 155/2017, anticipa la regola dettata dall'art. 6, comma 7, della Proposta di direttiva del Parlamento europeo e del Consiglio del 22 novembre 2016 riguardante i quadri di ristrutturazione preventiva, la seconda opportunità e le misure volte ad aumentare l'efficacia delle procedure di ristrutturazione, insolvenza e liberazione dai debiti, che prevede che la durata complessiva delle misure protettive non può superare il periodo, anche non continuativo, di dodici mesi, inclusi rinnovi o proroghe*» (v. Relazione illustrativa, 42).

[10] Cfr. RANA *Il non facile*, 154 ss., laddove nota come «*la* disciplina fallimentare, prima del D.L. 118/2021, non prevedeva una disciplina organica della protezione delle trattative finalizzate alle soluzioni stragiudiziali o comunque preventive della crisi di impresa né comprendeva una qualunque generale definizione o indicazione di durata massima delle misure adottabili: piuttosto si affidava a disposizioni sparse, stratificate nel tempo e poco coordinate tra loro anche dal punto di vista linguistico, cui si sono anche aggiunte quelle di cui alla L. n. 3 del 2012 in materia di sovraindebitamento».

[11] Come nota TOMMASI (a cura di), *Il nuovo codice*, 3 «la modifica non è di poco conto in quanto le misure protettive appaiono essere connotate da una maggiore durata».

[12] Il riferimento è, in particolare, all'art. 6, § 8, della direttiva citata (direttiva UE 2019/1023), a tenore del quale «*La durata totale della sospensione delle azioni esecutive individuali, inclusi le proroghe e i rinnovi, non supera i dodici mesi*».

[13] Opinione espressa in LAMANNA, *Il Codice*, 121.

[14] *Ibidem*, laddove si considera che «non è irragionevole dubitare che il blando sistema di allerta ora prefigurato dal Codice possa davvero contribuire a ridurre la durata dell'iter complessivo finalizzato a trovare una

È, poi, doveroso notare, al netto delle modificazioni apportate al Codice dal d.lgs. 17 giugno 2022, n. 83, come il *focus* del riformatore verta, in primo luogo, sulla introduzione del termine finale di efficacia delle misure protettive, da individuarsi, rispettivamente, nella omologazione dello strumento di regolazione della crisi e dell'insolvenza o nella apertura della procedura di insolvenza. Una simile precisazione persegue l'inequivocabile finalità di evidenziare la strumentalità della misura stessa rispetto alla tutela ottenuta a valle dell'instaurazione delle procedure di cui si tratta in concreto. È, dunque, plausibile prospettare che, nonostante la diversità terminologica, anche le misure cc.dd. protettive debbano essere inquadrate nella cornice dogmatica della "strumentalità cautelare", intesa precipuamente come "non autosufficienza"[15] del provvedimento concesso rispetto all'effettivo risultato conseguito alla chiusura della procedura. Ecco che, allora, è possibile ipotizzare che la fissazione di un *dies ad quem* rappresenti l'ultimo tassello per attuare la transizione delle misure protettive previste nel Codice al modello della tutela cautelare anticipatoria disciplinata nel codice di rito all'art. 700 c.p.c.[16].

L'impedimento delle iniziative creditorie che scaturisce dalle suddette misure persegue l'obiettivo di tutelare l'imprenditore in crisi/insolvente dal rischio di vanificare[17] lo scopo della procedura di regolazione della crisi o dell'insolvenza (da rintracciarsi nella volontà di cristallizzare la consistenza quantitativa e qualitativa del patrimonio in vista di una liquidazione oppure nel tentativo di beneficiare di un *surplus* di profitto a valle di un regime di continuità aziendale). Rimane da chiedersi cosa accada al patrimonio dell'imprenditore dopo l'omologazione dello strumento di regolazione. Mentre – come dapprima accennato – in caso di apertura di liquidazione giudiziale, l'imprenditore debitore andrà a beneficiare del regime dell'art. 150; per le soluzioni di natura negoziale si affaccia l'eventualità di iniziative esecutive. Più in particolare, si ritiene che «se la proposta non è stata adempiuta e il credito ristrutturato dall'omologazione (art. 117) è divenuto esigibile, non si può impedire al singolo creditore di ottenere un titolo esecutivo (relativo al credito ristrutturato) e di porlo in esecuzione, fermo restando che il debitore, [...] può contestare la legittimità dell'azione esecutiva se contrastante con l'esecuzione collettiva del concordato»[18].

3. – Per ciò che attiene, infine, alla durata complessiva delle misure protettive, la *littera legis* fa riferimento al periodo (anche non continuativo) di dodici mesi. Seguendo le autorevoli riflessioni della dottrina maggioritaria, si ritiene, inoltre, che «non essendo pre-

---

soluzione della crisi/insolvenza in modo da farla coincidere, tendenzialmente, con la massima durata delle misure protettive». Nello stesso senso, LONGO, *Le misure cautelari*, 149), laddove afferma che «alcuna dottrina ha fortemente criticato tale scelta di prevedere un termine massimo, non legato all'effettiva durata della procedura, posto che quasi mai un concordato preventivo si esaurisce nei 12 mesi e appare privo di senso restituire ai creditori le iniziative esecutive e cautelari in prossimità dell'omologazione».

[15] CONSOLO, *Spiegazioni di diritto*, 214 ss.

[16] A corroborare questa ricostruzione interviene un argomento letterale: l'art. 54, nel richiamare il requisito dell'*idoneità «ad assicurare provvisoriamente l'attuazione delle sentenze di omologazione di strumenti di regolazione della crisi e dell'insolvenza e di apertura delle procedure di insolvenza»* richiama l'art. 700 c.p.c., laddove menziona l'*idoneità «ad assicurare provvisoriamente gli effetti della decisione sul merito»*.

[17] Per una maggiore chiarezza sul punto, v. GIORGETTI, *Disposizioni generali*, 15.

[18] Così, FABIANI, *Sistema, principi*, 171 ss.

ventivabile la durata del giudizio (che in ogni caso deve essere ispirato al principio di celerità), è da ritenersi che la durata delle misure protettive fissata dal tribunale si sommi a quella già decorsa al momento del deposito nel registro delle imprese, fermo il limite temporale complessivo (a far data dal deposito nel registro delle imprese)»[19].

Un profilo problematico emerso, di recente, nella prassi giudiziaria ha, poi, riguardato la latitudine dell'intervento del giudice in sede di proroga dei termini di efficacia delle misure protettive richieste nell'ambito della composizione negoziata alla crisi d'impresa, suscettibile di essere ri-proposto, a parere di chi scrive, anche nel contesto operativo degli altri strumenti di regolazione della crisi/insolvenza. Più precisamente, si è avuto modo di chiarire che «in sede di proroga del termine di durata delle misure protettive [...] è inammissibile l'istanza volta ad ampliare le misure protettive, posto che, in questo contesto, il giudice può solo limitarsi ad ampliare la durata delle misure già confermate»[20]. Entro questi termini si comprende la natura vincolata della decisione del giudice a fronte dell'istanza di proroga, potendo questa investire soltanto il versante di una riconferma in ordine alle misure *già* fatte oggetto di richiesta in precedenza, non anche quello di «un ampliamento delle misure e/o loro estensione a soggetti diversi ed ulteriori da quelli contemplati nel primo decreto di concessione»[21].

[19] BACCAGLINI, DE SANTIS, *Misure protettive*.

[20] Trib. Bergamo, 22 aprile 2022, in *Fallimento,* 2022, 1091 ss.

[21] *Ibidem.* Si noti, inoltre, come il Tribunale, nel citato *iter* decisionale, tenda ad escludere la plausibilità teorica degli argomenti a sostegno della tesi relativa al carattere «generalizzato e non selettivo dello stay conseguibile per il tramite della norma invocata». In senso conforme Trib. Bergamo, 22 aprile 2022, in *dirittodellacrisi.it,* dove si precisa che «la conferma di un'inibitoria generalizzata finirebbe per abrogare de facto l'art. 161, comma 6, per il tramite di un uso alternativo, generalizzato e senza il corredo del controllo del commissario giudiziale dello strumento della composizione negoziata». In dottrina cfr. BACCAGLINI, *Composizione negoziata,* 1105 ss.

Articolo 9

Sospensione feriale dei termini e patrocinio legale

1. La sospensione feriale dei termini di cui all'articolo 1 della legge 7 ottobre 1969, n. 742 non si applica ai procedimenti disciplinati dal presente codice, salvo che esso non disponga diversamente.

2. Salvi i casi in cui non sia previsto altrimenti, nelle procedure disciplinate dal presente codice, il patrocinio del difensore è obbligatorio.

Chiara Briguglio

Sommario: 1. Il realizzato auspicio di un coordinamento sistematico in materia di sospensione feriale (del decorso) dei termini. – 2. Attuazione del principio di celerità. – 3. Obbligatorietà della rappresentanza tecnica.

1. – Il legislatore del Codice, all'interno dell'articolo in epigrafe, ha inteso segnare una rilevante discontinuità di disciplina rispetto all'assetto previgente, giacché ha *esplicitamente* e *integralmente*[1] escluso l'operatività dell'istituto della c.d. *sospensione feriale dei termini* prevista dall'art. 1 della l. 7 ottobre 1969, n. 742. La norma è stata accolta con favore all'interno della dottrina, che – infatti – non ha mancato di sottolineare come si tratti di un intervento destinato a risolvere un contrasto interpretativo a carattere "diffuso"[2] oppure, ancora, un "norma di chiusura" volta a «disinnescare problemi interpretativi ed applicativi relativi al computo dei termini in un ambito, quello delle procedure previste dal CCII, in cui coesistono e si intrecciano procedimenti a carattere non giurisdizionale e procedimenti concorsuali in senso stretto»[3]. Il fine ultimo della norma contenuta al primo comma sembrerebbe, dunque, quello di realizzare un certo coordinamento sistematico nella rinnovata cornice delle procedure concorsuali[4].

[1] A ben vedere, gli unici casi in cui è stato mantenuto l'istituto della sospensione feriale nel Codice sono da rintracciare nel procedimento di insinuazione dei crediti al passivo o di rivendica di beni (art. 201, comma 10) e nei procedimenti di impugnazione dello stato passivo (art. 207, comma 16). Per una maggiore chiarezza sul punto v. LAMANNA, *Il Codice*, 122.

[2] MONTANARI, *Il codice*, 303.

[3] GASPERINI, *I termini processuali*, 10.

[4] GASPERINI, (*I termini processuali*, 9), mostrandosi favorevole all'introduzione generalizzata della sospen-

L'ampiezza della modifica è – tuttavia – maggiore se si guarda all'ambito di applicazione generale previsto dall'art. 1, l. 7 ottobre 1969, n. 742, nella parte in cui si richiama la sospensione del «*decorso dei termini processuali relativi alle giurisdizioni ordinarie ed a quelle amministrative*», lasciando intendere – inequivocabilmente – l'*universum* dei procedimenti devoluti alla cognizione del giudice ordinario e al giudice amministrativo. Ebbene, alla luce di questi primi rilievi, si comprende come i termini concreti dell'intervento del legislatore del Codice non possono essere *sic et simpliciter* additati come mera "modifica", atteso che l'evidente *voluntas* sottesa all'art. 9 è quella di riservare una disciplina *ad hoc a tutti* procedimenti ivi regolamentati. Taluni non mancano di notare, poi, come l'effetto finale risultante dall'architettura complessiva del primo comma sia quello di invertire il rapporto regola-eccezione che orientava l'istituto della sospensione feriale all'interno del processo civile. Per meglio intendersi, «mentre prima dell'entrata in vigore del CCII anche in questo settore si aveva una generale operatività della sospensione feriale, sicché le eccezioni al principio erano da individuare nelle cause [...] relative alla dichiarazione ed alla revoca dei fallimenti [...] e nei giudizi di reclamo avverso i decreti del giudice delegato e del tribunale, e contro gli atti del curatore e del comitato dei creditori, è ora l'applicabilità della sospensione feriale a costituire l'eccezione, e a necessitare di un esplicito e puntuale riferimento normativo nel quadro di un sistema complessivamente caratterizzato da esigenze di celerità nella trattazione dei vari procedimenti»[5].

La portata precettiva della nuova norma sembrerebbe – comunque – riguardare precipuamente gli strumenti di gestione della crisi/insolvenza alternativi rispetto al procedimento per la dichiarazione della liquidazione giudiziale, per il quale la sospensione era già esclusa[6]. Da queste ulteriori considerazioni, si intuisce ancor meglio come il legislatore del Codice abbia creato un meccanismo di coordinamento sistematico tra la disciplina che – fino ad allora – era riservata alla sola procedura per dichiarazione di fallimento con la restante parte degli strumenti (anche negoziali) per la regolazione della crisi[7], con risultati tutt'altro che sfavorevoli guardando al panorama giurisprudenziale. Può, infatti, dirsi definitivamente sopito il dibattito, emerso presso la Suprema Corte e variamente discusso in dottrina[8], inerente all'applicazione dell'istituto in esame al deposito della domanda di pre-

sione feriale dei termini, definisce l'art. 9 come «una misura di semplificazione processuale con auspicati effetti acceleratori». Eppure, nonostante l'ambizioso proposito, sopra descritto in termini di *coordinamento sistematico*, alcuni autori contestano la collocazione dell'art. 9 all'interno dei principi generali di carattere processuale, progettandone una diversa collazione. In questo senso, v. AMBROSINI, *I "princìpi generali"*, 63.

[5] Per una più ampia comprensione della ricostruzione, v. GASPERINI, *I termini processuali*, 9.

[6] In tal senso, si esamini il tenore letterale dell'art. 92, r.d. 30 gennaio 1941, n. 12, rubricato *Affari civili nel periodo feriale dei magistrati*: «*Durante il periodo feriale dei magistrati le corti di appello ed i tribunali trattano le cause civili relative ad alimenti, alla materia corporativa, ai procedimenti cautelari, di sfratto e di opposizione all'esecuzione, nonché quelle relative alla dichiarazione ed alla revoca dei fallimenti, ed in genere quelle rispetto alle quali la ritardata trattazione potrebbe produrre grave pregiudizio alle parti [...]*».

[7] A sostegno di questa ricostruzione, si veda Cass., 11 ottobre 2019, n. 25628 che in materia di concordato preventivo afferma: «L'art. 36-bis l. fall., evidenziando che non sono soggetti a sospensione feriale i termini processuali di cui agli artt. 26 e 36 della stessa legge, consente di ritenere applicabile la suddetta sospensione a tutti gli altri procedimenti "endofallimentari" come anche alle procedure concorsuali. Il reclamo avverso il provvedimento di omologa del concordato preventivo è soggetto alla sospensione feriale di termini».

[8] MANFREDI, ALMINI, *Concordato preventivo*; VELLA, *Il controllo giudiziale*, 89 ss.; PAGNI, *Del controllo*, 641 ss.

concordato (*ex* art. 161, comma 6, l. fall.) quando, avverso al medesimo debitore, penda istanza di fallimento[9]. Passando (sia pure sommariamente) in rassegna questa *querelle* giurisprudenziale, è agevole desumere il *favor* che ha accompagnato l'entrata in vigore dell'art. 9, specialmente laddove determina una maggiore certezza del diritto, tenuto conto che il discorso sulla decorrenza dei termini può, in uno scenario patologico, riguardare le eventuali preclusioni e/o decadenze in cui le parti incorrano e che – per assurdo – si ripercuoterebbero sulle soluzioni negoziali alla crisi d'impresa, oggi altamente privilegiate nel contesto della privatizzazione del diritto concorsuale.

2. – Interrogandosi sulle ragioni dell'attuale impianto dell'art. 9, è opportuno fare riferimento al contenuto della Relazione illustrativa al Codice, che ne chiarisce sia il profilo causale-giustificativo sia quello oggettivo-finalistico, menzionando il *principio di riduzione della durata e dei costi*, nonché di *semplificazione delle procedure concorsuali*, di cui rispettivamente alle lett. *l*) e *h*) dell'art. 2, comma 1, legge delega 19 ottobre 2017, n. 155. Nel ridefinire i contorni della concorsualità, pertanto, il legislatore ha sollecitamente regolamentato i profili di durata effettiva dello svolgimento del procedimento (a questo punto, *qualsiasi* procedimento diretto a regolare la crisi o a rimuovere l'insolvenza) ritenendo che una solerte applicazione dell'istituto della sospensione feriale del decorso dei termini possa serbare una certa incompatibilità con una logica di complessiva razionalizzazione nella gestione della crisi. Si noti, però, come, in questo alveo di riflessione, il riferimento non è al principio di durata *ragionevole* (*ex* art. 111, comma 2, Cost.), da intendersi correttamente come garanzia del *giusto* processo, bensì al principio di durata *ridotta*, concepito – diversamente – come garanzia di una celere definizione delle procedure concorsuali, data l'eterogeneità delle posizioni economiche da tutelare (*in primis* quelle della comunità degli *stakeholders*) e la rilevanza degli obiettivi perseguiti (che possono andare dalla monetizzazione dell'*universum* dei beni aziendali in vista della liquidazione alla riconversione del complesso produttivo in un progetto di continuità).

3. – Il secondo e ultimo comma dell'art. 9 contiene una regola processuale di carattere generale, prevedendo l'obbligatorietà del patrocinio legale e facendo salve previsioni diverse di carattere derogatorio[10]. Ciò in considerazione – si ritiene – del notevole tecni-

---

[9] Nonostante non mancassero solidi argomenti per eludere la scrutinata sospensione (v. Trib. Monza, 6 agosto 2013 nel sottolineare che «l'applicazione della sospensione feriale dei termini si tradurrebbe nella dilatazione di termini che il legislatore ha stabilito come massimi e non ulteriormente prorogabili»), la soluzione definitiva, prima dell'entrata in vigore del Codice, veniva prospettata avuto riguardo al rapporto di continenza qualitativa. La Cassazione a Sezioni Unite (Cass., SS.UU., 15 maggio 2015, n. 9935) ha, infatti, ritenuto che «durante la pendenza di una procedura di concordato, sia essa in fase di ammissione, di approvazione o di omologazione non può ammettersi il corso di un autonomo procedimento prefallimentare che si concluda con la dichiarazione di fallimento indipendentemente dal verificarsi di uno degli eventi previsti dagli artt. 162, 173, 179 e 180 l. fall.» occorrendo «il previo esaurimento della procedura di concordato preventivo». Ai fini della riflessione qui condotta, pertanto, giova concludere che se l'istanza di fallimento non incide sul corso della procedura, rimane fermo l'istituto della sospensione feriale dei termini. In senso conforme, NARDECCHIA, *L'inammissibilità*, 961.

[10] È opinione comune presso la dottrina maggioritaria che l'inserimento di una clausola di riserva («*Salvi i casi in cui non sia previsto altrimenti*») sia stata voluta dal legislatore nell'ottica di sciogliere preesistenti dubbi

cismo [11] che caratterizza la materia in esame [12]. In questo senso considerato, la *ratio* della disposizione, che riprende anche sul piano strutturale l'architettura dell'art. 82, comma 3, c.p.c. [13], va rintracciata nell'esigenza «tutta ed esclusivamente pubblicistica di assicurare che gli atti del processo siano compiuti dai soggetti i quali, a causa della loro formazione professionale, [...] non creino intralci allo svolgimento del processo stesso» [14]. Del resto, anche in assenza di un'apposita previsione, la giurisprudenza non ha mancato di estendere la disciplina prevista al citato art. 82, comma 3, c.p.c., alla procedura per la dichiarazione di liquidazione giudiziale (*amplius*: procedure concorsuali) sulla base di alcune suggestive (e condivisibili) ricostruzioni. In particolare, è qui sufficiente segnalare una recente pronuncia della Cassazione secondo cui: «Nel processo per la dichiarazione di fallimento – che, pur non potendo essere assimilato in toto al rito ordinario di cognizione, è un giudizio camerale a carattere contenzioso ed a cognizione piena, in cui vengono assicurati il contraddittorio tra le parti, il diritto di difesa e l'espletamento dei mezzi istruttori richiesti dalle parti o disposti d'ufficio – deve ritenersi applicabile la regola generale dettata dall'art. 82, comma 3, c.p.c., per cui, salvi i casi in cui la legge dispone altrimenti, davanti al tribunale e alla corte di appello, le parti devono stare in giudizio con il patrocino del procuratore» [15]. In altri termini, trova pieno accoglimento quell'autorevole corrente dottrinale secondo cui il procedimento per dichiarazione di fallimento sia da intendersi «come un'espressione della giurisdizione oggettiva» [16], unito all'opinione secondo cui, in presenza della giurisdizione camerale, si ravvisa l'esigenza di assicurare la tutela dei diritti soggettivi incisi dal contenuto dispositivo dei provvedimenti adottati [17].

interpretativi (GIORGETTI, *Disposizioni generali*, 15). Questa consapevolezza emerge, poi, anche all'interno della Relazione illustrativa, dove – infatti – si legge che, in relazione alla prevista facoltà di deroga, si risolve la *vexata quaestio* della «*presentazione dell'istanza di fallimento in proprio, della domanda di concordato preventivo e di accesso alle procedure di sovraindebitamento*» (Relazione illustrativa, 43).

[11] A titolo esemplificativo, cfr. FABIANI, *Concordato preventivo*, 113, che evidenzia la necessarietà della difesa tecnica all'interno dell'istruttoria prefallimentare sul presupposto che in tale processo creditore e debitore si collocano su posizioni antagoniste, e che, all'esito dello stesso, possono essere liquidate le spese di lite.

[12] Come osserva LAMANNA, *Il Codice*, 123, gli unici casi in cui si prevede con chiarezza che il patrocinio non è obbligatorio sono: all'art. 40, comma 5, laddove si stabilisce che, nel procedimento di liquidazione giudiziale, il debitore può stare in giudizio personalmente; all'art. 201, comma 5, nella parte in cui si riconosce che il ricorso per l'ammissione al passivo può essere sottoscritto anche personalmente dalla parte; all'art. 269, in relazione al ricorso per l'apertura della liquidazione controllata, che può essere presentato personalmente dal debitore, con l'assistenza dell'OCC.

[13] Così come nell'articolo in commento, anche l'art. 82, comma 2, c.p.c. prevede come regola generale quella del patrocinio legale obbligatorio, avvalendosi della c.d. *clausola di riserva* per i casi eccezionali: «*Salvi i casi in cui la legge dispone altrimenti, davanti al tribunale e alla Corte di appello le parti debbono stare in giudizio col ministero di un procuratore legalmente esercente; e davanti alla Corte di cassazione col ministero di un avvocato iscritto nell'apposito albo*».

[14] LUISO, *Diritto processuale civile*, 236.

[15] Cass., 4 marzo 2021, n. 5985, in *Fallimento*, 2021, 628.

[16] DE SANTIS, *Esercizi virtuosi*, 630 ss.

[17] MONTESANO, *La tutela giurisdizionale*, 25 ss.; MICHELI, *Il processo*, 1 ss.

Articolo 10
Comunicazioni telematiche

1. Le comunicazioni poste a carico degli organi di gestione, controllo o assistenza delle procedure disciplinate dal presente codice sono effettuate con modalità telematiche al domicilio digitale risultante dall'Indice nazionale degli indirizzi di posta elettronica certificata (INI-PEC) delle imprese e dei professionisti, quando i destinatari hanno l'obbligo di munirsene.

2. Gli organi di cui al comma 1 attivano, dandone tempestiva comunicazione agli interessati, un domicilio digitale, da utilizzare esclusivamente per le comunicazioni inerenti alla procedura:

a) ai creditori e ai titolari di diritti sui beni che non hanno l'obbligo di munirsene;

b) ai soggetti che hanno sede o che risiedono all'estero;

c) al debitore e al legale rappresentante della società o ente sottoposti a una delle procedure disciplinate dal presente codice.

3. Le comunicazioni ai soggetti per i quali la legge prevede l'obbligo di munirsi di un domicilio digitale e che non hanno provveduto ad istituirlo o comunicarlo sono eseguite esclusivamente mediante deposito in cancelleria. Si procede con le stesse modalità nelle ipotesi di mancata consegna del messaggio elettronico per cause imputabili al destinatario. Le disposizioni di cui al secondo periodo si applicano anche ai soggetti cui è stato assegnato un domicilio digitale ai sensi del comma 2.

4. Per tutta la durata della procedura e per i due anni successivi alla relativa chiusura, gli organi di cui al comma 1 sono tenuti a conservare i messaggi elettronici inviati e ricevuti.

5. Ai fini della validità ed efficacia delle predette comunicazioni, alla posta elettronica certificata è equiparato il servizio di recapito certificato ai sensi dell'articolo 1, comma 1-ter, del codice dell'amministrazione digitale di cui al decreto legislativo 7 marzo 2005, n. 82.

6. Le spese per l'attivazione del domicilio digitale previsto dal comma 2 sono a carico della massa.

Alessio Bonafine

Sommario: 1. L'uso della posta elettronica certificata nel Codice. – 2. Le novità della riforma.

1. – Già la legge delega n. 155 del 2015 (art. 2, comma 1, lett. *i*) aveva previsto tra i criteri direttivi della riforma che con modalità telematiche fossero effettuate le notifiche degli atti delle procedure concorsuali, in particolare considerando la posizione del debitore e richiedendo a questi la conservazione dell'indirizzo certificato comunicato all'INI-PEC per un anno decorrente dalla data della cancellazione dal Registro delle Imprese.

Invero, l'uso della posta elettronica certificata per le comunicazioni concorsuali non era nuovo nemmeno alla legge fallimentare; sempre con il proposito di raggiungere gli obiettivi di semplificazione e di accelerazione degli adempimenti che è comune alla riforma.

Basti considerare che l'art. 31-*bis* l. fall. – inserito dal d.l. n. 179 del 2012 – già prescriveva tale modalità per le trasmissioni del curatore, altresì stabilendo il loro perfezionamento per deposito in cancelleria in tutti i casi di mancata consegna del messaggio per causa imputabile al destinatario. Dello stesso tenore, procedendo solo a titolo esemplificativo, anche l'art. 171 l. fall., in tema di convocazione dei creditori dell'imprenditore ammesso alla procedura di concordato, ovvero l'art. 205 l. fall., sulla trasmissione a mezzo p.e.c. della relazione del commissario liquidatore in una procedura di liquidazione coatta amministrativa.

D'altronde, in un contesto normativo fortemente indirizzato verso la digitalizzazione e la informatizzazione del processo (in particolare civile) non vi era ragione per sottrarre a tale tendenza le procedure concorsuali, pur con alcune specifiche difficoltà (connesse soprattutto alle regole di deposito degli atti [1]) in buona misura dipendenti anche dalle caratteristiche peculiari di tali tipologie di procedimenti [2].

Ciò che allora al Codice si deve, è soprattutto la scelta di un formale inquadramento sistematico – attraverso il suo inserimento tra i «*Principi di carattere processuale*» – di una regola assolutamente condivisibile (quella della modalità telematica delle comunicazioni degli organi incaricati), e però già nota e comunque applicata e percepita nella sua portata generale.

2. – Non a questo, però, si arrestano le novità della riforma.

Con l'art. 2, lett. *s*), infatti, è introdotto per la prima volta anche per le procedure concorsuali il concetto di «*domicilio digitale*», definito come quello «*di cui all'articolo 1, comma 1, lettera n-*ter*) del decreto legislativo 7 marzo 2005, n. 82*», come introdotto dal d.lgs. n. 179 del 2016.

Si tratta, in altri termini, di «*un indirizzo elettronico eletto presso un servizio di posta elettronica certificata o un servizio elettronico di recapito certificato qualificato*», ai sensi del reg. (UE) 2014/916 in materia di identificazione elettronica e servizi fiduciari per le transazioni elettroniche nel mercato interno (c.d. regolamento eIDAS), valido ai fini delle comunicazioni elettroniche aventi valore legale.

Inoltre, in linea di parziale continuità con la legge fallimentare, che però guardava anche all'ipotesi che l'indirizzo del destinatario risultasse dal Registro delle Imprese, è specificato che il domicilio digitale utilizzabile è quello risultante dall'Indice nazionale degli indirizzi di posta elettronica delle imprese e dei professionisti (c.d. INI-PEC).

Si tratta di aspetto non secondario, se solo si considerano – mutuando l'esperienza maturata nel processo civile – le difficoltà sorte in punto di individuazione dei pubblici elenchi va-

[1] Cui sono dedicati i commi da 9-*quater* a 9-*septies* dell'art. 16-*bis*, d.l. n. 179 del 2012.

[2] Sul tema, v. De Simone, *La gestione*, 1476.

lidamente impiegabili e di conseguenze sulle notifiche effettuate attingendo invece agli altri [3].

Ciò, però, senza evidentemente volere negare la validità di quella effettuata ad un indirizzo comunque disponibile presso elenco diverso da INI-PEC. Altrimenti ragionando, infatti, si trasformerebbe una disposizione che ha certamente anche il proposito di agevolare l'attività degli organi nominati in fonte di appesantimenti e complicanze facilmente evitabili.

Le comunicazioni che non sia invece possibile effettuare con modalità telematica (perché i destinatari non si siano dotati di un indirizzo digitale pur essendo obbligati a farlo, ovvero perché per cause imputabili a questi non vada a buon fine la trasmissione), sono eseguite esclusivamente mediante deposito in cancelleria, in applicazione di un principio già fissato dall'art. 16, comma 6, d.l. n. 179 del 2012 e, con più specifico riferimento alle procedure concorsuali, già espresso con il richiamato art. 31-*bis* l. fall.

Sebbene nota all'impianto antecedente alla riforma, la regola, in particolare, del perfezionamento per deposito in cancelleria delle trasmissioni non riuscite a mezzo p.e.c. ha senz'altro una sua particolare utilità pratica; in particolare, se rapportata all'ipotesi – non infrequente – del raggiungimento del livello massimo di capacità della casella p.e.c.

La sanzione tipizzata, infatti, permette di superare alla base ogni questione attinente alla imputabilità al destinatario della cattiva gestione della casella, che pure ha costituito occasione di dibattito anche innanzi alla Cassazione e con decisioni non sempre univoche [4].

Piuttosto, la vera novità attribuibile alla riforma sta nel comma 2 dell'art. 10.

Con l'intento di semplificare e velocizzare le comunicazioni, infatti, esso prevede che siano effettuate con modalità telematiche al domicilio digitale assegnato direttamente dai medesimi organi (e con spese di attivazione a carico della massa) quelle indirizzate (*i*) ai creditori ed ai titolari di diritti sui beni che non hanno l'obbligo di munirsene; (*ii*) ai soggetti che hanno sede o che risiedono all'estero; (*iii*) al debitore e al legale rappresentante della società o ente sottoposti a una delle procedure disciplinate dal Codice.

Se la previsione pare giustificarsi nel secondo caso esposto (in cui, in mancanza del meccanismo dell'assegnazione del domicilio digitale, le trasmissioni sarebbero oggettivamente più lunghe e complesse), qualche perplessità alimentano il primo e il terzo. L'assegnazione diretta da parte degli organi, infatti, parrebbe in contrasto con il presupposto della sua attivazione; vale a dire, l'assenza dell'obbligo di munirsene. Inoltre, le comunicazioni a chi sia già sottoposto ad una procedura concorsuale ben potrebbero essere effettuate direttamente all'indirizzo di questa [5].

---

[3] BRUNELLI, *Gli indirizzi*, 1039 ss.; POLI, *Le notificazioni*, 321 ss.

[4] Nel senso della imputabilità della mancata ricezione per saturazione della casella p.e.c., v. Cass., 12 settembre 2022, n. 26810; Cass., 2 marzo 2021, n. 5646; Cass., 11 febbraio 2020, n. 3164; negli stessi termini, già Trib. Milano, 20 aprile 2016, in *dejure.it*. *Contra*, Cass., 20 dicembre 2021, n. 40758, secondo cui qualora la casella del destinatario risulti piena e – come tale – non in grado di ricevere il messaggio di posta elettronica, parte notificante dovrà attivarsi tempestivamente per procedere ad una nuova notifica con le modalità ordinaria di cui agli artt. 137 ss. c.p.c. Nello stesso senso, più di recente, cfr. Cass., 24 gennaio 2023, n. 2193.

[5] Si consideri che, con specifico riferimento alla liquidazione giudiziale, nella nuova impostazione del Codice non è più il curatore ad attivare il proprio indirizzo p.e.c. e a comunicarlo al Registro delle Imprese. Esso, piuttosto, è assegnato dal Ministero. Questo, infatti, si ricava dall'art. 126, comma 2, ai sensi del quale «*Intervenuta l'accettazione* [dell'incarico da parte del curatore, n.d.r.], *l'ufficio comunica telematicamente al curatore le credenziali per l'accesso al domicilio digitale assegnato alla procedura dal Ministero della giustizia*».

Articolo 11
Attribuzione della giurisdizione

1. Fatte salve le convenzioni internazionali e la normativa dell'Unione europea, la giurisdizione italiana sulla domanda di accesso a uno strumento di regolazione della crisi e dell'insolvenza o a una procedura di insolvenza disciplinati dalla presente legge sussiste quando il debitore ha in Italia il centro degli interessi principali o una dipendenza.

2. Avverso il provvedimento di accesso a uno strumento di regolazione della crisi e dell'insolvenza o a una procedura di insolvenza è ammessa impugnazione per difetto di giurisdizione da chiunque vi abbia interesse. Si applica il procedimento di cui all'articolo 51. È sempre ammesso il ricorso per cassazione.

3. La giurisdizione italiana di cui al comma 1 sussiste anche per le azioni che derivano direttamente dalla procedura.

Chiara Briguglio

Sommario: 1. Nozione generale del c.d. "C.O.M.I." (*center of main interests*). – 2. La litispendenza internazionale in materia concorsuale. – 3. Regime impugnatorio del difetto di giurisdizione. – 4. Applicazione estensiva del criterio di cui al comma 1: dall'esecuzione collettiva alle azioni individuali.

1. – La disposizione in epigrafe contiene le regole attributive della giurisdizione all'interno del Codice, sostituendo pressoché integralmente il previgente art. 9 l. fall. [1]. I termini dell'ultimo intervento del riformatore, risalente al giugno 2022 (d.lgs. 17 giugno 2022, n. 83), consegnano un quadro profondamente mutato, tenuto conto delle sollecitazioni provenienti dalla legislazione comunitaria e dalla *soft law* internazionale, che hanno

[1] Ai fini di una più ampia comprensione, si riporta il tenore letterale dell'art. 9 l. fall., secondo cui «*il fallimento è dichiarato dal tribunale del luogo dove l'imprenditore ha la sede principale dell'impresa. Il trasferimento della sede intervenuto nell'anno antecedente all'esercizio dell'iniziativa per la dichiarazione di fallimento non rileva ai fini della competenza. L'imprenditore, che ha all'estero la sede principale dell'impresa, può essere dichiarato fallito nella Repubblica italiana anche se è stata pronunciata dichiarazione di fallimento all'estero. Sono fatte salve le convenzioni internazionali e la normativa dell'Unione europea. Il trasferimento della sede dell'impresa all'estero non esclude la sussistenza della giurisdizione italiana, se è avvenuto dopo il deposito del ricorso di cui all'articolo 6 o la presentazione della richiesta di cui all'articolo 7*».

gradualmente scardinato la visione autarchica[2] presente nel regio decreto del 1942[3], frutto di valutazioni storico-politiche.

In particolare, si prevede che tanto l'accesso ad uno strumento di regolazione della crisi sia governato dalla giurisdizione italiana solo se il debitore abbia, in Italia, il *centro degli interessi principali* (c.d. "C.O.M.I.") o una *dipendenza*. In difetto di questi presupposti di *territorialità*, sembra inevitabile incardinare la procedura all'estero, «*i cui effetti, determinati dalla lex concursus, si estenderanno anche sugli eventuali beni del debitore presenti in Italia*»[4]. La regola, così strutturata, ha comunque carattere residuale, essendo prevista la clausola di salvaguardia in posizione incipitaria («*Fatte salve le convenzioni internazionali e la normativa dell'Unione europea*»), idonea a risolvere il problema dell'eventuale concorso tra fonte sovranazionale e fonti domestiche a favore delle prime, anche in ossequio alla c.d. *primauté* del diritto unionale sulla legislazione interna. A ciò si aggiunga che il riferimento operato dal legislatore al criterio del «*centro degli interessi*» in luogo di quello basato sulla «*sede*» ha – "diplomaticamente" – sopito il dibattito emerso in passato sull'imprescindibile *necessità*[5] che il debitore dovesse o meno avere una sede (anche solo secondaria) in Italia. Sul piano contenutistico il C.O.M.I. indica «*il luogo in cui il debitore gestisce i suoi interessi in modo abituale e riconoscibile dai terzi*»[6] e – in assenza di ulteriori indicazioni da parte del legislatore del Codice – andrebbe individuato alla luce delle linee guida tracciate dalla *case law* eurounitaria (più opportunamente, in questa materia, *model law*)[7],

[2] Si fa riferimento alla regola generale secondo cui il giudice italiano avrebbe potuto conoscere del fallimento anche qualora il debitore fallito avesse avuto la sede principale dell'attività di impresa all'estero. La *ratio* sottesa a questo *modus operandi* viene efficacemente prospettata da BALDONI, *Sulla competenza internazionale*, 225 ss., laddove, ai fini di stabilire l'ancoraggio della procedura al giudice italiano, era sufficiente un *titolo* idoneo a giustificare la giurisdizione di cognizione e un *titolo* giustificante quella esecutiva, non anche un criterio oggettivo basato sull'effettiva sede operativa dell'impresa. In senso conforme, in dottrina, cfr. LUPONE, *L'insolvenza transnazionale*, 156 ss.

[3] Per un approfondimento sullo sviluppo storico della giurisdizione italiana all'interno della materia concorsuale, v. VELLANI, *L'approccio giurisdizionale*, 321, che riporta come nei progetti di riforma al codice di commercio (1906, 1925, 1940) non si facesse alcun riferimento «ai limiti della giurisdizione italiana». Riferendosi, poi, alla Relazione Illustrativa alla legge fallimentare del 1942, l'A. afferma che l'art. 9 l. fall., «vuole stabilire l'autonomia del tribunale italiano rispetto a quello straniero per quel che riguarda la dichiarazione di fallimento di imprenditori che abbiano all'estero la sede principale dell'impresa, in particolare si vuole rispondere ad esigenze politiche di protezione degli interessi nazionali».

[4] Così, CARRARA, *Giurisdizione italiana*, 508 ss. Si segnala che le considerazioni dell'A. sopra riportate sono state formulate in riferimento al reg. n. 848 del 2015 (per cui v., nota 8), ma a parere di chi scrive possono essere ben riproposte anche a commento dell'art. 11.

[5] Volendo, qui, sintetizzare le posizioni assunte in passato dalla dottrina, basti riportare che, accanto ad alcuni attivi sostenitori della necessità della sede – anche se secondaria – in Italia (GIULIANO, *Il fallimento*, 169 ss.; BONGIORNO, *Osservazioni in tema*, 273 ss.; TEDESCHI, *Della dichiarazione*, 224 ss.), altri propendevano per la soluzione negativa, ritenendo sufficiente *sic et simpliciter* lo svolgimento, in Italia, dell'attività imprenditoriale (SATTA, *Diritto fallimentare*, 63; PROVINCIALI, *Trattato di diritto*, 2805 ss.; FORMIGGINI, *L'impresa estera*, 94 ss.).

[6] Questa la definizione contenuta all'interno dell'art. 2, comma 1, lett. *m*). Per un maggiore approfondimento sul tema v. GUBITOSI, *Codice della crisi*, 2026; LAMANNA, *Il Codice*, 264 ss.; CECCHELLA, *Il diritto*, 110 ss.; LEANDRO, *Il centro*, 363 ss.

[7] Passando in rassegna gli orientamenti più importanti, è doveroso richiamare il caso *Eurofood* (2 maggio 2006, causa C-341/04), dove la Corte ha reso operativa la presunzione di coincidenza tra C.O.M.I. e la sede statutaria dell'impresa, salvo che non vi siano elementi oggettivi e riconoscibili da terzi idonei a superarla; il caso *Interedil* (20

la quale sembra privilegiare un approccio empirico-fattuale.

A ben vedere, poi, il concetto di C.O.M.I. rappresenta la trasposizione domestica delle regole sulla competenza internazionale dettate, in particolare, dall'art. 3, commi 1 e 2, regolamento (UE) n. 848 del 2015 [8], in materia di insolvenza transfrontaliera. Nonostante la naturale tendenza ad interpretare i due termini come *de plano* sovrapponibili, occorre adottare un approccio di *distingue frequenter*: il C.O.M.I. invocato dall'art. 11 deve essere inteso come fattispecie "nazionalizzata" e quindi interpretato alla luce della normativa italiana; invece, la stessa nozione contenuta nel già citato reg. UE n. 848 del 2015 deve essere letta in conformità alla disciplina comunitaria e secondo le finalità [9] che essa persegue (prima – *inter alia* – quella dell'integrazione economica). A sostegno di quest'ultima tesi milita l'*argumentum* letterale, costituito dalla clausola di riserva precedentemente analizzata, che – facendo salva la normativa europea – evidenzia *ex se* una differenza definitoria e applicativa. Il dibattito, comunque, resta tutt'ora aperto e fertile di prospettive ri-costruttive, che in questa sede non possono essere esaustivamente esaminate [10].

Sul piano funzionale la nozione si caratterizza per essere sia «un criterio di giurisdizione internazionale che di competenza interna italiana» [11], dal momento che viene ripresa anche all'art. 27 (rubricato, appunto «*competenza*»), realizzando così un auspicato coordinamento sistematico per ciò che attiene alla fase di introduttiva delle varie procedure.

---

ottobre 2011, causa C-396/09) e *Rastelli* (15 dicembre 2011, causa C-191/10), dove si precisa – a conferma dell'orientamento del 2006 – che il C.O.M.I. «deve essere individuato privilegiando il luogo dell'amministrazione principale di tale società, come determinabile sulla base di elementi oggettivi e riconoscibili dai terzi». Per una comprensione più approfondita degli indirizzi della *case law* europea, v. BARIATTI, CORNO, *Centro degli interessi;* BARIATTI, *Il regolamento*, 203 ss.; CORNO, *Oltre Eurofood*, 537 ss.; DE CESARI, *Procedura principale*, 535 ss.; PANZANI, *La nozione*, 31 ss. Per la giurisprudenza interna cfr., BARONCINI, *Giurisdizione e competenza*, 1445.

[8] Si tratta del reg. UE n. 848 del 2015 del Parlamento europeo e del Consiglio del 20 maggio 2015, relativo alle procedure di insolvenza, emanato in sostituzione reg. CE n. 1346 del 2000 e tutt'ora applicabile alle procedure aperte sino al 26 giugno 2017. Tale regolamento è stato, peraltro, oggetto di una recente sentenza della Corte di giustizia UE (CGUE, sez. V, 24 marzo 2022, causa C-723/20, c.d. *Galapagos*), nella quale si è chiarito che «L'art. 3, par. 1, Reg. UE 2015/848 [...] deve essere interpretato nel senso che il giudice di uno Stato membro investito di una domanda di apertura di una procedura di insolvenza principale conserva una competenza esclusiva ad aprire una siffatta procedura qualora il centro degli interessi principali del debitore sia trasferito in un altro Stato membro dopo la presentazione di tale domanda, ma prima che detto giudice si sia pronunciato su quest'ultima. Di conseguenza [...] il giudice di un altro Stato membro successivamente investito da una domanda presentata agli stessi fini non può, in linea di principio, dichiararsi competente ad aprire una procedura di insolvenza principale finché il primo giudice non si sia pronunciato e abbia declinato la propria competenza». Per un'ampia disamina del reg. UE n. 848/2015 dal punto di vista dell'applicazione della *lex concursus*, v., LEANDRO, *Le procedure concorsuali*, 739 ss., 792 ss.

[9] Come correttamente osserva MONTELLA (*Litispendenza e giurisdizione*, 32), «qui cioè entra in gioco il principio della nozione autonoma di diritto europeo [...]: la legislazione dell'Unione va interpretata con criteri di autonomia e autosufficienza europea, e quindi, a meno che la singola norma non contenga un rinvio o un richiamo ad un dato diritto nazionale, il significato di ogni termine utilizzato va individuato tenendo conto solo del contesto e della finalità perseguita da detta norma nel sistema giuridico dell'Unione».

[10] A fronte di alcuni autori che escludevano pacificamente la sovrapponibilità dei due criteri (v., in tal senso, LUNETTI, *La disciplina*, 123; CAPOZZOLO, *Il centro*, 146 ss.), non manca chi esclude una distinzione talmente netta da riflettersi sulla prassi applicativa (v., per tutti, FABIANI, *Giurisdizione e competenza*, 6).

[11] Così MONTELLA, *Litispendenza e giurisdizione,* 30 ss. Del resto – riportandosi alle considerazioni dell'A. – la legge delega n. 155 del 2017 «parlava della nozione di centro degli interessi principali del debitore definita dall'ordinamento dell'Unione europea solo ai fini della competenza territoriale».

2. – Occorre ora interrogarsi sulle regole applicabili nel caso in cui, verificata da parte del giudice la collocazione del C.O.M.I. nel territorio italiano e aperta la relativa procedura, il debitore sia assoggettato ad una concorrente procedura concorsuale in un paese estero. È qui che emerge, a parere di chi scrive, una fondamentale differenza tra il sistema del Codice e il reg. UE n. 848 del 2015, giacché in quest'ultimo caso non si ammette, in alcun modo, un cumulo di procedure a carico dello *stesso* debitore. A norma della disposizione in commento, invece, non sembra porsi alcuna preclusione in ordine alla contemporanea pendenza di due procedure principali (aperte – cioè – in forza del criterio del C.O.M.I. interno *ed* estero). Avvalendosi di un criterio di ragionevolezza, è tuttavia impensabile lasciare che entrambi i procedimenti possano giungere al loro esito fisiologico. Si ipotizza [12], dunque, una mite applicazione dell'art. 7, l. 31 maggio 1995, n. 218, a tenore del quale «*quando, nel corso del giudizio, sia eccepita la previa pendenza tra le stesse parti di domanda avente il medesimo oggetto e il medesimo titolo dinanzi a un giudice straniero, il giudice italiano, se ritiene che il provvedimento straniero possa produrre effetto per l'ordinamento italiano, sospende il giudizio*».

3. – Il comma 2 della disposizione in esame prevede l'esperibilità di un'impugnazione per difetto di giurisdizione, da proporsi avverso il decreto che dichiara l'apertura di uno strumento di regolazione della crisi e dell'insolvenza, con le modalità dell'art. 51 [13]. La norma rappresenta un'assoluta novità all'interno del Codice, in netta discontinuità col passato, dal momento che disegna un rimedio [14] *ad hoc* per tale presupposto processuale in pendenza della procedura concorsuale [15]. In questo mutato scenario del diritto concorsuale, il riformatore, dopo aver equiparato una questione pregiudiziale di rito (che peraltro integra un presupposto processuale) ad una qualsiasi questione di merito suscettibile di

[12] Per una disamina più approfondita del problema v. MONTELLA, *Litispendenza e giurisdizione*, 26 ss.; DE CESARI, MONTELLA, *Insolvenza transfrontaliera*, 117 ss. Nello stesso senso è orientato FABIANI, (*Sistema, principi*, 102), secondo cui la disciplina che regola l'attribuzione della giurisdizione italiana «atteso il contrasto con la legislazione riformata del diritto privato internazionale italiano – va applicata nei soli casi, davvero sporadici, in cui non vi sia incompatibilità rispetto all'art. 64 (e all'art. 7 L. n. 218/1995), ovvero se, stante la specialità della materia, l'art. 26 non debba prevalere anche al cospetto della litispendenza e persino del giudice straniero». Ai fini di una più ampia trattazione della tematica v., in dottrina, VANZETTI, *Insolvenza transnazionale*, 303-327; GALLETTO, *Approccio* italiano, 206.

[13] Non è superfluo, in questa sede, precisare che l'art. 51 citato contiene la sequenza procedimentale e la regolamentazione delle impugnazioni (*rectius*, reclamo) avverso «*la sentenza che del tribunale che pronuncia sull'omologazione del concordato preventivo, del piano di ristrutturazione soggetto a omologazione o degli accordi di ristrutturazione oppure dispone l'apertura della liquidazione giudiziale le parti possono proporre reclamo*».

[14] Proprio la previsione di un rimedio *ad hoc* per il difetto di giurisdizione nel contesto del diritto della crisi ha fatto sorgere in dottrina (TRISORIO LIUZZI, *Giurisdizione, competenza cessazione*, 98) l'interrogativo se fosse ammissibile, nel vigore della precedente legge fallimentare, la proposizione del regolamento di giurisdizione. La risposta che da sempre è stata data dalla giurisprudenza era orientata in senso negativo. Si statuiva, infatti, che «l'istanza per regolamento preventivo di giurisdizione, proposta in relazione a procedimento per la dichiarazione di fallimento, è inammissibile una volta che il tribunale si sia pronunciato in merito al ricorso, avendo, in tal caso, il tribunale, data la intrinseca natura giurisdizionale della procedura, esercitato la propria giurisdizione, con conseguente preclusione dell'esperibilità del regolamento preventivo» (Cass., SS.UU., 8 luglio 2003, n. 10736).

[15] La *voluntas legis* di costruire un rimedio a vocazione impugnatoria emerge anche dalla lettura della Relazione illustrativa, laddove si precisa che «*il comma 2 prevede che chiunque vi abbia interesse possa proporre impugnazione per difetto di giurisdizione avverso il provvedimento di apertura della procedura concorsuale*».

censura nel processo di gravame, ha però trascurato di illustrare le sorti dell'impugnazione sulla giurisdizione. Si ritiene comunque ragionevole prospettare che la corte d'appello possa decidere (e quindi – *de facto* – confermare o meno l'accesso dell'imprenditore agli strumenti di regolazione facendo proseguire la procedura iniziata) solo nel caso in cui ritenga *manifestamente infondata*[16] la censura inerente alla giurisdizione. All'infuori di questa ipotesi, la soluzione a rime obbligate pare essere quella di un provvedimento di chiusura del procedimento di regolazione della crisi e dell'insolvenza, quale quello della sentenza di rigetto in rito della domanda *ex* artt. 40 e 41, ravvisandosi un difetto assoluto di giurisdizione del giudice nazionale. Nonostante le notevoli perplessità che accompagnano l'istituto così formulato, occorre comunque segnalare che esso rappresenta una mera ricezione normativa dell'orientamento già consolidatosi presso la giurisprudenza di legittimità, in seguito alla sentenza della Cassazione a Sezioni Unite del 2011[17]. In forza di tale indirizzo si stabilisce che la sentenza del giudice di primo grado (che – in questo caso – decide sull'apertura degli strumenti di regolazione della crisi) non sbarra la strada una successiva censura relativa alla giurisdizione, avallando così una progressiva "erosione" della vocazione "preventiva" del regolamento[18] fatta palese dall'art. 41 c.p.c. Infine, l'ultima parte del comma 2 dell'art. 11 chiarisce che è sempre possibile ricorrere in cassazione avverso la decisione resa dalla corte d'appello all'esito del reclamo.

4. – L'ultimo comma dell'art. 11 in commento contiene l'affermazione della giurisdizione del giudice italiano anche per le azioni che derivano dalla procedura (cc.dd. azioni

[16] A parere di chi scrive, in forza di un ragionamento sistematico si potrebbe ritenere che la categoria della *manifesta infondatezza* in materia di giurisdizione sia lo stesso di quello *già* adoperato dal legislatore del 1990 nella valutazione della sospensione del processo di merito *ex* art. 367 c.p.c. In questo senso, tale concetto, calato nell'alveo dell'art. 11, non è predeterminabile *a priori*, rimanendo da definire di volta in volta con la maturazione della prassi applicativa e con lo sviluppo della casistica giudiziaria sul punto.

[17] All'interno della richiamata sentenza (Cass., SS.UU., 3 ottobre 2011, n. 20144) il Supremo organo nomofilattico – pronunciandosi su un caso di trasferimento fittizio di una società all'estero al deliberato scopo di eludere la giurisdizione italiana – ha asserito che «La proposizione di una istanza di regolamento preventivo di giurisdizione, ex art. 367 c.p.c., non produce più la sospensione del processo pendente, la quale può essere disposta dal giudice dinanzi al quale il processo pende solo all'esito di un giudizio sommario in ordine alla non manifesta inammissibilità dell'istanza o alla non manifesta infondatezza della contestazione della giurisdizione. Qualora non sia stata disposta la sospensione, pertanto, il processo può proseguire ed essere definito in primo grado prima che sia stata decisa la questione di giurisdizione. Né la pronuncia delle Sezioni Unite della Cassazione può intendersi ostacolata dalla sentenza di primo grado che contenga od implichi una decisione anche in merito alla giurisdizione, in quanto la stessa deve intendersi alla stregua di una sentenza condizionata». Per una indagine più completa, in dottrina, v. CARBONE, *Trasferimento fittizio*, 1497 ss., nota a Cass., SS.UU., 3 ottobre 2011, n. 20144; GIOVANARDI, GUARNIERI, LUDOVICO, TREGLIA, *Regolamento di giurisdizione*, 1257 ss., nota a Cass., SS.UU., 3 ottobre 2011, n. 20144.

[18] Molte sono state, peraltro, le perplessità sulla possibilità di esperire il regolamento di giurisdizione nel corso di una procedura concorsuale (oggi procedura di accesso ad uno strumento di regolazione della crisi/insolvenza). Sul punto, parte della dottrina (TRISORIO LIUZZI, *Diritto della crisi*, 98) risponde all'interrogativo invocando la soluzione prospettata dalla Sezioni Unite (Cass., SS.UU., 16 maggio 2014, n. 10823), secondo cui «proposto regolamento preventivo di giurisdizione, la sentenza emessa, nelle more, dal giudice di merito (nella specie, dichiarativa di fallimento) è condizionata alla conferma del potere giurisdizionale e, dunque, non preclude la decisione sul regolamento medesimo in quanto inidonea a far venire meno l'interesse del ricorrente a coltivare il regolamento».

"ancillari"). La regola posta a fondamento della norma, nel sancire la *vis attractiva* del giudice italiano, si collega alla stessa *ratio* che governava l'art. 24 l. fall[19]., sebbene questo facesse riferimento ad un criterio di competenza (del tribunale che aveva dichiarato il fallimento). Il riferimento alla legge fallimentare del '42 non si ritiene del tutto irrilevante, giacché consente di individuare e, al contempo, perimetrare l'ambito di applicazione della fattispecie. Ragionando in tal senso, per *azioni che derivano dalla procedura* si intenderanno sempre le azioni che mantengono un nesso di dipendenza con la stessa, quelle – cioè – che traggono origine dallo stato di crisi/insolvenza dell'impresa[20]. Andranno, pertanto, individuate all'interno della categoria – a titolo meramente esemplificativo e lungi da un'elencazione tassativa – le revocatorie (sia fallimentari che ordinarie[21]), le cc.dd. azioni di massa[22] e, da ultimo, i procedimenti instaurati dal curatore connessi all'esercizio della facoltà di sciogliere i contratti in corso di esecuzione *ex* art. 211, comma 8.

La norma desta, tuttavia, qualche perplessità laddove, in particolare, si sovrappone solo in parte al precetto contenuto all'art. 6, comma 1, reg. UE n. 848 del 2015, che – per stabilire la *vis attractiva* – richiede che le azioni sino dipendenti dalla procedura *e che vi si inseriscano direttamente*. Questa parziale discrasia è stata, di recente, dibattuta e risolta nel senso di sostenere che «*la nozione italiana sia più ampia di quella europea e possa includere un numero maggiore di azioni, attratte dal foro dell'apertura della procedura, rispetto a quanto previsto dal legislatore europeo*»[23].

---

[19] Si rammenti comunque che il contenuto dispositivo dell'art. 24 l. fall. è comunque ripreso anche all'interno del Codice, all'art. 32.

[20] L'ampia definizione offerta si ricava – a contrario – dal consolidato indirizzo della giurisprudenza di legittimità, secondo cui «Non sono attratte nella sfera di competenza del tribunale fallimentare tutte le preesistenti azioni che, con il fallimento, stiano in relazione di mera occasionalità e che, con la sola sostituzione del curatore al precedente legittimato, restino soggette a tutte le regole processuali ad esse applicabili ove fossero state promosse dal fallito» (Cass., 15 febbraio 1999, n. 1240).

[21] La tesi trova seguito in dottrina, sul presupposto che tanto le azioni revocatorie fallimentari che quelle ordinarie sono tese alla ricostruzione del patrimonio del fallito. Sul punto, emblematico è il contributo di BETTAZZI, *Azioni che derivano*; PAGNI, *Le azioni*, 1037 ss.; ESPOSITO, *L'azione risarcitoria*, 857 ss.

[22] Tali sono le azioni in cui il curatore esercita un potere sostitutivo rispetto ai creditori. In questa direzione di senso, vi rientrano: l'azione di responsabilità nei confronti dei sindaci delle società fallite *ex* art. 2476 c.c.; il risarcimento del danno derivante dall'abuso di direzione unitaria nei gruppi di imprese *ex* art. 2497 c.c.; l'azione risarcitoria per concessione abusiva del credito nei confronti degli istituti di credito che hanno finanziato la società poi dichiarata in liquidazione giudiziale. Per una disamina più approfondita in merito alle azioni che derivano dalla procedura, v., COSTA, *Le procedure concorsuali*, 792 ss.

[23] Così, DE CESARI, *Giurisdizione in tema*, 1082 ss.

Articolo 12
Composizione negoziata per la soluzione della crisi d'impresa

1. L'imprenditore commerciale e agricolo può chiedere la nomina di un esperto al segretario generale della camera di commercio, industria, artigianato e agricoltura nel cui ambito territoriale si trova la sede legale dell'impresa, quando si trova in condizioni di squilibrio patrimoniale o economico-finanziario che ne rendono probabile la crisi o l'insolvenza e risulta ragionevolmente perseguibile il risanamento dell'impresa. La nomina avviene con le modalità di cui all'articolo 13, commi 6, 7 e 8.

2. L'esperto agevola le trattative tra l'imprenditore, i creditori ed eventuali altri soggetti interessati, al fine di individuare una soluzione per il superamento delle condizioni di cui al comma 1, anche mediante il trasferimento dell'azienda o di rami di essa.

3. Alla composizione negoziata non si applica l'articolo 38. Resta ferma l'applicazione dell'articolo 38 nei procedimenti di cui agli articoli 19 e 22.

Domenico Bonaccorsi di Patti

Sommario: 1. Premessa. – 2. I soggetti. – 3. I presupposti. – 4. La competenza. – 5. Il ruolo dell'esperto. – 6. Il comma 3 e la partecipazione del pubblico ministero.

1. – La disposizione qui in commento è diretta derivazione dell'art. 2, d.l. n. 118 del 2021 e con essa – a seguito dell'approvazione del d.lgs. 17 giugno 2022, n. 83 [1] – si disciplina nel Codice l'accesso all'istituto della composizione negoziata [2]. In particolare, il comma 1, individua i soggetti che possono accedere alla composizione, nonché i presupposti che legittimano il debitore a richiedere la nomina dell'esperto. Il comma 2 indica lo scopo dell'intervento dell'esperto ed i compiti dello stesso. Da ultimo, il comma 3 disciplina l'intervento del pubblico ministero in seno alla composizione negoziata.

---

[1] La Relazione al d.lgs. n. 83 del 2022, rileva – infatti – che «*l'articolo 6, comma r, sostituisce il Titolo II trasponendo al suo interno, con gli articoli da 12 a 25-undecies, la composizione negoziata introdotta con il decreto-legge n. 118 del 2021, convertito, con modificazioni, dalla legge n. 147 del 2021*».

[2] Sull'introduzione dell'istituto della composizione negoziata, pur appartenendo essa alla storia recentissima, i contributi sono già numerosi e cospicui. Per inevitabili ragioni di sintesi si rinvia, per alcuni spunti, a DI MARZIO, *Introduzione alla composizione*, 15 e a PETTERUTI, *La composizione negoziata*, 49, nonché a SANZO, *Principi generali*, 11 ss. e a DELLA ROCCA, *La composizione negoziata*, 1 ss.

L'istituto, come rilevato, pur di recente introduzione, ha già trovato una prima applicazione (nella versione disegnata dal d.l. n. 118 del 2021)[3]. Nel presente commento si farà, dunque, riferimento a talune soluzioni interpretative già individuate dalla prassi formatasi nel vigore del d.l. n. 118 del 2021, pur ancora prive – necessariamente – di stabilità (appare, in effetti, più che condivisibile il rilievo di chi[4] ha osservato che «l'effettività del percorso, e cioè l'idoneità della composizione negoziata a produrre i risultati dell'art. 11, D.L. n. 118/2021, dovrà essere misurata nel tempo e questo tempo non sarà breve»).

2. – Come premesso, nel comma 1 della disposizione, il legislatore individua, innanzitutto, i soggetti che possono accedere alla composizione, e – nelle specie – stabilisce che la richiesta di nomina dell'esperto (che costituisce la porta di ingresso alla composizione stessa) è attribuita all'«imprenditore commerciale e agricolo». Il debitore, dunque, deve essere un imprenditore[5]. L'accesso allo strumento (o percorso[6]), poi, non è limitato al mondo dell'impresa commerciale, ma è esteso anche al settore agricolo, nel solco di quella linea evolutiva che tende ad avvicinare sempre più gli statuti dell'imprenditore agricolo e dell'imprenditore commerciale. Linea evolutiva che ritiene non più giustificabile la permanenza delle esenzioni di cui godeva storicamente l'imprenditore agricolo rispetto a talune previsioni dello statuto dell'imprenditore commerciale (non piccolo).

La disposizione, peraltro, deve essere coordinata con l'art. 25-*quater*[7], che regolamenta l'accesso alla composizione negoziata da parte delle imprese cc.dd. sottosoglia (vale a dire le imprese – siano esse commerciali o agricole – che presentano congiuntamente i requisiti di cui all'art. 2, comma 1, lett. *d*).

3. – Il comma 1 individua anche i presupposti per accedere alla composizione. Essi presupposti sono compositi e hanno una natura che si potrebbe definire, allo stesso tem-

[3] Circa le prime esperienze applicative, cfr. AMBROSINI, *La composizione negoziata*, *passim*.

[4] FABIANI, PAGNI, *Introduzione alla composizione*, 1488, i quali concludono osservando come «il successo o l'insuccesso del nuovo strumento passino attraverso la figura dell'esperto, sulla cui professionalità bisognerà investire attraverso percorsi formativi che siano di ausilio nel difficile compito, che è richiesto al professionista, di muoversi su più versanti. L'acquisizione, da parte dell'esperto, di un elevato livello di professionalità e il maturare della conseguente autorevolezza sono, a ben vedere, una scommessa, ma confidiamo che il mondo delle professioni sarà all'altezza del compito e che si consolideranno buone prassi, quelle buone prassi che il decreto dirigenziale di accompagnamento al D.L. n. 118/2021 ha efficacemente messo a fuoco. Alle imprese e al loro cambio di passo è affidata la scelta se cogliere l'opportunità». Cfr. anche le considerazioni di FABIANI, *L'avvio*, 21, il quale nel ribadire che «questo sistema non avrà breve vita» formula l'auspicio «di confrontarci, anche aspramente se necessario, ma con l'idea che il confronto porti al funzionamento di una norma e non alla sua distruzione».

[5] SANZO, *Principi generali*, 31, il quale sembra escludere dai soggettivi legittimati ad accedere alla composizione gli imprenditori non iscritti nel registro delle imprese e quelli cessati, laddove, invece, ritiene che possano seguire il percorso in parola l'imprenditore defunto e l'impresa «*in fase di liquidazione*». Cfr. anche PACCHI. *L'esperto*, 6, che rileva come l'accesso prescinda dalla "dimensione" dell'imprenditore.

[6] Utilizza il termine "percorso" SANZO, *Principi generali*, 45 (*sub* nt. 66, osserva che «volutamente non si utilizza il termine 'procedimento', poiché per scelta legislativa non vi è una procedimentalizzazione della composizione»). Cfr. anche VELLA, *Le finalità*, 1492.

[7] Si rinvia al commento alla norma appena citata. PACCHI, *L'esperto*, 6, la quale (*sub* nt. 11), ricorda che tale disposizione «introduce una disciplina parzialmente diversa».

po, statica e dinamica. Il legislatore, infatti, prevede che l'accesso sia possibile in presenza di condizioni di «*squilibrio patrimoniale o economico-finanziario*». Lo squilibrio deve caratterizzarsi per essere tale da rendere «*probabile la crisi o l'insolvenza*». Nel contempo, deve risultare «*ragionevolmente perseguibile il risanamento dell'impresa*».

Si è affermato, in merito, che il requisito in parola deve essere ricostruito in termini di pre-crisi (o pre-insolvenza) [8], tenendo presente che la crisi è «null'altro, se non la probabilità della probabilità dell'insolvenza» [9].

Quanto, invece, all'aspetto prospettico [10] del presupposto, vale a dire la «*ragionevole*» perseguibilità del risanamento [11], è stato sottolineato come «la verifica di tale presupposto normativo ha sùbito sollevato il tema della latitudine del controllo giudiziale» [12] e non è necessariamente legata ad una valutazione delle sole capacità di risanamento per così dire "intrinseche" del debitore, potendo «essere associate all'intervento di un terzo» [13].

4. – Circa la competenza, il Codice prevede che l'istanza per la nomina dell'esperto deve essere presentata al segretario generale della camera di commercio, industria, artigianato e agricoltura nel cui ambito territoriale si trova la sede legale dell'impresa.

Vi è dunque, il riferimento alla sede legale, quale criterio univoco di competenza, con una scelta divergente rispetto alla regola generale contenuta nell'art. 27, commi 1 e 2, secondo cui, rispettivamente, «*per i procedimenti di accesso a uno strumento di regolazione della crisi e dell'insolvenza o a una procedura di insolvenza e le controversie che ne derivano relativi alle imprese in amministrazione straordinaria e ai gruppi di imprese di rilevante dimensione è competente il tribunale sede delle sezioni specializzate in materia di imprese di cui all'articolo 1 del decreto legislativo 27 giugno 2003, n. 168. Il tribunale sede della sezione specializzata in materia di imprese è individuato a norma dell'articolo 4 del decreto legislativo 27 giugno 2003, n. 168, avuto riguardo al luogo in cui il debitore ha il centro degli interessi principali*» e «*per i procedimenti di accesso a uno strumento di regolazione della crisi e*

[8] In merito, si veda lo scritto di TERRANOVA, *"Insolvenza" e concetti*, 47 ss.

[9] Così, SANZO, *Principi generali*, 36, il quale sottolinea come l'evoluzione del pensiero del legislatore circa il concetto di crisi denoti il passaggio da «una rigidità quasi matematica … ad un concetto più articolato ed elastico».

[10] AMBROSINI, *La composizione negoziata*, 10, sottolinea, correttamente ad avviso di chi scrive, che «le condizioni per cui le trattative avviate e mediate dall'esperto possano condurre al riequilibrio economico-finanziario della società debitrice vanno considerate in una dimensione di 'ragionevolezza prospettica', posto che lo scrutinio giudiziale si colloca in una fase iniziale del percorso compositivo quando molte sono le varabili ancora da definirsi in termini concreti».

[11] MICHELOTTI, *La gestione*, 1564-1565 deduce che il primo elemento su cui fondare tale giudizio sia costituito dalla valutazione «dell'imprenditore stesso di cui all'art. 7, comma 2, lett. e), D.L. n. 118/2021 avente valore di autocertificazione, attestante, sulla base di criteri di ragionevolezza e proporzionalità, che l'impresa può essere risanata. Tale dichiarazione, presupponendo che sia adottata sulla base di criteri di ragionevolezza e di proporzionalità, è da ritenere che debba essere adeguatamente motivata, tenendo conto delle dimensioni dell'impresa (micro, piccola, media, grande impresa, impresa facente parte di un gruppo, ecc.) (c.d. proporzionalità) e della fondatezza delle ragioni per cui l'imprenditore ritiene di poter trovare una soluzione alla situazione di difficoltà da lui percepita, anche tenendo conto delle cause che l'hanno determinata (c.d. ragionevolezza)».

[12] Così AMBROSINI, *La composizione negoziata*, 9. Il controllo giudiziale, naturalmente, si attua innanzitutto al momento della concessione delle misure protettive.

[13] In questo senso sempre AMBROSINI, *La composizione negoziata*, 10.

dell'insolvenza o a una procedura di insolvenza diversi da quelli di cui al comma 1 e le controversie che ne derivano è competente il tribunale nel cui circondario il debitore ha il centro degli interessi principali»[14].

La scelta legislativa non appare, dunque, del tutto coerente rispetto all'assetto complessivo previsto per il procedimento unitario, che privilegia – quanto alla competenza – una prospettiva (per così) sostanzialistica[15]. Essa, probabilmente, si giustifica in un'ottica di certezza e, sotto un profilo pratico, con la considerazione che l'accesso alla composizione sembra non scontare qui possibili comportamenti opportunistici da parte del debitore che, volendo ritardare l'emersione della propria crisi, poteva avere interesse a mutare la propria sede legale (secondo una certa prassi ben nota alle corti).

5. – Il comma 2 individua l'obiettivo che deve essere perseguito, nonché il ruolo attribuito all'esperto[16]. La norma prevede, infatti, che «*l'esperto agevola le trattative tra l'imprenditore, i creditori ed eventuali altri soggetti interessati, al fine di individuare una soluzione per il superamento delle condizioni di cui al comma 1, anche mediante il trasferimento dell'azienda o di rami di essa*».

Sembra esservi, dunque, un obiettivo finale (l'individuazione della soluzione per superare la crisi o pre-crisi) da raggiungere, in capo al debitore, attraverso l'ausilio dell'esperto che – in questa prospettiva – ha il compito di "agevolare" le trattative con i creditori. D'altronde, non a caso, si è sottolineato come essere "cruciale" il ruolo dell'esperto[17], il quale, dunque, «ha il compito di affiancare – senza sostituire – l'imprenditore nello svolgimento delle trattative con i creditori e individuare una soluzione rivolta al superamento delle condizioni di "squilibrio" dell'impresa»[18].

Dette trattative, peraltro, devono essere condotte nel rispetto del principio di buona fede in virtù di quanto previsto dall'art. 4, comma 1, secondo cui «*nella composizione negoziata, nel corso delle trattative e dei procedimenti per l'accesso agli strumenti di regolazione, debitore e creditori devono comportarsi secondo buona fede e correttezza*»[19].

Come già osservato, il ruolo dell'esperto appare determinante per il buon esito delle

---

[14] Giova rammentare che la norma – al comma 3 – prevede che «*il centro degli interessi principali del debitore si presume coincidente: a) per la persona fisica esercente attività d'impresa, con la sede legale risultante dal registro delle imprese o, in mancanza, con la sede effettiva dell'attività abituale; b) per la persona fisica non esercente attività d'impresa, con la residenza o il domicilio e, se questi sono sconosciuti, con l'ultima dimora nota o, in mancanza, con il luogo di nascita. Se questo non è in Italia, la competenza è del Tribunale di Roma; c) per la persona giuridica e gli enti, anche non esercenti attività d'impresa, con la sede legale risultante dal registro delle imprese o, in mancanza, con la sede effettiva dell'attività abituale o, se sconosciuta, secondo quanto previsto nella lettera b), con riguardo al legale rappresentante*».

[15] Rileva la discrasia, in senso parzialmente critico, SANZO, *Principi generali*, 46, *sub* nt. 67.

[16] Su cui, ancora, vedi, PACCHI, *L'esperto, passim*.

[17] Cfr. AMBROSINI, *La composizione negoziata*, 10, il quale richiama (*sub* nt. 23), Trib. Brescia, 15 settembre 2022, in *ilcaso.it*, secondo cui il ruolo dell'esperto non viene svolto correttamente ove ci si limiti «a riportare quanto rappresentatogli da parte dell'imprenditore senza svolgere al riguardo alcuna considerazione critica o verifica di sorta (e quindi neppure in termini sommari, come pur imposto dalle esigenze di speditezza della procedura e dalla dimensione embrionale del percorso negoziato)».

[18] Così PACCHI, *L'esperto*, 1.

[19] Su tale specifica tematica, si veda per tutti D'ATTORRE, *I principi generali*, 7 ss.

trattative e la figura dello stesso risulta caratterizzata dai requisiti della professionalità, imparzialità, indipendenza e riservatezza[20].

6. – Il comma 3, infine, disciplina la partecipazione alla composizione negoziata da parte del pubblico ministero e prevede che «*alla composizione negoziata non si applica l'articolo 38. Resta ferma l'applicazione dell'articolo 38 nei procedimenti di cui agli articoli 19 e 22*».

La disposizione – introdotta dal d.lgs. n. 83 del 2022[21] – non appare del tutto felice. Intesa in tutta la sua ampiezza, sembra riferita, innanzitutto, all'iniziativa del pubblico ministero per l'apertura della liquidazione giudiziale «*in ogni caso in cui ha notizia dell'esistenza di uno stato di insolvenza*». Parimenti, non può trovare applicazione nemmeno il comma 2 della norma, che attiene, come è noto, alla segnalazione al pubblico ministero da parte dell'autorità giudiziaria dell'insolvenza rilevata nel corso di un procedimento.

Il riferimento ampio all'art. 38 riguarda, poi, anche l'intervento del pubblico ministero, previsto dall'art. 38, comma 3, «*in tutti i procedimenti per l'accesso agli strumenti di regolazione della crisi e dell'insolvenza o a una procedura di insolvenza*»; intervento che è fatto salvo «*nei procedimenti di cui agli articoli 19 e 22*» (*i.e.* nei procedimenti per la concessione di misure protettive in seno alla composizione negoziata, ovvero nei procedimenti per la concessione dell'autorizzazione per il compimenti degli atti di straordinaria amministrazione individuati dall'art. 22).

[20] Sottolinea tali caratteristiche sempre SANZO, *Principi generali*, 57-58, il quale rileva – in particolare – come «il fondamento vero della composizione sta nel fatto che la stessa, a differenza di quanto accade riguardo a quelle che tradizionalmente vengono definite procedure concorsuali, può garantire un maggior grado di efficacia».

[21] La Relazione al d.lgs. n. 83 del 2022, 9, rileva che nella trasposizione del Codice «*è stato aggiunto il comma 3 che chiarisce e precisa, l'inapplicabilità dell'articolo 38 del Codice alla composizione negoziata, in coerenza con la sua natura negoziale e stragiudiziale*».

Articolo 13

Istituzione della piattaforma telematica nazionale e nomina dell'esperto

1. È istituita una piattaforma telematica nazionale accessibile agli imprenditori iscritti nel registro delle imprese attraverso il sito istituzionale di ciascuna camera di commercio, industria, artigianato e agricoltura. La piattaforma è gestita dal sistema delle camere di commercio, per il tramite di Unioncamere, sotto la vigilanza del Ministero della giustizia e del Ministero dello sviluppo economico.

2. Sulla piattaforma sono disponibili una lista di controllo particolareggiata, adeguata anche alle esigenze delle micro, piccole e medie imprese, che contiene indicazioni operative per la redazione del piano di risanamento, un test pratico per la verifica della ragionevole perseguibilità del risanamento e un protocollo di conduzione della composizione negoziata accessibili da parte dell'imprenditore e dei professionisti dallo stesso incaricati. La struttura della piattaforma, il contenuto della lista di controllo particolareggiata, le modalità di esecuzione del test pratico e il contenuto del protocollo sono definiti dal decreto dirigenziale del Ministero della giustizia adottato ai sensi dell'articolo 3 del decreto-legge 24 agosto 2021, n. 118, convertito, con modificazioni, dalla legge 21 ottobre 2021, n. 147.

3. Presso la camera di commercio, industria, artigianato e agricoltura di ciascun capoluogo di regione e delle province autonome di Trento e di Bolzano è formato, con le modalità di cui al comma 5, un elenco di esperti nel quale possono essere inseriti: gli iscritti da almeno cinque anni all'albo dei dottori commercialisti e degli esperti contabili e all'albo degli avvocati che documentano di aver maturato precedenti esperienze nel campo della ristrutturazione aziendale e della crisi d'impresa; gli iscritti da almeno cinque anni all'albo dei consulenti del lavoro che documentano di avere concorso, almeno in tre casi, alla conclusione di accordi di ristrutturazione dei debiti omologati o di accordi sottostanti a piani attestati o di avere concorso alla presentazione di concordati con continuità aziendale omologati. Possono inoltre essere inseriti nell'elenco coloro che, pur non iscritti in albi professionali, documentano di avere svolto funzioni di amministrazione, direzione e controllo in imprese interessate da operazioni di ristrutturazione concluse con piani di risanamento attestati, accordi di ristrutturazione dei debiti e concordati preventivi con continuità aziendale omologati, nei confronti delle quali non sia stata successivamente pronunciata sentenza di apertura della liquidazione giudiziale o sentenza di accertamento dello stato di insolvenza.

4. L'iscrizione all'elenco di cui al comma 3 è altresì subordinata al possesso della specifica formazione prevista con il decreto dirigenziale del Ministero della giustizia di cui al comma 2.

5. La domanda di iscrizione all'elenco è presentata agli ordini professionali di appartenenza dei professionisti richiedenti e, per i soggetti di cui al comma 3, secondo periodo, alla camera di commercio del capoluogo di regione e delle province autonome di Trento e di Bolzano competente per il luogo di residenza. La domanda è corredata della documentazione comprovante il possesso dei requisiti di cui ai commi 3 e 4, di un'auto-

certificazione attestante l'assolvimento degli obblighi formativi e di un curriculum vitae, a sua volta oggetto di autocertificazione ai sensi degli articoli 46 e 47 del testo unico di cui al decreto del Presidente della Repubblica 28 dicembre 2000, n. 445, dal quale risulti ogni altra esperienza formativa in materia, anche nelle tecniche di facilitazione e mediazione, valutabile all'atto della nomina come titolo di preferenza. La domanda contiene il consenso dell'interessato al trattamento dei dati comunicati al momento della presentazione dell'istanza di iscrizione, ai sensi dell'articolo 6 del regolamento (UE) 2016/679 del Parlamento europeo e del Consiglio, del 27 aprile 2016, anche ai fini della pubblicazione di cui al comma 9. Ciascun ordine professionale, valutata la domanda e verificata la completezza della documentazione allegata, comunica alla camera di commercio del capoluogo della regione in cui si trova o alla camera di commercio delle province autonome di Trento e di Bolzano, i nominativi dei professionisti in possesso dei requisiti di cui ai commi 3 e 4, unitamente a una scheda sintetica contenente le informazioni utili alla individuazione del profilo dell'esperto, per l'inserimento nell'elenco previsto dal comma 3. La scheda è compilata sulla base di un modello uniforme definito con il decreto dirigenziale del Ministero della giustizia di cui al comma 2. Gli ordini professionali, con riferimento ai dati dei rispettivi iscritti, e le camere di commercio, con riferimento ai soggetti di cui al comma 3, secondo periodo, designano i responsabili della formazione, della tenuta e dell'aggiornamento dei dati degli iscritti all'elenco unico e del trattamento dei dati medesimi nel rispetto del regolamento (UE) 2016/679 e del codice in materia di protezione dei dati personali, di cui al decreto legislativo 30 giugno 2003, n. 196. I responsabili accertano la veridicità delle dichiarazioni rese dai richiedenti secondo quanto previsto dall'articolo 71 del citato testo unico di cui al decreto del Presidente della Repubblica n. 445 del 2000. La domanda è respinta se non è corredata di quanto previsto dal secondo e terzo periodo e può essere ripresentata. I consigli nazionali degli ordini professionali disciplinano con regolamento le modalità di formazione, tenuta e aggiornamento dei dati raccolti dagli ordini professionali e comunicati alle camere di commercio per la formazione dell'elenco di cui al comma 3. La comunicazione di cui al quarto periodo avviene con cadenza annuale a partire dalla data di entrata in vigore del presente decreto. Gli ordini professionali comunicano tempestivamente alle camere di commercio l'adozione, nei confronti dei propri iscritti, di sanzioni disciplinari più gravi di quella minima prevista dai singoli ordinamenti nonché l'intervenuta cancellazione dei professionisti dagli albi professionali di appartenenza perché vengano cancellati dall'elenco. Le camere di commercio, ricevute le comunicazioni di competenza degli ordini professionali, provvedono senza indugio all'aggiornamento dell'elenco unico; esse curano direttamente l'aggiornamento dei dati dei soggetti di cui al comma 3, secondo periodo, secondo le tempistiche stabilite nel nono periodo e provvedono alla loro tempestiva cancellazione ove sia intervenuta una causa di ineleggibilità ai sensi dell'articolo 2382 del codice civile.

6. La nomina dell'esperto avviene ad opera di una commissione che resta in carica per due anni. La commissione è costituita presso le camere di commercio, industria, artigianato e agricoltura dei capoluoghi di regione e delle province autonome di Trento e di Bolzano, dei cui uffici di segreteria si avvale per lo svolgimento dei suoi compiti, ed è composta da:

a) due magistrati, uno effettivo e uno supplente, designati dal presidente della sezione specializzata in materia di impresa del tribunale del capoluogo di regione o della provincia autonoma di Trento o di Bolzano nel cui territorio si trova la camera di commercio che ha ricevuto l'istanza di cui all'articolo 17;

b) due membri, uno effettivo e uno supplente, designati dal presidente della camera di commercio presso la quale è costituita la commissione;

c) due membri, uno effettivo e uno supplente, designati dal prefetto del capoluogo di regione o della provincia autonoma di Trento o di Bolzano nel cui territorio si trova la camera di commercio che ha ricevuto l'istanza di cui all'articolo 17.

7. Il segretario generale della camera di commercio nel cui ambito territoriale si trova la sede legale dell'impresa, ricevuta l'istanza di cui all'articolo 17, nei successivi due giorni lavorativi, la comunica alla commissione costituita ai sensi del comma 6, unitamente a una nota sintetica contenente l'indicazione del volume d'affari, del numero dei dipendenti e del settore in cui opera l'impresa istante. In caso di incompletezza dell'istanza di nomina o della documentazione, il predetto segretario generale invita l'imprenditore a integrare le informazioni o la documentazione mancante entro un termine di trenta giorni, decorso inutilmente il quale l'istanza non è esaminata e l'imprenditore può riproporla. Entro i cinque giorni lavorativi successivi al ricevimento dell'istanza la commissione nomina l'esperto tra gli iscritti nell'elenco di cui al comma 3 secondo criteri che assicurano la rotazione e la trasparenza e avendo cura che ciascun esperto non riceva più di due incarichi contemporaneamente. La nomina può avvenire anche al di fuori dell'ambito regionale. La commissione tiene conto della complessiva esperienza formativa risultante dalla scheda sintetica di cui al comma 5, quarto periodo, anche esaminando, ove occorra, il curriculum vitae, e dell'attività prestata come esperto nell'ambito di precedenti composizioni negoziate. Se lo ritiene opportuno, la commissione acquisisce, prima della nomina o prima della comunicazione all'esperto nominato, il parere non vincolante di un'associazione di categoria sul territorio.

8. La commissione, coordinata dal membro più anziano, decide a maggioranza. Ai membri della commissione non spettano compensi, gettoni di presenza, rimborsi di spese o altri emolumenti comunque denominati.

9. Gli incarichi conferiti e il curriculum vitae dell'esperto nominato sono pubblicati senza indugio in apposita sezione del sito istituzionale della camera di commercio del luogo di nomina e del luogo dove è tenuto l'elenco presso il quale l'esperto è iscritto, nel rispetto del regolamento (UE) 2016/679 e del citato codice di cui al decreto legislativo 30 giugno 2003, n. 196, omesso ogni riferimento all'imprenditore richiedente. Sono del pari pubblicati sul sito istituzionale di ciascuna camera di commercio gli elenchi contenenti i nominativi degli esperti, formati presso le camere di commercio dei capoluoghi di regione e delle province autonome di Trento e di Bolzano.

10. Per la realizzazione e il funzionamento della piattaforma telematica nazionale di cui al comma 1 è autorizzata la spesa di euro 700.000 per l'anno 2022 e di euro 200.000 annui a decorrere dall'anno 2023, cui si provvede mediante utilizzo delle risorse rinvenienti dall'abrogazione dell'articolo 3 del decreto-legge 24 agosto 2021, n. 118, convertito, con modificazioni, dalla legge 21 ottobre 2021, n. 147, come prevista dalle disposizioni di attuazione della direttiva (UE) 2019/1023 del Parlamento europeo e del Consiglio del 20 giugno 2019.

Federico Riganti

Sommario: 1. Inquadramento. – 2. La disciplina. – 3 L'elenco e la nomina dell'esperto.

1. – L'articolo in commento affronta i due «pilastri fondamentali»[1] della composizione negoziata – e, cioè, (i) l'istituzione della piattaforma telematica nazionale e (ii) il processo di nomina dell'esperto – confermando quel *trend* di «procedimentalizzazione condivisa» della disciplina della crisi che, innanzitutto nella composizione in questione, trova la sua reale espressione.

La previsione – da leggere nel contesto del rispettivo Capo – si pone a cavallo tra previsioni di natura generale (cfr. art. 12) e norme di dettaglio e di funzionamento (cfr. art. 14 ss.), qui da intendersi richiamate, per ragioni di completezza, anche per quanto attiene ai preziosi approfondimenti dottrinali già forniti nei rispettivi commenti.

La stessa, in particolare, offre alcuni spunti di riflessione che, innanzitutto per motivi pratico-operativi, meritano particolare attenzione[2].

2. – Quanto, in via preliminare, al presupposto soggettivo, come già puntualizzato in sede di primi commenti e dalla Relazione illustrativa al d.l. n. 118 del 2021[3], dal tenore della norma (e, cioè, dall'inciso in forza del quale la piattaforma telematica nazionale è «*accessibile agli imprenditori iscritti nel registro delle imprese*»), si evince che non possono beneficiare dello strumento in parola le società e le *holding* individuali di fatto[4], nonché le società irregolari[5]. Il punto appare incontroverso e non merita, in questa sede, ulteriore approfondimento[6].

Con riferimento, invece, ai profili oggettivi, la norma precisa che «*la struttura della piattaforma, il contenuto della lista di controllo particolareggiata, le modalità di esecuzione del test pratico e il contenuto del protocollo sono definiti dal decreto dirigenziale del Ministero della giustizia adottato ai sensi dell'articolo 3 del decreto-legge 24 agosto 2021, n. 118, convertito, con modificazioni, dalla legge 21 ottobre 2021, n. 147*». A tale decreto dirigenziale – *i.e.* il decreto dirigenziale del 28 settembre 2021, integrato nel marzo 2023[7] –, dunque, «è affidato un compito importante per la gestione della crisi e precisamente fornire chiare indi-

[1] Cfr. ASSONIME, *Guida al Codice*, 11.

[2] Per un recente inquadramento si veda AA.VV., *La composizione negoziata*, 47 ss.

[3] Qui reperibile: *https://www.senato.it/service/PDF/PDFServer/BGT/01307304.pdf*, e ove infatti si sottolinea, a pagina 19, che la disciplina in parola «riguarda tutte le imprese iscritte al registro delle imprese, comprese le società agricole, senza limiti o requisiti dimensionali. Non possono accedere all'istituto le società di fatto, che non sono presenti nel registro delle imprese».

[4] In tali termini PACCHI, AMBROSINI, *Diritto della crisi*, 76.

[5] Così GUIDOTTI, *La crisi d'impresa*, 6. Nonché, più di recente, RUSSO, *Il giano bifronte*, 5.

[6] Ma si ricordino le osservazioni che, con riferimento al profilo soggettivo, hanno riguardato le imprese sotto soglia; cfr. da ultimo TRENTINI, *Presupposto soggettivo*, 72.

[7] In tal senso si veda il decreto dirigenziale 21 marzo 2023.

cazioni all'imprenditore e all'esperto perché il tentativo possa essere condotto senza incertezze in tempi rapidi e con efficacia»[8], attraverso l'offerta di un preciso strumentario, composto da «*tools* standardizzati»[9] (e cioè test, *check-list* e protocollo di conduzione della composizione negoziata) capaci, nel complesso, di «socializzare il più possibile l'importante tema della gestione anticipata della crisi»[10].

Venendo, inizialmente, al tema della struttura, si ricorda che la piattaforma è composta da due aree, una pubblica con natura informativa e l'altra «riservata» alle istanze formali, indirizzate a guidare l'imprenditore fino al raggiungimento, ove possibile, del punto di equilibrio migliore tra le diverse esigenze in gioco. In particolare «l'accesso alla sezione pubblica permette all'imprenditore di svolgere il test facoltativo sulla perseguibilità – o meno – del possibile risanamento aziendale e di ottenere tutti gli altri elementi informativi relativi al nuovo strumento stragiudiziale. Attraverso l'area riservata, invece, l'impresa può presentare l'istanza, farsi assistere da un esperto e continuare l'*iter* mantenendo intatta, seguendo alcune specifiche regole, la continuità aziendale»[11].

Per quanto poi concerne, più in particolare, la lista di controllo e il test si osserva sinteticamente quanto segue.

Le risposte alle domande contenute nella *check-list* – da intendersi quale frutto del recepimento delle migliori pratiche di redazione dei piani d'impresa e non come precetti assoluti (posto che, come precisato dallo stesso decreto dirigenziale «gli effettivi contenuti del singolo piano dipenderanno infatti da una serie di variabili, e vi influiranno, tra le altre cose, la tipologia dell'impresa e dell'attività svolta, la dimensione e la complessità dell'impresa e le informazioni disponibili») – costituiscono, per un verso, le indicazioni operative per la redazione di un piano di risanamento affidabile e, per l'altro verso, il *benchmark* fornito all'esperto per l'analisi di coerenza del piano. In tal senso, la *check-list* affronta sei distinte macro-aree (organizzazione dell'impresa; situazione contabile e andamento corrente; strategie di intervento atte a rimuovere le cause della crisi; proiezioni dei flussi finanziari; risanamento del debito; e gruppi di imprese), logicamente e cronologicamente collegate, e precisate con un grado di dettaglio così elevato dal provvedimento ministeriale da imporre un rinvio al testo in questione per una più approfondita analisi particolareggiata della materia.

Con riferimento, invece, al test, questo – secondo le indicazioni della Relazione sopra indicata – è indirizzato a permettere agli imprenditori di comprendere «in modo semplice e rapido, la sostenibilità del debito accumulato tramite i flussi finanziari futuri, nonché la eventuale reversibilità dello squilibrio finanziario esistente». In altri termini, «il decreto contempla una sorta di *rule of thumb* in grado di orientare gli operatori per comprendere se il risanamento in continuità sia ragionevole e per guidare il processo di strutturazione della proposta da formulare ai creditori»[12].

Sul punto, va sottolineato che – come già osservato dalla dottrina più attenta (anche in chiave di differenziazione rispetto ad alcune remore, invece indirizzate a evidenziare critica-

[8] Si veda RANALLI, *Le indicazioni*.
[9] Così RIVA, *Presupposto oggettivo*, 54.
[10] Cfr. RIVA, *Presupposto oggettivo*, 55.
[11] Così UNIONCAMERE, *Online lunedì*.
[12] Cfr. SPIOTTA, *Check-list*, 1639 ss., che richiama sul punto NICOTRA, PEZZETTA, *Test pratico*.

mente – e ironicamente – le «capacità taumaturgiche»[13] dello strumento in questione) – «*mutatis mutandis*, dal decreto dirigenziale del datato 28 settembre 2021 traspare chiaramente che gli esiti del test hanno valenza meramente indicativa e non sostitutiva dell'*expertise* professionale, giacché le competenze dell'esperto si renderanno necessarie per confermarne l'attendibilità o per tenere conto di elementi "non standard" che influiscano sul giudizio prognostico»[14].

Quanto precede, dovendosi peraltro (i) evidenziare che, lasciando da parte «i tecnicismi e senza invadere altri campi d'indagine, l'elemento chiave da cui desumere la perseguibilità del risanamento è dato dal rapporto fra flussi finanziari liberi attesi ed entità dell'indebitamento da rimborsare, il che presuppone la capacità di una programmazione finanziaria»; e, dunque, (ii) concludersi con un apprezzamento di massima per l'architettura disegnata da un legislatore progressivamente capace di occuparsi di materie connotate da un alto contenuto tecnico[15].

Con riferimento agli ulteriori aspetti trattati dal decreto dirigenziale 28 settembre 2021, (sezione III, in tema di conduzione della composizione negoziata) si rinvia ai commenti agli artt. 16 ss.

3. – Merita soffermarsi sull'elenco di esperti, che è formato secondo le modalità di cui al comma 5 della norma (i.e., *inter alia*, domanda di iscrizione presentata agli ordini professionali di appartenenza dei professionisti richiedenti e, per i soggetti di cui al comma 3, secondo periodo, alla camera di commercio del capoluogo di regione e delle province autonome di Trento e di Bolzano competente per il luogo di residenza).

Nell'elenco possono essere inseriti (i) gli iscritti da almeno cinque anni all'albo dei dottori commercialisti e degli esperti contabili e all'albo degli avvocati che documentino di aver maturato precedenti esperienze nel campo della ristrutturazione aziendale e della crisi d'impresa; (ii) gli iscritti da almeno cinque anni all'albo dei consulenti del lavoro che documentano di avere concorso, almeno in tre casi, alla conclusione di accordi di ristrutturazione dei debiti omologati o di accordi sottostanti a piani attestati o di avere concorso alla presentazione di concordati con continuità aziendale omologati.

Possono inoltre essere inseriti nell'elenco (iii) coloro che, pur non iscritti in albi professionali, documentino di avere svolto funzioni di amministrazione, direzione e controllo in imprese interessate da operazioni di ristrutturazione concluse con piani di risanamento attestati, accordi di ristrutturazione dei debiti e concordati preventivi con continuità aziendale omologati, nei confronti delle quali non sia stata successivamente pronunciata sentenza di apertura della liquidazione giudiziale o sentenza di accertamento dello stato di insolvenza.

Come evidenziato in dottrina, «ai fini dell'iscrizione all'elenco di esperti (...) la legge sceglie di riconoscere valore dirimente all'esperienza che il soggetto abbia maturato non tanto e genericamente in materia di procedure concorsuali ma, ancor più specificamente,

---

[13] Si veda MORRI, *La composizione negoziata*, 24 agosto 2021; ma v. anche LAMANNA, *Nuove misure*, 9.

[14] Sul punto vedi anche AA.VV., *La composizione negoziata*, 52, *op. cit.*, che indica ulteriori riferimenti bibliografici, e ove è precisato che «In ogni caso l'esito del test è indicativo e se l'esperto, sulla base delle informazioni a sua disposizione e dei primi riscontri dai creditori, ravvisa uno stato di insolvenza egli dovrà valutare se sussistono concrete possibilità di risanamento: dovrà valutare se sussistono effettive possibilità di accordi con i creditori oppure la concreta possibilità della cessione di azienda i cui proventi sostengano il debito».

[15] SPIOTTA, *Check-list*.

con riguardo alle operazioni di ristrutturazione aziendale, qualificando tale tipologia di competenza come imprescindibile al fine di assicurare buone probabilità di riuscita alle trattative nella procedura di composizione negoziata» [16]. Tale approccio pare a chi scrive meritevole di apprezzamento in quanto (almeno in via di ipotesi) capace di garantire l'efficacia della "procedura" nel suo complesso.

Sempre il dettato normativo precisa che nel procedimento in esame riveste massima centralità la formazione del soggetto in questione, questa dovendosi ritenere condizione necessaria per l'iscrizione nell'elenco.

A tal fine, si rileva la precisione con cui il menzionato decreto dirigenziale 28 settembre 2021, alla propria sezione IV, affronta il tema in esame, offrendo (sia pur utilizzando un linguaggio a tratti a-tecnico) "linee guida" (che si direbbero però non troppo *soft*) «per una formazione unitaria di tutte le categorie professionali e dei *manager*», della durata complessiva di 55 ore, ed avente ad oggetto un ampio numero di temi trattati (a titolo esemplificativo: il contesto normativo, la sostenibilità del debito ed il test pratico per la verifica della ragionevole percorribilità del risanamento, la redazione di un piano di risanamento) per il cui contenuto di dettaglio si rinvia nuovamente, già solo per motivi di spazio, al provvedimento dirigenziale in parola.

Quanto, infine, al profilo della nomina, oltre alla centralità del tema della trasparenza e del GDPR (si ricordi che, ai sensi di legge, «*gli incarichi conferiti e il curriculum vitae dell'esperto nominato sono pubblicati senza indugio in apposita sezione del sito istituzionale della camera di commercio del luogo di nomina e del luogo dove è tenuto l'elenco presso il quale l'esperto è iscritto, nel rispetto del regolamento (UE) 2016/679 e del citato codice di cui al decreto legislativo 30 giugno 2003, n. 196, omesso ogni riferimento all'imprenditore richiedente. (...)*»), la legge individua un'apposita commissione di durata biennale.

Al di là della relativa composizione e dei meccanismi di voto e (assente) remunerazione – precisamente dettagliati dalla norma in commento, ove infatti è confermato che «*ai membri della commissione non spettano compensi, gettoni di presenza, rimborsi di spese o altri emolumenti comunque denominati*» – si evidenzia che il procedimento di nomina dell'esperto è, in prima battuta, "attivato" dal segretario generale della camera di commercio il quale, entro due giorni dalla ricezione dell'istanza, è chiamato a trasmetterla alla commissione insieme ad «*una nota sintetica contenente l'indicazione del volume d'affari, del numero dei dipendenti e del settore in cui opera l'impresa istante*». Entro i cinque giorni lavorativi successivi al ricevimento dell'istanza, la commissione di cui all'articolo in commento nomina l'esperto tra gli iscritti nell'elenco di cui al comma 3 secondo criteri che assicurano la rotazione e la trasparenza e avendo cura che ciascun esperto non riceva più di due incarichi contemporaneamente.

Tali elementi dunque caratterizzano il processo di nomina in parola che, peraltro giova sottolineare, risulterebbe ispirato da termini ordinatori e non perentori, senza nulla dire circa la possibilità di nomina di più esperti, quantomeno in situazioni limite connotate, ad esempio, da una maggiore complessità quanti-qualitativa [17].

---

[16] Così BARONCINI, *La figura*, 122.

[17] Solleva il punto BARONCINI, *La figura*, 128, cui si rinvia per un esame approfondito del tema. In merito al diverso ruolo esercitato dal segretario generale nell'ambito della composizione negoziata delle imprese sotto soglia cfr. art. 25-*quater*, comma 2.

Articolo 14

Interoperabilità tra la piattaforma telematica nazionale per la composizione negoziata per la soluzione delle crisi d'impresa e altre banche di dati

1. La piattaforma telematica nazionale di cui all'articolo 13 è collegata alle banche dati dell'Agenzia delle entrate, dell'Istituto nazionale della previdenza sociale, dell'Istituto nazionale per l'assicurazione contro gli infortuni sul lavoro e dell'agente della riscossione e consente l'accesso alle informazioni contenute nella Centrale dei rischi della Banca d'Italia nel rispetto di quanto disposto dall'articolo 7 del testo unico bancario di cui al decreto legislativo 1° settembre 1993, n. 385.

2. L'esperto nominato ai sensi dell'articolo 13, comma 6, accede alle banche dati e alle informazioni di cui al comma 1, previo consenso prestato dall'imprenditore ai sensi del regolamento (UE) 2016/679 del Parlamento europeo e del Consiglio, del 27 aprile 2016, e del codice in materia di protezione dei dati personali, di cui al decreto legislativo 30 giugno 2003, n. 196, ed estrae la documentazione e le informazioni necessari per l'avvio o la prosecuzione delle trattative con i creditori e con le parti interessate. Le modalità di accesso alle banche dati sono stabilite dall'Agenzia delle entrate, dall'Istituto nazionale della previdenza sociale, dall'Istituto nazionale per l'assicurazione contro gli infortuni sul lavoro e dall'agente della riscossione e le modalità di accesso alle informazioni contenute nella Centrale dei rischi sono stabilite dalla Banca d'Italia.

3. L'accesso ai dati attraverso la piattaforma telematica di cui al comma 1 non modifica la disciplina relativa alla titolarità del trattamento, ferme restando le specifiche responsabilità ai sensi dell'articolo 28 del citato regolamento (UE) 2016/679 spettanti al soggetto gestore della piattaforma nonché le responsabilità dei soggetti che trattano i dati in qualità di titolari autonomi del trattamento.

Articolo 15

Scambio di documentazione e di dati contenuti nella piattaforma telematica nazionale per la composizione negoziata per la soluzione delle crisi d'impresa tra l'imprenditore e i creditori

1. I creditori possono accedere alla piattaforma telematica nazionale di cui all'articolo 13 e possono inserire al suo interno le informazioni sulla propria posizione creditoria e i dati eventualmente richiesti dall'esperto nominato ai sensi del medesimo articolo

13. Essi accedono ai documenti e alle informazioni inseriti nella piattaforma dall'imprenditore al momento della presentazione dell'istanza di cui all'articolo 17 o nel corso delle trattative. La documentazione e le informazioni inserite nella piattaforma sono accessibili previo consenso prestato, dall'imprenditore e dal singolo creditore, ai sensi del regolamento (UE) 2016/679 del Parlamento europeo e del Consiglio, del 27 aprile 2016, e del codice in materia di protezione dei dati personali, di cui al decreto legislativo 30 giugno 2003, n. 196.

Federico Riganti

Le norme in commento – che per collocazione, "natura informativa" e questioni di spazio sono destinatarie di trattazione congiunta – presentano un carattere tecnico-organizzativo che delinea alcuni dettagli pratici della composizione negoziata.

Tra i profili meritevoli di commento, al di là dell'attenzione rivolta alla posizione dell'esperto e agli interessi dei creditori (cfr. art. 15) – cui è riconosciuto il diritto di accesso ai dati presenti in piattaforma, nonché quello di poterla utilizzare per «*inserire al suo interno le informazioni sulla propria posizione creditoria e i dati eventualmente richiesti dall'esperto nominato*» –, va infatti segnalato il collegamento funzionale stabilito dalla norma (cfr. art. 14), in forza del quale la piattaforma è collegata alle banche dati dell'Agenzia delle entrate, dell'Istituto nazionale della previdenza sociale, dell'Istituto nazionale per l'assicurazione contro gli infortuni sul lavoro e dell'agente della riscossione e consente l'accesso alle informazioni contenute nella Centrale dei rischi della Banca d'Italia, nel rispetto di quanto disposto dall'art. 7 TUB (dettato in tema di «*Segreto d'ufficio e collaborazione tra autorità*» e ai sensi del quale, *inter alia* «*tutte le notizie, le informazioni e i dati in possesso della Banca d'Italia in ragione della sua attività di vigilanza sono coperti da segreto d'ufficio anche nei confronti delle pubbliche amministrazioni, a eccezione del Ministro dell'economia e delle finanze, Presidente del CICR. Il segreto non può essere opposto all'autorità giudiziaria quando le informazioni richieste siano necessarie per le indagini o i procedimenti relativi a violazioni sanzionate penalmente*»).

Nondimeno, si sottolineano sinteticamente alcuni altri aspetti delle previsioni in analisi che assumono un ruolo cruciale in quel processo di "igiene organizzativa" indirizzato ad aumentare l'efficienza caratterizzante la piattaforma telematica nazionale e la procedura nel suo complesso.

In tal senso, si evidenzia in particolare il "peso specifico" che, nell'architettura normativa di riferimento ed anche per quanto riguarda i creditori, riveste il costante richiamo al corretto trattamento dei dati e, dunque, al tema della *privacy*[1].

Tale attenzione intende, da un lato, rafforzare quel "cordone sanitario" attorno al soggetto in difficoltà, necessario al fine di assicurare un adeguato grado di protezione e tutela degli interessi coinvolti. E, dall'altro lato, pare porsi quale dovuto contrappeso al principio

[1] Di interesse in argomento HOUBEN, *I doveri di riservatezza*, 740 ss.

di trasparenza e condivisione che – come meglio specificato all'art. 17[2], cui si rinvia per gli utili riferimenti bibliografici – diviene "bussola" del sentiero intrapreso sulla piattaforma.

Inoltre, si noti che, *expressis verbis*, l'accesso ai dati attraverso la piattaforma non modifica le ipotesi specifiche di responsabilità, da rinvenirsi ai sensi del regolamento (UE) 2016/679, spettanti al soggetto gestore della piattaforma stessa, nonché le responsabilità dei soggetti che trattano i dati in qualità di titolari autonomi del trattamento.

Altro aspetto, di distinta natura, in merito al quale è opportuna una annotazione conclusiva, è poi quello dei possibili titoli di responsabilità civile che possono sorgere, ad esempio, nel caso di errata segnalazione sulle banche dati o, diversamente, di mancata cancellazione o errata comunicazione. Eventualità, queste, che, in futuri plausibili sviluppi operativi, andranno parametrate all'effettivo funzionamento dei meccanismi – sempre più digitalizzati – di condivisione delle informazioni.

[2] In relazione all'art. 17, al cui commento si rinvia, si ricordino altresì le recenti modifiche introdotte dal d.l. 24 febbraio 2023, n. 13.

Articolo 16
Requisiti di indipendenza e doveri dell'esperto e delle parti

1. L'esperto deve essere in possesso dei requisiti previsti dall'articolo 2399 del codice civile e non deve essere legato all'impresa o ad altre parti interessate all'operazione di risanamento da rapporti di natura personale o professionale; il professionista ed i soggetti con i quali è eventualmente unito in associazione professionale non devono aver prestato negli ultimi cinque anni attività di lavoro subordinato o autonomo in favore dell'imprenditore né essere stati membri degli di organi di amministrazione o controllo dell'impresa né aver posseduto partecipazioni in essa. Chi ha svolto l'incarico di esperto non può intrattenere rapporti professionali con l'imprenditore se non sono decorsi almeno due anni dall'archiviazione della composizione negoziata.

2. L'esperto è terzo rispetto a tutte le parti e opera in modo professionale, riservato, imparziale e indipendente. Non è equiparabile al professionista indipendente di cui all'articolo 2, comma 1, lettera o). L'esperto, nell'espletamento dell'incarico di cui all'articolo 12, comma 2, verifica la coerenza complessiva delle informazioni fornite dall'imprenditore chiedendo al medesimo e ai creditori tutte le ulteriori informazioni utili o necessarie. Può avvalersi di soggetti dotati di specifica competenza, anche nel settore economico in cui opera l'imprenditore, e di un revisore legale, non legati all'impresa o ad altre parti interessate all'operazione di risanamento da rapporti di natura personale o professionale.

3. Fatto salvo quanto previsto dall'articolo 19, comma 4, l'esperto non può essere tenuto a deporre sul contenuto delle dichiarazioni rese e delle informazioni acquisite nell'esercizio delle sue funzioni, né davanti all'autorità giudiziaria né davanti ad altra autorità. Si applicano le disposizioni dell'articolo 200 del codice di procedura penale e le garanzie previste per il difensore dalle disposizioni dell'articolo 103 del codice di procedura penale in quanto compatibili.

4. L'imprenditore ha il dovere di rappresentare la propria situazione all'esperto, ai creditori e agli altri soggetti interessati in modo completo e trasparente e di gestire il patrimonio e l'impresa senza pregiudicare ingiustamente gli interessi dei creditori.

5. Le banche e gli intermediari finanziari, i loro mandatari e i cessionari dei loro crediti sono tenuti a partecipare alle trattative in modo attivo e informato. L'accesso alla composizione negoziata della crisi non costituisce di per sé causa di sospensione e di revoca degli affidamenti bancari concessi all'imprenditore. In ogni caso la sospensione o la revoca degli affidamenti possono essere disposte se richiesto dalla disciplina di vigilanza prudenziale, con comunicazione che dà conto delle ragioni della decisione assunta.

6. Tutte le parti coinvolte nelle trattative hanno il dovere di collaborare lealmente e in modo sollecito con l'imprenditore e con l'esperto e rispettano l'obbligo di riservatezza sulla situazione dell'imprenditore, sulle iniziative da questi assunte o programmate e sulle informazioni acquisite nel corso delle trattative. Le medesime parti danno riscontro alle proposte e alle richieste che ricevono durante le trattative con risposta tempestiva e motivata.

Nicola Nisio

Sommario: 1. La clausola generale di correttezza e buona fede nella composizione negoziata. – 2. Requisiti di indipendenza e doveri dell'esperto. – 3. Doveri delle parti: l'imprenditore. – 4. (*Segue*): le altre parti.

1. – Volendo schematizzare il contenuto della norma in commento – che riproduce, con alcune integrazioni e l'espunzione dei commi 4 e 7, il testo dell'art. 4, d.l. n. 118 del 2021, convertito, con modificazioni, in l. n. 147 del 2021 [1] – si può dire che questa:

a) riferendosi all'*esperto*: i) si occupa del requisito della sua *indipendenza* ed enuncia alcuni *criteri di determinazione della prestazione* [2] da questi dovuta nell'espletamento dell'incarico, individuandoli nella *terzietà*, *imparzialità, professionalità* e *riservatezza* che devono caratterizzarne l'operato; ii) rimarca la non equiparabilità dell'esperto al «*professionista indipendente*» di cui all'art. 2, comma 1, lett. *o*); iii) enuncia, anche al fine di sottolineare la differenza dei compiti dell'esperto rispetto a quelli del citato professionista, il dovere dell'esperto di verificare *la coerenza complessiva delle informazioni* fornite dall'imprenditore che accede alla composizione negoziata per la soluzione della crisi d'impresa (CNC) [3];

b) riferendosi *all'imprenditore*, ad *una specifica categoria di creditori* ed alle *altre parti «coinvolte nelle trattative»*, contiene alcuni precetti che costituiscono specificazioni del *dovere di buona fede e correttezza* – pilastro della disciplina codiscistica delle obbligazioni e dei contratti [4] – richiamato in termini generali dall'art. 4 [5]. Gli obblighi di comportamento riconducibili alla clausola generale in questione rilevano nella CNC sotto diversi profili [6].

Sotto un primo profilo, anche nell'ambito della CNC assume rilievo, nei rapporti *fra l'imprenditore ed i suoi creditori*, il dovere di correttezza *nello svolgimento del rapporto obbli-*

[1] Come è noto, la disciplina della composizione negoziata per la soluzione della crisi di impresa, inizialmente contenuta nel d.l. n. 118 del 2021, è stata introdotta nel Codice dal d.lgs. n. 83 del 2022. Le disposizioni contenute nei commi 4 e 7 dell'art. 4, d.l. n. 118 del 2021 non sono state riprodotte nella norma in commento perché inglobate nelle previsioni dell'art. 4, commi 1 e 3.

[2] Cfr. Bianca, *Diritto civile,* 86 ss.

[3] Si tratta solo di uno dei doveri specifici dell'esperto nell'espletamento dell'incarico (per l'analisi del complesso di tali doveri v. Pacchi, *L'esperto, passim*) ed è per questo che si ha l'impressione che la sua previsione nella norma in commento sia stata voluta anche (e forse soprattutto) per marcare la differenza fra compiti e responsabilità dell'esperto e quelli del professionista indipendente di cui all'art. 2, comma 1, lett. *c*).

[4] Cfr. Pacchi, *L'esperto,* 18; Panzani, *I doveri,* 2-3. Sulla utilizzazione delle clausole generali nella disciplina della crisi di impresa, e, in particolare, di quella di correttezza e buona fede, v. Brogi, *Clausole generali*; D'Attorre, *I principi generali,* 7 ss.

[5] Nell'art. 4, commi 1, lett. *c*) e 4, vengono operati espressi rinvii alle previsioni dei commi 4, 5 e 6 della norma in commento. Nella Relazione illustrativa allo *Schema di decreto legislativo recante modifiche al codice della crisi d'impresa e dell'insolvenza* (atto n. 374) sottoposto a parere parlamentare si legge che, in quelli che sarebbero diventati, a seguito della emanazione del d.lgs. n. 83 del 2022, i commi da 4 a 6 della norma in commento, «*vengono stabilite le modalità di applicazione, alle trattative agevolate dall'esperto, del canone di correttezza e buona fede previsto dagli articoli 1175 e 1337 del codice civile*».

[6] V. anche Bissoccoli, Turchi, *Il ruolo,* 6.

gatorio posto dall'art. 1175 c.c., che la giurisprudenza, riconducendolo all'*obbligo di solidarietà* enunciato dall'art. 2, comma 1, Cost., individua nel dovere del debitore e del creditore di adoperarsi, entro il limite dell'apprezzabile sacrificio del proprio interesse, per preservare ciascuno l'interesse dell'altro, a prescindere tanto da specifici obblighi contrattuali quanto dal dovere extracontrattuale del *neminem laedere* [7]. Fra le previsioni contenute nella norma in commento, a questa declinazione del dovere di buona fede e correttezza sono riconducibili: i) quella che impone al debitore l'obbligo di gestire, durante le trattative, il proprio patrimonio e l'impresa in modo da non pregiudicare ingiustamente l'interesse dei creditori; ii) quella che non consente alle banche ed agli intermediari finanziari di revocare o sospendere gli affidamenti concessi all'imprenditore per il solo fatto dell'accesso alla CNC; iii) nonché – se si ritiene che la norma possa essere interpretata in tal senso (v. *infra*, § 4) – la disposizione che pone a carico di tali creditori l'obbligo di partecipare alle trattative.

La molteplicità e la portata degli interessi convolti nel tentativo di risanamento dell'impresa in crisi ed il *favor* che l'ordinamento manifesta per tale risanamento, talvolta prevedendo vistose deroghe alla disciplina di diritto comune delle obbligazioni e dei contratti – si pensi agli accordi di ristrutturazione dei debiti ad efficacia estesa, ora previsti nell'art. 61 ed agli accordi di moratoria, ora disciplinati nell'art. 62 [8] – potrebbero suggerire di arricchire ulteriormente, in via interpretativa, nell'ambito della CNC, il contenuto del dovere di correttezza posto dall'art. 1175 c.c., andando oltre le esplicite previsioni contemplate nella norma in commento. Ad esempio, riconoscendo l'esistenza, in capo ai creditori (anche diversi dalle banche e dagli intermediari finanziari, se si ritiene che per questi soggetti tale obbligo sia già posto dalla norma in commento), dell'obbligo di partecipare alle trattative, ove ne siano stati richiesti e sempre che ciò non arrechi loro un apprezzabile sacrificio (valutazione, quest'ultima, da fare caso per caso); oppure, spingendosi ancor più oltre, ritenendo doverosa per il creditore l'accettazione della proposta di modifica del rapporto obbligatorio formulata dall'imprenditore (a maggior ragione se avallata dall'esperto) che sia funzionale al risanamento dell'impresa e che, senza creare nei suoi confronti ingiustificate disparità di trattamento con altri creditori, soddisfi l'interesse di quel creditore in modo non deteriore rispetto a quello che sarebbe il suo soddisfacimento in caso di esito infruttuoso del tentativo di risanamento [9].

---

[7] Cass., 5 novembre 1999, n. 12310; Cass., 15 febbraio 2007, n. 3462; Cass., 14 giugno 2021, n. 16743, in *Banca, borsa e tit. cred.*, 2023, II, 10 ss., con nota di De Luca, Cass., 19 ottobre 2022, n. 30853.

[8] Di tale *favor* sono espressione anche norme che incidono su rapporti giuridici diversi dalla obbligazione privatistica: si pensi, per quanto attiene ai debiti tributari e contributivi, alle previsioni contenute nell'art. 63, comma 2-*bis* e 88, comma 2-*bis*.

[9] Nella maggior parte dei casi, lo scenario alternativo di riferimento sarà quello liquidatorio.

Sono evidenti le implicazioni che la prospettiva indicata nel testo potrebbe avere soprattutto sul piano della responsabilità del creditore (a seconda dei casi, di un singolo creditore ovvero di più creditori la cui condotta concorra alla causazione del danno) nei confronti del debitore, ove la mancata accettazione della proposta di ristrutturazione del debito formulata dall'imprenditore conduca all'esito infruttuoso del tentativo di risanamento ed il creditore non possa subire la modifica del rapporto obbligatorio proposta dall'imprenditore indipendentemente dal proprio consenso, nei casi previsti dalla legge (come quelli contemplati dagli artt. 61 e 62, richiamati nel testo). Sotto quest'ultimo profilo, vale osservare che lo svolgimento delle trattative nell'ambito della CNC rappresenta lo strumento ideale – ancorché non l'unico – per realizzare la condizione prevista

Sotto altro profilo, nella CNC il dovere di correttezza e buona fede rileva, nei rapporti *fra tutte le parti «coinvolte» nelle trattative*, quale dovere delle parti di comportarsi secondo buona fede *nello svolgimento delle trattative negoziali*, sancito dall'art. 1337 c.c., la cui violazione è fonte di *responsabilità precontrattuale*. Tale dovere trova specificazione nella norma in commento sia in precetti che richiamano doveri che dottrina e giurisprudenza già riconducevano alla disposizione di diritto comune (è il caso del precetto che – richiamando il dovere di informazione [10] – impone all'imprenditore di rappresentare la propria situazione in modo completo e trasparente, così come quello – riconducibile al dovere di lealtà [11] – che impone alle altre parti coinvolte nelle trattative di collaborare lealmente con l'imprenditore e l'esperto, nonché di quello che impone alla banche ed agli intermediari finanziari di partecipare alle trattative in maniera informata) sia in precetti che sembrano rafforzarne la portata, ponendo doveri di sollecitudine giustificati dalla esigenza di una celere definizione delle trattative. Si può ritenere che, al di là dei precetti contenuti nella norma in commento, in sede di CNC trovino applicazione anche gli altri doveri di comportamento che vengono tradizionalmente ricondotti a quello sancito dall'art. 1337 c.c., primo fra tutti il rispetto del legittimo affidamento eventualmente ingenerato da ciascuna parte nelle altre sul buon esito delle trattative (sempre che non si ritenga tale dovere già ricompreso in quello della lealtà).

Il dettato normativo, parlando di parti «*coinvolte*» nelle trattative – e non di parti che "partecipano" alle stesse – potrebbe essere estensivamente interpretato nel senso di riferire i doveri previsti dalla norma non solo ai soggetti che *prendono parte* alle trattative – formulando controproposte, interagendo con l'imprenditore e l'esperto per la definizione di uno degli sbocchi negoziali della CNC indicati nell'art. 25, comma 1 [12], ecc. [13] – ma anche a quelli che vengano *portati a conoscenza* della loro esistenza – perché destinatari di proposte o di richieste di informazioni rilevanti ai fini delle trattative – ancorché non vi prendano parte (in quanto non siano stati invitati a parteciparvi – si pensi, ad esempio, alle agenzie fiscali, i cui crediti non possono essere oggetto di definizione nell'ambito della

---

dagli artt. 61, comma 1, lett. *a*) e 62, comma 1, lett. *a*) ai fini dell'estensione della efficacia dell'accordo ristrutturazione o della convenzione di moratoria anche nei confronti dei creditori non aderenti.

In termini generali, sulla responsabilità che può conseguire alla violazione, da parte dei creditori, dei doveri di collaborazione previsti dalle norme del Codice cfr. RORDORF, *I doveri*, 598; PANZANI, *I doveri*, 25; D'ATTORRE, *I principi generali*, 8-9; MANZINI, CARELLI, *Il ruolo*, 8; ARTUSO, BOGONI, *Brevi spunti ricostruttivi*, 11; RINALDI, *La composizione negoziata*, 10. Con specifico riferimento alla violazione degli obblighi di collaborazione da parte dei creditori nell'ambito della CNC, la Relazione illustrativa al d.l. n. 118 del 2021 rimarcava che questa «*può venire in rilievo nell'ambito delle eventuali azioni risarcitorie che, nel caso in cui il dissesto dell'impresa derivi da comportamenti omissivi ingiustificati o non corretti delle parti coinvolte nelle trattative, possono essere esercitate, ad esempio, dal curatore fallimentare. Va, sul punto, sottolineato che la composizione avvia un percorso negoziale solo se il risanamento è perseguibile e apre delle trattative nelle quali la situazione dell'impresa è rappresentata alle parti coinvolte in modo trasparente e leale, anche grazie alla presenza dell'esperto. Ne discende che se l'impresa non riesce a perseguire il risanamento e viene dichiarata fallita per mancata collaborazione delle parti chiamate al tavolo delle trattative o, peggio ancora, per comportamenti ostruzionistici, le conseguenti responsabilità potranno essere oggetto di accertamento*».

[10] Cfr. ROPPO, *Il contratto*, 169 ss.

[11] Cfr. BIANCA, *Diritto civile*, 162.

[12] Sui quali v. PACCHI, *Gli sbocchi*, *passim*.

[13] Secondo MANZINI, CARELLI, *Il ruolo*, 6-7, «è parte di una composizione negoziata soltanto quel creditore che venga espressamente indicato come tale dal debitore all'esperto».

CNC – ovvero perché, invitati a parteciparvi, abbiano deciso di sottrarvisi). Attribuire alla norma questo significato consentirebbe, fra l'altro, di evitare che creditori o controparti contrattuali dell'imprenditore possano sottrarsi ad ogni condotta collaborativa nell'ambito della CNC semplicemente rifiutandosi di partecipare alle trattative.

Infine, nella CNC il dovere di correttezza e buona fede si manifesta anche, nei rapporti *fra l'imprenditore ed i soggetti a cui sia legato da rapporti contrattuali*, quale dovere di buona fede *nella esecuzione del contratto*, sancito dall'art. 1375 c.c., e ciò in particolare nella disposizione che consente all'esperto di invitare le parti a rideterminare, secondo buona fede, il contenuto dei contratti ad esecuzione continuata o periodica ovvero ad esecuzione differita se la prestazione è divenuta eccessivamente onerosa o se è stato alterato l'equilibrio del rapporto in ragione di circostanze sopravvenute, aggiungendo che le parti sono tenute a collaborare tra loro per la rideterminazione del contenuto del contratto o per adeguare le prestazioni alle mutate condizioni (art. 17, comma 5, quinto e sesto periodo)[14].

2. – L'incarico affidato all'esperto consiste nell'agevolare le trattative tra l'imprenditore, i creditori ed «*eventuali altri soggetti interessati*», al fine di individuare una soluzione per il superamento delle condizioni di squilibrio patrimoniale o economico-finanziario in cui versa l'imprenditore, che ne rendono probabile la crisi o l'insolvenza (art. 12, comma 1). Come anticipato, il comma 3 della norma in commento, oltre a regolare il requisito della *indipendenza* dell'esperto, indica alcuni criteri di determinazione della prestazione da questi dovuta nell'espletamento di tale incarico, individuandoli nella *terzietà*, *imparzialità*, *professionalità* e *riservatezza*[15].

La "terzietà" impone all'esperto di essere equidistante rispetto alle parti coinvolte nella CNC e trova puntualizzazione nel requisito di indipendenza e nel dovere di imparzialità previsti dalla norma.

Il requisito della "indipendenza" è specificamente regolato dal comma 1 della disposizione e si sostanzia nell'assenza di vincoli di carattere *personale* o *professionale* con l'imprenditore e le altre parti interessate all'operazione di risanamento (primi fra tutti, i creditori).

Quanto ai legami *di carattere personale*, rileva, in primo luogo, il rinvio operato dalla norma all'art. 2399 c.c., che si occupa delle cause di ineleggibilità e decadenza dei sindaci di società per azioni, rinvio che deve ritenersi limitato ai vincoli di parentela, coniugio ed affinità indicati nella lett. *b*) del comma 1 della norma codicistica[16], da riferire ai rapporti

[14] Sulla riconducibilità al precetto di cui all'art. 1375 c.c. del dovere dei contraenti di accettare il riequilibrio delle prestazioni contrattuali in presenza di sopravvenienze che alterino l'equilibrio sinallagmatico esistente al tempo della conclusione del contratto v., recentemente, Cass., 29 gennaio 2021, n. 2154.

[15] Su tutti questi profili v. PACCHI, *L'esperto*, *passim*. Cfr. anche DAMIANI, in AA.VV., *La composizione negoziata*, 46 ss.

[16] Questo in quanto la previsione della lett. *a*) del comma 1 dell'art. 2399 c.c. non attiene al requisito della indipendenza dei sindaci ma a quello della capacità ed onorabilità; il requisito previsto dalla lett. *c*) è assorbito, nel caso dell'esperto, dalla previsione della norma in commento relativa ai rapporti di carattere professionale intrattenuti con l'imprenditore e le altre parti; infine, il requisito previsto dal comma 2 della norma codicistica attiene alla competenza professionale dei sindaci e, sia pure sotto questo profilo, non sembra rilevante nel caso dell'esperto, neanche ai fini della sua iscrizione nell'elenco previsto dall'art. 13, per la quale non è richiesto che il professionista sia iscritto nel registro dei revisori legali.

fra l'esperto e l'imprenditore o le altre parti interessate all'operazione di risanamento. Il dettato della norma – mediante l'uso della congiunzione «*e*» – sembra attribuire rilevanza anche ad *altri* "rapporti personali" esistenti fra l'esperto ed i soggetti in questione, così ampliando, forse con eccessiva vaghezza, il perimetro del requisito della indipendenza sotto il profilo in questione.

Quanto ai vincoli *di carattere professionale* che possono minare l'indipendenza dell'esperto, è da dire, innanzi tutto, che la locuzione «*rapporti di natura professionale*» deve intendersi, argomentando *a fortiori* ed anche alla luce di quanto espressamente stabilito nella seconda parte del primo periodo della norma, comprensiva non solo di rapporti di lavoro autonomo ma anche di rapporti di lavoro subordinato intrattenuti con i soggetti indicati dalla norma. Il dettato letterale della norma porta, in secondo luogo, a distinguere a seconda che si tratti di rapporti *in corso* al tempo del conferimento dell'incarico oppure *esauriti prima di allora*: nel primo caso, rilevano i rapporti professionali intrattenuti sia con l'imprenditore che con le altre parti interessate all'operazione di risanamento; nel secondo caso, solo i rapporti professionali – ivi compresi quelli di componente degli organi di amministrazione e controllo della società [17] o di altro imprenditore collettivo – o di partecipazione societaria, intrattenuti con l'imprenditore (e *negli ultimi cinque anni* che precedono il conferimento dell'incarico). Riguardo ai rapporti con l'imprenditore, la norma si preoccupa che l'indipendenza dell'esperto possa essere minata anche dalla prospettiva di rapporti professionali (o di partecipazione societaria) da instaurare in un futuro prossimo, inibendoli per almeno due anni dalla archiviazione della composizione negoziata (c.d. *freezing out*). La norma amplia il requisito di indipendenza dell'esperto relativamente ai rapporti professionali o di partecipazione agli organi di amministrazione e controllo della società ovvero di partecipazione societaria riferendolo, oltre a quelli personalmente intrattenuti dall'esperto, anche a quelli intrattenuti – sempre negli ultimi cinque anni – da soggetti con i quali egli sia «*eventualmente unito in associazione professionale*». Il riferimento alla «*associazione professionale*» deve ritenersi comprensivo dell'esercizio della professione sia nella forma della *associazione tra professionisti* (ad es. nel caso dell'esercizio della professione forense, dell'associazione prevista dall'art. 4, l. n. 247 del 2012) sia nella forma della *società fra professionisti* (come la società di cui all'art. 10, commi 3-11, l. n. 183 del 2011 ovvero la società fra avvocati di cui all'art. 4-*bis*, l. n. 247 del 2012): nel secondo caso oc-

[17] La norma parla di organi di amministrazione e controllo «*dell'impresa*»: è, tuttavia, plausibile ritenere che il legislatore abbia inteso riferirsi, come indicato nel testo, agli organi di amministrazione e controllo delle società (amministratori, sindaci, membri del consiglio di sorveglianza e del consiglio di gestione, membri del consiglio di amministrazione e del comitato di controllo costituito al suo interno, ecc.) o di altro imprenditore collettivo (ad es. amministratori di consorzi con attività esterna), essendo difficile immaginare quali possano essere tali organi con riferimento all'impresa, a meno che il legislatore non abbia inteso riferirsi alle strutture, interne alle società e presenti soprattutto in quelle di maggiori dimensioni, in molti casi deputate al controllo interno della gestione (come ad es. la struttura di *internal audit*, i vari comitati costituiti spesso in seno all'organo amministrativo, l'organismo di vigilanza previsto dall'art. 6, comma 1, lett. *b*), l. n. 231 del 2001, ecc.), talvolta denominati *organismi* ma che, tuttavia, non sono organi della società. L'esperto che faccia parte di tali strutture sarà comunque soggetto alla incompatibilità prevista dalla norma in commento in quanto – a seconda dei casi – parteciperà alle medesime in virtù di un rapporto di lavoro autonomo instaurato con la società, oppure in quanto dipendente della società ovvero in quanto componente degli organi di amministrazione o di controllo della società.

correrà fare riferimento agli incarichi professionali assunti dalla società della quale l'esperto sia socio ovvero nella cui organizzazione, pur non essendo socio, egli sia inserito stabilmente [18], nonché a quelli eventualmente assunti individualmente dai soci.

L'insussistenza di rapporti di carattere personale e professionale con l'imprenditore e le «*altre parti interessate dall'operazione di risanamento*» è, poi, richiesta dall'ultimo periodo del comma 2 della norma, anche in capo ai soggetti di cui l'esperto si avvalga nell'espletamento dell'incarico (soggetti dotati di specifica competenze o revisore legale).

Il dovere della "imparzialità" si sostanzia nell'obbligo dell'esperto di tenere in debito conto, nella sua opera di facilitatore delle trattative, gli interessi di tutte le parti coinvolte nella CNC, nella prospettiva del loro contemperamento, ciò che presuppone che l'esperto individui ed esamini quali sono tali interessi [19].

Nell'espletamento dell'incarico l'esperto deve operare con «professionalità», termine con il quale è plausibile ritenere che il legislatore abbia inteso richiamare il criterio della *diligenza professionale* contemplato dall'art. 1176, comma 2, c.c., riferendosi, quindi, al grado di impegno cui è tenuto l'esperto nell'adempimento della sua prestazione – che dovrà essere adeguato alla complessità dello specifico incarico – e non al possesso delle competenze professionali necessarie all'espletamento dell'incarico, la cui sussistenza dovrà essere oggetto di valutazione preventiva tanto da parte della commissione di cui all'art. 13, comma 6, in occasione della nomina quanto da parte dello stesso esperto prima della accettazione dell'incarico [20].

Il dovere di "riservatezza" impone all'esperto di non divulgare dati e notizie apprese nell'espletamento dell'incarico, tanto se riferibili all'imprenditore quanto se riferibili alle altre parti coinvolte nelle trattative. È da ritenere che nei confronti delle parti coinvolte nelle trattative tale dovere risulti attenuato dalla necessità di fornire loro le informazioni necessarie o utili per la loro consapevole partecipazione alle trattative. Il comma 4 della norma stabilisce – con l'espressa eccezione delle informazioni che l'esperto sia chiamato a rendere al tribunale in sede di conferma delle misure protettive ovvero di concessione delle medesime o delle misure cautelari, a norma dell'art. 19, comma 4 – che l'esperto non può essere tenuto a deporre sul contenuto delle dichiarazioni rese e delle informazioni acquisite nell'esercizio delle sue funzioni, né davanti all'autorità giudiziaria né davanti ad altra autorità (si pensi, ad esempio, alle autorità indipendenti come la Consob, la Banca d'Italia, l'AGCM, ecc.), richiamando l'applicazione dell'art. 200 c.p.p. e delle garanzie previste per il difensore dalle disposizioni dell'art. 103 c.p.p., in quanto compatibili.

Al fine di sottolineare la differenza fra i compiti e le responsabilità dell'esperto rispetto a quelli del professionista indipendente di cui all'art. 2, comma 1, lett. *o)* – e questo anche

[18] Si pensi, per fare solo alcuni esempi, alle figure, diffuse soprattutto nelle strutture professionali di grandi dimensioni organizzate in forma societaria, del *counsel* o dell'*associate* o del collaboratore. Dovrebbe, invece, reputarsi al di fuori del perimetro della fattispecie prevista dalla norma il caso in cui l'esperto sia un *collaboratore esterno* della associazione fra professionisti o della società fra professionisti (con cui collabori, ad esempio, in qualità di *of counsel*).

[19] Si veda, a tal proposito, la previsione del punto 5.2. del *Protocollo di conduzione della composizione negoziata* contenuto nel d.m. 28 settembre 2021.

[20] Si veda quanto stabilito al punto 1.1., terzo periodo del *Protocollo di conduzione della composizione negoziata*.

nel caso in cui l'esperto sottoscriva l'accordo di cui all'art. 23, comma 1, lett. *c*) – la norma stabilisce che l'esperto *non è equiparabile a tale professionista* e, anche a tal fine, prevede – introducendo un'altra clausola generale che sembra rinviare anche a nozioni di carattere economico-aziendalistico [21] – che, nell'espletamento dell'incarico, egli è chiamato a verificare *la coerenza complessiva* delle informazioni fornite dall'imprenditore, chiedendo a questi ed ai creditori tutte le ulteriori informazioni utili o necessarie. Pertanto l'esperto, tenuto ad esaminare tutta la documentazione depositata dall'imprenditore [22], non ha il dovere di verificare la veridicità delle informazioni in essa contenute: deve solo vagliare, avvalendosi se del caso di soggetti esperti, che tali informazioni, nella loro globalità, non siano contraddittorie, che non ci sia, cioè, contrasto fra singole informazioni tra di loro oppure fra le informazioni rese e la situazione patrimoniale o economico-finanziaria rappresentata dall'imprenditore nel documento previsto dall'art. 17, comma 3, lett. *a*) o quella che emerge dalla documentazione contabile e fiscale da costui depositata. Così, ad esempio, l'esperto non dovrà verificare che le attività e le passività iscritte nei bilanci depositati dall'imprenditore siano realmente esistenti e per importi corrispondenti a quelli ivi indicati, ma che la loro esistenza ed il loro importo indicato nei bilanci non risultino smentiti da altri documenti allegati dall'imprenditore o dai creditori (si pensi ad un debito fiscale il cui importo iscritto in bilancio oppure nella situazione patrimoniale e finanziaria aggiornata non corrisponda a quello che risulta dal certificato unico dei debiti tributari, che pure l'imprenditore deve allegare alla domanda di accesso alla CNC oppure ad un debito per finanziamento soci indicato nell'elenco dei creditori e nella situazione patrimoniale e finanziaria aggiornata della società che però non è riportato nei suoi bilanci). Ciò non toglie che l'esperto – pur non avendo il dovere di farlo – *ha il potere* di verificare che le informazioni rese dall'imprenditore siano veritiere, chiare e complete, essendo tale potere correlativo al dovere dell'imprenditore che accede alla CNC di rendere informazioni aventi tali caratteristiche (v. *infra*, § 3). Nel caso, poi, in cui l'esperto si avveda della esistenza di informazioni non veritiere, avrà il dovere di segnalarlo sia all'imprenditore sia (per lo meno nel caso in cui si tratti di informazioni rilevanti al fine della valutazione delle proposte formulate dall'imprenditore e questi non provveda prontamente a rettificare le informazioni rese) alle altre parti coinvolte nelle trattative, potendosi a tal proposito immaginare l'applicazione analogica dell'art. 1759, comma 1, c.c. (e questo senza voler identificare la figura dell'esperto con quella del mediatore contemplato dall'art. 1754 c.c., ma considerando le affinità che esistono fra tali figure e la *ratio* che ispira la disposizione codicistica) [23].

Come detto, nell'espletamento dell'incarico l'esperto potrà avvalersi, a proprie spese (art. 25-*ter*, comma 10), di soggetti dotati di specifica competenza, anche nel settore economico in cui opera l'imprenditore e di un revisore legale, che siano in possesso dei requisiti di indipendenza di cui si è detto in precedenza.

---

[21] Sul rinvio talvolta operato dalle clausole generali a nozioni (o regole) di carattere economico-aziendale, cfr. BROGI, *Clausole generali*, 879.

[22] PACCHI, *L'esperto*, 31-32.

[23] Cfr. D'ATTORRE, *Manuale di diritto*, 34, per il quale, nella fase delle trattative l'esperto assume il ruolo di «mediatore qualificato e competente»; per PACCHI, *L'esperto*, 5, l'esperto «svolge eminentemente un ruolo di facilitatore-mediatore delle trattative tra l'imprenditore, i creditori e gli altri soggetti interessati».

3. – Due sono i "doveri" che la norma in commento pone a carico dell'imprenditore che accede alla CNC:

a) quello – riconducibile al dovere di buona fede nelle trattive, posto dall'art. 1337 c.c. – di rappresentare la propria situazione in modo completo e trasparente. Si tratta di un dovere – da integrare con le prescrizioni contenute nell'art. 4, comma 2, lett. *a*), espressamente riferite anche alle informazioni rese dall'imprenditore nell'ambito della CNC [24] – che costui ha nei confronti dell'esperto, dei creditori e degli altri soggetti interessati alle trattative [25], ai quali deve, di conseguenza, riconoscersi il potere di chiedere all'imprenditore di emendare eventuali lacune o opacità nelle informazioni rese, integrandole o fornendo i chiarimenti necessari. In dottrina è stato osservato che tale dovere dell'imprenditore potrebbe trovare un limite nel suo diritto al segreto industriale con riferimento ad informazioni sensibili relative al ciclo produttivo dell'impresa ovvero alla sua rete commerciale [26];

b) quello – riconducibile al dovere di buona fede nello svolgimento del rapporto obbligatorio, posto dall'art. 1175 c.c. – di gestire il patrimonio e l'impresa senza pregiudicare ingiustamente gli interessi dei creditori [27]. La violazione di tale dovere può ipotizzarsi, ad esempio, nel caso in cui l'imprenditore compia, nel corso della CNC, atti di disposizione del suo patrimonio che siano revocabili oppure atti di straordinaria amministrazione o pagamenti che abbiano le caratteristiche indicate dall'art. 21, comma 3. Il contenuto di tale dovere è puntualizzato, con riferimento alla *gestione dell'impresa*, nell'art. 21 – al cui commento si rinvia – distinguendo la norma a seconda che l'imprenditore si trovi *in stato di crisi* ovvero *in stato di insolvenza* [28]: nel primo caso, l'imprenditore dovrà gestire l'impresa «*in modo da evitare pregiudizio alla sostenibilità economico-finanziaria dell'attività*», nel secondo caso dovrà gestire l'impresa «*nel prevalente interesse dei creditori*»: si tratta, anche in tal caso, di clausole generali che rinviano, per l'attribuzione loro di contenuti, anche a concetti e nozioni di carattere tecnico-aziendalistico, la prima delle quali trova specificazione nel punto 7.5. del «Protocollo di conduzione della composizione negoziata», contenuto nel d.m. 28 settembre 2021.

La violazione da parte dell'imprenditore dei doveri previsti dalla norma in commento, oltre a poter costituire fonte di responsabilità ed a legittimare i soggetti che vi partecipino ad abbandonare le trattative, avrà quale conseguenza che, in caso di esito infruttuoso delle trattative, l'esperto non potrà attestare, nella relazione finale, che queste si sono svolte secondo correttezza e buona fede, circostanza che impedirà all'imprenditore di accedere al concordato semplificato (art. 25-*sexies*).

---

[24] E così, da un lato, anche le informazioni rese dall'imprenditore nell'ambito della CNC, dovranno essere – ovviamente, sarebbe da dire – *veritiere*; dall'altro, l'imprenditore dovrà limitarsi a fornire solo quelle informazioni che, nel caso di specie, siano *necessarie* ed *appropriate*: cfr. sul punto PACCHI, *L'esperto*, 19; PANZANI, *I doveri delle parti*, 6-9.

[25] PANZANI, *I doveri delle parti*, 10.

[26] Cfr. PACCHI, *L'esperto*, 19; PANZANI, *I doveri*, 11.

[27] Cfr. in argomento, PANZANI, *I doveri*, 14-23.

[28] La norma tace con riferimento al caso in cui l'imprenditore che accede alla CNC si trovi in stato di *pre-crisi*: sembra, tuttavia, ragionevole ritenere che anche in tal caso trovi applicazione il precetto previsto per la gestione dell'impresa che versi in stato di crisi.

4. – Occupandosi dei doveri delle restanti parti «*coinvolte*» nelle trattative, la norma in commento pone due ordini di precetti:

a) il primo gruppo di precetti – contenuto nell'ultimo comma – è riferito a tutte le parti in questione (creditori e non), e si sostanzia nel dovere di leale e sollecita collaborazione con l'imprenditore e l'esperto; nel dovere di riservatezza sulla situazione dell'imprenditore, sulle iniziative da questi assunte o programmate e sulle informazioni acquisite nel corso delle trattative e nel dovere di fornire riscontro alle proposte ed alle richieste ricevute con risposta sollecita e motivata. Si tratta di doveri riconducibili – con l'eccezione, forse, di quello alla riservatezza [29] – a quello di buona fede nelle trattative, posto dall'art. 1337 c.c. Al di là della responsabilità in cui può incorrere la parte che violi i doveri in questione, dovrebbe riconoscersi all'imprenditore la legittimazione a chiederne l'adempimento in sede giudiziaria – si pensi, in particolare, al caso della richiesta di informazioni necessarie per la predisposizione del piano di risanamento o, più in generale, per il proficuo svolgimento delle trattative [30] – anche in via di urgenza *ex* art. 700 c.p.c.;

b) il secondo ordine di precetti – contenuto nel comma 5 – è riferito ad una specifica categoria di creditori dell'imprenditore che accede alla CNC: le banche, gli intermediari finanziari – dovendosi intendere il riferimento ai soggetti iscritti nell'elenco previsto dall'art. 106, d.lgs. n. 385 del 1993 – i loro mandatari ed i cessionari dei loro crediti. Per tali soggetti la norma prevede il dovere di partecipare alle trattative in modo attivo ed informato ed il divieto di revoca o sospensione degli "affidamenti bancari" concessi all'imprenditore per il solo fatto del suo accesso alla CNC.

Con riferimento al primo dei due precetti, è da chiedersi se la disposizione si limiti a stabilire, per tali soggetti, obblighi di sollecitudine ed informazione per il caso in cui decidano di partecipare alle trattative, lasciando loro, tuttavia, la facoltà di decidere in merito a tale partecipazione oppure sancisca per tali soggetti l'obbligo di partecipare alle trattative (e di farlo in modo attivo ed informato). Il tenore letterale della norma non esclude la seconda interpretazione, verso la quale milita, altresì, la considerazione che, altrimenti, la disposizione sostanzialmente ripeterebbe il precetto posto dall'ultimo comma con riferimento a tutti i soggetti che partecipano alle trattative [31]. Interpretare la norma nel senso che imponga alle banche ed agli intermediari finanziari *l'obbligo di partecipare alle trattative* consente di potenziare l'efficacia della CNC quale strumento di risanamento dell'impresa in crisi, considerato il rilievo centrale che tali soggetti quasi sempre assumono a tal fine (sotto il duplice profilo: della necessità, per l'imprenditore in crisi, di procedere alla ristrutturazione del debito esistente nei loro confronti e della sua esigenza di ricevere ulteriori finanziamenti). D'altra parte, attesa l'organizzazione di cui tali soggetti nella normalità dei casi dispongono, è difficile immaginare che la partecipazione alle trattative nell'ambito della CNC possa arrecare loro un qualche apprezzabile sacrificio (potendosi anche qui richiamare utilmente la clausola generale contenuta nell'art. 1175 c.c.).

---

[29] Si vedano, in argomento, le differenti posizioni di ROPPO, *Il contratto*, 172 e BIANCA, *Diritto civile*, 166.

[30] L'inerzia della parte cui è rivolta una *proposta* potrebbe, invece, essere superata con la fissazione di un termine per il suo riscontro, decorso il quale la proposta dovrà intendersi rigettata.

[31] La norma sembra riferirsi alle banche ed agli intermediari finanziari nella loro veste di *creditori* dell'imprenditore che accede alla CNC e non di *parti delle trattative*, alle quali si rivolge l'ultimo comma della disposizione.

Passando al secondo ordine di precetti, innanzi tutto, secondo l'opinione che appare preferibile, è da ritenere che con la locuzione «*affidamenti bancari*», il legislatore abbia inteso riferirsi *ai finanziamenti concessi all'imprenditore in qualsiasi forma* (mutuo, apertura di credito, anticipazione bancaria, sconto ecc.) e non solo tramite l'apertura di credito in conto corrente [32]. La norma fa divieto ai soggetti in essa contemplati tanto di *revocare* – di adottare, cioè, iniziative, quali la risoluzione o il recesso [33], da cui derivi la cessazione degli effetti del rapporto contrattuale, con conseguente obbligo dell'imprenditore di rimborsare le somme di cui sia debitore – quanto di *sospendere* – adottando iniziative che, senza comportarne la cessazione, inibiscano temporaneamente l'efficacia del rapporto contrattuale – i contratti di finanziamento per il solo fatto dell'accesso dell'imprenditore alla CNC [34]. Aggiunge, tuttavia, con formula che ha suscitato dubbi interpretativi, che la sospensione o revoca degli affidamenti concessi potranno «*in ogni caso, essere disposte se richiesto dalla disciplina di vigilanza prudenziale, con comunicazione che dia conto della decisione assunta*». Seguendo, anche in questo caso, l'opinione autorevolmente espressa in dottrina [35], si può ritenere che il riferimento alla *disciplina di vigilanza prudenziale* vada inteso come un rinvio al *corpus* normativo e regolamentare – di matrice non solo nazionale – volto garantire *la sana e prudente gestione* delle banche e degli intermediari finanziari, con la conseguenza che, in caso di accesso dell'imprenditore alla CNC, la sospensione o la revoca dei finanziamenti concessi dai soggetti in questione:

a) non potranno in alcun caso essere disposte ove la situazione patrimoniale o economico – finanziaria in cui versa l'imprenditore ovvero l'andamento del rapporto di finanziamento non le giustifichino (perché in tal caso la revoca o la sospensione sarebbero motivate dal solo fatto dell'accesso dell'imprenditore alla CNC), con la conseguenza, fra l'altro, che, continuando ad avere il contratto di finanziamento regolare esecuzione, l'imprenditore avrà diritto di attingere alle linee di credito in essere, entro i limiti e nei termini contrattualmente stabiliti [36];

b) potranno, con valutazione discrezionale, essere disposte ove la situazione patrimoniale o economico – finanziaria in cui versa l'imprenditore ovvero l'andamento del rapporto di finanziamento – ancorché pregressi all'accesso dell'imprenditore alla CNC [37] – le giustifichino [38] ed in tal caso l'imprenditore potrà inibire l'assunzione di tali iniziative mediante la tempestiva richiesta di misure protettive o cautelari a norma degli artt. 18 e

[32] Cfr. BONFATTI, RIZZO, *La vigilanza prudenziale*, 5 nt. 5; cfr. anche PANZANI, *I contratti pendenti*, 11.

[33] Cfr. BISSOCCOLI, TURCHI, *Il ruolo*, 8.

[34] Sui problemi che l'accesso dell'imprenditore alla CNC può generare in tema di classificazione dei crediti vantati dalle banche nei suoi confronti, con possibili ricadute in ordine alle loro determinazioni riguardo alla revoca o alla sospensione degli affidamenti, cfr. PANZANI, *I contratti pendenti*, 13-18; BISSOCCOLI, TURCHI, *Il ruolo*, 13-35; RINALDI, *La composizione negoziata*, 10-11.

[35] V. BONFATTI, RIZZO, *La "vigilanza prudenziale"*, 6-10; cfr. altresì BISSOCCOLI, TURCHI, *Il ruolo*, 10-11; D'ATTORRE, *Manuale di diritto*, 35.

[36] Cfr. PANZANI, *I contratti pendenti*, 13.

[37] Sembrerebbe di diverso avviso PANZANI, *I contratti pendenti*, 13; nel senso del testo, sia pure con riferimento all'originario art. 12, comma 3 – e quindi al caso, ivi previsto e non più attuale, della pendenza della procedura di allerta, espunta dal Codice con il d.lgs. n. 83 del 2022 – RORDORF, *I doveri*, 599.

[38] PANZANI, *I contratti pendenti*, 12; PACCHI, *L'esperto*, 24.

19, a seguito della emanazione delle quali anche le banche e gli intermediari finanziari saranno soggetti alla disposizione secondo cui «*i creditori nei cui confronti operano le misure protettive non possono, unilateralmente, rifiutare l'adempimento dei contratti pendenti o provocarne la risoluzione, né possono anticiparne la scadenza o modificarli in danno dell'imprenditore per il solo fatto del mancato pagamento di crediti anteriori rispetto alla pubblicazione dell'istanza di cui al comma 1*» (art. 18, comma 5, primo periodo)[39];

c) potranno (ma forse si deve ritenere che *dovranno*) essere disposte ove ciò sia richiesto dal rispetto della disciplina della vigilanza prudenziale dettata a salvaguardia della sana e prudente gestione della banca o dell'intermediario finanziario ed in tal caso, alla luce degli interessi che tale disciplina mira a tutelare, è da ritenere che l'assunzione delle iniziative in questione non potrà essere inibita nemmeno mediante la richiesta di misure protettive o cautelari *ex* artt. 18-19. La banca o l'intermediario dovranno, in questo caso, motivare adeguatamente l'adozione di tali iniziative, indicando, fra l'altro, in maniera puntuale le norme e le circostanze di fatto che le giustificano[40].

[39] Cfr. BISSOCCOLI, TURCHI, *Il ruolo*, 12. Anche le banche e gli intermediari finanziari potranno, a seguito della presentazione, da parte dell'imprenditore, della istanza per la concessione di misure protettive, sospendere l'adempimento dei contratti pendenti sino alla conferma delle misure richieste (art. 18, comma 5, ultimo periodo).

[40] La non agevole individuazione di quali sono le ipotesi in cui la situazione patrimoniale, economica e finanziaria dell'imprenditore ovvero l'andamento del rapporto di finanziamento possano imporre, a tutela della sana e prudente gestione della banca o dell'intermediario finanziario, di procedere alla sospensione o alla revoca degli affidamenti concessi rende auspicabile un intervento chiarificatore del legislatore o dell'autorità di vigilanza.

Articolo 17
Accesso alla composizione negoziata e suo funzionamento

1. L'istanza di nomina dell'esperto indipendente è presentata tramite la piattaforma telematica di cui all'articolo 13 mediante la compilazione di un modello, ivi disponibile, contenente le informazioni utili ai fini della nomina e dello svolgimento dell'incarico da parte dell'esperto nominato.

2. Il contenuto del modello di cui al comma 1 è definito con il decreto dirigenziale del Ministero della giustizia di cui all'articolo 13, comma 2.

3. L'imprenditore, al momento della presentazione dell'istanza, inserisce nella piattaforma telematica:

a) i bilanci degli ultimi tre esercizi, se non già depositati presso l'ufficio del registro delle imprese, oppure, per gli imprenditori che non sono tenuti al deposito dei bilanci, le dichiarazioni dei redditi e dell'IVA degli ultimi tre periodi di imposta, nonché una situazione patrimoniale e finanziaria aggiornata a non oltre sessanta giorni prima della presentazione dell'istanza;

b) un progetto di piano di risanamento redatto secondo le indicazioni della lista di controllo di cui all'articolo 13, comma 2, e una relazione chiara e sintetica sull'attività in concreto esercitata recante un piano finanziario per i successivi sei mesi e le iniziative che intende adottare;

c) l'elenco dei creditori, con l'indicazione dei rispettivi crediti scaduti e a scadere e dell'esistenza di diritti reali e personali di garanzia;

d) una dichiarazione resa ai sensi dell'articolo 46 del decreto del Presidente della Repubblica n. 445 del 2000 sulla pendenza, nei suoi confronti, di ricorsi per l'apertura della liquidazione giudiziale o per l'accertamento dello stato di insolvenza e una dichiarazione con la quale attesta di non avere depositato ricorsi ai sensi dell'articolo 40, anche nelle ipotesi di cui agli articoli 44, comma 1, lettera a), e 54, comma 3;

e) il certificato unico dei debiti tributari di cui all'articolo 364, comma 1;

f) la situazione debitoria complessiva richiesta all'Agenzia delle entrate-Riscossione;

g) il certificato dei debiti contributivi e per premi assicurativi di cui all'articolo 363, comma 1;

h) un estratto delle informazioni presenti nella Centrale dei rischi gestita dalla Banca d'Italia non anteriore di tre mesi rispetto alla presentazione dell'istanza.

4. L'esperto, verificati la propria indipendenza e il possesso delle competenze e della disponibilità di tempo necessarie per lo svolgimento dell'incarico, entro due giorni lavorativi dalla ricezione della nomina, comunica all'imprenditore l'accettazione e contestualmente inserisce nella piattaforma la dichiarazione di accettazione e una dichiarazione resa ai sensi dell'articolo 47 del decreto del Presidente della Repubblica n. 445 del 2000, sul possesso dei requisiti di indipendenza di cui all'articolo 16, comma 1. In caso contrario ne dà comunicazione riservata al soggetto che l'ha nominato perché provveda alla sua sostituzione. L'esperto non può assumere più di due incarichi contemporaneamente.

5. L'esperto, accettato l'incarico, convoca senza indugio l'imprenditore per valutare l'esistenza di una concreta prospettiva di risanamento, anche alla luce delle informazioni assunte dall'organo di controllo e dal revisore legale, ove in carica. L'imprenditore partecipa personalmente e può farsi assistere da consulenti. Se ritiene che le prospettive di risanamento sono concrete l'esperto incontra le altre parti interessate al processo di risanamento e prospetta le possibili strategie di intervento fissando i successivi incontri con cadenza periodica ravvicinata. Se non ravvisa concrete prospettive di risanamento, all'esito della convocazione o in un momento successivo, l'esperto ne dà notizia all'imprenditore e al segretario generale della camera di commercio che dispone l'archiviazione dell'istanza di composizione negoziata entro i successivi cinque giorni lavorativi. Nel corso delle trattative l'esperto può invitare le parti a rideterminare, secondo buona fede, il contenuto dei contratti ad esecuzione continuata o periodica ovvero ad esecuzione differita se la prestazione è divenuta eccessivamente onerosa o se è alterato l'equilibrio del rapporto in ragione di circostanze sopravvenute. Le parti sono tenute a collaborare tra loro per rideterminare il contenuto del contratto o adeguare le prestazioni alle mutate condizioni.

6. Entro tre giorni dalla comunicazione della convocazione le parti possono presentare osservazioni sull'indipendenza dell'esperto al segretario generale della camera di commercio il quale riferisce senza indugio alla commissione perché, valutate le circostanze esposte e sentito l'esperto, se lo ritiene opportuno provveda alla sua sostituzione entro i successivi cinque giorni lavorativi. Allo stesso modo la commissione procede se l'imprenditore e le parti interessate formulano osservazioni sull'operato dell'esperto.

7. L'incarico dell'esperto si considera concluso se, decorsi centottanta giorni dalla accettazione della nomina, le parti non hanno individuato, anche a seguito di sua proposta, una soluzione adeguata per il superamento delle condizioni di cui all'articolo 12, comma 1. L'incarico può proseguire per non oltre centottanta giorni quando tutte le parti lo richiedono e l'esperto vi acconsente, oppure quando la prosecuzione dell'incarico è resa necessaria dal ricorso dell'imprenditore al tribunale ai sensi degli articoli 19 e 22. In caso di sostituzione dell'esperto o nell'ipotesi di cui all'articolo 25, comma 7, il termine di cui al primo periodo decorre dall'accettazione del primo esperto nominato.

8. Al termine dell'incarico l'esperto redige una relazione finale che inserisce nella piattaforma e comunica all'imprenditore e, in caso di concessione delle misure protettive e cautelari di cui agli articoli 18 e 19, al giudice che le ha emesse, che ne dichiara cessati gli effetti. Eseguiti gli adempimenti di cui al primo periodo, l'esperto ne dà comunicazione al segretario generale della camera di commercio per l'archiviazione dell'istanza di composizione negoziata.

9. In caso di archiviazione dell'istanza di cui al comma 1, l'imprenditore non può presentare una nuova istanza prima di un anno dall'archiviazione. Se l'archiviazione è richiesta dall'imprenditore con istanza depositata con le modalità previste nel comma 1 entro due mesi dall'accettazione dell'esperto, il termine di cui al primo periodo è ridotto, per una sola volta, a quattro mesi.

10. Ai costi che gravano sulle camere di commercio per consentire il funzionamento della procedura di composizione negoziata per la soluzione della crisi d'impresa si provvede mediante il versamento, a carico dell'impresa che propone l'istanza, di diritti di segreteria determinati ai sensi dell'articolo 18 della legge 29 dicembre 1993, n. 580.

Giorgio Lener

Sommario: 1. La presentazione dell'istanza per la nomina dell'esperto. – 2. L'attività dell'esperto. La rinegoziazione dei contratti di durata. – 3. La conclusione dell'incarico e la relazione finale.

1. – L'art. 17 contiene una pluralità di norme, che, per comodità di lettura, possono "accorparsi" come segue: le prime (commi 1-3), d'ordine "tecnico-operativo", rivolte all'imprenditore in crisi; le seconde (commi 4-5), d'ordine organizzativo, per l'esperto, e "sostanziale", per tutte le parti coinvolte nel "percorso" di composizione negoziata; le ultime, infine, ancora di carattere *lato sensu* organizzativo (commi 6-10).

L'*incipit*, nei commi 1 e 2, attiene alla presentazione dell'istanza per la nomina dell'esperto per il tramite della piattaforma telematica nazionale di cui all'art. 13, gestita dalle Camere di Commercio attraverso Unioncamere. L'uso degli "strumenti" informatici appare di centrale rilevanza (come risulta dal principio di cui all'art. 5-*bis*; si vedano anche gli artt. 14 e 15) per la più celere emersione e soluzione della crisi, in adesione alla nuova cultura di conservazione dell'impresa quale valore primario (divenuta cogente con la direttiva UE 2019/1023)[1]. La ricerca anticipata di soluzioni negoziali alla crisi rimanda all'art. 2086, comma 2, c.c., e, ora, in via di articolazione contenutistica, all'art. 3, commi 2 ss., vale a dire ad un tempo in cui (sarebbe auspicabile che) la crisi non si è ancora manifestata in tutti i suoi effetti e le probabilità di ripresa dell'attività e di riequilibrio delle condizioni economico-finanziarie e/o patrimoniali siano concretamente perseguibili (così da evitare la dispersione di valori resa palese, anche solo in punto di soddisfacimento dei creditori, nelle procedure – sin qui dette – fallimentari[2]). I primi dati forniti da Unioncamere confermano l'accoglienza positiva della composizione negoziata, anche se si è ancora agli albori[3].

[1] Nella contemporaneità, i principali ordinamenti europei hanno adottato "strumenti" analoghi, incentrati vieppiù sul ruolo di mediazione svolto da un professionista esperto (si considerino il CERP in Olanda, la StaRuG in Germania, la riforma della *Ley Concursal* in Spagna e, soprattutto, il rafforzamento, in Francia, della procedura di *conciliation* e l'introduzione della nuova *sauvegarde accelerée*, di cui all'*Ordonnance* n. 2021-1193 e al *Decret* n. 2021-1218. Per un quadro di sintesi relativo a ciascuno di essi, si rinvia alle descrizioni illustrate nell'*Osservatorio Internazionale Crisi di Impresa*, nn. 5/2021 e 6/2022, editi sul sito del CNDCEC). Sul piano storico, la soluzione della crisi per il tramite di accordi coi creditori non costituisce un'assoluta novità per il nostro Paese, come ricorda SANTARELLI, *Per la storia*, 291, con riferimento a taluni statuti medievali dell'Italia settentrionale.

[2] Basti ricordare il Report dell'EBA (l'Autorità Bancaria Europea) del novembre 2020, focalizzato sui prestiti delle banche coinvolte in procedure di insolvenza, che mostra come in Italia la percentuale di recupero dei crediti (privilegiati inclusi) sia fra le più basse in Europa, con un tasso netto del 17-19% contro il 72% della Germania, il 60% della Spagna e il 35% della Francia (media UE 40%); anche per la durata delle procedure e i tempi di recupero dei crediti l'Italia chiude la classifica con una media di 7 anni, a fronte dei 3 anni della media europea (cfr. *Sole 24 Ore*, 1 marzo 2021).

[3] Cfr. UNIONCAMERE, *La composizione negoziata*, in cui si dà conto della presentazione di 767 istanze al 15 maggio 2023. L'esame dei dati consente di inferire l'emersione di segnali di avanzamento del processo di "maturazione culturale" in ordine all'utilità della composizione negoziata: infatti, ad inizio anno appena in quattro casi si era giunti alla stipulazione dell'accordo *ex* art. 23, comma 1, lett. *a*), mentre una sola era la fattispecie *ex* art. 23, comma 1, lett. *c*); ora, invece, si registra la stipulazione, in 9 casi, di accordi *ex* art. 23,

In questa prospettiva, l'ausilio della tecnologia, tramite la predetta piattaforma telematica nazionale, rappresenta il fattore innovativo più efficace, perché permette *i*) di custodire nei cassetti digitali i documenti da rendere disponibili esclusivamente agli addetti ai lavori; *ii*) di accedere alle banche dati dell'Agenzia delle Entrate, INPS, INAIL e Agenzia della Riscossione, nonché alla Centrale rischi della Banca d'Italia (v. art. 14) per visualizzare le informazioni relative all'impresa debitrice; *iii*) di gestire, attraverso la lista di controllo, il test autovalutativo e il *software* per accertare la sostenibilità del debito esistente (v. art. 25-*undecies*), l'intero procedimento negoziale e la verifica della ragionevole perseguibilità del risanamento.

Alla base di tale verifica preliminare sulle possibilità di risanamento, che, sola, a rigore, consente la presentazione dell'istanza per la nomina dell'esperto, si pongono concetti economico-aziendali che devono divenire di patrimonio comune, per gli imprenditori *in primis*, ma anche per i consulenti legali (così da poter distinguere le iniziative di risanamento potenzialmente realizzabili da quelle prive di *chance*[4]). Viene, così, in soccorso il Decreto dirigenziale del Ministero della giustizia, adottato il 28 settembre 2021, come modificato il 23 marzo 2023 (di seguito, "Decr. dirig.") in attuazione dell'art. 3, d.l. n. 118 del 2021 (ora art. 13, comma 2), che, tra l'altro, definisce «*il contenuto della piattaforma, la lista di controllo particolareggiata, le indicazioni per la redazione del piano di risanamento e le modalità di esecuzione del test pratico*». Il documento, prezioso *vademecum* per ogni singola fase della composizione, si apre con la Sezione dedicata al «*Test pratico per la verifica della ragionevole perseguibilità del risanamento disponibile online*»[5]; nella II Sezione, è disponibile la «*Check-list (lista di controllo) particolareggiata per la redazione del piano di risanamento e per l'analisi della sua coerenza*»[6]; la III Sezione, infine, contiene il protocollo per la conduzione materiale delle trattative da parte dell'esperto, illustra le prescrizioni normative e recepisce le migliori pratiche per giungere a una soluzione concordata della crisi[7].

---

comma 1, lett. *a*) e, in 13 casi, di accordi *ex* art. 23, comma 1, lett. *c*) (con 7 domande di omologazione di accordi di ristrutturazione, 1 piano attestato e 9 «*altre procedure di regolazione della crisi*»). Sul(l'auspicato) "cambio di cultura" con la composizione negoziata, v. MINERVINI, *Composizione negoziata*, 2 ss.; sulla composizione negoziata in generale, FABIANI, *Sistema, principi e regole*, 73 ss.

[4] Cfr. BASTIA, *Crisi e insolvenza, passim*; CAPALBO, *L'analisi, passim*.

[5] Finalizzato alla valutazione preliminare della complessità del risanamento attraverso il rapporto tra l'entità del debito da ristrutturare e quella dei flussi finanziari liberi posti annualmente al suo servizio. In particolare, disponendo solo di un progetto di piano di risanamento redatto secondo le indicazioni della lista di controllo e di un piano finanziario a 6 mesi (v. art. 17, comma 3, lett. *b*)), occorrerà stimare l'indebitamento e i dati dell'andamento economico attuale, depurato da eventi non ricorrenti (ad es., effetti del *lockdown*, contributi straordinari, incrementi notevoli dei costi energetici, etc.).

[6] La sezione in discorso ha riguardo all'organizzazione dell'impresa, alla situazione contabile e all'andamento corrente, all'individuazione delle strategie di intervento, alle proiezioni dei flussi finanziari e al risanamento del debito, per concludersi con le peculiarità applicabili in caso di gruppi di imprese. Ciascun tema contiene sia quesiti all'imprenditore, per agevolargli la predisposizione di un piano di risanamento affidabile, sia suggerimenti all'esperto – qualificato esplicitamente come «lettore informato» (§ 3.9) – per l'«intervista» alle funzioni aziendali e all'organo di controllo, per la formazione del convincimento sulle cause della crisi e sulle intenzioni strategiche della ristrutturazione, per la stima degli effetti delle iniziative che l'imprenditore intende intraprendere (se coerenti, in termini di investimenti, ricavi e costi, con le informazioni disponibili) e per la verifica di ragionevolezza della redditività prospettica in coerenza con l'andamento storico e con i parametri di riferimento del mercato, includendo anche dei semplici stress test sulla scorta dei fattori di rischio e/o incertezza cui l'impresa è esposta in concreto.

[7] Muovendo dalla verifica dei requisiti di indipendenza dell'esperto nominato per l'accettazione dell'in-

L'imprenditore, che si trovi in uno stato di (probabile) crisi o finanche già in stato di insolvenza, purché reversibile – su cui si v. il § 2.4. della sez. III del citato Decr. dirig. [8] –, e intenda perseguire il risanamento mediante il "percorso" della composizione negoziata, deve, dunque, depositare, per il tramite della piattaforma telematica, un'istanza di nomina dell'esperto [9], corredata della documentazione indicata al comma 3 in epigrafe, la cui incompletezza sospende la delibazione della Commissione, che non può procedere alla predetta nomina, a termini dell'art. 13, comma 7 [10]. Una rilevante novità, al riguardo, è stata introdotta in occasione dell'"innesto" della composizione negoziata nel Codice: va depositato un «*progetto di piano di risanamento*» (redatto secondo le indicazioni della *check-list* sopra menzionata), il che appare fondamentale per consentire all'esperto di compiere quella valutazione, giocoforza preliminare, prescritta dal comma 5 dell'art. 17, in ordine «*[al]l'esistenza di una concreta prospettiva di risanamento*» [11].

---

carico (anche nei casi di gruppi di imprese), in detta sezione vengono offerti gli strumenti per l'analisi della coerenza del piano di risanamento con la *check-list* e per il controllo sulla gestione dell'impresa in pendenza delle negoziazioni; prosegue con indicazioni sullo svolgimento delle trattative con le parti interessate fino alla "stimolazione" delle proposte di soluzione o regolazione della crisi, per concludersi – dopo aver esaminato le ipotesi di pareri sulle istanze di misure protettive, di autorizzazione a contrarre finanziamenti, a rinegoziare contratti e a cedere rami d'azienda – con la relazione finale dell'esperto.

[8] Che chiarisce in modo efficace come, «*a fronte (i) di una continuità aziendale che distrugge risorse, (ii) dell'indisponibilità dell'imprenditore a immettere nuove risorse, (iii) dell'assenza di valore del compendio aziendale, le probabilità che l'insolvenza sia reversibile sono assai remote indipendentemente dalle scelte dei creditori, [sì] che, in questi casi, è inutile avviare le trattative*». Per il vero, l'art. 12, comma 1 è limpido nel chiarire che il presupposto per l'accesso alla composizione negoziata è la probabilità di crisi o di insolvenza, ma la norma dell'art. 21, comma 1 lo ha esteso all'insolvenza reversibile, occupandosi delle modalità gestorie dell'impresa che versi in tali condizioni (tant'è che, *e.g.*, Trib. Bergamo, 25 maggio 2022, in *dirittodellacrisi.it*, ha espressamente affermato che «la conferma delle misure protettive è concedibile in favore di soggetto in stato di c.d. precrisi, crisi [...] o d'insolvenza "reversibile", dunque non anche dell'insolvente *tout court*»). Ma v. Trib. Siracusa, 14 settembre 2022, in *dirittodellacrisi.it*, secondo cui «[l]o stato di insolvenza preclude [...] l'accesso alla composizione negoziata della crisi e, per l'effetto, al concordato semplificato per la liquidazione del patrimonio» (sebbene, appresso, il riferimento sia ad uno «stato di dissesto conclamato e risalente»); per una limpida critica, Trib. Bologna, 8 novembre 2022, in *ilcaso.it*; nella stessa linea Trib. Mantova, 20 dicembre 2022, in *ilcaso.it*. In dottrina, tra gli altri, v. BASTIA, *Crisi e insolvenza*, 37; ROSSI, *I presupposti*, 9 ss.; AMBROSINI, *La composizione*, 5 s.

[9] Nella quale egli potrà dichiarare di avvalersi del regime di sospensione degli obblighi di scioglimento o ricapitalizzazione di cui all'art. 20, nonché richiedere l'applicazione delle misure protettive di cui all'art. 18.

[10] Il segretario generale invita la parte ad integrare l'istanza entro 30 giorni, a pena di archiviazione diretta. La prassi, inoltre, ha superato la possibile censura di incompletezza in ipotesi di mancato deposito dei certificati tributari e previdenziali, se dovuta alla lentezza del rilascio da parte degli uffici di talune province: è sufficiente, infatti, allegare la relativa richiesta (non potendo la regolazione della crisi o dell'insolvenza attendere i tempi delle pubbliche amministrazioni); l'esperto nominato si avvarrà, poi, del disposto dell'art. 14 per accedere direttamente alle banche dati degli enti suddetti. Da salutare con favore, al riguardo, la novella normativa intervenuta con l'art. 38, comma 3, d.l. 24 febbraio 2023, n. 13 (conv. con l. 21 aprile 2023, n. 41), giusta il quale, al momento della presentazione dell'istanza di accesso alla composizione negoziata *ex* art. 17, «*l'imprenditore può depositare, in luogo delle certificazioni previste dal comma 3, lettere e), f) e g), del medesimo articolo 17, una dichiarazione resa ai sensi dell'articolo 46 del testo unico di cui al decreto del Presidente della Repubblica 28 dicembre 2000, n. 445, con la quale attesta di avere richiesto, almeno dieci giorni prima della presentazione dell'istanza di nomina dell'esperto, le certificazioni medesime. Le disposizioni di cui al primo periodo si applicano a tutte le istanze presentate alla data di entrata in vigore del presente decreto e a quelle presentate fino al 31 dicembre 2023*».

[11] V. Trib. Mantova, 20 dicembre 2022, cit.; Trib. Roma, 6 ottobre 2022, in *ilcaso.it*. Va segnalato lo scarto rispetto all'auto-valutazione dell'imprenditore, di cui all'art. 12, comma 1, di "ragionevole perseguibili-

2. – La celerità dell'azione connota i "passi" successivi dell'esperto: così l'accettazione entro i due giorni lavorativi dalla nomina [12], non solo previa verifica della propria competenza e indipendenza [13], ma anche della disponibilità di tempo necessaria [14] (così l'art. 17, comma 4, che disciplina anche l'ipotesi negativa) [15]. Da questo momento l'esperto assume le funzioni e deve, pertanto, avviare senza indugio le attività demandategli [16].

Il primo atto da compiere, si è detto, consiste nella verifica preliminare di perseguibili-

tà" del risanamento. In questa sede si può solo far cenno ad una questione tutt'altro che secondaria (la *sedes materiae* essendo l'art. 12), vale a dire se la composizione negoziata sia compatibile con un piano di mera liquidazione e non di continuità, ancorché indiretta (per il tramite della cessione dell'azienda). In linea astratta, non v'è dubbio che la ordinata "sistemazione" del debito possa avvenire per il tramite di un siffatto piano e che sia ragionevole che venga agevolata dalla mediazione dell'esperto; *ex litteris*, si potrebbe trarre uno spunto dalla differente formulazione dei due "approdi" negoziali, all'art. 23, comma 1, lett. *a*) («*contratto [...] idoneo ad assicurare la continuità aziendale per un periodo non inferiore a due anni*») e lett. *c*) («*accordo sottoscritto [... anche] dall'esperto [che] dà atto che il piano di risanamento appare coerente con la regolazione della crisi o dell'insolvenza*»), nel senso che solo nella prima fattispecie sarebbe necessario «*assicurare la continuità aziendale*» biennale. Tuttavia, l'argomento prova troppo, in quanto è irragionevole che la seconda fattispecie, dagli effetti senz'altro più "penetranti" della prima, in quanto consente di fruire dell'esenzione da revocatoria e da responsabilità penale, non implichi anche la funzionalità rispetto alla continuità. D'altronde, solo l'esito negativo delle trattative, se condotte secondo buona fede (su cui v. appresso), può "sfociare" nel «*Concordato semplificato per la liquidazione del patrimonio all'esito della composizione negoziata*» (così è rubricato il Capo II), vale a dire in un «*concordato per cessione dei beni*», come dispone l'art. 25-*sexies*, comma 1. Conforme a quanto osservato, Trib. Bergamo, 15 marzo 2022, in *ilcaso.it*. Ma v., per considerazioni critiche, BISSOCOLI, *La presunta incompatibilità*, *passim*.

[12] Da comunicare via pec all'imprenditore istante e da inserire contestualmente sulla piattaforma, sul modello predisposto in allegato al Decr. dirig. citato.

[13] Affinché il requisito dell'indipendenza – da autocertificare nel modulo di accettazione – e imparzialità sia effettivo, l'art. 16, comma 1 dispone che l'esperto nominato non intrattenga, successivamente all'archiviazione della composizione negoziata, rapporti professionali con l'imprenditore, se non siano decorsi almeno due anni dall'archiviazione. Inoltre, in virtù del comma 6 dell'art. 17, qualunque parte interessata alla composizione può, entro tre giorni dalla comunicazione della convocazione, presentare osservazioni sull'indipendenza dell'esperto, se del caso determinandone la sostituzione da parte della commissione (lo stesso iter sarà seguito, in corso di composizione negoziata, se le parti interessate, incluso il debitore, formulino osservazioni sull'operato dell'esperto). Non sembra sia data tutela all'esperto, al riguardo, se non, in via del tutto teorica, *sub specie damni*.

[14] Per questa ragione è previsto il limite di due incarichi contemporanei per ogni esperto nominato (art. 17, comma 4).

[15] In caso di rifiuto o di incompatibilità, l'esperto deve informare immediatamente soltanto chi l'ha nominato (il segretario generale della camera di commercio o suoi addetti, non anche l'imprenditore), affinché provveda alla sua sostituzione.

[16] Non è da escludere che l'esperto possa incorrere in responsabilità civile (se non, addirittura, penale), sebbene il legislatore si sia adoperato per contenere al massimo tale evenienza, a partire dalla precisazione in negativo, all'art. 16, comma 2, secondo cui l'esperto «*[n]on è equiparabile al professionista indipendente di cui all'articolo 2, comma 1, lettera o)*» (ma si veda anche la precisazione in ordine alla valenza della sottoscrizione dell'accordo da parte dell'esperto *ex* art. 23, comma 1, lett. *c*) – fattispecie di particolare rilevanza, perché ne consegue l'esonero da revocatoria *ex* art. 166, comma 3, lett. *d*), e da responsabilità penale *ex* art. 324 –, nel senso del mero «*d[are] atto che il piano di risanamento appare coerente con la regolazione della crisi o dell'insolvenza*»). Tuttavia, si può ipotizzare che il ritardo o la superficialità nella acquisizione delle notizie, *in primis* attraverso l'«*intervista delle principali funzioni aziendali*» (Decr. dirig. cit., sez. II, § 3) e l'acquisizione delle informazioni dall'organo di controllo e dal revisore (art. 16, comma 5), quindi, attraverso l'analisi di coerenza del piano con la *check-list* e l'analisi delle linee di intervento (Decr. dirig. cit., sez. III, §§ 4 e 5), sia idonea a

tà del risanamento, da effettuare anche sulla base del test *online* prodotto dall'istante, da reiterare o correggere alla luce delle maggiori informazioni acquisite. L'esito del test autovalutativo è certamente indicativo, ma non decisivo (v. Decr. dirig. cit., sez. III, § 2.3); se l'esperto ravvisi che non sussistono margini apprezzabili per pervenire al risanamento – con giudizio prognostico delicato, ma basato su elementi oggettivi [17] –, deve interrompere la sua attività. Ciò che rileva è che il piano di ristrutturazione, sottoposto al test di tenuta, appaia economicamente e finanziariamente efficiente, sì da giustificare il temporaneo sacrificio dei creditori (attraverso la riduzione o il riscadenzamento dei debiti) a beneficio della sostenibilità economica dell'azienda per i successivi 2 anni – se si mira alla conclusione del contratto di cui all'art. 23, comma 1, lett. *a*)) – e, indirettamente, dei creditori stessi.

Ove, invece, l'impresa versi in una situazione di insolvenza irreversibile (v. il § 2.4 del menzionato Decr. dirig.) oppure si rilevi la totale indisponibilità dei maggiori creditori ad avviare le trattative, la protrazione della composizione non avrebbe alcuno sbocco possibile tra quelli individuati nell'art. 23 e dovrà arrestarsi [18]. Qualora, all'esito della suddetta analisi iniziale, l'esperto rilevi che l'impresa versa in stato di insolvenza, sì, ma reversibile, è ragionevole che ravviserà concrete prospettive di risanamento solo per effetto di accordi che contemplino la cessione dell'azienda, i cui proventi consentano la sostenibilità del debito. In ogni caso, soltanto la constatazione, in base al criterio probabilistico, che vi sia non una mera aspettativa né una teorica possibilità di risanamento [19], bensì che sussistano le concrete prospettive di cui all'art. 17, comma 5, legittima l'esperto ad aprire i "tavoli" di negoziazione con le varie categorie di creditori. La giurisprudenza, in sede di conferma

generare pregiudizio ai creditori, peraltro gravati dall'obbligazione, ai sensi degli artt. 1176 c.c. e art. 16, comma 6 (v. già art. 4, comma 4), non solo di cooperare col debitore, ma anche con l'esperto. Così come non può ritenersi privo di responsabilità l'aver ingenerato affidamento nei creditori con la sottoscrizione dell'accordo di cui al richiamato art. 23, comma 1, lett. *c*), pur col "caveat" della "apparente coerenza" sopra cennata. O, ancora, per l'insufficiente vigilanza sui comportamenti del debitore nei termini dettati dall'art. 21 per i pagamenti e gli atti di straordinaria amministrazione compiuti senza previa comunicazione ovvero nonostante la sua opposizione o dissenso. Sotto il profilo penale, ferma l'esenzione nei casi dell'art. 24, comma 5, resta possibile, seppur assai arduo, delineare un concorso nel dissesto per le ritardate o le omesse decisioni sulle manovre dilatorie del debitore, là dove il risanamento appaia irrealizzabile. In ogni modo, il tema è denso di interesse – anche nella distinzione fra piccole e grandi imprese in crisi – ed esula dall'esame dell'art. 17. Per un primo contributo, v. PACCHI, *Le misure urgenti*, 14; v., inoltre, BONFATTI, GUIDOTTI, *Il ruolo*, 12 ss., e SANZO, *Il Codice*, 41 ss., il quale, sottolineando le «funzioni negoziali e relazionali» dell'esperto, ne evoca (implicitamente) le corrispondenti responsabilità.

[17] La dottrina economica riferisce il risanamento alla esposizione debitoria e il riequilibrio alla situazione patrimoniale od economico-finanziaria. Oggi se ne ha conferma nell'art. 56, comma 1, con riguardo al piano attestato di risanamento, che deve apparire «*idoneo a consentire il risanamento dell'esposizione debitoria dell'impresa e ad assicurare il riequilibrio della situazione economico finanziaria*».

[18] L'esperto deve darne notizia all'imprenditore e al segretario della camera di commercio, che dispone l'archiviazione del fascicolo. Tuttavia, in termini di "buona prassi", il Decr. dirig., al § 8.14 della sez. III, opportunamente prescrive che, «*[d]i fronte alla richiesta dell'imprenditore di proseguire comunque nella composizione negoziata, motivata con circostanze – nuove o non prese in considerazione in precedenza – che potrebbero giustificare la prosecuzione delle attività, l'esperto, prima di procedere alla chiusura, ne esamina la concretezza*». Peraltro, ai sensi del comma 9 dell'art. 17, l'imprenditore potrà presentare una nuova istanza decorso un anno dall'archiviazione e, addirittura, decorsi solo quattro mesi, qualora egli stesso abbia richiesto l'archiviazione entro due mesi dall'accettazione dell'esperto.

[19] Cfr. AMBROSINI, PACCHI, *Diritto della crisi*, 79 ss.

o revoca delle misure protettive, ha avuto modo di chiarire che la verifica in ordine alle «*concrete possibilità*» non può che essere una verifica *prima facie*, tenuto conto, per un verso, del ruolo dell'esperto [20] e, per l'altro, del tempo assai limitato a disposizione per verificare la potenziale utilità dell'avvio delle trattative [21].

In proposito, giova segnalare come la conduzione delle trattative raramente avverrà nei confronti di tutto il ceto creditorio contemporaneamente (a meno che i creditori siano pochissimi), perché sarà privilegiata – come già accade – la suddivisione in macro-categorie: banche e fornitori "strategici", *in primis* (salvo ponderare l'incidenza percentuale di Erario e Inps sull'intera debitoria), allo scopo di verificarne la disponibilità alla composizione [22]. Definita la metodologia, si potranno seguire due principali tecniche di mediazione: la negoziazione "distributiva", sviluppata su una logica lineare di contrapposizione, in cui, tuttavia, il negoziatore esperto avrà difficoltà ad individuare le possibili riduzioni delle rispettive pretese e servirà molto tempo per cercare di comporre i conflitti; e la negoziazione "cooperativa", imperniata su una logica circolare, che opera per ricomporre le posizioni al di là del binomio torto/ragione, ma valorizzando gli interessi e i bisogni sottostanti. In tale secondo scenario si persegue una vera e più solida conciliazione (più che una transazione) degli interessi, ove compatibili. Dipenderà essenzialmente dall'atteggiamento col quale le parti si "affacciano" al processo negoziale e dalle capacità di conduzione dell'esperto optare per l'una o per l'altra "via" [23].

Utili istruzioni operative sulle modalità di conduzione delle trattative – cui ha principalmente riguardo l'art. 16 (e, prim'ancora, l'art. 4, in sede di «*Principi generali*» sui «*Doveri delle parti*») – si hanno nei §§ 8 e 9 della sez. III, nonché nell'all. 1 al Decr. dirig. Anche il successivo art. 17, tuttavia, si occupa di trattative, in conclusione del comma 5, con una disposizione di notevole rilevanza, perché concerne la rinegoziazione dei contratti cc.dd. "di durata" (ad esecuzione continuata o periodica) ovvero a termine iniziale di efficacia. In particolare, l'esperto «***può invitare le parti a rideterminare, secondo buona fede, il contenuto [di quei] contratti […] se la prestazione è divenuta eccessivamente onerosa o se è al-***

[20] Per un cenno, v. *supra*, nt. 6 e 12. Di sussistenza, *prima facie*, della ragionevole perseguibilità del risanamento fa espressamente parola Trib. Milano, 24 febbraio 2022, in *ilcaso.it*. Ravvisa una «funzione meramente prodromica» nell'esame della documentazione da parte dell'esperto LAMANNA, *Il Codice*, 168; v. anche DI AMATO, *Diritto della crisi*, 31 s.

[21] Si tratta, di massima, di un torno di tempo assimilabile a quello in cui l'esperto viene richiesto, ai sensi dell'art. 19, comma 4, di rendere un parere sulla conferma delle misure protettive. Pur nel diverso contesto, tra preliminare valutazione sulle «*concrete possibilità di risanamento*» (art. 17, comma 5) e valutazione in ordine alla conferma delle misure protettive, appare utile indicazione – ancorché ovvia, nel contesto processuale – che, nella sede giudiziale, il *fumus* sia inteso quale «ragionevole perseguibilità del risanamento grazie alle trattative che l'imprenditore si prefigge di porre in essere» (così, Trib. Catania, 25 luglio 2022, in *ilcaso.it*; sui concetti di *fumus* e *periculum* ai fini della conferma delle misure protettive, per tutti, v. PAGNI, FABIANI, *La transizione*, 12 ss.). Ma v. anche, *ex pluribus*, e per limitarsi alle pronunce più recenti, Trib. Padova, 3 giugno 2022, in *ilcaso.it*, che dà conto di come l'esperto, nel parere *ex* art. 19, comma 4, avesse ravvisato «elementi che fanno ritenere allo stato astrattamente irragionevolmente proseguibile il risanamento dell'impresa»; Trib. Brescia, 25 giugno 2022, in *ilcaso.it*, che fa parola di un percorso negoziato che, «in potenza […] appare ragionevolmente idoneo a condurre al risanamento dell'impresa».

[22] Con l'amministrazione finanziaria e con gli enti previdenziali e assistenziali non si possono raggiungere accordi stragiudiziali, occorrendo utilizzare gli strumenti negozial-processuali degli accordi di cui agli artt. 63 e 88, con le relative forme di *cram down*.

[23] RIVA, *Negoziazione distributiva*, 23 ss.; v. anche GIORDANO, *Art. 17*, 62 ss.

terato l'equilibrio del rapporto in ragione di circostanze sopravvenute. Le parti sono tenute a collaborare tra loro per rideterminare il contenuto del contratto o adeguare le prestazioni alle mutate condizioni». Vi è uno scarto fondamentale con l'originaria norma dell'art. 10, comma 2, d.l. n. 118 del 2021 (la sola, peraltro, rimasta vigente con l'abrogazione del d.l. n. 118 del 2021 ad opera dell'art. 46, d.lgs. n. 83 del 2022), in cui si prevedeva, per un verso, che l'eccessiva onerosità fosse sopraggiunta a causa della pandemia da Sars-Cov2 e, soprattutto, per l'altro, che, in difetto di accordo, il tribunale avrebbe potuto rideterminare equitativamente il contenuto del contratto, attenendosi a stringenti presupposti (a partire dall'indispensabilità della "revisione" ai fini della continuità aziendale). La presente sede impone di svolgere considerazioni di sintesi [24], così compendiabili: (i) l'obbligazione di rinegoziare (specie i contratti di durata inerenti all'impresa) è affermata, dalla seconda metà degli anni '90 dello scorso secolo, dalla prevalente dottrina [25], anche se con eco ancora ridotta in giurisprudenza, e trova fondamento nell'obbligazione di eseguire il contratto secondo buona fede *ex* art. 1375 c.c. (se pur vi sono riferimenti all'equità *ex* art. 1374 c.c.); (ii) nella specie, l'obbligazione di rinegoziare trae "alimento" dalla crisi, sempre che sia funzionale al superamento di essa (e – va aggiunto – il contratto da rinegoziarsi rivesta carattere «*essenziale*», nell'accezione ora delineata dall'art. 94-*bis*, comma 2); di ciò si ha conferma con la "stabilizzazione" dell'obbligazione di rinegoziare, nel passaggio dalla normativa emergenziale del d.l. n. 118 del 2021 al Codice; (iii) la sola menzione di «*circostanze sopravvenute*» a fondamento della predetta obbligazione, e non anche della fonte di esse in «*avvenimenti straordinari e imprevedibili*» [26], non consente di concludere che si debba rinegoziare sol perché l'impresa debitrice è in crisi, assumendo, dunque, la crisi quale "causa sufficiente": occorre pur sempre il «*mutamento imprevedibile delle circostanze*» [27]; (iv) l'eliminazione dell'intervento giudiziale, rideterminativo del contenuto, è indice della scelta legislativa di sanzionare l'inadempimento dell'obbligazione in parola col risarcimento dei danni [28].

3. – L'incarico dell'esperto si conclude, ai sensi dell'art. 17, comma 8, allorché, decorsi 180 giorni dall'accettazione della nomina, le parti non abbiano individuato una soluzione adeguata per il superamento delle condizioni di squilibrio di cui all'art. 12. L'esito negativo della composizione può avere due cause: a) l'inesistenza di concrete prospettive di risa-

---

[24] Sia dato, dunque, rinviare a LENER, *L'obbligazione*, *passim*. Sul ruolo della buona fede nel Codice, da ultimo, LENZI, *I doveri*, *passim*, spec. 207 ss.; TOMASI, *Buona fede*, 131 ss., spec. 182 ss.; GUERRINI L., *Il d.l. 118/21*, 243 ss.; PANZANI, *I doveri*, *passim*. Sui principi generali nel Codice, v. D'ATTORRE, *I principi generali*, *passim*; FABIANI, *Introduzione ai principi*, 1173 ss.

[25] Per un puntuale quadro di sintesi, v. MACARIO, *Contratti di durata*, 103 ss.; con specifico riferimento alla rinegoziazione nella composizione negoziata, LEUZZI, *Sopravvenienze perturbative*, 13 ss.; IVONE, *Misure protettive*, 128 ss.

[26] Locuzione, come noto, dell'art. 1467 c.c., a cui chiaramente rimandava la causa pandemica, ora soppressa nel Codice per via della "stabilizzazione" di cui si è appena scritto e del superamento della fase emergenziale, quanto meno sul piano normativo.

[27] Il riferimento è all'innovativa disposizione introdotta dal legislatore transalpino con la novella del *code civil*, nel 2016, all'art. 1195.

[28] La cui quantificazione, peraltro, non sarà affatto agevole: anche al riguardo, ma con esposizione dichiaratamente embrionale, sia consentito il rinvio a LENER, *L'obbligazione*.

namento, tanto iniziale quanto sopravvenuta (art. 17, comma 5)[29]; b) il decorso di 180 giorni dall'accettazione della nomina dell'esperto senza che le parti coinvolte abbiano raggiunto un accordo. L'incarico, peraltro, può proseguire, per non oltre 180 giorni, qualora tutte le parti lo richiedano e l'esperto vi acconsenta oppure qualora la prosecuzione dell'incarico sia resa necessaria dai procedimenti giudiziali incidentali ai sensi degli artt. 19 e 22[30].

In tutte le ipotesi di esito negativo non si verifica più quel che l'art. 22 disponeva nella sua originaria formulazione (mai entrata in vigore) e nel contesto dell'abrogata «*composizione assistita*», vale a dire la trasmissione degli atti al pubblico ministero affinché proceda con l'istanza di apertura della liquidazione giudiziale: l'esperto dovrà semplicemente redigere la relazione finale, inserendola nella piattaforma telematica e comunicandola all'imprenditore, oltre che al giudice delle misure protettive (ove confermate), il quale ne dovrà dichiarare cessati gli effetti. Ai sensi dell'art. 17, comma 5, il segretario generale della camera di commercio disporrà l'archiviazione dell'istanza di composizione negoziata.

La relazione finale riveste notevole rilevanza anche ai fini del successivo accesso al concordato semplificato *ex* artt. 25-*sexies* e -*septies*, cui si rinvia. Infatti, presupposto per l'accesso è che l'esperto, nella relazione finale, nel dar atto del mancato raggiungimento di un accordo (nelle "forme" di cui all'art. 23, commi 1 e 2, lett. *b*)), abbia dichiarato che le trattative si sono svolte in conformità al canone di buona fede, il che, per la latitudine fisiologicamente propria delle clausole generali, può prestarsi ad interpretazioni anche sensibilmente contrastanti, col rischio di vanificare quell'esigenza di celerità nella definizione della crisi, che rappresenta il "fil rouge" delle ultime riforme[31].

Nel Codice non è chiarito se l'esperto debba riferire, nella relazione finale, sulla stima del patrimonio del debitore per l'eventuale confronto con l'alternativa liquidatoria. Il Decr. dirig., al § 13 della sez. III, enuncia che «*in qualunque momento risulti utile per le trattative, è opportuno che l'esperto proceda alla stima delle risorse derivanti dalla liquidazione dell'intero patrimonio o di parti di esso*» o che «*proponga alle parti la nomina congiunta di un soggetto di fiducia di tutte, che proceda alle valutazioni necessarie, con costi ripartite tra di esse*».

[29] A tale ipotesi potrà aggiungersi anche il compimento, da parte dell'imprenditore, di atti o pagamenti "pregiudizievoli" alle negoziazioni o alle prospettive risanatorie, eseguiti in modo occulto ovvero malgrado il dissenso dell'esperto (art. 21), sempre che l'atto o il pagamento compiuto determinino l'"infattibilità" di cui allo "scenario" precedente. Al riguardo, v. BOTTAI, *La composizione negoziata*, § 11.

[30] È da escludersi, quindi, la concedibilità di una proroga a mera istanza dell'imprenditore in crisi, come rilevato da Trib. Palermo, 27 luglio 2022, in *ilcaso.it*.

[31] *E.g.* si consideri la pronuncia del Trib. Firenze, 31 agosto 2022, in *ilcaso.it*, che, per un verso, ha ritenuto che la mancata dichiarazione dell'esperto nella relazione finale, in punto di buona fede, sia "rimediabile" con il parere *ex* art. 25-*sexies*, comma 3; per l'altro, che i creditori coinvolti nel piano di risanamento «abbiano ricevuto complete e aggiornate informazioni sulla situazione patrimoniale, economica e finanziaria dell'imprenditore, nonché sulle misure per il risanamento proposte, e che abbiano potuto esprimersi su di esse», siano state sottoposte ad essi una o più proposte di accordo *ex* art. 23, commi 1 e 2, lett. *b*) e, infine, sia pur *praeter legem* (ma condivisibilmente), sia stata fornita a costoro «una comparazione del soddisfacimento loro assicurato dalle predette soluzioni con quello che potrebbero ottenere dalla liquidazione giudiziale». Per chiosare con un giudizio negativo e, quindi, di assenza dei presupposti per la presentazione della domanda di concordato semplificato, in quanto «le trattative si sono concretizzate in incontri e contatti con le banche creditrici aventi ad oggetto unicamente la richiesta di dilazione del debito esistente e di nuova finanza e, venuta meno ogni prospettiva di sostegno da parte dei creditori bancari, si sono arrestate prima di sfociare in una proposta specifica ai creditori».

Va da sé che quest'ultima evenienza si verificherà anche ove l'esperto non abbia le competenze valutative necessarie. Del resto, la stima di tutti i beni che compongono il patrimonio del debitore servirà in plurime occasioni e dipenderà dal contesto in cui occorra procedervi[32]: dalla rappresentazione del termine di paragone per ogni negoziazione alla valutazione dello scenario liquidatorio, dal parere richiesto all'esperto in caso di concordato semplificato a quello presupposto dall'art. 22, comma 1 nel procedimento competitivo di selezione dell'acquirente d'azienda con deroga all'art. 2560, cpv., c.c. (il tribunale detta le misure ritenute opportune, tra cui anche la stima quale base della vendita, se non altro per verificare la congruità del prezzo offerto)[33].

L'archiviazione non sarà impugnabile dinanzi a un tribunale ordinario né davanti al TAR, in quanto non incide su diritti soggettivi né su interessi legittimi del debitore (il quale, peraltro, potrà riproporre l'istanza[34]). Con l'archiviazione dell'istanza si "riespanderanno" tutti i diritti dei creditori, i quali, *inter alia*, potranno dare impulso all'eventuale procedura "prefallimentare" avviata prima della composizione negoziata, per giungere alla pronuncia della sentenza di liquidazione giudiziale o di accertamento dello stato di insolvenza a termini dell'art. 18, comma 4.

[32] Cfr. CARNEVALI, TARABUSI, *Composizione negoziata*, *passim*, spec. 17 ss., i quali elencano anche le diverse finalità: valore d'uso o di mercato, in continuità aziendale o per l'affitto, in vista di operazioni straordinarie (conferimenti, fusioni, scissioni), valore di liquidazione ordinaria o forzata, in blocco o parziale, a *stock*, con urgenza o non.

[33] Peraltro, se vi fosse già una stima presentata dall'imprenditore, eventualmente asseverata, il parere dell'esperto potrà vertere sulla congruità di essa.

[34] V. nt. 18.

Articolo 18
Misure protettive

1. L'imprenditore può chiedere, con l'istanza di nomina dell'esperto o con successiva istanza presentata con le modalità di cui all'articolo 17, comma 1, l'applicazione di misure protettive del patrimonio. L'istanza di applicazione delle misure protettive è pubblicata nel registro delle imprese unitamente all'accettazione dell'esperto e, dal giorno della pubblicazione, i creditori interessati non possono acquisire diritti di prelazione se non concordati con l'imprenditore né possono iniziare o proseguire azioni esecutive e cautelari sul suo patrimonio o sui beni e sui diritti con i quali viene esercitata l'attività d'impresa. Non sono inibiti i pagamenti.

2. Con l'istanza di cui al comma 1, l'imprenditore inserisce nella piattaforma telematica una dichiarazione sull'esistenza di misure esecutive o cautelari disposte nei suoi confronti e un aggiornamento sui ricorsi indicati nella dichiarazione resa ai sensi dell'articolo 17, comma 3, lettera d).

3. Con l'istanza di cui al comma 1, l'imprenditore può chiedere che l'applicazione delle misure protettive sia limitata a determinate iniziative intraprese dai creditori a tutela dei propri diritti o a determinati creditori o categorie di creditori. Sono esclusi dalle misure protettive i diritti di credito dei lavoratori.

4. Dal giorno della pubblicazione dell'istanza di cui al comma 1 e fino alla conclusione delle trattative o all'archiviazione dell'istanza di composizione negoziata, la sentenza di apertura della liquidazione giudiziale o di accertamento dello stato di insolvenza non può essere pronunciata, salvo che il tribunale disponga la revoca delle misure protettive. Restano fermi i provvedimenti già concessi ai sensi dell'articolo 54, comma 1.

5. I creditori nei cui confronti operano le misure protettive non possono, unilateralmente, rifiutare l'adempimento dei contratti pendenti o provocarne la risoluzione, né possono anticiparne la scadenza o modificarli in danno dell'imprenditore per il solo fatto del mancato pagamento di crediti anteriori rispetto alla pubblicazione dell'istanza di cui al comma 1. I medesimi creditori possono sospendere l'adempimento dei contratti pendenti dalla pubblicazione dell'istanza di cui al comma 1 fino alla conferma delle misure richieste.

Edgardo Ricciardiello

Sommario: 1. Introduzione. – 2. Le misure protettive nella composizione negoziata della crisi.

1. – Il Codice ha introdotto una disciplina apposita per le misure cautelari e protettive nel contesto della composizione negoziata della crisi[1]. In realtà, come si vedrà, trattasi di una disciplina del tutto omogenea, seppure con finalità diverse tenuto conto della disomogeneità degli istituti, a quella introdotta agli artt. 54 e 55 dedicata alle misure protettive nel concordato preventivo e negli accordi di ristrutturazione dei debiti sulla scia della Direttiva (UE) 2019/1023 (c.d. Direttiva Insolvency) che ne ha fissato i principi di non automaticità e selettività[2] al fine di contemperare gli interessi dei creditori dell'imprenditore.

Come rilevato nella apposita sezione dedicata alle misure protettive e cautelari delle procedure c.d. "maggiori" a cui si rinvia, tali misure, già in parte presenti nella legge fallimentare, vengono estese a tutti gli istituti di regolazione della crisi di impresa e dell'insolvenza in linea con quanto già previsto in sede di riforma del concordato preventivo e degli accordi di ristrutturazione dei debiti ad opera della novella di cui alla l. 7 agosto 2012, n. 134 nonché alla l. n. 3 del 2012 che disciplina le procedure da sovraindebitamento della persona fisica o dell'imprenditore non fallibile.

Gli istituti nel contesto della composizione negoziata appaiono soddisfare principalmente l'esigenza di consentire all'imprenditore, già nella fase delle trattative con i creditori, di poter usufruire di un lasso di tempo utile ad evitare che l'aggressione dei propri beni da parte dei creditori particolari possa pregiudicare il buon esito delle trattative.

L'art. 1, lett. *p*) definisce le misure protettive quali misure temporanee disposte dal giudice competente per evitare che determinate azioni dei creditori possano pregiudicare sin dalla fase delle trattative il buon esito delle iniziative assunte per la regolazione della crisi o dell'insolvenza.

L'art. 1, lett. *q*), invece, definisce le misure cautelari quali provvedimenti cautelari emessi dal giudice competente a tutela del patrimonio o dell'impresa del debitore che appaiono secondo le circostanze più idonei ad assicurare provvisoriamente gli effetti delle procedure di regolazione della crisi o dell'insolvenza.

2. – L'art. 18, in linea ancora una volta con la Direttiva *Insolvency,* fissa il principio di non automaticità e selettività delle misure protettive in quanto stabilisce che sia onere del debitore che acceda alla procedura di composizione negoziata della crisi fare apposita istanza di concessione delle misure medesime la quale, al fine di evitare opposizioni, dovrà essere notificata a tutti i creditori. Dalla data di pubblicazione del registro delle imprese della istanza di nomina dell'esperto e della specifica richiesta di applicazione delle misure protettive i creditori non possono iniziare o proseguire azioni esecutive e cautelari sul patrimonio del debitore e sui beni o diritti con i quali viene esercitata l'attività d'impresa. Sono escluse dalle misure protettive i diritti di credito dei lavoratori dipendenti. Come si è osservato, la specialità della disciplina dedicata alle misure protettive nella composizione negoziata della crisi risiede essenzialmente nel potere dispositivo delle stesse (*rectius,* legittimazione esclusiva) da parte del debitore al fine di condurre a termine le trattative[3].

---

[1] Cfr. LIMITONE, *Misure cautelari.*

[2] Ma si veda Trib. Firenze, 29 dicembre 2021, in *dirittodellacrisi.it*; Trib. Padova, 25 febbraio 2022, in *ilcaso.it*; Trib. Salerno, 10 maggio 2022, in *dirittodellacrisi.it*; Trib. Padova, 20 luglio 2022, in *fallimentiesocieta.it.* Per l'applicazione non estensiva a tutti i creditori cfr. Trib. Roma, 3 febbraio 2022, in *dirittodellacrisi.it.*

[3] Cfr. BACCAGLINI, DE SANTIS, *Misure protettive.*

Le misure protettive fanno la loro apparizione nel contesto della disciplina del concordato preventivo (successivamente estesa agli accordi di ristrutturazione dei debiti) all'art. 168, ove si prevede che, dalla data della pubblicazione del ricorso per l'ammissione alla procedura di concordato preventivo nel registro delle imprese e fino al momento in cui il decreto di omologazione del medesimo diventa definitivo, i creditori per titolo o causa anteriore non possano, sotto pena di nullità, iniziare o proseguire azioni esecutive e cautelari sul suo patrimonio.

Ebbene, le misure protettive nel contesto della composizione negoziata della crisi hanno certamente una portata e respiro più ampi rispetto al contesto della legge fallimentare che prevedeva la possibilità per l'imprenditore di effettuare i pagamenti senza richiedere la preventiva autorizzazione del tribunale con l'esenzione da azione revocatoria; l'impossibilità di dichiarare il fallimento o di accertare lo stato d'insolvenza fino alla conclusione delle trattative o all'archiviazione dell'istanza di composizione negoziata della crisi; il divieto fatto ai creditori interessati dalle misure protettive di rifiutare unilateralmente l'adempimento dei contratti pendenti o provocarne la risoluzione, o di anticiparne la scadenza o modificarli in danno dell'imprenditore per il solo fatto del mancato pagamento dei loro crediti anteriori alla presentazione dell'istanza di nomina dell'esperto. Si discute se l'effetto protettivo relativo alla temporanea improcedibilità delle istanze finalizzate alla dichiarazione di fallimento valga ad escludere *in nuce* la possibilità di accesso alla composizione negoziata alle imprese già insolventi e non solo in crisi[4].

Per quanto concerne le misure cautelari si rinvia al commento *sub* art. 55.

[4] Unico precedente edito in senso ostativo Trib. Siracusa, 14 settembre 2022, in *dirittodellacrisi.it*.

Articolo 19

Procedimento relativo alle misure protettive e cautelari

1. Quando l'imprenditore formula la richiesta di cui all'articolo 18, comma 1, con ricorso presentato al tribunale competente ai sensi dell'articolo 27, entro il giorno successivo alla pubblicazione dell'istanza e dell'accettazione dell'esperto, chiede la conferma o la modifica delle misure protettive e, ove occorre, l'adozione dei provvedimenti cautelari necessari per condurre a termine le trattative. Entro trenta giorni dalla pubblicazione di cui al medesimo articolo 18, comma 1, l'imprenditore chiede la pubblicazione nel registro delle imprese del numero di ruolo generale del procedimento instaurato. L'omesso o il ritardato deposito del ricorso è causa di inefficacia delle misure previste dall'articolo 18, comma 1, e, decorso inutilmente il termine di cui al secondo periodo, l'iscrizione dell'istanza è cancellata dal registro delle imprese.

2. L'imprenditore, unitamente al ricorso, deposita:

a) i bilanci degli ultimi tre esercizi oppure, quando non è tenuto al deposito dei bilanci, le dichiarazioni dei redditi e dell'IVA degli ultimi tre periodi di imposta;

b) una situazione patrimoniale e finanziaria aggiornata a non oltre sessanta giorni prima del deposito del ricorso;

c) l'elenco dei creditori, individuando i primi dieci per ammontare, con indicazione dei relativi indirizzi di posta elettronica certificata, se disponibili, oppure degli indirizzi di posta elettronica non certificata per i quali sia verificata o verificabile la titolarità della singola casella;

d) un progetto di piano di risanamento redatto secondo le indicazioni della lista di controllo di cui all'articolo 13, comma 2, un piano finanziario per i successivi sei mesi e un prospetto delle iniziative che intende adottare;

e) una dichiarazione avente valore di autocertificazione attestante, sulla base di criteri di ragionevolezza e proporzionalità, che l'impresa può essere risanata;

f) l'accettazione dell'esperto nominato ai sensi dell'articolo 13, commi 6, 7 e 8, con il relativo indirizzo di posta elettronica certificata.

3. Il tribunale, entro dieci giorni dal deposito del ricorso, fissa, con decreto, l'udienza, da tenersi preferibilmente con sistemi di videoconferenza. Il ricorso, unitamente al decreto, è notificato dal ricorrente, anche all'esperto, con le modalità indicate dal tribunale che prescrive, ai sensi dell'articolo 151 del codice di procedura civile, le forme di notificazione opportune per garantire la celerità del procedimento. Il tribunale, se verifica che il ricorso non è stato depositato nel termine previsto dal comma 1, dichiara con decreto motivato l'inefficacia delle misure protettive senza fissare l'udienza prevista dal primo periodo. Gli effetti protettivi prodotti ai sensi dell'articolo 18, comma 1, cessano altresì se, nel termine di cui al primo periodo, il giudice non provvede alla fissazione dell'udienza. Nei casi previsti dal terzo e quarto periodo la domanda può essere riproposta.

4. All'udienza il tribunale, sentite le parti e chiamato l'esperto a esprimere il proprio

parere sulla funzionalità delle misure richieste ad assicurare il buon esito delle trattative, omessa ogni formalità non essenziale al contraddittorio, nomina, se occorre, un ausiliario ai sensi dell'articolo 68 del codice di procedura civile e procede agli atti di istruzione indispensabili in relazione ai provvedimenti cautelari richiesti ai sensi del comma 1 e ai provvedimenti di conferma, revoca o modifica delle misure protettive. Il tribunale può assumere informazioni dai creditori indicati nell'elenco di cui al comma 2, lettera c). Se le misure protettive o i provvedimenti cautelari richiesti incidono sui diritti dei terzi, devono essere sentiti. Il tribunale provvede con ordinanza con la quale stabilisce la durata, non inferiore a trenta e non superiore a centoventi giorni, delle misure protettive e, se occorre, dei provvedimenti cautelari disposti, tenendo conto delle misure eventualmente già concesse ai sensi dell'articolo 54, comma 1. Sentito l'esperto, il tribunale può limitare le misure a determinate iniziative intraprese dai creditori a tutela dei propri diritti o a determinati creditori o categorie di creditori.

5. Il giudice che ha emesso i provvedimenti di cui al comma 4, su istanza delle parti e acquisito il parere dell'esperto, può prorogare la durata delle misure disposte per il tempo necessario ad assicurare il buon esito delle trattative. La proroga non è concessa se il centro degli interessi principali dell'impresa è stato trasferito da un altro Stato membro nei tre mesi precedenti alla formulazione della richiesta di cui all'articolo 18, comma 1. La durata complessiva delle misure non può superare i duecentoquaranta giorni.

6. Su istanza dell'imprenditore, di uno o più creditori o su segnalazione dell'esperto, il giudice che ha emesso i provvedimenti di cui al comma 4 può, in qualunque momento, sentite le parti interessate, e in ogni caso a seguito dell'archiviazione dell'istanza ai sensi dell'articolo 17, commi 5 e 8, revocare le misure protettive e cautelari, o abbreviarne la durata, quando esse non soddisfano l'obiettivo di assicurare il buon esito delle trattative o appaiono sproporzionate rispetto al pregiudizio arrecato ai creditori istanti.

7. I procedimenti disciplinati dal presente articolo si svolgono nella forma prevista dagli articoli 669-bis e seguenti del codice di procedura civile e il tribunale provvede in composizione monocratica con ordinanza comunicata dalla cancelleria al registro delle imprese entro il giorno successivo. Non si applicano l'articolo 669-octies, primo, secondo e terzo comma, e l'articolo 669-novies, primo comma, del codice di procedura civile. Contro l'ordinanza è ammesso reclamo ai sensi dell'articolo 669-terdecies del codice di procedura civile.

8. In caso di revoca o cessazione delle misure protettive, il divieto di acquisire diritti di prelazione se non concordati con l'imprenditore viene meno a far data dalla revoca o dalla cessazione delle misure protettive.

Edgardo Ricciardiello

Una delle principali novità in materia di misure protettive e cautelari è la previsione di una disciplina del procedimento volto alla conferma e modifica delle stesse.

Essa mutua, per il rinvio di cui al comma 7, la disciplina del processo cautelare uniforme fatta eccezione dell'art. 669-*octies* c.p.c. relativo al rapporto tra giudizio cautelare e fase di merito confermando la natura anticipatoria e comunque stabile dei provvedimenti emessi in sede cautelare che risultano funzionali al procedimento stragiudiziale di composizione negoziata e non sono destinati ad una conferma modifica o revoca in sede di giudizio di merito.

In particolare, nel dettato dell'art. 19 si coglie la natura bifasica delle misure protettive le quali dapprima vengono richieste nell'istanza di accesso alla procedura di composizione negoziata per poi essere "reiterate" al tribunale competente ma con efficacia retroattiva all'istanza di nomina dell'esperto, tant'è che il legislatore non utilizza il termine "concessione" delle misure ma «*modifica o revoca*» delle stesse. Il che avalla l'orientamento della giurisprudenza tendente a riconoscere comunque un effetto *erga omnes* delle misure protettive quantomeno fino alla loro conferma o modifica.

La sanzione processuale dell'omessa o ritardata istanza al tribunale è la perdita di efficacia *ex tunc* delle misure protettive le quali perdono efficacia, altresì, nell'ipotesi in cui il tribunale non provveda tempestivamente alla fissazione dell'udienza a seguito del deposito del ricorso. Ferma la possibilità per il debitore di reiterare l'istanza.

La previsione di cui al comma 2, lett. *c*) che fa obbligo di depositare l'elenco dei creditori assolve alla funzione endo procedurale di verifica del contraddittorio pieno rispetto ai creditori interessati dalle misure protettive. Parte interessata al procedimento è anche l'esperto compositore della crisi a cui compete di esprimere parere in merito alla funzionalità delle misure protettive ad assicurare il buon esito delle trattative.

Il tribunale pronuncia infine ordinanza con la quale stabilisce la durata non inferiore a trenta giorni e non superiore a centoventi delle misure protettive e degli eventuali provvedimenti cautelari tenuto conto delle eventuali misure già disposte ai sensi dell'art. 54, comma 1 nel contesto del procedimento unitario di accesso alle procedure c.d. maggiori di liquidazione, concordato o accordi di ristrutturazione dei debiti.

Le misure protettive sono prorogabili fino ad un termine massimo di duecentoquaranta giorni su istanza delle parti (non solo del debitore ma anche dei creditori o terzi interessati) qualora il buon esito delle trattative dipenda da un'estensione motivata del termine. Anche ai fini della proroga è richiesto il parere dell'esperto.

Articolo 20

Sospensione di obblighi e di cause di scioglimento di cui agli articoli 2446, 2447, 2482-bis, 2482-ter, 2484 e 2545-duodecies del codice civile

1. Con l'istanza di nomina dell'esperto, o con dichiarazione successivamente presentata con le modalità di cui all'articolo 17, comma 1, l'imprenditore può dichiarare che, sino alla conclusione delle trattative o all'archiviazione dell'istanza di composizione negoziata, non si applicano nei suoi confronti gli articoli 2446, secondo e terzo comma, 2447, 2482-bis, quarto, quinto e sesto comma, e 2482-ter del codice civile e non si verifica la causa di scioglimento della società per riduzione o perdita del capitale sociale di cui agli articoli 2484, primo comma, numero 4), e 2545-duodecies del codice civile. A tal fine, l'istanza o la dichiarazione sono pubblicate nel registro delle imprese e gli effetti di cui al primo periodo decorrono dalla pubblicazione.

2. Se l'imprenditore ha chiesto anche l'applicazione di misure protettive del patrimonio ai sensi degli articoli 18 e 19, la sospensione degli obblighi e delle cause di scioglimento prevista nel comma 1 cessa a partire dalla pubblicazione nel registro delle imprese del provvedimento con il quale il tribunale dichiara l'inefficacia delle misure richieste, ai sensi dell'articolo 19, comma 3, o ne dispone la revoca.

Antonio Tavella

Sommario: 1. La composizione negoziata e gli effetti sulla disciplina societaria. – 2. Norme non derogate e doveri degli amministratori. – 3. Cessazione degli effetti e possibili esiti.

1. – L'art. 20, introdotto nel Codice dal d.lgs. 17 giugno 2022, n. 83, pubblicato in G.U. il 1° luglio 2022, riproduce – al comma 1 – la previsione di cui all'art. 8, d.l. n. 118 del 2021, e conferma il *favor* del legislatore per la preservazione della continuità aziendale (mediante sospensione della disciplina societaria di salvaguardia del capitale) allorché l'imprenditore in difficoltà si determini ad accedere ad una delle procedure di regolazione della crisi, adattando la previsione alle peculiarità proprie dell'istituto della composizione negoziata.

Una previsione analoga a quella di cui all'art. 20 era stata introdotta nel 2012 all'art.

182-*sexies* l. fall. e si ritrova oggi anche agli artt. 64 e 89 [1] (rispettivamente in relazione agli accordi di ristrutturazione dei debiti e al concordato preventivo) [2].

Come le altre previsioni sopra richiamate, anche l'art. 20 è volto ad incentivare il ricorso alla composizione negoziata, agevolando i tentativi di risanamento aziendale nella prospettiva di assicurare la massima soddisfazione dei creditori e la conservazione della ricchezza insita in ogni «coacervo aziendale in esercizio» [3] evitando, al contempo, la paralisi della società (che potrebbe essere determinata dallo scioglimento e dalla liquidazione) nel momento in cui si apre, potenzialmente, una prospettiva di riequilibrio [4] e consentendo di superare (nel corso delle trattative) la tradizionale scelta obbligata tra capitalizzazione, trasformazione o liquidazione [5].

Diversamente dalla previsione di cui all'art. 182-*sexies* l. fall. (e dalle norme da essa derivate), tuttavia, l'art. 20 non si applica automaticamente, ma soltanto allorché l'imprenditore [*rectius*: l'amministratore] – nell'ambito dell'istanza di nomina dell'esperto o con successiva dichiarazione presentata tramite la piattaforma telematica di cui all'art. 17, comma 1 – dichiari espressamente di volersene avvalere.

Tale diversa disciplina, discende dal fatto che le imprese potrebbero fare ricorso all'istituto della composizione negoziata anche a fronte di una situazione di declino e/o di crisi anche solo potenziale e/o, comunque, in una situazione patrimoniale non compromessa, nel cui contesto non vi sarebbe ragione per derogare alla normativa societaria di cui si discute [6]. Inoltre, l'imprenditore potrebbe preferire tenere riservata l'esistenza del procedimento di negoziazione; riservatezza destinata a venire meno laddove ci si voglia avvalere dell'effetto sospensivo. Ed invero, tale effetto si genera automaticamente – a far data dalla pubblicazione dell'istanza o della dichiarazione nel registro delle imprese [7] (da effettuarsi d'ufficio [8]) – e non è sottoposto ad alcun vaglio da parte dell'autorità giudiziaria [9].

---

[1] Rispetto ai quali si rinvia al relativo commento in questo Codice.

[2] Il legislatore dell'emergenza, conseguente alla pandemia da Covid-19, poi, aveva esteso tali ipotesi di sospensione della disciplina societaria a tutte le imprese, con l'introduzione dell'art. 6, d.l. 8 aprile 2020, n. 23 (c.d. "Decreto Liquidità"), convertito con modificazioni in l. n. 40 del 2020, successivamente modificato dal d.l. n. 178 del 2021 e dal d.l. n. 228 del 2021 convertito con modificazioni in l. n. 25 del 2022, tutt'ora in vigore (che ha esteso l'applicazione della sospensione alle perdite emerse nell'esercizio chiuso al 31 dicembre 2021; cfr., sul punto, BAUCO, *Decreto "Milleproroghe"*.

[3] Così MICHELOTTI, *Art. 8*, 5.

[4] Cfr. PLATANIA, *Composizione negoziata*, 12.

[5] Non sono mancati, in dottrina, rilievi critici rispetto al coordinamento della deroga alla regola «ricapitalizza o liquida» con la norma di cui all'art. 10, comma 1, d.l. n. 118 del 2021 (ora trasfuso nell'art. 22) in forza della quale, su richiesta dell'imprenditore, il tribunale, verificata la funzionalità degli atti rispetto alla continuità aziendale e alla migliore soddisfazione dei creditori, può autorizzare la contrazione di finanziamenti (anche da parte dei soci) prededucibili (cfr. DIDONE, *Appunti su misure*, 5).

[6] Così MICHELOTTI, *Art. 8*, 5.

[7] Cfr. CIMOLAI, *L'autosospensione*, 14, secondo cui la pubblicazione nel registro delle imprese di detta istanza o dichiarazione genera un «non marginale contraccolpo relazionale» per l'imprenditore, in quanto la segretezza del procedimento viene inevitabilmente compromessa. Tuttavia, la segretezza deve cedere il passo alla necessità di rendere edotti i terzi di tale scelta, che incide sulla effettività della garanzia patrimoniale della società, sulla quale gli stessi potrebbero aver fatto o fare affidamento.

[8] Ciò in analogia a quanto previsto dalla circolare diramata da Union Camere in data 29 novembre 2021.

[9] PLATANIA, *Composizione negoziata*, 12. Nello stesso senso CRIVELLI, *Art. 6*, 4, secondo cui tali effetti sospen-

Venendo, quindi, alla portata di tale norma, l'art. 20 prevede la (temporanea) disapplicazione dell'obbligo di riduzione del capitale sociale per perdite di oltre un terzo (artt. 2446, commi 2 e 3 e 2482-*bis,* commi 4, 5 e 6, c.c.) e dell'obbligo di riduzione ed aumento del capitale sociale (o, in mancanza di ciò, di trasformazione) per perdite oltre un terzo, che abbiano ridotto il capitale sociale al di sotto del limite legale (artt. 2447 e 2482-*ter* c.c.); nonché l'inoperatività della causa di scioglimento della società per riduzione al di sotto del limite legale o perdita del capitale sociale (artt. 2484, comma 1, n. 4 e 2545-*duodecies* c.c., rispettivamente per le società di capitali e cooperative).

Non viene, per contro, riproposta – nell'ambito dell'art. 20 – una norma analoga a quella di cui al secondo comma dell'art. 182-*sexies* l. fall. (presente, invece, negli artt. 64 e 89) in relazione all'applicabilità dell'art. 2486 c.c. per il periodo anteriore all'istanza di nomina dell'esperto. Tale mancanza, ad avviso di taluni autori [10], non parrebbe tuttavia significativa della volontà del legislatore di sollevare gli amministratori da una tale responsabilità. La stessa, infatti, rimarrebbe inalterata, salvo che all'esito delle trattative si addivenga (anche per effetto della sottoscrizione degli accordi di cui all'art. 23) ad una ricostituzione del capitale sociale, giacché – in tale ipotesi – tale responsabilità verrebbe meno con effetto *ex tunc* [11].

2. – Continuano, per contro, a trovare applicazione le norme societarie di cui all'art. 2446, comma 1, c.c. (e, per il caso della società a responsabilità limitata, l'art. 2482-*bis* c.c.) [12] e, quindi, allorché il capitale risulti diminuito di oltre un terzo per perdite, gli amministratori (o, in caso di loro inerzia, l'organo di controllo) devono convocare l'assemblea affinché la stessa assuma gli opportuni provvedimenti, predisponendo una relazione sulla situazione patrimoniale della società [13]; in tale sede l'assemblea potrebbe limitarsi a riportare a nuovo le perdite (giovandosi della decisione dell'amministratore di invocare l'applicazione dell'art. 20) oppure potrebbe comunque procedere a ricostituire il capitale e/o a ridurlo e/o deliberare la trasformazione (a ciò non ostando l'effetto sospensivo di cui all'art. 20, né essendo la liquidazione, di per sé, incompatibile con la procedura di composizione negoziata [14]).

Sul piano dei doveri degli amministratori, nel corso della procedura di composizione negoziata, se, da un lato – in caso di applicazione dell'art. 20 – non opera la causa di scio-

sivi «non costituiscono invece misure protettive in nessuna guisa [...]. Infatti, si tratta di misure lasciate sì alla scelta dell'imprenditore, ma che sono effettivamente disciplinate come un effetto automatico del tutto sganciato da qualsiasi controllo giudiziale, tanto che sono oggetto di una mera 'dichiarazione' dell'imprenditore, e vedono un termine già stabilito dalla legge senza possibilità di scelta, dato dalla conclusione delle trattative o dall'archiviazione dell'istanza».

[10] MICHELOTTI, *Art. 8*, 5.

[11] In questo senso anche PLATANIA, *Composizione negoziata*, 13 e MICHELOTTI, *Art. 8*, 7, richiamando l'insegnamento di Cass., 22 aprile 2009, n. 9619.

[12] Oltre a quelle che sanciscono il divieto di distribuire utili fino a che non siano state ripianate le perdite.

[13] Secondo alcuni Autori la predetta situazione patrimoniale deve avere i contenuti sostanziali di un vero e proprio bilancio. Cfr. GUTTILLA, DANIELE, *Le perdite*, 6 e Massima T.A.3 e T.A.4 del Comitato Interregionale dei Consigli Notarili delle Tre Venezie.

[14] Cfr. PLATANIA, *Composizione negoziata*, 13.

glimento e risulta sterilizzata la portata applicativa dell'art. 2486 c.c., non sono comunque sospese le disposizioni che regolano i doveri di comportamento degli amministratori e la loro responsabilità in caso di violazione [15]. Tali norme vengono poi integrate dalle previsioni di cui all'art. 21 (che ora detta specifiche previsioni per le ipotesi di «*crisi*» e di «*insolvenza*» reversibile).

3. – L'effetto sospensivo di cui all'art. 20 decorre dalla data di pubblicazione dell'istanza di nomina dell'esperto o della dichiarazione dell'imprenditore/amministratore nel registro delle imprese e sino alla conclusione delle trattative o all'archiviazione dell'istanza di composizione negoziata [16].

Il d.lgs. n. 83 del 2022, ha, poi, ha introdotto un secondo comma all'art. 20, ai sensi del quale – nel caso in cui l'imprenditore abbia chiesto anche l'applicazione delle misure protettive del patrimonio (*ex* artt. 18 e 19) – gli effetti di detta norma cessano a partire dalla pubblicazione nel registro delle imprese del provvedimento di inefficacia (*ex* art. 19, comma 3) e/o di revoca di dette misure. La *ratio* di tale norma non appare di immediata evidenza, dal momento che essa (almeno in talune ipotesi) potrebbe far venire meno gli effetti della sospensione delle norme societarie sul capitale allorché – pur venendo meno le invocate misure protettive – non si avrebbe la contestuale archiviazione della procedura di composizione negoziata, rischiando così di pregiudicarne il buon esito.

Ad ogni modo, dal momento in cui cessano gli effetti di cui all'art. 20, gli amministratori – se non è stata ripristinata una situazione di regolarità in relazione al patrimonio della società, anche per effetto delle sopravvenienze attive rivenienti dalla stipula degli accordi di cui all'art. 23 – devono assumere le iniziative previste dalla normativa societaria e, ricorrendone i presupposti, dovranno operare nel rigoroso rispetto delle previsioni di cui all'art. 2486 c.c. Ciò, ovviamente, non pregiudicherà la possibilità per detti amministratori di fare ricorso ad altri strumenti di composizione della crisi e dell'insolvenza approntati dal Codice, tra cui gli accordi di ristrutturazione dei debiti ovvero il concordato preventivo. In tal caso, troveranno (automatica) applicazione le previsioni di cui agli artt. 64 e 89.

---

[15] Tra cui quelle di cui agli artt. 2086, 2381, 2393, 2394, 2476 c.c. nonché le norme penali, oltre che le ipotesi di scioglimento, per sopravvenuta impossibilità di conseguire l'oggetto sociale *ex* art. 2484, comma 1, n. 2, c.c. che – secondo taluni – ricorrerebbe anche in caso di assoluta perdita della continuità aziendale (sul punto si veda SPIOTTA, *Scioglimento della società*, 1418 ss. e CENTONZE, *Scioglimento della società*, cit.).

[16] Nel vigore dell'art. 8, d.l. n. 118 del 2021, taluni autori (cfr. MICHELOTTI, *Art. 8*, 9) si erano interrogati sul fatto che – in caso di archiviazione della composizione negoziata per insuccesso del tentativo di risanamento – la sospensione potesse venire meno con efficacia *ex tunc*, fornendo risposta negativa (a cui, in linea di principio, si aderisce). Occorre, tuttavia, distinguere – a nostro avviso – le ipotesi di abuso (e/o di uso meramente dilatorio) di detto strumento rispetto alle quali si ritiene che l'amministratore non potrebbe essere mandato esente da responsabilità per non aver osservato (pur vigente la sospensione di cui all'art. 20) le norme codicistiche. In questo senso, in relazione all'art. 182-*sexies* l. fall., si è espresso Trib. Palermo, 31 marzo 2021, n. 1393, in *ilfallimentarista.it*, con nota adesiva di Dimundo, affermando che «la sospensione della normativa societaria sul capitale sociale sancita dall'art. 182 sexies l. fall. deve intendersi in ogni caso condizionata alla pronunzia di ammissibilità della domanda di concordato preventivo (o di omologa di accordo di ristrutturazione dei debiti), a prescindere dalla valutazione circa la sua fondatezza».

Articolo 21
Gestione dell'impresa in pendenza delle trattative

1. Nel corso delle trattative l'imprenditore conserva la gestione ordinaria e straordinaria dell'impresa. L'imprenditore in stato di crisi gestisce l'impresa in modo da evitare pregiudizio alla sostenibilità economico-finanziaria dell'attività. Quando, nel corso della composizione negoziata, risulta che l'imprenditore è insolvente ma esistono concrete prospettive di risanamento, lo stesso gestisce l'impresa nel prevalente interesse dei creditori. Restano ferme le responsabilità dell'imprenditore.

2. L'imprenditore informa preventivamente l'esperto, per iscritto, del compimento di atti di straordinaria amministrazione nonché dell'esecuzione di pagamenti che non sono coerenti rispetto alle trattative o alle prospettive di risanamento.

3. L'esperto, quando ritiene che l'atto può arrecare pregiudizio ai creditori, alle trattative o alle prospettive di risanamento, lo segnala per iscritto all'imprenditore e all'organo di controllo.

4. Se, nonostante la segnalazione, l'atto viene compiuto, l'imprenditore ne informa immediatamente l'esperto il quale, nei successivi dieci giorni, può iscrivere il proprio dissenso nel registro delle imprese. Quando l'atto compiuto pregiudica gli interessi dei creditori, l'iscrizione è obbligatoria.

5. Quando sono state concesse misure protettive o cautelari l'esperto, iscritto il proprio dissenso nel registro delle imprese, procede alla segnalazione di cui all'articolo 19, comma 6.

Antonio Caiafa

Sommario: 1. Premessa. – 2. La gestione dell'impresa. – 3. Gestione ordinaria e straordinaria. – 4. L'intervento dell'esperto.

1. – Il percorso che ha inizio con la presentazione della domanda è espressione di una forma di *mediazione della gestione della crisi*, nella quale è assente la fase giurisdizionale in ragione del carattere volontario del procedimento, attesa la possibilità per il solo imprenditore di accedere ad esso, conservando ogni potere nel concludere le trattative con i creditori e le parti interessate, essendo l'intervento dell'esperto, cui è riconosciuto un ruolo di *facilitatore imparziale* ed *indipendente*, di fornirgli la competenza professionale perché possano essere perfezionati i relativi accordi [1].

[1] Di Amato, *Diritto*, 25.

Non a caso l'istituto ha una collocazione stragiudiziale ed è affidato ad un esperto, che rimane terzo rispetto alle parti tutte, ivi compreso lo stesso imprenditore, che non assiste né sostituisce nella gestione dell'impresa, riservato a questi il compito di agevolare gli accordi laddove l'intervento della giurisdizione è prevista in situazioni espressamente individuate, allorché l'imprenditore intenda richiedere al tribunale *misure protettive* e *cautelari* ovvero le autorizzazioni per i finanziamenti o le vendite dell'azienda o singoli rami, in deroga all'art. 2560, comma 2, c.c.

La gestione dell'impresa è, dunque, riservata all'imprenditore che ne è responsabile essendo essa necessariamente differente a seconda che si versi in stato di crisi, dovendo essere evitato ogni pregiudizio in ordine alla *sostenibilità economico-finanziaria dell'attività*, mentre nel caso di probabile insolvenza, qualora esistano tuttavia concrete prospettive di risanamento, è previsto sia gestita nel *prevalente interesse dei creditori*[2].

2. – L'art. 4 nel declinare i doveri delle parti espressamente, al secondo comma lettera c), prevede l'obbligo per il debitore di gestire il patrimonio o l'impresa, durante il percorso, nell'interesse prioritario dei creditori e richiama, a tal fine, quanto previsto dagli artt. 16, comma 4, e quello in commento.

La prima disposizione ribadisce il dovere dell'imprenditore non solo di rappresentare la propria situazione all'esperto ed ai soggetti interessati alla vicenda, in modo completo e trasparente, ma ribadisce, tra l'altro, l'obbligo per questi di «*gestire il patrimonio dell'impresa senza pregiudicare ingiustamente l'interesse dei creditori*».

Coerentemente il tema viene ripreso all'art. 21 che nel ribadire, al primo comma, che l'imprenditore conserva la gestione «*ordinaria e straordinaria dell'impresa*», precisa, subito dopo, che ciò deve avvenire in modo che non possa derivare alcun pregiudizio «*alla sostenibilità economico-finanziaria dell'attività*», ciò in quanto l'istituto è stato congeniato quale rimedio proprio al fine di consentire il recupero dell'efficienza produttiva e della redditività, trovando fondamento la composizione negoziata proprio nella possibilità di risanamento, lasciando all'imprenditore di individuare la soluzione che possa consentire il raggiungimento dell'obiettivo, seppure imponendo che il recupero dell'efficienza e il ripristino della solvibilità avvenga attraverso la previsione di *ristrutturazioni*, *conversioni*, *riorganizzazioni* o, in alternativa, anche nella prospettiva di una alienazione di beni non strategici, nella dismissione di un ramo dell'azienda o di questa nella sua integrità, alla condizione che tale scelta possa consentire la prosecuzione dell'attività produttiva.

E d'altronde, il *piano di risanamento*, che è previsto venga presentato, deve individuare i singoli fattori di squilibrio, *produttivi*, *finanziari* e *gestionali* e, specularmente, i mezzi correttivi ritenuti maggiormente idonei al superamento della situazione di difficoltà temporanea, sicché si spiega la ragione di aver inteso consentire il legislatore all'imprenditore di attuare le scelte di ridimensionamento della propria attività produttiva, riconoscendone la insindacabilità, attraverso la individuazione delle azioni dirette a fronteggiare, nel breve periodo, la situazione di squilibrio, mediante la previsione di interventi strutturali, laddove necessari.

---

[2] Pasquariello, *Note generali*, 18.

La composizione negoziata non avendo una funzione liquidatoria ed essendo diretta ad attuare la salvaguardia del patrimonio aziendale impedisce ogni atto che possa essere in contrasto con le finalità specifiche riconosciutegli dal legislatore, seppur è stata da questi prevista la sussistenza di una possibile equivalenza tra procedimento di risanamento e l'altro, ben diverso, volto a consentire il trasferimento, in qualunque forma, dell'azienda, ovvero di uno o più rami, seppur senza gli effetti di cui agli artt. 2560, comma 2, c.c., attraverso l'autorizzazione del tribunale [art. 22, comma 1, lett. *d*)].

3. – Il fenomeno del risanamento, ove circoscritto alla concreta possibilità, per l'impresa, di realizzare un reddito dall'attività svolta, non può impedire il compimento di quegli atti che l'imprenditore intenda concludere tanto da avergli riconosciuto il legislatore la gestione *ordinaria* e *straordinaria*.

A tal proposito le difficoltà maggiori derivano dalla circostanza che non esiste una definizione normativa di atto di ordinaria, ovvero di straordinaria, amministrazione, anche se tale criterio distintivo è stato utilizzato dal legislatore in varie situazioni giuridiche[3].

Connotazione peculiare della composizione negoziata, come chiaramente risulta dall'intera disciplina normativa ed emerge da compiti affidati all'esperto, è rappresentata dal perseguimento della primaria finalità di risanare l'impresa in crisi, in modo anche da conservare i livelli di occupazione in atto, finalità questa che si sovrappone a quella comune agli altri strumenti di regolamentazione della crisi, previsti dal Codice, che non si sostanziano più nella necessaria paritaria soddisfazione dei creditori che, al contrario, accompagna la cessazione dell'attività, o anche quando la prosecuzione venga disposta, con l'apertura della liquidazione giudiziale, trovando applicazione in questa le regole di cui all'art. 2741, che riconosce ai creditori «*eguale diritto di essere soddisfatti sui beni del debitore salve le cause legittime di prelazione*».

Ci si trova al cospetto di un istituto diverso, volto a consentire di salvare le parti sostanzialmente sane e trasferire, ove ciò sia previsto dal piano, la titolarità ad altro imprenditore, cui è previsto non si trasferiscano i debiti, al fine di consentire la ripresa, libera dagli oneri propri di un pregresso indebitamento, senza soluzione di continuità mediante rispetto degli obblighi di cui all'art. 2112 c.c.

In assenza, dunque, di una vera e propria definizione concettuale della relativa categoria dell'atto, ordinario ammesso, per il quale non necessita alcuna autorizzazione, può farsi affidamento sulla elaborazione della giurisprudenza che, come noto, per lo più ha individuato l'elemento differenziatore nella maggiore o minore *rilevanza patrimoniale* che «l'atto assume, nelle circostanze concrete nelle quali viene posto in essere, in relazione al particolare carattere della gestione cui si riferisce»[4].

Il mantenimento della titolarità della direzione dell'impresa al debitore assume significativo rilievo in quanto questi, nell'accedere alla composizione negoziata, ha elaborato e

---

[3] CAIAFA, *Lezioni*, 380.

[4] In tal senso la giurisprudenza fa riferimento ai criteri distintivi tra atti di ordinaria e straordinaria amministrazione in relazione alla previsione legislativa di cui agli artt. 167 e 168 l. fall., in particolare, Cass., 3 luglio 1979, n. 3731, in *Fallimento*, 1980, 290, con richiami di dottrina e giurisprudenza; Cass., 17 maggio 1974, n. 1433, in *Giur. comm.*, 1975, II, 175.

previsto, per il superamento della crisi, un adeguato programma di ristrutturazione in grado di consentire la prosecuzione dell'attività, nell'interesse non solo del ceto creditorio ma più generale dell'economia.

Questa premessa consente di ridimensionare il problema della distinzione tra atti di ordinaria e straordinaria amministrazione, nel senso che la difficoltà di stabilire in astratto una precisa delimitazione tra tali categorie non influisce, ed è per lo più rappresentata da un criterio distintivo, utilizzato dal legislatore in varie situazioni giuridiche, essenzialmente per definire i limiti della capacità di agire o di disporre, come nell'ipotesi dell'*emancipato*, del *rappresentante legale del minore*, del *mandatario generale*, ovvero per garantire la conservazione di un patrimonio, come nell'ipotesi di *eredità giacente* o *accettata con beneficio di inventario*.

Mentre ricorre, semmai, la tipicizzazione di alcuni atti, espressamente qualificati di straordinaria amministrazione, manca al contrario una vera e propria definizione concettuale degli altri, rimasta affidata alla elaborazione giurisprudenziale e dottrinale, con riferimento, però, alla legge fallimentare e, in particolare, agli artt. 167 e 188 l. fall.[5].

Ed allora, la distinzione tra atto di *ordinaria* e *straordinaria* amministrazione va individuata, non solo, tenendo conto della relazione intercorrente tra maggiore o minore rilevanza patrimoniale dell'atto stesso ma, anche e soprattutto, per il fatto di trovare questo coerente giustificazione nell'ambito del programma predisposto, sì da apparire logica la previsione di limitare l'imprenditore, quando non più in crisi ma ormai insolvente, imponendogli di dover agire «*nel prevalente interesse dei creditori*», ribadite le sue responsabilità in termini di corretto agire.

4. – Mentre nella prima fase l'esperto interviene al fine di verificare l'esistenza di una concreta prospettiva di risanamento, mediante la convocazione dell'imprenditore, cui è imposto il dovere di rappresentare la propria situazione (art. 15, comma 2) e qualora lo scrutinio previsto dovesse essere negativo è tenuto a darne comunicazione al segretario generale della camera di commercio, perché disponga l'archiviazione, nella successiva fase è chiamato a svolgere un ruolo attivo, che si concretizza nella individuazione degli interessati dal progetto, con i quali l'imprenditore ha previsto dover essere avviate le trattative, durante le quali le parti tutte sono obbligate a comportarsi secondo buona fede e correttezza, prestando una collaborazione leale e sollecita per consentire quelle valutazioni indispensabili perché possa essere individuata la migliore soluzione, che l'esperto è tenuto ad esporre nella relazione finale.

Di qui l'obbligo per l'imprenditore di informare, preventivamente, l'esperto «*per iscritto*» di quegli atti di straordinaria amministrazione che non risultino coerenti con quanto esposto nel piano, rispetto alle trattative o alle prospettive di risanamento, proprio al fine di consentire l'immediato intervento dell'esperto che, qualora dovesse ritenere essere in grado l'atto di arrecare pregiudizio ai creditori ed «*alle prospettive di risanamento*», è previsto debba segnalarlo immediatamente all'imprenditore ed all'organo di controllo perché possa intervenire.

---

[5] BONSIGNORI, *Concordato preventivo*, 206-214; LO CASCIO, *Il concordato preventivo*, 89 ss. e 360 ss.; CAIAFA, *Natura e validità*, 289.

Resta più difficile comprendere la ragione per la quale il legislatore abbia stabilito l'obbligo per l'imprenditore, quante volte abbia deciso di compiere l'atto, nonostante l'intervenuta segnalazione in termini di diniego, di informare l'esperto che, invero, sarebbe tenuto egli stesso a verificare il comportamento e non già attendere la segnalazione, al fine di poter iscrivere il dissenso nel registro delle imprese, aggiungendo essere ciò obbligatorio qualora l'atto compiuto sia in grado di pregiudicare gli interessi dei creditori.

Al contrario la previsione della segnalazione al giudice che ha emesso i provvedimenti, di cui al comma 4 dell'art. 19, di conferma o modifica delle *misure protettive*, o *cautelari* risulta essere quanto meno opportuna perché queste non determino un danno per i creditori.

Si tratta di una sanzione perfettamente coerente con la finalità della composizione negoziata, che risulta essere un *percorso* di cui l'imprenditore beneficia quando meritevole, non soltanto nel momento dell'avvio ma anche nel corso di esso, dovendosi astenere dal compiere atti che, in quanto non rientranti nel piano di recupero di efficienza da questi presentato, possano ostacolare il raggiungimento del necessario riequilibrio e determinare, per i creditori stessi, conseguenze più dannose, attesa la concreta possibilità che la stessa apertura della liquidazione giudiziale potrebbe comportare il salvataggio dell'organizzazione, con possibilità per i creditori pregressi di veder meno mortificata la loro condizione.

Articolo 22
Autorizzazioni del tribunale

1. Su richiesta dell'imprenditore il tribunale, verificata la funzionalità degli atti rispetto alla continuità aziendale e alla migliore soddisfazione dei creditori, può:

a) autorizzare l'imprenditore a contrarre finanziamenti prededucibili ai sensi dell'articolo 6;

b) autorizzare l'imprenditore a contrarre finanziamenti dai soci prededucibili ai sensi dell'articolo 6;

c) autorizzare una o più società appartenenti ad un gruppo di imprese di cui all'articolo 25 a contrarre finanziamenti prededucibili ai sensi dell'articolo 6;

d) autorizzare l'imprenditore a trasferire in qualunque forma l'azienda o uno o più suoi rami senza gli effetti di cui all'articolo 2560, secondo comma, del codice civile, dettando le misure ritenute opportune, tenuto conto delle istanze delle parti interessate al fine di tutelare gli interessi coinvolti; resta fermo l'articolo 2112 del codice civile. Il tribunale verifica altresì il rispetto del principio di competitività nella selezione dell'acquirente.

2. Il procedimento di cui al comma 1 si svolge innanzi al tribunale competente ai sensi dell'articolo 27 che, sentite le parti interessate e assunte le informazioni necessarie, provvedendo, ove occorre, ai sensi dell'articolo 68 del codice di procedura civile, decide in composizione monocratica. Si applicano, in quanto compatibili, gli articoli 737 e seguenti del codice di procedura civile. Il reclamo si propone al tribunale e del collegio non può far parte il giudice che ha pronunciato il provvedimento.

Antonio Caiafa

Sommario: 1. Premesse: la disciplina della nuova finanza. – 2. I finanziamenti prededucibili. – 3. La revocabilità dei finanziamenti autorizzati. – 4. L'autorizzazione al trasferimento d'azienda. – 5. La esclusa rinegoziazione dei contratti.

1. – È opportuno sottolineare, preliminarmente, che nella relazione al testo del d.l. n. 118 del 2021, convertito con modificazione nella l. n. 147 del 2021 [1], la composizione negoziata non prevede la presentazione di un ricorso al tribunale, dal momento che le trattative si svolgono tra imprenditori e parti interessate, con l'ausilio dell'esperto che faci-

[1] Per un primo generale commento CAIAFA, *Riflessioni a margine*, con i relativi riferimenti bibliografici.

lita la conclusione degli accordi, verificando l'assenza di un ingiusto pregiudizio per i creditori, sicché l'intervento del tribunale è nella prospettiva del necessario superamento di ostacoli, ovvero individuazione della constatata esigenza, durante lo svolgimento del percorso, di dover ricorrere il proponente alla giurisdizione, «*verificata la funzionalità degli atti rispetto alla continuità aziendale e alla migliore soddisfazione dei debitori*», al fine di ottenere l'autorizzazione a contrarre *finanziamenti prededucibili*, volti a permettere il recupero dell'equilibrio economico-finanziario e patrimoniale.

Essi trovano antecedente regolamentazione nell'art. 182-*quater* l. fall. che, al secondo comma, ha parificato i crediti derivanti da finanziamenti, in qualsiasi forma effettuati in esecuzione di in concordato preventivo o di un accordo di ristrutturazione omologato, a quelli derivanti dai finanziamenti effettuati dai soci, in deroga agli artt. 2467 e 2497-*quinques* c.c., fino alla concorrenza dell'80% del loro ammontare, in ragione della avvertita necessità di dover favorire l'emersione anticipata della crisi, riconoscendo un vantaggio ai soci, perché fossero incentivati ad individuare, nel caso previsto dall'art. 182-*quater* l. fall. [2], una soluzione concordata di crisi, che ne ha giustificato, quindi, la previsione contenuta all'art. 10, lett. *b*) e *c*), d.l. n. 118 del 2021, ora confermata dall'articolo in commento.

La disciplina trova giustificazione nella circostanza che il sostegno finanziario alle imprese in crisi, nell'ambito delle procedure negoziali, ha da sempre costituito uno degli argomenti di maggiore attualità e, al tempo stesso, complessità, per essere la previsione diretta ad affrontare ed a tentare di risolvere la delicata fase della ristrutturazione e riorganizzazione.

2. – Il legislatore ha, dunque, inteso in pratica dettare una particolare disciplina per i c.d. *finanziamenti interinali*, successivi alla presentazione della domanda, ma anteriori alla fase conclusiva delle trattative ed alla individuata soluzione idonea al superamento della situazione di crisi (*contratto, convenzione di moratoria, accordo sottoscritto dalle parti*, con la partecipazione dell'esperto), riconoscendo un particolare trattamento ai finanziamenti concessi, alla condizione che venga verificata, da parte del tribunale, su richiesta dell'imprenditore – come già ricordato – la funzionalità di essi in relazione alla continuità aziendale e al migliore soddisfacimento dei creditori [3].

Appare essere, pertanto, evidente la responsabilità del tribunale nel dover verificare l'esistenza dei presupposti, per poter rilasciare la relativa autorizzazione, atteso che, in particolare, nel caso dei finanziamenti per i quali è prevista, in situazioni di normalità, la *postergazione* e, al contrario, si ha il riconoscimento della *prededuzione*, non vi è dubbio che i creditori possono risentire un pregiudizio, posto che la società debitrice – con riferimento a quelli regolati dalla lett. *c*) – in quanto soggetta all'attività di direzione e coordinamento di altro ente societario, subisce le conseguenze derivanti dall'adozione di una politica di

---

[2] CAIAFA, PANZANI, *Art. 182 quater*, 839 con particolare riferimento alla tipologia dei finanziamenti in esecuzione del concordato.

[3] BENEDETTI, *La disciplina*, 291 ss. ove affrontate le questioni applicative relative ai finanziamenti prededucibili si sofferma sulla necessità che il contenuto dell'autorizzazione tenga conto della funzionalità degli stessi alla continuità aziendale, ovvero al miglior soddisfacimento dei creditori.

gruppo, che qualora dovesse risultare essere non coerente, nel momento in cui, attraverso i finanziamenti infragruppo, si è inteso realizzare lo spostamento patrimoniale dall'una all'altra società, si verrebbe a determinare l'impoverimento di una a vantaggio delle altre.

Sono suscettibili di essere oggetto di postergazione legale esclusivamente i finanziamenti erogati in presenza di situazioni anomale, dal che consegue che la postergazione non si estende naturalmente a quelli concessi in condizioni fisiologiche, a nulla rilevando eventuali successivi miglioramenti della situazione patrimoniale dell'ente societario.

Se costituisce corollario processuale di tale principio la circostanza che la parte interessata a far valere la postergazione è onerata di dimostrare che, al momento dell'erogazione, la società versasse in una situazione di squilibrio finanziario, ovvero di grave indebitamento rispetto al patrimonio netto, tale per cui sarebbe stato ragionevole un conferimento, è evidente che il legislatore, attraverso la previsione del provvedimento autorizzatorio del tribunale, concesso all'esito dell'analisi e della verifica svolta in termini di continuità aziendale e migliore soddisfazione dei creditori, ha inteso, per l'appunto, una volta accertata la funzionalità degli stessi, riconoscere al soggetto sovventore la prededucibilità della erogazione[4].

È tuttavia necessario chiedersi se una volta che il tribunale abbia verificato la funzionalità degli atti ed autorizzato i finanziamenti richiesti il relativo provvedimento adottato, per il soggetto sovventore, sia sufficiente al fine di veder riconosciuta la prededucibilità, ovvero non debba tenersi conto, al riguardo, di quel che la dottrina e la giurisprudenza hanno affermato con riferimento agli atti, i pagamenti e le garanzie concesse sui beni del debitore, posti in essere in esecuzione di un piano apparentemente idoneo a consentire il risanamento dell'esposizione debitoria dell'impresa e ad assicurare l'equilibrio della situazione finanziaria di esso, al fine di poterli ritenere esenti da revocatoria, ai sensi dell'art. 67, comma 3, lett. *d*), l. fall. e, in continuità, dall'art. 166, comma 3, lett. *d*) che richiama il piano attestato (art. 56)[5].

3. – Le esenzioni, difatti, richiedono l'attestazione da parte di un professionista che dichiari essere gli atti idonei a consentire il risanamento dell'esposizione debitoria ed assicurare l'equilibrio della situazione finanziaria in ragione della verificata fattibilità, da un lato, e, dunque non più solo ragionevolezza e veridicità di dati aziendali, dall'altro.

La *ratio* dell'esenzione è, difatti, individuabile nell'esigenza di consentire nuove soluzioni per il superamento della crisi di impresa, attraverso la limitazione dell'operatività della revocatoria, in ragione della finalità del piano di addivenire al risanamento dell'esposizione debitoria, sì da dover essere esso espressione di una attività programmatoria, finalizzata al fine predetto, rimesso alla discrezionalità dell'imprenditore nella individuazione degli strumenti, seppur nel caso dei finanziamenti, trattandosi di atti di straordinaria am-

[4] TERRUSI, *Autorizzazione del tribunale*, 141, con particolare riferimento al nesso tra provvedimento autorizzatorio e gestione dell'impresa durante le trattative, ove sottolinea avere inteso il legislatore, da un lato, sostenere il ciclo economico produttivo e, dall'altro, limitarsi a postulare che la concessione intervenga «... in modo da evitare il pregiudizio e la sostenibilità economico-finanziario dell'attività».

[5] Cass., 14 settembre 2021, in *Foro it.*, 2021, 3897; Cass., SS.UU., 23 gennaio 2017, n. 1641; Cass., 18 maggio 2009, n. 11396. NIGRO, *La responsabilità*, 311; PINTO, *La responsabilità*, 1173; DIMUNDO, *Le azioni.*

ministrazione, gli stessi presuppongono la condivisione dell'esperto e richiedono la necessaria autorizzazione del tribunale.

Ciò potrebbe, tuttavia, non consentire di ritenere esclusa la responsabilità del finanziatore sovventore per la concessione del credito, in violazione del *merito creditizio*, non valutato in modo appropriato dal tribunale, nel momento in cui ha autorizzato il finanziamento, per aver comportato un danno diretto ed immediato all'imprenditore ed indiretto ai creditori, indistintamente, in conseguenza della minore disponibilità del patrimonio sociale, inteso come garanzia del soddisfacimento dei crediti degli stessi, qualora fosse disposta l'apertura della liquidazione giudiziale e venisse fatto valere dal curatore sul presupposto di un comportamento concorrente illecito di questi.

Ed infatti per lungo tempo, in passato, si è discusso della legittimazione ad agire nei confronti delle banche[6], per avere queste erogato erroneamente credito, al fine di ottenere ristoro del danno arrecato al patrimonio, dal che consegue l'interrogativo se, invero, una attività programmatoria, finalizzata al superamento della crisi, una volta intervenuto il provvedimento autorizzativo del tribunale, possa permettere di far ritenere il finanziamento *lecito* e non già abusivo, in quanto erogato in funzione di una procedura di risoluzione della crisi di impresa, per la permanenza della stessa sul mercato, sì da dover essere esclusa la responsabilità della banca, in conseguenza della operata valutazione del merito creditizio nel momento in cui è stata considerata la ragionevolezza e fattibilità del piano.

Una siffatta conclusione, tuttavia, merita di essere attentamente considerata in quanto, come è stato acutamente osservato, sarebbe erroneo individuare il confine della responsabilità dell'istituto di credito sul presupposto che «in ipotesi di procedura formalizzata e sottoposta a controlli esterni», si verrebbero a restringere automaticamente i margini della responsabilità dell'intermediario[7].

Conclusivamente, appare possibile affermare, sul piano civilistico, la illeceità del comportamento del finanziatore che, conoscendo l'insolvenza dell'imprenditore, ancorché non manifesta, lo abbia sostenuto, così rendendosi partecipe della continuazione dell'attività e del correlativo incremento dello squilibrio economico-patrimoniale, non potendo discendere dal provvedimento autorizzativo, pronunciato dal tribunale, per veder riconosciuta la prededucibilità, il divieto di un obbligo restitutorio delle somme che, in ragione dell'operato finanziamento, sono state erogate e riscosse per occultare lo stato di decozione del finanziato.

In pratica, emerge la rilevanza primaria per l'ordinamento dell'obbligo di valutare, con prudenza, la concessione del credito ai soggetti finanziati, ove in difficoltà economica, trattandosi di un obbligo posto dal diritto positivo a protezione dell'intero sistema economico, tenuto conto dei rischi che una concessione indiscriminata del credito bancario comporta, sì da permanere la responsabilità anche quando sia intervenuto il provvedimento autorizzativo, sempre che fosse possibile dimostrare che la verifica svolta dal tribunale, ai fini della funzionalità degli atti rispetto alla continuità aziendale ed alla migliore soddisfazione dei creditori, sia stata viziata in quanto conseguenza di una attività programmato-

---

[6] AMORESE, *La responsabilità*, 333.
[7] TERRUSI, *Autorizzazioni del tribunale*, 157.

ria non finalizzata al superamento della crisi, per essere il relativo stato *irreversibile*, con conseguente responsabilità del comportamento illecito tenuto, in relazione al danno cagionato al patrimonio del soggetto finanziato e dei terzi in genere, che non può essere ritenuto escluso dal provvedimento autorizzativo non producendo esso gli effetti del giudicato [8].

4. – Il comma 1, alla lett. *d*), prevede che l'autorizzazione possa essere richiesta, da un lato, e concessa, dall'altro, per consentire il trasferimento, «*in qualunque forma*», dell'azienda o uno o più rami, senza gli effetti di cui all'art. 2560, comma 2, c.c., fermo l'obbligo discendente dall'art. 2112 c.c. per quel che attiene la possibilità di attuare una *flessibilizzazione del rapporto di lavoro*, derogando alla disciplina generale, sì da doversi ritenere assicurata la continuità giuridica dello stesso ed il mantenimento del trattamento economico normativo [9].

Il tema merita attenzione sotto plurimi profili ove si consideri che vi è una evidente differenza fra il concetto di conservazione e l'altro di liquidazione dal momento che, invero, solo nell'ipotesi di ristrutturazione economico-finanziaria si ha il concreto superamento della crisi ed è possibile, quindi, l'attuazione della conservazione dei valori di funzionamento dell'impresa.

La vicenda traslativa, ove attuata nell'ambito della procedura di composizione concordata della crisi, può consentire la conservazione del ramo ceduto, o dell'intero complesso produttivo, e quando realizzata allo scopo di soddisfare le ragioni dei creditori non può che essere influenzata unicamente dall'attivo che si presume di realizzare, ciò in quanto l'obiettivo si sostanzia nella conservazione che non può privare i lavoratori dei diritti che l'ordinamento conferisce ed assicura loro.

La finalità dell'autorizzazione risiede, pertanto, nell'escludere la responsabilità del cessionario, per quel che attiene gli effetti di cui all'art. 2560, comma 2, c.c. fermi restando gli obblighi discendenti dall'art. 2112 c.c. che assicura la: i) *continuazione* del rapporto di lavoro in capo all'acquirente; ii) *conservazione* dei diritti che discendono dal rapporto di lavoro, inclusi quelli derivanti dai contratti individuali; iii) *responsabilità solidale* del cedente e del cessionario per i crediti dei lavoratori nei confronti del primo, al tempo del trasferimento, potendo l'alienante essere liberato solo mediante rinuncia del lavoratore, resa nelle forme previste dagli artt. 410 e 411 c.p.c.; iv) *conservazione* dei trattamenti economici e normativi stabiliti dai contratti collettivi, nazionali ed aziendali, applicati dal cedente, fino alla loro scadenza, ferma la possibilità, ove l'acquirente applichi già un proprio e diverso contratto collettivo, che questo trovi applicazione nei confronti dei dipendenti dell'azienda alienata in sostituzione di quelli applicati dall'alienante.

Il tutto non può che avvenire, così come previsto dall'art. 4, comma 3, attraverso la mediazione delle OO.SS., mediante l'avvio della fase di *informazione* e *consultazione* in

---

[8] CAIAFA, *Riflessioni a margine*, 103.

[9] D'ATTORRE, *Il trasferimento*, ove sottolinea essere necessario che l'interesse dei creditori si confronti e contemperi con quello di rilevanza costituzionale volto ad assicurare la prosecuzione dell'attività in tutte le forme volte a realizzare la vicenda traslativa (vendita, conferimento). MASOLDO, *Trasferimento d'azienda*, 186, con particolare riferimento alla necessità che venga dato corso alle procedure competitive previste dalla piattaforma telematica di cui al decreto dirigenziale.

data antecedente la conclusione del negozio traslativo, essendo il Sindacato legittimato ad avere notizie quante volte le trattative siano in corso, prima che il processo decisionale venga concluso.

L'accordo è necessario qualora la vicenda traslativa riguardi imprese che occupino più di *quindici* dipendenti per quel che concerne le conseguenze giuridiche, economiche e sociali, dipendenti dal *piano industriale* e dalle *offerte garanzie*, non solo di pagamento di quanto ai lavoratori dovuto ma, anche e soprattutto, di *prosecuzione delle attività imprenditoriali*, con riferimento alla conservazione dei livelli di occupazione, ciò coerentemente ed in conformità con la legislazione dei Paesi Europei [10].

Sebbene l'inserimento operato in sede di conversione, nulla disponga al riguardo, per quel che attiene la comparazione tra le diverse istanze, dovrà essere il tribunale a tenerne conto nel decreto, con il quale dispone la ricerca di altri possibili interessati all'acquisto, dovendo essere, naturalmente, considerato oltre al prezzo offerto anche la garanzia di prosecuzione delle attività imprenditoriali e, a tal fine, il piano industriale, con riferimento alla conservazione dei livelli di occupazione ed al preliminare accordo concluso in sede sindacale.

5. – Lo schema del decreto, recante modifiche al Codice, nella sua prima stesura aveva previsto che l'esperto potesse invitare le parti a rideterminare, secondo buona fede, il contenuto dei contratti ad esecuzione continuata o periodica, ovvero differita, quante volte la prestazione fosse divenuta eccessivamente onerosa, ovvero in presenza di una alterazione dell'equilibrio del rapporto, in ragione di circostanze sopravvenute, ed aveva eliminato la previsione, presente nel d.l. n. 118 del 2021, che all'art. 10, comma 2, e giustificato l'intervento dell'esperto per effetto della pandemia da Sars, escludendo che ciò potesse avvenire con riferimento ai contratti di lavoro dipendente.

Ed ancora, l'art. 10 aveva previsto l'intervento autorizzativo del tribunale, su domanda dell'imprenditore, in assenza di accordo, consentendo, una volta acquisito il parere dell'esperto, tenuto conto delle ragioni dell'altro contraente, di rideterminare le condizioni del contratto al fine di assicurare la continuità aziendale e l'equilibrio fra le prestazioni, «*anche stabilendo la corresponsione di un indennizzo*».

Tale previsione, ripresa nel testo del primo decreto correttivo, attraverso l'obbligo per le parti di collaborare tra loro per rideterminare il contenuto del contratto, senza peraltro escluderlo relativamente ai contratti di lavoro, è venuta meno nel testo risultante dal secondo correttivo.

L'intervento appare essere determinato dalla circostanza che il Codice espressamente stabilisce il dovere che ha il debitore di gestire il patrimonio «*nell'interesse prioritario dei creditori*», mentre i presupposti dell'obbligo di rinegoziazione sono diretta conseguenza – come d'altronde è espressamente chiarito dalla disciplina normativa – della pandemia, che ha posto gli operatori nella condizione di valutare, da un lato, l'inadeguatezza della *tutela demolitoria* e *caducatoria* assicurata dal codice civile ed i ristretti spazi, per un intervento

[10] De Angelis, *Informazione e consultazione*, 293; Liebman, *Obblighi di informazione*, 324; Caiafa, *La disciplina*, 205.

giudiziale ripristinatorio dell'equilibrio contrattuale alterato, con la possibilità di imporre la rinegoziazione, in assenza di una specifica pattuizione, richiedendo questa una volontà comune delle parti, che se mancante impedisce il modificarsi del meccanismo contrattuale, adeguando il suo funzionamento concreto, pur in assenza di un obbligo generale di rinegoziazione, ed ha sottolineato l'insufficienza delle misure emergenziali intervenute, per avere queste (art. 91 del d.l. n. 18 del 2020 c.d. *Decreto Cura Italia*, convertito nella l. n. 27 del 2020) introdotto esclusivamente ipotesi limitative della responsabilità del debitore impossibilitato ad adempiere, a causa delle misure di contenimento del virus, così come l'art. 6-*novies*, d.l. n. 41 del 2021 (c.d. Decreto Sostegni) ha introdotto il percorso per la ricontrattazione delle locazioni commerciali che, tuttavia, non hanno costituito, ovviamente, l'unico rapporto negoziale che ha reso indispensabile una rivisitazione degli obblighi delle parti.

È stato, al contrario, interamente confermato l'*iter* procedimentale attraverso la previsione dello svolgimento dinanzi al tribunale competente, per materia e territorio, perché sentite le parti interessate, assunte le informazioni necessarie con l'assistenza di un ausiliario, se ritenuta necessaria, in composizione monocratica si pronunci, consentito alla parte interessata di proporre reclamo, escludendo la partecipazione dal collegio del giudice che ha pronunciato il provvedimento, in linea con il principio del giusto processo e di quanto previsto all'art. 124.

Articolo 23
Conclusione delle trattative

1. Quando è individuata una soluzione idonea al superamento della situazione di cui all'articolo 12, comma 1, le parti possono, alternativamente:

a) concludere un contratto, con uno o più creditori, che produce gli effetti di cui all'articolo 25-bis, comma 1, se, secondo la relazione dell'esperto di cui all'articolo 17, comma 8, è idoneo ad assicurare la continuità aziendale per un periodo non inferiore a due anni;

b) concludere la convenzione di moratoria di cui all'articolo 62;

c) concludere un accordo sottoscritto dall'imprenditore, dai creditori e dall'esperto che produce gli effetti di cui agli articoli 166, comma 3, lettera d), e 324. Con la sottoscrizione dell'accordo l'esperto dà atto che il piano di risanamento appare coerente con la regolazione della crisi o dell'insolvenza.

2. Se all'esito delle trattative, non è individuata una soluzione tra quelle di cui al comma 1, l'imprenditore può, in alternativa:

a) predisporre il piano attestato di risanamento di cui all'articolo 56;

b) domandare l'omologazione di un accordo di ristrutturazione dei debiti ai sensi degli articoli 57, 60 e 61. La percentuale di cui all'articolo 61, comma 2, lettera c), è ridotta al 60 per cento se il raggiungimento dell'accordo risulta dalla relazione finale dell'esperto;

c) proporre la domanda di concordato semplificato per la liquidazione del patrimonio di cui all'articolo 25-sexies;

d) accedere ad uno degli strumenti di regolazione della crisi e dell'insolvenza disciplinati dal presente codice, dal decreto legislativo 8 luglio 1999, n. 270 o dal decreto-legge 23 dicembre 2003, n. 347, convertito, con modificazioni, dalla legge 18 febbraio 2004, n. 39. L'imprenditore agricolo può accedere agli strumenti di cui all'articolo 25-quater, comma 4.

Antonio Caiafa

Sommario: 1. Premessa: i possibili esiti delle trattative. – 2. Le soluzioni idonee al superamento della crisi e le ulteriori alternative.

1. – Il procedimento si conclude nel momento nel quale l'esperto è tenuto a rappresentare le informazioni indispensabili, perché possa essere valutato il possibile superamento della crisi, all'esito dello scrutinio svolto, attraverso la lista di controllo particolareggiata ed il percorso si conclude allorché sia stato possibile individuare una delle soluzioni, che di qui a breve verranno prese in considerazione, in grado di assicurare l'equilibrio patrimoniale, o economico-finanziario, la cui alterazione ha determinato la crisi o l'insolvenza, ovvero di accedere ad uno degli strumenti di regolazione previsti dal comma 2, lett. *a*), *b*), *c*) e *d*).

Ed infatti, qualora le prospettive di risanamento siano risultate concrete e siano state avviate le trattative con i soggetti interessati al relativo procedimento (*clienti, lavoratori, professionisti* che hanno assistito a vario titolo l'imprenditore, *banche* e *intermediari finanziari*), obbligati a comportarsi secondo buona fede e correttezza, non solo in senso generico quanto, piuttosto, oggettivo, in ragione dello specifico dovere delle parti contraenti espressamente previsto (c.d. *dovere attivo di collaborazione*), l'esperto, quante volte lo scrutinio sia positivo, redigerà una relazione finale nella quale, illustrate le modalità di svolgimento e l'esito delle trattative (art. 17, comma 8) individua la soluzione compositiva, ovvero l'impossibilità del perfezionamento di una di quelle espressamente previste alle lett. *a*), *b*), *c*) del comma 1.

Qualora, naturalmente, il tentativo non risulti essere percorribile dopo l'apertura della procedura si avrà una *relazione negativa immediata*, da parte dell'esperto, per assenza delle condizioni per far luogo alle trattative per essere risultata la soluzione offerta del tutto carente, tale da consentire di accertare in modo chiaro, veritiero e corretto la rappresentazione della situazione economica, o anche per avere tenuto l'imprenditore un comportamento scarsamente collaborativo ed ambiguo, sì da risultare il risanamento non concretamente perseguibile, in mancanza di adeguati flussi economici o rinvenienti dalla ipotizzata cessione dei beni, che imporranno all'esperto di procedere alla redazione, come detto, di una relazione finale negativa (punto 2, punto 8, sezione terza del protocollo del decreto dirigenziale).

All'esito delle trattative, ancorché svoltesi secondo correttezza e buona fede, può risultare sussistere la possibilità che venga raggiunto un accordo con le parti interessate, ovvero l'impossibilità di un suo perfezionamento che potrà consentire, tuttavia, all'imprenditore, ai sensi dell'art. 25-*sexies*, di presentare nei *sessanta* giorni successivi alla comunicazione, di cui all'art. 17, comma 8, una proposta di *concordato semplificato* per la liquidazione del patrimonio[1].

2. – Nel caso in cui sia stata individuata una soluzione idonea al superamento dello stato di crisi è possibile l'utilizzo di diversi strumenti (art. 23, comma 1), potendo le parti concludere:

– un *contratto*, con uno o più creditori, idoneo a produrre effetti premiali (art. 25-*bis*), se, secondo la relazione finale dell'esperto, esso è idoneo ad assicurare la *continuità aziendale* per un periodo non inferiore a due anni (art. 23, comma 1, lett. *a*);

– una *convenzione di moratoria* ai sensi dell'art. 62 l. fall. (art. 23, comma 1, lett. *b*);

– un *accordo sottoscritto* dall'imprenditore, dai creditori e dall'esperto, che produce gli effetti del piano attestato di risanamento, di cui agli artt. 166, comma 3, lett. *d*) e 324, senza alcuna attestazione (art. 23, comma 1, lett. *c*), alla condizione che l'esperto assicuri essere il piano coerente con la operata previsione di regolazione della crisi o insolvenza.

[1] CAIAFA, VALERIO, *Diritto della crisi*, 77.

All'imprenditore è consentito domandare l'omologazione di un accordo di ristrutturazione dei debiti, ai sensi degli artt. 57, 60 e 61 l. fall., con la possibilità di fruire, nel caso di accordi di ristrutturazione ad efficacia estesa (art. 61), della riduzione al *sessanta* per cento dei crediti degli aderenti, appartenenti alla categoria, qualora il raggiungimento dell'accordo risulti dalla relazione finale dell'esperto (art. 23, comma 2).

In alternativa l'imprenditore potrà:

– proporre la domanda di concordato semplificato per la liquidazione del patrimonio;

– accedere ad una delle altre procedure concorsuali disciplinate dalla legge fallimentare (concordato preventivo, liquidazione giudiziale, liquidazione coatta amministrativa, amministrazione straordinaria, a seconda dei relativi presupposti), ovvero «*accedere ad uno degli strumenti di regolazione della crisi o dell'insolvenza*»[2].

Con riferimento all'ipotesi prevista alla lett. *a*), perché essa possa realizzarsi è necessario che nella relazione l'esperto specifichi e dia conto della sostenibilità del debito, da parte dell'impresa, per il periodo di *due* anni, a far data dalla conclusione del contratto, costituendo essa elemento fondante dello strumento previsto dal legislatore per essere, per l'appunto, il contratto, concluso «*con uno o più creditori*», in grado di porre rimedio alla situazione di squilibrio patrimoniale o economico-finanziaria.

Per quanto concerne la *convenzione di moratoria,* regolata dall'art. 182-*octies* l. fall., come modificato dal d.l. n. 118 del 2021, e in continuità dall'art. 62, appare essere evidente che la mera dilazione delle scadenze dei crediti, la rinuncia agli atti e la sospensione delle azioni esecutive e conservative, con la possibilità, in deroga a quanto previsto dagli artt. 1372 e 1411 c.c., di estenderne l'efficacia anche nei confronti dei creditori non aderenti, purché appartenenti alla medesima categoria, sempre che siano stati ai fini della validità della stessa, rispettati i presupposti di cui all'art. 62, costituirà un rimedio non risolutivo, nel senso che risulteranno essere necessari interventi più organici per consentire la predisposizione di un piano di ristrutturazione in continuità diretta ed indiretta dell'attività di impresa[3].

Nel caso dell'accordo sottoscritto dall'imprenditore con i creditori e l'esperto è indispensabile che questi esprima una valutazione in termini di sussistenza di concrete prospettive di risanamento e che esse siano coerenti con il piano, tenuto conto della capacità imprenditoriale e, dunque, della possibilità che l'impresa, in ragione della sua organizzazione, sia in grado di rimanere sul mercato.

Qualora all'esito della trattativa non sia stato possibile individuare una delle soluzioni, tra quelle previste dal primo comma, allora l'imprenditore potrà proporre un piano, rivolto ai creditori, che risulti essere idoneo a consentire il risanamento dell'esposizione debitoria dell'impresa ed assicurare il riequilibrio della situazione economico-finanziaria, che per essere valutato in termini positivi dovrà contenere *previsioni di ricapitalizzazione*, ovvero un mutamento degli assetti imprenditoriali, ed essere accompagnato dalla indicazione dei tempi e delle modalità di soddisfazione dei creditori, pur se attraverso la previsione di una ristrutturazione concordata dei debiti pregressi.

---

[2] BARONCINI, *L'esperto*, 147, ove si sofferma, richiamando i contributi presenti nel medesimo volume, sulla illustrazione delle diverse soluzioni, evidenziandone la disorganicità per essere stati presi in considerazione «strumenti a carattere stragiudiziale» e «procedure connotate dall'intervento dell'autorità giudiziaria».

[3] PANZANI, *Sorte ed effetti*, 481 ove evidenzia essere improbabile che dopo lo svolgimento delle trattative.

In via ulteriormente alternativa potrà essere proposta una domanda di accesso ad uno strumento di regolamentazione della crisi e dell'insolvenza, individuata nell'accordo di ristrutturazione dei debiti, proponibile nella forma prevista dall'art. 57, ovvero *agevolata* (art. 60) o ancora ad *efficacia estesa* (art. 61), attraverso la necessaria illustrazione di quegli elementi conoscitivi necessari (scritture contabili, dichiarazione dei redditi, relazione di una situazione economica patrimoniale e finanziaria aggiornata, stato particolareggiato estimativo delle attività) che possano lasciar ritenere raggiungibile il risultato previsto nel piano.

L'accordo di ristrutturazione, a differenza di quello di cui al comma 1, lett. *c*), non prevede la partecipazione dell'esperto ed è, pertanto, atto dell'imprenditore e dei creditori che vi partecipano. Quando ad *efficacia estesa* (art. 61) esso deve prevedere la prosecuzione dell'attività di impresa, in via diretta ed indiretta, salvo che non risulti un indebitamento, verso banca ed intermediari finanziari, in misura non inferiore alla metà di quello complessivo.

Il *concordato semplificato* per la liquidazione del patrimonio (artt. 25-*sexies* e -*septies* del correttivo) rappresenta una forma semplificata di concordato preventivo, per cessione dei beni, utilizzabile, esclusivamente, nel caso di insuccesso della composizione negoziata alla condizione però che l'esperto, nella relazione finale, abbia dichiarato essersi svolte le trattative secondo correttezza e buona fede e non aver avuto, tuttavia, esito positivo le altre soluzioni praticabili previste dal comma 1.

Viene riconosciuta, infine, la possibilità di accesso ad uno degli strumenti di regolamentazione della crisi e dell'insolvenza, disciplinati dal Codice, nonché, laddove ne ricorrano i presupposti, alle altre procedure. È riconosciuta all'imprenditore agricolo la possibilità, ove all'esito delle trattative non sia stato possibile raggiungere un accordo, di proporre una domanda di concordato minore (art. 74), chiedere la liquidazione controllata dei beni (art. 268), proporre la domanda di concordato semplificato per la liquidazione del patrimonio (art. 25-*sexies*), domandare l'omologazione di un accordo di ristrutturazione dei debiti ai sensi degli artt. 57, 60 e 61).

Articolo 24
Conservazione degli effetti

1. Gli atti autorizzati dal tribunale ai sensi dell'articolo 22 conservano i propri effetti se successivamente intervengono un accordo di ristrutturazione dei debiti omologato, un concordato preventivo omologato, un piano di ristrutturazione proposto ai sensi dell'articolo 64-bis omologato, l'apertura della liquidazione giudiziale, la liquidazione coatta amministrativa, l'amministrazione straordinaria o il concordato semplificato per la liquidazione del patrimonio di cui all'articolo 25-sexies omologato.

2. Non sono soggetti all'azione revocatoria di cui all'articolo 166, comma 2, gli atti, i pagamenti e le garanzie posti in essere dall'imprenditore nel periodo successivo alla accettazione dell'incarico da parte dell'esperto, purché coerenti con l'andamento e lo stato delle trattative e con le prospettive di risanamento esistenti al momento in cui sono stati compiuti.

3. Gli atti di straordinaria amministrazione e i pagamenti effettuati nel periodo successivo alla accettazione dell'incarico da parte dell'esperto sono in ogni caso soggetti alle azioni di cui agli articoli 165 e 166 se, in relazione ad essi, l'esperto ha iscritto il proprio dissenso nel registro delle imprese ai sensi dell'articolo 21, comma 4, o se il tribunale ha rigettato la richiesta di autorizzazione presentata ai sensi dell'articolo 22.

4. Nelle ipotesi disciplinate dai commi 1, 2 e 3 resta ferma la responsabilità dell'imprenditore per gli atti compiuti.

5. Le disposizioni di cui agli articoli 322, comma 3, e 323 non si applicano ai pagamenti e alle operazioni compiuti nel periodo successivo alla accettazione dell'incarico da parte dell'esperto in coerenza con l'andamento delle trattative e nella prospettiva di risanamento dell'impresa valutata dall'esperto ai sensi dell'articolo 17, comma 5, purché non siano state effettuate le iscrizioni previste dall'articolo 21, comma 4. Le disposizioni di cui al primo periodo non si applicano inoltre ai pagamenti e alle operazioni autorizzati dal tribunale a norma dell'articolo 22.

Domenico Bonaccorsi di Patti

Sommario: 1. Premessa. – 2. La conservazione degli effetti degli atti compiuti in pendenza della composizione negoziata. – 3. L'esenzione dall'azione revocatoria. – 4. Gli atti di straordinaria amministrazione. – 5. La responsabilità del debitore per gli atti compiuti. – 6. Le misure premiali giuspenalistiche.

1. – L'art. 24 (già art. 12, d.l. n. 118 del 2021), rubricato «*Conservazione degli effetti*», contiene un'articolata serie di disposizioni finalizzate a cristallizzare gli effetti di taluni atti compiuti dopo l'accesso alla composizione negoziata (o, comunque, a rendere maggiormente appetibile il percorso, attraverso la previsione di specifiche norme di favore).

L'obiettivo è quello di regolamentare gli effetti dell'intervenuto accesso al percorso, avuto riguardo al possibile esito negativo dello stesso, nell'ottica di rendere stabili le attività poste in essere dall'imprenditore in pendenza della negoziazione (il presupposto della norma è, pertanto, che il percorso di composizione, pur intrapreso dal debitore, non abbia un esito favorevole [1]) o, comunque, di evitare che il rigore di alcune disposizioni sanzionatorie – che potrebbero trovare applicazione in caso di apertura di una procedura concorsuale – imbrigli eccessivamente la libertà del debitore durante le delicate fasi della negoziazione [2].

Come detto, la disposizione è diretta derivazione dell'art. 12, d.l. n. 118 del 2021, di cui costituisce la trasposizione nel Codice, salvo piccoli aggiustamenti [3] (derivanti dall'entrata in vigore del Codice stesso e dalla conseguente necessità di allineare i richiami precedentemente riferiti alla previgente legge fallimentare).

2. – La previsione contenuta nel comma 1 stabilizza gli atti compiuti in pendenza della composizione e prevede che «*gli atti autorizzati dal tribunale ai sensi dell'articolo 22 conservano i propri effetti se successivamente intervengono un accordo di ristrutturazione dei debiti omologato, un concordato preventivo omologato, un piano di ristrutturazione proposto ai sensi dell'articolo 64-bis omologato, l'apertura della liquidazione giudiziale, la liquidazione coatta amministrativa, l'amministrazione straordinaria o il concordato semplificato per la liquidazione del patrimonio di cui all'articolo 25-sexies omologato*».

Il comma 1, dunque, applica alla composizione negoziata un principio ben noto al diritto concorsuale e già presente nella legge fallimentare previgente, laddove la consecuzione delle procedure non determinava il travolgimento degli atti legittimamente compiuti.

Le problematiche che si pongono all'attenzione dell'interprete sono numerose e complesse (di cui, tuttavia, in questa sede, non appare possibile una disamina se non in via di prima approssimazione) [4], fra cui emerge il rigore derivante dalla scelta del legislatore di

---

[1] Si ritiene – a ragione, a parere di chi scrive – che esuli dalla regolamentazione contenuta nella norma l'ipotesi in cui l'esperto non ravvisi sin dall'inizio concrete possibilità di risanamento posto che – in questo caso «... l'archiviazione della composizione osta a che siano invocabili i benefici di cui all'art. 12 la cui fruizione presuppone un'iniziale valutazione dell'esperto circa la sussistenza di prospettive di risanamento» (così, MINUTOLI, *La nuova composizione*, 18).

[2] SANZO, *Principi generali*, 94, il quale rileva che «scopo del legislatore appare quello di suggerire comunque all'imprenditore un percorso 'protetto'». Cfr. anche BONFATTI, *Profili della Composizione*, 4 ss. La giurisprudenza di legittimità (Cass., SS.UU., 31 dicembre 2021, n. 42093), pur riguardando il regime della prededuzione del credito del professionista nel concordato preventivo, in motivazione, ha osservato che la composizione costituisce «un istituto che pacificamente non integra una procedura concorsuale, ma egualmente implica, con la scelta unilaterale del regime protettivo ed il controllo del tribunale, preclusioni alle azioni di tutela del credito così come alla dichiarazione di fallimento o insolvenza, esemplificando l'assunzione di regole di autentica concorsualità». Vedi anche DELLA ROCCA, *La composizione negoziata*, 35 e DI MARZIO, *Introduzione alla composizione*, 41-42. Vedi, anche, VELLA, *Le finalità*, 1492 ss.

[3] Così sempre SANZO, *Principi generali*, 93.

[4] Sul tema, vedi le considerazioni di SANZO, *Principi generali*, 95, nonché PEZZANO, RATTI, *La conservazione*, 4 e GREGGIO, *La conservazione*, 4, il quale ricorda che «esito negativo delle trattative (che) potrà avere tre cause:

richiedere la sussistenza di un presupposto di maggior pregnanza (l'omologazione) rispetto a quanto accadeva riguardo agli strumenti disciplinati dagli artt. 182-*quater* ss. l. fall.[5].

Sembra doversi convenire, comunque, con l'interpretazione secondo cui la stabilità «si potrà conseguire solo in un contesto 'definitivamente' concorsuale»[6].

3. – L'esenzione dall'azione revocatoria – prevista dal comma 2 – costituisce un ombrello protettivo[7] il cui obiettivo appare essere quello di evitare che l'emersione della situazione di difficoltà del debitore che abbia intrapreso il percorso di negoziazione possa pregiudicare i rapporti che l'imprenditore intrattiene con il contesto circostante, rischiando di determinare l'insuccesso della negoziazione avviata con l'accesso alla composizione.

Si tratta di una disposizione in cui sono evidenti le forti assonanze con quanto originariamente previsto dall'art. 67, comma 3, lett. *d*), l. fall.[8] e, conseguentemente, risulta rilevante la tradizionale distinzione fra atti di ordinaria e di straordinaria amministrazione come applicata all'interpretazione della norma appena richiamata, potendo fruire senz'altro dell'esenzione la prima categoria[9] (laddove, invece, per la seconda, trova applicazione il comma successivo dell'art. 24, qui in commento).

La disposizione richiede uno specifico presupposto oggettivo che costituisce la chiave di volta della previsione normativa, vale a dire che gli atti di gestione devono essere «*coe-*

(i) l'inesistenza di concrete prospettive di risanamento, tanto iniziale quanto sopravvenuta (art. 5, co. 5); (ii) il compimento da parte dell'imprenditore di atti o pagamenti 'non coerenti' con le negoziazioni o con le prospettive risanatorie, eseguiti in modo occulto ovvero malgrado il dissenso dell'esperto (art. 9); (iii) il decorso di 180 giorni dall'accettazione della nomina dell'esperto (termine prorogabile con il consenso di tutte le parti) senza che le parti coinvolte abbiano raggiunto accordi sulle soluzioni proposte per il superamento degli squilibri».

[5] Così SANZO, *Principi generali*, 95.

[6] Le parole sono sempre di SANZO, *Principi generali*, 95.

[7] PISANI MASSAMORMILE, *La prededuzione*, 1 (*sub* nt. 4), rileva come «le diverse ipotesi di esenzione dalla revocatoria (art. 67, comma terzo, lett. d, e, g) sono appunto le agevolazioni volute (dal legislatore della riforma e poi da quello delle successive modifiche ed integrazioni) per favorire le soluzioni concordate della crisi d'impresa, per tali intendendo il concordato preventivo, il piano di risanamento attestato e l'accordo di ristrutturazione omologato». Cfr., in tema, anche COSTA, *Esenzione dall'azione*, 531. PEZZANO, RATTI, *La conservazione*, 7, rammentano che la prededuzione «costituisce l'altra faccia della medaglia dello stesso fenomeno che concerne gli atti non revocabili (almeno di quelli compiuti 'legalmente' durante una procedura anche minore ovvero in funzione della stessa anche per espressa previsione di legge)».

[8] In dottrina, l'esenzione era stata criticata da NIGRO, *Art. 67*, 938, il quale osserva come «molti dubbi si possono, ovviamente, nutrire sulla opportunità di questa fattispecie di esenzione, che [...] può favorire condotte abusive [...] o addirittura fraudolente [...]». La norma di esenzione relativa ai piani attestati è oggi contenuta nell'art. 166 e risulta fortemente rivisitata in senso per così dire "rafforzativo": essa prevede non essere soggetti a revoca «*d) gli atti, i pagamenti effettuati e le garanzie concesse su beni del debitore posti in essere in esecuzione del piano attestato di cui all'art. 56 o di cui all'art. 284 e in esso indicati. L'esclusione non opera in caso di dolo o colpa grave dell'attestatore o di dolo o colpa grave del debitore, quando il creditore ne era a conoscenza al momento del compimento dell'atto, del pagamento o della costituzione della garanzia*». Circa il nuovo assetto legislativo, cfr. ROSAPEPE, *La composizione assistita*, 463, il quale rileva che «la nuova formulazione dell'art. 166 'devitalizza l'orientamento assunto dalla Suprema Corte in tema di necessaria verifica da parte del creditore della manifesta (in)attitudine del piano» e richiama (*sub* nt. 45) l'opinione conforme di FAUCEGLIA, *Il piano*, 1287.

[9] Sul punto cfr. PEZZANO, RATTI, *La conservazione*, 5-6, ricordano che la distinzione «costituisce da sempre un 'nodo gordiano' particolarmente complesso, tanto nella procedura di 'concordato in bianco' quanto con riferimento ai c.d. 'atti legalmente compiuti'».

renti con l'andamento e lo stato delle trattative e con le prospettive di risanamento esistenti al momento in cui sono stati compiuti»[10].

La valutazione circa la coerenza degli atti compiuti[11] rappresenta il momento in cui si misurerà la tenuta della previsione, avuto riguardo all'ampiezza del criterio adottato: i parametri sono costituiti, per un verso, dall'andamento e dallo stato delle trattative, per altro verso, dalle prospettive di risanamento.

Il richiamo al parametro del "momento" in cui sono stati compiuti gli atti in ipotesi suscettibili di esenzione sembrerebbe condurre a ritenere che il vaglio di coerenza debba avvenire *ex ante*[12].

Il che, poi, induce a porsi il quesito se l'esenzione presupponga anche la verifica da parte dell'*accipiens* in ordine alla sussistenza dei presupposti richiesti per l'esenzione (o, quanto meno, della non palese insussistenza degli stessi)[13]. Verifica che si rivelerà indubbiamente estremamente complessa.

4. – Il successivo comma 3, stabilisce, per contro, che «*gli atti di straordinaria amministrazione e i pagamenti effettuati nel periodo successivo alla accettazione dell'incarico da parte dell'esperto sono in ogni caso soggetti alle azioni di cui agli articoli 165 e 166 se, in relazione ad essi, l'esperto ha iscritto il proprio dissenso nel registro delle imprese ai sensi dell'articolo 21, comma 4, o se il tribunale ha rigettato la richiesta di autorizzazione presentata ai sensi dell'articolo 22*»[14].

La previsione distingue due tipologie: atti di straordinaria amministrazione e pagamenti. Rispetto alla prima tipologia, il debitore – dopo la nomina dell'esperto – conserva una libertà di manovra per certi versi attenuata, atteso che rispetto ad essi il legislatore prevede un potere latamente interdittivo da parte dell'esperto, ove l'atto possa arrecare «*pregiudizio ai creditori, alle trattative o alle prospettive di risanamento*», ovvero autorizzativo da parte del tribunale (per talune specifiche operazioni disciplinate dall'art. 22).

In merito ai pagamenti, essi rientrerebbero – a rigore – negli atti c.d. normali previsti

[10] Ancora MICHELOTTI, *La gestione*, 1564 s. rileva come elemento su cui fondare il giudizio in questione sia costituito dalla dichiarazione «dell'imprenditore stesso di cui all'art. 7, comma secondo, lett. e), d.l. n. 118/2021 avente valore di autocertificazione, attestante, sulla base di criteri di ragionevolezza e proporzionalità, che l'impresa può essere risanata». Entrano, inevitabilmente, in gioco anche i parametri di accesso al percorso di composizione, su cui PETTERUTI, *Il presupposto oggettivo*, 97. Non risultano ancora precedenti specifici (essendo le norme di troppo recente introduzione), avuto riguardo alla panoramica che si rinviene in AMBROSINI, *La composizione negoziata*.

[11] Valutazione che si poneva come necessaria anche con riferimento ai piani attestati (in merito a cui GUERRIERI, *Il controllo giudiziale*, si domandava «se i giudici abbiano la possibilità di pronunciarsi, inter alia, in merito all'idoneità del piano a consentire il raggiungimento degli obiettivi individuati dall'art. 67: risanare l'esposizione debitoria dell'impresa e pervenire ad un riequilibrio della sua situazione finanziaria»).

[12] In tema di piani attestati, sotto la vigenza della legge fallimentare, cfr. in questo senso Cass., 25 marzo 2022, n. 9743 e Cass., 10 febbraio 2020, n. 3018.

[13] La giurisprudenza di legittimità, in tema di piani attestati nella vigenza della legge fallimentare, aveva ritenuto doverosa in capo all'*accipiens* «una valutazione, parametrata sulla condizione professionale del terzo contraente, circa l'idoneità del piano, del quale gli atti impugnati costituiscono strumento attuativo, a consentire il risanamento dell'esposizione debitoria dell'impresa, seppure in negativo, vale a dire nei soli limiti dell'assoluta, evidente inettitudine del piano presentato dal debitore a tal fine» (Cass., 10 febbraio 2020, n. 3018).

[14] Sulle funzioni dell'esperto, anche in merito a tali valutazioni, vedi PACCHI, *L'esperto*, 58 ss.

dal comma 2, della norma in commento, salvo che essi siano «*non coerenti rispetto alle trattative o alle prospettive di risanamento*». In tale secondo caso, la norma di cui all'art. 21, prevede nuovamente il coinvolgimento dell'esperto. In verità, la disposizione sembrerebbe creare una sorta di cortocircuito, atteso che la previsione normativa – per il presupposto ivi previsto – dovrebbe provocare l'intervento dell'esperto e automaticamente il dissenso dello stesso (il quale si troverebbe – in ipotesi – dinnanzi ad un pagamento "incoerente"). Invero, appare piuttosto arduo ritenere che il pagamento in questione, pur "incoerente", possa essere suscettibile di un vaglio di meritevolezza (e, dunque, di assenso) salvo ritenere che il pagamento stesso, pur non coerente rispetto alle trattative o alle prospettive di risanamento, possa comunque essere non pregiudizievole (per l'interesse dei creditori, per le trattative e per le prospettive di risanamento).

5. – Le esenzioni stabilite dalla norma non si estendono alla responsabilità dell'imprenditore per gli atti gestori compiuti, atteso che, *ex* comma 4, «*nelle ipotesi disciplinate dai commi 1, 2 e 3 resta ferma la responsabilità dell'imprenditore per gli atti compiuti*».

L'affermazione della perdurante responsabilità dell'imprenditore appare essere il «'contraltare' con il permanere dei suoi poteri di (sostanziale piena ed autonoma) gestione dell'impresa, così come declinati dall'art. 9 in applicazione dei principi generali previsti nell'art. 2086 cod. civ. che non risulta in alcun modo derogato o sospeso, quanto ad effetti, durante la composizione (come anche la relazione legis ci ricorda), così come l'art. 2486 cod. civ.»[15].

La scelta del legislatore è apparsa condivisibile da chi ha rilevato che la normativa – per la sua «maggior duttilità e permissività» – avrebbe potuto essere «ingiustificatamente interpretata come un inspiegabile [...] segnale di lassismo»[16].

La conseguenza è che gli atti compiuti durante il percorso di negoziazione possono costituire fonte di responsabilità, pur essendo essi atti «inoppugnabili ovvero irrevocabili»[17].

6. – Da ultimo, si segnala che l'accesso alla composizione negoziata – pur non andata a buon fine – comporta anche l'esenzione dall'applicazione di talune previsioni giuspenalistiche. In particolare, il comma 6, stabilisce che «*le disposizioni di cui agli articoli 322, comma 3, e 323 non si applicano ai pagamenti e alle operazioni compiuti nel periodo successivo alla accettazione dell'incarico da parte dell'esperto in coerenza con l'andamento delle tratta-*

---

[15] In questo senso, testualmente, PEZZANO, RATTI, *La conservazione*, 10, i medesimi autori sottolineano come «se anche la trattativa si svolgesse con correttezza e buona fede, pure nel senso dell'assenza di atti passibili di revocatoria (come, ad esempio, nel caso del secondo comma), ma poi la composizione non si chiudesse con uno degli accordi di cui all'art. 11, comma primo, lett. a) o c), (del d.l. n. 118/2021; N.d.R.) gli organi sociali resterebbero comunque esposti, sussistendone i presupposti nel caso concreto, alle azioni ex artt. 2394 cod. civ. ovvero 2476, comma sesto, cod. civ.», aggiungendo «ciò accadrebbe ove anche la trattativa si chiudesse con uno dei predetti accordi, senza, però, che il profilo dell'eventuale responsabilità degli organi sociali risultasse regolato fra le pattuizioni oggetto delle intese».

[16] Cfr. sempre SANZO, *Principi generali*, 97.

[17] Così ancora SANZO, *Principi generali*, 97. FABIANI, PAGNI, *Introduzione alla composizione*, 1487, rilevano, poi, come «la conservazione degli effetti rileva, essenzialmente, rispetto ai terzi, perché non va esclusa la responsabilità del debitore, neppure nel caso della concessa autorizzazione».

tive e nella prospettiva di risanamento dell'impresa valutata dall'esperto ai sensi dell'articolo 17, comma 5, purché non siano state effettuate le iscrizioni previste dall'articolo 21, comma 4. Le disposizioni di cui al primo periodo non si applicano inoltre ai pagamenti e alle operazioni autorizzati dal tribunale a norma dell'articolo 22» [18].

I parametri richiesti risultano individuati attraverso il richiamo dei presupposti fissati nei commi precedenti.

---

[18] SANZO, *Principi generali*, 97 s., rileva una certa imprecisione terminologica, nell'uso della locuzione «*operazioni*».

Articolo 25

Conduzione delle trattative in caso di gruppo di imprese

1. Più imprese che si trovano nelle condizioni indicate nell'articolo 12, comma 1, appartenenti al medesimo gruppo e che hanno, ciascuna, il proprio centro degli interessi principali nel territorio dello Stato possono chiedere al segretario generale della camera di commercio la nomina dell'esperto indipendente di cui all'articolo 12, comma 2. La nomina avviene con le modalità di cui all'articolo 13.

2. L'istanza è presentata alla camera di commercio ove è iscritta la società o l'ente, avente il proprio centro degli interessi principali nel territorio dello Stato, che, in base alla pubblicità prevista dall'articolo 2497-bis del codice civile, esercita l'attività di direzione e coordinamento oppure, in mancanza, l'impresa avente il proprio centro degli interessi principali nel territorio dello Stato che presenta la maggiore esposizione debitoria, costituita dalla voce D del passivo nello stato patrimoniale prevista dall'articolo 2424 del codice civile in base all'ultimo bilancio approvato e inserito nella piattaforma telematica ai sensi del comma 4.

3. L'imprenditore inserisce nella piattaforma telematica di cui all'articolo 13, oltre alla documentazione indicata nell'articolo 17, comma 3, una relazione contenente informazioni analitiche sulla struttura del gruppo e sui vincoli partecipativi o contrattuali, l'indicazione del registro delle imprese o dei registri delle imprese in cui è stata effettuata la pubblicità ai sensi dell'articolo 2497-bis del codice civile e il bilancio consolidato di gruppo, ove redatto.

4. Le misure protettive e cautelari di cui agli articoli 18 e 19 sono adottate dal tribunale competente ai sensi dell'articolo 27 rispetto alla società o all'ente che, in base alla pubblicità prevista dall'articolo 2497-bis del codice civile, esercita l'attività di direzione e coordinamento oppure, in mancanza, rispetto all'impresa che presenta la maggiore esposizione debitoria come definita nel comma 2.

5. L'esperto assolve ai compiti di cui all'articolo 12, comma 2, in modo unitario per tutte le imprese che hanno presentato l'istanza, salvo che lo svolgimento congiunto non renda eccessivamente gravose le trattative. In tal caso può svolgere le trattative per singole imprese.

6. Le imprese partecipanti al gruppo che non si trovano nelle condizioni indicate nell'articolo 12, comma 1, possono, anche su invito dell'esperto, partecipare alle trattative.

7. Quando le imprese appartenenti ad un medesimo gruppo presentano più istanze ai sensi dell'articolo 12, comma 1, e gli esperti nominati, sentiti i richiedenti e i creditori, propongono che la composizione negoziata si svolga in modo unitario oppure per più imprese appositamente individuate, la composizione prosegue con l'esperto designato di comune accordo fra quelli nominati. In difetto di designazione, la composizione prosegue con l'esperto nominato a seguito della prima istanza presentata.

8. I finanziamenti eseguiti in favore di società controllate oppure sottoposte a comune controllo, in qualsiasi forma pattuiti dopo la presentazione dell'istanza di cui all'articolo 17, sono esclusi dalla postergazione di cui agli articoli 2467 e 2497-quinquies del codi-

ce civile, sempre che l'imprenditore abbia informato preventivamente l'esperto ai sensi dell'articolo 21, comma 2, e che l'esperto, dopo avere segnalato che l'operazione può arrecare pregiudizio ai creditori, non abbia iscritto il proprio dissenso nel registro delle imprese, ai sensi dell'articolo 21, comma 4.

9. Al termine delle trattative, le imprese del gruppo possono stipulare, in via unitaria, uno dei contratti, convenzioni o accordi, di cui all'articolo 23, comma 1, ovvero accedere, separatamente o in via unitaria, alle soluzioni di cui all'articolo 23.

Davide De Filippis

Sommario: 1. Premessa. – 2. La duplice modalità di conduzione delle trattative: unitaria. – 2.1. (*Segue*): separata. – 3. L'intervento dell'impresa del gruppo *in bonis*. – 4. I finanziamenti infragruppo. – 5. Esiti (possibili) delle trattative.

1. – La disciplina relativa alle trattative di gruppo nella composizione negoziata era stata salutata, al momento dell'entrata in vigore del d.l. n. 118 del 2021, come la prima (autentica) apertura del sistema verso una regolazione della crisi che riguardava anche la formazione di gruppo[1]. Vero è, infatti, che il Codice già recava una serie di disposizioni dirette a regolare la crisi e l'insolvenza del gruppo di imprese, ma, come si sa, queste ultime norme sono divenute applicabili solo in epoca successiva a quella del decreto che introduceva la composizione negoziata.

Nonostante tale "anticipata" entrata in vigore, l'esperienza maturata nell'ambito delle composizioni di gruppo attivate[2] è stata discreta e non ha portato a significativi cambiamenti nella formulazione della norma, la quale, nel passaggio dal d.l. n. 118 del 2021 all'"incorporazione" della disciplina della composizione negoziata nel Codice[3], è rimasta, in gran parte, immutata. Del pari identica resta pure la finalità che dovrebbe ispirare la composizione negoziata di gruppo: la dottrina e la giurisprudenza hanno, concordemente, individuato l'obiettivo perseguito dalla composizione nella conservazione di quelle sinergie organizzative e gestionali che caratterizzano il gruppo in continuità, con la precisazione che la continuità del gruppo non corrisponderebbe alla somma atomistica delle sue componenti, bensì rappresenterebbe un "bene in sé"[4].

[1] In questo senso è, tra gli altri, l'opinione di BENEDETTI, *La nuova disciplina*, 1-2.

[2] Stando ai dati diffusi da Unioncamere, *Istanze di composizione*, dati aggiornati al 25 novembre 2022, circa il 9,31% delle istanze presentate riguarderebbero imprese appartenenti a gruppi.

[3] Eccezion fatta, nella prospettiva di rendere coerente la previsione con il resto del Codice, per l'eliminazione del comma 1 dell'art. 13 del citato d.l. n. 118 del 2021 contenente la definizione di «*gruppo di imprese*» e la sostituzione della «*sede legale*» con «*il centro degli interessi principali*».

[4] In questo senso sono orientati sia ABRIANI, *La disciplina*, 5, sia Trib. Ravenna, 24 febbraio 2023, in *OneLegale*. Tale ultima pronuncia appare interessante perché l'affermazione contenuta nel testo ha riguardato

2. – Chiarita quella che viene reputata la *ratio* ispiratrice delle trattative di gruppo nell'ambito della composizione, è possibile affrontarne la relativa disciplina, distinguendo l'esame a seconda che si opti per una trattativa separata condotta per ciascuna delle imprese del gruppo oppure unitaria ove, invece, la trattativa ne coinvolga più d'una (o tutte purché, beninteso, in crisi).

Il legislatore pare, in effetti, dedicare maggior attenzione a quest'ultima ipotesi, essendo quantitativamente prevalenti le norme rivolte a essa piuttosto che alla conduzione separata delle trattative. Il che potrebbe anche voler dire che il legislatore ha ritenuto l'ipotesi della trattativa unitaria quale modalità *normale* (*rectius*, preferibile) di conduzione della composizione negoziata di gruppo[5]. Tale suggestione sembrerebbe trovare conferma nell'individuata finalità che anima la disciplina, ma va, in ogni caso, verificata nel prosieguo.

Il comma 1 della norma in commento, in particolare, delinea il presupposto soggettivo di applicazione della trattativa unitaria di gruppo, consentendo a «*più imprese*» – «*appartenenti al medesimo gruppo e che hanno, ciascuna, il proprio centro degli interessi principali nel territorio dello Stato*»[6] – di chiedere al segretario generale della camera di commercio, appresso identificata, la nomina dell'esperto indipendente.

Quanto a quest'ultimo e alle modalità di nomina, la norma in commento richiama quelle, valide in generale, di cui – rispettivamente – agli artt. 12, comma 2, e 13 dello stesso Codice. Al riguardo, è da evidenziare che tali norme non subiscono, in caso di gruppo di imprese, alcun "aggiustamento"; ciò che, invece, sarebbe stato necessario, perlomeno, quanto ai requisiti richiesti per la nomina a esperto. Quest'ultimo dovrebbe, a ben riflettere, presentare requisiti professionali specifici e adeguati allo svolgimento di un incarico che, per sua natura (pluralità di imprese coinvolte), richiede una certa dimestichezza non solo sul piano delle cognizioni tecniche, ma anche dell'esperienza maturata[7].

Pure mutuata dalle norme valide in generale, è la disposizione che qualifica il presupposto oggettivo per l'accesso, ovvero uno «*squilibrio patrimoniale o economico-finanziario che ne rendono probabile la crisi o l'insolvenza e risulta ragionevolmente perseguibile il risa-*

un caso nel quale si prevedeva un ridimensionamento del gruppo per effetto della liquidazione di alcune società facenti parte del perimetro di gruppo.

[5] Per BENEDETTI, *La nuova disciplina*, 9, «lo scopo dell'unica richiesta di nomina dell'esperto per più società del gruppo è quello di agevolare una valutazione coordinata in merito alla necessità/opportunità di ricorrere a una soluzione della crisi (o precrisi), alla sussistenza del presupposto per l'esperimento di quest'ultima e alle concrete prospettive di risanamento, oltre che quello di ridurre i costi (in ossequio alle direttive in tal senso di matrice comunitaria)».

[6] Con la sostituzione della «*sede legale*» – contenuta nell'art. 13, d.l. n. 118 del 2021 – con il centro degli interessi principali, pare essere stato risolto quel profilo di distonia «rispetto alla tradizione nazionale, al diritto europeo, alla *soft law*, nonché al c.c.i.» evidenziato, inizialmente, da BOGGIO, *La composizione*, 259 ss.

[7] Ciò che, per vero, non potrebbe neppure essere rimesso alla (auto)verifica da parte dell'esperto in ordine alla «*propria indipendenza*» e al «*possesso delle competenze e della disponibilità di tempo necessarie per lo svolgimento dell'incarico*». Sotto tale profilo, potrebbe valorizzarsi quella previsione di cui all'art. 13, comma 7, che prescrive che la Commissione tenga conto, nella nomina, «*della complessiva esperienza formativa risultante dalla scheda sintetica di cui al comma 5, anche esaminando, ove occorra, il curriculum vitae, e dell'attività prestata come esperto nell'ambito di precedenti composizioni negoziate*». Si fa presente, in proposito, che il recente d.m. 21 marzo 2023 prevede, nell'allegato relativo alla «*scheda sintetica profilo professionale dell'esperto*», la possibilità per l'esperto di indicare, tra le informazioni aggiuntive delle esperienze maturate, maggiori dettagli quantitativi nel caso in cui la pregressa esperienza abbia riguardato la gestione della crisi di un gruppo.

namento dell'impresa» (art. 12, comma 1). La sussistenza di tale presupposto, nel caso di conduzione unitaria della trattativa, dovrebbe essere accertata con riguardo a ciascuna impresa del gruppo che richiede di accedere alla composizione negoziata [8].

Si è lasciata, poco prima, in sospeso l'individuazione della camera di commercio a cui rivolgersi per richiedere la nomina dell'esperto. La norma individua un duplice criterio da osservare nell'ordine legislativamente stabilito, competente è, in particolare, la camera di commercio: (*i*) ove è iscritta la società o l'ente che esercita l'attività di direzione e coordinamento in base alla pubblicità prevista dall'art. 2497-*bis* c.c.; in subordine, quella (*ii*) ove è iscritta l'impresa del gruppo che presenta la maggiore esposizione debitoria [9].

I criteri indicati valgono anche per l'individuazione dell'impresa che è legittimata a chiedere al tribunale competente, determinato ai sensi dell'art. 27, le misure protettive e cautelari. In proposito, è stato sollevato il dubbio quanto alla legittimazione di quest'ultima a richiedere le misure protettive e cautelari relativamente al patrimonio delle (altre) imprese del gruppo che aderiscono all'iniziativa unitaria. Al riguardo, sembra palesarsi un contrasto tra la posizione dottrinale, di segno negativo, che fa leva sul principio di separazione tra le masse patrimoniali [10], e quella, assunta in una delle prime pronunce giurisprudenziali, che propende per la legittimazione dell'impresa del gruppo che ha avviato la composizione alla richiesta di misure anche in favore delle altre società del gruppo coinvolte nella composizione [11].

Quanto al procedimento da seguire, in concreto, per attivare la composizione negoziata, la peculiarità che riguarda il gruppo di imprese consiste nella circostanza che, accanto ai documenti indicati nell'art. 17, comma 3, nella piattaforma telematica l'"imprenditore" allega una relazione che contiene le seguenti informazioni aggiuntive rispetto a quelle valide in generale: (*a*) informazioni analitiche sulla struttura del gruppo e sui vincoli partecipativi o contrattuali; (*b*) l'indicazione del registro delle imprese o dei registri delle impre-

---

[8] Tanto sembra emergere pure da un'altra delle (poche) pronunce giurisprudenziali – edite – che hanno trattato della composizione negoziata di gruppo: v. Trib. Milano, 8 marzo 2022, in *DeJure*, nella quale si dà atto che «l'esperto ha riportato in relazione le sintetiche informazioni acquisite su ciascuna società istante e la rispettiva situazione patrimoniale».

[9] In tutti e due i casi, la società o l'ente o l'impresa deve essere quella avente il proprio centro degli interessi principali nel territorio dello Stato. Quanto al secondo criterio, ABRIANI, *La disciplina*, 13, osserva come esso sarebbe «destinato a trovare applicazione in ipotesi di mancato coinvolgimento diretto della capogruppo nel percorso di composizione negoziata (…) o, ancora, in presenza delle peculiari ipotesi di gruppo paritetico o di *holding* persona fisica non imprenditrice».

[10] Cfr. BOGGIO, *La composizione*, 286-287, il quale, pur riconoscendo un interesse «affinché la pronunzia protettiva e/o cautelare investa il patrimonio di componenti del gruppo nella prospettiva di un più efficace e vantaggioso piano complessivo di uscita dalla crisi», sostiene che il legislatore ha optato per un coordinamento, quanto all'emissione e all'attuazione di misure protettive e cautelari relative a imprese di un gruppo, «debole». All'A. si rinvia per la soluzione (positiva) del problema relativo alla carenza di una disciplina afferente alle misure premiali «di gruppo»: «ragioni di ordine macroeconomico, prim'ancora che di *favor* o di neutralità rispetto alle scelte delle forme organizzative delle imprese quali espressione della libertà d'impresa e dell'autonomia privata, inducono alla soluzione interpretativa meno restrittiva» (così a p. 288).

[11] V. Trib. Ravenna, 24 febbraio 2023, cit., che, però, ha escluso l'applicazione delle misure protettive per le società del gruppo di cui era stata prevista, nella prospettazione della debitrice, l'imminente cessazione. L'altro precedente giurisprudenziale citato (Trib. Milano, 8 marzo 2022), invece, aveva confermato le misure protettive del patrimonio sulla base di un ricorso-istanza unitaria delle imprese coinvolte nella composizione.

se in cui è stata effettuata la pubblicità ai sensi dell'art. 2497-*bis* c.c.; (*c*) il bilancio consolidato di gruppo, ove redatto [12].

La finalità di un'informativa di questo tipo è stata individuata nel permettere, da una parte, all'esperto di avere un'adeguata conoscenza della composizione, della struttura e delle dinamiche, anche sotto il profilo dei rapporti finanziari, del gruppo e, dall'altra, ai creditori di accedere, in funzione della corretta formazione del loro consenso, a informazioni altrimenti non disponibili [13].

2.1. – La raccolta delle informazioni – in uno alle valutazioni scaturite in occasione delle convocazioni e degli incontri con le imprese del gruppo attinte dalla composizione – potrebbe risultare, tra le altre cose, propedeutica alla decisione dell'esperto di imprimere una "battuta d'arresto" alla conduzione unitaria per svolgere le trattative «*per singole imprese*», quando lo svolgimento congiunto le renda «*eccessivamente gravose*» (art. 25, comma 5) [14]. Tale opzione, secondo una lettura, sarebbe suscettibile di determinare un duplice scenario: (a) il "frazionamento" della trattativa unitaria di gruppo in "sotto-tavoli negoziali" separati ma destinati a confluire nella stipulazione unitaria di contratti, accordi o convenzioni; (b) la prosecuzione delle trattative separatamente per le singole imprese coinvolte, pervenendo, per tale via, a soluzioni della crisi individuali [15].

All'opposto, potrebbe accadere che le trattative siano state avviate singolarmente per ciascuna impresa appartenente al gruppo, avendo queste presentato «*più istanze*» ai sensi dell'art. 12, comma 1. A fronte di tale eventualità, si prevede che gli esperti nominati per ognuna delle trattative possono proporre di proseguire in modo unitario per tutte le imprese oppure soltanto per alcune («*appositamente individuate*»). Decisione che potrebbe ricollegarsi a quel *favor*, richiamato inizialmente, per la gestione unitaria delle trattative delle imprese di gruppo che abbiano aderito alla composizione negoziata.

Una siffatta determinazione viene comunque subordinata all'audizione – secondo modalità che non vengono predeterminate [16] – dei richiedenti e dei creditori. L'esperto incaricato di proseguire le trattative in modo unitario dovrebbe venire selezionato, «*di comune accordo*» [17],

---

[12] Per gli altri quesiti cui è necessario rispondere al momento della compilazione della *check list* si rinvia alla sez. II, § 6, decreto dirigenziale del Ministero della Giustizia del 28 settembre 2021, per come, da ultimo, aggiornato, con il decreto del 21 marzo 2023.

[13] In questi termini, v. BENEDETTI, *La nuova disciplina*, 8-9.

[14] Osserva ABRIANI, *La disciplina*, 16, come «va qui segnalata una differenza rispetto alle regole dettate nel titolo sesto, che subordinano la *procedural consolidation* ad un vaglio di convenienza rispetto all'interesse dei creditori: differenza che trova giustificazione nel carattere interlocutorio che connota la fase di avvio delle trattative e, più in generale, il percorso della composizione negoziata».

[15] La proposta interpretativa è di BOGGIO, *La composizione*, 264.

[16] Sotto tale profilo, anche il citato decreto del 21 marzo 2023 pare alquanto laconico, prevedendosi – al punto 3.6. – che «gli esperti nominati dovranno sentire i richiedenti e i creditori con i quali sono in corso le trattative e comunque sentirsi tra di loro e valutare insieme l'opportunità o meno di una trattazione unitaria condotta da un unico esperto».

[17] La norma non consente di definire quali siano i ruoli delle parti (esperti e imprese del gruppo) coinvolte. Innanzitutto, pare ipotizzabile che la scelta dell'esperto unico deputato a proseguire le trattative sia affidata agli esperti già nominati. Quest'ultima opzione appare quella più plausibile atteso che è difficile ipotizzare che le imprese coinvolte possano, anche affidandosi a ragioni opportunistiche, scegliere l'esperto che gestirà le trat-

fra quelli nominati; in difetto di designazione, il comma 7 della norma in commento fa applicazione di una sorta di principio di prevenzione, di talché l'esperto deputato a proseguire le trattative sarà quello nominato a seguito della istanza presentata per prima.

3. – L'esperto – sia che si tratti di conduzione delle trattative unitaria o separata[18] – può invitare a partecipare le imprese del gruppo che non si trovino in condizione di squilibrio patrimoniale o economico-finanziario che ne rendono probabile la crisi o l'insolvenza[19]. In alternativa, la partecipazione alle trattative dell'impresa del gruppo *in bonis* potrebbe avvenire anche sulla base dell'iniziativa (autonoma) della stessa o dell'impresa assoggettata alla composizione negoziata[20].

Resta da comprendere se, in tale secondo caso, l'esperto abbia la facoltà di negare ingresso alla società non assoggettata alla composizione negoziata e, quindi, se debba effettuare un vaglio sull'esistenza di un interesse "qualificato" alla partecipazione. Di un potere di questo tipo l'esperto non pare essere, in effetti, munito. A sostegno della libertà d'intervento, potrebbe piuttosto invocarsi un interesse alla (più ampia) "apertura" della composizione negoziata, specialmente nei confronti di quelle società che, come si esemplifica nel protocollo di conduzione della composizione negoziata, abbiano concesso garanzie a favore della società debitrice o che siano portatrici di un interesse nel risanamento della stessa.

Problema diverso riguarda il ruolo dell'impresa del gruppo *in bonis* che abbia optato per la partecipazione alle trattative. In particolare, è stato osservato come, con la partecipazione (e, eventualmente, la conclusione dell'accordo), l'impresa *in bonis* si ritrovi assoggettata ai riflessi "negativi" in termini di obbligazioni imposte ai partecipanti al procedimento di composizione negoziata[21].

tative. Sempre nello stesso senso, si deve tenere conto del fatto che gli esperti sono stati nominati da un organo terzo, per cui, se si affidasse la selezione dell'esperto alle imprese coinvolte, si consentirebbe a queste ultime di incidere, modificandola, su tale decisione. In ogni caso, si discute, tra i primi commentatori, sul ruolo assegnato alle imprese coinvolte nelle trattative: per PANZANI, *Codice della crisi*, 1357, le imprese istanti debbono comunque aderire sulla prosecuzione in modo unitario, mentre per ABRIANI, *La disciplina*, nt. 42, «non sembra che il carattere volontario del nuovo strumento stragiudiziale imponga il consenso delle stesse per passare da trattative individuali a trattative riguardanti congiuntamente tutte le unità del gruppo» (in quest'ultimo senso v., prima, anche BENEDETTI, *La nuova disciplina*, 13).

[18] Non sembrano sussistere argomenti di segno contrario all'eventualità che l'impresa *in bonis* possa intervenire anche quando la trattativa riguardi un'unica impresa del gruppo.

[19] Come osservato da BOGGIO, *La composizione*, 269, la norma, non facendo menzione dell'altra condizione prevista dal comma 1, consentirebbe di escludere la necessità che l'impresa *in bonis* debba avere il proprio centro degli interessi principali nel territorio dello Stato; e, «ciò renderebbe lo strumento più «aperto» e, in definitiva, più rispondente alle esigenze di risanamento dei gruppi multinazionali». Nello stesso senso v., più di recente, anche PANZANI, *Codice della crisi*, 1356.

[20] Tanto sembrerebbe desumersi dal tenore letterale del comma 6 della norma in commento ove l'inciso «*anche su invito dell'esperto*». In tal senso è anche l'opinione di BOGGIO, *ivi*, 270. In generale, ABRIANI, *La disciplina*, 20, osserva come «la società in *going concern* del gruppo potrebbe ritenere corrispondente al proprio interesse sostenere, tramite la propria partecipazione, il tentativo di soluzione della crisi esperito rispetto a quelle unità con le quali sussistevano sinergie operative o finanziarie».

[21] Così l'impresa *in bonis* potrà, eventualmente, sottrarsi dal procedimento compositivo solamente «con modalità tali da non ledere gli affidamenti legittimamente maturati in altri»: in questi termini BOGGIO, *La composizione*, 270-271.

4. – Il coinvolgimento nelle trattative – anche dell'impresa del gruppo *in bonis* – potrebbe altresì esplicitarsi nella prestazione di sostegno finanziario e, nella specie, dell'erogazione di finanziamenti «*in qualsiasi forma pattuiti*»[22]. Il comma 8 della norma in commento detta, in particolare, alcune condizioni perché tali finanziamenti – siccome effettuati in favore di una società del gruppo in una situazione di crisi[23] – possano, ciononostante, essere "esonerati" dalla regola della postergazione di cui agli artt. 2467 e 2497-*quinquies* c.c.

Prima di occuparci delle condizioni prescritte dalla norma, è appena il caso di perimetrare il relativo ambito soggettivo di applicazione, nonché svolgere un (minimo) coordinamento con le altre disposizioni che, parimenti, si occupano dei finanziamenti infragruppo nell'ambito della composizione negoziata. La norma, infatti, ammette l'esclusione della postergazione per quei finanziamenti effettuati in favore delle «*società controllate*» o «*sottoposte a comune controllo*». Il che equivale a dire che, per rientrare nell'ambito applicativo, il finanziamento dovrà essere eseguito *down-stream* o *cross-stream*, ovvero dovrà trattarsi di quelli della capogruppo (in quanto anche controllante) o di altra impresa del gruppo in favore della controllata o di quella sottoposta al controllo congiunto[24].

Situazione diversa, venendo al coordinamento con le altre disposizioni del Codice che si occupano, nell'ambito della composizione negoziata, di finanziamenti infragruppo, riguarda: (*a*) i finanziamenti che, interpretando *a contrariis* la norma in commento, potrebbero essere effettuati al di fuori delle condizioni prescritte (v. *infra*) e, in quanto tali, essere assoggettati alla postergazione; oppure (*b*) i finanziamenti *prededucibili* che – in base all'art. 22 – il tribunale, «*verificata la funzionalità degli atti rispetto alla continuità aziendale e alla migliore soddisfazione dei creditori*», può autorizzare a contrarre[25].

Si menzionavano, poco prima, le condizioni cui deve essere assoggettato il finanziamento per essere escluso dalla postergazione. Occorre, nello specifico, che l'imprenditore abbia «*preventivamente*» informato l'esperto e che quest'ultimo, «*dopo avere segnalato che l'operazione può arrecare pregiudizio ai creditori*»[26], non abbia iscritto il proprio dissenso nel registro delle imprese[27]. La mancata osservanza di tali presupposti non dovrebbe com-

[22] Sulla possibilità di "esportare", nell'ambito della trattativa di gruppo, l'accordo di sostegno finanziario infragruppo bancario di cui agli artt. 69-*duodecies* e ss. TUB sia consentito rinviare a DE FILIPPIS, *Accordi di sostegno*, spec. 12 ss.

[23] Poco fondata, anche in astratto, sembra essere l'alternativa interpretativa, poi scartata, posta da FRANCHI, *Considerazioni sui finanziamenti*, 554-555, a proposito della possibilità che la norma si riferisca al trattamento del finanziamento erogato dalla componente del gruppo sottoposta alla composizione.

[24] Per quest'interpretazione propende anche BOGGIO, *La composizione*, 280. Secondo BENEDETTI, *La nuova disciplina*, 18, i finanziamenti ascendenti non sarebbero inclusi «in base all'assunto – per la verità non pacifico – che essi non sono compresi nell'ambito di applicazione dell'art. 2497 *quinquies* c.c., essendo perciò inutile disporne l'esenzione dalla postergazione».

[25] In tutte e due queste ipotesi, non sarebbero applicabili discriminanti di tipo soggettivo. Ciò, per i finanziamenti prededucibili, sarebbe ricavabile dal precitato art. 22, comma 1, lett. *c*), il quale parla di autorizzazione in favore di «*una o più società appartenenti ad un gruppo di imprese di cui all'articolo 25*».

[26] Si rinvia al citato decreto dirigenziale del Ministero della Giustizia (sez. III, § 7.9.) per un'esemplificazione dei casi nei quali vi sarebbe o, viceversa, non vi sarebbe pregiudizio per i creditori.

[27] Non è da escludere che, una volta rispettate le condizioni prescritte perché il finanziamento non sia postergato, venga anche richiesto il vaglio del Tribunale per l'autorizzazione alla prededuzione dello stesso finanziamento: ammettono tale eventualità PALMIERI, *La disciplina*, 1191-1192, e FRANCHI, *Considerazioni sui finanziamenti*, 558.

promettere l'efficacia dell'atto posto in essere che sarà, nondimeno, assoggettato a postergazione e, in presenza delle relative condizioni, alla revocatoria del rimborso [28].

5. – Il sostegno finanziario potrebbe essere posto a fondamento di una delle soluzioni volte a favorire il risanamento delle imprese del gruppo che partecipano alla composizione negoziata. Tra queste, l'ultimo comma della norma in commento prevede che, al termine delle trattative, le imprese del gruppo possano stipulare – «*in via unitaria*» – uno dei contratti, convenzioni o accordi previsti, in generale, dall'art. 23, comma 1. Trattasi del contratto con uno o più creditori idoneo ad assicurare la continuità aziendale per almeno due anni, della convenzione di moratoria prevista dall'art. 62 [29], nonché, infine, dell'accordo, sottoscritto dalle imprese del gruppo, dai creditori e dall'esperto, che produce l'esenzione da revocatoria e dai reati di bancarotta di cui all'art. 324.

Sempre in via unitaria, ma anche separatamente, le imprese del gruppo che partecipano alla composizione negoziata possono altresì accedere alle altre soluzioni di regolazione della crisi e dell'insolvenza previste dall'art. 23. Vale a dire: (*i*) predisporre un piano attestato di risanamento di cui all'art. 56; (*ii*) domandare l'omologazione di un accordo di ristrutturazione dei debiti in una delle "varianti" contemplate dal Codice; (*iii*) proporre la domanda di concordato semplificato per la liquidazione del patrimonio; (*iv*) accedere a uno degli strumenti di regolazione della crisi disciplinati dal Codice (concordato preventivo, piano di ristrutturazione soggetto a omologazione, liquidazione giudiziale e all'amministrazione straordinaria).

Questo secondo insieme di (possibili) soluzioni merita, in ogni caso, di essere circoscritto. È stato difatti sollevato il dubbio se la possibilità di accedere agli ultimi strumenti di regolazione della crisi e dell'insolvenza, in modo unitario e anche separato, equivalga a sostenere che la procedura sia attivabile solamente quando essa preveda una disciplina di gruppo oppure, all'opposto, che, pure in mancanza di norme che regolano la fattispecie di gruppo, sia comunque possibile accedere, per esempio, al concordato semplificato. Se, da una parte, si ammette che il concordato preventivo di gruppo potrebbe avere contenuto liquidatorio, avvicinandosi, così, proprio al concordato semplificato, con conseguente estensione degli artt. 284 ss., dall'altra, constatate le difficoltà di un'interpretazione estensiva di quelle norme, la stessa opinione ritiene, perlomeno, applicabile la parte di disciplina che impone un coordinamento tra gli organi delle diverse procedure [30].

---

[28] Così ABRIANI, *La disciplina*, 43, il quale aggiunge pure la responsabilità degli organi sociali per i danni che ne siano derivati.

[29] Già nella vigenza del d.l. n. 118 del 2021 BOGGIO, *La composizione*, 277 ss., poneva qualche interrogativo in ordine all'estensione degli effetti dei contratti e delle convenzioni concluse in favore delle imprese *in bonis*, nonché alle conseguenze in caso di inadempimento di un partecipante rispetto alla permanenza in vita dell'accordo o della convenzione.

[30] Il dubbio e la (proposta di) soluzione sono di PANZANI, *Codice della crisi*, 1360.

Articolo 25-*bis*
Misure Premiali

1. Dall'accettazione dell'incarico da parte dell'esperto e sino alla conclusione delle trattative con una delle soluzioni previste dall'articolo 23, commi 1 e 2, lettera b), gli interessi che maturano sui debiti tributari dell'imprenditore sono ridotti alla misura legale.

2. Le sanzioni tributarie per le quali è prevista l'applicazione in misura ridotta in caso di pagamento entro un determinato termine dalla comunicazione dell'ufficio che le irroga, sono ridotte alla misura minima se il termine per il pagamento scade dopo la presentazione della istanza di cui all'articolo 17.

3. Le sanzioni e gli interessi sui debiti tributari sorti prima del deposito dell'istanza di cui all'articolo 17 e oggetto della composizione negoziata sono ridotti della metà nelle ipotesi previste dall'articolo 23, comma 2.

4. In caso di pubblicazione nel registro delle imprese del contratto di cui all'articolo 23, comma 1, lettera a), e dell'accordo di cui all'articolo 23, comma 1, lettera c), l'Agenzia delle entrate concede all'imprenditore che lo richiede, con istanza sottoscritta anche dall'esperto, un piano di rateazione fino ad un massimo di settantadue rate mensili delle somme dovute e non versate a titolo di imposte sul reddito, ritenute alla fonte operate in qualità di sostituto d'imposta, imposta sul valore aggiunto e imposta regionale sulle attività produttive non ancora iscritte a ruolo, e relativi accessori. Si applicano, in quanto compatibili, le disposizioni di cui all'articolo 19 del decreto del Presidente della Repubblica 29 settembre 1973, n. 602. La sottoscrizione dell'esperto costituisce prova dell'esistenza della temporanea situazione di obiettiva difficoltà. L'imprenditore decade automaticamente dal beneficio della rateazione anche in caso di successivo deposito di ricorso ai sensi dell'articolo 40 o in caso di apertura della procedura di liquidazione giudiziale o della liquidazione controllata o di accertamento dello stato di insolvenza oppure in caso di mancato pagamento anche di una sola rata alla sua scadenza.

5. Dalla pubblicazione nel registro delle imprese del contratto e dell'accordo di cui all'articolo 23, comma 1, lettere a) e c), o degli accordi di cui all'articolo 23, comma 2, lettera b), si applicano gli articoli 88, comma 4-ter, e 101, comma 5, del testo unico delle imposte sui redditi, di cui al decreto del Presidente della Repubblica 22 dicembre 1986, n. 917.

6. Nel caso di successiva apertura della procedura di liquidazione giudiziale o di liquidazione controllata o nel caso di accertamento dello stato di insolvenza, gli interessi e le sanzioni sono dovuti senza le riduzioni di cui ai commi 1 e 2.

Marco Di Siena

1. – Come noto uno degli obiettivi che si è inteso realizzare con la riforma è stato quello di elaborare un articolato sistema in grado di favorire la precoce emersione della situazione di crisi così da favorire la tempestiva adozione di misure correttive. Consapevole dei difetti del pregresso assetto, infatti, il legislatore ha voluto rimediare al ritardo cronico con cui di norma si individuano gli indizi della crisi [1] ed ha approntato un complesso di *incentivi ad agire* che è funzionale alla tutela sia dell'interesse individuale dei creditori – tra i quali lo Stato riveste un ruolo significativo – che di quello collettivo alla prosecuzione dell'attività produttiva ed al conseguente mantenimento dei livelli occupazionali. È a tale *ratio*, tipicamente, che risponde la procedura di composizione assistita della crisi la quale, con tutta evidenza, mira a fare sì che l'imprenditore coinvolga in modo tempestivo strutture terze per assicurare una maggiore efficacia agli interventi di risanamento ed aumentarne le concrete possibilità di successo. Al *genus* dei menzionati incentivi rispondono quindi anche le misure premiali di natura squisitamente fiscale che, in ragione degli ultimi interventi normativi, sono state da ultimo collocate in una disposizione *ad hoc* [2] la quale – sebbene non di agevolissima lettura [3] – evidenzia la volontà di garantire un *favor* all'imprenditore in crisi che si dimostri *diligente* e si attivi rapidamente per la soluzione dello stato di crisi esperendo le iniziative previste *ex lege* (un *favor* che ha indotto la dottrina [4] ad ipotizzare che le misure premiali di cui trattasi rappresentino a tutti gli effetti delle *agevolazioni fiscali* [5] da valutare quindi tanto in una prospettiva di coerenza con l'art. 53 Cost. quanto nell'ottica unionale del divieto di *aiuti di stato*). Va detto che l'*intensità* di queste previsioni di ordine fiscale è declinata a livello legislativo anche a seconda della natura e dell'esito della misura di composizione della crisi esperita e questa soluzione descrittiva

---

[1] Per una analisi economico-aziendale delle ipotesi di crisi d'impresa cfr. BIANCHI, *Tipologia della crisi*, 2004.

[2] Per una analisi (seppure non del tutto aggiornata alla luce delle recenti modifiche normative) del complesso delle misure premiali di natura patrimoniale cfr. SANZO, *La disciplina procedimentale*, 66. Vale precisare, peraltro, che l'attuale formulazione dell'art. 25-*bis* è stata introdotta dall'art. 6, d.lgs. n. 83 del 2022 superando il pregresso assetto delle misure premiali di natura tributaria che era stato introdotto dall'art. 14, d.l. n. 118 del 2021 (il quale, peraltro, reiterava – seppure in parte – l'originaria formulazione dell'art. 25, d.lgs. n. 14 del 2019).

[3] In tal senso anche il giudizio di PAPARELLA, *Il rapporto*, 424.

[4] Cfr. BIZIOLI, *Le misure premiali*.

[5] Sulla categoria delle *agevolazioni* in materia fiscale, a mero titolo esemplificativo, cfr. BASILAVECCHIA, *Agevolazioni, esenzioni*, 421.

casistica non agevola di certo l'analisi del testo normativo che risulta di non immediata fruibilità[6]. Al di là di questo profilo formale, tuttavia, ciò che va posto in luce è che – nella sostanza – l'intensità delle misure premiali resta comunque abbastanza limitata nel complesso; sicché se l'obiettivo era quello di assicurare per questa via un sicuro incentivo a che l'imprenditore esperisca rapidamente una delle misure per la soluzione della crisi v'è motivo di affermare che si sarebbe senz'altro potuto fare di più e meglio.

2. – Le misure premiali in materia di interessi sono disciplinate dal comma 1 e 3 dell'art. 25-*bis*. La prima disposizione (il comma 1) ha un effetto agevolativo che *prima facie* appare significativo. Si afferma, infatti, che «*gli interessi che maturano sui debiti tributari dell'imprenditore sono ridotti alla misura legale*» e – come noto – il saggio praticato sui debiti tributari (un tasso applicato in base alle previsioni speciali di natura fiscale) è tradizionalmente molto più elevato di quello legale previsto dall'art. 1284 c.c.[7]. In prima istanza, quindi, la possibilità che gli interessi sui debiti tributari oggetto di composizione maturino ad un saggio (per così dire) *ridotto* è senz'altro apprezzabile. Tuttavia, l'effetto concreto della misura premiale in discussione è – a bene considerare – abbastanza limitato. E ciò per più ragioni. In prima istanza, infatti, va considerato che la maturazione degli interessi al saggio legale riguarda il solo arco temporale intercorrente fra l'*accettazione dell'incarico da parte dell'esperto*, da un lato, e la *conclusione delle trattative con una delle soluzioni previste dall'art. 23, comma 1 e 2 lettera b),* dall'altro lato. Si tratta, quindi, di un periodo ragionevolmente breve perché riguarda il solo arco temporale concernente le trattative idonee a condurre ad una forma di composizione negoziata della crisi che non preveda l'intervento dell'Autorità giudiziaria (tali sono le iniziative previste dall'art. 23, comma 1) ovvero all'accordo di ristrutturazione omologato disciplinato dal comma 2, lett. *b*) del medesimo art. 23[8]. In secondo luogo, poi, va apprezzato come – ai sensi del comma 6 dell'art. 25-*bis* – l'eventuale apertura della procedura di liquidazione giudiziale o controllata o l'accertamento dello stato di insolvenza rilevino alla stregua di vere e proprie condizioni risolutive del beneficio sicché ove si verifichi una tale eventualità la riduzione degli interessi è destinata a non trovare più applicazione. In sintesi, quindi, il reale effetto di incentivazione della misura è destinato ad essere presumibilmente limitato. Occorre poi aggiungere un ulteriore elemento di perplessità circa la specifica previsione normativa. L'agevolazione, infatti, parrebbe traguardare (al più) il momento di *conclusione delle trattative* di talché la fase di esecuzione vera e propria delle iniziative di composizione negoziata

[6] In tal senso – seppure con riferimento alla previsione di cui al richiamato art. 14, d.l. n. 118 del 2021 cfr. RANDAZZO, *Le misure premiali*, 86.

[7] Sebbene con riferimento all'abrogata disciplina dettata dal menzionato art. 14, d.l. n. 118 del 2021 (sostanzialmente riprodotta nella norma in commento) sottolinea la differenza fra saggio d'interesse legale e fiscale FANELLI, *Composizione negoziata*.

[8] Ancorché la formulazione letterale della norma appaia silente al riguardo è logico affermare che – affinché la maturazione degli interessi al saggio legale possa avere luogo – le *trattative* debbono concludersi in senso positivo. In tal senso depone sia la *condizione risolutiva* prevista dal comma 6 che la stessa *ratio* della disposizione che, altrimenti, potrebbe essere strumentalizzata da parte di chi fosse intenzionato a *lucrare* della sola riduzione degli interessi al saggio legale senza tuttavia perseguire effettivamente l'obiettivo di concludere fruttuosamente le trattative avviate.

senza intervento giudiziale (comma 1) ovvero quella di omologazione dell'accordo di ristrutturazione (comma 2, lett. *b*) non parrebbero consentire la maturazione di interessi in base al saggio legale; il che, a tacere d'altro, rende in prospettiva il beneficio quantitativamente limitato.

3. – Il comma 3 affronta una ipotesi differente da quella (come detto abbastanza limitata nel proprio concreto ambito applicativo) disciplinata dal comma 1 dell'art. 25-*bis*. In altri termini, ove quest'ultima disposizione riguarda (come esplicitato) la maturazione degli interessi sui debiti tributari nell'arco temporale interessato dallo svolgimento delle trattative patrocinate dall'esperto (per la precisione nel periodo intercorrente dall'accettazione dell'incarico da parte dello stesso alla conclusione delle trattative), il comma 3 concerne invece gli interessi maturati in relazione ai debiti tributari sorti *prima del deposito dell'istanza* per la designazione dell'esperto ed oggetto della procedura di risoluzione della crisi (a condizione che la procedura abbia una conclusione positiva)[9]. In tale eventualità il beneficio accordato a livello legislativo è senz'altro più incisivo dal punto di vista quantitativo perché è prevista una riduzione alla metà degli interessi per un complesso di debiti tributari in potenza significativo. Occorre, tuttavia, considerare che la prescritta riduzione è circoscritta alle sole ipotesi previste dall'art. 23, comma 2. Ciò significa, quindi, che per tutte le fattispecie di composizione negoziata di natura più flessibile (le quali non prevedono un intervento giudiziale) regolate dal comma 1 del medesimo art. 23 la prevista riduzione degli interessi sui debiti tributari *pregressi* (ossia anteriori al deposito dell'istanza per la designazione dell'esperto) non trova applicazione; il che – sicuramente – costituisce una amputazione significativa dell'efficacia concreta del prefigurato incentivo che costituisce la *ratio* sottesa all'intera disciplina delle misure premiali in esame. Al tempo stesso, tuttavia, il riferimento operato dal comma 3 all'insieme delle procedure disciplinate dall'art. 23, comma 2 – e non soltanto all'ipotesi di accordo di ristrutturazione di cui alla lett. *b*) del medesimo art. 23 – fa sì che, per quanto attiene le figure di composizione giudiziale della crisi, il potenziale campo di applicazione della specifica previsione sia più ampio di quello analizzato nel precedente paragrafo. Proprio quest'ultima circostanza ed i differenti periodi in cui le agevolazioni previste dai comma 1 e 3 dell'art. 25-*bis* sono in astratto destinate ad operare fanno sì che le due tipologie di riduzione (degli interessi) ben possano trovare applicazione in maniera congiunta. Un ulteriore elemento di *appeal* della previsione secondo cui sono ridotti alla metà gli interessi (maturati sui debiti fiscali *anteriori* all'istanza di designazione dell'esperto) è dato dall'assenza di una *condizione risolutiva* della misura agevolativa (come invece previsto – per quanto rappresentato – per la riduzione disciplinata dal comma 1). Il comma 6, infatti, prevede che l'eventuale apertura della procedura di liquidazione giudiziale o controllata o l'accertamento dello stato di insolvenza comportino la disapplicazione delle sole disposizioni di cui ai commi 1 e 2 e non anche di quella (in commento) prevista dal successivo comma 3.

---

[9] Un ulteriore elemento differenziale fra la riduzione degli interessi disciplinata dal comma 1 e quella prevista dal comma 3 dell'art. 25-*bis* è data dalla circostanza che mentre la prima ipotesi esplica efficacia dalla data di accettazione dell'incarico da parte dell'esperto designato, al contrario la seconda trova applicazione dal momento (anteriore) del deposito dell'istanza per la designazione.

4. – Il medesimo comma 3 prevede analogo (e significativo) beneficio (vale a dire la riduzione alla metà) per le sanzioni amministrative relative ai debiti tributari sorti prima della presentazione dell'istanza per la designazione dell'esperto (cc.dd. *debiti pregressi*). E così – nel caso in cui l'iniziativa di composizione della crisi trovi il proprio esito nella formalizzazione di uno degli istituti disciplinati dal comma 2 dell'art. 23 (ossia in uno di quegli istituti che prevedono un intervento di natura giudiziale) – tutte le sanzioni riferibili ai menzionati *debiti pregressi* sono ridotte alla metà con l'ulteriore *addendum* che tale positivo effetto è comunque destinato a restare *acquisito* perché (in modo del tutto omologo a quanto previsto in tema di interessi relativi ai medesimi debiti) non trova applicazione la condizione risolutiva dell'agevolazione (prevista dal comma 6) rappresentata dall'apertura della procedura di liquidazione giudiziale o controllata o dall'accertamento dello stato di insolvenza.

5. – Meno nitido l'ambito applicativo del comma 2 dell'art. 25-*bis* in forza del quale il contribuente che presenti istanza di designazione dell'esperto è in ogni caso legittimato pagare le sanzioni in misura minima (*recte* ridotta) se il termine di adempimento spira successivamente al deposito dell'istanza e ciò a prescindere dal momento di corresponsione del *quantum* in favore del Fisco [10]. La poca chiarezza è determinata dalla formulazione della disposizione la quale fa esplicito riferimento (invero non del tutto puntuale) alle sanzioni *per le quali è prevista l'applicazione in misura ridotta in caso di pagamento entro un determinato termine dalla comunicazione dell'ufficio che le irroga*. Secondo una prima interpretazione [11], infatti, con tale formulazione si intenderebbero designare tutte le sanzioni suscettibili di definizione agevolata in forza di particolari istituti deflativi previsti dall'ordinamento tributario [12]; il che garantirebbe alla specifica previsione normativa un indubbio effetto di incentivazione perché potrebbe trovare applicazione in numerosi casi. Un'altra dottrina, al contrario, ha fissato limiti interpretativi diversi [13] rilevando come il comma 2 non faccia riferimento a *sanzioni già irrogate* (per le quali decorra già il termine di pagamento al momento della presentazione dell'istanza di designazione dell'esperto) ma a *sanzioni per le quali è prevista l'applicazione in misura ridotta in caso di pagamento entro un determinato termine dalla comunicazione dell'ufficio che le irroga*. Una formulazione, quindi, che parrebbe rinviare – per un verso – alla disciplina dettata dall'art. 6, comma 5, l. n. 212 del 2000 e – per altro verso – alle attività di liquidazione e controllo formale [14] delle dichiarazioni dei redditi ed IVA. È (solo) per questo genere di attività di controllo, infatti, che il d.lgs. n. 462 del 1997 prescrive un preciso obbligo di invio di una pregressa *comunicazione di irregolarità* a cui il contribuente può prestare acquiescenza fruendo in tal modo di una sanzione ridotta [15]. Se-

---

[10] Ferma restando, in ragione del comma 6, il venire meno del beneficio ove mai l'impresa dovesse essere assoggettata a procedura di liquidazione giudiziale o controllata o ne dovesse essere accertato lo stato di insolvenza.

[11] Così, ad esempio, BIZIOLI, *Le misure premiali*; FANELLI, *Composizione negoziata*.

[12] È il caso, ad esempio, della definizione delle sanzioni amministrative tributarie previste dall'art. 17, d.lgs. n. 472 del 1997 ovvero della c.d. acquiescenza regolata dall'art. 15, d.lgs. n. 218 del 1997.

[13] Cfr. RANDAZZO, *Le misure premiali*, 88.

[14] Vale a dire alle procedure di controllo previste dall'art. 36-*bis* e dall'art. 36-*ter*, d.p.r. n. 600 del 973 e dallo speculare istituto previsto, in ambito IVA, dall'art. 54-*bis*, d.p.r. n. 633 del 1972.

[15] Cfr. artt. 2-3, d.lgs. n. 462 del 1997.

condo questo secondo orientamento, perciò, è solo a tali ipotesi (essenzialmente la definizione dei cc.dd. *avvisi bonari* da liquidazione e/o da controllo formale) che rinvierebbe il comma 2 dell'art. 25-*bis*. In realtà, sebbene la seconda opinione sia molto puntuale in termini di ricostruzione normativa, è ragionevole affermare che non vi sia motivo per una limitazione così selettiva come quella prefigurata. Non v'è dubbio, infatti, sul fatto che – ove si intendesse limitare l'applicazione del comma 2 alle sole ipotesi di controllo formale e di liquidazione delle dichiarazioni – l'effetto di incentivazione perseguito dall'art. 25-*bis* rischierebbe di risultarne (almeno in parte) frustrato. È noto, infatti, che tali procedure (previste dagli artt. 36-*bis*, d.p.r. n. 600 del 1973 e 54-*bis*, d.p.r. n. 633 del 1972) sono controlli *automatici* ed *intercettano* principalmente omissioni di versamento (peraltro – occorre dire – un'eventualità tutt'altro che infrequente in vicende di crisi imprenditoriale); così come è altrettanto indubbio che il controllo formale (previsto dall'art. 36-*ter*, d.p.r. n. 600 del 1973) rappresenti una procedura che è indirizzata soprattutto alle persone fisiche. Si è in presenza, quindi, di situazioni che – alla prova dei fatti – potrebbero risultare di abbastanza limitata verificazione. È allora possibile argomentare che il legislatore del comma 2 (sebbene con una formulazione letterale oggettivamente incerta) abbia voluto riferirsi (previa evocazione del termine anodino di *comunicazione*) a tutte le ipotesi in cui l'ordinamento preveda una qualche facoltà di definizione agevolata della sanzione da parte del contribuente previo pagamento di un *quantum pecuniario* ridotto e su *sollecitazione* del Fisco. Se si aderisce a questa interpretazione estensiva, quindi, si riesce ad attribuire alla specifica previsione uno spettro applicativo ampio (dalla definizione delle sanzioni in misura ridotta, all'acquiescenza al provvedimento di irrogazione *et cetera*) e ciò in linea con quell'obiettivo di incentivazione all'avvio tempestivo di una delle iniziative di risoluzione della crisi che – come detto – rappresenta la *ratio* sottesa all'art. 25-*bis*. Del resto, non occorre enfatizzare oltremodo la (imperfetta) formulazione del comma 2. Analizzando tale norma con attenzione, infatti, è ravvisabile almeno un indizio che testimonia la *scarsa consuetudine* del legislatore 2 con le dinamiche e con il lessico di natura tributaria (una scarsa consuetudine che, quindi, può deporre nel senso di un impiego non necessariamente puntuale della nozione di *comunicazione*). È il caso dell'effetto della prefigurata riduzione che viene commisurata alla *sanzione minima* allorquando invece – dato il contesto – è palese come il *quantum* suscettibile di corresponsione a cui il legislatore intende fare riferimento è la *sanzione ridotta*. In sintesi, quindi, è senz'altro sostenibile che il legislatore del comma 2 non abbia fatto buon governo del lessico tributario ed abbia quindi impiegato il termine *comunicazione* in maniera impropria; vale a dire, non solo nel senso desumibile dall'angusto *milieu* delineato dagli artt. 36-*bis* e 36-*ter*, d.p.r. n. 600 del 1973 e dall'art. 54-*bis*, d.p.r. n. 633 del 1972, ma in maniera più ampia quale sinonimo di *avvertimento* indirizzato al contribuente circa la possibilità di fruire di una riduzione delle sanzioni previo pagamento delle stesse entro un determinato termine. Un'interpretazione che – a bene considerare – appare coerente con la *ratio* dell'intero art. 25-*bis* e, in ogni caso, non del tutto *extra ordinem* anche da un punto di vista squisitamente letterale.

6. – Un ulteriore beneficio accordato dall'art. 25-*bis* è la possibilità di fruire di una rateazione speciale delle «*somme dovute e non versate a titolo di imposte sul reddito, ritenute* *alla fonte operate in qualità di sostituto d'imposta, imposta sul valore aggiunto e imposta regionale sulle attività produttive non ancora iscritte a ruolo e relativi accessori*». Il contesto in cui si colloca la misura disciplinata dal comma 4 della disposizione in commento è quello (non inusuale) della carenza liquidità che caratterizza spesso le crisi aziendale: delle ipotesi in cui, sovente, le risorse pecuniarie scarseggiano e per tale ragione i debiti di natura tributaria (nella maggior parte dei casi *autodichiarati*) non formano oggetto di tempestivo adempimento da parte dell'imprenditore. Consapevole di tali circostanze il legislatore ha tracciato la possibilità di una procedura di rateazione *ad hoc* che rinvia, in quanto compatibile, alla disciplina di cui all'art. 19, d.p.r. n. 602 del 1973 [16] ma riguarda esclusivamente le somme dovute a titolo di tributo (imposte dirette, IVA ed IRAP) non ancora iscritte a ruolo (con la conseguenza, quindi, che le somme già iscritte a ruolo ed oggetto di intimazione di pagamento previa notifica della cartella di pagamento sono rateizzabili soltanto in base all'ordinario assetto delineato dall'art. 19, d.p.r. n. 602 del 1973) [17]. La dilazione speciale delineata dal comma 4, in realtà, è reperibile esclusivamente nel caso di composizione negoziata conclusa con esito positivo riconducibile allo schema (di matrice non giudiziale): *i)* del contratto richiamato dal comma 1, lett. *a*), dell'art. 23 idoneo ad assicurare la continuità aziendale per un periodo non inferiore a due anni; o *ii)* del contratto menzionato dal comma 1, lett. *c*), del medesimo art. 23. È solo in tali casi, infatti, che l'Agenzia delle Entrate è tenuta a concedere all'imprenditore che ne faccia richiesta una dilazione fino ad un massimo di settantadue rate mensili. La formulazione normativa, infatti, sembra deporre per un sostanziale *automatismo* della rateazione richiesta riservando all'Agenzia delle Entrate un'area di discrezionalità esclusivamente con riguardo al numero complessivo di rate che può essere accordato (fermo restando il limite massimo di settantadue) [18]. Il carattere *automatico* della speciale procedura di rateazione parrebbe confermato dal fatto l'istanza dell'imprenditore è *sottoscritta dall'esperto* e tale circostanza *costituisce prova dell'esistenza della temporanea situazione di obiettiva difficoltà*. In altri termini la *sottoscrizione* da parte dell'esperto testimonia (ogni eccezione rimossa) della situazione di difficoltà ed esclude (almeno per quanto attiene all'*an* della concessione della dilazione) ogni ulteriore margine decisionale per l'Agenzia delle Entrate a cui compete la sola fissazione in concreto del numero di rate. La *specialità* della dilazione in argomento è ravvisabile anche per quanto attiene alle cause di decadenza dalla stessa. Contrariamente a quanto prescritto dal pure richiamato art. 19, d.p.r. n. 602 del 1973, infatti, il comma 4 dell'art. 25-*bis* prevede che il beneficio venga meno «*in caso di omesso pagamento anche di una sola rata alla*

[16] Sulla necessità di apprezzare *cum grano salis* questo rinvio *per relationem* si esprime RANDAZZO, *Le misure premiali*, 90.

[17] L'obiettivo è quello di garantire una maggiore tempestività della rateazione così da assicurare una rapida implementazione del piano di intervento a fronte della situazione di crisi. In assenza di una rateazione di natura speciale, infatti, sarebbe necessario attendere le formalità dell'iscrizione a ruolo delle somme dovute al Fisco con conseguente dilatazione della tempistica di azione.

[18] La circostanza che il numero massimo di rate sia settantadue e ciò per esplicita previsione del comma 4 impediva che il rinvio *per relationem* all'art. 19, d.p.r. n. 602 del 1973 potesse comportare la fruibilità di un piano straordinario (pure previsto da quest'ultima previsione normativa) articolato su di un numero di rate maggiore (sino ad un massimo di 120). Di opinione antitetica, invece, era PROVAGGI, *Composizione negoziata*. Il d.l. n. 13 del 2023 ha invece espressamente garantito tale possibilità.

sua scadenza» (il che rappresenta un regime più selettivo rispetto a quello della procedura di pertinenza dell'Agente della Riscossione sia per quanto attiene al numero di rate che per ciò che concerne il momento rilevante ai fini della decadenza) ovvero in caso di ricorso alla procedura di concordato preventivo o di apertura della procedura di liquidazione giudiziale o controllata o ancora in caso di accertamento dello stato di insolvenza.

7. – Il comma 5 dell'art. 25-*bis* descrive gli effetti di talune delle modalità di composizione della crisi ai fini dell'imposizione sui redditi e ciò tanto nella prospettiva del debitore quanto in quella del creditore. Non viene previsto alcunché, al contrario, in materia di IVA. Ne consegue che i presupposti e la tempistica per gli adempimenti connessi alle variazioni ai fini IVA restano disciplinati esclusivamente dall'art. 26, d.p.r. n. 633 del 1972 come interpretato dall'Agenzia delle Entrate. Anche il comma 5 "sconta" un approccio "casistico" nel senso che la previsione normativa rinvia in maniera esplicita all'ipotesi di conclusione di un accordo di ristrutturazione [19] ovvero a quella di uno dei contratti disciplinati dall'art. 23, comma 1, lett. *a*) e *c*). In queste circostanze, pertanto, viene in primo luogo prevista – previo rinvio all'art. 88, comma 4-*ter*, Tuir – l'irrilevanza impositiva delle sopravvenienze attive scaturenti dalla riduzione dei debiti per il debitore che perfezioni l'iniziativa di risanamento. In maniera speculare, poi, l'adesione ad una delle menzionate procedure costituisce per il creditore – per presunzione assoluta – un *elemento certo e preciso* nell'ottica dell'art. 101, comma 5, del medesimo Tuir. Il che rende legittima *hic et nunc* l'integrale deducibilità delle relative perdite su crediti connesse all'implementazione della specifica iniziativa di risanamento.

---

[19] Cfr. art. 23, comma 2, lett. *b*).

Articolo 25-*ter*
Compenso dell'esperto

1. Il compenso dell'esperto è determinato, tenuto conto dell'opera prestata, della sua complessità, del contributo dato nella negoziazione e della sollecitudine con cui sono state condotte le trattative, in percentuale sull'ammontare dell'attivo dell'impresa debitrice secondo seguenti scaglioni:

a) fino a euro 100.000,00, dal 4,00 al 6,00 per cento;

b) da euro 100.000,01 e fino a euro 500.000,00, dall'1,00 all'1,50 per cento;

c) da euro 500.000,01 e fino a euro 1.000.000,00, dallo 0,50 allo 0,80 per cento;

d) da euro 1.000.000,01 e fino a euro 2.500.000,00, dallo 0,25 allo 0,43 per cento;

e) da euro 2.500.000,01 e fino a euro 50.000.000,00, dallo 0,05 allo 0,10 per cento;

f) da euro 50.000.000,01 e fino a euro 400.000.000,00, dallo 0,010 allo 0,025 per cento;

g) da euro 400.000.000,01 e fino a euro 1.300.000.000,00, dallo 0,002 allo 0,008 per cento;

h) sulle somme eccedenti euro 1.300.000.000,00, dallo 0,005 allo 0,002 per cento.

2. In caso di composizione negoziata condotta ai sensi dell'articolo 25 in modo unitario per tutte o alcune delle imprese che hanno presentato l'istanza di cui all'articolo 17, il compenso dell'esperto designato è determinato esclusivamente tenendo conto della percentuale sull'ammontare dell'attivo di ciascuna impresa istante partecipante al gruppo.

3. Il compenso complessivo non può essere, in ogni caso, inferiore euro 4.000,00 e superiore a euro 400.000,00.

4. L'importo di cui al comma 1 è rideterminato, fermi i limiti di cui al comma 3, come di seguito indicato: a) se il numero dei creditori e delle parti interessate che partecipano alle trattative è compreso tra ventuno e cinquanta, il compenso è aumentato del 25 per cento; b) se il numero dei creditori e delle parti interessate che partecipano alle trattative è superiore a cinquanta, il compenso è aumentato del 35 per cento; c) se il numero dei creditori e delle parti interessate che partecipano alle trattative non è superiore a cinque, il compenso è ridotto del 40 per cento; d) in caso di vendita del complesso aziendale o di individuazione di un acquirente da parte dell'esperto, il compenso è aumentato del 10 per cento.

5. I lavoratori e le rappresentanze sindacali non sono considerati nel numero dei creditori e delle altre parti interessate ai fini del riconoscimento degli aumenti di cui al comma 4, lettere a) e b); all'esperto comunque spetta il compenso di euro 100,00 per ogni ora di presenza risultante dai rapporti redatti ai sensi dell'articolo 4, comma 3, quinto periodo.

6. Il compenso è aumentato del 100 per cento in tutti i casi in cui, anche successivamente alla redazione della relazione finale di cui all'articolo 17, comma 8, si concludono il contratto, la convenzione o gli accordi di cui all'articolo 23, commi 1 e 2, lettera b).

7. Se l'esperto sottoscrive l'accordo di cui all'articolo 23, comma 1, lettera c), gli spetta un ulteriore incremento del 10 per cento sul compenso determinato ai sensi del comma 6.

8. In deroga a quanto previsto dal comma 3, il compenso è liquidato in euro 500,00 quando l'imprenditore non compare davanti all'esperto oppure quando è disposta l'archiviazione subito dopo il primo incontro.

9. Le percentuali di cui al comma 1 sono calcolate sulla media dell'attivo risultante dagli ultimi tre bilanci o, in mancanza, sull'attivo risultante dalla situazione patrimoniale e finanziaria depositata ai sensi dell'articolo 17, comma 3, lettera a). Se l'attività è iniziata da meno di tre anni, la media è calcolata sui bilanci depositati dal suo inizio.

10. All'esperto è dovuto il rimborso delle spese necessarie per l'adempimento dell'incarico, purché accompagnate dalla corrispondente documentazione. Non sono rimborsati gli esborsi sostenuti per la remunerazione dei soggetti dei quali l'esperto si è avvalso ai sensi dell'articolo 16, comma 2.

11. In mancanza di accordo tra le parti, il compenso è liquidato dalla commissione di cui all'articolo 13, comma 6, ed è a carico dell'imprenditore. Il provvedimento costituisce prova scritta idonea a norma dell'articolo 633, primo comma, numero 1), del codice di procedura civile nonché titolo per la concessione dell'esecuzione provvisoria ai sensi dell'articolo 642 del codice di procedura civile.

12. Il compenso dell'esperto è prededucibile ai sensi dell'articolo 6.

13. Dopo almeno sessanta giorni dall'accettazione dell'incarico, su richiesta dell'esperto, può essere disposto in suo favore un acconto in misura non superiore ad un terzo del presumibile compenso finale, tenendo conto dei risultati ottenuti e dell'attività prestata.

Tommaso Nigro

Sommario: 1. Lineamenti generali e caratterizzazioni. – 2. I criteri per la determinazione del compenso. – 3. Maggiorazioni e dimidiazioni del compenso.

1. – La disposizione normativa si caratterizza per essere espressamente destinata a regolamentare il compenso di una figura non conosciuta prima nel nostro ordinamento e che non trova, dunque, comparazioni con altre professionalità già esistenti. Ciò spiega la necessità di ricorrere a parametri differenti che, evidentemente, tengano conto delle peculiarità del ruolo dell'"esperto", chiamato ad un compito non agevole e comunque diverso da quello del professionista "pubblico ufficiale". Per di più traspare una tecnica anch'essa nuova con una declinazione dei parametri da applicare che vengono espressamente individuati all'interno del corpo dell'articolo, senza utilizzare il percorso, già adottato per quanto riguarda, ad esempio, i compensi del curatore e dei commissari, che rimanda a decreti regolamentari, con l'evidente ricaduta di una maggiore rigidità che potrà incontrarsi nelle ipotesi di futuri aggiornamenti che imporranno necessariamente una modifica legislativa.

Quanto alle caratteristiche del compenso vengono immediatamente in evidenza tre temi: (i) la parametrazione ancorata, stranamente, al solo elemento dell'attivo, e che trascura del tutto la massa passiva, comunque oggetto di attenzione nel percorso che l'esperto è chiamato a compiere [1]; (ii) la previsione dei criteri di calcolo fondati su percentuali fisse, senza l'adozione di una forbice tra minimo e massimo, così mortificando l'eventuale maggior impegno profuso; (iii) la quantificazione dei compensi applicabili che risultano ben inferiori a quelli previsti per il calcolo riferito alle altre figure di professionisti che occupano il campo della ristrutturazione.

Il sistema così congegnato pare essere una mera derivata di uno dei principi cardine che informano l'intero Codice, ovvero quello di economicità e di contenimento dei costi della procedura; con la previsione, in ogni caso, di un criterio di residualità, atteso che è possibile accedere alla richiesta di liquidazione in sede procedurale solo nelle ipotesi di mancato raggiungimento dell'accordo tra le parti, in ciò evocando quanto già previsto per il compenso dell'OCC nelle procedure di composizione della crisi da sovraindebitamento *ex* art. 14, d.m. n. 202 del 2014.

2. – Per il resto la disposizione normativa si occupa di individuare le percentuali, fisse, da applicare ai singoli scaglioni e da calcolare sull'ammontare dell'attivo, per di più con la limitazione di un minimo e massimo (commi 3 e 8). Più in dettaglio il compenso non potrà mai porsi al di sotto del limite di euro 4.000,00 e non potrà superare la soglia di sbarramento di euro 400.000,00 (comma 3), prevedendo un compenso predeterminato nell'importo fisso di euro 500,00 (comma 8) per le ipotesi limite in cui l'imprenditore neppure compaia dinanzi all'esperto o per i casi in cui sia disposta l'archiviazione dell'istanza di composizione della crisi subito dopo il primo incontro.

Merito al Legislatore di non aver lasciato zone d'ombra evidenti in ordine all'individuazione della nozione di «*attivo*» avendo in particolare stabilito, al comma 9, che il compenso debba essere calcolato avendo cura di riferirsi alla media dell'attivo risultante dagli ultimi tre bilanci o, in mancanza, dalle ultime tre dichiarazioni dei redditi, con la precisazione che, se l'attività dell'impresa è iniziata da meno di tre anni, la media debba essere calcolata sui bilanci o sulle dichiarazioni dei redditi depositati dall'inizio dell'attività. Sicché il corredo documentale di riferimento resta lo stesso di quello richiesto e depositato in allegato all'istanza di nomina dell'esperto ai sensi dell'art. 17, comma 3, lett. *a*), con la conseguenza di poter ricavare il dato riferito all'attivo patrimoniale dall'art. 2424 c.c. ovvero dalla sommatoria di immobilizzazioni, attivo circolante, attività finanziarie non costituenti immobilizzazioni, ratei e risconti.

Resta, per vero, il nodo della base di calcolo da applicarsi alla composizione negoziata condotta in modo unitario per un gruppo di imprese. Qui, nonostante il tenore letterale del comma 2, secondo il quale «*il compenso dell'esperto designato è determinato esclusivamente tenendo conto della percentuale sull'ammontare dell'attivo di ciascuna impresa istante partecipante al gruppo*», non è del tutto chiaro se le percentuali previste dal comma 1 debbano calcolarsi sull'attivo di ciascuna impresa del gruppo partecipante alla composizione, somman-

---

[1] Seppur occorre segnalare un rimando al numero dei soggetti coinvolti nella composizione negoziata, che generano comunque un compenso aggiuntivo.

do i relativi importi, ovvero debbano calcolarsi una sola volta sulla somma degli attivi di tali società. La soluzione maggiormente calzante pare possa essere la prima, con una finalità premiale connessa alle maggiori difficoltà che si incontrano nella gestione di gruppo, tanto più che detta soluzione sarebbe certo più coerente con il mero tenore letterale.

3. – La mancanza di una forbice tra attivo e passivo, fonte potenziale di appiattimento nel lavoro a svolgersi da parte dell'esperto è mitigata da possibili miglioramenti del compenso, dando rilevanza alla complessità della fase di composizione della crisi ed al risultato della stessa.

In primo luogo prevedendo una maggiorazione (comma 4, lett. *a*, *b*, *c*) riferita al numero dei creditori ed alle parti interessate che partecipano alle trattative, essendo stabilito che il compenso calcolato sull'attivo, fermi i limiti minimi e massimi previsti dal comma 3, debba essere aumentato del 25 % qualora il numero delle parti resti compreso tra 21 e 50 e del 35 % se detto numero si riveli superiore a 50, mentre è prevista la riduzione del 40 %, se è inferiore a 5. Con la precisazione (comma 5) che, ai fini del calcolo degli aumenti non rilevano il numero dei lavoratori coinvolti e delle rappresentanze sindacali; ciò, evidentemente, per non creare moltiplicatori fuorvianti, visto il numero generalmente elevato delle maestranze, calmierando tale penalizzazione con la previsione di un compenso aumentato di euro 100,00 per ogni ora di presenza agli eventuali incontri con le rappresentanze sindacali, come certificate dai rapporti redatti ai sensi dell'art. 16, comma 8.

Ancora in tema di premialità è poi previsto che: (i) il compenso determinato sulla base dell'attivo sia aumentato del 10 % in caso di vendita del complesso aziendale o di individuazione di un acquirente da parte dell'esperto (comma 4, lett. d); (ii) il compenso sia aumentato del 100% in tutti i casi in cui, anche successivamente alla redazione della relazione finale di cui all'art. 17, comma 8, si concludono il contratto, la convenzione o gli accordi di cui all'art. 23, commi 1 e 2 (comma 6); (iii) il compenso così maggiorato sia ulteriormente aumentato del 10% se l'esito delle trattative è consistito nell'accordo previsto dall'art. 23, comma 1, lett. *c*), sottoscritto dall'esperto (comma 6).

All'esperto spetta, infine, oltre al compenso anche il rimborso delle spese sostenute e «*necessarie per l'adempimento dell'incarico*», purché documentate (comma 10). Il che implica un vaglio di strumentalità delle spese all'adempimento dell'incarico e la non evitabilità, secondo canoni di ragionevolezza e congruità. Tuttavia, restano stranamente escluse, seppur anche reputate necessarie, le spese incontrate per avvalersi dei soggetti di cui all'art. 16, comma 2, ovvero «*di soggetti dotati di specifica competenza, anche nel settore economico in cui opera l'imprenditore, e di un revisore legale*»; mancando, inoltre, la previsione di un rimborso forfettario, generalmente utilizzato a copertura delle spese non documentabili.

Articolo 25-*quater*

Imprese sotto soglia

1. L'imprenditore commerciale e agricolo, che presenta congiuntamente i requisiti di cui all'articolo 2, comma 1, lettera d) e che si trova in condizioni di squilibrio patrimoniale o economico-finanziario che ne rendono probabile la crisi o l'insolvenza, può chiedere la nomina dell'esperto indipendente quando risulta ragionevolmente perseguibile il risanamento dell'impresa.

2. L'istanza è presentata al segretario generale della camera di commercio nel cui ambito territoriale si trova la sede legale dell'impresa unitamente ai documenti di cui all'articolo 17, comma 3, lettere a), c), d), e), f), g) e h), e nelle forme previste dall'articolo 17, comma 1. La dichiarazione di cui all'articolo 17, comma 3, lettera d), riguarda la pendenza di una procedura di liquidazione controllata e contiene l'attestazione di non avere depositato ricorso ai sensi dell'articolo 74 e, per le imprese agricole, anche ai sensi dell'articolo 57. La nomina dell'esperto avviene ad opera del segretario generale al quale è presentata l'istanza.

3. Se all'esito delle trattative è individuata una soluzione idonea al superamento della situazione di cui al comma 1, le parti possono, alternativamente:

a) concludere un contratto privo di effetti nei confronti dei terzi e idoneo ad assicurare la continuità aziendale;

b) concludere un accordo avente il contenuto dell'articolo 62;

c) concludere un accordo sottoscritto dall'imprenditore, dai creditori e dall'esperto, idoneo a produrre gli effetti di cui all'articolo 25-bis, comma 5. Con la sottoscrizione dell'accordo l'esperto dà atto che il piano di risanamento appare coerente con la regolazione della crisi o dell'insolvenza.

4. Se all'esito delle trattative non è possibile raggiungere l'accordo, l'imprenditore può:

a) proporre la domanda di concordato minore di cui all'articolo 74;

b) chiedere la liquidazione controllata dei beni ai sensi dell'articolo 268;

c) proporre la domanda di concordato semplificato per la liquidazione del patrimonio di cui all'articolo 25-sexies;

d) per la sola impresa agricola, domandare l'omologazione di un accordo di ristrutturazione dei debiti ai sensi degli articoli 57, 60 e 61.

5. Si applicano, per quanto non specificamente previsto dalle disposizioni del presente articolo, gli articoli 12, 13, commi 1,2, 3, 4, 5 e 9, 14, 15, 16, 17, commi 1, 2, 4, 5, 6, 7, 8, 9 e 10, 18, 19, 20, 21, 22, 24, commi 3 e 4, 25, 25-bis, 25-ter, 25-quinquies, 25-sexies, 25-septies e 25-octies, in quanto compatibili.

6. Gli atti autorizzati dal tribunale ai sensi dell'articolo 22 conservano i propri effetti se successivamente intervengono un accordo di ristrutturazione dei debiti omologato, un concordato minore omologato, l'apertura della liquidazione controllata o il con-

cordato semplificato per la liquidazione del patrimonio di cui all'articolo 25-sexies omologato.

7. Il compenso dell'esperto è liquidato, ai sensi dell'articolo 25-ter, dal responsabile dell'organismo di composizione della crisi o dal segretario generale della camera di commercio che lo ha nominato.

Domenico Bonaccorsi di Patti

Sommario: 1. Premessa. – 2. Le imprese sotto soglia e il presupposto oggettivo. – 3. L'accesso alla composizione negoziata c.d. "minore" ed i possibili esiti del percorso. – 4. La disciplina applicabile. – 5. La conservazione degli effetti. – 6. Il compenso.

1. – La norma contenuta nell'art. 25 *quater* disciplina l'applicazione della composizione negoziata alle imprese definite «*sotto soglia*» e regolamenta una composizione per così dire "minore", caratterizzata da una maggior celerità rispetto alla procedura prevista dagli artt. 12 ss. [1]. Tale composizione minore appartiene dunque al mondo del sovraindebitamento [2] (seppure limitatamente all'impresa e con esclusione degli studi professionali e dei professionisti, degli enti *no profit* e dei consumatori [3]).

La disposizione trova il proprio antecedente diretto nell'art. 17, d.l. n. 118 del 2021 (come introdotto dalla legge di conversione del medesimo d.l. [4]), il quale già estendeva lo strumento della composizione ai soggetti in possesso dei requisiti dimensionali richiesti per la non applicabilità delle disposizioni sulla crisi delle imprese di maggiori dimensioni.

---

[1] In generale, cfr. Porcari, Rizzuto, Prestia, Chiarparin Signorelli, *Il Sovraindebitamento*, 499, nonché Mancini, *Le imprese*, 15, il quale, con ottimismo, osserva che «l'accesso alla 'composizione negoziata' diventerà senz'altro una prima via privilegiata di approccio alle numerose situazioni di indebitamento che involgono le imprese sotto soglia». Sulla prima applicazione della composizione, vedi Ambrosini, *La composizione negoziata, passim.*

[2] Sul sovraindebitamento, in generale, cfr. sempre Porcari, Rizzuto, Prestia, Chiarparin Signorelli, *Il Sovraindebitamento*, 498 ss., e Cicinelli, *La nuova disciplina, passim.*

[3] In questo senso, ancora, Porcari, Rizzuto, Prestia, Chiarparin Signorelli, *Il Sovraindebitamento*, 500. Ritiene debbano ritenersi esclusi anche gli imprenditori che «si sono cancellati dal registro delle imprese (non potendo questi ultimi accedere alla piattaforma telematica da cui sarà possibile avviare la procedura), anche se non è decorso l'anno da detta cancellazione», Mancini, *Le imprese*, 7.

[4] Nella Relazione illustrativa al d.lgs. n. 83 del 2022, 16, si rileva che «*rispetto al testo del decreto-legge, l'articolo 25 quater contiene una più razionale e completa previsione sugli esiti della composizione negoziata, distinguendo tra gli esiti negoziali e quelli giudiziali, per tali imprese e per le imprese agricole*». Mancini, *Le imprese*, 6, osserva che «la riforma opera un notevole allargamento delle soluzioni a disposizione delle 'imprese minori', incluse le imprese agricole sotto soglia, per il superamento delle situazioni di crisi, strumenti non più confinati entro il perimetro della legge 3/2012».

2. – La prima considerazione riguarda la delimitazione soggettiva per l'accesso alla composizione negoziata minore.

La previsione normativa, infatti, individua, innanzitutto, i soggetti cui è consentito l'accesso al percorso negoziale, attraverso il riferimento al possesso dei requisiti di accesso alle procedure concorsuali cc.dd. minori, senza effettuare distinzioni quanto all'attività[5].

Le soglie dimensionali, dunque, sono quelle fissate dall'art. 2, comma 1, lett. *d)*[6], quanto all'attivo patrimoniale, ai ricavi ed ai debiti, su base annuale, con riferimento agli ultimi tre esercizi.

Quanto, invece, alla tipologia di attività, si conferma «la piena inclusione» delle imprese agricole «nel percorso di composizione negoziato», con la conseguente «strutturazione di un vero e proprio diritto dell'insolvenza delle imprese agricole (o, se si preferisce, di partecipazione di queste imprese al diritto dell'insolvenza in generale)»[7].

In merito al requisito oggettivo, la disposizione appare richiamare quanto stabilito per la composizione "maggiore"[8].

3. – I successivi commi sono dedicati a regolamentare la composizione negoziata c.d. "minore". Più precisamente il comma 2, stabilisce che «*l'istanza è presentata al segretario generale della camera di commercio nel cui ambito territoriale si trova la sede legale dell'impresa*»[9]. L'istanza – che deve essere redatta nelle forme previste dall'art. 17, comma 1 – deve essere corredata dai «*documenti di cui all'articolo 17, comma 3, lettere a), c), d), e), f), g) e h)*». Manca, dunque, il richiamo alla lett. *b)* (la quale impone al debitore di accludere all'istanza un «*progetto di piano di risanamento*» e «*una relazione chiara e sintetica sull'attività in concreto esercitata recante un piano finanziario per i successivi sei mesi e le iniziative che intende adottare*»), alleggerendosi, in tal modo, l'onere di allegazione in ragione delle dimensioni più contenute dell'impresa[10].

---

[5] Con la conseguenza che la previsione di una composizione "sotto soglia" a prescindere dalla qualità dell'attività imprenditoriale «sotto il profilo soggettivo determina la totale parificazione, in materia, dell'imprenditore agricolo all'imprenditore commerciale»; così SANZO, *Principi generali*, 32.

[6] L'art. 2, comma 1, lett. *d)* contiene infatti la definizione di «*impresa minore*», nei termini che seguono «*l'impresa che presenta congiuntamente i seguenti requisiti: 1) un attivo patrimoniale di ammontare complessivo annuo non superiore ad euro trecentomila nei tre esercizi antecedenti la data di deposito della istanza di apertura della liquidazione giudiziale o dall'inizio dell'attività se di durata inferiore; 2) ricavi, in qualunque modo essi risultino, per un ammontare complessivo annuo non superiore ad euro duecentomila nei tre esercizi antecedenti la data di deposito dell'istanza di apertura della liquidazione giudiziale o dall'inizio dell'attività se di durata inferiore; 3) un ammontare di debiti anche non scaduti non superiore ad euro cinquecentomila; i predetti valori possono essere aggiornati ogni tre anni con decreto del Ministro della giustizia adottato a norma dell'articolo 348*».

[7] In questo senso DI MARZIO, *Introduzione alla composizione*, 19.

[8] PORCARI, RIZZUTO, PRESTIA, CHIARPARIN SIGNORELLI, *Il Sovraindebitamento*, 500, rilevano essere tale requisito «uguale a quello tracciato» dall'art. 12. In merito ad esso requisito, v. per tutti, FABIANI, PAGNI, *Introduzione alla composizione*, 1483 ss. e FERRO, *La composizione*, 1573 ss., nonché PETTERUTI, *Il presupposto oggettivo*, 97 ss.

[9] È venuta meno l'originaria previsione – contenuta nell'art. 17, d.l. n. 118 del 2021 – che attribuiva all'OCC la legittimazione ad essere destinatario dell'istanza di nomina dell'esperto.

[10] PORCARI, RIZZUTO, PRESTIA, CHIARPARIN SIGNORELLI, *Il Sovraindebitamento*, 501. Da ciò deriva un maggior impegno in capo all'esperto (così MANCINI, *Le imprese*, 5).

Quale necessario adattamento rispetto alla composizione “maggiore”, il legislatore prevede che la dichiarazione di cui all’art. 17, comma 3, lett. *d*) «*riguarda la pendenza di una procedura di liquidazione controllata e contiene l’attestazione di non avere depositato ricorso ai sensi dell’articolo 74 e, per le imprese agricole, anche ai sensi dell’articolo 57*».

In merito, poi, alla nomina dell’esperto [11], essa avviene ad opera del segretario generale al quale è presentata l’istanza. Esso esperto è sottoposto, quanto a requisiti e doveri, alle previsioni di cui all’art. 16.

Lo sbocco positivo della negoziazione [12] può consistere, alternativamente, nel: a) concludere un contratto privo di effetti nei confronti dei terzi e idoneo ad assicurare la continuità aziendale; b) concludere un accordo avente il contenuto dell’art. 62; c) concludere un accordo sottoscritto dall’imprenditore, dai creditori e dall’esperto, idoneo a produrre gli effetti di cui all’art. 25-*bis*, comma 5.

La norma prevede, infine, che con la sottoscrizione dell’accordo, l’esperto dovrà dare atto che il piano di risanamento «*appare coerente con la regolazione della crisi o dell’insolvenza*».

L’esito infausto della composizione prevede la facoltà, per l’imprenditore, di: «*a) proporre la domanda di concordato minore di cui all’articolo 74; b) chiedere la liquidazione controllata dei beni ai sensi dell’articolo 268; c) proporre la domanda di concordato semplificato per la liquidazione del patrimonio di cui all’articolo 25-sexies*».

Laddove, poi, il debitore sia un imprenditore agricolo, vi potrà essere la possibilità di «*domandare l’omologazione di un accordo di ristrutturazione dei debiti ai sensi degli articoli 57, 60 e 61*».

4. – La disciplina di dettaglio della composizione negoziata per le imprese sotto soglia si ricava attraverso un esplicito richiamo alla composizione negoziata “maggiore”, contenuta nel comma 5, il quale stabilisce che «*si applicano, per quanto non specificamente previsto dalle disposizioni del presente articolo, gli articoli 12, 13, commi 1,2, 3, 4, 5 e 9, 14, 15, 16, 17, commi 1, 2, 4, 5, 6, 7, 8, 9 e 10, 18, 19, 20, 21, 22, 24, commi 3 e 4, 25, 25-bis, 25-ter, 25-quinquies, 25-sexies, 25-septies e 25-octies, in quanto compatibili*».

Il richiamo è espressamente condizionato al vaglio di compatibilità (vaglio in parte già compiuto dal legislatore che ha previsto un rinvio non completo alle disposizioni sulla composizione “maggiore”) e riguarda, fra l’altro, le misure protettive di cui all’art. 18, e la sospensione degli obblighi e delle cause di scioglimento di cui agli artt. 2446, 2447, 2482-*bis*, 2482-*ter*, 2484 e 2545-*duodecies* c.c., nonché alle misure premiali di cui all’art. 25-*bis*.

La disposizione non contiene, invece, il rinvio all’art. 23, perché i possibili sbocchi delle trattative sono oggetto di una specifica disciplina (contenuta nei commi 3 e 4).

---

[11] L’esperto oltre a conservare le medesime prerogative anche nella composizione minore, in una certa prospettazione «avrà peraltro un compito di ausilio dell’imprenditore più pregnante e incisivo rispetto al ruolo svolto per le imprese maggiori» (in questo senso MANCINI, *Le imprese*, 5). Sul ruolo dell’esperto, per tutti, vedi, PACCHI, *L’esperto, passim*, nonché IVONE, CARBONE, *Il mediatore*, 409 ss.

[12] Con soluzione, dunque, di natura privatistica negoziale; cfr. PORCARI, RIZZUTO, PRESTIA, CHIARPARIN SIGNORELLI, *Il Sovraindebitamento*, 502. In merito, vedi, poi, in generale sulla composizione, VELLA, *Le finalità*, 1489 ss.

5. – Il comma 6 replica una previsione già fissata per la composizione negoziata "maggiore", e prevede che «*gli atti autorizzati dal tribunale ai sensi dell'articolo 22 conservano i propri effetti se successivamente intervengono un accordo di ristrutturazione dei debiti omologato, un concordato minore omologato, l'apertura della liquidazione controllata o il concordato semplificato per la liquidazione del patrimonio di cui all'articolo 25-sexies omologato*».

Manca, per ovvie ragioni di compatibilità, la previsione di esenzione contenuta nell'art. 24, relativa all'azione revocatoria.

Ciò premesso, la disposizione costituisce la trasposizione – con il richiamo delle procedure (concorsuali) previste dal Codice per le imprese minori – di quanto stabilito dall'art. 24, comma 1, per l'esito infausto della composizione negoziata maggiore.

La disciplina degli effetti dell'accesso al percorso è completata dal rinvio – contenuto nel comma 5 – all'art. 24, commi 3 e 4, riguardanti, rispettivamente, gli atti di straordinaria amministrazione, e la responsabilità dell'imprenditore per la gestione dell'impresa in pendenza della composizione (in coerenza con il rinvio – anch'esso contenuto nel comma 5 – all'art. 21, relativo ai poteri dell'imprenditore).

6. – Il comma 7, infine, disciplina il compenso e prevede che «*il compenso dell'esperto è liquidato, ai sensi dell'articolo 25 ter, dal responsabile dell'organismo di composizione della crisi o dal segretario generale della camera di commercio che lo ha nominato*».

La disposizione non appare richiedere particolari annotazioni, ad eccezione della considerazione secondo cui la previsione che contiene la possibilità in capo all'OCC di liquidare il compenso dell'esperto risulta frutto, probabilmente, di un difetto di coordinamento, essendo stata soppressa la possibilità – originariamente prevista in seno al d.l. n. 118 del 2021 – per il medesimo OCC di nomina dell'esperto stesso [13].

[13] In questo senso PORCARI, RIZZUTO, PRESTIA, CHIARPARIN SIGNORELLI, *Il Sovraindebitamento*, 503.

Articolo 25-*quinquies*

Limiti di accesso alla composizione negoziata

1. L'istanza di cui all'articolo 17, non può essere presentata dall'imprenditore in pendenza del procedimento introdotto con ricorso depositato ai sensi dell'articolo 40, anche nelle ipotesi di cui agli articoli 44, comma 1, lettera a), 54, comma 3, e 74. L'istanza non può essere altresì presentata nel caso in cui l'imprenditore, nei quattro mesi precedenti l'istanza medesima, abbia rinunciato alle domande indicate nel primo periodo.

Domenico Bonaccorsi di Patti

1. – L'art. 25-*quinquies* fissa i limiti di accesso alla composizione negoziata, con lo scopo (indiretto, ma non troppo) di negare la possibilità di accedere ai benefici e alle misure premiali che la legge collega allo strumento in questione laddove la composizione non sia più possibile (per pendenza di un «*procedimento per l'accesso a una delle procedure di regolazione della crisi o dell'insolvenza*»), ovvero quando il debitore abbia rinunziato ad una domanda di concordato c.d. in bianco (art. 44, comma 1, lett. *a*), o ad una domanda di misure protettive nel corso delle trattative e prima del deposito della domanda di omologazione di un accordo di ristrutturazione (art. 54, comma 3), o, infine, ad una domanda di concordato minore (art. 74), nei quattro mesi precedenti.

La disposizione trova il proprio antecedente diretto nell'art. 23, comma 2, d.l. n. 118 del 2021 (come introdotto dalla legge di conversione) [1] ed è stata integrata con la «*previsione del secondo periodo con la quale i medesimi limiti di accesso sussistono anche in caso di rinuncia dell'imprenditore alle domande indicate nel medesimo periodo nei quattro mesi precedenti la presentazione dell'istanza. Si tratta di integrazione con la quale si intende scorag-*

[1] L'art. 23, comma 2, d.l. n. 118 del 2021, come convertito, stabiliva che «*l'istanza di cui all'articolo 2, comma 1, non può essere presentata dall'imprenditore in pendenza del procedimento introdotto con domanda di omologazione di un accordo di ristrutturazione, con ricorso per l'ammissione al concordato preventivo, anche ai sensi dell'articolo 161, sesto comma, del regio decreto 16 marzo 1942, n. 267, con ricorso depositato ai sensi dell'articolo 182-bis, sesto comma, del regio decreto 16 marzo 1942, n. 267, o con ricorso per l'accesso alle procedure di accordo di ristrutturazione dei debiti o di liquidazione dei beni di cui agli articoli 7 e 14-ter della legge 27 gennaio 2012, n. 3*».

giare l'abbandono di una procedura di ristrutturazione giudiziale al solo fine di entrare nel percorso stragiudiziale della composizione per evitare eventuali abusi e possibili danni ai creditori»[2].

La norma, anche in questo caso, richiama alla mente assetti ben noti all'ordinamento (appare inevitabile il rinvio al limite previsto dalla legge fallimentare previgente in ordine alla presentazione del ricorso per concordato c.d. in bianco; cfr. art. 161, comma 9) ed appare finalizzata – come sopra rilevato – oltreché a limitare possibili condotte opportunistiche da parte del debitore, anche ad evitare «una regressione» di situazioni per le quali «già si è aperta, ad iniziativa del debitore, una procedura di regolazione della crisi»[3].

2. – La disposizione prevede testualmente che l'istanza di cui all'art. 17, «*non può essere presentata dall'imprenditore in pendenza del procedimento introdotto con ricorso depositato ai sensi dell'articolo 40, anche nelle ipotesi di cui agli articoli 44, comma 1, lettera a), 54, comma 3, e 74*». Parimenti, l'istanza in questione «*non può essere altresì presentata nel caso in cui l'imprenditore, nei quattro mesi precedenti l'istanza medesima, abbia rinunciato alle domande indicate nel primo periodo*». Tali vincoli o limiti costituiscono «una sorta di divieto di accesso» per gli imprenditori che non possono accedere al percorso della negoziazione, avendo essi – in ipotesi – già intrapreso il diverso percorso giudiziale regolamentato dal procedimento unitario disciplinato dall'art. 40[4].

I limiti fissati dalla previsione normativa sono considerati «veri e propri motivi soggettivi ed oggettivi ostativi all'avvio della composizione»[5].

Da ciò si fa derivare la considerazione secondo cui la sussistenza dei motivi ostativi individuati dalla norma dovrebbe essere rilevabile (in qualche modo) "d'ufficio", sia da parte della commissione che provvede alla disamina dell'istanza di accesso alla composizione, sia, in seconda battuta, dall'esperto eventualmente (in ipotesi, erroneamente) nominato[6].

Osta la pendenza del procedimento unitario, *ex* art. 40. Il legislatore, tuttavia, in un'ottica di certezza, attraverso la locuzione «*anche*» (che lega le due parti della prima frase della previsione normativa) ha cura di esplicitare come costituisca parimenti ostacolo all'avvio della composizione negoziata la pendenza di uno degli strumenti di accesso a misure di regolazione della crisi o dell'insolvenza previsti dal Codice stesso. Le ipotesi espressamente individuate attengono il procedimento di preconcordato (art. 44, comma 1, lett. *a*), il procedimento per la concessione di misure protettive nell'ambito delle trattative per il raggiungimento di un accordo di ristrutturazione (art. 54, comma 3), e, da ultimo, il

[2] In questo senso si esprime la Relazione al d.lgs. n. 83 del 2022, 16.

[3] DI AMATO, *Diritto della crisi*, 19. Cfr. anche AMBROSINI, *Composizione negoziata*, 77 e DELLA ROCCA, *La composizione*, 8. Circa l'assetto del diritto della crisi, a seguito dell'introduzione della composizione negoziata, avendo riguardo alle interferenze con le soluzioni giudiziali, vedi poi PETTERUTI, *La composizione negoziata*, 60 ss.; FABIANI, PAGNI, *Introduzione alla composizione*, 1483 ss.; FERRO *La composizione*, 1573 ss.; VELLA, *Le finalità*, 1489 ss.

[4] Così SANZO, *Principi generali*, 32.

[5] Sempre SANZO, *Principi generali*, 32. DI AMATO, *Diritto della crisi*, 19, si riferisce ai predetti limiti in termini di condizioni soggettive ostative.

[6] Ancora SANZO, *Principi generali*, 32.

procedimento di concordato minore previsto per i debitori individuati dall'art. 2, comma 1, lett. *c*), in stato di sovraindebitamento (art. 74).

Procedendo nella presente breve disamina della previsione normativa, può rilevarsi, poi, che la disposizione sembrerebbe individuare nella pendenza del procedimento per l'apertura della liquidazione giudiziale un ostacolo insormontabile all'avvio del percorso negoziale, anche laddove il ricorso per la dichiarazione dell'apertura della liquidazione giudiziale sia stata promosso da un creditore o dal pubblico ministero. È stato, tuttavia, osservato che tale interpretazione – legata alla lettera della norma – non appare coerente sotto il profilo sistematico; ciò in quanto l'art. 18, comma 4, nel disciplinare le misure protettive in pendenza della composizione, stabilisce che dalla data di pubblicazione dell'istanza finalizzata ad ottenere le medesime misure protettive «*la sentenza di apertura della liquidazione giudiziale o di accertamento dello stato di insolvenza non può esser pronunciata*», lasciando supporre la possibilità che il "percorso" si possa comunque svolgere quando il ricorso per l'apertura della liquidazione giudiziale provenga da un creditore o dal pubblico ministero [7]. Tale ricostruzione, in effetti, appare preferibile rispetto all'interpretazione puramente letterale, in una prospettiva di sistema (sistema che risulta privilegiare la composizione negoziata – e con essa le soluzioni stragiudiziali –, rispetto allo sbocco giudiziale della crisi d'impresa).

Un'annotazione finale attiene alla possibilità di accedere alla negoziazione decorsi quattro mesi dalla rinunzia ad uno degli strumenti di regolazione della crisi o dell'insolvenza (eventualmente già intrapreso dal debitore): appare potersi porre anche in questo caso la questione – ben nota alla giurisprudenza in tema di concordato preventivo [8] – della valutazione della condotta del debitore, in termini di possibile abuso del diritto, pur nel rispetto formale del termine fissato dal legislatore. Si tratta, peraltro, di accertamento da valutarsi caso per caso (e che vedrà la propria sede di elezione, evidentemente, nell'ambito del vaglio delle misure protettive eventualmente richieste al tribunale da parte del debitore).

---

[7] Ancora DI AMATO, *Diritto della crisi*, 19, il quale, fra l'altro, sottolinea come ciò risultasse espressamente dalla previsione contenuta nell'art. 23, d.l. n. 118 del 2021.

[8] Per tutte Cass., SS.UU., 15 maggio 2015, n. 9935. Il repertorio in argomento è estremamente nutrito; più di recente, cfr. ad es. Cass., 12 marzo 2020, n. 7117.

Articolo 25-*sexies*

Concordato semplificato per la liquidazione del patrimonio

1. Quando l'esperto nella relazione finale dichiara che le trattative si sono svolte secondo correttezza e buona fede, che non hanno avuto esito positivo e che le soluzioni individuate ai sensi dell'articolo 23, commi 1 e 2, lettera b) non sono praticabili, l'imprenditore può presentare, nei sessanta giorni successivi alla comunicazione di cui all'articolo 17, comma 8, una proposta di concordato per cessione dei beni unitamente al piano di liquidazione e ai documenti indicati nell'articolo 39. La proposta può prevedere la suddivisione dei creditori in classi.

2. L'imprenditore chiede l'omologazione del concordato con ricorso presentato al tribunale del luogo in cui l'impresa ha il proprio centro degli interessi principali. Il ricorso è comunicato al pubblico ministero e pubblicato, a cura del cancelliere, nel registro delle imprese entro il giorno successivo alla data del deposito in cancelleria. Dalla data della pubblicazione del ricorso si producono gli effetti di cui agli articoli 6, 46, 94 e 96.

3. Il tribunale, valutata la ritualità della proposta, acquisiti la relazione finale di cui al comma 1 e il parere dell'esperto con specifico riferimento ai presumibili risultati della liquidazione e alle garanzie offerte, nomina un ausiliario ai sensi dell'articolo 68 del codice di procedura civile, assegnando allo stesso un termine per il deposito del parere di cui al comma 4. L'ausiliario fa pervenire l'accettazione dell'incarico entro tre giorni dalla comunicazione. All'ausiliario si applicano le disposizioni di cui agli articoli 35, comma 4-bis, e 35.1 del codice delle leggi antimafia e delle misure di prevenzione, di cui al decreto legislativo 6 settembre 2011, n. 159. Si osservano altresì le disposizioni di cui all'articolo 35.2 del citato decreto legislativo n. 159 del 2011.

4. Con il medesimo decreto il tribunale ordina che la proposta, unitamente al parere dell'ausiliario e alla relazione finale e al parere dell'esperto, sia comunicata a cura del debitore ai creditori risultanti dall'elenco depositato ai sensi dell'articolo 39, comma 1, ove possibile a mezzo posta elettronica certificata o, in mancanza, a mezzo di raccomandata con avviso di ricevimento, specificando dove possono essere reperiti i dati per la sua valutazione e fissa l'udienza per l'omologazione. Tra la scadenza del termine concesso all'ausiliario ai sensi del comma 3 e l'udienza di omologazione devono decorrere non meno di quarantacinque giorni. I creditori e qualsiasi interessato possono proporre opposizione all'omologazione costituendosi nel termine perentorio di dieci giorni prima dell'udienza fissata.

5. Il tribunale, assunti i mezzi istruttori richiesti dalle parti o disposti d'ufficio, omologa il concordato quando, verificata la regolarità del contraddittorio e del procedimento, nonché il rispetto dell'ordine delle cause di prelazione e la fattibilità del piano di liquidazione, rileva che la proposta non arreca pregiudizio ai creditori rispetto all'alternativa della liquidazione giudiziale e comunque assicura un'utilità a ciascun creditore.

6. Il tribunale provvede con decreto motivato, immediatamente esecutivo. Il decreto, pubblicato a norma dell'articolo 45 è comunicato dalla cancelleria alle parti che, nei

successivi trenta giorni, possono proporre reclamo alla corte di appello ai sensi dell'articolo 247.

7. Contro il decreto della corte d'appello può essere proposto ricorso per cassazione entro trenta giorni dalla comunicazione.

8. Si applicano, in quanto compatibili, le disposizioni di cui agli articoli 106, 117, 118, 119, 324 e 341, sostituita la figura del commissario giudiziale con quella dell'ausiliario. Ai fini di cui all'articolo 106, il decreto di cui al comma 4 equivale all'ammissione al concordato.

Federica Innocenti

Sommario: 1. Caratteristiche generali e presupposti della procedura. – 2. Lo svolgimento della procedura e i poteri del tribunale.

1. – Il concordato semplificato per la liquidazione del patrimonio (di seguito concordato semplificato) è un nuovo e peculiare istituto introdotto dagli artt. 18 e 19, d.l. 24 agosto 2021, n. 118 (conv. in l. 21 ottobre 2021, n. 147) e trasfuso poi all'interno del Codice dal d.lgs. 17 giugno 2022, n. 83 [1] ove è disciplinato dagli artt. 25-*sexies* e 25-*septies*.

Trattasi di una nuova procedura concordataria di tipo liquidatorio strutturata sul modello del concordato preventivo con cessione dei beni, ma dotata di caratteristiche del tutto peculiari (sia in punto di presupposti per l'accesso, sia per quanto riguarda la struttura della procedura), che la discostano dal concordato preventivo ordinario.

Il tratto più qualificante risiede nel necessario raccordo con la composizione negoziata della crisi: l'accesso al concordato semplificato è, infatti, consentito soltanto all'imprenditore che abbia percorso, ancorché infruttuosamente, il circuito della composizione negoziata, qualora l'esperto certifichi nella relazione finale che l'esito delle trattative, condotte «*secondo correttezza e buona fede*», non sia stato positivo e che le soluzioni individuate ai sensi dell'art. 23, commi 1 e 2, lett. *b*) non sono praticabili [2].

Il necessario espletamento della composizione negoziata si riflette anche sul presuppo-

---

[1] Cfr. art. 6, comma 1, d.lgs. 17 giugno 2022, n. 83, che ha inserito il Titolo II Capo II (rubricato significativamente «*Concordato semplificato per la liquidazione del patrimonio all'esito della composizione negoziata*»).

[2] La necessaria sussistenza dei presupposti indicati dall'art. 25-*sexies*, comma 1 (affermata anche dalla giurisprudenza nelle prime pronunce in tema di valutazione del tribunale dei requisiti di accesso al concordato semplificato: cfr. Trib. Ivrea, 27 maggio 2022 e Trib. Bergamo, 23 settembre 2022, entrambe in *dirittodella crisi.it.*; Trib. Firenze, 31 agosto 2022, in *ilcaso.it*), fa sì che il concordato semplificato non possa essere liberamente scelto dall'imprenditore come possibile ed autonoma soluzione regolatoria della crisi, ma sia utilizzabile solo in via residuale, all'esito "infausto" delle trattative e verificata l'impraticabilità delle soluzioni suggerite dal legislatore come sbocchi fisiologici della composizione negoziata. Sulla pregnanza del presupposto "procedurale" cfr. CENSONI, *Il concordato*, 4 ss.

sto soggettivo: il concordato semplificato è accessibile da tutti gli imprenditori che possono chiedere la nomina dell'esperto (*ex* art. 12, comma 1), quindi possono farvi ricorso una platea di soggetti più ampia rispetto a quella che può accedere al concordato preventivo ordinario e alla liquidazione giudiziale, che comprende anche l'imprenditore agricolo e l'imprenditore commerciale sotto-soglia (v. art. 25-*quater*, comma 4, lett. *c*)); inoltre, si ritiene sia necessaria l'iscrizione nel registro delle imprese[3].

Al ricorrere di detti presupposti, l'imprenditore ha la facoltà (in alternativa alle altre soluzioni indicate dall'art. 23, comma 2, in caso di esito negativo delle trattative e che si muovono nel solco delle procedure note all'ordinamento concorsuale) di adire il tribunale competente con una proposta di concordato per cessione dei beni accompagnata da un piano di liquidazione (il quale può realizzarsi anche mediante il trasferimento a favore di terzi dell'azienda o di uno o più rami di azienda in base ad una offerta precostituita, come prevede l'art. 25-*septies*, comma 2)[4] e dai documenti indicati nell'art. 39 (art. 25-*sexies*, comma 1).

Tale proposta non è sottoposta all'approvazione dei creditori, ai quali non è consentito votare, ma è rimessa al controllo del tribunale in sede di omologazione, con la possibilità per i creditori di presentare opposizione all'omologa. Il concordato viene omologato se il tribunale accerta che «*la proposta non arreca pregiudizio ai creditori rispetto all'alternativa della liquidazione giudiziale e comunque assicura un'utilità a ciascun creditore*» (art. 25-*sexies*, comma 5).

Il primo nodo da sciogliere che alimenta il dibattito dottrinale è se il concordato semplificato sia una variante o sottotipo del concordato preventivo, oppure una procedura autonoma[5], annoverabile all'interno delle procedure concorsuali.

La circostanza che si tratti di un «*concordato*» «*per cessione dei beni*» basato su un «*piano di liquidazione*» sottoposto ad un giudizio di omologazione da parte del tribunale, il rinvio a numerose disposizioni in materia di concordato preventivo[6], porterebbero a collocare l'istituto nell'alveo del concordato preventivo di tipo liquidatorio, quale variante semplificata in punto di struttura procedurale, che si presenta più agile e rapida in quanto alle tempistiche di sviluppo.

---

[3] Ciò in quanto l'iscrizione nel registro delle imprese condiziona l'accesso alla composizione negoziata, come si desume dall'art. 13, comma 1. Cfr. BOZZA, *Il concordato*, 18, ove la considerazione che non potranno ricorrere al concordato semplificato imprenditori cancellati dal registro (neppure entro l'anno dalla cancellazione); GALLETTI, *Art. 18*, 2 s.

[4] La dottrina reputa ammissibile sia un piano di liquidazione dei beni che preveda la cessazione dell'attività d'impresa con disgregazione dell'organizzazione imprenditoriale (i.e. che nel concordato preventivo ordinario sarebbe alla base di un concordato liquidatorio), sia un piano che preveda la continuità c.d. indiretta. L'unica preclusione riguarderebbe piani di concordato semplificato che prevedano la continuità diretta in capo all'imprenditore (v. D'ATTORRE, *Il concordato*, 1609; AMBROSINI, *Il concordato*, 7; FICHERA, *Sul nuovo*, 3; ROSSI, *Le condizioni*, 749 s.; GUIDOTTI, *La crisi*, 2 ss.).

[5] Sul tema dell'identificazione della natura giuridica del concordato semplificato cfr. D'ATTORRE, *Il concordato*, 1603 ss.

[6] L'art. 25-*sexies* al comma 2 sancisce che dalla data della pubblicazione del ricorso si producono gli effetti di cui agli artt. 6, 46, 94 e 96; il comma 8 dispone che si applicano, in quanto compatibili, le disposizioni di cui agli artt. 106, 117, 118, 119, 324 e 341 «*sostituita la figura del commissario giudiziale con quella dell'ausiliario*», specificando poi che «*ai fini di cui all'art. 106, il decreto di cui al comma 4 equivale all'ammissione al concordato*».

Invero, i caratteri salienti del concordato semplificato sono, come la stessa denominazione esplicita, la semplificazione procedurale che si realizza con la mancanza della fase di ammissione alla procedura, con l'eliminazione della fase della votazione della proposta da parte del ceto creditorio, con un assetto di organi (composto dal tribunale, l'ausiliario e, dopo l'omologazione, il liquidatore) che non prevede il giudice delegato e il commissario giudiziale.

Andando a tracciare le caratteristiche salienti della procedura emerge la distanza rispetto al concordato preventivo liquidatorio ordinario: in primo luogo, come già rilevato, sono diversi i presupposti per l'accesso; sotto il profilo sostanziale la proposta concordataria non deve assicurare né un percentuale minima ai creditori chirografari, né l'apporto di finanza esterna[7]; quanto alla struttura, il concordato semplificato manca di uno dei caratteri salienti del concordato preventivo, ossia la fase della votazione dei creditori sulla proposta del debitore che rappresenta il fulcro della dimensione privatistica del concordato preventivo[8].

La circostanza che non esista una norma di chiusura che rinvii alla disciplina del concordato preventivo «*in quanto compatibile*» con quella del concordato semplificato, ma che, invece, del primo siano richiamate solo alcune specifiche norme, consente di riconoscere nella procedura *de qua* un istituto autonomo rispetto al concordato preventivo e non una mera variante[9].

Quanto all'identificazione della natura giuridica, il concordato semplificato rientra nell'alveo delle procedure concorsuali ricorrendone le caratteristiche essenziali[10]; la mancanza dell'elemento della votazione dei creditori riconduce tale istituto nel novero dei concordati "coattivi", previsti sia nelle procedure di tipo amministrativo sia nella disciplina del sovraindebitamento, ma non ne attenua la natura concordataria (stante l'elemento caratterizzante della proposta di soddisfacimento dei crediti mediante un piano rimesso alla omologazione del tribunale).

La circostanza che la proposta concordataria sia riconducibile alla tipologia di concordato per «*cessione dei beni*» e che debba essere accompagnata da un «*piano di liquidazione*» che dovrà essere attuato da un «*liquidatore*» colloca l'istituto nel novero dei concordati liquidatori, mutuandone la funzione[11]; da questa prospettiva, la finalità sostanziale del con-

---

[7] In ordine alle modalità di soddisfacimento dei creditori non sono previsti i limiti che operano nel concordato preventivo ordinario di tipo liquidatorio, ossia l'obbligo di assicurare ai creditori chirografari il pagamento in misura non inferiore al venti per cento dell'ammontare complessivo del credito e l'apporto di risorse esterne che incrementi di almeno il dieci per cento l'attivo disponibile (art. 84, comma 4); sul tema v. *amplius* FABIANI, *I nuovi vincoli*, 574 ss.; tali vincoli non sarebbero applicabili al concordato semplificato neppure in via analogica (D'ATTORRE, *Il concordato*, 1610).

[8] Cfr. CENSONI, *Il concordato*, 3, ove la ficcante considerazione: «l'istituto si chiama 'concordato', ma non si concorda nulla, né fra il debitore e i suoi creditori (…), né con il tribunale».

[9] Sul punto si ravvisano uniformità di vedute in dottrina: AMBROSINI, *Il concordato*, 7 s.; BOZZA, *Il concordato*, 10 s.; FICHERA, *Sul nuovo*, 3 s.; D'ATTORRE, *Il concordato*, 1603 s.

[10] Tale aspetto costituisce un punto fermo in dottrina: AMBROSINI, *Il concordato*, 8; BOTTAI, *La rivoluzione*, 3 s.; CENSONI, *Il concordato*, 3; D'ATTORRE, *Il concordato*, 1603 s.; ROSSI, *Le condizioni*, 745.

[11] Nonostante il richiamo alla figura del concordato con continuità "indiretta" (effettuato dall'art. 25-*septies*, comma 2, su cui v. *infra*, commento all'art. 25-*septies*) sembrerebbe che il concordato semplificato possa assumere la veste soltanto di un concordato liquidatorio; non solo per il chiaro dettato normativo, ma anche valorizzando la funzione dell'istituto che consiste nella liquidazione del patrimonio in funzione satisfatto-

cordato semplificato è quella di procedere alla liquidazione del patrimonio del debitore preso atto dell'impossibilità di giungere ad un accordo con i creditori, o comunque ad altre soluzioni concordate della crisi [12].

Gli innumerevoli vantaggi che lo strumento offre all'imprenditore rispetto al concordato preventivo liquidatorio ordinario (cui fa da contropartita il sacrificio imposto ai creditori), rendono necessario un attento vaglio da parte del tribunale della ricorrenza dei presupposti di accesso, per evitare possibili utilizzi abusivi della procedura.

2. – Le caratteristiche del concordato semplificato sono, come la stessa denominazione esplicita, la semplificazione del rito attraverso cui si sviluppa e che si realizza, anzitutto, con l'assenza della fase di ammissione alla procedura.

La domanda di concordato semplificato, la quale ha ad oggetto in via diretta l'omologazione del concordato, va presentata dall'imprenditore [13] tramite ricorso al tribunale del luogo in cui l'impresa ha il proprio centro di interessi principali [14]; alla domanda vanno allegati, oltre al piano di liquidazione, i documenti indicati nell'art. 39; non è invece richiesto il deposito della relazione di attestazione dell'esperto indipendente (stante il mancato richiamo all'art. 87, comma 3).

A seguito del deposito della domanda è previsto che il tribunale valuti «*la ritualità della proposta*» (v. art. 25-*sexies*, comma 3); è discusso se nel perimetro di tale valutazione il tribunale debba limitarsi ad un giudizio sulla regolarità formale o se, invece, possa compiere un sindacato anche sugli aspetti sostanziali della proposta [15].

Tuttavia, data la formulazione della norma e la rapida scansione che porta al giudizio di omologa, sembrerebbe che il tribunale in questa fase iniziale non debba svolgere controlli di merito sul contenuto della proposta, sulla fattibilità del piano e sui presumibili risultati della liquidazione, in quanto tali valutazioni saranno oggetto del giudizio di omologazione [16].

Dunque, una volta superate positivamente le verifiche circa la ritualità della proposta, il tribunale, acquisiti la relazione finale ed il parere dell'esperto (con specifico riferimento

ria per i creditori, ove la vendita unitaria dell'azienda o dei suoi rami costituisce una modalità per pervenire ad una più proficua liquidazione (cfr. BOZZA, *Il concordato*, 9 ss.; LEUZZI, *Analisi*, 3 s.; BOTTAI, *La rivoluzione*, 3 ss.; FAROLFI, *Il concordato*, 3 ss.).

[12] Si tratta di un istituto con funzione "deflativa" che consente di giungere, con un procedimento estremamente concentrato, ad una rapida ed ordinata liquidazione del patrimonio del debitore evitando (tempi e costi) della liquidazione giudiziale e del concordato liquidatorio ordinario. Cfr. la Relazione illustrativa al d.l. n. 118 del 2021 che parla di «*nuova procedura di concordato semplificato avente finalità liquidatorie*».

[13] La domanda va presentata, a pena di inammissibilità, entro il termine decadenziale di sessanta giorni successivi alla comunicazione della relazione finale dell'esperto *ex* art. 17, comma 8.

[14] Il ricorso è comunicato al pubblico ministero e pubblicato, a cura del cancelliere, nel registro delle imprese entro il giorno successivo alla data di deposito del ricorso in cancelleria (v. art. 25-*sexies*, comma 2).

[15] Parte della dottrina ritiene che, nonostante manchi un formale provvedimento di apertura della procedura, il tribunale debba comunque compiere una valutazione sull'ammissibilità della proposta che comprenda, oltre che il rispetto dei requisiti formali richiesti, una valutazione di conformità della proposta alla fattispecie astratta tratteggiata dall'art. 25-*sexies*, comma 1, nonché l'indagine circa la «non manifesta inattitudine del piano a raggiungere gli obiettivi prefissati». Cfr. D'ATTORRE, *Il concordato*, 1614 s.; CENSONI, *Il concordato*, 4 ss.; VITIELLO, *Il concordato*.

[16] Così v. BOZZA, *Il concordato*, 17; AMBROSINI, *Il concordato* 4 s.; ROSSI, *Le condizioni*, 747.

ai presumibili risultati della liquidazione e alle garanzie offerte), con decreto nomina un ausiliario a norma dell'art. 68 c.p.c., assegnando allo stesso un termine per il deposito del suo parere sulla proposta del debitore.

Con il medesimo decreto il tribunale ordina che la proposta, unitamente al parere dell'ausiliario, alla relazione finale e al parere dell'esperto venga comunicata ai creditori (risultanti dall'elenco depositato ai sensi dell'art. 39, comma 1) a cura del debitore e fissa la data dell'udienza di omologazione[17].

La fase dell'omologazione assume rilievo centrale nel concordato semplificato, stante la mancanza della votazione dei creditori e si caratterizza per una maggiore intensità del controllo giurisdizionale[18]; si ritiene pertanto che le verifiche che il tribunale è tenuto a compiere in tale sede prescindano dall'eventuale presenza di opposizioni all'omologa[19] che i creditori e qualsiasi interessato possono proporre costituendosi in giudizio nel termine perentorio di dieci giorni prima dell'udienza fissata (art. 25-*sexies*, comma 4)[20].

Le disposizioni normative di cui all'art. 25-*sexies*, comma 5, individuano l'oggetto del giudizio di omologazione, ove il tribunale, oltre a svolgere un controllo sulla regolarità della procedura, è chiamato a verificare «*il rispetto dell'ordine delle cause di prelazione e la fattibilità del piano di liquidazione*»; benché non sia esplicitato dalla norma, si ritiene che il tribunale debba valutare la "fattibilità" non solo giuridica, ma anche economica del piano di liquidazione[21], dovendo svolgere una valutazione comparativa tra proposta concordataria e liquidazione giudiziale verificando che la proposta «*non arrechi pregiudizio*»[22] ai creditori rispetto all'alternativa della liquidazione giudiziale e che comunque assicuri «*una utilità a ciascun creditore*»[23].

---

[17] Tra la scadenza del termine concesso all'ausiliario per il deposito del parere e l'udienza di omologazione devono decorrere non meno di quarantacinque giorni (art. 25-*sexies*, comma 4).

[18] Sull'ampliamento del sindacato giudiziale che conseguirebbe all'arretramento della tutela dei creditori cfr.: AMBROSINI, *Il concordato*, 4; D'ATTORRE, *Il concordato*, 1604 s.; VITIELLO, *Il concordato*; BOZZA, *Il concordato*, 34; FICHERA, *Sul nuovo*, 14.

[19] Cfr. D'ATTORRE, *Il concordato*, 1604 s.; FICHERA, *Sul nuovo*, 14; BOZZA, *Il concordato*, 7.

[20] La costituzione in giudizio nel procedimento di omologa è l'unico possibile intervento dei creditori nella procedura; come sottolineato in dottrina, trattasi di un intervento molto oneroso (richiedendo l'assistenza di un legale), il che potrebbe rivelarsi disincentivante (v. BOZZA, *Il concordato*, 30).

[21] L'art. 25-*sexies*, comma 5, richiede la mera «*fattibilità del piano di liquidazione*» senza menzionare la «fattibilità economica» e senza specificare (come invece l'art. 47, comma 1, lett. *a*)) che la «*fattibilità del piano*» va intesa come «*non manifesta inattitudine del medesimo a raggiungere gli obiettivi prefissati*». Si ritiene, però, che la norma faccia riferimento alla «fattibilità economica del piano» (anche considerando che lo scrutinio del tribunale si basa sulla relazione dell'esperto e su quella dell'ausiliario, le quali si occupano di fattibilità economica: così BOZZA, *Il concordato*, 35 s.), per cui mutuando l'insegnamento delle Sezioni Unite sul concetto di «fattibilità economica» (Cass., SS.UU., 23 gennaio 2013, n. 1521, in *Foro it.*, 2013, 1534) l'indagine del tribunale dovrà vertere sulla assenza di una «manifesta inattitudine del piano a raggiungere gli obiettivi prefissati».

[22] Si ritiene che tale previsione non introduca un «giudizio sulla convenienza»: infatti, altro rispetto alla valutazione della «convenienza» è «l'assenza di pregiudizio» cui allude la norma. Il riscontro della convenienza richiede, infatti, il profilarsi di un vantaggio per i creditori rispetto allo scenario alternativo della liquidazione giudiziale (o, si ritiene, della liquidazione controllata se la procedura riguarda le imprese commerciali sottosoglia o le imprese agricole sottratte alla liquidazione giudiziale), mentre per integrare l'«assenza di pregiudizio» è sufficiente l'accertamento dell'assenza di un danno. Di tal che è sufficiente che i creditori non vengano a percepire di meno di quello che ricaverebbero dalla liquidazione giudiziale (o dalla liquidazione controllata).

[23] Non viene richiesto che l'utilità sia «*specificatamente individuata ed economicamente valutabile*» (così co-

Svolte positivamente tutte le valutazioni di cui sopra, il tribunale provvede all'omologazione con decreto motivato, immediatamente esecutivo, che verrà iscritto nel registro delle imprese e comunicato dalla cancelleria del tribunale alle parti che nei successivi trenta giorni possono porre reclamo alla corte di appello (art. 25-*sexies*, comma 6); tale decreto a sua volta è ricorribile per cassazione (art. 25-*sexies*, comma 7).

L'omologazione del concordato semplificato produce nei confronti del debitore e dei creditori gli stessi effetti prodotti dall'omologazione del concordato preventivo[24].

me prevede l'art. 84, comma 3, conf. a quanto già previsto dall'art. 161, comma 2, lett. *e*), l. fall.). Sul tema, anche per quanto concerne l'indagine su cosa possa concretamente consistere detta "utilità": LEUZZI, *Analisi*, 3; BOZZA, *Il concordato*, 17 e 45 s.; FICHERA, *Sul nuovo*, 7 s.; ILLUMINATI, *Commento*, 129 s.

[24] Cfr. art. 25-*sexies*, comma 8, che richiama le disposizioni di cui agli artt. 106 (Atti di frode e apertura della liquidazione giudiziale nel corso della procedura), 117 (Effetti del concordato per i creditori), 118 (Esecuzione del concordato), 119 (Risoluzione del concordato), 324 (Esenzione dai reati di bancarotta), 341.

Articolo 25-*septies*

Disciplina della liquidazione del patrimonio

1. Il tribunale nomina, con il decreto di omologazione, un liquidatore. Si applicano, in quanto compatibili, le disposizioni di cui all'articolo 114.

2. Quando il piano di liquidazione di cui all'articolo 25-*sexies* comprende un'offerta da parte di un soggetto individuato avente ad oggetto il trasferimento in suo favore dell'azienda o di uno o più rami di azienda o di specifici beni, il liquidatore giudiziale, verificata l'assenza di soluzioni migliori sul mercato, dà esecuzione all'offerta e alla vendita si applicano gli articoli da 2919 a 2929 del Codice civile.

3. Quando il piano di liquidazione prevede che il trasferimento debba essere eseguito prima della omologazione, all'offerta dà esecuzione l'ausiliario, verificata l'assenza di soluzioni migliori sul mercato, con le modalità di cui al comma 2, previa autorizzazione del tribunale.

Federica Innocenti

Sommario: 1. Inquadramento generale. La portata del rinvio all'art. 114. – 2. La nomina del liquidatore. – 3. La disciplina della liquidazione dei beni. – 4. Il caso dei concordati c.d. "chiusi" e la verifica dell'assenza di soluzioni migliori sul mercato.

1. – La disciplina della liquidazione del patrimonio assume nel concordato semplificato un'importanza centrale.

Trattandosi di un concordato liquidatorio[1], deve basarsi necessariamente su un piano di liquidazione la cui attuazione è svolta da un liquidatore, chiamato ad effettuare tutti gli atti necessari alla monetizzazione del patrimonio del debitore (rispettando previsioni, modalità e limiti indicati nel piano), provvedendo ad utilizzare il ricavato per soddisfare i creditori in conformità della proposta omologata[2].

[1] Sulla finalità e sulla natura liquidatoria del concordato semplificato, anche laddove il piano di liquidazione contempli la cessione a terzi dell'azienda o di rami d'azienda cfr. Bozza, *Il concordato semplificato*, 5 ss.; Leuzzi, *Analisi differenziale*, 3 s.; Pezzano, Ratti, *Il concordato preventivo*, 2 ss.; Bottai, *La rivoluzione*, 3 ss.; Farolfi, *Il concordato liquidatorio*, 3 ss.; Illuminati, *Art. 25-*sexies, 126 s.; sul tema si rinvia inoltre al commento all'art. 25-*sexies*.

[2] La natura liquidatoria della procedura porta con sé l'obbligo del debitore di devoluzione ai propri creditori dell'intero patrimonio, non ritenendosi ammissibile una proposta concordataria liquidatoria che prospetti la mancata cessione ai creditori di uno o più beni (in argomento v. Bozza, *Il concordato liquidatorio*, 1123 ss.).

La disciplina della liquidazione del patrimonio ricomprende, dunque, tutte le attività rivolte alla liquidazione, quali le cessioni dei beni, i trasferimenti di beni con modalità diverse dalla vendita, l'incasso dei crediti, l'esercizio di ogni azione risarcitoria volta a recuperare un attivo, anche se potenziale, facente parte del patrimonio messo a disposizione dei creditori.

L'art. 25-*septies* disciplina tale fase esecutiva attraverso una succinta cornice normativa ispirata alle medesime istanze di semplificazione procedurale e di razionalizzazione che caratterizzano la nuova procedura concordataria.

Il comma primo dell'art. 25-*septies* esordisce prevedendo la nomina da parte del tribunale con il decreto di omologazione di «*un liquidatore*»; specifica poi che si applicano le disposizioni di cui all'art. 114 «*in quanto compatibili*».

Tale rinvio che sembra tracciare, seppur nei limiti della compatibilità, la disciplina generale di riferimento, riconduce la fase esecutiva del concordato semplificato nel solco del modello tradizionale del concordato con cessione dei beni[3], pur discostandosene sensibilmente nelle ipotesi prese in considerazione dai commi 2 e 3 dell'art. 25-*septies*[4].

La tecnica normativa del rinvio, in quanto compatibili, alle disposizioni in materia di cessioni dei beni nel concordato preventivo, le quali a loro volta rinviano alle norme previste nella liquidazione giudiziale[5], porta con sé la questione dell'applicabilità di una disciplina articolata e complessa, non solo in tema di organi della procedura, ma anche riguardo alle modalità in cui debbono essere effettuate le cessioni dei beni[6], ad una procedura caratterizzata, invece, da istanze di celerità e semplificazione.

2. – L'art. 25-*septies*, comma 1 si limita a prevedere la necessità che il tribunale nomini con il decreto di omologazione «*un liquidatore*», mentre non detta una disciplina espressa della figura e dei compiti del liquidatore, rinviando alle disposizioni di cui all'art. 114, nei limiti della compatibilità.

La nomina di un liquidatore è da ritenersi sempre obbligatoria in caso di omologazione, coerentemente con la natura liquidatoria del concordato semplificato; inoltre, la circostanza dell'espressa previsione di «*un liquidatore*» esclude la possibile presenza di un collegio di più liquidatori, a differenza di quanto previsto nel concordato preventivo ordinario[7].

---

[3] Il concordato semplificato è strutturato secondo il modello tradizionale del concordato con cessione dei beni, con finalità satisfattiva per i creditori, ove l'imprenditore ha l'obbligo di devolvere ai creditori l'intero patrimonio e non di garantire il pagamento dei crediti in una percentuale prefissata (a meno di una espressa previsione in tal senso): cfr. Cass., 14 marzo 2014, n. 6022, in *Foro it.*, 2014, 3171, con nota di Fabiani. Conf. Cass., 17 ottobre 2018, n. 26005, in *giustiziacivile.com*, con nota di Di Cesare.

[4] Ci si riferisce alle ipotesi evocate dal comma secondo e terzo dell'art. 25-*septies*, in cui il piano di liquidazione comprenda l'offerta da parte di un soggetto individuato avente a oggetto il trasferimento in suo favore dell'azienda o di uno o più rami d'azienda o di singoli beni (concordati c.d. "chiusi") alla quale può essere anche data esecuzione anticipata rispetto alla omologazione (sul punto v. *infra*, § 4).

[5] Ciò in virtù del doppio rinvio che l'art. 25-*septies* opera all'art. 114 che a sua volta rinvia agli artt. 126, 134, 136, 137, 231 e 358, nonché agli artt. da 214 a 219.

[6] Sul punto si veda PANZANI, *La liquidazione*, 1129 ss.

[7] Ciò è pacifico in dottrina: v. spec. D'ATTORRE, *Il concordato*, 1614 ss.; ID., *La liquidazione*, 2 ss.; FAROLFI, *La liquidazione*, 1623 ss.; ILLUMINATI, *Art. 25*-septies, 135.

In ordine ai requisiti per la nomina, accettazione, revoca, responsabilità, compenso e rendiconto, trovano applicazione le disposizioni previste per il curatore nella liquidazione giudiziale, applicabili in quanto compatibili anche al liquidatore[8].

In tema di nomina del liquidatore la dottrina ha affrontato due questioni: la prima se sia opportuno nominare come liquidatore l'ausiliario; la seconda, se l'eventuale indicazione del nominativo del liquidatore da parte del debitore nel piano sia vincolante per il tribunale.

Quanto alla prima, nonostante la mancanza di un divieto espresso in tal senso, si concorda con quanti sostengono che le medesime ragioni che nel concordato preventivo rendono inopportuna la coincidenza tra ruoli avente portata diversa (i.e. quella di commissario giudiziale e liquidatore che comporterebbe la sovrapposizione dei compiti di esecuzione e di vigilanza sull'adempimento del concordato) valgano anche nell'ambito del concordato semplificato, dove l'ausiliario dopo l'omologazione è chiamato a svolgere la stessa attività di vigilanza sulla corretta esecuzione della proposta concordataria del commissario giudiziale[9].

Quanto alla questione della vincolatività per il tribunale dell'indicazione del nominativo del liquidatore da parte del debitore (affermata dalla Suprema Corte[10] con riferimento al concordato preventivo ordinario), sembra doversi risolvere in senso negativo per il concordato semplificato, non essendo la proposta con l'indicazione del liquidatore stata sottoposta al voto dei creditori[11].

Da ultimo resta da chiedersi se nel decreto di omologa il tribunale debba o possa comunque procedere alla nomina di un comitato dei creditori; la risposta sembra essere negativa, non solo in virtù della mancata menzione di tale organo nel contesto dell'art. 25-*septies*, ma anche considerate le istanze di semplificazione cui è improntata la procedura.

3. – Va ricostruita la disciplina applicabile allo svolgimento, da parte del liquidatore, delle vendite e dei trasferimenti dei beni ricompresi nel patrimonio del debitore.

Il richiamo operato dal comma 1 dell'art. 25-*septies* all'art. 114 (che a sua volta rinvia alla disciplina delle vendite dei beni in sede di liquidazione giudiziale, contenuta negli

[8] Ciò si ricava dal rinvio dell'art. 25-*septies* all'art. 114 che a sua volta rinvia agli artt. 125 (nomina del curatore), 126 (accettazione del curatore), 134 (revoca del curatore), 135 (sostituzione del curatore), 136 (responsabilità del curatore), 137 (compenso del curatore), 231 (rendiconto del curatore). Si applica al liquidatore anche l'art. 358 (requisiti per la nomina agli incarichi nelle procedure), nonché le incompatibilità previste dal codice "antimafia" (art. 35, comma 4-*bis*, d.lgs. 6 settembre 2011, n. 159), espressamente richiamati dall'art. 114, comma 2.

[9] Da questa prospettiva si rivela pregnante il rinvio operato dall'art. 25-*sexies*, comma 8, all'art. 116, ove viene specificato «*sostituita la figura del commissario giudiziale con quella dell'ausiliario*». Sul punto v. D'ATTORRE, *La liquidazione*, 2 ss.; ID., *Il concordato*, 1614. Nello stesso senso v. FAROLFI, *La liquidazione*, 1623 ss.; ILLUMINATI, *Art. 25-*septies, 135.

[10] Cfr. Cass., 29 luglio 2021, n. 21815: «In tema di concordato preventivo, il decreto con il quale il tribunale in sede di omologazione provvede alla nomina di un liquidatore giudiziale diverso da quello indicato nella proposta approvata è impugnabile per cassazione a norma dell'art. 111, comma 7, Cost., restando il potere di nomina del tribunale vincolato alla designazione fatta dal debitore, a condizione che essa sia rispettosa dei requisiti previsti dall'art. 28 l.f.».

[11] Considerato l'arretramento delle tutele e dei poteri dei creditori nel concordato semplificato, il debitore non avrebbe anche la facoltà di indicazione del liquidatore, lasciando al tribunale la più ampia libertà sul punto. V. FAROLFI, *La liquidazione*, 1625 s.; Conf. D'ATTORRE, *La liquidazione*, 2 ss.; BOZZA, *Il concordato*, 41.

artt. 214 ss.) sembrerebbe ricondurre la vicenda nell'alveo del concordato preventivo liquidatorio ordinario, riproponendo le medesime questioni interpretative[12].

Trova pertanto applicazione la regola della preferenza della cessione dell'intero complesso aziendale e, in graduazione, di singoli rami di azienda o di beni individuabili in blocco, mentre la liquidazione c.d. atomistica dei singoli beni resta l'eccezione alla quale può farsi ricorso solo se maggiormente satisfattiva per i creditori[13].

Per quanto riguarda le modalità della liquidazione, si rivela pregnante il richiamo ai criteri evocati dall'art. 216 (competitività nella procedura della scelta dell'acquirente, congruità dei valori di stima del bene posto in liquidazione, adeguatezza delle forme di pubblicità in modo da assicurare la partecipazione della platea più ampia possibile di soggetti interessati all'acquisto, formalità delle procedure) da leggersi, però, con il filtro della clausola di salvaguardia della "compatibilità" rispetto alle specifiche caratteristiche della procedura di concordato semplificato.

Da questa prospettiva si ritiene che il liquidatore non sia vincolato ad osservare *pari passu* la complessa e articolata disciplina di cui all'art. 216[14], ma che possa procedere a seconda del caso concreto con le modalità che ritiene più efficaci ed efficienti, muovendosi però nel rispetto di alcuni vincoli (i.e. obbligo di preventiva stima; pubblicità; competitività) che costituiscono il limite invalicabile entro il quale può esercitare la sua autonomia[15].

Per quanto riguarda gli effetti delle vendite attuate dal liquidatore nel concordato semplificato (così come previsto dall'art. 114, comma 4), queste beneficiano dell'«effetto purgativo» che comporta la cancellazione, su ordine del giudice (salva diversa disposizione contenuta nel decreto di omologazione) delle iscrizioni relative ai diritti di prelazione nonché delle trascrizioni, pignoramenti, dei sequestri conservativi e di ogni altro vincolo. Nel caso di trasferimento d'azienda o di suoi rami l'effetto purgativo opera anche con riferimento ai debiti anteriori[16].

---

[12] Com'è noto il tema delle vendite di beni in ambito concordatario presenta dei tratti complessi, sia per quanto riguarda la natura giuridica sia per la regolamentazione degli effetti che producono; invero, nonostante le vendite concordatarie non siano qualificabili come coattive «in senso stretto», presentano gli effetti caratteristici dei trasferimenti coattivi, anche se formalizzate con contratto e non con decreto di trasferimento, dato che le medesime realizzano la garanzia che contraddistingue la responsabilità patrimoniale del debitore; sul punto v. *amplius* FABIANI, *La "programmazione"*, 919 ss.; ID., *Concordato preventivo*, 79 ss.; BOZZA, *La fase esecutiva*, 768 ss. spec. 783 s.; PANZANI, *La liquidazione*, 1133. In giurisprudenza cfr. la posizione assunta dalla Suprema Corte (Cass., SS.UU., 16 luglio 2008, n. 19506, in *Foro. it.*, 2008, I, 3149) secondo cui la fase esecutiva del concordato con cessione dei beni è riconducibile alla più vasta categoria dei procedimenti di esecuzione forzata, intesi in senso lato, al pari della procedura fallimentare.

[13] Cfr. l'art. 214, comma 1, il quale conferma quanto già previsto dal previgente art. 105 l. fall.

[14] Che porterebbe, oltre ad un appesantimento della procedura, aumentandone la complessità, una dilatazione delle tempistiche delle attività liquidatorie che diverge con le finalità del concordato semplificato improntato a criteri di speditezza ed efficienza. Sul tema cfr. *amplius* FAROLFI, *La liquidazione*, 1623 ss.

[15] Così: D'ATTORRE, *La liquidazione*, 4; FAROLFI, *La liquidazione*, 1617 ss. secondo il quale il nucleo di regole minimali al di sotto del quale il liquidatore non dovrebbe scendere e che connotano la competitività della scelta dell'acquirente si incentra sul rispetto di tre principi cardine: stima del bene da cedere, pubblicità idonea ad assicurare la massima informazione e partecipazione agli interessati, nonché protratta per un tempo congruo, possibilità di proporre una offerta alternativa da parte di eventuali soggetti interessati.

[16] In virtù del rinvio all'art. 114 che a sua volta rinvia all'art. 214, trova infatti applicazione l'art. 214, comma 3, che prevede: «*salvo diversa convenzione, è esclusa la responsabilità dell'acquirente per i debiti relativi all'esercizio delle aziende cedute, sorti prima del trasferimento*».

4. – La disciplina della liquidazione dei beni presenta tratti peculiari nel caso in cui il piano di liquidazione comprenda l'offerta da parte di un soggetto individuato avente ad oggetto il trasferimento in suo favore (da effettuare anche prima dell'omologazione)[17], dell'azienda o di un ramo d'azienda o di specifici beni (c.d. concordati "chiusi" o "preconfezionati"), ipotesi contemplata dall'art. 25-*septies*, comma 2.

In tal caso, diversamente da quanto previsto nell'ambito del concordato preventivo ordinario, non si applica l'istituto delle offerte concorrenti di cui all'art. 91, ma è prevista una disciplina più agevole che conserva comunque, anche se in forme diverse, il principio della competitività.

Nello specifico, il comma 2 dell'art. 25-*septies* prevede che laddove il piano di liquidazione comprenda l'offerta «*da parte di un soggetto individuato avente ad oggetto il trasferimento in suo favore dell'azienda o di uno o più rami di azienda o di specifici beni*» il liquidatore giudiziale dà esecuzione all'offerta, ma «*verificata l'assenza di soluzioni migliori sul mercato*».

In tal caso si applicano alle vendite gli artt. da 2919 a 2929 c.c. (ossia le disposizioni in materia di vendite forzate), così precisandosi che si tratta di «vendite coattive»[18].

Tale previsione consente di superare la complessa disciplina delle offerte concorrenti disegnata dall'art. 91, ma non di bypassare del tutto il principio di competitività nella scelta e nella selezione dell'acquirente, dovendo obbligatoriamente il liquidatore, prima di dare esecuzione all'offerta, sottoporre la vicenda circolatoria alle reazioni del mercato, anche se non è specificato come debba svolgersi detto sondaggio.

A tale riguardo la dottrina ha ipotizzato diverse modalità, più o meno procedimentalizzate, che spaziano dalla pubblicazione di un invito a formulare manifestazioni di interesse, anche organizzando *data room* e utilizzando a tale fine la piattaforma informatica, all'incarico dato a soggetti specializzati per la ricerca sul mercato di offerte migliorative, ad altre modalità più o meno formalizzate[19].

Da ultimo, occorre evidenziare che l'art. 25-*septies*, comma 3 contempla la possibilità che il piano di liquidazione preveda che il trasferimento d'azienda, di uno dei suoi rami o di altro bene specifico possa essere anticipato alla fase antecedente l'omologazione (c.d. esecuzione anticipata del concordato).

In questo caso, non essendo ancora stato nominato il liquidatore, è previsto che «*all'offerta dà esecuzione l'ausiliario*» «*verificata l'assenza di soluzioni migliori sul mercato*», con le medesime modalità previste dall'art. 25-*septies*, comma 2, poc'anzi descritte; rimane fermo il dovere in capo all'ausiliario, prima di dare esecuzione all'offerta, di accertare che non vi siano soluzioni migliori concretamente individuabili.

In virtù del fatto che l'esecuzione è anticipata rispetto alla fase di omologazione, è necessaria la previa autorizzazione del tribunale (art. 25-*septies*, comma 3).

---

[17] Cfr. art. 25-*septies*, comma 3, il quale richiama il comma 2 del medesimo articolo.

[18] Secondo FAROLFI, *La liquidazione*, 1627 s., il richiamo agli artt. 2919-2929 c.c. confermerebbe la riconducibilità delle vendite effettuate con le procedure in questione nel novero delle vendite «funzionalmente coattive» (sul punto v. *amplius supra*, nt. 12).

[19] Così: FAROLFI, *La liquidazione*, 1623 ss.; D'ATTORRE, *La liquidazione*, 4 ss.; ID., *Manuale*, 195; in senso diverso cfr. LEUZZI, *Analisi differenziale*, 20, secondo cui il sondaggio di mercato dovrebbe avvenire «a schema libero», diventando praticabili «gare informali» in cui si avrebbe il superamento del vincolo della previa stima del bene da utilizzare necessariamente come valore base d'asta. Sul tema della competitività nei concordati c.d. "chiusi" v. anche ILLUMINATI, *Art. 25-septies*, 136 s. Sul tema cfr. *amplius* AIELLO, *La competitività*, 184 ss.

Articolo 25-*octies*

Segnalazione dell'organo di controllo

1. L'organo di controllo societario segnala, per iscritto, all'organo amministrativo la sussistenza dei presupposti per la presentazione dell'istanza di cui all'articolo 17. La segnalazione è motivata, è trasmessa con mezzi che assicurano la prova dell'avvenuta ricezione e contiene la fissazione di un congruo termine, non superiore a trenta giorni, entro il quale l'organo amministrativo deve riferire in ordine alle iniziative intraprese. In pendenza delle trattative, rimane fermo il dovere di vigilanza di cui all'articolo 2403 del codice civile.

2. La tempestiva segnalazione all'organo amministrativo ai sensi del comma 1 e la vigilanza sull'andamento delle trattative sono valutate ai fini della responsabilità prevista dall'articolo 2407 del codice civile.

Paolo Valensise

Sommario: 1. Premessa. – 2. Profili soggettivi e presupposti della segnalazione. – 3. L'esercizio del potere/dovere di segnalazione. – 4. Gli scenari *post* segnalazione. Cenni di responsabilità.

1. – L'art. 25-*octies* rappresenta il punto di arrivo di un interessante e, per vero, tortuoso percorso normativo, *(i)* trovando il proprio immediato precedente nell'art. 15, d.l. 24 agosto 2021, n. 118 sulla composizione negoziata, di cui riprende più o meno integralmente il testo, attraverso l'intervento integrativo sul *corpus* del Codice operato dal d.lgs. 17 giugno 2022, n. 83 e *(ii)* sostituendo sostanzialmente l'originario art. 14 nella versione del d.lgs. 12 gennaio 2019, n. 14, dedicato alla «*allerta*», come noto alla fine mai entrato in vigore, in ragione dei diversi slittamenti, connessi anche alla legislazione emergenziale per la pandemia.

Prendiamo le mosse da quest'ultima disposizione. Essa costituiva la declinazione dei princìpi generali di cui all'art. 4, legge delega 19 ottobre 2017, n. 155, in virtù dei quali, allo scopo di incentivare l'emersione anticipata della crisi ed un più agevole svolgimento delle trattative con i creditori, si prevedeva tra l'altro la creazione degli organismi di composizione della crisi, gli O.c.r.i., ed i connessi doveri di informazione tempestiva *verso* tali organismi, in presenza di carente od inadeguata risposta degli amministratori, da parte degli organi di controllo societari e dei revisori [1].

[1] A questo proposito ci si permette di rinviare, *ex multis*, a VALENSISE, *Organi di controllo*, 583 e ss., non-

Il successivo art. 15, d.l. n. 118 del 2021, adottato nell'ambito della composizione negoziata e poi confluito nell'attuale art. 25-*octies* se, da un lato, si caratterizza per una finalità in qualche modo accostabile, dall'altro si risolve in un approccio un po' diverso. Ed infatti la composizione negoziata, introdotta *ex novo* nel 2021 ed ora confluita negli artt. 12 ss., si risolve in un istituto più agile ed alleggerito rispetto all'assetto originariamente imperniato sugli O.c.r.i., ora eliminati dal tessuto del vigente Codice. L'imprenditore può oggi ricorrervi *(a)* quando si trova in condizioni di squilibrio patrimoniale o economico-finanziario che ne rendono probabile la crisi o l'insolvenza e *(b)*, al contempo, risulta ragionevolmente perseguibile il risanamento dell'impresa. Questa iniziativa volontaria si concretizza nella presentazione al segretario generale della Camera di commercio territorialmente competente di un'istanza di nomina di un esperto: quest'ultimo è chiamato ad agevolare le trattative tra l'imprenditore in crisi ed i suoi creditori al fine di trovare una soluzione che consenta di superare la predetta condizione di difficoltà. La conclusione di tale percorso è, a sua volta, variamente articolata ed articolabile, ai sensi e per gli effetti di cui all'art. 23.

In questo rinnovato contesto si colloca l'art. 25-*octies*, in virtù del quale l'organo di controllo societario segnala motivatamente all'organo amministrativo la sussistenza dei presupposti per la presentazione dell'istanza di composizione negoziata, fissando a quest'ultimo un congruo termine, non superiore a trenta giorni, per riferire sulle iniziative adottate. Tutto ciò *(i)* fermo rimanendo, da un lato, il dovere di vigilanza *ex* art. 2403 c.c. e *(ii)*, dall'altro, venendo espressamente sancita la «valutabilità» tanto della tempestiva segnalazione quanto del(l'assolvimento del) predetto dovere di vigilanza nella prospettiva delle eventuali responsabilità del medesimo organo di controllo. Viene quindi meno, in particolare, rispetto al precedente assetto, l'espressa previsione di un dovere suppletivo, avente ad oggetto uno specifico intervento *reattivo* dell'organo di controllo verso l'esterno, *i.e.* dell'obbligatorio ricorso dell'organo di controllo direttamente nei confronti dell'O.c.r.i., in caso di inerzia/inadeguata risposta da parte dell'organo amministrativo di fronte alla situazione di crisi[2].

Il passaggio dall'art. 15, d.l. n. 118 del 2021, all'art. 25-*octies*, con conseguente abbandono dell'art. 14 nella versione del d.lgs. n. 14 del 2019 mai entrato in vigore, avviene, come accennato, per mezzo del d.lgs. n. 83 del 2022 che da un lato è stato lo strumento di recepimento della direttiva (UE) 2019/2023 del 20 giugno 2019 dedicata ai quadri di ristrutturazione preventiva e, dall'altro, ha costituito l'occasione per una (armonica?) riorganizzazione e razionalizzazione complessiva di questa fase di c.d. "prima" o, *rectius* anticipata emersione delle difficoltà. Ed infatti l'art. 3, § 1, direttiva n. 2019/2023, ha previsto che gli stati provvedessero affinché i debitori avessero accesso ad uno o più strumenti di allerta precoce chiari e trasparenti, in grado di individuare situazioni suscettibili di comportare la probabilità di insolvenza e di segnalare al debitore la necessità di agire senza

ché ai contributi di DESANA, *Procedure di allerta*, 87 ss., DONATIVI, *Doveri di "allerta"*, 136 ss., SUDIERO, *Allerta interna*, 86 e ss., ove ulteriori riferimenti.

[2] Al riguardo cfr., tra gli altri, DESANA, *Procedure di allerta*, 106; DONATIVI, *Doveri di "allerta"*, 156; SUDIERO, *Allerta interna*, 86 ss.; SCIUTO, *Quel che resta*; PACCHI, *Le segnalazioni*, 87 ss.; ASSONIME, *Doveri degli organi*.

indugio. La disposizione in commento va pertanto collocata in questo articolato contesto, la cui interpretazione può dirsi solo agli inizi.

2. – Quali i principali aspetti della nuova, definitiva (almeno per ora) regolazione? Il primo profilo sul quale occorre soffermarsi è quello soggettivo. Il titolare dell'obbligo di segnalazione viene infatti individuato soltanto nell'organo di controllo societario. Quest'ultimo va quindi identificato innanzi tutto nel collegio sindacale e, nei sistemi alternativi, nel consiglio di sorveglianza del sistema dualistico e nel comitato per il controllo sulla gestione del sistema monistico. Rispetto al precedente art. 14 nella versione del d.lgs. n. 14 del 2019 mai entrato in vigore, va registrato il venir meno del riferimento espresso al dovere di segnalazione, nell'ambito delle proprie funzioni, anche del revisore contabile e delle società di revisione *verso* l'organo amministrativo [3]. A questo proposito, fermo quanto precede, dal punto di vista dei soggetti comunque suscettibili di essere coinvolti in tali dinamiche, occorre ricordare la perdurante presenza dell'art. 2409-*septies* c.c. Come noto, tale norma stabilisce che «*il collegio sindacale e i soggetti incaricati della revisione legale dei conti si scambiano tempestivamente le informazioni rilevanti per l'espletamento dei rispettivi compiti*», imponendo perciò un reciproco dovere di segnalazione e, dunque, anche del revisore *verso* il collegio sindacale, quando ne sussistano i presupposti. Non appare dunque così improbabile che, tenuto conto del presidio continuativo che il revisore è tenuto ad assicurare sulla contabilità (arg. *ex* art. 14, comma 1, lett. *b*), d.lgs. 27 gennaio 2010, n. 39), anche quest'ultimo venga a trovarsi nelle condizioni di poter/dover segnalare con tempestività elementi di criticità rilevanti a questi fini ai sindaci, attivando così la loro doverosa valutazione e, se del caso, le eventuali successive iniziative anche ai sensi e per gli effetti della norma in commento [4].

Quanto alle condizioni in presenza delle quali il potere/dovere di segnalazione previsto dalla disposizione in commento dovrebbe essere esercitato dall'organo di controllo, ci sono due aspetti sui quali occorre soffermarsi e cioè, *(a)* la sussistenza «*dei presupposti per la presentazione dell'istanza*» di nomina dell'esperto, attraverso la quale si avvia l'iter della composizione negoziata, *ex* art. 17 e *(b)* la – riscontrata – inerzia dell'organo amministrativo. Per quel che concerne il primo di essi occorre quindi rifarsi alle indicazioni di cui all'art. 12 del medesimo, e cioè quando, per un verso, l'impresa si trova in condizioni di squilibrio patrimoniale o economico-finanziario «*che ne rendono probabile la crisi o l'insolvenza*» e, per l'altro, risulta ragionevolmente perseguibile il risanamento dell'impresa. Il punto appare di una certa delicatezza. Se, infatti, da un lato l'istituto si colloca nella (e concretizza la) logica di virtuosi, tempestivi interventi funzionali alla risoluzione della crisi, dall'altro la definizione delle relative condizioni di possibile innesco propone più di uno spunto di riflessione. Ciò in quanto, al netto del tema (della valutazione) riguardante la ragionevole perseguibilità del risanamento, si fa riferimento alla probabilità non solo *(i)* dell'insolvenza, ma anche *(ii)* della crisi, *i.e.* di quello stato dell'impresa debitrice che, ai

[3] Oltre che, ovviamente, del successivo dovere di segnalazione esterna, verso l'OCRI, oramai abrogato, come dianzi ricordato.

[4] Sull'analisi di questo specifico aspetto si rinvia a VALENSISE, *Organi di controllo*, 583 ss., ove ulteriori riferimenti.

sensi della lett. *a)* del comma 1 dell'art. 2, rende, a sua volta, «*probabile l'insolvenza e che si manifesta con l'inadeguatezza dei flussi di cassa prospettici a far fronte alle obbligazioni nei successivi dodici mesi*». Si tratta perciò, come rilevato, della probabilità di una ... probabilità di insolvenza, da leggersi alla luce del riformulato art. 3, commi 3 e 4, con tutte le difficoltà del caso, connesse ad una – possibile – "ipersensibilità" dello strumento [5].

L'emersione della (necessità quanto meno di valutare la possibile) situazione di crisi potrebbe attingere l'organo di controllo seguendo vari percorsi. Si pensi, a titolo meramente esemplificativo, alla segnalazione proveniente dai creditori pubblici qualificati *ex* art. 25-*novies*, ovvero alla comunicazione delle banche e degli intermediari, *ex* art. 25-*decies*, od ancora a possibili richiami di attenzione del revisore, ai sensi del già menzionato art. 2409-*septies* c.c., oppure, nell'ipotesi in cui il collegio sindacale fosse titolare anche del controllo contabile in via continuativa, *ex* art. 2409-*bis*, comma 2, c.c., alle risultanze delle proprie verifiche.

In secondo luogo, va considerata l'inerzia dell'organo amministrativo il quale, in presenza dei presupposti dianzi menzionati, non ha evidentemente ritenuto di attivarsi, anche alla luce dell'art. 3, comma 1. È appena il caso di rilevare che, se in presenza dei menzionati sintomi di crisi, adeguatamente e prontamente rilevati delle misure organizzativo-procedurali adottate dall'organo amministrativo, quest'ultimo si attivasse altrettanto tempestivamente – in conformità quindi con i precetti di cui, in particolare, agli artt. 12 ss. – le ragioni per l'eventuale esercizio del potere/dovere sindacale di segnalazione/sollecitazione *interna* sancito dalla norma in commento verrebbero ragionevolmente meno. Rimarrebbe ovviamente fermo, sia in quel mentre, sia nei successivi passaggi, il generale dovere di vigilanza dei sindaci, da esercitare nel rispetto delle diverse, articolate prerogative, sia di indagine, sia di verifica sia, soprattutto, reattive ad essi spettanti.

3. – Ciò premesso, la segnalazione di cui al presente art. 25-*octies* si colloca all'interno del variegato ventaglio di opzioni reattive, ad intensità, incisività e direzioni variabili, che il Legislatore assegna all'organo di controllo (dall'impugnazione delle delibere consiliari alla denunzia al tribunale *ex* art. 2409 c.c., *etc.*), ed il suo concreto esercizio, in via autonoma oppure accompagnata anche da altri strumenti, dipende dalle concrete circostanze del caso e dalla valutazione, quindi, che volta per volta il collegio sindacale è chiamato a condurre scegliendo coerentemente sia il tipo di reazione sia le relative tempistiche. Non si ritiene cioè configurabile una sorta di obbligatoria *escalation*, da seguire come una rigida *check-list*. L'arsenale sindacale si arricchisce di un nuovo, flessibile strumento reattivo, ulteriore rispetto a quelli già previsti, la cui selezione è dunque rimessa al prudente, diligente apprezzamento dei sindaci a seconda di come si atteggia la situazione che essi si trovano, caso per caso, a fronteggiare.

Il Legislatore prevede quindi che la segnalazione dell'organo di controllo agli amministratori *(a)* sia motivata, *(b)* venga trasmessa a questi ultimi con mezzi che assicurino la prova dell'avvenuta ricezione e *(c)* contenga la fissazione di un congruo termine, comunque non superiore a trenta giorni, entro il quale l'organo amministrativo è chiamato a riferire in merito alle iniziative intraprese.

---

[5] In senso conforme cfr. SCIUTO, *Quel che resta*, 7, che parla di una sorta di «probabilità al quadrato».

In via preliminare occorre considerare che una segnalazione del genere deve ragionevolmente connotarsi per un certo grado di tempestività, da riferire evidentemente alle circostanze, considerato come tale requisito complessivamente permei tutto il contesto normativo nel quale essa è stata collocata, a partire dall'art. 3 che sancisce l'obbligo dell'imprenditore di assumere «*senza indugio*» le iniziative necessarie a far fronte alla crisi. Ciò premesso, la segnalazione deve, al contempo, essere «*motivata*». Il ricorso a tale aggettivazione si ritiene implichi lo svolgimento, nel richiamato contesto, di una qualche preventiva attività istruttorio-valutativa da parte dell'organo di controllo, al fine quanto meno di illustrare la situazione che si è venuta configurando e di rappresentare adeguatamente le conseguenti ragioni della formale presa di posizione del medesimo organo di controllo, evidentemente comprensive anche della constatata inerzia dell'organo amministrativo, attraverso la trasmissione della citata sollecitazione ad intervenire.

La segnalazione, come detto, deve essere oggetto di una formale trasmissione all'organo amministrativo e deve recare un termine, non superiore a trenta giorni, entro il quale quest'ultimo è chiamato a riferire sulle «*iniziative intraprese*». Se la segnalazione dell'organo di controllo nasce dunque dall'inerzia dell'organo amministrativo, la conseguente reazione di quest'ultimo deve (o dovrebbe, a questo punto) necessariamente essere tempestiva, secondo la stringente cadenza stabilita dal medesimo Legislatore. Tale espressione sulla cui latitudine, anche attraverso la concreta applicazione, non è difficile prevedere il formarsi di un interessante dibattito, esige un'interpretazione di ragionevole equilibrio, che tenga necessariamente conto delle concrete circostanze. Più precisamente, se, per un verso, non si può arrivare a pretendere dagli amministratori un completamento dell'operazione di ristrutturazione, in senso lato, in un tempo così contenuto, per l'altro non ci si potrebbe accontentare di un'individuazione di soluzioni astratte ma, diversamente, le iniziative dovrebbero esser state effettivamente (messe a fuoco e) avviate dall'organo amministrativo [6].

4. – Questo passaggio da a sua volta luogo a possibili, diversi scenari. Secondo un approccio schematico, l'organo amministrativo potrebbe teoricamente *(a)* non riscontrare la segnalazione oppure, diversamente, *(b)* darvi concreto seguito ad esempio avviando il percorso della composizione negoziata in conformità con le previsioni di cui agli artt. 12 ss. La prima delle due ipotesi potrebbe a sua volta verificarsi secondo modalità diverse, e cioè o configurandosi una vera e propria inerzia, da parte di un organo amministrativo che rimane del tutto silente, ovvero attraverso una risposta espressa di quest'ultimo che, una volta ricevuta e valutata la segnalazione sindacale, ritiene motivatamente di non darvi seguito, in quanto non ne condivide l'approccio ed i contenuti. Anche il secondo scenario, quello dell'avvio della composizione negoziata, potrebbe a sua volta non risultare del tutto privo di criticità.

Ognuno di questi casi meriterebbe autonoma riflessione, per le possibili implicazioni che ne deriverebbero.

Mentre il disposto del – mai entrato in vigore – art. 14 nella versione del d.lgs. n. 14 del 2019 prevedeva, per il caso di inerzia o di inadeguata risposta dell'organo amministra-

---

[6] In proposito cfr. ASSONIME, *Doveri degli organi*, 28.

tivo alla sollecitazione di sindaci e/o revisori, una specifica modalità di reazione *esterna* verso l'O.c.r.i. (con tutta una serie di ulteriori implicazioni), viceversa la norma in commento nulla prevede, indirizzando quindi il prosieguo del "film" sui binari delle tradizionali categorie delle azioni valutative e reattive dell'organo di controllo.

In estrema sintesi, sempre assumendo a riferimento il collegio sindacale, quest'ultimo è chiamato in qualsiasi caso a (continuare ad) esercitare la propria funzione di vigilanza ai sensi e per gli effetti dell'art. 2403 c.c. e, dunque, ad esercitare quello che viene definito, secondo il prevalente orientamento, il controllo di legittimità sostanziale, *i.e.* sulla diligenza degli amministratori, nell'ovvio rispetto della *business judgement rule*. Alla luce di tali principi, pertanto, il collegio è chiamato a valutare tutto quel che avviene (o *non* avviene) in sua presenza. E cioè tanto – e questo non sarebbe troppo complesso, nella sua schematicità – l'assenza di riscontro da parte dell'organo amministrativo e le relative circostanze (dovendosi peraltro distinguere tra comportamenti *tout court* omissivi ovvero scelte espresse di non ritenere, diversamente dal collegio sindacale, sussistenti i presupposti per attivarsi in una qualche direzione), quanto l'adeguatezza della possibile reazione adottata dall'organo amministrativo. Anche sotto quest'ultimo profilo non si può a priori escludere che la strada effettivamente intrapresa dall'organo amministrativo, per le sue caratteristiche e/o per le relative modalità, non venga ritenuta *adeguata* in punto di metodo dal collegio sindacale, chiamato a continuare a vigilare sui comportamenti degli amministratori. Ove occorresse, è la stessa disposizione in commento a ricordare che, nell'ipotesi di avvio della composizione negoziata, in pendenza delle trattative, rimane fermo il dovere di vigilanza sindacale *ex* art. 2403 c.c. [7].

Già queste considerazioni rivelano le possibili difficoltà operative connesse al maturare di una qualche dialettica, più o meno profonda, tra organo amministrativo da un lato ed organo di controllo dall'altro. È appena il caso di rilevare la delicatezza di passaggi del genere nel contesto dei sistemi alternativi di amministrazione e controllo, qualora organi come il consiglio di sorveglianza del dualistico ovvero il comitato per il controllo sulla gestione del monistico si vengano per ipotesi a trovare, nell'esercizio delle proprie legittime, doverose prerogative valutative su posizioni differenti dagli amministratori [8].

Ma il punto appare ancor più delicato se si passa poi dal piano del momento valutativo dell'organo di controllo a quello delle sue possibili, ulteriori reazioni. Anche sotto questo profilo la norma in commento si rimette a quelle che possiamo definire le ordinarie dinamiche codicistiche. Il collegio sindacale rimane infatti nella pienezza dei suoi poteri/doveri, soprattutto reattivi e delle connesse responsabilità ai sensi e per gli effetti dell'art. 2407 c.c. Dunque, se le circostanze lo richiedessero, in presenza di uno degli ipotetici scenari in precedenza prefigurati l'organo di controllo sarebbe chiamato anche a valutare se e come fronteggiarlo. Anche qui, ad esempio, al di là dei possibili rimedi *endo*-societari, come il possibile ricorso all'assemblea dei soci *ex* art. 2406 c.c., non si può escludere

---

[7] Passaggio che meriterebbe autonoma, approfondita riflessione anche alla luce dei peculiari meccanismi e relazioni che caratterizzano questa situazione. Si pensi, a titolo esemplificativo, a disposizioni come l'art. 21 ed alla regolazione del rapporto tra l'esperto e gli organi della società.

[8] Ovviamente considerando le eterogenee articolazioni e meccaniche di funzionamento degli organi nell'uno e nell'altro sistema.

l'*extrema ratio* rappresentata dalla presentazione della denunzia al tribunale ai sensi dell'art. 2409 c.c., qualora se ne configurassero i presupposti [9]. Anche qui non è difficile immaginare la delicatezza di un esercizio del genere calato nel differente contesto, ad esempio, del sistema dualistico, laddove il consiglio di sorveglianza si trova ad essere titolare *anche* dell'assai incisivo ed efficace potere/dovere di rimozione dei membri del consiglio di gestione, con tutto quel che ne potrebbe conseguire in ipotesi di mancato ovvero tardivo esercizio, in termini di possibili responsabilità *ex* art. 2409-*terdecies*, comma 3, c.c.

Un ultimo cenno va dedicato ai profili di responsabilità, dianzi evocati, soffermandosi sulla parte conclusiva della norma in commento. L'art. 25-*octies* prevede infatti al comma 2 che *(i)* la tempestiva segnalazione dell'organo di controllo all'organo amministrativo e *(ii)* la vigilanza sull'andamento delle trattative, in sede di composizione negoziata, «*sono valutate ai fini della responsabilità prevista dall'articolo 2407 del codice civile*». Orbene, anche sotto questo profilo va segnalata una "evoluzione" rispetto sia (a) al precedente di cui all'art. 14, comma 3, nella versione del d.lgs. n. 14 del 2019, sia (b) al precetto di cui all'art. 15, comma 2, d.l. n. 118 del 2021. La disposizione del 2019, facendo peraltro riferimento ad un contesto complessivamente diverso caratterizzato non solo dal dovere di segnalazione *interno*, ma anche dall'eventuale successiva comunicazione *all'esterno* verso l'O.c.r.i., qualificava i comportamenti *reattivi* posti in essere in conformità con la norma medesima come cause di esonero dalla responsabilità (proponendo in ogni caso una serie di delicati problemi interpretativi). La norma del 2021, più immediato precedente di quella attualmente vigente in commento, stabiliva che la tempestiva segnalazione all'organo amministrativo e la vigilanza sull'andamento delle trattative fossero valutate ai fini «dell'*esonero o dell'attenuazione della* responsabilità prevista dall'articolo 2407 del codice civile».

La norma in commento, quasi chiudendo un ideale percorso di "asciugamento" dei concetti, si attesta infine su di un approccio ancor più ... cauto, statuendo che i comportamenti ivi indicati siano semplicemente "valutati" ai fini dell'eventuale configurazione di responsabilità, rimanendo evidentemente aperto il *come* e secondo quale *intensità* lo saranno [10]. Anche sotto quest'ultimo profilo sarà la concreta esperienza applicativa a chiarire se e come tali disposizioni avranno raggiunto o meno i prefissati obiettivi.

---

[9] Al riguardo si vedano le considerazioni di ASSONIME, *Doveri degli organi*, 32, 33, ove ulteriori riferimenti.

[10] In argomento cfr. le considerazioni di PACCHI, *Le segnalazioni*, 95.

Articolo 25-*novies*

Segnalazioni dei creditori pubblici qualificati

1. L'Istituto nazionale della previdenza sociale, l'Istituto nazionale per l'assicurazione contro gli infortuni sul lavoro, l'Agenzia delle entrate e l'Agenzia delle entrate-Riscossione segnalano all'imprenditore e, ove esistente, all'organo di controllo, nella persona del presidente del collegio sindacale in caso di organo collegiale, a mezzo di posta elettronica certificata o, in mancanza, mediante raccomandata con avviso di ricevimento inviata all'indirizzo risultante dall'anagrafe tributaria:

a) per l'Istituto nazionale della previdenza sociale, il ritardo di oltre novanta giorni nel versamento di contributi previdenziali di ammontare superiore:

1) per le imprese con lavoratori subordinati e parasubordinati, al 30 per cento di quelli dovuti nell'anno precedente e all'importo di euro 15.000;

2) per le imprese senza lavoratori subordinati e parasubordinati, all'importo di euro 5.000;

b) per l'Istituto nazionale per l'assicurazione contro gli infortuni sul lavoro, l'esistenza di un debito per premi assicurativi scaduto da oltre novanta giorni e non versato superiore all'importo di euro 5.000;

c) per l'Agenzia delle entrate, l'esistenza di un debito scaduto e non versato relativo all'imposta sul valore aggiunto, risultante dalla comunicazione dei dati delle liquidazioni periodiche di cui all'articolo 21-bis del decreto-legge 31 maggio 2010, n. 78, convertito, con modificazioni, dalla legge 30 luglio 2010, n. 122, di importo superiore a euro 5.000 e, comunque, non inferiore al 10 per cento dell'ammontare del volume d'affari risultante dalla dichiarazione relativa all'anno d'imposta precedente; la segnalazione viene in ogni caso inviata se il debito è superiore all'importo di euro 20.000;

d) per l'Agenzia delle entrate-Riscossione, l'esistenza di crediti affidati per la riscossione, autodichiarati o definitivamente accertati e scaduti da oltre novanta giorni, superiori, per le imprese individuali, all'importo di euro 100.000, per le società di persone, all'importo di euro 200.000 e, per le altre società, all'importo di euro 500.000.

2. Le segnalazioni di cui al comma 1 sono inviate:

a) dall'Agenzia delle entrate, contestualmente alla comunicazione di irregolarità di cui all'articolo 54-bis del decreto del Presidente della Repubblica 26 ottobre 1972, n. 633, e, comunque, non oltre centocinquanta giorni dal termine di presentazione delle comunicazioni di cui all'articolo 21-bis del decreto-legge n. 78 del 2010;

b) dall'Istituto nazionale della previdenza sociale, dall'Istituto nazionale per l'assicurazione contro gli infortuni sul lavoro e dall'Agenzia delle entrate-Riscossione, entro sessanta giorni decorrenti dal verificarsi delle condizioni o dal superamento degli importi indicati nel medesimo comma 1.

3. Le segnalazioni di cui al comma 1 contengono l'invito alla presentazione dell'istanza di cui all'articolo 17, comma 1, se ne ricorrono i presupposti.

4. Le disposizioni del presente articolo si applicano:

a) con riferimento all'Istituto nazionale della previdenza sociale e all'Istituto nazionale per l'assicurazione contro gli infortuni sul lavoro, in relazione ai debiti accertati a decorrere dal 1° gennaio 2022, per il primo, e ai debiti accertati a decorrere dall'entrata in vigore del presente decreto per il secondo;

b) con riferimento all'Agenzia delle entrate, in relazione ai debiti risultanti dalle comunicazioni di cui all'articolo 21-bis del decreto-legge n. 78 del 2010 a decorrere da quelle relative al secondo trimestre 2022;

c) con riferimento all'Agenzia delle entrate-Riscossione, in relazione ai carichi affidati all'agente della riscossione a decorrere dal 1° luglio 2022.

Marco Di Siena e Paolo Valensise

Sommario: 1. I creditori qualificati, i presupposti e la tempistica delle segnalazioni. – 2. La posizione degli organi di amministrazione e controllo.

1. – L'Inps, l'Inail, l'Agenzia delle Entrate e l'Agenzia delle Entrate-Riscossione sono presi in considerazione dalla specifica previsione normativa in ragione del proprio ruolo di *creditori qualificati* e come tali essi hanno l'obbligo di segnalare all'imprenditore e, ove esistente, all'organo di controllo l'esistenza di debiti nei propri confronti. La specifica disposizione, unitamente alle disposizioni ad essa correlate [1] ed ispirate dalla medesima *ratio*, concorre a definire un articolato sistema finalizzato a rendere l'imprenditore rapidamente edotto circa la sussistenza di una situazione di tensione finanziaria così da indurlo ad assumere le opportune iniziative con la necessaria tempestività. Per ogni creditore qualificato assoggettato all'obbligo indicato dalla disciplina in commento sono previsti autonomi requisiti di *materialità* al verificarsi dei quali la segnalazione deve essere indirizzata; si tratta di requisiti che tengono in considerazione tanto la natura dei debiti scaduti quanto l'importo degli stessi. E così per l'Inail l'obbligo di segnalazione si impone qualora vi sia un debito riferito a premi assicurativi e ad accessori superiore a 5.000 euro che sia scaduto da più di novanta giorni [2]. Per l'Inps, al contrario, l'omesso versamento dei contributi previdenziali protratto per novanta giorni ha differenti riferimenti quantitativi e ciò a seconda che l'impresa inadempiente sia o meno titolare di rapporti di lavoro subordinato (o parasubordinato) [3]. Va precisato, peraltro, che la segnalazione non deve essere in ogni caso indirizzata se il relativo debito – al verificarsi delle condizioni sopra richiamate – è comunque già stato iscritto a ruolo ai sensi dell'art. 24, d.lgs. n. 46 del 1999. In tale ultima

---

[1] Si fa riferimento essenzialmente a quanto prescritto dagli artt. da 25-*octies* a 25-*undecies*.

[2] In tal senso la lett. *b*) del comma 1 della disposizione.

[3] Si veda al riguardo la lett. *a*) del comma 1 della previsione normativa.

ipotesi, infatti, è l'Agenzia delle Entrate-Riscossione che effettua la segnalazione in presenza di crediti affidati per la riscossione, autodichiarati o definitivamente accertati e scaduti da oltre novanta giorni, superiori, per le imprese individuali, all'importo di euro 100.000, per le società di persone, all'importo di euro 200.000 e, per le altre società, all'importo di euro 500.000[4].

Nell'ambito della categoria dei creditori qualificati individuati dalla previsione normativa un ruolo significativo è senz'altro quello attribuito all'Agenzia delle Entrate[5] per la quale l'obbligo di segnalazione riguarda i soli debiti in materia di IVA[6]. I presupposti quantitativi a cui è correlato l'obbligo sono invero stringenti. L'Agenzia delle Entrate, infatti, deve provvedere nell'ipotesi in cui ricorrano congiuntamente due condizioni: *i)* il debito IVA deve essere scaduto e risultare dalla comunicazione dei dati delle liquidazioni periodiche che sono periodicamente indirizzate al Fisco; *ii)* il debito IVA deve risultare superiore a euro 5.000 e, comunque, non deve essere inferiore al 10 % dell'ammontare del volume d'affari risultante dalla dichiarazione relativa all'anno d'imposta precedente[7]. Indipendentemente da quanto esposto, la segnalazione deve essere in ogni caso indirizzata se il debito IVA scaduto (e risultante dalla pertinente comunicazione IVA) è superiore all'importo di euro 20.000. Anche per i debiti IVA di pertinenza dell'Agenzia delle Entrate, peraltro, occorre considerare quanto evidenziato per gli altri creditori pubblici qualificati. Ciò significa, quindi, che – nell'ipotesi in cui sia già avvenuta l'iscrizione a ruolo delle relative somme

[4] Così la lett. *d)* del comma 1 della norma in commento. Va peraltro evidenziato che laddove per l'Inps, l'Inail e per l'Agenzia delle Entrate l'obbligo di segnalazione è correlato alla sussistenza di debiti *specifici* (ad esempio per l'Agenzia delle Entrate – come si dirà – alla sussistenza di soli debiti in materia di IVA), al contrario, per l'Agenzia delle Entrate-Riscossione l'*oggetto* della segnalazione è configurato in maniera più ampia. La norma, infatti, fa riferimento (generico) alla nozione di «*crediti affidati per la riscossione, autodichiarati o definitivamente accertati e scaduti da oltre novanta giorni*». Ciò sta a significare pertanto che, ove iscritti a ruolo, anche crediti di natura tributaria (ad esempio) diversi da quelli in materia di IVA ovvero crediti di natura *extratributaria* ma in ogni caso riscuotibili a mezzo ruolo, rientrano nel novero delle posizioni debitorie che l'Agenzia delle Entrate-Riscossione deve considerare al fine di verificare il superamento della soglia di materialità prescritta *ex lege*. La rilevata nozione di *crediti affidati per la riscossione*, infatti, si limita ad identificare un *genus* a cui possono ascriversi plurime *species* anche (come detto) non necessariamente di natura tributaria o contributiva.

[5] È esclusa dal novero dei creditori qualificati invece l'Agenzia delle Dogane (ragionevolmente perché quelle in materia di tributi doganali e di accise – di pertinenza della richiamata Agenzia delle Dogane – rappresentano vicende che ricorrono con assai minore frequenza statistica e per cui, in ogni caso, l'adempimento dell'autoliquidazione riveste una minore rilevanza sistematica.

[6] La specifica circostanza non deve destare perplessità. Da un punto di vista empirico, infatti, gli omessi versamenti di debiti IVA pur oggetto di rituale comunicazione al Fisco rappresentano una frequente modalità con cui gli imprenditori in una situazione di carente liquidità tendono ad autofinanziarsi destinando le relative risorse pecuniarie ad impieghi alternativi giudicati più *pressanti*. La focalizzazione sulle sole pendenze IVA fa sì che siano estranei alla sfera di applicazione dell'obbligo di segnalazione previsto *ex lege* in capo all'Agenzia delle Entrate tutti i debiti tributari di natura differente da quelli in materia di IVA come (ad esempio) gli eventuali debiti in tema di imposizione diretta (anche sotto forma di obbligo di versamento di ritenute alla fonte ai sensi del d.p.r. n. 600 del 1973) o quelli relativi agli altri tributi indiretti.

[7] La fissazione della prescritta soglia percentuale mira, con tutta evidenza, ad escludere dall'obbligo di segnalazione inadempimenti che possano giudicarsi sostanzialmente *immateriali* in ragione delle dimensioni economiche del contribuente interessato. Si tratta di una significativa modifica rispetto alla originaria formulazione normativa che ancorava l'obbligo di segnalazione al superamento di una soglia pecuniaria oggettivamente molto contenuta (euro 5000).

– l'obbligo di segnalazione compete esclusivamente all'Agenzia delle Entrate-Riscossione alle condizioni prescritte dalla lett. *d*) della disposizione in commento e di cui si è detto.

Circa la tempistica di invio delle segnalazioni [8], va precisato che i termini sono differenti a seconda della natura del creditore qualificato che viene in rilievo. In particolare, quelle concernenti i debiti IVA devono essere trasmesse dall'Agenzia delle Entrate entro il medesimo termine entro cui devono essere inviate ai contribuenti le comunicazioni di irregolarità all'esito dell'attività di liquidazione delle comunicazioni periodiche IVA [9] e, in ogni caso, non oltre 150 giorni dal termine di presentazione di queste ultime. Al contrario per quanto attiene l'Inps, l'Inail e l'Agenzia delle Entrate-Riscossione l'obbligo di segnalazione deve essere adempiuto entro il termine perentorio di sessanta giorni dall'integrazione dei presupposti che *danno corpo* all'obbligo medesimo. Occorre precisare, peraltro, che i termini suindicati non siano provvisti di sanzione specifica di talché un'eventuale omissione o un'eventuale intempestività non espone il creditore qualificato inadempiente a specifiche conseguenze. In tal senso, quindi, la vigente disciplina non riproduce il precedente assetto del Codice (invero mai entrato in vigore come tale) [10] il quale – proprio nella prospettiva di incentivare la ritualità e tempestività delle segnalazioni dei creditori pubblici qualificati – prevedeva la inefficacia del titolo di prelazione spettante sui crediti (e per l'Agenzia delle Entrate-Riscossione l'inopponibilità del credito per spese ed oneri di riscossione). Il concreto funzionamento del sistema prefigurato dalla norma in commento resta così affidato al carattere coscienzioso ed operoso della condotta dei creditori qualificati; il che – pur senza volere porre in dubbio il buon andamento dei soggetti cui compete l'obbligo di segnalazione – rappresenta senz'altro un *minus* potenzialmente in grado di rendere più *vischiosa* la dinamica presupposta dal sistema di allerta approntato. Delineato il *perimetro* entro cui deve essere apprezzato l'obbligo che fa capo ai creditori qualificati si impongono talune precisazioni circa il *contenuto* della segnalazione ed i *destinatari* della stessa. E ciò nei termini che seguono.

2. – Per quel che concerne la posizione degli organi di amministrazione e controllo di una società a fronte a tali segnalazioni, il comma 3 della norma in questione prevede che esse contengano «*l'invito alla presentazione dell'istanza di cui all'articolo 17, comma 1, se ne ricorrono i presupposti*». Rinviando perciò ai relativi commenti e, in particolare, a quello sull'art. 17 [11] ed all'altro sull'art. 25-*octies* [12] in questa sede è possibile aggiungere a quanto già osservato a proposito della attivabilità/attivazione di tale iniziativa ad opera della società alcune sintetiche considerazioni.

In primo luogo va sottolineato come tale segnalazione *(i)* si risolva in una sollecitazione/impulso agli organi sociali, nell'ambito delle rispettive competenze che, seppur di qualificata provenienza, *(ii)* qualora – in ipotesi – rimanesse priva di riscontro, non sarebbe accompagnata/seguita da alcuna ulteriore iniziativa ad opera di tali segnalatori esterni.

[8] Si veda il comma 2 della disposizione in commento.

[9] Cfr. art. 54-*bis*, d.p.r. n. 633 del 1972.

[10] Si fa riferimento all'art. 15, comma 1, d.lgs. n. 14 del 2019.

[11] Cfr. LENER, *Art. 17, passim.*

[12] Cfr. VALENSISE, *Art. 25-octies, passim.*

L'approccio adottato dal Legislatore, come già emerso dall'esame della formulazione dell'art. 25-*octies*, appare quindi sensibilmente diverso rispetto alla disposizione originariamente recata dall'art. 15 nella versione del d.lgs. n. 14 del 2019 mai entrato in vigore, che ne costituisce il precedente di riferimento. Ed infatti, mentre secondo quest'ultima norma l'inerzia dei destinatari della segnalazione proveniente dai creditori pubblici qualificati determinava il conseguente insorgere dell'obbligo, per questi ultimi, di procedere senza indugio con la – distinta ed ulteriore – segnalazione "esterna" all'O.c.r.i., con conseguente attivazione del relativo percorso, la nuova vigente disposizione in commento, attraverso la completa sostituzione della disciplina degli O.c.r.i. con l'istituto della composizione negoziata, non prevede nulla di simile. Appare difficile giudicare, *a priori*, se il sistema così delineato sia o meno più debole rispetto all'originaria impostazione [13]: è il risultato di un approccio differente. Quanto alla maggiore o minore incisività sarà solo l'esperienza a consentirci di giudicare tenuto conto, in ogni caso, che non esiste alcun automatismo e che tutto viene comunque rimesso all'autonomo apprezzamento, alla decisione, alle conseguenti, eventuali iniziative e, dunque, in una parola, alle connesse responsabilità dei destinatari *interni* della segnalazione in discorso. Si tratta in ogni caso di una scelta che un certo grado di incisività lo possiede.

Ciò posto, la segnalazione qualificata perviene agli amministratori ed al collegio sindacale, per mezzo del suo presidente. A questo punto i primi, premesso che sono edotti della circostanza che anche l'organo di controllo è stato contestualmente informato circa i medesimi eventi e, quindi, si attende una qualche forma di *tempestivo* riscontro, sono quindi chiamati *(i)* a valutare se, alla luce della qualità/quantità degli elementi segnalati *ab externo*, sussistano o meno i predetti, articolati presupposti di presentazione dell'istanza di composizione negoziata e *(ii)*, in caso affermativo, ad attivarsi.

La previsione in esame va quindi coerentemente letta alla luce del precedente art. 25-*octies*, con tutte le problematiche che ciò comporta. Il tema appare di una certa delicatezza tenuto conto della esigenza di contestualizzare le predette segnalazioni esterne ed i relativi contenuti nella situazione in cui la società versa, e questo alla luce della rilevata fluidità del concetto del «presupposto per la presentazione dell'istanza». Si tratta di un aspetto che, tenuto conto del nuovo assetto normativo di regolazione della «*crisi*» e della «*insolvenza*», appare meritevole di una meditata valutazione da parte di tutti gli organi coinvolti: questo al fine di coniugare adeguatamente da un lato la tempestività dei possibili interventi e, dall'altro, l'effettiva necessità e coerenza dei medesimi rispetto alla concreta situazione [14].

Ad ogni modo, una volta ricevuta tale qualificata segnalazione l'organo amministrativo dovrebbe rapidamente esaminarla e decidere, alla luce della complessiva situazione della società, se assumere o meno una qualche iniziativa, in particolare quella di avvio della composizione negoziata. Il tema appare di una certa delicatezza in particolare nella misura in cui, ad esito delle rispettive valutazioni, il giudizio dei due organi attinti dalla medesima segnalazione dovesse divergere.

Ad esempio, mentre il consiglio di amministrazione dovesse ritenere di non dover fare

---

[13] Al riguardo cfr., tra gli altri, SCIUTO, *Quel che resta*; ASSONIME, *Doveri degli organi*.

[14] Si rinvia a VALENSISE, *Art. 25-octies*, *passim*.

nulla, il collegio sindacale potrebbe pervenire ad una differente conclusione. Questa situazione dovrebbe, a sua volta, imporre al collegio sindacale una doverosa ulteriore attivazione, e ciò non solo nella possibile linea dell'art. 25-*octies* ma anche e soprattutto nella prospettiva dell'eventuale ricorso (anche?) all'ulteriore strumentazione valutativo-reattiva che il codice civile mette a disposizione dell'organo di controllo [15].

In realtà, il ventaglio di situazioni che a questo punto potrebbero venire a configurarsi appare assai più articolato e complesso, anche e soprattutto per la relativa gestione. Con estrema schematicità, un conto è un organo amministrativo che trascuri del tutto la qualificata segnalazione ricevuta *ab externo*, omettendo persino qualsiasi attività valutativa e rimanendo perciò del tutto inerte; altra, viceversa, è la situazione in cui tale organo prendesse in considerazione la predetta segnalazione e, dopo averci riflettuto e dibattuto, decidesse espressamente di non dover fare alcun passo.

Entrambe le ipotesi appaiono meritevoli di attenzione da parte dell'organo di controllo, a sua volta, come tale, inevitabilmente chiamato ad esercitare le proprie prerogative di diligente vigilanza, secondo i canoni della legittimità sostanziale, in presenza, nella fattispecie, di un «indice di criticità» rappresentato dalla segnalazione in discorso e, se del caso, di adeguata reazione selezionando lo strumento ritenuto più coerente con le tempistiche e le caratteristiche del caso concreto [16].

---

[15] In proposito rinvio agli ulteriori approfondimenti da ultimo condotti in VALENSISE, *Dovere di segnalazione*, *passim*.

[16] Per una più articolata analisi di questi diversi profili, e delle relative possibili implicazioni si veda VALENSISE, *Dovere di segnalazione*, *passim*.

Articolo 25-*decies*

Obblighi di comunicazione per banche e intermediari finanziari

1. Le banche e gli altri intermediari finanziari di cui all'articolo 106 del testo unico bancario, nel momento in cui comunicano al cliente variazioni, revisioni o revoche degli affidamenti, ne danno notizia anche agli organi di controllo societari, se esistenti.

Giovanni Falcone

Sommario: 1. L'obbligo di "dare notizia". – 2. La nozione di "affidamento". – 2.1. Le nozioni di "variazione" e di "revisione".

1. – Gli obblighi previsti per banche ed intermediari finanziari dalla disposizione in commento erano stati concepiti inizialmente come funzionali alla operatività delle misure di "allerta", e cioè a perseguire la "emersione precoce" delle situazioni di crisi. In quel contesto (rappresentato dall'allora art. 14, comma 1) veniva imposto agli organi di controllo societario l'obbligo di "segnalare" la «*esistenza di fondati indizi della crisi*». Tra le "fonti" per la individuazione di tali indizi era stata prevista l'iniziativa di banche ed intermediari finanziari di cui all'art. 106 TUB, che avrebbero dovuto dare "*notizia*" (anche) a detti organi di controllo (laddove esistenti) delle «*variazioni o revisioni o revoche degli affidamenti*» nel momento in cui tali circostanze fossero comunicate al cliente (cioè alla società all'interno della quale quegli organi esercitano una funzione di controllo)[1].

Il legislatore del d.lgs. n. 83 del 2022 ha ritenuto di conservare la previsione in discorso, facendone il contenuto dell'articolo in commento[2], rendendolo peraltro funzionale – e mantenendone un ruolo "ancillare" rispetto ai compiti dell'organo di controllo – al nuovo quadro normativo della composizione negoziata della crisi: nel nuovo contesto, perciò, l'obbligo di comunicazione si ricollega a quello di "*segnalazione*", in capo all'organo di controllo – previsto ora dall'art. 25-*octies* (dove l'oggetto di segnalazione è ora «*la sussistenza dei presupposti per la presentazione dell'istanza di cui all'articolo 17*», vale a dire la sussistenza in capo all'impresa di

[1] Ciò perché, secondo Pallotta, *Art. 25*-decies, 192, banche ed intermediari finanziari sarebbero «portatori di informazioni privilegiate sulla situazione finanziaria e patrimoniale dell'impresa debitrice».

[2] Sulla incerta genesi della norma contenuta nella prima redazione dell'art. 14, sia consentito rinviare a Falcone, *Il ruolo*, 736 ss.

«*condizioni di squilibrio patrimoniale o economico-finanziario che ne rendono probabile la crisi o l'insolvenza e risulta ragionevolmente perseguibile il risanamento*» della stessa).

Quanto alle modalità concrete della comunicazione, per quanto la norma sembri fare riferimento a due comunicazioni distinte (quella con la quale viene comunicata al "cliente" la vicenda relativa all'affidamento; quella con la quale viene data notizia all'organo di controllo dell'invio di tale comunicazione), sembra comunque ipotizzabile anche la prassi di inviare la medesima comunicazione al "cliente" societario e, per conoscenza, al suo organo di controllo[3].

Nessuna sanzione appare prevista, fosse pure indirettamente, per il caso di omissione dell'obbligo di "dare notizia". Occorre peraltro domandarsi se tale eventuale omissione non possa comunque, in alcuni casi, coinvolgere l'intermediario nella responsabilità dell'organo di controllo (laddove, beninteso, quest'ultima sussista): detta eventualità potrebbe in astratto ipotizzarsi laddove l'apprezzamento della esistenza dei presupposti per la presentazione dell'istanza di cui all'art. 17 non avrebbe potuto essere effettuato dall'organo di controllo se non attraverso le notizie relative alle vicende degli affidamenti comunicate dall'intermediario. A tale riguardo si potrebbe prefigurare una responsabilità aquiliana dell'intermediario nell'inadempimento (contrattuale) dell'organo di controllo – ciò peraltro dovendo pur presupporre una consapevolezza, in capo all'intermediario, del danno arrecato per effetto di una comunicazione omessa o non veritiera; ovvero, senza necessità di ricorrere alla categoria del dolo, si potrebbe ipotizzare una responsabilità della banca per "lesione del diritto di credito" sul presupposto che l'omissione della comunicazione, ritardando l'attivazione dell'organo di controllo, abbia avuto una efficienza causale nell'aggravamento di una possibile crisi. Infine, in una ulteriore possibile ricostruzione, alla luce della strumentalità dell'obbligo di "dare notizia" rispetto a quello di "segnalazione", neppure potrà escludersi che la violazione dell'obbligo di informativa possa rivelarsi, ancorché mediatamente, come fonte di danno per l'impresa, in applicazione del criterio del c.d. "rischio specifico"[4]: ciò sulla scorta della constatazione che se l'omissione dell'obbligo di comunicazione comporta un apprezzabile aggravamento del rischio del verificarsi di un evento (in ipotesi: l'aggravamento di un possibile stato di crisi) – nella misura in cui l'organo di controllo venisse per ciò stesso privato, nel caso concreto, di un parametro di giudizio essenziale ai fini della rilevazione dei presupposti per l'istanza *ex* art. 17 – l'omissione dell'intermediario cessa di configurarsi come "occasione" del danno per qualificarsi più propriamente come "causa" del medesimo.

La disposizione in commento, comunque, necessita di una appropriata ermeneutica, alla luce soprattutto dell'utilizzo, da parte del legislatore, di espressioni mutuate (più che dallo strumentario giuridico) dalla prassi degli intermediari bancari: "affidamento", "revoca", "revisione", "variazione". È su questi aspetti che appare pertanto opportuno, a commento della disposizione, focalizzare l'attenzione.

2. – La prima evidente constatazione è che l'ordinamento non tipizza un contratto di

[3] Secondo PALLOTTA, *Art. 25*-decies, 192, sembra ipotizzabile per le comunicazioni adottare la stessa modalità prevista dall'art. 25-*novies* per la segnalazione da parte dei creditori privilegiati: pec o raccomandata a.r.

[4] Sul punto BIANCA, *Diritto civile*, 145 ss.

"affidamento": ciò può condurre l'interprete a tentare la strada della riconduzione ad un contratto tipico: tuttavia il termine "affidamento" è ricorrente non soltanto nell'ambito della prassi bancaria (che suole riferire tale espressione alle operazioni di credito come l'apertura di credito in conto corrente ma anche, più in generale, a tutti quei contratti di credito che, ancorché non riconducibili a quella tipologia, hanno l'attitudine ad essere veicolati da un conto corrente per gestire l'utilizzo di una "disponibilità"), ma anche nel linguaggio giurisprudenziale: in quest'ultimo caso, peraltro, registrandosi il riferimento a contenuti semantici non sempre coincidenti.

In particolare, ad orientamenti volti ad identificare senz'altro il termine «affidamento» con la nozione di apertura di credito[5] (o comunque a ritenerlo a quest'ultima sicuramente assimilabile[6], anche in ragione della accessorietà ad un conto corrente[7] e alla presenza di un meccanismo di «revoca»[8]), e ad altri che individuano la nozione "per differenza", distinguendola da quella di "finanziamento"[9] o di "mutuo"[10]; se ne affiancano di ulteriori, volti, invece, ad attribuire al termine un significato più ampio ed indeterminato, accostabile a quello generico di "contratto di credito"[11].

La dottrina, dal canto suo, evidenzia come il significato del termine sia da ricercare nella prassi bancaria, concludendo per la sua corrispondenza con il concetto di "operazione creditizia" quale che sia la forma giuridica utilizzata[12], e quindi per la sostanziale "ambiguità" del termine[13].

È utile osservare, peraltro, come l'utilizzo del termine "affidamento" da parte del legislatore primario non rappresenti una assoluta novità, dal momento che, all'interno del testo unico bancario, particolarmente "evocative" risultano le disposizioni contenute nel comma 2 dell'art. 117-*bis* e nel comma 2 dell'art. 120. Nel primo, si fa riferimento alle voci commissionali che i contratti di conto corrente e di apertura di credito possono prevedere «*a fronte di sconfinamenti in assenza di affidamento ovvero oltre il limite del fido*»; nel secondo, si allude alle modalità ed ai criteri che il CICR stabilisce «*per la produzione di inte-*

---

[5] Trib. Torino, 20 ottobre 2021, in *Dejure*; Cass., 16 novembre 2000, n. 14859; Trib. Milano, 15 maggio 1995, in *Giur. it.*, 1996, I, 1, 671.

[6] Trib. Napoli, 21 maggio 2002, in *Contratti*, 2004, 74; Trib. Pescara, 15 febbraio 2018, in *Dejure*.

[7] Trib. Taranto, 7 aprile 2017, in *Resp. civ. e prev.*, 2017, 6, 1968.

[8] Trib. Roma, 11 gennaio 2021, in *Dejure*.

[9] Trib. Genova, 7 marzo 2018, in *Dejure*, si riferisce al concetto di "affidamento" distinguendolo da quello di "finanziamento".

[10] Così Cass. pen., 22 aprile 2009, n. 31817.

[11] Così, ad esempio, Cass., 22 agosto 2007, n. 17869; Cass., 16 novembre 1995, n. 11875; Trib. Tivoli, 21 luglio 2020, in *Giur. comm.*, 2021, 1, II, 188; Trib. Milano, 11 novembre 2015, in *Riv. dott. comm.*, 2017, 2, 295; Trib. Roma, 18 marzo 1996, in *Foro it.*, 1997, I, 3334. Trib. Genova, 7 marzo 2018, in *Dejure*, si riferisce al concetto di "affidamento" distinguendolo da quello di "finanziamento".

[12] Così TETI, *L'apertura*, 12. Secondo FAUCEGLIA, *I contratti bancari*, 323, il significato che la prassi bancaria attribuisce al termine (considerato equivalente al termine "fido") è quello di una descrizione riassuntiva del «complesso dei rapporti contrattuali attraverso i quali si realizza l'attività propria ed esclusiva delle banche nell'impiego del risparmio raccolto, al fine di creare disponibilità finanziarie in favore della clientela, ovvero, più specificamente, l'ammontare del credito che la banca concede in ragione delle valutazioni sulle caratteristiche patrimoniali e reddituali del richiedente».

[13] MORERA, *Il fido bancario*, 8.

ressi nelle operazioni poste in essere nell'esercizio dell'attività bancaria», facendo riferimento a «*gli sconfinamenti anche in assenza di affidamento ovvero oltre il limite del fido*».

All'interno di tali disposizioni il legislatore del testo unico sembra voler ritenere, più che l'esistenza di una equivalenza tra la nozione di "apertura di credito" e quella di "affidamento" (e quella, ulteriore, di "fido"[14]), che il concetto di affidamento o quello di fido sia piuttosto la «misura» del credito concesso attraverso l'apertura di credito, e cioè, sostanzialmente, l'ammontare o l'entità del rischio assunto dalla banca.

Tuttavia, se la finalità della norma è quella di consentire, attraverso la «notizia»[15] all'organo di controllo, di verificare la sussistenza dei presupposti per l'istanza di cui all'art. 17 sembra ben difficile poter limitare l'ambito semantico della norma a specifiche tipologie contrattuali, dovendosi invece ritenere quello di "affidamento" un termine atecnico destinato a rimandare a qualsiasi tipologia di contratto di credito posto in essere da banche o da intermediari finanziari: pertanto le notizie relative a "revoche", "variazioni", "revisioni" saranno rilevanti indipendentemente dalla eventuale forma tecnica o tipologia contrattuale assunta dal contratto di credito.

2.1. – Con riferimento alla "variazione" ci si domanda se qualsiasi tipologia di variazione della linea di credito concessa debba per ciò stesso costituire oggetto della "notizia" da fornire all'organo di controllo: laddove si concordi con la natura "strumentale" della "notizia" rispetto alla segnalazione da effettuarsi da parte dell'organo di controllo, non vi è motivo per adottare interpretazioni "restrittive" della nozione di variazione, rilevando tutte le notizie che possano implicare una "modifica" dell'entità del rischio assunto dalla banca o dall'intermediario: non soltanto, dunque, i fatti che comportano un aggravamento di quel rischio, ma anche quelli che ne possano finanche denotarne una riduzione, in quanto parimenti rilevanti per formare un convincimento, da parte dell'organo di controllo, in ordine alla sussistenza (o, per converso, alla non sussistenza) di «*condizioni di squilibrio patrimoniale o economico finanziario*» che rendono probabile «*la crisi o l'insolvenza*» della società[16]. La lettera della norma non ricomprende, peraltro, l'ipotesi del diniego di una richiesta di credito da parte dell'impresa: ma non è dubbio che anche (e, forse, soprattutto) questa notizia possa assumere una notevole rilevanza in funzione del giudizio demandato all'organo di controllo (finalizzato, a sua volta, alla segnalazione laddove ne ricorrano i presupposti): di fatto, tale notizia assume la stessa (se non maggiore) rilevanza di

---

[14] Sulla ricorrenza della nozione di "fido" e sul suo significato, specialmente nell'ambito delle disposizioni regolamentari emanate dalla Banca d'Italia, si veda PORCELLI, *L'apertura*, 1217-1218, (nn. 3-4).

[15] FALCONE, *Il ruolo*, 728.

[16] Secondo RORDORF, *L'obbligo*, 5, le variazioni rilevanti ai fini della norma sarebbero «tutte quelle modificazioni del rapporto, consentite dalla legge o dal contratto, che siano tali da potersi significativamente riflettere sulla prospettiva di rimborso delle obbligazioni assunte dalla società debitrice e sull'orizzonte temporale entro il quale tale rimborso è previsto. Non quindi necessariamente qualsiasi modificazione, anche per aspetti del tutto marginali, ma solo quelle dotate di una qualche rilevanza». L'A. comunque ritiene che debbano essere oggetto di comunicazione anche le variazioni migliorative per il cliente, dal momento che le stesse «del pari concorrono alla corretta valutazione complessiva dell'equilibrio finanziario dell'impresa e delle sue prospettive di evoluzione futura». Secondo FERRO, NARDECCHIA, NOCERA, *D. Lgs. n. 14/2019*, dovrebbero essere fatte oggetto di comunicazione unicamente le modifiche peggiorative.

quella relativa alla revoca di un affidamento, in quanto normalmente riconnessa ad un esito negativo della valutazione del merito creditizio del richiedente. Sembra quindi opportuno, ricorrendo indubbiamente la *eadem ratio*, ricomprendere nelle informazioni da trasmettersi all'organo di controllo anche quella in discorso [17]: e ciò pur prendendo atto delle opinioni circa la ipertrofia normativa che in tal modo finirebbe per affliggere l'organo di controllo, fenomeno che potrebbe perfino andare a detrimento del perseguimento delle effettive finalità della disposizione [18].

La "revisione" di un affidamento corrisponde in realtà ad adempimenti di natura amministrativa interna della banca intesi a verificare la eventuale modifica del rischio, e non assumono rilevanza esterna se non quando pongono capo ad una revoca o ad una variazione della linea di credito; di talché il richiamo alla "revisione" è stato giudicato pleonastico [19]. Nondimeno, laddove l'esito della revisione effettuata non abbia comportato alcun intervento sulla linea di credito, ma venga comunque partecipata alla società attraverso una comunicazione, non vi è ragione per escludere che anche di detta comunicazione vada data notizia all'organo di controllo.

---

[17] In questo senso RORDORF, *L'obbligo*, 6.

[18] AMBROSINI, *La riforma della disciplina della crisi.*

[19] Sempre secondo RORDORF, *L'obbligo*, 6, le revisioni dovrebbero essere oggetto di comunicazioni soltanto laddove dalle stesse dovesse derivare un eventuale mutamento delle condizioni del credito.

Articolo 25-*undecies*

Istituzione di un programma informatico di verifica della sostenibilità del debito e per l'elaborazione di piani di rateizzazione automatici

1. Sulla piattaforma di cui all'articolo 13 è disponibile un programma informatico gratuito che elabora i dati necessari per accertare la sostenibilità del debito esistente e che consente all'imprenditore di condurre il test pratico di cui all'articolo 13, comma 2, per la verifica della ragionevole perseguibilità del risanamento.

2. Se l'indebitamento complessivo dell'imprenditore non supera i 30.000 euro e, all'esito dell'elaborazione condotta dal programma di cui al comma 1, tale debito risulta sostenibile, il programma elabora un piano di rateizzazione. L'imprenditore comunica la rateizzazione ai creditori interessati avvertendoli che, se non manifestano il proprio dissenso entro il termine di trenta giorni dalla ricezione della comunicazione, il piano si intenderà approvato e verrà eseguito secondo le modalità e i tempi nello stesso indicati Sono fatte salve le disposizioni in materia di crediti di lavoro e di riscossione dei crediti fiscali e previdenziali. Restano ferme le responsabilità per l'inserimento nel programma di dati o informazioni non veritieri.

3. Le informazioni e i dati da inserire nel programma informatico, le specifiche tecniche per il suo funzionamento e le modalità di calcolo del tasso di interesse applicabile ai crediti rateizzati sono definiti con decreto non regolamentare del Ministro dello sviluppo economico, di concerto con il Ministro della giustizia e con il Ministro delegato per l'innovazione tecnologica e la transizione digitale, da adottare entro sessanta giorni dalla data di entrata in vigore del presente decreto.

Giovanni Falcone

L'articolo in commento è il frutto del "trapianto", all'interno del Codice, delle disposizioni contenute nell'art. 30-*quinquies*, d.l. n. 152 del 2021 (*Disposizioni urgenti per l'attuazione del Piano nazionale di ripresa e resilienza (PNRR) e per la prevenzione delle infiltrazioni mafiose*), introdotte in quel decreto dalla l. di conversione n. 233 del 2021, e poi abrogato dall'art. 412, d. lgs. n. 83 del 2022. In particolare, l'articolo è funzionalmente collegato al contenuto dell'art. 13, comma 2, esplicitamente richiamato.

Sulla piattaforma infatti è previsto che sia disponibile, tra l'altro, un «*test pratico per la verifica della ragionevole perseguibilità del piano di risanamento*»: e il comma 2 dell'art. 13 prevede, che le modalità di esecuzione del test pratico siano definiti dal decreto dirigenziale del Ministero della giustizia adottato ai sensi dell'art. 3, d.l. n. 118 del 2021. Di fatto, a tale decreto dirigenziale viene ora a "sovrapporsi" il «*decreto non regolamentare*» cui fa riferimento il suo ultimo comma, ed al quale viene attribuito il compito di definire «*le informazioni e i dati da inserire nel programma informatico, le specifiche tecniche per il suo funzionamento e le modalità di calcolo del tasso di interesse applicabile ai crediti rateizzati*».

L'accertamento della «*sostenibilità del debito esistente*» e la «*ragionevole perseguibilità del risanamento*» vengano, rispettivamente, "accertati" e "verificati" facendo ricorso ad un programma informatico gratuito di elaborazione dati. Con un evidente intento di semplificazione nonché di riduzione dei tempi e dei costi, si prevede inoltre che, per indebitamenti complessivi relativamente "contenuti" (quelli, cioè, che non superino i 30.000 euro), laddove, attraverso il predetto programma informatico, il *test* di sostenibilità venga superato, il programma elabori altresì automaticamente un piano di rateizzazione che l'imprenditore comunica ai creditori interessati.

Trova così applicazione un singolare meccanismo di silenzio-assenso, giacché questi ultimi vengono onerati di manifestare il proprio dissenso entro trenta giorni dalla ricezione della comunicazione, dovendosi altrimenti ritenere il proprio consenso ("approvazione") sia rispetto alla rateizzazione che alle «*modalità e ai tempi*» previsti nel piano.

C'è da domandarsi, peraltro, se l'introduzione di tale meccanismo, pur mosso dalle finalità di semplificazione cui si accennava, risulti davvero funzionale al perseguimento del risanamento: evidentemente una risposta valida in assoluto non pare possibile, giacché verosimilmente condizionata dalla articolazione e dalla flessibilità della procedura.

Si assiste, in altri termini, ad una sorta di "digitalizzazione" dell'oggetto del consenso che in astratto potrebbe risultare limitativo della autonomia negoziale, giacché la norma non fa riferimento ad una facoltatività dell'utilizzo del programma, non tanto per la verifica della sostenibilità del risanamento, quanto, piuttosto, per l'elaborazione della rimodulazione del debito.

Invero, la norma si preoccupa unicamente della garanzia della veridicità delle informazioni inserite nella procedura, stabilendo che «*restano ferme le responsabilità per l'inserimento nel programma di dati o informazioni non veritieri*», ma non suggerisce, peraltro, meccanismi rimediali o correttivi per il caso in cui le informazioni si dimostrino effettivamente «non veritiere»: senza contare il fatto che di tale circostanza potrebbe talora non essere consapevole neppure lo stesso imprenditore.

Articolo 26
Giurisdizione italiana

1. L'imprenditore che ha all'estero il centro degli interessi principali può essere ammesso a uno strumento di regolazione della crisi e dell'insolvenza o assoggettato ad una procedura di insolvenza nella Repubblica italiana anche se è stata aperta analoga procedura all'estero, quando ha una dipendenza in Italia.

2. Il trasferimento del centro degli interessi principali all'estero non esclude la sussistenza della giurisdizione italiana se è avvenuto nell'anno antecedente il deposito della domanda di accesso a uno strumento di regolazione della crisi e dell'insolvenza o a una procedura di insolvenza.

3. Sono fatte salve le convenzioni internazionali e la normativa dell'Unione europea.

4. Il tribunale, quando apre una procedura di insolvenza transfrontaliera ai sensi del Regolamento (UE) 2015/848 del Parlamento europeo e del Consiglio del 20 maggio 2015, dichiara se la procedura è principale, secondaria o territoriale.

Chiara Briguglio

1. – La disposizione in epigrafe si pone a completamento dei criteri attributivi di giurisdizione di cui all'art. 11, componendo la cornice della *vis attractiva* del giudice italiano con riguardo ai casi in cui venga riscontrata la presenza di un C.O.M.I. (*center of main interests*) all'estero. Occorre preliminarmente segnalare che la versione originaria dell'art. 26, comma 1 (quale risultava dallo schema originario del decreto approvato dal Consiglio dei Ministri in data 8 novembre 2018), ponendosi in linea con l'art. 9, comma 3, l. fall. [1], stabiliva un regime per cui l'imprenditore con la sede principale all'estero potesse, nondimeno, essere assoggettato ad una procedura di regolazione della crisi/insolvenza nel terri-

[1] Ai fini di una migliore comprensione, non sembra irrilevante riportare il tenore letterale del citato art. 9, comma 3, l. fall., secondo cui «*L'imprenditore, che ha all'estero la sede principale dell'impresa, può essere dichiarato fallito nella Repubblica italiana anche se è stata pronunciata dichiarazione di fallimento all'estero*».

torio italiano, se ivi operasse a mezzo di una sede secondaria, rimettendo, però, alla giurisprudenza il periglioso compito di «precisare il presupposto implicito» [2] relativo alla sussistenza di quest'ultima. Seguendo un criterio ispirato ad una maggiore chiarezza del dettato normativo e certezza dei rapporti giuridici incisi dal fenomeno della crisi/insolvenza, il legislatore ha – condivisibilmente – sostituito sia la *sede principale* con il *centro di interessi principali* [3] del debitore, che la *sede secondaria* [4] avvalendosi del concetto di *dipendenza*. L'*iter* di concreta individuazione di quest'ultima nozione, che non trova una sua compiuta definizione all'interno del Codice, impone di fare riferimento all'art. 2, n. 10, reg. UE n. 848 del 2015, secondo cui per *dipendenza* deve intendersi «*qualsiasi luogo di operazioni in cui un debitore esercita o ha esercitato nel periodo di tre mesi anteriori alla richiesta di apertura della procedura principale d'insolvenza, in maniera non transitoria, un'attività economica con mezzi umani e con beni*». Da qui origina l'interrogativo (peraltro molto frequente in materia di insolvenza transfrontaliera) se la nozione di dipendenza coincida con quella fatta palese dal regolamento europeo, oppure – diversamente – debba ritenersi di acquisizione italiana. La soluzione approntata dalla dottrina, allo stato dell'arte, sembrerebbe orientarsi nell'ultimo senso, sia pure con le dovute riserve. In altri termini, l'ancoraggio alla normativa eurounitaria si rende operativo soltanto per ciò che concerne la definizione, ma la nozione deve essere interpretata alla luce delle finalità e dei criteri ermeneutici del diritto interno. A sostegno di tale prospettazione deporrebbe la circostanza secondo cui l'art. 26 è destinato a regolamentare casi che non rientrano nei Regolamenti europei [5]: il com-

---

[2] Per una più ampia disamina dei profili ricostruttivi, v. DI BERNARDO, SIGNORELLI, *Giurisdizione e competenza*, 68 ss.

[3] Definito all'art. 2, comma 1, lett. *m)* come «*il luogo in cui il debitore gestisce i suoi interessi in modo abituale e riconoscibile dai terzi*». Per un maggiore approfondimento sul punto, cfr., in questo commentario, BRIGUGLIO, *Criteri concorsuali*.

[4] È plausibile ritenere che la *ratio* sottesa a questa modifica – facente capo, ora, alla nozione di "dipendenza" – sia quella di acquietare il dibattito emerso in passato circa la *necessità* che il debitore dovesse avere in Italia la *sede secondaria* dell'impresa. Tale prospettazione risulta, del resto, anche dalla lettura della Relazione illustrativa al Codice, dove si precisa che l'adozione del criterio della dipendenza è valso a risolvere «*un contrasto interpretativo tra quanti in dottrina e giurisprudenza, ritengono che per radicare la giurisdizione sia sufficiente l'esistenza di beni in Italia e quanti ritengono che l'imprenditore debba avere in Italia una sede secondaria o una dipendenza, come previsto dal regolamento n. 848/2015 [...]*» (v. Relazione illustrativa, 56). Al fine di una più approfondita conoscenza delle posizioni dottrinali, cfr., TRISORIO LIUZZI, *Giurisdizione, competenza*, 97; ID., *Diritto della crisi*, 97; GIULIANO, *Il fallimento*, 169 ss.; BONGIORNO, *Osservazioni in tema*, 273 ss.; TEDESCHI, *Della dichiarazione*, 224 ss. In giurisprudenza, il tema risale ad una pronuncia della Suprema Corte (Cass., 4 luglio 1985, n. 4049, in *Fallimento*, 1986, 162), nella quale si ebbe a statuire che «La presenza in Italia di una sede secondaria è condizione necessaria perché la giurisdizione resti radicata in Italia, pur in presenza di una sede principale in uno stato estero: in mancanza, l'imprenditore con sede ed attività all'estero non può essere dichiarato fallito, ma se è proprietario di beni ubicati nel territorio italiano i suoi creditori potranno agire esecutivamente sui beni medesimi, sempre fatta salva la eventuale delibazione di provvedimento di apertura della procedura da parte di un tribunale straniero».

[5] Questa la tesi di DE CESARI, MONTELLA, *Il COMI*, 384 ss. A titolo esemplificativo e ai fini di una maggiore chiarezza sulla prassi applicativa, si riportano alcuni rilievi formulati dagli autori, in forza dei quali «se il debitore ha il proprio COMI in Francia, a lui si applicherà il Reg. 848, e quindi la competenza internazionale ad aprire una procedura di insolvenza sarà del giudice francese; qualora poi egli abbia una dipendenza in Italia, la competenza internazionale ad aprire qui una procedura secondaria sarà del giudice italiano. Ma tutto ciò presuppone che il COMI del debitore sia in un Paese membro: infatti (solo) in tal caso si applicherà il Rego-

ma 1 della disposizione in commento sarà, pertanto, suscettibile di applicazione nelle ipotesi in cui il debitore, pur avendo il C.O.M.I. in uno Stato estero, nondimeno abbia una dipendenza in Italia. Si avrà, dunque, una procedura c.d. "principale" all'estero (così denominata perché aperta sulla base del criterio primario del C.O.M.I.) e una *concorrente* procedura c.d. "secondaria" [6] in Italia, incardinata sulla nozione di dipendenza così come precedentemente esaminata. Di tal ché, a ben vedere, «quello della dipendenza costituisce, probabilmente, un criterio di giurisdizione internazionale italiano e solo italiano, non riconducibile ad una nozione autonoma di diritto europeo» [7].

2. – Prima di passare alla disamina del comma 2, si ritiene ragionevole soffermarsi sul contenuto dispositivo dell'ultimo comma dell'art. 26, collegando – in tal modo – i rilievi sin qui esposti con l'ipotesi in cui il C.O.M.I. di un'impresa sia situato in uno Stato membro dell'UE e la relativa dipendenza in Italia. È in questo frangente che si attua un necessario coordinamento con le norme sovranazionali, non già a causa di una sovrapposizione terminologica dei concetti adoperati, ma poiché è la stessa *littera legis* a richiamare una fonte comunitaria *self executing*, quale è il reg. UE n. 858 del 2015 [8]. La *ratio* di questa previsione è da ricercare nella volontà di inserire una clausola permanente di eterointegrazione della disciplina interna con quella unionale, nell'eventualità (tutt'altro che infrequente in materia di *cross border insolvency*) di un imprenditore-debitore con sedi operative dislocate in altri Stati membri. Per come risulta strutturato, il riferimento in questione sembra presupporre sia l'operatività dei criteri attributivi della giurisdizione europea, esplicitati all'art. 3 [9], reg. (UE) n. 848 del 2015, sia la nozione di *procedura* accolta dal le-

---

lamento, e la competenza internazionale per sia la principale che la secondaria saranno stabilite sulla base, rispettivamente, del COMI e della dipendenza quali previste nel Regolamento stesso, senza interferenze di sorta ad opera delle regole di giurisdizione internazionale dei singoli Stati». Per una più ampia trattazione del tema, v., in dottrina, SALERNO, *Legge di riforma*, 6; DORDI, *La Convenzione Europea*, 621 ss.; FUMAGALLI, *Apertura della procedura*, 324 ss.

[6] Questa distinzione terminologica appare, del resto, già ampiamente acquisita nella giurisprudenza della Cassazione a Sezioni Unite (Cass., SS.UU., 17 novembre 2017, n. 27280), dove si è statuito che «la decisione di apertura della procedura d'insolvenza da parte di un giudice [...] dello Stato nel cui territorio è situato il centro degli interessi principali del debitore, è riconosciuta in tutti gli altri Stati membri non appena produca effetto in quello in cui è adottata, senza che ai giudici di tali altri Stati sia consentito di sottoporla a valutazione. Ne consegue che le eventuali procedure aperte successivamente in un altro Stato membro, nel cui territorio il debitore possiede una dipendenza, sono procedure secondarie». In senso conforme, cfr. Cass., SS.UU., 29 ottobre 2015, n. 22093.

[7] DE CESARI, MONTELLA, *Il COMI*, 385.

[8] Per una più ampia conoscenza del reg. (UE) n. 848 del 2015, v. SCOLLO, *Promulgato il nuovo*, 907; CORNO, BARIATTI, *Il regolamento*; GARLATTI, *Regolamento del Parlamento*, 509; LEANDRO, *A first Critical*, 215 ss.

[9] A norma del citato art. 3, reg. (UE) n. 848 del 2015, si stabilisce che «*Il centro degli interessi principali è il luogo in cui il debitore esercita la gestione dei suoi interessi in modo abituale e riconoscibile dai terzi. Per le società e le persone giuridiche si presume che il centro degli interessi principali sia, fino a prova contraria, il luogo in cui si trova la sede legale. Tale presunzione si applica solo se la sede legale non è stata spostata in un altro Stato membro entro il periodo di tre mesi precedente la domanda di apertura della procedura d'insolvenza. Per le persone fisiche che esercitano un'attività imprenditoriale o professionale indipendente si presume, fino a prova contraria, che il centro degli interessi principali sia il luogo in cui si trova la sede principale di attività [...]. Per le altre persone fisiche si presume, fino a prova contraria, che il centro degli interessi principali sia il luogo in cui la persona ha la residenza abituale*».

gislatore europeo, che si ricava dalla lettura in combinato disposto dell'art. 2, n. 1 [10] con il considerando 14 [11] reg. citato. Da quest'ultimo parametro appena menzionato, emerge, poi, una non trascurabile differenza rispetto al regime interno, suscettibile di riverberarsi nella prassi applicativa e di creare non poche perplessità di ordine sistematico. Ci si riferisce alla non totale coincidenza del concetto comunitario di *procedura*, che – a sua volta – fa perno su una qualificazione di *concorso* visto «esclusivamente dal punto di vista soggettivo» [12], idoneo *ex se* a marginalizzare il valore-fine della *par condicio creditorum*.

Al deliberato fine di creare un meccanismo di più immediata ricognizione nel territorio italiano, si dispone, inoltre, che ogniqualvolta venga aperta una procedura di insolvenza transfrontaliera, il Tribunale è tenuto a dichiarare se si tratta di una procedura *principale* (se – cioè– aperta in forza del *C.O.M.I.*), *secondaria* (sulla base di una *dipendenza*) oppure, ancora, *territoriale*. Ad ogni buon conto e nonostante i molteplici interrogativi, conviene guardare all'art. 26, comma 4 (specialmente se letto come completamento logico-giuridico della *regula iuris* posta a fondamento del comma 1) con uno spirito di tendenziale *favor*, giacché conferma il rapporto tra fonte comunitaria e fonte nazionale in termini di *alternatività* [13]. Questo itinerario ricostruttivo è corroborato, del resto, anche dalla recente giurisprudenza della Corte di giustizia UE, secondo cui «L'art. 3, par. 1, Reg. UE 2015/848 [...] deve essere interpretato nel senso che il giudice di uno Stato membro investito di una domanda di apertura di una procedura di insolvenza principale conserva una competenza esclusiva ad aprire una siffatta procedura qualora il centro degli interessi principali del debitore sia trasferito in un altro Stato membro dopo la presentazione di tale domanda, ma prima che detto giudice si sia pronunciato su quest'ultima. Di conseguenza, e nei limiti in cui tale regolamento rimanga applicabile a detta domanda, il giudice di un

---

[10] Ai sensi dell'art. 2, n. 1, reg. (UE) n. 848 del 2015, per "procedura" si intende «*una procedura che comprende tutti o una parte significativa dei creditori di un debitore a condizione che, nel secondo caso, la procedura non pregiudichi i crediti dei creditori non interessati dalla procedura stessa*».

[11] Nel considerando 14 si legge che «*Le procedure concorsuali che sono disciplinate dal presente regolamento dovrebbero comprendere tutti i creditori, o una parte significativa di essi, ai quali un debitore deve tutti o una parte sostanziale dei suoi debiti in essere, purché non siano pregiudicati i crediti di quei creditori che non sono coinvolti in tali procedure. Le procedure riguardanti soltanto i creditori finanziari di un debitore dovrebbero essere altresì comprese. Le procedure che non comprendono tutti i creditori di un debitore dovrebbero avere come obiettivo il salvataggio del debitore stesso. Le procedure che portano ad una cessazione definitiva delle attività del debitore o alla liquidazione dei suoi beni dovrebbero comprendere tutti i creditori del debitore. Inoltre, il fatto che alcune procedure d'insolvenza riguardanti persone fisiche precludano a categorie specifiche di crediti, ad esempio i crediti alimentari, la possibilità di una remissione del debito non dovrebbe significare che tali procedure non siano concorsuali*».

[12] Così, DE CESARI, MONTELLA, *Il nuovo diritto*, 18 ss., che non mancano di rilevare come il concetto di *par condicio creditorum* sembra essere totalmente estraneo al Regolamento del 2015, concludendo che «la sorte e i rapporti tra i vari creditori [...] sembrano non rilevare ai fini della costruzioni autonome di procedura di insolvenza e di concorso», lasciando, pertanto la regolamentazione di questo profilo alle varie normative degli Stati membri. *Ad abundantiam*, il summenzionato progetto di coordinamento è reso ancora più frastagliato e difficoltoso dalla possibilità di applicare il regolamento anche a situazioni non inquadrabili come *insolvenza*, a norma di quanto chiarisce l'art. 1, § 1, reg. (UE) n. 848 del 2015.

[13] L'opinione trova seguito in dottrina, dove è diffusa la convinzione che «l'art. 26, nella parte in cui sembra negare questi principi transnazionali, va [...] letto [...] come regola che deroga al sistema di diritto internazionale privato quando questo non possa operare in concreto per difetto di attuazione in Italia dei riflessi dei processi celebrati all'estero» (FABIANI, *Sistema, principi*, 102 ss.).

altro Stato membro successivamente investito da una domanda presentata agli stessi fini non può, in linea di principio, dichiararsi competente ad aprire una procedura di insolvenza principale finché il primo giudice non si sia pronunciato e abbia declinato la propria competenza»[14].

3. – Il comma 2 della disposizione in commento positivizza il criterio di attribuzione della giurisdizione italiana in caso di trasferimento del centro degli interessi principali del debitore all'estero. Il riformatore del 2022 (d.lgs. 17 giugno 2022, n. 83) è intervenuto irregimentando un frangente temporale entro il quale la vicenda del trasferimento non è passibile di alterare la devoluzione della procedura al giudice italiano: si tratta dell'anno antecedente il deposito della domanda di accesso a uno strumento di regolazione della crisi e dell'insolvenza o a una procedura di insolvenza. Il termine coinciderà, dunque, con il deposito della domanda di cui all'art. 40, comprendente sia il procedimento per la dichiarazione di liquidazione giudiziale sia le cc.dd. soluzioni negoziali (concordato in bianco, misto, in continuità aziendale, liquidatorio e accordi di ristrutturazione dei debiti). Dal punto di vista dell'ordinamento in generale, la norma si pone in un'ottica attuativa del principio della cd. *perpetuatio iurisdictionis*, secondo cui «i mutamenti dei presupposti processuali intervenuti successivamente all'inizio del processo non esplicano alcun effetto preclusivo sulla decisione nel merito»[15]. L'intento principale è stato, verosimilmente, quello di regolamentare con maggiore rigidità il fenomeno del *forum shopping*, evitando – così – che una società con un'ingente esposizione debitoria possa dolosamente scegliere di spostarsi in uno Stato in cui la legislazione fallimentare sia più flessibile[16].

Giova comunque riportare che la tematica era stata affidata, prima della novella citata, all'attività suppletiva della giurisprudenza, che non ha mancato di tracciare – caso per caso – una soglia minima al di sotto della quale il trasferimento dovesse considerarsi illegittimo[17],

[14] Corte di giustizia UE, sez. V, 24 marzo 2022, causa C-723/20, Galapagos BidCo. Sàrl c. DE, Hauck Aufhäuser Fund Services SA, Prime Capital SA. Per una più completa indagine sul punto, v. MONTELLA, *Litispendenza e giurisdizione*, 26 ss.

[15] Così FABIANI, *La tutela giurisdizionale*, 26.

[16] DELCURATOLO, *Catch me*, 1331 ss.; PANZANI, *Forum shopping*, 1231 ss.

[17] Per un'analisi sommaria del frammentato sentiero valutativo battuto dalla giurisprudenza di legittimità, cfr. Cass., 23 marzo 2017, n. 7470, secondo cui il giudice italiano è munito di giurisdizione se si riscontri la presenza di «di indici probatori (riscontrabili, principalmente, nella discontinuità dell'attività svolta successivamente al trasferimento, nell'effettivo trasferimento dell'attività imprenditoriale, nella circostanza che l'organo amministrativo sia cittadino italiano e senza significativi collegamenti con lo Stato straniero ovvero nella fittizietà del trasferimento del centro dell'attività direttiva, amministrativa ed organizzativa dell'impresa), idonei a vincere la presunzione "*iuris tantum*" di corrispondenza tra la sede legale e la sede effettiva, prevista dall'art. 3 del regolamento CE n. 1346 del 2000»; Cass., SS.UU., 20 luglio 2011, n. 15880, a tenore della quale «Spetta al giudice italiano la giurisdizione con riguardo all'istanza di fallimento presentata nei confronti di società di capitali, già costituita in Italia che, dopo il manifestarsi della crisi dell'impresa, abbia trasferito all'estero la sede legale, nel caso in cui i soci, chi impersona l'organo amministrativo ovvero chi ha maggiormente operato per la società, siano cittadini italiani senza collegamenti significativi con lo Stato straniero»; Cass., SS.UU., 18 maggio 2009, n. 11398, in *Corr. giur.*, 2009, 899 ss. con nota di Carbone, che statuisce nel senso che «ove anteriormente alla presentazione dell'istanza di fallimento, la società abbia trasferito all'estero la propria sede legale, e tale trasferimento appaia fittizio, non avendo ad esso fatto seguito l'esercizio di attività economica nella nuova sede, né lo spostamento presso di essa del centro dell'attività direttiva, amministrativa ed organizzativa dell'impresa, permane la giurisdizione del giudice

con risultati tutt'altro che appaganti in termini di certezza del diritto e uniformità ermeneutica, stante l'eterogeneità di indirizzi e di prospettive valutative. Limitatamente agli Stati membri dell'Unione europea il mosaico giurisprudenziale è stato arricchito con una pronuncia della Cassazione di aprile 2022, cha ha evidenziato alcuni profili processuali, statuendo che, dopo il trasferimento della sede statutaria di una società da uno Stato ad un altro, il giudice adito per l'instaurazione della relativa procedura «può superare la presunzione di coincidenza del centro degli interessi principali (c.d. COMI) con la nuova sede statutaria posta in altro Stato, benché in quello di origine la stessa non abbia mantenuto alcuna dipendenza, solo se da una valutazione globale di altri elementi obiettivi e riconoscibili dai terzi, si evince che il centro effettivo di direzione e di controllo della società, nonché la gestione dei suoi interessi, continua a trovarsi in tale Stato a tale data» [18]. Volendo formulare un giudizio conclusivo, è possibile notare come il legislatore del Codice sia intervenuto dedicandosi soltanto al profilo temporale e quantitativo, lasciando (purtroppo e ancora una volta) alle corti di legittimità e di merito il tormentato e problematico compito di individuare i *presupposti qualitativi* del trasferimento dell'impresa in stato di crisi/insolvenza, districandosi nella nutrita congerie di orientamenti contrastanti [19].

italiano a dichiarare il fallimento». Si precisa, comunque, che l'elencazione delle pronunce appena fornita non si propone di esaurire il dibattito giurisprudenziale dell'ultimo quindicennio sul punto, da integrare con i concorrenti indirizzi della CGUE.

[18] Cass., SS.UU., 4 aprile 2022, n. 10860.

[19] Ad ogni modo, come evidenzia LEANDRO, (*Il centro degli interessi*, 363 ss.), rimane densa di interrogativi la scelta del legislatore «di "combattere" i trasferimenti fittizi avendo come riferimento i trasferimenti del COMI. Non si comprende, infatti, come lo spostamento del COMI, che è reale in re ipsa, possa in generale ritenersi fittizio e sia fittizio iuris et de iure se compiuto nell'anno antecedente la domanda di apertura della procedura».

Articolo 27

Competenza per materia e per territorio

1. Per i procedimenti di accesso a uno strumento di regolazione della crisi e dell'insolvenza o a una procedura di insolvenza e le controversie che ne derivano relativi alle imprese in amministrazione straordinaria e ai gruppi di imprese di rilevante dimensione è competente il tribunale sede delle sezioni specializzate in materia di imprese di cui all'articolo 1 del decreto legislativo 27 giugno 2003, n. 168. Il tribunale sede della sezione specializzata in materia di imprese è individuato a norma dell'articolo 4 del decreto legislativo 27 giugno 2003, n. 168, avuto riguardo al luogo in cui il debitore ha il centro degli interessi principali.

2. Per i procedimenti di accesso a uno strumento di regolazione della crisi e dell'insolvenza o a una procedura di insolvenza diversi da quelli di cui al comma 1 e le controversie che ne derivano è competente il tribunale nel cui circondario il debitore ha il centro degli interessi principali.

3. Il centro degli interessi principali del debitore si presume coincidente:

a) per la persona fisica esercente attività d'impresa, con la sede legale risultante dal registro delle imprese o, in mancanza, con la sede effettiva dell'attività abituale;

b) per la persona fisica non esercente attività d'impresa, con la residenza o il domicilio e, se questi sono sconosciuti, con l'ultima dimora nota o, in mancanza, con il luogo di nascita. Se questo non è in Italia, la competenza è del Tribunale di Roma;

c) per la persona giuridica e gli enti, anche non esercenti attività d'impresa, con la sede legale risultante dal registro delle imprese o, in mancanza, con la sede effettiva dell'attività abituale o, se sconosciuta, secondo quanto previsto nella lettera b), con riguardo al legale rappresentante.

Ferruccio Auletta*

Sommario: 1. Il disegno legislativo della competenza e l'esercizio parziale della potestà delegata. – 2. I diversi criteri di collegamento. – 3. Le «*controversie*» derivanti dai «*procedimenti*» di regolazione della crisi. – 4. Il regime dell'incompetenza. – 5. Prime applicazioni giurisprudenziali della competenza differenziata.

1. – In base alla delegazione legislativa il Governo era autorizzato a un complessivo dise-

* La cura degli aggiornamenti bibliografici, giurisprudenziali e normativi dei commenti che seguono per gli artt. 27-32 è della dr.ssa Anna Andolfi.

gno sulla competenza degli uffici giudiziari interessati alla regolazione della crisi o dell'insolvenza, secondo un triplice livello di concentramento dei procedimenti in diretta proporzione con la complessità degli stessi, al fine di assicurare una costante adeguatezza della specializzazione esigibile dai giudici (cfr. legge delega: art. 2, comma 1, lett. *n*). Sennonché, il Codice ha finito per avvalersi solo in parte dell'autorizzazione, pervenendo alla «*specializzazione dei giudici addetti alla materia concorsuale*» soltanto attraverso la riduzione del numero delle sedi giudiziarie destinate alla trattazione di procedimenti e controversie inerenti alle imprese in amministrazione straordinaria e ai gruppi di imprese di rilevante dimensione [1].

Per vero, la sezione specializzata in sé non appare dotata, «per legge», di alcuna «competenza» [2], giacché la presenza di essa presso il tribunale competente opera soltanto in funzione di selezione di secondo livello al fine di stabilire, stante il tipo di impresa interessata, quale sia *per territorio* l'ufficio giudiziario da accedere, ferma la unitaria competenza del tribunale *per materia* [3]. L'unica ragione del richiamo alla sezione specializzata, presente nel comma 1 dell'articolo in esame, è dunque quella di fungere da elemento concorrente alla «ripartizione della competenza territoriale», in modo che alcuni procedimenti *naturalmente* trattabili dal tribunale di massima prossimità al «*centro degli interessi principali*» dell'impresa vengano trasferiti all'omologo ufficio del capoluogo dotato di sezione specializzata (quando trattasi di «*impres*[a] *in amministrazione straordinaria* [o] *grupp*[o] *di imprese di rilevante dimensione*»).

In ogni caso, ancorché senza le garanzie della competenza propria della sezione specializzata in materia di impresa, il disegno normativo sembra importare, per coerenza allo spirito della delega, la dovuta concentrazione tabellare degli affari *de quibus* presso il tribunale di afferenza, (fin)anche senza necessaria destinazione alla relativa sezione specializzata che vi fosse istituita, ma comunque verso un'unica entità organizzativa dell'ufficio dove possa riunirsi l'intero flusso dei casi e di tal guisa innalzarsi lo standard di specializzazione dei magistrati che ne conoscono.

2. – Alla luce di questa premessa, la disposizione in esame appare sezionabile in più norme: *a*) una, sulla competenza per materia, *unitariamente* ed esclusivamente attribuita al tribunale; *b*) un'altra, sulla competenza per territorio, viceversa distribuita osservando il seguente criterio soggettivo: 1) «*procedimenti* [e controversie] *relativi alle imprese in ammini-*

[1] L'opzione del delegato, criticata severamente (MONTANARI, *Profili processuali*, 888), non pare in sé affetta da vizio di costituzionalità, il livello di dettaglio delle prescrizioni concernenti l'ulteriore discriminazione praticabile tra uffici e affari non potendo sovvertire la natura intimamente autorizzativa della legge di delegazione e, salva l'evidente irragionevolezza del risultato complessivo (che invero va esclusa), un esercizio soltanto parziale della potestà delegata al Governo sembra rimanere tendenzialmente incensurabile (in questi termini, Cass., 9 luglio 2021, n. 19618, in *Fallimento*, 2022, 39, con nota di Farina; *contra* RORDORF, *Prime osservazioni*, 136).

[2] AULETTA, *Competenza e non*, 647 ss.

[3] Presso il tribunale sede della sezione specializzata, l'assegnazione in concreto a quest'ultima sarà effetto, eventualmente e non necessariamente, della organizzazione tabellare adottata, nessun'altra conseguenza, nemmeno indiretta (es. artt. 50-*bis* c.p.c., 48 ord. giud.), potendo derivare dal rinvio alla disciplina normativa sulla sezione specializzata, la quale – in definitiva –, non può individuarsi in alcuna misura come un «*uffici*[o] *giudiziari*[o] *la cui competenza risulti ampliata*» (legge delega, art. 2, comma 1, lett. *n*). E appare coerente con questa ricostruzione la previsione dell'art. 391, comma 2, secondo la quale «*l'attuazione delle disposizioni di cui all'articolo 27 avviene nei limiti della dotazione organica del personale amministrativo e di magistratura*».

strazione straordinaria e ai gruppi di imprese di rilevante dimensione»; 2) «*procedimenti* [e controversie] *diversi*»; *c*) un'ultima, sui fori successivamente alternativi rapportabili al c.d. «*centro degli interessi principali del debitore*», già prescritto dall'art. 2, comma 1, lett. *f*), legge delega («*recepire, ai fini della disciplina della competenza territoriale, la nozione di "centro degli interessi principali del debitore" definita dall'ordinamento dell'Unione europea*»)[4].

3. – L'articolo in commento contiene il riferimento a «*procedimenti*» nominati e definiti dal medesimo Codice e, viceversa, il rinvio a «*controversie*» non altrimenti distinte che dal nesso di derivazione dai primi. Si è tentati di dire che il criterio di tipicità relativamente a quelli esclude ogni esigenza di investigare la natura del singolo procedimento (in camera di consiglio o meno)[5]; non altrettanto, tuttavia, può ripetersi per le c.d. «*controversie*», per le quali vale forse osservare come l'impiego nel lessico legislativo dell'espressione «cause» sembri essere più frequente, almeno ove l'intendimento sia di riferirsi, dicendo di «*controversie*», a quelle su diritti o *status* costantemente suscettibili di produrre la cosa giudicata a prescindere dal rito utilizzabile. A tale ultimo riguardo non sembra darsi motivo per superare il consolidato orientamento maturato dietro l'art. 24 l. fall. e per il quale cause autenticamente *derivanti* dal fallimento potevano definirsi tutte quelle comunque incidenti sul patrimonio in liquidazione, comprese le azioni di accertamento costituenti premessa di una pretesa nei confronti della massa, eventualmente dirette a porre in essere il presupposto di una sentenza di condanna[6]: è il caso, per es., della domanda di accertamento di nullità e di restituzione di un conferimento in natura in una società di capitali effettuato a seguito di un aumento di capitale[7]. Tuttavia, la collocazione, nell'ambito della norma osservata adesso (oltre che dell'art. 32 s.), della previsione sulle controversie deri-

[4] La norma di attuazione ha, conseguentemente, declinato il criterio oggettivo di derivazione eurounitaria del «*centro degli interessi principali del debitore*» (COMI), vale a dire «*il luogo in cui il debitore gestisce i suoi interessi in modo abituale e riconoscibile dai terzi*» (art. 2, comma 1, lett. *m*), attraverso presunzioni assolute, tendenti a tradurre tale dato in una molteplicità di fori successivamente alternativi (ma sull'argomento v. art. 28, § 4). La tecnica impiegata è quella dello stabilimento di presunzioni di coincidenza rispettivamente, per imprenditori ed enti, «*con la sede legale* […] *o, in mancanza, con la sede effettiva dell'attività abituale*» ovvero, per gli individui, «*con la residenza o il domicilio e, se questi sono sconosciuti, con l'ultima dimora nota o, in mancanza, con il luogo di nascita* […] *in Italia*», così ripetendo idealmente l'esperienza già praticata tramite l'art. 25, comma 1, d.lgs. n. 5 del 2003. Su tale ultima disposizione era intervenuta Corte cost., 10 maggio 2005, n. 194 (annotata in *Società*, 2005, 1292, da TRIPALDI; in *Giur. it.*, 2005, 2309, da DALMOTTO; in *Dir. e pratica soc.*, 2005, 20, 58, da BALSAMO e DI LEGAMI), giudicando infondata la questione di legittimità costituzionale, sollevata in riferimento agli artt. 3 e 76 Cost., perché il rispetto dei criteri di competenza sanciti dalla legge di delegazione non si deve invariabilmente risolvere in assoluta e generalizzata intangibilità di quelli, ma consente che il relativo criterio direttivo incontri precisazioni, quale infine avrebbe dovuto ritenersi anche quella che limitava alla sede legale della società il foro rilevante, pertanto con esclusione della c.d. sede effettiva. Adesso, ai fini della norma che occupa, la declinazione del criterio di competenza attraverso l'allestimento di più fori successivamente alternativi e presuntivamente coincidenti con altrettanti luoghi predeterminati – una volta considerato come finanche un'unica presunzione assoluta, almeno per i «*procedimenti*», andrebbe in via di principio immune da censure – ne sembra complessivamente al riparo.

[5] PAGNI, *Codice della crisi*, 1160 ss.

[6] Cfr. Cass., 24 ottobre 2017, n. 25163; Trib. Roma, 3 maggio 2017, in *Foro it.*, 2018, I, 233, con osservazioni di Niccolini. Sul concetto di derivazione, v. anche *Art. 32*, § 1.

[7] Cfr. Trib. Civitavecchia, 19 novembre 2018, in *Foro it.*, 2019, I, 1067.

vanti da uno dei «*procedimenti*» amplifica la capacità di attrazione del foro ben oltre i confini della sola liquidazione giudiziale.

4. – La natura della competenza per materia e per territorio stabilita rimane senza dubbio inderogabile e rilevabile d'ufficio, come per tradizione ritenuta[8] e per legge confermata (arg. *ex* art. 29), ma non si possono trascurare i peculiari profili che l'uno e l'altro carattere vanno adesso prendendo nel mutato contesto normativo: quanto all'inderogabilità, l'ipotesi dell'incompetenza appare comunque incapace di procurare la revoca della sentenza che disponga l'apertura della liquidazione giudiziale (art. 29 ss.), e quanto alla rilevabilità d'ufficio, il principio di diritto comune di cui all'art. 38 c.p.c., con la rilevabilità inestendibile oltre l'udienza (nella specie, quella di cui all'art. 41)[9], appare ormai consustanziale al contenimento della questione di competenza entro gli esordi di qualsiasi processo a cognizione piena.

Infine, nel silenzio legislativo, deve intendersi il limite dato all'interessato per sollevare l'eccezione non diverso da quello imposto al tribunale, e così la prima udienza – e non già alcuno scritto difensivo anteriore – segna il limite anche per l'iniziativa di parte[10].

5. – In base all'art. 389, comma 2, l'art. «*27, comma 1*» è «*entra*[to] *in vigore il trentesimo giorno successivo alla pubblicazione nella Gazzetta Ufficiale del* [relativo] *decreto*», quindi il 16 marzo 2019[11].

L'apparente significato dell'opzione legislativa è di «immediatamente agevolare una migliore gestione delle procedure» ivi contemplate, e perciò relativamente alle imprese in amministrazione straordinaria, nonché «*ai gruppi di imprese di rilevante dimensione*». Sennonché, proprio con riferimento a quest'ultima realtà, come innovativamente definita dal Codice *sub* art. 2, comma 1, lett. *i*), l'opzione per l'immediata entrata in vigore è risultata assolutamente ineffettiva stante la *vacatio legis* perdurante sulla relativa normativa[12].

---

[8] Cass., 31 dicembre 1947, n. 1752, in *Foro it.*, 1948, I, 408. Per quanto occorra, l'art. 4 reg. UE n. 2015/848 ribadisce che «*un giudice investito di una domanda di apertura di una procedura d'insolvenza verifica d'ufficio la propria competenza*».

[9] Cass., 2 aprile 2012, n. 5257, in *Fallimento*, 2012, 1433, con nota di Marelli; Cass., 16 gennaio 2017, n. 907, con riferimento al ricorso per concordato preventivo c.d. con riserva.

[10] Cass., 2 aprile 2012, n. 5257, cit.

[11] L'immediata operatività della speciale regola di competenza postula l'includere nei «*procedimenti di regolazione della crisi o dell'insolvenza*» delle procedure di cui sia stata chiesta l'apertura nel vigore della legge fallimentare. Sul punto, Trib. Bergamo, 8 luglio 2020, inedito, secondo cui il nuovo criterio di competenza trova applicazione anche ai procedimenti di regolazione della crisi e dell'insolvenza ancora disciplinati dalla legge fallimentare, nonché App. Bologna, 20 ottobre 2020, decisione poi cassata con ord. 9 luglio 2021, n. 19618 (cfr. *infra*, in nota). In dottrina, MARELLI, *Novità in tema*, 281, testo e nota 31; FARINA, *Una non condivisibile*, 47.

[12] AULETTA, *Competenza e non*, 649, nt. 8. In tal senso si è già pronunciata la giurisprudenza di merito; cfr. Trib. Forlì, decr. 7 novembre 2019, inedito, dove si afferma «Non è discutibile la competenza territoriale di questo Tribunale, avendo la società la propria sede legale a Cesena e dunque nel circondario di questo Tribunale e non essendo ancora applicabile la diversa competenza del Tribunale delle Imprese prevista dall'art. 27 del codice della crisi (l. n. 14 del 2019) per i gruppi di imprese di rilevante dimensione, non ancora entrata in vigore». In dottrina, conf. STANGHELLINI, *Il codice della crisi*, 451; FARINA, *Una non condivisibile*, 46, a parere del quale «l'individuazione normativa di tale concetto e, soprattutto, la sua rilevanza ai fini di una diversa distribuzione della competenza territoriale non può che presupporre l'entrata in vigore del Codice, non solo

Infine, sulla portata applicativa della competenza differenziata ha avuto modo di pronunciarsi la giurisprudenza di legittimità, stabilendo che il riferimento dell'art. 27, comma 1, alle imprese *in* amministrazione straordinaria, va inteso in senso restrittivo e cioè riferito, secondo la sua lettera, non alle imprese astrattamente assoggettabili alla predetta procedura, bensì a quelle per le quali essa sia già pendente [13].

nella parte in cui esso ne fornisce una (vincolante) definizione legislativa, ma, di più, pure in quella parte in cui il Codice stesso riserva alla regolazione dell'insolvenza dei gruppi una innovativa disciplina procedimentale e sostanziale»; *contra*, PARISI, *Gruppi di imprese*.

[13] Cass., 9 luglio 2021, n. 19618, in *Fallimento*, 2022, 39, con nota critica di Farina, il quale evidenzia come l'interpretazione proposta dalla Cassazione, nel rendere inapplicabile la speciale regola di competenza ivi dettata alle procedure di concordato preventivo o di omologazione di un accordo di ristrutturazione dei debiti di imprese aventi i requisiti di cui all'art. 2, d.lgs. n. 270 del 1999, finisce per circoscrive lo spazio applicativo della disposizione esclusivamente al procedimento per la dichiarazione dello stato di insolvenza.

Articolo 28

Trasferimento del centro degli interessi principali

1. Il trasferimento del centro degli interessi principali non rileva ai fini della competenza quando è intervenuto nell'anno antecedente al deposito della domanda di accesso a uno strumento di regolazione della crisi e dell'insolvenza o di apertura della liquidazione giudiziale.

Ferruccio Auletta

1. – La disposizione ripete quella dell'art. 26, comma 2, dettata agli effetti della giurisdizione; ma entrambe non menzionano l'ipotesi del trasferimento del centro degli interessi principali del debitore *dopo* il deposito della domanda di accesso a uno strumento di regolazione della crisi e dell'insolvenza o di apertura della liquidazione giudiziale: è da ritenerne comunque la superfluità poiché non soltanto l'assorbimento logico nella (maggiore) ipotesi viceversa censita ma pure la cogenza diretta dell'art. 5 c.p.c. e del relativo principio di *perpetuatio jurisdictionis* appaiono cause da sole sufficienti a provocare l'incapacità di tale nuovo «stato di fatto» di alterare (la giurisdizione e) la competenza riferibile a quello del tempo della domanda[1].

2. – Già in base all'art. 9 l. fall., «*il trasferimento della sede intervenuto nell'anno antecedente all'esercizio dell'iniziativa per la dichiarazione di fallimento non rileva ai fini della competenza*».

La disposizione in commento riproduce la norma con gli adattamenti del caso: sostituzione del «COMI» alla «*sede*», e della «*iniziativa per la dichiarazione di fallimento*» con quel-

[1] Cass., 11 febbraio 2019, n. 3945, ha convenuto nel ritenere «irrilevante, per il principio della *perpetuatio iurisdictionis*, ogni successivo trasferimento», e «ininfluente rispetto alla competenza territoriale, la delibera di trasferimento della sede sociale adottata dall'assemblea in epoca anteriore al deposito dell'istanza di fallimento ma non ancora iscritta nel registro delle imprese alla data del deposito predetto».

la per l'accesso [anche] alle [altre] procedure «*di regolazione della crisi e della insolvenza*»[2].

Nella sua precedente formulazione, la disposizione consentiva di neutralizzare il trasferimento intervenuto anteriormente all'anno e però «*dopo l'inizio della procedura di composizione assistita della crisi*», dato che dalla sua «*conclusione*» (art. 21) poteva darsi poi diretto «*accesso alle procedure di regolazione*» vera e propria.

La soluzione, nell'ampliare oltre l'anno il periodo di irrilevanza del trasferimento del «*centro degli interessi*» in pendenza di una procedura di composizione assistita, dava rigorosa applicazione all'intendimento eurounitario di «prevenire il *forum shopping* pretestuoso o fraudolento» (Considerando 29, reg. UE 2015/848). E ciò appare evidente allorché si confronti la soluzione proposta dal legislatore interno con il più ristretto periodo di inefficacia temporale del trasferimento (tre mesi) contemplato dall'art. 3, § 1, secondo capoverso, del regolamento (EU) 2015/848[3].

La previsione normativa rendeva allora necessario censire esattamente «*l'inizio*» della procedura e, simmetricamente, il termine finale entro il quale la competenza per territorio poteva rimanere insensibile all'eventuale «*trasferimento del centro degli interessi principali*» del debitore[4].

Con la versione attuale dell'art. 28, il principio di irrilevanza del trasferimento del centro degli interessi principali agli effetti della competenza è circoscritto all'ipotesi del trasferimento intervenuto nell'anno antecedente al deposito della domanda di accesso ad una procedura autenticamente concorsuale, quali gli strumenti di regolazione della crisi e la liquidazione giudiziale, mentre non si potrebbe ignorare il trasferimento della sede di oltre un anno intervenuto nel corso delle trattative finalizzate alla composizione negoziata della crisi[5]. In questo caso, l'individuazione del tribunale competente dovrebbe tener conto del

[2] Ancorché l'interpretazione fosse non limitata al fallimento; per Cass., 25 giugno 2012, n. 10545, «ai fini della determinazione del tribunale territorialmente competente a conoscere della domanda di concordato preventivo, non rileva il trasferimento della sede legale avvenuto nell'anno antecedente all'esercizio dell'iniziativa, atteso il disposto dell'art. 9, 2° comma, l. fall., il quale è applicabile anche a tale domanda»; e per Trib. Milano, 15 novembre 2011, in *Fallimento*, 2012, 457, con nota di Trentini, «benché la norma di cui all'art. 182 *bis* l. fall. non preveda una disposizione analoga a quella prevista in materia di concordato preventivo ovvero di procedimento per la dichiarazione di fallimento, deve ritenersi applicabile estensivamente la disposizione già prevista dagli artt. 9 e 161 l. fall. che sterilizza, ai fini della competenza, il trasferimento avvenuto nell'anno anteriore alla presentazione dell'iniziativa per l'apertura della procedura concorsuale».

[3] Cfr. BOGGIO, *L'accesso alle procedure*, 1958, «mentre tra gli Stati membri dell'Unione Europea i margini di perpetuazione della giurisdizione sono più ristretti, ai fini del riparto territoriale della competenza è maggiormente rigoroso il trattamento del forum shopping, poiché il periodo di irrilevanza del trasferimento del COMI non è fissato in pochi mesi ma in un anno, che può anche essere superato, se vi sia stato l'esperimento della procedura di composizione di cui all'art. 19».

[4] Su questi aspetti, AULETTA, *Competenza e non*, 650 s.

[5] Sulla natura della composizione negoziata PAGNI, *L'entrata in vigore*, 626 s. Nelle letture dottrinali si discorre di concorsualità liquida, in un contesto di tendenziale superamento della rigida distinzione concorsuale/non concorsuale, quanto meno in ordine all'estensione, al di fuori dell'orbita delle procedure concorsuali, di taluni strumenti tipicamente concorsuali. Cfr. D'ATTORRE, *La concorsualità "liquida"*, 301 ss.; in giurisprudenza Cass., SS.UU., 31 dicembre 2021, n. 42093, dove si afferma che la composizione negoziata non integra una procedura concorsuale, «ma egualmente implica, con la scelta unilaterale del regime protettivo ed il controllo del tribunale, preclusioni alle azioni di tutela del credito così come alla dichiarazione di fallimento o insolvenza, esemplificando l'assunzione di regole di autentica concorsualità, come cennato, nella più recente

trasferimento, eventualmente avvenuto, benché tale percorso stragiudiziale possa richiedere l'intervento della giurisdizione nella concessione di misure protettive o cautelari e possa far luogo, in caso di infruttuoso esito delle trattative, all'accesso immediato ad uno degli strumenti tipicamente concorsuali (cfr. art. 23, comma 2, lett. *d*) [6].

3. – Il «*centro degli interessi principali del debitore*» (COMI) è definito dall'art. 2, comma 1, lett. *m*) quale «*il luogo in cui il debitore gestisce i suoi interessi in modo abituale e riconoscibile dai terzi*», in aderenza alla formulazione di cui all'art. 3, comma 1, del regolamento (EU) 2015/848, relativo alle procedure di insolvenza transfrontaliere [7].

La presunzione di coincidenza del centro degli interessi principali del debitore società o persona giuridica con la sede statutaria, in virtù della previsione di cui all'art. 27, comma 3, conduce ad una sostanziale omogeneità applicativa rispetto alla disciplina definita dall'art. 9 l. fall., stante l'identificazione, ad opera della giurisprudenza, dell'espressione «*sede principale dell'impresa*» lì contenuta con il luogo nel quale si svolge l'attività direttiva, organizzativa e decisionale del debitore [8].

Piuttosto, una discontinuità potrebbe registrarsi rispetto alla nozione eurounitaria. Invero, la presunzione di coincidenza tra il centro principale degli interessi del debitore e la sua sede statutaria è ritenuta superabile dalla Corte di giustizia quando si riscontri una situazione che consenta di stabilire, in maniera riconoscibile dai terzi, che il centro effettivo di direzione e controllo dell'ente debitore, nonché la gestione dei suoi interessi, sono situati altrove [9].

---

accezione di estensione parziale di taluni effetti del concorso, normativamente assegnati in forma piena solo al debitore che abbia però fatto ingresso in una procedura concorsuale ed ai creditori che vi siano organizzati».

[6] Nondimeno, la fase delle trattative finalizzate all'individuazione di una soluzione idonea al superamento della situazione di squilibrio, seguita da una domanda di accesso ad uno strumento di regolazione della crisi ai sensi dell'art. 23, comma 2, lett. *d*), sarebbe comunque coperta dal periodo di sterilizzazione della rilevanza del trasferimento ai fini della competenza, tenuto conto della sua durata fisiologica (arg. *ex* art. 17, comma 7).

[7] Ma analoga previsione era già contenuta nel regolamento (CE) n. 1346/2000. Per una panoramica della giurisprudenza comunitaria formata sulle previsioni del regolamento da ultimo menzionato, MONTELLA, *Riconoscibilità ed abitualità*, 445.

[8] Cfr. Cass., 5 gennaio 2022, n. 239; Cass., 3 febbraio 2020, n. 2337; Cass., 6 novembre 2014, n. 23719. Per una rassegna della giurisprudenza di merito formata sul concetto di «*sede principale dell'impresa*», BARONCINI, *Giurisdizione e competenza*, 1447 s., dove emerge la tendenziale identificazione della sede effettiva con quella legale, salva rigorosa prova contraria, che in linea di massima si risolve nella dimostrazione della fittizietà della sede legale. Sull'omogeneità applicative nel nuovo contesto normativo, MARELLI, *Novità in tema*, 265, a parere del quale la sostituzione del COMI all'espressione «*sede principale*» non determina «una effettiva discontinuità rispetto alla disciplina oggi vigente dell'art. 9 l. fall., se non per il fatto che la nuova nozione del COMI è riferibile non solo agli imprenditori, ma anche ai professionisti ed ai consumatori [...] e per il fatto che le presunzioni relative all'individuazione del COMI sono normativamente previste al terzo comma dell'art. 27 del Codice e sono formulate in termini più articolati rispetto al Regolamento».

[9] Corte giust., 20 ottobre 2011, C-396/09, *Interedil*, in *Fallimento*, 2012, 535, con commento di De Cesari. Sulla nozione di «*centro degli interessi principali del debitore*» di cui all'art. 3 del regolamento (EU) 2015/848, v. Cass., 5 novembre 2021, n. 32113, in *Fallimento*, 2022, 377, con nota di De Cesari e Montella, di rimessione degli atti al Primo Presidente, affinché valuti l'opportunità di decisione ad opera delle Sezioni Unite della questione di massima di particolare importanza relativa alla «possibilità per il giudice di merito di riesaminare una questione di giurisdizione già definite dalla Corte di cassazione in sede di regolamento preventivo, a seguito di una pronuncia della Corte di Giustizia UE, adottata in sede di rinvio pregiudiziale ai sensi dell'art. 267 del

Diversamente, l'articolazione in successione dei criteri di collegamento presuntivi dell'art. 27, e l'applicabilità del secondo criterio presuntivo rappresentato dalla «*sede dell'attività abituale*» nella marginale situazione in cui manchi una sede formale, potrebbero ridurre di molto la rilevanza applicativa della definizione del COMI fornita dall'art. 2 [10].

Ad ogni modo, deve ritenersi più che mai attuale l'insegnamento della giurisprudenza secondo cui è «ininfluente rispetto alla competenza territoriale, la delibera di trasferimento della sede sociale adottata dall'assemblea in epoca anteriore al deposito dell'istanza di fallimento ma non ancora iscritta nel registro delle imprese alla data del deposito predetto» [11]. In altre parole, la data del trasferimento da considerare agli effetti particolari non potrebbe ignorare il compimento della pubblicità che fosse prevista al fine di assicurare la «riconoscibil[ità] dai terzi» quanto al nuovo stato di fatto.

TFUE, che, nel fornire l'interpretazione della norma comunitaria che disciplina il riparto di giurisdizione tra i giudici degli Stati membri, abbia ribadito i principi precedentemente enunciati, e già applicati dal Giudice di legittimità». Si trattava, nella fattispecie, di divergenza sulla definizione del COMI ai sensi dell'art. 3 del reg. CE n. 1346/2000 sulle procedure di insolvenza, quale affermata rispettivamente dalla Corte di giustizia UE, dalla Cassazione, e dalla corte d'appello investita di reclamo *ex* art. 18 l. fall.

[10] Salvo a voler ritenere che si tratti di presunzioni semplici; cfr. MARELLI, *Novità in tema*, 266 s., nonché Cass., 4 dicembre 2020, n. 27907.

[11] Cass., 11 febbraio 2019, n. 3945.

Articolo 29
Incompetenza

1. Il tribunale decide con ordinanza quando dichiara l'incompetenza. L'ordinanza è trasmessa in copia al tribunale dichiarato competente, unitamente agli atti del procedimento.

2. Il tribunale dichiarato competente, se non richiede d'ufficio il regolamento di competenza ai sensi dell'articolo 45 del codice di procedura civile, dispone la prosecuzione del procedimento pendente, dandone comunicazione alle parti.

3. Quando l'incompetenza è dichiarata all'esito del giudizio di cui all'articolo 51, il reclamo, per le questioni diverse dalla competenza, è riassunto, a norma dell'articolo 50 del codice di procedura civile, dinanzi alla corte di appello competente.

Ferruccio Auletta

Sommario: 1. Il censimento legislativo della natura inderogabile della competenza per territorio. – 2. La *quaestio* dell'ammissibilità del regolamento necessario di competenza nell'attuale quadro normativo. – 3. Il termine utile per l'esercizio del potere di sollevare il regolamento d'ufficio. – 4. La questione di competenza in sede di reclamo.

1. – La norma rivela la natura inderogabile della competenza per territorio nell'ambito del procedimento unitario per l'accesso agli strumenti di regolazione della crisi e dell'insolvenza e alla liquidazione giudiziale. Infatti, disciplinando unicamente il rapporto tra uffici del tribunale, senza considerazione alcuna per la distribuzione tra soggetti diversi ma astrattamente dotati di competenza in senso proprio, *i.e.* per legge (giudice di pace, sezioni specializzate, corte d'appello), allora l'ammissibilità del controllo «*ai sensi dell'articolo 45 del codice di procedura civile*» importa di richiamarne l'unica ragione, tolte le questioni di competenza per materia (qui escluse, per quanto detto anche *sub* art. 27, § 2), per cui lo strumento è praticabile[1], cioè «*quando, in seguito alla ordinanza che dichiara l'incompe-*

[1] Cass., 10 luglio 2014, n. 15789: «il regolamento di competenza può essere richiesto d'ufficio ai sensi dell'art. 45 c.p.c. solo se sussiste un conflitto negativo, tra il giudice adito e quello *ad quem*, per ragione di materia o di territorio nei casi previsti dall'art. 28 c.p.c., mentre, ove si tratti di questione di competenza per valore o territoriale derogabile, il regolamento è proponibile esclusivamente dalle parti, nella cui mancanza, se la causa sia stata tempestivamente riassunta in termini dinanzi all'altro giudice, la dichiarazione di incompe-

tenza del giudice adito per ragione di [...] *territorio nei casi di cui all'articolo 28,* [l'] *altro giudice* [...] *ritiene di essere a sua volta incompetente*» (art. 45).

In breve, la norma in commento, una volta escluso che il rapporto tra tribunali diversi sia rapportabile alle questioni di competenza inderogabile inerenti alle sezioni specializzate (v. *sub* art. 27, § 2), svolge il decisivo ruolo di indicatore legislativo richiesto dall'art. 28 c.p.c.; invero, atteso che il procedimento di regolazione della crisi e dell'insolvenza – nonostante la possibilità di iniziativa del p.m. – appare estraneo a «le cause [...] dell'articolo 70»[2], oltre che naturalmente ai «casi di esecuzione forzata, di opposizione alla stessa, di procedimenti cautelari e possessori, di procedimenti in camera di consiglio»[3], non potrebbe che afferire alla categoria, residualmente offerta dall'art. 28 cit., di «*ogni altro caso in cui l'inderogabilità sia disposta espressamente dalla legge*», così esigendo quel censimento legislativo che proprio la disposizione in esame attua.

2. – La ricerca del valore aggiunto nella previsione del comma 1 ha esiti incerti, ma alcuni dati sono obiettivi, vale a dire la specificazione come «*ordinanza*» dell'atto che nella Legge fallimentare si era infine stabilito di dire genericamente «*provvedimento*», a proposito di quello che «*dichiara l'incompetenza*» (art. 9-*bis*, come modificato dal d.lgs. 12 settembre 2007, n. 169); quindi, il venir meno di ogni previsione anche semplicemente allusiva alla dichiarazione di incompetenza resa in sede diversa dal reclamo (comma 3). Tale è(ra) l'ipotesi d'esordio dell'art. 9-*bis* cit., secondo cui «*il provvedimento che dichiara l'incompetenza è trasmesso in copia al tribunale dichiarato incompetente*»; sicché, tolta detta ipotesi, risulta pure tolta ogni possibilità di riferirsi all'ordinanza *ex* artt. 42 e 375, n. 4, c.p.c.

Si potrebbe allora concludere nel senso che il Codice abbia inteso escludere il regolamento necessario di competenza come mezzo di impugnazione della declinatoria del tribunale[4], quantunque la più recente giurisprudenza sia incline a considerare il rimedio ammissibile[5].

---

tenza del primo giudice diventa incontestabile e vincolante per il secondo anche se questi la ritenga eventualmente errata».

[2] Cfr. AULETTA, *L'«iniziativa*, 129 ss. Nel nuovo regime appare ribadita la deficitaria qualità di parte del p.m. non già intervenuto, e dunque l'assenza di ogni litisconsorzio comunque necessario con il p.m. che viceversa è alla base dell'elenco dell'art. 70 c.p.c.

[3] Cfr. PAGNI, *Codice della crisi*, 1167.

[4] In tal modo, «le ragioni, principalmente attinenti al valore della ragionevole durata del processo, che ostano all'utilizzabilità di quel rimedio nell'ordinamento fallimentare vigente non paiono certo destinate ad evaporare nel passaggio al nuovo sistema» (MONTANARI, *Profili processuali*, 889, nt. 47).

[5] È noto l'antagonismo delle posizioni emerso *sub Julio* presso la Corte regolatrice in ordine all'impugnabilità del provvedimento declinatorio della competenza. La Corte di cassazione aveva dichiarato l'inammissibilità del regolamento di competenza ad istanza di parte, rilevandosi come la riforma fallimentare del 2006 avesse optato per la *traslatio* diretta ad opera dell'ufficio e la stabilizzazione della competenza nell'ufficio *ad quem* (salva eventuale proposizione del regolamento di competenza d'ufficio), in deroga alla norma dell'art. 50, che richiede un atto di riassunzione della parte interessata; l'art. 9-*bis* l. fall. avrebbe, così, evitato di affidare unicamente alle parti l'impulso processuale per la prosecuzione del giudizio, che deve pervenire celermente all'accertamento dell'insolvenza ed eventualmente alla dichiarazione di fallimento (Cass., 21 dicembre 2017, n. 30748, in *Fallimento*, 2018, 1008, con nota di MONTANARI). Tale orientamento è stato oggetto di revisione da parte della giurisprudenza di legittimità, che ha affermato l'ammissibilità del regolamento necessario di competenza, valorizzando il potere del tribunale di emettere provvedimenti cautelari a protezione del patri-

3. – Potrebbe apparire in nessun modo innovativa, invece, la previsione del comma 2, in cui si riconduce ora quanto già stabilito nell'art. 9-*bis* l. fall., salvi gli adattamenti imposti dal carattere unitario dell'accesso al tribunale per i diversi strumenti di regolazione della crisi o dell'insolvenza, senza più limitazione a quella di liquidazione giudiziale. L'unico vero punto discriminante le previsioni avvicendatesi consiste nel venir meno del termine entro il quale il tribunale che si riceva, con la declinatoria di competenza del rimettente, gli «*atti del procedimento*» ha il potere di sollevare il regolamento d'ufficio *ex* art. 45 c.p.c.[6], non contemplando più la norma il termine di venti giorni per il suo sollevamento[7].

Attualmente la neutralità dei richiami agli «*atti del procedimento*» e alla «*prosecuzione del procedimento pendente*» escludono di dover discriminare, ai fini del termine utile per il sollevamento del mezzo, le pur astrattamente distinte ipotesi del diniego di competenza anteriore o coevo alla sentenza di omologazione o di (apertura della) liquidazione e, attraverso il rinvio *en bloc* all'istituto del regolamento d'ufficio di diritto comune, se ne è probabilmente voluta recepire la corrente interpretazione, ferma nel considerare l'udienza di cui all'art. 38 (ossia il suo equivalente nel procedimento unitario che sta nell'art. 41: v. *sub* art. 27)[8] il limite naturale per l'esercizio, altrimenti precluso, del potere di domandare in ogni caso il regolamento d'ufficio[9].

monio o dell'impresa interessati al procedimento (Cass., 31 luglio 2019, n. 20666, in *Fallimento*, 2020, 187, con nota di Finocchiaro; Cass., 17 aprile 2013, n. 9393, in *Fallimento*, 2013, 1453, con nota di Zanichelli; più di recente, nel senso dell'ammissibilità dell'istanza di regolamento, Cass., 9 luglio 2021, n. 19618, in *Fallimento*, 2022, 39, con nota di Farina, nonché Cass., 10 giugno 2021, n. 16336; in quest'ultimo caso si afferma l'onere di impugnazione con il regolamento necessario della decisione che dispone la trasmissione degli atti al giudice indicato come competente, con la conseguenza che la mancata proposizione, comportando la definizione della relativa questione, preclude la possibilità di farla valere tardivamente mediante l'impugnazione della sentenza di fallimento emessa dal giudice dichiarato competente; cfr., in dottrina, BARONCINI, *Giurisdizione e competenza*, 1449).

[6] La Suprema Corte ha avuto l'occasione di affermare che «il regolamento di competenza richiesto dal giudice delegato, al fine di risolvere il conflitto di competenza territoriale in ordine all'ufficio cui spetta la pronuncia dichiarativa di fallimento, è inammissibile, trattandosi di organo privo di *potestas judicandi* ed appartenendo il relativo potere al tribunale, in composizione collegiale, cui per legge spetta la decisione sulla quale il regolamento stesso viene richiesto»: Cass., 16 settembre 2005, n. 18319.

[7] Il termine è stato ritenuto applicabile soltanto qualora il tribunale rimettente avesse già aperta la «procedura fallimentare», in quanto tale dunque destinata a continuare; non anche, invece, ove la rimessione avesse riguardato il procedimento nello stato anteriore; ciò all'insegna dell'indirizzo per cui «il principio dell'unitarietà del procedimento fallimentare a far tempo dalla sentenza pronunciata dal giudice poi dichiarato incompetente, desumibile dalla L. fall., art. 9 *bis*, non può analogicamente applicarsi, in difetto di *eadem ratio*, al conflitto di competenza relativo ad una procedura fallimentare non ancora iniziata, sicché, ove il tribunale dichiari la propria incompetenza a pronunciarsi sul ricorso di fallimento e trasmetta gli atti al tribunale ritenuto competente, quest'ultimo, se, a sua volta, si ritenga incompetente, può richiedere d'ufficio il regolamento di competenza anche oltre il termine di venti giorni» (Cass., 16 luglio 2021, n. 20433; Cass., 4 dicembre 2020, n. 27907; Cass., 10 settembre 2018, n. 21944; Cass., 4 aprile 2016, n. 6423).

[8] Cass., 2 aprile 2012, n. 5257, in *Fallimento*, 2012, 1433, con nota di Marelli: «anche nel procedimento per dichiarazione di fallimento trova applicazione la regola generale secondo la quale l'eccezione di incompetenza non può essere formulata oltre la prima udienza».

[9] Cass., 29 ottobre 2019, n. 27731. Indubbiamente, la norma si allinea alla migliore interpretazione del diritto comune circa il regolamento promosso *sua sponte* dal tribunale *ad quem*, poiché a quest'ultimo è univocamente dato il potere di «richiede[re] d'ufficio il regolamento» ovvero di «dispo[rr]e la prosecuzione del procedimento», senza implicazioni intermedie (Cass., 10 settembre 2018, n. 21944, secondo cui il giudice

4. – Il comma 3 sembra nascondere in profondità i suoi precipitati precettivi dato che in apparenza si limita a confermare la soluzione già ospitata nell'art. 9-*bis* l. fall., cioè che la dichiarazione di incompetenza operata dalla corte d'appello all'esito del reclamo contro l'accesso dato alla procedura di regolazione della crisi o dell'insolvenza esaurisce il mandato giurisdizionale della stessa, a condizione che l'incompetenza denunciata affetti la pronuncia del tribunale di altro distretto (e per conseguenza l'investitura attuale di una corte differente da quella «naturale» per la verifica *au fond* dei presupposti di accesso); soltanto in tal caso, infatti, la corte sarà tenuta, non tanto ad anteporre la questione di competenza per territorio (tempestivamente dedotta avanti al tribunale e poi con l'impugnazione dalla parte la cui eccezione era stata respinta) a ogni altra, ma anche a deferire tutte le questioni diverse esclusivamente alla corte nel cui distretto sarebbe stata la giusta sede del tribunale[10]. E ciò senza intanto poter determinare revoca della dichiarazione contenuta nella sentenza del giudice incompetente, dal momento che l'efficacia degli atti del procedimento sopravvive alla dichiarazione di incompetenza (in base al principio già emergente dai commi 1 e 2).

A tale ultimo riguardo, però, nuove considerazioni potrebbero derivare proprio dall'assetto normativo complessivamente derivante dalla norma in esame. È il combinato disposto del comma 1 e 3 che, adesso, appare foriero di un significato nuovo, vale a dire che non sarebbe più ammissibile la deduzione della questione di competenza di per sé sola, in assenza di «*questioni diverse dalla competenza*», stante il venir meno della previsione, *olim* riferibile anche alla corte d'appello, per cui «*il provvedimento che dichiara l'incompetenza è trasmesso in copia al tribunale dichiarato incompetente, il quale dispone con decreto l'immediata trasmissione degli atti a quello competente*».

In altre parole, non essendo oltremodo contemplato l'esito rescindente del reclamo costituito dal rinvio (mediato attraverso il tribunale *a quo*) al tribunale ritenuto competente, in base al comma 3 potrebbe apparire essenziale la spendita, con la questione di competenza, di «*questioni diverse*», sotto pena di inammissibilità dell'impugnazione. Invero, se il tribunale *a quo* e quello *ad quem* appartengono al medesimo distretto, alla corte che pure rilevasse l'incompetenza dell'uno non sarebbe dato il potere di provocare alcuna trasmissione verso l'altro (e, perciò, in difetto di questioni diverse da esaminare, la rilevazione dell'incompetenza è inconcludente perché il riesame dei presupposti di accesso alla procedura di regolazione della crisi o dell'insolvenza rimane in capo alla stessa corte distrettuale); al contrario, se il tribunale *a quo* e quello *ad quem* non appartenessero al medesimo distretto, la «riassu[nzione]» (che in effetti è atto di parte, diversamente dalla «trasm[issione]» di cui al comma 1[11]) sarebbe inibita dalla mancanza perfino dell'oggetto residuo

---

indicato come competente non può postergare il momento in cui richiedere d'ufficio il regolamento di competenza, salva che debba assumere sommarie informazioni per valutare se elevare il conflitto di competenza).

[10] Cass., 3 gennaio 2013, n. 57, in *Fallimento*, 2013, 1365, con nota di Baccaglini (critica verso il formalismo legislativo che impedisce alla corte distrettuale l'esame nel merito del reclamo): «Nel giudizio di reclamo avverso la dichiarazione di fallimento, se oltre alla questione di competenza siano proposte altre censure, attinenti al procedimento o al merito, la corte d'appello, salvo che il tribunale territorialmente competente non sia fuori del suo distretto, non può limitare il suo esame alla questione di competenza, ma deve esaminare la fondatezza degli altri motivi, e, se riformi la sentenza impugnata revocando il fallimento, deve trasmettere il provvedimento al primo giudice, per gli adempimenti di sua competenza».

[11] Per le conseguenze dell'omessa riassunzione nei termini, v. *sub* art. 31.

del reclamo, dato dalle «*questioni diverse dalla competenza*» [12].

Insomma, si sarebbe definitivamente compiuta la parabola della questione di competenza, la cui unica condizione di sopravvivenza alla pronuncia nel merito del tribunale è connessa alla spendita di questioni ulteriori. Ormai, competenza per territorio del tribunale di per sé non sembra più materia sufficiente di reclamo contro la sentenza, e se il reclamo può essere accolto (solo) per ragioni di competenza ciò dipende esclusivamente dal fatto che il tribunale *a quo* e quello eventualmente *ad quem* appartengono a distretti diversi [13].

[12] BACCAGLINI, *Fallimento dichiarato*, 1371 s.

[13] Inevitabilmente, il regolamento facoltativo contro la sentenza, ove ancora si ritenesse ammissibile, non potrebbe avere un ambito maggiore (ossia, inclusivo della questione di competenza infradistrettuale) di quello che la questione di competenza prende nella disciplina dell'impugnazione di merito. Cfr. AULETTA, *Competenza e non*, 653 s.

Articolo 30

Conflitto positivo di competenza

1. Quando un procedimento per l'accesso agli strumenti di regolazione della crisi e dell'insolvenza o a una procedura di insolvenza è stato aperto da più tribunali, il procedimento prosegue avanti al tribunale competente che si è pronunciato per primo.

2. Il tribunale che si è pronunciato successivamente, se non richiede d'ufficio il regolamento di competenza ai sensi dell'art. 45 del codice di procedura civile, dispone la trasmissione degli atti al tribunale che si è pronunziato per primo. Si applica l'articolo 29, in quanto compatibile.

Ferruccio Auletta

Sommario: 1. L'art. 9-*ter* l. fall. e le ipotesi coperte dall'attuale disciplina. – 2. Il regime processuale del conflitto di competenza.

1. – La norma replica letteralmente l'art. 9-*ter* l. fall., sostituito al «*fallimento*» gli «*strumenti di regolazione della crisi e dell'insolvenza*» o «*la procedura di insolvenza*», con le implicazioni del suo carattere *ex lege* unitario [1]. E alcune delle questioni che in precedenza si ponevano in ordine alla duplicazione della sentenza di fallimento (la sola fatta oggetto di disciplina) e alla qualificazione della seconda di queste entro il fantasioso novero dei vizi che giungeva a includere la c.d. inesistenza sembrano non poter più condizionare (o esaurire il dibattito su) la più ampia serie di eventi coperta dalla disciplina sopravvenuta. Lo sviluppo diacronico di tali eventi sotto l'ordinamento attuale potrebbe assicurare l'investitura di più uffici in una successione assai meno patologica: si pensi alla apertura del concordato preventivo presso un tribunale, con la sua mancata omologazione seguita, tuttavia, dall'apertura della liquidazione giudiziale presso altro tribunale acceduto da ricorrenti legittimati, dunque col bisogno di governare l'unitarietà del procedimento e gli

[1] Del resto, già Cass., 25 settembre 2009, n. 20717, in *Fallimento*, 2010, 294, con nota di Perrino, aveva ritenuto ammissibile il regolamento di competenza d'ufficio richiesto dal tribunale che aveva già pronunciato la dichiarazione di fallimento, nell'ipotesi in cui presso altro tribunale pendeva procedura di tipo diverso, purché tutte riferite al medesimo imprenditore.

effetti degli atti e dei provvedimenti rispettivamente venuti in essere nelle sedi giudiziarie diverse[2].

2. – Ora, condizione di applicabilità della norma di disciplina del conflitto reale di competenza è che più tribunali abbiano già, consapevolmente o meno non sembra rilevante, pronunciato il decreto di cui all'art. 47, comma 2, la sentenza di omologazione di cui all'art. 48, comma 4, o la sentenza di cui all'art. 49, comma 1[3]. Stante il prescritto carattere «*unitario*» del procedimento «*per l'accesso agli strumenti di regolazione della crisi e dell'insolvenza o a una procedura di insolvenza*» non è logicamente ammissibile la sua pendenza separata, quale che sia la procedura elettivamente seguita, presso uffici diversi, ed è già per questo che – dopo che una pronuncia *hinc et inde* sia stata adottata – il Codice impone al tribunale che abbia presa l'ultima di trasmettere gli atti al tribunale ove è stata emessa invece la prima.

È desumibile dal testo della disposizione che:

a) non è rilevante ai fini della distribuzione dei doveri giudiziari la data dell'iniziativa, ma soltanto quella in cui l'accesso alla procedura è stato dichiarato, con evidente assorbimento in capo al primo provvedimento degli effetti del provvedimento ulteriore incompatibili col precedente[4]; inoltre,

b) gli atti compiuti nel procedimento destinato a venir «trasme[sso]» altrove rimangono, pur quando inefficaci per la incompatibilità con la prima pronuncia, ancora *utilizzabili* dal tribunale avanti al quale il procedimento «*prosegue*»; ancora,

c) il criterio di soluzione derivante dalla priorità del provvedimento di apertura della procedura di regolazione rimane di regola insensibile alla verifica di competenza del tribunale «*che si è pronunciato successivamente*», a meno che tale verifica non si svolga alle condizioni previste dall'art. 29 nei confronti del tribunale che si è pronunciato, cioè per la via del reclamo contro una delle sentenze di cui all'art. 51, comma 1 (non anche il decreto di apertura del concordato preventivo), ovvero alle condizioni previste dall'art. 45 c.p.c., cioè per la via del regolamento di competenza d'ufficio; infine,

d) non è stabilito alcun termine entro il quale il giudice onerato del regolamento d'ufficio rimane capace di contestare la competenza del primo giudice né risulta tipizzata la forma di acquisizione della previa apertura della procedura altrove, con la conseguenza che la

---

[2] Un effetto indiretto ma rilevante sull'interpretazione della norma in questione sembra spiegato dal rinnovato criterio di competenza territoriale e l'avvicendamento entro lo stesso dei fori successivamente alternativi, onde è da escludere tendenzialmente l'ipotesi di competenza concorrente stante il carattere esclusivo del COMI e la tecnica presuntiva assoluta che ne viene a scandire le alternative localizzazioni per l'art. 27 (cfr. art. 28, § 3).

[3] Sull'individuazione dell'atto di apertura della procedura, opinabile specialmente in rapporto a quella di concordato e di accordi di ristrutturazione, si v. MONTANARI, *Il cosiddetto procedimento unitario per l'accesso alle procedure di regolazione della crisi o dell'insolvenza*, in *Fallimento*, 2019, 563 ss.

[4] Cfr. Cass., 10 agosto 2016, n. 16951: «la pluralità di procedimenti pendenti, avanti a tribunali diversi, per la dichiarazione di fallimento del medesimo debitore su istanza di legittimati non coincidenti determina un conflitto, reale o virtuale, la cui regolazione dovrà avvenire solo dopo la dichiarazione di fallimento, alla stregua dell'art. 9 *ter* l. fall., tenuto conto della prevenzione che permette, nel frattempo, di dichiarare il fallimento ove se ne accertino i presupposti, restando in ogni caso esclusa l'applicazione del criterio dirimente di cui all'art. 39, 1° comma, c.p.c.».

eventuale preclusione maturata nei confronti delle parti appare inopponibile al tribunale[5].

Può desumersi dalla disposizione in commento come il regolamento di competenza non possa intervenire in una situazione di conflitto soltanto virtuale[6], dal momento che il potere di sollevamento *sua sponte* pare derivare, quando in fase anteriore all'apertura della procedura, soltanto dall'intervenuta declinatoria del primo tribunale (e non già da una sua affermazione di competenza) e, quando in fase posteriore, esclusivamente dalla intervenuta apertura della procedura «*da più tribunali*», quindi previa una seconda e confliggente affermazione positiva di competenza. Viceversa, rimane affidata soltanto al controllo in sede di reclamo contro la prima pronuncia la situazione in cui, nonostante l'apertura, il procedimento risulti pendente anche presso un altro ufficio, pur senza esservi giunto a un'ulteriore dichiarazione di apertura.

Logicamente compatibile con la norma in esame sarebbe anche l'individuazione di un terzo tribunale oltre i primi due già interessati, e tuttavia l'investitura di un terzo ufficio non potrebbe avvenire che da parte della Corte di cassazione, statuendo sopra il regolamento proposto dal tribunale che si è pronunciato successivamente. Infatti, per contestare comunque la competenza del primo giudice, il giudice ulteriore deve prima aver riconosciuto in capo a sé la competenza stessa[7]; diversamente, ove il tribunale che sia sul punto di pronunciarsi successivamente non affermi la propria competenza (opinando per quella di un terzo), quel tribunale sarà tenuto comunque a osservare la norma in commento, per cui, in assenza di una ulteriore affermazione di competenza, l'ufficio «*che si è pronunciato per primo*» è da identificare *ex lege* come il «*tribunale competente*»[8].

---

[5] Cfr. Cass., 25 settembre 2014, n. 20283: «il conflitto positivo di competenza tra due tribunali che abbiano dichiarato il fallimento dello stesso soggetto è denunciabile anche d'ufficio e non trova ostacolo nel giudicato, implicito o esplicito, formatosi su una delle due decisioni»; in dottrina conf. DE SANTIS, *Art. 45*, 164 s. Precedentemente, ma in un contesto normativamente non dissimile, VANZETTI, *Pluralità di dichiarazioni*, 1049, opinava come lo strumento del regolamento di competenza potesse essere sollevato ai sensi dell'art. 9 *ter*, comma 2, l. fall. solo finché la sentenza dichiarativa di fallimento, che sia stata per prima pronunciata, non fosse passata in giudicato, rimanendo poi definitivamente preclusa la possibilità di fare valere l'incompetenza del tribunale che per primo avesse avviato la procedura.

[6] *Contra*, in relazione all'art. 9 *ter* l. fall., VANZETTI, *Pluralità di dichiarazioni*, 1051: «ci pare che da una simile scelta si possa *a fortiori* desumere la volontà del legislatore di riconoscere al tribunale, cui capiti di doversi successivamente pronunciare, il potere di chiedere una statuizione della Suprema Corte anche prima di (*rectius*: senza) dare luogo a un c.d. conflitto positivo "reale": non avrebbe infatti senso pretendere una dichiarazione di fallimento intrinsecamente e radicalmente inefficace, quale presupposto per la proposizione officiosa del regolamento di competenza ai sensi dell'art. 9 *ter* l. fall. In questo senso è, peraltro, l'orientamento prevalente sia in dottrina sia in giurisprudenza, le quali ammettono pacificamente l'esperibilità officiosa del regolamento di competenza per l'ipotesi di c.d. conflitto positivo "virtuale"».

[7] Cass., 21 dicembre 2010, n. 25810: «in tema di ammissione al concordato preventivo, sussiste un conflitto virtuale di competenza qualora un tribunale abbia aperto per primo tale procedura nei confronti di un imprenditore ed altro tribunale sia poi chiamato a provvedere su analoga istanza – nella specie, proposta dalla società cedente l'azienda ad altra società, già ammessa e divenuta altresì accollataria di tutti i debiti della prima – con conseguente applicazione della regola della prevenzione di cui all'art. 9 *ter* l. fall.; pertanto, il tribunale adito successivamente è tenuto a trasmettere gli atti al primo giudice, a meno che non sollevi conflitto positivo di competenza».

[8] Cass., 17 aprile 2013, n. 9323, in *Fallimento*, 2013, 1453, con nota di Zanichelli: «la risoluzione del conflitto positivo di competenza tra due tribunali fallimentari e la conseguente individuazione, quale giudice competente, di un tribunale diverso da quello che per primo ha dichiarato il fallimento non comporta la cas-

In coerenza con questa premessa, sembra potersi acconciare anche la soluzione della eventuale sospensione indotta dalla proposizione del regolamento a opera del tribunale che si pronuncia successivamente [9]. Ora, è evidente che se dopo la prima pronuncia la legge stabilisce che è il relativo giudice che costituisce l'unico «*tribunale competente*» fino alla risoluzione del conflitto positivo reale, non potrebbe che essere al più il procedimento pendente presso il tribunale che ha sollevato il conflitto quello della cui sola sospensione potrebbe trattarsi; in tal caso, il concreto dispiegamento delle conseguenze dell'affermazione di competenza successiva rimane sospensivamente condizionata alla statuizione di conferma della competenza relativa alla posteriore dichiarazione di apertura della procedura di regolazione della crisi o dell'insolvenza.

---

sazione della relativa sentenza e la caducazione degli effetti sostanziali della prima declaratoria di fallimento, ma solo la prosecuzione del procedimento avanti al tribunale ritenuto competente con le sole modifiche necessarie od opportune (sostituzione del giudice delegato e del curatore), tenuto conto del principio della unitarietà del procedimento fallimentare a far tempo dalla pronuncia del giudice incompetente». La soluzione fondata sulla priorità temporale di determinati atti ai fini del radicamento della competenza è stilema normativo diffuso: per es., è la regola di estrema residualità dell'art. 9, comma 3, c.p.p., dove, in caso di impossibilità di applicare tutte le altre, si vuole che la competenza appartenga al giudice del luogo in cui ha sede l'ufficio del pubblico ministero che ha per primo iscritto la notizia di reato nell'apposito registro.

[9] È noto, infatti che «alcuni autori risolvono la questione nel senso che l'art. 48 cod. proc. civ. è norma di carattere generale, la cui applicazione si estende alla procedura fallimentare, che rimarrebbe dunque sospesa, fermo il disposto del comma 2, e cioè fermo il compimento di atti urgenti. Altri autori sono dell'avviso che l'art. 48 cod. proc. civ. non trovi applicazione nella procedura fallimentare per due ragioni: perché la riforma della legge fallimentare del 2006, con cui è stato introdotto l'art. 9-*ter* l. fall., ha proprio inteso superare le questioni di competenza di modo da non ostacolare l'iter fallimentare (anche in considerazione del grave inconveniente che deriverebbe dalla dichiarazione di fallimento pronunciata da tribunale incompetente); e perché la suprema Corte è dell'avviso che la sospensione di cui all'art. 48 cod. proc. civ. abbia ad oggetto unicamente i processi la cui decisione dipende dalla risoluzione della questione di competenza dedotta con l'istanza di regolamento, per cui sarebbe sospeso solo il secondo *iter* fallimentare» (DE SANTIS, *Art. 48*, 228 s.).

Articolo 31
Salvezza degli effetti

1. A seguito del trasferimento del procedimento da un tribunale all'altro restano salvi gli effetti degli atti compiuti nel procedimento davanti al giudice incompetente.

Ferruccio Auletta

Sommario: 1. L'inidoneità della questione di competenza ad inibire l'efficacia degli atti. – 2. La neutralizzazione degli atti del procedimento svoltosi presso il giudice incompetente per incompatibilità di effetti.

1. – La disposizione ambisce assai evidentemente a tenere luogo di quella che tra le «*Disposizioni in materia di incompetenza*» dell'art. 9-*bis* l. fall. stabiliva che «*resta(va)no salvi gli effetti degli atti precedentemente compiuti*» *in ogni caso di* «*trasmissione degli atti a[l tribunale] competente*»[1], vuoi direttamente da parte del tribunale «*che (avesse) dichiara(to) l'incompetenza*» vuoi indirettamente per l'intervenuto esperimento di impugnazione o regolamenti dall'esito spoliativo della competenza dell'ufficio[2].

Ora, sarebbe sterile sofisticazione la ricerca di elementi precettivi differenti, ancorché l'ambito delle ipotesi di applicazione possa risultare complessivamente più ridotto (per quanto disciplinato nei precedenti articoli); comunque, il mantenimento di efficacia degli atti in tutte le ipotesi praticabili è stabilmente assicurato, con quanto ne deriva in termini di (ir)rilevanza della questione di competenza e di (in)capacità invalidante dell'eventuale difetto di questa (se ne veda qualche profilo *retro*, *sub* art. 29, § 4).

2. – Piuttosto, è il caso di precisare che gli effetti della cui salvezza trattasi riguardano gli atti del procedimento unitario[3] per l'accesso ad uno degli strumenti previsti dall'or-

---

[1] Baroncini, *Giurisdizione e competenza*, 1449.

[2] Per il vero la dislocazione precedente delle disposizioni tra gli artt. 9-*bis* e 9-*ter* aveva indotto a dubitare che dove, nel secondo, era stabilita la sola trasmissione degli atti qui si potesse anche replicarne la salvezza degli effetti prevista lì. Già Grossi, *La riforma*, 79, comunque sosteneva che la normativa sull'esito del regolamento d'ufficio dell'art. 9-*ter*, anche disponendo la trasmissione degli atti senza tuttavia sancirne la salvezza dei relativi effetti, rendesse «non impossibile» una applicazione analogica dell'art. 9-*bis* l. fall.

[3] L'evoluzione delle caratteristiche del «*procedimento unitario*» nei diversi passaggi che hanno condotto

dinamento per la gestione della crisi e dell'insolvenza. Ma l'efficacia degli atti del procedimento non esclude l'eventuale incompatibilità di effetti tra gli atti di una procedura e gli atti di una seconda e incompatibile (col risultato della neutralizzazione di quelli subvalenti rispetto ad altri prevalenti), come tipicamente per la liquidazione giudiziale aperta dopo che una precedente lo sia già stata. In casi siffatti, in cui la validità anche degli atti del procedimento svoltosi presso il giudice incompetente va presunta[4], non deve considerarsi implicata pure un'incondizionata efficacia di tali atti se è l'incompatibilità tra i diversi strumenti a neutralizzarne singoli effetti.

Per esempio, se il tribunale che si pronuncia successivamente riceve conferma della propria competenza a norma dell'art. 29, l'efficacia della prima sentenza pronunciata a norma dell'art. 49 non potrà significare che il giudice delegato rimanga quello lì nominato, ma altrettanto non potrebbe dirsi della nomina del curatore[5]. Tanto da non sembrare

---

all'attuale versione degli artt. 40 ss. è ben sintetizzata da PAGNI, *L'entrata in vigore*, 629 s.: «dapprima, nella prima Commissione Rordorf, immaginando una domanda in grado di reggere tutti gli esiti possibili, dalle soluzioni concordate alla liquidazione giudiziale; [...] ancora, nei lavori della seconda Commissione Rordorf, costruendo un procedimento unico vero e proprio, che tuttavia, nel testo varato col d.lgs. n. 14/2019, visto l'accento posto dal legislatore sulla disciplina della riunione, sembrava soprattutto un procedimento composto dalla riunione di cause distinte; fino ad arrivare, nel passaggio dalla l. n. 14/2019 al decreto legislativo di recepimento della Direttiva Insolvency, ad una idea più simile a quella originaria, in cui il legislatore non si è occupato solamente della riunione, ma nei commi 9 e 10 dell'art. 40 ha dato per presupposto che, attraverso la proposizione di domande riconvenzionali o di interventi, le varie istanze volte alla sistemazione della crisi o all'apertura della liquidazione giudiziale possano confluire nell'unico procedimento costruito non più come una sorta di contenitore di giudizi diversi, ma come un giudizio unico, in esito al quale il giudice si pronuncia con unico provvedimento, avente sempre la forma della sentenza, sulle diverse domande introdotte in causa». In conclusione, saremmo in presenza di un «un giudizio davvero unitario che fa da unico contesto di trattazione, istruzione, decisione e impugnazione di procedure diverse, le quali hanno inevitabilmente una disciplina in parte uniforme e in parte specifica» (PAGNI, *L'entrata in vigore*, 627; cfr. più dettagliatamente, anche ID., *L'alternativa*, 1195 ss.). La *quaestio* della natura (relativamente) unitaria del percorso processuale delineato nelle disposizioni antecedenti alle modifiche apportate dal decreto di recepimento della Direttiva *Insolvency* era stata affrontata già da DE SANTIS, *Il processo*, 157 ss. e PAGNI, *L'accesso alle procedure*, 549 ss., spec. 550.

[4] VANZETTI, *Pluralità di dichiarazioni*, 1048, nota 34, riportava la Relazione illustrativa della riforma introduttiva dell'art. 9-*bis* l. fall.: «ciò che conta non è tanto il fatto che il fallimento sia stato dichiarato da un tribunale o da un altro, quanto che esso sia stato "correttamente" dichiarato, ossia in presenza di tutti i presupposti sostanziali di legge. La sentenza di fallimento emessa dal tribunale incompetente, quindi, non va dichiarata nulla, ma al contrario deve essere riconosciuta comunque valida ed idonea a fondare una procedura altrettanto valida».

[5] Secondo VANZETTI, *Pluralità di dichiarazioni*, 1056, «qualora sia dichiarato incompetente il tribunale che per primo ha avviato il fallimento, questo dovrà disporre la trasmissione degli atti della procedura al tribunale competente, affinché tale procedura – gli effetti degli atti della quale sono ora espressamente preservati dal terzo comma dell'art. 9-*bis* l. fall. – possa ivi proseguire, previa nomina di un (nuovo) giudice delegato e di un (nuovo) curatore. A nostro avviso, peraltro, la nuova nomina di questi organi dovrà effettuarsi anche nel caso in cui – trattandosi di c.d. conflitto positivo "reale" – venga statuita la competenza del tribunale che abbia sollevato il regolamento d'ufficio, vale a dire del tribunale che abbia successivamente dichiarato il fallimento: la precedente nomina, infatti, essendo stata effettuata con la sentenza radicalmente inefficace, non può che considerarsi inefficace a sua volta». Si tratta di affermazioni inconciliabili con la lettera della legge. La Corte di cassazione (sez. I, 5 novembre 2010, n. 22544), infatti, ha tendenzialmente affermato che «la risoluzione del conflitto positivo di competenza (territoriale) tra due tribunali fallimentari e la conseguente individuazione, quale giudice competente, di un tribunale diverso da quello che per primo ha dichiarato il fallimento, non comporta la cassazione della relativa sentenza e la caducazione degli effetti sostanziali della prima dichiarazione

un accidente che, nella complessiva riproduzione dei testi della l. fall. in materia di «*competenza*», non oltremodo presente sia il dovere, un tempo invariabilmente ascritto al giudice *ad quem*, di «*dispo[rre] la prosecuzione della procedura fallimentare, provvedendo alla nomina del giudice delegato e del curatore*» (art. 9-*bis*, comma 2).

Si vuol dire che la norma in commento si limita a escludere l'idoneità della (in)competenza a inibire l'efficacia degli atti, che poi l'effetto di un atto possa in concreto sopravvivere alla *translatio* dipenderà dall'accidente della sua compatibilità o meno con lo strumento destinato a prevalere, ma si tratterà di sindacato particolare e *a posteriori*, non già generale e *a priori*. Del resto, l'unitarietà del procedimento nemmeno consentirebbe di trattare in termini di estinzione la sorte del procedimento tenuto presso l'ufficio la cui competenza rimanga esclusa (trattandosi pur sempre del medesimo procedimento destinato a migrare), e pertanto non sarebbe possibile – pure in difetto della previsione in analisi – ritrarre *aliunde* una comminazione generale di inefficacia degli atti.

Né infine pare consentito replicare ancora soluzioni che del testo normativo facessero con disinvoltura obliterazione, come la tesi secondo la quale «la trasmissione degli atti della procedura avviata successivamente al tribunale davanti al quale il fallimento deve proseguire [...] potrebbe far pensare alla conservazione degli effetti di questi atti nell'ambito dell'unico fallimento destinato a proseguire», effetti che invece mai potrebbero «essere stati originati da una sentenza inesistente, vale a dire da una sentenza, per definizione, radicalmente inefficace, e la cui inefficacia travolgerebbe tutti gli atti successivi dipendenti» [6].

di fallimento, ma solo la prosecuzione del procedimento avanti al tribunale ritenuto competente, presso il quale la procedura prosegue con le sole modifiche necessarie (sostituzione del giudice delegato) o ritenute opportune (sostituzione del curatore), avuto riguardo al principio dell'unitarietà del procedimento fallimentare a far tempo dalla pronuncia del giudice incompetente, enunciato dall'art. 9 *bis* l. fall. (introdotto dall'art. 8 d.leg. n. 5 del 2006), ma desumibile anche dal sistema e dai principi informatori della legge fallimentare, nel testo anteriormente vigente; ne consegue che anche il periodo sospetto cui si riferisce l'azione revocatoria fallimentare, ai sensi dell'art. 67 l. fall., decorre a ritroso dalla prima dichiarazione di fallimento». Conf. Cass., 31 maggio 2010, n. 13316 e Cass., 17 aprile 2013, n. 9323, in *Fallimento*, 2013, 1453, con nota di Zanichelli.

[6] Così VANZETTI, *Pluralità di dichiarazioni*, 1050, nota 40, che ne conclude perché «la trasmissione degli atti menzionata [come oggi dall'art. 31, e già prima] dall'art. 9 *ter*, co. 1, sia una mera comunicazione di documenti fra organi giurisdizionali, che non presuppone né determina la conservazione degli effetti degli atti stessi».

Articolo 32

Competenza sulle azioni che derivano dall'apertura delle procedure di liquidazione

1. Il tribunale che ha aperto le procedure di liquidazione è competente a conoscere di tutte le azioni che ne derivano, qualunque ne sia il valore.

2. Nei giudizi che derivano dall'apertura delle procedure di liquidazione promossi innanzi al tribunale incompetente, il giudice, anche d'ufficio, assegna alle parti un termine di non oltre trenta giorni per la riassunzione della causa davanti al giudice competente ai sensi dell'articolo 50 del codice di procedura civile e ordina la cancellazione della causa dal ruolo.

Ferruccio Auletta

1. – Le disposizioni riuniscono qui, nei rispettivi commi di cui si compone l'articolo, le norme già dell'art. 24 («*Il tribunale che ha dichiarato il fallimento è competente a conoscere di tutte le azioni che ne derivano, qualunque ne sia il valore*») e dell'art. 9-*bis*, ult. comma, l. fall. («*Nei giudizi promossi ai sensi dell'articolo 24 dinanzi al tribunale dichiarato incompetente, il giudice assegna alle parti un termine per la riassunzione della causa davanti al giudice competente ai sensi dell'articolo 50 del codice di procedura civile e ordina la cancellazione della causa dal ruolo*»).

Sarebbe abbastanza per imporsi un atteggiamento interpretativo di conservazione tendenziale dei risultati che dottrina e giurisprudenza hanno maturati sulla scorta dei dati normativi anteriori [1]. Vanno piuttosto verificate le ragioni dei disallineamenti lessicali che

[1] La concezione estensiva, formata sull'art. 24 l. fall., include nella nozione di «derivazione» vuoi quelle azioni comunque destinate ad incidere sulla procedura, vuoi quelle che, pur non scaturendo direttamente dal fallimento, per effetto di esso subiscono una deviazione dallo schema legale tipico. Sull'argomento, CARMELLINO, *Interazioni*, 1120 ss.; per una rassegna della giurisprudenza comunitaria relativa al principio della *vis attractiva concursus*, DE CESARI, MONTELLA, *Osservatorio internazionale*, 248; ID., *Osservatorio internazionale*, 108.

si registrano e parati quegli inevitabili bisogni di coordinamento propri del nuovo contesto legislativo [2].

Indubbiamente la disposizione del comma 1 non potrebbe considerarsi assorbita dalla previsione dell'art. 27: quest'ultima è fondata sul criterio del *dover essere* al fine di stabilire il foro delle controversie che «*derivano*» da procedimenti di regolazione della crisi o dell'insolvenza; la norma in commento, viceversa, è fondata sul criterio dell'*essere* (stato) un determinato ufficio quello che ha effettivamente aperto – anche a prescindere da quanto sarebbe stato giusto *ex ante* – le procedure di liquidazione (tant'è che sono poi censiti al comma 2 gli esiti della sopravvenuta revisione in punto competenza della dichiarazione di apertura).

Sinotticamente osservando le disposizioni, si deve allora registrare l'assenza di una norma corrispondente all'art. 32 per le controversie derivanti da strumenti di regolazione diversi dalla liquidazione giudiziale, ai quali certamente si estende la previsione dell'art. 27 (v. il relativo commento) ma non esplicitamente la disposizione in analisi.

Acutamente, è stato osservato che la prima segna «la consacrazione della c.d. *vis attractiva concursus* quale regola parimenti generale e non propria della sola procedura fallimentare, come, viceversa, in precedenza poteva assumersi (pensiamo alla diffusa, ed anzi prevalente, opinione secondo cui la competenza sulle azioni revocatorie – paradigma delle azioni derivanti dalla procedura – esercitate in sede di liquidazione coatta amministrativa avrebbe dovuto essere definita secondo la disciplina ordinaria del codice di rito civile: [...]). Semmai può rilevarsi che su quelle indicazioni di competenza prevalgono quelle dell'art. 32, comma 1°, CCII, [...] da cui si evince – ma, probabilmente, non vi sarebbe stato bisogno di specificarlo –, che tali azioni non possono essere promosse davanti a un tribunale diverso da quello presso cui è radicata la procedura di liquidazione neppure dimostrando che il centro degli interessi principali del debitore è situato in luogo diverso da quello tenuto presente ai fini della pronuncia di apertura della procedura» [3].

Se è così, ora che per l'art. 165 («*Azione revocatoria ordinaria*») «*L'azione si propone dinanzi al tribunale competente ai sensi dell'articolo 27 sia in confronto del contraente immediato, sia in confronto dei suoi aventi causa nei casi in cui sia proponibile contro costoro*» (comma 2), delle due l'una: o la norma implica che l'azione revocatoria ordinaria non rientri tra quelle di cui all'art. 32, oppure il richiamo all'art. 27 andrebbe inteso come fatto all'art.

---

[2] «Ponendosi su una linea di continuità rispetto alla disciplina della giurisdizione e riprendendo il disposto dell'art. 24 L. fall., l'art. 32 c.c.i. include nella competenza del tribunale che ha aperto una delle "procedure di liquidazione" anche la cognizione su "tutte le azioni che ne derivano, qualunque ne sia il valore". Anche qui però, come in materia di giurisdizione, il Codice non sancisce il doppio requisito, ma richiede soltanto la "derivazione", tralasciando la "diretta connessione" menzionata dal Reg. n. 848/15 e così differenziando rispetto al quadro del diritto UE. Posto che rispetto alle azioni che "derivano dal fallimento" di cui al citato art. 24 L. fall. nessun criterio di delegazione imponeva soluzioni differenti e che il diritto UE non incide sulla competenza interna ai singoli Stati membri, non si pongono criticità interpretative. L'uso, poi, della formula al plurale – "procedure di liquidazione" – appare funzionale all'applicazione del medesimo criterio di competenza anche per le azioni che derivano dalla procedura di liquidazione controllata del sovraindebitato di cui agli artt. 268 e segg.» (BOGGIO, *L'accesso alle procedure*, 1959, che opina altresì nel senso che rimangono dubbi quanto, ad esempio, alla qualificazione dell'azione revocatoria ordinaria come azione di diretta derivazione anche quanto al criterio di competenza).

[3] MONTANARI, *Profili processuali*, 888 s., nt. 45.

32, appunto. Del resto, la ricostruzione più accreditata era già nel senso che, «sebbene l'azione *ex* art. 66 l. fall. [ora 165 del Codice: *n.d.r.*] non possa considerarsi, al pari della revocatoria fallimentare, un'azione che origina dal fallimento in quanto può senza dubbio preesistere ad esso ed essere in atto nel momento in cui viene dichiarato, essa subisce una modificazione dal suo schema tipico sufficiente per poterla ritenere un'azione "derivante" dal fallimento ai sensi dell'art. 24 l. fall.» [4].

2. – Limitando il significato della norma in esame alla «*competenza*», vuol dire che le azioni derivanti dalla apertura della liquidazione giudiziale non rispondono alla medesima norma anche quanto alla disciplina della composizione del giudice e dell'eventuale articolazione dell'ufficio, sicché non è dall'art. 32 che potrebbe mutuarsi la soluzione per la formazione necessariamente collegiale (art. 40, comma 1) o la tecnica della delegazione dei poteri per la possibile monocratizzazione di fasi del giudizio derivato (art. 41, comma 6).

Inoltre, essendo stata riprodotta senza variazioni la disciplina della compatibilità tra giudizio arbitrale (art. 192) e procedura di liquidazione giudiziale nemmeno possono ritenersi modificati i loro rapporti – astrattamente riconducibili al tema della competenza – dalla norma qui in commento. Già rispetto al contesto della l. fall., con la competenza del tribunale della dichiarazione di fallimento su «*tutte le azioni che ne derivano*», le azioni del genere si ponevano (e si pongono) in tendenziale antitesi con quelle arbitrabili in base alla clausola compromissoria inclusa nel contratto azionato. Ne consegue l'inapplicabilità (anche) dell'art. 32 alle azioni esperite dal curatore per recuperare i crediti del fallito, in quanto tali azioni – essendo già comprese nel patrimonio del fallito (nella cui posizione il curatore subentra) – non derivano dal fallimento [5].

3. – A parte la specialità (conservata) nel regime della riassunzione circa il termine di quest'ultima (notevolmente più breve rispetto al diritto comune, e computato a giorni) e l'atto che determina l'insorgenza dell'onere relativo (si tratta di un provvedimento che, oltre la dichiarazione di incompetenza, ordina la cancellazione della causa dal ruolo: *dichiarazione* e *ordine* tra loro in antitesi per diritto comune, come si arguisce dall'art. 38, comma 2, c.p.c., tuttavia inapplicabile alle questioni di competenza inderogabile quale quella che occupa), vi è una sensibile differenza con la disposizione alla quale il comma 2 è succeduto. La differenza sta nell'aver formalmente consentito la dichiarazione *motu proprio* dell'incompetenza del tribunale adìto. Questo non è soltanto quello «*dichiarato incompetente*», evidentemente in esito al controllo sulla competenza ad aprire la procedura di liquidazione giudiziale, ma anche quello che si ritenga «*tribunale incompetente*» senz'altro, così ammettendosi espressamente il governo comunque autonomo della propria competenza da parte del giudice che sia stato acceduto per una causa derivante dalla liquidazione giudiziale.

Da questa modifica dipende il bisogno di coordinamento con l'art. 29, comma 3, il

---

[4] Cfr., tra gli altri, CHERUBINI, *Azione revocatoria*, 850. Sulla derivazione dell'azione revocatoria dalla procedura d'insolvenza già Corte giust., 12 febbraio 2009, C-339/07, *Seagon c. Deko Marty Belgium* e, più di recente, Corte giust., 14 novembre 2018, C-296/17, *Wiemer & Trachte GmbH c. Zhan Oved Tadzher*.

[5] Trib. Udine, 14 febbraio 2011, in *Nuova giur. civ. comm.*, 2011, I, 975, con nota di Panetta.

quale, relativamente alla questione di competenza extradistrettuale, contempla il deferimento di tutte le questioni diverse innanzi alla corte di appello nel cui distretto vi è il tribunale naturalmente competente, ferma l'efficacia della dichiarazione contenuta nella sentenza del giudice incompetente. In tal caso, la mancata riassunzione, determinando l'estinzione del reclamo, non sembrerebbe rendere praticabile la sola sopravvivenza della nuova affermazione di competenza, perché non potrebbe darsi più altro tribunale rispetto a quello che ha aperto la procedura. Ne consegue, allora, che fino alla riassunzione, il tribunale davanti al quale l'azione dipende (in ipotesi già avviata) non potrebbe immediatamente riconoscersi incompetente.

4. – Un adattamento nella lettura della disposizione in commento si impone in ragione dell'ipotesi, attualmente disciplinata in maniera innovativa, di cui all'art. 50: in caso di reclamo contro il provvedimento che rigetta la domanda di apertura della liquidazione giudiziale, può darsi l'esito «di accoglimento», come ovvio. In tal caso, «*la corte di appello dichiara aperta la liquidazione giudiziale con sentenza e rimette gli atti al tribunale, che adotta, con decreto, i provvedimenti di cui all'articolo 49, comma 3*».

Ora, è a quest'ultimo «*tribunale*», benché non si tratti dell'ufficio «*che ha aperto l[a] procedur[a] di liquidazione*» (invero questo risalendo alla stessa corte distrettuale), che si deve attribuire la «*competen[za] a conoscere di tutte le azioni che ne derivano, qualunque ne sia il valore*», non essendo ammissibile competenza altra da quella di un tribunale.

Articolo 33
Cessazione dell'attività

1. La liquidazione giudiziale può essere aperta entro un anno dalla cessazione dell'attività del debitore, se l'insolvenza si è manifestata anteriormente alla medesima o entro l'anno successivo.

2. Per gli imprenditori la cessazione dell'attività coincide con la cancellazione dal registro delle imprese e, se non iscritti, dal momento in cui i terzi hanno conoscenza della cessazione stessa. È obbligo dell'imprenditore mantenere attivo l'indirizzo del servizio elettronico di recapito certificato qualificato, o di posta elettronica certificata comunicato all'INI-PEC, per un anno decorrente dalla cancellazione.

3. In caso di impresa individuale o di cancellazione di ufficio degli imprenditori collettivi, è fatta comunque salva la facoltà per il creditore o per il pubblico ministero di dimostrare il momento dell'effettiva cessazione dell'attività da cui decorre il termine del comma 1.

4. La domanda di accesso alla procedura di concordato minore, di concordato preventivo o di omologazione degli accordi di ristrutturazione dei debiti presentata dall'imprenditore cancellato dal registro delle imprese è inammissibile

Michele Perrino

1. – L'art. 33 prende il posto del previgente art. 10 l. fall., adattandone il dettato al nuovo contesto normativo – nel quale la «*liquidazione giudiziale*» tiene luogo del fallimento e il «*debitore*» occupa il posto del «*fallito*» – ed integrandolo con alcune importanti nuove previsioni.

Il testo previgente dell'art. 10, comma 1, l. fall., anzitutto, viene ora riarticolato nei due commi iniziali dell'art. 33, il primo dei quali è destinato a formulare la regola generale della sottoponibilità alla liquidazione giudiziale «*entro un anno dalla cessazione dell'attività del debitore, se l'insolvenza si è manifestata anteriormente alla medesima o entro l'anno successivo*»: così ponendo al centro il dato della *cessazione* dell'attività – a differenza dell'ultimo testo in vigore dell'art. 10, comma 1, l. fall., riferito univocamente alla *cancellazione dal registro delle imprese*; e in assonanza invece col primo conio dell'art. 10 l. fall., poi modificato dalla riforma del 2006/2007 [1] – quale termine di riferimento per il decorso del termine annuale di perdurante soggezione alla procedura concorsuale di insolvenza; e ciò in ragione, per quanto meglio più avanti si dirà, dell'autonomo rilievo che il dato suddetto, nella sua consistenza effettuale, è in grado di esprimere rispetto agli imprenditori non iscritti nello stesso registro, per i quali dunque la *cessazione* non può farsi coincidere con una *cancellazione*, che la formalizzi in un indice di pubblicità ad effetto legale, come stabilito dal comma 2.

È perciò dalla regola base – circa la possibile apertura della liquidazione concorsuale entro un anno dalla *cessazione dell'attività* – che conviene prendere le mosse, nel suo risalente nucleo giustificativo di soluzione fra contrapposte esigenze: da un lato, quella di consentire la perdurante regolazione concorsuale della crisi d'impresa, pur quando non sia più attuale, perché cessato, l'esercizio dell'attività relativa; dall'altro, quella di limitare tale possibilità entro un arco temporale ragionevole, idoneo a garantire certezza.

In astratto – è stato osservato – nulla si opporrebbe all'assoggettabilità «a tempo indefinito (o entro i limiti della prescrizione)» alla liquidazione giudiziale (già al fallimento), pur dopo cessata l'attività, «finché permanga la responsabilità per le obbligazioni contratte nell'esercizio dell'impresa (salvo eventualmente richiedere che l'insolvenza debba essersi prodotta prima della cessazione o subito dopo)» [2]. Se, infatti, la procedura concorsuale è intesa ad apprestare disciplina per la regolazione della crisi dell'impresa con peculiari regole conformi alle ritenute istanze in gioco, presupposto della sua applicazione è – in linea di principio – null'altro che la mera ricorrenza di una crisi siffatta e delle obbligazioni relative con la correlativa responsabilità, indipendentemente da ciò, che l'impresa sia tuttora in corso di esercizio. È, del resto, coerente alla natura dell'impresa quale attività qualificata, ed al carattere intrinsecamente diacronico, fluido e dinamico del fenomeno medesimo dell'attività, che l'insolvenza – che all'attività, appunto, si lega, come incapacità a far fronte regolarmente alle obbligazioni, che dal suo esercizio discendono (cfr. art. 2, lett. *b*) – possa sussistere già da epoca anteriore, e però manifestarsi solo in tempo successivo, magari «dopo un periodo di incubazione o latenza» [3]. Per di più, condizionare l'applicazione della procedura concorsuale alla attualità dell'esercizio dell'impresa significherebbe consentire che la stessa applicazione possa risultare preclusa dalla scelta dell'imprenditore, al limite maliziosa od opportunistica, di cessare l'attività, al solo scopo di sottrarsi alla relativa disciplina delle conseguenze della crisi; o, quanto alla morte dell'imprenditore, dipendere dal caso [4].

D'altra parte, la possibilità di dar luogo indefinitamente alla liquidazione concorsuale

---

[1] Nella sua iniziale stesura, il testo dell'art. 10 in commento stabiliva che «*L'imprenditore che, per qualunque causa, ha cessato l'esercizio dell'impresa, può essere dichiarato fallito entro un anno dalla cessazione dell'impresa, se l'insolvenza si è manifestata anteriormente alla medesima o entro l'anno successivo*».

[2] Cfr. NIGRO, *Art. 10-11*, 56. Nello stesso senso, PISCITELLO, *Ambito di applicazione*, 120.

[3] Cfr. PACCHI, *Il presupposto soggettivo*, 30.

[4] Cfr. Corte cost., 12 marzo 1999, n. 66, in *Foro it.*, 1999, I, 1381. Sul fondamento, sotto tale profilo, equitativo o di «ragioni di equità e di giustizia» della regola di perdurante fallibilità in esame, cfr. BUONOCORE, *Fallimento e impresa*, 214, 217. V. anche FERRARA JR., BORGIOLI, *Il fallimento*, 136.

pur dopo la cessazione, anche da lungo tempo, dell'impresa, contrasterebbe con intuibili istanze di certezza delle situazioni giuridiche, ed in particolare con l'esigenza di tutelare i terzi che entrino in contatto con l'imprenditore cessato o con gli aventi causa dell'imprenditore defunto, circoscrivendo entro un arco temporale ragionevole l'alea (altrimenti indeterminata) di una possibile apertura del concorso, legato ad attività pregresse ed ormai non più in atto del soggetto loro contraente. Di qui la tradizionale soluzione normativa, in chiave di bilanciamento di interessi [5], consistente nel limitare ad un anno dalla cessazione dell'impresa o dalla morte la possibilità di dichiarare (il fallimento, ora) l'apertura della liquidazione giudiziale dell'imprenditore non più in esercizio o defunto, sempre che l'insolvenza si sia manifestata anteriormente alla cessazione o alla morte o entro l'anno successivo.

Ed a protrarsi con ciò, com'è stato autorevolmente precisato, è (non la qualità di imprenditore né la relativa attività, bensì) l'applicazione della disciplina «degli effetti connessi all'esercizio attivo di un'impresa commerciale, pur dopo la scomparsa dal mondo degli affari o addirittura dopo la morte del soggetto imprenditore» [6]. Di modo che, nel prevedere (già il fallimento, all'art. 10 l. fall., ora) la possibilità di innesco, temporalmente limitato, della liquidazione giudiziale dell'imprenditore cessato o defunto, la legge non suppone (o finge) il permanere della qualità imprenditoriale; né per altro verso prescinde «dall'esistenza del soggetto imprenditore», atteso che stabilisce che questi possa essere sottoposto alla liquidazione giudiziale «solo se l'insolvenza debba farsi risalire al periodo di esercizio dell'attività» [7] o all'anno successivo alla cessazione/morte, usualmente volto alla definizione dei rapporti di impresa o liquidazione [8].

A tal fine, l'insolvenza deve essersi *manifestata* anteriormente alla cessazione o entro l'anno successivo: nel senso non solo che l'insolvenza preesista alla cessazione, ma si sia esteriorizzata solo nell'anno seguente; bensì anche includendo l'ipotesi che essa si sia (non soltanto esteriorizzata, ma pure) «prodotta», e di conseguenza manifestata, nell'anno successivo alla cessazione [9] o alla morte [10]: che cioè solo successivamente si sia concretizzata l'impossibilità a soddisfare regolarmente le obbligazioni dell'imprenditore cessato o defunto, trattandosi di un fenomeno che, per la sua intrinseca fluidità e per il suo costituire l'esito di un dinamico processo degenerativo della salute dell'impresa, sfugge ad una netta storicizzazione fra un prima ed un dopo istantanei [11]. Tutto ciò purché delle obbligazioni

---

[5] Cfr. ad esempio, per una sintesi efficace, Cass., 14 giugno 2000, n. 8099, in *Fallimento*, 2001, 639: «la previsione di un termine annuale rappresenta il punto di mediazione nella tutela di interessi contrapposti quali quelli dei creditori da un lato e quello generale, e non del solo cessato imprenditore, alla certezza dei rapporti giuridici». Nello stesso senso, NIGRO, VATTERMOLI, *Diritto della crisi*, 124; PACCHI, in PACCHI, AMBROSINI, *Diritto della crisi*, 117 s.; CENSONI, *I presupposti*, 35; CAPO, *I presupposti*, 49.

[6] BUONOCORE, *Fallimento e impresa*, 211.

[7] BUONOCORE, *Fallimento e impresa*, 213; 298.

[8] BUONOCORE, *Fallimento e impresa*, 213 ss.

[9] Cfr. NIGRO, *Artt. 10-11*, 61. Rispetto alla previgente disciplina, ma con riferimento, coerente al quadro normativo dell'epoca, alla *cessazione* dell'impresa, anziché alla cancellazione, cfr. pure SALANITRO, *Artt. 10-12*, 328; SAVI, *Il fallimento*, 165 ss.; RAGUSA MAGGIORE, *La cessazione*, 185 ss.

[10] Cfr. già in tal senso SALANITRO, *Il fallimento*, 21 ss., 43 ss.; DI SABATO, *Il fallimento*, 377 ss., 386 s.; SAVI, *Il fallimento*, 140 ss., 195 ss.; in senso contrario però BUONOCORE, *Fallimento e impresa*, 314.

[11] Nel caso della morte *ex* art. 11, d'altra parte, nell'accertamento dell'insolvenza non potrà prescindersi dal-

dell'imprenditore cessato o defunto pur sempre si tratti, appunto, perciò comunque anteriori alla cessazione/cancellazione [12] o morte dell'imprenditore; non di quelle del suo successore, l'insolvenza relativa alle quali comporterà semmai la liquidazione giudiziale a carico di quest'ultimo, se imprenditore commerciale [13].

D'altra parte, la liquidazione giudiziale potrà essere aperta non solo là dove l'insolvenza attenga a debiti di impresa, bensì anche allorché i debiti di impresa siano stati tutti regolati, e residuino esclusivamente debiti c.d. «civili» [14]. A parte infatti il rilievo, per cui la distinzione potrebbe astrattamente riguardare i soli imprenditori individuali e gli enti non societari esercenti l'impresa in via non esclusiva, essendo per le società tutti i loro debiti collegati all'attività economica esercitata, non pare infatti lecito – per difetto di dati normativi perspicui in senso diverso – assumere l'idea di insolvenza relativamente al tema in esame in termini diversi rispetto all'accezione generale di cui (al previgente art. 5 l. fall., e ora) all'art. 2, lett. *b*), ove non trova spazio alcuna distinzione, rilevante per l'accertamento dell'impossibilità di regolare adempimento, fra obbligazioni assunte per l'esercizio dell'impresa e obbligazioni con causa diversa o «civili».

2. – Posta al comma 1 la suddetta regola di base, al comma successivo la *cessazione* dell'attività viene fatta coincidere indistintamente «*per gli imprenditori*» – espressione quest'ultima che il Codice impiega in termini generali, includendovi tanto gli imprenditori individuali quanto le società ed altri enti, collettivi o no, cui sia comunque da attribuire la titolarità di impresa – con la *cancellazione* dal registro delle imprese (recuperando così il precetto già sancito dall'art. 10, comma 1, l. fall.), vale a dire con la pubblicità – realizzata con un'apposita iscrizione, espressa con la dicitura «*cancellazione*» – della avvenuta cessazione dell'attività, eseguita nel registro delle imprese nel quale oggi tutti gli imprenditori, sia agricoli che commerciali, tanto individuali che collettivi, sono tenuti ad iscriversi: con una equiparazione del dato fattuale della fine dell'attività di impresa a quello formale della cancellazione nel pubblico registro delle imprese, che è l'esito di una vicenda interpretativa, di cui altrove si è già riassunta l'articolata parabola [15].

Il così adottato riferimento unitario al dato pubblicitario della cancellazione dal registro delle imprese non consente peraltro di valorizzare, anche ai fini del computo del termine di assoggettabilità a liquidazione giudiziale, la valenza di pubblicità dichiarativa che, in via generale, del dato medesimo è propria [16]; esso vale qui piuttosto quale mero – ed al tempo stesso esclusivo, salvo quanto si preciserà fra breve – dato storico-fattuale oltre che formale, eletto a *dies a quo* per il decorso del termine annuale. A differenza, infatti, di

la considerazione del patrimonio dell'erede, il quale abbia accettato senza beneficio d'inventario, le cui condizioni potrebbero eliminare l'insolvenza relativa all'impresa del *de cuius*: cfr. SALANITRO, *Il fallimento*, 32, 69 s.

[12] Così NIGRO, *Artt. 10-11*, 61, per il quale «si potrebbe pervenire alla dichiarazione di fallimento solo se vi siano creditori anteriori rimasti insoddisfatti».

[13] Cfr. SATTA, *Diritto fallimentare*, 33.

[14] Cfr. invece in tal senso LAMANNA, *Art. 10 e 11*, 261, il quale parla di una regola di «fallibilità correlata alla perdurante esistenza di debiti di impresa»; nonché CAVALLI, *Il fallimento*, 13 s.; SATTA, *Diritto fallimentare*, 31.

[15] Sia permesso il rinvio a PERRINO, *Artt. 10-12*, 132 ss.

[16] Cfr. in tal senso IBBA, *Sul presupposto*, 809; ID., *Il fallimento*, 949 s.

quanto sarebbe in astratto coerente con l'efficacia (di per sé, normalmente) solo dichiarativa della pubblicità nel registro delle imprese, non potrebbe il debitore (se imprenditore iscritto nel registro) opporre che la cessazione dell'attività sia intervenuta *anteriormente* alla cancellazione, neppure provando che i terzi fossero venuti di ciò effettivamente a conoscenza [17]. La cancellazione dal registro delle imprese integra qui, piuttosto, una presunzione legale di cessazione, che non soltanto consente, bensì impone di prescindere dal dato empirico della effettiva cessazione e dalla sua reale cognizione da parte dei terzi, senza possibilità di richiamo ai consueti moduli giuridici della dichiaratività [18]. Ai fini della disciplina in commento, cioè, la cessazione dell'impresa «*coincide*» con la cancellazione (così la norma in commento), e si puntualizza, o consiste in essa: e ciò per equivalenza normativamente posta o, ciò che è lo stesso, per presunzione legale ed assoluta.

Su computo e decorrenza del termine annuale di assoggettabilità alla liquidazione giudiziale, il laconico dettato in commento rende peraltro necessarie alcune precisazioni.

Anzitutto, il termine annuale non è suscettibile, per diffuso riconoscimento già rispetto alle analoghe previsioni della l. fall., né di interruzione né di sospensione [19].

Quanto poi al *dies a quo*, ci si può chiedere se l'anno – nell'unico caso in cui l'interrogativo ha ragione di porsi, quello cioè di cancellazione non d'ufficio – debba farsi decorrere: dalla data di presentazione e protocollazione, *ex* artt. 6 e 11, comma 5, d.p.r. n. 581 del 1995, della richiesta di cancellazione regolarmente presentata all'ufficio del registro delle imprese, presentazione che – del resto – esaurisce quanto rientra nella disponibilità del debitore onde attuare la pubblicità in questione; o invece dalla data dell'annotazione effettiva della cancellazione dal registro, che deve eseguirsi per legge (art. 11, comma 8, d.p.r. n. 581 del 1995), ricorrendone le condizioni, «*senza indugio e comunque entro il termine di dieci giorni dalla data di protocollazione della domanda*», o della «*metà se la domanda è presentata su supporti informatici*», ma che talora interviene a distanza anche di più tempo, per le lungaggini, più o meno giustificate, dell'ufficio. La considerazione dell'indicata *ratio* dell'ancoraggio al dato pubblicitario e formale della cancellazione, anziché della cessazione effettiva, del termine annuale – l'istanza cioè di certezza dei rapporti giuridici, tutelando l'affidamento dei terzi sul dato, la pubblicità dell'impresa, dagli stessi legalmente e con certezza conoscibile –, induce a rispondere nel secondo senso, computando il termine dalla data dell'effettiva annotazione della cancellazione nel registro [20].

Secondo la previsione in esame, entro l'anno dalla cancellazione dal registro delle imprese «*la liquidazione giudiziale può essere aperta*». È invero opinione prevalente, al riguar-

---

[17] In senso conforme, cfr. Cass., 21 aprile 2016, n. 8092; Cass., 5. marzo 2019, n. 6374; Cass., 20 agosto 2020, n. 17377.

Contra, cfr. LAMANNA, *Artt. 10 e 11*, 274.

[18] Cfr. IBBA, *Il fallimento*, 949 s.

[19] Cfr. LAMANNA, *Artt. 10 e 11*, 264 (pur senza prendere posizione sulla natura di decadenza del termine); CAVALLI, *Il fallimento*, 14, argomentando che il termine annuale integra «un termine di decadenza o, addirittura, una condizione oggettiva necessaria di fallibilità»; cfr. pure ZORZI, *Decorrenza e natura*, 567. In giurisprudenza, cfr. Cass., 25 aprile 2013, n. 8932, secondo cui «il termine stabilito nella L. Fall., art. 10, non opera come un termine di prescrizione o decadenza, ma costituisce un limite oggettivo per la dichiarazione di fallimento».

[20] Cfr. in senso conforme Cass., 9 maggio 2014, n. 10105, in *Fallimento*, 2014, 1150; Cass., 6 febbraio 2015, n. 2259; Cass., 13 luglio 2018, n. 18731; Cass., 21 gennaio 2018, n. 4182, in *Società*, 2018, 654.

do, che ai fini del rispetto del termine occorre intervenga entro l'anno la dichiarazione di apertura della procedura, non bastando invece il mero deposito entro lo stesso termine del relativo ricorso, pur se accolto poi – ma oltre l'anno – dalla sentenza dichiarativa [21]. Un'opinione che, pur se rispettosa del tenore testuale della norma e coerente alle istanze in campo di certezza e delimitazione temporale dell'alea di assoggettabilità al concorso, facilmente dà stura alla critica, per cui «l'attuazione del diritto dei creditori viene a dipendere dalla maggiore o minor solerzia del tribunale adito» [22], anziché dalla tempestiva attivazione del ricorrente.

Per altro verso, sembra che entro il termine basti intervenga la data della decisione, non anche il deposito o la pubblicazione della sentenza [23], non essendovi ragione per comprimere ulteriormente – tenuto conto dei tempi talvolta necessari al suddetto adempimento [24] – i tempi disponibili per conseguire una tempestiva dichiarazione di apertura della liquidazione dopo la cancellazione, considerata anche la normale durata dell'istruttoria.

Nel caso peculiare di rigetto del ricorso, di successivo reclamo *ex* art. 50 e di suo accoglimento da parte della corte d'appello, con conseguente rimessione d'ufficio degli atti al tribunale per la dichiarazione di fallimento, il comma 6 dello stesso art. 50 (come già il comma 5 dell'art. 22 l. fall.) ha cura di precisare – con soluzione equilibrata e condivisibile – che «*i termini di cui agli artt. 33, 34 e 35 si computano con riferimento alla sentenza della corte di appello*» [25].

Alla perdurante sottoponibilità del debitore a liquidazione giudiziale, entro il limite temporale di un anno dalla cancellazione dal registro delle imprese o dalla cessazione per gli imprenditori non iscritti, si lega la previsione – nel comma 2, secondo periodo, dell'art. 33 in commento (in attuazione di quanto disposto dall'art. 2, comma 1, lett. *i*, legge delega n. 155 del 2017) – dell'obbligo dell'imprenditore di mantenere attivo l'indirizzo del servizio elettronico di recapito certificato qualificato, o di posta elettronica certificata

---

[21] Cfr. in tal senso Cass., 14 giugno 2000, n. 8099, cit., che nel dichiarare infondata la questione di costituzionalità sul punto, rileva come la certezza dei rapporti giuridici, quale *ratio* del termine annuale, «sarebbe sacrificata ove entro l'anno fosse sufficiente non la dichiarazione di fallimento, ma la semplice presentazione dell'istanza, come tale non conoscibile dai terzi»; conf. Cass., 12 aprile 2013, n. 8932, per la quale «la semplice presentazione dell'istanza di fallimento non sarebbe, infatti, conoscibile da parte dei terzi che, se ad essa fosse riconosciuto un effetto prenotativo, resterebbero esposti per tutta la durata del procedimento al rischio di contatti con un soggetto fallibile». Nello stesso senso CENSONI, *I presupposti*, 37; e già BUONOCORE, *Fallimento e impresa*, 231, ed ivi (nt. 60) anche più remoti riferimenti; SAVI, *Il fallimento*, 116 ss., testo e nota 1; SATTA, *Diritto fallimentare*, 32.

[22] Cfr. LAMANNA, *Artt. 10 e 11*, 263 s.; CAVALLI, *Il fallimento*, 14; osservava che «con quella interpretazione si viene a sacrificare senza ragione l'interesse dei creditori malgrado costoro abbiano presentato la loro istanza tempestivamente» già SALANITRO, *Artt. 10-12*, 330 ss., 332. V. però Corte cost., 14 giugno 2000, n. 8099, in *Fallimento*, 2001, 639, per un ridimensionamento del problema della brevità del termine.

[23] Cfr. CENSONI, *I presupposti*, 37; FERRARA JR., BORGIOLI, *Il fallimento*, 136 nt. 2; altre cit. in LAMANNA, *Artt. 10 e 11*, 263. In giurisprudenza, cfr. però, nel senso che il *dies ad quem* del termine annuale è necessariamente quello della pubblicazione della sentenza di fallimento, Cass., 25 ottobre 2013, n. 24199; Cass., 12 aprile 2013, n. 8932.

[24] Cfr., anche per altre indicazioni, LAMANNA, *Artt. 10 e 11*, 263 nt. 10.

[25] Sulla corrispondente norma dell'art. 22 l. fall., v. LAMANNA, *Artt. 10 e 11*, 264, che richiama la relazione illustrativa, ove si adduceva il «fine di evitare che il tempo successivo al decreto della corte di accoglimento del reclamo, venga ad incidere negativamente sul decorso dei termini in questione».

comunicato all'INI-PEC, per un anno decorrente dalla cancellazione; a mantenere cioè quel domicilio digitale, che è ora oggetto di un obbligo di attivazione e comunicazione al registro delle imprese a carico sia delle imprese individuali che delle società (rispettivamente, ai sensi dell'art. 5, d.l. 18 ottobre 2012, n. 179, conv. in l. 17 dicembre 2012, n. 221, e dell'art. 16, d.l. 29 novembre 2008, n. 185, conv. in l. 28 gennaio 2009, n. 2, entrambi successivamente modificati dall'art. 37, d.l. 16 luglio 2020, n. 76, conv. in l. 11 settembre 2020, n. 120): e ciò al fine fra l'altro di rendere possibile la notificazione nei suoi confronti del ricorso e del decreto di convocazione emesso dal tribunale, con le modalità telematiche previste dall'art. 40, comma 6 (per i casi di domanda di accesso alla liquidazione giudiziale proposta «*da un creditore, da coloro che hanno le funzioni di controllo e di vigilanza sull'impresa o dal pubblico ministero*»).

3. – In base all'ultima porzione dell'art. 33, comma 1, primo periodo, la *cessazione* dell'attività come dato fattuale mantiene rilievo normativo per gli imprenditori «*non iscritti*», relativamente ai quali si dispone – con qualche incertezza espressiva del dettato – che «*per gli imprenditori la cessazione dell'attività coincide* [...] *se non iscritti, dal momento in cui i terzi hanno conoscenza della cessazione stessa*»: nel senso che in tal caso la cessazione prende effetto, al fine del decorso del termine annuale, dal momento in cui i terzi ne hanno avuto conoscenza, come «fatto» della «fine dell'attività d'impresa» [26].

In tal senso, per tali imprenditori la cessazione va letta in chiave di effettività, con riferimento cioè al dato dell'effettiva e concreta interruzione del compimento di atti di impresa [27], la cui conoscenza da parte dei terzi – salvo stabilire di quali "terzi" si tratti, se gli istanti per l'apertura della liquidazione giudiziale a carico dell'imprenditore cessato, come sembra preferibile, o piuttosto la generalità dei terzi [28], rispetto ai quali sarebbe ardua la prova che «*ne hanno avuto conoscenza*» [29], a meno di non ritenere a tal fine sufficiente una qualsiasi prova di esteriorizzazione oggettiva della cessazione e della sua mera conoscibilità (piuttosto che «*conoscenza*») – si tratta di provare, onde poter opporre loro l'eventuale av-

---

[26] Per la stessa soluzione, sotto il vigore (e pur nel silenzio) della legge fallimentare, cfr. già NIGRO, *Artt. 10-11*, 61; PISCITELLO, *Ambito di applicazione*, 120; NIGRO, VATTERMOLI, *Diritto della crisi*, 2009, 71 (e sulla vigente disciplina cfr. la V ed., 2021, 124); in giurisprudenza, con riferimento alla disciplina previgente alla riforma 2006/2007, Cass., 13 marzo 2009, n. 6199, in *Fallimento*, 2009, 1350; Cass., 28 agosto 2006, n. 18618, in *Dir. fall.*, 2008, II, 246; e più recentemente Cass., 12 dicembre 2014, n. 26209. Sempre in diritto previgente, nel senso invece della fallibilità in ogni tempo, senza possibilità di far leva sulla cessazione effettiva dell'attività onde ancorarvi il decorso del termine annuale, cfr. IBBA, *Sul presupposto*, 811; ID., *Il presupposto*, 12; ID., *Il fallimento*, 950 s.; CAPO, *I presupposti*, 52 s.; LAMANNA, *Artt. 10 e 11*, 276 s. (ma solo per le società irregolari); CAMPOBASSO, *Diritto commerciale*, 121.

[27] Cfr. Cass., 21 febbraio 2007, n. 4105, in *Foro it.*, 2007, 10, 1, 2807; Cass., 28 marzo 2001, n. 4455; Cass., 13 dicembre 2000, n. 15716, in *Corr. giur.*, 2002, 1, 114; Cass., 14 giugno 2000, n. 8099, in *Fallimento*, 2001, 6, 639. In dottrina cfr. ampiamente SALANITRO, *Artt. 10-12*, 318 ss.; nonché SATTA, *Diritto fallimentare*, 31. Per una critica, cfr. FERRARA JR., BORGIOLI, *Il fallimento*, 134 s. testo e nt. 2.

[28] Già rispetto al previgente art. 10 l. fall., si era rilevato che la conoscenza *effettiva* non potrebbe che essere provata relativamente a singoli terzi/creditori, non alla loro generalità, con la conseguenza di non potersi in tal caso «individuare un unico *dies a quo* per il termine annuale»: cfr. già IBBA, *Sul presupposto*, 809.

[29] Segnala che «non è affatto chiaro però di *quali* terzi si dovrebbe provare la conoscenza» CAMPOBASSO, *Diritto commerciale*, 83 nt. 63.

venuto decorso del termine annuale di cui al primo comma [30]. Con la precisazione allora – parallela a quanto classicamente ripetuto in tema di inizio dell'impresa (individuale), per il che si ritiene sufficiente anche solo il porsi di atti *di* organizzazione, diretti cioè alla costituzione del complesso strumentale, prima ed indipendentemente dal successivo compimento di atti *della* organizzazione, cioè di vero e proprio esercizio dell'attività – che l'attività potrà dirsi in tal caso cessata, nella prospettiva di effettività che qui appunto rileva, solo ad avvenuta, completa disgregazione del complesso organizzato [31].

4. – In caso di impresa individuale o di cancellazione di ufficio degli imprenditori collettivi, dispone il comma 3 dell'art. 33 in commento – in ciò esattamente replicando il previgente comma 2 dell'art. 10 l. fall. – che «*è fatta salva la facoltà per il creditore o per il pubblico ministero di dimostrare il momento dell'effettiva cessazione dell'attività da cui decorre il termine del primo comma*» [32].

Quanto specificamente (fra i cosiddetti «*imprenditori collettivi*») alle società, il riferimento alla cancellazione «*di ufficio*» è essenzialmente da collegare, anzitutto e in generale, all'ipotesi di iscrizione avvenuta senza che ne esistessero le condizioni di legge, cancellata su decreto del giudice del registro, sentito l'interessato, *ex* art. 2191 c.c., nonché, e più in particolare: relativamente alle società personali, alle ipotesi della cosiddetta cancellazione semplificata, *ex* art. 3, d.p.r. 23 luglio 2004, n. 247, avviata dall'ufficio del registro delle imprese in presenza delle circostanze – per lo più sintomatiche di una protratta inerzia o irreversibile inattività – ivi indicate; e, riguardo alle società di capitali, alla cancellazione d'ufficio in caso di mancato deposito, per oltre tre anni consecutivi, dei bilanci di liquidazione, ai sensi dell'art. 2490, comma 6, c.c. [33-34].

La prova contraria ammessa è qui peraltro solo quella di una cessazione dell'attività – di impresa individuale, o di impresa collettiva cancellata d'ufficio – *successiva* alla cancellazione, della prosecuzione cioè, rispetto a quest'ultima, dell'attività [35]: come risulta eloquente-

[30] Cfr. BETTAZZI, *Cessazione dell'attività*, 1272, per il condivisibile rilievo circa la disparità di trattamento che ne risulta, rispetto agli imprenditori non iscritti, a carico degli imprenditori individuali e collettivi iscritti e poi cancellati dal registro delle imprese, relativamente ai quali solo i creditori e il pubblico ministero sono ammessi a provare un *dies a quo* di decorrenza dell'anno diverso dalla cancellazione (cfr. art. 10, comma 2, l. fall., e ora l'art. 33, comma 3).

[31] Cfr. BUONOCORE, *Fallimento e impresa*, 239 ss.; ed in giurisprudenza Cass., 22 dicembre 2000, n. 15716 («la cessazione dell'impresa, coincidendo con il completo e assoluto ritiro dell'imprenditore, non può dirsi perciò realizzato se nella fase della liquidazione siano state compiute operazioni tali da rivelarsi come manifestazione di una attività economica, sia pure svolta esclusivamente in funzione della disgregazione dell'azienda»), ove anche altri riferimenti.

[32] Per una critica della differenziazione di regime in proposito cfr. NIGRO, *Artt. 10-11*, 59.

[33] Cfr. su questi temi DI SABATO, *Sulla cancellazione*, 501 ss.; PORZIO, *La cancellazione*, 88.

[34] La *ratio* della previsione è individuata da IBBA, *Sul presupposto*, 807, nell'esigenza di «consentire di porre rimedio a cancellazioni effettuate sulla base di indici poi smentiti dalla realtà», tenuto conto delle peculiarità della cancellazione d'ufficio in quanto basata su «indici presuntivi» sì da potervi «attribuire una rilevanza attenuata rispetto alla cancellazione volontaria cui si giunge, nella normalità dei casi, a seguito del completarsi di tutte le fasi – adeguatamente pubblicizzate – del procedimento di liquidazione».

[35] Nel senso ora previsto per legge cfr. già IBBA, *Sul presupposto*, 806 s., argomentando dalla ritenuta *ratio* della disposizione, quella di tutelare «i terzi dal rischio di cancellazioni "fasulle" e non l'imprenditore che abbia

mente dalla previsione che limita la legittimazione attiva in proposito al pubblico ministero ed al creditore, con ciò assegnando unicamente rilievo all'interesse, tipico di tali soggetti, a dimostrare che, con la prosecuzione in fatto dell'attività malgrado la cancellazione, non sia ancora decorso il termine annuale, e perduri perciò la fallibilità del debitore.

Nessuno spazio vi è perciò, né per l'imprenditore individuale né per quelli collettivi, per dimostrare che l'attività era in effetti cessata in epoca anteriore alla cancellazione. E ciò, come evidente, a decisa protezione dell'affidamento dei terzi sull'unico dato – quello formale – dagli stessi agevolmente conoscibile. Con il che, peraltro, emerge una parziale dualità di regime fra imprenditori individuali e collettivi, atteso che relativamente a questi ultimi solo la cancellazione di ufficio lascia a creditori e pubblico ministero la possibilità della prova di una cessazione in fatto successiva alla cancellazione medesima; prova ammissibile invece, in caso di imprenditori individuali, anche rispetto alla cancellazione volontaria.

La residua possibilità, come sopra limitata, di far riferimento al momento della effettiva cessazione dell'attività, anziché della formale cancellazione dal registro, nei detti limiti in cui la prima sia successiva alla seconda, sembra peraltro doversi leggere in stretta ed inscindibile correlazione logico-giuridica con il disposto del secondo comma: nel senso di presupporre che sia stata in ogni caso realizzata la cancellazione dal registro (volontaria o d'ufficio), sì da disporre comunque di un dato formale certo, come tale agevolmente conoscibile dalla generalità dei terzi, cui poter temporalmente ancorare – in difetto di prova di una ulteriore prosecuzione in fatto dell'impresa – il termine annuale di fallibilità. Alla prova contraria in discorso, in altri termini, può accedersi unicamente a condizione che la cancellazione abbia già avuto luogo, e che solo *successivamente* sia effettivamente cessata l'attività di impresa. Per converso, il difetto delle medesime condizioni sembra indurre ad escludere che l'imprenditore individuale – facendo leva sulla genericità della sua menzione al comma 3 – benché non ancora cancellato possa essere ammesso a provare di aver comunque già in precedenza effettivamente cessato l'attività [36]: ciò che sacrificherebbe inaccettabilmente, da un lato, la chiara istanza normativa di una esteriorizzazione del fatto della cessazione a mezzo dell'unico indice formale della cancellazione dal registro, a tutela dei terzi; e, dall'altro, il suddetto limite – desunto dalla selezione legislativa dei legittimati – alla possibilità di far valere il dato empirico della cessazione solo se *successiva* alla cancellazione, non invece – come sarebbe nell'ipotesi criticata – una cessazione di fatto per definizione anteriore, permanendo decettivamente l'iscrizione dell'imprenditore nel registro [37].

5. – Già sotto il vigore della legge fallimentare, era stato espresso il convincimento per cui, considerato «che il concordato preventivo è strumento volto alla risoluzione della crisi dell'impresa», «alla società che ha cessato la propria attività di impresa, tanto da essersi cancellata dal Registro, l'accesso alla procedura concorsuale minore è dunque precluso *ipso facto*, atteso il venir meno del bene al cui risanamento il concordato tende» [38].

---

provveduto con ritardo – o non abbia provveduto – a chiedere la cancellazione» (808); ID., *Il fallimento*, 947 ss., e ID., *Il presupposto*, 11; nonché LAMANNA, *Artt. 10 e 11*, 273 ss.

[36] Cfr. in senso analogo IBBA, *Sul presupposto*, 811; CAVALLI, *Il fallimento*, 13.

[37] Nello stesso senso cfr. CAVALLI, *Il fallimento*, 13.

[38] Cfr. Cass., 20 ottobre 2015, n. 21286, in *Fallimento*, 2016, 427; in senso conforme Cass., 20 febbraio

Confermando tale indirizzo interpretativo [39], l'ultimo comma dell'art. 33 dispone l'inammissibilità della domanda di concordato minore [40], di concordato preventivo o di omologazione degli accordi di ristrutturazione dei debiti, presentata dall'imprenditore cancellato dal registro delle imprese [41].

Il riferimento normativo al solo imprenditore "cancellato" suscita peraltro il dubbio se la stessa preclusione debba estendersi anche all'imprenditore non iscritto e che abbia comunque cessato di fatto l'attività, in coerenza con il rilievo che per gli stessi imprenditori non iscritti riveste – ai sensi del prima esaminato comma 2 dello stesso art. 33 – il momento della cessazione *effettiva* dell'attività, del quale i terzi abbiano avuto conoscenza. Se infatti la *ratio* della regola preclusiva fosse quella – che pare additata dalla citata giurisprudenza di legittimità sotto il vigore della l. fall. – della incompatibilità degli strumenti indicati con l'avvenuta cessazione nel senso dell'estinzione dell'impresa (il "venir meno del bene") [42], essa sussisterebbe parimenti in detta ipotesi.

D'altra parte, alla stessa soluzione estensiva sembra dovrebbe pervenirsi pur allorquando, come sembra preferibile, si individui la giustificazione della preclusione (anziché nell'inconciliabilità con la cessazione dell'impresa di ritenute essenziali finalità di *risanamento* degli strumenti in discorso [43], i quali in effetti, nell'attenere alla «*regolazione della crisi e dell'insolvenza*» possono ben avere anche un carattere liquidatorio e più latamente definitorio delle passività residue, ad esempio mediante apporti di terzi), piuttosto nell'esigenza di evitare che l'accesso agli indicati strumenti di regolazione della crisi da parte dell'imprenditore cancellato o (se non iscritto) comunque cessato, nel richiedere per legge una trattazione «*in via prioritaria*» rispetto ad eventuali domande di apertura della liquidazione giudiziale pure eventualmente proposte (cfr. art. 7, commi 2 e 3), che potranno essere esaminate e accolte solo una volta «*definite le domande di accesso a uno strumento di regolazione della crisi e dell'insolvenza*» (cfr. art. 49, comma 1), senza che sia prevista frattanto una sospensione del termine annuale di cui all'art. 33, valga – stanti le possibili lun-

2020, n. 4329. Il brano succitato nel testo è riportato anche da Corte cost., 13 gennaio 2017, n. 9, ricordando come la legittimazione dell'impresa cancellata ad attivare una procedura di concordato fosse altresì «controversa in dottrina, che inclina anzi ad escluderla». E cfr. infatti, per la tesi della preclusione, LAMANNA, *Artt. 10 e 11*, 265. Nel senso della applicabilità dell'art. 10 al concordato preventivo cfr. invece SANDULLI, *La crisi*, 1124; NIGRO, *Art. 10-11*, 56 testo e nt. 3; Trib. Verona, 17 luglio 2015, in *Fallimento*, 2016, 428, ove anche la tesi per cui «una lettura costituzionalmente orientata degli artt. 10 e 161 l. fall. porta a ritenere che, a seguito del deposito della domanda di concordato preventivo, il termine annuale di fallibilità sia sospeso».

[39] Come segnala la Relazione illustrativa al Codice, *sub* Tit. III Capo III, 23.

[40] Previsione aggiunta dal d.lgs. 26 ottobre 2020, n. 147 (c.d. primo decreto correttivo).

[41] Ritiene che «regola analoga valga anche per il piano di ristrutturazione soggetto a omologazione e per il concordato semplificato» D'ATTORRE, *Manuale di diritto*, 53, osservando che la cancellazione dal registro in presenza di obbligazioni insoddisfatte implicherebbe «una implicita rinuncia alla possibilità di avvalersi successivamente di queste procedure volontarie per ristrutturare su base negoziale le obbligazioni».

[42] Cfr. anche Cass., 20 febbraio 2020, n. 4329: «il dato cruciale è rappresentato dalla persistente esistenza o non di una realtà imprenditoriale rispetto alla quale possa porsi l'esigenza di assicurare, attraverso la procedura concordataria, la risoluzione della crisi con le modalità previste dal legislatore».

[43] Come si legge nel brano sopra riportato di Cass., 20 ottobre 2015, n. 21286, e come ripete Cass., 20 febbraio 2020, n. 4329: «l'intervenuta e consapevole scelta di cessare l'attività imprenditoriale, necessario presupposto della cancellazione, ne preclude ipso facto l'utilizzo, per insussistenza del bene al cui *risanamento* essa dovrebbe mirare» (corsivo ns.).

gaggini del procedimento – a far inutilmente decorrere lo stesso termine (sia o no la domanda di accesso allo strumento alternativo sorretta da un intento dilatorio) [44] per la perdurante soggezione alla procedura di liquidazione giudiziale [45].

Sotto altro profilo, può osservarsi come, benché non risulti espressamente posto dalla legge, quale requisito di ammissione per l'imprenditore che voglia accedere al concordato minore, al concordato preventivo o al procedimento per l'omologazione degli accordi di ristrutturazione, quello della previa iscrizione nel registro delle imprese (a differenza di quanto richiedeva, ad esempio, l'art. 160 l. fall. prima della sua riformulazione con il d.l. n. 35 del 2005), un simile requisito sembra in effetti implicato dalla necessaria attuazione degli adempimenti pubblicitari nel registro delle imprese previsti per l'attuazione del procedimento dall'art. 78, comma 2, per il concordato minore, e dall'art. 40 per gli altri strumenti.

[44] È ciò cui sembrava alludere Cass., 20 ottobre 2015, n. 21286, cit., nell'osservare che «in sede di istruttoria prefallimentare il diritto di difesa del fallendo si esplica attraverso l'illustrazione delle eccezioni e delle circostanze di fatto impeditive della pronuncia dichiarativa, e non certo attraverso la presentazione di una domanda di ammissione al concordato, che, pur trovando la sua ragion d'essere nell'intento precipuo di evitare il fallimento [...]non può essere intesa quale mezzo dilatorio, posto a disposizione dell'impresa insolvente per ritardare la dichiarazione di fallimento».

[45] Nel che peraltro emerge l'ulteriore profilo, che non pare considerato neppure dalla nuova disciplina introdotta dal Codice, relativo al rischio che il debitore pur iscritto, dopo aver ottenuto l'ammissione alla procedura di concordato (minore o preventivo) o di omologazione degli accordi di ristrutturazione, nel corso della stessa procedura o anche dopo il suo completamento e quindi in fase di esecuzione dello strumento, proceda ad una frettolosa (e magari abusiva) cancellazione dal registro e contestuale cessazione effettiva dell'attività, prima che risulti conclamata l'inattuazione dei propri obblighi verso i creditori e che questi se ne avvedano, così che decorra frattanto il termine annuale per l'apertura della liquidazione giudiziale: un rischio cui non sembra esservi antidoto diverso da quello di una vigile valutazione da parte dei creditori in sede di ammissione allo strumento, specie se da eseguirsi in un esteso arco temporale, nonché del monitoraggio costante durante la successiva fase di esecuzione.

Articolo 34

Apertura della liquidazione giudiziale del debitore defunto

1. L'apertura della procedura di liquidazione giudiziale nei confronti del debitore defunto può essere dichiarata quando ricorrono le condizioni di cui all'articolo 33.

2. L'erede può chiedere l'apertura della procedura di liquidazione giudiziale nei confronti del debitore defunto, se dimostra di avervi interesse e l'eredità non sia già confusa con il suo patrimonio.

3. L'erede che chiede l'apertura della procedura di liquidazione giudiziale non è soggetto agli obblighi di deposito della documentazione di cui all'articolo 39, salva una relazione sulla situazione economico-patrimoniale aggiornata.

4. Con l'apertura della procedura di liquidazione cessano di diritto gli effetti della separazione dei beni ottenuta dai creditori del defunto a norma del codice civile

Michele Perrino

1. – Nel richiamare le condizioni stabilite nell'articolo precedente, l'art. 34 estende all'ipotesi di morte del debitore la previsione del termine annuale, entro il quale può essere aperta la liquidazione giudiziale pur dopo la cessazione dell'attività, qui dovuta all'evento del decesso dell'imprenditore (allora, evidentemente, individuale).

Anche a questo riguardo, dunque, il legislatore ha ritenuto di dover contemperare le istanze di attuazione della tutela concorsuale dei creditori [1] con l'esigenza di limitare la

[1] La fallibilità *post mortem* era già prevista dall'art. 543 c. comm. 1865: «*Il fallimento del commerciante può essere dichiarato dopo la sua morte, se prima di essa ebbe luogo la cessazione dei pagamenti*». L'art. 690 c. comm. del 1882 disponeva a sua volta che: «*Può essere dichiarato il fallimento del commerciante che siasi ritirato dal commercio, ma soltanto entro cinque anni da tale avvenimento, e purché la cessazione dei pagamenti abbia avuto luogo durante l'esercizio del commercio, od anche nell'anno successivo, per debiti dipendenti dall'esercizio medesimo. Può anche dichiararsi il fallimento dopo la morte del commerciante, ma soltanto entro un anno da tale avvenimen-*

soggezione ad essa del defunto entro un termine, quello di un anno, a protezione di esigenze di certezza e prevedibilità, che qui in particolare concernono gli aventi causa dal *de cuius*.

Secondo una diffusa lettura formatasi rispetto al previgente art. 11 l. fall. [2], peraltro, il richiamo alle «*condizioni stabilite nell'articolo precedente*» dovrebbe intendersi soggetto ad un adattamento interpretativo, nel senso che la morte – stante il suo carattere di evento oggettivo – contemplata dall'art. 34 terrebbe qui luogo della cancellazione dal registro delle imprese, di cui all'art. 33, quale *dies* a quo del decorso dell'anno di perdurante assoggettabilità a liquidazione giudiziale per gli imprenditori iscritti nello stesso registro, a prescindere dalla data in cui della stessa morte, e della correlativa cessazione dell'impresa, sia stata data pubblicità nei modi di legge.

Tuttavia, se è vero che identica è la *ratio* del termine annuale nei due articoli in questione, sembra preferibile, in ossequio al disposto in commento, replicare qui le condizioni previste dall'art. 33, e perciò: quanto agli imprenditori iscritti, ancorare anche nell'ipotesi di morte la decorrenza del termine soltanto alla successiva cancellazione dal registro, a tutela dei terzi (ed in particolare dei creditori, rispetto al rischio di un decorso inavvertito dell'anno di fallibilità) per i quali il decesso della persona dell'imprenditore potrebbe essere tutt'altro che oggetto di agevole e tempestiva conoscenza; riguardo invece agli imprenditori non iscritti, collegare la stessa decorrenza al momento in cui si provi che i terzi – segnatamente, gli autori della domanda di apertura della liquidazione giudiziale (art. 37, comma 2) – abbiano avuto conoscenza della morte del debitore.

In applicazione pure del comma 3 dell'art. 33, si tratta altresì di ammettere il creditore ed il pubblico Ministero a provare l'eventuale posteriorità della morte rispetto alla cancellazione dal registro precocemente attuata, senza che vi abbia corrisposto la cessazione effettiva dell'attività, proseguita fino al decesso; di modo che solo in quest'ultimo caso – del decesso, cioè, successivo alla cancellazione, ed unicamente a beneficio dei due anzidetti legittimati, interessati a spostare più avanti il *dies a quo* – la morte dell'imprenditore, cancellato ma non cessato, fungerebbe da momento iniziale di decorrenza dell'anno di assoggettabilità alla liquidazione giudiziale.

L'identica natura (di decadenza) del termine annuale, nelle due ipotesi di cui agli artt. 33 e 34, comporta che anche nel caso di morte lo stesso termine non sia suscettibile di sospensione o interruzione, neppure a seguito di opposizione del creditore per la liquidazione dell'eredità accettata con beneficio di inventario, ai sensi degli artt. 495 ss. c.c.

2. – La disciplina contenuta ai commi 2 e 3 vale a chiarire, almeno parzialmente, la posizione dell'erede che chiede la liquidazione giudiziale nei confronti del *de cuius*.

La prima disposizione concerne appunto le condizioni alle quali è ammessa l'iniziativa dell'erede per l'apertura della liquidazione giudiziale nei confronti del debitore defunto:

---

to». Per una ricostruzione storica cfr. SALANITRO, *Il fallimento*, 7 ss.; ID., *Artt. 10-12*, 309 ss.; SAVI, *Il fallimento*, 7 ss.

[2] Cfr. NIGRO, *Artt. 10-11*, 64.

occorre che l'erede dimostri di avervi interesse [3], e che l'eredità non si sia già confusa con il suo patrimonio [4].

Quella in esame non si configura peraltro quale ipotesi di domanda da parte dell'erede di apertura della *propria* liquidazione giudiziale, atteso che l'erede – se ne trae conferma proprio dalla disposizione in commento – non subentra, per il solo acquisto della qualità successoria a titolo universale, nella medesima qualità imprenditoriale del suo dante causa [5-6].

Né l'erede istante per la liquidazione giudiziale del *de cuius*, per la stessa ragione e come espressamente stabilito dal comma 3, si sostituisce all'imprenditore defunto negli obblighi di deposito di cui all'art. 39 (e già all'art. 14 l. fall.). È però tenuto a produrre con la domanda «*una relazione sulla situazione economico-patrimoniale aggiornata*», onde comunque fornire una base di informazioni al tribunale sull'impresa del defunto (comma 3, ultima parte); e resta soggetto agli obblighi di deposito che saranno disposti dal tribunale con la sentenza di apertura della liquidazione giudiziale, ai sensi dell'art. 49, comma 3, lett. *c*) [7].

Coerente col quadro ora delineato è anche la posizione processuale dell'erede nel procedimento per l'apertura della liquidazione giudiziale, nel senso che dello stesso – secondo quanto precisato da una costante giurisprudenza formatasi nel vigore del previgente art. 11 l. fall. – non è neppure obbligatoria l'audizione ai sensi dell'art. 41, dal momento che,

---

[3] Si tratta di condizione nuova rispetto al previgente art. 11, comma 2, l. fall., posta al fine di evitare un inutile aggravio procedurale a fronte dell'inerzia degli altri usuali interessati e potenziali legittimati (creditori, pubblico ministero, organi e autorità amministrative con funzioni di controllo e vigilanza, cfr. art. 37, comma 2), come segnala la Relazione illustrativa al Codice (p. 24). Osserva condivisibilmente PACCHI, in PACCHI, AMBROSINI, *Diritto della*, 119, che «tale interesse non è in fondo molto diverso dallo stesso interesse che spinge il debitore a domandare – in proprio – l'apertura della propria liquidazione giudiziale». Per BETTAZZI, *Cessazione dell'attività*, 1274, sarebbe invece necessario «che l'erede sia anche creditore dell'imprenditore defunto».

[4] Preclusione giustificata da autorevole dottrina con ciò che, determinando (il fallimento sotto l'art. 10 l. fall., ora) l'apertura della liquidazione giudiziale del *de cuius* – secondo prevalente lettura di cui si dirà *infra*, § 17 – l'automatica separazione del patrimonio relitto da quello dell'erede, ad esclusivo vantaggio dei creditori ereditari, si è ritenuto di non concedere all'erede di provocare, pur dopo aver determinato la confusione dei patrimoni con l'accettazione pura e semplice, la separazione successiva dell'asse ereditario dal suo patrimonio personale: cfr. SALANITRO, *Il fallimento*, 41.

[5] Cfr. LAMANNA, *Artt. 10 e 11*, 279 s.

[6] Secondo FERRI JR., *Il fallimento*, 463 ss., la legittimazione dell'erede a richiedere il fallimento del defunto sussisterebbe solo in quanto lo stesso erede sia anch'egli un creditore ereditario, e ciò allora solo a condizione «che l'erede abbia accettato l'eredità con beneficio di inventario», conservando così «verso l'eredità tutti i diritti e gli obblighi che aveva verso il defunto» (*ivi*, 467), *ex* art. 490 c.c. Invece, «ove l'eredità sia stata accettata senza beneficio di inventario, o l'erede è a sua volta imprenditore, ed allora ben potrà chiedere, in quanto *debitore*, il *proprio* fallimento, ma non anche quello del defunto, per la ragione, decisiva, che quest'ultimo non può essere dichiarato; o non lo è, ed allora il defunto potrà essere dichiarato fallito, ma soltanto su iniziativa dei suoi creditori, e, se del caso, del pubblico ministero, non anche dall'erede, in quanto da un lato soggetto diverso dal debitore e, dall'altro, e per definizione, attualmente privo, in forza della avvenuta confusione dei patrimoni, di qualsiasi ragione di credito nei suoi confronti» (*ibidem*). Di guisa che funzione del secondo comma dell'art. 11 in discorso sarebbe quella di «ribadire che, in caso di confusione dei patrimoni, l'erede non può chiedere il fallimento del defunto, in quanto appunto per definizione attualmente privo della qualità di creditore» (*loc. cit.*).

[7] Ciò a differenza di quanto prevedeva l'art. 11 l. fall. (testo *post* d.lgs. n. 169 del 2007), che espressamente esentava l'erede anche dagli obblighi di deposito di cui all'art. «*16, secondo comma, n. 3*» (*rectius*, 16, comma 1, n. 3, l. fall.).

così la massima ricorrente, «nessuno degli accertamenti rimessi al tribunale incide in modo immediato e diretto sulla posizione dell'erede ovvero gli reca un pregiudizio eliminabile soltanto attraverso la partecipazione del medesimo all'istruttoria» [8].

Ciò, almeno, tranne l'ipotesi che anche l'erede sia autonomamente assoggettabile a liquidazione giudiziale, in quanto già imprenditore commerciale oppure tale divenuto in seguito alla "prosecuzione" (*rectius*, all'avvio di un'attività oggettivamente coincidente con quella) dell'impresa del *de cuius*, e – deve aggiungersi – abbia accettato puramente e semplicemente l'eredità, di modo che l'insolvenza del defunto si compenetri, in virtù della successione nel debito e considerata la capacità di adempimento dell'erede, con l'insolvenza anche personale di quest'ultimo [9-10].

3. – Il quarto comma, infine, si incarica di affrontare il necessario coordinamento fra disciplina concorsuale e diritto successorio, disponendo (con previsione invariata rispetto all'art. 11, comma 3, l. fall.) la cessazione di diritto, con l'apertura della procedura di liquidazione del defunto, degli effetti della separazione dei beni ottenuta dai suoi creditori ai sensi degli artt. 512 ss. c.c.

In tale previsione l'interpretazione formatasi sotto la legge fallimentare vede peraltro, quale presupposto giustificativo e al contempo precetto implicito della disposizione, la base normativa onde far discendere dall'apertura della procedura concorsuale nei confronti del *de cuius* l'effetto automatico di separazione del patrimonio del defunto medesimo da quello dell'erede; e ciò però ad esclusivo vantaggio dei creditori del defunto, non dell'erede né dei suoi creditori [11]. L'inefficacia della separazione ottenuta dai creditori del defunto (*ex* art. 512 c.c.), in altri termini, avrebbe luogo e sarebbe prevista proprio in quanto assorbita dalla più ampia separazione patrimoniale determinata di diritto dalla liquidazione giudiziale, per «l'incompatibilità del privilegio del creditore separatista con le esigenze di una tutela paritaria della condizione di tutti gli altri creditori del defunto» [12].

Ciò peraltro ferma restando la netta distinzione di natura e di disciplina della separazione concorsuale da quella ordinaria/civilistica richiesta dai creditori: della prima, che si produce automaticamente, profittano tutti e solo i creditori ereditari, i quali potranno soddisfarsi sia sul patrimonio del defunto, con preferenza sui creditori dell'erede (ai quali non resterà che unicamente aggredire l'eventuale avanzo attivo che, estinti i debiti ereditari, residui all'erede), sia sul patrimonio dell'erede [13]; della seconda, che ha luogo su espres-

---

[8] Cfr. Cass., 25 maggio 1993, n. 5869; Cass., 9 marzo 2000, n. 2674; Cass., 7 febbraio 2006, n. 2594. In senso critico rispetto a tale soluzione cfr. LAMANNA, *Artt. 10 e 11*, 283 ss.

[9] Cfr. Cass., 25 maggio 1993, n. 5869; LAMANNA, *Artt. 10 e 11*, 283.

[10] Per l'esame di altri profili dell'applicazione al fallimento del defunto delle norme relative al fallimento dell'imprenditore in vita, cfr. SALANITRO, *Il fallimento*, 124 ss.

[11] Cfr., benché non tutti desumendo l'effetto separativo dal testo dell'art. 11, LAMANNA, *Artt. 10 e 11*, 285; NIGRO, *Artt. 10-11*, 64; MAFFEI ALBERTI, *Procedure concorsuali*, 457; CAMPOBASSO, *Diritto commerciale*, 362; SALANITRO, *Il fallimento*, 33 ss.; RAGUSA MAGGIORE, *La morte*, 40 ss.; DE FERRA, *Manuale di diritto*, 29 e 31; sulla «nascita di due masse distinte», con riferimento all'art. 34 in commento, cfr. NIGRO, VATTERMOLI, *Diritto della crisi*, 125, e in termini analoghi D'ATTORRE, *Manuale di diritto*, 54.

[12] Cfr. SALANITRO, *Il fallimento*, 44.

[13] Cfr. LAMANNA, *Artt. 10 e 11*, 286.

sa richiesta dei creditori del defunto e dei legatari *ex* art. 512 ss. c.c., profittano i soli creditori e legatari che l'abbiano espressamente esercitata (separatisti).

Si tratta d'altra parte di precisare il valore giuridico degli atti eventualmente compiuti, incidendo sul patrimonio ereditario, fra l'apertura della successione e quella della liquidazione giudiziale nei confronti del defunto, ai sensi dell'articolo in commento.

Per un verso, al riguardo, è applicabile a tali atti, ricorrendone i presupposti, la disciplina degli effetti della liquidazione giudiziale sugli atti pregiudizievoli ai creditori, di cui agli artt. 163 ss. (già agli artt. 64 ss. l. fall.), così come dell'azione revocatoria ordinaria [14].

Ove sia stata già attuata la divisione ereditaria fra coeredi, per altro verso, secondo un'opinione la stessa perderebbe *ipso iure* efficacia [15]; secondo altri, permarrebbe efficace purché ciascun coerede paghi i debiti riferibili alla sua quota [16]; salvo come sopra l'eventuale revocatoria, concorsuale o ordinaria, della disposta divisione ove ne ricorrano i presupposti di legge [17].

4. – Nel caso di concorso dei presupposti per l'applicazione degli artt. 33 e 34 – cioè di cancellazione dell'imprenditore dal registro delle imprese per cessazione dell'attività e successiva morte; non anche l'inverso, atteso che la morte coincide con la cessazione dell'impresa, non può precederla, occorrendo semmai dare successiva pubblicità mediante iscrizione del duplice simultaneo evento [18] – il termine annuale si computerà ovviamente dall'evento verificatosi per primo [19].

Problematica è l'ipotesi di concorso della liquidazione giudiziale nei confronti del defunto con quella eventualmente aperta a carico dell'erede che abbia accettato senza beneficio di inventario e che sia a sua volta imprenditore commerciale (sia stata o no la seconda procedura dichiarata per l'insolvenza prodottasi in capo all'erede in conseguenza del subentro nelle passività ereditarie, o per insolvenza relativa alle obbligazioni proprie dell'erede). Ammesso che tale concorso sia configurabile, com'è opinione prevalente [20], anziché doversi limitare la liquidazione giudiziale al solo erede insolvente, ove questi sia imprenditore commerciale ed abbia accettato l'eredità puramente e semplicemente [21], è risalente ed

[14] Cfr. SALANITRO, *Il fallimento*, 135 ss., 140 ss.

[15] Cfr. FERRARA JR., BORGIOLI, *Il fallimento*, 138.

[16] Cfr. SALANITRO, *Il fallimento*, 143 ss.

[17] Cfr. LAMANNA, *Artt. 10 e 11*, 287.

[18] La cosiddetta *riattivazione* dell'impresa da parte dell'erede altro non è, invero, in termini giuridici, se non inizio di nuova attività, non potendosi com'è noto dare successione né continuazione nell'attività a fronte mutamento del soggetto cui la stessa è imputabile: cfr. sul punto le nitide precisazioni di OPPO, *L'impresa*, 112.

[19] Cfr. PISCITELLO, *Ambito di applicazione delle discipline delle crisi*, 123; FERRI JR., *Il fallimento*, 449 nt. 4; e v. pure già SALANITRO, *Artt. 10-12*, 308, 336 s.; SAVI, *Il fallimento*, 118 testo e nt. 2.

[20] Cfr. LAMANNA, *Artt. 10 e 11*, 288; SALANITRO, *Il fallimento*, 50 ss., 58, ma «solo se l'insolvenza precede la morte»; DI SABATO, *Il fallimento*, 376 ss., 386; CENSONI, *I presupposti*, 389; SAVI, *Il fallimento*, 302 ss. (per il caso di accettazione beneficiata), 326 ss.; SATTA, *Diritto fallimentare*, 33.

[21] È questa la ricostruzione proposta da BUONOCORE, *Fallimento e impresa*, 303 ss.; DE SEMO, *Diritto fallimentare*, 78 s. Cfr. anche FERRI JR., *Il fallimento*, 455 ss., per il quale solo nel caso di accettazione beneficiata, da parte dell'erede che sia a sua volta imprenditore, sarebbe ipotizzabile un fallimento contestuale del defunto e dell'erede (456, nt. 16), ponendosi altrimenti come alternativa la possibilità per «i creditori (originariamente) del defunto» di chiedere il fallimento del *de cuius* (ove l'erede non sia imprenditore) o invece (ipotesi

autorevole opinione, nel silenzio della disciplina, che i rapporti tra le due procedure debbano essere regolati da un criterio di sussidiarietà [22]: nel senso che l'ammissione del creditore ereditario al passivo della liquidazione giudiziale aperta a carico dell'erede non possa che aver luogo con riserva e sotto condizione, subordinatamente cioè all'incapienza dell'attivo della liquidazione giudiziale disposta nei confronti del defunto, che al soddisfacimento dei soli creditori ereditari appunto, in virtù del richiamato effetto di separazione di diritto, è riservato (salvo residuo attivo che confluirà allora, nel caso di concorso in esame, nella massa attiva della procedura aperta a carico dell'erede) [23].

---

dell'erede imprenditore senza accettazione beneficiata) «*unicamente* dell'erede loro attuale debitore [...] sempre che, è chiaro, costui versi *attualmente* in stato di insolvenza» (457 s.).

[22] Cfr. SALANITRO, *Il fallimento*, 40, 47, 63 ss., sulla base del richiamo all'art. 2911 c.c. (nel senso che «non appare ammissibile che si proceda all'espropriazione dei beni dell'erede fino a quando non si è conclusa la ripartizione dei beni dell'asse ereditario sul quale – attraverso la separazione conseguente alla dichiarazione di fallimento – i creditori del defunto hanno acquistato una situazione di privilegio, escludendo dal concorso i creditori dell'erede», cfr. *ivi*, 40) e della ritenuta applicazione generale del criterio di solidarietà ai rapporti, nei confronti dei creditori ereditari, fra patrimonio del defunto e dell'erede, *ivi* 47 ss.; ciò su cui l'A. (*ivi*, 68) fonda il richiamo in materia all'art. 55, ultimo comma, l. fall., concludendo che nel fallimento dell'erede i creditori del defunto debbano essere ammessi con riserva, quali crediti condizionali, che non possono farsi valere contro il fallito se non previa escussione di un obbligato principale (qui, il fallimento del defunto). Nello stesso senso, CENSONI, *I presupposti*, 39.

[23] Cfr. SALANITRO, *Il fallimento*.

Articolo 35
Morte del debitore

1. Se il debitore muore dopo l'apertura della procedura di liquidazione controllata o giudiziale, questa prosegue nei confronti degli eredi, anche se hanno accettato con beneficio d'inventario.

2. Se ci sono più eredi, la procedura prosegue nei confronti di quello che è designato come rappresentante. In mancanza di accordo sulla designazione, entro quindici giorni dalla morte del debitore vi provvede il giudice delegato.

Michele Perrino

Con riferimento all'ipotesi di morte del debitore dopo l'apertura della procedura di liquidazione giudiziale, l'art. 35 riproduce pressoché integralmente i primi due commi dell'art. 12 l. fall., estendendone l'applicazione anche alla procedura di liquidazione controllata del sovraindebitato, di cui agli artt. 268 ss.

Come in passato, è così prevista la prosecuzione automatica della procedura nei confronti degli eredi del debitore, che sia defunto dopo che era stato già sottoposto a liquidazione giudiziale o a liquidazione controllata, anche nel caso in cui gli eredi abbiano accettato con beneficio di inventario; e ciò al fine di realizzare l'interesse alla definizione della stessa procedura già avviata, senza soluzioni di continuità in dipendenza della morte avvenuta in pendenza della liquidazione.

Si tratta, come già osservato rispetto alla consonante disciplina previgente, di un'opzione non logicamente necessitata dalla sola salvaguardia di tale interesse, che avrebbe potuto realizzarsi parimenti, sul modello di quanto previsto per la liquidazione del debitore defunto dall'art. 34, in virtù di una prosecuzione nei confronti del medesimo *de cuius*, cioè sul patrimonio già a lui riferibile e a tal fine *ope legis* separato da quello degli eredi, anziché nei diretti confronti di questi ultimi. Il coinvolgimento degli eredi, in tal senso, appare semmai una scelta legislativa funzionale a garantire loro il diritto al contraddittorio e alla difesa, in termini analoghi a quanto già spettante al loro dante causa.

D'altra parte, la prosecuzione nei confronti dell'erede pone quest'ultimo nella posizione di mero referente della procedura, per l'esercizio di poteri e l'assolvimento di obblighi imposti al debitore in seno alla procedura [1], non in quella di debitore soggetto alla liquidazione giudiziale o controllata.

[1] Così NIGRO, VATTERMOLI, *Diritto della crisi*, 125.

Né in virtù dell'anzidetta prosecuzione ha luogo alcuna confusione di patrimoni: il patrimonio del defunto resta separato da quello dell'erede, e prioritariamente asservito alle pretese dei creditori concorrenti nella liquidazione già disposta a carico del debitore defunto. E ciò sia a tutela dei creditori del defunto, i quali finché non soddisfatti vedranno così posto al riparo l'attivo concorsuale dalle aggressioni dei creditori degli eredi, i quali non potranno partecipare al concorso; sia a salvaguardia degli stessi eredi, che per un verso risulteranno così sollevati, anche qualora accettanti con beneficio di inventario, dagli oneri di liquidazione delle attività ereditarie e di pagamento dei creditori e legatari secondo le regole di cui agli artt. 495 e 499 ss. c.c., e per altro verso, solo in caso di accettazione pura e semplice dell'eredità, potranno essere richiesti del pagamento con i mezzi ordinari da parte dei creditori del defunto, per le eventuali pretese rimaste insoddisfatte in sede concorsuale.

In caso di pluralità di eredi, il comma 2 prevede che «*la procedura prosegue nei confronti di quello che è designato come rappresentante*» [2].

La designazione sembra possa aver luogo, in via ordinaria, con decisione a maggioranza da parte dei coeredi, ai sensi degli artt. 1105 e 1106 c.c., applicabili *ex* art. 1100 c.c. anche alla comunione ereditaria [3].

In difetto di tale volontaria designazione, per «*mancanza di accordo*» come sopra, lo stesso comma in esame dispone che alla nomina provvede «*entro quindici giorni dalla morte del debitore*» il giudice delegato: è da ritenere, quindi, d'ufficio, senza cioè necessità di una istanza del curatore o di altri interessati, in ossequio all'istanza cardine – che appare perseguita dalla disciplina in commento – della prosecuzione senza soluzione di continuità della procedura concorsuale, malgrado la morte *medio tempore* del debitore [4].

---

[2] Il dato testuale («*se ci sono più eredi, la procedura prosegue nei confronti di quello che*») sembra escludere che quale rappresentante comune possa essere designato soggetto diverso da uno degli eredi: cfr. in tal senso Trib. Roma, 3 maggio 1996, in *Onelegale*.

[3] Nel senso invece della necessaria unanimità cfr. SALANITRO, *Artt. 10-12*, 387; Trib. Roma, 3 maggio 1996, cit.

[4] Circa le conseguenze dell'eventuale mancata designazione del rappresentante comune nel caso in discorso, osserva Cass., 22 luglio 2011, n. 16115, che la circostanza sarebbe senza rilievo, purché risulti che gli eredi del debitore defunto siano stati sempre informati sullo stato della procedura e abbiano potuto parteciparvi attivamente, ritenendo che la finalità perseguita dalla disciplina in commento (all'epoca contenuta all'art. 12, comma 2, l. fall.) sia quella di «garantire che la procedura fallimentare si svolga nei confronti di tutti gli eredi del fallito e non solo di alcuni di loro e che sia comunque assicurata la partecipazione a tale procedura di tutti gli eredi».

Articolo 36

Eredità giacente e istituzione di erede sotto condizione sospensiva

1. Nel caso previsto dall'articolo 528 del codice civile, la procedura prosegue nei confronti del curatore dell'eredità giacente e nel caso previsto dall'articolo 641 del codice civile nei confronti dell'amministratore nominato a norma dell'articolo 642 dello stesso codice.

Michele Perrino

L'art. 36 riproduce esattamente il dettato del comma 3 del previgente art. 12 l. fall., estendendo la regola della prosecuzione della procedura, disposta dall'art. 35 nei confronti degli eredi del debitore che sia defunto durante lo svolgimento della procedura, anche nei confronti del curatore dell'eredità giacente, nominato *ex* art. 528 c.c. nei casi di mancata accettazione da parte del chiamato non nel possesso di beni ereditari (oltre che di incertezza circa l'esistenza effettiva di chiamati alla successione), e dell'amministratore dell'eredità, nominato in base all'art. 641 c.c. in pendenza di condizione apposta all'istituzione di erede o in ipotesi di mancata prestazione di garanzia, ai sensi degli artt. 639 e 640 c.c., da parte dell'erede o del legatario.

Anche qui, per «*procedura*» dovrà intendersi la liquidazione sia controllata che giudiziale, stante la prossimità rispetto al precedente art. 35 che così prevede [1]; e, come nell'ipotesi di prosecuzione prevista da quest'ultimo articolo nei confronti degli eredi, pure nell'ipotesi in esame la norma appare giustificata dall'interesse di individuare un referente, per l'esercizio dei poteri e l'assolvimento degli obblighi nascenti dalla procedura già aperta a carico del debitore poi defunto [2].

[1] Il dubbio non aveva ragione di porsi rispetto all'art. 10 l. fall., quando il disposto in esame era collocato, come terzo comma, nello stesso art. 12 l. fall. contenente la disciplina della morte del fallito in pendenza della procedura.

[2] Cfr. in tal senso Pacchi, *Strumenti di regolazione*, 121.

Articolo 37

Iniziativa per l'accesso agli strumenti di regolazione della crisi e dell'insolvenza e alla liquidazione giudiziale

1. La domanda di accesso agli strumenti di regolazione della crisi e dell'insolvenza è proposta con ricorso del debitore.

2. La domanda di apertura della liquidazione giudiziale è proposta con ricorso del debitore, degli organi e delle autorità amministrative che hanno funzioni di controllo e di vigilanza sull'impresa, di uno o più creditori o del pubblico ministero.

Giuseppe Fauceglia

Sommario: 1. L'accesso agli strumenti di regolazione della crisi o dell'insolvenza e la domanda di apertura della liquidazione giudiziale. – 2. La legittimazione delle autorità amministrative che hanno funzioni di controllo e di vigilanza sull'impresa. – 3. La "vigilanza" e il "controllo". Il modello della c.d. legittimazione plurale. – 4. L'iniziativa dei creditori.

1. – La norma disciplina l'accesso agli strumenti di regolazione della crisi o dell'insolvenza, e conferma un principio già consolidato e di antica tradizione, secondo il quale in tal caso la domanda di accesso è proposta dal debitore; mentre la domanda di apertura della liquidazione giudiziale è proposta con ricorso del debitore, degli organi e delle autorità amministrative che hanno funzione di controllo e di vigilanza sull'impresa, di uno o più creditori o del pubblico ministero.

Si tratta, dunque, di una disposizione che, nel contesto della c.d. disciplina unitaria delle procedure della crisi e dell'insolvenza, esprime una vera e propria "sintesi" di altre norme che nel Codice specificamente individuano la legittimazione attiva, variamente esplicitata in altre espressioni, quali "*proposta rivolta ai creditori*" nell'accordo di ristrutturazione (laddove l'accordo contrattuale precede la domanda di omologa) o "domanda di concordato" (dove l'accesso alla procedura precede l'accordo dei creditori reso secondo la regola maggioritaria, sia pure assunta nella diversa conformazione che la stessa ha nel Codice). In questa prospettiva, si riafferma che la domanda di accesso ad una degli strumenti di composizione o "regolatrici" della crisi e dell'insolvenza resta nell'esclusiva disponibilità del debitore, cui – nell'impianto generale del Codice – è affidato il vero e proprio obbligo di tempestiva rilevazione dello "stato" e l'assunzione delle relative iniziative (artt. 3 e 375, comma 2), e ciò è ancor più confermato per quanto riguarda l'accesso alla composizione negoziale della crisi, che si presenta come un procedimento affidato allo sviluppo dell'autonomia negoziale (sia pure con determinanti interventi del Giudice). Nessuna novità può, pertanto, riscontrarsi rispetto all'impianto che già si rinveniva nella legge fallimentare, con particolare riferimento all'art. 161, che espressamente richiedeva la domanda del debitore per l'ammissione al concordato preventivo, nonché all'art. 182-*bis*, alla cui stregua l'imprenditore in stato di crisi poteva domandare l'omologazione di un accordo di ristrutturazione dei debiti. In questa fase preliminare di accesso agli strumenti di regolazione della crisi e dell'insolvenza, l'iniziativa resta esclusivamente affidata al debitore (in coerenza con il "principio proprietario" e di imputazione delle iniziative "imprenditoriali", tale restando l'opzione di accedervi o meno, nonché di scegliere lo strumento ritenuto più adatto), prevedendosi l'intervento di altri soggetti (creditori e pubblico ministero) solo nel caso di mancato conseguimento degli effetti sottesi agli strumenti in oggetto (invero, configurabile come opposizione o come richiesta di risoluzione e/o di annullamento) ovvero in sede di adesione o di votazione, questa espressione della libera determinazione degli stessi creditori (a parte ogni considerazione sulle proposte concorrenti).

Diversa resta, invece, la conformazione dell'iniziativa e l'attribuzione della relativa legittimazione nel caso dell'implodere dell'insolvenza, laddove gli interessi coinvolti non sono più quelli esclusivamente assegnati ad una "scelta" dell'imprenditore, ma configurano profili "altri", ovvero di regolazione del mercato e di tutela dell'economia in generale, per i quali si conferma la legittimazione dei creditori e quella, concorrente – ma diversa, perché non attribuibile al solo interesse "privatistico" dei soggetti direttamente coinvolti nell'insolvenza – del pubblico ministero (già regolata dall'art. 6 l. fall.). Inoltre, si prevede la legittimazione delle autorità amministrative, che hanno funzioni di vigilanza e di controllo sull'impresa, le quali possono richiedere l'apertura della procedura di liquidazione giudiziale. Se è vero che nel Codice si rinviene in più occasioni l'espressione "qualunque interessato", resta altrettanto vero che per quanto riguarda l'iniziativa per la dichiarazione di liquidazione giudiziale la perimetrazione dei soggetti si presenta ben determinata [1].

2. – La disposizione sembra idonea a chiarire i rapporti tra la liquidazione coatta amministrativa (con esclusione delle imprese assoggettabili, per legge, a questa sola procedura concorsuale [2]) e la liquidazione giudiziale, ed è appena il caso di rilevare che la legittimazione attribuita ai fini dell'apertura di quest'ultima si configura come ipotesi diversa da quella relativa all'accertamento dello stato di insolvenza, sia esso anteriore che successivo al decreto di messa in liquidazione coatta dell'impresa (artt. 297 e 298), e ciò nel contesto del principio di preclusione previsto dall'art. 295, comma 1, in linea con quanto già disposto dall'art. 2, commi 2 e 3, l. fall. Può evocarsi, invece, la eventuale concorrenza tra le due procedure innanzi indicate, disciplinata secondo la regola della c.d. prevenzione, di cui resta un esempio l'art. 2545-*terdecies* c.c. in tema di società cooperative (già art. 196 l.

[1] Sul tema e su una certa contraddittorietà della opzione normativa, anche nella critica di una visione marcatamente privatistica della gestione dell'insolvenza: FABIANI, *Sistema, principi e regole*, 111.

[2] Sul tema, senza la pretesa di essere esaurienti, si rinvia a: BONFATTI, FALCONE, *Artt. 2 e 3*, 36 ss.

fall., ora art. 295)[3]. In tal caso, resta affidata non solo ai creditori, ma pure all'autorità amministrativa l'opzione di accedere alla procedura di liquidazione giudiziale (in sostanza, tale scelta è sostanzialmente rimessa alla discrezionalità della pubblica amministrazione che ha la vigilanza sull'impresa), precisandosi solo che la relativa domanda può fondarsi solo in ragione dello "stato" di insolvenza e non in relazione ad altri motivi connessi alla *governance* o alla defunzionalizzazione organizzativa dell'impresa, che restano, invece, specifici ed ulteriori presupposti del provvedimento amministrativo di massimo rigore (ovvero della liquidazione coatta). In questa prospettiva, resta confermato che la liquidazione coatta amministrativa rappresenta una tipica manifestazione del potere di controllo e di vigilanza della pubblica amministrazione sull'attività esercitata da determinate imprese o categorie di imprenditori, che sono ritenute, per le più diverse ragioni, di rilievo pubblicistico.

3. – L'espressione onnicomprensiva utilizzata dalla norma in commento resta idonea a configurare la legittimazione alla domanda di apertura della procedura di quelle autorità amministrative che svolgono funzioni di vigilanza e di controllo sull'impresa, in tal senso il termine ("*vigilanza*") richiama l'attività tipicamente amministrativa che si esplica in relazione ad imprese il cui oggetto sociale o il cui ambito di intervento operativo è delineato da norme di legge, le quali implicano l'assoggettamento a forme di vigilanza esercitate da pubbliche amministrazioni (ancora una volta, l'esempio tradizionale è quello delle società cooperative). Il secondo termine ("*controllo*") è caratterizzato da uno spettro applicativo più ampio[4]. In questa prospettiva, fermo restando il principio di cui all'art. 14, comma 1, d.lgs. n. 175 del 2016 ("Le società a partecipazione pubblica sono soggette alle disposizioni sul fallimento e sul concordato preventivo (...)"), la legittimazione attiva è attribuibile all'autorità amministrativa in relazione a società titolari di affidamenti diretti (art. 16, comma 1, d.lgs. n. 175 del 2016) ovvero alle società *in house*[5]: l'utilizzo del termine, in sostanza, sia pure nelle variegate fattispecie riscontrabili nei settori cc.dd. speciali, parrebbe riferirsi sia al controllo tipicamente societario sia a quello ad esso equiparato, quanto agli effetti, ovvero al c.d. controllo analogo, ancor più valorizzato se si pone mente alla circostanza che l'art. 16, comma 2, d.lgs. n. 175 del 2016, consente, proprio ai fini della realizzazione di detto controllo, di derogare alla disciplina societaria in tema di competenze gestorie.

Resta, in tal modo evidente, la scelta del legislatore di valorizzare un modello di legittimazione "plurale" che tiene conto dei diversi interessi sottesi alla crisi dell'impresa, non più limitati alla sola sfera della posizione dei creditori (parte privata) e del pubblico ministero (tradizionalmente definito come parte pubblica), estendendola anche alla pubblica amministrazione che ha la vigilanza e il controllo sull'impresa, in tal modo ampliando la rilevan-

[3] CASTIELLO D'ANTONIO, *La nuova disciplina*, 1443 ss.; APRILE, *Riflessioni concorsuali*, 837 ss.; COSTA, *Artt. 2 e 3*, 73-78.

[4] L'art. 2, lett. *f)*, definisce le "società pubbliche", come «*le società a controllo pubblico, le società a partecipazione pubblica e le società in house di cui all'art. 2, lettere m), n), o), del decreto legislativo 19 agosto 2016, n. 175*».

[5] Senza la pretesa di essere esaurienti, si è ritenuto non vi sia alcuna possibilità di sostenere la non fallibilità delle società *in house* argomentando da una loro ipotizzata natura pubblica: IBBA, *Crisi dell'impresa*, 64; IBBA, DEMURO, *Il fallimento*, 367 ss.

za dell'interesse pubblico (connesso alla stessa missione dell'impresa) cui viene assegnato un potere processuale autonomo, improntato alla responsabilizzazione della stessa pubblica amministrazione (profilo diverso, che non può essere trattato in questa sede, resta quello della "responsabilità" dell'autorità amministrativa che non ritenga di accedere alla procedura, con ciò contribuendo ad aumentare il rischio dell'insolvenza). Si afferma, in tal modo, una legittimazione "plurale"[6], che ora tiene conto della varietà degli interessi coinvolti nel procedimento e della successiva procedura concorsuale: interessi che restano privati – in quanto riferibili all'impossibilità per il ceto creditorio di ottenere la soddisfazione delle proprie pretese in una sede differente da quella concorsuale e per il debitore configurabili nell'esigenza di affidare agli organi del concorso la "ragionata" soluzione di quelle pretese – nonché pubblici – e come tali affidati alla cura ed alla gestione della Pubblico Ministero, al quale, nel contesto del Codice, viene attribuita anche la funzione di prevenzione dell'implodere dell'insolvenza e delle conseguenze di questa sul mercato – in uno ad altro interesse "pubblico" affidato alle scelte della pubblica amministrazione, la cui conformazione può riscontrarsi in ragione della stessa attività dell'impresa che, per l'oggetto sociale o per il perseguimento di interessi "generali" o diversi da quelli strettamente privatistici, viene sottoposta al suo controllo o alla sua vigilanza.

Di particolare rilievo resta pure il riferimento della norma agli "organi" societari, si tratta di una disposizione che attribuisce l'iniziativa per l'apertura della liquidazione giudiziale anche agli organi di controllo, ovvero al collegio sindacale o al sindaco unico, seguendo la simmetria dispositiva che si rinviene, sia pure in differente contesto, in altre norme (come, ad esempio, l'art. 2409 c.c.), con ciò avvicinando, secondo una certa interpretazione, la stessa iniziativa alla "segnalazione"[7].

Nel quadro appena delineato non si rinvengono sostanziali mutamenti rispetto alla previgente disciplina concorsuale, se non nel contesto di una "ri-sistemazione" dell'esistente, nell'ottica che caratterizza, in questa materia, le scelte del Codice, sì da consentire – sia pure sinteticamente – di ricordare le opzioni interpretative maturate nel contesto della legge fallimentare. La disposizione in commento conferma quanto già rinveniente nella legge fallimentare riformata che aveva circoscritto l'iniziativa ai soli creditori e al pubblico ministero, espungendo dall'ordinamento qualsiasi profilo di iniziativa officiosa[8]. L'art. 6 l. fall., nella formulazione voluta dal legislatore del 2006, aveva sancito la scomparsa dell'iniziativa officiosa, e tanto nel contesto di un modello processuale volto a rimarcare la c.d. dimensione "privatistica" della gestione dell'insolvenza dell'impresa, con la conseguenza di condurre l'intera procedura prefallimentare, ed il suo possibile esito, in una prospettiva in

[6] Il termine è utilizzato da De Santis, *La dichiarazione*, 200.

[7] Secondo Fabiani, *Artt. 6 e 7*, 115, ciò fa perdere, per quanto riguarda la posizione dei sindaci, alla segnalazione il valore tipico della domanda giudiziale, profilo, però, che parrebbe escluso dalla stessa formulazione dell'art. 37, comma 2, che fa riferimento alla "domanda di apertura della liquidazione giudiziale".

[8] Si trattava di una scelta che già prima della stagione delle riforme veniva condotta ad una coerenza costituzionale, che aveva comportato l'affermazione di un modello plurale che tiene conto dei diversi interessi e che è divenuto di parti, posto che la facoltà del tribunale di dichiarare il fallimento anche d'ufficio era stata, a più riprese, denunciata di sospetta incostituzionalità, per il *vulnus* creato al principio di terzietà del giudice: Bassi, *Il fallimento*, 631 ss.; Donzi, *L'iniziativa*, 108: sul tema D'Arrigo, *L'iniziativa*, 437 ss.

cui risultavano valorizzate le scelte individuali dei creditori [9]. L'impianto della norma in commento conferma che il processo per la liquidazione giudiziale resta un procedimento ad iniziativa di parte, e detta iniziativa costituisce ancora una condizione di procedibilità della c.d. istruttoria prefallimentare, solo che l'ampliamento del potere di iniziativa del pubblico ministero, da una parte, e l'ingresso di nuovi soggetti (la pubblica amministrazione che esercita sull'impresa il controllo e la vigilanza) amplia la gamma dei legittimati, ciò finendo per incidere su quel profilo valorizzato dalle riforme precedenti in ordine alla gestione dell'insolvenza sostanzialmente affidata ai creditori [10]. Si afferma, in tal modo, una concezione ideologica dell'accesso alla procedura concorsuale, in parte sostanzialmente diversa da quella che emergeva dall'impianto della legge fallimentare riformata, che finisce per interessare non solo il ruolo del Pubblico Ministero, ma pure le autorità amministrative che hanno il controllo sullo svolgimento dell'attività imprenditoriale, in cui le dinamiche connesse all'insolvenza non sono più esclusivamente o principalmente valutabili nella dialettica creditori-debitori, ma sono rapportabili alla defunzionalizzazione (patrimoniale e finanziaria) dell'impresa rispetto alla stessa missione che la caratterizza.

4. – Immutati restano i presupposti per il creditore che, assumendo di essere titolare di una ragione di credito nei confronti del debitore-imprenditore, richiede l'apertura della procedura concorsuale, così come emersi in giurisprudenza, precisandosi solo che l'accertamento svolto dal giudice non conserva alcun riflesso interno sullo sviluppo successivo del processo, non facendo stato in nessun modo sul successivo accertamento del passivo [11]. Sul tema, per quanto i risultati interpretativi restino sostanzialmente immutati, può ancora registrarsi, nella più recente giurisprudenza, una certa diversità di opinioni tra la tendenza secondo cui l'esame della esistenza o inesistenza del credito vantato dal ricorrente resta estraneo all'accertamento dello stato di insolvenza, con la conseguenza che detta valutazione è determinante ai soli fini della legittimazione per la presentazione del ricorso [12]; e l'altra, secondo cui la sussistenza del credito vantato dal creditore ricorrente rileva sia in ordine alla sua legittimazione sia in relazione all'accertamento dello stato di insolvenza, spettando pur sempre al giudice investito del ricorso di effettuare un accertamento incidentale della pretesa [13]. Invero, deve ritenersi che a fronte della contestazione dell'esistenza del credito sulla base del quale il creditore intende dare impulso alla dichiarazione di insolvenza, qualora lo stesso non sia stato già giudizialmente accertato (sia pure in un provvedimento non definitivo), il tribunale, per valutare la legittimazione attiva dell'istante, dovrà pur sempre dar luogo ad una delibazione sommaria ed incidentale della qualità di

[9] FABIANI, *Artt. 6 e 7*, 106.

[10] Invero, si è ritenuto che il mantenimento di un, pure circoscritto, potere di iniziativa in capo al pubblico ministero consentirebbe di affermare che, anche dopo la riforma del 2006, la dichiarazione di insolvenza interessa l'ordinamento, perché l'impresa insolvente fa parte dell'organizzazione sociale e deve essere eliminata dal mercato: MACAGNO, *La Suprema Corte*, 193.

[11] Cass., 3 novembre 2005, n. 21327, in *Rep. Foro it.*, 2005, voce *Fallimento*, n. 287; Cass., 2 ottobre 2020, n. 21144, *ivi*, 2020, voce *Fallimento*, n. 167.

[12] App. Napoli, 25 giugno 2014, in *ilcaso.it*.

[13] Cass., 22 maggio 2014, n. 10473, in *ilcaso.it*.

creditore del ricorrente [14], delibazione che deve tenersi distinta (e in qualche modo preliminare) da quella diversa connessa all'esistenza dello stato di insolvenza [15]. Il profilo resta quello connesso al perimetro della valutazione incidentale che può essere svolta dal giudice chiamato a decidere sul ricorso, la quale necessariamente dovrà riguardare l'esistenza del credito dell'istante, posto che il credito costituisce un requisito necessario di legittimazione e come tale, se contestato, può introdurre una questione pregiudiziale (da intendere come pregiudizialità logica), priva della possibilità di convertirsi in oggetto della decisione in ordine alla stessa pretesa creditoria. In merito, si ricorda il tradizionale orientamento della giurisprudenza, che richiede al giudice chiamato a decidere sull'istanza di fallimento di accertare in via incidentale la fondatezza di quel credito per il tramite dei relativi documenti portati a suo supporto, non presupponendosi né un definitivo accertamento dello stesso in sede giudiziaria né potendo esclusivamente rilevare l'esecutività del titolo [16]. In questa prospettiva, ad esempio nel contesto della previgente disciplina della legge fallimentare, è stato ritenuto che il diritto del promissario venditore alla stipula del contratto definitivo integri la fattispecie del diritto di credito che legittimi il titolare a richiedere il fallimento del promissario acquirente, e ciò anche ai fini dell'art. 59 l. fall. il quale prevede il concorso di crediti aventi ad oggetto una prestazione diversa dal danaro [17]; così come si ritiene che il credito potrebbe essere non liquido oppure sottoposto a condizione, dato che anche i crediti condizionali partecipano al concorso (art. 55, comma 3, l. fall.) [18]. Pare, però, opportuno distinguere le fattispecie in cui la contestazione del credito da parte del debitore avvenga nell'ambito del procedimento prefallimentare da quella in cui detta contestazione sia stata sviluppata in una fase antecedente al ricorso del creditore e finanche antecedente alla valutazione dell'insolvenza, in assenza di qualsiasi provvedimento provvisorio che in qualche modo accerti la pretesa in oggetto. Nel primo caso, deve escludersi che rientri nei poteri del tribunale quello di valutare la fondatezza nel merito delle contestazioni svolte dal debitore alle ragioni del proprio creditore, atteso che, diversamente, la valutazione espressa dal tribunale in sede prefallimentare si risolverebbe in un giudizio prognostico sull'esito della lite da instaurarsi, espressa per altro allo stato degli atti esistenti al momento della decisione sul ricorso di fallimento e dunque priva della necessaria completezza delle ragioni difensive della parti. Nell'ipotesi in cui, invece, già sia preesistente una

[14] Secondo una valutazione c.d. sommaria di "verosimiglianza", come afferma, sia pure in tema di concordato preventivo, Cass., SS.UU., 23 gennaio 2013, n. 1521, in *Giur. it.*, 2013, 2538; nel senso che in tema di iniziativa per la dichiarazione di fallimento è sufficiente un accertamento incidentale all'esclusivo scopo di verificare la legittimazione dell'istante: Cass., 28 novembre 2018, n. 30827, in *Fallimento*, 2019, 389.

[15] Trib. Monza, 21 gennaio 2013 in *ilcaso.it*; Trib. Rimini, 11 marzo 2015, in *ilcaso.it*, secondo cui l'esistenza di altri ingenti debiti verso i terzi (quale presupposto per lo stato di insolvenza) è requisito da valutare distintamente rispetto a quello proprio della legittimazione del creditore ricorrente, con la conseguenza che in difetto di quest'ultimo non potrà rendersi alcuna pronuncia. Del resto, la conclusione raggiunta è coerente con la scomparsa dell'iniziativa officiosa, con il conseguente difetto di un potere di impulso del tribunale in ordine ad un procedimento al termine del quale avrebbe potuto adottare un provvedimento decisorio (CLEMENTE, ARPEA, *Sub art. 6*, 75).

[16] Cass., 5 ottobre 2015, n. 19790, in *Rep. Foro it.*, 2015, voce *Fallimento*, nn. 214 e 236.

[17] Trib. Milano, 16 aprile 2015, in *ilcaso.it.*

[18] Cass., ord. 11 febbraio 2011, n. 3472, in *Fallimento*, 2011, 1193, con nota di ROLFI, *Istanza di fallimento.*

controversia sulla fondatezza del credito, bisogna distinguere l'ipotesi in cui sussista una sentenza o una statuizione di condanna[19], della quale l'accertamento del credito svolto in sede prefallimentare deve tener conto, dal diverso caso in cui sia preesistente la sola controversia sul credito, per il qual caso potrebbe individuarsi un più ampio spettro valutativo attribuibile al tribunale sino a pervenire ad una cognizione definita "piena ma non ordinaria", sempre nel contraddittorio sviluppatosi tra le parti, sulla fondatezza del diritto di credito o, meglio, sulla sua corretta prospettazione[20]. Ne consegue che, in una prospettiva assunta dalla giurisprudenza di merito, dinanzi ad un credito non portato da alcun titolo e contestato dal debitore, il tribunale non può che rigettare l'istanza, in quanto risulta carente la prova della stessa esistenza del credito, che solo attribuisce all'istante la legittimazione ad attivare la procedura per la dichiarazione di insolvenza[21]. Invero, si tratta di un orientamento che è dato riscontrare anche nella più recente giurisprudenza di legittimità, laddove si attribuisce rilevanza al riconoscimento, per quanto sommario, della qualità di creditore già attribuita in altra sede processuale attraverso un provvedimento non definitivo ma dotato di provvisoria esecutività[22]. Siffatto orientamento conosce nella giurisprudenza di merito particolare conformazione tendente, ad esempio, a ritenere che non vi è stato di insolvenza, ai fini della dichiarazione di fallimento quando il creditore istante sia titolare di un credito oggetto di contestazione non manifestamente pretestuosa e le altre posizioni debitorie dell'imprenditore siano state rinegoziate con pagamento rateale che abbia avuto luogo con regolarità[23]; e nello stesso senso si ricorda l'orientamento secondo il quale dinanzi ad un credito non portato da titolo definitivo e contestato dal debitore, la cui contestazione è *sub judice*, il tribunale non può che rigettare l'istanza di fallimento in quanto è carente la prova dell'esistenza del credito, idonea ad attribuire all'istante la legittimazione ad attivare la procedura per la dichiarazione di fallimento[24]. Anche in quest'ultima prospettiva, resta evidente che il tribunale fallimentare non è chiamato a verificare la titolarità piena ed effettiva del diritto di credito del ricorrente, ma solo a scrutinare la questione ai soli fini della *legitimatio ad causam*, con la conseguenza che in caso di esito negativo dell'accertamento verrà resa una pronuncia in rito[25].

---

[19] Cass., 15 gennaio 2015, n. 576, in *Rep. Foro it.*, 2015, voce *Fallimento*, n. 223, secondo la quale è sufficiente per la prova del credito l'ordinanza resa ai sensi dell'art. 186-*bis* c.p.c., che costituisce valido titolo esecutivo per la somma in ordine alla quale è stata emessa.

[20] In questo caso, intesa come presupposto di legittimazione alla presentazione del ricorso: FABIANI, *Artt. 6 e 7*, 111.

[21] Trib. Mantova, 26 febbraio 2015, in *unijuris.it*; in termini: Trib. Parma, 17 marzo 2021, in *ilcaso.it*.

[22] Cass., ord. 28 settembre 2021, n. 26246, in *DeJure* che, per appunto, sia pure nel contesto dell'accertamento incidentale, presuppone comunque l'accertamento giudiziale della qualità creditoria.

[23] Trib. Parma, 5 settembre 2018, in *ilcaso.it*; di recente, anche Trib. Siracusa, 21 dicembre 2018, in *Fallimento*, 2019, 393, ma pure App. Firenze, 23 gennaio 2012, in *dejure*; Trib. Milano, 19 maggio 2015, in *dejure*, che escludono in tal caso la sussistenza dello stato di insolvenza.

[24] Trib. Mantova, 26 febbraio 2015, *cit.* Secondo AULETTA, *Art. 6*, 124 ss., è necessario l'accertamento dei presupposti per la dichiarazione di fallimento, ed in particolare che il rapporto credito-debito sia indispensabilmente allegato e sia effettivamente sussistente al tempo della domanda.

[25] D'ARRIGO, *L'iniziativa*, 445.

Articolo 38

Iniziativa del pubblico ministero

1. Il pubblico ministero presenta il ricorso per l'apertura della liquidazione giudiziale in ogni caso in cui ha notizia dell'esistenza di uno stato di insolvenza.

2 L'autorità giudiziaria che rileva l'insolvenza nel corso di un procedimento lo segnala al pubblico ministero.

3. Il pubblico ministero può intervenire in tutti i procedimenti per l'accesso agli strumenti di regolazione della crisi e dell'insolvenza o a una procedura di insolvenza.

4. Il rappresentante del pubblico ministero intervenuto in uno dei procedimenti di cui al comma 3, instaurato dinanzi al tribunale di cui all'articolo 27, può chiedere di partecipare al successivo grado di giudizio quale sostituto del procuratore generale presso la corte di appello. La partecipazione è disposta dal procuratore generale presso la corte di appello qualora lo ritenga opportuno. Gli avvisi spettano in ogni caso al procuratore generale.

Giuseppe Fauceglia

Sommario: 1. La legittimazione del Pubblico Ministero: il ricorso. – 2. L'ipotesi in cui il Pubblico Ministero abbia avuto (comunque) notizia dell'esistenza di uno stato di insolvenza. – 3. La segnalazione dell'insolvenza da parte dell'autorità giudiziaria.

1. – La norma prevede che il pubblico ministero presenti il ricorso per l'apertura della liquidazione giudiziale in ogni caso in cui ha notizia dell'esistenza di uno stato di insolvenza. È opportuno svolgere una prima osservazione semantica, la norma sostituisce con il termine "*ricorso*" quello di "*istanza*" che si rinveniva nell'art. 7 l. fall., ma si tratta solo di una pura revisione lessicale, posto che era opinione condivisa quella di ritenere che l'iniziativa del pubblico ministero fosse del tutto equiparata al ricorso dei creditori (cfr.: art. 6 l. fall.). Non mancava, però, chi considerava che il dato lessicale fosse idoneo a sottrarre l'iniziativa della parte pubblica da particolari prescrizioni di forma, pervenendo così alla conclusione che la richiesta del pubblico ministero avrebbe potuto essere formulata anche oralmente e senza necessità di motivazione, allorquando detta iniziativa fosse stata assunta nel corso della procedura di concordato in concomitanza delle udienze *ex* art. 162, comma 2, o *ex* art. 173, comma 2, l. fall. [1]. In merito, però, l'assenza del requisito formale era

[1] Trib. Roma, 15 marzo 2013.

richiamato nei soli casi in cui in un procedimento già instaurato, il pubblico ministero con richiesta svolta oralmente, qualificata come implicita presa d'atto della ricorrenza del presupposto dell'insolvenza, investiva il giudice fallimentare del potere decisorio in merito alla declaratoria di fallimento [2]. Diversamente, il rispetto della forma del ricorso era richiesto quando l'iniziativa è diretta ad ottenere la dichiarazione di fallimento ai sensi dell'art. 7, nn. 1 e 2, posto che in tali ipotesi la forma scritta risultava necessaria per procedere alla successiva instaurazione del contraddittorio *ex* art. 15 l. fall. La formulazione dell'art. 38 impone, invece, in ogni caso – sia che l'iniziativa venga autonomamente assunta dal P.M. per ottenere la declaratoria di insolvenza sia che la stessa si inserisca in un procedimento già in corso – la presentazione di un ricorso, ovvero di un idoneo atto processuale che, sia pure sinteticamente, indichi e motivi i presupposti dell'insolvenza dedotta, e ciò deve richiamarsi anche laddove il P.M. intervenga nel corso del procedimento per l'apertura della liquidazione giudiziale sino a che la causa non venga rimessa al collegio per la decisione (art. 41, comma 5) [3]. A tal fine, non pare possa rappresentare un ostacolo l'utilizzo di espressioni diverse (come "*istanza*" o "*richiesta*") che pure si rinvengono, nel contesto del Codice, nelle norme che prevedono la legittimazione del pubblico ministero.

L'impianto normativo conferma che l'autorità pubblica, dotata della legittimazione attiva alla richiesta di liquidazione giudiziale, può procedere ad azionare il procedimento indipendentemente dall'iniziativa assunta dalle parti private (debitore e creditori) [4] ed in aggiunta a queste, a tutela di interessi che trascendono quelli privatistici ed individuali coinvolti nel fenomeno dell'insolvenza e nella successiva istruttoria, in tal modo configurando un interesse pubblico affidato alla cura e alla gestione del pubblico ministero [5]. Proprio per la finalità che caratterizza il ricorso del pubblico ministero, deve essere confermato l'indirizzo già consolidato a mente del quale l'intervento non può essere condizionato al previo infruttuoso esperimento di esecuzione forzata a danno del debitore, né dall'unicità o dalla contestazione dell'inadempimento, così come anche nel caso di rinunzia della domanda da parte di un creditore è sempre fatta salva la permanenza della legittimazione del pubblico ministero già intervenuto nel procedimento per l'apertura della liquidazione giudiziale (art. 43, comma 1), ed ancora risulta confermato il potere del pubblico ministero di proporre reclamo, innanzi alla corte di appello, contro il decreto del tribunale che rigetta la domanda di apertura della liquidazione giudiziale (art. 50, comma 2), nonché viene riaffermato il principio secondo il quale l'impugnazione di cui all'art. 51 va notificata anche al pubblico ministero di primo grado, allorquando quest'ultimo abbia introdotto il giudizio o in esso sia intervenuto. Di qualche rilievo resta la presenza del rappresentante del pubblico ministero, intervenuto

---

[2] FILIPPI, *Sull'iniziativa*, 1830.

[3] Più articolata si presenta la questione relativa al se il pubblico ministero non intervenuto nel precedente procedimento di apertura della liquidazione giudiziale possa intervenire nella fase di impugnazione della sentenza, regolata dall'art. 51, che, però, al comma 9 prevede che «l'intervento di qualunque interessato non può aver luogo oltre il termine stabilito per la costituzione delle parti resistenti con le modalità per queste previste». L'espressione assai ampia utilizzata dalla norma ("qualunque interessato") potrebbe indurre a configurare che anche in questa fase, in ragione proprio dell'interesse pubblico la cui cura è affidata al P.M. una legittimazione ad intervenire.

[4] FERRO, *L'istruttoria prefallimentare*, 67.

[5] DE SANTIS, *Segnalazione di insolvenza*, 527; FABIANI, *Artt. 6 e 7*, 145.

in uno dei procedimenti di cui al comma 3, instaurato dinanzi al tribunale di cui all'articolo 27, anche nel successivo grado impugnatorio, quale sostituto del procuratore generale presso la corte di appello, a condizione che questo presti idoneo assenso.

Un profilo rilevante che emerge dalle disposizioni del Codice attiene all'ampliamento dei poteri di intervento del pubblico ministero, che vengono significativamente ridisegnati, consentendo di individuare nel P.M. in un vero e proprio "guardiano" delle procedure di crisi e di insolvenza, in un contesto sconosciuto finanche nella legislazione corporativa (il raffronto può essere svolto tra il numero delle norme che nella legge fallimentare evocava l'intervento del pubblico ministero, rispetto a quelle previste nel Codice, che, invero, sia pure in parte, riprendono orientamenti e soluzioni già offerte dal legislatore, come nella disciplina del sovraindebitamento, di cui alla l. 27 gennaio 2012, n. 3)[6]. Per un rapido raffronto, può farsi riferimento: all'art. 22 che prevede la segnalazione del "referente" al P.M. dell'esito negativo della procedura di composizione assistita della crisi; all'art. 43 che, nell'ipotesi di rinunzia del ricorso da parte del creditore istante, fa salva la legittimazione del P.M. intervenuto ai fini della dichiarazione di liquidazione giudiziale; all'istanza *ex* art. 55 a fronte di atti di frode compiuti dal debitore nelle procedure di regolazione della crisi; all'art. 73 nel caso di revoca del piano di ristrutturazione dei debiti del consumatore con conversione in procedura liquidatoria; all'art. 80 per l'istanza, conseguente al rigetto della domanda di omologa del concordato minore, al fine di ottenere la declaratoria di inefficacia delle misure protettive in presenza di atti di frode; all'iniziativa *ex* art. 83 in tema di conversione della procedura di concordato minore in liquidazione giudiziale controllata, nell'ipotesi di revoca o di risoluzione del concordato minore; all'art. 256, comma 4 in tema di apertura della liquidazione giudiziale qualora risultino soci illimitatamente responsabili nella liquidazione giudiziale delle società di persone; all'art. 268 in tema di liquidazione controllata del sovraindebitato, se l'insolvenza riguardi un imprenditore (in tal modo si estende la legittimazione anche per i soggetti esclusi dalla liquidazione giudiziale "ordinaria", come nel caso di impresa minore); all'art. 106, comma 3, che attribuisce, nell'ipotesi di atti di frode nel corso della procedura concordataria, al P.M. la legittimazione a richiedere l'apertura della liquidazione giudiziale. A queste norme, poi, si affiancano obblighi informativi, cui sono collegabili eventuali poteri di intervento, come nella sospensione della liquidazione nell'esecuzione del piano degli accordi, che va notificata al P.M. oltre che ai creditori; e nella stessa prospettiva si colloca l'art. 92, comma 5, comunicazione del commissario giudiziale al P.M. dei fatti che possano interessare una indagine penale e di cui sia venuto a conoscenza; l'art. 281 che per il procedimento di esdebitazione prevede che il decreto del tribunale deve essere comunicato al P.M.; inoltre viene previsto che tutte le domande per l'accesso alle procedure di composizione stragiudiziale soggette ad omologazione debbono essere comunicate al P.M., ivi comprese quelle per gli accordi di ristrutturazione dei debiti *ex* art. 40, comma 3; l'art. 114, comma 5, a mente del quale il commissario giudiziale, nell'ipotesi di concordato con cessione dei beni, invia al P.M. le relazioni periodiche predisposte dal liquidatore (in tal caso, il flusso informativo non è più individuato nel rapporto commissario-Giudice delegato con possibilità di quest'ultimo di notiziare il P.M., ma direttamente tra commissario e pubblico mini-

[6] FAUCEGLIA, *L'iniziativa*, 257 ss.; FUZIO, *Il PM fallimentare*, 395 ss.

stero). Nel concordato preventivo il P.M. finisce in tal modo per assumere una posizione che potrebbe definirsi di "parte", in uno ai creditori concordatari, e il relativo flusso informativo non resta spiegabile nell'ottica del rapporto debitore proponente-creditori, che caratterizzava l'impianto del concordato preventivo riformato. L'intervento del P.M. resta così invasivo da confermare l'accentuazione di un profilo pubblicistico caratterizzante tutte le procedure disciplinate nel Codice, a dispetto di quell'"arretramento" della posizione del P.M. che aveva caratterizzato le precedenti riforme della legge fallimentare, e ciò indubbiamente segna un'accentuazione o un ritorno alla dimensione strettamente processuale degli istituti della soluzione c.d. negoziale della crisi.

2. – L'iniziativa del pubblico ministero è configurata dal comma 1 a "maglie larghe", tale cioè da attribuire all'organo pubblico, un potere di intervento assai ampio ed autonomo, in ragione della stessa espressione utilizzata «*in ogni caso in cui ha notizia dell'esistenza di uno stato di insolvenza*», in tal modo distaccando la *notitia decotionis* dalla preesistenza di eventuali indagini, potendo essa provenire, ad esempio, anche da notizie di stampa ovvero da qualsiasi fonte (come, ad esempio, segnalazioni dell'insolvenza da parte di privati). Si ampia, così, "normativamente" il catalogo già rinveniente nell'art. 7, n. 1, l. fall., che faceva riferimento «*alla fuga, alla irreperibilità o alla latitanza dell'imprenditore, alla chiusura dei locali dell'impresa, al trafugamento, alla sostituzione o alla diminuzione fraudolenta dell'attivo da parte dell'imprenditore*». In costanza della previgente disposizione, in presenza della disgiunzione "*ovvero*" rinveniente nell'art. 7, n. 1, l. fall., si ammetteva la legittimazione del pubblico ministero in presenza delle condotte rilevanti innanzi indicate, indipendentemente dalla sussistenza di un procedimento penale, potendo desumersi la sussistenza dell'insolvenza da fatti sintomatici della condotta dell'imprenditore, estrinsecati anche al di fuori o a prescindere da un procedimento penale[7]. In tal senso, va ricordato che l'orientamento dottrinale più diffuso aveva ritenuto che alla disgiunzione "*ovvero*" non avrebbe potuto attribuirsi un chiaro significato disgiuntivo, bensì meramente esplicativo di alcune ipotesi di manifestazione dell'insolvenza emerse nella preesistenza di un procedimento penale[8]. La tendenza dottrinale a perimetrare l'intervento del pubblico ministero è stata superata dalla giurisprudenza di legittimità, la quale ha ritenuto che la espressione "*procedimento penale*" va intesa in senso ampio e non già come lo specifico segmento processuale che consegue all'esercizio dell'azione penale da parte del P.M., ciò perché, venuta meno la possibilità del tribunale di dichiarare il fallimento d'ufficio, il legislatore ha inteso ampliare i presupposti della legittimazione del P.M. a tutti i casi in cui la notizia dell'insolvenza sia stata comunque appresa nell'esercizio delle sue funzioni istituzionali[9], in tal modo non ritenendo necessaria, ad esempio, la preventiva iscrizione di una "*notitia criminis*" nel registro degli indagati a carico del fallendo o di terzi[10] oppure di ritenere sussistente la legittimazione del P.M. anche quando la "*notitia decotionis*" sia stata dallo stesso appresa nel corso di indagini

[7] Cass., 21 aprile 2011, n. 9260, in *Fallimento*, 2011, 1163, con nota di Farina; Cass., 14 gennaio 2019, n. 646, in *Fallimento*, 2019, 531.

[8] Sul tema AULETTA, *Limiti del P.M.*, 698.

[9] Cass., 6 aprile 2017, n. 8903, in *unijuris.it*.

[10] Cass., 18 maggio 2017, n. 12537, in *ilcaso.it*.

svolte nei confronti di soggetti diversi dal fallendo [11]. Invero, il comma 1 dell'art. 38, orientandosi in una prospettiva "culturale" completamente antitetica a quella che aveva caratterizzato il processo riformatore del legislatore del 2006, con l'utilizzo dell'espressione «*in ogni caso in cui ha notizia dell'esistenza di uno stato di insolvenza*», traspone nella norma l'orientamento giurisprudenziale di cui si è offerto rapido resoconto, reintroducendo un intervento di controllo del fenomeno complessivo dell'insolvenza, delineato finanche in una prospettiva di verifica dell'efficienza del mercato.

3. – Per quanto riguarda il profilo della *notitia decotionis* segnalata al pubblico ministero, al fine di consentire allo stesso l'esercizio dell'azione, il comma 2 dell'articolo in commento, con formula efficace e sintetica, prevede che «*l'autorità giudiziaria che rileva l'insolvenza nel corso di un procedimento lo segnala al pubblico ministero*». La norma unifica le ipotesi previste distintamente dai nn. 1 e 2 del previgente art. 7, e con formula assai ampia prevede che detta segnalazione possa provenire sia dal giudice penale che dal giudice civile, in assenza di qualsiasi collegamento con fatti penalmente rilevanti, assegnando al P.M. la valutazione e la verifica circa la sussistenza del presupposto oggettivo. In tal senso, il pubblico ministero continua a svolgere una funzione di filtro per il tribunale fallimentare delle segnalazioni provenienti dal giudice civile o penale, ed ora, in ragione delle espressioni utilizzate ("*autorità giudiziaria*" e "*nel corso del procedimento*") sembra che, contrariamente da quanto nel passato era stato correttamente ritenuto [12], detta segnalazione possa addirittura provenire dai giudici amministrativi o dai giudici tributari. In ogni caso, resta ormai acquisito il principio secondo il quale la segnalazione può provenire anche dal giudice prefallimentare, e ciò, evidentemente, allorquando il P.M. non sia già autonomamente intervento nel giudizio. Il tema si è sviluppato, in particolare, in relazione all'ipotesi in cui la legittimazione del P.M. sia rimasta connessa alla notizia dell'insolvenza pervenutagli dal giudice dell'istruttoria prefallimentare nel quale vi sia stata la rinunzia del creditore istante. La questione, nel passato, ha conosciuto un disallineamento tra la giurisprudenza di merito [13], la quale aveva affermato che per "giudice civile" dovesse intendersi anche quello dell'istruttoria prefallimentare, e la giurisprudenza di legittimità, che si era espressa negativamente, paventando il rischio di un ritorno surrettizio all'apertura d'ufficio della procedura concorsuale [14]: contrasto superato dalla successiva giurisprudenza di legittimità, secondo cui il tribunale fallimentare, qualora il procedimento finalizzato alla dichiarazione di fallimento non si concluda con una decisione in rito, può, ai sensi dell'art. 7 l. fall. disporre la trasmissione degli atti al P.M. affinché valuti se instare per la dichiarazione di fallimento, senza che ciò comporti alcuna violazione del principio di terzietà del giudice di cui all'art. 111 Cost. per il solo fatto che il tribunale sia chiamato una seconda volta a decidere sul fallimento dell'imprenditore a seguito della richiesta del P.M.

[11] Cass., 30 gennaio 2017, n. 2228, in *Giur. it.*, 2017, 2415, con nota di De Leo.

[12] FERRO, *Istruttoria prefallimentare*, 29.

[13] Tra le tante App. L'Aquila, 22 maggio 2012, in *Giur. merito*, 2013, 633; App. Brescia, 7 ottobre 2009, in *ilcaso.it*.

[14] Cass., 26 febbraio 2009, n. 4632, in *Fallimento*, 2009, 521.

conseguente alla segnalazione da parte dello stesso giudice[15]. Invero, la segnalazione al P.M. non è atto avente contenuto decisorio, neppure come precipitato di una cognizione sommaria[16] né l'autorità giudiziaria segnalante è chiamata a svolgere alcuna attività istruttoria, essendo all'uopo sufficiente un generalissimo *fumus* non supportato da alcun indizio, ma il P.M. dovrà, comunque, compiutamente valutare se sussista o meno lo stato di insolvenza, come rappresentato dalla stessa segnalazione, e solo nel caso di scrutinio positivo potrà determinarsi alla richiesta di apertura della procedura concorsuale. In tal senso, il P.M., a seguito della segnalazione, è libero di decidere autonomamente sulla sussistenza dei presupposti dell'insolvenza, ma resta dappoi obbligato a richiedere l'apertura della liquidazione giudiziale laddove tali presupposti risultino oggettivamente riscontrati. Nella prospettiva del Codice, e ciò in coerenza con il precedente impianto normativo, non sembra emergere un evidente dovere di segnalazione dell'insolvenza al P.M. da parte dell'"autorità giudiziaria", anche se il comma 2 della norma in commento con l'utilizzo dell'espressione «*lo segnala al pubblico ministero*» potrebbe configurare un obbligo di segnalazione, per altro coerente con la stessa funzione attribuita all'organo pubblico nella gestione del fenomeno in oggetto. Nel mentre, la nuova disciplina del Codice, conseguente al d.lgs. n. 83 del 2022, abrogando l'art. 22, d.lgs. n. 14 del 2019, non prevede più, nel procedimento di composizione assistita della crisi, la segnalazione al P.M. dell'insolvenza da parte del "referente", che, secondo una certa interpretazione, avrebbe introdotto la obbligatorietà dell'iniziativa, tanto in ragione dell'esito negativo delle procedure ivi previste e della preventiva valutazione degli elementi acquisiti, idonei a rendere (più) evidente la sussistenza dello stato di insolvenza.

Sul tema, in sostanza, continuano a confrontarsi le diverse opzioni registrate già nel contesto della legge fallimentare, in ordine alla obbligatorietà o meno dell'esercizio dell'iniziativa attribuita al P.M., una volta da quest'ultimo valutata la fondatezza della segnalazione, e la facoltatività dell'iniziativa viene affermata in ragione del principio che per il P.M. l'azione civile propriamente detta, diversamente da quella penale, non è mai doverosa. Invero, il comma 1 della norma in commento utilizzando il verbo "*presenta*", così come il comma 1 dell'art. 7 l. fall., non esplicita alcuna doverosità dell'azione civile del P.M., opzione che resterebbe confermata dalla stessa facoltatività di intervento dello stesso nel procedimento prefallimentare, pur essendo evidente come questa opzione potrebbe essere contraddetta dal più ampio e significativo ruolo attribuito dal Codice all'organo pubblico.

---

[15] Cass., 14 giugno 2012, n. 9781; Cass., 15 giugno 2012, n. 9857, in *Giur. it.*, 2013, 71, con nota di Spiotta; Cass., SS.UU., 18 aprile 2013, n. 9409, in *Giur. it.*, 2013, 2529, in *Giust. civ.*, 2013, 2019; in *Corriere giur.*, 2014, 74; Cass., 18 marzo 2015, n. 5447.

[16] Sul tema TISCINI, *Potere di azione*, 327 ss.

Articolo 39

Obblighi del debitore che chiede l'accesso a uno strumento di regolazione della crisi e dell'insolvenza o a una procedura di insolvenza

1. Il debitore che chiede l'accesso a uno strumento di regolazione della crisi e dell'insolvenza o a una procedura di insolvenza deposita presso il tribunale le scritture contabili e fiscali obbligatorie, le dichiarazioni dei redditi concernenti i tre esercizi o anni precedenti ovvero l'intera esistenza dell'impresa o dell'attività economica e professionale, se questa ha avuto una minore durata, le dichiarazioni IRAP e le dichiarazioni annuali IVA relative ai medesimi periodi, i bilanci relativi agli ultimi tre esercizi. Deve inoltre depositare, anche in formato digitale, una relazione sulla situazione economica, patrimoniale e finanziaria aggiornata, uno stato particolareggiato ed estimativo delle sue attività, un'idonea certificazione sui debiti fiscali, contributivi e per premi assicurativi, l'elenco nominativo dei creditori e l'indicazione dei rispettivi crediti e delle cause di prelazione, nonché l'elenco nominativo di coloro che vantano diritti reali e personali su cose in suo possesso e l'indicazione delle cose stesse e del titolo da cui sorge il diritto. Tali elenchi devono contenere l'indicazione del domicilio digitale dei creditori e dei titolari di diritti reali e personali che ne sono muniti.

2. Il debitore deve depositare una relazione riepilogativa degli atti di straordinaria amministrazione di cui all'articolo 94, comma 2, compiuti nel quinquennio anteriore, anche in formato digitale.

3. Quando la domanda è presentata ai sensi dell'art. 44, comma 1°, lett. a), il debitore deposita unitamente alla domanda unicamente i bilanci relativi agli ultimi tre esercizi o, per le imprese non soggette all'obbligo di redazione del bilancio, le dichiarazioni dei redditi e le dichiarazioni IRAP concernenti i tre esercizi precedenti, l'elenco nominativo dei creditori con l'indicazione dei rispettivi crediti e delle cause di prelazione, oltre che con indicazione del loro domicilio digitale, se ne sono muniti. L'ulteriore documentazione prevista dai commi 1 e 2 deve essere depositata nel termine assegnato dal tribunale ai sensi dell'art. 44, comma 1, lettera a).

Giuseppe Fauceglia

Sommario: 1. Gli obblighi di allegazione documentale e gli obblighi informativi. – 2. La funzione dell'allegazione nei procedimenti di composizione stragiudiziale della crisi e di apertura della liquidazione giudiziale. – 3. Le altre ipotesi previste dalla norma.

1. – La norma in commento unifica gli obblighi di allegazione dettati dalla legge fallimentare in varie disposizioni, come, ad esempio, dall'art. 14 l. fall. nel caso di imprenditore che chiede il proprio fallimento, dall'art. 161 l. fall. nel caso di domanda di concordato preventivo e l'art. 182-*bis* l. fall. nel caso di accordo per la ristrutturazione dei debiti, ciò spiegandosi nel contesto del rito unitario introdotto per l'accesso alle procedure di regolazione della crisi e dell'insolvenza. In merito, può denunciarsi una certa discrasia, considerato che la individuazione degli obblighi di allegazione si riscontra pure in altre disposizioni, come ad esempio nell'art. 75 in tema di concordato minore, procedura che interessa soggetti non assoggettabili alla liquidazione giudiziale, a cui parrebbe far riferimento anche il comma 1 della norma in commento, laddove richiama genericamente l'"*attività economica e professionale*" del debitore (in tal caso, però, è lo stesso art. 75, comma 1, ad indicare la documentazione da allegare alla domanda). Nel mentre, nel contesto della composizione negoziata della crisi, che naturalmente non può ritenersi una procedura, occorre far riferimento alla documentazione che il debitore deve inserire nella piattaforma telematica (art. 17, comma 3).

L'art. 39 prevede che il debitore il quale chiede l'accesso a una delle procedure di regolazione della crisi o dell'insolvenza è obbligato a depositare presso il tribunale le scritture contabili e fiscali obbligatorie, le dichiarazioni dei redditi concernenti i tre esercizi o anni precedenti ovvero l'intera esistenza dell'impresa o dell'attività economica o professionale, se questa ha avuto una minore durata, i bilanci relativi agli ultimi tre esercizi, oltre che le dichiarazioni annuali Iva ed Irap. Inoltre, è previsto l'obbligo del deposito, anche in formato digitale, di una relazione sulla situazione economica, patrimoniale e finanziaria aggiornata, di uno stato particolareggiato ed estimativo delle sue attività, dell'elenco nominativo dei creditori con l'indicazione dei rispettivi crediti e delle cause di prelazione, dell'elenco nominativo di coloro che vantano diritti reali o personali su cose in suo possesso con l'indicazione delle cose stesse e del titolo da cui sorge il diritto, di un'idonea certificazione sui debiti fiscali, contributivi e per premi assicurativi. La relazione sulla situazione economica, patrimoniale e finanziaria conserva un carattere espositivo e non valutativo sulla situazione del debitore, e la sua provenienza dal debitore stesso ha lo scopo di informare il tribunale e i creditori sulle dimensioni e sulle caratteristiche della crisi al momento della domanda. Per quanto riguarda la situazione economico-patrimoniale, si tratta di un atto che non segue un preciso "protocollo" contabile predeterminato, ma che dovrebbe restare comunque idoneo ad esprimere un livello di sintesi non maggiore di quello che caratterizza un comune bilancio di esercizio, tenendo conto che la relazione resta funzionale al progetto o al piano allegato al ricorso [1].

2. – La formulazione della norma configura l'obbligo di allegazione come richiedibile al solo debitore che chiede l'accesso ad uno strumento di regolazione della crisi, riferendosi indistintamente ad una qualsiasi procedura, ivi compresa la liquidazione giudiziale (la norma rinveniente a seguito delle modifiche introdotte a seguito del d.lgs. n. 83 del 2022, elimina qualche incertezza espositiva che dapprima pure era stata evidenziata). Invero, l'opzione normativa pone qualche problema di eccessivo ampliamento dell'allegazione documentale, che se giustificata ed indispensabile nel caso di accesso alle procedure regolatrici

[1] Sul tema, senza la pretesa di essere esaurienti GALLETTI, *Art. 161*, 2325; PACCHI, *La domanda*, 106-107.

della crisi o dell'insolvenza, risulta meno spiegabile nel caso in cui il debitore intenda richiedere la liquidazione giudiziale (naturalmente, qui il riferimento resta la documentazione prevista nella seconda parte del comma 1 dell'art. 39, considerato che quanto indicato nella prima parte resta funzionale nella procedura di liquidazione giudiziale a dimostrare almeno la sussistenza dei presupposti soggettivi). Il rilievo, però, può essere superato se si considera che il Codice intende valorizzare proprio la celerità e l'efficienza della procedura, e a ciò resterebbe finalizzata l'ampia allegazione documentale prevista, idonea a favorire nella liquidazione giudiziale, almeno in una prima fase, la stessa attività del curatore.

È noto il dibattito che nel contesto dell'art. 14 l. fall. aveva riguardato la mancanza di idonea allegazione documentale da parte del debitore che richiedeva il proprio fallimento: il difetto di sanzione in caso di inottemperanza, stante la indisponibilità dello "stato di fallito", aveva fatto ritenere che qualora il tribunale non fosse riuscito ad entrare in possesso degli elementi rilevanti per l'accertamento dei requisiti soggettivi ed oggettivi di fallibilità, avrebbe dovuto rigettare l'istanza[2], rimanendo però controverso, in tal caso, se il tribunale potesse, diversamente, limitarsi al solo accertamento dello stato di insolvenza[3] oppure verificare anche i requisiti dimensionali. Nel contesto dell'art. 39 l'allegazione documentale costituisce un presupposto per l'accesso alle procedure (e l'espressione *"deposita"*, che si legge nel comma 1, ne conferma l'obbligatorietà, per altro valorizzata dal termine *"obblighi del debitore"* riportato nella rubrica dell'art. 39), con la conseguenza che, come nel concordato preventivo o nella procedura di ristrutturazione dei debiti, il difetto di idonea e completa allegazione comporta la declaratoria di inammissibilità della domanda, non potendo il tribunale proseguire d'ufficio l'istruttoria prefallimentare. Né può ritenersi che, in difetto di ricorsi proposti dai creditori, l'eventuale insolvenza del debitore resti priva di conseguenze, posto che nel caso di domanda non assistita dalle necessarie allegazioni documentali, qualora risultasse il *fumus* dello stato di insolvenza, il tribunale potrebbe comunque dar luogo alla segnalazione al pubblico ministero[4].

Per completare l'argomento, va ricordato che ai sensi del comma 2 dell'art. 40, la domanda di accesso agli strumenti di liquidazione della crisi, deve essere sottoscritta dal difensore munito di procura, superando quell'orientamento a mente del quale il debitore può assumere l'iniziativa per la dichiarazione del proprio fallimento senza ricorrere al ministero di un difensore, se e fino a quando l'istanza non confligga con l'intervento innanzi al tribunale di altri soggetti, portatori dell'interesse ad escludere la dichiarazione di insolvenza, ciò implicando lo svolgimento di un contraddittorio qualificato[5].

3. – Per quanto riguarda l'allegazione documentale richiesta per l'accesso alle procedure di composizione della crisi e dell'insolvenza, si evidenzia una maggiore completezza espositiva della norma rispetto all'impianto della legge fallimentare e va confermato che i

[2] LAMANNA, *Art. 14 l. fall.*, 239; ZANICHELLI, *La nuova disciplina*, 14.

[3] Così DE MATTEIS, *L'istanza di fallimento*, 155, il quale ritiene che in tal caso il tribunale sia tenuto a dichiarare il fallimento, accertato lo stato di insolvenza, sulla base della sola qualità di imprenditore commerciale dell'istante.

[4] D'ARRIGO, *L'iniziativa*, 447.

[5] Cass., 18 agosto 2017, n. 20187, in *Rep. Foro it.*, 2017, voce *Fallimento*, n. 225.

dati aziendali esposti al tribunale ed offerti all'esame dei creditori restano funzionali ad un corretto e completo veicolo informativo, più che alla circostanza storica di un vissuto imprenditoriale di regolare tenuta della contabilità, che non resta (da tempo) più requisito di ammissibilità della procedura.

Innovativa è la previsione di cui al comma 2, a mente della quale «*il debitore deve depositare una relazione riepilogativa degli atti di straordinaria amministrazione compiuti nel quinquennio anteriore*» (riproposta anche nella disciplina del sovraindebitamento), che si ritiene funzionale per l'individuazione degli atti assoggettabili all'azione revocatoria ordinaria ovvero alle azioni di inefficacia concorsuale.

Il comma 3, invece, riproduce quanto disposto nell'art. 161, comma 6, l. fall. nel caso di accesso alla domanda di concordato preventivo c.d. prenotativo o in bianco (la cui disciplina ora si rinviene nell'art. 44). In presenza di una domanda avente ad oggetto l'assegnazione dei termini di cui al comma 1 dell'art. 44, il debitore ha l'obbligo di depositare unicamente i bilanci relativi agli ultimi tre esercizi o, per le imprese non soggette all'obbligo di redazione del bilancio, le dichiarazioni dei redditi concernenti i tre esercizi precedenti, l'elencazione nominativa dei creditori con l'indicazione dei rispettivi crediti e delle cause di prelazione, mentre l'ulteriore documentazione prevista dal comma 1 della norma in commento, dovrà essere depositata nel termine assegnato dal tribunale.

Articolo 40

Domanda di accesso agli strumenti di regolazione della crisi e dell'insolvenza e alla liquidazione giudiziale

1. Il procedimento per l'accesso agli strumenti di regolazione della crisi e dell'insolvenza e alla liquidazione giudiziale si svolge dinanzi al tribunale in composizione collegiale, con le modalità previste dalla presente sezione.

2. Il ricorso deve indicare l'ufficio giudiziario, l'oggetto, le ragioni della domanda e le conclusioni ed è sottoscritto dal difensore munito di procura. Per le società, la domanda di accesso a uno strumento di regolazione della crisi e dell'insolvenza è approvata e sottoscritta a norma dell'articolo 120-*bis*.

3. La domanda del debitore, entro il giorno successivo al deposito, è comunicata dal cancelliere al registro delle imprese. L'iscrizione è eseguita entro il giorno seguente e quando la domanda contiene la richiesta di misure protettive il conservatore, nell'eseguire l'iscrizione, ne fa espressa menzione. La domanda, unitamente ai documenti allegati, è trasmessa al pubblico ministero.

4. Nel caso di domanda di accesso al giudizio di omologazione di accordi di ristrutturazione, gli accordi, contestualmente al deposito, sono pubblicati nel registro delle imprese e acquistano efficacia dal giorno della pubblicazione. Con il decreto di cui all'articolo 48, comma 4, il tribunale può nominare un commissario giudiziale o confermare quello già nominato ai sensi dell'articolo 44, comma 1, lettera b); la nomina del commissario giudiziale è disposta in presenza di istanze per l'apertura della procedura di liquidazione giudiziale, quando è necessaria per tutelare gli interessi delle parti istanti.

5. Nel procedimento di liquidazione giudiziale il debitore può stare in giudizio personalmente.

6. In caso di domanda proposta da un creditore, da coloro che hanno funzioni di controllo e di vigilanza sull'impresa o dal pubblico ministero, il ricorso e il decreto di convocazione devono essere notificati, a cura dell'ufficio, all'indirizzo del servizio elettronico di recapito certificato qualificato o di posta elettronica certificata del debitore risultante dal registro delle imprese ovvero dall'Indice nazionale degli indirizzi di posta elettronica certificata (INI-PEC) delle imprese e dei professionisti. L'esito della comunicazione è trasmesso con modalità telematica all'indirizzo di posta elettronica certificata del ricorrente.

7. Quando la notificazione a mezzo di posta elettronica certificata di cui al comma 6 non risulta possibile o non ha esito positivo per causa imputabile al destinatario, il ricorso e il decreto sono notificati senza indugio, a cura della cancelleria, mediante il loro inserimento nell'area *web* riservata ai sensi dell'articolo 359. La notificazione si ha per eseguita nel terzo giorno successivo a quello in cui è compiuto l'inserimento.

8. Quando la notificazione non risulta possibile o non ha esito positivo, per cause non imputabili al destinatario, la notifica, a cura del ricorrente, si esegue esclusivamente

di persona a norma dell'articolo 107, primo comma, del decreto del Presidente della Repubblica 15 dicembre 1959, n. 1229, presso la sede risultante dal registro delle imprese o, per i soggetti non iscritti nel registro delle imprese, presso la residenza. Quando la notificazione non può essere compiuta con queste modalità, si esegue con il deposito dell'atto nella casa comunale della sede che risulta iscritta nel registro delle imprese ovvero presso la residenza per i soggetti non iscritti nel registro delle imprese, e si perfeziona nel momento del deposito stesso. Per le persone fisiche non obbligate a munirsi del domicilio digitale, del deposito è data notizia anche mediante affissione dell'avviso in busta chiusa e sigillata alla porta dell'abitazione o dell'ufficio e per raccomandata con avviso di ricevimento.

9. Nel caso di pendenza di un procedimento di accesso a uno strumento di regolazione della crisi e dell'insolvenza, la domanda di apertura della liquidazione giudiziale è proposta nel medesimo procedimento e fino alla rimessione della causa al collegio per la decisione, con ricorso ai sensi dell'articolo 37, comma 1, e nel rispetto degli obblighi di cui all'articolo 39. Se la domanda di apertura della liquidazione giudiziale è proposta separatamente il tribunale la riunisce, anche d'ufficio, al procedimento pendente.

10. Nel caso di pendenza di un procedimento per l'apertura della liquidazione giudiziale introdotto da un soggetto diverso dal debitore, la domanda di accesso a uno strumento di regolazione della crisi e dell'insolvenza è proposta, con ricorso ai sensi dell'articolo 37, comma 1, e nel rispetto degli obblighi di cui all'articolo 39, nel medesimo procedimento, a pena di decadenza, entro la prima udienza e se entro il medesimo termine è proposta separatamente è riunita, anche d'ufficio, al procedimento pendente. Successivamente alla prima udienza, la domanda non può essere proposta autonomamente sino alla conclusione del procedimento per l'apertura della liquidazione giudiziale. Il termine di cui al primo periodo non si applica se la domanda di accesso a uno strumento di regolazione della crisi e dell'insolvenza è proposta all'esito della composizione negoziata, entro sessanta giorni dalla comunicazione di cui all'articolo 17, comma 8.

Alessandro Benocci

Sommario: 1. Il procedimento unitario per l'accesso agli strumenti di regolazione della crisi e dell'insolvenza e alla liquidazione giudiziale. – 2. Il contenuto della domanda. – 3. Gli adempimenti processuali in caso di domanda presentata dal debitore. – 4. Gli adempimenti processuali in caso di domanda presentata dai soggetti diversi dal debitore.

1. – Tra le varie novità della recente riforma in materia di crisi d'impresa e di insolvenza, spicca senz'altro la semplificazione delle regole processuali in caso di sbocco giudiziale del dissesto economico del debitore: la riforma mira, infatti, ad introdurre una sorta di *reductio ad unum* della fase iniziale delle varie procedure concorsuali, che – per lo meno dal punto di vista processuale – dovrebbe essere destinata a ridisegnare le fondamenta stesse del sistema concorsuale. Sotto questo profilo, la legge delega n. 155 del 2017 ha infatti prescritto al Governo di attenersi a due distinti princìpi generali: da un lato, quello di «*adottare un unico modello processuale per l'accertamento dello stato di crisi o di insolvenza del debitore*» ispirato al modello previsto dall'art. 15 l. fall., ma «*con caratteristiche di particolare celerità*» e «*prevedendo la legittimazione ad agire dei soggetti con funzioni di controllo e di vigilanza sull'impresa, ammettendo l'iniziativa del pubblico ministero in ogni caso in cui egli abbia notizia dell'esistenza di uno stato di insolvenza*» (art. 2, comma 1, lett. *d*); e dall'altro lato, quello di «*assoggettare al procedimento di accertamento dello stato di crisi o di insolvenza ogni categoria di debitore (...), disciplinando distintamente i diversi esiti possibili, con riguardo all'apertura di procedure di regolazione concordata o coattiva, conservativa o liquidatoria*» (art. 2, comma 1, lett. *e*).

La legge delega ha quindi chiesto al Governo di introdurre un unico procedimento di accertamento giudiziale sia dello stato di crisi sia dello stato di insolvenza, e ha chiesto altresì di assoggettare ad esso ogni categoria di debitore e di configurarlo come una fase comune, esaurita la quale, la procedura potrà proseguire differenziandosi a seconda della modalità, che potrà essere concordata o coattiva, e della finalità, che potrà essere conservativa o liquidatoria, andando così a disciplinare distintamente i possibili esiti, in modo da consentire successivamente l'apertura delle diverse procedure concorsuali. I procedimenti preordinati all'apertura delle varie procedure concorsuali si dovrebbero dunque dissolvere all'interno di un unico procedimento, preordinato in generale all'accertamento del dissesto economico del debitore e destinato in particolare a proseguire diversamente a seconda dei presupposti accertati, delle modalità richieste e delle finalità perseguite. La circostanza è di per sé particolarmente innovativa. Ma lo è soprattutto con riguardo alle procedure concorsuali diverse da quella di liquidazione giudiziale, perché – a ben vedere – la legge delega ha previsto che il procedimento unitario dovesse essere "tagliato" sul modello del procedimento disciplinato dall'art. 15 l. fall., che altro non è se non il procedimento per la dichiarazione di fallimento, che – come è noto – la liquidazione giudiziale si prefigge di sostituire [1].

Rispetto al modello di cui all'art. 15 l. fall., la legge delega non ha chiesto al Governo di discostarsi particolarmente. La legge delega si è infatti limitata a prevedere una maggiore celerità per un rito che, tuttavia, è già sommario e camerale e a richiedere un'armonizzazione generalizzata delle misure cautelari e delle impugnazioni. L'intervento più articolato ha riguardato la legittimazione ad agire: la legge delega ha infatti richiesto che la legittimazione fosse attribuita anche ai soggetti con funzioni di controllo e vigilanza sull'impresa e – con riguardo al potere di iniziativa già attribuito al pubblico ministero – ha richiesto che tale potere fosse ammesso in ogni caso in cui egli avesse notizia dell'esistenza di uno stato di insolvenza, senza quindi legare il suo potere di impulso alla circostanza che l'insolvenza risulti nel corso di un procedimento penale o risulti dalla segnalazione del giudice civile [2].

[1] Per una visione d'insieme delle novità, cfr. CALVOSA, *Le principali novità*, 9 ss.; DELLA ROCCA, *Il procedimento*, 134; FABIANI, *La legge delega*, 39 ss.; D'ALESSANDRO, *Efficienza e giustizia*, 375 ss.; TERRANOVA, *Prime impressioni*, 391 ss.; NIGRO, *Osservazioni sul Codice*, 445 ss.

[2] Le questioni poste dalla formulazione dell'art. 7 l. fall. in materia di iniziativa del P.M. non sono di poco conto. Si discute infatti ancora se il procedimento penale da cui può essere appresa la *notitia decotionis* debba

Il Codice introdotto dal d.lgs. n. 14 del 2019 ha inteso attuare i princìpi generali previsti dalla legge delega anche in materia di unitarietà del procedimento di accesso alle varie procedure e, a tale fine, ha collocato la relativa disciplina all'interno della sezione II del capo IV del titolo III della parte I, nella quale si sostanzia il nuovo Codice[3].

All'interno della parte I, il titolo III è dedicato agli strumenti di regolazione della crisi e dell'insolvenza in generale; fa séguito al titolo dedicato alla composizione negoziata della crisi e precede i titoli dedicati ai singoli strumenti di regolazione della crisi (accordi, piano di ristrutturazione soggetto a omologazione, procedure di composizione delle crisi da sovraindebitamento, concordato preventivo) e dell'insolvenza (liquidazione giudiziale e liquidazione coatta amministrativa). La stessa organizzazione della disciplina evidenzia come l'apertura di una procedura concorsuale presupponga la mancata attivazione o la negativa conclusione delle trattative oggetto di composizione negoziata della crisi: laddove, cioè, una soluzione stragiudiziale non sia praticabile, la crisi e l'insolvenza non potranno che essere regolate in via giudiziaria e trovare quindi sbocco nell'apertura di una procedura di tipo giudiziario[4].

All'interno del titolo III, il capo IV disciplina l'accesso agli strumenti di regolazione della crisi e dell'insolvenza e alla liquidazione giudiziale e chiude il titolo nel suo complesso facendo séguito a tre capi dedicati rispettivamente alla giurisdizione, alla competenza e alla cessazione dell'attività del debitore[5].

All'interno del capo IV, la sezione II si occupa appunto di disciplinare il «*procedimento unitario per l'accesso agli strumenti di regolazione della crisi e dell'insolvenza e alla liquidazione giudiziale*»: tuttavia, l'unitarietà di tale procedimento non è solo oggetto della disciplina contenuta nella sezione II, ma è postulato anche delle discipline contenute nelle altre due sezioni costituenti il capo IV (la I e la III). La sezione I disciplina l'iniziativa per l'accesso alle varie procedure concorsuali e afferma infatti il principio secondo cui al debitore spetta la legittimazione a proporre la domanda di accesso alle diverse procedure, specificando successivamente che, in caso di domanda di accesso alla procedura di liquidazione giudiziale, vige la regola speciale che attribuisce la legittimazione non solo al debitore, ma anche agli organi e alle autorità amministrative di controllo e vigilanza sull'impresa, ai

essere necessariamente attivato nei confronti del soggetto di cui il P.M. chiede il fallimento o possa essere attivato anche nei confronti di altri soggetti. Sul punto, si è per esempio pronunciata App. Milano, 13 gennaio 2011, citata in nota da AULETTA, *Il processo*, 357, nell'ambito della quale è stata dichiarata la nullità di una sentenza di fallimento conclusiva di un procedimento attivato su iniziativa di un P.M. che aveva appreso la notizia circa lo stato di insolvenza del soggetto dichiarato fallito in primo grado nell'ambito di un procedimento penale attivato nei confronti di un soggetto diverso. Un contributo chiarificatore da parte del legislatore della riforma era quindi auspicabile.

[3] Cfr. DI CATALDO, ROSSI, *Nuove regole*, 754 ss.

[4] Cfr. CALVOSA, *Le principali novità*, 11 ss.; BENOCCI, *Reforming Italian*, 291 ss.; DI CATALDO, ROSSI, *Nuove regole*, 754 ss.; FARINA, *Il procedimento*, 2-4. Sul sistema concorsuale in generale come risultante dalla legge fallimentare, si veda *ex multis* NIGRO, *La disciplina*, 18 ss.; PANZANI, *Le alternative*, 3108 ss. Per uno sguardo di insieme ai principali ordinamenti, cfr. FINCH, *Corporate*, 155 ss.; FINCH, MILLAN, *Corporate Insolvency*, 15 ss.; FLETCHER, *The Law*, 245 ss.; GOODE, *Principles of Corporate*, 34 ss.; OMAR, *European Insolvency*, 53 ss.; WESSELS, *Harmonization of Insolvency*, 27 ss.

[5] Cfr. FABIANI, *Il codice*, 162 ss.; BRANCADORO, *Sistemiche e rilevanza*, 1023 ss.; MONTALENTI, *Il Codice* 833; NIGRO, *I princìpi generali*, 11 ss.

creditori e al pubblico ministero, il quale ultimo potrà agire ogni qualvolta avrà notizia dell'esistenza di uno stato di insolvenza. La sezione III disciplina invece le misure cautelari e protettive e, allo stesso modo, mira ad evitare che, qualunque sia la procedura della quale si domanda l'accesso, il debitore possa subire aggressioni del proprio patrimonio che rischino di vanificare la possibilità di regolazione della crisi nel tempo occorrente per accedere alla procedura più idonea [6].

Del procedimento unitario per l'accesso alle varie procedure concorsuali, si occupa specificatamente la sezione II: il procedimento è concepito come una sorta di "contenitore processuale uniforme" delle iniziative di carattere giudiziale fondate sull'asserita sussistenza di uno stato di crisi o di uno stato di insolvenza e in esso sono destinate a confluire tutte le domande, anche contrapposte, dei vari soggetti legittimati eventualmente interessati ad intervenire (debitore, organi e autorità di controllo, creditori, pubblico ministero), in vista della composizione dei relativi interessi e dell'accesso alla procedura più idonea e in vista altresì della possibilità di risolvere – già *ex ante* – i problemi di coordinamento e di sovrapposizione, tradizionalmente in essere tra le fasi di avvio delle molteplici procedure (fase preordinata alla dichiarazione di fallimento, fase di apertura della procedura di concordato preventivo, fase preordinata alla dichiarazione di insolvenza degli imprenditori commerciali soggetti a liquidazione coatta amministrativa o amministrazione straordinaria, fase di accertamento dello stato di sovraindebitamento degli imprenditori commerciali non soggetti a fallimento o dei debitori civili, dei professionisti e dei consumatori) [7].

La sezione II esordisce con l'art. 40, il quale afferma al suo comma 1 che il procedimento per l'accesso «*agli strumenti di regolazione della crisi e dell'insolvenza e alla liquidazione giudiziale*» deve svolgersi – appunto – «*con le modalità previste dalla presente sezione*». Le modalità previste dalla sezione II sostituiscono «*le modalità dei procedimenti in camera di consiglio*» previste dall'art. 15 l. fall., ma non vi è dubbio che anche le modalità previste dalla sezione II ricalchino le peculiarità tipiche dei procedimenti camerali sia in termini di rapidità di svolgimento sia in termini di rispetto dei princìpi del giusto processo. Inoltre, se l'art. 15 l. fall. disciplina il procedimento per la dichiarazione di fallimento e lo disciplina modellandolo sul presupposto che l'iniziativa sia assunta dai creditori o dal pubblico ministero, l'art. 40 disciplina un procedimento indifferente rispetto al suo esito e indifferente anche rispetto al soggetto che assuma l'iniziativa: se quindi l'art. 15 l. fall. snellisce ulteriormente la procedura laddove il ricorso per la dichiarazione di fallimento provenga direttamente dal debitore, la nuova disciplina introduce ulteriori garanzie procedimentali qualora il procedimento sia preordinato all'apertura della liquidazione giudiziale o sia stato avviato su iniziativa di soggetti diversi dal debitore. La disposizione ha una struttura ad "Y": innanzitutto, regola il contenuto della domanda di accesso alle procedure indipendentemente da chi sia il soggetto che la presenta; fissato il contenuto comune della domanda, la disciplina si divarica andando a regolare diversamente i vari adempimenti processuali connessi alla presentazione della domanda a seconda che il soggetto che la presen-

---

[6] Cfr. MONTALENTI, *Il Codice*, 829 ss.; LIBERTINI, *Crisi d'impresa*, 15.

[7] Sul punto, cfr. ancora CALVOSA, *Le principali novità*, 11 ss.; BENOCCI, *Dal fallimento*, 759 ss.; DI CATALDO, ROSSI, *Nuove regole*, 754 ss.; FARINA, *Il procedimento*, 6; DELLA ROCCA, *Il procedimento*, 134; BOGGIO, *L'accesso*, 1959.

ta sia il debitore ovvero sia un soggetto diverso dal debitore (organi e autorità di controllo, creditori, pubblico ministero); nel primo caso, fissa obblighi pubblicitari e comunicativi; nel secondo caso, fissa solo obblighi comunicativi per i motivi che si vedranno oltre [8].

2. – Con riferimento al contenuto della domanda – disciplina comune a tutte le domande indipendentemente da chi sia il soggetto che la presenta – il ricorrente deve innanzitutto indicare l'ufficio giudiziario al quale intende rivolgersi per chiedere l'accesso a una delle diverse procedure concorsuali (comma 2). Da questo punto di vista, non vi sono novità, se non nel fatto che – supponendo la giurisdizione italiana – l'ufficio giudiziario da indicare deve tener conto di quanto previsto dal nuovo art. 27, a norma del quale è competente il tribunale (quello delle imprese in caso di procedure maggiori o quello circondariale in caso di procedure minori) del luogo dove il debitore ha il proprio centro degli interessi principali. Rimane inoltre ferma la circostanza (prevista anche dall'art. 15, comma 1, l. fall.) che il procedimento si svolge dinanzi al tribunale in composizione collegiale (comma 1) [9].

Contrariamente a quanto previsto dall'art. 15 l. fall. (che postula che il ricorso indichi che il procedimento cui è preordinato è volto all'accertamento dei presupposti per la dichiarazione di fallimento), l'art. 40, comma 2, richiede trasversalmente che il ricorso indichi «*l'oggetto, le ragioni della domanda e le conclusioni*». La circostanza che attraverso la domanda disciplinata dall'art. 40 si possa accedere ad una qualunque delle diverse procedure concorsuali fa sì che il contenuto della domanda non possa essere delineato dalla legge: la legge impone quindi che la domanda specifichi "un" contenuto, rinviando al ricorrente in ordine a "quale" contenuto intenda delineare. Come chiarisce bene anche la Relazione illustrativa, il modello processuale è quindi sì unitario, ma il relativo esito è condizionato dall'oggetto e dalle conclusioni della domanda e dall'accertamento dei presupposti dedotti dal ricorrente a giustificazione del *petitum*. L'adozione di un procedimento unitario non implica cioè la rinuncia al principio della domanda [10].

[8] Per riferimenti alla disciplina recata dall'art. 15 l. fall., cfr. *ex multis* DE SANTIS, *Il processo, passim*; FILIPPI, *Il processo*, 304 ss.; NIGRO, VATTERMOLI, *Diritto della crisi*, 27 ss.; PICARDI, *La dichiarazione*, 32 ss.

[9] Sulla nozione di centro degli interessi principali del debitore, si rammenta come il regolamento 2015/848/UE sostituisca il regolamento 2000/1346/CE e miri a garantire una gestione efficiente delle procedure di insolvenza riguardanti un privato o un'impresa che svolge attività commerciali o ha interessi finanziari in un Paese UE diverso da quello in cui normalmente risiede. In particolare, la disciplina prevede norme comunitarie volte a stabilire: il giudice competente per l'apertura della procedura di insolvenza; la legge nazionale applicabile; il riconoscimento della decisione del giudice qualora un'impresa risulti insolvente. Le procedure vengono avviate dai giudici del Paese UE in cui è situato il c.d. centro degli interessi principali del debitore, che si presume sia: il luogo in cui si trova la sede legale, in caso di società o persone giuridiche; il luogo in cui si trova la sede principale di attività, in caso di persone fisiche che esercitano un'attività imprenditoriale o professionale; il luogo in cui la persona ha la residenza abituale, in caso di altre persone fisiche. Se il debitore svolge la propria attività in un luogo situato in un Paese UE diverso da quello in cui si trova il centro dei propri interessi principali, anche tale Paese UE può aprire una procedura di insolvenza nei confronti del debitore, ma tali "procedure secondarie" riguardano solo i beni detenuti in tale Paese. In generale, la legge applicabile è quella del Paese UE in cui viene aperta la procedura. La decisione di apertura della procedura di insolvenza in un Paese UE deve essere riconosciuta in tutti gli altri Paesi UE. Su questo punto, cfr. MCCORMACK, *COMI and COMITY*, 140 ss.

[10] Sul punto e in particolare per un raffronto con la vecchia disciplina, cfr. GIANNELLI, *Apertura e chiusura*, 191 ss.; DE SANTIS, *Il processo uniforme*, 1045 ss.; BOGGIO, *L'accesso*, 1952 ss.

Il comma 2 si chiude prevedendo che il ricorso debba essere sottoscritto dal difensore munito di procura. La prescrizione è coerente con il dettato di cui al precedente art. 9, che – per le procedure previste dal nuovo Codice e salvo eccezioni – prevede che il patrocinio del difensore è obbligatorio. Il comma 4 introduce una delle eccezioni ammesse dall'art. 9: in caso di domanda di accesso alla procedura di liquidazione giudiziale presentata dal debitore, questi può infatti stare in giudizio anche personalmente. Laddove la procedura cui si domanda di accedere è la liquidazione giudiziale e – congiuntamente – il ricorrente sia il debitore, l'obbligo di patrocinio da parte di un difensore viene meno e ciò, sia per evitare di ostacolare l'adempimento da parte del debitore dell'obbligo giuridico di non aggravare la propria situazione di insolvenza sia per assicurare la necessaria celerità che, anche secondo la Relazione illustrativa, deve caratterizzare il procedimento preordinato ad accertare lo stato di insolvenza e ad aprire le conseguenti procedure, presumibilmente coattive e liquidatorie [11].

3. – Con riferimento agli adempimenti processuali conseguenti alla presentazione di una domanda da parte del debitore, il comma 3 postula che la «*domanda del debitore*» debba essere depositata dallo stesso debitore presso la cancelleria del tribunale competente e prevede espressamente che, entro un giorno dalla data del deposito, debba essere comunicata dal cancelliere al registro delle imprese. Il conservatore del registro delle imprese deve iscrivere la domanda presso il registro delle imprese entro un ulteriore giorno, decorrente dalla data della comunicazione dal cancelliere al conservatore stesso [12].

È possibile che la domanda contenga la richiesta al giudice di disporre misure protettive, cioè misure temporanee volte ad evitare che certe azioni poste in essere dai creditori possano – nelle more delle trattative con le proprie controparti ovvero dell'*iter* per accedere definitivamente ad una procedura – pregiudicare il buon esito delle iniziative assunte dal debitore per la regolazione della crisi o dell'insolvenza. In questo caso, il comma 3 prevede che il conservatore debba iscrivere la domanda presso il registro delle imprese facendo espressa menzione delle misure protettive richieste, al fine di rendere conoscibili le istanze del debitore e – direi – renderle opponibili ai creditori [13].

Il comma 3 si chiude prevedendo che la domanda debba essere trasmessa anche al pubblico ministero; la norma non specifica chi sia il soggetto attivo dell'obbligo di tra-

[11] Il d.lgs. n. 83 del 2022, attuativo della direttiva n. 2019/1023/UE (c.d. Direttiva *Insolvency*), ha integrato il comma 2 dell'art. 40 chiarendo quale sia la disciplina applicabile al ricorso depositato da società. Infatti, la seconda parte dell'art. 40, comma 2, prevede adesso che, «*per le società, la domanda di accesso a uno strumento di regolazione della crisi e dell'insolvenza è approvata e sottoscritta a norma dell'articolo 120-bis*», cioè deve essere decisa in via esclusiva dagli amministratori, sottoscritta dal legale rappresentante, risultare da verbale redatto da notaio e iscritta nel registro delle imprese. Sul rapporto tra fenomeno societario e Codice della crisi, cfr. PINTO, *Diritto delle società*, 271 ss. Sul punto, cfr. BONACINA, PAJARDI, *Gli effetti*, 121 ss.; COSTANZA, *Gli effetti*, 1017 ss.; PUNZI, *La dichiarazione*, 1501 ss.

[12] Sul punto, cfr. DI CATALDO, ROSSI, *Nuove regole*, 754 ss.; DELLA ROCCA, *Il procedimento*, 134. Con riferimento alla vecchia disciplina, cfr. *ex multis* DE SANTIS, *Il processo*, *passim*; FILIPPI, *Il processo*, 304 ss.; NIGRO, VATTERMOLI, *Diritto della crisi*, 131 ss.; PICARDI, *La dichiarazione*, 32 ss.

[13] Sul punto, cfr. DELLA ROCCA, *Il procedimento*, 171 ss.; BOGGIO, *L'accesso*, 1952 ss.; FABIANI, *Le misure*, 865.

smissione; tuttavia, la circostanza che i soggetti attivi degli obblighi di cui al comma 3 siano il cancelliere e il conservatore, ma che l'unico soggetto attivo interno alla struttura giudiziaria sia il cancelliere, fa ritenere che sia quest'ultimo il soggetto su cui grava l'obbligo di trasmissione della domanda al pubblico ministero [14].

Nell'ipotesi in cui la domanda sia presentata dal debitore, gli adempimenti processuali connessi non si esauriscono quindi nel deposito della domanda e nella sua trasmissione al pubblico ministero, ma si estendono sino alla necessità di dare alla domanda congrua pubblicità mediante la sua iscrizione nel registro delle imprese al fine di renderla conoscibile al pubblico ed eventualmente opponibile ai terzi. Come si vedrà nel successivo paragrafo, un adempimento pubblicitario di questo genere non è previsto nell'ipotesi in cui la domanda sia presentata da un soggetto diverso dal debitore e ciò, perché il legislatore ha inteso evitare che eventuali iniziative di terzi destinate a rivelarsi infondate potessero essere divulgate causando danni anche irreversibili alla reputazione del debitore [15].

Nell'ipotesi in cui la domanda sia presentata dal debitore, va osservato come la norma non si occupi di disciplinare l'atto di immediato riscontro alla domanda; la norma non prevede cioè – come fa l'art. 15 l. fall. in materia di fallimento – che, ricevuto il ricorso, il tribunale debba convocare, con decreto apposto in calce al ricorso, il debitore istante: si tratta evidentemente di una lacuna, colmabile tuttavia in via sistematica, perché è evidente che – anche leggendo la disposizione congiuntamente con i successivi commi e con il successivo art. 41 in materia di sola liquidazione giudiziale – il tribunale che abbia ricevuto dal debitore una domanda di accesso ad una procedura non potrà che convocare sia il debitore istante sia il pubblico ministero (cui il ricorso era stato in precedenza trasmesso dal cancelliere) con onere per il cancelliere di notificare ad entrambi il ricorso e il decreto di convocazione [16].

---

[14] Sul punto, cfr. DI CATALDO, ROSSI, *Nuove regole*, 754 ss.; DELLA ROCCA, *Il procedimento*, 134. Con riferimento alla vecchia disciplina, cfr. *ex multis* DE SANTIS, *Il processo*, *passim*; FILIPPI, *Il processo*, 304 ss.; NIGRO, VATTERMOLI, *Diritto della crisi*, 131 ss.; PICARDI, *La dichiarazione*, 32 ss.

[15] In questo senso, è la stessa Relazione illustrativa. A questo proposito, il nuovo comma 4 dell'art. 40 introdotto dal d.lgs. n. 83 del 2022 prevede che, «*nel caso di domanda di accesso al giudizio di omologazione di accordi di ristrutturazione, gli accordi, contestualmente al deposito, sono pubblicati nel registro delle imprese e acquistano efficacia dal giorno della pubblicazione*», precisando che, con decreto, «*il tribunale può nominare un commissario giudiziale o confermare quello già nominato (...) quando è necessario per tutelare gli interessi delle parti istanti*» e quindi introducendo un principio di valutazione caso per caso, così come richiesto dalla direttiva *Insolvency*.

[16] Sotto il profilo dell'iniziativa del debitore, gli obiettivi di regolamentazione che la riforma si è posta avrebbero potuto suggerire un intervento più deciso. L'esperienza suggerisce infatti che la presentazione di un ricorso per la dichiarazione di fallimento da parte del debitore sia particolarmente infrequente. Con evidenza, la circostanza non è legata al fatto che, per sua stessa natura, l'imprenditore sia portato a ritardare il proprio dissesto o a dissimulare l'emersione del proprio stato di crisi né – in senso opposto – è legata al fatto che l'imprenditore preferisca optare per strumenti alternativi di composizione della crisi, ma è legata al fatto che la cultura diffusa ritiene che fallire sia una condanna *ex se* e fallire in proprio sia quindi manifestazione di una condotta "autolesionista". È invece pubblico interesse che ciò non avvenga per evitare che ritardi e dissimulazioni possano cagionare danni maggiori ai creditori e ai vari *stakeholder* coinvolti e, in generale, all'economia nazionale. Ed è infatti obiettivo dichiarato della riforma che la pubblica opinione percepisca un passaggio da

4. – Con riferimento agli adempimenti processuali conseguenti alla presentazione di una domanda da parte dei soggetti diversi dal debitore, va ancora una volta osservato come – analogamente a quanto avviene in caso di domanda presentata dal debitore e contrariamente a quanto previsto dall'art. 15 l. fall. in materia di fallimento – l'art. 40 ometta di prevedere che, ricevuto il ricorso, il tribunale debba convocare, con decreto apposto in calce al ricorso, il debitore e i creditori istanti. Anche in questo caso, si tratta senz'altro di una lacuna colmabile in via sistematica, ma – in questo caso – l'omissione si spiega con maggiore difficoltà, perché – con riferimento alla necessità che, in caso di ricorso presentato dai creditori, il tribunale debba convocare non solo i creditori istanti, ma anche il debitore – l'art. 15 l. fall. sta a sottolineare che, nonostante la speditezza tipica dei tratti camerali e sommari del procedimento prefallimentare, il legislatore intende comunque salvaguardare i princìpi del giusto processo, per esempio salvaguardando quello del contraddittorio tra le parti al fine di assicurare ai vari soggetti interessati la possibilità di difendere le proprie ragioni. Pur non prevedendo espressamente la necessità che il tribunale emetta il decreto di convocazione, in realtà l'art. 40 lo postula e – come l'art. 15 l. fall. – si preoccupa di disciplinare le modalità di notificazione al debitore della domanda e – appunto – del decreto di convocazione, con il consueto obiettivo di meglio garantire il principio del contraddittorio e mettere in condizione le parti di costituirsi e intervenire a tutela dei propri interessi.

Con riferimento alle modalità di notificazione, art. 15 l. fall. e art. 40 si differenziano tuttavia sotto alcuni aspetti. Innanzitutto, l'art. 15 l. fall. prevede che il cancelliere notifichi ricorso e decreto al debitore a mezzo PEC; qualora il tentativo abbia esito impossibile o negativo, è il ricorrente (creditore o pubblico ministero) che deve notificare ricorso e decreto al debitore, ma deve procedere di persona mediante spedizione o consegna degli atti presso la sede risultante dal registro delle imprese; qualora anche tale tentativo abbia esito impossibile o negativo, il ricorrente (creditore o pubblico ministero) deve notificare ricorso e decreto al debitore mediante deposito degli atti presso la casa comunale della sede risultante dal registro delle imprese. L'art. 40 si discosta da quanto previsto dalla omologa

---

una procedura di fallimento diretta alla persona del debitore ad una procedura di liquidazione giudiziale diretta al suo patrimonio e un conseguente spostamento dell'enfasi sull'oggetto della procedura, anziché sul soggetto. A questo fine, è essenziale che il debitore possa agevolmente apprezzare i vantaggi di un'iniziativa in proprio rispetto alla soggezione all'iniziativa altrui. Sarebbe stato dunque utile che fosse prestata attenzione all'iniziativa del debitore, incentivandola mediante l'introduzione di chiari e – rispetto al passato – maggiori meccanismi premiali. Ai sensi della legge fallimentare, al debitore che ricorra in proprio per la dichiarazione di fallimento non sono riconosciuti benefici in modo espresso, salvo quelli residui ricavabili dal sistema. Ai sensi dell'art. 217, comma 1, n. 4, l. fall. in materia di bancarotta semplice, è punito il fallito che ha aggravato il proprio dissesto, astenendosi dal richiedere la dichiarazione del proprio fallimento: il debitore può quindi essere interessato a fallire in proprio per evitare le conseguenze penali previste dalla norma citata. Ai sensi dell'art. 142, comma 1, n. 2, l. fall. in materia di c.d. esdebitazione, il fallito può essere liberato dai debiti che residuano alla chiusura della procedura – anche al di fuori del concordato fallimentare – al ricorrere congiunto di determinate condizioni, tra le quali risulta anche quella che il fallito non abbia in alcun modo ritardato o contribuito a ritardare lo svolgimento della procedura: il debitore può quindi essere interessato a fallire in proprio per dimostrare la sussistenza di questa condizione e usufruire quindi dell'istituto esdebitativo, ricorrendo gli altri presupposti. Di "sconto opportuno", parla STANGHELLINI, *La crisi*, 133. Su questi temi, si veda anche AULETTA, *Il processo*, 349; AMBROSINI, *L'esdebitazione*, 129.

norma della legge fallimentare per dare attuazione ai princìpi generali contenuti all'art. 2, comma 1, lett. *i*), della legge delega n. 155 del 2017, che – con l'obiettivo di telematizzare le procedure concorsuali per garantirne maggiore efficienza e rapidità – impongono al Governo (a) di prevedere che la notificazione degli atti delle procedure concorsuali al debitore imprenditore e professionista debba avvenire a mezzo PEC e (b) di prevedere che, quando la notificazione a mezzo PEC abbia esito impossibile o negativo per causa imputabile al debitore, debba avvenire comunque mediante una procedura telematica alternativa. La notificazione del ricorso e del decreto di convocazione è disciplinata dall'art. 40 ai commi da 6 a 8, che dichiarano espressamente di regolare la notificazione solo nell'ipotesi in cui la domanda di accesso ad una procedura concorsuale sia stata proposta da un soggetto diverso dal debitore (creditore, organi e autorità di controllo o di vigilanza, pubblico ministero) e dunque solo nell'ipotesi in cui gli atti debbano essere notificati al debitore, al fine di consentire alla parte più debole tra quelle interessate alla procedura di costituirsi e tutelare i propri interessi [17].

Tenuto conto di quanto sopra, i commi citati contemplano quattro scenari, l'uno subordinato al negativo esito di quello precedente. In linea di principio (come prevede anche la regola generale posta dall'art. 15 l. fall.), il cancelliere deve notificare ricorso e decreto al debitore a mezzo PEC potendo fare affidamento sugli appositi registri pubblici (servizio elettronico di recapito qualificato, registro delle imprese, indice nazionale degli indirizzi PEC delle imprese e dei professionisti). Qualora il tentativo abbia esito impossibile o negativo «*per causa imputabile al destinatario*», allora il cancelliere deve notificare gli atti al debitore mediante inserimento nell'area *web* riservata realizzata dal Ministero dello Sviluppo Economico (ora Ministero delle Imprese del Made in Italy) con l'Agenzia per l'Italia Digitale ai sensi dell'art. 359. Qualora il tentativo abbia esito impossibile o negativo «*per causa non imputabile al destinatario*», allora la disposizione afferma che la notifica al debitore deve avvenire – analogamente a quanto prevede l'art. 15 l. fall. – di persona, mediante spedizione o consegna degli atti presso la sede risultante dal registro delle imprese; se l'art. 15 l. fall. stabiliva espressamente che questa modalità di notificazione era a carico del ricorrente, l'art. 40 non dichiara chi sia il soggetto attivo del relativo obbligo e – anzi – il fatto che il soggetto attivo del precedente obbligo di notifica sia il cancelliere potrebbe far desumere che sia il cancelliere a dover notificare gli atti di persona presso la sede risultante dal registro delle imprese; tuttavia, la sovrapponibilità tra il testo dell'art. 15 l. fall. e quello dell'art. 40 induce a ritenere che siano sovrapponibili anche le relative discipline e induce quindi a ritenere che il soggetto cui spetta l'obbligo di notificare di persona gli atti presso la sede del debitore sia il ricorrente (ora, creditore e pubblico ministero, ma anche organi e autorità di controllo o di vigilanza). Qualora, infine, il tentativo abbia comunque esito impossibile o negativo, al legislatore non rimane che pretendere una notifica degli atti mediante deposito presso la casa comunale della sede risultante dal registro delle imprese; anche in questo caso, il soggetto chiamato ad effettuare la notificazione con le descritte modalità non è espressamente indicato, ma possono valere le medesime consi-

[17] Sul punto, cfr. BOZZA, *Le novità*, 157 ss.; LEONARD, *The Development*, 619 ss.; DELLA ROCCA, *Il procedimento*, 134.

derazioni fatte per la precedente ipotesi e può quindi concludersi che il soggetto obbligato debba individuarsi ancora una volta nel ricorrente (ora, creditore e pubblico ministero, ma anche organi e autorità di controllo o di vigilanza)[18].

---

[18] Sul punto, cfr. ancora BOZZA, *Le novità*, 157 ss.; LEONARD, *The Development*, 619 ss.; DELLA ROCCA, *Il procedimento*, 134. Per completezza, si rammenta che il d.lgs. n. 83 del 2022 – attuativo della direttiva n. 2019/1023/UE – ha aggiunto all'art. 40 i commi 9 e 10 con l'obiettivo di disciplinare il rapporto tra domande di accesso a diverse procedure concorsuali pendenti nei confronti del medesimo debitore, distinguendo l'ipotesi di presentazione di una domanda accesso alla procedura di liquidazione giudiziale in pendenza di un procedimento di accesso ad uno strumento di regolazione della crisi e dell'insolvenza e l'ipotesi di presentazione di una domanda di accesso ad uno strumento di regolazione della crisi e dell'insolvenza in pendenza di un procedimento di accesso alla procedura di liquidazione giudiziale. Nel primo caso, il comma 9 prevede che la domanda di accesso alla procedura di liquidazione giudiziale debba essere proposta all'interno del procedimento già pendente fino alla rimessione della causa al collegio per la decisione, con precisazione che, se la domanda è proposta separatamente, il tribunale la riunisce anche d'ufficio al procedimento pendente. Nel secondo caso, il comma 10 prevede che la domanda di accesso ad uno strumento di regolazione della crisi e dell'insolvenza debba ancora una volta essere proposta nell'ambito del procedimento già pendente, ma entro la prima udienza e a pena di decadenza, con la consueta precisazione che, se proposta separatamente ed entro il medesimo termine, la domanda è riunita anche d'ufficio al procedimento pendente, ma con ulteriore e divergente precisazione che, se è proposta dopo la prima udienza, la domanda non può essere proposta autonomamente sino alla conclusione del procedimento di accesso alla procedura di liquidazione giudiziale. Come precisa la Relazione illustrativa, le ragioni del diverso trattamento sono rinvenibili, in primo luogo, nella volontà di limitare possibili condotte abusive e dilatorie del debitore per paralizzare il procedimento di apertura della liquidazione giudiziale instaurato nei suoi confronti di creditori e, in secondo luogo, nell'opportunità di stimolare l'impresa ad attivarsi tempestivamente per la risoluzione della propria situazione di crisi o di insolvenza e quindi ad immaginare soluzioni prima che i creditori siano indotti ad adire le vie giudiziali in ragione della sua inerzia.

Articolo 41

Procedimento per l'apertura della liquidazione giudiziale

1. Il tribunale con decreto convoca le parti non oltre quarantacinque giorni dal deposito del ricorso.

2. Tra la data della notifica e quella dell'udienza deve intercorrere un termine non inferiore a quindici giorni.

3. I termini di cui ai commi 1 e 2 possono essere abbreviati dal presidente del tribunale o dal giudice relatore da lui delegato con decreto motivato, se ricorrono particolari ragioni di urgenza. In tali casi, il presidente del tribunale o il giudice da lui delegato può disporre che il ricorso e il decreto di fissazione dell'udienza siano portati a conoscenza delle parti con ogni mezzo idoneo, omessa ogni formalità non indispensabile alla conoscibilità degli stessi.

4. Il decreto fissa un termine fino a sette giorni prima dell'udienza per la presentazione di memorie o un termine ridotto nel caso di cui al primo periodo del comma 3. Il debitore, nel costituirsi, deve depositare i bilanci relativi agli ultimi tre esercizi o, se non è soggetto all'obbligo di redazione del bilancio, le dichiarazioni dei redditi concernenti i tre esercizi precedenti ovvero l'intera esistenza dell'impresa, se questa ha avuto una minore durata.

5. L'intervento dei terzi che hanno legittimazione a proporre la domanda e del pubblico ministero può avere luogo sino a che la causa non venga rimessa al collegio per la decisione.

6. Il tribunale può delegare al giudice relatore l'audizione delle parti. In tal caso, il giudice delegato provvede all'ammissione ed all'espletamento dei mezzi istruttori richiesti dalle parti o disposti d'ufficio. Il giudice può disporre la raccolta di informazioni da banche dati pubbliche e da pubblici registri.

Alessandro Benocci

Sommario: 1. La specialità del procedimento per l'accesso alla procedura di liquidazione giudiziale. – 2. La scansione temporale del procedimento per l'accesso alla procedura di liquidazione giudiziale. – 3. L'udienza di trattazione. – 4. L'istruttoria.

1. – L'art. 40 mira ad introdurre una disciplina generale che regoli il procedimento unitario per l'accesso ad una qualunque delle procedure concorsuali. Limitatamente al procedimento per l'accesso alla procedura di liquidazione giudiziale, l'art. 41 introduce tuttavia degli elementi di specialità che finiscono per allinearlo con il procedimento per l'accesso alla procedura di fallimento, disciplinato sinora dall'art. 15 l. fall. Le ragioni sono chiaramente da individuarsi nella circostanza che, rispetto alle altre procedure, la procedura di liquidazione giudiziale presenta – al pari della procedura di fallimento – caratteri più afflittivi, condividendo con la procedura di fallimento sia la modalità coattiva sia la finalità liquidatoria e, conseguentemente, anche l'effetto generale dello spossessamento dell'amministrazione a carico del debitore in vista della soddisfazione dei creditori concorsuali con il ricavato della vendita del relativo attivo.

Come l'art. 15 l. fall. per la procedura di fallimento, anche l'art. 41 introduce dunque per la procedura di liquidazione giudiziale alcune regole procedurali che si esprimono nell'introduzione (*rectius*, nella conferma) di termini e di forme che le parti coinvolte devono osservare al fine di garantire il rispetto del principio costituzionale del contraddittorio. Certamente, i termini e le forme previsti consentono di configurare anche il procedimento per l'accesso alla procedura di liquidazione giudiziale come un procedimento semplificato, ma dotato comunque di presìdi più vincolanti rispetto a quanto previsto per le altre procedure. L'art. 41 si occupa essenzialmente di due aspetti: in primo luogo, disciplina espressamente la scansione temporale che, dalla notifica del decreto di convocazione, conduce sino all'udienza di trattazione; in secondo luogo, disciplina le modalità di svolgimento dell'udienza di trattazione. In realtà, l'art. 41 si occupa anche di istruttoria, ma la relativa disciplina è destinata a completarsi con il successivo art. 42, nel tentativo di riportare la disciplina nell'alveo di una maggiore uniformità procedimentale, che le molteplici esigenze di differenziazione tendono costantemente a compromettere.

2. – Con riferimento alla scansione temporale (e organizzativa) del procedimento per l'accesso alla procedura di liquidazione giudiziale, l'art. 41 prevede al comma 1 che il tribunale debba convocare «*le parti*» con decreto «*non oltre quarantacinque giorni dal deposito del ricorso*». Va innanzitutto osservato che, se l'art. 15 l. fall. prevede che il tribunale debba – salvo intervento del pubblico ministero laddove sia questi ad aver presentato istanza di fallimento – convocare solo «*il debitore e i creditori istanti*», l'art. 41 prevede invece che il tribunale debba convocare tutte «*le parti*». La differenza testuale dipende da due circostanze: in primo luogo, dipende dal fatto che, se l'art. 15 l. fall. presuppone che l'istanza di fallimento sia presentata dai creditori o dal pubblico ministero (rinviando all'opera dell'interprete l'individuazione della disciplina quando l'istanza sia presentata dal debitore), l'art. 41 prescinde da chi sia il soggetto che presenta la domanda di accesso alla procedura di liquidazione giudiziale; in secondo luogo, dipende dal fatto che, con la nuova disciplina, la platea dei soggetti legittimati si è addirittura ampliata, andando a contemplare (non solo il debitore, i creditori e il pubblico ministero, ma) anche gli organi di controllo e le autorità di vigilanza. Va tuttavia soprattutto osservato che, come l'art. 15 l. fall., anche l'art. 41 prevede che il tempo intercorrente tra la data del deposito della domanda di accesso alla procedura di liquidazione giudiziale (da chiunque sia presentata) e la data dell'udienza di trattazione fissata nel decreto di convocazione debba essere non superiore a quarantacinque giorni [1].

[1] Sul punto, cfr. RUSSO, *Collegio sindacale*, 121 ss.; RORDORF, *Doveri e responsabilità*, 935 ss.; CALANDRA BUONAURA, *Ruolo e responsabilità*, 799; CALVOSA, *Le principali novità*, 11 ss.; BENOCCI, *Dal fallimento*, 759 ss.; DI CATALDO, ROSSI, *Nuove regole*, 754 ss.; DELLA ROCCA, *Il procedimento*, 134. Sul sistema concorsuale

Non è tutto. Dopo aver stabilito un termine massimo breve tra la data di deposito della domanda e la data dell'udienza di trattazione, il comma 2 dell'art. 41 prevede – sempre analogamente a quanto previsto sinora dall'art. 15 l. fall. – che tra la data di notifica del decreto di convocazione e la data dell'udienza di trattazione debba intercorrere un termine non inferiore a quindici giorni. In tal modo (cioè pretendendo che il tribunale fissi l'udienza non oltre un certo termine e che il soggetto obbligato notifichi il decreto di convocazione non oltre un altro determinato termine), il legislatore tenta di tener conto sia delle esigenze di speditezza dell'*iter* procedurale sia delle esigenze di garanzia del contraddittorio e, sullo stesso piano, si pone quindi anche il comma 4 della disposizione, dove si prevede che il decreto di convocazione debba assegnare alle parti un termine fino a sette giorni prima dell'udienza di trattazione per la presentazione di memorie, con precisazione che, in caso di domanda presentata da soggetto diverso dal debitore, questi dovrà depositare entro il medesimo termine anche «*i bilanci relativi agli ultimi tre esercizi o (...) le dichiarazioni dei redditi concernenti i tre esercizi precedenti*», cioè una parte di quei documenti che il debitore ha l'onere di depositare nell'ipotesi in cui sia questi a presentare domanda di accesso ad una delle procedure concorsuali previste [2].

Le analogie tra art. 15 l. fall. e art. 41 proseguono anche laddove ricorrano particolari ragioni di urgenza che rendano opportuno o necessario ridurre i già brevi termini appena visti. Il comma 3 dell'art. 41 prevede infatti che, in tali casi, i termini di quarantacinque e quindici giorni previsti dai commi 1 e 2 possano essere abbreviati dal presidente del tribunale o dal giudice delegato con decreto motivato, da portare a conoscenza delle parti con ogni mezzo idoneo, omessa ogni formalità non indispensabile alla conoscibilità degli stessi; simmetricamente, anche il comma 4 dell'art. 41 prevede che, nei medesimi casi, anche il termine di sette giorni per il deposito di memorie e documenti possa essere abbreviato con le stesse modalità [3].

3. – La norma in commento si occupa di disciplinare anche l'udienza di trattazione. Come può ricavarsi dalla lettera della disposizione, la regola generale è che l'audizione delle parti si svolga di fronte al tribunale in composizione collegiale, ma la prima parte del comma 6 dell'art. 41 prevede espressamente che il tribunale possa delegare tale audizione al giudice delegato. L'art. 15 l. fall. prevedeva che l'udienza di trattazione seguisse

---

vigente sotto la legge fallimentare, si vedano DE SANTIS, *Il processo*, *passim*; FILIPPI, *Il processo*, 304 ss.; NIGRO, VATTERMOLI, *Diritto della crisi*, 25 ss.; AULETTA, *Il processo*, 349.

[2] La puntuale indicazione dei documenti che il debitore deve produrre nel procedimento instaurato su istanza di soggetto diverso dal debitore è stata introdotta dal d.lgs. n. 147 del 2020, contenente disposizioni integrative e correttrice del Codice (c.d. decreto correttivo), in sostituzione del più generico riferimento ai «*documenti di cui all'art. 39*», con un effetto che – da un lato – è apprezzabile perché introduce un elemento di chiarezza, ma che – dall'altro lato – crea qualche perplessità sistematica, perché fa venir meno la perfetta coincidenza tra set documentale che il debitore deve depositare nell'ipotesi di domanda presentata da un soggetto diverso dal debitore medesimo e set documentale che il debitore ha l'onere di depositare nell'ipotesi di domanda presentata da lui stesso. Sul punto, si veda SANDULLI, *Il tempo*, 2761 ss., ma per i profili sistematici, si veda anche TOMBARI, *Princìpi e problemi*, 2384 ss.

[3] Anche in questo caso, si vedano i contributi di SANDULLI, *Il tempo*, 2761 ss.; TOMBARI, *Princìpi e problemi*, 2384 ss., cui si ritiene di dover aggiungere anche i riferimenti a AULETTA, *Il processo*, 349, DE SANTIS, *Il processo*, 28 ss.; FILIPPI, *Il processo*, 304 ss.

«*le modalità dei procedimenti in camera di consiglio*». L'art. 41 tace sul punto, mentre l'art. 40 si limita a prevedere che il procedimento per l'accesso ad una delle diverse procedure concorsuali – e quindi anche il procedimento per l'accesso alla procedura di liquidazione giudiziale – debba svolgersi con le modalità previste dalla sezione II, che – come si è visto nel commento *sub* art. 40 – hanno sostituito «*le modalità dei procedimenti in camera di consiglio*» previste dall'art. 15 l. fall.; come già rilevato, non vi è dubbio che anche le modalità previste dalla sezione II ricalchino le peculiarità tipiche dei procedimenti camerali e si può pertanto ritenere che l'udienza di trattazione tenuta nell'ambito del procedimento per l'accesso alla procedura di liquidazione giudiziale continui a presentare i tratti dell'udienza "a porte chiuse", ma è evidente che – su un punto così rilevante – un intervento espresso del legislatore sarebbe stato oltremodo opportuno [4].

Un palese elemento di discontinuità rispetto all'art. 15 l. fall. è invece da individuarsi nel comma 5 dell'art. 41, a norma del quale è previsto che l'intervento del pubblico ministero e dei terzi legittimati a proporre la domanda (tutti i creditori e tutti gli organi di controllo e le autorità di vigilanza in caso di domanda presentata dal debitore ovvero gli altri creditori e gli altri organi di controllo e autorità di vigilanza in caso di domanda presentata da uno di essi) non solo è consentito, ma può aver luogo «*sino a che la causa non venga rimessa al collegio per la decisione*». La novità rispetto al vecchio dettato normativo è compatibile con l'obiettivo di politica del diritto di garantire quanto più possibile la trattazione unitaria di più domande eventualmente proposte nei confronti di uno stesso debitore, al fine di comporre i vari interessi contrapposti e coinvolti dal dissesto economico di un imprenditore [5].

4. – Nella sua seconda parte, il comma 6 dell'art. 41 inizia ad occuparsi di istruttoria, salvo completarsi al successivo art. 42 con disciplina – si vedrà – applicabile anche al procedimento per l'accesso alla procedura di concordato preventivo. Anche la disposizione di chiusura dell'art. 41 non aggiunge nulla di nuovo rispetto al passato. Si limita infatti a confermare – analogamente a quanto disposto sinora dall'art. 15 l. fall. – che, in caso di audizione delle parti delegata dal tribunale al giudice relatore, questi ha il potere di ammettere e assumere sia i mezzi di prova richiesti dalle parti sia i mezzi di prova disposti d'ufficio. In particolare, il potere di ammettere e assumere mezzi di prova disposti d'ufficio è specificato nell'ultima proposizione della norma, laddove si prevede a titolo esemplificativo che il giudice delegato possa disporre la raccolta di informazioni rilevanti sul debitore e in generale sulla sussistenza dei presupposti per l'accesso alla procedura di liquidazione giudiziale, accedendo a banche dati pubbliche e a pubblici registri [6].

[4] Sul punto, si veda FABIANI, *Il codice*, 162 ss.; DI CATALDO, ROSSI, *Nuove regole*, 754 ss.; sulla legge fallimentare, si vedano SANDULLI, *Il tempo*, 2761 ss.; AULETTA, *Il processo*, 349; DE SANTIS, *Il processo*, 67 ss.; FILIPPI, *Il processo*, 304 ss.; NIGRO, *La disciplina*, 18 ss.

[5] Cfr. CALVOSA, *Le principali novità*, 11 ss.; BENOCCI, *Reforming Italian Insolvency*, 291 ss.; DI CATALDO, ROSSI, *Nuove regole*, 754 ss.; DELLA ROCCA, *Il procedimento*, 134; NIGRO, *I princìpi generali*, 11 ss.; CALANDRA BUONAURA, *Ruolo e responsabilità*, 803.

[6] Sul punto, si vedano FERRO, *L'istruttoria*, 15 ss.; SCIACCA, *L'istruttoria*, 43 ss.; ZOCCA, *Equilibrio economico*, 1 ss.

Articolo 42

Istruttoria sui debiti risultanti dai pubblici registri nei procedimenti per l'apertura della liquidazione giudiziale o del concordato preventivo

1. Fermo quanto disposto dall'articolo 39, a seguito della domanda di apertura della liquidazione giudiziale o del concordato preventivo, la cancelleria acquisisce, mediante collegamento telematico diretto alle banche dati dell'Agenzia delle entrate, dell'Istituto nazionale di previdenza sociale e del Registro delle imprese, i dati e i documenti relativi al debitore individuati all'articolo 367 e con le modalità prescritte nel medesimo articolo.

2. Fino al momento in cui l'articolo 367 acquista efficacia, la cancelleria provvede all'acquisizione dei dati e documenti indicati al comma 1 mediante richiesta inoltrata tramite posta elettronica certificata.

Alessandro Benocci

1. – L'art. 42 impone alcune considerazioni sistematiche sin dalla lettura della sua rubrica. Si è visto più sopra come l'art. 40 miri ad introdurre una disciplina "generale" del procedimento unitario per l'accesso ad uno qualunque degli strumenti di regolazione della crisi e dell'insolvenza e alla procedura di liquidazione giudiziale. E si è visto come l'art. 41 introduca una disciplina "speciale" del procedimento per l'accesso alla procedura di liquidazione giudiziale che – in sostanziale analogia con quanto previsto sinora dall'art. 15 l. fall. per il fallimento – si manifesta nella previsione di alcuni termini e forme che le parti coinvolte devono osservare al fine di garantire la speditezza del procedimento e il contemporaneo rispetto del principio costituzionale del contraddittorio, ivi comprese le regole in tema di udienza di trattazione e di istruttoria. Si è visto inoltre (e la circostanza è confermata proprio dalla lettura della rubrica dell'art. 42) che le regole in materia di istruttoria previste dall'art. 41 sono destinate ad essere completate proprio dallo stesso art. 42, il quale tuttavia non si occupa solo di istruttoria del procedimento per l'accesso alla procedura di liquidazione giudiziale, ma anche di istruttoria del procedimento per l'accesso alla procedura di concordato preventivo. Dal punto di vista sistematico, l'art. 42 – da un lato – completa e specifica le regole istruttorie speciali previste dall'art. 41 per il procedimento di accesso alla procedura di liquidazione giudiziale e – dall'altro lato – introduce nuove regole istruttorie speciali per il procedimento di accesso alla procedura di concordato preventivo. Dal punto di vista sistematico, l'organizzazione delle norme desta dunque qualche perplessità, anche perché lascia intatto il dubbio su quale sia la disciplina applicabile dal punto di vista istruttorio ai procedimenti di accesso alle procedure diverse dalla liquidazione giudiziale e dal concordato preventivo. Tuttavia, la norma è ben organizzata dal punto di vista sostanziale. La disciplina regola infatti efficacemente quattro distinti aspetti: il soggetto attivo dell'attività istruttoria, il relativo momento di avvio, il suo oggetto e le modalità di svolgimento.

2. – Con riferimento al soggetto attivo dell'attività istruttoria, l'art. 42 prevede che l'attività di acquisizione di determinati dati e documenti relativi al debitore spetti alla «*cancelleria*» del tribunale competente a pronunciarsi. Sotto questo profilo, la norma ha una portata abbastanza innovativa. La norma recepisce infatti una prassi e la adatta alle esigenze organizzative della realtà giudiziaria nel tentativo di deflazionare le incombenze dei tribunali e dei giudici delegati. Sinora, i tribunali o i giudici delegati emettevano di volta in volta dei provvedimenti con i quali chiedevano espressamente alle pubbliche amministrazioni che gestiscono le banche dati pubbliche o i pubblici registri la trasmissione dei dati e dei documenti relativi al debitore. Con l'introduzione dell'art. 42, la prassi diventa norma e l'onere acquisitivo viene posto non più sul tribunale o sul giudice delegato, ma sulla relativa cancelleria che, in tal modo, viene corrispondentemente responsabilizzata [1].

Ovviamente, la norma specifica quanto già previsto dall'art. 41 per il giudice delegato alla procedura di liquidazione giudiziale, per il quale è comunque fatto salvo il potere di disporre la raccolta di informazioni da banche dati e da pubblici registri indipendentemente dall'attività di acquisizione posta in essere parallelamente dalla cancelleria del tribunale [2].

Nel porre l'onere acquisitivo in capo alla cancelleria (e comunque in capo ad un soggetto diverso dalle parti), la norma conferma peraltro la natura sommaria dei procedimenti di accesso alle procedure di liquidazione giudiziale e di concordato preventivo: è evidente infatti che, di fronte alla presentazione di una domanda di accesso ad una delle due procedure da parte di un soggetto che afferma, ma non prova compiutamente, la sussistenza dei presupposti di accesso a quelle procedure, la cancelleria del tribunale potrà comunque acquisire i dati e i documenti relativi al debitore per consentire al tribunale o al giudice delegato di accertare la sussistenza o meno di quei presupposti e ciò, sia per allestire un corredo documentale con il minimo onere per le parti sia per dare compiutezza al principio tipicamente concorsuale secondo cui l'insufficienza della produzione di mezzi di prova da parte degli istanti non impedisce l'accoglimento della domanda di accesso ad una

[1] Sul punto, si vedano AULETTA, *Il processo*, 349, DE SANTIS, *Il processo*, 67 ss.; FILIPPI, *Il processo*, 304 ss.; NIGRO, *La disciplina*, 18 ss.

[2] Sul punto, si vedano FERRO, *L'istruttoria*, 15 ss.; SCIACCA, *L'istruttoria*, 43 ss.

procedura e ciò, in ossequio alle esigenze di tutela degli interessi anche pubblici coinvolti dal dissesto economico di un imprenditore [3].

È quindi evidente che, se la domanda di accesso alla procedura viene presentata da un soggetto diverso dal debitore, tale soggetto potrebbe avere informazioni per affermare la sussistenza dei presupposti per l'accesso ad una delle procedure, ma potrebbe contemporaneamente non essere in grado di produrre i necessari mezzi di prova: in questo caso, la norma che pone a carico della cancelleria del tribunale l'onere di acquisire i dati e i documenti relativi al debitore si lascia apprezzare senza necessità di ulteriori commenti. Ma la norma mira a colmare anche eventuali lacune laddove dati e documenti relativi al debitore dovessero essere già disponibili. La norma prevede infatti che l'onere di acquisizione in capo alla cancelleria sussiste «*fermo quanto disposto dall'articolo 39*»; prevede cioè che tale onere sussiste anche quando la domanda di accesso alla procedura viene presentata dal debitore e questi, in ossequio a quando disposto dall'art. 39, debba depositare i documenti ivi indicati (sostanzialmente, le scritture contabili e fiscali, le dichiarazioni dei redditi, le dichiarazioni IVA e IRAP, la relazione di stima e l'elenco dei creditori) [4]; nonostante sul debitore gravi un obbligo di produrre sostanzialmente i medesimi dati e i medesimi documenti oggetto dell'onere acquisitivo posto a carico della cancelleria, tale onere non viene meno e ciò, allo scopo di evitare lacune e mettere quindi il tribunale o il giudice delegato nella condizione di meglio istruire il procedimento preordinato all'apertura di procedure così rilevanti quali sono quelle di liquidazione giudiziale e di concordato preventivo [5].

Va infine osservato come la norma ponga in capo alla cancelleria "solo" un onere di acquisizione di dati e documenti relativi al debitore e non richieda alla cancelleria di comunicare tale acquisizione al debitore. D'altra parte, il debitore è parte del procedimento e dunque, accedendo al fascicolo d'ufficio, sia il debitore sia i suoi professionisti possono senz'altro esaminare quanto vi è contenuto. Inoltre, i dati e i documenti relativi al debitore concernono sostanzialmente la sua situazione patrimoniale ed economico-finanziaria e non possono quindi non essergli noti, da ciò derivando anche la salvaguardia del suo diritto di difesa [6].

3. – Con riferimento al momento di avvio dell'attività istruttoria, l'art. 42 prevede che la cancelleria acquisisca i dati e i documenti relativi al debitore «*a séguito della domanda di apertura della liquidazione giudiziale o del concordato preventivo*» indipendentemente da chi abbia presentato tale domanda. Si è infatti appena visto come l'attività istruttoria sui debiti del debitore debba essere posta in essere dalla cancelleria non solo quando la domanda sia presentata da un soggetto diverso dal debitore, ma anche quando la domanda sia stata presentata dal debitore, per evitare che – nonostante sullo stesso gravino obblighi di produzione informativa e documentale – l'attività istruttoria presenti delle lacune che

---

[3] Cfr. NIGRO, *La disciplina*, 18 ss.; BONACINA, PAJARDI, *Gli effetti*, 121 ss.; COSTANZA, *Gli effetti*, 1017 ss.; PUNZI, *La dichiarazione*, 1501 ss.

[4] L'art. 39 è stato sostituito dal d.lgs. 147/2020, correttivo della riforma, che – come si vedrà *infra* – ha implementato il set documentale che il debitore istante deve depositare.

[5] Cfr. ZOCCA, *Equilibrio economico*, 1 ss. e comunque v. *sub* art. 39.

[6] In questo senso, è la stessa Relazione illustrativa.

possano indurre il giudicante ad adottare delle decisioni non perfettamente calibrate. Va inoltre osservato come la nascita dell'onere acquisitivo in capo alla cancelleria avvenga in un momento particolarmente anticipato. La circostanza sottolinea come – pur nel rispetto dei princìpi del contraddittorio – gli interessi anche pubblici coinvolti in presenza del dissesto economico di un imprenditore giustifichino l'urgenza del procedimento e la conseguente speditezza delle attività strumentali a consentirne la pronta definizione [7].

4. – Con riferimento all'oggetto dell'attività istruttoria, l'art. 42 prevede che la cancelleria debba acquisire «*i dati e i documenti relativi al debitore individuati all'articolo 367*». L'art. 367 individua tre gruppi di documenti. In primo luogo, si fa riferimento ai documenti acquisibili dal registro delle imprese: bilanci relativi agli ultimi tre esercizi, visura storica e atti con cui sono state compiute le operazioni straordinarie di aumento e riduzione di capitale, fusione e scissione, trasferimenti di azienda o di rami di azienda. In secondo luogo, si fa riferimento ai documenti acquisibili dall'Agenzia delle Entrate: dichiarazioni dei redditi degli ultimi tre anni o esercizi, elenco degli atti sottoposti a imposta di registro e debiti fiscali. In terzo luogo, si fa riferimento ai documenti acquisibili dall'Istituto Nazionale di Previdenza Sociale e cioè essenzialmente le informazioni relative ai debiti contributivi [8].

Come si vede, l'oggetto dell'onere acquisitivo posto a carico della cancelleria coincide sostanzialmente con l'oggetto dell'onere probatorio posto a carico del debitore nell'ipotesi in cui questi intenda presentare una domanda per l'accesso ad uno degli strumenti di regolazione della crisi e dell'insolvenza o della procedura di liquidazione giudiziale. Con riferimento a quest'ultimo profilo, l'art. 39 prevede infatti che il debitore depositi le scritture contabili e fiscali, le dichiarazioni dei redditi, le dichiarazioni IRAP e IVA, i bilanci, una relazione sulla situazione patrimoniale ed economico-finanziaria, una relazione di stima delle proprie attività, l'elenco nominativo dei creditori, la certificazione dei debiti fiscali, dei debiti contributivi e dei debiti per premi assicurativi e, infine, una relazione riepilogativa degli eventuali atti di straordinaria amministrazione. Nonostante ciò, si è visto sopra come l'onere acquisitivo in capo alla cancelleria "scatti" anche quando la domanda di accesso alla procedura sia stata presentata dal debitore e ciò, per evitare possibili lacune istruttorie, tanto più probabili laddove si faccia affidamento sull'adempimento spontaneo di soggetti tendenzialmente controinteressati [9].

In generale, l'oggetto dell'onere acquisitivo posto a carico della cancelleria consente al tribunale e al giudice delegato di avere a disposizione le necessarie informazioni in ordine ai debiti tributari e contributivi e ai dati contabili del debitore. L'oggetto ha quindi un perimetro inferiore sia rispetto al set informativo che il giudice delegato può disporre di acquisire d'ufficio ai sensi dell'art. 41 nell'ambito del procedimento per l'accesso alla proce-

[7] Sul punto, cfr. DI CATALDO, ROSSI, *Nuove regole*, 754 ss.; DELLA ROCCA, *Il procedimento*, 134. Con riferimento alla vecchia disciplina, cfr. *ex multis* DE SANTIS, *Il processo, passim*; FILIPPI, *Il processo*, 304 ss.; NIGRO, VATTERMOLI, *Diritto della crisi*, 132 ss.; PICARDI, *La dichiarazione*, 32 ss.

[8] Per approfondimenti, si veda *sub* art. 367.

[9] Cfr. FABIANI, *Il codice*, 162 ss.; DI CATALDO, ROSSI, *Nuove regole*, 754 ss.; DELLA ROCCA, *Il procedimento*, 134; BENOCCI, *Dal fallimento*, 759 ss.; BOGGIO, *L'accesso*, 1952 ss.; DE SANTIS, *Il processo uniforme*, 1051.

dura di liquidazione giudiziale, sia – a ben vedere – anche rispetto ai dati e ai documenti che il debitore deve produrre ai sensi dell'art. 39 quando sia il medesimo debitore a proporre la domanda di accesso ad una delle diverse procedure concorsuali [10].

5. – Con riferimento alle modalità di svolgimento dell'attività istruttoria, il comma 1 dell'art. 42 prevede che la cancelleria acquisisca i dati e i documenti relativi al debitore «*mediante collegamento telematico diretto alle banche dati dell'Agenzia delle Entrate, dell'Istituto Nazionale di Previdenza Sociale e del Registro delle Imprese*» di cui all'art. 367. L'attività di acquisizione di dati e documenti relativi al debitore da parte della cancelleria non richiede quindi un impulso particolare, ma si sostanzia nella trasmissione automatica di flussi informativi dalle pubbliche amministrazioni alla cancelleria medesima. Con riferimento alle modalità di svolgimento dell'attività istruttoria, il comma 1 dell'art. 42 presuppone quindi l'esistenza di un sistema di cooperazione applicativa tra cancellerie e pubbliche amministrazioni che consenta la trasmissione dalle seconde alle prime di dati e documenti relativi al debitore in via diretta e automatica. Tuttavia, tale sistema di cooperazione applicativa non esiste ancora e l'art. 367 rinvia per la relativa disciplina al Codice dell'amministrazione digitale e delega per la relativa implementazione l'Agenzia per l'Italia Digitale, di concerto con le varie pubbliche amministrazioni coinvolte, inclusi il Ministero della Giustizia e il Garante per la Protezione dei Dati Personali. In mancanza dell'istituzione del descritto sistema di cooperazione applicativa, il comma 2 supplisce prevedendo che l'attività di acquisizione da parte delle cancellerie dei dati e dei documenti relativi al debitore debba avvenire – non potendo avvenire automaticamente – mediante espressa richiesta che le cancellerie medesime dovranno rivolgere via PEC alle pubbliche amministrazioni che gestiscono le banche dati di interesse. In tal modo, è garantito comunque il funzionamento del sistema [11].

---

[10] Per approfondimenti, si veda *supra sub* artt. 39 e 41, entrambi modificati dal d.lgs. n. 147 del 2020 correttivo della riforma, e comunque cfr. ZOCCA, *Equilibrio economico*, 1 ss.

[11] Per approfondimenti, si veda *infra sub* art. 367 e comunque cfr. BOZZA, *Le novità*, 157 ss.; LEONARD, *The Development*, 619 ss.; DELLA ROCCA, *Il procedimento*, 134; MINERVINI, *Disciplina della crisi*, 119 ss.; MONTALENTI, *Il Codice della Crisi*, 841.

Articolo 43

Rinuncia alla domanda

1. In caso di rinuncia alla domanda di cui all'articolo 40 il procedimento si estingue, fatta salva la volontà di proseguirlo manifestata dagli intervenuti o dal pubblico ministero per l'apertura della liquidazione giudiziale. Il pubblico ministero può rinunciare alla domanda di apertura della liquidazione giudiziale.

2. Sull'estinzione il tribunale provvede con decreto e, nel dichiarare l'estinzione, può condannare la parte che vi ha dato causa alle spese.

3. Quando la domanda è stata iscritta nel registro delle imprese, il cancelliere comunica immediatamente il decreto di estinzione al medesimo registro per la sua iscrizione da effettuarsi entro il giorno successivo.

Alessandro Benocci

Sommario: 1. Effetti della rinuncia alla domanda di accesso ad una delle procedure di regolazione della crisi o dell'insolvenza. – 2. Effetti della rinuncia alla domanda per il pubblico ministero e per gli intervenuti. – 3. Effetti della rinuncia alla domanda dal punto di vista pubblicitario.

1. – L'art. 43 si occupa degli effetti della «*rinuncia alla domanda di cui all'articolo 40*». Così facendo, la norma in commento pare torni ad introdurre elementi di disciplina generale applicabili al procedimento unitario per l'accesso ad una qualunque delle procedure concorsuali e pare quindi chiuda la parentesi di disciplina speciale che gli artt. 41 e 42 hanno dedicato ai procedimenti per l'accesso alle sole procedure di liquidazione giudiziale e di concordato preventivo. Nel fare riferimento alla domanda di cui all'art. 40, l'art. 43 intende dunque occuparsi degli effetti della rinuncia alla domanda di accesso ad una qualunque delle procedure concorsuali, da chiunque tale domanda sia stata presentata.

Oltre che sul piano sistematico, la norma rileva anche per il suo contenuto. Nell'ambito della legge fallimentare, una norma analoga non compare, ma va anche detto che – a fronte di questo – la regola da essa introdotta non è nuova agli operatori, perché va infatti a recepire una prassi giurisprudenziale che – pacificamente – sostiene che, in presenza di una desistenza dall'istanza di fallimento o comunque in presenza di una rinuncia alla domanda di accesso ad una delle varie procedure concorsuali, il tribunale non può procedere d'ufficio, venendo meno la necessaria iniziativa del soggetto legittimato.

Premesso questo, l'art. 43 conferma quindi che, in caso di rinuncia alla domanda di accesso ad una qualunque delle diverse procedure concorsuali, il procedimento preordinato all'apertura di una di tali procedure si estingue e tale estinzione deve essere accertata dal tribunale con decreto (prima parte del comma 1). La norma tiene conto anche della circostanza che il ricorrente possa aver presentato la propria domanda con finalità dilatoria o comunque strumentale e che possa aver rinunciato conseguentemente alla propria domanda una volta che tali finalità siano state conseguite. Considerandole come non meritevoli di tutela, il legislatore tratta questa condotta come abusiva e, corrispondentemente, la sanziona prevedendo che, su istanza di una delle altre parti ovvero anche d'ufficio, il tribunale possa condannare la parte che ha dato avvio al procedimento alla rifusione delle spese (comma 2) [1].

2. – Nonostante l'intenzione di occuparsi degli effetti della rinuncia alla domanda di accesso ad una qualunque delle procedure concorsuali, l'art. 43 finisce comunque per introdurre elementi di ulteriore disciplina speciale. Tali elementi – assenti nel corpo originario del Codice – sono stati introdotti dal d.lgs. n. 83 del 2022, attuativo della direttiva n. 2019/1023/UE (c.d. Direttiva *Insolvency*). Dopo aver previsto che, in caso di rinuncia alla domanda, il procedimento si estingue, la versione originaria del comma 1 stabiliva infatti che era «*fatta salva la legittimazione del pubblico ministero intervenuto*»: la versione vigente della norma stabilisce invece che è «*fatta salva la volontà di proseguirlo manifestata dagli intervenuti o dal pubblico ministero*», ma solo «*per l'apertura della liquidazione giudiziale*». Dopo aver previsto che, sull'estinzione, il tribunale provvede con decreto, la versione originaria del comma 2 stabiliva che «*il decreto è comunicato al pubblico ministero*», mentre la versione vigente della norma non prevede alcuna precisazione in proposito. Le versioni originarie delle due disposizioni si preoccupavano dunque di disciplinare gli effetti della rinuncia alla domanda per il pubblico ministero e si preoccupavano in sostanza di regolarne la particolare posizione all'interno del procedimento di accesso ad una qualunque procedura concorsuale. Il d.lgs. n. 83 del 2022 ha invece ampliato la platea dei soggetti per i quali si è ritenuto opportuno regolare gli effetti della rinuncia alla domanda e ha introdotto elementi di specialità in presenza di un procedimento di accesso alla procedura di liquidazione giudiziale [2].

---

[1] Il d.lgs. n. 147 del 2020 aveva introdotto nel Codice la precisazione circa la facoltà per il tribunale di condannare alle spese il ricorrente-rinunciante solo qualora una delle altre parti lo richiedesse e – come afferma la Relazione illustrativa – mirava ad evitare che l'officiosità della pronuncia da parte del tribunale potesse essere d'ostacolo al raggiungimento di soluzioni stragiudiziali. Il d.lgs. n. 83 del 2022, attuativo della direttiva n. 2019/1023/UE, ha abrogato tale precisazione consentendo all'interprete di ampliare la facoltà di condanna alle spese da parte del tribunale, che dunque può ora procedere non solo su istanza di parte, ma anche d'ufficio, in modo da aumentare nuovamente il potenziale sanzionatorio a carico di chi adotti condotte abusive. Sul punto, cfr. DI CATALDO, ROSSI, *Nuove regole*, 754 ss.; DELLA ROCCA, *Il procedimento*, 134. Con riferimento alla vecchia disciplina, cfr. *ex multis* DE SANTIS, *Il processo*, *passim*; FILIPPI, *Il processo*, 304 ss.; NIGRO, VATTERMOLI, *Diritto della crisi*, 27 ss.; PICARDI, *La dichiarazione*, 32 ss.

[2] Sul punto, si veda la Relazione illustrativa al d.lgs. n. 83 del 2022, con precisazione che il comma 1 dell'art. 43 si chiude adesso con una terza parte in cui si precisa che «*il pubblico ministero può rinunciare alla domanda di apertura della liquidazione giudiziale*».

In particolare, la seconda parte del comma 1 prevedeva inizialmente che, in caso di rinuncia alla domanda, il pubblico ministero potesse impedire l'estinzione del procedimento. Sotto questo ristretto profilo, la disposizione non aveva carattere generale già sin dalla sua iniziale formulazione, perché poteva trovare applicazione solo quando il pubblico ministero poteva intervenire autonomamente, il che accade – come spiegato dall'art. 41 – solo nell'ambito del procedimento per l'accesso alla procedura di liquidazione giudiziale. La norma finiva allora per prevedere che, in caso di rinuncia alla domanda di accesso alla procedura di liquidazione giudiziale, il pubblico ministero eventualmente intervenuto potesse impedire l'estinzione del procedimento e continuare a chiedere la liquidazione giudiziale senza necessità di proporre un nuovo ed autonomo ricorso, al consueto scopo di evitare un uso strumentale del potere di rinunciare alla domanda. La modifica introdotta dal d.lgs. n. 83 del 2022 è dunque parzialmente superflua, ma innova nella parte in cui prevede che, in caso di rinuncia alla domanda di accesso da parte del debitore, la facoltà di impedire l'estinzione del procedimento spetta anche alle altre parti eventualmente intervenute, chiarendo che tale facoltà spetta loro solo per il procedimento di accesso alla procedura di liquidazione giudiziale.

Con riferimento all'altro aspetto, la versione originaria della seconda parte del comma 2 tornava ad avere carattere generale e ad essere quindi applicabile sia ai procedimenti di accesso ad un qualunque strumento di regolazione della crisi e dell'insolvenza sia al procedimento di accesso alla procedura di liquidazione giudiziale. La norma prevedeva infatti che, in caso di estinzione del procedimento per rinuncia alla domanda (qualunque domanda, da chiunque presentata), il tribunale doveva comunicare il decreto di estinzione in ogni caso al pubblico ministero, in modo che questi, nell'ambito dei propri poteri di indagine autonomamente esercitabili, potesse verificare l'esistenza dei presupposti per l'apertura di una procedura di liquidazione giudiziale e potesse conseguentemente esercitare il potere di iniziativa riconosciutogli dall'art. 38. Come visto più sopra, il riferimento al dovere del tribunale di comunicare il decreto al pubblico ministero è venuto meno in seguito alle modifiche apportate dal d.lgs. n. 83 del 2022, ma – come può evincersi dalla strumentalità di tale comunicazione rispetto ai poteri di iniziativa di cui all'art. 38 – è sostenibile che l'abrogazione formale non faccia comunque venire meno il sostanziale onere comunicativo [3].

3. – L'art. 43 si chiude prevedendo al comma 3 che, «*quando la domanda è stata iscritta nel Registro delle Imprese, il cancelliere comunica immediatamente il decreto di estinzione al medesimo Registro per la sua iscrizione da effettuarsi entro il giorno successivo*». Si ricorderà che, ai sensi del comma 3 dell'art. 40, la domanda è iscritta nel registro delle imprese solo quando essa sia presentata dal debitore. Il comma 3 dell'art. 40 prevede infatti che, entro un giorno dalla data del deposito della domanda da parte del debitore, il cancelliere debba comunicarla al registro delle imprese e il conservatore debba iscriverla entro un ulteriore

---

[3] Per approfondimenti, si veda *supra sub* art. 38 e comunque si veda AULETTA, *Il processo*, 349; STANGHELLINI, *La crisi*, 133; NIGRO, *La disciplina*, 18 ss.; DE SANTIS, *Il processo*, *passim*; FILIPPI, *Il processo*, 304 ss.; PANZANI, *Le alternative*, 3108 ss. Per riflessioni sulla nuova disciplina, cfr. FABIANI, *Il codice*, 162 ss.; DI CATALDO, ROSSI, *Nuove regole*, 754 ss.; DELLA ROCCA, *Il procedimento*, 134.

giorno. Un analogo adempimento pubblicitario non è previsto nell'ipotesi in cui la domanda sia presentata da un soggetto diverso dal debitore, e ciò perché – come già osservato – il legislatore intende evitare che eventuali iniziative di terzi destinate a rivelarsi infondate possano essere divulgate causando danni anche irreversibili alla reputazione del debitore. Se questo è vero, è allora anche vero che il comma 3 dell'art. 43 è applicabile – come il comma 3 dell'art. 40 cui è evidentemente simmetrico – al solo caso di una domanda precedentemente presentata dal debitore.

Laddove la domanda di accesso ad una delle procedure concorsuali sia stata presentata dal debitore e il debitore vi abbia successivamente rinunciato e il tribunale abbia emesso e depositato in cancelleria il conseguente decreto di estinzione, il cancelliere sarà allora tenuto a comunicare al conservatore del registro delle imprese il decreto di estinzione entro un giorno dalla data del suo deposito in cancelleria e il conservatore sarà a sua volta tenuto ad iscrivere il decreto di estinzione nel registro delle imprese entro un ulteriore giorno, decorrente dalla data della comunicazione dal cancelliere al conservatore stesso [4].

---

[4] Sul punto, cfr. DI CATALDO, ROSSI, *Nuove regole*, 754 ss.; DELLA ROCCA, *Il procedimento*, 134. Con riferimento alla vecchia disciplina, cfr. *ex multis* DE SANTIS, *Il processo*, *passim*; FILIPPI, *Il processo*, 304 ss.; NIGRO, VATTERMOLI, *Diritto della crisi*, 27 ss.; PICARDI, *La dichiarazione*, 32 ss.; AULETTA, *Il processo*, 349; BOZZA, *Le novità*, 157 ss.; LEONARD, *The Development*, 619 ss.

Articolo 44

Accesso a uno strumento di regolazione della crisi e dell'insolvenza con riserva di deposito di documentazione

1. Il debitore può presentare la domanda di cui all'articolo 40 con la documentazione prevista dall'articolo 39, comma 3, riservandosi di presentare la proposta, il piano e gli accordi. In tale caso il tribunale pronuncia decreto con il quale:

a) fissa un termine compreso tra trenta e sessanta giorni, prorogabile su istanza del debitore in presenza di giustificati motivi e in assenza di domande per l'apertura della liquidazione giudiziale, fino a ulteriori sessanta giorni, entro il quale il debitore deposita la proposta di concordato preventivo con il piano, l'attestazione di veridicità dei dati e di fattibilità e la documentazione di cui all'articolo 39, commi 1 e 2, oppure la domanda di omologazione degli accordi di ristrutturazione dei debiti, con la documentazione di cui all'articolo 39, comma 1, oppure la domanda di omologazione del piano di ristrutturazione di cui all'articolo 64-bis, con la documentazione di cui all'articolo 39, commi 1 e 2;

b) nomina un commissario giudiziale, disponendo che questi riferisca immediatamente al tribunale su ogni atto di frode ai creditori non dichiarato nella domanda ovvero su ogni circostanza o condotta del debitore tali da pregiudicare una soluzione efficace della crisi. Si applica l'articolo 49, comma 3, lettera f);

c) dispone gli obblighi informativi periodici, anche relativi alla gestione finanziaria dell'impresa e all'attività compiuta ai fini della predisposizione della proposta e del piano, che il debitore deve assolvere, con periodicità almeno mensile e sotto la vigilanza del commissario giudiziale, sino alla scadenza del termine fissato ai sensi del comma 1, lettera a). Con la medesima periodicità, il debitore deposita una relazione sulla situazione patrimoniale, economica e finanziaria che, entro il giorno successivo, è iscritta nel registro delle imprese su richiesta del cancelliere;

d) ordina al debitore il versamento, entro un termine perentorio non superiore a dieci giorni, di una somma per le spese della procedura, nella misura necessaria fino alla scadenza del termine fissato ai sensi del comma 1, lettera a).

2. Il tribunale, su segnalazione di un creditore, del commissario giudiziale o del pubblico ministero, con decreto non soggetto a reclamo, sentiti il debitore e i creditori che hanno proposto ricorso per l'apertura della liquidazione giudiziale e omessa ogni formalità non essenziale al contraddittorio, revoca il provvedimento di concessione dei termini adottato ai sensi del comma 1, lettera a), quando accerta una delle situazioni di cui al comma 1, lettera b) o quando vi è stata grave violazione degli obblighi informativi di cui al comma 1, lettera c). Nello stesso modo il tribunale provvede in caso di violazione dell'obbligo di cui al comma 1, lettera d).

3. I termini di cui al comma 1, lettere a), c) e d) non sono soggetti a sospensione feriale dei termini.

Fabio Santangeli

Sommario: 1. Il "nuovo" concordato in bianco. – 2. Il contenuto della domanda in bianco. – 3. Il contenuto del decreto del tribunale. – 4. La figura del commissario giudiziale. – 5. La revoca del provvedimento di concessione dei termini o il mancato deposito del piano. – 6. Brevi note a margine della nuova disposizione.

1. – L'art. 44, alla luce delle modifiche intervenute con il d.lgs. n. 83 del 17 giugno 2022, è esclusivamente dedicato, come denuncia appunto oggi la rubrica dell'articolo [1], all'accesso a uno strumento di regolazione della crisi e dell'insolvenza con riserva di deposito di documentazione.

La nuova disposizione richiama il c.d. concordato in bianco, di cui all'art. 161, comma 6, l. fall. L'istituto, all'epoca introdotto per agevolare l'emersione della crisi e il ricorso alla figura del concordato [2], viene apprezzabilmente conservato e riproposto, con, però, delle rilevanti novità: tra le quali, la sua estensione agli accordi di ristrutturazione dei debiti ed al nuovo istituto di cui all'art. 64-*bis* ss., il dimezzamento del termine per il completamento della domanda [3], con la possibilità di proroga «*fino ad ulteriori sessanta giorni*» in «*presenza di giustificati motivi*» [4] e in assenza di istanze di liquidazione, e la precisazione che i termini di cui all'art. 44 non sono soggetti alla sospensione feriale [5].

2. – La domanda di cui all'art. 40, può dunque essere presentata non nella sua completezza, ma, grazie appunto all'art. 44, con una documentazione limitata e la riserva di una successiva presentazione della proposta, del piano degli accordi.

Unico legittimato alla domanda *ex* art. 40 resta il debitore [6]; ove si tratti di società la

---

[1] Anche su indicazione del parere del Consiglio di Stato n. 359/2022.

[2] Sul tema in generale, si veda FABIANI, *Vademecum*, 1051 ss.; ID., *Nuovi incentivi*, 1265; PANZANI, *Il concordato*; LA MANNA, *La problematica relazione*; ID., *Il c.d. Decreto Sviluppo*, 1209 ss.; LO CASCIO, *Crisi delle imprese*, 5 ss.

[3] Ai sensi dell'art. 44, da trenta a sessanta giorni, ai sensi dell'art. 161 l. fall., da sessanta a centoventi giorni. La sua esiguità risalta ancora di più sol che si consideri che per il concordato in bianco di cui all'art. 161, comma 6, l. fall. l'opinione assolutamente prevalente assumeva che tale termine dovesse decorrere dalla presentazione della domanda e non dalla comunicazione del provvedimento autorizzativo (Cass., 19 novembre 2018, n. 29740, in *Fallimento*, 2019, 1364 ss., con nota critica di Gaboardi). Cfr., FABIANI, *Concordato preventivo*, 334, secondo il quale il termine dovrebbe decorrere dalla presentazione della domanda, rappresentando essa l'unico atto conoscibile dai terzi attraverso l'iscrizione presso il registro delle imprese. Esiste anche un orientamento minoritario secondo cui il termine decorrerebbe dalla comunicazione del provvedimento e non dalla domanda, Trib. Ravenna, 6 marzo 2013, in *ilCaso.it* e Trib. Bolzano, 2 ottobre 2012, *ined.*

[4] Da apprezzarsi dal giudice di merito con decisione insindacabile in sede di legittimità (Cass., 31 marzo 2016, n. 6277; Cass., 10 gennaio 2017, n. 270).

[5] Così il Codice supera l'orientamento sulla natura processuale dei termini di cui all'art. 161, comma 6, l. fall., conseguentemente assoggettati alla sospensione. Particolarmente efficace, Trib. Reggio Emilia, 9 agosto 2013, in *fallimentarista.it.*

[6] Non è stato accolto il suggerimento di alcuni commentatori di estendere la possibilità per un terzo (AM-

domanda deve essere approvata e sottoscritta a norma dell'art. 120-*bis*. La richiesta di concessione dei termini potrà essere sottoscritta dal difensore munito di procura ed a essa non si applica la prescrizione di cui all'art. 120-*bis*[7].

Dal disposto di cui all'art. 54, comma 5, sembra doversi desumere l'onere per il debitore di indicare nella domanda, già al momento della richiesta al tribunale della concessione dei termini, lo strumento di regolazione della crisi (concordato preventivo, accordo di ristrutturazione, piano di ristrutturazione di cui all'art. 64-*bis*); il profilo, tuttavia, non va sopravvalutato, attesa la possibilità di mutare i propri intendimenti nel termine concesso, cambiando lo strumento di regolamentazione *re melius perpensa*.

La documentazione da produrre sarà esclusivamente quella di cui all'art. 39, comma 3.

La richiesta di concessione dei termini non richiede indicazioni esaustive su un progetto per il superamento dell'insolvenza, e restano ferme sul punto le indicazioni ricavate da dottrina e giurisprudenza sui requisiti minimi per la richiesta di concordato in bianco nella legge fallimentare; tuttavia, laddove (come nella stragrande maggioranza dei casi) il debitore richieda la massima estensione temporale nella concessione dei termini, o la concessione di una proroga (oltre agli obblighi per la conferma delle misure protettive di cui all'art. 54)[8], o l'utilizzo per il compimento di un atto di straordinaria amministrazione nel concordato (art. 46), di fatto il debitore dovrà fornire quante più informazioni possibili per orientare positivamente le scelte del tribunale.

3. – Il decreto di concessione dei termini appare un provvedimento quasi necessitato, laddove appunto siano assolti i requisiti minimi richiesti dall'art. 44; in legittima assenza del piano, della proposta, degli accordi, il tribunale dovrà rigettare la richiesta del termine solo quando sia possibile con certezza, alla luce degli elementi in possesso del tribunale, accertare l'intento esclusivamente dilatorio del debitore ed il conseguente abuso del diritto[9].

Con il decreto di accoglimento, saranno dunque fissati i termini previsti dalla lettera a del primo comma dell'art. 44 (come già notato, drasticamente ridotti rispetto alla omologa previgente disciplina prevista all'art. 161, comma 6, l. fall.).

Con il provvedimento, il tribunale disporrà gli obblighi informativi di cui alla lett. c dell'art. 44, comma 1; richieste decisamente pervasive, che ben potranno essere dal tribunale ulteriormente adeguate alle peculiarità del contesto della specifica fattispecie da trattare.

4. – Inoltre diviene obbligata la nomina di un commissario giudiziale[10] e viene intro-

BROSINI, *Osservazioni e proposte*, 13). In senso critico sulla esclusione della legittimazione di altri rispetto al debitore, JORIO, *La riforma fallimentare*, 72; AMBROSINI, *Osservazioni e proposte*, 6.

[7] DE SIMONE, *L'accesso*.

[8] V. *sub* artt. 54-55.

[9] V. ad es. Cass., 12 marzo 2020, n. 7117.

[10] Nel caso poi di successiva domanda di accesso al giudizio di omologazione di accordi di ristrutturazione *ex* art. 40 il tribunale, con il decreto di cui all'art. 48, comma 4, potrà confermare il commissario già nominato ai sensi dell'art. 44, comma 1, lett. *b*) nella ricorrenza dei presupposti di cui all'art. 40, comma 4. DE SIMONE, *L'accesso*, ritiene che quando la domanda di cui all'art. 40 chiaramente indica la predisposizione di un accordo di omologazione *ex* art. 40, comma 4, la nomina del commissario giudiziale sarà sempre meramente facoltativa.

dotto l'obbligo del deposito delle spese della procedura [11] e del relativo termine per il deposito e stabilita la sanzione in caso di inottemperanza.

La figura del commissario giudiziale [12], poi, assume un connotato particolare proprio nella fase del concordato "in bianco" con riferimento al concordato in continuità, perché il commissario, ai sensi del comma 3 dell'art. 92, se richiesto o in caso di concessione delle misure preventive di cui all'art. 54, comma 2, affianca il debitore ed i creditori nella negoziazione del piano formulando, ove occorra, suggerimenti per la sua redazione.

Rimane sempre ferma, naturalmente, la funzione di controllo, di informazione e consultiva del commissario giudiziale, cui è affidato il compito di riferire immediatamente al tribunale su ogni atto di frode ai creditori non dichiarato nella domanda ovvero su ogni circostanza o condotta del debitore tale da pregiudicare una efficace soluzione della crisi.

Per meglio svolgere questo compito, la disposizione riconosce al commissario giudiziale i pervasivi poteri di indagine assegnati al curatore della liquidazione giudiziale di cui all'art. 49, comma 3, lett. *f*).

5. – È prevista la revoca del decreto di concessione dei termini quando si accertino atti di frode ai creditori non dichiarati nella domanda, ovvero circostanze o condotte del debitore tali da pregiudicare una soluzione efficace della crisi; ancora, quando vi sia una grave violazione degli obblighi informativi, o il debitore ometta di versare quanto disposto per le spese della procedura.

Inoltre, il decreto verrà revocato anche nelle ipotesi di cui all'art. 46, di compimento di un atto di straordinaria amministrazione da parte del debitore senza previa autorizzazione del tribunale.

Il tribunale pronuncia la revoca con decreto non soggetto a reclamo [13].

La revoca, che innova rispetto alla sanzione di improcedibilità di cui all'art. 161, comma 7, l. fall., non sembra ricorribile in Cassazione perché priva di decisorietà e definitività.

Non è infatti prevista, a differenza di altre fattispecie, neanche un necessario mutamento di circostanze per la riproposizione della richiesta; una soluzione certo discutibile, e non in perfetta linea, ad esempio, con la reclamabilità dei provvedimenti di revoca, previsti invece dall'art. 47, comma 5, che consentono poi la riproposizione a norma del comma 6 solo in presenza appunto di un mutamento di circostanze.

Soluzioni simili a quelle individuate dall'art. 44, comma 2, mi sembra doversi determinare, nelle ipotesi di mancato deposito della proposta e del piano nei termini fissati dal decreto del tribunale (o dal provvedimento di proroga), per la cui fattispecie non è espressamente previsto un provvedimento di chiusura.

---

[11] De Simone, *L'accesso*, condivisibilmente parametra la somma «al compenso per l'attività commissariale qualora la procedura si arrestasse in questa fase senza approdare al deposito del piano e della proposta».

[12] I cui compiti sono disciplinati all'art. 92, al cui commento si rinvia.

[13] Nella costruzione dell'apparato processuale – sanzionatorio il Codice supera lo schema dell'improcedibilità della domanda previsto dalla normativa oggi vigente all'art. 161, comma 7, l. fall. in favore della revoca del termine, considerata una «soluzione processualmente più 'leggera' di quella della legge fallimentare, probabilmente finalizzata a conferire un fondamento sistematico più robusto alla previsione della non assoggettabilità ad impugnazione del relativo provvedimento», De Santis, *Effetti virtuosi*, 7, cui si rinvia anche per una disamina della revocabilità del termine per la presentazione della proposta e del piano.

Non sembra così esclusa la possibilità di riproporre immediatamente la domanda *ex* art. 40 con eventuale richiesta di concessione dei termini *ex* art. 44 (salva la valutazione da parte del tribunale di un abuso del diritto nella fattispecie concreta), anche alla luce della mancata reiterazione della disposizione di cui all'art. 161, comma 9, l. fall., che dichiarava inammissibile la concessione dei termini se nei due anni precedenti la stessa era stata proposta senza che si giungesse poi all'ammissione del concordato o all'omologazione dell'accordo di ristrutturazione[14].

6 – In un mondo perfetto, anche alla luce delle modifiche di cui all'art. 2086 c.c., l'imprenditore dovrebbe avvertire tempestivamente le situazioni di crisi e tempestivamente agire, scegliendo se necessario lo strumento di regolazione della crisi più adatto al caso di specie. In un mondo perfetto, così, i ristretti termini oggi previsti dall'art. 44, per di più uniti alla previsione della conferma dell'*automatic stay* da parte del tribunale entro solo trenta giorni, potrebbero forse essere sufficienti.

Ma il mondo, ahimè, in particolare nelle situazioni di difficoltà, perfetto non è, specialmente il mondo della piccola e media impresa, che, in frangenti in cui già la macchina amministrativa dell'impresa è sotto stress, ha spesso davvero necessità di uno spazio temporale ragionevole per elaborare con la necessaria calma decisioni centrali per la sopravvivenza dell'impresa.

In questo senso, la disciplina previgente di cui all'art. 161, comma 6, l. fall., che garantiva una finestra fino a sei mesi al debitore per la presentazione di proposta e piano, con un *automatic stay* immediato e non necessariamente soggetto a conferma, concedeva al debitore uno spazio adeguato.

E, d'altro canto, la previsione di obblighi informativi, la possibile presenza di un commissario giudiziale, e il controllo del tribunale che assumeva il compito di stroncare condotte abusive dell'imprenditore con la sanzione dell'abbreviazione d'ufficio dei termini concessi se non addirittura con la sanzione dell'improcedibilità rappresentavano un antidoto assai efficace a comportamenti scorretti.

Le nuove disposizioni, solo parzialmente necessitate dall'obbligo di adeguamento ai dettami della direttiva UE 1023/2019, si palesano troppo penalizzanti per il debitore, e questo frustra ciò che avrebbe dovuto essere il *proprium* della riforma, il *favor* per le soluzioni alle crisi d'azienda diverse dalla liquidazione giudiziale.

---

[14] Quanto alle conseguenze del mancato deposito della proposta e del piano e più in generale del decreto di revoca quando siano già presentate le richieste di liquidazione giudiziale, si rinvia al commento degli artt. 7 e 49.

Articolo 45

Comunicazione e pubblicazione del decreto di concessione dei termini

1. Entro il giorno successivo al deposito in cancelleria, il decreto di concessione dei termini per l'accesso al concordato preventivo oppure per il deposito della domanda di omologazione del piano di ristrutturazione di cui all'articolo 64-bis o degli accordi di ristrutturazione di cui all'articolo 44, comma 1, lettera a), è comunicato al debitore, al pubblico ministero e ai richiedenti l'apertura della liquidazione giudiziale.

2. Nello stesso termine il decreto è trasmesso per estratto a cura del cancelliere all'ufficio del registro delle imprese ai fini della sua iscrizione, da effettuarsi entro il giorno successivo. L'estratto contiene il nome del debitore, il nome del commissario, il dispositivo e la data del deposito. L'iscrizione è effettuata presso l'ufficio del registro delle imprese ove l'imprenditore ha la sede legale e, se questa differisce dalla sede effettiva, anche presso quello corrispondente al luogo ove la procedura è stata aperta.

Fabio Santangeli

Sommario: 1. La comunicazione del decreto di concessione dei termini. – 2. Pubblicazione.

1. – L'art. 45 disciplina la pubblicità del decreto di concessione termini di cui all'art. 44, comma 1, ovvero il provvedimento con cui si autorizza il completamento differito delle domande di concordato preventivo, oppure per il deposito della domanda di omologazione del piano di ristrutturazione di cui all'art. 64-*bis* o degli accordi di ristrutturazione di cui all'art. 44, comma 1, lett. *a*). Ne prevede al comma 1 la comunicazione[1] al debitore, al pubblico ministero e ai richiedenti la liquidazione giudiziale, al comma 2 la trasmissione al registro delle imprese.

Il termine previsto per la comunicazione è il «*giorno successivo al deposito in cancelleria*» e ha luogo con modalità telematiche[2] da parte del cancelliere, unico depositario del decreto.

---

[1] Il testo originario della rubrica, ove si utilizzava il termine 'notificazione' invece di 'comunicazione', è stato modificato in accoglimento di un'osservazione della competente Commissione della Camera del 19 dicembre 2018: «all'articolo 45, valuti il Governo l'opportunità di modificare la rubrica facendo riferimento alla "comunicazione" e non alla "notificazione", come peraltro previsto dalla stessa disposizione introdotta».

[2] In assenza all'interno del Codice di disciplina speciale (trattandosi di comunicazione deve escludersi che debba avvenire nei modi di cui al comma 5 e 6 dell'art. 40) deve ritenersi applicabile la previsione generale di

Non vi era una corrispondente previsione nella disciplina fallimentare, nella quale, però, si sono registrate costantemente prassi in cui il decreto viene comunque comunicato al debitore[3] (e al commissario giudiziale eventualmente nominato) a cura della cancelleria.

A mio avviso, dalla comunicazione decorre il termine perentorio per il deposito del versamento di cui all'art. 44, comma 1, lett. *d*).

L'adempimento della comunicazione non vede quale soggetto tenuto il debitore, cui, tendenzialmente, non potranno imputarsi le conseguenze negative della sua eventuale omissione.

Il suo mancato espletamento, quindi, impedisce che, ad esempio, nel caso del mancato rispetto del termine per il versamento di cui all'art. 44, comma 1, lett. *e*) o per il deposito delle relazioni informative da parte del debitore non messo a conoscenza del provvedimento nelle forme di cui all'articolo in commento (salvo che si giunga a ritenere un onere di consultazione del fascicolo da parte del proponente), possa giungersi alla revoca del provvedimento *ex* art. 44, comma 2.

Rimane incerto se, quanto all'obbligo di completamento della domanda entro il termine fissato *ex* art. 44, comma 1, lett. *a*), invece, all'eventuale mancata o tardata comunicazione *ex* art. 45 potrà o no riconoscersi alcun rilievo impeditivo dell'improcedibilità; residua infatti il dubbio se il termine per il completamento decorre dalla domanda[4], o non invece dal decreto di concessione dei termini[5].

Tra gli altri destinatari l'art. 45 individua il pubblico ministero, trovando così tutela l'inibizione delle azioni a tutela dei crediti durante il decorso del termine e i suoi risvolti di natura pubblicistica. Il pubblico ministero può, anche, come nella precedente disciplina, partecipare attivamente al relativo procedimento, nel rispetto del contraddittorio e del diritto di difesa delle parti e le sue conclusioni potranno comprendere anche l'eventuale richiesta di liquidazione giudiziale[6]. L'omissione della comunicazione nei confronti del

cui all'art. 6, d.l. 18 ottobre 2012, n. 179, conv. in legge 17 dicembre 2012, n. 221, con sua effettuazione «esclusivamente per via telematica all'indirizzo di posta elettronica certificata risultante da pubblici elenchi o comunque accessibili alle pubbliche amministrazioni» e, ove non risulti istituito o comunicato il domicilio digitale o nell'ipotesi di mancata consegna del messaggio elettronico per cause imputabili al destinatario: «*esclusivamente mediante deposito in cancelleria*» (art. 10, comma 3).

[3] Si consideri, però, che trattandosi di decreto, in linea generale non v'è alcun obbligo in tal senso, potendo anche essere ritenuto sufficiente «quale residua modalità di ostensione del contenuto del provvedimento, emanato in forma di decreto [è previsto] l'inserimento dello stesso nel fascicolo di ufficio, liberamente consultabile dalle parti e dai loro procuratori (art. 76, disp. att., c.p.c.)», Trib. Massa, 9 ottobre 2015, in *ilcaso.it*.

[4] Orientamento prevalente, v., da ultimo, Cass. 12 settembre 2018, n. 29740: «è proprio l'interpretazione sistematica della normativa, intesa alla stregua della finalità perseguita dal legislatore e del necessario bilanciamento degli interessi coinvolti (del debitore ad accedere alla procedura minore e dei creditori a vedere soddisfatti i propri diritti di credito) che induce a ritenere che, ove il termine decorra dalla comunicazione del provvedimento giudiziale, si potrebbe determinare un sostanziale aggiramento delle stingenti previsioni di legge, relative alla durata massima del termine ed alla proroga dello stesso, nel caso di ritardo da parte del giudice nell'emissione del provvedimento e della cancelleria nella comunicazione dello stesso».

[5] Secondo un orientamento minoritario, il termine decorrerebbe non dal deposito del ricorso e dalla sua conseguente pubblicazione nel registro delle imprese ma dalla data di comunicazione del decreto di concessione dei termini di cui all'art. 161, comma 6, l. fall. (Trib. Ravenna, 6 marzo 2013, in *ilcaso.it*, e Trib. Bolzano, 2 ottobre 2012, *ined.*).

[6] Secondo Cass., 24 maggio 2018, n. 12968 (cfr. Cass., 21 aprile 2016, n. 8100) non occorre che a tal fine venga presentato un apposito ricorso.

pubblico ministero non potrà dare luogo a nullità o improcedibilità alcuna. L'interesse pubblico da cui deriva l'esigenza di consentirne la partecipazione risulta, comunque, attuato già con la previsione di trasmissione della domanda *ex* art. 40, comma 3, e con la conseguente concreta possibilità per tale organo di partecipare al procedimento per le misure cautelari e protettive di cui agli artt. 54 e 55[7].

Gli altri soggetti ai quali, *ex* art. 45, comma 1, va comunicato il decreto sono i creditori istanti per la liquidazione giudiziale. Si tratta di una novità derivante dal principio dell'unitarietà di cui alla legge delega e dalla conseguente compresenza di essi e del debitore nel medesimo processo. La comunicazione ne tutela anche l'interesse alla conoscenza del decreto quali parti[8] anche del procedimento per la decisione sulle misure cautelari e protettive. Con essa, però, non viene perseguito un interesse pubblico ma procedimentale e la sua eventuale omissione non dà, quindi, luogo a conseguenze.

2. – Al comma 2 trova regolamentazione la pubblicazione per estratto del decreto di concessione termini, che avviene attraverso l'iscrizione al registro delle imprese, cui il decreto deve essere trasmesso da parte del cancelliere «*entro il giorno successivo*». Si mira a rendere noti gli sviluppi del procedimento ai creditori che durante esso possono venire a subire l'inibizione dell'esercizio dei mezzi di tutela dei loro crediti[9].

Così come per il comma 1, ai fini del concordato, si tratta di pubblicità notizia, dal cui eventuale inadempimento, tanto da parte del cancelliere, quanto del conservatore, (non essendo ricollegato ad essa alcun effetto tanto sostanziale quanto ai fini della procedura), non pare poter derivare alcuna conseguenza.

Nel complesso, però, il Codice, pur individuati all'art. 45, commi 1 e 2, con maggiore precisione gli obblighi di pubblicità del decreto di concessione termini, non attribuisce, però, ad essi effetti sostanziali o incidenti sul procedimento, mantenendone la natura di meri adempimenti di cancelleria.

---

[7] Sarà, quindi, l'eventuale omissione dell'obbligo di trasmissione di cui all'art. 40, comma 3, a determinare la nullità delle misure di cui all'art. 54 ma per tali considerazioni si rinvia al relativo commento.

[8] Art. 55, comma 2, d.lgs. 12 gennaio 2012, n. 14.

[9] In termini coincidenti la Relazione illustrativa: «*il provvedimento di assegnazione dei termini, al pari della domanda di accesso del debitore, va reso noto ai terzi che vedono le loro prerogative limitate nell'arco temporale che va dal deposito della domanda alla decisione del tribunale sulla domanda del debitore e per questo deve essere iscritto al registro delle imprese*».

Articolo 46

Effetti della domanda di accesso al concordato preventivo

1. Dopo il deposito della domanda di accesso al concordato preventivo, anche ai sensi dell'articolo 44, e fino al decreto di apertura di cui all'articolo 47, il debitore può compiere gli atti urgenti di straordinaria amministrazione previa autorizzazione del tribunale. In difetto di autorizzazione gli atti sono inefficaci e il tribunale dispone la revoca del decreto di cui all'articolo 44, comma 1.

2. La domanda di autorizzazione contiene idonee informazioni sul contenuto del piano. Il tribunale può assumere ulteriori informazioni, anche da terzi, e acquisisce il parere del commissario giudiziale, se nominato.

3. Successivamente al decreto di apertura e fino all'omologazione, sull'istanza di autorizzazione provvede il giudice delegato.

4. I crediti di terzi sorti per effetto degli atti legalmente compiuti dal debitore sono prededucibili.

5. I creditori non possono acquisire diritti di prelazione con efficacia rispetto ai creditori concorrenti, salvo che vi sia l'autorizzazione prevista dai commi 1, 2 e 3. Le ipoteche giudiziali iscritte nei novanta giorni che precedono la data della pubblicazione nel registro delle imprese della domanda di accesso sono inefficaci rispetto ai creditori anteriori.

Fabio Santangeli

1. – La domanda di accesso al concordato preventivo, anche ai sensi dell'art. 44[1], ha quale primo effetto sostanziale la sottrazione al debitore, fino alla sentenza di omologazione (o di definizione del procedimento), del potere di disposizione incondizionata del patrimonio e dell'attività. Il debitore conserva l'amministrazione dei suoi beni e l'esercizio d'impresa (art.

[1] Opportuna esplicitazione introdotta con il d.lgs. 17 giugno 2022, n. 83.

94); ad essergli inibito è il compimento degli atti di straordinaria amministrazione, che possono essere posti in essere esclusivamente alle condizioni di cui all'art. 46.

La prima condizione resta l'urgenza, intesa come improrogabilità dell'atto alla fase in cui la proposta verrà votata dai creditori e il piano posto in esecuzione sotto il loro controllo. La seconda è l'autorizzazione del tribunale[2] fino al decreto di apertura della procedura concordataria e del giudice delegato fino all'omologazione[3] (o alla definizione della procedura), che potrà essere concessa solo «*se l'atto è funzionale al miglior soddisfacimento dei creditori*» (art. 94, comma 3).

2. – La distinzione tra atti di ordinaria e di straordinaria amministrazione è una delle più complesse dell'intera materia concorsuale, attenendo anche al rapporto tra la proiezione dinamica, ovvero non solo o prevalentemente liquidatoria, del patrimonio e la sua funzionalizzazione al soddisfacimento dei creditori.

La prima qualifica necessaria per l'autorizzabilità, è, però, l'urgenza (evidentemente non più riservata esclusivamente alla fase del concordato in bianco), interpretabile estensivamente (e non strettamente vincolata alla concessione delle misure cautelari nel processo civile), ad esempio, individuandola anche laddove l'operazione ben potrebbe essere compiuta anche dopo l'omologazione, ma l'immediato esperimento consentirebbe un risultato più favorevole.

Continua, però, a mancare una definizione dei profili distintivi degli atti di straordinaria amministrazione, non preoccupandosi sia l'art. 46, sia la norma sostanziale, così come già lo stesso art. 39 per la relazione quinquennale, di delimitare in maniera certa ed inequivocabile la categoria degli «*atti urgenti di straordinaria amministrazione*». L'unico dato normativo diretto è quello al comma 2 dell'art. 167 l. fall., oggi traslato al comma 2 dell'art. 94, la cui elencazione viene ritenuta avere carattere esemplificativo e non tassativo[4], restando, però, l'unica che consente di individuare delle caratteristiche comuni agli atti eccedenti l'ordinaria amministrazione[5].

---

[2] Qualche dubbio potrebbe essere ingenerato dal riferimento contenuto nel comma 2 dell'art. 94 per l'autorizzazione esclusivamente al giudice delegato e non al tribunale. Pare, però, potersi ritenere, atteso che il comma 2 dell'art. 94 si limita a riprodurre fedelmente il comma 2 dell'art. 167 l. fall. e che nella normativa precedente non era prevista per tale finalità la distinzione tra giudice delegato e tribunale, che debba prevalere, comunque, tale distinzione, dovendosi intendere che con l'espressione «giudice delegato» l'art. 94 si limiti a rinviare al giudice competente, ovvero, *ex* art. 47, anche il tribunale. Ove così non fosse resterebbe priva di senso ed utilità la distinzione delle competenze riportata nella norma in commento.

[3] Omologato il concordato la competenza passerà al comitato dei creditori nominato con il decreto.

[4] Cass., 8 agosto 1997, n. 7390, in *Fallimento,* 1998, 1028, che sottolinea che, comunque: «ciò non significa che nell'ambito dei casi indicati dalla norma possa distinguersi tra atti di ordinaria e straordinaria amministrazione secondo un criterio di normalità riferito ad una certa attività d'impresa; i casi specifici previsti nell'art. 167, comma 2, nella loro tipologia, sono tutti relativi ad atti eccedenti l'ordinaria amministrazione, tali già considerati dal legislatore, il quale ha poi ritenuto di aggiungere una formula di chiusura facendo riferimento agli atti, ancorché non tipizzati, comunque riconducibili nel novero di quelli che eccedono l'amministrazione ordinaria, rispetto ai quali si può compiere in concreto la valutazione di atto eccedente o non eccedente l'ordinaria amministrazione».

[5] In proposito la giurisprudenza di legittimità tende ormai univocamente a superare il criterio della «natura conservativa o meno dell'atto» in favore di quello basato «sulla sua relazione con la gestione normale del tipo di impresa e con le relative dimensioni», Cass., 16 maggio 2019, n. 13261; specificando, però, che: «la

Anche su tale base il criterio discretivo fin qui seguito è stato quello della idoneità ad incidere negativamente sul patrimonio del debitore[6] o, comunque, dell'avere importanti effetti pregiudizievoli su di esso, quali diminuzioni o disperdimenti, dovendosi compiere tale valutazione in tema di concordato preventivo con riferimento all'interesse della massa dei creditori[7] e non dell'imprenditore insolvente[8].

Anche da ultimo e già pubblicato il Codice, tale principio ha trovato conferma in una serie di sentenze gemelle della Suprema Corte pubblicate nel maggio 2019[9] nelle quali viene evidenziata l'importanza di «un giudizio di coerenza con la situazione nell'ambito della quale sono posti in essere», anche «in rapporto al tipo di concordato, poiché un medesimo atto può bensì considerarsi come di ordinaria amministrazione dinanzi a una situazione implicante, per esempio, la continuità aziendale, ma non dinanzi a una situazione del tutto diversa, come quella connotata dal mero fine liquidatorio – e anche qui con l'appendice di ulteriori potenziali differenziazioni».

Coerentemente alle posizioni fin qui espresse dalla Cassazione[10], l'art. 46 prevede

distinzione tra atto di ordinaria o di straordinaria amministrazione resta incentrata sulla sua idoneità a pregiudicare i valori dell'attivo compromettendone le capacità di soddisfare le ragioni dei creditori, tenuto conto esclusivamente dell'interesse di questi ultimi e non dell'imprenditore insolvente, essendo quindi possibile che atti astrattamente qualificabili di ordinaria amministrazione se compiuti nel normale esercizio dell'impresa possano, invece, assumere un diverso connotato nell'ambito di una procedura concorsuale», Cass., 29 maggio 2019, n. 14713.

[6] Da ultimo, Cass., 29 maggio 2019, n. 14713: «la nozione di atti legalmente compiuti, di cui alla L. Fall., art. 161, comma 7, è legata innanzi tutto al significato della distinzione tra atti di ordinaria e di straordinaria amministrazione, la quale va intesa secondo la L. Fall., art. 167; sicché resta incentrata sul requisito della idoneità dell'atto a incidere negativamente sul patrimonio del debitore, pregiudicandone la consistenza o compromettendone la capacità a soddisfare le ragioni dei creditori, perché in grado di determinare la riduzione ovvero di gravarlo di vincoli e di pesi cui non corrisponde l'acquisizione di utilità reali prevalenti». V., anche, Cass., 21 giugno 2019, n. 16808.

[7] Secondo la casistica successiva all'entrata in vigore del d.l. n. 83 del 2012 non costituiscono, ad esempio, atti di straordinaria amministrazione, ovvero richiedenti l'autorizzazione del tribunale o del giudice delegato: la nomina del professionista per la redazione del piano e per l'attestazione (Trib. Terni, 28 dicembre 2012, *ined.*); la continuazione di operazioni di anticipo o di sconto fatture presso istituti bancari o di factoring (Trib. Terni, 12 ottobre 2012, in *ilcaso.it*); la stipulazione di atti di cessione immobili, ove si tratti dell'attività dell'impresa (Trib. Modena, 15 novembre 2012, in *ilcaso.it*); la procedura di licenziamento collettivo tesa alla riduzione di personale (Trib. Cosenza, 6 marzo 2013, *ined.*).

[8] Cass., sez. I, 11 agosto 2004, n. 15484, in *Fallimento*, 2005, 1, 92, che, cassando con rinvio la sentenza del giudice di appello che aveva valutato come rientrante nell'ordinaria amministrazione il contratto di locazione infranovennale di un bene immobile rientrante nell'attivo concordatario, ha evidenziato la possibilità che atti astrattamente qualificabili di ordinaria amministrazione, se compiuti nel normale esercizio di un'impresa *in bonis*, possano assumere qualifica diversa nell'ambito di una procedura concordataria nella quale diventano rilevanti gli interessi del ceto creditorio, in questo caso alla celere liquidazione del bene dedotto in locazione.

[9] Cass., 29 maggio 2019, n. 14713/19.

[10] Secondo Cass. n. 14713 del 2019: «ai fini della possibilità di ravvisare il fondamento della prededuzione del credito derivante da atti di amministrazione ordinaria "legalmente compiuti", secondo la specifica previsione dell'art. 161, comma 7, la prospettiva del concordato non può essere "completamente in bianco". In vero è necessaria quella che taluni hanno definito una minima discovery, vale a dire una certa qual indicazione, finanche nel caso solo di massima, ma comunque idonea a segnalare il tipo di proposta che si intenda presentare, così da stabilire almeno verso quale forma di concordato l'imprenditore abbia inteso indirizzarsi, per

l'onere di una parziale *disclosure* del piano a carico del debitore che intenda chiedere l'autorizzazione di un atto di straordinaria amministrazione, già nella c.d. fase del concordato "in bianco".

3. – Gli atti compiuti in difetto delle su richiamate condizioni sono inefficaci e deriva dal loro accertamento la revoca della concessione del termine di cui all'art. 44, comma 1, lett. *a*), e con provvedimento non espressamente reclamabile o impugnabile.

La sempre maggiore mutevolezza ed incertezza della figura, quindi, rischia di dar luogo a conseguenze sproporzionate e ad ingenerare ambiguità e incertezza tanto all'interno della procedura concordataria, quanto per i suoi riflessi all'esterno: anche un atto di ordinaria amministrazione, ove letto come di straordinaria, anche per un mutamento interpretativo giurisprudenziale imprevedibile, rischierebbe, imprevedibilmente, di portare ad una inattesa e ingiustificata condizione di improcedibilità della domanda, ed all'applicazione dell'art. 106.

L'art. 46, quindi, pur essendo norma di carattere processuale richiederà per la sua corretta applicazione e per la delimitazione del relativo ambito, valutazioni di carattere sostanziale e dai contorni incerti e deve essere letto con una particolare attenzione nella delimitazione del suo ambito di applicazione, ovvero dell'individuazione e definizione della categoria dei confini di tale categoria di atti, nonché nella possibilità, ricavata in certa misura già dalla più attenta giurisprudenza, di calibrare gli effetti senza soluzioni di revoca automatiche quando manifestamente incongruenti[11].

---

modo da confrontare rispetto a essa la valutazione degli atti consentiti. Ove la domanda sia prospettata come veramente "in bianco", l'atto incidente sul patrimonio non può che considerarsi, ai fini dell'insorgenza di un conseguente credito prededucibile, come eccedente l'ordinaria amministrazione. Conclusione – questa – avvalorata, sul piano esegetico, dalla scelta che traspare dal Codice. Anche nel Codice i crediti dei terzi sorti per effetto degli atti legalmente compiuti dal debitore, dal momento del deposito della domanda al decreto di apertura della procedura, sono prededucibili, lì ai sensi dell'art. 46, comma 4. Ma giustappunto l'art. 46, quanto agli effetti della domanda di accesso al concordato preventivo, prevede, tra l'altro, che la domanda di autorizzazione al compimento di atti urgenti contenga "idonee informazioni sul contenuto del piano" – e solo dopo ripete la regola che "i crediti di terzi sorti per effetto degli atti legalmente compiuti dal debitore sono prededucibili"».

[11] Da ultimo, pubblicato già il testo della riforma, Cass., 21 giugno 2019, n. 16808 ha condivisibilmente precisato che «il criterio della "migliore soddisfazione dei creditori" (solo di recente espressamente codificato, sempre con specifico riguardo al concordato con continuità aziendale, oltre che nel già citato comma 4 della L. Fall., art. 182 quinquies, anche nel comma 1 del medesimo articolo, nonché nell'art. 186 bis), individua, come autorevolmente sostenuto in dottrina, una sorta di clausola generale applicabile in via analogica a tutte le tipologie di concordato quale regola di scrutinio della legittimità degli atti compiuti dal debitore ammesso alla procedura» è stata chiara nell'affermare che la presunta per legge intrinseca potenzialità pregiudizievole per gli interessi del ceto creditorio degli atti inefficaci deve essere considerata superabile attraverso la dimostrazione da parte del debitore «della mancanza di dannosità dell'atto non assentito giudizialmente», concludendo che la soluzione individuata «risulta rispettosa del dato letterale della norma in esame (che aggancia la revoca del concordato preventivo al compimento di atti non autorizzati giudizialmente e, dunque, potenzialmente dannosi per il ceto creditorio), ma allo stesso tempo contempera il principio sopra affermato con le esigenze del buon andamento della procedura concorsuale, escludendo meccanismi automatici di revoca collegati solo ed esclusivamente al compimento di atti non assentiti giudizialmente attraverso la dimostrazione da parte del debitore ammesso alla procedura della rispondenza dell'atto stesso alle esigenze di realizzabilità del piano concordatario».

4. – Nella fase di cui all'art. 44, a differenza di quanto previsto nella disciplina precedente, la domanda di autorizzazione dovrà contenere «*idonee informazioni sul contenuto del piano*».

Nella fase antecedente al decreto di ammissione, la competenza è riservata al tribunale, cui espressamente si attribuiscono poteri istruttori anche riguardanti informazioni [12] «*anche da terzi*» (ad esempio creditori del debitore), oltre all'onere dell'acquisizione del parere del commissario giudiziale; tra le «*ulteriori informazioni*» rientrano gli atti della procedura, ovvero i rapporti informativi periodici (art. 44, comma 2, lett. *c*).

5. – Successivamente al decreto di ammissione, l'autorizzazione va richiesta al giudice delegato e non occorre che la domanda contenga idonee informazioni sul piano, ormai presente in atti.

Rimane, trattandosi di un procedimento camerale, la possibilità per il giudice delegato di acquisire ulteriori informazioni, di 'consultarsi' con l'altro organo della procedura, di chiedere al debitore un'integrazione della domanda o ulteriori produzioni, ivi compresa, ad esempio, un'attestazione specifica del professionista indipendente sull'autorizzazione richiesta.

6. – Solo con l'autorizzazione gli atti urgenti di straordinaria amministrazione potranno essere considerati atti legalmente compiuti e far sorgere diritti di credito prededucibili, come prevede il comma 3 dell'art. 46 e in precedenza l'art. 161, comma 7, l. fall.

La funzionalizzazione alla procedura, oltre ad individuare dei criteri di ausilio per la definizione della categoria degli atti di straordinaria amministrazione autorizzabili, conferma i più recenti orientamenti della giurisprudenza di legittimità, che individuano nella prededuzione l'attribuzione non di una «causa di prelazione ma [di] una precedenza processuale, in ragione della strumentalità dell'attività da cui il credito consegue agli scopi della procedura, onde renderla più efficiente», ovvero della funzionalizzazione dell'attività alla procedura per considerarne prededucibile il costo, individuandone conseguentemente la possibilità di traslazione tra diverse procedure, indipendentemente dai modi delle rispettive conclusioni ma, comunque, in presenza del requisito della "consecuzione" [13] e in definitiva: «facendo sì che la stessa valga non solo nell'ambito in cui è maturata ma anche nell'altro che alla prima sia conseguita» [14]. Restano, però e comunque, esclusi, anche alla luce del dato letterale della norma di cui all'art. 6 [15], gli atti di straordinaria amministrazione compiuti in precedenza, che resteranno efficaci in difetto di accertamenti di segno contrario.

[12] Per una individuazione di esempi di attività istruttoria cui può procedere il tribunale, v. CAIAFA, SALVI, *Il nuovo concordato*, 99.

[13] Il concetto della "*consecutio procedurarum*" viene definito da ultimo da Cass., 11 giugno 2019, n. 15724, in *ilcaso.it*, come «un fenomeno generalissimo consistente nel collegamento sequenziale fra procedure concorsuali di qualsiasi tipo volte a regolare una coincidente situazione di dissesto dell'impresa (...) e unite da un rapporto di continuità causale e unità concettuale piuttosto che di rigorosa successione cronologica». V. l'art. 7.

[14] Cass., 19 giugno 2019, n. 21909, cit.

[15] Vigente l'art. 111 l. fall. che, ai fini della prededuzione, faceva riferimento ai crediti «*sorti in occasione o in funzione delle procedure concorsuali di cui alla presente legge*», la giurisprudenza individuava quale presupposto per la prededuzione la «pluralità di procedure susseguitesi fra loro», cfr. Cass., 11 giugno 2019, n. 21909.

7. – All'interno dell'art. 46, in un "accorpamento" della disposizione sull'amministrazione dei beni a quella sul divieto di acquisizione di garanzie o prelazioni di cui in precedenza all'art. 168, comma 3, l. fall. (rivelatore anche delle motivazioni di tutela della *par condicio* alla base dei controlli dell'attività di straordinaria amministrazione), sono anche contenuti i divieti di acquisizione di diritti di prelazione con efficacia rispetto ai creditori concorrenti e di iscrizione di ipoteche giudiziali, entrambi invariati rispetto alla disciplina precedente.

Articolo 47

Apertura del concordato preventivo

1. A seguito del deposito del piano e della proposta di concordato, il tribunale, acquisito il parere del commissario giudiziale, se già nominato, verifica:

a) in caso di concordato liquidatorio, l'ammissibilità della proposta e la fattibilità del piano, intesa come non manifesta inattitudine del medesimo a raggiungere gli obiettivi prefissati;

b) in caso di concordato in continuità aziendale, la ritualità della proposta. La domanda di accesso al concordato in continuità aziendale è comunque inammissibile se il piano è manifestamente inidoneo alla soddisfazione dei creditori, come proposta dal debitore, e alla conservazione dei valori aziendali.

2. Compiute le verifiche di cui al comma 1, il tribunale, con decreto:

a) nomina il giudice delegato;

b) nomina ovvero conferma il commissario giudiziale;

c) stabilisce, in relazione al numero dei creditori, alla entità del passivo e alla necessità di assicurare la tempestività e l'efficacia della procedura, la data iniziale e finale per l'espressione del voto dei creditori, con modalità idonee a salvaguardare il contraddittorio e l'effettiva partecipazione, anche utilizzando le strutture informatiche messe a disposizione da soggetti terzi, e fissa il termine per la comunicazione del provvedimento ai creditori;

d) fissa il termine perentorio, non superiore a quindici giorni, entro il quale il debitore deve depositare nella cancelleria del tribunale la somma, ulteriore rispetto a quella versata ai sensi dell'articolo 44, comma 1, lettera d), pari al 50 per cento delle spese che si presumono necessarie per l'intera procedura ovvero la diversa minor somma, non inferiore al 20 per cento di tali spese, che sia determinata dal tribunale.

3. Il decreto è comunicato e pubblicato ai sensi dell'articolo 45.

4. Il tribunale, quando accerta la mancanza delle condizioni di cui al comma 1, sentiti il debitore, i creditori che hanno proposto domanda di apertura della liquidazione giudiziale e il pubblico ministero, con decreto motivato dichiara inammissibile la proposta. Il tribunale può concedere al debitore un termine non superiore a quindici giorni per apportare integrazioni al piano e produrre nuovi documenti. Il tribunale dichiara con sentenza l'apertura della liquidazione giudiziale quando è presentato ricorso da parte di uno dei soggetti legittimati.

5. Il decreto di cui al comma 4 è reclamabile dinanzi alla corte di appello nel termine di trenta giorni dalla comunicazione. La corte di appello, sentite le parti, provvede in camera di consiglio con decreto motivato. Si applicano le disposizioni di cui agli articoli 737 e 738 del codice di procedura civile.

6. La domanda può essere riproposta, decorso il termine per proporre reclamo, quando si verifichino mutamenti delle circostanze.

Marco Arato

Sommario: 1. Le condizioni di ammissibilità del concordato preventivo. – 2. Il decreto del tribunale. – 3. La patologia della domanda di concordato.

1. – Inserito nell'ambito del c.d. "procedimento unitario", l'art. 47 è specificamente dedicato all'«apertura del concordato preventivo», ossia agli accertamenti che il tribunale deve svolgere a seguito del deposito del piano e della proposta di concordato del debitore. In realtà la disposizione dice molto di più, atteso che attraverso la disciplina del vaglio giudiziale della domanda di concordato fissa alcuni rilevanti contenuti imprescindibili della stessa.

Inizialmente, l'art. 47 rimetteva al tribunale la verifica dell'«ammissibilità della proposta» e la «fattibilità economica del piano». A seguito delle modifiche apportate a ridosso dell'entrata in vigore del Codice dal d.lgs. 17 giugno 2022, n. 83, il legislatore ha distinto l'oggetto del giudizio del tribunale in sede di apertura della procedura a seconda delle tipologie del piano.

In caso di concordato liquidatorio, il tribunale verifica la «ammissibilità della proposta» e la «fattibilità del piano» (comma 1, lett. *a*). In primo luogo, dunque, il tribunale dovrà verificare la sussistenza dei presupposti soggettivi e oggettivi di accesso al concordato preventivo e compiere un complessivo vaglio di legittimità della domanda di concordato («ammissibilità»). Quanto alla «fattibilità», oggi l'art. 47 precisa che essa va intesa «come non manifesta inattitudine del medesimo a raggiungere gli obiettivi prefissati», una perifrasi che sembra avere due rilevanti ricadute concrete:

(i) *in primis*, sotto il punto di vista del perimetro del giudizio del tribunale, la nuova formulazione dell'art. 47 supera il dibattito tra coloro che sostenevano che il tribunale dovesse limitarsi a verificare la fattibilità *economica* del piano e coloro che sostenevano invece che il giudizio del tribunale avesse un perimetro più ampio, ricomprendendo non solo la fattibilità economica, ma anche la fattibilità *giuridica* del piano. Come si evince dal fatto che la disposizione oggi non fa più riferimento alla sola «fattibilità *economica* del piano», il tribunale dovrà accertare la generale *attitudine* del piano a raggiungere gli obiettivi concordatari, sia dal punto di vista giuridico, sia dal punto di vista economico;

(ii) *in secundis*, sotto il profilo della profondità del giudizio del tribunale, la disposizione indica che il giudice deve valutare solo il "*fumus*" della fattibilità. La valutazione "*a contrariis*" (la non manifesta inattitudine) significa che il giudizio deve essere solo sommario e può condurre alla inammissibilità della proposta solo di fronte a macroscopiche irrazionalità, lacune, contraddittorietà o illegittimità del piano o della proposta.

In relazione al concordato in continuità aziendale, invece, il tribunale è chiamato a compiere due valutazioni:

(i) in primo luogo dovrà verificare la «ritualità della proposta». Si tratta di un oggetto del giudizio inedito in ambito concordatario, ma non del tutto estraneo all'ordinamento concorsuale, essendo rimesso al tribunale il medesimo sindacato in relazione al concordato nella liquidazione giudiziale dall'art. 241 (lo stesso nel concordato fallimentare, art. 125 l. fall.). Per quel che può valere, si segnala che nel caso del piano di ristrutturazione soggetto ad omologazione, l'art. 64-*bis*, comma 4, lett. *a*) il tribunale deve valutare solo la «mera ritualità della proposta». Sembra quindi essere del tutto precluso un vaglio sul merito della proposta concordataria, dovendosi il tribunale piuttosto limitare al sindacato di legittimità formale e sostanziale (sussistenza dei presupposti soggettivi e oggettivi, correttezza della qualificazione del concordato come in continuità anziché liquidatorio, deposito della documentazione necessaria, regolarità della procedura, rispetto dell'ordine delle cause legittime di prelazione o della legittimità della sua deroga e correttezza della suddivisione in classi) [1];

(ii) in secondo luogo, il legislatore ha previsto un particolare caso di inammissibilità della domanda di accesso al concordato preventivo laddove «il piano è manifestamente inidoneo alla soddisfazione dei creditori, come proposta dal debitore, e alla conservazione dei valori aziendali». Il requisito – seppur formulato diversamente – ha un significato non differente dalla «non manifesta inattitudine del piano a raggiungere gli obiettivi prefissati» previsto per i concordati liquidatori: anche in caso di continuità, il tribunale dovrà quindi limitarsi ad «un giudizio di non irrealizzabilità *prima facie* delle modalità adempitive della proposta» [2].

Il tribunale è dunque chiamato a compiere un giudizio «non negativo» [3], che consente l'accesso alla procedura di concordato preventivo al debitore il cui piano non sia manifestamente inadatto a soddisfare i creditori e – nel caso di continuità – a preservare l'azienda.

2. – A seguito delle verifiche suindicate, il secondo comma dell'art. 47 prevede che il tribunale con decreto nomini il giudice delegato e il commissario giudiziale (o lo confermi, se già nominato a seguito della presentazione di una domanda "con riserva" *ex* art. 44), stabilisca la data iniziale e finale per l'espressione del voto dei creditori fissando altresì il termine per la comunicazione del decreto ai creditori stessi e fissi il termine (non superiore a quindici giorni) entro il quale il debitore deve depositare il 50% delle spese che si presumono necessarie per la procedura (ovvero una minor somma, purché non inferiore al 20% delle spese totali). Ai sensi dell'art. 45, tale decreto viene comunicato entro il giorno successivo al deposito al debitore, al pubblico ministero e ai soggetti che hanno fatto domanda di apertura della liquidazione giudiziale del debitore, e altresì tramesso a cura della cancelleria al registro delle imprese ai fini della sua pubblicazione (art. 47, comma 3).

3. – Il comma 4 dell'art. 47 regola l'eventuale patologia della domanda di concordato, e stabilisce che laddove non siano rispettate le condizioni di cui al comma 1 il tribunale – nel rispetto del contraddittorio non solo con il debitore (come in vigenza della legge fallimentare), ma anche con i creditori che hanno proposto domanda di apertura della liquidazione giudiziale e con il pubblico ministero – dichiari con decreto motivato l'inammissibilità della proposta. Nel caso in cui il tribunale lo ritenga necessario, «può» concede-

[1] Cfr. LEUZZI, *Il volto nuovo*, 15 ss.; GREGGIO, *Finalità e tipologie*, 93. Sulla ritualità della proposta nell'art. 125 l. fall. v. *ex multis* MINUTOLI, *Art. 125*, 1760.

[2] Cfr. LEUZZI, *Il volto nuovo*, 16.

[3] Cfr. LEUZZI, *Il volto nuovo*, 16.

re al debitore un termine (non superiore a quindici giorni) per apportare eventuali integrazioni al piano o produrre nuovi documenti: come si evince dal dato testuale, la concessione del termine dipende da una scelta discrezionale del tribunale, e la mancata concessione del termine da parte del tribunale non costituisce un vizio procedurale[4]. Inoltre, laddove sussistano i relativi requisiti, in tale sede il tribunale dichiara l'apertura della liquidazione giudiziale.

Ai sensi del comma 5, il debitore può oggi proporre reclamo dinanzi alla corte d'appello avverso il decreto di inammissibilità della domanda di concordato[5], entro trenta giorni dalla sua comunicazione[6]. Infine, a seguito del decreto di inammissibilità, il legislatore ha deciso di ammettere espressamente la legittimità della riproposizione di una domanda di concordato, a due condizioni: (i) che sia decorso il termine di trenta giorni entro i quali è possibile proporre reclamo avverso il decreto e (ii) che si verifichino «mutamenti delle circostanze». Si tratta, quest'ultima, di una condizione di significato incerto sul quale la giurisprudenza avrà modo di pronunciarsi, ma sembra ragionevole ritenere che con tale espressione ci si debba riferire a fatti nuovi esterni al debitore che determinino cambiamenti delle circostanze di fatto o di diritto idonee a riproporre una domanda di concordato che non abbia una mera finalità dilatoria dell'apertura della liquidazione giudiziale. In altre parole, la limitazione della possibilità di riproporre la domanda di concordato a «mutamenti delle circostanze» dovrebbe impedire la riproposizione di una domanda emendata a seguito di una valutazione di inammissibilità della stessa per qualunque profilo (di illegittimità o di manifesta inattitudine). Il legislatore sembra aver voluto evitare "ripescaggi" di domande mal concepite (eventuali correzioni della domanda possono essere apportate nel termine (non perentorio) di 15 giorni che il tribunale può concedere per precisare/integrare la domanda o il piano prima di decidere sulla sua ammissibilità. Credo che nell'interpretazione del nuovo comma 6 dell'art. 47 si possa far riferimento alla figura dell'abuso del diritto, clausola generale rispetto a comportamenti opportunistici del debitore.

---

[4] V. in senso conforme, con riferimento alla legge fallimentare, PERRINO, *Art. 162*, 2075; FERRO, *Art. 162*, 2191.

[5] In vigenza della legge fallimentare era reclamabile dinanzi alla corte d'appello soltanto la sentenza dichiarativa di fallimento adottata *ex* art. 162, comma 2, l. fall., v. in senso conforme NIGRO, VATTERMOLI, *Diritto della crisi*, 367.

[6] Il termine – precedentemente di quindici giorni – è stato innalzato a trenta giorni dal d.lgs. 17 giugno 2022, n. 83, per allinearlo agli altri termini di impugnazione previsti dal Codice in un'ottica di razionalizzazione del procedimento unitario.

Articolo 48
Procedimento di omologazione

1. Se il concordato è stato approvato dai creditori ai sensi dell'articolo 109, il tribunale fissa l'udienza in camera di consiglio per la comparizione delle parti e del commissario giudiziale, disponendo che il provvedimento sia iscritto presso l'ufficio del registro delle imprese dove l'imprenditore ha la sede legale e, se questa differisce dalla sede effettiva, anche presso l'ufficio del luogo in cui la procedura è stata aperta nonché notificato, a cura del debitore, al commissario giudiziale e agli eventuali creditori che hanno espresso il loro dissenso.

2. Le opposizioni dei creditori dissenzienti e di qualsiasi interessato devono essere proposte con memoria depositata nel termine perentorio di almeno dieci giorni prima dell'udienza. Il commissario giudiziale deve depositare il proprio motivato parere almeno cinque giorni prima dell'udienza. Il debitore può depositare memorie fino a due giorni prima dell'udienza.

3. Il tribunale, assunti i mezzi istruttori richiesti dalle parti o disposti d'ufficio nel rispetto di quanto previsto dall'articolo 112, comma 4, per il concordato in continuità aziendale, anche delegando uno dei componenti del collegio, omologa con sentenza il concordato.

4. Quando è depositata una domanda di omologazione di accordi di ristrutturazione, i creditori e ogni altro interessato possono proporre opposizione con memoria depositata entro trenta giorni dall'iscrizione della domanda nel registro delle imprese. Il tribunale fissa l'udienza in camera di consiglio per la comparizione delle parti e del commissario giudiziale, se nominato, disponendo che il provvedimento sia comunicato, a cura del debitore, al commissario giudiziale, ai creditori e ai terzi che hanno proposto opposizione. Il tribunale, assunti i mezzi istruttori richiesti dalle parti o disposti d'ufficio, anche delegando uno dei componenti del collegio, e sentito il commissario giudiziale, omologa con sentenza gli accordi.

5. La sentenza che omologa il concordato, il piano di ristrutturazione soggetto a omologazione o gli accordi di ristrutturazione è notificata e iscritta nel registro delle imprese a norma dell'articolo 45 e produce i propri effetti dalla data della pubblicazione ai sensi dell'articolo 133, primo comma, del codice di procedura civile. Gli effetti nei riguardi dei terzi si producono dalla data di iscrizione nel registro delle imprese.

6. Se il tribunale non omologa il concordato preventivo, gli accordi di ristrutturazione o il piano di ristrutturazione soggetto ad omologazione, provvede con sentenza eventualmente dichiarando, su ricorso di uno dei soggetti legittimati, l'apertura della liquidazione giudiziale secondo quanto previsto dall'articolo 49, commi 1 e 2.

Marco Arato

Sommario: 1. Il procedimento di omologazione e il giudizio di omologazione. – 2. La fase del procedimento antecedente all'udienza. – 3. L'opposizione all'omologazione. – 4. L'omologazione.

1. – Diversamente da quanto previsto dalla legge fallimentare, nella quale l'omologazione del concordato preventivo era integralmente regolata dall'art. 180 l. fall., il legislatore del Codice ha distinto tra «*procedimento di omologazione*» e «*giudizio di omologazione*»: il primo, disciplinato dalla disposizione in commento, è inserito nella sezione dedicata al c.d. "procedimento unitario" e disciplina gli aspetti formali dell'omologazione, mentre il secondo – disciplinato dall'art. 112 – regola il contenuto del giudizio del tribunale in sede di omologazione.

Più in particolare, l'art. 48 disciplina il procedimento di omologazione di tutti gli strumenti di risoluzione della crisi e dell'insolvenza soggetti ad omologazione, ossia il concordato preventivo (commi 1, 2 e 3), gli accordi di ristrutturazione (comma 4) e il piano di ristrutturazione soggetto ad omologazione (quest'ultimo in ragione del richiamo all'art. 48, commi 1, 2 e 3 operato dall'art. 64-*bis*, comma 9). Si tratta di un procedimento di volontaria giurisdizione in forma camerale.

2. – Per quanto attiene al concordato preventivo e ai piani di ristrutturazione soggetti ad omologazione, a seguito della loro approvazione da parte dei creditori, che costituisce il presupposto iniziale del procedimento di omologazione, il tribunale fissa un'udienza in camera di consiglio per la comparizione del commissario giudiziale e delle parti, ossia il debitore (parte necessaria) e gli eventuali soggetti che propongono opposizione all'omologazione (parti eventuali)[1]. Il provvedimento del tribunale viene iscritto presso il registro delle imprese dove il debitore ha la sede legale (o, se questa differisce dalla sede effettiva, presso il registro delle imprese del luogo in cui ha sede il tribunale) e notificato a cura del debitore al commissario giudiziale e ai creditori dissenzienti.

L'art. 48 non prevede un termine entro il quale deve essere fissata l'udienza, ma contiene dei termini anticipatori di carattere perentorio entro i quali i soggetti coinvolti dal procedimento di omologazione devono depositare i relativi atti. In particolare:

(i) i creditori dissenzienti e gli eventuali altri interessati possono proporre opposizione all'omologazione almeno dieci giorni prima dell'udienza;

(ii) il commissario giudiziale deve depositare il suo motivato parere almeno cinque giorni prima dell'udienza;

(iii) il debitore può depositare memorie fino a due giorni prima dell'udienza.

Tale *climax* progressivo dei termini di deposito (che indirettamente fa sì che l'udienza di omologa verrà fissata con un preavviso di almeno 20 giorni, al fine di consentire agli

---

[1] Cfr. FABIANI, PAGNI, *Il giudizio*, 163. *Contra* v. ad es. FILOCAMO, *Art. 180*, 2431, che considera parti necessarie il debitore, i creditori dissenzienti e il commissario giudiziale.

interessati di redigere e depositare gli atti di opposizione) è una novità del Codice rispetto all'art. 180, comma 2, l. fall., che fissava per tutti i soggetti coinvolti un termine anticipatorio di dieci giorni prima dell'udienza per costituirsi. La logica di tale sfalsamento, ben condivisibile, risiede nel consentire al debitore di replicare alle eventuali opposizioni dei creditori e degli altri eventuali interessati e al parere del commissario giudiziale[2]. Rispetto al sistema in vigore con la legge fallimentare, sarà quindi impedito all'opponente di costituirsi in udienza.

In relazione agli accordi di ristrutturazione, il procedimento di omologazione ha inizio con il deposito della domanda di omologazione, ai sensi dell'art. 40, comma 4: a partire dalla data di iscrizione della stessa nel registro delle imprese i creditori e ogni altro interessato hanno trenta giorni per proporre opposizione. Scaduto tale termine, il tribunale è chiamato a fissare l'udienza per la comparizione delle parti, degli eventuali opponenti e dell'eventuale commissario giudiziale, che sarà stato precedentemente nominato soltanto in caso di domanda di accesso ad uno strumento di regolazione della crisi e dell'insolvenza con riserva *ex* art. 44.

3. – Come accennato, l'art. 48 prevede che i creditori dissenzienti e qualsiasi altro interessato possano proporre opposizione all'omologazione, nel rispetto di termini perentori differenti a seconda dello strumento da omologare:

(i) almeno 10 giorni prima dell'udienza di comparizione, in caso di concordato preventivo e piani di ristrutturazione soggetti ad omologazione (comma 2);

(ii) entro 30 giorni dall'iscrizione nel registro delle imprese della domanda di omologazione, in caso di accordi di ristrutturazione.

In relazione alla legittimazione all'opposizione il legislatore del Codice non ha fatto chiarezza su chi possa essere – oltre ai creditori dissenzienti – «interessato» ad opporsi. Pare allora opportuno recuperare l'elaborazione sviluppatasi con riguardo all'art. 180 l. fall., e definire «interessato» chiunque «sia portatore di un interesse giuridico, e non di mero fatto, che possa ricevere pregiudizio per effetto dell'omologazione»[3]: saranno così sicuramente interessati i coobbligati, i fideiussori, gli obbligati in via di regresso, i soci illimitatamente responsabili. Nonostante autorevoli posizioni di segno contrario, non sembra che al commissario giudiziale possa essere riconosciuta la legittimazione all'opposizione, non potendo essere considerato portatore di un proprio interesse giuridico in relazione all'esito della procedura[4]: tale conclusione non pare peraltro pregiudicare alcuno dei soggetti coinvolti, atteso che il commissario giudiziale potrà comunque fare presente i suoi rilievi al tribunale mediante il deposito del suo motivato parere.

Nel caso in cui il piano di concordato preveda operazioni di fusione, scissione o trasformazione, l'art. 116 stabilisce che i creditori della società debitrice possano contestare la validità dell'operazione soltanto proponendo opposizione all'omologazione. Il riferimento

---

[2] La necessità di distinguere i termini anticipatori dei soggetti coinvolti era già stata auspicata in vigenza della legge fallimentare, cfr. PERRINO, *Art. 180*, 2340 ss.; AMBROSINI, *Il concordato preventivo*, 130.

[3] AUDINO, *Art. 180*, 1197. In senso conforme PIRISI, *L'omologazione*, 3696.

[4] In senso conforme v. *ex multis* NIGRO, VATTERMOLI, *Diritto della crisi*, 415. *Contra* AUDINO, *Art. 180*, 1197; PIRISI, *L'omologazione*, 3696.

alla contestazione della «validità» dell'operazione straordinaria non sembra però corretta. Nell'ambito delle operazioni straordinarie compiute nel concordato preventivo, infatti, nella prassi erano emerse difficoltà a conciliare l'opposizione all'omologazione con l'opposizione dei creditori sociali *ex* art. 2503 c.c. (fusione e scissione) e art. 2500-*novies* c.c. (trasformazione): non può sfuggire che tali rimedi di diritto societario colpiscono non già la validità dell'operazione straordinaria, bensì l'effetto pregiudizievole che la stessa arreca ai creditori delle società coinvolte [5]. Sembra corretto ritenere che tale difetto di coordinamento possa essere ricomposto affermando che – in caso di operazioni straordinarie compiute nel corso della procedura concordataria – vi è un vero e proprio assorbimento dei rimedi di diritto societario nel rimedio concorsuale, nell'ottica sia di garantire la stabilità delle operazioni straordinarie, sia di riunire dinanzi ad un solo giudice le opposizioni relative alla medesima operazione straordinaria [6].

Quanto ai creditori di eventuali altre società interessate dall'operazione straordinaria, diverse dalla società debitrice sottoposta a concordato preventivo, sembra corretto ritenere che ben possano essere considerati «interessati» all'opposizione all'omologazione e quindi legittimati a proporla in sede concorsuale, senza che però per loro si applichi la preclusione al ricorso agli ordinari strumenti oppositori di diritto societario.

In attesa che la giurisprudenza si pronunci sul tema, è ragionevole ritenere che l'art. 116 – pur essendo specificamente previsto per il concordato preventivo – possa essere applicato analogicamente agli accordi di ristrutturazione dei debiti e ai piani di ristrutturazione soggetti ad omologazione, atteso che non pare coerente una eventuale discrasia dei rimedi esperibili dai soci nei diversi strumenti di regolazione della crisi soggetti ad omologazione.

La proposizione di un'opposizione non amplia l'oggetto del giudizio che il tribunale deve compiere in sede di omologazione, il cui perimetro rimane delimitato dalla sussistenza dei presupposti previsti dalla legge in relazione ai singoli strumenti di regolazione della crisi e dell'insolvenza soggetti ad omologazione, ma estende la cognizione del giudice alle allegazioni avanzate dai soggetti opponenti, che possono riguardare a titolo di esempio presunti vizi del procedimento, l'insussistenza delle condizioni di ammissibilità o di fattibilità dello strumento di regolazione della crisi, nonché censure riguardanti il difetto di convenienza *ex* art. 112.

4. – Superando il silenzio della legge fallimentare in materia istruttoria, i commi 3 e 4 dell'art. 48 consentono al tribunale di assumere mezzi istruttori sia su istanza di parte, sia d'ufficio.

All'esito del procedimento di omologazione, il tribunale si pronuncia con sentenza, omologando o meno il concordato preventivo. Si tratta di una differenza rispetto alla legge fallimentare, che prevedeva agli artt. 180 (per il concordato preventivo) e 182-*bis* (per gli accordi di ristrutturazione) che l'omologazione avvenisse con decreto, che ha come esito più significativo la ricorribilità per cassazione della sentenza ai sensi dell'art. 111, comma 7, Cost. [7].

---

[5] FABIANI, PAGNI, *Il giudizio*, 162.

[6] MALTONI, *La fusione*, 5 ss.

[7] Per un riferimento di ampio respiro sulla scelta del legislatore di prevedere l'omologazione con sentenza v. FABIANI, PAGNI, *Il giudizio*, 159 ss.

La sentenza di omologazione deve essere notificata e iscritta nel registro delle imprese ai sensi dell'art. 45 e produce i suoi effetti nei confronti dei terzi dalla data di iscrizione nel registro delle imprese, mentre nei confronti degli altri soggetti (debitore, creditori e eventuali altri opponenti) dalla data in cui viene depositata in cancelleria (art. 133 c.p.c.).

Nel caso in cui, invece, il tribunale con sentenza non omologasse lo strumento di regolazione della crisi, su ricorso dei soggetti legittimati e ove ne ricorrano i presupposti, il tribunale potrà dichiarare aperta la liquidazione ai sensi dell'art. 49.

Articolo 49

Dichiarazione di apertura della liquidazione giudiziale

1. Il tribunale, definite le domande di accesso a uno strumento di regolazione della crisi e dell'insolvenza eventualmente proposte, su ricorso di uno dei soggetti legittimati e accertati i presupposti dell'articolo 121, dichiara con sentenza l'apertura della liquidazione giudiziale.

2. Allo stesso modo, su ricorso di uno dei soggetti legittimati, il tribunale provvede, osservate le disposizioni di cui all'articolo 44, comma 2, quando è decorso inutilmente o è stato revocato il termine di cui all'articolo 44, comma 1, lettera a), quando il debitore non ha depositato le spese di procedura di cui all'articolo 44, comma 1, lettera d), ovvero nei casi previsti dall'articolo 47, comma 4 e dall'articolo 106 o in caso di mancata approvazione del concordato preventivo o quando il concordato preventivo o gli accordi di ristrutturazione non sono stati omologati.

3. Con la sentenza di cui ai commi 1 e 2, il tribunale:

a) nomina il giudice delegato per la procedura;

b) nomina il curatore e, se utile, uno o più esperti per l'esecuzione di compiti specifici in luogo del curatore;

c) ordina al debitore il deposito entro tre giorni dei bilanci e delle scritture contabili e fiscali obbligatorie, in formato digitale nei casi in cui la documentazione è tenuta a norma dell'articolo 2215-bis del codice civile, dei libri sociali, delle dichiarazioni dei redditi, IRAP e IVA dei tre esercizi precedenti, nonché dell'elenco dei creditori corredato dall'indicazione del loro domicilio digitale, se già non eseguito a norma dell'articolo 39;

d) stabilisce il luogo, il giorno e l'ora dell'udienza in cui si procederà all'esame dello stato passivo, entro il termine perentorio di non oltre centoventi giorni dal deposito della sentenza, ovvero centocinquanta giorni in caso di particolare complessità della procedura;

e) assegna ai creditori e ai terzi, che vantano diritti reali e personali su cose in possesso del debitore, il termine perentorio di trenta giorni prima dell'udienza di cui alla lettera d) per la presentazione delle domande di insinuazione;

f) autorizza il curatore, con le modalità di cui agli articoli 155-quater, 155-quinquies e 155-sexies delle disposizioni di attuazione del codice di procedura civile:

1) ad accedere alle banche dati dell'anagrafe tributaria e dell'archivio dei rapporti finanziari;

2) ad accedere alla banca dati degli atti assoggettati a imposta di registro e ad estrarre copia degli stessi;

3) ad acquisire l'elenco dei clienti e l'elenco dei fornitori di cui all'articolo 21 del decreto-legge 31 maggio 2010, n. 78, convertito dalla legge 30 luglio 2010, n. 122 e successive modificazioni;

4) ad acquisire la documentazione contabile in possesso delle banche e degli altri intermediari finanziari relativa ai rapporti con l'impresa debitrice, anche se estinti;

5) ad acquisire le schede contabili dei fornitori dei clienti relativi ai rapporti con l'impresa debitrice.

4. La sentenza è comunicata e pubblicata ai sensi dell'articolo 45. La sentenza produce i propri effetti dalla data della pubblicazione ai sensi dell'art. 133, primo comma, del codice di procedura civile. Gli effetti nei riguardi dei terzi, fermo quanto disposto agli articoli da 163 a 171, si producono dalla data di iscrizione della sentenza nel registro delle imprese.

5. Non si fa luogo all'apertura della liquidazione giudiziale se l'ammontare dei debiti scaduti e non pagati risultanti dagli atti dell'istruttoria è complessivamente inferiore ad euro trentamila. Tale importo è periodicamente aggiornato con le modalità di cui all'articolo 2, comma 1, lettera d).

Salvatore De Vitis

Sommario: 1. Premessa. – 2. Le condizioni per l'apertura della liquidazione giudiziale. – 3. La sentenza. – 4. La soglia minima dei debiti scaduti e non pagati.

1. – L'articolo in commento regolamenta l'apertura della liquidazione giudiziale, così sostituendo la dichiarazione di fallimento prevista dall'art. 15 della precedente legge fallimentare. A parte il cambio di denominazione[1], che testimonia in maniera cristallina il definitivo superamento della riprovazione sociale che era strettamente collegata (anche) al termine "fallimento", la novità più rilevante è certamente costituita dalla circostanza che, nel nuovo Codice, tanto gli strumenti di regolazione della crisi quanto la procedura di liquidazione giudiziale hanno un'unica modalità di accesso processuale costituita dal c.d. "procedimento unitario"[2]. L'innovazione, *per un verso*, ha l'evidente fine di semplificare l'accesso alle varie procedure[3] e ha il pregio di rendere molto più agevole il coordinamento fra i procedimenti che riguardano un unico debitore[4]. Altrimenti detto, l'apertura della

---

[1] Il cambio di denominazione, che era già contenuto nella legge delega n. 155 del 2017, nonché nell'art. 2, lett. *a*), direttiva n. 1023 del 2019, secondo PACCHI, *Liquidazione giudiziale*, 209, conduce all'oggettivazione della crisi e, quindi, «investe un patrimonio ed un'attività e non un soggetto, al quale potranno eventualmente essere ascritte responsabilità civili e penali». Cambio di denominazione, che, come ricorda la Relazione illustrativa, permette all'Italia di allinearsi con la tendenza già manifestatasi nei principali ordinamenti europei di *civil law*, tra cui quelli di Francia, Spagna e Germania.

[2] Sul procedimento unitario, si veda, oltre al commento ai relativi articoli di questo *Commentario*, PAGNI, *L'accesso*, 549 ss.; DE SANTIS, *Il processo*, 157 ss.; MONTANARI, *Il cosiddetto procedimento*, 563 ss.; DI AMATO, *Il c.d. procedimento*; MARIANI, BORLONI, *La disciplina processuale*, 101 ss.

[3] In tal senso, anche, MARIANI, BORLONI, *La disciplina processuale*, 102.

[4] A tal proposito, basti rammentare il contrasto che si era creato in dottrina e in giurisprudenza sulla sorte dell'istanza di fallimento, proposta dal creditore o dal P.M., in pendenza di una procedura concordataria, sul

liquidazione giudiziale non è l'effetto esclusivo della proposizione di una domanda in tal senso, ma può essere anche la conseguenza di un procedimento avviato con una domanda di regolazione della crisi e poi sfociato appunto in una liquidazione giudiziale.

2. – La norma prevede che il tribunale possa dichiarare l'apertura della liquidazione giudiziale solo dopo aver verificato l'esistenza di tre condizioni: a) la definizione delle eventuali domande di regolazione della crisi; b) la sussistenza dei requisiti soggettivo e oggettivo previsti dall'art. 121; c) la richiesta da parte di uno dei soggetti legittimati.

Quanto al punto a) è utile precisare che l'articolo fa riferimento non solo, in generale, alla definizione della domanda di accesso di uno degli strumenti di regolazione della crisi (comma 1), ma anche alle ipotesi di arresto anticipato per inadempimento del debitore (art. 44, comma 1, lett. *a*, art. 44, comma 1, lett. *d*); oppure, all'eventuale accertamento di atti di frode da parte di quest'ultimo (art. 106); o, infine, alle ipotesi di inammissibilità della domanda di concordato preventivo (art. 47, comma 4), nonché di mancata approvazione/omologazione di quest'ultimo oppure dell'accordo di ristrutturazione. In sostanza, il legislatore, approfittando del procedimento unitario, ha codificato il principio di prevalenza delle domande di soluzione della crisi, alternative alla liquidazione giudiziale. La norma, almeno nella prima parte, appare poco chiara, tant'è che si è posto il dubbio [5] se la locuzione "definite" comporti non solo la necessità di una valutazione preliminare delle domande di regolazione della crisi rispetto a quelle di dichiarazione della liquidazione giudiziale, ma se essa richieda, anche e soprattutto, un provvedimento giudiziale di improcedibilità o di non accoglimento/rigetto. Sul punto, peraltro, si deve registrare anche l'intervento del Consiglio di Stato, che, nel parere rilasciato in data 1° aprile 2022, ha espresso le stesse perplessità, consigliando di aggiungere *dopo la locuzione "definite", il riferimento a un'apposita statuizione*. Tuttavia, se, *prima facie*, la norma non appare, in questa parte, chiarissima, non si ritiene di aderire alle perplessità poc'anzi riportate perché qualsiasi dubbio può essere fugato con una interpretazione sistematica, che non si limiti al dato letterale. Infatti, l'art. 49 va evidentemente interpretato coordinandolo con il precedente art. 7, comma 3, il quale, nel disciplinare i principi di carattere processuale del procedimento unitario, stabilisce che «*in tutti i casi in cui la domanda diretta a regolare la crisi o l'insolvenza con strumenti diversi dalla liquidazione giudiziale non è accolta ed è accertato lo stato di insolvenza, il tribunale procede … all'apertura della liquidazione giudiziale*»; così come nel caso in cui «*la domanda è inammissibile o improcedibile e nei casi previsti dall'art. 49 comma 2*». Quindi, per concludere sul punto, il combinato disposto dell'articolo in commento e dell'art. 7, comma 3, sembra rendere chiaro ciò che la prima norma non esplicita e cioè che si può dar luogo alla liquidazione giudiziale solo dopo che le domande di regolazione della crisi siano state rigettate ovvero dichiarate inammissibili o improcedibili [6].

---

quale poi vi è stato un intervento delle Sezioni Unite della Corte di Cassazione, che, con sentenza del 15 maggio 2015 n. 9935, ha sancito il principio della prevalenza della procedura di concordato (anche in bianco), specificando tuttavia che la declaratoria di fallimento non era improcedibile ma solo impedita sino al verificarsi degli eventi previsti dagli artt. 162, 173, 179 e 180 l. fall.

[5] In tal senso, DELLA ROCCA, *Il procedimento unitario*, 139.

[6] Alla stessa conclusione, pur non utilizzando il medesimo ragionamento, giungono MARIANI, BURLOTTI,

La condizione *sub* b) richiama l'art. 121, al cui commento si rinvia, che riproduce, senza alcuna modifica, i due presupposti già previsti per la dichiarazione di fallimento: quello soggettivo, cioè la qualifica di imprenditore commerciale non piccolo, e quello oggettivo, ossia lo stato di insolvenza.

L'ultima condizione è frutto del principio della domanda su cui, peraltro, si fonda tutto il procedimento unitario, con le ovvie differenze nella legittimazione attiva tra gli strumenti di regolazione della crisi e la liquidazione giudiziale. Infatti, mentre i primi possono essere attivati solo dal debitore, la legittimazione attiva per la seconda è appannaggio, oltre che del debitore, dei creditori, del P.M. e, ora, anche degli organi e delle autorità amministrative che hanno funzioni di controllo e di vigilanza sulle imprese. Quest'ultima è certamente un'innovazione degna di nota ed opportuna, sia perché prima non era prevista alcuna legittimazione attiva in capo agli organi di controllo, sia perché è coerente con i nuovi doveri dell'organo di controllo riguardanti la tempestività nel rilevamento della crisi. In altre parole, l'organo di controllo non solo ha il potere/dovere di rilevare e segnalare all'organo amministrativo la presenza dello stato di crisi, ma ha anche il conseguente potere/dovere di chiedere l'apertura della liquidazione giudiziaria nel caso di inerzia degli amministratori ovvero di inutilità dell'apertura di qualsivoglia procedimento di regolazione della crisi.

3. – Il comma 3 si occupa della sentenza che dichiara l'apertura della liquidazione giudiziale, apportando poche modifiche, che hanno un rilievo soprattutto pratico.

Così, ora come allora, accanto alla nomina del giudice delegato e del curatore la sentenza deve contenere: a) l'ordine rivolto al debitore di depositare, entro tre giorni, i documenti previsti nell'art. 39; b) la fissazione, entro il termine perentorio di 120 giorni, ovvero 150 giorni in caso di particolare complessità della procedura, del giorno e dell'ora per l'udienza di verifica dello stato passivo; c) l'assegnazione ai creditori e terzi che vantano diritti reali o personali su cose in possesso del debitore, del termine perentorio di 30 giorni prima della suddetta udienza per la presentazione delle domande di insinuazione.

Elementi di novità sono, invece, previsti, nella lett. *f)* e nella lett. *b*). In particolare nella prima si autorizza il curatore all'accesso alle varie banche dati pubbliche, al fine evidente di ricostruire tanto l'attivo quanto il passivo e, come precisa la Relazione, «*senza costi di accesso…in ragione della data, della qualifica e delle funzioni pubblicistiche svolte*».

Nella lett. *b*) si introduce la possibilità per il tribunale di nominare uno o più esperti con il compito di coadiuvare il curatore, eseguendo, in luogo di quest'ultimo, compiti specifici. La finalità di siffatta disposizione è chiaramente quella di permettere al curatore di dedicarsi esclusivamente alla formazione dello stato passivo, previa analisi dei vari crediti; esigenza spesso sentita nella prassi soprattutto nelle procedure più complesse, che, però, rischia di aumentare sensibilmente il costo a carico delle stesse. È in quest'ottica che va

La disciplina processuale, 107; al contrario, la stessa conclusione e (sembra) con identico ragionamento la si ritrova nella Relazione allo schema di decreto legislativo, nella quale, in risposta alle osservazioni del Consiglio di Stato, si previsa che non si ritiene di apportare alcuna modifica perché «*trattandosi di procedimento unitario, la sentenza menzionata nello stesso comma è necessariamente il provvedimento che definisce ogni domanda e pronuncia sulla liquidazione giudiziale contenendo in sé tutti gli esiti che può avere il procedimento*».

letto l'inciso *se utile*, che pone in capo al tribunale *sia* la valutazione e, quindi, il bilanciamento fra l'interesse alla celerità della procedura e quello al controllo dei costi, *sia* la necessità della motivazione di siffatta nomina[7].

Infine, il comma 4 si occupa della pubblicità della sentenza di liquidazione giudiziale e riproduce sostanzialmente quanto già era previsto negli artt. 16 e 17 della l. fall., differenziando gli effetti della stessa tra i soggetti che hanno preso parte alla procedura e i terzi. Per i primi, il termine *a quo* decorre dal momento della pubblicazione *ex* art. 133 c.p.c., quindi dal deposito nella cancelleria del tribunale; per i terzi, invece, dalla data di iscrizione nel registro delle imprese.

4. – Il comma 6 dell'art. 49 riproduce fedelmente quanto già previsto dall'art. 15, ultimo comma della legge fallimentare e cioè l'impossibilità di dichiarare la liquidazione giudiziale per quelle imprese che abbiano debiti scaduti e non pagati inferiori a trentamila euro. Si tratta di una disposizione che ha un evidente fine deflattivo, ossia evitare di far rientrare nell'alveo di una procedura complessa e costosa, quale la liquidazione giudiziale, imprese di modeste dimensioni. Proprio la suddetta *ratio* della norma rende convincente, anche oggi, quella interpretazione che, per un verso, ritiene che ci si trovi al cospetto di una condizione di procedibilità e, per altro verso, che l'istruttoria, sempre necessaria, che il tribunale deve compiere, potrebbe (e forse dovrebbe) non limitarsi al debito del creditore istante ma estendersi anche agli altri debiti, se esistenti, ovviamente scaduti e non pagati[8]. Altrimenti detto, se l'intento è quello poc'anzi delineato, la circostanza che esista una sola istanza di apertura della liquidazione giudiziale per un credito inferiore a trentamila euro non può essere di per sé dirimente, perché ben potrebbero esserci e, spesso ci sono, altri creditori, magari anche per importi maggiori (ad es. il fisco ovvero l'Inps) che, per vari motivi anche di carattere organizzativo interno, non richiedono la liquidazione giudiziale ovvero fanno istanza con tempi molto più dilatati[9].

---

[7] In tal senso anche, DELLA ROCCA, *Il procedimento unitario*, 141.

[8] In tal senso, si veda, *inter alia*, Cass., 7 luglio 2021, n. 19347; Cass., 18 marzo 2016, n. 5377.

[9] Si veda ad es. App. Napoli, 8 maggio 2013, che ha considerato fra i debiti, oltre a quello azionato con il ricorso per la dichiarazione di fallimento, anche il credito risultante dall'iscrizione di ipoteca legale iscritta dal concessionario in base a ruoli non esecutivi.

Articolo 50

Reclamo contro il provvedimento che rigetta la domanda di apertura della liquidazione giudiziale

1. Il tribunale, se respinge la domanda di apertura della liquidazione giudiziale, provvede con decreto motivato. Il decreto, a cura del cancelliere, è comunicato alle parti e, quando è stata disposta la pubblicità della domanda, iscritto nel registro delle imprese.

2. Entro trenta giorni dalla comunicazione, il ricorrente o il pubblico ministero possono proporre reclamo contro il decreto alla corte di appello che, sentite le parti, provvede in camera di consiglio con decreto motivato. Si applicano le disposizioni di cui agli articoli 737 e 738 del codice di procedura civile.

3. Il debitore non può chiedere in separato giudizio la condanna del creditore istante alla rifusione delle spese ovvero il risarcimento del danno per responsabilità aggravata ai sensi dell'articolo 96 del codice di procedura civile.

4. Il decreto della corte di appello che rigetta il reclamo non è ricorribile per cassazione, è comunicato dalla cancelleria alle parti del procedimento in via telematica, al debitore, se non costituito, ai sensi dell'articolo 40, commi 6, 7 e 8 ed è iscritto nel registro delle imprese nel caso di pubblicità della domanda.

5. In caso di accoglimento del reclamo, la corte di appello dichiara aperta la liquidazione giudiziale con sentenza e rimette gli atti al tribunale, che adotta, con decreto, i provvedimenti di cui all'articolo 49, comma 3. Contro la sentenza può essere proposto ricorso per cassazione. La sentenza della corte di appello e il decreto del tribunale sono iscritti nel registro delle imprese su richiesta del cancelliere del tribunale.

6. I termini di cui agli articolo 33, 34 e 35 si computano con riferimento alla sentenza della corte di appello.

Paolo Celentano

Sommario: 1. Introduzione. – 2. Il provvedimento che respinge la domanda di apertura della liquidazione giudiziale. – 3. Il reclamo contro il decreto che ha respinto la domanda di apertura della liquidazione giudiziale.

1. – Nell'ambito del sistema normativo del Codice, l'art. 50 prende il posto che nella legge fallimentare era occupato dall'art. 22[1], cui evidentemente s'ispira già a partire dalla

[1] Per un'ampia panoramica sulle questioni suscitate dal quale si rinvia a: CELENTANO, *All'art. 22*, 289 ss.;

sua rubrica, che, come quella del suo predecessore, non è del tutto corretta: esso infatti non contiene soltanto la disciplina del reclamo contro il provvedimento di rigetto della domanda di apertura della liquidazione giudiziale, ma innanzitutto quella della forma e delle modalità di propalazione di detto provvedimento, la cui più importante novità è costituita dalla previsione dell'iscrizione di tale provvedimento nel registro delle imprese, qualora analoga pubblicità sia stata data alla domanda rigettata.

Più rilevanti sono le novità introdotte nella disciplina del reclamo contro il provvedimento di rigetto della domanda di apertura della liquidazione giudiziale rispetto a quella del "vecchio" reclamo contro il provvedimento di rigetto dell'istanza di fallimento, le principali delle quali sono costituite:

a) dall'(implicita) attribuzione della legittimazione a proporre reclamo avverso il decreto di rigetto della domanda di apertura della liquidazione giudiziale (anche) al debitore[2] e agli organi e alle autorità amministrative che hanno funzioni di controllo e di vigilanza sull'impresa del debitore (ovviamente quando sia stata rigettata la domanda da loro rispettivamente presentata), nonché al pubblico ministero che non abbia chiesto l'apertura della liquidazione giudiziale;

b) dall'attribuzione alla corte d'appello che accolga il reclamo avverso il decreto di rigetto della domanda di apertura della liquidazione giudiziale del potere-dovere di dichiarare direttamente aperta la procedura concorsuale, con una sentenza ricorribile per cassazione, rimettendo al tribunale di adottare, con un decreto, soltanto le conseguenti disposizioni organizzatorie di detta procedura.

2. – Il comma 1 dell'articolo in commento stabilisce che il provvedimento con cui il tribunale respinge la domanda di apertura della liquidazione giudiziale, per ragioni di merito o di rito[3] o perché esorbitante dalla giurisdizione italiana, va adottato nelle forme del decreto motivato – in linea con quanto stabilito dall'art. 737 c.p.c. per la generalità dei provvedimenti conclusivi dei procedimenti in camera di consiglio, nel cui ampio e variegato *genus* indubbiamente rientra anche il procedimento di cui all'art. 41 – e deve essere poi, a cura del cancelliere del tribunale, comunicato alle parti[4] del procedimento al cui

---

FABIANI, *Il diritto*, 102 s. e 117 ss.; RONCOLETTA, *Art. 22*, 339 ss.; ZACCARIA, FACCIOLI, *Art. 22*, 124 ss.

[2] Il quale, almeno secondo la lettera dell'art. 22 l.fall., poteva impugnare il decreto di rigetto dell'istanza di dichiarazione del proprio fallimento proposta nei suoi confronti solo per contestarne le statuizioni (o le omissioni) concernenti le spese del procedimento la responsabilità aggravata ai sensi dell'art. 96 c.p.c., a tale istanza.

[3] Cfr. FABIANI, *Sistema, principi*, 142. L'estinzione del procedimento per l'apertura della liquidazione giudiziale per effetto della rinuncia alla relativa domanda introduttiva è invece specificamente disciplinata dall'art. 43, al cui commento pertanto si rinvia.

[4] Cioè, per quanto in linea generale disposto dall'art. 170, comma 1, c.p.c., ai procuratori *ad litem* di quelle costituitesi, nonché, quanto meno per evidenti ragioni di coerenza sistematica con quanto previsto dal comma 4 dell'articolo in commento, al debitore che non si sia costituito nel procedimento di cui all'art. 41, per mezzo della posta elettronica certificata o, in subordine, mediante il deposito in cancelleria, secondo quanto disposto dall'art. 16, commi 4, 6 e 7, d.l. 18 ottobre 2012, n. 179, convertito con modificazioni dalla l. 17 dicembre 2012, n. 221, qualora la comunicazione sia diretta ad un soggetto tenuto a munirsi o che abbia comunque comunicato di essere munito di un indirizzo di posta elettronica certificata, o, in caso contrario o quando comunque la comunicazione telematica risulti impossibile per causa non imputabile al destinatario, con le modalità non telematiche previste dagli artt. 136, comma 3, e 137 ss. c.p.c., come disposto dal comma

esito è stato emesso, nonché, nel solo caso in cui la domanda respinta sia stata, siccome proposta dal debitore, pubblicata ai sensi del comma 3 dell'art. 40, all'ufficio del registro delle imprese affinché vi sia iscritto [5].

Queste disposizioni non sono invece applicabili al caso in cui il tribunale si reputi territorialmente incompetente, giacché:

a) qualora sia il tribunale adìto con la domanda di apertura della liquidazione giudiziale, deve – come previsto dal comma 1 dell'art. 29 – dichiararsi incompetente con un'ordinanza, che va poi trasmessa al tribunale dichiarato competente insieme agli atti del procedimento introdotto con detta domanda;

b) qualora sia il tribunale cui gli atti di tale procedimento siano stati trasmessi da altro tribunale che si sia dichiarato o sia stato, dalla corte d'appello adita con un reclamo proposto ai sensi dell'art. 51, dichiarato incompetente, che è il caso previsto dal comma 2 dell'art. 29, deve, sempre con un'ordinanza, secondo quanto disposto dall'art. 47, comma 4, c.p.c., richiedere d'ufficio alla Corte di cassazione il regolamento di competenza di cui all'art. 45 c.p.c.

Per quel che concerne poi le sue statuizioni accessorie, il decreto che respinge la domanda di apertura della liquidazione giudiziale deve, ove ne ricorrano i presupposti, regolare e liquidare le spese del procedimento con esso definito, secondo quanto disposto dagli art. 91 ss. c.p.c., e contenere le eventuali pronunce di condanna previste dall'art. 96 c.p.c., nonché dichiarare la perdita di efficacia delle misure cautelari e di quelle protettive eventualmente disposte nel corso dello stesso procedimento, in applicazione, quanto meno analogica, dell'art. 669-*novies*, comma 2, c.p.c.

3. – Il decreto con il quale la domanda di apertura della liquidazione giudiziale è stata respinta può poi, come disposto dal comma 2 dell'articolo in commento, essere impugnato mediante un reclamo la cui disciplina ricalca chiaramente, nelle sue linee essenziali e fatto salvo quanto si dirà appresso, quella dell'archetipo rappresentato dal reclamo contro il decreto di rigetto dell'istanza di fallimento previsto dal comma 2 dell'art. 22 l. fall., la dottrina e la giurisprudenza in ordine all'esegesi del quale non cesserà pertanto di tornare utile all'interprete.

Infatti, anche il reclamo avverso il decreto con cui è stata respinta la domanda di apertura della liquidazione giudiziale deve essere proposto [6] alla corte d'appello nel cui distret-

---

8 del predetto art. 16. Non paiono infatti applicabili alla comunicazione in argomento le parzialmente diverse disposizioni dell'art. 10, né quelle dei commi 6, 7 e 8 dell'art. 40.

[5] In tal senso la norma va, a dispetto della sua formulazione letterale, interpretata, giacché le iscrizioni nel registro delle imprese possono essere eseguite soltanto dal conservatore cui, ai sensi dell'art. 2188, comma 1, c.c., spetta la tenuta di tale registro e quella della domanda di apertura della liquidazione giudiziale deve, secondo quanto disposto dall'art. 40, comma 3, essere eseguita solo nel caso in cui si tratti di una domanda presentata dal debitore e senza che sia necessario alcun provvedimento che la disponga e, ciò nonostante, potrebbe non essere stata eseguita (nel qual caso la pubblicazione del decreto che la respinge sarebbe ultronea e inutilmente dannosa per il debitore).

[6] Ferma restando comunque la possibilità di riproporre la domanda di apertura della liquidazione giudiziale, anche se eventualmente fondata sugli stessi motivi posti a base della domanda respinta (cfr. D'ATTORE G., *Manuale di diritto*, 210).

to si trova il tribunale che ha emesso il provvedimento impugnato entro il termine – che, come tutti i termini per la proposizione delle impugnazioni, deve ritenersi perentorio anche in mancanza di un'espressa previsione in tal senso[7] e, in forza dell'art. 9, comma 1, non è soggetto (come, d'altronde, i termini del conseguente procedimento) alla sospensione per la durata del periodo feriale prevista dall'art. 1, l. 7 ottobre 1967, n. 742 – di trenta giorni dalla data della comunicazione[8] (o, in mancanza, di sei mesi dalla data del deposito in cancelleria[9]) di detto decreto mediante un ricorso che deve essere depositato telematicamente (salvo che ciò risulti impossibile per accertate disfunzioni del sistema informatico predisposto dal Ministero della Giustizia) e poi notificato, a cura della parte reclamante e nel termine che deve essere all'uopo fissato dal presidente della corte[10], alle parti che devono o possono partecipare al procedimento di reclamo e, come chiarito mediante l'espresso richiamo degli artt. 737 e 738 c.p.c., non deve rispettare alcun particolare canone, se non quelli dettati in linea generale dall'art. 125 c.p.c.[11] e quello della redazione in modo chiaro e sintetico[12], e che anche per questo deve ritenersi idoneo a devolvere alla corte d'appello, senza la necessità della formulazione di specifiche e motivate critiche contro il provvedimento impugnato, l'integrale cognizione della domanda rigettata dal tribunale[13] e di consentirle di prendere in considerazione anche fatti nuovi, cioè ignoti al tribunale, anche se non sopravvenuti rispetto alla decisione di quest'ultimo[14].

Legittimati alla proposizione del reclamo sono, per quanto disposto dal comma 2 dell'articolo in commento, «*il ricorrente o il pubblico ministero*», cioè tutti coloro che hanno invano chiesto l'apertura della liquidazione giudiziale, compresi il debitore e gli organi e le autorità amministrative che hanno funzioni di controllo e di vigilanza sull'impresa del

[7] Cfr. FABIANI, *Sistema, principi*, 173.

[8] O comunque – tenuto conto della tendenza della giurisprudenza ad ammettere che la prova della conoscenza dei provvedimenti che la legge prevede siano "comunicati" dalla cancelleria ai destinatari possa essere fornita anche mediante fatti "equipollenti" – dalla data in cui il debitore o il procuratore costituito della parte soccombente la cui domanda sia stata rigettata abbia avuto piena, effettiva ed "ufficiale" conoscenza del decreto di rigetto, come, ad esempio, nel caso in cui gliene sia stata rilasciata dalla cancelleria una copia integrale (cfr. Cass., 3 gennaio 2019, n. 1).

[9] In applicazione analogica della previsione di cui all'art. 327, comma 1, c.p.c.

[10] Di natura ordinatoria e dunque prorogabile ai sensi dell'art. 154 c.p.c., ma la cui inosservanza, ove non giustificata da una causa non imputabile al reclamante, dovrebbe rendere il reclamo improcedibile, salvo che le controparti del reclamante si siano tempestivamente costituite in giudizio. In tal senso è infatti orientata la più recente giurisprudenza della Corte di cassazione in relazione all'analogo problema che si pone in relazione ai reclami camerali previsti dalla legge fallimentare (cfr.: Cass., 3 ottobre 2019, n. 24797; Cass., 11 maggio 2017, n. 11541; Cass., 20 luglio 2015, n. 15146).

[11] E deve ritenersi che debba essere sottoscritto da un avvocato, non essendo prevista per il procedimento di reclamo di cui all'art. 50 alcuna deroga alla regola generale dell'obbligatorietà del patrocinio di un difensore dettata dall'art. 9, comma 2.

[12] Introdotto mediante la riformulazione, applicabile solo ai ricorsi proposti dopo il 28 febbraio 2023, dell'art. 121 c.p.c. operata dal d.lgs. 10 ottobre 2022, n. 149, e il cui mancato rispetto però, secondo quanto disposto dall'art. 46 disp. att. c.p.c., come pure riformulato dal predetto decreto, non comporta alcuna invalidità, ma può essere valutato dal giudice ai fini della decisione sulle spese processuali.

[13] Cfr. FABIANI, *Sistema, principi*, 173, e D'ATTORRE, *Manuale*, 210.

[14] Cfr. FABIANI, *Sistema, principi*, 174.

debitore [15] e, in ogni caso, il pubblico ministero [16] (nonché, ai sensi dell'art. 256, comma 7, il curatore della liquidazione giudiziale e i soci illimitatamente responsabili della società della quale sia già stata dichiarata la liquidazione giudiziale la cui domanda di apertura o di c.d. estensione della procedura concorsuale nei casi previsti dai commi 4 e 5 dello stesso art. 256 sia stata rigettata) [17].

Controparti necessarie del reclamante o dei reclamanti devono ritenersi soltanto i soggetti nei confronti dei quali è stata invano chiesta e s'intende ancora ottenere l'apertura della liquidazione giudiziale e all'eventuale difetto di integrità del contraddittorio si dovrà porre rimedio in analogia con quanto stabilito dall'art. 331 c.p.c., mentre le altre parti di detto procedimento devono essere soltanto notiziate della pendenza del procedimento di reclamo affinché possano impugnare incidentalmente il decreto di rigetto, in analogia con quanto disposto dall'art. 332 c.p.c., e sembra che debba essere esclusa l'ammissibilità dell'intervento volontario, anche solo *ad adiuvandum*, di altri soggetti.

Nello specifico caso in cui il reclamo sia rivolto solo contro le statuizioni (o le omissioni non meramente formali) del decreto di rigetto concernenti le spese processuali o la responsabilità aggravata, al procedimento di reclamo dovranno essere invece necessariamente chiamate a partecipare soltanto la parte o le parti controinteressate all'eventuale accoglimento dell'impugnazione, ferma restando, se del caso, l'applicazione analogica dell'art. 331 o dell'art. 332 c.p.c.

I reclami eventualmente proposti separatamente avverso il medesimo decreto andranno riuniti, anche d'ufficio, secondo il principio generale dettato dall'art. 335 c.p.c.

Il procedimento è pressoché totalmente deformalizzato, come, in linea generale, i procedimenti in camera di consiglio, ferma la necessità per la corte d'appello di sentirne le parti, o, per meglio dire, di metterle in condizione di spiegare le loro difese [18], eventualmente delegando al suo componente nominato relatore la loro audizione, nonché di provvedere sulle istanze istruttorie delle parti e di assumere i mezzi di prova ammessi ad istanza di parte o disposti d'ufficio, e, ai sensi dell'art. 55, comma 6, nel suo corso, possono anche essere adottate le misure cautelari e quelle protettive previste, rispettivamente, dai commi 1 e 2 dell'art. 54.

La decisione finale deve però essere adottata dalla corte d'appello in composizione collegiale, come disposto dall'art. 50-*bis*, comma 2, c.p.c., e, qualora consista nel rigetto, anche per ragioni di rito o di giurisdizione, del reclamo (o nella dichiarazione dell'estinzione del relativo procedimento per effetto della rinuncia del reclamante all'impugnazione), con un decreto motivato del quale è espressamente prevista la non ricorribilità per cassazione [19]

[15] Per la cui, certamente non facile, individuazione si rinvia al commento all'art. 37.

[16] Infatti, a differenza di quanto previsto dall'art. 22, comma 2, l. fall., il comma 2 dell'art. 50 significativamente non specifica che il reclamo può essere proposto dal pubblico ministero «*richiedente*», in coerenza con la più generale previsione di cui all'art. 38, comma 3.

[17] V. però, *amplius*, *sub* art. 256.

[18] Anche mediante il deposito di note scritte sostitutivo dell'udienza, ai sensi dell'art. 127-*ter* c.p.c., o di memorie, la produzione di documenti o la richiesta di ammissione di mezzi di prova non documentale, purché, ovviamente, nel rispetto del principio del contraddittorio.

[19] In tal modo recependo l'opinione di gran lunga prevalente riguardo alla ricorribilità per cassazione del decreto di rigetto del reclamo di cui all'art. 22 l. fall. (negata infatti, ad es., da: Cass., SS.UU., 7 dicembre 2006, n. 26181; Cass., 28 febbraio 2017, n. 5069; Cass., 2 aprile 2015, n. 6683).

e che deve essere, a cura della cancelleria della corte, «*comunicato*» secondo le modalità previste dai commi 6. 7 e 8 dell'art. 40 ai procuratori delle parti costituite e al debitore anche se questi non si sia costituito nel procedimento di reclamo, nonché iscritto «*immediatamente*» nel registro delle imprese se analoga pubblicità era stata data alla domanda di apertura della liquidazione giudiziale.

Qualora invece decida di accogliere il reclamo, il comma 5 dell'articolo in commento dispone innovativamente che la corte d'appello deve – con una sentenza che deve ritenersi che debba essere, a cura della cancelleria della corte, comunicata alle parti ai sensi del comb. disp. degli artt. 49, comma 4, e 45, comma 1, e, su richiesta della cancelleria del tribunale, iscritta per estratto nel registro delle imprese ed avverso la quale è possibile proporre ricorso per cassazione nell'ordinario termine di sessanta giorni[20] dalla data di tale comunicazione – dichiarare l'apertura della liquidazione giudiziale e rimettere al tribunale di dare le disposizioni organizzatorie della procedura concorsuale previste dall'art. 49, comma 3, con un decreto che pure deve, ma su richiesta della cancelleria dello stesso tribunale, essere iscritto nel registro delle imprese.

Coerentemente con quest'innovazione, il sia pur assai impreciso comma 5 dell'articolo in commento dispone che i termini di cui agli artt. 33, 34 e 35 si computano con riferimento alla sentenza della corte d'appello, cioè, in buona sostanza, che i termini di un anno previsti rispettivamente dall'art. 33, comma 1, e dall'art. 256, comma 2, si considerano rispettati (solo) qualora prima della loro scadenza detta sentenza sia pubblicata mediante il suo deposito nella cancelleria della corte ai sensi dell'art. 133, comma 1, c.p.c., al quale rinvia l'art. 49, comma 4.

[20] Cfr. FAUCEGLIA, *Il nuovo*, 44.

Articolo 51

Impugnazioni

1. Contro la sentenza del tribunale che pronuncia sull'omologazione del concordato preventivo, del piano di ristrutturazione soggetto a omologazione o degli accordi di ristrutturazione oppure dispone l'apertura della liquidazione giudiziale le parti possono proporre reclamo. La sentenza che dichiara aperta la liquidazione giudiziale può essere impugnata anche da qualunque interessato. Il reclamo è proposto con ricorso da depositare nella cancelleria della corte di appello nel termine di trenta giorni.

2. Il ricorso deve contenere:

a) l'indicazione della corte di appello competente;

b) le generalità dell'impugnante e del suo procuratore e l'elezione del domicilio nel comune in cui ha sede la corte di appello;

c) l'esposizione dei fatti e degli elementi di diritto su cui si basa l'impugnazione, con le relative conclusioni;

d) l'indicazione dei mezzi di prova di cui il ricorrente intende avvalersi e dei documenti prodotti.

3. Il termine per il reclamo decorre, per le parti, dalla data della notificazione telematica del provvedimento a cura dell'ufficio e, per gli altri interessati, dalla data della iscrizione nel registro delle imprese. Si applica alle parti la disposizione di cui all'art. 327, primo comma, del codice di procedura civile.

4. Il reclamo non sospende l'efficacia della sentenza, salvo quanto previsto dell'articolo 52. L'accoglimento del reclamo produce gli effetti di cui all'articolo 53.

5. Il presidente, nei cinque giorni successivi al deposito del ricorso, designa il relatore, e fissa con decreto l'udienza di comparizione entro sessanta giorni dal deposito del ricorso.

6. Il ricorso, unitamente al decreto di fissazione dell'udienza, è notificato a cura della cancelleria o in via telematica, al reclamante, al curatore o al commissario giudiziale e alle altre parti entro dieci giorni.

7. Tra la data della notificazione e quella dell'udienza deve intercorrere un termine non minore di trenta giorni.

8. Le parti resistenti devono costituirsi, a pena di decadenza, almeno dieci giorni prima dell'udienza, eleggendo il domicilio nel comune in cui ha sede la corte di appello. La costituzione si effettua mediante il deposito in cancelleria di una memoria contenente l'esposizione delle difese in fatto e in diritto, nonché l'indicazione dei mezzi di prova e dei documenti prodotti.

9. L'intervento di qualunque interessato non può avere luogo oltre il termine stabilito per la costituzione delle parti resistenti con le modalità per queste previste.

10. All'udienza, il collegio, sentite le parti, assume, anche d'ufficio, nel rispetto del contraddittorio, tutti i mezzi di prova che ritiene necessari, eventualmente delegando un suo componente.

11. La corte, esaurita la trattazione, provvede sul ricorso con sentenza entro il termine di trenta giorni.

12. La sentenza è notificata, a cura della cancelleria e in via telematica, alle parti, e deve essere pubblicata e iscritta al registro delle imprese a norma dell'articolo 45.

13. Il termine per proporre il ricorso per cassazione è di trenta giorni dalla notificazione.

14. Il ricorso per cassazione non sospende l'efficacia della sentenza. Si applica, in quanto compatibile, l'articolo 52 se il ricorso è promosso contro la sentenza con la quale la corte di appello ha rigettato il reclamo.

15. Salvo quanto previsto dall'articolo 96 del codice di procedura civile, con la sentenza che decide l'impugnazione, il giudice dichiara se la parte soccombente ha agito o resistito con mala fede o colpa grave e, in tal caso, revoca con efficacia retroattiva l'eventuale provvedimento di ammissione della stessa al patrocinio a spese dello Stato. In caso di società o enti, il giudice dichiara se sussiste mala fede del legale rappresentante che ha conferito la procura e, in caso positivo, lo condanna in solido con la società o l'ente al pagamento delle spese dell'intero processo e al pagamento di una somma pari al doppio del contributo unificato di cui all'articolo 9 del decreto del Presidente della Repubblica 30 maggio 2002, n. 115.

Ruggero Siciliano

Sommario: 1. Il regime unitario del reclamo *ex* art. 51. – 2. Il procedimento.

1. – La disciplina del procedimento unitario (art. 40 ss.) contenuta nel Codice mostra alcune novità significative con riguardo alle previsioni sulle impugnazioni [1]. In particolare, le norme che saranno esaminate (oltre a quella di cui in epigrafe, v. *infra* il commento all'art. 52) sono incentrate da un lato su una maggiore attenzione al diritto di difesa del debitore, dall'altro sull'esigenza di bilanciamento tra gli interessi di quest'ultimo e quelli dei creditori, oltre che sulla necessità di tutelare la posizione dell'impresa rispetto ai possibili esiti delle pronunce in materia di regolazione concorsuale dello stato di crisi o di insolvenza.

L'art. 48 regola il procedimento di omologazione del concordato preventivo, dell'accordo di ristrutturazione soggetto a omologazione che si conclude ad ogni modo con sentenza [2]. Tanto per il caso di sentenza di omologazione, quanto per le ipotesi di sentenza di rigetto o di rigetto che dispone l'apertura della liquidazione giudiziale, il legislatore ha previsto un regime d'impugnazione unitario nella forma del reclamo alla corte di appello [3].

---

[1] CECCHELLA, *Il diritto*, 206; FEDELE, in AA.VV., *Codice della Crisi*, 101 e DE SANTIS, *Il processo*, 166.

[2] CARRATTA, *Il procedimento*, 1088.

[3] Com'è stato osservato da MONTANARI, *Le impugnazioni*, se l'obiettivo della legge delega 19 ottobre 2017, n. 155, che era quello di creare un percorso processuale comune per l'avvio delle diverse procedure, è

A tal fine, il comma 1 dell'art. 51 dispone che «*contro la sentenza del tribunale che pronuncia sull'omologazione del concordato preventivo, del piano di ristrutturazione soggetto a omologazione o degli accordi di ristrutturazione oppure dispone l'apertura della liquidazione giudiziale le parti possono proporre reclamo*».

Il legislatore della riforma precisa che la sentenza che dichiara l'apertura della liquidazione giudiziale può essere impugnata anche da qualunque interessato. La legittimazione a impugnare l'apertura della liquidazione giudiziale risulta così ampliata in favore di qualsiasi interessato e non è più attribuita soltanto alle parti.

I requisiti del ricorso sono disciplinati dal comma secondo che prevede che l'atto debba contenere: l'indicazione della corte di appello competente; le generalità di colui che impugna la sentenza, nonché quelle del suo procuratore e l'elezione del domicilio nel comune in cui ha sede la corte di appello; l'esposizione dei fatti e degli elementi di diritto su cui si basa l'impugnazione con le relative conclusioni; l'indicazione dei mezzi di prova di cui il ricorrente intende avvalersi e dei documenti prodotti[4].

Il termine per la proposizione del reclamo decorre per le parti[5] dalla data di notificazione telematica del provvedimento a cura dell'ufficio, mentre per gli altri interessati dalla data della iscrizione nel registro delle imprese.

La presentazione del reclamo non sospende l'efficacia della sentenza, salvo quanto previsto nell'art. 52 (su cui v. *infra*)[6].

2. – Il procedimento è disciplinato nei commi da 5 a 12 della norma in esame[7]. Il presidente designa il relatore e fissa con decreto l'udienza di comparizione entro sessanta giorni dal deposito del ricorso[8].

Aspetto peculiare della nuova disciplina è costituito dal fatto che la notificazione e l'instaurazione del contraddittorio sono a cura della cancelleria e non più a carico della parte istante. Il ricorso, unitamente al decreto di fissazione udienza, è infatti notificato dalla cancelleria «*o in via telematica*» al reclamante, al curatore o al commissario giudiziale

---

stato disatteso lo stesso non può dirsi con riguardo all'armonizzazione avvenuta attraverso l'istituzione di uno strumento di gravame ordinario come quello *ex* art. 51. Il metodo utilizzato dal legislatore è stato quello di attuare un recupero dello schema procedimentale già esistente all'art. 18 l. fall. come rimedio avverso la sentenza dichiarativa di fallimento, adeguandolo al mutato quadro sistematico ed ampliandone il perimetro applicativo. Sul tema v. anche LONGO, *La liquidazione giudiziale*, 317; FABIANI, *L'omologazione*, 1319; PAGNI, *L'accesso*, 562.

[4] CECCHELLA, *Il diritto*, 206, ad avviso del quale il rimedio *ex* art. 51 possiede una fisionomia di gravame a cognizione piena ed aperto ai *nova*; assume una posizione più prudente LONGO, *La liquidazione giudiziale*, 327, secondo la quale potrebbero ripresentarsi i dubbi ermeneutici già sorti con la disciplina precedente in quanto non è chiaro se vi sia un effetto devolutivo pieno del reclamo né se sia possibile configurare un ammissione o un divieto rispetto ai *nova*. Ad avviso di FABIANI, *Sistema, principi*, 161, il reclamo va considerata un'impugnazione devolutiva, perché al giudice è affidata la cognizione sul fatto nei limiti delle censure introdotte, ordinaria e sostitutiva/rescindente in relazione alla natura della decisione.

[5] Alle parti si applica la disposizione di cui all'art. 327, comma 1, c.p.c.

[6] Per una disamina del procedimento si veda anche LAMANNA, *Il Codice*, 323, nonché nelle sue linee essenziali D'ATTORRE, *Manuale della crisi*, 157.

[7] D'ALONZO, *La disciplina*.

[8] Osserva LONGO, *La liquidazione giudiziale*, 326, che la fase introduttiva del procedimento di reclamo è disegnata in conformità al procedimento di primo grado nel rito del lavoro.

e alle altre parti entro dieci giorni. Da un primo esame del tenore letterale della norma potrebbe ravvisarsi un'alternativa tra la notificazione a cura della cancelleria e quella in via telematica in ragione della presenza della «*o*». Appare, tuttavia, verosimile intendere la lettera non con una valenza disgiuntiva ma come un mero refuso del legislatore; ne discende che l'attività di notificazione è in ogni caso da attribuirsi alla cancelleria.

Tra la data della notificazione e quella dell'udienza deve intercorrere un termine non minore di trenta giorni (comma 7). Dalla data dell'udienza si calcolano a ritroso i tempi per la costituzione delle parti resistenti che deve avvenire, a pena di decadenza, almeno dieci giorni prima di questa eleggendo il domicilio nel comune in cui ha sede la corte di appello. La costituzione si effettua mediante il deposito in cancelleria di una memoria contenente l'esposizione delle difese in fatto e in diritto, nonché l'indicazione dei mezzi di prova e dei documenti prodotti (comma 8). Il suddetto termine di decadenza, previsto per le parti ai fini della loro costituzione, costituisce il limite all'intervento di qualunque interessato (comma 9) [9].

Il comma 10 dell'art. 51 prevede che all'udienza il collegio, sentite le parti, assume, anche d'ufficio, nel rispetto del contraddittorio, tutti i mezzi di prova ritenuti necessari, eventualmente delegando uno dei suoi componenti [10].

La corte, esaurita la trattazione, provvede sul ricorso entro il termine di trenta giorni con sentenza (comma 11) [11]. Quest'ultima è notificata a cura della cancelleria e in via telematica alle parti ed è iscritta al registro delle imprese *ex* art. 45 (comma 12). L'introduzione, pertanto, di un regime uniforme della notifica alle parti della sentenza emessa a conclusione del giudizio di reclamo rappresenta un ulteriore elemento di novità della disciplina.

Dalla notificazione della sentenza emessa a conclusione del giudizio sul reclamo decorre il termine di trenta giorni per la proposizione del ricorso per cassazione che non sospende l'efficacia della sentenza salva l'applicazione dell'art. 52 (su cui v. *infra*) per il caso di ricorso avverso la sentenza con la quale la corte di appello ha rigettato il reclamo.

Il comma 15, infine, contiene alcune previsioni in materia di spese di particolare interesse in quanto potenziano le misure sanzionatorie applicabili alla parte soccombente in giudizio che abbia agito o resistito in mala fede o con colpa grave [12].

Infatti, fatto salvo quanto previsto dall'art. 96 c.p.c., il giudice con la sentenza che de-

---

[9] Osserva BROGI, *Codice della crisi*, 2, che appare complessa una richiesta di rimessione in termini *ex* art. 153 c.p.c. ad istanza del terzo interessato nel caso di mancato rispetto del termine di trenta giorni prima dell'udienza per la notifica del reclamo alle parti. La giurisprudenza formatasi sulla previsione dell'art. 18 l. fall. ha affermato che è legittimato all'intervento non soltanto chi può impugnare la decisione di rigetto dell'istanza di fallimento ma anche chi ha un interesse concreto e attuale, sul punto v. Cass., 16 maggio 2019, n. 13272.

[10] Si concorda con quanto rilevato da BROGI, *Codice della crisi*, 3, secondo la quale i poteri istruttori del giudice d'appello devono ritenersi ampi, non essendo previsti limiti all'assunzione d'ufficio dei mezzi di prova.

[11] Termine che deve ritenersi di natura ordinatoria.

[12] Come osservato da PAGNI, *Codice della crisi*, 1172, la finalità della norma appare di chiara evidenza: «scoraggiare le impugnazioni pretestuose ed evitare di farne gravare il costo sui creditori». Secondo l'A. il presupposto della mala fede del legale rappresentante è tuttavia una clausola molto ampia e suscettibile di essere letta con eccessivo rigore.

cide l'impugnazione qualora dichiari nella stessa che la parte soccombente abbia agito o resistito con mala fede o colpa grave revoca, con efficacia retroattiva, l'eventuale provvedimento di ammissione al patrocinio a spese dello Stato di quest'ultima. Nelle ipotesi di società o enti il giudice dichiara se sussiste mala fede del legale rappresentante che ha conferito la procura e, in caso positivo, lo condanna in solido con la società o l'ente al pagamento delle spese dell'intero processo e al pagamento di una somma pari al doppio del contributo unificato di cui all'art. 9, d.p.r. 30 maggio 2002, n. 115.

Articolo 52

Sospensione della liquidazione, dell'esecuzione del piano o degli accordi

1. Proposto il reclamo, la corte di appello, su richiesta di parte o del curatore, può, quando ricorrono gravi e fondati motivi, sospendere, in tutto o in parte o temporaneamente, la liquidazione dell'attivo, la formazione dello stato passivo e il compimento di altri atti di gestione. Allo stesso modo può provvedere, in caso di reclamo avverso la omologazione del concordato preventivo o del piano di ristrutturazione soggetto ad omologazione o degli accordi di ristrutturazione dei debiti, ordinando l'inibitoria, in tutto o in parte o temporanea, dell'attuazione del piano o dei pagamenti.

2. La corte di appello può disporre le opportune tutele per i creditori e per la continuità aziendale.

3. L'istanza di sospensione si propone per il reclamante con il reclamo e per le altre parti con l'atto di costituzione; il presidente, con decreto, ordina la comparizione delle parti dinanzi al collegio in camera di consiglio e dispone che copia del ricorso e del decreto siano notificate alle altre parti e al curatore o al commissario giudiziale, nonché al pubblico ministero.

4. La corte di appello decide con decreto contro il quale non è ammesso ricorso per cassazione.

Ruggero Siciliano

Sommario: 1. Profili generali. – 2. La legittimazione alla domanda ed i presupposti di natura cautelare. – 3. Il procedimento.

1. – Ai sensi dell'art. 51, comma 4, (v. *supra*) il reclamo non sospende l'efficacia esecutiva della sentenza di primo grado pronunciata *ex* artt. 48 o 49. In questo quadro occorre però tenere in considerazione quanto previsto dall'art. 52. La suddetta norma si colloca in modo simmetrico rispetto all'art. 51 prevedendo una disciplina unitaria di natura processuale della sospensione della liquidazione o dell'esecuzione del piano [1]. Il sistema dei pote-

[1] La norma rispecchia infatti l'opzione legislativa *ex* art. 51 di introdurre un regime unitario di impugnazione delle sentenze che si pronunciano sull'apertura della liquidazione giudiziale, sull'omologazione del concordato preventivo, dell'accordo di ristrutturazione e del piano di ristrutturazione soggetto a omologazione.

ri di inibitoria del giudice del reclamo è stato implementato e rinnovato con il Codice[2]. Il giudice ha, infatti, la facoltà di disporre la sospensione, in tutto o in parte o temporaneamente, non più soltanto della liquidazione dell'attivo ma anche della formazione del passivo e del compimento degli atti di gestione[3]. La corte provvede analogamente nel caso di reclamo avverso la omologazione del concordato preventivo o del piano di ristrutturazione soggetto ad omologazione[4] o degli accordi di ristrutturazione dei debiti, ordinando l'inibitoria, in tutto o in parte o temporanea, dell'attuazione del piano o dei pagamenti[5]. Dalla lettura della norma si evince un potere di inibitoria della corte di appello alquanto ampio in funzione di un dilatato perimetro applicativo del gravame, idoneo a ricomprendere anche i provvedimenti di omologa della generalità delle forme previste dalla legge di composizione in via negoziale delle situazioni di crisi o insolvenza[6].

2. – Il comma 1 dell'art. 52 individua i soggetti legittimati alla proposizione dell'istanza di sospensione e i relativi presupposti. Le misure inibitorie sono concesse su richiesta di parte o del curatore, escludendosi pertanto un potere d'ufficio per la loro emissione[7].

La richiesta di sospensione, recando in sé una finalità cautelare, deve essere sorretta dalla sussistenza sia del *fumus boni iuris* che del *periculum in mora*. Per quanto attiene al primo dei due requisiti, questo può individuarsi nella fondatezza dei motivi del reclamo che il giudice dell'impugnazione potrà sommariamente delibare. Il *periculum* va invece ricondotto al pregiudizio grave e irreparabile che consegue per il soccombente all'esecuzione del piano o di alcuni suoi atti[8]. I due presupposti della tutela cautelare ai fini della concessione del provvedimento d'inibitoria devono sussistere in maniera concorrente proprio in virtù della lettera della formulazione normativa consistente in «*gravi e fondati mo-*

Secondo FABIANI, *Sistema, principi*, 169, la *ratio* dell'istituto è quella di contemperare la tutela dei creditori e quella del debitore senza stravolgere l'efficienza del procedimento.

[2] CARRATTA, *Il procedimento*, 1088.

[3] Nella categoria atti di gestione posso includersi attività di competenza della curatela sia di natura conservativa di uno o più cespiti che di carattere economico come, ad esempio, contratti di gestione (es. affitto d'azienda) dei cespiti.

[4] L'art. 12, comma 12, d.lgs. 17 giugno 2022, n. 83 ha modificato il comma 1 dell'articolo in commento, contemplando tra i provvedimenti reclamabili, e dunque soggetti ad inibitoria, anche il piano di ristrutturazione soggetto ad omologazione.

[5] LONGO, *La liquidazione giudiziale*, 328, quest'ultima previsione costituisce una novità in linea con l'art. 16, direttiva (UE) 2019/1023 riguardante i quadri di ristrutturazione preventiva, l'esdebitazione e le interdizioni, e le misure volte ad aumentare l'efficacia delle relative procedure.

[6] MONTANARI, *Le impugnazioni*, 7, secondo il quale è coerente con lo spirito della riforma l'estensione delle misure di inibitoria all'impugnazione dei provvedimenti di cui al comma 1 dell'art. 52.

[7] Con riferimento all'esplicita menzione del curatore nell'art. 52 quale soggetto legittimato alla richiesta di inibitoria nella sua veste di parte necessaria del giudizio, ad avviso di MONTANARI, *Le impugnazioni*, 13, appare plausibile, come chiave di lettura, quella di voler prevenire dubbi circa il potere in capo a tale soggetto di richiedere misure anticipatorie della sentenza di revoca della liquidazione giudiziale.

[8] FABIANI, *L'omologazione*, 1320; CECCHELLA, *Il diritto*, 217; LAMANNA, *Il Codice*, 323. Secondo BROGI, *Codice della crisi*, 6, il *periculum* deve essere valutato in un'ottica patrimoniale e motivato dalla parte reclamante sia con riferimento all'esecuzione di singoli atti del piano omologato che con riguardo alla richiesta di sospensiva dell'intera esecuzione del piano.

tivi»[9]. La soluzione del Codice si mostra coerente con quanto previsto in precedenza dall'art. 19 l. fall, che tuttavia si riferiva soltanto ai «*gravi motivi*», nell'ipotesi di reclamo avverso la sentenza dichiarativa di fallimento ma con un ambito adesso esteso alle fasi esecutive del concordato preventivo e degli accordi di ristrutturazione[10]. La legge fallimentare non conteneva, infatti, al suo interno un rimedio atto a mitigare il regime di provvisoria esecutività del provvedimento di omologazione del concordato preventivo sul modello di quanto disciplinato dall'art. 19 con riferimento alla sentenza di fallimento. L'art. 52 recepisce, invece, oggi le istanze della dottrina protese all'applicazione dell'inibitoria della sentenza di primo grado *ex* artt. 283 e 351 c.p.c. che non avevano trovato in passato terreno fertile in giurisprudenza[11].

3. – Una volta esaminati l'oggetto, i presupposti dell'inibitoria nonché la legittimazione a richiederla, volgiamo lo sguardo al suo procedimento che si instaura in modo incidentale rispetto al relativo giudizio[12].

In primo luogo, al comma 2 dell'art. 52 è disposto che la corte di appello può adottare le opportune tutele per i creditori e per la continuità aziendale[13]. La suddetta previsione è preordinata, pertanto, ad un bilanciamento non soltanto tra gli interessi del debitore e quelli dei creditori ma esteso all'ambito dell'operatività dell'azienda.

In ordine alla modalità di proposizione dell'istanza di sospensione, questa si ha con il reclamo per il reclamante e con l'atto di costituzione per le altre parti[14], trattandosi di un aspetto innovativo rispetto alla previgente disciplina dell'art. 19 l. fall.

A fronte della presentazione dell'istanza di sospensione, il presidente ordina mediante

---

[9] Proprio la dizione dell'art. 52, pressocché equivalente a quella dell'art. 283 c.p.c., impone di considerare la necessaria presenza di entrambi i requisiti della tutela cautelare che devono essere allegati e dimostrati dal ricorrente. Così CECCHELLA, *Il diritto*, 217, e nello stesso senso MONTANARI, *Le impugnazioni*, 12. Ad avviso di PAGNI, *Codice della crisi*, 1172, e nello stesso senso ID., *L'accesso*, 562, la previsione dell'art. 52 è stata adottata sulla falsariga di quanto previsto dagli artt. 283 e 351 c.p.c. in ordine all'efficacia della sentenza di primo grado. Con riferimento alla disposizione in commento, si tratta, secondo l'opinione dell'A. di misure *lato sensu* cautelari non reclamabili e non ricorribili per cassazione in assenza di uno strumento analogo all'art. 373 c.p.c. Sull'inibitoria *ex* artt. 283 e 351 c.p.c. vedi per tutti, senza pretesa di completezza, per un esame più approfondito delle tematiche CARPI, *La provvisoria*, e IMPAGNATIELLO, *La provvisoria esecuzione*.

[10] DE SANTIS, *Il processo*, 167.

[11] FABIANI, *L'omologazione*, 1320; del medesimo avviso anche MONTANARI, *Il Codice*, 290; ID, *Le impugnazioni*, 9, l'estensione del potere d'inibitoria del giudice dell'impugnativa anche agli «altri atti di gestione» è volta a dare risposta ai «bisogni cautelari rimasti in precedenza inevasi»; la giurisprudenza non si era mostrata incline ad accogliere le sollecitazioni provenienti dalla dottrina App. Genova, 14 novembre 2013, in *ilcaso.it*.

[12] Sul procedimento v. anche DE SANTIS, *Il processo*, 167; FEDELE, in AA.VV., *Codice della Crisi*, 101; D'ALONZO, *La disciplina*.

[13] D'ATTORRE, *Manuale di diritto*, 157.

[14] Ad avviso di BROGI, *Codice della crisi*, 6, la previsione dovrebbe sottendere un termine di decadenza per la presentazione dell'istanza di sospensiva in virtù del collegamento sistematico con le disposizioni che disciplinano i termini (perentori) per la presentazione del reclamo e per la costituzione. In ossequio alla tassatività della previsione legislativa circa le modalità di proposizione dell'istanza inibitoria deve pertanto escludersi che la suddetta richiesta possa essere formulata in corso di giudizio o con atti successivi a quelli introduttivi.

decreto la comparizione delle parti dinanzi al collegio in camera di consiglio e dispone la notifica della copia del ricorso e del decreto alle altre parti e al curatore o al commissario giudiziale, nonché al pubblico ministero [15].

La decisione della corte di appello sull'istanza di sospensiva è assunta con decreto contro il quale non è ammesso né ricorso per cassazione né reclamo [16].

---

[15] Osserva MONTANARI, *Le impugnazioni*, 14, che il procedimento è destinato a dipanarsi secondo il modello del precedente art. 19 l. fall., differenziandosi da quest'ultimo soltanto per l'indicazione del commissario giudiziale e del pubblico ministero tra i soggetti destinatari della notifica del ricorso cautelare nonché per la forma del provvedimento inibitorio (decreto).

[16] Cass., 15 dicembre 2011, n. 27087. Deve inoltre osservarsi che la forma del provvedimento decisoria eletta (il decreto) costituisce un elemento di diversità rispetto a quella propria dei provvedimenti sull'inibitoria dell'esecutività della sentenza di primo grado nel processo ordinario di cognizione.

Articolo 53

Effetti della revoca della liquidazione giudiziale, dell'omologazione del concordato e degli accordi di ristrutturazione

1. In caso di revoca della liquidazione giudiziale, restano salvi gli effetti degli atti legalmente compiuti dagli organi della procedura. Gli organi della procedura restano in carica, con i compiti previsti dal presente articolo, fino al momento in cui la sentenza che pronuncia sulla revoca passa in giudicato. Salvo quanto previsto dall'articolo 147 del decreto del Presidente della Repubblica 30 maggio 2002, n. 115, le spese della procedura e il compenso al curatore sono liquidati dal tribunale, su relazione del giudice delegato e tenuto conto delle ragioni dell'apertura della procedura e della sua revoca, con decreto reclamabile ai sensi dell'articolo 124.

2. Dalla pubblicazione della sentenza di revoca e fino al momento in cui essa passa in giudicato, l'amministrazione dei beni e l'esercizio dell'impresa spettano al debitore, sotto la vigilanza del curatore. Il tribunale, assunte, se occorre, sommarie informazioni ed acquisito il parere del curatore, può autorizzare il debitore a stipulare mutui, transazioni, patti compromissori, alienazioni e acquisti di beni immobili, rilasciare garanzie, rinunciare alle liti, compiere ricognizioni di diritti di terzi, consentire cancellazioni di ipoteche e restituzioni di pegni, accettare eredità e donazioni ed a compiere gli altri atti di straordinaria amministrazione.

3. Gli atti compiuti senza l'autorizzazione del tribunale sono inefficaci rispetto ai terzi. I crediti di terzi sorti per effetto degli atti legalmente compiuti dal debitore sono prededucibili ai sensi dell'articolo 98.

4. Con la sentenza che revoca la liquidazione giudiziale, la corte di appello dispone gli obblighi informativi periodici relativi alla gestione economica, patrimoniale e finanziaria dell'impresa, che il debitore deve assolvere sotto la vigilanza del curatore sino al momento in cui la sentenza passa in giudicato. Con la medesima periodicità, stabilita dalla corte di appello, il debitore deposita una relazione sulla situazione patrimoniale, economica e finanziaria dell'impresa. Il tribunale, su istanza del debitore, con decreto non soggetto a reclamo esclude in tutto o in parte la pubblicazione di tale relazione nel registro delle imprese quando la divulgazione dei dati comporta pregiudizio evidente per la continuità aziendale. Entro il giorno successivo al deposito della relazione o della comunicazione al curatore del provvedimento del tribunale che ne dispone la parziale segretazione, la relazione è comunicata dal curatore ai creditori e pubblicata nel registro delle imprese a cura della cancelleria. Il tribunale, a seguito di segnalazione del curatore, del comitato dei creditori o del pubblico ministero, accertata la violazione degli obblighi, con decreto assoggettabile a reclamo ai sensi dell'articolo 124, priva il debitore della possibilità di compiere gli atti di amministrazione ordinaria e straordinaria. Il decreto è trasmesso al registro delle imprese per la pubblicazione.

5. In caso di revoca dell'omologazione del concordato o degli accordi di ristruttura-

zione dei debiti, su domanda di uno dei soggetti legittimati, la corte d'appello, accertati i presupposti di cui all'articolo 121, dichiara aperta la liquidazione giudiziale e rimette gli atti al tribunale per l'adozione dei provvedimenti di cui all'articolo 49, comma 3. La sentenza che dichiara aperta la liquidazione giudiziale è notificata alle parti a cura della cancelleria della corte d'appello e comunicata al tribunale, nonché iscritta al registro delle imprese. Restano salvi gli effetti degli atti legalmente compiuti dal debitore e dagli organi della procedura prima della revoca.

5-*bis*. In caso di accoglimento del reclamo proposto contro la sentenza di omologazione del concordato preventivo in continuità aziendale, la corte d'appello, su richiesta delle parti, può confermare la sentenza di omologazione se l'interesse generale dei creditori e dei lavoratori prevale rispetto al pregiudizio subito dal reclamante, riconoscendo a quest'ultimo il risarcimento del danno.

6. Nel caso previsto dal comma 5, su istanza del debitore il tribunale, ove ricorrano gravi e giustificati motivi, può sospendere i termini per la proposizione delle impugnazioni dello stato passivo e l'attività di liquidazione fino al momento in cui la sentenza che pronuncia sulla revoca passa in giudicato.

Salvatore De Vitis

Sommario: 1. Premessa. – 2. Gli effetti della revoca della liquidazione giudiziale. – 3. Gli effetti della revoca della liquidazione giudiziale dopo la sentenza della corte d'appello. – 4. Gli effetti della revoca della sentenza di omologa del concordato o dell'accordo di ristrutturazione dei debiti. – 5. Il comma 5-*bis*.

1. – La norma in commento disciplina gli effetti della revoca sia della liquidazione giudiziale sia dell'omologazione del concordato e degli accordi di ristrutturazione. La scelta (nuova) di trattare in un unico articolo entrambe le ipotesi è coerente con l'introduzione del c.d. procedimento unitario[1], all'interno del quale trovano posto tanto le modalità di accesso alle procedure concorsuali quanto quelle attinenti alle impugnazioni e, quindi, ai relativi effetti. Tuttavia, trattandosi di due fattispecie differenti, che, peraltro, contengono novità di non poco momento, appare opportuno trattarle separatamente, cominciando dalla liquidazione giudiziale.

2. – La sentenza di revoca della liquidazione giudiziale, in linea di principio, deve ri-

[1] D'ALONZO, *La disciplina*, 2, ritiene che di procedimento unitario si possa parlare solo con riferimento alla fase di impugnazione laddove l'unicità si coglie in modo più marcato; nello stesso senso, DE SANTIS, *Le fasi introduttive*, 1208, il quale precisa che, nel primo grado, si tratta di "contenitore" unitario più che di procedimento unitario perché, dopo la domanda, il primo grado è caratterizzato da percorsi processuali differenti a seconda che si voglia accedere alla regolazione della crisi o alla liquidazione giudiziale.

stabilire per il fallito la situazione *quo ante*[2]. Sicché, il debitore, da un punto di vista patrimoniale, rientra in possesso dei suoi beni, ivi compresa l'azienda (o quello che ne è rimasto) e, quindi, può esercitare la relativa attività di impresa. Mentre, sul piano personale, il debitore riacquista la piena capacità di agire[3]. Ovviamente, la revoca rimette, in linea di principio, anche i creditori nella stessa posizione giuridica antecedente la liquidazione giudiziale. Si è scritto poc'anzi che gli effetti della revoca della liquidazione giudiziale si producono *in linea di principio*, perché occorre tenere in conto che si tratta di un'attività, che è svolta dal curatore, ed è sottoposta al continuo controllo del giudice delegato e ad una immanente presenza del comitato dei creditori e ciò disvela chiaramente i motivi che hanno indotto il legislatore a prevedere un'eccezione al principio generale poc'anzi richiamato, facendo salvi gli effetti degli atti legalmente compiuti[4] dagli organi della procedura[5].

Per concludere sul punto si deve anche rilevare che la sentenza di revoca costituisce una causa ulteriore di chiusura della procedura di liquidazione giudiziale, che si aggiunge a quelle previste dal successivo art. 233, con la sola differenza che, nel primo caso, gli organi della procedura sopravvivono fino al compimento di alcuni atti necessari, quali ad es. il rendiconto del curatore.

3. – I commi 2, 3 e 4 introducono una novità rilevante – che da alcuni[6] è stata salutata con assoluto favore, mentre da altri[7] è stata considerata un'anomalia – e cioè l'attribuzione al debitore dell'amministrazione dei beni e dell'esercizio dell'impresa immediatamente dopo la sentenza della corte d'appello e fino al suo passaggio in giudicato.

Più precisamente il primo comma prevede, per un verso, che, dopo la sentenza della corte d'appello, il debitore possa amministrare i propri beni ed esercitare l'attività di impresa sotto la vigilanza del curatore e, per altro verso, che lo stesso debitore possa compiere una serie di atti espressamente elencati, purché sia autorizzato dal tribunale, previa ac-

---

[2] FABIANI, *Art. 18*, 388; DE SANTIS, *Il processo*, 383-384.

[3] Si pensi, ad es., alle cause di ineleggibilità alla carica di amministratore e sindaco di società di capitali ovvero alla funzione di tutore o curatore dell'inabilitato e dell'emancipato.

[4] Sul significato del lemma *legalmente compiuti*, sia la dottrina che la giurisprudenza hanno chiarito che si deve fare riferimento agli atti posti in essere dagli organi della procedura, nel rispetto delle prescrizioni formali previste per il loro compimento, ovvero anche a quelli che, pur non essendo in regola dal punto di vista formale, sono stati sanati per effetto della mancata impugnazione. In tal senso, fra gli altri, MINUTOLI, *Art. 18*, 320; MONTANARI, *Art. 18*, 107; FABIANI, *Art. 18*, 389.

[5] In dottrina si è sempre discusso se al fondo di siffatta scelta vi sia l'esigenza di tutelare l'affidamento dei terzi, oppure, sul presupposto che lo stato di buona fede del terzo non sia necessario, la necessità di assicurare la certezza dei risultati del processo. Nel primo senso, fra gli altri, DE SEMO, *Diritto fallimentare*, 148; PROVINCIALI, *Trattato di diritto*, 618; per la seconda tesi, BAVETTA, *Appunti in tema*, 241; BONSIGNORI, *Il fallimento*, 555.

[6] PACCHI, AMBROSINI, *Diritto della crisi*, 136; FAUCEGLIA, *Il nuovo diritto*, 45, il quale mette in risalto la finalità della norma di contemperare l'interesse del debitore e quello dei creditori; MONTANARI, *Le impugnazioni*, 6-7.

[7] DELLA ROCCA, GRIECO, *Il nuovo codice*, 159, i quali non si spiegano perché, nonostante il mancato passaggio in giudicato della sentenza, il debitore – spossessato dei beni in forza della procedura di liquidazione giudiziale – possa tornare in possesso e amministrarli sia pure sotto la vigilanza del curatore.

quisizione di sommarie informazioni e del parere del curatore. L'elenco degli atti non appare tassativo perché l'ultima parte del comma 2 fa riferimento agli altri atti di straordinaria amministrazione, sì che se ne deduce che l'ordinaria amministrazione dei beni e dell'attività di impresa spetta al debitore, mentre per (tutti) gli atti di straordinaria amministrazione è sempre necessaria l'autorizzazione del tribunale, pena l'inefficacia degli stessi. Dal punto di vista processuale, egli riacquista la capacità di stare in giudizio per i contenziosi relativi alla ordinaria amministrazione, mentre per quelli riguardanti l'amministrazione straordinaria avrà sempre bisogno della relativa autorizzazione.

Nel comma successivo, sono regolamentati gli obblighi di informazione periodica sulla gestione economica, patrimoniale e finanziaria che il debitore deve fornire sotto la vigilanza del curatore[8]. La relazione contenente le suddette informazioni deve essere poi da quest'ultimo comunicata ai creditori e iscritta nel registro delle imprese[9]. Infine, l'ultima parte del comma 3 sanziona il mancato rispetto degli obblighi sia di gestione che di informazione con la privazione per il debitore della possibilità di compiere atti di ordinaria e straordinaria amministrazione; privazione che deve essere dichiarata dal tribunale su segnalazione dei creditori, del curatore, del comitato dei creditori o del pubblico ministero.

Fatte queste precisazioni, ci si può chiedere se l'avvento della nuova normativa incida o meno sul dilemma della provvisoria esecutività della sentenza resa dalla corte d'appello. Vigente la legge fallimentare, la tesi dominante[10], seguita da una giurisprudenza granitica[11], riteneva che il fallimento (ora liquidazione giudiziale) si chiudesse solo dopo il passaggio in giudicato della sentenza, con la conseguenza che fino ad allora il procedimento fallimentare rimaneva aperto[12]. Ora, al fine di provare a rispondere al quesito poc'anzi posto ci si deve soffermare sia sul contenuto della norma che sulla sua *ratio*. Quanto al contenuto, non pare revocabile in dubbio che la situazione che si viene a creare con l'amministrazione dei beni e l'esercizio dell'attività di impresa da parte del debitore sia parziale e precaria. *Parziale* perché, come si è rilevato, non solo gli atti di amministrazione straordinaria sono sottoposti ad autorizzazione, ma anche la gestione ordinaria si svolge sotto la vigilanza del curatore ed è sottoposta ad una serie di obblighi informativi[13]. *Precaria* perché, in qualsiasi momento, la violazione anche solo di alcuni degli obblighi da parte del debitore, fa sì che la gestione ritorni in capo al curatore. Se poi si analizza la *ratio* della

---

[8] DELLA ROCCA, GRIECO, *Il nuovo codice*, 159, ritengono anche questa previsione un'anomalia, ma, in realtà, essa è strettamente collegata alla gestione del debitore, che, in quanto parziale e precaria, non può che essere sottoposta ad un continuo controllo e si veda in questo senso anche MONTANARI, *Le impugnazioni*, 18.

[9] Peraltro, all'evidente fine di evitare che notizie riservate relative alla (sola) attività di esercizio dell'impresa possano comportare un pregiudizio evidente per la continuità aziendale, si dà la possibilità al debitore di chiedere al Tribunale di escludere, in tutto o in parte, la pubblicazione della relazione.

[10] JORIO, *Le crisi*, 264; ANDRIOLI, *Fallimento*, 343; DIMUNDO, *L'apertura*, 228; CAIAFA, *Lezioni*, 108; MONTANARI, *Art. 18*, 263; GIANNELLI, *Apertura e chiusura*, 200.

[11] Per tutte, si vedano, Cass., SS.UU., 1 dicembre 2012, n. 148; Cass., 27 maggio 2013, n. 13083.

[12] FABIANI, *Art. 19*, 406, il quale era favorevole alla immediata esecutività della sentenza della corte d'appello, mercé la valorizzazione dell'obbligo di pubblicazione di quest'ultima.

[13] Già questo probabilmente cozza contro gli effetti che dovrebbero derivare da un provvedimento esecutivo, ossia la rimessione del debitore nella situazione *quo ante*.

norma, ci si rende conto che il legislatore ha cercato ed individuato un equilibrio fra due interessi contrapposti: quello dei creditori e quello del debitore. Altrimenti detto, si consente al debitore di recuperare la gestione, ma solo se, e fino a quando, rispetti tutti gli obblighi previsti a tutela della massa. In conclusione, se il contenuto e la *ratio* della norma sono quelli poc'anzi riportati, si deve sostenere che, anche con le modifiche apportate, la pronuncia della corte d'appello non è dotata della provvisoria esecutività [14].

4. – I commi 5 e 6 si occupano degli effetti della revoca della sentenza che ha omologato il concordato preventivo o l'accordo di ristrutturazione, ed hanno l'evidente (ed unico) scopo di definire in maniera inequivocabile il dibattito che si era acceso nel vigore della legge fallimentare fra chi riteneva che, pronunciata la revoca dell'omologazione, si potesse dar luogo all'apertura della liquidazione giudiziale solo dopo il passaggio in giudicato della sentenza di revoca e quanti, al contrario, asserivano che si dovesse immediatamente aprire la liquidazione giudiziale [15]. Come è noto sul tema si è espressa la Suprema Corte a sezioni unite [16], la quale ha ritenuto di condividere quest'ultima tesi, sul presupposto, peraltro vivacemente criticato da una parte della dottrina [17], che, nella legge fallimentare, le conseguenze della revoca dell'omologazione non differiscono da quelle previste dall'art. 180, ultimo comma, il quale consente l'immediata apertura del fallimento (ora liquidazione giudiziale) immediatamente dopo il diniego dell'omologazione. Siffatta interpretazione è stata riprodotta nell'articolo in commento, sì che la sentenza che revoca l'omologazione del concordato o dell'accordo di ristrutturazione esplica tutti i suoi effetti immediatamente. Inoltre, il comma 6 consente al debitore di chiedere – ed al tribunale di autorizzare, verificata la sussistenza di gravi motivi – sia la sospensione dei termini per l'impugnazione dello stato passivo sia l'attività di liquidazione dell'attivo fino al momento in cui la sentenza di revoca passa in giudicato. Infine, va rilevata la novità, eminentemente processuale, in forza della quale la sentenza che dichiara aperta la liquidazione giudiziale viene emessa dalla corte d'appello, la quale rinvia al tribunale solo per la nomina del giudice delegato e del curatore [18].

5. – Il comma 5 *bis* contiene una novità assoluta, da alcuni [19] definita "dirompente", perché prevede che, in caso di accoglimento del reclamo proposto avverso la sentenza di omologazione del concordato preventivo in continuità, il tribunale, su richiesta delle parti, possa confermare la sentenza di omologazione qualora l'interesse generale dei creditori e dei lavoratori prevalga rispetto al pregiudizio subito dal ricorrente, il quale comunque avrà diritto al risarcimento del danno.

---

[14] In tal senso, MONTANARI, *Le impugnazioni*, 17; DELLA ROCCA, GRIECO, *Il nuovo codice*, 159. Secondo CECCHELLA, *Il diritto*, 223 ss., si tratterebbe di una anticipazione degli effetti della sentenza, mentre a parere di PAGNI, *L'accesso*, 561, la sentenza sarebbe dotata di una immediata efficacia.

[15] Nello stesso senso, MONTANARI, *Le impugnazioni*, 19.

[16] Cass., SS.UU., 10 aprile 2017, n. 9146, in *Dir. fall.*, II, 2017, 1198, con nota di TURRONI, *Il concorso*.

[17] TURRONI, *Il concorso*, 1198 ss.

[18] MONTANARI, *Le impugnazioni*, 20.

[19] MARIANI, BORLONI, *La disciplina processuale*, 135.

Si tratta chiaramente dell'ennesima clausola generale[20], che affida all'organo giudiziario la composizione concreta di un conflitto tra interessi opposti in una materia, come quella della crisi, nella quale vi è un intreccio immanente fra profili economici e giuridici[21]. Prima di affrontare il nodo degli interessi tutelati dalla norma, è interessante porre l'attenzione su due aspetti di dubbia soluzione. Un primo interrogativo sorge riguardo alla necessità della domanda ovvero alla rilevabilità d'ufficio ai fini sia della conferma dell'omologazione sia del risarcimento del danno. Sul punto, si è sostenuto che, per la conferma dell'omologazione, sarebbe necessaria una domanda in tal senso da parte del debitore[22]; mentre il risarcimento del danno sarebbe rilevabile d'ufficio[23]. Il secondo dubbio riguarda la tipologia di danno, che, per coloro che propendono per la rilevabilità d'ufficio, dovrebbe essere limitato al danno emergente. Certo è che, ai fini della quantificazione, si deve sottrarre la parte destinata al/i creditore/i già prevista all'interno del piano omologato.

Precisato ciò, si deve (provare ad) interpretare in astratto il significato della locuzione «interesse generale dei creditori e dei lavoratori», sì da rintracciare le coordinate generali per risolvere i singoli casi concreti. Da questo punto di vista, a parere di alcuni autori[24], il significato della suddetta locuzione si sostanzierebbe nello stesso interesse alla continuità, la quale ne uscirebbe ulteriormente rafforzata; interesse che, peraltro, potrebbe coincidere con quello del reclamante, in quanto creditore e/o lavoratore. La tesi non appare convincente per almeno due ordini di ragioni. In primo luogo perché sembra individuare lo scopo del concordato preventivo nella continuità, mentre lo scopo ultimo di siffatta procedura è, prima di qualsiasi altro, l'interesse dei creditori – pur nella difficoltà, evidenziata dalla dottrina[25], di individuarlo esattamente – e ciò lo si può desumere da numerosi indizi, testuali e non, fra i quali dirimente appare essere il voto (solo dei) creditori[26]. In secondo luogo, perché far coincidere l'interesse generale dei creditori con la continuità renderebbe la norma, almeno *in parte qua*, pleonastica. Altrimenti detto, che i creditori abbiano l'interesse al proseguimento dell'attività del debitore non è revocabile in dubbio per il sol fatto che essi, con il voto favorevole, nel rispetto delle maggioranze, hanno definitivamente sancito un interesse di tal fatta e, quindi, non si vede l'utilità di una norma che affidi al tribunale la verifica di un interesse che già è stato espresso.

Ora, al fine di provare a riempire la clausola generale in parola di un significato quanto più possibile aderente al concordato preventivo in continuità di nuovo conio, si ritiene che debbano fissarsi due punti essenziali: *il primo* è che i creditori possono esercitare il proprio diritto all'interno della procedura, e, quindi, votare, con un solo limite e cioè che

---

[20] Sulle clausole generali, v. RODOTÀ, *Il tempo*, 709 ss.; VELLUZZI, *Le clausole generali*; LIBERTINI, *Clausole generali*, 345 ss.; DENOZZA, *Norme, principi*, 379. Con riguardo alla materia della crisi, BROGI, *Clausole generali*, 877; D'ATTORRE, *I principi generali*.

[21] VELLA, *La spinta innovativa*, 25.

[22] MARIANI, BORLONI, *La disciplina processuale*, 136.

[23] D'ALONZO, *La disciplina*, 7, il quale rileva il profilo perequativo della disposizione in commento che salverebbe l'interesse dei creditori e dei lavoratori riconoscendo il ristoro al reclamante.

[24] D'ALONZO, *La disciplina*, 7; in questo senso sembra anche LEUZZI, *Appunti sul Concordato*, 3.

[25] Da ultimo, si veda NUZZO, *Il conflitto*.

[26] D'ATTORRE, *Sostenibilità e responsabilità*, 10-12.

i loro crediti siano soddisfatti in misura non inferiore rispetto alla liquidazione giudiziale; *il secondo* è che la continuità aziendale preservi, nella misura possibile, i posti di lavoro.

Quindi, l'interesse generale dei creditori – ovviamente per tale intendendosi quelli afferenti alla procedura – che il tribunale deve valutare dovrebbe essere non quello alla continuità, ma, *in primo luogo*, quello, affatto diverso e più specifico, di verificare che la conferma dell'omologazione e il conseguente risarcimento del danno non pregiudichino la soddisfazione dei creditori stessi (almeno) rispetto alla liquidazione giudiziale. Infatti, è evidente che il danno non può che gravare sulla procedura concordataria e, dunque, la misura di quest'ultimo, in uno con la capacità dell'attivo (compreso l'eventuale fondo rischi), sarà determinante ai fini della valutazione del tribunale. *In secondo luogo*, l'utilizzo della congiunzione copulativa fa sì che contestualmente alla prima valutazione poi il tribunale dovrebbe verificare anche la presenza dell'ulteriore requisito, ossia la salvaguardia dei posti di lavoro. In altri termini, solo se entrambe le condizioni sussistono allora è possibile sacrificare la legittima istanza del/i creditore/i e sempre con conseguente risarcimento del danno. Se non si erra, questa sarebbe, quindi, l'unica ipotesi, di carattere eccezionale, nella quale l'interesse dei lavoratori, la cui tutela in generale è prevista nell'art. 84, comma 2 *solo se possibile*, non rimarrebbe subordinato, ma si affiancherebbe a quello dei creditori[27].

---

[27] Sull'interesse alla tutela dei posti di lavoro, v. APRILE, *Note sparse*, 17, il quale propone di far riemergere, a livello interpretativo, il testo del vecchio art. 84, comma 2, ora soppresso, relativo alla necessità di mantenere almeno la metà della media dei posti di lavoro in forza nei due esercizi antecedenti al ricorso.

Articolo 54
Misure cautelari e protettive

1. Nel corso del procedimento per l'apertura della liquidazione giudiziale o della procedura di concordato preventivo o di omologazione degli accordi di ristrutturazione e del piano di ristrutturazione soggetto a omologazione, su istanza di parte, il tribunale può emettere i provvedimenti cautelari, inclusa la nomina di un custode dell'azienda o del patrimonio, che appaiano, secondo le circostanze, più idonei ad assicurare provvisoriamente l'attuazione delle sentenze di omologazione di strumenti di regolazione della crisi e dell'insolvenza e di apertura delle procedure di insolvenza. Le misure cautelari possono essere concesse anche dopo la pubblicazione dell'istanza di cui all'articolo 18, comma 1, tenuto conto dello stato delle trattative e delle misure eventualmente già concesse o confermate ai sensi dell'articolo 19. Non si applicano l'articolo 669-octies, primo, secondo e terzo comma, e l'articolo 669-novies, primo comma, del codice di procedura civile.

2. Se il debitore ne ha fatto richiesta nella domanda di cui all'articolo 40, dalla data della pubblicazione della medesima domanda nel registro delle imprese, i creditori non possono iniziare o proseguire azioni esecutive e cautelari sul suo patrimonio o sui beni e sui diritti con i quali viene esercitata l'attività d'impresa. Dalla stessa data le prescrizioni rimangono sospese e le decadenze non si verificano e la sentenza di apertura della liquidazione giudiziale o di accertamento dello stato di insolvenza non può essere pronunciata. Il debitore può richiedere al tribunale, con successiva istanza, ulteriori misure temporanee per evitare che determinate azioni di uno o più creditori possano pregiudicare, sin dalla fase delle trattative, il buon esito delle iniziative assunte per la regolazione della crisi o dell'insolvenza.

3. Le misure protettive di cui al comma 2, primo e secondo periodo, possono essere richieste dall'imprenditore anche nel corso delle trattative e prima del deposito della domanda di omologazione degli accordi di ristrutturazione, allegando la documentazione di cui all'articolo 39, comma 1, e la proposta di accordo corredata da un'attestazione del professionista indipendente che attesta che sulla proposta sono in corso trattative con i creditori che rappresentano almeno il sessanta per cento dei crediti e che la stessa, se accettata, è idonea ad assicurare l'integrale pagamento dei creditori con i quali non sono in corso trattative o che hanno comunque negato la propria disponibilità a trattare. La disposizione si applica anche agli accordi di ristrutturazione ad efficacia estesa di cui all'articolo 61.

4. Prima del deposito della domanda di cui all'articolo 40, le misure protettive di cui al comma 2, primo e secondo periodo, possono essere richieste dall'imprenditore presentando la domanda di cui agli articoli 17, 18 e 44, comma 1.

5. Le misure protettive disposte conservano efficacia anche quando il debitore, prima della scadenza fissata dal giudice ai sensi dell'articolo 44, comma 1, lettera a), propone

una domanda di accesso a uno strumento di regolazione della crisi e dell'insolvenza diverso da quello indicato nella domanda depositata ai sensi dell'articolo 44.

6. L'amministratore delle procedure di insolvenza nominato dal giudice competente ai sensi dell'articolo 3, paragrafo 1 del Regolamento (UE) 2015/848 del Parlamento europeo e del Consiglio del 20 maggio 2015 può chiedere i provvedimenti di cui ai commi 1 e 2 quando nel territorio dello Stato è stata presentata la domanda di cui all'articolo 40 o, se non risulta depositata la domanda, quando nella richiesta sono indicate le condizioni di effettivo ed imminente soddisfacimento non discriminatorio di tutti i creditori secondo la procedura concorsuale aperta.

7. Sono esclusi dalle misure protettive richieste ai sensi del comma 3 i diritti di credito dei lavoratori.

Edgardo Ricciardiello

Sommario: 1. Introduzione. – 2. Le misure cautelari e protettive nella legge fallimentare. – 3. Le novità introdotte dal Codice. – 4. Conclusioni.

1. – Il Codice dedica particolare attenzione alle misure cautelari e protettive le quali sembrano ricevere una sistemazione organica all'interno dell'impianto normativo di nuovo conio. Tali misure, già in parte presenti nella legge fallimentare, vengono estese a tutti gli istituti di regolazione della crisi di impresa e dell'insolvenza sulla scia di quanto già previsto in sede di riforma del concordato preventivo e degli accordi di ristrutturazione dei debiti ad opera della novella di cui alla l. 7 agosto 2012, n. 134 nonché della l. n. 3 del 2012 che disciplina le procedure da sovraindebitamento della persona fisica o dell'imprenditore non fallibile.

Gli istituti conservano la loro plurima funzione di tutela, da un lato, dell'imprenditore e dei creditori contro situazioni di potenziale lesione del patrimonio aziendale che possono pregiudicare il soddisfacimento delle ragioni dei creditori; dall'altro, della continuità aziendale, al fine di consentire all'imprenditore, già nella fase delle trattative con i creditori, di poter usufruire di un lasso di tempo utile ad evitare che l'aggressione dei propri beni da parte dei creditori particolari possa pregiudicare la predisposizione di misure di risanamento o risoluzione negoziata della crisi.

L'art. 1, lett. *p*) definisce le misure protettive quali misure temporanee disposte dal giudice competente per evitare che determinate azioni dei creditori possano pregiudicare sin dalla fase delle trattative il buon esito delle iniziative assunte per la regolazione della crisi o dell'insolvenza. L'art. 1, lett. *q*), invece, definisce le misure cautelari quali provvedimenti cautelari emessi dal giudice competente a tutela del patrimonio o dell'impresa del debitore che appaiono secondo le circostanze più idonei ad assicurare provvisoriamente gli effetti delle procedure di regolazione della crisi o dell'insolvenza.

2. – Nella legge fallimentare le misure cautelari erano disciplinate all'interno dell'art. 15, comma 8, l. fall. che prevedeva che il tribunale fallimentare, su istanza di parte (anche del P.M.), potesse emettere i provvedimenti cautelari o conservativi a tutela del patrimonio o dell'impresa oggetto di provvedimento [1]. Tali misure avevano efficacia limitatamente alla durata del procedimento e venivano confermate o revocate con la sentenza dichiarativa di fallimento o di rigetto della domanda [2]. Si trattava di misure volte a prevenire non solo le condotte del debitore idonee a ridurre la consistenza del patrimonio in funzione satisfattiva dei creditori concorsuali ma, altresì, a proteggere gli elementi dell'attivo aziendale anche in funzione dinamica dell'impresa [3]. La tutela del patrimonio aziendale in corso di istruttoria prefallimentare avveniva per enunciato dell'art. 15, comma 8, l. fall. attraverso la concessione, ad istanza di parte, di provvedimenti cautelari o conservativi. Tali provvedimenti potevano essere concessi, in conformità al processo cautelare uniforme, *inaudita altera parte* o nel contraddittorio instaurato con ricorso separato o con domanda contestuale all'istanza di fallimento (qualora proposta dal debitore) [4] purché venisse fissata l'udienza ai sensi dell'art. 669-*sexiees* c.p.c. per la conferma, revoca o modifica del decreto. Il decreto, vista la specialità del procedimento pre-fallimentare, per autorevole opinione, non sembrava suscettibile di reclamo anche alla luce del fatto che il provvedimento cautelare acquisiva stabilità con la sentenza di fallimento o era destinato a perdere efficacia *ex tunc* all'esito del rigetto dell'istanza di fallimento [5].

Quanto all'oggetto della tutela cautelare, già nella vigenza della legge fallimentare, si era consolidato l'orientamento tendente ad ammettere sia provvedimenti cautelari atipici, alla stregua dell'art. 700 c.p.c.; quanto misure di sequestro conservativo o giudiziario. In quest'ultimo caso con la nomina di un custode incaricato della gestione (c.d. sequestro prefallimentare) [6]. Quanto ai poteri dell'amministratore nominato *pro tempore* in via cautelare appare prevalente l'opinione che, ritenendo che l'assetto organizzativo della società rimanga invariato nella fase cautelare, l'amministratore giudiziario potesse esercitare poteri di ordinaria e straordinaria amministrazione purché formanti oggetto di autorizzazione da parte del tribunale [7].

Ontologicamente diversa la funzione delle misure protettive le quali, nel contesto della legge fallimentare, erano dapprima concepite per sterilizzare le azioni esecutive e cautelari individuali dei creditori in funzione della *par condicio credititorum* con effetto protettivo assoluto ed automatico (*automatic stay*) (artt. 51, 168, comma 1, l. fall.) per poi divenire, come si vedrà nella apposita sezione, un tipo di misura selettiva e non automatica.

L'effetto protettivo in base alla legge fallimentare era generale ed automatico in presenza della dichiarazione di fallimento e della domanda di concordato preventivo (anche in bianco), mentre per l'accordo di ristrutturazione dei debiti la protezione avveniva automa-

---

[1] Cfr. FAUCEGLIA, *Il nuovo diritto*, 35.

[2] FABIANI, *Diritto fallimentare*, 91.

[3] FERRO, *I poteri*, 1043; ID., *Art. 15*, 273.

[4] BERSANI, FONTANA, *I presupposti*, 111.

[5] FERRO, *I poteri*, 215.

[6] CAIAFA, *L'istruttoria prefallimentare*, 177; INZITARI, *Sostituzione cautelare*, 354.

[7] Cfr. FABIANI, *Diritto fallimentare*.

ticamente solo a seguito della pubblicazione del decreto di omologazione del tribunale, con durata limitata di sessanta giorni.

Particolare influenza sulla riforma del Codice sull'istituto in esame ha avuto il d.l. 31 maggio 2010, n. 78 convertito in l. 30 luglio 2012, n. 122 che ha introdotto il comma 6 dell'art. 182-*bis* l. fall. estendendo la possibilità di anticipare la concessione delle misure protettive alla fase delle trattative ancor prima del deposito del piano omologato purché accompagnata da una autocertificazione del debitore attestante la pendenza delle trattative con i creditori rappresentanti almeno il sessanta per cento e della dichiarazione dell'attestatore circa l'idoneità della proposta ad assicurare il pagamento dei creditori con i quali non sono in corso trattative o che hanno negato al disponibilità a trattare. L'effetto protettivo è in questo caso conseguente ad un ricorso da parte del debitore che acquisisce efficacia dal momento della pubblicazione nel registro delle imprese.

L'impostazione data dal legislatore della riforma del 2010 ha influenzato la scelta adottata con la l. n. 3 del 2012 sulle procedure da sovraindebitamento ove, in forza dell'art. 10, comma 2, lett. *c*), si era previsto, con riferimento all'accordo di composizione della crisi che, per effetto del decreto del giudice che accerti la ricorrenza dei presupposti di ammissibilità, disponesse che, sino al momento in cui il provvedimento di omologazione divenisse definitivo, non potessero, sotto pena di nullità, essere iniziate o proseguite azioni esecutive individuali ne' disposti sequestri conservativi ne' acquistati diritti di prelazione sul patrimonio del debitore che ha presentato la proposta di accordo, da parte dei creditori aventi titolo o causa anteriore; la sospensione non opera nei confronti dei titolari di crediti impignorabili. L'effetto era assoluto e non automatico a fronte del deposito della domanda ma costituiva atto dovuto in presenza dei presupposti di legge.

Diversamente, per il piano del consumatore l'effetto protettivo non solo non era automatico (art. 12-*bis*, comma 2, l. n. 3 del 2012) ma neppure assoluto in quanto il giudice, quando nelle more della convocazione dei creditori la prosecuzione di specifici procedimenti di esecuzione forzata avrebbe potuto pregiudicare la fattibilità del piano, con lo stesso decreto, poteva (non doveva) disporre la sospensione degli stessi sino al momento in cui il provvedimento di omologazione divenisse definitivo. La *stay* era pronunciata dal giudice con riferimento a selezionati procedimenti che potevano pregiudicare la fattibilità del piano. L'effetto protettivo diveniva automatico ed assoluto in forza dell'art. 12-*ter*, l. n. 3 del 2012 solo all'esito del giudizio di omologazione. La norma recitava, infatti, che «*dalla data dell'omologazione del piano i creditori con causa o titolo anteriore non possono iniziare o proseguire azioni esecutive individuali. Ad iniziativa dei medesimi creditori non possono essere iniziate o proseguite azioni cautelari né acquistati diritti di prelazione sul patrimonio del debitore che ha presentato la proposta di piano*».

3. – Le misure cautelari previste dall'art. 54 sono analoghe a quelle disciplinate dall'art. 15 l. fall. In particolare è confermata la possibilità di concessione di misure atipiche innominate anche di tipo inibitorio *ex* art. 700 c.p.c. come, altresì, misure di sequestro ai fini della conservazione dell'integrità del patrimonio dell'imprenditore ai sensi dell'art. 670 c.p.c. Le misure cautelari, come osserva la dottrina, nella nuova versione della norma, assolvono alla funzione di «assicurare provvisoriamente gli effetti della sentenza che dichiara l'apertura della liquidazione giudiziale o che omologa il concordato preventivo o gli accordi di ristrutturazione dei debiti»[8]. Si tratta sempre di misure ad istanza di parte e che hanno una durata limitata alla fase procedurale di accertamento dello stato di crisi o di insolvenza impedendo atti dispositivi del patrimonio e l'aggravamento del dissesto. Tali misure sono riferibili a qualsiasi procedimento e non solo alla liquidazione giudiziale.

Il Codice estende l'applicazione delle misure protettive all'interno del procedimento unitario di accertamento dello stato di crisi o dell'insolvenza prevedendo la possibilità di applicazione delle misure protettive non solo alla fase delle trattative per quanto concerne gli strumenti di risoluzione della crisi ma anche alla fase della composizione negoziata della crisi introdotta con d.l. n. 118 del 2021. Infatti l'art. 54, comma 4, stabilisce che «*prima del deposito della domanda di cui all'art. 40 le misure protettive di cui al comma 2, primo e secondo periodo, possono essere richieste dall'imprenditore presentando la domanda di cui agli artt. 17, 18 e 44, comma 1*».

Si tratta non solo di misure molto ampie, stante il richiamo all'art. 54, comma 2 che prevede l'estensione della tutela cautelare innominata o atipica dell'art. 700 c.p.c., ma anche di natura sostanziale come il divieto di acquisizione di diritti di prelazione che sarebbero (come nel caso dell'iscrizione di un'ipoteca) d'ostacolo alla conclusione dell'accordo[9]. L'art. 20, comma 1 nel contesto della composizione negoziata della crisi consente persino al debitore di instare al giudice competente, fino alla conclusione delle trattative o dell'archiviazione dell'istanza di composizione della crisi, il differimento degli obblighi derivanti dalla disciplina di diritto societario in materia di riduzione obbligatoria del capitale sociale a seguito di perdite (artt. 2447, 2482-*bis*, 2482-*ter* c.c. oltre alla non operatività della causa di scioglimento di cui all'art. 2484, n. 4, c.c.).

Qualora siano state richieste e concesse misure protettive del patrimonio nel contesto della composizione negoziata della crisi la sospensione degli obblighi inerenti il capitale e delle cause di scioglimento cessa a partire dalla pubblicazione nel registro delle imprese del provvedimento con il quale il tribunale dichiara l'inefficacia della misure richieste ai sensi dell'art. 19, comma 3 o ne dispone la revoca.

Misure non automatiche e sempre revocabili da parte del giudice designato per la trattazione in caso di accertamento di atti di frode o in caso di segnalazione da parte dei creditori o del P.M. a norma dell'art. 54, comma 5.

La peculiarità del dettato della riforma risiede, innanzitutto, nel fatto che le misure protettive (eccettuate quelle in materia di composizione negoziata della crisi e di sovraindebitamento che sono disciplinate nella apposita sezione del Codice) sono concentrate in un'unica norma, l'art. 54, comma 2 ss. Non a caso l'art. 54, comma 2, richiama l'art. 40 dedicato al procedimento unitario per l'accesso alle procedure di regolazione della crisi e dell'insolvenza che prevede quale effetto automatico, seppure su istanza di parte («*se il debitore ne ha fatto richiesta nella domanda di cui all'art. 40* ...») ed a seguito della pubblica-

[8] Cfr. NARDECCHIA, *Il nuovo codice*, 53 il quale rileva che la attuale formulazione che sostituisce «assicurare provvisoriamente gli effetti della decisione» sta a significare che il contenuto della misura cautelare non è modellato sulle pronunce del tribunale di apertura delle procedure con il che si deve escludere che possa aversi una anticipazione della apertura della liquidazione giudiziale o del concordato preventivo.

[9] Cfr. NARDECCHIA, *Il nuovo codice*, 26; cfr. anche FEDELE, *Le misure*, 65.

zione della medesima domanda nel registro delle imprese, il divieto di iniziare o proseguire azioni esecutive e cautelari sul patrimonio del debitore.

Seconda importante novità risiede nel fatto che l'effetto protettivo non è automatico come previsto nella legge fallimentare a seguito della dichiarazione di fallimento o della pubblicazione del ricorso per l'ammissione alla procedura di concordato preventivo (anche con riserva o in bianco) ma viene fatto dipendere da apposita domanda da parte del debitore ai sensi dell'art. 40. Effetto che consegue, peraltro, all'ulteriore adempimento della pubblicazione della domanda[10].

L'effetto protettivo dovrebbe essere, tuttavia, obbligatorio e retroattivo alla data di pubblicazione della domanda senza attribuire al giudice discrezionalità.

La data di pubblicazione della domanda segna il *dies a quo* per la decorrenza degli effetti protettivi ma anche degli effetti sostanziali della sospensione delle prescrizioni e delle decadenze.

Il comma 3 dell'art. 54 dispone, analogamente all'art. 182-*bis*, comma 6, l. fall., che gli effetti protettivi possono essere anticipati alla fase delle trattative tra il debitore ed i creditori (purché rappresentanti almeno il 60% dei creditori) ancor prima del deposito in tribunale della domanda di omologazione purché siano depositati i documenti di cui all'art. 39, comma 1 ovvero le scritture contabili e fiscali obbligatorie, le dichiarazioni dei redditi concernenti i tre esercizi o anni precedenti ovvero l'intera esistenza dell'impresa se ha avuto minore durata ed i bilanci degli ultimi tre esercizi, una situazione economica, patrimoniale e finanziaria, la relazione particolareggiata ed estimativa delle attività l'elenco nominativo dei creditori ecc. Oltre all'attestazione c.d. "interinale"[11] l'art. 54 richiede anche due attestazioni definitive.

L'elemento di novità rispetto all'art. 182-*bis* l. fall. risiede nella precisazione di cui all'ultimo comma del comma 3 secondo cui la disposizione del comma 3 si applica anche agli accordi di ristrutturazione ad efficacia estesa ai sensi dell'art. 61.

Il comma 4 dell'art. 54, come modificato in sede di decreto correttivo, tenuto conto della possibilità per il debitore di richiedere le misure protettive anche in caso di istanza di accesso alla composizione negoziata della crisi, prevede che l'istanza relativa alle misure protettive possa essere avanzata anche nel corso delle trattative pendenti nell'ambito di tale procedimento.

4. – Altra importante novità risiede nella durata delle misure protettive che, a differenza di quanto previsto nella legge fallimentare ed in assonanza alla Direttiva UE/2019/1023 (art. 6, § 6), non hanno più durata illimitata e carattere permanente ma hanno durata limitata secondo quanto stabilito dal tribunale che vi provvede su istanza di parte ai sensi dell'art. 54, comma 5, e, in ogni caso, non superiore a tre mesi.

La stabilità delle misure protettive, peraltro, non è legata solo al termine di durata stabilito dal tribunale, potendo intervenire circostanze che ne determinino la revoca o la caducazione automatica (v. *infra sub* commento all'art. 55).

In forza del comma 5 dell'art. 54 è previsto che le misure protettive disposte dal tribu-

---

[10] Cfr. BURRONI, *Presentazione della domanda*, 73.

[11] Cfr. VERNA, *Il nuovo codice*, 56.

nale conservino efficacia anche nell'ipotesi di conversione della domanda di omologazione di un accordo di ristrutturazione dei debiti in domanda di apertura di una procedura di concordato preventivo o viceversa, allorché la domanda di apertura del concordato preventivo sia presentata in luogo della proposta concordataria (condizione di reciprocità introdotta in sede di decreto correttivo).

Infine, la disposizione di cui all'ultimo comma dell'art. 54 estende il regime delle misure cautelari e protettive anche nel contesto delle procedure di insolvenza transfrontaliere qualora nel territorio dello Stato italiano sia stata proposta domanda di accertamento dello stato di insolvenza con nomina di un amministratore della procedura secondo il COMI dell'impresa insolvente ovvero anche, in caso di mancata domanda *ex* art. 40, qualora nella richiesta di applicazione delle misure cautelari o protettive siano indicate le condizioni di effettivo e imminente soddisfacimento non discriminatorio dei creditori.

La *ratio* della norma è chiara nel rispondere alle necessità di coordinamento in caso di apertura di procedure di insolvenza localizzate in diversi Paesi della UE al fine di non pregiudicare le finalità della procedura principale se aperta (ipotesi di mancata presentazione della domanda *ex* art. 40) ovvero anche in caso di procedure parallele che interessino beni localizzati in diversi Paesi ma appartenenti alla medesima impresa in crisi o insolvente. La norma, pertanto, attribuisce la legittimazione ad instare per le misure cautelari e protettive non solo l'amministratore nominato dal giudice ai sensi dell'art. 3, comma 1, Reg. UE/848/2015 ovvero dal tribunale del luogo dove l'impresa ha il suo centro di interessi riconoscibile dai terzi. Ma anche nel caso in cui non sia stata attivata ancora una procedura *ex* art. 40. Tale ultima ipotesi si riferisce evidentemente al potere di instare l'applicazione di misure cautelari e protettive anche in mancanza di una procedura di accertamento dello stato di crisi o di insolvenza. Nella richiesta di applicazione delle misure cautelari e protettive devono infatti essere indicate le condizioni di effettivo ed imminente soddisfacimento non discriminatorio di tutti i creditori secondo la procedura concorsuale aperta. La disposizione intende tutelare la *par condicio creditorum* anche in caso di pendenza di una procedura principale all'estero a cui non sia seguita l'apertura di una procedura secondaria o concorrente nello Stato italiano e ove sussistano esigenze di tutela dei creditori mediante l'applicazione di tali misure.

Articolo 55
Procedimento

1. Nei casi previsti dall'articolo 54, il presidente del tribunale o della sezione cui è assegnata la trattazione dello strumento di regolazione della crisi e dell'insolvenza o della procedura di liquidazione giudiziale designa il magistrato cui è affidata la trattazione del procedimento. Alla trattazione provvede direttamente il giudice relatore, se già delegato dal tribunale per l'audizione delle parti.

2. Il giudice, nei casi di cui all'articolo 54, commi 1, 2, terzo periodo, e 3, sentite le parti e omessa ogni formalità non essenziale al contraddittorio, procede nel modo che ritiene più opportuno agli atti di istruzione indispensabili in relazione alla misura richiesta e, quando la convocazione delle parti potrebbe pregiudicare l'attuazione del provvedimento, provvede con decreto motivato, assunte, ove occorra, sommarie informazioni. In tal caso fissa, con lo stesso decreto, l'udienza di comparizione delle parti avanti a sé, ove già non disposta ai sensi dell'articolo 41, assegnando all'istante un termine perentorio non superiore a otto giorni per la notifica del ricorso e del decreto alle altre parti. All'udienza il giudice conferma, modifica o revoca i provvedimenti emanati con decreto. L'ordinanza è reclamabile ai sensi dell'articolo 669-terdecies del codice di procedura civile. Le misure perdono efficacia al momento della pubblicazione delle sentenze di omologazione degli strumenti di regolazione della crisi e dell'insolvenza e di apertura delle procedure di insolvenza.

3. Nel caso previsto dall'articolo 54, comma 2, primo e secondo periodo, il giudice, assunte, ove necessario, sommarie informazioni, conferma o revoca le misure protettive entro trenta giorni dall'iscrizione della domanda nel registro delle imprese con decreto reclamabile ai sensi dell'articolo 669-terdecies del codice di procedura civile. La durata delle misure è fissata al massimo in quattro mesi. Il decreto è trasmesso al registro delle imprese per l'iscrizione. Se il deposito del decreto non interviene nel termine prescritto cessano gli effetti protettivi prodottisi ai sensi dell'articolo 54, comma 2, primo e secondo periodo e la domanda può essere riproposta. Le misure protettive perdono efficacia al momento della pubblicazione delle sentenze di omologazione degli strumenti di regolazione della crisi e dell'insolvenza e di apertura delle procedure di insolvenza.

4. Il tribunale, su istanza del debitore o di un creditore e acquisito il parere del commissario giudiziale, se nominato, può prorogare, in tutto o in parte, la durata delle misure concesse, nel rispetto dei termini di cui all'articolo 8, se sono stati compiuti significativi progressi nelle trattative sul piano di ristrutturazione e se la proroga non arreca ingiusto pregiudizio ai diritti e agli interessi delle parti interessate.

5. Su richiesta del debitore o del commissario giudiziale o, in caso di atti di frode, su istanza dei creditori o del pubblico ministero, il tribunale, sentite le parti e omessa ogni formalità non essenziale al contraddittorio, revoca o modifica le misure protettive. La disposizione di cui al primo periodo si applica anche quando il tribunale accerta che le misure protettive concesse non soddisfano più l'obiettivo di agevolare le trattative.

6. I provvedimenti di cui all'articolo 54, commi 1 e 2 possono essere emessi anche dalla corte di appello nei giudizi di reclamo previsti dagli articoli 47, comma 5, e 50.

7. In caso di revoca o cessazione delle misure protettive, il divieto di acquisire diritti di prelazione, se non concordati con l'imprenditore, viene meno a far data dalla revoca o dalla cessazione delle misure protettive.

Edgardo Ricciardiello

Sommario: 1. Gli aspetti procedurali. – 2. Gli effetti temporanei delle misure protettive. – 3. I provvedimenti.

1. – L'art. 55 stabilisce che, nei casi previsti dall'art. 54 (quindi con riferimento sia alle misure cautelari che protettive), la trattazione del procedimento è riservata al magistrato designato da presidente del tribunale o della sezione cui è assegnata la trattazione delle procedure di regolazione della crisi o dell'insolvenza. Tali misure sono concesse dal tribunale competente su istanza di parte con la domanda di accesso alla procedura di insolvenza o di risoluzione della crisi. È esclusa, pertanto, la legittimazione di altri soggetti quali gli organi di controllo interno della società, P.M., curatore di altre società del gruppo [1].

2. – Il decreto correttivo opportunamente ha allineato l'art. 55 all'art. 54 mediante l'aggiunta al comma 2 del richiamo al comma 3 dell'art. 54. Si tratta di una precisazione importante in quanto specifica il procedimento applicabile alla richiesta di misure protettive formulata prima del deposito della domanda di omologazione di accordi di ristrutturazione al fine della conduzione delle trattative in mancanza di un effetto protettivo automatico. Ulteriore precisazione risiede nel carattere reclamabile del decreto con il quale il tribunale provvede. Per quanto concerne la durata della misura protettiva il decreto correttivo, in conformità con la Direttiva UE/2019/1023, ribadendo quanto già disposto all'art. 54, ne ha rimesso al giudice la determinazione concreta stabilendone la durata massima in quattro mesi e l'obbligo di comunicazione al debitore ai fini dell'eventuale reclamo.

Nel dettato normativo si assiste, peraltro, ad un espresso allineamento con le disposizioni relative al processo cautelare uniforme ammettendosi che il giudice procede nel modo che ritiene più opportuno agli atti di istruzione indispensabili in relazione alla misura richiesta potendo omettere, *inaudita altera parte*, la convocazione delle parti qualora essa possa pregiudicare l'attuazione del provvedimento. In tal caso provvede, previa assunzione di sommarie informazioni. Le misure cautelari e protettive possono essere, altresì, concesse

[1] Si è osservato in modo condivisibile che l'esclusione tra i soggetti legittimati proprio dei creditori non corrisponda viceversa ad un loro precipuo interesse all'anticipazione degli effetti stabiliti dall'art. 150 alla data della domanda cfr. AMADARDO, *Le misure cautelari*, 38.

dal giudice relatore se già designato dal tribunale per l'audizione delle parti. Qualora la misura sia concessa *inaudita altera parte* con lo stesso decreto il giudice fissa l'udienza di comparizione delle parti ove non già disposta ai sensi dell'art. 41 (udienza relativa all'istanza di comparizione delle parti per la liquidazione giudiziale).

All'udienza la misura potrà essere confermata o revocata.

3. – Maggiore rilievo, come si diceva, assume la disposizione dell'art. 55, comma 3 la quale, anticipando le tendenze normative comunitarie (art. 6 della proposta di Direttiva *Insolvency* del 2016 poi confluita effettivamente nella Direttiva UE/2019/1023) stabilisce con esclusivo riferimento alle misure protettive che il giudice, assunte ove necessario sommarie informazioni, confermi o revochi con decreto le misure protettive stabilendone la durata, dovendo provvedere entro il termine perentorio di trenta giorni dalla iscrizione della domanda nel registro delle imprese. In caso di violazione di tale termine le misure protettive cessano automaticamente di avere efficacia.

Questa disposizione segna il passaggio da un sistema di protezione automatica e sostanzialmente illimitata per tutta la durata della procedura ad un sistema che, viceversa, è improntato alla domanda del debitore ed agli effetti limitati nel tempo della misura concessa.

Sussiste piena discrezionalità del tribunale non solo nella scelta della concessione delle misure richieste ma anche nella fissazione della loro durata, in adesione all'ordinamento comunitario teso a non concedere *tout court* il beneficio delle misure protettive ma di subordinarlo a specifiche ed enunciate esigenze concrete di modo che i creditori non possano subire pregiudizio da effetti automatici e prolungati di misure protettive del patrimonio del debitore.

Le misure protettive cessano di aver efficacia, ovvero vengono modificate, anche per effetto di un provvedimento di revoca emesso del giudice qualora siano accertati atti di frode a seguito di procedimento cautelare e sommario. Esito negativo che può sortire anche alla verifica da parte del tribunale della inidoneità dell'attività intrapresa dal debitore a pervenire alla composizione assistita della crisi o alla regolazione della crisi e dell'insolvenza. La valenza di tale norma con riferimento alla procedura di liquidazione giudiziale è viceversa limitata dal momento che assume prevalenza la norma speciale, l'art. 150, che conformemente alla legge fallimentare, prevede che dal giorno della dichiarazione di apertura della liquidazione giudiziale nessuna azione individuale esecutiva o cautelare anche per crediti maturati durante la liquidazione giudiziale, può essere iniziata o proseguita sui beni compresi nella procedura.

Il decreto correttivo ha stabilito opportunamente, mediante l'aggiunta del comma 6, che le misure protettive di cui all'art. 54, comma 2 possono essere concesse anche dalla corte d'appello nel giudizio di reclamo avverso il provvedimento con cui il tribunale dichiara l'inammissibilità della proposta concordataria ed apra la procedura di liquidazione giudiziale potendo anche in tali ipotesi ravvisarsi la necessità di accordare misure protettive.

Limitatamente all'ipotesi di rigetto della domanda di apertura della procedura di liquidazione giudiziale il legislatore ha stabilito, viceversa, la legittimazione della corte d'appello a provvedere all'emissione di misure cautelari escludendo la possibilità di concessione di misure protettive. Del resto, come illustrato in sede di Relazione illustrativa al decreto correttivo, appare improbabile che in caso di dichiarazione di fallimento in proprio (*rectius*: di domanda di liquidazione proposta dallo stesso debitore) egli abbia un interesse alla concessione di misure protettive, privilegiandosi di converso l'interesse dei creditori alla conservazione del patrimonio anche in sede di reclamo attraverso le misure cautelari.

Articolo 56
Accordi in esecuzione di piani attestati di risanamento

1. L'imprenditore in stato di crisi o di insolvenza può predisporre un piano, rivolto ai creditori, che appaia idoneo a consentire il risanamento dell'esposizione debitoria dell'impresa e ad assicurare il riequilibrio della situazione economico finanziaria.

2. Il piano deve avere data certa e deve indicare:

a) la situazione economico-patrimoniale e finanziaria dell'impresa;

b) le principali cause della crisi;

c) le strategie d'intervento e i tempi necessari per assicurare il riequilibrio della situazione finanziaria;

d) i creditori e l'ammontare dei crediti dei quali si propone la rinegoziazione e lo stato delle eventuali trattative, nonché l'elenco dei creditori estranei, con l'indicazione delle risorse destinate all'integrale soddisfacimento dei loro crediti alla data di scadenza;

e) gli apporti di finanza nuova;

f) i tempi delle azioni da compiersi, che consentono di verificarne la realizzazione, nonché gli strumenti da adottare nel caso di scostamento tra gli obiettivi e la situazione in atto;

g) il piano industriale e l'evidenziazione dei suoi effetti sul piano finanziario.

3. Un professionista indipendente deve attestare la veridicità dei dati aziendali e la fattibilità economica del piano.

4. Il piano, l'attestazione di cui al comma 3 e gli accordi conclusi con i creditori possono essere pubblicati nel registro delle imprese su richiesta del debitore.

5. Gli atti unilaterali e i contratti posti in essere in esecuzione del piano devono essere provati per iscritto e devono avere data certa.

Mario Civetta

Sommario: 1. Introduzione. – 2. Gli accordi in esecuzione di piani attestati di risanamento come strumento di risoluzione della crisi d'impresa. – 3. Il contenuto dei piani attestati di risanamento. – 4. Il giudizio del professionista indipendente. – 5. Gli effetti della pubblicità legale del piano, dell'attestazione e degli accordi conclusi. – 6. L'esenzione della revocatoria.

1. – L'art. 56 definisce gli strumenti negoziali stragiudiziali di regolazione della crisi non soggetti ad omologazione da parte del tribunale ovverosia, gli accordi in esecuzione di piani attestati di risanamento.

A differenza di quanto previsto dalla legge fallimentare, nel Codice la disciplina dei piani attestati di risanamento riceve un'autonoma disposizione normativa, non essendo più regolamentata nell'ambito dell'esenzione da revocatoria degli atti a titolo oneroso, dei pagamenti e delle garanzie concessi dal debitore (ora sancita dall'art. 166). Nella seguente trattazione verranno evidenziate analiticamente per ciascun comma dell'articolo, le differenze tra il dettato normativo della legge fallimentare e del Codice.

2. – Il comma 1 stabilisce che: «*l'imprenditore in stato di crisi o di insolvenza può predisporre un piano, rivolto ai creditori, che appaia idoneo a consentire il risanamento dell'esposizione debitoria dell'impresa e ad assicurare il riequilibrio della situazione economico finanziaria*». L'imprenditore che esercita un'attività non soltanto commerciale [1] e che versa in uno stato di difficoltà finanziaria tale, da rendere probabile la futura insolvenza ovvero che non è più in grado di soddisfare con regolarità le proprie obbligazioni [2], può proporre ai creditori un piano volto ad assicurare, il risanamento dell'esposizione debitoria ed il riequilibrio della situazione economica e finanziaria. Il piano di risanamento avrà quindi lo scopo di assicurare nel lungo periodo che le attività dell'impresa siano tali da coprire le passività (equilibrio patrimoniale), i ricavi conseguiti dall'impresa siano tali da coprire i costi sostenuti (equilibrio economico) e di garantire nel breve periodo che le entrate dell'impresa siano almeno pari alle uscite finanziarie (equilibrio finanziario).

Inoltre ancora una volta in accordo con la disciplina della legge fallimentare è previsto che il piano attestato di risanamento sia sì rivolto ai creditori ma, che il debitore non sia obbligato a coinvolgere il ceto creditorio, a differenza degli altri due strumenti di regolazione della crisi per eccellenza: il concordato preventivo e gli accordi di ristrutturazione dei debiti. Gli accordi in esecuzione di piani attestati di risanamento costituiscono infatti un atto unilaterale del debitore, che potrebbe prevedere degli accordi di ristrutturazione con i principali creditori, ma anche fondare il risanamento dell'impresa esclusivamente su un'iniezione di nuova liquidità senza prevedere alcun coinvolgimento del ceto creditorio [3].

Dall'analisi del comma 1 è evidente che gli accordi in esecuzione di piani attestati di risanamento si confermano uno strumento di risoluzione della crisi d'impresa, volto attraverso una serie di azioni ad eliminare gli squilibri che hanno determinato le cause di una crisi contingente e temporanea e ad assicurare, attraverso il risanamento, la continuità aziendale. Non consentono invece la liquidazione in bonis dell'impresa che versa in una condizione di difficoltà irreversibile [4].

3. – Il comma 2 stabilisce che: «*il piano deve avere data certa e deve indicare: a) la situazione economico-patrimoniale e finanziaria dell'impresa; b) le principali cause della crisi; c) le strategie d'intervento e i tempi necessari per assicurare il riequilibrio della situazione finanziaria; d) i creditori e l'ammontare dei crediti dei quali si propone la rinegoziazione e lo stato delle eventuali trattative, nonché l'elenco dei creditori estranei, con l'indicazione delle risorse de-*

[1] AMBROSINI, *Crisi e insolvenza.*

[2] SERRA, *Piano attestato.*

[3] MANCINELLI, *La rivisitazione.*

[4] SERRA, *Piano attestato.*

stinate all'integrale soddisfacimento dei loro crediti alla data di scadenza; e) gli apporti di finanza nuova; f) i tempi delle azioni da compiersi, che consentono di verificarne la realizzazione, nonché gli strumenti da adottare nel caso di scostamento tra gli obiettivi e la situazione in atto; g) il piano industriale e l'evidenziazione dei suoi effetti sul piano finanziario».

Si richiede innanzitutto che il piano abbia una data certa ai fini dell'esenzione dell'azione revocatoria in caso di liquidazione giudiziale, ciò vuol dire che sia adempiuto quanto previsto dall'art. 2704 c.c. che stabilisce che, la data della scrittura privata della quale non è autenticata la sottoscrizione non è certa se non dal giorno in cui la scrittura è stata registrata o dal giorno della morte o della sopravvenuta impossibilità fisica di colui l'ha sottoscritta o dal giorno in cui il contenuto della scrittura è riprodotto in atti pubblici o, infine, dal giorno in cui si verifica un altro fatto che stabilisca in modo altrettanto certo l'anteriorità della formazione del documento.

A differenza della legge fallimentare che non ha mai definito il contenuto del piano, la disposizione normativa del Codice, definisce analiticamente il contenuto minimo obbligatorio del piano[5], che deve indicare: la situazione economica, patrimoniale e finanziaria dell'impresa, le cause che hanno generato la crisi, le strategie necessarie a risanare l'esposizione debitoria e a ripristinare l'equilibrio finanziario nonché i relativi tempi, l'elenco dei creditori e l'ammontare dei crediti per i quali si richiede la moratoria con descrizione delle eventuali trattative in corso di svolgimento, l'elenco dei creditori a cui non è rivolta la proposta, o che comunque non hanno aderito, con indicazione dettagliata delle risorse che saranno utilizzate ai fini della loro integrale soddisfazione, gli apporti della nuova finanza (che non è, come nel caso del piano concordatario una semplice possibilità, ma un obbligo), i tempi di esecuzione delle azioni operative previste alla base del piano e le azioni correttive da implementare nel caso in cui vi sia uno scostamento rispetto agli obiettivi prefissati, il piano industriale con evidenza dei suoi effetti sul piano finanziario.

4. – Il comma 3 statuisce che: «*un professionista indipendente deve attestare la veridicità dei dati aziendali e la fattibilità economica del piano*». Il piano come nella precedente disposizione dell'art. 67, comma 3, lett. *d*), l. fall. deve essere attestato da un professionista indipendente, i cui requisiti vengono stabiliti dall'art. 2, comma 1, lett. *o*): l'iscrizione all'albo dei gestori della crisi e insolvenza delle imprese; l'iscrizione nel registro dei revisori legali; il possesso dei requisiti previsti dall'art. 2399 c.c. (ovverosia il rispetto dei requisiti previsti per la nomina dei sindaci delle società di capitali); non essere legato all'impresa o ad altre parti interessate all'operazione di regolazione della crisi da rapporti di natura personale o professionale; in particolare il professionista ed i soggetti con i quali è eventualmente unito in associazione professionale non devono aver prestato negli ultimi cinque anni attività di lavoro subordinato o autonomo in favore del debitore, né essere stati membri degli organi di amministrazione o di controllo dell'impresa o aver posseduto partecipazioni in essa.

Il professionista indipendente in possesso dei suddetti requisiti e nominato dal debitore deve attestare la veridicità dei dati aziendali e la fattibilità economica del piano.

Rispetto alla legge fallimentare, non cambia la disposizione normativa con riguardo

---

[5] AIELLO, AURICCHIO, COVINO, JEANTET, *Il piano attestato.*

all'espressione di un giudizio da parte del professionista indipendente circa la veridicità dei dati aziendali e la fattibilità intesa come "economica" del piano. Come già indicato nei Principi di attestazione dei piani di risanamento approvati dal Consiglio Nazionale dei Dottori Commercialisti e degli Esperti Contabili in data 3 settembre 2014, con riferimento alla veridicità dei dati aziendali non si intende un'espressione sulla verità oggettiva del bilancio, quanto piuttosto la verifica che il processo di produzione dell'informazione economico-finanziaria sia basato su un sistema amministrativo – contabile idoneo a contenere il rischio di errori rilevanti, così da giungere all'espressione di un giudizio attendibile sulle principali voci di bilancio[6]. Con riferimento alla fattibilità economica del piano, l'asseveratore è chiamato ad esprimersi sulla realizzabilità del piano attraverso l'analisi delle assunzioni alla base dello stesso. Sulla base dei dati e delle informazioni disponibili, il professionista indipendente deve esprimersi sull'effettiva probabilità di successo dei risultati attesi del piano, valutando anche attraverso analisi di sensitività, l'impatto di eventuali variazioni delle assunzioni ipotizzate sulla fattibilità del piano.

5. – Il comma 4 stabilisce che il piano, l'attestazione del professionista indipendente e gli accordi conclusi con i creditori aderenti non sono soggetti all'obbligo pubblicitario: «*il piano, l'attestazione di cui al comma 3 e gli accordi conclusi con i creditori possono essere pubblicati nel registro delle imprese su richiesta del debitore*». Quella della pubblicazione nel registro delle imprese resta pertanto una possibilità a discrezione dell'imprenditore, comunque utile al fine di informare i creditori e tutti gli altri stakeholders dell'impresa. Inoltre è soltanto attraverso la pubblicazione, che l'impresa può beneficiare della disciplina fiscale prevista dall'art. 88 t.u.i.r. in relazione al trattamento delle sopravvenienze attive derivanti dallo stralcio dei debiti[7]. L'art. 88 t.u.i.r. al comma 4-*ter* stabilisce che: «*In caso di concordato di risanamento, di accordo di ristrutturazione dei debiti omologato ai sensi dell'articolo 182-bis del regio decreto 16 marzo 1942, n. 267, ovvero di un piano attestato ai sensi dell'articolo 67, terzo comma, lettera d), del citato regio decreto n. 267 del 1942, pubblicato nel registro delle imprese, o di procedure estere a queste equivalenti, la riduzione dei debiti dell'impresa non costituisce sopravvenienza attiva per la parte che eccede le perdite, pregresse e di periodo, di cui all'articolo 84, senza considerare il limite dell'ottanta per cento, la deduzione di periodo e l'eccedenza relativa all'aiuto alla crescita economica di cui all'articolo 1, comma 4, del decreto-legge 6 dicembre 2011, n. 201, convertito, con modificazioni, dalla legge 22 dicembre 2011, n. 214, e gli interessi passivi e gli oneri finanziari assimilati di cui al comma 4 dell'articolo 96 del presente testo unico*». Il suddetto articolo prevede quindi che, le riduzioni dei debiti dell'impresa (incluse quelle dei soci), non si considerino sopravvenienze attive per la parte che eccede le perdite pregresse e di periodo di cui all'art. 84 (senza considerare il limite dell'80%), la deduzione di periodo e l'eccedenza relativa all'Ace *ex* art. 1 del d.l. n. 201 del 2011 e del d.m. 14 marzo 2012 e gli interessi passivi ed oneri finanziari assimilati indeducibili nel periodo d'imposta, poiché eccedenti il 30% del risultato operativo lordo e scomputabili negli esercizi successivi (in caso di capienza del 30% del ROL di competenza di tale periodo d'imposta).

---

[6] *Principi di attestazione dei piani di risanamento approvati dal Consiglio Nazionale dei Dottori Commerciali-sti e degli Esperti Contabili in data 3 settembre 2014.*

[7] SOLIDORO, *Gli strumenti stragiudiziali.*

6. – Secondo il comma 5: «*gli atti unilaterali e i contratti posti in essere in esecuzione del piano devono essere provati per iscritto e devono avere data certa*». Così come stabilito per il piano, anche gli atti unilaterali ed i contratti posti in essere dal debitore in esecuzione del piano di risanamento, devono avere data certa e ciò al fine di evitare come indicato nella Relazione illustrativa, comportamenti opportunistici e collusivi dell'imprenditore e quindi l'estensione della esenzione dell'azione revocatoria ad atti non effettivamente previsti in esecuzione del piano o successivi [8].

L'esecuzione del piano comporta l'esenzione della revocatoria ordinaria e fallimentare dei pagamenti e delle garanzie poste in essere dal debitore. Tale esclusione stabilita dall'art. 166, non opera tuttavia in caso di dolo o colpa grave del debitore o dell'attestatore del piano quando il creditore ne era a conoscenza al momento del compimento dell'atto, del pagamento o della concessione della garanzia. Tra gli ulteriori benefici derivanti dalla sottoscrizione di accordi in esecuzione di piani attestati di risanamento, vi è l'esenzione prevista dall'art. 324 dalle responsabilità penali previste in caso di reati di bancarotta semplice e preferenziale che possono derivare dal compimento dei suddetti atti e pagamenti [9].

[8] FERRARI, *Accordi di ristrutturazione.*

[9] GUIDO, *I "nuovi" piani.*

Articolo 57
Accordi di ristrutturazione dei debiti

1. Gli accordi di ristrutturazione dei debiti sono conclusi dall'imprenditore, anche non commerciale e diverso dall'imprenditore minore, in stato di crisi o di insolvenza, con i creditori che rappresentino almeno il sessanta per cento dei crediti e sono soggetti ad omologazione ai sensi dell'articolo 48.

2. Gli accordi devono contenere l'indicazione degli elementi del piano economico-finanziario che ne consentono l'esecuzione. Il piano deve essere redatto secondo le modalità indicate dall'articolo 56. Al piano debbono essere allegati i documenti di cui all'articolo 39, commi 1 e 3.

3. Gli accordi devono essere idonei ad assicurare il pagamento integrale dei creditori estranei nei seguenti termini:

a) entro centoventi giorni dall'omologazione, in caso di crediti già scaduti a quella data;

b) entro centoventi giorni dalla scadenza, in caso di crediti non ancora scaduti alla data dell'omologazione.

4. Un professionista indipendente deve attestare la veridicità dei dati aziendali e la fattibilità del piano. L'attestazione deve specificare l'idoneità dell'accordo e del piano ad assicurare l'integrale pagamento dei creditori estranei nel rispetto dei termini di cui al comma 3.

Giovanni Battista Nardecchia

Sommario: 1. Natura giuridica. – 2. I presupposti. – 3. Forma e contenuto. – 4. Il trattamento dei creditori. – 5. La relazione del professionista.

1. – Gli accordi di ristrutturazione sono sempre stati avvolti da un'aura di incertezza sulla loro natura giuridica se, cioè, fossero o meno, catalogabili nell'ambito delle procedure concorsuali vere e proprie. Questione che, lungi dall'esaurirsi in una pur interessante disquisizione teorica, aveva delle rilevanti conseguenze pratiche in caso di successivo fallimento. Si pensi, ad esempio, alla possibilità che tutti i debiti sorti successivamente all'omologa dell'accordo godessero della prededuzione nel successivo fallimento ovvero alla possibile retrodatazione del periodo sospetto ai fini dell'esperimento dell'azione revocatoria. La Suprema Corte a partire dai primi mesi del 2018 è intervenuta con plurime decisioni che hanno affermato la natura concorsuale dell'istituto [1]. A sostegno di tale conclusione i giudici di legittimità hanno statuito che «per quanto suscettibile di venir in considerazione come ipotesi intermedia tra le forme di composizione stragiudiziale e le soluzioni concordatarie della crisi dell'impresa, e per quanto oggetto di annosi dibattiti dottrinali, l'accordo di ristrutturazione di cui all'art. 182-*bis* appartiene agli istituti del diritto concorsuale, come è dato desumere dalla disciplina alla quale nel tempo è stato assoggettato dal legislatore; disciplina che, in punto di condizioni di ammissibilità, deposito presso il tribunale competente, pubblicazione al registro delle imprese e necessità di omologazione, da un lato, e meccanismi di protezione temporanea, esonero dalla revocabilità di atti, pagamenti e garanzie posti in essere in sua esecuzione, dall'altro, suppone realizzate, nel pur rilevante spazio di autonomia privata accordato alle parti, forme di controllo e pubblicità sulla composizione negoziata, ed effetti protettivi, coerenti con le caratteristiche dei procedimenti concorsuali» [2]. Il Codice non prende espressamente posizione sul punto dato che, come è ben noto, nell'ambito delle definizioni manca quella relativa alle procedure concorsuali. Il Codice all'art. 2, comma 1, lett. *m-bis*), definisce soltanto gli «*strumenti di regolazione della crisi e dell'insolvenza*» come «*le misure, gli accordi e le procedure volti al risanamento dell'impresa attraverso la modifica della composizione, dello stato o della struttura delle sue attività e passività o del capitale, oppure volti alla liquidazione del patrimonio o delle attività che, a richiesta del debitore, possono essere preceduti dalla composizione negoziata della crisi*». Nozione assai generica che definisce soltanto in negativo il perimetro di appartenenza precisando, sia pure indirettamente, che la composizione negoziata non rientra tra gli strumenti di regolazione della crisi e dell'insolvenza. Per il resto l'ampia nozione sembra abbracciare tutti i procedimenti e tutte le procedure disciplinate dal Codice, anche se non propriamente rientranti nell'ambito delle procedure concorsuali. Categoria quest'ultima priva di specifica definizione normativa, di ambito sicuramente non coincidente con quella, più ampia, degli strumenti di cui all'art. 2, comma 1, lett. *m-bis*), che troviamo menzionata nelle disposizioni in tema di prededuzione (art. 6), di limiti temporali delle azioni revocatorie e d'inefficacia (art. 70, comma 2), di procedure concorsuali autonome di imprese appartenenti ad uno stesso gruppo (art. 288), in materia di obbligatorietà del deposito con modalità telematiche degli atti del procedimento di accertamento dello stato di crisi o di insolvenza (art. 360) e, a decorrere dal 1° luglio 2023 [3], nelle disposizioni speciali per i contratti con le pubbliche amministrazioni (art. 95, comma 5). Con la conseguenza che sarà affidata all'interpretazione giurisprudenziale la definizione della nozione di procedure concorsuali e quindi la ricomprensione o meno in tale sottosistema di uno

[1] Cass., 11 giugno 2019, n. 15724, in *Fallimento*, 2019, 1011; Cass., 22 maggio 2019, n. 13850; Cass., 8 maggio 2019, n. 12064, in *Fallimento*, 2019, 1327, con nota di Trentini, Cass., 21 giugno 2018, n. 16347; Cass., 24 maggio 2018, n. 12965; Cass., 12 aprile 2018, n. 9087, in *Fallimento*, 2018, 984; Cass., 18 gennaio 2018, n. 1182, in *Fallimento*, 2018, 285. In dottrina sulla natura dell'istituto, da ultimo I.L. NOCERA, *L'efficacia "estesa"*, 546 ss.

[2] In questi termini Cass., 12 aprile 2018, n. 9087, cit.

[3] Art. 95, comma 5. «*Fermo quanto previsto dal comma 4, l'impresa in concordato può con-correre anche riunita in raggruppamento temporaneo di imprese, sempre che nessuna delle altre imprese aderenti al raggruppamento sia assoggettata ad una procedura concorsuale*». Comma così modificato dall'art. 224, comma 6, d.lgs. 31 marzo 2023, n. 36.

dei tanti strumenti di regolazione della crisi o dell'insolvenza. E ciò in quanto non tutti gli strumenti di regolazione della crisi e dell'insolvenza possono essere catalogati come procedure concorsuali, come accade, ad esempio, per gli accordi in esecuzione di un piano attestato di risanamento di cui all'art. 56. Per risolvere la questione è quindi necessario verificare se nella disciplina dettata dal Codice si riscontrano degli elementi di comunanza con altre procedure concorsuali e quindi, come tali, ritenuti sintomatici di "concorsualità". A questa domanda non può che darsi una risposta positiva[4] dato che concordato preventivo ed accordi di ristrutturazione dei debiti sono connotati da una significativa comunanza di presupposti, soggettivi e oggettivi, nonché condizioni di accesso. Il procedimento dettato dal Codice ricalca quasi fedelmente la pregressa disciplina, ivi compresa la domanda c.d. con riserva, disciplinata dall'art. 44 in modo analogo a quanto previsto dall'art. 161 l. fall. Affinità con il concordato preventivo[5] che viene rafforzata dalla previsione contenuta nell'art. 40, comma 4, secondo cui nel caso di domanda di accesso al giudizio di omologazione di accordi di ristrutturazione, è possibile la nomina del commissario giudiziale, che deve essere disposta in presenza di istanze per la apertura della procedura di liquidazione giudiziale quando è necessaria per tutelare gli interessi delle parti istanti[6]. In questo modo, tenuto conto che è comunque consentito al debitore che abbia preannunciato la volontà di stipulare accordi di ristrutturazione di depositare, invece, una proposta di concordato preventivo, si restituisce alla valutazione del tribunale la possibilità, già prevista dal

[4] Per analoghe considerazioni LANNI, *Il contratto*, il quale sottolinea che in questa prospettiva assumono rilievo: 1) la disciplina della prededuzione dei crediti professionali sorti in funzione della presentazione della domanda di omologazione dell'accordo, speculare a quella riguardante i professionali sorti in funzione della domanda di concordato preventivo (art. 6); 2) la previsione della soggezione al procedimento unitario per l'accesso alle procedure di regolazione della crisi anche per la domanda di omologa dell'accordo; 3) il condizionamento di tale domanda allo stesso corredo documentale (art. 39) e alla stessa sottoscrizione e approvazione (art. 44) prevista per il concordato preventivo; 4) la previsione di una disciplina comune al concordato preventivo per le misure protettive (art. 54); 5) la previsione della disciplina di accesso all'omologa dell'accordo e dell'omologa stessa unitamente a quella dell'accesso al concordato preventivo e della sua omologa (artt. 44 e 48); 6) la previsione della nomina obbligatoria del commissario giudiziale nel caso di domanda di accesso al giudizio di omologazione dell'accordo di ristrutturazione in presenza di istanze di apertura della procedura di liquidazione giudiziale (art. 44, che, peraltro, sembra comunque ammettere la nomina discrezionale del commissario negli altri casi); 7) l'estensione all'accordo della sospensione dell'operatività delle norme societarie relative alla riduzione o perdita del capitale sociale, attualmente prevista dall'art. 182-*sexies* solo per il concordato preventivo (artt. 64 e 89); 8) l'estensione all'accordo dell'effetto esdebitatorio per i soci illimitatamente responsabili, attualmente previsto solo per il concordato preventivo dall'art. 184 l. fall. (art. 59). *Contra* ARATO, *Brevi note*.

[5] Cfr. da ultimo Cass., 22 maggio 2019, n. 13850 secondo cui «Né va trascurato che nel Codice della crisi e dell'insolvenza di futura applicazione (D.Lgs. 12 gennaio 2019, n. 14 – CCI), accordi di ristrutturazione dei debiti e concordato preventivo – disciplinati nel medesimo Titolo IV tra gli 'Strumenti di regolazione della crisi' condividono il 'Procedimento unitario per l'accesso alle procedure di regolazione della crisi o dell'insolvenza' (art. 40 e ss.) e sono connotati da una significativa comunanza di presupposti, soggettivi e oggettivi, nonché condizioni di accesso (cfr. anche l'art. 21, sulla conclusione del procedimento di composizione assistita della crisi, e l'art. 44, comma 4, sulla possibile nomina del commissario giudiziale)».

[6] La norma appare compatibile con quanto prescritto dalla direttiva 2019/1023: la direttiva richiede la nomina di un «*professionista nel campo della ristrutturazione*» in una serie di casi, tra cui quello in cui sia disposta «*una sospensione generale delle azioni esecutive individuali*» (art. 5, § 3, lett. *c*), direttiva 2019/1023). Nel senso che la nomina del commissario giudiziale dovrà essere disposta dal tribunale nel caso in cui il debitore richieda misure protettive.

comma 6 dell'art. 161 l. fall., di assicurare una più pregnante vigilanza sull'attività del debitore quando l'esigenza di tutelare l'interesse dei creditori lo richiede[7]. Modifica che va letta anche alla luce di quanto prescritto dalla direttiva 2019/1023: la Direttiva richiede la nomina di un «*professionista nel campo della ristrutturazione*» in una serie di casi, tra cui quello in cui sia disposta «*una sospensione generale delle azioni esecutive individuali*» (art. 5, § 3, lett. *c*), direttiva 2019/1023). Orbene, poiché nella stragrande maggioranza dei casi il debitore ne farà richiesta con la domanda e l'effetto protettivo si produrrà automaticamente ai sensi dell'art. 54, comma 2, l'astratta valutazione del tribunale si tradurrà, in concreto, nella nomina generalizzata di un commissario giudiziale anche nel caso di domanda di accesso al giudizio di omologazione di accordi di ristrutturazione introdotta con una domanda con riserva *ex* art. 44. Medesime considerazioni valgono con riferimento all'estensione all'accordo della sospensione dell'operatività delle norme societarie relative alla riduzione o perdita del capitale sociale e dell'effetto esdebitatorio per i soci illimitatamente responsabili, misure che nella legge fallimentare erano prevista solo per il concordato preventivo. Così come, infine, non può non sottolinearsi l'ampliamento dell'ambito di applicazione degli accordi di ristrutturazione ad efficacia estesa. In definitiva può ritenersi che il Codice ha abbracciato l'interpretazione evolutiva[8] della Suprema Corte con la conseguenza che l'accordo di ristrutturazione va considerato un istituto affine al concordato preventivo, collocati entrambi nell'ambito delle procedure concorsuali alternative alla liquidazione giudiziale, volte alla composizione della crisi d'impresa. La questione, lungi dall'esaurirsi in una pur interessante disquisizione teorica, ha delle rilevanti conseguenze pratiche in caso di successiva liquidazione giudiziale. Si pensi, ad esempio, alla possibilità che tutti i debiti sorti successivamente al deposito dell'accordo godano della prededuzione nella successiva procedura concorsuale o esecutiva ai sensi dell'art. 6, comma 1, lett. *d*), ovvero alla possibile retrodatazione del periodo sospetto ai fini dell'esperimento delle azioni revocatorie ai sensi dell'art. 170, comma 2.

2. – L'art. 57 chiarisce[9] che l'istituto è fruibile anche da chi non sia imprenditore commerciale assoggettabile a liquidazione giudiziale, quindi, ad esempio, dall'imprenditore agricolo o dalle cc.dd. *start-up* innovative, con la sola esclusione dell'imprenditore minore, che potrà far ricorso alle sole procedure di sovraindebitamento a lui riservate. La procedura è quindi rivolta ad una platea più vasta rispetto a quella degli imprenditori soggetti alla liquidazione giudiziale. Il che evidenzia la completa trasformazione dell'istituto che alla sua nascita aveva quale effetto più rilevante proprio l'esenzione da revocatoria per gli atti posti in essere in esecuzione dell'accordo omologato. La norma non prescrive ulteriori presupposti soggettivi, anche se la successiva previsione della pubblicazione dell'accordo nel registro delle imprese fa implicitamente ritenere che l'istituto sia di esclusivo

[7] In questi termini la Relazione illustrativa al decreto correttivo.

[8] Secondo Lo Cascio, *Il codice*, 266, «In forza dell'attuale legislazione, anche l'istituto in esame prevede alcune deroghe al principio dispositivo dei contratti, assumendo alcuni aspetti similari a quelli della struttura concordataria e incidendo sulla connotazione privatistica degli strumenti di risanamento delle imprese».

[9] Per una prima lettura della disciplina del Codice: Aiello, Auricchio, Covino, Jeantet, *Il piano attestato*; Burroni, *I piani attestati*; Stanghellini, *Il codice*, 449 ss.; Zorzi *Piani di risanamento*, 993 ss.

appannaggio degli imprenditori regolarmente iscritti nel registro delle imprese. Con riferimento al requisito oggettivo l'art. 57 specifica che l'istituto è riservato all'imprenditore in stato di crisi o di insolvenza. La definizione dello stato di crisi[10] rende possibile ed anzi doverosa un'indagine sull'effettiva sussistenza del requisito soggettivo onde evitare il ricorso abusivo all'istituto anche da parte di chi si trovi in una condizione di lieve difficoltà economica. Indagine che dovrà essere particolarmente rigorosa nelle ipotesi di accordi di ristrutturazione ad efficacia estesa.

3. – La norma non richiede particolari formalità per l'accordo, se non evidentemente l'utilizzo della forma scritta, dato che l'accordo deve essere pubblicato nel registro delle imprese e poi depositato in tribunale[11]. L'art. 57 non fornisce alcuna indicazione circa la necessità, o meno, che l'accordo sia contenuto in un unico documento.

Un elemento a favore della pluralità è dato dal fatto che la norma, in armonia con la rubrica, innovando in questo la dizione contenuta nell'art. 182-*bis* l. fall., parla sempre di accordi di ristrutturazione.

L'analisi delle decisioni edite evidenzia come si sia immediatamente affermata una precisa prassi: quella dell'ammissibilità del deposito di una pluralità di accordi, delle singole pattuizioni intervenute con i vari creditori[12].

L'accordo di ristrutturazione dei debiti può assumere un contenuto assai vario dal punto di vista negoziale, potendo tradursi in un *pactum de non petendo*, in una remissione parziale del debito, in una costituzione di garanzia, in una concessione di nuova finanza, in una conversione di credito in capitale della società debitrice ovvero in altri negozi la cui caratteristica può dirsi risiedere nella finalità di superamento della crisi dell'impresa attraverso la «*ristrutturazione*» dei debiti, così che non facendosi riferimento alla necessaria continuazione dell'impresa, il contenuto dell'accordo potrebbe essere anche di natura meramente liquidatoria.

L'accordo, infatti, attraverso la ristrutturazione dei debiti, può perseguire sia finalità di riequilibrio della situazione finanziaria ed economica dell'impresa in una prospettiva di continuazione dell'attività, sia finalità esclusivamente liquidatorie.

Il che è reso evidente dall'art. 61, comma 2, lett. *b*), che include, tra i requisiti per la legittimità degli accordi di ristrutturazione ad efficacia estesa, il carattere non liquidatorio dell'accordo.

---

[10] La «*crisi*» è, lo stato del debitore che rende probabile l'insolvenza e che si manifesta con l'inadeguatezza dei flussi di cassa prospettici a far fronte alle obbligazioni nei successivi dodici mesi – art. 2, comma 1, lett. *a*).

[11] Sempre con riferimento alle formalità da osservare, appare più incerta la problematica relativa alla necessità o meno che le sottoscrizioni dei creditori aderenti siano autenticate da un pubblico ufficiale. La giurisprudenza più recente sembra orientata nel senso di non ritenere necessaria l'autentica delle firme per l'omologazione degli accordi di ristrutturazione (App. Milano, 14 gennaio 2022, Trib. Rimini, 27 giugno 2019, Trib Bergamo, 13 febbraio 2019, Trib. Benevento, 30 gennaio 2019; *contra* Trib. Milano, 3 giugno 2021, tutte in *ilcaso.it*). Un piccolo, ma significativo elemento testuale a favore di tale interpretazione può forse rinvenirsi nel fatto che l'art. 57, a differenza dell'art. 182-*bis* l. fall., non parla più di accordi di ristrutturazione dei debiti stipulati, ma di accordi di ristrutturazione dei debiti ... conclusi.

[12] Trib. Bari, 21 novembre 2005, in *Fallimento*, 2006, 169; Trib. Reggio Calabria, 24 gennaio 2012, in *Fallimento*, 2012, 881.

Orbene, pur ritenendosi, che tale carattere andrebbe più propriamente riferito al piano, è di tutta evidenza che lo stesso legislatore ha ipotizzato che gli accordi possano essere collegati ad un piano con finalità liquidatorie ostativo all'utilizzo degli accordi ad efficacia estesa di cui al comma 1 dell'art. 61, ma del tutto compatibile con la fattispecie ordinaria di cui all'art. 57.

Finalità liquidatorie che influiranno naturalmente più sul contenuto del piano che su quello degli accordi nel senso di sterilizzare una delle finalità proprie del piano di cui all'art. 56: il riequilibrio della situazione finanziaria e rendere, conseguentemente, non più necessaria l'indicazione delle strategie d'intervento e dei tempi necessari per assicurare tale riequilibrio.

Finalità liquidatorie che potranno essere più facilmente perseguite con gli accordi piuttosto che con il concordato preventivo dato che gli accordi con piano di carattere liquidatorio non subiscono le limitazioni proprie del concordato liquidatorio: una soglia minima del 20% di soddisfazione dei creditori chirografari ed un apporto di finanza esterna che incrementi di almeno il 10% l'attivo disponibile.

L'accordo prevede quindi sempre soltanto una parte necessaria: la ristrutturazione dei debiti ed altre eventuali contenute nel piano.

Gli ulteriori ed eventuali interventi economici e/o finanziari e/o industriali collegati all'accordo devono comunque essere strettamente e chiaramente finalizzati alla realizzazione del fine ultimo dell'accordo: quello della ristrutturazione dei debiti degli aderenti e del regolare pagamento dei creditori estranei. Si chiarisce che l'accordo deve essere accompagnato dal piano economico finanziario che ne consente l'esecuzione [13], richiamandosi a tal fine il contenuto dei piani attestati di risanamento di cui all'art. 56 [14]. Con il decreto correttivo è stato ampliato il contenuto minimo necessario del piano sottostante gli accordi. Si prevede infatti che detto piano debba contenere anche l'elenco dei creditori estranei, con l'indicazione delle risorse destinate all'integrale soddisfacimento dei loro crediti alla data di scadenza.

Innovazione che, secondo la relazione illustrativa, ha lo scopo di agevolare il controllo sul contenuto degli accordi e sulla ragionevolezza del piano da parte dei creditori aderenti e, eventualmente, da parte dell'autorità giudiziaria investita dell'azione revocatoria.

Innovazione sicuramente importante in quanto tende ad accrescere il bagaglio informativo dei creditori che completa quella già prescritta nell'art. 57 per gli accordi di ristrutturazione: l'indicazione degli elementi del piano economico-finanziario che ne consentono l'esecuzione.

In altre parole, i creditori aderenti avranno un quadro completo della correlazione tra risorse esistenti o generate dal piano ed adempimento delle proprie obbligazioni e di quelle dei creditori estranei [15].

[13] Deposito che doveva ritenersi obbligatorio anche nella vigenza della precedente disciplina in forza dell'art. 161, comma 2, lett. *e*), richiamato dall'art. 182-*bis* l. fall. Anche prima della modifica di cui all'art. 161 si è sempre ritenuto necessario il deposito del piano per una «sufficiente intellegibilità» dell'accordo. In questi termini Trib. Milano, 15 novembre 2011, in *Il Fallimento* 2012, 457 e Trib. Roma, 20 maggio 2010, in *ilcaso.it*.

[14] Con riferimento al contenuto minimo del piano, il Codice ha recepito le indicazioni delle migliori prassi in materia, cfr. RANALLI, *I Piani*, 1477 ss.

[15] Per analoghe considerazioni GALLETTI, LAMANNA *Dal codice*, 78.

Informazione essenziale che costituisce altresì un contenuto necessario dell'attestazione di cui all'art. 57, comma 4.

Il decreto correttivo prevede altresì che il piano di cui all'art. 56 debba contenere il piano industriale e l'evidenziazione dei suoi effetti sul piano finanziario.

È di tutta evidenza che il piano industriale sarà elemento necessario del piano attestato di cui all'art. 56 ma eventuale del piano sottostante gli accordi di ristrutturazione dei debiti.

E ciò in quanto, come detto, gli accordi di ristrutturazione possono accompagnarsi anche a piani di natura prettamente liquidatoria, che, naturalmente, non avranno né un piano industriale né un piano finanziario, ma semplicemente un «*programma di liquidazione*».

Anche la documentazione da allegare è identica a quella indicata dall'art. 39 nell'ambito della regolamentazione del c.d. procedimento unitario per il debitore che chiede l'accesso ad una procedura regolatrice della crisi o dell'insolvenza. che disciplina gli obblighi del debitore che chiede l'accesso a una procedura regolatrice della crisi o dell'insolvenza. Con il decreto correttivo è stato esteso l'obbligo di produzione documentale che deve accompagnare il deposito del ricorso di accesso ad una delle predette procedure alle dichiarazioni IRAP ed alle dichiarazioni annuali IVA relative ai medesimi periodi e si prevede, allo scopo di agevolare gli adempimenti posti a carico degli organi della procedura, che gli elenchi dei creditori e dei titolari di diritti reali e personali devono contenere l'indicazione del domicilio digitale di questi ultimi. la norma chiarisce che il termine massimo è di sessanta giorni e che, quindi, il tribunale può accordare anche un termine più breve. Sempre con il decreto correttivo è stato precisato che il richiamo alla documentazione di cui all'art. 39 è limitato a quella indicata nei commi 1 e 3. Con riferimento al contenuto degli obblighi di produzione documentale che debbono accompagnare la domanda di omologazione di accordi di ristrutturazione è stato quindi specificato che non è necessario dar conto degli atti di straordinaria amministrazione compiuti nel quinquennio. Secondo la relazione illustrativa tale innovazione è dipendente dal fatto che l'omologazione presuppone l'accordo con la maggioranza dei creditori e la sussistenza di mezzi sufficienti a garantire il regolare pagamento dei creditori estranei. Tale modifica appare in controtendenza rispetto all'impianto del Codice volto ad ampliare il corredo informativo dei creditori. Invero l'omologa garantisce la fattibilità e quindi l'adempimento degli accordi, ma non di certo che i creditori abbiano aderito avendo avuto tutte le informazioni necessarie in merito non soltanto alla fattibilità di quegli accordi, ma anche alla loro convenienza rispetto all'alternativa della liquidazione giudiziale. Valutazione di convenienza intimamente ed imprescindibilmente collegata proprio alla conoscenza degli atti di straordinaria amministrazione compiuti nel quinquennio. La normativa appare sostanzialmente in linea con la direttiva, con il contenuto del piano di ristrutturazione di cui all'art. 8, che indica le informazioni minime necessarie che il debitore deve rappresentare ai terzi [16]. Informazioni che nel Codice sono assicurate dal combinato disposto del piano e della documentazione di cui all'art. 39. Invero ai sensi del richiamato art. 8, lett. *b*) il piano di ristrutturazione deve indicare «*le attività e le passività del debitore al momento della presentazione del piano di ristrutturazione, compreso il valore delle attività*», informazione che è contenuta nella documentazione che il debitore deve depositare ai sensi dell'art. 39 («*stato particolareggiato ed estimativo delle sue attivi-*

[16] Sull'argomento MAROTTA, *L'armonizzazione europea.*

tà»). Il riferimento all'obbligo per il debitore di indicare le «*parti interessate*» ossia tutti i creditori rispetto alle cui posizioni giuridiche il piano andrà ad incidere ed all'elencazione delle parti «non interessate» per le quali andranno esposti i motivi della loro esclusione comporterà necessariamente un'integrazione delle informazioni contenute nel piano *ex* art. 56 con riferimento alla posizione dei creditori aderenti e, soprattutto di quelli estranei. Nel senso che il piano dovrà spiegare le ragioni per le quali un creditore sia estraneo agli accordi (perché ha rifiutato la proposta, perché non è stato volutamente coinvolto nella ristrutturazione del debito...). La direttiva richiede altresì che il piano riservi una particolare attenzione alla posizione dei lavoratori anche con riferimento alle «*modalità di informazione e consultazione dei rappresentanti dei lavoratori in conformità del diritto dell'Unione e nazionale*». Informazione che dovrà dunque essere inserita nel piano in presenza di lavoratori interessati dalla ristrutturazione aziendale. L'art. 8 richiede, infine, una dichiarazione del debitore «*circa i motivi per cui il piano di ristrutturazione ha prospettive ragionevoli di impedire l'insolvenza del debitore e di garantire la sostenibilità economica dell'impresa, comprese le necessarie condizioni preliminari per il successo del piano*». Gli Stati membri possono esigere che tale dichiarazione dei motivi «*sia redatta o convalidata da un esperto esterno o da un professionista nel campo della ristrutturazione, ove questi sia stato nominato*». La disciplina del Codice appare in linea con la normativa europea prevedendo l'art. 57 che un professionista indipendente attesti la fattibilità economica del piano. L'inscindibile connessione tra piano ed accordo è sottolineata dalla precisazione che gli accordi devono «*contenere l'indicazione degli elementi del piano economico-finanziario che ne consentono l'esecuzione*». Il che determinerà un profondo mutamento delle prassi operative che oggi non prevedono, solitamente, una redazione del piano contestuale alla conclusione degli accordi, quanto piuttosto un modellamento del piano sulla scorta degli accordi conclusi. Modifica che rende evidente la volontà del legislatore di rafforzare i principi di trasparenza che devono informare le attività di negoziazione dell'accordo, dato che l'indicazione formale degli elementi del piano ha proprio lo scopo di certificare che la decisione di aderire all'accordo di ristrutturazione sia stata assunta in via informata. Obbligo di informativa che il debitore assolve con l'inserimento delle indicazioni del piano nell'accordo. Dovendosi presumere che i creditori abbiano ricevuto complete ed aggiornate informazioni sulla situazione patrimoniale, economica e finanziaria del debitore nonché sull'accordo e sui suoi effetti. Invero l'adesione volontaria rimette alla diligenza del creditore la disamina dell'informativa ad esso resa prima di aderire all'accordo per valutarne l'adeguatezza in termini di attuabilità dello stesso [17]. I richiamati principi di trasparenza devono informare anche le attività di attestazione il cui esito è necessario che venga rappresentato ai creditori già nel corso della negoziazione dell'accordo di ristrutturazione. E ciò in quanto la prescrizione che nell'accordo vi sia l'indicazione «*degli elementi del piano economico-finanziario che ne consentono l'esecuzione*» presuppone, naturalmente, la fattibilità del piano medesimo e quindi l'anticipazione degli esiti della sua futura attestazione. Invero deve ritenersi che il fulcro dell'informativa è formalmente il piano, ma principalmente l'attestazione che ne valuta criticamente il contenuto e la fattibilità. Viene ribadita la particolare attenzione che l'attestatore deve riservare all'integrale paga-

[17] In questi termini RANALLI, *I Piani*.

mento dei creditori estranei [18]. La centralità attribuita al piano in relazione alla realizzazione degli accordi comporterà inevitabilmente un rafforzamento del sindacato giurisdizionale in sede di omologa, sia in termini di verifica della sufficiente analiticità di tale richiamo (non essendo di certo sufficiente il mero generico rinvio al piano nel suo complesso), sia in relazione alla valutazione della fattibilità economica e giuridica del piano La possibilità che il tribunale eserciti tale sindacato è anche coerente, in prospettiva, con la direttiva 2019/1023 sulla ristrutturazione e sull'insolvenza che richiede agli Stati membri di prevedere che l'omologazione possa essere rifiutata nel caso in cui il piano «*risulti privo della prospettiva ragionevole di impedire l'insolvenza del debitore o di garantire la sostenibilità economica dell'impresa*» (art. 10, § 3) [19].

4. – Nulla è innovato quanto alla soglia minima del sessanta per cento dei crediti. L'eccezione è contenuta nell'art. 60 che introduce una nuova forma di accordi di ristrutturazione, definiti agevolati perché possono essere stipulati con creditori che rappresentino almeno il trenta per cento dei crediti, a condizione che il debitore non proponga la moratoria del pagamento dei creditori estranei e non richieda misure protettive temporanee [20]. Sono rimaste immutate le modalità di pagamento dei creditori estranei all'accordo. Gli accordi di ristrutturazione dei debiti prevedono sempre che i creditori estranei debbano essere pagati «*integralmente*». Tenore letterale dell'art. 57 da cui si desume che i creditori estranei all'accordo di ristrutturazione devono essere pagati e non soltanto soddisfatti, essendo necessaria per essi l'adempimento in denaro.

Il legislatore, riaffermata l'intangibilità qualitativa dei crediti estranei, ha confermato la possibilità di una dilazione temporale del loro pagamento. Pagamento che può avvenire entro 120 giorni dall'omologazione, in caso di crediti già scaduti a quella data, ovvero entro 120 giorni dalla scadenza, in caso di crediti non ancora scaduti alla data dell'omologazione. Pagamento comprensivo degli interessi, dato che la moratoria non comporta una ristrutturazione o decurtazione del debito. L'obbligo dell'integrale, sia pur dilazionato, pagamento di tali crediti giustifica l'appartenenza di tali creditori alla categoria degli estranei. L'imprenditore può sempre riservare un diverso trattamento ai creditori aderenti all'accordo, operazione del tutto legittima in quanto la tutela del *par condicio* trova consacrazione solo nell'alveo delle procedure concorsuali e non si estende al di fuori degli ambiti legislativamente previsti.

[18] RANALLI, *I Piani*, sottolinea come ai fini dell'attestazione, la cennata differenza tra '*assicurare l'idoneità*' e '*attestare la attuabilità*' valorizza la differenza di posizione tra: *i)* i creditori estranei, per i quali deve essere accertata la «*idoneità ad assicurare l'integrale pagamento*» nei termini di legge; in relazione ad essi l'attestatore è chiamato ad accertare che, in base al piano e tenuto conto dei rischi e delle incertezze declinati nelle *sensitivity analysis*, ricorra una situazione di elevata probabilità di integrale pagamento entro i termini di legge; *ii)* i creditori aderenti, rispetto ai quali l'attestatore, alla luce delle considerazioni svolte, è chiamato a fornire, attraverso l'analisi dei rischi e la declinazione degli stessi nelle *sensitivity analysis*, la rappresentazione degli effetti che tali rischi avrebbero sull'attuazione del piano e sul rispetto degli accordi, così mettendo a disposizione dei creditori aderenti le informazioni necessarie per aderirvi in via informata.

[19] Sull'argomento si veda; ZORZI *Piani di risanamento*.

[20] Previsione che appare in linea con la Direttiva che per quanto concerne la votazione del piano, fatta salva la possibilità di escludere le PMI dall'obbligo di classamento dei creditori, impone che vi debba essere l'adesione da parte della totalità delle classi, secondo maggioranze calcolate in base all'ammontare dei crediti di ciascuna classe e comunque non superiori al tetto del 75%.

5. – In linea di continuità con quanto previsto nella l. fall., l'art. 57 prevede che l'accordo ed il piano siano accompagnati da una relazione, sempre demandata ad un professionista indipendente. L'art. 2, lett. *o*), definisce il «*professionista indipendente*», prevedendo che esso sia tale ove non sia legato «*all'impresa o ad altre parti interessate (...) da rapporti di natura personale o professionale (...) il professionista ed i soggetti con i quali è eventualmente unito in associazione professionale non devono aver prestato negli ultimi cinque anni attività di lavoro subordinato o autonomo in favore del debitore, né essere stati membri degli organi di amministrazione o controllo dell'impresa, né aver posseduto partecipazioni in essa*». La prima novità che salta agli occhi rispetto alla precedente formulazione della norma, l'art. 67, comma 3, lettera d), l. fall., che definiva l'indipendenza dell'attestatore, è la soppressione della frase «*tali da compromettere l'indipendenza di giudizio*». Soppressione che appare assai rilevante dato che la norma sembrerebbe non più prevedere, a differenza della pregressa normativa, la necessità di verificare in concreto se il rapporto di natura personale o professionale (nel cui concetto va ricompreso, ad esempio, anche il rapporto di credito) sia tale da pregiudicare l'indipendenza di giudizio del professionista. Soppressione che va però attentamente valutata a fronte del perdurante richiamo dell'art. 2 «*al possesso dei requisiti previsti dall'articolo 2399 del codice civile*». Art. 2399, comma 1, c.c. che, per quel che interessa, prevede che non possono essere eletti alla carica di sindaco e, se eletti, decadono dall'ufficio «*c) coloro che sono legati alla società o alle società da questa controllate o alle società che la controllano o a quelle sottoposte a comune controllo da un rapporto di lavoro o da un rapporto continuativo di consulenza o di prestazione d'opera retribuita, ovvero da altri rapporti di natura patrimoniale che ne compromettano l'indipendenza*». In sostanza la norma di cui all'art. 2 (in linea di continuità con quanto disposto dall'art. 67, comma 3, lett. *d*), l. fall.), va letta in combinato disposto con la norma civilistica al fine dell'individuazione del concetto di «*professionista indipendente*». Da tale lettura sembrano potersi evincere alcuni principi, primo fra tutti che il rapporto di lavoro subordinato sia attuale che infraquinquennale esclude sempre l'indipendenza del professionista. Più complessa appare la problematica con riferimento all'attività di lavoro autonomo ed alla consulenza perché il requisito della continuatività del rapporto, presente nell'art. 2399 c.c., non è menzionato dall'art. 2 con riferimento al rapporto pregresso infraquinquennale. Con la conseguenza che lo svolgimento negli ultimi cinque anni di una qualsiasi attività libero professionale in favore della società proponente, renderebbe incompatibile il professionista con l'incarico di attestatore. Interpretazione seguita dalla giurisprudenza della Suprema Corte nella vigenza dell'attuale disciplina[21]. Così ragionando però l'incompatibilità del professionista sussisterebbe solo in caso di esistenza attuale di un rapporto di lavoro o consulenza continuativo e non, invece, in caso di rapporto occasionale o "*uno actu*" (art. 2399 c.c.), mentre nel caso di rapporto non più attuale (infraquinquennale) il professionista sarebbe incompatibile anche solo a seguito di una singola ed isolata prestazione (art. 2). Ne deriverebbe l'assurda conseguenza di un trattamento di sfavore del professionista in presenza di prestazioni pregresse e di maggior favore in presenza di prestazioni ancora in cor-

---

[21] Cass., 19 aprile 2017, n. 9927, secondo cui «La formula legislativa, laddove prevede che 'in ogni caso' il professionista attestatore non deve aver svolto attività professionale in favore del proponente il concordato, esclude ogni eccezione e non consente margine di valutazione».

so. In sostanza essendo evidente la necessità di armonizzare le due disposizioni deve ritenersi che la *ratio* della disciplina è quella di precludere l'indipendenza solo ove il rapporto professionale (infraquinquennale o attuale che sia) sia caratterizzato dalla continuatività e non, invece, laddove tale rapporto sia consistito in una singola prestazione. Continuatività che una volta provata non richiede alcuna ulteriore indagine, un accertamento in concreto della carenza di autonomia decisionale dell'Attestatore. Accertamento in concreto che sarà invece necessario con riferimento a tutti gli altri rapporti di natura patrimoniale di cui all'art. 2399 c.c. Con riferimento, infine, al contenuto dell'attestazione il decreto correttivo è intervenuto sull'art. 57 precisando il contenuto dell'attestazione eliminando il riferimento specifico alla fattibilità giuridica del piano. Secondo la relazione illustrativa, infatti, il professionista indipendente non può che attestare la veridicità dei dati e la fattibilità economica del piano, mentre le valutazioni sulla sua fattibilità giuridica non possono che essere rimesse al tribunale. Tale modifica lessicale non pare determinare alcuna differenza sostanziale con la disciplina della legge fallimentare, con riferimento al contenuto sostanziale dell'attestazione, se non riguardo all'ampliamento dell'obbligo di formale attestazione esteso alla fattibilità economica del piano, divenuto elemento imprescindibile e necessario della procedura. Invero attestare l'attuabilità dell'accordo, come indicato dall'art. 182-*bis* l. fall., comportava già necessariamente, una valutazione della fattibilità delle azioni programmate nel piano, valutazione che nel Codice è oggetto di una formale attestazione. Così come è stato ribadito che l'attestazione deve specificare l'idoneità dell'accordo e del piano ad assicurare l'integrale pagamento dei creditori estranei nel rispetto dei termini di cui al comma 3 dell'art. 57. Pur in assenza di un'espressa previsione a riguardo deve ritenersi, come ricordato nella relazione illustrativa al decreto correttivo, che in sede di omologa degli accordi di ristrutturazione il tribunale possa e debba valutare la fattibilità del piano sotto ogni profilo, sia giuridico che economico[22]. Conclusione che appare in linea con l'impianto sistematico del Codice oltre che con le indicazioni della direttiva europea[23]. Valutazione di fattibilità del piano che dovrà essere, intesa come verifica di non manifesta inattitudine a raggiungere gli obiettivi prefissati. A ben vedere negli accordi di ristrutturazione ad efficacia estesa la relazione del professionista deve avere ad oggetto anche la convenienza. Invero ai sensi dell'art. 61 l'estensione degli effetti dell'accordo è possibile solo se «*i creditori della medesima categoria non aderenti cui vengono estesi gli effetti dell'accordo possano risultare soddisfatti in base all'accordo stesso in misura non inferiore rispetto alla liquidazione giudiziale*». Orbene appare evidente che, pur in assenza di un'esplicita previsione in tal senso, l'assenza di nocumento dell'accordo rispetto alla liquidazione giudiziale dovrà essere oggetto della relazione del professionista, pur se non sarà necessaria un'espressa attestazione in tal senso che si affianchi a quella di veridicità e fattibilità. In-

---

[22] Secondo ZORZI, *Piani di risanamento*, la verifica di fattibilità economica e giuridica nell'ambito del giudizio di omologazione sembra uno dei casi in cui si è avuto un difetto di coordinamento nel momento in cui si sono divaricate le due procedure di accesso rispettivamente al concordato e all'accordo.

[23] La direttiva 2019/1023 sulla ristrutturazione e sull'insolvenza richiede agli Stati membri di prevedere che l'omologazione possa essere rifiutata nel caso in cui il piano «*risulti privo della prospettiva ragionevole di impedire l'insolvenza del debitore o di garantire la sostenibilità economica dell'impresa*» (art. 10, § 3). Per analoghe considerazioni ZORZI, *Piani di risanamento.*

terpretazione che consente di armonizzare la norma con quanto previsto dall'art. 63, comma 2-*bis*, in tema di accordi di ristrutturazione in mancanza di adesione da parte dell'amministrazione finanziaria o degli enti gestori di forme di previdenza o assistenza obbligatorie. La norma infatti prevede che il tribunale omologa gli accordi di ristrutturazione anche in mancanza di adesione da parte dell'amministrazione finanziaria quando l'adesione è decisiva ai fini del raggiungimento delle percentuali di cui agli artt. 57, comma 1, e 60, comma 1, quando, anche sulla base delle risultanze della relazione del professionista indipendente, la proposta di soddisfacimento della predetta amministrazione è conveniente rispetto all'alternativa liquidatoria (purché vengano rispettate le ulteriori condizioni minime di soddisfacimento introdotte con la l. 10 agosto 2023, n. 103 ha convertito con modificazioni il d.l. 13 giugno 2023, n. 69). Orbene una lettura costituzionalmente orientata (essendo altrimenti evidente una chiara violazione dell'art. 3 Cost.) deve indurre a ritenere che in tutte le ipotesi di accordi di ristrutturazione ad efficacia estesa, al pari di quanto espressamente previsto dall'art. 63, comma 2-*bis*, la relazione del professionista indipendente deve evidenziare, anche se non attestare, che la proposta di soddisfacimento dei creditori cui vengono estesi gli effetti non è deteriore rispetto all'alternativa della liquidazione giudiziale. L'attività del professionista termina, di norma, con la consegna della relazione (salvo successive integrazioni o delucidazioni eventualmente richieste dall'organo giudiziario in sede di omologa), non essendo comunque previsto, né ipotizzabile, un successivo controllo del medesimo professionista sulla corretta esecuzione dell'accordo. Tranne che successivamente al deposito intervengano modifiche del piano e/o dell'accordo.

Articolo 58

Rinegoziazione degli accordi o modifiche del piano

1. Se prima dell'omologazione intervengono modifiche sostanziali del piano, è rinnovata l'attestazione di cui all'articolo 57, comma 4, e il debitore chiede il rinnovo delle manifestazioni di consenso ai creditori parti degli accordi. L'attestazione deve essere rinnovata anche in caso di modifiche sostanziali degli accordi.

2. Qualora dopo l'omologazione si rendano necessarie modifiche sostanziali del piano, l'imprenditore vi apporta le modifiche idonee ad assicurare l'esecuzione degli accordi, richiedendo al professionista indicato all'articolo 57, comma 4, il rinnovo dell'attestazione. In tal caso, il piano modificato e l'attestazione sono pubblicati nel registro delle imprese e della pubblicazione è dato avviso ai creditori a mezzo lettera raccomandata o posta elettronica certificata. Entro trenta giorni dalla ricezione dell'avviso è ammessa opposizione avanti al tribunale, nelle forme di cui all'articolo 48.

Giovanni Battista Nardecchia

La problematica relativa agli scostamenti tra gli obiettivi del piano e la situazione in atto ed in divenire ha sempre rappresentato uno degli snodi centrali di tutte le procedure concorsuali non liquidatorie. Il legislatore ha affrontato la questione prevedendo che prima dell'omologa siano possibili modifiche dell'accordo e del piano, dopo l'omologa, fermo restando l'accordo, esclusivamente modifiche del piano. Deve trattarsi altresì di scostamenti non previsti e/o non assorbiti da correttivi e/o meccanismi di aggiustamento già inseriti nel piano ai sensi dell'art. 56, comma 2, lett. *e*). La questione che si pone è se la norma si riferisca ad ogni modifica sostanziale ed imprevista delle azioni programmate nel piano ovvero soltanto a quelle che incidano in senso peggiorativo sulle probabilità di adempimento degli accordi. In assenza di qualsiasi elemento normativo che possa definire quali siano le modifiche «*sostanziali*», pare evidente che la risposta non possa che essere rinvenuta nella funzione del piano. Nel senso che saranno «*sostanziali*» tutte quelle modifiche che si rendano necessarie a fronte di uno scostamento tra la situazione in atto ed il contenuto e le previsioni del piano tale da incidere sulle probabilità di corretto adempimento dell'accordo. Ove tali scostamenti significativi tra situazione in atto ed obiettivi del piano non siano emendabili con soluzioni alternative, perché non originariamente previste o se previste perché non adeguate al caso di specie, il debitore avrà quindi un'unica strada per perseguire il buon esito della procedura: provvedere alle necessarie modifiche del piano e chiedere il rinnovo delle manifestazioni di consenso ai creditori parti degli accordi. Il che rende evidente che, al pari di quanto previsto nel piano attestato di cui all'art. 56, la fattispecie in esame è costituita da un piano a formazione unilaterale collegato ad accordi di ristrutturazione dei debiti, dato che il rinnovo del consenso riguarda, naturalmente, i soli accordi. Rinnovo delle manifestazioni di consenso che deve essere naturalmente richiesta anche nel caso di modifica sostanziale degli accordi. Anche in questo caso, in assenza di precisi riferimenti normativi, per definire il concetto di «*modifiche sostanziali*» deve farsi riferimento alla finalità dell'accordo e quindi *alla rilevanza* dell'inadempimento richiesto dall'art. 1455 c.c. per la risoluzione contrattuale. Nel senso che saranno da considerarsi sostanziali tutte quelle modifiche rispetto ai termini originari che determinerebbero il diritto del creditore di chiedere la risoluzione dell'accordo. Di talché, ai fini di individuare quando si è in presenza di un inadempimento di non scarsa importanza, occorre far riferimento ai principi elaborati dalla giurisprudenza in materia contrattuale, con la precisazione che, negli accordi, a differenza di quel che accade nel concordato (dove l'inadempimento deve essere valutato nella complessità) bisogna aver riguardo e alla posizione dei singoli creditori. La valutazione della non scarsa importanza dell'inadempimento, dunque, «viene operata … attraverso la verifica che l'inadempimento abbia inciso in misura apprezzabile nell'economia complessiva del rapporto (in astratto, per la sua entità e, in concreto, in relazione al pregiudizio effettivamente causato all'altro contraente), sì da dar luogo ad uno squilibrio sensibile del sinallagma contrattuale»[1]. In entrambi i casi, così come prescritto nell'art. 5, comma 1, lett. *f*), legge delega, è necessario richiedere al professionista indipendente il rinnovo dell'attestazione. In mancanza il tribunale non potrebbe che negare l'omologa degli accordi di ristrutturazione dei debiti. La nuova attestazione può essere rilasciata dallo stesso professionista che ha attestato il piano originario, sempre ché, ovviamente non siano nel frattempo venuti meno i requisiti di professionalità ed indipendenza di cui all'art. 2. Requisiti che non vengono meno per il solo fatto di aver già svolto attività di attestazione per lo stesso debitore nell'ambito della stessa procedura, tranne che le ragioni dell'insuccesso del piano abbiano pregiudicato l'indipendenza del professionista. Ferma restando, ovviamente, la libertà del debitore di scegliere un nuovo professionista per il rinnovo dell'attestazione. Rinnovo dell'attestazione che richiederà presumibilmente un'attività più limitata al professionista. Con riferimento all'attestazione di veridicità si tratterà sostanzialmente di un aggiornamento dei dati, tenuto conto che, presumibilmente il piano individuerà una diversa data di riferimento rispetto a quella originaria. Con riferimento alla fattibilità economica del piano, l'attestazione sarà incentrata sull'idoneità delle modifiche apportate ad assicurare la corretta esecuzione dell'accordo (di quello originario o di quelli successivamente modificati). Attestazione che costituisce il cardine del consenso informato che deve sussistere al momento del rinnovo delle manifestazioni di consenso dei creditori parti degli accordi. Elementi cardine dell'informativa sono dunque il piano e, principalmente, l'attestazione che valuta criticamente il contenuto e la fattibilità del piano come successivamente modificato. Il rinnovo delle manifestazioni di consenso dovrà seguire le medesime formalità dell'originaria pattuizione. Il che determinerà, ad esempio, la necessità che il documento sottoscritto contenga «*l'indicazione de-*

[1] Così Cass., 28 marzo 2006, n. 7083; Cass., 22 ottobre 2014, n. 22346.

gli elementi del piano economico-finanziario che ne consentono l'esecuzione». Indicazione che appare ancor più necessaria in caso di rinnovo del consenso al fine di una corretta informazione dei creditori, dato che il primo era stato prestato sulla base di un piano non più realizzabile. Medesime considerazioni valgono per la modifica formale degli accordi. Lo scopo della modifica dell'accordo è il riequilibrio di un assetto contrattuale alterato da elementi sopravvenuti ed imprevedibili al tempo della conclusione di quello originario. L'oggetto della rinegoziazione è costituito dal contenuto globale dell'accordo e non dai singoli termini del contratto preesistente, per cui l'attività intesa alla revisione delle reciproche posizioni potrebbe comportare non solo modifiche del precedente schema contrattuale, ma anche aggiunte ulteriori. In caso di mancata prestazione del consenso alla modifica degli accordi il creditore non potrà essere più considerato tra gli aderenti ai fini del raggiungimento della quota del 60% ed il debitore dovrà prevedere il suo pagamento integrale nei termini previsti dall'art. 57, comma 3. Più complessa è la problematica a seguito di modifiche sostanziali del piano. L'inscindibile connessione tra accordo e piano fa ritenere che anche in questo caso il mancato rinnovo della manifestazione di consenso determini il passaggio del creditore da aderente ad estraneo. Un'ulteriore forma di tutela del creditore può infine rinvenirsi nella possibilità di opporsi all'omologa sul presupposto che le modifiche del piano non rendano più fattibile l'accordo. Dopo l'omologa, ferma restando l'intangibilità formale dell'accordo, è possibile soltanto apportare delle modifiche sostanziali del piano ove si rendano necessarie per assicurare l'adempimento degli accordi. Anche in questo caso è necessario il rinnovo dell'attestazione. Il piano modificato e l'attestazione sono pubblicati nel registro delle imprese e della pubblicazione è dato avviso ai creditori a mezzo lettera raccomandata o posta elettronica certificata. La norma non indica né a quali creditori debba essere notificato l'avviso del deposito del piano modificato e della nuova attestazione né i soggetti che possono presentare opposizione. Deve ritenersi che la notifica debba essere effettuata ai soli creditori aderenti e non a quelli che lo siano al momento del deposito presso il registro delle imprese di piano e attestazione modificati, divenuti creditori in forza di un titolo giuridico successivo all'accordo originario[2]. Entro trenta giorni dalla ricezione dell'avviso è ammessa opposizione avanti al tribunale, nelle forme di cui all'art. 48. Il legislatore ha quindi introdotto la possibilità di una modifica unilaterale del piano senza la necessità del consenso espresso dei creditori aderenti, essendo sufficiente la semplice non opposizione, con la conseguente riduzione al minimo delle modalità di espressione e tutela della loro volontà negoziale[3]. Il che appare ancora più evidente a fronte dell'accresciuta centralità attribuita al piano nella manifestazione di volontà dei creditori aderenti agli accordi che ai sensi dell'art. 57, comma 2 devono «*contenere l'indicazione degli elementi del piano economico-finanziario che ne consentono l'esecuzione*». Il richiamo alle forme dell'art. 48 non chiarisce quale sia il *petitum* del giudizio e

---

[2] *Contra* ARATO, *Brevi note*, secondo cui la notifica andrebbe rivolta a tutti i creditori a prescindere dal fatto che siano anteriori rispetto all'accordo originario o che siano successivi, e ciò «in quanto l'accordo di ristrutturazione, non essendo una procedura concorsuale non distingue tra creditori concorsuali o della massa e mette tutti i creditori sullo stesso piano».

[3] In questi termini LANNI, *Il contratto*, il quale sottolinea come questa novità, tra le altre, renda evidente come il legislatore della riforma abbia assegnato al modello contrattuale un ruolo recessivo nella procedura di ristrutturazione dei debiti, con la definitiva prevalenza della *lex concursus* sulla *lex contractus*.

quindi gli effetti della decisione in caso di accoglimento della domanda. Invero l'art. 48 attiene all'opposizione all'omologa degli accordi, omologazione che in questo caso è già intervenuta, né può ritenersi che l'opposizione possa portare alla revoca dell'omologazione degli accordi di ristrutturazione dei debiti, procedimento di competenza della corte d'appello disciplinato dall'art. 53, comma 5. Né esiste negli accordi uno strumento assimilabile alla risoluzione del concordato preventivo, dato che ogni vizio originario o sopravvenuto degli accordi dovrebbe essere fatto valere sul piano negoziale con un'azione ordinaria di cognizione[4]. L'unica soluzione ipotizzabile per dare un senso concreto alla norma è quella di ritenere che il legislatore abbia fornito al creditore uno strumento processuale più snello e veloce rispetto al processo ordinario di cognizione, che gli consenta comunque di ottenere un risultato analogo. In altre parole, deve ritenersi che l'esito positivo del giudizio determini una sorta di inefficacia sopravvenuta degli effetti dell'accordo omologato nei confronti del creditore opponente. Uno strumento con effetti analoghi a quelli che il creditore può ottenere nel concordato preventivo con l'esperimento vittorioso dell'azione di risoluzione, con la differenza che l'inefficacia sopravvenuta potrà riguardare il solo accordo del creditore opponente. A fronte di tale incertezza è facile comunque prevedere che a seguito della ricezione dell'avviso il creditore opponente utilizzerà uno strumento ben più efficace: la domanda di apertura della procedura di liquidazione giudiziale[5]. Sempre che, ovviamente, la mancata esecuzione del piano originario abbia determinato un inadempimento attuale agli obblighi assunti con l'accordo che si traduca in un vero e proprio stato d'insolvenza.

[4] *Contra* LANNI, *Il contratto*, secondo il quale l'evidenziata attribuzione di un ruolo recessivo al modello contrattuale induce a ritenere ragionevole la tesi secondo cui le azioni esperibili dai creditori aderenti o vincolati sono solo quelle previste in relazione all'esecuzione del concordato preventivo, e quindi l'azione di risoluzione prevista dall'art. 119, sul presupposto di un inadempimento di non scarsa importanza, e l'azione di annullamento prevista dall'art. 120, in caso di atti frode.

[5] Legittimazione alla dichiarazione di fallimento recentemente riconosciuta dalla Suprema Corte ai creditori rimasti estranei all'accordo omologato; cfr. Cass., 22 maggio 2019, n. 13850, secondo cui «nulla osta alla procedibilità di una domanda di fallimento presentata, dopo l'omologazione di un accordo di ristrutturazione dei debiti, da un creditore che ad esso sia rimasto estraneo».

Articolo 59
Coobbligati e soci illimitatamente responsabili

1. Ai creditori che hanno concluso gli accordi di ristrutturazione si applica l'articolo 1239 del codice civile.
2. Nel caso in cui l'efficacia degli accordi sia estesa ai creditori non aderenti, costoro conservano impregiudicati i diritti contro i coobbligati, i fideiussori del debitore e gli obbligati in via di regresso.
3. Salvo patto contrario, gli accordi di ristrutturazione della società hanno efficacia nei confronti dei soci illimitatamente responsabili, i quali, se hanno prestato garanzia, continuano a rispondere per tale diverso titolo, salvo che non sia diversamente previsto.

Giovanni Battista Nardecchia

La disposizione disciplina gli effetti dell'accordo sui coobbligati ed i soci illimitatamente responsabili.

I creditori aderenti sono assoggettati alla disciplina dettata dall'art. 1239 c.c. in tema di remissione del debito, secondo cui, rispettivamente, la remissione in favore di uno dei debitori in solido libera gli altri debitori, mentre la remissione accordata al debitore principale libera il fideiussore. Per quanto concerne in particolare l'obbligazione del fideiussore occorre rilevare che la norma di cui all'art. 1329 c.c. differisce da quella di cui all'art. 1301 c.c. Mentre infatti quest'ultima prevede che, qualora il creditore, nel rimettere il debito verso uno dei coobbligati, abbia riservato il credito verso gli altri coobbligati, può esigere il credito da questi, previa detrazione della parte di credito gravante sul debitore cui ha concesso la remissione, la norma di cui all'art. 1329 c.c. non prevede tale possibilità di riserva e ciò per la semplice ragione che la disposizione di cui all'art. 1301 c.c. si applica necessariamente ai condebitori principali che siano legati da vincolo di solidarietà, mentre non può applicarsi nei confronti di quei condebitori che, ancorché solidali, lo siano in via di garanzia [1].

Il fideiussore in applicazione del suddetto principio codicistico, al pari di quello che accede per ogni coobbligato solidale in virtù della norma di cui all'art. 1301 c.c. («*la remissione a favore di uno dei debitori in solido libera anche gli altri debitori...*»), sarà tenuto al

---

[1] In questi termini Cass., 27 dicembre 2006, n. 28774, in *Fallimento*, 2006, 1285.

pagamento della sola percentuale "ristrutturata", nell'ipotesi di adesione del creditore all'accordo di ristrutturazione del debitore principale. Disciplina che non si applica, in forza del comma 2, ai creditori non aderenti cui siano estesi gli effetti dell'accordo, i quali conservano impregiudicati i diritti contro i coobbligati. Con la conseguenza che il creditore, detratta la quota ricevuta in esecuzione dell'accordo di ristrutturazione, può rivolgersi ai soggetti ivi indicati per il pagamento della quota che completi l'intero. Qualora coobbligati, fideiussori o obbligati di regresso abbiano proposto concordato della liquidazione giudiziale ovvero siano stati ammessi al beneficio del concordato preventivo, il creditore può ottenere la percentuale prevista da ciascun concordato sino all'integrale soddisfacimento Disciplina che non si applica, a maggior ragione, ai creditori non aderenti *tout court* i quali in ipotesi di corretto adempimento e quindi di integrale pagamento non avranno più alcun interesse a rivalersi su eventuali garanti, mentre in caso di inadempimento conserveranno naturalmente ogni diritto sui coobbligati. La norma di cui al comma 2 dell'art. 59 si applica anche all'Amministrazione finanziaria in caso di omologazione forzosa della transazione fiscale ai sensi dell'art. 63, comma 2-*bis*.

Il comma 3, in linea con quanto previsto nell'art. 5, comma 1, lett. *d*), legge delega n. 155 del 2017, estende, salvo patto contrario, l'efficacia dell'accordo della società ai soci illimitatamente responsabili, i quali, se hanno prestato garanzia, continuano a rispondere per tale diverso titolo. La norma, al pari di quella prevista per il concordato preventivo e contenuta nell'art. 117, comma 2, estende ai soci illimitatamente responsabili di società di persone l'efficacia remissoria dell'accordo con riferimento ai soli debiti sociali. L'art. 59, comma 3 comporta che detti soci non vanno inclusi fra i coobbligati nei cui confronti il comma 2 contempla la conservazione delle ragioni dei creditori non aderenti cui sia stata estesa l'efficacia degli accordi, e, quindi, implica che i soci medesimi restano comunque liberati dai debiti sociali con il pagamento della percentuale concordata nei confronti di tutti i creditori. In tal caso la qualità di garante è recessiva rispetto a quella di socio e dunque l'effetto esdebitatorio si produce anche nei confronti del socio-garante[2]. A seguito dell'esecuzione dell'accordo concordato, dunque, si estingue anche l'obbligazione di garanzia e viene meno, *ex* art. 2878, n. 3), c.c., in virtù del vincolo di accessorietà, anche l'ipoteca che eventualmente sia stata iscritta a garanzia di tale obbligazione. La norma non riguarda i debiti personali contratti dai soci nei confronti dei propri creditori particolari, creditori la cui posizione giuridica non subisce alcuna modificazione, né sostanziale né processuale, a seguito dell'omologa dell'accordo. Il patto contrario all'efficacia dell'accordo omologato della società nei confronti dei soci illimitatamente responsabili vale a dire il patto contrario alla liberazione del socio dal pagamento della differenza tra la percentuale concordata e l'intero ammontare del debito, deve essere inserito nell'accordo sottoscritto dalle parti (ivi compreso il socio) ed omologato dal tribunale. Poiché l'imprenditore può riservare un diverso trattamento ai creditori aderenti all'accordo, è parimenti ammissibile che tale diverso trattamento riguardi anche la mancata liberazione del socio essendo del tutto legittimo che il patto contrario non operi in favore di tutti i creditori aderenti.

---

[2] Cfr. da ultimo, con riferimento all'art. 184 l. fall., Cass., 17 ottobre 2019 n. 26517.

Articolo 60
Accordi di ristrutturazione agevolati

1. La percentuale di cui al all'articolo 57, comma 1, è ridotta della metà quando il debitore:
a) non proponga la moratoria dei creditori estranei agli accordi;
b) non abbia richiesto e rinunci a richiedere misure protettive temporanee.

Giovanni Battista Nardecchia

L'articolo in commento, in attuazione dell'art. 5, comma 1, lett. *b*), legge delega n. 155 del 2017, introduce una nuova forma di accordi di ristrutturazione, definiti agevolati, perché possono essere stipulati con creditori che rappresentino almeno il trenta per cento dei crediti, a condizione che il debitore non proponga la moratoria del pagamento dei creditori estranei e non richieda e rinunci a chiedere misure protettive temporanee. L'esclusione di una larga fetta dei creditori e l'assenza di misure protettive fa ritenere che questo strumento sia riservato ad imprese che si trovino in uno stato di crisi "iniziale" tale da poter essere sanata dalla ristrutturazione di una piccola parte dei crediti. Comunque, deve trattarsi (quanto meno) di crisi e non di mera difficoltà finanziaria, dato che gli accordi di ristrutturazione dei debiti sono riservati ai soli imprenditori in stato di crisi o di insolvenza[1]. In questa prospettiva la fattispecie rappresenta una sorta di ritorno alle origini degli accordi, una procedura più snella e leggera rispetto all'evoluzione che ha condotto l'istituto nell'alveo delle procedure concorsuali a tutti gli effetti[2]. Può rappresentare una valida alternativa al piano attestato di risanamento (assenza di moratoria legale dei creditori, impossibilità di richiedere misure protettive) ora che anche quest'ultimo ha assunto una forma necessariamente negoziale. Il tratto comune rappresentato dal necessario consenso al piano di una quota definita (nell'accordo agevolato) o indefinita (nel piano attestato) di creditori, non elide le profonde differenze che permangono tra i due istituti. L'accordo

[1] Secondo ZORZI, *Piani di risanamento*, La limitazione spicca perché, oltre a non essere prevista nell'originario schema di decreto delegato, è difficile da giustificare, se non nella prospettiva di evitare il ricorso allo strumento da parte di chi non abbia alcuna difficoltà e miri solo a ritagliarsi uno spazio di esenzione da revocatoria; scenario, questo, quanto mai improbabile dati i costi, sia in termini economici, sia reputazionali, del ricorso a uno strumento di questo tipo.

[2] Sul tema, da ultimo in dottrina. V. ZANICHELLI, *La qualificazione.*

agevolato di cui all'art. 60 è infatti una procedura concorsuale giudiziale che comporta, come tale, dei costi, sia in termini economici, sia reputazionali. D'altra parte, esso consente di contrarre finanziamenti prededucibili, ai sensi degli artt. 99, 101 e 102, nonché di formulare una proposta di transazione fiscale e contributiva ai sensi dell'art. 63 e di ottenere comunque l'omologa dell'accordo anche in mancanza dell'adesione dell'amministrazione finanziaria ai sensi dell'art. 63, comma 2-*bis*.

Il requisito sub. a), facendo riferimento ad una «proposta di moratoria», si riferisce alla convenzione di moratoria di cui all'art. 62, sancendo il divieto di combinare gli accordi di ristrutturazione agevolata con le convenzioni di moratoria. L'art. 60 vieta la possibilità di avvalersi delle forme di protezione coattive previste dall'art. 62, ottenute attraverso un provvedimento di estensione adottato dal tribunale, mentre naturalmente nessun ostacolo si pone con riguardo ai meccanismi di moratoria che siano oggetto di una apposita e libera pattuizione con i creditori, sia aderenti che estranei. Il secondo divieto, quello della lett. *b*) è relativo al mancato ricorso allo strumento delle misure protettive. La rinuncia completa ad ogni forma di protezione o moratoria giudiziale nei confronti di una così rilevante percentuale del ceto creditorio presuppone quindi, necessariamente, che la crisi non sia già divenuta insolvenza.

La norma non pare escludere la possibilità di un utilizzo combinato degli accordi di ristrutturazione agevolati e di quelli ad efficacia estesa.

Ove si ritenga possibile costruire accordi di ristrutturazione agevolati ad efficacia estesa, al debitore sarà possibile dapprima raggiungere l'accordo con creditori che rappresentino almeno il 30% dei crediti e successivamente estendere, in forza dell'art. 61, il trattamento convenuto ai non aderenti compresi nelle categorie omogenee, alla condizione che gli aderenti in tali categorie raggiungano comunque il 75% della categoria.

Sempre che l'accordo preveda la prosecuzione dell'attività d'impresa in via diretta o indiretta, ovvero l'impresa abbia debiti verso banche e intermediari finanziari in misura non inferiore alla metà dell'indebitamento complessivo.

Nel caso del deposito del ricorso di un accordo di ristrutturazione agevolato, il debitore dovrà esporre la percentuale ridotta dei creditori aderenti, l'eventuale richiesta di estensione degli effetti dell'accordo e prevedere il pagamento integrale degli estranei, secondo le modalità previste dall'art. 57.

Il procedimento segue quello ordinario dettato dall'art. 57.

Articolo 61

Accordi di ristrutturazione ad efficacia estesa

1. Le disposizioni di cui alla presente sezione si applicano, in deroga agli articoli 1372 e 1411 del codice civile, al caso in cui gli effetti dell'accordo vengano estesi anche ai creditori non aderenti che appartengano alla medesima categoria, individuata tenuto conto dell'omogeneità di posizione giuridica ed interessi economici.

2. Ai fini di cui al comma 1 occorre che: a) tutti i creditori appartenenti alla categoria siano stati informati dell'avvio delle trattative, siano stati messi in condizione di parteciparvi in buona fede e abbiano ricevuto complete e aggiornate informazioni sulla situazione patrimoniale, economica e finanziaria del debitore nonché sull'accordo e sui suoi effetti; b) l'accordo abbia carattere non liquidatorio, prevedendo la prosecuzione dell'attività d'impresa in via diretta o indiretta ai sensi dell'articolo 84; c) i crediti dei creditori aderenti appartenenti alla categoria rappresentino il settantacinque per cento di tutti i creditori appartenenti alla categoria, fermo restando che un creditore può essere titolare di crediti inseriti in più di una categoria; d) i creditori della medesima categoria non aderenti cui vengono estesi gli effetti dell'accordo possano risultare soddisfatti in base all'accordo stesso in misura non inferiore rispetto alla liquidazione giudiziale; e) il debitore abbia notificato l'accordo, la domanda di omologazione e i documenti allegati ai creditori nei confronti dei quali chiede di estendere gli effetti dell'accordo.

3. I creditori della medesima categoria non aderenti ai quali il debitore chiede di estendere gli effetti dell'accordo possono proporre opposizione ai sensi dell'articolo 48, comma 4. Per essi, il termine per proporre opposizione decorre dalla data della comunicazione.

4. In nessun caso, per effetto dell'accordo di ristrutturazione, ai creditori ai quali è stato esteso l'accordo possono essere imposti l'esecuzione di nuove prestazioni, la concessione di affidamenti, il mantenimento della possibilità di utilizzare affidamenti esistenti o l'erogazione di nuovi finanziamenti. Non è considerata nuova prestazione la prosecuzione della concessione del godimento di beni oggetto di contratti di locazione finanziaria già stipulati.

5. Quando un'impresa ha debiti verso banche e intermediari finanziari in misura non inferiore alla metà dell'indebitamento complessivo, l'accordo di ristrutturazione dei debiti può individuare una o più categorie tra tali tipologie di creditori che abbiano fra loro posizione giuridica ed interessi economici omogenei. In tal caso il debitore, con il ricorso di cui all'articolo 40, può chiedere, anche se non ricorre la condizione prevista dal comma 2, lettera b), che gli effetti dell'accordo vengano estesi anche ai creditori non aderenti appartenenti alla medesima categoria. Restano fermi i diritti dei creditori diversi da banche e intermediari finanziari.

Maurizio Sciuto

Sommario: 1. Uno strumento concorsuale di portata generale. – 2. L'architettura dell'istituto. – 3. Gli ARD con gli intermediari finanziari come *species* degli ARD ad efficacia estesa. – 4. ARD ad efficacia estesa e ARD "ordinari": le maggioranze per l'approvazione. – 5. Un esempio. – 6. I diritti dei creditori diversi.

1. – Quella con banche ed intermediari finanziari è una variante degli accordi di ristrutturazione dei debiti (qui appresso: "ARD") che nell'esperienza registrata sotto la previgente legge fallimentare ha mostrato un discreto successo. Non è facile, peraltro, giudicare se questo successo sia il frutto dell'oggettiva funzionalità dei meccanismi giuridici che governano un tale modello di regolazione della crisi, oppure dipenda solo dal fatto che il coinvolgimento di intermediari finanziari è capace di immettere nelle trattative quella dose di professionalità e razionalità che può incrementare le probabilità di una loro conclusione positiva, rispetto a trattative condotte con una congerie di creditori frastagliati e meno addestrati a valutare la convenienza economica di una proposta.

Di tale modello «*ad efficacia estesa*», comunque, il Codice ha progettato una notevole espansione: se ne affranca l'utilizzo, infatti, dal necessario presupposto di un'esposizione debitoria concentrata per oltre la metà con intermediari finanziari (ipotesi, questa, che peraltro non resta indifferente, ma che assume piuttosto il ruolo di sottospecie di tali ARD ad efficacia estesa), rendendolo quindi disponibile per la ristrutturazione dei debiti verso qualsiasi altro tipo di creditore.

Una tale innovazione si colloca però all'interno di un nuovo disegno complessivo dell'istituto degli ARD che rende più complicato, rispetto al quadro delineato dalla legge fallimentare, individuare il coordinamento e la gerarchia delle norme.

Nella legge fallimentare, infatti, il rapporto fra *genus* e *species* risulta articolato secondo una "catena" abbastanza corta: a monte, la disciplina generale degli ARD, dettata dall'art. 182-*bis* l. fall.; a valle, gli ARD con banche ed intermediari finanziari quali oggetto di una disciplina che espressamente si pone come integrativa di quella prevista dall'art. 182-*bis* l. fall.

Il disegno, quindi, è piuttosto chiaro: due cerchi concentrici nei quali i lineamenti della figura generale vanno rispettati sino a dove, appunto, si apre un'area che ne consente espressamente una deroga; consistente a sua volta – potrebbe dirsi in via generale – nell'inoculare, nel modello generale, un principio di concorsualità che quel modello, essendo tutto fondato sulla (relativa) intangibilità dei creditori estranei, invece non avrebbe. Non v'è modo ora di confrontarsi concettualmente su che cosa significhi esattamente concorsualità e le diverse definizioni che se ne possono fornire. Ma se si prescinde da alcune letture a dire il vero piuttosto generiche se non banalizzanti (come quelle proposte da ultimo dalla Corte di cassazione, pur al fine di applicare talune norme forse appropriate al caso concreto deciso[1]), che rischiano di fare della concorsualità la hegeliana «notte in cui tutte

[1] Cfr. Cass., 18 gennaio 2018. n. 1182; Cass., 12 aprile 2018, n. 9087; Cass., 21 giugno 2018, n. 16347, su cui v. le note critiche di FABIANI, *Dal codice*.

le vacche sono nere», si dovrebbe riconoscere che essa sia riconoscibile (quantomeno in misura significativa, se proprio se ne volesse ipotizzarne una graduabilità solo quantitativa) solo in quelle procedure che manifestano la capacità di imporre il trattamento offerto ed accettato dalla maggioranza anche alla minoranza dissenziente, realizzando così un concorso paritario; e non, invece, in quelle che mantengano (ed anzi si caratterizzano proprio per basarsi su) una netta separazione fra creditori aderenti e creditori estranei, retta invece dal criterio discretivo del consenso individuale. È un criterio, quest'ultimo, che infatti si pone agli antipodi degli strumenti concorsuali, essendo stato proprio il suo superamento, del resto, a porsi, agli albori del diritto fallimentare, all'origine e a fondamento delle procedure concorsuali di natura concordataria, quali alternativa agli strumenti di diritto (privato) comune.

2. – Ricordato tutto ciò, può dirsi allora che l'architettura normativa dei nuovi ARD si complica, rispetto al quadro normativo vigente, innanzitutto perché, all'interno del nuovo perimetro tracciato dal Codice, si possono individuare quattro diverse figure di ARD, in luogo delle due presenti nella legge fallimentare.

(i) Vi sono innanzitutto gli ARD che potremmo definire "*semplici*", o "*ordinari*" (art. 57) e che ripetono, pur con significative precisazioni, il modello descritto dall'art. 182-*bis* l. fall.

(ii) V'è poi una prima variante, rappresentata dagli ARD "*agevolati*", per i quali la percentuale minima di adesioni viene dimidiata. E ciò, come noto, a condizione che il proponente «*non abbia richiesto e rinunci a richiedere*», come pure sarebbe sua facoltà, misure protettive temporanee (rette appunto dal principio della domanda) ed ogni moratoria per il pagamento dei creditori estranei alla scadenza originaria (art. 60).

(iii) Si osserva poi una terza figura – che è quella, qui esaminata, e di cui dev'essere chiarito il rapporto con le prime due – degli ARD «*ad efficacia estesa*».

Questa è certamente la figura più interessante, proponendo – come poc'anzi accennato – la generalizzazione di un modello che fino alla legge fallimentare si conosceva come riservato soltanto agli ARD con intermediari finanziari. Un modello che espressamente si pone in deroga ai principi di relatività del contratto (artt. 1372 e 1411 c.c.), consentendo di parificare la soddisfazione concorsuale pattuita con gli aderenti a quella che sarà riservata anche coloro che non abbiamo aderito, a patto che entrambi risultino inseriti in "categorie" caratterizzate dalla omogeneità di posizione giuridica ed interessi economici. Questo effetto – può ricordarsi in termini generali – può conseguirsi a condizione che sussista: *(a)* un sufficiente livello di "trasparenza" (coinvolgimento nelle trattative, informativa sulla documentazione inerente alla proposta) anche nei confronti dei non aderenti appartenenti alla categoria interessata; *(b)* un'adesione dei creditori inseriti nella categoria pari almeno al 75%; *(c)* una maggior convenienza, per i creditori non aderenti inseriti nella categoria, di quanto proposto nell'accordo rispetto al risultato che si potrebbe conseguire da una liquidazione giudiziale (e non a qualsiasi alternativa concretamente praticabile, come prevedeva un po' genericamente l'art. 182-*septies*, comma 4, lett. *c*), l. fall.).

Il limite significativo che, tuttavia, incontra questa figura di ARD ad efficacia estesa (dunque oramai utilizzabile *quali che siano* i creditori interessati), è dato però dal doversi essi fondare su di un piano orientato dalla *continuità aziendale* (peraltro *anche indiretta*, ad esempio cedendo o affittando l'azienda a un soggetto diverso dal debitore), dal cui ricavato trarre in misura significativa o prevalente la soddisfazione dei creditori. *Essi non possono perseguire, quindi, una finalità meramente liquidatoria.*

(iv) Il quarto esemplare di ARD si trova relegato in fondo a tutta la disciplina degli ARD, collocato all'interno (e per la precisione in coda) dell'articolo dedicato agli ARD ad efficacia estesa (art. 61), ed è quello degli ARD (*ad efficacia estesa*) «*con banche ed intermediari finanziari*». Si tratta, dunque, di una figura che non si è ritenuto di potere, o volere, dissolvere all'interno della disciplina degli ARD «ad efficacia estesa».

3. – Orbene, quale sia il rapporto fra tutte e quattro le figure di ARD esaminate non è chiaramente definito dal Codice. Eppure è importante stabilirlo, poiché serve anche a comprendere quali siano – a seconda che si individui un rapporto di gerarchia o almeno di concentricità o sovrapposizione fra le rispettive discipline, anziché di reciproca autonomia – quali regole risultino, si potrebbe dire "a cascata", applicabili o meno alle diverse varianti.

A questo riguardo, e partendo per così dire dal basso, pare innanzitutto che gli ARD con intermediari finanziari debbano intendersi come una figura degli ARD ad efficacia estesa, e in particolare come una loro sottospecie.

Non che questo sia così scontato. Se ci si limitasse ad una lettura del solo enunciato normativo che se ne occupa, e cioè l'ultimo comma dell'art. 61, potrebbe anche ipotizzarsi un'autonomia di tale disciplina rispetto a quella prevista dai precedenti commi dell'art. 61, ai quali non viene fatto alcun rinvio o collegamento. Tuttavia, la collocazione all'interno di un unico articolo, rubricato «*accordi di ristrutturazione dei debiti ad efficacia estesa*», non rende plausibile ritenere che ad essi non siano tendenzialmente applicabili tutte le altre previsioni contenute nell'art. 61. La previsione di un comma *ad hoc*, allora, rivela come la sua unica portata precettiva sia quella di consentire un'eccezione alla disciplina della più ampia figura di riferimento: e cioè quella – niente affatto trascurabile sulle prospettive di successo dello strumento – che gli ARD con intermediari finanziari potrebbero anche *non* basarsi (come invece tutti gli altri ARD ad efficacia estesa) su un piano che preveda una continuità aziendale. Essi, dunque, potranno anche essere rivolti verso una finalità meramente liquidatoria, e pertanto assommare il doppio "vantaggio": di potere da una parte rappresentare uno strumento di regolazione concordata della crisi, fruibile, a tale scopo, a condizioni più agevoli di quelle prescritte per un concordato preventivo liquidatorio (che invece comporta una minima percentuale del 20% di soddisfazione dei chirografari e, soprattutto, l'apporto di nuova finanza per oltre il 10% dell'attivo); ma di poter d'altra parte far leva, a differenza degli ARD "semplici" o "agevolati", sulla possibilità di imporre il trattamento offerto alla maggioranza della categoria anche alla minoranza dei creditori non aderenti.

4. – Ci si può chiedere a questo punto – salendo di livello – quale sia il rapporto fra gli ARD ad "efficacia estesa" e gli ARD "semplici" ed "agevolati", che assieme si potrebbero definire "ordinari". Il Codice, sul punto, risulta meno perspicuo del previgente 182-*septies* l. fall., che dichiaratamente si pone come norma "integrativa" della disciplina generale. L'art. 61, invece, si limita a dire più genericamente che tutte le norme «di cui alla presente sezione», cioè quella dedicata in generale a tutti gli ARD, si applicano anche agli accordi ad efficacia estesa.

Questo dovrebbe orientare a sostenere, innanzitutto, che per quanto riguarda le percentuali di adesione minima affinché l'accordo possa essere omologato, e quindi dispiegare i suoi effetti legali – dunque il limite del 60% dei crediti o del 30% per gli ARD agevolati – dovrà essere rispettato anche per gli ARD ad efficacia estesa. Con l'unica variante (che tuttavia non rappresenta un criterio alternativo al rispetto di quelle percentuali complessive) che fra i creditori sollecitati ad aderire a tali accordi potranno isolarsi gruppi individuabili *anche* per "categorie".

La scelta del termine "*categoria*" – piuttosto che quello di "*classe*", nel senso oramai stabilmente attestatosi in seno alla disciplina del concordato preventivo per designare un gruppo di creditori omogenei – rivela un peculiare senso, per gli ARD (seppure la Relazione alla legge parli promiscuamente, anche con riferimento a questi ultimi, di "classi" e non di "categorie"). Per gli ARD ad efficacia estesa, infatti, non si tratta tanto di suddividere la *totalità* dei creditori in gruppi destinatari di trattamenti differenziati (come si dovrebbe nel concordato preventivo se si utilizzi lo strumento delle classi, salva forse la possibilità di rinunciarvi del tutto nei concordati liquidatori, come pare potersi ricavare dall'art. 85), bensì di collocare dei creditori – *anche tutti, volendo, ma anche alcuni soltanto* – all'interno di gruppi caratterizzati da omogeneità giuridica ed economica (le "categorie"), *solamente se nei loro confronti si intenda far valere la regola* per cui il trattamento proposto ed accettato da almeno il 75% degli appartenenti a ciascuna categoria dovrà applicarsi anche alla minoranza non aderente. Resta però aperta la possibilità che alcuni creditori potrebbero anche non trovare alcuna collocazione all'interno delle categorie previste: con allora la persistente applicabilità, nei loro confronti, della regola, tipica degli ARD, per cui ai non aderenti dovrà assicurarsi una soddisfazione integrale.

Ciò però non toglie che le regole sulle percentuali minime di adesione (60% o 30%) previste per gli ARD – semplici o agevolati che siano, e di cui allora gli ARD ad efficacia estesa devono ritenersi una variante – dovranno continuare, come tendenzialmente tutto il resto della loro disciplina, a ritenersi applicabili. Con il risultato che il creditore dissenziente all'interno di una categoria, per quanto costretto ad accettare, in caso di omologazione dell'ARD, il trattamento accettato dalla maggioranza della categoria cui appartiene, non per questo cesserà di essere considerato come "non aderente" ai fini del raggiungimento della percentuale complessiva dei crediti necessaria alla omologazione dell'ARD.

Insomma, per il creditore dissenziente all'interno di una categoria che per oltre il 75% si sia espressa a favore – e pur costretto a subire il trattamento propostogli nell'accordo – non potrà valere alcun "effetto leva" per il quale egli dovrebbe considerarsi come "aderente".

Tanto ciò vero che una tale regola era stata prevista dall'art. 9, d.l. n. 83 del 2015, introduttivo dell'art. 182-*septies* l. fall. («*I creditori ai quali il debitore chiede di estendere gli effetti dell'accordo sono considerati aderenti all'accordo ai fini del raggiungimento della soglia del sessanta per cento di cui al primo comma dell'articolo 182-bis*»), risultando però espunta in sede di conversione (l. n. 132 del 2015) dal testo definitivo della nuova norma introdotta, per la quale, quindi, l'intermediario finanziario che non aderisca agli ARD allora disciplinati dall'art. 182-*septies* l. fall., pur se la sua categoria si sia espressa a favore per oltre il 75%, non si potrà computare nella percentuale degli aderenti. E tanto, ancora, trova conferma, ad esempio, nella disciplina delle misure protettive temporanee (art. 54), lì dove si ha cura di precisare espressamente (pur con una certa imprecisione, su cui ora si soprassiede) che l'attestazione del professionista che accerti che sono in corso trattative con almeno il 60% dei creditori si applica anche agli ARD ad efficacia estesa: il che significa che tale percentuale rileverà inderogabilmente anche per questi ultimi. Del resto, anche per le classi nel concordato preventivo vale una regola analoga: il dissenziente nella classe aderente, subisce il trattamento da questa accettato, ma non concorre al raggiungimento della maggioranza necessaria all'approvazione della proposta.

La applicabilità delle regole generali degli ARD, semplici o agevolati che siano, anche a quelli ad "efficacia estesa" (solo ulteriormente connotati, dunque, dal regime aggiuntivo delle "categorie"), consente allora di considerare questi ultimi come una *species* dei primi, nella complessiva architettura dell'istituto. E allora di prendere atto come gli ARD ad efficacia estesa – potendo appartenere tanto al *genus* degli ARD semplici che a quella, per così dire equiordinata, degli ARD agevolati (ove ne ricorrano i diversi presupposti) – diventano capaci di assommare tutti i possibili vantaggi che consentono di pervenire all'omologazione dell'accordo.

Significa, cioè, che oltre a poter imporre ai creditori non aderenti inseriti in una categoria il trattamento che quest'ultima abbia accettato per oltre il 75%, potrà conseguirsi, loro malgrado, un'omologazione dell'accordo anche sulla base di un'adesione di tanti creditori (siano o meno inseriti nelle categorie) che rappresentino il solo 30%. E ciò – può aggiungersi – con l'ulteriore vantaggio, in termini di *favor* per il raggiungimento delle necessarie percentuali di aderenti, rappresentato dalla norma (art. 63, comma 2-*bis*) che considera, in questo caso, a tutti gli effetti come "aderente" (e quindi da computarsi nelle percentuali previste per gli ADR semplici o agevolati, pur senza bisogno di inserirla in alcuna "categoria") l'amministrazione finanziaria anche se non abbia espresso il suo consenso alla proposta, purché la proposta ad essa rivolta si riveli per essa preferibile alla alternativa liquidatoria.

E se poi l'ADR ad efficacia estesa si configurerà secondo quella sua sottospecie prevista e disciplinata dall'art. 61, ult. comma – cioè con *intermediari finanziari*, esso potrà, per di più, perseguire *anche una finalità liquidatoria*.

5. – Può farsi allora, a mo' di consuntivo, una simulazione.

Immaginando un ARD ad efficacia estesa con intermediari finanziari (art. 61, ult. comma), e pertanto *anche con finalità liquidatoria*, nel quale si registri l'approvazione della categoria (o delle categorie, che potrebbero variare in funzione del tipo di crediti finanziari: forma tecnica, garantiti e non, etc.) in cui vengano inseriti tali creditori qualificati (ciò che presuppone che l'esposizione debitoria complessiva verso questi ultimi sia superiore al 50%) si avrebbe che già su questo fronte si sarebbe registrata una percentuale di "aderenti" superiore al 37,5% (il 75% del 50%+ un euro).

Dunque, se ricorressero le ulteriori condizioni di un ARD agevolato, la percentuale minima per l'omologazione (30%) sarebbe già ampiamente superata. Se invece si trattasse di dover raggiungere la percentuale minima di aderenti del 60%, avvalendosi eventualmente anche della possibilità di considerare come implicitamente aderente l'amministrazione finanziaria, non mancherebbe davvero molto a raggiungere quella percentuale. Con la possibilità poi, in entrambi i casi, che una volta raggiunte quelle percentuali (e reso pertanto, salvo altro, omologabile l'ARD), ai creditori non aderenti, anche non finanziari, potranno imporsi le condizioni accettate dagli altri creditori aderenti della stessa categoria per oltre il 75%.

Emerge così come – per l'omologazione di un ARD ad efficacia estesa con intermediari finanziari, che potrebbe avere *anche finalità liquidatorie* – possano risultare sufficienti percentuali (anche ampiamente minoritarie, come il 30%) vertiginosamente più basse della maggioranza (tendenzialmente doppia, per valore e classi) previste per l'approvazione di un concordato preventivo; il quale d'altra parte, se volesse perseguire quella finalità liquidatoria, richiederebbe l'adempimento di ulteriori ed onerose condizioni.

E senza dimenticare, a tale riguardo, che la possibilità di configurare un ARD ad efficacia estesa secondo la sua sottospecie di ARD «*con intermediari finanziari*», non dipende necessariamente da una situazione debitoria necessariamente predeterminata che quindi, a certe condizioni di partenza, resterebbe irraggiungibile. Al contrario, ben si potrebbe "costruire" una tale condizione di accessibilità, se solo alcuni crediti commerciali venissero appositamente acquistati da alcuni intermediari finanziari, sino alla misura necessaria a rendere complessivamente maggioritaria l'esposizione debitoria verso il loro ceto.

6. – Con riferimento alle condizioni, invero abbastanza propizie, per pervenire all'omologazione di ARD ad efficacia estesa con intermediari finanziari – come tale capaci di contemplare al contempo categorie di intermediari finanziari ma anche, in quanto si tratta pur sempre di un ARD ad efficacia estesa, categorie di creditori non finanziari (quantitativamente inferiori) – pare poi opportuno evidenziare un nuovo profilo che si può cogliere all'interno della disciplina dettata dal Codice rispetto a quella, pur nell'invarianza testuale, ricavabile dalla legge fallimentare.

Al riguardo, l'art. 61, ult. comma – al pari del previgente l'art. 182-*septies*, comma 1, l. fall. – dispone che in caso di ARD con intermediari finanziari «*restano fermi i diritti dei creditori diversi da banche ed intermediari finanziari*». Tuttavia il medesimo enunciato normativo, nei due diversi contesti, muta di portata.

Nella più semplice architettura della legge fallimentare, infatti, la salvezza dei creditori non finanziari voleva dire, semplicemente, che essi saranno soggetti alla disciplina degli ARD semplici, che è l'unico altro "sovraordinato" modello di ARD previsto: e quindi che se essi non aderiranno all'accordo, dovranno essere necessariamente soddisfatti integralmente.

Nella più complessa architettura del Codice, invece, la salvezza della posizione dei creditori diversi rispetto a quelli finanziari, in un ARD con intermediari finanziari, andrà riferita a tutte le figure di portata via via più generale, compresa allora quella degli ARD ad efficacia estesa, di cui come visto quelli con intermediari finanziari devono intendersi una sottospecie (regolata all'ultimo comma del medesimo articolo 61).

Questo comporta che i creditori non finanziari, in un ARD con intermediari finanziari, potrebbero a loro volta essere inseriti in ulteriori categorie di creditori (non finanziari); e come tali, allora, subire la regola, comune a qualsiasi altro ARD con efficacia estesa, di sottostare al trattamento approvato dalla categoria nella quale siano inseriti, anche se non vi abbiano aderito (e quindi diversamente da quanto comporterebbe ora la disposizione dell'art. 182-*septies* l. fall., nei loro confronti).

Resta fermo invece, come sopra ricordato, che se essi non fossero inseriti in alcuna categoria (trattandosi di mera facoltà, non di obbligo del proponente), il loro statuto di creditori "non aderenti" andrà individuato in quello previsto in via generale dagli ARD (semplici o agevolati): con la necessità, quindi, di una loro soddisfazione integrale (come comporta già oggi l'art. 182-*septies*, comma 1, l. fall., nei loro confronti).

Articolo 62

Convenzione di moratoria

1. La convenzione di moratoria conclusa tra un imprenditore, anche non commerciale, e i suoi creditori, diretta a disciplinare in via provvisoria gli effetti della crisi e avente ad oggetto la dilazione delle scadenze dei crediti, la rinuncia agli atti o la sospensione delle azioni esecutive e conservative e ogni altra misura che non comporti rinuncia al credito, in deroga agli articoli 1372 e 1411 del codice civile, è efficace anche nei confronti dei creditori non aderenti che appartengano alla medesima categoria.

2. Ai fini di cui al comma 1 occorre che:

a) tutti i creditori appartenenti alla categoria siano stati informati dell'avvio delle trattative o siano stati messi in condizione di parteciparvi in buona fede e abbiano ricevuto complete e aggiornate informazioni sulla situazione patrimoniale, economica e finanziaria del debitore nonché sulla convenzione e i suoi effetti;

b) i crediti dei creditori aderenti appartenenti alla categoria rappresentino il settantacinque per cento di tutti i creditori appartenenti alla categoria, fermo restando che un creditore può essere titolare di crediti inseriti in più di una categoria;

c) vi siano concrete prospettive che i creditori della medesima categoria non aderenti, cui vengono estesi gli effetti della convenzione, possano risultare soddisfatti all'esito della stessa in misura non inferiore rispetto alla liquidazione giudiziale;

d) un professionista indipendente, abbia attestato la veridicità dei dati aziendali, l'idoneità della convenzione a disciplinare provvisoriamente gli effetti della crisi, e la ricorrenza delle condizioni di cui alla lettera c).

3. In nessun caso, per effetto della convenzione, ai creditori della medesima categoria non aderenti possono essere imposti l'esecuzione di nuove prestazioni, la concessione di affidamenti, il mantenimento della possibilità di utilizzare affidamenti esistenti o l'erogazione di nuovi finanziamenti. Non è considerata nuova prestazione la prosecuzione della concessione del godimento di beni oggetto di contratti di locazione finanziaria già stipulati.

4. La convenzione va comunicata, insieme alla relazione del professionista indicato al comma 2, lettera d), ai creditori non aderenti mediante lettera raccomandata con avviso di ricevimento o presso il domicilio digitale.

5. Entro trenta giorni dalla comunicazione può essere proposta opposizione avanti al tribunale.

6. Il tribunale decide sulle opposizioni in camera di consiglio con sentenza.

7. Contro la sentenza che pronuncia sulle opposizioni è ammesso reclamo ai sensi dell'articolo 51.

Maurizio Sciuto

Le convenzioni di moratoria sono previste e disciplinate, nel Codice, in un autonomo articolo (62), in termini non particolarmente innovativi rispetto alla vigente disciplina recata dall'art. 182-*septies*, commi 5 e 6, l. fall., eppure apprezzabili per chiarire taluni profili lasciati un po' in ombra da quest'ultima.

(a) Il primo, certamente, è una maggiore chiarezza della norma nello stabilire, oltre alla *finalità* delle convenzioni («*disciplinare in via provvisoria gli effetti della crisi*»), il loro possibile *contenuto*, che potrà avere portata meramente *dilatoria, di rinuncia agli atti o di sospensione di azioni esecutive*, senza però in alcun modo poter prevedere effetti remissori o di rinuncia da parte degli intermediari coinvolti. Il che è coerente sia con lo stesso *nomen juris* "moratoria", sia con la natura di uno strumento giuridico che in effetti, almeno se è finché non venga sollevata opposizione da parte di un intermediario coinvolto, resterebbe sottratto a qualsiasi omologazione giudiziaria.

Non si tratterà, pertanto, di convenire alcuna riduzione del credito, ma solo di concertare una *dilazione temporale* (durante la quale eventualmente verificare la possibilità di addivenire ad un concordato preventivo o a un accordo di ristrutturazione) che comporterà l'*inesigibilità provvisoria* (la legge non specifica tempi minimi o massimi) del credito attraverso un *pactum de non petendo*. Normale sarà pure prevedere la sospensione del decorso degli interessi, nonché il divieto di iniziare o proseguire eventuali azioni cautelari od esecutive. Anche in tal caso, peraltro, come per gli accordi di ristrutturazione ad efficacia estesa, è escluso che possano venire imposte ai creditori non aderenti nuove prestazioni, o la concessione o il mantenimento di nuova finanza

(b) Un secondo profilo consiste poi nell'aver chiarito in che cosa dovrebbe consistere la "convenienza" di una convenzione. E cioè non (come già previsto attraverso un incongruo rinvio del comma 6 al comma 4, terzo periodo, dell'art. 182 *septies* l. fall.) nella «*soddisfazione dei creditori in misura non inferiore rispetto alle alternative concretamente praticabili*»: ciò che per le convenzioni – prive di effetti remissori e che non promettono di per sé alcuna soddisfazione – non sarebbe un adeguato termine di paragone. La convenienza andrà allora còlta solamente nelle "concrete prospettive" che all'esito della convenzione, e cioè del periodo di moratoria, si schiuderanno a quegli stessi creditori, rispetto alla probabilità di venire soddisfatti – in ragione di una qualche recuperata solvibilità del debitore *in bonis* – in misura non inferiore di quella che si ritrarrebbe da una liquidazione giudiziale; fermo restando però che il loro credito, terminati gli effetti della moratoria, resta intatto ed esigibile.

(c) Del resto, e venendo verso il terzo profilo che qui si vuol segnalare – quello relativo all'opposizione alle convenzioni – va preliminarmente ricordato in quali termini si dovrebbe realizzare la convenienza delle convenzioni ora considerate. La regola fondamentale delle convenzioni previste dall'art. 182-*septies* l. fall., ed ora dall'art. 62, è quella per cui un'adesione di oltre il 75% dei creditori finanziari costringe la parte minoritaria (non tanto ad accettare una soddisfazione inferiore, come negli ADR, quanto) a sottostare alla stessa moratoria convenuta con la maggioranza. Si tratta di una regola che intende ovviare all'inconveniente, che emerge dall'esperienza dei cc.dd. *scheme of arrangements* noti anche

al di fuori dei confini nazionali, per cui taluni intermediari potrebbero orientarsi, per inerzia o per finalità in senso lato parassitarie, a tenersi fuori dalle trattative o comunque a lasciare che siano altri intermediari a rinunciare ad agire per l'esazione del proprio credito; sennonché, a questo punto, neppure i creditori intenzionati a concedere una moratoria sarebbero più disposti a rinviare l'esazione del loro credito, se quella stessa moratoria non si imponesse anche a tutti gli altri; giacché questi, non aderendo, troverebbero altrimenti la strada spianata per soddisfarsi per via esecutiva a scapito di chi resti in attesa. Dunque, l'unico modo per poter arrivare ad una convenzione globale è che il trattamento accettato da alcuni possa essere imposto anche agli altri, come appunto prevede la disciplina delle convenzioni ora in discorso.

Si tratta allora di un gioco degli interessi che coinvolge anche il delicato profilo dell'opposizione alla convenzione. La convenzione di moratoria, infatti, di per sé non involge alcun profilo giudiziale necessario (e men che mai potrebbe allora intendersi quale "procedura"); né è prevista alcuna forma di pubblicità. Ma la sua efficacia potrebbe venire dedotta all'interno di un *contenzioso eventuale* nel quale uno (o più) dei creditori non aderenti proponga opposizione, con ricorso al tribunale.

Ora, l'art. 182-*septies*, comma 6, l. fall., prevede che gli intermediari che si oppongano giudizialmente alla convenzione di moratoria possano ottenere che essa «*non produca effetto nei loro confronti*». Questo lascerebbe inferire che l'accoglimento dell'opposizione non comporterebbe – come per l'opposizione avverso l'omologazione di un concordato o di un accordo di ristrutturazione – la decadenza di tutti gli effetti della convenzione; ma solo che la moratoria, convenuta con altri, non impegnerà qual creditore che abbia proposto un'opposizione vittoriosamente; e così, però, frustrando le finalità tipiche dell'istituto.

L'art. 62, invece, non ripete una tale disposizione. Tuttavia, in luogo della stessa, non dice nulla di preciso. Dice semplicemente, infatti, che gli intermediari possono proporre opposizione avanti al tribunale (entro trenta giorni dalla comunicazione della relativa proposta che gliene sia stata fatta dal proponente).

La domanda diventa, allora: l'accoglimento dell'opposizione determinerà il venir meno di qualsiasi effetto della convenzione, oppure solo dei suoi effetti legali, e cioè dell'estensione della portata della convenzione agli intermediari coinvolti nella categoria ma non aderenti, fermo restando però l'impegno assunto dagli aderenti?

Già questo stesso dubbio, che in effetti non viene dissipato dall'art. 62, lascia allora pronosticare, o comunque raccomandare – per le già evidenziate ragioni "commerciali" alla base dell'istituto ora considerato (e cioè che nessuna banca siede ad un tavolo per rinunciare ai propri termini, se le altre non sono pronte a farlo a loro volta e negli stessi termini) – che una convenzione di moratoria dovrebbe quantomeno, per cautela, prevedere che le banche aderenti condizioneranno la propria adesione alla mancata opposizione da parte delle altre, o quantomeno al suo mancato accoglimento.

Articolo 63

Transazione su crediti tributari e contributivi

1. Nell'ambito delle trattative che precedono la stipulazione degli accordi di ristrutturazione di cui agli articoli 57, 60 e 61 il debitore può proporre il pagamento, parziale o anche dilazionato, dei tributi e dei relativi accessori amministrati dalle agenzie fiscali, nonché dei contributi amministrati dagli enti gestori di forme di previdenza, assistenza e assicurazione per l'invalidità, la vecchiaia e i superstiti obbligatorie e dei relativi accessori. In tali casi l'attestazione del professionista indipendente, relativamente ai crediti fiscali e previdenziali, deve inerire anche alla convenienza del trattamento proposto rispetto alla liquidazione giudiziale; tale circostanza costituisce oggetto di specifica valutazione da parte del tribunale.

2. La proposta di transazione, unitamente alla documentazione di cui agli articoli 57, 60 e 61 è depositata presso gli uffici indicati all'articolo 88, comma 3. Alla proposta di transazione deve essere allegata la dichiarazione sostitutiva, resa dal debitore o dal suo legale rappresentante ai sensi dell'articolo 47 del testo unico delle disposizioni legislative e regolamentari in materia di documentazione amministrativa, di cui al decreto del Presidente della Repubblica 28 dicembre 2000, n. 445, che la documentazione di cui al periodo precedente rappresenta fedelmente integralmente la situazione dell'impresa, con particolare riguardo alle poste attive del patrimonio. L'adesione alla proposta è espressa, su parere conforme della competente direzione regionale, con la sottoscrizione dell'atto negoziale da parte del direttore dell'ufficio. Per i tributi amministrati dall'Agenzia delle dogane e dei monopoli l'adesione alla proposta è espressa dalla competente direzione interregionale, regionale e interprovinciale con la sottoscrizione dell'atto negoziale. L'atto è sottoscritto anche dall'agente della riscossione in ordine al trattamento degli oneri di riscossione di cui all'articolo 17 del decreto legislativo 13 aprile 1999, n. 112. L'assenso così espresso equivale a sottoscrizione dell'accordo di ristrutturazione. Ai fini del comma 2-bis, l'eventuale adesione deve intervenire entro novanta giorni dal deposito della proposta di transazione.

2-bis. Il tribunale omologa gli accordi di ristrutturazione anche in mancanza di adesione da parte dell'amministrazione finanziaria o degli enti gestori di forme di previdenza o assistenza obbligatorie quando l'adesione è determinante ai fini del raggiungimento delle percentuali di cui agli articoli 57, comma 1, e 60, comma 1, e, anche sulla base delle risultanze della relazione del professionista indipendente, la proposta di soddisfacimento della predetta amministrazione o degli enti gestori di forme di previdenza o assistenza obbligatorie è conveniente rispetto all'alternativa liquidatoria.

3. La transazione conclusa nell'ambito degli accordi di ristrutturazione è risolta di diritto se il debitore non esegue integralmente, entro sessanta giorni dalle scadenze previste, i pagamenti dovuti alle agenzie fiscali e agli enti gestori di forme di previdenza e assistenza obbligatorie.

Giuseppe Marini

Sommario: 1. La nuova transazione fiscale nell'ambito degli accordi di ristrutturazione dei debiti. – 2. Le novità dell'istituto della transazione fiscale rispetto a quanto previsto dall'art. 182-*ter*, commi 5 e 6, l. fall. – 3. Alcune problematiche interpretative. – 3.1. La questione definitoria. – 3.2. Ambito di applicazione oggettivo. La transigibilità dei tributi locali. – 3.3. L'omessa indicazione della disciplina procedimentale. – 4. La natura del potere esercitato dall'Amministrazione finanziaria a fronte della proposta transattiva presentata dal debitore.

1. – La norma in commento disciplina l'istituto della transazione fiscale nell'ambito degli accordi di ristrutturazione e costituisce la riproposizione (con alcune modifiche) dei commi 5 e 6 del "vecchio" art. 182-*ter* l. fall.

Tale disposizione conteneva la disciplina del «*trattamento dei crediti tributari e contributivi*» nel concordato preventivo e negli accordi di ristrutturazione dei debiti, che, con il presente Codice, è stata divisa in due articoli: quello in commento, che riguarda la «*transazione fiscale*» nell'ambito degli accordi di ristrutturazione dei debiti, e l'art. 88, che disciplina il «*trattamento dei crediti tributari e contributivi*» nell'ambito del concordato preventivo.

Si evidenzia, in primo luogo, che la disposizione in commento, pur riproponendo sostanzialmente il contenuto dei commi 5 e 6 del previgente art. 182-*ter* l. fall., ne ha modificato la rubrica.

Si parla infatti, per la prima volta nel presente Codice, di «*transazione su crediti tributari e contributivi*».

Trattasi di uno strumento che, fin dalla sua introduzione, ha avuto la finalità di consentire, da un lato, all'imprenditore in crisi di proporre, nell'ambito di alcune procedure concorsuali, il pagamento parziale o anche dilazionato di tributi (contributi e relativi accessori), e, dall'altro lato, all'Amministrazione finanziaria (e agli Enti di previdenza) di assumere una decisione ispirata ai criteri di economicità (art. 97 Cost.) volti alla migliore soddisfazione degli interessi erariali (e degli Enti di previdenza) rispetto a quanto conseguibile per le vie ordinarie[1].

L'istituto trova la sua giustificazione – soprattutto alla luce del principio di indisponibilità del credito erariale – in primo luogo, nell'eccezionalità della procedura – operante nei soli casi di crisi dell'imprenditore (in particolare, nel concordato preventivo e negli accordi di ristrutturazione) – e, in secondo luogo, nella garanzia di incasso delle somme da parte dell'Erario (e degli Enti previdenziali), sia pur in misura inferiore, per mezzo della transazione[2].

---

[1] Tosi, *La transazione fiscale*, 649.

[2] Tosi, *La transazione fiscale*, 650; già Randazzo, *Il "consolidamento"*, 825; in tal senso appare di notevole rilevanza quanto recentemente affermato, con riferimento alla disciplina della transazione fiscale contenuta nella legge fallimentare, da Cass., SS.UU., 25 marzo 2021, n. 8504, nella parte in cui ha evidenziato la «prevalenza della ratio concorsuale su quella fiscale dell'istituto in esame, almeno nel senso funzionale ossia nel senso che questo "incidente tributario" è – essenzialmente – finalizzato alla definizione concordataria o di ristrutturazione debitoria della crisi di impresa, secondo le regole procedurali dettate per tali procedure concorsuali e di quelle più specifiche di cui all'art. 182 ter, l.fall.».

Infatti, nonostante la rubrica della norma, non si tratta di una "transazione" intesa in senso civilistico – nella quale la concessione da parte dell'Erario sarebbe rappresentata dalla rinuncia *tout court* ad una parte dei tributi dovuti dal debitore – bensì di uno strumento che si inserisce in più ampi istituti – il concordato preventivo e gli accordi di ristrutturazione dei debiti – il cui presupposto è rappresentato dall'insufficienza del patrimonio del debitore al soddisfacimento dei debiti (anche tributari). Di qui la previsione di un istituto volto a garantire all'Erario una definizione anticipata della posizione debitoria del contribuente che, in caso di eventuale fallimento, potrebbe risultare ancora più grave.

La norma in esame conferma espressamente la qualifica dell'accordo di ristrutturazione come "atto negoziale" (comma 2) e, coerentemente, fa riferimento alla "risoluzione" della transazione fiscale (comma 3) nell'ipotesi in cui il debitore non esegua integralmente, entro sessanta giorni dalle scadenze previste, i pagamenti dovuti.

2. – Una prima novità di carattere sostanziale, introdotta dalla norma in esame[3], è rappresentata dalla previsione di un nuovo criterio di valutazione della convenienza della proposta transattiva da parte del professionista indipendente (in possesso dei requisiti di cui all'art. 2, comma 1, lett. *o)* e del tribunale. La convenienza della proposta, infatti, è valutata anche alla luce dell'alternativa della liquidazione giudiziale.

Detto in altri termini: l'attestazione del professionista, così come la successiva valutazione da parte del tribunale ai fini dell'omologazione, deve riguardare non solo la veridicità dei dati aziendali e l'attuabilità dell'accordo, con specifico riferimento all'idoneità a soddisfare integralmente i creditori non aderenti, ma anche la convenienza del trattamento offerto con la proposta transattiva rispetto all'alternativa liquidatoria.

Si ritiene che il medesimo criterio della maggiore convenienza citato riguardi anche l'attività dell'Amministrazione finanziaria (e degli Enti previdenziali).

Infatti, nonostante la mancata indicazione della procedura specifica[4] che l'Amministrazione finanziaria (e gli Enti previdenziali) deve espletare ai fini della valutazione della proposta di transazione, nella norma in esame è indicato che l'oggetto dell'attestazione del professionista (e del conseguente giudizio del tribunale) non è più riferito genericamente a tutte le alternative concretamente praticabili, come nella vigenza della legge fallimentare, ma in modo specifico rispetto all'alternativa liquidatoria. Pertanto, atteso che non avrebbe senso prevedere che le attività certificative del professionista ed il relativo giudizio del Tribunale siano guidati da criteri diversi da quelli oggetto di valutazione da parte dell'Amministrazione, si ritiene che essi debbano valere anche per il parere e per l'adesione espressi da quest'ultima (adesione che deve pervenire entro novanta giorni dal deposito della proposta transattiva presentata dal debitore[5]).

3. – L'attuale disciplina normativa mutua, sotto diversi aspetti, quella già contenuta nel previgente art. 182-*ter* l. fall.

[3] Nello specifico, al comma 1, parte seconda.

[4] Come si vedrà *infra*, *sub* § 3.3.

[5] Comma 2, ultimo periodo.

In primo luogo sotto il profilo definitorio, nonostante, come detto, la norma in commento sia rubricata «*transazione su crediti tributari e contributivi*» mentre l'art. 182-*ter* l. fall. recasse la titolazione «*trattamento dei crediti tributari e contributivi*».

Anche in merito alla individuazione delle poste transigibili, la norma ripropone, in sostanza, il dettato del "vecchio" art. 182-*ter* l. fall.

Manca, invece, come si vedrà, una puntuale definizione delle condizioni normative necessarie per procedere alla transazione.

3.1. – Quanto alla problematica definitoria, si evidenzia che l'attuale transazione fiscale riprende (con alcune lievissime differenze) la definizione contenuta nel "vecchio" art. 182-*ter* l. fall. e che ritroviamo oggi anche nell'art. 88 con riferimento al «*trattamento dei crediti erariali e contributivi*» nell'ambito del concordato preventivo; ovvero, quella di «*pagamento, parziale o anche dilazionato, dei tributi e dei relativi accessori amministrati dalle agenzie fiscali, nonché dei contributi amministrati dagli enti gestori di forme di previdenza, assistenza e assicurazione per l'invalidità, la vecchiaia e i superstiti obbligatorie e dei relativi accessori*».

3.2. – Come già accennato, la norma in commento ripropone, in sostanza, il dettato del "vecchio" art. 182-*ter* l. fall. anche quanto alla individuazione dei crediti transigibili, "reiterando" la problematica – già emersa sotto la vigenza di detta disposizione – della transigibilità dei tributi degli Enti regionali o locali.

Anche la norma in commento non individua direttamente i crediti transigibili, limitandosi a fare riferimento ai «*tributi e* [...] *relativi accessori amministrati dalle agenzie fiscali*», nonché ai «*contributi amministrati dagli enti gestori di forme di previdenza, assistenza e assicurazione per l'invalidità, la vecchiaia e i superstiti obbligatorie e dei relativi accessori*».

Da ciò si potrebbe verosimilmente dedurre che il Legislatore delegato abbia voluto intendere transigibili solo i tributi amministrati dalle Agenzie fiscali escludendo, ancora una volta, i tributi degli Enti regionali e locali dagli stessi amministrati [6].

Ciò, tuttavia, conferma i dubbi di costituzionalità [7] sollevati dalla dottrina con riferimento alla surrichiamata disciplina prevista dalla l. fall., rimanendo, ancora una volta, ingiustificatamente esclusi dal perimetro di transigibilità entrate non dissimili (quella parte dei tributi degli Enti locali) da quelle erariali [8].

3.3. – La norma in commento omette, inoltre, di indicare l'*iter* procedimentale che l'Amministrazione finanziaria (e gli Enti previdenziali) deve espletare a seguito della presentazione della proposta di transazione fiscale.

[6] ANDREANI, TUBELLI, *Il trattamento*, 3248 ss.

[7] Si veda la nota precedente.

[8] ANDREANI, TUBELLI, *Il trattamento*, 3248 ss., secondo cui, tra l'altro, «la Sezione toscana della Corte dei conti ha [...] evidenziato che, se le norme in commento dovessero essere interpretate nel senso di negare la possibilità di aderire a un siffatto accordo e di imporre il pagamento integrale di tali crediti, si perverrebbe all'assurdo risultato per cui l'ordinamento giuridico garantirebbe ai tributi locali un trattamento migliore rispetto ai crediti erariali, sebbene i primi siano normalmente assistiti da un grado di privilegio inferiore».

Complice il già citato mancato rinvio alla disciplina di cui all'art. 88[9], la norma in commento non fornisce indicazioni sulla procedura che l'Amministrazione finanziaria (e gli Enti previdenziali) è tenuta a seguire ai fini della corretta valutazione della maggiore convenienza dell'offerta transattiva rispetto all'alternativa della liquidazione giudiziale.

Il comma 2 della norma in esame, infatti, sembrerebbe limitarsi a rinviare al comma 3 dell'art. 88 solo con riferimento agli uffici ai quali presentare la proposta ma non anche alla relativa procedura.

Il silenzio della norma in tal caso potrebbe essere colmato ricorrendo, per analogia, alle coordinate procedimentali relative alla disciplina dell'istituto similare previste per l'ipotesi concordataria dall'art. 88. Tale disposizione riporta, infatti, analogamente a quanto già previsto dalla legge fallimentare, le attività procedurali che l'Amministrazione finanziaria (e gli Enti previdenziali) è tenuta a compiere ai fini della valutazione della convenienza della proposta transattiva.

In senso contrario si potrebbe sostenere che il Legislatore non sia incorso in una svista e che l'assenza di norme di natura procedurale all'interno della disposizione in commento sia dovuta dalla scelta di non disciplinare detto aspetto dell'istituto.

4. – Un altro profilo che emerge dalla norma in commento è quello relativo alla natura discrezionale ovvero vincolata del potere esercitato dall'Amministrazione finanziaria a seguito della proposta di transazione fiscale da parte del debitore nell'ambito degli accordi di ristrutturazione dei debiti.

Si tratta di una questione non meramente teorica, dalla cui soluzione discendono importanti conseguenze sul piano pratico. Ciò in quanto, al rispetto dei limiti dell'azione amministrativa sono legate la sindacabilità dell'esercizio del potere amministrativo, le possibilità di tutela dei contribuenti e la qualità dell'azione amministrativa stessa.

Con l'entrata in vigore della legge fallimentare, e in particolare dell'art. 182-*bis*, la dottrina maggioritaria aveva riconosciuto la natura discrezionale, e non già vincolata, del potere esercitato dall'Amministrazione finanziaria, con tutti i problemi di costituzionalità che ne erano derivati in punto di indisponibilità del tributo[10].

Con il presente Codice il Legislatore ha inciso sulle condizioni normative di assenso dell'Amministrazione finanziaria a fronte della proposta di transazione fiscale, portando l'interprete a propendere per la natura vincolata del potere esercitato dalla stessa in materia, atteso che, ai fini dell'assenso da parte dell'Ufficio, è sufficiente e necessario che l'offerta soddisfi la condizione del maggiore soddisfacimento rispetto all'alternativa liquidatoria.

---

[9] La quale, per l'ipotesi concordataria, reca il seguente *iter* procedurale: certificazione dei tributi iscritti a ruolo, liquidazione dei tributi risultanti dalle dichiarazioni e certificazione attestante l'entità del debito derivante da atti di accertamento ancorché non definitivi per la parte non ancora formalmente iscritta a ruolo. Il rinvio era invece presente sotto la vigenza della legge fallimentare, laddove, come chiarito, il comma 5 dell'art. 182-*ter* rinviava al comma 1 della stessa disposizione, recante la disciplina procedimentale del medesimo istituto nell'ambito dell'ipotesi concordataria.

[10] Sul punto si veda FALSITTA, *Funzione vincolata*, 1069 ss.; TOSI, *Il delicato rapporto*, 19; ID., *La transazione fiscale*, 651 ss.; LA CROCE, *La transazione fiscale*, 1410 ss.; MARINI, *La transazione fiscale*, 1193 ss.; BEGHIN, *Giustizia tributaria*, 703 ss.; GRASSI, *Transazione e indisponibilità*, 42 ss.

Ogni qual volta ricorra la condizione citata, il Fisco è tenuto a prestare l'assenso alla proposta transattiva in parola.

A tale conclusione può giungersi muovendo, in primo luogo, dal dato normativo.

Il comma 2-*bis* della disposizione in commento prevede che «*il tribunale omologa gli accordi di ristrutturazione anche in mancanza di adesione da parte dell'amministrazione finanziaria o degli enti gestori di forme di previdenza o assistenza obbligatorie quando l'adesione è determinante ai fini del raggiungimento delle percentuali di cui agli articoli 57, comma 1, e 60, comma 1, e anche sulla base delle risultanze della relazione del professionista indipendente, la proposta di soddisfacimento della predetta amministrazione o degli enti gestori di forme di previdenza o assistenza obbligatorie è conveniente rispetto all'alternativa liquidatoria*».

È da notarsi che la norma consente al tribunale di omologare l'accordo, anche senza l'adesione dell'Erario (o degli Enti previdenziali), al ricorrere di tre condizioni.

La prima, che la proposta di transazione fiscale sia maggiormente conveniente per l'Erario (o per gli Enti previdenziali) rispetto all'alternativa liquidatoria.

La seconda, che l'adesione dell'Amministrazione finanziaria (o degli Enti previdenziali) risulti decisiva ai fini del raggiungimento delle percentuali dei creditori aderenti ai fini dell'omologabilità.

La terza[11], che l'adesione da parte dell'Amministrazione non avvenga entro novanta giorni dalla presentazione della proposta.

A fronte della proposta di transazione fiscale, nell'ambito degli accordi di ristrutturazione dei debiti, l'Amministrazione finanziaria (o gli Enti previdenziali) potrà prestare espressamente assenso o dissenso ovvero potrà restare inerte.

Ciò posto, occorre comprendere se il comma 2-*bis* abbia voluto riferirsi, con l'espressione «*anche in mancanza di adesione da parte dell'amministrazione finanziaria o degli enti gestori di forme di previdenza o assistenza obbligatorie*», solo al comportamento inerte ovvero anche a quello di dissenso espresso da questi ultimi.

Da un lato, secondo una interpretazione letterale del dato normativo, sembrerebbe riferirsi solo al comportamento inerte.

Tuttavia, dall'altro, non si comprenderebbe l'attribuzione di tale potere (sostitutivo) al tribunale soltanto in caso di comportamento inerte e non di formale dissenso atteso che, tanto nell'uno quanto nell'altro caso, si ha a che fare con i medesimi interessi pubblici (quello erariale e quello della salvaguardia dell'impresa in crisi) tutelati dalla norma[12].

A prescindere dalla portata applicativa del comma 2-*bis*, la sua formulazione sembra suggerire all'interprete la natura vincolata del potere esercitato dall'Amministrazione a fronte della proposta transattiva in seno agli accordi di ristrutturazione.

Infatti, la norma in commento prevede un potere sostitutivo in capo al giudice e questo è ipotizzabile solo se l'attività dell'Amministrazione è vincolata, potendo in caso contrario l'Autorità giudiziaria intervenire solo entro i limiti dell'eccesso di potere.

Tuttavia, la legge n. 103 del 2023, in sede di conversione del d.l. n. 69 del 2023, ha temporaneamente "congelato" l'applicabilità delle norme appena citate contenute nell'ultimo periodo del comma 2 e nel comma 2-*bis* della disposizione in commento.

---

[11] Prevista dall'ultima parte del comma 2.

[12] In questo senso GOLISANO, *La nuova "transazione fiscale"*, 499 ss.

Ed infatti, l'art. 1-*bis*, d.l. n. 69 del 2023 (rubricato «*Disposizioni transitorie in materia di crisi d'impresa in coerenza con i princìpi dettati dalla direttiva (UE) 2019/1023*») ha previsto che «*in coerenza con gli obiettivi del Piano nazionale di ripresa e resilienza (PNRR) e con i princìpi dettati dalla direttiva (UE) 2019/1023 del Parlamento europeo e del Consiglio, del 20 giugno 2019, assicurando, nel contempo, adeguata tutela ai creditori pubblici non aderenti fino alla data di entrata in vigore del decreto legislativo integrativo o correttivo dell'articolo 63 del codice della crisi di impresa e dell'insolvenza, di cui al decreto legislativo 12 gennaio 2019, n. 14, da adottare ai sensi dell'articolo 1 della legge 8 marzo 2019, n. 20, o della legge 22 aprile 2021, n. 53, non si applicano le disposizioni di cui all'ultimo periodo del comma 2 e di cui al comma 2-bis del predetto articolo 63*» [13].

La norma ha introdotto, peraltro, ulteriori disposizioni [14] in tema di transazione dei crediti fiscali e contributivi nell'ambito degli accordi di ristrutturazione, applicabili «*nel medesimo periodo di cui al presente comma*» (*i.e.* «*fino alla data di entrata in vigore del decreto legislativo integrativo o correttivo dell'articolo 63 del codice della crisi di impresa e dell'insolvenza*».

In particolare il comma 2 ha previsto che l'omologazione degli accordi di ristrutturazione da parte del tribunale anche in mancanza di adesione dell'Amministrazione finanziaria o degli Enti gestori di forme di previdenza o assistenza obbligatorie debba avvenire quando ricorrano congiuntamente le seguenti condizioni:

a) detti accordi non abbiano carattere liquidatorio;
b) l'adesione sia determinante ai fini del raggiungimento delle percentuali di cui agli artt. 57, co. 1, e 60, co. 1;
c) il credito complessivo vantato dagli altri creditori aderenti agli accordi di ristrutturazione sia pari ad almeno un quarto dell'importo complessivo dei crediti;
d) la proposta di soddisfacimento dell'Amministrazione finanziaria o dei predetti Enti, tenuto conto delle risultanze della relazione del professionista indipendente, sia conveniente rispetto all'alternativa liquidatoria e tale circostanza costituisca oggetto di specifica valutazione da parte del tribunale in sede di omologa;
e) il soddisfacimento dei crediti dell'Amministrazione finanziaria e degli Enti gestori di forme di previdenza o assistenza obbligatorie sia almeno pari al 30% dell'ammontare dei rispettivi crediti, inclusi sanzioni e interessi.

Il successivo comma 3 introduce una sorta di "eccezione dell'eccezione", prevedendo che la mancanza della condizione di cui al punto *c*) non sia ostativa all'omologazione da parte del tribunale purché:

---

[13] I primi commenti a detto intervento normativo hanno sottolineato come esso nasca dalla «reazione alla omologazione forzosa di transazioni fiscali che prevedevano soddisfacimenti irrisori dei crediti tributari, attuate per di più nell'ambito di accordi sostanzialmente rivolti solo al Fisco e che, anche per questi motivi, erano state rigettate dall'agenzia delle Entrate» (così ANDREANI, in *I paletti*, il quale rileva, peraltro, come «il legislatore avrebbe potuto contrastare simili comportamenti introducendo una norma antiabusiva di carattere generale, che tuttavia avrebbe originato incertezze applicative e trattamenti non omogenei; da qui, evidentemente, la decisione di ripiegare sulla previsione di due soglie forfettarie, che è meno apprezzabile sul piano concettuale, ma più pratica»).

[14] Applicabili, per espressa previsione del comma 6, «*alle proposte di transazione fiscale depositate, ai sensi dei commi 1 e 2 dell'articolo 63 del codice di cui al decreto legislativo n. 14 del 2019, in data successiva a quella di entrata in vigore del presente decreto*» (quindi a partire dal 14 giugno 2023).

- ricorrano le condizioni di cui ai punti *a*), *b*) e *d*);
- la percentuale di soddisfacimento dell'Amministrazione finanziaria e degli Enti gestori di forme di previdenza o assistenza obbligatorie di cui al punto *e*) sia elevata dal 30% al 40%;
- la dilazione di pagamento richiesta non ecceda il periodo di dieci anni, fermo restando il pagamento dei relativi interessi di dilazione in base al tasso legale vigente nel corso di tale periodo.

Il comma 4 dell'art. 1-*bis*, d.l. n. 69 del 2023 prevede, poi, una norma di natura procedimentale, disponendo che in caso di deposito della domanda di omologazione di accordi di ristrutturazione, con annessa transazione fiscale, il debitore debba avvisare dell'iscrizione della domanda nel registro delle imprese l'Amministrazione finanziaria e gli Enti gestori di forme di previdenza e assistenza obbligatorie, competenti sulla base dell'ultimo domicilio fiscale dell'istante, a mezzo posta elettronica certificata.

Dal ricevimento di tale comunicazione decorre per l'Amministrazione finanziaria e per gli Enti gestori di forme di previdenza ed assistenza obbligatorie il termine di cui all'art. 48, comma 4 (ovvero il termine di trenta giorni per proporre opposizione alla domanda di omologazione).

Il comma 5, invece, conferma il termine di novanta giorni dal deposito della proposta di transazione per l'eventuale adesione.

Da ultimo, la l. n. 191 del 2023, di conversione del d.l. n. 145 del 2023 (c.d. "Decreto Anticipi") ha introdotto, all'art. 4-*quinquies*, comma 5, di detto decreto, la previsione secondo cui «*all'articolo 1-bis, comma 1, secondo periodo, del decreto-legge 13 giugno 2023, n. 69, convertito, con modificazioni, dalla legge 10 agosto 2023, n. 103, dopo le parole: "del presente articolo" sono aggiunte le seguenti: "e, nei casi in cui l'adesione alla proposta di transazione abbia ad oggetto tributi amministrati dall'Agenzia delle entrate e preveda una falcidia del debito originario, comprensivo dei relativi accessori, superiore alla percentuale e all'importo definiti con provvedimento del direttore dell'Agenzia delle entrate, il parere conforme di cui all'articolo 63, comma 2, terzo periodo, del codice di cui al decreto legislativo n. 14 del 2019 è espresso, per l'Agenzia delle entrate, dalla struttura centrale individuata con il medesimo provvedimento*"».

Si tratta, all'evidenza, di una modifica di natura strettamente procedimentale, atteso che essa si limita a prevedere che il parere conforme sull'adesione alla proposta di transazione fiscale da parte dell'Agenzia delle Entrate – previsto dal comma 2 dell'art. 63 in commento – deve essere espresso dalla struttura centrale individuata con provvedimento del Direttore nei casi in cui detta adesione abbia ad oggetto tributi amministrati dall'Agenzia delle Entrate e preveda una falcidia del debito originario, comprensivo dei relativi accessori, superiore alla percentuale e all'importo definiti con detto provvedimento.

Articolo 64

Effetti degli accordi sulla disciplina societaria e sui contratti in caso di concessione di misure protettive

1. Dalla data del deposito della domanda per l'omologazione degli accordi di ristrutturazione disciplinati dagli articoli 57, 60 e 61 ovvero della richiesta di misure cautelari e protettive ai sensi dell'articolo 54 relative ad una proposta di accordo di ristrutturazione e sino all'omologazione, non si applicano gli articoli 2446, commi secondo e terzo, 2447, 2482-*bis*, commi quarto, quinto e sesto, e 2482-*ter* del codice civile. Per lo stesso periodo non opera la causa di scioglimento della società per riduzione o perdita del capitale sociale di cui agli articoli 2484, numero 4, e 2545-*duodecies* del codice civile.

2. Resta ferma, per il periodo anteriore al deposito delle domande e della richiesta di misure cautelari e protettive di cui al comma 1, l'applicazione dell'articolo 2486 del codice civile.

3. In caso di domanda proposta ai sensi dell'articolo 54, comma 3, o di domanda di concessione delle misure protettive in funzione della omologazione degli accordi di ristrutturazioni, i creditori non possono, unilateralmente, rifiutare l'adempimento dei contratti in corso di esecuzione o provocarne la risoluzione, né possono anticiparne la scadenza o modificarli in danno dell'imprenditore per il solo fatto del deposito delle medesime domande. Sono inefficaci eventuali patti contrari.

4. Fermo quanto previsto dal comma 3, i creditori interessati dalle misure protettive non possono, unilateralmente, rifiutare l'adempimento dei contratti essenziali in corso di esecuzione o provocarne la risoluzione, né possono anticiparne la scadenza o modificarli in danno dell'imprenditore per il solo fatto di non essere stati pagati dal debitore. Sono essenziali i contratti necessari per la continuazione della gestione corrente dell'impresa, inclusi i contratti relativi alle forniture la cui interruzione impedisce la prosecuzione dell'attività del debitore.

Antonio Tavella

1. – L'art. 64, riformato dal d.lgs. 17 giugno 2022, n. 83 si compone di due parti. La prima (commi 1 e 2) tratta della temporanea sospensione dell'applicabilità della disciplina societaria allorché sia stato intaccato il capitale sociale. Con detti commi il legislatore – riproducendo quanto già disposto dall'art. 182-*sexies* l. fall. [1] e in linea con quanto previsto agli artt. 20 e 89 relativi alla composizione negoziata e al concordato preventivo [2] – conferma il *favor* per la preservazione della continuità aziendale [3] e l'adozione degli strumenti di soluzione negoziata della crisi di impresa, sul presupposto che la disciplina societaria di salvaguardia del capitale potrebbe costituire un ostacolo a ciò.

Venendo alla portata precettiva, la sospensione di cui all'art. 64, comma 1:

(i) si applica (automaticamente [4]) allorché l'imprenditore in difficoltà depositi una «*domanda per l'omologazione degli accordi di ristrutturazione*» (ordinari, agevolati e ad efficacia estesa) ovvero una «*richiesta di misure cautelari e protettive*» *ex* art. 54 nella procedura di omologazione di un accordo di ristrutturazione. Tale seconda ipotesi costituisce la novità di maggior rilievo e mira ad anticipare l'operatività dei predetti effetti anche nella fase delle trattative con i creditori – prodromiche al deposito di una domanda di omologazione – in caso di richiesta di applicazione delle misure cautelari e protettive [5]. Inoltre, consente di superare (sino all'omologazione dell'accordo di ristrutturazione) la tradizionale scelta obbligata, per gli amministratori, tra capitalizzazione, trasformazione o liquidazione [6];

(ii) comporta la (temporanea) disapplicazione dell'obbligo di riduzione del capitale sociale per perdite di oltre un terzo (artt. 2446, commi 2 e 3 e 2482-*bis*, commi 4, 5 e 6, c.c.) e dell'obbligo di riduzione ed aumento del capitale sociale (o, in mancanza di ciò, di trasformazione) per perdite oltre un terzo, che abbiano ridotto il capitale al di sotto del limite legale (artt. 2447 e 2482-*ter* c.c.); nonché l'inoperatività della causa di scioglimento per riduzione al di sotto del limite legale o perdita del capitale (artt. 2484, comma 1, n. 4 e 2545-*duodecies* c.c., per le società di capitali e cooperative).

Inoltre, ai sensi del comma 2, viene fatta salva, rispetto alla fase anteriore al deposito delle domande e della richiesta di cui al comma 1, l'applicazione dell'art. 2486 c.c. Ancora, non viene pregiudicata l'applicazione delle norme societarie di cui all'art. 2446, comma 1, c.c. (e, per il caso della società a responsabilità limitata, all'art. 2482-*bis* c.c.) [7]; permane, quindi, l'obbligo in capo agli amministratori di rilevare le perdite e di convocare "senza indugio" l'assemblea per gli opportuni provvedimenti [8].

---

[1] Sul tema si rinvia a PERRINO, *Art. 182-sexies*, 2497 ss.

[2] Rispetto a tali norme si rinvia ai rispettivi commenti in questo Codice. Rispetto, invece, alle analoghe norme introdotte (a favore di tutte le imprese) dal legislatore dell'emergenza, conseguente alla pandemia da COVID-19, che rimangono in vigore, si rinvia a BAUCO, *Decreto "Milleproroghe"*.

[3] Per una compiuta ricostruzione della centralità della continuità aziendale nel Codice si rinvia a PINTO, *Le fattispecie*, 372.

[4] Si tratta di una misura del tutto sganciata da qualsiasi controllo giudiziale e, diversamente dall'art. 20, non necessità di manifestazione di volontà da parte dell'imprenditore.

[5] Cfr., BUFFELLI, *Gli accordi*, 7, secondo cui, tale novità ha l'evidente obiettivo di favorire il ricorso a tali protezioni anche in tale ambito; sul medesimo tema, BETTAZZI, *Gli effetti*.

[6] Cfr. LICCARDO, *Neoliberismo concorsuale* e CIMOLAI, *L'autosospensione*, 13, secondo cui le opzioni si amplierebbero in «ricapitalizza, liquida o rinegozia», con espressa inclusione dell'ipotesi di rinegoziazione delle esposizioni verso i creditori.

[7] Oltre a quelle che sanciscono il divieto di distribuire utili fino al ripianamento delle perdite.

[8] All'assemblea andrà sottoposta una relazione sulla situazione patrimoniale aggiornata, con le osservazioni del collegio sindacale, che secondo alcuni Autori deve avere i contenuti sostanziali di un vero e proprio bilan-

Dalla data in cui opera la sospensione *ex* art. 64 fino alla sua cessazione, ancorché venga sterilizzata la portata applicativa dell'art. 2486 c.c., non sono comunque sospese le altre disposizioni societarie che regolano i doveri di comportamento degli amministratori e la loro responsabilità in caso di violazione[9].

2. – Quanto all'efficacia temporale dell'effetto sospensivo di cui all'art. 64, si è visto come lo stesso: (i) decorre (automaticamente) dalla data di deposito delle predette domande di omologazione o istanze, presso il tribunale e (ii) perdura sino all'omologazione dell'accordo di ristrutturazione ovvero alla data di diniego dell'omologazione o di arresto del relativo *iter* procedimentale[10]. A seguito di ciò rivivono gli obblighi di ri-capitalizzazione[11]. La mancata formulazione di una norma analoga al comma 2 dell'art. 20, porta a ritenere che il legislatore abbia voluto escludere la caducazione di tali effetti in caso di diniego della concessione delle misure cautelari o protettive da parte del tribunale (salvo, ovviamente, che a ciò non consegua altresì l'arresto dell'*iter* di omologazione dell'accordo di ristrutturazione).

3. – La seconda parte della norma (commi 3 e 4)[12], di recente introduzione, ha invece ad oggetto il divieto rivolto alle controparti negoziali del debitore di rifiutare l'adempimento dei contratti pendenti e di provocarne la risoluzione nonché di anticiparne la scadenza o di modificarli in danno del debitore, in caso di concessione di misure protettive. In via generale, sembra trattarsi di una speciale misura a tutela della continuità aziendale "sostanziale" fi-

---

cio intermedio di esercizio. Sul punto si rinvia a GUTTILLA, DANIELE, *Le perdite*, 6 e Massima T.A.3 e T.A.4 del Comitato Interregionale dei Consigli Notarili delle Tre Venezie. Resta ovviamente inteso che l'assemblea potrebbe comunque procedere a ricostituire il capitale e/o a ridurlo e/o deliberare la trasformazione e/o la liquidazione (a ciò non ostando la sospensione di cui all'art. 64, né essendo la liquidazione, di per sé, incompatibile con gli accordi di ristrutturazione).

[9] Tra cui quelle di cui agli artt. 2086, 2381, 2393, 2394, 2476 c.c. nonché le norme penali, oltre che le ipotesi di scioglimento, per sopravvenuta impossibilità di conseguire l'oggetto sociale *ex* art. 2484, comma 1, n. 2, c.c. che – secondo taluni – ricorrerebbe anche in caso di assoluta perdita della continuità aziendale (sul punto si veda SPIOTTA, *Scioglimento della società*, 1418 ss. e CENTONZE, *Scioglimento della società*). Peraltro, come osservato in dottrina, a partire dalla data del deposito, all'obbligo di «gestire la società ai soli fini della conservazione dell'integrità e del valore del patrimonio sociale» subentra quello di conformare l'amministrazione della società all'obiettivo del risanamento dell'impresa, nel rispetto delle norme proprie dello strumento giuridico impiegato (accordo di ristrutturazione ovvero concordato preventivo) e sulla base di un piano industriale e finanziario (depositato o in corso di predisposizione) che ben potrà prevedere, soprattutto se in continuità, il compimento di atti che comportano l'assunzione di nuovo rischio d'impresa. Sul punto si veda GUTTILLA, DANIELE, *Le perdite*, 9.

[10] Al fine di prevenire comportamenti abusivi e dilatori degli amministratori, nel vigore dell'art. 182-*sexies* si è affermato che, «la sospensione della normativa societaria sul capitale sociale sancita dall'art. 182 sexies l. fall. deve intendersi in ogni caso condizionata alla pronunzia di ammissibilità della domanda di concordato preventivo (o di omologa di accordo di ristrutturazione dei debiti), a prescindere dalla valutazione circa la sua fondatezza» (cfr. Trib. Palermo, 31 marzo 2021, n. 1393, in *ilfallimentarista.it*, con nota adesiva di Dimundo); pertanto, ove la stessa sia dichiarata inammissibile, la sospensione *ex* art. 182-*sexies* verrà meno con efficacia *ex tunc*, con conseguente responsabilità dell'amministratore.

[11] Di talché, gli amministratori – ove non sia stata ripristinata una situazione di regolarità patrimoniale – saranno tenuti ad assumere le iniziative previste dalla normativa societaria e, ricorrendone i presupposti, dovranno operare nel rigoroso rispetto delle previsioni di cui all'art. 2486 c.c.

[12] Aggiunti alla formulazione originaria della disposizione in forza del d.lgs. 17 giugno 2022, n. 83.

nalizzata a fornire al debitore, nei rapporti con le controparti negoziali interessate, gli strumenti idonei ad evitare che la (sola) presentazione della richiesta di applicazione delle misure di protezione nel corso delle trattative o in funzione della domanda di omologazione, ovvero, a seconda dei casi ed al ricorrere dei relativi presupposti, il (solo) mancato pagamento, possano minare i presupposti finanziari ed economici del debitore, precludendo o vanificando, di fatto, l'attuazione del percorso di ristrutturazione. La norma ricalca le previsioni di cui all'art. 94-*bis* e riecheggia, ampliandolo, il disposto dell'art. 186-*bis*, comma 3, l. fall. (entrambi in tema di concordato con continuità) nonché quelle di cui all'art. 18, comma 5 [13] (in tema di composizione negoziata, già art. 6, comma 5, d.l. n. 118 del 2021 [14]), introducendo alcune differenze e distinzioni. Il comma 3, norma di portata più generale, dà continuità e forza all'idea secondo cui "il solo fatto" che l'imprenditore depositi una domanda per la concessione di misure cautelari e protettive (sia in fase di trattative sia in relazione al deposito di un accordo di ristrutturazione dei debiti) non possa configurare un'ipotesi di inadempimento e/o non corretto adempimento (secondo le categorie civilistiche) dei "contratti in corso di esecuzione" (in generale) e, quindi, non possa legittimare la controparte contrattuale a sospendere la propria prestazione (artt. 1460-1461 c.c.) e/o ad anticipare le scadenze e/o modificare le previsioni contrattuali (art. 1186 c.c.) e/o ad invocarne la risoluzione (art. 1453 ss. c.c.); sono *ex lege* inefficaci eventuali patti contrari.

Ciò, tuttavia, non impedisce il ricorso a detti rimedi nel caso in cui vi sia un inadempimento dell'imprenditore ai propri obblighi anteriore al deposito dell'istanza ovvero successivo (salve le ipotesi in cui vi sia un divieto *ex lege* di adempimento).

Il comma 4 dell'art. 64, invece, integra e rafforza le previsioni di cui al comma 3, rivolgendosi a «*i creditori interessati dalle misure protettive*» (potenzialmente tutti) con cui sono in essere «*contratti essenziali*», per tali intendendosi i contratti «*necessari per la continuazione dell'attività d'impresa, inclusi i contratti relativi alle forniture*» imprescindibili per detta continuazione. In tale ipotesi, la controparte non può agire in autotutela nemmeno nelle ipotesi di mancato pagamento di quanto dovuto da parte del debitore. Trattandosi di contratti "vitali" per l'impresa, la tutela della continuità aziendale sostanziale e il *favor* per il processo di risanamento sono, quindi, ancor più pregnanti.

Peraltro, diversamente da quanto previsto dall'art. 18, comma 5 in materia di composizione negoziata e dall'art. 94-*bis* in materia di concordato in continuità, la norma non è limitata ai crediti "anteriori" rispetto al deposito dell'istanza o della domanda. La mancata riproposizione di tale limitazione potrebbe portare a ritenere che il legislatore abbia voluto estendere la portata della norma anche ai crediti sorti dopo la proposizione della richiesta di applicazione della misura protettiva nei confronti del creditore, a partire dalla fase delle trattative. Il che conferma che i creditori (anteriori e posteriori) dovranno essere pagati soltanto nelle forme e nei modi dell'omologando accordo di ristrutturazione (e, se ad esso estranei, nel rispetto del dettato normativo).

---

[13] In questo senso il commento di ZANICHELLI, *Commento a prima lettura*, 15.

[14] Cfr., a tal riguardo, CRIVELLI, *Art. 6* e CECCHINI, *I contratti*.

Articolo 64-*bis*

Piano di ristrutturazione soggetto a omologazione

1. Con il piano di ristrutturazione soggetto a omologazione l'imprenditore commerciale che non dimostra il possesso congiunto dei requisiti di cui all'articolo 2, comma 1, lettera d) e che si trova in stato di crisi o di insolvenza può prevedere il soddisfacimento dei creditori, previa suddivisione degli stessi in classi secondo posizione giuridica e interessi economici omogenei, distribuendo il valore generato dal piano anche in deroga agli articoli 2740 e 2741 del codice civile e alle disposizioni che regolano la graduazione delle cause legittime di prelazione, purché la proposta sia approvata dall'unanimità delle classi. In ogni caso i crediti assistiti dal privilegio di cui all'articolo 2751-*bis*, n. 1, del codice civile, sono soddisfatti in denaro integralmente entro trenta giorni dall'omologazione.

2. La domanda è presentata nelle forme dell'articolo 40, anche con accesso ai sensi dell'articolo 44, comma 1, lettera a). Con il ricorso il debitore deposita la proposta e il piano, con la documentazione di cui all'articolo 39, commi 1 e 2. Alla domanda si applicano i commi 4 e 5 dell'articolo 46.

3. Un professionista indipendente attesta la veridicità dei dati aziendali e la fattibilità del piano.

4. A seguito della presentazione del ricorso, il tribunale pronuncia decreto con il quale:

a) valutata la mera ritualità della proposta e verificata la correttezza dei criteri di formazione delle classi, nomina un giudice delegato al procedimento e nomina oppure conferma il commissario giudiziale;

b) adotta i provvedimenti di cui all'articolo 47, comma 2, lettere c) e d).

5. Dalla data della presentazione della domanda e fino all'omologazione, l'imprenditore conserva la gestione ordinaria e straordinaria dell'impresa, sotto il controllo del commissario giudiziale secondo quanto previsto nel comma 6. L'imprenditore gestisce l'impresa nel prevalente interesse dei creditori.

6. L'imprenditore informa preventivamente il commissario, per iscritto, del compimento di atti di straordinaria amministrazione nonché dell'esecuzione di pagamenti che non sono coerenti rispetto al piano di ristrutturazione. Il commissario giudiziale, quando ritiene che l'atto può arrecare pregiudizio ai creditori o non è coerente rispetto al piano, lo segnala per iscritto all'imprenditore e all'organo di controllo. Se, nonostante la segnalazione, l'atto viene compiuto, il commissario giudiziale ne informa immediatamente il tribunale ai fini di cui all'articolo 106.

7. Alle operazioni di voto si applicano gli articoli 107, 108, 109, commi 2, 4, 6 e 7, 110 e 111. In ciascuna classe la proposta è approvata se è raggiunta la maggioranza dei crediti ammessi al voto oppure, in mancanza, se hanno votato favorevolmente i due terzi dei crediti dei creditori votanti, purché abbiano votato i creditori titolari di almeno la metà del totale dei crediti della medesima classe. I creditori muniti di diritto di prelazione non votano se soddisfatti in denaro, integralmente, entro centottanta giorni dall'omolo-

gazione, e purché la garanzia reale che assiste il credito ipotecario o pignoratizio resti ferma fino alla liquidazione, funzionale al loro pagamento, dei beni e diritti sui quali sussiste la causa di prelazione. Nel caso di crediti assistiti dal privilegio di cui all'articolo 2751-*bis*, n. 1, del codice civile, il termine di cui al periodo precedente è di trenta giorni. Se non ricorrono le condizioni di cui ai periodi precedenti, i creditori muniti di diritto di prelazione votano e, per la parte incapiente, sono inseriti in una classe distinta.

8. Il tribunale omologa con sentenza il piano di ristrutturazione nel caso di approvazione da parte di tutte le classi. Se con l'opposizione un creditore dissenziente eccepisce il difetto di convenienza della proposta, il tribunale omologa il piano di ristrutturazione quando dalla proposta il credito risulta soddisfatto in misura non inferiore rispetto alla liquidazione giudiziale.

9. Anche ai fini di cui all'articolo 64-*ter*, al piano di ristrutturazione soggetto a omologazione si applicano, in quanto compatibili, gli articoli 48, commi 1, 2 e 3, 84, comma 8, 87, commi 1 e 2, 89, 90, 91, 92, 93, 94-*bis*, 95, 96, 97, 98, 99, 101 e 102, nonché le disposizioni di cui alle sezioni IV e VI, del capo III del titolo IV del presente codice, ad eccezione delle disposizioni di cui agli articoli 112 e 114. Ai giudizi di reclamo e di cassazione si applicano gli articoli 51, 52 e 53.

Emanuele Mattei

Sommario: 1. La derivazione europea dell'opzione normativa italiana e la natura del Piano di ristrutturazione soggetto ad omologazione. – 2. I presupposti per l'accesso e il procedimento di ammissione. – 3. Gli effetti dell'ammissione e il ruolo del commissario giudiziale. La gestione dell'impresa. – 4. La votazione, le classi di creditori e l'omologazione. – 5. Il rinvio alle norme del Codice.

1. – Il legislatore italiano, nell'ambito dei margini di discrezionalità permessi dalla direttiva *Insolvency* in tema di quadri di ristrutturazione preventiva, ha compiuto una propria scelta introducendo una nuova procedura, il piano di ristrutturazione soggetto ad omologazione (il c.d. *PRO,* come per facilità lo chiameremo da qui in avanti), con il quale ha inteso dare attuazione alle previsioni degli artt. 3, 10 e 11, § 1, direttiva UE.

La norma unionale, infatti, lasciava ampia libertà agli stati membri nell'individuare le soluzioni allo stato di crisi o di insolvenza reversibile delle imprese, potendo tradursi le prefate soluzioni anche semplicemente in *idonee misure o disposizioni* [1], tali comunque da consentire il riequilibrio della situazione economico finanziaria.

A tal proposito la direttiva stabilisce che, quando si è in presenza del consenso, seppur

[1] L'art. 4, § 5, direttiva specifica che i quadri di ristrutturazione preventiva possono «*consistere in una o più procedure, misure o disposizioni, alcune delle quali possono realizzarsi in sede extragiudiziale, fatti salvi altri eventuali quadri di ristrutturazione previsti dal diritto nazionale*».

a maggioranza, di tutte le classi che compongono il ceto creditorio, e ove non si sia in presenza dei tre casi specifici individuati dalla norma, possa non esservi il controllo del giudice sul contenuto del piano e sul rispetto della *par condicio creditorum*, limitando l'attività della giurisdizione al controllo di ritualità della procedura e di regolarità nella formazione delle classi[2].

L'Italia non ha "approfittato" di questa disponibilità del legislatore europeo, introducendo invece il giudizio di omologazione tanto nel PRO come nel concordato preventivo in continuità: tale scelta appare coerente con le facoltà concesse dalla direttiva sia in quanto la norma unionale non esclude che vi siano parti interessate dissenzienti (nel qual caso l'intervento del giudice è obbligatorio) sia perché l'art. 9, § 5 richiede comunque l'intervento del giudice per il controllo della formazione delle classi[3].

[2] L'art. 10, comma 1, direttiva prevede infatti che l'omologazione sia necessaria in presenza di a) piani di ristrutturazione che incidono sui crediti o sugli interessi delle parti interessate dissenzienti, b) piani di ristrutturazione che prevedono nuovi finanziamenti, c) piani di ristrutturazione che comportano la perdita di più del 25% della forza lavoro, se questa perdita è ammessa dal diritto nazionale.

[3] Diverso il ragionamento sul contenuto della verifica giurisdizionale: la direttiva, a differenza di quanto sostenuto nel parere del Consiglio di Stato, non impone il rispetto delle regole di priorità nella distribuzione del valore derivante dalla ristrutturazione in presenza dell'unanimità delle classi. In tal senso appare esplicito il considerando 53 laddove conferma come «il piano di ristrutturazione dovrebbe sempre essere adottato se la maggioranza richiesta in ciascuna classe interessata lo sostiene». In presenza dell'unanimità delle classi la direttiva prevede l'omologa dell'autorità giudiziaria unicamente nei casi previsti dall'art. 10, comma 1: «*Gli Stati membri provvedono affinché almeno i seguenti piani di ristrutturazione vincolino le parti solo se sono omologati dall'autorità giudiziaria o amministrativa: a) piani di ristrutturazione che incidono sui crediti o sugli interessi delle parti interessate dissenzienti; b) piani di ristrutturazione che prevedono nuovi finanziamenti; c) piani di ristrutturazione che comportano la perdita di più del 25 % della forza lavoro, se tale perdita è ammessa dal diritto nazionale*».

Dall'art. 10, comma 2 «*Gli Stati membri provvedono affinché le condizioni per l'omologazione del piano di ristrutturazione da parte dell'autorità giudiziaria o amministrativa siano specificate chiaramente e prevedano almeno che: a) il piano di ristrutturazione sia stato adottato in conformità dell'articolo 9; b) i creditori con una sufficiente comunanza di interessi nella stessa classe ricevano pari trattamento, proporzionalmente al credito rispettivo; c) la notificazione del piano di ristrutturazione sia stata consegnata, conformemente al diritto nazionale, a tutte le parti interessate; d) nel caso vi siano creditori dissenzienti, il piano di ristrutturazione superi la verifica del migliore soddisfacimento dei creditori; e) se del caso, qualsiasi nuovo finanziamento sia necessario per attuare il piano di ristrutturazione e non pregiudichi ingiustamente gli interessi dei creditori.*

Il rispetto del primo comma, lettera d), è esaminato da un'autorità giudiziaria o amministrativa solo se il piano di ristrutturazione è stato contestato per tale motivo».

E dell'art. 10, comma 3 «*Gli Stati membri assicurano che l'autorità giudiziaria o amministrativa abbia la facoltà di rifiutare di omologare il piano di ristrutturazione che risulti privo della prospettiva ragionevole di impedire l'insolvenza del debitore o di garantire la sostenibilità economica dell'impresa*».

In assenza di unanimità delle classi e quindi in presenza di almeno una classe dissenziente si applica la regola della ristrutturazione trasversale prevista dall'art. 11 direttiva che prevede la vincolatività per le classi di voto dissenzienti se il piano soddisfa almeno le seguenti condizioni: a) è conforme all'art. 10, §§ 2 e 3; b) è stato approvato:

i) dalla maggioranza delle classi di voto di parti interessate, purché almeno una di esse sia una classe di creditori garantiti o abbia rango superiore alla classe dei creditori non garantiti; oppure, in mancanza;

ii) da almeno una delle classi di voto di parti interessate o, se previsto dal diritto nazionale, di parti che subiscono un pregiudizio, diversa da una classe di detentori di strumenti di capitale o altra classe che, in base a una valutazione del debitore in regime di continuità aziendale, non riceverebbe alcun pagamento né manterrebbe alcun interesse o, se previsto dal diritto nazionale, si possa ragionevolmente presumere che non riceva

I giudizi di omologazione come introdotti dal nostro legislatore in tema di piano di ristrutturazione soggetto ad omologazione sono quindi di due tipologie, a seconda che sia raggiunta o meno l'unanimità delle classi: il comma 8 dell'articolo in commento prevede l'intervento omologatorio del tribunale sia nel caso di approvazione unanime delle classi, seppur raggiunta con le regole di maggioranze interne a ciascuna di esse, sia in caso di classi dissenzienti, qualora si possa ragionevolmente presumere, con specifica attestazione speciale sul punto, che dalla liquidazione giudiziale non possa emergere una soddisfazione maggiore per ciascuna di esse.

E si deve ritenere che tale controllo sia stato previsto dal legislatore in quanto una così importante deroga ai principi satisfattori di matrice codicistica possa essere introdotta unicamente previo un controllo sulla (i) formazione delle classi (nel primo caso di approvazione all'unanimità) e sulla, più pregnante, (ii) maggiore soddisfazione rispetto all'alternativa liquidatoria (nel secondo caso di non unanime approvazione) con applicazione della ristrutturazione trasversale (il c.d. *cross class cram down*) e disapplicazione degli obblighi in tema di distribuzione e della responsabilità del debitore con tutti i propri beni, presenti e futuri[4].

La soluzione italiana nell'individuazione del PRO quale strumento di ristrutturazione preventiva, quindi, non era obbligata: come indica il citato art. 4, § 5, si poteva realizzare uno strumento di natura stragiudiziale e si è invece pervenuti ad uno strumento ibrido che offre la possibilità di risolvere il problema della libera allocazione delle risorse distribuibili in deroga ai principi codicistici[5].

Questa scelta del legislatore italiano e l'introduzione del PRO individua quindi uno strumento che supera le possibilità offerte dal nuovo concordato preventivo in continuità con riferimento alla libera allocazione delle risorse derivanti dal c.d. *plusvalore da continuità*:

---

alcun pagamento né mantenga alcun interesse se fosse applicato il normale grado di priorità di liquidazione a norma del diritto nazionale;

c) assicura che le classi di voto dissenzienti di creditori interessati ricevano un trattamento almeno tanto favorevole quanto quello delle altre classi dello stesso rango e più favorevole di quello delle classi inferiori; e

d) nessuna classe di parti interessate può ricevere o conservare in base al piano di ristrutturazione più dell'importo integrale dei crediti o interessi che rappresenta.

In deroga al comma 1, gli Stati membri possono limitare il requisito di ottenere l'accordo del debitore ai casi in cui quest'ultimo è una PMI. Gli Stati membri possono aumentare il numero minimo di classi di parti interessate, o, se previsto dal diritto nazionale, di parti che subiscono un pregiudizio necessario per l'approvazione del piano ai sensi della lett. *b*), punto ii), del presente paragrafo.

[4] LENER, *Considerazioni intorno*. Ed anche la Relazione illustrativa «*la regola di distribuzione contenuta nel comma 6 dell'articolo 84 detta due principi distinti da osservare nella ripartizione dell'attivo concordatario e che dipendono dalla natura delle risorse distribuite. Essa prevede, in particolare, che il valore di liquidazione dell'impresa sia distribuito nel pieno rispetto delle cause legittime di prelazione e cioè secondo la regola della priorità assoluta (che impedisce la soddisfazione del creditore di rango inferiore se non vi è stata la piena soddisfazione del credito di grado superiore) mentre il valore ricavato dalla prosecuzione dell'impresa, il c.d. plusvalore da continuità, può essere distribuito osservando il criterio della priorità relativa (secondo il quale è sufficiente che i crediti di una classe siano pagati in ugual misura rispetto alle classi di pari grado e in misura maggiore rispetto alla classe di rango inferiore)*».

[5] Si veda AMBROSINI, *Piano di ristrutturazione*, sull'incostituzionalità delle norme per eccesso di delega, dubitandosi da più parti che l'introduzione del nuovo istituto costituisca attuazione della direttiva. Conforme anche BOZZA, *Il piano*.

il concordato in continuità, agli artt. 109 e 112, prevede infatti che il plusvalore possa essere allocato liberamente ma solo nel limite della c.d. *relative priority rule*, mentre nel PRO non esiste alcun limite salva la convenienza per i creditori rispetto alla soddisfazione derivante dall'ipotesi liquidatoria.

L'utilizzo di tale strumento, che si collocherebbe secondo alcuni [6] a metà tra gli accordi di ristrutturazione dei debiti ad efficacia estesa e il concordato preventivo, potrebbe veicolare alcuni vantaggi rispetto alle diverse soluzioni già presenti nel sistema laddove, rispetto alla soluzione concordataria, per esempio, porterebbe a superare gli inconvenienti dei cc.dd. "patti paraconcordatari" [7].

Da ultimo appare evidente come il legislatore abbia voluto offrire un'alternativa alle soluzioni, comunque ampie, offerte dal concordato in continuità laddove (i) la struttura del debito possa essere prefigurata in classi le quali possano, tutte, approvare favorevolmente il piano, senza contare sulla ristrutturazione trasversale, ma potendo accedere alla deroga piena alle regole sulla distribuzione delle risorse [8] e (ii) prevedere qualsiasi modalità di soddisfazione dei crediti senza il ricorso a pattuizioni secondarie, ed anche per effetto di preventive trattative con i creditori svolte nell'ambito di un procedimento di composizione negoziata [9] o di un piano attestato di risanamento *ex* art. 56.

2. – Dal punto di vista soggettivo l'istituto è riservato agli imprenditori commerciali soggetti alla liquidazione giudiziale *ex* art. 121, cioè a coloro che non dimostrino il possesso congiunto dei requisiti di cui all'art. 2, comma 1, lett. *d*) e che, quindi, possono accedere alla procedura di concordato preventivo: tale possibilità è confermata dall'art. 64-*quater* che prevede la possibilità di convertire il piano di ristrutturazione soggetto ad omologa in concordato preventivo [10].

Dal punto vista oggettivo la norma permette l'accesso al nuovo strumento ai debitori che versano in stato di crisi o di insolvenza, così come definiti dall'art. 2, comma 1, lett. *a*) e *b*).

La domanda di accesso può essere presentata nelle forme previste dall'art. 40, deposi-

---

[6] PANZANI, *Il Piano*. Ma vedi anche BAZZANI, *Il Codice*, laddove l'Autore si sofferma sulle differenze con i diversi tipi di accordi di ristrutturazione dei debiti e il concordato preventivo.

[7] In particolari situazioni il debitore, nella sua autonomia negoziale, è costretto ad accedere ad accordi con una parte dei creditori, *a latere* rispetto alla domanda e al piano, dalla cui positiva conclusione può dipendere il buon esito della proposta concordataria. D'ora in poi, attraverso l'utilizzo del piano di ristrutturazione omologato, il debitore potrà risolvere molto più agevolmente tali criticità. Per una ampia disamina della possibile casistica di tali situazioni di attribuzione ai creditori di vantaggi e svantaggi, senza l'accesso a pattuizioni esterne e per tramite del nuovo istituto si rinvia al bel saggio di BAZZANI *Il Codice*.

[8] Previste agli artt. 84, comma 6, e 109, comma 5 e 112, comma 2.

[9] Art. 23, comma 2, lett. *d*); le trattative occorse in un procedimento di composizione negoziata potrebbe senz'altro favorire il ricorso al PRO avendo conosciuto nel dettaglio le caratteristiche dei creditori e le loro aspettative.

[10] Sembra esserci una differenza tra i requisiti soggettivi necessari per l'accesso al PRO e quelli previsti per gli accordi di ristrutturazione dei debiti: l'art. 57 include nel novero dei soggetti legittimati all'accesso anche l'imprenditore non commerciale, figura quest'ultima esclusa dall'accesso ai piani di ristrutturazione soggetti all'omologazione.

tando insieme al ricorso[11], la proposta, il piano[12] e la documentazione di cui all'art. 39, commi 1 e 2, potendo contare sugli effetti di cui all'art. 46, commi 4 e 5, oppure nelle modalità di cui all'art. 44, riservandosi il deposito dell'ulteriore documentazione nel termine che sarà fissato dal tribunale.

È possibile richiedere anche la sospensione delle azioni esecutive e cautelari sotto la vigilanza del commissario giudiziale nominato dal tribunale all'esito della domanda prenotativa dell'imprenditore che richieda anche le protezioni cui all'art. 54.

Alla domanda il debitore, oltre alla documentazione prevista dall'art. 39, deve depositare anche l'attestazione di un professionista che attesti «*la veridicità dei dati aziendali e la fattibilità del piano*»: la formulazione testuale pare escludere l'ulteriore attestazione che il professionista indipendente deve rendere in caso di concordato preventivo in continuità, laddove l'art. 87, comma 3, prevede che l'esperto debba anche attestare «*che il piano è atto ad impedire o superare l'insolvenza del debitore, a garantire la sostenibilità economica dell'impresa e a riconoscere a ciascun creditore un trattamento non deteriore rispetto a quello che riceverebbe in caso di liquidazione giudiziale*»[13].

Applicando un rigido criterio letterale, pare quindi esserci una differenza nel contenuto della relazione attestativa, quantomeno nel confronto con il concordato preventivo in continuità, laddove questa lettura si giustifichi accedendo ad una interpretazione ampia della natura del PRO, con il quale si possa offrire una soddisfazione ai creditori minore di quanto possa esser loro offerto in sede di liquidazione giudiziale, quantomeno nell'ipotesi in cui il piano venga approvato da tutte le classi[14].

---

[11] Il nuovo istituto non rinuncia alla triade "piano, proposta, domanda", confermano PAGNI, FABIANI, *Il piano*. Gli Autori sottolineano l'importanza del richiamo all'art. 87, comma 1, in quanto la disposizione «contempla le varie forme di piano concordatario, a dimostrazione del fatto che il piano di ristrutturazione soggetto ad omologazione può avere finalità conservative del valore, oppure finalità liquidatorie e di dismissione dei cespiti e dell'attività» (p. 1031).

[12] Il piano nel Codice deve contenere una serie di elementi ora chiaramente individuati dalla legge. L'art. 87, comma 1 prevede infatti che il documento programmatico contenga almeno a) l'indicazione del debitore e delle sue parti correlate, la sua situazione economico-patrimoniale e finanziaria, b) le cause della crisi o dell'insolvenza e le azioni per modificare questi status, c) il valore dell'attivo patrimoniale alla data della domanda, in ipotesi di liquidazione giudiziale; d) le modalità di ristrutturazione dei debiti, le assunzioni alla base del piano e della proposta che possono prevedere qualsivoglia forma e natura, e) la descrizione analitica delle modalità e dei tempi di adempimento della proposta nonché in caso di concordato in continuità azienda, il piano industriale collegato all'attività ed i riflessi sul piano finanziario, f) l'analitica indicazione dei costi e dei ricavi attesi, del fabbisogno finanziario e delle relative modalità di copertura in caso di continuità diretta, g) gli apporti di finanza nuova, h) le azioni risarcitorie e recuperatori e le prospettive di realizzo, i) le parti interessate dal piano e le classi relative e le parti non interessate con i motivi relativi alla loro esclusione.

[13] Tra le rarissime pronunce in tema di PRO, si legga Trib. Udine, 30 marzo 2022, in *ilcaso.it*, che rileva come «nella procedura ex art. 64bis cci non è consentito al Tribunale un vaglio sul merito delle valutazioni dell'attestatore e sulla fattibilità del piano, a differenza di quanto previsto dall'art. 47 n materia di concordato preventivo».

[14] Non pare esservi spazio a questa lettura nel caso di creditori dissenzienti laddove il comma 8 dell'articolo in commento prevede esplicitamente l'evidenza della migliore soddisfazione rispetto alla liquidazione giudiziale, elemento che dovrà per forza risultare dalla relazione attestativa: a questo punto non può pensarsi un'attestazione che non preveda *ab initio* anche l'attestazione sulla convenienza non potendosi certo predire l'eventuale dissenso di uno o più creditori e dovendo la relazione attestativa essere depositata in uno con la proposta ed il piano. Certo è che l'attestazione dovrà avere ad oggetto il *best-interest-of-creditor-test* con riferimento

Il tribunale, a seguito della presentazione del ricorso, pronunzia un decreto con il quale ammette o non ammette il debitore alla procedura dopo aver vagliato la «mera ritualità[15] della proposta e la correttezza dei criteri di formazione delle classi» e, all'esito, nomina il giudice delegato e nomina *ex novo*, o conferma, il commissario giudiziale; addotta infine i provvedimenti di cui all'art. 47, comma 2, lett. *c*) e *d*), fissando la data dell'udienza per le votazioni e le spese per la procedura da depositare nel conto vincolato, ordinando la trascrizione del decreto di apertura nei registri immobiliari *ex* art. 93.

Il sindacato giurisdizionale sull'ammissibilità di una domanda che prefiguri l'accesso al PRO, che *prima facie* sembrerebbe limitato meramente alla ritualità e alla legittimità del ricorso, dovrà appuntarsi su tematiche di grande rilevanza e di non agevole scrutinio: la correttezza nella formazione delle classi[16] non può infatti prescindere dall'attenta analisi del piano e della proposta di soddisfazione dei creditori, anche attraverso la lettura della relazione attestativa che pare, con i dubbi già espressi *supra*, non debba estendersi oltre la veridicità dei dati e la fattibilità del piano[17].

Qualora infatti si tratti un PRO che preveda la continuità, il piano sarà costituito da un vero e proprio piano industriale che può anche prefigurare la destinazione ai creditori del surplus della continuità.

In questo contesto appare possibile strutturare un piano che preveda la falcidia anche dei creditori privilegiati senza che debba essere provata l'incapienza dei beni con apposita perizia estimativa come previsto invece in caso di concordato preventivo (art. 84, comma 5).

L'elemento imprescindibile nel PRO è la suddivisione dei creditori in classi e la conseguente distribuzione del valore a favore di ciascuna di esse, classi che si potranno formare secondo il tradizionale criterio dell'omogeneità della posizione giuridica e degli interessi economici e alle quali si potranno destinare risorse senza dover rispettare l'ordine legittimo delle prelazioni (artt. 2747 e 2748 c.c.) e l'ordine delle graduazioni (artt. 2777 e 2778)[18].

puntuale a ciascuna delle classi, di modo che possa essere ben valutata dal commissario e dal tribunale il superamento della condizione legale per poter procedere all'omologazione in presenza di creditori dissenzienti.

[15] Sulla differente formulazione rispetto all'art. 47, comma 1, che si arresta alla verifica della "ritualità della proposta" si legga Di Amato, *Diritto della crisi*.

[16] Cass., 16 aprile 2018, n. 9378.

[17] Appare del tutto condivisibile la scelta di operare il controllo sulla legittimità delle classi già nella fase di apertura del procedimento, a differenza di quanto previsto nel concordato preventivo ove questa verifica è posta nella successiva fase di omologazione, in quanto la correttezza del classamento va letta come la condizione legale per le importanti deroghe attribuite allo strumento: la libertà distributiva, la possibilità di soddisfare creditori dello stesso rango con aliquote e tempistiche differenti, la soddisfazione parziale di un credito privilegiato senza la verifica di incapienza trova la propria ragion d'essere nella libera e consapevole scelta dei creditori (strutturati in classi unilateralmente dal debitore proponente) di votare o meno favorevolmente alla proposta, laddove un classamento abusivo o scorretto potrebbe inficiare il voto. Anche in questo la norma è diretta applicazione della direttiva Insolvency, all'art. 9, § 5.

[18] Al creditore può essere offerto un pagamento in misura inferiore rispetto al valore del bene sul quale insiste la sua garanzia e al creditore chirografario può essere attribuita una quota di valore più elevata rispetto a quella offerta ad un privilegiato: le condizioni legali sono rappresentate dall'obbligatorietà della costituzione delle classi formate secondo l'omogeneità della posizione giuridica e degli interessi economici, dal medesimo trattamento dei creditori facenti parte della medesima classe, dalla votazione favorevole di tutte le classi e dall'obbligo di soddisfazione integrale dei crediti dei lavoratori entro trenta giorni dall'omologazione. Ulteriore e non meno rilevante *unicum* dell'istituto in commento è il mancato richiamo all'art. 88 che farebbe pro-

Il piano può avere anche un esito liquidatorio traendo tale convincimento dal rinvio che la norma in commento fa all'art. 84, comma 8, che prevede l'ipotesi della liquidazione del patrimonio o la cessione dell'azienda con la nomina del liquidatore [19].

3. – La gestione dell'impresa nella procedura in commento rimane saldamente nelle mani dell'organo gestorio il quale conserva la gestione ordinaria e straordinaria dell'impresa, sotto il controllo del commissario giudiziale, il quale dovrà soprattutto verificare che tale gestione venga posta in essere dall'imprenditore nel *prevalente interesse dei creditori*.

La distinzione rispetto all'art. 21, in tema di composizione negoziata, riporta in primo piano la questione dello stato soggettivo del proponente laddove in una situazione di crisi si possa procedere ad una gestione che eviti pregiudizio alla sostenibilità economico-finanziaria dell'impresa mentre in caso di insolvenza, ma sempre di natura reversibile, si debba avere come linea guida il prevalente interesse dei creditori [20].

Gli effetti che conseguono alla pronunzia del decreto vanno ricercati innanzitutto nelle norme di rinvio al concordato preventivo. E quindi la sospensione degli obblighi di ricapitalizzazione, la possibilità di presentare proposte concorrenti con i limiti previsti dall'art. 90, gli effetti sui crediti e sull'inopponibilità degli atti di cui all'art. 145. Sono applicabili anche gli effetti che si producono nel concordato preventivo relativamente ai contratti pendenti (artt. 94-bis, 95 e 97) ai finanziamenti prededucibili (artt. 99, 101 e 102) e ai debiti contratti durante la procedura (art. 98), così come per la prededucibilità dei crediti sorti nei confronti di terzi per atti legalmente compiuti (art. 46).

Le funzioni del commissario giudiziale sono le medesime assegnate dalla legge in tema di concordato preventivo ad eccezione di alcune norme in tema di gestione dell'impresa.

Tra le regole non richiamate dall'articolo in commento infatti vi sono gli artt. 94 e 100 in tema di gestione dell'impresa e di pagamenti di debiti pregressi: la particolarità dello strumento in questione, infatti, che lo situa tra il concordato preventivo e gli accordi,

---

pendere per la possibilità di stralciare i crediti erariali e contributivi senza la previa istanza da depositare contestualmente alla domanda presso gli uffici finanziari e senza il limite dell'incapienza del bene attestata da un professionista. Il proponente dovrà attentamente valutare in ogni caso la migliore soddisfazione di tale speciale categoria di crediti rispetto alla liquidazione giudiziale al fine di evitare la mancata omologa da parte del tribunale ai sensi dell'art. 64-*bis*, comma 8. Anche qui si legga Trib. Udine, 30 marzo 2022, cit., in sede di vaglio di ammissibilità della domanda di omologa del piano di ristrutturazione, il quale conferma come la mancanza di una norma specifica in tema di crediti tributari e contributivi «non può escludere la possibilità per il debitore di proporre un pagamento parziale o dilazionato di tali crediti, mediante l'inserimento in apposite classi, stante la prevista necessità di unanime consenso delle stesse».

[19] Anche il riferimento che la norma in commento fa all'art. 87, comma 1, appare prefigurare la possibilità di utilizzare il piano soggetto ad omologazione anche con finalità liquidatorie precisando che in questo specifico caso il piano così predisposto non potrà beneficiare della ristrutturazione trasversale limitata dal codice al concordato preventivo in continuità.

[20] Nel caso del PRO il legislatore ha optato, condivisibilmente, per l'applicazione del requisito più stringente rispetto a quello riservato per le imprese in crisi (la gestione che eviti pregiudizio alla sostenibilità economico-finanziaria dell'impresa) nella consapevolezza che siamo dinanzi ad una procedura giudiziale particolare, che prevede a determinate condizioni la deroga ai principi codicistici nella distribuzione del valore ai creditori, dovendo quindi i gestori mirare innanzitutto a non disperdere, e anzi a preservare, i valori patrimoniali e reddituali ancora residui (intorno alla discussione tra crisi e insolvenza si legga PANZANI, *L'imprenditore insolvente*, 253.

permette al debitore che vi accede di conservare la gestione ordinaria e straordinaria dell'impresa permettendo anche i pagamenti dei creditori anteriori con l'unico limite della comunicazione adeguatamente motivata al commissario giudiziale dell'intenzione di compiere tali atti [21].

Nonostante, infatti, il commissario mantenga il potere reattivo di segnalare agli amministratori e all'organo di controllo l'eventuale pregiudizio che gli atti comunicati possano arrecare ai creditori o la non coerenza dei medesimi al piano, e di conseguenza possa segnalare al tribunale il compimento di tali atti, questi ultimi mantengono la loro efficacia rispetto al patrimonio del debitore e la loro validità e opponibilità ai terzi [22].

Autorevole dottrina ritiene applicabile anche al PRO la particolare e nuova funzione di assistenza del commissario giudiziale alla redazione del piano prevista dall'art. 92 mutuando il convincimento dall'art. 5, comma 3, direttiva, a condizione che la domanda ipotizzi la continuazione dell'impresa [23].

Da ultimo si noti come il PRO non sia stato richiamato in tema di esenzione da revocatoria nella seconda parte dell'art. 166, comma 3, lett. *e*) con riferimento ad atti, pagamenti e garanzie legalmente posti in essere dal debitore dopo la domanda di accesso mentre sono esenti quelli posti in essere in esecuzione del piano laddove il PRO viene indicato esplicitamente dalla prima parte di detta norma.

Nello stesso modo restano fermi anche i reati di bancarotta semplice e preferenziale previsti dagli artt. 322 e 323, laddove anche qui manca un richiamo esplicito al PRO.

4. – La regola prevista dallo strumento in esame prevede che i creditori muniti di diritto di prelazione votino [24] e, per la parte incapiente, sono inseriti in apposita classe. La deroga a questa regola la individua lo stesso comma 7 dell'art. 64-*bis* che prevede il caso in cui tale categoria di creditori privilegiati non vota: ove sia soddisfatta integralmente in denaro ed entro centottanta giorni dall'omologazione, purché la garanzia reale che assiste il credito ipotecario o prelatizio resti ferma fino alla liquidazione dei beni e diritti sui quali sussiste la causa di prelazione e sia funzionale al loro pagamento. Per la speciale categoria di creditori privilegiati generali costituita dai crediti da lavoro c'è l'obbligo di soddisfazione entro trenta giorni dall'omologazione [25].

[21] Si legga anche FABIANI, PAGNI, *Il piano.*

[22] Questi atti potranno essere valutati ai fini del procedimento di revoca *ex* art. 106 e nell'eventuale successiva liquidazione giudiziale quali atti suscettibili di aver causato danni alla massa.

[23] PANZANI, *Il piano* e in AMBOROSINI, *Piano di ristrutturazione.*

[24] La votazione sarà svolta nelle nuove forme previste dal Codice che ha abolito l'adunanza dei creditori come già previsto da parte di quasi tutti gli Stati Membri prevedendo unicamente un termine inziale e finale per l'espressione del voto con modalità idonee a salvaguardare il contraddittorio e la partecipazione anche mediante utilizzo di strutture informatiche messe a disposizione di soggetti terzi. Nel PRO non è ammessa la rinuncia alla prelazione da parte dei creditori privilegiati i quali non sono ammessi al voto qualora soddisfatti per intero ed entro i 180 giorni. «Ne deriverebbe un regime differenziato diretto ad agevolare l'approvazione della proposta, che però rischia di ceare una differenza di trattamento lesiva della posizione dei creditori privilegiati, verosimilmente censurabile ai sensi dell'art. 3 Cost.», PANZANI, *Piano di ristrutturazione,* 37.

[25] Questo implica che i creditori prelatizi che vengono soddisfatti per intero ma oltre i 180 giorni votino comunque e che se vengono pagati parzialmente, anche entro 180 giorni, vadano inseriti in due classi separate, l'una per la parte soddisfatta e l'altra per la parte degradata a chirografo con diritto di voto in entrambe.

Come già detto, il commissario giudiziale nel PRO provvede ai medesimi incombenti previsti nel concordato preventivo, visto il richiamo agli artt. 107, 108, 109, commi 2, 4, 6 e 7, 110 e 111 e il piano è approvato se votano a favore tutte le classi ed in ciascuna classe la proposta si considera approvata se è raggiunta la maggioranza dei crediti ammessi al voto oppure, in mancanza, se hanno votato favorevolmente i 2/3 dei crediti dei creditori votanti, purché rappresentino almeno la metà del totale dei crediti della medesima classe[26].

Il requisito fondamentale è la votazione favorevole di tutte le classi con la particolarità appena vista del riferimento alla maggioranza raggiunta in ciascuna classe mentre è prevista l'opposizione di creditori singoli (il creditore interessato dissenziente) che può eccepire un difetto di convenienza della proposta[27], difetto superabile dal tribunale che può ugualmente omologare quando dalla liquidazione giudiziale il credito appare soddisfatto in misura inferiore[28].

In questo caso appare evidente come l'attestazione debba già contenere il paragrafo speciale che attesti il *best interest of creditor*, pena l'impossibilità a delibare sul punto da parte del giudicante.

Sulla formazione delle classi ci siamo già soffermati sopra: basti ancora evidenziare come l'applicazione del criterio scolpito nell'art. 2, comma 1, lett. *r)*, molto più restrittivo rispetto alle possibilità offerte dalla Direttiva, farà presumibilmente proliferare un incremento del numero delle classi a causa delle numerose previsioni di categorie di privilegi esistenti nel nostro ordinamento, creando non poche difficoltà di previsione del risultato della votazione dei creditori.

Una volta che è stata acclarata l'approvazione di tutte le classi il tribunale fissa l'udienza in camera di consiglio, per decidere sulla domanda di omologazione, nel rispetto del contraddittorio delle parti. I creditori interessati dissenzienti possono presentare entro i dieci giorni antecedenti l'udienza un'opposizione e cinque giorni prima, a cura del commissario giudiziale dovrà essere depositato il parere finale. Il debitore può contraddire sulle opposizioni con memorie da depositare sino a due giorni prima dell'udienza: all'esito il tribunale provvede con sentenza alla quale si applicano i rimedi impugnatori tipici (reclamo e ricorso per cassazione) previsti dagli artt. 51, 52 e 53.

5. – Il rinvio ad altre norme del Codice ad opera dell'ultimo comma dell'articolo in commento, obbligando l'interprete alla verifica di compatibilità, conferma alcuni presup-

BAZZANI, *Il Piano*, che sottolinea come questa soluzione si porrebbe in contrasto con l'art. 109, pur richiamato dalle norme sul PRO, ma anche dalla direttiva Insolvency.

[26] L'approvazione del pro si avrà dunque con il voto di almeno la metà dei creditori ammessi al voto con una maggioranza favorevole di almeno i 2/3 di questi votanti, il che significa che al limite il piano di ristrutturazione omologato può passare con l'approvazione del 33,33 per cento dei crediti ammessi al voto.

[27] Se il creditore annuncia l'intenzione di contestare il difetto di convenienza già nelle osservazioni formulate ai sensi dell'art. 107, comma 4, è permesso al proponente, a differenza del concordato preventivo, di modificare la propria domanda e chiedere di accedere ad un concordato preventivo ai sensi dell'art. 64-*quater*.

[28] Appare, quindi, difficile immaginare come, pur in presenza del voto favorevole di tutte le classi, possa procedersi all'omologazione del piano nel caso in cui ad un creditore privilegiato, che eccepisce il difetto di convenienza, venga offerto un pagamento inferiore al valore ricavabile dalla vendita del bene sul quale insiste la garanzia in quanto dalla liquidazione giudiziale si potrà ottenere, almeno teoricamente, quel valore regolarmente periziato.

posti già evidenziati e costringe ad interrogarsi su altri punti rilevanti.

Il rinvio all'art. 84, comma 8, che si occupa del piano che prevede la liquidazione del patrimonio e la cessione dell'azienda, ci conferma nella convinzione che il PRO possa essere applicato anche da soggetti che versano in stato di liquidazione con una azienda o un ramo di essa da cedere a terzi; mentre non appare comprensibile il mancato richiamo all'art. 100 laddove, in caso di continuità, dovesse rilevarsi necessario chiedere l'autorizzazione al pagamento dei crediti pregressi.

Rilevanti, in sintesi i richiami alle norme che prevedono l'indicazione delle classi formate ai fini del voto, con l'evidenza dei criteri utilizzati per la loro formazione, l'indicazione delle parti non interessate dal piano con specifica dei motivi della loro esclusione dalla votazione, e da ultimo la precisa fissazione del valore di attivo risultante dalla liquidazione del patrimonio al fine di evidenziare il parametro di raffronto rispetto alla proposta del piano di ristrutturazione e metterne in chiaro la convenienza per i creditori.

Il richiamo al titolo iv, capo ii, sezioni IV e VI introduce, anche nello strumento in commento, le regole proprie del concordato preventivo riferibili agli obblighi immediati del commissario e alla sua relazione oltre a tutto il giudizio di omologazione ad eccezione degli artt. 112[29] e 114 riguardanti rispettivamente l'omologazione nel concordato preventivo e la cessione dei beni prevista dal piano e ciò in quanto la norma del PRO prevede un procedimento di omologazione proprio e l'applicabilità dell'art. 84, comma 8 dovrebbe essere sufficiente a disciplinare la previsione del piano liquidatorio.

Pur non incluso nei richiami di cui al comma 9, la disciplina dettata dalla sezione VI-*bis* ed inerente la legittimazione esclusiva degli amministratori all'accesso agli strumenti di regolazione della crisi e dell'insolvenza e la tutela degli interessi dei soci nella ristrutturazione, si applica senza dubbio anche al PRO per essere tale istituto senz'altro annoverabile tra gli strumenti di cui alla rubrica della sezione VI-*bis*.

Si potrà quindi procedere alla modifica dello statuto della società proponente il PRO che possa prevedere la modifica della *governance* senza il previo passaggio all'assemblea dei soci e senza il controllo omologatorio del notaio rogante, controllo devoluto al tribunale anche in assenza di opposizioni.

Si potrà di conseguenza procedere alla formazione di apposita classe formata dai soci e dal valore delle loro partecipazioni e degli strumenti che attribuiscono loro il diritto di acquisirle dedotto il valore da essi eventualmente apportato ai fini della ristrutturazione in forma di conferimenti o di versamenti a fondo perduto oppure per l'impresa minore anche in altra forma (*ex* art. 120-*quater*, comma 2). I soci saranno legittimati anche in sede di PRO ad opporsi all'omologazione qualora dovesse risultare loro un pregiudizio rispetto all'alternativa liquidatoria.

---

[29] L'inapplicabilità esplicita dell'art. 112 è superata dall'espresso richiamo di cui all'art. 48, comma 3, in quanto richiamato dall'art. 64-*bis*, comma 9, in quanto compatibile.

La ratio dell'applicabilità del principio di cui all'art. 112 anche al piano di ristrutturazione omologato va ricercata direttamente nella norma unionale la quale, all'art. 14, §1, lett. *a*) prevede che «l'autorità giudiziaria adotta una decisione sulla valutazione dell'impresa del debitore solo qualora il piano di ristrutturazione sia contestato da una parte interessata dissenziente per una presunta violazione della verifica del migliore soddisfacimento dei creditori ai sensi dell'art. 2 paragrafo 1, punto 6» (cfr. PANZANI, *Piano di ristrutturazione*, 42).

Articolo 64-*ter*

Mancata approvazione di tutte le classi

1. Se il piano di ristrutturazione non è approvato da tutte le classi, secondo quanto risulta dalla relazione depositata ai sensi dell'articolo 110, il debitore, entro quindici giorni dalla data del deposito della relazione medesima, se ritiene di avere ottenuto l'approvazione di tutte le classi, può chiedere che il tribunale accerti l'esito della votazione e omologhi il piano di ristrutturazione.

2. Decorso il termine di cui al comma 1 senza che il debitore abbia avanzato la richiesta ivi prevista o modificato la domanda ai sensi dell'articolo 64-*quater*, si applica l'articolo 111.

Emanuele Mattei

Questa norma attribuisce al debitore proponente la facoltà di accedere (i) al riconteggio dei voti ove dalla relazione del commissario giudiziale risultasse che il piano di ristrutturazione non sia stato approvato da tutte le classi e, nel caso tale riconteggio faccia emergere il raggiungimento delle maggioranze previste per l'approvazione della proposta, (ii) alla conseguente richiesta al tribunale di accertare l'esito della votazione e l'omologa del PRO.

In sostanza, nel termine perentorio di quindici giorni dal deposito della relazione con la quale il commissario giudiziale accerta la mancata votazione favorevole di tutte le classi con le maggioranze previste, il proponente può contestarne l'esito e chiedere al tribunale di accertare l'esito contrario a quello indicato nella relazione commissariale: tale soluzione, del tutto innovativa rispetto alla classica procedura di accertamento dell'esito delle votazione prevista nel concordato preventivo, permette al debitore di accedere al riconteggio impedendo al tribunale di dichiarare l'apertura della liquidazione giudiziale. In questo ristretto lasso temporale, in alternativa, il debitore può optare per la modifica della precedente domanda di PRO in concordato preventivo (art. 64-*quater*): in questa maniera, infatti, vengono salvati gli effetti della prima domanda, ovviamente nel caso in cui il proponente il PRO non chieda la verifica dell'esito della votazione.

Sotto un profilo procedurale in base all'art. 110 il commissario giudiziale, entro il giorno successivo alla chiusura della votazione, deposita in cancelleria una sua relazione dalla quale deve emergere l'esito dello scrutinio e, in caso di raggiungimento delle maggioranze, il tribunale fissa d'ufficio l'udienza per la comparizione del debitore, dei creditori e del commissario giudiziale, ai fini del giudizio di omologazione.

Se dalla relazione risulta il mancato raggiungimento delle maggioranze la procedura prevede che il giudice delegato ne riferisca al tribunale che deve provvedere ai sensi dell'art. 49, comma 1 nel caso penda già una domanda di liquidazione giudiziale: la legge, unicamente nel caso in cui la ristrutturazione sia stata avanzata tramite il PRO, concede questa *chance* al debitore che può avanzare una specifica domanda di riconteggio che verrà vagliata in sede di udienza *ex* art. 48, comma 1, nella quale verifica l'eventuale raggiungimento delle maggioranze, e nella quale peraltro potranno essere presentate le eventuali opposizioni dei creditori.

Ove le maggioranze risultino raggiunte il piano sarà omologato mentre in caso contrario la domanda di omologazione sarà rigettata e si potrà procedere all'apertura della liquidazione ove penda già una domanda in tal senso.

Appare dubbio se la domanda del debitore volta a sollecitare il riconteggio debba essere formulata come un reclamo contro il decreto del giudice delegato *ex* art. 124 (non essendoci un provvedimento del giudice, semmai del tribunale) oppure nelle forme del reclamo contro gli atti del commissario, potendosi ammettere una semplice "istanza di riesame" [1] *ex* art. 64-*ter* con la quale il debitore/proponente chieda l'accertamento dell'esito delle votazioni.

[1] Cfr. BOZZA, *Il piano*.

Articolo 64-*quater*

Conversione del piano di ristrutturazione soggetto ad omologazione in concordato preventivo

1. Se il piano di ristrutturazione non è approvato da tutte le classi, secondo quanto risulta dalla relazione depositata ai sensi dell'articolo 110, il debitore, in luogo della richiesta di cui all'articolo 64-*ter* comma 1, può modificare la domanda formulando una proposta di concordato e chiedendo che il tribunale pronunci il decreto previsto dall'articolo 47. Il debitore può procedere allo stesso modo anche se un creditore ha contestato il difetto di convenienza nelle osservazioni formulate ai sensi dell'articolo 107, comma 4.

2. Il debitore può, in ogni momento, modificare la domanda, formulando la proposta di concordato, anche al di fuori delle ipotesi di cui al comma 1.

3. I termini per l'approvazione della proposta sono ridotti alla metà.

4. La memoria contenente la modifica della domanda è pubblicata nel registro delle imprese e dal giorno della pubblicazione si applicano le disposizioni degli articoli 46, commi 1, 2 e 3, e 47, comma 2, lett. c), nonché il capo III del titolo IV del presente codice.

5. Il debitore che ha presentato la domanda di concordato preventivo può modificarla chiedendo l'omologazione del piano di ristrutturazione sino a che non sono iniziate le operazioni di voto.)

Emanuele Mattei

La modifica della domanda, da PRO a concordato preventivo, oltre al caso della mancata approvazione di tutte le classi ed in mancanza della richiesta di riconteggio di cui all'art. 64-*ter*, può essere sempre formulata dal debitore in ogni momento ed a prescindere dalle precedenti ipotesi.

La nuova proposta non potrà contenere una formulazione delle classi dei creditori strutturate in deroga alle regole della *par condicio* e dovrà invece rispondere alle norme previste per il concordato preventivo.

La medesima finalità viene raggiunta quanto il debitore, consapevole di contestazioni già avanzate da un creditore in sede di osservazioni, intende sterilizzare la certa futura opposizione attraverso la modifica della prima domanda convertita in proposta di concordato preventivo alla quale si applicheranno le regole dell'art 84.

La facoltà di conversione della precedente domanda implica il dimezzamento dei termini per la sua approvazione che sono ridotti a sei mesi in luogo dei dodici *ex* art. 113, anche al fine di tener conto della durata massima delle misure protettive in quanto il passaggio da un procedimento all'altro potrebbe produrre un eccessivo allungamento dei tempi che ecceda il termine massimo della protezione previsto in dodici mesi.

La memoria contenente la modifica della domanda è pubblicata presso il registro delle imprese e dal giorno successivo sono applicabili le norme in tema di concordato preventivo.

La modifica della domanda implica la presentazione di apposito ricorso al tribunale con cui si richiede la pronuncia del decreto *ex* art. 47, tenendo presente che, in caso di pendenza di un'istanza di liquidazione giudiziale, i termini di decadenza previsti dall'art. 40, comma 10, non operano ed i limiti temporali per la presentazione del ricorso saranno quelli previsti dal tempo della votazione, se la conversione della domanda consegua alla mancata approvazione della proposta, o dal tempo delle osservazioni *ex* art. 107, comma 4 [1].

Sarà legittimo anche il percorso inverso, laddove l'imprenditore che ha presentato domanda di accesso alla procedura di concordato preventivo, decida di convertire il percorso di soluzione della crisi chiedendo l'omologazione del piano di ristrutturazione: tale facoltà sarà esercitabile fintanto che non siano iniziate le operazioni di voto [2].

Tale scelta potrà risultare strategica qualora il debitore accerti nel corso delle negoziazioni con i creditori che vi sia tra loro un diffuso consenso alla redigenda proposta così che possa confidare sulla unanimità delle classi potendo, di conseguenza, accedere attraverso il PRO all'importante deroga ai vincoli di distribuzione previste per il concordato preventivo.

Tale previsione, infine, conferma la contiguità tra le due procedure in quanto maggiormente reciprocamente sostituibili, anche in uno stadio avanzato del procedimento, rispetto alla conversione di un risanamento previsto da un accordo in un concordato preventivo e viceversa.

---

[1] FABIANI, PAGNI, *Il piano*.

[2] Cfr. DI AMATO, *Diritto della crisi*, il quale prefigura un ingiustificato trattamento più favorevole del PRO rispetto alla disciplina prevista per la modifica della proposta di concordato che è possibile solo fino a venti giorni prima della data iniziale stabilita per la votazione dei creditori.

Articolo 65

Ambito di applicazione delle procedure di composizione della crisi da sovraindebitamento

1. I debitori di cui all'articolo 2, comma 1, lettera c) possono proporre soluzioni della crisi da sovraindebitamento secondo le norme del presente capo o del titolo V, capo IX.

2. Si applicano, per quanto non specificamente previsto dalle disposizioni della presente sezione, le disposizioni del titolo III, in quanto compatibili.

3. I compiti del commissario giudiziale o del liquidatore nominati nelle procedure di cui al comma 1 sono svolti dall'OCC. La nomina dell'attestatore è sempre facoltativa.

4. (*Comma abrogato dal d.lgs. 26 ottobre 2020, n. 147*).

Niccolò Nisivoccia e Andrea Colnaghi

Sommario: 1. Premessa. – 2. I presupposti soggettivi. – 2.1. Il consumatore. – 2.2. Il libero professionista. – 2.3. L'imprenditore minore, l'imprenditore agricolo e le *start-up* innovative. – 2.4. I restanti debitori non assoggettabili alle procedure liquidatorie. – 3. Il presupposto oggettivo.

1. – Il sovraindebitamento – quale procedura diretta a regolare, in via tendenzialmente universale e nel rispetto della *par condicio creditorum*, la crisi e l'insolvenza dei debitori non assoggettabili al fallimento – ha fatto ingresso nell'ordinamento italiano soltanto nel 2012 (attraverso la l. n. 3 del 2012).

Nella sua veste originaria, il sovraindebitamento si articolava in tre procedure di natura concorsuale: l'accordo di composizione della crisi, il piano del consumatore e la liquidazione del patrimonio [1].

A seguito della riforma organica della crisi d'impresa e dell'insolvenza (d.lgs. n. 14 del 2019), anche il sovraindebitamento – che nel frattempo aveva conosciuto ancora poca applicazione pratica [2] – è stato rivisitato e riformato. E ciò a cominciare dai nomi stessi delle

[1] Frascaroli Santi, *Procedimenti di composizione*, 556 ss.; Grieco, *Codice della crisi*, 2. Nello stesso senso: Trib. Verona, 21 agosto 2018, secondo cui «le procedure previste dalla L. n. 3 del 2012 devono essere considerate come delle procedure concorsuali, in quanto tali soggette alla disciplina contenuta nella legge stessa e, per quanto non previsto, ai principi generali che regolano le procedure concorsuali».

[2] Pellecchia, *La riforma organica*, 17.

tre procedure da cui è composto: l'accordo di composizione della crisi, il piano del consumatore e la liquidazione del patrimonio risultano infatti sostituite, oggi, rispettivamente dal concordato minore (artt. 74-83), dalla ristrutturazione dei debiti del consumatore (artt. 67-73) e dalla liquidazione controllata (artt. 268-277).

Dei presupposti soggettivi e oggettivi per l'accesso a tali procedure si occupa, attraverso una serie di rimandi, l'articolo in commento.

2. – Il primo comma dell'art. 65 stabilisce che «*possono proporre soluzioni della crisi da sovraindebitamento*» «*i debitori di cui all'art. 2, comma 1, lettera c)*», vale a dire: il consumatore, il libero professionista, l'imprenditore minore, l'imprenditore agricolo, le *start-up* innovative e, infine, «*ogni altro debitore non assoggettabile alla liquidazione giudiziale ovvero a liquidazione coatta amministrativa o ad altre procedure liquidatorie previste dal codice civile o da leggi speciali per il caso di crisi o insolvenza*».

2.1. – Il consumatore viene definito dall'art. 2, comma 1, lett. *e*), come «*la persona fisica che agisce per scopi estranei all'attività imprenditoriale, commerciale, artigiana o professionale eventualmente svolta, anche se socia di una delle società appartenenti ad uno dei tipi regolati nei capi III, IV e VI del titolo V del libro quinto del codice civile, per i debiti estranei a quelli sociali*».

Nel passaggio dalla l. n. 3 del 2012 al Codice, la definizione di consumatore è stata allineata a quelle presenti nel TUB e nel Codice del consumo, nonché ampliata attraverso il riferimento ai soci illimitatamente responsabili, nei limiti ovviamente dei debiti estranei a quelli sociali[3].

Questa nuova definizione ha risolto solo alcuni dei dubbi interpretativi sorti nel vigore della precedente disciplina.

In particolare, possono essere considerati risolti i dubbi concernenti l'ammissibilità dell'accesso al sovraindebitamento da parte del socio illimitatamente responsabile, in relazione al quale si contrapponevano due orientamenti: secondo il primo, espresso ad esempio da Trib. Rimini, 12 marzo 2018, «la qualità di socio illimitatamente responsabile ... non esclude la accessibilità alle procedure di sovraindebitamenti»; secondo l'altro, espresso ad esempio da Trib. Milano, 18 agosto 2016, «non può essere sottoposto a una delle procedure della l. n. 3 del 2012 il socio illimitatamente responsabile di una società di persone poiché quest'ultimo è assoggettabile al fallimento ex art. 147 l. fall.». Ora, l'accesso al sovraindebitamento da parte del socio responsabile in via illimitata risulta espressamente consentito.

Viceversa, rimane aperta la questione dell'assoggettabilità del fideiussore alle procedure riservate ai soli consumatori. Anche tale questione registrava due orientamenti diversi: uno, più restrittivo, riconducibile alla teoria del cd. professionista di rimbalzo (o di riflesso), in virtù del quale la natura professionale o imprenditoriale del debitore garantito conferirebbe automaticamente una medesima natura anche al garante, escludendolo in tal modo dall'accesso alla procedura[4]; un altro, più recente, ispirato alla concezione funziona-

---

[3] GRIECO, *Codice della Crisi*, 5; BONACCORSI, DE SANTIS, *L'ambito soggettivo*, 32.

[4] Trib. Milano, 16 maggio 2015; Trib. Bergamo, 12 dicembre 2014; Trib. Treviso, 21 dicembre 2016.

listica, in virtù del quale il fideiussore può sempre accedere ai piani riservati al consumatore, indipendentemente dalla natura dei debiti garantiti, semplicemente a patto di aver prestato la garanzia per ragioni estranee a qualsiasi attività imprenditoriale o professionale eventualmente svolta[5]. È verosimile, ad ogni modo, che sia quest'ultimo l'orientamento destinato a prevalere, in futuro, essendo quello più aderente alle indicazioni provenienti dagli indirizzi attuali della giurisprudenza comunitaria (alla quale la nostra ha sempre fatto riferimento, negli anni passati, ai fini dell'applicazione ora dell'una ora dell'altra delle due tesi contrapposte). In particolare, la Corte di Giustizia dell'Unione europea sembra ormai essersi uniformata al principio secondo il quale è al contratto di garanzia che occorre fare riferimento per valutare la qualità in cui il garante abbia agito, dal momento che il contratto di garanzia, per quanto accessorio rispetto a quello principale, dal punto di vista soggettivo rimane comunque un contratto autonomo. La qual cosa significa che, nelle ipotesi in cui una persona fisica abbia garantito l'adempimento delle obbligazioni di un imprenditore, il giudice nazionale dovrà sempre svolgere un'indagine in concreto per accertare gli eventuali collegamenti funzionali fra il garante stesso e l'imprenditore (ad esempio, il garante era anche amministratore della società nell'interesse della quale è stata prestata la garanzia? Oppure: ne era socio, e se sì in quale misura?): e solo in presenza di tali collegamenti l'accesso alla procedura da parte del garante potrà essere negato[6].

2.2. – Da sempre pacifica è l'assoggettabilità del professionista alle procedure di sovraindebitamento.

Anche a tal proposito i principali dubbi interpretativi, sorti nel vigore della precedente legge, riguardavano la possibilità di configurare il professionista come consumatore e, quindi, la possibilità di assoggettarlo alle procedure riservate solo a quest'ultimo. In realtà l'orientamento predominante riteneva che il professionista possa essere considerato alla stregua di un consumatore qualora la posizione debitoria da ristrutturare riguardi l'inadempimento di obbligazioni estranee all'attività professionale esercitata[7]. Ma il dubbio conserva in ogni caso una sua ragion d'essere, per il semplice fatto che il Codice non lo ha risolto.

Altro tema connesso, a sua volta irrisolto, è quello della percorribilità del sovraindebitamento da parte delle società tra professionisti (STP). Sul punto, si ricorda che l'orientamento tradizionale, in virtù di un'applicazione analogica di quanto previsto della l. n. 247 del 2012 in relazione alla professione forense, esclude la fallibilità di questi soggetti, ammettendone di riflesso l'assoggettabilità alle procedure di sovraindebitamento[8].

---

[5] V., in particolare, Cass., 1 febbraio 2016, n. 1869, secondo cui consumatore è «il debitore che, persona fisica, risulti aver contratto obbligazioni – non soddisfatte al momento della proposta di piano – per far fronte ad esigenze personali o familiari o della più ampia sfera attinente agli impegni derivanti dall'estrinsecazione della propria personalità sociale, dunque anche a favore di terzi, ma senza riflessi diretti in un'attività d'impresa o professionale propria». Nello stesso senso: Trib. Rovigo, 13 dicembre 2016; Trib. Reggio Emilia, 19 novembre 2016; BONACCORSI, DE SANTIS, *L'ambito soggettivo*, 38; LEUZZI, *Le procedure*, 22 ss.

[6] È questo l'orientamento che sembra ormai affermatosi presso la Corte di Giustizia, a partire dall'ordinanza del 19 novembre 2015 nella causa C-74/15, successivamente confermata da molti altri provvedimenti.

[7] Cass., 1 febbraio 2016, n. 1869; BONACCORSI, DE SANTIS, *L'ambito soggettivo*, 39; BATTAGLIA, *Art. 6*, 3190.

[8] Trib. Forlì, 25 maggio 2017, secondo cui le STP «non possono essere assimilate alle società commerciali, non esercitando un'attività commerciale e non rivestendo la qualità di imprenditore», con la conseguenza «che

2.3. – L'impresa minore è definita dal Codice come quella «*che presenta congiuntamente i seguenti requisiti: 1) un attivo patrimoniale di ammontare complessivo annuo non superiore ad euro trecentomila nei tre esercizi antecedenti la data di deposito della istanza di apertura della liquidazione giudiziale o dall'inizio dell'attività se di durata inferiore; 2) ricavi, in qualunque modo essi risultino, per un ammontare complessivo annuo non superiore ad euro duecentomila nei tre esercizi antecedenti la data di deposito dell'istanza di apertura della liquidazione giudiziale o dall'inizio dell'attività se di durata inferiore; 3) un ammontare di debiti anche non scaduti non superiore ad euro cinquecentomila*» (art. 2, comma 1, lett. *d*).

Ciò conferma che il sovraindebitamento è un istituto dedicato anche all'imprenditore che, per via delle sue ridotte dimensioni, risulti in quanto tale escluso dall'ambito di applicazione delle procedure cc.dd. "maggiori". Alla luce di quanto previsto dall'art. 121 e dai più recenti orientamenti in materia, l'onere di dimostrare il possesso congiunto dei requisiti dimensionali per poter essere qualificato quale imprenditore minore continuerà a gravare sul debitore istante[9].

Anche l'imprenditore agricolo (art. 2135 c.c.), in forza del rimando della norma in commento all'art. 2, comma 1, lett. *c*), è espressamente individuato quale debitore destinatario delle procedure di sovraindebitamento. Nondimeno, nel vigore del Codice, pare corretto continuare a ritenere che l'assoggettabilità a tali rimedi da parte dello specifico debitore richiederà (come in passato) l'accertamento in concreto della natura agricola della specifica impresa[10].

Quanto alle *start-up* innovative, la loro esclusione dalle procedure concorsuali diverse dalla composizione della crisi da sovraindebitamento, già prevista dal d.l. n. 179 del 2012, risulta oggi confermata nel Codice (art. 2, comma 1, lett. *c*). In proposito, si segnala che anche per le *start-up* (al pari di quanto accade per le imprese agricole) vige il principio della prevalenza della sostanza sulla forma, con la conseguenza che l'iscrizione dell'ente nell'apposita sezione del registro delle imprese non ne impedisce comunque l'assoggettamento alle ordinarie procedure concorsuali, allorquando emerga il difetto dei requisiti che avrebbero legittimato l'iscrizione[11].

2.4. – La formula di chiusura, secondo cui può accedere al sovraindebitamento «*ogni … debitore non assoggettabile alla liquidazione giudiziale ovvero a liquidazione coatta amministrativa o ad altre procedure liquidatorie previste dal codice civile o da leggi speciali per il caso di crisi o insolvenza*», conferma la volontà del Codice, secondo quella che potremmo definire come una logica della sottrazione o della residualità, già adottata nella l. n. 3 del 2012, di convogliare nel sovraindebitamento una platea potenzialmente eterogenea di debitori[12].

Questo non significa che la platea sia indeterminata, perché ne rimangono espressamente esclusi tutti quei soggetti che ricadano nel perimetro della liquidazione giudiziale,

come tali non siano pertanto assoggettabili al fallimento». In termini: LEUZZI, *Le procedure*, 24; BONACCORSI, DE SANTIS, *L'ambito soggettivo*, 40 ss.

[9] *Ex multis*: Cass., 23 marzo 2018, n. 7372; Cass., 31 maggio 2012, n. 8769. In termini: CANAZZA, *Art. 1*, 29; BONACCORSI, DE SANTIS, *L'ambito soggettivo*, 43.

[10] Cass., 13 luglio 2017, n. 17343; LEUZZI, *Le procedure*, 19.

[11] Trib. Milano, 8 aprile 2021; Trib. Treviso, 12 maggio 2012; BONACCORSI, DE SANTIS, *L'ambito soggettivo*, 66 ss.

[12] LEUZZI, *Le procedure*, 16; BONACCORSI, DE SANTIS, *L'ambito soggettivo*, 30.

della liquidazione coatta amministrativa e delle altre procedure liquidatorie previste dal codice civile o da leggi speciali, tra le quali deve intendersi ricompresa anche l'amministrazione straordinaria delle grandi imprese in crisi [13].

La norma non contiene riferimenti agli enti pubblici, in relazione ai quali tuttavia vige il principio generale espresso nell'art. 1, che prevede l'applicabilità del Codice stesso alle situazioni di crisi e di insolvenza di ogni e qualsiasi debitore ad eccezione dello Stato e, appunto, degli enti pubblici.

3. – Il presupposto oggettivo per l'accesso alle procedure in questione è individuato nel «*sovraindebitamento*», definito dall'art. 2, comma 1, lett. *c*) come «*lo stato di crisi*» – e quindi come «*lo stato di difficoltà economico-finanziaria che rende probabile l'insolvenza del debitore*» (art. 2, comma 1, lett. *a*) – o «*di insolvenza*» – e quindi come «*lo stato del debitore che si manifesta con inadempimenti od altri fatti esteriori, i quali dimostrino che il debitore non è più in grado di soddisfare regolarmente le proprie obbligazioni*» (art. 2, comma 1, lett. *b*).

Il richiamo ai concetti di crisi e insolvenza rappresenta una novità perlopiù terminologica [14], dal momento che il riferimento a tali presupposti era rintracciabile anche nella definizione di sovraindebitamento di cui alla l. n. 3 del 2012, laddove «*la rilevante difficoltà di adempiere le proprie obbligazioni*» e «*la definitiva incapacità di adempierle regolarmente*» rappresentavano già un chiaro rinvio alla crisi, nel primo caso, e all'insolvenza nel secondo. Ma è anche vero che il concetto di crisi è oggi diverso, alla luce del Codice, rispetto al passato.

È stato osservato, ad ogni modo, che l'espresso riferimento allo stato di crisi (e quindi alla probabilità di una futura insolvenza) avrebbe una valenza "chiarificatoria propizia", volta ad anticipare il momento di accesso alle procedure di sovraindebitamento e ad evitare che i debitori vi facciano ricorso solo quando la loro situazione risulti irrimediabilmente compromessa [15].

---

[13] BONACCORSI, DE SANTIS, *L'ambito soggettivo*, 70.

[14] *Contra*: PELLECCHIA, *La definizione*, 1144 ss.

[15] LEUZZI, *Le procedure*, 37.

Articolo 66
Procedure familiari

1. I membri della stessa famiglia possono presentare un unico progetto di risoluzione della crisi da sovraindebitamento quando sono conviventi o quando il sovraindebitamento ha un'origine comune. Quando uno dei debitori non è un consumatore, al progetto unitario si applicano le disposizioni della sezione III del presente capo.

2. Ai fini del comma 1, oltre al coniuge, si considerano membri della stessa famiglia i parenti entro il quarto grado e gli affini entro il secondo, nonché le parti dell'unione civile e i conviventi di fatto di cui alla legge 20 maggio 2016, n. 76.

3. Le masse attive e passive rimangono distinte.

4. Nel caso in cui siano presentate più richieste di risoluzione della crisi da sovraindebitamento riguardanti membri della stessa famiglia, il giudice adotta i necessari provvedimenti per assicurarne il coordinamento. La competenza appartiene al giudice adito per primo.

5. La liquidazione del compenso dovuto all'organismo di composizione della crisi è ripartita tra i membri della famiglia in misura proporzionale all'entità dei debiti di ciascuno.

Niccolò Nisivoccia e Andrea Colnaghi

L'introduzione delle procedure familiari da sovraindebitamento, avvenuta sulla scorta delle indicazioni fornite nella legge delega n. 155 del 2017, risponde al dato fattuale per cui, sempre più spesso, ad essere sovraindebitato è non il solo singolo debitore atomisticamente individuato bensì il suo intero nucleo familiare [1].

Tale norma è, in realtà, la trasposizione di un orientamento della giurisprudenza, la quale già nel vigore della precedente disciplina si era mossa in tale direzione [2].

---

[1] CESARE, *Spunti di riflessione*, 2; BONACCORSI, DE SANTIS, *L'ambito soggettivo*, 49; GRIECO, *Art. 65*, 7; D'ORAZIO, *Il sovraindebitamento*, 703.

[2] V. Trib. Bergamo, 26 settembre 2018, secondo cui «la disciplina di cui alla l. 3/2012 ha quale scopo, tra gli altri, quello di porre rimedio di sovraindebitamento delle famiglie e … la mancata previsione, tra i soggetti che possono accedere alle procedure indicate nella stessa legge, delle 'famiglie' non pare ostacolare un'interpretazione estensiva del concetto di 'debitore', anche come ente collettivo costituito dai debitori appartenenti alla famiglia in crisi da sovraindebitamento, in particolare quando lo squilibrio finanziario derivi proprio dalla gestione della vita in comune dei suoi membri». Nello stesso senso: Trib Milano, 6 dicembre 2017; Trib. Mantova, 8 aprile 2018.

Quanto al suo contenuto precettivo, l'articolo in commento chiarisce, anzitutto, che per famiglia si intendono «*i parenti entro il quarto grado e gli affini entro il secondo, nonché le parti dell'unione civile e i conviventi di fatto di cui alla legge 20 maggio 2016, n. 76*» e, poi, che la trattazione unitaria dello stato di sovraindebitamento riferibile a questa collettività è ammissibile nella misura in cui i singoli soggetti coinvolti siano «*conviventi*» oppure «*il sovraindebitamento*» abbia «*un'origine comune*».

Tale "origine comune" è stata identificata, ad esempio, nell'assunzione di un'obbligazione solidale verso istituti bancari[3], oppure nell'accensione di un mutuo fondiario a garanzia del quale siano stati offerti beni in comproprietà o ricadenti in regime di comunione legale[4]. In ogni caso deve trattarsi, evidentemente, di debiti che non siano stati contratti dai singoli membri della famiglia per scopi individuali, egoistici, bensì che s'inscrivano dentro un orizzonte collettivo, comune, nell'interesse della famiglia come gruppo.

La norma precisa inoltre che, nonostante l'unitarietà della procedura, le masse attive e passive riferibili ai singoli debitori restano separate, esattamente come avviene nel caso dei concordati dei gruppi di imprese; e ciò al chiaro fine di non pregiudicare le legittime aspettative di soddisfacimento dei creditori individuali[5]. Quindi è vero che la procedura è unitaria, o può esserlo, ma solo nel senso che i componenti della famiglia possono accedere congiuntamente alla procedura, e non anche nel senso che vi accedono indistintamente, proprio perché la responsabilità patrimoniale di ogni componente rimane solo sua: rimane individuale e personale. In altre parole: per un verso è vero che la famiglia viene intesa come gruppo, come soggetto collettivo, perché la norma le consente di presentarsi come tale davanti alla procedura; ma per un altro verso gli interessi di coloro che la compongono rimangono distinti. La famiglia viene considerata come un gruppo, ma non come un gruppo che annulli le individualità, né le responsabilità personali. E gli stessi presupposti di accesso alla procedura dovranno essere valutati in relazione a ciascun singolo componente[6].

Nondimeno è stato notato, a quest'ultimo proposito, che l'alterità soggettiva dei vari componenti della stessa famiglia potrebbe risultare problematica rispetto alla concreta verifica dei presupposti di ammissibilità alle procedure di sovraindebitamento[7], preoccupandosi l'art. 66 unicamente di specificare che, «*quando uno dei debitori non è un consumatore, al progetto unitario si applicano le disposizioni della sezione III del presente capo*», vale a dire le disposizioni relative al concordato minore.

Infine, la norma in commento chiarisce che, quando risultano pendenti più procedimenti di sovraindebitamento riguardanti una medesima compagine familiare, «*il giudice adotta i necessari provvedimenti per assicurarne il coordinamento*», ferma la competenza del «*giudice adito per primo*». Il che sembra legittimare l'opinione che possa essere il giudice a conferire unità, eventualmente, alle procedure separate (anche nel rispetto dei princìpi di economia processuale, per un verso, e di possibile miglior soddisfacimento dei creditori).

---

[3] Trib. Bergamo, 26 settembre 2018.

[4] Trib. Mantova, 8 aprile 2018.

[5] BONACCORSI, DE SANTIS, *L'ambito soggettivo*, 50; GRIECO, *Art. 65*, 7; D'ORAZIO, *Il sovraindebitamento*, 703.

[6] D'ATTORRE, *Manuale di diritto della crisi e dell'insolvenza*, 436.

[7] BONACCORSI, DE SANTIS, *L'ambito soggettivo*, 50.

Articolo 67
Procedura di ristrutturazione dei debiti

1. Il consumatore sovraindebitato, con l'ausilio dell'OCC, può proporre ai creditori un piano di ristrutturazione dei debiti che indichi in modo specifico tempi e modalità per superare la crisi da sovraindebitamento. La proposta ha contenuto libero e può prevedere il soddisfacimento, anche parziale e differenziato, dei crediti in qualsiasi forma.

2. La domanda è corredata dell'elenco:

a) di tutti i creditori, con l'indicazione delle somme dovute e delle cause di prelazione;

b) della consistenza e della composizione del patrimonio;

c) degli atti di straordinaria amministrazione compiuti negli ultimi cinque anni;

d) delle dichiarazioni dei redditi degli ultimi tre anni;

e) degli stipendi, delle pensioni, dei salari e di tutte le altre entrate del debitore e del suo nucleo familiare, con l'indicazione di quanto occorre al mantenimento della sua famiglia.

3. La proposta può prevedere anche la falcidia e la ristrutturazione dei debiti derivanti da contratti di finanziamento con cessione del quinto dello stipendio, del trattamento di fine rapporto o della pensione e dalle operazioni di prestito su pegno, salvo quanto previsto dal comma 4.

4. È possibile prevedere che i crediti muniti di privilegio, pegno o ipoteca possano essere soddisfatti non integralmente, allorché ne sia assicurato il pagamento in misura non inferiore a quella realizzabile, in ragione della collocazione preferenziale sul ricavato in caso di liquidazione, avuto riguardo al valore di mercato attribuibile ai beni o ai diritti oggetto della causa di prelazione, come attestato dall'OCC.

5. È possibile prevedere anche il rimborso, alla scadenza convenuta, delle rate a scadere del contratto di mutuo garantito da ipoteca iscritta sull'abitazione principale del debitore se lo stesso, alla data del deposito della domanda, ha adempiuto le proprie obbligazioni o se il giudice lo autorizza al pagamento del debito per capitale ed interessi scaduto a tale data.

6. Il procedimento si svolge dinanzi al tribunale in composizione monocratica.

Angelo Napolitano

Percorrendo la strada già intrapresa dalla l. n. 3 del 2012, il Codice ribadisce la scelta di apprestare in favore del consumatore una procedura di composizione della crisi da sovraindebitamento basata su una proposta di ristrutturazione dei debiti, con funzione esdebitatoria.

I tratti caratterizzanti la procedura di ristrutturazione dei debiti del consumatore, che prende il posto del piano del consumatore disciplinato nella l. n. 3 del 2012, sono: la sua accessibilità esclusivamente da parte di un soggetto che possa definirsi consumatore, mediante la proposta di un piano a contenuto libero e soggetto all'omologazione del giudice; l'esclusione del voto per i creditori destinatari della proposta; la preclusione della possibilità di accedere alla procedura in parola per il consumatore che si trovi nelle condizioni ostative di cui all'art. 69, comma 1.

La ragione per la quale il legislatore ha predisposto, per il consumatore, una procedura *ad hoc* che non prevede il voto dei creditori è stata spiegata in dottrina con la considerazione che chi fa credito ad un consumatore sarebbe disinteressato ad esprimere il suo voto con riferimento ad una proposta di ristrutturazione dei debiti di un consumatore[1]. Fatto sta che il consumatore sovraindebitato, a differenza dell'imprenditore, non è inserito in una rete di relazioni continuative con i suoi creditori.

In altri termini, deve considerarsi che i creditori di un imprenditore sovraindebitato sono per lo più fornitori di beni e servizi che hanno interesse a che il loro debitore, con cui hanno rapporti costanti, viva, piuttosto a che sia espulso dal mercato; i creditori di un consumatore, invece, sono creditori occasionali, indifferenti alle sorti del loro debitore. Per loro la perdita di una parte del credito non avrebbe "contropartite" in termini imprenditoriali, sicché essi potrebbero non avere alcun serio motivo per "salvare" il loro debitore.

Il piano di ristrutturazione dei debiti del consumatore è inquadrabile tra le procedure concordatarie, pur in assenza del voto da parte dei creditori.

Ciò in quanto è riconosciuto in capo ai creditori la facoltà di opporsi all'omologazione contestando la convenienza della proposta, secondo il disposto dell'art. 70, comma 9, rispetto alle prospettive di soddisfacimento assicurate dall'alternativa liquidatoria.

L'assenza del diritto di voto per i creditori nell'ambito del piano di ristrutturazione dei debiti del consumatore è bilanciata dal vaglio di fattibilità giuridica riconosciuto in capo al giudice, oltre che dal controllo della meritevolezza del debitore proponente.

Con riferimento ai requisiti per l'accesso al piano di ristrutturazione, ed in particolare sulla nozione di consumatore, si è già detto che l'interpretazione più coerente sarebbe quella di escludere dalla procedura le persone fisiche che oltre a debiti "di consumo" avessero anche debiti professionali e imprenditoriali.

Tuttavia, si deve dar conto di un recente arresto della Suprema Corte[2], che, con riferimento alla nozione di consumatore di cui all'art. 6, l. n. 3 del 2012, ha evidenziato che non necessariamente, ai fini dell'accesso al piano del consumatore, tutti i debiti della persona fisica debbano essere di tipo "consumeristico".

In particolare, la citata pronuncia della Suprema Corte ha avuto origine da una fattispecie nella quale la persona fisica aveva anche residui debiti per iva e ritenute non versate maturati in un'epoca in cui svolgeva attività d'impresa.

Tuttavia, deve farsi presente che la definizione di "consumatore", data dal recente Codice, ricalca quella data dal codice del consumo, ma da essa non può trarsi necessariamente la con-

---

[1] V. GUIOTTO, *Nuove modifiche*, 1285.

[2] Cass., 1° febbraio 2016, n. 1869, in *ilcaso.it*.

clusione che una persona fisica, che abbia anche debiti professionali o imprenditoriali, possa accedere al piano di ristrutturazione al solo scopo di "sistemare" i suoi debiti "di consumo", o che possa, con tale piano, "sistemare" anche debiti professionali o imprenditoriali relativi a una professione o a un'attività d'impresa non più attuale[3].

D'altronde, l'indice normativo che farebbe protendere verso lo "spacchettamento" della responsabilità patrimoniale del debitore persona fisica, ammettendo che egli possa accedere al piano di ristrutturazione dei debiti solo con riferimento ai debiti consumeristici, ricavabile dalla disposizione di cui all'art. 2, lett. *e*), relativa alla qualità di consumatore assunta dal socio illimitatamente responsabile limitatamente ai debiti estranei a quelli sociali, non sembra decisivo.

Infatti, in tema di procedure familiari, di cui all'art. 66, il legislatore delegato ha previsto che *quando uno dei debitori non è un consumatore, al progetto unitario si applicano le disposizioni* relative al concordato minore.

Orbene, se, con riferimento a due distinte masse patrimoniali facenti capo, l'una, ad un consumatore, e l'altra ad un professionista o a un imprenditore, la predisposizione di un progetto unitario comporta l'applicazione delle norme in materia di concordato minore, non si comprende il motivo per il quale, con riferimento ad uno stesso soggetto, questi possa predisporre due proposte a seconda della tipologia dei suoi debiti, soggette a diversi statuti normativi, frantumando l'unitarietà della responsabilità patrimoniale, codificata nell'art. 2740 c.c., senza che vi sia una norma che espressamente lo autorizzi.

Né sembra ammissibile che la persona fisica sovraindebitata, predisponendo un piano di ristrutturazione dei suoi debiti "di consumo", possa vincolare al soddisfacimento solo di tali debiti tutto il suo patrimonio.

La struttura stessa della procedura di ristrutturazione dei debiti del consumatore, infatti, non offre strumenti di tutela ai creditori che da essa fossero esclusi, in quanto titolari di crediti nascenti dall'attività professionale o imprenditoriale del debitore: a tal proposito, la previsione del comma 9 dell'art. 70 legittima alle osservazioni, cioè all'opposizione all'omologa, otre che ogni creditore, anche «*qualunque altro interessato*», apparentemente ricomprendendo anche i creditori non coinvolti nella ristrutturazione. Tuttavia, la condizione posta all'omologazione dall'ultima parte della disposizione richiamata presuppone che si possa sempre fare un giudizio comparativo tra la misura della soddisfazione *del creditore* prevista in seguito all'esecuzione del piano e quella ipoteticamente riveniente dall'alternativa liquidatoria.

Inoltre, sul piano concettuale, quando si discorre di *sovraindebitamento*, non è possibile stabilire quali debiti, tra quelli di origine imprenditoriale, professionale o consumeristica, ne siano la causa. Esso, infatti, è lo stato di un soggetto che si trova in perdurante squilibrio tra tutte le obbligazioni assunte ed il patrimonio prontamente liquidabile per farvi fronte, come limpidamente già espresso dall'art. 6, comma 2, lett. *a*), l. n. 3 del 2012 (sul punto certamente più felice del Codice), sicché, in assenza di una norma che stabilisca un criterio quantitativo ai fini dell'accesso ad una delle procedure di composizione della crisi (ad esempio prevedendo come criterio la prevalenza di debiti consumeristici, da una parte, o professionali e imprenditoriali, dall'altra), non rimane che escludere l'accesso alla procedura

[3] Sul punto, v. ZANICHELLI, *Requisiti soggettivi*; CRIVELLI, *Profili applicativi*, 534.

di ristrutturazione a favore del concordato minore qualora il soggetto, persona fisica, abbia, oltre che debiti di consumo, anche debiti dalla radice imprenditoriale o professionale.

Dopo aver chiarito che il piano di ristrutturazione dei debiti del consumatore può essere strutturato nel modo più vario e libero, purché preveda i modi e i tempi per superare la crisi da sovraindebitamento, il comma 2 elenca i documenti che debbono essere presentati a corredo della proposta (domanda):

– l'elenco di tutti i creditori, con l'indicazione delle somme dovute e delle cause di prelazione;

– l'elenco della consistenza e della composizione del patrimonio;

– l'elenco degli atti di straordinaria amministrazione compiuti negli ultimi cinque anni;

– l'elenco delle dichiarazioni dei redditi degli ultimi tre anni;

– l'elenco degli stipendi, delle pensioni, dei salari e di tutte le altre entrate del debitore e del suo nucleo familiare, con l'indicazione di quanto occorre al mantenimento della sua famiglia.

Particolare rilievo sistematico sembrano avere i primi due elenchi: quello di *tutti i creditori* e quello relativo al patrimonio del debitore.

La loro previsione, infatti, sembra confermare l'inammissibilità di una proposta che tenda a ristrutturare solo una tipologia di debiti, oltre che l'inammissibilità di una proposta che non si fondi su tutto il patrimonio del debitore.

Quest'ultima conclusione si ricava, d'altronde, interpretativamente, dal penultimo comma dell'art. 67: il debitore può prevedere il rimborso, alla scadenza convenuta, delle rate a scadere del contratto di mutuo garantito da ipoteca iscritta sulla sua abitazione principale qualora egli, alla data del deposito della domanda, abbia adempito le sue obbligazioni o sia autorizzato dal giudice a pagare il debito scaduto a tale data per capitale e interessi.

Orbene, in sostanza, tale disposizione autorizza il debitore che voglia ristrutturare i suoi debiti consumeristici ad "escludere" dal piano di composizione della crisi l'immobile adibito ad abitazione principale ipotecato a favore della banca mutuante (che non si sia ancora avvalsa della risoluzione del contratto) ed il conseguente credito di quest'ultima. La norma stabilisce un'eccezione, che non può estendersi oltre i casi da essa contemplati.

Sciogliendo un dubbio che si era posto sia in dottrina che in giurisprudenza, il comma 3 dell'art. 67 dispone che la proposta del debitore può prevedere anche «*la falcidia e la ristrutturazione dei debiti derivanti da contratti di finanziamento con cessione del quinto dello stipendio, del trattamento di fine rapporto o della pensione*...».

A parte l'ambigua formulazione della norma, che letteralmente sembra limitare la cedibilità del trattamento di fine rapporto al quinto del relativo ammontare, mentre, in realtà, l'intero ammontare dello stesso può essere vincolato alla restituzione del prestito, nel caso in cui, al momento in cui il TFR deve essere corrisposto al lavoratore, il prestito non sia stato integralmente restituito, si è tuttavia chiarito che, potendo la proposta del piano di ristrutturazione del consumatore coinvolgere anche il (residuo) debito nei confronti di una finanziaria, con l'omologazione cessino gli effetti della cessione ed il debitore si riapproprî dell'intero suo stipendio e del TFR al fine di dare esecuzione al piano [4].

[4] Sia consentito, sul punto, rinviare a NAPOLITANO, *La cessione*, 461-467. In giurisprudenza, v. Trib. Livorno, 18 gennaio 2018; Trib. Monza, 20 novembre 2017.

L'ultima parte dello stesso comma 3 accomuna i debiti derivanti da operazioni di prestito su pegno a quelli derivanti da contratti di finanziamento con cessione del quinto dello stipendio o della pensione, al fine di consentire al consumatore di coinvolgerli nel piano di ristrutturazione.

Tuttavia, non vi è mai stato dubbio che i debiti derivanti da operazioni di prestito su pegno possano essere oggetto di ristrutturazione.

Il dubbio poteva porsi con i debiti derivanti da finanziamenti con cessione del quinto dello stipendio o della pensione, dal momento che la modalità stessa di restituzione di quei debiti, attuata mediante negozi traslativi di crediti futuri, poteva indurre a ritenere che il debitore non potesse sciogliersi unilateralmente da vincoli contrattuali già assunti.

Invece, le operazioni di credito su pegno non sono altro che finanziamenti garantiti da pegni su beni mobili, sicché, non venendo in rilievo contratti traslativi già conclusi, ma semplicemente l'obbligo di restituire prestiti pecuniari ricevuti, il debito può senza dubbio rientrare nel piano di ristrutturazione.

In realtà, la disciplina del trattamento dei crediti derivanti da operazioni di prestito su pegno nell'ambito del piano di ristrutturazione dei debiti del consumatore è la stessa di quella dei crediti prelatizi, di cui al comma 4 dell'art. 67, che sostanzialmente ricalca la disposizione di cui all'art. 7, comma 1, secondo periodo, l. n. 3 del 2012: si dà la possibilità al debitore di proporre ai creditori muniti di privilegio, pegno o ipoteca una soddisfazione non integrale, purché sia assicurato il pagamento in misura non inferiore a quella realizzabile in ragione della collocazione preferenziale sul ricavato in caso di liquidazione, in base al valore dei beni sui quali sussistono i diritti di prelazione, attestato dall'OCC.

È interessante tentare un coordinamento tra il comma 4 e 5 dell'art. 67.

Nel caso in cui il consumatore presenti una proposta di ristrutturazione, il credito prelatizio che più frequentemente viene in rilievo nella prassi giudiziaria è quello ipotecario della banca sull'immobile adibito ad abitazione principale del debitore e del suo nucleo familiare.

Con riferimento proprio al mutuo ipotecario sull'abitazione principale, il legislatore delegato ha previsto, come si diceva *supra*, che il debitore possa escludere dal piano di ristrutturazione il relativo debito all'unica condizione di essere autorizzato dal giudice a pagare, se in mora rispetto ad alcune rate, il capitale e gli interessi scaduti alla data del deposito della domanda.

La precondizione per escludere dalla ristrutturazione il debito da mutuo ipotecario relativo all'abitazione principale, allora, è che l'istituto mutuante non si sia avvalso del diritto di risolvere il rapporto.

Articolo 68
Presentazione della domanda e attività dell'OCC

1. La domanda deve essere presentata al giudice tramite un OCC costituito nel circondario del tribunale competente ai sensi dell'articolo 27, comma 2. Se nel circondario del tribunale competente non vi è un OCC, i compiti e le funzioni allo stesso attribuiti sono svolti da un professionista o da una società tra professionisti in possesso dei requisiti di cui all'articolo 358 nominati dal presidente del tribunale competente o da un giudice da lui delegato e individuati, ove possibile, tra gli iscritti all'albo dei gestori della crisi di cui al decreto del Ministro della giustizia 24 settembre 2014, n. 202. Non è necessaria l'assistenza di un difensore.

2. Alla domanda, deve essere allegata una relazione dell'OCC, che deve contenere:

a) l'indicazione delle cause dell'indebitamento e della diligenza impiegata dal debitore nell'assumere le obbligazioni;

b) l'esposizione delle ragioni dell'incapacità del debitore di adempiere le obbligazioni assunte;

c) la valutazione sulla completezza ed attendibilità della documentazione depositata a corredo della domanda;

d) l'indicazione presunta dei costi della procedura.

3. L'OCC, nella sua relazione, deve indicare anche se il soggetto finanziatore, ai fini della concessione del finanziamento, abbia tenuto conto del merito creditizio del debitore, valutato in relazione al suo reddito disponibile, dedotto l'importo necessario a mantenere un dignitoso tenore di vita. A tal fine si ritiene idonea una quantificazione non inferiore all'ammontare dell'assegno sociale moltiplicato per un parametro corrispondente al numero dei componenti il nucleo familiare della scala di equivalenza dell'ISEE di cui al decreto del Presidente del Consiglio dei ministri del 5 dicembre 2013, n. 159.

4. L'OCC, entro sette giorni dall'avvenuto conferimento dell'incarico da parte del debitore, ne dà notizia all'agente della riscossione e agli uffici fiscali, anche degli enti locali, competenti sulla base dell'ultimo domicilio fiscale dell'istante, i quali entro quindici giorni debbono comunicare il debito tributario accertato e gli eventuali accertamenti pendenti.

5. Il deposito della domanda sospende, ai soli effetti del concorso, il corso degli interessi convenzionali o legali fino alla chiusura della procedura, a meno che i crediti non siano garantiti da ipoteca, da pegno o privilegio, salvo quanto previsto dagli articoli 2749, 2788 e 2855, commi secondo e terzo, del codice civile.

Angelo Napolitano

Sommario: 1. L'attività dell'OCC. – 2. Gli effetti della domanda e il procedimento.

1. – Il ruolo dell'OCC è disciplinato nell'art. 68, che, nel comma 1, dispone che esso faccia da "tramite" per la presentazione della domanda di ristrutturazione dei debiti tra il consumatore e il giudice territorialmente competente ai sensi dell'art. 27, comma 2.

A differenza dell'art. 15, comma 9, l. n. 3 del 2012, a norma del quale il debitore, anziché affidarsi ad un OCC, poteva chiedere al presidente del tribunale o ad un giudice da lui delegato la nomina di un professionista o di una società tra professionisti in possesso dei requisiti per la nomina a curatore, o di un notaio, affinché svolgesse i compiti e le funzioni attribuiti per legge all'OCC, con il nuovo codice dell'insolvenza e della crisi d'impresa il debitore non ha più questa scelta, potendo solo decidere a quale degli OCC costituiti nel circondario del tribunale di residenza o di domicilio *ex* art. 27, comma 3, lett. *b*), affidare la presentazione della domanda con la predisposizione della proposta e del piano.

Solo se nel circondario del tribunale territorialmente competente non vi sono OCC costituiti, il debitore può chiedere al presidente del tribunale competente o al giudice da lui delegato la nomina di un professionista o di una società tra professionisti con i requisiti di cui all'art. 358.

È esclusa, dunque, la nomina di un notaio, a differenza della precedente disciplina di cui alla l. n. 3 del 2012.

Il patrocinio di un difensore non è necessario: la specificazione è utile, vista le incertezze sul punto che si sono generate nel vigore della l. n. 3 del 2012.

Alla domanda di accesso alla procedura di ristrutturazione dei debiti deve essere allegata una relazione dell'OCC sulle cause dell'indebitamento e sulla diligenza impiegata dal debitore nell'assumere le obbligazioni; l'esposizione delle ragioni dell'incapacità del debitore di adempiere le obbligazioni assunte; la valutazione della completezza e dell'attendibilità della documentazione presentata dal debitore a corredo della domanda; l'indicazione dei presumibili costi della procedura.

Gli elementi e le informazioni che costituiscono il contenuto della relazione dell'OCC si possono suddividere in due gruppi: quello relativo alle cause del sovraindebitamento e alla diligenza tenuta dal debitore nell'assumere le sue obbligazioni e quello relativo alla completezza e veridicità dei dati esposti dal debitore e ai presumibili costi della procedura.

Il primo gruppo di informazioni è funzionale a consentire al giudice di valutare la correttezza del debitore e l'eventuale compimento di atti in frode ai creditori (ai fini dell'ammissione alla procedura, *ex* art. 69; al fine della revoca delle misure protettive eventualmente concesse, *ex* art. 70, comma 5; al fine dell'eventuale revoca dell'omologazione, *ex* art. 72, comma 1); il secondo gruppo di informazioni è funzionale ad orientare il giudice nel giudizio di ammissibilità giuridica e di fattibilità del piano di ristrutturazione.

La disposizione di cui all'art. 68, comma 2, è "l'aggiornamento" della disposizione di cui al comma 3-*bis* dell'art. 9, l. n. 3 del 2012 e ss.mm.ii.: qui, anzi, era prevista una relazione più "particolareggiata": le informazioni sulla condotta del debitore erano arricchite con il resoconto sulla solvibilità del consumatore negli ultimi cinque anni (a partire, a ritroso, dalla data di deposito della domanda) e con l'indicazione dell'eventuale esistenza di atti del debitore impugnati dai creditori; d'altro canto, l'OCC, oltre al giudizio sulla completezza ed attendibilità della documentazione depositata dal debitore a corredo della domanda, doveva anche esprimere un parere sulla convenienza del piano proposto rispetto all'alternativa liquidatoria.

Sarebbe stato opportuno che il nuovo Codice prevedesse, oltre che il giudizio dell'OCC sulla convenienza del piano di ristrutturazione rispetto all'alternativa liquidatoria, onde orientare la decisione sull'omologa da parte del giudice, ai sensi dell'art. 70, comma 9, anche la possibilità di concedere un termine perentorio al debitore (e all'OCC che lo assiste) per integrare la proposta e produrre nuovi documenti (cfr. art. 9, comma 3-*ter*, l. n. 3 del 2012).

Un'assoluta novità del nuovo codice riguarda l'obbligo, in capo all'OCC, di indicare nella sua relazione anche se il soggetto finanziatore, ai fini della concessione del finanziamento, abbia tenuto conto del merito creditizio: se, cioè, abbia incautamente finanziato un soggetto che, in base al reddito netto disponibile al momento della concessione del prestito, non dava adeguate garanzie di poterlo restituire.

Le informazioni circa l'eventuale concessione di prestiti senza tener conto del merito creditizio del debitore sono funzionali all'applicazione della "sanzione" di cui all'art. 69, comma 2: il creditore che ha colpevolmente determinato la situazione di indebitamento o il suo aggravamento in violazione dei princìpi di cui all'art. 124-*bis* TUB non può presentare opposizione o reclamo in sede di omologa per contestare la convenienza della proposta.

Altro obbligo dell'OCC è quello, ai sensi dell'art. 68, comma 4, di dare notizia dell'avvenuto conferimento dell'incarico da parte del debitore della presentazione di un piano per la ristrutturazione dei debiti all'agente della riscossione e agli uffici fiscali, anche degli enti locali, competenti sulla base dell'ultimo domicilio fiscale dell'istante, al fine di avere contezza, entro il termine di quindici giorni, del debito tributario accertato e degli eventuali accertamenti pendenti. La citata disposizione dell'art. 68, comma 4, è certamente più felice di quella di cui all'art. 9, comma 1, l. n. 3 del 2012: lì, a parte il più stretto termine di tre giorni da computare dal giorno del deposito della proposta in tribunale, era previsto il deposito presso l'agente della riscossione e gli uffici fiscali della stessa proposta già presentata in tribunale e già completa della ricostruzione della posizione fiscale del debitore e dei contenziosi pendenti.

Appare, invece, opportuna la nuova previsione del d.lgs. n. 14 del 2019, in quanto funzionale a dettare termini affinché l'OCC possa conoscere dai creditori istituzionali la posizione fiscale del consumatore prima di predisporre il piano di ristrutturazione.

2. – Ai sensi dell'art. 68, comma 5, il deposito della domanda sospende, ai soli effetti del concorso, il corso degli interessi convenzionali o legali fino alla chiusura della procedura, a meno che i crediti non siano garantiti da ipoteca, da pegno o privilegio, salvo quanto previsto dagli artt. 2749, 2788 e 2855, commi 2 e 3, c.c.

La disposizione è riprodotta tal quale, in tema di concordato minore, dall'art. 76, comma 5, mentre, con riferimento al concordato preventivo, si applica la sostanzialmente coincidente disposizione di cui all'art. 154, comma 1.

Orbene, si deve notare che né in tema di piano di ristrutturazione, né in tema di concordato minore è riprodotta la disposizione di cui al comma 2 dell'art. 154, a sua volta riproduttivo dell'art. 55, comma 2, l. fall., secondo cui «*i crediti pecuniari si considerano scaduti, agli effetti del concorso, alla data della dichiarazione di apertura della liquidazione giudiziale*».

Essa è, invece, richiamata nell'ambito del concordato preventivo, dall'art. 96.

Orbene, tramite la norma di rinvio di cui all'art. 74, comma 4, che richiama le disposizioni dettate in materia di concordato preventivo, può però senz'altro affermarsi che la norma dell'art. 154, comma 2, si applica anche al concordato minore, visto che non c'è alcuna incompatibilità tra la stessa e la struttura di tale procedura concorsuale.

Il tema, allora, è, per quel che in questa sede rileva, stabilire se i crediti pecuniari si considerano scaduti anche alla data di presentazione della domanda di accesso al piano di ristrutturazione dei debiti del consumatore, visto che nelle norme che lo disciplinano non vi è alcuna norma di rinvio.

Orbene, sembra sostenibile che la scadenza dei crediti agli effetti del concorso nell'ambito del piano di ristrutturazione dei debiti possa essere argomentata proprio dal comma 5 dell'art. 68: se la struttura di un credito fruttifero viene modificata dalla domanda di accesso alla procedura, che determina la sospensione degli interessi legali o convenzionali sugli stessi, o la modificazione del tasso degli interessi, da convenzionali a legali, nel caso in cui i crediti pecuniari da ristrutturare siano prelatizi, non ha senso sostenere che la scadenza del credito rimanga inalterata in pendenza della procedura.

Proprio ai sensi dell'art. 67, comma 1, a norma del quale il piano indica tempi e modalità per superare la crisi da sovraindebitamento con una proposta a contenuto libero, può sostenersi che con la domanda di accesso alla procedura le originarie scadenze, ai fini del concorso, si annullano, ed il debitore è libero di rimodularle nel modo più congeniale al piano che ha presentato.

Né può valere l'argomento che la scadenza alla data di presentazione della domanda di accesso alla procedura, ai fini del concorso, mal si concilierebbe con il mancato riconoscimento al deposito della domanda di accesso al piano di ristrutturazione dell'effetto di *automatic stay* delle azioni esecutive e cautelari contro il debitore sovraindebitato: il nuovo codice, infatti, ha subordinato, anche per il concordato preventivo, la concessione di misure protettive all'istanza del debitore, oltre che alla decisione del giudice (artt. 54 e 55).

Ne consegue che non è di ostacolo al ritenere che agli effetti del concorso i crediti pecuniari scadano alla data della presentazione della domanda di accesso al piano di ristrutturazione la circostanza che solo con il decreto di cui al comma 1 dell'art. 70 il giudice possa disporre la sospensione dei procedimenti esecutivi pendenti ed inibire le azioni cautelari ed esecutive sul patrimonio del debitore.

D'altronde, la possibilità di prevedere il rimborso, alla scadenza convenuta, delle rate a scadere del contratto di mutuo garantito da ipoteca sull'abitazione principale, di cui all'art. 67, comma 5, si atteggia come eccezione che consente al debitore di tenere "fuori dal piano" il mutuo ipotecario per l'acquisto della prima casa.

Articolo 69

Condizioni soggettive ostative

1. Il consumatore non può accedere alla procedura disciplinata in questa sezione se è già stato esdebitato nei cinque anni precedenti la domanda o ha già beneficiato dell'esdebitazione per due volte, ovvero ha determinato la situazione di sovraindebitamento con colpa grave, malafede o frode.

2. Il creditore che ha colpevolmente determinato la situazione di indebitamento o il suo aggravamento o che ha violato i principi di cui all'articolo 124-bis del decreto legislativo 1° settembre 1993, n. 385, non può presentare opposizione o reclamo in sede di omologa per contestare la convenienza della proposta.

Angelo Napolitano

Depositata la domanda di accesso al piano di ristrutturazione, il giudice deve verificarne l'ammissibilità alla stregua delle condizioni poste dall'art. 69, comma 1: il consumatore non può accedere al piano di ristrutturazione dei debiti se è già stato esdebitato nei cinque anni precedenti la domanda o ha già beneficiato dell'esdebitazione per due volte, o se ha determinato la situazione di sovraindebitamento con colpa grave, malafede o frode.

Non importa quale sia stata la causa dell'esdebitazione: il buon esito di un precedente piano di ristrutturazione o di una precedente liquidazione controllata, producendo effetti esdebitatori, precludono l'accesso al piano di ristrutturazione a norma dell'art. 69, comma 1.

In tema di cause ostative deve notarsi un netto miglioramento, quanto a chiarezza, del nuovo testo normativo, e certamente sembra più favorevole al consumatore.

L'art. 7, l. n. 3 del 2012, infatti, al comma 2, prevedeva come cause ostative della proposta (di piano o di accordo), tra le altre, l'aver fatto ricorso, nei precedenti cinque anni, ad uno dei procedimenti di composizione della crisi da sovraindebitamento o alla liquidazione del patrimonio e l'aver subito per cause imputabili al proponente uno dei provvedimenti previsti dagli artt. 14 (di annullamento o di risoluzione dell'accordo), e 14-*bis* (di revoca o cessazione degli effetti dell'omologazione del piano del consumatore) della richiamata legge.

A parte la difficile ricostruzione sistematica dei provvedimenti di cui ai richiamati articoli e del loro rapporto con i provvedimenti previsti dall'art. 11, comma 5, l. n. 3 del 2012, nel nuovo regime i provvedimenti "parasanzionatori" (di cui agli artt. 14 e 14-*bis*, l. n. 3 del 2012) subiti dal debitore nell'ambito delle procedure di composizione della crisi da sovraindebitamento non costituiscono più un ostacolo al nuovo accesso alle stesse: rileva solo l'essere stati precedentemente esdebitati.

Occorre, inoltre, chiedersi se a rendere inammissibile la domanda di accesso al piano di ristrutturazione dei debiti del consumatore in base all'art. 69 siano precedenti esdebitazioni in quanto tali o solo quelle che derivino dallo stesso tipo di procedura concorsuale della cui inammissibilità si discute.

La risposta preferibile sembra essere quella fondata sulla irrilevanza del *quomodo* dell'effetto esdebitatorio: il consumatore, in qualunque modo abbia precedentemente conseguito quell'effetto (tramite un precedente piano di ristrutturazione, un concordato minore o una procedura di liquidazione controllata), non può più accedere al piano di ristrutturazione se ricorrono le condizioni di cui all'art. 69, comma 1.

Altra causa ostativa all'accesso al piano di ristrutturazione è l'aver determinato la situazione di sovraindebitamento con colpa grave, mala fede o frode.

La esplicazione delle ultime due cause rappresentano una endiadi, in quanto la mala fede o la frode rappresentano, in sostanza, lo stesso concetto.

Il comma 2 dell'art. 69, come già anticipato, introduce una disposizione sanzionatoria nei confronti del creditore che abbia colpevolmente determinato la situazione di indebitamento o il suo aggravamento, o che abbia violato i princìpi di cui all'art. 124-*bis* TUB in tema di valutazione del merito creditizio del debitore.

Articolo 70

Omologazione del piano

1. Il giudice, se la proposta e il piano sono ammissibili, dispone con decreto che siano pubblicati in apposita area del sito web del tribunale o del Ministero della giustizia e che ne sia data comunicazione entro trenta giorni, a cura dell'OCC, a tutti i creditori.

2. Ricevuta la comunicazione di cui al comma 1, il creditore deve comunicare all'OCC un indirizzo di posta elettronica certificata. In mancanza, le successive comunicazioni sono effettuate mediante deposito in cancelleria.

3. Nei venti giorni successivi alla comunicazione ogni creditore può presentare osservazioni, inviandole all'indirizzo di posta elettronica certificata dell'OCC, indicato nella comunicazione.

4. Con il decreto di cui al comma 1, il giudice, su istanza del debitore, può disporre la sospensione dei procedimenti di esecuzione forzata che potrebbero pregiudicare la fattibilità del piano. Il giudice, su istanza del debitore, può altresì disporre il divieto di azioni esecutive e cautelari sul patrimonio del consumatore nonché le altre misure idonee a conservare l'integrità del patrimonio fino alla conclusione del procedimento, compreso il divieto di compiere atti di straordinaria amministrazione se non preventivamente autorizzati.

5. Le misure protettive sono revocabili su istanza dei creditori, o anche d'ufficio, in caso di atti in frode. Il giudice, salvo che l'istanza di revoca non sia palesemente inammissibile o manifestamente infondata, sente le parti, anche mediante scambio di memorie scritte e provvede con decreto.

6. Entro i dieci giorni successivi alla scadenza del termine di cui al comma 3, l'OCC, sentito il debitore, riferisce al giudice e propone le modifiche al piano che ritiene necessarie.

7. Il giudice, verificata l'ammissibilità giuridica e la fattibilità del piano, risolta ogni contestazione, omologa il piano con sentenza e ne dispone, ove necessario, la trascrizione a cura dell'OCC. Con la stessa sentenza dichiara chiusa la procedura.

8. La sentenza di omologa è comunicata ai creditori ed è pubblicata entro quarantotto ore a norma del comma 1. La sentenza è impugnabile ai sensi dell'articolo 51.

9. Quando uno dei creditori o qualunque altro interessato, con le osservazioni di cui al comma 3, contesta la convenienza della proposta, il giudice omologa il piano se ritiene che comunque il credito dell'opponente possa essere soddisfatto dall'esecuzione del piano in misura non inferiore all'alternativa liquidatoria.

10. In caso di diniego dell'omologazione, il giudice provvede con decreto motivato e dichiara l'inefficacia delle misure protettive accordate. Su istanza del debitore, verificata la sussistenza dei presupposti di legge, dichiara aperta la procedura liquidatoria ai sensi degli articoli 268 e seguenti.

11. Nei casi di frode l'istanza di cui al comma 10, secondo periodo, può essere presentata anche da un creditore o dal pubblico ministero.

12. Contro il decreto di cui al comma 10, è ammesso reclamo ai sensi dell'articolo 50.

Il giudice valuta l'ammissibilità della proposta e del piano, alla stregua della completezza della documentazione depositata ai sensi dell'art. 67, della relazione dell'OCC, di cui all'art. 68, e delle condizioni ostative di cui al comma 1 dell'art. 69.

Se la valutazione ha esito positivo, con decreto dispone la pubblicazione della proposta e del piano in apposita area del sito *web* allestito dal tribunale o di quello del Ministero della giustizia, e che ne sia data comunicazione entro trenta giorni, sempre a cura dell'OCC, a tutti i creditori.

Occorre notare che la pubblicazione all'interno del sito *web* del tribunale è per legge alternativa rispetto a quella sul sito del ministero della giustizia. Tuttavia, è opportuno che, se il tribunale ha un suo sito *web*, la pubblicazione sia eseguita in entrambi i siti.

Le comunicazioni ai creditori devono essere fatte con raccomandata postale con avviso di ricevimento, affinché poi, successivamente, essi comunichino all'OCC il loro indirizzo di posta elettronica certificata al quale poter ricevere le successive comunicazioni inerenti al procedimento.

Non è fissato un termine per la comunicazione all'OCC dell'indirizzo PEC, ma esso può ricavarsi dal comma 3 dell'art. 70: nei venti giorni dalla ricezione, con raccomandata a/r, della proposta e del piano da parte dell'OCC, i creditori possono presentare le loro osservazioni e contestualmente comunicare il loro indirizzo PEC.

Con lo stesso decreto, il giudice, su istanza del debitore, può disporre la sospensione dei procedimenti di esecuzione forzata in corso che possono pregiudicare la fattibilità del piano e può anche disporre l'inibitoria delle azioni esecutive e cautelari non ancora esercitate, allo stesso scopo di tutelare l'integrità del patrimonio in vista dell'esecuzione del piano.

Come si diceva *supra*, l'art. 70 contiene una disciplina delle misure protettive concedibili dal giudice in parte autosufficiente rispetto a quella dettata dagli artt. 54 e 55, pure richiamati nell'ambito dell'art. 65 tra le disposizioni generali in materia di procedure di composizione della crisi da sovraindebitamento.

Tuttavia, per la natura sostanzialmente cautelare delle misure protettive, sono applicabili, nei limiti della compatibilità, i commi 3 e 4 dell'art. 55, sicché il provvedimento di sospensione o di inibitoria di cui al comma 4 dell'art. 70 è soggetto al reclamo a norma dell'art. 124, e deve ritenersi soggetto a reclamo anche il provvedimento di revoca delle misure protettive adottate in caso di scoperta di atti di frode, alla stregua di ogni atto cautelare "negativo".

Entro i dieci giorni successivi alla scadenza del termine posto ai creditori per l'invio di osservazioni alla proposta e al piano, l'OCC, sentito il debitore, riferisce al giudice proponendo le modifiche eventualmente necessarie. In realtà, le proposte di modifica dovrebbero pervenire dal debitore, sempre per il tramite dell'OCC.

È da notare come, a differenza dell'art. 12-*bis*, l. n. 3 del 2012, il procedimento di omologazione è deformalizzato: non è prevista la fissazione di un'udienza ed il contraddittorio è cartolare.

Quindi il giudice, sulla base dell'interlocuzione con l'OCC, risolve le eventuali contestazioni dei creditori sulla base del giudizio comparativo della convenienza della proposta rispetto all'alternativa liquidatoria e, verificata l'ammissibilità giuridica e la fattibilità del piano, lo omologa con sentenza disponendo la eventuale trascrizione della stessa presso i pubblici registri (PRA e Conservatorie immobiliari) e dichiarando formalmente chiuso il procedimento.

La sentenza di omologazione, che deve essere pubblicata sugli stessi siti *web* in cui è prevista la pubblicazione del decreto di apertura del procedimento, è impugnabile dai creditori ai sensi dell'art. 51.

Chiaramente, sono legittimati al reclamo i creditori dissenzienti, mentre qualche dubbio vi può essere per coloro che non abbiano presentato osservazioni.

Tuttavia, così come nell'ambito del concordato minore i creditori che non esprimono il voto sono considerati consenzienti, la stessa regola dovrebbe valere sostanzialmente per il piano di ristrutturazione, sicché solo le osservazioni non accolte legittimano i creditori all'esperimento del reclamo.

Se, invece, il giudice non omologa il piano, provvede con decreto motivato dichiarando l'inefficacia delle misure protettive eventualmente accordate, nonché, su istanza del debitore e ricorrendone i presupposti, la liquidazione controllata di cui agli artt. 268 ss.

Il comma 11 dell'art. 70 dispone altresì che, in caso di frode, l'istanza di apertura della liquidazione controllata può essere presentata anche da un creditore o dal pubblico ministero.

In vero, questa previsione appare singolare sotto due aspetti.

Innanzitutto, visto che la liquidazione controllata del consumatore, come disegnata dal Codice, può essere in generale aperta anche su istanza dei creditori, non appare razionale che, nel caso di diniego di omologazione di un piano di ristrutturazione dei debiti, la loro legittimazione alla richiesta di apertura della procedura liquidatoria sia ristretta ai soli casi di frode del debitore.

In secondo luogo, appare distonica la previsione del pubblico ministero tra i soggetti legittimati alla richiesta di apertura della procedura di liquidazione controllata a carico del consumatore. La legittimazione del p.p. in caso di frode del consumatore, allora, appare più che altro come un deterrente di scarsa efficacia, essendo inverosimile che il pubblico ministero, al quale pure sia stata comunicata il piano di ristrutturazione del debito del consumatore, intervenga nel procedimento per chiedere l'apertura della liquidazione controllata.

Vi è, infine, da segnalare un'ulteriore asimmetria: l'ultimo comma dell'art. 67, in materia di piano di ristrutturazione, dispone che «*il procedimento si svolge dinanzi al tribunale in composizione monocratica*».

Stessa disposizione è dettata con riferimento al concordato minore.

Deve, tuttavia, osservarsi che la liquidazione controllata è aperta con sentenza del tribunale in composizione collegiale.

La diversa composizione del tribunale nel trapasso dal procedimento del piano di ristrutturazione alla liquidazione controllata può creare dei problemi operativi, visto che, in teoria, sulla base dell'istanza del debitore o di un creditore o del pubblico ministero nei casi previsti, il giudice monocratico, dopo aver pronunciato decreto di diniego dell'omologazione, dovrà rimettere al Collegio la decisione sull'apertura della liquidazione controllata, con la peculiarità (oseremmo dire "stranezza") che il procedimento a decisione collegiale (la liquidazione) viene a trovare inizio in un atto d'impulso (richiesta del debitore, del creditore o del pubblico ministero) che si colloca all'interno di un diverso procedimento a decisione monocratica (piano di ristrutturazione).

La richiesta di apertura della liquidazione controllata secondo quanto disposto ai sensi dell'art. 70, commi 10 e 11, infatti, è fatta prima che il giudice pronunci decreto di diniego dell'omologazione, perché, altrimenti, si applicherebbero non le ora richiamate disposizioni normative, ma direttamente gli artt. 268 e 269, con l'avvertenza che la liquidazione controllata, oltre che dal debitore medesimo, può essere chiesta solo dai creditori, in base alla nuova formulazione dell'art. 268, comma 2, apportata dal d.lgs. n. 83 del 2022.

Quindi, i creditori o il pubblico ministero, in caso di frode, durante il procedimento volto all'omologazione del piano, si può opporre a quest'ultima e può chiedere in via principale l'apertura della liquidazione controllata.

Il debitore, invece, in pendenza del procedimento volto all'omologazione del piano, può, in subordine, chiedere l'apertura della liquidazione controllata nel caso di diniego dell'omologazione.

Le diverse dinamiche di esplicazione dei poteri delle parti hanno conseguenze sulle dinamiche delle impugnazioni.

Se nessuno chiede l'apertura della liquidazione controllata ed il giudice rigetta l'omologazione del piano, sarà senz'altro applicabile, al decreto di diniego, il reclamo di cui all'art. 50.

Se però, oltre al diniego, il tribunale in composizione collegiale dichiara aperta la liquidazione controllata, occorre stabilire se il debitore che abbia chiesto l'omologazione del piano e solo in subordine l'apertura della liquidazione controllata possa impugnare il diniego di omologazione ai sensi dell'art. 50, richiamato dall'art. 70, comma 12, o solo tramite il reclamo contro l'apertura della liquidazione, ai sensi dell'art. 51.

La risposta preferibile sembra essere la seconda.

L'assimilazione sostanziale, almeno per molti aspetti, della liquidazione controllata alla liquidazione giudiziale, evincibile dagli artt. 268 ss., consente di affermare che la pronuncia che apre la liquidazione assorbe in sé ogni questione attinente alla crisi da sovraindebitamento [1], sicché ogni eventuale vizio che volesse farsi valere nei confronti del decreto di diniego dell'omologazione del piano di ristrutturazione dei debiti deve essere dedotto impugnando il provvedimento successivo che apre la liquidazione controllata, ai sensi dell'art. 51 [2].

---

[1] Arg. ex Cass., SS.UU., n. 9146 del 2017.

[2] In tal senso preciso la mia posizione espressa in *Il nuovo sovraindebitamento*, 233 ss.

Articolo 71
Esecuzione del piano

1. Il debitore è tenuto a compiere ogni atto necessario a dare esecuzione al piano omologato. L'OCC vigila sull'esatto adempimento del piano, risolve le eventuali difficoltà e le sottopone al giudice, se necessario. Alle vendite e alle cessioni, se previste dal piano, provvede il debitore tramite procedure competitive, anche avvalendosi di soggetti specializzati, sotto il controllo e con la collaborazione dell'OCC, sulla base di stime condivise con il predetto organismo, assicurando, con adeguate forme di pubblicità, la massima informazione e partecipazione degli interessati. Ogni sei mesi, l'OCC riferisce al giudice per iscritto sullo stato dell'esecuzione.

2. Il giudice, sentito l'OCC e verificata la conformità dell'atto dispositivo al piano, autorizza lo svincolo delle somme e ordina la cancellazione delle iscrizioni relative ai diritti di prelazione, della trascrizione dei pignoramenti, dei sequestri conservativi nonché di ogni altro vincolo, ivi compresa la trascrizione della sentenza effettuata ai sensi dell'articolo 70, comma 7.

3. I pagamenti e gli atti dispositivi dei beni posti in essere in violazione del piano sono inefficaci rispetto ai creditori anteriori al momento in cui è stata eseguita la pubblicità di cui all'articolo 70, comma 1.

4. Terminata l'esecuzione, l'OCC, sentito il debitore, presenta al giudice una relazione finale. Il giudice, se il piano è stato integralmente e correttamente eseguito, procede alla liquidazione del compenso all'OCC, tenuto conto di quanto eventualmente convenuto dall'organismo con il debitore, e ne autorizza il pagamento.

5. Quando il piano non è stato integralmente e correttamente eseguito, il giudice indica gli atti necessari per l'esecuzione del piano ed un termine per il loro compimento. Se le prescrizioni non sono adempiute nel termine, anche prorogato, il giudice revoca l'omologazione, osservate, in quanto compatibili, le disposizioni di cui all'articolo 72.

6. Nella liquidazione del compenso il giudice tiene conto della diligenza dell'OCC.

Angelo Napolitano

Una volta omologato il piano, l'OCC è il garante della sua esecuzione, risolvendo direttamente anche le questioni che dovessero porsi o sottoponendole al giudice, se necessario. Riferisce al giudice per iscritto, ogni sei mesi, sullo stato di esecuzione del piano.

Il debitore, dal suo canto, è tenuto a compiere ogni atto necessario a dare esecuzione al piano omologato.

Alla fine dell'esecuzione, l'OCC, sentito il debitore, è tenuto a presentare al giudice una relazione finale.

Se esso è approvato, il giudice gli liquida il compenso, tenuto conto eventualmente di quanto concordato con il debitore, e ne autorizza il pagamento.

Il compenso va pagato in prededuzione, trattandosi di costo della procedura.

Ai fini della liquidazione dello stesso, si applica il d.m. n. 202 del 24 settembre 2014 che disciplina gli organismi di composizione della crisi da sovraindebitamento *ex* art. 2, lett. *t*).

Da notare che l'accordo sul compenso eventualmente concluso tra debitore e OCC non vincola il giudice nella liquidazione dello stesso, che dovrà limitarsi a "tenerne conto".

Quando il piano non è stato integralmente e correttamente eseguito, il giudice può fissare un termine indicando gli atti necessari per l'esecuzione.

Il termine è prorogabile per una sola volta e se gli atti non vengono compiuti il giudice revoca l'omologazione osservando, nei limiti della compatibilità, l'art. 72.

Nella versione finale non è più previsto che il giudice, in caso di inadempimento dell'OCC nel porre in essere gli atti per l'esecuzione del piano nel termine da lui fissato, può escludere del tutto il compenso.

Nella liquidazione del compenso il giudice tiene conto della diligenza dell'organismo di composizione della crisi nello svolgimento dell'incarico a lui affidato.

Articolo 72
Revoca dell'omologazione

1. Il giudice revoca l'omologazione d'ufficio o su istanza di un creditore, del pubblico ministero o di qualsiasi altro interessato, in contraddittorio con il debitore, quando è stato dolosamente o con colpa grave aumentato o diminuito il passivo, ovvero sottratta o dissimulata una parte rilevante dell'attivo ovvero dolosamente simulate attività inesistenti o se risultano commessi altri atti diretti a frodare le ragioni dei creditori.

2. Il giudice provvede allo stesso modo in caso di inadempimento degli obblighi previsti nel piano o qualora questo sia divenuto inattuabile e non sia possibile modificarlo.

3. L'OCC è tenuto a segnalare al giudice ogni fatto rilevante ai fini della revoca dell'omologazione.

4. La domanda di revoca non può essere proposta e l'iniziativa da parte del tribunale non può essere assunta decorsi sei mesi dalla presentazione della relazione finale.

5. Sulla richiesta di revoca, il giudice sente le parti, anche mediante scambio di memorie scritte e provvede con sentenza reclamabile ai sensi dell'articolo 51.

6. La revoca dell'omologazione non pregiudica i diritti acquistati dai terzi in buona fede.

Angelo Napolitano

La revoca dell'omologazione è disciplinata dall'art. 72 e si distingue certamente per una maggiore chiarezza rispetto all'art. 14-*bis*, l. n. 3 del 2012, all'interno del quale si faceva differenza, non senza un'apparente superfetazione concettuale, tra la revoca dell'omologazione e la cessazione di diritto della sua efficacia, nei casi di cui all'art. 11, comma 5, della citata legge.

Ai sensi della disciplina del 2012, inoltre, il comma 2 dell'art. 14-*bis* prevedeva la cessazione degli effetti dell'omologazione del piano, nel caso di artificiosa diminuzione o aumento del passivo o di inadempimento degli obblighi del piano.

Inoltre, la cessazione degli effetti dell'omologazione ai sensi dell'art. 14-*bis*, comma 2, l. n. 3 del 2012, non poteva essere pronunciata d'ufficio, ma solo su ricorso dei creditori, mentre incerto appariva lo spazio applicativo, in relazione alla disposizione dell'art. 14-*bis*, comma 2, lett. *a*), della revoca, pronunciabile anche d'ufficio, prevista dall'art. 11, comma 5, richiamato dall'art. 14-*bis*, comma 1, della legge.

Invece, il Codice sceglie la strada dell'iniziativa officiosa attribuita al giudice, ai fini della revoca dell'omologazione del piano del consumatore nel caso in cui il debitore abbia occultato attivo o aumentato o dissimulato il passivo ovvero abbia simulato attività inesistenti. D'altro canto, il potere di chiedere la revoca è stato simmetricamente attribuito al creditore, al pubblico ministero e a qualunque altro interessato.

In particolare, si è opportunamente eliminata ogni distinzione tra revoca d'ufficio per atti di frode, di cui all'art. 11, comma 5, l. n. 3 del 2012, e revoca solo ad istanza di parte per le altre cause previste dall'art. 14-*bis*, comma 2, lett. *a*), l. n. 3 del 2012.

L'art. 72, comma 2, prevede il potere officioso (o ad istanza di parte e, sembra, anche ad istanza del pubblico ministero) di revoca dell'omologazione del piano in capo al giudice anche nel caso di inadempimento degli obblighi previsti nel piano o qualora esso diventi inattuabile e non sia possibile modificarlo.

L'OCC deve segnalare, in fase di esecuzione del piano, ogni circostanza che possa comportare la revoca dell'omologazione.

Non si può chiedere la revoca né il giudice può assumere l'iniziativa d'ufficio trascorsi sei mesi dalla presentazione della relazione finale.

Sulla richiesta di revoca il giudice provvede in contraddittorio tra le parti con sentenza reclamabile ai sensi dell'art. 51, sia nel caso in cui sia pronunciata la revoca, sia nel caso in cui venga rigettata la relativa richiesta.

La revoca dell'omologazione non pregiudica i diritti in buona fede acquistati dai terzi in occasione dell'esecuzione del piano.

Articolo 73
Conversione in procedura liquidatoria

1. In caso di revoca dell'omologazione il giudice, su istanza del debitore, dispone la conversione in liquidazione controllata.

2. Se la revoca consegue ad atti di frode o ad inadempimento, l'istanza di cui al comma 1 può essere proposta anche dai creditori o dal pubblico ministero.

3. In caso di conversione, il giudice concede termine al debitore per l'integrazione della documentazione e provvede ai sensi dell'articolo 270.

Angelo Napolitano

In caso di revoca dell'omologazione del piano, il giudice dispone la conversione in procedura liquidatoria su istanza del debitore.

Si pongono anche in questo caso i problemi processuali evidenziati nel caso di apertura della liquidazione in caso di diniego dell'omologazione, specialmente per quanto riguarda la composizione del giudice (monocratico nel caso di revoca dell'omologazione, collegiale nel caso si disponga l'apertura della liquidazione).

Nel caso in cui la revoca consegua ad atti di frode o ad inadempimento del debitore, l'istanza di conversione può essere proposta da un creditore o dal Pubblico ministero.

Nel caso in cui sia disposta la conversione, il tribunale dispone l'integrazione della documentazione di cui all'art. 269 e dichiara aperta la procedura liquidatoria ai sensi dell'art. 270.

Articolo 74

Proposta di concordato minore

1. I debitori di cui all'articolo 2, comma 1, lettera c), in stato di sovraindebitamento, escluso il consumatore, possono formulare ai creditori una proposta di concordato minore, quando consente di proseguire l'attività imprenditoriale o professionale.

2. Fuori dai casi previsti dal comma 1, il concordato minore può essere proposto esclusivamente quando è previsto l'apporto di risorse esterne che aumentino in misura apprezzabile la soddisfazione dei creditori.

3. La proposta di concordato minore ha contenuto libero, indica in modo specifico tempi e modalità per superare la crisi da sovraindebitamento e può prevedere il soddisfacimento, anche parziale, dei crediti attraverso qualsiasi forma, nonché la eventuale suddivisione dei creditori in classi. La formazione delle classi è obbligatoria per i creditori titolari di garanzie prestate da terzi.

4. Per quanto non previsto dalla presente sezione, si applicano le disposizioni del capo III del presente titolo in quanto compatibili.

Emma Sabatelli

1. – Il procedimento che la l. n. 3 del 2012 denominava «*Accordo di composizione della crisi*» è stato recepito con modifiche di diversa rilevanza nella normativa vigente sotto il nuovo nome di «*Concordato minore*» [1]. In tal modo ne viene esplicitamente dichiarata la naturale affinità con il concordato preventivo, sicché, in forza del riconoscimento a quest'ultimo della qualità di "procedura maggiore" – dunque, disciplinata più maniera più dettagliata – si spiega la ragione per la quale l'ultimo comma della norma in commento rinvii, come dispo-

[1] L'esigenza di una riforma dei procedimenti di composizione delle crisi da sovraindebitamento era stata segnalata già da tempo dalla dottrina. Cfr., recentemente, PASQUARIELLO, *Le procedure*, 736. In sede di primi commenti sulla novellata disciplina si vedano MANCINI, *Sovraindebitamento*; D'ORAZIO, *Il rapporto*, 1306; NISIVOCCIA, *Il sovraindebitamento*, 842 ss.; D'AMICO, *Il sovraindebitamento*, 321 ss.

sizione di chiusura, «*per quanto non previsto nella presente sezione*» alle disposizioni dettate in materia di concordato preventivo, ovviamente «*in quanto compatibili*», lasciando all'interprete il non sempre agevole compito di colmare eventuali lacune normative[2].

Esclusa esplicitamente la fruibilità della procedura da parte del *consumatore*, i soggetti legittimati a utilizzare il concordato minore sono individuati mediante il rinvio all'art. 2, comma 1, lett. *c*), il quale si serve di una tecnica *a contrario*, affine a quella che era stata utilizzata nella l. n. 3 del 2012. Prendendo le mosse dalla nozione di sovraindebitamento, ora espressamente definito come «*stato di crisi o di insolvenza*» dei debitori nominativamente designati (il professionista, l'imprenditore minore, l'imprenditore agricolo, le *start-up* innovative), nell'immediato prosieguo della stessa disposizione è stato introdotto un criterio generale di qualificazione di carattere negativo dei soggetti qualificabili come sovraindebitati: esso consiste nel *non* essere il debitore assoggettabile alla liquidazione giudiziale ovvero a liquidazione coatta amministrativa o ad altre procedure liquidatorie in caso di crisi o di insolvenza. Di conseguenza all'elenco appena richiamato deve essere riconosciuto un carattere meramente esemplificativo.

Si pensi, per esempio, alla società semplice esercente attività agricola, la quale non viene *mai* nominata nel Codice, che fa riferimento esclusivamente all'«*imprenditore agricolo*». Eppure sembra indiscutibile che anch'essa sia legittimata a proporre un concordato minore, poiché non vi è alcuna ragione per la quale dovrebbe esserle precluso l'utilizzo di tale procedura rimediale, dando luogo ad una palese disparità di trattamento rispetto agli altri soggetti "sovraindebitati", che solleverebbe legittimi dubbi circa la costituzionalità della disposizione così interpretata., Come è stato sostenuto, l'omissione potrebbe essere ascritta ad una "dimenticanza" del legislatore[3]; ma si potrebbe anche ritenere che l'aggettivo «*agricolo*» sia stato utilizzato nel senso più ampio, con l'intento di riferirlo tanto all'impresa individuale quanto a quella collettiva[4].

2. – La prima scelta di fondo effettuata dal legislatore della riforma è consistita, dunque, nel marcare una netta linea di separazione fra i «*consumatori*» e tutti gli altri soggetti sovraindebitati, a differenza di quanto era previsto nella l. n. 3 del 2012, che consentiva anche ai consumatori di utilizzare l'accordo con i creditori[5].

---

[2] La precisione del rinvio trancia di netto ogni ipotetico collegamento fra la disciplina del concordato minore e quella del concordato semplificato, introdotto dal d.l. n. 118 del 2021, abrogato *in limine* all'entrata in vigore del Codice, nel quale è confluito nel Titolo II, Capo II, Sezione IV. Attualmente, dunque, il concordato semplificato è regolato dagli artt. 25-*sexies* e 25 *septies*, al commento dei quali si rimanda.

Secondo l'opinione che parrebbe prevalere si tratterebbe di un istituto a sé stante che con il concordato preventivo avrebbe in comune solo parte del nome, ma non la funzione di prevenire la crisi, avendo natura squisitamente liquidatoria. In tema, si vedano, fra molti, CAMPOBASSO, *Il concordato semplificato*, 112; D'ATTORRE, *Il concordato semplificato*, 1606; BOZZA, *Il concordato semplificato*.

[3] Così, LOLLI, PAOLUCCI, *Procedure di composizione*.

[4] Vi è, infine, un'ultima questione, pur sempre concernente l'impresa agricola: se essa sia 'sempre' legittimata a utilizzare il concordato minore, quali che ne siano le dimensioni. La risposta positiva, che era pacifica per l'accordo con i creditori, di cui alla l. n. 3 del 2012, potrebbe ora essere posta in dubbio alla luce della novellata disciplina dei presupposti dimensionali di ammissibilità alla procedura espressamente richiamati dall'art. 77, al cui commento si rinvia.

[5] Invece, la l. 18 dicembre 2020, n. 176, che ha modificato la normativa sulla composizione delle crisi da

Ai sensi dell'art. 2, comma 1, lett. *e*), al cui commento si rinvia, il *consumatore* è la «*persona fisica che agisce per scopi estranei all'attività imprenditoriale, commerciale, artigiana o professionale eventualmente svolta*», anche se sia socia di società appartenenti ad uno dei tipi regolati nei capi III, IV e VI del titolo V del libro V, limitatamente, però, ai debiti estranei a quelli sociali.

Si può supporre che alla base di questo radicale mutamento di prospettiva vi sia la presa d'atto del diverso ruolo che i consumatori svolgono sul mercato rispetto a tutti gli altri soggetti, che rientrano nel perimetro disegnato dalla disposizione in commento[6]. Il consumatore, infatti, non esercita un'attività produttiva, ma agisce come potenziale acquirente dei beni e dei servizi offerti da coloro che professionalmente li producono o li scambiano, sicché si colloca in una posizione contrapposta rispetto a quella di costoro. Si deve, tuttavia, considerare l'art. 2, comma 1, lett. *e*), ha recepito una nozione 'ibrida' della figura del consumatore in quanto la persona fisica, che esercita un'attività imprenditoriale o professionale, non perde tale qualità limitatamente ai «*debiti estranei a quelli sociali*»[7]. Sicché, se è pacifico che il consumatore 'puro' non possa proporre un concordato minore, se ne dovrebbe dedurre che, ove ne sussistano i presupposti, tale possibilità non dovrebbe possa essergli preclusa per la soluzione della crisi in cui versi in qualità di imprenditore o di professionista.

È evidente, allora, che alla base della ridenominazione dell'accordo con i creditori come concordato minore non vi è affatto una scelta meramente nominalistica, bensì una opzione prettamente sostanziale, poiché la novellata procedura appare chiaramente modellata per agevolare la soluzione delle crisi d'impresa[8], mentre non risulterebbe altrettanto funzionale rispetto al superamento della crisi del consumatore[9].

Infine, sciogliendo i dubbi che erano stati sollevati in precedenza, l'art. 1, comma 1, ultima parte, esclude dall'ambito di applicazione del Codice lo Stato e gli enti pubblici[10].

---

sovraindebitamento, quando sembrava imminente l'entrata in vigore del Codice, aveva mantenuto la legittimazione del consumatore a proporre un accordo con i creditori in alternativa al piano.

[6] Con il termine «*mercato*» si intende designare in maniera del tutto generica il luogo astratto dell'incontro della domanda e della offerta di beni o di servizi: cfr. DI RAIMO, *Consumatore e mercato*, 176. Si deve segnalare, però, l'opinione di D'ORAZIO, *Il sovraindebitamento,* 700, contraria alla scelta del legislatore, in quanto, negando al consumatore la possibilità di proporre un concordato minore, gli si sarebbe ingiustificatamente sottratta una *chance* di risanamento della sua situazione patrimoniale. Non si può escludere, infatti, egli sia consapevole di non poter utilizzare con esito positivo la procedura di ristrutturazione dei debiti, di cui all'art. 67 ss., e reputi, invece, che la proposta concordataria possa conseguire l'approvazione dei creditori.

[7] Per l'individuazione di tale tipologia di debiti si rinvia al commento della disposizione richiamata.

[8] Ma altrettanto non si può dire rispetto alla crisi del professionista intellettuale sovraindebitato, rispetto alla quale la disciplina del Codice appare francamente inadeguata e, talvolta, inapplicabile. ROLFI, *Il concordato minore*, 139.

[9] Non c'è dubbio, però, che, almeno teoricamente, il Codice peggiori la situazione del consumatore, precludendogli la proposizione di un concordato minore tutte le volte in cui la strada della ristrutturazione dei debiti non appaia concretamente percorribile. Si tratta, però, di un peggioramento teorico, perché, come è stato pacifico già nelle prime versioni della l. n. 3 del 2012, i creditori del consumatore non hanno alcun interesse ad accettare volontariamente una sistemazione concorsuale dei debiti di costui, avendo maggiori possibilità di soddisfacimento attraverso l'esecuzione individuale.

[10] Sulla fruibilità delle procedure di sovraindebitamento da parte degli enti pubblici, prima della riforma, si vedano FIMMANÒ, COPPOLA, *Enti pubblici*, 84; LEOZAPPA, *Il sovraindebitamento*, 574.

3. – In punto di individuazione dei soggetti legittimati a proporre un concordato minore merita qualche considerazione la posizione del socio illimitatamente responsabile. Se per il socio illimitatamente responsabile, che sia anche consumatore, la risposta negativa appare scontata, per un elementare principio di coerenza logica, qualche considerazione deve essere formulata circa la situazione del socio illimitatamente responsabile sovraindebitato, che *non* sia qualificabile come consumatore [11].

Si tratta, in realtà, di un interrogativo risalente nel nostro ordinamento [12]. In questa sede, in particolare, ci si chiede, se il socio *non consumatore* illimitatamente responsabile possa proporre un concordato minore finalizzato esclusivamente alla sistemazione della sua personale situazione di crisi, ferma restando la responsabilità illimitata per le obbligazioni sociali e la possibilità di essere sottoposto a liquidazione in conseguenza della dichiarazione di liquidazione giudiziale o controllata della società, come ora è previsto dall'art. 270, comma 1, ai sensi del quale la sentenza che dichiara l'apertura della liquidazione controllata produce i suoi effetti anche rispetto ai soci illimitatamente responsabili [13].

Premesso incidentalmente che, se si addivenisse alla conclusione negativa per cui l'imprenditore o il professionista non sarebbero legittimati a formulare una proposta concordataria, per il solo fatto di essere potenzialmente assoggettabili alla liquidazione controllata, costoro sarebbero gli unici soggetti, che svolgono un'attività produttiva ad essere privi di uno strumento di soluzione della propria crisi patrimoniale, in contrasto con l'evidente intento "universalistico" del legislatore della riforma [14], sul piano strettamente giuridico si deve osservare che i debiti contratti dalla società non sono equiparabili ai debiti personali dei soci, essendone costoro responsabili soltanto in via sussidiaria, in quanto godono del c.d. *beneficium excussionis*, il quale, pur operando in maniera differente, vale anche per i soci di società irregolari (nonché per quelli di società semplice). Infatti, ai sensi dell'art. 2268 c.c., il socio al quale sia stato richiesto di pagare un debito sociale può rifiutare l'adempimento, indicando i beni sociali sui quali il creditore possa agevolmente soddisfarsi. Si tratta, dunque, di una responsabilità soltanto ipotetica, che, se la società partecipata è e resta *in bonis*, potrebbe non divenire mai effettiva.

Benché avvenga frequentemente nella prassi (per esempio, in tutti i casi in cui, al fine di ottenere il consenso dei creditori necessario per il buon esito della procedura i soci della società in crisi sono 'costretti' a impegnarsi fornendo garanzie personali o garanzie reali sui propri beni), se si escludono le procedure liquidatorie, l'apertura degli altri procedimenti disciplinati nel Codice non implica *mai* "strutturalmente" il coinvolgimento personale dei soci in funzione dell'adempimento delle obbligazioni sociali [15]. Inoltre, e sempre escludendo le procedu-

[11] Sulla contigua, ma diversa, problematica relativa legittimazione dei debitori sovraindebitati ad utilizzare il procedimento di liquidazione controllata si vedano le recenti e approfondite considerazioni di APPIO, *L'assoggettabilità*.

[12] Per una puntuale ricostruzione dell'evoluzione della dottrina e della giurisprudenza, si veda D'ORSI, *Concordato preventivo*; nonché, nell'imminenza della Riforma, LUCCI, *Il socio*, 943.

[13] In chiusura, la disposizione richiamata rinvia all'art. 256, nel quale il medesimo principio è enunciato rispetto alle società di capitali, che viene dichiarato applicabile in quanto compatibile.

[14] Così, LUCCI, *Il socio*, 949.

[15] Cfr. la precisazione di LUCCI, *Il socio*, secondo il quale nella valutazione complessiva del sovraindebita-

re di liquidazione, i procedimenti relativi alla crisi della società non implicano *mai* lo spossessamento, nemmeno attenuato, del patrimonio personale del socio, che può continuare a disporne a suo piacimento, né limitano l'esercizio dei diritti patrimoniali da parte dei creditori di costui, che possono continuare ad agire anche esecutivamente nei suoi confronti.

Nella fattispecie prospettata la gestione "dinamica" del patrimonio del socio-imprenditore (o professionista) non viene in alcun modo vincolata in ragione della peculiare funzione di 'garanzia' derivante dalla responsabilità illimitata per le obbligazioni sociali, anche se è innegabile che tale libertà implica il rischio che al momento dell'apertura della liquidazione per estensione esso si sia depauperato, pregiudicando le prospettive di soddisfacimento tanto dei creditori personali del socio, quanto dei creditori sociali. E proprio la constatazione dell'assenza di limiti alle scelte del socio relative alla gestione del suo patrimonio, unita al riconoscimento del carattere eventuale e sussidiario della responsabilità illimitata per le obbligazioni sociali, costituisce la ragione sostanziale più solida a favore della tesi che ritiene che il socio illimitatamente responsabile, che sia imprenditore o professionista sovraindebitato per l'attività personalmente svolta, sia legittimato a proporre "in proprio" un concordato minore per la sistemazione della situazione di crisi in cui versa [16].

4. – In maniera del tutto speculare rispetto a quanto previsto per il concordato maggiore, l'accesso alla procedura finalizzata a consentire la prosecuzione dell'attività, non prevede il rispetto di alcuna condizione, mentre il comma 2 della disposizione in commento stabilisce che «*fuori dai casi previsti dal comma 1*», il concordato minore può essere proposto *esclusivamente* quando è contemplato l'apporto di risorse esterne, che incrementino in misura apprezzabile il soddisfacimento dei creditori.

Chiaramente, benché non esplicitato nel testo normativo, la prima tipologia alternativa alla quale il legislatore intende fare riferimento è quella del concordato c.d. con liquidazione dei beni. E già soltanto questa innovazione, rispetto a quanto era previsto nella previgente disciplina, è sufficiente a mettere in evidenza l'intento di incentivare, anche nell'area normativa dedicata al sovraindebitamento, un tempestivo ricorso alla procedura di superamento della crisi, stimolando il debitore/produttore di beni o di servizi ad attivarsi non appena ne rilevi i primi segnali ed essa possa ancora essere superata, preservando la continuità dell'attività.

Ma l'estrema sinteticità del dato legislativo pone il problema dell'integrazione della disposizione con la più dettagliata regolamentazione dettata per il concordato preventivo, in ragione del rinvio ad essa nell'ultimo comma della disposizione in commento «*in quanto compatibile*». Non vi è, dunque, ragione per escludere che oggetto della proposta concordataria possa essere tanto la continuità diretta, quanto la continuità indiretta non soltanto nelle forme esemplificativamente elencate dall'art. 84, comma 2 (cessione, usufrutto, conferimento dell'azienda, anche in società di nuova costituzione, affitto, anche stipulato an-

---

mento dell'istante non dovrebbe tenersi conto anche delle obbligazioni assunte in veste di garante della società, cosicché se «il soggetto, per quanto fosse oberato, quale fideiussore, di somme ingenti, ma non attualmente debitore in proprio di alcunché, non potrebbe dirsi sovraindebitato e non avrebbe titolo né interesse ad accedere ad una delle procedure ex L. n. 3/2012».

[16] Nello stesso senso, MOSCO, *Le procedure*, 19, che, a sostegno della tesi, richiama la pronuncia conforme di Trib. Milano, 13 ottobre 2016.

teriormente, purché in funzione della presentazione del ricorso), ma secondo qualsivoglia modalità, che assicuri la prosecuzione dell'attività, stante l'ampiezza della clausola di chiusura del comma richiamato («*a qualunque altro titolo*»).

Peraltro, la dottrina prevalente, che, pure è favorevole alla tesi appena esposta, non ha mancato di rilevare come della continuità indiretta non possa usufruire il professionista sovraindebitato, in ragione del carattere personale della prestazione a cui è impegnato; e tale incontestabile osservazione conferma quanto la disciplina del concordato minore, totalmente incentrata sulla considerazione della crisi dell'imprenditore, non si sia fatta carico di affrontare concretamente la specificità della crisi del professionista.

Nel comma 2 della norma in commento il legislatore fa ricorso ad una individuazione in negativo – «*Fuori dai casi previsti dal comma 1*» – delle altre fattispecie di concordato minore astrattamente proponibili dal debitore. Si tratta di un inutile artificio retorico, che può solo ingenerare dubbi, poiché dal seguito della disposizione, che individua il presupposto di ammissibilità nell'apporto di finanza esterna finalizzata ad incrementare in «*misura apprezzabile*» il soddisfacimento dei creditori, emerge chiaramente l'indiretto riferimento al concordato liquidatorio, mai menzionato in materia di concordato minore, essendo questa l'unica tipologia concordataria la cui ammissibilità viene espressamente subordinata alla presenza di un requisito di questo genere.

A differenza di quanto prevede l'art. 84, comma 4, che quantifica con precisione la misura minima dell'incremento del soddisfacimento [17], la disposizione in commento si limita a stabilire che esso deve essere implementato «*in misura apprezzabile*», senza quantificarne in alcun modo l'entità, cosicché spetterà al giudice di verificare l'effettiva sussistenza di questo requisito. E ciò, evidentemente, allo scopo di non "irrigidire" eccessivamente la possibilità di accesso al concordato minore.

Essendo, però, l'apprezzabilità un criterio di valutazione relativo, stupisce che esso sia stato totalmente rimesso alla valutazione discrezionale del giudice, senza che sia stato precisato alcun parametro rispetto al quale essa debba essere commisurata [18]. Tuttavia, parrebbe possibile individuare almeno una "soglia" di partenza in base alla quale valutare l'apprezzabilità dell'incremento, in quanto il livello minimo di soddisfacimento al quale i creditori possono aspirare con ragionevole certezza è costituito da quanto riceverebbero a seguito della liquidazione controllata. Tanto si deduce dall'art. 80, comma 3, ai sensi del quale se il creditore o qualunque altro interessato contesta la convenienza della proposta, il giudice può procedere ugualmente all'omologazione, qualora ritenga che il soddisfacimen-

---

[17] Ai sensi dell'art. 84, comma 4, al cui commento si rinvia, la proposta di concordato preventivo liquidatorio deve prevedere un apporto di risorse esterne idoneo a incrementare almeno del dieci per cento l'attivo disponibile al momento della presentazione della domanda e ad assicurare il soddisfacimento dei creditori chirografari e dei creditori privilegiati degradati per incapienza in misura non inferiore al venti per cento del loro ammontare complessivo.

Viene, inoltre, chiarito che «*si considerano esterne* [anche] *le risorse apportate a qualunque titolo dai soci, senza vincolo di restituzione o con vincolo di postergazione, di cui il piano prevede la destinazione diretta a vantaggio dei creditori concorsuali*».

[18] Critico sulla scelta del legislatore di subordinare l'ammissibilità del concordato minore liquidatorio all'offerta di un soddisfacimento incrementato in misura apprezzabile è VATTERMOLI, *Il concordato*, 443; sulla difficoltà di quantificare in concreto l'«apprezzabilità» dell'incremento, si veda SCOPSI, *La procedura*, 227.

to che l'opponente riceverebbe mediante l'esecuzione del piano non sarebbe inferiore a quanto gli spetterebbe all'esito dell'alternativa liquidatoria.

Non essendo rilevabile alcuna incompatibilità con la disciplina vigente a non diverse conclusioni deve giungersi circa l'ammissibilità del concordato minore nella forma ora contemplata dall'art. 84, comma 3, ai sensi del quale nel concordato in continuità i creditori possono essere soddisfatti «*in misura anche non prevalente*» dal ricavato generato dalla prosecuzione dell'attività [19].

Al contrario, non sembra compatibile con la struttura del concordato minore il c.d. concordato con riserva o concordato prenotativo, innanzitutto per la peculiare tempistica, che lo caratterizza strutturalmente: il termine che può essere concesso per l'integrazione della documentazione va da trenta a sessanta giorni, prorogabile per altri sessanta in presenza di gravi motivi e in assenza di domande per l'apertura della liquidazione giudiziale (art. 44, comma 1, lett. *a*) [20]. Tanto non potrebbe ritenersi consentito per il concordato minore, la cui disciplina non contempla mai la possibilità della concessione di un termine per l'integrazione della documentazione, che deve essere completa nel momento in cui viene allegata alla domanda per il deposito, come specificamente attestato dalla relazione dell'OCC, anch'essa contestualmente depositata [21].

5. – Del contenuto della proposta la norma si limita a precisare che è «*libero*» [22]; tuttavia, in maniera ancora più esplicita che in passato essa deve essere articolata in maniera dettagliata, essendo ora previsto che indichi «*in modo specifico*» i tempi e le modalità programmate per il superamento della crisi. Mentre è confermata la possibilità di proporre un soddisfacimento parziale dei crediti «*in qualsiasi forma*».

Incidentalmente si deve osservare che, a differenza di quanto è avvenuto in materia di concordato preventivo, non è stata colta l'occasione per mettere ordine nella confusione lessicale fra «*proposta*» e «*piano*» di concordato, che pure la dottrina aveva da tempo segnalato [23]. Infatti, il riferimento all'indicazione delle modalità prescelte *per superare la crisi* appartiene logicamente all'area della strategia della gestione della criticità e, dunque, al piano; mentre oggetto della proposta deve essere l'esposizione di ciò che il debitore offre a titolo di soddisfacimento ai creditori in termini di percentuale di pagamento, oggetto e tempistica delle prestazioni. Sarebbe stata logica e non particolarmente gravosa per lo svolgimento della procedura la previsione di due documenti distinti; invece, tutte le informazioni, compresa quella relativa all'eventuale divisione dei creditori in classi, vengono

[19] Sulla precedente versione della disposizione, che è stata radicalmente modificata, si vedano i contributi di D'ORSI, *Il concordato preventivo*, 324; PINTO, *Fattispecie di continuità*, I, 372.

[20] Sul decorso dei termini per il concordato con riserva si veda, recentemente, SPADARO, *Concordato con riserva*, 570, e, in generale, sulle criticità dell'istituto SANTAGATA, *Concordato preventivo*, 333.

[21] Nel senso del testo, recentemente, Trib. Milano, 5 ottobre 2022.

[22] Così, come è previsto dall'art. 67, comma 1, per il piano del consumatore.

[23] In questa parte del Codice non è stata recepita la distinzione fra domanda di concordato, piano e proposta, precisamente esposta da FABIANI, *Per la chiarezza*, 172; essa è, però, ben chiara alla dottrina, cfr. CRIVELLI, *Il piano*, 714 ss. Si noti che nel contesto normativo che disciplina il concordato minore il piano concordatario viene menzionato per la prima volta nell'art. 75, comma 1, lett. *a*).

confusamente affastellate dal comma 3 nella descrizione del contenuto della «*proposta*».

La proposta può prevedere la falcidia di tutti i debiti e il pagamento dilazionato e, «*in qualunque forma*», secondo l'amplissima espressione utilizzata dalla legge: dunque, non soltanto in denaro, ma anche mediante *datio in solutum*, cessione dei beni, ovvero in forma mista, nonché, se si condivide quanto si ritiene rispetto al concordato preventivo, attribuendo ai creditori a titolo satisfattivo strumenti partecipativi o finanziari (già detenuti in portafoglio dalla società o specificamente emessi a tale scopo, eventualmente anche a seguito di operazioni sul capitale, partecipazioni in *newco* all'uopo costituite, ...), nonché anche mediante la prosecuzione o la rinnovazione di rapporti contrattuali preesistenti con il debitore o con il suo avente causa, secondo quanto prevede l'art. 84, comma 3, in materia di concordato preventivo[24].

In materia di debiti tributari, dunque, il legislatore della riforma è andato oltre quanto stabilito dalla recente pronuncia della Corte costituzionale, 29 novembre 2019, n. 245, che, in adeguamento alla normativa comunitaria ha dichiarato l'incostituzionalità anche del terzo periodo dell'art. 7, comma 1, l. n. 3 del 2012, che sanciva l'infalcidiabilità dell'IVA, equiparandola ai «*tributi costituenti risorse proprie dell'Unione europea*», per i quali era consentita esclusivamente una dilazione nel pagamento[25], poiché la proposta di concordato minore può prevedere la falcidia e la dilazione di "tutti" i debiti.

Infine, la suddivisione dei creditori in classi, facoltativa nella prima versione del Codice, è diventata obbligatoria, a seguito del decreto correttivo, qualora vi siano creditori titolari di garanzie prestate da terzi[26]; dunque, l'obbligatorietà è sancita solo per la prima fra le quattro fattispecie menzionate dall'art. 85, comma 2, in tema di concordato preventivo[27]. Sembra logico ritenere, però, che, qualora si ritenga che un'ulteriore suddivisione in classi possa favorire l'approvazione della proposta e l'esecuzione del piano, essa debba essere considerata ammissibile.

---

[24] In generale, sul contenuto della proposta di concordato preventivo *ex* art. 160 l. fall., si veda, per tutti, SANDULLI, *Art. 160*, 11.

[25] A commento della sentenza si vedano, almeno, STASI, *Ammissibile la falcidia*, 1167; COSSU, *Dichiarato costituzionalmente illegittimo*, 782; BOGGIO, *Falcidia del credito*, 606; BORIA, *L'illegittimità costituzionale*, 17; ODOARDI, *L'inevitabile fine*, 3054.

[26] È ben si comprende la ragione della disposizione, poiché tali creditori si trovano in una posizione di vantaggio, rispetto agli altri, potendo rivolgersi al garante per il soddisfacimento della quota-parte del credito non soddisfatta dalla procedura. Su tale fattispecie e sulle problematiche connesse ad essa si veda Cass., SS.UU., 18 maggio 2009, n. 11396, in *Giur. comm.*, 2010, II, 468, con nota di SPIOTTA, *Legittimazione*, e, *ibid.*, di GRASSO, *L'azione*, 1002.

[27] Dunque, non è stato recepito per il concordato minore il disposto contenuto nel comma 3 della norma richiamata, ai sensi del quale nel concordato in continuità aziendale la suddivisione in classi è obbligatoria *in ogni caso*.

Articolo 75
Documentazione e trattamento dei crediti privilegiati

1. Il debitore deve allegare alla domanda:

a) il piano con i bilanci, le scritture contabili e fiscali obbligatorie, le dichiarazioni dei redditi, le dichiarazioni IRAP e le dichiarazioni annuali IVA concernenti i tre anni anteriori o gli ultimi esercizi precedenti se l'attività ha avuto minor durata;

b) una relazione aggiornata sulla situazione economica, patrimoniale e finanziaria;

c) l'elenco di tutti i creditori, con le rispettive cause di prelazione e l'indicazione delle somme dovute. L'elenco deve contenere l'indicazione del domicilio digitale dei creditori che ne sono muniti;

d) gli atti di straordinaria amministrazione di cui all'art. 94, comma 2, compiuti negli ultimi cinque anni;

e) la documentazione relativa a stipendi, pensioni, salari e altre entrate proprie e della famiglia, con l'indicazione di quanto occorra al mantenimento della stessa.

2. È possibile prevedere che i crediti muniti di privilegio, pegno o ipoteca possano essere soddisfatti non integralmente, allorché ne sia assicurato il pagamento in misura non inferiore a quella realizzabile, in ragione della collocazione preferenziale sul ricavato in caso di liquidazione, avuto riguardo al valore di mercato attribuibile ai beni o ai diritti sui quali insiste la causa di prelazione, come attestato dagli organismi di composizione della crisi.

3. Quando è prevista la continuazione dell'attività aziendale, è possibile prevedere il rimborso, alla scadenza convenuta, delle rate a scadere del contratto di mutuo con garanzia reale gravante su beni strumentali all'esercizio dell'impresa se il debitore, alla data della presentazione della domanda di concordato, ha adempiuto le proprie obbligazioni o se il giudice lo autorizza al pagamento del debito per capitale ed interessi scaduto a tale data. L'OCC attesta anche che il credito garantito potrebbe essere soddisfatto integralmente con il ricavato della liquidazione del bene effettuata a valore di mercato e che il rimborso delle rate a scadere non lede i diritti degli altri creditori.

Emma Sabatelli

Sommario: 1. La documentazione da allegare alla domanda. – 2. L'altra documentazione richiesta. – 3. Il trattamento dei crediti assistiti da prelazione. – 4. Un'eccezione al principio della *par condicio*.

1. – L'intero comma 1 della disposizione è occupato dall'elenco della documentazione che deve essere depositata insieme alla domanda di ammissione al concordato minore.

Congiuntamente al deposito del «*ricorso*» proposto dal debitore *ex* art. 37, comma 1 – perché tale è in senso tecnico la domanda di cui si tratta – nell'*incipit* della lett. *a*), viene indicato il «*piano*» come primo documento che deve essere allegato. Di tale fondamentale atto, singolarmente, nulla è detto nel procedimento concernente il concordato minore; tuttavia, poiché al contenuto "necessario" del piano di concordato preventivo è dedicato l'intero comma 1 dell'art. 87, se ne può ricavare che, nella forma più estesa e articolata, il piano di concordato minore può essere strutturato in maniera sovrapponibile a quanto è previsto per il concordato preventivo. Per quanto riguarda, invece, il contenuto minimo, esso è certamente "flessibile", dovendosi tenere conto nel redigerlo innanzitutto delle caratteristiche concrete dell'attività svolta e della crisi in cui versa e, in secondo luogo, della tipologia di concordato prescelto [1]. Pertanto, in rapporto a quanto appena detto, il piano deve certamente almeno indicare in maniera dettagliata le strategie di intervento e la tempistica necessaria per la concreta attuazione di quanto ci si prefigge, nonché, ad avviso di chi scrive, anche «*gli apporti di finanza nuova, eventualmente previsti e le ragioni per cui sono necessari per l'attuazione del piano*» [2].

2. – Più completo e razionale, rispetto al passato, appare l'elenco della documentazione che deve essere allegata alla domanda (e al piano) al fine di rendere note ai creditori le caratteristiche e l'entità del dissesto e di consentire la valutazione della convenienza della proposta.

Mettendo a confronto quanto prevedeva la normativa previgente in tema di sovraindebitamento, con la disposizione in commento, si nota che la prima richiedeva – soltanto per i debitori che esercitassero un'attività imprenditoriale – il deposito delle scritture contabili degli ultimi tre esercizi [3]; pertanto, la norma non poteva essere applicata né agli imprenditori agricoli, né alle le società semplici, che esercitano attività agricola [4], né ai piccoli imprenditori, essendo tuttora gli uni e gli altri esonerati dall'obbligo di redigere le scritture contabili [5].

Il *deficit* di informazione causato dalla richiesta di deposito del bilancio da parte di debitori, che non sono tenuti a redigerlo, viene colmato, nei limiti del possibile, dalla lett. *b*) del comma 1, che inserisce fra la documentazione che *tutti* i debitori devono allegare alla domanda, una relazione «*aggiornata*» sulla situazione economica, patrimoniale e finanziaria dell'attività. In ogni caso, dunque, il debitore dovrà fornire ai creditori informazioni di tipo "contabile" *latu sensu* corrispondenti a quelle che, qualora l'attività in crisi fosse di impresa commerciale non piccola, potrebbero essere ricavate dalla lettura di un bilancio attualizzato.

Si noti, inoltre, che, a completamento dei dati che devono essere offerti ai creditori, la

---

[1] Cfr., *supra*, art. 74, § 1.

[2] Cfr. quanto dispone in ordine al contenuto del piano di concordato preventivo l'art. 87, comma 1, lett. *g*).

[3] Così, l'art. 9, comma 3, l. n. 3 del 2012, che contemplava anche il deposito di un'autocertificazione del debitore, che attestasse la conformità delle scritture contabili agli originali.

[4] Diverso è se l'attività agricola viene esercitata in forma societaria, adottando la forma di una società di tipo commerciale, poiché in tal caso, per opinione generalmente condivisa, è necessario che vengano rispettate le disposizioni dettate in materia di bilancio e di scritture contabili.

[5] Cfr. l'art. 2214, ult. comma, c.c. In materia cfr., recentemente, CAPELLI, *Diritti patrimoniali*, 1774 ss.

norma impone altresì il deposito di documenti di cui certamente tutti i debitori legittimati a utilizzare la procedura di concordato minore devono essere in possesso – le scritture fiscali obbligatorie e le dichiarazioni dei redditi[6], nonché, per intervento del d.lgs. 26 ottobre 2020, n. 147 (decreto correttivo), le dichiarazioni IRAP e IVA – relative ad un arco temporale la cui durata è ora individuata nel triennio precedente la presentazione della domanda ovvero negli ultimi esercizi, se l'attività ha avuto minore durata.

Migliorata è anche la prescrizione relativa al deposito dell'elenco nominativo di tutti i creditori con l'indicazione delle somme da ciascuno dovute, che è stata condivisibilmente integrata dalla precisazione che per ciascun credito deve essere specificata la causa di prelazione eventualmente esistente[7] e dall'indicazione del domicilio digitale dei creditori, che ne sono muniti. Opportunamente, poi, è stata cassata la richiesta, alla quale risultava praticamente impossibile dare corretta esecuzione negli amplissimi e vaghi termini in cui era formulata, di allegazione dell'elenco degli eventuali atti di disposizione compiuti dal debitore nel quinquennio precedente il deposito della domanda; più ragionevolmente la norma vigente limita l'elenco ai soli atti di straordinaria amministrazione compiuti nel quinquennio anteriore al deposito della domanda, menzionati nell'art. 94, comma 2.

Infine, le informazioni concernenti il reddito familiare e le necessità della famiglia emergono dal deposito della documentazione relativa a stipendi, pensioni, e a qualsiasi altra entrata del debitore e della sua famiglia[8], nonché di quanto è necessario al sostentamento della stessa. Anche questa prescrizione, dunque, risulta meglio articolata rispetto a quella corrispondente, contenuta nella normativa previgente[9], che richiedeva soltanto il deposito dell'elenco delle spese correnti necessarie al sostentamento del nucleo familiare, del quale il debitore doveva indicare i componenti, depositando altresì il certificato dello stato di famiglia.

3. – Per quel che concerne il soddisfacimento minino che deve essere proposto per i crediti assistiti da una causa di prelazione, il comma 2 riafferma un principio già contenuto nell'art. 160, comma 2, l. fall., in tema di concordato preventivo, e nell'art. 7, comma 1, l. n. 3 del 2012, e che è stato trasversalmente recepito in tutte le procedure di ristrutturazione dell'esposizione debitoria, con gli adattamenti richiesti dalle peculiarità di ciascuna: ai creditori deve essere assicurato un soddisfacimento non inferiore a quello corrispondente al valore effettivo sul mercato del bene oggetto della prelazione, tenendo conto della collocazione preferenziale del credito sul ricavato in caso di liquidazione. Infatti, con irrilevanti scostamenti lessicali, la stessa disposizione è presente nell'art. 67, comma 4, per

[6] Il cui deposito era già previsto dall'art. 9, comma 2, l. n. 3 del 2012.

[7] Secondo FICO, *La fase*, 482, nell'elenco dovrebbero essere anche specificati i crediti in tutto o in parte contestati, tanto in funzione del computo del *quorum* per l'approvazione della proposta, quanto al fine di rendere conoscibile ai creditori la reale situazione in cui versa il debitore, consentendo l'espressione di un voto consapevole.

[8] Non essendo precisato esplicitamente a quale nozione di "famiglia" il legislatore abbia inteso riferirsi, è presumibile che si tratti di quella dettata dall'art. 66, comma 2, in tema di procedure familiari, che si estende fino a comprendere il coniuge, i parenti entro il quarto grado e gli affini entro il secondo, le parti dell'unione civile e i conviventi di fatto, di cui alla l. n. 76 del 2016.

[9] Cfr. parte finale del comma 2 dell'art. 9, l. n. 3 del 2012.

la procedura di ristrutturazione dei debiti del consumatore, nonché, con comprensibili variazioni di disciplina (attestazione del valore del bene da parte di un professionista indipendente e valutazione delle presumibili spese di procedura attinenti al bene medesimo), anche nell'art. 85, comma 5, in materia di concordato preventivo.

La circostanza che la norma precisi che, nei limiti appena esposti, il pagamento dei crediti assistiti da prelazione deve essere «*assicurato*», al di là dell'utilizzo, indiscutibilmente atecnico dell'espressione verbale, evidenzia una particolare attenzione del legislatore, affinché il soddisfacimento di tali crediti non sia inferiore ad un minimo corrispondente al valore di mercato del bene gravato dalla garanzia. Potrebbe stupire, invece, che – come nella l. n. 3 del 2012 – manchi una disposizione corrispondente a quella contenuta nell'art. 85, ult. comma, in materia di concordato preventivo, ai sensi della quale la quota-parte del credito residuo insoddisfatto è equiparata al trattamento previsto per i crediti chirografari; ma, a ben vedere così non è, perché l'art. 79, comma 1, ultima frase, prevede che i creditori *de quo* siano equiparati ai chirografari per la parte residua del credito. È vero che la disposizione, al cui commento si rinvia, è volta a regolare le modalità di calcolo della maggioranza ai fini dell'approvazione del concordato, tuttavia, non sembra azzardato ritenere che i diritti riconosciuti in tema di voto trovino un riscontro speculare sul piano del trattamento economico.

Il compito di determinare il valore del bene o del diritto oggetto di garanzia, mediante un'attestazione, è attribuito all'OCC, che viene qui menzionato per la prima volta in materia di concordato minore nella duplice veste di valutatore e attestatore, che lo pone in potenziale conflitto rispetto al compito di ausiliario del debitore nella predisposizione della domanda di ammissione alla procedura. Fra i molteplici compiti che la legge assegna all'Organismo questo – che pure era già contemplato nella l. n. 3 del 2012 – suscita, comunque, maggiore perplessità, essendo assai dubbio che l'Organismo possa essere *sempre* in possesso delle competenze necessarie per svolgere adeguatamente una funzione di valutazione su beni e diritti, che possono essere di natura diversissima.

In conformità con la disciplina previgente di cui alla l. n. 3 del 2012, non è detto espressamente che la proposta deve essere formulata nel rispetto dell'ordine delle cause legittime di prelazione per il soddisfacimento dei crediti; infatti, la norma si limita a stabilire che il pagamento proposto deve essere computato conto della collocazione preferenziale del credito sul ricavato di una eventuale vendita. Tuttavia, poiché alla luce della riforma sembra difficile negare la natura concorsuale del concordato minore, si dovrà necessariamente ammettere che il proponente è tenuto a rispettare tanto il principio della *par condicio creditorum*, quanto quello della graduazione dei crediti [10], ma – come per il concordato preventivo – anche per il concordato minore, rimarrà dubbio, se, pur sempre nel rispetto dell'ordine di graduazione, sia concessa al debitore una certa flessibilità nella formulazione della proposta; se, cioè, sia ammissibile una proposta nella quale si prevede il soddisfacimento del creditore di grado inferiore anche nel caso in cui il creditore di rango immediatamente poziore non sia stato integralmente soddisfatto, essendo sufficiente, ai fini del-

[10] Favorevole al rispetto dell'ordine delle cause di prelazione è VATTERMOLI, *Il concordato*, 443. In generale, a favore della natura concorsuale dei procedimenti regolati dalla l. n. 3 del 2012, si è pronunciata la dottrina prevalente, per la quale cfr., fra molti, RISPOLI FARINA, *La nuova disciplina*, 558.

l'ammissibilità, che il trattamento offerto a quest'ultimo non sia meno favorevole di quello previsto per il creditore di rango meno elevato [11].

4. – Un'assoluta novità rispetto al passato è contenuta nell'ultimo comma della norma, che, con i necessari adeguamenti, è ripresa tanto dall'art. 67, comma 5, per la procedura di ristrutturazione dei debiti del consumatore, quanto dall'art. 100, comma 2, nell'ambito della disciplina del concordato preventivo. La disposizione in commento, che non trova applicazione nel concordato liquidatorio, ma soltanto rispetto a quello in continuità, in coerenza con la *ratio* della procedura, ammette la *possibilità* che il piano preveda la prosecuzione di un contratto di mutuo assistito da garanzia reale su beni strumentali all'esercizio dell'impresa [12], restando obbligato il debitore/mutuatario a procedere al pagamento delle rate a scadere nelle date originariamente convenute.

La previsione può essere inserita nel piano solo se ricorrono alcune condizioni: *a)* il debitore deve avere regolarmente effettuato i pagamenti dovuti fino alla data di presentazione della domanda di concordato; *b)* in alternativa, deve essere stato autorizzato dall'autorità giudiziaria a pagare il debito relativo al capitale e agli interessi scaduti a tale data; *c)* l'OCC deve attestare che il credito garantito potrebbe essere integralmente soddisfatto mediante la vendita al valore di mercato del bene e che il pagamento delle date a scadere non pregiudica i diritti degli altri creditori.

Alcune delle condizioni alle quali è subordinata la fruibilità di tale opzione da parte del debitore meritano qualche chiarimento. Relativamente all'ipotesi *sub b)* si deve osservare che nel momento del deposito del piano nessuna autorizzazione può *già* essere stata emanata dall'autorità giudiziaria; pertanto, volendo dare attuazione alla prescrizione, si può ragionevolmente affermare che, benché non se ne faccia alcuna menzione nell'elenco degli allegati, il debitore – congiuntamente alla proposta di concordato e all'altra documentazione prevista dalla legge – debba depositare l'istanza per il rilascio dell'autorizzazione suddetta, la quale, consentendogli di sanare l'inadempimento relativo alle rate di mutuo scadute e non pagate e agli interessi corrispondenti, lo pone in condizione di usufruire della possibilità contemplata dalla legge. Di conseguenza, se l'autorizzazione non venisse richiesta o, pur se richiesta, non venisse concessa, la domanda dovrebbe essere ritenuta inammissibile [13].

Per quel che concerne, poi, l'attestazione richiesta all'OCC, all'Organismo è imposto di verificare che il valore di mercato del bene sarebbe sufficiente a soddisfare *integralmente* il credito garantito. Si deve, però, considerare che già il comma precedente impone una valutazione del bene oggetto della garanzia, affinché l'Organismo possa controllare che al credito da essa assistito non sia offerto un soddisfacimento inferiore al valore di mercato di questo. Pertanto, questo dato – si intende, l'idoneità del bene a "coprire" per intero o

---

[11] Il problema dei margini di flessibilità consentiti al proponente senza che possa ritenersi violato il principio del rispetto dell'ordine delle cause di prelazione è stato affrontato in rapporto alla disciplina del concordato preventivo, che richiama espressamente tale regola. Per le diverse e articolate opinioni si vedano almeno, BOZZA, *La proposta*, 79; D'ATTORRE, *Concordato con continuità*, 43; MANDRIOLI, *Transazione fiscale*, 312.

[12] Si noti che la lettera della norma, che menziona soltanto l'attività di impresa, parrebbe inspiegabilmente escluderne l'applicazione al concordato minore con prosecuzione dell'attività professionale.

[13] In senso conforme, CRIVELLI, *Il piano*, 727.

solo parzialmente il credito garantito – dovrebbe essere comunque rilevabile dalla documentazione allegata alla domanda. Di conseguenza, anche in ragione dell'assenza di ogni rinvio all'attestazione effettuata dall'OCC nel comma 2, si deve ritenere che, relativamente alla fattispecie contemplata nel comma 3 l'OCC debba attestare che il valore del bene è sufficiente a pagare per intero il debito residuo che grava sul debitore.

Una volta constatato che, nella fattispecie così ricostruita, il pagamento delle rate a scadere del mutuo non può ledere i diritti patrimoniali dei creditori diversi dal mutuante è necessario determinare su quali altri profili debba vertere l'attestazione dell'OCC al fine di escludere che la regolare esecuzione del contratto pregiudichi i diritti degli altri creditori. Si può, allora, supporre che, il legislatore nell'ultima parte della norma abbia inteso fare riferimento alla durata temporale del contratto di mutuo, offrendo una indiretta chiave di interpretazione circa la controversa questione concernente la durata massima del concordato minore, sulla quale la riforma nulla dice.

Nessun problema si pone tutte le volte in cui sia possibile isolare il rapporto di mutuo dal contesto del piano concordatario, lasciando che esso si svolga secondo la tempistica originariamente programmata dalle parti e, al contempo, assicurando agli altri creditori il soddisfacimento proposto in termini ragionevoli. Spetterebbe, dunque, all'OCC di valutare in concreto se la durata della procedura concordataria, vincolata alla tempistica del mutuo, possa ledere indirettamente i diritti degli altri creditori, per i quali, applicando il principio di ragionevolezza, potrebbe risultare più conveniente ottenere il soddisfacimento del proprio credito, magari in misura minore, ma in tempi più ridotti [14].

[14] Si pensi al caso in cui il bene oggetto della garanzia sia essenziale per l'esercizio dell'attività e il soddisfacimento di anche soltanto alcuni degli altri creditori nella misura proposta sia stato commisurato in rapporto all'aspettativa di reddito derivante dalla prosecuzione dell'impresa. Anche in questa ipotesi potrebbe essere più conveniente per i creditori l'alternativa liquidatoria, se concretamente praticabile, rispetto alla percezione, comunque aleatoria, di una somma maggiore in tempi irragionevolmente dilatati.

Articolo 76

Presentazione della domanda e attività dell'OCC

1. La domanda è formulata tramite un OCC costituito nel circondario del tribunale competente ai sensi dell'articolo 27, comma 2. Se nel circondario del tribunale competente non vi è un OCC, i compiti e le funzioni allo stesso attribuiti sono svolti da un professionista o da una società tra professionisti in possesso dei requisiti di cui all'articolo 358, nominati dal presidente del tribunale competente o da un giudice da lui delegato, individuati, ove possibile, tra gli iscritti all'albo dei gestori della crisi di cui al decreto del Ministro della giustizia 24 settembre 2014, n. 202.

2. Alla domanda deve essere allegata una relazione particolareggiata dell'OCC, che comprende:

a) l'indicazione delle cause dell'indebitamento e della diligenza impiegata dal debitore nell'assumere le obbligazioni;

b) l'esposizione delle ragioni dell'incapacità del debitore di adempiere le obbligazioni assunte;

c) l'indicazione della eventuale esistenza di atti del debitore impugnati dai creditori;

d) la valutazione sulla completezza e attendibilità della documentazione depositata a corredo della domanda, nonché sulla convenienza del piano rispetto all'alternativa liquidatoria;

e) l'indicazione presumibile dei costi della procedura;

f) la percentuale, le modalità e i tempi di soddisfacimento dei creditori;

g) l'indicazione dei criteri adottati nella formazione delle classi, ove previste dalla proposta.

3. L'OCC, nella sua relazione, deve indicare anche se il soggetto finanziatore, ai fini della concessione del finanziamento, abbia tenuto conto del merito creditizio del debitore.

4. L'OCC, entro sette giorni dall'avvenuto conferimento dell'incarico da parte del debitore, ne dà notizia all'agente della riscossione e agli uffici fiscali, anche degli enti locali, competenti sulla base dell'ultimo domicilio fiscale dell'istante, i quali entro quindici giorni debbono comunicare il debito tributario accertato e gli eventuali accertamenti pendenti.

5. Il deposito della domanda sospende, ai soli effetti del concorso, il corso degli interessi convenzionali o legali fino alla chiusura della liquidazione, a meno che i crediti non siano garantiti da ipoteca, pegno o privilegio, salvo quanto previsto dagli articoli 2479, 2788 e 2855, commi secondo e terzo, del codice civile.

6. Il procedimento si svolge dinanzi al tribunale in composizione monocratica.

Emma Sabatelli

Sommario: 1. La presentazione della domanda. – 2. La relazione dell'OCC. – 3. Il controllo sulla valutazione del merito creditizio. – 4. Ulteriori attività dell'OCC e disposizioni di natura procedimentale.

1. – Nell'esordio la norma precisa che la domanda deve essere «*formulata tramite un OCC*». La scelta lessicale attira l'attenzione dell'interprete, perché per descrivere il ruolo dell'Organismo nella fase introduttiva delle procedure relative al sovraindebitamento viene utilizzata una formula diversa per ogni procedimento riservato ai sovraindebitati. Il piano del consumatore viene proposto «*con l'ausilio dell'OCC*» (art. 67, comma 1); il ricorso per l'apertura della liquidazione controllata può essere presentato personalmente dal debitore, ma comunque «*con l'assistenza dell'OCC*» (art. 269, comma 1); il concordato minore, come si è appena ricordato, «*tramite un OCC*».

L'uso di differenti espressioni per la determinazione del ruolo dell'OCC, rispettivamente, nel piano del consumatore e nel concordato minore – e, specificamente, quella utilizzata per quest'ultimo – potrebbe lasciare intendere che nel concordato minore l'Organismo non svolga un ruolo attivo, come ausiliario e consulente del debitore nella elaborazione della domanda e del piano, ma funga soltanto da elemento di collegamento fra questi e l'autorità giudiziaria competente a presiedere allo svolgimento della procedura, che è, poi, il tribunale, in composizione monocratica, nel cui circondario si trova il centro degli interessi principali del debitore, come definito dall'art. 27, comma 3 [1].

Se non che dalla stessa Relazione illustrativa emerge con assoluta chiarezza che l'intento del legislatore è esattamente opposto a quello che si è fin qui prefigurato: piuttosto che assimilare la procedura a quella prevista per il concordato preventivo, spingendo il debitore a rivolgersi a competenze "esterne", ci si prefiggeva di snellirla, fino a consentirgli di fare a meno della difesa tecnica, che la Relazione definisce «*superflua*» [2] in ragione della elevata professionalità dei soggetti di cui l'Organismo si avvale [3]. Non si può non osservare, allora, che l'utilizzo di una formula uniforme per indicare le funzioni che si vogliono attribuire all'OCC sarebbe stata senz'altro preferibile.

2. – La circostanza che alla domanda debba essere allegata una «*relazione particolareggiata*» redatta dall'OCC costituisce una delle novità della riforma, in quanto la normativa previgente [4], richiedeva tale adempimento solo per la proposta del piano del consumatore,

[1] Benché il richiamo esplicito nella disposizione in commento sia al comma 2 dell'art. 27.

[2] È da escludere, comunque, che l'asserita "superfluità" dell'assistenza del professionista possa impedire al debitore, se lo ritiene opportuno, di avvalersi dell'assistenza tecnica di professionisti di sua fiducia.

[3] La Relazione precisa, infatti, che «*l'organismo svolge* [...] *le funzioni che, nel concordato preventivo, spetterebbero all'avvocato, al professionista che assiste l'imprenditore nella redazione del piano ed al professionista indipendente incaricato dell'attestazione*». Su questi profili v. pure DE FILIPPIS, *La natura*, 502 ss.

[4] Art. 9, comma 3-*bis*, l. n. 3 del 2012.

del quale, per grandi linee, il comma secondo della disposizione in commento riproduce il contenuto.

Essa deve indicare innanzitutto le cause dell'indebitamento e la diligenza impiegata dal debitore nell'assumere le obbligazioni [5], nonché l'esposizione delle ragioni dell'incapacità di adempiere le obbligazioni assunte. Permane, dunque, il riferimento alla diligenza della condotta del debitore [6], il cui uso anomalo nei contesti normativi richiamati non ha suscitato una particolare attenzione né nella giurisprudenza, né nella dottrina che hanno esaminato i requisiti di meritevolezza (del consumatore).

Solitamente, infatti, il difetto di diligenza legittima l'esercizio di un'azione di responsabilità per l'inadempimento e per i danni che da esso derivano, quando, collocandosi nell'area del "contratto", inficia la corretta esecuzione della prestazione dovuta, ovvero, in ambito extracontrattuale, di risarcimento dei danni subiti dal terzo. Invece, il "danno" considerato dal legislatore è quello che il debitore si è, per così dire, auto-procurato con la sua condotta negligente, cagionando o concorrendo a provocare il proprio dissesto patrimoniale.

Tuttavia, nella disciplina del concordato minore, come nella regolamentazione dell'accordo con i creditori, l'eventuale esito negativo del controllo effettuato dall'OCC sulla diligenza impiegata dal debitore nella gestione del suo patrimonio sembrerebbe non avere alcuna ricaduta sullo svolgimento del procedimento concordatario [7]. Come il riconoscimento di una condotta diligente non implica alcun trattamento premiale a favore del debitore, così dal rilevamento di eventuali negligenze, non soltanto non deriva alcuna responsabilità a carico di costui, ma, soprattutto, non si produce alcun effetto preclusivo per l'accesso alla procedura di concordato minore.

Infatti, l'art. 77 inserisce fra le cause di inammissibilità della domanda di ammissione al concordato minore la circostanza che risultino commessi «*atti diretti a frodare le ragioni dei creditori*» – come, del resto già prevedeva l'art. 10, comma 3, l. n. 3 del 2012 [8] – che è cosa ben diversa dalla rilevazione di un difetto di diligenza. In conclusione, il rilevamento di un mero difetto di diligenza del debitore, quantomeno fino al limite della colpa lieve, è del tutto ininfluente sulle sorti del procedimento, sicché è legittimo chiedersi quale sia il senso della disposizione nei termini in cui è stata formulata. Si potrebbe supporre, allora, che il controllo e la valutazione dell'OCC assolvano ad uno scopo meramente informativo; che servano, cioè, a rendere edotti i creditori sul modo di operare adottato dal debitore, affinché possano vagliarne in maniera più consapevole l'affidabilità, soprattutto nel momento della manifestazione del voto sulla proposta; ma, come si vede, si tratterebbe comunque di una finalità di scarso rilievo pratico.

---

[5] Poiché non si fa più cenno all'assunzione "volontaria" di obbligazioni, è lecito chiedersi se, come il silenzio della legge lascerebbe supporre, anche la ristrutturazione dell'indebitamento "passivo" possa essere compreso nella proposta di concordato e se anche ad esso debba essere estesa la valutazione della diligenza della condotta del debitore.

[6] Che già ricorreva nella versione novellata dell'art. 9, comma *3-bis.1*, lett. *a)*, l. n. 3 del 2012.

[7] Non diversamente, del resto, avveniva nel vigore della l. n. 3 del 2012.

[8] Più in dettaglio la norma prevede che, se nel corso dell'udienza di omologazione il giudice accerta la presenza di atti o iniziative in frode ai creditori, dispone la revoca del decreto di avvio della procedura, nonché la cancellazione della trascrizione e la cessazione di ogni altra forma di pubblicità che sia stata disposta.

Il ridimensionamento del ruolo della diligenza della condotta del debitore mette in rilievo altri aspetti sui quali sembra assai più opportuno che la relazione dell'OCC si esprima in considerazione del peso assai più rilevante che essi assumono nell'*iter* che conduce all'omologazione. Il riferimento è innanzitutto ai già menzionati «*atti diretti a frodare le ragioni dei creditori*», che l'art. 77, comma 1, include fra le cause di inammissibilità della domanda, ma dei quali la norma in commento non fa alcuna menzione[9]. È ragionevole supporre che essi dovrebbero essere rilevati dall'OCC nel corso dell'attività di valutazione della condotta del debitore anteriore al deposito della domanda ed essere esposti nella relazione, non come oggetto di indagine specifica, bensì in rapporto con i profili sui quali esso è chiamato ad esprimersi: dunque, nell'esposizione delle cause dell'indebitamento e delle ragioni dell'incapacità di adempiere. Ma è evidente che la frode potrebbe emergere anche dall'esame degli atti del debitore impugnati dai creditori, di cui alla lett. *c*), nonché dalla valutazione della completezza e dell'attendibilità della documentazione allegata, *ex* lett. *e*)[10].

Del tutto nuovi sono, invece, gli altri contenuti della relazione, indicati nella parte finale del secondo comma della norma, che concernono: 1) l'indicazione dei costi presumibili della procedura[11]; 2) la percentuale, le modalità e i tempi di soddisfacimento dei creditori. Quest'ultimo punto appare, però, francamente superfluo, poiché non fa altro che riproporre il contenuto del piano, che l'OCC non può che recepire, così come è stato formulato nell'allegato alla domanda, ai sensi dell'art. 75, comma 1, lett. *a)*, non potendo certamente modificarlo (ed è quantomeno dubbio che ne possa proporre la modifica nella relazione); 3) l'indicazione dei criteri adottati nella formazione delle classi, ove previste, che costituisce anch'essa un dato superfluo, posto che l'art. 2, comma 1, lett. *r*), decreto legislativo dà una definizione delle classi di creditori, valevole per tutte le procedure concorsuali nelle quali ne è consentita la formazione, che già contiene i criteri («*posizione giuridica e interessi economici omogenei*»), nel rispetto dei quali esse devono essere costituite[12].

3. – Nel terzo comma – inspiegabilmente al di fuori dell'elenco dei contenuti della relazione dell'OCC situata nel secondo comma – viene richiesto che essa indichi anche se gli eventuali finanziatori abbiano tenuto conto del merito creditizio del debitore ai fini dell'erogazione del credito. Benché la norma non faccia riferimento agli erogatori professionali del credito, ma menzioni genericamente il «*soggetto finanziatore*», è evidente che debba essere interpretata in senso restrittivo, discostandosi da un'interpretazione strettamente letterale, che obbligherebbe l'OCC a controllare la condotta di *tutti* i soggetti che abbiano concesso credito al debitore.

Che oggetto dell'attività dell'OCC siano esclusivamente i finanziamenti erogati dalle banche e dalle società finanziarie è intuibile non soltanto perché si tratta degli unici sog-

[9] Fino a questo punto, dunque, la norma riprende il contenuto dell'art. 9, comma 3-*bis*, l. n. 3 del 2012. Cfr. AMBROSINI, *Gli atti*, 1 ss.; e, in generale FAROLFI, *La frode*.

[10] Con riguardo alla lett. *d)* ci si può limitare ad osservare che oggetto della valutazione di convenienza – in rapporto alla quale è stato cassato l'aggettivo "probabile" – rispetto all'alternativa liquidatoria continua ad essere il «*piano*» e non, come sarebbe più corretto la "proposta".

[11] Dovrebbe essere questa la formulazione corretta, in luogo di quella adottata: «*l'indicazione presumibile*».

[12] Non è più richiesto, invece, che la relazione dell'OCC contenga il resoconto della solvibilità del debitore negli ultimi cinque anni, come prevedeva la lett. *c*) dell'art. 9, comma 3-*bis*, l. n. 3 del 2012.

getti in possesso degli strumenti e delle competenze necessarie per verificare il merito creditizio del richiedente, ma soprattutto perché l'erogazione di finanziamenti da parte di soggetti che non svolgono professionalmente questa attività è ininfluente rispetto alla stabilità del sistema creditizio, che è, se non l'obiettivo primario, certamente uno degli scopi principali perseguiti mediante l'imposizione di tale obbligo [13]. Di conseguenza, il controllo sulla correttezza della erogazione del credito deve essere comunque esercitato, anche se il soggetto proponente non dovesse essere un imprenditore – come è presumibile che avverrà nella massima parte dei casi – bensì un altro soggetto non fallibile (per esempio, un professionista) [14].

Tanto premesso, non si può omettere di rilevare il carattere innovativo della disposizione rispetto alla disciplina previgente. Il reale profilo di novità non è costituito soltanto dalla circostanza che la valutazione della condotta del finanziatore deve essere riportata nella relazione dell'OCC (che per l'accordo con i creditori *ex* l. n. 3 del 2012 non era nemmeno prevista), quanto dalle conseguenze endoprocedimentali che si verificano, qualora ne venga accertata la scorrettezza. Infatti, al rilevamento da parte dell'OCC della mancata verifica del merito creditizio corrisponde la peculiare "sanzione" contemplata dall'art. 80, comma 4, ai sensi del quale il creditore, che ha colpevolmente determinato lo stato di sovraindebitamento del debitore o il suo aggravamento, non può presentare opposizione in sede di omologazione [15].

4. – Una positiva innovazione è costituita, infine, dal coinvolgimento diretto dei creditori pubblici, in funzione della determinazione dei debiti fiscali. Infatti, l'agente della riscossione e gli uffici fiscali, anche degli enti locali, competenti in base all'ultimo domicilio fiscale del debitore, informati dall'OCC del conferimento dell'incarico in tempi ristretti (entro sette giorni), devono comunicare all'Organismo, anche essi in tempi brevi, il debito tributario accertato e gli ulteriori accertamenti eventualmente pendenti.

Nessuna novità, invece, è contenuta nel penultimo comma della disposizione, il quale, in punto di sospensione del decorso degli interessi, ripropone quasi letteralmente quanto già prevedeva l'art. 9, comma 3-*quater*, l. n. 3 del 2012 [16]; mentre l'ultimo comma definitivamente chiarisce che il procedimento deve svolgersi dinanzi al tribunale in composizione monocratica.

---

[13] Che affonda le sue radici direttamente nel dovere di «*sana e prudente gestione*» di cui all'art. 5 TUB. Cfr. ANTONUCCI, *Art. 5*, 36 ss.

[14] Depone in tal senso anche la lettera della norma, che nella parte finale si riferisce genericamente al «*debitore*».

[15] Analoga disposizione, pur se diversamente articolata in ragione della qualità di consumatore del soggetto della procedura, è contenuta nell'art. 68, comma 3. In tema di sovraindebitamento il problema della corretta valutazione del merito creditizio era stato affrontato prevalentemente in rapporto al piano del consumatore *ex* l. n. 3 del 2012, dando luogo ad un vivace dibattito, che non è giunto – e obiettivamente era difficile che giungesse – a conclusioni definitive. Per il punto della questione ad oggi, si veda SALERNO, *L'esdebitazione*, 11.

[16] Si può solo segnalare l'irrilevante sostituzione del termine "proposta" con il più corretto «*domanda*».

Articolo 77
Inammissibilità della domanda di concordato minore

1. La domanda di concordato minore è inammissibile se mancano i documenti di cui agli articoli 75 e 76, se il debitore presenta requisiti dimensionali che eccedono i limiti di cui all'articolo 2, comma 1, lettera d), numeri 1), 2) e 3), se è già stato esdebitato nei cinque anni precedenti la domanda o ha già beneficiato dell'esdebitazione per due volte o se risultano commessi atti diretti a frodare le ragioni dei creditori.

Emma Sabatelli

Sommario: 1. Le cause di inammissibilità della domanda. – 2. L'esdebitazione.

1. – Nella norma vengono elencate, senza l'apparente rispetto di un ordine logico, le cause di natura formale e sostanziale, che precludono al debitore l'ammissione alla procedura. Tale elenco comprende innanzitutto l'incompletezza della documentazione prevista dalla legge, alla quale segue il superamento dei requisiti dimensionali, che connotano la cosiddetta "impresa minore".

Tuttavia, l'esplicito richiamo alla norma che contiene la definizione di impresa minore appare non solo inutile, ma decisamente poco chiara: inutile, perché già l'art. 74, comma 1, prima parte, escludendo espressamente il consumatore dal novero dei soggetti della procedura, correttamente rinvia all'art. 2, comma 1, lett. *c*), il quale individua i soggetti, che, potendo essere definiti «*sovraindebitati*» in senso tecnico, possono usufruire delle procedure ad essi riservate (fra le quali, appunto, vi è il concordato minore).

Ma l'ambiguità nella formulazione è un'altra. Innanzitutto, il generico richiamo al «*debitore*», che non ecceda i limiti dimensionali indicati dall'art. 2, comma 1, lett. *d*), senza alcuna altra specificazione circa la natura dell'impresa, autorizzerebbe a ritenere che i suddetti limiti dimensionali debbano valere per *tutti i debitori* (sovraindebitati), con l'eccezione, appunto, del consumatore. Infatti, le soglie dimensionali indicate nella disposizione sono sovrapponibili a quelle che erano contenute nell'abrogato art. 1, comma 1, l. fall., il quale, però, precisava espressamente che i destinatari della disposizione erano i soggetti esercenti un'attività commerciale, mentre la norma del Codice le riferisce alla nozione di impresa minore, senza aggiungere alcuna precisazione in ordine alla natura della stessa. Corrispondentemente nell'elenco dei debitori sovraindebitati, contenuto nell'art. 2, comma 1, lett. *c*), viene incluso l'imprenditore minore, anche in questo caso, senza ulteriori qualificazioni.

Invece, immediatamente dopo, la norma richiamata da ultima menziona l'imprenditore agricolo, senza far riferimento alle dimensioni dell'impresa, di tal che tale circostanza, messa in collegamento con i limiti dimensionali – richiamati dalla norma in commento con generico riferimento a *tutti* gli imprenditori sovraindebitati – potrebbe far sorgere il dubbio che l'imprenditore agricolo sopra-soglia non possa avvalersi del concordato minore. E questa ipotesi interpretativa sembrerebbe confermata dalla considerazione per cui, in questo confuso incrocio di disposizioni, l'applicazione di un rigoroso metodo esegetico esigerebbe che si desse la prevalenza alla norma di cui qui si tratta, che indica specificamente i requisiti di ammissibilità per il procedimento del concordato minore.

Tuttavia, non era questo l'intento del legislatore, e non soltanto perché una limitazione di tal genere, che porrebbe l'impresa agricola in una situazione peggiorativa rispetto a quella precedentemente contemplata dalla l. n. 3 del 2012, non emerge né nella legge delega, né nella relazione di accompagnamento, ma soprattutto perché resterebbe oscura la sorte dell'impresa agricola sopra-soglia che versi in una situazione di crisi. In conclusione, deve ritenersi che si tratti di una imperfezione – o, se si preferisce, di una mancanza di coordinamento – nella formulazione della legge, alla quale si è persa l'occasione di porre rimedio anche con il decreto correttivo.

Inoltre, a conferma necessità di una riscrittura chiarificatrice della disposizione e della superficialità con la quale è stata affrontata anche la tematica del sovraindebitamento del professionista intellettuale, che certamente rientra nella nozione di «*debitore*» legittimato a proporre un concordato minore, non si è considerato che ad esso i limiti dimensionali richiamati dalla norma risultano evidentemente inapplicabili, essendo strutturati in rapporto alla disciplina dell'impresa commerciale. Costui, dunque, gode dell'implicito privilegio di poter proporre un concordato minore, quali che siano le dimensioni dell'attività professionale esercitata, e, forse, sarebbe stato opportuno che anche tale peculiarità venisse esplicitamente dichiarata.

Infine, rispetto all'ultima causa di inammissibilità della domanda, costituita dalla risultanza di atti diretti a frodare le ragioni dei creditori, oltre che a rinviare a quanto si è esposto in ordine al contenuto della relazione dell'OCC, si deve rilevare ancora un altro evidente difetto di coordinamento fra quanto stabilito dalla disposizione in commento e l'art. 82, comma 1, che, in tema di revoca dell'omologazione del concordato minore, non si limita a menzionare fra le cause di revoca gli «*atti diretti a frodare le ragioni dei creditori*», ma specificamente aggiunge ad essi l'aumento o la diminuzione del passivo effettuati con dolo o colpa grave, la sottrazione o la dissimulazione di una parte rilevante dell'attivo e la simulazione dolosa di attività inesistenti. Al pari degli atti volti a frodare le ragioni dei creditori, anch'essi potrebbero essere rilevati dall'OCC nel corso dell'attività di valutazione della condotta del debitore anteriore al deposito della domanda, che non potrebbe esimersi dall'esporli nella relazione.

Parrebbe che le diverse ipotesi menzionate dalla norma appena richiamata – al cui commento si rinvia – siano sottospecie dell'unica categoria degli atti in frode ai creditori, come dimostra l'inciso finale della disposizione, che prevede la revoca dell'omologazione «*quando risultano commessi altri atti diretti a frodare le ragioni dei creditori*». D'altronde una opinione diversa appare difficilmente sostenibile, anche perché sarebbe paradossale che le circostanze che producono la revoca dell'omologazione non debbano essere considerate cause di inammissibilità della domanda, qualora si siano verificate e siano state rilevate anteriormente all'inizio della procedura [1].

2. – L'accesso alla procedura è precluso, poi, a chi sia stato *già* esdebitato nei cinque anni precedenti (il deposito del)la domanda o, comunque, sia stato esdebitato *già* per due volte; in quest'ultimo caso, senza che sia fissato alcun termine temporale [2]. Due esdebitazioni costituiscono, dunque, il numero massimo di cui il debitore non sottoponibile a liquidazione giudiziale – persona fisica o collettività organizzata – può godere nell'arco della sua "vita". Questa scelta di politica legislativa, che è evidentemente finalizzata ad evitare che si abusi dell'istituto, può essere compresa rispetto alle persone fisiche, ma probabilmente è eccessivamente penalizzante per le collettività organizzate, che hanno una durata teoricamente illimitata.

---

[1] Cfr., infatti, pur se in tema di concordato preventivo, RICCI, *Il coordinamento*, 630; nonché, AMBROSINI, *Gli atti*, 1 ss.; e, in generale FAROLFI, *La frode*.

[2] Particolarmente indagate da APPIO, *Brevi note*, 597 ss., e EAD., *Il* fresh start, 3 ss., sono le norme dedicate all'esdebitazione nel Codice (e nel c.d. decreto correttivo).

Articolo 78

Procedimento

1. Il giudice, se la domanda è ammissibile, dichiara aperta la procedura con decreto [non soggetto a reclamo] e dispone la comunicazione, a cura dell'OCC, a tutti i creditori della proposta e del decreto.

2. Con il decreto di cui al comma 1, il giudice:

a) dispone la pubblicazione del decreto mediante inserimento in apposita area del sito web del tribunale o del Ministero della giustizia e nel registro delle imprese se il debitore svolge attività d'impresa;

b) ordina, ove il piano preveda la cessione o l'affidamento a terzi di beni immobili o beni mobili registrati, la trascrizione del decreto presso gli uffici competenti;

c) assegna ai creditori un termine non superiore a trenta giorni entro il quale devono fare pervenire all'OCC, a mezzo posta elettronica certificata o altro servizio elettronico di recapito certificato qualificato ai sensi dell'articolo 1, comma 1-ter del Codice dell'amministrazione digitale di cui al decreto legislativo n. 82 del 2005, la dichiarazione di adesione o di mancata adesione alla proposta di concordato e le eventuali contestazioni;

d) su istanza del debitore, dispone che, sino al momento in cui il provvedimento di omologazione diventa definitivo, non possono, sotto pena di nullità, essere iniziate o proseguite azioni esecutive individuali né disposti sequestri conservativi né acquistati diritti di prelazione sul patrimonio del debitore da parte dei creditori aventi titolo o causa anteriore.

2-*bis*. Con il decreto di cui al comma 1, il giudice nomina il commissario giudiziale perché svolga, a partire da quel momento, le funzioni dell'OCC se:

a) è stata disposta la sospensione generale delle azioni esecutive individuali e la nomina appare necessaria per tutelare gli interessi delle parti;

b) è proposta domanda di concordato in continuità aziendale, con omologazione da pronunciarsi ai sensi dell'articolo 112, comma 2;

c) la nomina è richiesta dal debitore.

3. L'OCC cura l'esecuzione del decreto.

4. Nella comunicazione di cui al comma 2, lettera c), il creditore deve indicare un indirizzo di posta elettronica certificata o altro servizio elettronico di recapito certificato qualificato, a cui ricevere tutte le comunicazioni. In mancanza, i provvedimenti sono comunicati mediante deposito in cancelleria.

5. Gli atti eccedenti l'ordinaria amministrazione compiuti senza l'autorizzazione del giudice sono inefficaci rispetto ai creditori anteriori al momento in cui è stata eseguita la pubblicità del decreto.

Emma Sabatelli

Sommario: 1. Premessa. – 2. Il contenuto del decreto. – 3. La disciplina degli atti idonei ad alterare la *par condicio*. – 4. La nomina (eventuale) del commissario giudiziale. – 5. Gli atti eccedenti l'ordinaria amministrazione. – 6. Il ruolo dell'OCC.

1. – La norma è occupata quasi per intero dalla regolamentazione dei profili procedimentali concernenti la fase relativa all'ammissione al concordato minore e propedeutica alla approvazione della proposta.

La procedura è dichiarata aperta dal giudice con decreto, previa verifica della sussistenza dei presupposti di ammissibilità. Parrebbe che debba trattarsi di un controllo meramente documentale, poiché non vi è alcun cenno alla possibilità che il tribunale svolga un'eventuale attività istruttoria integrativa di quella svolta dall'OCC e sembra indiscutibile che, ove rilevi la mancanza anche di un solo presupposto, il giudice debba rigettare la domanda, sempre mediante decreto; inoltre, secondo i principi generali, deve altresì ritenersi che tanto il decreto di ammissione, quanto il decreto di rigetto non siano impugnabili. Tale soluzione appare condivisibile in quanto, con scelta equilibrata, non danneggia né il debitore proponente, né i creditori: il primo, perché nulla gli vieta di riproporre la domanda, sanandone i vizi; i secondi, perché hanno comunque la possibilità di far pervenire all'OCC le proprie contestazioni – non escluse, ovviamente, quelle relative alla carenza dei requisiti di ammissibilità – la cui sussistenza, i sensi dell'art. 80, comma 1, deve essere nuovamente controllata dal giudice, prima dell'omologazione.

2. – Il giudice dispone altresì che il decreto e la proposta siano comunicati individualmente a tutti i creditori e: 1) ne ordina la pubblicazione sull'area all'uopo riservata del sito *web* del tribunale o del Ministero della giustizia, che nel momento in cui si scrive sono in parziale allestimento, nonché nel registro delle imprese nel caso in cui il debitore svolga attività imprenditoriale; 2) ordina la trascrizione del decreto presso i registri competenti, qualora il piano preveda la cessione o l'affidamento a terzi di beni immobili o di beni mobili registrati; 3) assegna ai creditori un termine non superiore a trenta giorni per far pervenire all'OCC, la propria manifestazione di voto sulla proposta (adesione, mancata adesione o eventuali contestazioni) a mezzo PEC ovvero mediante un altro servizio elettronico certificato qualificato, come disciplinato dal Codice dell'amministrazione digitale.

Non essendo indicato il *dies a quo* per il decorso del termine è dubbio se esso debba essere computato dalla data di emissione del decreto, da quella del deposito in cancelleria, da quella in cui il decreto è stato portato a conoscenza del creditore ad opera dell'OCC ovvero da quella in cui sono stati compiuti gli adempimenti pubblicitari di cui alla lett. *a*).

A completamento di questa disposizione il quarto comma della norma ribadisce che i creditori devono comunicare la manifestazione di voto sulla proposta a mezzo PEC, nonché indicare contestualmente l'indirizzo di posta certificata, che potrebbe anche essere differente da quello utilizzato la prima volta, al quale intendono ricevere le comunicazioni. Si noti che il mancato adempimento di quest'onere non inficia la validità del voto, né di ogni altro atto compiuto dal creditore, ma implica soltanto che i provvedimenti successivi si intendono comunicati a costui a seguito del deposito presso la cancelleria del tribunale.

3. – La lett. *d*) della disposizione modifica in maniera radicale la previgente disciplina, ai sensi della quale il c.d. *automatic stay* era un elemento necessario del decreto di ammissione alla procedura [1]; nella disposizione in commento, invece, il giudice prevede la sospensione solo «*su istanza del debitore*». Di conseguenza, anche ad ammettere che l'omissione della richiesta possa essere considerata un'ipotesi assolutamente teorica, se essa si verificasse – fosse pure per errore o per una dimenticanza – il patrimonio del debitore potrebbe essere oggetto delle azioni che i creditori possono esercitare a tutela delle proprie ragioni, a seguito delle quali non soltanto verrebbe leso il principio della *par condicio creditorum*, ma sarebbe altissimo il rischio che venga pregiudicata la fattibilità economica del concordato. Per evitare queste situazioni è indispensabile che il debitore rivolga al giudice una richiesta, a seguito della quale nel decreto di ammissione al concordato il giudice "dispone" le misure protettive, la cui efficacia si spiega fino al momento in cui il provvedimento di omologazione – sentenza, non più decreto, nel Codice – diventa definitivo. Successivamente all'emanazione del decreto le azioni promosse dai creditori aventi titolo o causa anteriori sono affette da nullità radicale.

Per completezza, poiché l'ipotesi di rigetto della richiesta del debitore volta a paralizzare le azioni dei creditori appare anch'essa meramente teorica, si deve osservare che comunque resta irrisolto l'interrogativo se, una volta che la richiesta sia stata formulata dal debitore, il giudice sia vincolato a recepirla nel decreto oppure abbia margini di discrezionalità – e quali? – per valutarla [2]. Resta anche incerta l'individuazione dell'evento che, qualificando i creditori come *anteriori*, preclude loro di agire sul patrimonio del debitore. Peraltro, le opzioni ipotizzabili non possono che essere quelle che si sono formulate nel paragrafo precedente a commento della lett. *c*), al quale si rinvia.

4. – Totalmente innovativo è il comma 2-*bis*, che consente al giudice nel decreto di ammissione di nominare un commissario giudiziale in sostituzione dell'OCC in presenza di tre fattispecie, specificamente indicate, all'apparenza del tutto eterogenee, collegate, però, dall'emersione di peculiari esigenze in ragione delle quali la realizzazione degli interessi delle parti (debitore e creditori) richiede l'intervento di un organo istituzionale, che offra maggiori garanzie dell'OCC, pur essendo questo un ente terzo, imparziale e indipendente, costituito da soggetti specificamente qualificati.

Infatti, la prima ipotesi menzionata nella norma non prevede soltanto che sia stata di-

[1] Art. 10, comma 1, lett. *c*), l. n. 3 del 2012, che così recitava: «*sino al momento in cui il decreto di omologazione diventa definitivo, non possono, sotto pena di nullità, essere iniziate o proseguite azioni esecutive individuali né disposti sequestri conservativi né acquistati diritti di prelazione sul patrimonio del debitore che ha presentato la proposta di accordo, da parte dei creditori aventi titolo o causa anteriore; la sospensione non opera nei confronti dei titolari di crediti impignorabili*».

[2] Radicalmente differente è la disciplina in materia di concordato preventivo, contenuta nell'art. 54, comma 2, al cui commento si rinvia.

sposta la sospensione generale delle azioni esecutive individuali, ma anche, e congiuntamente, che l'intervento del commissario appaia necessario per tutelare gli interessi delle parti, come potrebbe avvenire, per esempio, in procedure particolarmente complesse o di accentuata conflittualità. La nomina del commissario giudiziale nella seconda ipotesi è imposta, qualora sia stata proposta una domanda di concordato con continuità aziendale la cui omologazione è assoggettabile alla disciplina di cui all'art. 112, comma 2, al cui commento si rinvia, limitandosi in questa sede a osservare che si tratta di una peculiare fattispecie di *cram down*, che, oltre alla ricorrenza di altri requisiti, presuppone la suddivisione dei creditori in classi. Infine, il tribunale non può esimersi dal nominare il commissario giudiziale in presenza di una richiesta in tal senso da parte del debitore, mentre un'analoga facoltà non è prevista anche a fronte di una richiesta proveniente dall'unanimità dei creditori, cosicché, almeno in questa ipotesi si è data prevalenza alla discrezionalità e alla valutazione degli interessi effettuata dal debitore rispetto a quelli del ceto creditorio.

5. – L'ultimo comma della disposizione in commento stabilisce l'inefficacia degli atti eccedenti l'ordinaria amministrazione non autorizzati dal giudice rispetto ai creditori anteriori al momento in cui è stata eseguita la pubblicità del decreto. In questa ipotesi non possono esservi dubbi in ordine alla individuazione della categoria dei «*creditori anteriori*», fermo restando che esse viene determinata "di riflesso" rispetto ad un momento che resta ancora una volta imprecisato: quello in cui la pubblicità del decreto si deve considerare «*eseguita*».

6. – Infine, ai sensi dell'ultimo comma della norma, in maniera sostanzialmente speculare con quanto stabilisce l'art. 118 relativamente all'esecuzione del concordato preventivo, affidata in questo caso al commissario giudiziale, l'esecuzione del decreto "è curata" dall'OCC, sicché esso opera come *longa manus* o, se si preferisce, come coadiutore del giudice. In ragione della natura composita del provvedimento all'OCC competerà l'adempimento di tutti gli obblighi pubblicitari (iscrizioni e comunicazioni), la ricezione delle comunicazioni dei creditori relative alla manifestazione del voto, e così via. Si tratta di un'ulteriore attività, che si aggiunge alle molteplici, che la legge attribuisce all'Organismo, facendone l'effettivo perno della procedura.

Stupisce, però, che nulla sia detto per le ipotesi di cui si è trattato in precedenza, nelle quali la norma prevede la cessazione delle funzioni dell'OCC e la sostituzione di questo con un commissario giudiziale nominato dal tribunale. Dal momento che appare palesemente incongruo un 'reintegro' dell'OCC in questa fase, si può supporre che si tratti di un vuoto normativo dovuto alla mancanza di coordinamento fra le disposizioni inserite nel testo normativo *in limine* all'entrata in vigore del Codice e che anche la fase dell'esecuzione del concordato minore debba essere attribuita alla competenza del commissario giudiziale.

Articolo 79

Maggioranza per l'approvazione del concordato minore

1. Il concordato minore è approvato dai creditori che rappresentano la maggioranza dei crediti ammessi al voto. Quando un unico creditore è titolare di crediti in misura superiore alla maggioranza dei crediti ammessi al voto, il concordato minore è approvato se, oltre alla maggioranza di cui al periodo precedente, ha riportato la maggioranza per teste dei voti espressi dai creditori ammessi al voto. Quando sono previste diverse classi di creditori, il concordato minore è approvato se la maggioranza dei crediti ammessi al voto è raggiunta anche nel maggior numero di classi. I creditori muniti di privilegio, pegno o ipoteca, dei quali la proposta prevede l'integrale pagamento, non sono computati ai fini del raggiungimento della maggioranza e non hanno diritto di esprimersi sulla proposta, salvo che non rinuncino in tutto o in parte al diritto di prelazione. I creditori soddisfatti parzialmente ai sensi dell'articolo 74, comma 3, sono equiparati ai chirografari per la parte residua del credito.

2. Non sono ammessi al voto e non sono computati ai fini del raggiungimento delle maggioranze il coniuge, la parte dell'unione civile e il convivente di fatto del debitore di cui alla legge 20 maggio 2016, n. 76, i parenti e gli affini del debitore fino al quarto grado, la società che controlla la società debitrice, le società da questa controllate e quelle sottoposte a comune controllo, nonché i cessionari o aggiudicatari dei loro crediti da meno di un anno prima della domanda. Sono inoltre esclusi dal voto e dal computo delle maggioranze i creditori in conflitto d'interessi.

3. In mancanza di comunicazione all'OCC nel termine assegnato, si intende che i creditori abbiano prestato consenso alla proposta nei termini in cui è stata loro trasmessa.

4. Salvo patto contrario, il concordato minore della società produce i suoi effetti anche per i soci illimitatamente responsabili.

5. Il concordato minore non pregiudica i diritti dei creditori nei confronti dei coobbligati, fideiussori del debitore e obbligati in via di regresso, salvo che sia diversamente previsto.

Oreste De Cicco

Sommario: 1. Approvazione del concordato minore: modalità e maggioranze. – 2. Espressione del voto. – 3. Effetti dell'approvazione del concordato minore.

1. – Delineati i contorni del nuovo istituto del concordato minore si passa alla definizione dei suoi profili più squisitamente procedurali. La norma in commento si occupa così di definire le modalità di approvazione del concordato, mostrando peraltro, fin dalla sua prima lettura, come a tale fine siano ricalcati i medesimi modi di approvazione previsti per il concordato ordinario, o, come forse si può ora dire, maggiore. Si dispone così che il concordato è approvato laddove risulti si siano espressi in tal senso tanti creditori che rappresentino la maggioranza dei crediti ammessi al voto. Il legislatore della riforma ha dunque rivisto, riducendolo, il quorum necessario all'approvazione dell'accordo in caso di sovraindebitamento, fattispecie ora confluita proprio nel concordato minore, e rimediando così ad una chiara distonia, che fissava il quorum al sessanta per cento in caso di approvazione del piano di sovraindebitamento e al cinquanta in caso di concordato ordinario: il che appariva tanto più incomprensibile laddove il quorum più gravoso era richiesto nella procedura in tesi destinata a risolvere situazioni di crisi di entità più contenuta. Ora, dunque, le maggioranze richieste sono le medesime.

Se tuttavia tale è la regola generale vi sono casi particolari al ricorrere dei quali i quorum utili all'approvazione devono essere diversamente calcolati.

Così, laddove vi sia un unico creditore che sia titolare della maggioranza dei crediti si prevede altresì che al concordato dia il proprio assenso la maggioranza dei creditori calcolata per teste, e nel caso siano previste differenti classi di creditori si rende necessario che il quorum della maggioranza dei crediti sia raggiunto nel maggior numero di classi.

Restano fuori dal computo della maggioranza utile all'approvazione i creditori privilegiati o muniti da pegno o ipoteca dei quali la proposta di concordato preveda il soddisfacimento integrale. È chiaro infatti, e d'altro canto anche in tal caso omologa previsione si ritrova nella disciplina del concordato ordinario, che la posizione di tali creditori non è incisa dal concordato cosicché essi, laddove ammessi al voto, non sarebbero chiamati ad una scelta, aspetto propedeutico di ogni votazione, non potendo che essere favorevoli ad una piano che li vede esclusi da qualsivoglia sacrificio. Con il risultato che tenerne conto in sede di approvazione avrebbe il solo effetto di falsare il risultato del voto, limitando i margini di influenza di quanti ricevano dal concordato un effettivo pregiudizio.

Tale considerazione è peraltro coerente con la previsione normativa immediatamente successiva, laddove si prevede che i medesimi creditori privilegiati sono invece ammessi alla votazione nel caso in cui rinuncino in tutto o in parte alla garanzia che assiste il loro credito. In tale evenienza, difatti, per la parte del credito oggetto della rinuncia essi sono equiparati ai creditori chirografari, acquisendo con ciò piena legittimazione al voto. Quella stessa, parziale, legittimazione che spetta ai creditori privilegiati dei quali la proposta di concordato non preveda il pagamento integrale, evidentemente nei limiti – pervero sostanzialmente inesistenti avendo la proposta contenuto libero, salvo diremmo inevitabili confini di ragionevolezza – in cui ciò sia consentito secondo quanto previsto dal precedente art. 74, comma 3.

Una differente motivazione presiede di contro all'esclusione dal voto, così come dal computo della maggioranza utile all'approvazione del piano, de «*il coniuge, la parte dell'unione civile e il convivente di fatto del debitore di cui alla legge 20 maggio 2016, n. 76, i parenti e gli affini del debitore fino al quarto grado, la società che controlla la società debitrice, le società da questa controllate e quelle sottoposte a comune controllo, nonché i cessionari o aggiudicatari dei loro crediti da meno di un anno prima della domanda*».

In tal caso l'esclusione trova piuttosto origine nell'interesse confliggente di cui tali categorie di soggetti sono portatori, che ne inciderebbe l'imparzialità. Non, invero, perché questo sia requisito indefettibile per la partecipazione al voto, essendo anzi la parzialità aspetto, si direbbe, in tesi proprio di ogni votazione. Quanto piuttosto perché in tal caso si ritiene che far votare il coniuge del debitore equivale in certa misura ad ammettere quest'ultimo al voto, laddove è invece elemento fondante del concordato, maggiore o minore che sia, che una volta formulata la proposta, il debitore ne perda la disponibilità, residuando il potere di decidere la sorte della stessa in capo ai soli creditori, in sede di approvazione, e al tribunale, in misura ben più circoscritta, in sede di omologazione.

Per quanto concerne poi la previsione che equipara al coniuge, all'unito civilmente etc., il cessionario che abbia acquisito il loro credito da meno di un anno prima della domanda, ad essa sottende il "sospetto" con cui si guarda a tali cessioni, nel senso che potrebbe trattarsi di atti traslativi "di comodo" fatti proprio e solo nella prospettiva di aggirare il divieto di voto. In questi sensi la Relazione illustrativa è molto chiara, laddove precisa che presiede la norma lo «*scopo evidente di garantire la trasparenza del processo formativo della volontà dei creditori*».

Meno scontata invece l'esclusione, tanto dal voto quanto dal computo delle maggioranze, dei creditori in conflitto di interessi. Al di là della sostanziale atipicità di tale previsione, che lascia aperto il dibattito sui casi specifici in cui il conflitto effettivamente ricorra, sembra evidente che in tal modo il legislatore abbia preferito inibire il rischio che la decisione sul concordato sia in ogni caso "inquinata" dalla partecipazione di soggetti in tesi contrari alla sua approvazione. Resta però la necessità, anche al fine di evitare immotivate esclusioni dal voto, che il conflitto di interessi trovi origine in una situazione specifica del singolo creditore, e in qualche misura estranea al concordato.

2. – Duplice la modalità di voto consentita: espressa, nel caso in cui il creditore faccia pervenire all'Organismo di composizione della crisi la propria dichiarazione di voto, favorevole o contraria al piano di concordato. In tale ipotesi il termine concesso al creditore per comunicare il voto è di tenta giorni, termine assegnato ai creditori dal giudice ai sensi dell'art. 78, comma 2, lett. *c*). Tacita, laddove il creditore non invii alcuna comunicazione, e in tal caso vale la regola del silenzio assenso cosicché il creditore silente si considera favorevole all'approvazione della proposta nei termini in cui gli è stata trasmessa.

Si pone in proposito un interrogativo. Viene da chiedersi in particolare se, giacché il creditore inerte approva il piano così come lo ha ricevuto, il creditore che comunichi il proprio consenso espresso possa assoggettare il proprio voto favorevole alla modifica della proposta. In altri termini, se è vero che la regola del silenzio assenso fa sì che la proposta si intenda approvata come trasmessa, ci si può domandare se, non essendoci uguale previsione per il caso di espressione del voto, laddove non ci sia silenzio il creditore possa approvare la proposta in termini *diversi* da quelli in cui gli è stata trasmessa.

Al di là delle difformità testuali la conclusione non sembra tuttavia plausibile, né invero coerente con un sistema di voto per corrispondenza – tramite posta elettronica certificata – che in fatto restringe le opzioni alla adesione o alla mancata adesione.

Quel che invece può desumersi è che solo il creditore espresso può formulare contestazioni, la cui proposizione, quindi, diversamente da quanto può forse *prima facie* apparire dalla lettura del già menzionato art. 78, comma 2, lett. *c*), non rappresenta un'eventualità accessoria al voto, tanto aderente quanto non aderente, ma che solo può accompagnare il voto sfavorevole: si contesta difatti ciò che non si approva, e non ciò cui si aderisce.

Il complessivo risultato che ne deriva è quindi che il creditore che esplicita il proprio voto favorevole all'approvazione non può che aderire alla proposta nei termini in cui gli è trasmessa, ma che laddove si esprima in senso opposto, potrà formulare le proprie contestazioni, in fatto indicando le ragioni della non approvazione.

3. – La norma si chiude con la previsione secondo cui il concordato minore richiesto da una società, una volta approvato, produce effetto anche nei riguardi dei soci illimitatamente responsabili nonché che, sempre in caso di approvazione, non sono incisi i diritti dei creditori nei confronti dei coobbligati, fideiussori del debitore e obbligati in via di regresso, fatta salva una eventuale diversa previsione.

Quanto alla prima, essa non è altro che il riflesso della regola che estende al socio la responsabilità per le obbligazioni sociali, ove ciò accade, fermo il beneficio di preventiva escussione. Finanche ovvio, difatti, che, circoscritta la responsabilità dell'obbligato principale, uguale sorte non possa che estendersi all'obbligato in via sussidiaria.

Come altrettanto inevitabile che il concordato approvato lasci immutati i diritti verso terzi obbligati, non essendo la regolamentazione di tali diritti aspetto essenziale del piano concordatario che può quindi anche non occuparsene specificamente non incidendo così la disciplina altrimenti operativa. Resta però consentito alle parti di inserire nella proposta la definizione anche di tale aspetto e dunque di limitare il diritto del creditore di agire nei riguardi dei terzi coobbligati. Il che è peraltro da ritenere soluzione che nella pratica diverrà comune, tanto più nella prospettiva di un accordo che è ontologicamente pensato, salvo il residuo caso di apporto di apprezzabili risorse esterne, come strumento di continuità aziendale.

Articolo 80

Omologazione del concordato minore

1. Il giudice, verificati la ammissibilità giuridica e la fattibilità del piano e il raggiungimento della percentuale di cui all'articolo 79 in mancanza di contestazioni, omologa il concordato minore con sentenza, disponendo forme adeguate di pubblicità e, se necessario, la sua trascrizione.

2. Con la sentenza di omologazione, il giudice dichiara chiusa la procedura.

3. Quando uno dei creditori o qualunque altro interessato contesta la convenienza della proposta, il giudice, sentiti il debitore e l'OCC, omologa il concordato minore se ritiene che il credito dell'opponente possa essere soddisfatto dall'esecuzione del piano in misura non inferiore all'alternativa liquidatoria. Il giudice omologa altresì il concordato minore anche in mancanza di adesione da parte dell'amministrazione finanziaria o degli enti gestori di forme di previdenza o assistenza obbligatorie quando l'adesione è determinante ai fini del raggiungimento della percentuale di cui all'articolo 79, comma 1 e, anche sulla base delle risultanze, sul punto, della specifica relazione dell'OCC, la proposta di soddisfacimento dell'amministrazione o degli enti gestori di forme di previdenza o assistenza obbligatorie è conveniente rispetto all'alternativa liquidatoria.

4. Il creditore, anche dissenziente, che ha colpevolmente determinato la situazione di indebitamento o il suo aggravamento, non può presentare opposizione in sede di omologa per contestare la convenienza della proposta.

5. Il giudice, se rigetta la domanda di omologa, dichiara con decreto motivato l'inefficacia delle misure protettive accordate e, su istanza del debitore, dichiara aperta la procedura di liquidazione controllata ai sensi degli articoli 268 e seguenti.

6. In caso di frode, l'istanza di cui al comma 5 può essere proposta anche da un creditore o dal pubblico ministero.

7. Il decreto è reclamabile ai sensi dell'articolo 50.

Oreste De Cicco

Sommario: 1. Omologazione del concordato: requisiti e disamina del tribunale. – 2. La decisione di omologazione. – 3. Opposizione all'omologazione: casi ed esclusioni.

1. – Una volta che il piano abbia superato con esito favorevole il voto dei creditori lo stesso è sottoposto al vaglio del giudice. Questi, anche in tal caso ripercorrendo le fasi che si susseguono nel caso di concordato ordinario, è dapprima chiamato a verificare l'ammissibilità giuridica e la fattibilità del piano, quindi, il raggiungimento della percentuale di cui all'art. 79 in mancanza di contestazioni.

Sul concreto significato da attribuire alle parole ammissibilità giuridica e fattibilità è noto che la dottrina ha speso ben più di qualche parola. In sintesi, può dirsi che la prima guarda alla coerenza del piano con le norme di legge, la seconda al contenuto, e, dunque, alla concreta possibilità che la strada ivi indicata per il superamento della crisi sia, in fatto, effettivamente percorribile. Occorre peraltro segnalare che l'art. 18, comma 2, d.lgs. 17 giugno 2022, n. 83 ha soppresso il precedente riferimento alla sola fattibilità *economica*, con ciò lasciando intendere che il giudizio a tali fini svolto dal giudice ha carattere ben più ampio, non potendo essere limitato alla verifica della sola ricorrenza delle risorse patrimoniali utili all'esecuzione del concordato ma dovendo estendersi altresì ad altri profili in ogni caso in grado di incidere sulla buona riuscita del piano.

Ciò posto vanno però fatte talune precisazioni. Innanzitutto, occorre domandarsi se e quali differenze vi siano tra il giudizio di ammissibilità che il giudice svolge ai sensi dell'art. 78 e quello di cui alla norma ora in esame. Orbene, in prima – e forse sufficiente – istanza può dirsi che in un caso si tratta di vagliare l'ammissibilità della domanda, nell'altro oggetto di valutazione è il piano.

Laddove poi si volesse ritenere che anche nella fattispecie descritta dall'art. 77 il giudice guardi anche alla proposta di concordato, quale allegato alla domanda, è forse agevole concludere che nel primo caso l'eventuale inammissibilità è legata ai soli casi descritti dall'art. 77, e cioè «*se mancano i documenti di cui agli artt. 75 e 76, se il debitore presenta requisiti dimensionali che eccedono i limiti di cui all'art. 2, comma 1, lett. d), nn. 1), 2) e 3), se è già stato esdebitato nei cinque anni precedenti la domanda o ha già beneficiato dell'esdebitazione per due volte o se risultano commessi atti diretti a frodare le ragioni dei creditori*». Nell'ipotesi descritta dall'art. 80, che non a caso aggiunge al sostantivo l'attributo *giuridica*, il giudice è chiamato a compiere una valutazione più ampia, verificando la coerenza del piano con le norme giuridiche nel loro complesso, e, tra queste, con la disciplina negoziale, se è vero che il piano per quanto soggetto all'omologazione mantiene una connotazione contrattuale.

Se però si considerano separatamente il giudizio di ammissibilità giuridica e di fattibilità altro interrogativo riguarda a questo punto il rapporto tra essi. La risposta preferibile sembrerebbe porre tra gli stessi un rapporto non già di concorrenza quanto di propedeuticità, nel senso che si provvede alla verifica di fattibilità solo se il piano ha superato indenne la disamina giuridica. La medesima propedeuticità che si pone d'altra parte tra i due giudizi ora in disamina e quello volto a verificare il raggiungimento della percentuale di approvazione di cui all'art. 79.

Infine, ulteriore considerazione va fatta con riferimento al requisito della continuità aziendale. Come detto il concordato minore è configurato in tale prospettiva, al punto che l'art. 74 abilita alla presentazione della proposta di concordato minore quando essa consenta di «*proseguire l'attività imprenditoriale o professionale*». Se ciò è esatto, diviene inevitabile che anche tale parametro debba essere considerato in sede di valutazione della proposta, e proprio – ora ancor più di prima – nell'ambito del requisito di fattibilità. In altri termini deve considerarsi idoneo un piano che non solo sia concretamente possibile, ma che in quanto tale consenta la prosecuzione dell'attività e viceversa non percorribile una proposta di concordato minore che seppure in astratto fattibile non permetta tale prosecuzione.

Se, dunque, il complesso di tali giudizi ha dato esito positivo il concordato minore è omologato, circostanza della quale è disposta adeguata pubblicità, evidentemente parametrata in ragione del caso concreto, e, quindi, in linea con la natura e le dimensioni del proponente e della complessiva debitoria di cui è titolare. Solo eventuale è invece la trascrizione del piano, adempimento che può ritenersi sia disposto laddove gli altri mezzi di pubblicità si rivelino insufficienti a dare adeguata pubblicità alla proposta omologata.

2. – La decisione di omologazione, con la quale il giudice dichiara altresì chiusa la procedura, è disposta con sentenza. In quanto tale si tratta di provvedimento sempre, anche succintamente, motivato. Tale motivazione, tuttavia, assume inevitabilmente contorni più ampi laddove la votazione dei creditori si sia sì chiusa con il voto favorevole della maggioranza degli ammessi al voto ma si siano altresì registrate una o più contestazioni. In tale evenienza difatti, quando cioè si sia messa in dubbio la convenienza della proposta, il giudice è dapprima obbligato a sentire tanto il debitore quanto l'Organismo di composizione della crisi, quindi, addiviene alla decisione di omologazione solo se ritiene che, optando per la soluzione liquidatoria, il creditore opponente in ogni caso non possa ricevere una migliore soddisfazione della pretesa vantata. Ed è chiaro che in tale evenienza il tribunale è chiamato – questa volta sì – ad estendere i confini della sua disamina: che non si arresta più alla coerenza giuridica e alla fattibilità, pur negli ampi limiti che si sono riferiti, ma che considera ora altresì la convenienza del piano, dunque il merito dello stesso. È quindi all'esito di tale esteso giudizio che il tribunale può ritenere corretta l'omologazione della proposta contestata, e proprio perché abbia fondatamente ritenuto che dal rigetto del piano chi ha mosso contestazioni in ogni caso non riceverebbe un trattamento di maggiore convenienza.

Fin qui, dunque, i casi di concordato minore approvato senza contestazioni e omologato e quello di concordato minore approvato, contestato, e omologato perché in ogni caso ritenuto conveniente se raffrontato all'alternativa liquidatoria.

Vi è però un'ulteriore ipotesi considerata dal legislatore, e cioè quella in cui il concordato minore non sia stato approvato dai creditori e determinante in tal senso sia stato il voto contrario dell'amministrazione finanziaria, evidentemente creditrice del proponente. In tal caso, infatti, il ruolo del giudice travalica i limiti fin qui descritti ed "espande" fino a consentirgli di omologare ugualmente il piano, pur se non approvato, laddove emerga «*anche sulla base delle risultanze, sul punto, della specifica relazione dell'OCC*» che «*la proposta di soddisfacimento dell'amministrazione è conveniente rispetto all'alternativa liquidatoria*». Tale previsione, inserita da ultimo nel testo di riforma e sulla quale nulla dice la Relazione illustrativa se non che la sua previsione risponde all'esigenza di allineare la disciplina del concordato minore a quella del concordato ordinario, suscita invero qualche dubbio nella parte in cui attribuisce al voto contrario dell'amministrazione finanziaria un rilievo minore, se è vero che di esso può non tenersi conto quando da solo abbia impedito il raggiungimento delle maggioranze di cui all'art. 79, comma 1. Per superare tale perplessità non resta che ritenere, d'altro canto in linea con il tenore della norma, che il legislatore abbia voluto da ultimo inserire nella disciplina del concordato minore un'ipotesi di *cram down* puro, fiscale o previdenziale, consentendo cioè al tribunale l'omologazione di un piano non approvato a patto che si dimostri che il creditore amministrazione finanziaria o ente gestore di forme di previdenza o assistenza obbligatorie che ha determinato la non approvazione non potrebbe in ogni attendere dalla liquidazione un pagamento in percentuale migliore.

3. – Con previsione che la Relazione illustrativa definisce «*innovativa*» si dispone che il creditore che ha colpevolmente determinato la situazione di indebitamento o il suo aggravamento non può presentare opposizione o reclamo in sede di omologa, anche se dissenziente, né far valere cause di inammissibilità che non derivino da comportamenti dolosi del debitore. Si tratta di una norma dal chiaro contenuto sanzionatorio nei confronti di un creditore che abbia contribuito al dissesto del debitore, ad esempio concedendogli credito in mancanza di adeguate garanzie che ne acclarassero il merito creditizio. È questa in effetti pratica diffusa, specie da parte degli istituti di credito che talvolta concedono ad un cliente già affidato altro credito nell'auspicio che questo possa agevolare il superamento della crisi. In questo come in altri casi il creditore "incauto" perde dunque il diritto di opporsi all'omologazione e di provocarne mediante apposito reclamo la revoca. Resta parimenti esclusa la possibilità di far valere cause di inammissibilità che non derivino da comportamenti dolosi del debitore.

Presupposto di tale effetto è che il creditore che abbia determinato la situazione di indebitamento o abbia contribuito al suo aggravamento lo abbia fatto tenendo un atteggiamento quanto meno colposo. La norma non fornisce ulteriori specificazioni, in particolare non sul grado di colpa cui occorre avere riguardo. Può forse ritenersi che in linea con l'art. 82 che consente la revoca laddove sia stato dolosamente o con colpa grave aumentato o diminuito il passivo, anche nell'ipotesi in esame la condotta del creditore divenga rilevante, escludendo altrimenti la sua legittimazione all'opposizione, solo se tenuta con quanto meno con colpa grave.

Se invece il giudice non ravvisa i presupposti per l'omologazione dispone con decreto motivato l'inefficacia delle misure protettive accordate e, su istanza del debitore, dichiara aperta la procedura di liquidazione controllata: il che significa per un verso che non trovano spazio meccanismi di automaticità nel passaggio dalla procedura di concordato minore non andata a buon fine e quella di liquidazione, com'è d'altra parte ovvio; ancora, che, negata l'omologazione, spetta al solo debitore la facoltà di chiedere l'avvio della procedura liquidatoria. Tale limitazione viene tuttavia meno, divenendo legittimati all'istanza tanto i creditori quanto il pubblico ministero, in caso di frode. Resta comunque fermo che il decreto è in tutti i casi reclamabile ai sensi dell'art. 50.

Una volta omologato il concordato produce i suoi effetti. Nei riguardi dei creditori, nel senso che essi avranno ora diritto a ricevere quanto previsto dal piano, sia che essi abbiano dato il proprio assenso sia che, votando contro l'approvazione del concordato, la loro volontà sia risultata minoritaria.

Nei riguardi del debitore, il quale, consolidandosi l'effetto esdebitatorio, è così definitivamente liberato dall'onere del pagamento dei debiti anteriori, evidentemente nella quota non coinvolta nel concordato.

Articolo 81

Esecuzione del concordato minore

1. Il debitore è tenuto a compiere ogni atto necessario a dare esecuzione al piano omologato. L'OCC vigila sull'esatto adempimento del concordato minore, risolve le eventuali difficoltà e, se necessario, le sottopone al giudice. Alle vendite e alle cessioni, se previste dal piano, provvede il debitore, tramite procedure competitive, anche avvalendosi di soggetti specializzati, sotto il controllo e con la collaborazione dell'OCC, sulla base di stime effettuate, salvo il caso di beni di modesto valore, da parte di operatori esperti, assicurando, con adeguate forme di pubblicità, la massima informazione e partecipazione degli interessati. Ogni sei mesi, l'OCC riferisce al giudice per iscritto sullo stato dell'esecuzione.

2. Il giudice, sentito l'OCC e verificata la conformità dell'atto dispositivo al piano, autorizza lo svincolo delle somme e ordina la cancellazione delle iscrizioni relative ai diritti di prelazione, della trascrizione dei pignoramenti, dei sequestri conservativi nonché di ogni altro vincolo, ivi compresa la trascrizione del decreto di apertura del concordato minore, effettuata ai sensi dell'articolo 78, comma 2, lettera b).

3. I pagamenti e gli atti dispositivi dei beni posti in essere in violazione del piano sono inefficaci rispetto ai creditori anteriori al momento in cui è stata eseguita la pubblicità di cui all'articolo 78, comma 2, lettera a).

4. Terminata l'esecuzione, l'OCC, sentito il debitore, presenta al giudice una relazione finale. Il giudice, se il piano è stato integralmente e correttamente eseguito, procede alla liquidazione del compenso all'OCC, tenuto conto di quanto eventualmente convenuto dall'organismo con il debitore, e ne autorizza il pagamento.

5. Quando il piano non è stato integralmente e correttamente eseguito, il giudice indica gli atti necessari per l'esecuzione del piano ed un termine per il loro compimento. Se le prescrizioni non sono adempiute nel termine, anche prorogato su istanza formulata dal debitore tramite l'OCC, il giudice revoca l'omologazione, osservate, in quanto compatibili, le disposizioni di cui all'articolo 82.

6. Nella liquidazione del compenso il giudice tiene conto della diligenza dell'OCC.

Oreste De Cicco

Terminata la procedura di omologazione del concordato minore spetta all'Organismo di composizione della crisi il compito di vigilare sul suo esatto adempimento. Anche dunque nella fase esecutiva del piano il ruolo di tale organo si rivela centrale, tanto che ad esso, con espressione volutamente ampia che peraltro si mostra coerente con la diffusa atipicità che caratterizza il concordato minore, vieppiù se raffrontata a quello maggiore, è altresì affidato il compito di risolvere ogni difficoltà dovesse emergere in tale fase, solo in via residuale demandandone la soluzione al giudice. Si tratta in ogni caso di un ruolo che per quanto ampio rimane di mero controllo e di intervento nelle sole situazioni patologiche se è vero che la norma ancor prima precisa che è sul debitore che incombe l'onere di compiere ogni atto utile a dare esaustivo adempimento al concordato omologato. In questi sensi, pertanto il potere di impulso all'esecuzione resta in capo al debitore, e l'intervento dell'OCC si verifica in ipotesi residuali. È comunque inevitabile che tra l'OCC e il debitore si instauri una sorta di contraddittorio dal momento che terminata l'esecuzione sarà il primo, sentito il debitore, a rendicontare al giudice gli esiti dell'esecuzione.

Ricevuto il rendiconto il giudice può approvarlo, liquidando altresì il compenso dell'Organismo, anche sulla base di quanto eventualmente pattuito con il debitore, o non approvarlo, perché ritiene non esaurita la fase esecutiva. Si dispone difatti che in tale evenienza il tribunale indichi gli atti necessari per l'esecuzione unitamente ad un termine per il loro compimento. Il termine può essere comunque prorogato. A quel punto, decorso inutilmente il termine, laddove tale indicazione fosse disattesa, il concordato è da considerarsi risolto, tanto che la norma in esame si limita a prevedere una mera pronuncia dichiarativa del giudice.

In verità, apparentemente dissonante con tale conclusione è la previsione immediatamente successiva che dispone l'applicazione, in quanto compatibili, del dettato dell'art. 82. E in effetti, destinate a superare il vaglio di compatibilità sembrerebbero essere i soli commi 3 e 4 di tale norma, e neppure nella loro integrità. Così, può ritenersi che il rinvio, in fatto molto contenuto, serva a disporre che anche nel caso in esame il giudice provvede con sentenza reclamabile ai sensi dell'art. 50 e che la revoca dell'omologazione non pregiudica i diritti acquistati dai terzi in buona fede. La Relazione illustrativa precisa, tuttavia, che costituiscono cause di risoluzione, oltre la mancata integrale esecuzione del piano, «*il sopravvenire di circostanze che rendano il piano inattuabile, senza che sia più possibile modificarlo in modo da far comunque conseguire ai creditori quanto a loro è stato promesso*».

L'approvazione o meno del rendiconto dell'Organismo di composizione della crisi incide altresì sulla determinazione del suo compenso se non, ancor prima, sul suo stesso riconoscimento. La norma difatti prosegue al comma 4 disponendo dapprima che nella determinazione del compenso debba tenersi conto della diligenza dell'OCC, quindi che in caso di mancata approvazione del rendiconto il diritto al compenso, o forse dovrebbe dirsi a questo punto la mera aspettativa di esso, può venire meno, potendone essere disposta la radicale esclusione.

La medesima circostanza può verificarsi quando il giudice riscontri che il piano di concordato non abbia trovato integrale esecuzione o quando la parziale esecuzione sia da imputare ad una sopravvenuta impossibilità alla quale tuttavia non sia possibile rimediare mediante modifica del piano.

Articolo 82

Revoca dell'omologazione

1. Il giudice revoca l'omologazione d'ufficio o su istanza di un creditore, del pubblico ministero o di qualsiasi altro interessato, in contraddittorio con il debitore, quando è stato dolosamente o con colpa grave aumentato o diminuito il passivo, ovvero quando è stata sottratta o dissimulata una parte rilevante dell'attivo ovvero quando sono state dolosamente simulate attività inesistenti o quando risultano commessi altri atti diretti a frodare le ragioni dei creditori.

2. Il giudice provvede allo stesso modo in caso di mancata esecuzione integrale del piano, fermo quanto previsto dall'articolo 81, comma 5, o qualora il piano sia divenuto inattuabile e non sia possibile modificarlo.

3. La domanda di revoca non può essere proposta e l'iniziativa da parte del tribunale non può essere assunta decorsi sei mesi dalla presentazione della relazione finale.

4. L'OCC è tenuto a segnalare al giudice ogni fatto rilevante ai fini della revoca dell'omologazione.

5. Sulla richiesta di revoca, il giudice sente le parti, anche mediante scambio di memorie scritte e provvede con sentenza reclamabile ai sensi dell'articolo 51.

6. La revoca dell'omologazione non pregiudica i diritti acquistati dai terzi in buona fede.

Oreste De Cicco

La norma in commento elenca i casi in cui l'omologazione del concordato minore è revocata precisando che ciò può seguire sia un'iniziativa d'ufficio che un'istanza in tal senso del creditore, del pubblico ministero e di qualunque altro interessato. In tutti i casi si prevede che il procedimento si svolga in contraddittorio con il debitore.

La revoca fa seguito ad atti volti a pregiudicare le ragioni dei creditori, che abbiano inciso la consistenza del passivo o dell'attivo. Più in particolare, la revoca può intervenire quando sia stato dolosamente o con colpa grave aumentato o diminuito il passivo, sottratta o dissimulata una parte rilevante dell'attivo, siano state dolosamente simulate attività inesistenti o quando risultino commessi altri atti diretti a frodare le ragioni dei creditori: in sintesi, ogni qual volta il debitore abbia tenuto comportamenti fraudolenti.

Non è dunque sufficiente ad avviare la procedura di revoca la colpa lieve, essendo invece richiesta la colpa grave del debitore o il suo dolo, laddove si ha riguardo ad una condotta volta a frodare il ceto creditorio. E tale frode va inquadrata nel non aver offerto ai creditori un quadro veritiero della complessiva consistenza dell'attivo e del passivo, o comunque di ogni altra circostanza utile a vagliare adeguatamente i termini del concordato, tale da averne inquinato il voto. Per tale via, sembra potersi ricondurre la fattispecie in esame a quella delineata per il contratto dall'art. 1427 c.c., che, com'è noto, dispone la risoluzione del contratto laddove il consenso di uno dei contraenti sia stato frutto di errore, estorto con violenza o carpito con dolo.

La norma pone in ogni caso l'obbligo a carico dell'Organismo di composizione della crisi di segnalare al giudice ogni fatto, anche non necessariamente parte del novero delle categorie innanzi rassegnate, che possa avere rilievo ai fini della revoca.

Il procedimento volto alla disamina delle circostanze segnalate si svolge come detto in contraddittorio, laddove le parti – l'istante la revoca e il debitore – possono anche essere autorizzate al deposito di memorie scritte, e si conclude tipicamente o con una sentenza di accoglimento o con un decreto motivato di rigetto. Nel primo caso sono in ogni caso fatti salvi i diritti acquisiti in buona fede dai terzi.

Ci si può domandare se i fatti che presiedano alla revoca o alla risoluzione debbano essere "nuovi", se cioè sia necessario che la loro ricorrenza non potesse essere accertata prima trattandosi di circostanze solo in seguito divenute conoscibili. In proposito si mostra preferibile un'interpretazione largheggiante, nel senso che ciò che occorre è che i fatti fraudolenti siano portati in evidenza dal giudice, per quanto essi fossero astrattamente conoscibili anche in data antecedente. Ciò che in altri termini par necessario è che di tali fatti non si sia già discusso né che essi siano stati vagliati in sede di approvazione e omologazione del concordato minore, che altrimenti si finirebbe per consentire un controllo ulteriore da parte del tribunale.

È chiaro in definitiva che in tanto può farsi luogo alla revoca e alla risoluzione in quanto il debitore sia stato reticente o comunque abbia omesso informazioni determinanti, astrattamente idonee a incidere sull'espressione del voto dei creditori, prima, sul giudizio di omologazione, dopo.

Quanto, infine, agli effetti della revoca, con essa vengono meno gli effetti seguiti all'omologazione del concordato, e dunque rivive la pretesa creditoria inziale, senza che il debitore possa ora invocare l'eventuale falcidia o dilazione previsti nel piano che sia venuto meno.

Articolo 83

Conversione in procedura liquidatoria

1. In ogni caso di revoca il giudice, su istanza del debitore, dispone la conversione in liquidazione controllata.

2. Se la revoca consegue ad atti di frode o ad inadempimento, l'istanza di cui al comma 1 può essere proposta anche dai creditori o dal pubblico ministero.

3. In caso di conversione, il giudice concede termine al debitore per l'integrazione della documentazione e provvede ai sensi dell'articolo 270.

Oreste De Cicco

In tutti i casi di revoca o risoluzione del concordato minore, laddove a ciò faccia seguito apposita istanza del debitore, segue l'avvio della procedura di liquidazione controllata, evidentemente laddove si ravvisino ricorrere i presupposti utili a tal fine. Legittimato a proporre l'istanza di liquidazione è dunque in tal caso il solo debitore, in un'ideale prosecuzione della sua facoltà di richiedere il concordato. Laddove però la revoca o la risoluzione seguano atti fraudolenti o di inadempimento il novero dei soggetti che possono chiedere la liquidazione si allarga, fino a ricomprendere ciascun creditore oltre che il pubblico ministero.

Disposta la conversione il giudice concede termine per l'integrazione della documentazione provvedendo altresì alla nomina del giudice delegato e del liquidatore.

Articolo 84

Finalità del concordato preventivo e tipologie di piano

1. L'imprenditore di cui all'articolo 121, che si trova in stato di crisi o di insolvenza, può proporre un concordato che realizzi, sulla base di un piano avente il contenuto di cui all'articolo 87, il soddisfacimento dei creditori in misura non inferiore a quella realizzabile in caso di liquidazione giudiziale mediante la continuità aziendale, la liquidazione del patrimonio, l'attribuzione delle attività ad un assuntore o in qualsiasi altra forma. Possono costituirsi come assuntori anche i creditori o società da questi partecipate. È fatto salvo il disposto dell'articolo 296.

2. La continuità aziendale tutela l'interesse dei creditori e preserva, nella misura possibile, i posti di lavoro. La continuità aziendale può essere diretta, con prosecuzione dell'attività d'impresa da parte dell'imprenditore che ha presentato la domanda di concordato, ovvero indiretta, se è prevista dal piano la gestione dell'azienda in esercizio o la ripresa dell'attività da parte di soggetto diverso dal debitore in forza di cessione, usufrutto, conferimento dell'azienda in una o più società, anche di nuova costituzione, ovvero in forza di affitto, anche stipulato anteriormente, purché in funzione della presentazione del ricorso, o a qualunque altro titolo.

3. Nel concordato in continuità aziendale i creditori vengono soddisfatti in misura anche non prevalente dal ricavato prodotto dalla continuità aziendale diretta o indiretta. La proposta di concordato prevede per ciascun creditore un'utilità specificamente individuata ed economicamente valutabile, che può consistere anche nella prosecuzione o rinnovazione di rapporti contrattuali con il debitore o con il suo avente causa.

4. Nel concordato con liquidazione del patrimonio la proposta prevede un apporto di risorse esterne che incrementi di almeno il 10 per cento l'attivo disponibile al momento della presentazione della domanda e assicuri il soddisfacimento dei creditori chirografari e dei creditori privilegiati degradati per incapienza in misura non inferiore al 20 per cento del loro ammontare complessivo. Le risorse esterne possono essere distribuite in deroga agli articoli 2740 e 2741 del codice civile purché sia rispettato il requisito del 20 per cento. Si considerano esterne le risorse apportate a qualunque titolo dai soci senza obbligo di restituzione o con vincolo di postergazione, di cui il piano prevede la diretta destinazione a vantaggio dei creditori concorsuali.

5. I creditori muniti di privilegio, pegno o ipoteca, possono essere soddisfatti anche non integralmente, purché in misura non inferiore a quella realizzabile in caso di liquidazione dei beni o dei diritti sui quali sussiste la causa di prelazione, al netto del presumibile ammontare delle spese di procedura inerenti al bene o diritto e della quota parte delle spese generali, attestato da professionista indipendente. La quota residua del credito è trattata come credito chirografario.

6. Nel concordato in continuità aziendale il valore di liquidazione è distribuito nel rispetto della graduazione delle cause legittime di prelazione; per il valore eccedente

quello di liquidazione è sufficiente che i crediti inseriti in una classe ricevano complessivamente un trattamento almeno pari a quello delle classi dello stesso grado e più favorevole rispetto a quello delle classi di grado inferiore.

7. I crediti assistiti dal privilegio di cui all'articolo 2751-bis, n. 1, del codice civile sono soddisfatti, nel concordato in continuità aziendale, nel rispetto della graduazione delle cause legittime di prelazione sul valore di liquidazione e sul valore eccedente il valore di liquidazione. La proposta e il piano assicurano altresì il rispetto di quanto previsto dall'articolo 2116, primo comma, del codice civile.

8. Quando il piano prevede la liquidazione del patrimonio o la cessione dell'azienda e l'offerente non sia già individuato, il tribunale nomina un liquidatore che, anche avvalendosi di soggetti specializzati, compie le operazioni di liquidazione assicurandone l'efficienza e la celerità nel rispetto dei principi di pubblicità e trasparenza. Si applicano gli articoli da 2919 a 2929 del codice civile.

9. Quando il piano prevede l'offerta da parte di un soggetto individuato, avente ad oggetto l'affitto o il trasferimento in suo favore, anche prima dell'omologazione, dell'azienda o di uno o più rami d'azienda, il giudice provvede ai sensi dell'articolo 91, comma 1.

Marco Arato

1. – In maniera assai innovativa rispetto alla legge fallimentare, il capo del Codice dedicato al concordato preventivo si apre con una "disposizione manifesto", dedicata alle «*Finalità del concordato preventivo e alle tipologie di piano*». A tale riguardo, la prima versione dell'art. 84 (mai entrata in vigore) consacrava nel «*soddisfacimento dei creditori*» la finalità del concordato preventivo, ponendosi in una prospettiva di sostanziale continuità rispetto alla legge fallimentare, nella quale la continuità aziendale costituiva un valore-mezzo [1]. Le modifiche apportate al Codice dal d.lgs. 17 giugno 2022, n. 83 hanno incrinato tale prospettiva, elevando la continuità aziendale se non al rango di finalità prioritaria del concordato preventivo, quantomeno di pari dignità rispetto al soddisfacimento dei creditori laddove la procedura non abbia finalità liquidatorie. Il concordato preventivo proposto dal debitore, infatti, non deve più tendere al soddisfacimento dei creditori *tout court*, bensì assicurare il soddisfacimento degli stessi «*in misura non inferiore a quella realizzabile in caso di liquidazione giudiziale*»: un presupposto negativo, dunque, che si ac-

---

[1] Così anche FABIANI, *L'avvio*, 16; GREGGIO, *Finalità e tipologie*, 92.

contenta semplicemente di garantire un *quid pluris* rispetto all'alternativa liquidatoria. E a tale modifica fa da *pendant* l'art. 7, comma 2 a norma del quale in caso di presentazione di più domande di accesso a strumenti di regolazione della crisi e dell'insolvenza «*il tribunale esamina in via prioritaria quella diretta a regolare la crisi o l'insolvenza con strumenti diversi dalla liquidazione giudiziale*». Nel suo *incipit* il comma 1 dell'art. 84 indica i presupposti di accesso al concordato preventivo e le modalità attraverso le quali è possibile il soddisfacimento dei creditori. Quanto ai primi, dal lato soggettivo il presupposto è lo stesso della liquidazione giudiziale, ossia essere un imprenditore commerciale che non dimostri il possesso congiunto dei requisiti dell'imprenditore minore di cui all'art. 2, comma 1, lett. *d*); dal lato oggettivo, possono accedere al concordato preventivo gli imprenditori che versano in uno stato di crisi o di insolvenza, come definite all'art. 2, comma 1, lett. *a*) e *b*).

2. – In relazione alle «*tipologie di piano*», la "prima" versione dell'art. 84 (antecedente alle imponenti modifiche del d.lgs. 17 giugno 2022, n. 83) prevedeva che il concordato preventivo dovesse realizzare il soddisfacimento dei creditori «*mediante la continuità aziendale o la liquidazione del patrimonio*», lasciando (almeno inizialmente) supporre che le tipologie di concordato fossero soltanto due: o in continuità o liquidatorio. La astratta semplicità di questa dicotomia veniva poi in realtà intorbidita dall'art. 85, comma 3, lett. *b*), che stabiliva la possibilità che il piano prevedesse «*l'attribuzione delle attività delle imprese interessate dalla proposta di concordato ad un assuntore*», rendendo difficoltoso comprendere se il concordato con assuntore fosse qualificabile come in continuità ovvero liquidatorio.

L'attuale art. 84 – prevedendo che il soddisfacimento dei creditori può essere realizzato «*mediante la continuità aziendale, la liquidazione del patrimonio, l'attribuzione delle attività ad un assuntore o in qualsiasi altra forma*» – parrebbe aver superato l'equivoco, prevedendo tre tipologie di concordato "tipiche" (il concordato in continuità, il concordato liquidatorio e il concordato con assuntore) e una tipologia "aperta", che consente il soddisfacimento dei creditori «*in qualsiasi altra forma*» rispetto alle precedenti [2].

Si apre però l'interrogativo di quale disciplina applicare alle ultime due tipologie di concordato (con assuntore e "atipico"). Il legislatore – ben conscio dell'ampiezza di possibili contenuti del piano – ha preferito evitare di stabilire aprioristicamente che fosse da applicarsi *in toto* la peculiare disciplina del concordato in continuità o liquidatorio, lasciando che, a seconda del contenuto del piano, venga individuata in concreto quale sia la disciplina da applicarsi.

Tuttavia, è stato correttamente rilevato che la linearità di tale approccio viene incrinata dalle norme sulla maggioranza in sede di voto e sull'opposizione all'omologazione del concordato preventivo (artt. 109 e 112) [3]. L'art. 109, infatti, stabilisce una disciplina generale sulla maggioranza per l'approvazione del concordato «*salvo quanto previsto* [...] *per il concordato in continuità aziendale*» (e quindi valida per tutte le tipologie di concordato diverse dal concordato in continuità), mentre l'art. 112, comma 5 (riguardante il giudizio di omologazione) esplicitamente prevede una disciplina specifica dell'opposizione all'omologazione re-

[2] Così PANZANI, *Le finalità*, 11 ss.
[3] Così PANZANI, *Le finalità*, 12.

lativa al concordato «*che prevede la liquidazione del patrimonio oppure l'attribuzione delle attività a un assuntore o in qualsiasi altra forma*». Non può che stupire che a fronte della generale flessibilità nell'individuazione della disciplina applicabile al concordato con assuntore e al concordato "atipico" faccia da contraltare un'estrema rigidità in materia di maggioranze e opposizione all'omologazione: ritengo che si tratti di un difetto di coordinamento tra le modifiche apportate dal d.lgs. 17 giugno 2022, n. 83 e la versione originaria del Codice, che ha il (probabilmente inconsapevole) risultato di agevolare l'approvazione e l'omologazione del concordato con assuntore e del concordato "atipico" a prescindere dal loro contenuto, considerata la maggiore semplicità della disciplina delle maggioranze e dell'opposizione all'omologazione del concordato liquidatorio rispetto al concordato in continuità.

3. – I commi 2 e 3 dell'art. 84 sono dedicati al concordato in continuità aziendale, il cui obiettivo è la tutela dei creditori e dei posti di lavoro: quanto a questi ultimi, il legislatore ha opportunamente eliminato il requisito del mantenimento della metà dei lavoratori dell'ultimo biennio della prima versione dell'art. 84, limitandosi a prevedere che i livelli occupazionali vanno preservati «*nella misura possibile*».

Il secondo periodo del comma 2 supera poi le incertezze sorte con la legge fallimentare in relazione al *discrimen* tra concordato in continuità e concordato liquidatorio, in prima battuta, e tra continuità diretta e indiretta, poi. In particolare:

(i) la distinzione tra concordato in continuità e concordato liquidatorio si fonda ora in termini *oggettivi* sulla prosecuzione (o meno) dell'attività d'impresa. Nel primo caso si avrà concordato in continuità, in caso contrario il concordato avrà natura liquidatoria;

(ii) il *discrimen* tra continuità diretta e indiretta risiede, invece, in un dato di carattere *soggettivo*: si ha continuità diretta in caso di «*prosecuzione dell'attività d'impresa da parte dell'imprenditore che ha presentato domanda di concordato*», mentre si ha continuità indiretta laddove l'impresa sia esercitata da un soggetto diverso, quale che sia il titolo giuridico che lo legittima all'esercizio dell'impresa (l'art. 84 fa riferimento a mero titolo esemplificativo alla cessione, usufrutto, conferimento dell'azienda in una o più società, anche di nuova costituzione e all'affitto d'azienda, aprendo comunque alla possibilità che la continuità indiretta sia assicurata da «*qualunque altro titolo*»). L'art. 84 sembra poi richiedere che il contratto di affitto d'azienda stipulato anteriormente alla presentazione della domanda di accesso al concordato preventivo sia stipulato «*in funzione della presentazione del ricorso*», con ciò lasciando intendere che dal contratto stesso deve evincersi il nesso funzionale che collega l'affitto di azienda al concordato preventivo. Nonostante la rigidità del dato testuale, sembra corretto ritenere che si tratti di un requisito necessario per tutti i negozi giuridici che legittimano un terzo all'esercizio dell'attività d'impresa del debitore e che siano stipulati anteriormente rispetto alla presentazione della domanda di accesso al concordato preventivo, atteso che non pare esservi – in concreto – una ragione che giustifica la previsione di tale requisito solo per l'affitto d'azienda[4]. Infine, vi è continuità indiretta sia che il piano preveda che il terzo subentri nella gestione dell'impresa in esercizio, sia che preveda che un soggetto diverso dal debitore assuma il controllo e garantisca l'esercizio di un'impresa la cui attività era temporaneamente cessata.

---

[4] In senso conforme v. LEUZZI, *Il volto nuovo*, 15; *Contra* GREGGIO, *Finalità e tipologie*, 95.

Ai fini dell'individuazione della disciplina applicabile ai c.d. concordati misti, che presentano elementi di continuità aziendale ed elementi liquidatori, la prima versione dell'art. 84 stabiliva che il concordato sarebbe potuto essere definito in continuità solo nel caso in cui i creditori fossero stati «*soddisfatti in misura prevalente dal ricavato prodotto dalla continuità aziendale diretta o indiretta*». Tale criterio di prevalenza è stato eliminato dal d.lgs. 17 giugno 2022, n. 83 e la prospettiva completamente rovesciata, tanto che oggi l'art. 84, comma 3 prevede che nel «*concordato in continuità aziendale i creditori vengono soddisfatti in misura anche non prevalente dal ricavato prodotto dalla continuità aziendale diretta o indiretta*»: le implicazioni concrete di tale disposizione dovranno essere attentamente vagliate dalla giurisprudenza, ma sembra corretto ritenere che ai fini della qualificazione di un concordato come in continuità sia sufficiente che in qualche misura – seppur minima – l'impresa continui a generare un valore da distribuire ai creditori[5]. In altre parole, dal nuovo tenore letterale dell'art. 84 sembra potersi concludere che il concordato preventivo potrà essere qualificato come liquidatorio solo laddove preveda esclusivamente la liquidazione del patrimonio dell'impresa, senza che vi sia alcuna forma di continuazione dell'attività, né in forma diretta, né in forma indiretta. Ritengo sia frutto di un difetto di coordinamento il mantenimento della previsione della prevalenza nei concordati misti di gruppo (v. art. 285, comma 1).

Infine, il comma 3 prevede che la proposta di concordato debba comunque garantire a ciascun creditore «*un'utilità specificamente individuata ed economicamente valutabile*», chiarendo che questa «*può consistere anche nella prosecuzione o rinnovazione di rapporti contrattuali con il debitore o con il suo avente causa*». Non è quindi necessario che il soddisfacimento del creditore si realizzi immancabilmente con la corresponsione di denaro o beni fungibili, anche se ovviamente la prosecuzione del rapporto contrattuale con il debitore deve comunque garantirgli un trattamento non deteriore rispetto all'alternativa della liquidazione giudiziale.

4. – In relazione al concordato con liquidazione, il comma 4 prevede due requisiti imprescindibili della proposta del debitore:

(i) l'incremento di almeno il 10% dell'attivo mediante apporti di finanza esterna. Pur nel silenzio della norma, è ragionevole ritenere che tale requisito non debba necessariamente essere rispettato laddove il concordato liquidatorio prevedesse il soddisfacimento al 100% dei creditori;

(ii) il soddisfacimento dei creditori chirografari e dei creditori privilegiati scaduti in chirografo in misura non inferiore del 20% del credito da loro vantato.

Quanto alle regole di distribuzione, nel concordato con liquidazione concorrono due diversi regimi: in relazione al patrimonio della società in crisi vale l'*absolute priority rule*, sicché le risorse derivanti dalla liquidazione dovranno essere distribuite nel rigido rispetto della graduazione delle cause legittime di prelazione.

---

[5] In senso conforme v. LEUZZI, *Il volto nuovo*, 17; *contra* GREGGIO, *Finalità e tipologie*, 96, secondo il quale «la norma, così riformulata, pare implicare che l'applicazione dell'una o dell'altra disciplina non dipenda da un mero raffronto quantitativo tra flussi di cassa derivanti dalla continuità e dalla liquidazione dei beni non funzionali, dovendo piuttosto basarsi la decisione su di una valutazione complessiva e globale del piano e della proposta».

Esclusivamente per quanto riguarda la distribuzione delle risorse esterne, il legislatore ha aperto ad una *no priority rule*, stabilendo che il debitore può prevedere la loro distribuzione anche in deroga agli artt. 2740 e 2741 c.c., ossia in deroga al principio per cui il debitore risponde delle proprie obbligazioni con tutti i suoi beni presenti e futuri (art. 2740 c.c.) e all'ordine delle cause legittime di prelazione (art. 2741 c.c.), purché venga comunque rispettato il requisito del soddisfacimento minimo del 20% del credito vantato. Sono espressamente qualificate come risorse esterne anche «*le risorse apportate a qualunque titolo dai soci senza obbligo di restituzione o con vincolo di destinazione*» che il piano destini al soddisfacimento dei creditori: di conseguenza, ad esempio, sarà ben possibile che le risorse derivanti da un finanziamento soci siano destinate al soddisfacimento integrale di un creditore chirografario ritenuto strategico per la società in crisi, anche laddove vi siano dei creditori privilegiati non soddisfatti al 100%[6].

5. – In una prospettiva di continuità rispetto alla disciplina della legge fallimentare, il comma 5 prevede che i creditori muniti di privilegio, pegno o ipoteca possano essere soddisfatti anche non integralmente, purché in misura comunque non inferiore al valore di liquidazione dei beni o diritti su cui insiste la causa di prelazione. Per la quota residua, il trattamento del creditore privilegiato è equiparato a quello dei creditori chirografari: il creditore avrà quindi diritto di voto per la parte residua di credito e verrà soddisfatto nella misura concordataria (nel caso di suddivisione in classi, nella misura della classe nella quale è stato inserito).

6. – I commi 6 e 7 disciplinano le regole di distribuzione nel concordato in continuità aziendale, segnando un drastico cambio di rotta rispetto al passato. Nonostante la dir. n. 1023 del 2019 – pur indicando come regola di *default* la *relative priority rule* – abbia aperto alla possibilità per i singoli Stati membri di optare per l'*absolute priority rule*, il legislatore del Codice ha deciso di superare il rigido regime distributivo fondato dall'art. 160, comma 2, l. fall. esclusivamente sulla *absolute priority rule*, introducendo un inedito regime distributivo fondato su un "doppio binario". Il comma 6 distingue tra «*valore di liquidazione*» e «*valore eccedente quello di liquidazione*» (il *surplus* da continuità):

(i) il valore di liquidazione deve essere distribuito nel necessario rispetto della graduazione delle cause legittime di prelazione, ossia secondo la *absolute priority rule*: la formula è infatti analoga a quella dell'art. 160, comma 2, l. fall., e non può che portare a simili soluzioni interpretative;

(ii) per il *surplus* da continuità è invece sufficiente che – in caso di suddivisione in classi – i creditori ricevano un trattamento almeno pari a quello dei creditori appartenenti ad

[6] Sia permesso il richiamo a ARATO, *Il ruolo*, 4: la libera distribuibilità delle risorse derivanti dai finanziamenti soci è confermata dall'art. 120-*quater*, comma 2, secondo il quale per valore riservato ai soci si intende «*il valore effettivo, conseguente all'omologazione della proposta, delle loro partecipazioni e degli strumenti che attribuiscono il diritto di acquistarle, dedotto il valore che essi eventualmente hanno apportato ai fini della ristrutturazione in forma di conferimenti o di versamenti a fondo perduto*», da cui deriva, per quanto riguarda i nuovi investimenti, che i soci sono liberi di allocarli come vogliono anche senza rispettare l'ordine dei privilegi (si tratta, infatti, di risorse esterne), ferma restando la necessità che la proposta sia poi approvata da parte dei creditori. V. anche GREGGIO, *Finalità e tipologie*, 97.

una classe dello stesso grado e comunque migliore di quello riservato ai creditori di una classe inferiore. Viene così – almeno parzialmente – accolta la *relative priority rule*, con la conseguenza che sarà possibile soddisfare un creditore anche nel caso in cui il creditore di rango superiore non sia stato integralmente pagato, a patto che il trattamento di quest'ultimo risulti migliore rispetto a quello riservato al primo.

Vengono infine inderogabilmente garantiti dalla particolare tutela dell'*absolute priority rule* i crediti da retribuzione dei lavoratori, coperti dal privilegio di cui all'art. 2751-*bis*, comma 1, n. 1, c.c.: il comma 7 dell'art. 84, infatti, prevede che vengano soddisfatti nel rigido rispetto dell'ordine delle cause legittime di prelazione sia sul valore di liquidazione, sia sul valore ad esso eccedente.

7. – I commi 8 e 9 sono infine dedicati ai concordati liquidatori o in continuità indiretta. In particolare, nel caso di concordato con liquidazione del patrimonio o che preveda la cessione dell'azienda, laddove il piano concordatario non individui già l'offerente il tribunale sarà chiamato a nominare un liquidatore, cui spetterà compiere le relative operazioni con efficienza e celerità nel rispetto dei princìpi di pubblicità e trasparenza.

Al contrario, nel caso in cui il piano preveda un'offerta di un soggetto individuato avente ad oggetto il trasferimento o l'affitto dell'azienda o di un ramo d'azienda, il comma 9 richiama l'art. 91, comma 1, ai sensi del quale di tale offerta deve essere data pubblicità al fine di acquisire offerte concorrenti, nell'ottica di valorizzare al massimo il complesso aziendale.

Articolo 85

Suddivisione dei creditori in classi

1. Il piano può prevedere la suddivisione dei creditori in classi con trattamenti differenziati tra creditori appartenenti a classi diverse.

2. La suddivisione dei creditori in classi è obbligatoria per i creditori titolari di crediti tributari o previdenziali dei quali non sia previsto l'integrale pagamento, per i creditori titolari di garanzie prestate da terzi, per i creditori che vengono soddisfatti anche in parte con utilità diverse dal denaro e per i creditori proponenti il concordato e per le parti ad essi correlate.

3. Nel concordato in continuità aziendale la suddivisione dei creditori in classi è in ogni caso obbligatoria. I creditori muniti di privilegio, pegno o ipoteca, interessati dalla ristrutturazione perché non ricorrono le condizioni di cui all'articolo 109, comma 5, sono suddivisi in classi e le imprese minori, titolari di crediti chirografari derivanti da rapporti di fornitura di beni e servizi, sono inserite in classi separate.

4. Fermo quanto previsto dall'articolo 84, commi 5, 6 e 7, il trattamento stabilito per ciascuna classe non può avere l'effetto di alterare l'ordine delle cause legittime di prelazione.

Stefano Ambrosini

Sommario: 1. Premessa. – 2. La generale facoltà di prevedere la suddivisione in classi. – 3. Le ipotesi di classi obbligatorie e gli interessi protetti. – 4. La suddivisione in classi nel concordato in continuità. – 5. (*Segue*): i creditori privilegiati interessati dalla ristrutturazione. – 6. Le altre ipotesi di classi separate. – 7. Le classi nel concordato liquidatorio. – 8. Lo scrutinio in ordine alla correttezza della classificazione. – 9. Il divieto di alterare l'ordine delle cause di prelazione.

1. – Com'è noto, la disciplina previgente si limitava a stabilire, all'art. 160, comma 1, lett. *c*) e *d*), (e quindi all'interno della disposizione-cardine rubricata «*Presupposti per l'ammissione alla procedura*») che il piano di concordato poteva prevedere la suddivisione dei creditori in classi secondo posizione giuridica e interessi economici omogenei, nonché trattamenti differenziati tra creditori appartenenti a classi diverse.

Deve anzitutto rimarcarsi che nel nuovo Codice[1] vi è una norma – quella appunto in

[1] Sulla disciplina codicistica del concordato preventivo cfr., all'indomani del d.lgs. n. 83 del 2022, AMBROSINI, *Il codice*; ID., *Brevi appunti*; LEUZZI, *Il volto nuov*, cui *adde*, fra gli altri, RICCIARDIELLO, *I lineamenti*, 732

commento – dedicata espressamente alla suddivisione dei creditori in classi, a riprova della rilevanza che detta fattispecie ha progressivamente assunto a livello ordinamentale, oltre che dal punto di vista pratico (atteso che già in passato la maggior parte delle domande di concordato prevedevano la classificazione[2] del ceto creditorio). E le relative disposizioni contengono una disciplina opportunamente più analitica e articolata, diretta a inserire alcune importanti innovazioni – a cominciare dal principio di obbligatorietà delle classi nel concordato in continuità – e a risolvere dubbi interpretativi sollevati dalle scarne previsioni della legge fallimentare, secondo le indicazioni di cui alla legge delega[3].

Questo approccio normativo, teso a valorizzare sensibilmente il ruolo delle classi, emerge anche da altre disposizioni, prima fra tutte quella dell'art. 112 in tema di omologazione: donde un'innegabile maggior complessità della disciplina nel suo insieme[4], peraltro dipendente in larga parte sia dall'armonizzazione alla Direttiva *Insolvency*, sia – come si diceva – dall'intento di ridurre gli spazi di incertezza sul piano applicativo.

Quanto, poi, alla funzione svolta dalla classificazione, si è da ultimo ribadito che essa «ha la duplice finalità di concentrazione nel minor numero di classi dei creditori da cui è prevedibile attendersi il dissenso riguardo alla proposta concordataria ma allo stesso tempo di rispettare il principio della *par condicio creditorum* individuando e concentrando i creditori in gruppi omogenei caratterizzati da specificità del credito e da un soddisfacimento differenziato»[5].

2. – Il comma 1, nello stabilire che il piano può prevedere la suddivisione dei creditori in classi con trattamenti differenziati tra creditori appartenenti a classi diverse, sancisce definitivamente la facoltatività, *in linea di principio*, della classificazione del ceto creditorio.

La riaffermazione di tale regola (pur con le cospicue eccezioni che vedremo subito in appresso) consente di ritenere superata la tesi, in passato abbastanza diffusa[6], secondo la quale vi sarebbe stato l'obbligo di far luogo alla divisione in classi tutte le volte in cui fossero state riscontrate posizioni non omogenee fra i creditori e ciò al fine di scongiurare un'applicazione indiscriminata della regola di maggioranza e di estendere la facoltà di opposizione da parte dei creditori dissenzienti. Già in passato, peraltro, la dottrina prevalente si era attestata su posizioni più restrittive[7].

---

ss.; GREGGIO, *Finalità e tipologie*, e l'ampia ricognizione (pur priva del corredo di note) di FABIANI, *Un affresco*.

[2] Si continua a preferire questa espressione, linguisticamente corretta, al (non necessario) neologismo «*classamento*», pur "sdoganato" dall'art. 120-*ter*.

[3] La l. 19 ottobre 2017, n. 155, all'art. 6, comma 1, lett. *d*), demanda al legislatore delegato di «*individuare i casi in cui la suddivisione dei creditori in classi, secondo posizione giuridica e interessi economici omogenei, è obbligatoria, prevedendo, in ogni caso, che tale obbligo sussiste in presenza di creditori assistiti da garanzie esterne*».

[4] Sul punto dell'eccessiva complessità del Codice cfr. da ultimo JORIO, *Introduzione*, 9.

[5] RICCIARDIELLO, *I lineamenti*, 753.

[6] Nel senso dell'obbligatorietà delle classi si erano espressi FABIANI, *Brevi riflessioni*, 435; PRESTI, *Rigore è*, 29; SACCHI, *Dai soci*, 1063.

[7] BOZZA, *La facoltatività*, 425 ss.; D'ORAZIO, *Il rebus*, 139; CENSONI, *Sull'ammissibilità*, 324 ss.; CALANDRA BUONAURA, *Disomogeneità di interessi*, 18 ss.; JORIO, in *Comm. Nigro-Sandulli-Santoro*, 2044 ss.; AMBROSINI, *Il concordato preventivo*, 202.

Del resto, il disposto dei successivi commi 2 e 3 e la latitudine delle ipotesi di classificazione obbligatoria in essi contenute depongono nel senso che, al di là dei casi – per l'appunto numerosi e significativi – di classi obbligatorie, deve valere in linea generale il principio di facoltatività: il che non toglie che oggi l'obbligatorietà delle classi sia divenuta – come si vedrà – l'ipotesi prevalente.

La disposizione in esame, contemplando il collegamento necessario fra divisione in classi e diverso trattamento dei creditori, risulta coerente con quanto stabilito dalla Direttiva *Insolvency*, risolvendo nel contempo un dubbio posto dalla vecchia disciplina.

Il persistente utilizzo dell'espressione «*trattamenti differenziati*» senza ulteriori specificazioni lascia invece aperta la questione delle classi che contemplano il medesimo trattamento a beneficio dei rispettivi creditori. Ad avviso di chi scrive, la norma consente che, nell'eventualità di soddisfacimento in denaro, vi siano più classi i cui creditori siano destinati a ricevere la medesima percentuale di pagamento, ma pare da escludere l'ipotesi che tutte le classi prevedano la stessa percentuale, giacché in tal caso verrebbe meno la, invece indefettibile, differenza di trattamento con riguardo ad almeno una classe; mentre non sembra – ripetiamo – che la legge richieda che per ciascuna classe vi sia una differente percentuale.

3. – L'enucleazione dei casi di obbligatoria suddivisione in classi valida per tutte le tipologie di concordato costituisce l'approdo di un annoso dibattito dottrinale e giurisprudenziale, che ha avuto luogo nella vigenza di una disciplina – come si diceva – assai scarna. E in proposito si è osservato trattarsi di «scelta condivisibile, dettata dalla necessità di tenere separate e distinte le posizioni di creditori portatori di interessi del tutto disomogenei (...). Di qui anche la funzione informativa delle classi» [8].

La legge attuale richiede la creazione di una classe *ad hoc*, anzitutto, per i creditori titolari di crediti tributari o previdenziali dei quali non sia previsto l'integrale pagamento. L'interesse protetto è qui la maggior tutela dei creditori pubblici qualificati di cui trattasi, considerati meritevoli in quanto tali dei vantaggi scaturenti dalla loro necessaria classificazione. Per i crediti tributari e previdenziali è sancita – com'è noto – un'apposita disciplina, contenuta nell'art. 88, cui si rimanda.

La seconda ipotesi prevista si riferisce ai creditori che siano ad un tempo titolari di garanzie prestate da terzi. Il legislatore ritiene con ciò che coloro che possono fare affidamento sui cc.dd. *collaterals* siano orientati a esprimersi sulla proposta di concordato da una posizione potenzialmente "condizionata" da altri interessi e valutazioni: in effetti, il creditore la cui pretesa sia garantita *aliunde* è oggettivamente meno interessato all'esito del concordato, sebbene ciò dipenda in concreto dalla natura dalla garanzia e dalla capienza del suo oggetto [9].

---

[8] Così RICCIARDIELLO, *I lineamenti*, 752.

[9] Nella giurisprudenza di merito, ormai non più recente, cfr. Trib. Milano, 4 dicembre 2008, in *Fallimento*, 2009, 423, ove il rilievo che «l'espunzione dell'esistenza delle garanzie dalla valutazione dell'interesse economico del creditore pregiudicherebbe sostanzialmente la funzione di questo requisito, ulteriore rispetto a quello dell'omogeneità di posizione giuridica, in quanto consentirebbe l'inserimento in un'unica classe di creditori con diverse prospettive di soddisfacimento dei propri crediti con conseguente alterazione della genuinità del meccanismo di formazione della volontà della maggioranza all'interno della classe, soprattutto laddove i creditori con garanzie esterne risultassero titolari dei crediti di più rilevante entità». Su tale decisione si era ritenuto invero di osservare (AMBROSINI, *La domanda*, 68-69) che «l'eventualità che la maggioranza dei creditori chirografari sia costi-

La stessa considerazione vale, *a fortiori*, per quei creditori che formulino una proposta concordataria concorrente e per le parti ad esse correlate. A ben vedere, anzi, la soluzione più rigorosa (già peraltro scartata dal legislatore del 2015) avrebbe potuto prevedere *tout court* la sterilizzazione del loro diritto di voto[10].

L'ultimo caso è quello dei creditori di cui la proposta contempli il soddisfacimento con utilità anche solo parzialmente diverse dal denaro. In questa ipotesi l'obbligo di classificazione è collegato alla modalità di soddisfazione diversa dal pagamento, per sua natura meno certa dell'adempimento in numerario. Può trattarsi, come non di rado accade, dell'attribuzione di azioni, obbligazioni e altri beni, non necessariamente rientranti nel novero degli strumenti finanziari (partecipativi o meno), ma anche – limitatamente all'ipotesi di concordato in continuità (ove peraltro, come vedremo, la suddivisione in classi è sempre obbligatoria) – della prosecuzione o rinnovazione di rapporti contrattuali con il debitore o, nel caso di trasferimento dell'azienda, con il suo avente causa. Dal combinato disposto delle due norme in parola si ricava la conferma che il soddisfacimento di queste classi di creditori può avvenire anche soltanto (l'avverbio è sottinteso) con utilità in tutto e per tutto diverse dal denaro.

4. – Il comma 3 dell'art. 85, dedicato al concordato in continuità, contiene la regola in base alla quale in questa tipologia concordataria – che in base al disposto dell'art. 84 ricomprende, opportunamente, le ipotesi di continuità indiretta, come del resto prescritto dalla legge delega, e risulta di conseguenza assai ampia – la suddivisione dei creditori in classi è in ogni caso obbligatoria.

Il precetto discende da quanto stabilito dalla Direttiva *Insolvency*, il cui art. 11, § 1, lett. *b*), recepito dall'art. 112, comma 2, sancisce l'omologabilità del piano di ristrutturazione non approvato da tutte le parti interessate in ognuna delle classi di voto.

L'innovazione è di notevole momento: da un lato, la qualifica di concordato in continuità reca con sé automaticamente la necessità di classificare il ceto creditorio; dall'altro, come si dirà più ampiamente in appresso, vanno suddivisi in classi tutti i creditori, chirografari o privilegiati, aventi diritto al voto, laddove in passato non erano configurabili classi di prelatizi se non nel caso contemplato dall'art. 160, comma 2, l. fall., limitatamente alla parte residua di credito.

Non v'è dubbio tuttavia che l'opzione adottata dal legislatore, al cospetto della progressiva proliferazione dei privilegi nel nostro ordinamento, comporti che l'attività di clas-

---

tuita da banche munite di garanzie collaterali rappresenta una circostanza accidentale, di per sé inidonea a dare ingresso a interventi giudiziali orientati ad una "riconfigurazione forzosa" della suddivisione in classi. D'altra parte, la ragione per cui le banche garantite *aliunde* votino (in ipotesi) a favore del concordato appare sussumibile nella categoria dei motivi che conducono alla conclusione del contratto, notoriamente irrilevanti se non illeciti e comuni ai paciscenti (art. 1345 c.c.). A ciò può aggiungersi che, come l'esperienza insegna, le banche non sono di regola indifferenti alla misura del soddisfacimento in sede concordataria, specie quando l'escussione delle garanzie collaterali presenti a sua volta qualche "criticità" (come, ad esempio, nel caso di immobili ipotecati il cui valore o la cui vendibilità risultino incerti). Il che dovrebbe far ritenere che l'interesse delle banche, lungi dal porsi in conflitto, finisca normalmente per coincidere con quello dei creditori privi di garanzie concesse da terzi (specie di quelli considerati "deboli") e di prevenire comportamenti "abusivi" da parte della maggioranza».

[10] AMBROSINI, *La nuova crisi*, 97; D'ATTORRE, *Le proposte*, 1163.

sificazione in parola finisca per risultare, all'atto pratico, «estremamente complessa e finanche numericamente parcellizzata»[11].

L'ultima parte del comma in commento si riferisce ai piccoli fornitori dell'impresa poi caduta in crisi, e ciò in ossequio al disposto dell'art. 9, § 4, Direttiva *Insolvency*, che postula l'adozione di misure idonee, attraverso la suddivisione in classi, alla tutela di soggetti, quali appunto le imprese minori fornitrici, giustamente ritenute più vulnerabili.

Della tutela di prestatori di beni e servizi il legislatore si occupa anche altrove: basti pensare all'esenzione da revocatoria fallimentare – ma non anche da quella ordinaria – dei pagamenti di beni e servizi effettuati nell'esercizio dell'attività d'impresa, purché «*nei termini d'uso*»: art. 166, comma 3, lett. *a*). A differenza del regime revocatorio, peraltro, nella disciplina in esame viene considerata meritevole di un trattamento *ad hoc* la sola posizione delle imprese minori (quali definite dall'art. 2, lett. *d*), stabilendosi che quelle fra esse che sono titolari di crediti chirografari derivanti da rapporti di fornitura di beni e servizi vanno inserite in classi separate.

Come si vede, la norma non richiede trattarsi di beni e servizi essenziali, che non a caso sono disciplinati diversamente dall'art. 100, il quale attribuisce loro il ben più rilevante vantaggio di poter fruire dell'autorizzazione al pagamento di crediti pregressi rispetto alla presentazione del concordato. Ogni tipologia di bene o servizio ricevuti dall'impresa debitrice nell'ambito di un rapporto di fornitura, pertanto, ricade nel perimetro applicativo della disposizione in commento.

5.– La seconda parte dell'art. 85, comma 3, statuisce che i creditori muniti di privilegio, pegno o ipoteca devono essere suddivisi in classi quando risultano «*interessati alla ristrutturazione*», chiarendo al contempo che ciò avviene quando non ricorrono le condizioni fissate dall'art. 109, comma 5.

Il richiamo di tale disposizione, relativa alle ipotesi in cui i creditori privilegiati non votano, ribadisce anzitutto la correlazione fra sacrificio "imposto" al creditore ed esercizio del voto, essendo quest'ultimo precluso ogniqualvolta vi sia neutralità della proposta concordataria per determinati creditori. Questa neutralità, ai sensi della norma per ultima citata, si verifica quando i creditori prelatizi vengono soddisfatti in denaro, integralmente, entro centottanta giorni dall'omologazione, e purché la garanzia reale che assiste il credito ipotecario o pignoratizio resti ferma fino alla liquidazione, funzionale al loro pagamento, dei beni e diritti sui quali sussiste la causa di prelazione. Il legislatore, pertanto, enuclea a contrario le situazioni nelle quali, al cospetto di una soddisfazione incompleta (pagamento non integrale, non in denaro od oltre il suddetto termine), scatta il diritto di voto[12].

Nel caso in cui il creditore privilegiato venga soddisfatto tempestivamente ma solo in parte, la porzione di credito falcidiata, che scade a rango chirografario, va inserita in una classe *ad hoc* ed egli vota limitatamente a questa parte[13], non essendo il creditore interessato dalla ristrutturazione per la porzione capiente del credito. È dubbio se debba formarsi, con riguardo al medesimo creditore, una seconda classe avente ad oggetto la quota privile-

[11] FAROLFI, *Art. 85*, 392.

[12] BOZZA, *Le maggioranze*, 21.

[13] ALIPRANDI, MONZEGLIO, TURCHI, *Voto e maggioranze*, 8 ss.; AUDINO, *Art. 85*.

giata soddisfatta[14] e se il creditore voti anche per la parte di credito non falcidiata, non risultando chiaro in proposito l'art. 109, comma 4, che sancisce l'equiparazione ai chirografari limitatamente alla parte residua del credito.

Il discorso si collega alla norma sul contenuto del piano concordatario, dato che esso, ai sensi dell'art. 87, lett. *n*), deve indicare, individualmente o per categorie di debiti, le eventuali parti non interessate dal piano e i relativi motivi (e in argomento si veda *infra*, *sub* art. 87): a conferma della centralità del concetto in parola, derivato dal già citato art. 11 della Direttiva *Insolvency* sulla c.d. ristrutturazione trasversale.

6. – Un caso ulteriore di classe separata obbligatoria è quello contemplato dall'art. 120-*ter*, comma 2, riferito all'ipotesi di società in concordato il cui statuto riconosca a determinati soci diritti diversi dagli altri: qui la classificazione (la rubrica della norma utilizza, come si è già ricordato, il neologismo «*classamento*») è necessaria tutte le volte in cui il piano prevede modificazioni che incidono direttamente sui diritti di partecipazione dei soci e, in ogni caso, per le società che fanno ricorso al mercato del capitale di rischio.

Con riguardo poi ai crediti oggetto di contestazione da parte del debitore in concordato, la legge non ne fa menzione all'art. 85, bensì al successivo art. 87, la cui lett. *l*), trattando delle parti interessate dal piano, indicate individualmente o descritte per categorie di debiti, e dell'ammontare dei relativi crediti e interessi, prescrive l'indicazione «*dell'ammontare eventualmente contestato*». Non pare peraltro trattarsi di classe necessariamente separata, nella misura in cui per assolvere all'esigenza di informazione del ceto creditorio sembra sufficiente l'inserimento dei crediti contestati giudizialmente in una delle classi omogenee contemplate dalla proposta (in alternativa alla creazione di una classe ad hoc); laddove la loro omissione *tout court* (seppur motivata da una valutazione di rischio di soccombenza remoto) altererebbe – come posto in evidenza dalla Cassazione – altererebbe le previsioni del piano di soddisfacimento degli altri creditori certi, non consentendo loro di esprimere valutazioni prognostiche corrette e di atteggiarsi in modo pienamente informato circa il proprio voto[15].

La nuova disciplina del concordato non considera l'ipotesi dei creditori postergati, su cui pure vi è stato, nel passato anche recente, ampio dibattito sia in dottrina che in giurisprudenza. Tale mancata previsione sembra spiegabile con «l'implicita volontà del legislatore di non considerarli quali creditori concorrenti che possano essere ammessi al voto, se non quando la proposta concordataria ne preveda il soddisfacimento sul patrimonio residuo una volta soddisfatti integralmente i creditori chirografari»[16]. Ciò del resto coincide con l'approdo cui era giunta la Cassazione configurando la posizione dei creditori postergati come residuale, vale a dire posposta all'integrale soddisfacimento dei chirografari[17]: donde l'inderogabilità del principio espresso dall'art. 2467 c.c. senza l'unanime consenso di questi ultimi[18].

[14] Per la soluzione affermativa FAROLFI, *Art. 85*, 393.

[15] Cass., 7 marzo 2017, n. 5689.

[16] Così AUDINO, *Art. 85*.

[17] Cass., 27 dicembre 2019, n. 34539, in *Fallimento*, 2020, 1425.

[18] Cass., 21 giugno 2018, n. 16348, in *Fallimento*, 2019, 45.

7. – Come si diceva, la generale facoltà di procedere alla suddivisione dei creditori in classi vale per tutte le tipologie di piani concordatari, come pure la previsione relativa alle classi obbligatorie di cui all'art. 85, comma 2. Al contrario, il disposto del comma 3 è limitato al concordato in continuità, donde l'inapplicabilità al piano liquidatorio della disposizione relativa ai privilegiati interessati dalla ristrutturazione.

Ne deriva che nel nuovo sistema continua a valere la regola ricavabile in precedenza dal tenore dell'art. 160, comma 2, l. fall., consistente nella classificazione dei privilegiati falcidiati per incapienza dei beni oggetto della garanzia, limitatamente alla parte residua del credito scaduta a chirografo. Ciò trova puntuale conferma tanto nell'art. 84, comma 5, sul soddisfacimento non integrale dei privilegiati e sul conseguente degrado a chirografo, quanto nell'art. 109, comma 4, ai sensi del quale i creditori muniti di diritto di prelazione di cui la proposta di concordato prevede la soddisfazione non integrale, sono equiparati ai chirografari per la parte residua del credito.

Nel caso di classificazione nel concordato liquidatorio si pone poi – o meglio si ripresenta – il tema della percentuale del 20% da riferirsi a ogni singola classe, ovvero al monte complessivo dei chirografari.

All'indomani della novella del 2015 che ha introdotto tale soglia, chi scrive si è domandato «se lo sbarramento sia destinato a valere per ciascuna classe (di tal che non potrebbero darsi classi di chirografari con soddisfacimento inferiore al 20%), oppure se detta soglia possa configurarsi come "criterio mediano", nel qual caso basterebbe che ai creditori chirografari fosse assicurato in media il 20% (donde l'ammissibilità, ad esempio, di una domanda con previsione di tre classi, rispettivamente al 15, 18 e 27 per cento). Com'è chiaro, in assenza di sicuri appigli interpretativi la presentazione di una domanda come quella da ultimo prefigurata appare oggettivamente problematica, anche se l'approccio ermeneutico più prudente e rigoroso introduce un elemento di disparità di trattamento fra concordato liquidatorio e concordato in continuità (ferma, peraltro, la facoltatività della divisione in classi). E lo stesso deve probabilmente affermarsi, nel concordato senza classi, con riferimento a una percentuale "a forbice" compresa, ad esempio, fra il 16 e il 24 per cento (a meno, anche qui, di voler assumere a parametro la mediana)»[19].

La predetta conclusione sembra potersi tenere ferma anche alla luce della nuova previsione di cui all'art. 84, comma 4[20], tanto più che essa, riferendosi ai creditori chirografari e a quelli privilegiati degradati per incapienza, parla del loro ammontare complessivo. Naturalmente occorre che sia rispettato il rapporto complessivo fra l'apporto di risorse esterne e il totale dei crediti chirografari[21].

8. – A differenza del regime previgente, che onerava espressamente il tribunale, in sede di ammissione al concordato, del compito di valutare la correttezza dei criteri di formazione delle diverse classi (art. 163, comma 1, l. fall.), l'odierno art. 47 non contiene un analogo, specifico, precetto. Esso si limita a richiedere che il tribunale verifichi l'ammis-

---

[19] AMBROSINI, *Il nuovo concordato*, 370.

[20] BOZZA, *Il concordato liquidatorio*, 1235; MACAGNO, *Il concordato preventivo*, 288; JEANTET, *Il piano*, 267.

[21] AUDINO, *Art. 85*.

sibilità della proposta in caso di concordato liquidatorio e la ritualità della stessa nel caso di quello in continuità.

Pur non nascondendosi la preferenza per la vecchia formulazione (perspicua proprio perché esplicita), si ritiene che lo scrutinio di cui trattasi possa ricondursi senza soverchie difficoltà ai concetti di controllo in ordine all'ammissibilità e alla ritualità delle proposte concordatarie.

Del resto, di verifica della «*corretta formazione delle classi*» parla *ex professo* l'art. 112, comma 1, lett. *d*), sicché ciò che è previsto, a valle, in sede di omologazione deve considerarsi implicitamente (e *a fortiori*) contemplato, a monte, in sede di ammissione alla procedura.

Depone in tal senso anche il tenore dell'art. 90, comma 7, in tema di proposte concorrenti [22], là dove prescrive la verifica, da parte del tribunale, circa la «*correttezza dei criteri di formazione delle classi*»: in effetti, non è dato scorgere il motivo in base al quale analoga valutazione non debba essere richiesta (anzitutto) relativamente alla proposta presentata dallo stesso debitore [23].

Da quanto osservato pare lecito ipotizzare che si sia trattato di una mera dimenticanza del legislatore all'atto di redigere il testo dell'art. 47, che non risulta coordinato, da questo punto di vista, con le disposizioni testé menzionate.

La legge, inoltre, continua a non postulare l'esplicitazione delle ragioni sottese alla classificazione operata nella proposta, anche se la prassi registra, in base all'*id quod plerumque accidit*, una frequente tendenza dei debitori a illustrare tali ragioni nella domanda di concordato. Ne consegue che, come già in passato, la verifica in ordine alla *ragionevolezza* del trattamento diseguale è rimessa esclusivamente ai creditori [24], rimanendo il tribunale – competente, come si diceva, (solo) in materia di ammissibilità/ritualità della proposta – estraneo a valutazioni di sorta in proposito.

9. – Com'è noto, il previgente art. 160 disponeva, all'ultima parte del comma 2, che il trattamento stabilito per ciascuna classe non poteva avere l'effetto di alterare l'ordine delle cause legittime di prelazione.

Il precetto è riaffermato oggi dal comma 4 dell'art. 85, di tal che continua a essere preclusa la possibilità di trattamento deteriore di un creditore privilegiato rispetto a uno chirografario, nonché come già si diceva, di soddisfare in pur minima parte un creditore subordinato in assenza del previo soddisfacimento integrale di privilegiati e chirografari.

Va tuttavia registrata un'importante distinzione rispetto al passato per quanto concerne il concordato in continuità. Ed infatti, nel fare espressamente salvo quanto disposto, in particolare, dal comma 6 dell'art. 84, la suddetta previsione prende atto dell'avvenuto recepimento della *relative priority rule* con riguardo al c.d. plusvalore da continuità aziendale. In questa tipologia concordataria, cioè, il valore eccedente quello di liquidazione non dev'essere distribuito nel rigido rispetto della graduazione dei privilegi, essendo sufficiente

[22] In argomento il contributo più recente è a oggi quello di GUIDOTTI, *Le proposte*, 777 ss. In precedenza, tra i lavori più stimolanti sulla disciplina previgente, cfr. BOZZA, *Le proposte concorrenti*, e A. ROSSI, *Il contenuto*, rispettivamente 225 ss. e 289 ss.

[23] Così anche NIGRO, VATTERMOLI, *Diritto della crisi*, 396.

[24] NIGRO, VATTERMOLI, *Diritto della crisi*.

che i crediti inseriti in una classe ricevano complessivamente un trattamento almeno pari a quello delle classi dello stesso grado e più favorevole rispetto a quello delle classi di grado inferiore: con l'eccezione dei crediti da lavoro ai sensi dell'art. 84, comma 7, parimenti richiamato dalla disposizione in commento, per i quali opera sempre la c.d. *absolute priority rule*.

Quest'ultima fa riferimento anche al comma 5 dell'art. 84, sebbene esso non attenga alle regole di distribuzione dell'attivo concordatario; com'è stato osservato, nondimeno, il legislatore ha in tal modo «inteso fare salva anche l'ammissibilità del soddisfacimento non integrale dei creditori prelatizi, ivi prevista, ritenendo che anch'essa sia derogatoria delle regole generali sulla responsabilità patrimoniale» [25].

L'ampiezza e la complessità delle tematiche toccate dalla previsione in esame impongono, ad ogni buon conto, il rinvio al commento all'art. 84.

[25] Così AUDINO, *Art. 85*.

Articolo 86
Moratoria nel concordato in continuità

1. Fermo quanto previsto nell'articolo 109, il piano può prevedere una moratoria per il pagamento dei creditori muniti di privilegio, pegno o ipoteca, salvo che sia prevista la liquidazione dei beni o diritti sui quali sussiste la causa di prelazione. Per i creditori assistiti dal privilegio previsto dall'articolo 2751-bis, n. 1, del codice civile può essere prevista una moratoria per il pagamento fino a sei mesi dall'omologazione.

Stefano Ambrosini

Sommario: 1. Premessa. – 2. La "moratoria per il pagamento" dei creditori privilegiati. – 3. L'ambito di applicazione e l'inderogabilità della norma. – 4. La questione del diritto di voto.

1. – Nel sistema previgente la moratoria dei creditori privilegiati era disciplinata dall'art. 186-*bis*, comma 2, lett. *c*), l. fall., ai sensi del quale il piano in continuità aziendale poteva prevedere una moratoria fino a due anni (prima della modifica apportata dal d.l. n. 118 del 2021 la norma parlava in realtà di un anno), salvo che fosse prevista la liquidazione dei beni o diritti sui quali sussisteva la causa di prelazione. La norma precisava che i privilegiati così "coattivamente" riscadenziati erano privi del diritto di voto.

Il corollario di queste previsioni, secondo la lettura prevalente in giurisprudenza, consisteva nella necessità per il debitore, ove volesse dilazionare i privilegiati oltre tale termine, di ottenere il consenso di tutte le "parti interessate" attraverso la stipulazione dei cc.dd. accordi o patti paraconcordatari[1]. Non erano peraltro mancati, in dottrina, tentativi di estendere in via interpretativa l'arco temporale della moratoria, prevedendo in tal caso l'attribuzione del voto[2]: impostazione, questa, che aveva già trovato accoglimento da parte della Corte di Cassazione[3].

---

[1] Sul tema cfr., tra i primi contributi, AMBROSINI, *Concordato preventivo*, 1464 ss.; AIELLO, *Il c.d. "patto para-concordatario"*, 1335 ss.

[2] Sul punto cfr. FABIANI, *Riflessioni precoci*; ARATO, *Il concordato*, e AMBROSINI, *Appunti in tema*, 12-13.

[3] Cass., 18 giugno 2020, n. 11882, con nota di TRENTINI, *Ammissibilità del pagamento*, 349 ss., secondo la quale «nel concordato preventivo con continuità aziendale è consentita la dilazione del pagamento dei crediti privilegiati anche oltre il termine di un anno dall'omologazione, purché si accordi ai titolari di tali crediti il diritto di voto e la corresponsione degli interessi».

Sulla stessa lunghezza d'onda della predetta elaborazione dottrinale la legge delega n. 155 del 2017, all'art. 6, aveva previsto, limitatamente al concordato in continuità, una durata della moratoria anche superiore a un anno, con attribuzione, in tal caso, del diritto di voto. La *ratio* risiedeva nel non prestabilire un termine massimo della moratoria, compensando tale facoltà del debitore con il potere, da parte dei privilegiati dilazionati, di esprimersi a favore o contro la proposta concordataria.

Il nuovo art. 86, come vedremo, risulta coerente con detta *ratio*, pur non considerando espressamente la questione del voto.

2. – L'articolo in commento, fatto salvo quanto previsto nell'art. 109, stabilisce che il piano può prevedere una moratoria per il pagamento dei creditori muniti di privilegio, pegno o ipoteca, salvo che sia prevista la liquidazione dei beni o diritti sui quali sussiste la causa di prelazione.

Come si vede, è venuta meno l'indicazione di un termine massimo della moratoria, coerentemente – si diceva – con quanto sancito nella legge delega del 2017 e con lo schietto *favor* per la soluzione concordataria da essa espresso sotto il profilo che ci occupa. Ciò tuttavia non significa che il piano del debitore possa prevedere una durata *ad libit*um (ad esempio di dieci anni): si tratta infatti di rendere l'arco temporale della dilazione compatibile con l'attestabilità del piano, che di regola comporta una durata massima di cinque anni, al di là della quale le previsioni dell'attestatore perdono fatalmente di attendibilità, con conseguente declaratoria di inammissibilità della domanda. Nella disposizione in esame si è quindi ravvisato, correttamente, «il limite immanente dell'impossibilità di prevedere tempi di realizzazione del piano e, quindi, di pagamento dei creditori, talmente rinviati nel tempo da rendere irrealistiche le previsioni ed inattendibili le assunzioni su cui il piano stesso e la sua attestazione si fondano»[4].

Resta ferma, beninteso, la possibilità per il debitore di pattuire con singoli creditori privilegiati moratorie di più ampia durata attraverso la conclusione di accordi paraconcordatari, che collocandosi appunto *a latere* della domanda di concordato non sono soggetti ai medesimi vincoli.

Quanto alle modalità di soddisfacimento dei privilegiati riscadenziati, deve ritenersi che la nuova disciplina, a dispetto dell'utilizzo del termine «*pagamento*», ammetta implicitamente il loro soddisfacimento con mezzi diversi dal denaro, dato che ad essere esclusi dal voto sono, in base all'art. 109, comma 5, soltanto i prelatizi integralmente soddisfatti in numerario entro un dato termine[5].

L'art. 86 contempla un regime più favorevole per i crediti di lavoro, stabilendo che relativamente ad essi può essere prevista una moratoria per il pagamento fino a sei mesi dall'omologazione. E si tratta, qui come altrove nel corpo del codice, di una norma conforme alle prescrizioni della Direttiva *Insolvency* dirette a rafforzare la tutela dei diritti dei dipendenti delle imprese in crisi[6].

---

[4] FAROLFI, *Art. 86*, 396, ove l'autore evoca «un orizzonte temporale di 5/6 anni»; di «criteri di ragionevolezza ricollegabili al contenuto del piano e comparabili con l'alternativa liquidatoria» parla AUDINO, *Art. 86*.

[5] AUDINO, *Art. 86*.

[6] Sulla protezione accordata dal codice ai lavoratori cfr. AMBROSINI, *Concordato preventivo*; PATTI, *Tutela dei diritti*, 1337 ss.

3. – L'articolo qui in esame non menziona, al proprio interno, il concordato in continuità, ma la rubrica della norma («*Moratoria nel concordato in continuità*») è di per sé idonea a fugare ogni possibile dubbio circa lo spettro applicativo della norma.

Pertanto, per il concordato liquidatorio continua a valere la (tendenziale) necessità della vendita dei beni nei relativi tempi tecnici, non potendo l'art. 86 trovare applicazione in via estensiva e neppure analogica, trattandosi di disposizione di carattere eccezionale, intimamente connessa alla tutela della continuità aziendale. E la natura di norma di stretta interpretazione ne preclude l'applicabilità a crediti, come quelli prededucibili, diversi da quelli menzionati[7].

Allo stesso modo, la previsione del termine massimo di sei mesi dall'omologazione per il pagamento dei crediti di lavoro deve ritenersi imperativa e come tale inderogabile.

4. – L'art. 86 nulla dice, a differenza della disciplina anteriore e di precedenti versioni della norma[8], a proposito del voto. Occorre tuttavia considerare che l'art. 109, all'ultima parte del comma 5, stabilisce che, nel caso in cui non ricorrano le condizioni per considerare i creditori privilegiati parti non interessate dalla ristrutturazione, i creditori muniti di diritti di prelazione votano (e, per la parte incapiente, sono inseriti in una classe distinta).

Ciò comporta che i creditori privilegiati soddisfatti oltre il termine di centottanta giorni ivi previsto (ridotto a trenta per i crediti di lavoro) votino e lo facciano per l'intero credito[9], non essendo fra l'altro stabiliti criteri che parametrino la misura del voto all'entità della perdita economica conseguente al ritardo nell'adempimento[10].

---

[7] AUDINO, *Art. 86.*

[8] L'art. 86, così come introdotto dal Codice e modificato dal decreto correttivo del 2020, recitava quanto segue: «*Il piano può prevedere una moratoria fino a due anni dall'omologazione per il pagamento dei creditori muniti di privilegio, pegno o ipoteca, salvo che sia prevista la liquidazione dei beni o diritti sui quali sussiste la causa di prelazione. Quando è prevista la moratoria i creditori hanno diritto al voto per la differenza fra il loro credito maggiorato degli interessi di legge e il valore attuale dei pagamenti previsti nel piano calcolato alla data di presentazione della domanda di concordato, determinato sulla base di un tasso di sconto pari alla metà del tasso previsto dall'art. 5 del decreto legislativo 9 ottobre 2002, n. 231, in vigore nel semestre in cui viene presentata la domanda di concordato preventivo*».

[9] FAROLFI, *Art. 86*; AUDINO, *Art. 86.*

[10] Nella giurisprudenza formatasi nell'imperio della vecchia legge cfr. Cass., 4 febbraio 2020, n. 2422, ove l'affermazione del principio in base al quale «in tema di concordato preventivo la regola generale è quella del pagamento non dilazionato dei creditori privilegiati, sicché l'adempimento con una tempistica superiore a quella imposta dai tempi tecnici della procedura equivale ad una soddisfazione non integrale degli stessi, in ragione della perdita economica conseguente al ritardo rispetto ai tempi normali con il quale i creditori conseguono le somme dovute. La determinazione in concreto di tale perdita, rilevante ai fini del computo del voto ex art. 177, comma 3, l. fall., costituisce un accertamento in fatto che il giudice di merito deve compiere alla luce della relazione giurata del professionista ex art. 160, secondo comma, l. fall., tenendo conto degli eventuali interessi offerti ai creditori e dei tempi tecnici di liquidazione dei beni gravati dal privilegio in ipotesi di soluzione della crisi alternativa al concordato»; Cass., 18 giugno 2020, n. 11882, secondo la quale «il diritto di voto dei privilegiati dilazionati andrà calcolato sulla base del differenziale tra il valore del loro credito al momento della presentazione della domanda di concordato e quello calcolato al termine della moratoria, dovendo i criteri per tale determinazione essere contenuti nel piano concordatario a pena di inammissibilità della proposta, come si desume sia dall'art. 86, D.Lgs. n. 14 del 2019 che dall'art. 2426, comma 1, n. 8, c.c.». Sulla valenza interpretativa delle norme del codice anteriormente alla loro vigenza si veda, per un approccio critico, AMBROSINI, *Il ricorso.*

Articolo 87

Contenuto del piano di concordato

1. Il debitore presenta, con la proposta di concordato e unitamente alla documentazione prevista dall'articolo 39, un piano contenente:

a) l'indicazione del debitore e delle eventuali parti correlate, le sue attività e passività al momento della presentazione del piano e la descrizione della situazione economico-finanziaria dell'impresa e della posizione dei lavoratori;

b) una descrizione delle cause e dell'entità dello stato di crisi o di insolvenza in cui si trova e l'indicazione delle strategie d'intervento;

c) il valore di liquidazione del patrimonio, alla data della domanda di concordato, in ipotesi di liquidazione giudiziale;

d) le modalità di ristrutturazione dei debiti e di soddisfazione dei crediti attraverso qualsiasi forma, anche mediante cessione dei beni, accollo, o altre operazioni straordinarie, ivi compresa l'attribuzione ai creditori, nonché a società da questi partecipate, di azioni, quote, ovvero obbligazioni, anche convertibili in azioni, o altri strumenti finanziari e titoli di debito;

e) la descrizione analitica delle modalità e dei tempi di adempimento della proposta nonché, in caso di concordato in continuità, il piano industriale con l'indicazione degli effetti sul piano finanziario e dei tempi necessari per assicurare il riequilibrio della situazione finanziaria;

f) ove sia prevista la prosecuzione dell'attività d'impresa in forma diretta, l'analitica individuazione dei costi e dei ricavi attesi, del fabbisogno finanziario e delle relative modalità di copertura, tenendo conto anche dei costi necessari per assicurare il rispetto della normativa in materia di sicurezza sul lavoro e di tutela dell'ambiente;

g) gli apporti di finanza nuova eventualmente previsti e le ragioni per cui sono necessari per l'attuazione del piano;

h) le azioni risarcitorie e recuperatorie esperibili nonché le azioni eventualmente proponibili solo nel caso di apertura della procedura di liquidazione giudiziale e le prospettive di realizzo;

i) le iniziative da adottare qualora si verifichi uno scostamento dagli obiettivi pianificati;

l) le parti interessate dal piano, indicate individualmente o descritte per categorie di debiti, e l'ammontare dei relativi crediti e interessi, con indicazione dell'ammontare eventualmente contestato;

m) le classi in cui le parti interessate sono state suddivise ai fini del voto, con indicazione dei criteri di formazione utilizzati, del valore dei rispettivi crediti e degli interessi di ciascuna classe;

n) le eventuali parti non interessate dal piano, indicate individualmente o descritte per categorie di debiti, unitamente a una descrizione dei motivi per i quali non sono interessate;

o) le modalità di informazione e consultazione dei rappresentanti dei lavoratori nonché gli effetti della ristrutturazione sui rapporti di lavoro, sulla loro organizzazione o sulle modalità di svolgimento delle prestazioni;

p) l'indicazione del commissario giudiziale ove già nominato.

2. Nella domanda il debitore indica le ragioni per cui la proposta concordataria è preferibile rispetto alla liquidazione giudiziale.

3. Il debitore deposita, con la domanda, la relazione di un professionista indipendente, che attesti la veridicità dei dati aziendali e la fattibilità del piano e, in caso di continuità aziendale, che il piano è atto a impedire o superare l'insolvenza del debitore, a garantire la sostenibilità economica dell'impresa e a riconoscere a ciascun creditore un trattamento non deteriore rispetto a quello che riceverebbe in caso di liquidazione giudiziale. Analoga relazione deve essere presentata nel caso di modifiche sostanziali della proposta o del piano.

Stefano Ambrosini

Sommario: 1. Premessa. – 2. La centralità della programmazione e del "fattore tempo". – 3. Il "nucleo" del piano. – 4. Gli altri requisiti contenutistici del piano. – 5. I contenuti "speciali" del piano in continuità. – 6. La preferibilità della soluzione concordataria. – 7. L'attestazione del piano.

1. – Nel regime previgente le disposizioni riservate al piano di concordato erano piuttosto succinte. L'art. 161, comma 1, lett. *e*), l. fall. si limitava a prescrivere, in via generale, che il debitore dovesse presentare, unitamente al ricorso, un piano contenente la descrizione analitica delle modalità e dei tempi di adempimento della proposta. Con specifico riguardo al piano in continuità, poi, l'art. 186-*bis* l. fall., dopo aver precisato che tale piano prevedeva la prosecuzione dell'attività di impresa da parte del debitore, la cessione dell'azienda in esercizio ovvero il conferimento dell'azienda in esercizio in una o più società, anche di nuova costituzione, nonché l'eventuale liquidazione di beni non funzionali all'esercizio dell'impresa, stabiliva che esso doveva contenere anche un'analitica indicazione dei costi e dei ricavi attesi dalla prosecuzione dell'attività d'impresa prevista dal piano di concordato, delle risorse finanziarie necessarie e delle relative modalità di copertura.

Il legislatore del nuovo Codice ha invece dettato una norma alquanto articolata, nell'ottica di onerare fin da subito il debitore di una serie di doveri attraverso la fissazione di requisiti contenutistici che, come si vedrà in seguito, sono essenzialmente di tre tipi: descrittivo, esplicativo e propositivo [1].

2. – Il filo conduttore delle disposizioni che ci si appresta, pur sinteticamente, a esa-

[1] Questa distinzione è suggerita da AUDINO, *Art. 87*.

minare (quanto meno di quelle più rilevanti) è rappresentato dalla necessità di precisare, anzitutto nell'interesse dei creditori, in quali modi, tempi e misura ciascuno di loro sarà soddisfatto, all'insegna di un'esigenza di programmazione che – com'è stato osservato – «implica che la fluidità dei fenomeni economici sia strategicamente governata e che il debitore delinei a tal fine una cornice operativa e cronologia "analitica", cui non è avulsa la prefigurazione di scenari alternativi»[2]. Con il che si registra una saldatura tra il dovere di trasparenza del debitore verso il tribunale e verso il ceto creditorio e il diritto di quest'ultimo a essere compiutamente informato, anche in merito agli effetti delle ipotetiche opzioni diverse dal concordato.

Il fatto che il debitore sia chiamato a programmare le proprie attività in funzione del buon esito del piano – e quindi dell'adempimento della proposta – trova riscontro nell'iniziale previsione (e nel successivo rispetto) dei tempi previsti per il soddisfacimento dei creditori. Ed è ben noto che l'inosservanza di tali tempistiche può essere foriera di risoluzione del concordato[3], a conferma della centralità del "fattore tempo"[4], per quanto concerne sia il piano che la proposta formulata dal debitore (o da un terzo).

Quanto all'assunto secondo il quale «i tempi di adempimento sono componente della proposta» e non del piano[5], in realtà è lo stesso art. 87, comma 1, lett. *e*), a richiedere che il piano contenga la descrizione analitica delle modalità «*e dei tempi di adempimento della proposta*». Si tratta piuttosto di un caso paradigmatico di requisito che costituisce contestualmente elemento sia della proposta che del piano, a conferma dell'intima connessione fra essi; ferma restando, beninteso, la distinzione concettuale fra proposta, intesa come ciò che viene offerto ai creditori "in cambio" della loro adesione, e piano, correttamente definito come «lo strumento operativo e organizzativo per formulare la proposta e costituisce l'architettura organizzativa (una sorta di pianificazione economica, patrimoniale e finanziaria) per far sì che la proposta appaia ai creditori credibile»[6].

3. – Gli elementi "nucleari" del piano comuni alle diverse tipologie di concordato sono costituiti, come pure in passato, da due requisiti di carattere "propositivo": le modalità di ristrutturazione dei debiti e di soddisfazione dei crediti (lett. *d*) e la già menzionata descrizione analitica delle modalità e dei tempi di adempimento (lett. *e*). Rispetto alla legge fallimentare, l'odierno Codice ha aggiunto fra gli elementi-fulcro del piano, come si vedrà fra breve, il valore di liquidazione del patrimonio (lett. *c*).

Il primo requisito di cui si diceva ricalca *verbatim* il disposto della lett. *a*) dell'art. 160, comm 1, l. fall. Se ne ricava, alla luce del persistente utilizzo dell'espressione «*attraverso qualsiasi forma*», la conferma di una fattispecie "aperta", a contenuto non precostituito, mentre la locuzione «*anche mediante*» seguita dalle modalità di soddisfacimento dei creditori rende l'elenco di queste ultime chiaramente non tassativo, bensì puramente esemplifi-

---

[2] LEUZZI, *Art. 87*, 399.

[3] Sul tema, da ultimo e per ampi riferimenti, CASA, ALBIERO, *Risoluzione e annullamento*, 804 ss.

[4] In argomento cfr. *ex aliis*, nell'imperio della legge fallimentare, TERRANOVA, *L'autonomia*, *passim*; SPIOTTA, *Il ruolo*, 664 ss.

[5] FABIANI, *Un affresco*, 21.

[6] FABIANI, *Un affresco*, 20.

cativo; anche se va detto che le ipotesi menzionate rispondono indubbiamente all'*id quod plerumque accidit*, specie ove nella «*cessione dei beni*» venga fatto rientrare, alla stregua di quanto previsto dall'art. 84, pure il trasferimento dell'azienda in esercizio[7].

Altro elemento centrale nella nuova sistematica concordataria è sicuramente rappresentato dall'indicazione del valore di liquidazione del patrimonio, alla data della domanda di concordato, in ipotesi di liquidazione giudiziale (lett. *c*).

Com'è stato messo in luce all'indomani del varo del Codice, la nuova cartina di tornasole per valutare l'ammissibilità della proposta risiede, in base al combinato disposto degli artt. 84 e 112, nella non deteriorità del trattamento dei creditori rispetto a quello che riceverebbero in caso di liquidazione giudiziale[8]. Ed è precisamente questa la prima funzione del disposto della predetta lett. *c*), giacché il valore di liquidazione costituisce il parametro di base per verificare che il soddisfacimento dei creditori in sede concordataria non sia inferiore a quello ipoteticamente realizzabile da un curatore; valore che al tempo stesso delimita, nel concordato in continuità, il perimetro applicativo della regola della priorità assoluta nella distribuzione dell'attivo ai sensi dell'art. 84, comma 6[9].

Sotto questo secondo profilo, è stata messa in evidenza, in dottrina, l'opportunità che il valore di liquidazione indicato nel piano «supportato dalla stima di esperti, sì da essere assoggettabile a controllo (dell'attestatore, in primo luogo), e venga determinato prefigurando sia un'ipotesi di liquidazione atomistica dei beni, sia un'ipotesi di vendita del complesso aziendale in dimensione statica, sia un'ipotesi di cessione dell'azienda in esercizio nell'ambito della liquidazione giudiziale, specificando i motivi per i quali viene prescelto un determinato scenario e vengono esclusi gli altri, anche alla luce della ritenuta ricorrenza o mancanza dei presupposti della prosecuzione dell'attività *ex* art. 211»[10]. Non v'è dubbio, a tale stregua, che all'atto pratico lo sforzo richiesto al debitore e ai suoi consulenti risulti considerevole, sebbene possa in realtà dubitarsi della necessità di prospettare lo scenario rappresentato dall'esercizio provvisorio nella liquidazione giudiziale[11]; ferma in ogni caso l'estraneità della prospettiva di liquidazione atomistica dei beni ove si tratti di concordato in continuità.

4. – Riprendendo la distinzione tipologica dei requisiti *ex* art. 85 quale proposta alla fine del primo paragrafo, possono annoverarsi fra quelli descrittivi, oltre all'indicazione (per vero probabilmente superflua) «*del commissario giudiziale ove già nominato*» (lett. *p*)), l'indicazione del debitore e delle eventuali parti correlate, le sue attività e passività al momento della presentazione del piano e la descrizione della situazione economico-finanziaria dell'impresa e della posizione dei lavoratori (lett. *a*)), nonché l'indicazione delle cau-

---

[7] LEUZZI, *Art. 87*, 400.

[8] LEUZZI, *Appunti sul Concordato*, (deve pertanto ritenersi un *lapsus* il riferimento, da parte di quest'ultimo autore, *Art. 87*, 400, il riferimento al «miglior soddisfacimento dei creditori» come precondizione idonea a giustificare il rischio insito nella continuità aziendale); AMBROSINI, *Brevi appunti*, 6-7; FABIANI, PAGNI, *I giudizi*, 13.

[9] Cfr. AUDINO, *Art. 87*.

[10] Così AUDINO, *Art. 87*.

[11] E v. infatti LENER, *Considerazioni intorno*, 24.

se e dell'entità dello stato di crisi o di insolvenza in cui si trova e l'indicazione delle strategie d'intervento (lett. *b*)): previsione, quest'ultima, sicuramente opportuna, anche se frequentemente messa in pratica, per così dire, *ante litteram* già nel passato, nell'ottica di offrire al tribunale e ai creditori l'informazione più completa possibile.

Rientra nel novero dei requisiti di carattere descrittivo anche il valore di liquidazione del patrimonio, di cui si è già detto in precedenza (*sub* § 3).

Per quanto concerne i requisiti esplicativi, oltre alle lett. *l*), *m*) e *n*) sulle parti interessate e su quelle non interessate dal piano, nonché sulla classificazione delle prime (cfr. *sub* art. 85), ricadono in tale categoria i requisiti di cui alle lett. *f*) e *i*), di cui si tratta, rispettivamente, nel paragrafo che segue e in quello che precede.

Alla lett. *g*) sono contemplati gli apporti di nuova finanza, la cui necessità per l'attuazione del piano dev'essere opportunamente illustrata. La norma va riferita tipicamente ai casi di continuità aziendale, anche se non può escludersi il ricorso a risorse finanziarie aggiuntive nell'ipotesi di concordato liquidatorio: nel qual caso occorre naturalmente spiegare e attestare che esse sono funzionali alla miglior liquidazione (ad esempio, per completare la costruzione di un immobile al fine di venderlo a un prezzo sensibilmente maggiore).

L'espressione «*finanza nuova*» usata dalla legge allude ai finanziamenti che il debitore si propone di ottenere dagli istituti di credito o da altri soggetti, inclusi i soci (e in proposito l'art. 102, relativo ai finanziamenti prededucibili dei soci, parla di loro erogazione «*in qualsiasi forma, inclusa l'emissione di garanzie e controgaranzie*»), mentre paiono da escludere dal concetto gli apporti di capitale.

Un cenno a parte, data l'importanza pratica della questione, merita la disposizione di cui alla lett. *h*), relativa alle azioni giudiziali. In essa si fa menzione anzitutto delle azioni risarcitorie e recuperatorie esperibili dal debitore, volendosi con ciò valorizzare ogni componente di attivo potenziale, a cominciare dalle azioni di responsabilità contro gli organi sociali (e i revisori) delle società di capitali cadute in stato di crisi o di insolvenza.

La norma, com'è noto, costituisce l'approdo di un percorso giurisprudenziale indirizzato a far emergere, attraverso l'obbligo di c.d. *disclosure*, le condotte foriere, *in thesi*, di danni risarcibili. Da questo punto di vista, può venire in evidenza anche la tematica delle azioni per abusiva concessione di credito da parte delle banche, che peraltro potrebbero anche essere, almeno in parte, le stesse alle quali il debitore in concordato si rivolge, in base al piano, per ottenere nuova finanza in prededuzione.

Al fine poi di avere piena contezza dello scenario alternativo in caso di liquidazione giudiziale, la disposizione in parola considera altresì le azioni proponibili dal solo curatore (tipicamente, le azioni revocatorie *ex* art. 163 ss.), affinché risulti comprovata l'osservanza del principio di non deteriorità di trattamento.

L'espressione «*prospettive di realizzo*», che la legge postula siano verificate dal debitore per dare concretezza all'attivo potenziale di cui si diceva, va riferita tanto alle azioni esperibili dal debitore quanto a quelle cui è legittimato solamente il curatore.

5. – Se quelli fin qui esaminati possono definirsi requisiti contenutistici "generali", vale a dire prescritti indistintamente per ogni tipologia di piano, ve ne sono altri di carattere "speciale", in quanto riferiti al solo concordato con continuità aziendale.

In primo luogo, la già più volte ricordata lett. *e*) richiede, con una previsione di non lieve momento, che il piano in continuità rechi con sé il piano industriale e che esso contenga l'indicazione degli effetti sul piano finanziario e dei tempi occorrenti per il riequilibrio della situazione finanziaria.

In secondo luogo, per l'ipotesi di continuità diretta la lett. *f)* prescrive, con formulazione pressoché identica al vecchio art. 186-*bis* l. fall., l'analitica individuazione dei costi e dei ricavi attesi, nonché del fabbisogno finanziario e delle relative modalità di copertura. Nel raffronto tra tale previsione, limitata alla continuità diretta, e quella più ampia di cui alla lett. *e)* si è ravvisata, in dottrina, «una asimmetria tra il piano industriale in continuità diretta e quello proveniente o fatto proprio dal terzo che prosegue l'attività – non potendosi propriamente parlare di piano industriale del debitore che si limiti a trasferire a terzi la proprietà o la detenzione dell'azienda –, che si traduce, nel secondo caso, in un deficit informativo»[12].

La norma in esame poi, puntando a essere "al passo coi tempi" anche sotto il profilo della doverosa adeguatezza a precetti di matrice unionale, precisa che occorre tener conto anche dei costi necessari ad assicurare il rispetto della normativa in materia di sicurezza sul lavoro e di tutela dell'ambiente: il che, nel caso ad esempio degli oneri di bonifica di siti inquinati, può in concreto comportare esborsi considerevoli, talora in grado di mettere a repentaglio la sostenibilità economica del piano.

Va infine osservato che vi è una serie di previsioni, già ricordate nel paragrafo precedente – da quelle sulle strategie di intervento e sugli apporti di nuova finanza (lettere b) e g)) a quelle sulla «*posizione dei lavoratori*» (espressione non immune da oggettiva genericità), sull'informazione e la consultazione tramite i loro rappresentanti e sugli effetti della ristrutturazione sui rapporti di lavoro (lett. *a)* e *o)*) – le quali, seppur non specificamente riferite alla continuità aziendale, di regola presuppongono la continuazione, diretta o indiretta, dell'attività d'impresa.

6. – Con il comma 2 della disposizione in esame il legislatore ha onerato il debitore di indicare, esplicitandole, le ragioni per cui la proposta concordataria è preferibile alla liquidazione giudiziale.

Il precetto rientra fra quelli che attengono alla comparazione fra due scenari: l'opzione concordataria e l'alternativa ad essa, rappresentata dalla liquidazione giudiziale. Senonché, come chi scrive ha osservato all'indomani del varo del Codice, è lecito dubitare della reale necessità di richiedere la preferibilità del concordato quando il resto della disciplina è imperniato sul criterio di non deteriorità di trattamento[13].

Una spiegazione, invero non priva di plausibilità, della *ratio* della norma è stata ravvisata nel disposto dell'art. 40: la dichiarazione che in tale sede «il debitore è tenuto ad effettuare attiene alla deduzione della *causa petendi* (ovvero le "ragioni della domanda" di cui al 2° co. dell'art. 40), che sorregge e spiega il proposito di accedere allo strumento di regolazione della crisi. La mancanza di tale requisito può, quindi, dare luogo all'inammissibilità del ricorso sotto il profilo processuale, non già all'inammissibilità della proposta di carattere negoziale, la quale, dato il principio di equivalenza di cui all'art. 841, non deve

[12] Così AUDINO, *Art. 87*.

[13] AMBROSINI, *Brevi appunti*, 7-8.

necessariamente risultare preferibile rispetto alla liquidazione giudiziale con riguardo alla misura del trattamento offerto»[14].

Resta nondimeno il dubbio circa il fatto che la disposizione di cui trattasi fosse, nella "economia" dell'art. 87 (che oltre tutto si occupa del piano e non della domanda), davvero indispensabile.

7. – Il comma 3 dell'art. 87 è dedicato all'attestazione del professionista indipendente – secondo la definizione di cui all'art. 2, lett. *o*) – all'uopo incaricato dal debitore.

Preliminarmente, si rende opportuna una precisazione dal punto di vista lessicale, giacché il termine «*attestazione*» che il legislatore, per vero comprensibilmente, continua a utilizzare (dopo averlo a suo tempo mutuato dalla scienza e dalla pratica aziendalistiche) è qui adoperato – come si legge in dottrina – in senso assolutamente generico rispetto al suo significato etimologico, in quanto l'attestazione di cui si tratta «non produce alcuna certezza e men che meno una certezza legale e, pur se può essere il frutto anche di accertamenti, è assolutamente irriducibile ad una "certificazione". L'attestazione esprime un giudizio, una valutazione (in chiave soprattutto prognostica), ed è pertanto riconducibile piuttosto ad un *parere* caratterizzato dalla particolare competenza del suo autore»[15].

Ciò detto sul piano terminologico e venendo al contenuto della norma, essa enuclea l'oggetto di tale attestazione, il quale viene declinato in svariati profili che vanno scrutinati dall'attestatore con la debita diligenza, pena la propria responsabilità civile e penale[16].

I primi due aspetti riguardano tutte le tipologie di concordato e consistono nella veridicità dei dati aziendali e nella fattibilità del piano.

Con esclusivo riferimento al concordato in continuità, poi, la norma sancisce che il relativo piano dev'essere atto a (i) impedire o superare l'insolvenza del debitore; (li) garantire la sostenibilità eco-nomica dell'impresa; (iii) riconoscere a ciascun creditore un trattamento non deteriore rispetto a quello che riceverebbe in caso di liquidazione giudiziale.

Il disposto dell'art. 87, comma 3, riveste – com'è chiaro – un'importanza centrale, dal momento che in esso si rinviene la declinazione dei precetti-chiave in tema di continuità aziendale, che vanno oltre quello di fattibilità del piano (autonomamente prescritta dalla disposizione in esame, unitamente alla Veridicità dei dati aziendali, senza distinzioni – si ripete – fra tipologie di concordati) e che costituiscono il nucleo stesso dell'attestazione in rapporto alla risanabilità, dell'impresa e alla tutela minima del ceto creditorio[17].

Per quanto attiene, in particolare, alla veridicità dei dati[18], non risulta compatibile con il dettato normativo una verifica limitata alla corrispondenza formale fra i dati contabili e quelli esposti nella proposta, nel piano e nei rispettivi allegati. Senza arrivare a parlare di

[14] Così AUDINO, *Art. 87*.

[15] NIGRO, VATTERMOLI, *Diritto della crisi*, 419.

[16] Su cui si vedano, rispettivamente, BOTTAI, PEZZANO, *La responsabilità*, 75 ss. e FONTANA, *Brevi considerazioni*, 161 ss.

[17] AMBROSINI, *Brevi appunti*, 4.

[18] Su questo aspetto, come su quello della fattibilità del piano, può essere tuttora utile, in un'ottica sia giuridica che aziendalistica, la lettura dei contributi racchiusi nel volume AMBROSINI, TRON (diretto da), *Piani di ristrutturazione*. Più di recente, nella letteratura aziendalistica, v. BASTIA, *Gestione della crisi*, 265 ss.

attività di revisione in senso proprio, occorre tuttavia che l'attestatore ponga in essere uno scrutinio puntuale sull'attendibilità della rappresentazione patrimoniale e finanziaria quale offerta dal debitore; ferma la possibilità, soprattutto nelle imprese di grandi dimensioni, di controlli "a campione". E può senz'altro ribadirsi, in proposito, quanto a suo tempo rilevato con riguardo, ad esempio, al controllo di effettiva esigibilità dei crediti (che passa giocoforza per la valutazione di solvibilità dei debitori) e al corretto conteggio degli interessi, sia quelli maturati fino alla domanda di concordato, sia quelli destinati a prodursi, sui crediti prededucibili e privilegiati, in costanza di procedura[19].

Con riguardo poi al requisito della fattibilità, è a ben vedere dubbio che l'attestatore possa limitarsi a constatare la non manifesta inadeguatezza del piano al raggiungimento degli obiettivi che il debitore si è prefissato, secondo la definizione dell'art. 7 (riferita però allo scrutinio demandato al tribunale ai fini della trattazione prioritaria della domanda di concordato). Pare piuttosto doversi trattare di una prognosi positiva in ordine alla realizzabilità del piano, all'insegna di una valutazione di effettiva probabilità – secondo il c.d. criterio del "più probabile che non" – dei risultati prospettati, quando non, com'è stato detto, di «concreta verosimiglianza, secondo le logiche di esperienza e i dettami delle discipline economiche finanziarie»[20].

Sul piano metodologico, in ogni caso, ciò che conta è che la relazione contenga la precisa indicazione della documentazione analizzata, delle verifiche svolte, dei riscontri ottenuti e della metodologia utilizzata per addivenire alla formulazione delle conclusioni assunte[21].

La norma precisa infine che analoga relazione deve essere presentata nel caso di modifiche sostanziali della proposta o del piano.

Nel distinguere anche qui tra proposta e piano il legislatore ribadisce, quasi a chiudere il cerchio, quanto sancito nell'esordio dell'art. 87, in base al quale il debitore presenta il proprio piano «*con la proposta di concordato*».

Sotto il profilo esegetico, il *focus* va posto sulla sostanzialità delle modifiche, nel senso che solo variazioni che incidano su aspetti rilevanti del piano e della proposta – a cominciare dalle modalità e dai tempi di adempimento, dalla percentuale di soddisfacimento dei creditori e dalla formazione delle classi – postulano la "riattestazione" e non anche quegli emendamenti che possono considerarsi marginali.

Specularmente, solo al cospetto dell'attestazione di tali modifiche è consentito al professionista mutare le conclusioni assunte nella relazione, la quale secondo la giurisprudenza relativa alla legge previgente deve risultare esauriente e attendibile fin dal suo deposito.

---

[19] AMBROSINI, *Il concordato preventivo*, 69.

[20] LEUZZI, *Art. 87*, 402.

[21] Cfr. LEUZZI, *Art. 87*, 401.

Articolo 88

Trattamento dei crediti tributari e contributivi

1. Fermo restando quanto previsto, per il concordato in continuità aziendale, dall'articolo 112, comma 2, con il piano di concordato il debitore, esclusivamente mediante proposta presentata ai sensi del presente articolo, può proporre il pagamento, parziale o anche dilazionato, dei tributi e dei relativi accessori amministrati dalle agenzie fiscali, nonché dei contributi amministrati dagli enti gestori di forme di previdenza, assistenza e assicurazione per l'invalidità, la vecchiaia e i superstiti obbligatorie e dei relativi accessori, se il piano ne prevede la soddisfazione in misura non inferiore a quella realizzabile, in ragione della collocazione preferenziale, sul ricavato in caso di liquidazione, avuto riguardo al valore di mercato attribuibile ai beni o ai diritti sui quali sussiste la causa di prelazione, indicato nella relazione di un professionista indipendente. Se il credito tributario e contributivo è assistito da privilegio, la percentuale, i tempi di pagamento e le eventuali garanzie non possono essere inferiori o meno vantaggiosi rispetto a quelli offerti ai creditori che hanno un grado di privilegio inferiore o a quelli che hanno una posizione giuridica e interessi economici omogenei a quelli delle agenzie e degli enti gestori di forme di previdenza e assistenza obbligatorie. Se il credito tributario o contributivo ha natura chirografaria, anche a seguito di degradazione per incapienza, il trattamento non può essere differenziato rispetto a quello degli altri crediti chirografari ovvero, nel caso di suddivisione in classi, dei crediti rispetto ai quali è previsto un trattamento più favorevole.

2. L'attestazione del professionista indipendente, relativamente ai crediti tributari e contributivi, ha ad oggetto anche la convenienza del trattamento proposto rispetto alla liquidazione giudiziale e, nel concordato in continuità aziendale, la sussistenza di un trattamento non deteriore.

2-*bis*. Il tribunale omologa il concordato preventivo anche in mancanza di adesione da parte dell'amministrazione finanziaria o degli enti gestori di forme di previdenza o assistenza obbligatorie quando l'adesione è determinante ai fini del raggiungimento delle percentuali di cui all'articolo 109, comma 1, e, anche sulla base delle risultanze della relazione del professionista indipendente, la proposta di soddisfacimento della predetta amministrazione o degli enti gestori di forme di previdenza o assistenza obbligatorie è conveniente o non deteriore rispetto all'alternativa liquidatoria.

3. Copia della proposta e della relativa documentazione, contestualmente al deposito presso il tribunale, deve essere presentata al competente agente della riscossione e agli altri uffici competenti sulla base dell'ultimo domicilio fiscale del debitore, unitamente alla copia delle dichiarazioni fiscali per le quali non è pervenuto l'esito dei controlli automatici nonché delle dichiarazioni integrative relative al periodo fino alla data di presentazione della domanda. L'agente della riscossione, non oltre trenta giorni dalla data della presentazione, deve trasmettere al debitore una certificazione attestante l'entità del debito iscritto a ruolo scaduto o sospeso. Gli uffici, nello stesso termine, devono procedere alla liquidazione dei tributi risultanti dalle dichiarazioni e alla notifica dei relativi avvisi

di irregolarità, unitamente a una certificazione attestante l'entità del debito derivante da atti di accertamento, ancorché non definitivi, per la parte non iscritta a ruolo, nonché dai ruoli vistati, ma non ancora consegnati all'agente della riscossione. Dopo la nomina del commissario giudiziale copia dell'avviso di irregolarità e delle certificazioni deve essergli trasmessa per gli adempimenti previsti dagli articoli 105, comma 1, e 106. In particolare, per i tributi amministrati dall'Agenzia delle dogane e dei monopoli, l'ufficio competente a ricevere copia della domanda con la relativa documentazione prevista al primo periodo, nonché a rilasciare la certificazione di cui al terzo periodo, si identifica con l'ufficio che ha notificato al debitore gli atti di accertamento.

4. Relativamente al credito tributario chirografario complessivo, il voto sulla proposta concordataria è espresso dall'ufficio, previo parere conforme della competente direzione regionale.

5. Il voto è espresso dall'agente della riscossione limitatamente agli oneri di riscossione di cui all'articolo 17 del decreto legislativo 13 aprile 1999, n. 112.

Giuseppe Marini

Sommario: 1. Il trattamento dei crediti tributari e contributivi nell'ambito del concordato preventivo. Molte conferme. – 2. Ambito di applicazione oggettivo. Problematiche persistenti. – 3. Disciplina del credito Iva e delle ritenute. – 4. Impugnabilità del voto negativo dell'Amministrazione finanziaria e giurisdizione.

1. – La norma in commento disciplina il trattamento dei crediti tributari e contributivi nell'ambito del concordato preventivo e costituisce la riproposizione, in larga parte, del previgente art. 182-*ter*, commi da 1 a 4, l. fall.

Tale istituto, come conferma l'*incipit* della novella, ha natura facoltativa.

Pertanto, il debitore che abbia debiti fiscali o contributivi potrà presentare la proposta di concordato preventivo senza includervi alcuna proposta per il trattamento di tali crediti, ovvero potrà farlo includendovi anche tale trattamento ai sensi della presente disposizione.

La corte costituzionale, e prima ancora la corte di cassazione, hanno riconosciuto che l'istituto in parola costituisce un *sub*-procedimento rispetto all'ordinaria procedura concordataria [1] volta a disciplinare, in modo esclusivo, il trattamento dei crediti tributari e contributivi nell'ambito del concordato preventivo.

Il concordato preventivo con proposta ai sensi della presente norma ha carattere speciale e ciò in quanto, in primo luogo, è praticabile solo nell'ipotesi in cui vi siano debiti di natura tributaria o contributiva e, in secondo luogo, in quanto, come scritto, pur in pre-

[1] Corte cost., 25 luglio 2014, n. 225; già Cass., 4 novembre 2011, nn. 22931 e 22932.

senza dei predetti debiti, l'imprenditore può comunque presentare la proposta di concordato senza includervi la proposta in parola.

L'art. 182-*ter* citato conteneva la disciplina del «*trattamento dei crediti tributari e contributivi*» nel concordato preventivo e negli accordi di ristrutturazione dei debiti.

Con il Codice tale normativa è stata divisa in due articoli: quello in commento, che riguarda il «*trattamento dei crediti tributari e contributivi*» nell'ambito del concordato preventivo, e l'art. 63 che ha ad oggetto la «*transazione fiscale*» nell'ambito degli accordi di ristrutturazione dei debiti.

La scelta del legislatore delegato di disciplinare i sopra citati istituti separatamente, per quanto riguarda il «*trattamento dei crediti tributari e contributivi*» in seno alla procedura *de qua*, non sembrerebbe aver stravolto l'istituto, né aver fatto sorgere inedite problematiche interpretative.

È confermata dalla norma in esame la condizione rappresentata dalla valutazione di convenienza oggetto dell'attestazione del professionista che è riferita, in modo specifico, all'alternativa della liquidazione giudiziale.

Ciò induce a ritenere che il legislatore abbia inteso evidenziare come l'interesse che l'Amministrazione finanziaria è chiamata a tutelare sia esclusivamente quello erariale, limitando la facoltà di scelta della stessa tanto da far propendere l'interprete per la natura vincolata del potere esercitato dall'Erario ai fini del voto della proposta di concordato accompagnata dalla proposta presentata dal debitore ai sensi del presente articolo.

Si evidenzia sul punto che la proposta di concordato viene approvata al raggiungimento delle maggioranze di voto disciplinate dall'art. 109; ne consegue che alla sua approvazione può non ostare il silenzio o il voto contrario dell'Erario (ovvero degli Enti di previdenza e assistenza obbligatoria).

Coerentemente, infatti, la norma non prevede alcuna approvazione della proposta per il trattamento dei crediti tributari e contributivi da parte dell'Amministrazione finanziaria che sarà tenuta, al pari degli altri creditori, solo all'espressione del voto alla proposta di concordato (recante «*proposta presentata ai sensi del presente articolo*») secondo le modalità dettate dall'art. 107.

In tal senso si giustifica anche la conferma della rubrica della norma che non fa riferimento alla «*transazione*», essendo la disposizione in esame una mera norma procedurale volta a regolare, in modo esclusivo, il trattamento dei crediti tributari e dei contributi amministrati dagli Enti gestori di forme di previdenza e assistenza obbligatorie nell'ambito del concordato preventivo.

Particolare rilievo assume, sul punto, la previsione del comma 2-*bis* dell'articolo in commento, che consente al tribunale di omologare il concordato, anche senza l'adesione dell'Erario (o degli Enti previdenziali), al ricorrere di due condizioni.

La prima, che la proposta di trattamento dei crediti tributari e contributivi sia maggiormente conveniente per l'Erario (o per gli Enti previdenziali) rispetto all'alternativa liquidatoria.

La seconda, che l'adesione dell'Amministrazione finanziaria (o degli Enti previdenziali) risulti decisiva ai fini del raggiungimento delle percentuali dei creditori previste dall'art. 109, comma 1.

A fronte della proposta di trattamento dei crediti tributari e contributivi nell'ambito del concordato preventivo, l'Amministrazione finanziaria (o gli Enti previdenziali) potrà prestare espressamente assenso o dissenso ovvero potrà restare inerte.

Ciò posto, occorre comprendere se il comma 2-*bis* della norma in commento – al pari dell'analoga previsione contenuta nell'art. 63 in merito alla proposta di transazione fiscale nell'ambito degli accordi di ristrutturazione – abbia voluto riferirsi, con l'espressione «*anche in mancanza di adesione da parte dell'amministrazione finanziaria o degli enti gestori di forme di previdenza o assistenza obbligatorie*», solo al comportamento inerte ovvero anche a quello di dissenso espresso dagli Uffici.

L'interpretazione letterale del dato normativo condurrebbe a prediligere la prima soluzione.

Tuttavia, tanto in caso di comportamento inerte, quanto in caso di formale dissenso, oggetto del trattamento dei crediti tributari e contributivi sono i medesimi interessi pubblici (quello erariale e quello della salvaguardia dell'impresa in crisi) tutelati dalla norma in commento; di talché la suesposta interpretazione letterale non appare la soluzione più aderente alla volontà del legislatore.

In ogni caso, ciò che sembra difficilmente opinabile è la natura vincolata del potere esercitato dall'Amministrazione a fronte della proposta transattiva in seno al concordato preventivo, posto che l'introduzione di un «potere sostitutivo» in capo al giudice è ammissibile solo se l'attività dell'Amministrazione è vincolata, potendo in caso contrario l'Autorità giudiziaria intervenire solo entro i limiti dell'eccesso di potere.

Invariata, nella disposizione in commento, è la previsione secondo cui il trattamento del credito erariale, assistito da privilegio, debba essere *potiore* rispetto al trattamento offerto ai creditori vantanti un grado di privilegio inferiore rispetto a quello dell'Amministrazione finanziaria ovvero a coloro che hanno una posizione giuridica e interessi economici omogenei rispetto alle agenzie o agli enti di previdenza.

Resta, altresì, ferma la previsione secondo cui se il credito erariale o contributivo ha natura chirografaria, il trattamento non può essere difforme rispetto agli altri chirografari, o nell'ipotesi di suddivisioni in classi, rispetto ai creditori per i quali è previsto un trattamento maggiormente favorevole.

Con la novella viene invece espunta la precisazione secondo cui «*nel caso in cui* [venga] *proposto il pagamento parziale di un credito tributario o contributivo privilegiato, la quota di credito degradata al chirografo* [debba essere] *inserita in un'apposita classe*».

Rimane invariato il procedimento di voto in capo all'Ufficio, previo parere conforme della competente direzione regionale, ovvero in capo all'Agente della riscossione limitatamente agli oneri di riscossione.

È confermato, inoltre, il mancato riferimento al consolidamento del debito fiscale e alla cessazione della materia del contendere, per effetto della chiusura della procedura di concordato, delle liti pendenti.

Il venir meno di tali effetti, come già sostenuto con riferimento all'ultima versione dell'art. 182-*ter*, ha fatto sorgere il dubbio se si potesse effettivamente parlare di «*transazione fiscale*» [2].

Come autorevolmente sostenuto, infatti, «oggi [...] eliminato il consolidamento del debito, venuta meno la cessazione della materia del contendere nelle liti per effetto della

---

[2] In questo senso, SPADARO, *Il trattamento*, 7 ss.; STASI, *Art. 182 ter*, 2441.

chiusura della procedura di concordato, l'istituto sembra perdere […] la propria individualità ed autonomia, per assumere le vesti di un obbligo volto a disciplinare, in modo esclusivo, il trattamento dei crediti tributari e dei contributi amministrati dagli enti gestori di forme di previdenza e assistenza obbligatorie, nonché le modalità procedimentali per consentire ai destinatari dell'istanza di trattamento di quantificare il proprio credito»[3] e conoscere «le modalità procedimentali per valutare ed esprimere il consenso o il dissenso alla proposta di concordato, mediante espressione del voto favorevole o contrario al pari degli altri creditori»[4].

2. – Analogamente a quanto previsto dall'art. 182-*ter* citato, la norma in commento non individua direttamente i crediti transigibili, ma lo fa attraverso il richiamo a due circostanze: 1) che si tratti di un tributo o di un contributo; 2) che questo sia "amministrato" da una delle Agenzie fiscali o da uno degli Enti gestori di forme di previdenza, assistenza e assicurazione per l'invalidità, la vecchiaia e i superstiti obbligatorie e dei relativi accessori.

L'istituto, pertanto, continua a non trovare applicazione per quei tributi amministrati da Enti diversi dalle Agenzie fiscali come i tributi propri delle Regioni e degli Enti locali[5].

Tale scelta crea problemi con riferimento ad una parte dei tributi degli Enti regionali o locali che rimarrebbero esclusi dall'applicazione dell'istituto in parola e, pertanto, non transigibili.

Posto che l'amministrazione del tributo, ai fini dell'applicazione dell'istituto in parola, deve essere rimessa ad una delle Agenzie fiscali e considerato che gli Enti locali possono concludere con le stesse delle convenzioni per l'amministrazione dei tributi di loro competenza, si ha quindi l'irragionevole conseguenza per la quale: se l'Ente locale in questione ha sottoscritto la convenzione con una delle Agenzie fiscali il suo credito sarebbe falcidiabile; se, invece, non l'ha sottoscritta, il credito non sarebbe falcidiabile.

Questo crea evidentemente un problema di disparità di trattamento tra entrate della stessa natura, in contrasto con il principio di uguaglianza costituzionalmente garantito[6].

Permarrebbero, pertanto, i dubbi di costituzionalità sollevati dalla dottrina[7] con riferimento alla disciplina citata di cui alla legge fallimentare del '42, rimanendo, ancora una volta, ingiustificatamente esclusi dal perimetro di falcidiabilità entrate non dissimili da quelle erariali.

3. – Come evidenzia la Relazione illustrativa, la disposizione in commento non ha dato attuazione all'art. 6, comma 1, lett. *p*), legge delega n. 155 del 2017, che chiedeva di

---

[3] Documento di ricerca del Consiglio Nazionale dei Dottori Commercialisti e degli Esperti Contabili e della Fondazione Nazionale dei Commercialisti, *L'ambito applicativo*, 4 maggio 2018, 6; SPADARO, *Il trattamento*, 7 ss.

[4] DEL FEDERICO, *La transazione fiscale*, 1866; LA MALFA, *Rapporti tra*, 706.

[5] STASI, *Art. 182 ter*, 2453.

[6] Con riferimento alle citate complessità, già emerse sotto il vigore della legge fallimentare, si veda BAGAROTTO, *L'ambito oggettivo*, 1472 ss.; CARDILLO, *La transazione fiscale*, 682 ss.; GIOÈ, *I limiti*, 94 ss.; CAPOLUPO, *Tributi locali*, 915 ss.; ALLENA, *La transazione fiscale*, 143 ss.

[7] Vedi nota precedente.

disciplinare, nel concordato preventivo, il trattamento del credito Iva, tenendo conto anche delle sentenze della Corte di giustizia dell'Unione Europea.

In particolare, la Corte di giustizia – con la nota sentenza "Degano" del 7 aprile 2016, pronunciata nella causa C-546/14 – ha ammesso la falcidiabilità dell'Iva in sede di concordato preventivo «sulla base dell'accertamento di un esperto contabile indipendente» che attesti «che tale debito non riceverebbe un trattamento migliore nel caso di proprio fallimento»[8].

In altri termini, con tale pronuncia, la CGUE ha riconosciuto in capo all'imprenditore in stato di insolvenza, nell'ambito di una procedura di concordato preventivo, il pagamento parziale di un credito Iva alla condizione rappresentata dal miglior soddisfacimento attraverso la via "transattiva" (nel concordato preventivo) rispetto a quella fallimentare (*rectius*, liquidatoria), preso atto della collocazione preferenziale del credito.

A ben vedere, però, tale pronuncia aveva già portato il legislatore nazionale, con la l. n. 232 del 2016 («*legge di bilancio 2017*») ad espellere dall'art. 182-*ter* l'espressa esclusione dei «*tributi costituenti risorse proprie dell'Unione europea*» dai crediti falcidiabili.

L'emendamento, infatti, aveva già esteso la transazione fiscale anche ai debiti tributari aventi ad oggetto l'Iva o le ritenute a condizione che il piano proposto dal debitore ne prevedesse una soddisfazione «*in misura non inferiore a quella realizzabile, in ragione della collocazione preferenziale, sul ricavato in caso di liquidazione, avuto riguardo al valore di mercato attribuibile ai beni o diritti sui quali sussiste la causa di prelazione indicato nella relazione di un professionista in possesso dei requisiti di cui all'articolo 67, terzo comma, lettera d)*» l. fall. (art. 182-*ter*, comma 1, l. fall.).

Alla luce di quanto sopra, è ragionevole ritenere che la falcidiabilità dell'Iva e delle ritenute non possa applicarsi nell'ipotesi di proposta di concordato preventivo se non accompagnata dalla proposta presentata ai sensi del presente articolo.

4. – Il tema dell'impugnabilità del diniego dell'Amministrazione finanziaria alla proposta di «*trattamento dei crediti tributari e contributivi*» è stata oggetto di una recente pronuncia delle Sezioni Unite della corte di cassazione (la n. 8504 del 25 marzo 2021) che hanno individuato nel giudice ordinario la giurisdizione competente a decidere in ordine a detta impugnazione.

In particolare la Corte, partendo dal dettato del comma 2-*bis* dell'art. 63 in tema di transazione fiscale nell'ambito degli accordi di ristrutturazione – ma estendendone le conclusioni all'analoga previsione contenuta nel comma 2-*bis* della norma in commento – ha affermato preliminarmente che detta disposizione – secondo cui, si legge nella sentenza, «Il tribunale omologa gli accordi di ristrutturazione o il concordato preventivo anche in mancanza di adesione da parte dell'amministrazione finanziaria ... quando l'adesione è determinante ai fini del raggiungimento delle percentuali (previste rispettivamente per le due procedure concorsuali, ndr) ... e quando, anche sulla base delle risultanze della relazione del professionista indipendente, la proposta di soddisfacimento della predetta amministrazione ... è conveniente rispetto all'alternativa liquidatoria» – «indirizza in modo

---

[8] Corte giust. UE, sez. II, 7 aprile 2016, n. 546/14, in *Riv. giur. trib.*, 2016, 465.

marcato la questione della mancata adesione alla proposta di transazione da parte dell'agenzia fiscale verso la competenza giurisdizionale di merito del tribunale fallimentare, collocando ancor più chiaramente l'istituto de quo all'interno delle procedure concorsuali ed alle loro, peculiari, finalità, piuttosto che nell'ambito delle procedure di attuazione dei tributi. Insomma ed in sintesi, con la scelta in questione, il legislatore della riforma ha incastonato la transazione fiscale con maggior chiarezza nel campo del diritto fallimentare, ancorché ne siano evidenti i riflessi di diritto tributario».

Ciò premesso le Sezioni Unite della Cassazione hanno rilevato che «poiché tuttavia è altresì evidente che i "crediti trattati" nelle procedure concorsuali *de quibus* hanno il proprio "titolo" (la propria fonte) nel rapporto d'imposta bisogna sul piano sistematico profilare in quali termini si configura il – necessario – raccordo tra le due discipline sostanziali e conseguentemente il riparto tra la giurisdizione ordinaria fallimentare e quella speciale tributaria».

Tale «punto di congiunzione regolativa delle due giurisdizioni» è stato, dalla Corte, individuato nella previsione dell'art. 90, d.p.r. n. 602 del 1973, a tenore del quale «se il debitore è ammesso al concordato preventivo o all'amministrazione controllata, il concessionario compie, sulla base del ruolo, ogni attività necessaria ai fini dell'inserimento del credito da esso portato nell'elenco dei crediti della procedura. Se sulle somme iscritte a ruolo sorgono contestazioni, il credito è comunque inserito in via provvisoria nell'elenco ai fini previsti agli articoli 176, primo comma, e 181, terzo comma, primo periodo del regio decreto 16 marzo 1942, n. 267».

A parere degli Ermellini, tale norma va «intesa quale espressione di un principio generale di riparto, che indica quale rimedio pratico volto ad evitare conflitti di pronunce e vuoti di tutela l'accantonamento dei crediti in controversia insorgenda (a conseguenza delle certificazioni amministrative di cui si è detto ovvero dell'emanazione di atti impositivi/della riscossione) ovvero insorta (liti pendenti)», di talché va «disatteso l'orientamento prevalente nella, peraltro esigua, censita giurisprudenza di merito [...], peraltro appoggiato dalla prevalente dottrina, favorevole alla affermazione della competenza giurisdizionale delle commissioni tributarie in ordine al mancato assenso agenziale alle proposte di transazione fiscale».

A nulla rileva – proseguono i giudici – «la mera natura giuridica delle obbligazioni oggetto della transazione fiscale», essendo, al contrario, «necessario valorizzare la prevalente/assorbente finalità concorsuale dell'accordo transattivo e quindi del suo mancato raggiungimento a causa del dissenso opposto dall'Ente impositore».

La conclusione tratta dalle Sezioni Unite è, pertanto, nel senso della dichiarazione della giurisdizione del giudice ordinario nella declinazione del giudice competente in ordine alle procedure concorsuali, ivi compreso il trattamento dei crediti tributari e contributivi di cui alla norma in commento.

Articolo 89

Riduzione o perdita del capitale della società in crisi

1. Dalla data del deposito della domanda e sino all'omologazione non si applicano gli articoli 2446, commi secondo e terzo, 2447, 2482-bis, commi quarto, quinto e sesto, e 2482-ter del codice civile. Per lo stesso periodo non opera la causa di scioglimento della società per riduzione o perdita del capitale sociale di cui agli articoli 2484, n. 4, e 2545-duodecies del codice civile.

2. Resta ferma, per il periodo anteriore al deposito delle domande e della proposta di cui al comma 1, l'applicazione dell'articolo 2486 del codice civile.

Fabrizio Guerrera

Sommario: 1. Il contenuto normativo della disposizione e la sua origine. – 2. Le ragioni della sospensione degli obblighi di ricapitalizzazione e della causa di scioglimento della società. – 3. Gli obiettivi pratici della norma. – 4. La posizione e le responsabilità degli amministratori.

1. – La disposizione in commento stabilisce, al comma 1 la *sospensione* dell'obbligo di procedere alla riduzione del capitale sociale per perdite, nelle ipotesi previste dagli artt. 2446, commi 2 e 3 e 2447, c.c. per le S.p.A. e dagli artt. 2482-*bis*, commi 4, 5 e 6 e, 2482-*ter* c.c. per le s.r.l. (diminuzione di oltre un terzo, non riassorbita nell'esercizio successivo a quello della rilevazione, ovvero al di sotto del minimo legale) per il periodo intercorrente tra il deposito della domanda di concordato preventivo e l'omologazione. Stabilisce, inoltre, la *non operatività* – per lo stesso periodo – della causa di scioglimento delle società di capitali e cooperative prevista dagli artt. 2484, n. 4 e 2545-*duodecies* c.c. riguardo ai casi di riduzione sotto soglia o di perdita totale del capitale sociale.

Tali prescrizioni riproducono, in sostanza, quelle dettate dall'art. 182-*sexies* l. fall., introdotto dal c.d. decreto Sviluppo (d.l. n. 183 del 2012, conv. in l. n. 134 del 2012), dalle quali si differenziano perché applicabili limitatamente al solo concordato preventivo e al piano di ristrutturazione soggetto a omologazione (in virtù del richiamo espresso di cui all'art. 64-*bis*, comma 9), essendo un'analoga disciplina posta ormai separatamente per gli accordi di ristrutturazione dei debiti dall'art. 64. A questa si aggiunge la norma dell'art. 20 (riproduttiva dell'art. 8, d.l. n. 118 del 2021), che prevede la possibilità, per la società che faccia ricorso alla «*composizione negoziata della crisi*» (art. 12 ss.), di fruire dello stesso regime sulla base di una «*dichiarazione*» presentata con l'istanza di nomina dell'esperto o successivamente, che produce effetto a decorrere dalla sua pubblicazione nel registro delle imprese.

L'articolo in commento precisa poi, al comma 2, che resta ferma l'applicabilità dell'art. 2486 c.c., riguardante i compiti e le responsabilità degli amministratori tra il verificarsi della causa di scioglimento e il passaggio delle consegne ai liquidatori, relativamente al periodo antecedente alla presentazione della domanda di concordato. L'attuale riferimento alle «*domande*» e alla «*proposta di cui al comma 1*» è un refuso derivante dalla formulazione dell'omologa disposizione della legge fallimentare, che disciplinava la materia in unico contesto per tutte le soluzioni negoziali della crisi.

2. – Com'è stato rilevato pressoché da tutti i commentatori dell'art. 182-*sexies* l. fall. [1], la norma in questione serve a temperare, adattandola alle situazioni di crisi della società, il rigore della regola «ricapitalizza o liquida», espressa tradizionalmente dall'art. 2447 c.c. e convertita ormai – tanto più alla luce dell'art. 3 e dell'art. 2086 c.c., modificato dall'art. 375, che impone alla società di attivarsi senza indugio per l'adozione e l'attuazione di uno degli strumenti previsti dall'ordinamento per il superamento della crisi e il recupero della continuità aziendale – nella regola «ricapitalizza, risana o liquida».

La risoluzione delle crisi esige sovente profondi mutamenti della struttura capitalistica e finanziaria e dell'assetto proprietario della società, che devono essere coordinati – nell'ambito della «manovra» programmata per il riequilibrio patrimoniale, economico e finanziario della stessa – con la ristrutturazione o rimodulazione delle passività reali, che costituisce tipicamente l'oggetto della proposta di concordato. Avvertita, inoltre, è l'esigenza che la predetta regola sia resa funzionalmente compatibile con l'accesso della società allo strumento di regolazione della crisi, che introduce il controllo dell'autorità giudiziaria sul processo di riorganizzazione dell'impresa societaria.

Per queste ragioni, la (temporanea) sospensione degli obblighi di ricapitalizzazione e la correlata inoperatività della causa di scioglimento costituita dalla riduzione o perdita del capitale, malgrado l'indubbia portata derogatoria, non devono considerarsi affatto un sintomo del declino o della marginalizzazione del ruolo e della funzione del capitale sociale nella disciplina delle società di capitali e cooperative, ma soltanto una fase o un aspetto della sua evoluzione e trasformazione, nel più ampio contesto del «diritto societario della crisi» [2]. In questo senso depone, del resto, anche il ricorso alla misura nella recente disciplina emergenziale [3].

Deve rammentarsi, peraltro, che già prima dell'introduzione dell'art. 182-*sexies* l. fall., secondo l'orientamento prevalente [4], la s.p.a. in concordato preventivo veniva esentata, di fatto, dall'osservanza degli artt. 2446 e 2447 c.c., sia perché l'assoggettamento alla proce-

[1] STRAMPELLI, *Capitale sociale*, 658; ARIANI, *Disciplina della riduzione*, 112 ss., nota a Trib. Ancona, 12 aprile 2012; DIMUNDO, *La sospensione*, 1157 ss.; MIOLA, *Art. 182-*sexies, 480 ss.; MUNARI, *Impresa e capitale*; NIGRO, *Riduzione o perdita*; PACIELLO, *Le deroghe*, 1431 ss.; BENAZZO, *Crisi d'impresa*, 241 ss.; CILLO, *Le operazioni*, 691 ss.

[2] Cfr. TOMBARI, *Principi e problemi*, 2835 ss., nonché in *Riv. società*, 2013, 1138 ss.

[3] Cfr. FERRI JR, *La sospensione*, 3; Consiglio Notarile di Milano, Massima n. 191 del 16 giugno 2020; STRAMPELLI, *La preservazione*, 366; D'ATTORRE, *Disposizioni temporanee*, 597; VENTORUZZO, *Continuità aziendale*, 525.

[4] Cfr. MAISANO, *Il concordato preventivo*, 72 ss.; NOBILI, SPOLIDORO, *La riduzione*, 328 ss.; ATLANTE, MARICONDA, *La riduzione*, in *Riv. not.*, 2002, 53 ss.; GUERRERA, MALTONI, *Concordati giudiziali*, 35 ss.

dura concorsuale era considerato "assorbente" rispetto al regime societario comune e allo stesso potere del tribunale di ridurre il capitale eroso dalle perdite, nell'inerzia degli organi sociali; sia perché si aveva già la percezione dell'inadeguatezza della disciplina ordinaria del capitale rispetto agli sviluppi della ristrutturazione concordataria, essendo le perdite di bilancio destinate a essere in parte neutralizzate dalle sopravvenienze attive determinate dallo stralcio dei crediti (peraltro inesigibili), nei concordati "remissori", in esito all'approvazione e omologazione del concordato. Ciononostante, la norma dell'art. 182-*sexies* l. fall. è stata accolta con favore, come portatrice di un utile chiarimento, e considerata giustamente alla stregua, non già di un intervento emergenziale, ma di un miglioramento tecnico permanente della disciplina societaria della crisi d'impresa[5].

In ogni caso, la sospensione degli obblighi degli organi sociali in caso di perdite rilevanti, ai sensi degli artt. 2446, 2447 c.c. e 2482-*bis*, 2482-*ter* c.c., non riguarda la convocazione dell'assemblea e la presentazione della relazione, con la quale si potrà dare conto, appunto, della (legittima) proposta di non intervenire sul capitale in pendenza del procedimento di riassetto patrimoniale e finanziario della società. Il che comporta che gli obblighi informativi di amministratori e sindaci verso i soci, nelle situazioni di crisi "patrimoniale" della società, restano intatti e che l'assemblea potrà limitarsi a prendere atto della predetta sospensione, nulla decidendo o, se del caso, rinviando la definizione della misura di rafforzamento e di riequilibrio patrimoniale della società in funzione dell'iniziativa concordataria, oppure subordinando gli effetti all'esito finale del procedimento.

Peraltro, occorre tenere conto che l'art. 120-*bis* ha istituito una competenza *esclusiva* degli amministratori[6] in ordine all'accesso agli strumenti di regolazione della crisi e alla decisione del contenuto della proposta e delle condizioni del piano, che spesso prevede operazioni sul capitale della società in crisi; e che l'art. 120-*quinquies* attribuisce alla sentenza di omologazione l'effetto di determinare «*la riduzione e l'aumento del capitale e le altre modificazioni statutarie nei termini previsti dal piano*».

Quando la procedura si chiude per effetto dell'omologazione definitiva (artt. 48 e 113) e la società rientra *in bonis*, la sospensione cessa di operare e torna ad applicarsi la disciplina ordinaria della riduzione del capitale per perdite. Spetta, quindi, agli organi sociali, salva la vigilanza degli organi della procedura sull'esecuzione del concordato (art. 118)[7], monitorare il livello del patrimonio netto e attivare ogni necessario rimedio là dove – specialmente nei concordati con continuità "diretta" (art. 84, comma 2), in cui l'attività prosegue in capo alla società debitrice – il riequilibrio patrimoniale previsto dal "piano" non sia stato effettivamente conseguito.

3. – Molteplici e convergenti appaiono quindi gli obiettivi perseguiti dal legislatore con la disposizione in commento.

V'è, anzitutto, quello di valorizzare il dato della non esigibilità dei crediti verso l'impresa in crisi dopo il deposito della domanda di concordato (che il Codice ammette ora nei termini più limitati disciplinati dagli artt. 54 e 55), peraltro destinati, di norma, a

[5] Cfr. NIGRO, *Riduzione o perdita*, 3.
[6] Cfr. GUERRERA, *L'espansione*, 1271, ed ivi diffusi richiami bibliografici ai quali si rinvia.
[7] Cfr. in argomento GUERRERA, *L'esecuzione "forzata"*.

essere decurtati al momento dell'omologazione definitiva e del rientro *in bonis* della società, con conseguente miglioramento della situazione patrimoniale [8]. Cosicché la proposta di concordato preventivo può rappresentare proprio uno degli «*opportuni provvedimenti*», adottabili ai sensi degli artt. 2446 e 2482-*bis* c.c. – e, in stato di crisi, soprattutto dell'art. 120-*bis*, intervenendo l'assemblea quale organo consultivo –, per fronteggiare l'erosione del capitale causata dalle perdite.

Occorre poi considerare che, nelle operazioni sul capitale di società di crisi, la situazione patrimoniale risulta influenzata, a sua volta, dalle rettifiche dei valori di bilancio, operate in vista dell'accesso alla procedura, che fanno emergere ingenti perdite da ricoprire e sono spesso contestate dai soci [9], preoccupati dell'azzeramento o della severa diluizione delle loro partecipazioni. Si tratta, insomma, di una situazione fluida e suscettibile di rilevanti modifiche, che sconsiglia di attuare immediatamente – come la disciplina societaria di diritto comune vorrebbe – la riduzione del capitale: vale a dire fino a quando non sia stata pianificata nel suo complesso, in un orizzonte temporale necessariamente più esteso, la ristrutturazione e il risanamento della società. Il che richiama l'esperienza degli aumenti di capitale "iperdiluitivi", diffusa nelle società in stato di crisi con azioni prive di valore nominale [10], in cui la ricapitalizzazione procede, senza previa riduzione del capitale e in modo formalmente rispettoso dei diritti di opzione degli azionisti, ma polverizzando il valore delle azioni esistenti attraverso l'emissione di un elevatissimo numero di azioni a un prezzo molto basso, che incentiva la raccolta di nuovi capitali.

V'è, infine, l'esigenza di porre al riparo gli organi sociali dal rischio delle responsabilità derivanti dall'aggravamento del dissesto e, in generale, dall'accumularsi di ulteriori perdite

---

[8] Cfr. ARATO, *Il concordato preventivo*, 144; GUERRERA, *Le competenze* 1126 s.

[9] A quest'esigenza si collega, peraltro, la Massima n. 122 del Consiglio notarile di Milano, secondo cui «la presenza di perdite superiori al terzo del capitale, anche tali da ridurre il capitale ad un importo inferiore al minimo legale previsto per le s.p.a. e le s.r.l., non impedisce l'assunzione di una deliberazione di aumento del capitale che sia in grado di ridurre le perdite ad un ammontare inferiore al terzo del capitale e di ricondurre il capitale stesso, se del caso, a un ammontare superiore al minimo legale». Nella relativa motivazione si segnala che l'assunzione di una delibera di aumento di capitale pur in presenza di perdite rilevanti consente il mantenimento delle partecipazioni dei "vecchi" soci, anche in mancanza di nuovi conferimenti da parte loro; la necessità di coinvolgere nelle operazioni di ricapitalizzazione soggetti in tutto o in parte diversi dai "vecchi" soci, infatti, ha evidenziato l'importanza di poter liberamente negoziare le modalità di esecuzione degli aumenti di capitale volti alla raccolta di nuovi capitali, pur in presenza di perdite; non sempre l'obbligo di effettuare la preventiva riduzione del capitale a copertura delle perdite consente di mettere d'accordo la vecchia compagine sociale con i nuovi investitori, qualora vi siano valori aziendali ulteriori rispetto a quelli rappresentati dal bilancio.

[10] Secondo la Massima n. 36 della Commissione Società del Consiglio Notarile di Milano, è legittima «l'emissione di nuove azioni a un prezzo inferiore alla 'parità contabile' delle azioni esistenti al momento della assunzione della deliberazione di aumento (ossia pari al capitale sociale ante-aumento, diviso per il numero delle azioni ante-aumento), fermo restando che l'ammontare dei nuovi conferimenti deve essere complessivamente pari o superiore all'ammontare dell'aumento del capitale sociale»; in questo modo, infatti, è assicurato il rispetto della regola di legge per cui «*in nessun caso il valore dei conferimenti può essere complessivamente inferiore all'ammontare globale del capitale sociale*» (art. 2346, comma 5, c.c.), mentre – almeno per la parte di aumento offerta ai soci – la diluizione delle loro partecipazioni dipenderà dalla loro scelta di non esercitare il diritto d'opzione, libera e auto-responsabile, fatti salvi i limiti del c.d. abuso di maggioranza. In argomento v. NOTARI, *Il problema*, 33 ss.

in dipendenza della prosecuzione (illegittima) della gestione societaria dopo la perdita del capitale, che sorgerebbe in assenza delle prescritte deliberazioni dell'assemblea in ordine alla ricapitalizzazione, trasformazione o messa in liquidazione della società (artt. 2446 e 2447 e artt. 2482-*bis* e 2482-*ter* c.c.) [11], ove non operasse una causa di sospensione.

4. – Gli amministratori non potrebbero, d'altronde, assumere le iniziative necessarie per fronteggiare la situazione di crisi e salvaguardare il patrimonio e l'avviamento aziendale con la dovuta ponderazione, nell'interesse anche dei creditori, né pianificare la soluzione riorganizzativa più idonea, ove fossero minacciati da azioni di responsabilità ai sensi dell'art. 2486, comma 2, c.c. (a sua volta modificato dall'art. 378, comma 2).

Ciò appare evidente, a maggior ragione, nei concordati con continuità aziendale "diretta" (art. 84, comma 2), ove si consideri l'incessante e spesso imprevedibile evoluzione della situazione patrimoniale della società e, con essa, il concreto rischio che la prosecuzione della gestione dell'impresa, nella fase di elaborazione, approvazione e omologa del piano concordatario – come nell'esperienza dell'amministrazione straordinaria delle grandi imprese insolventi [12] – sia fonte di aggravamento del deficit.

In ogni caso, il comma 2 dell'articolo in commento precisa che «*resta ferma, per il periodo anteriore al deposito delle domande e della proposta di cui al comma 1, l'applicazione dell'articolo 2486 del codice civile*». Il che significa – ove vi fossero dubbi al riguardo – che l'aggravamento del deficit patrimoniale riconducibile a eventuali colpevoli ritardi degli amministratori (e, indirettamente, dei sindaci) nell'accertamento della perdita del capitale sociale e nella convocazione dell'assemblea ai sensi degli artt. 2446 e 2482-*bis* c.c. [13], da cui può dipendere l'adozione degli «*opportuni provvedimenti*» può e deve ugualmente essere addebitato ai componenti degli organi sociali.

Del resto, questo pericolo rappresenta un incentivo ad accedere prontamente alle procedure di crisi (art. 3) ed è coerente con l'indirizzo legislativo di anticiparne l'emersione e affrontarla tempestivamente, con gli strumenti approntati dal nuovo Codice.

[11] Cfr. BOGGIO, *Gli accordi*, 338 ss.; BRIZZI, *Responsabilità gestorie*, 1027; TOMBARI, *Crisi di impresa*, 67, nonché in *Riv. dir. comm.*, 2011, I, 644; MAZZONI, *La responsabilità gestoria*, 813; MIOLA, *Riflessioni sui doveri*, 609; MONTALENTI, *La gestione*, 820; STANGHELLINI, Directors' duties, 733; ABRIANI, *Le responsabilità*, 93; STRAMPELLI, *Capitale sociale*, 605; GALLETTI, *L'insorgere della crisi*; VICARI, *I doveri*, 128 ss.; GUERRERA, *Compiti e responsabilità*, 247 ss.; CALANDRA BONAURA, *La gestione societaria*, 2593 ss.; LUCIANO, *La gestione*.

[12] V. per tutti MEO, *Il risanamento finanziato*.

[13] Cfr., in giurisprudenza, App. Milano, 21 giugno 2018; Trib. Bologna, 22 ottobre 2015; Cass. pen., 9 ottobre 2014, n. 8863; Cass., 22 aprile 2009, n. 9619; Cass., 8 giugno 2007, n. 13503.

Articolo 90

Proposte concorrenti

1. Colui o coloro che, anche per effetto di acquisti successivi alla domanda di concordato, rappresentano almeno il dieci per cento dei crediti risultanti dalla situazione patrimoniale depositata dal debitore, possono presentare una proposta concorrente di concordato preventivo e il relativo piano non oltre trenta giorni prima della data iniziale stabilita per la votazione dei creditori.

2. Ai fini del computo della percentuale del dieci per cento, non si considerano i crediti della società che controlla la società debitrice, delle società da questa controllate e di quelle sottoposte a comune controllo.

3. La proposta concorrente non può essere presentata dal debitore, neppure per interposta persona, dal coniuge, dalla parte di un'unione civile tra persone dello stesso sesso o dal convivente di fatto del debitore, da parenti e affini entro il quarto grado e da parti correlate.

4. La relazione di cui all'articolo 87, comma 3 può essere limitata alla fattibilità del piano per gli aspetti che non siano già oggetto di verifica da parte del commissario giudiziale, e può essere omessa se non ve ne sono.

5. Le proposte di concordato concorrenti non sono ammissibili se nella relazione di cui all'articolo 87, comma 3, il professionista indipendente attesta che la proposta di concordato del debitore assicura il pagamento di almeno il trenta per cento dell'ammontare dei crediti chirografari. Tale percentuale è ridotta al venti per cento nel caso in cui il debitore abbia utilmente avviato la composizione negoziata ai sensi dell'articolo 13.

6. La proposta può prevedere l'intervento di terzi e, se il debitore ha la forma di società per azioni o a responsabilità limitata, un aumento di capitale della società con esclusione o limitazione del diritto d'opzione.

7. La proposta concorrente prima di essere comunicata ai creditori, deve essere sottoposta al giudizio del tribunale che verifica la correttezza dei criteri di formazione delle classi.

8. Le proposte di concordato, ivi compresa quella presentata dal debitore, possono essere modificate fino a venti giorni prima della votazione dei creditori.

Giustino Di Cecco

1. – La disposizione dell'art. 90 si pone in linea di continuità con le regole introdotte dal d.l. 27 giugno 2015, n. 83 nel corpo dell'art. 163 l. fall.[1] in tema di proposte concorrenti, fatte salve tre nuove prescrizioni aggiunte ed una elisione.

Il legislatore, infatti, si premura di: *(i)* introdurre il divieto di presentazione delle proposte concorrenti a carico del debitore, dei suoi familiari o conviventi e delle loro parti correlate (comma 3); *(ii)* consentire la modifica delle proposte già presentate sino a venti giorni prima della data fissata per la votazione dei creditori (comma 8); *(iii)* prevedere, quale misura premiale ulteriore rispetto a quelle di cui all'art. 25-*bis*, l'inammissibilità della proposta concorrente qualora il piano del debitore assicuri, in luogo dell'ordinario limite di almeno il trenta per cento, il pagamento del venti per cento dei crediti chirografari «*nel caso in cui il debitore abbia utilmente avviato la composizione assistita della crisi ai sensi dell'articolo 13*» (comma 5, secondo periodo); *(iv)* omettere di riprodurre la previgente regola (di cui all'art. 163, comma 6, l. fall.) che consentiva al creditore proponente di votare nel solo caso in cui il relativo credito fosse collocato in una classe autonoma.

Qualche breve considerazione critica può essere svolta con riguardo ad ognuno dei diversi interventi riformatori, partendo, prima di tutto, dai primi due che, per quanto si dirà, meritano di essere trattati congiuntamente.

2. – La previsione secondo cui le proposte concorrenti non possono essere presentate «*dal debitore, neppure per interposta persona, dal coniuge, dalla parte di un'unione civile tra persone dello stesso sesso o dal convivente di fatto del debitore, da parenti e affini entro il quarto grado e da parti correlate*» risponde, secondo quanto precisato nella originaria Relazione al Codice, a quella medesima finalità di «*assicurare concorrenza e trasparenza della procedura*» a cui è ispirata anche la (previgente e rimasta inalterata) esclusione dei crediti infragruppo dal computo della percentuale minima richiesta per la legittimazione a formulare proposte alternative a quella del debitore (regola riprodotta, senza variazioni, nel comma 2 della norma in commento).

E non v'è dubbio che l'idea stessa che il debitore – direttamente o per il tramite di un terzo, ovvero di suoi familiari o parti correlate[2] – possa formulare proposte alternative a quella da lui stesso presentata stride irrimediabilmente con le finalità ultime dell'istituto delle proposte concorrenti; finalità pacificamente individuate, per un verso, nell'intento di stimolare la presentazione da parte del debitore di proposte che assicurino *ab origine* una soddisfazione significativa dei crediti concordatari (del trenta o del venti per cento nel caso di emersione tempestiva della crisi[3]) e, per altro verso, nella volontà di stimolare la na-

[1] Sulla disciplina delle proposte concorrenti prima dell'entrata in vigore del Codice, per tutti, v. ABRIANI, *Proposte concorrenti*, 365 ss.; BOZZA, *Le proposte, passim*; D'ATTORRE, *Le proposte*, 1163 ss.; FAVA, *L'iniziativa*, 33 ss.; RANALLI, *Gli ostacoli*, 5 ss.; RANIELI, *Proposte di concordato*, 59 ss.; RIMATO, *Proposte concorrenti*; TRIMARCHI, *La ricapitalizzazione*, 1663 ss.; VITALI, *Profili di diritto*, 870 ss.

[2] L'art. 2, comma 1, lett. *l)* ha cura di precisare che per parti correlate «*si intendono quelle indicate come tali nel Regolamento della Consob in materia di operazioni con parti correlate*». Secondo la Relazione «*si intendono per parti correlate i soggetti, costituiti in forma societaria, controllati, controllanti o sottoposti a comune controllo, anche in relazione alla composizione degli organi amministrativi o in relazione a legami di carattere contrattuale*».

[3] L'art. 163, comma 4, l. fall. stabiliva, invece, l'inammissibilità di proposte concorrenti in caso di offerte di soddisfazione di almeno il quaranta per cento nei concordati liquidatori e di non meno del trenta per cento in quelli in continuità.

scita di un "mercato" dei crediti verso debitori in crisi grazie alla riconosciuta possibilità di sottoporre al vaglio dei creditori anche soluzioni diverse rispetto a quella ideate dai primi.

Precludere, infatti, al debitore o a soggetti a lui vicini la possibilità di proporre soluzioni alternative alla originaria offerta concordataria elide il rischio che il debitore possa essere tentato, opportunisticamente, di riservarsi di formulare la propria migliore proposta nel solo caso in cui altri avanzino soluzioni alternative.

Stando così le cose, non si comprende la ragione per la quale il legislatore della riforma, nel prevedere (meritoriamente) la possibilità che le proposte concorrenti siano modificabili (evidentemente *anche* in senso migliorativo) sino a venti giorni prima della votazione dei creditori si premuri di precisare espressamente che identica facoltà è concessa anche allo stesso debitore, così finendo per far rientrare dalla finestra ciò che, forse, si voleva cacciare dalla porta con il divieto di cui al comma 3.

Se è vero, infatti, che il debitore o soggetti a lui vicini non possono presentare proposte concorrenti ma anche che al debitore è espressamente consentito di sostituire la propria originaria proposta con una nuova offerta dopo la scadenza del termine per la presentazione delle soluzioni alternative, l'unico effetto del divieto sembra essere quello di imporre alle parti correlate del debitore ed ai suoi familiari ed affini l'onere di ottenere il consenso del debitore a fare propria, nella proposta modificata, le soluzioni alternative che volessero proporre. *A contrario*, dunque, il nuovo sistema di preclusioni e facoltà di modifica finisce per escludere unicamente la possibilità che una parte correlata o un familiare del debitore possa avanzare una soluzione autonoma non gradita dal debitore (e che, dunque, non raccoglie il suo consenso). Il che, tuttavia, conduce al paradosso che si finisce per impedire soltanto la possibilità che un familiare o una parte correlata presenti una "autentica" proposta di soluzione alternativa a quella del debitore ossia una eventualità che, per quanto inusuale, sarebbe da favorire più che da vietare.

Non sarebbe inopportuno, dunque, un intervento correttivo del legislatore che restituisca coerenza al sistema attraverso, alternativamente, l'elisione della possibilità per il debitore di modificare la propria proposta originaria (fermo il divieto di proposte concorrenti a carico delle parti correlate) oppure l'eliminazione del divieto di avanzare proposte alternative a carico delle parti correlate e dei familiari del debitore (ferma la facoltà per il debitore di migliorare la propria proposta).

3. – Il comma 5, secondo periodo, della norma in commento introduce una (significativa) misura premiale aggiuntiva rispetto a quelle di cui all'art. 25-*bis*, prevedendo che, «*nel caso in cui il debitore abbia utilmente avviato la composizione assistita della crisi ai sensi dell'articolo 13*», la soglia di inammissibilità delle proposte concorrenti – da misurarsi in termini di soddisfazione dei crediti chirografari "assicurata" dalla proposta del debitore – è ridotta dall'ordinario limite del trenta per cento al minor valore del venti per cento dell'ammontare complessivo dei crediti non assistiti da privilegio.

Nell'originaria versione del Codice del 2019, la medesima misura premiale era testualmente riconosciuta al debitore che avesse (semplicemente) «*richiesto l'apertura del procedimento di allerta o utilmente avviato la composizione assistita della crisi ai sensi dell'articolo 24*» ma, secondo la Relazione illustrativa, tale agevolazione era da raccordarsi «*agli articoli 24 e 25*» del Codice che, nella primigenia versione, riservavano le misure premiali ivi previste al solo debitore che avesse fatto ricorso ad una delle soluzioni della crisi in modo «*tempestivo*» (nel senso precisato dall'art. 24[4]) e che, dunque, avesse «tempestivamente *intrapreso una procedura di allerta o* utilmente *avviato quella di composizione assistita della crisi*».

L'intervenuta eliminazione da parte del d.l. 22 maggio 2022, n. 82 delle procedure di allerta e prevenzione ha, dunque, comportato la necessità di limitare l'applicabilità della già menzionata misura premiale alla sola ipotesi di «*utile avvio*» della composizione negoziata da parte del debitore senza, quindi, più alcuna (implicita) condizione di tempestività dell'iniziativa.

Resta, tuttavia, da comprendere in che cosa consista il comportamento richiesto dalla norma per il riconoscimento della misura premiale ivi prevista, testualmente (e cripticamente) riservata, come detto, al debitore che «*abbia utilmente avviato la composizione negoziata ai sensi dell'articolo 13*».

I due estremi, invero, sono chiari.

Non v'è dubbio, infatti, che la misura, per un verso, trovi sicura applicazione nel caso particolare di concordato presentato in esito al positivo esperimento della procedura di composizione negoziata della crisi – visto che, all'evidenza, in una tale ipotesi, la composizione è addirittura "utilmente completata" e non soltanto "utilmente avviata"[5] –, e, per altro verso, non possa essere riconosciuta a chi abbia chiesto l'attivazione della procedura di composizione senza, tuttavia, giungere alla fase della trattativa con i creditori (per mancata produzione della documentazione integrativa entro i trenta giorni dall'istanza o per la riscontrata mancanza di prospettive di risanamento, per rinuncia o altra ragione).

Molto meno chiaro, invece, è se l'agevolazione possa essere riconosciuta anche a coloro che abbiano presentato la proposta di concordato preventivo[6] dopo la chiusura "sfavorevole" della procedura di composizione correttamente avviata ma poi conclusa per "l'esito negativo delle trattative" (ipotesi che, secondo le più recenti analisi ricorre in circa un terzo del totale degli esiti totali[7]). Se è vero, infatti, che in tal caso la procedura non ha prodotto alcun risultato utile, è anche vero che il tentativo, avendo consentito lo svolgimento

---

[4] La norma, infatti, si premurava di precisare che «*Ai fini dell'applicazione delle misure premiali di cui all'articolo 25, l'iniziativa del debitore volta a prevenire l'aggravarsi della crisi non è tempestiva se egli propone una domanda di accesso ad una delle procedure regolate dal presente codice oltre il termine di sei mesi, ovvero l'istanza di cui all'articolo 19 oltre il termine di tre mesi, a decorrere da quando si verifica, alternativamente:*

a) l'esistenza di debiti per retribuzioni scaduti da almeno sessanta giorni per un ammontare pari ad oltre la metà dell'ammontare complessivo mensile delle retribuzioni;

b) l'esistenza di debiti verso fornitori scaduti da almeno centoventi giorni per un ammontare superiore a quello dei debiti non scaduti;

c) il superamento, nell'ultimo bilancio approvato, o comunque per oltre tre mesi, degli indici elaborati ai sensi dell'articolo 13, commi 2 e 3».

[5] Una tale soluzione, peraltro, sarebbe coerente con quanto disposto dall'art. 25-*bis*, introdotto dal d.l. 22 maggio 2022, n. 82, che riconosce al debitore differenti misure premiali a seconda della modalità di soluzione prescelta all'esito della composizione negoziata.

[6] O anche di concordato semplificato per chi ritenga che a tale particolare soluzione della crisi possa parimenti applicarsi la disciplina delle proposte concorrenti. Si esprime in senso negativo rispetto alla compatibilità GUIDOTTI, *Le proposte*, 52.

[7] Cfr. il rapporto periodico dell'osservatorio di Unioncamere pubblicato 20 giugno 2023 su *www.unioncamere.gov.it*.

di trattative (ancorché infruttuose), è stato comunque «*utilmente avviato*». Del resto, non può sottovalutarsi il fatto che una tale soluzione interpretativa ha l'indubbio pregio di ampliare l'incentivo al concreto utilizzo della composizione e, dunque, di essere del tutto coerente con la *ratio* sottesa alla previsione di misure premiali a beneficio di coloro che decidono di ricorrere a tale strumento.

4. – La mancata riproduzione della regola di cui all'art. 163, comma 6, l. fall. secondo cui il voto del creditore proponente è ammesso nel solo caso in cui il relativo credito sia collocato in una classe autonoma trova spiegazione nel fatto che identica regola discende dal combinato disposto dell'art. 85, comma 2, che prevede l'obbligatoria suddivisione in classi «*per i creditori proponenti il concordato e per le parti ad essi correlate*» e dell'art. 109, comma 7, che subordina il voto del creditore che propone il concordato (e quello delle società controllanti o controllate) alla predetta "segregazione" in apposita classe.

Articolo 91
Offerte concorrenti

1. Il tribunale o il giudice da esso delegato, esclusivamente quando il piano di concordato comprende un'offerta irrevocabile da parte di un soggetto già individuato e avente ad oggetto il trasferimento in suo favore, anche prima dell'omologazione, verso un corrispettivo in denaro o comunque a titolo oneroso, dell'azienda o di uno o più rami d'azienda o di specifici beni, dispone che dell'offerta stessa sia data idonea pubblicità al fine di acquisire offerte concorrenti. La stessa disciplina si applica in caso di affitto d'azienda.

2. La medesima disciplina si applica quando, prima dell'apertura della procedura di concordato, il debitore ha stipulato un contratto che comunque abbia la finalità del trasferimento non immediato dell'azienda, del ramo d'azienda o di specifici beni aziendali.

3. Se pervengono manifestazioni di interesse, il tribunale o il giudice da esso delegato, dispone con decreto l'apertura della procedura competitiva.

4. Il decreto di cui al comma 3 stabilisce le modalità di presentazione di offerte irrevocabili, prevedendo che ne sia assicurata in ogni caso la comparabilità, i requisiti di partecipazione degli offerenti, le forme e i tempi di accesso alle informazioni rilevanti, gli eventuali limiti al loro utilizzo e le modalità con cui il commissario deve fornirle a coloro che ne fanno richiesta, le modalità di svolgimento della procedura competitiva, l'aumento minimo del corrispettivo che le offerte devono prevedere, le garanzie che devono essere prestate dagli offerenti, le forme di pubblicità e la data dell'udienza per l'esame delle offerte se la vendita avviene davanti al giudice.

5. La pubblicità è in ogni caso disposta sul portale delle vendite pubbliche di cui all'articolo 490 del codice di procedura civile, nelle forme di pubblicità di cui al predetto articolo per quanto compatibili.

6. Le offerte, da presentarsi in forma segreta, non sono efficaci se non conformi a quanto previsto dal decreto e, in ogni caso, quando sottoposte a condizione.

7. Le offerte sono rese pubbliche nel giorno stabilito per la gara alla presenza degli offerenti e di qualunque interessato. Se sono state presentate più offerte migliorative, si procede alla gara tra gli offerenti. La gara deve concludersi almeno venti giorni prima della data fissata per il voto dei creditori, anche quando il piano prevede che la vendita o l'aggiudicazione abbia luogo dopo l'omologazione.

8. Con la vendita o con l'aggiudicazione, se precedente, a soggetto diverso dall'originario offerente indicato nel piano, questi e il debitore sono liberati dalle obbligazioni reciprocamente assunte. In favore dell'originario offerente il commissario dispone il rimborso delle spese e dei costi sostenuti per la formulazione dell'offerta entro il limite massimo del tre per cento del prezzo in essa indicato.

9. Il debitore modifica la proposta ed il piano in conformità all'esito della gara.

10. Nel caso in cui, indetta la gara, non vengano presentate offerte, l'originario offerente rimane vincolato nei termini di cui all'offerta indicata al comma 1.

11. Il presente articolo si applica, in quanto compatibile, nel caso in cui il debitore abbia chiesto l'assegnazione del termine previsto dall'articolo 44, comma 1, lettera a).

Giustino Di Cecco

1. – La disciplina dettata dal Codice in tema di offerte concorrenti ricalca quella contenuta nel previgente testo dell'art. 163-*bis* l. fall. a cui, tuttavia, aggiunge alcuni importanti ed opportuni aggiornamenti.

Il Codice, infatti, pur mantenendo ferma la struttura e la logica della norma della legge fallimentare che ha regolato, per la prima volta, i cc.dd. "concordati chiusi", interviene sul precedente testo normativo con diverse modifiche, aggiunte ed eliminazioni che (in sintesi): *(i)* limitano l'applicazione della procedura al solo caso di offerte *ab origine* irrevocabili; *(ii)* attribuiscono anche al giudice delegato la competenza, prima riservata al solo tribunale, a disporre l'avvio dell'*iter* competitivo; *(iii)* rendono obbligatoria la sola pubblicità dell'offerta irrevocabile subordinando la vera e propria apertura del sub-procedimento competitivo di selezione dell'acquirente alla ricezione di manifestazioni di interesse (anche non vincolanti) da parte di terzi; *(iv)* chiariscono che l'esperimento della gara per la vendita non deve necessariamente avvenire innanzi al giudice delegato; *(v)* fissano un termine ultimo entro il quale deve concludersi la procedura competitiva (anche laddove il piano preveda che la vendita o l'aggiudicazione debba aver luogo dopo l'omologazione); *(vi)* sanciscono l'automatica vincolatività dell'offerta originaria (ovviamente nei termini ivi precisati) in mancanza di offerte concorrenti.

2. – La prima modifica introdotta dal Codice ha cura di precisare che il presupposto per l'applicazione della norma in commento è che l'offerta "chiusa" sia *ab origine* irrevocabile.

La scelta sembra rispondere all'intento di limitare l'appesantimento del procedimento concordatario per la ricerca di offerte concorrenti soltanto al caso in cui si sia in presenza di contratti e proposte di acquisto caratterizzate dal requisito della massima serietà e, dunque, di offerte non solo vincolanti, ma anche irrevocabili[1].

---

[1] Cfr. Carelli, *Le offerte concorrenti*, 4, secondo cui «Lo scopo di questa previsione non è quello di ridurre l'applicazione della disciplina ma semplicemente di evitare i costi e l'attività burocratica connessi con l'instaurazione di una procedura competitiva in assenza di un serio impegno da parte del mercato».

Tuttavia, per individuare l'esatta portata della novità occorre dare un rapido sguardo alla disciplina previgente.

Il combinato effetto dell'assenza di ogni specificazione normativa, nell'art. 163-*bis*, comma 1, l. fall., circa le caratteristiche essenziali della proposta del terzo necessarie a far scattare la procedura *ivi* disciplinata e della singolare (ed in parte equivoca) disposizione dell'art. 163-*bis*, comma 3, l. fall. secondo cui «*L'offerta di cui al primo comma diviene irrevocabile dal momento in cui viene modificata l'offerta in conformità a quanto previsto dal decreto di cui al presente comma e viene prestata la garanzia stabilita con il medesimo decreto*» hanno generato non pochi dubbi, sia in dottrina che in giurisprudenza, in merito al trattamento da riservare alle offerte di acquisto (o di affitto [2]) prive del vincolo di irrevocabilità [3].

Nonostante parte della giurisprudenza abbia limitato l'avvio del procedimento alle sole ipotesi in cui la proposta del terzo fosse già *ab origine* irrevocabile [4] in modo tale da «scongiurare l'inutile dispendio di tempo e connessi costi» [5], la dottrina, a ragione, era dell'opposta opinione [6].

In effetti, senza indugiare particolarmente sul punto, era ragionevole ritenere che il sistema previgente *(a)* non escludesse (stante il silenzio della legge sul punto) l'obbligatorio avvio della procedura competitiva anche in presenza di un'offerta revocabile; *(b)* consentisse all'originario proponente di modificare la propria offerta (quand'anche formulata con il vincolo di irrevocabilità) ove fosse necessario per adeguarne i contenuti ai criteri di comparazione stabiliti dal tribunale [7]; *(c)* privasse di efficacia il vincolo dell'originario offe-

---

[2] Ma, sul tema, si vedano le diverse scelte operate, in giurisprudenza, da Trib. Bergamo, 9 marzo 2021, in *ilcaso.it*, ove, in presenza di un'offerta di affitto d'azienda (di sei mesi) corredata da una proposta irrevocabile d'acquisto del compendio affittato, la procedura competitiva è stata avviata sull'intero negozio e non soltanto sull'acquisto, da Trib. Siracusa, 24 gennaio 2017, in *ilcaso.it*, ove si è disposto l'apertura della procedura competitiva per la ricerca di soggetti interessati all'affitto d'azienda, in misura migliorativa rispetto al contratto già stipulato dal proponente secondo quanto previsto nella proposta concordataria e Trib. Rovigo, 24 novembre 2016, in *ilcaso.it*, ove, al fine di non interrompere l'attività aziendale, si è consentito la continuazione dell'affitto in essere limitando l'apertura della procedura competitiva alla sola offerta irrevocabile d'acquisto formulata dall'affittuaria.

[3] Per una efficace sintesi delle diverse opinioni cfr. CAROSI, *La disciplina*, 943 ss.

[4] Cfr. Trib. Bolzano, 17 maggio 2016, in *ilcaso.it*; Trib. Modena, 19 aprile 2016, in *ilcaso.it*, Trib. Forlì, 3 febbraio 2016, in *ilcaso.it.*, ma secondo AIELLO, *Il controverso perimetro*, 79, sarebbero molti i tribunali orientati a ritenere inammissibili per difetto di fattibilità le proposte fondate su ipotesi di cessione del complesso aziendale non corroborate da impegni vincolanti da parte di terzi.

[5] Così CAROSI, *La disciplina*, 943.

[6] Sul punto, tra i molti, v. LA MALFA, *Le offerte concorrenti*, 358, secondo cui «occorre che si tratti di una vera e propria offerta vincolante e non di una mera manifestazione di interesse ma non che sia irrevocabile, visto che è previsto che essa divenga irrevocabile dopo il decreto del Tribunale»; LAMANNA, *Proposte/piani*, § 3; PANZANI, *La liquidazione*, 1137. PISCITELLO, *Riflessioni su concordati*, 760; CECCHINI, *Concordato preventivo*, 1182; NARDECCHIA, *La cessione competitive*, 456.

[7] Essendo questo il senso implicito della prescrizione dell'art. 163-*bis*, comma 2, penultimo periodo, l. fall. secondo cui «*L'offerta di cui al primo comma diviene irrevocabile dal momento in cui viene modificata l'offerta in conformità a quanto previsto dal decreto di cui al presente comma e viene prestata la garanzia stabilita con il medesimo decreto*». La norma, infatti, nonostante l'infelice dettato letterale non disponeva affatto una "sostituzione legale" della volontà delle parti e, dunque, l'imposizione *ex lege* del vincolo di irrevocabilità alle proposte revocabili ma, assai più semplicemente, stabiliva a carico (e a favore) dell'originario proponente che intendesse partecipare alla gara *l'onere* (ma anche *il diritto* in deroga all'eventuale vincolo di irrevocabilità e, dunque, di

rente soltanto in caso di aggiudicazione a terzi (come espressamente previsto dall'art. 163-*bis*, comma 4, l. fall. secondo cui «*In ogni caso, con la vendita o con l'aggiudicazione, se precedente, a soggetto diverso da colui che ha presentato l'offerta di cui al primo comma, quest'ultimo è liberato dalle obbligazioni eventualmente assunte nei confronti del debitore*»).

In sostanza, la norma sembrava delineare due distinte ipotesi a seconda che, rispettivamente, l'originario offerente decidesse o meno di adeguare la propria proposta (revocabile o irrevocabile che fosse) alle condizioni di comparabilità disposte dal tribunale.

Mentre, infatti, in caso di successivo adeguamento da parte del primo offerente, l'efficacia dell'originaria proposta veniva definitivamente ed immediatamente a decadere per effetto della sostituzione della stessa con la nuova offerta (e, si badi, anche qualora la prima fosse stata formulata con un originario vincolo di irrevocabilità e, dunque, di immodificabilità), nel caso in cui il primo offerente avesse deciso di non adeguare la propria proposta (e/o di non prestare le garanzie richieste dal tribunale), l'offerta originaria (revocabile o irrevocabile che fosse) continuava a produrre i suoi originari effetti e, dunque, a vincolare l'offerente stesso: (a) se irrevocabile sino al termine della gara ed anche successivamente in assenza di partecipazioni; (b) se revocabile[8] soltanto sino alla comunicazione della volontà di revoca da parte dell'originario offerente (nel caso in cui, lo si ripete, questi avesse deciso di non sostituirla con un'offerta irrevocabile adeguata ai criteri imposti per la gara)[9].

---

immodificabilità apposto alla proposta originaria) di sostituire la propria iniziale offerta con una nuova proposta adeguata ai criteri di comparabilità previsti dal tribunale (a condizione, tuttavia, di prestare le garanzie richieste). Peraltro, poiché, per espressa previsione di legge, il tribunale era tenuto a sollecitare la presentazione di offerte necessariamente irrevocabili, ciò implicava (implicitamente) l'onere del primo offerente di vincolarsi alla richiesta irrevocabilità della "nuova" proposta anche nel caso in cui l'offerta originaria fosse stata priva di tale caratteristica.

In questo senso v. anche Trib. Bolzano, 17 maggio 2016, in *ilcaso.it*, ove la condivisibile affermazione secondo cui «Laddove, peraltro, alla gara non dovesse partecipare alcuno, oppure le offerte depositate, compresa quella dell'originario offerente, si dovessero ritenere inefficaci in quanto non conformi al decreto del Tribunale oppure condizionate, il bene andrà comunque aggiudicato a colui il quale aveva fatto l'offerta originaria, iniziale; ciò nonostante la formulazione poco chiara della prima parte del comma 2 dell'art. 163 bis, laddove parrebbe che l'offerta originaria ("*L'offerta di cui al primo comma diviene irrevocabile nel momento (...)*") divenga irrevocabile solamente se viene modificata in conformità a quanto previsto dal decreto del Tribunale. Peraltro un'interpretazione letterale in tal senso porterebbe ad una completa distorsione del sistema e non corrisponderebbe assolutamente alla *ratio* sottesa alle offerte concorrenti». *Contra*, LEGNAIOLI, *La disciplina*, 17, per la quale dalla norma dell'art. 163-*bis*, comma 2, l. fall. «si deduce che l'offerta originaria deve essere modificata secondo quanto previsto nel decreto (e che devono essere prestate le garanzie stabilite) e che la conseguenza dell'inosservanza di questo obbligo *è la sua non irrevocabilità, ma non la sua inefficacia*» (enfasi aggiunte).

[8] O di scadenza dell'eventuale termine di irrevocabilità apposto all'offerta.

[9] Nello stesso senso cfr. GALLETTI, *Nel concordato*, 1, ove la corretta affermazione che il sistema normativo dell'art. 163-*bis* «non implica che l'offerta iniziale venga modificata dalla legge nella sua efficacia: essa semmai diventa non vincolante (se si sia concretizzata in un contratto) per il debitore, ma se il proponente si è impegnato in modo fermo per un dato periodo temporale, esso permarrà nel vincolo. Solo se l'offerente iniziale modifica i termini della sua proposta conformandosi al provvedimento del Giudice, scegliendo di partecipare alla competizione, egli comunque vedrà il suo impegno divenire irrevocabile per tutto il tempo necessario a partecipare alla gara, a causa delle esigenze tipiche di svolgimento della procedura competitiva. Se invece il terzo sceglie di non partecipare alla gara, il suo impegno negoziale permane negli stessi termini in cui è stato prestato all'inizio».

Fermo restando, tuttavia, che nulla impedisce né che la pattuizione originaria sia revocabile né che sia irrevocabile «solo per un periodo limitato, insufficiente ad espletare la gara».

In sintesi, dunque, non v'era ragione per escludere l'applicabilità della procedura delle offerte concorrenti anche al caso di proposte di acquisto formulate senza il vincolo della loro irrevocabilità, fermo restando il rischio che, in ipotesi di inutile esperimento del tentativo, l'originario proponente decidesse di revocare la propria proposta (cosa evidentemente ben possibile sino al momento della ricezione della comunicazione di accettazione della stessa da parte del debitore in un momento necessariamente successivo, alternativamente, all'ottenimento dell'autorizzazione del tribunale *ex* art. 161, comma 7, l. fall. ovvero all'omologazione del concordato).

Il tutto con la ovvia precisazione (utile a quanto si dirà *infra*) che la vendita all'originario proponente per accettazione della sua prima proposta (revocabile o irrevocabile che fosse) non era soggetta al generale obbligo di ricorrere a «*procedure competitive*» disposto dall'art. 107, comma 1, l. fall. (richiamato dall'art. 182, comma 5, l. fall. per tutte le vendite effettuate «*dopo il deposito della domanda di concordato o in esecuzione di questo*», ma nei soli limiti della compatibilità con la disciplina del concordato). L'estensione alle vendite concordatarie delle regole in precedenza riservate alle sole cessioni fallimentari, infatti, non poteva comprendere anche l'obbligo di dar corso ad una procedura competitiva in tutti i casi in cui la proposta avesse già "scontato" l'obbligo di individuare la migliore offerta con il procedimento "speciale" delle "offerte concorrenti" [10].

La nuova disposizione dell'art. 91 ha, per un verso, espressamente limitato l'avvio del procedimento delle offerte concorrenti al solo caso in cui la proposta originaria sia formulata con un (adeguato [11]) vincolo di irrevocabilità e, per altro verso, ommesso di riprodurre la disposizione dell'art. 163-*bis*, comma 3, l. fall. (secondo cui, come già detto, «*l'offerta di cui al primo comma diviene irrevocabile dal momento in cui viene modificata l'offerta in con-*

[10] Per una più puntuale disamina del problema sia consentito rinviare a DI CECCO, *Offerte concorrenti*, 163, ove l'osservazione secondo cui «non può sottovalutarsi la circostanza che l'art. 182, comma 5, effettua un rinvio alle regole di cui agli articoli da 105 a 108-*ter* sotto l'espresso filtro della loro compatibilità con le peculiarità delle dismissioni concordatarie. Il che, all'evidenza, consente all'interprete di selezionare le eventuali norme richiamate che possano ritenersi incompatibili con il caso particolare regolato dall'art. 163-*bis* senza alcuna necessità di invocare la loro inapplicabilità in via generale. In questa logica, dunque, potranno (forse) ritenersi incompatibili con le peculiarità del procedimento di cui all'art. 163-*bis* le disposizioni che prevedono la necessaria stima preventiva dei beni (art. 107, comma 1) o la possibilità di ricorrere all'ausilio di soggetti specializzati (art. 107, comma 1) o, ancora, la possibilità di "*sospendere la vendita ove pervenga offerta irrevocabile d'acquisto migliorativa per un importo non inferiore al dieci per cento del prezzo offerto*" (art. 107, comma 4), ma non anche, presumibilmente, le disposizioni che consentono il versamento del prezzo ratealmente (art. 107, comma 1) e la sospensione delle operazioni di vendita "*qualora ricorrano gravi e giustificati motivi ovvero (...) quando il prezzo offerto risulti notevolmente inferiore a quello giusto, tenuto conto delle condizioni di mercato*" (art. 108, comma 1)». Nello stesso senso, seppur con riguardo al solo tema del "governo" della procedura competitiva, v. anche VITIELLO, *Vendite concorsuali*, 2, per il quale «il contrasto tra l'art. 107 l. fall., espressamente richiamato dall'art. 182, che nel fallimento autorizza la gestione della procedura competitiva anche da parte di un organo diverso dal giudice (il curatore o un soggetto da quest'ultimo incaricato), e l'art. 163-*bis* l. fall., che impone che nel concordato preventivo a dirigere la procedura competitiva sia l'organo giurisdizionale, va ovviamente risolto dando applicazione a quest'ultima norma, da cui consegue che la ricerca di offerte concorrenti e la conseguente eventuale gara non possano che essere gestite dall'organo giurisdizionale, essendo riservata in particolare al tribunale, in composizione collegiale, la determinazione dei contenuti del bando e al giudice delegato la gestione della gara».

[11] È evidente, infatti, che l'apposizione di un vincolo di irrevocabilità per un periodo di tempo non sufficiente ad espletare la procedura competitiva è da equipararsi all'assenza di un tale onere.

formità a quanto previsto dal decreto di cui al presente comma e viene prestata la garanzia stabilita con il medesimo decreto»).

Si è già detto, al riguardo, che la plausibile giustificazione della scelta di limitare l'avvio del procedimento (con la pubblicazione dell'invito a formulare manifestazioni di interesse) al solo caso di proposte irrevocabili è da rinvenirsi nella volontà legislativa di evitare ogni appesantimento procedurale in presenza di offerte (più o meno) liberamente revocabili. Resta, tuttavia, da chiedersi quali siano le conseguenze di una tale eventualità, che, di certo, non può dirsi vietata.

Orbene, considerato che l'art. 114, comma 4 (al pari di quanto disponeva in precedenza l'art. 182 l. fall.) prevede che alle vendite concordatarie si applicano le regole delle cessioni "fallimentari" (o meglio delle liquidazioni giudiziali [12]), non v'è dubbio che, in tal caso, il mancato avvio del procedimento di cui all'art. 91 impone il rispetto dell'obbligo disposto dell'art. 216, comma 2 [13] (del tutto identico, sul punto, a quanto previsto dall'art. 107, comma 1, l. fall. richiamato dall'art. 182 l. fall.) di procedere alle cessioni "concordatarie" (autorizzate anteriormente o eseguite successivamente all'omologa) soltanto a seguito di idonee «*procedure competitive*».

Di conseguenza, la scelta di non avviare il procedimento delle offerte concorrenti in presenza di offerte revocabili ha l'unico effetto di rinviare (e non già di escludere) la procedura competitiva ad un momento successivo (e non anteriore) all'omologazione del concordato, con una utilità, dunque, piuttosto limitata.

La mancata riproduzione, invece, della disposizione dell'art. 163-*bis*, comma 3, l. fall. secondo cui «*l'offerta di cui al primo comma diviene irrevocabile dal momento in cui viene modificata l'offerta in conformità a quanto previsto dal decreto di cui al presente comma e viene prestata la garanzia stabilita con il medesimo decreto*» non sembra produrre alcun effetto.

Rilevato, infatti, che l'originario proponente che intenda adeguarsi alle prescrizioni di comparabilità disposte dal tribunale deve poter, necessariamente, modificare la propria originaria proposta (quand'anche, come ora necessariamente richiesto, essa sia) irrevocabile e che il tribunale è *ex lege* tenuto a sollecitare unicamente la formulazione di proposte irrevocabili, è del tutto evidente che, anche nel silenzio dell'art. 91, l'originaria proposta, esattamente come previsto espressamente dalla norma dell'art. 163-*bis*, comma 3, l. fall., «*diviene irrevocabile dal momento in cui viene modificata l'offerta in conformità a quanto previsto dal decreto di cui al presente comma e viene prestata la garanzia stabilita con il medesimo decreto*».

Il che, tuttavia, è quanto dire che la mancata riproposizione della disposizione della legge fallimentare è scelta che non produce alcun concreto effetto.

---

[12] La norma dispone, infatti, che «*Alle vendite, alle cessioni e ai trasferimenti legalmente posti in essere dopo il deposito della domanda di concordato o in esecuzione di questo, si applicano le disposizioni sulle vendite nella liquidazione giudiziale, in quanto compatibili. La cancellazione delle iscrizioni relative ai diritti di prelazione, nonché delle trascrizioni dei pignoramenti e dei sequestri conservativi e di ogni altro vincolo, sono effettuati su ordine del giudice, salvo diversa disposizione contenuta nella sentenza di omologazione per gli atti a questa successivi*».

[13] Secondo cui «*Le vendite e gli altri atti di liquidazione posti in essere in esecuzione del programma di liquidazione sono effettuati dal curatore o dal delegato alle vendite tramite procedure competitive, anche avvalendosi di soggetti specializzati, sulla base delle stime effettuate ai sensi del comma 1, assicurando, con adeguate forme di pubblicità, la massima informazione e partecipazione degli interessati*».

3. – Dal punto di vista procedimentale, invece, le innovazioni introdotte dalla norma in commento sono diverse e, presumibilmente, di maggiore rilevanza applicativa.

Centrale, senza dubbio, è il cambio di prospettiva che, in luogo del precedente obbligo di immediata apertura del sub-procedimento di gara ogni qual volta si sia in presenza di un'offerta "chiusa", si limita a richiedere, unicamente (e più semplicemente), la predisposizione, su indicazione del tribunale o del giudice delegato, di un'idonea pubblicità volta a stimolare eventuali manifestazioni di interesse da parte di terzi.

La modifica non è di poco conto. L'apertura del vero e proprio sub-procedimento competitivo, volto alla selezione della migliore offerta, viene, infatti, subordinata alla preliminare verifica dell'esistenza di un reale e concreto interesse da parte di terzi, così evitando l'obbligatorio avvio della gara ed il conseguente prolungarsi della procedura concordataria in tutti i casi in cui, a seguito dell'avvenuto espletamento della pubblicità dell'offerta già acquisita, non pervengano (nel termine che, evidentemente il tribunale o il giudice delegato, dovranno fissare all'atto di disporre l'adempimento pubblicitario) manifestazioni di interesse da parte di alcuno.

La scelta di subordinare l'avvio del sub-procedimento di gara alla presenza di (mere) manifestazioni (evidentemente non vincolanti[14]) è chiaramente finalizzata a tentare di stimolare l'interesse anche di quei terzi che, per ragioni di tempo o a causa di (ben possibili) asimmetrie informative, rischiano di non essere in grado di formalizzare, sin da subito, una propria proposta vincolante[15].

Al fine, poi, di garantire la comparabilità tra le diverse offerte, si conferma quanto già previsto dalla previgente disposizione circa il fatto che l'onere di individuare i contenuti obbligatori delle offerte è demandato al (successivo) decreto di apertura della procedura competitiva.

Merita, poi, di essere evidenziato che il legislatore non dispone alcun obbligo di dare pubblicità all'offerta "chiusa" sul portale delle vendite pubbliche.

L'obbligatorio ricorso allo strumento regolato dall'art. 490 c.p.c. è previsto (dal comma 5) esclusivamente con riguardo al decreto di apertura del sub-procedimento competitivo in coerenza con il fatto che il portale è specificatamente destinato a dare evidenza alle sole procedure di vendita effettivamente avviate.

D'altronde, il compito di rendere nota ai terzi l'originaria offerta concorrente è espressamente rimesso al commissario giudiziale (e, in tal senso, infatti, si esprime la Relazione ministeriale), evidentemente in applicazione della regola generale, sancita dall'art. 92, comma 4, che rimette a tale organo l'obbligo di garantire l'accesso dei terzi alle informazioni rilevanti[16].

[14] Al riguardo va evidenziata una piccola distonia letterale tra il comma primo della norma, che individua espressamente la finalità della pubblicità dell'offerta "chiusa" nell'acquisizione di vere e proprie offerte concorrenti (e, dunque, di manifestazioni di volontà negoziali che, secondo il significato giuridico che è proprio del lemma, dovrebbero considerarsi vincolanti), con il comma 3 della medesima norma, che invece dispone l'apertura della procedura competitiva in presenza di mere "manifestazioni di interesse" (ossia di dichiarazioni di volontà che, secondo il significato giuridico che è proprio del lemma, sono da considerarsi non vincolanti).

[15] Al riguardo, la norma ha cura di estendere – opportunamente – anche al giudice delegato la competenza a disporre l'avvio dell'iter competitivo, che prima era riservato al solo tribunale.

[16] Con riguardo all'accesso alle informazioni necessarie per formulare l'offerta concorrente, l'art. 92,

Quanto, invece, al tipo di contratti in relazione ai quali trova applicazione la disciplina delle offerte concorrenti, il testo novellato continua a fare riferimento a qualsiasi negozio di trasferimento (immediato e non) [17] dell'azienda, di rami d'azienda o di specifici beni, a prescindere dalla circostanza che la proposta concordataria abbia natura liquidatoria, mista o di continuità diretta o indiretta [18]. L'unica innovazione introdotta al riguardo attiene alla specificazione che i contratti di trasferimento non immediato ai quali si applica la disciplina in commento sono soltanto quelli stipulati prima dell'apertura della procedura di concordato.

Appare, poi, opportuna la modifica introdotta nel comma 4 della disposizione in commento volta a chiarire che le operazioni di vendita non devono necessariamente avvenire alla presenza e sotto la direzione del giudice delegato. Il che equivale a dire che il decreto di apertura del sub-procedimento competitivo ben potrà essere attribuire direttamente allo stesso commissario giudiziale il compito e la responsabilità di effettuare tali operazioni.

Dubbio è, invece, se il commissario potrà o meno avvalersi per l'espletamento delle procedure di gara di delegati alle vendite o di soggetti specializzati, in applicazione estensiva della regola prevista per le vendite nella liquidazione giudiziale e nel concordato con cessione dei beni. L'assenza di ogni appiglio normativo in tal senso, lascia propendere per la soluzione negativa, perlomeno nel silenzio del decreto di avvio del procedimento.

Un'ulteriore innovazione procedimentale è la previsione di un *dies ad quem* entro il quale l'*iter* competitivo deve concludersi. Secondo la previsione legislativa, infatti, la procedura di gara deve terminare almeno venti giorni prima della data fissata per il voto dei creditori, anche quando il piano prevede che la vendita o l'aggiudicazione debba aver luogo dopo l'omologazione. La modifica in oggetto accoglie, evidentemente, il suggerimento formulato in dottrina da chi [19] evidenziava la necessità di coordinare il momento conclusivo dell'*iter* competitivo con lo spirare del termine di modificabilità della proposta concordataria, onde consentire al proponente di poter adeguare la stessa agli esiti della gara.

---

comma 4 (al cui commento si rinvia per ogni ulteriore considerazione) si premura di precisare che è il commissario a dover fornire ai creditori ed ai terzi che ne facciano richiesta valutata la congruità della stessa e previa assunzione di opportuni obblighi di riservatezza ogni «*informazione utile (…) sulla base delle scritture contabili e fiscali obbligatorie del debitore, nonché ogni altra informazione rilevante in suo possesso*» (secondo la locuzione del comma 3 espressamente richiamato).

[17] Sebbene vada rilevato che già nel vigore della precedente disciplina, la giurisprudenza aveva limitato l'ambito di applicazione della norma, escludendo le proposte di terzi che fossero caratterizzate da una particolare complessità giuridica e strutturale. Sul punto Trib. Brescia, 27 maggio 2021, secondo cui: «L'art. 163-bis, l. fall., in tema di offerte concorrenti non è applicabile ogniqualvolta la proposta del terzo investitore, per la sua complessità strutturale e per la previsione di elementi – quali l'operazione di aumento di capitale e il finanziamento ex art. 182-quater, l. fall. – che rappresentano componenti interconnesse e indissolubili del piano concordatario, non risulti suscettibile di costituire oggetto di una procedura competitiva ai sensi della norma in questione».

[18] Sul punto cfr. BOZZA, *Le proposte*, 82, il quale rileva che «il campo elettivo di applicazione della norma è segnato dai concordati liquidatori con cessione dei beni, ma include anche quelli con continuità indiretta di prosecuzione dell'attività di impresa in vista della cessione o del conferimento dell'azienda in esercizio, nonché quelli con continuità diretta per i beni non funzionali all'esercizio dell'impresa dei quali il piano prevede la liquidazione».

[19] FAROLFI, *Concordato preventivo, passim*.

Si è, di contro, persa l'occasione di coordinare tale previsione legislativa con l'ulteriore e diverso termine entro il quale il commissario giudiziale è tenuto a depositare la propria relazione a norma dell'art. 105 che continua ad individuare il termine ultimo per tale adempimento nel quarantacinquesimo giorno antecedente la data fissata per il voto dei creditori, avendo cura di precisare, per le sole proposte concorrenti, che il commissario giudiziale deve riferire in merito ad esse con relazione integrativa da depositare in cancelleria e da comunicare ai creditori almeno quindici giorni prima della data iniziale stabilita per il voto dei creditori[20].

Non è da escludere, tuttavia, che l'informativa circa la conclusione del procedimento competitivo relativo alle offerte concorrenti possa essere fatta rientrare in quel generico coacervo di informazioni rilevanti ai fini dell'espressione del voto che, ai sensi dell'art. 105, comma 5, il commissario giudiziale è comunque tenuto a rendere noto ai creditori, sempre attraverso l'apposita relazione integrativa.

Il penultimo comma della disposizione in commento precisa, infine, che in caso di mancata presentazione di offerte concorrenti, resta ferma la vincolatività dell'offerta "chiusa" nei termini della sua originaria formulazione. Si tratta di una specificazione che va ad integrare *ex lege* il contenuto di tale offerta, la cui efficacia (vincolante ed irrevocabile) viene, dunque, prorogata di diritto sino alla conclusione dell'*iter* competitivo, seppur sotto la implicita condizione risolutiva che entro tale data non siano pervenute ulteriori proposte da parte di terzi.

La formula legislativa, nella sua genericità, sembrerebbe voler dare rilevanza all'offerta originaria anche nel caso in cui l'originario offerente l'abbia modificata per renderla conforme ai criteri previsti dal decreto di cui al comma 3 per la migliore comparazione ai fini della procedura competitiva e, tuttavia, tale procedura si sia conclusa negativamente per carenza di offerte vincolanti da parte di terzi. Situazione ben possibile, atteso che, per quanto si è detto, per l'avvio del vero e proprio *iter* competitivo è sufficiente la sola sussistenza di manifestazioni di interesse non vincolanti.

Va rilevato, tuttavia, che una tale esegesi mal si concilia con la *ratio* della norma, che è chiaramente volta a garantire il miglior risultato possibile per i creditori. Ne consegue, dunque, che nell'ipotesi in cui, a seguito dell'avvio della gara, l'originario offerente decida di migliorare la propria proposta originaria, la nuova offerta dovrà considerarsi vincolante (in sostituzione della precedente) anche nel caso in cui nessun'altra offerta sia stata presentata nei termini. Il che, tuttavia, significa che la prescrizione legislativa che fa salva la vincolatività dell'offerta originaria trova applicazione unicamente per il caso in cui il relativo offerente non partecipi alla procedura competitiva con altra offerta.

4. – Il testo novellato della norma, nonostante le plurime modifiche di cui si è dato at-

[20] Opportunità che era stata già evidenziata da parte della dottrina in epoca anteriore alla riforma. In questo senso VITIELLO, *Vendite Concorsuali*, 2, secondo cui, stante l'omesso raccordo della prescrizione con il termine concesso al commissario giudiziale per la presentazione della relazione, sarebbe rimesso al giudice delegato il delicato compito di «tener conto di tale omesso raccordo normativo in modo da assicurare, nel definire la tempistica della gara, ciò che deve ritenersi essenziale, cioè che il commissario giudiziale abbia notizia dell'esito della stessa prima della scadenza del termine prescritto per il deposito della relazione *ex* art. 172 l. fall.», in modo da consentire a questi di darne idonea informativa ai creditori in tempo utile per il voto.

to, lascia aperti diversi dubbi interpretativi sollevati dal previgente testo di legge[21] e, in particolare, quelli relativi: *i)* all'applicabilità o meno della disciplina delle offerte concorrenti alle proposte concorrenti presentate da terzi (che prevedano "proposte chiuse"); *ii)* alla possibilità o meno di proseguire l'*iter* di valutazione delle proposte concorrenti in presenza di offerte concorrenti che determinano il superamento della soglia minima di soddisfazione dei creditori; *iii)* all'esatta identificazione degli atti a titolo oneroso aventi ad oggetto "*specifici beni*" che fanno scattare l'obbligo di attivare il procedimento in esame.

Con riguardo al primo aspetto v'è da rilevare che anche il nuovo testo della norma, analogamente al precedente, continua a non limitare espressamente l'applicabilità dell'*iter* competitivo in oggetto ai soli casi in cui l'offerta "chiusa" sia prevista nell'ambito di in un piano concordatario presentato dal debitore[22].

Poiché, tuttavia, non vi sono né ragioni testuali, né ragioni di ordine sistematico che possano giustificare una diversa soluzione, è giocoforza concludere nel senso che il procedimento competitivo dovrà trovare identica applicazione in ogni caso in cui l'offerta "chiusa" sia presentata da un terzo individuato dal proponente il concordato (sia questi il debitore o il terzo che presenti una proposta concorrente)[23].

Sempre con riguardo al campo di applicazione della norma in commento, resta irrisolto anche il precedente dubbio avanzato con riguardo alla possibile interferenza tra la disciplina delle offerte concorrenti e quella delle proposte concorrenti, giacché nel caso in cui la proposta concordataria del debitore preveda la cessione ad un predeterminato terzo dell'azienda o di sue parti (rami o beni specifici) ma, al contempo, non assicuri le percentuali minime di soddisfazione dei creditori chirografari previste dal novellato art. 90, il pur obbligatorio avvio della procedura competitiva di cui alla norma in commento non può certo precludere il diritto dei creditori di presentare una o più proposte concorrenti rispetto a quella del debitore. E poiché nulla esclude che l'esito della procedura di selezione competitiva dell'acquirente – grazie alle migliori condizioni economiche proposte dal terzo aggiudicatario – possa consentire il superamento di quelle soglie minime di soddisfazione dei creditori che l'originaria proposta del terzo individuato dal debitore non assicurava, v'è da chiedersi se una tale eventualità impedisca o meno la prosecuzione dell'altrettanto obbligatorio *iter* di valutazione delle proposte concorrenti avanzate dai creditori.

Come si è già avuto modo di rilevare in precedenza[24], il punto è certamente delicato anche perché, ove si ammetta che la proposta del debitore "integrata" con l'esito della procedura competitiva possa far venir meno il presupposto oggettivo che legittima il dirit-

---

[21] E su cui sia consentito il rinvio a DI CECCO, *Offerte concorrenti*, 10.

[22] Poco rilevante è la circostanza che la relazione di accompagnamento al Codice, facendo in più occasioni riferimento alle offerte irrevocabili presentate da parte di soggetti già individuati "dal debitore", sembri "presupporre" che la fattispecie si riferisca al solo caso delle offerte chiuse individuate nella proposta del debitore.

[23] Sul punto, nel vigore della precedente disciplina, ROSSI, *Il contenuto*, 19, per il quale «sembra difficile immaginare che l'offerta di acquisto contenuta nella proposta concorrente non debba essere sottoposta alla procedura competitiva ex art. 163-bis l. fall., con il dubbio se prima debba essere (eventualmente) approvata dai creditori la proposta concorrente, e poi messa a gara l'offerta di acquisto, o, al contrario, prima si debba cristallizzare la proposta concorrente, tramite la procedura competitiva disciplinata dall'art. ult. cit., e poi sottoporla al voto dei creditori in concorrenza con quella del debitore. Il mercato, quando è troppo, rischia di inseguirsi la coda».

[24] Cfr. DI CECCO, *Offerte concorrenti*, 10.

to dei creditori di avanzare proposte concorrenti, occorrerebbe prendere atto della circostanza che, tra le due fattispecie "competitive", vi sia un implicito ordine di priorità a favore dell'istituto di cui all'art. 91 (e, con esso, una implicita preferenza per la soluzione concordataria del debitore)[25].

Benché, poi, il nuovo testo normativo abbia cura di precisare che gli «*specifici beni*» che determinano l'avvio dell'*iter* in esame sono quelli «*aziendali*», non sembra che l'innovazione lessicale risolva i dubbi interpretativi legati alla reale portata oggettiva del lemma e, dunque, alla esatta identificazione di ciò che rientra nel campo di tale definizione.

La relazione di accompagnamento si limita ad evidenziare in proposito che la specificazione introdotta avrebbe il fine di chiarire che deve trattarsi di beni «*facenti parte del perimetro aziendale, essendosi voluto evitare il rischio che debbano essere rimessi in discussione anche contratti preliminari aventi ad oggetto i beni prodotti dall'impresa che il debitore potrebbe aver stipulato anche molto tempo prima del manifestarsi della situazione di crisi; si pensi, in particolare, a contratti preliminari aventi ad oggetto beni immobili costruiti da società operanti nel settore immobiliare*». Si tratta, quindi, di precisazione che, quantomeno nelle intenzioni, vorrebbe avere la finalità di chiarire che l'ambito di applicazione della norma in commento riguarda il solo caso di trasferimento di beni "strumentali" oggetto di contratti stipulati dal proponente in funzione della presentazione della proposta concordataria e, dunque, non anche la vendita di beni oggetto della ordinaria attività d'impresa[26]. Se così è, tuttavia, la precisazione non aggiunge nulla alle conclusioni già raggiunte nel vigore del precedente testo circa il fatto le cessioni per le quali è necessario avviare il procedimento competitivo sono quelle che integrano atti di straordinaria amministrazione.

Al riguardo, si era già avuto modo di osservare che un utile spunto interpretativo può essere tratto dalla circostanza che il procedimento di selezione competitiva del contraente è previsto – oltre che nel caso dei concordati cc.dd. "chiusi" – anche nelle ipotesi di trasferimento di aziende, rami di azienda o, per l'appunto, di «*specifici beni*» rientranti nella fattispecie di cui all'art. 44, comma 1, lett. *a*), ossia nei casi in cui siano state formulate istanze per l'autorizzazione di atti urgenti di straordinaria amministrazione (quando questi consistano in uno degli atti individuati dai commi 1 e 2 della norma e vi sia una controparte del debitore già univocamente individuata).

---

[25] Uno spunto sistematico a favore della prevalenza della disciplina della norma era rinvenibile nel vigore della precedente disciplina (ed è ancora rinvenibile nel vigore di quella in commento) nel fatto che il procedimento in oggetto deve essere avviato anche per le vendite cc.dd. "autorizzate" dopo la presentazione di un ricorso "prenotativo". Il che, evidentemente, escludeva in radice che i creditori potessero paralizzare, perlomeno in tali ipotesi, l'esito della vendita ipotizzata dal debitore presentando una proposta concordataria "alternativa", stante l'assenza, in tale fase, di un piano concordatario del debitore. Se, dunque, almeno in uno dei due casi tipici previsti dalla norma in commento, il procedimento di selezione competitiva dell'acquirente era, giocoforza, da considerarsi "assorbente" rispetto alla legittimazione dei creditori ad avanzare proposte concorrenti, v'era ragione per ipotizzare che l'istituto di cui alla norma in commento rivestisse sempre un carattere di "prevalenza" rispetto a quello previsto in tema di proposte concorrenti (e, dunque, anche nell'ipotesi di cessioni effettuate in conformità al già presentato piano concordatario del debitore).

[26] Sul punto BORTOLOTTI, L. MANDRIOLI, *Le offerte concorrenti*, 110, i quali rilevano che nel vigore della precedente disciplina si era espresso in favore dell'inapplicabilità della disposizione ai contratti stipulati in periodo non sospetto Trib. Livorno, 11 maggio 2016, nonché la circolare operativa n. 2 del 2016 del Tribunale di Bergamo. In senso contrario, si era pronunciato Trib. Monza, 17 maggio 2016.

Per l'effetto, dunque, il sub-procedimento competitivo può ritenersi obbligatorio non già per ogni dismissione patrimoniale successiva all'ammissione alla procedura concordataria, ma soltanto per le cessioni di «*specifici beni*» (materiali ed immateriali) che esulano dall'ordinaria gestione dell'impresa per integrare veri e propri atti (urgenti) di "straordinaria amministrazione" (soggetti alla preventiva autorizzazione del tribunale)[27]. Di contro, invece, dovrà escludersi ogni rilevanza alle cessioni di beni da compiersi dopo l'apertura della procedura concordataria che non siano soggette ad autorizzazione giudiziale in quanto aventi ad oggetto operazioni di ordinaria gestione dell'impresa o che, ancorché soggette ad autorizzazione, non siano "a titolo oneroso" (come nel caso di concessione di un immobile in comodato d'uso).

Se, dunque, la linea di *discrimen* tra cessioni "libere" e cessioni "soggette al preventivo vaglio della verifica competitiva" è da individuarsi, nel caso delle dismissioni da effettuarsi anteriormente all'omologa, nella distinzione tra atti di ordinaria e straordinaria amministrazione, identica conclusione pare doversi trarre anche per le cessioni di "specifici beni" successive all'omologazione della proposta a favore di terzi preventivamente individuati nei piani concordatari (cc.dd. "chiusi").

[27] In altro scritto (DI CECCO, *Offerte concorrenti*, 106) si rilevava, già nella vigenza del precedente testo di legge, che «seguendo l'insegnamento della giurisprudenza, il presupposto oggettivo del procedimento competitivo potrà (o, meglio, dovrà) ritenersi integrato anche nel caso di operazioni di i) «concessione del diritto di sfruttamento di un marchio»; ii) «cessione di hardware»; iii) trasferimento delle giacenze di magazzino; iv) «alienazione di un bene che non abbia carattere strategico per l'impresa che il debitore intenda compiere dopo l'ammissione al concordato. Ove, peraltro, si consideri la nozione di "bene" in senso ampio, sì da ricomprendervi qualsivoglia rapporto giuridico avente contenuto patrimoniale, ad analogo procedimento dovranno essere sottoposte anche le operazioni finalizzate alla cessione a terzi (dopo l'apertura del concordato) di determinate posizioni contrattuali attive, come nel caso di vendita di «licenze software», di concessione in subappalto dell'esecuzione di un'opera, di trasferimento di rapporti giuridici in blocco o di cessione di contratti aventi ad oggetto il diritto d'uso di beni (compresi i contratti di leasing)».

Articolo 92
Commissario giudiziale

1. Il commissario giudiziale è, per quanto attiene all'esercizio delle sue funzioni, pubblico ufficiale.

2. Si applicano al commissario giudiziale gli articoli 125, 126, 133, 134, 135, 136 e 137, in quanto compatibili, nonché le disposizioni di cui agli articoli 35, comma 4-bis, e 35.1 del decreto legislativo 6 settembre 2011, n. 159; si osservano altresì le disposizioni di cui all'articolo 35.2 del predetto decreto.

3. Il commissario giudiziale vigila sull'attività del debitore e fornisce ai creditori che ne fanno richiesta, valutata la congruità della stessa e previa assunzione di opportuni obblighi di riservatezza, le informazioni utili per la presentazione di proposte concorrenti, sulla base delle scritture contabili e fiscali obbligatorie del debitore, nonché ogni altra informazione rilevante in suo possesso. Nel concordato in continuità aziendale, nel termine concesso ai sensi dell'articolo 44, comma 1, lettera a), il commissario giudiziale, se richiesto o in caso di concessione delle misure protettive di cui all'articolo 54, comma 2, affianca il debitore e i creditori nella negoziazione del piano formulando, ove occorra, suggerimenti per la sua redazione.

4. La disciplina di cui al comma 3 si applica anche in caso di richieste, da parte di creditori o di terzi, di informazioni utili per la presentazione di offerte concorrenti.

5. Il commissario giudiziale comunica senza ritardo al pubblico ministero i fatti che possono interessare ai fini delle indagini preliminari in sede penale e dei quali viene a conoscenza nello svolgimento delle sue funzioni.

Giustino Di Cecco

Sommario: 1. Introduzione. – 2. Le (poche) novità apportate dal Codice. – 3. La nomina del commissario giudiziale.

1. – Il nuovo Codice innova, ma non stravolge, le previgenti regole dettate per il commissario giudiziale dall'art. 165 l. fall.

In primo luogo, infatti, viene ribadito che il commissario giudiziale, nell'esercizio delle proprie funzioni, è pubblico ufficiale ed è soggetto alle disposizioni, in quanto compatibili, dettate in materia di reclamo avverso gli atti e le omissioni del curatore, di revoca e responsabilità del curatore, nonché di compenso del curatore[1].

In secondo luogo, la norma conferma gli obblighi informativi previsti dalla normativa delle proposte e delle offerte concorrenti, con la precisazione che in entrambi i casi il commissario giudiziale deve sì favorire la massima competizione nell'ottica del miglior realizzo dell'attivo, ma, al tempo stesso, deve adottare le più idonee misure di riservatezza e verificare preliminarmente la congruità dell'iniziativa di ogni creditore che richieda le informazioni necessarie a formulare proposte concorrenti.

In terzo luogo, la disposizione riproduce il previgente dovere del commissario di comunicare al pubblico ministero i fatti conosciuti nell'esercizio delle proprie funzioni che possono essere di potenziale interesse ai fini delle indagini di natura penale.

In quarto ed ultimo luogo, la disposizione in commento si discosta dalla previgente disciplina (dell'art. 165 l. fall.) in conseguenza: *i)* dell'espresso richiamo alle norme di cui agli artt. 35, comma 4-*bis*, 35.1 e 35.2 d.lgs. 6 settembre 2011, n. 159 in tema di amministrazione giudiziaria[2]; *ii)* della mancata riproduzione del (rinvio al) divieto previsto (nel concordato fallimentare) a carico del fallito e delle società controllate o sottoposte a comune controllo (inizialmente dall'art. 124, comma 1, ultimo periodo, l. fall. ed ora) dall'art. 240, comma 1, penultimo periodo[3]; *iii)* della dichiarata applicabilità al commissario giudiziale della disciplina dettata in tema sostituzione del curatore dall'art. 135 e *iv)* dell'attribuzione al commissario in caso di concordato in continuità, di un inedito ruolo di affiancamento al debitore ed ai creditori nelle trattative prodromiche alla predisposizione del piano (se richiesto o in presenza di concessione di misure protettive)[4].

In relazione a ciascuna delle suddette innovazioni può, dunque, svolgersi qualche breve notazione di merito.

2. – Alla figura del commissario giudiziale vengono, anzitutto, rese espressamente applicabili le disposizioni dettate in relazione alle cause di incompatibilità all'assunzione dell'ufficio di amministratore giudiziario dagli artt. 35, comma 4-*bis*, 35.1 e 35.2, d.lgs. 6 settembre 2011, n. 159.

Di conseguenza, non può assumere, l'ufficio di commissario giudiziale, né quello di suo coadiutore, chi è legato da rapporto di coniugio, unione civile o convivenza di fatto ai sensi della l. 20 maggio 2016, n. 76, di parentela entro il terzo grado o di affinità entro il secondo grado con magistrati addetti all'ufficio giudiziario al quale appartiene il magistrato che conferisce l'incarico, nonché coloro i quali hanno con tali magistrati un rapporto di assidua frequentazione. A tal fine il commissario giudiziale, al momento dell'accettazione

[1] Per una elencazione delle funzioni cui è tenuto il commissario giudiziale cfr. RAVINA, *Gli organi.*

[2] Sul punto LO CASCIO, *Il codice*, 270.

[3] Le due disposizioni, in modo identico, dispongono che «*la proposta non può essere presentata dal debitore, da società cui egli partecipi o da società sottoposte a comune controllo se non dopo il decorso di un anno dalla sentenza che ha dichiarato l'apertura della procedura di liquidazione giudiziale e purché non siano decorsi due anni dal decreto che rende esecutivo lo stato passivo*». La norma del Codice, tuttavia, aggiunge, all'ult. comma, l'ulteriore condizione secondo cui «*La proposta del debitore di società cui egli partecipi o di società sottoposte a comune controllo è ammissibile solo se prevede l'apporto di risorse che incrementino il valore dell'attivo di almeno il dieci per cento*».

[4] Le ultime due sono state introdotte dal d.lgs. 17 giugno 2022, n. 83, con cui è stata recepita la direttiva UE 2019/1023 (c.d. Direttiva Insolvency).

dell'incarico, e comunque entro due giorni dalla comunicazione della nomina, dovrà depositare presso la cancelleria dell'ufficio giudiziario conferente l'incarico una dichiarazione attestante l'insussistenza delle suddette cause di incompatibilità; dichiarazione che è soggetta alla vigilanza e, dunque, al controllo del presidente della corte di appello territorialmente competente.

La seconda novità introdotta riguarda il mancato richiamo al divieto di presentazione di proposte concorrenti da parte del soggetto sottoposto alla procedura, di società a cui questi partecipi o sottoposte a comune controllo, contenuto nel testo dell'art. 124, comma 1, ultimo periodo, l. fall. espressamente richiamato dall'art. 165 l. fall.

Si tratta, tuttavia, di una novità di poco conto dovuta, unicamente, a ragioni di migliore sistemazione organica della disciplina in considerazione del fatto che il predetto divieto – che la novellata disciplina pone all'art. 240 – è compreso nel più ampio divieto previso all'art. 90, comma 3 che, per l'appunto, stabilisce espressamente che la proposta concorrente non può essere presentata dal debitore, neppure per interposta persona, dal coniuge, dalla parte di un'unione civile tra persone dello stesso sesso o dal convivente di fatto del debitore, da parenti e affini entro il quarto grado e da parti correlate.

La tecnica normativa adottata, tuttavia, pone un dubbio interpretativo con riguardo all'applicabilità o meno del medesimo divieto anche alla diversa ipotesi delle offerte concorrenti che, secondo il previgente testo dell'art. 165 l. fall. era soggetta alle medesime disposizioni dettate per le proposte concorrenti e che ora, invece, per espressa disposizione normativa di cui al comma 4 della disposizione in commento, è sottoposta unicamente alle regole del comma 3 della norma in commento e non anche, evidentemente, al divieto dell'art. 90, comma 3 (che sancisce la regola impeditiva).

Non è chiaro, infatti, se l'omesso richiamo debba essere inteso come volontà del legislatore di non estendere il divieto alle offerte concorrenti, consentendo quindi la presentazione delle stesse anche a soggetti legati al debitore[5], o piuttosto rappresenti un mero difetto di coordinamento da superare in via interpretativa. Se il criterio ermeneutico che impone di interpretare restrittivamente le norme che pongono divieti rispetto a regole generali sembrerebbe far propendere per la prima soluzione, v'è da rilevare che la *ratio* dell'istituto delle offerte concorrenti di favorire le vendite a prezzi migliori rende l'identità di colui che, a seguito della gara, risulta essere il soggetto che ha offerto la maggior somma per il bene o compendio in vendita un aspetto di secondaria rilevanza[6]. Di contro, nel caso delle proposte concorrenti, l'eventualità che una parte correlata al debitore possa presentare un piano concordatario alternativo a quello del debitore aumenta il rischio di presentazione di proposte di concordato "predatorie" a danno dei creditori in ragione della ammessa possibilità di porvi "rimedio" successivo con proposte concorrenti "correlate" nel caso di effettiva presentazione di proposte concorrenti da parte di terzi. Il che, dunque, sembra confermare l'idea che il divieto valga nei termini letterali nei quali è ora posto e

[5] O al debitore stesso evidentemente nel caso in cui la procedura sia attivata a seguito di offerta chiusa presentata da un terzo nell'ambito di una proposta concorrente.

[6] Del resto, vietare l'offerta concorrente da parte di un soggetto "correlato" nel caso di gara indetta a seguito di proposte concordatarie "chiuse" presentare da un creditore o da un terzo esporrebbe il debitore ed i suoi creditori ad un rischio di sottovalutazione dell'attivo in vendita non evitabile da parte del debitore che non potesse partecipare, direttamente o con società correlate, alla relativa gara.

non possa essere esteso esegeticamente alla diversa fattispecie delle offerte concorrenti.

Quanto, poi, alla neo introdotta applicabilità diretta della disciplina dettata dall'art. 135 in tema di sostituzione del curatore, la relazione al d.lgs. 17 giugno 2022, n. 83 precisa che la modifica si è resa necessaria per dare attuazione al principio di cui all'art. 26, § 1, lett. *d*), Direttiva Insolvency, secondo il quale i debitori ed i creditori devono avere sempre la possibilità di opporsi alla scelta o alla nomina del professionista o, comunque, di chiederne la sostituzione in ipotesi di conflitto di interessi. In attuazione dello stesso principio, il legislatore ha modificato anche lo stesso art. 135, che, come noto, nella sua precedente versione, per un verso, non collegava la possibilità di sostituzione all'esigenza di evitare possibili conflitti di interessi, ma genericamente ad ogni possibile ragione indicata dagli istanti, rimettendone al tribunale la relativa valutazione, e, per altro verso, riconosceva la legittimazione attiva all'esercizio del diritto non al singolo creditore, ma soltanto alla maggioranza dei crediti ammessi [7].

Se l'esplicitato riferimento alla sola ipotesi di conflitto di interessi e la contemporanea espunzione della possibilità di richiedere la sostituzione per ogni altra diversa ragione sembra sancire, di fatto, un restringimento dei presupposti per la richiesta di sostituzione, venendo meno la facoltà dei creditori di richiedere la sostituzione del commissario (o del curatore) in presenza di ragioni di opportunità diverse dal conflitto di interessi [8], l'ampliamento della legittimazione attiva a qualsivoglia creditore e non soltanto ai titolari del maggior credito ne ampia significativamente il campo di possibile applicazione.

L'ultima novità introdotta riguarda l'affidamento al commissario del compito di affiancare il debitore ed i creditori nelle trattative prodromiche alla predisposizione del piano in caso di concordato in continuità nel periodo di tempo concesso al debitore tra la domanda con "riserva" ed il termine per la presentazione della domanda "piena", con l'unica (e non particolarmente significativa) precisazione secondo cui il commissario potrà formulare, ove occorra, suggerimenti per la redazione del piano.

Si tratta, anche in tal caso, di una innovazione che trova ragione nella Direttiva Insolvency che, all'art. 5, § 3, prevede proprio una tale tipologia di "partecipazione attiva" del professionista [9].

Rilevato che l'introduzione della nuova disposizione legislativa amplia significativamente il novero dei compiti attribuiti al commissario, affidandogli una nuova tipologia di attività che, nel sistema previgente, gli era del tutto estranea, non v'è dubbio che proprio

---

[7] La norma ora dispone, infatti, che «*Al fine di evitare conflitti di interessi, il debitore e i creditori ammessi possono chiedere la sostituzione del curatore indicandone al tribunale le ragioni. Il tribunale, valutate le ragioni della richiesta e verificata l'assenza di conflitto di interessi in capo ai creditori istanti, provvede alla nomina del nuovo curatore*».

[8] Stante l'eliminazione dal campo di applicazione dell'articolo in commento, resta da comprendere se tali fattispecie potranno ora rientrare nella diversa ipotesi di revoca ai sensi dell'art. 134, ferma restando l'assenza in questo caso di legittimazione attiva del singolo creditore,

[9] Secondo quanto previsto dall'art. 5, § 3, Direttiva Insolvency gli Stati membri dovevano prevedere provvedere alla nomina di un professionista nel campo della ristrutturazione per assistere il debitore e i creditori nel negoziare e redigere il piano almeno nei seguenti casi: (i) quando è concessa una sospensione generale delle azioni esecutive individuali, (ii) quando è prevista l'omologazione di un piano che preveda la suddivisione in classi da approvare a maggioranza e (iii) quando la nomina è richiesta dal debitore o dalla maggioranza dei creditori, purché, in quest'ultimo caso, i creditori si facciano carico del costo del professionista.

la novità delle attribuzioni conferitegli avrebbe, forse, meritato qualche regola aggiuntiva con riguardo, per un verso, all'individuazione dell'attività rimessa in tal caso al commissario e, per altro verso, alle possibili responsabilità alle quali questi può in tal caso incorrere.

Nel silenzio della norma, non è chiaro se il commissario dovrà svolgere un ruolo attivo e propositivo, similare a quello dell'esperto nell'ambito della composizione negoziata (come sembra suggerire il riferimento alla possibile formulazione di proposte redazionali), o se, invece, la sua attività possa limitarsi ad essere di carattere meramente partecipativo, evidentemente al solo fine di consentirgli di avere un più completo bagaglio informativo per lo svolgimento del proprio ruolo sia durante tale fase (c.d. di "pre-concordato") sia all'esito della presentazione del piano.

La circostanza che la disposizione non impone la partecipazione del commissario alle trattative *in ogni caso* ma soltanto «*se richiesto*» (presumibilmente) dal debitore (ma non è da escludere anche dai creditori) o in caso di concessione di misure protettive[10] induce a ritenere che il ruolo del commissario in tale fase non vada oltre i suoi ordinari compiti di controllo dell'attività del debitore a tutela dei creditori e, dunque, sembra escludere ogni obbligo in capo a quest'ultimo di farsi parte attiva e diligente nella conduzione delle trattative.

Il fatto, poi, che il legislatore italiano abbia limitato l'applicazione di una tale regola ai soli concordati in continuità aziendale trova ragione nel fatto che la Direttiva Insolvency prevede un tale tipo di intervento nei soli piani di ristrutturazione.

Sul punto è, però, necessaria un'osservazione, dal momento che l'art. 44, nel rimandare all'art. 40 per l'individuazione del contenuto della domanda di accesso ad uno strumento di composizione della crisi, non richiede al debitore di indicare il tipo di piano concordatario che intenderà presentare all'esito del termine concesso. Considerato, infatti, che la nuova (ed ulteriore) attività di affiancamento nelle trattative dal parte del commissario è prevista obbligatoriamente *(i)* nel solo caso di concordato in continuità aziendale e *(ii)* unicamente nell'arco temporale che va dal decreto di concessione dei termini di cui all'art. 44 ed il deposito della domanda "piena", pare corretto ritenere che la norma, seppur implicitamente, impone al debitore l'onere di indicare, almeno a far data dalla richiesta di misure protettive o dalla richiesta al commissario di partecipare alle trattative, la propria intenzione di proporre un concordato in continuità.

3. – Un'ultima notazione merita, infine, il nuovo regime dettato per la nomina dei soggetti che possono ricoprire il ruolo di commissario giudiziale. Come è noto, infatti, l'art. 356 ha introdotto l'albo unico nazionale dei soggetti incaricati dall'autorità giudiziaria per lo svolgimento delle funzioni di gestione e di controllo delle procedure regolate dal Codice, con la finalità di istituire un unico elenco di soggetti specializzati da cui i giudici possono attingere all'atto di procedere con le nomine degli organi delle diverse procedure concorsuali.

Sul punto va osservato che con il d.lgs. 26 ottobre 2020, n. 147 il legislatore è interve-

---

[10] Quelle «*di cui all'articolo 54, comma 2*» aventi ad oggetto il divieto di azioni esecutive individuali o le eventuali «*ulteriori misure temporanee per evitare che determinate azioni di uno o più creditori possano pregiudicare, sin dalla fase delle trattative, il buon esito delle iniziative assunte per la regolazione della crisi o dell'insolvenza*».

nuto per eliminare l'incongruenza sistematica dovuta al fatto che la precedente versione (mai entrata in vigore) della norma in commento non richiamava espressamente l'art. 125[11], che, per la nomina a curatore, impone ai singoli giudici l'obbligo di attingere al suddetto albo unico, stante l'espresso rinvio all'art. 356.

Il mancato rinvio a detta norma avrebbe, infatti, potuto ingenerare il dubbio che in caso di nomina del commissario giudiziale non vi fosse l'obbligo di ricorrere al medesimo elenco.

Invero, considerato che l'art. 356, nell'individuare le tipologie degli incarichi attribuibili agli iscritti nell'albo, includeva espressamente già prima del decreto correttivo, anche il ruolo di commissario giudiziale, pareva corretto ritenere il mancato richiamo dell'art. 356 *in sedes materiae* fosse null'altro che un difetto di coordinamento. Una diversa conclusione, del resto, avrebbe finito per rendere applicabile alle nomine dei commissari giudiziali un regime diverso rispetto a quello adottato per gli organi di gestione e controllo di tutte le altre procedure concorsuali, senza che un tale trattamento differenziale potesse ritenersi giustificato da ragioni di ordine logico o di carattere sistematico.

L'introduzione, ora, dell'espresso richiamo all'art. 125 elimina in radice ogni dubbio al riguardo, confermando il principio dell'unicità del regime applicabile alle nomine di tutti gli organi gestori delle procedure a carattere giudiziale.

[11] Sul punto AA.VV., *Verso il nuovo*, 13.

Articolo 93
Pubblicità del decreto

1. Se il debitore possiede beni immobili o altri beni soggetti a pubblica registrazione, il decreto di apertura è trascritto nei pubblici registri a cura del commissario giudiziale.

Jacopo Paoloni

Sommario: 1. Una panoramica sulle novità in tema di pubblicità del decreto. – 2. L'eliminazione di indicazioni in merito alla notifica del decreto. – 3. Un ruolo certamente operativo per il commissario giudiziale.

1. – Le novità introdotte dal nuovo Codice rispetto alla disciplina della pubblicità del decreto di apertura del concordato preventivo sono molteplici, in particolar modo in senso omissivo rispetto alla vecchia formulazione.

Come noto, infatti, l'art. 166 l. fall., rubricato al pari della norma in commento «*pubblicità del decreto*», disponeva che di dare pubblicità al decreto di apertura della procedura di concordato preventivo si dovesse occupare il cancelliere «*a norma dell'art. 17*»[1], che il tribunale potesse disporre altresì la pubblicazione del decreto in uno o più quotidiani nazionali e, da ultimo, l'applicazione del comma 2 dell'art. 88 l. fall. all'ipotesi in cui il debitore possedesse beni immobili o comunque soggetti a pubblica registrazione[2].

La vecchia formulazione della disposizione in tema di pubblicità del decreto di apertura del concordato preventivo – nella versione risultante dalla novella portata dalla l. n. 80 del 2005 – recava dunque due diretti riferimenti alla disciplina della pubblicità della sentenza dichiarativa di fallimento, circostanza voluta dal legislatore allo scopo di omogenizzare delle forme pubblicitarie del concordato preventivo e del fallimento[3].

[1] L'art. 17 l. fall. rubricato «*Comunicazione e pubblicazione della sentenza dichiarativa di fallimento*» disponeva le modalità di notifica al debitore e di comunicazione al pubblico ministero della sentenza dichiarativa di fallimento, oltre che la annotazione presso il registro delle imprese.

[2] Il comma 2 dell'art. 88 l. fall. recita che «*se il fallito possiede immobili o altri beni soggetti a pubblica registrazione, il curatore notifica un estratto della sentenza dichiarativa di fallimento ai competenti uffici, perché sia trascritto nei pubblici registri*».

[3] Si veda in merito AUDINO, *Art. 166*.

Nell'articolo in commento sparisce invece ogni riferimento normativo alla disciplina della liquidazione giudiziale e viene altresì elisa la possibilità del tribunale, in sede di emanazione del decreto di apertura del concordato preventivo, di disporne la pubblicazione sui quotidiani nazionali – tanto invero, anche al fine di progredire nell'opera di semplificazione ed ammodernamento delle forme di pubblicità, già intrapreso con la già menzionata riforma della legge fallimentare del 2005.

2. – Come anticipato, la formulazione della disposizione in commento contenuta nell'oramai abrogata legge fallimentare, disponeva che il cancelliere del tribunale che avesse provveduto alla emanazione del decreto di apertura, avrebbe altresì dovuto procedere, ai sensi dell'art. 17 l. fall., con la richiesta al competente ufficio di notificare la copia del decreto al debitore – notifica da operare ai sensi dell'art 137 c.p.c. –.

Nell'attuale art. 93, scompare qualsivoglia riferimento – sebbene operato per rimando alla disciplina del fallimento – alla notificazione del provvedimento di apertura della procedura di concordato al debitore.

Valga in ogni caso evidenziare come, in ogni caso, appaia quanto meno bizzarra l'idea per cui, sulla scorta delle nuova disciplina in tema di pubblicità del decreto, la funzione della pubblicità medesima possa essere relegata, nella residuale ipotesi della presenza in capo al debitore di beni soggetti a pubblica registrazione, alla conseguente pubblicità dichiarativa di opponibilità ai terzi, escludendo pertanto l'effetto di pubblicità notizia[4] della notifica al debitore nelle forme previste dal codice di procedura.

In conseguenza di ciò pare corretto pensare che nella prassi i Tribunali competenti a valutare la domanda di ammissione al concordato – sia essa una domanda già corredata dalla presentazione del piano e della proposta o un mero ricorso all'ammissione con riserva – proseguiranno nel procedere alla comune notifica del provvedimento ai sensi e per gli effetti dell'art. 137 c.p.c.

Dal pari, non pare doversi escludere nonostante l'attuale formulazione dell'art. in commento che, a seguito della emanazione del decreto di ammissione alla procedura di concordato, la cancelleria del tribunale che ha emesso il provvedimento proceda comunque, indipendentemente dalla presenza di beni immobili o soggetti a registrazione in capo al fallito, al richiedere al competente ufficio del registro delle imprese la annotazione del provvedimento medesimo, trasmettendone opportuno estratto.

3. – Come evidentemente risulta dal confronto tra l'attuale art. 93 e l'art. 166 l. fall., il legislatore della riforma pone l'accento sulla esigenza di garantire la sicurezza e l'effettività dei negozi giuridici, premurandosi di rimarcare – come già in realtà avveniva nel vecchio art. 166 l. fall., per mezzo del richiamo all'art. 88 in tema di trascrizione della sentenza dichiarativa di fallimento – come il decreto di apertura del concordato, ove la procedura interessi beni immobili o comunque soggetti a pubblica registrazione, debba essere trascritto nei relativi registri (conservatoria, P.R.A.).

---

[4] Sull'effetto di pubblicità notizia della pubblicità operata nelle forme del vecchio art. 166 l. fall. BONSIGNORI, *Concordato preventivo*, CENSONI, *Art. 166*.

Il legislatore della riforma ha tuttavia inteso rimarcare il ruolo operativo del commissario giudiziale nella fase di trascrizione del decreto.

Ed infatti, mentre sulla scorta del vecchio art. 166 l. fall. – sempre in forza del richiamo dell'art. 88 – il commissario aveva il solo compito di procedere di notificare un estratto del decreto di ammissione al competente pubblico registro affinché tale ultimo ponesse in essere le formalità prodromiche alla trascrizione, l'attuale formulazione evidenzia come sia proprio il commissario a procedere con tali ultime formalità (presentazione al conservatore del decreto e della nota in doppio originale.

Articolo 94

Effetti della presentazione della domanda di concordato

1. Dalla data di presentazione della domanda di accesso al concordato preventivo e fino all'omologazione, il debitore conserva l'amministrazione dei suoi beni e l'esercizio dell'impresa, sotto la vigilanza del commissario giudiziale.

2. Fermo il disposto dell'articolo 46, i mutui, anche sotto forma cambiaria, le transazioni, i compromessi, le alienazioni di beni immobili e di partecipazioni societarie di controllo, le concessioni di ipoteche o di pegno, le fideiussioni, le rinunzie alle liti, le ricognizioni di diritti di terzi, le cancellazioni di ipoteche, le restituzioni di pegni, le accettazioni di eredità e di donazioni e in genere gli atti eccedenti l'ordinaria amministrazione, compiuti senza l'autorizzazione del giudice delegato, sono inefficaci rispetto ai creditori anteriori al concordato.

3. L'autorizzazione può essere concessa prima dell'omologazione, sentito il commissario giudiziale, se l'atto è funzionale al miglior soddisfacimento dei creditori.

4. Con decreto, il tribunale può stabilire un limite di valore al di sotto del quale non è dovuta l'autorizzazione di cui al comma 2.

5. L'alienazione e l'affitto di azienda, di rami di azienda e di specifici beni autorizzati ai sensi del comma 2, sono effettuate tramite procedure competitive, previa stima ed adeguata pubblicità.

6. Il tribunale, in caso di urgenza, sentito il commissario giudiziale, può autorizzare gli atti previsti al comma 5 senza far luogo a pubblicità e alle procedure competitive quando può essere compromesso irreparabilmente l'interesse dei creditori al miglior soddisfacimento. Del provvedimento e del compimento dell'atto deve comunque essere data adeguata pubblicità e comunicazione ai creditori.

Paolo Felice Censoni

Sommario: 1. Il quadro normativo. – 2. La distinzione fra ordinaria e straordinaria amministrazione.

1. – Contrariamente a quanto lascerebbe intendere la rubrica della norma in esame, l'art. 94 si limita a disciplinare taluni effetti del concordato preventivo nei (soli) confronti del debitore, riproponendo, con alcune modifiche, il testo dell'art. 167 l. fall. [1].

---

[1] Sul tema cfr. anche DIMUNDO, *Effetti del concordato*, 1247 ss.

Tuttavia anche l'art. 46 (fatto salvo all'inizio del comma 2 dell'art. 94) disciplina taluni effetti del concordato preventivo (anche) nei confronti del debitore («*effetti della domanda di accesso al concordato preventivo*»), secondo che conseguano alla mera presentazione della domanda di concordato (non importa se «*con riserva*» oppure già completa della proposta, del piano e della documentazione) o piuttosto al decreto di ammissione.

Ma apparentemente sembra restare immutato il principio fondamentale per il quale «*dalla data di presentazione della domanda di accesso al concordato preventivo e fino all'omologazione*», con una parificazione del *dies a quo* e del *dies ad quem* degli effetti sostanziali del concordato per il debitore e per i creditori (v. art. 96) [2], «*il debitore conserva l'amministrazione dei suoi beni e l'esercizio dell'impresa, sotto la vigilanza del commissario giudiziale*».

In realtà il principio testé enunciato riguarda solo il compimento degli atti di ordinaria amministrazione (come stabiliva anche l'art. 161, comma 7, l. fall. per la fase preconcordataria: «*nello stesso periodo e a decorrere dallo stesso termine il debitore può altresì compiere gli atti di ordinaria amministrazione*»), non quelli di straordinaria amministrazione; ma detto principio può incontrare una severa eccezione nel caso in cui si dia in concreto effettiva applicazione alla disposizione contenuta nell'art. 54, comma 1, secondo cui (anche) nel corso della procedura di concordato preventivo (dalla domanda in poi) «*su istanza di parte, il tribunale può emettere i provvedimenti cautelari* [3], *inclusa la nomina di un custode dell'azienda o del patrimonio, che appaiono, secondo le circostanze, più idonei ad assicurare provvisoriamente gli effetti delle sentenze di omologazione di strumenti di regolazione della crisi e dell'insolvenza*»; cosicché, oltre al dubbio su chi sia legittimato a presentare una simile istanza nel concordato preventivo per potersi qualificare come «*parte*», sta di fatto che il debitore, il quale per sfuggire alla liquidazione giudiziale chiede di accedere alla procedura in esame, rischierebbe di vedersi privato della sua azienda e del suo patrimonio (fino all'omologazione del concordato) prima ancora di avere predisposto una proposta e un piano di ristrutturazione dei crediti [4].

2. – Degli atti di straordinaria amministrazione si occupano sia i primi commi dell'art. 46, innanzitutto con riferimento a quelli compiuti *medio tempore* fra il deposito della do-

[2] E tuttavia, mentre per il *dies a quo* l'unico dubbio resta quello di stabilire se quegli effetti si producano per tutti dalla data del deposito della domanda in tribunale o dalla data dell'iscrizione di questa nel registro delle imprese o se la prima valga per il debitore e la seconda per i creditori, più complesso è stabilire quale sia il *dies ad quem*, che in passato l'art. 168, comma 1, l. fall. faceva coincidere con il «*momento in cui il decreto di omologazione del concordato preventivo diventa definitivo*», cioè, in assenza di opposizioni, quando il decreto di omologazione era depositato in cancelleria; ed invece, in presenza di opposizioni, quando erano scaduti i termini per l'impugnazione di detto decreto o quando le impugnazioni previste dall'art. 183 l. fall. si erano esaurite.

[3] Per «*provvedimenti cautelari*» devono intendersi in generale – a norma dell'art. 2, lett. *q)* – i provvedimenti «*emessi dal giudice competente a tutela del patrimonio o dell'impresa del debitore, che appaiano secondo le circostanze più idonei ad assicurare provvisoriamente il buon esito delle trattative e gli effetti degli strumenti di regolazione della crisi e dell'insolvenza e delle procedure di insolvenza*».

[4] Il riferimento alla nomina di un *custode dell'azienda o del patrimonio* induce a ritenere che il legislatore della riforma abbia inteso reintrodurre nel nostro ordinamento giuridico l'istituto della *gestione commissariale*, già prevista per l'amministrazione controllata (ora abrogata) dall'art. 191 l. fall., in base al quale appunto il tribunale poteva affidare la gestione dell'impresa, in tutto o in parte, al commissario giudiziale su istanza di ogni interessato o anche d'ufficio in qualsiasi momento, ma comunque solo dopo il deposito in giudizio del piano di risanamento; sul tema cfr. CENSONI, *Gestione commissariale*, 1 ss.

manda di accesso al concordato e il decreto di apertura emesso dal tribunale a norma dell'art. 47 (v. l'*incipit* del comma 1 dell'art. 46), sia l'art. 94 dal comma 2 in poi, con riferimento agli atti compiuti dopo il decreto di apertura e fino all'omologazione; d'altra parte la medesima distinzione era presente anche nella legge fallimentare, fra il comma 7 dell'art. 161 e l'art. 167, commi 2 e 3.

Come per il passato (v. art. 167, comma 2, l. fall.) anche il Codice, nella norma qui in esame, contiene un lungo elenco[5], integrato (nel comma 5) con «*l'alienazione e l'affitto di azienda, di rami di azienda*», ma comunque meramente indicativo e non tassativo, dato il successivo riferimento («*in genere*») a qualunque atto eccedente l'ordinaria amministrazione; quanto alla distinzione tra atti di ordinaria e atti di straordinaria amministrazione[6] non mi pare ragionevole ricorrere a criteri diversi secondo che l'atto sia compiuto prima o dopo l'apertura del concordato; tuttavia nella fase preconcordataria la domanda di autorizzazione presentata dal debitore al tribunale deve contenere «*idonee informazioni sul contenuto del piano*», ciò che ne presuppone già un'avanzata predisposizione (art. 46, comma 2).

Come per il passato identica è la necessità dell'autorizzazione: o del tribunale per gli atti di straordinaria amministrazione che il debitore intende compiere *medio tempore* fra il deposito della domanda di accesso al concordato e il decreto di apertura (acquisito il parere del commissario giudiziale, se nominato, o acquisite altre informazioni), ma solo ove «*urgenti*» (art. 46, commi 1 e 2); o del giudice delegato (sentito il commissario giudiziale) per gli atti di straordinaria amministrazione che il debitore intende compiere dopo l'apertura del procedimento e fino all'omologazione (artt. 46, comma 3 e 94, comma 2), ma solo ove funzionali al «*miglior soddisfacimento dei creditori*».

Identica, ancora una volta come per il passato, è la possibilità concessa in qualsiasi momento al tribunale di «*stabilire* [con decreto] *un limite di valore al di sotto del quale non è dovuta l'autorizzazione*» (art. 94, comma 4 e art. 167, comma 3, l. fall.): qui, in definitiva, il legislatore ha lasciato al tribunale il potere di escludere preventivamente dall'area della straordinaria amministrazione atti che diversamente vi sarebbero rientrati, in relazione alla loro natura (ad esempio, mutui o transazioni o alienazioni immobiliari), semplicemente fissando una soglia quantitativa.

Identiche infine sono le sanzioni che colpiscono l'eventuale compimento di un atto di straordinaria amministrazione privo dell'autorizzazione del tribunale o del giudice delegato: la prima è quella della sua inefficacia rispetto ai creditori anteriori al concordato (rispettivamente sancita dal comma 1 dell'art. 46 e dal comma 2 dell'art. 94); la seconda è quella della revoca del procedimento (rispettivamente sancita dal comma 1 dell'art. 46 e dai commi 2 e 3 dell'art. 106) e, sussistendone i presupposti, anche dell'apertura della liquidazione giudiziale (art. 106, comma 3)[7].

Rispetto al passato vi sono però alcune differenze.

---

[5] Con l'aggiunta, rispetto all'art. 167, comma 2, l. fall., delle alienazioni «*di partecipazioni societarie di controllo*».

[6] Sulla discriminazione fra atti di ordinaria e atti di straordinaria amministrazione, con riferimento alle procedure concorsuali, cfr. CENSONI, *Gli effetti*, 73 ss., nota 104; CORSI, *Il concetto*, 147 s., 218 ss.; DE MARTINI, *Esperienze pratiche*, 91 s.; JORIO, *I rapporti giuridici*, 97 ss.; RIVOLTA, *L'esercizio*, 320 ss.

[7] L'art. 106 corrisponde all'art. 173 l. fall., ma con una rubrica diversa: non più «*revoca dell'ammissione al concordato*», bensì «*atti di frode e apertura della liquidazione giudiziale nel corso della procedura*».

La prima consiste nel fatto che nel comma 2 della norma qui in esame non si richiede più che l'autorizzazione del giudice delegato debba essere «*scritta*»; ma resta immutato l'interrogativo se l'autorizzazione debba necessariamente essere preventiva o se sia ammissibile una ratifica successiva al compimento dell'atto.

La seconda differenza è più significativa, introducendo nel comma 3 dell'art. 94 una condizione (all'autorizzazione e quindi allo stesso potere del giudice) che non era richiesta nell'art. 167 l. fall. e non si ritrova neppure nell'art. 46, con riferimento al relativo potere del tribunale anteriormente all'apertura del concordato, (indirettamente) condizionato – come detto in precedenza – alla verifica dell'urgenza e semmai della conformità dell'atto da compiere al «*contenuto del piano*»; qui al contrario si pretende che l'autorizzazione possa essere concessa solo «*se l'atto è funzionale al miglior soddisfacimento dei creditori*»[8].

Fra gli atti di straordinaria amministrazione una disciplina *sui generis* di natura procedimentale è riservata, negli ultimi due commi della norma in esame, all'alienazione (ma non all'acquisto) o all'affitto di aziende, rami di azienda o specifici beni che siano appunto oggetto di atti di straordinaria amministrazione; per dette operazioni il Codice detta una regola generale (nel comma 5) ed una deroga (nel comma 6): la prima consiste in un triplice obbligo: *a*) di far previamente stimare quei beni («*previa stima*»); *b*) di prevedere per l'alienazione o l'affitto una qualche «*procedura competitiva*»; *c*) di dare di detta procedura una «*adeguata pubblicità*»; la deroga riguarda l'esonero dalla procedura competitiva e dalla relativa pubblicità; ma, a sua volta, a due condizioni: (*i*) che l'operazione sia indilazionabile («*in caso di urgenza*»); e (*ii*) che il mancato compimento dell'atto rischi di compromettere «*irreparabilmente l'interesse dei creditori al miglior soddisfacimento*»; poi, ottenuta l'autorizzazione, di questa e del compimento dell'atto «*deve comunque essere data adeguata pubblicità e comunicazione ai creditori*».

In verità si tratta di espressioni alquanto fumose, sia sulla tipologia di «*procedura competitiva*» da adottare, sia sull'adeguatezza della pubblicità in entrambi i casi previsti; nella legge fallimentare una disposizione simile era contenuta nell'art. 163-*bis* a proposito delle «*offerte concorrenti*», cioè quando l'alienazione o l'affitto di aziende o rami di azienda ovvero l'alienazione (ma non l'affitto) di specifici beni fosse oggetto di una offerta (da parte di un soggetto già individuato) compresa nel piano di concordato; e il tipo di procedura competitiva era chiaramente disciplinato nei commi 2 e 3; ora invece – a parte l'estensione della regola enunciata nella norma in esame anche all'affitto di specifici beni che siano appunto oggetto di atti di straordinaria amministrazione – non si rinviene alcun richiamo al procedimento competitivo e alle forme di pubblicità di cui all'art. 91 (corrispondente all'art. 163-*bis* l. fall.), che però si applica solo in presenza di «*offerte concorrenti*» e dei relativi presupposti.

---

[8] L'espressione «*prima dell'omologazione*» mi pare del tutto superflua, posto che (a norma del comma 1) l'art. 94 riguarda appunto gli effetti sostanziali del concordato preventivo dalla domanda all'omologazione.

Articolo 94-*bis*

Disposizioni speciali per i contratti pendenti nel concordato in continuità aziendale

1. I creditori non possono, unilateralmente, rifiutare l'adempimento dei contratti in corso di esecuzione o provocarne la risoluzione, né possono anticiparne la scadenza o modificarli in danno dell'imprenditore per il solo fatto del deposito della domanda di accesso al concordato in continuità aziendale, dell'emissione del decreto di apertura di cui all'articolo 47 e della concessione delle misure protettive o cautelari. Sono inefficaci eventuali patti contrari.

2. Fermo quanto previsto dal comma 1, i creditori interessati dalle misure protettive concesse ai sensi dell'articolo 54, comma 2, non possono, unilateralmente, rifiutare l'adempimento dei contratti essenziali in corso di esecuzione o provocarne la risoluzione, né possono anticiparne la scadenza o modificarli in danno dell'imprenditore per il solo fatto del mancato pagamento di crediti anteriori rispetto alla presentazione della domanda di accesso al concordato preventivo in continuità aziendale. Sono essenziali i contratti necessari per la continuazione della gestione corrente dell'impresa, inclusi i contratti relativi alle forniture la cui interruzione impedisce la prosecuzione dell'attività del debitore.

Federico Briolini

Sommario: 1. Premessa. – 2. La regola generale per i contratti in corso di esecuzione. – 3. La disciplina dei contratti pendenti essenziali in caso di misure protettive.

1. – La norma in epigrafe è stata introdotta nel Codice dall'art. 21, comma 1, d.lgs. 17 giugno 2022, n. 83, sulla scorta della direttiva (UE) 2019/1023 del Parlamento europeo e del Consiglio, del 20 giugno 2019 (c.d. Direttiva *Insolvency*).

Più precisamente, alla stregua della Relazione illustrativa dello schema di decreto legislativo approvato in via preliminare dal Consiglio dei Ministri il 17 marzo 2022 e della tavola di concordanza ad essa allegata [1], il comma 1 dell'art. 94-*bis* attua l'art. 7, § 5, direttiva (UE) 2019/1023, mentre il secondo dà attuazione al § 4 dello stesso art. 7.

[1] Consultabili entrambe in *https://www.senato.it/service/PDF/PDFServer/BGT/1343813.pdf.*

2. – Prima di soffermarsi sul contenuto dei due commi di cui l'art. 94-*bis* si compone, conviene porre l'accento sul fatto che esso, pur inserendosi in una sezione dedicata agli «*effetti della presentazione della domanda di concordato preventivo*» (artt. 94-102), riguarda soltanto il concordato *in continuità aziendale* (e, all'esito del richiamo fattone dal nuovo art. 64-*bis*, comma 9, il piano di ristrutturazione soggetto a omologazione[2]). È verosimile che tale limite – che implica l'inapplicabilità della norma ove il debitore abbia presentato domanda di concordato liquidatorio (art. 84, comma 4) – si fondi sul convincimento che la compressione dei diritti dei creditori che l'art. 94-*bis* determina si giustifichi qualora sia in gioco la ristrutturazione preventiva e il salvataggio di un'impresa in crisi, ciò che rappresenta l'obiettivo ultimo della Direttiva *Insolvency*, ma non quando si tratti (solo) di dar luogo a una liquidazione più conveniente rispetto a quella realizzabile nell'ambito della procedura *ex* art. 121 ss.

Il primo comma del precetto in commento detta una regola di portata generale, che opera indipendentemente dalla concessione delle misure protettive o cautelari di cui all'art. 54 e dal carattere essenziale o non essenziale dei contratti pendenti. È stabilito, infatti, che i creditori – controparti contrattuali del debitore – non possono assumere quattro tipologie di iniziative «*per il solo fatto*» che quest'ultimo abbia depositato domanda di accesso al concordato in continuità (art. 40), sia stato «*emess[o]*» il decreto di apertura della (stessa) procedura (art. 47), ovvero siano state concesse misure protettive o cautelari (art. 54). Le quattro iniziative che i creditori non possono adottare – e non possono adottare, si noti, neppure ove l'esperibilità delle stesse fosse prevista da esplicite previsioni contrattuali, che l'art. 94-*bis*, comma 1, secondo periodo, considera *inefficaci*[3] – sono «*rifiutare l'adempimento*», «*provocar[e] la risoluzione*»[4], «*anticipar[e] la scadenza*» e operare la «*modific[a] in danno dell'imprenditore*» dei *contratti in corso di esecuzione*. Il divieto sancito dal comma 1 dell'art. 94-*bis* concerne l'assunzione *in via unilaterale* di tali iniziative; la norma non sembra invece impedire che creditore e debitore decidano di comune accordo, una volta verificatosi uno degli eventi sopra ricordati, di anticipare la scadenza, modificare (anche in senso peggiorativo per il debitore) ovvero sciogliere *ex* art. 1372 c.c. uno o più specifici rapporti contrattuali pendenti.

L'art. 94-*bis*, comma 1, solleva – a un'analisi poco più approfondita – almeno due problemi interpretativi.

Il primo riguarda l'estensione del principio per cui i creditori non possono *anticipare la scadenza* di un dato contratto, in virtù del mero fatto del deposito di una domanda di concordato in continuità, oppure dell'apertura della procedura o dell'emissione di misure protettive o cautelari relativamente all'impresa debitrice. Il dubbio è se un simile principio concerna solo l'ipotesi in cui il contratto attribuisca al contraente *in bonis* il diritto di esi-

[2] Nonostante l'auspicio del Consiglio di Stato nel parere n. 832 del 13 maggio 2022, il d.lgs. n. 83 del 2022 non ha ritenuto di estendere l'applicazione della disciplina dell'art. 94-*bis* agli ADR.

[3] Esprime perplessità sulla correttezza dell'impiego della categoria dell'inefficacia il Consiglio di Stato nel ricordato parere n. 832 del 2022.

[4] Tale formula pare comprensiva sia dell'ipotesi prevista dall'art. 1453 c.c., sia di quella della diffida ad adempiere (art. 1454 c.c.), sia – si direbbe – della clausola risolutiva espressa *ex* art. 1456 c.c. (ove il creditore che dichiari di volersi valere della clausola «*provoc[a] la risoluzione*» del contratto).

gere l'immediato adempimento ove si realizzi una delle evenienze indicate, con un patto che come visto l'art. 94-*bis* reputa inefficace, o *anche* il caso in cui il creditore invochi l'istituto della decadenza dal termine (art. 1186 c.c.), in ragione dell'insolvenza del debitore che tali evenienze palesino all'esterno. Nella prima direzione potrebbe deporre, da un lato, la lettera dell'art. 94-*bis*, comma 1, che impedisce di anticipare la scadenza di un contratto pendente «*per il solo fatto*» del deposito della domanda *et coetera*, mentre ora si tratterebbe di assumere un'iniziativa che si fonda su *una diversa circostanza* (per l'appunto, la sopravvenuta insolvenza dell'impresa debitrice); dall'altro, il confronto con la Direttiva *Insolvency*, in specie con quanto previsto dall'art. 7, § 5, e dal 40° "considerando" (del quale sono le parole trascritte di seguito), che mostrano come l'intento del legislatore europeo sia stato limitare l'operatività delle cc.dd. clausole *ipso facto*, ovvero di quelle clausole che autorizzano i fornitori a risolvere il contratto «*per il solo motivo dell'insolvenza, anche se il debitore ha debitamente rispettato i propri obblighi*». In senso contrario potrebbe però osservarsi che – se si ritenesse che il comma 1 dell'art. 94-*bis* non precluda ai creditori il ricorso all'art. 1186 c.c. – si finirebbe per indebolire la tutela che si vuole concedere all'impresa, onde consentirle di proseguire la propria attività nell'ambito del percorso di regolazione della crisi che essa abbia intrapreso: ai creditori basterebbe, infatti, di fronte al deposito della domanda di concordato e agli altri eventi indicati dalla norma in commento, far leva sull'insolvenza del debitore – di cui è facile sostenere che tali eventi integrino segni rivelatori [5] – per pretendere dal medesimo l'immediato adempimento.

Il secondo problema deriva del silenzio mantenuto dal precetto in epigrafe circa la rilevanza della mera *richiesta* di misure protettive e cautelari, ovvero, ancor prima, dell'avvio di *trattative* per la regolazione della crisi. In particolare, il fatto che la norma nulla dica delle trattative e alluda solo alla «*concessione delle misure protettive o cautelari*» – in quest'ultimo caso discostandosi dalla Direttiva [6] – potrebbe portare a riconoscere l'efficacia delle clausole che accordino al creditore, al cospetto di uno di tali eventi, il diritto di anticipare la scadenza, o di rifiutare l'adempimento o di provocare la risoluzione dei contratti in corso.

3. – Il comma 2 dell'art. 94-*bis* detta una disciplina destinata ad applicarsi tutte le vol-

---

[5] Alla stregua di un indirizzo giurisprudenziale consolidato, l'art. 1186 c.c. postula «una situazione di dissesto economico, sia pure temporaneo, in cui il debitore venga a trovarsi, la quale renda verosimile l'impossibilità da parte di quest'ultimo di soddisfare regolarmente le proprie obbligazioni. Tale stato di insolvenza non deve rivestire i caratteri di gravità e irreversibilità, potendo conseguire anche ad una situazione di difficoltà economica e patrimoniale reversibile, purché idonea ad alterare, in senso peggiorativo, le garanzie patrimoniali offerte dal debitore»: così Cass., 18 novembre 2011, n. 24330, in *Giust. civ.*, 2012, I, 687; conf. Cass., 14 maggio 2008, n. 12126; v. pure, nel senso che ai fini dell'art. 1186 c.c. sia sufficiente l'ammissione del debitore alla procedura di amministrazione controllata, che come noto richiede(va) una «*temporanea difficoltà di adempiere le proprie obbligazioni*», Cass., 15 marzo 1995, n. 3024, in *Fallimento*, 1995, 1124; App. Milano, 21 dicembre 1984, in *Banca, borsa e tit. cred.*, 1985, II, 474; Trib. Milano, 27 ottobre 1980, in *Fallimento*, 1981, 721, con nota di Pistolesi.

[6] In base alla quale «*gli Stati membri assicurano che ai creditori non sia consentito di rifiutare l'adempimento*» *e di adottare altre «misure» rispetto ai contratti pendenti «in forza di una clausola contrattuale che prevede tali misure, in ragione esclusivamente: … b) di una richiesta di sospensione delle azioni esecutive individuali*» (art. 7, § 5). Si veda anche il 40° "considerando", citato più su nel testo.

te in cui siano state emesse *misure protettive* ex art. 54, comma 2 [7], e si discuta della sorte di *contratti essenziali* in corso di esecuzione: contratti che l'ultimo periodo definisce come quelli «*necessari per la continuazione della gestione corrente dell'impresa, inclusi i contratti relativi alle forniture la cui interruzione impedisce la prosecuzione dell'attività del debitore*» [8].

In specie, i creditori non possono assumere le ormai note quattro iniziative, oltre che nelle ipotesi indicate dal comma 1 [9], qualora l'impresa *non abbia pagato* – meglio: «*per il solo fatto*» che essa non abbia pagato – *debiti anteriori* alla presentazione della domanda di concordato in continuità [10]. Le (già concesse [11]) misure protettive producono dunque un effetto ulteriore, ponendo il debitore al riparo dal rischio che i creditori, dinanzi all'inadempimento, si valgano delle tutele apprestate dagli artt. 1186, 1453, 1454, 1456 e 1460 c.c. [12]. Come dovrebbe emergere dalle superiori considerazioni, l'obiettivo della norma è evitare che rapporti contrattuali strategici se non "vitali" per la prosecuzione dell'attività possano essere interrotti nell'esecuzione, oppure risolti, su iniziativa della controparte *in bonis*. È appena il caso di aggiungere che la preclusione che l'art. 94-*bis*, cpv., sancisce a carico dei creditori interessati dalle misure protettive non implica né che i debiti anteriori siano in qualche modo "cancellati", né che i debiti *posteriori* – rispetto sempre alla presentazione della domanda *ex* art. 40 – non debbano, in linea di principio, essere adempiuti man mano che vengano a scadenza.

Questi cenni preludono a due rilievi conclusivi.

Innanzitutto, la formula e la *ratio* dell'art. 94-*bis*, comma 2, paiono deporre nel senso che i creditori possano adottare le iniziative più volte rammentate, nonostante l'emissione di misure protettive, ove l'inadempimento del debitore non attenga a un «*mancato pagamento di crediti*», ma concerna l'omessa o inesatta esecuzione di una *diversa prestazione* (ad es. un'opera, una fornitura, ecc.). In altri termini, il precetto in epigrafe sembra aver ri-

---

[7] Diversamente dal primo, il comma 2 tace circa le misure cautelari *ex* art. 54, comma 1, riferendosi solo ai «*creditori interessati dalle misure protettive concesse ai sensi dell'art. 54, comma 2*» (*id est*: dal divieto di iniziare o proseguire azioni esecutive e cautelari sul patrimonio del debitore o «*sui beni e sui diritti con i quali viene esercitata l'attività di impresa*»). Da tale punto di vista, l'art. 94-*bis*, cpv., segue l'impostazione dell'art. 7, § 4, Direttiva *Insolvency*, che parimenti si occupa della posizione dei «*creditori cui si applica la sospensione*» delle «*azioni esecutive individuali*» prevista dall'art. 6.

[8] In realtà l'art. 7, § 4, comma 3, Direttiva permette(va) agli Stati di prevedere l'applicabilità della disciplina esposta subito *infra* nel testo anche a contratti pendenti *non essenziali*. Il legislatore italiano non ha tuttavia esercitato una simile opzione.

[9] Questo il senso dell'inciso «*fermo quanto previsto dal comma 1*» con cui si apre l'art. 94-*bis*, cpv.

[10] Tale regola ha un immediato antecedente nell'art. 6, comma 5, d.l. 24 agosto 2021, n. 118, conv. in l. 21 ottobre 2021, n. 147, in tema di effetti delle misure protettive emesse nell'ambito della composizione negoziata (poi confluito, con alcune modifiche, nell'art. 18, comma 5).

[11] Se le misure fossero state richieste, ma non ancora concesse, o se il debitore avesse solo avviato con i creditori delle trattative per la regolazione della crisi, l'art. 94-*bis*, cpv., non potrebbe applicarsi (nella seconda ipotesi potrebbe però venire in gioco, sussistendone i presupposti, la regola "parallela" dell'art. 18, comma 5: *supra*, nt. 10).

[12] L'esperibilità di tali tutele è preclusa qualora le iniziative siano assunte «*unilateralmente*» dai creditori: avverbio che – come nel caso del comma 1: *supra*, § 2 – sembra lasciare a creditore e debitore la possibilità di incidere di comune accordo sulla sorte di uno specifico contratto pendente di carattere essenziale (anticipandone la scadenza, modificandolo anche *in pejus* per il debitore, oppure sciogliendolo).

guardo all'ipotesi dell'impresa che si veda contestato il mancato pagamento di una o più forniture e rischi allora di non riuscire a procacciarsi beni o servizi essenziali ai fini dell'attività produttiva [13]; il caso inverso, ovvero quello dell'impresa che non onori contratti di fornitura o comunque gli obblighi di *facere* assunti nei confronti di un terzo, sembrerebbe estraneo al perimetro applicativo della regola.

In secondo luogo, l'assenza nel capoverso dell'art. 94-*bis* di un inciso come quello che chiude il comma 1 («*sono inefficaci eventuali patti contrari*») induce a chiedersi se le parti possano – con una clausola *ad hoc* inserita nel testo contrattuale – derogare al divieto sancito della norma, ad es. stabilendo espressamente che a fronte di una o più inadempienze il contraente *in bonis* possa rifiutarsi di eseguire la propria prestazione, o instare per la risoluzione del contratto. Sia pur con qualche dubbio, sembra preferibile rispondere in senso negativo: appare ragionevole supporre, infatti, che se il legislatore ha sancito l'inefficacia di una diversa disciplina pattizia nell'ipotesi del comma 1, in quella del comma 2 – ove è in discussione il trattamento di contratti addirittura essenziali per le sorti dell'impresa, e il debitore gode del presidio delle misure protettive – *non* sia possibile, *a fortiori*, apportare deroghe alla disciplina di legge.

[13] Nel 41° "considerando" della Direttiva *Insolvency* è fatto l'esempio dei contratti di fornitura di gas, energia elettrica, acqua, telecomunicazioni e servizi di pagamento tramite carta. Si tratta (per ripetere le parole dell'art. 7, § 4, comma 1, Direttiva) di «*contratti … la cui interruzione comporterebbe la paralisi dell'attività del debitore*», ovvero (volendo usare la formula dell'art. 94-*bis*, cpv., ult. periodo) di «*contratti relativi [a] forniture la cui interruzione impedisce la prosecuzione dell'attività del debitore*».

Articolo 95

Disposizioni speciali per i contratti con le pubbliche amministrazioni

1. Fermo quanto previsto nell'articolo 97, i contratti in corso di esecuzione, stipulati con pubbliche amministrazioni, non si risolvono per effetto del deposito della domanda di concordato. Sono inefficaci eventuali patti contrari.

2. Il deposito della domanda di accesso al concordato preventivo non impedisce la continuazione di contratti con le pubbliche amministrazioni, se il professionista indipendente ha attestato la conformità al piano, ove predisposto, e la ragionevole capacità di adempimento. Di tale continuazione può beneficiare, in presenza dei requisiti di legge, anche la società cessionaria o conferitaria d'azienda o di rami d'azienda cui i contratti siano trasferiti, purché in possesso dei requisiti per la partecipazione alla gara e per l'esecuzione del contratto. Il giudice delegato, all'atto della cessione o del conferimento, dispone la cancellazione delle iscrizioni e trascrizioni. Le disposizioni del presente comma si applicano anche nell'ipotesi in cui l'impresa sia stata ammessa al concordato liquidatorio quando il professionista indipendente attesta che la continuazione è necessaria per la migliore liquidazione dell'azienda in esercizio.

3. Successivamente al deposito della domanda di cui all'articolo 40, la partecipazione a procedure di affidamento di contratti pubblici deve essere autorizzata dal tribunale, e, dopo il decreto di apertura, dal giudice delegato, acquisito il parere del commissario giudiziale ove già nominato.

4. L'autorizzazione consente la partecipazione alla gara previo deposito di una relazione del professionista indipendente che attesta la conformità al piano, ove predisposto, e la ragionevole capacità di adempimento del contratto.

5. Fermo quanto previsto dal comma 4, l'impresa in concordato può concorrere anche riunita in raggruppamento temporaneo di imprese, sempre che nessuna delle altre imprese aderenti al raggruppamento sia assoggettata ad una procedura concorsuale.

Paolo Lazzara e Davide Palazzo*

Sommario: 1. Premessa. – 2. L'ambito di applicazione della nuova disciplina. – 3. Concordato preventivo ed esecuzione del contratto pubblico. – 4. Concordato preventivo e partecipazione alle procedure di gara. – 5. La partecipazione alla gara come componente di un raggruppamento temporaneo di imprese. – 6. La partecipazione alle gare a seguito del decreto di omologazione.

---

* I §§ 1, 2, 5 e 6 sono di Paolo Lazzara; i §§ 3 e 4 di Davide Palazzo.

1. – L'art. 95 regola alcuni rapporti con la pubblica amministrazione nell'ipotesi di concordato preventivo. Nella prima parte, si disciplinano le questioni attinenti ai contratti in esecuzione, mentre nei successivi commi è regolata la possibilità di partecipazione a nuove procedure di gara.

A tale disciplina rinvia il nuovo Codice dei contratti pubblici, approvato con d.lgs. 31 marzo 2023, n. 36[1].

La linea di tendenza segnata dimostra un sicuro *favor* per la prosecuzione dei rapporti in corso e per la piena operatività dell'impresa in concordato anche dal punto di vista della partecipazione a nuove gare.

Invero, se i rapporti contrattuali pubblici costituiscono la principale fonte di sostentamento e attività economica di alcuni operatori, ebbene il legislatore non può non tenerne conto specificamente nel disciplinare il concordato[2].

Di contro si pone l'esigenza irrinunciabile che la pubblica amministrazione riceva correttamente le prestazioni acquistate e possa interloquire con operatori pienamente capaci ed affidabili.

2. – Sotto il profilo oggettivo, la disposizione si applica ai contratti pubblici, ovvero stipulati con Pubbliche Amministrazioni, e in corso di esecuzione. In analogia a quanto previsto dagli artt. 97 e 172 (rispettivamente dedicati ai «*contratti pendenti*» con soggetti privati nel concordato preventivo e ai «*rapporti pendenti*» nella liquidazione giudiziale, per «*contratti in corso di esecuzione*») possono essere considerati in corso di esecuzione i contratti ancora ineseguiti o non compiutamente eseguiti nelle prestazioni principali da entrambe le parti alla data del deposito della domanda di accesso al concordato preventivo.

Dal punto di vista soggettivo, le due ipotesi considerate non coincidono esattamente. Con riferimento ai rapporti in corso, la disposizione fa riferimento a contratti "stipulati con pubbliche amministrazioni", senza esclusioni di sorta. Ciò significa che, in deroga a qualsiasi diversa previsione legislativa o contrattuale, la domanda di concordato preventivo non potrà costituire, di per sé, motivo di risoluzione del contratto per la pubblica amministrazione. Da questo punto di vista vi è piena equiparazione tra ente pubblico ed ente privato; entrambi sono "costretti" a subire l'evento concordato, senza poterlo invocare ai fini della risoluzione del contratto.

Il punto appare centrale nella strategia legislativa sopra richiamata. Invero, la salvezza dei rapporti *in itinere* costituisce tassello fondamentale per il successo del "concordato" dal momento che la cessazione anticipata dei rapporti in essere non farebbe altro che decretare, immediatamente, l'insuccesso di qualsiasi tentativo di salvataggio.

Tale previsione, d'altra parte, non può essere riferita a soggetti formalmente privati, per i contratti che esulano dall'ambito di applicazione del Codice dei contratti pubblici.

Per quanto riguarda invece le nuove gare, i successivi commi (3-5 dell'art. 95), si riferiscono alla categoria dei "contratti pubblici", senza esclusioni.

---

[1] V. in particolare l'art. 94, comma 5, lett. *d*), sulle cause di esclusione, e l'art. 124, comma 5, sulla continuazione dei contratti in corso.

[2] Cfr. Cons. Stato, Ad. Plen., 27 maggio 2021, n. 9.

La disposizione deve essere perciò estesa a tutto l'ambito di applicazione del Codice dei contratti pubblici [3], a prescindere dalla procedura di aggiudicazione utilizzata, e inclusi i contratti parzialmente sottratti alle relative disposizioni [4].

Sono compresi, quindi, tutti gli appalti pubblici, le concessioni (di lavori e servizi), i contratti di partenariato pubblico-privato, nonché i contratti attivi.

Sempre con riferimento alle nuove procedure di affidamento, sotto il profilo soggettivo, nel novero delle Pubbliche Amministrazioni possono essere inclusi tutti i soggetti che, nel regime dei contratti pubblici, assumono la qualifica di amministrazioni aggiudicatrici (o, nei c.d. settori speciali, di enti aggiudicatori). In questo senso, debbono essere considerate "pubbliche amministrazioni", ai fini della disciplina in commento, oltre lo Stato e gli Enti pubblici, anche tutti gli altri enti che rientrano nel novero degli organismi di diritto pubblico [5] o, nei settori speciali, le imprese pubbliche o le imprese titolari di diritti speciali o esclusivi [6].

Soggetti aventi personalità giuridica di diritto privato (quali fondazioni [7] o società [8]) possono rientrare nell'ambito di applicazione della disposizione in commento, qualora facciano parte delle categorie menzionate.

In tal senso depone il comma 3, che regola la partecipazione alle nuove procedure, da parte di imprese sottoposte a concordato preventivo. Il riferimento generale alle procedure di affidamento di contratti pubblici induce infatti a considerare compresi nell'ambito di applicazione della disposizione tutti i soggetti tenuti al rispetto di tale disciplina.

3. – L'esecuzione di un contratto pubblico da parte di un'impresa che ha presentato domanda di concordato involge una serie di interessi solo parzialmente coincidenti con quelli coinvolti in un'analoga vicenda *inter privatos* [9].

Sul versante "privatistico", la continuazione del contratto può presentarsi come mezzo per ripristinare l'equilibrio economico dell'impresa, in vista della «continuità aziendale», o per conservare il valore dell'attivo, nella prospettiva della sua più proficua liquidazione (c.d. concordato liquidatorio) [10]. In entrambi i casi, la prosecuzione del rapporto deve risultare strumentale al miglior soddisfacimento dei creditori.

Sul versante "pubblicistico", si pongono altre esigenze: l'interesse pubblico al corretto adempimento del contratto nonché l'interesse, che potrebbe dirsi "generale", alla parità di trattamento, non discriminazione, pubblicità e trasparenza negli affidamenti pubblici;

[3] D.lgs. 18 aprile 2016, n. 50.

[4] Cfr. Ambrosini, *Il concordato preventivo*, 303.

[5] Sulla nozione di organismo di diritto pubblico v., per tutti, Della Scala, *Organismo di diritto*, 340 ss.

[6] Cfr. Nicodemo, *Imprese pubbliche*.

[7] V. Cons. Stato, 12 febbraio 2018, n. 858.

[8] V., *ex multis*, Cons. Stato, 9 luglio 2020, n. 4401.

[9] La disciplina dei contratti stipulati con soggetti privati da un'impresa sottoposta a concordato si rinviene nell'art. 97, per il cui esame si rinvia all'apposito commento.

[10] Le finalità del concordato preventivo sono individuate nell'art. 84, comma 1 come segue: «*Con il concordato preventivo il debitore realizza il soddisfacimento dei creditori mediante la continuità aziendale o la liquidazione del patrimonio*».

principi la cui applicazione non è confinata alla procedura di gara, bensì si estende alla fase esecutiva del contratto [11].

La prosecuzione del contratto pubblico da parte dell'impresa in concordato deve contemperare i menzionati interessi, non potendo comportare un (eccessivo) danno ai creditori, né un intollerabile pregiudizio alla stazione appaltante né, ancora, una violazione o elusione dei principi che governano la selezione pubblica del contraente.

In questa prospettiva, la disposizione in commento, nei commi 1 e 2, definisce le condizioni di prosecuzione del contratto pubblico da parte dell'impresa sottoposta a concordato preventivo.

Si chiarisce anzitutto che la domanda di accesso al concordato preventivo non comporta *ex se* la risoluzione del contratto stipulato dall'impresa richiedente. L'inefficacia dei patti contrari, espressamente prevista dal legislatore, sancisce il carattere imperativo di tale disposizione. La disposizione legislativa prevale su qualsiasi previsione di fonte secondaria nonché su qualsiasi bando o atto amministrativo che dovesse disporre il contrario. In quanto norma speciale, prevale altresì sulle leggi generali precedenti e successive.

La risoluzione automatica del contratto sarebbe contraria sia alla *ratio* della procedura del concordato preventivo, alla quale, come si è accennato, non consegue necessariamente la cessazione dell'attività d'impresa [12], sia all'interesse pubblico sotteso alla corretta esecuzione del contratto pubblico.

È opportuno precisare che l'art. 95, comma 1 non distingue tra concordato "in continuità" e concordato "liquidatorio", con la conseguenza che la risoluzione automatica dei contratti stipulati con pubbliche amministrazioni è da escludersi in ogni caso [13].

Le diverse caratteristiche delle due ipotesi di concordato rilevano sul piano del contenuto della relazione del professionista indipendente che costituisce condizione per la prosecuzione del contratto.

Nel caso di concordato in continuità, la prosecuzione del rapporto contrattuale con l'Amministrazione è consentita se la relazione indipendente attesta la conformità al piano di concordato, ove già predisposto, e la ragionevole capacità di adempimento. Si tratta di una valutazione tecnico-economica [14] avente ad oggetto, da un lato, la compatibilità o persino la strumentalità del contratto rispetto al piano di concordato, nella prospettiva di tutela dell'interesse dei creditori; dall'altro, l'idoneità dell'impresa a far fronte agli obblighi contrattualmente assunti, nell'ottica dell'interesse pubblico alla corretta esecuzione del contratto [15].

Nell'ipotesi in cui il concordato abbia finalità "liquidatoria", la continuazione del con-

---

[11] Cfr. CAVALLO PERIN, RACCA, *La concorrenza*, 325 ss. In giurisprudenza v. Cons. Stato, Ad. Plen., 27 maggio 2021, n. 9; Cons. Stato, Ad. Plen., 2 aprile 2020, n. 10.

[12] Cfr. RINALDI, *Art. 110*, 1008.

[13] Nella disciplina previgente, l'inefficacia dei patti negoziali che prevedessero la risoluzione di diritto dei contratti stipulati con pubbliche amministrazioni era stabilita dall'art. 186-*bis*, comma 3, l. fall., rubricato «*Concordato con continuità aziendale*». Era sorto, pertanto, un dibattito rispetto all'estensione di tale previsione al concordato liquidatorio. Sul punto v. MORESCHINI, *I contratti pendenti*, 99 ss.; PERRINO, *Codice dei contratti*, 305.

[14] Sul punto v. GIANI, *La partecipazione*, 468.

[15] In proposito v. FAUCEGLIA, *Art. 110*, 1538.

tratto pubblico è consentita se il professionista indipendente attesta che essa è necessaria per la migliore liquidazione dell'azienda in esercizio [16]. La prosecuzione del contratto in tal caso è giustificata ove sia idonea a valorizzare o perlomeno a impedire il deprezzamento dell'attivo dell'impresa.

Al di fuori dei casi in cui è consentita la prosecuzione del contratto pubblico, quest'ultimo si scioglie. Al medesimo esito si perviene se l'impresa sottoposta a concordato chiede lo scioglimento del contratto (ai sensi dell'art. 97, comma 1) [17].

Occorre chiedersi quali siano le conseguenze qualora la procedura di concordato non si concluda positivamente (per mancanza dei presupposti stabiliti dalla legge o per la mancata approvazione del piano da parte dei creditori) o se, a seguito dell'omologazione, intervenga una sentenza di annullamento o di risoluzione del tribunale.

In queste ipotesi, di regola, è avviato un procedimento di liquidazione giudiziale. Il contratto in corso si risolve, salvo che il curatore della procedura di liquidazione giudiziale, autorizzato all'esercizio dell'impresa, ottenga dal giudice delegato un'ulteriore autorizzazione alla prosecuzione del contratto [18]. Se l'impresa partecipa a un raggruppamento temporaneo, essa deve essere sostituita da un operatore in possesso dei requisiti per l'esecuzione del contratto [19]. In proposito, l'art. 196, comma 6, del nuovo Codice dei contratti pubblici sembra superare l'orientamento dell'Adunanza plenaria del Consiglio di Stato, ai sensi del quale si riteneva che il sostituto dovesse essere un componente del raggruppamento, non potendosi fare ricorso a un soggetto "esterno" ad esso, pena la violazione dei principi di parità di trattamento e concorrenza [20].

4. – I commi 3, 4 e 5, dell'art. 95 stabiliscono i limiti e le condizioni per la partecipazione a una nuova procedura per l'affidamento di un contratto pubblico da parte di un'impresa sottoposta a concordato preventivo.

Anche questa disciplina tende a realizzare un equilibrio tra diverse esigenze: l'interesse dell'impresa a ottenere nuovi affidamenti pubblici, come mezzo per la sua ristrutturazione e la tutela dei creditori [21]; l'esigenza dell'Amministrazione di avere un contraente affidabile [22]; la tutela della parità di trattamento tra gli operatori economici [23]. Per comprendere a pieno tale complesso equilibrio è utile inquadrare la nuova disciplina nazionale nel contesto delle direttive europee sui contratti pubblici.

[16] In senso analogo dispone l'art. 2, comma 4, d.l. n. 32 del 2019 (c.d. sblocca cantieri) che ha recepito l'innovazione apportata dal Codice aggiungendo al comma 3 dell'art. 186-*bis* l. fall. la seguente frase: «*le disposizioni del presente comma si applicano anche nell'ipotesi in cui l'impresa è stata ammessa a concordato che non prevede la continuità aziendale se il predetto professionista attesta che la continuazione è necessaria per la migliore liquidazione dell'azienda in esercizio*».

[17] In tal senso, AMBROSINI, *Il concordato preventivo*, 302.

[18] Art. 124, comma 4, d.lgs. n. 36 del 2023.

[19] Art. 196, comma 6, d.lgs. n. 36 del 2023.

[20] Cons. Stato, Ad. Plen., 27 maggio 2021, n. 9.

[21] Cfr. Cons. Stato, 3 febbraio 2016, n. 426.

[22] Cfr. Cons. Stato, Ad. Plen., 27 maggio 2021, n. 9.

[23] In proposito v. TAR Marche, ord. 2 aprile 2016, n. 188.

Il legislatore sovranazionale non preclude in termini assoluti a un'impresa sottoposta a una procedura concorsuale di partecipare a un procedimento di gara per l'affidamento di contratti pubblici. La sottoposizione a tali procedure costituisce, infatti, un motivo di esclusione "facoltativo", la cui applicazione è rimessa alla discrezionalità degli Stati membri o delle amministrazioni aggiudicatrici [24]. Inoltre, in base alle richiamate direttive, gli Stati membri possono esigere o consentire che le amministrazioni aggiudicatrici non escludano un operatore economico che sia sottoposto a una procedura concorsuale, qualora risulti che l'impresa sarà in grado di eseguire il contratto, tenendo conto delle norme e misure nazionali applicabili in relazione alla prosecuzione delle sue attività [25]. Si realizza così un collegamento tra la normativa sui contratti pubblici e la disciplina delle procedure concorsuali.

Ancora, si consente all'operatore economico di dimostrare la propria affidabilità, attraverso l'adozione di specifiche misure, nonostante l'esistenza di un motivo di esclusione; se tali misure sono ritenute sufficienti, l'impresa non è esclusa dalla procedura di gara [26].

In forza di tali previsioni, lette alla luce del principio del *favor partecipationis* che ispira il regime europeo dei contratti pubblici [27], la sottoposizione a una procedura concorsuale non costituisce ostacolo insormontabile rispetto alla partecipazione alla procedura di affidamento [28].

Coerentemente con tale impostazione, l'art. 95 prevede che il deposito della domanda di accesso al concordato preventivo non impedisce all'impresa di partecipare a una gara per l'aggiudicazione di un contratto pubblico [29]. Si impone, tuttavia, un controllo in ordine a due profili: la strumentalità di tale partecipazione rispetto alla finalità del concordato preventivo; l'affidabilità dell'operatore economico.

L'art. 95, comma 3 stabilisce che il tribunale o il giudice delegato, a seconda che sia stato o meno adottato il decreto di apertura del concordato, autorizzino, sentito il com-

---

[24] Art. 57, § 4, comma 1, lett. *b*), dir. 2014/24/UE. Il§ 7 dello stesso articolo attribuisce agli Stati membri il compito di specificare le «*condizioni di applicazione*» dei motivi di esclusione facoltativi, anche determinando il periodo massimo di esclusione. Analoga disciplina è contenuta nell'art. 38 della direttiva 2014/23/UE, relativa ai contratti di concessione di lavori o servizi, e nell'art. 80 della direttiva 2014/25/UE sugli appalti nei settori speciali, che rinvia all'art. 57 della direttiva 2014/24/UE.

[25] Art. 57, § 4, comma 2, dir. 2014/24/UE; art. 38, § 7, lett. *b*), dir. 2014/23/UE.

[26] Art. 57, § 6, commi 1 e 2, dir. 2014/24/UE; art. 38, § 9, dir. 2014/23/UE.

[27] Cfr., *ex multis*, Corte giust. dell'Unione Europea, 18 dicembre 2014, C-568/13, Azienda Ospedaliero-Universitaria di Careggi-Firenze c. Data Medical Service s.r.l., punto 34.

[28] Sul punto v. GIANI, *La partecipazione*, 454. Si tratta di una impostazione più "flessibile" rispetto a quella che poteva riscontrarsi nel d.lgs. 12 aprile 2006, n. 163 ("vecchio" Codice dei contratti pubblici): cfr. PELLEGRINO, *Le procedure concorsuali*, 1203 ss.

[29] Il riferimento all'art. 40, che regola la domanda di accesso a una procedura concorsuale, induce a ritenere che nelle more tra tale domanda e l'ammissione al concordato, l'impresa non possa essere esclusa. Tale soluzione, conforme alla modifica già apportata dal d.l. n. 145 del 2013 all'art. 186-*bis*, comma 4, l. fall., comporta il superamento della tesi che era stata affacciata da una parte della giurisprudenza amministrativa, incline ad escludere dalla gara l'impresa che aveva presentato domanda di accesso al concordato ma non aveva ancora ottenuto il decreto di ammissione a tale procedura (Cons. Stato, 16 agosto 2016, n. 3639; Cons. Stato, 14 gennaio 2014, n. 101; *contra*, Cons. Stato, 27 dicembre 2013, n. 6272; sulle ultime due sentenze citate v. la nota di CIPPITANI, *Concordato con continuità*, 417 ss.). Cfr. inoltre Cons. Stato, 4 dicembre 2015, n. 5519. In tema v. GIANI, *La partecipazione*, 126-127.

missario giudiziale (ove nominato), la partecipazione dell'impresa alle procedure di gara. L'autorizzazione, secondo l'interpretazione preferibile, ha portata generale [30]: vale per prendere parte a qualsiasi procedura di affidamento di contratti pubblici.

Oltre all'autorizzazione giudiziale, è necessario che un professionista indipendente attesti, con riferimento alla singola gara, la conformità al piano di concordato, ove predisposto, e la ragionevole capacità di adempimento del contratto. L'attestazione del professionista indipendente è analoga a quella richiesta dall'art. 95, comma 2, per la prosecuzione di un contratto pubblico in corso, nel caso di concordato in continuità aziendale.

La partecipazione a una procedura di gara è ammissibile solo in caso di concordato in continuità o di concordato "in bianco" [31]. Tanto si desume sia dal contenuto della relazione del professionista indipendente sia dall'art. 95, comma 2, ultima frase, che estende all'ipotesi di concordato liquidatorio "solo" la possibilità di continuazione del contratto pubblico, così implicitamente precludendo la partecipazione a una gara per l'aggiudicazione di un "nuovo" contratto [32].

La possibilità per l'impresa che ha proposto domanda di concordato in bianco di partecipare a una procedura di gara è stata oggetto di una disputa che ha coinvolto l'ANAC [33], la giurisprudenza amministrativa [34] e la Corte di giustizia dell'Unione europea [35]. La questione è stata infine "risolta" dal legislatore che, con il decreto "sblocca cantieri", riformulando il comma 4 dell'art. 110 del Codice dei contratti pubblici, ha esteso all'impresa che

---

[30] V. Cons. Stato, 3 gennaio 2019, n. 69

[31] In giurisprudenza da ultimo v. Cons. Stato, Ad. Plen., 27 maggio 2021, n. 9.

[32] Con riferimento alla disciplina previgente, v. RINALDI, *Art. 110*, 1008. Cfr. inoltre la Determinazione n. 3 del 24 aprile 2014 adottata dall'ANAC in tema di «Criteri interpretativi in ordine alle disposizioni contenute nell'art. 38, comma 1, lett. a) del D.Lgs. n. 163/2006 afferenti alle procedure di concordato preventivo a seguito dell'entrata in vigore dell'articolo 186-bis della legge fallimentare (concordato con continuità aziendale)».

[33] L'ANAC, con la Determinazione n. 5 dell'8 aprile 2015, aveva ritenuto non potesse essere esclusa l'impresa che avesse presentato domanda di concordato "in bianco", purché l'istanza contenesse chiari ed inconfutabili effetti prenotativi del concordato con continuità aziendale.

[34] Il Consiglio di Stato con sentenza del 13 giugno 2019, n. 3984, in riforma della sentenza di primo grado del TRGA di Bolzano del Trentino-Alto Adige, Bolzano, 25 luglio 2018, n. 253, escludeva che la proposizione di un'istanza di concordato in bianco consentisse di partecipare a gare pubbliche. In senso conforme v. TAR Lazio, 22 luglio 2019, n. 9782. *Contra* TAR Lombardia, 5 novembre 2019, n. 2305; TAR Lazio, 19 settembre 2019, n. 11143; Cons. Stato, 8 maggio 2019, n. 2963; Cons. Stato, 20 marzo 2018, n. 1772; Cons. Stato, 3 febbraio 2016, n. 426; Cons. Stato, 4 dicembre 2015, n. 5519.

[35] Corte giust., 28 marzo 2019, C-101/18, Idi s.r.l. c. Agenzia Regionale Campana Difesa Suolo (Arcadis), stabilisce che la limitazione della possibilità di partecipazione alla sola ipotesi di concordato preventivo in continuità aziendale è compatibile con il diritto dell'Unione Europea dalla Corte di Giustizia Secondo il giudice europeo, poiché la sottoposizione a concordato preventivo costituisce motivo di esclusione facoltativo, spetta agli Stati membri decidere di non applicare tale causa di esclusione o di applicarla con un grado di rigore che può variare a seconda dei casi, in funzione di considerazioni di ordine giuridico, economico o sociale prevalenti a livello nazionale. La Corte ha ritenuto inoltre che il trattamento favorevole riservato alle imprese che chiedono l'accesso al concordato preventivo in continuità aziendale non dia luogo a una discriminazione irragionevole, poiché «la situazione in cui detto operatore non s'impegna già, alla data in cui la decisione di esclusione è adottata, a procedere al concordato preventivo al fine di proseguire la sua attività non è paragonabile, con riguardo alla sua affidabilità economica, alla situazione di un operatore economico che s'impegna a tale data a proseguire la propria attività economica» (punto 49).

presenta domanda di concordato "in bianco" la facoltà di partecipare alla procedura di gara. Il Codice, con il menzionato art. 95, comma 2, sembra dare continuità a tale indirizzo.

È opportuno precisare che in base all'art. 124, comma 5, del nuovo Codice dei contratti pubblici [36] l'autorizzazione giudiziale è richiesta anche allorché la domanda di accesso al concordato è proposta dopo il provvedimento di aggiudicazione, ma prima della stipulazione del contratto. In tal caso, il contratto può essere stipulato solo se l'autorizzazione perviene entro sessanta giorni dal momento in cui l'aggiudicazione è efficace o entro il diverso termine stabilito ai sensi dell'art. 18, comma 2, del Codice dei contratti pubblici.

5. – L'art. 95, comma 5, stabilisce che l'impresa in concordato può concorrere a una procedura di gara, alle condizioni indicate, anche come componente di un raggruppamento temporaneo. In origine, la disposizione prevedeva due limiti: l'impresa sottoposta a concordato non poteva assumere il ruolo di mandataria del raggruppamento; all'interno di ogni raggruppamento poteva esserci solo una impresa (mandante) sottoposta a concordato.

La legittimità costituzionale del primo limite è stata messa in discussione da due ordinanze, rispettivamente del TAR Lazio [37] e del Consiglio di Stato [38]. In entrambi i provvedimenti si è sostenuta l'irragionevolezza del divieto "assoluto" per l'impresa in concordato di partecipare a una gara come mandataria di un raggruppamento temporaneo. L'irragionevolezza deriverebbe dalla circostanza per cui la stessa impresa potrebbe partecipare individualmente alla gara, assumendo piena responsabilità in ordine alla esecuzione del complesso delle prestazioni oggetto del contratto, in assenza dell'ausilio di altre imprese. Inoltre, la disposizione è parsa in contrasto con il principio di libertà di iniziativa economica (art. 41, comma 1, Cost.). La restrizione dell'autonomia contrattuale dell'impresa non troverebbe adeguata giustificazione in ragioni di utilità sociale, le quali consiglierebbero, al contrario, di favorire «*l'acquisizione di clientela di sicura solvibilità, come è il soggetto pubblico*» [39]. La preclusione per la Pubblica Amministrazione di contrattare con un soggetto potenzialmente in grado di dare corretta esecuzione contrasterebbe, infine, con il principio di buon andamento dell'attività amministrativa (art. 97 Cost.).

Le questioni di legittimità costituzionale sono state rigettate dal giudice delle leggi [40]. La Corte costituzionale ha sottolinea la peculiarità della posizione della mandataria, alla quale competono specifiche «*funzioni di rappresentanza, responsabilità, e più in generale di interlocuzione con l'amministrazione per conto di tutte*» le imprese del raggruppamento. In questa prospettiva, si è ritenuto che la disciplina legislativa che consente all'impresa in concordato di partecipare come (unica) mandante, e non come mandataria di un RTI, realizzi un ragionevole bilanciamento tra l'interesse della stazione appaltante al corretto e puntuale adempimento della prestazione e l'interesse al superamento della crisi dell'impresa in questione.

---

[36] D.lgs. n. 36 del 2023.

[37] TAR Lazio, ord. 29 ottobre 2018, n. 10398.

[38] Cons. Stato, ord. 12 giugno 2019, n. 3938.

[39] Cons. Stato, ord. 12 giugno 2019, n. 3938.

[40] Corte cost., 7 maggio 2020, n. 85.

Ciononostante, il nuovo Codice dei contratti pubblici (d.lgs. n. 36 del 2023) ha modificato la disposizione in commento, eliminando il divieto per l'impresa in concordato di assumere il ruolo di mandataria del raggruppamento. Attualmente, pertanto, l'unico limite attiene alla presenza, nell'ambito del RTI, di una sola impresa sottoposta a concordato preventivo. L'efficacia di tale modifica decorre dal 1° gennaio 2024.

6. – Occorre precisare quali siano le condizioni di partecipazione per le imprese, dopo il decreto di omologazione del concordato (art. 48) che, in base all'art. 113, chiude la procedura concordataria. In proposito, la giurisprudenza è divisa.

Secondo un orientamento, non opererebbe più nei confronti dell'impresa in questione la preclusione disposta dall'art. 80, comma 5, lett. *b*), per gli operatori sottoposti al concordato preventivo [41]. Siffatta impresa potrebbe partecipare alla gara senza necessità di assolvere agli adempimenti prescritti dall'art. 95 e dall'art. 110 del Codice dei contratti pubblici.

Secondo altro orientamento, anche a seguito del decreto di omologazione l'impresa potrebbe partecipare a nuove gare solo sulla base di una autorizzazione giudiziale, la quale potrebbe essere contenuta nello stesso decreto di omologazione o ricavata implicitamente dal medesimo [42].

Quest'ultima tesi pone una grave incertezza in quanto non in linea con la chiara lettera della legge che considera chiusa la procedura di concordato con il decreto di omologa.

Si consideri ancora che, anche dopo il decreto di omologa, permane la vigilanza del commissario sull'esecuzione del concordato, nonché il potere del giudice di pronunciare, su istanza dei creditori o del commissario giudiziale, la risoluzione o l'annullamento del concordato.

Salva dunque la suddetta vigilanza, dopo il decreto di omologazione devono considerarsi venuti meno i dubbi sull'affidabilità dell'impresa; permane comunque la possibilità di un intervento del commissario, sul punto, nonché eventualmente la possibilità di risolvere o annullare il concordato qualora le iniziative assunte possano determinare una violazione del piano di esecuzione del concordato.

Tali garanzie, in altri termini, appaiono sufficienti ad escludere la presunzione *ex lege* di incapacità dell'impresa che ha chiuso la procedura di concordato.

---

[41] Cfr. TAR Toscana, 20 marzo 2023, n. 286; Cons. Stato, 29 maggio 2018, n. 3225, che riforma la sentenza del TAR Veneto 338/2017; Cons. Stato, 19 aprile 2012, n. 2305.

[42] Cons. Stato, 3 gennaio 2019, n. 69.

Articolo 96

Norme applicabili dalla data di deposito della domanda di accesso al concordato preventivo

1. Si applicano, con riferimento alla data di presentazione della domanda di accesso al concordato preventivo, le disposizioni degli articoli 145, nonché da 153 a 162.

Paolo Felice Censoni

Sommario: 1. Il quadro normativo. – 2. Il *dies a quo* degli effetti del concordato preventivo nei confronti dei creditori. – 3. L'equiparazione di tali effetti del concordato preventivo a quelli della liquidazione giudiziale: spunti critici.

1. – La norma in esame, semplicemente mediante il rinvio ad alcune disposizioni relative alla procedura di liquidazione giudiziale, intende disciplinare una parte cospicua degli effetti sostanziali del concordato preventivo nei confronti dei terzi (art. 145) e soprattutto nei confronti dei creditori (artt. da 153 a 162), così dando continuità a quanto già disciplinato anche dalla legge fallimentare nel comma 1 dell'art. 169, mediante al rinvio all'art. 45 e agli artt. da 55 a 63, ma con due interessanti novità: *a*) il richiamo anche dell'art. 153, che riguarda il «*diritto dei creditori privilegiati* [cioè dei creditori garantiti da ipoteca, pegno o privilegio] *nella ripartizione dell'attivo*», corrispondente all'art. 54 l. fall., peraltro non richiamato dall'art. 169, comma 1, l. fall. [1]; *b*) la soppressione del comma 2 dell'art. 169 l. fall., che a sua volta richiamava il comma 4 dell'art. 43 l. fall., a norma del quale le controversie in cui era parte un fallimento (e dunque anche un concordato preventivo) dovevano essere trattate con priorità (con una interlocuzione fra il capo dell'ufficio competente e il presidente della corte di appello).

Quanto alla seconda novità va però subito osservato che in realtà a norma dell'art. 5,

[1] L'art. 169 l. fall. non richiamava neppure l'art. 53 l. fall. – che nell'ambito del fallimento consentiva al creditore munito di pegno o di privilegio speciale con diritto di ritenzione, sia pure a determinate condizioni, di realizzare l'oggetto della sua garanzia – con ciò inducendo a ritenere che, al contrario, nel concordato preventivo la medesima facoltà gli fosse preclusa: cfr. Farina, *Il nuovo regime*, 69; sta di fatto che ora il comma 5 dell'art. 153 richiama anche l'art. 152 (corrispondente all'art. 53 l. fall.), che dunque parrebbe applicabile anche nel nuovo concordato preventivo, come illustrato *supra* nel testo.

comma 4 «*le controversie in cui è parte un organo nominato dall'autorità giudiziaria o amministrativa nell'ambito degli strumenti di regolazione della crisi e dell'insolvenza o delle procedure di insolvenza o comunque un soggetto nei cui confronti è aperta una procedura prevista dal presente codice sono trattate con priorità*»; e quindi la medesima disposizione si applica anche alle controversie in cui è parte il commissario giudiziale o il commissario liquidatore di un concordato preventivo, in quanto organi nominati dall'autorità giudiziaria, oltre che naturalmente alle controversie in cui è parte il medesimo debitore concordatario.

A maggiori perplessità dà luogo invece la prima novità, innanzitutto perché l'art. 153 si riferisce chiaramente all'ipotesi che il soddisfacimento dei creditori garantiti da ipoteca, pegno o privilegio avvenga in occasione di riparti, che a loro volta presuppongono un'attività di liquidazione delle attività del debitore o dei beni vincolati: cioè di attività che potrebbero essere estranee al contenuto di una proposta concordataria, soprattutto se caratterizzata da «*continuità aziendale*»; in secondo luogo perché, più in generale, il concordato preventivo disciplina in modo autonomo ed articolato poteri e diritti di quei creditori, anche per quel che riguarda il loro soddisfacimento; in terzo luogo perché – a parte le regole riguardanti l'estensione del diritto di prelazione agli interessi (comma 3) e alle spese (commi 4 e 5) – il riferimento nel comma 5 al «*caso previsto dall'articolo 152, commi 1 e 2*», che riguarda i crediti garantiti da pegno o assistiti da privilegio speciale *ex* artt. 2756 e 2761, c.c., cioè quelli con diritto di ritenzione, sembra porsi in conflitto con la disciplina del divieto di «*azioni esecutive e cautelari*» sul patrimonio del debitore, quale risultante dagli artt. 54, comma 2 e 55, comma 3, data la possibilità concessa al creditore di realizzarli «*al di fuori della liquidazione giudiziale anche durante la procedura*» (autorizzazione alla vendita o assegnazione delle cose sottoposte a pegno o a privilegio).

2. – La norma in esame, analogamente a quanto disposto dall'art. 169 l. fall., ai fini dell'applicazione di quelle richiamate, pone come *dies a quo* la data di «*presentazione della domanda di accesso al concordato preventivo*», ma è chiaro che i relativi effetti sono risolutivamente legati all'esito del giudizio di ammissione, con la conseguenza che, ove il tribunale si limiti a dichiarare inammissibile la domanda del debitore senza ulteriore provvedimento, quegli effetti sono certamente destinati a decadere, occorrendo tuttavia stabilire quale ne sia la sorte ove il tribunale accolga contestualmente un'istanza di liquidazione giudiziale; e conseguentemente se gli stessi si trasmettano in quest'ultima procedura con riferimento alla domanda iniziale (come sembra preferibile ritenere dopo che il legislatore, con il d.l. n. 83 del 2012, ha dettato una più ampia disciplina anche degli effetti sostanziali della fase pre-concordataria) o se si producano *ex novo* con riferimento alla data della sentenza di apertura della liquidazione giudiziale.

Detto questo, occorre tuttavia ricordare che a norma dell'art. 40, comma 3, presentata la domanda, la stessa deve essere comunicata dal cancelliere al registro delle imprese «*entro il giorno successivo*»; e l'iscrizione deve essere eseguita dal conservatore «*entro il giorno seguente*» (rispetto alla comunicazione della cancellaria) [2]; è dunque possibile (anche se non probabile) uno sfasamento temporale tra presentazione della domanda, comunicazione del

[2] In precedenza l'art. 161, comma 5, l. fall. prevedeva che la domanda fosse «*pubblicata, a cura del cancelliere, nel registro delle imprese entro il giorno successivo al deposito in cancelleria*».

cancelliere e iscrizione nel registro delle imprese: uno sfasamento foriero di conseguenze tutt'altro che modeste, se si considera che alcuni effetti si producono dalla data del deposito del ricorso introduttivo in cancelleria (come stabilisce la norma qui in esame, ma anche per quanto riguarda gli effetti per il debitore di cui all'art. 46 o quelli sui contratti pendenti di cui all'art. 97), altri dalla data dell'iscrizione di questo nel registro delle imprese.

In particolare, precisamente per quanto riguarda i creditori, non può sfuggire il mancato coordinamento dell'art. 96 con l'art. 117, che dichiara obbligatorio il concordato omologato «*per tutti i creditori anteriori alla pubblicazione nel registro delle imprese della domanda di accesso*»; o con l'art. 46, comma 5, secondo cui «*le ipoteche giudiziali iscritte nei novanta giorni che precedono la data della pubblicazione nel registro delle imprese della domanda di accesso sono inefficaci rispetto ai creditori anteriori*»; o con gli artt. 40, comma 3 e 54, comma 2, che a proposito del divieto di azioni esecutive e cautelari impongono al conservatore di farne espressa menzione «*nell'eseguire l'iscrizione*» e ai creditori di astenersi dal procedere individualmente sul patrimonio del debitore.

Naturalmente, una volta individuato il *dies a quo* degli effetti del concordato preventivo per i creditori, resta ferma la regola generale della c.d. "ora zero", alla quale però continua a porre un'eccezione l'art. 9, comma 1, d.lgs. 21 maggio 2004, n. 170, in materia di *contratti di garanzia finanziaria* (applicabile anche al concordato preventivo, quale procedura di «*risanamento*»: art. 1, comma 1, lett. *s*).

3. – Venendo ora all'esame delle singole disposizioni richiamate (tutte dettate per la liquidazione giudiziale) – analogamente a quanto già stabilito dall'art. 169, comma 1, l. fall. con riferimento a quelle dettate per il fallimento – occorre innanzitutto distinguere la prima dalle altre, dal momento che l'art. 145 è collocato dal legislatore non fra quelle relative agli effetti della liquidazione giudiziale per i creditori (nella sez. III del capo I del titolo V), ma fra quelle relative agli effetti della liquidazione giudiziale per il debitore (nella Sez. II e, dunque, inerenti al c.d. "spossessamento"), stabilendo che «*le formalità necessarie per rendere opponibili gli atti ai terzi, se compiute dopo la data dell'apertura della liquidazione giudiziale, sono senza effetto rispetto ai creditori*».

Insomma, anche nel concordato preventivo le medesime formalità – comprese anche quelle dotate di efficacia costitutiva, che danno vita alle varie figure di pubblicità essenziale[3] – sono senza effetto rispetto ai creditori (concorsuali), se compiute dopo la data di presentazione della domanda di accesso (o dell'iscrizione di questa nel registro delle imprese).

Peraltro l'equiparazione tra effetti del concordato preventivo, della liquidazione giudiziale e del pignoramento[4] è espressamente enunciata anche in altra norma, riguardante l'estensione del diritto di prelazione agli interessi sui crediti assistiti da privilegio (art. 2749 c.c.), pegno (art. 2788 c.c.) o ipoteca (art. 2855 c.c.): più precisamente nella prima

[3] Cfr. ANDRIOLI, *Fallimento e atti*, 558; v. però, in senso contrario sul punto, COLESANTI, *Fallimento e trascrizione*, 159 s.

[4] Recentemente, con riferimento all'art. 45 l. fall., la tesi dell'equiparazione tra pignoramento e sentenza dichiarativa di fallimento è stata sottoposta a critica da GABRIELLI, *Rapporti pendenti*, 56 ss., in base alla considerazione che la norma enunciata esprimerebbe in realtà una «autonoma regola di conflitto» (su cui COLESANTI; *Fallimento e trascrizione*, 238 ss.); con riferimento al concordato preventivo, da ultimo, cfr. CENSONI, *Il concordato preventivo*, 217 ss., ove ulteriori richiami.

proposizione del comma 3 dell'art. 153 (*«intendendosi equiparata la dichiarazione di apertura della liquidazione giudiziale all'atto di pignoramento»*), richiamato dall'ultima proposizione del comma 1 dell'art. 154, entrambi poi richiamati per il concordato preventivo dall'art. 96 qui in esame.

Le altre disposizioni richiamate (che disciplinano la c.d. *«liquidazione del passivo»* nella procedura di liquidazione giudiziale) non differiscono da quelle dettate nella legge fallimentare negli artt. da 55 a 61, se si esclude qualche modesta variante, non limitata alla sola sostituzione terminologica fra fallimento e liquidazione giudiziale[5].

Restano quindi irrisolti i problemi del passato, probabilmente aggravati dalla sospetta incompatibilità di quelle disposizioni con le caratteristiche del "nuovo" concordato preventivo, sempre più proiettato verso una prospettiva di «continuità aziendale» attraverso *«qualsiasi forma»*, piuttosto che di liquidazione e comunque con una tale varietà di contenuti, anche quanto al soddisfacimento dei creditori (prededucibili, privilegiati, chirografari, postergati) o alla loro suddivisione in classi o alle deroghe esplicite al principio di *par condicio creditorum*, da rendere (quanto meno) ingombrante il riferimento a norme dettate per un procedimento meramente liquidatorio, nel quale il soddisfacimento dei creditori è disciplinato a mezzo della *«ripartizione dell'attivo»* (come nella rubrica e nel testo dell'art. 153) e secondo i risultati di una fase di *«accertamento del passivo»*, che è del tutto assente nel concordato preventivo.

Così ad esempio una eccezione tutt'altro che irrilevante al principio enunciato nell'art. 154, comma 2 è contenuta nel comma 2 dell'art. 100, secondo cui, quando è prevista la continuazione dell'attività aziendale, il debitore può chiedere al tribunale di essere autorizzato *«al rimborso, alla scadenza convenuta, delle rate a scadere del contratto di mutuo con garanzia reale gravante su beni strumentali all'esercizio dell'impresa»*, sia nell'ipotesi che il debitore medesimo, alla data della presentazione della domanda di concordato, abbia già adempiuto le proprie obbligazioni anteriori, sia nell'ipotesi opposta (ma in questo caso con l'ulteriore autorizzazione del tribunale al pagamento del debito per capitale ed interessi scaduto a tale data), a condizione che un professionista indipendente attesti anche *«che il credito garantito potrebbe essere soddisfatto integralmente con il ricavato della liquidazione del bene effettuata a valore di mercato e che il rimborso delle rate a scadere non lede i diritti degli altri creditori»*.

Ora, se è preventivabile che il credito dell'ente mutuante (munito di garanzia reale) possa comunque essere soddisfatto per intero con il ricavato della liquidazione del bene (ancora una volta *«a valore di mercato»*), un rischio di lesione dei diritti di altri creditori

---

[5] V. ad esempio l'art. 154, comma 1, laddove la sospensione degli interessi convenzionali o legali è prevista sia fino alla chiusura della procedura, sia *«fino all'archiviazione disposta ai sensi dell'articolo 234, comma 7»*, che però non riguarda il concordato preventivo, ma l'ipotesi di prosecuzione oltre la chiusura della liquidazione giudiziale di giudizi e procedimenti esecutivi; o l'art. 155, comma 2, laddove il divieto di compensazione è stato espressamente esteso (dall'acquisto per atto tra vivi dei crediti "non scaduti" alla data della sentenza di apertura del fallimento, come nell'art. 56 l. fall.) a qualunque *«credito»* (scaduto o non scaduto) acquisito (da chi è debitore verso colui che è sottoposto a liquidazione giudiziale) *«dopo il deposito della domanda cui è seguita l'apertura della liquidazione giudiziale o nell'anno anteriore»*; o l'art. 156, laddove il saggio di riferimento per il calcolo degli interessi composti è stato ricondotto a quello *«stabilito dall'articolo 1284 del codice civile»*.

per la duplice deroga – quanto alla scadenza del credito complessivo, in relazione alla regola del comma 2 dell'art. 154 (richiamato dall'art. 96); e quanto al soddisfacimento del credito fuori dal concorso – potrebbe avere un senso ove controbilanciata dalla contestuale liberazione dei beni gravati, appunto in quanto «*strumentali all'esercizio dell'impresa*»; ma la norma non lo prevede e dunque deve supporsi che a fronte della duplice deroga quei beni restino destinati a garantire il mutuante fino al rimborso dell'ultima rata.

E tuttavia, ove detti beni vengano successivamente liquidati e dalla liquidazione risulti una somma inferiore a quella preventivata, resta pur sempre da decidere se il mutuante abbia diritto di trattenere le somme ricevute o se piuttosto ne nasca un'azione di ripetizione nei suoi confronti per la parte lesiva dei «*diritti degli altri creditori*».

Anche l'art. 158 riproduce fedelmente il testo dell'art. 59 l. fall. a proposito dei crediti non pecuniari, fra i quali una speciale menzione merita la rivalutazione dei crediti di lavoro, su cui tuttavia è ora intervenuto il d.lgs. n. 83 del 2022, che ha introdotto nell'art. 158 un comma 2, a norma del quale «*in deroga a quanto previsto dal comma 1, la rivalutazione dei crediti di lavoro è ammessa anche dopo la domanda di accesso agli strumenti di regolazione della crisi e dell'insolvenza e dopo l'apertura di una procedura di insolvenza. La rivalutazione è ammessa, negli strumenti di regolazione della crisi e dell'insolvenza, fino alla definitività della sentenza di omologazione e, nelle procedure di insolvenza, fino al decreto pronunciato ai sensi dell'articolo 204, comma 4, in relazione alle domande di ammissione al passivo depositate nel termine di cui all'articolo 201, comma 1*».

Articolo 97
Contratti pendenti

1. Salvo quanto previsto dall'articolo 91, comma 2, i contratti ancora ineseguiti o non compiutamente eseguiti nelle prestazioni principali da entrambe le parti alla data del deposito della domanda di accesso al concordato preventivo, proseguono anche durante il concordato. Sono inefficaci eventuali patti contrari. Il debitore può chiedere, con autonoma istanza, l'autorizzazione alla sospensione o allo scioglimento di uno o più contratti, se la prosecuzione non è coerente con le previsioni del piano né funzionale alla sua esecuzione. Il debitore, unitamente all'istanza, deposita la prova della sua avvenuta notificazione alla controparte.

2. L'istanza di sospensione può essere depositata contestualmente o successivamente al deposito della domanda di accesso al concordato; la richiesta di scioglimento può essere depositata solo quando sono presentati anche il piano e la proposta.

3. Salvo quanto previsto al comma 4, con l'istanza il debitore propone anche una quantificazione dell'indennizzo dovuto alla controparte della quale si tiene conto nel piano per la determinazione del fabbisogno concordatario.

4. La controparte può opporsi alla richiesta del debitore depositando una memoria scritta entro sette giorni dall'avvenuta notificazione dell'istanza.

5. Decorso il termine di cui al comma 4, fino al deposito del decreto di apertura previsto dall'articolo 47, provvede sull'istanza, con decreto motivato e reclamabile, il tribunale. Dopo il decreto di apertura, provvede il giudice delegato.

6. La sospensione o lo scioglimento del contratto hanno effetto dalla data della notificazione del provvedimento autorizzativo all'altro contraente effettuata a cura del debitore. Tra la data della notificazione dell'istanza di sospensione o di scioglimento e la data della notificazione del provvedimento autorizzativo la controparte non può esigere dal debitore la prestazione dovuta né invocare la risoluzione di diritto del contratto per il mancato adempimento di obbligazioni con scadenza successiva al deposito della domanda di accesso al concordato preventivo.

7. La sospensione richiesta prima del deposito della proposta e del piano non può essere autorizzata per una durata eccedente il termine concesso dal tribunale ai sensi dell'articolo 44, comma 1, lettera a). Quando siano stati presentati proposta e piano, la sospensione può essere autorizzata anche per una durata ulteriore, che comunque non può essere superiore a trenta giorni dalla data del decreto di apertura, non ulteriormente prorogabile.

8. Lo scioglimento del contratto non si estende alla clausola compromissoria in esso contenuta.

9. Nel caso in cui sia autorizzata la sospensione o lo scioglimento, il contraente ha diritto ad un indennizzo equivalente al risarcimento del danno conseguente al mancato adempimento.

10. In caso di mancato accordo sulla misura dell'indennizzo la sua determinazione è rimessa al giudice ordinariamente competente. Il giudice delegato provvede alla quantificazio-

ne del credito ai soli fini del voto e del calcolo delle maggioranze ai sensi dell'articolo 109.

11. L'indennizzo è soddisfatto come credito chirografario anteriore al concordato, ferma restando la prededuzione del credito conseguente a eventuali prestazioni eseguite legalmente e in conformità agli accordi o agli usi negoziali dopo la pubblicazione della domanda di accesso al concordato e prima della notificazione di cui al comma 6.

12. In caso di scioglimento del contratto di locazione finanziaria, il concedente ha diritto alla restituzione del bene ed è tenuto a versare al debitore quanto ricavato dalla vendita o da altra collocazione del bene effettuata ai valori di mercato, dedotta una somma pari all'ammontare dei canoni scaduti e non pagati fino alla data dello scioglimento, dei canoni a scadere, solo in linea capitale, e del prezzo pattuito per l'esercizio dell'opzione finale di acquisto, nonché le spese anticipate per il recupero del bene, la stima e la sua conservazione per il tempo necessario alla vendita. La somma versata al debitore a norma del primo periodo è acquisita alla procedura. Quando il valore realizzato con la vendita o altra collocazione del bene è inferiore all'ammontare dell'importo dovuto al concedente, questi ha diritto di far valere il diritto di credito per la differenza nei confronti del debitore come credito anteriore al concordato. La vendita o l'allocazione sono effettuate secondo i criteri e le modalità di cui all'articolo 1, comma 139, della legge 4 agosto 2017, n. 124.

13. Le disposizioni del presente articolo non si applicano ai rapporti di lavoro subordinato, nonché ai contratti di cui agli articoli 173, comma 3, 176 e 185, comma 1.

14. Nel contratto di finanziamento bancario costituisce prestazione principale ai sensi del comma 1 anche la riscossione diretta da parte del finanziatore nei confronti dei terzi debitori della parte finanziata. In caso di scioglimento, il finanziatore ha diritto di riscuotere e trattenere le somme corrisposte dai terzi debitori fino al rimborso integrale delle anticipazioni effettuate nel periodo compreso tra i centoventi giorni antecedenti il deposito della domanda di accesso di cui all'articolo 40 e la notificazione di cui al comma 6.

Paolo Felice Censoni

Sommario: 1. Il quadro normativo e il principio generale della conservazione del rapporto pendente. – 2. L'autorizzazione alla sospensione o allo scioglimento del rapporto pendente. – 3. Il relativo procedimento. – 4. Il credito per il c.d. «indennizzo» del contraente *in bonis*. – 5. I contratti preliminari in corso e le «*procedure competitive*». – 6. I contratti di locazione finanziaria. – 7. Le fattispecie contrattuali escluse dalla disciplina generale dell'art. 97. – 8. I finanziamenti bancari in corso e le operazioni c.d. «autoliquidanti».

1. – Una delle novità più interessanti introdotte nella legge fallimentare dal d.l. n. 83 del 2012 era stata certamente quella che riguarda la sorte dei «*contratti pendenti*» (o dei rapporti giuridici preesistenti) nel concordato preventivo [1]: nozione peraltro indefinita,

[1] Per il periodo successivo al d.l. n. 83 del 2012 si possono utilmente consultare FABIANI, *Vademecum*, 8

per circoscrivere la quale la soluzione più razionale era parsa quella di ricorrere all'analoga definizione utilizzata dal legislatore nel primo comma dell'art. 72 l. fall., che dettava la regola generale con riferimento al fallimento, nel senso che dovesse trattarsi comunque di contratti a prestazioni corrispettive ancora ineseguiti o non compiutamente eseguiti da entrambe le parti ad una certa data, che nel fallimento coincideva con il deposito (o l'iscrizione nel registro delle imprese) della sentenza dichiarativa, mentre nel concordato preventivo coincideva con la semplice presentazione del ricorso, in sintonia con il decorso di altri effetti sostanziali di tale istituto, sia nei confronti del debitore (art. 161, comma 7, l. fall.), sia nei confronti dei creditori (artt. 168 e 169 l. fall.)[2].

In verità nel Codice le novità sono numerose[3], ferma restando tuttavia la menzionata definizione, sia pur integrata nel senso che deve trattarsi appunto di contratti (a prestazioni corrispettive) «*ancora ineseguiti o non compiutamente eseguiti nelle prestazioni principali da entrambe le parti alla data del deposito della domanda di accesso al concordato preventivo*» (art. 97, comma 1), peraltro con un differente *dies a quo* sia rispetto a taluni effetti del concordato per i creditori, che però si producono a volte dal deposito della domanda, a volte dal momento della pubblicazione di questa nel registro delle imprese; sia rispetto alla liquidazione giudiziale, nella quale si producono dall'apertura del procedimento (art. 172).

Dalla nozione prescelta derivano almeno due significativi corollari: il primo è che nella fattispecie in esame non potrebbero rientrare i rapporti (sinallagmatici) già interamente eseguiti da una delle due parti prima della presentazione della domanda di concordato; il secondo corollario è che nella nozione di «*contratti pendenti*» non possono rientrare neppure i rapporti già risolti prima della presentazione della domanda di concordato[4], per qualunque motivo.

Ugualmente intatto è rimasto il principio generale della prosecuzione di tali rapporti (indipendentemente dalla loro natura di atti di ordinaria o di straordinaria amministrazione).

Naturalmente non tutta la disciplina degli effetti del concordato preventivo sui rapporti giuridici pendenti è contenuta nella norma qui esaminata, essendo necessario integrarla – oltre che con l'art. 94-*bis* («*Disposizioni speciali per i contratti pendenti nel concordato in continuità aziendale*»), che vieta al creditore che sia parte di un contratto in corso di esecuzione di esercitare taluni strumenti di autotutela – con quella contenuta, anche indirettamente, con riferimento a singole fattispecie, in altre fonti normative.

2. – Rispetto al passato la possibilità per il contraente in concordato di chiedere con autonoma istanza «*l'autorizzazione alla sospensione o allo scioglimento di uno o più contratti*» è stata mantenuta, ma solo «*se la prosecuzione non è coerente con le previsioni del piano né*

---

ss.; Id., *Le nuove soluzioni*; Id., *Il leasing finanziario*:; Bozza, *I contratti*, 1124; Patti, *Rapporti pendenti*, 261 ss.; Fabiani, *Il concordato preventivo*, 481 ss.; Ambrosini, *Il concordato preventivo*, 247; Casa, Sebastiano, *I contratti*, 597 ss., ove ampio panorama giurisprudenziale; De Pra, *Concordato preventivo*, 43 ss.; Benassi, *I contratti*, 554 ss.; Censoni, *Il concordato preventivo*, 224 ss.

[2] Cfr. fra gli altri Terranova, *Il concordato*, 47 s.; Fimmanò, *Contratti d'impresa*, 247.

[3] Sul tema cfr. anche Farenga, *I contratti pendenti*, 287 ss.; Didone, *I rapporti pendenti*, 1281.

[4] Mentre sono inefficaci patti o clausole che prevedessero la risoluzione del rapporto in conseguenza della presentazione di una domanda di concordato preventivo (art. 97, comma 1).

funzionale alla sua esecuzione»; e con l'ulteriore precisazione che, fino a quando non viene presentato il piano, il debitore può chiedere solo la sospensione (che nel decreto attuativo non può eccedere il termine concesso dal tribunale ai fini del deposito della proposta e del piano: artt. 44, comma 1, lett. *a*) e 97, comma 7); mentre dopo la presentazione del piano il debitore può chiedere sia la sospensione (che può essere autorizzata per un termine non superiore a trenta giorni dalla data del decreto di apertura, non ulteriormente prorogabile), sia lo scioglimento, con una distinzione temporale fra sospensione e scioglimento frutto di un ragionevole bilanciamento degli interessi in gioco, essendo altrimenti difficile immaginare come il tribunale possa motivare il secondo provvedimento ignorando il contenuto della proposta e del piano.

Semmai si potrebbe obiettare che (almeno) in qualche caso il debitore concordatario potrebbe trovarsi persino nell'impossibilità di predisporre una proposta e un piano fattibili in assenza della menzionata autorizzazione e quindi ignorando la sorte di rapporti la cui prosecuzione potrebbe per l'appunto pregiudicare la fattibilità dell'una e dell'altro, nel senso che, in mancanza di tempestiva decisione in relazione alle scadenze contrattuali delle contrapposte prestazioni, la prosecuzione dell'esecuzione del rapporto, unitamente alla prededucibilità del credito del contraente *in bonis*, potrebbe aggravare ulteriormente il passivo dell'impresa con pregiudizio per l'intera massa creditoria e, in taluni casi, potrebbe persino finire per trasformare crediti concorsuali pregressi in crediti verso la massa, riducendo le aspettative di soddisfacimento degli altri creditori anteriori ed eventualmente ostacolando la stessa realizzabilità del progetto che il debitore aveva programmato di proporre a costoro.

Inoltre ci si potrebbe chiedere se le *facoltà* ivi previste siano alternative (nel senso che l'istanza diretta alla sospensione escluda la successiva riproposizione di un'istanza diretta allo scioglimento, mentre quest'ultima è chiaramente assorbente dell'altra); oppure se le stesse siano eventualmente cumulabili, nel senso che il debitore concordatario possa chiedere in un primo momento la semplice sospensione del contratto; e in un secondo momento, ma comunque prima della scadenza del termine di sospensione, l'autorizzazione allo scioglimento, concedendo al debitore più tempo per verificare l'eventuale incompatibilità del rapporto in corso con il piano concordatario *in fieri* e per motivare adeguatamente la successiva istanza diretta al suo scioglimento.

3. – Quanto poi al «*procedimento*» il Codice prevede in modo molto dettagliato che la richiesta del debitore debba essere presentata al tribunale (prima del deposito del decreto di apertura del concordato) o al giudice delegato (dopo quel momento) con istanza autonoma, dopo averla notificata al contraente *in bonis* (che può opporsi con memoria scritta entro sette giorni dall'avvenuta notificazione dell'istanza), proponendo anche una quantificazione dell'indennizzo dovuto alla controparte, «*equivalente al risarcimento del danno conseguente al mancato adempimento*»: quantificazione che deve essere evidenziata, anche nella predisposizione del piano, ai fini del calcolo del fabbisogno finanziario complessivo, quale «*credito chirografario anteriore al concordato*», quindi concorsuale (salva la prededuzione relativamente a eventuali prestazioni «*eseguite legalmente e in conformità agli accordi o agli usi negoziali dopo la pubblicazione della domanda di accesso al concordato*» e prima della notificazione, da parte del debitore concordatario, del provvedimento di autorizzazione alla sospensione o allo scioglimento del contratto).

Nel frattempo, «*tra la data della notificazione dell'istanza di sospensione o di scioglimento e la data della notificazione del provvedimento autorizzativo la controparte non può esigere dal debitore la prestazione dovuta né invocare la risoluzione di diritto del contratto per il mancato adempimento di obbligazioni con scadenza successiva al deposito della domanda di accesso al concordato preventivo*» (art. 97, comma 6).

Il giudice (tribunale o giudice delegato) provvede con decreto «*motivato e reclamabile*»; se l'autorizzazione viene concessa, il debitore, come detto, deve notificare il relativo provvedimento all'altro contraente e da quel momento «*hanno effetto*» la sospensione o lo scioglimento del contratto; comunque, in caso di mancato accordo sulla determinazione dell'indennizzo, questa è giustamente rimessa al giudice ordinariamente competente, salva la competenza del giudice delegato quanto alla quantificazione del credito «*ai soli fini del voto e del calcolo delle maggioranze*» (art. 97, commi 5, 6 e 10).

Naturalmente, qualora il debitore concordatario intenda depositare la richiesta di autorizzazione alla sospensione contestualmente alla presentazione della domanda di concordato preventivo, la successione cronologica degli adempimenti gli impone di notificare la prima richiesta all'altro contraente anteriormente al deposito della domanda, mettendolo in concreto al corrente della sua imminente iniziativa, con tutte le conseguenze che ne possono derivare in relazione a detta informazione.

4. – Quanto al credito per il c.d. indennizzo (*id est* per il risarcimento del danno da inadempimento) la sua eccezionale trasformazione da prededucibile a concorsuale (generalmente in chirografo), relativamente al «*credito conseguente a eventuali prestazioni eseguite [...] dopo la pubblicazione della domanda di accesso al concordato*» e prima della notificazione del provvedimento autorizzativo, è stata negata (con il conseguente riconoscimento della prededuzione) in presenza di due (autonome) condizioni: *a*) che si tratti di «*prestazioni eseguite legalmente*»; *b*) che le stesse siano conformi «*agli accordi o agli usi negoziali*» (art. 97, comma 11).

Se la seconda condizione è sufficientemente chiara, proponendosi probabilmente l'intento di evitare che il contraente *in bonis*, messo al corrente delle intenzioni del debitore, opportunisticamente esegua la sua prestazione anzitempo (in relazione al principio generale di cui all'art. 1184 c.c.) per beneficiare della prededuzione, non altrettanto può dirsi della prima, dal momento che l'esecuzione, successivamente alla presentazione della domanda di concordato, di una prestazione assunta anteriormente dovrebbe potersi considerare «*legale*» anche solo per il fatto di essere avvenuta in conformità agli accordi o agli usi negoziali, senza il ricorso ad ulteriori requisiti inerenti (non – si badi bene – all'assunzione, ma) alla sua esecuzione (s'intende prima della notificazione del provvedimento autorizzativo); né, a quanto pare, dovrebbe qui contare, ai fini dell'esecuzione, la distinzione fra atti di ordinaria amministrazione o atti di straordinaria amministrazione, posto che la disciplina dell'art. 97 non distingue fra gli uni e gli altri.

Non minori perplessità riguardano poi l'idea stessa che l'*indennizzo* dovuto al contraente *in bonis* equivalga ad un «*risarcimento del danno conseguente al mancato adempimento*» (*id est* all'inadempimento); nella liquidazione giudiziale l'esercizio da parte del curatore del potere di sciogliersi da un contratto e a maggior ragione quello di lasciarlo in stato di sospensione (art. 172, comma 1) non ha nulla in comune con l'inadempimento; a favore del contraente *in bonis* può spettare semmai un "equo compenso" o un "equo indennizzo", non il risarcimento del danno da inadempimento (v. art. 172, comma 4: «*senza che gli sia dovuto risarcimento del danno*»).

5. – Al quadro normativo sulla sorte dei rapporti pendenti nel concordato preventivo occorre poi aggiungere anche le disposizioni contenute nell'art. 91, che si occupa di «*offerte concorrenti*», prevedendo tuttavia un procedimento competitivo specifico «*quando, prima dell'apertura della procedura di concordato, il debitore ha stipulato un contratto che comunque abbia la finalità del trasferimento non immediato dell'azienda, del ramo d'azienda o di specifici beni aziendali*» (comma 2); dunque, poiché un contratto preliminare, pendente già al momento della presentazione della domanda di concordato, può ben avere la finalità del «*trasferimento non immediato*» di un determinato bene e poiché il ricorso alla particolare «*procedura competitiva*» disciplinata a partire dal comma 3 può riguardare qualunque bene (e non solo aziende o rami di aziende), la regola sopra menzionata va ad integrare quella più generale dell'art. 97, che infatti nel comma 1 la richiama espressamente («*salvo quanto previsto dall'articolo 91, comma 2*»), dovendo tuttavia essere applicata solo nell'ipotesi che il contraente in concordato intenda poi effettivamente addivenire alla stipulazione del contratto definitivo (sia pure eventualmente con altro contraente *in bonis*, individuato a seguito dell'esperimento della gara).

Regole particolari riguardano invece i contratti preliminari di vendita trascritti, che hanno ad oggetto o un immobile ad uso abitativo destinato a costituire l'abitazione principale del promissario acquirente o di suoi parenti ed affini entro il terzo grado; o un immobile ad uso non abitativo destinato a costituire la sede principale dell'attività di impresa del promissario acquirente, sempre che gli effetti della trascrizione non siano cessati anteriormente alla data dell'apertura (*rectius* della presentazione della domanda) del concordato preventivo e il promissario acquirente ne chieda l'esecuzione (v. *infra*).

6. – Fra i contratti di durata una menzione particolare merita quello di locazione finanziaria, in quanto oggetto di una specifica disposizione contenuta nel comma 12 dell'art. 97 (che ha in parte riprodotto, con alcune modifiche, il testo del comma 5 dell'art. 169-*bis* l. fall.), operando, in caso di scioglimento del rapporto, una distinzione secondo che, una volta restituito il bene al concedente, questo risulti debitore verso la procedura o che, al contrario, risulti creditore verso l'utilizzatore; in entrambe le ipotesi, ai fini della quantificazione del debito/credito del concedente, si deve tener conto, da una parte, della somma ricavata dalla vendita o da altra collocazione del bene «*effettuata ai valori di mercato*»; e dall'altra («*dedotta*») di «*una somma pari all'ammontare dei canoni scaduti e non pagati fino alla data dello scioglimento, dei canoni a scadere, solo in linea capitale, e del prezzo pattuito per l'esercizio dell'opzione finale di acquisto*», nonché (secondo la versione più recente del testo della norma) delle «*spese anticipate per il recupero del bene, la stima e la sua conservazione per il tempo necessario alla vendita*», senza riconoscimento di ulteriori crediti a titolo di penale o di risarcimento dei danni; d'altra parte il parametro di riferimento costituito dal «*valore di mercato*» del bene restituito potrebbe essere inteso come un limite nel conteggio solo ove il prezzo "effettivamente" realizzato in concreto dall'impresa concedente sia risultato inferiore.

Peraltro la vendita o l'allocazione devono essere «*effettuate secondo i criteri e le modalità di cui all'articolo 1, comma 139, della legge 4 agosto 2017, n. 124*», il quale, a sua volta, stabilisce che «*il concedente procede alla vendita o ricollocazione del bene sulla base dei valori risultanti da pubbliche rilevazioni di mercato elaborate da soggetti specializzati. Quando non è possibile far riferimento ai predetti valori, procede alla vendita sulla base di una stima effettuata da un perito scelto dalle parti di comune accordo nei venti giorni successivi alla risoluzione del contratto o, in caso di mancato accordo nel predetto termine, da un perito indipendente scelto dal concedente in una rosa di almeno tre operatori esperti, previamente comunicati all'utilizzatore, che può esprimere la sua preferenza vincolante ai fini della nomina entro dieci giorni dal ricevimento della predetta comunicazione. Il perito è indipendente quando non è legato al concedente da rapporti di natura personale o di lavoro tali da compromettere l'indipendenza di giudizio. Nella procedura di vendita o ricollocazione il concedente si attiene a criteri di celerità, trasparenza e pubblicità adottando modalità tali da consentire l'individuazione del migliore offerente possibile, con obbligo di informazione dell'utilizzatore*».

Restano comunque alcuni interrogativi; innanzitutto c'è da chiedersi che cosa accada, in caso di richiesta e concessione dell'autorizzazione allo scioglimento del contratto (che non configura propriamente un'ipotesi di risoluzione per inadempimento), quando fra l'impresa concedente e il debitore concordatario vi sia disaccordo sul presunto «*valore di mercato*», dal momento che, se per un verso il secondo ne dovrebbe tener conto anticipatamente (come credito o come debito) già nel piano concordatario (anche ai fini del giudizio di fattibilità), a sua volta l'impresa concedente, ove ritenga di essere titolare di un diritto di credito, sia pure concorsuale («*come credito anteriore al concordato*»), dovrebbe poi essere ammessa al voto da parte del giudice delegato (art. 108), sempre che sia possibile eseguire quel conteggio in tempo utile prima dell'inizio della votazione dei creditori e salvo sempre il fatto che la relativa «*determinazione*», anche per quel credito, «*è rimessa al giudice ordinariamente competente*» (art. 97, comma 10).

In secondo luogo c'è da chiedersi se l'impresa concedente possa essere ammessa al voto e comunque soddisfatta in via chirografaria in sede esecutiva del concordato, per il suo eventuale credito concorsuale, solo a condizione che il bene sia stato venduto o riallocato; o se sia più ragionevole ritenere che l'impresa concedente possa essere ammessa al voto e soddisfatta anche quando il bene non sia stato ancora venduto o riallocato; ma sempre tenendo conto dei «*valori di mercato*» dello stesso, data la necessità di estendere ad entrambe le ipotesi (considerate dall'art. 97) i medesimi parametri di riferimento per verificare chi sia creditore e chi debitore.

In terzo luogo resterebbe da definire quale estensione attribuire alla disposizione per la quale la somma eventualmente versata al debitore concordatario «*è acquisita alla procedura*»: se cioè essa debba essere distribuita ai creditori o se possa essere utilizzata liberamente dal debitore in caso di concordato con continuità aziendale per ristrutturazione diretta.

7. – Il penultimo comma dell'art. 97 si preoccupa di escludere dalle regole sopra enunciate alcune fattispecie contrattuali, quali: *a*) i rapporti di lavoro subordinato; *b*) i contratti preliminari di vendita trascritti, che hanno ad oggetto o un immobile ad uso abitativo destinato a costituire l'abitazione principale del promissario acquirente o di suoi parenti ed affini entro il terzo grado; o un immobile ad uso non abitativo destinato a costi-

tuire la sede principale dell'attività di impresa del promissario acquirente, sempre che gli effetti della trascrizione non siano cessati anteriormente alla data dell'apertura (*rectius* della presentazione della domanda) del concordato preventivo e il promissario acquirente ne chieda l'esecuzione; *c*) i finanziamenti destinati ad uno specifico affare di cui all'art. 2447-*bis*, comma 1, lett. *b*), c.c.; *d*) i contratti di locazione di immobili, ma solo nel caso di concordato del locatore.

La prima e principale difficoltà creata dal penultimo comma dell'art. 97 (che un po' troppo superficialmente si è limitato a copiare la disposizione dell'art. 169-*bis*, comma 4, l. fall.) sta nel fatto di non aver chiarito («*le disposizioni del presente articolo non si applicano*») se la disapplicazione riguarda la stessa regola generale della continuazione *ex lege* dei rapporti pendenti (come sembrerebbe logico interpretare) o le sole facoltà concesse al debitore di chiedere l'autorizzazione alla sospensione o allo scioglimento di detti rapporti.

Sulla esclusione di quelli di lavoro subordinato non vi è nulla da segnalare, posto che per le situazioni di crisi aziendali (tra le quali rientra anche il presupposto oggettivo del concordato preventivo) esiste un'articolata e specifica disciplina[5] (ora anche negli artt. 189 ss. per il caso di liquidazione giudiziale), non derogata dal principio enunciato nel comma 1 della norma qui in esame; ed alla quale è possibile aggiungere quanto previsto nell'ultima proposizione dell'art. 100, comma 1, secondo cui, nel concordato con «*continuità aziendale*», il tribunale può autorizzare «*il pagamento delle retribuzioni dovute per le mensilità antecedenti il deposito del ricorso ai lavoratori addetti all'attività di cui è prevista la continuazione*».

Ma per ciò che riguarda i contratti preliminari di vendita trascritti di cui sopra (cioè quelli di cui al comma 3 dell'art. 173), occorre considerare che anche in caso di liquidazione giudiziale gli stessi sono sottratti alla regola generale, che però lì è la sospensione del contratto, salva la facoltà del curatore (autorizzato dal comitato dei creditori) di sciogliere il rapporto o di subentrare in esso (e salvo, per gli immobili «*da costruire*», quanto previsto nell'art. 174 e nel d.lgs. 20 giugno 2005, n. 122, modificato dagli artt. 385, 386, 387 e 388), mentre nel concordato preventivo la regola generale è quella della continuazione del rapporto, salva la facoltà del debitore di farsi autorizzare alla sospensione o allo scioglimento dello stesso nei tempi e nei modi in precedenza descritti.

Conseguentemente nel concordato preventivo la disapplicazione della regola generale dovrebbe condurre alla sospensione o allo scioglimento[6], piuttosto che alla continuazione *ex lege* del contratto in ogni caso; ma, se l'immobile è ancora da costruire o in corso di costruzione, l'esecuzione del contratto preliminare con la stipulazione del contratto definitivo dipende necessariamente dal completamento del manufatto, il quale, a sua volta, dipende essenzialmente dal contenuto concreto del piano concordatario, che ben potrebbe prescindere dalla «*continuità aziendale*» (o dalla cessione o dall'affitto dell'azienda, che allora consentirebbero il trasferimento del contratto in applicazione dell'art. 2558 c.c.).

---

[5] Su cui cfr. GRAGNOLI, *I rapporti*, 253 ss.; FIMMANÒ, *Contratti d'impresa*, 254 ss.

[6] Ivi compresa l'eventuale facoltà – ove riconosciuta – di provocare lo scioglimento processualmente, in via di eccezione, nel giudizio per l'esecuzione specifica del contratto a norma dell'art. 2932 c.c., promosso dal promissario acquirente, prima del deposito del ricorso di concordato del promittente venditore, almeno nell'ipotesi di domanda non regolarmente trascritta.

Peraltro per i contratti aventi ad oggetto immobili ancora «*da costruire*» a favore di una «*persona fisica*» che sia promissaria acquirente per sé o per un proprio parente in primo grado e di cui al menzionato d.lgs. 20 giugno 2005, n. 122 nel concordato preventivo occorre ulteriormente chiedersi come conciliare il penultimo comma dell'art. 97 con i commi 2 e 3 dell'art. 3 del suddetto d.lgs. n. 122, a norma del quale la semplice «*presentazione della domanda di ammissione alla procedura di concordato preventivo*» è considerata «*situazione di crisi*» idonea a far sorgere nel promissario acquirente (secondo la definizione contenuta nell'art. 1, lett. *a*) la facoltà di escutere la fideiussione, a condizione che «*il competente organo della procedura concorsuale non abbia comunicato la volontà di subentrare nel contratto preliminare*»[7].

Anche quanto ai finanziamenti destinati ad uno specifico affare, di cui agli artt. 176 e 2447-*decies* c.c. la disapplicazione nel concordato preventivo della regola generale contenuta nell'art. 97 dovrebbe condurre alla sospensione o allo scioglimento, piuttosto che alla continuazione *ex lege* del contratto in ogni caso; ma anche qui la prosecuzione del rapporto dipende essenzialmente dal contenuto concreto del piano concordatario, che potrebbe prescindere dalla «*continuità aziendale*» e dalla «*realizzazione dell'operazione*», il cui "impedimento" non potrebbe avere esiti diversi da quelli considerati nel comma 6 del menzionato art. 2447-*decies* c.c. per l'ipotesi di fallimento/liquidazione giudiziale (ora compiutamente disciplinata dall'art. 176), ma applicabile anche al concordato preventivo, ove questo impedisca la realizzazione o la continuazione dell'operazione, salvo il diritto del finanziatore di partecipare al concordato per il suo credito (concorsuale), «*al netto delle somme di cui ai commi terzo e quarto*» della disposizione dell'art. 2447-*decies* c.c.

L'ultima fattispecie contrattuale menzionata nel penultimo comma dell'art. 97 è quella disciplinata nel comma 1 dell'art. 185: cioè la locazione di immobili, in caso di concordato del locatore.

Qui l'eventuale disapplicazione della (sola) facoltà del locatore di chiedere la sospensione o lo scioglimento non sembra presentare profili di particolare interesse, adeguandosi in fondo a quanto stabilito dalla norma richiamata per il caso di liquidazione giudiziale aperta nei confronti del locatore (che appunto «*non scioglie il contratto*»), dovendo tuttavia domandarsi se la disapplicazione riguardi anche la regola relativa alle conseguenze di un'eventuale interruzione del rapporto imputabile al locatore, non essendo allora possibile considerare «*credito chirografario anteriore al concordato*» e quindi concorsuale quello per i danni eventualmente subìti dal locatario, a differenza da ciò che ora è previsto per la liquidazione giudiziale dal comma 2 dell'art. 185, qualora il curatore, in presenza delle condizioni temporali poste dalla norma, eserciti la facoltà di anticipato recesso.

8. – Come detto in precedenza, relativamente ai rapporti bancari, il principio generale di cui all'art. 97 deve essere integrato, oltre che da quello ricavabile dall'art. 100, comma

---

[7] Quale sia nel concordato del costruttore l'*organo* competente ad esprimere tale volontà non è precisato, ma deve presumibilmente ritenersi che il legislatore non potesse riferirsi (in modo alquanto inappropriato) che allo stesso debitore, sia pure opportunamente autorizzato dal tribunale o dal giudice delegato.

2, anche dall'ultimo comma della norma qui in esame (di più recente conio), secondo cui «*nel contratto di finanziamento bancario costituisce prestazione principale ai sensi del comma 1 anche la riscossione diretta da parte del finanziatore nei confronti dei terzi debitori della parte finanziata. In caso di scioglimento, il finanziatore ha diritto di riscuotere e trattenere le somme corrisposte dai terzi debitori fino al rimborso integrale delle anticipazioni effettuate nel periodo compreso tra i centoventi giorni antecedenti il deposito della domanda di accesso di cui all'articolo 40 e la notificazione di cui al comma 6*».

Per comprenderne la *ratio*, occorre partire dalla constatazione che – come ricordato all'inizio – le regole enunciate nell'art. 97 sarebbero inapplicabili ai contratti già compiutamente eseguiti da una delle parti, come dovrebbe affermarsi anche per il contratto di mutuo già perfezionato con la consegna del danaro al mutuatario (art. 1813 c.c.) al momento della presentazione della domanda di concordato, residuandone a favore della banca mutuante un credito di restituzione, soggetto alle regole del concorso.

Precisamente per ciò che riguarda le operazioni di finanziamento caratterizzate da *anticipazioni di crediti assistite da cessioni "di portafoglio"* (ricevute bancarie, fatture commerciali) in funzione "autoliquidante" e dal c.d. "patto di annotazione ed elisione in conto di partite di segno opposto", si era dubitato in passato della loro tenuta nel concordato preventivo in relazione ai limiti posti dall'art. 56 l. fall. (ora trasfuso nell'art. 155) alla compensabilità fra il credito della banca per l'anticipazione erogata prima del deposito della domanda di concordato e il debito della stessa per la restituzione dell'importo riscosso (da parte del *debitor debitoris*) successivamente a quel momento [8].

Tuttavia quando l'operazione "autoliquidante" sia caratterizzata (non da una cessione di credito, ma) da un semplice mandato *in rem propriam*, l'esclusione della compensabilità fra il credito della banca per l'anticipazione eseguita prima del deposito della domanda di concordato e il debito della stessa corrispondente all'importo riscosso dal *debitor debitoris* dopo quel momento sarebbe senz'altro condivisibile, in base alla considerazione che l'art. 155 (richiamato dall'art. 96) non consente la compensazione fra un credito della massa (com'è quello verso il mandatario per la restituzione delle somme pagate dal terzo, a norma dell'art. 1713 c.c.) ed un credito concorsuale (com'è, appunto, quello del mandatario per precedenti finanziamenti o anticipazioni al mandante anteriormente all'apertura del procedimento); ed è qui che è intervenuta recentemente una significativa modifica del testo originario dell'art. 97, mediante l'aggiunta di un comma dedicato (il quattordicesimo): significativa non tanto per ciò che riguarda la prima proposizione in cui, per consentire a detti rapporti di essere qualificati in qualche modo come ancora «*ineseguiti o non compiutamente eseguiti nelle prestazioni principali*», è stata considerata, di fatto a mezzo di una presunzione assoluta, «*prestazione principale ai sensi del comma 1 anche la riscossione diretta da parte del finanziatore nei confronti dei terzi debitori della parte finanziata*»; quanto per ciò che riguarda piuttosto la seconda proposizione in cui si consente al finanziatore bancario (ma non ad altri finanziatori), in caso di scioglimento del rapporto, di riscuotere e trattenere [9] le somme

[8] Per ampi richiami sul tema cfr. PATTI, *Rapporti pendenti*, 270 s.; CASA, SEBASTIANO, *I contratti*, 608 s.; FIMMANÒ, *Contratti d'impresa*, 248, nt. 95; DE PRA, *Concordato preventivo*, 52 ss.; FALCONE, *Linee di credito*, 85 ss.

[9] Parrebbe anche in carenza di un patto espresso di compensazione, come osserva giustamente ZANICHEL-

corrisposte dai terzi debitori fino ad estinzione del suo credito per le anticipazione effettuate, sia nei centoventi giorni antecedenti il deposito della domanda di accesso al concordato, sia dopo, fino alla notificazione del provvedimento di autorizzazione allo scioglimento.

Ma se il contratto-quadro si scioglie («*in caso di scioglimento*»), compreso il collegamento negoziale fra anticipazioni e mandato a riscuotere, non si vede sulla base di quale motivazione il tribunale o il giudice delegato potrebbero autorizzarne un esito che ora avrebbe per effetto (solo) quello di consentire all'ente finanziatore di soddisfarsi in modo preferenziale, sia pure per le anticipazioni erogate in un arco temporale delimitato, con palese violazione della *par condicio creditorum.*

LI, *I contratti pendenti*, 52, che considera la nuova diposizione un "compromesso", giustificato dall'esigenza di non penalizzare eccessivamente i finanziatori, i cui contributi per la ristrutturazione sono fuori discussione, ma temperati dalla temporaneità del diritto di compensare.

Articolo 98
Prededuzione nel concordato preventivo

1. I crediti prededucibili sono soddisfatti durante la procedura alla scadenza prevista dalla legge o dal contratto.

Sabino Fortunato

Sommario: 1. Prededuzione e concordato preventivo. – 2. L'applicazione dell'art. 98 in caso di revoca della liquidazione giudiziale e nel piano soggetto ad omologazione.

1. – Numerosi crediti sono qualificati come prededucibili in quanto sorgono in funzione o durante il concordato preventivo, alle condizioni e nei limiti sanciti dall'art. 6 e nelle molteplici disposizioni che riconoscono espressamente il beneficio [1]. La presente disposizione chiarisce che tali crediti, anche se sorti prima dell'apertura della procedura, ma a condizione che essa venga dichiarata ammissibile e quindi aperta, devono essere pagati nel corso della procedura mano a mano che vengono a scadenza secondo i termini previsti per legge o per contratto. In ciò si può leggere una deroga al generale divieto di pagare crediti anteriori per prestazioni di beni o servizi, se non nei limiti di quanto è ammesso dall'art. 100. Va anche precisato che i crediti professionali prededucibili, sorti in funzione della domanda di concordato preventivo, non potranno comunque essere pagati se non dopo che si realizzi la condizione dell'apertura della procedura.

2. – Un richiamo all'art. 98 è compiuto dal comma 3 dell'art. 53 a proposito degli effetti che conseguono alla revoca della liquidazione giudiziale, pur non ancora passata in giudicato: dalla pubblicazione della sentenza di revoca e sino al suo passaggio in giudicato l'amministrazione dei beni e l'esercizio dell'impresa spettano al debitore, sotto la vigilanza del curatore. Il regime applicabile in questa fase è simile a quello di spossessamento attenuato proprio del concordato preventivo: gli atti di straordinaria amministrazione devono essere previamente autorizzati dal Tribunale. In mancanza sono inefficaci rispetto ai terzi. Tuttavia, «*i crediti sorti per effetto degli atti legalmente compiuti dal debitore sono prededuci-*

[1] Si rinvia al commento *sub* art. 6.

bili ai sensi dell'art. 98», donde la necessità del loro adempimento anche durante il relativo periodo nei termini di scadenza legali o contrattuali.

L'art. 98 è poi reso applicabile dall'art. 64-*bis*, comma 9, anche al piano di ristrutturazione soggetto ad omologazione, sì che – come dice la Relazione illustrativa – può affermarsi che «*la disposizione pone una regola generale, prevedendo che i crediti prededucibili sono destinati, in quanto tali, ad essere soddisfatti in corso di procedura, alla loro naturale scadenza*».

Articolo 99
Finanziamenti prededucibili autorizzati prima dell'omologazione del concordato preventivo o di accordi di ristrutturazione dei debiti

1. Il debitore, anche con la domanda di accesso di cui agli articoli 40 e 44 e nei casi previsti dagli articoli 57, 60, 61 e 87, quando è prevista la continuazione dell'attività aziendale, anche se unicamente in funzione della liquidazione, può chiedere con ricorso al tribunale di essere autorizzato, anche prima del deposito della documentazione che deve essere allegata alla domanda, a contrarre finanziamenti in qualsiasi forma, compresa la richiesta di emissione di garanzie, prededucibili, funzionali all'esercizio dell'attività aziendale sino all'omologa del concordato preventivo o degli accordi di ristrutturazione dei debiti ovvero all'apertura e allo svolgimento di tali procedure e in ogni caso funzionali alla miglior soddisfazione dei creditori.

2. Il ricorso deve specificare la destinazione dei finanziamenti, che il debitore non è in grado di reperirli altrimenti e indicare le ragioni per cui l'assenza di tali finanziamenti determinerebbe grave pregiudizio per l'attività aziendale o per il prosieguo della procedura. Il ricorso deve essere accompagnato dalla relazione di un professionista indipendente, che attesti la sussistenza dei requisiti di cui al comma 1, nonché che i finanziamenti sono funzionali alla migliore soddisfazione dei creditori. La relazione non è necessaria quando il tribunale ravvisa l'urgenza di provvedere per evitare un danno grave ed irreparabile all'attività aziendale.

3. Il tribunale, assunte sommarie informazioni, sentito il commissario giudiziale e, se lo ritiene opportuno, sentiti senza formalità i principali creditori, decide in camera di consiglio con decreto motivato entro dieci giorni dal deposito dell'istanza di autorizzazione.

4. Il tribunale può autorizzare il debitore a concedere pegno o ipoteca o a cedere crediti a garanzia dei finanziamenti autorizzati.

5. Le disposizioni di cui ai commi da 1 a 4 si applicano anche ai finanziamenti erogati in funzione della presentazione della domanda di ammissione alla procedura di concordato preventivo o della domanda di omologazione di accordi di ristrutturazione dei debiti, quando i finanziamenti sono previsti dal relativo piano e purché la prededuzione sia espressamente disposta nel provvedimento con cui il tribunale accoglie la domanda di ammissione al concordato preventivo ovvero gli accordi di ristrutturazione siano omologati.

6. In caso di successiva apertura della procedura di liquidazione giudiziale, i finanziamenti autorizzati non beneficiano della prededuzione quando risulta congiuntamente che:

a) il ricorso o l'attestazione di cui al comma 3 contengono dati falsi ovvero omettono informazioni rilevanti o comunque quando il debitore ha commesso altri atti in frode ai creditori per ottenere l'autorizzazione;

b) il curatore dimostra che i soggetti che hanno erogato i finanziamenti, alla data dell'erogazione, conoscevano le circostanze di cui alla lettera a).

Articolo 100

Autorizzazione al pagamento di crediti pregressi

1. Il debitore che presenta domanda di concordato ai sensi degli articoli 44 e 87, quando è prevista la continuazione dell'attività aziendale, può chiedere al tribunale di essere autorizzato, assunte se del caso sommarie informazioni, a pagare crediti anteriori per prestazioni di beni o servizi, se un professionista indipendente attesta che tali prestazioni sono essenziali per la prosecuzione dell'attività di impresa e funzionali ad assicurare la migliore soddisfazione dei creditori. L'attestazione del professionista non è necessaria per pagamenti effettuati fino a concorrenza dell'ammontare di nuove risorse finanziarie che vengano apportate al debitore senza obbligo di restituzione o con obbligo di restituzione postergato alla soddisfazione dei creditori. Il tribunale può autorizzare, alle medesime condizioni, il pagamento delle retribuzioni dovute per le mensilità antecedenti il deposito del ricorso ai lavoratori addetti all'attività di cui è prevista la continuazione.

2. Quando è prevista la continuazione dell'attività aziendale, la disciplina di cui al comma 1 si applica, in deroga al disposto dell'articolo 154, comma 2, al rimborso, alla scadenza convenuta, delle rate a scadere del contratto di mutuo con garanzia reale gravante su beni strumentali all'esercizio dell'impresa se il debitore, alla data della presentazione della domanda di concordato, ha adempiuto le proprie obbligazioni o se il tribunale lo autorizza al pagamento del debito per capitale ed interessi scaduto a tale data. Il professionista indipendente attesta anche che il credito garantito potrebbe essere soddisfatto integralmente con il ricavato della liquidazione del bene effettuata a valore di mercato e che il rimborso delle rate a scadere non lede i diritti degli altri creditori.

Articolo 101

Finanziamenti prededucibili in esecuzione di un concordato preventivo o di accordi di ristrutturazione dei debiti

1. Quando è prevista la continuazione dell'attività aziendale, i crediti derivanti da finanziamenti in qualsiasi forma effettuati, ivi compresa l'emissione di garanzie, in esecuzione di un concordato preventivo ovvero di accordi di ristrutturazione dei debiti omologati ed espressamente previsti nel piano ad essi sottostante sono prededucibili.

2. In caso di successiva ammissione del debitore alla procedura di liquidazione giudiziale, i predetti finanziamenti non beneficiano della prededuzione quando il piano di concordato preventivo o dell'accordo di ristrutturazione dei debiti risulta, sulla base di una valutazione da riferirsi al momento del deposito, basato su dati falsi o sull'omissione di informazioni rilevanti o il debitore ha compiuto atti in frode ai creditori e il curatore dimostra che i soggetti che hanno erogato i finanziamenti, alla data dell'erogazione, conoscevano tali circostanze.

Antonia Irace e Vittorio Santoro

Sommario: 1. Scopi della disciplina. – 2. La nuova finanza: nozione. – 3. La domanda di accesso alla nuova finanza: requisiti. – 4. (*Segue*): funzione. – 5. La prededuzione. – 6. I pagamenti di crediti pregressi.

1. – La disciplina della nuova finanza (artt. 99 e 101) è distintamente collocata rispetto a quella dei pagamenti dei crediti pregressi (art. 100) e, inoltre, sistemata in due diverse norme ordinate in modo da tenere conto della successione cronologica degli eventi disciplinati: nell'art. 99 quella dei «*Finanziamenti prededucibili autorizzati prima dell'omologazione*» e nell'art. 101 la disciplina dei «*Finanziamenti prededucibili in esecuzione di un concordato preventivo o di accordi di ristrutturazione dei debiti*». Tali disposizioni complessivamente rafforzano, l'obiettivo di favorire la conservazione delle strutture produttive quale valore pervasivo nel nuovo ordinamento della crisi dell'impresa[1], a patto che siano salvaguardati gli interessi dei creditori[2].

Da un lato, gli articoli in commento trovano applicazione quando e solo quando sia «*prevista la continuazione dell'attività aziendale*», infatti, tale presupposto è ripetuto nell'art. 99, comma 1, nell'art. 100, commi 1 e 2 e nell'art. 101, comma 1. Dall'altro lato, il riferimento alla migliore soddisfazione dei creditori è ripetuto ben tre volte, due nell'art. 99 e una nell'art. 100, oltre ad essere implicitamente richiamato nell'art. 101 tenuto conto del contenuto necessario del piano-economico finanziario funzionale alla ristrutturazione dei debiti (art. 57, comma 2) e del fatto che, nel piano di concordato di cui all'art. 87, devono essere indicate le ragioni per le quali la continuità aziendale «*è funzionale al miglior soddisfacimento dei creditori*» o più precisamente occorre indicare quale siano le prospettive immediate o future di redditività dell'impresa in crisi. In definitiva il *going concern* e l'interesse dei creditori sono i *Leitmotiv* che giustificano le disposizioni in epigrafe[3]. I due corni devono essere opportunamente bilanciati senza che mai l'interesse dei creditori sia sacrificato e che anzi attraverso una valutazione prudenziale e prognostica sia migliorato[4].

Riguardo al profilo macroeconomico e statistico, il miglioramento della soddisfazione dei creditori sta già nel fatto che si garantisca, in termini di fattibilità, la continuità aziendale, perché proprio dalla futura redditività della gestione dell'impresa dovrebbe derivare la soddisfazione dei creditori[5], ciò attraverso operazioni che consentano il riequilibrio economi-

---

[1] Cfr. NIGRO, VATTERMOLI, *Il diritto*, 33 ss.; ABRIANI, BENEDETTI, *Finanziamenti*, 30 ss.; BRIOLINI, *I finanziamenti alla s.r.l.*, 348 ss.

[2] Cass., 19 novembre 2018, n. 29742, in *Foro it.*, 2019, I, 145 avverte che la continuità aziendale non deve risolversi in un danno per i creditori.

[3] V. Cass., 19 novembre 2018, n. 29742, cit.

[4] D'ATTORRE, *Le utilità conseguite*, 318, osserva che la continuità aziendale è strumentale al maggiore soddisfacimento prognostico dei creditori; MAUGERI, *Finanziamenti "anomali"*, 409 ss. V. anche NUZZO, *Il conflitto*, 140 ss.

[5] V. altri riferimenti in SANTORO, *I finanziamenti*, 269 s.; v. anche le considerazioni di CERRATO, PEIRA, Risikogesellschaft, 149 ss.; in giurisprudenza Cass., 19 novembre 2018, n. 29742.

co/finanziario dell'impresa aiutato da operazioni straordinarie quali vendite di prodotti finiti fortemente scontati, dismissioni di magazzino di materie prime inutilizzate e/o inutilizzabili.

Si può, peraltro, notare che è richiesto venga garantita una "migliore" soddisfazione per i creditori dal punto di vista qualitativo e non quantitativo, infatti, quando il legislatore vuole fare riferimento alle quantità, come appunto accade nell'art. 214, comma 1, adopera il superlativo relativo "maggiore", appunto con espressioni quali «*una maggiore soddisfazione dei creditori*». La scelta sta a indicare che il vantaggio per i creditori può ben stare in una convenienza, in tutto o in parte, diversa rispetto al soddisfacimento del credito pregresso e consistere p.e. nella continuazione dei rapporti con l'impresa tornata in equilibrio: si pensi ai vantaggi della continuità per i lavoratori subordinati e per i fornitori abituali.

La migliore soddisfazione, tuttavia, rimane un'espressione ambigua e priva di un significato tecnico/giuridico preciso [6]. In lingua italiana, però, migliore esprime il grado superlativo relativo (non quello assoluto come deriverebbe dall'uso di ottimo ovvero di massimo [7]), esso dunque richiede un giudizio comparativo tra la situazione prognostica dei creditori in assenza di nuova finanza o dalla continuità favorita dai pagamenti dei debiti pregressi rispetto all'assenza di un finanziamento esterno migliorativo della situazione aziendale o all'assenza di un pagamento dei debiti a fornitori strategici che in conseguenza continueranno a garantire le forniture [8]. Il miglioramento, per giunta, esprime significati diversi a seconda che ci si trovi nella fase della finanza interinale, di quella ponte o della nuova finanza espressamente prevista in esecuzione di un concordato preventivo o, ancora, in esecuzione di un accordo di ristrutturazione dei debiti (art. 99, comma 5), ma anche in funzione di un concordato liquidatorio [9].

Nella fase interinale o ponte, il miglioramento del soddisfacimento dei creditori deve avere a punto di riferimento l'insieme dei creditori perché sotto il profilo temporale vuoi la relazione del professionista indipendente, vuoi l'autorizzazione del tribunale che provvede, senza necessità della relazione in caso di urgenza, sono decise in tempi stretti. Se non fosse così il legislatore avrebbe dovuto già nell'art. 99 richiamare le norme sui piani di ristrutturazione dei debiti e per l'esecuzione del concordato preventivo (come appunto avviene nell'art. 101, comma 1), cosa che non accade nell'art. 99 disposizione sotto tale profilo autosufficiente in quanto dispone anche sul contenuto di un piano sintetico (v. comma 3).

Di là dei casi d'urgenza, la domanda del debitore dev'essere accompagnata dalla relazione di un professionista indipendente che ne attesti i requisiti, sotto la pressione di tempi ristretti [10], la prassi professionale evidenzia lo scarso approfondimento di tali attestazioni [11].

[6] Cfr. ROSSI, *Il migliore soddisfacimento*, 637 ss.; RANIELI, *L'autorizzazione*, 649 ss.; NUZZO, *Il conflitto*, 143.

[7] Così, invece, PATTI, *Il miglior soddisfacimento*, 1099 e VATTERMOLI, *Concordato*, 335 ss. Più correttamente altri ritiene che il miglior soddisfacimento per i creditori consista nel vantaggio rispetto all'ipotesi alternativa che i finanziamenti non siano erogati, cfr., fra gli altri, ROSSI, *Il migliore soddisfacimento*, 641 ss.; NUZZO, *Il conflitto*, 144 s.; in giurisprudenza Cass., 23 giugno 2011, n. 13817, in *Foro it.*, 2011, I, 2308. BRIZZI, *Doveri degli amministratori*, 304 ss.

[8] Pe le altre ipotesi specificamente disciplinate dall'art. 100, v. *infra* § 6.

[9] Nel concordato liquidatorio l'art. 84, comma 4, dispone che l'apporto di risorse esterne migliori di almeno il dieci per cento il soddisfacimento dei chirografari rispetto all'alternativa della liquidazione giudiziale, v. *supra* il commento *sub* art. 84.

[10] Si vedano le perplessità di CAMPOBASSO, *Nuovi principi*, 3038 s.

[11] V. SANTORO, *I finanziamenti*, 275, in nota.

In ogni caso anche in tale fase, l'attenzione dell'attestatore e dello stesso tribunale (specie nella situazione di urgenza), si deve concentrare sui creditori che non hanno parte alcuna nelle fasi propedeutiche, proprio a tali creditori si deve garantire [12], con un margine ragionevole di tranquillità, che la prognosi sia realistica e favorevole, migliore appunto.

Anche in tale fase, non ci sembra che debba destare preoccupazione la posizione dei creditori che hanno concesso nuova finanza: banche, intermediari finanziari, fornitori abituali, lavoratori che attraverso le rappresentanze sindacali hanno contrattato la rinuncia parziale o totale alle spettanze precedenti in cambio della garanzia del posto di lavoro. Del pari, nessuna particolare preoccupazione può destare la posizione di quei creditori che adeguatamente informati abbiano esplicitamente acconsentito a un piano, sia pure provvisorio di continuazione dell'attività d'impresa. Tutti costoro hanno avuto modo di giudicare da sé quale sia la convenienza della continuazione dell'impresa avuto riguardo alla nuova finanza.

Viceversa, un significato più puntuale ha la locuzione «*il migliore soddisfacimento dei creditori*» nel contesto dell'art. 101. Tale articolo, infatti, contrariamente al precedente art. 99, nulla dice riguardo al trattamento dei creditori proprio perché tanto è regolato, e in modo dettagliato, nelle rispettive sedi, alle quali per il commento si rinvia.

Ciò non ci esime dal denotare che il significato aggiuntivo dell'art. 101, rispetto alla disciplina altrimenti già completa nella sede, è solo quello di disporre la prededucibilità della nuova finanza a condizione che essa sia espressamente prevista nei piani sottostanti.

2. – Il concetto di «*finanziamenti*» adoperato dal legislatore negli artt. 99 e 101, non ha alcun significato tecnico giuridico preciso, proprio perché non si è voluto lasciare fuori nessuna modalità per sovvenire l'impresa in crisi [13]; sicché per finanziamento si potrà intendere molte cose diverse tra di loro [14], ad es.: mutuo, dilazione o rinuncia a un pagamento, conversione dei crediti in capitale [15] o in «quasi capitale» [16], concessione di garan-

---

[12] V. le precisazioni di Cass., 23 gennaio 2013, n. 1521, in *Giur. comm.* 2014, II, 443.

[13] Cfr. BOTTAI, *Speciale*, 9.

[14] La direttiva UE/2019/1023 [del 20 giugno 2019 riguardante i quadri di ristrutturazione preventiva, l'esdebitazione e le interdizioni, e le misure volte ad aumentare l'efficacia delle procedure di ristrutturazione, insolvenza ed esdebitazione, e che modifica la direttiva (UE) 2017/1132 (direttiva sulla ristrutturazione e sull'insolvenza)], definisce nuovo finanziamento «*qualsiasi nuova assistenza finanziaria fornita da un creditore esistente o da un nuovo creditore al fine di attuare il piano di ristrutturazione e inclusa in tale piano di ristrutturazione*» (art. 2, § 1, punto 7). Il considerando *66*), più dettagliatamente, specifica che «*L'assistenza finanziaria dovrebbe essere intesa in senso lato, compreso nel senso di erogare denaro o garanzie personali e di fornire giacenze, inventari, materie prime e servizi, ad esempio concedendo al debitore un termine di rimborso più lungo*». Cfr. VELLA, *I quadri di ristrutturazione*, 1043 ss.

[15] *Infra, sub* 102, è esaminata la disciplina della nuova finanza concessa dai soci dalla società in crisi. È rilevante segnalare che il Tribunale di Milano (5 ottobre 2017, *cit.*) ha stabilito che la «precedenza nella soddisfazione deve essere riconosciuta nel fallimento del soggetto che, in base al piano o all'accordo omologato, ha percepito il finanziamento effettivamente erogato in esecuzione del piano o dell'accordo, tale soggetto può coincidere con il proponente il concordato o l'accordo, ma come nel caso in esame, secondo il Collegio, può essere anche un soggetto diverso se nel piano o nell'accordo omologato ne è contemplata la presenza e la partecipazione come strumento di risoluzione della crisi». Nella specie era stata costituita una Newco per garantire la continuità dell'attività d'impresa finanziata con nuova finanza e, in seguito, dichiarata fallita.

[16] P.e. in strumenti finanziari partecipativi. Sulla tendenza recente delle banche a convertire i loro crediti nei detti strumenti, cfr. PERCOCO, *La conversione*, 1429 ss.

zie, queste ultime specificamente enumerate nell'art. 99, comma 5, e, in modo complessivo, nell'art. 101, comma 1. Pertanto, benché sia facile immaginare che nella maggior parte dei casi e per la maggiore entità, la nuova finanza deriverà dall'intervento di banche e altri intermediari, non è escluso l'intervento di altri soggetti ad esempio, oltre agli stessi soci, i fornitori abituali strategicamente rilevanti [17], i lavoratori dipendenti, in sintesi tutti coloro che sono disposti a un sacrificio immediato perché considerano la continuazione del rapporto con l'impresa un vantaggio prospettico maggiore della realizzazione concorsuale del loro credito. Ancora, la nuova finanza potrebbe provenire da familiari ed amici in ragione del legame sociale, ma anche da coloro che ritengono di investire nell'impresa esclusivamente perché ravvisano in essa la capacità di ritornare in utile in un tempo ragionevole. In quest'ultimo caso, può anche darsi che nel concordato o nell'accordo di ristrutturazione sia previsto il salvataggio dell'impresa ma con la sostituzione dell'imprenditore (o di chi gestisce l'impresa nel caso delle società) eventualmente nella persona dello stesso finanziatore o di qualcuno scelto da quest'ultimo [18].

Meritano attenzione, a tal punto, alcune decisioni giurisprudenziali che negano che possa essere, in ogni caso, autorizzata la concessione del pegno sui marchi d'impresa funzionale all'accesso alla nuova finanza. Si tratta, ovviamente, di decisioni relative all'art. 182-*quinquies*, comma 4, l. fall. (ora pedissequamente riprodotto nell'art. 99, comma 5) il quale già prevedeva la facoltà del tribunale di autorizzare «*a concedere pegno, ipoteca o a cedere crediti a garanzia dei finanziamenti autorizzati*».

Nonostante il chiaro dettato della norma, alcuni tribunali si sono espressi in senso restrittivo in relazione al pegno sui marchi d'impresa poiché «l'eventuale esecuzione sul solo marchio» priverebbe la società «della sua identità commerciale e del suo avviamento, diminuendone il valore in maniera assai più rilevante rispetto a quella attribuibile al solo marchio da essa scorporato» [19]. L'argomentazione è stata correttamente criticata rilevando che oggetto della valutazione del tribunale non deve avere a oggetto la convenienza della garanzia [20], quanto piuttosto quella del finanziamento [21].

Si argomenta anche che il pegno avrebbe goduto di una stabilità maggiore della stessa prededuzione in applicazione dell'art. 67, comma 3, lett. *f)*, l. fall. L'argomento prova troppo, poiché è proprio il legislatore a prevedere, in modo esplicito e chiaro, che alcuni creditori possano godere del doppio favore della prededuzione e della garanzia pignoratizia (o di altra garanzia) in cambio della concessione di nuova finanza [22]. Inoltre, nel nuovo

---

[17] V. Trib. Napoli Nord, 23 novembre 2016, in *ilfallimentarista.it*, 10 aprile 2017.

[18] Questa è la ragione per cui l'art. 102, comma 2, tratta il socio divenuto tale in esecuzione di un concordato preventivo o di un accordo di ristrutturazione alla stessa stregua di qualsiasi altro finanziatore esterno, concedendo il privilegio della prededuzione per l'intero ammontare del finanziamento e non per l'ottanta per cento, come invece avviene per chi è già socio. Cfr. MAUGERI, *Finanziamenti "anomali"*, 413.

[19] Così Trib. Treviso, 6 aprile 2017 e Trib. Pistoia, 4 settembre 2017, in *Banca, borsa, tit. cred.*, 2018, II, 634 ss.

[20] Ma anche a rimanere alla garanzia, i giudici non tengono affatto conto che proprio il pegno sul marchio offre il particolare vantaggio di una garanzia senza spossessamento, particolarmente utile in funzione della continuità d'impresa. Si v., in particolare, UBERTAZZI, *Spunti*, 116 ss.

[21] Cfr. la lucida analisi di RANIELI, *L'autorizzazione*, 640 ss.

[22] Cfr. RANIELI, *L'autorizzazione*, 644 ss.

contesto normativo, questa preoccupazione dovrebbe ritenersi superata, poiché lo stesso legislatore stabilisce quale sia la stabilità della prededuzione e, di conseguenza anche del pegno, poiché se in seguito alla successiva liquidazione dell'impresa si scopra che il finanziamento sia stato ottenuto in frode ai creditori e con la consapevolezza del finanziatore questi non solo non godrebbe più della prededuzione ma neanche di un pegno basato su un atto fraudolento e quindi certamente inefficace nei confronti dei creditori concorsuali.

3. – La domanda di autorizzazione del debitore al tribunale deve contenere tre elementi essenziali, senza dei quali il giudice dovrà respingere la richiesta. Essi sono: 1) l'indicazione dell'utilizzazione dei finanziamenti; 2) la specificazione che il debitore non ha la possibilità di reperire altrimenti i finanziamenti; 3) la descrizione del grave pregiudizio per l'attività aziendale o per il prosieguo della procedura. Non è un elenco pedissequo di risposte brevi da dare da parte del debitore, ma la base di un ragionamento ben argomentato e sufficientemente documentato che giustifichi la necessità della nuova finanza [23]. La domanda dovrà indicare, eventualmente, se si prospetti un danno grave ed irreparabile all'attività aziendale ad es. l'impresa necessita di liquidità immediata da depositare per poter partecipare ad un appalto oppure per effettuare con urgenza un pagamento in mancanza del quale si incorrerebbe in una penale notevole. Questi casi rientrano nella c.d. finanza interinale urgente e consentono al tribunale di provvedere anche in assenza della relazione dell'attestatore proprio per evitare l'imminenza del pregiudizio [24].

Denunciare il fatto che non si possono reperire altrimenti finanziamenti sta a significare che il debitore deve, subito, rendere palese l'esistenza di una situazione di crisi di liquidità così grave che i finanziatori pregressi non vogliono ulteriormente esporsi, senza ottenere il vantaggio della prededuzione; a tale riguardo, il debitore potrà e dovrà documentare, p.e., che le banche non vogliono aumentare né mantenere le linee di credito preesistenti, che i fornitori minacciano di non inviare materie prime, che gli operai sono pronti allo sciopero. Anche l'affermazione che sussiste un grave pregiudizio per l'azienda non può essere vaga, ma dovrà essere documentata in relazione a fatti concreti quali p.e. la prospettiva di perdere commesse o il rischio concreto di perdere la clientela documentato attraverso un portafoglio ordini inevaso.

Infine, si dovrà dire qual è la destinazione della nuova finanza collegando la stessa alle premesse poste riguardo ai due punti precedenti: così p.e. se il problema è quello di garantire gli approvvigionamenti la nuova finanza dovrà essere destinata al pagamento dei fornitori anche per i beni e servizi forniti in precedenza, se, invece, il problema è assicurarsi che la maestranze lavorino, la nuova finanza dovrà essere destinata al pagamento delle retribuzioni: in sede di autorizzazione, la valutazione della funzionalità dei finanziamenti a una precisa e indicata utilizzazione dovrà essere valutata con particolare rigore [25].

---

[23] Cfr. VALENSISE, DI CECCO, SPAGNUOLO, *Il finanziamento*, 344 ss.

[24] Più ampiamente cfr. SANTORO, *I finanziamenti*, 270 ss.; BONFATTI, *Il finanziamento*, 295. Secondo la Cass., SS.UU., 23 gennaio 2013, n. 1521, *cit.*, nei casi di urgenza l'intervento del tribunale svolge una funzione di bilanciamento, in quanto «l'assenza momentanea di tutti i controlli altrimenti previsti impone necessariamente l'intervento di un organo terzo in funzione di garanzia dei creditori, organo terzo che per le funzioni svolte nell'ambito della procedura non può non coincidere con quello giudiziario».

[25] V. Cass., 19 novembre 2018, n. 29742.

Il collante che tiene insieme tutte le informazioni sopra richiamate sono le linee essenziali di un piano di risanamento che, persino nel caso in cui non sia stato ancora predisposto (p.e. nell'ipotesi dei finanziamenti interinali), deve pur sempre essere pensato nei contenuti essenziali. Infine, salvo ancora il caso dell'urgenza, la domanda deve essere corredata dalla relazione di un professionista indipendente che ne attesti la fattibilità secondo un giudizio prognostico credibile *ex ante*[26].

4. – La nuova finanza può coprire l'esigenza di liquidità dell'impresa in crisi per un periodo temporaneo in corso di procedura (finanziamento interinale), oppure in funzione della procedura (finanziamento ponte)[27], ma può anche accompagnare lo svolgimento di tali procedure[28]. Le norme stabiliscono che tale periodo decorra dal deposito in cancelleria della domanda di accesso al concordato preventivo o di accesso al giudizio di omologazione di un accordo di ristrutturazione (ovvero dal momento successivo in cui il debitore chiede di essere autorizzato a contrarre finanziamenti) e fino all'omologazione del concordato o degli accordi di ristrutturazione[29].

Tuttavia, gli effetti dell'eventuale autorizzazione del tribunale appaiono ambigui in quanto il legislatore disciplina insieme le modalità temporali della domanda del debitore e l'efficacia temporale dell'autorizzazione alla nuova finanza. Sembra che quest'ultima a si estenda, se del caso, fino al decreto di apertura e, persino, allo svolgimento delle predette procedure, alla sola condizione che siano funzionali alla migliore soddisfazione dei creditori. Va da sé che gli effetti non potrebbero riguardare i finanziamenti richiesti sulla base del piano concordatario (art. 87) o del piano economico-finanziario per la ristrutturazione dei debiti (art. 57, comma 2), perché tali situazioni ricadono nella diversa previsione del successivo art. 101, comma 1. Questi ultimi sono i finanziamenti in esecuzione in senso proprio.

La formulazione della norma è volta a superare ogni dubbio, che avrebbe potuto sorgere nella vigenza delle precedenti disposizioni della legge fallimentare, circa il fatto che la finanza d'emergenza una volta autorizzata può continuare a svolgere la sua funzione benefica sulla continuazione dell'attività d'impresa (c.d. trascinamento), senza pregiudizio della prededuzione acquisita, salvo il caso della frode. Si superano quindi le precedenti incertezze riguardo alla prededucibilità del credito del finanziatore dal concordato all'eventuale e successiva liquidazione giudiziale[30].

Gli apporti di nuova finanza possono essere previsti anche negli accordi di ristrutturazione dei debiti (art. 57, comma 2, che rinvia all'art. 56) e nei piani di concordato (art. 87, comma 1, lett. *c*), godendo sempre della prededuzione ai sensi dell'art. 101, comma 1[31].

---

[26] V. Cass., SS.UU., 23 gennaio 2013, n. 1521, *cit.*; v. anche ASSONIME, *Le nuove regole*, 41.

[27] Per la classificazione, cfr. VALENSISE, DI CECCO, SPAGNUOLO, *Il finanziamento*, 340 ss. e FORTUNATO, *Considerazioni*, 367 ss.

[28] V. già VALENSISE, *Art. 182-*quater, 2339; STANGHELLINI, *Finanziamenti-ponte*, 1350; BALESTRA, *I finaziamenti*, 1401 ss.

[29] V. già IRACE, *Art. 182-*quinquies, 470 e BRIOLINI, *Concordato preventivo*, 6 ss. Ma v. MANDRIOLI, *I finanziamenti*, 616.

[30] Cfr. problematicamente CIERVO, *Prededucibilità*, 787 ss.

[31] V. *supra*, rispettivamente, *sub* artt. 56-57 e *sub* art. 87.

Basti qui ricordare che, da un lato, l'art. 101 condiziona il beneficio all'espressa previsione della nuova finanza nei «piani sottostanti», dall'altro, che questi ultimi inquadrano la nuova finanza nell'approfondita diagnosi della situazione economica pregressa (cause della crisi), nella cura (strategia di intervento) e nella prognosi, vale a dire tempi per il riequilibrio finanziario.

Per altro, nel successivo piano concordatario o in quello di ristrutturazione dei debiti, i finanziamenti possono essere rimodulati, ferma restandone la prededucibilità; ciò sia quantitativamente quando se ne chieda una maggiore quantità, sia qualitativamente quando si chieda lo stesso importo ma a un finanziatore diverso ovvero lo stesso importo ma in una forma diversa, ad es. un credito bancario quale mutuo anziché in apertura di credito.

La domanda del debitore assume la forma del ricorso al tribunale delle imprese, competente ai sensi del precedente art. 27. L'istanza, di autorizzazione a contrarre finanziamenti, può essere presentata congiuntamente alla domanda di accesso: 1) a una delle procedure di regolazione della crisi o dell'insolvenza (art. 40); 2) ovvero a un concordato preventivo o a un giudizio di omologazione di accordi di ristrutturazione dei debiti (art. 44) [32]. L'istanza può, tuttavia, essere presentata anche separatamente non appena si presenti l'opportunità di conseguire nuova finanza. Infine, allo scopo di assecondare le ragioni di urgenza che, per lo più, caratterizzano le esigenze di nuova finanza, è consentito che l'istanza non sia corredata dalla documentazione completa, potrebbe p.e. mancare il piano di concordato. Tuttavia, già nel ricorso non possono mancare le informazioni elencate nell'art. 99, comma 3.

Ricevuta l'istanza, il tribunale deve decidere entro dieci giorni dal deposito, in camera di consiglio, senza formalità ma motivando la decisione vuoi in senso positivo vuoi in quello negativo. Il legislatore ha stabilito, tuttavia, che il giudice, a propria discrezione, possa sentire i principali creditori. Questi saranno, di norma, quelli che vantano i maggiori crediti; ciò indipendentemente dal fatto che siano tra quelli disposti a concedere nuova finanza, la cui motivata disponibilità potrebbe rafforzare un convincimento positivo del giudice, ovvero, coloro che rimangono estranei ai nuovi finanziamenti ma il cui giudizio, eventualmente negativo e ben motivato, potrebbe far propendere per la negativa.

5. – Per consentire a un'attività imprenditoriale in continuità di raggiungere gli obiettivi del piano, sottoscritto dalle parti, può essere necessario anche il pagamento dei crediti pregressi ed è al fine di permetterli, seppure nel rispetto di specifiche regole, che l'art. 100 introduce rilevanti deroghe alla *par condicio creditorum* [33].

A tutela degli interessi sottesi ai concordati conclusi ai sensi degli artt. 44 e 87, il

---

[32] V. *supra* i commenti agli artt. 40, 44, 57, 60, 61 e 87, tutti richiamati nell'art. 99, comma 1.

[33] A completamento, è importante notare che l'art. 94-*bis* dispone il divieto per i creditori di rifiutare l'adempimento, provocando la risoluzione o una modificazione peggiorativa in ragione del mancato pagamento di crediti anteriori alla domanda del debitore di accesso al concordato preventivo in continuità, ciò a condizione che si tratti di contratti essenziali per la continuazione dell'attività. Infatti, sono essenziali «*i contratti necessari per la gestione corrente dell'impresa, inclusi i contratti relativi alle forniture la cui interruzione impedisce la prosecuzione dell'attività del debitore*», v. *sub* 94-*bis*. Si tenga conto, infine, che quest'ultima disposizione recepisce l'orientamento della giurisprudenza di merito precedente v., per tutte, Trib. Bergamo, 18 marzo 2019, in *ilfallimentarista.it* con nota di Clemente, Fumagalli.

comma 1, della norma in epigrafe prevede che il debitore possa chiedere al tribunale di essere autorizzato a pagare i crediti anteriori per prestazioni di beni o servizi, a condizione che un professionista indipendente attesti che questi siano essenziali per la prosecuzione dell'attività di impresa e funzionali ad assicurare la migliore soddisfazione dei creditori.

La giurisprudenza, nella vigenza della precedente ma identica disciplina, ha ritenuto l'autorizzazione da parte del tribunale, dopo avere assunto sommarie informazioni, ammissibile anche in ipotesi di continuità parziale o limitata nel tempo come pure nella fase prenotativa [34]. Riguardo all'art. 100, comma 1, si ripropone, in ragione dell'identità di dettato [35], il conflitto tra il principio della *par condicio creditorum* e il criterio della migliore soddisfazione dei creditori che regge la disciplina dei concordati in continuità. Proprio quest'ultimo sembra dover prevalere [36], come è confermato dal secondo periodo dell'art. 100, comma 1, ove si ha cura di chiarire che l'attestazione del professionista indipendente non è necessaria per i pagamenti effettuati fino a concorrenza dell'ammontare di nuove risorse finanziarie apportate dal debitore senza obbligo di restituzione o con obbligo di restituzione postergato alla soddisfazione dei creditori, cioè in quelle situazioni in cui non vi è, per definizione, lesione della soddisfazione dei creditori.

Il *vulnus* al principio di parità di trattamento trova giustificazione – specifica la Relazione – nell'opportunità di offrire al debitore uno strumento che induca i fornitori di beni o servizi, indispensabili per la proficua continuazione dell'attività, ad aderire a richieste di nuove forniture, adesione sovente essenziale allo scopo.

In prima approssimazione si può dire che l'equilibrio tra gli interessi in gioco sia garantito dall'obbligo di allegare, alla richiesta di autorizzazione, la relazione di un professionista indipendente che attesti che i pagamenti siano funzionali alla prosecuzione dell'attività ma, insieme, assicurino la migliore soddisfazione dei creditori. Tuttavia, nella pratica accade che i pagamenti siano autorizzati anche in difetto dell'attestazione del professionista. In realtà, sull'essenzialità dell'autorizzazione e sugli effetti che possono determinarsi in ipotesi di sua mancanza, dottrina e giurisprudenza non sono unanimi.

Si è arrivati a ritenere improcedibile una procedura di concordato in bianco per effetto del pagamento di debiti anteriori senza preventiva autorizzazione ritrovando nella condizione prevista dall'art. 182-*quinquies* l. fall. la conferma di quanto previsto dalla Cassazione [37] in un concordato pre-riforma ed argomentando sulla base della combinata lettura degli artt. 167, 168 e 184 l. fall. [38] ma la prevalente giurisprudenza, per altro, riteneva che

---

[34] V. Trib. Bergamo, 18 marzo 2019, cit.

[35] La norma non è applicabile agli accordi di ristrutturazione. Il mancato richiamo è giustificato osservando che la previsione sarebbe stata inutile in quanto l'imprenditore che vi faccia ricorso si impegna nell'accordo stesso al pagamento di creditori anteriori e ciò a prescindere dal carattere strategico delle loro prestazioni. Sul punto cfr. BONFATTI, *Il sostegno finanziario*, 218 s; e LAMANNA, *Il nuovo codice*, 60, per il quale la ragione dell'omissione sarebbe da ricercarsi nella nuova disposizione dell'art. 166, comma 1, lett. *e*), che impone l'esenzione da revocatoria per gli atti posti in essere dopo il deposito della domanda di accesso all'accordo di ristrutturazione.

[36] Cfr. D'ATTORRE, *La formulazione legislativa*, 473 ss.; PATTI, *Il miglior soddisfacimento*, 1099.

[37] Cass., 12 gennaio 2007, n. 578, in *ilfallimentarista.it*.

[38] Trib. Venezia, 18 settembre 2014, Trib. Bergamo, 23 aprile 2015 e App. Milano, 23 febbraio 2016, pubblicate in *ilcaso.it; adde* Trib. Modena, 27 giugno 2019 e Trib. Busto Arsizio, 11 giugno 2020, in *ilfallimentarista.it*.

l'assenza dell'autorizzazione (art. 182-*quinquies* l. fall.) non fosse equiparabile, quanto agli effetti che poteva produrre sulla sorte della procedura, all'assenza dell'autorizzazione *ex* art. 167, comma 2, l. fall., a patto che la condotta del debitore esulasse per modalità di esecuzione e per la qualità dei soggetti beneficiari da profili di manifesta frode nei confronti degli altri creditori[39].

Posto che l'art. 100, comma 1, riproduce al riguardo, il dettato dell'art. 182-*quinquies*, comma 5, l. fall. si deve, tuttavia, aggiungere che oggi il tema deve essere inquadrato nei principi generali contenuti nei primi articoli del Codice e specificamente, per ciò che riguarda il nostro discorso, nell'art. 4, comma 1, secondo il quale «*debitori e creditori debbono comportarsi secondo buona fede e correttezza*»; al quale il comma 2 aggiunge che il debitore ha «*il dovere di gestire il patrimonio o l'impresa durante il procedimento nell'interesse dei creditori*»; quest'ultimo dovere, a sua volta, è individuato dall'art. 87, per ciò che concerne i concordati in continuità, specificando che, in sede di redazione del piano, deve essere accertata l'idoneità «*a impedire o superare l'insolvenza del debitore, a garantire la sostenibilità economica dell'impresa e a riconoscere a ciascun creditore un trattamento non deteriore rispetto a quello che riceverebbe in caso di liquidazione giudiziale*». Proprio il combinato disposto degli articoli citati giustifica la disapplicazione del principio della parità di trattamento tra creditori nell'ipotesi specifica.

A conclusioni analoghe è possibile pervenire con riferimento alla seconda parte del comma 1 dell'articolo in epigrafe, che consente al debitore, che ne faccia richiesta, di essere autorizzato al pagamento di tutte le mensilità pregresse dovute ai lavoratori addetti all'attività imprenditoriale di cui è prevista la continuazione. Introdotta inizialmente per assicurare il pagamento soltanto dell'ultima mensilità, la disposizione che trae origine nella disciplina comunitaria, è stata estesa con il decreto correttivo a "tutte" le mensilità pregresse. Ciò al fine di dissipare i dubbi sorti in dottrina e in giurisprudenza sulla validità di quelle tesi che, per consentire al debitore il pagamento senza subirne le conseguenze argomentavano sulla base del disposto dell'art. 182-*quinquies* l. fall. assimilavano le prestazioni di lavoro a quelle di servizi e di riflesso i lavoratori dipendenti ai prestatori di servizi.

Nello stesso comma si prevede, inoltre, la possibilità di ottenere l'autorizzazione per il pagamento dei creditori per prestazioni di beni o di servizi, ma in tal caso riteniamo si debba escludere che sia necessaria l'attestazione di un professionista indipendente poiché si tratta di creditori che comunque avrebbero avuto diritto al pagamento integrale, sicché manca per definizione l'impatto negativo del loro soddisfacimento, seppure anticipato, rispetto a quanto sarà disponibile per gli altri creditori.

Parzialmente diverse sono le motivazioni che hanno indotto il legislatore, con il comma 2 della norma in epigrafe, a estendere la possibilità di pagare anche alle rate del con-

[39] Così Cass., 4 maggio 2018, n. 10755, per la quale il pagamento, non autorizzato in data successiva alla domanda di concordato, non comporta, in via automatica, l'inammissibilità della proposta, perché si deve valutare se detto pagamento costituisca o meno atto di straordinaria amministrazione e se le ragioni dei creditori pregiudichino le possibilità di adempimento della proposta formulate con la domanda. Spetta al giudice di merito valutare se tale pagamento sia ispirato alla migliore soddisfazione dei creditori, v. Cass. n. 7066/2016, in *DeJure* e Cass. 19 febbraio 2016, n. 3324, in *ilfallimentarista.it* con nota di Lamanna e in *Fallimenti e Società.it* con nota di Peracin e Tamiazzo.

tratto di mutuo con garanzia reale gravante su beni strumentali all'esercizio dell'impresa, in deroga a quanto previsto dall'art. 154, comma 2. In tal caso, la *ratio* della disposizione è tesa a evitare che il debitore sia spinto a contrarre nuovo debito, persino a condizioni più gravose, dunque con un possibile danno indiretto per i creditori che sarebbero postergati al nuovo finanziatore[40].

L'obiettivo del legislatore, appena descritto, impone i seguenti limiti alla possibilità per l'imprenditore di avvalersi della deroga: a) che alla data di presentazione della domanda di concordato abbia adempiuto alle proprie obbligazioni o che, sempre a tale data, sia stato autorizzato dal tribunale al pagamento del debito per capitale ed interessi scaduti, b) che un professionista indipendente attesti che il credito garantito potrebbe essere soddisfatto integralmente con il ricavato della liquidazione del bene effettuata a valore di mercato e che il rimborso delle rate a scadere non leda i diritti degli altri creditori.

In questi casi l'essenzialità dell'attestazione è evidente e il compito dell'esperto non sarà semplice. L'equivalenza richiesta dalla condizione *sub* b) – presupposto per attestare che il pagamento non lede i diritti degli altri creditori – sarà riscontrabile soltanto nelle ipotesi in cui sin dall'origine l'importo del credito finanziato e garantito sia significativamente inferiore al valore del bene gravato da ipoteca oppure la domanda di concordato intervenga in una fase avanzata del rapporto contrattuale con un residuo credito coperto dal valore del bene[41].

6. – Ai creditori che intervengono per il salvataggio deve essere assicurata certezza[42]. Superando i dubbi precedenti[43], il legislatore ha chiarito che l'effetto della prededucibilità è sostanziale e permanente a condizione che non vi sia stata frode e, insieme, di tale frode non sia stato consapevole chi ha fornito la nuova finanza. Il punto è chiarito, per quanto riguarda la fase prodromica, dall'ultimo comma dell'art. 99 e, per ciò che riguarda la fase esecutiva del piano concordatario e dell'accordo di ristrutturazione, dall'ultimo comma dell'art. 101. Si tratta di due disposizioni con identico contenuto precettivo, destinate a disciplinare la sorte della nuova finanza in caso di successiva apertura della liquidazione giudiziaria.

Il decreto motivato di autorizzazione del tribunale (riunito in camera di consiglio) costituisce presupposto necessario e sufficiente per conferire definitivo carattere prededucibile ai finanziamenti per i quali sia stata specificamente richiesta l'autorizzazione[44]. Dunque, una volta che sia stata autorizzata l'erogazione di nuova finanza, non potrà essere messo in

---

[40] NARDECCHIA *Anticipazioni*, 170; FABIANI, *Il concordato*, 55.

[41] Così NARDECCHIA *Anticipazioni*, 171.

[42] FORTUNATO, *Considerazioni*, 365 ss.; VALENSISE, DI CECCO, SPAGNUOLO, *Il finanziamento*, 329. Sia pure quale facoltà concessa ai legislatori nazionali, anche l'art. 17, ult. par., direttiva UE/2019/1023, dispone che «*gli Stati membri possono [appunto] prevedere che i concessori di nuovi finanziamenti o di finanziamenti temporanei abbiano il diritto di ottenere il pagamento in via prioritaria, nell'ambito delle successive procedure di insolvenza, rispetto agli altri creditori che altrimenti avrebbero crediti di grado superiore o uguale*». VELLA (*I quadri di ristrutturazione*, 1044) ritiene che le disposizioni dell'art. 99 e dell'art. 101 siano in linea con la predetta disposizione europea.

[43] Cfr. LAMANNA, *La legge fallimentare*, 55 *adde* BELTRAMI, *La disciplina dei finanziamenti*, 77.

[44] Cfr. DIDONE, *La prededuzione*, 920 ss.; BELTRAMI, *La disciplina*, 74 ss.

discussione il diritto del creditore ad essere pagato prioritariamente; d'altra parte, senza tale assicurazione non si otterrebbe la disponibilità di nessun nuovo creditore e, pertanto, avremmo disposizioni del tutto inutili. Nel senso della stabilità, depone anche l'esclusione dalla revocatoria, sia concorsuale sia ordinaria, degli atti, pagamenti e garanzie sui beni del debitore posti in essere in conseguenza della concessione di nuova finanza, sia prodromica che in esecuzione di concordato o accordo di ristrutturazione, purché ovviamente vi sia stata omologazione (art. 166, comma 3, lett. *e*).

Ci sembra, pertanto, di dovere condividere la dottrina la quale afferma che «la prededuzione è stata ormai resa una qualità del credito, e dunque una categoria sostanziale, non più solo processuale, che attiene direttamente al debito» [45]. In conseguenza il credito prodromico, una volta autorizzato, non può esser rimesso in discussione [46], in particolare dal giudice delegato, della successiva ed eventuale liquidazione giudiziale, in sede di ammissione allo stato passivo.

Tuttavia, qualora il creditore, che ha fornito nuova finanza, abbia concorso in modo fraudolento con il debitore ad alterare la documentazione presentata al giudice, in particolare occultando la gravità della situazione economico-finanziaria del debitore, non potrà giovarsi dell'esenzione dai reati di bancarotta, né della stessa prededuzione [47]. Di più, il concordato risultato del comportamento doloso del debitore potrà essere annullato su istanza (del curatore o di un creditore) proposta nel termine di sei mesi dalla scoperta del dolo (art. 251).

[45] Cfr. GALLETTI, *Il dado*.

[46] V. BRIOLINI, *Concordato preventivo*, 11, riguardo al rilievo che assume la circostanza che l'autorizzazione sia decisa da un organo collegiale, quale il tribunale, anziché da un organo monocratico; ma v. MIOLA, *Profili*, 1199 s. e LAMANNA, *La legge fallimentare,* 55. A noi sembra che nell'impostazione del legislatore della recente riforma, i finanziatori prodromici e quelli in esecuzione del concordato e dei piani di ristrutturazione sono equiparati, in tal senso depone l'art. 99, comma 1.

[47] Nello stesso senso possono leggersi le indicazioni della Raccomandazione UE n. 848 del 2015, punto 29.

Articolo 102
Finanziamenti prededucibili dei soci

1. In deroga agli articoli 2467 e 2497-*quinquies* del codice civile, il beneficio della prededuzione previsto agli articoli 99 e 101 si applica ai finanziamenti erogati dai soci in qualsiasi forma, inclusa l'emissione di garanzie e controgaranzie, fino all'ottanta per cento del loro ammontare.

2. Il medesimo beneficio opera per l'intero ammontare dei finanziamenti qualora il finanziatore abbia acquisito la qualità di socio in esecuzione del concordato preventivo o degli accordi di ristrutturazione dei debiti.

Nicoletta Michieli

Sommario: 1. Premessa. – 2. Prededucibilità dei finanziamenti soci. – 3. Limiti alla prededuzione. – 4. La prededuzione dei finanziamenti infragruppo.

1. – L'art. 102 si pone in linea di continuità con il previgente art. 182-*quater*, comma 3, l. fall., già riformato con d.l. 22 giugno 2012, n. 83 [1] con cui è stato introdotto nell'ordinamento quello che è stato definito uno strumento del nuovo «diritto societario della crisi» [2], finalizzato ad agevolare i finanziamenti erogati a favore delle imprese in crisi [3].

Rispetto al passato, il legislatore ha oggi riservato al finanziamento soci una specifica

---

[1] La prededucibilità dei crediti nel concordato preventivo e negli accordi di ristrutturazione dei debiti è stata introdotta con d.l. 31 maggio 2010, n. 78, convertito in l. 30 luglio 2010, n. 122 (c.d. Decreto Sviluppo), rientrando tra le disposizioni di cui all'art. 111, comma 2, l. fall. e, in caso di rimborso nella fattispecie di cui all'art. 67, comma 3, lett. *e*), l. fall. V. in dottrina, COSTA, *Procedure di salvataggio*, 21 ss.; VALENSISE, *Art. 182-*quater, 2337; BONFATTI, *Le procedure*, 2010; AMBROSINI, *Appunti* flash; LO CASCIO, *Finanziamenti alle imprese*, 1265 ss.; STANGHELLINI, *Finanziamenti–ponte*, 1346 ss.; AMBROSINI, *Il nuovo diritto*, 1168 ss.

[2] Così, TOMBARI, *Principi e problemi*, 1155, ove riferimenti, anche comparati con il diritto tedesco, sul rapporto di «tendenziale incomunicabilità» tra diritto societario e diritto della crisi. V., altresì, STRAMPELLI, *Capitale sociale*, 617.

[3] Si v. la Relazione Illustrativa al d.lgs. n. 14 del 2019 che espressamente considerava *ex* art. 99 l'esigenza di «*agevolare l'imprenditore nell'accesso alle procedure di regolazione della crisi e dell'insolvenza con la protezione degli interessi del ceto creditorio*». Sui finanziamenti alle imprese in crisi v. ampi riferimenti in VALENSISE, DI CECCO, SPAGNUOLO, *Finanziamenti dell'impresa*, 323 ss.

disposizione, emancipando tale fattispecie da quella più generale relativa all'erogazione di finanziamenti *ex* artt. 99 e 101.

Nell'impianto normativo del Codice, infatti, si conferma, in via generale, l'esenzione dalla postergazione ma, specialmente, il beneficio della prededuzione[4] (seppure nel limite dell'ottanta per cento del loro ammontare, soluzione che prefigura in maniera presuntiva l'equilibrio degli interessi coinvolti secondo una soglia prestabilita) non solo per i finanziamenti concessi in *esecuzione* di un concordato preventivo o di accordi di ristrutturazione (c.d. finanziamenti «*in esecuzione*», *ex* art. 101)[5]; ma anche per quelli erogati in *qualsiasi forma* (per cassa o per firma e compresa emissione di garanzie e controgaranzie) *prima della omologa* della domanda concordataria o di omologazione di accordi di ristrutturazione dei debiti alle condizioni espressamente indicate dall'art. 99, comma 1 (cc.dd. finanziamenti interinali); nonché erogati in *funzione* della presentazione della domanda concordataria o di accordi di ristrutturazione dei debiti (cc.dd. finanziamenti ponte), *ex* art. 99, comma 5[6]. In tal caso, in particolare, la prededuzione si pone come *favor* del tutto incerto al momento in cui il finanziamento viene erogato, visto che è condizionata alla sua previsione nel piano ma, soprattutto, al fatto di essere «espressamente disposta» nel provvedimento di ammissione della società a procedura concordataria o di omologazione degli accordi di ristrutturazione[7].

Come noto, l'estensione della prededuzione[8] anche ai finanziamenti che precedevano l'accesso ad una procedura di concordato o alla ristrutturazione dei debiti (v. d.l. n. 83 del 2012) si deve al legislatore della novella del 2012[9] anche se la dottrina, già in quell'occasione, aveva espresso le proprie perplessità rispetto alla possibilità di ampliare ulteriormente il novero dei crediti prededucibili[10].

In via generale si è, in ogni caso, negli anni assistito ad un'estensione delle fattispecie prededucibili. In un primo momento, *ex* art. 111, comma 2, l. fall., hanno beneficiato della prededuzione solamente i crediti relativi alle spese per l'amministrazione del fallimento: si stabiliva che le spese occorrenti per l'amministrazione del fallimento dovessero essere corrisposte in forza di decreto del giudice delegato e non a mezzo di un piano di riparto, con ciò sottraendo i creditori della procedura al concorso con i creditori del fallito. Le modifiche introdotte dal d.lgs. n. 5 del 2006 hanno profondamente ridefinito l'ambito applicativo della norma, estendendola, da un lato, alle altre procedure concorsuali ed introducendo, dall'altro, criteri generali per il riconoscimento della prededuzione anche al di fuori dei casi previsti da specifiche disposizioni di legge.

L'art. 111 l. fall. già prevedeva che dovessero considerarsi prededucibili, tra gli altri, tutti i crediti come tali definiti da una specifica disposizione di legge.

---

[4] V. le considerazioni di BRIZZI, *Le fattispecie*, 803 ss.

[5] Si v. FILOCAMO, *Il finanziamento*, 803 ss.

[6] Ciò per effetto dell'art. 15 Schema di Correttivo al Codice approvato dal Consiglio dei Ministri il 13 febbraio 2020 che ha introdotto l'art. 99, comma 5 (v. già art. 182-*quater*, comma 2, l. fall.).

[7] V. LAMANNA, *Il rispristino*.

[8] MARINUCCI, *Nota sulla disciplina*, 1005 ss.

[9] Sul punto la letteratura è molto vasta, *ex multis*, v. ABRIANI, *Il finanziamento*, 429 ss.; CALDERAZZI, *I finanziamenti*, 123 ss.; BRIOLINI, *Questioni irrisolte*, 523 ss.; TOMBARI, *I finanziamenti*, 2 ss.

[10] FABIANI, *L'ennesima riforma*, 898 ss. V. LO CASCIO, *Il concordato preventivo*, 78 ss.

Il quadro normativo attuale restituisce, pertanto, un'immagine della prededuzione non più limitata ai crediti sorti in occasione ed in funzione delle procedure concorsuali ma estesa a tutte le ipotesi in cui la legge attribuisce tale beneficio [11].

Inutile evidenziare come il moltiplicarsi di tali ipotesi (tendenza che oggi la legge delega di riforma della disciplina fallimentare tenta di arginare) abbia portato ad una molteplicità e varietà di fattispecie ben distinte tra loro per i presupposti di fatto che possono fondarne il riconoscimento così che possiamo ritenere che esistano tante prededuzioni quante sono le situazioni dalla legge qualificate come tali, ciascuna delle quali ancorata ad un determinato presupposto di fatto. Tra queste figure appunto quella relativa ai finanziamenti soci di cui all'art. 102 [12].

2. – La prededucibilità è quindi riconosciuta rispetto a finanziamenti dei soci (o, meglio, a parte di essi) erogati in *esecuzione* di un concordato preventivo o di un accordo di ristrutturazione dei debiti omologato (art. 101, v. art. 182-*quater*, comma 1, l. fall.); *prima* della presentazione della domanda di ammissione alla procedura di concordato preventivo o della domanda di omologazione dell'accordo di ristrutturazione dei debiti (art. 99, comma 1, v. art. 182-*quater*, comma 2, l. fall.) in *funzione* degli stessi (art. 99, comma 5) o in *esecuzione* della presentazione della domanda di ammissione al concordato preventivo o della domanda di omologazione di un accordo di ristrutturazione dei debiti (art. 101, v. art. 182-*quinquies*, comma 1, l. fall.) [13].

In tutti i casi essa risponde allo scopo di favorire la gestione della crisi tanto da porsi persino in chiaro contrasto [14], *in primis*, con il disposto di cui all'art. 2467 c.c. (oggi in parte attratto all'art. 164) che afferma il principio della postergazione legale dei finanziamenti dei soci rispetto alla soddisfazione di crediti di soggetti terzi [15].

[11] Si pensi, già nel vigore della legge fallimentare, al corrispettivo per il subentro del curatore nei contratti ad esecuzione continuata e periodica (art. 74 l. fall.); all'equo indennizzo riconosciuto al locatore per l'anticipato recesso dal contratto di locazione nel caso di fallimento del conduttore (art. 80 l. fall.); ai premi per l'assicurazione contro i danni in caso di subentro del curatore (art. 82 l. fall.); al controvalore del bene di cui il curatore ne perda il possesso dopo averlo acquisito (art. 103 l. fall.); ai crediti sorti nel corso dell'esercizio provvisorio (art. 104 l. fall.); ai crediti sorti per effetto degli atti legalmente compiuti dopo il deposito del ricorso *ex* art. 161, comma 7, l. fall.; ai crediti per finanziamenti in qualsiasi forma effettuati in esecuzione del concordato preventivo o dell'accordo di ristrutturazione dei debiti omologato (art. 182-*quater* l. fall.); ai finanziamenti contratti dal debitore ai sensi dell'art. 182-*quinquies* l. fall. L'introduzione dell'art. 3 comma 1-*ter*, d.l. n. 347 del 2003, aveva aggiunto al suddetto elenco, ulteriori fattispecie di prededucibilità speciale, aventi, ciascuna, diversi presupposti di fatto e requisiti soggettivi ed oggettivi, ampliando – ancora una volta – il novero delle fattispecie prededucibili ad oggi vigenti.

[12] Cfr. TOMBARI, *Principi e problemi*, 1155 s.

[13] Sui cc.dd. "finanziamenti d'urgenza" che possono essere «*funzionali alla miglior soddisfazione dei creditori*» in diverse occasioni richiamate dal legislatore del Codice *ex* art. 99 e art. 100, già art. 182-*quinques*, comma 1, l. fall.; ovvero, senza la relazione del professionista di cui all'art. 99, comma 3, «*per evitare un danno grave ed irreparabile all'attività aziendale*»; ed *ex* art. 182-*quinques*, comma 3, l. fall. che si riferiva ai finanziamenti «*funzionali a urgenti necessità relative all'esercizio dell'attività aziendale*». V. BONATO, *Concessione e perdita*, 5. Si rinvia a SANTORO, *I finanziamenti interinali*, 270 ss.; BARTALENA, *Crediti accordati*, 2945 ss.; IRACE, *Art. 182-*quinques, 461 ss.

[14] V. BRIOLINI, *Questioni irrisolte*, 523 s.

[15] Sul dibattito dottrinale sulla natura dei finanziamenti soci, *ex plurimis*, BERTOLOTTI, *I finanziamenti*, 937 ss.; CAMPOBASSO, *Finanziamento del socio*, 446 ss.; CAGNASSO, *La società*, 106; ANGELICI, *La riforma*, 59;

Tale soluzione si pone del tutto in linea con le più recenti tendenze normative volte a favorire la continuità aziendale mediante misure premiali della finanza [16] e, nel contempo, a tutelare l'interesse dei soci a preservare la propria partecipazione sociale.

È del resto noto come lo scopo perseguito dal legislatore del Codice sia stato quello di garantire non solo la prevenzione della crisi attraverso la predisposizione di specifici piani, (sulla linea dei *recovery plan* [17] previsti dalla legislazione bancaria-finanziaria adottata dalla Direttiva 2014/59/UE – *Bank Recovery and Resolution Directive*, "BRRD" [18], recepita dai d.lgs. n. 180 e n. 181 del 2015); ma anche la tempestiva adozione di misure di regolazione della crisi che consentano di preservare la continuità aziendale diretta o indiretta attraverso la immedesimazione dell'impresa nell'azienda oggettivata.

La postergazione ha senza dubbio rappresentato una scelta di rigore del legislatore della riforma del diritto societario del 2003 funzionale a scoraggiare l'erogazione di finanziamenti incapaci di creare valore sociale ma tali da accrescere esclusivamente l'indebitamento e lo squilibrio [19] tra le esposizioni debitorie ed il patrimonio netto [20]. Essa consente anche di riequilibrare la posizione di vantaggio in cui versa il socio finanziatore rispetto a quella di qualsiasi altro creditore poiché, vista l'asimmetria informativa, può anticipatamente venire a conoscenza di condizioni di crisi della società e tentare di veder soddisfatto il proprio credito in via preferenziale [21]. In un contesto fallimentare, peraltro, limita il danno che il creditore sociale potrebbe subire se dovesse concorrere con il socio nella ripartizione della quota di attivo fallimentare [22].

Nella crisi di impresa la postergazione può, tuttavia, disincentivare investimenti dei soci, anche non di controllo [23], diversi dall'apporto a capitale di rischio, ovvero finanziamenti della società capogruppo (*«da chi esercita attività di direzione e coordinamento»*) o di società del gruppo (v. *infra*), astrattamente idonei ad una ristrutturazione della società (specialmente in caso di concordato in continuità) [24] o ad una gestione negoziale della

---

PRESTI, *Art. 2467*, 110; MAUGERI, *Finanziamenti «anomali»*, 159 ss.; IRRERA, *Art. 2467 c.c.*, 1791 ss.; PORTALE, *I «finanziamenti»*, 681.

[16] SANTORO, *I finanziamenti interinali*, 269, che evidenzia come il legislatore italiano abbia privilegiato «il risanamento dell'impresa purché basato sulla ragionevole aspettativa che l'obiettivo possa essere raggiunto con effetto, a lungo termine, benefico anche per i creditori dell'impresa».

[17] Tra i primi contributi v. RICCIARDIELLO, *Gli strumenti*, 333 ss. V. anche BASTIA, RICCIARDIELLO, *Gli adeguati assetti*.

[18] V., *ex multis*, MICOSSI, *Dalla crisi*, 29 ss.; BOCCUZZI, *L'Unione Bancaria*.

[19] Lo squilibrio tra attivo e passivo della società è indicato del resto quale parametro di valutazione della stessa condizione di crisi della società (v. art. 2 nella versione rivisitata dal correttivo del 13 febbraio 2020, ed art. 13) v. LAMANNA, *La corretta definizione*.

[20] V. Relazione ministeriale al d.lgs. 17 gennaio 2003, n. 6, § 11. Con riferimento alla fattispecie di sottocapitalizzazione materiale della società, v. PORTALE, *Capitale sociale*, 41.

[21] V. ABRIANI, *Finanziamenti «anomali»*, 322; MAUGERI, *Dalla struttura*, 138.

[22] MAUGERI, *Sottocapitalizzazione nominale*, 72.

[23] L'equiparazione dei soci ai creditori sociali pare determinare un superamento della concezione dei soci quali *residual claimants*.

[24] V. NARDECCHIA, *I finanziamenti prededucibili*, 1110, che riconosce la prededuzione *ex* art. 182-*quater*, comma 1, l. fall. dei finanziamenti concessi in esecuzione di un concordato in continuità *ex* art. 186-*bis* l. fall. Si rinvia a VALENSISE, *Art. 182-quater*, 2336.

crisi [25] a fronte della possibilità, più o meno concreta, di insolvenza [26].

Un approccio rigoroso rischia, inoltre, di disincentivare l'emissione di finanziamenti da parte di soggetti terzi, quali gli istituti di credito [27], che subordinino l'erogazione di finanziamenti all'assunzione di un rischio anche da parte dei soci [28].

Nel contesto del Codice, come già della legge fallimentare, il legislatore ha assunto una posizione diametralmente opposta a quella del diritto societario (si è anche parlato di «inversione di tendenza» [29]) a vantaggio dell'esigenza, preminente, di favorire i canali di sostegno di un'impresa che versi in stato di crisi [30], specie a fronte della difficoltà, talvolta, di individuare soggetti che intendano partecipare (e in un certo senso "scommettere") al risanamento dell'impresa ed alla sua ristrutturazione ovvero, come da taluno evidenziato, di favorire le operazioni di *turnaround* in cui la partecipazione di finanziatori terzi è condizionata al loro ingresso nella compagine sociale [31].

Il contrasto tra disposizioni, di diritto societario e di diritto della crisi, si coglie nella diversa *ratio* che le anima: nel primo caso, volta a preservare esigenze di capitalizzazione; nel secondo, volta a tutelare prospettive di tipo finanziario [32].

Rimane fermo che l'accrescimento del livello di indebitamento sociale si pone in un contesto "controllato" – appunto di concordato o di accordo di ristrutturazione – e sul presupposto che sussistano le condizioni di un risanamento dell'impresa in un'ottica di continuità.

L'approccio è del tutto conforme anche con agli orientamenti già espressi dalla proposta di Direttiva *Insolvency*, 26 novembre 2016 e, ancor prima, dalla Raccomandazione n. 135/2014/UE che aveva il chiaro scopo di «*consentire alle imprese sane in difficoltà*

[25] MAUGERI, *Art. 2497*-quinquies.

[26] V. FABIANI, *L'ennesima riforma*, 905, che, esprimendo il dubbio circa l'«efficienza economica» della disposizione, riconduce tale «mutamento di rotta» rispetto al diritto societario riformato alla volontà di esporre *in primis* i soci al rischio legato al progetto di ristrutturazione che la società intende adottare.

[27] STANGHELLINI, *Finanziamenti ponte*, 1363 s. in cui anche riferimenti alla disciplina tedesca che prevede l'esenzione dalla postergazione solo per i finanziamenti concessi da soggetti che acquistano lo *status* di socio per effetto di un accordo di ristrutturazione dei debiti.

[28] V. FABIANI, *L'ennesima riforma*, 905, che esprime le proprie perplessità sulla possibilità che il beneficio oggi concesso possa, di contro, rappresentare «un mezzo di pressione da parte delle banche». In dottrina, inoltre, si è osservato che la prededuzione non è da sola condizione sufficiente ad incentivare i finanziamenti, specie se non si accompagna ad elementi di certezza sulle condizioni per cui è attribuita. In questi termini «La norma dovrebbe altresì prevedere l'estensione dei finanziatori da una eventuale responsabilità civile (per concessione abusiva di credito) e penale, in relazione al processo di ristrutturazione». Così NARDECCHIA, *I finanziamenti prededucibili*, 1112. V., con osservazioni anche sul Codice, BONATO, *Concessione e perdita*, 8. L'esigenza di stabilità e certezza rispetto al rango del credito non è stata ignorata dal legislatore del 2019 che mette in discussione *ex post* la prededucibilità *ex* art. 99 solo nel caso in cui «il ricorso o l'attestazione [...] contengano dati falsi [...] o comunque quando il debitore ha commesso altri atti in frode ai creditori per ottenere l'autorizzazione» e 101 nel caso in cui l'ammissione alla procedura si sia fondata su «dati falsi o sull'emissione di informazioni rilevanti o il debitore abbia compiuto atti in frode ai creditori».

[29] MIOLA, *Profili del finanziamento*, 11079 ss.

[30] BALESTRA, *I finanziamenti*, 1404, secondo cui la disciplina di specie «potrebbe, in una visuale del tutto opposta apparire come un indice del privilegio che si è inteso attribuire a tutte quelle soluzioni della crisi d'impresa che prevedano un avvicendamento nella compagine societaria».

[31] ABRIANI, *Il finanziamento*, 436.

[32] In tale senso si v. TOMBARI, *Principi e problemi*, 1138 ss. ove riferimenti bibliografici.

finanziaria di ristrutturarsi in una fase precoce, per evitare l'insolvenza e proseguire l'attività». Entrambe evidenziavano come, a fronte di un aumento dei casi di insolvenza, specie all'indomani della crisi economica del 2009, l'attenzione del legislatore europeo fosse volta all'individuazione di strategie che favorissero la ristrutturazione precoce delle società in difficoltà, se non persino la ristrutturazione preventiva rispetto al momento in cui l'impresa potrebbe non essere più in grado di rimborsare i prestiti ricevuti.

La necessità di un accesso anticipato dell'imprenditore ad una procedura di composizione della crisi è, del resto, riconosciuta dai principi elaborati dall'UNCITRAL e dalla Banca Mondiale e fatti propri anche dal legislatore italiano (d.lgs. 12 gennaio 2019, n. 14; v. relazione Illustrativa) ancor prima dell'entrata in vigore della Direttiva UE/2019/1023 sui quadri di ristrutturazione preventiva della crisi recepita dal nostro ordinamento, con un anno di ritardo, con d.lgs. n. 83 del 2022. Essa, peraltro, è divenuta, come anticipato, il *leit motiv* della riforma della legge fallimentare attuata con il Codice appena entrato in vigore.

3. – Il beneficio della prededuzione è limitato all'80% del valore del finanziamento anche nel caso in cui esso sia erogato in esecuzione di un concordato o di accordi di ristrutturazione[33].

Il legislatore, infatti, pur avendo, come visto, ritenuto prevalente l'esigenza di non scoraggiare le iniziative di finanziamento da parte dei soci, ha mantenuto delle riserve circa il rischio che l'erogazione di capitale di debito, in un momento in cui lo squilibrio patrimoniale richiederebbe una ricapitalizzazione della società, possa realizzare una trasposizione del rischio di impresa dai soci ai creditori sociali[34].

Ne consegue che la restante parte del 20% del valore del finanziamento rimane sottoposta al regime della postergazione.

La prededuzione è, invece, garantita al 100% solo nel caso in cui il finanziamento sia concesso da un *nuovo socio* in *esecuzione* di un concordato preventivo o di accordi di ristrutturazione dei debiti, allo scopo dichiarato anche nella Relazione illustrativa al d.lgs. n. 14 del 2012 «*di incentivare l'ingresso nella compagine sociale di investitori interessati a sostenere il processo di risanamento*»[35]. Si pensi al caso del soggetto che diventi socio a seguito di un piano che prevede la conversione di una parte del credito concordatario per finanziamento in capitale sociale[36].

Ancora una volta la norma risponde al fine di favorire la continuità dei fattori produttivi che si realizzi mediante una modifica della compagine sociale capace di apportare nuova finanza.

Essa, in particolare, rappresenta una forma di tutela (una sorta di «premio») riservata ai terzi finanziatori che assumono lo *status* di socio intervenendo nel salvataggio/sostegno

---

[33] Si è parlato anche di «prededucibilità attenuata», TOMBARI, *Principi e problemi*, 1155 ss.

[34] Ampi riferimenti in BRIZZI, *Le fattispecie*, 832.

[35] Relazione Illustrativa al d.lgs. 12 gennaio 2019, n. 14.

[36] Si è in passato discusso se questo principio si applichi ai soci che acquistino tale *status* per effetto dell'operazione di finanziamento, DIDONE, *La prededuzione*, 919.

dell'impresa in crisi e che nel contempo richiedono rassicurazioni sul trattamento dei propri crediti [37].

4. – Il suddetto *favor* si applica anche in deroga dell'art. 2497-*quinquies* c.c. che afferma la postergazione del finanziamento concesso dai soci in un contesto di gruppo.

Se il dato letterale dell'art. 102 sembrerebbe riferirsi ai soli finanziamenti concessi direttamente da soci, s.r.l. o s.p.a., del soggetto finanziato, un'interpretazione che valorizzi maggiormente la *ratio* della norma porta ad estendere il riconoscimento della prededuzione a tutti i finanziamenti che si realizzano in un contesto di gruppo, non solo direttamente da parte di uno dei soci a favore della società sottoposta ad attività di direzione e coordinamento.

Questa conclusione pare del tutto in linea con i principi che si stanno affermando anche nel contesto dell'Unione bancaria (e v. Direttiva 2013/36/UE e Regolamento n. 575 del 2013), ove si ammette che la stabilità del gruppo assurga a interesse rilevante a livello "pubblico", imponendo alla capogruppo il dovere di intervenire nella prevenzione/risoluzione di eventuali crisi delle banche affiliate, utilizzando le risorse del gruppo o di singole banche [38].

[37] V. SANTORO, *I finanziamenti interinali*, 282 che, rispetto ai finanziamenti concessi *ex* art. 182-*quinquies* l. fall. ben evidenzia come i creditori che apportano in vario modo un sostegno alla società in crisi richiedano delle garanzie rispetto al loro credito e alla fase prenotativa. Cfr. LAMANNA, *La legge fallimentare*, 55.

[38] RICCIARDIELLO, *Gli accordi*, 683 ss.

Articolo 103
Scritture contabili

1. Il commissario giudiziale, immediatamente dopo il decreto di apertura del concordato preventivo, ne fa annotazione sotto l'ultima scrittura dei libri presentati.
2. I libri sono restituiti al debitore, che deve tenerli a disposizione del giudice delegato e del commissario giudiziale.

Alberto Dello Strologo

1. – L'articolo in commento apre la sezione IV, denominata «*Provvedimenti immediati*» del capo III, concernente il concordato preventivo. Le disposizioni presenti nella sezione *de qua* ricalcano tendenzialmente quanto previsto agli artt. 170 ss. l. fall.

La disciplina ivi contenuta individua dapprima le attività e le formalità che il commissario giudiziale è chiamato a svolgere subito dopo la nomina. Tali attività sono necessarie in quanto finalizzate a completare il quadro informativo che deve essere predisposto sulla situazione del debitore e sulla proposta di concordato, al fine di consentire ai creditori di esprimere un voto informato sulla proposta [1].

2. – Il comma 1 dell'articolo prevede, immediatamente dopo il decreto di apertura del concordato preventivo, che il commissario giudiziale apponga in calce all'ultima scrittura dei libri [2] presentati dal proponente l'annotazione del decreto di ammissione al concordato.

Lo stesso comma, peraltro, racchiude in sé la più significativa modifica ravvisabile nella norma in commento, ossia la sostituzione del soggetto cui spetta l'adempimento in parola.

---

[1] Cfr. Lo Cascio, Il *concordato preventivo*, 992.

[2] È da ritenere che l'annotazione debba essere effettuata su tutte le scritture contabili che l'imprenditore commerciale deve obbligatoriamente redigere ai sensi dell'art. 2214 c.c. (*i.e.* libro giornale, libro degli inventari «*e tutte le altre scritture che siano richieste dalla natura e dalle dimensioni dell'impresa*»). Appare evidente, pertanto, che la norma in commento abbia utilizzato volutamente il termine generico «*libri*» attesa la sommarietà delle indicazioni fornite dal citato articolo del codice civile.

Benché tale mutamento possa apparire privo di conseguenze, la previsione del commissario giudiziale, in luogo del giudice delegato, avalla quel rilievo autonomo acquisito progressivamente dalla figura del commissario che, già a seguito delle precedenti riforme, non era più qualificabile come mero ausiliare del giudice, e va, altresì, considerata all'interno del più ampio processo di privatizzazione delle procedure concorsuali, già avviato e promosso con la stagione delle riforme del diritto fallimentare iniziata nel 2016.

D'altro canto, porre in capo al commissario giudiziale un incombente prima rimesso al giudice delegato, formalizza ulteriormente il ruolo del commissario come soggetto alieno da ogni attività gestoria dell'azienda e come soggetto interlocutore del debitore. L'imprenditore resta, infatti, il gestore dell'azienda, conserva la legittimazione attiva e passiva e pone in esecuzione gli atti delineati nella proposta concordataria[3] mentre il commissario è l'organo tecnico di supporto all'attività degli organi giurisdizionali, come si evince anche dall'art. 94 ai sensi del quale «*il debitore conserva l'amministrazione dei suoi beni e l'esercizio dell'impresa, sotto la vigilanza del commissario giudiziale*».

Per quanto attiene alla *ratio* della previsione, invece, è stata lungamente discussa la funzione dell'adempimento che, secondo taluni autori, sarebbe di tipo cautelare[4] al fine di impedire la registrazione di poste contabili fittizie o di determinare esattamente il momento in cui le singole obbligazioni sono sorte: la *cristallizzazione*[5] realizzata con l'annotazione renderebbe più agevole al commissario la successiva attività di stesura dell'elenco dei creditori da effettuarsi «*sulla scorta delle scritture contabili*» *ex* art. 104[6]. Per altri autori, invece, l'annotazione adempirebbe ad un fine pubblicitario[7], in quanto idonea a rendere edotti della sussistenza della procedura i terzi che dovessero venire in contatto con l'impresa visionandone le scritture: tale fine in realtà appare garantito mediante l'applicazione delle disposizioni previste dagli artt. 45 e 93 in tema di pubblicità. Tuttavia, tra i sostenitori della teoria della "rilevante funzione informativa" v'è chi enfatizza correttamente la «cesura che l'annotazione comporta tra la fase dell'impresa anteriore al concordato e quella successiva alla sua ammissione» quale strumento in grado di «agevolare il compito del commissario giudiziale»[8].

Appare, in definitiva, predominante la prima tesi secondo la quale l'adempimento dell'annotazione sarebbe funzionale a: i) separare le scritture della situazione patrimoniale tra antecedenti l'apertura del concordato preventivo e successive; ii) fornire una tutela ai creditori della società impedendo l'annotazione di poste contabili fittizie in grado di snaturare il valore dell'attivo e/o del passivo della procedura; iii) agevolare l'individuazione dei

[3] Il commissario giudiziale è, infatti, figura affatto diversa da quella del curatore che è chiamato a svolgere attività gestoria dell'azienda, sebbene siano spesso applicabili, anche al commissario, norme dettate per il curatore, si pensi ai requisiti per la nomina a commissario o ai rinvii di cui all'art. 92, comma 2.

[4] Al riguardo, si vedano: BONSIGNORI, *Del concordato*, 270 e BOCCHIOLA, PALUCHOWSKI, *Manuale di diritto*, 688.

[5] Concetto di cristallizzazione che, come rileva il LO CASCIO, *Il concordato*, 533, va adeguatamente circoscritto in quanto va tenuto presente che il momento di fissazione della posizione economica del debitore si realizza con la presentazione della domanda e con il successivo decreto di ammissione rispetto al quale la annotazione da parte del commissario è successiva.

[6] Per una sintesi, si veda PADELLARO, *Dei provvedimenti immediati*, 2148-2149.

[7] Sul tema si veda ancora BONSIGNORI, *Del concordato*, 270.

[8] *Sic* in DI MARZIO, *Fallimento, concordato*, 1125.

creditori c.d. anteriori, o meglio, aventi titolo o causa precedente all'ammissione alla procedura [9]. L'attività di cui al punto *sub* iii), peraltro, risulta prodromica alla fase di individuazione dei creditori ai quali devono essere attribuiti i diritti di voto [10]. In linea con la disciplina previgente, tuttavia, permane il potere in capo al giudice delegato di decidere sulle contestazioni eventualmente avanzate avverso l'ammissione dei creditori *prima facie* individuati dal commissario.

3. – Il comma 2 della disposizione, non innovando rispetto all'art. 170, comma 2, l. fall., prevede, una volta effettuata la formalità di cui al comma 1, la restituzione dei libri all'imprenditore che è obbligato a tenerli a disposizione del giudice delegato e del commissario giudiziale al fine di consentire l'esercizio del potere di controllo. Ebbene, differentemente da quanto avviene nell'ambito della liquidazione giudiziale, nel concordato preventivo il proponente conserva la disponibilità dell'impresa e, pertanto, il diritto-dovere di mantenere (regolarmente) il complesso dei libri [11] sociali che, una volta assolto l'adempimento *ex* comma 1 dell'articolo in commento, dovranno tornare all'imprenditore: l'obbligo di restituzione risulta essere, pertanto, funzionale all'esercizio dell'impresa [12].

Coerentemente a quanto osservato in relazione alla norma previgente, permane tuttora un dibattito sulla possibilità che, oltre agli organi della procedura dianzi citati, anche i creditori e i terzi possano consultare i libri del debitore proponente. Difatti, se nell'alveo della disciplina della liquidazione giudiziale – all'art. 199 – è prevista la possibilità dei creditori e dei terzi, seppur condizionata all'autorizzazione del giudice delegato, di «*prendere visione e di estrarre copia degli atti e dei documenti per i quali sussiste un loro specifico ed attuale interesse*», ciò non appare altrettanto evidente anche nei procedimenti concordatari.

Il comma 3 dell'art. 92 infatti, riproduce quel potere di indagine a disposizione dei creditori, introdotto nell'art. 165 l. fall. al comma 2 con la riforma del 2015 [13], che si tra-

---

[9] Per ulteriori approfondimenti si veda: Lo Cascio, *Il concordato preventivo*, 689.

[10] Cfr., Bonsignori, *Del concordato preventivo*, 270.

[11] La circostanza, infine, che l'articolo in commento preveda uno specifico riferimento ai libri da restituire laddove il successivo art. 104 si riferisca alla verifica che deve essere effettuata sulla base delle scritture contabili non sembra confermare l'orientamento secondo il quale devono essere consegnati all'imprenditore i libri e non le scritture le quali, al fine di consentire al commissario giudiziale di effettuare le verifiche imposte dalla legge, dovrebbero rimanere nella sua disponibilità. Da un'attenta analisi dell'art. 2214 c.c., appare possibile affermare che tale dubbio possa essere superato in considerazione del fatto che i libri e le scritture contabili vengono considerate unitariamente; una loro separazione non avrebbe senso risultando alquanto evidente che il termine libri debba essere considerato in senso ampio e, pertanto, alla stregua di un sinonimo delle scritture contabili.

[12] Così Conca, *Artt. 170-172*, 2439. In tal senso può considerarsi valida l'osservazione per cui il nuovo Codice manifesta, almeno all'apparenza, un deciso favore verso la continuità aziendale, *sic* in Arato, *Il concordato*, 885.

[13] Ai sensi dell'art. 3, comma 2, d.l. 27 giugno 2015, n. 83, convertito, con modificazioni, dalla l. 6 agosto 2015, n. 132. All'art. 165 l. fall., dopo il secondo comma sono aggiunti i seguenti: «*il commissario giudiziale fornisce ai creditori che ne fanno richiesta, valutata la congruità della richiesta medesima e previa assunzione di opportuni obblighi di riservatezza, le informazioni utili per la presentazione di proposte concorrenti, sulla base delle scritture contabili e fiscali obbligatorie del debitore, nonché ogni altra informazione rilevante in suo possesso. In ogni caso si applica il divieto di cui all'articolo 124, comma primo, ultimo periodo. La disciplina di cui al terzo comma si applica anche in caso di richieste, da parte di creditori o di terzi, di informazioni utili per la presentazione di offerte ai sensi dell'articolo 163-bis*».

duce nella possibilità di interloquire con il commissario laddove prevede che «*il commissario giudiziale vigila sull'attività del debitore e fornisce ai creditori che ne fanno richiesta, valutata la congruità della stessa e previa assunzione di opportuni obblighi di riservatezza, le informazioni utili per la presentazione di proposte concorrenti, sulla base delle scritture contabili e fiscali obbligatorie del debitore, nonché ogni altra informazione rilevante in suo possesso*». Non sembra, tuttavia, trattarsi di previsione idonea a legittimare l'ostensione diretta delle scritture contabili.

Al riguardo, giurisprudenza [14] e dottrina [15] pregressa si erano espresse escludendo tale possibilità, almeno fino all'esito positivo del procedimento di omologa del concordato, in quanto i creditori non potrebbero essere qualificati quali parti formali della procedura. Ebbene, come già evidenziato in dottrina [16], si ritiene che tale posizione non possa essere più condivisa, soprattutto alla luce dell'importanza che oggi assume la volontà dei creditori all'interno della procedura concordataria e, ancor di più, della necessità che gli stessi riescano ad acquisire tutte le informazioni, sia finanziarie sia quali-quantitative, utili a esprimere in modo informato e consapevole il proprio voto sulla proposta. In conclusione, pur aderendo alla tesi da ultimo segnalata, appare necessario ricondurre tale prerogativa dei creditori ad una previa autorizzazione dell'organo giudiziale, nonché alla supervisione del commissario [17].

4. – La nuova disciplina concordataria, coerentemente con i menzionati principi generali della legge delega, ha consentito il superamento di taluni problemi di coordinamento della norma in esame che ne avevano fatto ipotizzare una abrogazione implicita [18]. In particolare ciò era dovuto all'assenza di un esplicito obbligo di deposito delle scritture contabili (eliminato dalla disciplina del concordato dalle precedenti riforme [19]). Attualmente, il novello art. 39 prevede che «*il debitore che chiede l'accesso a una delle procedure di regolazione della crisi o dell'insolvenza* [tra le quali, appunto, il concordato preventivo] *deposita presso il tribunale le scritture contabili e fiscali obbligatorie, le dichiarazioni dei redditi* [...], *i bilanci relativi agli ultimi tre esercizi*». Quest'ultima disposizione, pertanto, non solo permette di superare le problematiche connesse al vuoto normativo relativo al deposito delle scritture contabili del debitore proponente, ma unifica anche la disciplina concordataria con quella della liquidazione giudiziale.

Da ultimo, il novellato impianto normativo, spesso caratterizzato da disposizioni laconiche, aveva fatto sorgere contrapposti orientamenti dottrinali sulla possibilità che la violazione dell'obbligo di deposito delle scritture contabili (*i.e.* i libri contabili) potesse essere

---

[14] In questo senso si veda Trib. Milano, 22 marzo 1973, in *Dir. fall.*, 1973, II, 633 ss.

[15] In Di Marzio, *Fallimento, concordato preventivo,* 1125, ove «i creditori sociali, dal canto loro, non sono autorizzati a consultare le scritture contabili annotate o a prenderle in visione, atteso che non si tratta di documenti da allegare alla domanda; essi pertanto conosceranno la realtà dell'impresa mediatamente, attraverso l'esposizione che il commissario giudiziale ne farà nelle proprie relazioni».

[16] Padellaro, *Art. 170*, 2148.

[17] Maffei Alberti, *Commentario breve,* 1141.

[18] Al riguardo, si vedano Bozza, *La proposta*, 1212 e D'Amora, *Note esegetiche*, 7.

[19] In particolare, ci si riferisce alle modificazioni apportate alla legge fallimentare dal d.l. 14 marzo 2005, n. 35, convertito in l. 14 maggio 2005, n. 80.

oggetto di una sanzione[20]. Alla luce delle nuove disposizioni del Codice, invece, appare pacifico affermare che da tale difetto documentale derivi il venir meno dei presupposti per l'accesso alla procedura; difatti, il comma 2 dell'art. 106 prevede che «*in qualunque momento risulta che mancano le condizioni prescritte per l'apertura del concordato previste agli articoli da 84 a 88*» si attiverà la chiusura del procedimento concordatario con contestuale accertamento dei presupposti di apertura della liquidazione giudiziale prevista dall'art. 49, comma 2: evidente presupposto imprescindibile per la prosecuzione dell'*iter* concordatario è il deposito, insieme alla proposta del debitore, delle scritture contabili.

[20] Così BRUNO, *Artt. 170-171*, 233.

Articolo 104
Convocazione dei creditori

1. Il commissario giudiziale deve procedere alla verifica dell'elenco dei creditori e dei debitori sulla scorta delle scritture contabili, apportando le necessarie rettifiche.

2. Il commissario giudiziale provvede a comunicare ai creditori a mezzo posta elettronica certificata, se il destinatario ha un indirizzo digitale e, in ogni altro caso, a mezzo lettera raccomandata spedita presso la sede dell'impresa o la residenza del creditore, il piano e un avviso contenente la data iniziale e finale del voto dei creditori, la proposta del debitore, il decreto di apertura, il suo indirizzo di posta elettronica certificata, l'invito ad indicare un indirizzo di posta elettronica certificata oppure un servizio elettronico di recapito certificato qualificato di cui all'articolo 1, comma 1-ter del Codice dell'amministrazione digitale di cui al decreto legislativo 7 marzo 2005, n. 82, le cui variazioni è onere comunicare al commissario. Nello stesso avviso è contenuto l'avvertimento di cui all'articolo 200, comma 1, lettera c). Tutte le successive comunicazioni ai creditori sono effettuate dal commissario a mezzo posta elettronica certificata.

3. Quando, nel termine di quindici giorni dalla comunicazione dell'avviso, non è comunicato l'indirizzo di cui all'invito previsto dal comma 2 e nei casi di mancata consegna del messaggio di posta elettronica certificata per cause imputabili al destinatario, le comunicazioni si eseguono esclusivamente mediante deposito in cancelleria. Si applica l'articolo 10, comma 3.

4. Quando la comunicazione prevista dal comma 2 è sommamente difficile per il rilevante numero dei creditori o per la difficoltà di identificarli tutti, il tribunale, sentito il commissario giudiziale, può dare l'autorizzazione prevista dall'articolo 242.

5. Se vi sono obbligazionisti, il termine per la votazione deve essere raddoppiato. La data iniziale e finale stabilita per il voto è in ogni caso comunicata al rappresentante comune degli obbligazionisti.

Alberto Dello Strologo

Sommario: 1. Premessa. – 2. Le verifiche del commissario. Profili pratici e natura delle stesse. – 3. L'avviso ai creditori. – 4. La convocazione degli obbligazionisti e del loro rappresentante legale. – 5. L'eliminazione del superato art. 171, comma 6, l. fall.

1. – L'art. 104 ha una portata parzialmente innovativa rispetto all'art. 171 l. fall.: da una parte, ne modifica formalmente i primi cinque commi e, dall'altra, elimina il sesto. La nuova formulazione della norma sembra consentire il superamento di talune incertezze interpretative e conferma la centralità del ruolo del commissario giudiziale.

2. – Il commissario, nell'espletamento della relativa funzione di controllo e sorveglianza [1], deve procedere alla verifica dell'elenco dei creditori e dei debitori avvalendosi delle scritture contabili della società. In dottrina [2] si era evidenziato come, sebbene tale verifica fosse esplicitamente richiesta, il commissario giudiziale potesse disporre esclusivamente dell'elenco dei creditori ai sensi dell'art. 161 l. fall. [3].

Tale "incongruenza", apparentemente non risolta dalla novella del 2019, potrebbe essere superata grazie alla previsione dell'art. 39, che impone al debitore di depositare, all'atto del ricorso per l'apertura della procedura concordataria, la documentazione in grado di delineare chiaramente il quadro contabile. A mezzo di una lettura sistematica della nuova disciplina si potrebbe elidere, con specifico riferimento alla verifica dei debitori, il rischio di eventuali ostacoli all'accertamento previsto anche in ordine all'elenco dei debitori.

Come evidenziato in relazione alla disciplina previgente, sia in dottrina [4] sia in giurisprudenza [5], appare pacifico affermare che tale attività di controllo abbia carattere meramente amministrativo. Sotto il profilo strutturale e ponendosi su un piano generale, le verifiche che si svolgono nel corso delle procedure concorsuali minori non costituiscono esplicazione di atti di giurisdizione, ma si sostanziano in un'attività di natura amministrativa [6]: ne consegue che l'esame compiuto dal commissario sull'elenco dei creditori ha una duplice finalità, in quanto è indirizzato sia a controllarne l'esattezza sia ad apportare allo stesso le modifiche che si rendessero necessarie alla luce delle scritture contabili.

In tale fase del concordato si perviene alla formazione di un "elenco" dei creditori finalizzato ad uno scopo diverso rispetto, per esempio, alle operazioni di verifica dei crediti propri della procedura di liquidazione giudiziale. In questa sede non si tende, infatti, a determinare quali siano – e per quali importi e ranghi – i creditori aventi diritto a concorrere: non è dato, infatti, rilevare una presenza di contraddittorio che consentirebbe al creditore di contestare il diritto di altro soggetto per escluderlo dal concorso [7] mentre, invece, risulta legittimato a contestare il diritto di altro creditore al solo scopo di escluderlo dal voto [8]. Le verifiche compiute in corso del concordato preventivo nel previgente sistema e, ragionevolmente, anche a seguito della novella del 2019, finiscono per assolvere ad un'altra rilevante funzione, ancorché non normativamente contemplata: quella di consentire la determinazione dell'ammontare complessivo del passivo ai fini dell'individuazione del fabbisogno concordatario.

---

[1] Di Marzio, *Fallimento, concordato*, 1127.

[2] Così Tedeschi, *Manuale*, 558.

[3] Armeli, *Artt. 171-172*, 618.

[4] Trentini, *Modalità di verifica*, 26 e Lo Cascio, *Il concordato*, 692.

[5] Si veda tra gli altri: Cass., 12 novembre 1993, n. 11192, in *Nuova giur. civ. comm.*, 1994, I, 619.

[6] Cfr. Cass., 12 novembre 1993, n. 11192, cit.

[7] L'assenza di accertamenti dei crediti, ai fini delle successive fasi della procedura determina anche che il singolo creditore non è legittimato a impugnare il provvedimento: se le verifiche non sono volte ad accertare i crediti e più in generale il diritto al concorso, non può ravvisarsi, per i creditori, possibilità alcuna di pregiudicare le loro ragioni. Cfr. Cass., 24 marzo 2000, n. 3521, in *Fallimento*, 2001, 287.

[8] Pajardi, *Manuale di diritto*, 656.

L'attività di controllo del commissario appare strumentale solo all'identificazione dei creditori ai quali dovrà essere inviata la comunicazione prevista dal successivo comma del presente articolo[9]. Anche le "rettifiche" che il commissario giudiziale ha il potere di apportare sono da intendere come correzioni di eventuali errori materiali o di altre inesattezze emerse nel corso di un riscontro formale[10] delle posizioni obbligatorie ai fini del voto, seppure non sia da escludere che gli spetti un potere-dovere di verifica di tutte le scritture contabili dell'imprenditore ritenute utili al fine di appurare la veridicità sostanziale dei documenti contabili allegati alla proposta. La situazione contabile patrimoniale così ricostruita non avrà, però, alcun valore vincolante[11]. Peraltro, sebbene sia nell'interesse del proponente fornire tutta la cooperazione necessaria[12], si ritiene che non debba essere imposta alcuna ulteriore attività di supporto al commissario per le citate attività di verifica[13]; è evidente che un atteggiamento collaborativo non potrà che favorire l'approvazione e l'esecuzione del piano concordatario, viepiù considerando l'operato dell'attestatore[14].

3. – La disciplina dell'avviso ai creditori non ha subito particolari modifiche, sicché può tuttora convenirsi sul fatto che essa assolva ad un duplice scopo di informazione e di natura pratica. Anche l'art. 47, nel fissare il contenuto del decreto del tribunale, enfatizza la necessità che ivi venga salvaguardato con modalità idonee il contraddittorio e l'effettiva partecipazione dei creditori. La comunicazione del commissario deve essere indirizzata ai soggetti che risulteranno creditori dell'imprenditore proponente, a prescindere dalla disponibilità del diritto di voto, nonché, secondo parte della dottrina, ai coobbligati[15]. Obiettivo della comunicazione è il soddisfacimento delle esigenze di consenso informato della platea dei creditori chiamati al voto. La forma privilegiata dalla norma per l'invio della comunicazione ai creditori è rimasta quella a mezzo pec e, solo in assenza di un indirizzo digitale, è ammessa la raccomandata: in tale seconda ipotesi, che è divenuta l'unica alternativa al mezzo telematico, è vivamente consigliato l'utilizzo della raccomandata con ricevuta di ritorno al fine di poter procedere alla verifica della ricezione da parte del creditore[16]. Il contenuto dell'avviso specificato nella norma[17] aveva fatto sorgere dubbi interpretativi con riferimento alla proposta del debitore[18]: attualmente l'orientamento dottrinale prevalente ritiene sufficiente una sommaria esposizione del piano[19]. Nell'ipotesi in cui

---

[9] TEDESCHI, *Manuale*, 558.

[10] Anche la giurisprudenza della Suprema Corte ha decisamente privilegiato la tesi della rettifica quale mero intervento formale. Cfr. Cass., 12 novembre 1993, n. 11192, cit.

[11] *Sic* in ARMELI, *Artt. 171-172*, 622.

[12] Così LO CASCIO, *Il concordato preventivo*, 693.

[13] GIORGETTI, CLEMENTE, *La legge fallimentare*, 537 e BONSIGNORI, *Del concordato*, 275-276.

[14] ARMELI, *Artt. 171-172*, 619.

[15] Al riguardo, si veda: BONFATTI, CENSONI, *Manuale*, 445.

[16] Per maggiori approfondimenti si veda: TEDESCHI, *Manuale*, 557.

[17] «*la data iniziale e finale del voto dei creditori, la proposta del debitore, il decreto di apertura, il suo indirizzo di posta elettronica certificata, l'invito ad indicare un indirizzo di posta elettronica certificata* [...] *l'avvertimento di cui all'articolo 200, comma 1, lettera c)*».

[18] PADELLARO, *Art 171*, 2155.

[19] Così MAFFEI ALBERTI, *Commentario breve*, 1143; di diverso avviso, DI MARZIO, *Fallimento, concordato*, 1127.

uno o più creditori non siano messi in condizione di manifestare consapevolmente il loro voto a causa del mancato invio dell'avviso da parte dei commissari, la dottrina più rigorosa propende per la nullità delle deliberazioni assembleari adottate [20]. L'orientamento prevalente, invece, ritiene che la mancata espressione di voto di taluni creditori, per poter incidere sulla validità delle deliberazioni, debba rilevare in modo determinante sul risultato delle votazioni, in coerenza con quanto disposto dal comma 2 dell'articolo 108 [21]. Anche la giurisprudenza di merito, in passato [22], ha escluso la legittimazione dei creditori estranei al procedimento, in quanto non avvisati della data di adunanza, a proporre opposizione di terzo avverso la sentenza di omologazione. Appare opportuno evidenziare che l'omesso, errato o tardivo invio dell'avviso da parte del commissario giudiziale potrebbe condurre al reclamo *ex* artt. 92 e 133 o, addirittura, giustificarne la revoca *ex* artt. 92 e 134 [23].

4. – I commi 4 e 5 riguardano la comunicazione rivolta a un elevato numero di creditori e di obbligazionisti [24] prevedendo, come avveniva con la precedente normativa, la possibilità che il tribunale autorizzi forme di comunicazione quali la pubblicazione su quotidiani. In dottrina si è segnalata anche una certa discrezionalità del tribunale nel rilasciare o meno la surriferita autorizzazione [25]: per esempio, si ritiene che le due circostanze ipotizzate dal legislatore debbano ricorrere entrambe per evitare che i creditori identificati in numero non rilevante possano essere pregiudicati. In questo caso sarebbe necessaria sia una comunicazione cumulativa sia una comunicazione singola [26].

Lo stesso ricorso all'avverbio «*sommamente*» denoterebbe un carattere eccezionale della forma di comunicazione a mezzo pubblicazione su quotidiani. La corte di cassazione ha statuito, infatti, che tra le ragioni legittimanti il ricorso alle modalità di cui all'art. 242 non rientra il mancato accertamento del recapito dei creditori, atteso che in tale evenienza il commissario dovrà attuare tutte le necessarie verifiche anagrafiche [27].

Per altro verso, la dottrina ha riconosciuto l'applicabilità del comma 4 all'ipotesi in cui il proponente della domanda di concordato sia un imprenditore individuale [28]. Con riferimento all'interpretazione del comma 5, si intendeva che il termine raddoppiato per la convocazione degli obbligazionisti fosse da estendere anche ai creditori per preservare un'unitarietà dell'adunanza evitando una doppia votazione [29]. L'eliminazione "fisica" dell'adunanza potrebbe rendere meno attuale la difficoltà prima legata all'evenienza in cui non fosse stato nominato un rappresentante comune degli obbligazionisti – il cui ruolo

---

[20] BONSIGNORI, *Del concordato*, 277.

[21] VITALONE, *Il nuovo concordato*, 82. In questo senso anche LO CASCIO, *Il concordato*, 693.

[22] Cass. I, 17 gennaio 1998, n. 362, in *Giust. civ.*, 1998, I, 979.

[23] Cfr. BRUNO, *Artt. 170-171*, 237.

[24] Prevalente dottrina ritiene che il riferimento all'art 2410 c.c. agli obbligazionisti si debba estendere anche ai possessori di strumenti finanziari e/o titoli di debito. BONFATTI, CENSONI, *Manuale*, 446.

[25] ARMELI, *Artt. 171-172*, 624-625.

[26] MAFFEI ALBERTI, *Commentario breve*, 988.

[27] In dottrina LO CASCIO, *Il concordato*, 691 e in giurisprudenza Cass., 17 gennaio 1998, n. 362.

[28] BONSIGNORI, FRASCAROLI SANTI, NARDO, ZOPPELLARI, *Il concordato preventivo*, 80.

[29] Tra i tanti: BONSIGNORI, *Del concordato*, 279; BRENCA, *Il commissario giudiziale*, 1680; CONCA, *Artt. 170-172*, 2446; QUATRARO, *Relazione al forum*, 27.

poteva essere ricoperto da più soggetti [30] – al quale indirizzare la comunicazione: si valutava, infatti, la possibilità di considerare la proposta come improcedibile [31] poiché avrebbe impedito ai detentori di obbligazioni di esprimere il proprio voto sulla proposta del debitore sino alla data in cui gli amministratori della proponente non avessero richiesto al presidente del tribunale la nomina del rappresentante [32]. Nel nuovo quadro di disciplina sembra potersi avallare la tesi a mente della quale, ove la nomina manchi del tutto, non sia possibile sanzionare con l'inammissibilità la domanda di concordato, in quanto, da una parte, tale evenienza non è menzionata tra le cause di inammissibilità e, dall'altra, sarebbe aberrante far ricadere gli effetti dell'inerzia altrui su un terzo soggetto. Gli obbligazionisti potranno comunque esercitare singolarmente il proprio diritto di voto.

Al riguardo, si segnala come tuttora il legislatore abbia perso un'occasione per fornire chiarimenti al quadro normativo dei prodotti finanziari e dei titoli di debito [33].

5. – Da ultimo, il nuovo Codice non ha riportato nel novello art. 104 il disposto comma dell'art. 171 l. fall. Tale norma, che prevedeva un richiamo al procedimento speciale di cui al r.d.l. n. 136 del 1924 in materia di imprese esercenti attività creditizia, era già divenuta inoperativa [34] in ragione dell'art. 80, comma 6, TUB, che ne escludeva l'applicazione in forza del principio giuridico della *lex specialis derogat legi generali*.

[30] CONCA, *Artt. 170-172*, 2447.

[31] SACCHI, *Gli obbligazionisti*, 101.

[32] BONSIGNORI, *Del concordato*, 280.

[33] Così lamentava ARMELI in *Artt. 171-172*, 628.

[34] Si rinvia a CONCA, *Artt. 170-172*, 2448 e PADELLARO, *Art. 171 l.f.*, 2158.

Articolo 105

Operazioni e relazione del commissario

1. Il commissario giudiziale redige l'inventario del patrimonio del debitore e una relazione particolareggiata sulle cause del dissesto, precisando se l'impresa si trovi in stato di crisi o di insolvenza, sulla condotta del debitore, sulle proposte di concordato e sulle garanzie offerte ai creditori, e la deposita in cancelleria almeno quarantacinque giorni prima della data iniziale stabilita per il voto dei creditori. Copia della relazione è trasmessa al pubblico ministero.

2. Nella relazione il commissario illustra le utilità che, in caso di liquidazione giudiziale, possono essere apportate dalle azioni risarcitorie, recuperatorie o revocatorie che potrebbero essere promosse nei confronti di terzi.

3. Qualora siano depositate proposte concorrenti, il commissario giudiziale riferisce in merito ad esse con relazione integrativa da depositare in cancelleria e comunicare ai creditori, con le modalità di cui all'articolo 104, comma 2, almeno quindici giorni prima della data iniziale stabilita per il voto dei creditori. Copia della relazione è trasmessa al pubblico ministero.

4. La relazione integrativa contiene, la comparazione tra tutte le proposte depositate. Le proposte di concordato, ivi compresa quella presentata dal debitore, possono essere modificate fino a venti giorni prima della data iniziale stabilita per il voto dei creditori.

5. Analoga relazione integrativa viene redatta qualora emergano informazioni che i creditori devono conoscere ai fini dell'espressione del voto. Essa è comunicata ai creditori almeno quindici giorni prima della data iniziale stabilita per il voto ed è trasmessa al pubblico ministero.

Alberto Dello Strologo

Sommario: 1. L'inventario. – 2. La relazione particolareggiata. – 3. Le proposte concorrenti. – 4. Informazioni rilevanti e relazione integrativa.

1. – Anche l'art. 105 non innova in modo dirompente rispetto al suo omologo e già modificato art. 172 l. fall.

La rubrica dell'art. 105 «*Operazioni e relazione del commissario*» consente di inquadrare in un'ottica funzionale quelle operazioni del commissario relative alla redazione dell'inventario e al deposito delle relazioni: il commissario deve porre in essere quelle attività di analisi, valutazione e informazione necessarie ad avviare l'*iter* procedurale nella sua specificità.

In *primis*, il commissario giudiziale deve provvedere alla redazione dell'inventario e di una relazione particolareggiata che, come evidenziato da autorevole dottrina[1], riguarda esclusivamente le componenti materiali costituenti l'attivo patrimoniale della proponente e, pertanto, ha ad oggetto tutti i beni dell'impresa in funzionamento. Appare, sin da subito, evidente come la prima difficoltà per il commissario nel redigere l'inventario sarà costituita dal dover coniugare una grandezza "statica" – il patrimonio aziendale – con una grandezza "dinamica" – l'impresa in movimento.

Parte minoritaria della dottrina ha sottovalutato l'importanza di tale onere riducendo l'intervento del commissario ad una mera verifica dell'elenco dei beni allegato dal debitore e, dunque, ad un rinvio allo stato analitico ed estimativo delle attività depositato dalla società proponente[2]. La giurisprudenza di legittimità ha, d'altro canto, respinto tale tesi affermando che l'inventario, quale compito necessario, autonomo e specifico del commissario, costituisce uno strumento indispensabile della procedura, in considerazione del fatto che rappresenta un supporto essenziale al giudizio prognostico che il commissario è tenuto ad esprimere sulla proposta della società. L'inventario, pertanto, rappresenta un'autonoma incombenza del commissario[3] e, in quanto tale, un atto dovuto[4], che non può essere adempiuto effettuando un mero richiamo all'inventario allegato alla domanda di ammissione al concordato della società. L'adempimento, anzi, sembra richiedere una tale attenzione ai dettagli da legittimare il commissario a chiedere al giudice delegato di disporre consulenze tecniche adeguate a svolgere saggi, sondaggi ed accertamenti tecnici di particolare complessità[5].

Sebbene siano state individuate, in dottrina, finalità plurime dell'inventario[6], l'orientamento dominante identifica nell'inventario, sostanzialmente, lo strumento di individuazione e di valutazione dei beni materiali della società. Quanto all'individuazione dei beni,

---

[1] ROCCO DI TORREPADULA, *I nuovi compiti*, 243.

[2] Per una dettagliata sintesi delle posizioni si vedano: CANALE, *Le nuove norme*, 905, a parere del quale per la redazione dell'inventario può essere sufficiente l'attestazione della veridicità dei dati aziendali allegata alla domanda; CELORIA, PAJARDI, *Commentario*, 924, secondo i quali il commissario dovrebbe esclusivamente verificare quanto indicato e depositato dall'imprenditore, e DE CRESCENZO, PANZANI, *Il nuovo diritto*, 42 ss., che richiedono al commissario un mero controllo dell'attestazione; BOZZA, *La proposta*, 1219, ove si inserisce tra le lamentate discrasie, dovute a mancato coordinamento del sistema, la persistente previsione dell'inventario tra le prime attività del commissario.

[3] Da quanto stabilito da Cass., 15 maggio 1995, n. 5298, in *Giust. civ.*, 1995, 1995, I, 2389, l'inventario è un documento indispensabile per le procedure concordatarie.

[4] *Ex multis:* AMBROSINI, *Il concordato preventivo*, 90; ARATO, *Fallimento*, 169; ARMELI, *Artt. 171-172*, 632; BONSIGNORI, *Del concordato*, 1979; TEDESCHI, *Manuale*, 559.

[5] DI MARZIO, *Fallimento, concordato*, 1129. Ove, peraltro, con riferimento al previgente art. 172 l. fall., riconosciuta la prevalente funzione estimativa e valutativa dell'inventario, a fronte di quella descrittiva, si distingue in relazione alle modalità di redazione nel senso che per l'inventario *ex* art. 172 l. fall. queste sarebbero differenti rispetto a quanto previsto dall'art. 777 c.p.c. essendo necessario indagare ambiti ulteriori e peculiari, non limitati ad una mera descrizione, che consentano una valutazione consapevole della proposta concordataria da parte dei creditori.

[6] Si vedano, al riguardo: NIGRO, VATTERMOLI, *Diritto della crisi*, 364 e MAFFEI ALBERTI, *Commentario breve*, 1146.

il commissario giudiziale dovrà utilizzare i dati e le informazioni fornite dall'imprenditore. Quanto alla valutazione dei beni inventariati, essa si svolgerà come una stima autonoma rispetto a quella depositata dalla società, sebbene sia evidente che elemento di partenza per l'individuazione e la valutazione dei beni sarà sia il piano[7] sia l'attestazione allegati al ricorso; tale valutazione, oltretutto, sarà utilizzata quale base di calcolo per la determinazione del compenso del commissario[8].

Nella nuova disciplina, non è più prevista esplicitamente la possibilità – disposta in precedenza al comma 3 dell'art. 172 l. fall. – di ricorrere all'ausilio di uno stimatore nominato dal giudice delegato.

Nel caso in cui la valutazione del commissario non evidenzi i medesimi risultati di quella dell'imprenditore, è stata data facoltà a quest'ultimo di presentare una ulteriore perizia in difesa delle valutazioni effettuate[9].

Sebbene non sia stato indicato alcun termine per la redazione dell'inventario, trattandosi di un'attività prodromica alla redazione della relazione, è evidente che debba essere completato senza indugi in un tempo *per relationem* funzionale al termine imposto per il deposito di quest'ultima[10].

Il d.lgs. n. 147 del 2020, che ha introdotto disposizioni integrative e correttive al Codice, prescrive che la relazione del commissario e le eventuali relazioni integrative previste dall'articolo in commento debbano essere trasmesse al pubblico ministero che, come noto, nell'adempimento delle proprie funzioni analizza gli esiti delle verifiche dell'organo commissariale al fine di comprendere le cause del dissesto e la condotta del debitore.

2. – *Step* successivo alla redazione dell'inventario è quello che impegna il commissario giudiziale nella stesura di una relazione «*particolareggiata*».

Il commissario, infatti, dovrà evidenziare tutti gli elementi di cui è venuto a conoscenza che potrebbero essere utili al tribunale e ai creditori: a mezzo della prima relazione il commissario fotografa l'andamento storico dell'impresa e assolve a una funzione di informazione utile ai creditori, per poter consapevolmente esercitare il diritto di voto, e al tribunale, che dovrà verificare la legalità della proposta. Com'è noto, nella procedura *de qua* non è dato riscontrare una fase di verifica giudiziale dei crediti, ma solo un accertamento svolto dal commissario giudiziale, sotto la vigilanza del giudice delegato, finalizzato a individuare i soggetti creditori legittimati a manifestare il voto sulla proposta di concordato.

Nella relazione devono essere specificate le cause del dissesto, la condotta del debitore, la proposta concordataria nel suo complesso e le garanzie offerte ai creditori[11].

Nell'indagare e, poi, relazionare sulle cause del dissesto, il che implica infine anche una

---

[7] In tal senso, PACCHI, *La valutazione del piano del concordato preventivo: i poteri del tribunale e la relazione del commissario giudiziale*, 101, che ritiene che il venir meno dell'obbligo, in capo all'imprenditore, del deposito dei libri e delle scritture contabili, non pone ostacoli all'attività che deve compiere il commissario giudiziale inconsiderazione del fatto che le scritture contabili devono essere comunque messe a disposizione degli organi della procedura.

[8] Al riguardo si veda Cass., 15 settembre 1997, n. 9149.

[9] Così: ARMELI, *Artt. 171-172*, 632; CONCA, *Artt. 170-172*, 2450; LICCARDO, *Art. 172*, 2162.

[10] Così ARMELI, *Artt. 171-172*, 632.

[11] Sebbene tali garanzie non siano annoverate tra le condizioni di ammissibilità del piano.

valutazione delle responsabilità gestorie e di conduzione dell'azienda [12], la novella disposizione prevede che il commissario indichi se si tratta di una situazione di crisi o di insolvenza (in linea con l'art. 84, che al suo comma 1 indica lo stato di crisi o di insolvenza come presupposto per l'accesso alla procedura): la relazione dovrà consentire al tribunale e ai creditori di comprendere le effettive condizioni in cui versa la società e di verificare l'effettiva capacità delle attività indicate nel piano depositato a risolvere lo stato di crisi o di insolvenza.

Il commissario dovrà considerare il contenuto negoziale del concordato preventivo. Ci si riferisce, in particolare, all'esame della situazione economica e patrimoniale del proponente, che rappresenta il punto di partenza delle analisi dell'attestatore prima e del commissario poi [13] e che dovrà essere, altresì, comparato con le risultanze dell'inventario redatto ai sensi del comma 1 [14]. Dall'analisi della situazione patrimoniale [15], il commissario potrà determinare (oltre all'attivo) il passivo concordatario, che terrà conto di tutta la debitoria aziendale comprensiva, ovviamente, dei costi della procedura [16]. Da quanto dianzi rappresentato, appare evidente che lo scopo ultimo della relazione è la verifica della percentuale di soddisfacimento dei creditori e la convenienza della proposta concordataria rispetto alla liquidazione giudiziale mediante l'analisi della veridicità dei dati aziendali e della fattibilità del piano [17] presentato dalla società (ossia tramite la verifica dell'operato della società, dei suoi *advisor* e dell'attestatore); la relazione, pertanto, consente al com-

---

[12] Il commissario giudiziale deve esaminare se l'imprenditore ha compiuto atti di frode; in tale denegata ipotesi, infatti, dovrà richiedere la revoca dell'ammissione alla procedura. La letteratura è ampia e discordante: fra i tanti a favore di tale impostazione si citano, CONCA, *Artt. 170-172*, 2450 ss.; PERRINO, *Art. 172*, 2021; PICA, *Il concordato preventivo*, 1133. In senso opposto: TEDESCHI, *Manuale*, 559, DE CRESCENZO, PANZANI, *Il nuovo diritto*, 42; PATERNÒ RADDUSA, *Il commissario giudiziale*, 434.

[13] PACCHI, *La valutazione*, 101, la quale evidenzia che il commissario giudiziale ha a disposizione le scritture contabili della società proponente. Appare opportuno precisare che laddove venga modificata la proposta, il o i commissari dovranno, necessariamente, redigere una nuova relazione.

[14] MAFFEI ALBERTI, *Commentario breve*, 1148, per il quale è possibile ritenere che il commissario giudiziale possa procedere simultaneamente a modificare l'elenco dei creditori e dei debitori.

[15] È possibile sintetizzare come segue le principali attività che il commissario dovrebbe svolgere ai fini della relazione: esaminare i bilanci dei precedenti esercizi per individuare le principali cause dello stato di crisi che hanno indotto il debitore a presentare la proposta di concordato preventivo; il momento in cui tali cause si sono manifestate; se effettivamente abbiano condotto l'impresa all'insolvenza o all'incapacità di adempiere regolarmente le proprie obbligazioni; verificare l'eventuale sussistenza di profili di responsabilità attribuibili ai componenti degli organi sociali, la consistenza patrimoniale degli stessi, l'eventuale compimento di operazioni che sarebbero potenzialmente soggette ad azione revocatoria in caso di fallimento; verificare la corrispondenza dei saldi comunicati dai creditori con quanto esposto nell'elenco depositato dal debitore o dalle risultanze contabili e, se necessario, aggiornarne gli importi; effettuare una analisi sulla solvibilità dei debitori, sia sulla base dell'andamento storico dei pagamenti risultante dalle scritture contabili, sia con visure o altri canali che possano permettere di ottenere informazioni più dettagliate sui debitori; effettuare tutte le necessarie rettifiche ai dati esposti nel piano dal debitore adeguando i valori attivi e passivi a quelli scaturiti dalle attività sopra descritte, nonché ai valori dell'inventario.

[16] Ancora MAFFEI ALBERTI, *Commentario breve*, 1148.

[17] ROCCO DI TORREPADULA, *Art. 172*, 243, sottolinea come spetti al tribunale la verifica della «fattibilità giuridica della proposta, in termini di verifica dell'effettiva realizzabilità della causa concreta del procedimento, finalizzata al superamento della situazione di crisi ed all'assicurazione di un soddisfacimento, sia pur ipoteticamente modesto e parziale, dei creditori».

missario di indicare il proprio parere sulla proposta e ai creditori sociali di votarla con criterio[18].

L'analisi in cui si risolve la relazione del commissario si fonda, dunque, su un triplice ordine di controlli che riguarderanno la veridicità dei dati aziendali (attendibilità dei medesimi), la fattibilità del piano (ragionevolezza delle previsioni del piano), la convenienza dello stesso (giudizio comparato con soluzioni alternative)[19].

In dottrina[20] si è sottolineato come il campo di indagine del commissario e la portata dei suoi accertamenti abbiano risentito del progressivo depotenziamento degli organi della procedura (sottrazione della direzione della procedura al giudice delegato, limitazione dei poteri del tribunale in sede di giudizio della proposta ecc.): la sua relazione rappresenterebbe l'unico atto di provenienza pubblica in grado di offrire una sufficiente garanzia sulla fattibilità del piano. Inoltre, anche se non è più richiesto un giudizio di meritevolezza del debitore, il commissario ha comunque l'onere di verificarne il comportamento, in quanto «*le cause del dissesto e la condotta del debitore*» rappresentano elementi conoscitivi funzionali alla formazione del giudizio dei creditori chiamati al voto.

A seguito della riforma del 2015, il contenuto della relazione si è ampliato con la prescrizione di indicare le utilità che, in caso di liquidazione giudiziale, potrebbero derivare dall'esperimento di azioni risarcitorie, recuperatorie e revocatorie nei confronti dei terzi. Tali azioni sono particolarmente rilevanti in quanto potrebbero consentire alla procedura di recuperare *asset* in grado, nella liquidazione giudiziale, di garantire un miglior soddisfacimento[21] dei creditori rispetto allo scenario concordatario. Il concetto di «*utilità*» si specifica con riguardo sia alla probabilità di accoglimento delle azioni in questione sia alla ragionevole previsione di recupero del credito anche in ragione delle spese di giudizio.

Dal 2015, inoltre, il termine per il deposito della relazione è fissato in 45 giorni prima della data iniziale stabilità per il voto dei creditori.

3. – Nel solco tracciato dalla miniriforma del 2015, che raccordava i compiti del commissario e la possibilità per i creditori di presentare proposte concorrenti, i commi 3 e 4 riguardano la relazione integrativa con la quale il commissario riferisce delle eventuali proposte concorrenti depositate.

La nuova norma, cercando di massimizzare la soddisfazione dei creditori sociali e la tempestività con la quale le informazioni concernenti la proposta devono essere veicolate, ha ridotto le tempistiche per il deposito della relazione integrativa del commissario – 15

---

[18] Sul punto, la dottrina ha opinioni discordanti; infatti, per taluni autori CONCA, *Artt. 170-172*, 2454 ss. e CASSANDRO, *Concordato preventivo*, 305, è compito esclusivo dei creditori esprimere un giudizio sulla convenienza della proposta concordataria; ciononostante, appare pacifico affermare che il commissario giudiziale, mediante la relazione, deve esporre ai creditori tutte le criticità della proposta e, pertanto, offrire un'informativa oggettiva. In tal senso: AMBROSINI, *Il concordato preventivo*, 91; LICCARDO, *Art. 172*, 2162; MAFFEI ALBERTI, *Commentario breve*, 1148; PACCHI, *La valutazione*, 101 ss. In senso contrario si cita ARMELI, *Artt. 171-172,* 637, per il quale la relazione dovrebbe essere scevra di considerazione di merito sul piano e sulla proposta della società.

[19] DI MARZIO (diretto da), *Fallimento, concordato*, 1130.

[20] LO CASCIO, *Il concordato preventivo*, 542.

[21] CONCA, *Artt. 170-172*, 2454 ss.

giorni prima della data prevista per il voto dei creditori, in luogo dei precedenti 10 – consentendo, pertanto, ai creditori un accesso alle informazioni concernenti la comparazione tra tutte le proposte presentate in tempo utile per poter definire un voto consapevole. Trattasi, anche in questo caso, di una relazione che approfondisce la comparazione tra le proposte in punto di convenienza e di fattibilità.

4. – Nel caso in cui, durante le verifiche poste in essere emergano fatti e/o informazioni nuove rilevanti per i creditori, il commissario dovrà redigere una seconda relazione integrativa. Anche il termine per il deposito in cancelleria da parte del commissario di questo ulteriore documento viene anticipato dalla nuova norma in quindici giorni prima della «*data iniziale stabilita per il voto*».

Quanto alla disciplina dei termini, il nuovo Codice ha confermato la già emersa tendenza a tutelare l'interesse dei creditori ad approfondire nel modo più completo possibile la conoscenza del quadro attuale e prospettico del piano e della situazione ad esso sottesa ai fini della formulazione di un giudizio consapevole anche se a discapito del commissario, costretto a valutazioni spesso complesse da rendersi in tempi brevi [22].

[22] Così ROCCO DI TORREPADULA, *I nuovi compiti*, 185.

Articolo 106
Atti di frode e apertura della liquidazione giudiziale nel corso della procedura

1. Il commissario giudiziale, se accerta che il debitore ha occultato o dissimulato parte dell'attivo, dolosamente omesso di denunciare uno o più crediti, esposto passività insussistenti o commesso altri atti di frode, deve riferirne immediatamente al tribunale, che provvede ai sensi dell'articolo 44, comma 2, dandone comunicazione al pubblico ministero e ai creditori. La comunicazione ai creditori è eseguita dal commissario giudiziale.

2. Le disposizioni di cui al comma 1 si applicano anche quando il debitore non ha effettuato tempestivamente il deposito previsto dall'articolo 47, comma 2, lettera d), o il debitore compie atti non autorizzati o comunque diretti a frodare le ragioni dei creditori, o se in qualunque momento risulta che mancano le condizioni prescritte per l'apertura del concordato previste agli articoli da 84 a 88.

3. All'esito del procedimento, il tribunale, revocato il decreto di cui all'articolo 47, su istanza del creditore o su richiesta del pubblico ministero, apre la procedura di liquidazione giudiziale dei beni del debitore.

Leonardo Pica

Sommario: 1. Premessa: la *ratio* attuale di una norma ancestrale. – 2. Profili sostanziali. – 3. Questioni processuali.

1. – Le previsioni dell'articolo in commento ricalcano in larga misura quelle contenute nell'art. 173 l. fall. [1], la cui esegesi, come ben noto, ha tanto impegnato dottrina e giuri-

---

[1] Tale norma, nel testo vigente dopo le modifiche di cui all'art. 14, d.lgs. 12 settembre 2007, n. 169, e di cui all'art. 17, d.l. 18 ottobre 2012, n. 179, convertito in legge dalla l. 17 dicembre 2012, n. 221, così recitava «1. Il commissario giudiziale, se accerta che il debitore ha occultato o dissimulato parte dell'attivo, dolosamente omesso di denunciare uno o più crediti, esposto passività insussistenti o commesso altri atti di frode, deve riferirne immediatamente al tribunale, il quale apre d'ufficio il procedimento per la revoca dell'ammissione al concordato, dandone comunicazione al pubblico ministero e ai creditori. La comunicazione ai creditori è eseguita dal commissario giudiziale a mezzo posta elettronica certificata ai sensi dell'articolo 171, secondo comma. 2. All'esito del procedimento, che si svolge nelle forme di cui all'articolo 15, il tribunale provvede con decreto e, su istanza del creditore o su richiesta del pubblico ministero, accertati i presupposti di cui agli arti-

sprudenza, sia prima che dopo le riforme succedutesi a partire dal 2005.

Sarebbe errato, però, pensare che in questa sede il discorso possa quindi chiudersi presto, ancora prima di cominciare, e che si debba al più richiamare la sterminata bibliografia o i repertori giurisprudenziali sull'art. 173 cit.

Vero è, invece, che anche uno stesso dipinto, inserito in una cornice diversa, cambia di gran lunga aspetto. È proprio questo diverso "aspetto" di un quadro normativo apparentemente immutato che va ora indagato, dovendosi fare i conti con un istituto, il concordato, profondamente trasformato. Né si tratta di un'indagine meramente speculativa, occorrendo piuttosto comprendere, specialmente sotto il profilo pratico, se possano ritenersi superate, in tutto o in parte, le criticità operative cui davano luogo le norme previgenti ovvero se si pongano adesso nuove e più intricate questioni interpretative.

Va anticipato subito che il "quadro" non sembra adeguato alla nuova cornice, la quale, curiosamente, a volte sembra troppo stretta, altre volte troppo ampia.

Fuor di metafora, l'impressione è che la norma in commento, per certi versi, risulti sovrabbondante e, per altri, dica troppo poco, per cui lungi dal risolvere problemi, sembra che ne ponga di nuovi [2].

Anzitutto, però, occorre chiedersi se sia solo un caso che la disciplina della revoca del concordato sia rimasta quasi immutata dal 1903, almeno per quel che riguarda l'individuazione delle situazioni che conducono alla revoca, nonostante che lo strumento concordatario abbia subito molteplici modifiche, sotto il profilo funzionale e strutturale.

Non può essere una casualità [3].

Già l'art. 10, l. 24 maggio 1903, n. 193 (che, rubricato "Sul concordato preventivo nei fallimenti", introdusse l'istituto del concordato nel nostro ordinamento) [4] individuava gli

---

coli 1 e 5, dichiara il fallimento del debitore con contestuale sentenza, reclamabile a norma dell'articolo 18. 3. Le disposizioni di cui al secondo comma si applicano anche se il debitore durante la procedura di concordato compie atti non autorizzati a norma dell'articolo 167 o comunque diretti a frodare le ragioni dei creditori, o se in qualunque momento risulta che mancano le condizioni prescritte per l'ammissibilità del concordato».

[2] Per la comprensione del tema sembra sufficiente in questa sede limitarsi a due esempi. Da un lato, la norma dice troppo, richiamando ancora sterilmente fattispecie tipiche di atti di frode, anziché limitarsi, come fa l'art. 44 con riguardo alla "domanda con riserva" (l'erede del c.d. "concordato in bianco"), a riferirsi più semplicemente a tutte le violazioni degli obblighi informativi e alla scoperta del compimento di atti pregiudizievoli per la soluzione efficace della crisi. Dall'altro lato, la norma dice troppo poco, perché non si occupa espressamente, ad esempio, delle proposte concorrenti, che pure potrebbero essere decettive, apparentemente trascurando che, se è vero che il debitore continua ad avere il monopolio di accesso al concordato preventivo (perché solo al debitore spetta presentare la domanda), tuttavia, alla presentazione della domanda di apertura della procedura può seguire il deposito di proposte concorrenti (art. 90). Comunque, sembra che il decreto di revoca *ex* art. 106 del provvedimento emesso a seguito della proposta originaria non lasci sopravvivere le proposte concorrenti, ma non è certo vero l'inverso, fermo restando che non è chiara la sorte stessa delle proposte concorrenti, che si scoprano fraudolente.

[3] Con riguardo all'art. 173 l. fall., taluno ha sostenuto che si trattava della «chiave di volta del sistema» (GALLETTI, *La revoca*, 730 ss.), altri che era una «norma nevralgica» (FAUCEGLIA, *Revoca dell'ammissione*, 1691), altri ancora hanno parlato di una norma imperativa, che nel sistema del concordato rappresentava un principio di ordine pubblico (AZZARO, *Causa illecita*, 121 ss.), altri infine l'hanno qualificata una clausola generale del diritto della crisi d'impresa, il quale può funzionare, alla sola condizione che debitore e creditori si riconoscano come reciprocamente affidabili e leali (CASA, *La ricorrente ambiguità*, 547).

[4] In particolare, l'art. 10 cit. prevedeva: «Se il debitore contravviene alle disposizioni dei due articoli prece-

atti di frode che rendevano inutile la prosecuzione della procedura concordataria utilizzando quasi gli stessi termini poi trasfusi nella legge fallimentare del 1942 (cfr. l'art. 173 cit.) e ripresi ora dalla norma in commento. Tale previsione, però, era giustificata da chiare ragioni di economia processuale, essendo all'epoca fondamentale il requisito della meritevolezza del debitore, ragion per cui ci si chiedeva (retoricamente): «(u)na volta avviata la procedura di concordato (...) se già emerge che l'omologazione non potrà essere accordata perché il debitore, per la sua condotta, risulta fin d'ora moralmente indegno del beneficio, a che protrarre il giudizio?»[5]. Invero, nell'ottica del legislatore del 1903 e poi in quella della legge fallimentare del 1942 (pure ispirata ad un ampio controllo pubblico dell'economia) il concordato preventivo era uno strumento premiale a disposizione solo dell'imprenditore insolvente "onesto ma sfortunato", onde sottrarlo al fallimento, con effetti esdebitatori. La legge prevedeva un penetrante controllo – di legittimità e di merito – dell'autorità giudiziaria, che poteva negare l'accesso alla procedura in mancanza di una delle condizioni di ammissibilità ovvero in assenza del requisito di meritevolezza in capo al debitore o, ancora, a seguito di un giudizio negativo sulla convenienza della proposta rispetto all'alternativa della liquidazione fallimentare, nonostante l'approvazione (anche unanime) da parte dei creditori. Del tutto coerente con questo sistema era, quindi, la norma sulla revoca del concordato, che serviva a sanzionare il "disvalore" di taluni comportamenti del debitore che lo rendevano immeritevole del beneficio concordatario.

All'indomani delle prime riforme del 2005 ci si è, dunque, interrogati – e con esiti diversi – sulla compatibilità delle previsioni di cui all'art. 173 cit. (rimasto sostanzialmente immutato) con la nuova "vocazione" del concordato, configurato non più come un beneficio per l'imprenditore sfortunato, bensì come il mezzo ritenuto più adeguato a tutelare il soddisfacimento dei creditori e a produrre un effetto "deflattivo" del ricorso alla procedura fallimentare. Con le riforme, infatti, si è accentuata la natura contrattuale e privatistica del concordato e, di riflesso, è stata limitata l'area di intervento dell'autorità giudiziaria, chiamata – secondo la lettura del nuovo quadro normativo offerta dalle Sezioni unite della Corte di cassazione – pur sempre ad esercitare il controllo di legittimità sul giudizio di fattibilità della proposta di concordato (non restando questo escluso dall'attestazione del professionista), ma non più a compiere valutazioni – ora riservate solo ai creditori – in ordine alla "meritevolezza" (*rectius* alla "affidabilità") del debitore ed alla convenienza della proposta[6]. Di conseguenza, alcuni tra i primi commentatori sono giunti a ritenere che l'art. 173 cit. sarebbe stato oggetto di implicita abrogazione[7]. Tuttavia, secondo l'opinione prevalente, la mancata modifica di una norma come l'art. 173 cit. non poteva essere

denti, ovvero risulta che ha occultato o dissimulato parte dell'attivo, che dolosamente ha omesso uno o più creditori, od esposto passività insussistenti, o che ha commesso qualsiasi frode, il giudice delegato ne riferisce in camera di consiglio al tribunale, il quale, accertati i fatti, deve dichiarare il fallimento». Nei precedenti artt. 8 e 9 erano indicate le regole alle quali il debitore doveva attenersi per il compimento degli atti durante la procedura di concordato preventivo.

[5] In questi termini v. BOLAFFIO, *La legge*, 92.

[6] Cass. SS.UU., 23 gennaio 2013, n. 1521, in *Le Società*, 2013, 442.

[7] Cfr., tra gli altri, BOZZA, *Il vecchio*, 689; D'ORAZIO, *Profili di diritto*, 299; BOZZA, *L'omologazione*, 1067; anche IANNELLO, *Il nuovo diritto*, 397 nota la sostanziale «estraneità» dell'art. 173 l. fall. rispetto alla normativa riformata.

frutto di mera dimenticanza, non solo in quanto si tratta di una disposizione troppo rilevante perché possa ritenersi che sia stata "dimenticata" dal legislatore della riforma, ma perché la stessa regolamenta una situazione che non può restare senza conseguenze neppure in una procedura concordataria non più ispirata al principio di "meritevolezza", ma ad una sistemazione del dissesto "concordata" tra debitore e creditori [8]. Pertanto, si è ritenuto che anche dopo le riforme il compimento da parte del debitore di atti in frode dei creditori potesse impedire l'ammissione del concordato e persino determinarne la revoca.

Come si è anticipato, l'art. 106 in commento è sostanzialmente analogo nel suo contenuto all'art. 173 cit., specie per quel che riguarda l'individuazione dei comportamenti suscettibili di condurre alla revoca.

Questo dato, alla luce di quanto si è appena detto, conferma che, nonostante le ulteriori innovazioni apportate allo strumento concordatario, certamente va accantonata definitivamente l'ipotesi ricostruttiva secondo cui la previsione della revoca sarebbe "estranea" rispetto alla nuova conformazione del concordato e che, anzi, la disciplina della revoca continua a costituire un "pilastro" dell'istituto.

Ciò posto, restano sul tappeto svariate rilevanti questioni.

Ad esempio, se la nozione di atto di frode rilevante sia anche quella che comporti una valutazione sulla "moralità" del debitore, ossia se la norma possa essere interpretata, come in passato, quale rigorosa sanzione della "immoralità" dell'imprenditore, prescindendo quindi dalla bontà o meno della soluzione proposta ai creditori, sebbene siano oggi mutate le finalità alle quali è ispirata la disciplina del concordato [9].

Oppure, se ancora possa sostenersi che l'accertamento, ad opera del commissario giudiziale, del compimento di atti di frode da parte del debitore determini la revoca dell'ammissione al concordato, indipendentemente dal voto espresso dai creditori in adunanza e, quindi, anche nell'ipotesi in cui questi ultimi siano stati resi edotti della "scoperta".

Inoltre, se possa attribuirsi rilievo a più o meno sinceri ravvedimenti postumi del debitore ovvero se la revoca miri già solo a paralizzare la portata decettiva del silenzio del debitore medesimo.

---

[8] In tal senso v. AMBROSINI, *Gli organi*, 1035; TEDESCHI, *Manuale*, 559; FILOCAMO, *Dichiarazione di fallimento*, 1296.

[9] Già con riguardo alla disciplina successiva alle riforme del 2005/2007 si riteneva che la norma avesse assunto un contenuto ed una valenza diversi rispetto al passato, sicché, ad esempio, risulterebbe oramai irrilevante la scoperta di irregolarità contabili formali pregresse oppure di reati commessi in passato dall'imprenditore (cfr. *amplius* BOSTICCO, *La «resurrezione giurisprudenziale»*, 1445). Secondo altri, però, tutti i fatti di falso in bilancio, anche se compiuti prima della redazione del ricorso, continuano ad avere rilevanza, non tanto perché altrimenti il debitore potrebbe sottrarre la cassa il giorno prima e depositare il ricorso il giorno successivo, quanto perché l'utilizzo dei dati contabili alterati, ai fini dell'ammissione alla procedura, nella consapevolezza della loro natura artefatta, integra precisamente la condotta di cui all'art. 173 cit. (GALLETTI, *La revoca*, 742).

Probabilmente, può sostenersi che la scoperta di meri illeciti gestionali o contabili sia irrilevante, solo se questi non abbiano volutamente pregiudicato i creditori ovvero non influiscano sulla corretta rappresentazione dei dati aziendali nella proposta concordataria. Peraltro, alla luce delle nuove previsioni di cui all'art. 2086 c.c. sulla gestione dell'impresa, volte proprio a favorire una più rapida emersione della crisi d'impresa, l'occultamento di dati, tramite artifici ed irregolarità contabili, assume una più pregnante valenza, non certo sotto il profilo etico, ma proprio al fine di selezionare l'accesso alle soluzioni negoziate della crisi (cfr. sul tema PACCHI, *L'allerta*).

Ancora, se costituiscano fatti idonei a consentire la revoca solo quelli scoperti, perché prima del tutto ignoti nella loro materialità, ovvero anche quelli non adeguatamente e compiutamente esposti nella proposta concordataria e nei suoi allegati, che siano potenzialmente idonei a pregiudicare il c.d. consenso informato sulle reali prospettive di soddisfacimento, per come presentate nella proposta concordataria.

Infine, se assumano rilevanza ai fini della revoca anche *deficit* informativi imputabili a colpa (eventualmente anche grave) del debitore.

Trattasi a ben vedere di problemi connessi, la cui soluzione discende in definitiva da quella che si ritiene di adottare con riguardo alla questione dell'attuale *ratio* della norma.

Ebbene, non vi è dubbio che la funzione della norma sia perlomeno duplice.

Da un lato, vi è quella di consentire un controllo permanente da parte dell'autorità giudiziaria sulla persistenza delle condizioni di ammissibilità del concordato, volto a contenere i tempi di definizione ed i costi della procedura concordataria ed a stroncare il prima possibile le iniziative concordatarie prevedibilmente destinate all'insuccesso (anche per fatti sopravvenuti non imputabili al debitore), se non addirittura finalizzate a frodare i creditori.

Dall'altro, va riconosciuta alla norma una valenza sanzionatoria, nel senso che la revoca costituisce anche una sorta di sanzione (con funzione di "prevenzione generale", ossia con finalità di deterrenza, delle condotte fraudolente), che concorre con quella penale, a presidio del rispetto degli obblighi imposti al debitore: gli obblighi informativi, quello di non sottrarre utilità del patrimonio in spregio dell'art. 2740 c.c., quello di consentire il regolare svolgimento della procedura [10].

Se questo è vero, ne discende che risultano irrilevanti, ai fini della revoca, condotte anche riprovevoli del debitore che non abbiano attinenza con il concordato (nel senso che non siano tali da determinare un peggioramento del trattamento dei creditori) e che siano ininfluenti sul consenso informato del ceto creditorio. Valga, tuttavia, a questo riguardo una precisazione: ai creditori è lasciato ancora il potere di valutare, se non la meritevolezza, certamente l'affidabilità del debitore (non tanto morale, quanto professionale), per cui anche l'omessa (o falsa) esposizione, ad esempio, delle cause del dissesto potrebbe rivelarsi rilevante ai fini della revoca, ove tale *deficit* informativo fosse tale da far venir meno l'affidamento dei creditori sulla serietà del proponente.

Proprio perché quella impositiva di obblighi a carico del debitore non può essere una "norma imperfetta" (quale è quella che contiene soltanto un precetto, ma che è priva di sanzione), ne consegue che la mera scoperta del compimento di atti idonei a cagionare una falsa rappresentazione (ad esempio dell'attivo o del passivo) già vale a determinare la revoca, a nulla rilevando che la scoperta sia avvenuta prima della votazione e che i creditori, resi edotti della situazione, potrebbero ormai votare consapevolmente. È rilevante, in sostanza, l'informazione solo potenzialmente decettiva, in quanto – e nonostante l'ampio dibattito che c'è stato al riguardo in passato [11] – il Codice della crisi continua a non preve-

[10] Del resto, gli obblighi posti a carico del debitore (e, *in primis*, il dovere di *disclosure*) non solo sono a presidio del buon esito del voto (e, quindi, a tutela del principio di maggioranza), ma fanno da *pendant* al beneficio della parziale esdebitazione, il che impone che sia assicurato il loro rigoroso e puntuale adempimento (cfr. sul tema anche IOZZO, *Profili processuali*, 447).

[11] Alla stregua del regime previgente, infatti, parte della dottrina già sosteneva che, quando si scoprono atti

dere che si possa ugualmente far svolgere almeno l'adunanza dei creditori, così da consentire a questi di esprimere il loro voto alla luce dei fatti scoperti.

Del pari, deve ritenersi che continui ad essere sanzionata con la revoca la mera scoperta del fatto che il proponente abbia reso un'informativa inadeguata e potenzialmente ingannevole, a prescindere dal fatto che il debitore abbia successivamente (alla scoperta) [12] colmato il *deficit* informativo, rendendo una *disclosure* completa ed effettiva, posto che, se si attribuisse rilievo a più o meno sinceri ravvedimenti postumi, la norma rimarrebbe menomata nella sua efficacia [13]. D'altronde, non si dubita del fatto che anche il tardivo (oltre che l'omesso) deposito del fondo per le spese necessarie allo svolgimento della procedura comporti la revoca del concordato, essendo appunto dirimente la mera violazione dell'obbligo. In entrambi i casi, infatti, gli adempimenti posti a carico del debitore sono strettamente connessi all'esigenza di assicurare un ordinato svolgimento della procedura.

Infine, proprio perché si tratta di norma (anche) sanzionatoria, da un lato, va esclusa la rilevanza di omissioni non volontarie e di errori incolpevoli, dall'altro, se è pur vero che la norma continua a riferirsi specialmente agli atti di frode (ad esempio nella rubrica), non può escludersi la rilevanza anche di *deficit* informativi imputabili a colpa, specie ove gravi siano le lacune informative [14].

2. – Per quanto riguarda l'ambito di applicazione della norma scrutinata, a quanto già detto resta solo da aggiungere che l'apertura del concordato può essere revocata sostan-

---

di frode, la continuazione della procedura fino al momento dell'espressione del voto da parte dei creditori non solo non può dirsi "inutile", ma sarebbe anzi imprescindibile, onde evitare che «per punire il proponente scorretto si penalizzano i creditori» (GRIFFINI, *Atti di frode*, 88-89) e che, una volta eliminata l'asimmetria informativa, non ci sarebbe ragione di privare i creditori del loro diritto di esprimere un voto favorevole sulla domanda del debitore, il che potrebbe persino indurre *de iure condendo* ad auspicare, per un doveroso chiarimento sistematico, l'abrogazione dell'art. 173 cit. (CENSONI, *L'annullamento*, 37). Da ultimo, si è affermato che sarebbe auspicabile un approccio più pragmatico in funzione del buon esito della procedura di concordato nell'interesse del ceto creditorio (SPATARO, *Ilfallimentarista.it*, 11 ottobre 2022).

Sull'opportunità, *de jure condendo*, di prevedere l'interruzione della procedura soltanto in relazione a dati oggettivi che prescindano totalmente dalla frode del debitore, nel tentativo di eliminare alla radice i vari problemi posti dall'art. 173 cit., fra i quali quello in argomento, v. JORIO, *Dalla meritevolezza*, 723-725.

[12] Fermo restando che la veridicità dei dati aziendali è un presupposto che deve sussistere necessariamente al momento del deposito della domanda, tuttavia diversamente potrebbe essere valutato il caso in cui il debitore, pur non avendo indicato nella documentazione concordataria una circostanza rilevante (ad esempio la pendenza di procedimenti giudiziali di cui sia parte), ne abbia dato notizia ai creditori prima dell'adunanza e prima che la circostanza venisse scoperta dal commissario (cfr. Cass., 22 ottobre 2018, n. 26646, secondo cui in tale evenienza non sarebbe configurabile un comportamento fraudolento).

[13] Resta ovviamente fermo che, nei limiti in cui la legge lo consente, il debitore può proporre una nuova domanda (cfr. art. 47, ult. comma), sempre che non venga prima aperta la liquidazione giudiziale, ma non può modificare la proposta (*ex* art. 90, ult. comma), ove sia stato proprio il comportamento fraudolento ad incidere sui requisiti di ammissibilità di quella già presentata.

[14] Inoltre, specie con riguardo all'occultamento dell'attivo ed all'esagerazione del passivo, la norma non prevede affatto che le condotte siano dolose, a differenza di quanto è stabilito per l'omessa denuncia di creditori ed a differenza di quanto prescrive l'art. 120 per l'annullamento del concordato.

In ogni caso, con riguardo al regime previgente, secondo la S.C., ai fini della revoca non occorre la volontaria preordinazione della condotta al conseguimento dell'effetto decettivo, ma è sufficiente la consapevolezza di aver taciuto o di aver fornito un'informazione incompleta (Cass., 13 aprile 2022, n. 12115).

zialmente in tre ipotesi: – quando si scopre che il debitore ha compiuto, prima dell'apertura della procedura, atti fraudolenti (o, meglio, atti idonei ad ingannare i creditori ai fini del voto); – quando il debitore viola, nel corso della procedura, determinati obblighi (ossia compie atti non autorizzati o comunque diretti a pregiudicare le ragioni dei creditori ovvero non esegue il c.d. deposito concordatario); – quando «*in qualunque momento risulta che mancano le condizioni prescritte per l'apertura del concordato previste agli articoli da 84 a 88*».

Alla luce del nuovo quadro normativo, dunque, vanno riesaminate talune delle problematiche insorte durante la vigenza della vecchia disciplina.

Ad esempio, con riguardo ai comportamenti posti in essere prima della domanda di concordato, si pone ancora la questione del disvalore degli atti astrattamente suscettibili di revocatoria compiuti nel c.d. periodo sospetto. Deve, tuttavia, ritenersi che, sebbene tali atti siano comunemente qualificati quali "atti in frode ai creditori" [15], la loro rilevanza, ai fini dell'arresto della procedura, dipenda anche dal fatto che non siano stati rappresentati nella domanda, come si desume dal fatto che deve trattarsi di atti "scoperti" dal commissario giudiziale (cfr. l'*incipit* dell'art. 106) [16] e dalla circostanza che l'eventuale proponibilità (unitamente alle prospettive di realizzo) delle azioni revocatorie fallimentari va espressamente segnalata nel piano di concordato (cfr. art. 87, lett. *h*) e nella relazione illustrativa *ex* art. 105 del commissario, il che implica che tali atti non inibiscono *tout court* l'apertura del concordato [17].

Si pensi, ancora, al caso in cui, nel corso della procedura il debitore esegua il pagamento di crediti pregressi o compia di atti, che non siano stati autorizzati, ai sensi degli artt. 94 ss. In passato, si è sempre ritenuto che, nonostante il tenore perentorio della norma, ai fini della revoca fosse necessario che tali atti (ferma restando la loro eventuale inefficacia rispetto ai creditori anteriori al concordato) risultassero non solo potenzialmente, ma anche concretamente pregiudizievoli «per il miglior interesse dei creditori» [18]. Tale esegesi pare da confermare. Il Codice della crisi subordina espressamente il rilascio della "preventiva" autorizzazione alla verifica che l'atto sia «funzionale al miglior soddisfacimento dei creditori» (cfr. artt. 94, comma 3, 100, comma 1, ecc.), sicché, ove siano compiuti senza

---

[15] Peraltro, non va trascurato che anche l'iscrizione di ipoteca giudiziale è revocabile, in quanto idonea ad alterare la *par condicio creditorum*, ma non è un atto del debitore e, soprattutto, non è un atto illecito (per queste notazioni v. FABIANI, *Il concordato preventivo*, 531).

[16] Problema diverso, poi, è stabilire se sia sufficiente che il debitore indichi l'atto nella sua materialità o se sia necessario che fornisca tutti gli elementi idonei a farlo valutare quale "revocabile". Per converso, l'omessa denuncia nel piano di azioni revocatorie, pur doverosa ai sensi dell'art. 87, può rivelarsi ininfluente, ai fini di cui all'art. 106, nel caso in cui si tratti di azioni prescritte o nel caso in cui siano insussistenti le prospettive di recupero.

[17] In tal senso cfr. anche FABIANI, *Sistema, principi*, 228, secondo cui «la frode non riguarda l'atto in sé ma l'effetto fraudolento determinato dalla mancata rappresentazione. L'atto precedente viene addebitato al debitore non tanto perché lesivo, quanto per la volontà di non manifestarlo ai creditori».

[18] A questo proposito taluni hanno segnalato quella che pare essere un'incongruenza tra l'atteggiamento rigoristico con cui vengono valutate le condotte del debitore anteriori alla domanda (il cui occultamento è valutato negativamente, a prescindere da una concreta incidenza sulla consapevolezza del voto) e quello più accomodante con cui vengono giudicate le condotte successive alla domanda (sanzionate se è provata l'effettiva idoneità a danneggiare i creditori) (v. ZANICHELLI, *Pagamenti e atti*, 384).

autorizzazione, può presumersi che tali atti mettano a rischio le aspettative di soddisfo dei creditori, fatta salva (trattandosi di una presunzione *iuris tantum*) la possibilità per il debitore di dimostrare il contrario. Del resto, la revoca del concordato per il solo fatto che sia compiuto, benché senza autorizzazione, un atto neutro o addirittura proficuo per i creditori (ad esempio la vendita di un'autovettura a prezzo congruo) risulterebbe sanzione eccessiva (in spregio del principio di proporzionalità, che rappresenta un limite cui è soggetta ogni forma di esercizio del potere punitivo) [19].

Con riguardo alla mancanza delle condizioni di ammissibilità, l'interpretazione della norma sembra porre meno problemi di quelli sorti in passato, in costanza del regime previgente, avendo il Codice della crisi cercato di definire meglio il perimetro del controllo giudiziale, in larga parte recependo le indicazioni della giurisprudenza. Va premesso che la norma si riferisce sia alla carenza originaria (scoperta in corso di procedura) delle condizioni di ammissibilità, sia al venir meno di queste per fatti sopravvenuti. In secondo luogo, la mancanza delle condizioni può dipendere, oltre che dal compimento di atti di frode da parte del debitore, anche da condotte colpose o da fatti non imputabili e da cause di forza maggiore. Peraltro, va segnalato che l'art. 106 non richiama le verifiche demandate al tribunale al momento dell'apertura del concordato (art. 47, comma 1), ossia quelle concernenti la ritualità della proposta e la fattibilità del piano, ma più genericamente impone la verifica della sussistenza di tutte le condizioni (di contenuto e forma del concordato) desumibili dagli artt. 84-88. Infine, è da notare che, in base ad un'interpretazione testuale del complessivo quadro normativo, se accerta la mancanza delle condizioni nel corso della procedura, a differenza di quanto previsto dall'art. 47, comma 4 per l'ipotesi in cui ciò avvenga prima dell'apertura, il tribunale non può concedere al debitore un termine per apportare integrazioni al piano e produrre nuovi documenti. Come già anticipato, dubbia risulta inoltre l'ammissibilità di ravvedimenti operosi e spontanei da parte del debitore (salva la possibilità di modificare la proposta, fino a venti giorni prima della votazione). Pertanto, si ripropone, anche con riguardo a questo punto, la discussa *querelle* della effettiva rispondenza della sanzione della revoca ai principi di economia processuale, laddove si imponga sempre il "*restart*", anche a fronte di carenze o lacune (magari solo formali) agevolmente superabili mediante integrazioni documentali.

3. – Sotto il profilo processuale appaiono sufficienti le seguenti notazioni.

Il tribunale, in composizione collegiale, su segnalazione del commissario giudiziale (nei casi di cui all'art. 106, comma 1) o anche *motu proprio* (nei casi di cui all'art. 106, comma 2), può revocare il decreto di cui all'art. 47, all'esito di un (sub)procedimento, che si svolge omessa ogni formalità non essenziale al contraddittorio, sentito (*rectius* convocato) il debitore ed informati il pubblico ministero e i creditori. La comunicazione ai creditori è eseguita dal commissario giudiziale.

Non c'è più il riferimento (come nel previgente art. 173 l. fall.) al fatto che il procedimento per la revoca è aperto «d'ufficio», il che si spiega perché ci si muove nell'ambito di una procedura già radicata in conseguenza della domanda del debitore (il c.d. «procedi-

[19] Per analoghe conclusioni v. FABIANI, *Il concordato*, 350, nonché DI MARZIO, *Codice della crisi*, 490.

mento unitario per l'accesso agli strumenti di regolazione della crisi e dell'insolvenza e alla liquidazione giudiziale»).

Il commissario giudiziale, ancorché non rivesta né in senso formale né in senso sostanziale la qualità di parte, può partecipare al procedimento nelle forme che ritenga più efficaci, eventualmente anche depositando una memoria difensiva e avvalendosi dell'assistenza tecnica di un difensore.

Mentre la convocazione del debitore, a cura della cancelleria, è obbligatoria (in quanto il debitore ammesso al concordato è il solo effettivo destinatario della pronuncia e, in quanto tale, il solo soggetto cui va riconosciuta la qualità di parte necessaria del subprocedimento di revoca), i creditori concordatari sono invece portatori di un interesse solo mediato e indiretto alla pronuncia, che non basta a identificarli quali litisconsorti necessari del debitore, sicché la comunicazione prevista nei loro confronti si atteggia a semplice "*litis denuntiatio*", volta a consentire la volontaria partecipazione degli stessi al subprocedimento, in contrapposizione o in adesione alla posizione del debitore, onde apportare elementi utili alla decisione.

Il decreto di revoca non è soggetto a reclamo (ai sensi dell'art. 44, comma 2, richiamato dall'art. 106), a differenza di quanto previsto dall'art. 47, comma 5 per il decreto di inammissibilità della proposta (che è invece reclamabile dinanzi alla Corte d'Appello). Le ragioni di tale diversa disciplina non risultano perspicue, così come non appare, di conseguenza, chiaro se, in caso di revoca, la domanda possa essere riproposta senza preclusioni o solo quando si verifichino mutamenti delle circostanze (come prescritto dall'art. 47, comma 6, in caso di dichiarazione di inammissibilità della proposta). Specie ove il limite alla riproponibilità debba ritenersi insussistente, pare debba valere ancora, quindi, quanto deciso dalle Sezioni unite (con riguardo al regime previgente) in ordine all'inammissibilità anche del ricorso straordinario *ex* art. 111, comma 7, Cost. (che presuppone la c.d. decisorietà, intesa come attitudine del provvedimento impugnato ad incidere sui diritti soggettivi, nonché la c.d. definitività, intesa come efficacia di giudicato in quanto il provvedimento non è più modificabile)[20].

Anche il provvedimento con cui il tribunale definisce il procedimento con un "non luogo a procedere", non è suscettibile di immediata ed autonoma impugnazione[21].

Revocato il concordato, su istanza del creditore o su richiesta del pubblico ministero il tribunale, accertata la sussistenza dei presupposti di cui all'art. 121, può aprire la procedura di liquidazione giudiziale dei beni del debitore[22]. Non è chiaro se il tribunale debba adottare (ancorché contestualmente) sempre due provvedimenti (il decreto di revoca del concordato e la sentenza di apertura della liquidazione giudiziale) oppure se possa decidere con una sola pronuncia (essendo la decisione sulla revoca assorbita dalla sentenza di apertura della liquidazione giudiziale). La *ratio* sottesa all'adozione di una procedura unica per l'accesso agli strumenti di regolazione della crisi, ispirata alla semplificazione del rito,

[20] Cass., SS.UU., 28 dicembre 2016, n. 27073.

[21] V. Cass., 30 gennaio 2017, n. 2234, con riguardo al regime previgente, che ha anche precisato che tale provvedimento non preclude la possibilità all'interessato di dedurre in sede di omologazione le medesime ragioni di non proseguibilità – o di giustificata revoca – dell'avvenuta ammissione.

[22] Per i rapporti tra concordato preventivo e liquidazione coatta amministrativa vedi *sub* artt. 296 e 297.

fa preferire la tesi per cui tutte le richieste confluiscano in un unico procedimento e vengano decise con un unico provvedimento.

In ogni caso, avverso la sentenza dichiarativa dell'apertura della liquidazione giudiziale (conseguente alla revoca) è proponibile il reclamo di cui all'art. 51, con il quale possono farsi valere anche solo gli eventuali vizi del decreto di revoca, che si traducono automaticamente in vizi della sentenza medesima.

Così come l'art. 173 l. fall. anche la norma in commento prevede che la revoca possa disporsi «nel corso della procedura» (cfr. la rubrica dell'articolo) e «in qualunque momento» (cfr. il comma 2), quindi dopo l'apertura del concordato e fino al passaggio in giudicato della sentenza di omologazione (essendo possibile successivamente solo la risoluzione o l'annullamento del concordato, nei casi previsti dagli artt. 119 e 120).

Si pone, tuttavia, la questione delle interferenze del (sub)procedimento di revoca con quello di omologazione, di cui all'art. 48, che si apre dopo l'approvazione dei creditori e nel cui ambito le fattispecie che possono condurre alla revoca, se sussistenti in concreto e risultanti al tribunale, vanno prese in considerazione, anche indipendentemente dalla proposizione di eventuali opposizioni, dato che, se il tribunale può procedere "d'ufficio" per la revoca, ugualmente deve valutare d'ufficio le medesime fattispecie, in ogni stato e grado del giudizio di omologazione[23]. Pertanto, considerato che il procedimento di omologazione risulta oggi congegnato in modo da assicurare, anche in mancanza di opposizioni e nonostante la sua veste camerale, le garanzie della cognizione piena e, comunque, accertamenti istruttori non certo diversi rispetto a quelli esperibili nel procedimento di cui all'art. 106, deve ritenersi che, una volta aperto il giudizio di omologazione, non vi sia più spazio per un autonomo incidente o procedimento di revoca.

[23] Per un'ampia panoramica sul tema, v. MONTANARI, *Il sempre problematico*, 452 e ss.

Articolo 107
Voto dei creditori

1. Il voto dei creditori è espresso con modalità telematiche.

2. Sono sottoposte alla votazione dei creditori tutte le proposte presentate dal debitore e dai creditori, seguendo, per queste ultime, l'ordine temporale del loro deposito. Il giudice delegato regola l'ordine e l'orario delle votazioni con proprio decreto.

3. Almeno quindici giorni prima della data iniziale stabilita per il voto il commissario giudiziale illustra la sua relazione e le proposte definitive del debitore e quelle eventualmente presentate dai creditori con comunicazione inviata ai creditori, al debitore e a tutti gli altri interessati e depositata nella cancelleria del giudice delegato. Alla relazione è allegato, ai soli fini della votazione, l'elenco dei creditori legittimati al voto con indicazione dell'ammontare per cui sono ammessi.

4. Almeno dieci giorni prima della data iniziale stabilita per il voto, il debitore, coloro che hanno formulato proposte alternative, i coobbligati, i fideiussori del debitore e gli obbligati in via di regresso, i creditori possono formulare osservazioni e contestazioni a mezzo di posta elettronica certificata indirizzata al commissario giudiziale. Ciascun creditore può esporre le ragioni per le quali non ritiene ammissibili o convenienti le proposte di concordato e sollevare contestazioni sui crediti concorrenti. Il debitore ha facoltà di rispondere e contestare a sua volta i crediti, e ha il dovere di fornire al giudice gli opportuni chiarimenti. Il debitore, inoltre, può esporre le ragioni per le quali ritiene non ammissibili o non fattibili le eventuali proposte concorrenti.

5. Il commissario giudiziale dà comunicazione ai creditori, al debitore e a tutti gli altri interessati delle osservazioni e contestazioni pervenute e ne informa il giudice delegato.

6. Il commissario giudiziale deposita la propria relazione definitiva e la comunica ai creditori, al debitore ed agli altri interessati almeno sette giorni prima della data iniziale stabilita per il voto.

7. I provvedimenti del giudice delegato sono comunicati al debitore, ai creditori, al commissario giudiziale e a tutti gli interessati almeno due giorni prima della data iniziale stabilita per il voto.

8. Il voto è espresso a mezzo posta elettronica certificata inviata al commissario giudiziale. Tutti i dati sono di proprietà del Ministero della Giustizia e debbono essere conservati secondo la disciplina vigente per gli atti giudiziari.

9. I termini previsti dai commi 3, 4 e 6 non sono soggetti alla sospensione feriale dei termini di cui all'articolo 1 della legge 7 ottobre 1969, n. 742.

Antonio Blandini e Giuseppe Farina*

Sommario: 1. La soppressione dell'adunanza dei creditori. – 2. L'informazione in merito alle proposte ai voti e il contraddittorio telematico. – 3. L'esercizio del voto.

1. – L'art. 6, comma 1, lett. *f*), della l. 19 ottobre 2017, n. 155, di delega per la riforma della disciplina della crisi di impresa e dell'insolvenza, ha onerato il legislatore del Codice della soppressione dell'adunanza "tradizionale" dei creditori nel concordato preventivo, e della introduzione di modalità telematiche di formazione del contraddittorio in merito alla proposta (o alle proposte) e di espressione del voto dei creditori, sostitutive del modello collegiale disciplinato dall'art. 174 l. fall.

Nel precedente assetto, la centralità dell'adunanza dei creditori quale luogo di discussione delle proposte di concordato e di contestazione dei crediti concorrenti era affermata sia dalla giurisprudenza [1], sia dalla dottrina [2]: se è vero, infatti, che già a partire dalla riforma attuata con l'art. 2, d.l. n. 35 del 2005, l'abbandono del criterio della maggioranza dei creditori votanti che rappresentasse i due terzi dei crediti ammessi in favore di quello solo quantitativo ha sottratto all'adunanza una parte della sua significatività, attribuendo ai creditori maggioritari un peso preponderante nell'approvazione del concordato [3], è pur vero che l'incontro dei creditori – e dei coobbligati, dei fideiussori del debitore e degli obbligati in via di regresso – ha rappresentato, nel sistema antecedente, un importante momento di confronto tra i titolari di posizioni giuridiche nei confronti del debitore, certamente funzionale alla formazione delle volontà in merito all'esercizio del voto [4].

La soppressione dell'adunanza dei creditori dalla struttura del nuovo concordato preventivo – al pari del potere-dovere del tribunale di vagliare nel merito la fattibilità del piano anche in senso economico [5] – non sembra, tuttavia, incidere sulla qualificazione del-

---

* Il contributo è il risultato di una ricerca svolta congiuntamente dai due Autori. Per le finalità di legge, si specifica che i §§ 1 e 3 sono riferibili a Antonio Blandini; il § 2 è riferibile a Giuseppe Farina.

[1] Da ultimo, Cass., 25 gennaio 2021, n. 1518, in *Dir. giust.*, 26 gennaio 2021: «l'adunanza dei creditori costituisce la fase in cui tra le parti – creditori e debitore, appunto – si sviluppa una fase di "contraddittorio pieno", che viene a supplire – seppure in termini parziali e al solo fine della votazione – all'assenza nel concordato di una procedura di verifica del passivo».

[2] Minutoli, *L'adunanza dei creditori*, 3590; Quatraro, Burchi, *La deliberazione*, 7; Filocamo, *Art. 174*, 1346; Liccardo, *Art. 174*, 2175.

[3] L'art. 109 prevede che, nel caso in cui un unico creditore sia titolare di crediti in misura superiore alla maggioranza dei crediti ammessi al voto, per l'approvazione del concordato occorra, oltre che il voto favorevole della maggioranza dei crediti (quindi, in definitiva, dell'unico creditore maggioritario), anche la maggioranza per teste dei voti espressi dai creditori ammessi al voto.

[4] De Cicco, *Art. 174*, 665.

[5] Fattibilità che, al di là della mancata espressa menzione legislativa, deve ritenersi oggetto di verifica del tribunale anche in caso di domanda di concordato con continuità, quantomeno nel senso della idoneità del piano alla soddisfazione dei creditori come proposta dai creditori e alla conservazione dei valori aziendali (art.

l'istituto svalutandone l'elemento privatistico-negoziale[6]: il concordato preventivo ancora resta primariamente imperniato sulla volontà dei creditori. Semplicemente, nella disciplina vigente il contraddittorio e l'effettiva partecipazione di questi ultimi, previsti all'art. 47, devono realizzarsi per via telematica, e non più nell'ambito di un consesso appositamente convocato, partecipato anche dal commissario e presieduto dal giudice delegato alla procedura. Resta da vedere, quindi, se la nuova disciplina plasmata dal legislatore del Codice sia tale da consentire adeguatamente la trasmissione delle informazioni e l'esercizio del diritto di *voice* dei creditori: in proposito, lo si anticipa, è lecito qualche dubbio, e deve esprimersi l'auspicio che le prassi applicative possano rimuovere almeno alcuni degli ostacoli alla formazione di un pieno contraddittorio concordatario, la cui esigenza è innegabile.

2. – Sono sottoposte al voto tutte le proposte di concordato – quella necessaria, presentata dal debitore, e quelle eventuali dei creditori, seguendo, per queste ultime, l'ordine temporale del loro deposito –; è compito del commissario giudiziale garantire che i creditori (e in specie, quelli che non abbiano presentato alcuna proposta) siano edotti del contenuto delle proposte successive, e assicurare loro la possibilità di far sentire la propria voce. Nell'impianto del nuovo concordato preventivo, tale dovere è adempiuto attraverso un meccanismo – che appare, per la verità, poco agile – di comunicazioni informatiche.

Almeno quindici giorni prima della data iniziale stabilita per il voto, infatti, il commissario giudiziale è chiamato a illustrare la relazione particolareggiata, già oggetto di deposito in cancelleria e di trasmissione al pubblico ministero, insieme alla proposta definitiva del debitore e a quelle, eventuali, dei creditori[7]. Non più prevista l'adunanza, il resoconto del commissario è esposto in forma scritta, e deve essere trasmesso ai creditori, al debitore e a tutti gli interessati, e depositato in cancelleria; nel silenzio della norma, non possono essere ritenuti esclusi dal diritto all'informativa i creditori non votanti perché muniti di privilegio o prelatizi[8], che d'altronde potrebbero assumere in astratto anche determinazioni diverse nell'accesso al voto.

La comunicazione di cui al comma 3 dell'art. 107 ha contenuto esplicativo-riassuntivo della relazione particolareggiata e delle proposte ai voti: si tratta quindi, a quanto è dato inferire dalla lettera della norma, di un documento che sintetizza, a vantaggio dei creditori, il contenuto delle varie proposte già vagliate dal commissario giudiziale. La redazione e la comunicazione di un resoconto che sintetizzi le proposte in discussione è certamente opportuna, considerata la disciplina, complessivamente piuttosto caotica, delle comunicazioni ai creditori in merito alle proposte, e alle relative relazioni del commissario giudiziale.

In effetti, la relazione particolareggiata prevista dall'art. 105, oggetto di deposito in

---

47), e di sussistenza di ragionevoli prospettive di prevenire o superare l'insolvenza (art. 112). Sul punto, NARDECCHIA, *L'omologazione*, 1245.

[6] Circa il dibattito in merito alla qualificazione privatistica ovvero pubblicistica del concordato preventivo, su tutti LO CASCIO, *Il concordato preventivo*, 127, e v. ivi per ulteriori citazioni. JORIO, *La crisi*, 716, afferma che le peculiarità dell'istituto non consentono di propendere per l'una o per l'altra tesi.

[7] In argomento, di recente TARZIA, *Intervento di terzi*, 1289.

[8] Con riferimento al precedente assetto, GROSSI, *Art. 174*, 2479; STANGHELLINI, *L'approvazione*, 1059. V. anche CENSONI, *Il concordato preventivo*, 327.

cancelleria, non è trasmessa ai creditori[9]: a costoro è noto, quindi, il contenuto della proposta del debitore, comunicata *per integrum ex* art. 104, ma, per converso, note potrebbero non essere – ma dipende evidentemente dal contenuto della relazione commissariale, che, in questa prospettiva, si deve intendere necessariamente da integrare con quanto infra – le cause del dissesto e le condotte del debitore, né il giudizio commissariale in merito alla proposta e alle garanzie offerte, né ancora l'opportunità di esperire azioni revocatorie, recuperatorie o risarcitorie. D'altro canto, però, l'art. 105 onera il commissario giudiziale della comunicazione ai creditori delle relazioni integrative, da rendere al fine di proporre una comparazione tra le proposte concorrenti, ovvero in caso di emersione di fatti nuovi. La comunicazione illustrativa *ex* art. 107, comma 3 appare quindi dotata di un significato propriamente informativo con riferimento alla relazione particolareggiata: i creditori, in effetti, già conoscono la proposta del debitore, così come, eventualmente, quelle concorrenti – e anzi, addirittura in presenza di queste il commissario ha già provveduto a proporre una valutazione comparativa. Peraltro, il termine di comunicazione della relazione integrativa *ex* art. 105 – eventuale, poiché da rendere soltanto in presenza di proposte concorrenti o di fatti sopravvenuti tali da mutare le prospettive già esposte nella relazione particolareggiata – coincide con quello di inoltro della relazione illustrativa *ex* art. 107, comma 3. Sicché non può escludersi che i creditori, nello stesso brevissimo arco temporale, siano destinatari di una serie di documenti più o meno complessi, contenenti sostanzialmente le medesime informazioni: probabilmente, una razionalizzazione degli obblighi di relazione e rendicontazione incombenti sul commissario giudiziale sarebbe stata opportuna (e lo è, *de iure condendo*), anche allo scopo di prevenire gli errori la cui probabilità di commissione, secondo comune esperienza, cresce all'aumentare del numero di documenti da redigere e trasmettere.

Oggetto di inoltro è anche l'elenco dei creditori legittimati al voto, con indicazione dell'ammontare per cui sono ammessi, che, secondo la lettera dell'art. 107, deve essere allegato alla *relazione*: può senza dubbio ritenersi che il documento in questione sia proprio quello illustrativo *ex* art. 107, e non quello particolareggiato *ex* art. 105, comma 1, sebbene il legislatore del Codice identifichi quest'ultimo, e non il primo, con il termine *relazione*. Resta evidente, e non solo in ragione della lettera della disposizione, ma anche per ragioni sistematiche, che l'elenco dei creditori è trasmesso ai soli fini informativi, cioè senza effetti sostanziali riguardanti l'accertamento della effettività e della entità del credito vantato, e la legittimazione al voto: l'art. 108 consente infatti, in continuità con l'abrogato art. 176 l. fall., l'ammissione provvisoria dei crediti contestati da parte del giudice delegato, allo scopo della definizione finale dei legittimati al voto.

Almeno dieci giorni prima della data iniziale stabilita per il voto, il debitore, coloro che hanno formulato proposte alternative, i coobbligati, i creditori[10], i fideiussori del debitore e gli obbligati in via di regresso possono formulare osservazioni e contestazioni a mezzo PEC indirizzata al commissario giudiziale: significativa è l'elencazione dei controinteressati cui il legislatore attribuisce il diritto alla interazione telematica concordata-

[9] BOZZA, *Il sistema*, 18.

[10] In merito al conflitto di interessi dei creditori nel concordato, e alle relative tecniche di contenimento, si tutti SACCHI, *Il conflitto*, 3131.

ria, visto che l'art. 107 prevede che la relazione illustrativa e quella definitiva siano trasmesse, oltre che al debitore e al creditore, a tutti gli interessati, entro il cui novero sono certamente ricompresi anche i coobbligati, i fideiussori del debitore e gli obbligati in via di regresso. L'enumerazione dei soggetti che possono partecipare al contraddittorio telematico, in contrapposizione alla generica categoria degli *interessati*, destinatari delle comunicazioni del commissario giudiziale, può essere letta, pertanto, come tassativa.

Sotto un profilo più marcatamente operativo, il comma 2 dell'art. 104 introduce l'obbligo per i creditori di dotarsi di un indirizzo di posta certificata, ovvero, a seguito della integrazione introdotta dal d.lgs. n. 83 del 2022, di un recapito certificato qualificato *ex* art. 1, comma 1-*ter*, CAD, pena l'esecuzione delle comunicazioni esclusivamente mediante deposito in cancelleria. Tale onere non investe, testualmente, i coobbligati, i fideiussori e gli obbligati in via di regresso; e tuttavia è certamente implicito, considerato che il diritto di *voice* concordatario può essere esercitato senza eccezioni a mezzo di posta certificata. In proposito, deve segnalarsi che, in sede di approvazione del d.lgs. n. 83 del 2022, il legislatore non ha coordinato il disposto dell'art. 107 con la nuova norma in tema di comunicazioni del commissario giudiziale, sicché per lo svolgimento del contraddittorio concordatario è previsto il solo utilizzo della PEC: più che espressione della *mens legis*, tuttavia, il mancato affiancamento del recapito digitale alla PEC per le comunicazioni dei partecipanti al contraddittorio appare frutto di una semplice dimenticanza colmabile in via di analogia, considerata la sostanziale identità di funzioni tra i due strumenti.

L'obbligo di domiciliazione digitale può essere, comunque, facoltativamente assolto anche attribuendo ad altro soggetto, titolare di un indirizzo di posta elettronica certificata o di un recapito certificato (quindi, verosimilmente ma non necessariamente, un professionista), una procura per la partecipazione al contraddittorio concordatario[11]: se, in effetti, nel precedente assetto, l'art. 174 l. fall. prevedeva espressamente che i creditori potessero investire un mandatario speciale della partecipazione all'adunanza dei creditori, siffatta

[11] L'art. 9, comma 2 prevede l'obbligatorietà del patrocinio del difensore per le *procedure* disciplinate dal Codice, salvi i casi in cui il legislatore abbia previsto diversamente: nella disciplina del contraddittorio concordatario non si riscontra tale specifica previsione, il che potrebbe lasciar propendere per la sussistenza dell'obbligo, gravante sui titolari del diritto di *voice* e di voto nel concordato, di essere rappresentati da un avvocato. Tale lettura sarebbe, peraltro, coerente con l'obbligo di utilizzo della posta certificata per lo svolgimento delle interazioni telematiche: l'attivazione di un domicilio digitale (nella forma della PEC o del recapito certificato, ai sensi dell'art. 1, comma 1, lett. *n-ter*), d.lgs. n. 82 del 2005) costituisce, in effetti, un obbligo per professionisti, così come, peraltro, per gli imprenditori, ma non necessariamente per tutti i creditori e gli *stakeholders* della procedura concordataria. Che, tuttavia, i creditori concordatari, così come gli altri interessati, debbano essere assistiti da un avvocato per la ricezione delle comunicazioni dal commissario giudiziale, e per l'invio delle stesse, pare francamente, oltre che non coerente con le radici dell'istituto concordatario, un aggravio eccessivo: il termine *procedure*, utilizzato dal legislatore del comma 2 dell'art. 9, deve essere letto come *procedimenti* – con riferimento, quindi, al procedimento unitario *ex* art. 40 ss. – con la conclusione che solo le domande di accesso alle procedure regolate dal Codice devono essere necessariamente proposte a ministero di un legale. Appare, peraltro, inevitabile sovrapporre la figura dei creditori nel concordato preventivo a quella dei creditori nella liquidazione giudiziale: e se questi ultimi possono, testualmente, scegliere di non farsi assistere da un professionista di fiducia per la redazione della domanda di ammissione al passivo, fermo l'obbligo di dotarsi di un indirizzo di posta certificata al fine dell'inoltro del ricorso all'indirizzo della procedura e per le relative comunicazioni (v. art. 201), lo stesso può dirsi per i primi, pur se in assenza di espressa previsione legislativa in tal senso.

possibilità appare oggi perfettamente percorribile sulla base della figura generale del mandato – con l'unica precisazione per cui la procura deve essere conferita per iscritto *ex* art. 1392 c.c., e ciò in considerazione della natura di documento informatico[12] della posta elettronica certificata utilizzata per le comunicazioni e per l'esercizio del voto, ai sensi dell'art. 48 CAD e del d.p.r. n. 68 del 2005[13]. Non può essere esclusa, peraltro, la facoltà di ratifica successiva, *ex* art. 1399 c.c., dell'attività svolta nell'ambito del contraddittorio concordatario da un *falsus procurator*[14].

Il contraddittorio è, dunque, telematico, e ha luogo a mezzo di comunicazioni elettroniche certificate: i creditori hanno facoltà di prendere posizione in merito alle proposte di concordato presentate, e di contestare i crediti concorrenti; il debitore ha, d'altro canto, la possibilità di replicare in merito all'ammissibilità e alla convenienza della proposta formulata, e alle ragioni di inammissibilità o di non fattibilità delle proposte concorrenti; gli altri interessati possono esprimere opinioni e muovere obiezioni.

Il debitore ha pure il dovere di rendere al giudice gli opportuni chiarimenti, da richiedere, all'evidenza, a mezzo di tempestivo provvedimento, non essendo previste forme di partecipazione del giudice delegato al contraddittorio telematico.

Il commissario giudiziale è il collettore delle comunicazioni pervenute nello svolgimento del contraddittorio telematico, che trasmette (ancora a mezzo posta certificata, deve ritenersi nel silenzio della norma) ai creditori, al debitore e agli altri interessati, informandone altresì il giudice delegato[15]: in ciò, secondo lo schema disciplinato dalla norma in commento, si esaurisce il contraddittorio concordatario.

Il meccanismo appare piuttosto farraginoso, e soprattutto non è prevista alcuna facoltà di replica: ciò apre alla formulazione dei riferiti, leciti dubbi circa l'effettiva concretizzazione, nel novellato concordato preventivo, di un contraddittorio pieno, che si è detto fondamentale al fine di garantire il consapevole esercizio del voto. Dubbi, quelli qui esposti, ulteriormente alimentati dalla osservazione per cui già nel precedente assetto l'art. 175 l. fall. consentiva che le adunanze dei creditori avessero luogo con modalità telematiche, conservando però piena la possibilità di interazione tra i partecipanti: in ragione di tale possibilità, la scelta del legislatore della delega del 2017 di eliminare l'adunanza dei credi-

[12] Non trattandosi di documento processuale, non occorre l'attestazione di conformità ai sensi del d.lgs. n. 179 del 2012, che, se ritenuta necessaria, limiterebbe sostanzialmente agli avvocati la possibilità di essere destinatari dell'incarico di rappresentare il creditore nello svolgimento del contraddittorio digitale.

[13] Il d.p.r. n. 68 del 2005 recante disposizioni in merito alla PEC, definisce (all'art. 1, comma 1, lett. *g)* e *h)*) la PEC come ogni il sistema di posta elettronica nel quale è fornita al mittente documentazione elettronica attestante l'invio e la consegna di documenti informatici, e la posta elettronica come un sistema elettronico di trasmissione di documenti informatici.

[14] La ratifica dovrebbe essere resa per iscritto, ovvero, ma l'ipotesi è poco più che scolastica, implicitamente, e cioè attraverso l'esercizio a mezzo posta certificata (quindi, di documento scritto) del voto da parte del legittimato, consapevole dell'operato del rappresentante privo di poteri. Così Cass., 4 febbraio 2021, n. 2617: «La ratifica di un contratto soggetto alla forma scritta *ad substantiam*, stipulato da *falsus procurator*, non richiede che il dominus manifesti per iscritto espressamente la volontà di far proprio quel contratto, potendo la ratifica essere anche implicita – purché sia rispettata l'esigenza della forma scritta – e risultare da un atto che, redatto per fini che sono consequenziali alla stipulazione del negozio, manifesti in modo inequivoco la volontà del "*dominus*" incompatibile con quella di rifiutare l'operato del rappresentante senza potere».

[15] La trasmissione è, preferibilmente, integrale: D'ATTORRE, *Il voto*, 1306.

tori appare priva di sostanziali vantaggi, se non addirittura poco conveniente sotto il profilo delle tempistiche e delle complessità organizzative. Vero è che la facoltà di tenere adunanze telematiche è stata, nella prassi (e soprattutto relativamente ai concordati di minore rilievo economico) raramente sfruttata, anche in ragione delle riottosità degli operatori giuridici, ma in epoca post-pandemica l'organizzazione e lo svolgimento di consessi informatici costituisce retroterra culturale ormai proprio dei pratici del diritto[16] – e se, naturalmente, siffatto sviluppo della pratica professionale era assolutamente imprevedibile al tempo della promulgazione della legge delega, certo il legislatore avrebbe potuto successivamente intervenire, reintroducendo l'adunanza dei creditori e disciplinandone lo svolgimento telematico.

Appare quindi criticabile la scelta del legislatore del Codice, che, sull'altare di una apparente razionalizzazione, ha sacrificato la facoltà delle parti di scambiare opinioni, essenziale alla formazione della volontà dei votanti – elemento, questo, imprescindibile del momento negoziale del concordato preventivo. Nell'attuale assetto sembra in ogni caso percorribile, e certamente nella pratica suggeribile, l'ipotesi della emanazione di provvedimenti di carattere ordinatorio da parte del giudice delegato, eventualmente a seguito di apposita istanza, che consentano quantomeno lo scambio di repliche tra i soggetti legittimati al contraddittorio concordatario.

Terminata, comunque, la fase di scambio di comunicazioni certificate, almeno sette giorni prima della data iniziale stabilita per il voto il commissario giudiziale deposita la relazione definitiva comunicandola ai creditori, al debitore e agli altri interessati: si tratta di un ulteriore documento scritto, esplicativo del contenuto delle proposte e delle valutazioni del commissario, nella stesura del quale questi è chiamato a fornire un resoconto del contraddittorio svoltosi, tenendo in considerazione le opinioni espresse e le opposizioni mosse dai partecipanti. La norma non prevede il deposito in cancelleria della relazione definitiva, né altre forme di trasmissione al giudice delegato: ai fini dell'espletamento degli adempimenti previsti dall'art. 108, tuttavia, sembra ragionevole ritenere che a quest'ultimo debbano essere rese note le determinazioni finali del commissario giudiziale.

I provvedimenti del giudice delegato sono invece trasmessi al debitore, ai creditori, al commissario giudiziale e a tutti gli interessati almeno due giorni prima della data iniziale stabilita per il voto: deve pertanto evidentemente escludersi che con i provvedimenti in questione il giudice delegato possa consentire al debitore, ai creditori e agli interessati di replicare alle comunicazioni endo-concordatarie di contenuto potenzialmente pregiudizievole per la propria posizione[17], e ciò perché il termine per la trasmissione dei provvedimenti in esame spira ben cinque giorni dopo quello previsto per la comunicazione della relazione definitiva, sicché questa non potrebbe tenere considerazione degli ulteriori sviluppi del contraddittorio telematico. Verosimilmente, quindi, i provvedimenti in questione potrebbero avere contenuto ordinatorio dell'esercizio del voto, o certamente definire le ammissioni provvisorie *ex* art. 108.

[16] Sul punto, MACAGNO, *Covid-19*, 412.

[17] Sebbene non sembra potersi dubitare che i poteri del giudice delegato gli consentano, magari provvedendo in merito a istanze motivate, di regolare il contraddittorio telematico ampliando le possibilità di interazione definite dall'art. 107.

I termini di cui si è dato conto non sono soggetti a sospensione feriale: la previsione è ridondante, considerato il dettato del comma 1 dell'art. 9.

3. – Il voto è espresso, entro la finestra temporale definita dal tribunale *ex* art. 47, con modalità telematiche (art. 107, comma 1), e cioè, più precisamente, a mezzo posta elettronica certificata inviata all'indirizzo del commissario giudiziale (art. 107, comma 8). È quindi preclusa la possibilità, invece prevista nel precedente assetto (art. 178 l. fall.), del voto tardivo [18]. La precisazione in merito alle modalità di voto non è priva di significato, in quanto l'invio di comunicazioni PEC non esaurisce il novero delle possibili modalità di interazione informatica. Si pone qui, dunque, ancora una volta il problema dell'esercizio del voto da parte dei soggetti sforniti di un domicilio digitale, risolvibile, come già argomentato sopra in merito al contraddittorio informatico, con l'attribuzione di un mandato a terzi. Peraltro, l'esigenza di devolvere l'esercizio del voto a mezzo posta certificata a un terzo titolare di un domicilio digitale sorge solo in caso di volontà di accettazione della proposta, in quanto la mancata espressione del voto equivale al rigetto della stessa [19].

L'art. 47 prevede, tuttavia, che il voto dei i creditori possa avere luogo *anche* mediante l'utilizzo di infrastrutture informatiche messe a disposizione da terzi: la scelta operativa tra posta certificata e appositi portali digitali è, quindi, competenza del tribunale, in considerazione sia dell'assenza di una norma attributiva al commissario giudiziale di poteri di gestione attiva della procedura, qual è invece il comma 1 dell'art. 128, sia della circostanza che i poteri del giudice delegato si arrestano alla emanazione di decreti che regolano l'ordine e l'orario delle votazioni, ai sensi del comma 2 dell'art. 107. Devono però qui evidenziarsi difficoltà di coordinamento con l'art. 10, atteso che, verosimilmente, l'impiego di appositi *software* informatici per l'espressione del voto riguarderà tutti i soggetti legittimati, e non solo quelli privi di un domicilio digitale.

Va osservato che gran parte delle complessità procedurali che si sono evidenziate sarebbero state rimosse qualora il legislatore avesse previsto – in piena coerenza con l'art. 2, lett. *h*), della già citata legge delega del 2017 – lo svolgimento del contraddittorio telematico e l'espressione del voto dei creditori concordatari utilizzando l'infrastruttura *software* che già governa il processo civile telematico, magari opportunamente regolando l'accesso dei soggetti non iscritti nell'albo degli avvocati; la creazione di un fascicolo aperto al debitore, ai creditori e agli interessati, previa verifica della legittimazione, avrebbe consentito a tutti i partecipanti al contraddittorio di avere piena contezza delle osservazioni proposte, ed eventualmente un diritto mirato di replica. Siffatta scelta avrebbe, peraltro, attribuito un significato più chiaro, e ulteriore coerenza tecnico-sistematica, alla previsione secondo cui i dati – vale a dire, i voti espressi – sono "di proprietà" del Ministero della Giustizia, tenuto alla loro conservazione secondo la disciplina vigente per gli atti giudiziari.

---

[18] Che aveva determinato difficoltà interpretative, soprattutto relative alle modalità di esercizio del voto. Sul punto, DI MASCIO, *La manifestazione*, 1880.

[19] Così, sul punto, la Relazione illustrativa, *sub* art. 107, 110: «*è stato dunque confermato che il voto favorevole deve essere manifestato in modo espresso, non potendo il proponente avvantaggiarsi dell'inerzia dei creditori*».

Articolo 108
Ammissione provvisoria dei crediti contestati

1. Il giudice delegato può ammettere provvisoriamente in tutto o in parte i crediti contestati ai soli fini del voto e del calcolo delle maggioranze, senza che ciò pregiudichi le pronunzie definitive sulla sussistenza e sulla collocazione dei crediti stessi. Provvede nello stesso modo in caso di rinuncia al privilegio. La decisione è comunicata ai sensi dell'articolo 107, comma 7. In mancanza, i creditori sono ammessi al voto sulla base dell'elenco dei creditori di cui all'articolo 107, comma 3, fatto salvo il diritto di proporre opposizione all'omologazione.

2. I creditori esclusi possono opporsi alla esclusione in sede di omologazione del concordato nel caso in cui la loro ammissione avrebbe avuto influenza sulla formazione delle maggioranze.

Antonio Blandini e Enrico Locascio Aliberti*

Sommario: 1. La provvisoria ammissione al voto dei titolari di crediti contestati. – 2. L'opposizione dei creditori esclusi.

1. – Nell'ambito della fase c.d. negoziale del concordato, volta al raggiungimento dell'accordo tra il debitore proponente e i creditori accettanti, si rivela necessario determinare la sorte dei titolari di crediti contestati. L'art. 108 detta una specifica disciplina concernente l'esercizio del voto da parte dei soggetti portatori di pretese contestate; precisamente, il comma 1 – come modificato dal decreto correttivo – dispone che il giudice delegato può ammettere provvisoriamente, in tutto o in parte, i crediti contestati, ai soli fini del voto e del calcolo delle maggioranze, senza che ciò pregiudichi le pronunzie definitive sulla sussistenza e sulla collocazione dei crediti stessi.

La norma in parola ripropone invero, in maniera sostanzialmente immutata, il contenuto del corrispondente art. 176, l. fall., tuttavia differenziandosi per la precisazione inserita in un secondo periodo del comma 1, in forza del quale il giudice delegato «*provvede nello stesso modo in caso di rinuncia al privilegio*». Il che implica una rinuncia "esplicita" al

---

*Il contributo è il risultato di una ricerca svolta congiuntamente dai due Autori. Per le finalità di legge, si specifica che il §§ 1 è riferibile a Antonio Blandini; il §§ 2 è riferibile a Enrico Locascio Aliberti.

privilegio, ai soli fini concordatari, evidentemente, che risulta indispensabile per apparire nell'elenco dei legittimati al voto, e non una rinuncia "implicita", realizzata semplicemente mediante l'esercizio del voto stesso. Anticipazione non di scarso rilievo, e che comunque risponde a problematiche pratiche anche di rilievo, sia in termini di consapevolezza, sia in termini di opportunismo, emerse nella vigenza della disciplina precedente.

Ciò premesso, la disciplina in parola evidenzia come anche nel concordato preventivo sussista la necessità di una fase interna di verifica dei crediti concorrenti, sebbene tale delibazione non possa valere a pregiudicare «*le pronunzie definitive sulla sussistenza dei crediti stessi*». Come è noto, ora come allora, diversamente da quanto accade in altre procedure concorsuali, nel concordato preventivo la verifica dei crediti in questa fase è funzionale non alla selezione delle posizioni concorrenti ai fini della partecipazione al riparto dell'attivo, bensì unicamente alla individuazione dei creditori legittimati all'espressione del voto ed al calcolo delle maggioranze [1]; ciò che è avvalorato dal tenore letterale della norma in commento che – univocamente – sancisce che – l'ammissione provvisoria dei crediti contestati avviene ai soli effetti dell'esercizio del diritto di voto.

In passato, la dottrina riteneva coerente la scelta operata dal legislatore di attribuire al giudice delegato il potere di ammettere provvisoriamente al voto i crediti contestati, atteso che il momento in cui assumeva rilievo l'esercizio del diritto di voto era quello dell'adunanza dei creditori, notoriamente presieduta da tale organo [2]; e benché attualmente, come ricordato nel precedente commento, l'adunanza dei creditori sia stata soppressa, e, di qui, sostituita dall'espressione del voto per via telematica, è comunque ragionevole ritenere che, anche nel rinnovato contesto normativo, competano al giudice delegato tali provvisorie ammissioni. Tuttavia, l'eliminazione dell'adunanza esalta ancor più il rilievo della comunicazione *ex* art. 107, comma 5 che il commissario giudiziale dà ai creditori, al debitore nonché a tutti gli altri interessati circa le osservazioni e le contestazioni pervenute [3].

La decisione in ordine all'ammissione è assunta all'esito di una valutazione sommaria degli elementi attinenti alla contestazione del credito. Si tratta di un'istruzione essenzialmente documentale, fondata sulle scritture contabili, sulla relazione del commissario giudiziale e sulle eventuali produzioni allegate alle contestazioni depositate dalle parti. È importante evidenziare che, in un caso o nell'altro, la decisione non determina un accertamento in ordine all'esistenza del credito, né alcuna preclusione al riguardo, in quanto sia il debitore, sia i creditori possono, in un ordinario processo di cognizione, far valere ogni azione ed eccezione [4].

Peraltro, l'art. 108 stabilisce che, in assenza di una decisione di segno contrario del

---

[1] Con riferimento alla legge fallimentare, DE CICCO, *Art. 176*, 683, configura la verifica svolta dal giudice delegato come «mera funzione amministrativa, utile cioè alla prosecuzione della procedura».

[2] MARZO, *I crediti contestati*, 613.

[3] V. NARDECCHIA, *Il voto*, 145, il quale sottolinea la necessità che sia assicurato all'organo giudiziario un «adeguato corredo informativo».

[4] In dottrina, cfr., tra i tanti, DE CICCO, *Art. 176*, 684; LO CASCIO, *Il concordato preventivo*, 597 ss. In giurisprudenza, v. Cass., 4 novembre 2021, n. 31659, che puntualmente statuisce che «in tema di concordato preventivo, le domande del debitore volte a far accertare se i creditori concordatari abbiano il diritto di esigere i loro crediti in sede di esecuzione del concordato, nel caso in cui questi siano oggetto di contestazione giudiziale, non rientrano nella competenza funzionale del tribunale che ha omologato il concordato, bensì in quella dell'ufficio giudiziario individuato in base agli ordinari criteri di competenza per valore e territorio».

giudice delegato, i creditori sono ammessi al voto sulla base dell'elenco dei creditori di cui all'articolo 107, comma 3, senza però richiedere che tale decisione intervenga prima dell'inizio delle operazioni di voto. Ne deriva che il novero dei legittimati al voto sia "cristallizzato" [5] dall'elenco allegato alla relazione illustrativa del commissario, come poi modificato dalla decisione del giudice delegato.

La norma in commento non affronta la annosa questione, già oggetto di un vivace dibattito dottrinale nella vigenza della legge fallimentare, inerente i limiti del potere discrezionale del giudice delegato in merito alla ammissione ovvero esclusione dei crediti. Si discuteva, in particolare, se tale potere potesse essere esercitato solo su istanza di parte ovvero anche d'ufficio [6]. Di fronte al silenzio normativo, è questa seconda tesi che prevale negli orientamenti più recente [7], in ragione del fatto che la corretta determinazione del quorum degli aventi diritto al voto rientra tra i profili di regolarità della votazione e, di qui, deve considerarsi rimessa alla valutazione anche d'ufficio del giudice.

Vieppiù, rilevante conseguenza dell'eliminazione dell'adunanza si rinviene nel fatto che i creditori non compresi nell'elenco redatto dal debitore – poi verificato dal commissario giudiziale e definito dal giudice delegato – non possono partecipare alla votazione, neppure ove forniscano la prova di tale loro qualità prima del termine fissato per l'inizio delle operazioni di voto [8].

2. – La provvisorietà dell'ammissione al voto dei titolari di crediti contestati continua a rappresentare, anche nel Codice, un tratto distintivo della disciplina in questione. Identicamente a quanto previsto dall'art. 176 l. fall., i creditori esclusi possono presentare opposizione all'esclusione in sede di omologazione del concordato, qualora la loro ammissione avrebbe assunto rilevanza ai fini della formazione delle maggioranze.

Anzitutto, viene confermato il principio della c.d. prova di resistenza del voto, in forza del quale il legislatore limita l'impugnativa ai soli casi in cui all'accoglimento possa in concreto conseguire il mutamento del risultato, di approvazione – ovvero diniego – della proposta di concordato. In proposito, si fa notare [9], la prova di resistenza opera diversamente a seconda che la proposta preveda, o meno, la formazione di classi. In un caso, occorrerà considerare la maggioranza complessiva dei crediti ammessi al voto; nell'altro, occorrerà considerare la sola classe in cui sarebbe dovuto esser inserito il creditore escluso e, quindi, verificare se la sua partecipazione avrebbe o meno influito sul calcolo della maggioranza di classe.

Inoltre, sempre in linea con il disposto della legge fallimentare, l'opposizione spetta ai soli creditori esclusi dal voto; con il che, non è consentita l'impugnazione a titolari di cre-

---

[5] NARDECCHIA, *Il voto nel concordato*, 146.

[6] Nel primo senso, v. BONSIGNORI, *Concordato preventivo*, 340 ss.; nel secondo senso, PACCHI, *Il nuovo concordato*, 208. In argomento, v. le riflessioni di DE CICCO, *Art. 176*, 685-686.

[7] D'ATTORRE, *Il voto*, 1304 ss.; NARDECCHIA, *La verifica*, 699 ss.

[8] Viceversa, secondo quanto stabilito dall'art. 176 l. fall., i creditori non compresi nel predetto elenco potevano partecipare alla votazione, fornendo prova di tale loro qualità e previo decreto di ammissione del giudice delegato; cfr., PACCHI, *Il nuovo concordato*, 195; LO CASCIO, *Il concordato*, 598; BONSIGNORI, *Concordato preventivo*, 342.

[9] DE CICCO, *Art. 176*, 686.

diti ammessi, né al commissario giudiziale, né ad altri creditori concorrenti. È però da ritenersi che detta legittimazione spetti altresì ai creditori ammessi solo in parte.

Doverosa è un'ultima notazione. Dalla disciplina vigente emerge *de plano* che l'impugnazione possa avvenire soltanto in sede di omologa, ossia in un momento in cui la proposta sia stata approvata dai creditori. Di qui, il potenziale pregiudizio per il debitore e per il creditore escluso, il cui voto favorevole sarebbe stato decisivo per l'approvazione del concordato che, stante l'esclusione dal voto, non ha raggiunto la maggioranza necessaria per l'approvazione.

Articolo 109
Maggioranza per l'approvazione del concordato

1. Salvo quanto previsto, per il concordato in continuità aziendale, dal comma 5, il concordato è approvato dai creditori che rappresentano la maggioranza dei crediti ammessi al voto. Nel caso in cui un unico creditore sia titolare di crediti in misura superiore alla maggioranza dei crediti ammessi al voto, il concordato è approvato se, oltre alla maggioranza di cui al primo periodo, abbia riportato la maggioranza per teste dei voti espressi dai creditori ammessi al voto. Ove siano previste diverse classi di creditori, il concordato è approvato se la maggioranza dei crediti ammessi al voto è raggiunta inoltre nel maggior numero di classi.

2. Quando sono poste al voto più proposte di concordato, si considera approvata la proposta che ha conseguito la maggioranza più elevata dei crediti ammessi al voto; in caso di parità, prevale quella del debitore o, in caso di parità fra proposte di creditori, quella presentata per prima. Quando nessuna delle proposte concorrenti poste al voto sia stata approvata con le maggioranze di cui al primo e secondo periodo del presente comma, il giudice delegato, con decreto da adottare entro trenta giorni dal termine di cui all'articolo 110, comma 2, rimette al voto la sola proposta che ha conseguito la maggioranza relativa dei crediti ammessi al voto, fissando il termine per la comunicazione ai creditori e il termine a partire dal quale i creditori, nei venti giorni successivi, possono far pervenire il proprio voto per posta elettronica certificata. In ogni caso si applicano le disposizioni del comma 1.

3. I creditori muniti di privilegio, pegno o ipoteca, ancorché la garanzia sia contestata, dei quali la proposta di concordato prevede l'integrale pagamento, non hanno diritto al voto se non rinunciano in tutto od in parte al diritto di prelazione. Qualora i creditori muniti di privilegio, pegno o ipoteca rinuncino in tutto o in parte alla prelazione, per la parte del credito non coperta dalla garanzia sono equiparati ai creditori chirografari; la rinuncia ha effetto ai soli fini del concordato.

4. I creditori muniti di diritto di prelazione di cui la proposta di concordato prevede la soddisfazione non integrale, sono equiparati ai chirografari per la parte residua del credito.

5. Il concordato in continuità aziendale è approvato se tutte le classi votano a favore. In ciascuna classe la proposta è approvata se è raggiunta la maggioranza dei crediti ammessi al voto oppure, in mancanza, se hanno votato favorevolmente i due terzi dei crediti dei creditori votanti, purché abbiano votato i creditori titolari di almeno la metà del totale dei crediti della medesima classe. In caso di mancata approvazione si applica l'articolo 112, comma 2. I creditori muniti di diritto di prelazione non votano se soddisfatti in denaro, integralmente, entro centottanta giorni dall'omologazione, e purché la garanzia reale che assiste il credito ipotecario o pignoratizio resti ferma fino alla liquidazione, funzionale al loro pagamento, dei beni e diritti sui quali sussiste la causa di prelazione. Nel caso di crediti assistiti dal privilegio di cui all'articolo 2751-bis, n. 1, del codice civile, il termine di cui al quarto periodo è di trenta giorni. Se non ricorrono le condizioni di

cui al primo e secondo periodo, i creditori muniti di diritto di prelazione votano e, per la parte incapiente, sono inseriti in una classe distinta.

6. Sono esclusi dal voto e dal computo delle maggioranze il coniuge o il convivente di fatto del debitore, ovvero la parte dell'unione civile con il debitore, i parenti e affini del debitore fino al quarto grado, la società che controlla la società debitrice, le società da questa controllate e quelle sottoposte a comune controllo, nonché i cessionari o aggiudicatari dei loro crediti da meno di un anno prima della domanda di concordato. Sono inoltre esclusi dal voto e dal computo delle maggioranze i creditori in conflitto d'interessi.

7. Il creditore che propone il concordato ovvero le società da questo controllate, le società controllanti o sottoposte a comune controllo, ai sensi dell'articolo 2359, primo comma, del codice civile possono votare soltanto se la proposta ne prevede l'inserimento in apposita classe.

Antonio Blandini e Enrico Locascio Aliberti*

Sommario: 1. La maggioranza per l'approvazione del concordato liquidatorio. – 2. La legittimazione al voto dei creditori prelatizi. – 3. La maggioranza per l'approvazione del concordato con continuità aziendale. – 4. Il conflitto di interesse dei creditori nel concordato.

1. – L'art. 109 nasce dalle spoglie dell'art. 177 l. fall., del quale ognun conosce l'ampio e ondivago dibattito di cui è stato, negli anni scorsi, protagonista [1], ed introduce significative novità. La principale differenza si coglie sin dal primo periodo del comma 1, giacché, (anche) in punto di maggioranza richiesta per l'approvazione del concordato, è stata introdotta una disciplina differente tra concordato liquidatorio e concordato con continuità [2]. Tale distinguo rappresenta solo l'ultimo passo – anche in ordine temporale – dell'evoluzione del concordato, da procedimento essenzialmente liquidatorio a strumento volto ad agevolare la continuità e il recupero aziendale, e, più in generale, dell'espresso *favor* per le soluzioni alternative alla liquidazione giudiziale, specie ove consentano la sopravvivenza dell'impresa [3]. Pertanto, si esamineranno le due fattispecie distintamente e ci si soffermerà dapprima sulla maggioranza richiesta nel concordato liquidatorio.

---

* Il contributo è il risultato di una ricerca svolta congiuntamente dai due Autori. Per le finalità di legge, si specifica che i §§ 1 e 2 sono riferibili a Antonio Blandini; i §§ 3 e 4 sono riferibili a Enrico Locascio Aliberti.

[1] Cfr. De Cicco, *Art. 177*, 689; Nardecchia, *Art. 177*, 2489 ss.

[2] Dunque, se già nella vigenza della legge fallimentare era possibile individuare diversi scenari, nei quali si producevano diverse configurazioni di maggioranza, oggi è pianamente d'obbligo ragionare in termini di *maggioranze* – al plurale – per l'approvazione del concordato; così, v. Bozza, *Le maggioranze*, 126. V., *amplius*, Ricciardiello, *I lineamenti*, 11, che sottolinea come la distinzione tra i due concordati non attenga a un profilo meramente definitorio.

[3] Cfr. Ambrosini, *Il codice*, 839.

Anzitutto, è mantenuta ferma la regola generale – introdotta nel 2007 al fine di agevolare il buon esito della procedura concordataria – che richiede, per l'approvazione, la maggioranza assoluta dei crediti ammessi al voto; sicché, eccezion fatta per l'ipotesi di cui si dirà fra breve, la proposta del debitore è approvata se riceve il voto favorevole di tanti creditori che rappresentano una percentuale superiore al cinquanta percento dei crediti. Tuttavia, il Codice introduce una fattispecie di doppia maggioranza che rievoca il meccanismo di voto antecedente alla riforma del 2006, nell'ipotesi in cui un unico creditore sia titolare di crediti in misura superiore alla maggioranza dei crediti ammessi al voto. In tal caso, il concordato è approvato se abbia riportato anche «*la maggioranza per teste dei voti espressi dai creditori ammessi al voto*»; locuzione che, al di là di qualche infelicità stilistica, vale a significare che occorrerà pure il voto favorevole della maggioranza delle persone dei creditori, a prescindere dall'entità dei loro crediti. La *ratio* della novella consiste evidentemente nel sottrarre il dominio sulle sorti del concordato al singolo creditore che vanta – da solo – un credito di ammontare superiore alla metà dei crediti complessivamente ammessi. Nondimeno, si fa notare[4], la norma si rivela facilmente eludibile mediante la cessione ad un cessionario "vicino" della percentuale del credito necessaria a restare sotto la soglia. Difatti, il comma 6 – su cui v. *infra* – non esclude dal voto e dal computo delle maggioranze tutti coloro che hanno acquisito crediti «*da meno di un anno prima della domanda di concordato*», ma soltanto coloro che abbiano acquistato detti crediti dalle persone specificamente individuate, salvo a configurare nella specie ipotesi di abuso del diritto.

Identicamente a quanto previsto nella legge fallimentare, qualora la proposta preveda il c.d. classamento dei creditori, è necessario che essa riporti il voto favorevole anche nell'ambito della maggioranza delle classi.

Ciò detto, è importante precisare che, alla luce del tenore letterale del comma 1, che afferma che «*il concordato è approvato dai creditori che rappresentano la maggioranza dei crediti ammessi al voto*», il Codice dà rilievo al solo consenso esplicito, per cui il silenzio di un creditore è inteso come dissenso.

Il comma 2, riprendendo pedissequamente il dato dell'art. 177 l. fall. introdotto con la riforma del 2015, dispone che, quando sono poste al voto più proposte di concordato preventivo, si considera approvata quella che «*ha conseguito la maggioranza più elevata dei crediti ammessi al voto*» con preferenza, in caso di parità, per quella del debitore o, in caso di parità fra proposte di creditori, per quella presentata per prima. Intanto, è sottinteso che possono esser prese in considerazione tutte e soltanto le proposte che abbiano riportato la maggioranza quantitativa, e nelle classi, come richieste dal comma 1. Se ne desume, poi, che, pur prefigurando la contendibilità dell'impresa in crisi, a parità di condizioni tra le proposte, il legislatore ha inteso privilegiare il titolare dell'impresa rispetto ai creditori. I periodi successivi del presente comma disciplinano, invece, l'ipotesi in cui nessuna proposta formulata ottiene i voti necessari a raggiugere le maggioranze di legge, dando prevalenza, in tale ipotesi, alla proposta che abbia ottenuto la «*maggioranza relativa*», ovvero il quantitativo maggiore di voti rispetto alle altre.

2. – Il comma 3 e il comma 4 disciplinano, in maniera sostanzialmente immutata ri-

---

[4] BOZZA, *Le maggioranze*, 136.

spetto alla legge fallimentare, le sorti dei creditori privilegiati ai fini del voto[5]. Ciò sulla scorta dell'assunto che nel concordato non è essenziale che i creditori prelatizi siano soddisfatti per intero, potendo anche costoro subire una falcidia concordataria[6].

Così, nel comma 3 anzitutto è mantenuta ferma la regola secondo cui – vuoi per un «eccesso» di interesse[7], vuoi per «carenza» di interesse[8] – i creditori privilegiati di cui la proposta prevede l'integrale pagamento non hanno diritto al voto, salvo che rinuncino – in tutto o in parte – al diritto di prelazione; nel qual caso, essi saranno equiparati ai creditori chirografari, dunque sicuramente anche agli effetti del (recupero del) diritto di voto.

Il comma 4 disciplina, invece, il secondo caso in cui il creditore prelatizio "riconquista" il diritto di voto, e cioè il caso in cui la soddisfazione non integrale sia prevista nella proposta di concordato; anche in tal caso, per la parte di credito non soddisfatta opererà una equiparazione di tali creditori ai creditori chirografari.

3. – Il comma 5 rappresenta la novità assoluta[9], peraltro non solo rispetto alla legge fallimentare ma anche rispetto alla versione originaria del Codice di cui al d.lgs. n. 14 del 2019, dal momento che introduce una specifica, distinta, disciplina in materia di maggioranza per l'approvazione di un concordato con continuità aziendale.

Così, sulla base della premessa che in questa forma di concordato è necessario il classamento dei creditori, è stabilito che l'approvazione richieda l'unanimità delle classi. E precisamente, si stabilisce che «*in ciascuna classe la proposta è approvata se è raggiunta la maggioranza dei crediti ammessi al voto oppure, in mancanza, se hanno votato favorevolmente i due terzi dei crediti dei creditori votanti, purché abbiano votato i creditori titolari di almeno la metà del totale dei crediti della medesima classe*»; questa seconda opzione, dettata per agevolare l'approvazione del concordato con continuità, dimostra la consapevolezza del legislatore della difficoltà di raggiungere la maggioranza in tutte le classi[10].

È tuttavia significativo che, nonostante il maggior rigore – almeno apparente – richiesto, il terzo periodo del comma 5 prevede che, in caso di mancata approvazione, si applica comunque il meccanismo di cui all'art. 112, comma 2, che consente l'omologazione nonostante il mancato conseguimento delle maggioranze richieste. Così, in concreto, un concordato con continuità potrà essere approvato quando, tra l'altro, in mancanza dell'approvazione nei modi di cui *supra*, la proposta sia stata approvata dalla maggioranza numerica delle classi, purché almeno una sia formata da creditori prelatizi; ovvero quando la proposta sia stata «*approvata da almeno una classe di creditori che sarebbero almeno parzialmente soddisfatti rispettando la graduazione delle cause legittime di prelazione anche sul valore eccedente quello di liquidazione*».

I successivi periodi del comma 5 disciplinano le peculiari condizioni in presenza delle quali i creditori assistiti da privilegio, pegno o ipoteca possono esprimere il proprio diritto di voto.

---

[5] In argomento, v. BENEDETTI, *Il trattamento*, 1044 ss.

[6] Cfr. DE CICCO, *Art. 177*, 690 ss.; NARDECCHIA, *Art. 177*, 2494 ss.

[7] PAJARDI, *Manuale di diritto*, 540; BONSIGNORI, *Diritto fallimentare*, 282.

[8] RAGUSA MAGGIORE, *Istituzioni di diritto*, 514.

[9] BOZZA, *Le maggioranze*, 126.

[10] BOZZA, *Le maggioranze*, 137.

4. – Il comma 6 riproduce – sulla falsariga di quanto previsto nella legge fallimentare – l'esclusione dal voto e dal computo delle maggioranze, a prescindere dal rango del credito vantato, per le persone che, poiché ritenute particolarmente vicine al debitore [11], potrebbero impiegare il voto nel concordato strumentalmente e per fini estranei a quelli di cui sono portatori i creditori.

In quest'ambito, una novità di sicuro interesse è quella inserita nell'ultimo periodo di tale comma, ove si prevede che «*sono inoltre esclusi dal voto e dal computo delle maggioranze i creditori in conflitto d'interessi*». Il Codice ha quindi introdotto nel concordato, tramite una clausola generale, il concetto di «conflitto di interesse», al fine di escludere dal voto e dal computo delle maggioranze il creditore portatore di un interesse "diverso" da quello "comune" all'intera massa passiva. Invero, l'utilizzo di una clausola generale ha suscitato in dottrina qualche perplessità, dovuta alle prevedibili difficoltà applicative [12]; infatti, diversamente da quanto generalmente si afferma in materia di interesse sociale dei soci, non può ritenersi certa l'esistenza di un interesse comune dei creditori concorrenti, eventualmente in contrasto con quello individuale di ciascuno di essi [13].

È infine nell'alveo delle disposizioni volte a regolare i possibili conflitti di interesse dei creditori [14] che si inserisce pure la disposizione contenuta nel comma 7. Così, nell'ambito di una proposta concorrente, il creditore proponente ovvero le società ad esso legate da rapporti di controllo *ex* art. 2359, comma 1, c.c. «*possono votare soltanto se la proposta ne prevede l'inserimento in apposita classe*», similmente a quanto era previsto nell'art. 163, comma 6, l. fall., in materia di proposte concorrenti.

[11] Il che – osserva DE CICCO, *Art. 177*, 695 – potrebbe determinare la prevalenza di un *affectio familiaris* rispetto ad un effettivo interesse patrimoniale.

[12] Cfr., per tutti, NUZZO, *Il conflitto*, 151.

[13] NIGRO, VATTERMOLI, *Diritto della crisi*, 339.

[14] Vale rammentare l'intenso dibattito sul "conflitto di interesse" dei creditori proponenti le soluzioni concordatarie, sorto nella vigenza della legge fallimentare all'esito dell'introduzione dell'istituto delle proposte concorrenti. In argomento, da ultimo, NUZZO, *Il conflitto*, *passim*.

Articolo 110

Adesioni alla proposta di concordato

1. All'esito della votazione è redatta dal commissario giudiziale apposita relazione in cui sono inseriti i voti favorevoli e contrari dei creditori con l'indicazione nominativa dei votanti e dell'ammontare dei rispettivi crediti. È altresì inserita l'indicazione nominativa dei creditori che non hanno esercitato il voto e dell'ammontare dei loro crediti. Alla relazione è allegata, su supporto informatico, la documentazione relativa all'espressione dei voti.

2. La relazione è depositata in cancelleria il giorno successivo alla chiusura delle operazioni di voto.

3. Quando il commissario giudiziale rileva, dopo l'approvazione del concordato, che sono mutate le condizioni di fattibilità del piano, ne dà avviso ai creditori, i quali possono costituirsi nel giudizio di omologazione fino all'udienza di cui all'articolo 48, comma 1, per modificare il voto.

Antonio Blandini e Giuseppe Farina*

Sommario: 1. La relazione finale del commissario giudiziale. – 2. I rimedi in caso di mutamento delle condizioni di fattibilità del piano.

1. – La rubrica dell'art. 110, mutuata letteralmente dall'abrogato art. 178 l. fall., risulta fuorviante rispetto al contenuto della disposizione: lungi, infatti, dal regolare le adesioni alla proposta di concordato, fattispecie per la quale già dispone l'art. 107, la norma onera il commissario giudiziale della stesura e del deposito in cancelleria di una ulteriore relazione, che elenca nominalmente i creditori che hanno espresso il voto, favorevole o contrario, e gli astenuti, con indicazione dell'ammontare del rispettivo credito. Il documento che il commissario è chiamato a redigere costituisce dunque, più che una relazione esplicativo-informativa in senso stretto, un prospetto finalizzato alla verifica dell'esito della votazione; la *ratio* dell'obbligo di redazione di tale documento è quella di agevolare, a seconda delle risultanze finali, le funzioni del tribunale in sede di omologazione del concordato – consi-

* Il contributo è il risultato di una ricerca svolta congiuntamente dai due Autori. Per le finalità di legge, si specifica che il § 1 è riferibile a Antonio Blandini; il § 2 è riferibile a Giuseppe Farina.

derato che, ai sensi dell'art. 112, questo è chiamato alla verifica degli esiti della votazione – ovvero quelle del giudice delegato ai sensi dell'art. 111 – egli, infatti, non partecipa alle operazioni di voto, com'era invece nel precedente assetto, in cui presiedeva l'adunanza, per cui la relazione è lo strumento attraverso il quale acquisisce conoscenza formale dell'esito del voto. Per le ragioni esposte appare quindi necessario, nonostante il silenzio della norma, che il commissario giudiziale evidenzi, nel documento *ex* art. 110, anche l'appartenenza dei votanti alle classi di creditori, se formate *ex* art. 85 [1].

Testualmente, la norma in commento richiede la compilazione di un unico prospetto finale degli esiti della votazione, pur se in presenza di diverse proposte di concordato ai voti. Non pare affatto necessaria, del resto, la redazione di documenti distinti per ogni proposta, purché siano adeguatamente differenziati i risultati conseguiti: certamente, anzi, un documento complessivo e sintetico degli esiti della votazione in merito a tutte le proposte è più adeguato al corretto assolvimento della funzione di strumento di verifica attribuita dal Codice.

La norma in esame non onera espressamente il commissario giudiziale di accertare, nella relazione finale, gli esiti del voto. È implicito, però, che, tra i compiti gravanti sull'organo preposto dal tribunale alla procedura concordataria all'atto della stesura della relazione *ex* art. 110, sia annoverato anche quello di indicare la proposta approvata, o di concludere per la intervenuta reiezione del concordato da parte dei votanti. Tale verifica, infatti, ancorché, lo si è riferito, espressamente devoluta al giudice delegato *ex* art. 111, ovvero al tribunale all'atto della emanazione del provvedimento di omologazione, è necessariamente compiuta anche, in via preliminare, dal commissario giudiziale, soprattutto in considerazione del dettato del comma 3 della norma medesima, che onera quest'ultimo della verifica, successiva all'approvazione ma antecedente all'omologazione, del permanere delle condizioni di fattibilità del piano. In questa prospettiva, la funzione del commissario delineata dal Codice con riferimento alla procedura di verifica degli esiti del voto non può dirsi meramente "segretariale", integrando non solo l'onere di conteggio dei voti, ma anche la ricognizione preliminare della decisione dei creditori.

L'assetto previsto dal legislatore del Codice è, quindi, in ciò sostanzialmente sovrapponibile a quello di cui all'abrogato art. 180 l. fall., salva la sostituzione del commissario giudiziale con quella del giudice delegato: la norma in questione, infatti, nella conformazione successiva al d.lgs. n. 169 del 2007, onerava quest'ultimo di verificare dapprima l'esito del voto dopo la chiusura dell'adunanza, e di riferire poi al tribunale per la fissazione dell'udienza di omologa, nell'ambito della quale era previsto un secondo controllo dei risultati finali delle votazioni [2].

Il rapporto sugli esiti del voto, redatto del commissario giudiziale, è reso noto al giudice delegato e al tribunale a mezzo di deposito in cancelleria. Pare, peraltro, potersi inferire

[1] I poteri del tribunale in sede di omologa del concordato preventivo sono oggi più ampi che nel precedente assetto. Si veda, con riferimento all'abrogato art. 180 l. fall., PAGNI, *Artt. 179, 180, 181*, 727. Una lettura dei confini del giudizio di omologazione, come disciplinato dalla non più vigente legge fallimentare, in BLANDINI, *Sulla consapevolezza*, 1301.

[2] Per le discipline dettate dall'art. 180 l. fall. *ante* e *post* decreto correttivo n. 169 del 2007, v. PAGNI, *Artt. 179, 180, 181*, 2506 e ID, *Artt. 179, 180, 181*, 709.

che, nell'intenzione del legislatore, il deposito in questione possa essere anche cartaceo e non telematico, al pari di quanto avviene per la relazione particolareggiata, dato che la norma prevede l'allegazione su supporto informatico – e quindi l'utilizzo di uno strumento di tipo *hardware* e non *software* – dei documenti (informatici: tale è la qualifica legislativa dei messaggi di posta certificata ai sensi dell'art. 48 CAD e del d.p.r. n. 68 del 2005) contenenti le manifestazioni di voto. Probabilmente, però, per ragioni di praticità rimarrebbe preferibile dare attuazione a questa previsione configurando il deposito della relazione nel fascicolo telematico della procedura, consentendovi l'accesso agli interessati.

Il deposito del resoconto *ex* art. 110 deve avvenire il giorno successivo alla chiusura delle operazioni di voto: il termine appare piuttosto stringato, nondimeno non è prevista una espressa sanzione da parte del legislatore per il commissario giudiziale ritardatario. Pur nel silenzio della norma, appare ragionevole la configurazione in capo al commissario giudiziale di un potere (se non anche di un dovere) di impulso nei confronti del tribunale, chiamato alla fissazione dell'udienza di omologa a seguito dell'approvazione del concordato. Potere, questo, certo sussistente anche verso il giudice delegato, investito *ex* art. 111 del dovere di riferire al tribunale in caso di reiezione della proposta ai voti.

2. – Rilevato il mutamento delle condizioni di fattibilità del piano dopo l'approvazione del concordato, il commissario giudiziale è tenuto a dare avviso ai creditori; a questi ultimi è quindi consentita la costituzione nel giudizio di omologazione fino all'udienza camerale per la comparizione delle parti e del commissario giudiziale, al fine della modifica del voto.

La norma attribuisce quindi al commissario giudiziale un dovere di riscontro dell'invarianza delle condizioni giuridico-economiche di fattibilità del piano[3], già attestate dal professionista indipendente nominato *ex* art. 87, comma 3 e oggetto di verifica preliminare da parte del tribunale *ex* art. 47, comma 1. Non è testualmente previsto, però, in capo al commissario giudiziale, alcun obbligo di verifica dell'originaria materiale conseguibilità dei risultati previsti nel piano: la sussistenza di tale dovere non pare, in effetti, né inferibile dalla lettura della norma in commento, né ricavabile dal complessivo impianto del concordato preventivo nel Codice – simile esame non è richiesto, infatti, né dall'art. 104, né ancora dall'art. 92. Nemmeno sembra necessario attribuire al commissario giudiziale, in via analogico-estensiva, siffatto onere di verifica della correttezza dell'attestazione di fattibilità – ciò sia in quanto questa è resa dal professionista indipendente sotto propria re-

---

[3] Sui confini del giudizio di fattibilità del tribunale nell'assetto antecedente, Cass., SS.UU., 23 gennaio 2013, n. 1521, in *Fallimento*, 2013, 149, con nota di FABIANI, *La fattibilità*, 403, nota di TRAVAGLINO, *La "fattibilità"*, 435, nota di DE SANTIS, *Le Sezioni Unite*, 185, nota di NARDECCHIA, *La fattibilità*. Secondo la pronuncia in questione, non solo la fattibilità giuridica, ma sostanzialmente anche quella economica, nel caso di manifesta irrealizzabilità del piano, deve essere vagliata dal tribunale in sede di omologa, operando una sussunzione di tale ultima ipotesi nella specie del concordato privo di causa in concreto, perché non indirizzato al conseguimento del risanamento. Riferimenti ulteriori e un'analisi della giurisprudenza più recente in MOSCARIELLO, *Il controllo*, 213.

Tuttavia, l'art. 6, legge delega n. 155 del 2017 ha onerato il legislatore del Codice di attribuire al tribunale in sede di omologazione del concordato il potere di verifica in ordine alla fattibilità anche economica del piano: il punto è discusso in quest'opera, nella sede opportuna.

sponsabilità ed è oggetto del vaglio del tribunale, preliminarmente e in sede di omologazione, sia, soprattutto, perché il voto è reso dai creditori sulla base della piena informazione in merito alle proposte e ai relativi piani, che devono essere attento oggetto di vaglio individuale, riferito anche alla ragionevole probabilità di buon esito del piano. La valutazione del commissario giudiziale ha, per conseguenza, ad oggetto solo gli eventi avvenuti nell'arco di tempo compreso tra l'approvazione del concordato e l'udienza prevista all'art. 48, comma 1.

Deve altresì chiedersi se tale valutazione debba riguardare solo gli eventi sfavorevoli, tali cioè da porre a repentaglio la concreta esecuzione del piano concordatario, o anche quelli favorevoli e tali da agevolarla: la norma, infatti, non distingue espressamente le mutazioni nelle condizioni di fattibilità con impatto positivo da quelle con impatto negativo, onerando genericamente il commissario giudiziale della verifica dell'avvenuto sovvertimento dei presupposti a base del piano.

Potrebbe, in proposito, sostenersi che l'obbligo di comunicazione della mutazione delle condizioni di fattibilità del piano gravi sul commissario giudiziale solo in caso di eventi negativi, considerato che l'unico effetto di una variazione in positivo sarebbe quello, poco significativo essendo già il piano stato approvato, di indurre chi avesse votato negativamente, o si fosse astenuto, a modificare il proprio voto in senso favorevole all'approvazione del concordato, con la conseguenza della privazione del diritto all'opposizione. È, tuttavia, proprio l'auspicabile obiettivo della riduzione del numero dei giudizi di opposizione da parte dei creditori dissenzienti a suggerire l'interpretazione della norma in commento nel senso della sussistenza, in capo al commissario giudiziale, dell'obbligo di comunicazione anche del cambiamento positivo delle prospettive di fattibilità del piano[4]: siffatta comunicazione potrebbe, infatti, scoraggiare la proposizione di opposizioni per le ragioni di cui all'art. 112, comma 4.

La domanda di concordato, in caso di mutamento delle condizioni di fattibilità del piano, è comunque rinunciabile, con gli effetti di cui all'art. 43.

Il controllo successivo del commissario giudiziale (come pure quello del giudice *ex* art. 112) non si spinge, naturalmente, anche alla verifica della convenienza del piano: tale ultima valutazione è devoluta esclusivamente ai titolari del diritto di voto sulle proposte (ed è, peraltro, come noto, perfino non sottoposta – ma si rinvia al commento del relativo articolo per il dibattito sul punto – al sindacato del giudice, salvo che in caso di opposizione del creditore, ma fermo il potere di *cram down* giudiziale previsto dal comma 3 dell'art. 112).

[4] Conforme, seppur con riferimento al precedente assetto, FABIANI, *La fattibilità*, 167.

Articolo 111
Mancata approvazione del concordato

1. Se nel termine stabilito non si raggiungono le maggioranze richieste, il giudice delegato ne riferisce immediatamente al tribunale, che provvede a norma dell'articolo 49, comma 1.

Antonio Blandini e Giuseppe Farina*

Sommario: 1. La mancata approvazione del concordato. – 2. La dichiarazione di apertura della liquidazione giudiziale o il ritorno *in bonis*.

1. – Se entro il termine fissato dal tribunale *ex* art. 47 le maggioranze prescritte per l'approvazione del piano non sono raggiunte, le proposte ai voti sono respinte, così determinandosi l'insuccesso del concordato. Il Codice non contempla, infatti, in caso di reiezione del concordato, e contrariamente a quanto dettato dal comma 3 dell'art. 110, alcuna possibilità di modifica successiva del voto dei creditori, e ciò anche ove si verificasse, dopo le votazioni, una mutazione delle condizioni a base del piano. Il mutamento delle situazioni di fatto poste a fondamento del piano non approvato impone pertanto al debitore di valutare in autonomia, e nel rispetto dei principi di correttezza e buona fede [1] di cui all'art. 4 [2], se presentare una nuova domanda di concordato [3], salva comunque l'even-

* Il contributo è il risultato di una ricerca svolta congiuntamente dai due Autori. Per le finalità di legge, si specifica che il § 1 è riferibile a Antonio Blandini; il § 2 è riferibile a Giuseppe Farina.

[1] Riferito al precedente assetto, ma viepiù valido oggi, stante la clausola generale di cui all'art. 4, è il principio espresso in Cass., 10 ottobre 2019, n. 25479, in *Dir. giust.*, con nota di RUGGIERI, *Disponibilità della domanda*, in cui si statuisce che deve «essere sempre riconosciuta la facoltà per l'imprenditore di presentare ai creditori un nuovo piano concordatario, anche dopo la mancata approvazione della prima proposta e previa rinuncia da parte del debitore a quest'ultima, purché la seconda proposta non si concretizzi in una manovra elusiva, volta solo a rimandare l'accertamento dello stato di insolvenza e dunque il fallimento della proponente [...] il deposito di una precedente domanda di concordato non costituisce mai, di per sé solo, elemento ostativo alla presentazione di un nuovo ricorso accompagnato dal piano e dalla relazione, neppure quando la prima procedura si sia chiusa prematuramente a causa della revoca dell'ammissione ovvero del mancato raggiungimento della maggioranza prescritta dalla legge».

[2] In argomento, BROGI, *Clausole generali*, 878; FABIANI, *Introduzione ai principi*, 1180.

[3] Spec. in argomento, SANTAGATA, *Concordato preventivo*, 333.

tuale apertura della procedura di liquidazione giudiziale *ex* artt. 111 e 49, comma 1, ove ne ricorrano i presupposti.

Il giudice delegato, che si è già detto non essere coinvolto nelle operazioni di voto (fatta eccezione per i poteri *ex* artt. 107, comma 7, e 108), apprende della reiezione del concordato dalla relazione *ex* art. 110, depositata in cancelleria dal commissario giudiziale il giorno successivo alla chiusura delle operazioni di voto. Come si è riferito nel relativo commento, al quale comunque si rinvia, non pare azzardato, pur nel silenzio della legge, ritenere sussistente in capo al commissario giudiziale un dovere di impulso dell'attività del giudice delegato, da esercitare contestualmente al deposito della relazione.

La norma non onera espressamente il giudice delegato del controllo dell'esito del voto, che, nondimeno, può inferirsi, deve essere svolto: allo scopo, infatti, alla relazione *ex* art. 110 è allegata la documentazione relativa all'espressione dei voti, che può quindi essere oggetto di verifica successiva a quella del commissario giudiziale.

2. – Il tribunale, investito della mancata approvazione del concordato, definisce il ricorso proposto dal debitore con provvedimento di inammissibilità[4], reclamabile.

Si conferma soppresso anche nell'assetto attuale l'istituto del fallimento d'ufficio[5]: ai sensi dell'art. 49, comma 1, infatti, solo in pendenza di apposita domanda, e verificata la sussistenza dei requisiti di cui all'art. 121, il tribunale dichiara l'apertura della liquidazione giudiziale; in caso contrario, semplicemente il debitore torna in una situazione di "ordinaria" gestione, pur dovendo fare i conti con la situazione che lo ha condotto a proporre la domanda concordataria. Permane altresì il principio, già oggetto di ampia e consolidata elaborazione giurisprudenziale nella vigenza dell'abrogata legge fallimentare[6], di *favor* per gli strumenti pattizi di composizione della crisi, per cui, in pendenza di un ricorso di concordato preventivo e fino alla definizione di questo, l'apertura della procedura di liquidazione giudiziale è possibile solo nel caso in cui la procedura concordataria non abbia buon esito[7].

---

[4] Cass., 31 luglio 2015, n. 16217.

[5] La soppressione del fallimento d'ufficio, già approdo legislativo nell'assetto precedente (v. d.lgs. n. 169 del 2007. In dottrina, FILOCAMO, *Art. 179*, 1355; PAGNI, *Artt. 179, 180, 181*, 711, e v. anche in nota successiva) ha superato il vaglio della Corte costituzionale (sent. 9 luglio 2013, n. 184), che ha dichiarato non fondata la questione di legittimità costituzionale dell'art. 6 l. fall., come modificato dal d.lgs. n. 5 del 2006, per eccesso di delega. La legge delega n. 155 del 2017, invece, ha stabilito espressamente (all'art. 2, comma 1, lett. *b*), nel dettare al Governo i principi generali per la riforma organica del diritto concorsuale, di eliminare del fallimento d'ufficio anche in ipotesi di amministrazione straordinaria.

[6] V. i principi espressi dalle sentenze Cass., SS.UU., 15 maggio 2015, n. 9935 e Cass., SS.UU., 15 maggio 2015, n. 9936 (e v. anche la coeva Cass., SS.UU., 15 maggio 2015, n. 9934, circa la incompatibilità del fallimento d'ufficio con l'istituto concordatario post-d.lgs. n. 5 del 2006, e in nota precedente sull'abrogazione espressa dell'istituto con d.lgs. n. 169 del 2007), in *Fallimento*, 2015, 898, con nota di DE SANTIS, *Principio di prevenzione*, e di PAGNI, *I rapporti*.

[7] DE SANTIS, *Le fasi introduttive*, 1209.

Articolo 112
Giudizio di omologazione

1. Il tribunale omologa il concordato verificati:

a) la regolarità della procedura;

b) l'esito della votazione;

c) l'ammissibilità della proposta;

d) la corretta formazione delle classi;

e) la parità di trattamento dei creditori all'interno di ciascuna classe;

f) in caso di concordato in continuità aziendale, che tutte le classi abbiano votato favorevolmente, che il piano non sia privo di ragionevoli prospettive di impedire o superare l'insolvenza e che eventuali nuovi finanziamenti siano necessari per l'attuazione del piano e non pregiudichino ingiustamente gli interessi dei creditori;

g) in ogni altro caso, la fattibilità del piano, intesa come non manifesta inattitudine a raggiungere gli obiettivi prefissati.

2. Nel concordato in continuità aziendale, se una o più classi sono dissenzienti, il tribunale, su richiesta del debitore o con il consenso del debitore in caso di proposte concorrenti, omologa altresì se ricorrono congiuntamente le seguenti condizioni:

a) il valore di liquidazione è distribuito nel rispetto della graduazione delle cause legittime di prelazione;

b) il valore eccedente quello di liquidazione è distribuito in modo tale che i crediti inclusi nelle classi dissenzienti ricevano complessivamente un trattamento almeno pari a quello delle classi dello stesso grado e più favorevole rispetto a quello delle classi di grado inferiore, fermo restando quanto previsto dall'articolo 84, comma 7;

c) nessun creditore riceve più dell'importo del proprio credito;

d) la proposta è approvata dalla maggioranza delle classi, purché almeno una sia formata da creditori titolari di diritti di prelazione, oppure, in mancanza, la proposta è approvata da almeno una classe di creditori che sarebbero almeno parzialmente soddisfatti rispettando la graduazione delle cause legittime di prelazione anche sul valore eccedente quello di liquidazione.

3. Nel concordato in continuità aziendale, se con l'opposizione un creditore dissenziente eccepisce il difetto di convenienza della proposta, il tribunale omologa il concordato quando, secondo la proposta e il piano, il credito risulta soddisfatto in misura non inferiore rispetto alla liquidazione giudiziale.

4. In caso di opposizione proposta da un creditore dissenziente, la stima del complesso aziendale del debitore è disposta dal tribunale solo se con l'opposizione è eccepita la violazione della convenienza di cui al comma 3 o il mancato rispetto delle condizioni di ristrutturazione trasversale di cui al comma 2.

5. Nel concordato che prevede la liquidazione del patrimonio oppure l'attribuzione delle attività a un assuntore o in qualsiasi altra forma, se un creditore dissenziente appartenente a una classe dissenziente ovvero, nell'ipotesi di mancata formazione delle classi,

i creditori dissenzienti che rappresentano il 20 per cento dei crediti ammessi al voto, contestano la convenienza della proposta, il tribunale può omologare il concordato qualora ritenga che il credito possa risultare soddisfatto dal concordato in misura non inferiore rispetto alla liquidazione giudiziale.

6. Le somme spettanti ai creditori contestati, condizionali o irreperibili sono depositate nei modi stabiliti dal tribunale, che fissa altresì le condizioni e le modalità per lo svincolo.

Carlo Felice Giampaolino

Sommario: 1. Collocazione della norma. – 2. Le verifiche comuni a concordato liquidatorio e in continuità. – 3. Le norme per il concordato preventivo in continuità. L'omologazione senza approvazione. La ristrutturazione trasversale. – 4. L'opposizione nel concordato in continuità fondata sulla convenienza e sulle condizioni per la ristrutturazione trasversale. – 5. L'opposizione nel concordato liquidatorio o con assunzione. – 6. Il deposito delle somme.

1. – Il Codice ha optato per la separazione tra le norme di matrice processuale (titolo III) da quelle che potrebbero essere intese come "sostanziali" (titolo IV), in quanto dedicate ai presupposti per l'accesso alle procedure negoziali, al contenuto dei patti ed alla loro esecuzione. Vi sono poi altre norme – tra le quali l'art. 112 ss. – "speciali" del concordato rispetto agli strumenti stragiudiziali soggetti ad omologazione. La Legge fallimentare metteva nella sequenza logica nella quale si presentano gli adempimenti che debbono condurre alla definizione della procedura di concordato preventivo. Secondo la legge fallimentare ci si occupa prima dell'approvazione e poi dell'omologazione del concordato [1]. Invece, nel Codice le norme sono collocate in diverse parti: (i) il procedimento di omologazione, la cui disciplina è a sua volta ripartita tra gli artt. 48 ss. e gli artt. 112 e 113; e (ii) il procedimento deliberativo, regolato dagli artt. 107-111 [2].

La separazione (meno intelligibile) si spiega con l'intento del legislatore di costruire una nuova disciplina delle procedure di insolvenza informata al principio del procedimento unitario, applicabile contemporaneamente alla liquidazione giudiziale, al concordato preventivo e agli accordi di ristrutturazione. Tale principio si è rivelato essere più teorico che concretamente e coerentemente applicato, anche a livello procedimentale, all'interno del nuovo Codice [3].

La norma riguarda quindi il contenuto del giudizio di omologazione, e quindi: 1) la verifica dei presupposti per l'omologazione; 2) il giudizio sulle opposizioni dei creditori, compreso il profilo del *cram down*. Si aggiungono poteri del tribunale in merito all'omo-

---

[1] Si tratta degli artt. 174 ss. l. fall.

[2] FABIANI, *L'omologazione*, 1314-1319.

[3] DE SANTIS, *Il processo*, 158.

logazione del concordato in continuità, quando venga a mancare il voto favorevole dell'unanimità delle classi, come stabilito dall'art. 108, comma 5, che introduce la c.d. "ristrutturazione trasversale" o *cross class cram down*, in recepimento delle indicazioni contenute all'art. 11, dir. UE 2019/1023 (c.d. Direttiva *insolvency*).

2. – Il comma 1 della previsione in commento, ferma la verifica degli esiti della votazione – chiamata alla lett. *b*) – articola quella che nell'art. 180 l. fall. era la "regolarità" della procedura, nei diversi profili: 1) della generale regolarità della procedura (lett. *a*); 2) dell'ammissibilità della proposta (lett. *c*); 3) della corretta formazione delle classi (lett. *d*); 4) della parità di trattamento dei creditori all'interno di ciascuna classe (lett. *e*); 5) della fattibilità del piano (lett. *f*) e *g*).

La regolarità della procedura è il rispetto nell'ambito della procedura dei i presupposti ed i passaggi stabiliti dalla legge e la non incompatibilità del piano con norme inderogabili (assenza di atti in frode *ex* art. 106, conformità delle proposte di concordato, ad esempio, ai contenuti e caratteri stabiliti dall'art. 84 e, ulteriormente, la completezza e correttezza delle informazioni rese dal debitore ai creditori). L'irregolarità stessa può essere sanata.

È valutato il parametro di cui all'art. 47, comma 2, lett. *c*), e cioè che il voto sia stato espresso con modalità idonee a salvaguardare il contradditorio e l'effettiva partecipazione. Quanto al requisito dell'esito della votazione, per il concordato in continuità, il comma 5 dell'art. 109 richiede l'unanimità delle classi (raggiungibile con il quorum deliberativo dei 2/3 a condizione della partecipazione di oltre la metà), e per le altre ipotesi di concordato, l'approvazione è data dalla maggioranza dei voti (nonché delle "teste" qualora un creditore detenga più del 50% dei crediti ammessi al voto) o, in caso di formazione delle classi, della maggioranza delle classi.

Quanto al requisito della ammissibilità della proposta, è lo stesso controllo affidato al tribunale nella fase di ammissione. Anche nella fase di omologa si valuta l'ammissibilità al di là dell'apparente distinzione operata dall'art. 47, comma 1, lett. *a*) e *b*), tra concordato liquidatorio (ove è, appunto, richiesta l'ammissibilità) e concordato in continuità (per il quale viene menzionata la «*ritualità*»). Ne deriva, quindi, la necessità di verificare sia in fase di apertura sia in fase di omologazione la «*fattibilità giuridica*» della proposta e cioè l'assenza di contenuti o caratteri contrari a qualsivoglia norma di legge che imponga un preciso perimetro alle scelte del debitore.

Quanto alla corretta formazione delle classi ed alla parità di trattamento dei creditori all'interno della singola classe, la corretta formazione delle classi dovrà essere verificata alla luce della definizione dettata dell'art. 2, comma 1, lett. *o*), e quindi, del criterio della «*posizione giuridica e interessi economici omogenei*», trattandosi, peraltro, di un requisito che attiene anch'esso alla complessiva ammissibilità della proposta. Come fissato dalla previsione in commento, il tribunale deve quindi verificare d'ufficio anche in difetto di opposizione da parte dei creditori.

La lett. *f*) stabilisce, poi, quale requisito per l'omologa del concordato in continuità, l'ulteriore duplice verifica: 1) «*che il piano non sia privo di ragionevoli prospettive di impedire o superare l'insolvenza*»; 2) «*che eventuali nuovi finanziamenti siano necessari per l'attuazione del piano e non pregiudichino ingiustamente gli interessi dei creditori*».

Il primo requisito sembra escludere un controllo della fattibilità c.d. "economica". Il controllo è esercitato nel senso che il tribunale verifica che il concordato non sia manifestamente non fattibile, e cioè non presenti caratteri tali da escludere una ragionevole prospettiva di superamento della crisi (impedire l'insolvenza) o superare l'insolvenza. Nel caso della continuità indiretta, si prenderà a base il corrispettivo per la cessione o per l'affitto ai fini della soddisfazione dei creditori del cedente e non la funzionalità dell'impresa come ceduta.

È comunque in concreto difficile distinguere le «*ragionevoli prospettive di impedire o superare l'insolvenza*» che deve presentare il concordato in continuità e la fattibilità intesa come «*non manifesta inadeguatezza a raggiungere gli obiettivi prefissati*» che invece deve essere presentata da ogni altra ipotesi di concordato (lett. *g*)).

Ove si considerino, poi, sia il disposto dell'art. 47, comma 1, lett. *b*), – per il quale è inammissibile la domanda di accesso al concordato con continuità aziendale «*se il piano è manifestamente inidoneo alla soddisfazione dei creditori, come proposta dal debitore, e alla conservazione dei valori aziendali*» – e l'art. 7, comma 2 – che esclude la regola dell'esame in via prioritaria della domanda diretta a regolare la crisi o l'insolvenza con strumenti diversi dalla liquidazione nel caso in cui «*il piano (...) sia manifestamente inadeguato a raggiungere gli obiettivi prefissati*», il tribunale potrà vagliare elementi economici.

Il requisito che menziona i finanziamenti (inclusi quelli *ex* artt. 99, 101 e 102) consente il controllo sulla creazione di ulteriore debito. Resta da stabilire se via un pregiudizio giusto ed uno ingiusto, o se ogni pregiudizio sia ingiusto. Si consideri un finanziamento per una bonifica che mette al riparo da responsabilità potenziali ma non certe a fronte di una diminuzione dell'attivo da distribuire.

La lett. *g*), invece, stabilisce i requisiti per l'omologa di ogni altra forma di concordato, richiedendo la verifica della fattibilità del piano, «*intesa come non manifesta inattitudine a raggiungere gli obiettivi prefissati*». È riprodotto l'art. 47, comma 1, lett. *a*), per la fase di ammissione. Si usa una forma negativa, dovendosi procedere a verificare non evidente inidoneità della proposta.

3. – Il comma 2 prevede che, nel concordato in continuità, le verifiche del comma 1 di cui alle lett. b) possono essere superate ove negative. Il concordato in continuità può dirsi tecnicamente approvato solo ove consegua il voto favorevole di tutte le classi. Il comma 2 viene a disciplinare l'ipotesi in cui il concordato in continuità non consegua quel consenso unanime delle classi che, *ex* art. 109, comma 5, costituirebbe invece uno dei presupposti per procedere all'omologazione.

Il tribunale può procedere all'omologazione se vi sia la «*richiesta*» del debitore, oppure, nell'ipotesi in cui vi siano proposte concorrenti *ex* art. 90, che la richiesta sia formulata dal terzo proponente (anche se il requisito non viene espressamente menzionato) «*con il consenso del debitore*». Nel caso delle proposte concorrenti quindi la previsione in esame contempla un vero e proprio potere di veto del debitore, senza il cui consenso non è possibile procedere all'omologazione senza approvazione della proposta concorrente.

Il comma 2 non chiarisce con quali modalità debba essere formulata la «*richiesta*» di omologa o concesso il «*consenso*» da parte del debitore. Tale richiesta può essere contenuta *ab initio* nella domanda *ex* art. 40 o nella proposta concorrente *ex* art. 90, comma 1 (da formulare «*non oltre trenta giorni prima della data iniziale stabilita per la votazione dei cre-*

ditori»). Tale «*richiesta*» può essere formulata anche dopo che il giudice delegato abbia riferito al tribunale in ordine al mancato raggiungimento delle maggioranze, ed anzi sino al momento in cui il tribunale non trattenga in decisione il procedimento *ex* art. 49, comma 1. Nel caso del debitore che abbia forma societaria, il consenso alla proposta concorrente non è atto assembleare ma rientra nei poteri di gestione della crisi. In presenza della «*richiesta*» o del «*consenso*» del debitore devono essere presenti quattro requisiti. Alla lett. *a*), il valore di liquidazione deve essere distribuito nel rispetto della graduazione delle cause legittime di prelazione. La previsione serve per chiarire che anche nel caso della ristrutturazione trasversale, al valore di liquidazione trova comunque applicazione la c.d. *absolute priority rule* di cui all'art. 84.

La condizione della lett. *b*) («*il valore eccedente quello di liquidazione è distribuito in modo tale che i crediti inclusi nelle classi dissenzienti ricevano complessivamente un trattamento almeno pari a quello delle classi dello stesso grado e più favorevole rispetto a quello delle classi di grado inferiore, fermo restando quanto previsto dall'articolo 84, comma 7*»), richiede l'individuazione del valore eccedente quello di liquidazione. Esso consiste nei flussi di cassa derivanti dalla continuazione dell'impresa e negli apporti di risorse esterne. Con il «*fermo restando quanto previsto dall'art. 84, c. 7*», viene confermata l'applicazione della *absolute priority rule* anche sul valore eccedente il valore di liquidazione per i crediti assistiti dal privilegio di cui all'art. 2751-*bis*, n. 1), c.c. mentre agli altri si applica la c.d. *relative priority rule*.

Il requisito di cui alla lett. *c*), è che a nessun creditore venga attribuito un importo superiore al proprio credito, come prescrive l'art. 11, par. 1, lett. *d*), dir. n. 1023 del 2019.

Il requisito di cui alla lett. *d*), è suddiviso in alternative. La proposta deve essere approvata dalla maggioranza delle classi, purché almeno una di tali classi sia formata da creditori titolari di diritti di prelazione; «*oppure, in mancanza*», la proposta deve essere approvata «*da almeno una classe di creditori che sarebbero almeno parzialmente soddisfatti rispettando la graduazione delle cause legittime di prelazione anche sul valore eccedente quello di liquidazione*».

La prima ipotesi si applica quando i creditori muniti di diritto di prelazione votano ed essi non votano solo: 1) se soddisfatti in denaro, integralmente, entro centottanta giorni dall'omologazione; 2) se la garanzia reale che assiste il credito ipotecario o pignoratizio resta ferma fino alla liquidazione, funzionale al loro pagamento, dei beni e diritti sui quali sussiste la causa di prelazione.

La seconda ipotesi mirerebbe a recepire l'art. 11, par. 1, lett. *b*), ii), dir. UE n. 1023 del 2019, e si riferisce in positivo al voto favorevole di coloro che riceverebbero parziale soddisfazione anche sul valore eccedente quello di liquidazione, cioè di quei creditori che hanno votato a favore anche se avrebbero preso di più dalla liquidazione, potendo prendere dalla proposta meno. La seconda ipotesi si riferisce all'assenza del voto favorevole di almeno una classe di creditori titolari di un diritto di prelazione e non all'assenza del voto favorevole della maggioranza delle classi, in quanto ai fini dell'omologazione tramite *cross class cram down* che la proposta concordataria abbia ottenuto il voto favorevole della maggioranza delle classi, quale requisito generale che sarebbe desumibile dall'art. 109.

4. – I commi 3, 4 e 5 vengono a disciplinare, invece, il profilo delle opposizioni dei creditori.

Con l'opposizione, può essere contestata la sussistenza di uno qualsiasi dei profili che il comma 1 individua come oggetto della verifica del tribunale, nonché ogni altro profilo non espressamente elencato ma comunque riconducibile alla categoria generale dell'ammissibilità o altri profili di fatto altrimenti non rilevabili dagli atti disponibili, e quindi ampliando la cognizione del tribunale.

Nel caso del concordato in continuità aziendale, la legittimazione ad opporsi all'omologa viene riconosciuta anche al singolo creditore purché dissenziente, cioè non favorevole o astenuto, ed indipendentemente dal fatto che abbia fatto parte di una classe dissenziente. In effetti, la presenza di almeno una classe dissenziente determinerebbe l'applicazione del comma 2, per il venir meno del requisito dell'approvazione da parte dell'unanimità delle classi. In questo caso il comma 3 prevede che il tribunale proceda all'omologazione del concordato «*quando, secondo la proposta e il piano, il credito risulta soddisfatto in misura non inferiore rispetto alla liquidazione giudiziale*».

Con l'opposizione può essere sollevato il tema della "convenienza" (cioè il «*trattamento non deteriore rispetto alla liquidazione giudiziale*») che è profilo attratto alla valutazione officiosa del tribunale solo in presenza di opposizione. L'art. 10, par. 2, lett. *d*), dir. UE n. 1023 del 2019, prescrive che il piano di ristrutturazione superi la verifica del migliore soddisfacimento dei creditori solo in presenza di creditori dissenzienti.

La formulazione dell'art. 112 è simile rispetto alle disposizioni corrispondenti contenute nell'art. 180 l. fall. ma con la significativa specifica che le «*alternative concretamente praticabili*» sono sostituite dalla sola liquidazione giudiziale. Si tratta del *test* di «*verifica del migliore soddisfacimento dei creditori*», cioè *ex* art. 10, direttiva n. 1023 del 2019, la verifica che stabilisce che nessun creditore dissenziente uscirà dal piano di ristrutturazione svantaggiato rispetto a come uscirebbe in caso di liquidazione se fosse applicato il normale grado di priorità di liquidazione a norma del diritto nazionale, sia essa una liquidazione per settori o una vendita dell'impresa in regime di continuità aziendale, oppure nel caso del migliore scenario alternativo possibile se il piano di ristrutturazione non fosse omologato.

La nozione di convenienza, a differenza della fattibilità, la quale viene intesa quale presupposto di ammissibilità, viene unanimemente considerata quale condizione necessaria ai fini dell'omologazione del concordato, in presenza di opposizioni [4]. Nel nostro ordinamento, considerato che il confronto deve avvenire con la liquidazione giudiziale, nell'effettuare il giudizio di convenienza, il tribunale deve rappresentarsi un progetto di riparto fittizio tra creditori, sulla base di quanto deriverebbe dalla liquidazione giudiziale – tenendo conto anche delle possibilità recuperatorie derivanti dal possibile esperimento di azioni revocatorie fallimentari e di responsabilità civile degli organi della società in concordato, così come della facoltà di scioglimento dai contratti preliminari spettante al curatore – al fine di determinare se quanto derivante dal piano concordatario possa integrare strumento di miglior soddisfazione dei creditori inseriti nella classe dissenziente. Tale confronto presenta diverse problematicità, soprattutto dopo che le classi sono state rese obbligatorie nel concordato in continuità. In primo luogo, il trattamento del credito chirografario nella liquidazione giudiziale non conosce la divisione in "classi" perché segue l'ordine delle cau-

[4] LAMANNA, *Il controllo giudiziale*, 17-18.

se legittime di privilegio. Il credito è privilegiato generale, privilegiato speciale, privilegiato *ex lege* o per contratto, o chirografario. Ne consegue che il tribunale può considerare conveniente la proposta quando tutti i chirografari riceveranno più di quanto riceverebbero dalla liquidazione giudiziale. In secondo luogo, la valutazione della convenienza è poco praticabile, visto che si tratta di una comparazione, nel caso in cui la proposta concordataria preveda la soddisfazione dei crediti con l'attribuzione di strumenti finanziari o azioni del debitore, oppure nel caso in cui la società in concordato sia caratterizzata dalla presenza di soci illimitatamente responsabili, con l'estensione a questi ultimi dell'eventuale liquidazione giudiziale e conseguente comprensione dei loro beni personali nel patrimonio da distribuire ai creditori [5].

Per compiere questo accertamento, che compara quanto il creditore riceve dalla proposta e quanto dalla liquidazione giudiziale, elemento esposto anche dal debitore, il tribunale non è vincolato ai valori risultanti dalla proposta e dal piano. Il comma 4 evidenzia che, a fronte della contestazione mossa dal creditore opponente circa l'applicazione di un trattamento deteriore rispetto all'alternativa liquidatoria, il tribunale può procedere alla stima del complesso aziendale, tipicamente compiuta nell'ambito della comparazione con la liquidazione giudiziale.

5 – Nel concordato liquidatorio, il quinto comma stabilisce il difetto di legittimazione del singolo creditore dissenziente, sia nel caso di concordato suddiviso in classi – ove il creditore dissenziente appartenga ad una classe assenziente – sia nel concordato senza classi (limitando ai creditori che rappresentino il venti per cento). Con la conseguenza di neutralizzare il potere del singolo creditore di opporsi all'omologazione del concordato adducendo la semplice non convenienza per essi del concordato.

Si tratta di una scelta legislativa che caratterizza la disciplina delle soluzioni concordatarie nel Codice. Il medesimo difetto di legittimazione del creditore individuale si riscontra anche in relazione al concordato nella liquidazione giudiziale di cui all'art. 245.

Da questa scelta restrittiva – e di semplificazione e certezza – si genera una possibile disparità di trattamento. In effetti, la disciplina finisce per consentire a un creditore che vanta un credito pari al venti per cento del totale dei crediti concorrenti di opporsi all'omologazione in mancanza della suddivisione in classi, mentre nega tale possibilità quando vi è la suddivisione in classi e la classe di appartenenza del creditore dissenziente risulta nel complesso assenziente rispetto alla proposta concordataria. Si sono quindi espressi dubbi in merito alla legittimità costituzionale di una simile disciplina, sotto il profilo della ragionevolezza [6].

Tuttavia, il sistema delle classi introduce due gradi di soggezione del singolo creditore alla volontà della maggioranza, che conta sia nella classe sia nelle classi. Pertanto, se il creditore è dissenziente nella classe assenziente, almeno sul piano formale la sua situazione è diversa rispetto a quella del dissenziente nella classe dissenziente (qui la sua *sub*-collettività

[5] PERRINO, *Artt. 170-182*, 2356.

[6] NIGRO, VATTERMOLI, *Diritto della crisi*, 448. Del resto, i dubbi sulla legittimità costituzionale erano espressi già con riferimento alla norma analoga contenuta nella legge fallimentare, v. LAMANNA, *Il controllo giudiziale*, 20.

ha rifiutato la proposta) oppure rispetto a quello dissenziente nel concordato senza classi (qui non c'è filtro della classe e quindi la sua situazione giuridica combatte con la maggioranza dei creditori).

Ma proprio tale profilo viene a collegarsi al requisito della corretta formazione delle classi, in quanto il creditore dissenziente di classe favorevole potrebbe contestare il proprio inserimento abusivo in tale classe allo scopo di ottenere la propria collocazione virtuale in un'altra classe dissenziente o in una classe autonoma, in modo da conseguire l'affermazione della propria legittimazione attiva.

Con riferimento invece alla quota del 20% dei crediti ammessi al voto non è necessario che questa quota sia detenuta dal singolo creditore opponente, ma anche da una pluralità di creditori di una quota inferiore di crediti la cui sommatoria verrebbe tuttavia a raggiungere la percentuale richiesta.

Nel caso del comma 5 l'esito favorevole del *cram down* – e quindi la possibilità di procedere all'omologazione – è subordinato alla circostanza che il tribunale «*ritenga che il credito possa risultare soddisfatto dal concordato in misura non inferiore rispetto alla liquidazione giudiziale*».

Inoltre, occorre accennare ad una questione. Il nuovo art. 112 non specifica chi, oltre ai creditori nei limiti sopra descritti, è legittimato a presentare opposizione al piano di concordato. Si è quindi dubitato della legittimazione attiva del commissario giudiziale, così come del debitore, nel caso in cui la proposta concordataria sia stata presentata da un creditore o da un terzo [7]. Con riferimento alla legittimazione del commissario, sembra che essa sia da escludere. Una volta che ha espresso i propri pareri o ha risposto a richieste del tribunale, si è aperta la fase dell'omologazione, e non è l'opposizione fondata sulla convenienza lo strumento idoneo. Infine, non è da escludere l'applicazione analogica del comma 4 con il "solo" riferimento alla stima serve a collegare quella stima alla contestazione della convenienza.

6. – Il comma 6 dell'art. 112, riproduce la disposizione identica contenuta nell'art. 180, comma 2, l. fall., secondo cui le somme spettanti ai creditori contestati, condizionali o irreperibili sono depositate e svincolate nei modi e alle condizioni stabiliti dal tribunale. Essa in realtà appartiene alla quarta e ultima fase di esecuzione della procedura di concordato preventivo: una fase da tempo ritenuta esterna rispetto alla procedura stessa, in quanto successiva rispetto alla chiusura del concordato, ai sensi dell'art. 113 [8]. La previsione è riferita alle "somme" di denaro. Resta, quindi, aperto il problema della possibilità per il tribunale di determinare le modalità del "deposito" – per creditori contestati, condizionali o irreperibili – degli altri strumenti attraverso i quali il debitore intenda soddisfare i creditori, fermo restando, in ogni caso, il limite costituito dalla impossibilità di apportare modifiche al piano o alla proposta.

---

[7] NIGRO, VATTERMOLI, *Diritto della crisi*, 449.

[8] SCARAFONI, *Il pubblico ministero*, 1084; NIGRO, VATTERMOLI, *Diritto della crisi*, 452-453.

Articolo 113

Chiusura della procedura

1. La procedura di concordato preventivo si chiude con la sentenza di omologazione ai sensi dell'articolo 48.

2. L'omologazione deve intervenire nel termine di dodici mesi dalla presentazione della domanda ai sensi dell'articolo 40.

Carlo Felice Giampaolino

Sommario: 1. La chiusura della procedura. – 2. Il termine per l'omologazione.

1. – In base al nuovo art. 113, il giudizio di omologazione si chiuderà non più con decreto motivato, ma con sentenza, notificata ed iscritta ai sensi dell'art. 45 [1], con la quale il tribunale omologa il concordato oppure rifiuta l'omologazione. Viene confermato che almeno formalmente il tribunale, nella fase di omologazione, non abbia un potere di incidere sul contenuto del concordato, ovvero dell'accordo concluso tra il proponente e la maggioranza dei creditori aventi diritto di voto. Il passaggio da decreto a sentenza nel nuovo Codice secondo alcuni è da ritenere opportuno considerando che il provvedimento di omologazione incide su diritti soggettivi [2]. In realtà, considerato che la compressione dei diritti soggettivi è disposta dalla legge al verificarsi di certe condizioni, anche il decreto avrebbe costituito una forma appropriata, salvo che ci fossero state contestazioni.

Ai sensi dell'art. 113, la sentenza di omologazione chiude la procedura di concordato

[1] L'art. 45 così dispone: «*1. Entro il giorno successivo al deposito in cancelleria, il decreto di concessione dei termini per l'accesso al concordato preventivo o per il deposito degli accordi di ristrutturazione di cui all'articolo 44, comma 1, lettera a), è comunicato al debitore, al pubblico ministero e ai richiedenti l'apertura della liquidazione giudiziale.*

2. Nello stesso termine il decreto è trasmesso per estratto a cura del cancelliere all'ufficio del registro delle imprese ai fini della sua iscrizione, da effettuarsi entro il giorno successivo. L'estratto contiene il nome del debitore, il nome dell'eventuale commissario, il dispositivo e la data del deposito. L'iscrizione è effettuata presso l'ufficio del registro delle imprese ove l'imprenditore ha la sede legale e, se questa differisce dalla sede effettiva, anche presso quello corrispondente al luogo ove la procedura è stata aperta».

Si ringrazia la dott.ssa Antoaneta Shikerova per il contributo al presente scritto.

[2] Scarafoni, *La riforma*, 840.

preventivo. Secondo l'impostazione, diversa dalla l. fall., che non segue l'evoluzione logico-temporale della procedura, l'art. 113 – rinviando al procedimento delineato dall'art. 48 ai fini dell'omologazione del concordato (norma applicabile altresì alla ristrutturazione dei debiti) – funge da ponte che riconduce ad unità i due frammenti della nuova disciplina del concordato preventivo.

Per l'effetto, le disposizioni dell'art. 113 vanno integrate con l'art. 48. In particolare, una volta approvato il concordato da parte dei creditori, ai sensi dell'art. 48, comma 1, il tribunale fissa l'udienza in camera di consiglio per la comparizione delle parti e del commissario giudiziale. Il decreto di fissazione dell'udienza va iscritto presso l'ufficio del registro delle imprese dove l'imprenditore ha la sede legale (e, se questa differisce dalla sede effettiva, anche presso l'ufficio del luogo in cui la procedura è stata aperta) affinché qualunque interessato ne prenda atto e possa presentare opposizione. Il debitore deve provvedere a notificare al commissario giudiziale e agli eventuali creditori dissenzienti, ossia le categorie di soggetti che appaiono come i più probabili interessati a partecipare al giudizio di omologazione.

Il Codice si discosta dalla legge fallimentare anche in punto dell'attività istruttoria necessaria ai fini dell'omologazione del concordato. Tale attività, secondo quanto disposto dall'art. 180, comma 1, l. fall., era riservata alle sole ipotesi in cui siano state proposte opposizioni. Tale disposizione si scontrava con i rilievi della dottrina che, trattandosi di procedimento in forma camerale, l'attività istruttoria dovesse rientrare nel potere officioso del giudice e per tale ragione essere disposta svincolata dall'eventualità di iniziative di opposizione. L'art. 48, comma 3 interviene per superare tali perplessità, permettendo al tribunale di assumere i mezzi istruttori sia su iniziativa delle parti sia d'ufficio. Sullo sfondo di tale disciplina si intravvede la scelta legislativa di abbandonare il percorso binario, derivante dalla presenza, o meno, di opposizioni, allo scopo di uniformare la disciplina, prelevando dalla legge fallimentare il modello più garantista, ovvero quello di un giudizio il più prossimo possibile alla cognizione piena ed esauriente[3].

Il Codice ha optato per ampliare la possibilità di procedere all'omologazione, applicando una regola attualmente prevista per gli accordi di ristrutturazione dei debiti anche al concordato preventivo. In particolare, l'art. 48, comma 5 neutralizza l'idoneità dei vincoli in tema di raggiungimento delle maggioranze di ostacolare l'omologazione del concordato, quanto meno con riferimento al potere determinante attribuito all'amministrazione finanziaria e agli altri enti previdenziali richiamati, permettendo al tribunale di procedere all'omologazione anche in mancanza dell'adesione determinante di tali enti e anche nell'ipotesi in cui, tenendo conto delle risultanze della relazione del professionista indipendente, la proposta di soddisfacimento dell'amministrazione o degli altri enti menzionati risulti conveniente rispetto all'alternativa liquidatoria[4]. Si tratta di un'applicazione

[3] Scelta inizialmente compiuta con la riforma della legge fallimentare introdotta con il d.lgs. n. 169 del 2007 e mantenuta ferma con il passaggio dalla legge fallimentare al Codice. MONTANARI, *Il sempre problematico*, 9-10.

[4] Ai sensi dell'art. 48, comma 5, «*Il tribunale omologa gli accordi di ristrutturazione o il concordato preventivo anche in mancanza di adesione da parte dell'amministrazione finanziaria o degli enti gestori di forme di previdenza o assistenza obbligatorie quando l'adesione è determinante ai fini del raggiungimento delle percentuali di cui*

innovativa del principio del divieto di ostruzionismo della minoranza capace di aprire nuovi scenari alle proposte concordatarie [5].

Una volta esauritasi, con l'omologazione, la procedura, tutte le questioni che hanno ad oggetto diritti pretesi da singoli creditori o dal debitore, e che attengono all'esecuzione del concordato, danno luogo a controversie che sono sottratte al potere decisionale del giudice delegato e costituiscono materia di un ordinario giudizio di cognizione, da promuoversi, da parte del creditore o di ogni altro interessato, dinanzi al giudice competente [6].

Infine, nel caso contrario, qualora il tribunale decida di respingere il concordato preventivo, su ricorso di uno dei soggetti legittimati, sempre con sentenza, può contestualmente dichiarare l'apertura della liquidazione giudiziale, ai sensi dell'art. 48, comma 7.

L'insieme delle considerazioni sopra richiamate conduce alla conclusione che oggetto del giudizio di omologazione del concordato preventivo, ai sensi dell'art. 113, è la verifica del corretto esercizio del potere del debitore di vedere regolata la propria crisi secondo lo schema del c.d. concorso concordatario, caratterizzato dalla distribuzione verticale delle risorse, che non è imposto dal giudice, e certificato dal tribunale. Non mi pare si possa definire questa una "negoziazione" certificata dal tribunale, perché l'area della negoziazione in presenza di classi è particolarmente problematica, ove non si accogliesse in principio che debitore e certi creditori, sufficienti a formare la maggioranza delle classi, possano contrattare i termini del concordato.

Tutto ciò, naturalmente, senza mettere in discussione il principio generale per il quale la decisione sull'omologazione del concordato non produce alcun effetto diretto sui crediti, per il cui accertamento occorre promuovere un separato giudizio contenzioso, sebbene il passaggio da decreto motivato a sentenza ai fini del giudizio di omologazione ad una lettura superficiale possa essere intesa come rispetto all'assetto privatistico dominante della procedura di concordato preventivo [7].

2. – Il comma 2 reintroduce la fissazione di un termine di durata massima del procedimento dalla presentazione della domanda di accesso al concordato.

La durata è incrementata a dodici mesi ma non si prevede una proroga. Il termine è pacificamente ordinatorio ma è comunque rilevante in relazione al principio di ragionevole durata del processo.

---

all'articolo 57, comma 1, 60, comma 1, e 109, comma 1, e quanto, anche sulla base delle risultanze della relazione del professionista indipendente, la proposta di soddisfacimento della predetta amministrazione o degli enti gestori di forme di previdenza o assistenza obbligatorie è conveniente rispetto all'alternativa liquidatoria».

[5] NIGRO, VATTERMOLI, *Diritto della crisi*, 449.

[6] PERRINO, *Artt. 170-182*, 2363.

[7] FABIANI, *L'omologazione*, 1314-1319.

Articolo 114

Cessione dei beni

1. Se il concordato consiste nella cessione dei beni, il tribunale nomina nella sentenza di omologazione uno o più liquidatori e un comitato di tre o cinque creditori per assistere alla liquidazione e determina le altre modalità della liquidazione. In tal caso, il tribunale dispone che il liquidatore effettui la pubblicità prevista dall'articolo 490, primo comma, del codice di procedura civile e fissa il termine entro cui la stessa deve essere eseguita.

2. Si applicano ai liquidatori gli articoli 125, 126, 134, 135, 136, 137 e 231 in quanto compatibili e l'articolo 358. Si applicano altresì al liquidatore le disposizioni di cui agli articoli 35, comma 4-bis, e 35.1 del decreto legislativo 6 settembre 2011, n. 159 e si osservano le disposizioni di cui all'articolo 35.2 del predetto decreto.

3. Si applicano al comitato dei creditori gli articoli 138 e 140, in quanto compatibili. Alla sostituzione dei membri del comitato provvede in ogni caso il tribunale.

4. Alle vendite, alle cessioni e ai trasferimenti legalmente posti in essere dopo il deposito della domanda di concordato o in esecuzione di questo, si applicano le disposizioni sulle vendite nella liquidazione giudiziale, in quanto compatibili. La cancellazione delle iscrizioni relative ai diritti di prelazione, nonché delle trascrizioni dei pignoramenti e dei sequestri conservativi e di ogni altro vincolo, sono effettuati su ordine del giudice, salvo diversa disposizione contenuta nella sentenza di omologazione per gli atti a questa successivi.

5. Il liquidatore comunica con periodicità semestrale al commissario giudiziale le informazioni rilevanti relative all'andamento della liquidazione. Il commissario ne dà notizia, con le sue osservazioni, al pubblico ministero e ai creditori e ne deposita copia presso la cancelleria del tribunale.

6. Conclusa l'esecuzione del concordato, il liquidatore comunica al commissario giudiziale un rapporto riepilogativo finale, accompagnato dal conto della sua gestione e dagli estratti del conto bancario o postale. Il commissario ne dà notizia, con le sue osservazioni, al pubblico ministero e ai creditori e ne deposita copia presso la cancelleria del tribunale.

Carlo Felice Giampaolino

Sommario: 1. La cessione dei beni vigilata. – 2. L'estensione della disposizione.

1. – Venendo al momento dell'esecuzione del concordato, il Codice vi dedica gli artt. 114, 115 e 118[1].

[1] Si ringrazia la dott.ssa Antoaneta Shikerova per il contributo al presente scritto.

Per quanto riguarda l'art. 114, esso riprende quanto stabilito dall'attuale art. 182 l. fall., mantenendo ferma altresì la rubrica («*Cessioni dei beni*»). Rispetto al dato normativo, la giurisprudenza della Suprema Corte ha da tempo mostrato di preferire una lettura dell'attività liquidatoria post-omologazione in chiave pubblicistica, con l'effetto di reputare applicabili le disposizioni sulla vendita forzata[2]. Specularmente, le ripetute riforme della legge fallimentare hanno progressivamente limitato gli spazi di autonomia negoziale del debitore e del potere conformativo del tribunale, arricchendo la fase esecutiva del concordato di modelli sempre più riconducibili all'esecuzione forzata in senso lato, tra i quali il concordato che consiste nella cessione dei debiti.

Tale tendenza è stata resa ancora più evidente con il nuovo art. 118, comma 4, che consente al tribunale di attribuire al commissario giudiziale i poteri necessari a provvedere, in luogo del debitore, al compimento degli atti necessari a dare esecuzione alla proposta. Si è anche in presenza di un assetto normativo non unitario, ma composito, dal momento che l'intensificazione di strumenti attuativi riconducibili all'esecuzione forzata coesiste con modalità esecutive della proposta di stampo negoziale[3].

In base all'art. 114, comma 1 se il concordato consiste nella cessione dei beni, il tribunale nomina nella sentenza di omologazione uno o più liquidatori e un comitato di tre o cinque creditori per assistere alla liquidazione e determina le altre modalità di liquidazione. Tale norma trova il proprio equivalente nell'art. 182 l. fall. Rispetto a quest'ultima, nella parte in cui non riproduce la clausola di sussidiarietà – evidente dalla scomparsa dell'inciso «*e non dispone diversamente*» rispetto alla formulazione del vigente art. 182 l. fall. – rende inderogabile, da un lato, la nomina del liquidatore giudiziale e il comitato dei creditori, e, dall'altro lato, l'applicazione delle disposizioni sulle vendite nella liquidazione giudiziale anche al concordato che consiste nella cessione dei beni, in particolare ai fini delle vendite, cessioni e trasferimenti successivi al deposito della domanda, ai sensi dell'art. 114, commi 2, 3 e 4. È, dunque, da ritenere definitivamente venuta meno la facoltà per il debitore di predeterminare le modalità di liquidazione, facoltà già sensibilmente ridimensionata a seguito della riforma apportata con il d.l. n. 83 del 2015, convertito nella l. n. 132 del 2015.

2. – La questione dell'assenza della clausola di sussidiarietà («*se non dispone diversamente*») all'interno del nuovo art. 114 genera la questione relativa all'ambito di applicazione dell'art. 114.

L'art. 114 non trova applicazione, secondo l'orientamento prevalente, nell'ipotesi di concordato in continuità che prevede la cessione dell'azienda o la liquidazione di alcuni beni per destinarne il ricavato ai creditori. Pertanto, la cessione dell'azienda o dei beni non funzionali deve essere eseguita dal debitore[4], seppur sotto la vigilanza del commissario giudiziale, con la possibilità che il tribunale conferisca allo stesso commissario giudiziale i poteri necessari per liquidare i beni e attribuirne il ricavato ai creditori. Si tratta di una scelta discutibile nella sua meccanicità. Si è dato il caso di ingenti patrimoni liquidati dal

---

[2] Cass., SS.UU., 16 giugno 2008, n. 19506; PERRINO, *Artt. 170-182*, 2370.

[3] BROGI, *L'esecuzione*, 1322-1323.

[4] Ai sensi dell'art. 118, comma 4.

debitore in concordati in continuità ove ai creditori venivano attribuite azioni per la parte in continuità e la cui soddisfazione economica era concretamente derivante dalla parte liquidatoria.

L'art. 114 trova invece applicazione al concordato liquidatorio, che prevede l'attribuzione di tutti i beni o la liquidazione dei beni al fine di attribuirne il ricavato ai creditori, assicurando il pagamento di almeno il venti per cento dei creditori chirografari. Nel caso, infine, del concordato che sia liquidatorio ma nel quale la continuità aziendale residui a un robusto ridimensionamento della struttura industriale, ma non sia tale da generare la misura prevalente delle risorse destinate ai creditori [5], potrebbero sorgere dei dubbi in merito all'applicazione dell'art. 114, in considerazione sia del tenore letterale della norma, sia del riferimento testuale ivi contenuto al concordato che consiste nella cessione dei beni. Si tratta cioè di decidere se l'art. 114 richieda un concordato totalmente liquidatorio.

Rispetto a tale ipotesi, a fronte delle diverse soluzioni interpretative è preferibile la soluzione per la quale è applicabile, nella fase di esecuzione del concordato, la disciplina dell'art. 114 per le liquidazioni previste nel piano concordatario e la disciplina generale di cui all'art. 118, commi 4, 5, 6 per le ulteriori previsioni contenute nel piano. A conforto, vi è un richiamo della figura del liquidatore giudiziale contenuto nell'art. 118, comma 6, e alla possibile attribuzione in suo favore dei compiti di amministratore giudiziario.

Inoltre, la rilevanza della questione è evidente se si considera che l'applicazione dell'art. 114 condiziona, a sua volta, anche l'applicazione del successivo art. 115, dal momento che la legittimazione per l'esercizio delle azioni indicate nella norma viene riferita espressamente al liquidatore giudiziale, che deve essere, pertanto, preventivamente nominato nella sentenza di omologazione.

Con riferimento agli organi della procedura, l'art. 114 mantiene fermo quanto già previsto nell'art. 182, comma 2, l. fall., rinviando per il liquidatore giudiziale alle disposizioni previste per il curatore negli artt. 126, 134, 136, 137 e 231, in quanto compatibili, all'art. 358, relativo ai requisiti necessari per gli incarichi nelle procedure, nonché agli artt. 35.1 e 35.2, d.lgs. n. 159 del 2011. Allo stesso modo, con riguardo al comitato dei creditori, vengono richiamate le regole della liquidazione giudiziale contenute negli artt. 138 e 140. L'art. 114 non riproduce, invece, il contenuto dell'art. 182, comma 4, l. fall. che chiedeva l'autorizzazione del comitato dei creditori per le vendite di aziende e rami d'azienda, beni immobili e beni mobili registrati, nonché per le cessioni di attività e passività dell'azienda e di beni o rapporti giuridici individuati in blocco.

Pertanto, appare evidente che la disciplina dell'esecuzione del concordato contenuta nel Codice amplia gli spazi di tutela dei creditori rispetto al rimedio negoziale della risoluzione del concordato preventivo. Si tratta di migliorare strumenti fattivi di sostituzione del debitore nel momento in cui il commissario giudiziale registri l'inerzia del debitore o il terzo autore di una proposta concorrente approvata dalla maggioranza dei creditori e omologata si rivolga al tribunale lamentando a sua volta l'inerzia del debitore [6].

L'art. 114, al comma 5, contiene un'altra importante novità, sotto il profilo delle in-

---

[5] Ai sensi dell'art. 84, comma 3.

[6] BROGI, *L'esecuzione*, 1329-1330.

formative periodiche sull'andamento della liquidazione predisposte dal liquidatore con le osservazioni del commissario giudiziale, prevedendo l'obbligo per il commissario giudiziale, una volta ricevuta la relazione dal liquidatore giudiziale, di darne notizia, con le sue osservazioni, non solo ai creditori (come attualmente richiesto dalla legge fallimentare) ma anche al pubblico ministero[7]. Completa il flusso informativo la previsione del comma 6 che prevede che alla fine della procedura vi sia un rendiconto, accompagnato dal rapporto riepilogativo. Si tratta di documentazione e flusso strumentali al controllo dell'operato del liquidatore, ed infatti da trasmettersi, a cura del commissario, sia ai creditori che al pubblico ministero, come del resto avviene per la relazione periodica semestrale.

Anche della relazione finale, nella quale sono contenuti il conto finale e la documentazione bancaria, deve esserne data notizia al pubblico ministero ed ai creditori, con le osservazioni del commissario.

[7] PICARDI, *L'esecuzione*, 3-4.

Articolo 115

Azioni del liquidatore giudiziale in caso di cessione dei beni

1. Il liquidatore giudiziale esercita, o se pendente, prosegue, ogni azione prevista dalla legge finalizzata a conseguire la disponibilità dei beni compresi nel patrimonio del debitore e ogni azione diretta al recupero dei crediti.

2. Il liquidatore esercita oppure, se pendente, prosegue l'azione sociale di responsabilità. Ogni patto contrario o ogni diversa previsione contenuti nella proposta o nel piano sono inopponibili al liquidatore e ai creditori sociali.

3. Resta ferma, in ogni caso, anche in pendenza della procedura e nel corso della sua esecuzione, la legittimazione di ciascun creditore sociale a esercitare o proseguire l'azione di responsabilità prevista dall'articolo 2394 del codice civile.

Carlo Felice Giampaolino

Sommario: 1. Il liquidatore giudiziale organo della procedura. – 2. L'azione di responsabilità. – 3. I problemi della nullità nel concordato liquidatorio.

1. – L'impatto dell'art. 115 va apprezzato tenendo conto, in primo luogo, che l'articolo non trova norma corrispondente nella legge fallimentare. Il comma 1 dell'art. 115 utilizza per la prima volta l'espressione «*liquidatore giudiziale*», sicché si potrebbe ritenere superato l'annoso dibattito circa la natura di tale figura (ricondotta dalla dottrina e dalla giurisprudenza prevalenti a quella di un mandatario dei creditori concorsuali), da considerare, ora, a tutti gli effetti, un organo della procedura. Tuttavia, nemmeno con il nuovo Codice si giunge a definire il liquidatore giudiziale come pubblico ufficiale, stante il mancato richiamo, da parte dell'art. 114, all'art. 127[1], il che continua a rappresentare un elemento ostativo alla sua piena equiparabilità al curatore ed al commissario giudiziale[2].

Con riguardo alla cessione dei beni, la giurisprudenza ha da tempo ribadito che «la

[1] In base a quanto stabilito dall'art. 127, «*il curatore, per quanto attiene all'esercizio delle sue funzioni, è pubblico ufficiale*». Si ringrazia la dott.ssa Antoaneta Shikerova per il contributo al presente scritto.

[2] PICARDI, *L'esecuzione"*, 7-8, il quale sottolinea che tuttavia neanche il definisce il liquidatore giudiziale come pubblico ufficiale, il che continua a rappresentare un elemento ostativo alla sua piena equiparabilità al curatore ed al commissario giudiziale.

procedura di concordato preventivo mediante la cessione dei beni ai creditori comporta il trasferimento agli organi della procedura non della proprietà dei beni e della titolarità dei crediti, ma solo dei poteri di gestione finalizzati alla liquidazione»[3]. Già una risalente pronuncia della corte di cassazione a Sezioni Unite affermava che «in virtù della sentenza di omologazione del concordato con cessione dei beni, infatti, rispetto ai crediti concordatari si determina una scissione tra titolarità del debito, che resta all'imprenditore-debitore, e legittimazione all'adempimento dell'obbligazione, cui è tenuto il liquidatore, il quale deve provvedervi con il ricavato della liquidazione»[4]. È stato affermato altresì che il debitore ammesso al concordato preventivo subisce uno «spossessamento attenuato», in quanto conserva, oltre alla proprietà, come nella liquidazione giudiziale, l'amministrazione e la disponibilità dei propri beni salve le limitazioni connesse alla natura stessa della procedura, la quale impone che ogni atto sia comunque funzionale all'esecuzione del concordato.

I principi giurisprudenziali sopra richiamati devono ritenersi validi anche nel nuovo sistema desinato a sostituirsi alla legge fallimentare, in quanto non messi in discussione dal nuovo Codice. La riforma interviene, però, su un tema particolarmente dibattuto dalla dottrina e dalla giurisprudenza, quello, cioè, concernente la legittimazione attiva del liquidatore. Il comma 1 dell'art. 115 stabilisce che «*il liquidatore giudiziale esercita, o se pendente, prosegue ogni azione prevista dalla legge finalizzata a conseguire le disponibilità dei beni compresi nel patrimonio del debitore e ogni azione diretta al recupero dei crediti*», di talché non dovrebbe residuare alcun dubbio circa la legittimazione attiva del liquidatore ad esercitare, in via esclusiva, le azioni restitutorie e recuperatorie finalizzate alla acquisizione dell'attivo concordatario.

Il dubbio, tuttavia, rimane per quanto riguarda la legittimazione passiva del liquidatore giudiziale, stante il silenzio della norma sul punto, rispetto alla quale il nuovo art. 115 tace. Poiché nella procedura di concordato preventivo manca la fase dell'accertamento endoconcorsuale del passivo (e dei diritti dei terzi), i crediti (o gli altri diritti) contestati dal debitore devono essere accertati attraverso un ordinario giudizio di cognizione (per essere poi soddisfatti nella percentuale concordataria prevista). In proposito, allora, è da ritenere tuttora valido quanto affermato dalle Sezioni Unite, secondo cui una pronuncia che accerti un debito concordatario «deve necessariamente essere resa in contraddittorio di entrambi i soggetti (cioè sia del liquidatore giudiziale che del debitore), nei cui confronti è destinata ad operare in modo diretto ed inscindibile»[5]. Viene, quindi, ipotizzato un litisconsorzio necessario dal lato passivo tra debitore concordatario e liquidatore giudiziale, da considerare applicabile anche al regime del nuovo Codice[6].

2. – La previsione dell'art. 115, comma 2 è riconducibile al principio di cui all'art. 1339 c.c. e risponde alla finalità di arginare un uso distorto della procedura concordataria tale da evitare l'esercizio delle azioni di responsabilità da parte del curatore nella liquida-

---

[3] Cfr., *ex plurimis*, Cass., 13 aprile 2005, n. 7661.

[4] Cfr. Cass., SS.UU., 28 maggio 1987, n. 4779.

[5] Cass., SS.UU., 28 maggio 1987, n. 4779, sopra citata, nonché Cass., sez. lav., 26 luglio 2001, n. 10250.

[6] PICARDI, *L'esecuzione*", 7-8.

zione giudiziale. La disposizione prevede la possibilità per il liquidatore di esercitare oppure, se già pendente, di proseguire l'azione sociale di responsabilità, e va ad integrare i contenuti del piano concordatario, a prescindere dall'espressa previsione ivi contenuta in merito all'esercizio dell'azione di responsabilità.

Del resto, in base all'art. 87, comma 1, lett. *d*) il piano deve indicare le azioni risarcitorie e recuperatorie esperibili (con l'indicazione di quelle esercitabili solo in caso di liquidazione giudiziale) e la mancata menzione delle azioni di responsabilità nell'attivo concordatario, oppure delle ragioni che le rendono non praticabili, è un elemento da valutare negativamente. Considerato che l'ultimo momento utile per il rilievo degli atti di frode è costituito dal deposito della sentenza di omologazione, è evidente che l'importanza della previsione contenuta nell'art. 115, comma 2 sta proprio nell'effetto di rendere non conveniente per i creditori l'esercizio di un'eventuale azione di annullamento che si fondasse solamente sull'omessa indicazione di eventuali azioni di responsabilità nei confronti degli organi sociali. Ciò sembrerebbe imporre al liquidatore giudiziale la verifica circa l'operato degli organi amministrativi e di controllo.

È comunque da ammettere che possa essere inserita nell'attivo concordatario un'eventuale transazione con i destinatari dell'azione di responsabilità o meglio una proposta di transazione. Non è da ritenere che questa vincoli, per effetto dell'omologazione del concordato, il liquidatore giudiziale alla sua stipulazione alla luce del voto positivo espresso dalla maggioranza dei creditori sulla proposta concordataria, in quanto il patto contrario o la diversa previsione sono dichiarati inopponibili al liquidatore e ai creditori sociali dall'ultima parte dell'art. 115, comma 2[7].

3. – Il nuovo art. 115, per quanto innovativo sotto i profili sopra menzionati, tuttavia, è stato ritenuto dalla dottrina eccessivamente penalizzante, in particolare nell'ipotesi di concordato liquidatorio. Da un lato, i requisiti minimi posti dall'art. 84, comma 4 rendono necessario un intervento finanziario da parte di soci o di terzi al fine di accedere a tale procedura[8], dall'altro lato, i proponenti, oltre a non percepire alcun vantaggio a seguito dell'incremento, risultano esposti ad azioni di responsabilità da parte del liquidatore, anche se non previste nel piano concordatario. Al riguardo, non va dimenticato che chi riveste la carica di amministratore assai di sovente fa anche parte della compagine sociale. Con la conseguenza che gli stessi soggetti che apportano finanza esterna alla procedura possono essere oggetto di azione di responsabilità, con un potenziale aggravio dal punto di vista patrimoniale e finanziario[9].

---

[7] BROGI, *L'esecuzione*, 1328-1329.

[8] In particolare, l'art. 84, comma 4 stabilisce che «*nel concordato liquidatorio l'apporto di risorse esterne deve incrementare di almeno il dieci per cento, rispetto all'alternativa della liquidazione giudiziale, il soddisfacimento dei creditori chirografari, che non può essere in ogni caso inferiore al venti per cento dell'ammontare complessivo del credito chirografario*».

[9] BARATTA, *Brevi spunti'*, 6-7.

Articolo 116

Trasformazione, fusione o scissione

1. Se il piano prevede il compimento, durante la procedura oppure dopo la sua omologazione, di operazioni di trasformazione, fusione o scissione della società debitrice, la validità di queste può essere contestata dai creditori solo con l'opposizione all'omologazione.

2. A questo fine, il tribunale, nel provvedimento di fissazione dell'udienza di cui all'articolo 48, dispone che il piano sia pubblicato nel registro delle imprese del luogo ove hanno sede le società interessate dalle operazioni di trasformazione, fusione o scissione. Tra la data della pubblicazione e l'udienza devono intercorrere almeno trenta giorni.

3. Gli effetti delle operazioni di cui al comma 1, in caso di risoluzione o di annullamento del concordato, sono irreversibili, salvo il diritto al risarcimento del danno eventualmente spettante ai soci o ai terzi ai sensi degli articoli 2500-bis, comma secondo, 2504 quater, comma secondo, e 2506 ter, comma quinto, del codice civile.

4. Trovano applicazione, in quanto compatibili, le disposizioni contenute nel capo X del titolo V del libro V del codice civile

5. Quando il piano prevede il compimento delle operazioni di cui al comma 1, il diritto di recesso dei soci è sospeso fino all'attuazione del piano.

Marco Maltoni

Sommario: 1. Ambito di applicazione e nuove fattispecie di fusione, scissione e trasformazione. – 2. La nozione di invalidità. – 3. Le operazioni straordinarie concordatarie. – 4. I destinatari della nuova disciplina. – 5. La sospensione del diritto di recesso.

1. – Con il fine di assicurare la stabilità delle soluzioni concordatarie alla crisi di impresa, gli ordinari strumenti di tutela dei creditori sociali previsti nel codice civile in caso di fusione, scissione o trasformazione di società sono sostituiti dall'opposizione all'omologazione del concordato.

Preventivamente occorre rilevare che la disposizione si applica non solo alle società che abbiano richiesto l'ammissione alla procedura di concordato preventivo, ma anche a quelle per le quali l'organo amministrativo, a mente di quanto disposto nell'art. 120-*bis*, abbia deciso di far ricorso al piano di ristrutturazione soggetto ad omologazione, al quale si applicano fra l'altro, ai sensi dell'art. 64-*bis*, comma 9, le disposizioni di cui alla sezione VI del capo III del titolo IV del Codice, di cui è parte l'art. 116 in commento e del quale mi pare possa dichiararsi la compatibilità con il nuovo strumento di regolazione della crisi e dell'insolvenza previsto nel capo I-*bis* del titolo IV del Codice, stante sia la sua ratio sia la ricorrenza della condizione necessaria per la sua applicabilità ovvero la previsione di un giudizio di omologazione affidato al tribunale.

L'articolato normativo, pur essendo coerente, nella sua ragione, con quanto disposto nell'art. 6, comma 2, legge delega 19 ottobre 2017, n. 155 (con il quale si richiedeva che si prevedesse che «*in caso di operazioni di trasformazione, fusione o scissione poste in essere nel corso della procedura: i) l'opposizione dei creditori possa essere proposta solo in sede di controllo giudiziale sulla legittimità della domanda concordataria*»), suscita significativi dubbi interpretativi [1].

Sembra utile alla progressione del ragionamento interpretativo muovere dalla norma del comma 4: se le disposizioni contenute nel capo X del titolo V del libro V del codice civile (intitolato «Della trasformazione, della fusione e della scissione») si applicano solo in quanto compatibili, sembra deducibile che si configurino tre nuove fattispecie, rispettivamente di fusione, scissione e trasformazione, predicabili, per semplicità espositiva, della qualifica di "concordatarie", come tali soggette ad una disciplina propria. L'impressione sembra corroborata da quanto disposto negli artt. 120-*bis* e 120-*quinquies*, e comunque la norma in oggetto autorizza l'interprete a riconfigurare i procedimenti di fusione, scissione e trasformazione per adeguarli alle disposizioni ed alle finalità dei concordati.

2. – Venendo alle questioni esegetiche, lascia perplessi l'impiego, nel comma 1, del termine "validità". Contestare la validità della fusione o della scissione significa sostenerne l'invalidità: constatazione che conduce a misurarsi con la disciplina dell'art. 2504-*quater* c.c. [2] e con l'effetto preclusivo previsto dalla norma, conseguente all'iscrizione dell'atto nel registro delle imprese, che secondo la lettura comunemente offerta [3], opera non solo rispetto ad ogni possibile causa di nullità o di annullabilità che affligga l'atto finale o il procedimento, o una deliberazione, ma anche rispetto ad ogni possibile causa di inefficacia, compresa quella derivante dal mancato rispetto dei termini per l'opposizione dei creditori [4].

Ragionando solo con l'accennata prospettiva funzionale, sfugge il motivo di preoccupazione per l'invalidità delle operazioni di riorganizzazione, tenuto conto che le norme del capo X del titolo V del libro V del codice civile si applicano in quanto compatibili, e che

[1] PAGNI, FABIANI, *Le operazioni straordinarie*, 1321. In precedenza CECCHINI, *Fusioni*, 955 ss.

[2] Norma applicabile alla scissione per effetto del rinvio contenuto nell'ultimo comma dell'art 2506-*ter* c.c. Si precisa che le considerazioni svolte, sul piano degli effetti della disciplina, si estendono alla trasformazione, in virtù di quanto disposto nell'art. 2500-*bis* c.c.

[3] SANTAGATA, *Le fusioni*, 606 ss.; per tutti, ampiamente anche DI SARLI, *Art. 2504-quater*, 953 ss.

[4] SANTAGATA, *Le fusioni*, 609; DI SARLI, *Art. 2504-quater*, 954-955, per la quale, richiamando altra dottrina, «i creditori che esercitano il diritto di opposizione, infatti, agiscono al fine di conservare nella società post-fusione un'adeguata garanzia patrimoniale, possibilmente almeno pari a quella che la società fusa o incorporata offriva loro. Essi non sono interessati, invece, a che la fusione non si realizzi, sicché in questa prospettiva la forma di tutela più idonea che può essere loro riconosciuta è quella di tipo risarcitorio offerta proprio dall'art. 2504-quater».

la disciplina sia dell'art. 2504-*quater* c.c. sia dell'art. 2500-*bis* c.c. è certamente compatibile, visto anche quanto disposto nel comma 3. In altri termini, la stabilità del concordato, a cui tende l'art. 116, è già salvaguardata, sul piano dell'invalidità, dalle norme degli artt. 2504-*quater* e 2500-*bis* c.c. Inoltre, se è pur vero che, in funzione dell'effetto preclusivo disposto dall'art. 2504-*quater* c.c. (e dall'art. 2500-*bis* c.c.), la dottrina riconduce all'espressione «*invalidità*» impiegata in quest'ultima disposizione anche l'inefficacia, è altresì vero che con la stessa ci si intende riferire, innanzitutto, ai vizi che minano geneticamente la validità, e quindi la stabilità giuridica, di un atto, siano essi riconducibili alla categoria della nullità o a quella dell'annullabilità. Atteso ciò, e dato atto che la norma del comma 1 si applica anche alle operazioni straordinarie di cui il piano prevede il compimento «*dopo la sua omologazione*», è facile notare che non è certamente possibile contestare la nullità o l'annullabilità di atti che non sono stati ancora posti in essere, ma solo programmati.

L'insieme delle considerazioni esposte suggerirebbe allora di risemantizzare il termine «*invalidità*» impiegato nel primo comma, per concludere, in ragione della *ratio* e in coerenza con quanto previsto nell'art. 6 della legge delega, che tramite la norma in commento si sia inteso sostituire l'opposizione di cui all'art. 2503 c.c. (e di cui all'art. 2500-*novies* c.c.), poiché unico istituto che può mettere in crisi l'attuazione delle operazioni straordinarie per un interesse individuale del creditore.

Sennonché, la recente novella al Codice, e soprattutto le norme del nuovo art. 120-*quinquies* inducono ad ascrivere un ulteriore, indiretto, significato al sintagma "contestare la validità" impiegato nel comma 1, meno dipendente dalle categorie tradizionali del diritto civile. In estrema sintesi, l'art. 120-*quinquies* attribuisce al tribunale, in sede di omologazione, una competenza "omnicomprensiva", che assorbe e sostituisce anche quella del tribunale delle imprese di cui all'art. 2436 c.c., come reso evidente dalla norma del comma 2 del medesimo art. 120-*quinquies*. Sembra allora desumibile il seguente ricavo sistematico: nel disegno legislativo ogni questione che potrebbe essere sollevata in merito all'attuazione di uno strumento della regolazione della crisi o dell'insolvenza, anche in forza di norme del codice civile, può, e deve, essere risolta esclusivamente dal tribunale chiamato ad omologare quello strumento. Se la prospettazione sistematica è corretta, il sintagma del comma 1 dell'art. 116 assume un ulteriore significato normativo: nessuna questione afferente la validità o l'efficacia delle operazione straordinarie previste nel piano di concordato può essere sollevata davanti ad un tribunale diverso da quello che è chiamato ad omologare il concordato. Nessun danno può essere preteso *ex* artt. 2504-*quater* e 2500-*bis* c.c. tramite un'azione autonoma. A conforto sistematico mi pare invocabile anche la previsione del comma 3 del medesimo art. 116: il diritto al risarcimento risorge, eventualmente, ricorrendone i presupposti, in caso di risoluzione o annullamento del concordato.

3. – La caratterizzazione delle fattispecie tramite la previsione dell'operazione straordinaria nel piano concordatario e l'inerenza, anche cronologica, del suo "compimento" alla procedura inducono ad ipotizzare l'applicabilità generalizzata della disciplina speciale a qualunque fusione o scissione o trasformazione sia posta in relazione strumentale con il piano concordatario, a prescindere dal tempo di sviluppo del relativo procedimento.

Se la scelta interpretativa volge nel senso di ritenere che la norma sia volta a consegnare ai creditori uno strumento alternativo anche all'opposizione *ex* art. 2503 c.c. (ed *ex* art. 2500-*novies* c.c.), che è necessariamente preventiva rispetto all'efficacia della fusione (e della scissione, o della trasformazione), si dovrebbe concludere che non possono rientrare nel novero delle fattispecie soggette alla disciplina speciale le fusioni e le scissioni (e le trasformazioni) che sono compiute, ovvero eseguite ai sensi dell'art. 2504-*ter* (e 2500-*bis*) c.c., prima dell'omologazione, previa autorizzazione dei competenti organi della procedura. Accogliendo tale prospettiva, le fattispecie previste nell'art. 116 si riducono a due: (i) operazioni straordinarie ad attuazione condizionata all'omologazione del concordato e (ii) operazioni straordinarie da "compiere" integralmente dopo il concordato. È difficile ipotizzare, anche alla luce delle norme dell'art. 120-*bis*, fattispecie diverse. A tutto concedere, per assegnare un significato applicativo alla formula letterale della norma, si potrebbe pensare ad operazioni straordinarie da iniziare dopo la presentazione della domanda e del piano concordatari e da concludere (compiere) prima della sua omologazione con l'autorizzazione del tribunale (anche *ex* art. 2499 c.c.), rispetto alle quali non potrebbe essere esercitata l'opposizione preventiva di cui all'art. 2503 c.c., con conseguente irreversibilità degli effetti, concedendo ai creditori solo la possibilità di contestarne l'invalidità tramite la successiva opposizione all'omologazione del concordato.

Rimanendo alle due ipotesi più ragionevoli, e dato atto che, a mente dello stesso art. 116, la disciplina del codice civile si applica solo in quanto compatibile, sembra necessario riconfigurare il procedimento. Anche qualora il procedimento descritto negli art. 2501 ss. c.c. fosse stato avviato prima della presentazione della domanda o in pendenza dell'ammissione della società alla procedura di concordato (e quindi al di fuori di quanto previsto nell'art. 120-*bis*), ma l'attuazione della fusione o della scissione sia stata "condizionata" all'omologazione del concordato, e quella operazione sia prevista nel piano, l'opposizione *ex* art. 2503 c.c. potrà essere esercitata solo tramite l'opposizione all'omologazione, i cui termini per l'esercizio decorrono dalla pubblicazione prevista nel comma 2 del medesimo art. 116; ne deriva che l'avvenuta iscrizione delle delibere assembleari di approvazione del progetto di fusione o di scissione non riveste più alcuna rilevanza sul piano della decorrenza dei termini previsti per l'esercizio delle azioni a tutela del ceto creditorio, ma produce solo gli effetti previsti nell'art. 2436 c.c.

Molto più complicata, sul piano pratico della gestione dei conflitti di interesse economici sopravvenuti[5], sembra l'applicazione della disciplina in commento alle operazioni straordinarie da attuarsi dopo l'omologazione del piano concordatario, e quindi anche prima che sia depositato presso il registro delle imprese il relativo progetto. Nella circostanza si ha a che fare con un programma di fusione o di scissione, non con un progetto

---

[5] GUERRERA, *Il rapporto*, 1095, segnala che «problemi "attuativi" della riorganizzazione concordataria possono derivare, poi, dalla tempistica del procedimento e dai mutamenti delle situazioni economico-patrimoniale-finanziaria di riferimento della società (soprattutto nel concordato cd "con continuità aziendale") in relazione alle condizioni previste per l'operazione»: ne emerge, con tutta evidenza, la criticità di scelte normative che elevino sbarramenti significativamente anticipati, rispetto alla data di attuazione dell'operazione, all'esercizio di strumenti di tutela di diritto comune, generando un vuoto di protezione di fronte al mutamento delle situazioni di fatto esistenti al momento nel quale era ancora legittimo azionare i mezzi di tutela.

inteso ai sensi dell'art. 2501-*ter* c.c., con il rischio di una variazione, dovuta a fattori temporali, delle condizioni di attuazione dell'operazione straordinaria. Sotto tale profilo occorrerà forse apportare qualche integrazione interpretativa al dettato normativo in sede di applicazione dell'art. 120-*bis*.

4. – La formulazione della disposizione in commento solleva dubbi anche in merito all'identificazione dei creditori costretti a ricorrere al rimedio endoconcorsuale dell'opposizione all'omologazione e privati della facoltà di avvalersi degli ordinari mezzi di tutela, in ragione della prevista necessità di pubblicare il piano di concordato nel registro delle imprese del luogo «*ove hanno sede le società interessate dalle operazioni di ... fusione o scissione*», quindi tutte le società interessate dall'operazione straordinaria. Tale formulazione, collegata strumentalmente al comma che precede dalla locuzione «*a tal fine*», induce infatti a chiedersi se la preclusione coinvolga anche i creditori di società diverse da quella che ha fatto ricorso allo strumento di regolazione della crisi e dell'insolvenza. La soluzione estensiva finirebbe per segnare, rispetto a tutti i creditori, la prevalenza assoluta dei rimedi concorsuali su quelli societari, ma pare ingiustificatamente penalizzante per quelli delle altre società che partecipano all'operazione[6]. Di qui l'opportunità di una lettura meno radicale, concludendo che quanto previsto nel comma 1 si applica solo ai creditori della società in concordato, e non ai creditori delle altre società, rispetto ai quali la pubblicità del piano di cui al comma 2 ha valore di mera pubblicità notizia per consentire loro, se lo ritengono, di opporsi all'omologazione, in quanto interessati, senza perdere tuttavia le prerogative di diritto comune[7].

Piuttosto, visto quanto disposto dal nuovo art. 120-*bis*, e dai principi fissati nell'art. 12, direttiva (UE) 2019/1023 (e nel considerando n. 96), si può ritenere che la norma del comma 1 si applichi anche ai soci, in punto di contestazione della validità delle operazioni straordinarie.

5. – La riduzione delle ordinarie prerogative dei soci è confermata, anche sul piano sistematico, dal nuovo comma 5, che prevede la sospensione del diritto di recesso fino all'attuazione del piano.

Sospensione, non esclusione: dunque, se il piano non venisse attuato, quel diritto potrebbe essere esercitato, perché il sacrificio del socio non sarebbe più giustificato. Sembra ragionevole, a beneficio della certezza, riferirsi ai casi di annullamento e risoluzione del concordato richiamati nel comma 3; il *dies a quo* per la decorrenza del termine, legale o statutario, di esercizio del diritto di recesso decorrerebbe allora dalla data in cui diviene definitivo il provvedimento giudiziale di annullamento o risoluzione. A quel punto riprenderanno vigore le disposizioni sulla quantificazione del valore di liquidazione, di cui agli artt. 2437-*ter* e 2473 c.c.

---

[6] Sul punto, GUERRERA, *Il rapporto*, 1089.

[7] Optano per la tesi opposta, seppur con cautela, PAGNI, FABIANI, *Le operazioni straordinarie*, 1321. Nel senso del testo: CECCHINI, *Fusioni*, 961.

Articolo 117

Effetti del concordato per i creditori

1. Il concordato omologato è obbligatorio per tutti i creditori anteriori alla pubblicazione nel registro delle imprese della domanda di accesso. Tuttavia essi conservano impregiudicati i diritti contro i coobbligati, i fideiussori del debitore e gli obbligati in via di regresso.

2. Salvo patto contrario, il concordato della società ha efficacia nei confronti dei soci illimitatamente responsabili.

Giampaolo Mora

Sommario: 1. Gli effetti del concordato preventivo omologato. – 2. I diritti contro i coobbligati, i fideiussori e gli obbligati in via di regresso. – 3. Gli effetti del concordato preventivo nei confronti dei soci illimitatamente responsabili.

1. – Il Codice non ha apportato rilevanti cambiamenti all'art. 184 l. fall., come modificato nel 2012[1].

Appare ormai quasi superfluo rammentare nel corso delle riforme della disciplina fallimentare succedutesi nel tempo, fatte proprie anche dal Codice[2], avessero introdotto novità significative, prima fra tutti l'obbligatorietà del concordato anche per quei creditori che pur muniti di privilegio ottengano un soddisfacimento solo parziale ai sensi dell'art. 160, comma 2, l. fall. A ciò si aggiunga che, qualora siano previste classi di creditori, l'obbligatorietà non opera indistintamente in quanto riguarda proprio i creditori annoverati in ciascuna classe di appartenenza che sono destinati a ricevere il trattamento ivi previsto.

Ai sensi dell'art. 117, il concordato omologato produce effetti obbligatori nei confronti di tutti i creditori il cui titolo sia anteriore alla data di pubblicazione nel registro delle imprese della domanda di accesso, non diversamente da quanto accadeva con il previgente

[1] L'art. 33, comma 1, lett. *g*), d.l. 22 giugno 2012, n. 83, conv. con mod. dalla l. 7 agosto 2012, n. 134, ha apportato una modifica all'art. 184 l. fall., con riferimento alla decorrenza degli effetti del concordato per i creditori.

[2] In questo senso anche D'Orsi, *Il concordato preventivo*, 331, ritiene che la disposizione normativa di cui all'art. 184 l. fall., «sia stata trasfusa senza modifiche di rilievo nell'art. 117 C.C.I.». Di Amato, *Diritto della crisi*, 389, ove rileva «l'identico disposto dell'art. 184 legge fall.». Occorre inoltre rammentare, seppur con la sintesi necessaria, che la Corte costituzionale, con la sentenza del 2 aprile 2004, n. 106, ha dichiarato infondata la questione di legittimità costituzionale dell'art. 184 l. fall. in relazione agli artt. 3 e 42 Cost.

art. 161 l. fall. al quale rinviava l'art. 184 l. fall. con la pubblicazione nel registro delle imprese del ricorso. La data di riferimento per accertare se il credito sia effettivamente anteriore e quindi subisca la limitazione concordataria coincide dunque con la pubblicazione della domanda di accesso e non del successivo decreto di apertura della procedura ai sensi dell'art. 47, comma 2.

Un'analoga sorte spetta ai crediti che pur anteriori siano stati riconosciuti dal debitore solo dopo l'apertura della procedura [3], o siano stati accertati giudizialmente in epoca successiva purché l'atto o il fatto costitutivo trovino la loro fonte in data antecedente [4] e ciò vale anche per i crediti di imposta per i quali non rileva il periodo della iscrizione a ruolo [5], mentre altrettanto non può dirsi per un credito sorto successivamente alla data di riferimento in quanto non soggiace all'effetto obbligatorio che riguarda i crediti anteriori, secondo quanto previsto dall'art. 117 [6]. L'effetto limitativo ed obbligatorio riguarda anche quei crediti antecedenti che non siano stati ricompresi nell'elenco del commissario giudiziale e per il cui riconoscimento il creditore deve promuovere un ordinario giudizio di cognizione, ed inoltre nei confronti di quei creditori che non abbiano partecipato al voto o che non abbiano votato favorevolmente.

Tale effetto permane inoltre anche dopo la chiusura del concordato nel caso in cui il creditore insoddisfatto promuova un'azione esecutiva nei confronti del debitore, in quanto la pretesa non potrà riguardare quelle somme oggetto di falcidia che consentirebbero al debitore di sollevare un'eccezione di concordato.

È solo la verifica in concreto del piano concordatario a consentire una valutazione in ordine alla natura dell'effetto obbligatorio cui la norma in commento si riferisce. Essa infatti rimette all'interprete ogni giudizio al riguardo, in quanto il concordato può assumere effetti remissori o esdebitatori, o anche solo dilatori, o novativi, essendo la possibilità di proposta del debitore molto variegata e non limitata al mero pagamento in denaro ma estesa anche ad altri strumenti estintivi o satisfattivi, quale ad esempio la *datio in solutum*.

Il credito non deve comunque essere prescritto, e su tale punto è intervenuta una recente sentenza della corte di cassazione [7] che ha deciso in merito alla decorrenza della prescrizione per i crediti riconosciuti durante il concordato preventivo. In particolare ha affermato che il termine di prescrizione del credito che sia maturato anteriormente al decreto ed alla pubblicazione di apertura della procedura non decorra fino a che la condizione di inesigibilità temporanea cessi, ovvero fino a che, successivamente all'omologa, il liquidatore predisponga il piano di riparto. Nel periodo di tempo compreso tra la presentazione della domanda e la predisposizione del piano di riparto, dunque, il termine di prescrizione deve ritenersi sospeso [8].

---

[3] In questo senso D'Orsi, *Il concordato preventivo*, 331, ritiene che «il concordato omologato diffonde i propri effetti all'intera platea dei creditori anteriori alla pubblicazione del ricorso».

[4] Cass., 19 gennaio 2005, n. 103, in *Foro it.*, 2006, 2182.

[5] Cass, SS.UU., 6 settembre 1990, n. 9201, in *Mass. Giust. civ.*, 1990.

[6] Campobasso, *Diritto commerciale*, 435, ritiene che l'imprenditore rimanga obbligato all'adempimento integrale del debito contratto successivamente alla pubblicazione della domanda.

[7] Cass., 7 dicembre 2022, n. 35960, in *dirittobancario.it*.

[8] Trib. Roma, 3 dicembre 2021, in *ilfallimentarista.it*.

2. – Secondo l'articolo in commento i creditori «*conservano impregiudicati i diritti contro i coobbligati, i fideiussori del debitore e gli obbligati in via di regresso*», offrendo così la norma indicazioni contrarie all'estinzione del rapporto giuridico che ha dato luogo al sorgere del credito «che pare incompatibile rispetto a tale vicenda»[9]. L'art 117, infatti, risulta in contrasto con la previsione dell'art. 1239, comma 1, c.c., secondo cui la remissione accordata al debitore principale libera il fideiussore, e con quella dell'art. 1301, comma 1, c.c., per la quale la remissione a favore di uno dei debitori in solido libera anche gli altri debitori[10].

Il legislatore della recente riforma non ha peraltro risolto l'interrogativo se tra i coobbligati non liberati siano ricompresi anche il terzo datore di ipoteca o di pegno e l'acquirente di un immobile sul quale gravi un'ipoteca a garanzia di un credito concorsuale. La giurisprudenza di legittimità escludendo che l'esdebitazione sia remissoria e quindi estintiva del debito, anche rispetto all'eccedenza concordataria, ha ritenuto che il credito residuale conservi la garanzia ipotecaria, che resta così opponibile all'acquirente dell'immobile[11].

Se dunque il concordato produce effetti obbligatori per tutti i creditori, essi a loro volta mantengono intatto il diritto particolare che vantano verso i coobbligati, i fideiussori del debitore e gli obbligati in via di regresso dei giranti e dei debitori cambiari. Qualora infatti sia fatto valere un credito verso uno di loro, il creditore potrà pretenderne il pagamento per l'intero, mentre una volta estinto il debito il coobbligato o il fideiussore potrà regredire, facendo valere nei confronti della società un credito che tuttavia subirà la falcidia concordataria non diversamente da tutti gli altri crediti assoggettati all'effetto obbligatorio e limitativo del concordato. La giurisprudenza ha precisato inoltre che, nel caso in cui venga rimessa dal comune creditore al debitore in concordato una parte di debito eccedente quella oggetto di esdebitazione, per tale parte viene ridotta anche l'obbligazione dei coobbligati[12].

Si può notare un'ulteriore divergenza tra la norma in commento e l'art. 59, comma 1, in tema di accordi di ristrutturazione secondo il quale ai creditori che abbiano concluso tali accordi si applica l'art. 1239 c.c., con conseguente liberazione dei loro fideiussori; ciò non accade in caso di concordato preventivo secondo l'art. 117.

Gli obbligati in via di regresso possono essere chiamati ad adempiere secondo quanto si erano obbligati ed in sede di regresso, appunto, subiscono gli effetti del concordato al pari di qualsiasi altro creditore ammesso alla procedura.

3. – Il comma 2 dell'art. 117 disciplina gli effetti del concordato preventivo nei confronti dei soci illimitatamente responsabili, fatte salve eventuali pattuizioni contrarie stipulate in sede concordataria tra i creditori, il socio e i singoli soci. La giurisprudenza ha interpretato in maniera restrittiva l'art. 184, comma 2, l. fall. ritenendo che non possa es-

---

[9] Così D'ORSI, *Il concordato preventivo*, 331.

[10] Cfr. sul punto, LAMANNA, *Il codice*, 366.

[11] I dubbi risalenti a due lontane e divergenti sentenze del Tribunale di Milano (cfr. sul punto, Trib. Milano, 31 gennaio 1983, in *Fallimento*, 1983, 983; Trib. Milano, 29 novembre 1985, in *Fallimento*, 1986, 529) sono stati risolti in sede di legittimità da Cass., 7 luglio 1992, n. 5424.

[12] Cass., 3 gennaio 2001, n. 51, in *Dir. fall.*, 2001, II, 628.

sere applicato anche al socio unico di società per azioni ovvero di società a responsabilità limitata ammessa al concordato [13]. Inoltre, secondo la Cassazione, il socio illimitatamente responsabile non può chiedere l'ammissione in proprio al concordato preventivo in ragione della mancanza della sua qualità di imprenditore commerciale [14].

L'art. 117, non diversamente dall'art. 184 l. fall., consente all'autonomia privata di introdurre una deroga agli effetti prodotti dal concordato nei confronti dei soci illimitatamente responsabili. Si ritiene che il patto possa essere stipulato a condizione che preveda una soddisfazione dei creditori in misura maggiore rispetto a quanto disponga il piano concordatario. Il patto in deroga ammesso purché fosse a vantaggio di tutti i creditori con titolo anteriore al decreto di apertura del concordato preventivo, secondo le Sezioni Unite della Suprema Corte [15] deve essere stipulato in sede concordataria con tutti i creditori e in modo tale da non violare il principio della *par condicio creditorum*.

È necessario sottolineare che la previsione di cui all'art. 59, comma 3 [16], risolve in modo definitivo un interrogativo rimasto insoluto rispetto al disposto dell'art. 184 l. fall., ovvero se i soci che abbiano prestato una garanzia per le obbligazioni sociali come, ad esempio una fideiussione, continuino a rispondere verso i creditori sociali per tale specifico e differente titolo. La giurisprudenza [17] aveva infatti operato una netta distinzione tra chi avesse prestato una garanzia in quanto socio ed il garante estraneo alla compagine sociale, ritenendo che la conservazione delle garanzie reali o personali valesse solo nei confronti degli estranei e non anche dei soci, in ragione del fatto che la responsabilità illimitata del socio sarebbe assorbente rispetto ad una differente fonte contrattuale [18]. Una responsabilità del socio in quanto garante si sarebbe potuta configurare, invece, solo nell'ambito di una espressa previsione concordataria. La soluzione dettata ora dall'art. 59, comma 3, è invece più favorevole ai garanti in quanto l'effetto esdebitatorio si estende tanto ai coobbligati quanto ai fideiussori, fermo restando che la genericità della formulazione facente riferimento ad una "garanzia" dovrebbe estenderne l'applicazione sia alle garanzie reali che a quelle personali. L'effetto esdebitatorio opera anche in favore di quei soci illimitatamente responsabili receduti o esclusi, degli eredi dei soci defunti, ed infine dei soci di società di persone trasformate in società di capitali. L'esdebitazione, dunque, riguarda tuttavia i soli debiti sociali in quanto i creditori particolari dei soci conservano impregiudicati i propri diritti nei loro confronti e sono garantiti dal patrimonio di questi ultimi [19].

La Suprema Corte [20] ha ritenuto che sussista un principio consolidato in virtù del quale l'esistenza di una garanzia personale, come ad esempio una fideiussione, determina co-

---

[13] Cfr. sul punto, *ex multis*, Cass., 8 febbraio 2005, n. 2532, in *Impresa*, 2005, 877.

[14] Così Cass., 3 aprile 1987, n. 3229, in *Dir. fall.*, 1987, II, 620.

[15] Cass., SS.UU., 24 agosto 1989, n. 3749, in *Fallimento*, 1990, 38.

[16] Il comma 3 dell'art. 59 prevede che «*salvo patto contrario, gli accordi di ristrutturazione della società hanno efficacia nei confronti dei soci illimitatamente responsabili, i quali, se hanno prestato garanzia, continuano a rispondere per tale diverso titolo, salvo che non sia diversamente previsto*».

[17] Cass., 16 febbraio 2015, n. 3022, in *Fallimento*, 2015, 519, con nota di LO CASCIO, *Concordato preventivo*.

[18] Cfr. sul punto, anche DI AMATO, *Diritto della*, 389.

[19] Cfr. sul punto, PANZANI, *Esdebitazione*, 2114.

[20] Cass., 16 maggio 2022, n. 15553.

me "effetto naturale" l'obbligo del soggetto ad esso tenuto di pagare l'intero debito garantito anche nel caso in cui il creditore possa pretendere dal debitore principale solo una percentuale inferiore.

Da ultimo si può osservare che la norma produce per il debitore l'effetto liberatorio non all'omologa del concordato preventivo bensì alla sua esecuzione, così come accade per i terzi che garantiscano l'adempimento delle obbligazioni concordatarie che saranno liberati solo a seguito del loro integrale adempimento.

Articolo 118
Esecuzione del concordato

1. Dopo l'omologazione del concordato, il commissario giudiziale ne sorveglia l'adempimento, secondo le modalità stabilite nella sentenza di omologazione. Egli deve riferire al giudice ogni fatto dal quale possa derivare pregiudizio ai creditori. Ogni sei mesi successivi alla presentazione della relazione di cui all'articolo 105, comma 1, redige un rapporto riepilogativo redatto in conformità a quanto previsto dall'articolo 130, comma 9, e lo trasmette ai creditori. Conclusa l'esecuzione del concordato, il commissario giudiziale deposita un rapporto riepilogativo finale redatto in conformità a quanto previsto dal medesimo articolo 130, comma 9.

2. Le somme spettanti ai creditori contestati, condizionali o irreperibili sono depositate nei modi stabiliti dal giudice delegato.

3. Il debitore è tenuto a compiere ogni atto necessario a dare esecuzione alla proposta di concordato anche se presentata da uno o più creditori, qualora sia stata approvata e omologata.

4. Nel caso in cui il commissario giudiziale rilevi che il debitore non sta provvedendo al compimento degli atti necessari a dare esecuzione alla proposta o ne sta ritardando il compimento, deve senza indugio riferirne al tribunale. Il tribunale, sentito il debitore, può attribuire al commissario giudiziale i poteri necessari a provvedere in luogo del debitore al compimento degli atti a questo richiesti.

5. Il soggetto che ha presentato la proposta di concordato approvata e omologata dai creditori può denunciare al tribunale i ritardi e le omissioni del debitore mediante ricorso notificato al debitore e al commissario giudiziale con il quale può chiedere al tribunale di attribuire al commissario i poteri necessari per provvedere ai sensi del comma 4 o di revocare l'organo amministrativo, se si tratta di società, nominando un amministratore giudiziario. Sono in ogni caso fatti salvi i diritti di informazione e di voto dei soci di minoranza.

6. Il tribunale provvede in camera di consiglio, sentito il debitore ed il commissario giudiziale. Quando nomina un amministratore giudiziario, stabilisce la durata dell'incarico e gli attribuisce il potere di compiere gli atti necessari a dare esecuzione alla proposta omologata, ivi inclusi, se la proposta prevede un aumento del capitale sociale della società debitrice o altre deliberazioni di competenza dell'assemblea dei soci, la convocazione dell'assemblea avente ad oggetto tali deliberazioni e l'esercizio del diritto di voto nelle stesse per le azioni o quote facenti capo al socio o ai soci di maggioranza. Al liquidatore, se nominato, possono essere attribuiti i compiti di amministratore giudiziario. Il provvedimento di nomina dell'amministratore giudiziario è comunicato a cura del cancelliere, entro cinque giorni, all'ufficio del registro delle imprese per l'iscrizione.

7. In caso di trasferimento di beni, il commissario richiede al tribunale, che provvede in composizione monocratica, l'emissione di decreto di cancellazione delle formalità iscritte, delegando ove opportuno al notaio rogante l'atto di trasferimento.

8. In deroga all'articolo 2560 del codice civile, l'acquirente o cessionario dell'azienda non risponde dei debiti pregressi, salvo diversa previsione del piano di concordato.

Vincenzo De Sensi

Sommario: 1. La vigilanza del commissario giudiziale. – 2. La gestione sostitutiva e l'impatto sulla *governance* societaria. – 3. Raffronto con l'art. 120-*quinquies*. – 4. Cessione d'azienda.

1. – Come noto a seguito della sentenza di omologazione il concordato preventivo si chiude, *ex* art. 113, e si apre la fase di esecuzione. Tradizionalmente questa è stata una fase trascurata a livello normativo e lasciata alle determinazioni del tribunale che, sotto il vigore della precedente normativa, venivano assunte nel decreto di omologazione. Così era per esempio per le determinazioni circa la redazione del programma di liquidazione, in caso di concordato con cessione dei beni, di previsione dell'autorizzazione o meno per determinati atti da parte del giudice delegato, ad esempio in tema di nomina dei legali, di liquidazione dei compensi e di costituzione in giudizio del liquidatore giudiziale; o più in generale per la nomina del comitato dei creditori e dei suoi poteri autorizzativi degli atti finalizzati alla regolare attività di liquidazione.

Il Codice, nella norma in commento, non aggiunge particolari novità rispetto alla disciplina previgente, se non una maggiore valorizzazione, sotto molteplici profili, del ruolo del commissario giudiziale [1].

La norma infatti prevede, da un lato, un potere di sorveglianza da parte del commissario sull'adempimento del piano «*secondo le modalità stabilite nella sentenza di omologazione*» – in questo ricalcando quanto detto per il precedente decreto di omologa – e, dall'altro, un rapporto riepilogativo da parte del medesimo commissario ogni sei mesi decorrenti dalla data di presentazione della relazione *ex* art. 105, comma 1, ovvero quella prevista sulla proposta e il piano concordatario a beneficio del ceto creditorio. Nonché, infine, un rapporto riepilogativo finale una volta conclusa l'esecuzione del piano.

Sotto questo profilo possiamo dunque notare un *continuum* di vigilanza da parte del commissario, dalla fase antecedente l'adunanza sino a quella successiva all'omologazione del concordato preventivo. Difatti anche il *report* semestrale viene trasmesso al ceto creditorio.

Questa previsione di continuità del compito di vigilanza risulta rilevante quando sono state presentate proposte concorrenti, a norma dell'art. 90 [2]. Difatti, con riguardo al ruolo del commissario, l'art. 105, comma 3, prevede che nel caso in cui siano state depositate proposte concorrenti, questi riferisce in merito ad esse con relazione integrativa da depositare in cancelleria e comunicare ai creditori almeno quindici giorni prima della data iniziale stabilita per il voto dei creditori. Copia di tale relazione integrativa è inviata al Pubblico ministero.

---

[1] Si veda BROGI, *L'esecuzione*, 1322; LO CASCIO, *Il concordato*, 679; FABIANI, *Concordato preventivo*, 710; BOZZA, *La fase esecutiva*, 768.

[2] Sul tema: TEDESCHI, *Proposte e offerte*, 1406; D'ATTORRE, *Le proposte*, 1178. Sulla posizione dei soci e proposte concorrenti: PACILEO, *Cram Down*, 108 e più in generale MEO, *I soci*, 289. Più in generale sulle proposte concorrenti: BRIZZI, *Proposte concorrenti*, 342.

Quindi troviamo già nella fase antecedente all'adunanza dei creditori una relazione di approfondimento e di illustrazione della proposta concorrente che poi, laddove approvata, può generare quelle difficoltà esecutive alle quali intende rimediare la previsione in commento nell'eventualità del loro manifestarsi. Questa continua attività di sorveglianza del commissario giudiziale potrebbe poi anche rilevare nel caso in cui alcuni atti siano rilevanti ai fini dell'esecuzione del piano prima ancora dell'omologa. In questo caso potrebbe trovare applicazione l'art. 106 laddove questi atti preliminari incidano sulla stessa configurazione dei presupposti per l'apertura del concordato o la loro mancata adozione possa essere intesa quale frode al ceto creditorio.

2. – Il potere di sorveglianza del commissario può trasformarsi in un potere di gestione sostitutiva determinando, con diversificate sfumature, una vera e propria interferenza esecutiva.

La norma in commento prevede in primo luogo l'obbligo del debitore di adempiere alla proposta dando esecuzione al piano concordatario e questo «*anche se (la proposta è, ndr) presentata da uno o più creditori, qualora sia stata approvata e omologata*». Sotto questo profilo, il potere di sorveglianza del commissario non si limita per così dire a prendere atto dell'esecuzione e della sua regolarità, quanto piuttosto a segnalare (*id est* riferire) senza indugio al tribunale nel caso in cui vengano percepiti ritardi o inadempimenti. Per cui, la segnalazione prevista non è nei confronti del debitore per sollecitare l'adempimento, ma nei confronti del tribunale per sollecitare l'autorizzazione al potere sostitutivo[3].

Il conferimento per via giudiziale di tale potere può dunque avvenire tramite la segnalazione commissariale oppure tramite "denuncia" al tribunale del soggetto che ha presentato la proposta concorrente di concordato approvata e omologata dai creditori. Tale denuncia assume la forma del ricorso. È da ritenere che la notifica del ricorso avverrà nel momento in cui il tribunale avrà fissato l'udienza in camera di consiglio, secondo quanto dispone il successivo comma 6, unitamente – appunto – al relativo decreto. La notifica dovrà essere fatta al debitore e al commissario giudiziale. La norma non prevede altri soggetti eventualmente controinteressati e neppure, in caso di società, la notifica al collegio sindacale (e forse sarebbe stato opportuno prevederla) o al comitato dei creditori nel caso in cui sia stato nominato nella parte ordinatoria della sentenza di omologa.

Al riguardo la decisione del tribunale può orientarsi secondo due diverse opzioni aventi una differente attitudine ad incidere sulla *governance* e questo – potremmo dire – secondo quella tendenza al superamento del principio di neutralità[4] della disciplina della crisi rispetto a quella societaria ed alla previsione – quindi – di diverse ipotesi di «traslazione di competenze»[5].

---

[3] Sul punto BROGI, *L'esecuzione*, 1325, la cui riflessione è nel senso di affermare che «tale previsione costituisce una vera e propria rivoluzione copernicana: una forma di adempimento coattivo della proposta concordataria, attivata non già su impulso dei creditori, ma sulla base della segnalazione del commissario giudiziale». In questo l'autore ravvisa una forma di eterotutela dei creditori.

[4] Su questo PINTO, *Concordato preventivo*, 100.

[5] Utilizza questa espressione CAGNASSO, *Le modificazioni statutarie*, 239, il quale evidenzia alcune norme del Codice che determinano una traslazione di competenze a favore di soggetti terzi come accade per l'art. 264

La prima è quella di attribuire al commissario giudiziale i poteri necessari «*a provvedere*». Così ad esempio se occorre dare seguito ad un contratto preliminare di compravendita tale potere potrà essere attribuito al commissario giudiziale in luogo del legale rappresentate della società o in luogo del debitore imprenditore individuale. In questo caso non abbiamo dunque alcun provvedimento di "*displacement*" dell'organo amministrativo o dell'imprenditore.

La seconda opzione si ha nel caso in cui invece l'atto esecutivo implichi anche una preliminare decisione o un procedimento endosocietario in esecuzione del piano, e quindi non un mero atto esecutivo; in questo caso il tribunale può orientarsi nel senso di revocare l'organo amministrativo e nominare un amministratore giudiziario. Al riguardo, la decisione del tribunale assume un contenuto complesso che possiamo considerare secondo diversi profili [6].

In primo luogo, viene fissata la durata dell'incarico. Si tratta infatti di una sostituzione temporanea, questo secondo una previsione simile ad esempio all'art. 2409 c.c. nella parte in cui si prevede la fissazione del tempo della nomina dell'amministratore giudiziario; con la differenza che in questo caso non si tratta di «*gravi irregolarità nella gestione*» che possono recare danno alla società, ma di inadempimento concordatario che può arrecare danno ai creditori [7]. Al riguardo potrebbe porsi un problema di proroga dei poteri dell'amministratore giudiziario. Guardando ad esempio all'art. 2409 c.c. la giurisprudenza tende ad escludere la proroga se richiesta dal solo amministratore giudiziario. Nel nostro caso si potrebbe però diversamente opinare quando la richiesta di proroga sia giustificata dalla complessità della fase esecutiva e dalla necessità di realizzare l'eterotutela dei creditori concordatari. Per cui, tale proroga potrebbe essere concessa dal tribunale su istanza dello stesso amministratore giudiziario nominato, con richiesta avanzata prima della scadenza del relativo termine [8].

Vi è poi l'attribuzione dei poteri "vicari" in capo all'amministratore giudiziario. Il comma 6 dell'articolo in commento prevede appunto che il tribunale attribuisce «*il potere di compiere gli atti necessari a dare esecuzione alla proposta omologata*» compresa la convocazione dell'assemblea nel caso in cui sia previsto un aumento di capitale o altre deliberazioni di competenza assembleare [9]. Questa previsione si raccorda con l'art. 90, comma 6, che, in relazione al contenuto delle proposte concorrenti, prevede appunto che queste possono indicare l'intervento di un terzo e un aumento di capitale con esclusione o limitazione del diritto d'opzione. Senza peraltro trascurare di ricordare che la stessa proposta concorrente

a favore del curatore in sostituzione dell'assemblea ed all'art. 118 con riguardo al commissario giudiziale ed all'amministratore giudiziario nella fase di esecuzione del concordato.

[6] Per un'analisi specifica: FAUCEGLIA, *Brevi note*, 1121.

[7] Per un interessante riferimento giurisprudenziale Trib. Napoli, 17 novembre 2021, in *Fallimento*, 2022, 1117.

[8] In senso contrario alla proroga nell'art. 2409 c.c. Trib. Milano, 5 giugno 2017, in *giurisprudenzadelle imprese.it*.

[9] L'affermazione alla quale molti di noi sono affezionati, secondo la quale «chi costituisce una società non intende infatti creare un ente che operi al di fuori di sé o magari contro di sé, ma intende creare un ente che operi per realizzare dei propri fini. E questa concezione della società è alla base del nostro ordinamento positivo» così FERRI, *Manuale*, 249, va molto a scolorire in frangenti di crisi, sino al punto di svanire forse in termini a volte eccessivi.

può essere avanzata da tanti soci che rappresentano almeno il dieci per cento del capitale, *ex* art. 120-*bis*, comma 5.

La norma in commento dispone dunque che il tribunale può autorizzare l'amministratore giudiziario a convocare l'assemblea, avente ad oggetto tale deliberazione, e a esercitare il diritto di voto per le azioni o quote facenti capo al socio o ai soci di maggioranza [10]. Convocazione dell'assemblea che sarà necessaria anche nel caso in cui la società debitrice sia una srl in ragione di quanto previsto dall'art. 2479, comma 4, c.c. Per cui, la decisione sul punto da parte del tribunale deve tener conto delle relative previsioni statutarie e dell'oggetto della deliberazione. Difatti è da ritenere che il *displacement* dell'organo amministrativo e l'incidenza sull'ordinario *iter* assembleare debbano avvenire comunque nel rispetto dello statuto organizzativo della società debitrice.

Infine, la norma prevede che «*se nominato*» possono essere attribuiti al liquidatore giudiziale i compiti di amministratore giudiziario. Attenendoci dunque ad una interpretazione letterale della norma non sembra che il tribunale possa nominare amministratore giudiziario lo stesso commissario giudiziale. Ma, oltre al tenore letterale, va detto che occorre tenere distinti i poteri di sorveglianza del commissario giudiziale da quelli esecutivi dell'amministratore giudiziario, evitando così che si sovrappongano nella stessa persona.

Ciò detto, occorre considerare che nel caso in cui all'amministratore giudiziario sia attribuito il potere di convocare l'assemblea e di esercitare il diritto di voto rimane aperto il tema della impugnabilità di tale decisione da parte dei soci di minoranza e, c'è da ritenere, anche da parte dei soci di maggioranza pretermessi. Al riguardo, va ricordato che, nell'ambito della liquidazione giudiziale, l'art. 264, comma 2, in tema di attribuzione al curatore dei poteri dell'assemblea, si prevede un regime di impugnazione endoconcorsuale. Difatti, le decisioni che non sono state prese dal curatore, in veste vicaria rispetto all'assemblea, in conformità della legge e dello statuto possono essere impugnate con reclamo al giudice delegato, ai sensi dell'art. 133. Riteniamo che al contrario nella fase di esecuzione del concordato preventivo un tale regime non possa essere applicato sia perché con la omologa la procedura di concordato preventivo si chiude – per cui il relativo rimedio non potrebbe essere assunto come endoconcorsuale – sia perché appunto le funzioni del giudice delegato sono molto limitate in questo frangente e dipendono quasi sempre dalle previsioni ordinatorie della sentenza di omologazione. Sarebbe dunque preferibile ritenere che nel caso di potere vicario dell'amministratore giudiziario nella fase di esecuzione del concordato preventivo valgano gli ordinari rimedi impugnatori *ex* artt. 2377 ss. e 2479-*ter* c.c.

3. – La norma in esame va poi raffrontata con l'art. 120-*quinquies* che pure prevede meccanismi di intervento del tribunale che possono condurre alla revoca degli ammini-

[10] Per riferimenti giurisprudenziali sono di interesse: Trib. Napoli, 17 novembre 2021 e Trib. Napoli, 2 aprile 2022 pubblicate in *Fallimento*, 2022, 1118. In dottrina, FAUCEGLIA, *Brevi note*, 1126, il quale rileva che «il quadro normativo innanzi delineato, ha trovato conferma e nuove prospettive nell'art. 118 CCII. (...) Si tratta di una disposizione generale che riguarda le ipotesi di ritardo nell'adempimento del concordato omologato e che si riferisce a tutti i debitori e non solo alle società»; GUERRERA, *Il rapporto*, 1085; NIGRO, *Le ristrutturazioni*, 389. Con riguardo al tema dei soci di maggioranza FERRI Jr, *Ristrutturazioni societarie*, 233; VATTERMOLI, *La posizione*, 880.

stratori in caso di omessa o ritardata esecuzione del piano previsto in generale da uno strumento di regolazione della crisi. Le differenze tra le due previsioni possono essere colte essenzialmente su due piani: l'uno riguarda l'ambito applicativo; l'altro i poteri sostitutivi. Con riguardo al primo profilo risulta che l'art. 120-*quinquies* attiene all'esecuzione non solo di un concordato, ma più in generale del piano previsto da una società nell'ambito di uno strumento di regolazione della crisi; mentre l'art. 118 concerne gli atti esecutivi di un piano concordatario. Quindi l'art. 118 ha una portata più limitata e specifica, anche se – c'è da ricordare – il piano concordatario può essere stato presentato da una società. Per cui in questo caso potrebbero esserci delle interferenze tra le due norme da risolvere eventualmente ritenendo l'art. 120-*quinquies* una specificazione della norma generale in tema di esecuzione concordataria. Inoltre, per quanto riguarda i poteri sostitutivi, l'art. 118 può condurre alla nomina di un amministratore giudiziario che avrà il compito di convocare l'assemblea e di esercitare il diritto di voto nel caso in cui il concordato preveda un aumento di capitale o altre deliberazioni di competenza assembleare. Al contrario, nell'art. 120-*quinquies* è lo stesso provvedimento di omologazione dello strumento di regolazione della crisi e dell'insolvenza che «*determina*» la riduzione e l'aumento di capitale e le altre modificazioni statutarie previste nel piano. Sotto questo profilo ci sembra che la norma sia un diretto corollario dell'art. 120-*bis* che prevede appunto che, ai fini del buon esito della ristrutturazione, il piano può prevedere qualsiasi modificazione statutaria della «*società debitrice*». Riteniamo di poter dire che l'art. 120-*quinquies* riguardi quelle modifiche statutarie previste nel piano di ristrutturazione presentato dalla stessa società debitrice e non anche quelle contenute nel piano concordatario avanzato con una proposta concorrente. Questa lettura della norma trova in primo luogo conferma nella sua stessa collocazione sistematica nell'ambito della disciplina dell'«*accesso*» a uno strumento di regolazione della crisi e dell'insolvenza: accesso che spetta alla società debitrice. Inoltre, opinando diversamente si finirebbe per ammettere una decisa semplificazione delle modifiche statutarie non solo quando avanzate dagli amministratori della stessa società debitrice in luogo di una decisione assembleare, ma addirittura anche quando queste siano state proposte da un terzo o dai soci di minoranza *ex* art. 120-*bis*, comma 5, ottenendole così con il solo provvedimento di omologa. Quindi, ci sentiamo di suggerire una lettura delle due norme nel senso che laddove vi sia un piano concordatario conseguente ad una proposta concorrente che incida sulla compagine societaria[11] la norma da applicare, in fase esecutiva, sia l'art. 118 che quantomeno salvaguarda il contraddittorio con la società debitrice e gli ordinari poteri impugnatori. Mentre nel caso in cui tali modifiche rientrano nell'operatività dell'art. 120-*bis* e siano quindi avanzate dagli amministratori della stessa società debitrice possa trovare applicazione, in fase esecutiva, l'art. 120-*quinquies*.

4. – L'ultimo comma della norma in commento prevede che con la cessione dell'azienda, salva diversa previsione del piano, il soggetto cessionario non risponde dei debiti inerenti all'azienda che siano anteriori alla cessione[12]. Si tratta dunque di debiti che an-

[11] Sul dibattuto tema dei soci: VIOLA, *I soci*, 1163; PANZANI, LA MARCA, *Impresa vs. soci*, 1469; ROSSI, *I soci*, 945; STANGHELLINI *Verso uno statuto*, 295.

[12] In generale: MACAGNO, MARRO, MARTINES, *Affitto e cessione*.

dranno pagati in ambito concordatario consentendo così al terzo di acquistare l'azienda con l'effetto esdebitativo del concordato preventivo. Questo meccanismo risponde ad una duplice esigenza: ovvero da un lato agevolare la cessione d'azienda anche in ragione del fatto che, come noto, è sempre più utilizzata per il mantenimento indiretto della continuità aziendale e, dall'altro, evitare l'alterazione della *par condicio* visto che in caso contrario alcuni creditori si troverebbero ad avere un debitore solidale a discapito di altri. Ne deriva dunque che in caso di diversa pattuizione occorre rispettare la graduazione dei crediti prevista nel piano concordatario [13].

---

[13] Sul punto MANDRIOLI, *Le vendite*.

Articolo 119

Risoluzione del concordato

1. Ciascuno dei creditori e il commissario giudiziale, su istanza di uno o più creditori, possono richiedere la risoluzione del concordato per inadempimento.

2. Al procedimento è chiamato a partecipare l'eventuale garante.

3. Il concordato non si può risolvere se l'inadempimento ha scarsa importanza.

4. Il ricorso per la risoluzione deve proporsi entro un anno dalla scadenza del termine fissato per l'ultimo adempimento previsto dal concordato.

5. Le disposizioni che precedono non si applicano quando gli obblighi derivanti dal concordato sono stati assunti da un terzo con liberazione immediata del debitore.

6. Il procedimento è regolato ai sensi degli articoli 40 e 41.

7. Il tribunale dichiara aperta la liquidazione giudiziale solo a seguito della risoluzione del concordato, salvo che lo stato di insolvenza consegua a debiti sorti successivamente al deposito della domanda di apertura del concordato preventivo.

Vincenzo De Sensi

Sommario: 1. La legittimazione del commissario giudiziale. – 2. Procedimento e termine di decadenza. – 3. La risoluzione *omisso medio* e la nuova insolvenza.

1. – La novità introdotta dalla norma è l'attribuzione della legittimazione a chiedere la risoluzione del concordato non solo ai creditori concordatari ma anche al commissario giudiziale a ciò richiesto da uno o più creditori. Al procedimento di risoluzione è chiamato a partecipare l'eventuale garante. La norma si riferisce solo al garante in quanto, secondo il comma 5 della norma in commento, la risoluzione del concordato non si applica nel caso in cui sia intervenuto un assuntore con liberazione immediata del debitore, venendosi in questo caso a configurare un accollo liberatorio e non cumulativo. In caso di assuntore l'istanza di liquidazione giudiziale potrà essere avanzata nei suoi confronti a prescindere dalla risoluzione del concordato che appunto al riguardo non è prevista. L'inadempimento per essere rilevante non deve avere «*scarsa importanza*», la quale va apprezzata in relazione alla complessiva operazione di ristrutturazione che si realizza con il piano concordatario, peraltro atipica e aperta ad ogni possibile contenuto fattibile, senza che possano avere rilievo i cc.dd. criteri soggettivi di valutazione [1] e quindi senza che la valutazione sull'inadempimento possa essere condizionata dalla colpa, dalla imputabilità e dall'interesse soggettivo. Per cui, anche un inadempimento derivante da causa di forza maggiore può determinare la possibilità di risolvere il concordato. Ciò che rileva dunque è l'oggettività dell'inadempimento. Va in ogni caso precisato che continua ad essere rilevante anche sotto il vigore del Codice quell'orientamento giurisprudenziale che assume come criterio di valutazione della rilevanza non solo la singola prestazione dovuta al creditore istante la risoluzione ma anche le complessive previsioni contenute nel piano avuto riguardo all'insieme dei creditori concordatari [2].

2. – Il procedimento è regolato dagli artt. 40 e 41 ovvero secondo le norme che disciplinano il procedimento unitario per l'accesso agli strumenti di regolazione della crisi e dell'insolvenza. Per cui avremo in primo luogo l'intervento del tribunale in composizione collegiale. Il ricorso per la risoluzione dovrà indicare le ragioni della domanda e le relative conclusioni con sottoscrizione di difensore munito di procura. Il tribunale dunque convoca con decreto le parti e tra la data della notifica e quella dell'udienza deve intercorrere un termine non inferire a quindici giorni. Il richiamo all'art. 41 rende operante la previsione dei poteri istruttori del giudice che è delegato dal tribunale a trattare la richiesta di risoluzione, con la possibilità di disporre anche d'ufficio mezzi istruttori, nonché la raccolta di informazioni da banche dati e pubblici registri [3].

La norma continua a prevedere il termine decadenziale di un anno per la presentazione del ricorso per la risoluzione del concordato [4]. L'anno decorre dall'ultimo adempimento previsto nel concordato [5]. La varietà delle previsioni del piano potrebbe però non consentire di individuare con esattezza la data dell'ultimo adempimento. In questi frangenti si è ritenuto di tenere conto dell'esaurimento delle operazioni di liquidazione e quindi dell'ultimo atto di esecuzione per il calcolo del *dies a quo* [6]. La questione può essere oggi ulteriormente complicata dalla previsione dell'art. 84 nella parte in cui dispone che con il piano debba essere previsto un soddisfacimento dei creditori in misura non inferiore a quella realizzabile in caso di liquidazione giudiziale mediante la continuità aziendale, la liquidazione del patrimonio, l'attribuzione delle attività ad un assuntore o in qualsiasi al-

---

[1] Così SILVESTRINI, *La risoluzione*, 512; STANGHELLINI, *Il concordato*, 3228.

[2] Così in significativi precedenti sotto la previgente disciplina Trib. Forlì, 19 marzo 2014; Trib. Ravenna, 7 giugno 2012. Si veda in dottrina FAUCEGLIA, *Esecuzione, risoluzione*, 1769.

[3] La sentenza di risoluzione non ha efficacia provvisoriamente esecutiva, così Trib. Arezzo, 27 aprile 2021, in *Fallimento*, 2021, 1137. In senso contrario Cass., 11 maggio 2022, n. 15044. Va ricordato che la sentenza di risoluzione del concordato nella liquidazione giudiziale è provvisoriamente esecutiva *ex* art. 250.

[4] Nel senso che il decorso del termine non può essere rilevato d'ufficio Trib. Milano, 22 marzo 2018, in *Fallimento*, 2019, 218.

[5] Sulle questioni legate alla proroga del termine di esecuzione del concordato per l'emergenza Covid-19: App. L'Aquila, 5 ottobre 2020, in *Fallimento*, 2021, 370.

[6] Così MAFFEI ALBERTI, *Commentario breve*, 1319. Sulla possibilità di risoluzione anche prima dell'anno dall'ultimo adempimento Cass., 28 maggio 2014, n. 11885, qualora nel concordato con cessione dei beni risulta che il loro valore non consente di poter soddisfare neppure in minima parte i chirografari e integralmente i privilegiati.

tra forma. Si potrebbe dunque ritenere che laddove, in pendenza dell'esecuzione, appaia ragionevolmente certo che tale soddisfacimento non attingerà una misura non inferiore ai valori di liquidazione, si possa chiedere in tal caso la risoluzione del concordato prescindendo dal *dies a quo* rappresentato dal completamento delle relative operazioni previste nel piano. Senza poi considerare che oggi il piano in continuità dovrà prevedere per ciascun creditore l'utilità specificamente individuata e in quello liquidatorio il soddisfacimento dei chirografari in misura non inferire al 20%. C'è dunque da ritenere che anche in ragione di queste esigenti specificazioni del contenuto satisfattivo del piano possano ampliarsi i presupposti per la risoluzione del concordato, soprattutto laddove questo sia di tipo liquidatorio[7].

3. – Altra significativa novità è quella in base alla quale il tribunale dichiara aperta la liquidazione giudiziale solo a seguito della risoluzione del concordato, salvo che lo stato di insolvenza consegua a debiti sorti successivamente al deposito della domanda di concordato preventivo. Questa disposizione presenta diversi profili problematici. In prima battuta si potrebbe affermare che in via di principio la liquidazione giudiziale non possa essere disposta *omisso medio* – ovvero con pretermissione della risoluzione del concordato – nel caso in cui l'inadempimento attenga a debiti concordatari ovvero la cui soddisfazione sia prevista nell'ambito della proposta e del piano. La norma infatti dispone che «*il tribunale dichiara aperta la liquidazione giudiziale solo a seguito della risoluzione del concordato*»: quindi la mancata risoluzione del concordato costituisce ragione ostativa alla liquidazione giudiziale[8]. Se è questo il senso della nuova disposizione, la stessa non sembra in linea con la famosa sentenza delle Sezioni Unite della Cassazione, secondo la quale il fallimento può essere dichiarato anche per l'insolvenza inerente all'inadempimento delle obbligazioni concordatarie e a prescindere dalla risoluzione del concordato[9]. Pur trattandosi di un arresto giurisprudenziale nomofilattico, tuttavia va osservato che la questione della dichiarazione di fallimento, ora liquidazione giudiziale, senza la previa risoluzione del concordato poteva essere riguardata non solo dalla visuale del "coordinamento asimmetrico" tra le due procedure, posto che in effetti con l'omologa il concordato si chiude; quanto anche da quella inerente agli effetti dell'omologazione ed alla sua incidenza su un patto (contratto concordatario) tra debitore e creditori. Effetti che determinano la costituzione di un patrimonio destinato secondo le previsioni del piano, e patto che immuta la situazione giuridica precedente a tal punto da eliminare lo stato di insolvenza. Forse la nuova disposizione ha tenuto presenti questi diversi profili della vicenda, relegando la liquidazione giu-

---

[7] In dottrina si è anche rilevato di tenere conto della sopravvenuta non fattibilità del piano, così FABIANI, *Per la chiarezza*, 178. Si veda anche NARDECCHIA, *La risoluzione*, 1332 secondo il quale «l'aperta violazione del piano potrebbe non determinare la risoluzione del concordato perché il debitore è comunque stato in grado di soddisfare i creditori nei termini della proposta, così come l'osservanza del piano non è di certo ostativa alla risoluzione del concordato ove il debitore non abbia comunque adempiuto alla proposta». Sulla possibilità di una risoluzione sulla base della previsione di un futuro inadempimento ricadendo tale onere sul creditore istante LO CASCIO, *Il concordato preventivo*, 731.

[8] In questo senso sembra essere anche il pensiero di DE SANTIS, *Le Sezioni Unite*, 461.

[9] Si tratta di Cass., SS.UU., 14 febbraio 2022, n. 4696, in *Fallimento*, 2022, 461 con approfondita nota di De Santis.

diziale *omisso medio* solo alla ipotesi di nuova insolvenza [10]. La nuova disposizione sembra dunque di segno contrario, rispetto all'orientamento delle Sezioni Unite, prevedendo che la liquidazione *omisso medio* possa essere disposta per una nuova insolvenza. Solo in questo caso quindi può essere aperta la liquidazione giudiziale senza la risoluzione del concordato, seppure sarebbe stato meglio fare riferimento ad obbligazioni sorte dopo l'omologa del concordato e non dopo la domanda di concordato. Rimane però il dubbio di cosa si intenda per debiti sorti dopo la domanda: si tratta di debiti prededucibili legati alla pendenza della procedura di concordato, o alla continuità aziendale post ammissione, o a debiti contratti dal debitore una volta omologato il concordato e come tali non previsti nel piano concordatario?

Il tenore letterale della norma si presta a ricomprendere in realtà tutte queste ipotesi e dunque si potrebbe ritenere che anche debiti prededucibili post ammissione alla procedura possano determinare l'apertura della liquidazione giudiziale a prescindere dalla risoluzione se l'insolvenza riguarda tali debiti, dovendosi trattare di uno stato di insolvenza nuovo rispetto a quello che ha dato luogo al concordato. In questo caso allora dovrebbe ammettersi che, da un lato, non risolvendosi il concordato rimane fermo il patrimonio destinato al soddisfacimento dei creditori concordatari e, dall'altro, che la liquidazione giudiziale dell'imprenditore andrebbe ad investire solo quell'attivo non ricompreso nel piano concordatario.

Il tenore della norma sembra dunque essere conforme a quell'orientamento dottrinale, del tutto condivisibile, in base al quale non si tratta di vedere la risoluzione del concordato quale condizione di fallibilità, ma di tenere conto del fatto che l'accettazione della proposta e la conseguente omologa hanno, per un verso, determinato la falcidia concordataria e, per altro verso, un patrimonio di destinazione sottratto all'imprenditore ritornato in bonis e quindi anche alla libera iniziativa dei creditori concordatari [11].

Questa interpretazione può essere rafforzata da quanto previsto dall'art. 54, comma 2, che, in materia di misure cautelari e protettive, prevede che se il debitore ne ha fatto richiesta nella domanda di cui all'art. 40 dalla data della pubblicazione della medesima nel registro delle imprese i creditori non possono iniziare o proseguire azioni esecutive, e neppure la sentenza di apertura della liquidazione giudiziale può essere pronunciata. Per cui, se tale pronuncia non è ammissibile, *in relazione ai debiti a quel momento esistenti*, in pendenza della procedura di concordato preventivo, c'è da ritenere che a maggior ragione non sia ammissibile neppure dopo l'omologazione dello stesso concordato se non a seguito della sua risoluzione, se l'insolvenza riguarda i debiti concordatari. Peraltro, questa interpretazione che riteniamo conforme al nuovo assetto di disciplina, evita le complesse questioni che si sono poste circa il coordinamento tra le due masse attive distinte e coesistenti: quella concordataria e quella fallimentare.

[10] In questo senso era anche l'opinione di AMBROSINI, *La risoluzione*, 17. In giurisprudenza interessante Cass., 22 maggio 2019, n. 13850 secondo la quale i rapporti tra domanda di fallimento e concordato preventivo omologato in fase di esecuzione dovrebbero essere impostati nel ritenere procedibile l'istanza di fallimento solo dopo la risoluzione del concordato.

[11] Così AMBROSINI, *La risoluzione*, 17.

Articolo 120
Annullamento del concordato

1. Il concordato può essere annullato su istanza del commissario o di qualunque creditore, in contraddittorio con il debitore, quando si scopre che è stato dolosamente esagerato il passivo ovvero sottratta o dissimulata una parte rilevante dell'attivo. Non è ammessa altra azione di nullità.

2. Il ricorso per annullamento deve proporsi nel termine di sei mesi dalla scoperta del dolo e, in ogni caso, non oltre due anni dalla scadenza del termine fissato per l'ultimo adempimento previsto nel concordato.

3. Il procedimento è regolato ai sensi degli articoli 40 e 41.

Vincenzo De Sensi

Sommario: 1. I presupposti dell'annullamento e il loro rapporto con quelli di revoca del concordato. – 2. I termini di decadenza per l'azione di annullamento.

1. – L'annullamento del concordato può essere chiesto su istanza del commissario giudiziale o di qualunque creditore in contraddittorio con il debitore secondo, anche in questo caso, le modalità processuali di cui agli artt. 40 e 41. La previsione in una norma specifica è una novità in quanto, come noto, prima della riforma la disciplina dell'annullamento consisteva in un rinvio a quella del concordato fallimentare di cui all'art. 138 l. fall. La condizione che può determinare l'annullamento del concordato è la "scoperta"[1] di situazioni in grado di incidere, se fossero state conosciute in tempo utile, sulla formazione del consenso da parte dei creditori. La formazione del consenso infatti può essere alterata proprio dalle informazioni inerenti al passivo e all'attivo concordatario. In relazione al passivo deve essere stata scoperta una sua dolosa esagerazione. La qualificazione in termini di dolo porta dunque a ritenere ininfluenti gli eventuali errori in buona fede nella rappresentazione del passivo, o anche soltanto meramente prudenziali quando ad esempio si creano appositi fondi rischi non essendo possibile al momento della formulazione della

[1] Il che esclude la rilevanza di quei fatti o atti che invece siano stati esposti nella proposta e nel piano. Così ad esempio l'evidenza della simulazione di un atto dispositivo non darebbe luogo all'annullamento nella misura in cui i creditori ne sono informati da parte dello stesso debitore proponente. Sulla informazione al ceto creditorio: CENSONI, *L'annullamento*, 36.

proposta poter ritenere sussistente o meno una posta passiva. Oppure quando essa dipende da mere previsioni che come tali si espongono a rischi di incertezza e opinabilità e quindi come tali sfuggono ad una rappresentazione dolosa. Per altro verso, in relazione all'attivo, la legge dà rilevanza alla sottrazione o dissimulazione di attivo [2]. Si tratta di condotte che trovano un loro corrispondente nella fattispecie di reato di bancarotta patrimoniale. Infatti l'art. 322 dà rilevanza alla distrazione o dissimulazione di attivo e quindi sostanzialmente a condotte che determinano una riduzione della garanzia patrimoniale *ex* art. 2740 c.c. a danno del ceto creditorio. In generale, si tratta di condotte che possono consistere anche nella materiale distruzione dei beni, o nel far figurare sui beni garanzie inesistenti, o nel non evidenziare crediti o diritti. C'è da osservare comunque che secondo un indirizzo della Cassazione [3] non si tratta di un elenco tassativo di ipotesi di annullamento, potendosi dare rilevanza anche a tutti quegli atti di frode che hanno alterato il consenso dei creditori inducendoli in errore «sulla fattibilità e convenienza del concordato». Quindi deve trattarsi comunque di un errore rilevante ed incidente sui due profili fondamentali della vicenda concordataria [4]. Questa interpretazione potrebbe oggi essere confermata dalla estrema valorizzazione della circolazione delle informazioni anche in sede concordataria e del principio di buona fede e di completa e corretta *disclosure* patrimoniale addirittura canonizzata tra i «*Principi generali*» della disciplina dei rimedi della crisi. Difatti, se guardiamo all'art. 4 non solo sono richiamati i principi di buona fede e correttezza, ma in capo al debitore ricade il dovere specifico di illustrare la propria situazione in modo «*completo, veritiero e trasparente*», fornendo tutte le informazioni adeguate rispetto al rimedio utilizzato [5]. Per cui, sembrerebbe in contrasto con questo nuovo quadro di riferimento ritenere che le ipotesi di annullamento del concordato preventivo siano tassative [6]. In sostanza, la maggiore vicinanza delle informazioni ai canoni civilistici che in generale presidiano le trattative tra privati non può che determinare un maggiore livello di tutela del consenso informato dei creditori e quindi una maggiore sensibilità del rimedio del-

---

[2] In generale sulle condotte: DE VITA, *Il regime*, 937; USAI, *Esecuzione, risoluzione*, 3788; RUSSO, *L'atto*, 890. Sulla fattibilità: TERRANOVA, *La fattibilità*, 149.

[3] Così Cass., 14 settembre 2016, n. 18090, in *Giur. it.*, 2017, 889. In senso critico CENSONI, *L'annullamento*, 29. In senso conforme alla Cassazione, Trib. Campobasso, 28 aprile 2021, in *Fallimento*, 2022, 98.

[4] Su tale aspetto: GUGLIELMUCCI, *Diritto fallimentare*, 341; SANDULLI, D'ATTORE, *Manuale delle procedure*, 255.

[5] L'impostazione classica della dottrina era nel senso che la norma tutelasse le genuinità e la spontaneità, valori oggi meglio specificati in termini di buona fede e correttezza tra i principi generali del Codice. Così in termini risalenti: PAJARDI, PALUCHOWSKI, *Manuale di diritto*, 721.

[6] Non si tratta infatti di ritenere asetticamente equiparabili i motivi di revoca del concordato con quelli di annullamento, ma di tenere conto del fatto che il legislatore riconosce una valenza peculiare alla buona fede e correttezza nei rimedi per la gestione della crisi e quindi alla consapevole e non alterata volontà dei creditori. Del resto anche la dottrina di segno negativo all'estensione delle ipotesi di annullamento anche agli altri atti di frode, osserva che «la stessa ratio della norma di cui sopra, che ora, abbandonata l'originaria funzione sanzionatoria, mirerebbe solo a tutelare l'interesse dei creditori ad una corretta informazione circa la situazione patrimoniale, economica e finanziaria dell'imprenditore, affinché essi possano esprimere, in sede di votazione, un consenso informato e non viziato da fatti o comportamenti che siano suscettibili di alterare in modo rilevante la valutazione di quella situazione». Sui motivi di revoca del concordato: GALLETTI, *La revoca*, 730; FAUCEGLIA, *Revoca dell'ammissione*, 1691; PENTA, *La revoca*, 735.

l'annullamento. In questo caso non riteniamo che ci possa essere l'inconveniente di estendere a dismisura le ipotesi rilevanti ai fini dell'annullamento con pregiudizio per la stabilità del concordato, in quanto comunque deve trattarsi di fatti aventi l'attitudine a ingannare e a indurre in errore il ceto creditorio rimanendo sempre nella cornice dei principi generali del Codice cui deve ispirarsi la condotta del debitore. Inoltre, dovendo questi atti incidere sulla fattibilità e convenienza del concordato, dovranno anche assumere una intrinseca rilevanza in relazione al complessivo assetto definito con il piano concordatario e dunque non essere di scarsa importanza.

2. – Anche in questo caso la norma dà rilevanza al tempo per la richiesta di annullamento prevedendo un doppio termine riferito, da un lato, alla scoperta del dolo e, dall'altro, all'ultimo adempimento previsto nel concordato. Per cui, l'annullamento va chiesto entro il termine di sei mesi dalla scoperta del dolo e in ogni caso non oltre due anni dalla scadenza del termine fissato per l'ultimo adempimento. Anche in questo caso dunque possono porsi gli stessi problemi di determinazione dell'ultimo adempimento che abbiamo visto con riguardo alla risoluzione. È dunque rilevante la scoperta del dolo che ovviamente si identifica con la rilevazione dell'atto che costituisce manifestazione dell'elemento psicologico di arrecare danno ai creditori o di condividere informazioni decettive capaci di alterare il consenso.

Articolo 120-*bis*

Accesso

1. L'accesso a uno strumento di regolazione della crisi e dell'insolvenza è deciso, in via esclusiva, dagli amministratori unitamente al contenuto della proposta e alle condizioni del piano. La decisione deve risultare da verbale redatto da notaio ed è depositata e iscritta nel registro delle imprese. La domanda di accesso è sottoscritta da coloro che hanno la rappresentanza della società.

2. Ai fini del buon esito della ristrutturazione il piano può prevedere qualsiasi modificazione dello statuto della società debitrice, ivi inclusi aumenti e riduzioni di capitale anche con limitazione o esclusione del diritto di opzione e altre modificazioni che incidono direttamente sui diritti di partecipazione dei soci, nonché fusioni, scissioni e trasformazioni.

3. Gli amministratori sono tenuti a informare i soci dell'avvenuta decisione di accedere a uno strumento di regolazione della crisi e dell'insolvenza e a riferire periodicamente del suo andamento.

4. Dalla iscrizione della decisione nel registro delle imprese e fino alla omologazione, la revoca degli amministratori è inefficace se non ricorre una giusta causa. Non costituisce giusta causa la presentazione di una domanda di accesso a uno strumento di regolazione della crisi e dell'insolvenza in presenza delle condizioni di legge. La deliberazione di revoca deve essere approvata con decreto dalla sezione specializzata del tribunale delle imprese competente, sentiti gli interessati.

5. I soci che rappresentano almeno il dieci per cento del capitale sono legittimati alla presentazione di proposte concorrenti ai sensi dell'articolo 90. La domanda è sottoscritta da ciascun socio proponente.

6. Le disposizioni di questo articolo si applicano, in quanto compatibili, agli strumenti di regolazione della crisi e dell'insolvenza presentati dagli imprenditori collettivi diversi dalle società.

Simone D'Orsi

Sommario: 1. Ambito applicativo. – 2. Competenza esclusiva degli amministratori. – 3. Revoca degli amministratori. – 4. Tutela verso l'iniziativa degli amministratori: impugnazioni e proposte concorrenti dei soci. – 5. Applicazione alle imprese collettive in forma non societaria.

1. – A dispetto della collocazione nel capo dedicato al concordato preventivo, l'art. 120-*bis* richiama la categoria degli «*strumenti di regolazione della crisi e dell'insolvenza*», a cui l'art. 2, lett. *m-bis*) dedica una definizione tanto ampia da comprendere istituti che non sempre risultano adattabili alla nuova disciplina [1].

Per via degli effetti previsti, l'art. 120-*bis* risulta: applicabile integralmente al concordato preventivo e al piano di ristrutturazione soggetto ad omologazione; applicabile solamente in parte agli strumenti che, come l'accordo di ristrutturazione, non consentono la formulazione di proposte concorrenti [2]; inapplicabile a quelli che, come il piano attestato di risanamento, prescindono da una domanda della società.

Un'ulteriore restrizione dell'ambito applicativo è teorizzata da quell'autorevole parte della dottrina che circoscrive la portata dell'art. 120-*bis* a concordato preventivo, accordi di ristrutturazione e piano soggetto ad omologazione [3]; principale ricaduta di questa ricostruzione è la riproposizione delle tesi che già nel vigore della legge fallimentare escludevano la legittimazione dell'organo amministrativo a domandare l'accertamento dell'insolvenza [4]. In altra direzione è orientata l'opinione favorevole all'inclusione della liquidazione giudiziale ed anche delle procedure di sovraindebitamento tra gli strumenti di regolazione della crisi e dell'insolvenza a cui l'art. 120-*bis* si dichiara applicabile [5]. A favore di quest'ultima impostazione, e quindi per la configurazione di un potere degli amministratori tale da precludere interferenze dell'organo assembleare, possono orientare argomenti ulteriori rispetto alla definizione degli strumenti di regolazione della crisi e dell'insolvenza dettata nell'art. 2, lett. *m-bis*) [6]. In primo luogo, l'accentramento delle funzioni segue la tendenza consolidata a consentire l'attivazione dei rimedi concorsuali sulla base di una iniziativa autonoma degli amministratori [7], giustificata con il perseguimento di interessi che non si esauriscono in quelli della compagine sociale e non sembrano estranei alla liquidazione giudiziale né alle procedure di sovraindebitamento [8]. Nella stessa direzione orienta, quanto meno per la liquidazione giudiziale, l'attribuzione di una legittimazione concorrente agli organi di controllo, la quale: certamente esclude interferenze dei soci; configura un potere derivato da

---

[1] La definizione individua tali strumenti con «*le misure, gli accordi e le procedure volti al risanamento dell'impresa attraverso la modifica della composizione, dello stato o della struttura delle sue attività e passività o del capitale, oppure volti alla liquidazione del patrimonio o delle attività che, a richiesta del debitore, possono essere preceduti dalla composizione negoziata della crisi*».

[2] Per considerazioni ulteriori, § 4.

[3] NIGRO, *Codice della crisi*, 97, nota 1; MICHIELI, *Il ruolo dell'assemblea*, 853, che pare tuttavia favorevole all'applicazione dell'art. 120-*bis* alla liquidazione controllata.

[4] Per la sintesi di tale dibattito, CLEMENTE, APREA, *Art. 6*, 78 ss.; BERTOLOTTI, *Poteri e responsabilità*, 68 ss.

[5] Per l'applicazione dell'art. 120-*bis* rispettivamente alla liquidazione giudiziale e al concordato minore, e quindi a una procedura di sovraindebitamento, ROSSI, *I soci*, 946; SPADARO, *Il concordato*, 124.

[6] L'argomento fondato su tale definizione è pregiudicato dalle disposizioni contenute nello stesso Codice che da essa sembrano discostarsi. Tra queste figura l'art. 40: diretta proprio a regolare l'iniziativa, la disposizione menziona la liquidazione giudiziale separatamente dagli altri strumenti di regolazione della crisi e dell'insolvenza; inoltre, menziona solamente tali strumenti e non la liquidazione giudiziale nel comma che rinvia proprio all'art. 120-*bis* per disciplinare l'iniziativa delle società. Di tali indicazioni testuali tiene conto soprattutto NIGRO, *Codice della crisi*, 97, nota 1.

[7] Questa linea evolutiva è posta in risalto da MEO, *I soci*, 295.

[8] Proprio il perseguimento di interessi ulteriori rispetto a quelli della compagine sociale è richiamato per suggerire un generale accentramento delle competenze "concorsuali" in capo agli amministratori da SACCHI, *Le operazioni straordinarie*, 786 s.; ID., *Sul così detto*, 1299.

quello degli amministratori e diretto proprio a rimediare alla loro inerzia[9]. Infine, l'esclusione di interferenze dell'assemblea nell'iniziativa per la liquidazione della società o l'avvio di procedure di sovraindebitamento sembra trovare una convincente spiegazione nella corrispondenza tra, da un lato, i doveri di monitoraggio e reazione, dall'altro, la responsabilità degli amministratori per il ritardo o l'inerzia contro la crisi[10].

2. – La competenza riconosciuta per legge agli amministratori preclude deroghe statutarie[11]: clausole di riserva all'assemblea sono invalide, in via originaria o sopravvenuta a seconda che la loro introduzione sia successiva o precedente all'entrata in vigore del Codice[12].

Una limitazione del potere riconosciuto all'organo gestorio può tuttavia dipendere dall'interferenza tra quelle concorsuali e le regole del diritto societario.

Sono due le incertezze principali.

La prima riguarda il potere dei soci convocati per assumere gli «*opportuni provvedimenti*» prescritti dagli artt. 2446, comma 1 e 2482-*bis*, comma 1, c.c. di decidere il ricorso a uno strumento di regolazione della crisi e dell'insolvenza. Riconosciuta nel vigore della legge fallimentare[13], l'ammissibilità di una simile decisione sembra oggi da escludere. Nel sistema attuale il potere degli amministratori non deriva da quello dei soci e non tende a realizzare solamente il loro interesse. Sembra perciò da escludere l'assunzione da parte dei soci di decisioni suscettibili di imporre o al contrario impedire l'iniziativa degli amministratori, come pure l'individuazione dello strumento e la sua conformazione[14].

Il secondo tema è sollevato dalla tesi che esclude l'estensione ai liquidatori dei poteri riconosciuti dall'art. 120-*bis*, commi 1 e 2 agli amministratori[15]. Questa impostazione prende spunto dalla giurisprudenza consolidata nel vigore della legge fallimentare, contraria alla configurazione di iniziative autonome dei liquidatori sulla base degli artt. 2487, comma 1, lett. *c)* e 2489, comma 1, c.c., e quindi rispettivamente della regola che affida all'assemblea l'individuazione dei loro poteri e di quella che riconosce per legge i soli compiti strumentali alla liquidazione non esclusi dallo statuto né dall'atto di nomina[16].

---

[9] In termini analoghi, con riferimento alla legittimazione riconosciuta agli organi di controllo dall'art. 37, comma 2, FABIANI, PAGNI, *I giudizi*, 158 s.

[10] In termini generali, per la correlazione tra potere di iniziativa e responsabilità degli amministratori, STANGHELLINI, *Il codice*, 12. Nella stessa prospettiva orienta la Relazione illustrativa quando collega le prerogative dei gestori ai loro doveri di monitoraggio e reazione alla crisi.

[11] Mentre sembra pacifica l'invalidità di clausole statutarie difformi, può porsi il dubbio sull'inclusione dell'iniziativa tra gli atti delegabili dal consiglio nelle società per azioni. Poiché si tratta di attività estranea alla normale gestione, sembra da ribadire l'orientamento contrario già prevalente nel vigore della legge fallimentare, sostenuto da FRANZONI, *Delle società*, 83; LICCARDO, *Art. 161*, 2054; SACCHI, *La responsabilità*, 311.

[12] Rimangono valide le clausole difformi dall'art. 120-*bis*, comma 1 consentite da regole eccezionali, tra cui rientra l'art. 265, comma 2 per quanto riguarda il concordato nella liquidazione giudiziale.

[13] GUERRERA, *Le competenze*, 1126 ss.; ROSSI, *La* governance, 257.

[14] Sono la competenza esclusiva e la responsabilità degli amministratori a non rendere convincente la tesi di ESPOSITO, *Il ridimensionamento*, 409, favorevole al riconoscimento di una responsabilità dei soci i quali «cooperino (decidendo o autorizzando intenzionalmente) con gli amministratori, nell'inottemperanza alle regole espresse dagli artt. 2086 c.c., 3 CCII e 120-*bis* ss. CCII».

[15] SPADARO, *Il concordato*, 114.

[16] Cass., 14 giugno 2016, n. 12273, in *Fallimento*, 2016, 1305, con nota di Faucеglia.

Contro la riproposizione della tesi nel contesto attuale orienta un rilievo di carattere generale: l'esclusione della competenza automatica dei liquidatori si giustificava con il principio della neutralità organizzativa delle procedure concorsuali, diretto a confermare l'applicazione della disciplina societaria in mancanza di previsioni di segno contrario in quella concorsuale[17]. Proprio la disciplina contenuta negli artt. 120-*bis* ss. abroga il principio tradizionale e consente di superare eventuali lacune – inclusa quella sulle prerogative dei liquidatori di società in crisi o insolventi – tramite norme e principi del Codice in alternativa a quello civile[18]. Sono la pari dignità delle due fonti e la sussistenza delle stesse esigenze di tutela a suggerire l'applicazione analogica ai liquidatori della regola che riserva l'iniziativa agli amministratori, e quindi all'organo professionale incaricato di perseguire interessi altrui[19].

3. – L'art. 120-*bis*, comma 4 delinea per la revoca degli amministratori un meccanismo analogo quello già previsto per quella dei sindaci dall'art. 2400, comma 2, c.c.: l'efficacia dell'atto è condizionata all'accertamento giudiziale della giusta causa per il periodo che va dalla pubblicazione della decisione di ricorrere allo strumento di regolazione della crisi o dell'insolvenza fino alla sua interruzione[20]. La rimozione dall'incarico può essere decisa liberamente, ma rimane priva di effetti fino al provvedimento di autorizzazione o all'esaurimento della procedura[21].

Nella prospettiva dell'art. 120-*bis*, comma 4 la giusta causa di revoca assume una funzione e un significato particolari[22]. Di regola, la ragione della decisione rileva sul piano

[17] Sul principio di neutralità, NIGRO, *Le società*, 336; ID., *Le ristrutturazioni societarie*, 390; ID., *Il "diritto societario*, 1226 ss.

[18] Per l'abrogazione del principio di neutralità con l'entrata in vigore del Codice, SPADARO, *Il concordato*, 112; BROGI, *I soci*, 1291. Il progressivo declino del principio tradizionale è segnalato già in seguito all'introduzione delle proposte concorrenti di concordato preventivo da numerosi autori; tra questi, PINTO, *Concordato preventivo*, 100 ss.

[19] Il raccordo tra logica societaria e concorsuale pone problemi ulteriori qualora l'assemblea definisca ai sensi dell'art. 2487, comma 1, lett. *c*), c.c. modalità di liquidazione suscettibili di escludere il ricorso a qualche strumento di regolazione della crisi e dell'insolvenza oppure precludere specifiche soluzioni. Le considerazioni esposte nel testo portano a considerare indisponibile la competenza riconosciuta dalla legge ai liquidatori, e quindi invalida ogni limitazione negoziale.

[20] La disciplina in vigore sembra recepire il suggerimento formulato da STANGHELLINI, *Verso uno statuto*, 313, di precludere la revoca *ad nutum* degli amministratori successivamente alla loro iniziativa. È da sottolineare che i limiti alla revoca dei gestori smentiscono sia quello della neutralità organizzativa sia il principio correlato dell'inefficacia degli istituti concorsuali sulle prerogative dei soci; per la tradizionale indifferenza dei loro poteri amministrativi al concorso, MAISANO, *Il concordato preventivo*, 69 ss.; NIGRO, *Le società*, 324 s.; SANTAGATA, *Le fusioni*, 37 s.

[21] Nel fermare l'attenzione su delicate questioni procedurali SPADARO, *Il concordato*, 113, osserva che: l'approvazione giudiziale della revoca deve essere chiesta dai soci o direttamente dalla società; quest'ultima partecipa in ogni caso al giudizio, se necessario tramite un curatore speciale; il decreto del tribunale è suscettibile di reclamo in corte d'appello. È incerto se sia necessaria l'indicazione nella delibera della giusta causa di revoca, secondo quanto sostenuto dalla dottrina prevalente – a titolo d'esempio, da TEDESCHI, *Il collegio sindacale*, 64 – per la revoca dei sindaci.

[22] Le osservazioni che seguono, inclini alla "dissociazione" tra giusta causa rilevante per il Codice e quello civile, non possono riferirsi alla disciplina stabilita dall'art. 2259, comma 1 per la revoca dell'amministratore nominato nell'atto costitutivo di società di persone. Poiché anche questa norma, al pari dell'art. 120-*bis*, comma 4, riguarda l'efficacia, la sua applicazione è da considerare sospesa nella fase in cui opera la regola ecce-

bilaterale, nei rapporti tra l'amministratore revocato e la società. Strumentale alla pretesa risarcitoria, la giusta causa dipende in genere non dalla mera opportunità [23] ma dalla compromissione dell'affidamento dei soci [24], sottoposta ad un accertamento nel quale risultano costanti valutazioni di carattere soggettivo sulla condotta pregressa e l'idoneità degli amministratori revocati a proseguire nell'incarico [25]. Diverso è lo scopo dell'art. 120-*bis*, comma 4. Non si tratta di tutelare i componenti dell'organo amministrativo da decisioni arbitrarie né di garantire l'affidamento dei soci, ma di assicurare la stabilità e – per quanto possibile – l'autonomia della funzione gestoria nel fare fronte al dissesto della società [26]. Diventa lineare la conclusione di un diverso concetto di giusta causa, nel quale rilevano anche mere ragioni di opportunità ed interessa non tanto la gestione pregressa ma l'utilità della revoca a favorire la reazione alla crisi o all'insolvenza, a prescindere dalla giustificazione della revoca nella prospettiva risarcitoria [27].

4. – La competenza degli amministratori a predisporre sia la domanda sia un piano che l'art. 120-*bis* riconosce idoneo a intervenire direttamente sui diritti e gli interessi dei soci esalta il problema della loro tutela [28]. È la stessa disposizione a consentire l'individuazione di alcuni strumenti di protezione.

Funzionale alla tutela dei soci è anzitutto il diritto riconosciuto dall'art. 120-*bis*, comma 3 di avere informazioni sulla decisione di formulare la domanda [29] e poi sugli sviluppi successivi [30].

Un primo strumento di protezione si ricava poi dal meccanismo delineato dall'art. 120-*bis*, comma 1. La disposizione consente di distinguere due decisioni degli ammini-

---

zionale del Codice; questo per l'ovvia ragione che l'atto di revoca non può configurarsi come assolutamente efficace e inefficace allo stesso tempo.

[23] Ragioni di mera convenienza sono tuttavia giudicate sufficienti dalla giurisprudenza più recente, e in particolare da Cass., 16 dicembre 2020, n. 28719, in *Foro it.*, 2021, I, 2179, preceduta però in senso contrario da Cass., 5 luglio 2019, n. 18182. Contro la rilevanza di mere ragioni di opportunità è ancora attuale la ricostruzione di CASELLI, *Vicende del rapporto*, 80 ss.

[24] Trib. Cuneo, 6 marzo 2013, in *ilcaso.it*; Trib. Napoli, 25 novembre 2014, in *Società*, 2015, 1371; Trib. Catanzaro, 4 dicembre 2018, in *ilcaso.it*; Cass., 7 agosto 2004, n. 15322.

[25] DI CATALDO, ROSSI, *Osservazioni in tema*, 538.

[26] Per la strumentalità dei limiti all'efficacia della revoca al rafforzamento delle prerogative degli amministratori, AMBROSINI, *Il codice*, 6; DE BERNARDIN, *La domanda*, 48.

[27] Sembra autorizzabile ai sensi dell'art. 120-*bis*, comma 4 la revoca del soggetto "incolpevole" ma incapace di raccogliere il consenso di creditori indisponibili a concordare le condizioni del risanamento con i gestori in carica. Allo stesso modo, risulta da autorizzare la revoca decisa allo scopo di passare da una gestione collegiale ad una monocratica, per la quale la giusta causa "risarcitoria" è tuttavia esclusa da Cass., 18 settembre 2013, n. 21342, in *Giur. comm.*, 2014, II, 405, con nota di Calandra Buonaura.

[28] Su tale problema con riguardo all'ultima formulazione della legge fallimentare, tra gli altri, PACILEO, Cram down *e salvaguardie*, 98 ss.

[29] Il riferimento contenuto nell'art. 120-*bis*, comma 3 alla «*avvenuta decisione*» colloca il dovere informativo "a valle" della scelta, con il fine di escludere che comunicazioni anteriori possano consentire manovre ostruzionistiche ai soci. Contro il dovere degli amministratori di rendere una informativa anticipata rispetto al ricorso a uno strumento concorsuale, già nel sistema previgente, NIGRO, *Crisi dell'impresa*, 19 ss.; in altra direzione, STANGHELLINI, *Verso uno statuto*, 310.

[30] È incerto se l'informativa "concorsuale" sostituisca quella "societaria", come sembra sostenere MALTONI, *Fusione e scissione*, 452.

stratori – quella di formulare la domanda e poi quella sull'articolazione del piano e della proposta[31] – entrambe impugnabili dai soci se lesive dei loro diritti[32].

Un ulteriore strumento di reazione a soluzioni sgradite per uno o più soci è dato dal diritto di formulare proposte concorrenti[33]. La necessità di una procedura che consenta di mettere più alternative in competizione ed il rinvio all'art. 90 restringono la legittimazione dei soci al concordato preventivo e al piano di ristrutturazione soggetto ad omologazione. Proprio il rinvio all'art. 90 e il generico riferimento che il comma 5 di questa disposizione formula alle «*proposte concorrenti*» orientano una parte della dottrina a riferire anche a quelle dei soci l'inammissibilità per via della prospettazione almeno di certe soglie di pagamento ai creditori chirografari[34]. Ciononostante, mentre l'efficacia preclusiva della misura dei pagamenti nei confronti dei creditori si spiega nella prospettiva di incentivare il debitore a massimizzare il loro interesse, la stessa regola rimane priva di giustificazione se riferita alle iniziative dei soci[35]. È per questa ragione che sembra preferibile una interpretazione restrittiva del rinvio all'art. 90, comma 5, tale da consentire proposte dei soci a prescindere dal pagamento prospettato ai creditori con la proposta principale.

5. – Il comma di chiusura estende le regole dettate dall'art. 120-*bis* agli imprenditori collettivi in forma non societaria. L'applicazione a questi enti è sottoposta ad uno scrutinio di compatibilità che ricorre anche nelle altre disposizioni dedicate dal Codice alle imprese collettive non societarie[36]. Nonostante la verifica di compatibilità sia da svolgere caso per caso – considerando sia la regola teoricamente applicabile sia la struttura organizzativa della specifica impresa – sembra possibile ipotizzare l'applicabilità almeno delle regole dettate nei primi commi[37]. Un discorso più articolato è da svolgere per la legittimazione a formulare proposte concorrenti. A risultare incerta pare essere non tanto l'ammissibilità di tali proposte, ma la soglia da considerare in sostituzione della percentuale di partecipazione al capitale richiamata nell'art. 120-*bis*, comma 5. In mancanza di istituti assimilabili al

[31] La distinzione è sottolineata dalla Relazione illustrativa, quando si precisa che «*la forma del verbale notarile è [...] necessaria per la sola decisione di accedere allo strumento, mentre la determinazione del contenuto del piano, che non di rado segue a distanza di tempo dalla prima, risponderà ai requisiti di forma previsti per lo specifico tipo di società*».

[32] SPADARO, *Il concordato*, 114.

[33] In merito alla funzione di tutela in senso lato delle proposte concorrenti, nell'auspicare l'estensione della legittimazione ai soci prima dell'ultima riforma, SANTONI, *Gli azionisti*, 364 ss.

[34] BROGI, *I soci*, 1300; ESPOSITO, *Il ridimensionamento*, 407 s. Nell'ambito di un discorso di carattere generale, AMBROSINI, *Il codice*, 7; PANZANI, *I doveri*, 24, suggeriscono l'applicazione alle proposte dei soci delle regole che per mero difetto di aggiornamento – e quindi senza una ragione plausibile – continuano a riferirsi alle sole proposte dei creditori.

[35] Su tale funzione, tra i tanti, ABRIANI, *Sulla legittimazione*, 31. A ben vedere, l'incentivo a promettere già con la proposta principale percentuali elevate ai creditori rafforza la necessità della legittimazione dei soci a formulare proposte concorrenti; questo allo scopo di consentire la formulazione di un piano più vantaggioso per il loro interesse o anche solo un diverso criterio di distribuzione delle risorse disponibili.

[36] Allo stesso modo, artt. 120-*quater*, comma 4 e 259.

[37] Pare andare in senso conforme la considerazione espressa da NIGRO, *Gli imprenditori collettivi*, 1604, di una progressiva "societarizzazione" delle imprese collettive.

capitale, sembrano prospettarsi due soluzioni alternative: o la legittimazione individuale dei singoli componenti, tanto più probabile qualora sussista la loro responsabilità per le obbligazioni dell'impresa; o la legittimazione di coloro che abbiano contribuito per almeno un decimo alla formazione del patrimonio destinato all'impresa [38].

[38] A titolo d'esempio, sembrano immaginabili: la prima soluzione per le associazioni non riconosciute, prive di un patrimonio destinato all'impresa chiaramente individuabile; la seconda per i consorzi, con una legittimazione commisurata al contributo individuale alla formazione del fondo consortile. Sulla nozione di patrimonio destinato allo svolgimento di una attività di imprese in forma non societaria, CETRA, *L'impresa collettiva*, 127 ss.

Articolo 120-*ter*

Classamento dei soci e dei titolari di strumenti finanziari

1. Lo strumento di regolazione della crisi e dell'insolvenza può prevedere la formazione di una classe di soci o di più classi se esistono soci ai quali lo statuto, anche a seguito delle modifiche previste dal piano, riconosce diritti diversi.

2. La formazione delle classi previste dal comma 1 è obbligatoria se il piano prevede modificazioni che incidono direttamente sui diritti di partecipazione dei soci e, in ogni caso, per le società che fanno ricorso al mercato del capitale di rischio.

3. I soci, inseriti in una o più classi, esprimono il proprio voto nelle forme e nei termini previsti per l'espressione del voto da parte dei creditori. All'interno della classe il socio ha diritto di voto in misura proporzionale alla quota di capitale posseduta anteriormente alla presentazione della domanda. Il socio che non ha espresso il proprio dissenso entro il suddetto termine si ritiene consenziente.

4. Le disposizioni di questo articolo si applicano, in quanto compatibili, ai titolari di strumenti finanziari, a eccezione di quelli che attribuiscono il diritto incondizionato al rimborso anche parziale dell'apporto.

Simone D'Orsi

Sommario: 1. Ambito applicativo. – 2. Classamento obbligatorio, facoltativo e vietato nel sistema nazionale ed europeo. – 3. Ulteriori condizioni per l'esercizio del voto. – 4. Cristallizzazione della compagine sociale ai fini del voto. – 5. Disciplina applicabile ai titolari di strumenti finanziari partecipativi.

1. – La predisposizione di una o più classi di soci sembra essere consentita dall'art. 120-*ter*, comma 1 nell'ambito di un qualsiasi «*strumento di regolazione della crisi e dell'insolvenza*». A dispetto di questa indicazione generica, classamento e voto postulano la natura negoziale dello strumento e poi la sussistenza di un sistema idoneo a consentire la partecipazione dei soci all'approvazione. Entrambi i requisiti ricorrono negli istituti che consentono l'omologazione sulla base del solo consenso "per classi", quindi piano di ristrutturazione soggetto ad omologazione e al concordato preventivo[1]. Considerazioni più com-

[1] Per il classamento dei soci nel concordato nella liquidazione giudiziale e in quello minore SPADARO, *Il*

plesse vanno dedicate ad istituti come il concordato nella liquidazione giudiziale e in quello minore: salva l'ipotesi della ristrutturazione trasversale nel secondo istituto, entrambe queste specie di concordato esigono l'approvazione sia dalla maggioranza delle classi sia dalla maggioranza dei creditori. In mancanza di un criterio che consenta di assimilare i soci ai creditori per compiere il calcolo della seconda maggioranza sono ipotizzabili due soluzioni: esclusione del classamento dei soci, e cioè inapplicabilità dell'art. 120-*ter*; rilevanza attenuata del voto espresso dai soci, del quale si tiene conto per verificare l'approvazione da parte della maggioranza delle classi complessive, ma non per l'approvazione dalla maggioranza dei creditori sociali [2].

2. – I primi due commi dell'art. 120-*ter* sollevano il problema dei presupposti per il classamento dei soci, che sembrano individuati secondo criteri incoerenti rispetto a quanto previsto dalla direttiva (UE) 2019/1023 del Parlamento europeo e del Consiglio del 20 giugno 2019 (c.d. Direttiva *Insolvency*) [3].

L'art. 9, § 2, della Direttiva impone: l'esclusione dal voto delle «*parti non interessate*», identificate dall'art. 2, § 1, n. 2 nei soci che non sino titolari di interessi incisi dal piano; il riconoscimento del voto alle sole «parti interessate», con la possibilità di escludere i soci anche qualora rivestano tale qualifica [4]. La Direttiva delinea una secca alternativa: o i soci sono esclusi dal voto, benché interessati dal piano; oppure possono esercitarlo se rientrano tra le parti interessate. Non pare invece consentito il voto dei soci privi di interesse [5].

Ciononostante, l'art. 120-*ter* sembra consentire proprio la formazione della classe dei soci a prescindere dal coinvolgimento di un loro interesse da parte del piano. Il comma 2 impone il classamento se questo programma modifiche dello statuto tali da incidere su un loro diritto partecipativo oppure la società fa appello al mercato del capitale di rischio. Il comma precedente sembra consentire il classamento dei soci in ogni altra ipotesi, a prescindere dal contenuto e perciò dagli effetti del piano [6].

Una simile libertà urta contro la possibilità di prevedere in base alla Direttiva di preve-

concordato, 124 s., che riferisce anche le principali ragioni contro la formazione della classe dei soci nel concordato semplificato.

[2] La principale difficoltà riguarda la misurazione dei voti attribuiti a soci e creditori: in mancanza di un criterio diretto *ad hoc*, resta preclusa l'assimilazione di partecipazioni al capitale e frazioni dei crediti sociali, indispensabile per la formazione di un unico insieme e quindi per il calcolo di un'unica maggioranza.

[3] Al problema della coerenza con l'ordinamento europeo si aggiunge quello della conformità della disciplina introdotta nel Codice dall'art. 25, d.lgs. 17 giugno 2022, n. 83 con la legge delega (l. 22 aprile 2021, n. 53), diretta unicamente a consentire l'adeguamento alla Direttiva e perciò insufficiente al riconoscimento di poteri ulteriori al legislatore delegato.

[4] Nel rivelare la funzione di limite all'ostruzionismo dei soci, l'art. 12, § 1 aggiunge la necessità per le legislazioni che non prevedono il classamento dei soci di provvedere «*con altri mezzi affinché ai detentori di strumenti di capitale non sia consentito di impedire o ostacolare irragionevolmente l'adozione e l'omologazione di un piano di ristrutturazione*».

[5] Per la contrarietà alla Direttiva del classamento facoltativo dei soci disinteressati, già FERRI JR., *Il ruolo dei soci*, 544; SCOGNAMIGLIO, VIOLA, *I soci*, 1180 ss.; PERRINO, "Relative priority rule", 37; MIOLA, *Le operazioni societarie*, 638.

[6] Per l'alternativa tra classamento obbligatorio e facoltativo nel sistema in vigore da SPADARO, *Il concordato*, 121; BROGI, *I soci*, 1296.

dere il classamento dei soli soci interessati[7]. La ricerca di soluzioni conformi al diritto europeo porta formulare una distinzione sulla base degli effetti del piano e ad individuare tre ipotesi in sostituzione della secca alternativa tra classamento obbligatorio e facoltativo.

La prima ipotesi è quella del classamento obbligatorio, che l'art. 120-*ter*, comma 2 fa dipendere, oltre che dal ricorso della società al mercato dei capitali di rischio, dalla previsione nel piano di «*modificazioni che incidono direttamente sui diritti di partecipazione dei soci*». Rileva quindi la previsione di una modifica statutaria tale da incidere sulla consistenza quantitativa o qualitativa delle partecipazioni, e quindi direttamente nel patrimonio dei soci[8].

La seconda ipotesi è quella del classamento facoltativo, concepibile quando il piano non prevede una variazione dello statuto tale da incidere direttamente nella sfera giuridica, ma interviene comunque sul loro interesse partecipativo[9]; cioè in relazione ai piani che non producono una alterazione del contenuto formale, ma delle mere condizioni per il godimento di un diritto dei soci[10].

Ultima ipotesi è quella del piano che non riguarda una società che faccia appello al mercato dei capitali di rischio né prevede modifiche dei diritti o dell'interesse partecipativo dei soci[11]. In queste ipotesi, a ben vedere sporadiche[12], il classamento è da considerare precluso per via del loro disinteresse nei confronti del piano[13].

---

[7] Il problema non sembra potersi risolvere con il rilievo che il dissenso dei soci può essere facilmente superato nel concordato preventivo e in quello minore tramite la ristrutturazione trasversale. A prescindere dal rilievo che il classamento riguarda anche strumenti ulteriori, la formazione di una classe di soci disinteressati non sarebbe comunque priva di conseguenze. A titolo d'esempio, il dissenso espresso dalla loro classe potrebbe impedire l'approvazione unanime del piano soggetto ad omologazione e costringere al concordato preventivo oppure, nell'ambito di quest'istituto, imporre la ristrutturazione trasversale in luogo del più semplice procedimento "*standard*" di omologazione.

[8] È l'ipotesi del piano che preveda la riduzione del capitale.

[9] Sembra questa l'ipotesi del piano meramente dilatorio con riferimento alla posizione dei soci con diritto di voto: l'omologazione non opera una modificazione formale dello statuto rilevante nella loro sfera giuridica, ma sembra precludere l'adozione di una delibera di scioglimento anticipato fino al decorso del termine di esecuzione, con un impedimento che incide sull'interesse dei soci ma non su un diritto partecipativo in senso stretto. Esempio ulteriore può essere quello del piano che preveda la scissione della società, il quale non determina l'alterazione formale dei loro diritti, ma incide sull'interesse partecipativo e sottrae alla decisione dei soci un'operazione generalmente irrealizzabile senza la loro approvazione.

[10] Per una distinzione coerente tra diritto e interesse partecipativo, benché delineata ad altro scopo, ANGELICI, *Le società*, 60 e 65; PINTO, *Funzione amministrativa*, 225 ss.

[11] Può essere l'ipotesi del piano meramente dilatorio nei confronti degli azionisti di risparmio, che non incide su un loro diritto né tanto meno su un interesse in senso stretto.

[12] È da sottolineare che nella distinzione tra le ipotesi che impongono, consentono oppure escludono il classamento dei soci rilevano sia il contenuto del piano sia il tipo di società: a titolo d'esempio, operazioni suscettibili di modificare di fatto l'oggetto sociale di una società a responsabilità limitata coinvolgono una decisione riservata ai soci dall'art. 2479, comma 1, n. 5, c.c., la quale impedisce l'esercizio del loro diritto e sembra perciò consentire almeno un classamento facoltativo, da escludere se si ipotizza il medesimo effetto in relazione ad una società per azioni.

[13] Le conseguenze di un erroneo classamento dei soci, così come quelle di un mancato classamento invece necessario in base al contenuto del piano, sembrano diverse a seconda dello strumento che viene in rilievo. L'erronea formazione delle classi preclude l'ammissione del piano soggetto ad omologazione ai sensi dell'art. 64-*bis*, comma 4, lett. *a*) ed è oggetto del controllo d'ufficio previsto dall'art. 241, comma 3 prima della co-

3. – L'innesto della disciplina che consente classamento e voto dei soci su un impianto già articolato prima del d.lgs. 17 giugno 2022, n. 83 pone problemi di coordinamento con le regole di formazione anteriore.

Un primo problema riguarda la previsione contenuta nell'art. 109, comma 6, la quale esclude sia dal voto sia dal calcolo del *quorum* una serie di soggetti, tra cui «*la società che controlla la società debitrice, le società da questa controllate e quelle sottoposte a comune controllo, nonché i cessionari o aggiudicatari dei loro crediti da meno di un anno prima della domanda di concordato*». In mancanza di precisazioni, la regola sembra riferibile sia ai soci sia ai creditori. Contro una simile conclusione orienta la finalità perseguita, che è di escludere dal voto i creditori verosimilmente portatori di un interesse disomogeneo rispetto agli altri, non di negare lo stesso diritto a soggetti – come la società controllante – titolari di un interesse che non può presumersi divergente da quello degli altri soci compresi nella medesima classe [14].

Si delinea a questo punto un problema ulteriore, che riguarda l'esercizio del voto da parte soci in conflitto di interessi. In mancanza di previsioni ad essi dedicate, è possibile ipotizzare l'applicazione analogica di due regole tra loro molto diverse: o quella "societaria" che consente l'impugnazione delle delibere adottate con il voto determinante di soci in conflitto di interessi con la società, sulla base di quanto prevedono gli artt. 2373 e 2479-*ter* c.c.; oppure quella "concorsuale", che esclude il classamento e il voto dei creditori portatori di un interesse in conflitto con gli altri, secondo la logica dell'art. 109, comma 6 (applicabile anche al piano di ristrutturazione soggetto a omologazione in forza dell'art. 64-*bis*, comma 7). Oltre che dalla difficoltà di replicare nel sistema concorsuale il meccanismo dell'impugnazione della delibera, la preferenza per la seconda regola, e quindi per la rilevanza del conflitto non con la società ma con gli altri soci coinvolti dall'iniziativa, dipende dalla loro configurazione come terzi destinatari della proposta e soggetti coinvolti dal piano, ammessi ad esercitare il voto non secondo la logica corporativa del perseguimento dell'oggetto sociale ma secondo quella concorsuale della tutela dell'interesse individuale [15].

Un ultimo problema riguarda la rilevanza del voto espresso dai soci. Nella logica della riforma e della Direttiva *Insolvency* classamento e voto configurano lo strumento per consentire la partecipazione dei soci come già dei creditori; quindi per consentire ad entrambe le categorie di concorrere alla individuazione e poi all'approvazione del piano di risana-

municazione ai creditori del concordato nella liquidazione giudiziale. Questioni più complesse si pongono per il concordato minore e quello preventivo, nei quali l'erronea formazione delle classi pare rispettivamente essere irrilevante o incidere solamente sull'omologazione ai sensi dell'art. 112, comma 1, lett. *d*), con la sola eccezione delle proposte concorrenti che sono invece inammissibili in base all'art. 90, comma 7 se le classi non sono correttamente formate. Anche per le indicazioni sistematiche che si ricavano a quest'ultima disposizione, sembra di poter ipotizzare: per il concordato minore, la necessità di un controllo dell'OCC sul classamento dei soci ai sensi dell'art. 76, comma 2, lett. *g*); per quello preventivo, l'inammissibilità ai sensi dell'art. 47, comma 1 anche del piano formulato dagli amministratori che erroneamente preveda o escluda il classamento dei soci.

[14] La diversa disciplina applicabile in base alla titolarità di crediti o partecipazioni induce a riconoscere che uno stesso soggetto, qualora sia creditore e al tempo stesso socio, possa essere escluso dal voto in una ma non anche nell'altra veste.

[15] In tutt'altra direzione, ESPOSITO, *Il ridimensionamento*, 393 s., nell'ipotizzare l'esclusione dal voto dei soci in conflitto di interessi non con gli altri soci ma con i creditori.

mento o liquidazione utile contro il dissesto della società. Un problema non risolvibile in sede ermeneutica riguarda l'individuazione del piano qualora siano messe ai voti più soluzioni alternative, per la formulazione di proposte concorrenti dei creditori o dei soci stessi. Dispone l'art. 109, comma 2 che «*si considera approvata la proposta che ha conseguito la maggioranza più elevata dei crediti ammessi al voto*»; rileva quindi un criterio che non pare riconoscere alcuna rilevanza al voto espresso dai soci. Perfino in caso di parità tra i voti dei creditori, la preferenza dichiarata dai soci rimane irrilevante, dal momento che la medesima disposizione fa valere il criterio del tutto casuale della priorità cronologica.

4. – L'art. 120-*ter*, comma 3 commisura il voto di ciascun socio «*alla quota di capitale posseduta anteriormente alla presentazione della domanda*». Il riferimento alla partecipazione precedente alla domanda configura una sorta di cristallizzazione della compagine sociale [16], che sembra giustificarsi nella prospettiva di una semplificazione procedurale e di un ostacolo alla realizzazione di manovre opportunistiche [17].

Sembra utile considerare due conseguenze di tale cristallizzazione: risulta concepibile almeno in teoria l'esercizio del voto da parte del socio precedente anziché di quello attuale; l'inefficacia della vicenda circolatoria rimane circoscritta all'esercizio del voto, sicché non preclude il riconoscimento al socio sopravvenuto degli altri diritti "concorsuali", come ad esempio quello di formulare proposte concorrenti. La disciplina che così si configura prospetta numerosi problemi. Le esigenze di semplificazione che possono giustificare la cristallizzazione della compagine sociale sono inevitabilmente compromesse dall'efficacia che il trasferimento conserva per l'attribuzione di diritti diversi dal voto. Inoltre, il riconoscimento del voto al socio precedente trasferisce nei rapporti tra questo e l'attuale titolare delle partecipazioni i problemi che si vorrebbero evitare nello svolgimento della procedura [18].

5. – L'ultimo comma dell'art. 120-*ter* estende ai portatori di strumenti finanziari partecipativi che non riconoscono il diritto al rimborso l'applicazione delle regole su classamento e voto dei soci. La considerazione dei titolari di strumenti finanziari assimilabili alle azioni all'interno del solo art. 120-*ter* si presta a due interpretazioni: può indurre a negare l'applicazione delle altre regole dedicate ai soci dagli artt. 120-*bis* ss., con l'esclusione ad esempio del diritto di formulare proposte concorrenti; può configurare un indice della generale assimilazione dei titolari di strumenti "di rischio" agli azionisti, sottoposti allora al trattamento previsto per i secondi dal Codice. Quest'ultima soluzione è da prefe-

---

[16] Viene così superato il principio tradizionale della piena efficacia delle vicende circolatorie in occasione di procedure concorsuali aperte nei confronti della società partecipata, per la cui analisi pare sufficiente il rinvio a NIGRO, *Le società*, 345. La piena efficacia del trasferimento può comunque configurarsi in circostanze specifiche; a titolo d'esempio, nel subentrare nell'universalità dei diritti del *de cuius*, l'erede assume la titolarità sia delle partecipazioni trasferite dal dante causa sia dei diritti di voto a questo originariamente spettanti.

[17] La seconda funzione è riconosciuta dalla Relazione illustrativa del Codice per spiegare la logica dell'art. 243, comma 7. Tuttavia, mentre questa disposizione consente l'esclusione dal voto sia del cedente sia del cessionario del credito; quella dettata per i soci esclude dal voto quello sopravvenuto, non anche il socio anteriore.

[18] A titolo d'esempio, benché non sia difficile concepire l'obbligo del cedente di attenersi alle indicazioni impartite dal socio attuale, l'esercizio "infedele" del voto rileverebbe nei rapporti tra le parti, per fondare verosimilmente una richiesta risarcitoria, senza ricadute sull'approvazione e l'omologazione del piano.

rire per almeno tre ordini di ragioni: per la tendenziale corrispondenza del voto alle altre situazioni giuridiche "concorsuali", che salvo previsioni di segno contrario lascia presumere la loro compresenza; per la sussistenza nei confronti degli strumentisti delle stesse ragioni che giustificano il riconoscimento di tali ulteriori diritti ai soci; infine, per la tendenziale assimilazione già in base al codice civile tra strumenti privi del diritto al rimborso ed azioni, che induce a configurare l'art. 120-*ter*, comma 4 alla stregua non di una norma eccezionale, ma di una regola coerente ai principi generali.

Articolo 120-*quater*

Condizioni di omologazione del concordato con attribuzioni ai soci

1. Fermo quanto previsto dall'articolo 112, se il piano prevede che il valore risultante dalla ristrutturazione sia riservato anche ai soci anteriori alla presentazione della domanda, il concordato, in caso di dissenso di una o più classi di creditori, può essere omologato se il trattamento proposto a ciascuna delle classi dissenzienti sarebbe almeno altrettanto favorevole rispetto a quello proposto alle classi del medesimo rango e più favorevole di quello proposto alle classi di rango inferiore, anche se a tali classi venisse destinato il valore complessivamente riservato ai soci. Se non vi sono classi di creditori di rango pari o inferiore a quella dissenziente, il concordato può essere omologato solo quando il valore destinato al soddisfacimento dei creditori appartenenti alla classe dissenziente è superiore a quello complessivamente riservato ai soci.

2. Per valore riservato ai soci si intende il valore effettivo, conseguente all'omologazione della proposta, delle loro partecipazioni e degli strumenti che attribuiscono il diritto di acquisirle, dedotto il valore da essi eventualmente apportato ai fini della ristrutturazione in forma di conferimenti o di versamenti a fondo perduto oppure, per le imprese minori, anche in altra forma.

3. I soci possono opporsi all'omologazione del concordato al fine di far valere il pregiudizio subito rispetto all'alternativa liquidatoria.

4. Le disposizioni di questo articolo si applicano, in quanto compatibili, all'omologazione del concordato in continuità aziendale presentato dagli imprenditori individuali o collettivi diversi dalle società e dai professionisti.

Simone D'Orsi

1. – A differenza delle disposizioni contigue, l'art. 120-*quater* fa riferimento non al genere degli «*strumenti di regolazione della crisi e dell'insolvenza*», ma al solo «*concordato*». Nonostante la mancanza di precisazioni possa orientare per una applicazione più estesa, la disciplina dei primi due commi è direttamente riferibile unicamente a quello minore e al concordato preventivo. In questa direzione orientano: il rinvio all'art. 112, e quindi alla disciplina della ristrutturazione trasversale, praticabile anche nel concordato minore in base all'art. 78, comma 2-*bis*, lett. *b*); il riferimento nell'ultimo comma al «*concordato in continuità aziendale*», da intendere come una specie di quello preventivo, alla quale è equiparato il concordato minore con prosecuzione dell'esercizio [1]. Non è invece da escludere l'applicazione ad istituti ulteriori del comma 3 dell'art. 120-*quater*, il quale riconosce un diritto – quello di opposizione all'omologazione – che non implica necessariamente la ristrutturazione trasversale e sembra perciò riferibile ad ogni strumento negoziale capace di incidere su diritti e interessi dei soci, compreso il piano soggetto ad omologazione.

2. – L'art. 120-*quater* mira a risolvere tramite una soluzione di compromesso il problema a lungo discusso nel vigore della legge fallimentare, e cioè quello della legittimità del vantaggio conseguibile dai soci con la conservazione delle partecipazioni nella società risanata (anche) grazie alla falcidia imposta ai creditori di minoranza [2]. Il problema riguardava la conformità del concordato al regime imperativo della garanzia patrimoniale, e quindi la sua ammissibilità.

La disciplina prevista dall'art. 120-*quater* riguarda l'omologazione ed è di applicazione meramente eventuale, condizionata al «*dissenso di una o più classi di creditori*» [3]. Nonostante tale dissenso, la disposizione del Codice consente la partecipazione dei soci al solo «*valore risultante dalla ristrutturazione*», di cui è dubbia l'identificazione con quel «*valore eccedente quello di liquidazione*» che l'art. 112, comma 2, lett. *b*) consente di distribuir tra i creditori in deroga alla c.d. *absolute priority rule* [4].

Ferma questa condizione generale sul valore utilizzabile in favore dei soci, quelle ulteriori richieste per l'omologazione dall'art. 120-*quater* variano a seconda che il dissenso si manifesti in una classe di creditori di livello superiore oppure in quella "di infimo rango", collocata cioè al di sotto di tutte le classi di creditori e appena al di sopra dei soci.

Qualora a dissentire sia una classe superiore, l'omologazione è consentita «*se il trattamento proposto a ciascuna delle classi dissenzienti sarebbe almeno altrettanto favorevole rispetto a quello proposto alle classi del medesimo rango e più favorevole di quello proposto alle classi di rango inferiore, anche se a tali classi venisse destinato il valore complessivamente riservato ai soci*». Al tribunale è rimesso un giudizio prognostico ed ipotetico: occorre simulare la risalita

---

[1] Si può ipotizzare l'applicazione analogica al concordato nella liquidazione giudiziale, per via della mancanza di una disciplina delle "attribuzioni" ai soci; per questa soluzione, pur senza richiamare espressamente l'applicazione analogica, ROSSI A., *I soci*, 949. Sono invece da escludere sia la lacuna sia quindi l'analogia rispetto ad altri istituti riconducibili al modello concordatario; in particolare, al piano di ristrutturazione soggetto ad omologazione, che richiede il consenso unanime delle classi e consente proprio la disapplicazione dei criteri di priorità nella distribuzione dell'attivo.

[2] Emblematiche del dissidio sono le posizioni di BRIZZI, *Proposte concorrenti*, 349, incline a riconoscere il dovere degli amministratori di predisporre un concordato utile a preservare almeno in parte il valore delle partecipazioni; VATTERMOLI, *La posizione*, 867 ss., contrario alla conservazione di tale valore in mancanza del soddisfacimento integrale dei creditori.

[3] Se mancano classi dissenzienti, l'omologazione presuppone le condizioni indicate dall'art. 112, comma 1, per il quale è indifferente il trattamento riservato ai soci.

[4] Per la corrispondenza tra i due valori, da riferire entrambi alle risorse in esubero rispetto all'ipotesi liquidatoria, PERRINO, "*Relative priority rule*", 28; per la loro divergenza, SCOGNAMIGLIO, VIOLA, *I soci*, 1199 s.

del valore riservato ai soci anteriori alla domanda di concordato e ipotizzare che le risorse corrispondenti siano impiegate a vantaggio delle classi non dissenzienti dello stesso livello o di grado inferiore a quella dissenziente[5]. Il concordato può essere omologato se, nonostante tale "risalita", il concordato risulta conforme al criterio della priorità relativa nel trattamento dei creditori: se alla classe dissenziente è prospettato un trattamento equivalente rispetto alle classi dello stesso livello e preferibile rispetto a quelle di grado inferiore.

Se il dissenso si manifesta invece nella classe di infimo rango, il criterio di giudizio cambia ed implica il confronto diretto tra le risorse complessivamente prospettate a tale classe e ai soci: l'omologazione è possibile solamente se «*il valore destinato al soddisfacimento dei creditori appartenenti alla classe dissenziente è superiore a quello complessivamente riservato ai soci*».

Benché condividano un'unica funzione e possano operare congiuntamente qualora dissentano sia una classe di livello superiore sia quella di infimo livello, i due criteri presentano profonde differenze. Il primo vuole che il trattamento dei singoli creditori inclusi nella classe dissenziente corrisponda a quello prospettato ai soggetti inseriti in classi di pari livello e sia preferibile rispetto a quello offerto ai creditori collocati in classi inferiori, anche qualora il valore riservato ai soci fosse invece impiegato per soddisfare tali classi. Il perimetro è quello della c.d. *relative priority rule*: il confronto corre tra valori relativi e tiene conto del trattamento prospettato a ciascun creditore, anche se si ipotizza una "risalita" delle risorse estranea all'art. 112, comma 2. Una logica diversa ispira il confronto tra la classe dissenziente di infimo livello e i soci: non rileva il valore relativo, e cioè il soddisfacimento percentuale prospettato a ciascun soggetto, ma il valore complessivamente attribuito alla classe dissenziente, che si vuole superiore a quello conseguibile non da specifiche classi, ma dall'intera compagine sociale.

3. – Il parametro secondo cui "misurare" l'utilità riservata ai soci è il «*valore effettivo*», definito dall'art. 120-*quater*, comma 2 come quello «*conseguente all'omologazione della proposta, delle loro partecipazioni e degli strumenti che attribuiscono il diritto di acquisirle*», da calcolare al netto di eventuali risorse apportate dai soci senza vincolo di restituzione o anche in altra forma se la società rientra tra le imprese minori ai sensi dell'art. 2, lett. *d*)[6].

Il criterio così definito presenta numerose incertezze.

I riferimenti al «*valore effettivo*» e «*al valore complessivamente riservato ai soci*» contenuti nel comma 2 e 1 dell'art. 120-*quater* rispettivamente chiariscono: che rileva il valore di mercato delle partecipazioni e degli strumenti posseduti dai soci successivamente all'omologazione; che rileva non quello unitario ma il valore complessivo di tali partecipazioni e strumenti. Il giudizio si articola in due passaggi: il primo richiede la valutazione delle risorse riservate a ciascun socio; il secondo, la sommatoria dei singoli importi. Si possono ipotizzare effetti distorsivi. A titolo d'esempio, la determinazione del valore effettivo sem-

[5] Resta imprecisato il criterio secondo cui ipotizzare la distribuzione del valore riconosciuto ai soci tra le classi inferiori o di grado pari a quella dissenziente. Il problema è considerato da ROSSI, *I soci*, 950, e risolto con la soluzione che predica l'assegnazione del valore in risalita prima alle classi di rango superiore e poi via via a quelle di grado inferiore.

[6] Sulle categorie di apporti rilevanti per le imprese minori, SCOGNAMIGLIO, VIOLA, *I soci*, 1202 s.

bra imporre la considerazione del plusvalore solitamente associato alla partecipazione "di controllo", da sommare al valore riconosciuto agli altri soci per determinare l'importo riservato all'intera categoria; si produce così uno svantaggio poco coerente rispetto alla logica concorsuale nei confronti dei soci che non beneficiano del plusvalore, e però vedono comunque ridotta la misura del valore disponibile per l'intera compagine sociale[7].

Problemi analoghi dipendono dalla necessità di scomputare dal valore complessivo riservato ai soci gli apporti da loro eseguiti senza diritto al rimborso[8]. La deduzione di tali risorse tende al riconoscimento ai soci del diritto di "riacquistare" le partecipazioni[9], e cioè di evitare oppure diminuire la riduzione del capitale necessaria per adeguare il loro soddisfacimento ai limiti stabiliti dall'art. 120-*quater*, comma 1. Le incertezze investono l'idoneità del meccanismo di scomputo delineato dal Codice a conseguire il risultato sperato. Anzitutto, gli apporti dei soci vanno dedotti dal valore riservato all'intera categoria, con un criterio suscettibile di avvantaggiare anche coloro che non sostengono il costo del "riacquisto". In secondo luogo, l'art. 120-*quater*, comma 2 non pare configurare un diritto soggettivo sulle risorse da scomputare, limitandosi ad individuare il criterio di calcolo da impiegare qualora il concordato preveda la partecipazione dei soci al valore nonostante la falcidia dei crediti[10]. Se così è, risulta difficile ipotizzare un vincolo sul valore corrispondente ai nuovi apporti, di cui sia la proposta del debitore sia una concorrente potrebbero perciò prevedere un impiego diverso rispetto a quello da essi sperato; ad esempio, con una distribuzione dell'intero patrimonio secondo il sistema della priorità assoluta. In mancanza di accorgimenti negoziali, il meccanismo previsto dall'art. 120-*quater*, comma 2 espone i soci che eseguono apporti senza diritto di rimborso a un duplice rischio: le risorse corrispondenti possono essere scomputate dal valore complessivo, a beneficio anche di coloro che non eseguono alcun apporto; il piano sottoposto all'omologazione potrebbe non aver "previsto" tale scomputo ed avere quindi legittimamente destinato le risorse corrispondenti a nuovi apporti interamente a beneficio dei creditori sociali.

---

[7] Non è agevole pensare alla formazione di classi differenti e alla prospettazione di trattamenti disomogenei per recuperare la parità tra i soci. Da una parte, perché l'art. 120-*ter* condiziona la formazione di più classi al riconoscimento di diritti diversi da parte dello statuto. Da un'altra, per il rischio di dover formare tante classi quanti sono i soci titolari di percentuali diverse di partecipazione al capitale oppure, a prescindere da tale misura, di diritti diversi.

[8] L'ammissibilità di apporti non monetari, esplicita per le imprese minori ma ipotizzabile anche per le altre quanto meno tramite conferimenti, segnala una funzione diversa dall'immissione nel patrimonio di risorse immediatamente utilizzabili a beneficio dei creditori. Proprio l'eterogeneità degli apporti rilevanti dimostra la strumentalità dell'art. 120-*quater*, comma 2 a favorire il risanamento della società, in linea con il rilievo di D'ATTORRE, *Le regole*, 1226, circa il carattere polifunzionale delle regole distributive nel regime degli strumenti di regolazione della crisi e dell'insolvenza.

[9] ROSSI, *I soci*, 950. Per la proposta formulata nel sistema previgente di consentire ai soci il "riacquisto" delle partecipazioni altrimenti da annullare, coerente alla prassi del sistema statunitense, VATTERMOLI, *Concordato in continuità*, 340; BALLERINI, *La distribuzione*, 403 ss.

[10] In termini analoghi sembra esprimersi PERRINO, *"Relative priority rule"*, 27. Diversamente, SCOGNAMIGLIO, VIOLA, *I soci*, 1202, che nel descrivere il trattamento a cui sono sottoposti i soci sostengono che «il valore da essi apportato sotto varie forme dà automaticamente titolo ad una quota corrispondente del "valore risultante dalla ristrutturazione"».

4. – La disposizione dedicata alle «*condizioni di omologazione del concordato con attribuzioni ai soci*» prevede al comma 3 una disciplina incoerente rispetto alla rubrica, la quale riconosce ai soci il diritto individuale[11] di opporsi all'omologazione[12] per denunciare un pregiudizio rispetto allo scenario liquidatorio[13].

Le contestazioni dei soci suscitano almeno tre interrogativi.

Il primo riguarda il parametro secondo cui verificare la mancanza di pregiudizio. Il riferimento all'«alternativa liquidatoria» contenuto nell'art. 120-*quater*, comma 3 può essere declinato: o in termini generici, come risultato prevedibile della forma di liquidazione del patrimonio più remunerativa; oppure in maniera specifica, come risultato pronosticabile dalla liquidazione giudiziale (o controllata), in linea con quanto previsto dall'art. 112, commi 3 e 5 per le contestazioni dei creditori[14].

Il secondo tema si pone con riferimento al diritto di formulare contestazioni ulteriori rispetto a quella fondata sul carattere pregiudizievole del concordato. L'ammissibilità di ulteriori motivi di opposizione sembra indiscutibile se si considera che la verifica sulla mancanza di pregiudizio mira a consentire la tutela dell'interesse individuale, non a precludere censure sulla legittimità del concordato e sulla regolarità della procedura che sono generalmente consentite a qualunque interessato[15].

Ultimo problema è quello che riguarda il carattere assorbente dell'opposizione all'omologazione rispetto ai rimedi di carattere corporativo. Nessuna preclusione è prevista dall'art. 120-*quater*. Tuttavia, nell'ambito del concordato di gruppo l'art. 285, comma 5 esclude azioni diverse dall'opposizione all'omologazione per far valere il pregiudizio alla redditività e al valore delle partecipazioni conseguente alle operazioni previste dal piano. In mancanza di una regola generale sembra utile distinguere i rimedi di carattere invalidatorio da quelli di carattere risarcitorio. Il diritto di opposizione sembra escludere i rimedi della prima categoria, in linea sia con il principio della stabilità degli effetti corporativi ri-

---

[11] Sulle prime, la legittimazione individuale all'opposizione, esercitabile a prescindere dal dissenso e della classe di appartenenza del socio, pare configurare una disparità ingiustificata con il trattamento previsto per i creditori dall'art. 112, commi 3 e 5. Contro questa prima impressione orientano due considerazioni. Anzitutto, il voto dei soci risulta meramente eventuale in base all'art. 120-*ter*, commi 1 e 2 anche qualora il concordato influisca sul loro interesse e sarebbe paradossale precludere l'opposizione proprio ai soci interessati ma esclusi dal voto. In secondo luogo, nei confronti dei soci opera il meccanismo del silenzio-assenso previsto dall'art. 120-*ter*, comma 3, sicché il computo tra i favorevoli può non dipendere da una dichiarazione ma dal mero silenzio, inidoneo a precludere l'opposizione.

[12] Riconosciuta dalla letteratura degli ultimi anni, la legittimazione dei soci all'opposizione è contestata dalla dottrina più risalente e dalla giurisprudenza. Per la tesi favorevole all'opposizione, FERRI JR., *La struttura finanziaria*, 488; per quelle contrarie, MAISANO, *Il concordato preventivo*, 140; Cass., 31 ottobre 2016, n. 22045, in *Fallimento*, 2017, 15, con nota di Spiotta.

[13] La principale innovazione introdotta dall'art. 120-*quater*, comma 3 sta nel riconoscimento del diritto di far valere il pregiudizio subito dai soci, e quindi formulare una contestazione sulla convenienza esclusa sia nel vigore della legge fallimentare sia con riferimento alla prima formulazione del Codice da SACCHI, *Le operazioni straordinarie*, 782; ID., *Sul così detto*, 1303.

[14] Complessità e mole delle valutazioni richieste dal Codice lasciano prevedere la tendenza della prassi all'uniformazione dei criteri da adottare, per lo meno quando la soluzione non sia esplicitamente preclusa, e quindi la verosimile estensione anche alle contestazioni dei soci del parametro stabilito per quelle dei creditori.

[15] Per una concezione restrittiva dell'interesse rilevante per l'opposizione, diretta proprio a negare la legittimazione dei soci, Cass., 5 maggio 1995, 4919, in *Giust. civ.*, 1995, I, 2043, con nota di Lo Cascio.

cavabile dall'art. 116, comma 3 sia con l'efficacia diretta riconosciuta al provvedimento di omologazione dall'art. 120-*quinquies*[16]. Su un piano distinto si colloca la tutela risarcitoria, che non può reputarsi generalmente preclusa dall'art. 285, comma 5. Nell'escludere il rimedio per il solo concordato di gruppo, la disposizione mira ad impedire che pretese rivolte contro altre società possano pregiudicare l'unitaria operazione di concordato[17]. La specificità della fattispecie orienta contro la sussistenza di preclusione generale[18], da escludere anche alla luce di una considerazione ulteriore: pretesa risarcitoria ed opposizione all'omologazione non si sovrappongono, di modo che il secondo rimedio possa escludere il primo, dal momento che l'opposizione non consente di evitare ogni danno risarcibile, ma solamente di impedire l'omologazione del concordato pregiudizievole rispetto all'alternativa liquidatoria[19].

[16] In linea analoga, MIOLA, *Le operazioni societarie*, 669.

[17] Un'impostazione analoga in merito alle esigenze che ispirano l'art. 285 co. 5 sembra delineata da GALLETTI, *Regolazioni concordatarie*, 1503.

[18] MIOLA, *Le operazioni societarie,* 695 s.

[19] A titolo d'esempio, l'opposizione non consente di impedire l'omologazione del concordato che, pur senza determinare un trattamento deteriore rispetto all'ipotesi liquidatoria, comporti una svalutazione delle partecipazioni evitabile con la predisposizione di un piano diverso, in relazione alla quale non sembrano da escludere *a priori* pretese risarcitorie dei soci.

Articolo 120-*quinquies*
Esecuzione

1. Il provvedimento di omologazione dello strumento di regolazione della crisi e dell'insolvenza determina la riduzione e l'aumento del capitale e le altre modificazioni statutarie nei termini previsti dal piano, demanda agli amministratori l'adozione di ogni atto necessario a darvi esecuzione e li autorizza a porre in essere, nei successivi trenta giorni o nel diverso termine previsto dal piano, le ulteriori modificazioni statutarie programmate dal piano. In mancanza il tribunale, su richiesta di qualsiasi interessato e sentiti gli amministratori, può nominare un amministratore giudiziario, attribuendogli i poteri necessari a provvedere in luogo di costoro agli adempimenti di cui al presente articolo, e disporre la revoca per giusta causa degli amministratori.

2. Se il notaio incaricato ritiene non adempiute le condizioni stabilite dalla legge, ne dà comunicazione tempestivamente, e comunque non oltre il termine di trenta giorni, agli amministratori. Gli amministratori, nei trenta giorni successivi, possono ricorrere, per i provvedimenti necessari, al tribunale che ha omologato lo strumento di regolazione della crisi e dell'insolvenza.

3. Le modificazioni della compagine sociale conseguenti all'esecuzione di uno strumento di regolazione della crisi e dell'insolvenza non costituiscono causa di risoluzione o di modificazione di contratti stipulati dalla società. Sono inefficaci eventuali patti contrari.

Simone D'Orsi

Sommario: 1. Funzione e ambito applicativo: discrimine con l'esecuzione coattiva delle proposte concorrenti "riorganizzative". – 2. Ruolo degli amministratori e intervento del notaio nella disciplina dell'esecuzione automatica e coattiva. – 3. Regime dei contratti pendenti: la neutralizzazione delle clausole *ipso facto* nell'esecuzione del piano.

1. – La Relazione illustrativa giustifica l'art. 120-*quinquies* con la necessità «*di evitare atteggiamenti ostruzionistici dei soci*», in linea con l'indicazione data dall'art. 12, § 2, direttiva (UE) 2019/1023 del Parlamento europeo e del Consiglio del 20 giugno 2019 (c.d. Direttiva *Insolvency*) di prevedere regole utili affinché «*ai detentori di strumenti di capitale non sia consentito di impedire o ostacolare irragionevolmente l'attuazione di un piano di ristrutturazione*».

L'ostruzionismo dei soci è contrastato con il riconoscimento di effetti inediti all'omologazione. Preordinato originariamente a rimodulare le obbligazioni anteriori al concordato, il provvedimento è ora ammesso a: provocare direttamente le modifiche statutarie previste dal piano; conferire agli amministratori il potere di realizzare simili variazioni, sostituibile in caso di inerzia con la nomina di un amministratore giudiziario. La riforma tenta così di superare gli ostacoli riscontrati nel vigore della legge fallimentare alla programmazione e poi al compimento di operazioni societarie utili principalmente nella prospettiva del concordato con continuità aziendale. Fino all'ultima riforma risultava problematico soprattutto il coordinamento tra la necessaria di dare esecuzione al concordato omologato e la libertà dei soci nell'esercizio del voto sulle modifiche statutarie previste dal piano. Allo scopo di superare le incertezze e dimostrare la fattibilità si registravano nella prassi due soluzioni, accomunate dalla necessaria cooperazione spontanea dei soci: l'approvazione da parte loro della modifica statutaria prima dell'omologazione, ma sotto la condizione sospensiva della definitività di tale provvedimento; in alternativa, l'impegno assunto da singoli soci di votare a favore della delibera, anch'esso condizionato all'omologa [1].

Solamente nell'ambito delle proposte formulate dai creditori l'ultima formulazione della legge fallimentare permetteva di prescindere dalla cooperazione volontaria dei soci. Era l'art. 185, comma 5 a delineare un sistema di esecuzione coattiva analogo a quello tuttora disciplinato dall'art. 118, comma 5, diretto a consentire l'attribuzione a un amministratore giudiziario dei poteri spettanti agli organi sociali inerti o contrari al compimento degli atti previsti dal piano.

Nel recepire indicazioni formulate dalla dottrina [2], l'art. 120-*quinquies*, comma 1 introduce un più agile meccanismo per la realizzazione delle operazioni corporative previste dal piano, di applicazione generale e non limitata alle proposte concorrenti di concordato. La coesistenza di questa nuova disciplina e di quella inserita già nella formulazione originaria del Codice all'art. 118, comma 5 induce la letteratura prevalente a: circoscrivere la portata dei primi due commi dell'art. 120-*quinquies* al piano predisposto dagli amministratori; riferire solamente alle proposte concorrenti di concordato preventivo la disciplina dettata dall'art. 118, comma 5 [3].

L'applicazione dell'uno o l'altro sistema di esecuzione prospetta una disparità di trattamento e un minor livello di affidabilità per le proposte concorrenti rispetto a quelle formulate dalla società tramite i suoi amministratori. L'art. 118, comma 5 riconosce unicamente «*al soggetto che ha presentato la proposta di concordato approvata e omologata dai creditori*» il diritto di denunciare ritardi e omissioni per domandare la realizzazione del piano nonostante l'inerzia degli organi sociali, con una soluzione che può implicare ritardi [4] e in ogni

---

[1] Su tale prassi e i suoi limiti, GUERRERA, MALTONI, *Concordati giudiziali*, 50 ss.; GUERRERA, *Art. 152*, 2223; LEOZAPPA, *Concordato preventivo*, 885 ss.; CONFORTINI V., *Between strategic*, 350.

[2] FERRI JR., *Ristrutturazioni societarie*, 245 ss.; PINTO, *Diritto delle società*, 286.

[3] SPADARO, *Il concordato*, 2022, 119; BROGI, *I soci*, 1300; MALTONI, *Fusione e scissione*, 452; ESPOSITO, *Il ridimensionamento*, 405.

[4] Il pericolo di ritardi dipende dalla necessità di attendere prima il verificarsi dell'ostruzionismo degli organi sociali e poi di provvedere al suo accertamento in un procedimento giudiziale, come mette in luce già SANTONI, *Gli azionisti*, 347.

caso consente l'esclusione dal voto dei soli soci di minoranza[5]. L'art. 120-*quinquies* permette invece la realizzazione diretta delle operazioni previste ovvero l'imposizione di doveri che una volta violati giustificano la richiesta di «*qualsiasi interessato*» di nominare un amministratore giudiziario e revocare per giusta causa gli amministratori in carica[6], con una disciplina che esclude la partecipazione stessa dei soci agli atti necessari all'esecuzione del piano.

Contro simili disparità sembra possibile ipotizzare una soluzione ulteriore, e cioè l'abrogazione implicita delle norme dedicate al concordato societario dall'art. 118, comma 3 ss. in seguito all'introduzione nel Codice dell'art. 120-*quinquies*. Oltre ad essere di formazione successiva, quest'ultima previsione disciplina con norme incompatibili la stessa materia dell'art. 118, comma 5, secondo un meccanismo assimilabile a quella successione di regole in conflitto che determina l'abrogazione della norma più risalente in base all'art. 15 disp. prel. c.c.

2. – L'art. 120-*quinquies*, comma 1 delinea due meccanismi diversi per l'esecuzione del piano. Il primo consente l'esecuzione automatica, e cioè la variazione dello statuto direttamente con l'omologazione. Il secondo, l'esecuzione sostitutiva e poi quella coattiva, e cioè l'attribuzione dei poteri dell'assemblea prima agli amministratori e in caso di loro inerzia a un amministratore giudiziario.

L'impostazione prevalente distingue i presupposti per il ricorso all'una o all'altra tecnica in base all'operazione prevista dal piano. L'esecuzione automatica è concepibile per le modifiche statutarie di cui sia già determinato con precisione il contenuto all'interno del piano; vanno invece realizzate tramite l'esecuzione sostitutiva e poi eventualmente quella coattiva le operazioni che richiedono un'attività integrativa successiva al momento dell'omologazione[7].

La distinzione incrocia il problema della necessità dell'intervento notarile in base all'art. 120-*quinquies*, comma 2. La disposizione adegua all'ambito concorsuale la disciplina prevista in termini generali dell'art. 2436 c.c., senza precisare se il controllo del notaio sia richiesto sempre o solamente in ipotesi particolari.

Si delineano due opinioni. Una prima fa dipendere la necessità dell'intervento notarile dall'esigenza di una partecipazione costante degli amministratori oppure dell'amministratore giudiziario all'operazione. L'idea di partenza è quella secondo cui anche nell'ipotesi dell'esecuzione automatica l'omologazione potrebbe produrre effetti meramente intermedi, e cioè sostitutivi della sola delibera dei soci strumentale a consentire il perfezionamento di un successivo atto degli amministratori da sottoporre a controllo notarile[8].

---

[5] Poiché espressamente previste dall'art. 118, comma 6, la sostituzione dei soli soci di maggioranza e la conservazione del diritto di voto alla minoranza non sembrano prive di conseguenze. A titolo d'esempio, l'approvazione secondo il meccanismo dell'art. 118, comma 6 di talune delibere pare poter consentire il recesso della minoranza, autorizzata a votare contro e quindi a rimanere dissenziente nonostante la previsione dell'operazione all'interno del piano.

[6] La giusta causa assume qui lo scopo di escludere l'obbligazione risarcitoria. Per la diversa funzione che la giusta causa di revoca assume in relazione all'art. 120-*bis* si rinvia al commento a questa disposizione.

[7] MALTONI, *Fusione e scissione*, 453.

[8] ROSSI, *I soci*, 947.

Contro questa lettura si pone l'orientamento che fa dipendere le modifiche dello statuto già realizzabili con l'omologazione direttamente da questo provvedimento, senza alcuna attività integrativa degli amministratori suscettibile di consentire il controllo del notaio [9]. Quest'ultima soluzione sembra da preferire. Essa evita: una attività degli amministratori che risulta inutile quando è possibile l'esecuzione automatica; una attività che può inoltre consentire quell'ostruzionismo degli organi sociali che gli artt. 120-*bis* intendono evitare; un controllo notarile che se ha ad oggetto atti degli amministratori meramente esecutivi si risolve in una verifica sul contenuto del provvedimento di omologazione; l'eventualità di ricorsi dell'organo amministrativo contro il diniego del notaio, da rivolgere proprio al tribunale "autore" del provvedimento in attesa di una mera esecuzione.

3. – L'ultimo comma dell'art. 120-*quinquies* dedica due regole ai contratti pendenti. La prima esclude che modificazioni della compagine sociale conseguenti all'esecuzione del piano provochino la risoluzione o la modificazione di tali contratti. La seconda stabilisce l'inefficacia delle clausole *ipso facto*, e in particolare di quelle che fanno dipendere dalle stesse variazioni della compagine sociale proprio lo scioglimento o la modifica del vincolo contrattuale [10].

La funzione delle due norme è disomogenea sia rispetto agli altri due commi dell'art. 120-*quinquies* sia rispetto alle altre regole dedicate a contratti pendenti e clausole *ipso facto* dal Codice e dalla Direttiva *Insolvency*. La prima divergenza dipende dalla definizione non di un meccanismo di contrasto all'ostruzionismo dei soci ma di supporto alla continuità tramite la conservazione dei rapporti pendenti [11]. La seconda, dal perseguimento di tale obiettivo non nel corso della procedura concorsuale, con lo scopo di rendere inefficaci le clausole *ipso facto* e permettere la prosecuzione interinale dell'esercizio, ma nella fase esecutiva. La circostanza non rileva solamente sul piano descrittivo: l'introduzione dell'art. 120-*quinquies* risale all'art. 25, d.lgs. 17 giugno 2022, n. 83, adottato sulla base di una legge delega (l. 22 aprile 2021, n. 53) diretta al recepimento della Direttiva *Insolvency*; si traduce allora in un sospetto eccesso di delega la constatazione che il comma 3 dell'art. 120-*quinquies* non risponde alla funzione antiostruzionistica dichiarata nell'art. 12, § 2, né a quella conservativa perseguita dall'art. 7, § 5, Direttiva con la neutralizzazione nella sola fase anteriore all'omologazione delle clausole *ipso facto* presenti non in qualsiasi contratto ma in quelli stipulati con i creditori [12].

La disciplina del comma 3 prospetta tre interrogativi ulteriori. Un primo riguarda l'estensione dell'inefficacia delle clausole *ipso facto* alle modificazioni della compagine sociale che intervengono prima dell'omologazione, anziché successivamente. Un secondo

---

[9] BRIOLINI, *Appunti*, 1001; MALTONI, *Fusione e scissione*, 454.

[10] In linea con un uso diffuso, si fa riferimento a queste come "clausole *ipso facto*", nonostante in una accezione più ristretta l'espressione sia da riservare alle clausole che fanno dipendere lo scioglimento del rapporto dall'attivazione (c.d. "*Termination on Bankruptcy*") e non dall'esecuzione di un istituto di diritto concorsuale; per tale accezione ristretta, DE NOVA, *I contratti pendenti*, 562.

[11] La strumentalità delle regole che dispongono la stabilità dei rapporti pendenti a favorire la prosecuzione dell'esercizio è posta in risalto, tra i tanti, da LEUZZI, *L'evoluzione*, 488.

[12] PANZANI, *L'adeguamento*, 870 s.

riguarda il significato da attribuire al riferimento alle sole «*modificazioni della compagine sociale conseguenti all'esecuzione di uno strumento di regolazione della crisi e dell'insolvenza*»: intesa in senso stretto, la consequenzialità circoscrive l'inefficacia delle clausole *ipso facto* alle modificazioni previste dal piano; in senso ampio, può riferirsi ad ogni variazione semplicemente successiva all'omologazione. Un ultimo dubbio investe la neutralizzazione delle sole clausole *ipso facto* correlate alla modificazione dell'identità dei soci o anche di quelle che riconoscono rilevanza a variazioni dell'assetto organizzativo indifferenti alla composizione della compagine sociale. Nessuna di queste incertezze consente una risposta agevole: da un lato, l'applicazione analogica della norma a ipotesi diverse da quelle testualmente previste sembra preclusa dal carattere eccezionale e dal sospetto di un eccesso di delega; dall'altro, la sussistenza delle esigenze perseguite dal legislatore in circostanze ulteriori rispetto a quelle indicate dalla disposizione orienta proprio per una interpretazione quanto meno estensiva.

Articolo 121

Presupposti della liquidazione giudiziale

1. Le disposizioni sulla liquidazione giudiziale si applicano agli imprenditori commerciali che non dimostrino il possesso congiunto dei requisiti di cui all'articolo 2, comma 1, lettera d), e che siano in stato di insolvenza.

Alberto Jorio

La disposizione è netta nella delimitazione del terreno di applicazione della procedura di liquidazione giudiziale: essa riguarda soltanto gli imprenditori commerciali; ne sono quindi esclusi gli imprenditori soggetti alla liquidazione coatta amministrativa in quanto sottoposti alla vigilanza di un'autorità pubblica, quali, ad esempio, le imprese bancarie, di investimento, fiduciarie. le fondazioni bancarie, ecc. La ragione dell'esclusione dalla liquidazione giudiziale risiede in particolari esigenze di carattere pubblicistico a che lo svolgimento della procedura si svolga sotto l'egida di un'autorità amministrativa ed al fine di favorire l'efficace controllo della vigilanza pubblica.

In secondo luogo, preclude l'apertura della liquidazione giudiziale la soggezione alla procedura di amministrazione straordinaria delle grandi imprese in relazione al superamento di determinati limiti dimensionali e qualora sussistano concrete prospettive di risanamento o di collocazione presso terzi del complesso aziendale o di suoi rami, ferma restando la conversione in liquidazione giudiziale in caso di esito negativo. In questa prospettiva l'esclusione, iniziale, della liquidazione giudiziale si giustifica con il prevalere dell'interesse pubblico alla conservazione dei complessi produttivi, a scapito dell'interesse dei creditori.

Per evitare la liquidazione giudiziale l'imprenditore commerciale in stato di insolvenza deve dimostrare il possesso congiunto dei requisiti di cui all'art. 2, comma 1, lett. *d*), e cioè di non essere titolare di un'impresa minore.

Il Codice ripropone le medesime condizioni che precludevano il fallimento dell'imprenditore "sotto soglia", e cioè dell'imprenditore le cui minime dimensioni comportano l'applicazione della procedura di sovraindebitamento. L'attuale formulazione dell'art. 121 ed il riferimento all'onere in capo al debitore insolvente di dimostrare il possesso congiunto dei requisiti di cui all'art. 2, comma 1, lett. *d*) rappresentano la conclusione di un elaborato processo di delimitazione dell'ambito di applicazione del fallimento prima, e ora della procedura di liquidazione giudiziale, e di conseguente esenzione da tale procedura, che si può tentare di riassumere con brevi tratti.

Il provvedimento normativo che ha fatto chiarezza su un tema – l'individuazione del piccolo imprenditore e l'onere dimostrativo – che si era andato sempre più complicando è il d.lgs. n. 169 del 2007, con il quale sono state dettate nuove regole per l'individuazione dell'imprenditore commerciale escluso dal fallimento e che sono state riprese senza modifiche nel nuovo Codice. Si è proceduto al riguardo in termini rovesciati rispetto alla precedente formulazione, indicando non più i requisiti per l'appartenenza alla categoria dei creditori medio-grandi, bensì quelli per l'esenzione – date le ridotte dimensioni – dalle procedure concorsuali. E con una fondamentale differenza: se prima del decreto correttivo la presenza di anche uno solo dei criteri dimensionali caratterizzanti l'impresa definita come piccola era sufficiente per determinare l'esenzione dal fallimento, con il decreto correttivo l'esenzione si produce solo con il possesso congiunto di tutti i requisiti indicati per l'esenzione. Il che ha prodotto pressoché immediatamente l'aumento del numero delle procedure concorsuali, risultando esiguo il numero delle imprese collettive in grado di soddisfare simultaneamente tutti i requisiti dimensionali richiesti per l'esenzione dal fallimento.

La *new entry* tra i requisiti per l'esclusione dal fallimento, e ora dalla liquidazione giudiziale, è rappresentata dalla dimensione dell'indebitamento: l'ammontare complessivo dei debiti, anche non scaduti, non deve essere superiore a euro cinquecentomila. Il legislatore ha così inteso delimitare la soglia di rilevanza economica e sociale dell'insolvenza. Ancorché, quindi, le dimensioni economiche siano tali da escludere l'impresa insolvente dall'area della liquidazione giudiziale, le dimensioni dell'insolvenza significativamente diffusa giustificano il ricorso alle procedure concorsuali. Con l'ulteriore importante inversione dell'onere della prova: il decreto correttivo del 2007, anche sotto questo aspetto puntualmente recepito dal Codice, ha posto a carico del debitore la dimostrazione dell'esistenza congiunta dei requisiti per l'esclusione dal fallimento, e ora dalla liquidazione giudiziale (e dal concordato preventivo). La Relazione illustrativa al decreto chiarisce l'intento del legislatore: evitare di «*premiare con la non fallibilità quegli imprenditori che scelgono di non difendersi in sede in sede di istruttoria prefallimentare e che non depositano la documentazione contabile dalla quale sarebbe possibile rilevare i dati necessari per verificare la sussistenza dei parametri dimensionali*». Il che non esonera peraltro il tribunale dall'utilizzare i poteri istruttori ai quali occorre ricorrere ove sussistano elementi di incertezza, non potendosi attribuire alla mancata comparizione del debitore carattere confessorio della soggezione alla procedura di liquidazione giudiziale.

Il requisito oggettivo è costituito dall'insolvenza, sulla quale non resta che rinviare al commento dell'art. 2.

Volendo a questo punto sintetizzare la possibile ripartizione dell'onere probatorio nell'ambito dell'istruttoria che precede l'apertura della procedura di liquidazione giudiziale, e muovendo dal presupposto che il giudizio per l'apertura della liquidazione giudiziale sia caratterizzato dal principio della domanda, seppur temperato dai poteri istruttori del tribunale, si può assumere che il creditore abbia l'onere di provare: (i) di essere creditore del debitore del quale chiede la liquidazione giudiziale, (ii) la qualità di imprenditore commerciale del debitore, (iii) l'insolvenza del debitore. Quest'ultimo, a sua volta, è tenuto a dimostrare: (i) di non aver superato i parametri dimensionali fissati dall'art. 2, comma 1, lett. *d*), (ii) di aver cessato l'attività da oltre un anno, (iii) che lo stato di illiquidità sia transitoria e non possa qualificarsi come insolvenza.

Articolo 122

Poteri del tribunale concorsuale

1. Il tribunale che ha dichiarato aperta la procedura di liquidazione giudiziale è investito dell'intera procedura e:

a) provvede alla nomina, alla revoca o sostituzione per giustificati motivi degli organi della procedura, quando non è prevista la competenza del giudice delegato;

b) può in ogni tempo sentire in camera di consiglio il curatore, il comitato dei creditori e il debitore;

c) decide le controversie relative alla procedura stessa che non sono di competenza del giudice delegato, nonché i reclami contro i provvedimenti del giudice delegato.

2. I provvedimenti del tribunale sono pronunciati con decreto motivato, salvo che la legge non preveda che il provvedimento sia adottato in forma diversa.

Stanislao De Matteis e Fabio Di Lorenzo

Sommario: 1. Il tribunale concorsuale. – 2. Le attribuzioni del tribunale concorsuale. – 3. Natura dei provvedimenti del tribunale concorsuale. – 4. Natura del rapporto tra giudice delegato e tribunale concorsuale.

1. – La norma in esame si colloca in sostanziale continuità con la disciplina dell'art. 23 l. fall., di cui ricalca il contenuto essenziale[1]. Resta pertanto ancora attuale il percorso interpretativo dottrinale e giurisprudenziale maturato sotto il vigore dell'art. 23 l. fall., salve alcune limitate novità.

In disparte la variazione terminologica apportata dall'art. 122, cioè tribunale concorsuale in luogo di tribunale fallimentare, e procedura di liquidazione giudiziale in luogo di fallimento, la norma in esame conferma sostanzialmente il riparto di attribuzioni tra organi della procedura vigente nella legge fallimentare così come risultante dalle ultime novelle. Non è infatti mutato il riparto di attribuzione di competenze e poteri tra i vari organi che compongono l'ufficio concorsuale[2], cioè tribunale, giudice delegato, curatore e

[1] Nardecchia, *Il nuovo codice*, 57; Spadaro, *D.lgs. n. 14/2019*, 85.

[2] Indipendentemente dal modo in cui si ritenga di configurare la struttura dell'organigramma fallimentare, appare innegabile che esso, dal punto di vista funzionale, tende, in ogni caso, ad attuare una sostituzione (*Er-*

comitato dei creditori [3]. Peraltro, il termine "organo" assume un senso atecnico, dato che è da escludersi una personificazione della procedura concorsuale (che non è una persona giuridica o un autonomo soggetto di diritto) e, quindi, una immedesimazione organica [4].

L'art. 122, letto sistematicamente alla luce del complesso delle norme del d.lgs. n. 14 del 2019, conferma la ripartizione delle attribuzioni degli organi concorsuali.

Infatti, il giudice delegato svolge le funzioni di vigilanza e di controllo sulla regolarità della procedura, mentre, come previsto anche dalle novelle del r.d. n. 267 del 1942, al curatore è principalmente affidata la gestione, l'attività propriamente di amministrazione e lo svolgimento del procedimento di liquidazione [5].

Al comitato dei creditori è affidato, da un lato, il potere di vigilanza sull'attività del curatore [6] e, dall'altro, il potere di autorizzazione/approvazione dei suoi atti (primo tra tutti, il programma di liquidazione: cfr. art. 213), coerentemente con l'intento di dare adeguata voce ai creditori, cioè a coloro a cui massimamente interessa la celerità e la efficienza della procedura concorsuale, in termini di tempi e di risultati [7].

Al tribunale concorsuale, infine, è affidato un ampio potere giurisdizionale con riferimento alla *vis attractiva* rispetto alle controversie che derivano dalla procedura concorsuale. È confermata la posizione di terzietà del tribunale rispetto all'intera procedura concorsuale e l'attribuzione del potere di vigilanza sugli organi concorsuali.

Il titolo dell'art. 122 richiama il "tribunale concorsuale". Tale dizione, che sostituisce quella di "tribunale fallimentare" contenuta nel titolo dell'art. 23 l. fall., individua il tribunale del luogo ove è aperta la liquidazione giudiziale (i.e., l'organo giurisdizionale competente ad aprire la liquidazione) [8], da intendersi quale ufficio giudiziario nel suo complesso e non quale eventuale sezione per le procedure concorsuali istituita in tale ufficio giudiziario (la quale integra solo una modalità di organizzazione interna del tribunale) [9]. Coerentemente, la giurisprudenza afferma che, allorquando il tribunale che ha dichiarato aperta la procedura concorsuale e il tribunale c.d. ordinario coincidano nello stesso organo giurisdizionale, poiché la sezione addetta alle procedure concorsuali non costituisce un uf-

---

setzung) del fallito e dei creditori attraverso un meccanismo riconducibile alla figura dogmatica della legittimazione indiretta, intesa come potere di disposizione di interessi altrui, fondato sull'effetto del c.d. "*spossessamento*", sancito dall'art. 142, comma 1.

[3] PROVINCIALI, *Manuale di diritto*, 584.

[4] SANDULLI, D'ATTORRE, *Manuale delle procedure*, 55. In coerenza con la *communis opinio* può, dunque, rilevarsi come con la locuzione "*organi preposti*", nella sezione I, capo I, titolo V, il legislatore abbia, in sostanza, inteso alludere, se la metafora è consentita, agli ingranaggi indispensabili ai fini del funzionamento della macchina del processo fallimentare, alla stessa guisa di come, nel libro I, titolo I, c.p.c., ha inteso riferirsi agli organi giudiziari.

[5] CALVOSA, *Amministrazione del patrimonio*, 327.

[6] DE CRESCIENZO, MATTEI, PANZANI, *La riforma organica*, 45.

[7] Anche nel nuovo impianto legislativo, la tutela dei creditori costituisce, infatti, la finalità principale delle procedure di insolvenza, la "stella polare" dell'ordinamento concorsuale anche quando venga perseguito l'obiettivo della conservazione dell'impresa che, viceversa, ancora non sembra assurgere al rango di bene in sé da tutelare.

[8] FERRARA JR., BORGIOLI, *Il fallimento*, 272.

[9] FABIANI, NARDECCHIA, *Formulario commentato*, 139; LO CASCIO, *Il fallimento*, 199. In giurisprudenza, tra le varie, Cass., 30 gennaio 2019, n. 2723.

ficio autonomo, non è prospettabile una questione di competenza; conseguentemente, in sede di appello avverso la sentenza del tribunale c.d. ordinario, che abbia deciso anche su una domanda riconvenzionale che avrebbe determinato l'attrazione della competenza sull'intera controversia al tribunale concorsuale, il giudice non può rimettere la causa al giudice di primo grado, ma deve trattenerla e deciderla nel merito [10]. Analogamente, la giurisprudenza di legittimità ha rilevato che le questioni concernenti l'autorità giudiziaria dinanzi alla quale va introdotta una pretesa creditoria nei confronti di un debitore nei cui confronti è aperta la procedura concorsuale costituiscono questioni attinenti al rito, che non implicano questioni di competenza, quando il tribunale concorsuale coincida con il tribunale ordinario. Pertanto, qualora una domanda sia diretta a far valere, nelle forme ordinarie, una pretesa creditoria soggetta al regime del concorso, il giudice adito è tenuto a dichiarare non la propria incompetenza bensì, secondo i casi, l'inammissibilità, l'improcedibilità o l'improponibilità della domanda, siccome proposta secondo un rito diverso da quello previsto come necessario dalla legge e, quindi, inidonea a conseguire una pronuncia di merito, configurando detta questione una vicenda *litis ingressum impediens*, concettualmente distinta dalla incompetenza [11].

2. – L'art. 122, ricalcando sul punto la formulazione dell'art. 23 l. fall., prevede che il tribunale che ha dichiarato aperta la procedura di liquidazione giudiziale è investito dell'intera procedura. La norma, quindi, attribuisce al tribunale concorsuale una parte centrale nell'ambito della procedura di liquidazione giudiziale, riconoscendogli una funzione apicale [12] e una cognizione ampia e generale [13], con la funzione di sovraintendere e di vigilare sull'intera procedura e sull'attività degli organi concorsuali [14], impregiudicati i poteri specificamente attribuiti agli altri organi [15].

Al riguardo si deve chiarire che il tribunale concorsuale è solo normalmente composto da un collegio di cui fa parte il giudice delegato.

La stessa legge fallimentare prevede, infatti, casi nei quali il giudice delegato non deve fare parte del collegio (art. 122, comma 1, lett. *a*), implicitamente, per il collegio che decide la nomina, la revoca o la sostituzione del g.d.; art. 123, comma 2, per il collegio investito del reclamo proposto contro gli atti del g.d. ovvero dei giudizi autorizzati dal g.d.; art. 207, comma 12, l. fall. per il collegio investito delle impugnazioni dello stato passivo).

Nulla autorizza a ritenere che tali ipotesi siano tassative. L'art. 123, comma 1, lett. *a*), stabilisce che il g.d. «*riferisce al tribunale su ogni affare per il quale è richiesto un provvedimento del collegio*». La disposizione, pertanto, presuppone la necessità di una decisione relativa alla singola procedura e non è applicabile in contingenze che investano la posizione di un curatore in più procedure (ad esempio quando si tratta di decidere se avviare il procedimento di revoca in relazione ad una situazione che coinvolge l'intero tribunale falli-

---

[10] Cass., 25 luglio 2002, n. 10912, in *Fallimento*, 2003, 281, con nota di Lamanna.

[11] Cass., 10 aprile 2017, n. 9198; Cass., 19 giugno 2018, n. 16163.

[12] FAUCEGLIA, *Il nuovo diritto*, 106.

[13] SANTANGELI, *Il nuovo fallimento*, 125.

[14] CALVOSA, *Amministrazione del patrimonio*, 328.

[15] Ancora attuali le osservazioni con riferimento all'art. 23 l. fall. in ZANICHELLI, *La nuova disciplina*, 61.

mentare). Più radicalmente, tuttavia, può dubitarsi che l'obbligo di riferire comporti la necessità e non solo l'opportunità della partecipazione del g.d. al collegio.

L'art. 122, nel solco dell'art. 23 l. fall., contiene una elencazione di poteri del tribunale concorsuale. Tale elenco è tuttavia meramente sommario e quindi non tassativo [16], dato che altre norme del Codice attribuiscono al tribunale specifici poteri non espressamente indicati nell'art. 122, come ed esempio il potere di autorizzare l'esercizio provvisorio, di dichiarare con sentenza l'apertura della liquidazione giudiziale, di chiudere la procedura di liquidazione giudiziale, di liquidare il compenso del curatore, di decidere sulle opposizioni avverso il decreto che rende esecutivo lo stato passivo, di dichiarare l'apertura del concordato e di disporne l'omologazione.

Il comma 1, lett. *a*) della norma in commento stabilisce che il tribunale che ha dichiarato aperta la procedura di liquidazione provvede alla nomina, alla revoca o alla sostituzione per giustificati motivi degli organi della procedura, quando non è prevista la competenza del giudice delegato. Ripetendo sul punto la formulazione dell'art. 23 l. fall., si prevede la necessaria sussistenza dei "giustificati motivi", per cui il potere del tribunale è connotato da una discrezionalità limitata, del cui esercizio occorre dare conto nella motivazione, anche al fine di consentire il sindacato sull'atto [17]. Come per l'art. 23, la norma non prevede che i motivi siano anche "gravi" [18], per cui tale ulteriore requisito non può essere richiesto ai fini del legittimo esercizio del potere del tribunale. Il provvedimento di revoca può essere reclamato dinanzi la corte di appello *ex* art. 124. Anche con la nuova disciplina resta valida la ricostruzione interpretativa secondo cui, avverso il decreto della corte d'appello che si sia pronunciata sul reclamo contro il provvedimento del tribunale di accoglimento o di rigetto dell'istanza di revoca del curatore per giustificati motivi, non è ammissibile il ricorso straordinario per cassazione da parte dello stesso curatore, del debitore o di qualunque altro interessato, in quanto la norma in esame è posta a presidio dell'interesse pubblicistico al regolare svolgimento e al buon esito della procedura concorsuale, incidendo solo indirettamente sull'interesse del curatore, sicché il provvedimento di revoca di quest'ultimo ha natura amministrativa ed ordinatoria ed è privo di portata decisoria su posizioni di diritto soggettivo [19]. Ad analoghe conclusioni pare doversi pervenire per la surroga degli altri organi della procedura.

Il comma 1, lett. *b*), ricalcando l'art. 23 l. fall., stabilisce che il tribunale che ha dichiarato aperta la procedura di liquidazione può in ogni tempo sentire in camera di consiglio il curatore, il comitato dei creditori e il debitore [20]. La *ratio* della disposizione si fonda sul generale potere di controllo attribuito al tribunale concorsuale che, con la convocazione in camera di consiglio, può in ogni tempo chiedere al curatore, al comitato dei creditori e al debitore chiarimenti, relazioni e informazioni sull'andamento della procedura [21]. La nor-

[16] Con riferimento all'art. 23 l. fall., cfr. SATTA, *Diritto fallimentare*, 98.

[17] Con riguardo all'art. 23 l. fall., cfr. CALVOSA, *Amministrazione del patrimonio*, 328.

[18] Con riferimento all'art. 23 l. fall., cfr. SANTANGELI, *Il nuovo fallimento*, 126.

[19] Cass., 13 marzo 2015, n. 5094; Cass., 4 luglio 1985, n. 4039.

[20] Non è escluso che la convocazione innanzi al tribunale in camera di consiglio possa originare da un decreto presidenziale.

[21] Con riguardo all'art. 23 l. fall., cfr. DE CRESCIENZO, MATTEI, PANZANI, *La riforma organica*, 46.

ma non indica quali poteri di intervento abbia il tribunale a seguito dell'audizione in camera di consiglio [22]. Deve, quindi, ritenersi che i poteri di intervento, esercitabili a seguito dell'audizione, siano tutti quelli specificamente attribuiti al tribunale nelle varie disposizioni del Codice in funzione del potere generale di vigilanza sull'andamento della procedura, non escluso quello di attivazione del procedimento di revoca previsto dall'art. 134.

Il comma 1, lett. *c*), con disposizione analoga a quella contenuta nell'art. 23 l. fall., prevede che il tribunale che ha dichiarato aperta la procedura di liquidazione decide le controversie relative alla procedura stessa che non sono di competenza del giudice delegato, nonché i reclami contro i provvedimenti del giudice delegato. È chiaro che nelle impugnazioni avverso i provvedimenti del giudice delegato, quest'ultimo non possa comporre il collegio (v. art. 123, comma 2).

3. – Al comma 2 si precisa che i provvedimenti del tribunale concorsuale sono pronunciati con decreto, salvo che la legge non preveda che il provvedimento sia adottato con forma diversa. Si tratta di norma a carattere generale nell'ambito della disciplina concorsuale, che fa salva la previsione di disposizioni specifiche che prevedano una forma differente. Rispetto all'art. 23 l. fall. è ora specificato che il decreto sia motivato; in realtà, anche sotto il vigore dell'art. 23 la dottrina e la giurisprudenza, pur nel silenzio della norma, erano pervenute al risultato interpretativo secondo cui è necessaria la motivazione del decreto.

4. – L'art. 122, rispetto all'art. 23 l. fall., non introduce dati testuali nuovi per dirimere il dibattito in ordine ai rapporti tra tribunale e giudice delegato.

Si rammenta che tradizionalmente si contrappongono due orientamenti: secondo un primo indirizzo, il rapporto è riconducibile alla gerarchia, con a vertice il tribunale, in quanto questo è investito dell'intera procedura [23], e con relativa possibilità di esercizio di ampi poteri sostitutivi nei confronti del giudice delegato; secondo altro indirizzo, il rapporto non è riconducibile alla gerarchia in quanto altrimenti, in virtù del principio di sostituzione del superiore gerarchico rispetto al sottoposto, al tribunale verrebbero attribuite più funzioni di quelle assegnate dalla legge, potendo in tesi provvedere in via di sostituzione gerarchica anche nei compiti assegnati al giudice delegato, mentre, piuttosto, il tribunale sarebbe semplicemente funzionalmente sovraordinato al giudice delegato [24], con un semplice potere di controllo e con possibilità di intervento sui poteri attribuiti al giudice delegato solo a fronte della proposizione di reclamo avverso provvedimenti di quest'ultimo. Secondo altro indirizzo, occorre invece distinguere le funzioni giurisdizionali del giudice delegato da quelle propriamente amministrative: con riferimento alle prime, il tribunale non può esercitare alcun potere sostitutivo ma può solo decidere sui reclami avverso i provvedimenti del giudice delegato; con riferimento invece alle funzioni amministrative del giudice delegato, il tribunale concorsuale si colloca in posizione di superiorità gerarchica, essendo investito dell'intera procedura [25].

---

[22] Con riferimento all'art. 23 l. fall., cfr. CALVOSA, *Amministrazione del patrimonio*, 328.

[23] BOCCHIOLA, *Art. 23*, 189.

[24] CASELLI, *Organi del fallimento*, 25.

[25] NARDECCHIA, *Il nuovo codice*, 58; SANDULLI, D'ATTORRE, *Manuale delle procedure*, 55.

Il tema è stato dibattuto anche in giurisprudenza. In particolare, la giurisprudenza di legittimità ha evidenziato che il tribunale, mentre non può sostituirsi al giudice delegato, quando questi eserciti funzioni decisorie di natura giurisdizionale, nell'ambito dei poteri amministrativi, essendo investito dell'intera procedura ed avendo delegato il giudice singolo, si trova in posizione gerarchica sovraordinata rispetto a quest'ultimo. Pertanto, secondo tale indirizzo il detto tribunale, non solo ha il potere di annullare e riformare i provvedimenti del giudice delegato, ma ha anche quello di sostituirsi al medesimo giudice delegato nell'emanazione del provvedimento di competenza di quest'ultimo [26].

[26] Cass., 3 aprile 1991, n. 3478, in *Fallimento*, 1991, 799.

Articolo 123

Poteri del giudice delegato

1. Il giudice delegato esercita funzioni di vigilanza e di controllo sulla regolarità della procedura e:

a) riferisce al tribunale su ogni affare per il quale è richiesto un provvedimento del collegio;

b) emette o provoca dalle competenti autorità i provvedimenti urgenti per la conservazione del patrimonio, ad esclusione di quelli che incidono su diritti di terzi che rivendichino un proprio diritto incompatibile con l'acquisizione;

c) convoca il curatore e il comitato dei creditori nei casi prescritti dalla legge e ogni qualvolta lo ravvisi opportuno per il corretto e sollecito svolgimento della procedura;

d) su proposta del curatore, liquida i compensi e dispone l'eventuale revoca dell'incarico conferito alle persone la cui opera è stata richiesta dal medesimo curatore nell'interesse della procedura;

e) provvede sui reclami proposti contro gli atti del curatore e del comitato dei creditori;

f) fatto salvo quanto previsto dall'articolo 128, comma 2, autorizza il curatore a stare in giudizio come attore o come convenuto, quando è utile per il miglior soddisfacimento dei creditori. L'autorizzazione deve essere sempre data per atti determinati e per i giudizi deve essere rilasciata per ogni grado di essi;

g) nomina gli arbitri, su proposta del curatore;

h) procede all'accertamento dei crediti e dei diritti vantati da terzi sui beni compresi nella procedura, secondo le disposizioni del capo III.

i) quando ne ravvisa l'opportunità, dispone che il curatore presenti relazioni ulteriori rispetto a quelle previste dall'articolo 130, prescrivendone le modalità.

2. Il giudice delegato non può trattare i giudizi che ha autorizzato, né far parte del collegio investito del reclamo proposto contro i suoi atti.

3. I provvedimenti del giudice delegato sono pronunciati con decreto motivato.

Stanislao De Matteis e Fabio Di Lorenzo

Sommario: 1. Il ruolo del giudice delegato rispetto agli altri organi concorsuali. – 2. La relazione al tribunale concorsuale. – 3. I provvedimenti conservativi. – 4. La convocazione del curatore e del comitato dei creditori. – 5. La liquidazione dei compensi e la revoca degli incarichi. – 6. Il reclamo avverso atti del curatore e del comitato dei creditori. – 7. L'autorizzazione a stare in giudizio. – 8. La nomina degli arbitri. – 9. L'accertamento dei crediti e dei diritti dei terzi. – 10. Le relazioni del curatore. – 11. La forma dei provvedimenti del giudice delegato.

1. – L'art. 123, che disciplina i poteri del giudice delegato, ricalca sostanzialmente il contenuto dell'art. 25 l. fall. [1]. La norma conferma il ruolo del giudice delegato risultante dalle modifiche apportate alla legge fallimentare, nella doppia funzione giurisdizionale e amministrativa, quest'ultima declinata in termini di poteri di vigilanza e controllo sull'attività gestoria del curatore. È quindi confermato il ruolo giurisdizionale più che amministrativo del giudice delegato, in aderenza al principio di terzietà e imparzialità ricavabile dall'art. 111 Cost. [2]. Peraltro, il riferimento normativo alle «*funzioni di vigilanza e di controllo*» è idoneo a ricomprendere non solo i poteri indicati nell'art. 123, che quindi è norma aperta, ma anche altre attività non tipizzate, a condizione che non invadano le sfere di attribuzione e le prerogative di altri organi concorsuali [3]. Vanno poi considerati anche i poteri amministrativi attribuiti al giudice delegato da altre norme del Codice. Il potere di controllo è ancora più penetrante nel caso in cui non sia costituito il comitato dei creditori, in ragione del potere surrogatorio previsto dall'art. 140, comma 4. Sussistono, inoltre, anche poteri giurisdizionali non menzionati dall'art. 123, quali quelli relativi ai procedimenti di omologazione del concordato della liquidazione giudiziale e preventivo [4].

Al giudice delegato, nei confronti del curatore e del comitato dei creditori, restano comunque attribuiti anche poteri sostitutivi, nel caso di reclamo avverso un comportamento omissivo del curatore, surrogatori ai sensi dell'art. 140, comma 4, concorrenti (ad esempio l'adozione, in caso di urgenza, degli atti attribuiti al comitato dei creditori) ed autorizzativi [5].

2. – L'art. 123, lett. *a*), prevede che il giudice delegato riferisce al tribunale su ogni affare per il quale è richiesto un provvedimento del collegio. Tale disposizione deve essere interpretata alla luce del principio in base al quale il giudice delegato non può partecipare alle decisioni collegiali sulle controversie nelle quali egli si sia già pronunciato. Ne consegue che, tranne che per questa ipotesi di incompatibilità, il giudice delegato può essere sentito dal tribunale concorsuale su tutti gli atti e circostanze della procedura, allo scopo di assicurare la superiore funzione di controllo del tribunale sull'andamento della intera procedura.

3. – L'art. 123, lett. *b*), ricalcando l'art. 25, n. 2, l. fall., stabilisce che spetta al giudice delegato emettere o provocare dalle competenti autorità i provvedimenti urgenti per la conservazione del patrimonio, ad esclusione di quelli che incidono su diritti di terzi che rivendichino un proprio diritto incompatibile con l'acquisizione. Quindi, tale potere del giudice delegato non è incondizionato, ma trova un limite nella contestazione da parte di terzi che rivendichino il proprio diritto sui beni. Sul punto, la giurisprudenza di legittimità ha espresso un orientamento, sotto il vigore della previgente disposizione, che sembra perfettamente adattabile all'identica previsione dell'art. 123, lett. *b*): la facoltà del giudice

[1] FAUCEGLIA, *Il nuovo diritto*, 107; SPADARO, *D. Lgs. n. 14/2019*, 85.
[2] Con riferimento alla disciplina della legge fallimentare, cfr. CANDIA, *Gli organi*, 279.
[3] Con riguardo all'art. 25 l. fall., cfr. FABIANI, *Diritto fallimentare*, 217.
[4] NARDECCHIA, *Il nuovo codice*, 61.
[5] FAUCEGLIA, *Il nuovo diritto*, 107.

delegato di adottare provvedimenti urgenti per la conservazione del patrimonio implica il potere di emettere decreti di acquisizione alla procedura concorsuale di eventuali sopravvenienze attive, in possesso del debitore o del coniuge o di altri soggetti che non ne contestino la spettanza alla liquidazione giudiziale, ma non anche di disporre l'acquisizione di beni o somme di un terzo dissenziente, che si pretendano dovute alla liquidazione giudiziale. In tale seconda ipotesi, il provvedimento di acquisizione del giudice delegato deve ritenersi giuridicamente inesistente, per carenza assoluta del relativo potere, con la conseguenza che avverso il medesimo, non suscettibile di acquistare autorità di giudicato, non è esperibile il ricorso per cassazione, a norma dell'art. 111 Cost., restando in facoltà di qualsiasi interessato di farne valere, in ogni tempo ed in ogni sede, la radicale nullità ed inidoneità a produrre effetti giuridici [6].

4. – L'art. 123, lett. *c*), analogamente all'art. 25 l. fall., stabilisce che il giudice delegato convoca il curatore ed il comitato dei creditori nei casi prescritti dalla legge ed ogni qual volta ne ravvisi l'opportunità per il corretto e sollecito svolgimento della procedura [7]. La disposizione deve essere letta alla luce del complessivo riparto di funzioni degli organi concorsuali previsto dalla legge. La norma trova quindi la sua *ratio* giustificatrice non nel potere di direzione e amministrazione della procedura, che non spetta al giudice delegato ma al curatore, ma nel potere di vigilanza e controllo del giudice delegato, che viene esercitato anche con il potere di autorizzare atti del curatore e di controllare la legittimità ed opportunità della gestione del curatore [8].

5. – L'art. 123, lett. *d*), ricalcando l'art. 25 l. fall., stabilisce che spetta al giudice delegato liquidare il compenso alle persone la cui opera è stata richiesta dal medesimo curatore nell'interesse della procedura, nonché disporre l'eventuale revoca dell'incarico precedentemente a loro conferito.

Data la formulazione ampia e il riferimento agli incarichi senza specificazione del tipo, la norma in esame accorpa le disposizioni dei nn. 4 e 6 dell'art. 25 l. fall., e quindi si riferisce a tutti gli incaricati, quali delegati, coadiutori, periti, difensori.

La giurisprudenza ha affermato che, rispetto al decreto con cui il giudice delegato nell'esercizio della competenza esclusiva attribuitagli dalla legge liquida i compensi per l'opera prestata dagli incaricati a favore della procedura, il parere del curatore consiste in una mera dichiarazione di scienza senza alcun valore certificatorio, spettando al giudice che ha provveduto alla nomina ogni accertamento della prestazione svolta dall'incaricato oltre che della relativa entità e dei risultati [9].

Viceversa, secondo la giurisprudenza il decreto con il quale il giudice delegato, nell'esercizio della competenza esclusiva al riguardo attribuitagli dalla legge, liquida i com-

---

[6] Cass., 5 luglio 2018, n. 17648.

[7] Quindi anche per verificare la persistenza del vincolo fiduciario che deve caratterizzare (in ogni momento) il rapporto tra il curatore, il giudice delegato e il tribunale.

[8] Con riferimento all'art. 25 l. fall., cfr. MINUTOLI, *Art. 25*, *passim*; JORIO, FABIANI (a cura di), *Il nuovo diritto*, 485.

[9] Cass., 29 ottobre 2015, n. 22103.

pensi per l'opera prestata dagli incaricati a favore della procedura, lungi dall'assumere carattere meramente ricognitivo, concreta un provvedimento di natura giurisdizionale destinato a statuire sul diritto dell'incaricato in maniera irretrattabile e con gli effetti propri della cosa giudicata, suscettibile di impugnazione unicamente con il rimedio del reclamo dinanzi al tribunale concorsuale, mentre il provvedimento del tribunale che decide sul reclamo è impugnabile con il ricorso straordinario *ex* art. 111 Cost.[10].

Il giudice delegato può provvedere anche d'ufficio alla revoca, in tal modo sovrapponendosi alla nomina effettuata dal curatore e alla valutazione del comitato dei creditori[11].

L'attribuzione del potere di nomina in capo al curatore è coerente con l'affidamento al curatore della funzione di gestione della procedura. Rispetto al potere di nomina è speculare il potere di revoca. Tale potere è, tuttavia, attribuito al giudice delegato il quale, se non è gestore della procedura, è pur sempre titolare del potere di vigilanza, dal quale origina quello di revoca della persona nominata se inadeguata, in base ad un apprezzamento di merito dell'attività svolta in adempimento dell'incarico[12].

6. – L'art. 123, lett. *e*), nel solco dell'art. 25 l. fall., prevede che il giudice delegato provvede sui reclami proposti contro gli atti del curatore e del comitato dei creditori. Nell'art. 123, lett. *e*), non vi è più il richiamo al termine di 15 giorni per la decisione, per cui la decisione deve intervenire sollecitamente, nel più breve termine possibile.

7. – L'art. 123, lett. *f*), stabilisce che, salvo quanto previsto nell'art. 128, il giudice delegato autorizza il curatore a stare in giudizio come attore o come convenuto, quando è utile per il miglior soddisfacimento dei creditori, precisando che l'autorizzazione deve essere sempre data per atti determinati e deve essere rilasciata per ogni grado di giudizio.

Rispetto alla formulazione dell'art. 25, n. 6 l. fall., non è più testualmente disposto che l'autorizzazione vada data per iscritto. La necessità della forma scritta tuttavia è implicita, in quanto – pur essendo configurabile un provvedimento verbale del giudice delegato – connaturata all'esigenza di dimostrare *per tabulas* la legittimazione processuale del curatore (v. *infra*).

Innovando rispetto alla dizione dell'art. 25 l. fall., l'art. 123 prevede la salvezza delle ipotesi contemplate nell'art. 128, comma 2, in base al quale il curatore non può stare in giudizio senza l'autorizzazione del giudice delegato, salvo che in materia di opposizione, impugnazione o revocazione del decreto che rende esecutivo lo stato passivo ai sensi dell'art. 206, e salvo che nei procedimenti promossi per impugnare atti del giudice delegato o del tribunale, nonché nel procedimento di revoca del curatore ai sensi dell'art. 134 e in ogni altro caso in cui non occorra ministero di difensore.

Altra differenza testuale rispetto all'art. 25 l. fall. consiste nella scomparsa del riferimento al potere di liquidare il compenso dei difensori e di revocare i difensori nominati dal curatore. Tale omissione non può certo essere interpretata come perdita del potere in capo al giudice delegato. In realtà tale potere (v. *supra*, § 6) continua ad essere attribuito al

[10] Cfr., tra le altre, Cass., 20 settembre 2017, n. 21826.

[11] JORIO, FABIANI (a cura di), *Il nuovo diritto*, 488.

[12] JORIO, FABIANI (a cura di), *Il nuovo diritto*, 486.

giudice delegato in virtù della ampia formulazione dell'art. 125, lett. *d*), che fa riferimento in modo onnicomprensivo agli incarichi conferiti alle persone la cui opera è stata richiesta dal curatore nell'interesse della procedura [13].

Rispetto all'art. 25 l. fall. è previsto che l'autorizzazione possa essere rilasciata solo quanto risulti utile per il migliore soddisfacimento dei creditori; in realtà, in via interpretativa, tale requisito era stato ritenuto necessario anche sotto il vigore della previgente norma fallimentare. Il giudice delegato autorizza l'azione solo se al contempo essa risulti astrattamente fondata e potenzialmente idonea ad apportare un utile concreto alla procedura in termini di recupero di attivo. Sotto tale profilo, presupposto di legittimità dell'autorizzazione non è costituito dalla sussistenza di fondi sufficienti per sostenere i costi del giudizio; infatti, in base all'art. 144, d.p.r. n. 115 del 2002, se il giudice delegato attesta che non è disponibile il denaro necessario per le spese, il fallimento si considera ammesso al patrocinio a carico dello Stato.

Il curatore, pur essendo parte nelle controversie intentate da o contro la procedura concorsuale, non ha capacità processuale autonoma, bensì condizionata all'autorizzazione del giudice delegato, tant'è che, in mancanza, sussiste il difetto di legittimazione processuale, rilevabile d'ufficio dal giudice trattandosi di questione inerente la *legitimatio ad processum* [14]. Ne consegue che il difetto di autorizzazione da parte del giudice delegato attiene all'efficacia di attività processuale e non alla validità della costituzione.

In termini di ricostruzione generale della fattispecie, il mandato al difensore incaricato dalla procedura concorsuale è inquadrabile in una fattispecie complessa di procura processuale, in cui concorrono tre elementi successivi: prima l'autorizzazione del giudice delegato a stare al giudizio, poi la nomina del difensore effettuata dal curatore, e infine il rilascio, da parte di quest'ultimo, della procura al difensore.

Quindi l'autorizzazione è preventiva rispetto alla proposizione dell'azione della curatela o alla costituzione in giudizio del curatore quale convenuto. La giurisprudenza, anche in ragione del fatto che il difetto di autorizzazione attiene all'efficacia dell'attività processuale e non alla validità della costituzione, ha comunque affermato che l'autorizzazione a stare in giudizio conferita dal giudice delegato tardivamente in via di ratifica al curatore fallimentare vale a sanare retroattivamente il difetto di legittimazione di quest'ultimo, ma fino al limite delle preclusioni già verificatesi [15]; la retroattività della sanatoria trova ostacolo nei diritti quesiti di natura sostanziale, che non possono essere superati [16]. La sanatoria tramite autorizzazione successiva si realizza anche allorquando essa intervenga nella fase di impugnazione, in caso di difetto di autorizzazione preventiva nel giudizio di primo grado [17].

L'autorizzazione deve essere sempre data per atti determinati e per i giudizi deve essere rilasciata per ogni grado di essi. L'analoga previsione contenuta nell'art. 25 l. fall., n. 6, è stata interpretata in modo estensivo dalla giurisprudenza, la quale ha affermato che, con l'autorizzazione a promuovere un'azione giudiziaria, il giudice delegato può consentire al

[13] NARDECCHIA, *Il nuovo codice*, 63.

[14] Cass., 16 dicembre 2014, n. 26359.

[15] Cass., 14 novembre 2017, n. 26948.

[16] Cass., 14 maggio 2007, n. 11014.

[17] Cass., 12 febbraio 2013, n. 3345.

curatore, con un unico provvedimento, di agire o resistere in tutti gli eventuali gradi del giudizio, per il conseguimento di un individuato interesse della procedura concorsuale, valutato e ritenuto meritevole di tutela, non ostando a tale interpretazione il disposto della legge nella parte in cui prevede il rilascio dell'autorizzazione per ogni grado di giudizio, tenuto conto che l'interesse sotteso a tale disposizione, formalmente limitativa, risulta ugualmente tutelato laddove il giudice delegato disponga che il curatore renda puntuale informativa all'esito di ciascuna fase processuale[18]. La giurisprudenza ha anche evidenziato che l'autorizzazione a promuovere un'azione giudiziaria, conferita dal giudice delegato al curatore, si estende, senza bisogno di specifica menzione, a tutte le possibili pretese ed istanze strumentalmente pertinenti al conseguimento dell'obiettivo del giudizio cui si riferisce[19].

8. – L'art. 123, lett. *g*), ricalcando il contenuto dell'art. 25, n. 7, l. fall., prevede che su proposta del curatore il giudice delegato nomina gli arbitri. A tale riguardo, occorre rimandare ai margini di ammissibilità dell'arbitrato in ambito concorsuale, tenuto conto della inderogabilità della competenza funzionale del tribunale concorsuale e della regola di obbligatorietà del rito nell'accertamento del passivo.

9. – L'art. 123, lett. *h*), ricalcando l'art. 25, n. 8, l. fall., stabilisce che il giudice delegato procede all'accertamento dei crediti e dei diritti vantati da terzi sui beni compresi nella procedura, secondo le disposizioni del capo III. L'accertamento dei crediti è strumentale all'approvazione dello stato passivo e alla definizione delle controversie con i terzi. In tale procedimento il giudice delegato svolge una funzione giurisdizionale, in posizione di terzietà ed imparzialità, tanto che egli non può fare parte del collegio che giudica sulle opposizioni avverso il decreto che rende esecutivo lo stato passivo (cfr. art. 207, comma 12). In tale fase, quindi, il giudice delegato, più che un organo concorsuale con funzioni amministrative, è terzo e imparziale giudice del processo.

10. – L'art. 123, lett. *i*), introduce una novità rispetto all'art. 25 l. fall., stabilendo che il giudice delegato, quando ne ravvisa l'opportunità, dispone che il curatore presenti relazioni ulteriori rispetto a quelle previste dall'art. 130, prescrivendone le modalità. La norma in commento valorizza il ruolo di vigilanza del giudice delegato, il quale può autorizzare il curatore a depositare ulteriori relazioni rispetto a quelle dell'art. 130, qualora ne ravvisi l'opportunità, ad esempio in caso di particolare complessità della procedura, o in caso di verificarsi di rilevanti fatti nuovi non indicati nella precedente relazione *ex* art. 130.

11. – L'ultimo comma dell'art. 123 prevede che i provvedimenti del giudice delegato sono pronunciati con decreto motivato[20]. La disposizione è identica alla previsione dell'art. 25, comma 3, l. fall.

---

[18] Cass., 1 febbraio 2013, n. 2483.

[19] Cass., 15 gennaio 2016, n. 614.

[20] La motivazione dell'atto giurisdizionale fa del giudice, razionale e ragionevole, un "fidato servitore" della legalità del giudizio, scongiurando il pericolo del delirio di onnipotenza: cfr. De Matteis, *L'emersione anticipata*, 97.

Tale previsione sulla forma del provvedimento è speciale rispetto alla disciplina generale del processo civile: infatti l'art. 131 c.p.c. stabilisce che, in mancanza di prescrizioni, i provvedimenti sono dati in qualsiasi forma idonea al raggiungimento dello scopo (mentre l'art. 123 prevede che la forma generale è quella del decreto), e l'art. 135 c.p.c. statuisce che il decreto non è motivato salvo che la motivazione non sia richiesta espressamente dalla legge (mentre l'art. 123 in commento prevede che il decreto sia motivato).

Salvo che non sia diversamente disposto, avverso i decreti del giudice delegato è proponibile reclamo ai sensi dell'art. 124.

Articolo 124

Reclamo contro i decreti del giudice delegato e del tribunale

1. Salvo che sia diversamente disposto, contro i decreti del giudice delegato e del tribunale il curatore, il comitato dei creditori, il debitore e ogni altro interessato possono proporre reclamo, rispettivamente, al tribunale o alla corte di appello nel termine perentorio di dieci giorni dalla comunicazione o dalla notificazione per il curatore, per il debitore, per il comitato dei creditori e per chi ha chiesto o nei cui confronti è stato chiesto il provvedimento. Per gli altri interessati, il termine decorre dall'esecuzione delle formalità pubblicitarie previste dalla legge o disposte dal giudice delegato o dal tribunale, se quest'ultimo ha emesso il provvedimento.

2. In ogni caso il reclamo non può più proporsi decorsi novanta giorni dal deposito del provvedimento nel fascicolo della procedura.

3. Il reclamo si propone con ricorso, che deve contenere:

a) l'indicazione del tribunale o della corte di appello competente, del giudice delegato e della procedura di liquidazione giudiziale;

b) le generalità, il codice fiscale del ricorrente e il nome e il domicilio digitale del difensore;

c) l'esposizione delle ragioni di fatto e di diritto su cui si basa il reclamo, con le relative conclusioni;

d) l'indicazione dei mezzi di prova di cui il ricorrente intende avvalersi e dei documenti prodotti.

4. Il reclamo non sospende l'esecuzione del provvedimento impugnato.

5. Il presidente con decreto designa il relatore e fissa l'udienza di comparizione entro quaranta giorni dal deposito del ricorso.

6. Il ricorso, unitamente al decreto di fissazione dell'udienza, deve essere notificato, a cura del reclamante, al curatore, mediante trasmissione al domicilio digitale della procedura, e ai controinteressati, entro cinque giorni dalla comunicazione del decreto.

7. Tra la data della notificazione e quella dell'udienza deve intercorrere un termine non minore di quindici giorni.

8. Il resistente deve costituirsi almeno cinque giorni prima dell'udienza, depositando memoria contenente l'indicazione delle proprie generalità e del suo codice fiscale, nonché il nome e domicilio digitale del difensore, nonché' l'esposizione delle difese in fatto e in diritto, oltre all'indicazione dei mezzi di prova e dei documenti prodotti.

9. Ogni altro interessato può intervenire nel termine e nei modi previsti dal comma 8.

10. I termini di cui ai commi 7 e 8 possono essere abbreviati dal presidente, con decreto motivato, se ricorrono ragioni di urgenza.

11. All'udienza il collegio, sentite le parti, ammette o assume anche d'ufficio i mezzi di prova, se non ritiene di delegarne l'assunzione al relatore.

12. Entro trenta giorni dall'udienza di comparizione, il collegio provvede sul reclamo con decreto motivato.

Roberta Tiscini e Chiara Briguglio

Sommario: 1. Rilievi prodromici intorno alla tendenziale continuità di disciplina tra legge fallimentare e Codice della crisi. – 2. Le modifiche apportate e la loro incidenza nel procedimento camerale c.d. "ibrido". – 3. Criterio risolutivo in caso di concorrenza tra l'art. 124 c.c.i. e rito cautelare uniforme: brevi precisazioni processuali. – 4. Annotazioni sulla ricorribilità in cassazione del decreto che decide sul reclamo.

1. – La disposizione in commento, che riprende l'omonimo istituto previsto all'art. 26 l. fall., disciplina il reclamo endoprocessuale contro i decreti del giudice delegato e del tribunale, inteso quale rimedio a struttura impugnatoria [1] esperibile in pendenza della liquidazione giudiziale. Ciò che *prima facie* emerge è il mantenimento pressoché integrale della previgente struttura normativa e sequenza procedimentale [2], al netto delle modificazioni apportate nel corso del triennio di riforme che hanno interessato le procedure concorsuali [3]. Viene, quindi, confermato l'intento da parte del legislatore del Codice – nonostante i molteplici frangenti di riforma che l'hanno caratterizzato – di «racchiudere rigidamente nell'ambito di un procedimento tutte le possibili doglianze contro i provvedimenti degli organi fallimentari» [4], rafforzando così il principio della tendenziale «chiusura del processo fallimentare» [5].

[1] La natura impugnatoria del rimedio, oggi senz'altro riconosciuta in via prevalente (FABIANI, *Sistema, principi*, 305 ss.; CECCHELLA, *Il diritto*, 372 ss.; FERRO (a cura di), *La legge fallimentare*, 340 ss.; BORRÈ, *Reclamo*, 144; MARTINETTO, *I reclami*, 328), deve fare i conti con la questione della natura dell'atto impugnato. Anche dopo le riforme del 2006-2007, non si è mancato di evidenziare come la natura di mezzo di impugnazione *pleno iure* non vada negata nelle ipotesi in cui il provvedimento reclamato ha valenza decisoria e attitudine a incidere su diritti soggettivi, con idoneità alla formazione del giudicato sostanziale, mentre qualche difficoltà ad inquadrarlo in questi esatti termini sussisterebbe nel caso in cui l'atto da censurare sia di volontaria giurisdizione, non contenzioso (per tutti DE SANTIS, *I reclami*, 736 ss.; TRISORIO LIUZZI, *I reclami*, 407). D'altra parte, anche in quest'ultima ipotesi si può giustificare un controllo ad opera di un giudice diverso su iniziativa di chi non si reputi soddisfatto della decisione (FABIANI, *Fallimento*, 5). Sotto il profilo procedimentale, non mancavano poi le perplessità di chi (SATTA, *Diritto fallimentare*, 113 ss.) riconosceva al reclamo dell'art. 26 natura di *procedimento d'impugnazione speciale* rispetto alle impugnazioni ordinarie, dal momento che il carattere endoprocessuale e il modello camerale lo rendeva inidoneo ad assicurare, data la rapidità e l'estrema semplicità di forme, il controllo su eventuali lesioni di interessi da parte del giudice delegato; profilo – quest'ultimo – poi superato dalle riforme che hanno profondamente modificato la disciplina dell'art. 26 l. fall. – prima – e il Codice – poi.

[2] Ritiene SALETTI, *La tutela giurisdizionale*, 636 ss., spec. 637, osservando come il Codice si sia limitato a un'operazione di *maquillage* riproponendo il contenuto dell'art. 26 l. fall., seppure adottando un diverso ordine nell'esposizione delle singole revisioni («riorganizzazione della quale, per la verità, non si sentiva particolarmente la necessità»).

[3] Si fa riferimento all'art. 23, d.lgs. 9 gennaio 2006, n. 5 e dall'art. 3, comma 3, del d.lgs. 12 settembre 2007, n. 169, con la decorrenza indicata nell'art. 22 del medesimo d.lgs. n. 169 del 2007 che – *inter alia* – hanno modificato, sostituendolo, l'art. 26 l. fall.

[4] CASELLI, *Organi del fallimento*, 121 ss.

[5] *Ibidem.*

Parimenti immutata[6] può considerarsi la *ratio* dell'istituto in esame, da rintracciarsi nel controllo giurisdizionale dei decreti adottati dal giudice delegato e dal tribunale fallimentare dinnanzi, *rispettivamente*, al tribunale stesso o alla corte d'appello. La conservazione, all'interno del Codice, di tale binomio di organi giudiziari coinvolti nell'istaurazione del procedimento (corrispondente alla duplice categoria di provvedimenti impugnabili) è sintomatica della sensibilità, mostrata dal legislatore del 2006 prima e dal riformatore del 2019 poi, alle perplessità che originariamente hanno accompagnato il reclamo *ex* art. 26 l. fall., per lo più relative al difetto di terzietà del giudice delegato[7]. Ebbene, proprio nell'ottica di assicurare un saldo ancoraggio al principio costituzionale di *terzietà* e *imparzialità* dell'organo giudicante di cui all'art. 111, comma 2, Cost. è stato aggiunto – *ad abundantiam* – l'avverbio «*rispettivamente*». Si ritiene che il risultato pratico di un simile modifica non sia *tour court* da confinare ad una mera "precisazione costituzionalmente orientata", poiché ha il pregio di diversificare *nettamente* la disciplina processuale a seconda dell'oggetto di impugnazione: il tribunale in relazione ai decreti del giudice delegato e la corte d'appello per i decreti del tribunale. L'eventuale errore di individuazione del giudice[8], trattandosi di impugnazione, «non viene trattato come profilo di incompetenza, con la possibilità di una *traslatio judicii* ai sensi dell'art. 50 c.p.c., ed integra un caso di inammissibilità del mezzo, perciò non più proponibile».

Nonostante la conferma del tradizionale carattere devolutivo e sostitutivo, si ritiene tuttavia doverosa qualche precisazione sulla possibilità di applicare le disposizioni generali che governano l'appello nel codice di rito. Sul punto, prevale l'opinione negativa quanto all'invocabilità nel caso in esame sia della disciplina del c.d. filtro in appello (di cui all'art. 348-*bis* c.p.c.) sia dell'onere di specificità dei motivi (art. 342 c.p.c.)[9]; regole – queste oggi da leggere alla luce delle modifiche apportate al secondo grado di giudizio di rito ordinario dal d.lgs. n. 149 del 2022[10].

---

[6] Riproponendo i rilievi storico-comparatistici di CONFORTINI (*Il reclamo*, 8 ss.) in relazione al significato funzionale dell'art. 25 l. fall., si osserva che «La funzione del reclamo del '42 e prima ancora del richiamo del 1882, e quindi del controllo dei provvedimenti del g.d. da parte del tribunale, risaltava nel modo più autentico se apprezzata unitamente alla delega eseguita in favore del g.d. proprio di quei poteri dei quali, poi, a chiusura del cerchio e ove sollecitato in tal senso, lo stesso tribunale delegante ne avrebbe controllato l'esercizio». Per un'analisi della funzione dell'istituto *ex* art. 26 l. fall., nel corso del tempo, v., TISCINI, *Il reclamo endofallimentare*, 73.

[7] Ai fini di una più completa ricostruzione non sembra irrilevante precisare che l'originario tenore letterale dell'art. 26 l. fall., prevedeva che il reclamo si proponesse al tribunale; solo con la novella del 2006 è stata regolamentata la proposizione anche dinnanzi alla corte d'appello, in relazione ai decreti pronunciati dal tribunale fallimentare. Sul punto, emblematico è il contributo di FABIANI, *Nuovi equilibri*, 811 ss., secondo cui la modifica appena citata, rientrante nel triennio di riforme, è da leggersi in *tandem* al graduale depotenziamento del giudice delegato, «frutto di suggestioni nate attorno all'esigenza di assicurare a tale giudice un profilo di terzietà». In senso conforme, in dottrina, cfr. TISCINI, *Brevi note*, 2999, che non manca di sottolineare come «Sospinta verso i lidi dell'incostituzionalità dell'art. 26 l.fall., [...] la Corte ha finito per ancorare il dibattito alla specialità della procedura, e all'assolutizzazione del principio di terzietà ha anteposto altri principi della materia concorsuale. [...] La considerazione globale degli interessi della procedura allenta così la forza espansiva dell'obbligo di astensione». Più di recente, cfr. GABOARDI, *L'imparzialità*, 787.

[8] Così CECCHELLA, *Il diritto*, 375.

[9] Sul tema v. CECCHELLA, *Il diritto*, 372.

[10] Su cui v. i commenti di ANIELLO, *Art. 342-348 bis*, 471 ss.

2. – Proseguendo con i rilievi intorno alla tendenziale continuità di disciplina tra l'art. 26 l. fall. e l'art. 124 in commento, giova precisare che quest'ultimo ha mantenuto inalterata anche l'adozione del procedimento camerale [11] c.d. "*ibrido*" [12], ideato dal legislatore della novella del 2006 (d.lgs. 9 gennaio 2006, n. 5) come fattispecie di uniforme [13] applicazione per porre fine alla disarticolata operazione di supplenza giurisprudenziale, facente capo al sistema "*a doppio binario*" [14].

Si noti come, al comma 1, la clausola di riserva («*Salvo che sia diversamente disposto*») non deve intendersi come «esclusione in toto del rimedio, poiché l'art. 124, cod. ha generale applicazione [...] essendo contemplato [...] come previsione di forme di reclamo speciali diversamente regolate per i singoli provvedimenti» [15].

Venendo alla disamina dei fondamentali profili processuali, il reclamo di cui al citato art. 124 si introduce mediante ricorso, prevalentemente strutturato come l'atto introduttivo del rito ordinario di cognizione di cui all'art. 163 c.p.c. (o anche il ricorso *ex* art. 414 c.p.c.): in assenza di una indicazione sul contenuto del suddetto ricorso, si ritiene che esso dovrà indicare «l'atto, il vizio di legittimità di cui è colpito, quale *causa petendi*, e il tipo di provvedimento richiesto al giudice, quale *petitum*» [16]. Alla luce dell'introduzione del processo telematico si spiegano alcune modifiche apportate dal comma 6, che incentra l'attività di notificazione del ricorso e del contestuale decreto di fissazione dell'udienza sul-

[11] Nonostante pure vi siano stati dei tentativi legislativi volti a scardinare la c.d. *cameralizzazione* del giudizio sui diritti (primo fra tutti quello varato con la l. n. 150 del 2011), occorre tuttavia segnalare che si è trattato di un progetto "fallimentare", data la resistenza mostrata anche e soprattutto all'interno delle procedure concorsuali. Sul punto, v. TISCINI, *I provvedimenti*, 474.

[12] Come autorevolmente sostenuto da CECCHELLA, LUISO, FORTUNATO, *Il processo*, 75, la natura ibrida va rintracciata nel fatto che «la delega ad uno dei componenti del collegio non sia semplicemente delega al compimento di atti istruttori propria del rito camerale, ma sia piuttosto l'affidamento ad un giudice di funzioni decisorie sulla trattazione e sulla istruttoria, secondo il modello del giudice istruttore nel processo a cognizione piena destinato ad una decisione collegiale».

[13] La ricognizione circa la maggiore uniformità di disciplina apportata dal legislatore è, peraltro, di palese evidenza anche presso la recente giurisprudenza. A titolo esemplificativo v. App. Venezia, 8 giugno 2021, n. 1668, fonte *dejure.it*, secondo cui «Il procedimento endofallimentare del reclamo (ex art. 26 l.fall.) avverso i provvedimenti del giudice delegato o contro quelli del Tribunale fallimentare è diretto a risolvere conflitti che attengono ad atti diversi da quelli inerenti la formazione dello stato passivo e che incidono su diritti soggettivi; il reclamo assicura il doppio grado di giurisdizione avverso i provvedimenti monocratici emessi dal giudice delegato nel corso dello svolgimento della procedura fallimentare così come il doppio grado avverso i provvedimenti collegiali emessi dal Tribunale nei compiti ad esso propri».

[14] Per una più ampia analisi della fattispecie, v. NIGRO, VATTERMOLI, *Diritto della crisi*, 106, laddove si richiama la costruzione di matrice giurisprudenziale del sistema "*a doppio binario*", interamente tarata sulla differenza tra provvedimenti del giudice delegato a contenuto decisorio su diritti soggettivi (c.d. *decreti decisori*) e quelli privi di tale contenuto (cc.dd. *decreti ordinatori*). Per i primi si rendeva disponibile il reclamo al tribunale con ricorso da proporre entro 10 giorni dalla comunicazione del decreto agli interessati e possibilità di impugnare la decisione resa dal tribunale in Cassazione *ex* art. 111 Cost.; per i secondi, diversamente, il reclamo di cui all'art. 26 doveva essere proposto entro 3 giorni decorrenti dalla comunicazione e rimaneva, in ogni caso, preclusa la possibilità di ricorrere in Cassazione *ex* art. 111 Cost. In senso conforme, in dottrina, cfr. anche TISCINI, *Art. 23*, 152-153; FERRI, *Art. 26*; DE SANTIS, *I reclami*, 736 ss.; FABIANI, *Il giusto procedimento*, 77 ss.

[15] CECCHELLA, *Il diritto*, 373.

[16] *Ibidem*.

la trasmissione dei documenti al *domicilio digitale* della procedura e ai controinteressati, in luogo della precedente lettera di raccomandata con avviso di ricevimento.

La legittimazione attiva spetta – come nel sistema precedente – al curatore, al comitato dei creditori e, da ultimo, al debitore. Coerentemente con lo spirito che ha animato l'intervento di integrale riforma della concorsualità, si è espunto il lemma "*fallito*" (idoneo *ex se* a ri-evocare quella visione punitivo-afflittiva che pure campeggiava nella legge del '42) sostituendolo con il termine "*debitore*". Tutt'altro che coerente (o quasi addebitabile ad un *lapsus calami* del riformatore) è, invece, la conservazione dell'aggettivo *perentorio,* riferito al termine breve per proporre reclamo (di dieci giorni decorrenti dalla comunicazione o dalla notificazione per il curatore) e la sua contestuale eliminazione in riferimento al termine lungo di cui al comma 2 (pari a novanta giorni). La modifica appare del tutto incongruente non solo per una evidente asimmetria di regime processuale (che peraltro è già di per sé sufficiente ad attrarre non irrilevanti considerazioni in punto di decadenze e preclusioni per le parti), ma anche in forza dell'argomento sistematico per cui all'interno del nostro ordinamento «sono perentori tutti i termini di impugnativa» [17]. Ove, dunque, il Codice fosse sottoposto all'ennesimo intervento di modifica, l'occasione andrebbe colta per rettificare nel senso indicato il dato testuale [18].

In merito all'anticipato tema dei termini per la proposizione del reclamo di cui all'art. 124, si è espunta l'assimilazione della comunicazione a mezzo raccomandata, fax o pec da parte del curatore con la notificazione [19]. A ciò si aggiunga che il *dies a quo* di decorrenza del termine lungo di novanta giorni è fissato nel deposito del previsto fascicolo telematico della procedura [20], non più dal deposito del provvedimento in cancelleria.

Ai sensi del comma 10 art. 124, ove ricorrano motivi di *urgenza*, i termini di cui ai commi 7 e 8 (il termine che intercorre tra la notificazione al resistente e la data di udienza, nonché quello per la costituzione del resistente) possono essere abbreviati dal Presidente con decreto motivato. È plausibile ritenere che le ragioni di urgenza investano, per lo più, la sfera patrimoniale (primo – *inter alia* – il fondato timore della totale insolvibilità dell'imprenditore-debitore assoggettato alla liquidazione giudiziale), ma non si può escludere che ulteriori ragioni di urgenza siano legate al rischio che l'atto impugnato produca effetti irreversibili (si pensi ai vari provvedimenti che possono incidere sulla liquidazione dei beni).

Al deliberato fine di flessibilizzare il modulo procedimentale e in ossequio ai principi di celerità, semplificazione riduzione della durata delle procedure concorsuali contenuti nella legge delega (art. 2, comma 1, *lett. l* e *h*), l. 19 ottobre 2017), si è opportunamente

[17] LAMANNA, *Il Codice*, 586.

[18] Non è però questa la ragione principale che può indurre ad auspicare tale intervento di riforma. Pur nei suoi molteplici difetti, il Codice – una volta entrato in vigore – necessita di stabilità lasciando che sia la prassi applicativa ad assestare il terreno su cui la liquidazione giudiziale sarà chiamata a muoversi nei prossimi anni.

[19] Rilievo formulato da RAZZINI, MORGESE, *Presupposti della liquidazione*, 229 ss.

[20] Ai fini di un maggior coordinamento sistematico si riporta il tenore letterale dell'art. 199, comma 1, secondo cui «*Con la pubblicazione della sentenza di liquidazione giudiziale viene assegnato il domicilio digitale e viene formato il fascicolo informatico della procedura, nel quale devono essere contenuti tutti gli atti, i provvedimenti e i ricorsi attinenti al procedimento, opportunamente suddivisi in sezioni, esclusi quelli che, per ragioni di riservatezza, debbono essere custoditi nel fascicolo riservato*».

espunto l'obbligo per il presidente di provvedere con decreto a designare il relatore nei cinque giorni successivi al deposito del ricorso. Dalla lettura del comma 11 si nota come il Codice abbia positivizzato delle istruzioni concernenti le competenze (*rectius*, la distribuzione delle competenze) del collegio in pendenza di reclamo, nella parte in cui dispone che è il collegio, sentite le parti, ad ammettere anche d'ufficio i mezzi di prova o ad assumerli, puntualizzando altresì che solo l'assunzione può essere delegata al relatore. Una simile diversificazione dei "compiti processuali" si rende – evidentemente – necessaria per creare un efficace meccanismo di coordinamento tra i vari organi giudiziali della procedura, evitando così di "appesantire" inutilmente il ruolo del collegio una volta pronunciatosi in ordine all'ammissibilità dei mezzi di prova.

Opportunamente si è espunto, in quanto "superfluo", il riferimento al carattere sintetico del decreto motivato emesso dal collegio quale forma della decisione conclusiva del procedimento (ma anche del provvedimento di riduzione dei termini di cui al comma 10).

3. – Ragionando sulla base degli stessi parametri utilizzati per l'esegesi dell'art. 26 l. fall., anche in relazione alla disposizione in epigrafe si ripropone la conclusione per cui, stante la *specialità* del reclamo endoconcorsuale, in caso di concorso tra quest'ultimo e il reclamo cautelare di cui all'art. 669-*terdecies* c.p.c., si applica la disciplina speciale delle procedure concorsuali dell'art. 124. L'argomento si presta a qualche riflessione, ovviamente, nei casi in cui l'impugnazione dell'atto del giudice delegato o del tribunale nasconda una funzione cautelare, quando cioè la situazione di fatto esprima un *periculum*. La prevalenza del reclamo endoconcorsuale è del resto suggerita dalla *littera legis* del codice di rito, laddove, all'art. 669-*quaterdecies* c.p.c., afferma che il regime del cautelare uniforme si applica *in quanto compatibile* (così accordando portata residuale a tale disciplina).

4. – Occorre interrogarsi sulla ricorribilità in cassazione del decreto motivato reso dalla corte d'appello o dal tribunale, all'esito del procedimento di cui al citato art. 124. Il tema merita attenzione, giacché viene affrontato (sia in dottrina[21] che nella recente giurisprudenza) a partire dalla ri-emersione della risalente distinzione tra *decreti decisori* e *ordinatori*. Ecco che, quella che durante i "moti" di riforma del 2005 poteva sembrare una mera superfetazione categoriale in relazione al procedimento applicabile, diviene – adesso – una *quaestio* dirimente ai fini della garanzia del diritto di difesa dinnanzi al supremo organo nomofilattico. Per meglio intendersi, risulta imprescindibile far perno sulla *decisorietà e definitività*[22] del provvedimento impugnato: il ricorso straordinario dell'art. 124 è infatti ammesso avverso i soli decreti (pronunciati dal tribunale o dalla corte di appello) che presentano questi caratteri, sono cioè decisori su diritti o *status*, oltre a non essere altrimenti impugnabili (dato il silenzio sul punto dell'art. 124).

Pur nella apparente chiarezza della premessa, il sentiero si fa periglioso quando si passa

[21] Per un'accurata problematizzazione dottrinale sull'argomento, v. FERRI, *Art. 26*, 516. Per una disamina casistica cfr., POTOTSCHNIG, MARELLI, CIMETTI (a cura di), *Fallimento e altre*, 163 ss.; RUGGIERI, *Inammissibilità del ricorso*.

[22] Il tema è trattato ampiamente da TISCINI, *Il ricorso straordinario*; SANTANGELI, *Il nuovo fallimento*, 142.

dalle definizioni astratte ai casi concreti: la differenza tra provvedimenti ordinatori e decisori è nella pratica affidata all'operazione suppletiva della giurisprudenza, la quale negli anni [23] ha elaborato diversi criteri, a collaudo di un "sistema di ultima istanza" in relazione ai decreti endoconcorsuali. Sicché, per avere contezza dell'ambito applicativo del controllo di legittimità [24] in questa materia altro non si può fare che verificare di volta in volta, non solo la natura degli atti impugnati, ma anche gli orientamenti giurisprudenziali e le prassi applicative venutisi formando nel tempo.

[23] Lungi dalla pretesa di esaustività, si offre una breve annotazione delle ultime tendenze invalse presso la giurisprudenza. Così, ad esempio, Cass., 1° luglio 2022, n. 21007, in *dejure.it*, secondo cui ha carattere decisorio «il provvedimento con il quale il tribunale rigetta il reclamo proposto avverso il decreto del giudice delegato che abbia disposto il trasferimento di un immobile o un complesso aziendale»; Cass., 12 ottobre 2020, n. 21963, ivi, in riferimento alla decisorietà del decreto che «provveda su contestazioni in ordine alla legittimità di provvedimenti del giudice delegato incidenti su diritti soggettivi di natura sostanziale e non meramente processuale, connessi alla regolarità procedurale della liquidazione dell'attivo»; Cass., SS.UU., 26 settembre 2019, n. 24068, *ivi*, sul carattere decisorio del «decreto del Tribunale che dichiara esecutivo il piano di riparto parziale nella parte in cui decide la controversia concernente, da un lato, il diritto del creditore concorrente a partecipare al riparto dell'attivo fino a quel momento disponibile e, dall'altro, il diritto degli ulteriori interessati a ottenere gli accantonamenti delle somme necessarie al soddisfacimento dei propri crediti». Nell'ambito dei provvedimenti classificati come ordinatori in termini generali, v. Cass., 18 giugno 2018, n. 16072, *ivi*, secondo cui «È inammissibile il ricorso per cassazione […] avverso il decreto con cui il tribunale, in sede di reclamo, abbia confermato il decreto del giudice delegato, adottato dopo la chiusura della procedura, che ha rigettato la domanda di restituzione delle somme accantonate in favore dei creditori irreperibili»; Cass., 8 gennaio 2019, n. 212, *ivi*, per la quale «È inammissibile il ricorso per cassazione proposto nei confronti del decreto del tribunale che accoglie il reclamo ex art. 26 l.fall. avverso il provvedimento del giudice delegato di diniego all'accesso, ex art. 90, comma 3, l.fall., al fascicolo del fallimento, trattandosi di provvedimento non decisorio».

[24] Non manca, ad ogni modo, in dottrina chi ammette il ricorso straordinario per cassazione *ex* art. 111 Cost., avverso il provvedimento emesso all'esito del reclamo *ex* art. 124, «laddove il provvedimento abbia inciso direttamente su diritti soggettivi di terzi e sia idoneo ad assumere il carattere della definitività […]» (SPADA, *Gli organi preposti*, 373).

Articolo 125

Nomina del Curatore

1. Il curatore è nominato con la sentenza di apertura della liquidazione giudiziale, osservati gli articoli 356 e 358.

2. Si applicano agli esperti nominati ai sensi dell'articolo 49, comma 3, lettera b), le disposizioni del comma 1 e degli articoli 123 e da 126 a 136 in quanto compatibili.

3. Al curatore, agli esperti nominati ai sensi dell'articolo 49, comma 3, lettera b), ed al coadiutore nominato a norma dell'articolo 129, comma 2, si applicano le disposizioni di cui agli articoli 35, comma 4-bis, e 35.1 del decreto legislativo 6 settembre 2011, n. 159; si osservano altresì le disposizioni di cui all'articolo 35.2 del predetto decreto.

4. I provvedimenti di nomina dei curatori, dei commissari giudiziali e dei liquidatori giudiziali confluiscono nel registro nazionale già istituito presso il Ministero della giustizia. Nel registro vengono altresì annotati i provvedimenti di chiusura della liquidazione giudiziale e di omologazione del concordato, nonché l'ammontare dell'attivo e del passivo delle procedure chiuse e i provvedimenti di liquidazione degli acconti e del compenso finale in favore di ciascuno dei soggetti di cui al primo periodo. Il registro è tenuto con modalità informatiche ed è accessibile al pubblico.

Tommaso Nigro

Sommario: 1. Albo Nazionale: rinvio. La novità degli esperti nominabili. – 2. Le incompatibilità. – 3. La trasparenza nelle nomine.

1. – La norma in commento impone un primo necessario rimando alle disposizioni contenute negli artt. 356 e 358, d.lgs. n. 14 del 2019 che disciplinano, rispettivamente, l'albo nazionale dei soggetti incaricati dall'autorità giudiziaria con funzioni di gestione e di controllo nelle procedure concorsuali o di regolazione della crisi, ed i requisiti e caratteristiche utili per il conferimento degli incarichi a matrice giudiziaria. Da ciò consegue il necessario rinvio agli specifici commenti dando solo atto, in questa sede, dell'assoluto elemento di novità imposto dal Codice dell'istituzione di un albo articolato a livello nazionale che compendia i soggetti abilitati a poter svolgere gli incarichi giudiziali, con il merito di aver dato vita ad un unico "contenitore" ove tutti i tribunali potranno attingere, con la conseguenza di non poter officiare un soggetto non iscritto; albo in grado di accogliere in maniera innovativa, ovviamente alla condizione imposta dai requisiti prescritti, anche i consulenti del lavoro.

Un certo interesse, anche per l'ampliamento di delega delle funzioni, desta l'introduzione della figura dell'"esperto" che il tribunale ha facoltà di nominare in uno al curatore «per l'esecuzione di compiti specifici»; in ciò richiamando l'art. 49, comma 3, lett. *b*) e venendo qui in evidenza la sola precisazione dell'estensione anche a detti soggetti delle disposizioni riguardanti la qualifica di "pubblico ufficiale". Richiamo, questo, evidentemente giustificato dalla circostanza che la nomina è di diretta derivazione del tribunale differenziandosi, dunque, dalle residuali ipotesi di nomina del delegato e/o del coadiutore.

Il che induce a ritenere maggiormente responsabilizzato detto organo di procedura essendo a lui direttamente ascrivibile un'eventuale negligenza, senza lasciare spazi ad ipotesi di *culpa in vigilando* del curatore nominato.

2. – Aleggia ancora una volta, anche nel riformato Codice, l'ombra delle incompatibilità che viene espressamente richiamata sia con riferimento alla figura del curatore, che a quella degli esperti e financhе dei coadiutori. Trattasi delle incompatibilità previste dalla disposizione di cui all'art. 35, d.lgs. n. 159 del 2011, originariamente nata per calmierare le nomine degli amministratori giudiziari. La fattispecie non è affatto nuova, muovendo i suoi passi dall'art. 1, d.lgs. n. 54 del 2018 che, nel modificare il d.lgs. n. 158 del 2011, ha introdotto nuove e più penetranti forme di incompatibilità per i professionisti nominati dal tribunale nelle procedure concorsuali. La norma originaria ha stabilito che «Non possono assumere l'ufficio di Amministratore giudiziario, né quello di suo coadiutore, coloro i quali sono legati da rapporto di coniugio, unione civile o convivenza di fatto ai sensi della l. n. 76/2016, parentela entro il terzo grado o affinità entro il secondo grado con magistrati addetti all'ufficio giudiziario al quale appartiene il magistrato che conferisce l'incarico, nonché coloro i quali hanno con tali magistrati un rapporto di assidua frequentazione. Si intende per frequentazione assidua quella derivante da una relazione sentimentale o da un rapporto di amicizia stabilmente protrattosi nel tempo e connotato da reciproca confidenza, nonché il rapporto di frequentazione tra commensali abituali»; tale disposizione era stata poi estesa anche al curatore ed al coadiutore, innestando un nuovo ultimo comma al previgente art. 28 l. fall.

In chiave operativa il professionista officiato «... al momento dell'accettazione dell'incarico e comunque entro due giorni dalla comunicazione della nomina, deposita presso la cancelleria dell'ufficio giudiziario conferente l'incarico una dichiarazione attestante l'insussistenza delle cause di incompatibilità di cui all'art. 35, comma 4-bis», dovendo, ovviamente intendersi il deposito in cancelleria come deposito telematico nel fascicolo. Certo è che il perimetro di applicazione si rivela estremamente ampio, dovendo spingersi a valutare i rapporti con tutti i magistrati del distretto di appartenenza. È infatti previsto che «nella dichiarazione il soggetto incaricato deve comunque indicare ... l'esistenza di rapporti di coniugio, unione civile o convivenza di fatto ai sensi della l. n. 76/2016, parentela entro il terzo grado o affinità entro il secondo grado o frequentazione assidua con magistrati, giudicanti o requirenti, del distretto di corte di appello nel quale ha sede l'ufficio giudiziario presso il quale è pendente il procedimento».

Giova rilevare, ad ogni buon conto che la sfera di applicazione è, stranamente, limitata al solo curatore, all'esperto ed al coadiutore, non ricomprendendo la figura del delegato e, si ritiene, neppure quella dei legali o difensori della procedura, né tantomeno quella degli stimatori di beni mobili o immobili.

La sanzione prevista assume particolare rilievo posto che «in caso di violazione della disposizione (...) il tribunale provvede d'urgenza alla sostituzione del soggetto nominato. Il tribunale provvede allo stesso modo nel caso in cui, dalla dichiarazione depositata, emerga la sussistenza di una causa di incompatibilità. In caso di dichiarazione di circostanze non corrispondenti al vero effettuata da un soggetto iscritto ad un albo professionale, il tribunale lo segnala all'organo competente dell'ordine o del collegio professionale ai fini della valutazione di competenza in ordine all'esercizio dell'azione disciplinare e al presidente della Corte di appello affinché dia notizia della segnalazione a tutti i magistrati del distretto».

3. – Uno dei principi cardine che già animava il precedente Codice è quello della trasparenza delle operazioni di nomina che il Legislatore tende a rendere quanto più possibile ostensibile. Già il d.l. n. 83 del 2015, poi convertito nella l. n. 132 del 2015, aveva previsto, con norma di chiusura dell'art. 28 l. fall., l'istituzione presso il Ministero della giustizia di un registro nazionale nel quale far confluire i provvedimenti di nomina dei curatori, dei commissari giudiziali e dei liquidatori giudiziali; all'interno del quale annotare anche i provvedimenti di chiusura della procedura liquidatoria, di omologazione del concordato, l'ammontare dell'attivo e del passivo. Il tema è ora replicato all'art. 125 con finalità esattamente identica e sostanzialmente duplice, ovvero quella di dare evidenza alle nomine degli ausiliari da parte dei tribunali, nonché, indirettamente, quella di fornire dati utili per la valutazione dei risultati raggiunti nello svolgimento degli incarichi, dato utile anche per porre le basi per un effettivo criterio di rotazione.

Articolo 126
Accettazione del curatore

1. Il curatore deve, entro i due giorni successivi alla comunicazione della nomina, far pervenire in cancelleria la propria accettazione. Se il curatore non osserva questo obbligo il tribunale, in camera di consiglio, provvede d'urgenza alla nomina di altro curatore.

2. Intervenuta l'accettazione, l'ufficio comunica telematicamente al curatore le credenziali per l'accesso al domicilio digitale assegnato alla procedura dal Ministero della giustizia.

Domenico Spagnuolo

Sommario: 1. L'accettazione della nomina. – 2. Le credenziali di accesso al domicilio digitale.

1. – Con la sentenza di apertura della liquidazione giudiziale il tribunale provvede alla nomina del curatore (art. 49, comma 2); l'assunzione della carica è, però, subordinata alla manifestazione di volontà del soggetto nominato di accettare l'incarico.

L'accettazione deve essere espressa in modo formale, mediante dichiarazione da far pervenire in cancelleria; pertanto, è esclusa qualsiasi forma di accettazione implicita, per fatti concludenti [1], considerato anche che, in ragione dell'art. 35.1, d.lgs. n. 159 del 2011 (richiamato dall'art. 125), il curatore, al momento dell'accettazione dell'incarico, è tenuto a rilasciare la dichiarazione di insussistenza delle cause di incompatibilità previste dall'art. 35, comma 4-*bis* dello stesso decreto legislativo.

L'accettazione deve pervenire alla cancelleria del tribunale mediante deposito telematico nel fascicolo della procedura [2], nel termine brevissimo di due giorni, decorrenti dalla

---

[1] Diversamente, con riferimento all'analoga disposizione della legge fallimentare (art. 29), Caselli, *Degli organi,* 143; di diverso avviso Ferrara, *Curatore del fallimento,* 516; Provinciali, *Trattato di diritto,* 703, che hanno ritenuto possibile anche l'accettazione tacita, desumibile da eventuali comportamenti del soggetto nominato atti a rivelare l'effettiva esistenza della volontà di accettare, come ad es. l'intervento alla apposizione dei sigilli o l'esercizio di altri atti del suo ufficio.

[2] L'art. 16-*bis,* d.l. 18 ottobre 2012, n. 179, conv. con modificazioni in l. 17 dicembre 2012, n. 221 ha introdotto l'obbligo di deposito telematico degli atti e dei documenti da parte del curatore, del commissario giudiziale, del liquidatore giudiziale, del commissario liquidatore e del commissario straordinario per le procedure concorsuali dichiarate dopo il 30 giugno 2014.

comunicazione - prescritta dall'art. 49, comma 4 - della sentenza con la relativa nomina. In mancanza della comunicazione di accettazione, il tribunale dovrà provvedere alla nomina di un nuovo curatore. Il termine per l'accettazione è stato ritenuto ordinatorio, per cui l'accettazione tardiva è comunque efficace se pervenuta prima che il tribunale provveda alla nomina di altro soggetto [3].

Resta, tuttavia, problematico il coordinamento del termine riconosciuto al curatore per l'accettazione con la disposizione di cui all'art. 142, che determina a carico del debitore la perdita dell'amministrazione e della disponibilità dei suoi beni sin dal momento del deposito della sentenza di apertura della liquidazione giudiziale, con conseguente intervallo temporale tra il momento dello spossessamento del debitore e quello della assunzione del potere gestorio da parte del curatore. La mancata coincidenza (pur necessaria) tra i due momenti, al fine di assicurare la continuità nell'amministrazione del patrimonio, già rilevata nel vigore della precedente disposizione (art. 29 l. fall.), ha orientato parte della dottrina a ritenere che il soggetto designato dal tribunale sia investito dell'ufficio di curatore per effetto della nomina, mentre l'accettazione non costituirebbe un atto perfezionativo della stessa, ma solo una condizione per la conservazione della carica [4]. Tale conclusione sembra trovare conferma nella previsione dell'art. 49, comma 4, in forza del quale (come già nel previgente sistema) la sentenza di apertura della procedura produce i propri effetti dalla data della pubblicazione ai sensi dell'art. 133 c.p.c., e perciò dal momento del deposito in cancelleria: tra gli effetti (seppure provvisori) della sentenza si può ricomprendere quello della nomina del curatore che in essa è disposta. Parimenti, l'art. 45 prevede che la sentenza sia trasmessa dal cancelliere al registro delle imprese entro il giorno successivo al deposito (e dunque prima della scadenza del termine per l'accettazione), con conseguente iscrizione del nominato rappresentante della procedura, sebbene non sia ancora intervenuta l'accettazione.

Anche in caso di sostituzione del curatore – per revoca (art. 134) o a seguito di richiesta del debitore o dei creditori (art. 135) – l'efficacia dell'accettazione del nuovo curatore retroagisce alla data del deposito del provvedimento del tribunale che dispone la sostituzione e la relativa nomina, non potendo operare la *prorogatio* del soggetto sostituito, ovvero la sua permanenza in carica sino all'accettazione del nuovo curatore: il decreto che decide sull'istanza di revoca ha, infatti, efficacia sin dal momento della pubblicazione, con conseguente cessazione immediata dalla carica del soggetto revocato. Analogamente, la sostituzione prevista dall'art. 135, su istanza del debitore o dei creditori, configura sostanzialmente una ipotesi di revoca, atteso che le ragioni che possono giustificare l'istanza, e la conseguente decisione del tribunale, sono riconducibili esclusivamente alla esistenza, attuale o potenziale, di un conflitto di interessi del curatore già nominato [5], e ciò costituendo una

---

[3] Cass., 28 maggio 1979, n. 3078.

[4] CASELLI, *Degli organi,* 143; SCANO, *Il curatore*, 135; di diverso avviso FERRARA, *Curatore del fallimento*, 516; RUSSO, *La notificazione*, 203; PROVINCIALI, *Trattato di diritto*, 701; NIGRO, VATTERMOLI, *Diritto della crisi*, 108.

[5] Differentemente, l'art. 37-*bis* l. fall. consentiva ai creditori che rappresentavano la maggioranza dei crediti di «*chiedere la sostituzione del curatore indicando al tribunale le ragioni della richiesta e un nuovo nominativo*» e, quindi, anche per ragioni di opportunità o di preferenza di altro professionista. Pertanto, si riteneva che la nuova nomina non comportava necessariamente l'immediata revoca del precedente curatore il quale, in caso di mancata accettazione del nuovo nominato, ben poteva mantenere le proprie funzioni, non essendovi motivo per privarlo della carica e delle funzioni: v. SPAGNUOLO, *Art. 29*, 179.

causa di incompatibilità con la carica, espressamente indicata dall'art. 358, comma 2[6].

Nel caso di nomina di uno studio associato o una società di professionisti, l'accettazione dovrà essere effettuata dal rappresentante legale dell'ente il quale, contestualmente, dovrà designare la persona fisica responsabile della procedura (art. 358).

2. – A seguito dell'accettazione, la cancelleria comunica al curatore le credenziali di accesso al domicilio digitale che è stato assegnato alla procedura.

Si tratta dell'indirizzo di posta elettronica certificata (art. 1, comma 1, lett. *n-ter*), d.lgs. 7 marzo 2005, n. 82)[7], che il Ministero della Giustizia assegna alla procedura sin dal momento della pubblicazione sentenza di liquidazione giudiziale (art. 199). Va ricordato, infatti, che l'art. 10 impone al curatore di effettuare tutte le comunicazioni poste a suo carico esclusivamente con modalità telematiche (comma 1) e di conservare presso tale domicilio digitale «*tutti i messaggi elettronici inviati e ricevuti*», per tutta la durata della procedura e per i due anni successivi alla sua chiusura.

In ragione del potere del comitato dei creditori, e di ciascuno dei suoi componenti, di ispezionare tutti i documenti della procedura, previsto dall'art. 140, comma 4, deve ritenersi sussistente il diritto per questi di ottenere dal curatore le stesse credenziali di accesso al domicilio digitale, al fine di avere accesso ad essi per lo svolgimento delle proprie funzioni di controllo.

---

[6] Vedi *sub* art. 135.

[7] In alternativa all'indirizzo di posta elettronica certificata la norma prevede qualsiasi altro servizio elettronico di recapito certificato qualificato, come definito dal regolamento (UE) 23 luglio 2014 n. 910 del Parlamento europeo e del Consiglio in materia di identificazione elettronica e servizi fiduciari per le transazioni elettroniche nel mercato interno (regolamento eIDAS), valido ai fini delle comunicazioni elettroniche aventi valore legale.

Articolo 127

Qualità di pubblico ufficiale

1. Il curatore, per quanto attiene all'esercizio delle sue funzioni, è pubblico ufficiale.

Domenico Spagnuolo

Sommario: 1. L'attribuzione della qualifica di pubblico ufficiale. – 2. Gli effetti. – 3. Studi professionali associati e società tra professionisti.

1. – Il Codice ha confermato l'attribuzione al curatore della qualifica di pubblico ufficiale, introdotta dalla legge fallimentare del 1942 all'art. 30 (in continuità con quanto previsto dalla precedente l. 10 luglio 1930, n. 905) sottolineando il carattere pubblicistico della procedura di liquidazione giudiziale e della figura del curatore, in luogo della spiccata natura privatistica che era riconosciuta dal codice di commercio.

La norma era rimasta invariata anche a seguito della Riforma del 2006 che, modificando la "geometria" dei ruoli dei diversi organi della procedura, ed in particolare del giudice delegato e del comitato dei creditori rispetto all'attività gestoria del curatore, aveva indotto parte della dottrina a ritenere "anacronistica" la disposizione[1], siccome sostanzialmente "privatizzata" la procedura in funzione dell'interesse dei creditori, e dunque tramontata la sua natura pubblicistica[2].

Il Codice ha mantenuto sostanzialmente invariata la valorizzazione del comitato dei creditori, come anche l'arretramento della funzione del giudice delegato nell'indirizzo dei poteri del curatore; ma, come pur evidenziato dalla prevalente dottrina e dalla giurisprudenza, il ruolo del curatore non sembra potersi inquadrare nell'area del mandato[3], man-

[1] Lo Cascio, *Il fallimento*, 241.

[2] Abete, *Il curatore*, 1015 riteneva che la nuova legge fallimentare «sottrae la posizione del curatore a qualsivoglia *interferenza* di tipo *pubblicistico* e ne legittima la caratterizzazione al pari di quella di un mandatario cui è demandata la gestione di interessi privati», interrogandosi sulla residua opportunità di mantenere la disposizione di cui all'art. 30.

[3] Nel diritto statutario il rapporto tra creditori e curatore era riconducibile allo schema del mandato: il curatore era spesso nominato dai creditori, i quali provvedevano, talvolta, al pagamento di una retribuzione per lo svolgimento dell'incarico; v. Lattes, *Il diritto*, 341.

tenendo intatta la «funzione pubblica nell'ambito dell'amministrazione della giustizia»[4]. Lo stesso Codice ha, peraltro, largamente ridimensionato l'ampio potere dei creditori, già previsto dall'art. 37-*bis* l. fall., di richiedere la sostituzione del curatore, limitandolo alle sole ipotesi di conflitto di interessi[5].

La qualificazione di pubblico ufficiale costituisce «il riconoscimento di una funzione pubblica cui si attribuisce particolare rilevanza»[6] e mira ad assicurare la corretta ed imparziale gestione della procedura[7] attraverso la particolare responsabilità che, in ambito penale, è riservata ai soggetti che rivestono tale qualità nell'ambito dello "statuto penale della pubblica amministrazione"[8].

La qualifica di pubblico ufficiale è analogamente riconosciuta, nelle altre procedure concorsuali, al commissario giudiziale nel concordato preventivo (art. 92) ed al commissario liquidatore nella liquidazione coatta amministrativa (art. 302)[9].

Il Codice (come già la l. 27 gennaio 2012, n. 3) non estende espressamente tale qualifica al liquidatore nella liquidazione controllata del sovraindebitato, né prevede, per tale procedura, alcuna norma di rinvio all'art. 127 o, in via generale, alle disposizioni della liquidazione giudiziale. Peraltro, appare significativo che, per il soggetto nominato liquidatore del patrimonio del sovraindebitato, l'art. 270, comma 3 rinvii (analogamente all'art. 125 per il curatore) alle specifiche disposizioni di cui agli artt. 35, comma 4-*bis* e 35.1, d.lgs. n. 159 del 2011, quanto alle cause di incompatibilità, e non anche all'art. 35, comma 5, che prevede, appunto, la qualifica di pubblico ufficiale. Parimenti, nel catalogo dei reati previsti dal Codice, non vi è menzione del liquidatore nella liquidazione controllata.

Sebbene nella procedura di sovraindebitamento la nomina del liquidatore promani dal

---

[4] Così, nella originaria legge fallimentare, FERRARA, *Curatore del fallimento*, 516; SEMIANI BIGNARDI, *Il curatore*, 2 ss.; CASELLI, *Degli organi*, 146; con riferimento alla Riforma del 2006, SANDULLI, *La crisi*, 64 che ritiene non sufficiente l'ampia *degiurisdizionalizzazione* introdotta dalle nuove disposizioni della legge fallimentare «per concludere che nel fallimento la disciplina del dissesto sia ora improntata a criteri squisitamente privatistici»; nello stesso senso VASSALLI, *Il curatore*, 221; in giurisprudenza per tutte v. Corte cost., 28 aprile 2006, n. 174, Cass., 15 luglio 2005, n. 15030 che qualificano il curatore quale ausiliare della giustizia, e non ausiliare del giudice; Cass., 6 maggio 1966, n. 1154, in *Dir. fall.*, 1966, II, 474; Trib. Milano, 17 maggio 2007, in *Foro ambr.*, 2007, 3, 286. Su posizione intermedia D'ATTORRE, *Art. 37*, 231, secondo cui «la indiscutibile funzionalizzazione dei compiti del curatore agli interessi del ceto dei creditori, se pure non ne legittima la qualificazione in termini di mero mandatario degli stessi, impone tuttavia una ridefinizione della sua tradizionale qualifica di organo operante nell'interesse della giustizia». LANZI, *Profili penalistici*, 3 evidenzia come non sarebbe comunque dubitabile l'attribuzione al curatore della qualifica di pubblico ufficiale, alla stregua della definizione fornita dall'art. 357 c.p. che richiama qualsiasi «pubblica funzione legislativa, giudiziaria o amministrativa».

[5] Vedi *sub* art. 135.

[6] SANDULLI, *La crisi*, 76.

[7] LIACI, *Art. 30*, 401; NIGRO, VATTERMOLI, *Diritto della crisi*, 105.

[8] BRICOLA, *La responsabilità*, 443. Ciò vale nell'affermazione della responsabilità penale per quelle condotte punite come reato (o aggravate nella comminazione della pena) allorquando commesse da un pubblico ufficiale. Per quanto riguarda le condotte dei terzi nei confronti del curatore, quale soggetto passivo v. Pret. Milano (decr.), 11 febbraio 1982, in *Fallimento*, 1983, 715 che ha escluso il reato di oltraggio in presenza di offesa all'onore del curatore, configurando il semplice reato di ingiuria o diffamazione, negando la qualità di pubblico ufficiale del curatore agli effetti penali; ma v. anche Cass. pen., sez. III, 19 febbraio 1964 n. 592.

[9] Per il commissario straordinario e per il commissario giudiziale nell'amministrazione straordinaria delle grandi imprese in stato di insolvenza v. artt. 15, comma 3 e 40, d.lgs. 8 luglio 1999, n. 270.

tribunale e le sue funzioni possono essere sostanzialmente assimilate a quelle del curatore, la sua figura potrebbe essere più coerente con la figura del liquidatore concordatario per il quale, nella legge fallimentare ed ora nel Codice, pure è stato omesso l'espresso rinvio alla qualifica pubblicistica del curatore: l'art. 114, comma 2 (come già l'art. 182, comma 2, l. fall.), nel fare rinvio alle diverse disposizioni dettate per il curatore (tra le quali anche quelle del d.lgs. n. 139 del 2012), omette di richiamare l'art. 127. Anche la giurisprudenza ha, per lungo tempo escluso per il liquidatore concordatario la qualifica di pubblico ufficiale, evidenziando come questi, traendo i suoi poteri da un mandato *ex lege* alla gestione e liquidazione dei beni per conto dei creditori, deve ritenersi titolare di un ufficio di diritto privato [10]. Più di recente, però, la Suprema Corte ha mutato indirizzo, affermando che «il liquidatore concordatario, come il commissario giudiziale, rappresenta un organo della procedura, titolare di una funzione giudiziaria, come ausiliario designato dal tribunale con il decreto di omologazione. Il liquidatore, infatti, interviene nella fase esecutiva del concordato e in questo contesto provvede all'attività di gestione dei beni funzionali alla liquidazione; inoltre è investito della legittimazione processuale nelle controversie liquidatorie e distributive, assicurando la legittimità di questa fase e la tutela degli interessi di tutti i creditori interessati dalla procedura, compresi quelli dissenzienti. A dovere essere poi prese in particolare considerazione per corroborare la funzione di pubblico ufficiale rivestita dal liquidatore nel concordato con cessione sono quelle pronunce che lo equiparano al curatore fallimentare al quale è la stessa legge che attribuisce la qualifica di pubblico ufficiale» [11].

L'estensione della qualifica di pubblico ufficiale anche al liquidatore nella liquidazione controllata appare maggiormente coerente con l'omogeneo, e non distinguibile, dovere del soggetto investito di tale incarico di perseguire l'interesse generale alla corretta e sollecita gestione della procedura concorsuale, con imparziale svolgimento dei propri compiti sia nei confronti degli interessi di tutti i creditori, sia per la salvaguardia delle ragioni del debitore e, in definitiva, nell'interesse dell'amministrazione della giustizia.

2. – La qualifica di pubblico ufficiale comporta, innanzitutto, l'applicazione al curatore, oltre che delle fattispecie di reato specificamente indicate dal Codice agli artt. 334, 335 e 336, delle peculiari sanzioni che, in ambito penale, sono dettate per i pubblici ufficiali.

Conseguentemente, anche la condotta omissiva può configurare la responsabilità penale del curatore, oltre alle ipotesi contemplate dall'art. 336 [12].

---

[10] Cass. pen., sez. VI, 3 febbraio 1988, in *Foro it.*, 1989, II, 623; Cass. pen., sez. V, 16 gennaio 2015, n. 15951; App. Torino, 15 dicembre 1986, in *Giur. comm.* 1987, II, 772.

[11] Cass. pen., sez. VI, 28 febbraio 2023, n. 22004; in precedenza Cass. pen., sez. V, 11 novembre 1994, in *Giur. it.* 1996, II, 88, che, con riferimento alla fattispecie dell'abuso di ufficio, riconduceva la figura alla generale definizione del pubblico ufficiale di cui all'art. 357 c.p., in quanto «svolge un *munus publicum* inserito in un procedimento giudiziario che trae origine da una sentenza di omologazione e che si svolge sulla base di modalità precisate da quest'ultima, sotto il controllo di organi giudiziari e per finalità di interesse generale»; Trib. Milano, 17 maggio 2007, cit.

[12] Cass. pen., sez. VI, 20 novembre 2012, n. 1005 ha ritenuto sussistente la responsabilità penale del curatore per la condotta che «protraendo il compimento dell'atto oltre i termini prescritti dalla legge, si risolve in un rifiuto implicito, non essendo necessaria una manifestazione di volontà solenne o formale (fattispecie relativa al curatore di un fallimento che, dopo aver omesso di depositare la relazione e di compiere atti della pro-

La revoca della dichiarazione di apertura della liquidazione giudiziale non determina il venir meno, *ex tunc* della qualità di pubblico ufficiale e non incide, pertanto, sulla punibilità dei reati che in detta qualità siano stati commessi [13].

Non è invece estendibile al curatore la funzione di polizia giudiziaria, in quanto questi non rientra tra i soggetti elencati dall'art. 57 c.p.p. e la sua attività non è riconducibile a quelle di natura ispettiva e di vigilanza previste dall'art. 220 disp. att. c.p.p. [14]. Tuttavia, l'art. 130 impone comunque al curatore di segnalare al pubblico ministero, con la propria relazione ed i successivi rapporti riepilogativi, le condotte dell'imprenditore o degli amministratori e degli organi di controllo societari, che comportino una loro responsabilità, anche penale.

Infine, correlata alla funzione pubblica del curatore, vi è la responsabilità erariale nei confronti dello Stato, ove sia ravvisabile una censurabile conduzione della curatela: in tal senso, è stata affermata la responsabilità del curatore per l'eccessiva durata del procedimento, nel caso in cui il Ministero della giustizia sia stato condannato al pagamento della "equa riparazione" in favore del debitore sottoposto alla procedura concorsuale ai sensi della l. 24 marzo 2001, n. 89 (c.d. legge Pinto) [15]. È stata affermata la responsabilità erariale del curatore, a titolo di dolo omissivo, anche per non aver impedito l'appropriazione indebita, compiuta da terzi, di somme di denaro provenienti dalla massa attiva della procedura [16].

Per quanto riguarda il valore probatorio della documentazione redatta dal curatore, ed in particolare delle relazioni di cui all'art. 130, valgono le regole fissate dall'art. 2700 c.c., per cui fanno «*piena prova, fino a querela di falso, della provenienza del documento dal pubblico ufficiale che lo ha formato, nonché delle dichiarazioni delle parti e degli altri fatti che il pubblico ufficiale attesta avvenuti in sua presenza o da lui compiuti*» [17].

Sotto il profilo processuale, è stata attribuita alle comunicazioni effettuate dal curatore, ai creditori ed ai terzi, dei decreti del giudice delegato l'efficacia propria delle comunicazioni eseguite dal cancelliere ai sensi dell'art. 136 c.p.c. e dell'art. 45 disp. att. c.p.c., soprattutto ai fini della decorrenza dei termini per le impugnazioni [18]. Tuttavia, la "comunicazione" costituisce atto tipico del cancelliere, e non generica attribuzione del pubblico ufficiale, per cui, come sottolineato dalla più recente giurisprudenza di legittimità, l'attribuzione al curatore di un potere di comunicazione di specifici atti (ad es. per l'esito del procedimento di accerta-

---

cedura per oltre quindici anni, dapprima, ricevuta dal giudice delegato una diffida a relazionare, si era limitato a presentare una richiesta di proroga motivata in termini generici, e, poi, una volta rigettata questa istanza, non aveva dato alcun riscontro a successivi solleciti e richieste di informazioni fino alla sua sostituzione). Analogamente Trib. Vicenza, 17 maggio 2021, in *Dejure* per il curatore che sia rimasto inerte alle richieste del tribunale sulla mancata chiusura del fallimento affidatogli.

[13] Cass. pen., sez. VI, 30 giugno 1993, n. 8282.

[14] Corte cost., 27 aprile 1995, n. 136; Corte cost., 8 marzo 1984, n. 69; da ultimo Cass. pen., sez. V, 9 febbraio 2023, n. 17828; VASSALLI, *Il curatore*, 223; in senso contrario CASELLI, *Degli organi*, 149, ma sulla scorta del previgente art. 221 c.p.p., ora abrogato.

[15] Corte conti, Lombardia, 12 dicembre 2005, n. 733, in *Fallimento*, 2006, 1183.

[16] Corte conti, Lombardia, 1 gennaio 2012, n. 24, in *Riv. corte conti*, 2012, 288.

[17] *Amplius* v. *sub* art. 130.

[18] In tal senso Cass., 15 febbraio 1996, n. 1140.

mento del passivo) non implica l'esistenza, in capo allo stesso, di un generale potere di comunicazione, né potendosi assegnare alle comunicazioni del curatore un valore equipollente a quella eseguita dal cancelliere [19].

3. – L'art. 358, comma 1 (come il precedente art. 28 l. fall.) permette di nominare curatore anche uno studio professionale associato o una società tra professionisti. In tal caso, la qualità di pubblico ufficiale deve essere riconosciuta innanzitutto alla «*persona fisica responsabile della procedura*», designata dal legale rappresentante dello studio associato o della società tra professionisti al momento della accettazione dell'incarico.

L'abilitazione di tutti i soci o associati a svolgere le funzioni di curatore, correlata alla necessità che tutti possiedano i requisiti professionali per la nomina, comporta necessariamente l'attribuzione della funzione pubblicistica, e della conseguente responsabilità, oltre che al soggetto designato, anche agli altri membri del sodalizio che, in concreto, provvedano all'esecuzione dei singoli atti della procedura concorsuale, limitatamente a (o in occasione del)l'esecuzione dell'incarico affidato all'ente collettivo.

La partecipazione attiva di soci o associati all'espletamento delle funzioni della curatela non si colloca in una posizione ausiliaria rispetto al soggetto designato quale responsabile della procedura, né può ritenersi necessariamente soggetta alla direzione di quest'ultimo [20]: ciascuno dei soci o associati potrà svolgere, in autonomia e con il dovuto coordinamento, gli atti di gestione della procedura di competenza del curatore, nella logica di una distribuzione delle attività nell'ambito dell'organizzazione professionale [21]. Peraltro, l'art. 337 estende specificamente la responsabilità penale ai coadiutori del curatore, e perciò a coloro che attendono allo svolgimento di compiti propri della funzione in sostituzione del soggetto nominato, riconoscendosi anche ad essi la qualifica di pubblico ufficiale [22].

Per contro, non appare possibile estendere la qualifica agli altri soci o associati in mancanza di una loro effettiva partecipazione alle attività della procedura, o per quegli atti dei quali non sono diretti autori, incorrendosi, altrimenti, in una palese violazione del principio di personalità della responsabilità penale [23].

---

[19] Cass., 16 gennaio 1999, n. 396; Cass., 11 febbraio 2004, n. 2576; Cass., 25 ottobre 2018, n. 27123.

[20] Di diverso avviso, SCANO, *Il curatore*, 124, secondo cui la qualifica di pubblico ufficiale può attribuirsi solo al soggetto designato come responsabile; D'ATTORRE, *Manuale*, 223.

[21] VASSALLI, *Il curatore*, 223.

[22] Cass. pen., sez. VI, 13 gennaio 2009, n. 13107.

[23] La responsabilità del soggetto designato come responsabile della procedura, in ogni caso, è sussistente con riferimento ai profili patrimoniali, in via concorrente con l'associazione o la società, ai sensi dell'art. 2267 c.c. (per l'associazione professionale) e dell'art. 26 d.lgs. 2 febbraio 2001, n. 96 (per le società tra professionisti).

Articolo 128

Gestione della procedura

1. Il curatore ha l'amministrazione del patrimonio compreso nella liquidazione giudiziale e compie tutte le operazioni della procedura sotto la vigilanza del giudice delegato e del comitato dei creditori, nell'ambito delle funzioni ad esso attribuite.

2. Egli non può stare in giudizio senza l'autorizzazione del giudice delegato, salvo che in materia di contestazioni e di tardive dichiarazioni di crediti e di diritti di terzi sui beni compresi nella liquidazione giudiziale, e salvo che nei procedimenti promossi per impugnare atti del giudice delegato o del tribunale e in ogni altro caso in cui non occorra ministero di difensore.

3. La nomina dei difensori spetta al curatore. Il curatore non può assumere la veste di avvocato nei giudizi che riguardano la liquidazione giudiziale. Il curatore può tuttavia assumere la veste di difensore, se in possesso della necessaria qualifica nei giudizi avanti al giudice tributario quando ciò è funzionale ad un risparmio per la massa.

Domenico Spagnuolo

Sommario: 1. L'amministrazione del patrimonio. – 2. L'autorizzazione a stare in giudizio e la nomina del difensore.

1. – La Riforma della legge fallimentare del 2006 aveva inteso operare una marcata "degiurisdizionalizzazione" della procedura fallimentare [1], attenuando fortemente le funzioni di direzione dell'attività del curatore da parte del giudice delegato e del tribunale, attribuendo i compiti di indirizzo al comitato dei creditori, investito di più ampi poteri partecipativi alla gestione della crisi dell'impresa e di autorizzazione degli atti del curatore.

La norma in commento, completata dall'art. 132, costituisce il tassello relativo alla figura del curatore ed ai relativi poteri gestori, nel mosaico costituito dai poteri riservati al tribunale e del giudice delegato (rispettivamente dagli artt. 122 e 123), soprattutto in funzione di vigilanza, da una parte, e al comitato dei creditori (art. 140) [2], dall'altra.

---

[1] Parere approvato dal *plenum* del Consiglio Superiore della Magistratura il 9 novembre 2005; molta parte della dottrina ha addirittura segnalato una «privatizzazione della conduzione della crisi d'impresa e dei modi di risolverla»: per tutti VASSALLI, *Il curatore*, 205.

[2] Il nuovo assetto introdotto nel 2006 riproponeva sostanzialmente quanto previsto dal codice di commercio del 1882 che all'art. 713, in modo analogo, delineava un modello di "amministrazione del fallimento" do-

Le attribuzioni del curatore sono individuate, in via generale, nella «*amministrazione del patrimonio compreso nella liquidazione giudiziale*», e perciò, di «*tutte le operazioni della procedura*» necessarie alla acquisizione, prima, gestione e liquidazione dei beni, poi, con il solo limite dell'intervento autorizzativo del giudice delegato o del comitato dei creditori ove espressamente previsto dalla legge; anche per gli atti che richiedono l'autorizzazione di altri organi, però, permane comunque la piena discrezionalità decisionale del curatore, che resta libero di scegliere se richiedere o meno l'autorizzazione e, successivamente, se dare esecuzione o meno all'atto autorizzato. Solo nel caso in cui sia stato accolto il reclamo proposto per contestare un suo atto, il curatore sarà tenuto a conformarsi alla decisione del giudice (art. 133, comma 2), pur evidenziando che oggetto del controllo giurisdizionale è unicamente la violazione di legge, non anche il merito della decisione, che resta perciò insindacabile; per cui, il curatore è tenuto a conformare il proprio comportamento al canone di legalità indicato dal giudice.

L'autonomia gestionale riconosciuta al curatore nella liquidazione giudiziale è, nell'attuale regime, addirittura ampliato, essendo ora esclusa la possibilità per il comitato dei creditori di partecipare alla condivisione delle scelte strategiche di gestione della procedura, precedentemente riconosciuta dall'art. 104-*ter*, comma 5, l. fall., il quale, riservando al curatore la predisposizione del programma di liquidazione, consentiva al comitato dei creditori non solo di approvarlo, ma anche di «proporre modifiche al programma presentato»[3].

2. – I commi 2 e 3 delineano le prerogative del curatore nell'ambito dei rapporti processuali, confermando quanto già previsto dall'art. 123 circa la generale necessità dell'autorizzazione del giudice delegato affinché possa agire o resistere in giudizio. In ragione dell'incidenza che la costituzione in un giudizio comporta sui costi della procedura a carico della massa (anche per l'eventuale soccombenza)[4], ed essendovi un organo giurisdizionale a presidio della «*regolarità della procedura*», è apparso ragionevole sottoporre alla preventiva valutazione del giudice delegato la fondatezza delle ragioni vantate dal curatore nei confronti dei terzi, o comunque l'opportunità della partecipazione al giudizio, sia in veste di attore che come convenuto. L'attribuzione del potere autorizzativo al giudice delegato, in luogo del comitato dei creditori, risulta, dunque, giustificato dalla specifica competenza tecnica di quest'organo: resta, comunque, in capo al curatore la autonomia decisionale circa l'iniziativa processuale. Le successive vicende del rapporto processuale, invece, sono devolute alla competenza autorizzativa del comitato dei creditori (art. 132)[5].

ve il potere volitivo era attribuito al curatore, con la "direzione del giudice delegato"; FERRARA, *Curatore del fallimento*, 518. La diversa impostazione della legge fallimentare del 1942 rispondeva ad una concezione della procedura fallimentare più marcatamente processualistica, omogeneamente al processo di espropriazione. Sul punto v. MAZZOCCA, *Gli organi*, 458; sulle differenze tra la legge del 1930, che introduce una forte caratterizzazione pubblicistica al fallimento, e la legge fallimentare del 1942 SEMIANI BIGNARDI, *Il curatore*, 2.

[3] V. *sub* art. 213. Per il caso di conflitto tra curatore e comitato dei creditori v. *sub* art. 134.

[4] Così espressamente Cass., 16 maggio 2017, n. 12066; in questa prospettiva si giustificherebbe l'esclusione della necessaria autorizzazione del g.d. per quei giudizi nei quali è consentito alla parte di stare in giudizio personalmente, e perciò senza il ministero del difensore ed il relativo onere.

[5] Si esclude, invece, che sia soggetta ad autorizzazione del giudice delegato o del comitato dei creditori la nomina di un consulente tecnico di parte: Cass., 13 maggio 2011, n. 10655, che riconosce tale potere, in via

Il regime autorizzativo è escluso in via generale per i «*procedimenti promossi per impugnare atti del giudice delegato o del tribunale*»: evidentemente, in questi casi, l'organo giudiziario si trova in un chiaro conflitto, sia se è il curatore a promuovere l'azione, sia se è un terzo[6].

La categoria generale dei procedimenti aventi ad oggetto l'impugnazione di atti del giudice delegato ricomprende anche quelli relativi alle contestazioni e tardive dichiarazioni di crediti e di diritti di terzi sui beni compresi nella liquidazione giudiziale, pur menzionati dalla norma separatamente: si tratta dei procedimenti di cui agli artt. 206 e 208, aventi ad oggetto l'impugnazione del decreto del giudice delegato che provvede sulla istanza del creditore (o titolare di diritti reali o personali sui beni acquisiti alla massa) di ammissione allo stato passivo. A tal riguardo appare del tutto pleonastico il riferimento alle dichiarazioni tardive, posto che per queste ultime, differentemente dal regime della legge fallimentare, sia il procedimento di accertamento che la successiva fase impugnazione sono uniformati a quelli delle domande tempestive, con rinvio espresso alle relative disposizioni.

Sono, infine, esclusi dall'autorizzazione del g.d. i giudizi per i quali la legge consente alla parte di stare in giudizio personalmente, senza il ministero del difensore[7]. L'art. 82 c.p.c. consente la difesa personale della parte nelle cause davanti al giudice di pace di valore fino ad € 1.100, nonché in tutte quelle per le quali lo stesso giudice di pace autorizzi la parte «*in considerazione della natura ed entità della causa*»; inoltre, è esclusa l'assistenza tecnica obbligatoria per le controversie di lavoro di valore inferiore ad € 129,11 (art. 417 c.p.c.) e per quelle tributarie fino ad € 3.000[8]. A queste ipotesi, che riguardano controversie di non rilevante valore economico, occorre aggiungere tutti i giudizi di opposizione ad ordinanza ingiunzione per i quali l'art. 6, d.lgs. 1 settembre 2011, n. 150 abilita l'opponente a proporre la domanda in primo grado senza la difesa tecnica, indipendentemente dal valore della controversia. Resta la responsabilità del curatore per la diligenza prestata sia nell'assunzione dell'iniziativa giudiziaria (senza alcun vaglio giudiziario) sia nelle attività processuali curate personalmente.

Ferma la necessità dell'autorizzazione del giudice delegato, è rimessa al curatore in via esclusiva la scelta del difensore, che potrà però essere revocato dal giudice delegato[9].

All'autonomia decisionale del curatore è posto il limite del divieto di nominare sé stesso per il patrocinio in giudizio della procedura. L'incompatibilità tra il ruolo di curatore e quello di difensore, nei giudizi in cui la curatela è parte, intende assicurare l'indipendenza del

---

autonoma, al difensore della curatela costituita in giudizio in quanto «i poteri conferiti con il mandato al difensore, infatti, non differiscono da quelli ordinari, previsti in linea generale dall'art. 84 c.p.c., tra i quali rientra la nomina di un consulente di parte, a norma dell'art. 87 c.p.c., senza che sia necessario che la nomina provenga dalla parte in senso sostanziale o che vi sia l'autorizzazione del giudice delegato trattandosi della scelta di un consulente tecnico ausiliare del legale, e non di un ausiliare del curatore».

[6] SPAGNUOLO, *Art. 31*, 190.

[7] La predisposizione da parte del curatore personalmente degli atti processuali legittima solo il rimborso delle spese a favore di quest'ultimo per l'attività difensiva apprestata in favore della procedura, non anche il compenso per l'attività professionale di assistenza in giudizio: ABETE, *Art. 31*, 563.

[8] Art. 12, d.lgs. 31 dicembre 1992, n. 546, modificato dal d.lgs. 24 settembre 2015, n. 156. Discussa è la necessità del patrocinio per i procedimenti di volontaria giurisdizione.

[9] V. *sub* artt. 123 e 129.

curatore nella decisione di agire o resistere in un giudizio, escludendo ogni possibile l'interesse personale ad assumere il relativo incarico difensivo. La sanzione per la violazione del divieto è quella della nullità degli atti posti in essere dal curatore nella veste di difensore [10].

Fa eccezione al divieto l'assunzione della veste di difensore nei giudizi tributari, nel caso in cui il curatore abbia una qualifica professionale prevista per il patrocinio dinanzi la giurisdizione tributaria [11]. La Relazione illustrativa al Codice giustifica la scelta del legislatore in ragione del «fatto che si tratta di giudizi per i quali è importante una compiuta conoscenza della situazione contabile e delle vicende economiche dell'impresa». Il rilievo, però, appare inconferente, posto che, per un verso, ciò riguarda qualsiasi parte coinvolta in un giudizio tributario, per cui al difensore dovrà essere sempre trasferita ogni informazione utile e necessaria alla predisposizione delle difese, ivi compresa «la situazione contabile e le vicende economiche» del contribuente, se pertinenti; ed a ciò può certamente provvedere il curatore in favore del diverso soggetto nominato difensore, senza che vi sia un ragionevole vantaggio per la procedura.

Diversamente, appare più corretto evidenziare il collegamento che naturalmente vi è tra lo studio della questione, e specificamente della legittimità della pretesa erariale, che il curatore deve comunque svolgere nella fase di verifica della documentazione contabile della debitrice e di predisposizione dello stato passivo, e la decisione di procedere all'impugnativa avverso la pretesa dell'Amministrazione finanziaria, per cui risulta già assolta dal curatore una parte significativa delle attività caratterizzanti l'assistenza in sede giurisdizionale e la predisposizione delle difese tecniche. Ciò comporta che tali attività propedeutiche alla predisposizione dell'atto giudiziario non dovranno essere ulteriormente compensate al curatore-difensore, essendo già ricomprese nei compiti del curatore e da questo assolte nell'ambito delle funzioni che gli sono proprie. In tale prospettiva, la scelta di non avvalersi di un difensore terzo può realizzare un risparmio di costi per la massa, dovendosi compensare al professionista difensore-curatore solo le ulteriori attività difensive [12].

---

[10] Da ultimo Cass., 22 dicembre 2020, n. 29313.

[11] In precedenza si riteneva che il divieto all'assunzione del ruolo di difensore della procedura riguardasse sia gli avvocati che le altre categorie professionali abilitate al patrocinio nei giudizi tributari: Cass., 25 febbraio 2010, n. 4560; Cass., 13 aprile 2004, n. 18419, in dottrina DI GIACOMO, *Assistenza tecnica*, 151; *contra* ZANICHELLI, *La nuova*, 77.

[12] GRAZIANO, NIGRO, *Dal fallimento*, 116, ritengono «particolare e non condivisibile» la scelta del legislatore di consentire l'assunzione personale da parte del curatore dell'incarico di difensore.

Articolo 129

Esercizio delle attribuzioni del curatore

1. Il curatore esercita personalmente le funzioni del proprio ufficio e può delegare ad altri specifiche operazioni, previa autorizzazione del comitato dei creditori, con esclusione degli adempimenti di cui agli articoli 198, 200, 203, 205 e 213. L'onere per il compenso del delegato, liquidato dal giudice, è detratto dal compenso del curatore.

2. Il curatore può essere autorizzato dal comitato dei creditori a farsi coadiuvare da tecnici o da altre persone retribuite, compreso il debitore e gli amministratori della società o dell'ente in liquidazione giudiziale, sotto la sua responsabilità. Del compenso riconosciuto a tali soggetti si tiene conto ai fini della liquidazione del compenso del curatore.

Domenico Spagnuolo

Sommario: 1. Delegati e coadiutori. – 2. Il compenso. – 3. La responsabilità.

1. – La norma ripropone quanto già disposto dall'art. 32 l. fall., circa la sostanziale intrasmissibilità dei compiti del curatore, il quale vi deve attendere personalmente. Tale principio è coerente sia con la natura pubblicistica dell'incarico di ausiliare della giustizia, alla quale è correlata la qualifica di pubblico ufficiale [1], sia con la generale disciplina degli incarichi di prestazione d'opera professionale, per i quali l'art. 2232 c.c. pure prescrive che la prestazione deve essere eseguita personalmente dal professionista. La rilevanza della norma, dunque, è da rinvenire proprio nell'estensione al curatore della possibilità di avvalersi di «*sostituti ed ausiliari*», contemplata nell'ambito dei rapporti privatistici, e nel relativo regime autorizzativo [2].

Anche nel Codice è stata mantenuta la distinzione tra "delegati" (comma 1) e "coadiutori" (comma 2), che resta netta solo con riguardo al regime dei compensi, essendo stata uniformata, già nel vigore della legge fallimentare, la competenza del comitato dei creditori ad autorizzarne la nomina.

La Relazione illustrativa ripropone i caratteri distintivi dell'una e dell'altra figura delineati dalla prevalente dottrina nel previgente sistema, sulla scorta della diversa natura

[1] V. *sub* art. 127.

[2] Caselli, *Gli organi*, 172.

dell'attività svolta: il delegato assolve a «funzioni proprie del curatore in luogo del medesimo»[3]; il coadiutore «affianca il curatore nell'esercizio delle sue funzioni quando è richiesto l'apporto di conoscenze che il curatore non è tenuto ad avere»[4]. L'oggetto delle prestazioni richieste al terzo, tuttavia, non sembra un sicuro *discrimen* tra le due figure, posto che la stessa legge consente di trasferire al coadiutore anche compiti certamente rientranti tra le funzioni del curatore, come ad esempio l'apposizione di sigilli (art. 193, comma 3), e sottopone i coadiutori alla medesima responsabilità penale del curatore (art. 337), evidentemente in ragione della sostanziale identità, o omogeneità, dei compiti[5].

Il diverso regime dei compensi sembra confortare l'individuazione dell'elemento distintivo delle due figure nell'interesse sotteso alla nomina, nel senso che la "delega" si delinea per le ipotesi in cui vi sia una limitata e temporanea impossibilità per il curatore di assolvere a determinate operazioni, per impedimento o altra causa non riferibile alla procedura, ma alla sua persona. Il "coadiutore", invece, potrà essere nominato nelle ipotesi in cui determinate attività, per la loro specifica natura, per la complessità materiale, tecnica o professionale, superino le competenze o gli sforzi ragionevolmente esigibili dal curatore, per cui appare utile, o addirittura necessario, l'affiancamento di «*tecnici o altre persone retribuite*»[6].

I delegati, come anche dei coadiutori non devono necessariamente avere i requisiti per la nomina a curatore, né essere iscritti all'albo di cui all'art. 356[7]. La loro attività, pur quando sostitutiva di funzioni proprie del curatore, non è estesa alla gestione dell'intera procedura, e cioè ad una prestazione complessa rispetto alla quale è, appunto, posto il requisito di professionalità specifico, ma è necessariamente limitata a singoli atti o attività, anche se durevoli[8].

---

[3] AZZOLINA, *Il fallimento*, 402; DE SEMO, *Diritto fallimentare*, 185; BONSIGNORI, *Il fallimento*, 266; RICCI, *Lezioni sul fallimento*, 279; PAJARDI, BOCCHIOLA, GOCINI, *Il curatore*, 27 s.; Cass., 24 marzo 1994, n. 2899; Cass. 26 giugno 1992, n. 8022; Cass., 13 dicembre 1980, n. 6453.

[4] VASSALLI, *Diritto fallimentare*, 213, che ritiene debba trattarsi di «attività strumentali rispetto al buon esercizio delle funzioni del curatore, ma che non fanno parte delle attribuzioni proprie di quelle funzioni»; JORIO, *Le crisi*, 323 s.; Cass., 3 maggio 2018, n. 10513; Cass., 12 maggio 2016, n. 9781; Cass., 21 gennaio 2005, n. 1568; Cass., 13 dicembre 1980, n. 6453; Cass., 15 settembre 1978, n. 4146.

[5] Sul punto v. Cass., 17 febbraio 2020, n. 3871; Cass., 25 luglio 2019, n. 20193 che identificano la prestazione del coadiutore in ausilio del curatore che necessiti di «ricevere un contributo tecnico al perseguimento delle finalità istituzionali».

[6] SPAGNUOLO, *Art. 32*, 418, richiamato anche da VASSALLI, *Il curatore*, 230, che ritiene «questa tesi meritevole di particolare attenzione»; BELVISO, *L'institore*, 189. Altra parte della dottrina ha, poi, individuato il fondamento della distinzione tra le due figure nella diversa durata della collaborazione, limitata ad una sola operazione per i delegati, oppure richiesta per attività durevoli per i coadiutori: così RIVOLTA, *L'esercizio*, 337; BONFATTI, CENSONI, *Manuale di diritto*, 81; NARDECCHIA, *Il nuovo*, 68.

[7] L'art. 125, comma 2 estende, però, ai coadiutori le ipotesi di incompatibilità previste dall'art. 35, comma 4-*bis*, d.lgs. n. 159 del 2011, derivanti dai rapporti personali con i magistrati addetti all'ufficio giudiziario dinanzi al quale è pendente la liquidazione giudiziale, e i conseguenti obblighi dichiarativi.

[8] Cass., 25 luglio 2019, n. 20193 ha addirittura svincolato la validità dell'incarico affidato al coadiutore al possesso del requisito all'albo professionale previsto per legge, poiché «la nomina di un coadiutore, ai sensi dell'art. 32, comma 2, l. fall., resta assoggettata alle norme pubblicistiche che regolano l'affidamento di incarichi nella procedura fallimentare e l'attività prestata non è perciò riconducibile all'esecuzione di un contratto d'opera professionale, atteso che la curatela si avvale di esso per ricevere un contributo tecnico al perseguimento delle finalità istituzionali; ne consegue che al rapporto che si instaura tra le parti è inapplicabile la disciplina risultante dagli artt. 1418 e 2231 c.c.».

Unico limite alla delega è costituito dagli specifici atti, espressamente indicati dalla norma e che riguardano, innanzitutto, la predisposizione degli elenchi dei creditori (art. 198), con le successive fasi di avviso ai creditori dell'apertura della liquidazione giudiziale (art. 200), di esame delle domande di ammissione al passivo, di predisposizione del progetto di stato passivo (art. 203) e di comunicazione del relativo decreto di esecutorietà. Si tratta di attività che conducono alla individuazione dei creditori, e perciò dei soggetti che sono i principali destinatari ed interessati alla procedura di liquidazione giudiziale, nonché alla manifestazione della rappresentanza del curatore. In via ulteriore, l'apporto del curatore non può essere eluso per la redazione del programma di liquidazione (art. 213), che è il momento in cui si devono assumere le decisioni sulle scelte strategiche della procedura, e perciò fortemente caratterizzato dall'apporto professionale del soggetto al quale la gestione è stata affidata[9].

Il Codice ha uniformato alla disciplina generale dell'art. 129 anche la figura degli ausiliari del curatore nelle operazioni di liquidazione dell'attivo, per le quali era in precedenza prevista la possibilità di delega «ad altri professionisti o a società specializzate». L'art. 216, infatti, prevede che «*le vendite e gli altri atti di liquidazione posti in essere in esecuzione del programma di liquidazione sono effettuati dal curatore o dal delegato alle vendite … anche avvalendosi dei soggetti specializzati*». La nuova disposizione non sembra apportare alcun ampliamento all'area applicativa della norma in commento, posto che tutti gli atti di liquidazione dell'attivo, e perciò anche le vendite, risultano ricompresi tra quelli per i quali il curatore può avvalersi di un delegato o dell'assistenza di un coadiutore, con l'autorizzazione del comitato dei creditori. Nel caso delle vendite, poi, la delega non è riservata ai soli soggetti iscritti negli appositi elenchi di cui agli artt. 169-*sexies* e 179-*ter* c.p.c., ovvero ai notai, secondo quanto prescritto dagli artt. 532, 534-*bis* e 591-*bis* c.p.c.: tali limitazioni operano solo nell'ambito delle procedure esecutive individuali, non anche per quelle concorsuali; d'altra parte, lo stesso curatore può attendere alle vendite senza che per esso sia prescritta l'iscrizione nel relativo elenco dei professionisti che provvedono alle operazioni di vendita giudiziale[10]. In tal senso, il curatore potrà sia delegare le operazioni di liquidazione o vendita ad un terzo, sia avvalersi di un soggetto specializzato che fornisca ausilio ed assistenza per determinate attività di carattere tecnico-operativo, in veste di coadiutore.

2. – La distinta qualificazione dell'ausiliario, quale delegato o quale coadiutore, nello svolgimento di compiti ad esso demandati dal curatore, è rilevante per quanto riguarda il regime del compenso che, nel primo caso, si prevede a deconto di quanto spettante al curatore all'esito della procedura; nel secondo caso, incide sulla remunerazione del curatore in ragione della rilevanza dell'attività svolta dall'ausiliario[11].

---

[9] Resta ferma la possibilità per il curatore di avvalersi, anche per tali attività, di coadiutori, e dunque di esperti, nel caso occorrano specifiche competenze: ZANICHELLI, *La nuova disciplina*, 300.

[10] La qualificazione professionale del soggetto delegato o del coadiutore può concorrere a configurare la responsabilità del curatore per *culpa in eligendo* rispetto ai danni cagionati dalla condotta inadempiente o illecita del soggetto nominato.

[11] Per una approfonda disamina della liquidazione dei compensi ai delegati ed ai coadiutori mi permetto di rinviare a SPAGNUOLO, *Art. 38*, 420.

Per quanto concerne i delegati, trattandosi di attività sostitutiva dell'opera del curatore, l'attribuzione ad esso di quanto spettante al curatore si giustifica in ragione del fatto che, altrimenti, questi vedrebbe remunerata a proprio favore una prestazione che non ha svolto [12]. Inoltre, il criterio tariffario deve essere omogeneo a quello del curatore [13], pur evidenziando che, per quest'ultimo, il compenso è determinato non per singoli atti, ma con riferimento alla complessiva opera prestata nella gestione della procedura, calcolato sulla base dei parametri del valore dell'attivo e del passivo [14].

Per i coadiutori, invece, si ritiene applicabile la tariffa giudiziale prevista per i periti ed i consulenti tecnici [15]. Per entrambi il compenso è liquidato dal giudice delegato, secondo quanto previsto dall'art. 123, lett. *d*) [16].

Univoca dovrebbe essere, invece, la qualifica di pubblico ufficiale per entrambi. Se certo non possono nutrirsi dubbi per le ipotesi in cui l'attività sia svolta in via sostitutiva del curatore, anche l'opera integrativa delle funzioni proprie del curatore investe il soggetto incaricato di responsabilità coerenti col perseguimento di finalità istituzionali pubblicistiche della procedura, come peraltro sottolineato dall'applicazione anche ai coadiutori delle fattispecie penali proprie del curatore [17].

3. – Per quanto riguarda il regime di responsabilità, se per i coadiutori è espressamente contemplato dal comma 2 che essi operano *sotto la responsabilità* del curatore, nulla si prevede per i delegati. Per entrambi sussiste una responsabilità del curatore per *culpa in eligendo*, posto che la nomina degli stessi è demandata alla scelta discrezionale del curatore, nell'ambito dell'autonomia ad esso riconosciuta nella gestione della procedura. Pertanto, il curatore è tenuto a verificare le capacità professionali del soggetto nominato in relazione ai compiti da affidare; il comitato dei creditori potrà comunque negare l'autorizzazione alla nomina lì dove giudichi non appropriate le capacità del soggetto proposto dal curatore. Parimenti va ascritta al curatore una responsabilità per *culpa in vigilando*, integrando la vigilanza sull'operato degli ausiliari, ed il relativo onere di attivarsi per impedire la produzione del danno, una condotta imposta dalla diligenza professionale [18].

---

[12] PAJARDI, *Manuale di diritto*, 245; Cass., 23 marzo 1996, n. 2572.

[13] Cass., 24 marzo 1971, n. 822; Cass., 15 settembre 1978, n. 4146; ABETE, *Art. 32*, 577.

[14] Cass., 26 giugno 1992, n. 8022, secondo cui «non possono essere applicate *sic et simpliciter* le percentuali previste per il curatore, le quali si riferiscono al complesso dell'attività da questo prestata per l'intera procedura concorsuale, ma deve tenersi conto dell'attività effettivamente svolta dal delegato, dell'importanza della procedura e del tempo impiegato, restando consentito per i singoli atti liquidare compensi al di sotto del limite minimo previsto per il curatore».

[15] Cass., 12 marzo 2016, n. 9781; Cass., 9 maggio 2011, n. 10143; Cass., 8 febbraio 2011, n. 3066; Cass., 26 gennaio 2005, n. 1568.

[16] Ma v. VASSALLI, *Il curatore*, 234, che per il delegato ritiene che la liquidazione debba essere effettuata dal tribunale ed in sede di liquidazione finale del compenso al curatore.

[17] CASELLI, *Gli organi*, 181 n. 14. Invero, se per i delegati la qualifica di pubblico ufficiale è pacificamente riconosciuta, per i coadiutori è negata da coloro che reputano questi solo degli ausiliari e collaboratori materiali, e non dei sostituti del curatore, che resterebbe unico responsabile del loro operato: in tal senso RICCI, *Lezioni sul fallimento*, 279; CUNEO, *Le procedure concorsuali*, 376; PAJARDI, *Manuale di diritto*, 180; in senso negativo all'attribuzione della qualifica ai coadiutori anche NIGRO, VATTERMOLI, *Diritto della crisi*, 109.

[18] CASELLI, *Gli organi*, 181, che però limita la responsabilità alla sola colpa nella scelta, richiamando il se-

Resta ferma la responsabilità dell'incaricato, sia esso delegato o coadiutore, direttamente nei confronti della procedura e, comunque, in via di regresso nei confronti del curatore chiamato a rispondere del suo operato [19].

Al dovere di vigilanza è correlato il potere del curatore di revocare sia il delegato che il coadiutore, in qualsiasi momento, senza necessità di autorizzazione [20]. Analogo potere di revoca è riconosciuto anche al giudice delegato, in forza dell'art. 123, lett. *d*) e, attraverso la revoca dell'autorizzazione, anche al comitato dei creditori.

condo comma dell'art. 1717 c.c., ed escludendo che egli possa rispondere dell'operato altrui; DE SEMO, *Diritto fallimentare*, 200; CATALDO, *Carattere personale*, 1290: «non è la negligenza, imprudenza o imperizia del coadiutore a poter determinare la responsabilità del curatore, bensì la colpevole inosservanza, da parte di quest'ultimo, dei doveri inerenti l'ufficio. Cosicché il fatto doloso, o anche colposo, del coadiutore, che il curatore non avrebbe potuto impedire neppure impiegando la dovuta diligenza nell'esecuzione dell'incarico, sarà fonte di responsabilità per il solo coadiutore».

[19] PROVINCIALI, *Trattato di diritto*, 706; Trib. Lucera, 3 ottobre 1984, in *Fallimento*, 1985, 218.

[20] VASSALLI, *Il curatore*, 234; RICCI, *Lezioni sul fallimento*, 281; Cass., 26 giugno 1992, n. 8022, secondo la quale «l'organo che autorizza o nomina gli ausiliari della procedura ha il potere conseguente di revocare l'incarico»; *contra*, ABETE, *Art. 32*, 579, secondo il quale il potere di revoca spetta esclusivamente al giudice delegato, al quale il curatore potrà rivolgersi per sollevare dall'incarico il soggetto nominato.

Articolo 130

Relazioni e rapporti riepilogativi del curatore

1. Il curatore, entro trenta giorni dalla dichiarazione di apertura della liquidazione giudiziale, presenta al giudice delegato un'informativa sugli accertamenti compiuti e sugli elementi informativi acquisiti relativi alle cause dell'insolvenza e alla responsabilità del debitore ovvero degli amministratori e degli organi di controllo della società.

2. Se il debitore o gli amministratori non ottemperano agli obblighi di deposito di cui all'articolo 49, comma 3, lettera c), e se il debitore non ottempera agli obblighi di cui all'articolo 198, comma 2, il curatore informa senza indugio il pubblico ministero. In tal caso o quando le scritture contabili sono incomplete o comunque risultano inattendibili, il curatore, con riguardo alle operazioni compiute dal debitore nei cinque anni anteriori alla presentazione della domanda cui sia seguita l'apertura della liquidazione giudiziale, oltre alle ricerche effettuate ai sensi dell'articolo 49, comma 3, lettera f), può chiedere al giudice delegato di essere autorizzato ad accedere a banche dati, ulteriori rispetto a quelle di cui all'articolo 49 e specificamente indicate nell'istanza di autorizzazione.

3. Il giudice delegato può autorizzare il curatore a richiedere alle pubbliche amministrazioni le informazioni e i documenti in loro possesso.

4. Il curatore, entro sessanta giorni dal deposito del decreto di esecutività dello stato passivo, presenta al giudice delegato una relazione particolareggiata in ordine al tempo e alle cause dell'insorgere della crisi e del manifestarsi dell'insolvenza del debitore, sulla diligenza spiegata dal debitore nell'esercizio dell'impresa, sulla responsabilità del debitore o di altri e su quanto può interessare anche ai fini delle indagini preliminari in sede penale. Il curatore allega alla relazione il bilancio dell'ultimo esercizio formato ai sensi dell'articolo 198, comma 2, nonché il rendiconto di gestione di cui all'articolo 2487-bis del codice civile, evidenziando le rettifiche apportate.

5. Se il debitore insolvente è una società o altro ente, la relazione espone i fatti accertati e le informazioni raccolte sulla responsabilità degli amministratori e degli organi di controllo, dei soci e, eventualmente, di estranei alla società. Se la società o l'ente fa parte di un gruppo, il curatore deve altresì riferire sulla natura dei rapporti con le altre società o enti e allegare le informazioni raccolte sulle rispettive responsabilità, avuto riguardo agli effetti dei rapporti economici e contrattuali con le altre imprese del gruppo.

6. Quando non si fa luogo all'accertamento del passivo ai sensi dell'articolo 209 la relazione di cui ai commi 4 e 5 è depositata entro il termine di centottanta giorni dalla dichiarazione di apertura della liquidazione giudiziale.

7. Le relazioni di cui ai commi 1, 4 e 5 sono trasmesse in copia integrale entro cinque giorni dal deposito al pubblico ministero.

8. Il giudice delegato dispone la secretazione delle parti relative alla responsabilità penale del debitore e di terzi ed alle azioni che il curatore intende proporre qualora possano comportare l'adozione di provvedimenti cautelari, nonché alle circostanze estranee agli interessi della procedura e che investano la sfera personale del debitore.

9. Il curatore, inoltre, entro quattro mesi dal deposito del decreto di esecutività dello stato passivo e, successivamente, ogni sei mesi, presenta al giudice delegato un rapporto riepilogativo delle attività svolte e delle informazioni raccolte dopo le precedenti relazioni, accompagnato dal conto della sua gestione e dagli estratti del conto bancario o postale della procedura relativi agli stessi periodi. Copia del rapporto e dei documenti allegati è trasmessa al comitato dei creditori. Nel termine di quindici giorni, il comitato dei creditori o ciascuno dei suoi componenti possono formulare osservazioni scritte. Nei successivi quindici giorni copia del rapporto, assieme alle eventuali osservazioni, omesse le parti secretate, è trasmessa per mezzo della posta elettronica certificata al debitore, ai creditori e ai titolari di diritti sui beni.

Domenico Spagnuolo

Sommario: 1. Nuovi poteri di indagine. – 2. La prima informativa. – 3. La seconda relazione particolareggiata. – 4. I rapporti riepilogativi. – 5. L'informativa al pubblico ministero.

1. – La norma, sulla scorta di quanto già disposto dal previgente art. 33 l. fall., ridefinisce sia i poteri di indagine del curatore, sia gli obblighi informativi, al fine di assicurare un costante esercizio delle funzioni di vigilanza e controllo da parte del giudice delegato e del comitato dei creditori, nonché di garantire un elevato livello di trasparenza nei confronti dei creditori.

Al curatore sono riconosciuti una serie di poteri, finalizzati ad acquisire tutte le informazioni necessarie alla conoscenza delle vicende che hanno interessato l'impresa, e per consentire agli organi giudiziari – concorsuali ed inquirenti – di valutare la condotta del debitore nella causazione della crisi e della successiva insolvenza [1].

Già la sentenza con cui si dichiara aperta la procedura conferisce al curatore, in via autonoma e senza ulteriori provvedimenti autorizzativi specifici, il potere di accedere all'anagrafe tributaria ed all'archivio dei rapporti finanziari, oltre che alla banca dati degli atti assoggettati ad imposta di registro e ad estrarre copia degli stessi; di acquisire la documentazione afferente a tutti i rapporti (anche se estinti) bancari e finanziari intrattenuti dal debitore con le banche e gli altri intermediari; di acquisire l'elenco dei clienti e dei fornitori e le schede contabili dell'impresa debitrice (art. 49, comma 3, lett. *f*) [2].

A tali poteri si affianca il dovere dell'imprenditore di depositare, entro tre giorni dalla

---

[1] Razzini, *Presupposti della liquidazione*, 146 sottolinea come il Codice abbia notevolmente ampliato i poteri di indagine del curatore; Nardecchia, *Il nuovo*, 69.

[2] Va anche ricordato che l'art. 367 prevede l'acquisizione da parte della cancelleria, ed in via automatica, già nella fase istruttoria del procedimento di apertura della liquidazione giudiziale, di una serie di dati trasmessi da Registro delle imprese, dall'Anagrafe tributaria e dall'INPS; v. *sub* art. 367.

sentenza, i bilanci e le scritture contabili e fiscali dell'impresa, i libri sociali, le dichiarazioni fiscali dei tre esercizi precedenti e l'elenco dei creditori (art. 49, comma 3, lett. *c*). Il debitore è altresì onerato di depositare, entro trenta giorni dalla sentenza, il bilancio dell'ultimo esercizio (art. 198).

In aggiunta a tale corredo documentale ed istruttorio, la norma in commento assegna al curatore il potere di accesso «*a banche dati ulteriori rispetto a quelle di cui all'art. 49*». Tale potere, però, è innanzitutto limitato ai dati relativi all'ultimo quinquennio anteriore al ricorso di apertura della liquidazione giudiziale (o di altro ricorso di accesso a strumenti di regolazione della crisi e dell'insolvenza); inoltre è subordinato all'autorizzazione del giudice delegato, che non potrà essere generalizzata, ma dovrà specificamente indicare le singole banche dati rese accessibili.

La norma condiziona l'esercizio degli ulteriori poteri di indagine da parte del curatore all'inottemperanza da parte del debitore agli obblighi di deposito della documentazione contabile e fiscale, ovvero se questa è incompleta o inattendibile. Il particolare regime di accesso alle banche dati diverse da quelle indicate dall'art. 49 sembra giustificato dalla necessità di tutelare la riservatezza del debitore e non travalicare, in senso eccessivamente afflittivo per quest'ultimo, i limiti strettamente funzionali alle esigenze di ricostruire la situazione economica e finanziaria dell'impresa. In tal senso, il limite quinquennale per l'acquisizione dei dati aggiuntivi sembra correlato al termine per l'esercizio delle azioni revocatorie ordinarie per gli atti compiuti dal debitore in pregiudizio dei creditori, mentre il filtro del giudice delegato intende garantire una adeguata verifica delle motivazioni per le quali si richiede l'estensione dell'indagine a dati non strettamente contabili e fiscali, e dunque l'effettiva strumentalità dell'iniziativa del curatore rispetto alle finalità della procedura concorsuale.

Tuttavia, va anche rilevato come proprio l'acquisizione di determinate informazioni presenti in specifiche banche dati potrebbe orientare il curatore a valutare la completezza ed attendibilità dei dati contabili forniti dall'imprenditore, per cui appare irragionevole condizionare l'autorizzazione del giudice delegato alla prova effettiva dell'inattendibilità delle scritture contabili, ben potendo essere sufficiente l'allegazione di un "fondato sospetto".

L'accesso alle banche dati da parte del curatore dovrà avvenire con le modalità fissate dagli artt. 155-*quater*, 155-*quinquies* e 155-*sexies* c.p.c.

Il comma 3 prevede un analogo vaglio autorizzativo del giudice delegato per l'acquisizione di informazioni e documenti dalle pubbliche amministrazioni[3]. Ciò riguarda, però, le informazioni e documenti non ordinariamente accessibili al debitore, e cioè quelli relativi ad atti o procedimenti nei quali il debitore non sia parte direttamente interessata, o che non siano soggetti ad accesso pubblico. In tali casi, infatti, il curatore può esercitare le prerogative proprie del debitore, in via sostitutiva di questo, subentrando ad esso anche nell'esercizio delle relative potestà amministrative.

2. – Il curatore è onerato innanzitutto di fornire al giudice delegato una prima relazione informativa entro trenta giorni dall'apertura della procedura. Tale relazione non costi-

[3] La previsione mancava nella legge fallimentare ma poteva comunque ritenersi ricompresa nell'ambito degli artt. 22 ss., l. 7 agosto 1990, n. 241.

tuisce una significativa novità, in quanto era già contemplata dall'art. 33 l. fall., ma solo nel caso in cui il giudice delegato ne ravvisasse una necessità. Si tratta di una informativa sommaria e parziale, «proiettata al passato»[4], che intende rappresentare quanto emerge dalla documentazione e dai dati già acquisiti dal curatore in ordine alle cause dell'insolvenza ed alle eventuali responsabilità del debitore, degli amministratori e degli organi di controllo della società.

La brevità del termine suggerisce di assegnare alla prima relazione anche una funzione di verifica, da parte del giudice delegato, della diligenza del curatore nell'attendere ai propri compiti e della adeguatezza dell'impegno profuso nella gestione della procedura sin dalle sue prime fasi. Pertanto, sebbene il termine sia chiaramente ordinatorio, come quello previsto dai successivi commi per le ulteriori relazioni[5], il ritardo nella redazione della informativa potrà integrare un giustificato motivo di revoca del curatore.

3. – Ulteriore e «*particolareggiata*» relazione è richiesta al curatore nel termine di sessanta giorni decorrenti dall'esecutività dello stato passivo: questo termine è stato modificato dal Codice in quanto le domande di accertamento dei crediti costituiscono un rilevante elemento informativo e di valutazione per il curatore sull'indebitamento complessivo e sulle sue origini[6]. Nell'ipotesi in cui non vi sia l'accertamento del passivo, allorquando sussista una previsione di insufficiente realizzo (art. 209), il curatore è comunque onerato del deposito della relazione ma nel termine di 180 giorni dall'apertura della liquidazione giudiziale.

La relazione integra e completa quanto già esposto nella precedente informativa sommaria, dando conto non solo dell'insolvenza, ma anche della crisi e riferendo per l'una e per l'altra anche sui momenti in cui si sono manifestate. Il curatore dovrà anche riferire sulla condotta e – in modo coordinato a quanto previsto dall'art. 255 – sulle relative responsabilità del debitore, degli organi societari di amministrazione e controllo, ed in generale di terzi; nel caso di gruppo di imprese, sul ruolo e sulla responsabilità di chi esercita l'attività di direzione e coordinamento, nonché sui rapporti economici e contrattuali intercorsi tra le imprese del gruppo.

La relazione informativa, per quanto riguarda l'indicazione delle attività da compiere nella gestione dell'attivo concorsuale, non sostituisce il contenuto del programma di liquidazione, al quale sono riservate le valutazioni del curatore in ordine all'esercizio delle azioni di responsabilità e, in generale, delle «*azioni giudiziali di qualunque natura*»[7]: la prima, infatti, si limita all'esposizione delle condotte commissive od omissive accertate o sospettate di illegittimità; nel secondo, si impone anche la valutazione di opportunità dell'esercizio dell'azione giudiziaria (si pensi alle ipotesi in cui il debitore non offra alcuna garanzia di soddisfacimento dell'eventuale credito risarcitorio, per cui l'azione, seppure vittoriosa, sarebbe frustrata dall'incapienza patrimoniale). Pertanto, il giudice delegato non potrà autorizzare le relative azioni sulla base della relazione, occorrendo attendere

---

[4] SCANO, *Il curatore*, 155.

[5] JORIO, *Le crisi*, 322.

[6] CAPRINO, *La liquidazione giudiziale*, 201.

[7] SPAGNUOLO, *Art. 38*, 433; PACCHI, *La liquidazione giudiziale*, 487.

l'approvazione del programma di liquidazione da parte del comitato dei creditori, salvo ricorrano ragioni di urgenza.

L'esposizione della condotta del debitore, della sua diligenza ed eventuali responsabilità nella determinazione dell'insolvenza costituiscono dati conoscitivi necessari per il tribunale ai fini delle decisioni in ordine all'esdebitazione del debitore, ai sensi dell'art. 280. In tal senso, la soppressione già da parte della Riforma del 2006 del riferimento al «tenore della vita privata» dell'imprenditore, previsto dal testo originario dell'art. 33 l. fall., non sembra escludere che il curatore riferisca comunque dei fatti che attengono alla condotta personale ed alla vita del debitore, atteso che tra i fatti costituenti il reato di bancarotta semplice vi sono anche le ipotesi dell'imprenditore che ha «*sostenuto spese personali o per la famiglia eccessive rispetto alla sua condizione economica*» (art. 323, lett. *a*), ovvero ha «*consumato una notevole parte del suo patrimonio in operazioni di pura sorte o manifestamente imprudenti*» (art. 323, lett. *b*): trattandosi di fatti rilevanti ai fini dell'istruttoria penale, l'indagine e l'informativa su tali condotte rientra nel contenuto tipico della relazione [8]. Infatti, pur non assumendo un obbligo investigativo specifico, e quindi la funzione di polizia giudiziaria [9], il curatore dovrà riferire «*quanto può interessare anche ai fini delle indagini preliminari in sede penale*», e perciò non solo con riferimento ai reati di cui al titolo IX.

La relazione deve anche essere corredata dall'ultimo bilancio di esercizio predisposto dal debitore, nonché dal rendiconto di gestione, per il periodo successivo alla chiusura dell'esercizio e sino alla sentenza di apertura della liquidazione giudiziale. L'attività di verifica del curatore si estende, in questa fase, anche alla corretta esposizione dei dati contabili nei predetti documenti riassuntivi: il curatore dovrà dar conto, nella propria relazione, anche delle rettifiche che occorre apportare al bilancio ed al rendiconto predisposto dal debitore, al fine di rendere una rappresentazione veritiera e corretta dei fatti di gestione, secondo i criteri legali ed i principi contabili per la redazione del bilancio.

La relazione è "presentata" al giudice delegato, attraverso il deposito telematico nel fascicolo della procedura, ma in una specifica sezione riservata [10], la cui visibilità è consentita esclusivamente dell'organo giudiziario, e perciò non accessibile al comitato dei creditori, al debitore o a terzi.

Al giudice delegato spetta, poi, disporre la secretazione delle parti del documento che riguardano i fatti e le valutazioni inerenti la responsabilità penale del debitore e dei terzi, in analogia con quanto prescritto dall'art. 329 c.p.p. [11]. Analoga riservatezza è prescritta per la parti della relazione concernenti le azioni che il curatore intende proporre, ma soltanto nelle ipotesi in cui la preventiva divulgazione di tali informazioni possa pregiudicare l'esercizio di eventuali misure cautelari.

A ragioni di tutela della riservatezza personale risponde, infine, la segretazione della re-

[8] SPAGNUOLO, *Art. 33*, 432,

[9] Vedi *sub* art. 127.

[10] FINOCCHIARO, *L'accesso al fascicolo*, 447. Per la disciplina dell'accesso la fascicolo della liquidazione giudiziale v. *sub* art. 199.

[11] Va precisato, però, che l'art. 329 c.p.p. impone l'obbligo del segreto solo sugli atti di indagine compiuti dal Pubblico ministero e dalla polizia giudiziaria, per cui si impone il provvedimento di segretazione da parte del giudice delegato, al fine di assicurare eguale riservatezza alle informazioni che pur costituiscono elementi di impulso o di istruzione per l'azione penale acquisiti dal curatore.

lazione per le parti che investono la sfera personale del debitore o fatti e circostanze non pertinenti gli interessi della procedura [12]. Pur in mancanza di espressa previsione, deve comunque essere riconosciuto al giudice delegato il potere di segretazione anche per quelle ulteriori parti della relazione la cui divulgazione, seppure selettiva a vantaggio del solo comitato dei creditori, potrebbe pregiudicare gli interessi della procedura, potendo egli comunque adottare tutti i provvedimenti necessari alla tutela degli interessi della procedura nell'ambito del generale potere di vigilanza che gli è attribuito [13].

Non è prevista la trasmissione della relazione al comitato dei creditori, ma solo il suo inserimento nel fascicolo telematico, su conforme provvedimento del G.D., ad iniziativa del cancelliere, e per la sola parte non segretata. Il comitato dei creditori potrà, quindi avere conoscenza di quanto esposto dal curatore nella relazione attraverso la consultazione del fascicolo consentita dall'art. 199.

4. – La continuità del flusso informativo, nei confronti del giudice delegato e del comitato dei creditori, è assicurata dall'obbligo del curatore di predisporre, con cadenza semestrale, «*rapporti riepilogativi*»: il primo entro quattro mesi dal decreto di esecutività dello stato passivo; i successivi con cadenza semestrale.

I rapporti periodici dovranno innanzitutto aggiornare i dati e le informazioni esposte nelle precedenti relazioni, alla luce delle ulteriori informazioni raccolte dal curatore. In tal senso, permane l'obbligo di segretazione delle eventuali parti che espongono i fatti sottoposti a tale regime nella relazione illustrativa. Inoltre i rapporti assolvono ad una finalità di trasparenza dell'operato del curatore e di informazione dei creditori, dovendo esporre le attività svolte, oltre ad essere accompagnati dal rendiconto della gestione per il corrispondente periodo. Proprio alla funzione di rendicontazione periodica è correlato l'obbligo di ostensione, in allegato al rapporto, degli estratti del conto corrente della procedura per il corrispondente periodo. Per le relazioni periodiche è, invece, prescritta anche la trasmissione al comitato dei creditori il quale, in modo collegiale ovvero ciascun membro individualmente, potrà formulare le proprie osservazioni [14]. Per assicurare la massima informazione e trasparenza, il rapporto, con i relativi allegati e le eventuali osservazioni, è trasmesso anche a tutti i creditori, che però non potranno formulare a loro volta osservazioni. Diversamente che per il rendiconto finale, non è prevista una fase di discussione o approvazione dei rendiconti periodici i quali, però, potranno dar luogo ad iniziative specifiche del giudice delegato o del comitato dei creditori nei confronti del curatore, fino all'avvio del procedimento di revoca.

---

[12] ABETE, *Art. 33*, 587 ritiene che la segretazione, in tal caso, può essere disposta unicamente se ricorrano contemporaneamente entrambe le condizioni, e cioè l'afferenza delle notizie alla sfera personale del debitore e l'irrilevanza ai fini della realizzazione degli interessi della procedura, occorrendo ritenere prevalente l'esigenza di informazione degli organi della procedura, e segnatamente del comitato dei creditori, qualora la medesima circostanza sia rilevante in rapporto agli interessi della procedura.

[13] L'interesse della procedura può apprezzarsi anche nel rischio di incorrere in responsabilità per risarcimento del danno all'immagine o alla reputazione di terzi. Di contrario avviso ABETE, *Art. 33*, 586, che attribuisce natura tassativa alle ipotesi indicate dalla norma, a tutela del prevalente e generale interesse del comitato dei creditori ad essere informato.

[14] VASSALLI, *Il curatore*, 257, ritiene che anche la relazione illustrativa possa costituire oggetto di osservazioni da parte del comitato dei creditori.

Gli obblighi informativi periodici ed i relativi rendiconti non sostituiscono quelli previsti dall'art. 211 nel caso di esercizio provvisorio dell'impresa.

Oltre ai documenti previsti dalla norma in commento, il giudice delegato potrà comunque richiedere al curatore di relazionare su aspetti e questioni concernenti la procedura, fissandone le modalità ed i termini (art. 123, lett. *i*). Non sembra, invece, legittima la fissazione da parte del giudice delegato, in via generale, di termini diversi, più brevi, per la rendicontazione periodica. Il controllo da parte dello stesso giudice (come anche del comitato dei creditori) nell'intervallo semestrale è, invero, assicurato dall'autonomo potere ad essi riconosciuto di accedere al fascicolo della procedura e, soprattutto, di consultare il libro giornale previsto dall'art. 136, comma 1.

5. – Il curatore è onerato di obblighi informativi nei confronti del Pubblico ministero che riguardano, oltre ai fatti che possono interessare l'esercizio dell'azione penale nei confronti del debitore o di terzi, anche specificamente l'inottemperanza da parte del debitore agli obblighi di deposito della documentazione contabile e fiscale, al fine di sollecitare l'accertamento dei reati di bancarotta o di cui all'art. 327. Per tale ultimo aspetto la comunicazione all'organo inquirente è eseguita direttamente dal curatore, con funzione di denunzia.

Il Pubblico ministero è, altresì destinatario di tutte le relazioni prodotte dal curatore nel corso della procedura, e perciò sia delle relazioni iniziali, sia di quelle periodiche successive. La trasmissione del documento è eseguita dal cancelliere entro cinque giorni dal deposito, in forma integrale e, quindi, comprensiva anche delle parti per le quali il giudice delegato abbia disposto la segretazione. Tali relazioni costituiscono atti di indirizzo delle indagini circa la responsabilità penale del debitore o di terzi, senza assumere di per sé alcuna efficacia probatoria specifica: la Corte costituzionale, con sentenza del 27 aprile 1995, n. 136, ha precisato che «alla relazione del curatore fallimentare (entro la quale può essere contenuta l'indicazione di fatti appresi dal fallito) si riconosce natura di documento, che, a norma dell'art. 234 c.p.p., può essere acquisito e utilizzato come prova, perché la relazione non ha origine nel processo penale e non è ad esso finalizzata, in quanto diretta al giudice delegato e non al P.M.; cosicché, anche se può contenere notizie utili ai fini delle determinazioni inerenti all'esercizio dell'azione penale, detta relazione non costituisce di per sé una notizia di reato e come tale, dunque, non può essere disciplinata» [15].

La rilevanza probatoria delle relazioni del curatore in ambito civile, resta controversa ed il relativo dibattito non ha trovato soluzione univoca neppure con le nuove disposizioni del Codice, restando prevalente, sia in dottrina che in giurisprudenza, l'opinione secondo la quale fanno piena prova fino a querela di falso solo per i fatti ed atti che si attestano avvenuti alla presenza del curatore [16].

---

[15] Sulla rilevanza della relazione del curatore in ambito penale VITTORINI GIULIANO, *Sui limiti*, 439.

[16] In giurisprudenza da ultimo Cass., 12 ottobre 2020, n. 21994: «Le attestazioni del curatore fallimentare, in quanto provenienti da un pubblico ufficiale, hanno valore di prova privilegiata ex art. 2700 c.c. quando abbiano per oggetto fatti da lui compiuti o che egli attesta essere avvenuti in sua presenza, ma non quando riguardino circostanze conosciute attraverso l'esame della documentazione dell'imprenditore dichiarato fallito»; per un'ampia trattazione sui diversi orientamenti nel vigore della legge fallimentare si permetta il rinvio a SPAGNUOLO, *Art. 38*, 435.

Articolo 131
Deposito delle somme riscosse

1. Le somme riscosse a qualunque titolo dal curatore sono depositate entro il termine massimo di dieci giorni sul conto corrente intestato alla procedura di liquidazione aperto presso un ufficio postale o presso una banca scelta dal curatore.

2. Il mancato deposito nel termine è valutato dal tribunale ai fini dell'eventuale revoca del curatore.

3. Il prelievo delle somme è eseguito su copia conforme del mandato di pagamento del giudice delegato e, nel periodo di intestazione "Fondo unico giustizia" del conto corrente, su disposizione di Equitalia Giustizia s.p.a., in conformità a quanto previsto dall'articolo 2 del decreto-legge 16 settembre 2008, n. 143, convertito, con modificazioni, dalla legge 13 novembre 2008, n. 181.

4. Il mandato è sottoscritto dal giudice delegato e dal cancelliere con firma digitale ed è trasmesso telematicamente al depositario nel rispetto delle disposizioni, anche regolamentari, concernenti la sottoscrizione, la trasmissione e la ricezione dei documenti informatici. La trasmissione telematica è oggetto di disciplina con apposito decreto del Ministro della Giustizia, che ne stabilisce modalità, condizioni e limiti. La disposizione acquista efficacia a decorrere dal novantesimo giorno successivo alla pubblicazione nella Gazzetta Ufficiale del provvedimento del responsabile dei sistemi informativi automatizzati del Ministero della giustizia, da adottarsi entro un anno dall'entrata in vigore del presente codice, attestante la piena funzionalità dei sistemi di trasmissione telematica.

Domenico Spagnuolo

Sommario: 1. Il deposito sul conto corrente. – 2. Il prelievo delle somme.

1. – Il Codice ha mantenuto sostanzialmente invariato il regime (già delineato dall'art. 31 l. fall.) della gestione del denaro nell'ambito della liquidazione giudiziale, in particolare confermando sia lo stringente controllo da parte del giudice delegato, sia le cautele nei confronti del curatore[1]. Le modalità previste per la custodia e l'utilizzo del dena-

[1] La possibilità di effettuare investimenti, introdotta con la riforma della legge fallimentare del 2007, era stata già soppressa con la l. 27 dicembre 2017, n. 205.

ro riflettono la natura pubblicistica dell'incarico del curatore[2], lasciando trasparire la persistente preoccupazione di impedire abusi da parte dello stesso curatore e di assicurare al giudice delegato l'effettivo monitoraggio dell'amministrazione della procedura[3], nell'ambito della funzione di «vigilanza e controllo sulla regolarità della procedura» attribuitagli dall'art. 123.

Innanzitutto si impedisce al curatore di trattenere presso di sé le somme riscosse, prevedendosi l'obbligo di apertura di un conto corrente intestato alla procedura e il deposito delle somme «*entro il termine massimo di dieci giorni dalla corresponsione*».

Coerentemente con la sostanziale autonomia riconosciuta al curatore nell'amministrazione del patrimonio della procedura, è riservato a quest'ultimo il potere di scelta della banca o dell'ufficio postale presso il quale costituire il deposito, come anche la negoziazione delle condizioni economiche.

La specifica indicazione del "conto corrente" esclude la possibilità per il curatore di avvalersi di altre forme tecniche del deposito; inoltre, le particolari modalità previste per le disposizioni di pagamento escludono la possibilità, per l'istituto depositario, di rilasciare assegni bancari o altri strumenti di pagamento (bancomat, carte di credito), ostandovi la necessità che i prelievi siano effettuati su mandato del giudice delegato[4].

Il d.l. n. 143 del 2008, all'art. 2-*bis,* ha previsto che, nell'ambito del Fondo unico di giustizia (F.u.g.), sia costituita una apposita gestione separata nella quale confluiscano «*le somme giacenti in conti correnti accesi a norma dell'articolo 34*» l. fall. per il periodo di durata della procedura di liquidazione giudiziale, ad eccezione di quelle provenienti dalla gestione dell'impresa per l'esercizio provvisorio ai sensi dell'art. 211 (già 104 l. fall.). Tale norma, tuttavia, non ha inteso istituire un conto corrente centralizzato unico per le procedure concorsuali presso la società a cui è demandata la gestione del F.u.g. (Equitalia Giustizia s.p.a.), come invece accade per le somme oggetto di sequestro o confisca nell'ambito di procedimenti penali, ovvero derivanti da misure di prevenzione, sanzioni amministrative, depositi cc.dd. dormienti.

Per le procedure di liquidazione giudiziale, si tratta di un trasferimento di somme meramente contabile e formale, da parte della stessa banca depositaria al F.u.g., restando inalterata l'operatività del conto corrente acceso dal curatore: lo stesso d.l. n. 143 del 2008, destinando tali somme ad una gestione separata (e perciò senza farle confluire con le altre del F.u.g.), al comma 6 prevede che Equitalia Giustizia «*accredita i conti correnti accesi presso le banche e Poste Italiane Spa nella misura almeno pari a consentire l'esecuzione delle operazioni connesse ai procedimenti e alle procedure nell'ambito del Fondo unico giustizia, disposte dagli organi competenti*». Dunque, le somme depositate dal curatore restano sul conto corrente per tutta la durata della procedura, essendo destinate al pagamento delle spese della procedura ed al riparto tra i creditori concorsuali. Il trasferimento al F.u.g. riguarderà, invece, gli interessi attivi maturati sulle somme depositate, per la parte ecce-

---

[2] Lo Cascio, *Organi del fallimento,* 375.

[3] Bonsignori, *Il fallimento,* 89.

[4] Abete, *Art. 34,* 594. La scelta del conto corrente quale forma tecnica esclusiva del deposito sembra, peraltro, rispondere anche all'esigenza di assicurare, nell'esecuzione dei pagamenti, il più agevole rispetto delle norme antiriciclaggio, dettate dall'art. 49, d.lgs. n. 231 del 21 novembre 2007.

dente la quota pari al rendimento dei BOT semestrali[5], ed in tale prelievo forzoso può rinvenirsi la finalità della norma.

Diversa portata ha, invece, la previsione, pur dettata dal d.l. n. 143 del 2008, al comma 2, lett. *c-ter*), per le somme non riscosse dai creditori all'esito del riparto finale (art. 232, comma 4): queste restano depositate sul conto corrente della procedura per cinque anni e, successivamente, trasferite al F.u.g.[6].

L'obbligo di versamento sul conto corrente riguarda il denaro, costituito da moneta e da assegni, «*a qualunque titolo*»[7] ricevuto dal curatore, e perciò sia se acquisito al momento della apertura della procedura (art. 194), sia se pervenuto da atti di gestione e liquidazione dell'attivo.

Il denaro, deve essere depositato entro dieci giorni, decorrenti dal momento in cui il curatore ne ha la materiale disponibilità. È, tuttavia, rimessa alla discrezionale valutazione del tribunale la revoca del curatore per l'inosservanza di tale obbligo, alla stregua della effettiva gravità del fatto e di eventuali ragioni giustificative della condotta.

Ulteriore sanzione, di rango penale, è prevista dall'art. 336 (che riproduce l'art. 230 l. fall.) a carico del curatore che «*non ottempera all'ordine del giudice di consegnare o depositare somme o altra cosa del fallimento, ch'egli detiene a causa del suo ufficio*»: il reato, tuttavia, è integrato solo se vi è stato uno specifico ordine impartito dal giudice, non dalla semplice inosservanza del termine indicato dall'art. 131[8].

2. – Il prelievo delle somme è consentito al curatore solo previa autorizzazione del giudice delegato, occorrendo che questi emetta il relativo mandato. Solo per le somme derivanti dalla gestione dell'impresa, in caso di esercizio provvisorio ai sensi dell'art. 211, si ritiene che il tribunale o il giudice delegato possano consentire una deroga, stante l'evidente incompatibilità dell'intervento del giudice delegato, per ciascun pagamento, sia con le esigenze di speditezza delle operazioni concernenti l'attività di impresa, sia con l'organizzazione della giustizia, dell'attività del magistrato e degli uffici di cancelleria, in considerazione della numerosità e della frequenza dei pagamenti da eseguirsi per l'esercizio provvisorio[9]. In tal senso, lo stesso d.l. n. 143 del 2008 considera distintamente le somme pertinenti la gestione dell'impresa nell'ambito della procedura concorsuale, rispetto a tutte le altre somme acquisite dal curatore.

---

[5] La l. 27 dicembre 2019, n. 160 ha disposto (con l'art. 1, comma 430) che «*Alle somme di cui all'articolo 2, comma 2-bis, del decreto-legge 16 settembre 2008, n. 143, ... giacenti sul conto di Tesoreria di cui al terzo periodo del comma 6-ter del medesimo articolo 2, come sostituito dal comma 429, è riconosciuto un tasso di interesse, liquidato semestralmente, pari al rendimento dei BOT a sei mesi, calcolato come media dei rendimenti d'asta delle emissioni dei BOT a sei mesi rilevate nel semestre di riferimento per l'applicazione del tasso di interesse medesimo. Nel caso in cui il rendimento dei BOT a sei mesi, calcolato come previsto nel precedente periodo, fosse negativo, il tasso di interesse da riconoscere ... è pari a zero*».

[6] Vedi *sub* art. 232.

[7] L'originaria formulazione dell'art. 34 l. fall. consentiva al curatore di trattenere presso di sé «quanto il giudice delegato dichiara necessario per le spese di giustizia e di amministrazione»; la riforma del 2006 aveva già esteso l'obbligo di deposito alle «somme riscosse a qualunque titolo».

[8] CADOPPI, *Reati commessi*, 197; CELORIA, PAJARDI, *Commentario*, 330. Vedi *sub* art. 336.

[9] RIVOLTA, *L'esercizio*, 335.

Il mandato è necessario anche per l'esecuzione dei pagamenti, in favore dei creditori, successivamente alla chiusura della procedura, ai sensi dell'art. 232, commi 4 e 5.

Il mandato deve essere predisposto dal giudice in formato digitale e sottoscritto dal cancelliere, che ne cura la trasmissione telematica alla banca depositaria. Tale modalità di trasmissione, oltre ad una evidente semplificazione, contribuisce ad escludere i rischi della alterazione del mandato e di esecuzione di pagamenti in difformità rispetto a quanto autorizzato dal giudice delegato.

L'irregolare prelievo di denaro, in caso di mancanza o di difformità del mandato di pagamento, determina, oltre alla responsabilità del curatore [10], anche quella solidale dell'istituto depositario, il quale ha l'obbligo di accertare la legittimazione del curatore alla disposizione di pagamento richiesta, verificando proprio la preventiva trasmissione telematica, da parte della cancelleria, del conforme mandato di pagamento sottoscritto dal giudice [11]. La responsabilità del depositario, per la sottrazione di fondi dal deposito, ha natura contrattuale [12].

[10] Cass., 13 gennaio 2011, n. 710; Cass., 13 luglio 2007, n. 15668.

[11] Cass., 4 aprile 2013, n. 8233; Cass., 13 luglio 2007, n. 15668; Cass., 15 luglio 2005, n. 15030; Cass., 30 aprile 2005, n. 9026; Trib. Napoli, 5 maggio 1997, in *Dir. fall.*, 1998, II, 800 con nota di Mastursi; App. Napoli, 10 giugno 1999, in *Dir. fall.*, 2000, II, 600; più dubbia è la responsabilità della banca nell'ipotesi di pagamento in forza di un mandato falsificato: sul punto v. Trib. Milano, 17 maggio 2007, in *Foro ambrosiano*, 2007, 286; Trib. Lecce, 1° ottobre 2008, in *Fallimento*, 2009, 175.

[12] Cass., 30 aprile 2005, n. 9026; Trib. Lecce, 1° ottobre 2008, cit.; App. Napoli, 10 giugno 1999, cit.

Articolo 132
Integrazione dei poteri del curatore

1. Le riduzioni di crediti, le transazioni, i compromessi, le rinunzie alle liti, le ricognizioni di diritti di terzi, la cancellazione di ipoteche, la restituzione di pegni, lo svincolo delle cauzioni, l'accettazione di eredità e donazioni e gli altri atti di straordinaria amministrazione sono effettuati dal curatore, previa l'autorizzazione del comitato dei creditori.

2. Nel richiedere l'autorizzazione del comitato dei creditori, il curatore formula le proprie conclusioni anche sulla convenienza della proposta.

3. Se gli atti suddetti sono di valore superiore a cinquantamila euro e in ogni caso per le transazioni, il curatore ne informa previamente il giudice delegato, salvo che gli stessi siano già stati autorizzati dal medesimo ai sensi dell'articolo 213, comma 7.

4. Il limite di cui al comma 3 può essere adeguato con decreto del Ministro della giustizia.

Domenico Spagnuolo

Sommario: 1. Gli atti di straordinaria amministrazione. – 2. L'autorizzazione del comitato dei creditori e l'informativa al giudice delegato. – 3. Conseguenze della mancanza o di un vizio dell'autorizzazione.

1. – La norma è rimasta invariata rispetto al previgente art. 35 l. fall. e conferma la sottoposizione ad un controllo preventivo, di legittimità e di merito, di taluni atti che, per la loro astratta incompatibilità con le finalità della liquidazione giudiziale, possono incidere negativamente sulla composizione del patrimonio destinato alla liquidazione, o comunque compromettere l'aspettativa di soddisfacimento dei creditori. Si tratta di atti specificamente elencati dal legislatore, e che contemplano innanzitutto le riduzioni di crediti e le transazioni, le rinunzie alle liti, le ricognizioni di diritti di terzi, l'accettazione di eredità e donazioni: atti che determinano una possibile riduzione dell'attivo concorsuale, ovvero un incremento delle passività. Sono inoltre indicati la cancellazione di ipoteche, la restituzione di pegni e lo svincolo delle cauzioni, che, privando la massa delle garanzie per il soddisfacimento di crediti, aumentano il rischio di incasso dei crediti stessi. Infine, si fa menzione dei compromessi, che sottraggono alla potestà giurisdizionale ordinaria la tutela dei diritti della procedura.

Il regime autorizzativo è previsto, poi, in via generale, per tutti gli atti di straordinaria amministrazione, restando tutt'ora controverso il criterio di qualificazione del carattere "ordinario" dell'atto. La Relazione illustrativa àncora il *discrimen* tra la natura ordinaria e straordinaria dell'atto alla possibilità che questo possa produrre una diminuzione (o un rischio di diminuzione) della consistenza o della qualità del patrimonio [1]. Tuttavia, anche per gli atti di ordinaria amministrazione è possibile riscontrare una incidenza negativa sul patrimonio del debitore, per cui appare più corretto assegnare rilevanza allo "scopo della gestione" ed alla "entità del patrimonio" [2], ovvero ad un "criterio conservativo", in ragione del mutamento dell'essenza economica o della situazione giuridica dei componenti del patrimonio stesso [3]. La selezione degli atti soggetti ad autorizzazione preventiva, in questa prospettiva, andrebbe operata alla stregua della finalità perseguita dalla procedura concorsuale [4], e perciò con prospettive conservative della *par condicio creditorum*. Ne consegue una nozione dilatata di straordinaria amministrazione, ritenendo "normale" l'atto che il gestore, nell'ambito dei fini della specifica attività considerata, compie ripetutamente e quotidianamente per assolvere il suo compito [5].

In ogni caso, la valutazione degli effetti dell'atto sul patrimonio del debitore non può essere operata in astratto ed in modo generalizzato, ma è ineludibilmente condizionata, quanto al giudizio di straordinarietà, dalle specificità di ciascuna singola procedura [6].

---

[1] In tal senso si è espressa la prevalente giurisprudenza, riferendosi alla «idoneità dell'atto ad incidere negativamente sul patrimonio del debitore, pregiudicandone la consistenza o compromettendone la capacità a soddisfare le ragioni dei creditori in quanto ne determina la riduzione, ovvero lo grava di vincoli o pesi»: Cass., 20 ottobre 2005, n. 20291; Cass., 11 agosto 2004, n. 15484; Cass., 18 febbraio 1999, n. 1357; Cass., 8 agosto 1997, n. 7390, in *Dir. fall.*, 1998, II, 1120, con nota di Cigliola; Cass., 4 dicembre 1993, n. 12052; Cass., 17 maggio 1974, n. 1433; in dottrina, Per una compiuta analisi della distinzione tra atti di ordinaria e atti di straordinaria amministrazione si veda FERRARA, *Amministrazione (atti di)*, 394; ALBANESE, *Gli atti*, 1142; RIVOLTA, *L'esercizio*, 320; CORSI, *La nozione giuridica*, 38 ss.; CASELLI, *Degli organi*, 153 ss.; VASSALLI, *Diritto fallimentare*, 205 ss. Sono stati altresì prospettati ulteriori criteri distintivi degli atti di straordinaria amministrazione, facendosi riferimento al concetto di "rischiosità" dello stesso atto oppure a criteri quantitativi di valore, quali la maggiore o minore rilevanza economica o incidenza sul patrimonio della procedura, riconoscendo la natura di ordinaria amministrazione solo agli atti che, per il loro contenuto, possono essere qualificati come «minori»: così RICCI, *Lezioni sul fallimento*, 234; ABETE, *Art. 35*, 597 e Cass., 3 luglio 1979, n. 3731.

[2] CORSI, *Il concetto*, 204.

[3] TRABUCCHI, *Amministrazione (atti di)*, 545.

[4] JORIO, *I rapporti giuridici*, 97, infatti, ritiene che le finalità della procedura debbano costituire «l'estremo limite dei poteri del gestore» e che solo in «tali finalità si pone la dicotomia ordinaria-straordinaria amministrazione, laddove un atto che perseguisse scopi estranei a quelli tipici della gestione si collocherebbe fuori dalle operazioni consentite, sarebbe in altri termini illecito»; secondo FERRARA, *Curatore del fallimento*, 519 sono atti straordinari quelli che «non sono necessari ma sono o possono essere utili per il fallimento, onde si rende inevitabile valutare se questa utilità esista oppure no». Di atti «necessari ed inevitabili» parlano NIGRO, VATTERMOLI, *Diritto della crisi*, 109.

[5] JORIO, *I rapporti giuridici*, 97 ss.; anche CORSI, *Il concetto*, 145 ss., ritiene che la finalità della procedura costituisce il parametro per valutare la natura ordinaria o straordinaria di un atto, in quanto possono qualificarsi "ordinari" solo quegli atti che possono considerarsi «normali rispetto ad una determinata attività di amministrazione caratterizzata da un determinato scopo»; ALBANESE, *Gli atti*, 1150, il quale ritiene che sul concetto di "normalità" (inteso in senso sia quantitativo che qualitativo) si basa il criterio distintivo, caratterizzandosi l'amministrazione per il suo scopo.

[6] SANDULLI, *La crisi*, 78; JORIO, *Le crisi*, 318, secondo cui «la separazione tra l'ordinaria e la straordinaria

2. – L'autorizzazione degli atti di straordinaria amministrazione è riservata al comitato dei creditori[7], che potrà esprimere la propria valutazione sia con riferimento alla legittimità, sia con apprezzamento nel merito; a tal fine è previsto l'obbligo per il curatore di esplicitare le ragioni di convenienza dell'atto.

Il diniego di autorizzazione è reclamabile dal curatore nei ristretti limiti posti dall'art. 141, restando perciò insindacabile per i profili di merito. Se il diniego di autorizzazione sia contrastante con la «*professionalità e diligenza richieste dalla natura dell'incarico*», di cui all'art. 2407 c.c. (richiamato dall'art. 140), ciò configurerebbe un giustificato motivo che, ai sensi dell'art. 138[8], legittimerebbe il curatore a richiedere al giudice delegato, quale organo comunque sovraordinato nella vigilanza e controllo sulla regolarità della procedura, la sostituzione dei componenti il comitato dei creditori.

Per gli atti di straordinaria amministrazione di maggiore rilevanza, individuati in quelli di valore superiore a 50 mila euro[9] e nelle transazioni, è previsto un ulteriore presidio di controllo da parte del giudice delegato, al quale il curatore è tenuto a trasmettere «*previamente*» la proposta[10]. La trasmissione al giudice delegato non è necessaria per quegli atti di cui lo stesso ha già autorizzato l'esecuzione, ai sensi dell'art. 213, comma 7, in conformità alle previsioni del programma di liquidazione: in questo caso, il giudice è stato già portato a conoscenza delle determinazioni del curatore ed ha già approvato l'atto, per cui l'ulteriore informativa risulterebbe del tutto inutile. Non è, però, sufficiente ad esonerare il curatore dell'adempimento informativo la sola circostanza che l'atto sia stato indicato nel programma di liquidazione già approvato, ma si richiede uno specifico pronunciamento del giudice sullo stesso[11].

L'intervento del giudice delegato (salvo, come detto, per gli atti indicati nel programma di liquidazione) è confinato alla mera informativa, senza che sia riconosciuto alcun potere di incidere sul procedimento autorizzativo o sul perfezionamento dell'atto[12]. Il giudice delegato conserva, però, la funzione di «vigilanza e controllo» sull'intera procedura, e perciò su tutti gli atti del curatore e del comitato dei creditori, per cui è ben possibile riconoscere ad esso i necessari poteri di azione per garantire, appunto, la legalità – formale e sostanziale – dell'operato di tali organi, oltre che la tutela delle posizioni soggettive del debitore sottoposto a liquidazione giudiziale e dei creditori, così valutando anche la con-

amministrazione è quindi segnata, anche nel fallimento, da un crinale mobile, soggetto alle particolarità delle singole procedure».

[7] La sottrazione del potere autorizzativo al giudice delegato, già disposta dalla Riforma del 2006 con la novella dell'art. 35 l. fall., era stata denunziata di incostituzionalità da Trib. Firenze (decr.), 13 dicembre 2007, in *Fallimento*, 2008, 194, con nota di Esposito. La questione di costituzionalità è stata ritenuta inammissibile da Corte cost., 7 novembre 2008, n. 365.

[8] V. *sub* artt. 138 e 140.

[9] Per le modalità di determinazione del valore dell'atto SPAGNUOLO, *Art. 35*, 4.

[10] Il curatore, pertanto, dovrà segnalare al comitato dei creditori l'avvenuta trasmissione della proposta al giudice delegato ed il comitato dovrà verificare l'adempimento prima di assumere la propria decisione.

[11] Di contrario avviso SCARAFONI, *Le procedure concorsuali*, 279.

[12] Corte cost., 7 novembre 2008, n. 365 ha dichiarato inammissibile la questione di costituzionalità dell'art. 35 l. fall., sollevata da Trib. Firenze (decr.), 13 dicembre 2007, *cit.*, per la parte in cui non prevede il potere del giudice delegato di inibirne il compimento dell'atto, pur a seguito dell'informativa ricevuta dal curatore.

venienza e la conformità degli atti agli interessi della procedura [13]. In tale prospettiva, il g.d. potrà convocare il curatore ed il comitato dei creditori per indirizzare il "corretto svolgimento della procedura", ovvero sollecitare il tribunale per la loro convocazione in camera di consiglio, se del caso proponendo la revoca del curatore o disponendo esso stesso la revoca di uno o più membri del comitato dei creditori. In attesa dell'esito di tali interlocuzioni o provvedimenti del tribunale, è riconosciuta al giudice delegato la facoltà di adottare provvedimenti "cautelari" finalizzati ad impedire il compimento dell'atto e strumentali alla "conservazione del patrimonio" [14].

3. – Sia l'autorizzazione del comitato dei creditori, sia l'informativa al giudice delegato devono essere inquadrati nel sistema dei controlli al quale il Codice (conformemente alla legge fallimentare riformata) sottopone l'operato del curatore, al fine di evitare il compimento di atti pregiudizievoli alla procedura. Pertanto, il procedimento autorizzativo non configura un elemento di integrazione di poteri gestori, né sotto il profilo della capacità di agire, né per la legittimazione rappresentativa: la *potestas gerendi* resta affidata, in modo esclusivo e completo, al curatore e ricomprende qualsiasi atto di amministrazione, sia ordinario che straordinario. In tal senso, la rubrica della norma, nel riferimento alla «integrazione dei poteri del curatore», è piuttosto il retaggio della originaria rubrica dell'art. 35, vigente la legge fallimentare del 1942, che assegnava al giudice delegato anche un potere di direzione, e perciò di partecipazione attiva all'amministrazione demandata al curatore; la portata "integrativa" dell'autorizzazione non è più coerente con la nuova distribuzione dei poteri, introdotta dalla Riforma del 2006, e con il diverso ruolo assunto dai vari organi, potendosi riconoscere al comitato dei creditori solo funzioni di vigilanza, non anche di compartecipazione al potere gestorio.

Da ciò consegue che, rispetto al negozio di straordinaria amministrazione, l'autorizzazione può essere considerata, in senso amministrativistico, come formalità abilitativa destinata a rimuovere un ostacolo all'esercizio di un potere, conformemente alla disciplina delle autorizzazioni concernenti gli atti su patrimoni di incapaci [15], dando luogo all'annullamento dell'atto ad iniziativa della sola procedura, non anche dei terzi.

---

[13] VASSALLI, *Il curatore*, 261; SCANO, *Il curatore*, 151, ritiene, invece, che il giudice delegato «può solo limitarsi a stimolare l'intervento del tribunale, al quale ultimo sarebbe invece consentito imporre al curatore il divieto di compiere un determinato atto a seguito del controllo di legittimità formale e sostanziale». Riconosce al g.d. solo poteri di *moral suasion* PROTO, *Art. 35*, 115.

[14] V. *sub* art. 123.

[15] FERRARA, *Curatore del fallimento*, 517; parimenti per l'annullabilità dell'atto SANDULLI, *La crisi*, 79, che però individua nella mancanza di autorizzazione un vizio genetico, dovuto alla carenza di poteri del curatore privo della piena capacità di agire; nello stesso senso AZZOLINA, *Il fallimento*, 476; DE MARTINI, *Transazione stipulata*, 136 e, in giurisprudenza, tutte però, riferite alla disciplina ante Riforma 2006, Cass., 26 giugno 2015, n. 13242; Cass., 8 agosto 1995, n. 8669; Cass., 6 novembre 1987, n. 8225; vedi anche Cass., 20 dicembre 2019, n. 34213 secondo la quale «In difetto dell'autorizzazione del comitato dei creditori prevista dall'art. 35 l. fall., la rinuncia del curatore fallimentare al ricorso per cassazione è inidonea a produrre effetti». CASELLI, *Degli organi*, 153, ritiene valido, ma inefficace, l'atto compiuto dal curatore senza l'autorizzazione. Per la piena efficacia dell'atto VASSALLI, *Il curatore*, 262.

Le irregolarità del procedimento autorizzativo, e la mancata informativa al giudice delegato, hanno una rilevanza esclusivamente endoprocedimentale e possono dar luogo solo al reclamo [16], pur connotando di illiceità la condotta del curatore o del comitato dei creditori e, perciò, giustificando la loro revoca o sostituzione [17].

[16] SANDULLI, *La crisi*, 80; FERRARA, *Curatore del fallimento*, 517; PROVINCIALI, *Trattato di diritto*, 748; JORIO, *Le crisi*, 319; VASSALLI, *Diritto fallimentare*, 210; in giurisprudenza Cass., 22 ottobre 2004, n. 20637; Cass., 9 marzo 1995, n. 2730.

[17] Ma v. ABETE, *Art. 35*, 605, secondo il quale «qualora il giudice del reclamo, al di là della violazione dell'obbligo di preventiva informazione, abbia rilevato pure l'illegittimità, contestualmente denunziata, dell'atto di straordinaria gestione di valore superiore a cinquantamila euro o della transazione, ne pronuncia senz'altro l'annullamento con susseguente caducazione retroattiva degli effetti *medio tempore* prodottisi».

Articolo 133
Reclamo contro gli atti e le omissioni del curatore

1. Contro gli atti di amministrazione e le omissioni del curatore, il comitato dei creditori, il debitore e ogni altro interessato possono proporre reclamo, per violazione di legge, con ricorso al giudice delegato entro otto giorni dalla conoscenza dell'atto o, in caso di omissione, dalla scadenza del termine indicato nella diffida a provvedere. Il giudice delegato, sentite le parti, decide sul reclamo, omessa ogni formalità non indispensabile al contraddittorio.

2. Se il reclamo è accolto, il curatore deve conformarsi alla decisione del giudice delegato.

3. Contro il decreto del giudice delegato può essere proposto reclamo previsto dall'articolo 124.

Marco Farina

Sommario: 1. La confermata natura del reclamo quale impugnazione di mera legittimità. – 2. La legittimazione attiva. – 3. Il termine. – 4. Le regole del procedimento. – 5. Impugnazioni. – 6. Effetti del provvedimento di accoglimento.

1. – Nel passaggio dalla legge fallimentare al nuovo Codice il rimedio del reclamo avverso gli atti (di amministrazione) e le omissioni del curatore – precedentemente disciplinato dall'art. 36 l. fall., unitamente al reclamo avverso le autorizzazioni ed i dinieghi del comitato dei creditori – è stato inserito in una norma autonoma, trovandosi oggi il reclamo contro gli atti del comitato dei creditori disciplinato dal successivo art. 141[1].

Al di là di questa modifica di carattere eminentemente formale, il Codice ha apportato solo marginali innovazioni rispetto alla previgente disciplina somministrata dall'art. 36 l. fall.

Nella sostanza rimane, infatti, inalterata la natura del reclamo avverso gli atti e/o le omissioni del curatore quale rimedio giurisdizionale volto a censurare la condotta del curatore per profili di mera legittimità[2], restando escluso qualsiasi sindacato giurisdizionale

[1] Al cui commento si fa rinvio.

[2] La natura impugnatoria (confermata dall'esistenza di un termine di decadenza, nonché dal fatto che il reclamo presuppone la spendita di motivi di contestazione coincidenti con la deduzione di specifiche violazioni di legge) e giurisdizionale del rimedio sono indiscutibili, dovendosi tuttavia precisare che, come ovvio, non

in ordine alla convenienza ed opportunità della scelta gestoria compiuta dal curatore.

Risulta, altresì, confermata la possibilità di sottoporre a censura per violazione di legge[3] non solo gli atti di amministrazione, ma anche le omissioni del curatore[4] – ed in tal caso la proposizione del reclamo è condizionata al fatto che il curatore sia stato specificamente diffidato a provvedere – al fine di poter consentire al giudice delegato l'esercizio di quella funzione di vigilanza circa l'utilizzo, da parte del curatore, del potere di amministrazione del patrimonio del debitore che ancora oggi è previsto dall'art. 128, comma 1.

Il Codice, peraltro, conferma l'applicabilità espressa del rimedio del reclamo di cui all'art. 133 ai casi (i) di cui all'art. 163, comma 2, ossia nei casi di contestazione da parte di ogni interessato della sussistenza dei presupposti per l'acquisizione al patrimonio della liquidazione giudiziale dei beni oggetto degli atti a titolo gratuito compiuti nei due anni anteriori al deposito della domanda cui è seguita l'apertura della liquidazione giudiziale, e (ii) di opposizione al progetto di riparto ai sensi dell'art. 220, comma 3.

2. – Una delle novità apportate dall'art. 133 riguarda la legittimazione attiva. È espressamente prevista, infatti, l'attribuzione della legittimazione a proporre il reclamo avverso gli atti del curatore, oltre che al debitore e ad ogni altro interessato, anche al comitato dei creditori.

Si tratta, tuttavia, di soluzione già sperimentata nella vigenza della precedente disciplina ove, in dipendenza della ampia legittimazione riconosciuta a qualunque interessato, si era ritenuto di poter certamente riconoscere al comitato la legittimazione ad impugnare gli atti (o le omissioni) del curatore[5].

Occorre precisare, in ogni caso, che la legittimazione è riconosciuta al comitato dei creditori quale organo e non, invece, al singolo componente, anche se il rilievo – è bene precisarlo – non assume pratica rilevanza atteso che il singolo componente del comitato è, prima ancora, creditore e, quindi, certamente legittimato in tale qualità a proporre reclamo avverso gli atti di amministrazione del curatore.

---

siamo al cospetto di una impugnazione in senso tecnico che, come tale, presuppone la natura giurisdizionale del provvedimento contestato. Così, correttamente, già nel vigore dell'art. 36 l. fall., tra gli altri, TISCINI, *Art. 36*, 468; SANTANGELI, *Il curatore*, 871; FABIANI, *Diritto Fallimentare*, 258.

[3] Nel vigore dell'art. 36 l. fall. si è ritenuto, peraltro, che la violazione di legge possa ricomprendere anche la deduzione circa l'inosservanza da parte del curatore dell'obbligo di diligenza di cui, oggi, vi è menzione nell'art. 136 Codice (così FABIANI, *Diritto Fallimentare*, 259, per il quale, quindi ciò potrebbe costituire un grimaldello per scardinare l'insindacabilità del merito gestorio). In senso contrario, però, v. PAGNI, *I reclami*, 429-430 per la quale, infatti, se è vero che l'allora vigente art. 38 l. fall. (oggi confluito nel nuovo art. 136 Codice) è una norma di legge di cui è predicabile la violazione, è altrettanto vero che essa è costruita con riferimento ad una clausola generale talmente ampia che non consente di individuare con certezza la linea di demarcazione tra ciò che il legislatore ha voluto includere nel reclamo e ciò che ha voluto escludere (l'insindacabilità del merito gestorio, appunto). Ugualmente contrario a ritenere ammissibile una censura relativa alla dedotta violazione dell'obbligo di diligenza SANTANGELI, *Il curatore*, 871.

[4] Quanto alle omissioni deve trattarsi di casi in cui il curatore abbia un obbligo di provvedere, di modo che il reclamo avrà ad oggetto la disputata esistenza di questo obbligo che, se accertato, comporterà l'accoglimento del reclamo e l'obbligo del curatore di conformarsi. Da ciò si desume abbastanza chiaramente come, a nostro avviso, l'ambito elettivo del reclamo avverso gli atti omissivi si restringa a quei casi in cui il curatore ritenga di non aver alcun obbligo di porre in essere la condotta che gli è stata richiesta. Nelle ipotesi di mera inerzia colpevole dovuta a negligenza il rimedio più utile sarà, infatti, quello della revoca.

[5] FABIANI, *Art. 36*, 309; TRISORIO LIUZZI, PAGNI, *I reclami*, 430; SANTANGELI, *Il curatore*, 872.

3. – Quanto al termine, la nuova disposizione conferma che il reclamo deve essere proposto con ricorso al giudice delegato depositato entro otto giorni dalla conoscenza dell'atto [6] o, in caso di omissione, dalla scadenza del termine indicato nella diffida a provvedere [7]. In virtù della norma generale contenuta nell'art. 9, a tale termine – così come a quello previsto per l'eventuale impugnazione del decreto del giudice delegato innanzi al tribunale concorsuale – non si applicherà la sospensione feriale di cui alla l. 7 ottobre 1969, n. 742.

4. – Quanto alle regole del procedimento, nulla è mutato rispetto alla formulazione dell'art. 36 l. fall. continuandosi, dunque, a prevedere un giudizio del tutto deformalizzato nel cui ambito è lasciato al giudice delegato il compito di regolare i modi ed i tempi secondo i quali le parti potranno svolgere le loro difese ed illustrare le loro ragioni, fermo ovviamente il rispetto del principio del contraddittorio. La norma specifica, infatti, che le parti dovranno essere «*sentite*», quindi pare ragionevole ritenere che il contraddittorio, oltre che scritto, potrà essere anche orale, nel senso che dovrà essere fissata un'udienza nel corso della quale le parti potranno discutere le loro rispettive argomentazioni. La fissazione di un'udienza per la comparizione delle parti e per la discussione, del resto, sarà scelta congrua anche perché il giudizio di reclamo, seppur improntato a canoni di snellezza, semplicità e celerità non dovrà più definirsi entro quell'inutile termine di quindici giorni che l'art. 25, n. 5, l fall. imponeva al giudice delegato per decidere sul reclamo proposto contro gli atti del curatore (o del comitato dei creditori) e che (fortunatamente) non è invece più previsto dall'art. 123, lett. *e*) [8].

L'unica (relativa) novità che a tal riguardo può segnalarsi è quella relativa alla, oramai, acclarata necessità – nel vigore dell'art. 36 l. fall. da taluno contestata – della rappresentanza tecnica anche per tale procedimento [9], e ciò in dipendenza di quanto previsto

---

[6] Qualora, però, il reclamo sia proposto contro il progetto di riparto ai sensi dell'art. 220, comma 3, il termine sarà di 15 giorni decorrenti dal ricevimento della comunicazione del curatore ai sensi del comma 1 del medesimo art. 220.

[7] In questi casi il termine decorrerà solo per il soggetto (o per i soggetti) che abbiano sottoscritto la diffida a provvedere. Non può escludersi, quindi, che pur spirato il termine per tali soggetti, avverso il comportamento (consapevolmente, v. *supra*) omissivo del curatore possa proporsi reclamo da parte di altri soggetti che abbiano, di nuovo e a loro volta, inviato al curatore una diffida a provvedere. In ogni caso, nelle ipotesi di mera inerzia del curatore il decorso del termine per il reclamo non preclude che detta continuata e colpevole inerzia sia posta a fondamento di una istanza di revoca.

[8] La Relazione, dunque, sotto tale profilo è erronea perché continua a fare riferimento a tale termine che, però, non compare più nell'art. 123, lett. *e*), Codice, né nell'art. 133 o nell'art. 141 (che disciplina il reclamo contro gli atti del Comitato dei creditori).

[9] Il fatto che sia necessario il patrocinio legale, però, non significa che il curatore debba essere autorizzato a stare in giudizio "*come convenuto*" ai sensi e per gli effetti di cui all'art. 123. Seppure è vero, infatti, che il reclamo contro gli atti del curatore non è un procedimento promosso «*per impugnare atti del giudice delegato o del tribunale*», né, come visto, un procedimento per il quale «*non occorra il ministero di difensore*», è altrettanto vero che, spettando la competenza a decidere su tale reclamo al giudice delegato, la necessità dell'autorizzazione in giudizio implicherebbe la definitiva impossibilità per il giudice delegato di attendere a tale funzione in dipendenza della previsione di cui all'art. 123, comma 2, a tenore del quale (con previsione ripetitiva di quanto già previsto dall'art. 25, comma 2, l. fall.) il giudice delegato non può trattare (e, a maggior ragione,

dall'art. 9, comma 2, per il quale «*salvi i casi in cui non previsto altrimenti, nelle procedure disciplinate dal presente codice, il patrocinio del difensore è obbligatorio*»[10].

5. – L'art. 36 l. fall. prevedeva che «*contro il decreto del giudice delegato è ammesso ricorso al tribunale entro otto giorni dalla data della comunicazione del decreto medesimo. Il tribunale decide entro trenta giorni, sentito il curatore e il reclamante, omessa ogni formalità non essenziale al contraddittorio, con decreto motivato non soggetto a gravame*».

Il legislatore delegato ha ritenuto di modificare tale regime e, in luogo della previsione di uno speciale mezzo di reclamo al tribunale, ha introdotto un richiamo, puro e semplice, al reclamo di cui all'art. 124, ossia allo strumento di contestazione generalmente previsto contro i decreti del giudice delegato e del tribunale.

Seppure, quindi, si continua a prevedere anche nell'art. 133 in commento la possibilità di un'impugnazione del provvedimento del g.d. innanzi al tribunale, a mutare sono (i) sia il termine entro cui tale reclamo può essere proposto, che non sarà più di otto ma di dieci giorni sempre decorrenti dalla comunicazione ad opera della cancelleria del provvedimento[11], (ii) sia le forme del procedimento non più rimesse alla completa discrezionalità del collegio ma delineate, invece, con analitico dettaglio dal richiamato art. 124[12].

La previsione della reclamabilità del decreto del g.d. innanzi al tribunale per effetto del richiamo all'art. 124 impone di ritenere applicabile il comma 3 di quest'ultima disposi-

decidere, è appena il caso di precisare) giudizi che abbia autorizzato, né può far parte del collegio investito del reclamo proposto contro i suoi atti. In dipendenza del manifesto contrasto tra la disposizione di cui all'art. 123, comma 1, lett. *e*) – per il quale, appunto, il giudice delegato «*provvede sui reclami proposti contro gli atti del curatore e del comitato dei creditori*» – e quella inserita nel comma 2 del medesimo art. 123 (v. *supra*), deve ritenersi che il curatore, quale parte nei cui confronti è proposto il reclamo e che dovrà costituirsi in giudizio con il ministero di un difensore, non dovrà comunque procurarsi l'autorizzazione a stare in giudizio da parte del giudice delegato.

[10] Non è di ostacolo all'applicazione di tale norma al caso del reclamo di cui all'art. 133 il fatto che il comma 2 dell'art. 9 faccia riferimento alle «*procedure disciplinate dal presente codice*», anziché «*ai procedimenti disciplinati dal presente codice*» cui invece si riferisce il comma 1 dell'art. 9 per escludere rispetto ad essi la sospensione feriale dei termini processuali. La circostanza per cui le due previsioni sono contenute nella medesima disposizione normativa – la cui rubrica, non a caso, fa riferimento alla «*sospensione feriale dei termini e patrocinio legale*» – fanno fondatamente ritenere che il loro ambito oggettivo di applicazione sia il medesimo.

[11] Se, peraltro prima della comunicazione ad opera della cancelleria, dovesse perfezionarsi la notificazione ad istanza di parte, allora il termine di dieci giorni decorrerà da quest'ultima. Se, poi, dovesse mancare tanto la comunicazione quanto la notificazione, allora il reclamo al tribunale si precluderà decorsi novanta giorni dal deposito del provvedimento nel fascicolo della procedura (arg. *ex* art. 123, comma 2).

[12] La circostanza per cui l'articolo in commento, al suo ultimo comma, richiami puramente e semplicemente l'art. 124 – in luogo della precedente previsione che disegnava, invece, uno speciale reclamo al Tribunale destinato a chiudersi con un decreto non soggetto a gravame – non comporta che il decreto del tribunale sia, a sua volta, reclamabile innanzi alla corte d'appello in quanto – seppur l'articolo 133 in commento non preveda più che la decisione del tribunale avvenga con «*decreto non soggetto a gravame*» – costituisce orientamento pacifico nella giurisprudenza di legittimità quello per cui «l'art. 26, primo comma, l. fall., nel testo introdotto dal d.lgs. 9 gennaio 2006, n. 5, non può essere interpretato nel senso che il decreto pronunciato dal tribunale in sede di reclamo avverso un provvedimento del giudice delegato è, a sua volta, impugnabile con ulteriore reclamo alla corte d'appello, altrimenti consentendosi di duplicare il mezzo di tutela e di disporre potenzialmente di quattro gradi di giudizio, con evidente abuso del processo e violazione della sua ragionevole durata» (così Cass., 16 maggio 2018, n. 11957; nello stesso senso, Cass., 19 ottobre 2017, n. 24698).

zione a tenore del quale «*il reclamo non sospende l'esecuzione del provvedimento*» che, dunque, avrà immediata efficacia.

Quanto, infine, all'ulteriore possibilità di impugnazione della decisione assunta dal tribunale all'esito del reclamo *ex* art. 124 innanzi alla corte di cassazione con ricorso straordinario *ex* art. 111, comma 7, Cost. deve distinguersi: nei casi in cui si abbia a che fare con un reclamo tipicamente proposto contro un atto di amministrazione e/o una omissione del curatore, la ricorribilità in cassazione andrà esclusa in virtù del consolidato orientamento giurisprudenziale formatosi con specifico riguardo alla esclusione della natura decisoria del provvedimento in questione [13]; allorché, invece, il reclamo sia utilizzato per reagire avverso atti di liquidazione, ovvero venga proposto nelle ipotesi di cui all'art. 220, comma 3, in materia di ripartizione dell'attivo o in quelle di cui all'art. 163, comma 2, in materia di inefficacia degli atti a titolo gratuito, il ricorso straordinario per cassazione deve ammettersi.

6. – Il penultimo comma dell'art. 133 in commento disciplina gli effetti dell'accoglimento del reclamo in modo parzialmente diverso ed apparentemente più ampio rispetto a quanto previsto dall'art. 36: se in quest'ultima previsione della legge fallimentare si prevedeva, esclusivamente, che «*se è accolto il reclamo concernente un comportamento omissivo del curatore, questi è tenuto a dare esecuzione al provvedimento dell'autorità giudiziaria*», la norma in commento, al contrario, prescrive per il caso di accoglimento un più generale obbligo di conformazione del curatore a quanto deciso dal giudice delegato.

Al di là del banale rilievo per cui, evidentemente, l'obbligo di conformazione sussiste anche rispetto alla decisione di accoglimento resa dal tribunale all'esito del reclamo contro il provvedimento di rigetto del reclamo reso dal giudice delegato, può qui osservarsi che, per il caso di reclamo fondatamente proposto contro un'omissione, detto dovere di conformazione coinciderà con l'obbligo di porre in essere l'atto omesso – obbligo la cui (continuata) violazione potrà condurre alla revoca del curatore – mentre nel caso in cui ad essere stato utilmente impugnato sia stato un atto di amministrazione e sia stato, quindi, fondatamente censurato il modo in cui è stato esercitato il potere di amministrazione da parte del curatore – ferma la caducazione dell'atto impugnato – l'obbligo di conformazione potrà dirsi coincidere con una preclusione ad un rinnovato esercizio del medesimo potere di amministrazione negli stessi termini già ritenuti illegittimi.

[13] Così, Cass., 31 maggio 2021, n. 15167; nello stesso senso Cass., 9 maggio 2018, n. 11217; Cass., 14 gennaio 2016, n. 511 e Cass., 1° giugno 2012, n. 8870.

Articolo 134

Revoca del curatore

1. Il tribunale può in ogni tempo, su proposta del giudice delegato o su richiesta del comitato dei creditori o d'ufficio, revocare il curatore.
2. Il tribunale provvede con decreto motivato, sentiti il curatore e il comitato dei creditori.
3. Contro il decreto di revoca o di rigetto dell'istanza di revoca del curatore è ammesso il reclamo alla corte di appello previsto dall'articolo 124. Il reclamo non sospende l'efficacia del decreto.

Domenico Spagnuolo

Sommario: 1. Il procedimento per la revoca. – 2. I «*giustificati motivi*». – 3. L'impugnazione del provvedimento di revoca. – 4. Il diritto al risarcimento del danno ed al compenso.

1. – La norma ripropone la previgente disposizione dell'art. 37 l. fall. ed integra quanto già previsto dall'art. 122, comma 1, lett. *a)* in ordine alla revoca del curatore.

La competenza a decidere sulla revoca del curatore spetta al tribunale, che può provvedere su istanza di uno degli altri organi della procedura (giudice delegato o comitato dei creditori)[1], ma anche di ufficio. La possibilità di proporre istanza di revoca da parte del fallito o dei singoli creditori è, invece, disciplinata dal successivo art. 135 ed è limitata alle ipotesi di conflitto di interessi del curatore. Il fallito e ciascuno dei creditori potranno comunque sollecitare il giudice delegato o il comitato dei creditori, da un lato, o lo stesso tribunale affinché provveda sulla scorta dei poteri officiosi, dall'altro, prospettando eventuali circostanze (diverse dal conflitto di interessi) che giustifichino la sostituzione del curatore[2];

---

[1] Secondo ABETE, *Art. 37*, 618, «in aderenza alla connotazione teleologica delle prerogative accordate agli organi della procedura», il g.d. potrebbe proporre istanza di revoca solo per ragioni fondate su motivi di legittimità, mentre il comitato potrebbe addurre anche ragioni di opportunità; lo stesso Autore, in *I rapporti*, 1004 precisa che tale distinzione deve ritenersi solo «tendenziale» e che, in ogni caso, «attiene alla legittimità e non al merito l'ottemperanza da parte del curatore all'obbligo giuridico di gestione del patrimonio fallimentare nel rispetto degli elementari principi di buona amministrazione».

[2] Trib. Udine, 19 febbraio 2010, in *www.unijuris.it*, secondo cui «l'interesse del fallito viene tutelato indirettamente, potendo egli sollecitare la revoca, ma non avendo un diritto soggettivo ad ottenere la sostituzione del curatore (cfr. Cass. 5 agosto 1997, 3539)».

in tali ipotesi, l'istanza è vagliata preliminarmente dall'organo così investito, il quale potrà valutare le ragioni prospettate dall'istante e, se del caso, dare impulso al procedimento per la revoca, senza, però, che il fallito ovvero il creditore istante siano parti dello relativo procedimento.

Il procedimento per la revoca del curatore si svolge con le modalità dei procedimenti in camera di consiglio, come sottolineato dal regime di impugnazione del decreto che lo definisce (reclamo, uniformemente a quanto previsto dall'art. 124 a cui la norma rinvia)[3].

È previsto il contraddittorio necessario del curatore e del comitato dei creditori, quest'ultimo anche se non è parte istante[4]: si tratta, infatti, dell'organo che vigila sull'operato del curatore e che potrà esprimere la propria valutazione sulla gestione della procedura e sulle circostanze dedotte a fondamento della proposta di revoca[5]. Non è prevista, invece, l'audizione del giudice delegato, il quale, se abbia avanzato la proposta di revoca, non potrà far parte del collegio, ai sensi dell'art. 123, comma 2[6].

2. – Nel vigore della originaria legge fallimentare il curatore poteva essere revocato in ogni tempo e per qualsiasi ragione, anche di mera opportunità, in vista del superiore interesse al regolare svolgimento della procedura concorsuale; tuttavia, non si dubitava che, anche nel silenzio del legislatore del 1942, il tribunale non godesse di una discrezionalità illimitata; doveva, quindi, ritenersi illegittimo un provvedimento di revoca del tutto immotivato e fondato su valutazioni irragionevoli, ovvero rimesso al mero arbitrio del giudice, stante anche la potenziale lesione dell'onore e della dignità del professionista revocato[7]. La mancanza di un regime di impugnazione del provvedimento, e il diffuso convincimento che non vi fosse neppure un diritto al risarcimento del danno per l'eventuale illegittimità della rimozione, per l'insussistenza di un diritto alla conservazione dell'incarico, determinava la sostanziale preclusione a qualsiasi forma di tutela per il curatore ingiustamente revocato[8].

La Riforma del 2006 aveva introdotto, da un lato, la previsione, ora confermata dal Codice all'art. 122, lett. *a*), che la revoca può avvenire solo «*per giustificati motivi*»; dall'altro, l'obbligo di motivazione del provvedimento e la reclamabilità dello stesso dinanzi la corte di appello; tali disposizioni sono ora ribadite nella norma in commento ai commi 2 e 3.

I «giustificati motivi» che legittimano l'esercizio, da parte del tribunale, del potere di

---

[3] VOLPONI, *La revoca*, 1879.

[4] Sul punto v. ABETE, *Art. 37*, 452, secondo il quale tutti i membri del comitato dei creditori devono essere sentiti singolarmente; lì dove l'iniziativa sta stata assunta dallo stesso comitato, l'audizione dovrà riguardare i membri che non abbiano espresso voto favorevole alla decisione.

[5] D'ATTORRE, *Art. 37*, 228 che segnala come la Riforma del 2006 aveva già sostituito l'audizione del Pubblico ministero con quello del comitato dei creditori, proprio in ragione del mutato ruolo di vigilanza assegnato a quest'ultimo.

[6] ABETE, *Art. 37*, 452 che, condivisibilmente, ritiene che la "proposta", e perciò l'atto di impulso del procedimento, debba essere certamente assimilata alla fattispecie di "autorizzazione" fornita dallo stesso giudice delegato, costituendo, peraltro, una chiara manifestazione del convincimento dello stesso giudice sulla fondatezza delle ragioni di revoca, e perciò incidendo la sua partecipazione al collegio si principi di imparzialità e terzietà; così anche SANTANGELI, *Il curatore*, 890.

[7] DI CECCO, *Art. 37*, 478; CUZZERI, *Commento al codice*, 207.

[8] CASELLI, *Degli organi*, 208.

revoca del curatore escludono certamente le ipotesi di mero arbitrio, ma assumono una connotazione ben più ampia della giusta causa, e ricomprendono sia condotte inadempienti rispetto ai doveri imposti al curatore [9], sia ragioni di mera opportunità nell'interesse della procedura, pur in assenza di negligenza da parte del soggetto [10]. La revoca è, perciò, ammissibile anche per il venir meno da parte del tribunale della fiducia nelle capacità del curatore di attendere con adeguata professionalità e sollecitudine all'espletamento dell'incarico, sempre che ciò sia determinato da circostanze di fatto specifiche. Il curatore è un ausiliario della giustizia in funzione della gestione di un patrimonio altrui, e come ogni altro soggetto che assolve a funzioni pubblicistiche (ad es. amministratore giudiziario), è portatore di interessi sovraindividuali – del debitore, titolare del patrimonio amministrato; dei creditori, beneficiari della gestione dello stesso patrimonio – «così che la sua posizione giuridica non può mai costituire ostacolo ad una sua rimozione laddove questa appaia maggiormente rispondente alla tutela degli interessi della procedura» concorsuale [11].

È stato ritenuto causa di revoca del curatore anche l'emergere di insanabili divergenze con il comitato dei creditori [12], assegnando preminente valore alle determinazioni assunte dall'organo di controllo, deputato anche ad autorizzare gli atti del curatore nei casi previsti dalla legge, ed al fine di evitare che il dissidio potesse incidere sul regolare andamento della procedura. Tuttavia, la posizione del curatore è tutt'ora quella di un organo ausiliario dell'amministrazione della giustizia, tenuto all'adempimento dei doveri del suo ufficio con la diligenza occorrente al conseguimento dell'interesse, di natura pubblicistica, alla più sollecita composizione del dissesto dell'impresa, a cui si correla l'interesse dei creditori ad ottenere il soddisfacimento delle proprie ragioni che ha comunque un carattere strettamente privatistico. Pertanto, nel conflitto tra le scelte gestorie del curatore e l'indirizzo propugnato dal comitato dei creditori, il tribunale dovrà comunque vagliare la legittimità della condotta del curatore rispetto all'interesse pubblicistico della procedura, come accade nella decisione da parte del giudice delegato, prima, e dello stesso tribunale, poi, nei giudizi di reclamo avverso gli atti del curatore (art. 133) o del comitato dei creditori (art. 141) [13]. L'azione del curatore è funzionalizzata all'«interesse del corretto andamento e del buon esito della procedura, non necessariamente e non sempre coincidente con quello del ceto creditorio» [14], per cui, ove si ravvisi un'azione del comitato dei creditori non rispetto-

---

[9] Il Codice, come già la legge fallimentare, delineala possibilità di revoca del curatore con riferimento a specifiche omissioni, quali il mancato tempestivo deposito di somme (art. 131, comma 2), la mancata predisposizione nel termine del programma di liquidazione (art. 213, comma 1), il mancato sollecito svolgimento delle attività di liquidazione (art. 213, comma 8) o del riparto delle somme disponibili (art. 220, comma 6).

[10] Di Cecco, *Art. 37*, 478; di diverso avviso Vigo, *Poteri e rappresentatività*, 114, secondo il quale la revoca è possibile solo per la sopravvenuta carenza di requisiti per la nomina o per inadempimento del curatore ai propri doveri, «in assenza di questi presupposti, la revoca non resiste al sindacato della corte di appello».

[11] D'Attorre, *Art. 37*, 229.

[12] Panzani, *Le linee*, 491.

[13] Vigo, *Poteri e rappresentatività*, 120, per il quale in caso di dissidio tra curatore e comitato dei creditori sul merito della gestione della procedura, l'unica soluzione possibile è la sostituzione dei componenti del comitato.

[14] Così Cass., 6 dicembre 2022, n. 35820; si pensi al conflitto tra una scelta di liquidazione sollecita dei beni, a prezzi di mercato correnti, in luogo di un differimento, anche lontano nel tempo, della dismissione di determinati *assets* dell'attivo nell'aspettativa di più lucroso ricavo.

sa dell'autonomia del curatore, non appare legittima la rimozione *tout court* del curatore stesso, ben potendosi optare alternativamente per la sostituzione, da parte del giudice delegato, dei membri del comitato.

I «giustificati motivi» di revoca sono integrati anche dalle ipotesi di decadenza per la sopravvenuta incompatibilità e per il venir meno dei requisiti richiesti per la nomina del curatore, occorrendo, comunque provvedere alla nomina del nuovo curatore, con adozione di un decreto da parte del tribunale per la sostituzione, all'esito di un procedimento che accerti la causa di decadenza [15]. In tal senso, l'istituto della revoca deve essere riguardato in una prospettiva "polifunzionale" [16], non come esclusivo strumento sanzionatorio di eventuali inadempienze del curatore, ma come potere del tribunale per assicurare l'efficienza della procedura e l'interesse pubblicistico al suo regolare svolgimento.

Parimenti, il procedimento di revoca dovrà essere adottato anche nelle ipotesi di dimissioni del curatore [17], non specificamente contemplate dal Codice (come neppure dalla previgente legge fallimentare) e che, quindi, possono assimilarsi ad una istanza dello stesso curatore al tribunale per sollecitare la propria sostituzione e la nomina di un nuovo curatore [18].

3. – Avverso il decreto del tribunale, sia che disponga la revoca del curatore, sia che rigetti la relativa istanza, è ammesso il reclamo alla corte di appello, ai sensi dell'art. 124. Funzionalmente alla impugnabilità del provvedimento, è previsto che questo debba essere motivato, così da consentire il controllo della correttezza della decisione [19].

La reclamabilità del provvedimento sottende al riconoscimento della piena tutela dell'interesse del curatore al mantenimento del relativo ufficio, così giuridicamente tutelato non già quale diritto soggettivo, ma in un quadro più ampio di tutela della «esigenza, superindividuale e non riducibile al mero rapporto coi creditori, del corretto svolgimento e del buon esito della procedura» [20]: l'accoglimento del reclamo e l'annullamento del decreto del tribunale che ha disposto la revoca del curatore determina, perciò, il ripristino nella carica del soggetto revocato e la caducazione della nomina del nuovo curatore, posto che la proposizione del reclamo non sospende gli effetti della rimozione.

Anche nel nuovo regime è stata esclusa la ricorribilità in cassazione, ai sensi dell'art. 111 Cost., del decreto della corte di appello che definisce il reclamo, confermandosi che la posizione soggettiva del curatore corrisponde alla natura meramente ordinatoria (di atto di amministrazione interno), e non decisoria, tanto del decreto di accoglimento o di

---

[15] VIGO, *Poteri e rappresentatività*, 114; di diverso avviso NIGRO, VATTERMOLI, *Diritto della crisi*, 107; SCANO, *Il curatore*, 178.

[16] D'ATTORRE, *Art. 37*, 229.

[17] Ritengono sempre ammissibili le dimissioni PROVINCIALI, *Trattato*, 731; in argomento D'ATTORRE, *Art. 37*, 233.

[18] FERRARA, *Curatore del fallimento*, 582; FINARDI, *Comportamento inadempiente*, 305; DE SEMO, *Diritto fallimentare*, 202; Cass., 10 marzo 1971, n. 682, in *Dir. fall.*, 1971, II, 665.

[19] Sulla funzione della motivazione TARUFFO, *Motivazione della sentenza*, 5. Va ricordato che la cd. Direttiva *insolvency* (dir. (UE) 2019/1023 del Parlamento europeo e del Consiglio del 20 giugno 2019), all'art. 26, § 1, lett. *b*) prescrive che «Gli Stati membri provvedono affinché: … b) le condizioni di ammissibilità, nonché la procedura di nomina, revoca e dimissioni dei professionisti, siano chiare, trasparenti ed eque».

[20] Cass., 6 dicembre 2022, n. 35820.

rigetto dell'istanza di revoca, quanto del provvedimento di conferma o di riforma del decreto emesso in sede di reclamo [21], trattandosi di ufficio d'interesse pubblico da cui può essere disposta la rimozione in ogni tempo, laddove il tribunale ritenga che la permanenza del professionista chiamato a ricoprirlo possa pregiudicare gli interessi della procedura.

4. – La previsione di rimedi impugnatori del provvedimento del tribunale esaurisce gli strumenti di tutela del curatore revocato rispetto a decisioni arbitrarie ed illegittime, dovendosi perciò escludere un diritto del curatore al risarcimento del danno per la revoca senza giusta causa: l'eventuale annullamento del provvedimento, ripristinando la carica, costituisce reintegrazione in forma specifica rispetto al pregiudizio subito dalla rimozione, e che può ritenersi esaustiva delle aspettative del soggetto, pur sempre correlate a quelle pubblicistiche della procedura. Diversamente, non appare ragionevole affidare al soggetto revocato una opzione di tutela meramente risarcitoria, alternativa cioè all'impugnazione del provvedimento: il reclamo è pur sempre strumentale a consentire alla corte di appello (giudice sovraordinato rispetto al tribunale concorsuale) la verifica della correttezza del giudizio dell'organo della liquidazione giudiziale, e quindi della effettiva rispondenza della revoca agli interessi della procedura. Inoltre, la conferma del provvedimento di revoca dovrebbe ragionevolmente precludere la pretesa risarcitoria del soggetto revocato [22], che si dovrebbe fondare su una ulteriore verifica, da parte del giudice separatamente adito in un giudizio contenzioso ordinario [23], delle ragioni della revoca, in difformità a quanto già deciso dalla corte di appello in sede camerale.

Al curatore revocato spetta, in ogni caso, il compenso per l'attività svolta [24], ma la sua effettiva erogazione può avvenire solo all'esito della procedura (art. 137, comma 3) e può essere impedita dal definitivo accertamento di una sua responsabilità [25].

[21] Da ultimo Cass., 6 dicembre 2022, n. 35820; Cass., 12 aprile 2018, n. 9086; Cass., 6 giugno 2017, n. 14049; Cass., 7 marzo 2017, n. 5655; Cass., 9 giugno 2016, n. 11888; Cass. 13 marzo 2015, n. 5094; SPAGNUOLO, *Art. 27*, 165; dubitativo CATALDO, *Il controllo*, 1022.

[22] Di diverso avviso D'ATTORRE, *Art. 37*, 232 il quale, ritenendo l'incarico del curatore funzionalizzato agli interessi del ceto dei creditori, afferma che «chi svolge un'attività nell'interesse di altri soggetti privati ha diritto alla tutela patrimoniale della sua dignità umana e professionale, con il conseguente diritto al risarcimento del danno subito nel caso di loro pregiudizio a seguito di revoca»; lo stesso Autore ulteriormente argomenta che «non si può invocare una maggiore selezione nella scelta dei soggetti chiamati a ricoprire la carica di curatore ..., una capacità di garantire ... una adeguata *governance* dell'impresa se non si accompagnano questi doveri con una ridefinizione dei diritti del curatore, anche in sede di revoca e di relativo diritto al risarcimento del danno».

[23] VASSALLI, *Il curatore*, 272 ritiene ammissibile l'azione risarcitoria del curatore, con le forme dell'azione di cognizione ordinaria al di fuori del fallimento ed una volta completatosi l'eventuale *iter* processuale anche dinanzi alla corte di appello; legittimata passiva, e perciò tenuta al risarcimento, è la procedura fallimentare, in solido con il comitato dei creditori che ha richiesto la revoca ed il credito dovrà essere soddisfatto in prededuzione in sede di ripartizione dell'attivo; nello stesso senso D'ATTORRE, *Art. 37*, 232.

[24] Cass., 20 luglio 1999, n. 7778.

[25] Cass., 31 maggio 2013, n. 13805.

Articolo 135
Sostituzione del curatore

1. Al fine di evitare conflitti di interessi, il debitore e i creditori ammessi possono chiedere la sostituzione del curatore indicandone al tribunale le ragioni. Il tribunale, valutate le ragioni della richiesta e verificata l'assenza di conflitto di interessi in capo ai creditori istanti, provvede alla nomina del nuovo curatore.

Domenico Spagnuolo

La norma, nel testo originariamente introdotto dal d.lgs. n. 14 del 2019, recepiva quanto già espresso dall'art. 37-*bis* l. fall., con riferimento alla sostituzione del curatore ad iniziativa dei creditori. La nuova formulazione è stata introdotta dall'art. 26, d.lgs. 17 giugno 2022, n. 83 e si pone in radicale discontinuità rispetto alla precedente, disciplinando una fattispecie affatto differente [1].

L'art. 37-*bis* l. fall., infatti, prevedeva il potere dei creditori, a maggioranza, di «chiedere la sostituzione del curatore indicando al tribunale le ragioni della richiesta e un nuovo nominativo»; per contro, si disponeva che «il tribunale, valutate le ragioni della richiesta ... provvede alla nomina dei soggetti designati dai creditori, salvo che non siano rispettati» i requisiti di professionalità ed indipendenza richiesti dalla stessa legge per la carica del curatore [2]. Tale disposizione, correlativamente all'arretramento dei poteri di direzione ed indirizzo affidati al giudice delegato, e l'ampliamento dei poteri di vigilanza e controllo del comitato dei creditori, aveva indotto larga parte della dottrina a delineare una "privatizzazione" della procedura fallimentare e la reviviscenza dello spirito del codice di commercio del 1882 (art. 719), che attribuiva ai creditori un ampio potere di ingerenza nella scelta

---

[1] La modifica è stata introdotta per recepire la cd. Direttiva *insolvency* (dir. (UE) 2019/1023 del Parlamento europeo e del Consiglio del 20 giugno 2019) che all'art. 26, § 1, lett. *d*) prescrive che «Gli Stati membri provvedono affinché: ... d) al fine di evitare qualsiasi conflitto di interessi, i debitori e i creditori abbiano la facoltà di opporsi alla scelta o alla nomina del professionista, o di chiedere la sostituzione del professionista». La Relazione ministeriale ha sottolineato come, in sede di recepimento della direttiva, non era possibile prevedere il meccanismo di opposizione alla nomina del curatore, come menzionato dal medesimo art. 26, in quanto l'ordinamento nazionale non prevede procedure di preventiva consultazione dei creditori né di informativa prima che il tribunale designi il singolo professionista.

[2] L'introduzione di questa disposizione da parte della Riforma del 2006 aveva suscitato in dottrina significative perplessità, ritenendo lo strumento «fantasioso» (così FABIANI, *Diritto fallimentare*, 222).

del curatore, fino a ricondurre quest'ultimo al ruolo di mandatario degli stessi creditori[3].

La nuova norma, invece, si limita ad attribuire al debitore sottoposto alla liquidazione giudiziale ed a ciascun creditore la legittimazione a richiedere la sostituzione del curatore nominato dal tribunale, allorquando siano ravvisabili situazioni di conflitto di interessi, attuali o potenziali. Si tratta, in sostanza, di un ampliamento delle ipotesi di revoca del curatore, previste dall'art. 134 solo ad iniziativa degli organi della procedura e, in particolare, del giudice delegato, del comitato dei creditori e dello stesso tribunale d'ufficio. Invero, la sussistenza di conflitti di interessi costituisce causa di incompatibilità del curatore, ai sensi dell'art. 358, comma 2, secondo il quale non può essere nominato curatore «*chiunque si trovi in conflitto di interessi con la procedura*»; per cui, l'eventuale sussistenza di tale conflitto (originario o sopravvenuto) costituisce evidentemente un «*giustificato motivo*» di revoca. Parimenti, l'ipotesi di conflitto potenziale pure legittima il tribunale a rimuovere il curatore, al fine di prevenire possibili pregiudizi per il corretto ed imparziale svolgimento della procedura.

In tal senso, appare evidente retaggio della precedente formulazione della norma la precisazione che il tribunale debba valutare «*le ragioni della richiesta*»: l'attivazione del procedimento da parte del debitore o del creditore impone *ex se* al tribunale di «valutare le ragioni della richiesta», dovendo provvedere con decreto motivato, secondo le forme previste dall'art. 134 (e perciò, in camera di consiglio, con il contraddittorio esteso al curatore ed al comitato dei creditori).

Non sembra invece ammissibile la richiesta avanzata dal debitore, o dai creditori, che prospetti, a motivo della sostituzione, ragioni diverse dal conflitto di interessi del curatore, come quelle di mera opportunità in ordine al corretto svolgimento della procedura.

Resta la possibilità, sia per il debitore che per ciascun creditore, di proporre istanza agli organi della procedura per la revoca del curatore, senza però alcun diritto a vedere attivato il successivo procedimento o di parteciparvi quale parte.

Parimenti del tutto irrilevante appare l'ulteriore verifica, imposta al tribunale, circa «l'assenza di conflitto di interessi in capo ai creditori istanti»: l'eventuale situazione di conflitto di interessi per l'istante non potrebbe certo precludere al tribunale di revocare il curatore (anche di ufficio) lì dove ravvisi fondato il denunziato conflitto in capo al curatore.

Il diverso regime dell'iniziativa del debitore e del creditore, ai fini della sostituzione del curatore, ha fatto venir meno qualsiasi limitazione temporale per l'iniziativa, che perciò può essere assunta sino alla chiusura della liquidazione giudiziale.

---

[3] ABETE, *Il curatore*, 1015 riteneva che la nuova legge fallimentare «sottrae la posizione del curatore a qualsivoglia *interferenza* di tipo *pubblicistico* e ne legittima la caratterizzazione al pari di quella di un mandatario cui è demandata la gestione di interessi privati»; D'ATTORRE, *Art. 37-bis*, 236, pur riconoscendo una persistente funzione pubblicistica del curatore; di diverso avviso ROCCO DI TORREPADULA, *Un complicato*, 3.

Articolo 136
Responsabilità del curatore

1. Il curatore adempie ai doveri del proprio ufficio, imposti dalla legge o derivanti dal programma di liquidazione approvato, con la diligenza richiesta dalla natura dell'incarico. Egli deve tenere un registro informatico, consultabile telematicamente, oltre che dal giudice delegato, da ciascuno dei componenti del comitato dei creditori e in cui deve annotare giorno per giorno le operazioni relative alla sua amministrazione. Mensilmente il curatore firma digitalmente il registro e vi appone la marca temporale, in conformità alle regole tecniche per la formazione, la trasmissione, la conservazione, la copia, la duplicazione, la riproduzione e la validazione dei documenti informatici.

2. Il curatore procede alle operazioni di liquidazione contemporaneamente alle operazioni di accertamento del passivo.

3. Durante la liquidazione giudiziale, l'azione di responsabilità contro il curatore revocato o sostituito è proposta dal nuovo curatore, previa autorizzazione del giudice delegato.

4. Il curatore che cessa dal suo ufficio, anche durante la liquidazione giudiziale, nonché al termine dei giudizi e delle altre operazioni di cui all'articolo 233, comma 2, deve rendere il conto della gestione a norma dell'articolo 231, comunicandolo anche al curatore eventualmente nominato in sua vece, il quale può presentare osservazioni e contestazioni.

5. Il responsabile dei sistemi informativi automatizzati del Ministero della giustizia, entro sei mesi dalla data di entrata in vigore del presente codice, stabilisce le specifiche tecniche necessarie per assicurare la compatibilità tra i software utilizzati per la tenuta del registro di cui al comma 1 con i sistemi informativi del Ministero della giustizia.

Domenico Spagnuolo

Sommario: 1. La diligenza del curatore. – 2. L'adempimento dei doveri del curatore ed il controllo attraverso il libro giornale. – 3. L'elemento della colpa e gli atti autorizzati da altri organi. – 4. La natura della responsabilità. – 5. L'esercizio dell'azione di responsabilità.

1. – Il Codice ripropone il paradigma della responsabilità del curatore nella liquidazione giudiziale in termini coincidenti con quelli del precedente art. 38 l. fall.

Già con la Riforma del 2006 il legislatore, allargando l'area di autonomia gestionale del curatore, svincolata al potere di direzione ed indirizzo del giudice delegato, aveva allineato il regime di responsabilità del curatore a quello, parimenti riformato nel 2003, degli amministratori di società, sostituendo il parametro della «diligenza del buon padre di famiglia» con quello, previsto dall'art. 2392 c.c., e cioè della diligenza professionale «richiesta dalla natura dell'incarico» [1]. Si delinea, così, un'area omogenea di responsabilità, quanto al presupposto della diligenza, di coloro che sono incaricati della gestione di un'impresa, anche nell'ambito delle procedure tese alla risoluzione della crisi e dell'insolvenza [2]. In tal senso, deve essere esteso anche al curatore il riferimento, contenuto nell'art. 2392 c.c. per gli amministratori di società per azioni, alle «*specifiche competenze*» quale ulteriore parametro per la delimitazione dello standard di diligenza richiesto nell'esercizio dei propri compiti [3]. Il Codice ha, infatti, condizionato l'assunzione della carica di curatore a specifici requisiti professionali, legittimanti l'iscrizione all'Albo dei soggetti destinati a svolgere le funzioni di curatore (come di altri ruoli nell'ambito delle procedure di composizione della crisi). Tuttavia, non è possibile obliterare che ciascuna categoria professionale presenta delle specifiche competenze e che proprio l'ampiezza delle professionalità [4] che hanno accesso all'Albo deve orientare il tribunale, in fase di nomina, alla scelta del professionista più adatto, individuando quello che presenti caratteristiche professionali più adeguate alla procedura: l'art. 358 prevede espressamente che il tribunale procede alla nomina del curatore (ma anche del commissario giudiziale e del liquidatore) «*tenuto conto*» della «*esperienza richiesta dalla natura e dall'oggetto dello specifico incarico*» [comma 3, lett. *c*)] e, in caso di procedura che presenti elementi transfrontalieri, «*delle correlate esperienze e competenze*» del soggetto da nominare [comma 3, lett. *e*)]; per i consulenti del lavoro, la nomina è, poi, suggerita per le procedure che presentano «*rapporti di lavoro subordinato in atto al momento dell'apertura della liquidazione giudiziale*»]comma 3, lett. *d*)], chiaramente funzionalizzando le particolarità della concreta procedura alle competenze tipiche della categoria professionale.

La qualificazione professionale non può restare irrilevante nella valutazione della diligenza esigibile, non già nello svolgimento dell'incarico nel suo complesso, quanto nell'attendere a specifici compiti o operazioni [5]. La responsabilità del curatore è una "responsabilità da atti" e non "da attività", per cui la valutazione della diligenza (e del danno risarcibile), ai fini dell'affermazione della responsabilità, deve essere compiuto con riferimento alla singola condotta o al singolo atto [6].

---

[1] Sulla omogeneità dei profili di responsabilità del curatore rispetto agli amministratori di società D'ATTORRE, *Art. 38*, 519; SCANO, *Il curatore*, 180.

[2] Analogo regime di responsabilità è previsto per il commissario giudiziale nell'ambito del concordato preventivo (art. 92), per il commissario liquidatore nella liquidazione coatta amministrativa (art. 302) e per il commissario straordinario nell'amministrazione straordinaria delle grandi imprese in stato di insolvenza (art. 36, l. n. 270 del 1999).

[3] D'ATTORRE, *Art. 38*, 519; contrario SCANO, *Il curatore*, secondo cui il mancato richiamo del parametro delle "specifiche competenze" è espressione della volontà del legislatore di non «innescare un meccanismo volto ad individuare solo i soggetti più *performanti*, ma si è voluto semplicemente oggettivizzare un livello minimo di diligenza in relazione ad una certa gestione fallimentare. In tal modo, dato un fallimento, ogni potenziale curatore è sottoposto al medesimo standard di diligenza».

[4] Sul punto v. Trib. Novara, 14 ottobre 2011, n. 717, in *Dejure*.

[5] Sulla modulazione delle «specifiche competenze» per gli amministratori di società SANDULLI, *Art. 2392*, 473.

[6] D'ATTORRE, *Art. 38*, 526; di diverso avviso BASSI, *Lezioni di diritto*, 95: «Non credo alla teoria dei vantaggi compensativi in questo campo, ma reputo giusto che, di fronte ad una singola omissione, si tenga conto dei lati attivi della amministrazione del curatore. La responsabilità non dovrebbe dunque essere legata a questa

Ulteriore corollario all'assimilazione del regime di responsabilità del curatore a quello degli amministratori di società è l'insindacabilità nel merito degli atti o delle scelte compiute nell'esercizio delle proprie funzioni, se non del tutto irrazionali oppure adottate senza adeguata preventiva informazione o in violazione di specifiche procedure imposte dalla legge o dalle regole di prudenza (c.d. *business judgment rule*) [7]. Parimenti, in stretta relazione con la diligenza e la conseguente responsabilità, è stato ritenuto estensibile al curatore il dovere di dotarsi di una struttura adeguata alla complessità dell'incarico, al fine di assicurare una *compliance* dei doveri imposti dalla legge ed una efficiente gestione della procedura, uniformemente alla clausola generale ora introdotta nel sistema societario di adeguatezza degli asseti organizzativi di cui all'art. 2086 c.c. [8]. A tal riguardo, può richiamarsi proprio l'indicazione fornita dall'art. 358, comma 3, lett. *d*) per le procedure di rilevanza transfrontaliera, per le quali si chiede al tribunale di valutare, nella individuazione del curatore da nominare, soggetti che dispongano di «*delle risorse umane e amministrative necessarie per far fronte a casi potenzialmente complessi*», esprimendo perciò una esigenza di carattere più generale, applicabile anche alle procedure di rilevanza nazionale.

2. – La responsabilità del curatore è affermata nel caso di violazione dei doveri del proprio ufficio, sia se «*imposti dalla legge*», sia se «*derivanti dal programma di liquidazione approvato*». Accanto alla violazione degli specifici obblighi che la stessa legge, ma anche la regolamentazione secondaria, impongono al curatore [9], sussiste un generale obbligo di gestione della procedura, sia per quanto riguarda l'acquisizione e la gestione dei beni e dell'impresa nel suo complesso, con la successiva custodia, amministrazione e liquidazione, sia per i rapporti con i creditori ed i terzi, nella fase di accertamento del passivo e nella gestione dei rapporti pendenti.

Il riferimento espresso al programma di liquidazione approvato attribuisce a tale atto «una sua incisiva carica precettiva, concorrendo a qualificate in termini di "obbligatorietà" le previsioni contenute nel piano e precisando come il curatore abbia l'obbligo, non la mera facoltà, di dare completa attuazione allo stesso» [10], per cui, se ritiene modificate le condizioni per l'attuazione dei singoli atti ivi previsti, dovrà necessariamente sottoporre al comitato dei creditori il supplemento del programma.

Il Codice (come già la Riforma del 2006 della legge fallimentare) assegna particolare rilevanza ai tempi di svolgimento delle diverse attività (si veda quanto previsto dall'art. 213 per la predisposizione ed esecuzione del programma di liquidazione), allo scopo di assicurare una sollecita progressione della procedura; pertanto, il comma 2 dell'art. 136

---

o quella riscossione non curata, ma alla insufficienza dei dati e dei risultati della amministrazione nel suo complesso, visto con riferimento alle pretese dei creditori».

[7] D'ATTORRE, *Art. 38*, 519.

[8] BASSI, *Lezioni di diritto*, 94; nello stesso senso SCANO, *Il curatore*, 180.

[9] Per una ampia rassegna, seppure riferita alle analoghe disposizioni della legge fallimentare, PENTA, *Gli organi*, 290; D'ATTORRE, *Art. 38*, 513.

[10] D'ATTORRE, *Art. 38*, 518, che ritiene principio di carattere generale quello indicato con riferimento al programma di liquidazione, secondo il quale, se sopraggiungono circostanze che debbano orientare ad una revisione della decisione già autorizzata da altro organo della proceduta, il curatore è comunque tenuto a relazionare prima di dare esecuzione a quanto già autorizzato; nello stesso senso CAPOCCHI, *La responsabilità*, 64.

impone di procedere alla liquidazione dell'attivo contemporaneamente alle operazioni di accertamento del passivo. Potrebbe, tuttavia, ritenersi opportuno il differimento dell'esecuzione atti di liquidazione non urgenti (come peraltro indicati dall'art. 213, comma 6), successivamente al decorso del termine, stabilito nella sentenza che ha dichiarato l'apertura della liquidazione giudiziale, per la presentazione delle domande di ammissione al passivo [art. 49, comma 3, lett. *d*)], posto che, in mancanza di domande, la procedura deve essere chiusa [art. 233, comma 1, lett. *a*)].

Al fine di consentire al giudice delegato ed al comitato dei creditori un costante ed immediato controllo sui singoli atti della procedura e sull'operato del curatore, è imposto a quest'ultimo di predisporre un registro, in formato elettronico ed accessibile dal g.d. e da ciascuno dei componenti del comitato dei creditori, del tutto analogo al libro giornale previsto dall'art. 2216 c.c. per le imprese commerciali, nel quale annotare, con modalità cronologica giornaliera, tutte le operazioni relative all'amministrazione della procedura. La corretta tenuta del libro è assicurata dalla chiusura mensile, da effettuarsi con sottoscrizione digitale ed apposizione di marca temporale prevista per i documenti informatici, che impedisce la retrodatazione delle annotazioni.

3. – Coerentemente con il riferimento alla diligenza richiesta dalla natura dell'incarico, per la configurazione della responsabilità del curatore, occorre far riferimento a quella richiesta per l'adempimento di obbligazioni inerenti l'attività professionale di cui all'art. 1176, comma 2, c.c.[11], e perciò anche alle ipotesi di colpa lieve[12]. La soglia della colpa grave è, invece, invocabile, secondo quanto previsto dall'art. 2236 c.c., in relazione allo svolgimento di specifiche attività che implichino la soluzione di problemi tecnici di particolare difficoltà, e non avuto riguardo alla complessità della procedura globalmente considerata[13].

È opinione oramai largamente condivisa che sussiste la responsabilità del curatore anche per gli atti eseguiti in conformità alle autorizzazioni rilasciate dal giudice delegato o dal comitato dei creditori, ovvero per quelli successivamente approvati da tali organi[14]. Sebbene tali autorizzazioni o approvazioni non possano determinare alcuna esenzione di responsabilità, la valutazione della condotta del curatore, da effettuarsi *ex ante*, deve comunque tener conto, quanto meno per la esclusione della colpa, del fatto che l'atto sia stato condiviso e ritenuto corretto anche da altri soggetti, specificamente deputati dalla legge al controllo preventivo o successivo dell'operato del curatore[15].

Va certamente esclusa la responsabilità del curatore nel caso di comportamento omissivo necessitato, lì dove l'atto sia sottoposto per legge alla preventiva autorizzazione di al-

[11] CASELLI, *Degli organi*, 334.

[12] NIGRO, VATTERMOLI, *Diritto della crisi*, 111; Trib. Torino, 17 ottobre 1995, in *Fallimento*, 1996, 200.

[13] Cass., 2 luglio 2020, n. 13597; D'ATTORRE, *Art. 38*, 518.

[14] CASELLI, *Degli organi*, 216; SANDULLI, *La crisi*, 81; NIGRO, VATTERMOLI, *Diritto della crisi*, 113; Cass., 2 luglio 2020, n. 13597; di diverso avviso PROVINCIALI, *Trattato*, 726; AZZOLINA, *A proposito*, 242.

[15] SANDULLI, *La crisi*, 81 che sottolinea come «la presenza dell'approvazione o dell'autorizzazione può avere rilevanza solo ai fini della valutazione del grado di diligenza prestata, anche sotto il profilo della percepibilità del pregiudizio nel momento in cui il comportamento è stato tenuto».

tro organo della procedura e questa sia stata negata[16]; non può, infatti, essere qualificabile in termini di colpa la mancata proposizione, da parte del curatore, del reclamo avverso il diniego dell'autorizzazione, non essendovi uno specifico obbligo all'impugnativa dei provvedimenti degli altri organi[17]; così come per la condotta che si sia conformata all'indicazione del decreto che abbia definito un reclamo, atteso che il provvedimento del giudice è vincolante per il curatore, il quale è tenuto a darvi esecuzione[18] senza alcun margine di autonomia[19].

4. – La dottrina prevalente e la giurisprudenza hanno affermato la natura contrattuale della responsabilità del curatore[20], trattandosi di violazione di specifici obblighi che ad esso incombono in virtù del rapporto che intercorre con la procedura, e che scaturisce da una nomina e da un'attività di carattere professionale. D'altra parte, è oramai acquisito l'inquadramento nell'area contrattuale della responsabilità del soggetto che non esegue esattamente la prestazione dovuta «non soltanto nel caso in cui l'obbligo di prestazione derivi propriamente da un contratto, nell'accezione che ne dà il successivo art. 1321 c.c., ma anche in ogni altra ipotesi in cui essa dipenda dall'inesatto adempimento di un'obbligazione preesistente, quale ne sia la fonte», potendo «discendere anche dalla violazione di obblighi nascenti da situazioni (non già di contratto, bensì) di semplice "contatto sociale", ogni qual volta l'ordinamento imponga ad un soggetto di tenere, in tali situazioni, un determinato comportamento»[21].

In conseguenza della natura contrattuale, l'azione è soggetta al termine di prescrizione decennale, decorrente dalla data di cessazione dalla carica del curatore, applicandosi alla fattispecie la causa di sospensione prevista dall'art. 2941, n. 6, c.c. La sospensione del termine non si applica, invece, nei confronti del debitore sottoposto alla liquidazione giudiziale, il quale è legittimato a proporre l'azione di responsabilità del curatore revocato dopo la chiusura della procedura, purché non prescritta, ovvero allorquando si configuri un assoluto disinteresse degli organi concorsuali all'esercizio delle azioni a tutela della massa patrimoniale attiva[22].

Permane la responsabilità aquiliana del curatore per il compimento di atti illeciti che esulano dall'inadempimento a specifici obblighi della carica[23], ovvero che non incidano

---

[16] CAVALLI, *Gli organi*, 285.

[17] Di diverso avviso sembrerebbero FAUCEGLIA, ROCCO DI TORREPADULA, *Diritto dell'impresa*, 104.

[18] FABIANI, *Art. 36*, 314; NIGRO, VATTERMOLI, *Diritto della crisi*, 113.

[19] Per la responsabilità del curatore per gli atti compiuti dai delegati o dai coadiutori v. *sub* art. 129.

[20] JORIO, *Il fallimento*, 327; VASSALLI, *Diritto fallimentare*, 223; LO CASCIO, *La responsabilità*, 843; D'ATTORRE, *Art. 38*, 524; CAVALLI, *Gli organi*, 285; in giurisprudenza Cass., 2 luglio 2020, n. 13597; Cass., 10 gennaio 2018, n. 396; Cass., 10 febbraio 2014, n. 2955; Cass., 5 aprile 2001, n. 5044; Cass., 11 febbraio 2000, n. 1507; Cass., 4 ottobre 1996, n. 8716. Per la qualificazione extracontrattuale, al pari di quella prevista dall'art. 2394 c.c. per gli amministratori di società verso i creditori, CASELLI, *Degli organi*, 226; ABETE, *Art. 38*, 337; CATALDO, *Il controllo*, 1026.

[21] Cass., SS.UU., 26 giugno 2007, n. 14712; conf. Cass., SS.UU., 21 maggio 2018, n. 12477; Cass., 2 luglio 2020, n. 13597.

[22] Così Cass., 15 ottobre 2018, n. 25687; ABETE, *Art. 38*, 652.

[23] CASELLI, *Degli organi*, 223.

sul patrimonio concorsuale, ma danneggino direttamente beni del fallito rimasti estranei alla procedura. Questa azione soggiace alla disciplina generale della responsabilità extracontrattuale, anche per la prescrizione che non è sospesa[24] e decorre dalla produzione del danno, ed è esercitabile anche nei confronti del curatore in carica.

5. – La legittimazione attiva a promuovere l'azione di responsabilità è attribuita esclusivamente al nuovo curatore[25], richiedendosi perciò la rimozione dalla carica del curatore inadempiente e la sua sostituzione. La preclusione all'esercizio dell'azione fin quando il curatore è in carica risponde alla necessità di evitare azioni inconsulte o avventate del fallito o dei creditori che si pretendano danneggiati[26], ovvero condotte intimidatorie che possano in qualche modo condizionare lo svolgimento delle funzioni.

L'azione è soggetta all'autorizzazione preventiva del giudice delegato, come per le altre iniziative giudiziarie del curatore [art. 123, comma 1, lett. *f*)][27].

A seguito della cessazione dalla carica, il curatore è tenuto alla presentazione del rendiconto, ai sensi dell'art. 231 che, appunto, prescrive tale obbligo «*in ogni caso in cui* [il curatore] *cessa dalle funzioni*». La disposizione contenuta al comma 4 della norma in commento, nel ribadire tale obbligazione per il curatore sostituito, prescrive che il rendiconto sia comunicato al nuovo curatore e che questi è abilitato a presentare contestazioni ed osservazioni, al pari del debitore sottoposto a liquidazione giudiziale ed ai creditori concorsuali. Anche per il nuovo curatore devono intendersi operanti sia il termine di cinque giorni prima dell'udienza fissata dal giudice delegato per l'esame del rendiconto, per proporre le proprie osservazioni e contestazioni (art. 231, comma 3), sia le modalità fissate dall'art. 201, comma 2.

Secondo parte della dottrina, l'approvazione del rendiconto precluderebbe l'esercizio dell'azione di responsabilità nei confronti del curatore cessato, in quanto «il giudizio di rendiconto non è limitato ai soli aspetti contabili, ma coinvolge anche la valutazione della diligenza prestata dal curatore nell'amministrazione del patrimonio fallimentare»[28], per cui non sarebbe ammissibile una nuova valutazione della diligenza prestata dal curatore nella gestione della procedura. Tuttavia, la natura camerale del procedimento[29], da una parte, e la scissione del controllo più propriamente contabile da quello gestionale, dall'al-

---

[24] Cass., 23 luglio 2007, n. 16214; Cass., 5 aprile 2001, n. 5044.

[25] Per l'esclusione della legittimazione dei creditori Cass. 22 aprile 1954, n. 1229, in *Foro it.*, 1955, I, 699; Trib. Milano, 29 maggio 1959, in *Dir. fall.*, 1959, II, 780; ABETE, *Art. 38*, 653; D'ATTORRE, *Art. 38*, 526.

[26] DE SEMO, *Diritto fallimentare*, 201; SCANO, *Il curatore*, 187; BERNONI, PAJARDI, BOCCHIOLA, GOCINI, *Il curatore*, 45; sul punto v. pure CASELLI, *Degli organi*, 221, secondo il quale «la proposizione dell'azione non è possibile contro il curatore in carica perché essa costituisce un atto di amministrazione e questa spetta soltanto a lui: la quiescenza dell'azione costituisce, quindi, una conseguenza diretta e necessaria del meccanismo sostitutivo che è proprio della legge fallimentare».

[27] In precedenza, l'art. 38 prevedeva l'autorizzazione del giudice delegato o del comitato dei creditori.

[28] D'ATTORRE, *Art. 38*, 527, il quale però esclude l'operatività di tale preclusione per coloro che non fossero stati avvertiti del deposito del rendiconto e che, perciò, non avessero avuto la possibilità di partecipare al relativo procedimento di approvazione; così nel previgente sistema della legge fallimentare ante Riforma 2006 CAPOCCHI, *La responsabilità*, 65; MAZZOCCA, *Gli organi*, 507; CASELLI, *Degli organi*, 222.

[29] FERRI, *Gli organi*, 1225.

tra, che caratterizza il rendiconto, conduce ad escludere tale preclusione, analogamente a quanto previsto dall'art. 2434 c.c. in tema di approvazione del bilancio di società per azioni.

L'azione di responsabilità può essere proposta già in sede di giudizio di rendiconto il quale, seppure può essere esteso anche al merito della condotta del curatore ed alla domanda di condanna al risarcimento del danno [30], non costituisce la sede esclusiva per il controllo sulla gestione e per l'accertamento degli inadempimenti del curatore e del compimento di atti pregiudizievoli per la massa [31].

Restano, infine, invariati rispetto all'elaborazione dottrinale e giurisprudenziale formatasi nel vigore del previgente art. 38 l. fall. i profili concernenti la determinazione del danno risarcibile, la prova dello stesso e del relativo nesso di causalità.

[30] Cass., 5 marzo 2019, n. 6377; Cass., 13 aprile 2016, n. 7320; Cass., 23 maggio 2008, n. 13421; Cass., 10 settembre 2007, n. 18940; Cass., 29 novembre 2004, n. 22472; Cass., 20 dicembre 2002, n. 18144; Cass., 5 ottobre 2000, n. 13274.

[31] Cass., 8 settembre 2011, n. 18438, che richiama analogicamente i principi enunciati dalla stessa Corte in tema di contestazione degli estratti conto bancari (Cass., 14 febbraio 2011, n. 3574; Cass., 19 marzo 2007, n. 6514); conseguentemente è stato ritenuto insussistente il rapporto di pregiudizialità, ai sensi dell'art. 295 c.p.c., tra il giudizio di approvazione del rendiconto e l'azione di responsabilità autonomamente proposta; nello stesso senso anche Trib. Milano, 20 febbraio 1975, in *Rep. Giur. it.*, 1976, *Fallimento*, 79.

Articolo 137
Compenso del curatore

1. Il compenso e le spese dovuti al curatore, anche se la liquidazione giudiziale si chiude con concordato, sono liquidati ad istanza del curatore con decreto del tribunale non soggetto a reclamo, su relazione del giudice delegato, secondo le norme stabilite con decreto del Ministro della giustizia.

2. La liquidazione del compenso è fatta dopo l'approvazione del rendiconto e, se del caso, dopo l'esecuzione del concordato. Al curatore è dovuta anche un'integrazione del compenso per l'attività svolta fino al termine dei giudizi e delle altre operazioni di cui all'articolo 233, comma 2. È in facoltà del tribunale accordare al curatore acconti sul compenso. Salvo che non ricorrano giustificati motivi, ogni liquidazione di acconto deve essere preceduta dalla esecuzione di un progetto di ripartizione parziale.

3. Se nell'incarico si sono succeduti più curatori, il compenso è stabilito secondo criteri di proporzionalità ed è liquidato, in ogni caso, al termine della procedura, salvi eventuali acconti.

4. Nessun compenso, oltre quello liquidato dal tribunale, può essere preteso dal curatore, nemmeno per rimborso di spese. Le promesse e i pagamenti fatti contro questo divieto sono nulli ed è sempre ammessa la ripetizione di ciò che è stato pagato, indipendentemente dall'esercizio dell'azione penale.

5. Quando sono nominati esperti ai sensi dell'articolo 49, comma 3, lettera b), alla liquidazione del compenso si applica il comma 3.

Gianfranco Alfano

Sommario: 1. Il diritto al compenso del curatore: presupposti, quantificazione, competenza alla liquidazione. – 2. La liquidazione del compenso e il suo momento. Acconti e integrazioni. – 3. Ripartizione e liquidazione del compenso in caso di successione tra più liquidatori. – 4. La partecipazione proporzionale al compenso in caso di nomina di esperti.

1. – La norma conferma implicitamente che l'incarico di curatore dà diritto a un compenso e al rimborso delle spese sostenute[1]. Tali somme sono dovute al curatore anche

[1] Cass., 4 agosto 2006, n. 17697. In dottrina, v. tra gli altri VIGGIANO, *Art. 137*, 524; FAUCEGLIA, *Il nuovo diritto*, 111; BELLOMI, *La liquidazione*, 1183.

nell'ipotesi in cui sia revocata la sentenza che dichiara aperta la procedura di liquidazione giudiziale[2].

La liquidazione del compenso compete al tribunale, che provvede con decreto motivato, su istanza dello stesso curatore[3] e alla luce dell'apposita relazione elaborata dal giudice delegato. Siffatto decreto, non soggetto a reclamo dinanzi alla corte d'appello[4], è pacificamente ritenuto suscettibile di ricorso straordinario per cassazione *ex* art. 111 Cost.[5] nel termine di sessanta giorni dalla comunicazione o notificazione d'ufficio dello stesso agli interessati[6], in quanto connotato – a differenza del decreto con cui sono liquidati acconti sul compenso del curatore[7] – dai caratteri della decisorietà e della definitività[8] propri della cosa giudicata e, pertanto, capaci di incidere su diritti soggettivi perfetti.

La quantificazione del compenso avviene sulla base dei parametri indicati in un decreto del Ministero della giustizia. In specie, ai sensi del d.m. 25 gennaio 2012, n. 30[9], la valutazione del tribunale deve tener conto dell'attività prestata dal curatore, dei risultati da questi ottenuti, dell'importanza della procedura e della sollecitudine con cui sono state condotte le operazioni; l'importo complessivo è determinato in una misura parametrata sia sull'attivo *realizzato*[10] (dunque non su quello inventariato[11]), sia sul passivo, secondo percentuali variabili per le quali il decreto ministeriale fissa valori minimi e massimi. A ciò si aggiunge, poi, il diritto del curatore al rimborso delle spese vive effettivamente sostenute durante la procedura, purché autorizzate dal giudice delegato e propriamente documentate, nonché il diritto a un rimborso forfettario delle spese generali calcolato in percentuale (pari al 5%) sull'importo del compenso liquidato[12], di cui il decreto di liquidazione del compenso deve offrire separata evidenza[13]. In ipotesi di procedure incapienti, il compenso da liquidare al curatore deve essere determinato ai valori minimi[14] ed è a carico dell'Erario[15].

---

[2] Cass., 20 marzo 2014, n. 6553. Sulla individuazione del soggetto tenuto al pagamento del compenso, v. sub art. 366 e Cass., 28 aprile 2006, n. 12411.

[3] DIMUNDO, *Art. 39*, 483; BELLOMI, *La liquidazione*, 1183; EAD., *La liquidazione*, 304.

[4] In senso dubitativo, nonostante l'espressa previsione legislativa, NIGRO, VATTERMOLI, *Diritto della crisi*, 166.

[5] Cass., 18 gennaio 2019, n. 1394; Cass., SS.UU., 19 dicembre 2007, n. 26730.

[6] Cass., 25 ottobre 2018, n. 27123.

[7] Cass., 10 aprile 2015, n. 7298; Cass., 31 agosto 2010, n. 18916.

[8] La giurisprudenza di legittimità (Cass., 18 gennaio 2019, n. 1394) ha escluso la possibilità, per lo stesso tribunale, di revocare o modificare il provvedimento emesso.

[9] Su cui v. GENOVIVA, *La nuova tariffa*, 523 ss.

[10] Nella individuazione dell'ammontare dell'«attivo realizzato», occorre tener conto altresì delle somme ricavate dalla vendita esecutiva immobiliare promossa dal creditore fondiario, laddove il curatore abbia comunque svolto un'attività diretta a realizzare una concreta utilità per la massa dei creditori (Cass., 21 gennaio 2020, n. 1175).

[11] FABIANI, NARDECCHIA (a cura di), *Codice della crisi*, 1670. In giurisprudenza, v. Cass., 22 settembre 2004, n. 18996.

[12] Per una panoramica, v. NIGRO, VATTERMOLI, *Diritto della crisi*, 165 s.

[13] Cass., 26 novembre 2020, n. 26894.

[14] Ai sensi dell'art. 4 d.m. n. 30 del 2012, il compenso liquidato in favore del curatore non può essere inferiore all'importo minimo di euro 811,35, oltre spese generali e accessori. Il riconoscimento della succitata somma all'organo concorsuale è dovuto, in particolare, nelle ipotesi in cui la determinazione del compenso del curatore attraverso gli ordinari criteri sanciti nel d.m. n. 30 del 2012 conduce alla individuazione di un importo inferiore al valore minimo *ex* art. 4 (così Cass., 17 novembre 2021, n. 34842).

[15] REBECCA, RONCATO, SPEROTTI, *Il riparto*, 394. In giurisprudenza, v. Cass., 30 novembre 2020, n. 27310.

La previsione del diritto al compenso per il curatore si completa, infine, con l'esplicito divieto, per quest'ultimo, di percepire compensi o rimborsi ulteriori rispetto a quanto liquidato dal tribunale, sancito nel comma 4 dell'art. 137. La violazione di detto divieto, la cui *ratio* può essere rintracciata nella necessità di evitare condizionamenti idonei ad alterare l'indipendenza operativa del curatore [16], è sanzionata con la nullità delle promesse o dei pagamenti fatti *contra legem* e la ripetibilità delle somme eventualmente versate, fatta salva la possibilità di esercitare nei confronti dell'organo della procedura l'azione penale *ex* art. 335 (non esplicitamente richiamato all'interno dell'art. 137), che può comportare la reclusione da tre mesi a due anni e una multa per somma compresa tra 103 e 516 euro [17].

2. – La liquidazione definitiva del compenso del curatore avviene al momento della chiusura della procedura, dopo l'approvazione del rendiconto (ovvero dopo che sia stato integralmente eseguito il concordato di liquidazione [18]). L'opzione normativa, che non costituisce un inedito, è certamente condivisibile, in quanto proprio la consultazione del rendiconto consente una puntuale e unitaria valutazione delle attività svolte dal curatore [19] (o dai curatori, laddove più soggetti si siano succeduti nell'esecuzione di tale incarico) durante la procedura [20]. D'altra parte, le scelte discrezionali compiute dal tribunale nella individuazione del compenso da liquidare devono essere adeguatamente motivate nel decreto in parola [21], anche in via implicita, dovendosi considerare viziato da nullità il medesimo provvedimento qualora del tutto privo di motivazione ovvero corredato di parte motiva soltanto apparente [22].

Prima della conclusione della procedura, invece, il tribunale può facoltativamente provvedere alla liquidazione al curatore di acconti sul compenso finale; questi ultimi, salvo giustificati motivi, devono essere preceduti dall'esecuzione di un riparto parziale [23]. Il decreto con cui il tribunale concede (o rifiuta) la liquidazione dell'acconto è espressione di un potere discrezionale e non pregiudica la futura decisione, spettante alla medesima autorità giudiziaria dopo l'approvazione del rendiconto, sul compenso definitivo dovuto al curatore.

Il secondo periodo del comma 3 reca una delle poche innovazioni contenute nell'art. 137 rispetto all'impianto normativo precedentemente contenuto nella l. fall. Precisamente, sono previste integrazioni al compenso del curatore per l'attività svolta fino al termine

---

[16] BONECHI, *Art. 39*, 550.

[17] CAVALLI, *Gli organi*, 283.

[18] In tal caso, la determinazione del compenso spettante al curatore deve tener conto altresì dell'attività svolta da quest'ultimo dopo l'omologazione del concordato, specie in punto di sorveglianza sull'esecuzione del concordato stesso (così Cass., 31 maggio 2021, n. 15168).

[19] Cass., 20 marzo 2014, n. 6553. In dottrina, v. FAROLFI, *Il rendiconto*, 1231.

[20] Cass., 17 dicembre 2021, n. 40555.

[21] Cass., 7 dicembre 2018, n. 31776.

[22] V., da ultime: Cass., 11 marzo 2021, n. 6806; Cass., 15 marzo 2010, n. 6202; Cass., 17 febbraio 2020, n. 3871; Cass., 31 luglio 2017, n. 19053.

[23] Per una interpretazione restrittiva di tale previsione, in coerenza con il dettato dell'art. 219, comma 3, v. BATTAGLIA, *Il curatore*, 233.

dei giudizi ancora pendenti dopo la chiusura anticipata della procedura, con ciò dovendosi intendere – come si legge altresì nella relazione illustrativa al Codice – quei giudizi aventi ad oggetto i diritti derivanti dalla liquidazione giudiziale e quelli, anche di natura cautelare o esecutiva, finalizzati ad ottenere l'attuazione delle decisioni favorevoli conseguite dalla procedura di liquidazione.

L'integrazione del compenso è prevista altresì per l'attività svolta dal curatore dopo la chiusura della procedura, nell'ipotesi in cui la liquidazione giudiziale relativa a società di capitali si sia chiusa per assenza di domande di ammissione al passivo ovvero per integrale soddisfacimento di tutti i creditori concorsuali prima della ripartizione finale dell'attivo (rispettivamente, lett. *a* e *b* del comma 1 dell'art. 233, cui l'art. 137 fa espresso rinvio). Giova infatti ricordare che, in dette circostanza, permangono in capo al curatore obblighi di convocazione dell'assemblea dei soci, affinché questa possa adottare le deliberazioni necessarie ai fini della ripresa dell'attività o della sua chiusura, nonché ai fini della trattazione degli argomenti sollecitati, con richiesta scritta, da un numero di soci che rappresenti il venti per cento del capitale sociale [24].

3. – Nell'ipotesi di avvicendamento di più curatori, in passato fonte di incertezze interpretative in punto di determinazione delle somme spettanti a ciascuno e del momento della relativa liquidazione, la disposizione di cui al comma 3 sancisce due fondamentali principi [25], consistenti nella *unicità* del compenso liquidato dal tribunale [26] (in ogni caso, al termine della procedura, salvo eventuali acconti) e nella *proporzionalità* della ripartizione dello stesso tra i professionisti che si sono succeduti nell'incarico.

La liquidazione del compenso ai soggetti che hanno ricoperto la carica di curatore necessita di specifica e analitica motivazione [27], anche in merito ai criteri di ripartizione adoperati [28]. Ciò presuppone una valutazione personalizzata e non cumulativa dell'opera prestata da ciascun curatore, dei risultati ottenuti e della sollecitudine con cui sono state condotte le operazioni della procedura [29]. In specie, l'applicazione del criterio di proporzionalità nella determinazione delle singole parti di compenso rende necessaria, tra le altre cose, la previa individuazione dell'ammontare di attivo realizzato da ciascun curatore, temperando il criterio di cassa con quello di competenza, nelle circostanze in cui il momento di realizzazione delle somme, conseguente alla fase liquidatoria dei beni, ricada temporalmente nella gestione del professionista subentrato nell'incarico, pur essendo causalmente riferibile all'attività svolta dal curatore precedente [30].

[24] GRIECO, *La liquidazione giudiziale*, 301 s. ipotizza che l'ulteriore compenso dovuto al curatore sia parametrato alla complessità sperimentata in concreto dall'organo della procedura nell'espletamento dei citati obblighi di convocazione dell'adunanza assembleare della società.

[25] BONECHI, *Art. 39*, 560.

[26] Cass., 3 marzo 2020, n. 7070.

[27] Cass., 10 marzo 2022, n. 7774; Cass., 5 settembre 2019, n. 22272; Cass., 26 giugno 2018, n. 16739. In mancanza, il decreto è affetto da carenza assoluta di motivazione (Cass., 24 giugno 2013, n. 15761).

[28] Cass., 13 ottobre 2022, n. 30069.

[29] BELLOMI, *Curatore sostituito*, 786.

[30] Cass., 10 marzo 2022, n. 7774; Cass., 5 settembre 2019, n. 22272.

Sul piano procedurale, la giurisprudenza di legittimità ha evidenziato la necessità che, nel rispetto del principio del contraddittorio, sia assicurata la partecipazione al procedimento camerale a tutti coloro che hanno ricoperto l'incarico di curatore [31].

4. – Il comma 5 estende l'applicabilità della regola di ripartizione del compenso sancita nel comma 3 anche nell'ipotesi in cui, nella sentenza che dichiara aperta la procedura di liquidazione giudiziale, siano stati nominati esperti per l'esecuzione di compiti specifici in luogo del curatore [32]. Il disposto, che non brilla per chiarezza espositiva [33], può essere letto nel senso di ritenere applicabile anche alla fattispecie in esame il principio secondo cui la partecipazione al compenso, unitariamente determinato dal tribunale, da parte dei professionisti (curatore/i ed esperti) che hanno preso parte alla procedura, deve risultare proporzionale all'importanza dell'attività svolta da ciascuno di tali soggetti [34].

[31] Cass., 13 ottobre 2022, n. 30069; Cass., 25 ottobre 2018, n. 27123; Cass., 30 luglio 2012, n. 13551.
[32] Su cui v. ABETE, *Gli organi*, 1156.
[33] LAMANNA, *Il Codice*, 600.
[34] FAROLFI, *Art. 137*, 641.

Articolo 138
Nomina del comitato dei creditori

1. Il comitato dei creditori è nominato dal giudice delegato entro trenta giorni dalla sentenza che ha aperto la liquidazione giudiziale, sulla base delle risultanze documentali, sentito il curatore e tenuto conto della disponibilità ad assumere l'incarico e delle altre indicazioni eventualmente date dai creditori con la domanda di ammissione al passivo o precedentemente. Salvo quanto previsto dall'articolo 139, la composizione del comitato può essere modificata dal giudice delegato in relazione alle variazioni dello stato passivo o per altro giustificato motivo.

2. Il comitato è composto di tre o cinque membri scelti tra i creditori, in modo da rappresentare in misura equilibrata quantità e qualità dei crediti e avuto riguardo alla possibilità di soddisfacimento dei crediti stessi.

3. Il comitato, entro dieci giorni dalla nomina, provvede, su convocazione del curatore, a nominare a maggioranza il proprio presidente.

4. Alla sostituzione dei membri del comitato provvede il giudice delegato secondo i criteri dettati dai commi 1 e 2.

5. Il comitato dei creditori si considera costituito con l'accettazione della nomina da parte dei suoi componenti comunicata al curatore che ne informa immediatamente il giudice delegato.

6. Il componente del comitato che si trova in conflitto di interessi si astiene dalla votazione.

7. Ciascun componente del comitato dei creditori può delegare, a sue spese, a un avvocato o a un dottore commercialista, in tutto o in parte, l'espletamento delle proprie funzioni, dandone comunicazione al giudice delegato.

Articolo 139
Sostituzione e compenso dei componenti del comitato dei creditori

1. I creditori che rappresentano la maggioranza dei crediti ammessi possono effettuare nuove designazioni in ordine ai componenti del comitato dei creditori, nel rispetto dei criteri di cui all'articolo 138. Il giudice delegato provvede alla nomina dei soggetti designati, verificato il rispetto delle condizioni di cui all'articolo 138, commi 1 e 2.

2. Dal computo dei crediti, su istanza di uno o più creditori, sono esclusi quelli che si trovino in conflitto di interessi.

3. Il giudice delegato, su istanza del comitato dei creditori, acquisito il parere del curatore, può stabilire che ai componenti del comitato dei creditori sia attribuito, oltre al

rimborso delle spese, un compenso per la loro attività, in misura non superiore al dieci per cento di quello liquidato al curatore.

Articolo 140

Funzioni e responsabilità del comitato dei creditori e dei suoi componenti

1. Il comitato dei creditori vigila sull'operato del curatore, ne autorizza gli atti ed esprime pareri nei casi previsti dalla legge, ovvero su richiesta del tribunale o del giudice delegato, succintamente motivando le proprie deliberazioni.

2. Il presidente convoca il comitato per le deliberazioni di competenza o quando sia richiesto da un terzo dei suoi componenti.

3. Le deliberazioni del comitato sono prese a maggioranza dei votanti, nel termine massimo di quindici giorni successivi a quello in cui la richiesta è pervenuta al presidente. Il voto può essere espresso in riunioni collegiali o mediante consultazioni telematiche, purché sia possibile conservare la prova della manifestazione di voto.

4. In caso di inerzia, di impossibilità di costituzione per insufficienza di numero o indisponibilità dei creditori, o di funzionamento del comitato o di urgenza, provvede il giudice delegato.

5. Il comitato e ogni suo componente possono ispezionare in qualunque tempo le scritture contabili e i documenti della procedura e hanno diritto di chiedere notizie e chiarimenti al curatore e al debitore. Se ricorrono le circostanze di cui al comma 4 gli stessi poteri possono essere esercitati da ciascun creditore, previa l'autorizzazione del giudice delegato.

6. I componenti del comitato hanno diritto al rimborso delle spese, oltre all'eventuale compenso riconosciuto ai sensi e nelle forme di cui all'articolo 139, comma 3.

7. Ai componenti del comitato dei creditori si applica, in quanto compatibile, l'articolo 2407, primo e terzo comma, del codice civile.

8. L'azione di responsabilità può essere proposta dal curatore durante lo svolgimento della procedura. Il giudice delegato provvede all'immediata sostituzione dei componenti del comitato dei creditori nei confronti dei quali ha autorizzato l'azione.

Articolo 141

Reclami contro gli atti del comitato dei creditori

1. Contro le autorizzazioni o i dinieghi del comitato dei creditori, il curatore, il debitore e ogni altro interessato possono proporre reclamo, per violazione di legge, al giudice delegato entro otto giorni dalla conoscenza dell'atto. Il giudice delegato decide sul re-

clamo sentite le parti, omessa ogni formalità non indispensabile al contraddittorio.
2. Contro il decreto del giudice delegato può essere proposto il reclamo previsto dall'articolo 124.

Andrea Guaccero

1. – Nell'originaria formulazione della legge fallimentare, il comitato dei creditori era chiamato essenzialmente a fornire pareri nei casi previsti dalla legge o su richiesta del tribunale o del giudice delegato (art. 41, comma 1, l. fall. nel testo originario) [1]. È con la riforma del 2006 [2] che al comitato vengono assegnate due funzioni, che appaiono permeare di sé il ruolo dell'organo, cioè la vigilanza sull'operato del curatore e l'autorizzazione degli atti di questo, in aggiunta alla funzione consultiva originariamente prevista.

Tale impianto funzionale è rimasto inalterato, come si ricava dall'art. 140, comma 1, sicché correttamente si è osservato in dottrina [3] che, dalla preminenza della funzione consultiva, si è passati a quella delle funzioni di vigilanza (sull'amministrazione del patrimonio sottoposto alla liquidazione giudiziale e sull'operato del curatore), di compartecipazione gestoria [4] e, in alcuni casi, di impulso.

Coerentemente con tale ruolo, nel quale la funzione di vigilanza su un'attività di natura *lato sensu* amministrativa, come quella del curatore, l'art. 140, comma 7, applica ai componenti del comitato dei creditori – nei limiti della compatibilità – la disciplina dei doveri di condotta e della responsabilità tipica dei sindaci (art. 2407, commi 1 e 3, c.c.), e quindi in particolare l'obbligo di prestare "la professionalità e la diligenza richieste dalla

---

[1] Di "organo ombra" parla Cass., 10 febbraio 2011, n. 3274, con riguardo all'originaria connotazione del comitato dei creditori. V. anche CASELLI, *Organi del fallimento*, 240, laddove rileva che la concentrazione sulla sola funzione consultiva è, a sua volta, un distacco dal regime anteriore al 1942, nel quale, tra le attribuzioni alla delegazione dei creditori, emergevano «in rilievo prevalente i compiti di controllo dell'operato degli altri organi fallimentari».

[2] Alla quale risale l'assetto dei poteri attribuiti al comitato dei creditori; così PANZANI, *L'assetto*, 1271. Sulla continuità tra regimi v. ABETE, *Gli organi*, 1156.

[3] Così NIGRO, VATTERMOLI, *Diritto della crisi*, 168.

[4] Funzione, questa, accentuata da chi ravvisa un «binomio curatore-comitato dei creditori» nella gestione della procedura (SPADA M.L., *Gli organi preposti*, 367). VIGO, *Poteri e rappresentatività*, 117, parla di ruolo di "amministrazione attiva".

natura dell'incarico"[5] (art. 2407, comma 1, c.c.). Parimenti, al fine di consentire ai componenti del comitato di assolvere alle proprie funzioni con cognizione di causa, sono attribuiti poteri che ricalcano quelli dei sindaci e del collegio sindacale, tra cui in particolare il potere di compiere atti di ispezione delle scritture contabili e dei documenti della procedura e di chiedere notizie e chiarimenti al curatore e al debitore (art. 140, comma 5), non diversamente da quanto consente, rispettivamente, a ciascun sindaco e al collegio sindacale l'art. 2403-*bis*, commi 1 e 2, c.c.

In questo contesto, plasmato a partire dalla riforma del 2006 e lasciato in larga parte invariato dal Codice, si colloca il ruolo organico del comitato dei creditori.

2. – La nomina del comitato compete al giudice delegato, che vi provvede entro trenta giorni dalla sentenza che ha disposto la liquidazione giudiziale (art. 138, comma 1)[6]. La norma prescrive altresì che il giudice delegato debba sentire il curatore e inoltre attenersi ad alcuni criteri nella scelta dei componenti.

In primo luogo, la scelta del giudice delegato tiene conto delle indicazioni provenienti dai creditori, in termini sia di manifestazione di disponibilità da parte di questi sia di proposte che vengano da loro fornite (per la nomina di altri creditori, si intende). La sede per formulare queste indicazioni consiste nella domanda di ammissione al passivo o in qualsiasi altro atto precedente, tra cui il ricorso per l'apertura della liquidazione giudiziale o altro atto *ad hoc*[7].

La scelta del giudice non è vincolata dalle indicazioni provenienti dai creditori – come si ricava dal tenore letterale del giudizio che deve formulare al riguardo («*tenuto conto*») – ma deve comunque considerare alcuni parametri, quantitativi e qualitativi. Con riguardo ai primi, il giudice delegato può optare solo tra una composizione di tre o cinque membri (art. 138, comma 2). Quanto ai secondi, la scelta del giudice deve essere orientata a «*rappresentare in misura equilibrata quantità e qualità dei crediti*», anche con riguardo alla relativa «*possibilità di soddisfacimento*» (art. 138, comma 2). In proposito, la norma non chiarisce in che modo tali caratteristiche dei crediti debbano essere considerate dal giudice per pervenire alla formazione del comitato dei creditori, ma è da ritenere che l'obiettivo finale sia quello della rappresentazione "equilibrata" della composizione dello stato passivo. È pertanto da condividere l'opinione secondo cui il riferimento al criterio quantitativo debba essere inteso quale riferimento a una rappresentanza omogenea tanto dei creditori maggiori quanto di quelli minori, così come il richiamo ai criteri qualitativi deve avere ad oggetto la fonte e la natura dei crediti stessi[8]. Inoltre, il giudice, nel tenere conto delle

[5] Sulla necessità di tenere conto della circostanza che non sono prescritti requisiti di professionalità in capo ai componenti del comitato, v. INZITARI, *La responsabilità*, 183 ss.

[6] Potere che il giudice delegato esercita anche in caso di riapertura della liquidazione giudiziale, «*tenendo conto nella scelta anche dei nuovi creditori*» (art. 237, comma 5).

Nel caso di liquidazione giudiziale di gruppo, a fronte dell'unicità di giudice delegato e curatore, viene nominato un comitato per ciascuna impresa del gruppo (art. 287, comma 2).

[7] ROCCO DI TORREPADULA, *La legge fallimentare*, 546.

[8] DI AMATO, *Diritto della crisi*, 118. Secondo CENSONI, BONFATTI, *Manuale di diritto*, 88, l'"espressione fumosa" della norma dovrebbe essere intesa nel senso di «privilegiare quei creditori con maggiori possibilità di soddisfacimento».

possibilità di soddisfacimento, dovrebbe effettuare una valutazione prognostica finalizzata a favorire la rappresentanza dei creditori che abbiano una ragionevole probabilità di essere soddisfatti attraverso l'attività di amministrazione del patrimonio oggetto di liquidazione giudiziale, alla cui efficienza il comitato contribuisce con la propria opera di controllo. Dovrebbero quindi escludersi tanto i creditori con sicura probabilità quanto quelli con altrettanto pacifica impossibilità di soddisfacimento[9].

La composizione iniziale del comitato può essere successivamente variata seguendo due strade distinte[10]. Da una parte, vi è il potere officioso del giudice delegato di modificarla «*in relazione alle variazioni dello stato passivo o per altro giustificato motivo*» (art. 138, comma 1)[11]. Dall'altra, i creditori – a maggioranza calcolata sui crediti ammessi – possono in ogni momento designare nuovi componenti, che vengono sottoposti al vaglio del giudice delegato il quale, verificata la coerenza con i criteri di cui all'art. 138, commi 1 e 2, procederà alla sostituzione dei precedenti componenti (art. 139, comma 1). Ne consegue che ai creditori è attribuito un effettivo potere decisionale sulla formazione del comitato, sottoposto poi a quella sorta di filtro di legittimità del giudice[12], che deve garantire la coerenza delle designazioni con i criteri di cui all'art. 138, commi 1 e 2 (quindi: disponibilità[13] dei creditori designati, rappresentazione equilibrata quanti-qualitativa e possibilità di soddisfacimento).

Dalla partecipazione alla designazione dei componenti in sostituzione di quelli già nominati dal giudice delegato la norma esclude i creditori in conflitto di interessi (art. 139, comma 2). La norma, che riprende l'art. 37-*bis*, comma 2, l. fall., non precisa quale sia il termine di confronto dell'interesse individuale del singolo creditore votante, tale da qualificarlo in conflitto. Sembra quindi preferibile una soluzione restrittiva, nella quale cioè il conflitto si atteggi quale incompatibilità tra l'interesse personale del creditore – e non della categoria alla quale eventualmente egli appartenga – e quello della massa dei creditori, il che rende la ricorrenza di tale conflitto una evenienza obiettivamente alquanto rara[14].

3. – L'operatività del comitato è quella propria di un organo collegiale[15], che è quindi innanzitutto chiamato a nominare un presidente, che funga da propulsore e ordinatore del relativo funzionamento. A tale incombenza il comitato procede entro dieci giorni dalla

---

[9] DI AMATO, *Diritto della crisi*, 118. Diversamente, SPADA M.L., *Gli organi preposti*, 368, ritiene che il criterio faccia riferimento ai soli creditori che saranno sicuramente soddisfatti.

[10] Di indebolimento del legame tra autorità giudiziaria e comitato dei creditori parla VIGO, *Poteri e rappresentatività*, 115.

[11] Per alcune criticità applicative nel vigore della legge fallimentare riformata, v. RICCI, *Note sugli organi*, 186.

[12] La doverosità della nomina da parte del giudice è sottolineata da DI AMATO, *Diritto della crisi*, 118, il quale rileva anche la non sostituibilità da parte del giudice dei componenti così nominati dai creditori. In realtà, la conclusione andrebbe valutata alla luce delle eventuali successive variazioni dello stato passivo, che potrebbero rendere la composizione non più coerente con i criteri di legge e quindi attivare il potere officioso del giudice di modifica della composizione a norma dell'art. 138, comma 1.

[13] Sul rischio che proprio il criterio della disponibilità ad assumere l'incarico – in presenza di rischi connessi all'assunzione della carica di componente del comitato – finisca per scoraggiare la partecipazione dei creditori istituzionali, tendenzialmente più importanti, v. BASSI, *Lezioni di diritto*, 97.

[14] BASSI, *Lezioni di diritto*, 94, evidenzia la non chiara formulazione della norma.

[15] NIGRO, VATTERMOLI, *Diritto della crisi*, 168.

nomina (art. 138, comma 3), la quale a sua volta, per essere efficace ai fini della costituzione dell'organo, deve essere accettata da ciascun componente e comunicata al curatore, che ne informa il giudice delegato (art. 138, comma 5).

Il presidente ha il compito di convocare il comitato sia quando è richiesta l'assunzione di deliberazioni di sua competenza sia quando ne è fatta richiesta da un terzo dei componenti (art. 140, comma 2). Tra la richiesta al presidente e la riunione dell'organo devono intercorrere non più di quindici giorni (art. 140, comma 3).

Quanto alle modalità di funzionamento è ormai acquisita quella mediante "consultazione telematica", che si aggiunge alle riunioni collegiali (in presenza o da remoto), essendo richiesto soltanto che dell'espressione del voto da parte di ciascun componente sia possibile conservare la prova (art. 140, comma 3)[16].

La norma dispone solo un *quorum* deliberativo, consistente nella maggioranza dei votanti (art. 140, comma 3), ma è da ritenere che le regole generali di funzionamento proprie degli organi collegiali richiedano la presenza della maggioranza dei componenti in carica. Tale regola non è derogata in caso di componente in conflitto d'interessi, del quale è richiesta la sola astensione dalla votazione (art. 138, comma 6). Anche in tale caso – è la seconda volta che emerge una fattispecie di conflitto d'interessi, dopo quella del creditore nella votazione per la designazione dei componenti del comitato in sostituzione di quelli originariamente nominati dal giudice delegato (art. 139, comma 2; v. *sopra*, § 2) – i termini di riferimento della relazione devono intendersi l'interesse personale del componente del comitato e quello della massa creditoria che deve essere perseguito dalla procedura[17].

Tra le patologie funzionali che possono riguardare l'attività del comitato, l'art. 140, comma 4, menziona l'inerzia (non solo del presidente ma dell'intero comitato, dato il potere di richiesta della convocazione di un terzo dei componenti; art. 140, comma 2), l'impossibilità di costituzione dell'organo (per «*insufficienza di numero o indisponibilità dei creditori*») e l'impossibilità di funzionamento del comitato (mancato raggiungimento del *quorum* costitutivo a seguito di diverse convocazioni o di quello deliberativo nel corso di ripetute riunioni) e ne fa conseguire lo spostamento del potere decisionale nella singola materia di competenza del comitato stesso in capo al giudice delegato (art. 140, comma 4). A questo stesso regime suppletivo è soggetta l'ipotesi dell'urgenza richiesta nell'assunzione di una decisione ordinariamente sottoposta alla competenza del comitato[18].

Sempre in tema di funzionamento dell'organo, va infine ricordato che l'ultimo comma dell'art. 138 legittima la delega, anche permanente, di funzioni da un componente a un

---

[16] Sul superamento, nella prassi già del passato, della collegialità, v. BASSI, *Lezioni di diritto*, 96.

[17] NIGRO, VATTERMOLI, *Diritto della crisi*, 168. V. anche, per la identificazione del conflitto, BASSI, *Lezioni di diritto*, 96, e DI AMATO, *Diritto della crisi*, 118 s. Trib. Monza, 10 dicembre 2015, in *dejure.it*, rileva che il conflitto ricorre quando il componente del comitato «non possa perseguire l'interesse comune nello specifico affare devoluto alla competenza dell'organo fallimentare cui è deputato senza sacrificare il proprio tornaconto». Inoltre, per Cass., n. 3274 del 2011, il conflitto rileva, secondo regola generale del diritto societario applicabile nei "conflitti di natura privatistica", soltanto in presenza di un danno almeno potenziale (nel senso dell'opportunità di rifarsi all'art. 2391 c.c., v. ROCCO DI TORREPADULA, *La legge fallimentare*, 551). In senso critico a tale ultimo riguardo, v. FABIANI, *La ricerca*, 302 ss.

[18] Su cui v. ROCCO DI TORREPADULA, *La legge fallimentare*, 559 ss.

avvocato o a un dottore commercialista[19]. Dell'operatività del soggetto delegato s'intende che risponderà il delegante[20], il quale è altresì onerato in esclusiva del relativo costo.

4. – Si è detto che, a partire dalla riforma del 2006, il ruolo del comitato dei creditori si è andato arricchendo di funzioni ulteriori rispetto al solo ruolo consultivo, genericamente riconducibili a una funzione di vigilanza sull'operato del curatore e di corresponsabilità nella gestione della procedura[21].

(A) Con riguardo al *ruolo di vigilanza*, che si ricava in linea generale dagli artt. 128, comma 1, e 140, comma 1, vengono in rilievo le seguenti prerogative specifiche:

– il potere – esercitabile anche individualmente da ciascun componente – di formulare osservazioni scritte sui rapporti riepilogativi periodici dovuti dal curatore (art. 130, comma 9);

– il diritto periodico di informazione sulla prosecuzione dell'esercizio dell'impresa da parte del curatore (art. 211, commi 4 e 7);

– il diritto all'informazione tempestiva da parte del curatore all'esito della procedura di vendita o liquidazione di beni (art. 216, comma 9);

– l'attività di sorveglianza sull'adempimento del concordato nella liquidazione giudiziale, congiuntamente al giudice delegato e al curatore (art. 249, comma 1).

(B) Quanto al *compito di supportare il curatore nell'amministrazione della procedura* di liquidazione giudiziale, rilevano le seguenti attribuzioni a favore del comitato:

– il potere di autorizzare il curatore alla delega di funzioni (art. 129, comma 1) e all'individuazione di coadiutori (art. 129, comma 2);

– l'autorizzazione al curatore a porre in essere operazioni dispositive e, in genere, atti di straordinaria amministrazione, quali riduzioni di crediti, transazioni, rinunce, ecc., rispetto alle quali il curatore deve formulare le proprie conclusioni in merito alla convenienza della proposta trasmessa al comitato (art. 132, comma 1 e 2), o a rinunciare all'acquisizione di beni del debitore (art. 142, comma 3);

– l'autorizzazione al curatore a subentrare nei contratti pendenti (art. 172, comma 1), anche quelli a carattere personale (art. 175, comma 1), nonché nel contratto di vendita con riserva di proprietà (art. 178, comma 1) e nel contratto di appalto (art. 186, comma 1);

– il potere di autorizzare il curatore a recedere dall'affitto d'azienda in essere al momento dell'apertura della liquidazione giudiziale (art. 184, commi 1 e 3) o dalle locazioni immobiliari (art. 185, commi 2 e 3);

– l'assistenza al curatore nella redazione dell'inventario (art. 195, comma 1);

– l'approvazione del programma di liquidazione (art. 213, commi 1 e 7);

– l'autorizzazione al curatore per la non acquisizione o rinuncia alla liquidazione di determinati beni, laddove non conveniente (art. 213, comma 2).

---

[19] Così restringendo l'ambito dei soggetti delegabili rispetto all'art. 40, ult. comma, l. fall., che prevedeva che il delegato dovesse essere dotato dei requisiti di cui all'art. 28, cioè quelli per la nomina a curatore. Sul punto RAZZINI, MORGESE, *Presupposti della liquidazione*, 235.

[20] RICCI, *Note sugli organi*, 185.

[21] V. SPADA M.L., *Gli organi preposti*, 369.

(C) Rientrano infine più propriamente nella *funzione consultiva* i pareri che il comitato è chiamato a rendere[22]:

– al giudice delegato, per: la definizione della soglia di esclusione di attivi personali del debitore dalla liquidazione giudiziale (art. 146, comma 2); l'attribuzione di un sussidio a titolo di alimenti (art. 147, comma 1); l'autorizzazione al creditore a vendere beni del debitore sottoposti a pegno o privilegio o al curatore a riprenderli pagando il creditore (art. 152, commi 2 e 4); l'autorizzazione al finanziatore *ex* art. 2447-*bis*, comma 1, lett. *b*), c.c. a proseguire l'operazione trattenendo i proventi dell'affare (art. 176, comma 2); l'autorizzazione al curatore al subentro nei rapporti di lavoro subordinato (art. 189, comma 1); l'autorizzazione al curatore a escludere dall'inventario o restituire beni di terzi "chiaramente e immediatamente riconoscibili" (art. 196, comma 1); l'autorizzazione al curatore a proseguire l'esercizio dell'impresa (art. 211, comma 3, che lo subordina al "parere favorevole" del comitato, tanto che l'eventuale successiva valutazione da parte di questo di inopportunità della prosecuzione ne comporta la cessazione per ordine del giudice delegato [art. 211, comma 5], fermo il potere del tribunale di disporla in ogni momento, ma sempre sentito il comitato [art. 211, comma 7]) o a concludere un affitto dell'azienda (art. 212, comma 1, che subordina l'autorizzazione sempre al parere favorevole del comitato) e a concedere un diritto di prelazione convenzionale all'affittuario (art. 212, comma 5); l'autorizzazione al curatore a procedere alla liquidazione anticipata di beni (art. 213, comma 6); l'esercizio del potere di sospensione delle operazioni di vendita in presenza di gravi e giustificati motivi, che lo stesso comitato può sollecitare (art. 217, comma 1); l'ordine di trasmettere ai creditori la proposta di concordato nella liquidazione giudiziale, che deve avere acquisito il parere favorevole del comitato (art. 241, comma 2);

– al tribunale, in ordine all'autorizzazione al curatore a non procedere all'accertamento del passivo per impossibilità di acquisire attivo distribuibile (art. 209, comma 1), e alla corte d'appello, con riguardo alla decisione dei reclami dei creditori avverso il decreto del tribunale (art. 209, comma 3); sempre al tribunale, con riguardo alla chiusura della procedura per accertamento dell'insufficienza dell'attivo per l'utile prosecuzione (art. 233, comma 1, lett. *d*), prima dell'approvazione del programma di liquidazione (art. 235, comma 2); al tribunale, attraverso il deposito di una relazione motivata, ai fini del giudizio di omologazione del concordato nella liquidazione giudiziale, una volta che la proposta sia stata approvata (art. 245, comma 2);

– al curatore stesso, in merito al subentro nel contratto di finanziamento destinato a uno specifico affare (art. 176, comma 1), al recesso dall'affitto d'azienda (art. 212, comma 3), al pagamento di crediti prededucibili liquidi, esigibili e non contestati (art. 222, comma 3, potere, questo, alternativo a quello del giudice delegato).

5. – Ai fini del migliore esercizio delle funzioni attribuite al comitato, l'organo dispone, sia collegialmente sia individualmente, di poteri di informazione e ispezione.

In primo luogo, viene in esame il generale potere, attribuito tanto al comitato quanto a ogni suo componente, di ispezionare le scritture contabili e i documenti della procedura,

[22] Per considerazioni sulla natura dei pareri richiesti al comitato, v. NIGRO, VATTERMOLI, *Diritto della crisi*, 168.

oltre che di chiedere notizie e chiarimenti al curatore e al debitore (art. 140, comma 5). Degna di nota è poi la circostanza che, quando ricorre una delle situazioni (cfr. art. 140, comma 4) nelle quali il comitato è inerte, non è costituito o è nell'impossibilità di funzionare o vi è urgenza, nel medesimo potere di ispezione è surrogato qualsiasi creditore, previa autorizzazione del giudice delegato (art. 140, comma 5).

Al richiamato potere generale di ispezione e all'essere destinatario di informazioni periodiche *ad hoc* da parte del curatore (v. sopra, § 4.(A)), altre norme attribuiscono al comitato poteri specifici, tra cui, in particolare, quello, individuale di ciascun componente, di consultare il registro informatico tenuto dal curatore per annotare tutte le operazioni dell'amministrazione (art. 136, comma 1), quello, pure individuale, di consultare il fascicolo informatico della procedura ed estrarre copia di tutto quanto contenuto, con la sola eccezione di ciò che è stato secretato per ordine del giudice delegato (art. 199, comma 2), quello di chiedere notizie ad amministratori e liquidatori delle società in liquidazione giudiziale (art. 254, comma 1).

Rientrano in una più ampia funzione di perseguimento della legalità nell'operato della procedura – quindi, con riguardo agli atti del curatore, del giudice delegato e del tribunale – alcune prerogative ulteriori che sono attribuite al comitato, consistenti nel potere di:

– reclamare i decreti del giudice delegato e del tribunale (art. 124, comma 1);

– proporre reclamo per violazione di legge avverso «*gli atti di amministrazione e le omissioni del curatore*» (art. 133, comma 1);

– fare istanza al tribunale di revoca del curatore (art. 134, comma 1).

Quanto infine ai diritti dei componenti del comitato, a venire in rilievo è quello al rimborso delle spese, spettante *ex lege* (art. 140, comma 6), mentre quello al compenso spetta solo qualora, su istanza del comitato stesso, il giudice delegato lo abbia disposto, in misura non superiore al dieci per cento del compenso liquidato al curatore (artt. 139, comma 3, e 140, comma 6).

6. – Tenuto conto delle funzioni attribuite al comitato dei creditori, in particolare del novero di provvedimenti autorizzativi che si rendono necessari per il compimento di una serie di atti e operazioni nello svolgimento della procedura di liquidazione giudiziale, è previsto un rimedio avverso tanto le autorizzazioni concesse quanto i dinieghi opposti dal comitato. Esso consiste nel reclamo al giudice delegato, per violazione di legge (art. 141, comma 1). Le decisioni di questo, assunte dopo avere sentito le parti, sono a loro volta reclamabili con il procedimento di cui all'art. 124 (art. 140, comma 2).

Nel caso in cui uno o più componenti del comitato si rendano inottemperanti ai doveri su di loro gravanti ai sensi dell'art. 2407, comma 1, c.c. (richiamato, in quanto compatibile, dall'art. 140, comma 7), e quindi in particolare non svolgano le proprie funzioni con «*la professionalità e la diligenza richieste dalla natura dell'incarico*», nei loro confronti potrà essere avviata un'azione di responsabilità (art. 140, comma 7)[23].

A tale azione pare esclusivamente legittimato il curatore, come si ricava dall'art. 140, comma 8, il quale la potrà esercitare soltanto durante il corso della procedura, con

[23] Sull'effetto deterrente all'accettazione dell'incarico del regime di responsabilità, v. CENSONI, BONFATTI, *Manuale di diritto*, 89; BASSI, *Lezioni di diritto*, 96 s.; RICCI, *Note sugli organi*, 195 s.

l'effetto che il giudice delegato, che l'abbia autorizzata, dovrà sostituire il componente o i componenti nei cui confronti l'azione è stata intrapresa (art. 140, comma 8).

Più problematico[24] è il richiamo, contenuto nell'art. 140, comma 7, al comma 3 dell'art. 2407 c.c.[25] che, a sua volta, rimanda, per quanto concerne l'azione di responsabilità (lì, nei confronti dei sindaci), agli artt. 2393, 2393-*bis*, 2394, 2394-*bis* e 2395 c.c. Tenuto conto che il rinvio è nei limiti della compatibilità, andranno escluse tutte le disposizioni dettate in funzione del contesto societario (ad es., la competenza decisionale per la promozione dell'azione e per la sua rinuncia e transazione, la legittimazione della minoranza, ecc.). Sembrano invece operative quelle (poche) disposizioni che da tale contesto prescindono, quali l'art. 2393, comma 4, in tema di prescrizione quinquennale dalla cessazione della carica[26], e l'art. 2395, sulla legittimazione del terzo (nel caso, più probabilmente, un creditore o un titolare di diritti reali su beni appresi all'attivo della liquidazione giudiziale) eventualmente danneggiato per atti del comitato o di singoli componenti, ma limitatamente al periodo posteriore alla chiusura della liquidazione giudiziale[27].

---

[24] Addirittura, secondo CENSONI, BONFATTI, *Manuale di diritto*, 87, «privo di effettivo contenuto normativo».

[25] L'esclusione del comma 2 dell'art. 2407 dal richiamo induce a ritenere che i componenti del comitato rispondano per fatti ed omissioni propri e non del curatore, come rilevano NIGRO, VATTERMOLI, *Diritto della crisi*, 170, e ROCCO DI TORREPADULA, *La legge fallimentare*, 562.

[26] INZITARI, *La responsabilità*, 183 ss.

[27] Così CENSONI, BONFATTI, *Manuale di diritto*, 87, ROCCO DI TORREPADULA, *La legge fallimentare*, 564, e INZITARI, *La responsabilità*, 183 ss.

Articolo 142

Beni del debitore

1. La sentenza che dichiara aperta la liquidazione giudiziale priva dalla sua data il debitore dell'amministrazione e della disponibilità dei suoi beni esistenti alla data di apertura della liquidazione giudiziale.

2. Sono compresi nella liquidazione giudiziale anche i beni che pervengono al debitore durante la procedura, dedotte le passività incontrate per l'acquisto e la conservazione dei beni medesimi.

3. Il curatore, previa autorizzazione del comitato dei creditori, può rinunziare ad acquisire i beni del debitore, compresi quelli che gli pervengono durante la procedura, qualora i costi da sostenere per il loro acquisto e la loro conservazione risultino superiori al presumibile valore di realizzo dei beni stessi.

Maria Cecilia Cardarelli

1. – Con l'art. 142 inizia la sezione II «*Effetti dell'apertura della liquidazione giudiziale per il debitore*», le cui disposizioni non presentano novità sostanziali rispetto alla disciplina precedente. Esse recepiscono, piuttosto, alcuni orientamenti interpretativi che già erano adottati in modo uniforme nelle decisioni giurisprudenziali.

Una lettura sistematica della nuova disciplina consente, però, di cogliere meglio il senso delle regole ivi contenute e la loro *ratio* specifica. L'accoglimento dell'impostazione secondo la quale la crisi è eventualità componente il rischio d'impresa e che, conseguentemente, necessita di una gestione [1]; il convincimento che la rilevazione delle criticità delle scelte strategiche dell'impresa sia un fatto proprio della *governance* e che in quella sede sia possibile accedere a misure e procedure dirette a modificare gli orientamenti e le politiche

[1] Nella Relazione illustrativa si dichiara la volontà di introdurre nell'ordinamento «*una nuova cultura del superamento dell'insolvenza, vista come evenienza fisiologica nel ciclo vitale di un'impresa da prevenire ed eventualmente regolare al meglio*».

imprenditoriali per recuperare la continuità aziendale, consentono di mettere in evidenza il fine esclusivamente liquidatorio della procedura "fallimentare". Nella nuova impostazione del Codice vengono previste una pluralità di procedure giudiziali e stragiudiziali dirette alla definizione della situazione debitoria nell'ottica di un recupero della continuità aziendale mentre al "fallimento" viene riservato il fine ultimo della liquidazione dell'impresa[2]. Ciò significa che l'interesse creditorio, tutelato dalla previsione di una procedura a carattere giudiziale, troverà soddisfazione nella monetizzazione dei valori aziendali. La riforma ribadisce una visione patrimonialistica della tutela dei creditori incentrata sulla massimizzazione dei valori, intesi in termini monetari, del patrimonio imprenditoriale. Poiché l'impresa non è una realtà statica ma dinamica questo incremento non si esaurisce nella mera vendita dei beni stessi, ma, nella maggior parte dei casi, comporta una gestione necessaria alla conservazione dei valori e, ove possibile, anche al loro incremento.

Il legislatore nella disciplina della procedura ha anche considerato le modalità di gestione e le scelte strategiche che hanno condotto l'impresa allo stato di insolvenza. C'è, sotto questo profilo, anche un aspetto psicologico da rilevare, messo ben in evidenza nel nuovo Codice: l'imprenditore che si trova in stato di insolvenza non solo può aver commesso errori di gestione ma può aver omesso o non essere riuscito, una volta rilevati indici di una crisi, ad attivarsi per ottenere il supporto necessario a correggere le criticità impedendo di fatto all'impresa di recuperare la capacità produttiva. Del resto la nuova disciplina offre la possibilità di utilizzare strumenti di allerta per porre rimedio alla crisi prima della sua manifestazione esteriore e prevede soluzioni stragiudiziali che possono consentire una definizione negoziale della crisi in vista anche della prosecuzione dell'attività. In sostanza, pur negando la funzione sanzionatoria della regolamentazione sembra che, giunta l'impresa all'insolvenza, sia inevitabile una valutazione di incapacità e/o inadeguatezza dell'imprenditore alla prosecuzione della gestione. Proprio da questo tipo di considerazioni discende la rigidità della disciplina di questa sezione, che come anticipavo poco sopra, fa discendere dall'apertura della liquidazione giudiziale una serie di "incapacità" dell'imprenditore cui viene sottratta la disponibilità dell'impresa e di tutti i suoi rapporti. L'idea che l'impresa presenti una propria autonomia rispetto al suo titolare giustifica la "sostituzione" di quest'ultimo, in costanza di insolvenza; la stessa sostituzione diviene elemento necessario per giungere alla valorizzazione dei cespiti aziendali[3].

Gli effetti derivanti dall'apertura della liquidazione giudiziale sono sia di natura patrimoniale che di natura personale, tutti sono finalizzati allo svolgimento corretto della procedura che intende realizzare, nel momento della liquidazione, il massimo valore dell'azienda, valore sul quale, come già sottolineato, si attualizzerà la soddisfazione dell'interesse creditorio.

---

[2] Il fatto stesso che il legislatore abbia sostituito al termine fallimento quello di liquidazione giudiziale rappresenta l'indice della finalità esclusivamente liquidatoria della procedura.

[3] Anche a livello europeo lo spossessamento totale o parziale è considerato meccanismo necessario per riuscire a ricostruire il patrimonio del debitore massimizzandone i valori. Cfr. Reg. UE n. 848 del 20 maggio 2015 sia nel "considerando" (10) che all'art. 1. V. anche DE CESARI, *Il regolamento 2015/848*, 1031.

2. – Nella norma in commento viene disciplinato l'effetto patrimoniale consistente nel c.d. spossessamento. Come sopra rilevato non vi sono modifiche al dettato letterale del testo. La disposizione proprio in quanto letteralmente identica a quella precedente non risolve le problematiche applicative che aveva incontrato la giurisprudenza nell'applicazione della regolamentazione precedentemente in vigore. Prima tra tutte la natura giuridica della situazione soggettiva che investe il debitore: una dissociazione tra titolarità e disponibilità che presenta caratteri peculiari. Infatti, il debitore perde la disponibilità dei beni e dei rapporti, presupposto per poterli gestire, ma ne resta titolare in quanto ancora imprenditore[4]. La procedura concorsuale della liquidazione giudiziale (come già il fallimento) non subentra nei rapporti giuridici in sostituzione del debitore[5], ne acquisisce solo la disponibilità in ragione della funzione "pubblica" che svolgono gli organi della procedura liquidatoria; né tanto meno il curatore subentra nei rapporti giuridici e negoziali del debitore in quanto successore o rappresentante, ma piuttosto «terzo subentrante nell'amministrazione del suo (dell'impresa) patrimonio per l'esercizio dei poteri conferitigli dalla legge»[6]. Tale situazione non potrà mai essere equiparata ad una interruzione del possesso dell'imprenditore sull'impresa, come già da tempo sottolineato dalla giurisprudenza, che ribadiva che «la privazione dell'amministrazione dei beni (…) comporta solo la presa in consegna dei beni medesimi da parte del curatore, che ne diviene detentore, e non la sottrazione al fallito *ope legis* del loro possesso» e ancora «il fallimento non costituisce una causa interruttiva del possesso»[7].

L'attenzione dell'ordinamento una volta dichiarato lo stato di liquidazione investe, dunque, l'impresa, nella sua essenza economico-patrimoniale, ed in funzione della massimizzazione dei suoi valori, stabilisce le modalità di gestione che dovrà seguire il curatore. Questa vera e propria "intromissione" nella gestione d'impresa evidenzia l'obiettivo di tutela del legislatore che considera l'interesse dell'insieme dei creditori, intesi come *unicum*, come massa debitoria, prevalente rispetto sia a quello dell'impresa che a quello del suo titolare. Questo nuovo obiettivo che emerge in un'impresa in stato di insolvenza comporta un cambiamento nell'orientamento dell'attività e, dunque, in ultima analisi, un cambia-

---

[4] Il tema della natura giuridica dello spossessamento è tema molto dibattuto in dottrina. Sulla tesi secondo la quale si tratterebbe di un vero e proprio pignoramento v. per tutti PROVINCIALI, *Trattato*, 783; CAVALLI, *Gli effetti*, 92 e ROSAPEPE, *Effetti*, 236; per chi ritiene debba trattarsi di un'incapacità limitata ai beni ricompresi nella procedura concorsuale v. ANDRIOLI, *Fallimento*, 382; per chi invece sostiene trattarsi di una separazione del patrimonio destinato alla soddisfazione dei creditori v. VASSALLI, *Diritto*, 224 e ROCCO DI TORREPADULA, *Il nuovo diritto*, 692.

[5] Non si verifica una sorta di successione. Sul punto cfr. TAR Lombardia, Milano, 3 marzo 2017, n. 520, in *Foro amm.*, 2017, 3, 696: «la società dichiarata fallita, invero, conserva la propria soggettività giuridica e rimane titolare del proprio patrimonio. Solo, ne perde la facoltà di disposizione, pur sotto pena di inefficacia solo relativa dei suoi atti, subendo la caratteristica vicenda dello spossessamento».

[6] Così, TAR Lombardia, Milano, 3 marzo 2017, n. 520, cit. secondo il quale «La società dichiarata fallita, invero, conserva la propria soggettività giuridica e rimane titolare del proprio patrimonio: solo, ne perde la facoltà di disposizione, pur sotto pena di inefficacia solo relativa dei suoi atti, subendo la caratteristica vicenda dello spossessamento».

[7] Sul punto si veda Cass., 11 agosto 2005, n. 16853 in una causa nella quale si dibatteva la legittimità dell'acquisto per usucapione di beni che il curatore aveva preso in consegna, assumendone la custodia; e Cass., 4 settembre 2015, n. 17205 dalla quale è tratto il virgolettato del testo.

mento nel vincolo impresso sul patrimonio nel momento dell'inizio dell'attività economica. Infatti, se in origine l'imprenditore aveva scorporato dal proprio patrimonio individuale una quota/parte da investire nell'impresa orientando gli atti economici alla remunerazione di quei valori, l'intervento della sentenza dichiarativa della liquidazione giudiziale, pur non rimuovendo quel vincolo, lo trasforma in ragione dell'interesse della massa creditoria. Gli atti di gestione saranno necessariamente orientati alla conservazione e alla massimizzazione dei valori aziendali in vista della liquidazione, così da realizzare la soddisfazione dei creditori [8].

In questa ottica ben si comprende come dallo spossessamento discenda un duplice effetto: verso il debitore insolvente, che perde la disponibilità dei beni e verso i creditori dell'impresa che non possono più esercitare azioni esecutive individuali. Entrambi questi effetti sono funzionali al raggiungimento della massimizzazione del valore dell'impresa che potrebbe essere compromesso sia ad opera dell'imprenditore che di un singolo creditore a danno della massa [9]. In altri termini, il patrimonio dell'impresa viene a trovarsi in una sorta di "isolamento" rispetto a tutte le relazioni esistenti [10] divenendo insensibile alle variazioni discendenti da rapporti instaurati dal debitore/imprenditore [11] prima e dopo la sentenza dichiarativa della liquidazione. La c.d. cristallizzazione del patrimonio non incide sulla validità dei singoli atti ma ne comporta l'inefficacia rispetto alla massa dei creditori. Ciò significa che l'atto compiuto è efficace tra le parti – debitore/terzo contraente – ma non *erga omnes*. In altri termini, si realizza un'applicazione "parziale" del principio della responsabilità patrimoniale contenuto nell'art. 2740 c.c.

La perdita della disponibilità comporta anche che alcuni provvedimenti cautelari reali non possano più essere esperiti [12].

3. – Lo spossessamento investe tutti i beni «*esistenti alla data di apertura della liquidazione giudiziale*», intendendosi con tale espressione tutto il "patrimonio fallimentare". Viene, perciò ad essere coinvolto ogni rapporto giuridico sostanziale imputabile all'impresa e assunto in ragione dell'esercizio dell'attività economica: beni materiali, immateriali, rapporti giuridici e situazioni giuridiche soggettive attive dell'impresa [13]. Non rileva a tal fine il

---

[8] Nel gioco degli interessi prevale nello stato di insolvenza dell'impresa quello creditorio rispetto a quello dell'impresa e dell'imprenditore.

[9] Il principio della *par condicio creditorum* indica la rilevanza che nella procedura liquidatoria riveste la massa debitoria nella sua globalità e non come semplice somma di una pluralità di crediti.

[10] Cfr., PACCHI, *Art. 42*, 580; V. FERRARA jr, BORGIOLI, *Il fallimento*, 313.

[11] RICCI, *Lezioni*, 68 ritiene che anche le omissioni dell'imprenditore che incidono sul valore dei cespiti aziendali impedendone la massimizzazione o quelle che rendono difficile l'acquisizione dei beni al curatore siano da considerarsi inefficaci.

[12] Sul punto, anche se con riferimento alla vecchia disciplina, cfr. Trib. Bergamo, 3 febbraio 2019 (non pubblicata) secondo il quale «con la sentenza di fallimento l'indagato perde la disponibilità dei beni a favore della curatela e, quindi, il sequestro e la successiva confisca non sono più possibili».

[13] V.: Cass., 17 gennaio 2012, n. 607 «Lo spossessamento del fallito, ai sensi dell'art. 42 legge fall., colpisce tutti i beni rinvenuti nella sua disponibilità a qualsiasi titolo alla data del fallimento, giustificando l'acquisizione di essi alla massa attiva in via diretta, se effettivamente a lui appartenenti, o mediante sigillatura, se si tratti di beni rinvenuti presso il fallito ma di terzi che, in quella sede, non abbiano svolto contestazioni, conseguendone, in ogni caso, l'onere per il terzo opponente di esperire lo strumento generale della rivendica, ex art.

titolo in virtù del quale il bene è nella disponibilità dell'imprenditore che potrebbe, pertanto, anche essere provvisorio. In quest'ultimo caso, però, il carattere temporaneo che caratterizza l'utilizzazione del bene stesso ne giustifica la possibile restituzione al titolare[14].

Qualche problema procedurale sorge in relazione a beni situati all'estero per la cui apprensione occorre un coordinamento, non sempre facile, tra gli ordinamenti coinvolti e, ovviamente, con quanto dispone il regolamento UE n. 1346 del 2000 sul fallimento transfrontaliero. Ciò comporta l'attivazione di specifiche procedure di apprensione dei suddetti beni.

Questione che la riforma non risolve esplicitamente riguarda la possibilità di assoggettare allo spossessamento le somme relative a rimesse attive attraverso il conto corrente, e cioè se il curatore possa acquisire alla massa il saldo attivo corrispondente all'utile realizzato. La giurisprudenza si orienta in senso positivo ove ricorra la condizione che si tratti di rapporti attinenti a due imprenditori commerciali con obbligazioni inerenti l'attività d'impresa[15]. Tale interpretazione è coerente con il fatto che il conto corrente bancario si scioglie per effetto della dichiarazione di liquidazione giudiziale del correntista e che il deposito risulta "congelato" e non più disponibile né dal correntista stesso né dalla banca, la quale, in quanto ha la disponibilità delle somme, sarà obbligata a versare immediatamente al curatore l'eventuale saldo attivo risultante alla data della liquidazione giudiziale. Ove il saldo risultasse passivo la stessa banca, vantando un credito verso il correntista/debitore potrà insinuarsi al passivo[16].

Ai sensi del comma 2 della norma in commento il curatore può acquisire alla massa anche beni che entrano nella disponibilità dell'imprenditore insolvente dopo la sentenza dichiarativa della liquidazione giudiziale[17]. In altri termini nella massa attiva non vanno solo a confluire i beni presenti ma anche "la possibilità di acquisto di beni"[18]. Tali beni entrano nella procedura al netto delle passività, calcolo non sempre facile e concretamente possibile[19]. Su questa problematica si riscontra l'orientamento giurisprudenziale secondo il quale le somme versate su un conto corrente senza fido aperto dal fallito in pendenza di fallimento, delle quali non sia provato il titolo di acquisizione, debbano essere considerate quale bene sopravvenuto al fallito in pendenza della procedura e, pertanto, acquisite alla massa. Ai sensi dell'art. 142, comma 2 la banca è tenuta a restituire al curatore, che ne faccia richiesta, le suddette somme senza poter dedurre quanto pagato su ordine del debitore, in quanto l'eventuale pagamento risulta essere inefficace nei confronti della procedura[20]. Di-

---

103 legge fall.; ne consegue l'inammissibilità del reclamo, proposto ex art. 26 legge fall., avverso il decreto di acquisizione emesso dal giudice delegato relativamente ai beni rinvenuti in una cassetta di sicurezza, intestata al terzo ricorrente ma nella disponibilità del fallito, delegato all'accesso».

[14] Il legittimo proprietario potrà infatti chiedere la restituzione del bene o rivendicarlo secondo quanto previsto nel Codice.

[15] In tal senso Cass., 11 maggio 2018, n. 11541. in *Dir. e giustizia*, 14 maggio 2018, con commento di Papagni.

[16] In tal senso Cass., 4 marzo 2011, n. 5230, con commento di ROCCO DI TORREPADULA, *Il conto corrente* e di GAVARRINI, *Il regime giuridico*.

[17] Sulla valutazione di convenienza del curatore si veda il § 5.

[18] Così PACCHI, *Art. 42*, 582.

[19] Vedi NIGRO, VATTERMOLI, *Manuale*, 129.

[20] Così Cass., 9 luglio 1994, n. 6517.

versa sarebbe la soluzione ove la movimentazione del conto fosse connessa a movimenti finanziari di una nuova impresa avviata dal debitore ed i pagamenti compiuti per il tramite della banca fossero espressione delle passività affrontate per la gestione della nuova azienda, costituita dopo l'apertura della liquidazione giudiziale ed acquisibile o già acquisita alla massa fallimentare.

Nella stessa direzione l'interpretazione giurisprudenziale che considera acquisiti alla procedura concorsuale i beni sopravvenuti di illecita provenienza, sempre dedotte le passività derivanti dall'acquisto e dalla conservazione degli stessi[21].

Differente il dibattito dottrinale e giurisprudenziale sull'assoggettabilità del *Titolo sportivo* delle società di calcio professionistico allo spossessamento. L'evoluzione interpretativa del combinato disposto del Codice, art. 142 e dell'art. 52 NOIF conduce a ritenere che questi possa considerarsi acquisibile alla massa della procedura. Infatti, l'interpretazione letterale della disposizione delle Norme Organizzative Interne della FGC, il quale prevede che «*in nessun caso il titolo sportivo può essere oggetto di valutazione economica o di cessione*», da cui, in un primo momento, si faceva conseguire l'impossibilità dell'acquisizione alla massa, appare oggi superata da considerazioni sistematiche che consentono di inquadrare il titolo sportivo tra i beni aziendali[22]. Lo stesso, dunque, potrà essere oggetto di trasferimento unitamente all'azienda calcistica ed allo stesso dovrà attribuirsi un valore economico[23]. Da tutto ciò non può che conseguire che l'assoggettamento dell'azienda calcistica allo spossessamento comporterà anche l'acquisizione del titolo sportivo.

4. – Il Codice, analogamente a quanto previsto nella previgente legge fallimentare non prevede il *dies a quo* dello spossessamento. La disposizione si limita a sancire che dalla data della sentenza dichiarativa della liquidazione giudiziale si verifica lo spossessamento.

La dottrina ha ritenuto doversi chiarire l'espressione contenuta nella norma proponendo un'interpretazione funzionale degli adempimenti procedurali: la pubblicazione della sentenza e la sua iscrizione nel Registro delle imprese. Infatti, entrambi questi adempi-

---

[21] Ove i beni fossero infungibili, identificati o identificabili, il curatore dovrà provvedere alla restituzione al legittimo proprietario; sul punto la giurisprudenza non è costante. In molte situazioni è necessario un coordinamento tra diritto della crisi d'impresa e leggi speciali, quale ad es. il codice antimafia non sempre facile ponendosi un problema di prevalenza tra finalità di prevenzione e finalità di tutela dei creditori. Sul punto cfr. BASILE, *I controversi rapporti*.

[22] Sul punto v. CANNELLA, *Il trasferimento*, 163; SOTTORIVA, *La qualificazione*, 769; FIMMANÒ, *Fallimento della società*, 762.

[23] V. sul punto FIMMANÒ, *La crisi*, il quale sottolinea: «Ma a ben guardare non si pone neppure il problema del conflitto tra Noif e disciplina codicistica, in quanto le prime, invero, contemplano la circolazione dell'azienda comprensiva del titolo (e non solo nell'ipotesi di cessione a seguito di esercizio provvisorio dell'impresa della società fallita). L'art. 20 delle Noif, infatti, prevede espressamente la fattispecie non solo in caso di fusione e di scissione ma anche in caso di conferimento a società interamente controllata. La norma parlando di conferimento in conto capitale, implicitamente già comprende l'ipotesi del conferimento in natura del godimento dell'azienda, fattispecie sostanzialmente identica a quella dell'affitto. D'altra parte la stessa Federazione ha talora avallato il trasferimento dell'azienda di società sportive fallite ad opera della procedura a seguito di vendita senza incanto, ipotesi di sostanziale circolazione del complesso comprensivo del titolo, tenuto conto che le norme vincolistiche ed in particolare quelle di cui all'art. 2558, c.c., si applicano indifferentemente alla vendita ed all'affitto».

menti rispondono all'esigenza di esternalizzazione della procedura dichiarata. Quindi, in linea generale rispondono ad una tutela informativa di tutti i soggetti entrati in relazione con l'imprenditore insolvente. Proprio con riferimento ai soggetti destinatari dell'informazione però è possibile fare alcune precisazioni.

Affermare che la sentenza produce effetti dalla sua pubblicazione, secondo le disposizioni del codice di procedura civile, significa che il provvedimento è idoneo ad incidere sulle situazioni giuridiche coinvolte nel giudizio [24]. La pubblicazione della sentenza dichiarativa della liquidazione giudiziale, quindi, determina il prodursi di effetti tra il debitore e gli organi della procedura, parti del giudizio di accertamento dello stato di insolvenza. Questo adempimento determina, allora, il prodursi dell'effetto dello spossessamento nei confronti del debitore insolvente e l'assunzione della disponibilità dei beni da parte degli organi della procedura; non produce però effetti nei confronti dei terzi. Poiché il codice di rito non precisa se sia necessario anche indicare oltre al giorno anche l'orario della pubblicazione, ma si riferisce più genericamente alla pubblicazione del provvedimento dell'autorità giudiziaria, ove fosse necessario individuare con esattezza l'ora di pubblicazione, si può far riferimento all'ora zero del medesimo giorno [25].

All'iscrizione del provvedimento nel Registro delle imprese è, invece affidata l'estensione degli effetti *erga omnes* della sentenza dichiarativa della liquidazione giudiziale. Se la pubblicazione della sentenza determina lo spossessamento del debitore e l'acquisizione della disponibilità dei beni da parte degli organi della procedura, con l'iscrizione nel Registro delle imprese si produce l'inefficacia verso i terzi di ogni atto eventualmente compiuto dal debitore dopo l'iscrizione del provvedimento di avvio della procedura [26]. Da quel momento, infatti, lo stato dell'imprenditore che, fino ad allora era *noto* solo agli organi

[24] Cfr. sul punto Cass., 27 febbraio 2019, n. 5781, che indirettamente conferma il prodursi di una presunzione a carico delle parti anche a prescindere dall'effettiva conoscenza del provvedimento pubblicato. Si legge, infatti, nella sentenza della Cassazione: «Gli effetti della sentenza dichiarativa di fallimento (...) decorrono (...) a prescindere dalla conoscenza della dichiarazione di fallimento da parte del giudice esecutivo e dall'adozione del provvedimento con il quale egli dichiari espressamente l'improcedibilità dell'azione esecutiva». V. anche Trib. Trieste, 23 ottobre 2015 e Trib. Milano, ord., 23 gennaio 2014 con nota di BRAN, *La decorrenza*. Sulla questione si è più volte pronunciata anche la Corte costituzionale (sentenze n. 228/1995; 234/1998; ord. n. 12/1999). La riforma del 2006 ha accolto l'orientamento giurisprudenziale risolvendo ogni problema interpretativo prevedendo che solo dall'iscrizione nel Registro delle imprese gli effetti del provvedimento sono opponibili ai terzi.

[25] Vedi sul punto Cass., SS.UU., 22 settembre 2016, n. 18569: «il procedimento di pubblicazione della sentenza si compie con la certificazione del deposito mediante l'apposizione in calce alla sentenza della data di esso e della firma del cancelliere; che le predette devono essere entrambe contemporanee alla data di consegna ufficiale della sentenza al cancelliere da parte del giudice, dovendo perciò escludersi che il cancelliere possa attestare che un sentenza, già pubblicata per effetto del suo deposito debitamente certificato, venga pubblicata in una data successiva; che, conseguentemente, se sulla sentenza sono apposte due date, delle quali la prima venga indicata come data di deposito (senza indicare che il documento depositato contiene solo la minuta della sentenza), tutti gli effetti giuridici derivanti dalla pubblicazione della sentenza decorrono da questa data». Il dibattito dottrinale ha raggiunto anche tono molto aspri. V. AULETTA, *La "sciagurata consuetudine"*, 81.

[26] Da quel momento si produce verso i terzi il classico effetto dell'inopponibilità della mancata conoscenza del provvedimento e, dunque, nei confronti della massa creditoria, l'inefficacia dell'atto. Sul punto diffusamente JORIO, *Fallimento e concordato*, 48.

della procedura, si presume ora conosciuto da ogni terzo. I rapporti imprenditoriali sono, di conseguenza cristallizzati *erga omnes*[27].

5. – La riforma della legge fallimentare del 2006 aveva attribuito al curatore il potere di non acquisire beni, previa autorizzazione del comitato dei creditori, se i costi sia per l'acquisizione sia per la conservazione venivano quantificati in valori superiori a quelli di realizzo. In altre parole, ove non risultasse conveniente per la procedura la loro acquisizione alla massa. Tale previsione aveva suscitato difficoltà nella individuazione del rapporto curatore/comitato dei creditori e, in senso più generale, non aiutava ad individuare il margine di discrezionalità che poteva essere consentito al curatore stesso, in sede di ricostruzione del patrimonio del debitore sottoposto alla procedura concorsuale.

Il testo letterale della norma non muta nel Codice non risolvendo il problema interpretativo di cui si è detto. L'interprete può tentare una ricostruzione scandita in tre momenti ciascuno riferito ai tre aspetti caratterizzanti la disposizione: la manifestazione di volontà del curatore che chiede l'autorizzazione; l'autorizzazione alla rinuncia all'acquisizione dei beni da parte del comitato dei creditori; la collaborazione nella valutazione.

È indubbio che ci debba essere una espressa richiesta da parte del curatore rivolta al comitato dei creditori il cui contenuto sarà la motivazione della opportunità di rinunciare ai beni. La stessa norma indica il criterio guida nella valutazione. Infatti, la convenienza dell'acquisizione sembra essere frutto di una vera e propria operazione matematica: costi di acquisizione più costi di conservazione meno valore di realizzo. Ove il risultato evidenzi una prevalenza dei primi (costi) sul secondo non si potrà parlare di convenienza di acquisizione; ove, viceversa, il secondo valore (quello di realizzo) sia superiore alla prima voce si potrà parlare di convenienza. Dunque, nessun spazio di discrezionalità. Il curatore invierà la richiesta di autorizzazione al comitato dei creditori quando il risultato dell'operazione suddetta indichi un valore dei costi di acquisizione e di conservazione superiore a quello di realizzo ed indicherà, a supporto e motivo della richiesta, l'operazione ed il risultato.

Una tale interpretazione, pur rispettosa della lettera della norma, sembra non valorizzare appieno il ruolo che il curatore svolge nella procedura. Intendo sottolineare che, seppur le funzioni attribuitegli sono stabilite per legge (funzioni amministrative e processuali), egli, proprio in ragione di un ruolo di *affiancamento* dell'imprenditore nella gestione dell'impresa, al fine di tutelare l'interesse dei creditori, deve pur mantenere un margine di discrezionalità nella scelta delle modalità di svolgimento delle sue funzioni. L'idea di un'acquisizione automatica dei beni, che lega la convenienza dell'operazione ad un mero calcolo matematico rischia di giungere a risultati contraddittori rispetto al fine perseguito dalla disposizione stessa. La dottrina, consapevole che un'interpretazione troppo rigorosa

[27] Si potrebbe porre un problema di individuazione del momento di perfezionamento dell'atto unilaterale recettizio. La giurisprudenza è ormai concorde nel ritenere perfezionato l'atto nel momento in cui esce dalla sfera giuridica del proponente, che non ne potrà più disporre, e giunge nella disponibilità del terzo attraverso il procedimento di notificazione. Da ultimo Cass., ord. 3 aprile 2019, n. 9268 con riferimento ad un licenziamento: «il licenziamento, come negozio unilaterale recettizio, si perfeziona nel momento in cui la manifestazione di volontà del datore di lavoro recedente giunge a conoscenza del lavoratore, anche se l'efficacia – vale a dire la produzione dell'effetto tipico, consistente nella risoluzione del rapporto di lavoro – viene differita ad un momento successivo».

della disposizione potrebbe produrre effetti evasivi della *ratio* della stessa norma, ha cercato di offrire alla giurisprudenza soluzioni interpretative sistematiche, che sono poi state accolte in molte decisioni. In tal senso, già prima della riforma del 2006, si rintracciano alcune decisioni [28] secondo le quali, la valutazione dei beni e la loro acquisizione non sono sempre temporalmente contestuali. Inoltre, ribadiva questa giurisprudenza che l'acquisizione dei beni è connessa, in quanto consequenziale, allo spossessamento e, dunque, allo svolgimento delle funzioni tipiche del curatore, e cioè fare scelte strategiche e di gestione, nelle quali, inevitabilmente, si riscontrano i caratteri della discrezionalità [29]. Considerando che lo stesso legislatore, sul piano sistematico, dà rilevo alla funzione gestionale della crisi che sola può valorizzare gli elementi attivi di una impresa insolvente, appare convincente l'opinione che vuole anche nella valutazione dell'opportunità di acquisire i beni un margine di discrezionalità. Del resto se è vero che l'esigenza di tutela dei creditori ha condotto il legislatore, nella fase di ricostruzione del patrimonio del debitore, a prevedere la collaborazione necessaria tra curatore e organo che rappresenta i creditori stessi, è lecito pensare che nella scelta il curatore possa avere quella discrezionalità che trova il naturale temperamento nell'intervento del comitato dei creditori. Tale intervento si inquadra nell'ambito della collaborazione tra organi della procedura che rappresenta il presupposto necessario per il raggiungimento dell'obiettivo ultimo della tutela. Dunque, nella ricostruzione del patrimonio del debitore, richiedendosi una collaborazione tra organi della procedura, si deve realizzare «un costante e continuo flusso informativo» [30] presupposto unico per il buon esito della procedura.

6. – L'acquisizione dei beni che pervengono al debitore durante la procedura deve avvenire al netto delle passività «incontrate per l'acquisto o la conservazione» dei beni stessi.

La disposizione presuppone un rapporto di «inerenza del credito all'acquisto o alla conservazione del bene» [31]. Tale rapporto sembra presentarsi, nella norma in commento, come inerenza di tipo economico. La disposizione, nel prevedere l'acquisizione di un bene durante la procedura, sembra far riferimento al risultato di ciascun acquisto con la conseguenza che "sono destinate a gravare sulla massa tutte le passività che siano state effettivamente assunte dal fallito a fronte dell'acquisto e della conservazione del bene" [32], tali per esempio le spese di un finanziamento assunto per l'operazione.

La problematica si presenta più complessa ove pervenga al debitore un complesso di beni, un'azienda, destinato all'esercizio dell'impresa. In tal caso, infatti, il curatore, ove reputasse conveniente acquisire alla massa il bene azienda, porrà a carico della procedura tutti i costi necessari per il suo acquisto o per l'acquisto dei beni che la costituiranno e tutte le spese di gestione dell'attività economica cui quell'azienda è finalizzata. Infatti, la gestione è assolutamente necessaria per mantenere inalterato il valore del bene e del suo av-

---

[28] Cfr. Cass., 7 giugno 2002, n. 8274, in *Giust. civ.*, 2002, I, 2117.

[29] V. anche PACCHI, *Art. 42*, 580.

[30] Così SANDULLI, D'ATTORRE, *Manuale delle procedure*, 64.

[31] Sul punto diffusamente GUGLIELMUCCI, *Diritto fallimentare*, 106

[32] In tal senso VASSALLI, *Diritto fallimentare*, 251.

viamento. Il curatore potrebbe, però, non reputare conveniente l'acquisizione dell'azienda e, dunque, con l'autorizzazione dei creditori, rinunciarvi [33]. La valutazione di convenienza sarà fondata sull'esame delle scritture contabili dalle quali emergeranno sia i debiti che l'attivo patrimoniale.

I crediti dell'azienda andranno in prededuzione.

---

[33] In questo caso la nuova impresa del debitore sottoposto alla liquidazione giudiziale avrà probabilmente poche *chances* di sopravvivenza; certo è che l'attività economica relativa potrà continuare senza interferenze da parte della procedura. V. PAJARDI, PALUCHOWSKI, *Manuale di Diritto*, 280.

Articolo 143

Rapporti processuali

1. Nelle controversie, anche in corso, relative a rapporti di diritto patrimoniale del debitore compresi nella liquidazione giudiziale sta in giudizio il curatore.

2. Il debitore può intervenire nel giudizio solo per le questioni dalle quali può dipendere un'imputazione di bancarotta a suo carico o se l'intervento è previsto dalla legge.

3. L'apertura della liquidazione giudiziale determina l'interruzione del processo. Il termine per la riassunzione del processo interrotto decorre da quando l'interruzione viene dichiarata dal giudice.

Antonio Scarpa

Sommario: 1. Le novità della norma. – 2. La legittimazione processuale del curatore. – 3. La legittimazione "suppletiva" del debitore. – 4. Ipotesi di attività processuale del debitore. – 5. L'interruzione del processo.

1. – L'art. 143 riproduce sostanzialmente il contenuto dell'art. 43 l. fall., rivelando, tuttavia, quattro novità.

La prima novità è di contenuto apparentemente solo lessicale. La perdita della capacità di stare in giudizio nelle controversie relative a rapporti di diritto patrimoniale e la contestuale attribuzione della legittimazione processuale al curatore, come anche la facoltà limitata di intervento consentita nel comma 2, sono ora soggettivamente riferite non più al "fallito", ma al "debitore" che si trovi in situazioni di crisi o insolvenza, alla stregua dell'ambito di applicazione e delle definizioni delineati negli artt. 1 e 2.

Altro mutamento nominalistico rispetto all'art. 43, r.d. 16 marzo 1942, n. 267, si rinviene nel comma 3 del nuovo art. 143, in quanto l'evento avente portata interruttiva del processo in corso viene identificato con l'apertura della liquidazione giudiziale.

La terza sostituzione operata nella disciplina previgente, che invece ne colma una lacuna, precisa che il termine per la riassunzione del processo interrotto decorre soltanto da quando l'interruzione viene dichiarata dal giudice.

Non compare più, infine, la previsione della trattazione prioritaria delle controversie di cui sia parte il curatore di una liquidazione giudiziale.

2. – La sentenza che dichiara l'apertura della liquidazione giudiziale, ai sensi dell'art. 49, non sottrae al debitore la titolarità dei rapporti patrimoniali compresi nella procedura. Questi, piuttosto, quale conseguenza della perdita dell'amministrazione e della disponibilità dei suoi beni esistenti alla data di apertura della liquidazione giudiziale, rimane privato altresì della capacità di stare in giudizio nelle relative controversie, spettando la legittimazione processuale, attiva e passiva, per i giudizi a venire e per quelli in corso, esclusivamente al curatore, il quale opera allo scopo di liquidare il patrimonio del debitore. La correlazione tra il subentro del curatore nei processi (ovvero, la *legitimatio ad processum* attribuita al curatore) e lo spossessamento del debitore sul terreno sostanziale sancito dall'art. 142 (e, dunque, l'attribuzione allo stesso curatore altresì della *legitimatio ad causam*) è evidente [1].

L'art. 143 va letto in combinato con i successivi artt. 150 e 151, i quali, rispettivamente, contemplano tuttora il divieto di iniziare o proseguire azioni esecutive e cautelari individuali dal giorno della dichiarazione di apertura della liquidazione giudiziale e l'obbligo di accertamento in sede concorsuale di ogni credito o diritto reale o personale sui beni del debitore compresi nella liquidazione giudiziale.

Il subentro del curatore nella legittimazione processuale è limitato dal comma 1 alle «*controversie ... relative a rapporti di diritto patrimoniale del debitore*». Permane altresì in capo al debitore la capacità a proporre impugnazione avverso la sentenza che dispone l'apertura della liquidazione giudiziale (art. 51), mentre la stessa capacità viene riacquistata dal debitore allorché il curatore, previa autorizzazione del comitato dei creditori, decida di rinunciare ad acquisire o a liquidare i beni, compresi quelli che gli pervengono durante la procedura, (artt. 142, comma 3, e 213, comma 2), quando i costi di acquisto e di conservazione o l'attività di liquidazione non rivelino convenienza.

Il debitore può chiedere di essere sentito nella fase di accertamento dello stato passivo (art. 203, comma 4), mentre non ha analogo diritto nei giudizi di opposizione od impugnazione *ex* art. 206, ovvero di esame delle domande tardive, nei quali il contraddittorio si instaura fra il creditore ed il curatore in rappresentanza della massa [2].

Il debitore conserva, viceversa, la capacità processuale per i beni e i diritti che l'art. 146 non comprende nella liquidazione giudiziale (1: beni e diritti di natura strettamente personale; 2: assegni alimentari, stipendi, pensioni, salari e ciò che il debitore guadagna con la sua attività, entro i limiti, fissati con decreto dal giudice delegato, di quanto occorra per il mantenimento suo e della sua famiglia; 3: i frutti derivanti dall'usufrutto legale sui beni dei figli, i beni costituiti in fondo patrimoniale e i frutti di essi; 4: le cose che non possono essere pignorate per legge).

Come il debitore non può, di regola, intervenire nelle cause in cui sia costituito il curatore, allo scopo di integrare o modificare la difesa dei diritti patrimoniali compresi nella liquidazione, così pure egli non può promuovere nuovi giudizi per gli stessi fatti che formano oggetto di una causa pendente, iniziata o proseguita dal curatore o nei confronti di quest'ultimo. L'improponibilità di una siffatta domanda può essere eccepita da chiunque.

Oltre che per i beni e per i diritti non acquisibili alla massa ai sensi dell'art. 146, secondo l'orientamento ancora diffuso in giurisprudenza rimane al debitore una legittima-

[1] Cfr. GUGLIELMUCCI, *Gli effetti*, 25.

[2] Cass., 4 luglio 1979, n. 3791, in *Fallimento*, 1980, 297.

zione processuale «suppletiva» rispetto a quei rapporti di diritto patrimoniale che, pur essendo in astratto suscettibili di essere inclusi nella liquidazione giudiziale, non vi rientrino in concreto, essendosene disinteressati gli organi della procedura, i quali hanno del tutto omesso di agire o resistere in giudizio per la tutela dei medesimi. Di fronte alla deliberata inerzia degli organi preposti alla liquidazione, il debitore dovrebbe ritenersi capace di provvedere, per proprio conto e a proprie spese, alla tutela giudiziale dei relativi rapporti, senza che la controparte o il giudice possano eccepire o rilevare opporgli la carenza di legittimazione.

Sussiste, viceversa, il difetto di legittimazione, opponibile da chiunque e rilevabile dal giudice anche d'ufficio, quando il debitore intenda tutelare, personalmente e direttamente, beni o rapporti già acquisiti alla massa, di cui gli organi della liquidazione abbiano perciò dimostrato di volersi realmente interessare, ovvero in riferimento ai quali abbiano negativamente valutato la convenienza della controversia (ad esempio, alla luce della scarsa consistenza della pretesa azionata) [3].

In particolare, quando il curatore si sia costituito o sia stato comunque citato in giudizio, e, in caso di soccombenza, la sua facoltà di impugnazione sia stata oggetto di specifico esame e di determinazione in sede concorsuale, il debitore non conserva per il medesimo rapporto, ormai acquisito alla liquidazione, la legittimazione processuale ad impugnare, ed il suo difetto di legittimazione è rilevabile, anche d'ufficio, dal giudice del gravame, poiché il curatore sta in causa sia per la massa dei creditori sia per il debitore e il suo comportamento processuale vincola l'una e l'altro [4].

La legittimazione processuale del curatore dura fino alla cessazione della liquidazione giudiziale, atteso che con la chiusura hanno termine gli effetti della procedura sul patrimonio del debitore e le conseguenti incapacità personali, e decadono gli organi preposti (art. 236, comma 1), determinando il subentro del medesimo debitore nei procedimenti pendenti [5]. Le azioni esperite dal curatore per l'esercizio di diritti derivanti dalla procedura non possono essere proseguite, fatto salvo quanto previsto dall'art. 234, disposizione di sicura portata innovativa, in base alla quale, in ipotesi di chiusura per ripartizione finale dell'attivo, il curatore mantiene la legittimazione processuale per l'intero processo, nei giudizi esecutivi, nonché nei procedimenti, compresi quelli cautelari e esecutivi, strumentali all'attuazione delle decisioni favorevoli alla liquidazione giudiziale.

---

[3] Cass., 2 febbraio 2018, n. 2626; Cass., 6 luglio 2016, n. 13814; Cass., 25 ottobre 2013, n. 24159; Cass., 10 maggio 2013, n. 11117; Cass., 22 luglio 2005, n. 15369; Cass., 14 ottobre 1998, n. 10146, in *Fallimento*, 1999, 549; Cass., 26 settembre 1997, n. 9456, in *Fallimento*, 1998, 388; Cass., 27 ottobre 1994, n. 8860, in *Fallimento*, 1995, 614. Cfr. FERRI, BELLOMI, *La capacità processuale*, 948 ss. Per l'operatività dell'art. 143 nei giudizi arbitrali, cfr. CERRATO, *Il mosaico*, 566 ss.

[4] Cass., 4 dicembre 2018, n. 31313.

[5] Cass., 12 ottobre 2018, n. 25603; Cass., 23 settembre 2013, n. 21729; Cass., 9 luglio 2013, n. 17008. Si veda anche Cass., 29 febbraio 2008, n. 5438, in *Fallimento*, 2008, 1168, con nota di PATTI, *Scioglimento di preliminare*. Viene specificato, peraltro, che nel giudizio di cassazione permane la legittimazione processuale del curatore fallimentare se, al momento della notifica del ricorso, il decreto di chiusura non sia ancora definitivo, senza che abbia rilievo che la cessazione della procedura di liquidazione giudiziale sopravvenga nella pendenza del processo di legittimità, in quanto in esso non trovano applicazione gli artt. 299 e 300 c.p.c., sicché neppure è consentito il deposito ai sensi dell'art. 372 c.p.c. di documenti ad essa relativi: Cass., 14 febbraio 2019, n. 4514; Cass., 18 aprile 2006, n. 8959.

È da ritenere che, qualora in corso di causa abbia luogo la chiusura della liquidazione, con conseguente decadenza degli organi preposti, non occorre che l'evento venga dichiarato o notificato ai sensi dell'art. 300 c.p.c. (sicché, in mancanza, il processo proseguirebbe tra le parti originarie e l'eventuale condanna della curatela avrebbe effetto verso il debitore), operando simmetricamente per la cessazione il criterio dell'automaticità dell'interruzione stabilito nel comma 3 del nuovo art. 143 per l'apertura della liquidazione giudiziale[6].

Le decisioni delle corti riconoscono un'ulteriore eccezione alla privazione della legittimazione processuale passiva del debitore, allorché la controparte, nel riassumere un giudizio interrottosi a seguito dell'apertura della liquidazione, o nell'intraprendere un nuovo giudizio, dichiari esplicitamente di mantenersi estraneo alla procedura concorsuale, optando esclusivamente per il conseguimento di un titolo non opponibile *ex se* alla massa, ma da far valere nei confronti del sottoposto alla liquidazione quando questi sarà tornato *in bonis* per effetto della chiusura della procedura[7].

3. – Secondo, dunque, la tradizionale interpretazione giurisprudenziale (correlata, però, come meglio si vedrà in seguito, alla regola della non automaticità dell'effetto interruttivo della dichiarazione di fallimento, antecedente alla riforma dell'art. 43, comma 3, l. fall. attuata con il d.lgs. 9 gennaio 2006, n. 5), la perdita della capacità processuale che consegue all'apertura della liquidazione giudiziale è relativa, nel senso che può essere eccepita solo dal curatore nell'interesse della massa dei creditori[8], a meno che la curatela, appunto, non abbia già dimostrato il proprio interesse per il rapporto dedotto in lite, nel qual caso il difetto di legittimazione processuale del debitore assume carattere assoluto ed è perciò opponibile da chiunque e rilevabile anche d'ufficio[9].

Tale interpretazione è criticata in dottrina sull'assunto che l'inerzia del curatore non potrebbe comunque fondare una legittimazione processuale del debitore per quei beni e diritti che sono compresi *ex lege* nella procedura concorsuale, essendo la stessa configurabile soltanto per quei rapporti che siano da essa definitivamente esclusi[10]. Risulta, del resto, incoerente subordinare alla costituzione in giudizio del curatore ed alla proposizione dell'apposita eccezione, e quindi rimettere, in sostanza, alla disponibilità delle parti, il rilievo di un vizio incidente sulla capacità processuale del soggetto sottoposto alla liquidazione giudiziale, tanto più che alla dichiarazione di apertura della liquidazione giudiziale consegue ora automaticamente l'interruzione del processo. Dovrebbe perciò concludersi

---

[6] Così CARIDI, *La sorte*, 573 ss.

[7] Cass., 8 gennaio 2016, n. 128; Cass., 5 febbraio 2014, n. 2608; Cass., 26 giugno 2012, n. 10640; Cass., 5 agosto 2011, n. 17035; Cass., 22 dicembre 2005, n. 28481, in *Fallimento*, 2006, 1207; Cass., 5 marzo 2003, n. 3245, in *Fallimento*, 2003, 1083, con nota di GIORGETTI, *La capacità processuale*; Cass., 20 ottobre 1972, n. 3165, in *Dir. fall.*, II, 333.

[8] Così, indicativamente, Cass., 28 maggio 2003, n. 8545, in *Giust. civ.*, 2004, I, 401; Cass., 29 maggio 1999, n. 5238, in *Fallimento*, 2000, 424.

[9] Cass., 6 giugno 2017, n. 13991; Cass., 15 gennaio 2016, n. 614; Cass., 5 febbraio 2014, n. 2608; Cass., 9 marzo 2011, n. 5571; Cass., SS.UU., 24 dicembre 2009, n. 27346, in *Giur. it.*, 2010, 1081, con nota di SPIOTTA; Cass., SS.UU., 21 luglio 1998, n. 7132, in *Fallimento*, 1998, 1270.

[10] Si veda GUGLIELMUCCI, *Diritto fallimentare*, 103, nota 7.

che l'apertura della procedura comporti una incapacità processuale assoluta rispetto alle controversie aventi ad oggetto i beni e i rapporti di diritto patrimoniale ricompresi nella liquidazione, incapacità rilevabile conseguentemente anche d'ufficio dal giudice e causa di interruzione automatica del processo ove sopravvenuta nel corso di causa[11].

Parimenti, la tesi della c.d. legittimazione «suppletiva» del debitore, a tutela dei rapporti patrimoniali rispetto ai quali siano rimasti inerti gli organi della liquidazione giudiziale, dovrebbe fare i conti con la delineata assolutezza della perdita della capacità processuale e con la parallela automaticità dell'effetto interruttivo correlate alla dichiarazione di apertura della procedura. Sicché potrebbe ammettersi la facoltà del debitore di agire in proprio soltanto in via meramente surrogatoria, sul presupposto della impossibilità della curatela di compiere un'attività processuale urgente, oppure della conclamata violazione dell'obbligo del curatore di ricostruire l'attivo del patrimonio della liquidazione, avendo riguardo ad una specifica controversia in corso al momento di apertura della procedura, dandone comunque formale conoscenza al curatore e con l'accortezza di garantire che gli esiti del giudizio proseguito dal debitore per conto della curatela, impedita o negligente, siano pienamente opponibili alla massa dei creditori[12].

4. – La legittimazione processuale del debitore, a seguito dell'apertura della liquidazione giudiziale, viene dunque normalmente esclusa nei giudizi di cui sia già parte il curatore, quale che sia in concreto la condotta processuale mantenuta da quest'ultimo.

Nei giudizi in cui sia costituito il curatore, un'attività processuale del debitore è ammissibile soltanto nei limiti di cui al comma 2[13].

Questa disposizione consente l'attività processuale del debitore per i giudizi inerenti all'accertamento di fatti che integrano l'elemento dei delitti di bancarotta fraudolenta (art. 322) o di bancarotta semplice (art. 323), allorquando, cioè, dalle questioni dedotte in lite dipenda direttamente (e non dunque in via solo mediata o eventuale) la possibilità del promovimento di un procedimento penale a suo carico per tali reati.

Un intervento del debitore nelle cause in cui sia parte il curatore resta configurabile unicamente *sub specie* nelle forme dell'intervento adesivo dipendente, il che comporta che non via sia legittimazione del medesimo debitore intervenuto ad impugnare la sentenza autonomamente e indipendentemente dall'impugnazione del curatore, potendosi, altrimenti verificare la formazione di giudicati incompatibili nei confronti della massa e del debitore relativi allo stesso rapporto[14].

---

[11] CARIDI, *La sorte*, 573 ss.

[12] CARIDI, *La sorte*, 573 ss.

Da ultimo, Cass., SS.UU., 28 aprile 2023, n. 11287, in tema di legittimazione del contribuente dichiarato fallito ad impugnare gli avvisi di accertamento relativi a rapporto d'imposta i cui presupposti si siano formati prima della dichiarazione di fallimento, in caso di astensione del curatore rilevabile dal comportamento oggettivo di pura e semplice inerzia dello stesso, indipendentemente dalla consapevolezza e volontà che l'abbiano determinato, difettando, viceversa, la capacità processuale del fallito in ordine all'impugnazione dell'atto impositivo ove non sussista uno stato di inerzia del curatore così inteso.

[13] Cass., 15 dicembre 1983, n. 7400, in *Giur. it.*, 1985, I, 1, 83.

[14] Cass., 14 maggio 2012, n. 7448; Cass., 8 agosto 1990, n. 7997, in *Dir. fall.*, 1991, II, 317.

5. – Il comma 3, ribadendo la novità introdotta nel comma 3 dell'art. 43 l. fall. dal d.lgs. 9 gennaio 2006, n. 5, riconosce l'automaticità dell'effetto interruttivo dei processi pendenti provocata dalla apertura della liquidazione giudiziale, precisando, però, che il termine per la riassunzione del processo interrotto decorre soltanto da quando l'interruzione viene dichiarata dal giudice.

Il comma 3 dell'art. 43 l. fall., inserito dalla riforma del 2006, era stato spiegato come impedimento ancora più insuperabile della inammissibilità o improcedibilità dei giudizi portati dal creditore verso il debitore fallito, tradizionalmente sancite dalla giurisprudenza come violazioni di rito in nome della esclusività del procedimento di accertamento dello stato passivo [15]: la parte dichiarata fallita riveste ormai lo *status* di soggetto privo della capacità di stare in giudizio e tale incapacità processuale giustifica la delineata vicenda interruttiva [16].

In argomento, si ricorda che Corte cost., 21 gennaio 2010, n. 17 [17], aveva ritenuto infondata la questione di legittimità costituzionale dell'art. 305 c.p.c., censurato, in riferimento agli artt. 3, 24 e 111, comma 2, Cost., nella parte in cui avrebbe fatto decorrere dalla data dell'interruzione del processo per intervenuta declaratoria di apertura di fallimento *ex* art. 43, comma 3, l. fall., e non dalla data di effettiva conoscenza dell'evento interruttivo, il termine per la riassunzione del processo ad opera di parte che non avesse partecipato al procedimento di dichiarazione di fallimento. La Corte costituzionale aveva evidenziato come il comma 3 dell'art. 43 l. fall., aggiunto dall'art. 41, d.lgs. n. 5 del 2006, avesse stabilito un nuovo caso d'interruzione automatica del processo, conseguente all'apertura del fallimento, sovvertendo la precedente interpretazione giurisprudenziale che rimetteva l'effetto dell'interruzione in ipotesi di fallimento della parte costituita alla dichiarazione in udienza dell'evento o alla notificazione dello stesso alle altre parti ad opera del procuratore del fallito [18]. Non avendo indicato alcunché in proposito il nuovo art. 43, comma 3, l. fall., la sentenza n. 17 del 2010 aveva chiarito come dovesse trovare applicazione il principio dettato dall'art. 305 c.p.c., risultante a seguito delle sentenze n. 139 del 1967, n. 178 del 1970, n. 159 del 1971 e n. 36 del 1976 della stessa Corte costituzionale, in forza del quale il termine per la riassunzione decorre comunque non già dal giorno in cui l'evento interruttivo è accaduto, bensì dal giorno in cui esso è venuto a conoscenza della parte interessata alla riassunzione medesima, e quindi dal momento in cui interviene la dichiarazione del difensore o la notificazione dell'evento nei confronti delle altre parti, senza che abbia alcuna rilevanza, a tal fine, il momento nel quale venga adottato e conosciuto il provvedimento giudiziale dichiarativo dell'intervenuta interruzione pronunziato successivamente.

In tale ottica, la giurisprudenza si era determinata nel senso che, al fine del decorso del termine di cui all'art. 305 c.p.c., in caso di interruzione del processo determinata dal-

[15] Tra le più recenti, Cass., 30 novembre 2017, n. 28833; Cass., 21 dicembre 2015, n. 25674; Cass., 24 novembre 2011, n. 24847, in *Società*, 2012, 1, 92; essenzialmente Cass., SS.UU., 10 dicembre 2004, n. 23077, e 12 novembre 2004, n. 21499, in *Fallimento*, 2005, 121, ed in *Corr. giur.*, 2005, 197, con nota di VULLO, *Le sezioni unite*.

[16] MONTANARI, *Fallimento e azioni*, 94 ss.

[17] In *Giur. cost.*, 2010, 1, 280.

[18] Tra le tante, Cass., SS.UU., 20 marzo 2008, n. 7443.

l'apertura della procedura concorsuale, è necessario accertare la data di conoscenza legale dell'evento interruttivo in capo ai diversi soggetti legittimati alla prosecuzione o alla riassunzione del processo, conoscenza, quindi, acquisita non in via di mero fatto, ma per il tramite di una dichiarazione, notificazione o certificazione rappresentativa dell'evento stesso, assistita da fede privilegiata[19].

Per intuibili esigenze di certezza e di omogeneità, il comma 3 dell'art. 143 ha rimesso innovativamente la decorrenza del termine di riassunzione alla formale dichiarazione di interruzione da parte del giudice del processo pendente[20]. La norma si riferisce soltanto al termine per la «riassunzione», che è l'attività, regolata dall'art. 303 c.p.c., proveniente dalla parte contrapposta a quella colpita dall'evento interruttivo, e dunque, nella specie, dalla controparte del debitore. Non sono state perciò recepite dal legislatore le proposte dottrinali che radicavano il *dies a quo* del termine di riassunzione nella data dell'iscrizione della sentenza di apertura della procedura nel registro delle imprese. Quanto alla prosecuzione del giudizio ad opera del curatore, rimane perciò sul campo l'opzione ermeneutica che lascia decorrere il termine *ex* art. 305 c.p.c. sin dalla data della pubblicazione della sentenza che dichiara aperta la liquidazione giudiziale.

Il rilievo dato, ai fini della riassunzione, al provvedimento dichiarativo dell'interruzione per l'apertura della liquidazione giudiziale è estraneo al sistema generale degli artt.

[19] Cfr., in particolare, Cass., SS.UU., 7 maggio 2021, n. 12154, che, a composizione della difformità di pronunce sul punto, ha affermato che, in caso di apertura del fallimento, l'interruzione del processo è automatica, ai sensi dell'art. 43, comma 3, l. fall., applicabile *ratione temporis*, ma il termine per la relativa riassunzione o prosecuzione, al fine di evitare gli effetti di estinzione di cui all'art. 305 c.p.c., ed a prescindere delle ipotesi di improcedibilità ai sensi degli artt. 52 e 93 l. fall. per le domande di credito (ipotesi per le quali il sopravvenuto fallimento opera, piuttosto, d'ufficio nel senso di impedire la proseguibilità del giudizio) decorre dal momento in cui la dichiarazione giudiziale dell'interruzione stessa sia portata a conoscenza di ciascuna parte. Tale dichiarazione, qualora non già conosciuta in ragione della sua pronuncia in udienza ai sensi dell'art. 176, comma 2, c.p.c., va notificata alle parti o al curatore da uno degli interessati o comunque comunicata dall'ufficio giudiziario. Sulla coerenza della soluzione seguita dalla Sezioni Unite anche alla luce della disposizione del comma 2 dell'art. 143, GIORGETTI, *Decorrenza del termine*. Si vedano in precedenza Cass., 9 ottobre 2018, n. 24798; Cass., 9 aprile 2018, n. 8640; Cass., 15 marzo 2018, n. 6398; Cass., 3 ottobre 2017, n. 23097; Cass., 15 settembre 2017, n. 21375; Cass., 28 dicembre 2016, n. 27165; Cass., 7 marzo 2013, n. 5650. Peraltro, secondo Cass., 30 gennaio 2019, n. 2658, in caso di interruzione automatica del processo determinata dalla dichiarazione di fallimento di una delle parti, il termine per la riassunzione decorrerebbe dalla dichiarazione o notificazione dell'evento interruttivo, secondo la previsione dell'art. 300 c.p.c., ovvero, se anteriore, dalla conoscenza legale di detto evento procurata dal curatore del fallimento alle parti interessate. Ad avviso, poi, di Cass., 14 giugno 2019, n. 15996, in caso di interruzione del processo *ex* art. 43, comma 3, l. fall., il termine per la riassunzione del giudizio relativo alla parte non colpita dall'evento interruttivo, la quale abbia preso parte al procedimento fallimentare presentando domanda di ammissione allo stato passivo, decorrerebbe non dalla legale conoscenza del procedimento concorsuale, ma dal momento in cui essa abbia avuto conoscenza effettiva del procedimento concorsuale, ovvero, in assenza di ulteriori elementi, proprio dal momento del deposito o dall'invio della domanda. Per Cass., 30 novembre 2018, n. 31010, invece, la conoscenza legale della sentenza di dichiarazione di fallimento deve essere acquisita nell'ambito dello specifico giudizio sul quale l'evento interruttivo è destinato ad operare (e ciò in relazione alla idoneità a segnare la decorrenza del termine di riassunzione dell'avviso ai creditori ora disciplinato dall'art. 200).

[20] In proposito, Cass., SS.UU., 7 maggio 2021, n. 12154, ha evidenziato come il comma 3 dell'art. 143 abbia portato a compimento l'incompleto "disegno di specialità" intrapreso con la novella introdotta nel comma 3 dell'art. 43 l. fall. dal d.lgs. 9 gennaio 2006, n. 5, indicando l'evento da cui decorre il termine per la riassunzione.

299 ss. c.p.c., nel quale il giudice non compie un vero e proprio accertamento dell'effetto interruttivo, e si limita unicamente ad una delibazione sommaria della comunicazione proveniente dal procuratore della parte colpita dall'evento e dei fatti portati alla sua conoscenza, verificando la sussistenza delle condizioni necessarie ad integrare la fattispecie legale. Perciò, il codice di rito non conosce neppure rimedi impugnatori esperibili avverso la dichiarazione di interruzione, a differenza di quanto avviene per la sospensione e l'estinzione del processo. D'altro canto, la portata meramente ricognitiva della pronuncia giudiziale, ai sensi degli artt. 299 ss. c.p.c., a differenza di quanto ora stabilito per la riassunzione a seguito dell'apertura della liquidazione giudiziale, esclude anche che possa assumere alcun ruolo, in pregiudizio del diritto di difesa delle parti interessati, la tardiva od omessa dichiarazione giudiziale di interruzione. In base all'art. 143, comma 3, l'apertura della liquidazione giudiziale determina di certo automaticamente l'interruzione del processo, anche se il giudice e le altre parti non ne abbiano avuto conoscenza, con preclusione di ogni ulteriore attività processuale, che, se compiuta, è causa di nullità degli atti successivi e della sentenza[21]. Pur tuttavia, la decorrenza del termine per la riassunzione del processo non è rimessa all'iniziativa, anche immediata, della parte interessata, ma rimane condizionata alla dichiarazione del giudice.

Beninteso, il condizionamento del decorso del termine per la riassunzione alla dichiarazione giudiziale di interruzione del processo non incide sull'effetto interruttivo, che si produce di diritto pur sempre contestualmente all'apertura della procedura di liquidazione fallimentare, essendo tale interruzione, del tutto peculiare, posta a tutela non già del debitore, che è colpito dalla perdita della capacità processuale, ma delle esigenze della concorsualità e dei creditori, impedendo che si verifichino decadenza in danno della massa o che il processo prosegua imperterrito, in forza della regola dell'ultrattività del mandato alla lite, fino alla formazione di titoli spendibili, poi, solo nei confronti del debitore tornato *in bonis*[22].

La specialità dell'ipotesi di interruzione del processo per l'apertura della procedura di liquidazione concorsuale, ormai compiutamente disciplinata dall'art. 143, comma 3, ha indotto la dottrina a sostenere che tale evento produca l'effetto di automatica quiescenza anche se intervenuto successivamente all'udienza di precisazione delle conclusioni ed alla scadenza dei termini di cui all'art. 190 c.p.c., nonché nella pendenza del giudizio davanti alla Corte di cassazione[23].

---

[21] Non di meno, la giurisprudenza continua a qualificare non nulla, ma soltanto inopponibile alla massa dei creditori, la sentenza che venga pronunciata nei confronti del debitore dopo l'apertura della procedura concorsuale: Cass., 22 novembre 2017, n. 27829; Cass., 4 aprile 2013, n. 8238.

[22] PAJARDI, PALUCHOWSKY, *Manuale di diritto*, 293.

Per l'immediato effetto estintivo del mandato difensivo conferito dal cliente in caso di soggezione dello stesso a liquidazione concorsuale, si veda Cass., 24 febbraio 2020, n. 4795, in *Fallimento*, 2020, 760 ss., con nota di GIURDANELLA, *Fallimento e mendato difensivo nei rapporti processuali pendenti*.

[23] CARIDI, *La sorte*, 573 ss.

Articolo 144
Atti compiuti dal debitore dopo l'apertura della liquidazione giudiziale

1. Gli atti compiuti dal debitore e i pagamenti da lui eseguiti o ricevuti dopo l'apertura della liquidazione giudiziale sono inefficaci rispetto ai creditori.

2. Fermo quanto previsto dall'articolo 142, comma 2, sono acquisite alla liquidazione giudiziale tutte le utilità che il debitore consegue nel corso della procedura per effetto degli atti di cui al comma 1.

Maria Cecilia Cardarelli

Sommario: 1. Introduzione. – 2. L'inefficacia degli atti. – 3. L'acquisizione delle utilità. – 4. L'inefficacia dei pagamenti eseguiti e ricevuti. – 5. Altre operazioni. – 6. Nuova impresa e operazioni finanziarie connesse.

1. – La norma in commento riproduce il dettato dell'art. 44 l. fall. accogliendo nel testo alcuni orientamenti giurisprudenziali. Rispetto alla precedente formulazione letterale scompare il precedente comma 2 che viene sostanzialmente incorporato nel primo.

Il dettato normativo costituisce il naturale complemento di quanto disposto nell'art. 142 consentendo la realizzazione della completa cristallizzazione del patrimonio del debitore non solo con il recupero di tutti i beni (art. 142) ma anche con il "blocco" di ogni attività negoziale.

Sotto il profilo sistematico negare la possibilità di svolgere attività negoziale al debitore sottoposto alla liquidazione negoziale risulterebbe non solo incoerente con la logica della riforma, che considera la crisi dell'impresa come possibile esito del rischio senza alcun connotato di meritevolezza soggettiva, ma anche in contrasto con la libertà costituzionale sancita nell'art. 41 Cost.

In base a queste considerazioni la scelta del legislatore, così come emerge nella norma in commento, è quella di non incidere sulla liceità degli atti posti in essere ma piuttosto sui loro effetti. Ecco, allora la sanzione dell'inefficacia di tali negozi se posti in essere dopo l'iscrizione nel Registro delle imprese della sentenza di ammissione alla procedura di liquidazione giudiziale[1].

[1] Sul punto si v. il commento all'art. 142.

La complementarietà tra artt. 142 e 144 consente all'interprete di individuare una stessa *ratio* in entrambe le norme: la ricostruzione del patrimonio del debitore in liquidazione giudiziale. Sia l'una che l'altra, infatti predispongono "meccanismi" che agevolano il rientro nel patrimonio del debitore di beni dei quali, in ragione di un negozio giuridico (art. 144), lo stesso debitore ne ha perso la disponibilità. Ecco che, quindi, la nozione di "atto", contenuta in questa norma, deve essere interpretata in senso ampio, intendendo non solo il negozio che ha ad oggetto il bene del debitore ma anche tutti quei poteri, diritti, azioni "propedeutiche" all'acquisizione dei beni [2]. Diviene irrilevante la natura giuridica del negozio posto in essere o la sua causa; fondamentale è, invece, la sua idoneità ad incidere sul patrimonio del debitore [3].

A tale proposito occorre sottolineare che la disposizione deve essere coordinata anche con il regime dei contratti pendenti per i quali è dettata una specifica disciplina, anch'essa finalizzata alla ricostruzione del patrimonio del debitore ma in un'ottica di continuità. Intendo dire che quelle regole mirano a garantire, per quanto sia possibile il mantenimento del rapporto negoziale, considerato come valore aziendale dell'impresa [4]. La sanzione dell'inefficacia, piuttosto che quella dell'illiceità dell'atto, può allora considerarsi funzionale anche alla conservazione del rapporto negoziale in vista di una valutazione futura degli organi della procedura in merito al subentro o meno in quegli stessi rapporti negoziali [5].

2. – L'inefficacia degli atti negoziali posti in essere dal debitore rappresenta il punto di equilibrio tra interessi dei creditori ed interesse del terzo controparte dell'imprenditore; infatti, la disposizione non incide sulla validità del contratto, che continua ad esistere e vincolare le parti con la conseguenza che lo stesso riacquisterà la completa efficacia alla chiusura della procedura [6]. Non potrebbe giungersi ad altra conclusione in considerazione del fatto che il termine "inefficacia" viene interpretato dalla migliore dottrina come inopponibilità di ogni atto di disposizione agli organi della procedura e ai creditori dell'imprenditore insolvente [7].

Da ciò deriva una prima considerazione e cioè che l'inefficacia incide non sul negozio in sé ma piuttosto sulla realizzazione concreta del programma negoziale in quanto potenzialmente idoneo a produrre effetti patrimoniali negativi nei confronti della sfera giuridica dei creditori dell'imprenditore in liquidazione giudiziale, questi ultimi, beneficiari degli esiti della procedura. Proprio sotto il profilo della *dannosità economica* del negozio di cui si richiede la dichiarazione di inefficacia c'è da sottolineare come ai fini dell'applicabilità del-

[2] La dottrina è costante sul punto. Cfr. CACCAVALE, *Art. 44*, 603; PAJARDI, PALUCHOWSKI A., *Manuale di Diritto*, 272; FERRARA JR., BORGIOLI, *Il fallimento*, 319.

[3] Per una rassegna di atti che debbono essere considerati inefficaci v. CACCAVALE, *Art. 44*, 604-605.

[4] Ove la futura valutazione degli organi della procedura intendesse subentrare nel rapporto negoziale.

[5] Così CACCAVALE, *Art. 44*, 604.

[6] Si tratta di un'ipotesi di inefficacia relativa.

[7] CACCAVALE, *Art. 44*, 595. Sul punto molti sono gli studi sull'esplicarsi differente dell'inefficacia nei contratti ad effetti obbligatori (per i quali la sanzione opera nel momento dell'esecuzione del contratto) e quelli ad effetti reali (per i quali l'inefficacia opera immediatamente al momento del perfezionamento del contratto). Per tutti CAVALLI, *Gli effetti*, 93; DE FERRA, *Gli effetti*, 49.

la disposizione, sotto il profilo probatorio, non occorre una specifica dimostrazione del possibile danno subìto dal patrimonio.

Una seconda considerazione è che ai fini dell'applicazione della disposizione non rileva la buona fede del terzo. Nel vigore della disciplina precedente la riforma del 2006 fu più volte sollevata questione di costituzionalità per la disparità di trattamento che derivava nella differenziazione tra terzi in buona fede e terzi che conoscevano lo stato in cui versava l'impresa. Le diverse sentenze in merito alla questione avevano ribadito l'inesistenza di una contrarietà ai principi costituzionali, in particolare con l'art. 3, in quanto la previsione della norma in commento trovava «giustificazione nell'esigenza di tutela della massa dei creditori»[8]. La questione fu definitivamente risolta nella riforma del 2006 e la stessa soluzione viene confermata nel Codice e, cioè, l'irrilevanza dello stato soggettivo del terzo ai fini della dichiarazione di inefficacia del negozio[9].

Una terza considerazione scaturisce dal tenore letterale della disposizione. Infatti, dalla lettera della norma si evince che l'inopponibilità del negozio discende dal semplice fatto che questo sia stato stipulato dopo la sentenza dichiarativa la liquidazione giudiziale. Dunque, può concludersi che l'inefficacia di quegli atti opera di diritto[10].

Titolare della legittimazione ad agire per sentir dichiarare l'inefficacia dell'atto è il curatore nella sua qualità di gestore della crisi dell'impresa e titolare dell'obbligo di ripristinare il patrimonio del debitore destinato alla soddisfazione dei creditori. Proprio, dunque, sull'esigenza di rendere completo ed efficace lo spossessamento del debitore e la conseguente ricomposizione del patrimonio sul quale si dovranno soddisfare i creditori, si fonda la legittimazione processuale attiva del curatore, il quale, dopo aver verificato la sussistenza del negozio, potrà esperire l'azione diretta a far valere l'inefficacia dell'atto[11]. Tale azione ha natura autonoma rispetto al rapporto causale su cui si fonda il negozio giuridico e, dunque, la prescrizione relativa ai diritti nascenti da questo rapporto non si estende all'esercizio dell'azione. Questa, infatti, essendo diretta a far dichiarare un'inopponibilità di effetti verso la procedura e verso i creditori dell'impresa insolvente non è soggetta a prescrizione[12].

---

[8] Corte cost., 23 giugno 1988, n. 234; Corte cost., ord., 21 gennaio 1999, n. 12.

[9] Estremamente chiara Cass., 14 marzo 2011, n. 5994, secondo la quale «se sopraggiunga la dichiarazione di fallimento del debitore esecutato il terzo deve pagare quanto dovuto al curatore del fallimento, poiché il debitore, dopo tale dichiarazione, perde, ai sensi dell'art. 44 legge fall., il diritto di disporre del proprio patrimonio e non può effettuare alcun pagamento (anche non volontario), restando irrilevante che all'epoca della pronuncia delle predette ordinanze il creditore conoscesse o meno lo stato di insolvenza dell'esecutato». Conforme Cass., 4 marzo 2011, n. 5230.

[10] Non potrà essere inopponibile al fallimento l'ordinanza di assegnazione *ex* art. 533 c.p.c. sottoscritta dal giudice dell'esecuzione il medesimo giorno del deposito (oggi iscrizione nel registro delle imprese) della sentenza dichiarativa di fallimento: così App. Torino, 31 aprile 2011, in *Il caso.it*.

[11] Il curatore agirà per ottenere la declaratoria di inefficacia con provvedimento del Giudice competente il quale accoglierà la suddetta domanda sulla base della: *i)* data della registrazione della sentenza di fallimento, ai fini della opponibilità della stessa (ovvero dei suoi effetti) verso i terzi; *ii)* data in cui è stato compiuto l'atto negoziale per la cui declaratoria di inefficacia il curatore ha agito in giudizio; *iii)* indicazione degli effetti giuridici in pregiudizio dei creditori che si produrrebbero per effetto dell'esecuzione dell'atto negoziale.

[12] La giurisprudenza è concorde sul punto. Cfr. Cass., 11 gennaio 2022, n. 621. Sul piano processuale secondo FABIANI, NARDECCHIA, *Formulario*, 376 «nel giudizio promosso dal curatore del fallimento per ottenere la dichiarazione di fallimento, in presenza di prova scritta idonea, è ammissibile l'ordinanza-ingiunzione di

Questo non significa che il curatore non abbia la possibilità di rinunciare a far valere l'inefficacia del negozio quando non risulti conveniente per la procedura il recupero del bene oggetto del negozio [13]. Del resto, se la disposizione è il necessario supporto alla realizzazione dello spossessamento, è opportuno che la stessa valutazione di convenienza prevista all'art. 142 sia estesa anche alle ipotesi di cui all'art. 144 [14].

3. – Il collegamento tra gli artt. 142 e 144 emerge in modo preminente nella disposizione del comma 2 laddove prevede un meccanismo, quello dell'acquisizione delle utilità derivanti dai negozi la cui efficacia è sospesa. La procedura potrà beneficiare di una parte di effetti che producono gli atti inefficaci, cioè le "utilità". Si tratta, dunque, di un'inefficacia relativa in quanto consente una produzione di effetti solo nei confronti della procedura e, per questo, può dirsi parziale.

Questa previsione è funzionale alla discrezionalità di cui può usufruire il curatore nel valutare la convenienza dell'acquisizione dei beni. Egli infatti, potrà far valere l'inefficacia, acquisendo le utilità che si producono, oppure potrà scegliere di acquisire il bene, rendendo opponibile l'atto alla procedura e liberando il terzo.

4. – La norma in commento dispone che l'inefficacia si produce sia sui pagamenti eseguiti che su quelli ricevuti dal debitore dopo la dichiarazione di liquidazione giudiziale. Il che comporta che quanto ai pagamenti eseguiti, il terzo sarà tenuto a restituire le somme ricevute a quel titolo e potrà far valere le proprie ragioni creditorie insinuandosi nella procedura, mentre quanto ai pagamenti ricevuti, il debitore dovrà ripetere l'adempimento nelle mani del curatore. In quest'ultima ipotesi, infatti, la "sostituzione" del curatore nella gestione dell'attività economica, ormai orientata alla liquidazione, determina la necessità che l'adempimento sia rinnovato nelle sue mani per poter essere idoneo a determinare l'effetto estintivo dell'obbligazione. Qualora, però, i beni siano recuperabili dal curatore o siano stati rimessi dallo stesso debitore, per giurisprudenza costante, questi non è tenuto ad un secondo adempimento [15].

È evidente che il concetto di "pagamento" deve essere inteso in senso ampio. In primo luogo deve ricomprendere ogni modalità di esecuzione idonea a determinare l'estinzione del rapporto obbligatorio; in secondo luogo deve estendersi a tutte le tipologie di beni oggetto di negozi cui il debitore in liquidazione giudiziale o il terzo deve dare esecuzione e che incidono sulla sfera patrimoniale dell'imprenditore insolvente. Restano esclusi solo gli atti relativi ai beni di cui all'art. 146.

---

cui all'art. 186-*ter*, così come può essere emanata un'ordinanza ex art. 186-*quater* c.p.c. nel caso in cui si chieda la ripetizione di una somma versata dal fallito durante il fallimento e l'istruzione del relativo giudizio sia già stata chiusa».

[13] Si pensi al trasferimento di un bene di difficile o costosa liquidazione.

[14] Quanto detto va coordinato con il disposto dell'art. 123, comma 1, che pone un limite all'emanazione dei cc.dd. decreti di acquisizione nell'ipotesi in cui il terzo vanti diritti sui beni acquisiti alla procedura. Sul punto da ultimo Trib. Roma, 3 marzo 2020.

[15] Cfr. Cass., 4 marzo 2011, n. 5230, secondo la quale: «Occorre stabilire se vi sia stata una corretta effettuazione di tale pagamento, al fine di accertare un eventuale credito restitutorio del fallimento, previa identificazione del *solvens* ovvero del beneficiario del pagamento stesso».

Si pone, allora, un problema di coordinamento tra la disciplina civilistica della tutela possessoria e quella della crisi. Infatti, l'operatività del meccanismo della pubblicità legale del provvedimento di messa in liquidazione giudiziale ed il suo effetto dichiarativo (opponibilità al terzo dello stato dell'imprenditore a prescindere dalla sua effettiva conoscenza) determina di fatto l'impossibilità di far valere il possesso in buona fede da parte del dante causa del debitore insolvente [16].

Quanto invece ai rapporti giuridici per la cui completa esecuzione ed efficacia sono necessari una pluralità di atti, ad esempio l'emissione di assegni, bancari o circolari, occorre in primo luogo richiamare la disciplina dei contratti pendenti così come disciplinata dall'art. 183 [17], secondo il quale i rapporti di conto corrente bancario devono intendersi sciolti per effetto dell'apertura della procedura di liquidazione giudiziale. Quindi, con riferimento all'emissione di assegni bancari, lo scioglimento del contratto di deposito in conto corrente fa venir meno l'obbligo della banca di darvi esecuzione. Anzi si potrebbe argomentare nel senso dell'esistenza dell'obbligo opposto, cioè di non assecondare l'ordine impartito dal cliente. L'inefficacia, di cui alla norma in commento, insiste su ciascun ordine e il pagamento eventualmente effettuato dalla banca, pur se terza rispetto alla procedura, non può essere opponibile a quest'ultima [18].

Anche i pagamenti effettuati con assegni circolari sono assoggettati ad inefficacia relativa. La loro differente natura rispetto all'assegno bancario comporta una differente valutazione del momento di perfezionamento del contratto e, dunque, del termine *a quo*. Intendo dire che il pagamento sarà considerato inefficace verso la procedura se la consegna del titolo, e non la mera emissione, sono successivi alla Registrazione della sentenza dichiarativa la liquidazione giudiziale [19].

Rientrano nell'ambito di applicazione dell'inefficacia anche i pagamenti effettuati mediante cambiali proprie se emesse prima della sentenza di liquidazione e non ancora pagate nel momento della sua registrazione. In tal senso si orienta la giurisprudenza costante. Più complesso il discorso sul pagamento effettuato a mezzo di cambiale tratta per il quale occorre fare alcune distinzioni. Infatti, qualora la cambiale sia stata accettata prima della

---

[16] Sul punto diffusamente CACCAVALE, *Art. 44*, 612.

[17] Si rinvia al commento *sub* art. 183.

[18] Sul punto PAJARDI, PALUCHOWSKI, *Manuale di Diritto*, secondo i quali «il fallito non può neppure pagare un debito che comunque dovrebbe pagare ugualmente il curatore neppure con i beni ai sensi dell'art. 46». Se il pagamento era stato effettuato allo scoperto la Banca avrà la possibilità di insinuarsi come creditore, al passivo; mentre se il pagamento era stato effettuato con denaro del debitore insolvente dovrà rifondere alla procedura la suddetta somma. Sul punto anche Cass., 8 febbraio 2018, n. 3086, in *Riv. dott. comm.*, 2018, 305.

[19] Sul punto Cass., 23 luglio 2009, n. 17310 e Cass., 12 ottobre 2018, n. 25558, secondo la quale «in caso di emissione di assegno circolare su richiesta di persona già dichiarata fallita, l'inefficacia di tale atto, al pari di quella degli atti che determinano la successiva circolazione del titolo di credito – se compiuti in pagamento di un credito o di un debito del fallito – può essere dichiarata, ai sensi dell'art. 44 l. fall., nei confronti di tutti i creditori, ma solo a seguito di azione promossa dal curatore fallimentare, trattandosi di inefficacia relativa; in difetto di detta azione del curatore, la banca non può sottrarsi al pagamento dell'assegno circolare, invocando l'inopponibilità alla procedura concorsuale dei trasferimenti per girata del titolo, poiché essa, quando emette un assegno circolare, adempie ad un'obbligazione di provvista nei confronti del richiedente e contestualmente assume, ex art. 82 e 83 del r.d. n. 1736 del 1933, un'obbligazione cambiaria nei confronti di chiunque risulterà legittimo portatore del titolo, ma solo il primo atto è inefficace e sempre che ricorrano le citate condizioni».

sentenza dichiarativa la liquidazione giudiziale, tale accettazione produce l'effetto di instaurare tra traente e trattario un rapporto obbligatorio diverso da quello cartolare che non può essere ricompreso nell'ambito di applicazione della norma poiché precedente la registrazione della sentenza. Resta salvo l'obbligo dell'ordinatario di ritrasferire la somma indicata sul titolo[20].

5. – La disposizione considera anche le ipotesi di contratti, perfezionati prima della sentenza dichiarativa della liquidazione giudiziale, ma i cui effetti reali si producono dopo il provvedimento di ammissione alla procedura. In queste ipotesi diviene dirimente, ai fini della dichiarazione di inefficacia l'accertamento dell'avvenuto perfezionamento del contratto prima o successivamente la pronuncia giudiziale. Infatti ove si consideri perfezionato il negozio prima della dichiarazione giudiziale, anche se l'adempimento, in quanto effetto reale che determina una riduzione del patrimonio del debitore insolvente, si verifica successivamente all'apertura della procedura, poiché l'esecuzione attiene ad una fase meramente esecutiva, non troverà applicazione la norma in commento. Al contrario, ove si ritenga che l'effetto reale sia connaturale al momento del perfezionamento del negozio, e questo si verifichi successivamente all'apertura della procedura, potrà farsi valere l'inefficacia dell'atto. Si pensi ad un contratto di compravendita sottoposto a termine non ancora scaduto o a condizione sospensiva, legale o volontaria, quando l'evento non si è ancora verificato al momento della registrazione della dichiarazione giudiziale di liquidazione. In questo caso la norma in commento non trova applicazione e l'atto è opponibile ai creditori. A differente soluzione si deve giungere nell'ipotesi di un contratto di assicurazione sulla vita in virtù del quale siano stati versate somme a titolo di riscatto dopo la sentenza dichiarativa la liquidazione giudiziale[21].

Vi sono poi contratti, come la vendita di beni futuri o di beni altrui o di cose generiche, i cui effetti reali sono strutturalmente differiti nel tempo. In tal caso, indipendentemente dall'eventuale intervenuta esecuzione di una delle parti, l'inefficacia non potrebbe operare ma il contratto in questione ricadrebbe nel regime dei contratti pendenti[22].

---

[20] V. sul punto Cass., 29 marzo 2019, n. 8972, secondo la quale è possibile esperire azione *ex* art. 44, comma 2, l. fall. nei confronti del debitore principale di un pagherò cambiario per aver adempiuto l'obbligazione di pagamento nei confronti di un soggetto che ha perso la legittimazione a disporre del proprio patrimonio. Infatti, la cambiale è uno strumento di credito e non di pagamento e, dunque, la mera emissione non comporta una diminuzione patrimoniale.

[21] «Nel caso in cui l'assicurazione abbia versato al fallito, dopo la dichiarazione di fallimento, gli importi dovuti a titolo di riscatto in relazione al contratto di assicurazione sulla vita stipulato dal fallito *in bonis*, il pagamento rientra nella sanzione di inefficacia di cui all'art. 44, co. 2, l.f.». Così Cass., 31 ottobre 2015, n. 2256, anche se nel vigore della normativa precedente.

[22] Interessante la decisione del Trib. S. Maria Capua Vetere, 26 marzo 2013, in *ilcaso.it*, secondo la quale «in caso di fallimento del debitore già assoggettato ad espropriazione presso terzi, il pagamento eseguito dal terzo debitore in favore del creditore che abbia ottenuto l'assegnazione del credito pignorato a norma dell'art. 553 c.p.c. è inefficace, ai sensi dell'art. 44 l.f., se intervenuto successivamente alla dichiarazione di fallimento, non assumendo rilievo, a tal fine, la circostanza che l'assegnazione sia stata disposta in data anteriore. L'assegnazione, infatti, non determina l'immediata estinzione del debito dell'insolvente, in quanto, avendo essa luogo 'salvo esazione', l'effetto satisfattivo per il creditore procedente è rimesso alla successiva riscossione del credito assegnato, con la conseguenza che è al pagamento eseguito dopo la dichiarazione di fallimento del debitore che deve essere ricollegata l'efficacia estintiva idonea a giustificare la sanzione dell'inefficacia».

Se la *ratio* della previsione è quella di cristallizzare tutti i rapporti del debitore, sia sul piano attivo che su quello passivo, al fine di poter ricostruire il patrimonio da destinare alla soddisfazione dei creditori, esula dall'applicabilità della previsione il pagamento che risulti estraneo a queste finalità. Si pensi al pagamento effettuato dal garante del debitore sottoposto alla liquidazione giudiziale, diretto ad estinguere un debito del debitore stesso[23].

6. – La nuova disposizione non risolve l'annosa questione della possibilità e dei limiti entro i quali il debitore possa esercitare una nuova impresa commerciale. La miglior dottrina e giurisprudenza[24] aveva già sottolineato come una soluzione positiva fosse la sola che rendesse compatibile la disposizione degli artt. 42 e 44 l. fall. previgenti con la previsione costituzionale dell'art. 41 sulla libertà di iniziativa economica privata e con la dichiarata volontà del legislatore di favorire, attraverso la gestione della crisi, una ripresa dell'attività dopo la definizione della situazione debitoria. Questa interpretazione emerge rafforzata dall'impostazione generale del Codice e rende certa la soluzione positiva, pur in assenza di una espressa previsione[25]. Permane, però la difficoltà di individuare i beni utilizzabili dal debitore per l'esercizio della nuova attività, in costanza di una procedura con finalità prettamente liquidatoria[26]. Infatti, ove gli atti compiuti dal debitore nell'organizzazione della nuova impresa si considerino dispositivi, gli stessi rientrerebbero nella previsione della norma in commento; diversa soluzione può adottarsi nell'ipotesi in cui, invece, gli stessi atti economici si considerino «naturale espressione della vitale essenza del bene-azienda»[27]. Dunque, la questione non si pone più sul piano della legittimità all'esercizio di nuova attività economica, ma, piuttosto sui limiti all'utilizzazione dei beni destinati alla nuova impresa. Infatti, è evidente che per avviare una nuova impresa occorrono risorse finanziarie e beni che provengono dal patrimonio personale del debitore, sul quale però grava un vincolo di indisponibilità. La riflessione deve essere svolta con riferimento alla nuova azienda che potrebbe essere intesa come sopravvenienza e come tale acquisita alla procedura. Occorre, a tale proposito, sottolineare che l'acquisizione dei beni alla procedura non avviene automaticamente e, dunque, la stessa azienda nella sua completezza potrebbe non rientrarvi per volontà del curatore. Dunque, non è possibile, alla luce della nuova normativa del Codice, giungere ad una differente soluzione del problema rispetto a quanto si poteva interpretare nel vigore della precedente disposizione: l'imprenditore as-

---

[23] Così Cass., 17 maggio 2019, n. 13458, secondo la quale «quando un terzo versi sul conto corrente del debitore, e dopo il fallimento di costui, una somma a riduzione dello scoperto del conto stesso per il quale esso terzo aveva prestato fideiussione, e non risulti la sussistenza di debiti verso il fallito da parte del terzo, deve ritenersi che questi abbia adempiuto il proprio debito fideiussorio, restando pertanto il relativo accreditamento sottratto alla dichiarazione di inefficacia di cui alla l. fall., art. 44, ovvero all'azione revocatoria di cui al successivo art. 67 della medesima legge».

[24] Di grande rilievo Cass. pen., sez. V, 1 marzo 2006, n. 9812, in *Mass. Cass.*

[25] Del resto l'imprenditore non perde la capacità giuridica a seguito dell'assoggettamento alla procedura.

[26] Il Codice sembra, infatti, distinguere nettamente tra procedure dirette al mantenimento della capacità produttiva dell'impresa in crisi e procedura liquidatoria cui viene attribuito il ruolo esclusivo di soddisfare, attraverso la liquidazione, gli interessi creditori. Nello stesso tempo, però, consente operazioni dirette a non penalizzare i rami di azienda ancora produttivi offrendo strumenti che garantiscono il loro mantenimento in vita.

[27] CACCAVALE, *Art. 44*.

soggettato alla procedura di liquidazione giudiziale potrà avviare una nuova attività economica; i beni impiegati per tale esercizio, provenienti da terzi, non possono essere acquisiti alla procedura; gli utili della nuova impresa saranno acquisiti alla procedura nei limiti stabiliti dall'art. 146.

Resta aperta la questione della assoggettabilità alla liquidazione giudiziale della nuova impresa e, quindi, dell'ammissibilità di una seconda procedura di liquidazione giudiziale. Considerare legittimo l'esercizio di una nuova impresa e negare la possibilità di una seconda liquidazione giudiziale farebbe pensare all'esistenza di un regime speciale per l'impresa esercitata dal debitore. La questione è ancora aperta, come restano irrisolte le problematiche relative ai rapporti tra le due procedure[28].

[28] Il tema è stato ampiamente dibattuto dalla dottrina classica. v. MINERVINI, *Il fallimento*, 297; PIRAS, *Fallimento in pendenza*, 97.

Articolo 145

Formalità eseguite dopo l'apertura della liquidazione giudiziale

1. Le formalità eseguite per rendere opponibili gli atti ai terzi, se compiute dopo la data dell'apertura della liquidazione giudiziale, sono senza effetto rispetto ai creditori.

Maria Cecilia Cardarelli

Sommario: 1. Il concetto di formalità e la pubblicità obbligatoria. – 2. Ipotesi particolari: le vicende *traslative* del credito. – 3. (*Segue*): altre ipotesi. – 4. L'estensione del dettato dell'art. 145 alle altre procedure.

1. – La disposizione in commento intende offrire un criterio per determinare l'opponibilità ai terzi di atti perfezionati prima della dichiarazione dell'apertura della liquidazione giudiziale per i quali l'estensione degli effetti *erga omnes* è determinata dal compimento di specifiche formalità, verificatesi, queste ultime, in tempi successivi all'avvio della procedura. La norma non considera ai fini della decorrenza degli effetti verso i terzi, il momento in cui l'atto viene posto in essere, ma piuttosto l'adempimento di incombenze esterne allo stesso procedimento di perfezionamento, dirette esclusivamente ad estenderne gli effetti. Trattasi, dunque, di quelle ipotesi nelle quali è necessario che si attui, per la formazione dell'atto, una procedura complessa che contempli, oltre le modalità di perfezionamento proprie dell'atto stesso, così come specificamente disciplinate, la loro formale esternalizzazione ai terzi, tra i quali è ovviamente ricompreso anche il curatore della procedura di liquidazione giudiziale. Si pensi alle ipotesi dell'obbligo di pubblicità legale, il cui adempimento, pur non incidendo sul perfezionamento dell'atto in sé, ne determina l'estensione degli effetti *erga omnes* (opponibilità). La norma in commento non reca modifiche rispetto alla versione precedente, né la diversa impostazione del Codice richiede una differente interpretazione di quanto disposto. In particolare occorre premettere che la *ratio* della disposizione non muta; questa è ancora individuabile nella funzione di garanzia della cristallizzazione del patrimonio dell'impresa in liquidazione giudiziale così che lo stesso sia preservato da pretese sorte durante la procedura stessa e che, di conseguenza, possano incidere sulla *par condicio creditorum*.

L'applicazione della disposizione pone, dunque, le stesse problematiche interpretative sulle quali si discuteva prima della riforma. Innanzitutto l'individuazione precisa ed il coordinamento delle tempistiche sia di perfezionamento dell'atto che di quelle della sua esternalizzazione rispetto alla data di pubblicazione della sentenza dichiarativa della liquidazione giudiziale.

L'ordinamento contempla una disciplina di pubblicità legale degli atti dispositivi (per gli atti relativi all'esercizio dell'attività economica iscrizione/deposito nel registro delle imprese e trascrizione per quanto attiene alle vicende relative ai beni immobili e mobili registrati) che si sostanzia nell'espletamento di una/u deposito/iscrizione/trascrizione al cui rispetto è subordinato il sorgere di una presunzione di conoscenza da parte di tutti i terzi nei confronti dei quali l'atto stesso ed il suo contenuto diventano opponibili a questi. In tutte le ipotesi nelle quali è sancito l'obbligo pubblicitario, sia esso deposito/iscrizione nel Registro delle imprese o trascrizione, non si presentano particolari problemi interpretativi sotto il profilo dell'individuazione delle *formalità* rilevanti ai fini dell'applicabilità della norma in commento. Infatti, l'adempimento dell'onere pubblicitario comporta la necessaria scelta della forma scritta dell'atto da depositare/trascrivere cui si aggiunge, nelle ipotesi in cui sia richiesto l'atto pubblico, l'intervento di un pubblico ufficiale nel procedimento di perfezionamento dello stesso, elementi tutti che contribuiscono ad attestare, da un lato la data certa, dall'altro garantirne la legittimità, quanto al contenuto. Per questi atti, dunque, l'applicabilità della disposizione non presenta problematiche di rilievo essendo immediata la individuazione del *dies a quo*. È, dunque facile accertare che l'adempimento pubblicitario che completa l'espletamento degli effetti dell'atto sia stato compiuto prima della dichiarazione di liquidazione giudiziale [1].

Ben più problematico appare, innanzitutto l'individuazione delle formalità e, in secondo luogo della data certa, ai fini dell'applicazione della disposizione in commento, in tutte quelle ipotesi per le quali non sono previsti obblighi pubblicitari né vi sono previsioni specifiche sulle modalità di perfezionamento che consentano un accertamento della tempistica. La questione non è di scarso rilievo visto che l'effetto dell'opponibilità, di cui al disposto dell'art. 145, costituisce il presupposto perché la procedura possa rivendicare i beni usciti dal patrimonio dell'impresa in liquidazione giudiziale, ed è, quindi, funzionale alla ricomposizione della massa destinata alla soddisfazione dei creditori. La giurisprudenza, nel vigore della precedente normativa affermava che «il sistema della attuale legge fallimentare non si ferma sul punto della 'espressa e sicura posteriorità' degli atti compiuti con il fallito, quanto, piuttosto, nell'opposta prospettiva della certezza dell'anteriorità alla dichiarazione di tale ordine di fatti, secondo quanto si desume, se non altro, dalla norma dell'art. 45 di questa legge» [2]. Poiché il dettato della norma non ha subito modifiche, né si

[1] In tal senso Trib. Bologna, 14 maggio 2020, n. 762, in *ilcaso.it*; (si trattava della trascrizione di un'azione di risoluzione avente ad oggetto un diritto di proprietà industriale) secondo il quale la disposizione ci offre «la regola secondo cui, affinché un atto, che necessiti di determinate formalità pubblicitarie per rendersi opponibile ai terzi, divenga opponibile anche ai creditori fallimentari o concordatari, è necessario che le anzidette formalità siano eseguite prima della data di presentazione della richiesta di concordato». Sulla stessa linea Trib. Reggio Calabria, 13 maggio 2019, n. 717, in *ilcaso.it* relativamente alla trascrizione di un contratto di alienazione di autovettura. Così anche App. Bologna, 16 gennaio 2012 e Cass., 18 gennaio 2018, n. 1190 entrambe in *ilcaso.it*.

[2] V. da ultimo Cass., 27 febbraio 2019, n. 5781. Nel caso di specie si chiedeva l'accertamento dell'inefficacia di un pagamento coattivo effettuato a favore di terzo pignorato, con condanna restitutoria delle somme. In quella sede la Corte ritiene non pertinente il dettato del d.lgs. n. 201 del 2001, richiamato nelle difese

può considerare modificata la sua *ratio* alla luce della nuova impostazione della disciplina delle procedure concorsuali, il criterio interpretativo offerto dalla giurisprudenza può ancora considerarsi rispettoso delle ragioni di tutela sottese a questa disposizione. Dunque, ciò che conta, è risalire alla data certa dell'atto stesso[3]. Autorevoli commentatori[4] hanno sottolineato che la forma *ad substantiam* o *ad probationem* dell'atto consenta, sul piano probatorio, la dimostrazione *de plano* dell'anteriorità alla dichiarazione della liquidazione giudiziale determinando, come effetto, l'inopponibilità alla procedura dell'atto "nella sua interezza". La mancanza della previsione di una forma scritta *ad substantiam* dell'atto richiederà lo svolgimento di un'attività probatoria diretta ad accertare se sono state compiute formalità idonee alla esternalizzazione dell'atto e del suo contenuto, dimostrando, in tal modo, la conoscibilità dell'atto stesso. Se questa, come credo, è la *ratio* della norma, allora, la disposizione in commento rappresenta un ulteriore effetto dello spossessamento.

2. – Meritano attenzione alcune ipotesi, piuttosto frequenti, tra le quali un posto di primo piano riveste la cessione/circolazione del credito che l'imprenditore in crisi vanta verso terzi.

L'esigenza di ricapitalizzazione dell'impresa e di definizione delle posizioni debitorie induce l'imprenditore a predisporre un articolato sistema di gestione del credito e del debito così da continuare ad ottenere risorse finanziarie dirette a mantenere una, seppur minima, capacità produttiva. In questa ottica la cessione del credito vantato dall'impresa verso terzi può costituire uno strumento fondamentale per ristrutturare la situazione patrimoniale. Per queste ipotesi, la giurisprudenza sottolinea, quale formalità rilevante ai fini dell'applicazione della disposizione in commento, la notifica al debitore della cessione o, in alternativa la sua accettazione[5]. Dunque, il combinato disposto dell'art. 2914 c.c. e dell'art. 145 conduce l'interprete ad individuare nella notifica della cessione al debitore o nella sua accettazione le formalità inderogabili per determinare la data certa della cessione e verificare la sua anteriorità/posteriorità rispetto alla dichiarazione di liquidazione giudiziale[6]. Non sempre, però, la cessione del credito *pro solvendo* viene notificata o riceve l'accettazione del debitore, dato che il disposto dell'art. 1260 c.c. sancisce che il trasferimento è valido «anche senza il consenso del debitore, purché il credito non abbia carattere strettamente personale o il trasferimento non sia vietato dalla legge»[7]; così come è unanimemente accolta l'interpretazione secondo la quale l'accettazione/notifica, di cui al disposto dell'art. 1264 c.c., deve essere intesa come semplice dichiarazione di scienza. Si ritiene, in ultima analisi che la cessione del credito si perfeziona con l'accordo tra cedente e cessionario, escludendosi che la esternalizzazione della stessa sia parte del procedimento di perfezionamento.

---

della Banca che è invece «"destinato a regolare il tema della definitività degli ordini immessi in un sistema di pagamento o di regolamento titoli».

[3] Sul punto si cfr. il commento *sub* art. 142.

[4] Cfr. CACCAVALE, *Art. 45*, 643.

[5] Sul punto relativamente ad un'operazione di anticipazione bancaria con cessione di credito v. Trib. Brescia, 2 marzo 2021, in *ilcaso.it*.

[6] La norma non prescrive la rilevanza dell'ora. Sul punto Cass., 27 febbraio 2019, n. 5781.

[7] Cfr. Cass., 15 novembre 2018, n. 29459 e Cass., 13 settembre 2018, n. 22419. Non trova riscontro nelle normative la tesi secondo la quale l'accettazione avrebbe una valenza confessoria.

La mancanza dell'obbligo delle formalità dalle quali poter dedurre la certezza della data della cessione rilevava, in particolare, nell'ipotesi di fallimento del debitore[8], questione che continua a porsi anche alla luce della nuova normativa sulla liquidazione giudiziale. Se la *ratio* della disposizione in commento è quella di preservare il patrimonio dell'impresa, che si trova in una situazione di crisi conclamata, da eventuali uscite elusive delle ragioni dei creditori[9], è corretto, a mio avviso, ritenere che la disposizione in commento debba operare come regolamento di conflitto[10]. Questa interpretazione trova conferma nella disposizione dell'art. 1265 c.c. che sembra quasi sottolineare la funzione della notifica/accettazione, cioè proprio la risoluzione dei conflitti tra più acquirenti connessa al rispetto della formalità della notifica/accettazione del debitore dalla quale risulti che la cessione reca una data anteriore al pignoramento.

Ugualmente si può argomentare nell'ipotesi di dichiarazione di liquidazione giudiziale del cessionario. Infatti, la situazione di crisi accertata giudizialmente fa emergere un conflitto tra la massa dei creditori e il cessionario/imprenditore in liquidazione giudiziale e, dunque, è individuabile una medesima esigenza di tutela dei creditori ceduti. In tal caso, ai fini dell'identificazione della data certa dalla quale si considerano opponibili ai creditori gli effetti della cessione, giurisprudenza costante ritiene che la cessione del credito sia opponibile alla procedura solo se notificata/accettata dal debitore. Inoltre, la data certa della sentenza di ammissione alla procedura viene individuata nella data di iscrizione nel Registro delle imprese della sentenza[11]. Tale interpretazione rigorosa non determina pregiudizio alle giuste ragioni dei creditori della massa in quanto il sistema consente al curatore di esperire l'azione revocatoria, ove, ovviamente, ne sussistano i requisiti. Si sottolinea che tale interpretazione è corretta anche con riferimento alla cessione di crediti futuri, per i quali la giurisprudenza costante ritiene non sia sufficiente che il negozio si sia perfezionato in data anteriore alla iscrizione nel Registro delle imprese della sentenza dichiarativa la liquidazione giudiziale; è, infatti, necessario che lo stesso credito sia divenuto esigibile e sia stato notificato/accettato dal debitore prima della registrazione della sentenza.

---

[8] Di grande interesse Trib. Torino, 10 aprile 2014, in *Fallimento*, 2015, 599 e seguenti con nota di FICARELLA, *Opponibilità al fallimento*. Nel caso di specie il cessionario del credito, acquistato da una società nei confronti di una ditta individuale, presentava domanda di insinuazione passiva al fallimento di quest'ultima. Per documentare la cessione presentava le fatture commerciali emesse dalla cedente nei confronti del debitore ceduto e la corrispondenza intercorsa tra società cedente e creditore cessionario dalla quale risultava la cessione del credito pro-soluto. Il curatore non contestava l'esistenza del credito e ne proponeva l'ammissione al passivo. Il g.d., invece, escludeva il medesimo credito in quanto mancava la prova della data certa anteriore alla dichiarazione di fallimento. Alla medesima conclusione era giunto anche il Trib. Sulmona, 30 dicembre 2004, in *Fallimento*, 2006, 1306, secondo il quale «al fallimento del debitore ceduto sono opponibili le sole cessioni del creditore notificate o accettate con atto di data certa anteriore alla dichiarazione di fallimento, ai sensi degli artt. 2914, n. 2 c.c. e 45 l. fall.; ne consegue che in caso di notifica avvenuta dopo tale evento il credito non può essere ammesso al passivo fallimentare».

[9] In dottrina autorevoli autori hanno letto la disposizione in commento come un'applicazione specifica dei principi generali dell'esecuzione individuale. V. per le citazioni di dottrina e giurisprudenza sul punto FICARELLA, *Opponibilità al fallimento*, nn. 8 e 9.

[10] COLESANTI, *Fallimento e trascrizione*, 339.

[11] Vale in questa ipotesi l'equiparazione alla notifica a mezzo di ufficiale giudiziario ogni mezzo di trasmissione dal quale possa risultare la data certa. V. Cass., 29 settembre 1999, in *Foro it.*, 2000, 825.

Nell'ipotesi in cui la procedura di liquidazione giudiziale riguardi il debitore ceduto la giurisprudenza costante ritiene inapplicabile la disposizione in oggetto [12]. È infatti evidente che, in tal caso, non c'è alcuna esigenza di risolvere un conflitto tra più aventi causa né, del resto, la massa dei creditori riceve alcun pregiudizio dalla cessione [13].

Un discorso a parte va fatto per l'opponibilità alla liquidazione giudiziale dei crediti futuri. Giurisprudenza e dottrina prevalente, rilevando la natura consensuale del contratto di cessione di crediti futuri, rileva che il trasferimento del credito non si realizza al momento del perfezionamento del contratto stesso, bensì nel momento in cui il credito viene ad esistenza. Da ciò ne deriva che la cessione, anche se tempestivamente notificata o accettata non può essere opposta al curatore se non si è realizzato l'effetto reale del trasferimento [14]. La giurisprudenza considera inopponibile alla massa anche il credito derivante da un decreto ingiuntivo, contenente la clausola di provvisoria esecuzione, ma non dichiarato esecutivo dal giudice [15].

Quando la cessione dei crediti è oggetto dell'attività, come nell'ipotesi di imprese autorizzate all'attività di factoring, l'ordinamento ha dettato una disciplina speciale, alternativa e più favorevole rispetto a quella della norma in commento. Infatti, il regime di opponibilità della cessione ai creditori del cedente in liquidazione giudiziale prevede, come momento di produzione dell'effetto il pagamento effettuato dopo la data della dichiarazione giudiziale [16], salvo che il curatore dimostri che il cessionario conosceva lo stato di insolvenza del cedente.

3. – Altra fattispecie per la quale occorrono alcune, seppur brevi precisazioni in merito all'applicabilità dell'art. 145 è quella dei contratti preliminari. Il problema giuridico è costituito dalla individuazione delle formalità idonee a produrre l'effetto dell'opponibilità verso i creditori requisito necessario perché il curatore possa procedere alla rivendica fallimentare dei beni immobili. È opinione condivisa che l'avvenuta trascrizione del preliminare sia formalità sufficiente a dimostrare la data certa anteriore all'iscrizione della sentenza dichiarativa della liquidazione giudiziale [17]. Equiparabile alla trascrizione del contratto deve considerarsi la trascrizione della domanda giudiziale diretta ad ottenere l'esecuzione in forma specifica dell'obbligo di contrarre [18].

---

[12] Così da ultimo Cass., 11 marzo 2019, n. 6930.

[13] FICARELLA, *Opponibilità al fallimento*, 606 che sottolinea chiaramente «per il curatore, una volta accertata l'anteriorità del credito ceduto (e non anche del negozio di cessione) e l'esistenza e/o validità della cessione alla procedura fallimentare, pagare al cedente oppure al cessionario, il quale sostituisce al primo con il medesimo credito, l'eventuale identico privilegio e per lo stesso importo».

[14] Sul punto Trib. Roma, 9 luglio 2019, in *Giustizia.Civile.com*; Trib. Busto Arsizio, 24 gennaio 2018, in *ilcaso.it*; Cass., 17 gennaio 2012, n. 551 in *Giust. civ. Mass.*, 1, 35; Trib. Pescara, 3 gennaio 2012, in *Ilfallimentarista.it*, 29 maggio 2012 sulla cessione in massa dei crediti. Cfr. SCODITTI, *Opponibilità della cessione*, 498.

[15] Sul punto da ultimo Trib. Roma, 7 febbraio 2019, in *Condominioelocazione.it*. In dottrina v. PIANEZZE, *Insinuazione del credito*, 38; SARDU, *Brevi note*, 5.

[16] App. Venezia, 3 agosto 2020, n. 1963, in *ilcaso.it*. L. 21 febbraio 1991, n. 52, art. 5.

[17] Per tutti Cass., 16 dicembre 2019, n. 33238, in *Diritto & Giustizia*.

[18] Così Cass., 30 maggio 2018, n. 13687 e da ultimo Trib. Teramo, 24 agosto 2020, n. 668 non pubblicata.

Anche nelle ipotesi in cui i contratti preliminari di vendita abbiano effetti anticipati ma non siano stati trascritti la posizione prevalente della giurisprudenza è la medesima. Infatti, il preliminare assicura al promissario acquirente la immediata disponibilità del bene ma non il titolo di proprietà[19]. Ciò significa che il trasferimento della proprietà è delegato al perfezionamento di altro contratto, quello definitivo, solo il godimento del bene discende immediatamente dalla regolamentazione del negozio preliminare. In queste ipotesi, dunque, la giurisprudenza, sottolinea che la trascrizione dei contratti preliminari ha solo un "effetto prenotativo" dell'opponibilità ai terzi della trascrizione del contratto definitivo o di altro atto o provvedimento che renda definitivo il trasferimento immobiliare Con la conseguenza che tali contratti non spiegano alcun effetto ai fini del 145 e non obbligano il curatore a dare esecuzione agli accordi contrattuali, stipulando il contratto definitivo[20].

Quanto al patto di compensazione, l'orientamento prevalente della giurisprudenza ritiene, alla luce del principio di cristallizzazione del patrimonio debitore e di quello della *par condicio creditorum*, applicabile in modo rigoroso il disposto di cui alla norma in commento. Dunque, la differenziazione tra debiti anteriori e debiti successivi alla liquidazione giudiziale comporterà che i creditori che vantano un titolo anteriore alla sentenza di apertura della procedura possono essere soddisfatti mediante compensazione anche se l'effetto estintivo delle obbligazioni contrapposte si sia verificata dopo la dichiarazione stessa[21].

4. – L'art. 145 rientra nella disciplina propria della liquidazione giudiziale. La giurisprudenza già nel vigore della previgente legge delle procedure concorsuali riteneva che la disposizione avesse carattere generale e che, quindi, potesse trovare applicazione nelle altre procedure concorsuali, così come sembra possa affermarsi anche per la nuova normativa.

Si può, dunque, ritenere che quando un atto è sottoposto a forme di pubblicità legale obbligatorie perché si producano effetti *erga omnes*, lo stesso atto diviene opponibile ai creditori concordatari solo se l'adempimento di quelle formalità reca data anteriore rispetto alla presentazione della domanda di concordato[22].

Nulla questio sull'applicabilità della disposizione in commento ai fini dell'opponibilità degli atti nella procedura di liquidazione coatta amministrativa in quanto espressamente richiamata dall'art. 303 secondo il quale l'effetto dell'opponibilità decorre dalla data del provvedimento amministrativo e non da quella della sua pubblicazione in Gazzetta ufficiale. Si potrebbe pensare che la previsione comporti una discriminazione tra soggetti

---

[19] Sulla natura giuridica del contratto preliminare di vendita v. BUSET, *Considerazioni*, 1447, che colloca il preliminare con effetti anticipati nell'ambito dell'atipicità; BETTAZZI, *Fallimento del promittente*, 1117. In giurisprudenza Trib. Mantova, 17 gennaio 2017, *ilcaso.it*.

[20] Sul punto CAPECCHI, *Esecuzione specifica* nel quale si pone un problema di coordinamento con l'*ex* art. 72 l. fall., oggi 172 relativamente alla possibilità del curatore di scegliere se subentrare o sciogliere un preliminare di vendita in tutto o in parte non eseguito. V. anche JORIO, *Gli effetti*, 1264 Sul punto anche Cass., sez. I, 26 aprile 2010.

[21] In tal senso Cass., 15 giugno 2020, n. 11524.

[22] In coordinamento con l'art. 138, comma 1, lett. *h*), c.p.i., App. Bologna, 14 maggio 2020, n. 762, in *ilcaso.it*, ha ritenuto che la sentenza che accoglie una domanda relative ai marchi è opponibile ai creditori concorsuali solo se la domanda giudiziale è stata trascritta in data anteriore al deposito della proposta di concordato preventivo.

coinvolti nella procedura sotto il profilo della conoscibilità. In realtà la stessa giurisprudenza ha più volte ribadito che i terzi possono accedere alle informazioni sull'esistenza della procedura e sul contenuto del provvedimento di ammissione presso la propria amministrazione in quanto titolari di un diritto di accesso *ex* art. 22 ss., l. n. 241 del 1990[23].

[23] In tal senso Cass., 30 luglio 2014, n. 17290; Trib. Roma, 13 aprile 2017, n. 7417, solo massima in *Juris data*. Cfr. anche Cass., 12 marzo 2014, n. 5721, secondo la quale la vendita immobiliare, trascritta nello stesso giorno in cui è stato emesso il decreto di ammissione alla liquidazione coatta, è inefficace verso la procedura.

Articolo 146

Beni non compresi nella liquidazione giudiziale

1. Non sono compresi nella liquidazione giudiziale:

a) i beni e i diritti di natura strettamente personale;

b) gli assegni aventi carattere alimentare, gli stipendi, le pensioni, i salari e ciò che il debitore guadagna con la sua attività, entro i limiti di quanto occorre per il mantenimento suo e della sua famiglia;

c) i frutti derivanti dall'usufrutto legale sui beni dei figli, i beni costituiti in fondo patrimoniale e i frutti di essi, salvo quanto è disposto dall'articolo 170 del codice civile;

d) le cose che non possono essere pignorate per disposizione di legge.

2. I limiti previsti al comma 1, lettera b), sono fissati con decreto motivato del giudice delegato, sentiti il curatore ed il comitato dei creditori, tenuto conto della condizione personale del debitore e di quella della sua famiglia.

Articolo 147

Alimenti ed abitazione del debitore

1. Se al debitore vengono a mancare i mezzi di sussistenza, il giudice delegato, sentiti il curatore e il comitato dei creditori, può concedergli un sussidio a titolo di alimenti per lui e per la famiglia.

2. La casa della quale il debitore è proprietario o può godere in quanto titolare di altro diritto reale, nei limiti in cui è necessaria all'abitazione di lui e della famiglia, non può essere distratta da tale uso fino alla sua liquidazione.

Salvatore De Vitis

Sommario: 1. Premessa. – 2. I beni e i diritti di natura strettamente personale. – 3. La lett. *b)* dell'art. 146. – 4. Le lett. *c)* e *d)*. – 5. Alimenti ed abitazione del debitore.

1. – I due articoli in commento regolamentano (alcuni) effetti della liquidazione giudiziale per il debitore.

In particolare, l'art. 146 si occupa dei beni che sono esclusi dalla liquidazione giudiziale, mentre la norma successiva fa riferimento agli alimenti ed all'abitazione del debitore.

Le due norme sostanzialmente riproducono il contenuto degli artt. 46 e 47 della vecchia legge fallimentare, con l'introduzione di poche novità.

L'art. 146[1] costituisce un'eccezione sia al principio contenuto nell'art. 2740 c.c., secondo il quale il debitore risponde dell'adempimento delle proprie obbligazioni con tutti i beni presenti e futuri, sia al principio di appartenenza alla liquidazione giudiziale di tutti i rapporti patrimoniali, sia, infine, al carattere tendenzialmente universale dello spossessamento previsto nel precedente art. 142[2]. Tale eccezione storicamente è stata giustificata con la necessità di garantire diritti inalienabili, costituzionalmente assicurati alla persona, ovvero al suo nucleo familiare. Da ciò discendono varie conseguenze:

a. che l'elenco è tassativo;

b. che la norma si applica solo ed esclusivamente all'imprenditore individuale;

c. che deve sussistere una correlazione stretta fra i beni e la loro destinazione alla persona del fallito e/o al suo nucleo familiare[3].

2. – La lett. *a*) esclude i beni e i diritti di natura strettamente personale. Si tratta di una norma elastica[4], che secondo alcuni andrebbe interpretata nel senso di ritenere strettamente personali quei beni e diritti la cui tutela appaia diretta «in via primaria e prioritaria alla protezione delle persone, anche se di tale tutela possono conseguire effetti di carattere patrimoniale»[5]; per altri, il criterio discretivo dovrebbe essere quello della prevalenza o meno dei profili personali su quelli patrimoniali[6]; altri ancora fanno rientrare nell'alveo della norma anche i diritti patrimoniali e trasmissibili se destinati a soddisfare le esigenze primarie del fallito[7].

Molto si è discusso sulla sorte delle somme spettanti al debitore a seguito di una richiesta di risarcimento del danno. Sul punto, la giurisprudenza[8] distingue fra le somme eroga-

[1] In particolare, «i beni esclusi dallo spossessamento (sono tra quelli che) permettono al fallito la ripartenza (c.d. fresh start): opportunità che è espressamente riconosciuta in altri ordinamenti. In definitiva qui il conflitto tra fallito e creditori si risolve a vantaggio del primo», in tal senso cfr. ROCCO DI TORREPADULA, *Art. 46*, 737.

[2] Cfr. P. VELLA, *Art. 46*, 657; v. anche GROSSI, *La riforma*, 423; PACCHI, *Art. 46*, 299; TEDESCHI, *Manuale del nuovo*, 207; FEDERICO, *Artt. 42-49*, 561.

[3] Si tratta di una eccezione relativa e non assoluta, «nel senso che, laddove venga meno l'inerenza alla persona del fallito o il nesso con gli interessi primari e vitali del suo nucleo familiare, riprenderebbe vigore la regola dell'inclusione nel patrimonio fallimentare», in tal senso v. VELLA, *Art. 46*, 657.

[4] Cfr. ROCCO DI TORREPADULA, *Art. 46*, 738.

[5] Cfr. VASSALLI, *Diritto fallimentare*, 274; ROCCO DI TORREPADULA, *Art. 46*, 738.

[6] Cfr. COSTA, *Gli effetti*, 9; ROCCO DI TORREPADULA, *Art. 46*, 738.

[7] Cfr. JAEGER, SACCHI, *Fallimento*, 8; ROCCO DI TORREPADULA, *Art. 46*, 738, il quale precisa che «restano nella disponibilità del fallito, a titolo esemplificativo, quei beni non dissociabili dalla personalità del soggetto come l'immagine, il nome, lo pseudonimo, nonché le opere di ingegno». A cui si aggiungono, ancora, i diritti potestativi, il potere di revoca della donazione per ingratitudine o sopravvenienza di figli, il potere di accettare o rifiutare una donazione, lo stato di cittadinanza, lo stato di famiglia, il reclamo di uno *status*, le azioni in materia di separazione coniugale, di divorzio e di alimenti, l'esercizio della potestà sui figli, le azioni incidenti sulla capacità d'agire, il diritto di uso e abitazione. Sul punto, v. VELLA, *Art. 46*, 658 s.

[8] Cfr., Cass., 22 luglio 2005, n. 15493; Cass., 11 gennaio 2006, n. 392; Cass., 7 febbraio 2007, n. 2719; Cass., 27 gennaio 2011, n. 1879; Cass., 15 ottobre 2018, n. 1879.

te a titolo di danno patrimoniale, che non rientrano nell'esclusione, e quelle rinvenienti dal danno biologico che, al contrario, spettano al debitore, attesa appunto la natura personale del diritto. Qualora poi la somma liquidata a titolo di danno patrimoniale comprenda anche ciò che il debitore avrebbe potuto guadagnare mercé la propria attività lavorativa, si reputa che il giudice delegato possa attribuire una parte di essa al debitore per le esigenze di mantenimento suo e della sua famiglia. Altra ipotesi di esclusione è quella relativa alle somme percepite dal debitore a titolo di riscatto di una polizza di assicurazione sulla vita, sul presupposto delle funzioni previdenziale e di risparmio della stessa. Ovviamente ciò non esclude che il curatore possa agire, se ne ricorrono i presupposti, in revocatoria per i premi pagati dal debitore in pregiudizio dei creditori. Infine, il carattere eccezionale della norma pone dei dubbi sull'esclusione dei crediti rinvenienti da un rapporto di lavoro cessato. La soluzione positiva appare preferibile ed è fondata, per un verso, sul fatto che la norma non attribuisce alcun rilievo alla caratterizzazione originaria dell'introito ma alla sua successiva destinazione, per altro verso sia sul presupposto che la disposizione fa riferimento anche ai guadagni dell'attività lavorativa sia perché le riforme del diritto fallimentare, ora della crisi, che si sono succedute negli ultimi anni sono orientate chiaramente ad eliminare il carattere afflittivo del fallimento [9].

3. – La lett. *b*) esclude dalla liquidazione giudiziale, oltre agli stipendi, alle pensioni e ai salari, anche ciò che il debitore guadagna con la sua attività. Ciò vuol dire che al debitore sottoposto a liquidazione giudiziale non è preclusa qualsiasi attività, anzi, come si è correttamente rilevato [10], siffatta possibilità costituisce un suo diritto. Tuttavia, è evidente che ci debba essere un limite all'attribuzione al debitore delle somme derivanti da siffatta attività ed è quello occorrente al mantenimento del debitore stesso e della sua famiglia. La giurisprudenza ha precisato che il limite del mantenimento è più ampio di quello previsto dall'articolo successivo in tema di alimenti perché costituisce un incentivo per il debitore a svolgere un'attività produttiva di reddito, ma, al contempo, non può spingersi fino a giungere al parametro costituzionale del tenore di vita socialmente adeguato [11]. Si è molto discusso in dottrina sulla sorte degli emolumenti erogati prima dell'emanazione del decreto del giudice delegato. Alcuni [12] ritengono che, in questa ipotesi, le somme vengono attratte automaticamente alla massa, altri autori [13], così come la giurisprudenza di legittimità, propendono per la opposta soluzione. In particolare la Suprema Corte ha precisato che il diritto del debitore di percepire gli emolumenti necessari al mantenimento suo e della sua famiglia sussiste prima ed indipendentemente dal decreto del giudice delegato, decreto che ha natura meramente dichiarativa ed efficacia retroattiva. Resta ov-

---

[9] Cfr. ROCCO DI TORREPADULA, *Art. 46*, 739 e ss.; v. anche PACCHI, *Art. 46*, 300.

[10] Così, ROCCO DI TORREPADULA, *Art. 46*, 740.

[11] Cfr. Cass., 7 febbraio 2008, n. 2939; Cass., 8 febbraio 2007, n. 2765; in dottrina, sul punto, v. VELLA, *Art. 46*, 663; PACCHI, *Art. 46*, 301.

[12] Cfr. FERRARA, BORGIOLI, *Il fallimento*, 338; GUGLIELMUCCI, *Effetti del fallimento*, 111 s.; PROVINCIALI, *Manuale di diritto*, 743; ANDRIOLI, *Fallimento*, 402.

[13] Cfr. MORACE PINELLI, *Art. 46*, 680, GENOVIVA, *Gli effetti patrimoniali*, 462; PAJARDI, *Manuale di diritto*, 231; BONSIGNORI, *Il fallimento*, 321.

viamente salvo il diritto del curatore di apprendere alla massa l'eventuale eccedenza degli emolumenti percepiti dal debitore rispetto alla somma determinata dal giudice delegato [14]. Ulteriore tema di discussione è costituito dalla necessità o meno di un rapporto di contestualità fra la maturazione del diritto agli emolumenti e la necessità del mantenimento, nel senso che, secondo alcuni [15], gli emolumenti dovuti sulla base di un rapporto di lavoro cessato resterebbero alla massa, mentre (solo) quelli maturati dopo la dichiarazione di apertura della liquidazione giudiziale potrebbero essere assegnati al debitore. La tesi non appare accettabile in primo luogo perché la contestualità non è specificata nella norma e poi perché, per un verso, essa attribuisce rilievo alla destinazione della somma e non alla caratterizzazione originaria dell'emolumento, per altro verso, perché si ritiene applicabile in via analogica il principio enunciato nell'art. 545 c.p.c. in materia di pignoramento dello stipendio [16].

La determinazione concreta delle somme destinate al mantenimento spetta al giudice delegato, il quale deve assumere la decisione con decreto motivato, tenendo conto sia della condizione personale del debitore che di quella della sua famiglia [17]. La norma introduce una novità perché obbliga il giudice delegato ad acquisire preventivamente il parere del curatore e del comitato dei creditori, con ciò recependo una prassi già presente nei tribunali fallimentari e, allo stesso tempo, eliminando una contraddizione rispetto a situazioni simili, prontamente rilevata da un'attenta dottrina [18].

4. – In linea con quanto già previsto dall'art. 46 della legge fallimentare, la lett. *c*) in questione esclude dalla liquidazione giudiziale alcune categorie di beni che hanno in comune la destinazione ai bisogni familiari.

In particolare, si esclude il fondo patrimoniale in quanto patrimonio separato, ovviamente facendo salva l'esperibilità delle azioni della massa, quali l'azione revocatoria ordinaria *ex* art. 165 e l'azione di inefficacia *ex* art. 163 al fine di evitare l'utilizzo fraudolento dello strumento, e, al contempo, si fa espressa salvezza di quanto disposto dall'art. 170 c.c., con ciò consentendo anche a creditori estranei alle esigenze familiari di potersi rivalere sui beni del fondo patrimoniale purché, per un verso, dimostrino di essere incolpevolmente ignari di siffatta estraneità e, per altro verso, siano state rispettate le formalità per rendere opponibile alla liquidazione giudiziale la destinazione dei beni al fondo patrimoniale [19].

---

[14] Cfr. VELLA, *Art. 46*, 664; in giurisprudenza, cfr. Cass., 31 ottobre 2012, n. 18843.

[15] Cfr. FEDERICO, *Artt. 42-49*, 565; CAVALLI, *Gli effetti*, 345; GIUFFREDI, *Degli effetti*, 302; RUISI, CENSONI, *Il fallimento*, 402 s.; PROVINCIALI, *Manuale di diritto*, 828. In senso contrario, cfr. MORACE PINELLI, *Art. 46*, 681; ROCCO DI TORREPADULA, *Art. 46*, 740 ss.; PAJARDI, PALUCHOWSKI, *Manuale di diritto*, 283; GUGLIELMUCCI, *Effetti del fallimento*, 119; AZZOLINA, *Il fallimento*, 520.

[16] Cfr. VELLA, *Art. 46*, 664.

[17] Si precisa che le somme attribuite al fallito non hanno un vincolo di destinazione, «sia per l'espansione delle capacità del fallito voluta dalla riforma, sia per la mancanza di efficienti strumenti di controllo su un uso eventualmente distorto (ad es. investimento in luogo dei bisogni alimentari) delle somme a lui assegnate», così VELLA, *Art. 46*, 666; v. anche ROCCO DI TORREPADULA, *Art. 46*, 740 ss.

[18] Così, ROCCO DI TORREPADULA, *Art. 46*, 742.

[19] Cfr. VELLA, *Art. 46*, 668; v. anche CAIAZZO, *Gli effetti*, 431; TEDESCHI, *Manuale del nuovo*, 212; FERRO, *Creditori della famiglia*, 699.

Sui frutti derivanti dall'usufrutto legale sui beni dei figli minori, vale la pena ricordare che una parte della dottrina non ritiene che si tratti di una esclusione assoluta, ma che, anche in questo caso, sia applicabile la deroga prevista nell'art. 170 c.c., la cui mancanza *in parte qua* sarebbe addebitabile ad una mera svista del legislatore[20].

Infine, anche la lett. *d*) è rimasta immutata e, quindi, sono sottratte alla massa le cose impignorabili, così come intatta resta anche l'interpretazione restrittiva della disposizione che è stata sempre data, per cui l'esonero riguarda solo ed esclusivamente le cose assolutamente impignorabili[21].

5. – L'art. 147 riproduce fedelmente il vecchio art. 47 e si occupa del sussidio che può essere riconosciuto al debitore sottoposto alla liquidazione giudiziale, per sé e per la sua famiglia.

Qui basterà rilevare la netta differenza tra il sussidio e il mantenimento previsto nell'art. 146. In effetti quest'ultimo presuppone lo svolgimento di un'attività lavorativa da parte del debitore e costituisce un incentivo; il sussidio, per converso, postula l'inattività del debitore e, quindi, è un'elargizione[22], che trova il suo precedente nei "necessari soccorsi" che l'art. 752 c. comm. riservava al fallito ed alla sua famiglia. Da ciò deriva che il debitore non ha un diritto soggettivo al sussidio e che esso vada inteso in senso restrittivo[23].

Quanto poi al *quantum* ed alle modalità di concessione del sussidio si sostiene che la somma deve essere determinata mercé una comparazione fra l'interesse del debitore e della sua famiglia e quello dei creditori; mentre la concessione del sussidio è appannaggio del giudice delegato, previo parere consultivo del comitato dei creditori[24].

Da ultimo l'art. 147, in linea con la vecchia legge fallimentare, esonera fino alla liquidazione l'abitazione del debitore, con la novità che non si fa riferimento solo al diritto di proprietà, ma anche agli altri diritti reali di godimento.

---

[20] Cfr. VELLA, *Art. 46*, 670; GENOVIVA, *Gli effetti patrimoniali*, 463.

[21] Così, ROCCO DI TORREPADULA, *Art. 46*, 744; cfr. anche MAFFEI ALBERTI, *Commentario breve*, 181; JORIO, *Le crisi*, 361, JAEGER, SACCHI, voce *Fallimento*, 9; VASSALLI, *Diritto fallimentare*, 282; GUGLIELMUCCI, *Effetti del fallimento*, 134.

[22] Il sussidio è, quindi, riferito alle sole esigenze alimentari e alle spese mediche, ove non coperte dal servizio sanitario nazionale.

[23] Cfr. VELLA, *Art. 47*, 670; ROCCO DI TORREPADULA, *Art. 47*, 745; in senso contrario, per un'accezione più estensiva, MORACE PINELLI, *Art. 47*, 699.

[24] Giova rilevare una disarmonia della norma rispetto ai poteri del comitato dei creditori, il quale interviene con un potere autorizzatorio, in luogo del giudice delegato, allorquando si incide sul grado di soddisfacimento dei creditori (ad esempio attraverso la creazione di debiti di massa), talché non è chiaro perché il potere di concedere il sussidio non sia stato attribuito al comitato. In tal senso, ROCCO DI TORREPADULA, *Art. 47*, 747. Tali poteri dei creditori, si rileva, sono rimasti intatti da ultimo con la riforma del Codice.

Articolo 148
Corrispondenza diretta al debitore

1. Il debitore persona fisica, è tenuto a consegnare al curatore la propria corrispondenza di ogni genere, inclusa quella elettronica, riguardante i rapporti compresi nella liquidazione giudiziale.

2. La corrispondenza diretta al debitore che non è una persona fisica è consegnata al curatore.

Articolo 149
Obblighi del debitore

1. Il debitore, se persona fisica, nonché gli amministratori o i liquidatori della società o dell'ente nei cui confronti è aperta la liquidazione giudiziale, sono tenuti a comunicare al curatore la propria residenza ovvero il proprio domicilio e ogni loro cambiamento.

2. Se occorrono informazioni o chiarimenti ai fini della gestione della procedura, i soggetti di cui al comma 1 devono presentarsi personalmente al giudice delegato, al curatore o al comitato dei creditori.

3. In caso di legittimo impedimento o di altro giustificato motivo, i medesimi soggetti possono essere autorizzati dal giudice delegato a comparire per mezzo di un procuratore.

Salvatore De Vitis

Sommario: 1. *Ratio* della norma e soggetti obbligati. – 2. L'oggetto dell'obbligo. – 3. Le sanzioni. – 4. L'obbligo di comunicare la residenza ed il domicilio.

1. – L'art. 148 riproduce pedissequamente il vecchio art. 48 l. fall., con le sole sostituzioni, di carattere terminologico, del fallito con il debitore, nonché del fallimento con la liquidazione giudiziale.

L'obbligo della consegna della corrispondenza da parte del debitore ha lo scopo di consentire la migliore realizzazione delle finalità della liquidazione giudiziale (anche) attraverso l'acquisizione di qualsivoglia informazione riguardante i suoi rapporti (patrimoniali) compresi nella liquidazione giudiziale.

Dal punto di vista soggettivo, si deve solo rilevare che, non essendoci stata alcuna modifica, da un lato, rimane il regime differenziato fra debitore persona fisica e debitore persona giuridica: nel primo caso la consegna della corrispondenza al curatore costituisce un obbligo per il debitore; nell'altra ipotesi, la corrispondenza viene consegnata automaticamente al curatore[1]. Dall'altro lato, come già aveva evidenziato un'autorevole dottrina vigente la legge fallimentare[2], il riferimento al debitore e non all'imprenditore dichiarato (fallito ora) debitore insolvente risolve definitivamente il tema inerente all'obbligo di consegna anche per i soci illimitatamente responsabili.

2. – L'obbligo di consegna per la persona fisica riguarda qualsiasi forma di corrispondenza, purché ovviamente non sia di natura personale, ivi compresa la posta elettronica, certificata e non, e comunque ogni tipo di comunicazione ricevuta dall'imprenditore[3], compresi gli *short message*, ovvero i messaggi ricevuti tramite *chat* e/o strumenti *social* sempre che non vengano equiparati a forme di comunicazione telefonica[4].

Si dubita se l'obbligo di consegna sussista anche per la corrispondenza relativa a rapporti sì patrimoniali, ma estranei alla liquidazione giudiziale. La risposta negativa appare preferibile purché siffatta estraneità sia assolutamente pacifica[5]. Infine, qualora, per errore, il debitore rimettesse al curatore una corrispondenza dal contenuto esclusivamente personale, quest'ultimo sarebbe obbligato, oltre a riconsegnarla, anche a mantenere il segreto. Per converso, se la corrispondenza trasmessa al curatore contenesse, parzialmente, informazioni di carattere personale, il curatore sarebbe comunque obbligato a trattenerla, pur conservando l'obbligo della segretezza[6].

3. – Nel sistema previgente, la sanzione per il mancato adempimento della consegna della corrispondenza era costituita dall'impossibilità, per il debitore persona fisica, di usufruire dell'esdebitazione. Nel Codice, e precisamente nell'art. 280 (al cui commento si fa espresso rinvio) questa ipotesi è stata espunta e, quindi, almeno apparentemente, ora anche per la persona fisica, oltre che per quella giuridica, la violazione dell'obbligo non ha alcuna sanzione.

---

[1] Cfr. VELLA, *Art. 48*, 681, il quale rileva che «in questo modo viene meglio articolata l'effettività della tutela della libertà e segretezza della corrispondenza ed assicurato il pregante raccordo con l'esdebitazione, ove non opera alcuna sanzione per la società. Inoltre, si dà veste formale ad un criterio commerciale comune, per cui ogni comunicazione relativa ad un soggetto economico diverso dalla persona fisica di fatto non ha natura o contenuti personali». V. anche MAFFEI ALBERTI, *Commentario breve*, 181; ROCCO DI TORREPADULA, *Art. 48*, 238.

[2] Cfr. GUGLIELMUCCI, *Gli effetti*, 44.

[3] Cfr. IOZZO, *Artt. 48 e 49*, 753; VELLA, *Art. 48*, 681.

[4] Cfr. PACCHI, *Art. 48*, 712.

[5] Ad esempio, corrispondenza relativa al contratto di locazione della casa di abitazione, del contratto di somministrazione di energia elettrica, etc., così, GUGLIELMUCCI, *Gli effetti*, 45.

[6] Cfr. GUGLIELMUCCI, *Gli effetti*, 45.

Fermandosi ad un'interpretazione esclusivamente letterale, si potrebbe sostenere che la mancata consegna della corrispondenza non costituisca, in nessun caso, un ostacolo all'ottenimento dell'esdebitazione. Tuttavia, ad una più attenta lettura dei requisiti richiesti dall'art. 280, ed in particolare della lett. *c*), si potrebbe anche inferire che la mancata consegna della corrispondenza costituisca una causa ostativa all'esdebitazione in tutti quei casi – e solo in quelli – in cui l'occultamento del relativo contenuto abbia rallentato ovvero ostacolato lo svolgimento della procedura. Probabilmente, una interpretazione di tal fatta bilancerebbe meglio l'interesse del debitore – peraltro già ritenuto prioritario nella precedente modifica della legge fallimentare – ad ottenere l'esdebitazione con l'interesse dei creditori ad uno svolgimento della procedura trasparente e veloce.

4. – L'art. 149 disciplina l'obbligo del debitore di comunicare la propria residenza ed eventualmente il domicilio e qualsiasi successivo cambiamento. La norma, come è noto, ha l'evidente scopo di consentire agli organi della procedura di rintracciare agevolmente il debitore, nonché gli amministratori e/o il liquidatore, al fine di ottenere informazioni e/o documentazione rilevante per il corretto svolgimento della procedura.

Poiché la norma non ha subìto alcuna modifica, in questa sede basterà rammentare che l'obbligo ricade sul debitore personalmente e che la possibilità di farsi rappresentare da un procuratore è, per un verso, limitata ai casi di legittimo impedimento o di altro giustificato motivo, per altro verso, presuppone che il procuratore sia debitamente informato dei fatti per i quali il debitore è stato convocato[7]. Il difetto di informazione consente di ritenere esonerati da siffatto obbligo gli eredi del fallito o il loro rappresentante, ma non il rappresentante legale del debitore incapace, proprio perché ha gestito e, quindi, possiede le informazioni relative all'impresa liquidata.

Un'ultima notazione riguarda le due sanzioni previste per l'inadempimento all'obbligo in questione: la prima, di carattere civilistico, riguarda l'impossibilità di ottenere l'esdebitazione *ex* art. 280, lett. *c*); la seconda, di stampo penalistico, concerne il reato previsto dall'art. 327, comma 1. A tal proposito val la pena rilevare come nell'ultima riforma della legge fallimentare si era ritenuto che la sanzione penale non fosse più coerente con la nuova formulazione dell'art. 49 (oggi 149), perché essa aveva un senso solo ed esclusivamente in funzione del divieto per il fallito di allontanarsi dalla propria residenza, con possibilità per il giudice delegato di disporre l'accompagnamento coattivo[8]. Evidentemente, la conferma del reato anche nel Codice non può più essere considerata una svista da parte del Legislatore, per cui si rinvia al commento dell'art. 327 per ulteriori approfondimenti.

[7] Cfr. VELLA, *Art. 49*, 687; in questo senso, v. CAIAZZO, *Gli effetti*, 443; GARRA, *Art. 49*, 239.
[8] V. PACCHI, *Art. 49*, 724; cfr. anche VELLA, *Art. 49*, 687.

Articolo 150

Divieto di azioni esecutive e cautelari individuali

1. Salvo diversa disposizione della legge, dal giorno della dichiarazione di apertura della liquidazione giudiziale nessuna azione individuale esecutiva o cautelare anche per crediti maturati durante la liquidazione giudiziale, può essere iniziata o proseguita sui beni compresi nella procedura.

Antonio Scarpa

Sommario: 1. Intangibilità del patrimonio del debitore e concorso dei creditori. – 2. Deroghe al divieto di azioni esecutive individuali.

1. – L'art. 150 riproduce il testo dell'art. 51 l. fall., limitandosi a sostituire la parola «fallimento» con «liquidazione giudiziale».

La disposizione riafferma il principio della intangibilità del patrimonio del debitore al momento dell'apertura della procedura di liquidazione, nonché la soggezione dello stesso patrimonio al concorso formale e sostanziale dei creditori, mediante accertamento concorsuale unitario di tutte le pretese e partecipazione proporzionale al ricavato della liquidazione stessa.

L'art. 150 va esaminato unitamente agli artt. 143 e 151, i quali, rispettivamente, contemplano la perdita della legittimazione processuale del debitore, il subentro del curatore nelle controversie di diritto patrimoniale per rapporti compresi nella liquidazione giudiziale e l'interruzione del processo in conseguenza dell'apertura della liquidazione, nonché l'obbligo di verifica in concorso di crediti, diritti reali o personali sui beni del debitore.

Il divieto di azioni esecutive dalla data di dichiarazione di apertura della liquidazione non deve essere inteso nel senso che l'inizio della procedura ponga nel nulla tutti gli atti dell'eventuale procedimento di espropriazione in precedenza compiuti dal creditore procedente, ma determina la sostituzione dell'esecuzione concorsuale a quella individuale, restando quindi salvi in favore della massa gli effetti degli atti già compiuti che non siano incompatibili con il sistema della liquidazione giudiziale, comprendendosi fra tali effetti quello dell'indisponibilità dei beni derivante dal pignoramento [1]. In particolare, l'art. 216,

[1] Ad avviso di RICCI, *Azioni esecutive*, 222 ss., non si verificherebbe una causa di inammissibilità o di improcedibilità delle azioni esecutive individuali contro il fallito, quanto una ragione di inopponibilità dei relati-

comma 10, specifica che se alla data di apertura della liquidazione sono pendenti procedure esecutive, il curatore può subentrarvi, applicandosi in tal caso le disposizioni del codice di procedura civile; altrimenti, su istanza del curatore, il giudice dell'esecuzione dichiara l'improcedibilità dell'esecuzione, fermi restando gli effetti conservativi sostanziali del pignoramento in favore dei creditori. Se, dunque, prima dell'apertura della liquidazione, sia stata iniziata da un creditore l'espropriazione di uno o più beni immobili del fallito, il curatore si sostituisce di diritto al creditore istante, senza che sia necessario un formale atto di intervento o un provvedimento di sostituzione da parte del giudice dell'esecuzione, il che non dà luogo ad una deroga al divieto di azioni esecutive individuale, ma concreta una modalità della liquidazione concorsuale. Allorché, invece, il curatore propenda per attuare altre forme di esecuzione, la procedura individuale non proseguita dal curatore per sua scelta, né proseguibile dal creditore, stante il divieto di cui all'attuale art. 150, diventa improcedibile. Tale improcedibilità non determina comunque la caducazione degli effetti sostanziali del pignoramento, giacché nella titolarità di quegli effetti subentrato automaticamente e senza condizioni il curatore[2].

Il divieto di iniziare o proseguire azioni esecutive sul patrimonio del debitore riguarda, peraltro, le azioni esecutive in senso proprio, cioè quelle volte a conseguire il soddisfacimento coattivo del credito, sicché, ad esempio, non si estende alla domanda di esecuzione specifica dell'obbligo di concludere un contratto di cui all'art. 2932 c.c.[3].

Le opinioni più ricorrenti, invero, intendono che il divieto di azioni esecutive individuali sui beni compresi nel fallimento riguardi sia l'espropriazione forzata, sia l'esecuzione in forma specifica degli obblighi di fare e non fare e degli obblighi di consegna e rilascio, in nome del generale principio della *par condicio creditorum*. Una interpretazione più rigorosa limita, tuttavia, l'operatività del divieto alla espropriazione individuale, avendo essa soltanto ad oggetto beni che appartengono al debitore e che i creditori di rapporti obbligatori aggrediscono per soddisfare le loro pretese, mentre, ad esempio, l'esecuzione per consegna o rilascio concerne beni che non sono di proprietà del debitore e che perciò non possono essere compresi nella espropriazione concorsuale[4].

Il divieto di azioni cautelari coinvolge poi ogni misura che sia volta a precostituire un vincolo d'indisponibilità sui beni del debitore in funzione strumentale dell'azione individuale, vincolo che sarebbe lesivo del concorso dei creditori sul patrimonio sottoposto a liquidazione[5].

Si differenziano dalle azioni esecutive e cautelari individuali, considerate dall'art. 150,

---

vi effetti al ceto creditorio, potendo, peraltro, il curatore spiegare intervento nell'esecuzione intrapresa a favore della massa.; solo ove ciò non accada i risultati traslativi dell'espropriazione individuale rimangono sospesi, *ex* art. 51 l. fall., sino alla chiusura della procedura concorsuale, e potranno essere in seguito sfruttati dal creditore pignorante verso i terzi

[2] Cass., 24 settembre 2002, n. 13865, in *Foro it.*, 2003, I, 1536; Cass., 15 aprile 1999, n. 3729, in *Giust. civ.*, 2000, I, 862; Cass., 19 marzo 1969, n. 1040, in *Foro it.*, 1969, I, 2952, con nota di Pezzano.

[3] Cfr. Cass., 1° marzo 2002, n. 3022, in *Fallimento*, 2002, 734, con nota di Fabiani; Cass., 23 gennaio 1998, n. 615, in *Foro it.*, 1999, I, 637.

[4] Si veda sul punto AUTELITANO, *Responsabilità patrimoniale*.

[5] Cass., 5 aprile 2013, n. 8425; Cass., 18 agosto 1997, n. 7659, in *Fallimento*, 1998, 278; Cass., 3 febbraio 1995, n. 1335, in *Fallimento*, 1995, 933.

le cc.dd. azioni di massa (revocatorie, dichiarazioni di nullità o simulazione, surrogatorie, di responsabilità, ecc.), tendenti alla ricostituzione del patrimonio del debitore soggetto a liquidazione, rispetto alle quali, per effetto dell'apertura della procedura concorsuale, i creditori perdono la legittimazione in favore del curatore.

Secondo Cass., SS.UU., 23 novembre 2018, n. 30416[6], comunque, il principio di cristallizzazione del passivo alla data di apertura del concorso determina anche l'inammissibilità della revocatoria, ordinaria o fallimentare, esperita nei confronti di un fallimento, trattandosi di azione costitutiva che modifica *ex post* una situazione giuridica preesistente, privando di effetti atti che avevano già conseguito piena efficacia e determinando la restituzione dei beni o delle somme oggetto di revoca.

2. – L'art. 150 fa salve le diverse disposizioni che derogano al divieto di azioni esecutive individuali.

A norma del comma 3 dell'art. 151, ogni credito, anche quelli esentati dal divieto di cui all'art. 150, deve essere accertato in sede concorsuale.

Si consideri l'attuale art. 152, secondo cui i crediti garantiti da pegno o assistiti da privilegio a norma degli artt. 2756 e 2761 c.c. possono essere realizzati al di fuori della liquidazione giudiziale anche durante la procedura, dopo che sono stati ammessi al passivo con prelazione.

L'art. 41, d.lgs. 1° settembre 1993, n. 385 dispone, invece, un privilegio processuale per l'espropriazione relativa a crediti fondiari, prevedendo che l'azione esecutiva sui beni ipotecati a garanzia di finanziamenti fondiari può essere iniziata o proseguita dalla banca anche dopo la dichiarazione di fallimento del debitore. Il curatore ha facoltà di intervenire nell'esecuzione e la somma ricavata dall'esecuzione, eccedente la quota che in sede di riparto risulta spettante alla banca, viene attribuita al fallimento[7].

[6] In *Fallimento*, 2019, 321 ss. con nota di DE SANTIS, *Le Sezioni Unite*.

[7] La distribuzione delle somme ricavate dalla vendita forzata da parte del giudice dell'esecuzione, nell'espropriazione immobiliare iniziata o proseguita da un istituto di credito fondiario dopo la dichiarazione di fallimento dell'esecutato, ha perciò carattere provvisorio e può divenire definitiva soltanto in esito al riparto in sede fallimentare, sicché il curatore è legittimato ad agire per ottenere la restituzione degli importi percepiti in eccedenza dal creditore fondiario a titolo di anticipazione in sede esecutiva: Cass., 28 settembre 2018, n. 23482, in *Fallimento*, 2018, 1389, con nota di Nardecchia; Cass., 30 marzo 2015, n. 6377, in *Fallimento*, 2015, 784, con nota di Casa.

Articolo 151
Concorso dei creditori

1. La liquidazione giudiziale apre il concorso dei creditori sul patrimonio del debitore.

2. Ogni credito, anche se munito di diritto di prelazione o prededucibile, nonché ogni diritto reale o personale, mobiliare o immobiliare, deve essere accertato secondo le norme stabilite dal capo III del presente titolo, salvo diverse disposizioni della legge.

3. Le disposizioni del comma 2 si applicano anche ai crediti esentati dal divieto di cui all'articolo 150.

Daniela Caterino

Sommario: 1. Generalità e rapporto con la disciplina della legge fallimentare. – 2. I diritti che sono oggetto di obbligatorio accertamento. – 3. La *vis attractiva* nel processo di accertamento del passivo. – 4. Il trattamento dei crediti prededucibili e la parziale deroga al principio del concorso formale. – 5. L'art. 204, comma 2, lett. *c*) e le altre deroghe. – 6. I crediti fondiari e assimilati.

1. – L'articolo riproduce integralmente il contenuto dell'art. 52 l. fall., con modifiche del tutto marginali, connesse all'adozione dei nuovi stilemi lessicali introdotti dalla riforma; e così, in luogo del "fallimento" la norma fa riferimento alla nuova procedura di "liquidazione giudiziale" e il "debitore" prende il posto del "fallito". Ancora, e sempre con meri effetti di *restyling* formale, il riferimento diretto alla disposizione in cui si parlava di crediti prededucibili (art. 111, comma 1, l. fall.) viene sostituito dal richiamo omnicomprensivo alla categoria generale della prededucibilità [1].

La disposizione in commento conferma dunque *in toto* il contenuto della corrispondente norma della legge fallimentare, *illo tempore* ridisegnata dal duplice intervento di riforma recato prima dal d.lgs. n. 5 del 2006 e poi dal "correttivo" n. 169 del 2007, che avevano rafforzato il principio di esclusività della verifica dei crediti entro il procedimento

[1] Le categorie dei crediti prededucibili nel Codice sono richiamate all'art. 6, che individua in modo analitico le ulteriori tipologie di crediti prededucibili che si aggiungono a quelli «*così espressamente qualificati dalla legge*». Per l'esame analitico di tali categorie si rinvia ai commenti *sub* artt. 6 e 221.

di accertamento del passivo [2], attraendo nel suo campo di applicazione ipotesi in precedenza testualmente escluse, ma sulle quali non mancava un vivace dibattito dottrinale, sollecitato anche dalle sensibili oscillazioni giurisprudenziali [3].

Resta pertanto intatto l'impianto concettuale della previgente disposizione [4], che costituisce il fondamento normativo della fase della liquidazione nota come "accertamento del passivo": qualsiasi diritto, per poter essere fatto valere nei confronti della procedura, deve essere stato previamente accertato attraverso il procedimento disciplinato dal capo III del titolo V (Liquidazione giudiziale), rubricato appunto «*Accertamento del passivo e dei diritti dei terzi sui beni compresi nella liquidazione giudiziale*» (artt. 200-210).

Si afferma comunemente [5] che la previsione introduce il principio dell'obbligatorio concorso formale (riconoscimento del diritto attraverso un procedimento unitario) come presupposto del concorso sostanziale (partecipazione su un piano di parità e diritto di rivalersi sul ricavato della liquidazione, in conformità ai titoli vantati da ciascuno e fatte salve le cause legittime di prelazione) [6].

Attraverso il subprocedimento di accertamento del passivo il creditore, adempiendo all'onere di sottoporre domanda di insinuazione, passa dallo status di creditore concorsuale, ossia che vanta una pretesa nei confronti della massa attiva del debitore sottoposto a liquidazione giudiziale, allo status di creditore concorrente, vale a dire riconosciuto come portatore di tale pretesa legittima e dunque titolare del diritto di partecipare al riparto del ricavato della liquidazione.

2. – La norma, in uno con l'articolo precedente (corrispondente all'art. 51 l. fall.), mira – ad opinione unanime in dottrina, con significative conferme giurisprudenziali – a consentire il pieno dispiegarsi del principio della *par condicio creditorum*, garantendo la protezione della massa attiva dalle iniziative di singoli creditori [7]. L'apertura del concorso dei creditori determina di regola l'impossibilità per questi ultimi di ottenere tutela individuale, dovendo invece tutti affidarsi alla tutela collettiva assicurata dal procedimento e dai

---

[2] In questo senso LAMANNA, *Art. 51*, 1053 ss. e DE SANTIS, *Le domande*, 229 ss., a 232, che a proposito del giudizio di accertamento del passivo parla di "rito speciale", sulla scorta di Cass., 3 febbraio 2006, n. 2439.

[3] Si pensi, in particolare, al tema dei diritti di garanzia di terzi per debiti altrui su beni del debitore, su cui v. *infra*, § 3.

[4] «Pertanto, da questo punto di vista, si può tranquillamente concludere che nulla è cambiato. Forse non a caso e forse più che opportunamente se si considera che il sistema degli "effetti" è un po' la chiave di volta di una procedura concorsuale liquidatoria»; così FABIANI, *Gli effetti*, 1161 ss.

[5] Così *ex multis* ZANICHELLI, *Gli effetti*, 54; e v. anche FABIANI, *Diritto fallimentare*, 282 ss. Sul tema del rapporto tra creditori prededucibili e *par condicio* nelle procedure concorsuali v. le stimolanti osservazioni di UBERTAZZI, *Prededuzione e par condicio creditorum*, 653 ss.

[6] È stato sostenuto, in proposito, con riferimento alle corrispondenti norme della l. fall., che dalla loro interpretazione letterale «emerge che è impossibile (*rectius*: improcedibile) in quanto contrastante coi principi di esclusività dell'accertamento concorsuale e di cristallizzazione del patrimonio fallimentare, ogni accertamento giudiziale effettuato in sede di cognizione ordinaria (ed all'infuori del giudizio di cui all'art. 93 ss. l. fall.) dei diritti di credito vantati, dei diritti reali rivendicati, dei diritti personali fatti valere, nonché dei diritti aventi ad oggetto beni mobili od immobili azionati nei confronti della curatela». In questi termini V. DE SANTIS, *Le domande*, 231.

[7] Così COSTA, *Fallimento. Effetti.*

relativi organi. Si parla, in proposito, di "universalità soggettiva" della procedura concorsuale [8], che si connota tra l'altro per la previsione di regole rivolte a consentire la massima partecipazione possibile dei creditori.

La regola dell'obbligatorio accertamento nell'ambito del procedimento di formazione dello stato passivo opera, dunque, senza distinzione alcuna tra i crediti sorti prima dell'apertura della procedura e quelli riconducibili ad un momento successivo, e determina come tipica conseguenza processuale l'inammissibilità o l'improcedibilità della domanda proposta in sede ordinaria [9], anche quando l'apertura della procedura sia intervenuta dopo l'instaurazione del giudizio [10].

L'attrazione nel sistema riguarda in primo luogo i crediti prededucibili (su cui v. *infra*, § 4) e quelli – come i crediti fondiari – dotati di privilegio processuale (su cui v. *infra*, § 6); altrettanto rilevante risulta la previsione dell'obbligatorio accertamento non solo dei diritti reali o personali mobiliari, vantati nei confronti del debitore sottoposto a liquidazione giudiziale, ma anche di quelli immobiliari.

È altresì tenuto a insinuarsi al passivo il cessionario di crediti concorsuali verso un soggetto sottoposto a liquidazione giudiziale, se il credito non è stato ancora ammesso al passivo. A tale scopo il cessionario dovrà anche fornire la prova del credito e dell'anteriorità della cessione rispetto all'apertura della procedura, se viene posta in discussione la sua opponibilità [11].

Neppure può valere ad evitare il procedimento di verifica del passivo l'apposizione di una clausola compromissoria nel contratto da cui derivino diritti di credito sul patrimonio del debitore insolvente [12].

3. – L'approvazione del Codice ha contribuito a porre fine allo spiccato contrasto giurisprudenziale emerso in merito alla vicenda del terzo datore di ipoteca su beni immobili ricompresi nella liquidazione [13].

In numerosi arresti, precedenti come successivi alla novella del 2006, la Suprema Corte aveva statuito che i creditori titolari di un diritto di ipoteca sui beni immobili dell'imprenditore compresi nella liquidazione, costituiti in garanzia di crediti vantati nei confronti di debitori diversi dall'imprenditore stesso, non potessero avvalersi del procedimento di verificazione dello stato passivo; ciò in quanto si tratta di soggetti terzi, non creditori diretti dell'imprenditore, i cui diritti non possono essere accertati mediante la sottoposizione alle regole del concorso, senza che venga instaurato il contraddittorio con la parte

[8] Su cui v. Cass., 19 agosto 2003, n. 12114. In dottrina v., *ex plurimis*, ROSAPEPE, *Effetti nei confronti*, 267 ss., ove anche approfondimenti sul rapporto tra esecuzione individuale e concorsuale.

[9] V. ad es. Cass., 4 ottobre 2018, n. 24156, App. Salerno, 11 aprile 2017, in *ilcaso.it*, e Trib. Savona, 28 giugno 2019, sull'inammissibilità della domanda di condanna della curatela a rimettere in pristino lo stato dei luoghi, tutte ne *ilcaso.it*. Per ulteriori richiami giurisprudenziali si rinvia al commento *sub* art. 150.

[10] V. per questa specifica ipotesi Trib. Torino, 24 febbraio 2016, in *ilcaso.it*. Sull'esclusività della competenza del giudice delegato v. Cass., 4 ottobre 2018, n. 24156.

[11] Cass., 14 maggio 2014, n. 10454.

[12] Così Cass., 24 giugno 2015, n. 13089. In dottrina emergono posizioni contrapposte, ma per lo più orientate nel senso della pronunzia della S.C. qui richiamata. Vedasi il commento *sub* art. 192.

[13] V. in argomento BOZZA, *Il fallimento*, 373 ss.

che si assume essere debitrice diretta. Costoro avrebbero dovuto pertanto avvalersi, ai fini della realizzazione dei loro diritti in sede esecutiva, delle modalità di cui agli artt. 602-604 c.c., in tema di espropriazione contro il terzo proprietario[14].

Altre pronunce della S.C., tuttavia, in epoca altrettanto recente avevano espresso una posizione in totale antinomia con quella appena richiamata[15], aderendo al contrario orientamento, vivacemente sostenuto presso numerose Corti di merito, in base al rilievo che il testo riformato dell'art. 52 l. fall. non si riferiva più soltanto ai crediti, ma anche ad ogni diritto reale o personale, mobiliare o immobiliare, tutti oggetto dell'accertamento nel procedimento unitario di formazione dello stato passivo.

Appariva pertanto consigliabile per il creditore titolare di garanzia reale sui beni del debitore soggetto a liquidazione giudiziale presentare in ogni caso domanda di insinuazione al passivo, se non altro per ottenere l'accertamento del proprio diritto di prelazione, nell'ambito del giudizio di opposizione allo stato passivo, una volta subito il rigetto della domanda di ammissione, e infine intervenire nella fase del riparto[16].

Oggi, l'art. 201, comma 1 menziona espressamente «*le domande di partecipazione al riparto delle somme ricavate dalla liquidazione di beni compresi nella procedura ipotecati a garanzia di debiti altrui*»; sicché nessun dubbio residua sulla partecipazione al concorso formale di tali pretese creditorie, benché non direttamente vantate nei confronti del debitore soggetto a liquidazione giudiziale[17]. È stato condivisibilmente segnalato che, sebbene l'art. 201 faccia riferimento alla sola fattispecie della garanzia ipotecaria, il principio va ragionevolmente esteso in via analogica anche all'ipotesi del terzo datore di pegno[18].

Parimenti risulta confermata nella procedura liquidatoria la *vis attractiva* del processo di accertamento del passivo per il giudizio di quantificazione del dovuto che va reso a seguito di sentenza di condanna generica; sul punto, peraltro, già da tempo convergevano dottrina e giurisprudenza[19].

---

[14] Così Cass., 20 novembre 2017, n. 27504; Cass., 9 febbraio 2016, n. 2540 e, da ultimo, Cass., 14 maggio 2019, n. 12816. Neppure tali creditori, secondo la giurisprudenza della Suprema Corte riferita alla legge fallimentare, possono spiegare domanda *ex* art. 103 l. fall., in quanto non risultanti neppure tra i destinatari dell'avviso del curatore di cui all'art. 92 l. fall. (ma v. per una confutazione di tale affermazione la pronunzia citata alla nota successiva); così Cass., 12 luglio 2019, n. 18790, richiamata da FERRO nella rassegna *In itinere: novità giurisprudenziali*, 1007 ss.

Lo stesso principio è stato altresì enunciato dalla S.C., nella pronuncia appena citata, in riferimento alla situazione del terzo datore di pegno, con l'affermazione della preclusione all'insinuazione al passivo del credito del creditore garantito, dal momento che quest'ultimo «non vanta alcuna pretesa diretta verso il garante a sua volta fallito, essendo la sua posizione soggettiva piena nei confronti del soggetto a beneficio del quale la garanzia era stata erogata»: In dottrina v. BALESTRA, *Le restituzioni*.

[15] Cfr. in partic. Cass., 30 gennaio 2019, n. 2657, in *Fallimento*, 2019, 767, con commento di CATALDO, *La verifica*, 768 ss.

[16] Per questa soluzione v. ZUCO, *Revirement*.

[17] V. la ricostruzione del dibattito dottrinale e giurisprudenziale nel vigore della l. fall. in DI CORRADO, *Art. 52*, 616 ss.; FABIANI, *Gli effetti*, 116, sottolinea come malgrado la novella non vi sia ancora «piena condivisione della nuova regola, specie con riferimento alla questione del contraddittorio sull'accertamento della pretesa del "terzo non creditore"».

[18] In questo senso FABIANI, *Gli effetti*, 1167.

[19] Stessa soluzione estensiva dell'esclusività del procedimento di formazione dello stato passivo viene

Nessuna esplicita disciplina viene dettata invece per i crediti fatti valere in via riconvenzionale da un creditore del fallito, nei confronti del quale il curatore abbia proposto domanda giudiziale per recuperare alla massa un credito del fallito; le corti hanno peraltro consolidato il principio dell'attrazione nel concorso "procedimentale", affermandone di regola l'improcedibilità/inammissibilità, con conseguente *traslatio* nella sede concorsuale[20].

4. – La regola dell'obbligatorio concorso formale riguarda non solo i creditori chirografari e privilegiati, sottoposti anche al principio del concorso sostanziale, ma anche i creditori che andranno soddisfatti in prededuzione[21], come espressamente statuisce l'art. 222, comma 1: «*I crediti prededucibili devono essere accertati con le modalità di cui al Capo III del presente titolo*». Viene dunque confermata l'innovazione introdotta nel testo dell'art. 52 l. fall. dalla riforma intervenuta nel 2006, e vengono altresì confermate le significative eccezioni già previste dall'art. 111-*bis* l. fall., contemplando due ipotesi di esclusione dal concorso formale.

La prima si riferisce ai crediti prededucibili che si caratterizzano per essere «*non contestati per collocazione e ammontare, anche se sorti durante l'esercizio dell'impresa del debitore*»; sicché in linea di principio i soli crediti prededucibili contestati, che siano sorti prima o dopo la dichiarazione di apertura della liquidazione giudiziale, restano soggetti all'accertamento secondo le regole di cui agli artt. 200 e ss.[22].

La seconda ipotesi è quella di una particolare categoria di crediti contestati, quelli «*sorti a seguito di provvedimenti di liquidazione dei compensi dei soggetti nominati ai sensi dell'articolo 123*», ossia «*persone la cui opera è stata richiesta dal* [...] *curatore nell'interesse della procedura*», come avvocati e stimatori. In tal caso, l'accertamento dovrà necessariamente passare attraverso la procedura di reclamo *ex* art. 124, che va attivata nei confronti dei decreti del giudice delegato che hanno quantificato il credito, determinando l'entità del compenso[23].

Si è discusso a lungo sull'effettiva portata del richiamo del procedimento di insinuazione al passivo, in particolare con riferimento ai termini di proposizione delle domande.

---

espressamente adottata nell'art. 173 per le domande di esecuzione del preliminare di compravendita di c.d. "prima casa" proposte nei confronti della curatela da parte del promissario acquirente.

[20] E si veda il tema in CELENTANO, *Effetti del fallimento*, 481 ss., in partic. a 491. V. da ultimo PASQUALI, *Art. 151*, 1138, che ricostruisce il tormentato percorso dottrinale e giurisprudenziale ricordando in particolare le pronunce delle Sezioni Unite della Cassazione nn. 21499 e 23077 del 2004.

[21] Sul tema dei crediti prededucibili sorti nel corso di altra procedura concorsuale precedente al fallimento (ora, alla liquidazione giudiziale) v. ZANICHELLI, *Gli effetti*, 68.

[22] Soccorrono ancora una volta le considerazioni di Cass., 28 giugno 2019, n. 1759, secondo cui «anche la domanda di accertamento dei crediti prededucibili di massa contestati [...] deve corrispondere a uno dei tre modelli disciplinati dal legislatore fallimentare (domanda tempestiva, tardiva o ultratardiva), trattandosi di una classificazione che risponde a logiche organizzative e non punitive [...]. Con la precisazione che, con l'entrata in vigore del Codice della crisi e dell'insolvenza, anche la ragionevolezza del ritardo risulterà legislativamente predeterminata, nella misura di sessanta giorni a decorrere dal momento in cui la domanda poteva essere presentata». Riferimenti ulteriori nel commento *sub* art. 208.

[23] Oltre a sfuggire all'accertamento secondo le regole del capo III, talvolta i crediti prededucibili possono essere pagati al di fuori del procedimento di riparto; ciò avviene quando soddisfino le condizioni contemplate dall'art. 222, comma 3 (corrispondente all'art. 111-*bis*, comma 1, l. fall.). E v. il commento *sub* art. 222.

La Suprema Corte ha statuito sul punto, in relazione al regime di cui alla legge fallimentare, che il rinvio alle modalità e non solo alle forme dell'accertamento del passivo di cui al capo V (artt. 92-102 l. fall.) va inteso come riferito anche ai termini della presentazione della domanda, «per una serie di ragioni anche storiche, logiche e sistematiche riconducibili a due principi fondamentali del sistema concorsuale, quali la celerità della procedura fallimentare e la concentrazione dell'accertamento del passivo» [24].

5. – Restano poi esclusi dal concorso formale una serie di rapporti, per effetto di disposizioni di legge in parte contenute nello stesso Codice, in parte riconducibili a fonti esterne.

Anzitutto, non entrano nell'accertamento del passivo, in quanto non concorsuali:

a)i crediti relativi ai beni e ai rapporti giuridici non toccati dalla procedura ai sensi dell'art. 146;

b)i crediti per le spese giudiziali liquidate in corso di procedura;

c)i crediti rientranti nell'ipotesi disciplinata dal comma 2 dell'art. 213 – *Programma di liquidazione*, (già 104-*ter*, comma 7, l. fall.), in base al quale sui beni non acquisiti ovvero oggetto di rinuncia alla liquidazione da parte del curatore, a causa della manifesta non convenienza, possono essere iniziate azioni esecutive o cautelari.

Deroghe al concorso formale derivano poi dall'attribuzione della giurisdizione a giudici nazionali diversi da quello ordinario (in particolare, magistratura tributaria, amministrativa e contabile) [25], nonché a quello straniero, ove soccorrano determinate condizioni [26].

Va peraltro precisato che, in base all'art. 204, comma 2, lett. *c*) (già art. 96, comma 2, n. 3, l. fall.) rientrano nello stato passivo, pur essendo sottratti al concorso formale, i crediti accertati con sentenza non passata in giudicato, resa da un giudice ordinario o speciale prima della liquidazione giudiziale [27].

Si è ulteriormente affermato che in tutti i casi in cui vi siano domande che intendano conseguire sentenze costitutive o di mero accertamento tali da non incidere, per qualsivoglia ragione, sulla formazione dello stato passivo, viene meno l'obbligo di attrazione delle stesse nell'ambito del procedimento di accertamento del passivo [28].

Anche con riferimento ai diritti di terzi sui beni mobili in possesso del fallito è prevista una (limitata) possibilità di deroga al principio del concorso formale. Secondo quanto di-

---

[24] Cass., 28 giugno 2019, n. 17594.

[25] Sull'intricata materia delle pretese tributarie v. BOTTAI, *Profili problematici*, cui *adde* COMERCI-CHINAGLIA, *Art. 151-VI*, p. 1141 ss.

[26] Secondo D'ATTORRE, *Manuale di diritto*, 242, è necessario «che nell'ordinamento straniero sia consentita la prosecuzione del giudizio nonostante l'apertura della procedura in Italia o, nel caso di applicabilità del Reg. UE 2015/848, laddove una procedura concorsuale avente caratteristiche analoghe a quella italiana sia stata aperta in tale Stato». Sui perduranti dubbi in materia di liti pendenti davanti a giudici stranieri v. FABIANI, *Gli effetti*, 1168, che più in generale valuta negativamente l'assenza di indicazioni «per le liti destinate ad altri plessi giurisdizionali» (si pensi, in particolare, al già richiamato tema della giurisdizione delle commissioni tributarie); e in giurisprudenza v. Cass., 15 aprile 2019, n. 10540, con commento di MURONI, *Nel caso Parmalat-Citibank*, 473 ss.

[27] In arg. v. DE SANTIS, *Le domande*, 233. V. in arg. il commento *sub* art. 204; e per i dubbi interpretativi sul tema nel vigore della l. fall. v. COPPOLA, *Art. 52*, 320 ss. e CELENTANO, *Effetti del fallimento*, 488 ss.

[28] Per la relativa casistica v. FORGILLO, *Art. 52* e DE SANTIS, *Le domande*, 229 ss., ove importanti precisazioni e approfondimenti. Sul controverso tema dell'accertamento dell'esistenza e consistenza del credito vantato dal terzo nell'ambito dell'eccezione di compensazione v. DI CORRADO, *Art. 52*, 614 ss.

spone il comma 1 dell'art. 196 – *Inventario di altri beni*, (già 87-*bis* l. fall.), il giudice delegato, sentiti il curatore e il comitato dei creditori, può disporre, su istanza della parte interessata, la restituzione dei beni mobili su cui i terzi vantino diritti reali o personali chiaramente e immediatamente riconoscibili[29].

6. – Risultano comunque soggetti alle regole formali del processo di accertamento del passivo, ai sensi dell'ultimo comma della disposizione in commento, anche quei crediti ai quali non trova applicazione la regola della *vis attractiva concursus* di cui all'art. 51 l. fall. (oggi trasposta nell'art. 150), ossia i crediti fondiari[30] e assimilati[31], che possono essere soddisfatti attraverso procedure esecutive estranee alla liquidazione giudiziale[32]. Anche in questo caso la norma non innova, limitandosi a ribadire la modifica intervenuta nel 2007[33]; ma la conferma (benché probabilmente distonica rispetto alle indicazioni che parevano emergere dalla legge delega[34]) appare quanto mai opportuna, in una prospettiva di chiarezza del sistema, giacché nel vigore delle disposizioni precedenti a tale intervento di riforma la giurisprudenza aveva lungamente oscillato, alternando pronunzie (più numerose, soprattutto in epoche più recenti) in cui ribadiva il principio per cui l'istituto di credito fondiario, per poter trattenere definitivamente quanto ricavato dall'esecuzione individuale sul bene posto a garanzia del proprio credito, fosse tenuto ad insinuarsi nel passivo del fallimento del proprio debitore[35], ad altre in cui lo negava[36].

Oggi appare ormai acclarato che la norma introduce a favore della banca finanziatrice un mero privilegio processuale, rendendo possibile un rapido realizzo del bene, fuori delle tempistiche delle vendite fallimentari, senza peraltro sottrarre tali crediti al concorso for-

---

[29] Si rinvia per i relativi approfondimenti al commento *sub* art. 196.

[30] Su cui v., per la questione dei rapporti tra l'esecuzione individuale e il fallimento, la pronuncia di Cass., 4 settembre 2009, n. 19217, in *Dir. fall.*, 2010, 286, con commento di PENTA, *I rapporti*; e v. anche SANGIOVANNI, *Le particolarità fallimentari*, 1146, ove ampia bibliografia. Secondo LAMANNA, *Gli effetti*, la previsione in commento rende la regola del concorso formale dotata di una portata più ampia dello stesso divieto di azioni esecutive.

[31] Sono assimilati i finanziamenti agrari e pescherecci di cui all'art. 44 TUB e i finanziamenti per le opere pubbliche garantiti da ipoteca su immobili, *ex* art. 42 TUB.

[32] Per l'indicazione di dettaglio di tali tipologie di crediti, nonché per il tema della disciplina delle deroghe processuali recate dall'art. 41, comma 2, TUB si rinvia al commento *sub* art. 150.

[33] L'ultimo comma dell'art. 52 l. fall. è stato aggiunto dall'art. 4, d.lgs. 12 settembre 2007, n. 169. La modifica, entrata in vigore il 1° gennaio 2008, si applica ai procedimenti di fallimento pendenti a tale data, nonché alle procedure (compresi i concordati) aperte successivamente, prima dell'entrata in vigore del Codice.

[34] Si vedano le forti perplessità espresse da FABIANI, *Gli effetti*, 1166, sulla stabilità del regime nel passaggio da legge fallimentare al Codice, a fronte del ben distante tenore dell'art. 7, comma 4, lett. *a*), legge delega, in cui si prospettava l'esclusione di esecuzioni speciali e privilegi processuali, anche fondiari, pur prevedendo tempi distesi per l'entrata in vigore della regola.

[35] V. in proposito Cass., 28 settembre 2018, n. 23482, su cui v. anche il commento di ZIINO, *La suprema corte*; Cass., 11 ottobre 2012, n. 17368, in *Fallimento*, 2013, 897, oltre alla già citata Cass., 4 settembre 2009, n. 19217, e Cass., 28 maggio 2008, n. 14996, in *Fallimento*, 2008, 1270 ss., con nota di Commisso. Tra le corti di merito, nel medesimo senso, v. Trib. Torino, 10 ottobre 2008, ord., in *Fallimento*, 2009, 1229 ss., con commento di Macagno, contravvenendo al precedente orientamento manifestato in App. Torino, 5 settembre 2007, in *Fallimento*, 2008, 186, con nota di Nardecchia.

[36] Oltre alla pronuncia di App. Torino citata alla nota precedente, v. Cass., 19 febbraio 1999, n. 1395, in *Fallimento*, 2000, 80, con commento di Colombini e Cass., 15 giugno 1994, n. 5806, in *Banca, borsa e tit. cred.*, 1995, II, 672, con nota di Tardivo.

male. Occorrerà infatti che il creditore fondiario attraverso l'insinuazione faccia definitivamente riconoscere l'*an* e il *quantum* del suo credito, l'opponibilità del privilegio alla massa e l'inserimento integrale del credito nel progetto di ripartizione *ex* art. 220, comma 1 (corrispondente all'art. 110 l. fall.).

Tali crediti non si sottraggono neppure al concorso sostanziale. Ciò significa che, se dovessero emergere in fase di ammissione al passivo diritti di altri creditori sui beni che sono stati oggetto dell'esecuzione individuale, il loro conflitto verrà composto in sede di riparto, rendendo fatalmente provvisoria l'assegnazione del ricavato dall'espropriazione singolare[37].

Inoltre, non va dimenticato che – a prescindere dall'esistenza di diritti altrui sul bene che è stato oggetto dell'esecuzione singolare – il curatore conserva il pieno diritto ad apprendere alla massa attiva l'eventuale *surplus* che dovesse residuare, una volta soddisfatto – in sorte capitale e interessi – il credito vantato dalla banca[38].

In questa prospettiva può dirsi che la liquidazione giudiziale oggi, come il fallimento ieri, modifica in senso "multilaterale" ogni rapporto debitore-creditore, che è normalmente bilaterale[39].

[37] Per riflessioni anche sulla nuova disciplina recata dal Codice in materia di credito fondiario v. PASSAFIUME, *Il credito fondiario.* E per il quadro del sistema riformato prima del Codice v. *ex plurimis* MONTANARI, *La realizzazione.*

[38] Così LEUZZI, *Privilegio processuale.*

[39] V. per questa affermazione ZANICHELLI, *Gli effetti*, 53.

Articolo 152

Creditori muniti di pegno o privilegio su mobili

1. I crediti garantiti da pegno o assistiti da privilegio a norma degli articoli 2756 e 2761 del codice civile possono essere realizzati al di fuori della liquidazione giudiziale anche durante la procedura, dopo che sono stati ammessi al passivo con prelazione.

2. Per essere autorizzato alla vendita il creditore fa istanza al giudice delegato, il quale, sentiti il curatore e il comitato dei creditori, stabilisce con decreto il tempo della vendita, determinandone le modalità a norma dell'articolo 216. Il giudice delegato può assegnare i beni al creditore che ne ha fatto istanza. Il giudice delegato provvede acquisita la valutazione dei beni oggetto del provvedimento di autorizzazione o di assegnazione.

3. Se il ricavato della vendita, al netto delle spese o, in caso di assegnazione, il valore di stima è superiore all'importo del credito ammesso al passivo con prelazione, il creditore ne versa al curatore l'eccedenza.

4. Il giudice delegato, sentito il comitato dei creditori, se è stato nominato, può anche autorizzare il curatore a riprendere le cose sottoposte a pegno o a privilegio, pagando il creditore, o ad eseguire la vendita nei modi stabiliti dal comma 2.

Daniela Caterino

1. – Il contenuto dell'art. 152 reca alcune non marginali innovazioni rispetto all'omologa disposizione della legge fallimentare, senza però stravolgere l'assetto delle regole relative ai crediti assistiti da garanzia pignoratizia o da privilegio c.d. "possessuale"[1].

In primo luogo, la norma ribadisce il principio dell'assoggettamento al concorso formale di tali categorie di crediti[2], stabilendo che le operazioni di liquidazione separata del

---

[1] V. Nardecchia, *Il nuovo codice*, in partic. 86 ss.

[2] Si tratta, nello specifico, per ciò che riguarda i privilegi sui beni mobili, dei crediti per prestazioni e spese di conservazione e miglioramento dei beni mobili *ex* art. 2756 c.c. e dei crediti del vettore, mandatario, depositario e sequestratario *ex* art. 2761 c.c., connotati dal presupposto del possesso in capo al creditore del bene su cui è costituita la garanzia, nonché dal diritto di ritenzione e dalla facoltà del creditore di far vendere la cosa *ex* artt. 2796 e 2797 c.c.

bene sono logicamente e temporalmente successive all'accertamento definitivo della sussistenza e della consistenza del diritto di credito e della causa di prelazione che lo accompagna (comma 1)[3-4]; di conseguenza, secondo la ricostruzione che appare preferibile, la norma non pone alcuna deroga al principio del divieto di azioni esecutive individuali, in quanto la pretesa del creditore viene realizzata nell'ambito della procedura concorsuale[5].

Ciò implica che le modalità di realizzo da parte del creditore qui disciplinate non sono azionabili fintantoché pendano, con riferimento all'ammissione del creditore munito della prelazione, gravami nei confronti del decreto di esecutività dello stato passivo[6]; e ancora, che – in assenza di espressa disciplina sul punto – occorre definire in via interpretativa le conseguenze derivanti dall'esecuzione della vendita da parte del creditore non legittimato (perché non definitivamente ammesso al passivo, ovvero non autorizzato dal giudice delegato)[7].

Inoltre, l'art. 152 ripropone per tali beni la possibilità di realizzo al di fuori delle ordinarie modalità proprie della procedura concorsuale, come già previsto dall'art. 53 l. fall., secondo tre differenti modelli:

a) quello della vendita su iniziativa del creditore;

b) quello della vendita su iniziativa del curatore;

c) quello del c.d. riscatto del bene da parte della procedura, a fronte del pagamento al creditore.

Le innovazioni si apprezzano essenzialmente in relazione alla prima modalità di vendita, in ordine alla quale la disposizione in commento:

1) stabilisce che il giudice delegato (sentiti il curatore e, ove nominato, il comitato dei creditori) possa, oltre che autorizzare il creditore alla vendita, procedere ad assegnare i beni assoggettati alla garanzia al creditore che abbia fatto istanza in tal senso, non prima di aver acquisito una valutazione dei beni di cui dispone l'autorizzazione alla vendita ovvero l'assegnazione (comma 2);

2) impone al creditore che abbia ricevuto in assegnazione il bene, o lo abbia fatto vendere, di retrocedere alla procedura l'eventuale eccedenza conseguita; tale eccedenza viene calcolata per differenza tra l'ammontare del credito quale risulta dall'ammissione al passivo con prelazione e, rispettivamente, il valore di stima (in caso di assegnazione) ovvero il ricavato della vendita al netto delle spese (comma 3).

L'innovazione *sub* 1) appare di particolare interesse, «in quanto immette nel sistema della liquidazione del patrimonio l'istituto dell'assegnazione, tipico dell'esecuzione indivi-

---

[3] Presupposti per il riconoscimento della prelazione sono il possesso del bene in capo al creditore e l'opponibilità della prelazione con scrittura avente data certa e recante sufficiente indicazione del credito garantito e della cosa data in pegno. In caso di pegno rotativo, il requisito è rispettato se è indicato il valore economico della cosa originariamente posta in garanzia: v. da ultimo Cass., 13 maggio 2021, n. 12733.

[4] Sull'estensione del principio del concorso formale v. *sub* art. 151; e in giurisprudenza Cass., 6 febbraio 2018, n. 2818. Sul rapporto tra il diritto di ritenzione semplice e il più incisivo diritto riconosciuto al creditore pignoratizio, nonché sul regime probatorio e le condizioni di forma prescritte per la costituzione della prelazione v. PERRINO, *Art. 53*, 790 ss.

[5] Così SEMIANI BIGNARDI, *La ritenzione*, 126 ss. Ma v. il contrasto di opinioni dottrinali formatesi nel vigore della legge fallimentare riassunto in PASQUALI, *Art. 152*, 1143.

[6] *Contra* LAMANNA, *Art. 53*, 778.

[7] Si veda, per argomentate ipotesi di soluzione, PERRINO, *Art. 53*, 798 ss.

duale e, sino ad ora confinato nell'ambiente concorsuale alla sola fattispecie dell'assegnazione ai creditori di crediti tributari non riscossi in occasione del riparto finale»; donde ci si è chiesti se da questa apertura possa aprirsi una nuova breccia nel senso dell'introduzione dell'assegnazione nel quadro degli ordinari strumenti di soddisfacimento dei creditori nella liquidazione giudiziale[8]. E tuttavia, la modifica appare foriera di una serie di problematicità.

2. – Uno degli ambiti nei quali il legislatore delle molteplici riforme della legge fallimentare si era maggiormente sforzato di intervenire per favorire l'efficienza e la linearità della procedura fallimentare era, per unanime percezione della dottrina, quello delle vendite fallimentari, in particolare con la previsione del programma di liquidazione. Tuttavia, come già rilevato con riferimento all'art. 53 l. fall. dopo la riforma del 2007, anche nel Codice la disciplina in commento non presenta alcun raccordo con le disposizioni in materia di programma di liquidazione, limitandosi a richiamare l'art. 216, in tema di modalità di esecuzione delle vendite[9].

L'unico spazio di elasticità consentito dalla vigente disciplina si rinviene nell'art. 213 comma 6, a mente del quale il curatore può presentare un supplemento del piano di liquidazione «*per sopravvenute esigenze*», che nel caso in questione sarebbero proprio legate alla necessità di raccordo tra le procedure di vendita e assegnazione di parte dell'attivo e il piano originariamente predisposto prima che il creditore presentasse istanza in tal senso. È peraltro chiaro che ogni attività pianificatoria sconta il conflitto tra la necessità di predisporre da subito il programma (si veda la serrata tempistica dettata dall'art. 213, comma 1) e l'altrettanto rilevante esigenza di tenere in debito conto gli eventi successivamente intercorsi; conflitto che va composto con una costante attività di aggiornamento e aggiustamento.

Alla medesima esigenza risponde e corrisponde in parallelo, del resto, la disciplina dei riparti parziali.

Peraltro, resta insanabile il contrasto fra l'ampio potere decisionale e organizzativo delle modalità di vendita attribuito al curatore e il testuale riferimento che l'articolo in commento continua a fare al giudice delegato, quale soggetto che in concreto determina con proprio decreto tempistica e modalità di vendita dei beni pignorati, in modo apparentemente del tutto svincolato dal programma di liquidazione[10].

Vi è poi il tema delle spese di procedura: non è chiaro se i creditori che, autorizzati dal

---

[8] Il virgolettato e l'interrogativo sono di FABIANI, *Gli effetti*, 1168. Peraltro, non è nuovo in dottrina il dibattito sull'applicabilità in sede di liquidazione concorsuale della facoltà di realizzo del credito assistito da pegno di cui all'art. 2798 c.c., risolto non di rado in senso positivo (riferimenti in PERRINO, *Art. 53*, 800).

[9] *Contra* PASQUALI, *Art. 152*, 1143, secondo il quale «il difetto di coordinamento sembra esser stato superato dal CCII», laddove dispone «con previsione di carattere generale, che è il g.d. a stabilire le modalità delle vendite»; ma v. BAESSATO, *Art. 216*, 1681 ss., le più convincenti osservazioni sul contrasto tra art. 213 e 216, in merito al ruolo del curatore e del g.d. nella determinazione delle modalità delle vendite, e sulla progressiva rimodulazione del sistema attraverso i decreti correttivi, rivolta proprio a ripristinare la centralità del programma di liquidazione nella determinazione delle modalità di vendita, ribadendo il ruolo di vigilanza del g.d.

[10] Lo notava, con riferimento all'art. 53 l. fall., BENINCASA, *Art. 53*, 1080.

giudice delegato, procedono alla vendita del bene ovvero lo ottengono in assegnazione, debbano partecipare alle spese di procedura, e in particolare se sopportino o meno la spesa del compenso del curatore, che è determinata (anche) in base all'attivo realizzato; se in giurisprudenza era ormai consolidata [11] l'idea che rientrasse in tale nozione "tutta la liquidità comunque acquisita", tale delimitazione interpretativa non soccorre nel caso di assegnazione diretta del bene al creditore. Qualche utile elemento in favore della soluzione positiva può venire dal rilievo [12] per cui è frequente che il curatore abbia svolto rispetto ai beni in discorso un'attività conservativa, manutentiva o liquidatoria, nonché ove si rifletta ad es. sulla necessità di custodia e di stima dei beni suddetti, che indubbiamente involge l'impegno del curatore [13].

In generale, si è posta storicamente la questione – tuttora irrisolta nel Codice – se la norma (ieri l'art. 53 l. fall.) semplicemente determini le modalità di liquidazione del bene, o se intenda garantire ai creditori cui si riferisce una vera e propria soddisfazione al di fuori del concorso sostanziale [14]. Dottrina e giurisprudenza si sono lungamente divise sul punto, talora ritenendo inammissibile (sulla scorta del dettato dell'art. 111-*bis*, comma 3, l. fall., oggi trasfuso identicamente nell'art. 222, comma 2) che i crediti prededucibili possano soddisfarsi anche sul ricavato della vendita dei beni gravati da pegno, di conseguenza affermando che l'ammontare della vendita dovesse essere integralmente affidato all'organo concorsuale per il riparto; opzione resa ormai insostenibile dal nuovo comma 3 della disposizione in commento.

3. – Neppure nel Codice, come già nella legge fallimentare, sono state espressamente enunciate regole applicabili ai crediti garantiti da pegno irregolare [15]; nemmeno si menzionano quelli garantiti da pegno su conto titoli di cui alla disciplina recata dal d.lgs. n. 170 del 2004 e s.m. [16].

Costituiva opinione diffusa nella dottrina *ante* Codice che la norma in commento non trovasse applicazione alla fattispecie generale del pegno irregolare [17].

---

[11] Sulla scia di Cass., 22 settembre 2004, n. 18996 e, ancor prima, Cass., 8 gennaio 1998, n. 100.

[12] Riferimenti al dibattito nel vigore della legge fallimentare in ZACCARIA, TESCARO, *Art. 137*, 1008 ss.

[13] Sugli ulteriori aspetti problematici dell'assegnazione al creditore ai fini dell'applicazione della disciplina del riparto, ad esempio in ordine agli accantonamenti parziali, si rinvia ai commenti *sub* art. 220 ss.

[14] V. *infra* i rilievi svolti *sub* art. 153.

[15] Sulla relativa nozione v. da ultimo Cass. pen., sez. III, 9 settembre 2021, n. 33435, secondo cui «il pegno irregolare si differenzia da quello regolare in quanto le somme di danaro o i titoli depositati presso il creditore diventano di proprietà del medesimo, sicché in caso di inadempimento del debitore, il creditore è tenuto soltanto a restituire l'eventuale eccedenza dei titoli rispetto alle somme garantite, mentre nel pegno regolare egli ha diritto a soddisfarsi disponendo dei titoli ricevuti in pegno».

[16] V. GABRIELLI, *Contratti di garanzia*, 507 ss. e DI MARCELLO, *Escussione del pegno*, 543 ss.; per alcune applicazioni giurisprudenziali v. Trib. Bergamo, 22 ottobre 2015, in *ilcaso.it*; Trib. Brescia, 27 gennaio 2015, ord., con commento di DOTTI, SOGARO, *Una pronuncia*; Cass., 7 aprile 2016, n. 6760, che ha – tra l'altro – deciso nel senso della retroattività della disciplina, statuendo che «attiene alla facoltà di esecuzione coattiva del credito in autotutela e, dunque, si applica anche alle garanzie pignoratizie costituite in data antecedente alla sua entrata in vigore»; e da ultimo Trib. Sondrio, 4 giugno 2021, in *Ilfallimentarista.it*, 22 ottobre 2021, con commento di Tarolli.

[17] PASQUALI, *Art.* 53, 334 ss., che ribadisce l'opinione nel nuovo contesto normativo in ID., *Art. 152*, 1145.

Quanto ai contratti di garanzia finanziaria, la disciplina speciale dettata al riguardo dispone che, qualora intervenga un evento che legittimi all'escussione della garanzia, il creditore pignoratizio ha facoltà di soddisfarsi nelle forme previste dalla disciplina in questione, anche quando sia stata aperta la procedura di liquidazione giudiziale, semplicemente informando gli organi della procedura [18]. In questo caso, il creditore è peraltro tenuto a retrocedere alla procedura la parte dell'importo eventualmente riscosso in seguito alla vendita delle attività finanziarie oggetto di pegno, che risulti in eccedenza rispetto a quanto di sua spettanza; dunque, il regime della disciplina speciale ha anticipato nella sostanza le scelte poi adottate e generalizzate per ogni creditore pignoratizio o munito di privilegio sui mobili nell'art. 152, il che priva in parte di rilevanza pratica il tema dell'applicabilità della disciplina generale, posta la tendenziale identità di regime.

Resta peraltro irrisolto il quesito se i crediti assistiti da pegno irregolare e quelli soggetti al regime *ex* art. 4, d.lgs. n. 170 del 2004 vengano altresì attratti nel concorso formale *ex* art. 151. Sul punto, nel vigore della legge fallimentare la Suprema Corte aveva più volte confermato [19] che in caso di pegno irregolare andava negata la necessità per il creditore di formulare domanda di ammissione al passivo; ma la posizione pare oggi incrinarsi, alla luce delle considerazioni svolte dalla miglior dottrina già dopo la riforma del 2007 e della ribadita (e probabilmente rafforzata [20]) universalità del concorso formale [21].

[18] Parrebbe, anche *a posteriori* rispetto all'escussione della garanzia, dacché si parla di modalità di escussione *attuate* (così ancora PASQUALI, *Art.* 53, 338).

[19] V. da ultimo Cass., 31 marzo 2021 n. 8923 e Cass., 6 febbraio 2018, n. 2818, cit., secondo cui «Il creditore assistito da pegno irregolare, a differenza di quello assistito da pegno regolare, non è né legittimato (per carenza di interesse), né tenuto ad insinuarsi al passivo fallimentare, ai sensi dell'art. 53 l.fall., per il soddisfacimento del proprio credito». L'opinione era diffusamente ribadita in dottrina: v. ROSAPEPE, *Gli effetti,* 78, ove ulteriori riferimenti.

[20] È di questo avviso FABIANI, *Gli effetti,* 1166.

[21] Si vedano le considerazioni svolte *sub* art. 151, in partic. § 6.

Articolo 153

Diritto dei creditori privilegiati nella ripartizione dell'attivo

1. I creditori garantiti da ipoteca, pegno o privilegio fanno valere il loro diritto di prelazione sul prezzo dei beni vincolati per il capitale, gli interessi e le spese; se non sono soddisfatti integralmente, concorrono, per quanto è ancora loro dovuto, con i creditori chirografari nelle ripartizioni del resto dell'attivo.

2. Essi hanno diritto di concorrere anche nelle ripartizioni che si eseguono prima della distribuzione del prezzo dei beni vincolati a loro garanzia. In tal caso, se ottengono un'utile collocazione definitiva su questo prezzo per la totalità del loro credito, computati in primo luogo gli interessi, l'importo ricevuto nelle ripartizioni anteriori viene detratto dalla somma loro assegnata per essere attribuito ai creditori chirografari. Se la collocazione utile ha luogo per una parte del credito garantito, per il capitale non soddisfatto essi hanno diritto di trattenere solo la percentuale definitiva assegnata ai creditori chirografari.

3. L'estensione del diritto di prelazione agli interessi è regolata dagli articoli 2749, 2788 e 2855, commi secondo e terzo, del codice civile, intendendosi equiparata la dichiarazione di apertura della liquidazione giudiziale all'atto di pignoramento. Per i crediti assistiti da privilegio generale, il decorso degli interessi cessa alla data del deposito del progetto di riparto nel quale il credito è soddisfatto anche se parzialmente.

4. Se il credito è garantito da ipoteca, la prelazione si estende anche alle spese della costituzione, dell'iscrizione e della rinnovazione dell'ipoteca.

5. Se il credito è garantito da pegno o assistito da privilegio speciale a norma degli articoli 2756 e 2761 del codice civile, la prelazione si estende anche alle spese della costituzione del pegno e, nel caso previsto dall'articolo 152, commi 1 e 2, alle spese di conservazione e vendita del bene costituito in pegno o oggetto del privilegio, nonché alle spese di individuazione e consegna del bene oggetto di pegno non possessorio.

Daniela Caterino

1. – Come rilevato nella Relazione illustrativa, la disciplina si pone in sostanziale continuità con il previgente art. 54 l. fall., recante disposizioni che chiariscono il meccanismo per il soddisfacimento dei creditori muniti di cause legittime di prelazione (garantiti da ipoteca, pegno o privilegio [1]), ma presenta alcune innovazioni in tema di estensione della prelazione alle spese, su cui si tornerà tra breve.

Nessuna modifica interviene nel meccanismo con cui si soddisfano i creditori privilegiati in sede di ripartizione dell'attivo, potendo essi far valere il proprio diritto di prelazione sul prezzo dei beni vincolati per il capitale, gli interessi e le spese. A patto che il loro diritto di prelazione sia stato riconosciuto in fase di ammissione al passivo, e sempre che il bene su cui insiste il diritto sia stato recuperato alla massa attiva, essi possono, a preferenza degli altri creditori, soddisfarsi sul ricavato del bene stesso, seguendo – in caso di concorso – l'ordine definito dall'art. 2777 ss. c.c. [2].

Qualora il credito riconosciuto dovesse eccedere il ricavato del bene oggetto di prelazione, per la differenza sono trattati come chirografari e con essi concorrono (nel credito in chirografo andranno compresi anche interessi e spese, a dispetto della formulazione testuale che richiama solo il capitale [3]). Specularmente, se la vendita del bene fruttasse somme superiori al credito privilegiato, la differenza in più sarà utilizzata a vantaggio dei chirografari.

Resta, dunque, l'anomala collocazione della disposizione, che – attenendo alla soddisfazione in sede di riparto – avrebbe dovuto essere più logicamente ricollocata nella relativa parte del Codice.

I creditori menzionati dalla norma in commento possono anche partecipare ai riparti anteriori alla vendita del bene, in quanto diversamente potrebbero essere danneggiati dall'attesa. In questo caso, qualora successivamente a tali riparti parziali ottengano un'utile collocazione definitiva sul prezzo del bene, per un importo che copra totalmente il loro credito (partendo dagli interessi), per evitare che conseguano nel complesso un importo superiore a quanto di loro spettanza, la norma stabilisce che l'ammontare precedentemente ricevuto andrà detratto dalla somma che viene loro assegnata in seguito alla vendita e andrà attribuito ai creditori chirografari. Al contrario, se dalla vendita dei beni vincolati a garanzia del credito dovesse risultare un importo inferiore all'ammontare del credito, le somme ricevute in sede di riparti parziali potranno essere trattenute, ma solo nella percentuale pari a quella ricevuta dai chirografari, data l'equiparazione a questi ultimi della parte di credito non coperta dal prezzo della vendita del bene. Questa parte della disposizione non pone particolari problemi interpretativi né applicativi [4].

2. – In deroga alla previsione di cristallizzazione della debitoria, l'art. 154, comma 1 consente che – per i crediti garantiti da pegno, ipoteca, privilegio o garanzia – vengano pagati interessi decorrenti in data successiva all'apertura della procedura di liquidazione; si

---

[1] È opinione diffusa che la disposizione si riferisca tanto ai crediti con privilegio speciale quanto a quelli muniti di privilegio generale. Così PASQUALI, *Art. 153*, 1149, ove ulteriori riferimenti.

[2] La collocazione preferenziale dei creditori indicati dalla norma in commento deve intendersi riferita al ricavato della liquidazione del bene su cui grava il diritto di prelazione, ma «dedotta una quota delle spese generali di gestione della procedura»: così ZANICHELLI, *Gli effetti*, 80, con ampia dimostrazione, anche alla luce della disciplina dei cc.dd. "conti speciali", su cui v. RUGGIERO, *Conti speciali*, 1852 ss.

[3] Così la dottrina e la giurisprudenza prevalenti nel vigore della legge fallimentare, che vanno considerate pienamente riferibili al nuovo quadro normativo.

[4] Per le questioni interpretative al riguardo si fa rinvio al commento delle norme in tema di riparto dell'attivo.

tratta, secondo l'opinione prevalente in dottrina e giurisprudenza, dei soli interessi corrispettivi, giammai di quelli moratori[5]. Le modalità di maturazione e di attribuzione della prelazione per i suddetti interessi sono quelle contemplate dagli artt. 2749 (per i crediti assistiti da privilegio[6]), 2788 (per i crediti assistiti da pegno) e 2855 c.c. (per i crediti assistiti da ipoteca[7]), a cui la norma in commento rinvia; nel computo, alla data del pignoramento va sostituita quella di apertura della liquidazione giudiziale[8].

Pertanto, l'art. 153 contempla la possibilità che il privilegio si estenda anche agli interessi maturati dopo l'apertura della procedura, con le seguenti specificità:

a) per i crediti privilegiati, il privilegio si estende agli interessi dovuti per l'anno in corso alla data di apertura della liquidazione giudiziale, nonché per l'anno precedente, mentre gli interessi maturati successivamente hanno privilegio nei limiti della misura legale, fino alla data della vendita; va peraltro rammentato che per i crediti muniti di privilegio generale la disposizione in commento reca la previsione, immutata rispetto all'art. 54 l. fall., della cessazione del decorso degli interessi, a partire dalla data di deposito del progetto di riparto in cui viene prevista la soddisfazione anche parziale del credito;

b) per i crediti pignoratizi, durante tutto l'anno in corso alla data di apertura della procedura di liquidazione maturano interessi corrispettivi, aventi lo stesso grado di prelazione del credito; da quel momento in poi il privilegio si estende ai soli interessi legali, fino alla vendita del bene oggetto del pegno;

c) per i crediti ipotecari, il richiamo dell'art. 2855 c.c.[9] comporta che, a prescindere dalla specie di ipoteca, l'iscrizione del capitale che produce interessi fa collocare nello stesso grado anche gli interessi dovuti, purché ne sia enunciata la misura nell'iscrizione; peraltro, la stessa disposizione richiamata prevede che la collocazione prelatizia si limiti agli interessi maturati nelle due annate anteriori e a quella in corso alla data dell'apertura della liquidazione giudiziale, e – nella sola misura legale – dall'apertura della procedura fino alla data della vendita[10]. Dal momento che anche il trattamento preferenziale accordato agli interessi non comporta la loro estraneità al concorso formale, occorrerà una specifica domanda di ammissione al passivo, nella quale il creditore istante dovrà specificare tutti gli elementi necessari per po-

[5] Così *ex multis* APICE, MANCINELLI, *Il fallimento*, 107; *contra*, se la mora preesista alla dichiarazione di fallimento, MINUTOLI, *Art. 54*, 644; ma v. per ulteriori riferimenti *sub* art. 154.

[6] Cass., 21 settembre 2012, n. 16084 afferma che il privilegio generale sui mobili del debitore, riconosciuto dall'art. 2752, comma 3, c.c. ai crediti dello Stato per IVA, comprese le relative sopratasse e pene pecuniarie, si estende anche al credito per interessi, «ma solo nei limiti di quelli dovuti per l'anno in corso alla data di apertura della procedura concorsuale e per l'anno anteriore, nonché di quelli maturati successivamente, in misura legale, fino alla data di deposito del progetto di riparto, nel quale il credito sia soddisfatto sia pure parzialmente».

[7] Il diritto di prelazione del creditore ipotecario si estende anche ai frutti civili, quali i canoni di locazione dell'immobile ipotecato maturati dopo la dichiarazione di fallimento secondo Cass., 9 maggio 2013, n. 11025.

Sui limiti temporali di maturazione degli interessi convenzionali per il creditore ipotecario (l'annata in corso alla data di fallimento e le due annate precedenti) v. Cass., 21 ottobre 2020, n. 22954.

[8] Sul significato dell'equiparazione della sentenza dichiarativa di fallimento all'atto di pignoramento, in funzione della *par condicio creditorum* v. in giurisprudenza Trib. Patti, 26 gennaio 2021, in *ilcaso.it*.

[9] Sull'applicazione dell'art. 2855 c.c. in caso di mutuo con ammortamento francese v. MARCELLI, *Ammissione al passivo*.

[10] V. D'ATTORRE, *Manuale di diritto*, 244.

ter verificare il calcolo effettuato ai fini dell'esatta determinazione del relativo importo [11].

La nuova disciplina non scioglie il dubbio – risolto per lo più in senso negativo da dottrina e giurisprudenza – se interessi ultronei rispetto a quanto stabilito dagli artt. 2749, 2788 e 2855 c.c. possano essere ammessi al passivo, sia pure come chirografari [12]; e neppure chiarisce se l'espressione "anno in corso" si riferisca al periodo scandito dalla data del contratto ovvero all'anno solare [13].

Resta altresì privo di soluzione normativa il tema della rivalutazione monetaria per i crediti risarcitori; l'opinione dominante è nel senso di escluderla, con la sola eccezione dei crediti da lavoro, stante la (ormai risalente) declaratoria di incostituzionalità dell'art. 59 l. fall. [14].

3. – L'innovazione introdotta dal Codice nel trattamento dei creditori prelatizi consiste nell'ampliamento dell'estensione della prelazione alle spese accessorie; segnatamente:

a) per i creditori ipotecari, la prelazione viene estesa alle spese di costituzione, iscrizione e rinnovazione dell'ipoteca (comma 4);

b) per i pignoratizi e per i titolari di privilegio speciale *ex* artt. 2756 e 2761 c.c., la prelazione si estende anche alle spese per la costituzione del pegno, nonché, in caso di vendita o assegnazione al di fuori del concorso, alle spese di conservazione e vendita del bene che è stato costituito in pegno o che è oggetto di privilegio, ed anche – nell'ipotesi di pegno non possessorio – alle spese di individuazione e consegna del bene (comma 5).

La nuova disciplina dunque pone una regola differente rispetto al regime generale, che esclude dalla prelazione le spese giudiziali sostenute per l'accertamento del credito; prima della modifica si riteneva (non senza contrasti) che la prelazione potesse estendersi solo a quelle ordinarie per l'insinuazione al passivo, o al più – per i soli crediti ipotecari – quelle di costituzione, iscrizione e rinnovazione dell'ipoteca.

Rimane, peraltro, non affrontato il problema più generale, molto dibattuto già nel vigore della legge fallimentare, del riconoscimento nella procedura delle spese sostenute dal creditore per l'insinuazione al passivo, risolto in senso negativo dalla maggior parte della dottrina [15].

---

[11] Si veda ad esempio Cass., 15 settembre 2017, n. 21459, in cui si è escluso che possano essere ammessi in via privilegiata crediti per interessi le cui istanze di insinuazione al passivo rechino la generica dizione "oltre interessi", o comunque siano redatte in modo da non consentire al giudice delegato di verificare la fondatezza e debenza degli interessi richiesti.

[12] V. per riferimenti PASQUALI, *Art. 153*, 1149.

[13] Nel primo senso è la costante giurisprudenza di legittimità e merito.

[14] Si veda il commento a Corte cost., 20 aprile 1989, n. 204 di LO CASCIO, *Un'ulteriore pronuncia*, 590 ss.

[15] Non mancavano peraltro significative voci dissenzienti, che nel vigore della legge fallimentare facevano leva sul combinato disposto degli artt. 95 c.p.c. e 54, comma 1, l. fall. per ammettere tali spese al concorso.

Articolo 154
Crediti pecuniari

1. La dichiarazione di apertura della liquidazione giudiziale sospende il corso degli interessi convenzionali o legali, agli effetti del concorso, fino alla chiusura della procedura ovvero fino all'archiviazione disposta ai sensi dell'articolo 234, comma 7, a meno che i crediti non siano garantiti da ipoteca, da pegno o privilegio, salvo quanto è disposto dall'articolo 153, comma 3.

2. I crediti pecuniari si considerano scaduti, agli effetti del concorso, alla data della dichiarazione di apertura della liquidazione giudiziale.

3. I crediti condizionali partecipano al concorso a norma degli articoli 204, 226 e 227. Sono compresi tra i crediti condizionali quelli che non possono essere fatti valere contro il debitore il cui patrimonio è sottoposto alla liquidazione giudiziale se non previa escussione di un obbligato principale.

Daniela Caterino

Sommario: 1. La sospensione del corso degli interessi. – 2. L'anticipo della scadenza dei crediti pecuniari. – 3. I crediti condizionali: definizione e rinvio.

1. – Nessuna modifica ha interessato il contenuto della norma in commento, sottoposta soltanto al restyling lessicale con le modalità già ampiamente segnalate nei commenti alle precedenti norme della sezione III in esame.

La disciplina ribadisce alcuni effetti per i crediti, tipici dell'apertura della procedura concorsuale liquidatoria.

In primo luogo, ai sensi del comma 1, i crediti chirografari subiscono la sospensione del corso degli interessi convenzionali o legali, ai soli effetti del concorso, fin tanto che sia aperta la procedura[1]. Diversamente è a dirsi – come già precisato nel commento degli artt.

---

[1] La norma si applica nella finestra temporale che va dall'avvio della procedura alla sua vera e propria chiusura nei casi disciplinati dall'art. 233, ovvero al verificarsi dell'ipotesi disciplinata dall'art. 234, comma 7, a mente del quale, in caso di giudizi e procedimenti esecutivi pendenti dopo la chiusura, «*il curatore chiede al tribunale di archiviare la procedura di liquidazione giudiziale*» una volta eseguito l'ultimo progetto di ripartizione o comunque definiti i giudizi e procedimenti pendenti.

152 e 153 – per i creditori muniti di cause legittime di prelazione[2]; nonché per i titolari di crediti prededucibili, che vanno soddisfatti, secondo quanto prevede l'art. 222, comma 2 anche per tutti gli interessi, che continuano a maturare in corso di procedura.

È pressoché pacifico che la norma si estenda alle ipotesi in cui gli interessi precalcolati siano inseriti indistintamente nell'ammontare complessivo dell'effetto cambiario emesso, ovvero più in generale alle «fattispecie pattizie di preventiva quantificazione dell'ammontare degli interessi, inglobati nel capitale»[3]; sicché sarà necessario compiere una sorta di "depurazione", in mancanza della quale l'ammissione al passivo dovrà essere negata per le somme relative agli interessi che scadrebbero dopo l'apertura della procedura[4].

La *ratio* della sospensione degli interessi viene ricondotta da alcuni[5] a una sorta di regola di ragionevolezza, sulla scorta del rilievo che gli interessi ulteriori ben difficilmente potranno trovare capienza, data l'ordinaria esiguità della massa attiva; ma al di là di questo, la ragione profonda risiede nell'esigenza di principio di cristallizzare la massa attiva alla data di apertura della procedura[6], anche allo scopo di evitare un inimmaginabile continuo ricalcolo delle somme dovute. In una prospettiva di sistema, può dirsi poi che il "blocco" degli interessi trova corrispondenza in una specie di mutamento dei diritti dei creditori, che all'apertura della liquidazione vengono in qualche misura declassati, in quanto alla possibilità di agire per l'adempimento si sostituisce la mera partecipazione in percentuale alla ripartizione del ricavato della liquidazione dei beni[7].

Alla cessazione della procedura, nonché nell'ipotesi di revoca della stessa, la pretesa potrà essere azionata dal solo creditore parzialmente soddisfatto, per la quota parte della sorte capitale rimasta non pagata; ma tutti i creditori, compresi quelli che abbiano ricevuto integrale soddisfazione del credito ammesso al passivo della procedura, potranno altresì pretendere gli interessi maturati nel tempo in cui la procedura è stata aperta[8]; a meno che non sia intervenuto un effetto remissivo del debito residuo, in conseguenza della chiusura della procedura per concordato di liquidazione, ovvero che non sia stata chiesta e ottenuta l'esdebitazione[9].

---

[2] Sull'inapplicabilità della disposizione in commento ai crediti tributari, in quanto assistiti da privilegio, v. Cass., 10 marzo 2017, n. 6319. Sull'applicazione all'indennità di mora per ritardato pagamento dei tributi, che ha funzione riparatoria del danno, si contrappongono un risalente orientamento della Suprema Corte e alcune più recenti pronunce delle corti di merito, che oscillano tra l'esclusione e l'ammissione in chirografo. Dettagli in PASQUALI, *Art. 54*, 347.

[3] V. MINUTOLI, *Art. 55*, 651 ss., che ricorda le opinioni non del tutto convergenti di autorevole dottrina.

[4] In questi termini PASQUALI, *Art. 54*, 347, che ribadisce la posizione *Art. 154,* 1158.

[5] Così D'ATTORRE, *Manuale di diritto*, 243, sulla scia di ZANICHELLI, *Gli effetti*, 85.

[6] Per l'inoperatività di detto principio in materia di concordato preventivo v. PALAZZOLO, *L'inesistenza del principio*, 773 ss. Inoltre, nel vigore della legge fallimentare. è stato ritenuto che l'operatività di detto principio non impedisca al terzo, che abbia pagato un creditore del debitore sottoposto a liquidazione giudiziale, di insinuarsi in sua sostituzione, sempre che il titolo che legittimi la sostituzione si sia formato anteriormente all'apertura del concorso; e ciò anche quando il creditore sostituito non si sia insinuato al passivo della procedura (così Trib. Catania, 14 ottobre 2020, in *Fallimento*, 2021, 859 con nota di BOGGIO, *Cristallizzazione del passivo*).

[7] In questo senso ROSAPEPE, *Effetti nei confronti*, 292.

[8] La debenza di tali interessi va delibata alla luce dei principi generali del codice civile (così ad es. Trib. Padova, 17 marzo 2017, in *ilcaso.it*).

[9] Conformemente, in dottrina, *ex multis*: JORIO, *Gli effetti*, 375; ROSAPEPE, *Effetti nei confronti*, 292.

Considerazioni analoghe in merito alla perdurante maturazione degli interessi vanno altresì svolte rispetto alla pretesa azionabile – fuori del concorso – dai creditori del debitore soggetto alla liquidazione giudiziale nei confronti di fidejussori e coobbligati dello stesso; con la precisazione che, data la natura specificamente personale del suddetto effetto remissivo, nei confronti di costoro resta impregiudicato il diritto di agire altresì per gli interessi maturati in costanza di procedura, anche in caso di concordato di liquidazione o esdebitazione[10].

Con riferimento agli interessi moratori commerciali di cui all'art. 1, comma 2, l. n. 231 del 2002, va poi chiarito che «rimane fermo il diritto al riconoscimento di quelli già maturati antecedentemente all'accertamento dell'insolvenza del debitore», che «si producono automaticamente senza necessità di formale messa in mora del debitore»[11]. Viceversa, nessuna *mora debendi* può sussistere durante la liquidazione giudiziale, stante lo spossessamento che colpisce il debitore[12]; non a caso l'art. 2 del richiamato decreto esclude la maturazione di tali interessi dopo l'apertura della procedura.

La domanda di ammissione al passivo interrompe la prescrizione anche per gli interessi, fino alla fine della procedura.

Il principio della cristallizzazione della pretesa creditoria trova in giurisprudenza un'applicazione più ampia di quella riferita alla maturazione degli interessi. Sulla sua base, ad esempio, è stata negata la collocazione in grado ipotecario per le spese di anticipata estinzione del mutuo che sia stato sciolto a seguito dell'apertura della procedura concorsuale[13]; inoltre, è stata ritenuta inammissibile l'azione revocatoria, ordinaria o fallimentare, nei confronti di un fallimento, nel presupposto che tale azione costitutiva, andando a modificare *ex post* una situazione giuridica preesistente, possa confliggere con il principio di cristallizzazione del passivo alla data di apertura del concorso, che opera in funzione di tutela della massa dei creditori[14].

2. – Sulla medesima esigenza di certezza e stabilità delle somme facenti parte del passivo concorsuale – più che, come opinato da diversi Autori, su una presunta applicazione della perdita del beneficio del termine di cui all'art. 1186 c.c.[15] – si fonda la previsione di cui al comma 2, recante la regola della scadenza dei crediti pecuniari (applicabile, con i dovuti adattamenti, anche ai crediti non pecuniari, come dispone l'art. 158), che viene anticipata alla data di apertura della liquidazione giudiziale[16].

Anche questa regola, come quella appena descritta, genera vantaggi di ordine pratico,

[10] Cfr. Zanichelli, *Gli effetti*, 86.

[11] Così Cass., 8 febbraio 2017, n. 3300, in *ilcaso.it*, ove l'affermazione che tale regime si spiega con la circostanza che i «crediti nati nelle cc.dd. "transazioni commerciali" tra imprese hanno un loro peculiare statuto imposto dal diritto comunitario, di natura speciale rispetto alle preesistenti disposizioni del diritto concorsuale (artt. 54 e 55 l. fall.) che non può essere oggetto di interpretazioni abroganti da parte del giudice comune».

[12] In giurisprudenza v. Cass., 20 novembre 1987, n. 8556.

[13] In questi termini, nel vigore della legge fallimentare, Cass., 4 settembre 2009, n. 19219.

[14] Il principio si trova espresso in Cass., SS.UU., 23 novembre 2018, n. 30416.

[15] V. in arg. Inzitari, *Effetti del fallimento*, 105 ss.; *contra*, Nigro, Vattermoli, *Diritto della crisi*, 138.

[16] L'innovazione (sostituzione del riferimento all'apertura del fallimento con quello alla data di apertura della liquidazione giudiziale) è ritenuta meramente terminologica da Fabiani, *Gli effetti*, 1168; *contra* Caprino, *La liquidazione giudiziale*, 208, secondo il quale l'effetto retroagirebbe al momento della domanda.

rendendo più agevole soprattutto l'attività di riparto parziale in corso di procedura, altrimenti ardua per la necessità di rideterminare continuamente le condizioni di esigibilità di ciascun credito. Come per la norma sugli interessi, anche in questo caso si tratta di una *fictio iuris*[17] che determina effetti solo all'interno della procedura concorsuale; si discute se la regola operi anche per fidejussori e coobbligati.

3. – Il comma 3 ribadisce le previgenti disposizioni in tema di partecipazione al passivo dei cc.dd. crediti condizionali, ossia propriamente soggetti a condizione[18], ovvero azionabili solo a patto che risulti infruttuosa l'escussione del debitore principale, per obbligazioni garantite anche dal patrimonio del debitore sottoposto alla liquidazione giudiziale.

Per i crediti condizionali, le regole di ammissione (con riserva) al passivo sono disposte dagli artt. 204 (che però curiosamente parla, *sub* comma 2, lett. *a*), di crediti "condizionati"), 226 e 227[19].

La *ratio* della disposizione è stata individuata nell'intento di permettere la partecipazione del creditore al concorso, tutelandolo in pendenza della condizione con una sorta di "effetto prenotativo"[20].

Si è nel tempo sviluppato un significativo dibattito sulla portata della norma; a quanti sottolineano la natura eccezionale della disposizione, che genera un'evidente (benché necessaria e giustificata sotto il profilo sistematico[21]) frattura nel principio della cristallizzazione del passivo, e ritengono di conseguenza improponibile ogni sua applicazione analogica[22], si è contrapposta la visione di chi è incline ad accogliere una nozione di credito condizionale più ampia di quella codicistica, a ricomprendere altresì ipotesi in cui non siano ancora presenti, alla data di apertura della liquidazione, uno o più elementi costitutivi della fattispecie[23].

---

[17] In questi termini PASQUALI, *Art. 54*, 334 ss.

[18] Sull'applicabilità dell'art. 55 l. fall. (antecedente pressoché identico della norma in commento) anche ai crediti sottoposti a condizione risolutiva, e non solo sospensiva, alla luce delle modifiche intervenute in tema di obbligo di accantonamento delle somme in favore di tutti i creditori ammessi con riserva in base all'art. 113 l. fall., v. PERRINO, *Art. 55*, 824; contra ZANICHELLI, *Gli effetti*, 88.

[19] V. *sub* artt. 204, 226 e 227.

[20] Così ZANICHELLI, *Gli effetti*, 87.

[21] V. MINUTOLI, *Art. 55*, 653, che sottolinea la coerenza della disposizione con l'art. 1360 c.c. e con il principio di retroattività dell'avveramento della condizione.

[22] In questo senso ad es. Cass., 15 aprile 2011, n. 8765, che ha ritenuto l'art. 55 l. fall. (omologo della disposizione in commento) «non suscettibile di applicazione analogica a diritti i cui elementi costitutivi non si siano integralmente realizzati anteriormente alla detta dichiarazione, in tal caso versandosi in ipotesi, non già di mera inesigibilità della pretesa, ma di credito non ancora sorto ed eventuale», considerando che «le relative esigenze di tutela possono trovare applicazione solo nell'eventuale misura dell'accantonamento prudenziale operato dal curatore, in applicazione analogica dell'art. 113 legge fall. che prevede l'accantonamento di somme concernenti un credito eventuale prededucibile, percepite dalla procedura in virtù di sentenza esecutiva, a differenza di quello, meramente concorsuale, che sorgerebbe in capo al ricorrente». In dottrina, nel senso dell'inammissibilità dei crediti cc.dd. eventuali o futuri v., *ex multis*, JORIO, *Gli effetti*, 377 ss. Per l'analisi di varie fattispecie sottoposte all'attenzione della giurisprudenza, ivi compresi i casi dei tributi non ancora definitivamente accertati e iscritti a ruolo v. PASQUALI, *Art. 54*, 352 ss.

[23] V. PERRINO, *Art. 55*, 822. Sulla casistica dei crediti connotati da "condizionalità impropria" e sulle modalità

È pacifico che il regime dei crediti condizionali si applichi al diritto di regresso del fideiussore del fallito, se non ancora escusso dal creditore principale, al diritto del condebitore solidale del fallito che non abbia ancora adempiuto all'obbligazione su costui gravante e al credito dell'erario non ancora definitivo, in pendenza del giudizio dinanzi alle commissioni tributarie. Per tali creditori è necessario procedere all'accantonamento delle somme dovute, ogni volta che si procede a un riparto parziale.

per farli valere nel concorso, v. MINUTOLI, *Art. 55*, 654. E sulla peculiare posizione del fideiussore del fallito, il cui credito non sarebbe opponibile al fallimento se il pagamento non fosse avvenuto prima dell'apertura della procedura, si vedano le osservazioni di ROSAPEPE, *Effetti nei confronti*, 304; e ancora recentemente in giurisprudenza v. Trib. Vicenza, 30 giugno 2021, in *unijuris.it*.

Articolo 155
Compensazione

1. I creditori possono opporre in compensazione dei loro debiti verso il debitore il cui patrimonio è sottoposto alla liquidazione giudiziale i propri crediti verso quest'ultimo, ancorché non scaduti prima dell'apertura della procedura concorsuale.

2. La compensazione non ha luogo se il creditore ha acquistato il credito per atto tra vivi dopo il deposito della domanda cui è seguita l'apertura della liquidazione giudiziale o nell'anno anteriore.

Davide De Filippis

1. – Il meccanismo (giuridico) sottostante alla compensazione è noto: due parti sono reciprocamente titolari di rapporti giuridici attivi e passivi (precisamente, di debito/credito) in guisa che si perviene all'estinzione degli stessi (fino alla concorrenza delle somme rispettivamente vantate) in quanto l'una rinuncia alla propria pretesa di credito perché anche l'altra abdica al proprio diritto. L'effetto che scaturisce è, innanzitutto, di *efficacia economica* in quanto si evitano inutili spostamenti di ricchezza[1] consentendo di raggiungere la soddisfazione del proprio credito per il tramite dell'estinzione del debito nei confronti della parte creditrice la quale vede, a sua volta, estinta la propria posizione debitoria. In questo modo, si attuerebbe altresì una tutela del diritto di credito: alle parti del rapporto obbligatorio viene attribuito uno strumento idoneo a neutralizzare la pretesa dell'altra parte che sia debitrice nei propri confronti; per altro verso, ciascuna delle due parti evita il rischio dell'insolvenza.

In ambito fallimentare il meccanismo sottostante all'operare della compensazione resta il medesimo (estinzione reciproca di debiti e crediti), mentre diversa sarebbe la finalità perseguita. È costante, difatti, l'affermazione secondo cui l'art. 56 l. fall. risponderebbe a esigenze più che altro equitative e consistenti nell'evitare che la parte *in bonis* subisca le

[1] Così INZITARI, *Effetti del fallimento*, 160.

conseguenze negative della falcidia fallimentare, vedendosi comunque costretta ad adempiere alla propria obbligazione per intero[2]. Con la compensazione la parte *in bonis* ottiene una soddisfazione in via autonoma del proprio credito.

La regola recepita nella "vecchia" legge fallimentare era, quindi, la seguente: il creditore veniva ammesso a compensare il proprio debito con i crediti vantati nei confronti del fallito, anche se il credito non fosse scaduto prima della dichiarazione di fallimento. Tuttavia, in base al comma 2 dell'art. 56, questa regola non si applicava ai crediti non scaduti acquistati per atto tra vivi dopo la dichiarazione di fallimento o nell'anno anteriore.

A un primo esame, le innovazioni apportate dal Codice e dell'insolvenza paiono molteplici: (*i*) la modifica della rubrica ("compensazione" invece di "compensazione in sede di fallimento"); (*ii*) la sostituzione dei termini "fallito" e "fallimento" con quello "liquidazione giudiziale"; (*iii*) l'utilizzo del verbo servile "possono" in luogo dell'attribuzione del diritto alla compensazione; (*iv*) l'introduzione del riferimento – perlomeno nel comma 1 dell'art. 155 – alla «*apertura della procedura concorsuale*» (e non più alla dichiarazione di fallimento); (*v*) l'estensione dell'inapplicabilità della compensazione anche ai crediti scaduti acquistati per atto tra vivi dopo l'apertura della liquidazione giudiziale o nell'anno anteriore.

In linea generale, le novità in discorso non sembrano suscettibili di alterare la finalità della compensazione in sede fallimentare, prima enucleata, la quale resta la stessa anche nel modificato contesto normativo. A voler comunque individuare una qualche differenza, si deve constatare come, con la norma in commento, questo meccanismo sembrerebbe assurgere al rango di fattispecie ad ampia operatività, applicabile ogni qualvolta vi sia una procedura concorsuale in essere e ricorrano i presupposti previsti dalla norma.

Se è vero, infatti, che nel regime ancora vigente la compensazione così come disciplinata dall'art. 56 si applica(va) anche nell'ambito del concordato preventivo per effetto del rinvio a essa operato dall'art. 169 l. fall., il principio informatore del Codice – quanto alla compensazione – appare di più ampio respiro: la legge delega 19 ottobre 2017, n. 155 all'art. 7, comma 8, lett. *e*) ha (*rectius*, aveva) delegato il Governo all'adozione di misure dirette a «*attrarre nella sede concorsuale l'accertamento di ogni credito opposto in compensazione ai sensi dell'art. 56 del regio decreto 16 marzo 1942, n. 267*»[3].

Questa lettura permetterebbe di spiegare (almeno una) parte delle innovazioni cui si accennava in precedenza, ovvero l'eliminazione nella rubrica del riferimento alla sede nella quale si realizza la compensazione (nella "nuova" versione si fa parola esclusivamente di "compensazione"), nonché l'introduzione del riferimento alla «*procedura concorsuale*» (e non specificamente alla "*liquidazione giudiziale*") contenuto nel comma 1 dell'art. 155[4].

[2] Secondo altri (v., su tutti, FERRARA, BORGIOLI, *Il fallimento*, 351), la compensazione in sede fallimentare realizzerebbe una funzione di garanzia; per FABIANI, *Per la chiarezza*, 45-46 (ma già prima v. FOSCHINI, *Fallimento*, 7), «la chiave di lettura più corretta (...) è costituita dall'effetto estintivo che l'istituto produce sulle corrispettive obbligazioni dal giorno della loro coesistenza».

[3] Favorevole a questa conclusione è, in dottrina, GABOARDI, *Spunti sulla legge*, 153.

[4] Colpisce, invero, come la norma adoperi una sola volta il termine "procedura concorsuale", mentre per il resto si discorra di "liquidazione giudiziale": probabilmente – seguendo l'interpretazione qui sostenuta – sarebbe stato più corretto ricorrere unicamente all'espressione "procedura concorsuale". Deve, in ogni caso, aggiungersi che – sebbene nella norma possa riscontrarsi una portata estesa anche alle altre procedure concor-

2. – Alla prova di quest'interpretazione deve essere sottoposta anche l'altra modifica rappresentata dall'attribuzione al creditore della *facoltà* (ma v. *infra*) di operare la compensazione[5]. Ed invero, la "sostituzione" della formula «i creditori hanno diritto ...» di cui alla precedente norma con quella i creditori «*possono*» adoperata nella "nuova" versione non può non costituire oggetto di riflessione, trattandosi di una delle modifiche (di rilievo) che hanno attinto la disposizione in commento.

In via preliminare, è possibile affermare che nell'ambito delle procedure concorsuali la compensazione è destinata a (continuare a) operare in virtù dell'iniziativa del creditore atteso che la modifica terminologica non può valere a elidere la necessità dell'impulso (*rectius*, della volontà) della parte *in bonis* alla quale l'ordinamento accorda tutela. Se questo è vero, il dilemma interpretativo poco sopra enucleato potrebbe essere risolto andando a verificare se l'utilizzo del verbo «*possono*» sia suscettibile di incidere proprio sulle modalità (concrete) per il tramite delle quali far valere la compensazione nell'ambito delle procedure concorsuali.

È noto come a proposito dell'onere di far valere la compensazione, nell'interpretazione del "precedente" art. 56, si sia formata una giurisprudenza non unitaria finanche all'interno della Corte di legittimità[6]. In base ad un orientamento[7], la (eccezione di) compensazione potrebbe essere fatta valere anche nell'ipotesi in cui il creditore sia stato evocato in un giudizio dalla procedura per il pagamento di una determinata somma di denaro; non sarebbe, quindi, necessario il ricorso alla preventiva verificazione del credito stesso mediante l'insinuazione al passivo. Tuttavia, trattandosi di una eccezione e non di una domanda riconvenzionale, l'eventuale eccedenza del credito del terzo rispetto al debitore (fallito) dovrebbe essere fatta valere proponendo un'autonoma istanza di insinuazione al passivo. Per altra parte della giurisprudenza (sempre di legittimità), l'accertamento dei crediti vantati nei confronti della massa deve avere luogo (solamente) con l'insinuazione al passivo con la conseguenza che la compensazione può essere riconosciuta solo in sede fallimentare e, anche quando sia stata dedotta solo in via di eccezione, presupporrebbe comunque l'accertamento del debito del fallito[8].

---

suali – nel Codice è presente un rinvio espresso a essa a proposito della disciplina del concordato preventivo: cfr., segnatamente, l'art. 96.

[5] Invero, DE SEMO, *Diritto fallimentare*, 281, si esprimeva comunque in termini di *facoltà*. Di diritto potestativo parla, invece, GIULIANO, *La compensazione*, 158.

[6] Danno conto dell'esistenza di due tendenze in ordine all'onere di far valere la compensazione SANZO, *Gli effetti*, 1120, e VANZETTI, *Compensazione e processo*, 45.

[7] In questo filone giurisprudenziale rientrano, tra le altre: Cass., 3 settembre 1996, n. 8053, in *Fallimento*, 1997, 598; Cass., 10 dicembre 2004, n. 23077, in *DeJure*; Cass., 9 gennaio 2009, n. 287, in *Fallimento*, 2009, 1000; Cass., 13 gennaio 2009, n. 481, in *Fallimento*, 2009, 880; Cass., 10 gennaio 2012, n. 64, in *Fallimento*, 2012, 1388; Cass., 18 dicembre 2017, n. 30298, in *ilcaso.it*.

[8] Sul piano processuale, ciò comporta che ove per l'accertamento del credito sia in corso un giudizio di insinuazione tardiva o di opposizione allo stato passivo, il giudizio ordinario deve essere sospeso o riunito a quello pendente davanti al tribunale fallimentare; pervengono a simili conclusioni, tra le altre, Cass., 29 gennaio 2002, n. 1065, in *Fallimento*, 2003, 22; Cass., 27 marzo 2008, n. 7967, in *DeJure*; Cass., 3 agosto 2017, n. 19424, in *Fallimento*, 2018, 112. Sulla scorta di quest'orientamento v. le pronunce delle Sezioni Unite: Cass., SS.UU., 14 luglio 2010, n. 16508, in *Nuova giur. civ. comm.*, 2011, 126, e Cass., SS.UU., 31 ottobre 2016, n. 22044, in *ilcaso.it*.

La risposta al dubbio interpretativo poco prima posto (ovvero l'utilizzo del verbo servile in luogo dell'attribuzione del diritto) potrebbe trovare una sua collocazione proprio all'interno del dissidio giurisprudenziale appena sintetizzato.

In proposito, va rammentato che uno dei principi e criteri direttivi della legge delega consiste(va) nell'affermazione – all'interno dei decreti delegati – di una sorta di *vis attractiva* della sede concorsuale rispetto a ogni credito opposto in compensazione.

In un primo momento, quest'indicazione del legislatore delegante sembrava essere stata recepita: la versione di decreto delegato, consegnata nel 2017, al Ministro della Giustizia dal Pres. Rordorf recava una norma relativa alla compensazione (segnatamente, l'art. 160 rubricato «Compensazione») che, al comma 1, così recitava: «i creditori possono opporre in compensazione dei loro debiti verso il debitore (...) i propri crediti verso quest'ultimo (...) *soltanto dopo che siano stati ammessi al passivo*» (corsivo aggiunto).

Tuttavia, la formulazione della norma innanzi riportata sulla compensazione non è stata oggetto di recepimento nella versione poi pubblicata – nel 2019 – sulla Gazzetta Ufficiale, con ciò determinando (almeno) due conseguenze: (*i*) una sul piano esclusivamente letterale dacché la norma – monca dell'inciso finale – conserva un verbo («possono») che aveva senso in relazione alla dizione non entrata in vigore; (*ii*) l'altra nei rapporti con la legge delega atteso che il decreto delegato pretermette – (almeno) sotto il profilo delle modalità con le quali far valere la compensazione – l'attuazione del principio che voleva la sede concorsuale quale unico momento deputato alla cognizione dei crediti fatti valere nei confronti della massa [9].

3. – La questione relativa alla qualificazione in termini di fattispecie ad ampia operatività della compensazione s'interseca (parzialmente) con l'esame dell'ultima delle novità recate dalla norma di nuovo conio. Il comma 2 dell'art. 155 estende l'inoperatività della compensazione anche ai crediti scaduti acquistati per atto tra vivi dopo «*il deposito della domanda cui è seguita l'apertura della liquidazione giudiziale*» o nell'anno anteriore.

Com'è noto, la precedente versione della norma aveva riguardo esclusivamente ai crediti non scaduti acquistati per atto tra vivi dopo la dichiarazione di fallimento o nell'anno anteriore. Problematica era quindi l'individuazione della disciplina applicabile ai crediti scaduti. In particolare, la mancata inclusione dei crediti scaduti tra quelli per i quali, una volta acquistati dopo la dichiarazione di fallimento o nell'anno anteriore, non era consentita la compensazione era stata oggetto di critica da parte della dottrina [10] tanto è vero che non

---

[9] Per altro verso, non può sottacersi che, ove il recepimento del principio di cui alla legge delega fosse stato attuato nei termini di cui alla formulazione contenuta nella versione della bozza c.d. Rordorf, ciò avrebbe potuto indebolire quella lettura in termini di fattispecie ad applicazione estesa che si prospettava dianzi: l'accertamento del credito vantato nei confronti della massa *necessariamente* con l'insinuazione al passivo avrebbe posto qualche difficoltà di coordinamento rispetto a quelle procedure concorsuali (su tutte, il concordato preventivo) per le quali una vera e propria fase di verifica dei crediti non è configurabile.

[10] Osservazioni critiche (e, dunque, favorevoli ad invocare la compensazione a fronte di un credito scaduto acquistato dopo la dichiarazione di fallimento) si ritrovano, tra gli altri, in DE SEMO, *Diritto fallimentare*, 281; FOSCHINI, *La compensazione*, 136; FERRARA, BORGIOLI, *Il fallimento*, 443 (nt. 1); ZANICHELLI, *Gli effetti*, 94; paventa qualche rischio circa la possibilità che si sviluppi un mercato dei crediti vantati nei confronti dell'imprenditore insolvente PERRINO, *Art. 56*, 840 s.

erano mancati tentativi di estendere, in via interpretativa, l'inefficacia anche a tali crediti.

Peraltro, una parte della giurisprudenza – da epoca ormai risalente [11] – aveva avvertito l'incongruità del differente trattamento tra crediti scaduti e crediti non scaduti acquistati per atto tra vivi nel medesimo periodo di tempo. Tant'è che la questione era stata portata finanche all'attenzione del Giudice delle leggi [12] che, pur giudicando "discutibile" la differenziazione operata dal legislatore, aveva tuttavia respinto la questione di legittimità costituzionale.

Più di recente, alcune pronunce di merito [13] hanno riaperto il dibattito e, da ultimo, la Corte di legittimità [14] ha aderito a una lettura "sistematica" del comma 2 dell'art. 56 l. fall., pervenendo alla conclusione secondo cui «il terzo *in bonis* non può eccepire *ex* art. 56, comma 2, l. fall. la compensazione di un proprio debito verso il fallito con un credito, scaduto anteriormente alla dichiarazione di fallimento, di cui, però, il primo sia divenuto titolare, per atto di cessione tra vivi, dopo l'apertura del concorso». Il fondamento di tale trattamento sarebbe, in particolare, rinvenibile nell'effetto di pignoramento generale prodotto dal fallimento che renderebbe insensibile il credito del fallito a cause estintive sopravvenute.

Meno articolata appare, invece, la giustificazione dell'estensione dell'inoperatività della compensazione anche ai crediti scaduti riportata nella Relazione illustrativa: si richiama l'identità di *ratio* che accomunerebbe le due fattispecie, ovvero evitare condotte abusive e opportunistiche in danno della massa.

4. – La estesa applicabilità della fattispecie in esame alle procedure concorsuali, che potrebbe ravvisarsi nell'intento riformatore del legislatore, impone di affrontare, brevemente, il problema – avvertito dalla recente giurisprudenza [15] – relativo alla determinazione del momento a partire dal quale decorrono i limiti temporali previsti dalla norma sulla compensazione specialmente nell'ipotesi di consecuzione tra le procedure.

L'introduzione del procedimento unitario per l'accesso alle procedure di regolazione della crisi o dell'insolvenza sembra, invero, avvalorare l'impressione che la regola secondo la quale il creditore non possa eccepire la compensazione tra un credito anteriore ad una procedura concorsuale e uno sorto successivamente alla stessa debba valere *a fortiori* nel mutato contesto normativo [16]. L'unicità del procedimento permette difatti di fissare al momento del deposito della domanda di accesso a una delle procedure previste dal Codice – cui successivamente sia seguita l'apertura della liquidazione giudiziale – quello a partire dal quale decorrono gli effetti preclusivi della compensazione.

---

[11] Cfr., tra le prime, Trib. Milano, 29 ottobre 1984, in *Dir. fall.*, 1986, II, 61, con nota di Tarzia; Trib. Mondovì, 12 gennaio 2005, in *ilcaso.it*; Trib. Alba, 7 marzo 2006, in *Fallimento*, 2007, 207, con nota di Bettazzi.

[12] Cfr. Corte cost., 20 ottobre 2000, n. 431, in *Dir. fall.*, 2001, II, 5, con nota di Scalera.

[13] Trattasi, specificamente, di Trib. Milano, 25 giugno 2016, e Trib. Torino, 5 agosto 2016, entrambe in *DeJure*, le quali si riferiscono alla fattispecie dell'acquisto del credito avvenuto dopo la dichiarazione di fallimento.

[14] V. Cass., 4 aprile 2019, n. 9528, in *ilfallimentarista.it*.

[15] Cfr. Cass., 6 agosto 2010, n. 18437, in *Fallimento*, 2010, 30, con nota di Bosticco.

[16] In passato, v. già APICE, *Compensazione e procedure*, 341.

Articolo 156

Crediti infruttiferi

1. I crediti infruttiferi non ancora scaduti alla data dell'apertura della liquidazione giudiziale sono ammessi al passivo per l'intera somma. Tuttavia ad ogni singola ripartizione saranno detratti gli interessi composti, in ragione del saggio stabilito dall'articolo 1284 del codice civile, per il tempo che resta a decorrere dalla data del mandato di pagamento sino al giorno della scadenza del credito.

Davide De Filippis

Sommario: 1. L'immutato trattamento dei crediti infruttiferi. – 2. L'adeguamento alla disciplina generale. – 3. I crediti infruttiferi coperti da garanzia.

1. – Coerentemente con la riproposizione – anche nel modificato regime normativo – della regola secondo cui i crediti pecuniari si considerano scaduti alla data di apertura della liquidazione giudiziale (art. 154), si riafferma, nella norma oggetto di commento, il trattamento accordato ai titolari di crediti infruttiferi non ancora scaduti. In particolare, questi ultimi non dovranno attendere la scadenza del proprio credito, essendo ammessi al passivo per l'intero ammontare. In questo modo si fa applicazione della (ribadita) regola generale: anche il credito infruttifero non ancora scaduto alla data di apertura della liquidazione giudiziale si considera come tale.

Il vantaggio per il titolare di siffatto credito rispetto a quello titolare di uno produttivo di interessi sembrerebbe di tutta evidenza: il primo si assicura il pagamento del proprio credito anticipatamente senza dover attendere il decorso del termine previsto per l'adempimento (e per il quale non erano riconosciuti interessi), il secondo viene – seppur indirettamente – svantaggiato nella misura in cui perde gli interessi convenuti. In altri termini, il titolare di un credito infruttifero ottiene anticipatamente la liquidità dovutagli, mentre quello di un credito fruttifero subisce la *deminutio* consistente nel non poter percepire gli interessi dovuti se non si fosse aperta la liquidazione giudiziale [1]. Insomma, a vantaggio del titolare del credito infruttifero ammesso al pagamento (integrale o parziale) prima della scadenza si verificherebbe una «*ingiustificata locupletazione*» [2].

---

[1] In termini analoghi v. Inzitari, *Effetti del fallimento*, 220.

[2] Così la Relazione illustrativa.

Per neutralizzare questo rischio – analogamente a quanto già faceva il "vecchio" art. 57 l. fall. – si ripristina la parità di trattamento tra tutti i creditori concorsuali attraverso l'applicazione di una falcidia al credito infruttifero ammesso al pagamento anticipatamente.

2. – Il meccanismo prescelto dal legislatore della riforma resta immutato: dall'importo spettante per intero si decurta, in occasione di ogni singola ripartizione [3], un saggio di interesse composto calcolato per il tempo corrispondente all'anticipazione del pagamento rispetto alla scadenza del credito [4]. L'innovazione, che si riscontra rispetto al passato, consiste nella (diversa) misura dell'interesse, determinato ora tramite rinvio alla disciplina generale relativa agli interessi nelle obbligazioni pecuniarie (art. 1284 c.c.).

Ed invero, sotto questo profilo, viene recepito quanto già evidenziato da buona parte dei commentatori con riferimento alla "vecchia" norma [5]. Si constata(va), più nello specifico, il mancato coordinamento con la modifica, nel frattempo intervenuta, della previsione di cui all'art. 1284 c.c.: questa norma contiene, a seguito dell'ultima novella [6], una misura variabile del saggio legale di interessi; diversamente, il "vecchio" art. 57 l. fall. ancora(va) l'interesse a una misura fissa non più prevista, per l'appunto, nella disciplina positiva del tasso legale di interesse. Con la modifica introdotta dal Codice, si allinea così il saggio d'interesse (composto) da sottrarre al credito infruttifero a quanto previsto per quello legale, risolvendo quell'incongruità alla quale neppure con la riforma del 2006-2007 si era posto rimedio [7].

3. – In parallelo con la (ri)affermazione della regola secondo cui per i crediti garantiti da pegno, ipoteca o privilegio gli interessi continuano a decorrere (art. 154, comma 1), deve concludersi – in continuità con le opinioni espresse in passato [8] – che, rispetto ai cre-

---

[3] Non si deve fare luogo ad alcuna detrazione se la scadenza del credito si verifica anteriormente al primo riparto; parimenti non vi sarà detrazione negli ulteriori riparti se nel frattempo si sarà realizzata la scadenza del credito: in tal senso v. già DEL VECCHIO, *Le spese*, 277. Inoltre, la detrazione in discorso trova applicazione solamente nei casi di pagamento con moneta fallimentare: al di fuori di questi casi, il credito deve computarsi per intero (così, per esempio, nel caso di votazione della proposta e del piano di concordato preventivo prima della scadenza del credito).

[4] Il metodo di computo degli interessi da defalcare è quello c.d. di Carpzov con la variante che a essere detratti sono gli interessi composti e non legali. Per una ricostruzione dei diversi sistemi di calcolo dello sconto (*interusurium*) v. BRUNETTI, *Diritto fallimentare italiano*, n. 145, a proposito dell'art. 768 c. comm.; DE SEMO, *Diritto fallimentare*, 270 (il quale, tuttavia, afferma che il sistema adottato dalla «vigente legge italiana» sia quello c.d. di Leibniz), e successivamente DEL VECCHIO, *Le spese*, 275.

[5] Tra gli altri, si segnala COPPOLA, *Art. 57*, 850, il quale nega(va) la possibilità di una sostituzione «chirurgica» del tasso fisso con un rinvio alla disciplina positiva del tasso legale di interesse e ipotizza(va), sul punto, un intervento della Corte costituzionale.

[6] Il riferimento è, specialmente, alla l. 23 dicembre 1996, n. 662: per maggiori ragguagli sull'evoluzione storica dell'art. 1284 c.c. v. COSSA, *Art. 1284*, 122.

[7] Per tale via, può ritenersi che il limite tradizionalmente (v. già DE SEMO, *Diritto fallimentare*, 270) individuato nel metodo di decurtazione degli interessi cc.dd. di Carpzov, vale a dire il rischio – data la lunga distanza tra i due termini – di azzeramento dell'ammontare del credito per effetto dell'applicazione di un tasso di interesse composto (fisso) elevato, possa ritenersi in certa misura ridimensionato.

[8] In argomento cfr., tra i molti, INZITARI, *Effetti del fallimento*, 222; COPPOLA, *Art. 57*, 852; SCHIERA, *Art. 57*, 770.

diti infruttiferi (non scaduti), per tutto il tempo in cui gli stessi sono assistiti da siffatte garanzie (ovvero fino al momento alla vendita della cosa vincolata[9]) non si debba procedere ad alcuna detrazione. Se, tuttavia, il ricavato non è sufficiente a soddisfare integralmente il creditore, quest'ultimo concorre – per quanto ancora gli è dovuto – con la massa chirografaria nella ripartizione del resto dell'attivo e, per questa parte, subisce la detrazione prevista dalla norma in commento per il periodo intercorrente tra la vendita e la data del mandato di pagamento (se questo è anteriore alla scadenza naturale del credito) o tra la vendita e la scadenza del credito[10].

[9] Stando al disposto dell'art. 153, comma 3, nel caso di credito assistito da privilegio generale, il decorso degli interessi cessa alla data di deposito del progetto di riparto nel quale il credito è soddisfatto anche se parzialmente.

[10] Così INZITARI, *Effetti del fallimento*, 222; in senso critico v., però, GUALANDI, ROSTAGNO, *Gli effetti*, 537, i quali ritengono questa interpretazione «una evidente forzatura dell'art. 57 l. fall. che prevede la detrazione degli interessi composti soltanto per il periodo in cui il creditore si trova ad avere a disposizione il denaro con anticipo».

Articolo 157
Obbligazioni ed altri titoli di debito

1. I crediti derivanti da obbligazioni e da altri titoli di debito sono ammessi al passivo per il loro valore nominale, detratti i rimborsi già effettuati; se è previsto un premio da estrarre a sorte, il suo valore attualizzato viene distribuito tra tutti i titoli che hanno diritto al sorteggio.

Davide De Filippis

Sommario: 1. La riproposizione della precedente formulazione. – 2. Il (falso) problema del trattamento delle obbligazioni convertibili. – 3. Gli «altri titoli di debito» nella prospettiva delle "nuove" forme di finanziamento delle PMI.

1. – Nel mutato contesto normativo, quando il patrimonio dell'emittente sia assoggettato alla liquidazione giudiziale, il trattamento dei crediti relativi a obbligazioni ed "altri" titoli di debito conosce la medesima disciplina dettata in passato dall'art. 58 l. fall. Ed invero, fatta eccezione per la modifica della rubrica [1], il legislatore del Codice ripropone la regola in virtù della quale i crediti derivanti da obbligazioni e da altri titoli di debito vengono ammessi al passivo per il loro valore nominale e non per il prezzo che sia stato effettivamente pagato al momento dell'emissione [2]. Resta fermo, altresì, che se la società emittente abbia già corrisposto all'obbligazionista o al portatore del titolo un rimborso parziale secondo il piano di ammortamento del prestito, il credito viene ammesso al passivo solamente per la differenza tra il valore nominale e i "rimborsi" già percepiti. La norma costituisce, dunque, nient'altro che un'applicazione della regola di cui all'art. 154, comma 2, a mente della quale i crediti si considerano, agli effetti del concorso, scaduti alla data della

[1] In effetti, l'art. 58 della "vecchia" legge fallimentare presentava una distonia tra il corpo della norma e la rubrica giacché quest'ultima si esprime(va) in termini di «*obbligazioni e titoli di debiti*» mentre nel testo si faceva parola di «obbligazioni e (…) altri titoli di debito»; il legislatore della riforma pare avere eliminato questa differenza tanto è vero che, secondo la Relazione illustrativa, la disposizione di nuovo conio rappresenterebbe un «*mero adeguamento lessicale dell'art. 58 della l. fall.*».

[2] Come evidenziato da Donativi, *Le obbligazioni*, nt. 54, trattasi di scelta di diverso segno rispetto a quella effettuata con l'art. 851 c. comm., nel quale era invece previsto che l'ammissione al passivo avvenisse per la somma corrispondente al valore di emissione.

dichiarazione di apertura della liquidazione giudiziale e dalla stessa data viene sospeso il decorso degli interessi (art. 154, comma 1)[3].

La seconda parte della disposizione prende, invece, in considerazione – come pure accadeva in passato[4] – una fattispecie del tutto peculiare, ovvero quella delle obbligazioni c.d. a premio[5]: se la società emittente si è impegnata a rimborsare ai sottoscrittori, oltre al valore nominale, anche un "premio" da estrarre a sorte, in tal caso il valore del premio deve essere attualizzato[6] e distribuito tra tutti i titoli che hanno diritto al sorteggio in omaggio al principio di parità di trattamento tra i creditori concorrenti.

Manca, invece, una specifica presa di posizione (da parte del legislatore) a proposito della legittimazione a proporre la domanda di ammissione al passivo: si ripropone la questione – già sorta in precedenza – se detta legittimazione sia esclusiva del rappresentante comune degli obbligazionisti o possa ritenersi concorrente con quella di questi ultimi. Difatti, una vera e propria organizzazione è prevista solamente per gli obbligazionisti; per gli altri titoli di debito variamente denominati e strutturati si può ritenere che un analogo problema si possa porre esclusivamente quando sia stata contemplata – a livello organizzativo – la presenza di un rappresentante comune[7]. Sul punto, nonostante qualche voce dissenziente[8], è possibile propendere per la tesi della legittimazione concorrente del rappresentante comune[9] e del singolo obbligazionista ai fini della presentazione del ricorso per l'ammissione al passivo[10].

---

[3] In tal senso v., in dottrina, già prima della modifica della norma a opera della riforma del 2006-2007, INZITARI, *Effetti del fallimento*, 224, e, successivamente, DI GIROLAMO, *Le obbligazioni*, 1113; SANGIOVANNI, *Obbligazioni e titoli*, 1238; COPPOLA, *Art. 58*, 854, e SCHIERA, *Art. 58*, 772.

[4] Anteriormente alla riforma del diritto fallimentare avviata nel 2006, la disciplina del computo del premio da corrispondere agli obbligazionisti era, tuttavia, differente: si doveva individuare un valore pari al capitale ottenuto riducendo al valore attuale, sulla base dell'interesse composto del cinque per cento, l'ammontare complessivo delle obbligazioni non ancora sorteggiate; quest'importo veniva suddiviso per il numero delle obbligazioni non ancora estinte così da individuare il valore di ogni singola obbligazione. Questa (articolata) modalità di calcolo viene sostituita – in occasione della predetta riforma – con l'attualizzazione del premio.

[5] Il premio che qualifica questa categoria di emissioni obbligazionarie può essere di tre specie: premio di emissione, premio di rimborso e premio da estrarre a sorte (propone questa distinzione POLI, *Obbligazioni convertibili*, 1126).

[6] In dottrina, da più parti (v., tra gli altri, SANGIOVANNI, *Obbligazioni e titoli*, 1238; COPPOLA, *Art. 58*, 855; SCHIERA, *Art. 58*, 773) si evidenzia il silenzio della legge in ordine alla modalità per il tramite della quale debba essere effettuata l'attualizzazione: la tesi più persuasiva appare essere quella che propone di attualizzare il valore del premio in base al tasso di interesse legale vigente alla data della dichiarazione di apertura della liquidazione giudiziale (in questo senso v., a proposito dell'art. 58, SANGIOVANNI, *Obbligazioni e titoli*, 1239; SCHIERA, *Art. 58*, 773; mentre COPPOLA, *Art. 58*, 855, ritiene di individuarla nel «saggio reale di rendimento dei capitali che varia in maniera direttamente proporzionale alla rischiosità dell'investimento»). Del resto, a sostegno di tale conclusione, potrebbe richiamarsi la scelta operata dal Codice a proposito dell'art. 156 ove si rinvia, per l'appunto, al saggio stabilito dall'art. 1284 c.c. (da ritenere non composto ma semplice: così v., ancora, SCHIERA, *Art. 58*, 773).

[7] Nel caso in cui non fosse previsto un rappresentante comune, non si dubita che la domanda di ammissione al passivo possa essere proposta direttamente dal titolare del diritto di credito.

[8] Per l'opinione secondo cui «il singolo obbligazionista non può proporre autonomamente domanda di ammissione al passivo, ma conserva il diritto di impedire al rappresentante comune di agire anche nel suo interesse» v. DI GIROLAMO, *Le obbligazioni*, 1139.

[9] È da ritenere che il rappresentante comune debba pur sempre rappresentare un gruppo di obbligazionisti.

[10] Questa conclusione – alla quale, in dottrina, perviene SANGIOVANNI, *Obbligazioni e titoli*, 1236; COP-

2. – Non deve meravigliare, invece, l'"agnosticismo" del legislatore del 2019 a proposito di un'altra delle questioni maggiormente dibattute in passato, vale a dire il trattamento al quale assoggettare le obbligazioni convertibili in azioni nell'ipotesi di fallimento (oggi, liquidazione giudiziale) dell'emittente [11].

Muovendo dalla constatazione che il portatore di una obbligazione convertibile verrebbe ad assumere una posizione diversa e *potiore* rispetto a quella dell'obbligazionista portatore di obbligazioni ordinarie, parte della dottrina [12] è giunta ad ammettere la possibilità di un trattamento diversificato: al titolare dell'obbligazione convertibile dovrebbe essere consentita l'ammissione al passivo, oltre che del credito per il mutuo obbligazionario, del *quid* corrispondente al costo sostenuto per godere della facoltà di conversione. All'opposto, l'orientamento dottrinale prevalente esclude che il titolare di obbligazioni convertibili possa chiedere l'ammissione anche del maggior costo sostenuto per procurarsi il diritto (potestativo) di conversione [13].

Ora, accanto alla varietà di (condivisibili) argomenti spesi a sostegno di quest'opinione [14], una constatazione sembra decisiva per escludere la difformità di trattamento da riservare alle obbligazioni convertibili: l'esistenza del problema era nota non solo al legislatore della riforma avviata nel 2006, ma anche a quello del (più recente) Codice della crisi per cui pare davvero difficile ipotizzare che l'interprete possa incidere, in via esegetica, sul silenzio (consapevole) del legislatore medesimo.

3. – Vengono espressamente ammessi al trattamento previsto dalla norma in commento gli «*altri titoli di debito*»: l'ambito applicativo di tale locuzione è stato esteso, già sotto la "vecchia" disposizione, sino a ricomprendere non soltanto quelli previsti dall'art. 2483 c.c., ma tutti i crediti che traggono fondamento da uno strumento finanziario riconducibile ad un titolo di debito [15]. Così i titolari di «*strumenti finanziari, comunque denominati, che condizionano i tempi e l'entità del rimborso del capitale all'andamento economico della società*» (art. 2411, comma 3, c.c.), nonché quelli che possiedano strumenti finanziari for-

---

POLA, *Art. 58*, 854, con riferimento all'art. 58 – si lascia preferire anche in ragione del fatto che l'art. 201, comma 8 risulta formulato in modo identico rispetto al penultimo comma del "vecchio" art. 93. Tale norma è stata infatti interpretata (cfr., specialmente, ALLECA, *Titoli di debito*, 1027) nel senso che essa postulerebbe il venire meno di ogni legame di categoria a far data dal fallimento (oggi, liquidazione giudiziale) dell'emittente.

[11] Nessuno (v., tra gli altri, COPPOLA, *Art. 58*, 855, e, per le sole obbligazioni subordinate, SANGIOVANNI, *Obbligazioni e titoli*, 1239) dubita(va) – e nulla osta a che venga mutuata questa conclusione anche nel regime riformato – circa l'applicabilità dell'art. 58 l. fall. alle obbligazioni indicizzate e alle obbligazioni postergate (in tal caso il credito si considera condizionale ai sensi dell'art. 154, comma 3).

[12] La posizione sintetizzata nel corpo del testo pare sia stata sostenuta in dottrina solamente da POLI, *Obbligazioni convertibili*, 1152.

[13] Propendono, tra gli altri, per la tesi che nega un trattamento differenziato delle obbligazioni convertibili: INZITARI, *Effetti del fallimento*, 226; GUALANDI, ROSTAGNO, *Gli effetti*, 538; DI GIROLAMO, *Le obbligazioni*, 1119; SANGIOVANNI, *Obbligazioni e titoli*, 1239; COPPOLA, *Art. 58*, 856; SANZO, *Gli effetti*, 1123.

[14] Tra questi DI GIROLAMO, *Le obbligazioni*, 1119, rimarca come «il diritto (di conversione), quale vincolo *unilaterale* dell'emittente alla formazione del contratto, non sembri suscettibile di valutazione economica autonoma ai fini del concorso, tant'è che può essere ceduto soltanto *unitamente* all'obbligazione cui accede, rientrando nell'ambito degli atti dispositivi del credito» (corsivi dell'A.).

[15] Di particolare rilievo in tema è lo studio di DI GIROLAMO, *Le obbligazioni*, 1122.

niti di diritti patrimoniali emessi ai sensi dell'art. 2346, comma 6, c.c. [16], hanno diritto di insinuare al passivo dell'emittente il proprio credito di restituzione del capitale originariamente versato.

Sotto questo profilo, qualche cenno merita l'esame delle ricadute applicative che la previsione è destinata ad avere rispetto all'ampliamento delle forme di finanziamento che stanno interessando il tipo della società a responsabilità limitata, specialmente di quella qualificabile alla stregua di una piccola media impresa (o PMI). A tal proposito, viene ad assumere rilievo non solo l'emissione di *minibond* e (la modifica della disciplina delle) cambiali finanziarie [17] per i quali sembra possibile predicare – ai nostri fini – un trattamento paragonabile a quello degli altri titoli di debito (in quanto ne condividerebbero la natura [18]), ma soprattutto la possibilità di collocare i titoli di debito tramite portali (c.d. *debt crowdfunding*) [19]. Al cospetto di questo fenomeno, viene quasi spontaneo domandarsi quale potrebbe essere la sorte dei titoli emessi e negoziati su tali piattaforme nell'ipotesi di liquidazione giudiziale dell'emittente. La peculiarità della fattispecie consiste in ciò che i titoli vengono negoziati su piattaforme (digitali) ove al rapporto (tradizionale) tra emittente e sottoscrittore si aggiunge quello che viene a instaurarsi con il gestore della piattaforma.

Venendo così agli interrogativi posti dianzi, non si vede come i titoli dell'emittente, il cui patrimonio sia stato assoggettato alla liquidazione giudiziale, negoziati sul portale possano venire sottoposti a un trattamento diversificato, dovendo, per l'effetto, essere ammessi al passivo per il loro valore nominale. Qualche dubbio, invece, si deve avanzare circa la possibilità che al gestore del portale sia riconosciuta la legittimazione a proporre l'istanza di insinuazione al passivo per i crediti – o anche solo una parte di questi – relativi ai titoli dell'emittente in liquidazione giudiziale. Effettivamente, il gestore del portale non può essere paragonato a un intermediario né, ancora meno, all'investitore professionale che sottoscrive titoli di debito. Allora, se così è, pare difficile ipotizzare in capo al gestore una legittimazione, anche di tipo concorrente [20].

---

[16] Non concorreranno ai sensi dell'art. 157 ma secondo la (diversa) regola di cui all'art. 158 i possessori di strumenti finanziari liberati a fronte di opera o di servizi: in tal senso, con riferimento all'art. 58 l. fall., v. Di Girolamo, *Le obbligazioni*, 1132.

[17] Il riferimento normativo principale, sebbene successivamente modificato e integrato, è l'art. 32, d.l. 22 giugno 2012, n. 83, che è intervenuto anche a novellare la disciplina relativa alle cambiali finanziarie di cui alla l. 13 gennaio 1994, n. 43. Di recente, si segnala l'intervento del d.l. n. 34 del 2020 che ha modificato l'art. 1, comma 2-*bis*, con l'eliminazione dell'inciso «diverse dalle banche».

[18] In questo senso cfr., per i *minibond*, Carrière, *I* minibond, 192, e, per le cambiali finanziarie, Appio, *Emissione di cambiali*, 125; a proposito della qualificazione delle cambiali finanziarie, v. però la posizione di Spagnuolo, *La cambiale*, 191.

[19] Per un inquadramento del fenomeno sia consentito rinviare a De Filippis, *S.r.l. PMI «aperta»*, 919 ss.

[20] Del resto, con riguardo alla posizione del gestore del portale, la disciplina dettata dal Regolamento sulla raccolta di capitali tramite portali *on-line* (delibera Consob n. 18592 del 26 giugno 2013) pare riguardare, principalmente, la necessità di mantenere separata la sezione ove vengono effettuate le offerte di titoli di debito da quella in cui si svolge la raccolta di capitale di rischio.

Articolo 158
Crediti non pecuniari

1. I crediti non scaduti, aventi per oggetto una prestazione in denaro determinata con riferimento ad altri valori o aventi per oggetto una prestazione diversa dal denaro, concorrono secondo il loro valore alla data di apertura della liquidazione giudiziale.

2. In deroga a quanto previsto dal comma 1, la rivalutazione dei crediti di lavoro è ammessa anche dopo la domanda di accesso agli strumenti di regolazione della crisi e dell'insolvenza e dopo l'apertura di una procedura di insolvenza. La rivalutazione è ammessa, negli strumenti di regolazione della crisi e dell'insolvenza, fino alla definitività della sentenza di omologazione e, nelle procedure di insolvenza, fino al decreto pronunciato ai sensi dell'articolo 204, comma 4, in relazione alle domande di ammissione al passivo depositate nel termine di cui all'articolo 201, comma 1.

Davide De Filippis

Sommario: 1. La fattispecie e la sua disciplina. – 2. Gli interventi della Corte costituzionale e il loro (successivo) recepimento nel secondo comma.

1. – Il comma 1 riproduce pressoché immutata la formulazione del corrispondente art. 59 l. fall. [1], compresa la *rubrica legis* della quale, da tempo, è stata evidenziata (*rectius*, criticata) [2] la mancata corrispondenza rispetto al contenuto della disposizione, in quanto la disciplina contemplata attiene non soltanto al trattamento dei crediti propriamente non pecuniari, ma anche a quello dei crediti aventi per oggetto prestazioni comunque in denaro, ancorché determinate con riferimento ad altri valori.

Più nello specifico, la disposizione si limita a stabilire che, alla data di apertura della liquidazione giudiziale, anche i crediti non pecuniari – nell'ampia accezione adoperata dalla norma – devono essere ragguagliati al minimo comune denominatore denaro [3]. Trattasi,

[1] Difatti, se si eccettua il riferimento alla «data di apertura della liquidazione giudiziale», per il resto nulla muta rispetto alla dizione utilizzata già nella legge fallimentare del 1942.

[2] In dottrina v., tra gli altri Inzitari, *Effetti del fallimento*, 228.

[3] Non potendosi, diversamente, procedere alla distribuzione del patrimonio assoggettato alla liquidazione: in questi termini, con riferimento all'art. 59 della "vecchia" legge fallimentare, Pajardi, Paluchowski, *Manuale di diritto*, 357.

in altri termini, dell'applicazione ai crediti "non pecuniari" della regola – valida in generale – di cui al comma 2 dell'art. 154[4].

Testualmente, l'art. 158 si riferisce ai (soli) crediti non scaduti. Nondimeno, a proposito dei crediti "non pecuniari" già scaduti si è notato che, nel periodo di tempo che va dalla scadenza prevista alla dichiarazione di apertura della liquidazione giudiziale, si potrebbe verificare un'oscillazione del valore di riferimento della prestazione o del valore oggetto della prestazione diversa dal denaro. Per porre rimedio a questo inconveniente, in passato la dottrina ha prospettato (almeno) due diverse opzioni interpretative: secondo la prima[5], il creditore avrebbe la facoltà di concorrere facendo valere il valore maggiore tra quello alla data di scadenza dell'obbligazione e quello alla data di apertura del fallimento. Questa soluzione sarebbe, secondo l'altra opinione[6], caratterizzata da inaccettabili «automatismi equitativi», dovendo, invece, il creditore provare di aver subito un pregiudizio nel lasso di tempo considerato e di avere debitamente costituito in mora il debitore[7]. La circostanza che, con il Codice, la formulazione sia rimasta immutata lascia irrisolto il dubbio interpretativo, sebbene la seconda tesi appaia fondata su argomenti maggiormente solidi.

Come si diceva, la prima delle ipotesi contemplate dalla norma è quella dei crediti aventi per oggetto una prestazione in denaro determinata con riferimento ad altri valori nel cui ambito, secondo l'interpretazione tradizionale, rientrano i crediti caratterizzati dalle più diverse clausole monetarie, clausole oro-corso, oro valore, clausole merci e clausole numeri indici (per esempio, clausole di indicizzazione)[8].

La casistica necessita, in ogni caso, di essere ampliata specialmente alla luce della più recente evoluzione tecnologica la quale suggerisce di considerare nuove forme monetarie (o paramonetarie), sciolte dalla dimensione tattile del segno monetario e dal vincolo statuale, quali sono le criptovalute[9]. Ultimamente, la diffusione del fenomeno è divenuta tale da interessare la giurisprudenza sotto l'aspetto, per dir così, patologico; difatti, una pronuncia ha dichiarato il fallimento di una società che svolge(va) proprio l'attività di deposito di criptovalute[10].

---

[4] Tra gli altri, considerano l'art. 59 l. fall. un'applicazione dell'art. 55, comma 2, del medesimo articolato INZITARI, *Effetti del fallimento*, 232; TAMPONI, *Procedure concorsuali*, 1136; ZANICHELLI, *Gli effetti*, 97, e GUGLIELMUCCI, *Diritto fallimentare*, 188.

[5] Sostenuta, in dottrina, da PROVINCIALI, *Trattato di diritto*, 942; SATTA, *Diritto fallimentare*, 193; TEDESCHI, *Manuale del nuovo*, 249.

[6] Tra i fautori di questa tesi si segnalano INZITARI, *Effetti del fallimento*, 233; COPPOLA, *Art. 59*, 861.

[7] È l'opinione di INZITARI, *Effetti del fallimento*, 233.

[8] Così INZITARI, *Effetti del fallimento*, 229, il quale non include nell'ambito applicativo della norma in commento il debito in valuta estera da trattarsi, secondo il medesimo A., secondo il criterio previsto dal "vecchio" art. 55, comma 2 (oggi, art. 154, comma 2). La tesi è da condividere con una precisazione: il riferimento deve ritenersi inteso a quelle clausole previste dagli artt. 1279 c.c. (clausola di pagamento effettivo in monete non aventi corso legale) e 1280 c.c. (debito di specie monetaria avente valore intrinseco) secondo cui i pagamenti vanno effettuati con monete coniate in oro oppure in valuta estera ove l'oro o la valuta estera sono l'oggetto della prestazione. Diversamente, è da ritenere che, nel caso in cui l'oro o la valuta estera costituiscano i parametri sulla base dei quali calcolare la somma necessaria per adempiere alla prestazione, la regola applicabile sia quella oggetto di scrutinio.

[9] In questi termini CAMPAGNA, *Clausole di parametrazione*, 569, cui si rinvia altresì per una accurata indagine circa il ruolo delle clausole di parametrazione monetaria.

[10] Il caso è quello affrontato da Trib. Firenze, 21 gennaio 2019, in *Onelegale*.

Ciò, comprensibilmente, determina (non pochi) risvolti con riguardo al profilo che stiamo trattando. Risolto in senso negativo il dubbio se la criptovaluta possa considerarsi una moneta in senso tecnico [11], potrebbe accadere che la criptovaluta rappresenti il parametro in base al quale viene determinata una prestazione di denaro [12] oppure il bene oggetto della prestazione pattuita. Le repentine fluttuazioni alle quali le criptovalute sono soggette porrebbero il seguente problema: la domanda di ammissione al passivo del creditore di criptovalute dovrebbe avere, mercé l'applicazione della norma in commento, come riferimento temporale quello della data di apertura della liquidazione giudiziale.

Tale momento potrebbe essere, nondimeno, quello meno favorevole per il creditore medesimo perché, a quella data, il proprio credito in criptovalute potrebbe aver subito una consistente oscillazione al ribasso. L'effetto di cristallizzazione del patrimonio del debitore che l'apertura della liquidazione giudiziale produce è, d'altro canto, insensibile rispetto alla (indubbia) peculiarità del fenomeno. Non sembra, allora, predicabile – in assenza di una diversa indicazione normativa – l'utilizzabilità di altri criteri di calcolo ai fini dell'insinuazione al passivo [13].

A proposito dei crediti aventi a oggetto una prestazione diversa dal denaro, accanto alla fattispecie poco sopra enunciata, possono annoverarsi i crediti relativi a una prestazione di fare e di non fare – che può convertirsi in denaro [14] – tanto è vero che, secondo la giurisprudenza [15], l'esecuzione dell'obbligo di addivenire alla stipulazione del contratto definitivo costituirebbe un diritto di credito non pecuniario, come tale, suscettibile di legittimare la proposizione dell'istanza di fallimento nei confronti del promittente venditore [16]. In tale ambito, rientrano altresì i crediti relativi a una prestazione di dare, con riferimento ai quali, se aventi a oggetto un obbligo di restituzione, deve procedersi al coordinamento con l'art. 210. In altri termini, i terzi titolari di diritti reali e personali su cose in possesso del debitore il cui patrimonio sia stato assoggettato a liquidazione giudiziale soggiacciono alla conversione in denaro dei propri diritti unicamente nell'ipotesi in cui non riescano a

---

[11] Nega l'assimilazione dei Bitcoin alla moneta elettronica CALONI, *Bitcoin: profili*, 169, mentre CIAN, *La criptovaluta*, 339, considera le criptovalute «alla stregua di "merce", cioè come beni digitali, oggetto di negoziazione in quanto bene e non in quanto denaro»; alla conclusione che la criptomoneta si atteggi come moneta perviene, invece, CAMPAGNA, *Criptomonete e obbligazioni*, 201.

[12] Tuttavia, l'estrema volatilità della criptomoneta potrebbe rendere poco utilizzabile la stessa quale parametro al quale ancorare la determinazione dell'ammontare dell'obbligazione pecuniaria; in dottrina, qualche apertura rispetto a questa eventualità si rinviene in CAMPAGNA, *Clausole di parametrazione*, 569, nt. 99.

[13] Per esempio, mutuandosi, in punto, l'arco temporale preso come riferimento dall'art. 2343-*ter* c.c., il valore medio della criptovaluta negli ultimi sei mesi.

[14] Relativamente ai crediti conseguenti alle obbligazioni di fare e di non fare non suscettibili di conversione in denaro, l'articolo in commento non risulta applicabile, spettando al creditore esclusivamente il diritto al risarcimento del danno conseguente all'inadempimento del fallito da calcolarsi al momento della dichiarazione di fallimento (in tal senso v. COPPOLA, *Art. 59*, 860).

[15] Cfr., in special modo, Trib. Milano, 15 gennaio 2015, e Trib. Milano, 16 aprile 2015, tutte e due in *ilcaso.it*.

[16] Ciò chiaramente non significa che muti la disciplina applicabile: la norma di riferimento resta quella di cui al "nuovo" art. 173, rappresentando il "vecchio" art. 59 unicamente un argomento di carattere sistematico utile a dimostrare che anche chi sia titolare di una pretesa di natura obbligatoria avente ad oggetto una prestazione diversa dal denaro.

ottenere la consegna del bene per la mancata apprensione all'attivo della procedura oppure se il curatore perda il possesso della cosa dopo averla acquisita [17].

2. – Si è già detto che l'art. 158 costituisce nient'altro che l'applicazione della regola (generale) che cristallizza la massa passiva al momento della dichiarazione di apertura della liquidazione giudiziale. Per alcuni crediti, tuttavia, è consentito l'adeguamento del relativo valore alle modificazioni del potere d'acquisto della moneta anche successivamente a tale data e, quindi, in deroga alla disciplina esaminata.

In passato, la questione si è posta, in special modo, per i crediti di lavoro stante la modifica del disposto del comma 3 dell'art. 429 c.p.c. [18] ove si stabilisce che il giudice «*quando pronuncia sentenza di condanna al pagamento di somme di denaro per crediti di lavoro*» deve determinare, oltre agli interessi nella misura legale, «*il maggior danno eventualmente subito dal lavoratore per la diminuzione di valore del suo credito*». Immediatamente dopo tale modifica, si è posto il problema della rivalutabilità dei crediti di lavoro nell'ambito delle procedure concorsuali. Se, in un primo momento, il Giudice delle leggi è intervenuto a dichiarare costituzionalmente illegittimo il combinato disposto degli artt. 59 e 169 l. fall., in riferimento agli artt. 3 e 26 Cost., «nella parte in cui la normativa esclude la rivalutazione dei crediti di lavoro subordinato per il periodo successivo alla presentazione della domanda di concordato preventivo» [19], poco dopo la stessa Corte è pervenuta ad analogo risultato con riguardo al trattamento dei crediti di lavoro nel fallimento [20]. Così, è stata riconosciuta la rivalutazione monetaria nel periodo compreso tra l'apertura del fallimento e la definitività dello stato passivo [21].

Il Codice ha rappresentato (finalmente) l'occasione per coordinare l'enunciato normativo con le pronunce della Corte costituzionale. Vero è, però, che un siffatto (doveroso) adeguamento ha avuto luogo solamente poco prima che il Codice entrasse in vigore e, in particolare, con il secondo correttivo (quello del 2022) [22]. Il secondo comma della norma in commento, appena introdotto, merita, tuttavia, alcune precisazioni rispetto agli approdi di cui alle menzionate pronunce di incostituzionalità.

Prima di tutto, chiarito che la deroga riguarda solamente la rivalutazione dei «*crediti da lavoro*», il legislatore stabilisce che la rivalutazione è ammessa «*anche dopo la domanda di accesso agli strumenti di regolazione della crisi e dell'insolvenza e dopo l'apertura di una procedura di insolvenza*».

---

[17] Su tale profilo v. *amplius* INZITARI, *Effetti del fallimento*, 230.

[18] Intervenuta con l. 11 agosto 1973, n. 533.

[19] Cfr. Corte cost., 31 dicembre 1986, n. 300, in *Fallimento*, 1987, 145.

[20] Corte cost., 20 aprile 1989, n. 204, in *Fallimento*, 1989, 590.

[21] Per l'ipotesi dell'assoggettamento alla liquidazione coatta amministrativa dell'impresa assicuratrice, v. Cass., 5 dicembre 2003, n. 18656, in *Arch. giur. circol.*, 2004, 376 (v. prima Cass., SS.UU., 12 giugno 1997, n. 5289, in *Foro it.*, 1997, I, 2430, e successivamente Cass., 6 luglio 2012, n. 11409, in *Dejure*).

[22] In astratto, se non vi fosse stata la novella, la disposizione sarebbe stata suscettibile di essere dichiarata costituzionalmente illegittima per violazione di giudicato costituzionale *ex* art. 136 Cost. Nello specifico, l'aggiunta del secondo comma è stata propiziata dal parere del Consiglio di Stato del 13 maggio 2022; non a caso, nella Relazione illustrativa si evidenzia come «*la modifica suggerita elimina quindi i profili di incostituzionalità della norma originaria recependo le indicazioni contenute nelle pronunce della Consulta citate*».

Se l'individuazione della «*procedura di insolvenza*» pare agevole, dovendosi ritenere coincidente – all'interno del Codice – con la liquidazione giudiziale e, all'esterno, con l'amministrazione straordinaria e la liquidazione coatta amministrativa[23], meno lo è quella relativa agli «*strumenti di regolazione della crisi e dell'insolvenza*». In effetti, l'ampia definizione contenuta nel Codice[24] non si appalesa utile nella prospettiva di differenziare le prime dalle seconde. In quest'ultima categoria (strumenti di regolazione della crisi e dell'insolvenza) è difatti contenuto il riferimento pure alla *liquidazione del patrimonio o delle attività*.

Un contributo al problema di delimitare l'area degli strumenti di regolazione della crisi cui applicare la rivalutazione potrebbe venire offerto dalla seconda parte della norma.

Da questo punto di vista, mentre per le procedure d'insolvenza la norma ammette la rivalutazione fino alla esecutività dello stato passivo per le domande di ammissione al passivo depositate tempestivamente[25], per gli strumenti di regolazione della crisi e dell'insolvenza il riconoscimento della rivalutazione viene consentito fino alla «definitività della sentenza di omologazione».

Il fatto che si contempli la «*sentenza di omologazione*» fa sì che la rivalutazione sia riconosciuta solamente per quegli strumenti che prevedono tale fase (e tale provvedimento di chiusura) della procedura.

Così, se si presta credito a una siffatta esegesi del dato letterale, si avrebbe che il riconoscimento di somme a titolo di rivalutazione per i crediti di lavoro potrebbe predicarsi solamente quando si tratti di crediti ammessi nell'ambito di uno strumento di regolazione della crisi che preveda, tra le sue fasi, l'omologazione (e, più precisamente, si concluda con la «*sentenza di omologazione*»). Così, esemplificando, vi rientrerebbero gli accordi di ristrutturazione dei debiti, il piano di ristrutturazione soggetto a omologazione e il concordato preventivo[26].

---

[23] Nonché con quelle ulteriori di diritto speciale o singolare.

[24] Cfr. l'art. 2, comma 1, lett. *m-bis*), definizione introdotta, partitamente, dal citato secondo correttivo.

[25] Sorge il dubbio relativamente a quelle depositate in modo tardivo: stando al tenore letterale della norma, sarebbe da escludere che, per siffatte istanze, possa venire ammessa la rivalutazione del credito da lavoro.

[26] Non dovrebbe rientrare, invece, il concordato semplificato per la liquidazione del patrimonio il quale si conclude con decreto di omologazione e non, come richiede la norma in commento, con sentenza.

Articolo 159

Rendita perpetua e rendita vitalizia

1. Se nel passivo della liquidazione giudiziale sono presenti crediti per rendita perpetua, questa è riscattata a norma dell'articolo 1866 del codice civile.

2. Il creditore di una rendita vitalizia è ammesso al passivo per una somma equivalente al valore capitale della rendita stessa al momento dell'apertura della liquidazione giudiziale.

Davide De Filippis

Sommario: 1. Effetti della liquidazione giudiziale sul rapporto di rendita perpetua e vitalizia. – 2. Ipotesi di inapplicabilità della disciplina codicistica.

1. – Il legislatore della riforma conferma il trattamento dei crediti da rendita, apportando alcune modifiche di carattere terminologico [1] le quali, tuttavia, non appaiono suscettibili di alterare il senso della disciplina già recata dall'art. 60 l. fall. In particolare, dalla Relazione illustrativa si apprende che le regole oggetto di commento costituirebbero l'attuazione del «*principio in base al quale tutti i crediti si considerano scaduti alla data di apertura della liquidazione giudiziale*».

Tradizionalmente, la dottrina ha avuto modo di osservare che più corretta sarebbe stata la collocazione della norma all'interno della sezione relativa ai rapporti giuridici preesistenti [2]: al momento dell'apertura della liquidazione giudiziale il rapporto di rendita cessa di avere efficacia e il credito del beneficiario della rendita deve essere ammesso al passivo. Seguendo questo ragionamento, la norma recherebbe due fattispecie di scioglimento [3] di

---

[1] Tra queste, si segnalano la sostituzione dei termini "fallito" e "fallimento" e, nella proposizione subordinata di cui al comma 1, l'utilizzo del verbo "sono presenti" in luogo di "sono compresi" adoperato nell'art. 60 della "vecchia" legge fallimentare.

[2] Per questa osservazione v. Inzitari, *Effetti del fallimento*, 239.

[3] Secondo Gualandi, Rostagno, *Il concorso*, 546, la norma identificherebbe «altre due fattispecie di scioglimento *ex lege*». Stante il disposto dell'art. 96, l'applicazione della norma in sede di concordato preventivo fa sì che essa si configuri come eccezionale rispetto alla regola generale di cui all'art. 97 che sancisce la prosecuzione anche durante il concordato preventivo dei contratti pendenti: in tal senso, prima della riforma del 2019, Nardecchia, *Gli effetti*, 234.

rapporti obbligatori di durata (la rendita perpetua e la rendita vitalizia, appunto)[4] per cui il richiamo – operato dalla Relazione illustrativa – alla regola (generale) che considera scaduti tutti i crediti alla data della dichiarazione di apertura della liquidazione giudiziale (art. 154, comma 2) potrebbe apparire, per certi versi, superfluo. Diversamente, quanto precisato all'interno della Relazione illustrativa assumerebbe un compiuto significato se, invece, si facesse applicazione di quell'indirizzo interpretativo che nega efficacia solutoria alla disciplina (fallimentare) dettata in punto di rendita[5]: l'apertura della procedura concorsuale non comporterebbe lo scioglimento del contratto ma una determinazione del credito diversa da quella originaria (in alternativa alla rendita, la corrispondente capitalizzazione).

Sorge, insomma, questione su quale sia la (corretta) portata dell'affermazione contenuta all'interno della Relazione illustrativa e, nello specifico, se essa sia idonea a risolvere il dubbio su quella che, in passato, era parsa ad alcuni la (migliore) collocazione della disciplina in commento.

Sul punto, appare preferibile suddividere la trattazione principiando dall'esame della prima delle fattispecie contemplate dalla norma, ovvero la rendita perpetua. In proposito, una parte della dottrina[6] ha ritenuto che il relativo trattamento, contemplato dalla norma in commento, non sarebbe altro che l'applicazione in sede fallimentare del riscatto forzoso, previsto dall'art. 1868 c.c., in caso di insolvenza del debitore. In senso (non completamente) difforme, si è tuttavia osservato[7] che le due fattispecie (insolvenza e fallimento) sarebbero diverse[8], di talché il creditore potrebbe aver esercitato il diritto al riscatto di fronte all'insolvenza del debitore che non abbia ancora avuto quale epilogo l'apertura della procedura concorsuale. Sotto il profilo pratico, il risvolto sarebbe che, in questo secondo caso, il creditore avrebbe diritto a percepire anche gli interessi maturati fino alla sentenza dichiarativa di fallimento (oggi, la dichiarazione di apertura della liquidazione giudiziale)[9].

Ora, sebbene questa seconda interpretazione sembri maggiormente persuasiva, il dato rilevante – ai fini della soluzione dell'interrogativo posto dianzi – è che, considerando il trattamento concorsuale della rendita perpetua alla stregua di un riscatto forzoso (tipica vicenda estintiva del rapporto), l'apertura della liquidazione giudiziale non potrebbe che determinare lo scioglimento del rapporto di rendita perpetua comportando, quale conse-

---

[4] Per la qualificazione della rendita perpetua e vitalizia quali rapporti obbligatori di durata v. MARINI, *La rendita,* 12 e 31.

[5] Su tutti, v. LANZIO, *Il «riscatto»*, 153.

[6] Cfr., tra gli altri, COPPOLA, *Art. 60,* 864, e ZANICHELLI, *Gli effetti*, 100.

[7] In tal senso v. già INZITARI, *Effetti del fallimento,* 239, e successivamente GUALANDI, ROSTAGNO, *Il concorso,* 546; FERRARI, *Art. 60*, 295.

[8] Sul punto, VALSECCHI, *La rendita*, 79, puntualizza che «l'art. 1868 prevede, come specifica causa di riscatto, l'insolvenza del debitore. Nel codice abrogato si faceva menzione anche del fallimento, ma correttamente il richiamo è stato soppresso, perché, com'è detto nella Relazione illustrativa al Codice, è concetto più ampio e in essa rientra anche il fallimento». In senso analogo LANZIO, *Il «riscatto»*, 150.

[9] Nella diversa ipotesi dell'assoggettamento a liquidazione giudiziale del patrimonio del beneficiario della rendita, può accogliersi la conclusione – ancora attuale – di DE SEMO, *Diritto fallimentare*, 272, secondo cui «se invece fallisce il beneficiario, il curatore del suo fallimento apprenderà le quote che frattanto maturassero, defalcandone tuttavia a favore del fallito quanto occorra per il mantenimento suo e della famiglia (arg. art. 46, n. 2, l. fall.)».

guenza, l'ammissione al passivo del credito del beneficiario (da considerarsi, solo in questi termini, scaduto).

Se si guarda poi alla disciplina della rendita perpetua, v'è convergenza circa la commisurazione dell'entità del credito da ammettersi al passivo, che deve determinarsi alla stregua dell'art. 1866 c.c.; partitamente, si tratta della somma risultante dalla capitalizzazione della rendita annua sulla base del tasso di interesse legale per tempo vigente. Le modalità tecniche attraverso le quali deve essere effettuata la capitalizzazione sono stabilite da leggi speciali (segnatamente, la l. 11 giugno 1925, n. 998[10] e la l. 22 luglio 1966, n. 607). Va, infine, aggiunto che il credito del beneficiario gode di privilegio quando la rendita (anche vitalizia) è munita di garanzia ipotecaria costituita sopra un bene del debitore il cui patrimonio è assoggettato a liquidazione giudiziale[11].

Un discorso a parte deve essere, invece, condotto con riferimento alla rendita vitalizia. Per definizione, quest'ultima non ammette il riscatto (art. 1879 c.c.) e ciò in ragione dell'impossibilità di ragguagliare la rendita a una somma capitale, valore capitale che potrebbe quindi determinarsi solo statisticamente e in astratto[12]. In ambito fallimentare, tuttavia, il legislatore prevedeva (e prevede) l'ammissione al passivo del credito relativo a rendita vitalizia, da calcolarsi – al momento dell'apertura della liquidazione giudiziale – sulla base delle tabelle di sopravvivenza in relazione all'ammontare della rendita e all'età del beneficiario[13]. Apparentemente, sembrerebbe quindi consentirsi una (eccezionale) fattispecie di deroga alla irredimibilità della rendita vitalizia[14].

Invero (e in quest'ottica potrebbe leggersi l'affermazione contenuta nella Relazione illustrativa), l'enunciato normativo ha riguardo, testualmente, all'*ammissione* al passivo del creditore di rendita vitalizia: alla data di apertura della liquidazione giudiziale al vitaliziato viene attribuito il diritto di essere pagato in moneta concorsuale, dovendosi il credito considerare scaduto[15]; nondimeno, come sostenuto dalla dottrina richiamata in apertura[16], questo non pare implicare *necessariamente* lo scioglimento del rapporto[17].

[10] È utile precisare che il r.d. 7 febbraio 1926, n. 426, contenente disposizioni transitorie e di attuazione della legge citata nel testo, è stato abrogato dal d.lgs. 13 dicembre 2010, n. 212; dal medesimo provvedimento normativo è stata abrogata anche la l. 1 luglio 1952, n. 701 recante «Norme in materia di revisione di canoni enfiteutici e di affrancazione».

[11] Se invece la garanzia è stata accesa su un bene di un terzo, il creditore è ammesso in via chirografaria «salva naturalmente la facoltà di ottenere l'intero (ossia l'intera somma derivante dal riscatto), facendo valere il proprio diritto sul bene ipotecato del terzo»: così LANZIO, *Il «riscatto»*, 151.

[12] Sostanzialmente in questi termini cfr. DATTILO, *Rendita (dir. priv.)*, 881.

[13] In tal senso v. già INZITARI, *Effetti del fallimento*, 240.

[14] Per la tesi che l'art. 60, comma 2, l. fall. contenga una deroga al divieto di riscatto posto dall'art. 1879 c.c. v. INZITARI, *Effetti del fallimento*, 240; GUALANDI, ROSTAGNO, *Il concorso*, 546; FERRARI, *Art. 60*, 295; COPPOLA, *Art. 60*, 864; SCHIERA, *Art. 60*, 784. Diversamente orientato parrebbe ZANICHELLI, *Gli effetti*, 100.

[15] Così v. già VALSECCHI, *La rendita*, 232, e MARINI, *La rendita*, 51.

[16] V., ancora, LANZIO, *Il «riscatto»*, 153.

[17] Tant'è vero che, secondo l'opinione (isolata) di LENER, *Vitalizio*, 1029, «la regola dettata per la rendita vitalizia concerne, testualmente, la sola ammissione del creditore al passivo e lascia persistere, sia pure con scarso valore pratico, la ragione alle prestazioni periodiche, nella misura in cui non è stata realizzata in "capitale"».

2. – Dall'ambito di applicazione dell'art. 159 risultano esclusi quegli schemi negoziali, quali il vitalizio alimentare e di mantenimento, che si differenziano dalle fattispecie innanzi delineate per le obbligazioni alle quali risulta tenuto il debitore. Difatti, la prevalente componente spirituale, che li caratterizza, ha condotto la dottrina [18] e la giurisprudenza [19] a negare l'assimilabilità degli stessi alla rendita vitalizia (e al trattamento ad essa riservato in sede concorsuale).

Controversa è, altresì, la riconducibilità nell'alveo applicativo della norma commentata (segnatamente, del comma 2) dell'assegno di divorzio. In punto, qualche utilità vengono ad assumere i più recenti approdi delle Sezioni Unite quanto alla funzione cui l'assegno divorzile è destinato ad assolvere [20]. Il riconoscimento di una funzione assistenziale e, in pari misura, compensativa e perequativa – diversa (visibilmente) da quella attribuita alla rendita vitalizia – induce a concludere, con l'opinione prevalente formatasi sotto la "vecchia" disposizione [21], nel senso dell'impossibilità di estendere la disciplina dettata per la rendita vitalizia al trattamento dell'assegno divorzile in caso di apertura della liquidazione giudiziale del patrimonio del debitore.

[18] Cfr. FERRARI, *Art. 60*, 295; SCHIERA, *Art. 60*, 784; LANZIO, *Il «riscatto»*, 154, distingue il trattamento a seconda che il c.d. vitalizio improprio sia inquadrabile quale sottotipo della rendita vitalizia oppure come contratto atipico; più in generale, anche per un confronto delle figure negoziali citate con il prestito vitalizio ipotecario, v. di recente ADDANTE, *Prestito vitalizio*, 497.

[19] Tra le altre, negano l'assimilazione del vitalizio alimentare alla rendita vitalizia Cass., 1 aprile 2004, n. 6395, in *Foro it.*, I, 497; Cass., 5 maggio 2010, n. 10859, in *Giust. civ.*, 2010, 2167.

[20] Il riferimento è a Cass., 11 luglio 2018, n. 18287, in *Dir. fam.*, 2018, 897.

[21] Tra coloro che escludono l'applicazione dell'art. 60, comma 2, l. fall. all'assegno di divorzio v. COPPOLA, *Art. 60*, 864, e ZANICHELLI, *Gli effetti*, 101; in senso affermativo si veda, invece, la posizione di LANZIO, *Il «riscatto»*, 155.

Articolo 160
Creditore di più coobbligati solidali

1. Il creditore di più coobbligati in solido concorre nella liquidazione giudiziale del patrimonio di quelli che sono sottoposti a tale procedura, per l'intero credito in capitale e accessori, sino al totale pagamento.

2. Il regresso tra i coobbligati può essere esercitato solo dopo che il creditore sia stato soddisfatto per l'intero credito.

Francesco Saverio Martorano

Sommario: 1. Il concorso del creditore di più coobbligati solidali. – 2. Il regresso tra i coobbligati. – 3. L'ammissione con riserva del coobbligato non escusso.

1. – Il comma 1 dell'articolo 160 disciplina l'ipotesi in cui il credito solidale non sia stato soddisfatto, neppure parzialmente, in epoca anteriore all'apertura della liquidazione giudiziale di uno o più dei condebitori. In questo caso, è consentito al creditore di concorrere in ciascuna di tali procedure, insinuandosi al passivo per l'intero ammontare del credito, comprensivo di interessi e spese, determinato alla data della dichiarazione di apertura della liquidazione (art. 154, comma 1) [1].

Sotto questo profilo, la norma costituisce applicazione del principio generale in virtù del quale il creditore può liberamente agire nei confronti dei suoi coobbligati in solido o di un fideiussore [2], pretendendo da ciascuno l'intero ammontare di quanto dovuto (art.

[1] Da ultima, v. Cass., 20 luglio 2016, n. 14936. È chiaro che l'ammontare del credito insinuato dal creditore sarà lo stesso solo in caso di apertura contestuale di due o più liquidazioni giudiziali dei coobbligati. Ove invece le procedure siano aperte in tempi diversi, e il creditore abbia nelle more ricevuto pagamenti parziali, il relativo importo dovrà essere detratto dal credito insinuato nella liquidazione dichiarata successivamente: sul punto FERRARA, *Il fallimento*, 326 s. Inoltre, in caso di liquidazione giudiziale di più coobbligati, gli interessi maturati sul capitale andranno calcolati sino alla data della sentenza di apertura dell'ultima procedura: Trib. Roma, 17 marzo 1965, in *Dir. fall.*, 1965, II, 493; SATTA, *Diritto fallimentare*, 182. Il che implica che se le liquidazioni giudiziali dei condebitori intervengono in tempi diversi, parimenti diversa sarà l'entità delle singole insinuazioni al passivo del creditore: v. BONFATTI, *Il coobbligato*, 5 s. Sulla natura post concorsuale degli accessori (interessi e spese) maturati dopo l'apertura della procedura v. Trib. Padova, 6 maggio 2003, in *Giur. merito*, 2004, 72.

[2] V. Trib. Roma, 3 marzo 1991, in *Riv. it. leasing*, 1992, 782 e Trib. Milano, 2 aprile 1990, in *Giur. it.*, 1991, I, 2, 183.

1299 c.c.). Tuttavia, qualora il creditore decida di agire nei confronti di più condebitori, diventa rilevante stabilire la modalità di accertamento del credito, e in particolare se l'assoggettamento di uno dei coobbligati a liquidazione giudiziale imponga, in virtù della *vis attractiva* del foro concorsuale, lo spostamento del giudizio (o, in caso di pluralità di azioni, la loro concentrazione) in quella sede. A tale riguardo è opinione comune che il vincolo di solidarietà obbligatoria non si traduca in un litisconsorzio necessario delle posizioni processuali. Pertanto, il creditore che intenda essere soddisfatto dalla liquidazione giudiziale di uno o più coobbligati sarà tenuto a osservare il rito speciale della verifica del passivo, restando libero di agire in sede ordinaria nei confronti degli altri condebitori.

Ciò vale anche qualora, nel corso di un'azione già intrapresa verso due o più condebitori, intervenga la liquidazione giudiziale di uno di essi. In tal caso, dev'essere dichiarata l'improcedibilità della domanda nei confronti del condebitore posto in liquidazione, il cui obbligo dovrà pertanto essere accertato mediante insinuazione del creditore al passivo [3].

Al profilo ora esposto si connette un'altra questione rilevante, che attiene alla posizione che il creditore assume a seguito della liquidazione giudiziale di uno o più coobbligati, posto che un'incapienza dell'attivo già evidente *ex ante*, o anche solo la prospettiva di conseguire un pagamento in moneta concorsuale, potrebbero fargli preferire l'azione nei confronti di uno o più condebitori *in bonis* (o di un fideiussore).

Alcuni ritengono che egli non potrebbe mai esimersi dall'insinuazione al passivo, che trascenderebbe l'esclusivo interesse del titolare del credito, traducendosi anche in un obbligo di protezione del diritto di regresso di chi, tra gli altri condebitori (o le relative procedure) dovesse provvedere al soddisfacimento della pretesa creditoria [4].

In realtà, sembra più corretto definire l'iniziativa del creditore per l'ammissione al passivo come esercizio di una mera facoltà discrezionale [5], in quanto, come vedremo, l'omessa insinuazione del creditore, riguardata dal punto di vista degli altri coobbligati ed eventuali fideiussori, non può pregiudicare l'esercizio del diritto di regresso nei confronti del condebitore sottoposto a liquidazione giudiziale [6].

Dallo stesso art. 160, comma 1 si ricava poi l'ulteriore regola secondo cui l'ammontare del credito ammesso al passivo della liquidazione giudiziale di ogni condebitore resta inva-

---

[3] Principio pacifico, su cui v. tra le ultime Cass., 9 luglio 2005, n. 14468, in *Giust. civ.*, 2006, I, 1563; Cass., 20 giugno 2000, n. 8366; Cass., 11 aprile 1997, n. 3161, in *Fallimento*, 1998, 237; Cass., 15 aprile 1995, n. 4300, *ivi*, 1996, 34 e in *Dir. fall.*, 1996, II, 36; Cass., 1° settembre 1995, n. 9211, in *Giust. civ.*, 1996, I, 777; Cass., 19 maggio 1995, n. 5493, in *Fallimento*, 1996, 34 e in *Dir. fall.*, 1996, II, 36; App. Lecce, 24 gennaio 2008, in *Fallimento e crisi di impresa*, 2008, 333 con nota di Casilli; App. Milano, 19 giugno 2006, in *Giur. merito*, 2007, 374; App. Perugia, 8 ottobre 1987, in *Foro it.*, 1989, I, 540; Trib. Cassino, 16 dicembre 1999, in *Giust. civ.*, 2000, I, 3341.

[4] In questo senso, VACCARELLA, *La solidarietà*, 56; FORTE, *Rivalsa*, 766.

[5] LO MORO, *Le procedure*, 172. Fa eccezione l'ipotesi in cui il debitore abbia prestato fideiussione con beneficio di escussione, nel qual caso si impone al creditore garantito, onde evitare la decadenza dalla fideiussione, di proporre istanza di insinuazione al passivo nel termine previsto dall'art. 1957 c.c., che decorre dalla data di apertura della procedura concorsuale, come recentemente statuito da App. Venezia, 4 febbraio 2022.

[6] Anche in ipotesi di integrale adempimento del debito, infatti, al coobbligato *solvens* sarà comunque consentito di rivalersi nella procedura di un altro condebitore subentrando, mediante esercizio del regresso o in via di surrogazione, nelle ragioni del creditore solidale soddisfatto.

riato per tutto il corso della relativa procedura[7]. E questo anche nel caso in cui, successivamente, il creditore veda parzialmente soddisfatta la propria pretesa, indipendentemente dal fatto che ciò derivi da un adempimento spontaneo di altro coobbligato *in bonis* (o fideiussore parziale), da una distribuzione del ricavato nell'esecuzione individuale o per effetto dell'acquisizione di una quota di riparto dalla procedura di un altro condebitore[8].

Nel silenzio della norma, è pacifico inoltre che, ove l'importo percepito in sede di riparto dovesse superare l'ammontare del credito vantato (il che può verificarsi in caso di adempimenti eseguiti nelle more da altri coobbligati), il creditore sarà tenuto a restituire la parte eccedente, e, in caso di pagamenti ricevuti dalle liquidazioni giudiziali di più coobbligati, tale restituzione dovrà essere proporzionale a quanto pagato da ciascuna procedura[9].

È altrettanto pacifico, infine, che la partecipazione del creditore comune al concorso di uno o più coobbligati falliti non libera gli altri condebitori[10] e non impedisce al creditore medesimo di agire contro altri coobbligati *in bonis*[11].

2. – Il comma 2 disciplina l'esercizio del diritto di rivalsa tra i condebitori, disponendo che nessun regresso può essere esercitato se non dopo che il creditore sia stato interamente soddisfatto[12].

Sul piano concettuale, la disposizione applica in ambito concorsuale il principio generale desumibile dall'art. 1299 c.c., in base al quale l'esercizio dell'azione di regresso presuppone che il creditore sia stato soddisfatto per l'intero credito. A tal fine, è del tutto irrilevante la circostanza che i pagamenti al creditore siano pervenuti integralmente da uno o

---

[7] Principio assolutamente pacifico, su cui in dottrina, tra gli altri, cfr. INZITARI, *Effetti*, 243; SATTA, *Diritto fallimentare*, 181 s.; TEDESCHI, *Manuale*, 330; BONFATTI, *Il coobbligato*, 6. In giurisprudenza, v. Cass., 27 maggio 2014, n. 11811; Cass., 4 aprile 1962, n. 703; App. Torino, 7 febbraio 2007, in *Fallimento*, 2007, 7, 813; Trib. Milano, 27 luglio 1995, in *Fallimento*, 1996, 382. Per l'applicazione dello stesso principio al concordato preventivo, v. App. Bologna, 31 gennaio 1980, in *Giur. comm.*, 1981, II, 517. La stabilizzazione della pretesa del creditore altro non è che una particolare applicazione del più generale principio della "cristallizzazione" del passivo (art. 154, comma 1), che limita la partecipazione al concorso alle pretese vantate anteriormente alla data di apertura della procedura e per l'importo sino a quel momento maturato. Oltretutto, una riduzione dell'ammontare ammesso al passivo comporterebbe un ingiustificato vantaggio per gli altri creditori concorrenti; rischio che viene attenuato, appunto, consentendo di mantenere inalterata la misura della potenziale collocazione del credito sul ricavato della liquidazione giudiziale.

[8] Ai fini dell'applicazione della regola in esame sono irrilevanti tutti i pagamenti parziali eseguiti dopo la sentenza di apertura della liquidazione giudiziale, anche quelli eventualmente intervenuti prima dell'insinuazione al passivo del creditore solidale, come affermato da Cass., 4 aprile 1962, n. 703 e Trib. Milano 6 luglio 1989, in *Foro pad.*, 1990, I, 51. In dottrina, per tutti, BONFATTI, *Il coobbligato*, 15 ss.

[9] V. Trib. Torino, 6 dicembre 1996, in *Il fallimento*, 1997, 917; Trib. Roma, 17 marzo 1965, cit.; in dottrina, per tutti, INZITARI, *Effetti*, 245; LO MORO, *Le procedure*, 174.

[10] Cass., 25 novembre 1970, n. 2512, in *Dir. fall.*, 1970, II, 400.

[11] Cass., 19 novembre 1956, n. 4265, in *Dir. fall.*, 1957, II, 268.

[12] In base all'attuale formulazione della norma, non v'è dubbio che di tale diritto possa avvalersi anche il condebitore o il fideiussore in bonis che abbia estinto in tutto o in parte l'obbligazione principale in corso di procedura: sul punto INZITARI, *Effetti*, 250; BONFATTI, *Il coobbligato*, 127; in giurisprudenza, Cass., 12 luglio 1990, n. 7222, in *Giur. it.*, 1991, I, 1, 175 e in *Fallimento*, 1991, 55; Cass., 5 luglio 1988, n. 4419, in *Foro it.*, 1988, I, 2873.

più coobbligati falliti o vi sia stato un parziale concorso nell'adempimento anche da parte di condebitori *in bonis*[13]. L'unica condizione di ammissibilità del regresso è costituita infatti dall'avere il creditore percepito l'intero ammontare del proprio credito[14].

A questo punto, però, è necessario riguardare la questione dal punto di vista del coobbligato o fideiussore adempiente, al fine di comprendere in che termini e con quali modalità gli sia consentito l'esercizio del regresso. Al riguardo si deve distinguere l'ipotesi del pagamento che soddisfi solo parzialmente il creditore dall'ipotesi di totale estinzione del credito.

Nel primo caso, la rigorosa applicazione della norma in esame impone alla liquidazione giudiziale di un coobbligato o a un coobbligato *in bonis* che abbiano estinto solo parzialmente l'obbligazione principale di attendere che il creditore comune percepisca da altro condebitore (o dalla relativa procedura) il residuo di quanto dovuto prima di poter far valere il proprio diritto di regresso nella liquidazione giudiziale di altro coobbligato[15].

L'esclusione del regresso in presenza di un'estinzione solo parziale del credito corrisponde alla logica concorsuale, perché se si consentisse al *solvens* di insinuarsi al passivo prima dell'integrale liberazione del creditore (e della sua estromissione dalla procedura), non solo si violerebbe il principio di "cristallizzazione" del passivo, ma si perverrebbe al risultato di una duplicazione del credito, consentendo a due soggetti distinti di collocare la medesima pretesa (ovvero una parte del credito) sul ricavato della liquidazione giudiziale, imponendo altresì una duplicazione di accantonamenti[16].

Per lo stesso motivo la regola dettata dall'art. 160, comma 2 trova applicazione anche al fideiussore che abbia garantito e estinto solo in parte l'obbligazione principale. Anche in tal caso, sia una surrogazione parziale ai sensi degli artt. 1203, n. 3 e 1949 c.c., sia il regresso di cui all'art. 1950 c.c. saranno impediti sino al totale soddisfacimento del creditore[17].

Quanto al diritto di regresso che consegue all'integrale estinzione del credito principale e che può essere esercitato dal coobbligato adempiente (si tratti di una procedura o di un soggetto *in bonis*) per la parte di debito eccedente la quota solidale di propria spettanza[18]

[13] V. Trib. Genova, 13 gennaio 1983, in *Dir. fall.*, 1984, II, 840.

[14] Fino a quando tale condizione non si sia verificata, dunque, nessun regresso può essere azionato, essendo indifferente, ai fini della disciplina in esame, che il coobbligato abbia adempiuto *in toto* la parte di obbligazione gravante su di lui in base all'impegno negoziale assunto, come può avvenire, ad esempio, in caso di fideiussione parziale (art. 1941, comma 2, c.c.), su cui v. appresso, testo e nota 17.

[15] V. Cass., 4 aprile 1962, n. 703; Cass., 10 gennaio 1966; Trib. Ascoli Piceno, 21 ottobre 1992, in *Fallimento*, 1993, 863, con nota di Naldini; Trib. Firenze, 8 marzo 1963, in *Dir. fall.*, 1963, II, 418.

[16] VACCARELLA, *La solidarietà*, 54; BONSIGNORI, *Il fallimento*, 410 s.; INZITARI, *Effetti*, 251. In giurisprudenza, v. Cass., 10 gennaio 1966, n. 188; Cass., 4 aprile 1962, n. 703; App. Firenze, 18 aprile 1979, in *Giur. comm.*, 1981, II, 193; Trib. Bologna, 7 febbraio 1991, in *Fallimento*, 1991, 753.

[17] Il principio secondo cui l'integrale estinzione del credito garantito opera come limite all'ammissione al passivo anche in caso di fideiussione parziale è stato espresso da Cass., 17 ottobre 2018, n. 26003 e Cass., 4 agosto 2017, n. 19609; ma v. anche Trib. Taranto, 9 giugno 2006, in *Fallimento*, 2006, 12, 1414, Trib. Udine, 6 settembre 2002, in *Fallimento*, 2003, 326 e Trib. Milano, 11 luglio 1988, in *Fallimento*, 1989, 652.

[18] Come affermato espressamente da Trib. Milano, 28 maggio 1988, in *Banca, borsa, tit. cred.*, 1989, II, 174; e si veda anche Trib. Ascoli Piceno, 10 ottobre 1984, in *Dir. fall.*, 1986, II, 163, secondo cui il condebitore ipotecario che ha pagato il credito dopo l'apertura della procedura concorsuale, ha diritto al regresso limitatamente alla quota prevista nei rapporti interni fra condebitori dagli artt. 1298 e 1299 c.c. Sulla misura e

o per l'intero nell'ipotesi di cui all'art. 1298, comma 1, c.c. o nel caso del fideiussore [19], è necessario precisare, come già accennato in precedenza, che non sussiste un onere del creditore comune di insinuarsi al passivo, non potendo tale vicenda condizionare l'esercizio del regresso da parte del coobbligato adempiente [20].

3. – Pur nel silenzio del legislatore, non può negarsi l'esperibilità del regresso verso la liquidazione giudiziale di un condebitore anche al coobbligato solidale, ed in particolare al fideiussore, che non sia stato ancora escusso dal creditore comune [21].

Più controversa è invece la possibilità di consentire al fideiussore [22], che non sia stato ancora escusso dal creditore, di chiedere che il proprio credito di regresso venga ammesso al passivo "con riserva", così da produrre, ai sensi dell'art. 227, l'accantonamento delle corrispondenti somme in vista dell'eventuale adempimento dell'obbligo di garanzia.

Un primo orientamento [23] tende a negare tale possibilità, sostenendo l'impossibilità di equiparare il credito di regresso del garante non ancora adempiente a quelli *ex* art. 154, comma 3 [24], anche perché il presupposto costitutivo del regresso è rappresentato dal soddi-

---

sull'oggetto del regresso, v. anche Cass., 19 gennaio 1984, in *Giust. civ.*, 1984, I, 1812, con nota di Costanza.

[19] Secondo l'orientamento prevalente al credito di regresso del condebitore si deve attribuire natura concorsuale, in quanto congenito al vincolo di coobbligazione o di garanzia: così Cass., 13 luglio 2017, n. 17413, in *Riv. dott. comm.*, 2017, 4, 587; Cass., 4 luglio 2012, n. 11144, in *Giust. civ.*, 2012, 10, I, 2309; Cass., 1° marzo 2012, n. 3216; Cass., 17 gennaio 2008 n. 903, in *Foro it.*, 2008, 4, I, 1125; in dottrina v. FERRARA, *Il fallimento*, 327, nota 33 e INZITARI, *Effetti*, 251; *contra* VACCARELLA, *La solidarietà*, 55; RAGUSA MAGGIORE, *Diritto fallimentare*, 335, che negano la natura concorsuale del credito derivante dall'adempimento del coobbligato, ritenendo dunque necessaria la sua verifica mediante domanda di ammissione al passivo.

[20] In merito Trib. Torino, 3 giugno 1994, cit., ha affermato che, nel caso in cui il creditore principale non si sia insinuato al passivo, un'eventuale insinuazione del condebitore solidale che abbia parzialmente estinto l'obbligazione non può escludersi, in quanto non determina una duplicazione del debito gravante sulla massa della liquidazione giudiziale. Sul punto si veda però anche Trib. Padova, 6 maggio 2003, cit., il quale non ha attribuito rilievo alla circostanza dell'insinuazione del creditore principale ai fini del successivo regresso del coobbligato.

[21] Al riguardo, è irrilevante che il creditore comune non abbia ancora formulato domanda di insinuazione al passivo, essendo anzi in questo caso ancor più evidente l'interesse del condebitore, ancor prima dell'adempimento, di evitare l'inconveniente di una distribuzione dell'eventuale attivo tra gli altri creditori. Ciononostante, va sicuramente esclusa l'ipotesi di un'immediata collocazione della pretesa del coobbligato sul ricavato della liquidazione, in quanto la ancora possibile partecipazione del creditore al concorso comporterebbe il rischio di una duplicazione delle pretese in concorso per il medesimo titolo. Per contro, là dove il creditore si sia già insinuato al passivo, l'ammissione (con riserva) del coobbligato adempiente non assume rilievo essenziale, perché il pagamento eseguito in corso di procedura gli consentirà di surrogarsi nella posizione del creditore soddisfatto: v. Cass., 17 gennaio 2008, n. 903 e Cass., 11 settembre 2007 n. 19097.

[22] Sebbene il tema possa riguardare anche il condebitore ad interesse comune, in realtà, la casistica dimostra come l'attenzione degli interpreti si sia rivolta quasi esclusivamente all'analisi della posizione del fideiussore; è a tale figura, dunque che si farà principalmente riferimento nell'esame della problematica.

[23] *Ex multis* Cass., 8 agosto 2003, n. 11953; App. Trieste, 19 luglio 1980, in *Fallimento*, 1981, 309; App. Firenze, 18 aprile 1979; Trib. Roma, 6 dicembre 1999, in *Dir. prat. soc.*, 2000, fasc. 11, 88; Trib. Reggio Emilia, 7 giugno 1997, in *Dir. fall.*, 1998, II, 1264; Trib. Milano, 17 ottobre 1991, *ivi*, 1992, 193; Trib. Bologna, 25 giugno 1991, *ivi*, 1992, 77; Trib. Udine, 30 aprile 1988, in *Foro it.*, 1988, I, 2874. In dottrina v. BONFATTI, *Il coobbligato*, 251; DI GRAVIO, *Il fideiussore*, 181; AGUGLIA, *Azioni*, 336; CASSANDRO, *Obbligazioni*, 416; SCHIAVON, *La compensazione*, 93; ANTONINI, *Il regresso*, 1986, 5; CIAMPI, *Fallimento*, 489.

[24] In questo senso, v. BOZZA, *L'ammissione*, 1360. Secondo Cass., 8 agosto 2003, n. 11953 (in *Fallimento*,

sfacimento del creditore solidale nella misura indicata dall'art. 160 [25], per cui il fideiussore non ancora escusso alla data di apertura della liquidazione giudiziale sarebbe titolare di un credito non attuale e dunque non concorsuale [26], ma solo futuro ed eventuale.

Per un diverso indirizzo [27], invece, un'interpretazione estensiva dell'art. 154, comma 3 consente di qualificare l'eventuale credito di regresso del fideiussore come credito condizionale che può essere ammesso con riserva al passivo della liquidazione giudiziale del coobbligato. Soluzione che non sembra contravvenire all'art. 160, comma 2, la cui finalità è di garantire il prioritario e integrale soddisfacimento delle ragioni del creditore comune.

Per rafforzare il concetto di "attualità" del suddetto credito di rivalsa, si fa altresì leva su un ulteriore argomento desumibile dall'art. 1953, comma 1, n. 2, c.c., che tutela il garante, anche prima del pagamento, dalla sopravvenuta insolvenza del debitore, consentendogli di chiedere la liberazione dall'obbligo fideiussorio o l'ottenimento delle garanzie necessarie ad assicurargli l'esercizio dell'eventuale azione di regresso. Tale iniziativa, nota come azione di "rilievo", non potendo essere assunta in caso di liquidazione giudiziale del garantito, può tuttavia trovare un equivalente nell'ammissione al passivo del futuro credito di rivalsa [28].

La conclusione va incontro però all'obiezione per cui non si potrebbero equiparare l'insolvenza che legittima il fideiussore all'azione di rilievo e la condizione di liquidazione giudiziale del debitore principale. E si è anche osservato che nei confronti di un debitore principale assoggettato alla procedura il fideiussore è in realtà privo di interesse a proporre l'azione di rilievo, sia pure come ammissione condizionata al pagamento del debito [29].

2004, 1091) l'art. 55, comma 3, l. fall. (ora art. 154) è norma eccezionale e non suscettibile di applicazione analogica a diritti i cui elementi costitutivi non si siano integralmente realizzati.

[25] Sulla necessità di un integrale adempimento dell'obbligazione principale v. Trib. Torino, 29 gennaio 1993, cit. Secondo Trib. Milano, 11 luglio 1988, cit., il fallimento del fideiussore non può insinuare il credito di regresso nella procedura del debitore principale, neppure per la parte già corrisposta al creditore.

[26] Trib. Venezia, 7 settembre 1987, cit., il quale sottolinea la non concorsualità del credito di regresso rispetto a quello fondato sulla surroga conseguente al pagamento, che costituisce una vicenda modificativa soggettiva dell'obbligazione e si materializza in un subentro nella posizione del creditore soddisfatto.

[27] Cass., 30 ottobre 2013, n. 24539; Cass., 27 giugno 1998, n. 6355, in *Fallimento*, 1999, 525; Cass., 27 febbraio 1991, n. 2147, *ivi*, 1991, 787; Cass., 12 luglio 1990, n. 7222, *ivi*, 1991, 55; Cass., 5 luglio 1988, n. 4419, *ivi*, 1988, 1093, in *Banca, borsa, tit. cred.*, 1990, II, 175; Cass., 30 gennaio 1985, n. 571, in *Foro it.*, 1986, I, 2278; Trib. Milano, 9 maggio 2008, in *Riv. dott. comm.*, 2008, 4, 747; Trib. Prato, 25 settembre 1997, in *Giur. comm.*, 1998, II, 747; Trib. Milano, 28 novembre 1994, in *Gius*, 1995, 350; Trib. Torino, 2 dicembre 1992, in *Fallimento*, 1993, 1047; Trib. Catania, 12 febbraio 1991, *ivi*, 1991, 1083. In dottrina DEL VECCHIO, *I crediti*, I, 355; LO CASCIO, *Ammissione*, 969; APICE, *Effetti*, 149 s.; AGUGLIA, *Azioni*, 336.

[28] V. Cass., 10 luglio 1978, n. 3439. In dottrina, VACCARELLA, *La solidarietà*, 60; LO MORO BANZI, *L'ammissione*, 179 s.; BOZZA, *L'ammissione*, 1358.

[29] Su entrambi i profili evidenziati nel testo v. Cass., 13 giugno 1984, n. 3558; App. Milano, 3 febbraio 1982, in *Banca, borsa, tit. cred.*, 1983, II. 439; Trib. Monza, 31 maggio 1982, in *Giust. civ.*, 1983, I, 2. In dottrina, FRAGALI, *Della fideiussione*, 428; DI CORRADO, *Un'occasione*, 1098; CASSANDRO, *Obbligazioni*, 416.

Articolo 161

Creditore di più coobbligati solidali parzialmente soddisfatto

1. Il creditore che, prima dell'apertura della liquidazione giudiziale, ha ricevuto da un coobbligato in solido con il debitore il cui patrimonio è sottoposto alla procedura concorsuale, o da un fideiussore, una parte del proprio credito, ha diritto di concorrere nella liquidazione giudiziale per la parte non riscossa.

2. Il coobbligato che ha diritto di regresso verso il debitore ha diritto di concorrere nella liquidazione giudiziale di questo per la somma pagata.

3. Tuttavia il creditore ha diritto di farsi assegnare la quota di riparto spettante al coobbligato fino a concorrenza di quanto ancora dovutogli. Resta impregiudicato il diritto verso il coobbligato se il creditore rimane parzialmente insoddisfatto.

Francesco Saverio Martorano

Sommario: 1. Parziale adempimento del debito solidale prima della liquidazione giudiziale e partecipazione del creditore al concorso. – 2. Il diritto di regresso del coobbligato che ha parzialmente adempiuto prima della liquidazione giudiziale. – 3. Il subingresso del creditore nell'assegnazione della quota di riparto.

1. – L'art. 161, comma 1 disciplina l'ipotesi in cui il creditore di coobbligati in solido, uno o più dei quali sia stato assoggettato a liquidazione giudiziale, riceva da un altro coobbligato o da un fideiussore il pagamento parziale del debito prima dell'apertura della procedura [1]. In tal caso, la stessa norma prevede che il creditore potrà insinuarsi al passivo solo per la parte di credito non riscossa.

Si tratta di un principio inverso a quello che, attraverso una lettura *a contrario* della di-

[1] Ai fini dell'applicazione dell'art. 161 non rileva quindi la data in cui è stato eseguito il pagamento parziale del debito solidale, ma la sua anteriorità al giorno della sentenza che apre la procedura del coobbligato, in questo senso, Trib. Padova, 26 febbraio 1988, in *Dir. fall.*, 1989, II, 934; v. anche Trib. Verona, 19 marzo 1991, in *Giur. merito*, 1991, 707, che ha negato al creditore la possibilità di insinuarsi al passivo per somme relative a un pagamento parziale eseguito dal fideiussore il giorno della dichiarazione di insolvenza del coobbligato principale.

Va precisato, infine, che la norma non si applica al creditore cambiario, dati i particolari principi che regolano il meccanismo dell'obbligazione cartolare: v. Trib. Milano, 24 marzo 1958, in *Giur. it.*, 1958, I, 2, 908.

sposizione in esame, viene applicato ai pagamenti parziali eseguiti in corso di liquidazione giudiziale [2], allorché, in deroga alla regola generale dettata dall'art. 1292 c.c., la parziale estinzione del debito solidale non determina una riduzione del *quantum* per il quale il creditore è stato ammesso al passivo [3].

Nel caso in esame, invece, l'anteriorità del pagamento, cristallizzando l'entità del debito parzialmente estinto a un momento anteriore alla liquidazione giudiziale, non incide sul predetto principio redistributivo, e consente così di ripristinare in sede concorsuale l'applicazione dell'art. 1292 c.c., secondo cui il coobbligato solidale, a seguito del pagamento effettuato da altro coobbligato, consegue una liberazione totale o parziale, così che il creditore può pretendere da lui (nella specie, dalla sua procedura) solo la parte residuale del credito [4].

2. – Il comma 2 dell'art. 161 consente al *solvens*, per effetto del parziale adempimento del debito solidale, di esercitare il proprio diritto di regresso nei confronti della liquidazione giudiziale di altro coobbligato [5]. Diritto da far valere mediante ammissione al passivo [6], trattandosi di credito preesistente alla procedura, e dunque concorsuale [7].

Come da più parti rilevato [8], questa disposizione contiene una deviazione rispetto al principio generale dettato dall'art. 1299, comma 1, c.c., secondo il quale il regresso non può essere esercitato prima della completa estinzione dell'obbligazione solidale [9]. La *ratio*

---

[2] Su cui v. *retro*, *sub*. art. 160, § 3.

[3] La *ratio* di questa disciplina risiede nella circostanza che il creditore, a seguito dell'insinuazione, vede trasformato il proprio credito in un diritto al dividendo; per cui, ammettendo una progressiva riduzione dell'ammontare del credito insinuato in ragione dei pagamenti parziali ricevuti, anche il dividendo del riparto della liquidazione giudiziale verrebbe ridotto, così alterando il principio di equa ripartizione delle perdite in ambito concorsuale: sul punto INZITARI, *Effetti*, 247.

[4] In applicazione di tale principio, la più risalente giurisprudenza aveva espressamente ritenuto che «il creditore, avendo avuto il credito originario ridotto nei confronti di tutti i coobbligati, non può pretendere dal fallimento che il residuo, come nulla di più poteva pretendere fuori del fallimento»: così App. Brescia, 20 marzo 1961, in *Foro it.*, 1961, I, 858. Al principio dettato dal comma 1 si richiama anche Trib. Padova, 28 maggio 2001, in *Giur. merito*, 2002, 757, secondo cui il creditore in possesso di un pegno datogli da un coobbligato del soggetto sottoposto a procedura concorsuale, può decidere se realizzare il pegno prima dell'apertura della procedura, e così insinuarsi per il credito residuo, ovvero se realizzarlo dopo l'avvio della procedura, e nel frattempo insinuarsi per l'intero.

[5] La regola, ovviamente, vale soltanto nei limiti indicati dall'art. 161, e dunque solo nei confronti di un coobbligato sottoposto a liquidazione giudiziale. Nei confronti di altri eventuali condebitori *in bonis*, infatti, resta ferma l'applicazione del principio di cui all'art. 1299 c.c., sicché nessuna pretesa di regresso può essere avanzata in ipotesi di parziale *solutio* del debito, ma solo dopo l'integrale estinzione dell'obbligazione solidale.

[6] Ammissione che eventualmente potrà essere disposta con riserva, qualora l'obbligazione di garanzia sia *sub judice* (ad es. per nullità della polizza fideiussoria): in questo senso Trib. Milano, 27 dicembre 2010, n. 14781 e Trib. Milano, 10 maggio 2010, n. 5995, *inedite*.

[7] Ciò significa che, oltre al diritto alla collocazione sul ricavato, al coobbligato spetteranno le medesime prerogative di ogni altro creditore concorrente. Sulla natura concorsuale ed incondizionata del credito di regresso ai sensi del comma 2 della norma, v. BONFATTI, *Il coobbligato*, 42 s.; VACCARELLA, *La solidarietà*, 60.

[8] Tra gli altri, v. INZITARI, *Effetti*, 251; VACCARELLA, *La solidarietà*, 52; Trib. Ascoli Piceno, 21 ottobre 1992, in *Fallimento*, 1993, 863.

[9] Pleonastica, in questo senso, appare dunque l'affermazione secondo cui la circostanza che il coobbligato abbia pagato integralmente il creditore dopo l'apertura della liquidazione giudiziale non osta all'applicazione della disposizione in commento: così Trib. Udine, 3 febbraio 2004, in *Fallimento*, 2004, 939.

di tale difformità sta nel fatto che, mentre nei rapporti regolati dal diritto comune il divieto di rivalsa tende a preservare la solvibilità degli altri condebitori nell'interesse esclusivo del creditore, in ambito concorsuale si deve tenere conto della presenza di altri creditori e del vantaggio che ad essi deriverebbe da una ridotta partecipazione del creditore solidale, ove non integrata dal regresso consentito al coobbligato parzialmente adempiente[10].

L'unico dubbio ingenerato dalla norma in esame attiene all'individuazione dell'oggetto della pretesa di regresso che può essere fatta valere dal coobbligato che ha parzialmente adempiuto, posto che la norma fa testuale riferimento alla «*somma pagata*».

Parte della dottrina e la giurisprudenza hanno interpretato tale locuzione in senso letterale, ritenendo che il coobbligato sia legittimato a insinuarsi al passivo per un *quantum* corrispondente all'intero versamento eseguito in favore del creditore[11]. Tale soluzione rappresenta in realtà un artificio, che mira unicamente a limitare gli effetti della falcidia concorsuale, dal momento che l'assegnazione della quota di riparto non potrebbe mai eccedere la somma effettivamente a carico della procedura di liquidazione giudiziale.

Secondo una diversa lettura, correttiva del dettato normativo, già in sede di ammissione al passivo il regresso del coobbligato adempiente andrebbe limitato alla quota di debito che sarebbe di sua competenza secondo il criterio di ripartizione interna dell'obbligazione solidale[12]. E un'ulteriore riduzione del credito di regresso sarebbe ipotizzabile ove si accedesse alla tesi secondo cui una rigorosa applicazione del principio generale dettato dall'art. 1299, comma 1, c.c. imporrebbe di limitare l'ammissione solo a quella parte del versamento eseguito dal coobbligato che corrisponde alla quota di debito effettivamente gravante, nei rapporti interni, sul coobbligato che versa in liquidazione giudiziale[13].

L'espressione utilizzata dal legislatore nella definizione del regresso può essere invece interpretata alla lettera nelle ipotesi di adempimento parziale del fideiussore o di un coobbligato privo d'interesse all'assunzione del debito[14]. In questi casi l'ammissione del credito di rivalsa al passivo potrà avere luogo per l'intero ammontare versato al creditore[15].

3. – Come detto, l'art. 161, comma 2, al fine di non alterare gli equilibri creditori in ambito concorsuale, introduce una deroga alla disciplina ordinaria del regresso, consentendo al condebitore parzialmente adempiente prima della procedura di far rientrare nel passivo l'ammontare del credito di rivalsa. Si tratta però di una deroga solo apparente, in quanto il successivo capoverso dello stesso art. 161 crea un immediato contrappeso in favore del creditore solidale non ancora integralmente soddisfatto, al quale è riconosciuto il

[10] V. ancora INZITARI, *Effetti*, 253 s.; BONFATTI, *Il coobbligato*, 29.

[11] RUISI, *Il fallimento*, 560 s.; PAJARDI, *Manuale*, 349; CIAMPI, *Fallimento*, 489; Cass., 10 luglio 1978, n. 3439, in *Giust. civ.*, 1979, I, 531 e in *Dir. fall.*, 1978, II, 469; Trib. Genova, 13 gennaio 1983, in *Fallimento*, 1983, 1189.

[12] VACCARELLA, *La solidarietà*, 61; BONSIGNORI, *Il fallimento*, 409 s.; INZITARI, *Effetti*, 252.

[13] In questo senso, v. BONFATTI, *Il coobbligato*, 38 ss.

[14] Secondo INZITARI, *Effetti*, 252, è proprio in considerazione di tali ipotesi che il legislatore avrebbe optato per un generico riferimento alla "somma pagata", inclusivo delle diverse ipotesi di coobbligazione.

[15] Al riguardo, Trib. Grosseto, 2 dicembre 1996, in *Fallimento*, 1997, 433, ha stabilito che il terzo, che abbia prestato fideiussione a garanzia dell'adempimento del concordato preventivo del debitore ed abbia corrisposto il relativo importo in favore dei creditori dell'impresa, ha diritto di esercitare l'azione di regresso nei confronti della successiva procedura concorsuale dell'imprenditore garantito.

diritto di farsi assegnare l'eventuale quota di riparto spettante al *solvens*, ovviamente fino alla concorrenza di quanto gli è ancora dovuto [16].

La diretta attribuzione al creditore comune della quota di riparto corrispondente al regresso insinuato dal coobbligato adempiente non dovrebbe comunque disincentivare quest'ultimo dal formulare istanza di ammissione al passivo del credito di rivalsa, dal momento che l'adempimento parziale non sottrae il coobbligato al rischio di ulteriore escussione ad opera dello stesso creditore [17]. In ogni caso, a fronte di un'eventuale inerzia del coobbligato adempiente, si ritiene che il creditore possa salvaguardare l'integrità della pretesa e provocare in via surrogatoria, *ex* art. 2900 c.c., il proprio subingresso nella posizione del *solvens* ai fini della collocazione in sede di riparto [18].

Affinché operi il meccanismo satisfattorio previsto dall'art. 161, comma 3, non si ritiene necessario che il creditore formuli una nuova ed apposita istanza di ammissione al passivo [19], essendo sufficiente proporre una domanda di attribuzione della relativa quota di riparto, che, in mancanza, andrebbe liquidata in favore del coobbligato concorrente.

Sul piano meramente processuale, atteso che il coobbligato adempiente acquista, pur nei limiti suindicati, la qualità di creditore, la pretesa di sub collocazione del creditore solidale ai fini dell'assegnazione diretta della quota di riparto si concretizza in un'istanza di assegnazione, produttiva di un effetto di sostituzione del creditore, da alcuni ritenuto analogo a quello previsto dall'art. 511 c.p.c. per l'esecuzione individuale [20].

Sotto diverso profilo, va precisato che il subingresso del creditore solidale nella partecipazione al riparto del condebitore non attribuisce al creditore il diritto di assegnazione della quota di riparto in via preferenziale rispetto ad altri creditori del *solvens* [21].

Per effetto del subingresso il creditore comune è legittimato ad agire o resistere in sede di opposizione allo stato passivo, sussistendo un suo interesse a preservare l'aspettativa all'assegnazione della quota di riparto. Per contro, egli non può votare sulla proposta di concordato nella liquidazione giudiziale, in quanto tale diritto è espressione di una posizione creditoria all'interno della procedura e va attribuito in via esclusiva al coobbligato [22].

L'ultima parte dell'art. 161, comma 3 precisa infine che l'assegnazione della quota di riparto non pregiudica il diritto del creditore, non ancora interamente soddisfatto dopo la distribuzione del ricavato, di agire nei confronti del coobbligato sostituito per l'adempimento dell'obbligo solidale residuo.

---

[16] V. Cass., 10 gennaio 1966, n. 188, in *Dir. fall.*, 1966, II, 194 e in *Foro it.*, 1966, I, 1792; Trib. Milano, 15 maggio 2008, in *Riv. dott. comm.*, 2008, 6, 1237, con nota di Franzi.

[17] Così BONFATTI, *Il coobbligato*, 46. Va detto, peraltro, che un effettivo disinteresse all'insinuazione al passivo potrebbe essere manifestato da un condebitore privo di interesse all'assunzione dell'obbligo solidale (in ipotesi, un fideiussore parziale) e che abbia al contempo interamente assolto al proprio obbligo.

[18] A tale soluzione fa espresso riferimento Cass., 10 gennaio 1966, n. 188, cit.

[19] Trib. Roma, 17 luglio 1963, in *Dir. fall.*, 1963, II, 547.

[20] L'analogia con la sostituzione del *creditor creditoris* è stata sovente proposta in dottrina; tra gli altri, v. INZITARI, *Effetti*, 254; RUISI, *Il fallimento*, 561; *contra* BONFATTI, *Il coobbligato*, 49 ss., che intravede una differenza sostanziale tra la domanda *ex* art. 511 c.p.c. e l'istanza *ex* art. 161, ult. comma.

[21] RUISI, *Il fallimento*, 561; VACCARELLA, *La solidarietà*, 65; *contra*, BONFATTI, *Il coobbligato*, 56 ss., sul presupposto della specialità dell'istanza di assegnazione prevista dal comma 3; dubitativa, invece, la posizione di BONSIGNORI, *Il fallimento*, 411.

[22] Per un approfondito esame di tali problematiche, v. BONFATTI, *Il coobbligato*, 60 ss.

Articolo 162
Coobbligato o fideiussore con diritto di garanzia

1. Il coobbligato o fideiussore del debitore sottoposto a liquidazione giudiziale che ha un diritto di pegno o di ipoteca sui beni di lui a garanzia della sua azione di regresso concorre nella liquidazione giudiziale per la somma per la quale ha ipoteca o pegno.

2. Il ricavato della vendita dei beni ipotecati o delle cose date in pegno spetta al creditore in deduzione della somma dovuta.

Francesco Saverio Martorano

L'articolo in commento disciplina l'ipotesi in cui un coobbligato o fideiussore sia titolare di un diritto di pegno o ipoteca nei confronti del condebitore sottoposto a liquidazione giudiziale a garanzia dell'azione di regresso, consentendogli di concorrere nella procedura pur non avendo ancora eseguito alcun pagamento, neppure parziale, nei confronti del creditore comune, e dunque prima che sia sorto un credito di regresso.

Sotto questo profilo, l'art. 162 può essere quindi considerato norma eccezionale rispetto ai principi della solidarietà passiva fissati dal diritto comune e replicati dagli artt. 160 e 161. La presenza di una garanzia reale sul credito di regresso permette infatti al coobbligato di conseguire un'ammissione immediata al passivo che, di norma, in mancanza di un'estinzione almeno parziale del credito comune, non gli sarebbe consentita. Ciò però non avviene tanto nell'interesse del condebitore garantito, che pure trae vantaggio dalla riduzione o estinzione del debito solidale [1], ma, ancora una volta, nella prospettiva di assicurare al creditore un più rapido e completo soddisfacimento delle sue ragioni [2]. Ed è per questo motivo che, in caso di mancata presentazione della domanda di ammissione al pas-

[1] Non pare corretto ritenere che l'art. 162 rappresenti, per il coobbligato con diritto di garanzia, una forma speciale di tutela (VACCARELLA, *La solidarietà*, 65) o, per contro, di pregiudizio (NUNZIATA, *Credito*, 189). In realtà, la norma sembra giocare un ruolo piuttosto neutro rispetto agli interessi dello stesso coobbligato. Difatti, se da un lato viene indubbiamente sottratta al condebitore la garanzia prestata per il regresso, dall'altro lato la diretta traslazione dei vantaggi della prelazione in favore del creditore consente, in definitiva, il completo adempimento del credito solidale. In questi termini, v. BONFATTI, *Il coobbligato*, 286, nota 109.

[2] Nell'art. 162 emerge in modo particolarmente evidente l'intento del legislatore, presente peraltro in tutta la disciplina concorsuale della solidarietà passiva, di provocare un'accelerazione dei tempi di realizzazione del credito solidale a fronte della intervenuta liquidazione giudiziale di uno o più condebitori: sul punto, v. VACCARELLA, *La solidarietà*, 58.

sivo da parte del coobbligato o del fideiussore garantito, il creditore può salvaguardare l'interesse a far valere la prelazione, agendo in via surrogatoria *ex* art. 2900 c.c.[3].

È controverso se quella del coobbligato o fideiussore con diritto di garanzia sia un'ammissione al passivo semplice o condizionata, cioè con riserva del sorgere del regresso a seguito del pagamento al creditore. Sebbene parte della dottrina si sia pronunciata in tal senso[4], è più corretto ritenere che l'ammissione prescinda dalla condizione suindicata, sia perché l'art. 162 non contiene riferimenti all'attualità del regresso[5], sia perché, altrimenti, si finirebbe per svilire la funzione assolta dalla norma (e specialmente dal comma 2) di provocare un'accelerazione dei tempi di estinzione del credito solidale.

Quel che è certo, comunque, è che la norma non introduce una forma di *beneficium excussionis* per il coobbligato o il fideiussore garantito[6], il quale non si sottrae, pertanto, alla perdurante possibilità di una richiesta di pagamento da parte del creditore[7].

Agli effetti del concorso, poi, non v'è dubbio che l'art. 162, consentendo la contemporanea insinuazione del creditore e del coobbligato garantito, e dunque la parziale duplicazione dei crediti, finisca per creare un ingiustificato aumento del passivo. Si tratta però di un incremento fittizio e solo temporaneo, in quanto la partecipazione del coobbligato o del fideiussore con diritto di garanzia riveste carattere puramente formale, dal momento che, in ultima istanza, il sostanziale beneficiario della realizzazione della garanzia sarà il creditore, legittimato a surrogarsi nella posizione del coobbligato o del fideiussore e tenuto, dopo aver percepito le somme derivante dalla realizzazione del pegno o dell'ipoteca, a ridurre in proporzione il *quantum* del credito solidale ammesso al passivo[8].

L'art. 162, comma 2, dispone infatti che il ricavato della vendita dei beni ipotecati o delle cose date in pegno spetti al creditore comune in deduzione della somma dovuta. Come nell'ipotesi di cui all'art. 161, comma 3, anche nel caso in esame si ritiene generalmente che il subingresso (o subcollocazione) del creditore avvenga secondo un meccanismo di sostituzione esecutiva analogo a quello previsto dall'art. 511 c.p.c.[9]. Con la differenza, però, che l'art. 162 legittima una duplice surrogazione, sia nel credito vantato dal coobbligato che nel diritto di prelazione a lui spettante in forza della garanzia.

Va precisato, infine, che, a differenza di quanto si sostiene per l'applicazione dell'art. 161, comma 3, nella fattispecie in esame la surrogazione riconosciuta al creditore solidale attribuisce a quest'ultimo il diritto di assegnazione della quota di riparto in via preferenziale rispetto ad altri creditori del coobbligato o fideiussore con diritto di garanzia[10].

---

[3] V. BONFATTI, *Il coobbligato,* 296. In giurisprudenza, tale soluzione è sostenuta da Cass., 10 gennaio 1966, n. 188, in *Dir. fall.*, 1966, II, 194 e in *Foro it.*, 1966, I, 1792, sia pure in riferimento all'analoga eventualità che può crearsi in applicazione dell'art. 161, comma 3, l. fall.

[4] RUISI, *Il fallimento*, 559; CASSANDRO, *Obbligazioni*, 422.

[5] BONFATTI, *Il coobbligato*, 286.

[6] Così, invece, VACCARELLA, *La solidarietà*, 58.

[7] BONFATTI, *Il coobbligato*, 288.

[8] Sebbene la norma nulla disponga in ordine alle conseguenze dell'assegnazione del ricavato della vendita del bene oggetto della garanzia al creditore solidale, non si può dubitare della necessità di una corrispondente riduzione del credito insinuato: sul punto, VACCARELLA, *La solidarietà*, 63; BONFATTI, *Il coobbligato*, 298.

[9] Così INZITARI, *Effetti*, 256. Per approfondimenti si rinvia al commento *sub* art. 161, § 3.

[10] VACCARELLA, *La solidarietà*, 65; BONFATTI, *Il coobbligato*, 300 ss.; BONSIGNORI, *Il fallimento*, 411; LO MORO, *Le procedure*, 185.

Articolo 163

Atti a titolo gratuito

1. Sono privi di effetto rispetto ai creditori, se compiuti dal debitore dopo il deposito della domanda cui è seguita l'apertura della liquidazione giudiziale o nei due anni anteriori, gli atti a titolo gratuito, esclusi i regali d'uso e gli atti compiuti in adempimento di un dovere morale o a scopo di pubblica utilità, in quanto la liberalità sia proporzionata al patrimonio del donante.

2. I beni oggetto degli atti di cui al comma 1 sono acquisiti al patrimonio della liquidazione giudiziale mediante trascrizione della sentenza che ha dichiarato l'apertura della procedura concorsuale. Nel caso di cui al presente articolo ogni interessato può proporre reclamo avverso la trascrizione a norma dell'articolo 133.

Giacomo D'Attorre

Sommario: 1. La fattispecie. – 2. Le deroghe. – 3. La disciplina sostanziale. – 4. La disciplina processuale.

1. – La norma in commento non ha subito modifiche nel passaggio dalla legge fallimentare al Codice, conservando, pertanto, validità gli approdi a cui la dottrina [1] prima e la giurisprudenza poi erano giunti nella identificazione della fattispecie.

Si considerano atti a titolo gratuito, ai fini della normativa concorsuale, sia gli atti posti in essere per spirito di liberalità, sia anche gli atti caratterizzati da una prestazione in assenza di un corrispettivo, dai quali il debitore poi assoggettato a procedura non abbia tratto alcun vantaggio patrimoniale. La valutazione sulla gratuità o onerosità non può fondarsi sull'esistenza o meno di un rapporto sinallagmatico tra le prestazioni sul piano astratto, potendosi avere anche prestazioni reciproche non corrispettive suscettibili di assurgere al grado di onerosità [2]. Il criterio di riferimento è rappresentato, quindi, dalla «causa concreta, costituita dallo scopo pratico del negozio, e cioè dalla sintesi degli interessi che lo stesso è concretamente diretto a realizzare quale funzione individuale della singola e

[1] Il riferimento, come ovvio, è al fondamentale lavoro di Sandulli, *Gratuità dell'attribuzione*, *passim*, spec. 103 ss.

[2] Sandulli, *Art. 64*, 889.

specifica negoziazione, al di là del modello astratto utilizzato»[3].

Per verificarne la natura gratuita o onerosa non bisogna, però, fermarsi al singolo atto di disposizione compiuto, ma valutare il complessivo rapporto economico funzionale che si è realizzato tra due o più soggetti, che potrebbe far emergere un interesse economico conseguito dal debitore attraverso l'insieme degli atti funzionalmente collegati[4]. Il singolo negozio può dirsi gratuito solo quando il debitore poi sottoposto a liquidazione giudiziale non tragga dalla complessiva operazione alcun concreto vantaggio patrimoniale, avendo inteso recarne uno ad altri[5].

Sulla base di questi parametri, ormai condivisi, si può procedere allo scrutinio dei singoli atti, distinguendo i casi in cui il rapporto si esaurisce in un unico negozio, da quelli in cui si inserisce in un più ampio contesto di rapporti collegati tra distinti negozi o prestazioni[6].

Rientra tra gli atti a titolo gratuito la donazione, anche se trattasi di donazione remuneratoria *ex* art. 770, comma 1, c.c., in quanto, pur se determinata dalla riconoscenza o speciale remunerazione di un'attività svolta dal donatario, «l'attribuzione non cessa peraltro di essere spontanea, e l'atto conserva la "causa" di liberalità, rendendosi così suscettibile di revocatoria fallimentare, perché discrezionale nell'"an", nel quomodo e nel quantum, non essendovi il donante tenuto né in base ad un vincolo giuridico, né in adempimento di un dovere morale o di una consuetudine sociale, con la conseguenza che, in nessun caso, l'attribuzione patrimoniale può assumere la qualificazione giuridica di corrispettivo, neppure per la parte corrispondente al valore del servizio reso»[7].

Possono essere qualificati come atti a titolo gratuito sia gli atti di disposizione, sia gli atti abdicativi. Pertanto, anche la rinuncia ad un bene o diritto (es: credito) da parte del debitore può essere oggetto di inefficacia[8], salvo che risultino elementi idonei a dimostrare, sotto il profilo causale, un vantaggio patrimoniale o comunque una qualche utilità economico-giuridica per il debitore stesso[9].

Anche i pagamenti, che sono normalmente soggetti alla revocatoria concorsuale *ex* art. 168 o all'inefficacia *ex* art. 164, possono integrare la fattispecie degli atti a titolo gratuito ed essere soggetti alla più severa disciplina *ex* art. 163 nel caso in cui si tratti del pagamento di un debito altrui effettuato dal debitore, salvo che il creditore convenuto ne dimostri l'onerosità alla stregua dello scopo pratico del negozio al quale l'atto solutorio è collegato[10].

Il compimento di atti a titolo gratuito è frequente nei rapporti di famiglia, rispetto ai quali la casistica è di conseguenza ampia.

Secondo pacifica giurisprudenza, la costituzione del fondo patrimoniale per fronteggia-

---

[3] Cass., SS.UU., 18 marzo 2010, n. 6538, in *Fallimento*, 2010, 545 ss. Nello stesso senso, tra le molte, Cass., 14 dicembre 2022, n. 36581.

[4] SANDULLI, *Gratuità dell'attribuzione*, 106.

[5] Cass., 22 ottobre 2020, n. 23140.

[6] SANDULLI, *Art. 64*, 889.

[7] Cass., 14 febbraio 1997, n. 1411; Cass., 13 maggio 1987, n. 4394.

[8] MAFFEI ALBERTI, *Commentario breve*, 1205.

[9] Cass., 17 febbraio 2020, n. 3864.

[10] Cass., 14 dicembre 2022, n. 36581; Cass., 21 ottobre 2019, n. 26586.

re i bisogni della famiglia, anche qualora effettuata da entrambi i coniugi, non integra, di per sé, adempimento di un dovere giuridico, non essendo obbligatoria per legge, ma configura un atto a titolo gratuito, non trovando contropartita in un'attribuzione in favore dei disponenti; essa, pertanto, è soggetto all'inefficacia *ex* art. 163, salvo che si dimostri l'esistenza, in concreto, di una situazione tale da integrare, nella sua oggettività, gli estremi del dovere morale ed il proposito del "solvens" di adempiere unicamente a quel dovere mediante l'atto in questione [11]. Anche la donazione effettuata dal genitore in favore dei figli in sede di separazione, ove non sia collegata, neppure parzialmente, all'esonero degli obblighi di mantenimento, viene considerata come atto gratuito [12] e lo stesso vale per l'attribuzione patrimoniale effettuata da un coniuge a favore dell'altro coniuge in vista della loro separazione, ove non abbia la funzione di integrare o sostituire quanto dovuto per il mantenimento suo o dei figli [13].

2. – Non sono assoggettati alla inefficacia i regali d'uso e gli atti compiuti in adempimento di un dovere morale o a scopo di pubblica utilità, a condizione che la liberalità sia proporzionata al patrimonio del donante.

I regali beneficiano della esenzione dalla inefficacia *ex* art. 163 se, oltre ad essere proporzionati al patrimonio del donante, sono conformi agli "usi" di un determinato ambiente sociale, anche se lo stesso non assurge ad un uso generalizzato [14].

Gli atti compiuti in adempimento di un dovere morale o a scopo di pubblica utilità si caratterizzano per lo scopo e la destinazione specifica della liberalità. L'individuazione specifica del dovere morale o della pubblica utilità non risponde a criteri oggettivi e immutabili, ma risente ovviamente del mutamento dei valori condivisi della comunità di riferimento. A titolo di esempio, possono ricondursi nelle liberalità a scopo di pubblica utilità i finanziamenti ai partiti politici, le elargizioni a istituzioni religiose o i contributi ad associazioni di volontariato. In ragione della mutata sensibilità collettiva sui temi ESG, possono oggi considerarsi compiuti a scopo di pubblica utilità anche le destinazioni patrimoniali prive di ogni elemento di onerosità o corrispettività, se dirette al perseguimento specifico di obiettivi di sostenibilità ambientale o sociale.

La protezione di interessi legati all'ambiente familiare o sociale incontra, però, un limite nella proporzionalità dell'atto rispetto al patrimonio del donante, al fine di comporre in modo equilibrato il possibile contrasto tra l'interesse dei creditori e l'interesse tutelato dalla deroga. Secondo opinione prevalente e condivisibile, il giudizio di proporzionalità deve tenere conto del patrimonio del debitore al netto delle passività esistenti al momento dell'atto [15]. Nel caso in cui manchi il requisito della proporzionalità, l'inefficacia colpisce l'atto nella sua interezza e non nei limiti della sproporzione rispetto al patrimonio del donante [16].

L'esimente rispetto alla inefficacia degli atti a titolo gratuito ha natura di eccezione in

---

[11] Così Cass., 30 gennaio 2020, n. 2077. Nello stesso senso, tra le altre, Cass., 6 febbraio 2018, n. 2820.

[12] Cass., 30 novembre 2017, n. 28829.

[13] Cass., 30 novembre 2017, n. 28829; Cass., 4 giugno 2015, n. 13087.

[14] SANDULLI, *Art. 64*, 892.

[15] Da ultimo, FABIANI, *Sistema, principi*, 358.

[16] SANDULLI, *Gratuità dell'attribuzione*, 250; MAFFEI ALBERTI, *Commentario breve*, 1209.

senso stretto, da proporre, a pena di decadenza, nei termini preclusivi previsti dal codice di rito, e la prova della ricorrenza della stessa grava su chi la eccepisce[17].

3. – L'inefficacia degli atti a titolo gratuito compiuti dal debitore è subordinata alla presenza (e, ove contestata, alla prova) di sole due condizioni: a) la qualificazione quale atto a titolo gratuito; a) il compimento nel biennio anteriore[18].

Non assumono, invece, rilievo altre circostanze e, precisamente: a) la presenza dello stato di insolvenza del debitore al momento del compimento dell'atto; b) la conoscenza dello stato di insolvenza del debitore da parte del terzo[19]; c) la qualità di imprenditore commerciale diverso dagli imprenditori minori del debitore al momento del compimento dell'atto[20]; d) il danno determinato dall'atto rispetto alla massa dei creditori.

L'azione *ex* art. 163 è esperibile anche nei confronti dei terzi subacquirenti; in questo caso, tuttavia, trova applicazione l'art. 2901, comma 4, c.c., con la conseguenza per cui l'inefficacia non sarà opponibile nei confronti dei terzi subacquirenti a titolo oneroso di buona fede, fatti salvi gli effetti della trascrizione della domanda[21].

4. – I beni oggetto degli atti a titolo gratuito sono acquisiti al patrimonio della liquidazione giudiziale mediante trascrizione della sentenza che ha dichiarato l'apertura della procedura concorsuale (art. 163, comma 2). Tale previsione consente al curatore di acquisire immediatamente la disponibilità e l'amministrazione dei beni, senza la necessità di attendere una sentenza giudiziale che accerti l'inefficacia. Già in forza della trascrizione della sentenza che ha dichiarato l'apertura della liquidazione giudiziale il bene entra nel patrimonio della procedura ed il curatore potrà trarne i frutti (es.: incassare eventuali canoni di locazione) o procedere alla liquidazione dello stesso. Se, però, il terzo che subisce gli effetti della trascrizione (il terzo acquirente) contesta la sussistenza delle condizioni per l'operatività dell'inefficacia, potrà proporre reclamo avverso la trascrizione con ricorso al giudice delegato.

La *ratio* della norma è quella di velocizzare le attività della curatela di recupero e liquidazione dei beni sottratti attraverso atti che presumibilmente siano stati elusivi o distrattivi delle ragioni della massa dei creditori, al contempo concentrando nella sede concorsuale le contestazioni in ordine alla natura dell'atto.

Si tratta di una modalità di acquisizione che per alcuni versi si avvicina a quella talvolta tentata dalle curatele, ma ripetutamente respinta dalla Cassazione[22], del decreto di acquisizione del giudice delegato. Non vi è qui un decreto di acquisizione, bensì una trascrizione della sentenza, ma gli effetti sono molto simili, così come le conseguenti limitazioni del diritto di difesa dei terzi coinvolti. E, quindi, necessario perimetrare con rigore l'ambito

---

[17] Cass., 29 marzo 2019, n. 8978.

[18] Vedi, tra gli altri, BONFATTI, *Gli effetti*, 139; MAFFEI ALBERTI, *Commentario breve*, 1203; ROLFI, *Art. 163*, 743.

[19] FAUCEGLIA, *Il nuovo*, 191; FABIANI, *Sistema, principi*, 358.

[20] *Contra*, SANDULLI, *Art. 64*, 896, ove ulteriori riferimenti.

[21] MAFFEI ALBERTI, *Commentario breve*, 1204; ROLFI, *Art. 163*, 743; FABIANI, *Sistema, principi*, 359.

[22] Da ultimo, Cass., 26 giugno 2023, n. 18164.

oggettivo e soggettivo, nonché le condizioni di applicazione di questa previsione, al fine di garantire una ragionevole equilibrio tra le esigenze di semplificazione e la doverosa tutela del diritto di difesa dei terzi coinvolti, anche per superare i dubbi di incostituzionalità che erano stati sollevati, sia pure in forma dubitativa[23], con riferimento all'analoga previsione dell'art. 64 l. fall.

Per quanto riguarda l'ambito oggettivo, la modalità "agevolata" di acquisizione mediante trascrizione della sentenza può operare solo con riferimento agli atti a titolo gratuito traslativi di un diritto reale suscettibile di trascrizione. In tutti gli altri casi in cui l'atto a titolo gratuito non ha avuto ad oggetto la disposizione di un diritto reale ed in cui non può operare, quindi, l'effetto restitutorio della trascrizione (es.: una rinuncia ad un credito), l'inefficacia dell'atto dovrà essere fatta valere dal curatore in via giudiziale e sarà necessario un provvedimento giudiziale che accerti (sia pure con effetti *ex tunc*) la sussistenza dei presupposti per l'inefficacia[24].

Per quanto riguarda l'ambito soggettivo, la previsione trova applicazione nei confronti sia del terzo acquirente, sia del creditore procedente nell'esecuzione individuale del cessionario[25].

La tutela del terzo beneficiario, come detto, è affidata al reclamo *ex* art. 133, determinandosi così una inversione dell'iniziativa processuale, che non compete più al curatore, ma al terzo. Nel caso di proposizione del reclamo, il giudice delegato deve procedere ad accertare la sussistenza dei presupposti *ex* art. 163, con una decisione che, in quanto incidente su diritti soggettivi, è ricorribile in Cassazione ai sensi dell'art. 111 Cost.[26].

---

[23] SANDULLI, *La inefficacia*, 9 e 28.

[24] D'ATTORRE, *Manuale*, 251; MAFFEI ALBERTI, *Commentario breve*, 1211. In questo senso anche FABIANI, *Sistema*, 358, il quale, però, considerando la disomogeneità della disciplina a seconda della tipologia di atto, si chiede se possa «rivivere la tesi della praticabilità del decreto di acquisizione del giudice delegato ai sensi dell'art. 123 CCII, con relativa attribuzione alla parte beneficiaria dell'atto a titolo gratuito del reclamo *ex* art. 124 CCII».

[25] Trib. Catania, 28 marzo 2022, in *Riv. esec. forzata*, 2022, 612.

[26] CECCHELLA, *Il diritto*, 262.

Articolo 164

Pagamenti di crediti non scaduti e postergati

1. Sono privi di effetto rispetto ai creditori i pagamenti di crediti che scadono nel giorno della dichiarazione di apertura della liquidazione giudiziale o posteriormente, se sono stati eseguiti dal debitore dopo il deposito della domanda cui è seguita l'apertura della procedura concorsuale o nei due anni anteriori.

2. Sono privi di effetto rispetto ai creditori i rimborsi dei finanziamenti dei soci a favore della società se sono stati eseguiti dal debitore dopo il deposito della domanda cui è seguita l'apertura della procedura concorsuale o nell'anno anteriore. Si applica l'articolo 2467, secondo comma, codice civile.

3. La disposizione di cui al comma 2 si applica anche al rimborso dei finanziamenti effettuati a favore della società assoggettata alla liquidazione giudiziale da chi esercita attività di direzione e coordinamento nei suoi confronti o da altri soggetti ad essa sottoposti.

Alessandro Nigro

1. – L'art. 164 è il risultato della giustapposizione di tre disposizioni che, nella disciplina anteriore, avevano diverse collocazioni: l'art. 65 l. fall., al quale corrisponde l'attuale comma 1 dell'articolo in commento; l'art. 2467, comma 1, seconda parte, c.c. al quale corrisponde il comma 2 dell'art. in commento; l'art. 2497-*quinquies* c.c. parzialmente travasato nel comma 3 dell'art. in commento.

La trasposizione dalle norme originarie nei nuovi testi è stata abbastanza fedele e, quindi, non fa registrare novità particolari. Resta naturalmente la rilevante modifica, rispetto al regime previgente, che è comune a tutte le altre disposizioni in materia di revocatoria concorsuale (a cominciare dall'art. 163) e che concerne la data dalla quale computare a ritroso il c.d. *periodo sospetto*: essa viene stabilita, non più nella data di pubblicazione della sentenza di apertura della liquidazione giudiziale (un tempo: fallimento), bensì nella data di presentazione della *domanda* alla quale sia seguita l'apertura di quella procedura. Una modifica, che era stata già proposta nei progetti che avevano preceduto la riforma del

2005-2007, che è stata ispirata all'intento di evitare che il periodo intercorrente fra la presentazione della domanda e l'apertura della procedura si traduca in un danno per i creditori, rendendo irrevocabili gli atti più risalenti, che realizza un doppio "vantaggio", dal momento che il periodo sospetto, da un lato, non è più eroso dal lasso di tempo occorrente per l'istruttoria preliquidazione e, dall'altro, si *allunga* in misura corrispondente a quel lasso di tempo, e che presenta qualche profilo di criticità (in relazione alla mancanza di pubblicità della domanda di apertura della liquidazione giudiziale proposta da soggetti diversi dal debitore e alla indeterminatezza del periodo che si aggiunge a quello direttamente quantificato dalla legge) che la dottrina in passato aveva evidenziato[1].

2. – Il comma 1 dell'art. 164 riproduce pedissequamente il previgente art. 65 l. fall. e, al pari di questo, prevede l'automatica *inefficacia* dei pagamenti in esso considerati: non vi è bisogno della pronunzia di revoca da parte del giudice (si parla comunemente di revoca *ex lege*)[2], fermo restando ovviamente che un giudizio potrà in fatto essere indispensabile per far accertare, per esempio, la data esatta del pagamento o della scadenza del debito. Come è nella revoca degli atti a titolo gratuito, disciplinata nel precedente art. 163, tutti gli elementi tipici della revocatoria ordinaria sono irrilevanti (o, se si preferisce, sono da ritenere presunti *iuris et de iure*): contano solo gli elementi oggettivi rappresentati dalla scadenza del debito e dal compimento del pagamento nel periodo sospetto, dato dal *biennio* anteriore alla domanda che ha portato alla apertura della liquidazione giudiziale a carico del debitore (più il periodo intercorrente fra la data del deposito della domanda e quella della sentenza di apertura della procedura).

Come in passato, la revoca *ex lege*, da un lato, non riguarda i pagamenti anticipati in genere (che restano regolati dall'art. 166), ma solo i pagamenti anticipati di debiti con scadenza al giorno della dichiarazione di apertura della procedura o successiva, l'assimilazione dei quali agli atti a titolo gratuito trova giustificazione in ciò che, se fossero stati effettuati alla scadenza, sarebbero stati automaticamente inefficaci ai sensi dell'art. 144, comma 1[3]. E, dall'altro, copre tutti i pagamenti, anche quelli che siano stati effettuati con mezzi anormali[4].

3. – Fin dalla sua introduzione, con la riforma del diritto societario del 2003, la regola contemplata nell'art. 2467, comma 1, ult. parte c.c., per la quale il *rimborso* dei finanziamenti "anomali" dei soci a favore della società «*se avvenuto nell'anno precedente la dichiarazione di fallimento della società, deve essere restituito*» è stata considerata dalla dottrina un meccanismo di tipo revocatorio ed avvicinata all'inefficacia *ex lege* prevista, allora, dagli artt. 64 e 65 l. fall.[5]. Veniva, in particolare, evidenziata l'*affinità* fra la fattispecie conside-

[1] BONFATTI, *Gli effetti*, 172-173.

[2] In senso diverso, v. peraltro SANDULLI, *L'inefficacia*, 511, 549.

[3] Proprio l'assimilazione agli atti a titolo gratuito dovrebbe portare a ritenere non applicabile il regime revocatorio *ex* art. 164 nell'ipotesi in cui al momento del pagamento il credito fosse scaduto anticipatamente per effetto, per esempio, della risoluzione del rapporto da cui il credito scaturiva: su questa problematica v. BONFATTI, *Gli effetti*, 150.

[4] Nello stesso senso anche PORZIO, *Effetti del fallimento*, 348.

[5] V., fra gli altri, TERRANOVA, *Art. 2467*, 1463; PORZIO, *Effetti del fallimento*, 347.

rata nella norma del codice civile e quella disciplinata dall'art. 65 l. fall., sottolineando che la *postergazione legale*, prevista dalla norma civilistica, rende il credito da finanziamento dei soci temporaneamente *non esigibile* e, quindi, il relativo pagamento *non dovuto*, al pari del pagamento di un credito non scaduto [6].

È evidentemente sulla base di questi orientamenti che il nuovo legislatore ha deciso di spostare la regola in questione dal contesto dell'art. 2467, con la conseguente modifica del medesimo [7], a quello del Codice, inserendola proprio nell'art. 164, "erede" del previgente art. 65 (spostamento che è stato giustificato, nella Relazione illustrativa, appunto con "ragioni di ordine sistematico").

La formale assimilazione fra le due fattispecie ora compresenti in una stessa disposizione e la conseguente "riqualificazione" formale dell'obbligo di restituzione dei rimborsi dei finanziamenti, effettuati entro l'anno anteriore alla domanda che ha portato alla apertura della liquidazione giudiziale a carico della società, come revoca *ex lege* comporta una serie di conseguenze, le più importanti delle quali sembrerebbe essere due.

La prima conseguenza è questa: fermo restando che devono sussistere gli estremi della *postergazione* del credito da restituzione dei soci, da verificare in base ai criteri stabiliti nell'art. 2467, comma 2, c.c., espressamente richiamato dalla disposizione in commento (il che potrà, in ipotesi, rendere necessario un apposito giudizio per accertarli [8]), i rimborsi effettuati dalla società sono automaticamente *inefficaci*, l'unico presupposto dell'inefficacia essendo rappresentato dal compimento dell'atto nel periodo sospetto, in questo caso dato dall'*anno* anteriore alla domanda di apertura della liquidazione giudiziale (più, al solito, il periodo intercorrente fra la data della domanda e quella della sentenza di apertura della procedura).

La seconda conseguenza è questa. In passato si era ritenuto possibile "integrare" il meccanismo revocatorio previsto, allora, dall'art. 2467 c.c. con quello previsto, allora, dall'art. 65 l. fall., pervenendo alla conclusione che i rimborsi effettuati dalla società ai soci fra il 13° ed il 24° mese dalla dichiarazione di fallimento avrebbero potuto essere dichiarati inefficaci ai sensi appunto dell'art. 65 [9]. L'opinione era fortemente discutibile. Comunque, il nuovo quadro normativo rende questa "integrazione" inammissibile: per la semplice ragione che si porrebbe in contrasto con la inequivoca scelta del nuovo legislatore nel senso di mantenere, per i particolari pagamenti anticipati che qui interessano, il limite dell'anno quanto al periodo sospetto.

4. – L'art. 2497-*quinquies* c.c. estende ai finanziamenti effettuati a favore della società da chi esercita attività di direzione e coordinamento nei suoi confronti o da altri soggetti

[6] V., per tutti, SANDULLI, *Art. 65*, 906.

[7] L'art. 383 d.lgs. n. 14 del 2019 stabilisce: «*All'art. 2467, comma 1 del codice civile sono soppresse le parole "e, se avvenuto nell'anno precedente la dichiarazione di fallimento della società, deve essere restituito"*».

[8] Apposito giudizio nel quale, ovviamente, potrà trovare spazio la importante questione relativa all'applicabilità della particolare disciplina dei finanziamenti "anomali" dei soci anche alle società per azioni non appartenenti a gruppi: questione da risolvere (anche a parere di chi scrive: v. NIGRO, VATTERMOLI, *Diritto della crisi*, 382) in senso positivo.

[9] V. SANDULLI, *Art. 65*, 906; CAVALLINI, ARMELI, *Art. 65*, 103 s.

ad essa sottoposti l'art. 2467. L'estensione ha riguardato all'origine l'intero art. 2467, comprensivo quindi anche della regola relativa al rimborso dei finanziamenti "anomali" effettuati nell'anno anteriore alla dichiarazione di fallimento della società finanziata. Una volta spostata quest'ultima regola nel Codice, anche l'estensione di essa ai finanziamenti infragruppo doveva inevitabilmente trovare posto nello stesso Codice. L'art. 2497-*quinquies* è rimasto formalmente immutato, ma la sua portata risulta ristretta all'attuale ambito dell'art. 2467.

Articolo 165

Azione revocatoria ordinaria

1. Il curatore può domandare che siano dichiarati inefficaci gli atti compiuti dal debitore in pregiudizio dei creditori, secondo le norme del codice civile.

2. L'azione si propone dinanzi al tribunale competente ai sensi dell'articolo 27 sia in confronto del contraente immediato, sia in confronto dei suoi aventi causa nei casi in cui sia proponibile contro costoro.

Massimo Proto e Riccardo Alfonsi

1. – La disposizione in esame consente al curatore di chiedere – al tribunale competente per i procedimenti di regolazione della crisi o dell'insolvenza – di dichiarare inefficaci, secondo la disciplina della revocatoria ordinaria prevista agli artt. 2901 ss. c.c., gli atti compiuti dal debitore in pregiudizio dei creditori.

L'art. 165 riproduce quasi integralmente il contenuto del 'vecchio' art. 66 l. fall., riprendendone alla lettera la formulazione, con l'unica variazione costituita dalla sostituzione – al comma 2 – del richiamo al «*tribunale fallimentare*» con quello al «*tribunale competente ai sensi dell'art. 27*»[1]. L'intervento riformatore appare marginale, e inidoneo a risolvere dubbi e incertezze affiorati nel vigore della precedente disciplina; dubbi e incertezze destinati dunque a riproporsi con il nuovo Codice[2].

2. – L'azione revocatoria ordinaria (o *actio pauliana*) è uno strumento finalizzato a tutelare l'affidamento posto dal creditore sulla garanzia patrimoniale generica del debitore.

Tale azione, tuttavia, non assegna un beneficio diretto al creditore; non gli consente,

---

[1] In particolare, il comma 2 dell'art. 66 l. fall. prevedeva che «*L'azione si propone dinanzi al tribunale fallimentare, sia in confronto del contraente immediato, sia in confronto dei suoi aventi causa nei casi in cui sia proponibile contro costoro*». La variazione contenuta nella nuova formulazione dell'articolo è coerente con la scelta, espressa all'art. 2, comma 1, lett. *a*), l. n. 155 del 2017, di sostituire il lemma «*fallimento*» e suoi derivati.

[2] Fabiani, *L'azione revocatoria*, 1421; Picciau, *L'azione revocatoria*, 1171.

cioè, di recuperare i beni dei quali il debitore abbia disposto. Piuttosto, essa legittima il creditore ad aggredire tali beni in via esecutiva una volta ottenuta la dichiarazione di inefficacia, nei suoi confronti, dei relativi atti di disposizione [3]. L'esercizio dell'*actio pauliana* non rende invalidi né inefficaci *erga omnes* gli atti dispositivi contro i quali si dirige, ma incide soltanto sulla loro efficacia nei confronti del creditore revocante, rendendoli a lui inopponibili [4].

Il comma 1 dell'art. 165 dispone che, aperta la liquidazione giudiziale, l'azione revocatoria ordinaria possa essere esercitata esclusivamente dal curatore [5], sul quale grava l'onere di dimostrare l'esistenza dei relativi presupposti [6]. La modificazione della legittimazione attiva non altera però i requisiti sostanziali della revocatoria, che restano quelli previsti dalle «*norme del codice civile*», anche se – inquadrata nell'ambito della liquidazione giudiziale – l'azione dispiega i propri effetti in favore della intera massa dei creditori e non solo di colui che agisca in revocatoria [7].

L'azione revocatoria presuppone quindi, anche nella liquidazione giudiziale, la sussistenza di: *(i)* un atto di disposizione, relativo al patrimonio debitorio, il quale abbia per oggetto il trasferimento – a titolo oneroso o gratuito [8] – di un diritto ovvero l'assunzione di un'obbligazione o di una garanzia in favore di un terzo (con la precisazione, offerta dal comma 3 dell'art. 2901 c.c., che non è revocabile l'adempimento di un debito scaduto) [9]; *(ii)* una lesione della garanzia patrimoniale generica del debitore (*eventus damni*), essendo necessario che l'atto dispositivo abbia reso impossibile o comunque più difficile il soddisfacimento delle pretese dei creditori [10]; *(iii)* la conoscenza, da parte del debitore, di recare pregiudizio alle ragioni dei creditori (*scientia damni*) e, in caso di disposizione a titolo oneroso, la consapevolezza, in capo al terzo, di tale pregiudizio (*participatio fraudis*). Nell'ipotesi in cui la revocatoria abbia per oggetto atti anteriori al sorgere del credito, occorre

---

[3] La sentenza che accoglie la domanda revocatoria ordinaria ha natura costitutiva, in quanto modifica una situazione giuridica preesistente, privando di effetti – nei confronti di colui che abbia agito in revocatoria – atti che avevano già conseguito piena efficacia: Cass., SS.UU., 24 giugno 2020, n. 12476, in *Fallimento*, 2020, 1526 ss.; Cass., SS.UU., 23 novembre 2018, n. 30416, in *Fallimento*, 2019, 321 ss. In senso contrario ROLFI, *Art. 165*, 758, secondo il quale l'azione avrebbe natura dichiarativa.

[4] NICOLÒ, *Azione revocatoria*, 188.

[5] La dottrina evidenzia la natura residuale dell'azione revocatoria ordinaria nella liquidazione giudiziale, che troverebbe applicazione soltanto ove difettino i presupposti della revocatoria concorsuale: cfr., in questo senso, CECCHELLA, *Il diritto*, 283-4; RONCO, *Gli effetti*, 1171; DI AMATO, *Diritto della crisi*, 160.

[6] PATTI, *Art. 66*, 892.

[7] Il principio è consolidato: v., di recente, Cass., 22 novembre 2021, n. 36033.

[8] Per gli atti a titolo gratuito, peraltro, appare più agevole il ricorso all'art. 163 c.c.i.

[9] Cfr. PATTI, *Art. 66*, 891; VALERIO, *Art. 66*, 290; RONCO, *Gli effetti*, 1169).

[10] La Suprema Corte reputa che il curatore deve, a tal fine, dimostrare: *a)* la consistenza del credito vantato dai creditori ammessi al passivo nei confronti del fallito; *b)* la preesistenza delle ragioni creditorie rispetto al compimento dell'atto dispositivo; *c)* il mutamento quantitativo o qualitativo del patrimonio del debitore per effetto di tale atto (Cass., 6 febbraio 2015, n. 2253, in *Fallimento*, 2016, 322 ss.; Cass., 31 ottobre 2008, n. 26331, in *Fallimento*, 2009, 619 ss.). L'azione revocatoria ordinaria, secondo un orientamento di dottrina, avrebbe carattere 'indennitario', poiché l'atto dispositivo può essere revocato soltanto quando esso rechi un pregiudizio alle ragioni del creditore: cfr., in questo senso, AULETTA, *La revocatoria civile*, 497; BETTI, *Teoria generale*, 473; FABIANI, *Il diritto*, 195.

invece dimostrare che l'atto dispositivo era dolosamente preordinato dal debitore al fine di pregiudicare il soddisfacimento delle ragioni dei creditori, nonché – se l'atto è a titolo oneroso – la partecipazione del terzo a tale dolosa preordinazione.

Ai sensi dell'art. 2903 c.c., l'azione si prescrive in cinque anni dalla data dell'atto dispositivo. Il termine di prescrizione quinquennale dell'azione è pleonasticamente confermato dall'art. 170, il quale dispone altresì che la revocatoria non può comunque essere promossa decorsi tre anni dall'apertura della liquidazione giudiziale [11].

3. – Uno dei temi più delicati posti dalla disposizione in commento – sulla linea del precedente art. 66 l. fall. – riguarda le sorti dell'azione revocatoria introdotta individualmente dai creditori dell'imprenditore soggetto a liquidazione giudiziale quando questi era *in bonis*.

Secondo un orientamento [12], a seguito dell'apertura della liquidazione giudiziale, il creditore originario perderebbe la propria legittimazione attiva, che passerebbe in via esclusiva al curatore, il quale potrebbe riassumere il giudizio revocatorio interrotto per effetto dell'apertura della liquidazione giudiziale [13] ovvero proporre *ex novo* l'azione. Una diversa tesi reputa che, in tale ipotesi, avrebbe luogo una legittimazione concorrente del curatore e dei singoli creditori, ponendosi l'azione promossa da questi ultimi e quella esperita dal curatore in rapporto di continenza, posto che – secondo la suggestiva immagine proposta dalla dottrina processualcivilistica – l'azione revocatoria esercitata dal curatore consiste nella «peculiare aggregazione unitaria in un fascio di una preesistente gamma di poteri revocatorii individuali» [14].

È, invece, pacifico che la sopravvenuta chiusura della procedura concorsuale comporti la cessazione della materia del contendere in ordine all'azione revocatoria ordinaria esperita dal curatore; con la conseguenza che i singoli creditori dell'imprenditore potranno nuovamente esercitare l'azione revocatoria individuale [15].

4. – Il comma 2 dell'art. 165 prevede infine la possibilità, per il curatore, di proporre l'azione revocatoria non solo nei confronti dell'avente causa del debitore ma anche nei confronti dei relativi subacquirenti, nei limiti in cui ciò è consentito dall'art. 2901, comma 4, c.c. Per agire nei confronti del terzo subacquirente – con la c.d. 'revocatoria a cascata' [16] – il curatore deve, dapprima, ottenere l'accertamento dell'inefficacia relativa all'atto

---

[11] In tal senso, già PATTI, *Art. 66*, 892. Diversamente opina FAUCEGLIA, *Il nuovo diritto*, 131, secondo il quale l'azione revocatoria ordinaria sarebbe soggetta al solo termine prescrizionale previsto dal codice civile e non anche a quello di decadenza triennale stabilito dall'art. 170.

[12] Cass., SS.UU., 17 dicembre 2008, n. 29420, in *Giur. it.*, 2009, 1430 ss.

[13] È tuttavia controverso se la prosecuzione dell'azione da parte del curatore comporti il trasferimento della medesima innanzi al tribunale competente ai sensi dell'art. 27 (RONCO, *Gli effetti*, 1173). L'opinione dominante ritiene che, in questi casi, prevalga sul principio della *perpetuatio iurisdictionis* la *vis attrattiva* del foro competente per la regolazione della crisi o dell'insolvenza di cui all'art. 27 (v. RAGUSA MAGGIORE, *Contributo alla teoria*, 218; SATTA, *Diritto fallimentare*, 260).

[14] CONSOLO, *La revocatoria ordinaria*, 425.

[15] In questo senso, Cass., 4 maggio 2017, n. 10903, in *Fallimento*, 2017, 1167 ss.

[16] PATTI, *Art. 66*, 895; LIMITONE, *Art. 66*, 825.

concluso tra il debitore e il suo avente causa[17]; e, qualora si tratti di atto a titolo oneroso, dimostrare la mala fede del subacquirente, vale a dire la consapevolezza, in capo a quest'ultimo, circa la revocabilità dell'atto di acquisto compiuto dal suo dante causa[18].

[17] Patti, *Art. 66*, 895.

[18] In questo senso, v. Cass., 23 dicembre 2009, in *Fallimento*, 2010, 870 ss. e, di recente, Trib. Vicenza, 29 novembre 2019, n. 2478, in *ilcaso.it*. Resta fermo che, ai sensi dell'art. 2901, comma 4 c.c., l'inefficacia dell'atto non pregiudica i terzi di buona fede che abbiano acquistato a titolo oneroso, fatti salvi gli effetti della trascrizione della domanda di revocazione.

Articolo 166

Atti a titolo oneroso, pagamenti, garanzie

1. Sono revocati, salvo che l'altra parte provi che non conosceva lo stato d'insolvenza del debitore:

a) gli atti a titolo oneroso in cui le prestazioni eseguite o le obbligazioni assunte dal debitore sorpassano di oltre un quarto ciò che a lui è stato dato o promesso, se compiuti dopo il deposito della domanda cui è seguita l'apertura della liquidazione giudiziale o nell'anno anteriore;

b) gli atti estintivi di debiti pecuniari scaduti ed esigibili non effettuati con danaro o con altri mezzi normali di pagamento, se compiuti dopo il deposito della domanda cui è seguita l'apertura della liquidazione giudiziale o nell'anno anteriore;

c) i pegni, le anticresi e le ipoteche volontarie costituiti dopo il deposito della domanda cui è seguita l'apertura della liquidazione giudiziale o nell'anno anteriore per debiti preesistenti non scaduti;

d) i pegni, le anticresi e le ipoteche giudiziali o volontarie costituiti dopo il deposito della domanda cui è seguita l'apertura della liquidazione giudiziale o nei sei mesi anteriori per debiti scaduti.

2. Sono altresì revocati, se il curatore prova che l'altra parte conosceva lo stato d'insolvenza del debitore, i pagamenti di debiti liquidi ed esigibili, gli atti a titolo oneroso e quelli costitutivi di un diritto di prelazione per debiti, anche di terzi, contestualmente creati, se compiuti dal debitore dopo il deposito della domanda cui è seguita l'apertura della liquidazione giudiziale o nei sei mesi anteriori.

3. Non sono soggetti all'azione revocatoria:

a) i pagamenti di beni e servizi effettuati nell'esercizio dell'attività d'impresa nei termini d'uso;

b) le rimesse effettuate su un conto corrente bancario che non hanno ridotto in maniera durevole l'esposizione del debitore nei confronti della banca;

c) le vendite e i preliminari di vendita trascritti ai sensi dell'articolo 2645-bis del codice civile, i cui effetti non siano cessati ai sensi del comma terzo della suddetta disposizione, conclusi a giusto prezzo e aventi ad oggetto immobili ad uso abitativo, destinati a costituire l'abitazione principale dell'acquirente o di suoi parenti e affini entro il terzo grado, ovvero immobili ad uso non abitativo destinati a costituire la sede principale dell'attività d'impresa dell'acquirente, purché alla data dell'apertura della liquidazione giudiziale tale attività sia effettivamente esercitata ovvero siano stati compiuti investimenti per darvi inizio;

d) gli atti, i pagamenti effettuati e le garanzie concesse su beni del debitore posti in essere in esecuzione del piano attestato di cui all'articolo 56 o di cui all'articolo 284 e in esso indicati. L'esclusione non opera in caso di dolo o colpa grave dell'attestatore o di dolo o colpa grave del debitore, quando il creditore ne era a conoscenza al momento del compimento dell'atto, del pagamento o della costituzione della garanzia. L'esclusione opera anche con riguardo all'azione revocatoria ordinaria;

e) gli atti, i pagamenti e le garanzie su beni del debitore posti in essere in esecuzione del concordato preventivo, del piano di ristrutturazione di cui all'articolo 64-bis omologato e dell'accordo di ristrutturazione omologato e in essi indicati, nonché gli atti, i pagamenti e le garanzie legalmente posti in essere dal debitore dopo il deposito della domanda di accesso al concordato preventivo o all'accordo di ristrutturazione. L'esclusione opera anche con riguardo all'azione revocatoria ordinaria;

f) i pagamenti eseguiti dal debitore a titolo di corrispettivo di prestazioni di lavoro effettuate da suoi dipendenti o altri suoi collaboratori, anche non subordinati;

g) i pagamenti di debiti liquidi ed esigibili eseguiti dal debitore alla scadenza per ottenere la prestazione di servizi strumentali all'accesso agli strumenti di regolazione della crisi e dell'insolvenza e alle procedure di insolvenza previsti dal presente codice.

4. Le disposizioni di questo articolo non si applicano all'istituto di emissione, alle operazioni di credito su pegno e di credito fondiario; sono salve le disposizioni delle leggi speciali.

Alessandro Nigro

Sommario: 1. Premessa. – 2. La revocatoria degli atti a titolo oneroso: profili generali. – 3. (*Segue*): i profili problematici. – 4. Le esenzioni.

1. – L'art. 166 riproduce sostanzialmente l'art. 67 l. fall., con alcune modifiche. La modifica più rilevante è, naturalmente quella concernente la data dalla quale computare a ritroso il c.d. periodo sospetto, che viene stabilita, non più nella data di pubblicazione della sentenza di apertura della liquidazione giudiziale (un tempo: fallimento), bensì nella data di presentazione della domanda alla quale è seguita l'apertura di quella procedura. Tale modifica è comune alle altre disposizioni in materia di revocatoria concorsuale (a cominciare dagli artt. 163 e 164). Essa però – traducendosi, come si è avuto occasione di sottolineare nel commento all'art. 164, in un doppio "vantaggio", dal momento che il periodo sospetto, da un lato, non è più eroso dal lasso di tempo occorrente per l'istruttoria preliquidazione e, dall'altro, si *allunga* in misura corrispondente a quel lasso di tempo – assume particolare importanza proprio con riferimento alla revocatoria degli atti a titolo oneroso, la cui disciplina era stata fortemente innovata nell'ambito della riforma del 2005-2007, con la drastica riduzione del periodo sospetto, portato da due anni ad un anno per i cc.dd. *atti anormali* e da un anno a sei mesi per i cc.dd. *atti normali*[1]; e, rispetto a tale di-

[1] Una drastica riduzione che rischiava, in particolare per gli atti normali, di nullificare in concreto lo strumento revocatorio: il termine di sei mesi avrebbe potuto infatti essere "consumato" pressoché interamente dai tempi della istruttoria prefallimentare che la stessa riforma aveva reso ancor più articolata e complessa rispetto al passato (sul punto v., fra gli altri, BONFATTI, *Gli effetti*, 171-172).

sciplina, finisce per risultare espressione di una logica, quella del *ripotenziamento* della revocatoria, opposta alla logica che aveva caratterizzato la suddetta riforma[2].

Di un qualche rilievo, però, sono anche i ritocchi apportati alla disciplina delle ipotesi di *esenzione* – ridenominata dal nuovo legislatore, non si comprende perché, *esclusione* – dei quali si dirà più avanti.

2. – Restano dunque sostanzialmente intatte le coordinate di fondo del regime disegnato dall'art. 67 l. fall., come rimodellato dalla riforma del 2005-2007.

E così, limitando per ora il discorso ai primi due commi, rimangono:

– la fondamentale distinzione, nell'ambito degli atti a titolo oneroso revocabili, fra gli atti elencati nel comma 1, che si usa qualificare come *atti anormali di gestione*, e gli atti elencati nel comma 2, che si usa qualificare come *atti normali di gestione*, con i relativi regimi di revocabilità;

– la regola secondo cui, per la revoca degli atti a titolo oneroso, a differenza di quanto si verifica per la revoca degli atti a titolo gratuito, è necessario promuovere una vera e propria *azione*, la cui legittimazione spetta in via esclusiva al curatore e devoluta alla competenza esclusiva del tribunale concorsuale;

– la previsione a base della revoca, accanto al compimento dell'atto nel c d. *periodo sospetto* – che, come già visto, è fissato in *un anno* per gli atti di cui al comma 1, nn. 1, 2 e 3, ed in *sei mesi* per gli atti di cui al comma 1, n. 4 ed al comma 2 – di *un solo* presupposto: la conoscenza da parte del terzo dello stato di insolvenza del debitore nel momento del compimento dell'atto, la c.d. *scientia decoctionis*; una conoscenza che è *presunta* – con presunzione semplice, superabile quindi con la prova contraria – con riguardo agli atti di cui al comma 1, mentre deve essere dimostrata dal curatore con riguardo agli atti di cui al comma 2;

– l'individuazione, nell'ambito dei cc.dd. *atti anormali di gestione* (art. 166, comma 1), di quattro categorie di atti caratterizzati da *anomalie* tali da potersi considerare giustificabili solo in presenza di uno stato di insolvenza del debitore e, quindi, *sintomatici* di tale stato: gli *atti a prestazioni sproporzionate* a danno del debitore (lett. *a*)); i *pagamenti con mezzi anormali* (lett. *b*)); le *garanzie per debiti preesistenti non scaduti* (lett. *c*)); le *garanzie per debiti preesistenti scaduti* (lett. *d*));

– quanto agli atti *normali di gestione* (art. 166, comma 2), la distinta menzione degli *atti a titolo oneroso*, dei *pagamenti* e delle *garanzie*.

3. – Dato quanto precede, sono evidentemente destinati a riproporsi tutti i problemi che il regime sinteticamente delineato prospettava.

A. Questo vale, innanzi tutto, per i non pochi nodi in punto di presupposti.

a. Un primo ordine di problemi riguarda proprio la nozione di *scientia decoctionis*. È sicuro che la *scientia decoctionis* debba, in via di principio, consistere nella conoscenza *effettiva*, non nella semplice *conoscibilità*[3]. La conoscenza però si concreta nella presenza

[2] Sulla quale logica v. NIGRO, VATTERMOLI, *Diritto della crisi*, 209.

[3] Affermazione di principio, ormai costantemente ripetuta dalla Suprema Corte: v., fra le tante, Cass., 31 agosto 2021, n. 23650, in *Rep. Foro it.*, 2021, *Fallimento*, n. 337; Cass., 9 febbraio 2021, n. 3056, in *Fallimento*, 2021.

nell'intelletto di una nozione, di un sapere: di tale presenza è ovviamente difficile dare una prova diretta; ancor più difficile è dare una prova diretta della *non conoscenza.* Questo ha portato a far considerare sufficiente anche la prova per *presunzioni* (purché gravi, precise e concordanti). Quindi, quanto alla prova della conoscenza, si ritiene che basti dare la dimostrazione di fatti o circostanze rivelatori dell'insolvenza e tali da determinare la conoscenza della stessa da parte di un soggetto di normale prudenza ed avvedutezza [4] (per esempio: la sussistenza di numerosi protesti cambiari, la pendenza di procedure esecutive singolari, ecc.) [5]. Quanto alla prova della non conoscenza, si ritiene che basti dare la dimostrazione della *mancanza* di fatti o circostanze del genere [6]. Con il che, ovviamente, si finisce con lo "scivolare" sul terreno della conoscibilità [7].

b. Un secondo ordine di problemi riguarda la sufficienza o meno del presupposto della conoscenza dello stato di insolvenza.

E così, innanzi tutto, si pone la questione se debba assumere o no autonomo rilievo anche il *danno*: ed è proprio qui che emergono le ambiguità di fondo del sistema, e che non sono state risolte dalla riforma del 2005 e tanto meno da quella del 2019, con la perdurante contrapposizione fra la tesi c.d. *indennitaria*, la quale quindi richiede, per la revoca, la sussistenza di un concreto pregiudizio in termini patrimoniali e la tesi c.d. *antiindennitaria*, per la quale, ai fini della revoca, non è necessaria la sussistenza di un concreto pregiudizio [8]. Ad avviso di chi scrive sembra da preferire la tesi indennitaria. La giurisprudenza sembra essersi ormai nettamente orientata verso la tesi antiindennitaria [9].

Si pone, poi, il problema se – in collegamento più o meno diretto con il presupposto della *scientia decoctionis* – possano o debbano assumere rilevanza anche il dato, per un verso, della effettiva sussistenza o no dello stato di insolvenza e, per altro verso, quello della qualità di imprenditore commerciale. Anche su questi punti le posizioni non sono unanimi [10]. Ad avviso di chi scrive la risposta deve essere affermativa per entrambi i profili: nel senso che il terzo può sottrarsi alla revoca non solo dimostrando che non conosceva lo stato di insolvenza (o contrastando la prova della conoscenza offerta dal curatore), ma anche dimostrando che al momento del compimento dell'atto il debitore non era in stato di in-

---

[4] La giurisprudenza tende a dare rilevanza anche alle qualità e capacità professionali del terzo: v. da ultimo Cass., 31 agosto 2021, n. 23650, cit.

[5] Affermazione, anche questa, costantemente ripetuta dalla Suprema Corte: v. le sentenze citate nella nt. 3.

[6] Per parte della giurisprudenza, peraltro, una simile dimostrazione non basterebbe; occorrerebbe dare la prova, in positivo, della sussistenza di circostanze tali da far ritenere ad una persona di ordinaria prudenza ed avvedutezza che l'imprenditore si trovi in una situazione di assoluta normalità: cfr., per esempio, Cass., 11 novembre 2013, n. 25284, in *Rep. Foro it.*, 2013, *Fallimento*, nn. 352, 372.

[7] Per condivisibili rilievi sul punto v. ora BONGIORNO, *Considerazioni critiche*, 403 ss.

[8] Sulle due posizioni v. TERRANOVA, *Effetti del fallimento*, I, 118 ss. e, più di recente, SANDULLI, *L'inefficacia*, 510 ss.: in entrambi tutti gli opportuni riferimenti.

[9] V. Cass., SS.UU., 28 marzo 2006, n. 7028, in *Foro it.*, 2006, I, 1718, la cui linea è stata confermata dalle pronunce successive (da ultimo, Cass., SS.UU., 16 febbraio 2022, n. 5049, in *Fallimento*, 2022, 773, con nota di Trentini).

[10] La giurisprudenza tende ad escludere la rilevanza della inesistenza sia dello stato di insolvenza (Cass., 11 novembre 2013, n. 25284, cit.), sia della qualità di imprenditore (Cass., 20 dicembre 2002, n. 18151, in *Giust. civ.*, 2003, I, 961). La dottrina è su posizioni opposte, almeno per quel che riguarda lo stato di insolvenza (BONFATTI, *Gli effetti*, 174; JORIO, *Gli effetti*, 410).

solvenza o che egli terzo non conosceva la qualità di imprenditore commerciale della sua controparte.

B. Con riferimento agli atti anormali di gestione, i nodi problematici di maggiore consistenza parrebbero essere tre: il criterio da adottare per la qualificazione come anormale del mezzo di pagamento; l'inclusione o meno fra le garanzie non contestuali revocabili di quelle per debiti altrui; la tassatività o meno dell'elenco dei tipi di garanzie.

In ordine al primo problema, va ricordato che è opinione comune, soprattutto nella giurisprudenza, che i pagamenti effettuati non con denaro o titoli di credito (assegni, cambiali) e quelli in cui il denaro entri in giuoco non come strumento di immediata e diretta estinzione di un debito ma in via mediata ed indiretta, come effetto di altre forme negoziali, costituiscano sempre pagamenti con mezzi anormali [11]. Sembra peraltro più corretta la tesi secondo la quale la normalità del mezzo di pagamento deve essere stabilita non in astratto ma *in concreto*, guardando alla prassi ed agli usi [12] (e così, per esempio, la cessione dei crediti o il mandato all'incasso possono considerarsi mezzo normale di pagamento se in quel certo settore o mercato li si utilizzi correntemente in funzione solutoria), restando poi irrilevante che il mezzo di pagamento sia stato previso fin dall'origine dai contraenti. In ordine al secondo problema, si tende a dare una risposta negativa [13]: e giustamente, perché il rilascio di una garanzia non contestuale per debiti altrui non potrebbe avere un valore sintomatico della propria insolvenza (se mai, di quella del debitore garantito); naturalmente, accogliendo questa linea resta da "allocare", in termini revocatori, una siffatta garanzia; ma non sembra problema insuperabile: se il debitore, per la prestazione di garanzia, ha ricevuto un compenso, si applicherà il comma 2; se non ha ricevuto alcun compenso, si applicherà l'art. 163 [14] (un tempo: 64). In ordine al terzo problema sembrerebbe doversi rispondere di no, con la conseguenza che potrebbero farsi rientrare nell'ambito di operatività dei nn. 3 e 4 del comma 1, per esempio, le cessioni di credito con funzione di garanzia, ecc. [15].

C. Con riferimento agli atti normali di gestione, va rilevato, innanzi tutto, che è essenzialmente con riguardo agli atti a titolo oneroso in genere che si è posto e si pone, in concreto, il problema del *pregiudizio*: accogliendo l'impostazione secondo la quale il danno rappresenta presupposto necessario ed è presunto *iuris tantum*, l'atto a titolo oneroso non

[11] Cass., 5 marzo 2007, n. 5057, in *Rep. Foro it.*, 2007, *Fallimento*, n. 513; Cass., 29 luglio 2005, n. 15955, *id.*, 2005, n. 440. In base a questa linea si tende a ritenere revocabili, per esempio le cessioni di crediti o i mandati all'incasso con funzione solutoria (Cass., 11 novembre 2013, n. 25284, cit.; in senso conforme, in dottrina, v. ora D'ATTORRE, *Manuale*, 253).

[12] In questo senso v., fra gli altri, FERRARA, BORGIOLI, *Il fallimento*, 447 ss. Per l'affermazione secondo cui non esistono in assoluto mezzi normali e mezzi anormali, essendo la normalità o l'anormalità delle caratteristiche che dipendono dalle pratiche commerciali in uso in un dato periodo di tempo e in una determinata zona di mercato v. anche Cass., 28 settembre 2021, n. 26241, in *Fallimento*, 2022, 280 (s. m.).

[13] BONFATTI, *Gli effetti*, 191.

[14] In senso conforme SANDULLI, *La crisi*, 103.

[15] In senso analogo BONFATTI, *Gli effetti*, 191, 215 s. È dubbio se possano essere soggetti a revoca ai sensi della norma in commento le ipoteche legali ed i privilegi (si tende correttamente ad escluderlo, trovando essi la loro fonte, appunto, nella legge). Sicuramente non rientrano nell'ambito di applicazione della disposizione le garanzie personali.

sarà revocabile, ad esempio, quando la contropartita esista ancora nel patrimonio del debitore o sia stata destinata ai creditori. Naturalmente è il terzo a dover dimostrare l'assenza di pregiudizio.

Un altro nodo problematico tocca la regola della revocabilità anche dei *pagamenti di debiti liquidi ed esigibili* e quindi dei pagamenti dovuti, che segna uno dei punti di maggior distacco rispetto alla revocatoria ordinaria. È vero che tale regola va riferita a *tutti* i tipi di pagamenti, sia volontari sia anche coattivi, sia per debiti propri e sia per debiti altrui[16]: ma resta dubbia la revocabilità dei pagamenti del *terzo*. L'opinione più diffusa – coerente con la teoria indennitaria – è comunque nel senso che il pagamento è revocabile solo se il terzo o ha già esercitato la rivalsa contro il debitore o ha pagato con denaro del medesimo[17].

4. – Veniamo alle *esenzioni* (o, per seguire la nuova terminologia adottata dal Codice, *esclusioni*).

A. Nella sua versione originaria l'art. 67, comma 3, l. fall. prevedeva alcune circoscritte esenzioni dalla revocatoria stabilendo che i commi precedenti non si applicassero «*all'istituto di emissione, agli istituti autorizzati a compiere operazioni di credito su pegno, limitatamente a queste operazioni, e agli istituti di credito fondiario*». Il d.l. del 2005, nel modificare la disciplina della revocatoria, aveva conservato, riformulandola, questa disposizione, divenuta il comma 4, ma soprattutto aveva inserito un nuovo comma 3 – nel tempo più volte ritoccato – con la previsione di sette categorie di esenzioni.

B. Il comma 3 dell'art. in commento riproduce sostanzialmente *telles quelles* le categorie di cui alle lett. *a*), riguardante i *pagamenti di beni e servizi*, lett. *c*), riguardante le *vendite e preliminari di vendite di immobili ad uso abitativo o destinati alla sede principale dell'attività di impresa* e lett. *f*), riguardante i *pagamenti a titolo di corrispettivo di prestazioni di lavoro*.

È stata invece modificata, ad opera del primo correttivo (d. lgs. n. 147 del 2020) la lett. *b*), riguardante le *rimesse su conto corrente*, con l'espunzione del requisito della "consistenza".

Sono state poi riformulate le previsioni di cui alla lett. *d*) ed alla lett. *e*), concernenti, l'una, «*gli atti, i pagamenti e le garanzie posti in essere in esecuzione del piano attestato*» e, l'altra, «*gli atti, i pagamenti e le garanzie posti in essere in esecuzione del concordato preventivo, del piano di ristrutturazione ex art. 64-bis omologato e dell'accordo di ristrutturazione omologato*», nonché «*gli atti, i pagamenti e le garanzie posti in essere legalmente dopo la domanda di accesso al concordato preventivo o all'accordo di ristrutturazione*»: le modifiche più rilevanti sono consistite nell'inserimento nella lett. *e*) – ad opera del secondo correttivo – della nuova figura del piano di ristrutturazione soggetto ad omologazione; nella precisazione secondo cui per godere dell'esenzione gli atti, i pagamenti e le garanzie debbono essere stati *indicati* nel piano attestato, nel concordato, nel piano omologato o nel-

---

[16] Su quest'ultimo tema v. per tutti BONFATTI, *Gli effetti*, 205 ss.

[17] Cfr. per tutti, in giurisprudenza, Cass., 1 marzo 2016, n. 6282, in *Rep. Foro it.*, 2016, *Fallimento*, n. 365; e, in dottrina, D'ATTORRE, *Manuale*, 254. Diversamente BONFATTI, *Gli effetti*, 200 ss., per il quale il pagamento del terzo sarebbe sempre irrevocabile.

l'accordo omologato e nella specificazione che in tutti questi casi l'esenzione opera anche con riguardo all'azione revocatoria ordinaria; con riferimento alla sola ipotesi degli atti, pagamenti, ecc. posti in essere in esecuzione del piano attestato si è stabilito inoltre che l'esclusione (esenzione) non opera in caso di dolo o colpa grave dell'attestatore o di dolo o colpa grave del debitore quando il creditore ne era a conoscenza al momento del compimento dell'atto, ecc.

Infine, la previsione della lett. *g*) è stata anch'essa riformulata: riguarda ora il pagamento di debiti liquidi ed esigibili eseguito alla scadenza per la prestazione di servizi strumentali all'accesso non più soltanto al concordato preventivo, bensì in genere – secondo la nuova terminologia introdotta dal decreto correttivo del 2022 – agli «strumenti di regolazione della crisi e dell'insolvenza» ed alle «procedure di insolvenza» previsti dal Codice.

C. Le previsioni del comma 3 hanno fin da subito prospettato una nutrita serie di nodi problematici, sia a livello generale sia con riguardo alle singole ipotesi.

Molti dei nodi problematici a livello generale sono destinati a riproporsi. Così, resta la difficoltà di ricondurre ad unità le diverse figure di esenzione, che appaiono il frutto di una valutazione caso per caso della *meritevolezza* in punto di sottrazione alla revocatoria. Così, resta, data l'eterogeneità delle figure di esenzione e delle rispettive *rationes*, tutt'altro che facile la soluzione del problema della scelta della regola da applicare nel caso in cui la fattispecie concreta presenti caratteri che potrebbero farla ricondurre in più di una delle ipotesi di esenzione (per esempio, nel caso di rimesse in conto corrente che risultino effettuate in esecuzione di un accordo di ristrutturazione, si dovrà applicare la regola posta dalla lett. *b*), che disciplina specificamente la sorte delle rimesse o quella posta dalla lett. *d*), che riguarda gli atti compiuti in esecuzione, appunto, di accordi?). Comunque, almeno uno dei nodi problematici a livello generale sembra potersi ritenere risolto dalla nuova normativa: quello dell'*ambito di applicabilità* delle esenzioni. Nel vigore della legge fallimentare si discuteva se tale ambito – anche in relazione allo stretto rapporto esistente fra le previsioni del comma 3 e la disciplina dei primi due commi: rapporto da costruire in termini di eccezioni rispetto alla regola – andasse rigorosamente mantenuto entro i confini dell'art. 67 [18] o potesse essere esteso agli atti di cui all'art. 64 ed all'art. 65 e alla revocatoria ordinaria [19]. Alla luce della nuova formulazione delle previsioni di cui alla lett. *d*) ed alla lett. *e*), con l'esplicita precisazione, in entrambe, che l'esenzione (esclusione) da esse contemplate opera anche con riguardo all'azione revocatoria ordinaria, la risposta – sulla base di elementari criteri ermeneutici – sembra dover essere nel senso che l'estensione delle esenzioni oltre i confini dell'art. 166 è possibile solo là dove espressamente prevista: quindi non agli atti di cui agli attuali art. 163 e 164 e non alla revocatoria ordinaria, salvo che per gli atti di cui, appunto, alle lett. *d*) ed *e*).

Quanto ai nodi problematici concernenti le singole figure.

Tali nodi restano immutati con riguardo, in particolare, alle previsioni di cui alla lett. *a*) ed alla lett. *b*).

---

[18] Così chi scrive in NIGRO, VATTERMOLI, *Diritto della crisi* [2017], 174; ma v. anche PORZIO, *Effetti del fallimento*, 358.

[19] In questo senso BONFATTI, *Gli effetti*, 254 ss.; e (con riferimento alla revocatoria ordinaria) GUGLIELMUCCI, *Diritto fallimentare*, 161 ss.

La prima continua a prospettare incertezze soprattutto in ordine al significato da attribuire all'espressione (inusuale nel nostro ordinamento) «*termini d'uso*». Sembra a chi scrive, comunque, da confermare l'opinione secondo cui l'espressione «*termini d'uso*» sia da intendere nel senso di termini (modi e tempi) del pagamento utilizzati abitualmente fra quei contraenti o, in assenza di prassi consolidate in quel contesto, utilizzati abitualmente nel settore di appartenenza[20]. Secondo cui, in altre parole, l'esenzione riguardi i pagamenti effettuati dall'imprenditore nell'esercizio dell'attività di impresa[21] (ivi inclusa quella svolta in fase di liquidazione, che è e resta attività di impresa[22]) che siano caratterizzati da assoluta *regolarità*[23], vuoi quanto a *modo* (quindi restano revocabili, ai sensi del comma 1, n. 2 dell'articolo in commento, i pagamenti effettuati con mezzi anormali anche se senza ritardo) vuoi quanto a *tempo* (quindi restano revocabili, ai sensi del comma 2 dell'articolo in commento, i pagamenti effettuati con mezzi normali, ma in ritardo, così come, d'altra parte, restano revocabili ai sensi del comma 1 i pagamenti anticipati).

Per la seconda previsione, rimangono i due nodi centrali. Innanzi tutto, quello relativo al significato ed alla portata da attribuire all'espressione «*hanno ridotto in maniera durevole l'esposizione del debitore nei confronti della banca*»: la genericità e la ambiguità del termine impiegato ("durevole") – sul quale il nuovo legislatore (che invece si è limitato ad espungere l'altro termine, "consistente", presente nella formulazione originaria ed ancora più ambiguo, per non dire inafferrabile[24]) ben avrebbe potuto intervenire – tuttora non consente di dare risposte sicure, come dimostrano le variegate e talvolta "stravaganti", ma sempre insoddisfacenti, linee ricostruttive elaborate finora in particolare dalla giurisprudenza[25]. E, poi, quello relativo al rapporto fra la disposizione che qui ne occupa e l'attuale art. 171, comma 3 (un tempo art. 70, comma 3)[26]: due disposizioni ispirate a logiche pa-

[20] La giurisprudenza invece – a partire dalla sentenza SS.UU. 7 dicembre 2016, n. 25162, in *Fallimento*, 2017, 569, con nota di Trentini – si è orientata a dare rilevanza solo alle modalità di pagamento proprie del rapporto fra le parti, quindi alle prassi consolidate fra le medesime o, in mancanza, alle condizioni contrattuali pattuite nel caso concreto (v., da ultimo, Cass., 1 dicembre 2021, n. 2657, in *Giur. it.*, 2021, 2657, con nota di Cagnasso).

[21] Restano quindi esclusi sia i pagamenti effettuati in relazione a rapporti personali dell'imprenditore (JORIO, *Gli effetti*, 424) sia i pagamenti effettuati da terzi (diversamente JORIO, *Gli effetti*, 424). Secondo una certa opinione sarebbero esclusi anche i pagamenti effettuati a fronte di atti estranei all'oggetto sociale (JORIO, *Gli effetti*, 424, ove ulteriori riferimenti): in realtà, quello che rileva ai fini della disposizione che stiamo commentando è solo la pertinenza dell'atto all'esercizio dell'impresa considerato nel suo fattuale svolgersi; il limite dell'oggetto sociale (predicabile, ovviamente, solo con riferimento alle società) giuoca su piani completamente diversi.

[22] Diversamente BONFATTI, *Gli effetti*, 259; e, in giurisprudenza, Trib. Napoli, 17 maggio 2014, in *Dir. fall.*, 2015, II, 56, con nota di Santagata.

[23] V. anche BONFATTI, *Gli effetti*, 269.

[24] Su questa modifica v. DI MARTINO, *La nuova revocatoria*, 879.

[25] Come, per esempio, la strana idea secondo cui l'individuazione (sia un tempo della "consistenza" sia) della "durevolezza" non possa essere affidata a criteri assoluti, ma debba essere relativizzata in considerazione delle caratteristiche del caso concreto, con l'utilizzazione quindi di parametri percentuali o di parametri temporali, volta a volta determinati dal giudice: idee e costruzioni che risultano prive di qualsiasi appiglio normativo e nascono e si sviluppano nel segno della più totale *arbitrarietà*: in argomento sia consentito rinviare a NIGRO, *La revocatoria fallimentare*, 103 ss.; v. anche TERRANOVA, *Ancora sulla revoca*, 509 ss. Per la giurisprudenza più recente in materia v. la rassegna in *Giur. banc.*, n. 25 (2018-2020), Milano, 2021, 263 ss.

[26] Per il quale «*Qualora la revoca abbia ad oggetto atti estintivi di posizioni passive derivanti da rapporti di*

lesemente diverse ed il cui coordinamento risulta tutt'altro che agevole[27].

Tralasciando di toccare le previsioni di cui alla lett. *c*) ed alle lett. *g*) ed *f*) – che non hanno mai prospettato consistenti difficoltà interpretative – resta da dire delle previsioni di cui alle lett. *d*) ed *e*).

La riformulazione della lett. *d*), da un lato, ha portato a ridurne all'essenziale il contenuto, che ormai riguarda solo gli atti, pagamenti, ecc. compiuti in esecuzione del piano attestato, e non più il piano in quanto tale e l'attestazione in quanto tale, che sono oggetto di diversa disposizione (l'art. 56); e, dall'altro, ha risolto espressamente il problema del collegamento fra le previsioni del piano ed i singoli atti o pagamenti o garanzie, essendosi precisato – sulla scia di quanto ritenuto in dottrina[28] – che l'esenzione opera solo per gli atti, pagamenti, ecc. «*in esso indicati*». Rimane comunque un altro problema, quello della necessità o meno che il terzo nei cui confronti l'atto è compiuto *sappia* che tale atto si inserisce in un piano di risanamento e, quindi, *conosca* detto piano. La norma non ne fa cenno: ma la risposta affermativa potrebbe fornire una spiegazione razionale di questa fattispecie di esonero (tutelare l'affidamento riposto dal terzo nel successo del piano) e potrebbe trovare un appiglio testuale nel termine "appaia" (è al terzo, appunto, che il piano deve "apparire" idoneo a consentire il risanamento). Sempre con riferimento alla stessa figura di esenzione, la nuova precisazione secondo cui essa esenzione non opera nell'ipotesi di dolo o colpa grave dell'attestatore o del debitore, di cui il creditore fosse a conoscenza al momento dell'atto sembra da intendere – alla luce del dibattito sviluppatosi in ordina alla possibilità di un controllo *ex post* della idoneità del piano a consentire il risanamento – nel senso che, in sede di verifica *ex post*, nell'ambito del giudizio revocatorio, della sussistenza dei presupposti dell'esenzione, il giudice possa escludere l'idoneità del piano a fornire la base per l'esenzione solo nel caso in cui si dimostri appunto il dolo o la colpa grave del debitore, nel predisporre il piano, o dell'attestatore, nell'attestarne la fattibilità economica, e la conoscenza di questo dolo o colpa grave da parte del creditore (e, più in generale, del terzo).

La riformulazione della lett. *e*), da un lato, ha risolto, anche qui, il problema del collegamento fra le previsioni del concordato, dell'accordo e ora anche del piano di ristrutturazione omologato ed i singoli atti o pagamenti o garanzie compiuti in esecuzione dei medesimi[29], essendosi ugualmente precisato che l'esenzione opera solo per gli atti, pagamenti,

conto corrente bancario…, il terzo deve restituire una somma pari alla differenza tra l'ammontare massimo raggiunto dalle sue pretese nel periodo per il quale è provata la conoscenza dello stato di insolvenza e l'ammontare residuo delle stesse, alla data in cui si è aperto il concorso».

[27] L'unica ricostruzione che risponda a criteri di ragionevolezza sembrerebbe essere quella che affida all'art. 70, oggi 171, la funzione di delimitare l'ambito di operatività della revocatoria delle rimesse, circoscrivendo l'obbligazione restitutoria all'importo dato da quella "differenza" (ricostruzione accolta da ultimo anche dalla Cassazione: sentenza 9 gennaio 2019, n. 277, in *Fallimento*, 2019, 781, con nota di Falcone; analogamente D'ATTORRE, *Manuale*, 257). Però, come già detto altrove (NIGRO, *La revocatoria fallimentare*, 108), si tratta di una ricostruzione che solleva non poche perplessità (in particolare, si traduce in una autentica forzatura della lettera dell'art. 70, oggi 171, che assume la differenza in questione non come limite massimo delle rimesse revocabili, ma come importo in assoluto di quelle rimesse).

[28] V. NIGRO, VATTERMOLI, *Diritto della crisi* [2017], 173.

[29] Secondo D'ATTORRE, *Manuale*, 257, l'esenzione dovrebbe valere anche per gli atti compiuti in esecuzione del concordato semplificato di liquidazione, di cui all'art. 25-*sexies*.

ecc. «*in essi indicati*»; e, dall'altro, ha portato ad una estensione – in relazione alla nuova disciplina della fase "unitaria" di accesso alle procedure di regolazione – dell'area di applicazione dell'esenzione per gli atti compiuti dopo la domanda e prima dell'omologazione, area che comprende oggi anche gli atti compiuti dopo la domanda di accesso all'omologazione degli accordi di ristrutturazione (non, però, agli atti compiuti dopo la domanda di accesso al piano di ristrutturazione di cui all'art. 64-*bis*, menzionato solo nella prima parte e non anche nella seconda parte della disposizione).

Va segnalato che alle esenzioni fin qui considerate va aggiunta quella contemplata nell'art. 24, in materia di composizione negoziata della crisi, il cui comma 2 stabilisce: «*Non sono soggetti all'azione revocatoria di cui all'art. 166, comma 2, gli atti, i pagamenti e le garanzie posti in essere dall'imprenditore nel periodo successivo all'accettazione dell'incarico da parte dell'esperto, purché coerenti con l'andamento e lo stato delle trattative e con le prospettive di risanamento esistenti al momento in cui sono stati compiuti*»: per l'analisi di questa disposizione – che riecheggia quella della lett. *d*) di cui si è trattato prima, letta in connessione con l'art. 56 – v. *retro*, *sub* art. 24.

D. L'ultimo comma del nuovo art. 166 riproduce pedissequamente l'ultimo comma dell'art. 67 l. fall. Si ripropone quindi il problema relativo all'ambito di applicazione dell'esenzione per le "operazioni di credito su pegno": in passato, si riteneva, in relazione alla formulazione letterale della norma allora vigente, che faceva espresso riferimento agli «*istituti autorizzati a compiere operazioni di credito su pegno*», che l'esenzione da revocatoria dovesse riferirsi esclusivamente alle banche espressamente autorizzate a concedere prestiti su pegno e svolgenti tale attività in modo istituzionale e con apposita organizzazione, risultando allora inapplicabile alla generalità delle banche in relazione ad anticipazioni o aperture di credito garantite da pegno [30]; oggi, la diversa e generica dizione della norma non rende agevole mantenere circoscritta l'esenzione alle sole operazioni di piccolo prestito pignoratizio [31]. Minori problemi pone l'esenzione per le operazioni di credito fondiario, che trovano una specifica disciplina nel TUB, dove sono contemplate le esenzioni per l'ipoteca e i pagamenti (art. 39).

Nell'ultima parte il comma 4 fa salve le disposizioni delle leggi speciali, là dove stabiliscono esenzioni da revocatoria o regimi revocatori particolari. Quanto alle esenzioni, basterà qui ricordare quelle previste in materia di riscossione dei tributi [32] e dei contributi previdenziali [33], quella introdotta in relazione alla crisi dell'Alitalia [34] e quella, recentissima, prevista dall'art. 24, d.l. n. 34 del 2020, conv. dalla l. n. 77 del 2020, con cui è stata autorizzata la costituzione, da parte della Cassa Depositi e Prestiti di un *patrimonio destinato*

---

[30] V. per tutte Cass., 18 novembre 1998, n. 11606, in *Fallimento*, 1999, 1096.

[31] Così invece, facendo leva anche sulla *ratio* della disposizione, GUGLIELMUCCI, *Diritto fallimentare*, 156, nt. 8; BONFATTI, *Gli effetti*, 340.

[32] Art. 89, d.p.r. 29 settembre 1973, n. 602.

[33] Art. 116, comma 14, l. 23 dicembre 2000, n. 388.

[34] Il d.l. n. 80 del 2008, nel prevedere la concessione di un prestito ad Alitalia, aveva infatti stabilito, all'art. 1, comma 3, che tutti gli atti, i pagamenti e le garanzie posti in essere da Alitalia nel periodo intercorrente fra la data di entrata in vigore del decreto ed il termine fissato per la restituzione del prestito «*sono equiparati a quelli di cui al comma 3, lett. d) dell'art. 67 l. fall.*», «*per gli effetti previsti dalla medesima disposizione*». In argomento v. BONFATTI, *Gli effetti*, 363 s.

("Patrimonio Rilancio"[35]; quanto ai regimi revocatori speciali, quelli previsti nel quadro dell'amministrazione straordinaria delle grandi imprese insolventi con riguardo alle operazioni infragruppo[36]; quelli contemplati con riferimento a certe operazioni creditizie[37] e quelli previsti in tema di cessione di crediti di impresa, di operazioni di cartolarizzazione e di contratti di garanzia finanziaria *ex* d.lgs. 21 maggio 2004, n. 170[38].

[35] La disposizione prevede l'esenzione delle operazioni di impiego, delle garanzie concesse e degli atti e pagamenti effettuati da tale patrimonio dall'azione revocatoria ai sensi degli artt. 67 l. fall. e 166.

[36] In argomento v. NIGRO, VATTERMOLI, *Diritto della crisi*, 580 s.

[37] Come le operazioni di credito alle piccole e medie industrie ed alle imprese artigiane: in argomento v., per tutti, BONFATTI, *Gli effetti*, 351.

[38] In argomento v., per tutti, ancora BONFATTI, *Gli effetti*, 353 ss., 360 ss., ove gli opportuni riferimenti. Per un quadro complessivo delle esenzioni e dei regimi revocatori speciali v. anche TERRANOVA, *Effetti del fallimento*, III, 348 ss.

Articolo 167
Patrimoni destinati ad uno specifico affare

1. Gli atti che incidono su un patrimonio destinato ad uno specifico affare previsto dall'art. 2447-bis, primo comma, lett. a) del codice civile sono revocabili quando pregiudicano il patrimonio della società. Il presupposto soggettivo dell'azione è costituito dalla conoscenza dello stato d'insolvenza della società.

Renato Santagata

Sommario: 1. Premessa. – 2. Il presupposto oggettivo. – 3. Il presupposto soggettivo. – 4. Onerosità e gratuità dei rapporti intergestori. – 5. I termini. – 6. Il problema della revocatoria della deliberazione costitutiva del patrimonio destinato.

1. – La norma riproduce testualmente il corrispondente art. 67-*bis* dell'abrogata legge fallimentare.

In coerenza con l'opzione "di vertice" secondo cui la gestione dell'incapienza del patrimonio destinato forma oggetto di negoziazione fra imprenditore-società per azioni e creditori contrattuali, la disposizione in commento contempla la revocatoria concorsuale degli atti, pregiudizievoli per il patrimonio sociale, che *incidono* sui compendi destinati cc.dd. operativi (art. 2447-*bis*, comma 1, lett. *a*), c.c.). Essa puntualizza che «*il presupposto soggettivo dell'azione è costituito dalla conoscenza dello stato d'insolvenza della società*», così circoscrivendo l'operatività di tale revocatoria al caso di liquidazione giudiziale della società, attesoché il combinato disposto degli artt. 2447-*novies*, comma 2, c.c., 262 e 263 esclude un'autonoma liquidazione giudiziale dei patrimoni destinati [1].

Esclusiva finalità di tale azione consiste dunque nel salvaguardare la *par condicio* tra i creditori della società in crisi in quanto estranei a quella *gestione contrattuale del rischio d'impresa* che caratterizza la disciplina dell'incapienza dei patrimoni destinati (art. 263). Il curatore è quindi obbligato ad agire per l'inefficacia dei "travasi" di risorse ai patrimoni destinati disposti dall'organo amministrativo della società nell'imminenza della crisi, onde evitare che la conservazione della funzione produttiva del patrimonio destinato, ceduto a

[1] Per indicazioni sulla genesi dei lavori preparatori sia consentito rinviare a Santagata, *Patrimoni destinati*, 237, nt. 51, ed a Id., *Dei patrimoni destinati*, 401, nt. 103.

terzi a seguito dell'insolvenza della società (ai sensi dell'art. 262, comma 2), avvenga a scapito dei creditori sociali.

2. – Tanto osservato in via generale, occorre anzitutto intendersi sull'esatta portata del presupposto oggettivo posto dalla disposizione in esame ai fini della revocabilità degli «*atti che incidono su un patrimonio destinato*», ossia la loro idoneità a pregiudicare il patrimonio della società.

Al riguardo sembra significativa, in primo luogo, la differenza lessicale, nel tenore letterale della norma, tra «*incidono*» e «*pregiudicano*», riferita agli effetti degli atti revocabili rispettivamente su un patrimonio destinato e sul patrimonio (generale) della società. Questo dato testuale si profila decisivo per la definizione dell'àmbito di applicazione della norma: consente infatti di inferire la revocabilità anche di atti, depauperativi del patrimonio sociale, dai quali consegua però un incremento di risorse di un certo compendio destinato. La diversa opinione sostenuta da una parte della dottrina[2] si fonda sulla premessa che gli atti in questione sarebbero revocabili già in base all'art. 166 (già art. 67 l. fall.), donde si deduce che la presenza della norma in commento si giustificherebbe soltanto in virtù della revocabilità di atti depauperativi del patrimonio destinato. Ma è la stessa premessa di tale ragionamento che non convince, e sotto più profili: anzitutto, se si considera che gli atti testé menzionati sono pur sempre "interni" alla società quale unico soggetto giuridico, la praticabilità del rimedio revocatorio rispetto ad essi sarebbe stata evidentemente preclusa in assenza di una specifica disposizione: l'art. 167, appunto; né è da trascurare l'incoerenza di un sistema nel quale la norma in esame fosse letta[3] in chiave di deroga alla sottrazione del patrimonio destinato al regime concorsuale consacrata nel successivo art. 263.

Il discorso risulterà più chiaro all'esito del coordinamento della norma in commento con l'art. 262, comma 3, ai sensi del quale il corrispettivo della cessione a terzi del patrimonio dedicato disposta dal curatore, al netto dei relativi debiti, ovvero il residuo attivo della sua liquidazione (effettuata secondo gli artt. 2487 ss. c.c.) sono acquisiti dal curatore medesimo all'attivo, detratte le somme spettanti ai terzi che vi abbiano effettuato apporti ai sensi dell'art. 2447-*ter*, comma 1, lett. *d*), c.c. Donde il trasparente interesse dei creditori sociali ad agire in revocatoria *ex* art. 167 per rendere inefficaci atti depauperativi del patrimonio separato, la cui consistenza potrebbe consentire, in sede di successivo riparto, l'integrale soddisfacimento delle loro ragioni.

Proprio quest'aspettativa dei creditori sociali, alimentata dall'ultimo comma dell'art. 262, parrebbe invero legittimare una concezione estensiva del "danno" al patrimonio sociale, tale cioè da assicurare una più energica tutela ai creditori sociali[4].

Una simile impostazione finirebbe però col rendere sostanzialmente superflua la stessa puntualizzazione «quando *pregiudicano* il patrimonio della società» contenuta nella norma

---

[2] Cfr. FALCONE, *Patrimoni destinati*, 139 s. e, più di recente, NIGRO, *Art. 67*-bis, 946; PELLEGRINO, *L'azione revocatoria*, 701 s.

[3] Come vorrebbe invece la PELLEGRINO, *L'azione revocatoria*, 705 e 711, nt. 35.

[4] Così, infatti, PASQUARIELLO, *Profili dei patrimoni*, 76 e 143 ss., spec. 145, sulla scia della tesi (proposta da GUIZZI, Mala gestio, 399 e 407) secondo cui i debiti del patrimonio destinato sono pur sempre debiti sociali per i quali la società fruisce del regime di responsabilità limitata.

in commento; approdo che non sembra affatto conforme all'intenzione del legislatore che ha chiaramente inteso assegnare rilevanza sistematica al pregiudizio quale presupposto oggettivo dell'azione, come significativamente dimostrato dalla circostanza che il requisito compare qui per la prima volta nell'impianto normativo della revocatoria concorsuale.

Riconoscendo allora il giusto valore a questo presupposto oggettivo, vengono principalmente in considerazione ai fini della revocatoria in questione:

a) le operazioni compiute in relazione all'attività "settoriale" in un regime convenzionale di responsabilità illimitata della società per le obbligazioni contratte per le esigenze dello «specifico affare» (art. 2447-*quinquies*, comma 3): nel caso di compendio destinato incapiente, il curatore deve infatti evitare, tramite l'azione revocatoria in discorso, che l'insinuazione al passivo della società dei creditori particolari (*ex* art. 262, comma 2) possa pregiudicare i creditori "generali" e di tale eventuale pregiudizio deve fornire la prova[5];

b) gli atti che, pur in assenza di una simile pattuizione, non rechino la «espressa *menzione* del vincolo di destinazione», con conseguente imputazione al patrimonio "principale" della società e pregiudizio ai suoi creditori generali[6];

c) i pagamenti effettuati con il patrimonio sociale per estinguere debiti del compendio separato assunti nello svolgimento dello «*specifico affare*». Non può invece condividersi l'opposta impostazione[7] che, movendo dall'assunto dell'irrevocabilità degli atti che avvantaggiano il patrimonio destinato depauperando il patrimonio sociale, ritiene esclusivamente revocabili il pagamento di debiti della società o la concessione di garanzie per tali debiti con risorse o beni del patrimonio destinato. Ed invero, questa tesi trascura che la mancata esposizione del patrimonio destinato ad autonoma procedura concorsuale comporta che lo stesso è sottratto alle regole della *par condicio creditorum*: principio che quindi trova applicazione, in questo contesto, esclusivamente con riferimento ai creditori della società;

d) le garanzie, personali o reali, rilasciate dal patrimonio sociale per debiti occasionati dalla gestione dello specifico affare (e qui la revocatoria mira, all'evidenza, all'inefficacia della sola garanzia o del diritto di prelazione conseguito dal creditore particolare);

e) la distribuzione ai finanziatori dell'affare dei frutti e dei proventi maturati nel corso della sua esecuzione ed, in particolare, della parte degli stessi spettante alla società (art. 2447-*quinquies*, comma 1, c.c.[8]).

---

[5] Cfr. MURATORE, VENTORUZZO, *Art. 67*-bis, 290; BENEDETTI, *I patrimoni destinati*, 706, correttamente distinguendo a seconda che la responsabilità del patrimonio sociale sia o no sussidiaria.

[6] GUERRIERI, *Le Sezioni Unite*, 587; PAVONE LA ROSA, *L'insolvenza*, 929 s., incline tuttavia a reputare la conoscenza richiesta quale presupposto soggettivo dell'azione revocatoria inerente alla sola attività oggetto del patrimonio separato; *contra*: FALCONE, *Patrimoni destinati*, 139 s.; NIGRO, *Art. 67*-bis, 947, nt. 23, sul presupposto della loro riferibilità diretta al patrimonio sociale: ma a quest'ultima impostazione può replicarsi che il verbo "incidere" non è da interpretare nel ristretto senso di "pregiudicare".

[7] Patrocinata da NIGRO, *Art. 67*-bis, 948 s.; nonché, sia pur con diversa ricostruzione, PELLEGRINO, *L'azione revocatoria*, 704 ss.

[8] Per quest'ultima esemplificazione di revocatoria di attribuzione indiretta, cfr. MANGANO, *La revocatoria*, 137; BENEDETTI, *I patrimoni*, 707, testo e nt. 26, anche per la critica al diverso avviso di MURATORE, VENTORUZZO, *Art. 67*-bis, 292, per i quali rispetto a questi atti opererebbe invece la revocatoria di diritto *ex* art. 163 s.

Questo catalogo di operazioni contribuisce a delineare un sicuro criterio interpretativo [9] nell'individuazione degli estremi della revocabilità dell'atto che incide su un compendio destinato; per converso, qualora si dovessero ricomprendere nel presupposto oggettivo anche eventuali pregiudizi indiretti o riflessi al patrimonio della società, i confini del campo di operatività della revocatoria *ex* art. 167 diverrebbero oltremodo labili ed incerti.

Diverso è il trattamento riservato ai pagamenti di debiti sociali, scaduti e non, effettuati con danaro o mezzi diversi di pertinenza del patrimonio destinato od alle garanzie reali su beni assegnati a quest'ultimo prestate a creditori sociali per debiti della società. Ed infatti questi atti, per quanto indubbiamente lesivi della *par condicio* (non solo dei creditori particolari del patrimonio dedicato ma *anche*) dei creditori sociali, non aggravano né determinano il dissesto della società: non possono dunque stimarsi *direttamente* ed *immediatamente* pregiudizievoli del suo patrimonio "generale" e dovrebbero restare pertanto, a rigore, esclusi dall'àmbito di applicazione della nuova fattispecie di revocatoria concorsuale contemplata dalla norma in commento [10].

Parimenti sottratti alla revocatoria concorsuale risultano gli atti ed i pagamenti compiuti da un compendio destinato incapiente ad altro ovvero al patrimonio sociale *in bonis*, che, a ben riflettere, potenzialmente costituiscono i rapporti intergestori più squilibrati e pregiudizievoli per i creditori *volontari* dei comparti separati.

È fuori contestazione che l'inefficacia di queste operazioni può ottenersi mercé l'azione revocatoria ordinaria, all'esercizio della quale non pare affatto preclusiva la pertinenza delle masse patrimoniali ad un unico soggetto (società): depone in questa direzione, sia pure indirettamente, proprio la norma in commento, che non fa menzione né di un "terzo", né di "un'altra parte", cui riferire il presupposto soggettivo dell'azione. Ed è altrettanto incontrovertibile, di riflesso, che tale inefficacia è qui più agevolmente ottenibile, giacché l'essere l'atto pregiudizievole deciso da un unico centro di interessi (organo amministrativo della società) genera una presunzione di esistenza del *consilium fraudis* e la conseguente necessità di provare il solo *eventus damni*.

Questo rimedio non consente, tuttavia, una soddisfacente protezione delle ragioni dei creditori dei patrimoni destinati, esposti a pregiudizio dal compimento di atti non assoggettabili alla pauliana, quali i pagamenti di debiti liquidi ed esigibili (in violazione della *par condicio*) e le prelazioni conseguite da altri creditori particolari attraverso l'iscrizione di ipoteche giudiziali su beni immobili assegnati al patrimonio destinato [11].

In definitiva, l'introduzione della revocatoria concorsuale degli «atti *che incidono* su un patrimonio destinato» è indubbiamente volta a perseguire la finalità di reprimere disegni strategici dell'organo amministrativo della società multicomparto orientati a favorire lo sviluppo delle (nuove) divisioni operative oggetto del vincolo di destinazione patrimoniale a detrimento dell'attività esercitata con il patrimonio "principale" nonché della

[9] Condiviso anche da TEDESCHI, *Gli atti*, 268.

[10] E v., TERRANOVA, *La nuova disciplina*, 302.

[11] Cfr. TERRANOVA, *La nuova disciplina*, 300 s., nt. 16; per un tentativo di soluzione, SANTAGATA, *Patrimoni destinati*, 283 ss., ove si propone l'applicazione del rimedio della nullità delle ipoteche ai sensi dell'art. 2830 c.c.

parità di trattamento dei creditori generali della società [12].

Ne consegue che il risultato dell'utile esercizio dell'azione dovrebbe esser tendenzialmente acquisito alla massa attiva del patrimonio generale della società e non del compendio destinato: questa soluzione sembrerebbe, di primo acchito, la sola che consente di evitare ogni sfasamento tra presupposto di esercizio dell'azione – positivamente individuato nel pregiudizio al patrimonio della società – ed eventuale suo risultato utile [13]. Potrebbe allora trarsi anche l'ulteriore corollario che il terzo, costretto a restituire alla massa il bene oggetto di revoca, vanterebbe un credito nei confronti della società, risultando pertanto legittimato ad insinuare la sua pretesa al passivo del patrimonio sociale [14]. A diversa conclusione – confluenza del risultato utile nel patrimonio destinato e solo dell'eventuale residuo di liquidazione nel patrimonio sociale – dovrebbe giungersi soltanto nel caso in cui gli organi della liquidazione giudiziale della società abbiano dichiarato *espressamente* di esercitare l'azione revocatoria "in nome" del patrimonio separato.

3. – Acquisito che la revocatoria concorsuale degli atti, pregiudizievoli per il patrimonio sociale, che incidono sui compendi destinati è esclusivamente finalizzata a salvaguardare la *par condicio* tra i creditori della società in crisi, ben si comprende come il presupposto soggettivo dell'azione sia stato positivamente individuato nella conoscenza dello stato di insolvenza della società. È infatti soltanto tale stato soggettivo [15], il cui onere della prova evidentemente incombe sul curatore [16], che denota la consapevole partecipazione del terzo all'impoverimento del complesso dei beni acquisibili ad una già prevedibile, futura insolvenza e, perciò, destinati al soddisfacimento paritario dei creditori sociali. Tale scelta legislativa è stata oggetto di critiche [17], perché comporta l'impossibilità di assoggettare a revocatoria concorsuale gli atti posti in essere con la piena consapevolezza della incapienza del patrimonio destinato rispetto ai quali il curatore non riuscisse a dimostrare che il soggetto convenuto in revocatoria fosse a conoscenza dello stato di insolvenza della società in quanto tale, con la cui restante attività imprenditoriale il terzo può non aver intrattenuto alcun rapporto. Sennonché, se è incontestabile che la soluzione prescelta dal legislatore

---

[12] Così, ROCCO DI TORREPADULA, *Patrimoni destinati*, 55, secondo cui questi "scambi di ricchezza" vanno assoggettati a revocatoria fallimentare salvo a stabilire la loro natura di atti a titolo gratuito od oneroso.

[13] Di diverso avviso, TERRANOVA, *La nuova disciplina*, 307, per il quale il risultato utile dell'impugnativa va acquisito, anche quando gli organi della società dichiarino di esercitare la revocatoria "in nome della società", al patrimonio separato salva, in questo caso, la necessità di operare, da parte della curatela, un conguaglio tra le due masse attive; ed in questa direzione pure: PASQUARIELLO, *Profili dei patrimoni*, 76 e 149; BENEDETTI, *I patrimoni*, 713, testo e nt. 49; nonché PELLEGRINO, *L'azione*, 710 s., sulla base dell'opinione – qui respinta – che gli atti revocabili *ex* art. 167 l. fall. siano solo quelli depauperativi del patrimonio destinato.

[14] Così pure, nella sostanza, MURATORE, VENTORUZZO, *Art. 67*-bis, 295 s., pur movendo dalla premessa che l'efficacia restitutoria della revocatoria opera in favore del patrimonio destinato; e cfr. altresì NIGRO, *Art. 67*-bis, 949, nel contesto di un'impostazione opposta a quella qui patrocinata in punto di individuazione degli atti revocabili ai sensi della norma in commento; nonché TEDESCHI, *Gli atti*, 269, secondo cui il terzo destinatario della revoca dovrebbe far valere il proprio credito nella liquidazione separata del patrimonio destinato.

[15] Ad avviso di PAVONE LA ROSA, *L'insolvenza*, 929 s., da riferirsi alla sola attività oggetto del patrimonio separato.

[16] Cfr. SANTOSUOSSO, *I patrimoni destinati*, 309.

[17] Cfr. BONFATTI, CENSONI, *Manuale di diritto*, 209.

non tutela adeguatamente i creditori del patrimonio destinato, altrettanto certo è però che tale opzione è l'unica coerente con la scelta "di vertice" di non applicare ai patrimoni destinati le regole del concorso.

L'accentuata particolarità della fattispecie revocatoria in questione, radicata nella separazione patrimoniale, non consente l'operatività delle presunzioni relative di conoscenza dello stato di insolvenza del debitore previste per i cc.dd. atti "anormali" dall'art. 166, comma 1 [18]. Si consideri d'altronde che, diversamente dall'ipotesi di revocatoria concorsuale degli atti compiuti da soci illimitatamente responsabili, nella vicenda in discorso i rapporti giuridici sono sempre e comunque intrattenuti con la società, il cui organo amministrativo gestisce anche i patrimoni destinati.

Va peraltro notato al proposito che il presupposto soggettivo della revocatoria *ex* art. 167 è soltanto individuato nella mera *scientia decoctionis* della società, non richiedendosi pure la prova della consapevolezza circa la provenienza delle risorse utilizzate per il soddisfacimento delle ragioni creditorie [19].

La valenza dell'azione revocatoria in esame non pare però circoscritta ad atti compiuti con terzi nella gestione dei patrimoni destinati (pregiudizievoli per il patrimonio generale della società), potendo altresì riguardare atti interni (*i.e.*: delibere consiliari formali od informali) di iniqua ripartizione delle spese comuni, di concessione ad un dato ramo di un brevetto o di un *know-how* a condizioni ingiustificatamente gravose od eccessivamente favorevoli rispetto a quelle praticate sul mercato e così via. Vi è stato chi [20] ha ipotizzato, in genere, una revocatoria di atti compiuti tra patrimoni destinati, sulla premessa che si tratterebbe comunque di atti posti in essere da una società insolvente il cui nome è stato speso nel traffico giuridico. Tuttavia, ciò può sostenersi – diversamente da quanto opina questa dottrina – soltanto se non è stata effettuata la menzione del vincolo ai sensi dell'art. 2447-*quinquies*, ult. comma, c.c.; nel diverso caso in cui, invece, l'atto compiuto reca la menzione del patrimonio destinato, l'imputazione dell'atto non può essere giammai riferita alla società sottoposta a liquidazione giudiziale.

Acclarato che il patrimonio generale della società ed i suoi compendi destinati fanno capo a distinti centri di interesse e svalutata la loro formale pertinenza ad un unico soggetto (società), la natura "intrasoggettiva" di questi atti non vale di per sé ad escludere il loro carattere di «*atti di disposizione del patrimonio con i quali il debitore*» (nel nostro caso: la società) «*rechi pregiudizio*» alle ragioni dei suoi creditori *generali* (art. 2901 c.c.) e, pertanto, a renderli immuni da revocatoria [21]. Questa impostazione trova, del resto, valido sostegno nella lettera del secondo periodo della norma in commento che, diversamente dagli artt.

---

[18] Così anche MURATORE, VENTORUZZO, *Art. 67*-bis, 293 s.; JORIO, *Il fallimento*, 451; BENEDETTI, *I patrimoni*, 709 s., ma di contrario avviso, TRICOMI, *L'art. 67* bis, 754, in base all'argomento, non decisivo, del silenzio della norma sull'onere probatorio; NIGRO, *Art. 67*-bis, 947, testo e nt. 21; PELLEGRINO, *L'azione*, 712 s.

[19] COMPORTI, *Art. 67*-bis, 393.

[20] PASQUARIELLO, *Profili dei patrimoni*, 141 s.

[21] Diversamente orientati, COMPORTI, *Art. 67*-bis, 384 e 390; NIGRO, *Art. 67*-bis, 950 e 946 s., nt. 19, proponendo al proposito l'applicazione analogica dell'ult. comma dell'art. 156 l. fall, oggi corrispondente all'art. 263; MURATORE, VENTORUZZO, *Art. 67*-bis, 287 s. e 293; ma in senso critico SANTAGATA, *Patrimoni destinati*, 246 ss. e spec. nt. 71; ID., *Dei patrimoni*, 410, nt. 123.

2901 c.c. e 166, non riferisce il presupposto soggettivo dell'azione, ossia la «conoscenza dello stato d'insolvenza della *società*», ad un "terzo" ovvero ad una "altra parte".

Mancando per definizione un terzo contraente, o comunque un'"altra parte", queste ipotesi prospettano allora il delicato problema di individuare il soggetto nel quale vada accertata la conoscenza dello stato di insolvenza della società.

Se è vero che il contenuto dei rapporti intergestori pregiudizievoli per talune classi di creditori è predeterminato dall'organo amministrativo (alla cui competenza è d'altronde rimessa, salvo diversa disposizione statutaria, l'adozione della deliberazione costitutiva del vincolo di destinazione: art. 2447-*ter*, comma 2, c.c.), pare comunque agevole concludere nel senso che lo stato soggettivo debba essere accertato negli amministratori che hanno deliberato e/o dato attuazione (amministratori con rappresentanza) al *transfer price* fra comparti: in particolare, ove quest'ultimo affondi le proprie radici in una delibera consiliare, la conoscenza dello stato d'insolvenza della società va accertata in capo ai componenti il cui voto sia stato determinante per il raggiungimento della prescritta maggioranza[22].

Non resta, in definitiva, che rimarcare l'irrazionalità di un sistema che ha collocato gli amministratori (della società e dei suoi patrimoni destinati), relativamente alla conoscenza dello stato di insolvenza della società, nella medesima posizione di qualsiasi altro terzo: si è infatti trascurata la situazione oggettiva di conoscibilità nella quale gli amministratori, per dovere d'ufficio, vengono a trovarsi nel caso di specie, in considerazione della quale la configurazione del contenuto del rapporto intergestorio iniquo da parte del medesimo organo (o soggetto) investito della gestione sociale sarebbe di per sé valsa ad integrare la prova della *scientia decoctionis* della società pregiudicata. Ed è auspicabile che queste indicazioni siano in futuro recepite dalla giurisprudenza chiamata ad accertare in concreto la ricorrenza del requisito richiesto, ai fini della revoca in discorso, dal secondo periodo della norma in commento.

4. – La possibile emersione in queste società di "conflitti" in certo senso simmetrici a quelli tipici dei gruppi di imprese conduce ad osservare che la natura gratuita od onerosa dell'atto di disposizione – il cui accertamento è evidentemente rilevante ai fini dell'applicazione dei termini e delle condizioni fissate dall'art. 163 ovvero dal successivo art. 166 – andrebbe comunque stabilita collocandolo nel contesto di un'*attività*: quindi verificando se, in questa luce, la gratuità (o iniquità) di una data transazione intergestoria (ad esempio: mutuo con tasso di interesse irrisorio praticato dal patrimonio sociale al compendio destinato) sia nel caso concreto compensata da vantaggi mediati e indiretti insiti in operazioni di segno opposto (ad esempio: utilizzazione di un certo bene del patrimonio sociale per il compimento dello "specifico affare") favorevoli per un dato comparto della società multidivisionale e tali, pertanto, da incidere sulla causa della prima attribuzione, allora da reputarsi non già gratuita (o iniqua), bensì onerosa (o equa)[23].

5. – La mancata indicazione di uno specifico periodo sospetto anteriore alla data di apertura della liquidazione giudiziale della società per gli atti revocabili ai sensi

[22] CAMPOBASSO, *L'imputazione*, 272.

[23] Approfondimenti, sul punto, in SANTAGATA, *Patrimoni destinati*, 251 ss.

dell'art. 167 porta evidentemente a ritenere anche qui operativi i termini previsti dagli artt. 163 ss. [24].

Vale anche per la revocatoria ai sensi della norma in esame, infine, sia il termine di decadenza di tre anni dall'apertura della liquidazione giudiziale della società, sia la prescrizione di cinque anni dal compimento dell'atto (art. 170) [25].

6. – La sussistenza del diritto di opposizione dei creditori sociali anteriori all'iscrizione della delibera costitutiva disciplinato dall'art. 2447-*quater* c.c., l'effetto preclusivo (previsto dall'art. 2447-*quinquies*, comma 1, c.c.) collegato al decorso del termine di sessanta giorni dall'iscrizione nel registro delle imprese della delibera stessa o del provvedimento con il quale il tribunale dispone che la deliberazione sia eseguita previa prestazione da parte della società di idonea garanzia, la mancanza nella vicenda di un rapporto di alterità soggettiva tra società e patrimonio destinato, costituiscono elementi ostativi anche all'esperimento di azioni revocatorie concorsuali della delibera costitutiva del patrimonio destinato. Rimedio che il legislatore ha evidentemente inteso precludere anche al fine di favorire l'appetibilità dell'istituto in esame, garantendo la permanenza della separazione patrimoniale anche in ipotesi di liquidazione giudiziale della società costituente il vincolo.

In questa chiave, non pare dunque decisiva ad avvalorare il cumulo dei rimedi oppositorio e revocatorio l'enfasi dei loro diversi presupposti *soggettivi*, con il conseguente riconoscimento della legittimazione all'azione revocatoria concorsuale della delibera costitutiva del patrimonio destinato al solo curatore della società soggetta alla procedura in ragione della sua terzietà rispetto ai creditori che non hanno esercitato l'opposizione ai sensi dell'art. 2447-*quater*, comma 2, c.c. [26]. Riterrei, infatti, maggiormente rispettoso dell'affidamento riposto dai terzi sull'efficace costituzione del patrimonio destinato il riconoscimento di un rilievo sistematico alla previsione racchiusa nell'ultimo comma dell'art. 263, con l'effetto di reputare il curatore esclusivamente legittimato, anche in questo caso, ad agire in responsabilità nei confronti degli amministratori e dei componenti degli organi di controllo.

Del pari, il tentativo di valorizzare i diversi presupposti *oggettivi* che sono alla base delle due forme di tutela, non può prescindere dall'ardua soluzione dei problemi che l'esperibilità delle revocatorie (ordinarie e) concorsuali qui implicherebbe e che, evidentemente, la preclusione sancita dall'art. 2447-*quinquies*, 1 comma, c.c. intende scongiurare a monte. Ed invero, le ricadute di quest'ultima norma, ai fini della soluzione del problema ora in esame, sono del tutto trascurate tanto da chi ritiene che la revocatoria costituirebbe qui il nucleo centrale di un sistema di tutela dei creditori alternativo ma equivalente a quello imperniato sul capitale sociale [27], quanto da coloro che, pur concordando sull'impossibilità

[24] Cfr. PASQUARIELLO, *Profili dei patrimoni*, 149, correttamente ritenendo che, per tutto quanto non prevede la norma in commento, deve valere il richiamo alla disciplina generale degli effetti del (fallimento oggi del)la liquidazione giudiziale sugli atti pregiudizievoli ai creditori; ma v. il diverso parere di NIGRO, *Art. 67*-bis, 947, il quale, sulla premessa che la norma in esame concerna i soli atti a titolo oneroso, circoscrive il richiamo al sistema revocatorio di cui all'art. 67 l. fall, ora corrispondente all'art. 166.

[25] Cfr. PARTISANI, *I patrimoni*, 1589.

[26] In questo senso sono orientati, per converso, COMPORTI, *Art. 67*-bis, 388; GIORGI, *I patrimoni*, 668 s.

[27] FIMMANÒ, *Patrimoni destinati*, 216 ss., 223, 245 e spec. 347 ss., 365 ss. e 370 s.; ID., *I patrimoni*, 590 ss.

di revocare la delibera costitutiva ai sensi della norma in esame, propongono di utilizzare all'uopo le disposizioni oggi corrispondenti agli artt. 166[28] e/o e 163[29].

Piuttosto, il riferimento letterale agli «atti che *incidono* su un patrimonio destinato ad uno specifico affare» sembra chiaramente presupporre l'esistenza e l'efficacia di un compendio patrimoniale separato, lasciando così la delibera costitutiva del vincolo di cui all'art. 2447-*ter* c.c. fuori dall'àmbito di applicazione dell'unica fattispecie di revocatoria concorsuale riferita ai patrimoni destinati a specifici affari, contemplata dalla norma in esame[30].

Né d'altro canto, sul piano sostanziale, l'impostazione contraria all'esperibilità di azioni revocatorie anche concorsuali della delibera costitutiva del patrimonio destinato comporta eccessivi sacrifici per le ragioni dei creditori sociali. Ed infatti, «non è tanto l'atto di destinazione dei beni a danneggiare i creditori, *quanto il modo in cui il patrimonio destinato viene gestito*»; sicché «il vero obiettivo» che il rimedio revocatorio deve perseguire, nel contesto in esame, non è l'inefficacia dell'atto di destinazione, «ma quello, semmai, *di reagire ad un certo modo d'amministrare il patrimonio separato*, al duplice scopo di neutralizzare gli effetti di certe scelte gestionali e d'eliminare le eventuali discriminazioni tra le varie classi di creditori»[31]. Una recente dottrina[32] ha però obiettato che la creazione *ex novo* del patrimonio andrebbe assoggettata al medesimo trattamento previsto per l'atto di ulteriore dotazione patrimoniale in favore della segregazione già in essere; può tuttavia replicarsi che, nel primo caso e non anche nel secondo, i creditori sociali anteriori (fra i quali vanno ricompresi quelli del già esistente patrimonio destinato) risultano già salvaguardati dal rimedio dell'opposizione previsto dall'art. 2447-*quater* c.c.

[28] E v. PESCATORE, *Art. 67*-bis, 443 s.; PASQUARIELLO, *Profili dei patrimoni*, 47 ss., applicando alla costituzione del patrimonio destinato la revocatoria delle garanzie su debiti preesistenti o contestuali, a seconda che siano o no soggetti al vincolo debiti e passività pregresse.

[29] Cfr. NIGRO, *Art. 67*-bis, 949 s., adducendo l'impossibilità di individuare uno o più terzi destinatari della prestazione rispetto ai quali possa concretarsi il presupposto soggettivo della conoscenza dello stato di insolvenza della società; TEDESCHI, *Gli atti*, 269.

[30] In tal senso, fra gli altri, MURATORE, VENTORUZZO, *Art. 67*-bis, 280, ove in nt. 16 completi riff.; PARTISANI, *I patrimoni*, 1586 ss.; TRICOMI, *L'art. 67* bis, spec. 397 s. e 413, che, a sostegno della soluzione preclusiva, correttamente invoca anche le esigenze di certezza del diritto; e v. anche ROSAPEPE, *Diritto fallimentare*, 256; SCANO, *Gli atti*, 127 ss.; PELLEGRINO, *L'azione*, 701 s.; BENEDETTI, *I patrimoni*, 710 s.

[31] TERRANOVA, *La nuova disciplina*, 301 e 303, corsivi aggiunti.

[32] PASQUARIELLO, *Profili dei patrimoni*, 40.

Articolo 168
Pagamento di cambiale scaduta

1. In deroga a quanto disposto dall'articolo 166, comma 2, non può essere revocato il pagamento di una cambiale, se il possessore di questa doveva accettarlo per non perdere l'azione cambiaria di regresso. In tal caso, l'ultimo obbligato in via di regresso, in confronto del quale il curatore provi che conosceva lo stato di insolvenza del principale obbligato quando ha tratto o girato la cambiale, deve versare la somma riscossa al curatore.

Francesco Saverio Martorano

Sommario: 1. Pagamento di cambiale scaduta e tutela del portatore in stato di necessità cambiaria. – 2. L'azione del curatore: presupposti sostanziali e disciplina processuale.

1. – La problematica sottesa alla disposizione in commento sorge per effetto di quella particolare condizione (definita di "necessità cambiaria") in cui versa il portatore di un titolo pervenuto a scadenza di fronte alla disponibilità a adempiere manifestata dal debitore. Per le regole dettate dagli artt. 50, 51 e 60 della legge cambiaria, infatti, il rifiuto del pagamento offerto impedisce al portatore di levare il protesto, determinando, di conseguenza, la perdita dell'azione di regresso nei confronti degli altri coobbligati. Al contempo, però, qualora il *solvens* sia un imprenditore commerciale in stato di insolvenza, l'accettazione del pagamento esporrebbe il portatore al rischio che lo stesso venga revocato ai sensi dell'art. 166, comma 2, in una successiva liquidazione giudiziale del debitore.

Per sottrarre il portatore della cambiale al pregiudizio che tale situazione inevitabilmente comporta, l'art. 168 rende dunque il pagamento effettuato dal debitore cambiario immune da revocatoria, direzionando l'azione del curatore sull'ultimo obbligato in via di regresso di cui si provi la *scientia decoctionis* nel momento in cui ha tratto o girato il titolo [1].

---

[1] Sulla *ratio* della norma v. Cass., 14 settembre 1976, n. 315, in *Giur. comm.*, 1977, II, 23; in dottrina SPIOTTA, *Art. 68*, 1070; D'ALESSANDRO, *Revocatoria*, 168. Va detto, peraltro, che il principale beneficiario di questa particolare esenzione dalla revocatoria dei pagamenti è stato da più parti individuato nel sistema bancario, essendo così gli istituti di credito particolarmente tutelati in relazioni alle operazioni di sconto: v. LIBERTINI, *Pagamento*, 15; SPIOTTA, *Art. 68*, 1071; D'ARRIGO, *Pagamento*, 683.

Partendo dalla prima parte della disposizione, per quanto il riferimento testuale sia, genericamente, al pagamento di una cambiale, non si dubita che la disciplina si estenda anche alla cambiale agraria, che l'art. 43, d.lgs. n. 385 del 1993 equipara a quella ordinaria[2]. Ne resta esclusa, invece, la cambiale finanziaria, che può essere girata solo con la clausola senza garanzia o altra equivalente, come previsto dall'art. 1, comma 2, l. n. 43 del 1994[3].

Si ritiene, inoltre, che la deroga dell'art. 168 trovi applicazione anche al pagamento dell'assegno bancario, sia nel caso in cui il pagamento sia stato eseguito da una banca trattaria insolvente, sia nel caso in cui la banca trattaria abbia pagato un assegno emesso da un traente poi assoggettato a liquidazione giudiziale, posto che l'insolvenza del traente non esonera il portatore dalla presentazione o dalla levata del protesto (art. 45 l. ass.), ponendolo nella necessità di non rifiutare il pagamento offerto dalla banca trattaria[4].

Venendo ai tratti identificativi della fattispecie, affinché l'*accipiens* possa sottrarsi all'azione revocatoria è necessario che egli si trovi nell'oggettiva condizione di necessità cambiaria, ovvero esposto al rischio della perdita dell'azione di regresso[5]. Il che presuppone anzitutto l'esistenza di obbligati di regresso, che è data dall'avvenuta circolazione del titolo, ovvero dal fatto che il traente abbia girato la cambiale tratta[6] o che il primo prenditore del vaglia cambiario abbia trasferito il titolo.

Posta questa fondamentale condizione, è però anche necessario che sussistano determinati presupposti di regolarità del pagamento cambiario, relativi ai soggetti coinvolti, ai mezzi impiegati e al tempo di pagamento.

Partendo dall'identità del *solvens*, si sottrae a revoca solo il pagamento che il portatore abbia ricevuto dall'obbligato principale (trattario o emittente). Restano dunque esclusi i casi in cui il pagamento venga eseguito da altri soggetti (insolventi), come un obbligato di regresso[7], l'avallante dell'obbligato principale[8], un bisognatario o un onorante spontaneo[9].

---

[2] In questo senso SPIOTTA, *Art. 68*, 1072 e, in precedenza, GALLESIO PIUMA, *Effetti*, 12 ss.

[3] Va peraltro ricordato che, pur essendo equiparate a ogni effetto alle cambiali ordinarie, e pur avendo per legge la struttura del pagherò cambiario, le cambiali finanziarie sono in realtà strumenti utilizzati per la raccolta collettiva del risparmio, in qualche modo assimilabili ai *commercial papers* diffusi sui mercati internazionali: v. SPAGNUOLO, *La cambiale finanziaria*, 6 ss.

[4] Sul punto si rinvia alla diffusa trattazione di LIBERTINI, *Pagamento*, 37 ss., il quale opportunamente specifica come, in entrambi i casi indicati nel testo, è necessario che il titolo abbia circolato e vi siano dunque obbligati di regresso nei cui confronti il portatore debba essere tutelato.

[5] Va da sé, quindi, che non può beneficiare dell'eccezionale previsione dell'art. 168 il pagamento ricevuto dal portatore dopo la levata del protesto o quando siano scaduti i termini per la sua levata: v. Cass., 30 marzo 1995, n. 3875; App. Bologna, 5 maggio 1972, in *Giur. it.*, 1972, I, 2, 705; Trib. Napoli, 14 gennaio 1973, in *Dir. e giur.*, 1976, 780 con nota di Balsamo; Trib. Roma, 3 giugno 1958, in *Dir. fall.*, 1958, II, 942; in dottrina F. MARTORANO, *Lineamenti*, 369.

[6] L'art. 50 l. camb. prevede che il portatore del titolo può vantare almeno l'azione di regresso contro il traente. Azione che è ovviamente esclusa nel caso della cambiale tratta emessa all'ordine dello stesso traente *ex* art. 3 l. camb., come osserva GOMMELLINI, *Art. 68*, 953, nt. 6. Sarà parimenti inapplicabile l'art. 168 in caso di girata per l'incasso effettuata sotto forma di girata piena: v. LIBERTINI, *Pagamento*, 23.

[7] App. Roma, 20 dicembre 1966, in *Dir. fall.*, 1967, II, 324; LIBERTINI, *Pagamento*, 20.

[8] Trib. Milano, 21 maggio 1973, in *Dir. fall.*, 1973, II, 1043.

[9] Per altre ipotesi di inapplicabilità dell'art. 168 si rinvia a RAGO, *Manuale*, 506 ss.; SPIOTTA, *Art. 68*, 1073.

Per quanto attiene alle modalità di pagamento della cambiale, si sottrae alla revocatoria solo quello avvenuto nella valuta indicata dal titolo [10], non essendo tutelabile un adempimento eseguito in moneta diversa o addirittura mediante *datio in solutum* [11]. È pacifico, invece, che si possa invocare l'esenzione anche in caso di pagamento parziale dell'importo indicato dal titolo, atteso che l'art. 45, comma 2, l. camb. impedisce al portatore di rifiutarlo, pena la perdita (sia pure pro quota) dell'azione di regresso.

Altra condizione, indicata dalla stessa rubrica dell'art. 168, è che la cambiale sia scaduta, non essendo però chiaro se tale circostanza temporale debba riferirsi al momento in cui viene effettuato il pagamento o alla data di apertura della liquidazione giudiziale [12].

Là dove invece il pagamento venga effettuato anticipatamente rispetto alla scadenza, il possessore non potrà sottrarsi alla revocatoria, essendo l'adempimento anticipato sempre rifiutabile *ex* art. 46 l. camb., e difettando quindi lo stato di necessità cambiaria [13].

Sotto diverso profilo va precisato che l'immunità da revocatoria può essere invocata anche qualora sul titolo sia stata apposta la clausola "senza spese", "senza protesto" o altra equivalente, che dispensa il portatore dal protesto, ma non lo sottrae all'obbligo di presentazione della cambiale nei termini e agli avvisi (art. 53, comma 2, l. camb.) [14].

Si tenga infine presente che, secondo un criterio proprio anche delle ipotesi di esenzione previste dall'art. 166, comma 3, l'immunità del portatore della cambiale dall'azione revocatoria è subordinata esclusivamente al ricorrere della condizione oggettiva di necessità cambiaria, prescindendo dalla circostanza che egli fosse consapevole dello stato di insolvenza del debitore adempiente [15].

---

[10] Così anche SPIOTTA, *Art. 68*, 1072; D'ARRIGO, *Pagamento*, 684; GOMMELLINI, *Art. 68*, 954.

[11] LIBERTINI, *Pagamento*, 27; SPIOTTA, *Art. 68*, 1072; D'ARRIGO, *Pagamento*, 684.

[12] Propende per questa seconda chiave di lettura LIBERTINI, *Pagamento*, 28, secondo cui, quand'anche la cambiale sia stata pagata anticipatamente rispetto alla scadenza portata dal titolo, la tutela del portatore discende dall'irrecuperabilità dell'azione di regresso che consegue all'apertura della procedura concorsuale. Qualora, invece, l'avvio della liquidazione intervenisse prima della scadenza del titolo, il pagamento avvenuto in precedenza potrebbe ritenersi comunque sottratto all'inefficacia *ex* art. 65 l. fall. (ora art. 164) e il portatore potrebbe agire in regresso ai sensi dell'art. 50 l. camb. Se quest'ultima conclusione è certamente condivisibile, altrettanto non può dirsi per la prima affermazione, che non appare aderente alla lettera della norma, posto che, in un'ipotetica sequenza cronologica, la scadenza della cambiale (e con essa la necessità di accettarne il pagamento eventualmente offerto) si può materializzare ben prima della dichiarazione di insolvenza del debitore. Né, d'altro canto, il portatore potrebbe essere immune dalla revocatoria in caso di pagamento anticipato rispetto alla scadenza del titolo e alla liquidazione giudiziale, come spiegato di seguito nel testo.

[13] In tal caso, peraltro, è necessario distinguere l'ipotesi in cui la scadenza della cambiale fosse anteriore o posteriore alla liquidazione giudiziale. Nel primo caso la revoca del pagamento avverrà ai sensi dell'art. 166, comma 2, mentre nel secondo caso troverà applicazione l'art. 164, che fa testuale riferimento ai crediti aventi scadenza coeva o successiva all'apertura della procedura concorsuale. Non si può dunque condividere la comune opinione dottrinale, che afferma indistintamente la revocabilità del pagamento anticipato ai sensi dell'art. 65 l. fall. (ora art. 164): in questo senso v. SPIOTTA, *Art. 68*, 1072; D'ARRIGO, *Pagamento*, 684; GOMMELLINI, *Art. 68*, 954.

[14] V. LIBERTINI, *Pagamento*, 22.

[15] Cass., 22 dicembre 1995, n. 13085, in *Fallimento*, 1996, 649; GOMMELLINI, *Art. 68*, 953. La scelta legislativa di sottrarre alla revoca del pagamento anche l'*accipiens* di cui sia provata la *scientia decoctionis* del debitore è stata criticata da PROVINCIALI, *Trattato*, 1140 e PAJARDI, *Il sistema revocatorio*, 200. Tuttavia, secondo LIBERTINI, *Pagamento*, 31, la deroga disposta dalla disposizione in esame non può trovare applicazione quando il pagamento sia frutto di collusione fraudolenta tra creditore e debitore cambiario o quando il creditore

2. – La seconda parte dell'art. 168 prevede che il curatore possa recuperare la «*somma riscossa*» convenendo in revocatoria «*l'ultimo obbligato in via di regresso, in confronto del quale il curatore provi che conosceva lo stato di insolvenza del principale obbligato quando ha tratto o girato la cambiale*».

Ferme le ragioni di immunità del portatore, la *par condicio creditorum* viene dunque salvaguardata facendo gravare il rischio dell'insolvenza e "reindirizzando" la revocatoria sul *tradens* del titolo, che dal punto di vista sostanziale è l'effettivo beneficiario del pagamento, in quanto con l'adempimento del debitore consegue l'estinzione dell'obbligo di regresso [16].

Se la *ratio* del precetto è indiscussa, più controverse sono invece l'esatta identificazione del legittimato passivo e l'oggetto della revocatoria.

L'orientamento prevalente in dottrina [17] e giurisprudenza [18], considera l'art. 168 come un rimedio equitativo contro l'indebito arricchimento dell'ultimo obbligato di regresso, che sarebbe stato esposto alle conseguenze del mancato pagamento dell'obbligato principale e finisce invece per trarre ingiustificato vantaggio dallo stato di necessità cambiaria in cui è venuto a trovarsi il portatore del titolo. L'azione revocatoria andrebbe dunque indirizzata verso chi riveste in senso assoluto la posizione di ultimo obbligato di regresso, tenuto a restituire un importo pari alla somma pagata dal trattario o dall'emittente insolvente, realizzandosi in tal modo un risultato equivalente alla normale revocatoria dei pagamenti [19].

A favore di questa tesi depone un'esegesi rigorosa dell'art. 168, posto che l'espressione «*in tal caso*» condiziona l'esperibilità della revocatoria allo stato di necessità cambiaria, che non sussisterebbe là dove fosse possibile agire, non solo nei confronti dell'ultimo obbligato in via di regresso, ma anche contro altri soggetti della catena cambiaria [20].

Inoltre, sempre in chiave di interpretazione letterale, la locuzione «*somma riscossa*» non può che essere quella corrisposta al portatore, anche perché il traente o il primo prenditore

abbia esercitato pressioni finalizzate ad ottenere un adempimento preferenziale rispetto agli altri creditori.

[16] Cass., 7 dicembre 1999, n. 13663, in *Foro it.*, 2000, I, 1649 e in *Fallimento*, 2000, 1377 con nota di Ceccherini; GUGLIELMUCCI, *Diritto fallimentare*, 182; CECCHERINI, *Azione revocatoria*, 652. Il meccanismo dell'art. 168 si trova replicato, sia pur con qualche differenza, all'art. 6 della l. n. 52 del 1991 sulla cessione dei crediti di impresa, che esenta da revocatoria il pagamento effettuato dal debitore ceduto (e poi fallito) al cessionario, fermo restando che il curatore può agire nei confronti del cedente se dimostra che conosceva lo stato di insolvenza del ceduto al momento del pagamento. Sul punto v. anche VASSALLI, *Diritto fallimentare*, 76.

[17] DE SEMO, *Pagamento*, 30; F. MARTORANO, *Lineamenti*, 372 s.; JORIO, *Le crisi*, 470; DESANA, *La cambiale*, 445.

[18] *Ex multis* Cass., 7 dicembre 1999, n. 13663, cit.; Cass., 7 marzo 1997, n. 2088, in *Banca, borsa, tit. cred.*, 1998, II, 392, in *Dir. fall.*, 1998, II, 346 con nota di Ragusa Maggiore, in *Fallimento*, 1998, 22 con nota di Ceccherini e in *Foro it.*, 1997, I, 2976; Cass., 22 dicembre 1995, n. 13085, in *Dir. fall.*, 1996, II, 652 e in *Fallimento*, 1996, 649.

[19] Secondo una diversa impostazione, invece, l'azione del curatore dovrebbe essere considerata alla stregua della revocatoria di una *prestazione indiretta*, da esperire dunque nei confronti del soggetto che si trova in rapporto causale con il trattario o l'emittente insolvente e che, negoziando il titolo, riesce a soddisfare il suo credito e a sottrarsi al concorso con gli altri creditori. In tal caso, legittimato passivo della revocatoria sarebbe il traente della tratta o il primo prenditore del vaglia cambiario e l'oggetto della pretesa andrebbe commisurato a quanto da lui conseguito con la negoziazione del titolo. In questo senso SANTINI, *L'azione causale*, 343 ss.; LIBERTINI, *Pagamento*, 156 ss.; CECCHERINI, *Revocatoria*, 26 ss.; Trib. Torino, 14 febbraio 1985, in *Fallimento*, 1985, 791.

[20] SPIOTTA, *Art. 68*, 1076; F. MARTORANO, *Lineamenti*, 372 s., secondo il quale, diversamente opinando, si finirebbe oltretutto per esporre il curatore «ad una serie di eccezioni attinenti ai rapporti causali sottostanti la circolazione del titolo, da cui il sistema cambiario normalmente rifugge».

ben potrebbero aver negoziato il titolo per un importo inferiore a quello facciale, sicché parametrando la pretesa revocatoria all'importo da essi realizzato si finirebbe per danneggiare i creditori concorsuali e contraddire la logica della revocatoria dei pagamenti, per la quale l'oggetto del rimborso è sempre la somma sottratta alla massa.

Quanto agli altri presupposti dell'azione, l'art. 168 fa esplicito riferimento all'onere del curatore di provare la *scientia decoctionis* da parte dell'ultimo obbligato in via di regresso nel momento in cui ha negoziato il titolo [21], ma non definisce il profilo temporale rilevante ai fini della revoca. Non si dubita però che anche il pagamento della cambiale debba essere avvenuto nel c.d. periodo sospetto *ex* art. 166, comma 2. E la tesi prevalente è che la sussistenza di tale requisito vada accertata con riguardo alla data di adempimento dell'obbligo cambiario [22], e quindi di effettiva lesione della *par condicio creditorum*, non a quella (anteriore) di emissione e successiva negoziazione del titolo.

Sempre dal punto di vista probatorio, spetta al curatore dimostrare la sussistenza dello stato di necessità cambiaria in cui il portatore versava quando ha accettato il pagamento del titolo. A tal fine, non è però necessario che anche costui sia convenuto in giudizio, non ricorrendo un'ipotesi di litisconsorzio necessario con l'ultimo obbligato in via di regresso [23], sicché la circostanza potrà formare oggetto di accertamento incidentale sulla base di elementi presuntivi addotti dalla curatela [24].

In caso di esito vittorioso dell'azione va riconosciuto al convenuto il diritto alla restituzione del titolo, in applicazione analogica dell'art. 57 l. camb., al fine di consentirgli l'esercizio dell'azione cambiaria nei confronti di un avallante, di un co-emittente o di un co-accettante, coobbligati di pari grado del debitore [25].

Infine, in quanto revocatoria di un atto di disposizione patrimoniale compiuto dal debitore insolvente, si ritiene che anche il pagamento della cambiale scaduta possa beneficiare delle esenzioni di cui all'art. 166, comma 3, ove rientrante nelle ipotesi ivi previste, e sia assoggettata ai termini di decadenza e prescrizione previsti dall'art. 170 [26].

---

[21] Cass., 14 dicembre 1976, n. 3152, cit.; App. Torino, 19 febbraio 1982, in *Giur. piemontese*, 1983, 353; Trib. Napoli, 28 novembre 1961, in *Foro it.*, 1962, I, 156, secondo cui in caso di girata in bianco, va dimostrata la conoscenza dello stato di insolvenza alla data ultima utile per il protesto.

[22] In questo senso le più recenti Cass., 29 marzo 2019, n. 8972; Cass., 3 maggio 2016, n. 8777; Cass., 23 luglio 2007, n. 16213, in *Fallimento*, 2008, 21; Cass., 21 giugno 1999, n. 510, *ivi*, 1999, 662; Cass., 15 gennaio 1994, n. 357, *ivi*, 1994, 588; Cass., 8 gennaio 1987, n. 18, in *Dir. fall.*, 1987, II, 358 s.

[23] Dal canto suo il convenuto potrà eccepire il difetto di legittimazione passiva (eccezione in senso stretto), adducendo gli elementi probatori atti a dimostrare la mancanza del presupposto dell'azione nei suoi confronti, o, più opportunamente, potrà chiamare in causa il portatore non meritevole dell'immunità *ex* art. 168, chiedendone pertanto la condanna alla restituzione del *perceptum* ai sensi dell'art. 166, comma 2.

[24] *In primis* il possesso dell'originale del titolo da parte del debitore insolvente, che costituisce presunzione *iuris tantum* dell'avvenuto pagamento: Cass., 7 dicembre 1999, cit.; Cass., 14 maggio 1991, n. 5397, in *Riv. dir. civ.*, 1993, II, 391 con nota di Sirena.

[25] F. MARTORANO, *Lineamenti*, 372 testo e nota; LIBERTINI, *Pagamento*, 177 s.

[26] NIGRO, *Art. 68*, 396; CENSONI, *Prescrizione*, 171.

Articolo 169

Atti compiuti tra coniugi, parti di un'unione civile tra persone dello stesso sesso o conviventi di fatto

1. Gli atti previsti dall'articolo 166, compiuti tra coniugi, parti di un'unione civile tra persone dello stesso sesso o conviventi di fatto nel tempo in cui il debitore esercitava un'impresa e quelli a titolo gratuito compiuti tra le stesse persone più di due anni prima della data di deposito della domanda cui è seguita l'apertura della liquidazione giudiziale, ma nel tempo in cui il debitore esercitava un'impresa, sono revocati se il coniuge o la parte di un'unione civile tra persone dello stesso sesso o il convivente di fatto non prova che ignorava lo stato d'insolvenza del debitore.

Francesco Saverio Martorano

Sommario: 1. L'evoluzione normativa della fattispecie. – 2. Presupposti e ambito di applicazione.

1. – Per gli atti di disposizione patrimoniale posti in essere dal fallito a favore del coniuge già l'art. 69 l. fall. prevedeva un regime revocatorio particolarmente rigoroso, fondato sulla duplice presunzione che il soggetto che intrattiene con l'imprenditore una relazione di tipo coniugale possa più agevolmente percepirne lo stato di insolvenza e che, traendo beneficio economico dall'attività esercitata dal coniuge, abbia maggior interesse a coadiuvarlo nella sottrazione di risorse patrimoniali ai creditori dell'impresa.

La norma della legge fallimentare aveva creato però diversi dubbi interpretativi, a cominciare dall'ambito applicativo, che era limitato agli atti a titolo oneroso, i pagamenti e gli atti costitutivi di un diritto di prelazione, con un'evidente differenza rispetto alla disciplina prevista per i medesimi atti dall'art. 67, vista la mancanza di un "periodo sospetto" e con la prova dell'*inscientia decoctionis* posta in ogni caso a carico del coniuge convenuto [1].

[1] Restavano invece esclusi gli atti a titoli gratuito, essendo i creditori concorsuali già tutelati dal divieto di donazioni tra coniugi *ex* art. 781 c.c. Sennonché l'intervenuta declaratoria di illegittimità costituzionale di quest'ultima norma aveva automaticamente creato un *vulnus* nella disciplina fallimentare, perché l'inefficacia *ex lege* prevista dall'art. 64 avrebbe potuto colpire solo gli atti di liberalità compiuti dai coniugi nel biennio anteriore alla dichiarazione di fallimento, ma non quelli ancor più risalenti, sanzionabili dunque solo con la revocatoria ordinaria. Tale lacuna è stata successivamente colmata con la riforma del diritto fallimentare del 2006.

Un'altra problematica riguardava poi i limiti temporali di esercizio dell'azione. Nel sistema previgente, infatti, la mancata indicazione di un periodo sospetto entro cui far valere l'inefficacia dell'atto, unitamente al dubbio sull'applicabilità del termine di prescrizione quinquennale dell'art. 2903 [2], facevano sì che il margine di revocabilità fosse esteso, a ritroso, a tutto il tempo in cui il coniuge fallito aveva esercitato l'attività di impresa [3].

Questa presunzione di insolvenza *sine die* è stata notevolmente temperata dalla previsione dei termini di prescrizione e decadenza per l'esercizio delle azioni revocatorie contemplati dall'art. 69 *bis* l. fall. [4], ora riprodotto in termini praticamente immutati dall'art. 170, che ha indirettamente introdotto un periodo sospetto non voluto dal legislatore, ma che conferisce maggiore stabilità a trasferimenti patrimoniali più risalenti e non necessariamente finalizzati a ledere le garanzie dei creditori.

L'altro significativo riflesso della precedente riforma riguarda invece l'applicabilità, anche alla norma in commento, delle esenzioni previste dall'art. 67 l. fall. (ora art. 166, comma 3), ad eccezione, ovviamente, di quella attinente alle rimesse bancarie [5].

Sempre in chiave di coordinamento con le altre disposizioni in tema di revocatoria, restano tuttora irrisolti due interrogativi.

Il primo riguarda i pagamenti anticipati eventualmente intervenuti tra il debitore insolvente e il *partner*, certamente inefficaci *ex lege* ai sensi dell'art. 164 se compiuti dopo il deposito della domanda cui è seguita l'apertura della procedura concorsuale o nei due anni anteriori. Il problema si pone per quelli antecedenti il biennio, non potendosi equiparare i pagamenti anticipati a quelli scaduti ed esigibili che rientrano nel perimetro dell'art. 166. L'opinione prevalente è però nel senso della loro revocabilità ai sensi dell'art. 169 [6].

Parimenti irrisolta resta poi la questione del pagamento cambiario effettuato dal debitore in favore del *partner*, fattispecie che dovrebbe essere regolata dalla norma in commento, posto che l'art. 168 deroga espressamente al solo art. 166 e non all'art. 169, e considerato altresì che l'anormalità della situazione ben può aver indotto il legislatore a non accordare, in questo caso, la tutela concessa dall'art. 168 al portatore del titolo [7].

---

[2] Termine che in ogni caso non sarebbe decorso dal momento in cui l'atto era stato compiuto, ma dal momento in cui l'azione poteva essere esercitata, ovvero dalla dichiarazione di fallimento, come precisa RAGO, *Manuale*, 787. In senso favorevole all'applicabilità dell'art. 2903, tra gli altri, JORIO, *Le crisi*, 472; STANGHELLINI, *La revoca*, 591, nota 17 e, con riferimento a tutte le revocatorie fallimentari BONFATTI, CENSONI, *Manuale*, 212. In senso contrario a tale soluzione v. PAJARDI, *Il codice*, 508; MARCONE, *Atti*, 231; IANNELLO, *Il nuovo diritto*, 190.

[3] Secondo OPPO, *La revoca*, 340, la scelta legislativa era tanto più assurda se si considera che quanto più l'atto era cronologicamente anteriore alla dichiarazione di fallimento, tanto più avrebbe dovuto presumersi la solvibilità dell'imprenditore. Sul punto v. anche GOMMELLINI, *Art. 69*, 960 s.

[4] Sulla cui applicazione alla fattispecie in commento non vi sono dubbi, stante la chiara indicazione della legge delega: v. SPIOTTA, *Art. 69*, 1081; MONTANARI, *Riduzione*, 1029 ss., GROSSI, *La riforma*, 395.

[5] Per tutti v. SPIOTTA, *Art. 69*, 1081 e GOMMELLINI, *Art. 69*, 962, il quale segnala il maggior rischio di simulazione per le compravendite immobiliari al giusto prezzo di cui all'art. 166, comma 3, lett. *c*).

[6] In questo senso JORIO, *Le crisi*, 471; GUGLIELMUCCI, *Lezioni*, 191; DE FERRA, *Manuale*, 155; SPIOTTA, *Art. 69*, 1080; D'ARRIGO, *Pagamento*, 694; *contra* RAGO, *Manuale*, 750, nt. 16.

[7] Così LIBERTINI, *Pagamento*, 6. La tesi contraria, ispirata dalla volontà di tutelare il *partner* non colluso con il debitore, ritiene applicabile l'art. 169 solo quando manchi il presupposto dell'art. 168, ovvero lo stato di necessità cambiaria del portatore: v. OPPO, *La revoca*, 347; RAGO, *Manuale*, 751; GUGLIELMUCCI, *Lezioni*, 191.

2. – Il Codice della crisi e dell'insolvenza ha modificato, in modo più o meno significativo, i tre elementi probatori che devono supportare l'azione revocatoria.

Quanto alla natura dell'atto revocabile la modifica è ovviamente solo formale, trattandosi di una mera sostituzione numerica dell'art. 67 l. fall. con l'art. 166.

La novità più significativa riguarda invece lo *status* dei soggetti coinvolti, in quanto al tradizionale rapporto coniugale sono stati assimilati quelli che nascono da un'unione civile o da una convivenza di fatto[8].

Per quanto riguarda il vincolo matrimoniale, esso deve sussistere al tempo del compimento dell'atto[9], a nulla rilevando il fatto che, al momento dell'esercizio dell'azione, i coniugi si trovino eventualmente in una condizione di separazione di fatto[10] o legale[11], posto che il legame coniugale si scioglie solo con la sentenza di divorzio o di cessazione degli effetti civili del matrimonio. Stante la *ratio* della norma, inoltre, la revocabilità deve essere riconosciuta anche agli atti compiuti in costanza di matrimonio putativo o di matrimonio successivamente annullato[12].

La revocatoria in esame, come detto, è stata poi estesa agli atti compiuti dalle parti di un'unione civile o di una convivenza di fatto, fattispecie introdotte dalla l. 20 maggio 2016, n. 76[13]. Come per i rapporti coniugali, spetterà al curatore dimostrare la sussistenza

[8] È doveroso peraltro osservare come, qualunque sia la natura del legame "familiare", l'ambito di applicazione della norma continui ad essere ristretto all'insolvenza di un imprenditore individuale, forma di esercizio dell'impresa la cui adozione tende a diminuire, anche per effetto delle politiche legislative degli ultimi decenni tese ad incentivare il ricorso ai modelli societari. Prova ne sia che gli arresti giurisprudenziali degli ultimi anni hanno riguardato atti compiuti in favore del coniuge da soggetti che rivestivano la qualità di socio unico o di socio illimitatamente responsabile fallito in estensione, casi nei quali giustamente è stata esclusa la revocabilità, difettando l'essenziale presupposto della qualità di imprenditore del disponente e la *scientia decoctionis* della società da parte del coniuge: v. Cass., 6 giugno 2018, n. 14681; Cass., 8 agosto 2016, n. 16621, in *Il fallimentarista.it*; Cass., 14 marzo 2014, n. 6028; Cass., 2 aprile 2012, n. 5260, in *Giur. comm.*, 2013, II, 226, con nota di Di Donato.

[9] La norma si ritiene applicabile sia in caso di regime di separazione che di comunione dei beni, potendo, anche in quest'ultimo caso, il coniuge imprenditore disporre di un bene personale o della quota di comunione a lui spettante: così SATTA, *Diritto fallimentare*, 265. Sul punto v. anche RAGO, *Manuale*, 789; RAGUSA MAGGIORE, *Istituzioni*, 249; SPIOTTA, *Art. 69*, 1082.

[10] Trib. Torino, 10 gennaio 1991, in *Fallimento*, 1991, 756.

[11] Cass., 12 aprile 2006, n. 8516, in *Foro it.*, 2006, I, 2756 e in *Fallimento*, 2007, 102 ha considerato revocabile il trasferimento di immobili e la costituzione di diritti reali minori su tali beni contenuti in un accordo di separazione omologato, finalizzato all'adempimento dell'obbligo di mantenimento del coniuge e dei figli minori. Sul tema v. anche Trib. Roma, 17 aprile 2003, in *Dir. prat. soc.*, 2004, 92. *Contra* GALLESIO PIUMA, *Effetti*, 68, che, pur ritenendo tale soluzione rispettosa della norma, osserva come in costanza di separazione, e dunque in assenza di comunione di vita, viene meno «ogni possibile supposto movente di complicità tra i coniugi».

Va precisato che anche la costituzione di un fondo patrimoniale, in quanto atto gratuito, se compiuto oltre due anni prima dell'apertura della liquidazione giudiziale, potrà essere revocato ai sensi dell'art. 169. Al riguardo, vigente l'art. 69 l. fall., v. Cass., 18 marzo 1994, n. 2604; Cass., 28 novembre 1990, n. 11449, in *Fallimento*, 1991, 365; Trib. Roma, 4 aprile 2002, in *Fallimento*, 2003, 328.

[12] Non si ritiene, infatti, che la retroattività degli effetti della sentenza di annullamento possa prevalere sull'intento fraudolento perseguito dai coniugi nel periodo di effettiva comunione di vita, come osserva PAJARDI, *Manuale di diritto*, 338; v. anche D'ARRIGO, *Pagamento*, 693.

[13] È stata così colmata una lacuna da sempre segnalata dalla dottrina, ovvero l'assenza di considerazione per le situazioni di convivenza *more uxorio* e la conseguente sperequazione tra famiglia di diritto e famiglia di fatto: su tale profilo critico v. SPIOTTA, *Art. 69*, 1080, ove ulteriori riferimenti di dottrina e giurisprudenza.

dell'unione o della convivenza al momento del compimento dell'atto revocabile; accertamento che nel caso delle unioni civili è più agevole, essendo basato, ai sensi dell'art. 1, comma 3, l. n. 76 del 2016, sulla registrazione dell'atto nell'archivio di stato civile, che assicura la pubblicità e l'efficacia dello *status* nei confronti dei terzi. Più problematica appare invece la definizione di tale profilo con riguardo alla convivenza di fatto, fattispecie i cui elementi costitutivi sono la sussistenza di un legame affettivo di coppia e la reciproca assistenza morale e materiale (art. 1, comma 36), mentre la dichiarazione resa dai conviventi all'anagrafe e iscritta nell'apposito registro assume funzione e portata meramente dichiarativa. Ai nostri fini ciò significa che la questione andrà risolta sul piano strettamente probatorio, potendo la curatela invocare l'applicazione dell'art. 169 sulla base della sola registrazione, lasciando al *partner* convenuto l'onere di dimostrare il carattere fittizio della dichiarazione e l'assenza dei suddetti elementi costitutivi della convivenza [14].

L'altra novità sostanziale apportata dalla riforma attiene al terzo profilo probatorio dell'azione. Difatti, mentre l'art. 69 richiedeva che al momento del compimento dell'atto il fallito rivestisse la qualità di imprenditore *commerciale*, la disposizione novellata fa un generico riferimento all'esercizio di un'attività di impresa [15]. Si può presumere che con tale modifica si sia inteso risolvere un dubbio sollevato dalla precedente disciplina nel caso in cui l'atto revocabile fosse stato compiuto quando il coniuge esercitava un'impresa diversa da quella per la quale era stato dichiarato il fallimento. In questo caso la dottrina era già concorde nel ritenere che l'atto fosse revocabile, in quanto comunque posto in essere in costanza di vincolo matrimoniale e dunque con la complicità dell'altro coniuge [16]. Ferma la validità di tale conclusione, è da presumere che, con la suddetta modifica testuale, il legislatore abbia voluto consentire la revoca anche di quegli atti compiuti quando la precedente impresa condotta dal debitore insolvente aveva natura non commerciale.

Infine, nell'ipotesi in cui entrambe le parti del rapporto di coppia siano imprenditori, ma solo uno di essi si trovi in liquidazione giudiziale, nulla impedirà al curatore di azionare la revocatoria aggravata *de qua* [17]. Ciò non sarà invece possibile qualora i coniugi siano entrambi assoggettati alla procedura concorsuale, perché in tal caso lo stesso atto non può essere suscettibile di revoca in senso inverso e non è possibile presumere una collusione in frode ai creditori che operi nei due sensi [18].

---

[14] Analoga situazione processuale dovrebbe poi presentarsi qualora le parti abbiano deciso di formalizzare il legame mediante la stipula di un «contratto di convivenza», fattispecie negoziale tipizzata dall'art. 1, comma 50, l. n. 76 del 2016, potendo anche in tal caso il *partner* convenuto fornire la prova del suo carattere simulato.

[15] È ovvio quindi che l'atto compiuto nel periodo sospetto, ma quando ancora il debitore non esercitava attività di impresa, non può essere revocato *ex* art. 169 c.c.i., ma solo *ex* artt. 166 e 2901 c.c.: così RAGO, *Manuale*, 745 e SPIOTTA, *Art. 69*, 1082.

[16] Così NATOLI, *Azione*, 921; RAGUSA MAGGIORE, *Istituzioni*, 265; D'ARRIGO, *Pagamento*, 693. Per la stessa *ratio*, quindi, il regime aggravato dell'art. 169 non potrà applicarsi qualora l'atto sia stato compiuto *medio tempore* tra due periodi di esercizio dell'attività imprenditoriale: così D'ARRIGO, *Pagamento*, 693.

[17] OPPO, *La revoca*, 340; RAGO, *Manuale*, 790; *contra* GALLESIO PIUMA, *Effetti*, 70, secondo cui non si possono privilegiare i creditori di uno dei due coniugi a danno dei creditori dell'altro.

[18] SPIOTTA, *Art. 69*, 1080; RAGO, *Manuale*, 790; GALLESIO PIUMA, *Effetti*, 70.

Articolo 170

Limiti temporali delle azioni revocatorie e di inefficacia

1. Le azioni revocatorie e di inefficacia disciplinate nella presente sezione non possono essere promosse dal curatore decorsi tre anni dall'apertura della liquidazione giudiziale e comunque si prescrivono decorsi cinque anni dal compimento dell'atto.

2. Quando alla domanda di accesso a una procedura concorsuale segue l'apertura della liquidazione giudiziale, i termini di cui agli articoli 163, 164, 166, commi 1 e 2, e 169 decorrono dalla data di pubblicazione della predetta domanda di accesso.

Gianvito Giannelli

Sommario: 1. L'ambito di applicazione oggettivo della norma. – 2. La natura costitutiva delle azioni. – 3. La consecuzione delle procedure concorsuali.

1. – Il legislatore del Codice riprende il testo dell'art. 69-*bis*, l. n. 267 del 1942, introdotto dal d.lgs. 9 gennaio 2006, n. 5, con alcune modifiche non trascurabili.

La prima è che cambia la rubrica della norma che non prevede più la dicitura «*Decadenza dall'azione e computo dei termini*» (art. 69-*bis* l. fall., come modificato dal d.l. 22 giugno 2012, n. 83, conv. dalla l. 7 agosto 2012, n. 134) ma «*Limiti temporali delle azioni revocatorie e di inefficacia*»; scompare quindi il riferimento al termine triennale dall'apertura della liquidazione giudiziale come termine di decadenza (in realtà scompare il riferimento alla decadenza dalle azioni), mentre il termine quinquennale dal compimento dell'atto viene espressamente definito termine di prescrizione («*le azioni si prescrivono* …»), a differenza di quanto prevedeva la l'art. 69-*bis* l. fall. che lo qualificava, invece, come termine di decadenza[1]; la rubrica della norma, inoltre, fa riferimento sia alle azioni revocatorie che di inefficacia (a differenza di quanto prevedeva l'art. 69-*bis*. l. fall., il che è corretto perché comprende le azioni di cui agli artt. 163 (inefficacia degli atti a titolo gratuito), 164 (inefficacia del pagamento dei crediti non scaduti e postergati), 166 (revocatoria fal-

[1] Cass., 29 marzo 2016, n. 6045, ovviamente nel vigore dell'art. 69-*bis* l. fall.; secondo la Suprema Corte, la qualificazione del termine come di decadenza implicava la inapplicabilità dei termini di sospensione ed interruzione, non operanti nelle ipotesi di decadenza, ma non influiva sul regime della rilevabilità che postulava l'eccezione di parte secondo il principio posto dall'art. 2969 c.c. e, pertanto, non era rilevabile di ufficio.

limentare) e 169 (revocatoria degli atti compiuti tra coniugi) e cioè si riferisce sia alle azioni di inefficacia che a quelle di revocatoria propriamente dette[2].

Inoltre, il riferimento alle azioni contemplate dalla presente sezione (la IV) consente di comprendere anche le azioni di revocatoria ordinaria che così, oltre al termine normale (civilistico) di prescrizione quinquennale dal compimento dell'atto[3], sono assoggettate anche al termine di decadenza triennale dalla apertura della liquidazione giudiziale[4]; nonché, ancora, le azioni di inefficacia, soluzione che così ripropone, almeno dal punto di vista sistematico, le perplessità di chi aveva ritenuto che le azioni di inefficacia rimanessero al di fuori del campo di applicazione dell'art. 69-*bis* l. fall. e fossero, quindi, imprescrittibili[5] salva la prescrizione del diritto alla restituzione del bene[6].

Premesso allora che la norma pone l'esigenza di circoscrivere temporalmente il periodo di esercizio delle azioni e ciò per evidenti ragioni di sicurezza e stabilizzazione dei rapporti giuridici perfezionatisi ante apertura della liquidazione giudiziale, il termine quinquennale viene definito di prescrizione, aspetto sul quale la dottrina, vigente la legge fallimentare, non nutriva particolari dubbi se non per la perplessità dogmatica (comune anche ai termini di decadenza) di definire di prescrizione un termine che comincia a decorrere prima che la relativa azione sia diventata procedibile (art. 2935 c.c.)[7]; non vi è dubbio poi che il termine triennale decorrente dalla apertura della liquidazione giudiziale sia di decadenza e, quindi, decorra senza interruzioni automaticamente e non possa essere interrotto. In questo modo, si giustifica la contestuale precisazione di un duplice termine; l'uno (di prescrizione) conformato su base soggettiva e pertanto che tenga conto degli impedimenti all'esercizio del diritto cui si riferisce; l'altro (di decadenza) destinato a fungere da limite estremo della situazione di soggezione in cui versa la controparte e, quindi ad impronta rigorosamente oggettiva[8].

2. – L'art. 170, comma 1, nell'affermare che le azioni non possono essere promosse dal curatore decorsi tre anni dall'apertura della liquidazione giudiziale, conferma la natura costitutiva delle medesime[9] e quindi la impossibilità di interrompere la decorrenza del termine con atti diversi dalla proposizione delle azioni (oltre che di ottenere ordinanze anticipatorie di condanna *ex* artt. 186-*ter* e 186-*quater* c.p.c.); più dubbia è la possibilità di

[2] FABIANI, *Il diritto*, 228.

[3] FAUCEGLIA, *Il nuovo diritto*, 198.

[4] FARINA, *Decadenza nell'esercizio*, 706; FAUCEGLIA, *Il nuovo diritto*, 198; MONTANARI, *Art. 69*-bis, 1094; l'A. non si nasconde la difficoltà di ragionare in termini di decadenza a proposito delle azioni che non sono costitutive e, quindi di indole potestativa; POLISENO, *Gli effetti*, 451.

[5] MONTANARI, *Art. 69*-bis, 1094; LIMITONE, *Art. 69-bis*, 517; TARZIA, *La tutela*, 374; *contra* NIGRO, *Art. 69*-bis, 401.

[6] ANGIOLINO, *Art. 69*, 759; FABIANI, *Il diritto*, 228; MONTANARI, *Art. 69*-bis, 1094; LIMITONE, *Art. 69*-bis, 518.

[7] BONFATTI, *Gli effetti*, 227; M. FABIANI, *Il diritto della crisi*, cit., 227.

[8] BONFATTI, *Gli effetti*, 231; MONTANARI, *Art. 69*-bis, 109; v. però lo stesso sulla vischiosità di una tradizione che continua a definire come prescrizionale il termine cui l'azione sarebbe assoggettata.

[9] CAVALLINI, GABOARDI, *Art. 70*, 323; FAUCEGLIA, *Il nuovo diritto*, 199; punto ROCCO DI TORRE PADULA, *La reintegrazione*, 191 ss.

ottenere provvedimenti *ex* art. 186-*bis* c.p.c. perché le azioni di revocatoria sono costitutive *ma non necessariamente costitutive*; nel senso che non si può escludere che tali azioni possano produrre effetti accessori di condanna (alle spese o al pagamento di somme di denaro) che sarebbero immediatamente esecutive prima ancora del passaggio in giudicato[10]. Come che sia, la natura costitutiva delle azioni comporta che esse producano effetti solo con il passaggio in giudicato ed *ex nunc*, fatta salva l'ipotesi che la sentenza contenga un capo di condanna al pagamento di somme ed in questo caso sarebbe immediatamente esecutiva[11]. Inoltre, dal momento che l'accoglimento dell'azione revocatoria incide sulla posizione giuridica del terzo, non solo consentendo il recupero del bene o del valore alla massa fallimentare, ma anche impedendo che il negozio revocato possa spiegare effetti minacciando la stessa certezza dei rapporti giuridici, si giustifica l'esigenza di un maggior formalismo (la notificazione della domanda giudiziale) per la comunicazione al terzo della volontà della curatela di intraprendere il giudizio revocatorio e la conseguente efficacia impeditiva del termine di decadenza previsto dall'art. 170[12].

3. – Il termine di prescrizione decorre dal compimento dell'atto per evitare che siano promosse azioni revocatorie a distanza di molto tempo e, pertanto, riguarda anche le ipotesi di consecuzione di procedure concorsuali (arg. *ex* art. 170, comma 2) avviate ai sensi dell'art. 40 e, quindi i concordati preventivi (artt. 46 e 84), gli accordi in esecuzione di un piano attestato (art. 56), le richieste di omologazione di un accordo di ristrutturazione del debito (art. 57), le convenzioni di moratoria (art. 62), le transazioni fiscali (art. 63), i piani di ristrutturazione soggetti ad omologazione (art. 64-*bis*) o, ancora, la revocatoria aggravata degli atti infragruppo (art. 91, d.lgs. n. 8 luglio 1999, n. 270)[13], il concordato semplificato (art. 25-*sexies*), non invece gli strumenti di composizione della crisi (art. 12 ss.) che non sono procedure concorsuali in senso stretto non coinvolgendo tutti i creditori.

[10] FABIANI, *Il diritto*, 230.
[11] CAVALLINI, GABOARDI, *Art. 70*, 330; FAUCEGLIA, *Il nuovo diritto*, 199.
[12] CAVALLINI, GABOARDI, *Art. 70*, 325.
[13] MONTANARI, *Art. 69*-bis, 1090.

Articolo 171

Effetti della revocazione

1. La revocatoria dei pagamenti avvenuti tramite intermediari specializzati, procedure di compensazione multilaterale o società previste dall'art. 1 della legge 23 novembre 1939, n. 1966, si esercita e produce effetti nei confronti del destinatario della prestazione.

2. Colui che, per effetto della revoca prevista dalle disposizioni precedenti, ha restituito quanto aveva ricevuto è ammesso al passivo della liquidazione giudiziale per il suo eventuale credito.

3. Qualora la revoca abbia ad oggetto atti estintivi di posizioni passive derivanti da rapporti di conto corrente bancario o comunque rapporti continuativi o reiterati, il terzo deve restituire una somma pari alla differenza tra l'ammontare massimo raggiunto dalle sue pretese, nel periodo per il quale è provata la conoscenza dello stato d'insolvenza, e l'ammontare residuo delle stesse, alla data in cui si è aperto il concorso. Resta salvo il diritto del convenuto d'insinuare al passivo un credito d'importo corrispondente a quanto restituito.

Gianvito Giannelli

Sommario: 1. Il legittimato passivo nella azione revocatoria dei pagamenti. – 2. L'insinuazione al passivo per l'importo restituito. – 3. Gli effetti della revocatoria per i rapporti di conto corrente bancario e per i rapporti continuativi e reiterati.

1. – L'articolo in commento riprende il testo dell'art. 70 l. fall., come modificato dal d.l. 14 maggio 2005, n. 35, conv. in l. 14 maggio 2005, n. 80 e, per quanto riguarda l'ultimo comma, dall'art. 4, d.lgs. 12 settembre 2007, n. 169.

L'obiettivo del legislatore, in quella che è stata la prima delle grandi riforme della legge fallimentare, è stato quello di circoscrivere gli effetti dell'esercizio dell'azione revocatoria, limitando le storture della medesima che di fatto portavano all'utilizzo della revocatoria per finanziare le curatele e, quindi, per attuare veri e propri trasferimenti di ricchezza dalle banche alle curatele, così redistribuendo la ricchezza a vantaggio di categorie di creditori meno protette.

Di questo disegno è già consapevole il comma 1 della norma che, recependo la novella del 2005, indica come legittimato passivo dell'azione revocatoria il beneficiario ultimo dei pagamenti ancorché il pagamento sia stato intermediato da banche, intermediari iscritti nell'albo speciale *ex* art. 106 TUB, sistemi multilaterali di pagamento e società fiduciarie [1]. È allora apprezzabile l'inclusione degli intermediari bancari e finanziari non espressamente contemplati dalla novella del 2005 [2]. In altre parole si vuole evitare che le banche ed altri soggetti accomunati siano soggetti passivi dell'azione revocatoria per avere intermediato pagamenti a favore di altri soggetti terzi (clienti) che siano stati i beneficiari della prestazione per somme ricevute tramite i sistemi di pagamento da imprenditori successivamente attinti da liquidazione giudiziale. Una diversa scelta avrebbe portato ad un ingiustificato arricchimento a favore delle curatele ed a scapito dei sistemi di pagamento che avrebbero fatto da tramite delle rimesse accreditate sui conti dei clienti.

Le società fiduciarie previste dall'art. 1, comma 1, l. 23 novembre 1939, n. 1966 sono, invece, le società fiduciarie e di revisione abilitate alla amministrazione di beni per conto dei terzi ma non autorizzate a prestare dei servizi di investimento dei patrimoni dei fiducianti «*con esclusione della competenza in ordine alle attribuzioni di carattere strettamente patrimoniale riservate agli iscritti negli albi professionali e speciali*» (art. 1, comma 2, l. n. 1966 del 1939. A differenza degli intermediari specializzati in esecuzione e ricezione dei pagamenti in favore di soggetti terzi, le società fiduciarie, incaricate *ex lege* della sola amministrazione dei beni affidati, sono chiamate a ricevere i pagamenti dei terzi nell'interesse dei fiducianti e quindi sarebbero esposte, senza la previsione in parola all'azione revocatoria da parte del curatore [3].

Il comma 1 della norma in commento è ispirato dalla stessa *ratio* del comma 3 che, nel disciplinare gli effetti dell'accoglimento dell'azione revocatoria nei confronti delle rimesse solutorie nei rapporti di conto corrente, esclude che il soggetto attinto dall'azione possa essere condannato a restituire più di ciò che ha effettivamente incassato e ritenuto; ma di ciò parleremo più avanti.

Piuttosto, vale la pena di sottolineare che il principio della individuazione dell'effettivo beneficiario della prestazione non si applica a qualsiasi ipotesi di interposizione, ma solo agli intermediari specializzati, cioè alle banche, agli intermediari finanziari *ex* artt. 106 e 107 TUB e agli istituti di moneta elettronica; nonché, ancora alle società fiduciarie *ex* l. 23 novembre 1939, n. 1966.

2. – Il comma 2 prevede il diritto di essere ammesso al passivo di colui che abbia restituito quanto ricevuto. Innanzi tutto, da' titolo all'inserimento al passivo solo l'effettiva restituzione di quanto ricevuto e non l'essere stato semplicemente soccombente nell'azione revocatoria [4], il che significa che ai fini della delibazione della domanda di insinuazione diventano decisive la restituzione dell'importo incassato a fronte di un credito e

[1] Opportunamente nota BONFATTI, *La disciplina*, 233 che la disposizione più che in termini di esenzione dalla revocatoria debba essere intesa nel senso di individuazione del soggetto beneficiario.

[2] CAVALLINI, GABOARDI, *Art. 70*, 322.

[3] BONFATTI, *La disciplina*, 238; CAVALLINI, GABOARDI, *Art. 70*, 339.

[4] GUGLIELMUCCI, *Diritto fallimentare*, 167; né tale credito può essere insinuato prima della restituzione dell'importo revocato, perché credito condizionale: ANGIOLINO, *Art. 69*, 761; LIMITONE, *Revocatoria concorsuale*, 150 ss.

la sentenza che ha pronunciato, anche in primo grado, sulla inefficacia dell'atto o del pagamento revocato, senza necessità che occorra aspettare l'esito delle successive pronunce in sede di impugnazione[5]; inoltre, ha diritto al partecipare al ricavato dell'attivo solo colui che abbia proposto domanda di insinuazione secondo le regole del concorso[6]; va precisato che il creditore soccombente nell'azione revocatoria non vanta il diritto ad insinuarsi per l'intero importo effettivamente restituito alla curatela, in quanto l'insinuazione del credito da restituzione delle somme non si sottrae alle regole del concorso, nonché ancora alla valutazione in termini di legittimità della insinuazione medesima; il che significa che l'importo da insinuare dovrà essere depurato delle somme illegittimamente percepite, quali ad esempio gli interessi illegittimamente capitalizzati o percepiti in misura superiore alla soglia dei tassi usurari ecc. Secondo Cass., SS.UU., 16 febbraio 2022, n. 5049 il terzo ammesso al passivo potrà avvalersi delle eventuali garanzie che assistevano il suo credito[7].

In termini più generali, la disposizione è sicuramente di sistema in quanto ispirata dalla *ratio* di far gravare su tutti i creditori la partecipazione al rischio (*rectius* all'insolvenza) di impresa in misura proporzionale ai crediti vantati, depurati dalle somme illegittimamente percepite.

Il diritto alla insinuazione non spetta, invece, né al terzo beneficiario di atti a titolo gratuito, né sorge in capo al terzo subacquirente che può vantare il proprio credito solo nei confronti del suo diretto dante causa e non nei confronti del debitore assoggettato alla liquidazione giudiziale[8].

Nel caso in cui la revocatoria abbia per oggetto una cosa determinata è dubbio se il soccombente abbia o meno diritto a riprendersi la cosa o ad insinuarsi al passivo per il valore corrispondente (ciò che si ammette almeno nell'ipotesi in cui la cosa sia venuta meno) e, in particolare, se abbia diritto ad essere insinuato per il valore della cosa depurata delle utilità nel frattempo percepite[9]. Come che sia, la disposizione pare offrire argomenti a favore della teoria della natura redistributiva dell'azione revocatoria, diretta cioè ad una redistribuzione delle perdite e, quindi, del rischio, conseguenti alla insolvenza tra tutti coloro che hanno beneficiato nel periodo sospetto degli atti di disposizione patrimoniale dell'imprenditore nella consapevolezza dello stato di insolvenza[10].

---

[5] CAVALLINI, GABOARDI, *Art. 70*, 333.

[6] Quindi il creditore revocato deve proporre domanda di insinuazione al passivo e non azione riconvenzionale nel giudizio di revocatoria: ANGIOLINO, *Art. 69*, 761; Trib. Milano, 18 giugno 1998, in *Fallimento*, 1998, 1190; Trib. Milano, 8 marzo 1993, in *Fallimento* 1993, 668.

[7] *Contra* FABIANI, *Il diritto*, 229, secondo il quale, quando il credito estinto con pagamento successivamente revocato è assistito da garanzia reale o da privilegio speciale, il diritto di prelazione non rivive perché cessa una volta effettuato il pagamento.

[8] POLISENO, *Gli effetti*, 446 ss., 452; ANGIOLINO, *Art. 69*, 762; sul punto ROCCO DI TORRE PADULA, *La reintegrazione*, 191 ss.; GUGLIELMUCCI, *Diritto fallimentare*, 163.

[9] BONFATTI, *La disciplina*, 245; TERRANOVA, *Effetti del fallimento*, 105 ss.; ID., Par condicio, 10 ss.; De MATTEIS, *Obbligazione restitutoria*, 409; FERRI JR., *Le pretese*; MAFFEI ALBERTI, *Il danno*, 192; ANGIOLINO, *Art. 69*, 762; CAVALLINI, GABOARDI, *Art. 70*, 333.

[10] Su queste tematiche e sulla contrapposizione tra natura redistributiva e natura indennitaria della revocatoria fallimentare v. TERRANOVA, *Effetti del fallimento*, 105 ss.; ID., Par condicio, 10 ss.; De MATTEIS, *Obbligazione restitutoria*, 409; FERRI JR., *Le pretese*; MAFFEI ALBERTI, *Il danno*, 192.

3. – Come abbiamo anticipato, il comma 3 della norma disciplina gli effetti dell'accoglimento per i rapporti continuativi o reiterati. La disposizione si riferisce ai rapporti regolati in conto corrente, quindi anche ai rapporti di conto corrente non bancario, ma non solo e si estende a tutti i rapporti continuativi o reiterati; quindi, anche ai rapporti di somministrazione [11]. La norma, in applicazione della teoria del massimo scoperto, dispone che qualora la revoca abbia ad oggetto atti estintivi di posizioni passive derivanti da rapporti in conto corrente bancario o di natura reiterata e continuativa, il terzo deve restituire un importo pari alla differenza tra l'ammontare massimo raggiunto dal suo credito, per il periodo per il quale è provata la conoscenza dello stato di insolvenza, e l'ammontare residuo delle stesse alla data in cui si è aperto il concorso. In altre parole, ciò che viene restituito è pari alla differenza tra l'esposizione debitoria massima e l'importo residuo al momento della apertura del concorso [12].

Con questa disposizione il legislatore, già dalle riforme del 2005-2007, ha voluto circoscrivere gli effetti distorsivi di una applicazione della revocatoria fallimentare che colpiva le singole rimesse solutorie, cosicché l'effetto restitutorio coincideva con la somma delle rimesse revocande, indipendentemente dall'effettivo beneficio che il terzo (la banca) ne avesse tratto [13].

Questa disposizione va coordinata con l'art. 166, comma 3, lett. *b*), secondo cui non sono revocabili le rimesse effettuate su un conto corrente bancario che non hanno ridotto in maniera durevole l'esposizione del debitore nei confronti della banca. Premesso allora che l'area di esenzione riguarda le rimesse che non hanno ridotto in maniera durevole l'esposizione (l'aggettivo consistente è stato eliminato dall'art. 2, d.lgs. n. 147 del 2000, probabilmente a causa dei problemi interpretativi che suscitava) [14], la disposizione dell'art. 171, comma 3, costituisce un limite generale alla restituzione delle rimesse che non rientrano nell'esenzione prevista dall'art. 166, comma 3, lett. *b*). Questo, ancora, significa che l'art. 171 disciplina gli effetti complessivi (restitutori) dell'azione revocatoria delle rimesse ma non l'oggetto dell'azione che riguarda pur sempre le singole rimesse, trattandosi, anzi, di una pluralità di azioni fondate su fatti costitutivi diversi [15].

---

[11] POLISENO, *Gli effetti*, 452; *contra* CAVALLINI, GABOARDI, *Art. 70*, 341.

[12] POLISENO, *Gli effetti*, 446 ss., 451.

[13] Secondo ROCCO DI TORRE PADULA, *La reintegrazione*, 193 con questa norma si è voluto proteggere i creditori abituali che hanno sostenuto l'imprenditore insolvente.

[14] POLISENO, *Gli effetti*, 445.

[15] ANGIOLINO, *Art. 69*, 762; POLISENO, *Gli effetti*, 445; TARZIA, *Revocatoria di rimesse*, 647 ss.

Articolo 172
Rapporti pendenti

1. Se un contratto è ancora ineseguito o non compiutamente eseguito nelle prestazioni principali da entrambe le parti al momento in cui è aperta la procedura di liquidazione giudiziale l'esecuzione del contratto, fatte salve le diverse disposizioni della presente sezione, rimane sospesa fino a quando il curatore, con l'autorizzazione del comitato dei creditori, dichiara di subentrare nel contratto in luogo del debitore, assumendo, a decorrere dalla data del subentro, tutti i relativi obblighi, ovvero di sciogliersi dal medesimo salvo che, nei contratti ad effetti reali, sia già avvenuto il trasferimento del diritto.

2. Il contraente può mettere in mora il curatore, facendogli assegnare dal giudice delegato un termine non superiore a sessanta giorni, decorso il quale il contratto si intende sciolto.

3. In caso di prosecuzione del contratto, sono prededucibili soltanto i crediti maturati nel corso della procedura.

4. In caso di scioglimento del contratto, il contraente ha diritto di far valere nel passivo della liquidazione giudiziale il credito conseguente al mancato adempimento, senza che gli sia dovuto risarcimento del danno.

5. L'azione di risoluzione del contratto promossa prima dell'apertura della liquidazione giudiziale nei confronti della parte inadempiente spiega i suoi effetti nei confronti del curatore, fatta salva, nei casi previsti, l'efficacia della trascrizione della domanda; se il contraente intende ottenere con la pronuncia di risoluzione la restituzione di una somma o di un bene, ovvero il risarcimento del danno, deve proporre la domanda secondo le disposizioni di cui al capo III del presente titolo.

6. Sono inefficaci le clausole negoziali che fanno dipendere la risoluzione del contratto dall'apertura della liquidazione giudiziale.

7. Sono salve le norme speciali in materia di contratti pubblici.

Paolo Felice Censoni

Sommario: 1. Il quadro normativo, i principi direttivi della delega e le novità più rilevanti rispetto alla disciplina previgente. – 2. Sospensione, esecuzione o scioglimento del rapporto pendente. – 3. L'ambito di applicabilità della relativa disciplina. – 4. Il subingresso del curatore; lo scioglimento del rapporto. – 5. La sorte dell'azione di risoluzione per inadempimento e del risarcimento dei danni nella liquidazione giudiziale.

1. – Nella sezione V del capo I del titolo V il Codice si occupa in modo specifico degli effetti della liquidazione giudiziale sui «*rapporti giuridici pendenti*», cioè sui rapporti non completamente eseguiti al momento dell'apertura del procedimento [1].

Dei ventuno articoli dedicati a detti rapporti il primo introduce le regole generali, integrate anche dall'art. 175 («*contratti di carattere personale*»); ben sei si occupano della vendita o di contratti affini alla vendita (art. 173: «*contratti preliminari*» [di vendita immobiliare]; art. 174: «*contratti relativi a immobili da costruire*»; art. 178: «*vendita con riserva di proprietà*»; art. 179: «*contratti ad esecuzione continuata o periodica*»; art. 180: «*restituzione di cose non pagate*»; art. 181: «*contratto di borsa a termine*»); altri undici si occupano dei contratti di «*locazione finanziaria*» (art. 177), «*associazione in partecipazione*» (art. 182), «*conto corrente, mandato, commissione*» (art. 183), «*affitto di azienda*» (art. 184), «*locazione di immobili*» (art. 185), «*appalto*» (art. 186); «*assicurazione*» [contro i danni] (art. 187), nonché dei «*rapporti di lavoro subordinato*» (artt. 189, 190 e 191) e dei «*finanziamenti destinati ad uno specifico affare*» (art. 176); uno si limita a rinviare ad altra legge speciale per il «*contratto di edizione*», nel caso di liquidazione giudiziale a carico dell'editore (art. 188); uno sembra addirittura estraneo alla materia in esame (l'art. 192), riguardando i procedimenti arbitrali, che, più correttamente, potevano essere inseriti nella disciplina degli effetti della liquidazione giudiziale per il debitore; in compenso, una norma contenuta fra quelle della sezione III – l'art. 159, relativo alla *rendita perpetua* e alla *rendita vitalizia* – poteva essere senz'altro inserita nella sezione V.

Si tratta, come in passato per la legge fallimentare, di una disciplina frammentaria e insufficiente: numerosi contratti tipici, assai frequenti nell'attività delle imprese commerciali, quali i contratti bancari diversi dal conto corrente bancario, il contratto di agenzia, la locazione di mobili, il contratto di deposito, ecc., non sono neppure menzionati.

Peraltro, la sorte di taluni rapporti non è disciplinata nel Codice, ma nel codice civile (ad esempio, il *contratto di società*) o in altre leggi speciali (ad esempio, la *cessione dei crediti di impresa*: art. 7, commi 2 e 3, l. 21 febbraio 1991, n. 52; il *contratto di edizione*: art. 135, l. 22 aprile 1941, n. 633).

Da un primo e superficiale confronto fra il precedente testo dell'art. 72, l. fall. e quello dell'art. 172 si possono constatare alcune novità, ad esempio laddove la prededucibilità dei crediti del contraente *in bonis*, in caso di prosecuzione del rapporto pendente, è stata limitata a quelli «*maturati nel corso della procedura*»: disposizione che riguarda in particolare la prosecuzione dei contratti ad esecuzione continuata o periodica come i contratti di somministrazione; o laddove, nel comma 7, l'art. 172 fa «*salve le norme speciali in materia di contratti pubblici*» (quindi essenzialmente quelle contenute nel relativo Codice di cui al d.lgs. 18 aprile 2016, n. 50, in particolare negli artt. 48, 80, 110 e 174, così come modificati anche dall'art. 372).

2. – Secondo il comma 1 della norma qui in esame, applicabile anche al contratto preliminare, se un rapporto è ancora ineseguito o non compiutamente eseguito da entrambe le parti quando nei confronti di una è stata disposta la liquidazione giudiziale, l'esecuzione di esso, fatte salve diverse disposizioni della stessa sezione V (ma, in effetti, fatte salve anche le diverse disposizioni contenute nel codice civile o in altre leggi), «*rimane sospesa fino*

[1] Sul tema cfr. anche BROGI, *I rapporti pendenti*, 1183 ss.

a quando il curatore, con l'autorizzazione del comitato dei creditori, dichiara di subentrare nel contratto in luogo del debitore, assumendo, a decorrere dalla data del subentro, tutti i relativi obblighi, ovvero di sciogliersi dal medesimo, salvo che, nei contratti ad effetti reali, sia già avvenuto il trasferimento del diritto».

La regola principale è dunque la sospensione dell'esecuzione del contratto, peraltro conforme ai principi generali in materia contrattuale, relativamente agli strumenti di autotutela privata diretti a conseguire o l'adempimento esatto della prestazione da parte dell'altro contraente o la risoluzione del rapporto[2].

Fintanto che il curatore non si sia espresso in un senso o nell'altro, disinteressandosi del rapporto pendente, l'esecuzione di questo rimane sospesa; è quindi possibile che il rapporto rimanga in tale stato fino alla chiusura della liquidazione giudiziale.

Peraltro il protrarsi dell'incertezza circa la sorte del rapporto finirebbe per pregiudicare il contraente *in bonis*, il quale sarebbe costretto a tenersi pronto ad adempiere, fino a quando il curatore non si sia espresso in un senso o nell'altro; ciò spiega la disposizione del comma 2 dell'art. 172, secondo cui «*il contraente può mettere in mora il curatore, facendogli assegnare dal giudice delegato un termine non superiore a sessanta giorni, decorso il quale il contratto si intende sciolto*».

In questo modo anche il contraente *in bonis* può provocare lo scioglimento del rapporto pendente.

Il curatore è libero di decidere se subentrare nel rapporto o se sciogliersi dal medesimo; sia nell'un caso sia nell'altro, però, prima di manifestare al contraente *in bonis* la sua decisione, deve essere autorizzato in modo specifico dal comitato dei creditori (indipendentemente dalla natura di ordinaria o di straordinaria amministrazione del contratto), a meno che il subingresso o lo scioglimento non costituiscano eventualmente oggetto del programma di liquidazione di cui all'art. 213 (che deve indicare fra l'altro «*gli atti necessari per la conservazione del valore dell'impresa*»); peraltro, l'autorizzazione allo scioglimento del contratto può risultare anche implicitamente da quella (del giudice delegato a norma dell'art. 123, comma 1, lett. *f*) a resistere in giudizio alla pretesa del contraente *in bonis* all'esecuzione del medesimo; e non sembra necessaria neppure nel caso previsto dal comma 2 dell'art. 172, cioè quando il giudice delegato, su richiesta del contraente *in bonis*, abbia assegnato al curatore un termine per pronunziarsi, poiché lo scioglimento si produce automaticamente a seguito del decorso del suddetto termine; mentre, sempre in caso di assegnazione del termine, non dovrebbe essere discutibile la necessità dell'autorizzazione del comitato dei creditori al subingresso.

Una disciplina diversa è, però, stabilita per il caso in cui il tribunale abbia autorizzato l'esercizio dell'impresa a norma dell'art. 211, il cui comma 8 dispone, infatti, che «*durante l'esercizio i contratti pendenti proseguono, salvo che il curatore non intenda sospenderne l'esecuzione o scioglierli*», fermo restando che, a norma del comma 9, «*al momento della cessazione dell'esercizio*» tornano ad applicarsi le regole comuni della sezione V: tutto ciò analogamente a quanto prevede anche l'ultima proposizione dell'ultimo cpv. dell'art. 212, in

[2] Sugli strumenti di autotutela "passiva" nel campo dei contratti con prestazioni corrispettive cfr. BONGIORNO, *L'autotutela esecutiva*, 62 ss.; in generale sugli strumenti di autotutela privata cfr. BIGLIAZZI GERI, *Profili sistematici*, 1 ss.

caso di affitto di azienda o di rami di azienda da parte del curatore e di retrocessione degli stessi alla liquidazione giudiziale (*«ai rapporti pendenti al momento della retrocessione si applicano le disposizioni di cui alla sezione V del capo I del titolo V»*).

3. – L'ambito di applicabilità degli artt. 172 ss. va poi delimitato sotto tre profili.

A) Innanzitutto bisogna verificare che l'atto dal quale il rapporto ha avuto origine sia opponibile alla massa a norma dell'art. 145: è necessario cioè che prima dell'apertura della liquidazione giudiziale siano state compiute le eventuali formalità previste dalla legge per l'opponibilità degli atti ai terzi; il curatore che intenda sottrarsi agli obblighi previsti dal contratto non ha nessuna necessità di provocarne lo scioglimento, ben potendo limitarsi a richiamare quella disposizione; ciò che vale anche per l'ipotesi di continuazione *ex lege* del rapporto pendente.

È poi superfluo aggiungere che, poiché l'inopponibilità di cui all'art. 145 è stabilita (solo) nell'interesse della massa, nulla impedisce al curatore, che intenda invece subentrare nel rapporto pendente, di non avvalersi di quel potere.

B) La seconda condizione è che il rapporto sia ancora «*pendente*» a quel momento, nel senso che le obbligazioni derivanti dallo stesso siano ancora «*ineseguite*», in tutto o almeno in parte, con riferimento sia al contraente insolvente, sia al contraente *in bonis* (*«da entrambe le parti»*): si tratta, quindi, di una definizione convenzionale, la cui utilità, però, sembra limitata ad alcuni contratti a prestazioni corrispettive (come la vendita, la somministrazione, l'appalto), piuttosto che a tutti i contratti indistintamente.

Comunque, per verificare se il rapporto sia ancora pendente al momento dell'apertura della liquidazione giudiziale nel senso sopra considerato, occorre fare riferimento alle *«prestazioni principali»* sia dell'una sia dell'altra parte, trascurando le obbligazioni accessorie.

Tuttavia, a proposito dell'inciso contenuto nell'ultima parte del comma 1 dell'art. 172 (*«salvo che, nei contratti ad effetti reali, sia già avvenuto il trasferimento del diritto»*), perché un contratto di vendita di cosa specifica sia ritenuto "pendente" a norma dell'art. 172, occorre, per un verso, che il compratore non abbia ancora pagato (almeno in parte) il prezzo del bene acquistato e, per un altro verso, che il venditore, a sua volta, non abbia adempiuto nessuna delle due obbligazioni principali che a lui fanno carico, perché, se il *«trasferimento del diritto»* è già avvenuto, quel rapporto – per scelta legislativa – non può essere considerato ancora "pendente", mentre potrebbe esserlo, ad esempio, nel caso di vendita di cosa futura (art. 1472 c.c.) o in quella di vendita di cosa altrui (art. 1478 c.c.).

C) La terza e ultima condizione sta nell'afferenza dei contratti pendenti al patrimonio assoggettato all'esproprio a norma dell'art. 142; conseguentemente non deve trattarsi di contratti destinati al soddisfacimento delle esigenze essenziali di vita del debitore e della sua famiglia, come si desume, in particolare, dalla disciplina relativa ai beni esclusi dalla liquidazione giudiziale (art. 146) e da quella relativa alla concessione di un sussidio a titolo di alimenti per il debitore e la sua famiglia (art. 147).

4. – Il subingresso del curatore rientra nel sistema della sostituzione concorsuale (artt. 128, comma 1 e 142); in alcuni casi, peraltro, la sostituzione non è possibile, ad esempio quando, anteriormente all'apertura del procedimento, il contratto si sia già risolto di diritto; oppure quando si sia già sciolto in conseguenza di un accordo risolutivo (eventualmente soggetto ad azione revocatoria) o dell'esercizio della facoltà di recesso concessa in contratto ad una delle due parti; oppure quando la prestazione del contraente *in bonis* sia divenuta totalmente impossibile a norma dell'art. 1463 c.c.

Nel caso, invece, che la prestazione dovuta da quest'ultimo sia divenuta eccessivamente onerosa per il verificarsi di avvenimenti straordinari e imprevedibili, il curatore potrebbe ugualmente subentrare nel contratto, offrendo di modificarne equamente le condizioni, a norma dell'art. 1467, comma 3, c.c.

In caso di liquidazione giudiziale di una delle parti, il contratto può sciogliersi o per legge (ad esempio i contratti di conto corrente e di commissione) o per decisione del curatore (art. 172, comma 1) o per inutile decorso del termine stabilito dal giudice delegato su istanza del contraente *in bonis* (art. 172, comma 2).

In ogni caso l'effetto dello scioglimento è definitivo e tale resta sia dopo l'eventuale revoca della procedura (in applicazione dell'art. 53, comma 1), sia dopo la sua chiusura.

Poiché la liquidazione giudiziale per se stessa non costituisce causa di inadempimento delle obbligazioni, lo scioglimento che consegue all'applicazione della norma qui in esame non si identifica propriamente con la risoluzione per inadempimento di cui all'art. 1453 c.c.; è certo, infatti, che il contraente *in bonis* che subisca danno dallo scioglimento del rapporto non ha diritto ad alcun risarcimento, né verso la massa (a parte specifiche eccezioni: v. ad esempio l'art. 184), né personalmente verso il debitore insolvente; è salvo solo il credito per il risarcimento dei danni già maturati al momento della apertura della liquidazione giudiziale a seguito di un eventuale inadempimento del debitore precedente rispetto a quel momento (art. 172, comma 4), da farsi valere nelle forme dell'accertamento del passivo come qualsiasi altro credito concorsuale.

Per se stessa, tuttavia, la liquidazione giudiziale non costituisce neppure una causa di impossibilità sopravvenuta della prestazione; e conseguentemente l'inammissibilità del diritto al risarcimento dei danni può spiegarsi esclusivamente con la particolare posizione di "terzo" attribuita al curatore di fronte al rapporto giuridico pendente prima della decisione di subentrare in esso.

Uno dei problemi più rilevanti legati alla qualificazione di detto scioglimento come recesso (con efficacia *ex nunc*) o come risoluzione (con efficacia *ex tunc*: v. art. 1458, comma 1, c.c.) resta quello, assai controverso in passato con riferimento alla legge fallimentare, del diritto del curatore alla restituzione di eventuali acconti o della caparra corrisposti dal debitore prima della liquidazione giudiziale al contraente *in bonis*, dovendo altresì chiedersi se fra le reciproche obbligazioni di restituzione esista, a sua volta, un nesso di corrispettività, tale da consentire, ad esempio, alla parte pronta a restituire di opporre all'altra l'*exceptio inadimpleti contractus*; oppure se fra le menzionate obbligazioni sia ammissibile la compensazione.

5. – In passato quando, prima della dichiarazione di fallimento, il contraente *in bonis* avesse già adempiuto la sua prestazione (per esempio, il venditore avesse già trasferito la proprietà e il possesso della cosa venduta), ci si era domandati se ed eventualmente a quali condizioni lo stesso potesse chiedere giudizialmente la risoluzione del contratto per inadempimento del fallito ed il risarcimento dei danni[3].

[3] Sul punto cfr. RUISI (CENSONI), *Disciplina generale*, 527 ss.; e ZANARONE, *La risoluzione*, 65 ss.

In generale, per ciò che riguardava il primo punto, la risposta era stata negativa, escludendosi sia che il contraente *in bonis* fosse legittimato a chiedere (e ad ottenere) nei confronti della massa, dopo la dichiarazione di fallimento, la risoluzione per inadempimento di cui agli artt. 1453 ss., c.c.; sia che il fallimento o lo stato di insolvenza costituissero casi di forza maggiore o cause di sopravvenuta impossibilità di adempiere ai sensi degli artt. 1256 e 1463 c.c.

In particolare, con riferimento all'ipotesi del venditore *in bonis* che avesse già consegnato al compratore poi fallito la cosa venduta e che tentasse di recuperarla con l'azione di risoluzione, si era osservato che, riconoscendo al venditore, oramai divenuto creditore (concorsuale) per il prezzo, il diritto di chiedere la risoluzione per inadempimento (e quindi la restituzione della cosa venduta), si sarebbero violati due principi: tanto quello dell'indisponibilità patrimoniale che conseguiva alla dichiarazione di fallimento e che gravava anche sul bene già consegnato al compratore fallito, quanto quello della *par condicio creditorum*, poiché il venditore-creditore concorsuale si sarebbe visto soddisfatto mediante la restituzione del bene, anziché nel concorso, come tutti gli altri.

A ciò si aggiungeva l'argomento tratto dall'inopponibilità reale della pronuncia di risoluzione, sancita dalla disposizione dell'art. 1458 c.c., secondo cui la risoluzione del contratto per inadempimento ha effetto retroattivo tra le parti; e non pregiudica i diritti acquistati dai terzi (fra i quali andava compresa anche la massa creditoria fallimentare), salvi gli effetti della trascrizione della domanda di risoluzione, per i contratti che avessero ad oggetto beni immobili[4].

Peraltro, soprattutto in giurisprudenza[5], si era venuto consolidando un orientamento diretto a riconoscere l'efficacia reale (sulle cose vendute al fallito) delle azioni di risoluzione per inadempimento esercitate prima della dichiarazione di fallimento e ancora in corso al momento di questa, sempre che, trattandosi di beni immobili, la domanda fosse stata tempestivamente trascritta. A tale conclusione si era soliti arrivare sulla base di vari argomenti, tratti ora dal riconoscimento di un diritto quesito dell'altro contraente alla risoluzione o dalla retroattività del giudicato alla data della domanda, ora dalla prevalenza dell'art. 111, ult. comma, c.p.c., che stabilisce la regola dell'efficacia della sentenza nei confronti del successore a titolo particolare nel diritto controverso, sull'art. 1458, comma 2, c.c., che stabilisce invece la regola della salvezza dei diritti acquistati dai terzi prima della risoluzione. Regole analoghe sarebbero valse, poi, per i casi di risoluzione di diritto non ancora perfezionatasi prima dell'apertura del procedimento.

Sulla sorte dell'azione di risoluzione esercitata prima della dichiarazione di fallimento era poi intervenuta una delle più interessanti novità della riforma del 2006/2007, avendo il legislatore recepito nell'art. 72, comma 5, l. fall. quella interpretazione giurisprudenziale oramai consolidata, che ne ammetteva la prosecuzione anche nei confronti del curatore, fatta salva, nei casi previsti, l'efficacia della trascrizione della domanda giudiziale (ad esempio, per i contratti aventi ad oggetto beni immobili); e fatta salva altresì l'inefficacia delle clausole negoziali che facevano dipendere la risoluzione del contratto dal fallimento

---

[4] Sul punto cfr., in particolare, ZANARONE, *La risoluzione*, 292 ss.

[5] Cfr., ad esempio, Cass., 11 ottobre 1994, n. 8295, in *Fallimento*, 1995, 392; e Cass., 21 febbraio 1994, n. 1648, *ivi*, 1994, 701.

(art. 72, comma 6, l. fall., ora recepito dal comma 6 dell'art. 172); con l'ulteriore precisazione che, se il contraente *in bonis* intendeva ottenere con la pronuncia di risoluzione la restituzione di una somma o di un bene, ovvero il risarcimento del danno, doveva assoggettarsi alle forme dell'accertamento del passivo.

Questa stessa scelta è stata fatta anche ora, senza variazioni, dal comma 5 della disposizione qui in esame, che tuttavia non mancherà di creare una serie di problemi, in relazione al coordinamento fra il giudizio di risoluzione e quello diretto invece a ottenere la restituzione di una somma o di un bene, quale risultato finale dell'esercizio vittorioso dell'azione di risoluzione.

Anche per ciò che riguarda il risarcimento dei danni fino ad oggi era stato assolutamente pacifico che occorresse distinguere: quelli prodotti dall'inadempimento del fallito anteriormente alla dichiarazione di fallimento potevano essere fatti valere come crediti concorsuali secondo le regole generali; quelli successivi all'inizio del procedimento e conseguenti alla sospensione o allo scioglimento del rapporto pendente, non potevano essere fatti valere in alcun modo nel fallimento.

Anche il legislatore della recente riforma ha seguito il medesimo orientamento nel comma 4 della norma qui in esame; d'altra parte, se il curatore ha una facoltà di scelta fra esecuzione e scioglimento, l'esercizio di quella facoltà nel senso dello scioglimento in nulla si distingue da un recesso e, dunque, da esso in nessun modo possono derivare conseguenze pregiudizievoli per la massa.

Articolo 173

Contratti preliminari

1. Il curatore può sciogliersi dal contratto preliminare di vendita immobiliare anche quando il promissario acquirente abbia proposto e trascritto prima dell'apertura della liquidazione giudiziale domanda di esecuzione in forma specifica ai sensi dell'articolo 2932 del codice civile, ma lo scioglimento non è opponibile al promissario acquirente se la domanda viene successivamente accolta.

2. In caso di scioglimento del contratto preliminare di vendita immobiliare trascritto ai sensi dell'articolo 2645-bis del codice civile, il promissario acquirente ha diritto di far valere il proprio credito nel passivo, senza che gli sia dovuto il risarcimento del danno, e gode del privilegio di cui all'articolo 2775-bis del codice civile, a condizione che gli effetti della trascrizione del contratto preliminare non siano cessati anteriormente alla data dell'apertura della liquidazione giudiziale.

3. Fatto salvo quanto previsto dall'articolo 174, il contratto preliminare di vendita trascritto ai sensi dell'articolo 2645-bis del codice civile non si scioglie se ha ad oggetto un immobile ad uso abitativo destinato a costituire l'abitazione principale del promissario acquirente o di suoi parenti ed affini entro il terzo grado ovvero un immobile ad uso non abitativo destinato a costituire la sede principale dell'attività di impresa del promissario acquirente, sempre che gli effetti della trascrizione non siano cessati anteriormente alla data dell'apertura della liquidazione giudiziale e il promissario acquirente ne chieda l'esecuzione nel termine e secondo le modalità stabilite per la presentazione delle domande di accertamento dei diritti dei terzi sui beni compresi nella procedura.

4. Nei casi di subentro del curatore nel contratto preliminare di vendita, l'immobile è trasferito e consegnato al promissario acquirente nello stato in cui si trova. Gli acconti corrisposti prima dell'apertura della liquidazione giudiziale sono opponibili alla massa in misura pari alla metà dell'importo che il promissario acquirente dimostra di aver versato. Il giudice delegato, una volta eseguita la vendita e riscosso interamente il prezzo, ordina con decreto la cancellazione delle iscrizioni relative ai diritti di prelazione, nonché delle trascrizioni dei pignoramenti e dei sequestri conservativi e di ogni altro vincolo.

Fabrizio Tangorra

Sommario: 1. Effetti della liquidazione giudiziale sul contratto preliminare e potere di scioglimento del curatore. – 2. Il contratto preliminare avente a oggetto un immobile a uso abitativo destinato a costituire l'abitazione principale o la sede principale dell'impresa. – 3. Il subentro del curatore nel contratto preliminare.

1. – La disposizione in commento, a dispetto della rubrica, regola esclusivamente i contratti preliminari di vendita immobiliare, ma l'interprete potrà applicarla estensivamente al preliminare di ogni altro negozio traslativo di beni immobili.

La disciplina è completata dall'art. 172, che detta i principi generali, e dall'art. 174, relativo ai preliminari di immobili da costruire.

Pur mancando un espresso richiamo (presente, invece, nel precedente art. 72, comma 3, l. fall.), non si dubita che, in ossequio alla regola generale enunciata dal comma 1 dell'art. 172, anche il contratto preliminare che, all'apertura della procedura di liquidazione giudiziale, risulti ancora ineseguito o non compiutamente eseguito nelle prestazioni principali, è da considerarsi sospeso, in attesa che il curatore sciolga la riserva in ordine al subentro o allo scioglimento. Essendo la stipula del contratto definitivo l'obbligazione principale derivante dal contratto preliminare, questo è da considerarsi in corso di esecuzione qualora al momento dell'apertura della procedura non sia stato ancora concluso il contratto definitivo o non sia passata in giudicato la sentenza costitutiva *ex* art. 2932 c.c. che a esso tiene luogo [1].

Il potere del curatore di sciogliersi dal contratto preliminare, di principio, non trova ostacoli nella trascrizione dello stesso ai sensi dell'art. 2645-*bis* c.c. (come si rileva dal comma 2, su cui si dirà *infra*), né nella trascrizione della domanda di esecuzione in forma specifica ai sensi dell'art. 2932 c.c. In quest'ultimo caso, però, il legislatore della riforma ha precisato – accogliendo una soluzione chiaramente ispirata alla sentenza n. 18131 del 2015 delle SS.UU. della corte di cassazione [2] – che lo scioglimento non è opponibile al promissario acquirente che abbia proposto e trascritto la domanda prima dell'apertura della liquidazione giudiziale, se la domanda viene successivamente accolta.

Il fondamento della norma – che, secondo la Relazione illustrativa, «*coniuga il rispetto dei principi in materia di trascrizione delle domande giudiziali e del relativo effetto prenotativo, con la salvaguardia delle ragioni della massa, nel caso in cui la domanda di esecuzione in forma specifica del contratto preliminare non sia accolta*» – deve cogliersi nella massima chiovendiana, richiamata dalle Sezioni Unite, per cui la durata del processo non deve tornare a danno di chi ha ragione.

Solo in questi termini – è stato condivisibilmente notato [3] – si giustifica la disparità di trattamento rispetto al contratto preliminare trascritto ai sensi dell'art. 2645-*bis* c.c. Esso, infatti, a mente del comma 2 (e salvo quanto previsto dal comma 3), può essere sciolto dal curatore – senza che osti l'efficacia prenotativa della trascrizione – e il promissario acquirente, può far valere il proprio credito restitutorio nel passivo, senza che gli sia dovuto il risarcimento del danno, godendo del privilegio speciale sull'immobile oggetto del preliminare di cui all'art. 2775-*bis* c.c. a condizione che gli effetti della trascrizione non siano cessati anteriormente alla data di apertura della procedura. Tale privilegio, però, oltre a

---

[1] Non rileva invece l'anticipata esecuzione del contratto, realizzata con la consegna del bene o il pagamento del prezzo. Sul tema cfr. LUMINOSO, *Vendita, preliminare*, 237 ss.

[2] Cass., SS.UU., 16 settembre 2015, n. 18131, in *Foro it.*, 2015, I, 3488, con nota di Fabiani; e già Cass., SS.UU., 7 luglio 2004, n. 12505, in *Foro it.*, 2004, I, 3038; richiamandosi a Cass., 3 gennaio 1975, n. 1, in *Foro it.*, 1975, I, 304. Per una ampia ricostruzione del lungo e travagliato percorso interpretativo v. GABRIELLI, *Il contratto preliminare*, 613 ss.

[3] LUMINOSO, *I contratti preliminari*, 1069.

essere l'ultimo nell'ordine dei privilegi speciali sugli immobili *ex* art. 2780, n. 5-*bis*), c.c., non è opponibile ai creditori garantiti da ipoteca relativa a mutui erogati al promissario acquirente per l'acquisto dell'immobile nonché ai creditori garantiti da ipoteca ai sensi dell'art. 2825-*bis* c.c.[4]. Inoltre, trattandosi secondo l'opinione prevalente, accolta dalla giurisprudenza del Supremo Collegio[5], di privilegio iscrizionale, esso, in deroga all'art. 2748 c.c., non è opponibile alle ipoteche anteriori[6].

2. – Il potere del curatore di sciogliersi dal contratto preliminare di vendita trascritto incontra un limite – delineato dal comma 3, che riprende il disposto della legge fallimentare apportandovi significative novità – al ricorrere di tre condizioni: *a)* la prima relativa all'oggetto, dovendo trattarsi di un immobile a uso abitativo destinato a costituire l'abitazione principale del promissario acquirente o di suoi parenti e affini entro il terzo grado ovvero un immobile a uso non abitativo destinato a costituire la sede principale dell'attività di impresa del promissario acquirente[7]; *b)* la seconda, della perdurante efficacia degli effetti della trascrizione anteriormente alla data di apertura della liquidazione giudiziale; *c)* la terza, introdotta dal Codice, che il promissario acquirente ne chieda l'esecuzione nel termine e secondo le modalità stabilite per la presentazione delle domande di accertamento dei diritti dei terzi sui beni compresi nella procedura.

Il fondamento della norma è stato ampiamente indagato in dottrina nel vigore della precedente disposizione della legge fallimentare[8], ravvisandosi nella volontà del legislatore di rafforzare la posizione contrattuale del promissario acquirente a tutela di preminenti interessi connessi al soddisfacimento di bisogni abitativi o all'esercizio dell'impresa[9].

La norma (che fa salva la previsione dell'art. 174), rispetto al precedente disposto dell'art. 72, ult. comma, l. fall., non sembra delineare una eccezione all'applicazione del principio generale della sospensione dei contratti sancito (all'epoca dal comma 1 dell'art. 72 l. fall., e ora) dall'art. 172, quanto piuttosto un limite al potere del curatore di sciogliersi dai suddetti contratti. Da ciò consegue che, all'apertura della liquidazione giudiziale, non si configura un automatico subingresso del curatore nel contratto preliminare[10], onerandosi, invece, il promissario acquirente – se interessato a proseguire nel rapporto – di chiederne l'esecuzione nel termine e secondo le modalità stabilite per la presentazione delle domande di accertamento dei diritti dei terzi. Non è, invece, preclusa al curatore la possibilità di optare, con le modalità dell'art. 172, per il subentro nel contratto, dovendosi

[4] Ossia, l'ipoteca iscritta su edificio o complesso condominiale, anche da costruire o in corso di costruzione, a garanzia di un mutuo fondiario a finanziamento dell'intervento edilizio, per la quota di debito derivante dal predetto finanziamento che il promissario acquirente si sia accollata con il contratto preliminare o con altro atto successivo.

[5] Cass., SS.UU., 1 ottobre 2009, n. 21045, in *Riv. notar.*, 2010, II, 772 ss.

[6] Sul punto cfr. CHIANALE, *L'ipoteca*, 417 ss.

[7] Ma, in quest'ultimo caso, non dei suoi parenti o affini. In dottrina si è rilevato come la norma, stante l'identità di *ratio*, deve ritenersi applicabile anche all'immobile destinato all'esercizio di attività intellettuali: così CALVO, *Contratto preliminare*, 197.

[8] Sul punto cfr. DI MARZIO, *Vendita e procedure*, 1200 ss.

[9] In una prospettiva più ampia, cfr. D'ATTORE, *Contratti pendenti*, 920 ss.

[10] Come era invece stabilito, implicitamente, dall'art. 72, comma 8, l. fall.: cfr. PATTI, *Gli effetti*, 1598 ss.

applicare in quest'ultimo caso – come si dirà meglio *infra* – il comma 4 della disposizione in commento.

Riguardo al procedimento endofallimentare, si è rilevato in dottrina, da un canto, che esso si sostanzia in un giudizio di esecuzione in forma specifica ai sensi dell'art. 2932 c.c.; dall'altro canto, che, facendo il testo di legge un mero rinvio ai termini per la presentazione delle domande di accertamento dei diritti dei terzi, poiché la domanda di insinuazione può essere proposta sino a quando non siano esaurite tutte le ripartizioni dell'attivo (art. 208, comma 3), il promissario acquirente ben potrebbe rimanere inerte per tutta la procedura per poi chiedere l'esecuzione in via supertardiva [11].

3. – Il legislatore della riforma detta una disciplina fortemente innovativa del subentro del curatore nel contratto preliminare, contenuta nel comma 4 della disposizione in commento. La norma fa discendere dal subentro nel contratto tre ordini di conseguenze.

In primo luogo, in ossequio al principio che è inesigibile una prestazione di *facere* a spese dei creditori, si prevede che l'immobile sia trasferito e consegnato al promissario acquirente nello stato in cui si trova [12]. Ciò, peraltro, in ipotesi di immobile ancora in corso di costruzione, comporta una deroga alla regola generale del subentro nella medesima posizione contrattuale e una modifica del contenuto del contratto preliminare, che non avrà più come esito il trasferimento del bene ultimato. Sembra allora doveroso che anche la prestazione del promissario acquirente sia corrispettivamente adeguata rispetto a quella originariamente da lui dovuta [13].

In secondo luogo – con una disposizione che suscita seri dubbi di legittimità costituzionale [14] – si limita (e precisamente si dimezza) l'opponibilità nei confronti della massa degli acconti sul prezzo che il promissario acquirente dimostri di aver versato prima dell'apertura della procedura [15]. In ultimo – sulla scia della sentenza n. 3310 del 2017 della

---

[11] Sottolinea la questione BOZZA, *L'accertamento*, 1212, il quale propone altresì una lettura restrittiva, che costringa il promissario acquirente ad agire entro trenta giorni dall'udienza di verifica, ossia solo in via tempestiva, "forzando" il riferimento letterale fatto dalla norma al «*termine*» al singolare. Lo stesso Autore nota, però, come la trasmissione della domanda presuppone che il curatore abbia comunicato l'avviso di cui all'art. 200 ai promissari acquirenti che si trovino nelle condizioni dell'articolo, non potendosi negare altrimenti la presentazione di domande tardive o supertardive.

[12] La norma, è stato rilevato, fa pensare a una vendita con esclusione della garanzia per vizi o mancanza di qualità: così LUMINOSO, *I contratti preliminari*, 1075.

[13] Cfr. DI AMATO, *Diritto della crisi*, 172, che ipotizza l'applicazione della disciplina di diritto comune in tema di impossibilità sopravvenuta parziale della prestazione (art. 1464 c.c.).

[14] Cfr. GABRIELLI, *Il contratto preliminare*, 632; DE SANTIS, *Gli effetti della liquidazione*, 460.

[15] La Relazione illustrativa giustifica la disposizione in virtù di un bilanciamento di interessi tra quello del promissario acquirente ad acquistare un bene libero da iscrizioni e trascrizioni pregiudizievoli e quello dei creditori che potrebbero perdere le garanzie del credito, senza ottenere l'adempimento («*così nel caso, non infrequente, in cui il promissario acquirente abbia pagato la maggior parte del prezzo prima dell'apertura della procedura e ciò malgrado il curatore non abbia rinvenuto, nel patrimonio del debitore, risorse sufficienti al pagamento del creditore ipotecario*»). La norma, tuttavia, non subordina la parziale opponibilità degli acconti all'esistenza di gravami da cancellare, così costringendo in ogni caso il promissario acquirente a reiterare il pagamento della metà di quanto già corrisposto. Cfr. BOZZA, *L'accertamento*, 1212.

Corte di cassazione[16] – si dispone che, eseguita la vendita e riscosso il prezzo, il giudice delegato ordini la cancellazione delle iscrizioni nonché delle trascrizioni dei pignoramenti, dei sequestri conservativi e di ogni altro vincolo.

Incerto è l'ambito di applicazione della disposizione e, cioè, se con la locuzione «nei casi di subentro del curatore nel contratto preliminare di vendita» debba farsi riferimento alle sole ipotesi di subentro volontario del curatore o altresì a ogni ipotesi di subentro, anche *ex lege*, come nelle ipotesi disciplinate dal terzo e dal comma 1[17].

Pur nell'ambiguità del dato normativo, sembra maggiormente convincente l'interpretazione restrittiva della norma, autorevolmente avanzata[18], per cui il disposto del comma 4 debba applicarsi esclusivamente alle ipotesi in cui sia il curatore a decidere volontariamente di subentrare nel preliminare e non anche quando la prosecuzione del rapporto sia imposta ai sensi del comma 3 o 1. Milita in tal senso, in particolare, la lettera della norma che fa appunto riferimento al subentro del curatore, quando invece le ipotesi del comma 1 e 3 si risolvono in provvedimenti giudiziali.

[16] Cass., 8 febbraio 2017, n. 3310, in *Dir. fall.*, 2017, 889, con nota di Tarzia.

[17] In questo senso BROGI, *I rapporti pendenti*, 1188 ss.

[18] LUMINOSO, *I contratti preliminari*, 1073 ss.

Articolo 174
Contratti relativi a immobili da costruire

1. I contratti di cui all'articolo 5 del decreto legislativo 20 giugno 2005, n. 122, si sciolgono se, prima che il curatore comunichi la scelta tra esecuzione o scioglimento, l'acquirente abbia escusso la fideiussione a garanzia della restituzione di quanto versato al costruttore, dandone altresì comunicazione al curatore. In ogni caso, la fideiussione non può essere escussa dopo che il curatore ha comunicato di voler dare esecuzione al contratto.

Fabrizio Tangorra

Sommario: 1. I contratti relativi a immobili da costruire. – 2. Le ulteriori tutele apprestate dal d.lgs. 20 giugno 2005, n. 122, a favore degli acquirenti di immobili da costruire.

1. – La disposizione in commento riproduce pedissequamente il precedente art. 72-*bis* l. fall., il quale, a sua volta, ribadiva un profilo della disciplina dettata dal d.lgs. 20 giugno 2005, n. 122, sulla tutela dei diritti patrimoniali degli acquirenti degli immobili da costruire. Pur nell'identicità del testo normativo, la disposizione in parola, aggiungendosi a quelle dettate dagli artt. 172 e 173, va a queste ultime coordinata e armonizzata nel nuovo sistema, che si arricchisce altresì delle novelle apportate dal Codice al suddetto d.lgs. n. 122 del 2005.

Riprendendo le elaborazioni degli interpreti nel vigore del precedente testo [1], può dirsi che l'ambito di applicazione della disposizione è quello – come richiamato nella norma – dei contratti di cui all'art. 5, d.lgs. n. 122 del 2005, ossia i contratti aventi ad oggetto il trasferimento non immediato della proprietà o di altro diritto reale di godimento di immobili da costruire [2], conclusi da una persona fisica [3] con un «*costruttore*» che agisca nell'esercizio dell'impresa.

[1] Su cui v. BARBA, *Art. 72*-bis, 1018 ss.; DIMUNDO, *Art. 72-bis*, 943 ss.

[2] Per tali intendendosi gli immobili per i quali sia stato richiesto il permesso di costruire e che siano ancora da edificare o la cui costruzione non risulti essere stata ultimata, versando in uno stato tale da non consentire ancora il rilascio del certificato di agibilità (art. 1, lett. *d*). Per l'esclusione dal perimetro applicativo della norma della c.d. «vendita su carta», ossia quella conclusa prima ancora della richiesta del permesso di costruire, v.

Per tali contratti, il d.lgs. n. 122 del 2005 impone (art. 2), a pena di nullità che può essere fatta valere unicamente dall'acquirente, che il costruttore rilasci all'acquirente una fideiussione a garanzia delle somme corrisposte (e da corrispondere sino alla conclusione del contratto definitivo di compravendita), rilasciata da una banca o da una assicurazione e conforme al modello approvato con decreto del Ministero della Giustizia del 6 giugno 2022, n. 125 [4]. I contratti preliminari aventi a oggetto immobili da costruire devono, altresì, essere stipulati per atto pubblico o scrittura privata autenticata e il loro contenuto è dettagliatamente tipizzato dal legislatore (art. 6) [5].

Ebbene, anche siffatti contratti, quando ancora pendenti alla data di apertura della liquidazione giudiziale, in applicazione della regola generale enunciata dall'art. 172, sono sospesi, in attesa che il curatore si determini in ordine al subentro o allo scioglimento. A differenza, però, della regola generale, in questo caso la norma riconosce al promissario acquirente un diritto potestativo di recesso dal contratto, da esercitarsi mediante un duplice adempimento: l'escussione della fideiussione e la comunicazione al curatore [6].

Con l'escussione della fideiussione, il promissario acquirente può recuperare integralmente le somme versate e gli interessi legali maturati sulle stesse (art. 3, comma 1, d.lgs. n. 122 del 2005), sottraendosi al rischio della falcidia concorsuale.

Il potere dell'acquirente di sciogliersi dal contratto incontra un limite temporale costituito dalla comunicazione del curatore di voler dare esecuzione al contratto. In altre parole, l'eventuale contrasto tra la determinazione del curatore di voler proseguire il rapporto contrattuale e la volontà del promissario acquirente di recedere è risolto dal legislatore in base al principio della prevenzione: chi tra i due esercita prima la propria scelta, vincola l'altro [7].

Corte cost., 19 febbraio 2018, n. 32, in *Foro it.*, 2018, 5, I, 1493; Cass., 14 dicembre 2020, n. 28390, in *DeJure*. Sul concetto di immobile da costruire cfr. D'Amico, *La compravendita*, 253 ss.

[3] È discusso se il destinatario della tutela debba intendersi la persona fisica in genere o solo il *consumatore*: per le varie opinioni cfr. Calice, *Vendita di immobili*, 1269.

[4] Ai sensi dell'art. 3, comma 7, d.lgs. n. 122 del 2005 (come novellato dall'art. 385 del Codice), l'efficacia della fideiussione non cessa al completamento dell'immobile, ma nel momento in cui il fideiussore riceve copia dell'atto di trasferimento della proprietà o di altro diritto reale di godimento sull'immobile o dell'atto definitivo di assegnazione il quale contenga la menzione degli estremi identificativi della polizza c.d. «decennale postuma» e della sua conformità al decreto ministeriale. Per le varie opinioni circa la natura giudica della fideiussione di cui agli artt. 2 e 3, d.lgs. n. 122 del 2005 cfr. da ultimo i contributi raccolti in AA.VV., *Gli immobili.*

[5] Il comma 1-*bis* dell'art. 5, d.lgs. n. 122 del 2005 sancisce l'irrinunciabilità da parte dell'acquirente delle tutele apprestate dal medesimo decreto, «ogni clausola contraria è nulla e deve intendersi non apposta».

[6] Il legislatore della riforma non ha colto l'occasione di chiarire se, per realizzare l'effetto dissolutivo, siano o meno necessari entrambi gli adempimenti. In dottrina si è affermato che l'escussione della fideiussione costituisca non un atto dichiarativo, bensì di una ipotesi di negozio attuativo, con la conseguenza che allo scioglimento del contratto l'acquirente perviene non mediante la comunicazione al curatore di una espressa dichiarazione della sua volontà di sciogliersi dal vincolo contrattuale, bensì mediante un negozio attuativo integrato dal comportamento costituito dall'escussione della fideiussione in uno all'invio della dichiarazione di attuata escussione. Sul punto v. Barba, *Art. 72-bis*, 1018.

[7] Ben si comprende come sia di fondamentale rilievo l'esatta determinazione del momento in cui si realizza l'effetto dissolutivo del contratto quando a recedere sia il promissario acquirente (cfr. la nota precedente). Ricevuta la comunicazione del curatore di voler subentrare al contratto, il promissario acquirente non potrà

La scelta sulla prosecuzione del contratto resta, invece, nella esclusiva disponibilità del curatore. In caso di subentro, troverà applicazione il comma 4 dell'art. 173, con le conseguenze ivi indicate[8]: l'immobile è trasferito e consegnato nello stato in cui si trova; gli acconti versati sono dimidiati nei confronti della massa; il giudice delegato, eseguita la vendita e riscosso il prezzo, ordina la cancellazione dei gravami.

2. – Un accenno meritano le ulteriori tutele garantite dal d.lgs. n. 122 del 2005 agli acquirenti di immobili da costruire. In particolare, l'art. 9 del suddetto decreto riconosce all'acquirente a cui l'immobile sia stato già consegnato e adibito ad abitazione principale propria, del coniuge o di una parente di primo grado, anche ove abbia escusso la fideiussione, il diritto di prelazione sull'acquisto dell'immobile al prezzo definitivo raggiunto nell'incanto[9].

La prelazione, come detto, spetta all'acquirente anche nel caso in cui abbia escusso la fideiussione e, quindi, abbia lui stesso provocato lo scioglimento. Tuttavia qualora l'acquirente abbia acquistato l'immobile, per effetto dell'esercizio del diritto di prelazione, ad un prezzo inferiore alle somme riscosse in sede di escussione della fideiussione, la differenza deve essere restituita al fideiussore, qualora l'immobile acquistato abbia consistenza e caratteristiche tipologiche e di finitura corrispondenti a quelle previste nel contratto stipulato con il costruttore. Ove non ricorra tale condizione, l'eventuale eccedenza da restituire al fideiussore deve risultare da apposita stima.

Tale diritto di prelazione non ha, però, efficacia reale, essendo precluso al promissario acquirente di agire nei confronti dell'aggiudicatario per il riscatto. Il promissario acquirente leso potrà agire nei confronti dell'autorità che ha proceduto alla vendita per incanto solo per il risarcimento dei danni subiti.

In ultimo, l'art. 10, d.lgs. n. 122 del 2005 – con una disposizione poi ripresa e ampliata prima dall'art. 67 l. fall. e adesso dall'art. 166 – prevede una esenzione da revocatoria per gli atti a titolo oneroso che hanno come effetto il trasferimento di immobili da costruire nei quali l'acquirente si impegni a stabilire, entro dodici mesi dalla data di acquisto, la residenza propria o dei suoi familiari.

più escutere la fideiussione. Sembra invece possibile per quest'ultimo escutere la fideiussione anche dopo che il curatore, anticipando il promissario acquirente, si sia determinato a sciogliere il contratto. La soluzione si lascia preferire sia per l'aderenza al dato letterale, sia per l'irragionevolezza degli esiti dell'opposta interpretazione. Cfr. LUMINOSO, *Vendita, preliminare*, 262.

[8] Su cui cfr. il commento al precedente articolo. Per il dibattito, nel vigore della legge fallimentare, in ordine alla possibilità del curatore di subentrare al contratto avente a oggetto un immobile da costruire cfr., con opposte soluzioni: LUMINOSO, *Vendita, preliminare*, 287 ss.; GUGLIELMUCCI, *Gli effetti*, 287 ss.

[9] Corte cost., 24 febbraio 2022, n. 43, ha dichiarato l'illegittimità costituzionale del combinato disposto degli artt. 1, comma 1, l. 2 agosto 2004, n. 210 (legge delega), 1, comma 1, lett. *d)* e 9, comma 1, d.lgs. n. 122 del 2005, nella parte in cui non riconoscono il diritto di prelazione anche alle persone fisiche che abbiano acquistato prima che sia stato richiesto il permesso di costruire.

Articolo 175
Contratti di carattere personale

1. I contratti di carattere personale si sciolgono per effetto dell'apertura della procedura di liquidazione giudiziale nei confronti di uno dei contraenti, salvo che il curatore, con l'autorizzazione del comitato dei creditori e il consenso dell'altro contraente, manifesti la volontà di subentrarvi, assumendo, a decorrere dalla data del subentro, tutti i relativi obblighi.

2. Ai fini di cui al comma 1, i contratti sono di carattere personale quando la considerazione della qualità soggettiva della parte nei cui confronti è aperta la liquidazione giudiziale è stata motivo determinante del consenso.

Paolo Felice Censoni

Sommario: 1. Il contratto di carattere personale fra scioglimento e prosecuzione; la complessa individuazione della fattispecie. – 2. Inapplicabilità della norma ai contratti che non ineriscono al patrimonio assoggettato alla procedura. – 3. Inapplicabilità della norma ai contratti specificamente disciplinati nel Codice della crisi e dell'insolvenza.

1. – Una regola generale sui contratti pendenti aventi "*carattere personale*" era assente nella legge fallimentare, che solo in relazione al contratto di appalto (nel comma 2 dell'art. 81, ora riesumato per la liquidazione giudiziale dall'art. 186, comma 2) e solo con riferimento al caso del fallimento dell'appaltatore, successivamente alla riforma del 2006/2007, prevedeva lo scioglimento del rapporto «*se la considerazione della qualità soggettiva è stata un motivo determinante del contratto, salvo che il committente non consenta, comunque, la prosecuzione del rapporto*» (mentre in precedenza nel testo originario era previsto unicamente lo scioglimento).

A differenza da ciò che stabilisce la regola (ancor più generale) enunciata nell'art. 172 qui la prosecuzione del contratto avente carattere personale è condizionata al concorso di due (nuove) manifestazioni di volontà: quella del curatore di subentrare nel rapporto (a sua volta preceduta dall'autorizzazione del comitato dei creditori), assumendone «*tutti i relativi obblighi*» (ma solo) «*a decorrere dalla data del subentro*» (coerentemente all'analoga disposizione del comma 1 dell'art. 172); e naturalmente quella del contraente *in bonis*.

In mancanza di dette manifestazioni di volontà il contratto si scioglie «*per effetto dell'apertura della procedura di liquidazione giudiziale*»: a differenza da ciò che accade per l'appalto, nel quale il contratto si scioglie solo se la manifestazione del curatore di voler subentrare nel rapporto non interviene nel termine di sessanta giorni dall'apertura della procedura (art. 186, comma 1), cosicché nel frattempo il rapporto rimane in realtà in uno stato di sospensione (nonostante l'affermazione apodittica che lo stesso «*si scioglie per effetto dell'apertura della liquidazione giudiziale*»), nell'art. 175 non è previsto alcun termine per la duplice manifestazione di volontà (e prima ancora per l'autorizzazione del comitato dei creditori), potendo dunque ipotizzarsi che – contrariamente al dettato normativo – il contratto avente carattere personale non si sciolga affatto, ma rimanga (*sine die*) in uno stato di sospensione, a meno che il curatore o il contraente *in bonis* non dichiarino, all'opposto, di volerlo abbandonare.

Resta però subito dopo da chiedersi a quali contratti in realtà si riferisca la norma, tenuto conto della definizione abbozzata nel comma 2 e del criterio ivi fondato sulla circostanza che la «*considerazione della qualità soggettiva della parte nei cui confronti è aperta la liquidazione giudiziale è stata motivo determinante del consenso*» (analogamente al criterio adottato nel comma 2 dell'art. 186, ma lì solo con riguardo alla liquidazione giudiziale dell'appaltatore).

Com'è noto, la dottrina civilistica si è a lungo divisa sulla qualificazione giuridica dei contratti aventi carattere personale, fondamentalmente (ma non esclusivamente) in relazione alla disposizione dell'art. 2558 c.c. a proposito della sorte, nel trasferimento di un'azienda, dei rapporti giuridici pendenti e dell'esclusione dalla successione di quelli «*stipulati per l'esercizio dell'azienda stessa*» che abbiano «*carattere personale*», fermo restando un generale consenso sulla non coincidenza della categoria in esame con i contratti genericamente definibili *intuitu personae*[1].

Tuttavia le tesi proposte, in un senso o nell'altro, non appaiono particolarmente rilevanti nel caso che ci occupa, sia perché l'art. 175 contiene un'autonoma definizione dei contratti "di carattere personale", che deve tener conto delle peculiarità degli effetti sostanziali della procedura concorsuale a cui la norma è riferibile; sia perché l'apertura della liquidazione giudiziale non produce un fenomeno successorio simile a quello che sta alla base di un trasferimento di azienda (cessione, usufrutto o affitto che sia) – e che potrà prodursi successivamente, in relazione alle concrete attività liquidatorie (quando) poste in essere dagli organi della procedura – ma una sostituzione del curatore nell'esercizio dei poteri di disposizione del patrimonio del contraente insolvente (che ne resta titolare), caratterizzata dalla particolare posizione di "terzo" che la legge gli attribuisce nell'interesse della massa dei creditori nel momento in cui lo stesso deve decidere della sorte del rapporto pendente (fra sospensione, subingresso o scioglimento), con un bilanciamento della tutela degli opposti interessi del contraente *in bonis* e di detta massa creditoria del tutto autonomo rispetto a quello sotteso alla disciplina dell'art. 2558 c.c. (fra alienante dell'azienda, acquirente di questa e terzo contraente), come indirettamente dimostra anche il fatto che qui in generale conta la «*qualità soggettiva della parte nei cui confronti è aperta la liquidazione giudiziale*», che potrebbe essere indifferentemente l'una o l'altra del rapporto a pre-

[1] Sul tema cfr. ad esempio, con opinioni diverse, CAMPOBASSO, *Diritto commerciale*, 155 s.; GALGANO, *Diritto commerciale*, 72 s.

stazioni corrispettive (ma a differenza dal caso specifico del contratto di appalto nel quale conta solo la «*qualità soggettiva dello stesso appaltatore*»: art. 186, comma 2).

2. – Un ulteriore profilo di discontinuità nella qualificazione dei contratti in esame rispetto all'esito delle verifiche compiute in passato – peraltro con riferimento a contratti di carattere personale, ma pur sempre «*stipulati per l'esercizio dell'azienda*» (art. 2558 c.c.) – sta nel fatto che in sede di liquidazione giudiziale (così come in sede fallimentare) la disciplina speciale è applicabile esclusivamente ai contratti che ineriscono al patrimonio assoggettato alla procedura a norma dell'art. 142; conseguentemente non deve trattarsi di contratti destinati al soddisfacimento delle esigenze essenziali di vita del debitore e della sua famiglia; ciò si desume, in particolare, dalla disciplina relativa ai beni esclusi dalla liquidazione giudiziale (art. 146), fra i quali in particolare «*a) i beni e i diritti di natura strettamente personale; b) gli assegni aventi carattere alimentare, gli stipendi, le pensioni, i salari e ciò che il debitore guadagna con la sua attività, entro i limiti di quanto occorre per il mantenimento suo e della sua famiglia*»: si pensi al contratto d'opera professionale con il medico di fiducia, al contratto di lavoro domestico, al mandato estraneo al patrimonio assoggettato alla procedura, al mandato *ad lites*, ai contratti di somministrazione relativi all'abitazione del debitore (per l'erogazione del gas, dell'acqua, dell'energia elettrica), ecc.

Quanto poi al contratto di locazione della casa di abitazione del debitore assoggettato a liquidazione giudiziale e della sua famiglia (ipotesi diversa da quella prevista dall'art. 147, comma 2, che riguarda la casa di cui il debitore insolvente è proprietario o può godere in quanto titolare di altro diritto reale), occorre considerare che, se per un verso l'art. 185, comma 3 disciplina espressamente la sorte del contratto di locazione di immobili in caso di liquidazione giudiziale del conduttore, stabilendo che il rapporto continua (salvo il recesso del curatore), per un altro verso la continuazione del contratto con gli organi della procedura finirebbe per addossare alla massa l'obbligo del pagamento integrale del canone di locazione, con conseguente depauperamento dell'attivo, cosicché di fatto il curatore sarebbe sempre indotto ad esercitare, subito dopo l'apertura della liquidazione giudiziale, la facoltà di recesso, privando il debitore e la sua famiglia di un tetto sotto cui abitare.

Insomma, volendo applicare l'art. 185 anche all'ipotesi del contratto di locazione in esame, non si uscirebbe da questa alternativa: o quella di addossare alla massa l'obbligo di soddisfare in ogni caso le esigenze abitative del debitore insolvente e della sua famiglia; o quella di lasciare al curatore il potere discrezionale di disporre delle menzionate esigenze abitative.

Giustamente, quindi, in passato era stato ritenuto che il contratto di locazione della casa di abitazione del fallito e della sua famiglia non riguardasse beni assoggettati all'esproprio fallimentare, rientrando il diritto di abitazione nella sfera personalissima del fallito medesimo.

Identiche considerazioni possono riproporsi ora con riferimento agli artt. 146, comma 1 e 185, comma 3: conseguentemente detto rapporto è sottratto al potere dispositivo degli organi della procedura e non pone obblighi a carico della massa, ma continua con il contraente insolvente, che dovrà provvedere al pagamento del canone, procurandosi le necessarie disponibilità finanziarie con la sua attività lavorativa, conformemente alla disposizione dell'art. 146, commi 1 e 2.

3. – Un terzo (ben più rilevante) profilo di differenza sta nel fatto che la norma qui in esame si inserisce in un'ampia, ancorché non esauriente, disciplina degli effetti della liquidazione giudiziale sui rapporti giuridici pendenti, dove la regola generale contenuta nell'art. 172 fa «*salve le diverse disposizioni*» della sezione V, con ciò inducendo a ritenere che, laddove il legislatore è intervenuto con disposizioni specifiche in relazione a fattispecie contrattuali tipiche, non ci sia spazio per eventuali deroghe dipendenti dalla «*qualità soggettiva della parte nei cui confronti è aperta la liquidazione giudiziale*» (sia pure a condizione che detta qualità sia stata «*motivo determinante del consenso*» originario); in effetti a conferma dell'assunto è possibile constatare che, per dare rilievo alla qualità soggettiva dell'appaltatore come «*motivo determinante del contratto*» (art. 186, comma 2), è stata necessaria una deroga specifica.

È quindi ragionevole ritenere che le fattispecie contrattuali specificamente disciplinate negli artt. 173 ss. siano sottratte (a parte l'appalto) ad una verifica (sia pure secondo criteri di interpretazione oggettiva[2]) sulle qualità personali della parte nei cui confronti è stata aperta la liquidazione giudiziale: un contratto di mandato (spesso ritenuto caratterizzato da *intuitus personae*) avente ad oggetto beni compresi nel patrimonio del contraente insolvente, in cui può certamente contare la qualità personale del mandatario o del mandante anche come «*motivo determinante del consenso*» dell'una o dell'altra parte, non si sottrae alla disciplina dell'art. 183, cioè allo scioglimento *tout court*, se la procedura investe il mandatario; o alla sospensione secondo la regola generale, se la procedura investe il mandante; l'associazione in partecipazione (anch'essa caratterizzata da *intuitus personae*) non si sottrae allo scioglimento *tout court* stabilito dall'art. 182 per l'ipotesi che la procedura investa l'associante, indipendentemente da eventuali manifestazioni di volontà del curatore o dell'associato di voler proseguire il rapporto.

Quanto poi ai mandati professionali, particolarmente caratterizzati da *intuitus personae* e quindi suscettibili di rientrare astrattamente nella definizione del comma 2 dell'art. 175 anche quando riguardano oggettivamente il patrimonio assoggettato alla procedura (assistenza legale, attività giudiziaria, consulenza aziendale o fiscale o tecnica, ecc.), la loro sorte non può non tener conto di quanto stabilito in altre norme del Codice, come l'art. 123, comma 1, lett. *f*), sui poteri del giudice delegato, o come l'art. 129, comma 2, sui coadiutori del curatore.

Dunque così delimitata l'area di applicabilità della norma qui esaminata, la stessa sembra riguardare un numero esiguo di casi; anzi talmente esiguo da domandarsi quale sia in concreto l'utilità di una disposizione meramente residuale, avente ad oggetto la sorte di contratti sensibili alle qualità "*soggettive*" (cioè personali) della parte assoggettata alla liquidazione giudiziale, ma inerenti oggettivamente al patrimonio espropriato, purché non espressamente disciplinati nella relativa sezione del Codice o in altre sezioni o in altre leggi.

---

[2] Cfr. COLOMBO, *L'azienda*, 85 ss.

Articolo 176

Effetti sui finanziamenti destinati ad uno specifico affare

1. L'apertura della liquidazione giudiziale della società determina lo scioglimento del contratto di finanziamento di cui all'articolo 2447-bis, primo comma, lettera b), del codice civile quando impedisce la realizzazione o la continuazione dell'operazione. In caso contrario, il curatore, sentito il parere del comitato dei creditori, può decidere di subentrare nel contratto in luogo della società, assumendo, a decorrere dalla data del subentro, tutti i relativi obblighi.

2. Se il curatore non subentra nel contratto, il finanziatore può chiedere al giudice delegato di essere autorizzato, sentito il comitato dei creditori, a realizzare o a continuare l'operazione, in proprio o affidandola a terzi; in tale ipotesi il finanziatore può trattenere i proventi dell'affare e può insinuarsi al passivo della procedura in via chirografaria per l'eventuale credito residuo.

3. Nelle ipotesi ai commi 1, secondo periodo e 2, resta ferma la disciplina prevista dall'articolo 2447-decies, terzo, quarto e quinto comma, del codice civile.

4. Qualora, nel caso di cui al comma 1, non si verifichi alcuna delle ipotesi previste ai commi 1, secondo periodo e 2, si applica l'articolo 2447-decies, sesto comma, del codice civile.

Attilio Altieri

Sommario: 1. Premessa. – 2. La disciplina: considerazioni generali. – 3. Lo scioglimento del contratto di finanziamento. – 4. Il subentro nel contratto di finanziamento. – 5. Conclusioni.

1. – L'art. 176 si occupa degli effetti sui finanziamenti destinati ad uno specifico affare, riproponendo, quasi integralmente, la disciplina dell'art. 72-*ter* della legge fallimentare, con alcune modifiche lessicali e topografiche [1].

---

[1] Cominciando dal secondo aspetto, vi è una riduzione dei commi, i quali da cinque passano a quattro nel nuovo articolo, poiché il legislatore delegato ha accorpato i commi 1 e 2 dell'art. 72-*ter* l. fall., in un solo comma – il primo – nel nuovo art. 176. Per quanto riguarda il testo della nuova disciplina, al comma 1 è stato sostituito il termine «*fallimento*» con la locuzione «*apertura della liquidazione giudiziale*», adeguando le nuove regole ad uno dei principi generali dettati dall'art. 2, comma 1, lett. *a*), legge delega n. 155 del 2017; sempre al comma 1 viene specificato il *dies a quo* («*la data del subentro*») della decorrenza degli obblighi assunti dal

Nel prosieguo del commento si illustrerà la disciplina dettata per i finanziamenti destinati ad uno specifico affare, sottolineando le possibili implicazioni dei cambiamenti lessicali intervenuti nella nuova cornice normativa.

2. – A differenza dei patrimoni destinati, la fonte del finanziamento non è una delibera consiliare, ma un contratto (di finanziamento) tra la società ed uno o più soci o terzi, con l'accordo che il prestito sia destinato a sostenere uno specifico affare e che i proventi di quest'ultimo (o parte di essi) siano destinati al rimborso. Le caratteristiche principali, che interessano la liquidazione giudiziale, sono due: il contenuto del contratto di finanziamento è rimesso alla volontà delle parti contraenti[2]; i proventi di cui al comma 1 dell'art. 2447-*decies*, c.c. costituiscono un patrimonio separato da quello della società e da quello relativo ad ogni altra operazione di finanziamento compiuta dalla società medesima. Queste due prerogative giustificano la trattazione dell'art. 176 all'interno della sezione V del Codice, che riguarda gli effetti della liquidazione giudiziale sui rapporti giuridici pendenti: infatti, il legislatore delegato ha mantenuto l'impostazione della legge fallimentare, volta a separare le conseguenze dell'insolvenza della società per i patrimoni ed i finanziamenti destinati ad uno specifico affare[3]. Infine, leggendo i precetti dell'art. 176 alla luce dell'art. 7, legge delega n. 155 del 2017[4], si comprende come sarebbe stato ultroneo risolvere determinati profili critici, perché estranei al perimetro dettato dal legislatore: fra tutti, la trattazione statica e non dinamica della sorte del contratto di finanziamento[5].

---

curatore, dopo aver sentito il parere del comitato dei creditori, nel momento in cui egli subentra nel contratto in luogo della società; infine, al comma 1, è stato sostituito il termine «*oneri*» dell'art. 72-*ter*, comma 2, l. fall., con il vocabolo «*obblighi*». Passando all'analisi del comma 2 dell'art. 176, si nota che, rispetto al comma 3 dell'art. 72-*ter* l. fall., il finanziatore può chiedere di essere «autorizzato», dal giudice delegato, nella realizzazione o continuazione dell'operazione (in luogo di una semplice richiesta a realizzare o continuare l'operazione, priva di autorizzazione da parte dell'autorità giudiziaria); inoltre, sempre in ossequio ai principi della legge delega n. 155 del 2017, la voce «*fallimento*» è sostituita dalla locuzione «*procedura*». Il comma 3 e 4 dell'art. 176 sono esattamente corrispondenti al comma 4 e 5 dell'art. 72-*ter* l. fall.

[2] Tenendo presente che il finanziamento di uno specifico affare non costituisce un mero contratto di credito, ma un finanziamento di scopo. Cfr. CAVALLARO, *Finanziamenti destinati*, 501; COMPORTI, *Dei patrimoni*, 950 ss.; GENNARI, *I patrimoni*, *passim*; GIANNELLI, *Dei patrimoni*, 1210 ss.; LA ROSA, *Patrimoni e finanziamenti*, *passim*; MAFFEI ALBERTI, *Artt. 2447*-bis, 1671 ss.; MANES, PASQUARIELLO, *Dei patrimoni*, *passim*; MIGNONE, *Dei patrimoni*, 1620 ss.; PAVONE LA ROSA, *L'insolvenza*, 921 ss.; RUBINO DE RITIS, *La costituzione*, 817 ss.; SALAMONE, *I finanziamenti*, 877 ss.; SANTAGATA, *Dei patrimoni*, *passim*.

[3] Invero, il Codice disciplina all'art. 167 (corrispondente all'art. 67-*bis* l. fall.) – all'interno della sezione dedicata agli effetti della liquidazione giudiziale sugli atti pregiudizievoli ai creditori – la revocabilità di atti che non incidono direttamente sul patrimonio della società assoggettata alla liquidazione giudiziale, ma su quello, separato, destinato ad uno specifico affare, allorquando il loro compimento sia comunque pregiudizievole per la società; l'art. 262 – all'interno della sezione che riguarda la liquidazione giudiziale – riproduce l'art. 155 l. fall. sulla attribuzione al curatore dell'amministrazione del patrimonio destinato previsto dall'art. 2447-*bis*, comma 1, lett. *a*), c.c., sulla sua cessione e sull'acquisizione all'attivo della procedura del residuo attivo della liquidazione. Cfr. FAUCEGLIA, *Il nuovo diritto*, *passim*; GIORGETTI (a cura di), *Codice della crisi*, *passim*.

[4] In particolare il comma 2 relativo alla funzione del curatore ed il comma 6 riguardante la disciplina dei rapporti giuridici pendenti.

[5] V. LAZZARA, *Art. 72*-ter, 338.

3. – Esattamente come per i patrimoni destinati ad uno specifico affare, l'apertura della liquidazione giudiziale della società non determina automaticamente l'irrealizzabilità dell'affare[6]. Infatti, il comma 1 dell'articolo in commento prevede che l'apertura della liquidazione giudiziale comporti lo scioglimento del contratto di finanziamento destinato solamente quando impedisce la realizzazione o la continuazione dell'operazione[7], ovvero quando il curatore decide di non subentrare nel contratto e non vi è una richiesta del finanziatore di proseguirlo in proprio o di affidarlo a un terzo[8].

L'art. 176, ult. comma, statuisce che, in caso di scioglimento del contratto, si applicherà l'art. 2447-*decies*, comma 6, c.c. L'attuale disciplina, quindi, prevede il venir meno del divieto per i creditori di promuovere azioni esecutive sui beni strumentali all'operazione, costituendo questi ultimi nuovamente garanzia generica per tutti i creditori sociali; il finanziatore – così come tutti i creditori particolari – potrà insinuarsi al passivo per l'ammontare dell'intero credito[9], al netto delle somme già percepite[10].

In questi termini, il legislatore delegato non ha contribuito a risolvere i numerosi dubbi palesati dalla dottrina[11] formatasi intorno all'ultimo comma dell'art. 72-*ter* l. fall., sia in merito alla cessazione del divieto di porre in essere azioni esecutive individuali[12], sia riguardo al diritto del finanziatore e dei creditori particolari di insinuarsi allo stato passivo della società[13], sia per quel che concerne la sorte dei proventi conseguiti successivamente all'apertura della liquidazione giudiziale[14]. In ogni caso, la scelta del legislatore sembra essere, anche dopo la riforma, quella di eliminare gli ostacoli rappresentati dalla separazione patrimoniale attraverso il finanziamento[15].

---

[6] In ciò differisce la disciplina in commento rispetto agli altri rapporti giuridici pendenti, in quanto a questi ultimi è riservata la sorte dello scioglimento *ex lege* per effetto dell'apertura della procedura di liquidazione giudiziale. V. art. 172.

[7] Cfr. la *Relazione illustrativa, sub* art. 176.

[8] GIAMPIERI, *Il contratto*, 284 ss. Il legislatore delegato non ha risolto il problema della determinazione dei criteri per accertare in concreto la realizzabilità o continuazione dell'operazione che il curatore deve seguire: v. DIMUNDO, *Art. 72*-ter, 645, il quale sostiene che per la sorte del contratto non sia decisivo il fallimento della società. Cfr. anche DIMUNDO, *Gli effetti*, 244. C'è chi ipotizza che il criterio dovrebbe essere scelto tra i principi generali che regolano i rapporti giuridici pendenti (cfr. SPIOTTA, *Art. 72*-ter, 1167). VATTERMOLI, *Art. 72*-ter, 1026, sostiene che la valutazione circa la realizzabilità o meno dell'operazione deve essere di tipo oggettivo.

[9] Cfr. FIENGO, *Art. 72*-ter, 376.

[10] SANTAGATA, *Dei patrimoni*, 471.

[11] SANZO, *Fallimento e finanziamenti*, 101; SPIOTTA, *Art. 72*-ter, 1175; PESCATORE, *Art. 72*-ter, 480; GIUDICI, *Art. 72*-ter, 916; *contra* VATTERMOLI, *Art. 72*-ter, 1036.

[12] Contrariamente a quanto affermato dall'art. 150. La dottrina precedente al Codice affermava che il rinvio operato all'art. 2447-*decies*, comma 6, c.c. non potesse derogare ad un principio generale teso a salvaguardare la massa fallimentare e che non avrebbe ragione di deroga specialmente nel caso in cui si sia giunti ad uno scioglimento del rapporto finanziario dedicato: cfr. COMPORTI, *Dei patrimoni*, 447; SPIOTTA, *Art. 72*-ter, 1176.

[13] Tale circostanza appare essere conforme alle previsioni riguardanti i contratti di durata, attraverso la limitazione del diritto all'insinuazione al credito residuo (cfr. art. 97). Un'impostazione del genere è stata criticata per l'equiparazione nel trattamento tra finanziatore e gli altri creditori della società: v. CIAMPI, *Patrimoni e finanziamenti*, 1214; *contra* GIAMPIERI, *Il contratto*, 286.

[14] Cfr. PESCATORE, *Art. 72*-ter, 480.

[15] Così SANZO, *Fallimento*, 102.

4. – Qualora l'apertura della liquidazione giudiziale non impedisse la realizzazione o la continuazione dell'operazione, il contratto entrerebbe in una fase di sospensione (v. art. 172)[16], fino alla ipotetica dichiarazione del curatore di voler subentrare nel contratto al posto della società[17]. Il subentro da parte del curatore non richiede l'autorizzazione da parte del comitato dei creditori, ma solo un parere, ritenuto vincolante[18]: viene confermata la differenza di trattamento rispetto ai rapporti pendenti in genere, ove è prescritta l'autorizzazione del comitato dei creditori[19].

La continuazione del rapporto contrattuale in capo al curatore pare evocare una situazione simile all'esercizio dell'impresa del debitore, *ex* art. 211[20], pur divergendone i presupposti.

Il curatore che subentra si assume tutti gli «*obblighi*» del contratto a partire dalla data del subentro: con la novella, il legislatore ha specificato il *dies a quo* e, soprattutto, ha sostituito il termine «*oneri*» con la locuzione «*obblighi*», rendendo più preciso il lessico giuridico, poiché il curatore, subentrando in un contratto, assume la posizione giuridica della parte contrattuale. Tra gli obblighi assunti dal curatore vi sono la contabilizzazione e l'accantonamento dei proventi dell'affare, da destinarsi – in tutto o parzialmente – al rimborso del finanziamento[21].

L'art. 176 richiama la disciplina di cui all'art. 2447-*decies*, commi 3, 4 e 5, c.c., facendo salvo il diritto del finanziatore di rivalersi sui proventi dell'affare, i quali costituiscono una distinta massa attiva; inoltre, persiste per i creditori sociali sia il divieto di azioni sui proventi, sui frutti di essi e degli eventuali investimenti (in attesa del rimborso del finanziamento) sia il divieto di azioni esecutive sui beni strumentali destinati al compimento dell'operazione[22].

L'altra ipotesi di continuazione, statuita dal comma 2 dell'art. 176, prevede la richiesta al giudice delegato, da parte del finanziatore, di essere autorizzato, sentito il comitato dei creditori[23], a realizzare o continuare l'operazione, in proprio o affidandola a terzi. In questo caso, il finanziatore potrà trattenere i proventi dell'affare ed insinuarsi al passivo della procedura per l'eventuale credito residuo. Viene, quindi, confermata una tutela del

[16] Cfr. GIUDICI, *Art. 72*-ter, 919; *contra* FIENGO, *Art. 72*-ter, 377.

[17] Il subentro del contratto non rappresenta una scelta obbligata: infatti, il finanziatore potrebbe mettere in mora il curatore, *ex* art. 172, comma 2: cfr. SPIOTTA, *Art. 72*-ter, 1168.

[18] FIENGO, *Art. 72*-ter, 377; GIUDICI, *Art. 72*-ter, 918; SPIOTTA, *Art. 72*-ter, 1168.

[19] Secondo SPIOTTA, *Art. 72*-ter, 1169, la scelta può essere compresa se si afferma che l'accertamento delle condizioni per la realizzabilità dell'affare debba essere effettuato dal curatore previa autorizzazione o parere favorevole del comitato dei creditori.

[20] Rievocando la similitudine già operata dai commentatori dell'art. 72-*ter* l. fall. Con l'esercizio provvisorio dell'impresa di cui all'art. 104 l. fall.: cfr. SPIOTTA, *Art. 72*-ter, 1169.

[21] V. GIUDICI, *Art. 72*-ter, 919.

[22] Cfr. CAVALLARO, *Finanziamenti destinati*, 501; COMPORTI, *Dei patrimoni*, 950 ss.; GENNARI, *I patrimoni*, *passim*; GIANNELLI, *Dei patrimoni*, 1210 ss.; LA ROSA, *Patrimoni e finanziamenti*, *passim*; MAFFEI ALBERTI, *Artt. 2447*-bis, 1671 ss.; MANES, PASQUARIELLO, *Dei patrimoni*, *passim*; MIGNONE, *Dei patrimoni*, 1620 ss.; PAVONE LA ROSA, *L'insolvenza*, 921 ss.; RUBINO DE RITIS, *La costituzione*, 817 ss.; SALAMONE, *I «finanziamenti*, 877 ss.; SANTAGATA, *Dei patrimoni*, *passim*.

[23] Il quale esprime un parere obbligatorio ma non vincolante: v. GIUDICI, *Art. 72*-ter, 919.

finanziatore, al quale è prospettata l'opportunità di continuare l'affare [24]. L'individuazione delle modalità tecniche per mezzo delle quali realizzare l'iniziativa del finanziatore è stata rimessa ai soggetti interessati, i quali sceglieranno in funzione della complessità della situazione [25].

Quanto alla sorte del contratto di finanziamento destinato ad uno specifico affare, l'art. 176, comma 3, sembra riproporre lo schema del mandato, con eventuale submandato a un terzo [26]: infatti, non vi sarebbe un vero e proprio subentro nel contratto e cessione dell'operazione, in quanto non si verificherebbe il passaggio di titolarità del rapporto giuridico in capo al finanziatore [27]. La medesima norma, richiamando i commi 3, 4 e 5 dell'art. 2447-*decies* c.c., conserva il regime della separazione patrimoniale: fino al rimborso del finanziamento o alla scadenza del termine massimo di rimborso, i creditori sociali possono solo esercitare azioni conservative sui beni strumentali. Il finanziatore, quindi, può insinuarsi al passivo in via chirografaria per l'eventuale residuo, solo dopo la parziale soddisfazione con i beni del patrimonio separato [28]; in caso contrario, esaurita integralmente la pretesa del finanziatore, il residuo patrimoniale separato contribuirà ad aumentare l'attivo della liquidazione giudiziale [29]. Anche la nuova disciplina conferma la tendenziale tutela dell'interesse del terzo finanziatore.

5. – Alla luce di quanto sinora ricostruito, può affermarsi che il finanziamento destinato può esistere autonomamente, sebbene il principio di universalità della responsabilità patrimoniale – confermato anche dalla nuova disciplina, anche se riduce sensibilmente gli spazi della liquidazione concorsuale e l'ingerenza delle autorità, prevedendo l'introduzione delle procedure che tendono a salvaguardare la continuità dell'impresa ed evitano la dispersione di valore del patrimonio – precluda la possibilità di considerare la sopravvivenza della società in stato di liquidazione. Il finanziamento destinato «si distacca» dalla società al fine di essere imputato ad altri soggetti, abbracciando l'ottica della conservazione e del rilancio dei relativi fattori della produzione [30]. Il vincolo della segregazione, però, decade nel momento in cui l'impresa in liquidazione non è in grado di continuare la realizzazione dell'affare, permettendo al finanziatore di insinuarsi al passivo per il recupero del suo cre-

---

[24] Cfr. VATTERMOLI, *Art. 72*-ter, 1033.

[25] Cfr. GIUDICI, *Art. 72*-ter, 920, al quale si rinvia per le riflessioni inerenti all'affidamento al terzo, che si ritengono valide anche per il dettato del Codice. Sul punto, v. anche SPIOTTA, *Art. 72*-ter, 1172. Qualora il giudice delegato acconsenta alla realizzazione o continuazione dell'operazione da parte del finanziatore – in proprio o da terzi –, egli potrà trattenere i proventi dell'affare e insinuarsi al passivo della procedura come chirografario, per l'eventuale credito residuo rimasto scoperto: trattasi del credito di restituzione del capitale erogato, al netto di quanto già riscosso sotto forma di proventi dell'operazione e di investimenti realizzati nelle more del rimborso.

[26] Cfr. FIENGO, *Art. 72*-ter, 382, per il quale la sostituzione del finanziatore alla società potrebbe essere considerata una sorta di novazione dell'originario rapporto contrattuale, da un punto di vista sistematico. Nello stesso senso, SPIOTTA, *Art. 72*-ter, 1172.

[27] NIUTTA, *Patrimoni destinati*, 330, ritiene che si realizzi una sorta di cessione del contratto.

[28] DIMUNDO, *Gli effetti*, 248.

[29] Cfr. NIUTTA, *Patrimoni destinati*, 334; FIENGO, *Art. 72*-ter, 383.

[30] SANTOSUOSSO, *I patrimoni*, 681.

dito[31]. Concludendo, vi è una chiara deroga legale all'art. 2740 c.c., non essendovi una imputazione atipica dei rapporti giuridici[32], al fine di far convivere la separazione patrimoniale con la liquidazione giudiziale.

[31] Si tratta, quindi, di una separazione patrimoniale quasi perfetta: così LAMANDINI, *I patrimoni*, 506.

[32] FIMMANÒ, *Patrimoni destinati*, *passim*; FIMMANÒ, Par condicio, 930.

Articolo 177
Locazione finanziaria

1. In caso di apertura della liquidazione giudiziale del patrimonio dell'utilizzatore, quando il curatore decide di sciogliersi dal contratto di locazione finanziaria a norma dell'articolo 172, il concedente ha diritto alla restituzione del bene ed è tenuto a versare alla curatela l'eventuale differenza fra la maggiore somma ricavata dalla vendita o da altra collocazione del bene a valori di mercato rispetto al credito residuo in linea capitale, determinato ai sensi dell'articolo 97, comma 12, primo periodo; per le somme già riscosse si applica l'articolo 166, comma 3, lettera a).

2. Il concedente ha diritto di insinuarsi nello stato passivo per la differenza fra il credito vantato alla data di apertura della liquidazione giudiziale e quanto ricavabile dalla nuova allocazione del bene secondo la stima disposta dal giudice delegato.

3. In caso di apertura della liquidazione giudiziale nei confronti di società autorizzata alla concessione di finanziamenti sotto forma di locazione finanziaria, il contratto prosegue. L'utilizzatore conserva la facoltà di acquistare, alla scadenza del contratto, la proprietà del bene, previo pagamento dei canoni e del prezzo pattuito.

Federico Bonardi

Sommario: 1. Premessa. – 2. La tipizzazione della locazione finanziaria. – 3. La disciplina del Codice della crisi. – 4. Alcuni spunti giurisprudenziali.

1. – La sezione V della parte I, titolo V, capo I, del Codice si preoccupa di disciplinare nell'ordinamento nazionale, nell'ambito della procedura di liquidazione giudiziale, gli «*effetti della liquidazione giudiziale sui rapporti giuridici pendenti*» prevedendo, all'art. 172, una regola generale e, nelle disposizioni successive, norme di dettaglio per talune fattispecie particolari. Tra le ipotesi connotate da profili di peculiarità è annoverata la c.d. "locazione finanziaria", anche nota come *leasing*, la cui norma di riferimento (nell'ambito della nuova disciplina della crisi di impresa) è contenuta nell'art. 177 in commento.

Dal punto di vista sostanziale, i confini del contratto di *leasing* erano rinvenibili in diverse leggi speciali, sulla cui base era comunque possibile enuclearne una definizione come il rapporto giuridico caratterizzato da «operazioni di locazione di beni mobili ed immobili, acquistati o fatti costruire dal locatore, su scelta o indicazione del conduttore, che ne assume tutti i rischi, e con facoltà per quest'ultimo di divenire proprietario dei beni locati al termine della locazione, dietro versamento di un prezzo prestabilito»[1]: i tratti essenziali sono rinvenibili nell'esistenza di un rapporto bilaterale tra concedente e utilizzatore e nella presenza di un ulteriore soggetto fornitore o venditore del bene.

Senza pretese di esaustività, si segnala che dalla prassi applicativa sono emerse (almeno) due distinte tipologie di *leasing*, meglio note come *leasing* finanziario e *leasing* operativo. Al riguardo, la giurisprudenza di legittimità ha recentemente confermato che «con il termine leasing si intende fare riferimento ad una complessa operazione negoziale [...] distinta, in prima battuta, in *leasing* operativo e *leasing* finanziario»; al riguardo, con riferimento a questa ultima tipologia, si precisa che esso è strutturato dalla presenza di tre soggetti: concedente finanziatore, fornitore e utilizzatore finale: quest'ultimo è il soggetto «interessato a disporre nell'immediato di un determinato bene ma non volendone sostenere gli oneri dell'acquisto» che, a tal fine, «incarica il concedente di provvedervi»; sulla base delle indicazioni dell'utilizzatore, dunque, il concedente cede in godimento il bene all'utilizzatore, di cui mantiene la proprietà formale, verso il pagamento di un corrispettivo periodico; a ciò si aggiunge la facoltà dell'utilizzatore di acquistare la proprietà del bene alla scadenza del contratto versando un ulteriore importo (la c.d. opzione di riscatto)[2]. Diverso è, invece, il caso del c.d. *leasing* operativo, nel quale manca l'elemento dell'opzione di riscatto: tale fattispecie, nell'impostazione tradizionale, ricorre infatti nei casi in cui il contratto abbia come oggetto beni che siano inidonei a conservare un apprezzabile valore residuale alla scadenza del rapporto[3].

In linea con quanto *supra*, si richiama infine una recente pronuncia di legittimità, nella quale è stato ribadito che tradizionalmente si distingue il *leasing* operativo dal *leasing* traslativo: mentre il primo può essere assimilato ad una locazione «perché il contratto ha una durata sostanzialmente pari alla vita economica del bene e ha, quindi, una funzione di godimento», nel secondo «la vita economica del bene eccede la durata del contratto e si prevede a favore dell'utilizzatore la possibilità di acquistare il bene [...] perché i canoni da corrispondere nel corso del contratto comprendono anche una quota rapportata al prezzo del bene»[4].

2. – Il dibattito intorno alla ricostruzione del perimetro normativo della fattispecie deve essere tuttavia riconsiderato alla luce della c.d. "Legge Concorrenza" (l. 4 agosto 2017, n. 124, art. 136, comma 1) ai sensi della quale, per locazione finanziaria, deve intendersi il contratto con cui una banca o un intermediario finanziario autorizzato acquista o fa acquistare o fa costruire un bene indicato dall'utilizzatore, che ne assume tutti i rischi (anche di perimento), facendolo mettere a disposizione per un dato tempo a un dato corrispettivo. A scadenza, infine, l'utilizzatore ha diritto ad acquistare la proprietà del bene a un prezzo prestabilito o, in caso contrario, l'obbligo di restituirlo.

---

[1] Si veda, sul punto, BORTOLUZZI, *L'art. 72*-quater, 2.

[2] Cfr. Cass., 3 settembre 2021, n. 23875.

[3] Sul punto, Cass., 7 febbraio 2001, n. 1715.

[4] Si veda Cass., 13 ottobre 2022, n. 30145.

Già ad una prima lettura della richiamata disposizione, emergono alcune riflessioni circa l'espresso riferimento alla sola locazione finanziaria: al riguardo, è stato rilevato in dottrina che: «Il nome tipizzante questo contratto ("locazione finanziaria") richiama alla memoria la figura del leasing finanziario: e ciò, per contrapposizione, impone di valutare le conseguenze dell'innovazione normativa su quel modello di leasing che è definito "operativo"»[5]. Ancora, il medesimo Autore, ha chiarito come sia corretto concludere che «la nuova disciplina è applicabile al leasing [...] "finanziario", e non è applicabile al leasing c.d. "operativo"» tuttavia, prosegue, precisando che una tale semplificazione terminologica richieda una precisazione, ossia che «la nuova disciplina si applica al leasing "con riscatto", e non si applica al leasing "senza riscatto": e solo nei limiti in cui le due figure siano effettivamente riferibili, rispettivamente, al leasing "finanziario" ed al leasing "operativo", è accettabile utilizzare la semplificazione terminologica alla quale si è fatto cenno»[6].

3. – Svolte le pur brevi premesse di natura sostanziale, interessa ora analizzare l'effettiva portata della novella apportata dal Codice alla previgente legge fallimentare.

Al riguardo, si rammenta che il r.d. 16 marzo 1942, n. 267 recava la disciplina degli effetti del fallimento nell'art. 72-*quater*, a mente del quale, per i contratti di locazione finanziaria, era applicabile la regola generale di cui all'art. 72 l. fall. Ove si fosse proceduto allo scioglimento del contratto, al soggetto che aveva concesso la locazione finanziaria era riconosciuto il diritto alla restituzione del bene, con obbligo di versare alla curatela la differenza (eventuale) tra la maggior somma ricavata dalla vendita del bene stesso, o sua altra collocazione, avvenuta a valori di mercato rispetto al credito residuo in linea capitale. Le somme già riscosse in corso di rapporto, invece, erano escluse dall'assoggettabilità a revocatoria fallimentare. Nell'ipotesi in cui, in esito alla nuova allocazione del bene, residuasse un credito in capo al concedente, lo stesso acquisiva il diritto ad insinuarsi nello stato passivo ai sensi del comma 3 dell'art. 72-*quater* l. fall.

Nella opposta situazione in cui a fallire fosse la società autorizzata a concedere finanziamenti sotto forma di locazione finanziaria, invece, il contratto proseguiva *ex lege*, con facoltà per l'utilizzatore di acquistare la proprietà del bene – previo pagamento dei canoni e del prezzo pattuiti – alla scadenza del contratto[7].

Dalla mera lettura comparata dell'art. 72-*quater* l. fall. e dell'art. 177 si evince che, debitamente mutati i relativi riferimenti normativi, la disciplina e la *ratio* sottese a tali disposizioni appaiono invariate.

L'art. 177, al comma 1, continua a non prevedere lo scioglimento *ex lege* del contratto di locazione finanziaria in caso di apertura della liquidazione giudiziale nei confronti dell'utilizzatore del bene, rimettendo la scelta sulla prosecuzione o meno del rapporto al curatore; nel caso in cui il curatore decida di sciogliere il contratto, il concedente conserva il diritto di ottenere la restituzione del bene, con obbligo, tuttavia, di versare alla curatela la differenza tra la maggior somma ricavata dalla vendita (o da altra collocazione) del be-

---

[5] BONFATTI, *Il leasing*, 1.

[6] BONFATTI, *Il leasing*, 1.

[7] Cfr. art. 72-*quater* l. fall. Per un commento all'art. 72-*quater* l. fall., si vedano *inter alia* BROGI, *I rapporti pendenti*; COSTANZA, *La sorte*; MILANO, *Fallimento dell'utilizzatore*; APRILE, *Art. 72*-quater.

ne, a valori di mercato, rispetto al credito residuo in linea capitale.

Sul punto, la norma rinvia all'art. 97, comma 12, a mente del quale, in linea con la norma di diritto sostanziale contenuta nell'art. 1, comma 138, l. 4 agosto 2017, n. 124, ove il contratto di locazione finanziaria sia sciolto, il concedente ha diritto alla restituzione del bene ed è tenuto a versare alla procedura quanto ricavato dalla vendita (o altra collocazione), effettuata a valori di mercato, deducendo una somma pari ai canoni scaduti e non pagati fino alla data dello scioglimento, dei canoni a scadere – solo in linea capitale –, del prezzo pattuito per l'esercizio dell'opzione di acquisto nonché delle spese anticipate per il recupero, la stima e la conservazione del bene (durante il tempo necessario alla vendita). Nel caso opposto in cui dalla vendita residui un credito per il concedente, quest'ultimo potrà far valere il proprio diritto nelle forme individuate dalla legge.

Per quanto concerne le sorti delle somme già riscosse dal concedente prima dell'apertura della liquidazione, invece, trova applicazione la regola di cui all'art. 166, comma 3, lett. *a*).

Sempre in continuità con il previgente regime, la norma in commento stabilisce, al comma 2, che il concedente conservi il diritto ad insinuarsi nello stato passivo per la differenza fra il credito vantato alla data di apertura della liquidazione giudiziale e quanto ricavabile dalla nuova allocazione del bene secondo la stima disposta dal giudice delegato.

Si nota che la disposizione in commento disciplina esclusivamente le conseguenze sul rapporto di locazione finanziaria nell'ambito della liquidazione giudiziale del patrimonio dell'utilizzatore nel caso in cui il curatore decida di sciogliersi dal contratto; al contrario, ove quest'ultimo opti per la prosecuzione del contratto, troveranno applicazione le regole ordinarie della sospensione automatica prevista nell'art. 172, comma 1, e della prosecuzione automatica in caso di esercizio provvisorio *ex* art. 211, comma 8.

La norma di chiusura dell'art. 177, tuttavia, in deroga alle citate disposizioni generali, prevede la prosecuzione del contratto di locazione finanziaria in caso di apertura della liquidazione giudiziale nei confronti del concedente, ossia di società autorizzata alla concessione di finanziamenti sotto forma di locazione finanziaria.

Tale previsione si giustifica sulla base della semplice considerazione che lo scioglimento del rapporto di locazione finanziaria rispetto ad un utilizzatore in grado di adempiere ai propri obblighi contrattuali sarebbe antieconomico per la procedura [8]. Inoltre l'utilizzatore conserva la facoltà di acquistare, alla scadenza del contratto, la proprietà del bene, previo pagamento dei canoni e del prezzo pattuito [9].

4. – Come anticipato nei paragrafi che precedono, il Codice non appare aver innovato in misura significativa il regime previgente in materia di effetti della liquidazione giudiziale sui contratti di locazione finanziaria. Di maggior interesse, invece, risultano i risvolti concorsuali della novella apportata nell'ordinamento dalla legge annuale per il mercato e la concorrenza (l. 4 agosto 2017, n. 124).

---

[8] Al riguardo, si veda anche la Relazione Illustrativa al decreto legislativo di attuazione della legge delega 19 ottobre 2017, nn. 155, 263 e 264.

[9] In materia di vedano NIGRO, VATTERMOLI, *Diritto della crisi*, 248.

Invero, tradizionalmente, secondo la giurisprudenza, la distinzione tra *leasing* operativo e *leasing* finanziario risultava funzionale a disciplinare i risvolti pratici conseguenti alla risoluzione del contratto per inadempimento dell'utilizzatore. Alcune delle pronunce della Corte di cassazione in materia hanno, quindi, considerato superata tale distinzione a seguito della novella del 2017[10]; tale conclusione, tuttavia, non è risultata pacifica, circostanza che ha fatto emergere due orientamenti distinti[11]. La conseguenza del ritenere unitario il contratto di *leasing*, in effetti, è di primaria rilevanza, in quanto da tale qualificazione comporterebbe, da un lato, la restituzione del bene al concedente e dall'altro il trattenimento, in capo al concedente, delle rate versate dall'utilizzatore.

A dirimere il contrasto sono intervenute le Sezioni Unite[12], le quali hanno stabilito che la l. n. 124 del 2017 non ha effetti retroattivi, e che quindi la stessa trova applicazione «per i contratti di leasing finanziario in cui i presupposti della risoluzione per l'inadempimento dell'utilizzatore [...] non si siano ancora verificati al momento della sua entrata in vigore». Conseguentemente «per i contratti risolti in precedenza e rispetto ai quali sia intervenuto il fallimento dell'utilizzatore soltanto successivamente alla risoluzione contrattuale, rimane valida la distinzione tra leasing di godimento e leasing traslativo»; in tale ipotesi, a quest'ultimo contratto, proseguono le Sezioni Unite, dovrebbe applicarsi l'art. 1526 c.c. Dall'applicazione di tale ultima disposizione, si ricava che «il concedente che aspiri a diventare creditore concorrente ha l'onere di formulare una completa domanda di insinuazione al passivo». E, a parere di chi scrive, le medesime conclusioni non appaiono suscettibili di essere disattese nell'applicazione del nuovo art. 177.

---

[10] Cfr. ad esempio Cass., 28 ottobre 2019, n. 27545. Sul punto, si veda anche SIMONETTI, *Il* leasing, 1321.

[11] In senso contrario all'unitarietà della nozione di *leasing*, si veda ad esempio Cass., 17 aprile 2019, n. 10733.

[12] Cfr. Cass., SS.UU., 28 gennaio 2021, n. 2061.

Articolo 178

Vendita con riserva di proprietà

1. Nella vendita con riserva di proprietà, in caso di apertura della liquidazione giudiziale del patrimonio del compratore, se il prezzo deve essere pagato a termine o a rate, il curatore può subentrare nel contratto con l'autorizzazione del comitato dei creditori. Il venditore può chiedere cauzione a meno che il curatore paghi immediatamente il prezzo con lo sconto dell'interesse legale. Qualora il curatore si sciolga dal contratto, il venditore deve restituire le rate di prezzo già riscosse, salvo il diritto ad un equo compenso per l'uso della cosa, che può essere compensato con il credito avente ad oggetto la restituzione delle rate pagate.

2. L'apertura della liquidazione giudiziale nei confronti del venditore non è causa di scioglimento del contratto.

Franco Trubiani

L'articolo in commento ribadisce il disposto di cui già all'art. 73 l. fall. [1] e prevede che, se il prezzo deve essere pagato a termine o a rate, il curatore della liquidazione giudiziale del compratore, può subentrare nel contratto, con l'autorizzazione del comitato dei creditori; a tutela del venditore è previsto che questi possa richiedere dal curatore il pagamento di una cauzione – che in difetto di accordo fra le parti si ritiene dovrà essere determinata dal giudice delegato (possibili esempi in questo senso si ritrovano del resto anche agli artt. 184 e 185 per gli indennizzi in tema di affitto d'azienda o locazione).

Come è noto in tale tipologia di vendita il compratore acquista la proprietà della cosa con il pagamento dell'ultima rata del prezzo (art. 1523 c.c.); di conseguenza, una volta consegnata la cosa al compratore, per il venditore il rapporto potrebbe dirsi esaurito dato che il passaggio della proprietà avviene automaticamente con il pagamento dell'ultima rata.

Il curatore può evitare di dover prestare cauzione pagando immediatamente il prezzo (totale o residuo a seconda che si tratti di pagamento a termine o rateale) con lo sconto dell'interesse legale. Sembra chiaro come la scelta del curatore sarà guidata da quella regola fondamentale di economicità della liquidazione che si evince da più disposizioni (artt. 213, comma 2, 142, ult. comma, 123, lett. *f*); in altri termini, di fatto, il curatore provvederà a far stimare il valore di mercato del bene raffrontandolo con il prezzo (o la parte di

[1] Sul punto in via generale, per tutti, v. VATTERMOLI, *Art. 73*, 454-456.

prezzo) ancora dovuto, scegliendo di subentrare nel rapporto nei casi in cui ciò comporti un vantaggio in termini di maggior soddisfacimento dei creditori[2].

Una volta che il curatore abbia optato per il subentro, il contratto segue interamente la disciplina civilistica[3], con la conseguenza che in caso di inadempimento il venditore potrà richiedere la risoluzione dello stesso e il risarcimento del danno.

In ordine all'ultima parte del comma 1 della norma in commento, viene riaffermata l'applicabilità anche in questa sede del disposto di cui all'art. 1526, comma 1, c.c.[4], secondo cui in caso di risoluzione del contratto di vendita con riserva di proprietà per inadempimento del compratore, il venditore deve restituire le rate riscosse, salvo il diritto ad un equo compenso per l'uso della cosa, oltre al risarcimento del danno.

Nella giurisprudenza di merito[5] si era già ritenuto che quando il contratto di vendita a rate con riserva di proprietà viene sciolto ai sensi dell'art. 72, commi 2 e 3, l. fall., a seguito del fallimento del compratore che non abbia completato il pagamento del prezzo, gli effetti dello scioglimento sono regolati dall'art. 1526 c.c., laddove dispone che il venditore, al quale va restituito il bene di cui è rimasto proprietario, deve restituire le rate riscosse ma ha diritto ad un equo compenso per l'uso dei bene fatto dal compratore, con la conseguenza che per quanto trattenuto a tale titolo dal venditore il curatore non può invocare la tutela apprestata dall'azione revocatoria fallimentare dal momento che la ritenzione del danaro ricevuto da parte del venditore a titolo di equo compenso è conseguenza della scelta operata dal curatore nel non proseguire nel rapporto in corso[6].

Al fine di dirimere dubbi sulla natura dei rispettivi controcrediti, l'articolo in questione opportunamente precisa che l'equo compenso può essere compensato con il credito da restituzione delle rate già pagate[7].

Infine, come nel caso del contratto di *leasing* per il concedente, è previsto che l'apertura della liquidazione giudiziale del venditore non ha nessuna influenza sul contratto, il quale, pertanto, continua a spiegare i propri effetti.

Nel caso in cui il curatore e il venditore non si accordino sull'ammontare dell'equo compenso, questo dovrà essere determinato dal giudice delegato[8]; peraltro si ritiene unanimemente che il credito vantato dal fallimento non determina in nessun caso il diritto di ritenzione del bene oggetto del contratto[9].

---

[2] FAROLFI, *Art. 178*, 178.

[3] LUMINOSO, *Vendita, preliminare*, 231. Un simile principio si può rinvenire anche in relazione alla domanda di ammissione al concordato preventive, come già notato efficacemente da BRIGUGLIO, *Domanda di ammissione*, 345 ss.

[4] In argomento, per tutti, v. CARPINO, *Vendita con riserva*, 315-316.

[5] Trib. Roma, 22 settembre 2016, in *Dejure*.

[6] Sul punto v. già ZANARONE, *Art. 73*, 167 ss.

[7] Risolvendo un dubbio che si era posto in precedenza, sul punto, tra gli altri su posizioni differenti, v. BARBA, *Art. 73*, 1045 ss.; FERRI, *Le pretese*, 241, nt. 42; LEOGRANDE, *Art. 73*, 1353; LO CASCIO, *Il fallimento*, 497 ss.; SCARSO, *Art. 73*, 209 ss.; TARZIA, *Gli effetti*, 1387 ss.

[8] Prima della riforma della legge fallimentare, era prevalente l'opposta tesi, secondo cui la determinazione dell'equo compenso sarebbe spettata al tribunale ordinario: v. in particolare, in questo senso Cass., 8 ottobre 1993, n. 997.

[9] GENOVESE, *Effetti del fallimento*, 1148 ss.

Da ultimo occorre considerare che il venditore soggiace alla facoltà di scelta in capo al curatore, per cui, finché quest'ultimo non abbia sciolto la riserva, il primo non può rivendicare vittoriosamente la *res*; ne consegue che, presentata la domanda di restituzione, questa potrà essere accolta solo qualora il curatore abbia eventualmente optato per lo scioglimento del contratto[10].

Mentre il comma 1 regola gli effetti sul contratto di vendita a rate nel caso di apertura della liquidazione giudiziale del patrimonio del compratore, il secondo si limita a stabilire che l'apertura della liquidazione giudiziale nei confronti del venditore, invece, non è causa di scioglimento del contratto, comportandone così la prosecuzione *ex lege*.

[10] In tal senso si vedano, tra le altre, Cass., 29 maggio, 1992, n. 6512; Cass., 16 aprile 1992, n. 4217.

Articolo 179

Contratti ad esecuzione continuata o periodica

1. Se il curatore subentra in un contratto ad esecuzione continuata o periodica deve pagare integralmente il prezzo delle consegne avvenute e dei servizi erogati dopo l'apertura della liquidazione giudiziale.

2. Il creditore può chiedere l'ammissione al passivo del prezzo delle consegne avvenute e dei servizi erogati prima dell'apertura della liquidazione giudiziale.

Cristiana Fiengo

Sommario: 1. La novella legislativa. – 2. L'affermazione del principio della scindibilità delle prestazioni anteriori e successive all'apertura della procedura di liquidazione giudiziale.

1. – Nel Codice si riserva alla sorte dei contratti ad esecuzione continuata o periodica – che risultino pendenti al momento in cui è aperta la procedura di liquidazione giudiziale – una disciplina che si discosta per un aspetto nient'affatto marginale dalla normativa fallimentare previgente. Precisamente, una svolta di notevole portata è stata realizzata al fine di limitare le ipotesi di prededuzione, scindendo le sorti delle consegne avvenute e dei servizi erogati prima dell'apertura della liquidazione giudiziale da quelli successivi a tale data, nell'ipotesi in cui il curatore, previa autorizzazione del comitato dei creditori, subentri nel contratto. In particolare, per il prezzo delle consegne avvenute e dei servizi erogati prima dell'apertura della procedura al creditore è consentita ormai soltanto l'ammissione al passivo e quindi per tale credito sarà soddisfatto in moneta concorsuale. Questo elemento di disciplina segna la principale novità rispetto al passato, giacché l'art. 74 l. fall. imponeva al curatore subentrante di pagare integralmente al contraente adempiente, in prededuzione, le prestazioni già eseguite, riconoscendogli per tal via un beneficio del tutto eccezionale. Si trattava, infatti, di un trattamento preferenziale rispetto a quello riservato ai contraenti *in bonis* di altri rapporti giuridici pendenti alla data della sentenza di fallimento. La soluzione adottata pone, così, fine ad una disomogeneità di trattamento tra i creditori anteriori alla sentenza che dichiara l'apertura della procedura di liquidazione giudiziale. Inoltre, i contratti di durata, più di altri contratti, evidenziano che non è confacente affidare la gestione della sorte dei rapporti giuridici pendenti esclusivamente alle norme civilistiche, essendo indispensabile il ricorso ad una apposita disciplina che invece di sostituirsi ad esse, le adatti alla situazione determinata dalla procedura concorsuale, ovvero quella della indisponibilità da parte del debitore del proprio patrimonio.

Nel comma 1 dell'art. 179 trova, invece, tutt'ora conferma l'obbligo, già presente nell'art. 74 l. fall., del pagamento integrale – e quindi la qualifica di prededucibile ai sensi dell'art. 221 – del credito per il prezzo delle consegne o delle erogazioni successive all'epoca della sentenza che dichiara aperta la liquidazione giudiziale, pur sempre nella circostanza in cui il curatore valuti l'opportunità di non rinunciare al contratto e decida di subentrarvi. Giova segnalare che il momento che segna la separazione del trattamento riservato a quanto dovuto per le prestazioni eseguite dalla controparte *in bonis* è giustamente l'apertura della liquidazione giudiziale e non quello della scelta del curatore a favore del subentro.

La nuova configurazione della norma è, del resto, conforme alla modifica – dall'impatto sistematico – che ha interessato l'art. 172, al quale si attribuisce il ruolo di regola generale della Sezione V dedicata agli «Effetti della liquidazione giudiziale sui rapporti giuridici pendenti» [1]. Infatti, il comma 3 dell'art. 172 dispone che in caso di prosecuzione del contratto per scelta del curatore sono prededucibili soltanto i crediti maturati nel corso della procedura e ciò in ossequio alla prescrizione del legislatore delegante (art. 7, comma 6, lett. *a*), l. 19 ottobre 2017, n. 155)[2]. Perfettamente allineato risulta anche l'art. 187, comma 2, il quale a proposito della sorte del contratto di assicurazione nell'ipotesi di subentro nel contratto da parte del curatore dispone che il credito dell'assicuratore sia soddisfatto in prededuzione limitatamente ai premi scaduti dopo l'apertura della liquidazione giudiziale.

Vale considerare che l'art. 179 prende in considerazione unicamente l'ipotesi del subentro del curatore nel contratto, omettendo di considerare la circostanza in cui il curatore opti per lo scioglimento. Il silenzio sul punto è evidentemente intenzionale, giacché sottintende l'applicabilità della regola generale di cui all'art. 172, il cui comma 4 riconosce al contraente *in bonis* il diritto di far valere nel passivo della liquidazione giudiziale il credito conseguente al mancato adempimento, senza che gli sia dovuto risarcimento del danno. Pertanto, per quanto riguarda i contratti ad esecuzione continuata o periodica è apparso sufficiente regolare distintamente soltanto l'ipotesi del subentro del curatore, proprio al fine di differenziare la sorte delle consegne avvenute e dei servizi erogati anteriormente all'apertura della liquidazione da quelli posteriori.

Inoltre, il legislatore persiste nel tacere a proposito del trattamento delle consegne avvenute o servizi erogati durante il periodo di sospensione del rapporto; tuttavia, in tal caso, l'assenza di indicazioni ne rende dubbia la sorte. Ugualmente incerta resta la sorte da riservare alle prestazioni che il contraente *in bonis* avrebbe dovuto eseguire durante il periodo di sospensione, sia nel caso in cui a detto periodo sia poi seguito lo scioglimento del rapporto, sia il subentro nello stesso da parte del curatore [3]. Non è stata, dunque, colta

---

[1] DE NOVA, *I contratti pendenti*, 564.

[2] L'art. 7, comma 6, legge delega recita: «*La disciplina dei rapporti giuridici pendenti è integrata: a) limitando la prededuzione, in ogni caso di prosecuzione o di subentro del curatore, compreso l'esercizio provvisorio e salva diversa previsione normativa, ai soli crediti maturati nel corso della procedura*».

[3] Nel vigore della legge fallimentare sono state individuate due diverse soluzioni, l'una nel caso si trattasse di somministrazione, l'altra di vendita a consegne ripartite. Al riguardo: MIRONE, *Compravendita e somministrazione,* 100; CAGNASSO, *Art. 74*, 1203.

l'occasione per fornire una soluzione alla questione dibattuta soprattutto in giurisprudenza, allorché si è posta l'attenzione sulla legittimità delle pretese del somministrante per il credito relativo alla porzione di corrispettivo pattuito come quota fissa, non proporzionale al consumo (es: clausola di impegno di potenza)[4]. Non sono, invece, in discussione – e, a dire il vero, non lo sono mai state – le eventuali spese di impianto, solitamente rateizzate, per le quali, ad installazione avvenuta, il somministrante ha certamente diritto di insinuazione al passivo.

Invece, con la nuova disciplina – che priva il contraente *in bonis* del diritto di ricevere il pagamento integrale delle consegne già avvenute o dei servizi già erogati – si risolve, in radice, la questione circa l'ammissibilità per il curatore di sciogliere il contratto originario e di stipularne uno nuovo, con la medesima controparte, confermando le stesse condizioni, giacché se ne è persa la convenienza[5].

Infine, anche in difetto di espresso rinvio all'art. 180, analogamente a quanto già si sosteneva in passato nel vigore della legge fallimentare[6], sembra possa agevolmente riconoscersi anche al somministrante il diritto di riprendere il possesso delle cose mobili spedite prima che nei confronti della controparte sia stata aperta la liquidazione giudiziale, ma non ancora giunte a sua disposizione nel luogo di destinazione. Ciò significa che il somministrante, limitatamente a singole consegne, possa riprendere il possesso delle cose consegnate al vettore, non compromettendo l'apprensione alla procedura di quelle effettuate in precedenza. Diversamente non sembra possa ammettersi che il contraente *in bonis* possa richiedere una cauzione a garanzia del pagamento delle consegne future invocando l'art. 187[7].

Un'attenzione specifica è, invece, riservata alla categoria dei contrati in parola nell'art. 17, comma 5, a proposito del funzionamento della composizione negoziata, ove è attribuita facoltà all'esperto, nel corso delle trattative, di invitare le parti a rideterminare, secondo buona fede, il contenuto dei contratti ad esecuzione continuata o periodica ovvero ad esecuzione differita se la prestazione è divenuta eccessivamente onerosa o se è alterato l'equilibrio del rapporto in ragione di circostanze sopravvenute. Le parti sono tenute a collaborare tra loro per rideterminare il contenuto del contratto o adeguare le prestazioni alle mutate condizioni. Per di più, se all'imprenditore sono concesse le misure protettive di cui all'art. 18, i creditori nei cui confronti operano le stesse non possono, unilateralmente, rifiutare l'adempimento dei contratti pendenti o provocarne la risoluzione, né possono anticipare la scadenza o modificarli in danno dell'imprenditore per il solo fatto del mancato pagamento dei crediti anteriori (art. 18, comma 5). Di pari tenore è l'art. 64, comma 3, c.c. a proposito degli accordi di ristrutturazione dei debiti, anche se agevolati o ad efficacia estesa. Per l'approfondimento di questa disciplina si rinvia ai commenti degli artt. 17, 18 e 64.

Inoltre, il legislatore della riforma ha introdotto nell'art. 94-*bis* delle "disposizioni speciali per i contratti pendenti nel concordato in continuità aziendale", ritenendo essenziali

---

[4] Da ultima, Cass., 11 gennaio 2019, n. 21895.

[5] Cass., 7 novembre 2012, n. 19280, in *Dir. fall.*, 2013, II, 509, con nota di Di Cola, *Il subentro*; Cass., 17 maggio 1989, n. 2572, in *Foro it.*, 1990, I, 624; Trib. Milano, 11 giugno 1987, in *Dir. fall.*, 1988, II, 494.

[6] Mirone, *Compravendita e somministrazione*, 94.

[7] La soluzione in senso negativo prevaleva già nel vigore della legge fallimentare: Cagnasso, *Art. 74*, 1209; Fabiani, *La somministrazione*, 86; Zuddas, *Somministrazione*, 160.

proprio i «contratti necessari per la continuazione della gestione corrente dell'impresa, inclusi i contratti relativi alle forniture la cui interruzione impedisce la prosecuzione dell'attività del debitore» relativamente ai quali valgono le medesime preclusioni, sopra citate, previste nell'art. 18, comma 5. Anche per questa norma si rinvia al commento specificamente dedicato all'art. 94-*bis*.

2. – Dapprincipio l'art. 74 l. fall., seppur rubricato «*Contratto di somministrazione*», conteneva in realtà regole che trovavano applicazione relativamente a due distinti schemi negoziali: il contratto di somministrazione e la vendita a consegne ripartite[8]. Le caratteristiche di entrambi i negozi fanno sì che normalmente all'epoca dell'apertura della procedura concorsuale «ci si trovi in una situazione di esecuzione parziale, e cioè chiaramente di inesecuzione delle prestazioni che vanno a scadere dopo la sentenza»[9]. Da subito la mancanza di corrispondenza tra gli elementi caratteristici dei due modelli contrattuali, accostati sotto il profilo della disciplina fallimentare dei rapporti giuridici pendenti, ha generato non pochi dubbi esegetici.

Si deve al d.lgs. 12 settembre 2007, n. 169 (art. 4, n. 10), la rinnovata formula della rubrica dell'art. 74 l. fall. «*Contratti ad esecuzione continuata o periodica*» che trova tuttora conferma nell'art. 179. Con essa si delimita l'ambito di applicazione della disposizione, includendo la categoria dei contratti di durata e al contempo escludendo quella dei contratti ad esecuzione frazionata (compresa la vendita a consegne ripartite)[10]. Inoltre, nell'art. 74 l. fall. veniva opportunamente soppresso il rinvio all'art. 72 l. fall., in conseguenza del fatto che quest'ultima ha assunto il ruolo di regola generale e quindi di norma che individuava la sorte di qualsiasi contratto pendente, a meno che non fosse diversamente disposto. Se la regola generale era, da sola, già idonea a regolare l'effetto della sospensione o dello scioglimento anche dei contratti ad esecuzione continuata o periodica, la norma di dettaglio sopravviveva allo specifico fine di stabilire che, nel caso in cui il curatore avesse deciso di subentrare nel contratto, questi avrebbe dovuto pagare integralmente il prezzo anche delle consegne già avvenute e dei servizi già erogati. Non senza difficoltà si è tentato, in dottrina e in giurisprudenza, di giustificare la deroga al principio della *par condicio creditorum* che conseguiva alla retroattività del subentro del curatore e al conseguente obbligo del subentrante di pagare integralmente anche il prezzo delle prestazioni già eseguite contenuta nell'art. 74 l. fall.[11].

L'attenzione del legislatore, nella norma di dettaglio destinata ai contratti ad esecuzione continuata o periodica, era ed è tuttora tutta concentrata, come si è detto, sull'ipotesi del subentro del curatore nel contratto. Il tema dominante è rappresentato dal fatto che il

---

[8] Sul punto, in giurisprudenza: Cass., 6 ottobre 1995, n. 10521, in *Giust. civ.*, 1996, I, 67; Cass., 4 luglio 1991, n. 7380, in *Arch. civ.*, 1991, 1124; in dottrina, *ex multis*, TARZIA, *Il contratto*, 1167; BOERO, *La somministrazione*, 237; GIANNATTASIO, *La permuta*, 314; GUGLIELMUCCI, *Sub art. 74*, 207; DE SEMO, *Diritto fallimentare*, 367; OPPO, *I contratti*, 143.

[9] DIMUNDO, *74. Contratti*, 1023; PATTI, *Gli effetti*, 1644; BERTINO, *Sub art. 74*, 430; MIRONE, *Compravendita e somministrazione*, 93; BOCCHINI, *I contratti*, 18.

[10] SANZO, *Fallimento e contratti*, 130; IVONE, *Dal «contratto*, 767.

[11] Cfr.: FERRARA JR., BORGIOLI, *Il fallimento*, 385; DE SEMO, *Diritto fallimentare*, 367; PATTI, *Rapporti pendenti*, 1224; AZZOLINA, *Il fallimento*, 1241. In giurisprudenza: Cass., 19 marzo 2012, n. 4303 in *Fallimento*, 2012, 1222; Cass., 19 maggio 2006, n. 11855.

curatore, nel propendere a favore del subentro nel contratto, debba essere guidato dal canone dell'utilità per la procedura e quindi della soddisfazione dell'interesse dei creditori. E, per come è formulato oggi l'art. 179 trova piena espressione, ancor più che in passato, il principio di carattere generale che vale in materia di contratti pendenti, della preminenza dell'interesse dei creditori rispetto a quello della controparte contrattuale[12]. A conferma di ciò vale ricordare che, in ipotesi di subentro, è indispensabile anche l'autorizzazione del comitato dei creditori (art. 172, comma 1). Ebbene, la valutazione della convenienza è esclusivamente basata sul prezzo delle consegne avvenute e dei servizi erogati prima e dopo l'apertura della liquidazione giudiziale.

Una volta concorsualizzati i crediti dovuti alle consegne già avvenute e dei servizi già erogati, è stato soppresso il principale disincentivo al subentro del curatore nei contratti in esame[13]. Attraverso l'adozione della soluzione di cui all'art. 179 si è inteso recepire un orientamento, prevalentemente giurisprudenziale, che è giunto a sostenere la scindibilità delle prestazioni anteriori e successive all'apertura della procedura. Una tesi, affinatasi nel tempo, che consente di effettuare un grosso passo avanti nel senso dell'applicazione di un diverso regime concorsuale alle une e alle altre. La Suprema Corte, ribadendo e avvalorando quanto già sostenuto a proposito dei contratti di durata circa l'unicità sinallagmatica della loro fase genetica, cui segue una continuità e una periodicità della fase esecutiva[14], ha sottolineato che con il contratto di somministrazione – assunto generalmente ad archetipo dei contratti di durata – non si punta alla realizzazione di un risultato contrattuale unico, come avviene invece nel caso della vendita a consegne ripartite; piuttosto, con esso si tende a replicare più volte un risultato contrattuale che si rivela completo e definitivo in occasione delle sue singole manifestazioni[15]. Conseguentemente, ogni prestazione del somministrante può essere considerata indipendente e distinta, anche se rinnovabile sulla base di un unico fondamento giuridico; certamente non si tratta di un adempimento parziale del contratto. Per effetto di ogni prestazione sorge la singola controprestazione, consistente nell'obbligo di pagarne il prezzo. Tuttavia, trattandosi di contratto di durata, l'adempimento non estingue il rapporto, ma permette il sorgere di nuovi rapporti di credito e di debito. Ogni consegna, o anche la erogazione continuata, soddisfa interessi del creditore in tutto indipendenti da potenziali bisogni successivi. È indifferente se le prestazioni siano effettuate periodicamente, in funzione della soddisfazione di bisogni ricorrenti ad intervalli costanti, oppure variabili, in ragione delle richieste o, ancora, continuative; resta che il contratto di durata costituisce la fonte obbligatoria unica di una pluralità di prestazioni, ciascuna dotata di propria autonomia.

Così configurata, la natura del contratto di somministrazione non è di per sé incompatibile col fatto che una parte dei crediti sorti dal contratto debba essere pagata in prededuzione ed altra abbia natura concorsuale. Infatti, la S.C., ben prima della riforma 2019,

---

[12] L'interesse prevalente dei creditori, nella disciplina dei rapporti pendenti, trova temperamento unicamente in presenza di interessi "altri" costituzionalmente rilevanti (diritto all'abitazione, all'esercizio di attività produttiva, al lavoro e così via).

[13] BROGI, *I rapporti pendenti*, 1186.

[14] Cass., SS.UU., 22 maggio 1996, n. 4715, in *Foro it.*, 1996, I, 3129.

[15] Cass., 25 settembre 2017, n. 22274.

nell'ambito di una procedura di amministrazione straordinaria delle grandi imprese in stato di insolvenza – in occasione della continuazione di un contratto di somministrazione in epoca successiva alla dichiarazione di insolvenza e in assenza di una esplicita volontà del commissario straordinario di subentro nel contratto *ex* art. 50, comma 1, d.lgs. n. 270 del 1999 –, ha sostenuto, nonostante il rinvio alle norme della l. fall. di cui all'art. 51, comma 1, d.lgs. n. 270 del 1999, che la prededucibilità dovesse essere riservata soltanto ai crediti sorti dopo la dichiarazione dello stato di insolvenza, per la continuazione dell'esercizio dell'impresa finalizzata alla conservazione aziendale e volta ad assicurare al commissario straordinario uno "*spatium deliberandi*" per l'esercizio della facoltà di scioglimento o subentro; invece, i crediti sorti anteriormente alla dichiarazione di insolvenza andassero pacificamente assoggettati alle regole del concorso [16].

Peraltro, considerando "mobile" il rinvio alla legge fallimentare contenuto nell'art. 51, d.lgs. n. 270 del 1999, si potrebbe uniformare la sorte di tutti i contratti ad esecuzione continuata o periodica (inclusa la somministrazione in condizioni di monopolio [17]) a quanto previsto nell'art. 179, inclusa la limitazione della prededuzione alle sole prestazioni maturate in costanza di procedura [18]; tuttavia, la scelta politica effettuata nella legge delega di tener fuori dalla riforma la disciplina dell'amministrazione straordinaria delle grandi imprese in crisi potrà divenire fonte di qualche dubbio interpretativo [19].

---

[16] Cass., 18 gennaio 2018, n. 1195, in *Fallimento*, 2018, 537 con nota di Costanza.

[17] Censoni, *Gli effetti*, 109.

[18] Rizzi, *La disciplina*, 1294, osserva che il "cavallo di Troia" costituito dai richiami della legge fallimentare nel corpo del testo della disciplina dell'amministrazione straordinaria ha costituito, in concreto, mercé l'attribuzione della natura mobile del rinvio, lo strumento utilizzato per far penetrare all'interno del plesso che il legislatore voleva immune dall'onda riformatrice, le conseguenze della applicazione di principi dettati per la liquidazione giudiziale.

[19] Fabiani M., *I contratti pendenti*, 787.

Articolo 180

Restituzione di cose non pagate

1. Se la cosa mobile oggetto della vendita è già stata spedita al compratore prima che nei suoi confronti sia stata aperta la liquidazione, ma non è ancora a sua disposizione nel luogo di destinazione, né altri ha acquistato diritti sulla medesima, il venditore può riprenderne il possesso, assumendo a suo carico le spese e restituendo gli acconti ricevuti, sempreché egli non preferisca dar corso al contratto facendo valere nel passivo il credito per il prezzo, o il curatore non intenda farsi consegnare la cosa pagandone il prezzo integrale.

Cristiana Fiengo

Sommario: 1. Continuità con la disciplina previgente. – 2. La *ratio* della disposizione. – 3. Gli effetti dell'esercizio del diritto di *stoppage*.

1. – Profili di assoluta continuità con la disciplina previgente si riscontrano nella norma che concede al venditore *in bonis* la facoltà di recuperare il possesso della cosa mobile oggetto del contratto, ancorché essa sia stata già spedita, mediante consegna ad un vettore o ad uno spedizioniere, prima che nei confronti del compratore sia stata aperta la liquidazione giudiziale; il diritto può essere esercitato se, all'epoca dell'apertura della procedura, la cosa non è stata ancora messa a disposizione del compratore nel luogo di destinazione.

Nel riformulare l'art. 180 il legislatore delegato si è limitato soltanto a sostituire l'espressione «prima della dichiarazione di fallimento di questo», con la locuzione «*prima che nei suoi confronti sia stata aperta la liquidazione*».

Il venditore che intende proporre istanza di restituzione delle cose mobili "viaggianti" deve essere disposto ad assumersi l'onere delle spese, oltre alla restituzione di eventuali acconti già ricevuti. Inoltre, è indispensabile che nel frattempo nessun terzo abbia acquistato diritti sulla cosa medesima; pertanto, qualora il venditore abbia emesso titoli rappresentativi della merce, presupposto per l'esercizio del diritto alla "restituzione di cose non pagate" è che il compratore non abbia disposto di tali titoli a favore di terzi durante il viaggio (art. 1691 c.c.)[1].

[1] Bonfatti, Censoni, *Manuale di diritto*, 331.

Esercitando, dunque, il diritto di ripresa del possesso della cosa, il venditore può impedire che la stessa, una volta giunta a destinazione, sia consegnata al curatore; oppure, nell'eventualità in cui il bene sia pervenuto al curatore successivamente all'apertura della liquidazione giudiziale del compratore, può chiederne la restituzione [2]. Inoltre, preventivamente, sono poste in alternativa due ulteriori possibilità: la prima consente al venditore di manifestare la volontà di dar comunque corso al contratto facendo valere nel passivo il credito per il prezzo; la seconda legittima il curatore a richiedere la consegna della cosa, a condizione di esser disposto a pagarne integralmente il prezzo. Per la verità, nel primo caso, il venditore può conseguire il risultato dell'esecuzione del contratto in concorso semplicemente non esercitando il diritto di *stoppage* [3]. In ogni caso, se il venditore *in bonis* invoca il diritto di adempiere alla prestazione, il curatore è obbligato ad acquisire all'attivo della procedura la cosa spedita, non potendo rifiutare un bene per il quale il venditore vuole lasciar perfezionare la consegna, sia pur facendo valere nel passivo il credito per il prezzo [4]. In realtà è stato riprodotto nell'art. 180 quanto previsto nell'art. 75 l. fall. e che, all'origine, era contemplato anche nell'art. 72, comma 1, l. fall., ossia la regola dettata in tema di contratto di vendita *tout court* che riconosceva il diritto al venditore che non aveva ancora effettuato la consegna di «compiere la sua prestazione, facendo valere nel passivo del fallimento il suo credito per il prezzo» [5].

2. – Consentendo al venditore di riprendere il possesso della cosa, già affidata al vettore o allo spedizioniere anteriormente all'apertura della liquidazione giudiziale a carico del compratore e prima che la cosa sia giunta a destinazione o comunque che sia stata messa a disposizione del compratore [6], si evita di considerare interamente eseguita la prestazione del venditore. Per tal via il contratto torna nello stato di *pendenza* che costituisce il presupposto per l'applicazione della disciplina dei "rapporti giuridici pendenti", derogando alla regola generale della soggezione al concorso di tutti i crediti concorrenti nella procedura di liquidazione giudiziale del debitore [7]. Infatti, esercitando il diritto di ripresa del possesso della cosa già consegnata al vettore o allo spedizioniere, il contratto, piuttosto che essere considerato già eseguito dal venditore, è trattato come rapporto ineseguito da entrambe le parti, con il vantaggio per il venditore di sottrarre il suo credito alla regola del concorso [8].

La norma di diritto speciale, nel caso in cui è aperta una procedura di liquidazione giudiziale a carico del compratore, sottrae il venditore anche alla rigida applicazione dei principi del diritto comune, primo tra tutti quello consensualistico espresso nell'art. 1376 c.c., concedendo al venditore di riprendere il possesso della cosa mobile oggetto della vendita, assumendo a suo carico le spese e restituendo gli acconti eventualmente ricevuti [9].

---

[2] DIMUNDO, *Art. 75*, 1047; GUGLIEMUCCI, *Art. 75*, 217.

[3] VATTERMOLI, *Art. 75*, 463.

[4] NARDO, *Art. 75*, 886.

[5] DIMUNDO, *Art. 75*, 1048.

[6] GUGLIEMUCCI, *Art. 75*, 211.

[7] PATTI, *Gli effetti*, 1630; DI MARZIO, *Rapporti pendenti*, 741.

[8] DIMUNDO, *Gli effetti*, 237.

[9] BROGI, *I rapporti pendenti*, 1185.

Anche nell'imputazione delle spese al venditore l'art. 180 si discosta da quanto previsto nell'art. 1510, comma 2, ult. parte, c.c., che nella compravendita mobiliare con spedizione, imputa a carico del compratore le spese di trasporto [10].

Il meccanismo dello *stoppage* è funzionale ad impedire che il venditore adempiente riscuota il pagamento solo in moneta concorsuale, nonostante la fase esecutiva del contratto avvenga nel corso della procedura concorsuale. Ammettendo, eccezionalmente, che il venditore *in bonis* recuperi il possesso della cosa, si ripristina dunque la situazione giuridica che determina l'applicazione della regola generale della sospensione del contratto di cui all'art. 172. Quest'ultimo, nel precisare che debba trattarsi di contratto ineseguito o non compiutamente eseguito da entrambe le parti, aggiunge, innovando rispetto al passato, che la non esecuzione debba riguardare *le prestazioni principali* del rapporto, rendendo trascurabile l'eventuale mancata o incompleta esecuzione delle obbligazioni accessorie che nascono dal contratto.

3. – Per effetto dell'esercizio dello *stoppage in transitu*, il contratto resta sospeso e la sorte dello stesso resta subordinata alla scelta del curatore di scioglierlo o di farsi consegnare la cosa pagandone integralmente il prezzo. Se il curatore vuole farsi consegnare comunque la cosa deve essere disposto a pagarne integralmente il prezzo, valutandone l'opportunità nell'interesse dei creditori. Pertanto, il curatore può pretendere la consegna di un bene che il venditore vorrebbe riprendersi. La richiesta di restituzione del possesso della cosa, dunque, precede la scelta del curatore; questi, tuttavia, può impedire che ciò accada richiedendone la consegna, anche se a costo di pagarne integralmente il prezzo. Il venditore, invece, realizza la ripresa effettiva del possesso in conseguenza della scelta del curatore nel senso dello scioglimento del contratto [11].

Lo scioglimento del contratto può essere provocato anche dal contraente *in bonis* per effetto dell'esercizio del diritto di messa in mora *ex* art. 172, comma 2. La messa in mora è addirittura necessaria, dal momento che la norma subordina l'esercizio del diritto di recuperare il possesso della cosa alla volontà del curatore di farsi consegnare la cosa, pagandone integralmente il prezzo.

Il venditore, non avendo ricevuto il pagamento del prezzo, può vantare la pretesa di riprendere il possesso della cosa mobile oggetto della vendita se la spedizione è avvenuta prima che a carico del compratore sia stata aperta la procedura di liquidazione giudiziale. Di contro, se la spedizione dovesse avvenire in epoca successiva all'apertura della procedura in capo al compratore, soprattutto se indirizzata al curatore, la fattispecie potrebbe essere interpretata come manifestazione tacita della volontà di questi di eseguire il contratto facendo valere nel passivo il credito per il prezzo. L'esercizio dello *stoppage* è inammissibile anche se la spedizione, successiva all'apertura della procedura, è indirizzata al debitore, nonostante la presumibile ignoranza del venditore circa l'apertura della procedura di liquidazione giudiziale a carico del compratore.

Inoltre, il diritto è esercitabile soltanto finché le cose spedite siano ancora in transito o

---

[10] SPIOTTA, *Art. 75*, 1219.

[11] GUGLIEMUCCI, *Art. 75*, 213.

comunque prima che divengano disponibili per il compratore nel luogo di destinazione. In altri termini, il diritto può essere fatto valere fintantoché i beni del venditore non sono "confusi" con quelli che già risultano appartenenti al compratore, giacché si presume che su di essi i creditori certamente non hanno potuto fare affidamento a garanzia delle loro ragioni [12].

Nonostante la norma sembri evocare il c.d. *stoppage in transitu* del diritto inglese [13], essa appare, piuttosto, una disposizione del tutto peculiare del contesto concorsuale [14], volta alla tutela del venditore che ignora la situazione di squilibrio economico-finanziario del cliente, soprattutto nelle ipotesi di grosse distanze tra luogo di invio e luogo di destinazione della merce, e conseguente lungo intervallo di tempo tra spedizione e arrivo della merce stessa [15]. La disposizione presenta, invece, una certa affinità, sia pur fondato su presupposti diversi, con quanto previsto nell'art. 1685 c.c. a proposito del diritto di contrordine; è consentito, infatti, al mittente di sospendere il trasporto di cose mediante "contrordine" al vettore, soltanto a condizione che venditore e mittente coincidano e che le cose spedite non siano giunte a disposizione del destinatario [16].

La disciplina della restituzione di cose mobili non pagate può riguardare anche singole consegne o erogazioni di contratti di vendita a consegne ripartite o di contratti di somministrazione [17]. Si tratta di ritenere ammissibile la ripresa del possesso di singole consegne, senza che ciò incida su ulteriori consegne o sulla sorte del rapporto. A detta conclusione si perveniva già nel vigore della legge fallimentare, nonostante l'art. 74 l. fall., relativamente ai contratti ad esecuzione continuata o periodica, rinviasse al solo art. 72 l. fall., e non anche all'art. 75 l. fall. contenente la disciplina della "restituzione di cose non pagate". L'attuale art. 179, a proposito dei contratti ad esecuzione continuata o periodica, non contiene più il rinvio alla regola generale, pur essendo essa implicitamente applicabile, finendo così per semplificare ancor più l'esegesi sopra proposta.

---

[12] SPIOTTA, *Art. 75*, 1216.

[13] Sulla rispondenza dell'istituto di diritto inglese nel nostro ordinamento, cfr.: GUGLIEMUCCI, *Art. 75*, 215; BONFATTI, CENSONI, *Manuale di diritto*, 329.

[14] DIMUNDO, *Gli effetti*, 238.

[15] PAJARDI, PALUCHOWSKI A., *Manuale di diritto*, 475. Cfr.: FERRARA JR., BORGIOLI, *Il fallimento*, 382, il quale ritiene che la disposizione rappresenti una soluzione equitativa tra gli interessi del venditore e quelli della massa dei creditori; PROVINCIALI, *Trattato di diritto*, 1255, il quale considera lo *stoppage in transitu* un singolare privilegio accordato al venditore in questo particolare tipo di vendita; RAGUSA MAGGIORE, *Diritto fallimentare*, 482, il quale ritiene configurabile una sorta di "condizione tacita".

[16] SPIOTTA, *Art. 75*, 1219.

[17] GUGLIEMUCCI, *Art. 75*, 199.

Articolo 181

Contratto di borsa a termine

1. Il contratto di borsa a termine, se il termine scade dopo l'apertura della liquidazione giudiziale del patrimonio di uno dei contraenti, si scioglie alla data dell'apertura della procedura.

2. La differenza fra il prezzo contrattuale e il valore delle cose o dei titoli alla data dell'apertura della procedura è versata al curatore, se il contraente il cui patrimonio è sottoposto a liquidazione giudiziale risulta in credito o è ammessa al passivo nel caso contrario.

Federico Bonardi

Sommario: 1. Introduzione. – 2. Ambito di applicazione. – 3. Spunti giurisprudenziali.

1. – Tra le disposizioni particolari per le quali sono previste delle deroghe alla regola generale sancita dal nuovo art. 172 rientra anche l'art. 181 relativo agli effetti della liquidazione giudiziale sui contratti di borsa a termine. Tale norma era precedentemente contenuta nell'art. 76 l. fall., il quale prevedeva che, in relazione a tali rapporti giuridici, ove il termine fosse scaduto dopo la dichiarazione di fallimento di uno dei contraenti, il contratto si sarebbe sciolto alla data della dichiarazione di fallimento. Con riferimento alla differenza tra il prezzo contrattuale e il valore delle cose o dei titoli alla data di dichiarazione del fallimento, la stessa doveva essere versata ove risultasse un credito per il fallito o, viceversa, era ammessa al passivo nel caso opposto[1].

Già ad una prima lettura, ci si accorge che la sezione V, parte I, titolo V, capo I, del Codice non ha apportato una modifica sostanziale alla disposizione previgente, limitandosi a sostituire il riferimento alla dichiarazione di fallimento con quello alla liquidazione giudiziale e a suddividere la disposizione in due commi in sostituzione del precedente comma unico.

Si deve dunque fin da subito considerare che, nelle intenzioni del legislatore della riforma apportata dal Codice, non vi è stato l'obiettivo di stravolgere la disciplina concor-

[1] Cfr. art. 76 l. fall. in materia si vedano, tra gli altri, Caputo Nassetti, *La disciplina fallimentare*, 3; Quatraro, Dimundo, *La verifica*.

suale dedicata al contratto di borsa a termine, bensì di mantenere l'impostazione adottata nella vigenza della precedente legge fallimentare.

La *ratio* della norma in commento, dunque, è rimasta quella di addivenire allo scioglimento del contratto in parola con l'apertura della procedura, in considerazione della sostanziale incompatibilità della stessa «con l'alea connaturale alle fluttuazioni di borsa, nonché nel venir meno della fiducia legata alla scelta dell'altro contraente»[2]. In coerenza con tale obiettivo, dunque, la disposizione stabilisce che il contratto di borsa a termine, ove quest'ultimo scada successivamente all'apertura della liquidazione giudiziale del patrimonio di uno dei contraenti, si scioglie alla data dell'apertura della procedura. Si tratta di uno scioglimento contrattuale, rispetto al quale il curatore non può optare per la prosecuzione del rapporto per la summenzionata incompatibilità fisiologica dell'alea inerente al contratto con una procedura concorsuale.

Ulteriore giustificazione alla disposizione in parola, conseguentemente, può essere letta nella volontà di non assoggettare al rischio tipico dei contratti di borsa a termine l'intera massa dei creditori.

La conseguenza pratica dello scioglimento del contratto è fornita dal comma 2 dell'art. 181, ai sensi del quale la differenza tra prezzo contrattuale e valore delle cose o dei titoli alla data dell'apertura della procedura deve essere versata al curatore, se il contraente il cui patrimonio è sottoposto a liquidazione giudiziale risulta in credito o, in caso contrario, è ammessa al passivo.

A diversa conclusione invece si deve addivenire ove il termine del contratto di borsa a termine sia scaduto prima dell'apertura della liquidazione giudiziale: in tale ipotesi, infatti, «l'obbligazione del contraente *in bonis* al pagamento della differenza non è credito di massa, ma costituisce un credito del fallito anteriore al fall.»[3]. Il debito del contraente *in bonis*, dunque, sarà assoggettabile a compensazione con un suo eventuale credito verso il soggetto posto in liquidazione.

Vale la pena, infine, di ricordare che prima della riforma organica della legge fallimentare del 2006, la disposizione utilizzava le parole «è risolto» e non le attuali «*si scioglie*». La precedente formulazione aveva prestato il fianco ad un dibattito in dottrina sulla natura giuridica dello scioglimento del contratto. Tale ultimo dibattito, tuttavia è stato superato dalla formulazione della norma introdotta per la prima volta già nel 2006 e mantenuta nel Codice.

2. – Stante il tenore letterale della norma in commento, ci si potrebbe domandare quale sia l'effettivo perimetro applicativo di tale disposizione e se siano assoggettati alla regola dello scioglimento soltanto i contratti di borsa a termine. A risolvere la questione è il legislatore stesso il quale, all'art. 203, comma 1, TUF, indica i "contratti a termine" assoggettati, *inter alia*, all'art. 76 l. fall (ora confluito nella disposizione in commento). In proposito, la disposizione in parola stabilisce che l'art. 76 l. fall. (ora, deve ritenersi, l'art. 181) si applica agli strumenti finanziari derivati, a quelli analoghi individuati ai sensi

---

[2] In materia si veda FAUCEGLIA, *Il nuovo diritto*; VATTERMOLI, *Gli effetti*.

[3] Sul punto v. RUSI, *Giur. sist.*, 575.

dell'art. 18, comma 5, lett. *a*), TUF, alle operazioni a termine su valute nonché alle operazioni di prestito titoli, di pronti contro termine e di riporto; la norma del testo unico prosegue inoltre specificando che, ai fini della stessa, sono ricompresi tutti i contratti che siano conclusi, ancorché non ancora eseguiti in tutto o in parte, entro la data di dichiarazione del fallimento (ora apertura della liquidazione) o, nei casi in cui sia applicabile, di efficacia del provvedimento di liquidazione coatta amministrativa. Da ultimo, il comma 2 dell'art. 203 citato, aggiunge che per l'applicazione dell'art. 76 l. fall. agli strumenti finanziari e alle operazioni incluse nel proprio ambito di applicazione può farsi riferimento anche al costo di sostituzione dei medesimi, che deve essere calcolato secondo i valori di mercato alla data di dichiarazione di fallimento o, nel caso di applicazione della procedura amministrata, di efficacia del provvedimento di liquidazione coatta amministrativa[4].

Vale la pena notare che il testo unico della finanza, alla data in cui si scrive, non è ancora stato aggiornato per recepire la modifica (meramente formale) relativa al rinvio all'art. 76 l. fall che, naturalmente, deve oggi essere ritenersi riferito all'art. 181.

Sempre con riferimento all'ambito oggettivo di applicazione dell'art. 181, avendo riguardo all'art. 203 TUF, si deve altresì notare che l'incipit di tale ultima disposizione tiene fermi la decorrenza degli effetti della liquidazione coatta amministrativa ai sensi dell'art. 83 TUB, e quanto previsto dall'art. 90, comma 3, del medesimo testo unico da ultimo citato. Ai sensi dell'art. 83 TUB, infatti, gli effetti previsti dalle disposizioni del titolo V, capo I, sezione III e V del Codice (ossia le disposizioni in commento) si producono dalla data di insediamento degli organi liquidatori, e comunque dal sesto giorno lavorativo successivo alla data di adozione del provvedimento che dispone la liquidazione coatta amministrativa. Al contrario, l'art. 90, comma 3, TUB prevede che i commissari possano, nei casi di necessità e al fine di conseguire il miglior realizzo dell'attivo, previa autorizzazione della Banca d'Italia, continuare l'esercizio dell'impresa o di determinati rami dell'attività, secondo le cautele indicate dal comitato di sorveglianza.

La continuazione dell'esercizio dell'impresa disposta all'atto di insediamento degli organi liquidatori entro il termine indicato dall'art. 83, comma 1, prosegue tale ultima norma, esclude lo scioglimento di diritto dei rapporti giuridici preesistenti previsto dalle norme richiamate dal comma 2 del medesimo articolo, tra i quali rientra, appunto, anche l'art. 181[5].

3. – Dato conto nei paragrafi precedenti della norma in commento e della sua *ratio*, e tenuto conto che l'art. 203 TUF ha risolto diversi dubbi su quali fossero i contratti a termine di borsa assoggettabili alla regola dello scioglimento immediato in caso di fallimento (ora liquidazioni giudiziale), si vuole di seguito riportare una breve disamina di talune pronunce giurisprudenziali che, nel tempo, hanno riguardato agli effetti del fallimento (ora liquidazione giudiziale) sui contratti di borsa a termine.

La prima fattispecie che si vuole analizzare è quella del contratto di riporto; in proposito, una risalente pronuncia di merito aveva indicato che in ipotesi di contratto di riporto

---

[4] Per un commento v. DI BENEDETTO, STECCONI, *Il testo unico*; PERASSI, *Commentario.*

[5] In materia si veda COSTI, *L'ordinamento bancario.*

risolto a seguito della dichiarazione di fallimento del riportato e con conseguente obbligo del riportatore di versare alla curatela la differenza tra valore di mercato dei titoli e prezzo contrattuale «non può essere revocato il pagamento ricevuto dal riportatore in stanza di compensazione di una somma pari al prezzo contrattuale con contestuale consegna al fallimento dei titoli, ove la curatela non provi che con siffatta modalità indiretta non si è ottenuto il medesimo risultato che si sarebbe avuto con l'applicazione letterale del disposto dell'art. 76 l. fall.»[6].

Sempre con riferimento a contratto di riporto veniva operata, ai fini dell'assoggettabilità alla disposizione concorsuale, una distinzione tra il c.d. riporto di borsa, e il c.d. riporto di banca: il primo, caratterizzato da finalità speculativa, era ritenuto pacificamente assoggettato alla disciplina commento, il secondo, mancando di tale elemento, no[7].

Ulteriori casistiche giurisprudenziali avevano inoltre ritenuto inclusi nel perimetro dell'art. 76 l. fall. (oggi art. 181), il contratto di *swap* (Trib. Firenze, 15 gennaio 1998), il contratto *domestic currency swap* (Trib. Torino, 10 aprile 1998), i contratti *option* su *futures* od *option* su valuta (Trib. Torino, 13 febbraio 1998), il contratto di opzione su valuta (Trib. Torino, 23 gennaio 1998). L'esplicito riferimento ai contratti derivati nell'art. 203 TUF ha quindi sancito positivamente l'assoggettabilità alla regola in commento di tali rapporti. Conseguentemente, oggi, occorre fare riferimento agli strumenti finanziari derivati come elencati nell'all. 1 TUF.

Altro riferimento esplicito contenuto nell'art. 203 TUF su cui si ritiene opportuno richiamare l'attenzione per l'importanza rivestita nell'ordinamento, soprattutto con riferimento alle banche d'investimento, è quello alle operazioni di pronti contro termine, anche note nella prassi come "*repo*" o "*repurchase agreement*". Tali operazioni rientrano dunque esplicitamente nell'ambito di applicazione della disposizione in commento sui "contratti di borsa a termine".

In considerazione di quanto sopra, non vi è allo stato motivo di ritenere che vi possa essere un cambio di rotta nel trattamento dei contratti di borsa nell'ambito della nuova liquidazione giudiziale; al contrario, si può legittimamente ipotizzare che il trattamento, anche giurisprudenziali, di tali rapporti giuridici, continuerà a rimanere il medesimo che si era affermato durante la vigenza della legge fallimentare.

[6] Trib. Milano, 13 gennaio 2003, *Giur. it.*, 2003, 1419.

[7] In argomento cfr. COLTRO CAMPI, *Ordini di borsa*, 351 ss.

Articolo 182

Associazione in partecipazione

1. L'associazione in partecipazione si scioglie per effetto dell'apertura della liquidazione giudiziale nei confronti dell'associante.

2. L'associato ha diritto di far valere nel passivo della liquidazione giudiziale il credito per quella parte dei conferimenti che non è assorbita dalle perdite a suo carico.

3. L'associato è tenuto al versamento della parte ancora dovuta nei limiti delle perdite che sono a suo carico. Nei suoi confronti è applicata la procedura prevista dall'articolo 260[1].

Antonio Caiafa

Sommario: 1. Premesse. – 2. La disciplina attuale. – 3. Gli effetti dello scioglimento del rapporto.

1. – L'associazione in partecipazione è un contratto di collaborazione, attraverso il quale «*l'associante attribuisce all'associato una partecipazione agli utili della sua impresa o di uno o più affari verso il corrispettivo di un determinato apporto*» (art. 2549 c.c.), sinallagmatico in ragione delle reciproche prestazioni caratterizzate, per l'appunto, da parte dell'associante del conferimento di una quota degli utili derivanti dalla gestione di uno o più affari all'associato per l'apporto da quest'ultimo conferito, che può essere di qualsiasi natura.

L'esercizio dell'attività e lo svolgimento dell'affare per il quale il rapporto associativo è sorto non determina, tuttavia, la formazione di un nuovo soggetto, ovvero la costituzione di un patrimonio autonomo, spettando la gestione, esclusivamente, all'associante che fa propri gli utili salvo, nei rapporti interni, l'obbligo di questi di liquidare all'associato la quota di questa, ovvero restituirgli l'apporto, sì da essere solo l'associante assoggettato alla procedura concorsuale, in quanto unico tenuto a rispondere nei confronti dei terzi per la circostanza di spettare a lui, esclusivamente, la gestione dell'impresa dell'affare (art. 2552,

---

[1] Nella Relazione illustrativa viene evidenziato che «*La norma corrisponde all'art. 77 l.f. e prevede che il contratto di associazione in partecipazione si scioglie ex lege per effetto dell'apertura della liquidazione giudiziale nei confronti dell'associante; l'associato può far valere nel passivo il credito per la restituzione del valore di quella parte dei conferimenti che non è assorbita dalla perdite a suo carico, mentre è tenuto a versare la differenza tra il valore delle perdite e quello dei conferimenti al curatore che può anche chiedere al giudice l'emissione del decreto come previsto per i versamenti ancora dovuti dei soci a responsabilità limitata*».

comma 1, c.c.), mentre il rapporto contrattuale instaurato con l'associato ha una esclusiva valenza interna ed è regolato dal contenuto che ad esso le parti hanno inteso dare.

Il contratto, d'altronde, che viene concluso realizza la cooperazione tra due o più persone per il conseguimento di un risultato, attraverso l'apporto dell'associato cui è previsto venga attribuita una partecipazione agli utili che, seppur non esclude quella alle perdite, tuttavia è previsto che queste non possano mai superare il valore del suo apporto e dovrebbero, quindi, almeno essere pari agli utili.

In tale previsione va individuata la ratio che ha indotto il legislatore a trascurare la possibilità che l'apertura della procedura concorsuale possa riguardare anche l'associato, sempre che, naturalmente, questo non risulti investito della gestione dell'impresa; ed allora, in tal caso, non potrebbe parlarsi di associazione in partecipazione quanto, piuttosto, di *società di fatto*[2].

Nell'associazione in partecipazione vi è può essere anche apporto di prestazione lavorativa e la giurisprudenza, al fine di poter stabilire se si verta in ipotesi di contratto di lavoro subordinato, con retribuzione collegata agli utili, ha avuto modo di chiarire essere privo di rilievo il *nomen iuris* usato dalle parti, attesa la necessità di accertare lo schema negoziale pattuito allo scopo di dover verificare, in concreto, se la prestazione lavorativa sia stata resa in condizione di subordinazione, attraverso dunque le concrete modalità di svolgimento del rapporto[3].

Le incertezze interpretative, al riguardo, sono sorte in ragione della circostanza che l'apporto dell'associato può anche consistere in una prestazione di natura personale e, dunque, in siffatta ipotesi la partecipazione agli utili consiste in una somma fissa, non ancorata con quelli effettivamente conseguiti dallo svolgimento dell'attività gestoria, sicché, in ragione della preoccupazione di evitare fenomeni elusivi della disciplina normativa, propria dei rapporti di associazione in partecipazione, con il d.lgs. 10 settembre 2003, n. 276 è stato espressamente previsto che ove un contratto sia stato stipulato con finalità elusive, a presidio e tutela del lavoratore, nei confronti dell'associato troveranno applicazione le più favorevoli disposizioni previste per il rapporto di lavoro subordinato[4].

La regolamentazione risultante dalla disposizione transitoria della norma richiamata ed i successivi interventi abrogativi di questa, attuati attraverso la l. 28 giugno 2012, n. 92, concernente disposizioni in materia di riforma del mercato del lavoro, in una prospettiva di crescita (c.d. legge Fornero), hanno indotto il legislatore ad operare una semplificazione nell'intento di eliminare l'uso distorto del contratto di associazione in partecipazione[5].

Il d.lgs. 15 giugno 2015, n. 181, all'art. 53, comma 1, lett. *a*)), ha, successivamente, disposto la sostituzione del comma 2 dell'art. 2549 c.c., ed ha previsto che ove l'associato sia una persona fisica l'apporto non può consistere «*nemmeno in parte in una prestazione di lavoro*», ed ha, conseguentemente, abrogato il comma 3, seppur prevedendo, in via transitoria, che i contratti di associazione in partecipazione nei quali l'apporto dell'associato fosse consistito in una prestazione di lavoro sarebbero rimasti salvi fino alla cessazione degli stessi.

---

[2] NARDECCHIA, *Art. 77*, 1041.

[3] Cass., 24 febbraio 2011, n. 4524; Cass., 19 dicembre 2003, n. 19475; Cass., 24 febbraio 2001, n. 2693.

[4] Cass., 9 febbraio 2015, n. 2371, in *Riv. it. dir. lav.*, 2015, 673.

[5] SCARAFONI, *Art. 77*, 365.

Risulta, dunque, attuata la necessaria semplificazione, attesa l'esigenza di superare le criticità discendenti dalla difficoltà avvertita di dover trovare giustificazione il previsto apporto personale, in quanto ritenuto, in generale, non incompatibile con la natura del contratto di associazione in partecipazione ma che, in particolare, aveva reso indispensabile l'intervento del legislatore con il riconoscimento, in favore dell'associato, obbligatosi a rendere una prestazione personale, di una tutela appropriata mediante applicazione dei trattamenti economici normativi stabiliti dalla legge per l'attività lavorativa svolta in posizione corrispondente che, peraltro, avrebbe dato luogo ad evidenti difficoltà ai fini dell'ammissione dell'associato al passivo, in ragione del diritto di questi di far valere il credito, per la parte dei conferimenti non assorbita delle perdite, attraverso la procedura prevista per i versamenti dei soci a responsabilità limitata, espressamente richiamata dalla norma che ha contenuto perfettamente coincidente con l'art. 77 l. fall., sul quale il d.lgs. 9 gennaio 2006, n. 5 è intervenuto, esclusivamente, per aver sostituito l'inciso «egli» con l'espressione «l'associato», senza, dunque, comportare variazioni di contenuto prescrittivo di essa che, dunque, in continuità è rimasta pressoché identica, dal momento che la disposizione risulta aver riprodotto, nella sostanza, il precetto di cui all'art. 850, comma 2, c. comm. del 1982, con riferimento al negozio regolato dall'art. 233 del medesimo Codice, relativo al patto in forza del quale poteva essere concesso a terzi una partecipazione negli utili di una o più operazioni, ovvero dell'intera attività commerciale, senza che da ciò potesse conseguire un rapporto associativo.

L'associazione in partecipazione si qualifica per il carattere sinallagmatico che proprie delle attribuzioni delle parti in esso coinvolte, e non dà luogo ad una comunanza della gestione dell'affare e dell'impresa, che restano di pertinenza esclusiva dell'associante nei confronti dei quali l'associato può pretendere esclusivamente gli sia liquidata e pagata una somma di denaro corrispondente alla quota spettante agli utili ed all'apporto e, per tale ragione, destinato a diventare creditore di una parte dei conferimenti non assorbita dalle perdite a suo carico, mentre è tenuto al versamento della parte ancora dovuta[6].

2. – La norma – come detto – non ha subito modifiche né integrazioni e, pertanto, con riferimento ad essa ed alla relativa disciplina possono svolgersi considerazioni non differenti da quelle che ne hanno caratterizzata l'evoluzione nel tempo seppur con la necessità di chiarire, prima di ogni altra cosa, la ragione per la quale il legislatore abbia regolato, esclusivamente, l'ipotesi del fallimento dell'associante e se tale previsione possa dirsi coerente con il relativo sistema, non potendosi escludere l'apertura della procedura concorsuale, nei confronti dell'associato, non però per la posizione soggettiva assunta nell'ambito del rapporto instaurato, atteso che qualora il rapporto unilaterale divenisse bilaterale ci si troverebbe dinanzi ad una società di fatto.

Se anche, tuttavia, la norma in commento nulla dispone per il caso del fallimento dell'associato, è dovuto al fatto che il rapporto, ove sospeso e, dunque, non ancora eseguito, rientra tra quelli pendenti, con conseguente possibilità per il curatore di provocarne la

[6] Cass., 10 agosto 2017, n. 19937; Cass., 21 giugno 2016, n. 12816.

prosecuzione, ovvero lo scioglimento, quante volte il rapporto sia ineseguito da parte di entrambi i contraenti[7].

È, dunque, rimessa al curatore ogni valutazione in ordine alla decisione di proseguire il rapporto qualora ciò dovesse ritenere conveniente per i creditori anteriori, in ragione degli utili conseguibili dalla prosecuzione dell'affare.

Nel caso della liquidazione giudiziale si ha lo scioglimento del contratto, in via automatica, senza che sia dunque rimessa al curatore alcuna valutazione sulla convenienza dell'eventuale prosecuzione del rapporto, con la sola eccezione che venga disposto, con l'apertura della procedura, l'esercizio provvisorio riservata, in tal caso, al curatore ogni decisione in ordine alla possibilità o meno di sciogliersi o subentrare nel relativo rapporto, atteso che in siffatta ipotesi l'apertura del concorso riguarderebbe l'impresa e non già il singolo affare che nella gestione della prima trova una sua collocazione[8].

3. – Al riguardo la norma nulla dispone, diversamente per quel che concerne la regolamentazione dei diritti ed obblighi delle parti ovvero dell'associante e dell'associato, che, per quel che concerne il primo, si esauriscono, quante volte sia stata disposta la prosecuzione dell'attività di impresa ed autorizzato dunque l'esercizio provvisorio, nello speculare diritto dell'associato, ove il rapporto sia proseguito senza soluzione di continuità, al credito prededuttivo relativamente agli utili di *esercizio* e non già di *bilancio*, atteso che questo congloba elementi patrimoniali correlati all'intera attività di gestione, seppur provvisoria, dell'impresa, laddove quelli di esercizio non possono che essere limitati ai proventi derivanti dall'investimento di utili non distribuiti o da maggiori valori realizzati in relazione al singolo affare oggetto del rapporto, sì da obbligare il curatore ad una rendicontazione della gestione separata.

Il rapporto non può, d'altronde, che riguardare il compimento di una attività economica caratterizzata da scopo di lucro nell'ambito della quale la partecipazione agli utili può essere stata determinata dalle parti secondo modalità connesse alla più ampia libertà contrattuale, con conseguente obbligo, da un lato, e speculare diritto, dall'altro, dell'associato agli utili nella misura in cui questi siano stati realmente conseguiti e risultino esigibili dopo la presentazione del rendiconto.

La norma, ancora, regola in modo specifico i diritti e gli obblighi dell'associato prevedendo l'ammissione al passivo per una somma pari all'ammontare dell'apporto, già corrisposto, al netto delle perdite che risultino imputabili sino all'apertura della liquidazione giudiziale[9].

La medesima regola non può non valere per quel che concerne gli utili, con conseguente riconoscimento del diritto dell'associato di chiedere l'ammissione al passivo per il corrispondente valore, sempre che possa dimostrarne la produzione in data anteriore

---

[7] AIELLO, *Art. 77*, 1233.

[8] CAGNASSO, *I contratti pendenti*, 130; AIELLO, *L'associazione*, 1376 che ricolloca l'ipotesi «entro il perimetro dell'id quod plerumque accidit» ovvero a seconda che con l'apertura della procedura concorsuale si abbia la cessazione dell'attività di impresa sì da essere rimeditata la soluzione quante volte ci si trovi al cospetto dell'esercizio provvisorio.

[9] MEOLI, SICA, *Effetti sui rapporti*, 513.

all'apertura del concorso, così come, d'altronde, sarebbe tenuto alla restituzione, nell'ipotesi di distribuzione anticipata di essi ove dovesse risultare, in sede di rendicontazione, non essere dovuti gli stessi.

I diritti dell'associante e dell'associato sono regolati, oltreché dalla norma in commento, in modo puntuale e specifico dall'art. 2552 c.c. che consente all'associato di esercitare il controllo sull'impresa e sullo svolgimento dell'affare qualora, naturalmente, sia stato disposto l'esercizio provvisorio, dovendosi ritenere però conglobato tale potere nella rendicontazione che il curatore sarà tenuto a rendere relativamente a tale fase, mentre, per poter stabilire con esattezza i relativi obblighi rimasti inadempiuti, è indispensabile sia reso il rendiconto dell'affare compiuto o dell'intera gestione, ove questa si sia protratta per più di un anno.

Nell'ambito del concorso ciò ha determinato evidenti criticità dal momento che l'associato per poter formulare la domanda di ammissione al passivo ha necessità di verificare, attraverso il rendiconto, la situazione alla data di apertura della liquidazione giudiziale, laddove il curatore difficilmente sarà in grado di presentare la rendicontazione prima che sia venuto in possesso degli elementi indispensabili per il compimento di un siffatto adempimento con la conseguenza, quindi, che ove dell'esistenza del relativo diritto non possa essere fornita la necessaria indispensabile dimostrazione la relativa istanza potrà essere formulata per la parte per la quale essa risulta essere supportata da idonea prova, con riserva di ammissione della eventuale ulteriore credito residuo all'esito del rendiconto[10].

[10] D'Aiuto, *Gli effetti*, 808.

Articolo 183

Conto corrente, mandato, commissione

---

1. I contratti di conto corrente, anche bancario, e di commissione, si sciolgono per effetto dell'apertura della liquidazione giudiziale nei confronti di una delle parti.

2. Il contratto di mandato si scioglie per effetto dell'apertura della liquidazione giudiziale nei confronti del mandatario.

3. Se il curatore della liquidazione giudiziale del patrimonio del mandante subentra nel contratto, il credito del mandatario per l'attività compiuta dopo l'apertura della procedura è soddisfatto in prededuzione.

Andrea Di Gregorio

1. – Nonostante la riforma dell'impianto normativo concorsuale avvenuta ad opera del d.lgs. 14 gennaio 2019, n. 14 (come di volta in volta modificato e integrato), la disciplina in materia di scioglimento di taluni rapporti giuridici pendenti in costanza di liquidazione giudiziale si pone, sostanzialmente, sulla medesima scia di quella già contemplata dal previgente legge fallimentare.

I limitati interventi apportati dal Codice sono effetto della scelta legislativa del legislatore delegante: la l. 19 ottobre 2017, n. 155 (altresì nota come "legge delega") ha, difatti, previsto il mantenimento di un sostanziale parallelismo della disciplina relativa ai rapporti pendenti con la normativa previgente, ivi incluse le disposizioni in materia bancaria [1]. Tale tendenza legislativa si desume, altresì, dalla lettura della Relazione Illustrativa ai decreti delegati in attuazione della legge delega, ove si dà atto della conformità delle norme di recente introduzione con quelle già previste dalla legge fallimentare.

---

[1] Come, peraltro, rilevato altresì da BROGI, *Rapporti pendenti*.

L'art. 183 costituisce una deroga al principio generale di sospensione dell'efficacia dei contratti ancora ineseguiti o non compiutamente eseguiti nelle prestazioni principali [2], di cui all'art. 172 [3].

La disposizione *de qua* individua una serie di contratti – e, nello specifico, quello di conto corrente (anche bancario), mandato e commissione – la cui prosecuzione è incompatibile con l'avvio della liquidazione giudiziale: ne deriva, pertanto, lo scioglimento per effetto dell'apertura di tale procedura [4].

2. – L'art. 183, comma 1 dispone, per effetto dell'apertura della procedura di liquidazione giudiziale, lo scioglimento sia dei contratti di conto corrente "ordinario", che di conto corrente "bancario", prevedendo, di fatto, un'ipotesi di scioglimento *ex lege*.

Non si riscontrano, a ben vedere, sostanziali novità rispetto al dettato di cui alla previgente legge fallimentare, la quale, all'art. 78, comma 1, prevedeva che «*i contratti di conto corrente, anche bancario [...], si sciolgono per il fallimento di una delle parti*».

È opinione diffusa che lo scioglimento dei contratti di conto corrente operi automaticamente e con efficacia *ex nunc*, con conseguente conservazione degli effetti contrattuali verificatisi sino alla liquidazione giudiziale di una delle parti [5].

La *ratio* sottesa all'improseguibilità dell'esecuzione di tali tipologie contrattuali è stata individuata dalla dottrina nella prevalenza degli svantaggi sui vantaggi che conseguirebbero dalla prosecuzione del rapporto: difatti, lo svantaggio derivante dall'incidenza negativa che il saldo – attivo o passivo – esistente all'apertura della liquidazione giudiziale eserciterebbe sulla *par condicio creditorum* supererebbe di gran lunga il vantaggio di una mera semplificazione delle reciproche ragioni di debito e credito [6].

Non vi è, ad ogni modo, chi non consideri la caratteristica dell'*intuitus personae* quale motivazione sottesa alla previsione dello scioglimento automatico dei contratti di conto corrente [7].

2.1. – Il conto corrente "ordinario" costituisce, ai sensi dell'art. 1823 c.c., un contratto bilaterale che dà origine ad un rapporto durevole, scandito da periodiche chiusure del conto e basato su un meccanismo di compensazione dei crediti derivanti dalle reciproche rimesse. L'unico saldo rilevante è quello che si forma con la liquidazione delle rispettive rimesse alla chiusura del conto.

La compensazione non sarebbe, tuttavia, consentita in caso di apertura della liquidazione giudiziale, in quanto si porrebbe in contrasto con quanto disposto dall'art. 155, il quale ammette la stessa soltanto per crediti reciproci sorti anteriormente alla liquidazione

[2] Il riferimento alle "*prestazioni principali*", contenuto nell'art. 172, rappresenta un elemento di novità rispetto al previgente art. 72 l. fall., il quale faceva menzione del contratto "*ancora ineseguito o non compiutamente eseguito da entrambe le parti*".

[3] SELLERI, *Art. 78.*

[4] VELLA, *Art. 78.*

[5] DIMUNDO, *Art. 78.*

[6] DIMUNDO, *Art. 78.*

[7] Si veda, *ex multis*, GRIECO, *I contratti pendenti.*

giudiziale, e non per quei crediti sorti in costanza della procedura[8].

Il mancato scioglimento del contratto comporterebbe, inoltre, una violazione della *par condicio creditorum*: difatti, dalla prosecuzione delle operazioni e delle annotazioni, i crediti derivanti dalle reciproche rimesse sarebbero soggetti a compensazioni effettuate dal contraente *in bonis*[9].

In aggiunta a ciò, nell'impossibilità di disporre del proprio patrimonio a seguito dell'apertura della procedura, al soggetto posto in liquidazione giudiziale viene preclusa la possibilità di effettuare una rimessa in conto corrente; né una tale facoltà sarebbe riconoscibile al contraente *in bonis*, in quanto verrebbe a prodursi, in favore del soggetto sottoposto alla procedura, un indebito finanziamento[10].

Si ritiene che, a seguito dello scioglimento, il saldo si renda esigibile, in quanto l'apertura della liquidazione giudiziale determina la chiusura anticipata del conto rispetto alla rispettiva scadenza naturale[11].

2.2. – Il conto corrente "bancario" – la cui disciplina si rinviene agli artt. 1852 ss. c.c. – rappresenta, secondo l'insegnamento costante della giurisprudenza di legittimità[12], un contratto innominato, misto, con prevalente funzione di mandato, essendo caratterizzato da una causa unica, ancorché complessa.

Già durante la vigenza della legge fallimentare, la giurisprudenza era concorde nel sostenere lo scioglimento *ex lege* del contratto di conto corrente "bancario" al sopraggiungere del fallimento – ora liquidazione giudiziale – del debitore e la cristallizzazione, in pari data, dei rapporti di debito/credito tra le parti[13].

Le operazioni effettuate successivamente alla data di apertura della liquidazione giudiziale non concorrono alla formazione del saldo corrente, poiché ormai sciolto.

I pagamenti effettuati da parte dell'istituto bancario per conto del correntista soggetto a liquidazione giudiziale saranno, dunque, inefficaci ai sensi dell'art. 144 e, per l'effetto, oggetto di restituzione alla curatela.

D'altro canto, gli accreditamenti posteriori alla liquidazione giudiziale saranno acquisiti dalla massa concorsuale, non potendo l'istituto bancario trattenerli in compensazione dell'eventuale saldo passivo del conto o di altri crediti verso il correntista sottoposto alla procedura[14].

La giurisprudenza di legittimità è, ad ogni modo, concorde nel sostenere «l'inefficacia rispetto ai creditori di ogni addebito (o accredito) sul conto corrente successivo alla data della sentenza di fallimento [ora, alla data di apertura della liquidazione giudiziale], prescindendo dalla sua idoneità a recare pregiudizio alla massa»[15].

La questione relativa allo scioglimento del contratto di conto corrente "bancario" inve-

[8] PACCHI, *La liquidazione giudiziale.*

[9] D'ORAZIO, *Effetti della liquidazione.*

[10] FIENGO, *Art. 78.*

[11] SELLERI, *Art. 78.*

[12] Si veda, in tal senso, Cass. civ., sez. I, 10 marzo 2010, n. 5843, in *DeJure*.

[13] Trib. Siena, 13 marzo 2019, in *DeJure*.

[14] Cass., 24 marzo 2000, n. 3519, in *DeJure* nonché Trib. Pavia, 4 febbraio 2020, n. 178, in *DeJure*.

[15] Cass., 21 agosto 2013, n. 19325, in *DeJure*.

ste anche i contratti accessori o, comunque, regolati in conto corrente, tra cui l'apertura di credito in conto corrente, l'anticipazione bancaria in conto corrente e lo sconto. Si ritiene che la regola dello scioglimento automatico eserciti una *vis actractiva* anche rispetto a tutti i contratti appena menzionati, costituendo il conto corrente la fonte generatrice della disponibilità e la modalità di concreta esecuzione di tali rapporti [16]. Altra parte della dottrina sostiene, diversamente, che ogni fattispecie debba essere esaminata nella sua intima essenza, al fine di individuare se si tratti di un contratto in cui l'*intuitus personae* assume carattere essenziale ovvero se la sua esecuzione debba essere sospesa ai sensi dell'art. 172 [17].

Infine, occorre tenere a mente che le rimesse effettuate dal correntista, poi sottoposto a liquidazione giudiziale, su un conto corrente "bancario" nel c.d. "periodo sospetto", possono essere soggette ad azione revocatoria concorsuale, laddove abbiano ridotto in maniera durevole l'esposizione del debitore nei confronti della banca [18].

3. – Avendo riguardo alla disciplina che attiene allo scioglimento dei contratti di mandato, il Codice, ponendosi in continuità con la legge fallimentare, ha previsto un regime differenziato a seconda che sia dichiarata la liquidazione giudiziale del mandatario o del mandante.

Al mandato vanno parificate tutte le figure, tipiche, atipiche o composite, fondate sullo schema del conferimento di un incarico a compiere atti giuridici [19].

3.1. – L'art. 183, comma 2 dispone che il mandato si sciolga per effetto dell'apertura della liquidazione giudiziale nei confronti del mandatario.

Tale previsione si lega alla concezione che soltanto rispetto alla posizione del mandatario rilevi l'*intuitus personae*: quest'ultimo viene meno anche laddove l'attività di impresa prosegua con l'esercizio provvisorio affidato al curatore, il quale è, pertanto, un soggetto non preventivamente designato dal mandante [20].

Il mandante *in bonis* può far valere il suo eventuale credito nella liquidazione giudiziale del mandatario mediante domanda di ammissione al passivo [21].

Inoltre, restando consolidati gli effetti sugli affari del mandatario conclusi alla data di apertura di liquidazione giudiziale, il mandante può rivendicare i beni acquistati dal mandatario medesimo nell'esecuzione del contratto anteriormente a tale data [22].

Una parte della dottrina ha sostenuto che faccia eccezione alla norma *de qua* la disposizione di cui all'art. 211, comma 8, secondo cui «*durante l'esercizio i contratti pendenti proseguono*», fatta salva la facoltà del curatore di sospenderne l'esecuzione o di scioglierli. La deroga concerne non solo i contratti che, ai sensi dell'art. 172, rimangono sospesi in caso

---

[16] PIERRI, *Gli effetti.*

[17] PAJARDI, PALUCHOWSKI, *Manuale di diritto.*

[18] L'art. 166, comma 3, lett. *b*) prevede che non siano soggette all'azione revocatoria soltanto le rimesse «*effettuate su un conto corrente bancario che non hanno ridotto in maniera durevole l'esposizione del debitore nei confronti della banca*».

[19] PAJARDI, PALUCHOWSKI, *Manuale di diritto.*

[20] COSTANZA, *Conto corrente.*

[21] DIMUNDO, *Art. 78.*

[22] VELLA, *Art. 78.*

di liquidazione giudiziale di una delle parti fintanto che il curatore scelga di subentrare nel contratto ovvero di scioglierlo, bensì anche i contratti che, in assenza dell'esercizio provvisorio, si sciolgono automaticamente per effetto della procedura in ossequio ad una delle diverse disposizioni contenute nella sezione V, capo I, titolo V del Codice[23].

3.2. – Diversamente da quanto disposto con riguardo alla liquidazione giudiziale del mandatario, nell'ipotesi in cui tale procedura venga avviata nei confronti del mandante, l'art. 183, comma 3 attribuisce al curatore la facoltà di subentrare nel rapporto pendente, non prevedendosi, pertanto, alcuna forma di scioglimento automatico del contratto né di sospensione del medesimo.

Il contratto rimane, pertanto, sospeso per effetto della liquidazione giudiziale e, in applicazione del disposto di cui all'art. 172, resta in tale stato fino a quando il curatore, con l'autorizzazione del comitato dei creditori, dichiari di subentrare nel contratto in luogo del mandante, assumendone i relativi obblighi, ovvero di sciogliersi dallo stesso.

Nell'ipotesi in cui si verifichi lo scioglimento del contratto, al mandatario *in bonis* è riconosciuta la facoltà di far valere i propri crediti mediante domanda di ammissione al passivo del mandante[24].

D'altro canto, nel caso in cui si verifichi il subentro del curatore nel contratto, per quanto concerne il compenso e il rimborso delle spese sostenute dal mandatario, l'art. 183, comma 3 dispone – parimenti al previgente art. 78 l. fall. – la scindibilità delle prestazioni, prevedendosi che soltanto il credito derivante dall'attività compiuta dopo l'apertura della procedura sia soddisfatto in prededuzione.

Una fattispecie peculiare è quella del mandato *in rem propriam*, ossia di quel mandato conferito anche nell'interesse del mandatario o di soggetti terzi, in relazione alla quale si ritiene applicabile la medesima disciplina accordata al mandato nel caso di liquidazione giudiziale dell'uno o dell'altro contraente[25].

4. – Pur distinguendo tra l'ipotesi in cui la liquidazione giudiziale coinvolga il mandante e quella in cui tale procedura interessi il mandatario, il Codice, con riguardo alle sorti del contratto di commissione, continua ad assoggettare alle medesime conseguenze tanto la liquidazione giudiziale del committente quanto quella del commissionario: in entrambe le fattispecie viene disposto, ai sensi dell'art. 183, comma 1, lo scioglimento automatico del contratto[26].

Numerose critiche sono state mosse a tale disposizione, in quanto non si comprende la *ratio* per cui il contratto di commissione si sciolga automaticamente sia in caso di liquidazione giudiziale del committente, sia in quella del commissionario, mentre, con riferimento al contratto di mandato, il Codice operi una distinzione tra procedura che coinvolga il mandatario e quella che interessi il mandante[27].

---

[23] DIMUNDO, *Art. 78*.

[24] PRESTI, *Il mandato*.

[25] VATTERMOLI, *Art. 78*.

[26] PRESTI, *Il mandato*, il quale rileva tale discrasia, sia pur con riferimento al disposto del previgente art. 78 l. fall.

[27] SCARAFONI, *Art. 78*.

Articolo 184

Contratto di affitto di azienda

---

1. L'apertura della liquidazione giudiziale nei confronti del concedente non scioglie il contratto di affitto d'azienda, ma il curatore, previa autorizzazione del comitato dei creditori, può recedere entro sessanta giorni, corrispondendo alla controparte un equo indennizzo, che, nel dissenso tra le parti, è determinato dal giudice delegato, sentiti gli interessati. L'indennizzo è insinuato al passivo come credito concorsuale.

2. In caso di recesso del curatore e comunque alla scadenza del contratto, si applicano le disposizioni di cui all'articolo 212, comma 6.

3. In caso di apertura della liquidazione giudiziale nei confronti dell'affittuario, il curatore può in qualunque tempo, previa autorizzazione del comitato dei creditori, recedere dal contratto, corrispondendo al concedente un equo indennizzo per l'anticipato recesso, che, nel dissenso fra le parti, è determinato dal giudice delegato, sentiti gli interessati. L'indennizzo è insinuato al passivo come credito concorsuale.

Antonio Caiafa

Sommario: 1. La regolamentazione pregressa. – 2. La rivisitazione del contratto. – 3. La natura dell'indennizzo. – 4. La retrocessione.

1. – Al riguardo bisogna operare una distinzione tra disciplina antecedente la regolamentazione attuata del contratto di affitto, per la prima volta, attraverso l'art. 67, d.lgs. n. 5 del 2006, mediante l'inserimento dell'art. 80-*bis* l. fall., e la successiva collocazione avuta in conseguenza dell'abrogazione di tale articolo, con spostamento del suo contenuto nell'art. 79 l. fall., per essere state le disposizioni riguardanti il possesso del fallito, a titolo precario, riprese dall'art. 103 l. fall.

Prima della regolamentazione attuata dell'istituto con la legge fallimentare riformata e, poi corretta, dottrina e giurisprudenza avevano supplito configurando diverse soluzioni a seconda del soggetto nei cui confronti fosse stata aperta la procedura. Nel caso di *fallimento del concedente* la tesi prevalente [1] ha sostenuto la *continuazione* del contratto, ritenendo

---

[1] GUGLIELMUCCI, *Effetti del fallimento*, 92-93 e 364; CENSONI, *Gli effetti*, 222; PANZANI, *L'esecuzione*, 26.

applicabile, in via analogica, in ragione dell'identità strutturale e funzionale, la disciplina prevista dall'art. 80, comma 1, l. fall. per il contratto di locazione di immobili.

Un diverso orientamento[2] ha ritenuto, invece, che dovesse essere applicata la *sospensione*, *ex* art. 72 l. fall. per cui il contratto di affitto, in corso di esecuzione, era sospeso fino a quando il curatore non avesse comunicato la propria scelta di subentrare in luogo del fallito, ovvero di sciogliersi dal medesimo. Altri[3], ancora, hanno sostenuto che il contratto avrebbe dovuto *continuare ope legis*, salvo il diritto di recedere della curatela, sia pure con preavviso.

Con riferimento al *fallimento dell'affittuario*, alcuni[4] hanno ricondotto la fattispecie nell'ambito della regola generale dell'art. 72 l. fall., ed altri[5], invece, hanno preferito lo *scioglimento* del contratto, stante l'esplicita indicazione dell'art. 1626 c.c., in ragione dello spossessamento, *ex* 44 l. fall. conseguente alla dichiarazione di fallimento, proprio al fine di non gravare la curatela della gestione dell'impresa affittata, fatta salva l'ipotesi in cui al concedente fosse stata prestata idonea garanzia per l'esatto adempimento degli obblighi gravanti sul cessionario.

Il legislatore con il d.lgs. n. 5 del 2006 ha deciso di optare per l'automatica continuazione del contratto pendente, prevedendo la facoltà per *ciascuna* delle parti di recedere dallo stesso entro sessanta giorni, senza preavviso, con la corresponsione di un equo indennizzo.

Il motivo dell'automatico subentro della curatela nella stessa posizione del contraente fallito è stato individuato[6] nella necessità di tutelare l'avviamento e la conservazione del complesso produttivo, al fine di ottenere una più soddisfacente liquidazione, per i creditori, rispetto a quanto si avrebbe con una vendita atomistica, valori questi adeguatamente garantiti solo in costanza di una continuazione dell'attività aziendale.

Secondo tale interpretazione la norma è volta ad evitare di nuocere ulteriormente all'impresa ed un simile rischio è stato, in realtà, definitivamente evitato dal momento che si è permesso anche al contraente *in bonis* di recedere dal contratto[7].

2. – La nuova disciplina del contratto di affitto di azienda, in caso di apertura della liquidazione giudiziale, è parzialmente diversa da quella attuale per essere intervenuto il legislatore al fine di diversificare le conseguenze a seconda che sia sottoposto alla procedura il concedente, ovvero l'affittuario, mentre, per quanto dirò, la sostanziale novità è stata introdotta attraverso la previsione dell'applicazione, al momento della scadenza del contratto, delle disposizioni di cui all'art. 212, comma 6, che prevede, nel caso dell'*affitto endoconcorsuale*, al momento della cessazione di esso che la retrocessione alla liquidazione giudiziale dell'azienda non comporta la responsabilità della procedura per i debiti maturati sino a tale data – come viene sottolineato nella Relazione illustrativa – «*in deroga a quanto*

---

[2] BUONSIGNORI, *Il fallimento*, 428-429; GUGLIELMUCCI *Effetti del fallimento*, 149; CENSONI, *Diritto Fallimentare*, 66.

[3] VIGO, *Effetti del fallimento*, 82.

[4] RUISI, MAFFEI ALBERTI, JORIO, TEDESCHI, *Il fallimento*, 724-725.

[5] JORIO, *Il fallimento*, 546.

[6] CAIAFA, *Fallimento e sopravvivenza*, 404; GENTILI, *Art. 79*, 541.

[7] VESSIA, *Gli effetti*, 966-967.

previsto dagli artt. 2112 e 2560 del codice civile e che ai rapporti pendenti … si applicano le disposizioni di questa sezione».

Prima, tuttavia, di affrontare tale tema è opportuno soffermarsi sui presupposti richiesti perché la disciplina possa trovare applicazione, che non sono – come si è già sottolineato – mutati in relazione a quanto previsto dall'art. 79 l. fall., richiedendosi la pendenza del contratto al momento dell'apertura della procedura e, pertanto, il rapporto sinallagmatico è stato perfezionato ma risulta ancora ineseguito, o non compiutamente eseguito da entrambe le parti.

Naturalmente il contratto per essere opponibile deve essere valido ed efficace e non revocabile nel senso che, pur dopo la operata regolamentazione, ben può il curatore esperire le azioni di *nullità*, *annullamento*, *simulazione* e *revoca* del contratto senza essere tenuto, in tal caso, alla corresponsione dell'indennizzo, che l'art. 184, comma 1, ha previsto dover essere insinuato al passivo come credito concorsuale e non più prededuttivo.

Ai fini della opponibilità è necessario che il rapporto sia stato costituito tramite atto scritto e depositato dal notaio rogante nel registro delle imprese per l'iscrizione, nel termine di trenta giorni, previsto dall'art. 2556 c.c., ciò anche al fine di accertare la conclusione di esso anteriore all'apertura della procedura concorsuale (art. 2704 c.c.) e, qualora siano compresi i beni immobili, ovvero abbia durata superiore a nove anni, è altresì necessario sia stato trascritto, secondo gli artt. 2923, comma 2 e 2643, n. 8, c.c.[8].

Il subentro del curatore nel contratto comporta, ai sensi dell'art. 2558 c.c., il trasferimento di ogni rapporto stipulato, per cui ciascuna parte sarà tenuta ad adempiere a tutti gli obblighi da esso derivanti secondo quanto previsto dalla disciplina di diritto comune.

Si pone al riguardo il problema per le clausole contrattuali incompatibili o, comunque, contrastanti con le finalità della procedura, perché stabiliscono l'*inalienabilità* dell'azienda per un determinato periodo e, quindi, incidono sulla speditezza di essa, ovvero attribuiscono all'affittuario un *diritto di prelazione* in caso di alienazione dell'azienda, che sebbene non escluda la possibilità di effettuare la vendita, mediante gara, possono disincentivare la competitività da parte dell'affittuario[9].

Diverse sono le opinioni in ordine alla sorte delle clausole incompatibili, delle quali è stata sancita da alcuni l'inefficacia e l'inopponibilità, priva di un concreto riferimento normativo, mentre appare logico ritenere le stesse efficaci stante la possibilità per il curatore di esercitare il diritto di recesso[10].

Altri hanno ritenuto opportuno distinguere tra cause *incompatibili* in senso stretto, in quanto contrastanti con i principi del concorso e, dunque, inopponibili alla massa, e clausole semplicemente *onerose*, da valutare con riferimento alle specifiche esigenze di convenienza ed economicità della singola procedura e, dunque, suscettibili di essere oggetto di recesso, tesi non convincente in ragione della circostanza di avere previsto il legislatore, ove il contratto sia valido ed opponibile, la possibilità per il curatore di recedere con i cor-

---

[8] MIELE, *Contratto di affitto*, 994; PROTO, *Rapporti che proseguono*, 349; CAIAFA, GIULIANI, *Il fallimento*, 529.

[9] MURINO, *Le vicende*, 833 secondo il quale il diritto di prelazione spetterebbe solamente ai soggetti che abbiano stipulato un contratto di affitto di azienda con l'autorizzazione degli organi fallimentari e non a chi l'abbia stipulato con l'imprenditore.

[10] CAIAFA, GIULIANI, *Il fallimento*, 531.

relati effetti entro sessanta giorni [11], corrispondendo un equo indennizzo che, in caso di dissenso tra le stesse, è previsto venga determinato dal giudice delegato, sentiti gli interessati ed ora non più collocato in prededuzione ma in concorso.

Il tenore letterale della norma rende necessarie alcune considerazioni, in ordine alla individuazione del *dies a quo,* ed alla decorrenza del suddetto termine che deve rinvenirsi, per il curatore, nella data di pubblicazione della sentenza e, quindi, con il deposito in cancelleria, mentre per il contraente *in bonis* decorre dall'iscrizione nel registro delle imprese (art. 16, ult. comma, l. fall.).

Tale lasso di tempo è riconosciuto alle parti per poter operare la scelta maggiormente conveniente, considerando le conseguenze derivanti dall'automatica prosecuzione del rapporto, che potrebbe anche rendere maggiormente difficoltosa la liquidazione dell'azienda, per l'esistenza di alcune clausole inerenti l'esercizio del recesso e, in particolare, per la corresponsione dell'indennità.

L'art. 79 l. fall. non fa alcun riferimento all'obbligo di una eventuale autorizzazione per l'esercizio della facoltà di scelta, da parte del curatore, e tale silenzio normativo ha ricevuto diverse interpretazioni da parte della dottrina che ha sostenuto [12] la vigenza di un regime autorizzatorio anche per la prosecuzione del contratto, configurandolo come atto di straordinaria amministrazione, seppur il dato letterale avvalora la tesi di coloro che hanno ritenuto necessario rispettare l'autonomia decisionale del curatore.

La questione è ora superata per essere stata prevista l'autorizzazione del comitato dei creditori, al pari di quanto l'art. 172 richiede per i rapporti pendenti.

3. – L'indennizzo ha natura equitativa, in quanto volto a compensare il pregiudizio sofferto dalla controparte a seguito della cessazione anticipata del rapporto, anche se esso non comporta mai l'integrale ristoro dei danni subiti come avverrebbe nel caso di risarcimento del danno [13].

Il pregiudizio reintegrabile nei confronti dell'affittuario dovrà ricomprendere, per ciò che riguarda il *danno emergente*, l'impossibilità di continuare i lavori in corso, l'eventuale corresponsione di danni o penali a terzi, l'entità degli investimenti effettuati, mentre per quanto riguarda il *lucro cessante* dovrà considerare la mancata percezione degli utili conseguibili nel periodo contrattuale rimanente.

Invece, con riguardo al pregiudizio del concedente, l'indennizzo deve tenere conto della perdita dei canoni in rapporto al periodo di tempo che si assume necessario per reperire un nuovo affittuario.

---

[11] Nel silenzio della norma, BOSSI, *La legge fallimentare*, 234, ha affermato essere il termine *disponibile* per le parti; mentre ha sostenuto la natura *perentoria* anche VESSIA, *Gli effetti*, 979 ss., in virtù dell'art. 152, comma 2, c.p.c. La giurisprudenza riconosce al termine natura *perentoria*; Trib. Roma, 7 luglio 2011, in *ilcaso.it*; GENTILI, *Art. 79*, 548, afferma chiaramente «la natura decadenziale del termine risulta, in questo caso, implicitamente ma inequivocabilmente, dalla funzione che esso è destinato ad assolvere, consistente nella fissazione definitiva degli effetti e delle conseguenze della fattispecie del subentro automatico in una materia nella quale la certezza dei rapporti giuridici è particolarmente avvertita, implicando la vicenda successoria, il trasferimento di una pluralità di rapporti giuridici che coinvolgono soggetti terzi».

[12] PAJARDI, PALUCHOSWKI, *Manuale di diritto*, 485; GIOVETTI, *Art. 80*-bis, 1293; MARTORANO, *Art. 79*, 1105.

[13] PAJARDI, *Codice del fallimento*, 657.

Il recesso non è condizionato al pagamento dell'indennizzo e la dottrina è concorde nel ritenere che questo esplichi la propria efficacia sulla base della semplice comunicazione, indipendentemente dal versamento della somma, ciò in quanto l'obbligo ha natura legale e non convenzionale; peraltro una interpretazione che imponesse il pagamento, quale condizione di efficacia, contrasterebbe con le esigenze della procedura[14].

4. – La "vicenda regressiva" determina conseguenze sui contratti pendenti e seppur non era espressamente disciplinata, nel caso del fallimento, tuttavia la dottrina e la giurisprudenza si sono impegnate per prospettare una soluzione.

La riflessione nasce necessariamente, per quel che concerne i rapporti di lavoro con riferimento alla disciplina civilistica che, con carattere generale, prevede all'art. 2112 c.c. la *continuazione* del rapporto di lavoro, in caso di trasferimento di azienda, con il cessionario e la conservazione da parte del lavoratore di tutti i diritti che ne derivano; nonché la responsabilità solidale tra cedente e cessionario per tutti i crediti che il lavoratore aveva al tempo del trasferimento, fatta salva la facoltà per il lavoratore di consentire la liberazione del cedente dalle obbligazioni derivanti dal rapporto di lavoro tramite le procedure previste dagli artt. 410 e 411 c.p.c.

Ebbene, dal momento che dottrina e giurisprudenza sono concordi nel ritenere che il trasferimento si realizza anche quando l'affittuario restituisce l'azienda al concedente, ci si è chiesto se il silenzio normativo potesse essere colmato con un'estensione analogica della disciplina menzionata, ovvero con quanto disposto dall'art 104 *bis* l. fall. in tema di affitto di azienda endoconcorsuale, secondo cui ai rapporti pendenti si applicano, al momento della retrocessione, le disposizioni di cui agli artt. 72 ss. l. fall.[15].

Le soluzioni prospettate, con riferimento all'art. 79 l. fall., non sono state unanimi accanto a chi[16] ha sostenuto il carattere inderogabile della disposizione (art. 2112 c.c.), in quanto emanata nell'interesse dei lavoratori e, pertanto, prevalente rispetto agli interessi della procedura, con la conseguenza che il subentro, nel caso di retrocessione dell'azienda, sarebbe automatico, altri[17] hanno ritenuto che nel caso in cui concedente fosse il fallito, troverebbe applicazione l'art. 104-*bis* l. fall. nella parte in cui sancisce che la retrocessione al fallimento non comporta la responsabilità della procedura per i debiti maturati fino a quel momento, seppure poi tale disposizione non potrebbe avere alcuna incidenza sulla continuità giuridica dei rapporti.

Altri ancora hanno sostenuto[18] il carattere eccezionale dell'esonero da responsabilità *ex*

---

[14] RESTAINO, *La riforma*, 486.

[15] Sul tema di veda il contributo di TULLINI, *Tutela del lavoro*, 199 ove nell'affrontare la *querelle,* irrisolta ed ancora attuale, in ordine all'affitto di azienda ed alla retrocessione alla procedura concorsuale, con riferimento, in particolare, al contratto pendente precisa che potrebbe ritenersi, che «la deroga prevista dall'art. 104 bis comma sei, l.fall. abbia carattere speciale e non sia perciò applicabile quando il contratto di affitto sia antecedente al fallimento», e conclude, quindi, nel senso che il curatore potrebbe sciogliersi dal vincolo ma qualora dovesse decidere per la prosecuzione, accetterebbe l'applicazione degli artt. 2112, 2560 c.c. al momento della retrocessione.

[16] GALLONE, RAVINALE, *L'affitto*, 164 che hanno sostenuto l'inderogabilità dell'art. 2112 c.c. affermando che «quando il legislatore della Riforma ha voluto derogare allo stesso art. 2112, lo ha fatto espressamente».

[17] FIMMANÒ, *L'affitto endofallimentare*, 476; ID., *L'affitto*, 140; MARTONE, *Locazione e affitto*, 377.

[18] PATTI, *I rapporti giuridici*, 880; PATTI, *L'affitto*, 1098.

104-*bis* l. fall. che ne impedirebbe l'applicazione ai contratti di affitto stipulati anteriormente alla dichiarazione di fallimento.

L'art. 184 – come già anticipato – al comma 2 ha espressamente previsto che nel caso di recesso del curatore e, comunque, alla scadenza del contratto, si applicano le disposizioni di cui all'art. 212, comma 6, che nel regolare la retrocessione dell'azienda, nel caso di affitto endoconcorsuale, ha escluso la responsabilità della procedura per i debiti maturati sino a tale data «*in deroga a quanto previsto dagli artt. 2112 e 2560 del codice civile*», in conformità, dunque, con quanto previsto dall'art. 104-*bis* l. fall.

Tale soluzione non può tuttavia risultare appagante, in ragione delle modifiche apportate all'art. 368, comma 4, all'art. 47, l. 29 dicembre 1990, n. 428, avendo operato la sostituzione del comma 5 (lett. *c*) prevedendo, per l'appunto, che qualora il trasferimento riguardi imprese nei confronti delle quali vi sia stata l'apertura della liquidazione giudiziale, anche quando «*la continuazione dell'attività non sia stata disposta o sia cessata*», si ha la prosecuzione dei rapporti di lavoro con il cessionario, con la inevitabile conseguenza, dunque, che determinando la retrocessione la conclusione di una *vicenda traslativa regressiva* automatica, in ragione della sostituzione soggettiva nella titolarità del complesso aziendale, non sarà neppur necessario lo svolgimento delle consultazioni previste ai precedenti commi, al fine di consentire la stipula «*con finalità di salvaguardia dell'occupazione*» di contratti collettivi, ai sensi dell'art. 51, d.lgs. n. 81 del 2015, in deroga all'art. 2112, comma 1, 3 e 4, c.c., potendosi al più ritenere possibile la conclusione di accordi individuali «*in caso di esodo incentivato dal rapporto di lavoro*», ma alla condizione che essi siano sottoscritti in sede protetta, così come previsto dall'art. 2113, ult. comma, c.c.[19].

Vi è, peraltro, da considerare che la flessibilizzazione degli obblighi derivanti dalla direttiva comunitaria 2001/23/CE se, invero, in qualche modo possono riguardare la conclusione di una vicenda circolatoria e possa, dunque riconoscersi, in tal caso, alle parti ad essa interessate di raggiungere un accordo che renda possibile circoscrivere o, quanto meno, limitare gli effetti derivanti dalla conclusione del contratto, pur attraverso la conclusione dei contratti collettivi sopra richiamati, ciò non può valere nel caso della *vicenda traslativa regressiva*, ovvero quando il concedente, sottoposto alla liquidazione giudiziale, decida di recedere dal contratto, ovvero quando al termine di esso si ha la retrocessione dell'azienda.

Nel caso ora considerato si ha una automatica successione nel contratto di lavoro, con conseguente responsabilità per i debiti da esso nascenti, situazione questa se seppur diversamente regolata dal legislatore allorché l'affitto sia stato concluso dal curatore, una volta aperta la procedura concorsuale, ed ora anche nel caso del contratto di affitto pendente, in ragione di quanto previsto dal comma 2 dell'art. 184, tuttavia, non risulta coerente con la disciplina comunitaria e, anche interna, in ragione della diversa ed opportuna regolamentazione attuata, al riguardo, dall'art. 368[20].

Nonostante la diversa regolamentazione si avrà la continuità giuridica dei rapporti di lavoro, e quante volte non sia possibile la realizzazione di una successiva vicenda circolatoria dell'azienda, ovvero del ramo, temporanea, in ragione della conclusione di altro contratto di affitto endoconcorsuale, ovvero definitiva (*vendita*) il curatore dovrà procedere,

---

[19] CAIAFA, *La disciplina*, 191.

[20] CAIAFA, *La riforma*, 224; ID., *Il nuovo codice*, 206.

senza indugio, al recesso dei relativi rapporti di lavoro subordinato, così come previsto dall'art. 189, comma 3, e dovrà farlo, così come previsto dal comma 6, ove il numero dei lavoratori sia superiore a quindici, secondo le previsioni di cui agli artt. 4, comma 1, e 24, comma 1, l. 23 luglio 1991, n. 223, ovvero attraverso il procedimento descritto, in modo analitico, alle lett. *a*) *b*) *c*) *d*) del medesimo comma 6.

La stessa direttiva del Parlamento Europeo del Consiglio del 20 giugno 2019/1023, riguardante i «*quadri di ristrutturazione preventiva*» e le misure volte ad aumentare l'efficacia delle procedure di insolvenza, all'art. 13, coerentemente con i considerando 23, 60, 61 e 62, ha ribadito dover essere garantiti i diritti individuali e collettivi dei lavoratori, ai sensi del diritto del lavoro dell'Unione e Nazionale e, in particolare, quelli in materia di licenziamenti collettivi (direttiva 1998/59 del 20 luglio 1998); relativi al mantenimento dei diritti dei lavoratori in caso di trasferimento di imprese (direttiva 2001/23 del Consiglio del 12 marzo 2001); in caso di insolvenza del datore di lavoro (direttiva 2008/94 del Consiglio del 22 ottobre 2008).

Articolo 185

Contratto di locazione di immobili

1. L'apertura della liquidazione giudiziale nei confronti del locatore non scioglie il contratto di locazione di immobili e il curatore subentra nel contratto.
2. Qualora, alla data dell'apertura della liquidazione giudiziale, la residua durata del contratto sia superiore a quattro anni, il curatore, entro un anno dall'apertura della procedura, può, previa autorizzazione del comitato dei creditori, recedere dal contratto corrispondendo al conduttore un equo indennizzo per l'anticipato recesso, che, nel dissenso fra le parti, è determinato dal giudice delegato, sentiti gli interessati.
3. L'indennizzo è insinuato al passivo come credito concorsuale. Il recesso ha effetto decorsi quattro anni dall'apertura della procedura.
4. In caso di apertura della liquidazione giudiziale nei confronti del conduttore, il curatore può in qualunque tempo, previa autorizzazione del comitato dei creditori, recedere dal contratto, corrispondendo al locatore un equo indennizzo per l'anticipato recesso, che nel dissenso fra le parti, è determinato dal giudice delegato, sentiti gli interessati.
5. L'indennizzo è insinuato al passivo come credito concorsuale.

Roberto Carleo

Sommario: 1. Inquadramento generale. – 2. Liquidazione giudiziale del conduttore.

1. – L'articolo in commento riprende quasi esattamente il contenuto del precedente art. 80 l. fall., che già distingueva, a differenza dell'art. 79 l. fall. per l'affitto d'azienda, fra procedura concorsuale riguardante il locatore e situazione relativa al conduttore [1].

Molte considerazioni relative al precedente art. 80 l. fall. sono ancora in gran parte valide. In tale fattispecie la curatela fallimentare sembrava porsi in posizione non di terzietà ma di una sorta di immedesimazione rispetto alla posizione del fallito, dando luogo ad una situazione di successione degli organi fallimentari nell'attuazione del rapporto negoziale.

L'art. 80 l. fall. era stato profondamente rivisitato dal decreto correttivo di cui al d.lgs. n. 169 del 2007. In precedenza, la norma si limitava a stabilire che, nel caso di fallimento del locatore, il curatore subentra nel contratto e che, nel caso di fallimento del conduttore,

---

[1] In via generale v. NIGRO, VATTERMOLI, *Diritto della crisi*, 190 ss.

il curatore può recedere in qualunque tempo dal contratto, corrispondendo alla controparte un indennizzo.

Mentre il secondo principio è stato confermato, il primo è stato contemperato con l'esigenza che la presenza del contratto non costituisca un ostacolo alla migliore e più efficiente liquidazione dell'immobile su cui il contratto insiste. Ed infatti una nuova cultura della liquidazione più rapida dell'attivo patrimoniale[2], nell'interesse della massa dei creditori, che sembra trovare applicazione nell'art. 212, comma 4 o nella nuova formulazione dell'art. 213 (programma di liquidazione), non poteva tollerare la presenza di «pesi» come un contratto di locazione spesso concluso dal locatore in una situazione di difficoltà finanziaria ed a condizioni tendenzialmente inique (come una durata pluriennale od un canone misero rispetto a quello di mercato), che avrebbe potuto deprimere eccessivamente il valore del bene al momento della vendita[3].

Pertanto, già l'art. 80, comma 2, l. fall. dava la possibilità al curatore subentrato al locatore fallito di sciogliersi dal contratto di locazione quando questo avesse un orizzonte temporale superiore a quattro anni a decorrere dalla dichiarazione di fallimento[4]. Il presupposto perché si verifichi il subentro del curatore è comunque dato dal fatto che alla data di apertura della liquidazione giudiziale vi sia un contratto di locazione non risolto, ancora in corso di esecuzione, opponibile alla procedura[5].

Dovrà, quindi, trattarsi di un contratto avente data certa e registrato, mentre se di durata ultranovennale dovrà altresì essere stato trascritto, dovendosi altrimenti ritenere opponibile nei limiti del novennio. Naturalmente il contratto di locazione preesistente è sottoposto, per la sua durata, alla l. n. 392 del 1978 per le locazioni commerciali ed alla l. n. 431 del 1998 per quelle abitative.

L'art. 80 l. fall. non distingueva tra locazioni abitative e locazioni ad uso commerciale; tuttavia si fa presente come l'indennizzo non può nel caso di locazione commerciale raggiungere l'importo previsto dall'art. 34, l. n. 392 del 1978[6].

Tale disposizione prevede che il conduttore di un locale ad uso commerciale abbia diritto ad una indennità per la perdita di avviamento in caso di recesso anticipato del locatore.

Si ritiene, tuttavia, che tale disposizione non possa applicarsi al recesso del curatore (che si scioglie dal rapporto non per proprie valutazioni di mercato, ma alla luce della mutata e sopravvenuta procedura concorsuale), mentre la tutela del conduttore viene assicurata proprio dall'equo indennizzo, il quale, in caso di contrasto, viene determinato dal giudice delegato, sentite le parti.

Tale decreto sarà immediatamente reclamabile, *ex* art. 124, dalla parte insoddisfatta.

Nonostante la norma configuri un subentro automatico del curatore nel rapporto locatizio, salva successiva dichiarazione di volontà contraria, il contratto stesso costituisce possibile oggetto di azione revocatoria, se ricorrono le condizioni di cui all'art. 166 (in particolare si pensi al contratto concluso a condizioni decisamente sfavorevoli); del pari possono risultare

[2] In argomento spunti interessanti in PASQUARIELLO, *Gestione e riorganizzazione*, 20 ss.

[3] CAIAFA, *La legge fallimentare*, 456.

[4] Sul punto v. PLENTEDA, *I rapporti giuridici*, 86.

[5] GOMMELLINI, *Art. 80*, 1564 ss.; NISIO, *Il nuovo art. 80*, 412 ss.

[6] In argomento v., di recente, TRUBIANI, *Art. 34*, 354 ss.

revocabili gli stessi pagamenti del canone, ove sussistano i presupposti ivi indicati (potrebbe infatti darsi il caso in cui il privilegio speciale dell'art. 2764 c.c. sia inoperante per mancanza alla data dell'apertura della liquidazione di arredi o beni su cui esercitarsi; in tal caso la revocatoria degli stessi pagamenti nel semestre precedente potrebbe rivelarsi una scelta opportuna nell'interesse della *par condicio* e degli stessi creditori concorsuali).

Il comma 2 dell'art. 185 riguarda l'ipotesi per cui la vita utile rimanente della locazione superi i quattro anni conteggiati dalla data di apertura del concorso, ad esempio perché questo era stato effettivamente concluso dal debitore per una durata molto significativa.

In tal caso, soprattutto se era stato pattuito un canone modesto, la presenza del contratto di locazione opponibile potrebbe rivelarsi un peso eccessivo per la procedura, costretta a "svendere" l'immobile pur di trovare un acquirente di un bene così lungamente ancora occupato da terzi [7].

Si è, pertanto, previsto che in tale caso il curatore possa, a prescindere dalle condizioni contrattuali pattuite, recedere dal contratto entro un anno dalla dichiarazione di apertura della liquidazione giudiziale. Tuttavia gli effetti del recesso si verificheranno alla scadenza del quadriennio: in tal modo la norma ha cercato di contemperare le opposte esigenze, assicurando al conduttore una relativa stabilità nell'ambito di un quadriennio a decorrere dall'apertura della procedura concorsuale a carico del proprio locatore. In caso di recesso è dovuta alla controparte un equo indennizzo che, a differenza del passato, non gode del beneficio della prededuzione e che dovrà essere perciò tempestivamente insinuato allo stato passivo.

2. – Una novità concerne la natura dell'indennizzo eventualmente dovuto dal curatore che receda dal rapporto: al pari del caso dell'affitto d'azienda, difatti, la nuova disciplina mira a contenere l'impatto del recesso sulle casse della procedura, prevedendo che l'indennizzo sia insinuato allo stato passivo come debito concorsuale [8].

Anche in questo caso si ha, quindi, conferma di come la causa genetica del credito debba farsi risalire (non già alla volizione del curatore ma) al momento della stipula del contratto di locazione, avvenuta anteriormente all'apertura della liquidazione giudiziale [9]. A differenza del caso relativo all'affitto d'azienda, in cui ciò comporta il riconoscimento di un credito privo di cause di prelazione, nel caso del contratto di locazione il locatore *in bonis* potrebbe richiedere in sede di insinuazione il riconoscimento del privilegio speciale di cui all'art. 2764 c.c. [10], con la necessità di verificare l'esistenza di eventuali beni destinati al servizio dell'immobile [11].

---

[7] Così FAROLFI, *Art. 185*, 233.

[8] Tale norma sembra espressione del principio di ripartizione del rischio d'insolvenza, sul punto v. GALLETTI, *La ripartizione*.

[9] FAROLFI, *Art. 185*, 231.

[10] In dottrina v. DI SABATO, *I privilegi*, 186 ss.; PARENTE, *Dei privilegi*, 1032 ss.; ID., *I privilegi*, 177 ss.; RUSCELLO, CORDIANO, *Art. 2764*, 453 ss.

[11] Secondo Cass., 10 agosto 1973, n. 2338, in *Giur. it.*, 1974, I, 71 ss., la norma di cui all'art. 2764 c.c., derogando, al pari di ogni altra istitutiva di privilegio, alla *par conditio creditorum*, è per il suo carattere eccezionale, di stretta interpretazione. Pertanto, detto privilegio «non può essere esteso a crediti derivanti da fonti obbligatorie aventi causa ed oggetto diversi dal contratto di locazione di immobili, come il contratto di affitto di azienda, nulla rilevando che una parte del canone sia astrattamente riferibile al godimento di un immobile inserito nel complesso aziendale». Più di recente si veda App. L'Aquila, 24 marzo 2012, in *Fallimento*, 2012, 1005.

Articolo 186

Contratto di appalto

1. Il contratto di appalto si scioglie per effetto dell'apertura della liquidazione giudiziale nei confronti di una delle parti, se il curatore, previa autorizzazione del comitato dei creditori, non dichiara di voler subentrare nel rapporto dandone comunicazione all'altra parte nel termine di sessanta giorni dall'apertura della procedura ed offrendo idonee garanzie.

2. Nel caso di apertura della liquidazione giudiziale nei confronti dell'appaltatore, il rapporto contrattuale si scioglie se la considerazione della qualità soggettiva dello stesso appaltatore è stata un motivo determinante del contratto, salvo che il committente non consenta, comunque, la prosecuzione del rapporto.

Silvio Martuccelli e Carlo Maria Martino*

Sommario: 1. Introduzione. – 2. La disciplina. – 3. Requisiti per subentrare nel contratto. – 4. Liquidazione giudiziale dell'appaltatore. – 5. Appalto pendente e disciplina dei contratti pubblici.

1. – L'art. 186 reca la disciplina degli effetti dell'apertura della procedura di liquidazione giudiziale sul contratto di appalto in corso di esecuzione.

La nuova disposizione si presenta in gran parte come una riproposizione della previgente disciplina dettata dall'art. 81 l. fall., il cui testo è stato sostanzialmente riprodotto. Infatti, salvo che per il secondo inciso del comma 2 dell'art. 81 l. fall., l'art. 186 ha pedissequamente riprodotto il testo del citato art. 81, limitandosi a sostituire il termine «fallimento» con la nuova locuzione «*procedura di liquidazione giudiziale*». Unico elemento, di apparente novità, è l'assenza di alcun riferimento ai contratti di appalto per le opere pubbliche: come si illustrerà meglio al successivo § 3, sembra tuttavia trattarsi di una novità solo apparente e priva di concrete conseguenze interpretative.

Non sembrano, dunque, esservi ragioni per dubitare che con riguardo all'art. 186 possa trovare applicazione la giurisprudenza elaborata nel corso del tempo in relazione all'art. 81 l. fall.

---

* Sebbene frutto di riflessione congiunta, i §§ 2-3 sono di Silvio Martuccelli; i §§ 1-4-5 sono di Carlo Maria Martino.

2. – La disposizione in commento disciplina le sorti dell'appalto in corso di esecuzione in due ipotesi: il comma 1 pone la regola generale applicabile al caso in cui la procedura di liquidazione giudiziale venga disposta indistintamente nei confronti dell'appaltatore o dell'appaltante; il comma 2 disciplina, invece, l'avvio della procedura nei confronti dell'appaltatore, nel particolare caso in cui la sua considerazione soggettiva sia stata determinante nella stipulazione del contratto.

La disciplina dettata dal comma 1 è ispirata a una esigenza di tutela del contraente *in bonis* rispetto al rischio di inadempimento dell'altra parte [1]: per un verso, dunque, si tratta di tutelare l'appaltatore contro il rischio di mancato pagamento del corrispettivo, nel caso di avvio della procedura nei confronti dell'appaltante; per altro verso, e viceversa, la disposizione mira ad offrire tutela all'appaltante dal rischio di inadempimento dell'appaltatore sottoposto a liquidazione giudiziale, che sorgerebbe nel caso di prosecuzione del rapporto. Per garantire l'effettività della tutela, il legislatore accorda al curatore fallimentare uno *spatium deliberandi* di sessanta giorni, nel corso del quale esercitare la facoltà di subentro nel rapporto, con l'obbligo di offrire idonee garanzie (sul punto, v. *infra*) [2]: garanzia di pagamento del prezzo, ove il curatore sia subentrato in qualità di committente; garanzia di esecuzione dell'appalto, ove il curatore sia subentrato in qualità di appaltatore [3].

L'apertura della liquidazione giudiziale determina dunque una situazione di sostanziale stallo del rapporto contrattuale, in attesa dello spirare del termine accordato al curatore per decidere circa le sorti del contratto: il contratto si scioglie, con efficacia retroattiva a partire dall'apertura della liquidazione giudiziale, quando sia inutilmente decorso il termine di sessanta giorni. Una situazione di sospensione del contratto, dunque, sostanzialmente analoga a quella prevista in via generale dal nuovo art. 172 [4], nonostante la differente formulazione tra le due disposizioni [5]: mentre la prima prevede espressamente che l'esecuzione del contratto rimanga "sospesa" fino a quando il curatore, autorizzato dal comitato dei creditori, dichiari di subentrare nel rapporto, l'art. 186 prevede, invece, che per effetto dell'apertura giudiziale nei confronti di una delle parti il contratto di appalto «si scioglie se» entro il termine, perentorio [6], di sessanta giorni il curatore non abbia dichiarato di voler subentrare, evitandone così lo scioglimento.

Entrambe le disposizioni – l'art. 172 e l'art. 186 – condividono la funzione di assicurare al curatore uno spazio temporale per assumere la propria scelta; e, oggi, possono anche essere lette nell'ottica di una applicazione del principio di sussidiarietà orizzontale nel di-

---

[1] Relazione illustrativa al d.lgs. n. 14 del 2019, 163.

[2] PLENTEDA, *I rapporti giuridici*, 112.

[3] RESTAINO, *Commento all'art. 81*, 1128; LAPERTOSA, *Gli effetti*.

[4] Dispone l'art. 172: «*Se un contratto è ancora ineseguito o non compiutamente eseguito nelle prestazioni principali da entrambe le parti al momento in cui è aperta la procedura di liquidazione giudiziale l'esecuzione del contratto, fatte salve le diverse disposizioni della presente sezione, rimane sospesa fino a quando il curatore, con l'autorizzazione del comitato dei creditori, dichiara di subentrare nel contratto in luogo del debitore, assumendo, a decorrere dalla data del subentro, tutti i relativi obblighi, ovvero di sciogliersi dal medesimo salvo che, nei contratti ad effetti reali, sia già avvenuto il trasferimento del diritto*».

[5] L'utilizzo del termine «subentro» mal si concilia con l'ipotesi di un contratto cessato o comunque sciolto. Cfr. MUSOLINO, *L'incidenza*, 509; JORIO, SASSANI, *Trattato delle procedure*, 1817, nota 26.

[6] PAJARDI, *Manuale di diritto*, 491, nota 87.

ritto privato, abdicando il legislatore a dettare, una volta per tutte, una regola, e dunque a prescrivere una conseguenza giuridica (quella relativa allo scioglimento o meno del contratto), che in definitiva viene rimessa all'iniziativa di chi (curatore e comitato dei creditori), per la prossimità alla vicenda e agli interessi in gioco, è in grado di ponderare nel modo più appropriato le circostanze concrete, così incidendo su di un assetto di interessi composito e generale, che coinvolge anche la controparte contrattuale (la quale rimane estranea alla scelta)[7]. Con la disposizione in commento, tuttavia, il legislatore ha inteso imprimere un'accelerazione alla decisione del curatore: Infatti, se la disposizione generale di cui all'art. 172 non prevede alcun termine entro cui il curatore debba esercitare la facoltà di subentro nei rapporti pendenti (prevedendo che l'esercizio della facoltà di subentro sia limitata nel tempo solamente nel caso di specifica istanza, con cui il creditore chieda al giudice la fissazione del termine di sessanta giorni), al contrario l'art. 186 fissa un termine di sessanta giorni (come detto, perentorio) entro il quale il curatore può esercitare tale facoltà nel contratto di appalto in corso di esecuzione. La differente disciplina sembra altresì fondarsi sulla specificità del contratto di appalto, potendo la procedura beneficiare di una prosecuzione dell'esecuzione contrattuale nell'ottica, da un lato, di continuazione dell'impresa e, dall'altro, di recupero di liquidità a beneficio della massa[8].

3. – La scelta di subentrare nel contratto di appalto non è lasciata, tuttavia, alla sola discrezione del curatore. L'art. 186 individua i requisiti prescritti dal legislatore affinché il curatore possa legittimamente optare per il subentro nel contratto di appalto.

In via generale, a partire dal 2006 il legislatore ha dimostrato di voler incoraggiare la prosecuzione dell'attività aziendale anche nel corso della procedura concorsuale, perseguendo la salvaguardia dell'impianto produttivo quale fonte di occupazione, da un lato, e, dall'altro, come mezzo di recupero di liquidità da utilizzare per soddisfare le pretese dei creditori. In questo senso, di fronte alla eventualità dello scioglimento del contratto di appalto, quale naturale conseguenza dell'apertura della procedura di liquidazione giudiziale, al curatore viene concessa la facoltà di mantenere in vita il rapporto negoziale. Tuttavia, tale facoltà può essere esercitata al ricorrere di determinate circostanze, individuate dal legislatore al fine di contemperare l'interesse alla continuazione dell'azienda con l'interesse dei creditori (della società posta in liquidazione giudiziale) a non vedere messa a rischio la possibilità di recupero dei crediti nei confronti della procedura. A questi, infatti, è garantita, tra l'altro, la possibilità di intervenire direttamente sulla facoltà di subentro, autorizzando o negando l'esercizio di tale facoltà al curatore.

Oltre all'autorizzazione del comitato dei creditori, è necessario che il contratto sia rimasto, almeno in parte, ineseguito, sia dal committente che dall'appaltatore[9]; ove, invece, una delle due prestazioni sia stata interamente eseguita, mentre l'altra sia rimasta inadempiuta o sia stata inesattamente adempiuta, ad esempio nel caso di mancato o parziale pagamento del corrispettivo, non dovrà invocarsi la fattispecie in esame, bensì la disciplina

[7] Sulla rilevanza del principio di sussidiarietà nella disciplina della crisi d'impresa v., tra gli altri, CARLEO, *La sussidiarietà*, 11.

[8] PAJARDI, *Manuale di diritto*, 491, nota 87.

[9] CENSONI, *Effetti sui rapporti*, 773.

della responsabilità per inadempimento contrattuale (che determinerà, a seconda dei casi, un credito della procedura, esigibile dal curatore, ovvero una pretesa creditoria in capo all'altra parte, da esercitarsi mediante l'insinuazione al passivo) [10].

Come già accennato, anche il nuovo Codice impone che il subentro venga preventivamente autorizzato dal comitato dei creditori, al quale è attribuita la funzione di vigilanza e controllo dell'agire del curatore rispetto agli interessi del ceto creditorio [11]. Rimane altresì inalterata la disciplina della responsabilità dello stesso comitato dei creditori, che discende dall'art. 140, il quale richiama espressamente l'art. 2407 c.c. [12] in materia di responsabilità dei sindaci nelle società per azioni.

Ancora, come già accennato, il curatore potrà legittimamente esercitare il subentro solamente quando abbia offerto «idonee garanzie» di esecuzione del contratto, le quali, come detto, dovranno consistere nella garanzia di corretta esecuzione dell'opera o di pagamento del corrispettivo, a seconda che la liquidazione giudiziale sia stata aperta nei confronti dell'appaltatore ovvero del committente.

L'ipotesi di scioglimento prevista dall'art. 186 costituisce un effetto legale *ex nunc* della sentenza di apertura della procedura di liquidazione giudiziale e non determina responsabilità per inadempimento della procedura nei confronti dell'altro contraente. Il mancato subentro del curatore nel contratto entro il termine di sessanta giorni, dunque, configura una ipotesi di scioglimento del contratto con efficacia (retroattiva) a decorrere dalla sentenza di apertura della liquidazione, senza pregiudizio per gli effetti già conseguiti nel tempo anteriore alla causa di scioglimento [13]. Da ciò consegue, per esempio, che il committente *in bonis* sarà tenuto *ex* art. 1672 c.c. a pagare la parte dell'opera già compiuta, nei limiti in cui sia per lui utile, in proporzione al prezzo pattuito per l'opera intera [14].

Diverso è il caso in cui il committente abbia, prima dell'apertura della procedura, proposto domanda giudiziale di risoluzione del contratto: a questa ipotesi, infatti, si applicherà la regola generale contenuta nell'art. 172, a tenore della quale l'azione di risoluzione già

[10] Cass., 21 ottobre 2005, n. 3400, in *Foro it.*, 1956, I, 908 ha efficacemente evidenziato che «se il contratto è stato eseguito, non residua che un diritto di credito, e se adempiente è stato il contraente fallito, il curatore del fallimento avrà diritto di esigere la controprestazione, allo stesso modo come, se adempiente è stato l'altro contraente, egli potrà pretenderla dal fallimento, sottostando, si intende, alla regola del concorso».

[11] Sul punto, RESTAINO, *Art. 81,* 1128, il quale sottolineava la volontà del legislatore del 2006 di sottrarre al giudice delegato i poteri di gestione dell'azienda in quanto incompatibili con il suo ruolo di organo terzo chiamato a dirimere le controversie tra le parti coinvolte nella procedura fallimentare. In precedenza, prima della riforma del 2006, al comitato dei creditori era attribuita la possibilità di intervenire con un mero parere.

[12] L'art. 140 riproduce sostanzialmente in maniera inalterata la formulazione del precedente art. 41 l. fall., come riformato dalla riforma operata dal d.lgs. n. 5 del 2006.

[13] Cass., 23 luglio 1964, n. 1986 afferma in particolare che «il legislatore, regolando nell'art. 81 l. fall. gli effetti del fallimento sul contratto di appalto, ha di proposito parlato di scioglimento e non di risoluzione del contratto stesso, intendendo così manifestamente attribuire all'evento che lo determina l'effetto non già di risolvere il contratto con effetto retroattivo, ma di farne cessare soltanto, con effetto ex nunc, l'efficacia e, quindi, l'ulteriore esecuzione».

[14] Cass., 18 settembre 2013, n. 21411; Cass., 25 maggio 1994, n. 5112; Trib. Sulmona, 18 gennaio 2004, secondo la quale lo scioglimento del contratto determinato dall'avvio della procedura di liquidazione potrebbe configurare una ipotesi di impossibilità sopravvenuta di esecuzione del contratto. Più recentemente tali principi sono stati ribaditi da Cass., 25 agosto 2017, n. 20398; Cass., 20 novembre 2015, n. 23810.

promossa nei confronti della parte inadempiente prosegue nei confronti del curatore. In questo caso le restituzioni derivanti dalla eventuale risoluzione (restituzione di una somma o di un bene), ovvero il risarcimento dei danni, potranno essere chiesti solamente attraverso la proposizione della domanda di ammissione al passivo[15].

È stato inoltre precisato che lo scioglimento del contratto deve intendersi definitivo (in caso di mancato subentro del curatore), non potendosi ipotizzare un'automatica reviviscenza del contratto[16] a seguito della chiusura della procedura concorsuale, ma essendo necessaria una nuova manifestazione di volontà negoziale delle parti (ossia un nuovo contratto).

4. – Il comma 2 della disposizione in commento regola, come già il corrispondente comma 2 dell'art. 81 l. fall., l'ipotesi in cui la procedura di liquidazione giudiziale sia stata avviata nei confronti dell'appaltatore e la considerazione della qualità soggettiva di quest'ultimo sia stata motivo determinante della stipulazione del contratto di appalto.

Si tratta della riproposizione di una (in allora) novità introdotta con la riforma della legge fallimentare del 2006, che andava a sostituire la previgente disciplina del 1942, secondo cui nel caso di fallimento dell'appaltatore la cui qualità soggettiva fosse stata motivo determinante del contratto si sarebbe automaticamente ed inevitabilmente sciolto il contratto. La disciplina antecedente alla riforma del 2006 rispondeva al principio generale in materia di appalto espresso dall'art. 1674 c.c. (regolante l'ipotesi di morte dell'appaltatore), che prevede lo scioglimento del contratto di appalto quando la considerazione soggettiva dell'appaltatore sia motivo determinante della sua stipulazione. La norma in commento trova applicazione e la sua ragion d'essere in tutti quei casi in cui il committente abbia una particolare fiducia nell'appaltatore ovvero questi sia incaricato dell'esecuzione di una prestazione che non possa essere eseguita se non da lui (es. opere di contenuto artistico o scientifico, ovvero opere caratterizzate dalla necessità di particolari specifiche competenze). Oggi, tuttavia, con il nuovo Codice, viene confermata la facoltà attribuita all'imprenditore sottoposto alla procedura di liquidazione di proseguire il rapporto contrattuale ove il committente ne autorizzi il subentro da parte del curatore. Si tratta, a ben vedere, di una soluzione che la dottrina aveva già ritenuto percorribile in via interpretativa[17], sul presupposto che – essendo la disciplina relativa allo scioglimento predisposta a favore del committente[18] – nulla avrebbe vietato a quest'ultimo di derogare in via convenzionale al dettato normativo.

[15] Cass., 11 ottobre 1994, n. 8295, che nel contesto di un inadempimento ad un contratto di appalto pubblico ha escluso l'applicabilità del meccanismo dell'art. 81 l. fall., dal momento che l'azione di risoluzione era stata avviata prima dell'apertura della procedura fallimentare.

[16] Cass., 25 novembre 1998, n. 11942; cfr. anche Cass., 9 luglio 1999, 7203, che ha precisato: «poiché l'automatico scioglimento del contratto d'appalto è previsto come un effetto di diritto sostanziale della dichiarazione di fallimento, esso deve ritenersi destinato a perdurare anche dopo la chiusura della procedura concorsuale, se non interviene una nuova convenzione tra le parti, perché non sarebbe possibile un'altrettanta automatica reviviscenza del contratto originario».

[17] SATTA, *Diritto fallimentare*, PAJARDI, *Art. 81*, 491; LAPERTOSA, *Gli effetti*, 492.

[18] Cfr. nella giurisprudenza di merito Trib. Milano, 11 dicembre 2000, in *Fallimento*, 2001, 9, 1050 con nota di Dal Zilio: «Lo scioglimento del contratto è un fenomeno diverso dalla risoluzione in quanto non presuppone l'inadempimento; lo scioglimento del contratto d'appalto, in particolare, è previsto a favore del committente il quale potrebbe non essere interessato alla prosecuzione del rapporto nel caso di fallimento dell'appaltatore, ritenendo inadeguata l'impresa fallita al completamento dell'opera».

5. – Come anticipato, il nuovo art. 186 presenta un'unica (apparente) novità, che emerge dalla formulazione letterale della disposizione, rispetto al precedente art. 81 l. fall. Non risulta riproposto, infatti, il secondo inciso del comma 2 dell'art. 81, il quale faceva salva l'applicazione delle disposizioni speciali dettate dal legislatore per il caso di fallimento dell'appaltatore di opere pubbliche. Come anticipato, la mancanza di tale inciso costituisce una innovazione soltanto apparente.

Ad avviso di chi scrive, infatti, è sufficiente fare riferimento all'art. 172 per constatare che la disciplina dettata in via generale con riguardo agli effetti della liquidazione giudiziale sui rapporti pendenti (in generale) fa «*salve le norme speciali in materia di contratti pubblici*». Il legislatore, dunque, ha elevato a principio generale – applicabile a tutti i rapporti pendenti – quel che prima era disposto quale regola speciale nell'ultimo comma dell'art. 81 per i soli contratti di appalto, rimanendo così inalterato il peculiare regime dei contratti di appalto pubblico anche nel vigore del nuovo Codice.

In tale contesto, il nuovo Codice (art. 372) ha riformulato l'art. 110, d.lgs. 18 aprile 2016, n. 50, espungendo i riferimenti al «fallimento» e ad altre locuzioni quali «insolvenza concorsuale» e «liquidazione dell'appaltatore».

L'art. 110 del d.lgs. n. 50 del 2016 disciplina l'apertura della liquidazione giudiziale nei confronti dell'appaltatore disponendo al comma 1 che in caso di liquidazione giudiziale, liquidazione coatta e concordato preventivo (nonché in caso di risoluzione *ex* art. 108 ovvero di recesso dal contratto ai sensi dell'art. 88, comma 4-*ter*, d.lgs. n. 159 del 2011) «*le stazioni appaltanti interpellano progressivamente i soggetti che hanno partecipato all'originaria procedura di gara, risultanti dalla relativa graduatoria, al fine di stipulare un nuovo contratto per l'affidamento dell'esecuzione o del completamento dei lavori, servizi o forniture*». Il comma 3 dell'art. 110, tuttavia, prevede eccezionalmente che, nell'ipotesi in cui il curatore sia stato autorizzato all'esercizio provvisorio dell'impresa ai sensi del vigente art. 211, commi 2 e 3, nuovo Codice, il curatore può eseguire i contratti già stipulati dall'impresa fallita previa autorizzazione del giudice delegato, rimanendo tuttavia preclusa la possibilità di partecipare a nuove procedure di affidamento.

Con specifico riferimento al concordato preventivo, poi, l'art. 110 codice dei contratti pubblici – come modificato dal nuovo Codice – dispone al comma 4 un rinvio espresso all'art. 95 del nuovo Codice, il quale contempla le conseguenze della domanda di concordato preventivo sui contratti con le pubbliche amministrazioni, disponendo che i contratti in corso di esecuzione, stipulati con pubbliche amministrazioni, non si risolvono per effetto del deposito della domanda di concordato. La *ratio* sottesa a tale disposizione è quella di contemperare gli interessi delle pubbliche amministrazioni con la conservazione e la sopravvivenza dell'impresa, da un lato, sanzionando con l'inefficacia ogni patto contrario (comma 1) e, dall'altro lato, ponendo come condizione (comma 2) che il professionista indipendente abbia attestato la conformità della continuazione dei contratti al piano, ove predisposto, e la ragionevole capacità di adempimento dell'impresa[19].

Il rinvio all'art. 95 è mantenuto anche nell'art. 24 dello schema di decreto legislativo recante il nuovo codice dei contratti pubblici, la cui entrata in vigore è attualmente previ-

---

[19] In questo senso si è espressa BOLOGNINO, *L'esecuzione*, 818.

sta per il 1° aprile 2023 (v. art. 229 dello schema di decreto). Il d.lgs. n. 50 del 2016 sarà abrogato dal 1° luglio 2023 e le relative disposizioni troveranno applicazione, ai sensi dell'art. 226, comma 2, dello schema di codice dei contratti pubblici, ai soli procedimenti in corso.

L'art. 124 del nuovo codice dei contratti pubblici riproduce in maniera sostanzialmente identica, nell'impostazione generale, le disposizioni già contenute nell'art. 110 del d.lgs. n. 50 del 2016, apportando, tuttavia, talune importanti innovazioni.

Spicca, in particolare, la possibilità per le stazioni appaltanti – introdotta al comma 2 – di prevedere nei documenti di gara che il nuovo affidamento avvenga alle condizioni proposte dall'operatore economico interpellato secondo il meccanismo di scorrimento della graduatoria già previsto dal d.lgs. n. 50 del 2016[20]. Inoltre, ai sensi del comma 4 dell'art. 124 dello schema di decreto, il curatore autorizzato all'esercizio dell'impresa, se autorizzato dal giudice delegato, può sottoscrivere il contratto con l'impresa aggiudicataria qualora l'apertura della liquidazione giudiziale sia sopravvenuta alla aggiudicazione; si tratta di una novità rispetto al regime previsto dall'art. 110 del d.lgs. n. 50 del 2016, ai sensi del quale la liquidazione giudiziale determina automaticamente la decadenza dall'aggiudicazione dell'appalto[21].

[20] La Relazione illustrativa del Consiglio di Stato del 7 dicembre 2022 spiega che «Evidentemente nel caso in cui la stazione appaltante eserciti questa opzione, l'appaltatore inadempiente in caso di risoluzione sarà chiamato a rispondere automaticamente dei maggiori costi dell'appalto riaffidato a condizioni più onerose per la stazione appaltante rinegoziate con il subentrante».

[21] Novità che si spiega, secondo la Relazione illustrativa, poiché «merita tutela l'aspettativa della curatela alla stipula, in vista della tutela della consistenza del patrimonio dell'imprenditore in liquidazione giudiziale e delle ragioni dei creditori».

Articolo 187

Contratto di assicurazione

1. Al contratto di assicurazione contro i danni si applica l'articolo 172, salvo il diritto di recesso dell'assicuratore a norma dell'articolo 1898 del codice civile se la prosecuzione del contratto può determinare un aggravamento del rischio.

2. Se il curatore comunica di voler subentrare nel contratto, il credito dell'assicuratore è soddisfatto in prededuzione per i premi scaduti dopo l'apertura della liquidazione giudiziale.

Federico Bonardi

1. – La disposizione in commento disciplina le sorti del contratto di assicurazione in caso di apertura della procedura di liquidazione giudiziale. Tale negozio è definito in via generale all'art. 1882 c.c. come il contratto con cui l'assicuratore si obbliga a rivalere l'assicurato, entro limiti convenuti, del danno ad esso prodotto da un sinistro, ovvero, a pagare un capitale o una rendita vitalizia al verificarsi di un evento attinente alla vita umana; tale attività è remunerata attraverso il pagamento di un premio da parte dell'assicurato. Si tratta di un contratto consensuale, perfezionato nel momento in cui il proponente viene a conoscenza dell'accettazione del destinatario, non assoggettato a requisiti di forma e a prestazioni corrispettive [1].

L'obbligazione principale dell'assicurato è quella di pagare all'assicuratore il premio (ossia un corrispettivo), unico o periodico, alle scadenze stabilite. La controprestazione principale dell'assicuratore, invece, consiste nel pagare l'indennizzo per il danno eventualmente subìto dall'assicurato in caso di sinistro (dedotto nel contratto).

Dal punto di vista concorsuale, la legge fallimentare stabiliva in relazione a tali contratti, da un lato, che il fallimento dell'assicurato non sciogliesse il contratto di assicurazione contro i danni, salvo patto contrario e salva l'applicazione dell'art. 1898 c.c. se ne derivava

[1] Per un approfondimento si vedano Donati, Volpe Putzolu, *Manuale di diritto*.

un aggravamento del rischio e, dall'altro lato, che ove il contratto fosse continuato, il credito dell'assicuratore per i premi non pagati dovesse essere soddisfatto integralmente, anche nel caso in cui la scadenza del premio fosse stata anteriore alla dichiarazione di fallimento[2].

Sul punto, la Relazione illustrativa al Codice indica che la nuova disposizione, ossia l'art. 187, «*conferma l'applicabilità al contratto di assicurazione della disciplina generale sui rapporti giuridici pendenti*» ma facendo salvo il diritto di recesso dell'assicuratore nel caso in cui la prosecuzione del contratto stesso comporti un aggravamento del rischio ai sensi dell'art. 1898 c.c.; inoltre, sempre la Relazione illustrativa, prosegue specificando che in conformità con il principio di limitazione delle ipotesi di prededuzione, solo i crediti per premi maturati dopo l'apertura della liquidazione giudiziale rivestono tale qualifica.

Una lettura attenta del nuovo testo dell'art. 187, rapportata alla previgente disposizione contenuta nell'art. 82 l. fall., porta tuttavia ad una diversa conclusione rispetto a quella rappresentata dalla Relazione illustrativa: nella versione precedente, infatti, la disposizione prevedeva, da un lato, la prosecuzione *ex lege* del contratto, fatte salve le due distinte ipotesi del patto contrario e del recesso per aggravamento del rischio e, dall'altro lato, non operava una distinzione tra crediti scaduti prima o dopo l'apertura della procedura, riconoscendo dunque il diritto dell'assicuratore il diritto al pagamento integrale di tutti i crediti.

Contrariamente al senso di continuità che sembrerebbe desumersi dalla lettura della Relazione illustrativa, dunque, si deve dunque notare una duplice e rilevante modifica alla norma in commento: in primo luogo, nel regime statuito dal Codice, la sorte dei contratti di assicurazione è esplicitamente assoggettata alla disposizione generale di cui all'art. 172 e non più alla deroga sancita dall'art. 82 l. fall. che ne prescriveva la prosecuzione *ex lege*; in altri termini, il Codice ha determinato il passaggio dal – previgente – regime derogatorio a quello – attuale – della regola generale. In secondo luogo, il comma 2 sancisce la prededucibilità dei soli crediti vantati dall'assicuratore successivamente all'apertura della liquidazione, e non l'indistinto diritto dello stesso al pagamento integrale dei crediti anteriori e successivi.

A livello di norma positiva, dunque, si deve registrare un cambio di rotta da parte del legislatore che, con l'occasione della riforma, ha valutato di limitare il precedentemente ampio *favor* riconosciuto agli assicuratori[3].

2. – Se, come si è visto, la disciplina degli effetti della liquidazione giudiziale segna un significativo cambiamento rispetto al regime previgente ai sensi della l. fall., dal punto di vista dell'ambito oggettivo di applicazione, ossia dei contratti assoggettati alla disposizione in commento, la riforma del Codice sembra porsi in continuità con l'art. 82 l. fall.

In particolare, si deve considerare che non tutti i contratti assicurativi sono assoggettati alla disciplina in commento. Come noto, il d.lgs. 7 settembre 2005, n. 209 (codice delle

---

[2] Cfr. art. 82 l. fall.; in materia v. *inter alia* Di Martino, *Le vicende*, 203-221; Aprile, *Art. 82*.

[3] Al riguardo, in dottrina si segnala lo «spostamento del punto di equilibrio dei contrapposti interessi coinvolti, a favore di quello di cui è portatrice la massa dei creditori». (cfr. Nigro, Vettermoli, *Diritto della crisi*, 254.); v. anche Fauceglia, *Il nuovo diritto*, 189, secondo cui la nuova disposizione è «in linea con il contenimento delle ipotesi di prededuzione».

assicurazioni private o 'CAP') prevede, all'art. 2, una classificazione per ramo, distinguendo, al comma 1 i "rami vita" e, al comma 3, i "rami danni".

Poiché l'art. 187 menziona espressamente il contratto di assicurazione contro i danni, quest'ultima tipologia deve sicuramente essere considerata ricompresa nel perimetro di applicazione della norma. Alla stessa conclusione si giunge con riferimento all'assicurazione per la responsabilità civile sia in quanto elencata nel comma 3 della citata disposizione del CAP, sia in considerazione del fatto che in tale fattispecie l'obbligo assunto dalla compagnia assicurativa è quello di tenere indenne l'assicurato di quanto questi, in conseguenza del fatto accaduto durante il tempo dell'assicurazione, in dipendenza della responsabilità dedotta nel contratto (art. 1917 c.c.).

Non rientrano invece nell'ambito di applicazione della norma in commento le cc.dd. polizze fideiussorie o cauzionali in quanto per le stesse la giurisprudenza ritiene prevalente la funzione di garanzia rispetto a quella di assicurazione[4]. Allo stesso modo, la disciplina in parola non trova applicazione al contratto di assicurazione sulla vita: ciò in quanto l'art. 187, così come il previgente art. 82 l. fall., menziona espressamente soltanto il contratto di assicurazione contri i danni[5].

Con riferimento a quest'ultima tipologia di contratti (*i.e.* le assicurazioni sulla vita), vale la pena di ricordare una nota pronuncia delle Sezioni Unite del 2008: tale sentenza, emessa durante la vigenza dell'art. 82 l. fall., statuiva che con riferimento a tali contratti, in caso di dichiarazione di fallimento del beneficiario non seguisse lo scioglimento e che il curatore – al pari di quanto previsto per le somme dovute normalmente impignorabili ai sensi dell'art. 1923 c.c. – potesse agire contro il terzo assicuratore per ottenere il valore di riscatto della relativa polizza, stipulata dal soggetto fallito quando era "*in bonis*"; ciò in quanto tale cespite non rientrava tra i beni inclusi nel perimetro dell'art. 46, comma 1, n. 5), l. fall. «considerata la funzione previdenziale riconoscibile al predetto contratto, non riconosciuta alle sole somme corrisposte a titolo di indennizzo o risarcimento». Tale pronuncia e, in particolare, il riferimento alla natura previdenziale del contratto di assicurazione sulla vita, altro non fanno che ribadire la *ratio* dell'art. 82 l. fall. (ora art. 187)[6]. In tal senso depongono anche le richiamate disposizioni di cui all'art. 1923 c.c., secondo il quale le somme dovute dall'assicuratore al contraente o al beneficiario non possono essere sottoposte ad azione esecutiva o cautelare e, all'interno del Codice, l'art. 146, comma 1, lett. *d*) (art. 46 l. fall) ai sensi del quale non sono compresi nella liquidazione giudiziale le cose che non possono essere pignorate per disposizione di legge[7].

Altro aspetto della disciplina riguarda il caso dell'assicurazione per conto altrui o per conto di chi spetta disciplinato dall'art. 1891 c.c. In tale ipotesi, contraente e assicurato non coincidono: nel regime previgente, in caso di fallimento del contraente non assicurato il rapporto non era assoggettato all'art. 82 l. fall., bensì alla regola generale della sospensione ai sensi dell'art. 72 l. fall.; nonostante nella nuova configurazione dell'art. 187 trovi applicazione la regola generale, è comunque da ritenere quest'ultima disposizione non applicabile

---

[4] Trib. Milano, 7 aprile 1986, in *Banca, borsa e tit. cred.*, 1987, II, 652.

[5] V. anche MONTI, *Art. 82*; APRILE, Sub *art. 82*.

[6] Cass., SS.UU., 31 marzo 2008, n. 8271.

[7] In materia FINARDI, *Acquisibilità al fallimento*.

in quanto la polizza è stipulata a copertura di un soggetto diverso dal contraente, ossia l'assicurato. Nel caso invece del fallimento dell'assicurato non contraente, il contratto prosegue e quest'ultimo manterrà il diritto a percepire le prestazioni assicurative.

Il contratto di assicurazione piò inoltre essere stipulato a favore di terzi, secondo la disciplina generale dettata dagli artt. 1920 e 1410 c.c. In tale situazione, ove si verifichi l'insolvenza del contraente assicurato non troverà applicazione la disposizione di cui all'art. 187, mancando la reciprocità di diritti e obblighi che ne costituiscono il presupposto applicativo.

Vale infine la pena notare che l'art. 187 non disciplina le sorti dei contratti di assicurazione nel caso in cui la situazione di insolvenza riguarda l'assicuratore e non l'assicurato. Rispetto alla compagnia di assicurazione, infatti, trovano applicazione gli artt. 245 ss. CAP in materia di liquidazione coatta amministrativa.

3. – L'ultimo aspetto della disposizione in commento che si intende in questa sede richiamare riguarda, infine, la residuata situazione ostativa all'applicazione della regola generale sancita dall'art. 172. In particolare, si è detto che prima del nuovo testo, l'art. 82 l. fall. prevedeva la prosecuzione *ex lege* del contratto di assicurazione contro i danni in caso di fallimento dell'assicurato. Ciò salvo patto contrario, e salva l'applicazione dell'art. 1898 c.c. e nel caso in cui ne derivi un aggravamento del rischio per l'assicuratore. Si è altresì detto che, nella nuova formulazione, non si prevede più la prosecuzione di diritto del contratto bensì trova applicazione la regola generale *ex* art. 172, ossia la sospensione dell'esecuzione del contratto fino a quanto il curatore non decida di sciogliersi dal contratto o, viceversa, di subentrarvi. Oltre a tale cambio di prospettiva, di cui si è già dato conto nei paragrafi precedenti, si può notare che delle due cause ostative alla prosecuzione di diritto del contratto in caso di fallimento, ad oggi, ne rimane soltanto una, essendo stato eliminato il riferimento al "patto contrario" che, in precedenza, consentiva l'interruzione del rapporto in deroga alla previgente prosecuzione *ex lege* [8].

Rimane nella versione attuale della norma in commento la clausola di salvezza relativa alla possibilità per l'assicuratore di esercitare il diritto di recesso a norma dell'art. 1898 c.c., ove la prosecuzione del contratto possa determinare per lo stesso un aggravamento del rischio. Ricevuta la comunicazione dal curatore – che deve informare immediatamente tramite avviso la compagnia circa i mutamenti che abbiano aggravato il rischio – l'assicuratore può esercitare il diritto di recesso, dandone a sua volta comunicazione all'assicurato per iscritto entro un mese.

In caso di mancata comunicazione del recesso da parte dell'assicuratore si ha da parte di quest'ultimo l'accettazione della nuova situazione. Il recesso produce effetto dopo quindici giorni dalla notizia dell'aggravamento; se l'aggravamento del rischio è invece tale che l'assicuratore non avrebbe stipulato, ove inizialmente conosciuto, il recesso è immediato.

---

[8] In merito alla clausola sul patto contrario, si ricorda pur senza entrare nel merito della questione, che il tema è stato ampiamente dibattuto, in particolare con riferimento al perimetro e alla *ratio* di tale esenzione. Tali dibattiti, nella formulazione attuale dell'art. 187, devono intendersi superati.

Articolo 188
Contratto di edizione

1. Gli effetti dell'apertura della liquidazione giudiziale nei confronti dell'editore sul contratto di edizione sono regolati dalla legge speciale.

Valeria Falce e Carmine Sautariello

Sommario: 1. Premessa. – 2. Inquadramento normativo e caratteristiche essenziali del contratto di edizione. – 3. La liquidazione giudiziale dell'editore non è causa di risoluzione del rapporto di edizione. – 4. Il diritto dell'autore di rifiutare la prestazione. – 5. Le cause di scioglimento del contratto di edizione.

1. – L'art. 188 corrisponde all'art. 83 l. fall.: in entrambi i casi, il riferimento è in particolare all'art. 135 della legge sulla protezione del diritto d'autore (l. n. 633 del 1941) che, al comma 1, dispone che «*Il fallimento dell'editore non determina la risoluzione del contratto di edizione*» e, al comma 2, prevede che «*Il contratto di edizione è tuttavia risolto se il curatore, entro un anno dalla dichiarazione del fallimento, non continua l'esercizio dell'azienda editoriale o non la cede ad un altro editore nelle condizioni indicate nell'art. 132*».

In particolare, l'art. 132, l. n. 633 del 1941 sancisce che «*L'editore non può trasferire ad altri, senza il consenso dell'autore, i diritti acquistati, salvo pattuizione contraria oppure nel caso di cessione dell'azienda. Tuttavia, in questo ultimo caso i diritti dell'editore cedente non possono essere trasferiti se vi sia pregiudizio alla reputazione o alla diffusione dell'opera*».

2. – L'art. 118, l. n. 633 del 1941 definisce il contratto di edizione come il contratto con il quale l'autore concede ad un editore l'esercizio del diritto di pubblicare, per conto e a spese dell'editore stesso, l'opera dell'ingegno [1].

All'autore, in qualità di titolare esclusivo del diritto di pubblicare l'opera e di utilizzarla

[1] Le opere intellettuali e dell'ingegno, quali espressioni di diritti fondamentali quali la libera determinazione dell'individuo (artt. 2 e 4 Cost.), la libertà di espressione (art. 21 Cost.) e dell'arte e della scienza (art. 33 Cost.), trovano una puntuale tutela, oltre che nella legislazione speciale, anche nelle disposizioni contenute nel codice civile che, all'art. 2575 definisce quale oggetto del diritto di autore «*le opere dell'ingegno di carattere creativo che appartengono alle scienze, alla letteratura, alla musica, alle arti figurative, all'architettura, al teatro e alla cinematografia, qualunque ne sia il modo o la forma di espressione*».

economicamente, che decida di pubblicare tramite una casa editrice spetta, ai sensi dell'art. 130, l. n. 633 del 1941, un compenso «*costituito da una partecipazione, calcolata, salvo patto contrario, in base a una percentuale sul prezzo di copertina degli esemplari venduti. Tuttavia il compenso può essere rappresentato da una somma a stralcio per le edizioni di: dizionari, enciclopedie, antologie, ed altre opere di collaborazione; traduzioni, articoli di giornali o di riviste; discorsi o conferenze; opere scientifiche; lavori di cartografia; opere musicali o drammatico-musicali; opere delle arti figurative. Nei contratti a partecipazione l'editore è obbligato a rendere conto annualmente delle copie vendute.*».

Il contratto di edizione è un contratto a prestazioni corrispettive e, pertanto, è fonte di obbligazioni per entrambe le parti:

a) l'editore deve pubblicare e commercializzare l'opera nel termine stabilito nel contratto che comunque non può eccedere i due anni, riconoscendo all'autore i compensi pattuiti (artt. 126 e 127, l. n. 633 del 1941);

b) l'autore deve consegnare l'opera nelle forme stabilite in contratto, garantire all'editore il pacifico godimento dei diritti ceduti per tutta la durata del contratto, nonché il diritto-dovere di correggere le bozze di stampa (art. 125, l. n. 633 del 1941).

La giurisprudenza di merito ha altresì chiarito – sentenza n. 2063 emessa il 9 marzo 2020 del Tribunale di Milano – che l'autore, quale titolare del diritto di pubblicazione a mezzo stampa, che conceda all'editore il diritto di pubblicare l'opera verso la corresponsione di un compenso e per un tempo determinato, obbliga quest'ultimo alla pubblicazione ed alla diffusione dell'opera.

Ciò vale anche nel caso in cui l'opera debba ancora realizzarsi (art. 120, l. n. 633 del 1941).

L'elemento che caratterizza la causa del contratto di edizione è quindi la finalità di pubblicare a stampa l'opera a carico e a rischio dell'editore. Detta finalità costituisce il reale interesse che l'editore intende perseguire.

Dunque – continuano i Giudici – occorre verificare nel singolo caso concreto, se il contratto preveda o meno il conferimento all'editore del potere di pubblicare l'opera.

In caso di esito positivo si può certamente affermare che si tratti di un contratto edizione disciplinato dall'art. 118, l. n. 633 del 1941.

La configurazione del contratto di edizione – specifica il Collegio – non viene impedita nel caso in cui l'accordo tra le parti comprenda anche un contratto di opera intellettuale futura da creare; detta ipotesi non esclude invero l'applicabilità dell'art. 118 e dell'art. 122, l. n. 633 del 1941.

Sempre, in tema di contratto di edizione, la granitica giurisprudenza di merito ha poi ritenuto applicabile analogicamente l'art. 1474 c.c. nel caso di mancata determinazione pattizia, o per iscritto, del compenso, con conseguente necessità per l'editore di riconoscere all'autore la percentuale del prezzo di copertina che il primo normalmente corrisponde per opere analoghe (*ex multis* Trib. Milano, 13 maggio 1996). Detta percentuale, in ogni caso, viene calcolata sul numero di copie vendute annualmente, cosicché incombe sull'editore l'ulteriore obbligo di rendicontare annualmente quanto venduto.

È chiaro che la mancata corresponsione del compenso da parte dell'editore configura l'adozione di una condotta *contra legem*, ed in particolare una violazione del dovere di esecuzione del contratto secondo buona fede, ai sensi e per gli effetti dell'art. 1375 c.c.

Infine, preme osservare che l'autore, pur potendo stipulare un nuovo contratto di edizione relativo ad un'opera già pubblicata, dovrà in ogni caso notiziare il nuovo editore dell'avvenuta pubblicazione della stessa ad opera di un precedente editore, onde evitare la possibilità che questi ottenga la risoluzione del contratto per inadempimento dell'obbligazione di garanzia *ex* art. 125, l. n. 633 del 1941, con conseguente condanna dell'autore al risarcimento dei danni[2].

3. – All'esito dell'inquadramento normativo e della descrizione delle caratteristiche essenziali del contratto di edizione, il primo interrogativo da porsi è cosa accade nel caso in cui, in seguito alla stipula di un contratto di edizione, intervenga una sentenza di apertura della liquidazione giudiziale che interessi la casa editrice.

Ebbene, se al momento dell'apertura della liquidazione giudiziale dell'editore l'opera non è ancora stata pubblicata, il contratto di edizione rimane in uno stato di «congelamento», cosicché l'autore non può far altro che attendere le determinazioni del curatore, il quale: può dare esecuzione al contratto, stampando e riproducendo l'opera consegnatagli dall'autore, pagandogli il compenso pattuito; può chiedere all'autore, anche agendo in giudizio laddove necessario, l'adempimento della prestazione di consegna allorquando il contratto di edizione sia stato formalizzato, salvo che l'autore non decida di ritirare l'opera dal commercio, ai sensi dell'art. 142, l. n. 633 del 1941, nel qual caso questi sarà comunque tenuto al pagamento di un indennizzo, posto a soddisfacimento della massa dei creditori, in favore del curatore quale portatore del diritto di riprodurre e pubblicare l'opera.

Al contrario, se l'opera è stata pubblicata prima dell'apertura della liquidazione giudiziale dell'editore, il curatore ha:

a) il potere di subentrare nel rapporto contrattuale ad esecuzione periodica pendente, pagando integralmente ed in prededuzione i crediti maturati dall'autore dopo l'apertura della liquidazione giudiziale; per i crediti maturati prima dell'apertura della liquidazione giudiziale, invece, l'autore può chiedere l'ammissione al passivo e verrà soddisfatto insieme ai concorrenti di pari rango;

b) il potere di sciogliersi dal contratto senza essere tenuto al risarcimento del danno e/o alla corresponsione di indennizzi di qualsivoglia tipo o natura all'autore, fermo restando, ovviamente, il diritto di quest'ultimo di chiedere l'ammissione al passivo del credito maturato anteriormente alla procedura di liquidazione giudiziale.

Oltre alle ipotesi sopra descritte, è riconosciuta al curatore la facoltà di affittare o alienare l'azienda ad un altro editore, cedendo anche i contratti di edizione già in essere, senza che sia necessario a tal fine il consenso dell'autore ceduto, purché il contratto di edizione sia stato formalizzato.

È altresì possibile che il curatore scelga di sciogliere il contratto o di non cedere l'azienda ad altro editore. In tali casi interverrà la risoluzione del contratto di edizione e, solo allora, l'autore rientrerà in possesso dell'opera e dei diritti inerenti al suo sfruttamento.

4. – Al pari di quanto avveniva con l'apertura della procedura fallimentare, anche in seguito all'emanazione della sentenza di apertura della liquidazione giudiziale, il contratto di edizione non può quindi ritenersi risolto di diritto, cosicché l'autore non è libero di

---

[2] *Ex multis* Trib. Milano, 11 maggio 1998.

cercare un nuovo editore né ha facoltà di provvedere in proprio alla pubblicazione della opera medesima.

Come chiarito nel precedente paragrafo, l'autore deve limitarsi ad attendere le determinazioni del curatore non potendo ignorare il contratto ancora in essere, proprio al fine di non risultare inadempiente e, per l'effetto, di essere condannato ad eventuali risarcimenti danni.

Posto, infatti, che il contratto di edizione trova la sua tipicità e le sue principali regolamentazioni all'interno della normativa speciale, fermo restando ovviamente l'applicabilità delle normative previste dal codice civile per i contratti in generale, per meglio analizzare le caratteristiche e la vincolatività del contratto di edizione, oltre che i profili giuridici attinenti al diritto d'autore, giova richiamare: – l'art. 135, l. n. 633 del 1941, il quale sancisce che il contratto di edizione non può considerarsi risolto di diritto per effetto della dichiarazione di insolvenza dell'editore e che la risoluzione interviene dopo un anno dalla dichiarazione di fallimento se il curatore non è stato autorizzato a continuare l'impresa con l'esercizio provvisorio ovvero non ha ceduto l'azienda editoriale; – l'art. 132, l. n. 633 del 1941, secondo cui i diritti dell'editore cedente non possono essere trasferiti se vi sia pregiudizio alla reputazione o alla diffusione dell'opera, come chiarito a più riprese dalla giurisprudenza che – chiamata a decidere sull'azione promossa dagli autori di una società fallita che hanno presentato opposizione alla cessione dell'azienda, sul presupposto del pregiudizio alla reputazione – ha ritenuto di non considerare di per sé motivo di pregiudizio alla reputazione la cessione dei contratti da un editore importante a un editore minore.

5. – In definitiva, alla luce di tutto quanto rappresentato in epigrafe, deve concludersi che:

a) il contratto di edizione non può considerarsi risolto di diritto per effetto della dichiarazione di insolvenza dell'editore, ai sensi dell'art. 135, l. n. 633 del 1941;

b) la risoluzione interviene dopo un anno dalla dichiarazione di fallimento, se il curatore non è stato autorizzato a continuare l'impresa con l'esercizio provvisorio ovvero non ha ceduto l'azienda editoriale;

c) nel caso in cui il curatore decida di sciogliere il contratto, ovvero di non cedere l'azienda ad altro editore, si avrà la risoluzione del contratto di edizione con conseguente riacquisizione da parte dell'autore del possesso dell'opera e dei diritti inerenti al suo sfruttamento.

La legge inoltre stabilisce altre cause di scioglimento del contratto di edizione, al di fuori della procedura di liquidazione ovvero di quella fallimentare. Tra queste figurano: il decorso del termine contrattuale di venti anni; la morte dell'autore prima che l'opera sia compiuta, salva l'applicazione dell'art. 121, l. n. 633 del 1941; il ritiro dell'opera dal commercio; l'impossibilità sopravvenuta di pubblicare, riprodurre o mettere in commercio l'opera (art. 134, l. n. 633 del 1941).

Infine, la legge sul diritto d'autore dispone, all'art. 142, che «*L'autore, qualora concorrano gravi ragioni morali, ha diritto di ritirare l'opera dal commercio, salvo l'obbligo di indennizzare coloro che hanno acquistati i diritti di riprodurre, diffondere, eseguire, rappresentare o spacciare l'opera medesima*». In altri termini, indipendentemente dai diritti esclusivi di utilizzazione economica della opera, l'autore conserva il diritto di rivendicare la paternità dell'opera e di opporsi a qualsiasi deformazione, mutilazione od altra modificazione, ed a ogni atto a danno dell'opera stessa, che possano essere di pregiudizio al suo onore o alla sua reputazione, anche in seguito alla cessione dei diritti stessi (art. 20, l. n. 633 del 1941)[3].

[3] Trib. Torino, 20 marzo 2013, n. 1926.

Articolo 189
Rapporti di lavoro subordinato

1. L'apertura della liquidazione giudiziale nei confronti del datore di lavoro non costituisce motivo di licenziamento. I rapporti di lavoro subordinato in atto alla data della sentenza dichiarativa restano sospesi fino a quando il curatore, con l'autorizzazione del giudice delegato, sentito il comitato dei creditori, comunica ai lavoratori di subentrarvi, assumendo i relativi obblighi, ovvero il recesso.

2. Il recesso del curatore dai rapporti di lavoro subordinato sospesi ai sensi del comma 1 ha effetto dalla data di apertura della liquidazione giudiziale. Il subentro del curatore nei rapporti di lavoro subordinato sospesi decorre dalla comunicazione dal medesimo effettuata ai lavoratori. Il curatore trasmette all'Ispettorato territoriale del lavoro del luogo ove è stata aperta la liquidazione giudiziale, entro trenta giorni dalla nomina, l'elenco dei dipendenti dell'impresa in forza al momento dell'apertura della liquidazione giudiziale stessa. Su istanza del curatore il termine può essere prorogato dal giudice delegato di ulteriori trenta giorni, quando l'impresa occupa più di cinquanta dipendenti.

3. Qualora non sia possibile la continuazione o il trasferimento dell'azienda o di un suo ramo o comunque sussistano manifeste ragioni economiche inerenti l'assetto dell'organizzazione del lavoro, il curatore procede senza indugio al recesso dai relativi rapporti di lavoro subordinato. Il curatore comunica la risoluzione per iscritto. In ogni caso, salvo quanto disposto dal comma 4, decorso il termine di quattro mesi dalla data di apertura della liquidazione giudiziale senza che il curatore abbia comunicato il subentro, i rapporti di lavoro subordinato che non siano già cessati si intendono risolti di diritto con decorrenza dalla data di apertura della liquidazione giudiziale, salvo quanto previsto dai commi 4 e 6.

4. Il curatore o il direttore dell'Ispettorato territoriale del lavoro del luogo ove è stata aperta la liquidazione giudiziale, qualora ritengano sussistenti possibilità di ripresa o trasferimento a terzi dell'azienda o di un suo ramo, possono chiedere al giudice delegato, con istanza da depositarsi presso la cancelleria del tribunale, a pena di inammissibilità, almeno quindici giorni prima della scadenza del termine di cui al comma 3, una proroga del medesimo termine. Analoga istanza può in ogni caso essere presentata, personalmente o a mezzo di difensore munito di procura dallo stesso autenticata, anche dai singoli lavoratori, ma in tal caso la proroga ha effetto solo nei confronti dei lavoratori istanti; l'istanza del lavoratore deve contenere, sempre a pena di inammissibilità, elezione di domicilio o indicazione di indirizzo PEC ove ricevere le comunicazioni. Il giudice delegato, qualora il curatore entro il termine di cui al comma 3 non abbia proceduto al subentro o al recesso, entro trenta giorni dal deposito dell'istanza ovvero, in caso di più istanze, dal deposito dell'ultima di queste, può assegnare al curatore un termine non superiore a otto mesi per assumere le determinazioni di cui al comma 1. Il giudice delegato tiene conto, nello stabilire la misura del termine, delle prospettive di ripresa delle attività

o di trasferimento dell'azienda. Il termine così concesso decorre dalla data di deposito in cancelleria del provvedimento del giudice delegato, che è immediatamente comunicato al curatore e agli eventuali altri istanti. Qualora nel termine così prorogato il curatore non procede al subentro o al recesso, i rapporti di lavoro subordinato che non siano già cessati, si intendono risolti di diritto, salvo quanto previsto al comma 6, con decorrenza dalla data di apertura della liquidazione giudiziale. In tale ipotesi, a favore di ciascun lavoratore nei cui confronti è stata disposta la proroga, è riconosciuta un'indennità non assoggettata a contribuzione previdenziale di importo pari a due mensilità dell'ultima retribuzione di riferimento per il calcolo del trattamento di fine rapporto per ogni anno di servizio, in misura comunque non inferiore a due e non superiore a otto mensilità, che è ammessa al passivo come credito successivo all'apertura della liquidazione giudiziale.

5. Salvi i casi di ammissione ai trattamenti di cui al titolo I del decreto legislativo 14 settembre 2015 n. 148, ovvero di accesso alle prestazioni di cui al titolo II del medesimo decreto legislativo o ad altre prestazioni di sostegno al reddito, le eventuali dimissioni del lavoratore nel periodo di sospensione tra la data della sentenza dichiarativa fino alla data della comunicazione di cui al comma 1, si intendono rassegnate per giusta causa ai sensi dell'articolo 2119 del codice civile con effetto dalla data di apertura della liquidazione giudiziale.

6. Nel caso in cui il curatore intenda procedere a licenziamento collettivo secondo le previsioni di cui agli articoli 4, comma 1 e 24, comma 1, della legge 23 luglio 1991 n. 223, trovano applicazione, in deroga a quanto previsto dall'articolo 4, commi da 2 a 8, della stessa legge, le seguenti disposizioni:

a) il curatore che intende avviare la procedura di licenziamento collettivo è tenuto a darne comunicazione preventiva per iscritto alle rappresentanze sindacali aziendali costituite a norma dell'articolo 19 della legge 20 maggio 1970, n. 300, ovvero alle rappresentanze sindacali unitarie nonché alle rispettive associazioni di categoria. In mancanza delle predette rappresentanze la comunicazione deve essere effettuata alle associazioni di categoria aderenti alle confederazioni maggiormente rappresentative sul piano nazionale; la comunicazione alle associazioni di categoria può essere effettuata per il tramite dell'associazione dei datori di lavoro alla quale l'impresa aderisce o conferisce mandato. La comunicazione è trasmessa altresì all'Ispettorato territoriale del lavoro del luogo ove i lavoratori interessati prestano in prevalenza la propria attività e, comunque, all'Ispettorato territoriale del lavoro del luogo ove è stata aperta la liquidazione giudiziale;

b) la comunicazione di cui alla lettera a) deve contenere sintetica indicazione: dei motivi che determinano la situazione di eccedenza; dei motivi tecnici, organizzativi o produttivi, per i quali si ritiene di non poter adottare misure idonee a porre rimedio alla predetta situazione ed evitare, in tutto o in parte, il licenziamento collettivo; del numero, della collocazione aziendale e dei profili professionali del personale eccedente nonché del personale abitualmente impiegato; dei tempi di attuazione del programma di riduzione del personale; delle eventuali misure programmate per fronteggiare le conseguenze sul piano sociale della attuazione del programma medesimo e del metodo di calcolo di tutte le attribuzioni patrimoniali diverse da quelle già previste dalla legislazione vigente e dalla contrattazione collettiva;

c) entro sette giorni dalla data del ricevimento della comunicazione di cui alla lettera a), le rappresentanze sindacali aziendali ovvero le rappresentanze sindacali unitarie e le rispettive associazioni formulano per iscritto al curatore istanza per esame congiunto;

l'esame congiunto può essere convocato anche dall'Ispettorato territoriale del lavoro, nel solo caso in cui l'avvio della procedura di licenziamento collettivo non sia stato determinato dalla cessazione dell'attività dell'azienda o di un suo ramo. Qualora nel predetto termine di sette giorni non sia pervenuta alcuna istanza di esame congiunto o lo stesso, nei casi in cui è previsto, non sia stato fissato dall'Ispettorato territoriale del lavoro in data compresa entro i quaranta giorni dal ricevimento della comunicazione di cui alla lettera a), la procedura si intende esaurita.

d) l'esame congiunto, cui può partecipare il direttore dell'Ispettorato territoriale del lavoro o funzionario da questi delegato, ha lo scopo di esaminare le cause che hanno contribuito a determinare l'eccedenza del personale e le possibilità di utilizzazione diversa di tale personale, o di una sua parte, nell'ambito della stessa impresa, anche mediante contratti di solidarietà e forme flessibili di gestione del tempo di lavoro. Qualora non sia possibile evitare la riduzione di personale, è esaminata la possibilità di ricorrere a misure sociali di accompagnamento intese, in particolare, a facilitare la riqualificazione e la riconversione dei lavoratori licenziati. I rappresentanti sindacali dei lavoratori possono farsi assistere, ove lo ritengano opportuno, da esperti;

e) la procedura disciplinata dal presente comma si applica, ricorrendo le condizioni di cui all'articolo 24, comma 1, legge 23 luglio 1991, n. 223, anche quando si intenda procedere al licenziamento di uno o più dirigenti, in tal caso svolgendosi l'esame congiunto in apposito incontro;

f) la consultazione si intende esaurita qualora, decorsi dieci giorni dal suo inizio, non sia stato raggiunto un accordo sindacale, salvo che il giudice delegato, per giusti motivi ne autorizzi la proroga, prima della sua scadenza, per un termine non superiore a dieci giorni;

g) raggiunto l'accordo sindacale o comunque esaurita la procedura di cui alle lettere precedenti, il curatore provvede ad ogni atto conseguente ai sensi dell'articolo 4, comma 9, della legge 23 luglio 1991, n. 223.

7. In ogni caso, le disposizioni di cui al comma 6 non si applicano nelle procedure di amministrazione straordinaria delle grandi imprese.

8. In caso di recesso del curatore, di licenziamento, dimissioni o risoluzione di diritto secondo le previsioni del presente articolo, spetta al lavoratore con rapporto a tempo indeterminato l'indennità di mancato preavviso che, ai fini dell'ammissione al passivo, è considerata, unitamente al trattamento di fine rapporto, come credito anteriore all'apertura della liquidazione giudiziale. Parimenti, nei casi di cessazione dei rapporti secondo le previsioni del presente articolo, il contributo previsto dall'articolo 2, comma 31, della legge 28 giugno 2012, n. 92, che è dovuto anche in caso di risoluzione di diritto, è ammesso al passivo come credito anteriore all'apertura della liquidazione giudiziale.

9. Durante l'esercizio dell'impresa del debitore in liquidazione giudiziale da parte del curatore i rapporti di lavoro subordinato in essere proseguono, salvo che il curatore non intenda sospenderli o procedere al licenziamento ai sensi della disciplina lavoristica vigente. In caso di sospensione si applicano i commi da 2 a 6 e 8 in quanto compatibili.

Antonio Leonardo Fraioli

Sommario: 1. Il quadro generale. – 2. Le modifiche relative ai rapporti di lavoro. – 3. La normativa speciale di cui all'art. 189.

1. – Il nuovo Codice[1], differentemente dalla legge fallimentare, che disciplinava il fallimento in un'ottica prevalentemente sanzionatoria se non punitiva, volta all'espulsione dell'imprenditore fallito dal mercato con la liquidazione della sua azienda, cerca di individuare con anticipo le eventuali difficoltà dell'impresa, al fine di scongiurare lo stato di crisi con interventi volti alla conservazione dell'attività produttiva. Ed infatti la cessazione dell'attività, nell'ottica del legislatore, rappresenta l'*extrema ratio* alla quale arrivare solo in assenza di altri possibili rimedi.

In tale prospettiva, come si vedrà, il termine fallimento viene sostituito con quello di «liquidazione giudiziale» e viene coniata una nuova nozione di "stato di crisi" inteso come quello «*stato di difficoltà economico-finanziaria che rende possibile l'insolvenza del debitore, e che per le imprese si manifesta come inadeguatezza dei flussi di cassa prospettici a far fronte regolarmente alle obbligazioni pianificate*» (art. 2, lett. *a*); tale nozione si distingue dallo stato di insolvenza che «*si manifesta con inadempimenti od altri fatti esteriori, i quali dimostrino che il debitore non è più in grado di soddisfare regolarmente le proprie obbligazioni*» (art. 2).

Con il Codice il legislatore, finalmente, prova anche ad introdurre una disciplina sistematica *ad hoc* per i rapporti di lavoro coinvolti nelle imprese in difficoltà[2]. In realtà, in passato, diversi erano stati i tentativi di regolamentazione, dapprima, nel 2001, con lo schema di d.d.l. predisposto dalla Commissione Trevisanato, poi, nel 2004, con lo schema di d.d.l. di un gruppo ristretto della stessa predetta Commissione[3].

---

[1] Per un primo commento alla versione originaria della riforma si veda AGLIATA, *Il tormentato rapporto*, 1129 ss.; COSTANTINI, *Codice della crisi*, 761 ss.

[2] Ed infatti nella disciplina originaria della legge fallimentare non vi erano riferimenti alla tutela dei lavoratori e ciò nell'ottica ispiratrice del diritto fallimentare della salvaguardia degli interessi della massa creditoria e della *par condicio* tra i creditori.

[3] Nel 2001 è stata istituita con D.I. 28 novembre 2001 una «Commissione per l'elaborazione di principi e criteri direttivi di uno schema di disegno di legge delega al Governo, relativo all'emanazione della nuova legge fallimentare ed alla revisione delle norme concernenti gli istituti connessi», nota ai più come Commissione Trevisanato. Nel 2002 è stato presentato in Parlamento il disegno di legge S1243 recante «Modifiche urgenti al regio decreto 16 marzo 1942, n. 267 recante disciplina del fallimento»: si tratta della c.d. "miniriforma", il cui testo è stato poi completamente rivisitato dal Comitato Ristretto della Commissione Giustizia del Senato nel mese di maggio del 2004. Nel 2004, appunto, un gruppo ristretto della Commissione Trevisanato ha prodotto uno «Schema di d.d.l. di riforma delle procedure concorsuali redatto dalla Commissione istituita con D.M. 27 febbraio 2004 dal Ministro della Giustizia di concerto con il Ministro dell'Economia e delle Finanze, presentato agli uffici legislativi dei Ministeri deleganti». Sempre nel 2004 è stato reso noto un nuovo progetto di legge dei Democratici di Sinistra recante «Delega al Governo per la riforma delle procedure della crisi di impresa. Nel mese di dicembre 2004 il Consiglio dei Ministri ha deciso di presentare un "maxi-emendamento" al disegno di legge S1243 (poi approvato nella seduta del Consiglio dei Ministri del 22 dicembre 2004), contenente alcuni dei punti della futura riforma delle procedure concorsuali. all'inizio del 2005 alcune norme contenute nel ma-

In sostanza, con tali tentativi si era cercato di escludere l'applicazione dell'art. 72 l. fall. (il cui principio generale era quello della sospensione dei contratti) ai rapporti di lavoro, prevedendo la loro prosecuzione automatica; in assenza di una legge (non essendo tali proposte sfociate in un provvedimento normativo), nel corso degli anni, in dottrina ed in giurisprudenza si sono contrapposti diversi orientamenti che possono essere ricondotti a due distinti filoni. Quello che riteneva applicabile la regola generale dell'art. 72 l. fall. anche ai rapporti di lavoro [4] e quello che invece escludeva detta applicazione, facendo leva sul disposto dell'art. 2119 c.c. che, come noto, prevedeva che il fallimento non costituisse giusta causa di recesso [5].

Il primo orientamento, maggioritario, riteneva che la norma di cui all'art. 72 l. fall., prima dedicata solo ai contratti di vendita, con la riforma del 2006 (d.lgs. n. 5 del 2006) era divenuta norma "generale" che trovava applicazione a tutti i rapporti in essere, quindi anche ai rapporti di lavoro, fatte salve esplicite esclusioni normative. Come accennato l'art. 72 citato prevedeva, in particolare, che i rapporti in essere alla data della sentenza dichiarativa di fallimento rimanessero sospesi sino a quando il curatore decideva se subentrare in tali rapporti [6], ovvero recedere dopo l'autorizzazione del comitato dei creditori, fatta salva la possibilità per il contraente di costituire in mora il curatore, facendogli assegnare dal giudice delegato un termine non superiore a sessanta giorni, decorso il quale il contratto si sarebbe comunque risolto.

Durante tale periodo di sospensione (c.d. *spatium deliberandi* del curatore) i lavoratori non potevano prestare il proprio lavoro (salvi i casi di lavoro prestato nell'esercizio provvisorio dell'impresa) [7] e non potevano quindi percepire la retribuzione [8]. Qualora poi il cura-

xiemendamento governativo sono confluite in uno schema di d.l. poi divenuto il d.l. 14 marzo 2005, n. 35, recante «Disposizioni urgenti nell'ambito del Piano di azione per lo sviluppo economico, sociale e territoriale», oggi attualmente in parlamento per la conversione in legge. Infine, sempre nel 2005, accanto alla presentazione del disegno di legge di conversione del d.l. sulla competitività è stato presentato un ulteriore disegno di legge (C.5736) che contiene altre norme sul diritto fallimentare, non inserite nella decretazione d'urgenza.

[4] In tal senso, in dottrina, si veda MENGHINI, *I contratti*, 521 ss.; DE MARINIS, *Fallimento dell'impresa*, 329 ss. In dottrina si veda MAGNANI, *Crisi d'impresa*, 1377 ss.; TULLINI, *Retrocessione al fallimento*, 418 ss.; ID., *Tutela del lavoro*, 217 ss.; GAROFALO, MARAZZA, *Insolvenza del datore*, 12 ss.; PESSI, *Profili giuslavoristici*, 33 ss.; CAIAFA, *I rapporti*, 351; DE ANGELIS, *Fallimento e rapporto*, 86. In giurisprudenza, *ex multis*, si può veda Cass., 30 maggio 2018, n. 13693; Cass., 23 marzo 2018, n. 7308; Cass., 11 gennaio 2018, n. 522; Cass., 14 maggio 2012, n. 7473.

[5] BIPOLIN, *Gli effetti*, 13 ss.; COMPORTI, *Gli effetti*; LASSANDARI, *I licenziamenti*, 54 ss. e, già in precedenza, ALLEVA, *Fallimento e tutela*, 214; ID., *La sorte*, 674 ss.; si veda, altresì, VALLAURI, *Il lavoro*, 68 ss.

[6] Come ricorda anche la giurisprudenza, la sospensione dei rapporti è lo strumento più idoneo, per il curatore, per la gestione di tutta una serie di rapporti giuridici che necessitano di tempo per una loro disamina e per consentire di maturare la decisione migliore in rapporto agli scopi ed obiettivi della procedura, anche ai fini di una strategia liquidatoria (Cass. n. 13693 del 2018). Quindi in relazione ai rapporti di lavoro la dichiarazione di fallimento operava come una vera e propria causa legale di sospensione del rapporto. Secondo Cass. n. 7308 del 2018 «difettando l'esecuzione della prestazione lavorativa, il rapporto di lavoro è solo «formalmente in essere» e «viene meno l'obbligo di corrispondere al lavoratore la retribuzione e i contributi».

[7] Solo qualora sia disposto l'esercizio provvisorio di impresa, la regola valida per tutti i rapporti pendenti è nel senso che la prosecuzione è automatica, salva la facoltà del curatore di sciogliergli o sospenderli (art. 104, comma 7, l. fall.), In tal senso, in giurisprudenza si veda Cass. n. 7308 del 2018.

[8] Essendo un rapporto c.d. sinallagmatico, durante la sospensione il rapporto di lavoro resta in uno stato

tore decideva di recedere dai rapporti di lavoro, doveva rispettare l'art. 2119 c.c. che prevedeva che il fallimento non costituisse una giusta causa di recesso e dunque doveva recedere dal rapporto per giustificato motivo oggettivo e cioè per «*ragioni inerenti all'attività produttiva, all'organizzazione del lavoro e al regolare funzionamento di essa*» (art. 3, l. n. 604 del 1966), dimostrando, come per le imprese *in bonis*, un giustificato motivo, non integrando di per sé il fallimento una impossibilità a mantenere in piedi i rapporti di lavoro [9]. In tale situazione, quindi, ai lavoratori licenziati sarebbe spettato il periodo di preavviso ovvero l'indennità sostitutiva dello stesso.

L'altro orientamento minoritario, come detto, prevedeva la prosecuzione automatica dei rapporti di lavoro, sul presupposto che il fallimento non costituisse giusta causa di recesso (art. 2119, comma 2, c.c.), fatta salva comunque la possibilità per il curatore di recedere secondo la disciplina giuslavoristica, quindi per giustificato motivo oggettivo.

2. – Con il Codice, sulla scorta di quanto previsto dalla legge delega [10], il legislatore, prevedendo misure per il risanamento dell'impresa in crisi, ha coordinato e contemperato il primario interesse dei creditori con quello dei lavoratori [11]. Ed invero, il rilievo attribuito alla posizione dei lavoratori, e dunque al tema del lavoro, deriva oramai direttamente dalla matrice c.d. *sociale* delle fonti eurounitarie [12], ribadita costantemente nelle pronunce della

di quiescenza ed il lavoratore non matura alcun diritto e in capo alla curatela non sorge alcun obbligo né retributivo né contributivo, si veda Cass. n. 7473 del 2012; Cass. n. 13693 del 2018.

[9] In tal senso, *ex multis,* si veda Cass. n. 26671 del 2018. Si deve osservare come in concreto la strada percorsa nella maggior parte dei casi era quella del licenziamento collettivo a fronte del numero dei licenziamenti da intimare (almeno 5 licenziamenti nell'arco di 120 giorni).

[10] L'art. 7, comma 7, l. n. 155 del 2017 «Delega al Governo per la riforma delle discipline della crisi di impresa e dell'insolvenza», prevede che: «*La disciplina degli effetti della procedura sui rapporti di lavoro subordinato è coordinata con la legislazione vigente in materia di diritto del lavoro, per quanto concerne il licenziamento, le forme assicurative e di integrazione salariale, il trattamento di fine rapporto e le modalità di insinuazione al passivo*». All'art. 2, comma 1, lett. *p*), è inoltre previsto il principio generale di «*armonizzare le procedure di gestione della crisi e dell'insolvenza del datore di lavoro con le forme di tutela dell'occupazione e del reddito dei lavoratori che trovano fondamento nella Carta sociale europea, fatta a Strasburgo il 3 maggio 1996, ratificata ai sensi della legge 9 febbraio 1999, n. 30, e nella direttiva 2008/94/CE del Parlamento europeo e del Consiglio, del 22 ottobre 2008, nonché nella direttiva 2001/23/CE del Consiglio, del 12 marzo 2001, come interpretata dalla Corte di giustizia dell'Unione europea*». Per un primo interessante commento sulla legge delega si veda LO CASCIO, *Legge fallimentare attuale*, 525 ss.; ROSSI, *La legge delega*, 1375 ss.

[11] Come ricorda autorevole dottrina PROIA, *La disciplina*, 92 ss., le parole d'ordine della l.-delega n. 155 del 2017, riprese dai lavori della Commissione Rordorf, sono armonizzazione e coordinamento. Si veda anche ALBI, *Il diritto.*

[12] In particolare si veda la Carta Sociale Europea, la direttiva 2001/23/CE del Consiglio del 12 marzo 2001 concernente il ravvicinamento delle legislazioni degli Stati membri relative al mantenimento dei diritti dei lavoratori in caso di trasferimenti di imprese, la direttiva 2008/94/CE del Parlamento Europeo e del Consiglio del 22 ottobre 2008 relativa alla tutela dei lavoratori subordinati in caso d'insolvenza del datore di lavoro, il regolamento (UE) n. 2015/848 del Parlamento europeo e del Consiglio, del 20 maggio 2015 Parlamento Europeo, reg. (CE) 20 maggio 2015, n. 2015/848, relativo alle procedure di insolvenza; da ultimo si veda la direttiva (UE) 2019/1023 del Parlamento Europeo e del Consiglio del 20 giugno 2019 riguardante i quadri di ristrutturazione preventiva, l'esdebitazione e le interdizioni, e le misure volte ad aumentare l'efficacia delle procedure di ristrutturazione, insolvenza ed esdebitazione, e che modifica la direttiva (UE) 2017/1132 (direttiva sulla ristrutturazione e sull'insolvenza).

Corte di Giustizia [13], soprattutto nell'ambito della crisi di impresa, dove per definizione deve essere riservata un'attenzione particolare ai i rapporti di lavoro perché questi, differentemente dagli altri rapporti giuridici, costituiscono essi stessi il nucleo identificativo fondamentale dell'azienda e quindi dell'impresa stessa [14].

In tale prospettiva, si deve rilevare, come il Codice abbia modificato anche l'art. 2086 c.c., la cui rubrica viene corretta dalla «Direzione e gerarchia dell'impresa» alla «Gestione dell'impresa» ed il comma 2 fa espresso riferimento alle nozioni di crisi e alla sua rilevazione e superamento e al concetto di continuità aziendale.

È in tale quadro che il legislatore ha operato, prevedendo gli artt. 189 (Rapporti di lavoro subordinato), 190 (Trattamento NaSpI) e 376 (Crisi dell'impresa e rapporti di lavoro), oltre ad intervenire anche in materia di concordato in continuità con l'art. 84, commi 2 e 3 (Finalità del concordato preventivo e tipologie di piano).

3. – La norma fondamentale del Codice, relativa alla disciplina speciale dei rapporti di lavoro è contenuta nell'art. 189, che al primo periodo del comma 1 prevede che «*l'apertura della liquidazione giudiziale nei confronti del datore di lavoro non costituisce motivo di licenziamento*», e riprende quanto già previsto nell'art. 2119 c.c., comma 2, laddove si faceva riferimento al recesso per giusta causa.

Pertanto l'art. 376 ha conseguentemente modificato il comma 2 dell'art. 2119 c.c. con il seguente: «*Non costituisce giusta causa di risoluzione del contratto la liquidazione coatta amministrativa dell'impresa. Gli effetti della liquidazione giudiziale sui rapporti di lavoro sono regolati dal codice della crisi e dell'insolvenza*» [15].

Sempre l'art. 189, secondo periodo, comma 2 prevede che «I rapporti di lavoro subordinato in atto alla data della sentenza dichiarativa restano sospesi fino a quando il curatore, con l'autorizzazione del giudice delegato, sentito il comitato dei creditori, comunica ai lavoratori di subentrarvi, assumendo i relativi obblighi, ovvero il recesso» e dunque, come è evidente, viene in sostanza recepito quel citato orientamento maggioritario in dottrina ed in giurisprudenza per cui i rapporti di lavoro non proseguono automaticamente, ma restano sospesi sino alla decisione del curatore. Al comma 2 viene poi legificato il principio secondo cui il recesso del curatore di cui al comma 1 ha efficacia non dalla comunica-

[13] Si veda in particolare CGUE 16 dicembre 2016, C-201/15, Iraklis, per la quale «la tutela dei lavoratori rientra tra le ragioni imperative di interesse generale riconosciute dalla Corte di Giustizia ... ciò è altrettanto vero per quanto riguarda la promozione del lavoro e delle assunzioni che, mirando segnatamente a ridurre la disoccupazione, costituisce un obiettivo legittimo di politica sociale». In dottrina si veda RATTI, *Tutela del lavoro*, 433 ss.;. PATTI, *Rapporti di lavoro*, 301 ss.

[14] Nella giurisprudenza eurounitaria si veda in tal senso CGUE 11 marzo 1997, C-13/95, Suzen, che stabilisce come: «in determinati settori in cui l'attività si fonda essenzialmente sulla mano d'opera, un gruppo di lavoratori che assolva stabilmente un'attività comune può corrispondere ad un'entità economica» (punto 21). Nella giurisprudenza interna si veda tra le tante Cass. n. 6693 del 2016 e Cass. n. 1646 del 2018.

[15] Come rileva attenta ed autorevole dottrina, PROIA, *La disciplina*, 94, «vale la pena di evidenziare come il principio in questione – utilizzando il termine 'motivo' anziché quello di 'giusta causa' – comporti che l'apertura della liquidazione giudiziale non configuri, di per sé, nemmeno una valida giustificazione per il recesso con preavviso, essendo possibile che l'esercizio dell'impresa del debitore prosegua (o riprenda) da parte del curatore o da parte di un eventuale cessionario dell'azienda (o di un ramo di essa)».

zione, ma dall'apertura della liquidazione giudiziale, mentre il subentro nei rapporti di lavoro ha effetto c.d. recettizio e decorre dalla comunicazione effettuata ai lavoratori.

Si devono allora sin da subito evidenziare due assolute peculiarità di tale normativa: la prima è quella che pone il potere di recesso in capo ad un soggetto, il curatore, diverso dal capo dell'impresa, in virtù dei poteri che gli competono per legge, la seconda riguarda la traslazione dell'efficacia del recesso non dalla ricezione dell'atto stesso, ma dall'apertura della liquidazione giudiziale, in deroga al principio generale sancito dall'art. 1355 c.c.

Va tuttavia evidenziato come la redazione tecnica della norma sia alquanto disinvolta e ambigua; soprattutto laddove nell'art. 189 viene utilizzo sia il termine *recesso*, che quello di *licenziamento*, e viene operato un rinvio, non univoco, alla *disciplina lavoristica vigente*. Si palesano pertanto notevoli incongruenze lessicali nei diversi commi dell'art. 189 alle quali potrebbero conseguire effetti applicativi contraddittori e/o diversificati sul piano sostanziale della norma. Ad esempio il comma 1 prevede che «L'apertura della liquidazione giudiziale nei confronti del datore di lavoro non costituisce motivo di *licenziamento*»; il comma 8 recita «In caso di *recesso* del curatore, di *licenziamento*, dimissioni o risoluzione di diritto secondo le previsioni del presente articolo, spetta la lavoratore ... l'indennità di mancato preavviso»; il comma 9 prevede poi che «Durante l'esercizio dell'impresa del debitore in liquidazione giudiziale da parte del curatore i rapporti di lavoro subordinato in essere proseguono, salvo che il curatore non intenda sospenderli o procedere al licenziamento *ai sensi della disciplina vigente*»[16].

In una lettura sistematica dell'impianto normativo, nonostante autorevole dottrina abbia tentato una interpretazione razionalizzante dell'intera normativa[17], si ritiene come a tali distinzioni terminologiche non possano essere ricondotti effetti giuridici diversificati, atteso che qualsiasi ipotesi di recesso dal lato datoriale si qualifica come licenziamento che soggiace, come noto, ad una specifica e tendenzialmente inderogabile disciplina normativa. Dunque l'assenza del riferimento alla «*disciplina lavoristica vigente*» dell'art. 189, comma 1, contenuta invece al comma 9 del medesimo articolo, non esonera, in tal caso, il curatore dal rispetto della stessa, giacché una tale interpretazione, oltre a porsi in contrasto con le fonti sovranazionali che pure hanno dato impulso a questa riforma, escluderebbe peraltro ogni controllo da parte dell'autonomia collettiva.

Il comma 3 dell'art. 189, stabilisce poi che il curatore procede al recesso, per iscritto[18],

---

[16] Il testo della Commissione Rordorf prevedeva che il curatore poteva, ove non volesse subentrare nel rapporto di lavoro, esercitare il recesso «ai sensi della disciplina lavoristica vigente, fatte comunque salve le specifiche previsioni del presente articolo».

[17] Invece, secondo PROIA, *La disciplina*, 98, visto che il recesso di cui ai commi 1 e 3 presuppone che «non sia possibile la continuazione o il trasferimento dell'azienda o di un suo ramo o comunque sussistano manifeste ragioni economiche inerenti l'assetto dell'organizzazione del lavoro ... si può ragionevolmente sostenere che il recesso previsto e regolato dal combinato dei commi 1 e 3 tipizzi una nozione speciale di giustificato motivo, poiché non è il mero elemento della apertura della liquidazione giudiziale che legittima lo scioglimento del contratto di lavoro, bensì l'impossibilità della continuazione o del trasferimento dell'attività economica o la sussistenza di manifeste ragioni organizzative». Ma, come detto, tale interpretazione contrasterebbe con l'espressa previsione del comma 9 per cui «*In caso di sospensione si applicano i commi da 2 a 6 e 8 in quanto compatibili*».

[18] In linea con la disciplina sui licenziamenti, il recesso del curatore deve essere comunicato per iscritto. A dire il vero tale specificazione è ultronea perché già contenuta, appunto, nel principio generale di cui all'art. 2, comma 1, l. n. 604 del 1966.

dai rapporti di lavoro qualora non sia possibile la prosecuzione e prevede che se il curatore, entro 4 mesi dalla data di apertura della liquidazione giudiziale, non sia subentrato nei rapporti di lavoro, questi si intendono risolti di diritto sempre a far data dall'apertura della liquidazione. Il legislatore, con tale previsione, pone rimedio all'inerzia del curatore che inciderebbe troppo negativamente sui rapporti di lavoro, necessitando proprio i lavoratori, al contrario, di una maggiore esigenza di certezza e stabilità della loro occupazione[19].

Al comma 4 è previsto poi che il curatore o il direttore dell'Ispettorato Territoriale del lavoro[20] ove sia stata aperta la liquidazione giudiziale, o anche gli stessi lavoratori[21], possano chiedere (con istanza da presentarsi in cancelleria almeno 15 giorni prima del termine dei 4 mesi) al giudice delegato una proroga di 15 giorni qualora «ritengano sussistenti possibilità di ripresa o trasferimento a terzi dell'azienda o di un suo ramo»; la proroga formulata dai lavoratori ha efficacia però solo nei confronti di coloro che l'hanno presentata. Entro 30 giorni dall'ultima istanza presentata, il giudice delegato può assegnare un termine non superiore ad 8 mesi per assumere le determinazioni di cui al comma 1, tenendo conto, ai fini della durata di detto termine, delle prospettive di ripresa delle attività o di eventuali trasferimenti di azienda. Se entro la proroga concessa il curatore non procede al subentro o al recesso, i rapporti di lavoro si risolveranno *ex lege* a far data dall'apertura della liquidazione giudiziale e, nei confronti dei lavoratori ai quali sia stata concessa la proroga, è riconosciuta un'*indennità* non soggetta a contribuzione previdenziale pari a 2 mensilità dell'ultima retribuzione utile per il calcolo del trattamento di fine rapporto per ogni anno di servizio e comunque non inferiore a 2 e non superiore a 8 mensilità. Tale importo è ammesso al passivo come credito successivo all'apertura della liquidazione giudiziale e quindi godrà della prededucibilità e non del privilegio[22].

Il legislatore ha pertanto scelto di riconoscere un indennizzo solo a quei lavoratori il cui rapporto di lavoro sia stato prima prorogato e poi risolto. In relazione a tale indennità

[19] Ed infatti, diversamente che all'art. 189, l'art. 172 non indica alcun termine per il curatore per effettuare tale scelta, prevedendo solo che il contraente *in bonis* possa costituire in mora il creditore, facendogli assegnare dal giudice delegato un termine non superiore a 60 giorni, decorso il quale il contratto si intender risolto. In giurisprudenza, Cass. n. 7308 del 2018 ha sancito la configurabilità del diritto del lavoratore al risarcimento del danno causato dall'inerzia colpevole del curatore.

[20] L'Ispettorato territorialmente competente, al quale il curatore deve trasmettere preventivamente l'elenco dei dipendenti dell'impresa in forza al momento dell'apertura della liquidazione, è individuato con riferimento al luogo ove è stata aperta la liquidazione giudiziale. Per la trasmissione dell'elenco dei dipendenti è previsto il termine di trenta giorni dall'apertura della liquidazione, che su istanza del curatore può essere prolungato di altri trenta giorni dal giudice delegato, quando l'organico dell'impresa superi il limite di cinquanta dipendenti.

[21] In questo caso l'istanza può essere presentata personalmente o a mezzo di difensore munito di procura dallo stesso autenticata e deve contenere, a pena di inammissibilità, l'elezione di domicilio o l'indirizzo PEC ove ricevere le comunicazioni. Se da un lato la previsione in capo ai lavoratori di poter richiedere una proroga potrebbe essere letta negativamente perché in tal modo si allungherebbe il periodo in cui questi non percepiscono la retribuzione, dall'altro è evidente che la stessa ha la funzione di ricercare concrete possibilità di ripresa dell'attività (e quindi dell'occupazione), oltre a far nascere in capo ai lavoratori stessi il diritto a percepire il trattamento economico previsto dall'ultimo periodo del comma 4 dell'art. 189.

[22] Si rileva come, ai sensi del comma 8 dell'art. 189, l'indennità di preavviso, il trattamento di fine rapporto ed il c.d. *ticket* sul licenziamento di cui all'art. 2, comma 31, l. n. 92 del 2012 sono ammessi al passivo come crediti privilegiati e non prededucibili perché non si considerano sorti «in funzione e in occasione» della procedura, ma vengono espressamente riconosciuti dal comma 8 come crediti anteriori.

ci si deve interrogare quale sia la natura della stessa, se rivesta un carattere retributivo, oppure meramente assistenziale, ovvero se possa essere qualificata come un trattamento previdenziale, ovvero risarcitorio. La natura retributiva, anche se l'indennità è ammessa al passivo come credito successivo all'apertura della liquidazione giudiziale, può essere esclusa posto che nel periodo di riferimento il rapporto di lavoro è sospeso e quindi non vi è la sinallagmaticità del rapporto stesso ed inoltre è il legislatore stesso ad escludere il suo assoggettamento alla contribuzione previdenziale. Si potrebbe allora propendere per la sua funzione previdenziale, sopperendo tale indennizzo ad un periodo durante il quale i lavoratori non percepiranno il trattamento retributivo, posta la sospensione del rapporto. Di contro, però, non si può non rilevare come si tratterebbe di uno strumento previdenziale sprovvisto della relativa contribuzione che lo dovrebbe finanziare. Problemi, in realtà, si pongono anche con riferimento alla riconduzione di tale indennità tra i debiti della procedura, poiché i rapporti di lavoro sospesi dai quali nasce l'indennità non sarebbero funzionali alla liquidazione giudiziale, con possibile pregiudizio della *par condicio creditorum*[23]. In realtà, però, si deve osservare come la proroga possa essere concessa solo qualora vi siano «*possibilità di ripresa o trasferimento a terzi dell'azienda o di un suo ramo*» e quindi è chiaro che concretizza di per sé l'interesse della procedura a mantenere il valore dell'impresa con il relativo personale incorporato[24].

Sulla quantificazione di tale indennità, la scelta del legislatore è stata quella, consueta, di parametrarla all'anzianità di servizio, parametro che, come noto, permea tutto il sistema indennitario dell'attuale disciplina sui licenziamenti. In merito alla ragionevolezza di un tale criterio di calcolo ci si deve interrogare se la sentenza della Corte cost. n. 184 del 2018 – che ha sancito l'illegittimità costituzionale dell'art. 3, d.lgs. n. 23 del 2015 laddove parametrava l'indennizzo per il licenziamento illegittimo solo all'anzianità di servizio – possa in qualche modo avere conseguenze anche su questa disciplina. Si crede, però, che si tratti di materie diverse, occupandosi la sentenza citata della disciplina sanzionatoria-indennitaria prevista per i licenziamenti illegittimi, quando invece l'indennità in questione è un ristoro di natura "speciale" previsto nell'ambito di una procedura concorsuale, ciò che a nostro avviso esclude problemi di costituzionalità del comma 4 dell'art. 189.

Un'ultima contraddittorietà si rinviene anche nel *quantum* della misura minima e massima di tale indennità (da 2 a 8 mensilità di retribuzione). Ed infatti, posto che il termine massimo della proroga è di 8 mesi e che la misura massima dell'indennità è di 8 mensilità, nel caso di proroghe di durata inferiore agli 8 mesi al lavoratore potrebbe comunque essere riconosciuta un'indennità di importo superiore a quello che avrebbe percepito a titolo di retribuzione se avesse lavorato durante il periodo di proroga[25].

Il comma 5 si occupa invece di disciplinare le dimissioni del lavoratore rese nel periodo di sospensione tra la data della sentenza dichiarativa e la data della comunicazione di cui al comma 1 e viene sancito che queste si considerano rassegnate per giusta causa ai sensi dell'art. 2119 c.c., con effetto dalla data di apertura della liquidazione giudiziale. Con tale previsione

---

[23] Si veda PROIA, *La disciplina*, 97.

[24] Questa argomentazione si scontra però con la previsione per cui l'istanza di proroga presentata dai lavoratori è efficace solo nei confronti dei lavoratori istanti e non di tutti gli altri.

[25] Tale incongruenza viene rilevata da PROIA, *La disciplina*, 99.

il legislatore opera una presunzione per cui tali dimissioni siano *involontarie* e quindi che rientrino a pieno titolo nell'ambito della "disoccupazione involontaria" prevista dall'art. 38, comma 2, Cost., che consente l'accesso agli strumenti di sostegno del reddito, quali la NaSpI, Nuova Assicurazione Sociale per l'Impiego che, come noto, a partire dal 2015 (d.lgs. n. 22 del 2015) ha preso il posto dell'ASpI che a sua volta, con la l. n. 92 del 2012, aveva preso il posto dell'indennità di disoccupazione[26]. Sul punto è intervenuto da ultimo l'INPS, con la circolare n. 21 del 10 febbraio 2023, con la quale ha confermato la decorrenza retroattiva delle dimissioni a far data dall'apertura della liquidazione giudiziale, oltre a fornire ulteriori chiarimenti in merito alla decorrenza del trattamento di disoccupazione[27].

Il comma 6 si occupa della disciplina "semplificata" del licenziamento collettivo, che deroga all'ordinaria disciplina prevista dalla l. n. 223 del 1991, artt. 4 e 24, adattando il disposto normativo al Codice e riducendo la durata complessiva prevista dalla predetta legge. Con tale procedura viene dato maggiore rilievo alla funzione dell'Ispettorato, che ha il potere di convocare d'ufficio l'esame congiunto e di parteciparvi per il tramite del suo Direttore. È poi previsto che se nella procedura sono coinvolti anche dei dirigenti, il relativo esame congiunto si effettuerà in un apposito incontro.

Il problema di fondo che però deve essere affrontato è quello se, alla luce della nuova normativa, il curatore, qualora ne ricorrano i requisiti, abbia o meno l'obbligo di avviare la procedura per il licenziamento collettivo.

La giurisprudenza, anche sulla scorta dell'art. 3, comma 3, l. n. 223 del 1991, ha ritenuto che l'obbligatorietà della procedura di licenziamento collettivo si estenda anche alle procedure concorsuali[28] e si crede che anche a seguito della riforma tale interpretazione non possa subire mutamenti, essendo l'unica ammissibile letteralmente e sistematicamente[29], coprendo tutti i casi in cui il curatore dovrà recedere da almeno 5 rapporti di lavoro in 120 giorni, essendo quindi ricomprese anche le ipotesi di risoluzione di diritto previste dai commi 3 e 4 dell'art. 189[30].

---

[26] È interessante rilevare come il testo precedente alla novella di cui all'art. 21, comma 1, d.lgs. n. 147 del 2020 (che decorre dal 1 settembre 2021) prevedeva che le dimissioni si consideravano per giusta causa solo se rassegnate dopo 4 mesi dall'apertura della liquidazione giudiziale e dunque l'attuale dettato normativo, più favorevole ai lavoratori, anticipa all'inizio dell'apertura della liquidazione giudiziale la presunzione di giusta causa delle dimissioni rassegnate. Per un commento alla prima normativa sull'ASPI, si veda FRAIOLI, *Le tutele*.

[27] Si veda il commento alla circolare INPS n. 21 del 10 febbraio 2023 anche *infra*, *sub* art. 190.

[28] Cfr. Cass., 23 marzo 2018, n. 7308; Cass., 23 settembre 2011, n. 19405; Cass., 11 novembre 2011, n. 23665; Cass., 2 marzo 2009, n. 5033; Cass., 8 luglio 2004, n. 12645. In termini solo parzialmente diversi, Cass., 28 dicembre 2016, n. 27211.

[29] Tale interpretazione, del resto, risulta conforme alla normativa comunitaria. Ed invero la direttiva 98/59/CE («concernente il ravvicinamento delle legislazioni degli Stati membri in materia di licenziamenti collettivi»), così come la direttiva 92/56/CEE, non hanno più previsto l'esclusione che era, invece, contenuta nell'art. 1, comma 2, lett. *d*), direttiva 75/129, in base alla quale «*la presente direttiva non si applica: ai lavoratori colpiti dalla cessazione delle attività dello stabilimento allorché risulti da una decisione giudiziaria*». L'eliminazione di tale esclusione è stata rilevato anche dalla Corte di giustizia con la sentenza del 7 settembre 2006, C-187/05 e C-190/05, la quale ha affermato che «alla data dei fatti della causa principale, in ogni caso di licenziamento collettivo conseguente alla cessazione delle attività di uno stabilimento, anche quando questo risultava da una decisione giudiziaria, il datore di lavoro aveva l'obbligo di informare e di consultare i lavoratori» (punto 33).

[30] In tal senso si veda un altro principio enunciato dalla Corte di giustizia, che è stato reso con riferi-

Il comma 7, poi, prevede che la disciplina di cui al comma 6, sui licenziamenti collettivi, non trovi applicazione nelle procedure di amministrazione straordinaria delle grandi imprese.

Il comma 8 stabilisce che spetterà l'indennità di mancato preavviso nei casi risoluzione del rapporto dovute a: recesso del curatore, licenziamento, dimissioni o risoluzione di diritto. La già citata diversa terminologia utilizzata dal legislatore con i termini *recesso* e *licenziamento* può essere spiegata nel senso che il legislatore utilizzi tali termini «secondo le previsioni del presente articolo», e cioè al fine di riferirsi da un lato al recesso del curatore ai sensi dei commi 1, 3 e 4 e dall'altro al licenziamento intimato ai sensi dei commi 6 e 9. Così come il riferimento alle dimissioni è operato alle dimissioni per giusta causa previste dal comma 5, in quanto le dimissioni volontarie non possono considerarsi rassegnate «secondo le previsioni del presente articolo».

È controverso se le norme appena richiamate, in virtù del disposto del secondo periodo del comma 9 («In caso di sospensione si applicano i commi da 2 a 6 e 8 in quanto compatibili»), si applichino anche nel caso in cui il curatore eserciti l'impresa del debitore e sia quindi subentrato nei rapporti di lavoro.

Con riferimento al preavviso, è certo invece che la nuova normativa (comma 8) faccia riferimento solo alla relativa indennità e dunque, diversamente dalla giurisprudenza intervenuta sull'art. 72 l. fall. che riconosceva il diritto al preavviso lavorato[31], viene in considerazione solo il caso dell'indennità di mancato preavviso per i casi di recesso, licenziamento collettivo, dimissioni per giusta causa, risoluzione di diritto.

Lo stesso comma 8 prosegue disponendo che l'indennità di mancato preavviso, il trattamento di fine rapporto ed il c.d. *ticket* sul licenziamento (che viene opportunamente specificato essere dovuto anche nel caso di risoluzione di diritto) sono ammessi al passivo come crediti anteriori all'apertura della liquidazione giudiziale. Tale previsione appare conforme al nuovo impianto normativo poiché tale credito deriva dall'impossibilità di osservare il preavviso lavorato e dunque è ascrivibile al datore di lavoro di cui è stata dichiarata la liquidazione giudiziale e non del curatore che si sia trovato nell'impossibilità di continuare nell'esercizio dell'impresa[32]. Diverso sarebbe il caso in cui il curatore subentri nei rapporti di lavoro.

---

mento ad ipotesi di cessazione dei rapporti di lavoro nel diritto portoghese, che venivano qualificati non come licenziamenti ma «quali espirazioni de iure del contratto di lavoro» (sentenza del 12 ottobre 2004, C-55702). Con tale pronuncia, la Corte, premesso che la nozione di licenziamento collettivo è oramai comunitaria e non può essere definita mediante un rinvio alla legislazione degli Stati membri, ha precisato che «tale nozione deve essere interpretata nel senso che comprende qualsiasi cessazione del contratto di lavoro non voluta dal lavoratore e, quindi, senza il suo consenso», aggiungendo altresì che «essa non esige che le cause sottese alla cessazione del rapporto lavorativo corrispondano alla volontà del datore di lavoro» (cfr. punti 49 e 50).

[31] Si vedano, *ex multis*, Cass., 31 luglio 2019, n. 20647; Cass. n. 8726 del 2017; Cass. n. 6521 del 2017.

[32] La giurisprudenza intervenuta sull'indennità sostituiva del preavviso nel fallimento stabiliva che, ai sensi dell'art. 2751-*bis*, n. 1, c.c., questa costituiva un credito privilegiato, rientrando nella previsione dell'art. 72, comma 4, ai sensi del quale «*in caso di scioglimento, il contraente ha diritto di far valere nel passivo il credito conseguente al mancato adempimento, senza che gli sia dovuto risarcimento del danno*». Si veda Cass., 7 febbraio 2003, n. 1832. In dottrina, con diversi dubbi al riguardo, si veda COSTANTINI, *Codice della crisi*, 766.

L'ultimo comma prevede che nel caso di esercizio dell'impresa, i rapporti di lavoro proseguono, a meno che il curatore non intenda sospenderli o procedere con il licenziamento secondo le regole del diritto del lavoro[33].

[33] Tale comma è stato sostituito dall'art. 21, comma 1, lett. *b*), d.lgs. 26 ottobre 2020, n. 147, a decorrere dal 15 luglio 2022, ai sensi di quanto disposto dall'art. 42, comma 1, del medesimo d.lgs. n. 147 del 2020. Il testo originario era il seguente: «Durante l'esercizio dell'impresa del debitore in liquidazione giudiziale da parte del curatore i rapporti di lavoro subordinato in essere proseguono, salvo che il curatore non intenda sospenderli o esercitare la facoltà di recesso ai sensi della disciplina lavoristica vigente. Si applicano i commi da 2 a 6 e 8 del presente articolo». L'attuale disciplina generale sui contratti pendenti, prevista dai commi 8 e 9 dell'art. 211 prevede nelle Disposizioni generali dell'Esercizio dell'impresa che: «*Durante l'esercizio i contratti pendenti proseguono, salvo che il curatore non intenda sospenderne l'esecuzione o scioglierli. È fatto salvo il disposto dell'articolo 110, comma 3, del decreto legislativo 18 aprile 2016, n. 50. I crediti sorti nel corso dell'esercizio sono soddisfatti in prededuzione ai sensi dell'articolo 221, comma 1, lettera a). 9. Al momento della cessazione dell'esercizio si applicano le disposizioni di cui alla sezione V del capo I del titolo V*».

Articolo 190

Trattamento NASpI

1. La cessazione del rapporto di lavoro ai sensi dell'articolo 189 costituisce perdita involontaria dell'occupazione ai fini di cui all'articolo 3 del decreto legislativo 4 marzo 2015, n. 22 e al lavoratore è riconosciuto il trattamento NASpI a condizione che ricorrano i requisiti di cui al predetto articolo, nel rispetto delle altre disposizioni di cui al decreto legislativo n. 22 del 2015.

Antonio Leonardo Fraioli

Sommario: 1. La cessazione del rapporto di lavoro ed il diritto di accesso al trattamento di disoccupazione NASpI (Nuova Assicurazione Sociale per l'Impiego).

1. – L'art. 190, nell'ottica di armonizzazione prevista nella legge delega n. 155 del 2017, sancisce il riconoscimento del trattamento NASpI (Nuova Assicurazione Sociale per l'Impiego), introdotto dal d.lgs. n. 22 del 2015 (Disposizione per il riordino della normativa in materia di ammortizzatori sociali in caso di disoccupazione involontaria e di ricollocazione dei lavoratori disoccupati, in attuazione della l. 10 dicembre 2014, n. 183)[1].

La disposizione in questione prevede che la cessazione del rapporto ai sensi dell'art. 189, che può avvenire per *recesso/licenziamento* da parte del curatore, per *dimissioni* da parte del lavoratore, o *ex lege* in caso di inerzia da parte del curatore, integri una "perdita involontaria dell'occupazione", in linea con quanto sancito dal comma 2 dell'art. 38 Cost.[2].

Proprio l'elemento dell'involontarietà della perdita del posto di lavoro fa scattare il diritto all'accesso alla NASpI, a condizione che ricorrano i requisiti previsti dal d.lgs. n. 22 del 2015 che disciplina il trattamento NASpI[3].

[1] In dottrina si veda GAROFALO, *La tutela*, 335; CINELLI, *Disoccupazione e Jobst*, 9.

[2] R. RIVERSO, *L'involontarietà*, 33.

[3] Ai sensi dell'art. 2, d.lgs. n. 22 del 2015 «*Sono destinatari della NASpI i lavoratori dipendenti con esclusione dei dipendenti a tempo indeterminato delle pubbliche amministrazioni di cui all'articolo 1 comma 2, del decreto legislativo 30 marzo 2001, n. 165, e successive modificazioni, nonché degli operai agricoli a tempo determinato o indeterminato … A decorrere dal 1° gennaio 2022 sono destinatari della NASpI anche gli operai agricoli a tempo indeterminato delle cooperative e loro consorzi che trasformano, manipolano e commercializzano prodotti agricoli e zootecnici prevalentemente propri o conferiti dai loro soci, di cui alla legge 15 giugno 1984, n. 240*». Ai sensi

La stesura del testo dell'art. 190 ha avuto un *iter* alquanto travagliato prima di approdare alla sua versione finale. Ed invero nella prima versione del testo redatto dalla Commissione ministeriale era prevista la nuova figura della c.d. NASpILG (Nuova Assicurazione Sociale per l'Impiego nella Liquidazione Giudiziale), mediante la quale si voleva espressamente coprire con il trattamento di disoccupazione il periodo in cui i rapporti di lavoro erano sospesi, specificando che la sospensione era equiparata alla disoccupazione.

Ed infatti, si ricorda come l'art. 189, comma 1, prevede che «*I rapporti di lavoro subordinato in atto alla data della sentenza dichiarativa restano sospesi fino a quando il curatore, con l'autorizzazione del giudice delegato, sentito il comitato dei creditori, comunica ai lavoratori di subentrarvi, assumendo i relativi obblighi, ovvero il recesso*» e dunque si poneva il problema di far decorrere il trattamento NASpI sin dalla sospensione del rapporto e cioè sin dall'apertura della liquidazione giudiziale con la sentenza dichiarativa.

La versione presentata dal Governo al Parlamento, però, non contemplava il nuovo istituto della NASpILG, con la conseguenza che il dettato normativo perdeva di senso, disponendo solo che «*ai lavoratori si applica quanto previsto da decreto legislativo 4 marzo 2015, n. 22*». Le varie critiche mosse soprattutto dal mondo sindacale hanno ottenuto la precisazione, fondamentale, che l'applicazione della NASpI fosse riferita ai lavoratori sospesi a norma dell'art. 189, così da rendere la protezione allineata ai criteri della legge delega, alla normativa sovranazionale e alle normative degli altri paesi europei.

In realtà, la versione finale della norma, facendo generico riferimento alla «*cessazione del rapporto ai sensi dell'art. 189*» e non alla "sospensione", potrebbe ancora far sorgere dubbi in merito alla corresponsione della NASpI nel periodo di sospensione, ma il fatto che la disposizione si riferisca esplicitamente, appunto, a tutto il disposto dell'art. 189 fa superare tale incongruenza lessicale e dunque tale trattamento di sostegno al reddito coprirà anche il periodo in cui il rapporto è sospeso. Del resto, poi, il recesso intimato dal curatore produce i suoi effetti a far data dall'apertura della liquidazione giudiziale (art. 189, commi 2 e 3), ciò che conferma che il lavoratore risulterà disoccupato involontario a partire da tale data.

La previsione è molto importante perché consente al lavoratore di ricevere il trattamento NASpI per quel periodo sprovvisto di retribuzione (stante l'assenza di prestazione lavorativa) nel quale il curatore deve assumere delle rilevanti decisioni in ordine alla prosecuzione o meno dei rapporti di lavoro. L'importanza di tale disposizione rileva ancor di più se si considera l'abrogazione, a far data dal 1° gennaio 2016, del trattamento di integrazione salariale straordinario per i casi di cessazione dell'attività produttiva dell'azienda o di un ramo di essa[4].

---

dell'art. 3, d.lgs. n. 22 del 2015 «*La NASpI è riconosciuta ai lavoratori che abbiano perduto involontariamente la propria occupazione e che presentino congiuntamente i seguenti requisiti: a) siano in stato di disoccupazione ai sensi dell'articolo 1, comma 2, lettera c), del decreto legislativo 21 aprile 2000, n. 181, e successive modificazioni; b) possano far valere, nei quattro anni precedenti l'inizio del periodo di disoccupazione, almeno tredici settimane di contribuzione; c) possano far valere trenta giornate di lavoro effettivo, a prescindere dal minimale contributivo, nei dodici mesi che precedono l'inizio del periodo di disoccupazione. 1-bis. Il requisito di cui al comma 1, lettera c), cessa di applicarsi con riferimento agli eventi di disoccupazione verificatisi dal 1° gennaio 2022.*

La NASpI è riconosciuta anche ai lavoratori che hanno rassegnato le dimissioni per giusta causa e nei casi di risoluzione consensuale del rapporto di lavoro intervenuta nell'ambito della procedura di cui all'articolo 7 della legge 15 luglio 1966, n. 604, come modificato dall'articolo 1, comma 40, della legge n. 92 del 2012».

[4] Ed invero l'abrogazione della Cassa Integrazione Guadagni Straordinaria per le procedure concorsuali, prevista dall'art. 3, l. n. 223 del 1991, è stata prevista ad opera dell'art. 2, comma 70, l. n. 92 del 2012, con

Ed invero, in linea generale, con l'introduzione del trattamento di disoccupazione NASpI si è cercato da un lato di universalizzare la tutela per la perdita involontaria del posto di lavoro nei confronti di una platea sempre più ampia di soggetti, dall'altro si è proceduto ad eliminare quegli ammortizzatori sociali che venivano sempre più impropriamente utilizzati in un modo "assistenziale" e quindi in modo contrario alla loro natura di istituti volti ad aiutare l'impresa in difficoltà a riprendersi nel minor tempo possibile[5].

Pertanto, a fronte degli artt. 189 e 190, consegue, da un lato, che i rapporti di lavoro in essere alla data della sentenza dichiarativa restino sospesi fino alla data di comunicazione (da parte del curatore) di subentro o di recesso dai rapporti stessi e, dall'altro, che le eventuali dimissioni del lavoratore nel periodo di sospensione debbano intendersi rassegnate per giusta causa ai sensi dell'art. 2119 c.c. ed integrino, quindi, una perdita involontaria dell'occupazione, che darà diritto, ove ricorrano gli altri requisiti di legge, alla prestazione di disoccupazione NASpI.

Come viene confermato anche dall'INPS, con la circolare n. 21 del 10 febbraio 2023, ai sensi del richiamato comma 5 dell'art. 189 le dimissioni per giusta causa rassegnate dal lavoratore hanno decorrenza dalla data di apertura della liquidazione giudiziale e cioè hanno decorrenza retroattiva rispetto alla data in cui le stesse vengono rassegnate.

In ordine poi al termine decadenziale di 68 giorni decorrente dalla data di cessazione del rapporto di lavoro per la presentazione della domanda di accesso al trattamento NASpI (art. 6, d.lgs. n. 22 del 2015) si deve rilevare come, nella liquidazione giudiziale, per consentire al lavoratore che presenti le dimissioni nel periodo di sospensione di poter presentare utilmente domanda di NASpI, il termine di 68 giorni previsto a pena di decadenza decorre dalla data in cui il lavoratore rassegna le proprie dimissioni e non dalla data della cessazione del rapporto di lavoro.

Stessa decorrenza, con effetto dalla data di apertura della liquidazione giudiziale, vale per la cessazione del rapporto di lavoro prevista per i casi di recesso del curatore e di risoluzione di diritto, ipotesi sancite dall'art. 189, commi 2 e 3. Come precisa l'INPS, con la citata circolare n. 21, in tali casi di cessazione del rapporto di lavoro – che ai sensi dell'art. 190 costituiscono una perdita involontaria dell'occupazione – il termine di decadenza di 68 giorni per la presentazione della domanda di accesso alla NASpI decorre, nel caso del recesso da parte del curatore, dalla data in cui la comunicazione del curatore medesimo sia pervenuta a conoscenza del lavoratore, mentre nel caso della risoluzione di diritto, dalla data in cui il rapporto viene risolto di diritto.

Quanto alla decorrenza della prestazione NASpI, l'Istituto previdenziale, sempre con la circolare n. 21, ha precisato che prestazione di disoccupazione decorrerà: 1) dall'ottavo giorno successivo alla data delle dimissioni/recesso del curatore/risoluzione di diritto del rapporto di lavoro, se la domanda è presentata entro l'ottavo giorno; 2. dal primo giorno successivo alla data di presentazione della domanda, nel caso in cui la medesima sia stata presentata successivamente all'ottavo giorno.

---

decorrenza 1 gennaio 2016. Si rileva come per gli anni 2019 e 2020 era stato previsto uno strumento volto a compensare tale abrogazione quale la Cassa integrazione per cessazione dell'attività, reintrodotto dall'art. 44, d.l. n. 109 del 2018, ma aveva diversi presupposti ed efficacia temporale limitata.

[5] GAROFALO, *La Cassa integrazione*; CINELLI, *Gli ammortizzatori sociali*, 227.

Infine, ed eccezionalmente, con riguardo alle ipotesi di cessazione per dimissioni/recesso del curatore o di risoluzione di diritto del rapporto di lavoro avvenute tra la data del 15 luglio 2022 (entrata in vigore del d.lgs. n. 14 del 2019) e la data di pubblicazione della predetta circolare Inps (10 febbraio 2023), il termine di 68 giorni per la presentazione della domanda di NASpI è stato fatto decorrere dalla data di pubblicazione della citata circolare. Ed in tali casi la prestazione NASpI, al fine di garantire continuità di reddito ai lavoratori interessati, è stata corrisposta dall'ottavo giorno successivo alla data delle dimissioni/recesso del curatore/risoluzione di diritto del rapporto di lavoro.

Articolo 191

Effetti del trasferimento di azienda sui rapporti di lavoro

---

1. Al trasferimento di azienda nell'ambito delle procedure di liquidazione giudiziale, concordato preventivo e al trasferimento d'azienda in esecuzione di accordi di ristrutturazione si applicano l'articolo 47 della legge 29 dicembre 1990, n. 428, l'articolo 11 del decreto-legge 23 dicembre 2013, n. 145, convertito nella legge 21 febbraio 2014, n. 9 e le altre disposizioni vigenti in materia.

Antonio Caiafa

Attraverso la norma si è inteso dare attuazione – come chiarisce la Relazione illustrativa – al principio enunciato dalla legge delega, attraverso il quale è stata prevista la necessaria armonizzazione delle «*procedure di gestone della crisi e dell'insolvenza del datore di lavoro con le forme di tutela dell'occupazione e del reddito dei lavoratori che trovano fondamento ... della direttiva 2001/23/Cee del Consiglio, del 12 marzo 2001, come interpretata dalla Corte di Giustizia dell'Unione Europea*», con un chiaro ed evidente riferimento alle perplessità suscitate dall'art. 19-*quater*, d.l. 25 settembre 2009, n. 135, convertito con modifiche nella l. 20 novembre 2009, n. 166, in relazione all'inserimento del comma 4-*bis*, in ragione del quale è stata legittimata la deroga all'art. 2112 c.c., nel caso di procedure con finalità non liquidatorie, ancorché sottoposta alla condizione del raggiungimento di un accordo, in ordine al mantenimento anche parziale dell'occupazione, disposizione questa poi integrata dall'art. 46-*bis*, l. n. 134 del 2012 che, nel modificare la l. n. 92 del 2012, dopo la lett. *b)* ha aggiunto, rispettivamente, le lett. *b-bis)* e *b-ter)*, al fine di estendere la disciplina normativa al *concordato preventivo* e dall'*accordo di ristrutturazione del debito* omologato, già essendovi allora la consapevolezza della sostanziale differenza esistente tra insolvenza e crisi e non poter non essere assicurata, in presenza della seconda, nel modo più assoluto, la continuazione dei rapporti e la garanzia del reddito e delle condizioni di lavoro come, in effetti, conferma il tenore della direttiva 1998, n. 50, il cui contenuto è stato, poi, riproposto con la successiva del 2001/23[1].

L'operato richiamo, in termini di applicazione della normativa di indiscussa matrice lavoristica, ancorché resa evidente dalla esigenza di armonizzazione delle procedure con le disposizioni di matrice europea non appare essere risolutiva per come verrà chiarito nel commento all'art. 368.

---

[1] CAIAFA, *Crisi di impresa*, 13, nota a Corte giust., 11 giugno 2009; ID., *Riforma del mercato*, 144.

Articolo 192
Clausola arbitrale

1. Se il contratto in cui è contenuta una clausola compromissoria è sciolto a norma delle disposizioni della presente sezione, il procedimento arbitrale pendente non può essere proseguito.

Chiara Briguglio

Sommario: 1. Rinuncia alla giurisdizione ordinaria attraverso una clausola arbitrale: un primo sguardo sistematico e strutturale. – 2. Perimetro delle liti arbitrabili nel prisma del nuovo diritto della crisi e dell'insolvenza. – 3. Arbitrato e concordato preventivo: profili ricostruttivi. – 4. Chiarezza sul regime del lodo arbitrale (rituale e irrituale) in pendenza di liquidazione giudiziale.

1. – L'art. 192 contiene la disciplina dei rapporti tra arbitrato e fallimento, trasponendo integralmente il contenuto dispositivo del previgente art. 83-*bis* l. fall., introdotto durante il triennio di riforme che ha interessato le procedure concorsuali[1]. In entrambi i contesti normativi di riferimento, la scelta di politica legislativa si caratterizza per la regolamentazione di un solo profilo: quello dello scioglimento del contratto in cui veniva prevista una clausola arbitrale, resa operativa prima dell'apertura di una procedura concorsuale[2]. La situazione processuale che ne risulta è – dunque – quella in cui, alla data di apertu-

[1] Si fa riferimento, in particolare, al d.lgs. 9 gennaio 2006, n. 5, il cui art. 69 apportava modifiche al titolo II, capo IV, r.d. 16 marzo 1942, n. 267, introducendo il citato art. 83-*bis* l. fall. Ai fini di conoscere e comprendere la situazione antecedente la novella, cfr., in dottrina, Bonsignori, *Arbitrati e fallimento*; Nardo, *Questioni in tema*, 1216-1220; Profeta, *L'opponibilità*, 1172.

[2] In dottrina non sono mancate voci critiche rispetto alla scelta di mantenere inalterato lo schema normativo del previgente art. 83-*bis* l. fall., considerando l'art. 192 come "un'occasione persa" per rivedere i rapporti tra liquidazione e arbitrato. Si è affermato, infatti, che la prima «non sempre comporta lo scioglimento dei rapporti giuridici pendenti [...]: in altre parole, se una delle parti viene assoggettata a procedura concorsuale di liquidazione ma il contratto non si scioglie, nulla impedirà che il procedimento arbitrale giunga sino alla pronuncia del lodo definitivo» (De Santis, *Gli effetti*, 474). Tra le altre voci critiche, si segnala anche Trisorio Liuzzi, *Diritto della crisi*, 474, secondo cui «la norma considera soltanto gli effetti della liquidazione sull'arbitrato originato da una clausola compromissoria, escludendo [...] tutte le ipotesi in cui il procedimento arbitrale si fondi su una convenzione arbitrale avente una forma diversa, quale, ad esempio, il compromesso».

ra di uno strumento di regolazione della crisi/insolvenza, vi sarebbe già un procedimento arbitrale pendente tra debitore e terzo creditore: nell'ambito di questo antefatto logico-giuridico, lo scioglimento del contratto investe anche la clausola in esame. È di immediata evidenza che si tratta di un approccio disegnato *ad hoc* per la materia concorsuale[3], radicalmente antitetico[4] a quello previsto nel codice di rito all'art. 808, comma 2, c.p.c.[5], che impone di valutare *autonomamente* sia la validità che l'efficacia della clausola compromissoria «*rispetto al contratto cui essa fa riferimento*»[6]. Dalla formulazione letterale della disposizione in commento, che enuncia il regime di *improcedibilità* dell'arbitrato pendente (solo) nel caso di scioglimento del contratto cui la clausola accede, si desume l'accoglimento della tesi – pur a lungo discussa e dibattuta in dottrina – dell'opponibilità[7] della clausola arbitrale al curatore, nel momento in cui questi subentri nel contratto o nel compromesso[8]. Si ritiene che la *ratio* di una simile struttura operativa sia da rintracciare nell'esigenza di «collegamento del procedimento arbitrale con il rapporto sostanziale regolato dal con-

---

A parere dell'A., inoltre, l'incompletezza della norma si evince anche dalla considerazione secondo cui essa «si limita a considerare soltanto il caso in cui il procedimento arbitrale sia pendente», escludendo il caso in cui «nessuna delle parti abbia ancora azionato il proprio diritto, ovvero sia già emesso un lodo».

[3] Si noti, tuttavia, che – sempre all'interno della materia concorsuale – la dottrina opera una distinzione tra *convenzione di arbitrato* e *mandato agli arbitri*. Mentre per la prima si ammette l'eventualità dello scioglimento del contratto e della clausola che vi accede, nel secondo si prevede che «il curatore non può sciogliersi dal contratto di mandato ex art. 183 CCII, sia perché è un mandato collettivo per cui occorre la volontà di tutti i mandanti, sia perché è un mandato *in rem propriam* e per questi lo scioglimento non è ammesso» (FABIANI, *Sistema, principi*, 404).

[4] Non manca chi – contestando la pedissequa trasposizione dell'art. 83-*bis* l. fall., all'interno dell'art. 192 – denuncia un mancato allineamento alla regola dell'autonomia della clausola compromissoria fatta palese dall'art. 808, comma 2, c.p.c. Per un maggiore approfondimento delle prospettive di ri-costruzione (e riformulazione) dell'istituto, v. CERRATO, *Il mosaico*, 66 ss., secondo cui «considerato che la regola attuale dell'automatica caducazione dei procedimenti arbitrali pendenti in conseguenza dello scioglimento del contratto cui accede una clausola compromissoria è criticata per eccessiva rigidità e spreco di costi e risorse, sarebbe opportuno lasciare all'autonomia del curatore la scelta se proseguire o meno negli arbitrati in corso, regolando anche gli effetti della rinuncia».

[5] Ai fini di un immediato raffronto sistematico, si riporta il tenore letterale dell'art. 808, comma 2, c.p.c., secondo cui «*la validità della clausola compromissoria deve essere valutata in modo autonomo rispetto al contratto al quale si riferisce; tuttavia, il potere di stipulare il contratto comprende il potere di convenire la clausola compromissoria*».

[6] LUISO, *Diritto processuale civile*, 133, che – argomentando a partire dalla richiamata *autonomia* – non manca di sottolineare come «la cessazione del contratto non fa cessare gli effetti della clausola compromissoria, sicché spetta agli arbitri pronunciare sulle controversie relative alle conseguenze derivanti dalla fine del rapporto».

[7] Per una completa disamina delle ipotesi di prosecuzione del procedimento arbitrale (*recte*, opponibilità), v., in dottrina, FABIANI, *Sistema, principi e regole*, 404.

[8] Invero, molteplici erano state le prospettive ricostruttive avallate dalla dottrina all'indomani dell'introduzione del citato art. 83-*bis* l. fall. Taluni, infatti, argomentando a partire dalla natura inderogabile delle norme fallimentari, sostenevano che il curatore, una volta subentrato nel contratto, avrebbe preso parte al procedimento arbitrale pendente (v., in tal senso, FABIANI, PANZANI, *La riforma*, 61; BOZZA, *Arbitrato e fallimento*, 483 ss.); altri, invece, propendevano per una *generale* opponibilità (v., in particolare, SATTA, *Diritto fallimentare*, 112; ANDRIOLI, *Commento al codice*, 374); altri ancora – come si ebbe modo di affermare in definitiva – sostenevano l'opponibilità solo quando il curatore fosse subentrato nella compromesso (v., per tutti, BONSIGNORI, *Factoring e fallimento* in *Dir. fall.*, 1994, I, 9 ss. e 1993, II, 601 ss.).

tratto preesistente alla apertura della procedura e cessato per via dello scioglimento» [9]. L'unico ostacolo ad un'effettiva opponibilità dell'arbitrato alla procedura concorsuale si ha quando l'oggetto della controversia è un diritto che interferisce direttamente con la formazione e l'accertamento del passivo di cui agli artt. 201 ss. In quest'ultimo caso si renderà operativo il regime dell'improcedibilità, confermato anche da una recente pronuncia della Cassazione a Sezioni Unite [10].

Dal momento che la previsione, ad opera delle parti, di devolvere la lite in arbitri si caratterizza in termini di *rinuncia alla giurisdizione* (intesa quale modalità di composizione delle controversie costituzionalmente garantita all'art. 24 Cost.), l'effetto conseguente allo scioglimento sarà quello dello spostamento [11] della procedura dinnanzi al giudice fallimentare. Nella diversa ipotesi, non disciplinata dalla norma, in cui il contratto non dovesse andare incontro allo scioglimento, si pone il problema di stabilire l'*iter* di ingresso del curatore all'interno della procedura, in sostituzione dell'imprenditore-debitore. L'opzione più accreditata non sembra poter prescindere dall'applicazione delle norme generali sull'arbitrato: si tratta, per meglio intendersi, del meccanismo approntato dall'art. 816-*sexies*, comma 1, c.p.c. [12], che rimetterebbe agli arbitri la definizione delle concrete modalità di realizzazione del subentro, evitando – così – una "diseconomica" e osteggiata [13] ipotesi di *interruzione* del giudizio arbitrale. Per quanto attiene agli atti compiuti anteriormente dal debitore, non sembra irragionevole affermarne l'efficacia, così come valida rimarrà la sede arbitrale eletta dalle parti [14].

[9] Così, APICE (a cura di), *Trattato di diritto*, 917 ss. L'A., sul punto, non manca di sottolineare come «*tale esigenza di coordinamento giova anche a regolare la ipotesi di compromesso concluso dopo la stipula del contratto cui accede, in relazione alla insorgenza di una controversia, e ad ostacolare l'avviamento della procedura arbitrale, ove da quel contratto il curatore receda*». In senso conforme, in dottrina, cfr. PLENTEDA, *I rapporti giuridici*, 185.

[10] Il riferimento è a Cass., 23 febbraio 2023, n. 5694, dove si è statuito che «il giudizio arbitrale, promosso sulla base della clausola compromissoria accessoria ad un appalto e per l'accertamento di un credito da esso dipendente, diviene improcedibile al sopraggiungere della messa in liquidazione coatta amministrativa di una delle parti del contratto [...], stante l'esclusività dell'accertamento del passivo nella sede concorsuale».

[11] Occorre riferire che il legislatore non ha, in alcun modo, disciplinato i termini di un'eventuale "riassunzione" dell'arbitrato pendente all'interno della procedura concorsuale. L'impostazione che qui si condivide non sembra, tuttavia, intravedere alcun ostacolo rispetto ad una possibile "trasmigrazione" dall'arbitrato alle procedure concorsuali, specialmente considerando che ciò garantirebbe la salvezza degli effetti sostanziali della domanda arbitrale all'interno della procedura. In senso favorevole alla riassunzione, già SATTA, *Istituzioni di diritto*, 248; PROVINCIALI, *Manuale di diritto*, 438. Da ultimo, in merito alla mancata previsione di un meccanismo di riassunzione della domanda arbitrale dinnanzi in sede concorsuale, MENCHINI, MOTTO, *L'accertamento del passivo*, 415 ss., ipotizzano che «se non si ritenga possibile risolvere il problema in via interpretativa, appare inevitabile dubitare della legittimità costituzionale della disciplina, per ragioni analoghe a quelle indicate dalla Corte costituzionale nelle sentenze n. 77/2007 (per i rapporti tra giurisdizioni) e n. 223/2013 (per i rapporti tra processo statale e giudizio arbitrale)».

[12] Ai fini di una migliore comprensione si riporta il tenore letterale dell'art. 816-*sexies*, comma 1, c.p.c., secondo cui «*Se la parte viene meno per morte o altra causa, ovvero perde la capacità legale, gli arbitri assumono le misure idonee a garantire l'applicazione del contraddittorio ai fini della prosecuzione del giudizio. Essi possono sospendere il procedimento*».

[13] L'esclusione perentoria dell'istituto dell'interruzione del procedimento arbitrale pendente per effetto del subentro del curatore è variamente affermata in dottrina. A tal proposito, cfr. VINCRE, *Arbitrato rituale*, 97 ss.; G. VERDE, *Lineamenti di diritto*, 123; BOVE, *La giustizia privata*, 128-129.

[14] Così, BOVE, *Arbitrato e fallimento*.

2. – Conviene, ora, esaminare i criteri di ricognizione delle liti arbitrabili nella vigenza dell'art. 192. Il punto di partenza è quello del superamento dell'ormai risalente ed anacronistico orientamento secondo cui l'arbitrato sarebbe impedito per il solo fatto che la controversia sia riservata alla cognizione di un giudice speciale [15]. Un altro snodo concettuale di comune acquisizione è quello per cui, in presenza di una *res litigiosa* tutelabile a mezzo di un'attività giurisdizionale *dichiarativa*, potrebbe (tendenzialmente [16]) rendersi operativa la sostituzione con giudici privati, scelti dalle parti. Si ritiene, più in particolare, che il perimetro dell'arbitrabilità nel diritto concorsuale possa essere ragionevolmente tracciato guardando al combinato disposto tra l'art. 806 c.p.c. e l'art. 32 (che riprende il contenuto dispositivo del previgente art. 24 l. fall.): ne discende che il c.d. *rapporto giuridico fondamentale* cui fa capo la lite dovrà esser disponibile [17] e dovrà, inoltre, essere tutelabile giurisdizionalmente con *un'azione che deriva dalla procedura* (tali saranno le azioni logicamente connesse alla declaratoria dello stato di crisi/insolvenza dell'imprenditore/debitore [18]). A titolo meramente esemplificativo, potranno – quindi – essere incardinate nel procedimento arbitrale le questioni relative alla formazione della massa fallimentare, ad esclusione di quelle liti "strettamente collegate alla funzione" della procedura [19]. Non potranno, invece, essere compromesse in arbitri, «situazioni giuridiche diverse dai diritti soggettivi o quelle che la legge assoggetta a procedimenti camerali a procedimenti monitori, speciali, camerali o non contenziosi o comunque a riti speciali esclusivi» [20]. Bisogna, tuttavia, precisare che, quando ci si trovi di fronte a strumenti a vocazione e struttura liquidatoria (prima – *inter alia* – la liquidazione giudiziale), la circostanza che il debitore venga privato dell'amministrazione e spossessato dei propri beni (ai sensi di quanto dispongono gli artt. 142 e 275, comma 2) vale rendere arbitrabili soltanto le controversie relative a rapporti patrimoniali o beni non compresi nella liquidazione [21], ammesso che esse siano arbitrabili anche secondo le regole ordinarie.

---

[15] Questo l'indirizzo affacciatosi presso la dottrina maggioritaria, tra cui v., CECCHELLA, *L'arbitrato*, 13 ss.; BERLINGUER, *La compromettibilità*, 100 ss.; BOVE, *Il patto compromissorio*, 405-406.

[16] Non mancano, ad ogni buon conto, esponenti della dottrina che contestano – ad esempio – l'arbitrabilità delle parentesi cognitive di opposizione all'esecuzione forzata. Sul punto, cfr., CAPPONI, *L'opposizione distributiva*, 1760 ss.; BARRECA, *Le nuove norme*, 267 ss.; NASCOSI, *Il nuovo volto*, 213 ss.

[17] Sul punto, occorre segnalare come non meriti accoglimento l'indirizzo secondo cui la dichiarazione di liquidazione giudiziale renderebbe indisponibili i diritti in capo al debitore: si è, infatti, osservato che si tratta di un'*indisponibilità relativa*, che – in ogni caso – non preclude il subentro del curatore nel procedimento arbitrale pendente. In tal senso, FRASCAROLI SANTI, *L'art. 83*, 371.

[18] Secondo FABIANI, *Sistema, principi*, 405, non sono arbitrabili «tutte quelle liti che pertengono a giudizi impugnatori (v., artt. 51, 124, 133 CCII). L'esclusione riguarda infatti l'oggetto della lite, non la circostanza che il curatore ne possa disporre "soggettivamente"».

[19] Per una più completa ricostruzione sul punto, NITROLA, *Arbitrato e fallimento*, 756 ss.

[20] Così, CERRATO, *Il mosaico dell'arbitrato*, 69, secondo cui – proprio alla luce delle considerazioni sopra riportate – non sarebbero arbitrabili «il procedimento di composizione della crisi, l'accertamento dell'insolvenza [...], i procedimenti endoconcorsuali in senso proprio (opposizioni, impugnazioni e reclami), quelli costituenti fasi interne o incidentali di più ampi procedimenti di natura esecutiva o diretti ad attuale la responsabilità patrimoniale». In senso conforme, BOZZA, *Arbitrato e fallimento*, 483 ss.; ZUCCONI GALLI FONSECA, *sub art. 806*, 128 ss.

[21] VITOLO, *Arbitrato e fallimento*, 933 ss.

Volendo offrire, poi, una piena contestualizzazione dei rapporti tra l'arbitrato e il nuovo prisma della concorsualità, sembra doveroso qualche cenno – sia pur sommario – alle cc.dd. *procedure di allerta e composizione della crisi*. Sul punto, si condivide l'assunto per cui, la scelta dell'imprenditore di avviare una fase *gestoria* dello stato di crisi avvalendosi di tali strumenti non sia d'ostacolo alla eventualità di un procedimento arbitrale. Ciò, in particolare, risulta anche dall'argomento logico e sistematico in forza del quale l'avvio delle misure ricomprese nella c.d. *allerta* non determina lo scioglimento dei contratti pendenti (né – tantomeno – delle clausole in essi contenute).

3. – Nel novero delle procedure negoziali di regolazione della crisi e dell'insolvenza merita attenzione il concordato preventivo, disciplinato sotto diverse "forme" e varianti all'interno del Codice. Un primo referente normativo è costituito dall'art. 97, comma 8, che – riproducendo il contenuto letterale dell'art. 169-*bis* l. fall. – stabilizza un regime radicalmente opposto a quello fatto palese dall'art. 192: si prevede, infatti, che «*lo scioglimento del contratto non si estende alla clausola compromissoria in esso contenuta*». La norma, così strutturata, è stata ritenuta pienamente applicabile alla convenzione arbitrale, almeno per un triplice ordine di ragioni [22]: *in primis*, perché essa è un contratto a tutti gli effetti («la sua portata prevalentemente processuale non elide la sostanza economica delle cose» [23]); in secondo luogo perché ciò si evince – *a contrario* – dalla disamina della disposizione, laddove richiama il concetto di *estensione,* lasciando intendere che «non si estende automaticamente (non che "non può mai estendersi")» [24]. Da ultimo, l'applicabilità [25] viene affermata in forza di un fattore di intrinseca autonomia della clausola compromissoria rispetto al contratto cui accede. Ma, a parere di chi scrive, nella vigenza del Codice, l'indiscussa facoltà del debitore di devolvere in arbitri la procedura concordataria non può non essere argomentata a partire dalla consapevolezza del fatto che tale soluzione negoziale rappresenta, ora più che mai, una parentesi privatistico-gestoria, non anche (o non più) pubblicistico-dissolutoria, volta a favorire una complessiva riorganizzazione del complesso aziendale e la preservazione dei valori attivi, vedendo come attore principale l'imprenditore stesso. Sarebbe, pertanto, una contraddizione in termini impedire di implementare la negozialità nella composizione della crisi, erigendo un ipotetico sbarramento di fronte alla fisiologica duttilità del fenomeno arbitrale.

Con specifico riferimento al *concordato in continuità* [26] disciplinato all'art. 84, comma 1, merita, poi, di essere brevemente esaminata una distinzione: quella tra continuità c.d.

---

[22] I profili ricostruiti vengono esaustivamente chiariti da BRIGUGLIO, *Arbitrato e concordato*, 239-248.

[23] Così, BRIGUGLIO, *Arbitrato e concordato*, 244.

[24] *Ibidem*.

[25] Per finalità di completezza, occorre chiarire che – come nota GALANTI, *Profili processuali*, 1139 ss. – l'applicazione dell'arbitrato in ambito concordatario non sarebbe impedita dall'art. 168 l. fall., (oggi ripreso dall'art. 54 per tutti gli strumenti di regolazione della crisi diversi dalla liquidazione giudiziale). Ciò in quanto il divieto in interessa solo le azioni esecutive e cautelari, non anche le normali azioni di cognizione. In dottrina, v., anche BRIGUGLIO, *Arbitrato e concordato preventivo*, 240 ss.

[26] Per un più ampio approfondimento dell'istituto in generale, v., AMBROSINI, *Il piano*, 97 ss.; BOTTAI, *Il concordato preventivo*, 208 ss.

diretta e *indiretta*. Nel primo caso non pare potersi rilevare alcuna differenza di trattamento rispetto alle altre procedure concorsuali, dal momento che il debitore non viene privato della disponibilità materiale dell'*universum* di beni strumentali all'esercizio dell'attività di impresa: ne deriva che «la convenzione di arbitrato rimarrà vincolante e l'arbitrato eventualmente pendente potrà essere proseguito, senza che vi sia alcuna differenza con l'ipotesi che sia pendente una lite innanzi al giudice togato» [27]. Nella seconda, più problematica, ipotesi, dal momento che si ha un effetto di sottrazione del patrimonio dall'imprenditore originario, si pone il problema della c.d. *circolazione della convenzione di arbitrato*: se da un lato vi è chi propone una "diplomatica" *traslatio* della stessa (insieme al contratto in cui è contenuta) [28], non mancano neppure indirizzi – sia pur risalenti – che militano in senso opposto [29].

4. – Da ultimo, è necessario soffermarsi sul regime dell'opponibilità del lodo arbitrale rituale a fronte della pendenza della liquidazione giudiziale. Il frangente temporale determinante è quello dell'apposizione della firma da parte dei componenti del collegio (o del singolo componente), poiché è a partire da questo momento che il procedimento non si considera più pendente. È, poi, parimenti importante che queste formalità vengano espletate prima dell'apertura della procedura di liquidazione: qualora vengano anche solo perfezionate successivamente [30], vale la regola cristallizzata all'art. 142, a mente del quale «*le formalità necessarie per rendere opponibili gli atti ai terzi, se compiute dopo la data dell'apertura della liquidazione giudiziale, sono senza effetto rispetto ai creditori*». Osservate queste indicazioni di rilevanza endoprocessuale, se il lodo contiene una pronuncia di condanna nei confronti del debitore, il creditore dovrà insinuarsi al passivo e ivi far valere il *quantum* riconosciuto in sede arbitrale; se il lodo è ancora impugnabile, il creditore verrà ammesso con riserva *ex* art. 204, a meno che il curatore o il liquidatore non intendano accettare la pronuncia [31]. Qualora, invece, il *dictum* arbitrale abbia un contenuto favorevole alla procedura pendente, spetterà al curatore o al liquidatore acquisire le utilità all'interno della procedura o difendersi nell'eventuale giudizio di impugnazione eventualmente instaurato dalla parte soccombente [32]. Se si sia in presenza di un lodo arbitrale irrituale, essendo questo una *determinazione contrattuale* (*ex* art. 808-*ter* c.p.c.), non può essere equiparato ad una sentenza. Da qui, si dipana un panorama molto frastagliato di posizioni: vi è chi, proprio a motivo dell'impossibilità di qualificarlo come sentenza, ne desume l'impossibilità di renderlo opponibile alla liquidazione giudiziale [33]; chi – diversamente – configuran-

---

[27] Questa la condivisibile linea interpretativa di CANALE, *Arbitrato, concordato preventivo*, 34.

[28] RESCIGNO, *Arbitrato e autonomia*, 29; SALVANESCHI, *L'arbitrato*, 100 ss.; BOVE, *Processo arbitrale*, 784 ss.

[29] Cass., 3 giugno 1985, n. 3285, in *Dir. maritt.*, 1986, 407; Cass., 16 febbraio 1993, n. 1930, in *Giust. civ.*, 1994, I, 2333, con nota di BUCCINI, *Cessione del contratto*.

[30] Tra i vari corollari, è possibile pensare «al deposito in cancelleria per la pronuncia di esecutorietà, o alla registrazione o trascrizione o comunicazione con altro mezzo» (CERRATO, *Il mosaico*, 23).

[31] In questo senso, SOTGIU, *Rapporti tra arbitrato*, 474; CASTAGNOLA, *Procedimento arbitrale*, 232.

[32] Per un maggiore approfondimento sull'opponibilità del lodo nella successiva liquidazione giudiziale, v., CERRATO, *Il mosaico*, 22.

[33] CABRAS, *Arbitrati e procedure*, 1527.

dolo *tout court* come un contratto, ritine applicabile l'art. 172 o l'art. 270, comma 6[34]. Qui si ritiene di condividere la tesi che vede l'arbitrato irrituale o "libero" come una esplicita volontà delle parti di *abdicare* alla tutela giurisdizionale, che tuttavia – dopo la riforma del 2006[35] – è stato tendenzialmente uniformato ed allineato, in punto disciplina, al fenomeno dell'arbitrato rituale: sembra coerente, dunque, riportarsi alle considerazioni dapprima formulate in relazione a quest'ultimo.

[34] VONA, *L'art. 83-bis*, 284

[35] Si fa riferimento al progetto di riforma dell'arbitrato realizzato dal d.lgs. 2 febbraio 2006, n. 40.

Articolo 193

Sigilli

---

1. Dichiarata aperta la liquidazione giudiziale, il curatore procede all'immediata ricognizione dei beni e, se necessario, all'apposizione dei sigilli sui beni che si trovano nella sede principale dell'impresa e sugli altri beni del debitore secondo le norme stabilite dal codice di procedura civile, quando non è possibile procedere immediatamente al loro inventario.

2. Il curatore può richiedere l'assistenza della forza pubblica.

3. Se i beni o le cose si trovano in più luoghi e non è agevole l'immediato completamento delle operazioni, il giudice delegato può autorizzare il curatore ad avvalersi di uno o più coadiutori.

4. Per i beni e le cose sulle quali non è possibile apporre i sigilli, si procede a norma dell'articolo 758 del codice di procedura civile.

Emanuele Mattei

Sommario: 1. Natura ed effetti dell'apposizione dei sigilli. I beni oggetto del procedimento. – 2. Beni presenti in più luoghi. – 3. I beni da non inventariare.

1. – La norma in commento si situa all'interno del capo II rubricato «*Custodia e amministrazione dei beni compresi nella liquidazione giudiziale*». Il capo II si compone di sette articoli (artt. 193-199), conformemente alla legge fallimentare che regolamentava la materia agli artt. 84, 86, 87, 87-*bis*, 88, 89 e 90, essendo stati abrogati sia l'art. 85 (dall'art. 71, d.lgs. 9 gennaio 2006, n. 5), sia l'art. 91 (dall'art 299, d.p.r. 30 maggio 2002, n. 115).

Ed in effetti, nel sistema precedente, sia l'apposizione dei sigilli da parte del giudice di pace (*ex* art. 85 l. fall., abrogato) sia le anticipazioni delle spese all'erario (*ex* art. 91 l. fall., abrogato) non apparivano più congruenti col nuovo assetto che ha individuato il curatore quale organo gestorio della procedura pienamente legittimato, di conseguenza, all'atto di sigillazione.

Il d.lgs. 9 gennaio 2006, n. 5 e il successivo decreto correttivo (il d.lgs. 12 settembre 2007, n. 169) hanno, infatti, stabilito il curatore quale responsabile delle attività di liquidazione e ripartizione, sotto il controllo del comitato dei creditori e la supervisione del giudice delegato, il quale non compie più gli atti tipici dell'attività di amministrazione ma si limita al controllo di legittimità degli atti posti dalla legge sotto la sua direzione.

Anche la recente novella in commento conferma questa impostazione laddove all'art. 123, al comma 1, prevede che il giudice delegato «*esercita funzioni di vigilanza e di controllo sulla regolarità della procedura*» e all'art. 128, rubricato significativamente «*gestione della procedura*», dispone che «*il curatore ha l'amministrazione del patrimonio compreso nella liquidazione giudiziale e compie tutte le operazioni della procedura sotto la vigilanza del giudice delegato e del comitato dei creditori*».

La riflessione sulla natura del procedimento di apposizione di sigilli deve muovere dall'indagine circa la natura del procedimento di liquidazione giudiziale, il quale si annovera pacificamente nell'alveo dei procedimenti esecutivi per espropriazione, laddove la sentenza che dispone la liquidazione viene equiparata al pignoramento, l'atto che per definizione introduce l'esecuzione individuale espropriativa[1].

A differenza della esecuzione individuale, la liquidazione giudiziale introduce una esecuzione concorsuale unitaria, ad opera degli organi della procedura, su tutti i beni e i diritti del debitore assoggettati ad esecuzione, attraverso il c.d. *pignoramento generale*[2]: tale caratteristica implica, a differenza dell'esecuzione individuale, l'attribuzione della custodia e dell'amministrazione dei beni a tali organi.

A ben vedere l'effetto di indisponibilità del patrimonio si ottiene già dal deposito della sentenza dichiarativa di liquidazione giudiziale[3] quale effetto automatico del provvedimento *de quo*, dal che si è inferito da più parti circa l'inutilità del procedimento di sigillazione con riferimento alla perdita del potere di disposizione sul patrimonio da parte del debitore[4].

Appare coerente con il sistema la previsione di cui al comma 1 dell'art. 193 che prevede che «*Dichiarata aperta la liquidazione giudiziale, il curatore procede all'immediata ricognizione dei beni e, se necessario, all'apposizione dei sigilli sui beni che si trovano nella sede*

---

[1] Secondo PAJARDI, *Codice del Fallimento*, 367, occorre configurare la sigillazione come «un atto cautelare sui generis, tendente ad assicurare l'effettiva devoluzione all'esecuzione dei beni sui quali il pignoramento dell'intero patrimonio del fallito, realizzantesi con la sentenza di fallimento, si rivolge»; da considerare minoritaria, a parere dell'Autore, la posizione di chi attribuiva all'atto di apposizione dei sigilli una funzione insieme cautelare ed esecutiva, «poiché realizzerebbe lo spossessamento del debitore attraverso l'apprensione dei beni da parte dell'ufficio». Per una completa lettura delle opinioni sulla natura dell'atto di sigillazione si rinvia ad ABETE, *La legge fallimentare*.

[2] La definizione è di GUGLIELMUCCI, *Diritto Fallimentare*, 105.

[3] GUGLIELMUCCI, *Diritto Fallimentare*, 101, in ordine alla tutela del terzo nell'esecuzione individuale e nell'esecuzione concorsuale: in quest'ultima la tutela si ottiene con l'iscrizione della sentenza dichiarativa di fallimento nel Registro delle imprese.

[4] *Ex pluribus* FONTANA, *Artt. 84-90*, 1353 ss. Nonostante, quindi, la concreta prassi in materia avesse di fatto attenuato, in alcuni casi del tutto disapplicato, l'istituto della sigillazione, da un lato a motivo della sua poca rilevanza nella quasi costante assenza di beni mobili di rilevante valore, e dall'altro a causa delle quasi coeve operazioni di inventario con le quali si dava concreta esecuzione al principio di spossessamento del patrimonio pignorato a favore degli organi della procedura, la riforma del 2006 conferma l'obbligatorietà di tale attività, attribuendone gli adempimenti a carico del curatore (per una attenta disamina dell'evoluzione storica dell'istituto si veda PAJARDI, *Codice del Fallimento*, 945) il Codice, invece, attenua tale obbligatorietà privilegiando l'attività di individuazione e reperimento dei beni, lasciando la scelta dell'opportunità di procedere alla sigillazione alla valutazione degli organi.

principale dell'impresa e sugli altri beni del debitore secondo le norme stabilite dal codice di procedura civile, quando non è possibile procedere immediatamente al loro inventario».

La prima novità significativa risiede proprio nell'*incipit* del comma 1 il quale, a dispetto della rubrica ("*sigilli*", appunto), ne riduce immediatamente la portata evidenziando come l'attività del curatore debba rivolgersi innanzitutto alla "ricognizione dei beni", in quanto solo successivamente a tale indagine e alla evidenza qualitativa dei beni fallimentari si potrà valutare adeguatamente se gli stessi esigano una sigillazione o possano essere *meramente* inventariati.

In definitiva la novella conferma la funzione dell'apposizione dei sigilli [5], circoscrivendola alla finalità di custodia e conservazione dei beni tesa ad evitare la loro sottrazione da parte dei terzi o del debitore, al fine della loro successiva inventariazione, implicando il principio testé esposto che potrà non procedersi all'apposizione dei sigilli qualora i beni posseggano caratteristiche tali da non avere particolari esigenze di custodia e conservazione [6].

Il comma 1 dell'art. 193 contiene un'ulteriore significativa novità costituita dall'introduzione di un aggettivo (l'"*immediata* ricognizione dei beni") che sottolinea la rilevanza dell'elemento temporale nell'attività di individuazione delle *res*, oggi del tutto assente nella norma vigente [7].

---

[5] Per sigilli si intende «*qualsiasi dispositivo o congegno o avviso, anche cartaceo, applicato dalla pubblica autorità su una cosa di cui si voglia assicurare la conservazione, l'identità, e l'integrità*» (cfr. FERRO, *La legge fallimentare*, 974 ss., ed anche per una completa descrizione pratica delle attività di sigillazione e per i risvolti di natura penale in caso di violazione dei sigilli). Il sigillo, comunque conformato, attraverso la sottoscrizione del pubblico ufficiale procedente, deve assolvere alla funzione principale di manifestare e rendere visibile l'interesse pubblico posto sulle cose (PROTO, *Art. 84*, 814-823). Per quanto attiene alla procedura la norma novellata richiama anch'essa le regole del codice di rito, in particolare gli artt. 752-761 c.p.c., da adattare e coordinare con la normativa fallimentare, essendo poste le stesse a disciplinare la materia della conservazione e custodia in tema di successioni.

In forza del richiamo alle norme del codice di rito il curatore potrà procedere alla sigillazione dei locali all'interno dei quali si trovano i beni o complessi di beni, financo alla sostituzione della serratura con consegna delle chiavi al cancelliere al fine di custodirle (cfr. 755 e 756 c.p.c.), e chiedere l'assistenza della forza pubblica, in applicazione dell'art. 68, comma 3, c.p.c. (espressamente richiamato dall'art. 755 c.p.c.) o dell'art. 513, comma 2, c.p.c. in tema di pignoramento, per analogia.

Rilevante appare l'applicazione dell'art. 759 c.p.c. ai fini della eventuale nomina di un custode delle cose sigillate ed anche per legittimare il curatore ad assumere informazioni nel corso delle operazioni di sigillazione, onde procedere alla loro verbalizzazione e sottoscrizione, financo alla redazione di un processo verbale negativo laddove occorresse attestare l'insussistenza delle condizioni per procedere all'apposizione dei sigilli.

Le norme del codice di procedura assistono l'interprete anche per sostenere la tesi della presenza obbligatoria del cancelliere alle operazioni di sigillazione: l'attribuzione delle relative incombenze non più al giudice ma alla curatela per effetto della riforma del 2006 aveva fatto propendere taluni per la non tassatività di tale ausilio (FONTANA, *Artt. 84-90*, 1360), mentre un'interpretazione maggiormente attinente al dato letterale e alla collocazione sistematica della norma, farebbero propendere per la necessarietà dell'assistenza del cancelliere, anche in funzione prodromica alla successiva attività di inventariazione della quale il cancelliere è certamente parte.

[6] La sigillazione ha, quindi, nella novella, una mera funzione cautelare di carattere temporaneo, idonea a consentire la protezione dei beni tra l'apertura della liquidazione giudiziale e la redazione dell'inventario, costituendo anche un presidio di natura penale in quanto la violazione dei sigilli caratterizza un reato contro la pubblica amministrazione (art. 349 c.p.).

[7] Nel sistema ante riforma del 2006 la norma abrogata recitava: «*Dichiarato il fallimento il giudice delegato ... procede immediatamente ... all'apposizione dei sigilli*», mentre successivamente alla novella, l'art. 84, comma 1, l. fall. non riferisce di termini entro i quali procedere all'apposizione dei sigilli, né indicazioni particolari in

Tale innesto introduce nuovamente a carico dell'organo gestorio un obbligo di immediata attivazione con riferimento a tutte attività finalizzate alla custodia e alla conservazione dei beni, onde scongiurare dispersione di valore e atti fraudolenti di sottrazione e/o depauperativi[8].

Appare quindi maggiormente coerente con il criterio di ragionevolezza esigere una tempestività all'attività di "acquisizione dei beni" piuttosto che a quella (eventuale) di "sigillazione" laddove quest'ultima potrà efficacemente essere realizzata una volta individuati i beni sui quali attivare il provvedimento *de quo*, avendo quindi potuto valutare accuratamente la natura e la rilevanza di una preventiva sigillazione in vista della futura inventariazione.

La nuova formulazione della norma da parte del Codice attribuisce, condivisibilmente, maggiore rilevanza all'attività preliminare della curatela volta all'utilizzo immediato di tutti gli strumenti idonei all'individuazione dei beni per poter poi valutare la necessarietà anche dell'operazione dell'apposizione dei sigilli: appare questo il senso dell'ultimo inciso del comma 1 dell'art. 193 «*quando non è possibile procedere immediatamente all'inventario*»[9].

L'apposizione dei sigilli nel nuovo Codice non viene espunta, come si era da più parti richiesto, ma viene certamente resa attività marginale, da adottarsi solo se necessaria e in caso di mancata possibilità di procedere immediatamente all'inventario: in altre parole solo se dalla mancata sigillazione possano sortire gravi rischi ai beni e se non possa procedersi all'inventario seduta stante[10]. La legittimazione attiva inerente sia l'apposizione dei sigil-

ordine ad un obbligo di attivazione immediata all'attività in questione, non potendo certamente questo fatto evitare una responsabilità della curatela per eventuali sottrazioni e danni ai beni derivanti direttamente da una mancata solerzia e cura nelle attività di ricognizione e custodia dei beni. Nelle prassi, come per l'inventario, la custodia dei beni viene lasciata al fallito ovvero a chi di fatto detiene la materiale disponibilità degli stessi, potendo anche questa decisione essere foriera di responsabilità per il curatore in caso di sottrazione e/o danneggiamento, essendo certo a lui imputabile una *culpa in eligendo*.

[8] Nella realtà non appare sempre agevole l'individuazione dei beni e la successiva opzione relativa alla loro sigillazione, innanzitutto per la frequente mancanza di informazioni e documentazione necessaria allo scopo: ove le scritture contabili non vengano consegnate o vengano consegnate incomplete appare difficoltoso conoscere di beni in magazzino, di stigliature o arredi, ecc.: sono questi infatti i documenti dai quali può evincersi l'esistenza di beni e locali che esigano l'attività di sigillazione in mancanza dei quali non potrà essere adeguatamente rispettata quell'esigenza di celerità voluta dalla disposizione. D'altro canto ciò che appare dirimente avuto riguardo all'immediatezza dei compiti attribuiti dalla legge all'organo gestorio è l'attivazione di tutti gli strumenti più efficaci all'individuazione di beni e crediti afferibili al patrimonio del soggetto fallito: si tratta in genere degli accessi diretti (e tempestivi) presso le sedi sociali (principale e secondaria), le verifiche presso le banche dati pubbliche ai sensi dell'art. 155-*sexdecies* c.p.c., presso Ade, CRIF, PRA, CCRRII, da effettuare anche in assenza delle scritture contabili e dei libri sociali.

[9] Nel Codice assurge a rilevanza *l'immediata attivazione nell'individuazione dei beni* i quali saranno oggetto di inventariazione (sempre) e di sigillazione (ove necessario): tale impostazione non credo possa evitare l'insorgere di responsabilità in capo alla curatela nel caso di perdita, sottrazione o dispersione dei beni del fallito o di emersione di danni occorsi a terzi a causa del ritardo nella sigillazione.

[10] Si pensi al caso non infrequente ove il curatore, effettuando l'accesso alla sede principale o secondaria della società fallita, rinvenga beni di valore che non possano essere immediatamente inventariati per la loro quantità e particolarità, dovendo avere a disposizione il tempo necessario per effettuare le operazioni di inventariazione: in questo caso, ove non avesse avuto la disponibilità pressoché immediata del cancelliere, e ove le caratteristiche logistiche dei luoghi dove sono custoditi i beni lo permettano, l'apposizione immediata dei si-

li sia la loro rimozione è tutta di competenza del curatore, senza necessità di previa autorizzazione del giudice, fatta comunque salva la facoltà di reclamo *ex* art. 133.

2. – La norma in commento dispone anche circa i beni sui quali apporre i sigilli, statuendo che questi siano da individuare tra quelli «*che si trovano nella sede principale dell'impresa*»: la medesima locuzione è utilizzata nell'attuale art. 84 l. fall. non avendo ritenuto il novello legislatore di dover meglio precisare l'ambito entro il quale sia possibile l'individuazione dei beni.

Varranno, quindi, anche per la liquidazione giudiziale, le medesime riflessione che dottrina e giurisprudenza hanno effettuato *in subiecta materia*: al di là, quindi, dell'unico riferimento "topografico" individuato dalle norme (della legge fallimentare e del Codice), e cioè la sede principale dell'impresa, il curatore potrà procedere alla sigillazione di tutti i beni che si trovano in una evidente situazione di appartenenza al fallito [11], laddove il rinvenimento presso i luoghi a lui ascrivibili (residenza, domicilio, nel caso di persona fisica, sedi sociali, magazzini, dipendenze periferiche, nel caso di persona giuridica) costituiscono presunzioni relative, quantomeno di possesso, nei limiti previsti dall'art. 513 c.p.c. [12].

La distinzione tra «*i beni che si trovano nella sede principale dell'impresa*» e gli «*altri beni*» depone nel senso di un'ampia disponibilità da parte degli organi della procedura di procedere all'apposizione dei sigilli anche su beni sui quali i terzi vantino diritti, e salva la loro facoltà di rivendicarne la proprietà ai sensi dell'art. 103 l. fall. (nel Codice, l'art. 210) [13].

Sono soggetti ad apposizione dei sigilli anche i beni rinvenuti nella materiale disponibilità del fallito e già oggetto di pignoramento, sequestro giudiziale ovvero conservativo.

Già l'art. 87-*bis* l. fall., in sede di inventario, escludeva dalla sigillazione i beni sui quali i terzi vantassero diritti reali o personali chiaramente riconoscibili; specularmente l'ultimo comma dell'articolo citato prevedeva che si dovessero inventariare, ma non da prendere in consegna e, *a fortiori*, da non sigillare, i beni di proprietà del fallito dei quali il terzo detentore avesse diritto di rimanere in godimento in virtù di titolo negoziale opponibile alla massa (si pensi alla locazione di beni a terzi, all'affitto di azienda, ai beni necessari per l'esercizio provvisorio, ma anche ai beni di uso personale degli occupanti i luoghi sottoposti a sigillazione).

---

gilli consente la messa in sicurezza temporanea dei beni medesimi al fine di una loro successiva inventariazione. Questa attività, infatti, oltre all'individuazione e descrizione dei beni, comporta anche una loro valutazione, ancorché sommaria e preliminare.

[11] Sono da sigillare in questo senso tutti quei beni che si trovano in una evidente situazione di appartenenza al debitore, amplificando tale perimetro in applicazione dell'art. 513 c.p.c. Vedi anche FONTANA, *Artt. 84 ss.*, 1355, e AZZOLINA, *Il Fallimento*, 1473.

[12] ABETE, *La legge fallimentare*, 1152 ss. per il quale la sigillazione è consentita nei limiti in cui l'ufficiale giudiziario nell'esecuzione individuale può procedere al pignoramento diretto (art. 513 c.p.c.) precisando come la presunzione di appartenenza è da intendersi quale presunzione di possesso e non di mera detenzione ricollegandosi in chiave sistematica al disposto dell'art. 1141, comma 1, prima parte, c.c.

[13] Sul tema si legga GUGLIELMUCCI, *Diritto Fallimentare*, 235, il quale, dopo aver indicato le situazioni particolari nelle quali il curatore non può procedere alla sigillazione, sintetizza affermando come «la sigillazione – e quindi la materiale apprensione dei beni – non è consentita quando nell'esecuzione individuale si deve procedere nelle forme del pignoramento presso terzi (artt. 543 e ss. cpc) allorché il terzo è chiamato a dichiarare di quali cose è in possesso e quando ne deve la consegna e, ove non renda la sua dichiarazione o questa venga contestata, la pretesa del creditore esecutante va accertata nelle forme dell'ordinario giudizio contenzioso».

Anche i beni apparentemente del debitore, ma in possesso dei terzi, non potevano essere sottratti per effetto dell'apposizione dei sigilli senza ricorrere ad un provvedimento di sequestro giudiziario, oppure tramite l'esperimento di azione possessoria o petitoria.

È fatto divieto di sigillare i beni non compresi nel fallimento (*ex* art. 46 l. fall.) in quanto non suscettibili di spossessamento (i beni e i diritti di natura strettamente personale, quelli necessari a soddisfare le esigenze primarie del fallito e della sua famiglia, i beni impignorabili); i beni deteriorabili e quelli che, deprezzandosi in breve tempo, è opportuno che vengano venduti il prima possibile (art. 84, comma 4, l. fall. e 758 c.p.c. richiamato)[14].

Il richiamo generico alle norme del codice di procedura civile rimane anche nel Codice e chiude il comma 1 dell'art. 193, dovendo l'interprete andare ad applicare le regole previste dagli artt. 752 ss. c.p.c., nell'ambito dei procedimenti relativi alle aperture delle successioni.

Dalle regole ivi previste si evince l'obbligatorietà della redazione del processo verbale inerente l'avvenuta apposizione dei sigilli (*ex* artt. 752, 757 e 758 c.p.c.), il suo deposito presso il tribunale e il potere, attribuito nel procedimento fallimentare al curatore, di ordinare l'apertura delle porte e di dare gli altri provvedimenti opportuni nel caso sorgano difficoltà nel corso delle attività finalizzate alla sigillazione, come previsto all'art. 755 c.p.c., laddove questi poteri sono attribuiti al giudice dell'esecuzione.

Questi poteri, unitamente al potere di richiedere l'ausilio della forza pubblica ai sensi del comma 2 dell'art. 193, immutato rispetto al vigente art. 84, appaiono vieppiù opportuni se si riflette al fatto che tutta questa attività delicata e molto rilevante, anche in termini di efficacia ed efficienza delle risultanze satisfattive future della procedura, viene completamente affidata alla curatela la quale, non possedendo i medesimi poteri che aveva il giudice delegato investito in passato anche dell'incombenza in commento, dovrà vedere i propri poteri ampliati o quantomeno sufficientemente assistiti.

L'ausilio della forza pubblica, infatti, appare indispensabile anche in applicazione dell'art. 513 c.p.c. laddove, nella ricerca delle cose da pignorare l'ufficiale giudiziario ha il potere di «*aprire porte, ripostigli o recipienti, vincere la resistenza opposta dal debitore o da terzi, oppure allontanare persone che disturbano l'esecuzione del pignoramento*», potendo certamente sostituire nell'ultimo inciso, il termine pignoramento con l'atto di sigillazione.

In questo senso anche la possibilità della nomina di coadiutori[15] rientra nell'auspicato rafforzamento dell'attività della curatela: «*Se i beni o le cose si trovano in più luoghi e non è agevole l'immediato completamento delle operazioni di apposizione dei sigilli, il giudice delegato può autorizzare il curatore ad avvalersi di uno o più coadiutori*». La regola contenuta nel comma 3 dell'articolo in commento, non modificato rispetto al comma 3 dell'art. 84 l. fall., comporta una delega che ha per oggetto funzioni proprie attribuite dalla legge alla curatela per cui il compenso di tali ausiliari graverà in quota parte sul compenso del curatore[16].

[14] Per una puntuale disamina delle *res* sottratte all'apposizione dei sigilli cfr. ABETE, *La legge fallimentare*, 1155 ss. Per quanto attiene ai beni vincolati dal fondo patrimoniale, ai beni inseriti in un patrimonio destinato ad uno specifico affare *ex* art. 2447-*bis*, comma 1, lett. *a*), c.c. e in ordine ai beni costituiti in un trust si legga ESPOSITO, PALETTA, *artt. 84-90*, 1125 ss.

[15] Per un approfondimento del tema inerente la nomina di un delegato o di un coadiutore, e le differenze tra i due soggetti v. *sub* art. 129.

[16] In questo senso anche DI AMATO, *Diritto della crisi*, 184.

3. – Qualora non fosse possibile procedere alla sigillazione di alcuni beni l'ultimo comma dell'articolo in commento, identicamente al vigente art. 84, comma 4, l. fall., prevede che si proceda a norma dell'art. 758 c.p.c., ovvero alla loro menzione nel processo verbale. L'impossibilità alla quale si cenna va considerata sia sotto il profilo del divieto legale (beni impignorabili) sia sotto il profilo oggettivo relativo alla particolare natura di tali cose (denaro, titoli di credito, scritture contabili e la documentazione sociale solitamente rinvenibile presso la sede sociale o presso i locali dell'attività dell'imprenditore): tal ultimi oggetti e beni, oltre ad essere menzionati nel verbale, debbono essere consegnati direttamente al curatore che, prendendoli in consegna, ne cura il deposito e la custodia, come disciplinato compiutamente dal successivo art. 194.

Per quanto attiene alle cose deteriorabili si concorda con l'opinione più autorevole [17] che prevede la possibilità in capo alla curatela di provvedere direttamente alla vendita di beni per i quali, a causa della loro rapida obsolescenza, una sigillazione, seppur possibile, sarebbe ostativa ad una loro rapida liquidazione: tale potere diretto, senza la mediazione dell'autorizzazione giudiziale come per la previsione di cui all'art. 140-*ter* l. fall., deriverebbe dalla maggiore autonomia attribuita dalla legge all'organo gestorio.

Dalla lettura, infine, degli artt. 756 e 761 c.p.c. si evince come i sigilli non vadano apposti sui singoli beni ma alle "serrature" dei locali ove essi sono stati rinvenuti [18] anche se la disposizione non va letta in senso assoluto visto il disposto dell'art. 758 c.p.c. (integralmente ripreso dall'ultimo comma dell'art. 193 e dall'ultimo comma dell'art. 84 l. fall.) il quale espressamente prevede la possibilità che vi siano «*oggetti sui quali non è possibile apporre i sigilli*»: in questo caso la regola prevede la loro menzione nel verbale.

---

[17] ESPOSITO, PALETTA, *Artt. 84-90*, 1127; FONTANA, *Artt. 84-90*, 1361.

[18] FONTANA *Artt. 84-90*, 1359, il quale conferma come qualora non fosse possibile chiudere completamente i locali in cui i beni si trovano i sigilli possono essere comunque apposti su contenitori idonei a racchiuderli «rappresentando la sigillatura dei singoli beni, in quanto più gravosa, la soluzione residuale». L'Autore citato osserva che in caso di impossibilità alla chiusura completa dei locali contenenti i beni, si rende necessaria una prima individuazione, anche sommaria, dei beni rinvenuti e anche per tramite della rappresentazione fotografica o della ripresa audiovisiva, prevista come obbligatoria in sede di pignoramento mobiliare dall'art. 518 c.p.c., e ciò anche al fine di evitare contestazioni circa la prova del momento nel quale siano avvenute eventuali sottrazioni di beni.

Articolo 194

Consegna del denaro, titoli, scritture contabili e di altra documentazione

1. Devono essere consegnati al curatore: a) il denaro contante; b) le cambiali e gli altri titoli, compresi quelli scaduti; c) le scritture contabili e ogni altra documentazione dal medesimo richiesta, se non ancora depositate in cancelleria.

2. Il denaro è dal curatore depositato sul conto corrente della procedura. I titoli e gli altri documenti sono custoditi personalmente dal curatore o, con autorizzazione del giudice delegato, affidati in custodia a terzi.

3. Ogni interessato, se autorizzato dal curatore, può, a sue spese, esaminare le scritture contabili e gli altri documenti acquisiti dallo stesso curatore, ed estrarne copia.

Emanuele Mattei

Sommario: 1. Le *res* da consegnare alla curatela. – 2. Il diritto dei terzi ad esaminare i documenti acquisiti dal curatore.

1. – La nuova norma, con riferimento all'obbligo di consegna in capo al debitore del denaro, dei titoli, delle scritture contabili e di ogni altra documentazione, non contiene modifiche di rilievo rispetto all'attuale art. 86 l. fall. prevendendo una riformulazione più razionale della modalità di acquisizione da parte della curatela di cose e di valori le quali, non potendo essere sigillate a causa della loro particolare natura, devono essere poste nella materiale disponibilità dell'organo gestorio per poter essere da costui adeguatamente custodite e utilizzate per le necessità dell'ufficio.

Le attività di gestione e custodia di questa documentazione sono tutte poste dalla riforma in capo alla curatela, laddove l'autorizzazione richiedibile al giudice delegato può essere avanzata unicamente nel caso di affidamento dei valori e della liquidità in capo a soggetti diversi, dovendo uscire dalla disponibilità della procedura ed entrare nella sfera giuridica di terzi, usualmente istituti di credito autorizzati all'esercizio dell'attività bancaria [1].

[1] È invalso nella prassi delle curatele, quantomeno quelle relative a procedure significative, l'affidamento della custodia e dell'archiviazione della documentazione amministrativa e sociale a società specializzate, al fine di gestire al meglio rilevanti dati e mole di atti e documenti. In questo caso, a differenza del deposito delle somme riscosse presso un istituto di credito, v'è tutt'ora l'esigenza dell'autorizzazione del giudice delegato.

Il presupposto per l'applicabilità della norma in commento è senza dubbio la comparizione innanzi alla curatela del debitore persona fisica, o del legale rappresentante per le società o enti, nei cui confronti è stata dichiarata aperta la liquidazione giudiziale, previamente e ritualmente convocati dal curatore, onde procedere all'assunzione di tutte le informazioni utili ai fini della relazione *ex* art. 130 e per la materiale apprensione del denaro, dei titoli, delle scritture contabili e di tutta la documentazione sociale e amministrativa.

Questo momento della procedura appare essenziale ai fine di una proficua attività ricostruttiva dei fatti sociali di rilievo, anche in ordine all'individuazione delle eventuali responsabilità del dissesto, e alla successiva attività recuperatoria di attivo volta alla soddisfazione delle ragioni dei creditori: nessuna attività di ricognizione di beni e crediti di cui all'art. 193 (84 l. fall.) potrà mai adeguatamente sostituire la consegna materiale delle *res* alla curatela e le spontanee dichiarazioni del debitore insolvente, soprattutto quelle finalizzate all'esistenza di attività di cui all'art. 492 c.p.c. che, come l'ufficiale giudiziario, anche il curatore deve richiedere al debitore al fine di trascriverle a verbale.

Qualora tali documenti non siano già stati depositati in cancelleria a mente dell'art. 39[2], il debitore, personalmente o per tramite dei suoi rappresentanti in caso di enti collettivi, provvederà alla materiale consegna al curatore delle scritture contabili, e quindi innanzitutto del libro giornale e del libro inventari. Dovrà provvedere anche alla consegna di tutti gli altri libri sociali obbligatori *ex* art. 2421 c.c. i quali, pur se non rientranti nel novero delle scritture contabili ai sensi dell'art. 2214, comma 1, c.c., vanno intesi nell'ampia accezione che li individua in tutti quei documenti che siano in grado di rappresentare la situazione economico-patrimoniale e finanziaria dell'impresa[3], e comunque da consegnare qualora il curatore li abbia enucleati nella richiesta di consegna.

Tale dettagliata richiesta da parte della curatela appare tanto più rilevante se la si pone in connessione con l'ulteriore incombenza preveduta dal successivo art. 198 (art. 89 l. fall., non modificato dal Codice) il quale obbliga la curatela a «*compilare l'elenco dei credi-*

---

[2] Il Codice ha unificato nell'art. 39 gli obblighi del debitore che chiede l'accesso ad uno strumento di regolazione della crisi e dell'insolvenza, dovendo includere nel novero anche la liquidazione giudiziale, prevedendo all'art. 49 l'ordine al debitore di depositare i «*bilanci e delle scritture contabili e fiscali obbligatorie, in formato digitale nei casi in cui la documentazione è tenuta a norma dell'articolo 2215-bis del codice civile, dei libri sociali, delle dichiarazioni dei redditi, IRAP e IVA dei tre esercizi precedenti, nonché dell'elenco dei creditori corredato dall'indicazione del loro domicilio digitale, se già non eseguito a norma dell'articolo 39*».

[3] CAMPOBASSO, *Diritto commerciale*, 124: «La norma pone il principio generale che l'imprenditore deve tenere tutte le scritture contabili '*che siano richiesta dalla natura e dalle dimensioni dell'impresa*'. Stabilisce inoltre che in ogni caso devono essere tenuti determinati libri contabili: *il libro giornale*, e *il libro degli inventari*. Infine, devono essere ordinatamente conservati, per ciascun affare, gli originali della corrispondenza commerciale (lettere, fatture, telegrammi) ricevuta e le copie di quella spedita». Principio da declinarsi nel presente con ovvio riferimento ai mutati strumenti utilizzati dalle imprese nello svolgimento della loro attività: posta elettronica, certificata e non, fax, fatture elettroniche, ad esempio.

In questo senso è opportuno che nella missiva di convocazione del legale rappresentante si provveda ad evidenziare in dettaglio la documentazione da consegnare di modo da avere a disposizione, oltre ai libri sociali e contabili, anche gli ulteriori documenti amministrativi riguardanti le attività sociali (quali ad esempio, la movimentazione bancaria, la documentazione a supporto dei movimenti di cassa, le fatture attive e passive, la corrispondenza, i dichiarativi fiscali). Si è soliti richiedere un bilancio infrannuale redatto alla data di apertura della procedura concorsuale.

tori, con l'indicazione di rispettivi crediti e diritti di prelazione, nonché l'elenco di tutti coloro che vantano diritti reali e personali, mobiliari e immobiliari, su cose in possesso o nella disponibilità del fallito, con l'indicazione dei titoli relativi».

Il Codice individua altre norme riguardanti in generale gli obblighi di consegna laddove all'art. 148 impone ancora la consegna al curatore della «*corrispondenza di ogni genere, inclusa quella elettronica, riguardante i rapporti compresi nella liquidazione giudiziale*» e all'art. 146 elenca invece i beni non compresi nella liquidazione, e quindi da non consegnare alla curatela[4].

La documentazione contabile e sociale risulta indispensabile anche al fine di adempiere ad ulteriori due obblighi posti dalla legge in capo al curatore: il primo, contenuto sempre all'art. 198, comma 2 (89 l. fall.) che obbliga il debitore a presentare il bilancio dell'ultimo esercizio entro trenta giorni dall'apertura della liquidazione giudiziale; in mancanza, l'obbligato sarà il curatore, il quale dovrà anche apportare «*le rettifiche necessarie al bilancio presentato dal debitore e ai bilanci e agli elenchi presentati a norma dell'art. 39*». Il secondo, previsto all'art. 130 (33 l. fall.), concernente la relazione del curatore sugli accertamenti compiuti e sugli elementi informativi acquisiti relativi alle cause dell'insolvenza e alla responsabilità del debitore ovvero degli amministratori e degli organi di controllo della società.

Mentre la compilazione dell'elenco dei creditori non ha una concreta rilevanza pratica, essendo demandata alla successiva fase dell'accertamento del passivo la precisa ricostruzione delle posizioni creditorie, l'obbligo della formazione dell'ultimo bilancio di esercizio pone quasi sempre problemi insormontabili a causa della mancanza totale o parziale della documentazione necessaria all'incombente, con conseguenze che si riverberano anche in sede fiscale laddove le risultanze civilistiche relative alla frazione di esercizio fino alla data di fallimento, risultanti dalla ricostruzione del curatore, sono rilevanti ai fini del computo del credito o debito IVA e della determinazione dell'imponibile fiscale iniziale, dal quale dipenderà il risultato complessivo del maxi periodo di imposta.

La mancanza delle scritture contabili appare vieppiù rilevante, infine, con riferimento agli obblighi informativi sulle cause dell'insolvenza e sulle responsabilità nella gestione, laddove tali elementi raramente possono essere desunti dalla documentazione e dagli atti rilevati dalle banche dati *ex* art. 49, comma 3, lett. *f)* e dalle ulteriori banche dati *ex* art. 130, comma 2.

In tema scritture contabili appare opportuno procedere ad ottenere, oltre alla stampa cartacea dei cc.dd. "mastrini" di tutti i conti e sottoconti della contabilità sociale, anche i supporti informatici di tali dati e le credenziali di accesso ai sistemi software in dotazione al soggetto fallito di modo da poter più agevolmente procedere all'incombente di cui al citato art. 198. Sarà inoltre opportuno procedere all'apertura del c.d. "cassetto fiscale" onde verificare i carichi pendenti e gli eventuali debiti erariali.

È stata mantenuta la previsione previgente, che non obbliga alla vidimazione delle scritture contabili da parte del giudice delegato, e ciò a dispetto di una prassi tutt'ora abbastanza diffusa che vede tale atto ancora sottoposto all'attenzione dei giudici[5].

Le somme riscosse sono depositate su appositi depositi bancari o postali a cura dell'or-

---

[4] V. *sub* art. 146.

[5] Cfr. TEDESCHI, *Manuale*, 225; PAJARDI, *Codice del fallimento*, il quale reputa ancora opportuna la vidimazione al fine di certificare gli eventi sociali accaduti sino alla sentenza di fallimento.

gano della procedura, senza necessità di una previa autorizzazione del giudice delegato: a mente dell'art. 34 l. fall., oggi corrispondente all'art. 131, che non muta, viene prevista una diretta responsabilità del curatore per l'omissione dell'adempimento che può essere sanzionata financo con la revoca.

L'autorizzazione del giudice, come già rilevato, viene prevista dall'art. 194 solo in caso di affidamento a terzi della documentazione ricevuta, limitatamente ai «titoli e gli altri documenti», i quali di norma dovranno essere custoditi personalmente dal curatore.

2. – Il comma 3 dell'articolo in commento vede il *restyling* più incisivo: in luogo infatti della precedente formulazione della norma contenuta nella legge fallimentare, che prevedeva l'obbligo del curatore di esibire le scritture contabili a richiesta del fallito e di chi ne abbia diritto, con legittimazione di costoro a proporre reclamo in caso di diniego della curatela, la norma novellata precisa che *«ogni interessato, se autorizzato dal curatore, può, a sue spese, esaminare le scritture contabili e gli altri documenti acquisiti dallo stesso curatore, ed estrarne copia»*.

La riformulazione, con l'eliminazione dell'inciso "in ogni caso", appare più coerente con il sistema, laddove parrebbe confermare, quale presupposto della richiesta, un interesse specifico ed attuale all'esibizione delle scritture contabili, in luogo di un generico interesse, introducendo quel principio che parte autorevole della dottrina aveva già indicato come base legittimante la richiesta [6].

Tale assunto discende anche dalla lettura dell'art. 90, comma 3, l. fall., laddove è stabilito che i creditori ed i terzi hanno diritto di prendere visione ed estrarre copia degli atti e dei documenti contenuti nel fascicolo fallimentare sempreché siano portatori di uno specifico ed attuale interesse. L'art. 199, conferma ora tale impostazione, laddove prevede un diritto incondizionato dei componenti del comitato dei creditori e del debitore, fatta eccezione per i documenti per i quali il giudice delegato ha ordinato la secretazione, mentre prevede che il diritto dei creditori e dei terzi deve essere assistito da uno specifico ed attuale interesse, e previa autorizzazione del g.d., sentito il curatore.

Anche l'eliminazione dell'inciso riguardante l'eventuale diniego della curatela all'esibizione, e il successivo ricorso al giudice delegato, appare condivisibile laddove lo strumento reattivo avverso ogni atto e decisione del curatore è ben disciplinato dall'art. 133, così come l'art. 124 prevede il reclamo avverso l'eventuale decisione del giudice di non autorizzare l'esibizione.

---

[6] ZANICHELLI, *La nuova disciplina*, 194: «Per quanto attiene ai terzi deve ritenersi che il diritto di accesso sia condizionato ad un interesse qualificato, diretto ed attuale, i cui limiti, in difetto di indicazioni testuali, possono essere rilevati dal disposto dell'art. 210 c.p.c. in quanto appare ovvio che il terzo non possa ottenere *de plano* ciò che non potrebbe ottenere in sede processuale». Diversa l'opinione di FONTANA, *Il nuovo diritto*, 1365; per il quale al terzo non è sufficiente dimostrare l'esistenza di uno specifico e diretto interesse, «dovendo risultare sussistente un diritto all'esibizione come se si trattasse dell'accesso ai documenti interni di una qualunque impresa *in bonis*». Sempre l'Autore specifica come, in presenza di una controversia nella quale sia parte il fallimento, occorra formulare le relative richieste istruttorie al giudice della causa, «non potendo esigere dal curatore fallimentare una collaborazione extraprocessuale vola a fornire alla parte avversa gli elementi probatori da produrre in giudizio. Se così non fosse verrebbe alterata la parità delle parti nel processo configurandosi a carico del fallimento un dovere di collaborazione che non grava invece sulla controparte».

Sotto questo profilo l'attribuzione diretta al curatore del potere di autorizzare, a favore di ogni interessato, l'esame delle scritture contabili da lui direttamente custodite e ad permetterne l'acquisizione di copie a spese del richiedente, appare coerente con le esigenze di speditezza e celerità della procedura, potendo così evitare, in quanto foriero di inutile dispendio di tempo, il passaggio autorizzativo dal giudice e il consueto previo parere della curatela, in quanto tale potere è limitato alla sola documentazione contabile, dovendo considerare anche "gli altri documenti" come appartenenti anch'essi a tale categoria.

Da ultimo va evidenziato come la norma in commento vada letta congiuntamente all'art. 197 che prevede la presa in consegna delle *res* man mano che se ne effettua l'inventario: ovviamente con riferimento alle cose di cui all'art. 194 solo in caso di mancata previa consegna in mani del curatore o di deposito delle stesse in tribunale.

Articolo 195

Inventario

1. Il curatore, rimossi, se in precedenza apposti, i sigilli, redige l'inventario nel più breve termine possibile secondo le norme stabilite dal codice di procedura civile, presenti o avvisati il debitore e il comitato dei creditori, se nominato, formando processo verbale delle attività compiute, al quale allega la documentazione fotografica dei beni inventariati. Possono intervenire i creditori.

2. Il curatore, quando occorre, nomina uno stimatore.

3. Prima di chiudere l'inventario il curatore invita il debitore o, se si tratta di società, gli amministratori a dichiarare se hanno notizia di altri beni da comprendere nell'inventario, avvertendoli delle pene stabilite dall'articolo 327 in caso di falsa o omessa dichiarazione.

4. L'inventario è redatto in doppio originale e sottoscritto da tutti gli intervenuti. Uno degli originali deve essere depositato nella cancelleria del tribunale.

Emanuele Mattei

Sommario: 1. Natura ed effetti dell'attività di inventariazione. – 2. I beni da inventariare. – 3. Stimatori e coadiutori del curatore.

1. – Anche in tema di inventario l'art. 195, non ha modificato in maniera sostanziale la disciplina di cui all'art. 87 l. fall.

Unica nota di rilievo, in termini di novità formali, appare l'eliminazione della figura del cancelliere nelle attività inventariali, oggi presente nell'attuale formulazione normativa in funzione di assistenza al curatore nella redazione del verbale di inventario.

L'eliminazione della figura del cancelliere appare coerente con l'attribuzione alla curatela di ogni potere amministrativo nella fase della ricognizione dei beni del debitore e delle successive eventuali fasi di sigillazione e di inventariazione, con le quali l'organo gestorio prende possesso delle *res* divenendone custode[1].

[1] La disposizione previgente prevedeva una mera assistenza del cancelliere alla redazione del verbale che deve essere formato e redatto dal curatore. Già dalla Commissione Trevisanato si tentò, senza successo, di eliminare tale disposizione lasciando l'incombenza interamente nelle mani della curatela: la riforma introdotta del Codice elimina del tutto l'intervento del cancelliere, verso un coerente orientamento della gestione delle fasi gestorie integralmente affidate al curatore.

D'altro canto la redazione dell'inventario è atto deputato esclusivamente all'attività del curatore, tanto che già oggi la mancanza della sua sottoscrizione in calce al verbale che certifica le attività inventariali effettuate, ne determina la nullità pur in presenza delle sottoscrizioni degli altri eventuali intervenuti, cancelliere, creditori e debitore[2].

Il curatore, in conseguenza delle attività di inventariazione, prende in consegna i beni facenti parte dell'attivo concorsuale e assume per ciò stesso le medesime funzioni, compiti e responsabilità del custode giudiziario, nell'ambito delle funzioni a lui attribuite dall'ufficio.

La redazione dell'inventario appare momento fondamentale dell'attività della curatela, sia sotto il profilo dell'acquisizione all'attivo della procedura di ogni bene, mobile o immobile, e di ogni credito esistente al momento della declaratoria di fallimento (liquidazione giudiziale), sia sotto il profilo della redazione del programma di liquidazione, momento decisivo dell'attività dell'organo gestorio, con il quale costui prefigura e motiva le modalità e i tempi di liquidazione dell'attivo.

In tal senso la novella mantiene l'intento acceleratorio presente nella legge fallimentare, confermando l'invito al curatore a redigere l'inventario *nel più breve termine possibile*, non potendo fissare un termine perentorio a causa della molteplicità delle situazioni nelle quali potrebbe presentarsi l'attivo del debitore, in termini di numerosità e distanza dei luoghi e di difficoltà di reperimento dei beni, ma non retrocedendo riguardo all'esigenza di avere la situazione delle *res* cristallizzata e definita nel verbale di inventario in tempi ragionevolmente brevi[3].

Viene mantenuto integralmente il riferimento alle norme del codice di procedura civile ponendosi quindi ancora come attuali le diverse posizioni in ordine alla natura dell'atto di inventariazione[4] e al suo contenuto formale[5].

---

[2] Appare possibile la delega dell'attività inventariale a soggetto terzo, sotto la costante ed ineliminabile responsabilità del curatore, ai sensi dell'art. 129, comma 2 (già art. 32 l. fall.) che, individuando tassativamente gli atti e le attività non delegabili, permette implicitamente l'attribuibilità di tale funzione ad un coadiutore. Il compenso del delegato che viene liquidato dal giudice, verrà detratto dal compenso finale del curatore.

[3] La mancanza di un termine perentorio per la redazione dell'inventario rendeva il termine di sessanta giorni per la redazione del programma di liquidazione del tutto inutile, in quanto astrattamente poteva non scattare mai il *dies a quo* dal quale computare il termine per redigere il programma di liquidazione a causa del protrarsi *sine die* delle operazioni di inventario o anche nel caso di inesistenza dell'inventario per la mancanza di beni. Tale *vulnus* è stato corretto prima dal d.lgs. 12 settembre 2007, n. 169, con la previsione dell'ulteriore termine (perentorio) di 180 giorni dalla dichiarazione di fallimento, che prescinde dalla redazione o meno dell'inventario e, recentemente, con il Codice il quale all'art. 123, mantiene il termine di «*sessanta giorni dalla redazione dell'inventario*», portando il secondo termine a «*centocinquanta giorni dalla sentenza dichiarativa dell'apertura della liquidazione giudiziale*».

[4] Cfr. FERRO, *La Legge Fallimentare*, 988, che configura l'inventario quale «atto avente valore economico-aziendalistico, che acquista una funzione di stima e si valutazione del patrimonio a fini liquidatori». In questo senso le operazioni di inventariazione debbono estendersi a tutto l'attivo, inclusi i crediti e i beni immobili, con esclusione delle passività in quanto oggetto di separata verifica prevista dagli artt. 92 ss. l. fall. con disapplicazione, quindi, dei nn. 4 e 5 dell'art. 775 c.p.c. (cfr. PAJARDI, PALUCHOWSKI, *Codice del Fallimento*, 956). L'inventario continua quindi ad avere la funzione di strumento acquisitivo all'attivo della massa dei beni precedentemente appartenenti al fallito, mentre il vincolo di indisponibilità a valere sull'intero patrimonio del fallito, deriva direttamente dalla sentenza di fallimento *ex* art. 46 l. fall. (GUGLIELMUCCI, *Diritto Fallimentare*), oggi prevista all'art. 142. Per una sua funzione valutativa anche dell'attività compiuta dal curatore cfr. FONTANA, *Il nuovo diritto*, 1368. *Ex pluribus* FERRO, *La legge fallimentare*, 996, dove si sottolinea come l'inventario abbia l'efficacia probatoria dell'atto pubblico e fa quindi prova fino a querela di falso. Ritengo questo principio valido anche con riferimento alla eliminazione del cancelliere essendo il curatore pubblico ufficiale.

[5] L'inventario deve essere redatto secondo le disposizioni del codice di rito (art. 769 ss. c.p.c.) in quanto

Il processo verbale che dovrà essere redatto dalla curatela dovrà anche essere corredato dalla *documentazione fotografica dei beni inventariati*, costituendo questo innesto del Codice una novità rispetto alla legge fallimentare, in linea con le nuove modalità di vendita on line che esigono materiale pubblicabile ai fini della necessaria pubblicità.

2. – Le *res* da inventariare coincidono in prima battuta con quelle oggetto di sigillazione, salva la previsione dell'art. 196, comma 2 (già 87-*bis*, comma 2, l. fall.), che esclude i beni su cui soggetti terzi vantano diritti reali o personali chiaramente riconoscibili, pur avendo già evidenziato *sub* art. 193 come detti beni non siano da sigillare ma meramente da descrivere nel processo verbale *ex* art. 758 c.p.c.

Sono da inventariare, ovviamente, tutti i beni in precedenza non sigillati: tale interpretazione la discende dalla previsione dell'art. 87, comma 3, l. fall., integralmente ripresa dall'articolo in commento, che prefigura l'invito del curatore al debitore di *dichiarare se abbia notizia che esistano altre attività da comprendere nell'inventario*, non essendo stati tali beni evidentemente sottoposti ad una preventiva sigillazione.

Gli strumenti posti a tutela dei terzi che si ritengono pregiudicati da eventuali iniziative assunte dal curatore in sede di inventario sono affidate al rimedio previsto dall'art. 196, che prevede un'istanza al giudice delegato con la richiesta della restituzione dei beni sui quali il terzo vanta diritti reali o personali "chiaramente e immediatamente riconoscibili", potendo verificare *ictu oculi* l'esistenza di atti giuridici validamente opponibili alla massa, tali da non esigere procedimenti giudiziali per l'accertamento del diritto; ovvero ad una domanda di rivendicazione o restituzione *ex* art. 210 (già art. 103 l. fall.), nel caso in cui la *res* sia collocata presso il debitore, gravando sul terzo l'onere di provare il diritto di proprietà.

Ove il bene sia stato rinvenuto invece non presso il debitore e sia stato inventariato soccorrerà l'*actio nullitatis* preferendoci la soluzione della giuridica inesistenza dell'iniziativa della curatela, impugnabile senza alcun limite temporale[6].

Il principio ineludibile che sottintende ai rimedi prefigurati risiede nella assoluta irrilevanza dell'inventario in ordine all'accertamento della proprietà, dovendosi considerare tale atto, per pacifico orientamento della Suprema Corte, giuridicamente inesistente in quanto posto in assoluta carenza di potere[7].

3. – Il Codice conferma la figura dello "stimatore", cioè di un tecnico esperto nella valutazione dei beni rinvenuti e inventariati, la cui nomina è rimessa al curatore, come nell'attuale disciplina. La valutazione dei beni non è obbligatoria e rimessa alla discrezionalità della curatela che dovrà valutare la scarsità di valore della *res* o la sua agevole valutazione sulla base di listini o mercuriali di modo da soprassedere alla stima in sede di processo verbale.

Lo stimatore deve considerarsi tra le figure contemplate dall'art. 129, comma 1 (già

---

compatibili. Concorda la maggioranza dei commentatori sull'inclusione della descrizione dei beni immobili nel verbale dell'inventario ove «la formalità dell'annotazione nei registri, prevista dall'art. 88 per gli immobili e per i mobili registrati, rappresenta un adempimento ulteriore e non sostitutivo» (FONTANA, *Art. 87*, 1368 e anche ABETE, *La Legge fallimentare*, 1164).

6 ABETE, *La Legge fallimentare*, 1165.

7 Tra tutte, Cass., SS.UU., 9 aprile 1984, n. 2258, in *Fallimento*, 1984, 1201.

art. 32, comma 2, l. fall.) e cioè tra le persone la cui opera è stata richiesta dal medesimo curatore nell'interesse della procedura [8], ma se dovessero essergli affidati ulteriori compiti rispetto alla semplice valutazione dovrebbe applicarsi l'art. 129, comma 2, che riguarda i coadiutori del curatore, per la cui nomina occorre investire il comitato dei creditori, ove costituito o, in mancanza, il giudice delegato. Occorrerà procedere alla nomina unicamente in presenza di qualità e quantità di beni che la giustifichino, di modo da non vanificare né l'attività svolta né tantomeno la retribuzione dovuta all'esperto.

Appare sempre più frequente la nomina di soggetti specializzati che, oltre alla ricerca sul mercato di acquirenti potenziali, attraverso siti web presenti sui mercati mondiali, si occupano anche delle fasi precedenti, riguardanti l'inventariazione e la valutazione, e che vengono remunerati sulla base di una commissione a valere sul corrispettivo della cessione, normalmente a carico dell'acquirente.

L'incarico conferito a tali soggetti permette di avere un unico interlocutore, facilitando gli aspetti amministrativi e fiscali, ed anche l'operatività della procedura, potendo il commissionario alla vendita, redigere l'elenco dei beni su supporto informatico, già corredato dalle valutazioni delle singole res (o anche di gruppi di beni omogenei), di modo da facilitarne la pubblicazione e la formulazione di offerte nella procedura competitiva successiva.

Il Codice conferma questa impostazione delle prassi all'art. 126 rubricato «Modalità della liquidazione», non disponendo differenze tra le vendite di beni mobili o immobili e prevedendo che «*i beni acquisiti all'attivo della procedura sono stimati da esperti nominati ai sensi dell'art. 129 comma 2*», corrispondente in toto all'art. 32, comma 2.

Il comma 3 dell'articolo in commento non muta rispetto al previgente comma 3 dell'art. 87 l. fall.: si mantiene l'obbligo in capo alla curatela di invitare il debitore o gli amministratori della società soggetta alla liquidazione giudiziale al fine di far rendere loro la dichiarazione di esistenza (o inesistenza) di altri beni rispetto a quelli inventariati, avvertendoli delle pene previste dall'art. 327 c.p.c. in caso di false dichiarazioni.

In caso di mancata presentazione del debitore occorrerà dare atto nel verbale delle operazioni inventariali dell'avvenuto invito da parte del curatore, tenendo conto che la dichiarazione di cui trattasi può essere resa anche in altre sedi, nel caso in cui il debitore o l'amministratore intervenga in un momento successivo o precedente alla fase di inventario, per esempio in sede di interrogatorio. La norma in commento, in tema di presenza alle operazioni di inventario, conferma le differenze rispetto all'art. 771 c.p.c., prevedendo che siano presenti o avvisati il debitore e il comitato dei creditori, se nominato.

L'inventario deve essere redatto in doppio originale e sottoscritto da tutti gli intervenuti, con deposito presso la cancelleria del tribunale di uno dei due originali e consegna al curatore dell'altro originale [9].

[8] Ai fini della liquidazione del compenso ritengo debbano applicarsi i criteri inerenti la normativa applicabile ai compensi spettanti ai periti, consulenti tecnici, interpreti e traduttori (si veda FERRO, *Commentario Teorico-Pratico*, 989), su istanza del curatore al giudice che provvede alla liquidazione.

[9] Per le conseguenze della mancata sottoscrizione v. ESPOSITO, PALETTA, *Artt. 84-90*, 1138.

Articolo 196

Inventario di altri beni

1. In deroga a quanto previsto dagli articoli 151, comma 2, e 210, il giudice delegato, su istanza della parte interessata, può, sentiti il curatore e il comitato dei creditori, se già costituito, disporre che non siano inclusi nell'inventario o siano restituiti agli aventi diritto i beni mobili sui quali terzi vantano diritti reali o personali chiaramente e immediatamente riconoscibili.

2. Sono inventariati anche i beni di proprietà del debitore dei quali il terzo detentore ha diritto di rimanere nel godimento in virtù di un titolo opponibile al curatore.

Emanuele Mattei

Sommario: 1. I beni di terzi. – 2. I beni in possesso di terzi.

1. – Anche questa norma non apporta modifiche rilevanti al previgente art. 87-*bis* l. fall., laddove al comma 1 conferma la deroga alla regola generale che richiede l'accertamento di cui al capo III, denominato nel Codice «*Accertamento del passivo e dei diritti dei terzi sui beni compresi nella liquidazione giudiziale*», per la restituzione delle cose mobili comunque acquisite alla massa.

Anche all'indomani dell'entrata in vigore del nuovo Codice il terzo che dichiara di vantare un diritto reale o personale rispetto ai beni acquisiti (o in corso di acquisizione) dalla curatela, infatti, dovrà proporre domanda di rivendicazione ovvero di restituzione, rispettivamente se agisce in qualità di proprietario o di titolare di altro diritto reale o in forza di un credito restitutorio nascente da rapporto contrattuale.

Qualora invece la curatela si trovi dinanzi ad un diritto "chiaramente e immediatamente riconoscibile"[1] si potrà applicare la procedura semplificata che continua a prevedere

[1] La riconoscibilità può essere desunta da atti negoziali aventi data certa anteriore al fallimento, ma anche da situazioni di fatto dalle quali emerga in modo inequivocabile l'appartenenza delle *res* al terzo istante. PAJARDI, *Codice del Fallimento*, 960 riferisce come il legislatore abbia inteso con l'espressione "chiaramente riconoscibili" quelle ipotesi nelle quali sussistano elementi che in maniera inequivocabile ne consentono l'individuazione (targhette di riconoscimento, targa, telaio, ecc.), od anche beni depositati dai clienti nel caso di attività di impresa che ne preveda la custodia (cfr. D'AMATO, *Diritto della crisi*). Ovviamente dal novero dei beni mobili in questione vanno esclusi i beni impignorabili che *a fortiori* non possono essere inventariati, po-

l'istanza dell'interessato, il consenso del curatore e del comitato dei creditori, ove nominato: sussistendo i presupposti di legge [2], ed in presenza dei prescritti pareri positivi, il decreto del giudice delegato disporrà, con effetti immediati e definitivi, la restituzione dei beni.

La nuova norma del Codice aggiunge l'avverbio "immediatamente" alla precedente espressione "chiaramente riconoscibili" probabilmente per permettere l'esclusione di un bene dal redigendo inventario proposta dall'interessato al giudice delegato prima della chiusura dello stesso: la norma infatti prevede, oltre alla possibilità della restituzione, anche la non inclusione di un bene mobile dal verbale inventariale in corso di formazione [3].

Tale possibilità appare oggi più chiara dalla modifica testuale dell'articolo: l'eliminazione infatti del vigente comma 2 che prevede che «I beni di cui al primo comma possono non essere inclusi nell'inventario», e lo spostamento di detta opzione nel comma 1, rende non più contestabile che anche questa soluzione debba passare per un'apposita istanza al giudice delegato, che provvede nelle medesime modalità e in presenza dei medesimi presupposti del caso della restituzione, eliminando i dubbi circa un autonomo potere della curatela in tal senso [4].

2. – Il nuovo comma 2 dell'art. 196 conferma la legittimità dell'inventariazione anche dei beni del debitore che il terzo detiene in forza di titolo opponibile alla massa, ed elimina la precisazione (del tutto superflua) che tali beni, proprio per essere il loro godimento in capo ad un terzo, non sono soggetti alla c.d. "presa in consegna", disciplinata dall'articolo successivo.

Trattasi solitamente dell'azienda, o di un ramo di essa, affittata a terzi o della locazione di singoli beni, attraverso negozi giuridici aventi data certa anteriore alla data della declaratoria di fallimento: non rileva, a tal proposito, l'eventuale revocabilità dell'atto per la quale la curatela dovrà senz'altro procedere alla relativa azione giudiziale, non potendo ostacolare, *medio tempore*, il godimento altrui.

Nel caso in cui il terzo detenga il bene senza un titolo opponibile, il curatore, proceduto comunque all'inventario, dovrà senz'altro introdurre un giudizio ordinario volto all'ac-

---

tendosi esperire il reclamo *ex* art. 133 o presentando istanza a norma dell'articolo in commento confidando nella rivalutazione a posteriori della curatela e del consenso del c.d.c.

[2] Per Fontana l'istanza può essere accolta solo quando il diritto reale o personale fatto valere risulti da titolo opponibile al curatore non apparendo sufficiente l'esistenza di meri indizi, giungendo questa opzione a penalizzare chi optasse per la domanda di rivendicazione o di restituzione, dovendo in questo caso il richiedente provare la domanda ai sensi dell'art. 621 c.p.c. Si legga, per una diversa posizione sul punto, ABETE, *La legge fallimentare*, 1172.

[3] Condivisibilmente cfr. DI AMATO, *Diritto della crisi*, 186, il quale evidenzia come la restituzione in via breve non costituisce una deroga al presupposto sostanziale di cui al all'art. 210, attraverso il richiamo all'art. 621 c.p.c., ma unicamente una deroga al procedimento formale di accertamento del diritto del terzo, in quanto tale disciplina non si applica se l'esistenza del diritto è resa verosimile dall'attività svolta dal terzo o dal debitore.

[4] Pur avendo chiarito la novella che anche la non inclusione di un bene nell'inventario, al pari della restituzione del bene al terzo, deve obbligatoriamente passare al vaglio giurisdizionale attraverso apposita istanza, avendo il legislatore della riforma attribuito al giudice il potere di valutare la chiara e immediata riconoscibilità del diritto vantato dal terzo, rimane fermo che il bene è assoggettato alla custodia del curatore fin quando non sia presentata l'istanza o fino a quando questa non sia stata delibata pur potendo il bene, nelle more, ancora non essere stato inventariato. (Cfr. FERRO, *La legge fallimentare*, 994).

certamento della titolarità e all'ottenimento di una condanna alla restituzione, mentre se i beni sono immobili, fermo restando inventariazione e trascrizione della sentenza di fallimento, si dovrà procedere con la richiesta al giudice delegato di emissione di un ordine di liberazione dell'immobile o con l'introduzione di un giudizio ordinario all'interno del quale richiedere un provvedimento di liberazione immediato.

L'ultimo capoverso dell'art. 87-*bis* l. fall., («*Tali beni non sono soggetti alla presa in consegna a norma dell'art. 88*»), nel codice è stato appostato nell'articolo successivo, il corrispondente art. 197, essendo la materia della presa in consegna disciplinata appositamente da questa norma.

Articolo 197

Presa in consegna dei beni del debitore da parte del curatore

1. Il curatore prende in consegna i beni, le scritture contabili e i documenti del debitore di mano in mano che ne fa l'inventario, fatta eccezione per i beni di cui all'articolo 196, comma 2.

2. Se il debitore possiede immobili o beni mobili iscritti in pubblici registri, il curatore notifica un estratto della sentenza di apertura della liquidazione giudiziale ai competenti uffici, perché sia trascritto nei pubblici registri.

Emanuele Mattei

Sommario: 1. La presa in consegna dei beni. – 2. La trascrizione dei beni immobili e dei beni mobili iscritti in pubblici registri.

1. – Diversamente da quanto disponeva l'art. 88 l. fall., al comma 1 dell'articolo in commento si introduce un'eccezione alla regola secondo la quale il possesso materiale dei beni inventariati avviene «*di mano in mano che se ne fa l'inventario*»: la presa in consegna automatica dei beni inventariati non può contemplare, infatti, i beni di cui al comma 2 dell'art. 196, cioè i beni, come visto, che sono nel godimento legittimo di un terzo e di ciò tiene espressamente conto il comma 1 dell'articolo in commento[1].

Si è già scritto[2] circa la natura e la funzione dell'inventario e questa norma appare rafforzativa di quanto regolato dagli articoli precedenti: l'inventario costituisce infatti il documento con il quale il fallimento individua i beni del debitore, li apprende provvisoriamente alla massa, destinandoli alla esecuzione concorsuale.

I beni e le attività così appresi saranno definitivamente assoggettati alla soddisfazione dei creditori una volta risolte le eventuali contestazioni dei terzi, o del debitore, sulla loro titolarità, divenendo a tutti gli effetti patrimonio destinato alla liquidazione.

Il curatore, mano a mano che apprende beni e attività assume, quindi, la funzione e i compiti del custode giudiziario, con le relative responsabilità e incombenze: sarà sua cura,

---

[1] Si tratta, come visto in sede di commento all'art. 196, di una migliore collocazione del divieto di inventariazione dei beni di terzi nella norma che tratta della "presa in consegna".

[2] V. *sub* art. 195.

infatti, verificare l'esistenza di idonee coperture assicurative per la responsabilità civile e per incendio e furto, di modo da evitare i danni derivanti da depauperamenti e sottrazioni, in caso di beni mobili, e i danni alla *res* e a terzi in caso di incendio e cedimenti strutturali, in caso di beni immobili.

L'apprensione materiale ed automatica non trova ostacoli in caso di espropriazione immobiliare iniziata prima della dichiarazione di fallimento in quanto il curatore si sostituisce di diritto al creditore assumendo direttamente anche la custodia dei beni pignorati, ove non fosse stato già nominato un custode dal giudice dell'esecuzione per effetto degli artt. 142 del Codice e 559 c.p.c.[3].

Il sequestro giudiziario, invece, ove sia stato concesso prima del fallimento a favore del debitore, non permette l'entrata in possesso del bene nella sua sfera patrimoniale e quindi la sua apprensione non è permessa se non per tramite la via ordinaria della prosecuzione del giudizio. Se invece sia stato il debitore a subire il provvedimento cautelare a valere su un bene di proprietà, quest'ultimo potrà senz'altro essere inventariato e la sostituzione automatica del custode nominato con il curatore dipenderà dalla procedibilità della misura cautelare[4].

Da ultimo, sempre in tema di vincoli cautelari o giudiziali, mentre il sequestro conservativo sui beni del fallito non ne preclude l'inventariabilità appartenendo il bene all'esecutato sino alla vendita, il sequestro probatorio *ex* art. 253 c.p.p. e il sequestro preventivo penale *ex* art. 321 c.p.p. impediscono la materiale apprensione dei beni alla massa per evidenti esigenze connesse alle indagini penali in corso sino al provvedimento di dissequestro.

L'acquisizione della documentazione contabile avviene normalmente attraverso il deposito delle medesime a cura del debitore presso la cancelleria del tribunale che ha dichiarato il fallimento o attraverso la consegna materiale nelle mani del curatore conseguente alla convocazione e alla presentazione del legale rappresentante presso lo studio del curatore. In caso, invece, di rinvenimento dei documenti sociali in occasione di accesso presso le sedi principali o secondarie occorrerà acquisirli materialmente ed inserirli in inventario.

2. – Il comma 2 della nuova norma non è stato modificato rispetto al comma 2 dell'art. 88 l. fall., prevedendo per i beni immobili e per i mobili registrati la notifica di un estratto della sentenza dichiarativa di fallimento, a cura del curatore, ai competenti uffici, perché sia trascritto nei pubblici registri. Non muta quindi il principio ormai pacifico in dottrina ed in giurisprudenza che individua nella disposizione in esame una forma di pubblicità-notizia necessaria ad offrire un'adeguata informazione ai terzi i quali, interessati ad acquistare i beni ed ignari dell'intercorso fallimento, possano in tal guisa evitare un acquisto inefficace ai sensi dell'art. 44 l. fall., oggi l'art. 144, regola che, com'è noto, attribuisce tale effetto costituivo alla pubblicazione della sentenza dichiarativa di fallimento e non alla sua trascrizione nei pubblici registri.

---

[3] Vedi Cass. n. 10599 del 2009, Cass. n. 28894 del 2008 e Cass. n. 15103 del 2005. Al fine di attribuire alla curatela anche il potere di vendita del bene pignorato occorrerà procedere ad apposita istanza al giudice dell'esecuzione ai sensi del comma 6 dell'art. 216 che dichiarerà l'improcedibilità della procedura esecutiva individuale.

[4] MAFFEI ALBERTI, *Commentario breve*, 479; FERRO, *Commentario teorico*, 996.

Da ciò discende che al curatore possa essere attribuita unicamente la responsabilità per gli eventuali danni, patiti dal terzo acquirente in buona fede, discendenti direttamente dal suo mancato adempimento, non estendibili comunque per effetto dell'eventuale mancata trascrizione da parte della conservatoria, non potendo il dovere di diligenza di cui all'art. 38 l. fall. estendersi sino al controllo delle condotte di terzi[5].

Sarà possibile acquisire beni alla massa anche successivamente alla chiusura delle operazioni inventariali, potendo intervenire il giudice con apposito decreto di acquisizione che, come già ricordato, non potrà incidere sui diritti dei terzi che rivendichino un proprio diritto incompatibile con l'acquisizione.

---

[5] Cass., 27 ottobre 2006, n. 23264, in *Il Fallimento*, 2007, 346.

Articolo 198
Elenchi dei creditori e dei titolari di diritti immobiliari o mobiliari e bilancio

1. Il curatore, in base alle scritture contabili del debitore e alle altre notizie che può raccogliere, compila l'elenco dei creditori, con l'indicazione dei rispettivi crediti e diritti di prelazione, nonché l'elenco di coloro che appaiono titolari di diritti reali e personali, mobiliari e immobiliari, su beni in possesso o nella disponibilità del debitore, con l'indicazione dei titoli relativi. Gli elenchi sono depositati in cancelleria.

2. Il debitore deve presentare il bilancio dell'ultimo esercizio entro trenta giorni dall'apertura della liquidazione giudiziale; in mancanza, alla redazione provvede il curatore. Il curatore inoltre apporta le rettifiche necessarie al bilancio presentato dal debitore e ai bilanci e agli elenchi presentati a norma dell'articolo 39. Fino alla chiusura della liquidazione giudiziale i liquidatori non sono tenuti all'adempimento degli obblighi di cui all'articolo 2490 del codice civile.

Emanuele Mattei

Sommario: 1. Gli elenchi dei creditori. – 2. Il bilancio dell'ultimo esercizio.

1. – Nell'articolo in commento, oltre alla modifica della rubrica che vede una versione più pertinente al suo contenuto («*titolari di diritti immobiliari o mobiliari* invece di *diritti reali mobiliari*»), il riformatore ha innestato interamente un nuovo comma, il secondo, modificando integralmente la disciplina di redazione dell'ultimo bilancio del debitore, anche in fase di liquidazione *ex* art. 2490 c.c.

Va inizialmente segnalato come, nel caso di specie, al pari di altre parti del Codice, il legislatore ha mancato di coraggio avendo potuto certamente evitare di riproporre una regola quasi del tutto inapplicata proprio per la sua inutilità pratica.

È stata infatti già segnalata l'assoluta mancanza di valenza vincolante degli elenchi dei creditori e dei titolari di diritti [1], sia ai fini della fase dell'accertamento del passivo, sia ai fini di eventuali istanze di rivendica o restituzione: nel caso di esistenza di scritture conta-

[1] Zanichelli, *La nuova disciplina*.

bili e documentazione amministrativa, il libro giornale, il libro inventari e il bilancio [2] costituiscono di per sé atti idonei all'individuazione preventiva dei crediti (non sempre dei creditori se dovessero mancare le fatture passive o altri documenti dai quali desumerli) e dei titolari di diritti reali e/o personali, potendo gli elenchi in questione costituire al più una mera riorganizzazione funzionale di dati già in possesso della curatela, mentre in mancanza della documentazione sarà ovviamente impossibile la ricostruzione dei fatti sociali e, *a fortiori*, degli elenchi in commento.

L'inutilità della norma appare più evidente dopo la riforma del 2006 che ha impresso alla fase dell'accertamento del passivo una più stringente tempistica, apparendo indubbio come sia questo il momento centrale ove potranno formarsi gli elenchi *de quibus*, proprio per l'esistenza di un corredo documentale obbligatorio che deve assistere i creditori istanti, a nulla valendo schemi e prospetti quasi sempre incompleti ed insufficienti a causa della mancanza di informazioni e documenti probanti [3].

Anche sotto il diverso ma non meno importante profilo di natura sostanziale, inerente l'efficienza dell'attività del curatore, va segnalato che, in presenza delle scritture contabili e della documentazione sociale, l'organo gestorio deve rivolgere senza indugio la propria azione nell'individuazione dei beni e dei crediti, e nella loro materiale apprensione, come già visto in tema di sigilli ed inventario, considerati i gravi rischi insiti in un eventuale ritardo nelle suddette attività, inerenti ad esempio il perimento o la sottrazione dei beni mobili e la prescrizione nel caso dei crediti, ben potendo l'attività inerente l'accertamento nominativo dei creditori e dei titolari di diritti passare in secondo piano poiché comunque devoluta, in modo più efficiente ed efficace, alla fase di accertamento giudiziale di cui agli artt. 200 ss. [4].

2. – La disposizione di cui al comma 2, invece, sembra aver accolto le numerose critiche della dottrina: la norma precedente, infatti, prevedeva (e prevede ancora per le procedura apertesi prima del 15 luglio 2022) unicamente in capo al curatore l'obbligo di redigere il bilancio dell'ultimo esercizio, se non fosse stato presentato dal debitore nel termine stabilito, obbligandolo ad apportare le rettifiche necessarie.

Appariva evidente, infatti, come fosse impossibile adempiere all'incombente in mancanza parziale o totale delle scritture contabili obbligatorie, potendo unicamente segnalare

[2] Cfr. FERRO, *La legge fallimentare*, 1002, n. 4 che indica l'esistenza delle scritture contabile quale presupposto per la formazione degli elenchi.

[3] Cfr. DIMUNDO-QUATRARO, *La verifica*, evidenzia come tali elenchi non posseggano alcuna valenza probatoria circa la sussistenza dei crediti e delle pretese di terzi, né implicano riconoscimento alcuno, trattandosi di meri atti interni alla procedura (vedi FERRO, *Commentario teorico-pratico*, 1003). Per un differente punto di vista PAJARDI, *Codice del fallimento*, pag. 965 che reputa gli elenchi «un indispensabile supporto, ovvero il punto di partenza per l'invio da parte del curatore degli avvisi ai creditori ed ai titolari di diritti reali e personali, mobiliari e immobiliari sui beni di proprietà o in possesso del fallito».

[4] Per una disamina delle utilità funzionali degli "elenchi" di cui all'articolo in commento rinvio a LO CASCIO, *Codice commentato*, 1153. Tra queste sottolineo quella relativa alla redazione del programma di liquidazione e all'eventuale presentazione di una proposta di concordato fallimentare che può avvenire anche prima della formazione dello stato passivo e che vede nella predisposizione degli elenchi una base indispensabile per permettere una idonea proposta di soddisfazione dei creditori, sempre a condizione che sia disponibile la documentazione sociale e amministrativa.

detta omissione nella relazione *ex* art. 33 l. fall. (ora art. 130). La norma aveva valenza, quindi, unicamente in una situazione nella quale il debitore fallito avesse tenuto diligentemente la contabilità provvedendo alla redazione e al deposito dei bilanci di esercizio nei termini legali, ad eccezione dell'ultimo bilancio per essere intervenuta *medio tempore* la dichiarazione di fallimento, in un momento temporale che non aveva permesso la definizione od anche semplicemente il deposito del rendiconto economico e patrimoniale annuale obbligatorio.

D'altro canto ai fini della ricostruzione della situazione tributaria del soggetto fallito, e sempre che siano stati resi disponibili i documenti contabili necessari, si doveva comunque provvedere a ricostruire il conto economico nel periodo di imposta intercorrente tra l'inizio dell'esercizio (primo gennaio, per i soggetti con anno sociale coincidente con l'anno solare) e la data di fallimento: l'eventuale imposta emersa nel periodo in questione, da apposita dichiarazione fiscale da predisporre ed inviare a cura del curatore, sarebbe oggetto di domanda di ammissione al passivo da parte dell'Agenzia delle Entrate ai sensi degli artt. 183 TUIR e 5, comma 4, d.p.r. 22 luglio 98, n. 322. La dichiarazione dei redditi va inoltrata telematicamente entro 7 mesi dalla nomina[5].

La novella impone ora agli amministratori del soggetto debitore sottoposto alla liquidazione giudiziale di provvedere alla redazione e al deposito del bilancio di esercizio «*entro trenta giorni dall'apertura della liquidazione giudiziale*», confermando, anche successiva alla sentenza dichiarativa che apre la liquidazione, una legittimazione attiva degli organi della procedura: l'attività della curatela entrerà in gioco solo in via di surroga in caso di inadempimento all'obbligo.

[5] V. PAJARDI, *Codice del fallimento*, 966, che prevede financo la redazione di un'apposita perizia ricostruttiva della situazione contabile ove possibile. In caso di mancanza assoluta di dati ed informazioni contabili-amministrative il curatore dovrà presentare una dichiarazione priva di dati «precisando che l'impossibilità di reperire dati attendibili ha impedito la compilazione del dichiarativo».

Articolo 199

Fascicolo della procedura

1. Con la pubblicazione della sentenza di liquidazione giudiziale viene assegnato il domicilio digitale e viene formato il fascicolo informatico della procedura, nel quale devono essere contenuti tutti gli atti, i provvedimenti e i ricorsi attinenti al procedimento, opportunamente suddivisi in sezioni, esclusi quelli che, per ragioni di riservatezza, debbono essere custoditi nel fascicolo riservato.

2. I componenti del comitato dei creditori e il debitore possono prendere visione ed estrarre copia di tutti gli atti, i documenti e i provvedimenti inseriti nel fascicolo, fatta eccezione per quelli di cui il giudice delegato ha ordinato la secretazione.

3. Gli altri creditori ed i terzi hanno diritto di prendere visione e di estrarre copia degli atti e dei documenti per i quali sussiste un loro specifico ed attuale interesse, previa autorizzazione del giudice delegato, sentito il curatore.

4. I creditori possono prendere visione ed estrarre copia, a proprie spese, degli atti, dei documenti e dei provvedimenti del procedimento di accertamento del passivo e dei diritti dei terzi sui beni compresi nella liquidazione giudiziale.

Emanuele Mattei

Sommario: 1. Il domicilio digitale e i fascicoli informatici. – 2. Gli atti consultabili e i soggetti legittimati.

1. – La riforma ha invece inciso nella riscrittura di questa norma, modificandone il comma 1 con l'assegnazione del "domicilio digitale[1]", l'inserimento del "fascicolo informatico della procedura" e del "fascicolo riservato", ed inserendo *ex novo* un ultimo comma, il quarto, che aggiunge ulteriori legittimati alla visione e all'estrazione di copie degli atti, dei documenti e dei provvedimenti individuandoli nei creditori che hanno presentato

---

[1] Il domicilio digitale è definito dall'art. 1, comma 1, lett. *n-ter*), d.lgs. n 82 del 2005 "un indirizzo elettronico eletto presso un servizio di posta elettronica certificata o un servizio elettronico di recapito certificato come definito dal regolamento UE 23 luglio 2014 n. 910 del Parlamento europeo e del Consiglio". Al momento la PEC è l'unico indirizzo eleggibile come domicilio digitale mancando ancora la relativa normativa UE sull'attuazione del SERCQ, e deve essere il curatore ad attivarsi al fine di sceglierlo come tale, ai sensi anche dell'art. 10, comma 2, c.c.i.

domanda di ammissione allo stato passivo e i terzi che vantano diritti su beni compresi nella liquidazione giudiziale.

Viene quindi definitivamente abbandonato il sistema cartaceo previsto dall'art. 90 l. fall. che prevedeva la formazione del fascicolo a cura del cancelliere «anche in modalità informatica», permettendo l'esistenza di un fascicolo formato da documenti cartacei *sic et simpliciter*, da documenti originariamente cartacei e riprodotti in formato digitale ed infine documenti creati digitalmente ab origine.

La norma sembra predisposta per predisporre fin dall'inizio una sezione separata del fascicolo (il fascicolo riservato) [2] e per prefigurare ben individuate categorie di legittimati all'accesso agli atti della procedura, riservando loro diverse modalità dell'esercizio del loro diritto di accedere alle informazioni contenute nel fascicolo medesimo, nel tentativo di porre ordine ad una materia che continua ad essere oggetto di divergenze in dottrina e in giurisprudenza [3].

Il fascicolo informatico dovrà essere articolato in "sezioni" di modo che si possa immediatamente avere contezza in quale parte di esso si colloca l'atto richiesto dal terzo. È pensabile che il fascicolo informatico possa essere organizzato in parti che ripercorrano la procedura di liquidazione nelle sue scansioni temporali, seguite anche dalla *consecutio* delle norme del codice: accertamento del passivo, individuazione e valutazione dei beni, liquidazione, ripartizioni parziali, azioni legali attive e passive, rendiconto e ripartizione finale, chiusura della procedura, relazione e relazioni periodiche, con una sezione dedicata agli atti secretati (fascicolo riservato). Questa modalità potrà agevolare sia le richieste di accesso sia le eventuali autorizzazioni o dinieghi.

2. – La prima categoria di legittimati viene individuata congiuntamente nei componenti del comitato dei creditori (si deve reputare *uti singuli*) e il debitore i quali sono autorizzati a prendere visione e ad estrarre copia di tutti gli atti, i documenti e i provvedimenti inseriti nel fascicolo informatico, senza esigenza di previa istanza, con l'unica eccezione degli atti secretati dal giudice delegato: questa limitazione nella nuova articolazione della norma in commento va letta nel senso che sono inaccessibili tutti gli atti inseriti *ab origine* nella sezione riservata del fascicolo e tutti quelli inseriti successivamente, anche proprio per effetto della richiesta di accesso [4].

Il diritto di accesso dell'altra categoria prevista dalla legge, i creditori non facenti parte del comitato e i terzi, è più limitato in quanto potranno prendere visione ed estrarre copia degli atti e dei documenti unicamente in presenza di uno specifico ed attuale interesse che deve essere accertato dal giudice al quale occorrerà presentare apposita istanza di autorizzazione.

---

[2] In tal senso anche DI AMATO, *Diritto della crisi*, 186, il quale prefigura la creazione immediata di due fascicoli, uno riservato per il quale il giudice ha disposto la secretazione ed un altro contenente gli atti accessibili.

[3] DI AMATO, *Diritto della crisi*, 187, il quale ripercorre il contrasto ricordando come sino alla riforma del 2006 la prassi della giurisprudenza era molto restrittiva ed «escludeva che i creditori ed i soggetti comunque coinvolti dallo svolgimento della procedura avessero il diritto di consultare liberamente il fascicolo». Infatti, «la consultazione era subordinata ad una specifica istanza formulata in modo da consentire l'identificazione dell'istante e degli atti che si intendevano visionare, sulla quale il giudice delegato decideva discrezionalmente».

[4] In tal senso la norma è coordinata con l'art. 130, comma 8, con riferimento alla relazione del curatore.

I creditori che desiderino invece accedere agli atti relativi al procedimento di accertamento del passivo e dei diritti dei terzi su beni compresi nella liquidazione giudiziale non avranno necessità di specifica autorizzazione in quanto è la legge stessa che prevede *ab origine* l'esistenza di un loro interesse legittimandoli alle impugnazioni di ammissioni di terzi e all'accertamento di diritti reali o personali.

Sarà ancora possibile, *a fortiori*, la possibilità di proporre reclamo *ex* art. art. 124 al diniego di accesso agli atti del fascicolo riservato, insistendo per poter avere a disposizione proprio l'atto oggetto di diniego. Il tribunale decide con decreto il quale non può essere impugnato con ricorso in cassazione *ex* art. 111 Cost., in quanto non può sussistere un diritto illimitato alla consultazione di tutti gli atti della procedura concorsuale in presenza di una discrezionalità della segretazione e della valutazione dell'esistenza di un interesse all'accesso in capo all'autorità giudiziaria, dovendosi escludere di conseguenza la configurabilità del requisito della decisorietà del decreto impugnato [5].

[5] Cass. n. 212 del 2019 e Cass. n. 1032 del 2017. Si veda anche DI AMATO, *Diritto della crisi*, il quale prefigura una diversa soluzione alla luce della novella quantomeno nel caso di atti per i quali non sia prevista dalla legge una preventiva autorizzazione.

Articolo 200

Avviso ai creditori e agli altri interessati

---

1. Il curatore comunica senza indugio a coloro che, sulla base della documentazione in suo possesso o delle informazioni raccolte, risultano creditori o titolari di diritti reali o personali su beni mobili e immobili di proprietà o in possesso del debitore compresi nella liquidazione giudiziale, per mezzo della posta elettronica certificata, se l'indirizzo del destinatario risulta dal registro delle imprese ovvero dall'Indice nazionale degli indirizzi di posta elettronica certificata delle imprese e dei professionisti e, in ogni altro caso, mediante lettera raccomandata indirizzata alla sede, alla residenza o al domicilio del destinatario:

a) che possono partecipare al concorso trasmettendo la domanda con le modalità indicate nell'articolo 201, anche senza l'assistenza di un difensore;

b) la data, l'ora e il luogo fissati per l'esame dello stato passivo e il termine entro cui vanno presentate le domande;

c) ogni utile informazione per agevolare la presentazione della domanda e con l'avvertimento delle conseguenze di cui all'articolo 10, comma 3, nonché della sussistenza dell'onere previsto dall'articolo 201, comma 3, lettera e);

d) che possono chiedere l'assegnazione delle somme non riscosse dagli aventi diritto e i relativi interessi ai sensi dell'articolo 232, comma 4;

e) il domicilio digitale assegnato alla procedura.

2. Se il creditore ha sede o risiede all'estero, la comunicazione può essere effettuata al suo rappresentante in Italia, se esistente.

Vittorio Giorgi

Sommario: 1. L'avviso ai creditori tra vecchia e nuova disciplina. – 2. Le innovazioni del Codice.

1. – È pacifico che l'avviso ai creditori previsto dalla norma in commento costituisca una mera *provocatio ad agendum* e che il medesimo non comporti alcun riconoscimento di diritti da parte del curatore né gli precluda alcuna eccezione. All'avviso poi non può riconoscersi effetto interruttivo della prescrizione [1].

---

[1] DIMUNDO, QUATRARO, *Accertamento del passivo*, 993; TEDESCHI, *L'accertamento*, 894 s., 891; FABIANI, *La formazione*, 335; ID., *Diritto fallimentare*, 395; ABETE, *Art.* 92, 1189; APRILE, VELLA, *Art.* 92, 1017;

Si sottolineava l'opportunità di inviare l'avviso anche ai creditori le cui ragioni appaiano dubbie e ad enti pubblici (Inps, Inail, Uffici locali della Agenzia delle entrate, dai quali oltretutto è possibile acquisire utili informazioni), in modo da anticipare quanto più possibile eventuali contestazioni ed evitare insinuazioni tardive [2]. Tale prassi è accolta dal d.l. n. 78 del 2010, convertito in l. 30 luglio 2010, n. 122, che ha previsto l'obbligo per il curatore, entro i quindici giorni successivi all'accettazione, di comunicare alle pubbliche amministrazioni, con riferimento alle imposte non pagate dal debitore, ai sensi dell'art. 9, d.l. 31 gennaio 2007, n. 7, convertito con modificazioni nella l. 2 aprile 2007, n. 40, i dati necessari ai fini dell'eventuale insinuazione al passivo nella procedura concorsuale [3]. La forma della raccomandata non è richiesta, anche se risalta comunque l'opportunità della comunicazione con forme che assicurino la possibilità di provare l'avvenuta ricezione, altrimenti si avrebbe una moltiplicazione di insinuazioni tardive, con possibilità per questi creditori di avvalersi della non imputabilità della causa del ritardo [4].

L'avviso può anche avere un contenuto eventuale, ad esempio allegando dei modelli per la domanda al fine di facilitare i creditori, o avvertendo gli stessi dei rischi della mancata presentazione della domanda in caso di esdebitazione del fallito [5].

L'avviso sembra necessario anche nel caso di previsione di insufficiente realizzo di cui all'art. 209 (art. 102 l. fall.) [6]. L'omissione degli avvisi comporta grave irregolarità [7], per cui il tribunale non potrà disporre la chiusura, ma dovrà fissare altra udienza disponendo la comunicazione dell'avviso ai creditori e fissare un nuovo termine per la presentazione delle domande, mentre l'omissione dell'avviso nei confronti di un singolo creditore, oltre a comportare conseguenze sulla imputabilità del ritardo nella insinuazione tardiva, potrà comportare anche responsabilità del curatore qualora il creditore non sia nemmeno in condizione di insinuarsi tardivamente, ad esempio per la chiusura della procedura o per la ripartizione integrale dell'attivo. Il curatore potrà comunque provare che in concreto il creditore conosceva l'avvio della procedura nei confronti del debitore.

Il decreto "*Sviluppo bis*" (d.l. n. 179 del 2012, convertito in l. n. 221 del 2012), ha previsto che tutte le comunicazioni al e dal curatore effettuate nei fallimenti per i quali, alla data del 19 dicembre 2012 non sia stato ancora inviato l'avviso di cui all'art. 92 ed i successivi, debbano avvenire mediante pec. Così solo a mezzo pec è possibile l'insinuazione al passivo [8], il deposito dei documenti e delle osservazioni allo stato passivo provvi-

---

D'ORAZIO, *L'accertamento*, 712; BOZZA, *La fase iniziale*, 733; SPIOTTA, *L'accertamento*, 1994 s.; FAUCEGLIA, *L'accertamento*, 1603 ss.

Anteriormente alla riforma JORIO, *Le crisi*, 614; VASSALLI, *Diritto fallimentare*, 58; RUSSO, *L'accertamento*, 227 ss.; MONTANARI, *sub* art. 92, 709 ss. In giurisprudenza Cass., 3 luglio 1996, n. 6083, in *Fallimento*, 1997, 248; Trib. Belluno, 7 gennaio 1997, in *Giur. merito*, 1997, 705, con nota di MONTEFALCONE, *Appunti in tema*.

[2] DIMUNDO, QUATRARO, *Accertamento del passivo*, 996.

[3] ABETE, *Art.* 92, 1191.

[4] APRILE, VELLA, *Art.* 92, 1020.

[5] SPIOTTA, *L'accertamento del passivo*, 1996.

[6] FAUCEGLIA, *L'accertamento*, 1607.

[7] Su queste problematiche, diffusamente, TEDESCHI, *L'accertamento*, 896 ss.

[8] Ampiamente in tema BOZZA, *La fase iniziale*, 735 ss., 766 ss. Le *Indicazioni operative del Tribunale di*

sorio, ed analogamente il curatore dovrà comunicare il progetto di stato passivo e lo stato passivo definitivo. Sono divenute residuali eventuali forme di comunicazione diverse dalla pec, le comunicazioni effettuate a mezzo fax o raccomandata a chi dispone di un indirizzo di posta elettronica certificata devono ritenersi irrituali e come non fatte [9]. Il ricorso comunque non può essere contenuto nella pec [10].

Il comma 2 deve intendersi non nel senso che, in mancanza di rappresentante in Italia del creditore estero, l'avviso possa essere omesso, ma nel senso che, in tal caso, lo stesso debba essere inviato presso la sede o residenza estera del creditore stesso [11].

2. – Il Codice si limita ad eliminare la previsione dell'invio dell'avviso mediante telefax, ormai desueta, ed a prevedere la possibilità di indirizzare l'avviso, quando non sia possibile l'invio a mezzo pec, anche presso il domicilio del debitore, non solo presso la residenza o la sede.

Il contenuto dell'avviso viene integrato con la previsione della possibilità di presentare la domanda anche senza l'assistenza del difensore, e dell'indicazione non della sola data, ma anche del luogo e dell'ora fissati per l'esame dello stato passivo.

Infine, l'indicazione dell'indirizzo di posta elettronica certificata del curatore viene sostituita da quella relativa al domicilio digitale della procedura (v. l'art. 199).

Tuttavia, bisogna tener conto di altre previsioni del codice che, sia pure indirettamente, influiscono sulla disciplina della norma in commento [12].

Innanzitutto, destinatari dell'avviso dovranno essere anche i terzi beneficiari dell'ipoteca concessa dal debitore in liquidazione giudiziale, che sulla base del nuovo art. 201, la cui soluzione viene anticipata da un recentissimo orientamento giurisprudenziale, rientrano nell'ambito della verificazione del passivo. Sul punto si rinvia al commento al successivo art. 201.

Ancora deve tenersi conto della mutata disciplina del contratto preliminare di vendita pendente, trascritto ai sensi dell'art. 2645-*bis* c.c., avente ad oggetto un immobile ad uso abitativo destinato a costituire l'abitazione principale del promissario acquirente, o di suoi parenti ed affini entro il terzo grado, ovvero un immobile ad uso non abitativo destinato a

---

Milano, 143 s., ritengono irricevibile il ricorso e la documentazione presentata in cancelleria o presso il curatore, il quale non ha poteri certificativi della data di deposito. Paiono condividere questo orientamento ABATE, *L'irruzione*, 505; MENCHINI, MOTTO, *L'accertamento*, 452; BOZZA, *La fase iniziale*, 740. Perché il deposito della domanda di rivendicazione con modalità cartacee costituisca vizio sanabile, e per l'impugnabilità con l'opposizione del relativo provvedimento di inammissibilità, si è pronunziata Cass., 17 luglio 2019, n. 19151, in *Fallimento*, 2019, 1302. Conforme, per il caso di deposito cartaceo della domanda di insinuazione al passivo, Cass., 10 luglio 2019, n. 18535, in *Fallimento*, 2019, 1409; Cass., 12 novembre 2019, n. 29258, in *Fallimento*, 2020, 133 s.

[9] È questa l'opinione di BOZZA, *La fase iniziale*, 737.

Per Trib. Padova, 10 maggio 2017, in *Fallimento*, 2017, 992, deve considerarsi tardiva e non scusabile la produzione di documenti allegati al ricorso in opposizione allo stato passivo che abbia avuto luogo nei giorni successivi la scadenza del termine per il deposito dell'opposizione, dovuta alla necessità di procedere ad un invio multiplo tramite P.C.T.

[10] BOZZA, *La domanda*, 768 s.

[11] FAUCEGLIA, *L'accertamento*, 1605.

[12] In tema v. in particolare BOZZA, *L'accertamento*, 1203 ss.

costituire la sede principale dell'attività di impresa del promissario acquirente, che per l'art. 173, comma 3 non si scioglie «*sempre che gli effetti della trascrizione non siano cessati anteriormente alla data dell'apertura della liquidazione giudiziale e il promissario acquirente ne chieda l'esecuzione nel termine e secondo le modalità stabilite per la presentazione delle domande di accertamento dei diritti dei terzi sui beni compresi nella procedura*».

Un cenno va fatto, rinviando alle opportune sedi per l'illustrazione della disciplina, anche alle nuove fonti di informazione del curatore (artt. 42 e 49), ed agli obblighi di informazione del debitore di cui all'art. 39 [13].

[13] Sul punto v. sempre BOZZA, *L'accertamento*, 1204 s.

Articolo 201
Domanda di ammissione al passivo

1. Le domande di ammissione al passivo di un credito o di restituzione o rivendicazione di beni mobili o immobili compresi nella procedura, nonché le domande di partecipazione al riparto delle somme ricavate dalla liquidazione di beni compresi nella procedura ipotecati a garanzia di debiti altrui, si propongono con ricorso da trasmettere a norma del comma 2, almeno trenta giorni prima dell'udienza fissata per l'esame dello stato passivo.

2. Il ricorso può essere sottoscritto anche personalmente dalla parte ed è formato ai sensi degli articoli 20, comma 1-bis, ovvero 22, comma 3, del decreto legislativo 7 marzo 2005, n. 82, e successive modificazioni e, nel termine stabilito dal comma 1, è trasmesso all'indirizzo di posta elettronica certificata del curatore indicato nell'avviso di cui all'articolo 200, insieme ai documenti di cui al comma 6. L'originale del titolo di credito allegato al ricorso è depositato presso la cancelleria del tribunale.

3. Il ricorso contiene:

a) l'indicazione della procedura cui si intende partecipare e le generalità del creditore ed il suo numero di codice fiscale, nonché le coordinate bancarie dell'istante o la dichiarazione di voler essere pagato con modalità, diversa dall'accredito in conto corrente bancario, stabilita dal giudice delegato ai sensi dell'articolo 230, comma 1;

b) la determinazione della somma che si intende insinuare al passivo, ovvero la descrizione del bene di cui si chiede la restituzione o la rivendicazione, ovvero l'ammontare del credito per il quale si intende partecipare al riparto se il debitore nei cui confronti è aperta la liquidazione giudiziale è terzo datore d'ipoteca;

c) la succinta esposizione dei fatti e degli elementi di diritto che costituiscono la ragione della domanda;

d) l'eventuale indicazione di un titolo di prelazione, nonché la descrizione del bene sul quale la prelazione si esercita, se questa ha carattere speciale;

e) l'indicazione dell'indirizzo di posta elettronica certificata, al quale ricevere tutte le comunicazioni relative alla procedura, le cui variazioni è onere comunicare al curatore.

4. Il ricorso è inammissibile se è omesso o assolutamente incerto uno dei requisiti di cui alle lettere a), b), o c) del comma 3. Se è omesso o assolutamente incerto il requisito di cui alla lettera d), il credito è considerato chirografario.

5. Se è omessa l'indicazione di cui al comma 3, lettera e), nonché nei casi di mancata consegna del messaggio di posta elettronica certificata per cause imputabili al destinatario si applica l'articolo 10, comma 3.

6. Al ricorso sono allegati i documenti dimostrativi del diritto fatto valere.

7. Con la domanda di restituzione o rivendicazione, il terzo può chiedere la sospensione della liquidazione dei beni oggetto della domanda.

8. Il ricorso può essere presentato dal rappresentante comune degli obbligazionisti ai sensi dell'articolo 2418, secondo comma, del codice civile, anche per singoli gruppi di creditori.

9. Il giudice ad istanza della parte può disporre che il cancelliere prenda copia dei titoli al portatore o all'ordine presentati e li restituisca con l'annotazione dell'avvenuta domanda di ammissione al passivo.

10. Il procedimento introdotto dalla domanda di cui al comma 1 è soggetto alla sospensione feriale dei termini di cui all'articolo 1 della legge 7 ottobre 1969, n. 742.

Vittorio Giorgi

Sommario: 1. Il ricorso e la legittimazione. – 2. L'ipoteca per debito altrui. – 3. L'assistenza tecnica. – 4. Il contenuto necessario del ricorso. – 5. Il contenuto eventuale.

1. – Unica innovazione sostanziale sul punto, del Codice (che, a differenza della legge fallimentare, si esprime al plurale: «*le domande*» e «*si propongono*», e precisa che i beni mobili ed immobili devono essere «*compresi nella procedura*»), è l'estensione della procedura alle «*domande di partecipazione al riparto delle somme ricavate dalla liquidazione di beni compresi nella procedura ipotecati a garanzia di debiti altrui*». Trova così attuazione l'art. 7, comma 8, lett. *a*), legge delega 19 ottobre 2017, n. 155, che richiedeva di «*chiarire le modalità di verifica dei diritti vantati su beni del debitore che sia costituito terzo datore di ipoteca*».

Il ricorso è l'unico mezzo per partecipare alla verifica[1], non opera in questa sede nemmeno il principio, proprio del procedimento ordinario, per cui la forma della citazione invece che del ricorso non comporta nullità del procedimento qualora questo abbia raggiunto il suo scopo con la costituzione del contraddittorio[2]. La domanda di rivendica o

[1] A seguito della riforma del 2006 ciò vale anche per il creditore che chiede il pagamento in prededuzione, o rivendica somme acquisite al fallimento (nel caso somme versate sul conto corrente intestato al fallito dopo la sentenza dichiarativa di fallimento, v. Cass., 22 aprile 2010, n. 9623, in *Fallimento*, 2010, 1463. Sulla necessità dell'accertamento dei crediti di massa, per tutte, Cass., 27 ottobre 2017, n. 25642, in *Fallimento*, 2018, 251. Sulla problematica dei rapporti tra verifica del passivo e pagamento dei creditori prededucibili anteriormente alla riforma v. per tutti BONFATTI, *L'accertamento*, 201 ss.; VASSALLI, *Diritto fallimentare*, 116 ss.; PALUCHOWSKI, *L'accertamento*, 123 ss.; SALVATO, *Debiti di massa*, 532 ss.; BOZZA, (SCHIAVON), *L'accertamento*, 194 ss.; RUSSO, *L'accertamento*, 209 ss.; PELLEGRINO, *L'accertamento*, 100 ss. In giurisprudenza Cass., 15 gennaio 2003, n. 515, in *Fallimento*, 2003, 1282; Cass., 29 gennaio 2002, n. 1065, in *Fallimento*, 2003, 22; Cass., 13 giugno 1962, n. 1473, in *Dir. fall.*, 1962, II, 551, con nota di GAETA, *Crediti con prededuzione*; Cass., 10 agosto 1966, n. 2174, *ivi*, 1968, II, 222, con nota di PAOLETTI, *Sull'accertamento*; Trib. Milano, 14 luglio 1986, in *Dir. fall.*, 1986, II, 866, con nota di RAGUSA MAGGIORE, *Sulle modalità*. Per altre indicazioni VINCIGUERRA, in *Il fallimento*, 1423 ss.

[2] BOZZA, *Art.* 93, 1404; DIMUNDO, QUATRARO, *Accertamento*, 998; NARDONE, *Art.* 93, 1202 s.; PELLEGRINO, *L'insinuazione*, 103. Tuttavia, precisa Cass., 10 aprile 2013, n. 8686, in *Fallimento*, 2014, 110, la domanda di pagamento proposta contro il curatore secondo il rito ordinario, pur essendo inammissibile, produce l'effetto interruttivo e sospensivo della prescrizione a norma degli artt. 2943, comma 1 e 2, e 2945, comma 2, c.c. Nella dottrina meno recente per l'inammissibilità della domanda *ex* art. 103 con il rito ordinario AZZOLINA, *Il fallimento*, 817. In senso contrario Trib. Roma, 13 luglio 1956, in *Dir. fall.*, 1956, II, 526.

restituzione è prevista sia per i beni mobili che immobili, mentre per il vecchio art. 24 l. fall. la domanda relativa agli immobili andava proposta nelle forme ordinarie[3]. Alla domanda può collegarsi l'effetto interruttivo della prescrizione[4], che si produce a norma dell'art. 1310, comma 1 anche nei confronti dei coobbligati solidali del debitore, e l'effetto di impedire la decadenza[5].

Non sembra più possibile, già con la riforma del 2006, data l'identificazione formale dei soggetti del procedimento, che la domanda possa essere fatta valere in via surrogatoria[6]. Deve ammettersi la legittimazione dello studio professionale[7]. In alcuni casi può essere necessaria la nomina di un curatore speciale, quando vi siano situazioni di conflitto di interessi, come quando il curatore debba insinuarsi al passivo di altro fallimento del quale

---

Per l'inammissibilità dell'insinuazione proposta con citazione BOZZA, SCHIAVON, *L'accertamento*, 74 s., nt. 24; PAJARDI, *Manuale di diritto*, 556 s.; MAZZOCCA, *Manuale di diritto*, 368; MONTANARI, *Art.* 93, 716 s. Ritiene ammissibile una domanda orale, ricevuta dal cancelliere prima o anche in sede di adunanza di verifica, FERRARA jr., *Il fallimento*[3], 479.

[3] CANALE, *La formazione*, 187; NARDONE, *Art.* 93, 529 ss.

[4] FABIANI, *La formazione*, 338; ID., *Diritto fallimentare*, 397; ID., *La tutela*, 573; ID., *Il diritto della crisi e dell'insolvenza*, cit., 262 s.; ID., *La tutela giurisdizionale*, 172; FAUCEGLIA, ROCCO DI TORREPADULA, *Diritto dell'impresa*, 205; SDINO, *L'accertamento*, 650. In giurisprudenza Cass., 20 novembre 2002, n. 16380, in *Fallimento*, 2003, 1262; Trib. Torre Annunziata, 31 marzo 1998, in *Giur. merito*, 1999, 239, con nota di VITALE, *La domanda*. Malgrado non vi sia stato coordinamento con la riforma dell'art. 43 vi è chi ritiene, sulla base di una interpretazione costituzionalmente orientata, che la domanda di insinuazione conservi anche l'effetto sospensivo prodotto dall'originaria domanda giudiziale (TRISORIO LIUZZI, *La domanda*, 1035). L'effetto interruttivo della prescrizione si estende anche alle garanzie che assistono il credito (Cass., 7 luglio 2016, n. 13940). Invece, si è ritenuto che la domanda di ammissione del credito formulata ai sensi dell'art. 58, d.lgs. n. 159 del 2011 (codice antimafia) non interrompe la prescrizione nei rapporti tra il creditore e la società sottoposta sequestro, e non può essere considerata come atto di messa in mora (art. 2943, comma 4, c.c.) qualora sia stata indirizzata solamente al tribunale che ha disposto la misura di prevenzione e non anche all'amministratore giudiziario (Trib. Termini Imerese, 5 luglio 2022, in *Fallimento*, 2023, p. 137 s.).

Nella dottrina anteriore alla riforma FERRARA JR., *Il fallimento*[3], 481; SATTA, *Diritto fallimentare*, 235, nt. 476; VASSALLI, *Diritto fallimentare*, 10 ss.; PROVINCIALI, *Trattato di diritto*, 1373 ss.; AZZOLINA, *Il fallimento*, 739. Per ampie indicazioni di giurisprudenza TEDESCHI, RUISI, JORIO, MAFFEI ALBERTI, *Il fallimento*, 27 ss.; BONFATTI, *La formazione*, 13 ss.; MONTANARI, *Art. 94*, 729 ss.; VINCIGUERRA, in *Il fallimento*, 1391 ss. Nella vigenza del c.c. l'effetto interruttivo della prescrizione veniva collegato alla sentenza che ammetteva il credito al passivo fallimentare, v. Cass. Roma, 12 luglio 1907, in *Riv. dir. comm.*, 1908, II, 232, con nota di SIMONCELLI, *La sentenza*.

[5] Cass., 30 agosto 2016, n. 17412, in *Fallimento*, 2017, 1237; Cass., 17 luglio 2014, n. 16408, in *Foro it.*, 2015, I, 1713. In dottrina TRISORIO LIUZZI, *La domanda*, 1036; SPIOTTA, *L'accertamento*, 2001.

Cass., 7 luglio 2016, n. 13941, in *Foro it.*, 2016, I, 3123, ha giudicato che, in relazione alle operazioni di credito fondiario, la domanda di ammissione al passivo del fallimento del debitore originario, che del bene oggetto di ipoteca abbia perduto la disponibilità, non costituisce valido atto interruttivo della prescrizione dell'ipoteca. Conforme Cass., 28 agosto 2019, n. 21752.

[6] FABIANI, *La formazione*, 336. In senso contrario NARDONE, *Art. 93*, 1199 s.; PELLEGRINO, *L'insinuazione*, 104 s., che precisano la necessità per il creditore che agisce in sostituzione, di attivarsi ulteriormente, una volta ottenuta l'ammissione al passivo, con la domanda di sostituzione a norma dell'art. 511 c.p.c.; APRILE, VELLA, *Art. 93*, 1025; D'ORAZIO, *L'accertamento*, 717 ss.; BOZZA, *La domanda*, 747. Sembrerebbe orientato diversamente FAUCEGLIA, *L'accertamento*, 1621 s. Prima della riforma in senso favorevole a tale possibilità Trib. Genova, 14 luglio 1992, in *Fallimento*, 1993, 101; MONTANARI, *Art. 93*, 716. In senso contrario, in dottrina, BONFATTI, *L'accertamento*, 26 ss.

[7] BOZZA, *La domanda*, 745 s., anche per riferimenti; FAUCEGLIA, *L'accertamento*, 1622 s.

è pure curatore, situazione frequente nei fallimenti delle società di persone e dei soci illimitatamente responsabili [8]. Legittimati alla domanda sono pure gli eredi del creditore, per i beni in comunione ereditaria ciascuno dei coeredi può agire singolarmente per insinuare al passivo l'intero credito comune o la sola parte proporzionale alla quota ereditaria, anche se il credito caduto in comunione è portato da titoli obbligazionari, non essendo precluso il loro rimborso parziale, né valendo per essi il principio di indivisibilità stabilito per le sole azioni dall'art. 2347 c.c. [9]. Sempre in materia successoria, all'onere della insinuazione al passivo è stata ritenuta soggetta anche la domanda di riduzione nei confronti del beneficiario fallito [10].

Il termine di trenta giorni a ritroso rispetto all'adunanza per il deposito delle domande è perentorio [11]. Si è ritenuto, ma non senza contrasti in giurisprudenza, non soggetto alla sospensione nel periodo feriale [12]. Oggi tale principio è accolto, in relazione all'intero procedimento, nell'ultimo comma della norma in commento.

Con la riforma del 2006 il ricorso è stato parificato alla domanda introduttiva di un ordinario giudizio di cognizione [13], secondo alcuni il giudizio sarebbe riconducibile nell'ambito della tutela dichiarativa, pur prevedendo forme semplificate non molto lontane da quelle del procedimento sommario di cognizione (art. 702-*bis* ss. c.p.c.) [14].

[8] BOZZA, *La domanda*, 748.

[9] Così Cass., 1° dicembre 2015, n. 24449, in *Fallimento*, 2016, 1268.

[10] Cass., 12 maggio 2010, n. 11496, in *Nuova giur. civ.*, 2010, 1238, con nota di TODESCHINI PREMUDA, *Liberalità atipiche*, 508, *Notariato*, 2010, 508, con nota di IACCARINO, *Circolazione dei beni*, 348, *Famiglia e diritto*, 2011, p. 348, con nota di MARI, RIDELLA, *Gli effetti*, 105, *Immobili e proprietà*, 2011, 105, con nota di SCUCCIMARRA, *L'azione*.

[11] Per tutti FABIANI, *La formazione*, 334; TEDESCHI, *L'accertamento*, 898 s.; APRILE, VELLA, *Art. 93*, 1027; MENCHINI, MOTTO, *L'accertamento*, 450; SPIOTTA, *L'accertamento*, 1994.

[12] Trib. Terni, ord., 16 settembre 2010, in *Fallimento*, 2011, 220, con nota di CONTE, *Brevi note*. In dottrina v. APRILE, VELLA, *Art. 93*, 1027 s. In senso contrario Cass., 24 luglio 2012, n. 12960, in *Fallimento*, 2013, 423, con nota di D'ORAZIO, *La sospensione*. In dottrina D'ORAZIO, *L'accertamento*, 716 s.; TEDESCHI, *L'accertamento*, 899, 972; BOZZA, *La fase*, 726 ss.; FAUCEGLIA, *L'accertamento*, 1602.

Alla sospensione sarebbero sottratte le domande relative a crediti di lavoro, secondo un consolidato orientamento giurisprudenziale (cfr. Cass., SS.UU., 24 novembre 2009, n. 24665, in *Giur. it.*, 2010, 1656, con nota di DANIELE, *Brevi note*; Cass., 30 dicembre 2008, n. 30418, in *Fallimento*, 2009, 272, s.m.). Le perplessità sul punto sono fatte proprie da Cass., 4 maggio 2016, n. 8792, che osserva come l'accertamento del passivo, non procurando immediatamente anche la soddisfazione dei crediti, non determina alcun vantaggio per i lavoratori, che anzi appaiono sfavoriti, stante l'onere di concentrare le difese. Senza contare che, dopo la riforma, l'art. 36-*bis* l. fall. esentava dalla sospensione feriale i soli termini processuali previsti negli artt. 26 e 36 l. fall. Per l'inapplicabilità della sospensione di è pronunziata Cass., SS.UU., 5 maggio 2017, n. 10944, in *Dir. fall.*, 2017, II, 1457, con nota di PARISI, *Ammissione al passivo*.

[13] FAUCEGLIA, ROCCO DI TORREPADULA, *Diritto dell'impresa*, 204; PAGNI, *La formazione*, 343 ss.; CAVALAGLIO, *Le impugnazioni*, 230; D'ORAZIO, *L'accertamento*, 701 ss., 719, sia pure nell'ambito di una cognizione speciale; MENCHINI, MOTTO, *L'accertamento*, 453; BOZZA, *I principi*, 601 ss. Qualcuno ammette anche la possibilità di introdurre il procedimento con citazione, purché depositata in cancelleria, v. APRILE, VELLA, *Art. 93*, 1026. Alla luce della disciplina del Codice PARISI, *L'accertamento*, 1098 ss.

Nella vecchia disciplina per la sommarietà del procedimento JORIO, *Le crisi*, 622 s. In senso contrario VASSALLI, *Diritto fallimentare*, 19 ss., 44 ss., argomentando dall'oggetto del giudizio, che non ha la funzione di accertare diritti ma di conferire al creditore un titolo per partecipare al concorso.

[14] FABIANI, *La formazione*, 326; ID., *L'efficacia*, 1100 ss.; ID., *Diritto fallimentare*, 389; ID., *La tutela*, 566. A tale tesi aderisce MONTANARI, *Il procedimento*, 1116 ss.

2. – Nella vigenza della l. fall. si escludeva la legittimazione del terzo titolare di un diritto reale di garanzia su beni compresi nell'attivo fallimentare. Quando il fallito abbia concesso ipoteca su immobile a garanzia di un debito del terzo, si riteneva dalla giurisprudenza che, in caso di fallimento del terzo proprietario, il creditore garantito non dovesse insinuarsi al passivo, ma far valere il proprio diritto con l'intervento di cui all'art. 499 c.p.c. in sede di liquidazione dell'attivo. Tanto si argomentava sulla base dell'art. 108, ult. comma, l. fall., che prevedeva la notifica dell'ordinanza di vendita non solo ai creditori ammessi al passivo con diritto di prelazione, ma anche ai creditori ipotecari iscritti [15]. Si trattava di un orientamento particolarmente penalizzante per il terzo, a seguito della riforma, dato che il riparto è divenuto atto del curatore e non più del g.d., reclamabile solo per violazione di legge a norma dell'art. 36 l. fall. [16].

L'innovazione del Codice era stata anticipata dalla più recente giurisprudenza che, sovvertendo il precedente orientamento di legittimità [17], ha affermato il principio, oggi fatto proprio dal Codice, che il creditore deve far valere con la domanda di ammissione al passivo il proprio diritto di prelazione verso il fallimento del datore di ipoteca concessa a garanzia del credito nei confronti di un terzo. Il nuovo orientamento giurisprudenziale, così come la norma del Codice, lascia aperto il problema del contraddittorio con il debitore garantito dall'ipoteca e dell'accertamento del debito, secondo l'ultimo orientamento della Suprema Corte non necessario in quanto l'obbligazione del debitore «non è toccata da una decisione riguardante esclusivamente il concorso degli aventi diritto nel fallimento del terzo proprietario del bene ipotecato».

Il terzo garantito, pertanto [18]: a) non parteciperà alle spese della procedura, ma sosterrà solo quelle specifiche inerenti alla liquidazione del bene vincolato alla garanzia; b) non par-

---

[15] Ampio esame della problematica e riferimenti in PRESTI, *Ipoteca per debito*, 45 ss.; BOZZA, SCHIAVON, *L'accertamento*, 278 ss.; DIMUNDO, QUATRARO, *La verifica*, 864 ss. V. pure, nella manualistica, FERRARA jr., *Il fallimento*[3], 478; RAGUSA MAGGIORE, *Istituzioni di diritto*, 363; ID., *Diritto fallimentare*, 584 s. In giurisprudenza per tutte Cass., 20 novembre 2017, n. 27504, in *Fallimento*, 2018, 252; Cass., 9 febbraio 2016, n. 2540, in *Fallimento*, 2016, 1217, con nota critica di FALAGIANI, *Il fallimento*, 38; Cass., 19 maggio 2009, n. 11545, *ivi*, 2010, 117; Cass., 30 gennaio 2009, n. 2429, in *Fallimento*, 2009, 1402; Cass., 23 giugno 2003, n. 10072, in *Foro it.*, 2003, I, 2624; Cass., 22 settembre 2000, n. 12549, in *Fallimento*, 2001, 993; Cass., 24 novembre 2000, n. 15186, in *Foro it.*, 2001, I, 910; Cass., 24 febbraio 1994, n. 1875, in *Fallimento*, 1994, 598; Cass., 8 gennaio 1970, n. 48, in *Dir. fall.*, 1970, II, 754; Cass., 8 aprile 1965, n. 613, in *Dir. fall.*, 1965, II, 411. Nella giurisprudenza di merito Trib. Milano, 18 agosto 2005 e Trib. Milano, 18 ottobre 2004, entrambe in *Banca, borsa, tit. cred.*, 2007, II, 395, con osservazioni di Mondini. Per riferimenti più aggiornati SPIOTTA, *L'accertamento*, 1983 s.; APRILE, VELLA, *Art. 93*, 1025. Per la tesi opposta che ritiene necessaria l'insinuazione, BONFATTI, *L'accertamento*, 187 ss.; APICE, *Le vendite*, 302 s. In giurisprudenza Trib. Roma, 11 dicembre 1989, in *Fallimento*, 1990, 744; Trib. Monza, 28 giugno 1988, *ivi*, 1989, 427. Più di recente Trib. Udine, 24 maggio 2013, in *Fallimento*, 2014, 583, con nota di MILANO, *Ipoteca per debito*. Un terzo orientamento riconosceva al terzo datore la semplice facoltà di proporre l'insinuazione, v. App. Cagliari, 15 dicembre 1966, inedita, cit. da DIMUNDO, QUATRARO, *La verifica*, 875, ove altre indicazioni.

[16] BOZZA, *L'esclusività*, 701 s.

[17] Cass., 30 gennaio 2019, n. 2657, in *Fallimento*, 2019, 767, con nota di CATALDO, *La verifica* e in *Dir. fall.*, 2019, II, 985 ss., con commento di Zulberti; l'opinione tradizionale pare riaffermata dalla prima sezione con Cass., 12 luglio 2019, n. 18790, in *Fallimento*, 2020, 524, con nota critica di G.P. MACAGNO, *Accertamento*.

[18] BOZZA, *L'accertamento*, 1209.

teciperà al concorso sull'intero patrimonio del debitore in caso di incapienza sul bene gravato; c) non inciderà sul computo delle maggioranze per approvazione del concordato fallimentare né avrà diritto al voto; d) la sua domanda non inciderà sulla possibilità di chiudere la procedura in mancanza di domande di insinuazione dei creditori. Dovendo il beneficiario dell'ipoteca indicare «*l'ammontare del credito per il quale si intende partecipare al riparto*», si apre la strada ad eventuali contestazioni sul credito da parte del curatore, evidenziando la mancanza di coordinamento con eventuali iniziative da parte del debitore stesso[19].

In caso di procedura aperta nei confronti del debitore, invece, l'attuazione della mera pretesa ipotecaria resta affidata esclusivamente alla promuovibilità di un giudizio *extrafallimentare* di condanna nei confronti personali del debitore o, secondo altra opinione, al reclamo *ex* art. 26 l. fall.[20] (oggi art. 124).

Il terzo proprietario del bene gravato da ipoteca per debiti del fallito, avendo pagato dopo il fallimento il creditore, si riteneva dovesse comunque insinuarsi al passivo e non potesse giovarsi del provvedimento di ammissione reso nei confronti dell'originario creditore, malgrado la surrogazione *ex lege* nel diritto di credito[21]. Se il bene è suscettibile di acquisizione all'attivo della procedura (es. revocatoria) l'ammissione avverrà con riserva e la soddisfazione del creditore si realizzerà soltanto in sede di graduazione una volta recuperato il bene[22].

Si deve ancora segnalare, rinviando per maggiori approfondimenti al commento all'art. 204, che, sulla base dell'indicazione della legge delega di prevedere un regime di stabilità uniforme per i diritti reali immobiliari e mobiliari, il nuovo art. 204 precisa che «*il decreto che rende esecutivo lo stato passivo e le decisioni assunte dal tribunale all'esito dei giudizi di cui all'articolo 206, limitatamente ai crediti accertati ed al diritto di partecipare al riparto quando il debitore ha concesso ipoteca a garanzia di debiti altrui, producono effetti soltanto ai fini del concorso*» (comma 5). La modifica rinnova il dibattito sull'oggetto del giudizio di verificazione, che nel caso dei diritti reali non sembra limitato al diritto al concorso[23].

3. – Il ricorso può essere sottoscritto anche personalmente dalla parte ed è formato ai sensi degli artt. 20, comma 1-*bis*, ovvero 22, comma 3, d.lgs. 7 marzo 2005, n. 82, e successive modificazioni e, nel termine stabilito dal comma 1, è trasmesso all'indirizzo di posta elettronica certificata del curatore indicato nell'avviso di cui all'art. 200, insieme ai do-

[19] BOZZA, *L'accertamento*, 1209 s., il quale ritiene che il giudizio fallimentare, in sede di opposizione, debba essere sospeso in attesa della decisone sul credito avanti al giudice ordinario, non rientrando la fattispecie tra quelle per le quali è prevista l'ammissione con riserva.

[20] Cfr. sempre PRESTI, *Ipoteca per debito*, 110 s., nt. 203, 130 ss. Per l'esclusione dell'applicabilità del procedimento *ex* art. 103 l. fall., CASTAGNOLA, *Le rivendiche mobiliari*, 500 ss.

[21] App. Catania, 20 marzo 1993, in *Dir. fall.*, 1993, II, 856, con nota di MACRÌ, *Pagamento con surrogazione*.

[22] PRESTI, *Ipoteca per debito*, 173 ss.

[23] Cfr., infatti, tra i primi commenti, BOZZA, *L'accertamento*, 1207 ss.; PARISI, *L'accertamento*, 1101 ss.; ZULBERTI, *Novità in tema*, 673 ss., per il quale (*ivi*, 678) la previsione del Codice può «estendersi anche ad ipotesi ad esso equiparabili: si pensi al caso di un soggetto che, prima di essere assoggettato a liquidazione giudiziale, abbia acquistato un immobile ipotecato a garanzia di un debito altrui; ancora, si immagini che – accolta l'azione revocatoria promossa dal curatore – sia acquisito all'attivo un bene, oggetto dell'atto di disposizione revocato, che sia gravato da ipoteca relativa ad un credito verso un soggetto diverso da quello sottoposto a liquidazione»; CARRATTA, *Impugnazioni e stabilità*, 510 ss.

cumenti di cui al comma 6. L'originale del titolo di credito allegato al ricorso è depositato presso la cancelleria del tribunale. Rispetto al corrispondente art. 93, comma 2, l. fall. l'unica modifica è costituita dal mutato riferimento all'art. 200[24].

La possibilità della parte di sottoscrivere personalmente il ricorso contrasta con la procedimentalizzazione di questa fase del giudizio, configurata come un primo grado, ed espone la parte a consistenti pericoli a causa delle preclusioni che sono collegate alle carenze del ricorso stesso[25], tanto che qualcuno interpretava la norma dell'art. 93, comma 2, l.

---

[24] In dottrina v. BOZZA, *La domanda*, 769. Sulla necessità di produrre il titolo di credito v., in materia di obbligazioni, App. Milano, 10 febbraio 2015, in *Giur. comm.*, 2016, II, 817, con nota critica di BARONCINI, *Subingresso della curatela*, che in virtù della posizione di terzietà del curatore ha ritenuto infondata la pretesa del creditore obbligazionario che non era in grado di produrre i relativi titoli, che si assumevano mai consegnati dalla società emittente.

Tra i problemi posti dall'uso della PEC si segnala quello del deposito tempestivo del ricorso, ma tardivo di alcuni documenti per i quali si era reso necessario il deposito frazionato per le dimensioni della documentazione. Per il rigetto Trib. Padova, 10 maggio 2017, in *ilprocessotelematico.it*, con nota critica di AUGENTI, *Il deposito telematico*. Cass., 27 ottobre 2020, n. 26489 ritiene che il deposito frazionato debba avvenire anche mediante l'invio di più messaggi, ma strettamente consecutivi ed inviati entro il giorno di scadenza, mentre non può tenersi conto dei documenti inviati dopo la scadenza. Altro caso è quello del deposito tempestivo dell'opposizione allo stato passivo, ma presso altra cancelleria dello stesso tribunale, per la validità, Cass., 12 maggio 2022, n. 15243, in *Fallimento*, 2022, 757.

[25] BOZZA, *Art. 93*, 1407; SCARSELLI, BERTACCHINI, GUALANDI, PACCHI, *Manuale di diritto*, 279 s. Dopo il decreto correttivo FABIANI, in *Il nuovo diritto*, 40; ID., *La tutela*, 564 s., lo stesso FABIANI, *La formazione*, 337, parla di una «misura agevolativa per il creditore anche in funzione del contenimento dei costi»; ID., *La tutela giurisdizionale*, 174 s. («non si è voluto introdurre un regime di decadenze che avrebbe potuto colpire una parte non assistita dal difensore»); SDINO, *L'accertamento*, 651 s.; MENCHINI, MOTTO, *L'accertamento*, 452, nt. 145. In tema v. pure FERRI, *La formazione*, 1257 s.; DIMUNDO, QUATRARO, *Accertamento del passivo*, 998 s.; TEDESCHI, *L'accertamento*, 899; NARDONE, *Art. 93*, 1203; PELLEGRINO, *L'insinuazione*, 104; TRISORIO LIUZZI, *La domanda*, 1039; APRILE, VELLA, *Art. 93*, 1026; IMPAGNATIELLO, *L'accertamento*, 218 s.; SPIOTTA, *L'accertamento*, 2000; FAUCEGLIA, *L'accertamento*, 1623 s.

Si nega che le spese relative ai costi dell'eventuale difesa tecnica, trattandosi di spesa non necessaria, possano essere pagate in prededuzione, v. FABIANI, *La formazione*, 337. Si tende ad ammettere le sole spese vive, cfr. APRILE, VELLA, *Art. 93*, 1031 ss.; FAUCEGLIA, *L'accertamento*, 1624 s. La giurisprudenza nega addirittura la possibilità di ammettere allo stato passivo le spese sostenute dal creditore per la difesa nella domanda di ammissione, v. Trib. Taranto, dec., 2 febbraio 2011, in *Fallimento*, 2011, 474, con osservazioni di Cataldo. Anteriormente alla riforma per la prededucibilità delle spese della domanda e del giudizio di opposizione, in caso di soccombenza della curatela, MOLFESE, *La prededuzione*, 415 ss. Una soluzione più articolata, che differenzia a seconda dell'attività svolta dal difensore, in PELLEGRINO, *L'accertamento*, 235 ss. App. Firenze, 25 gennaio 2001, in *Dir. fall.*, 2003, II, 595, con nota critica di ALÙ, *L'obbligatorietà*, ritenne che anche quando il creditore nella domanda si sia avvalso della difesa tecnica ed abbia eletto domicilio presso un avvocato, non si realizza la sostituzione procuratoria di cui all'art. 170 c.p.c., e la notifica presso il domicilio concorre facoltativamente con gli altri modi precisati *ex* artt. 138 e 139 c.p.c.

Prima della riforma perché non fosse necessaria la difesa tecnica FERRARA JR., *Il fallimento*³, 467, 479 s.; SATTA, *Diritto fallimentare*, 236 s.; LANFRANCHI, voce *Fallimento*, 12; PROVINCIALI, *Trattato di diritto*, 1382, 1384; RAGUSA MAGGIORE, *Istituzioni di diritto*, 362; ID., *Diritto fallimentare*, 583; BOZZA, SCHIAVON, *L'accertamento*, 75, 78; RUSSO, *L'accertamento*, 232; PELLEGRINO, *L'accertamento*, 206; MAZZOCCA, *Manuale di diritto*, 367; PASTORE, *Lezioni di diritto*, 202. Per le domande di rivendicazione, ecc., CASTAGNOLA, *Le rivendiche*, 415. Indicazioni di giurisprudenza ed ulteriori riferimenti in TEDESCHI, RUISI, JORIO, MAFFEI ALBERTI, *Il fallimento*, 13 ss.; BONFATTI, *La formazione*, 20 s.; VINCIGUERRA, in *Il fallimento*, 1394.

Per la validità della procura comunque rilasciata, anche ai fini della successiva opposizione allo stato passivo, App. Salerno, 19 giugno 2002, in *Giur. merito*, 2003, 1378, con nota di GAETA, *Limitazioni della efficacia*.

fall., nel senso che la difesa tecnica non sarebbe necessaria solo ai fini della introduzione della domanda, mentre l'assistenza diverrebbe necessaria qualora si richiedano altre attività (prove orali, resistenza alle eccezioni del curatore o dei creditori)[26].

La trasmissione a mezzo posta elettronica lascia ritenere superati alcuni problemi che poneva l'invio "cartaceo" del ricorso. A difficoltà di coordinamento con i rigidi termini della verifica dava luogo la possibilità che il ricorso fosse "spedito" con mezzi che consentano di fornire la prova della recezione. Ci si chiedeva, infatti, se la domanda semplicemente "spedita" nei termini perentori, ma ricevuta dopo, fosse tempestiva o meno, prospettandosi l'ulteriore ipotesi della tardività, ma non imputabile alla parte, con tutte le conseguenze del caso[27]. Tra i mezzi idonei a fornire la prova della recezione si escludeva il telefax, per il quale è possibile fornire la sola prova dell'invio[28]. Ammessa anche la possibilità della posta celere[29]. Si tendeva a riconoscere alle spese borsuali del ricorso natura concorsuale[30].

4. – Il contenuto del ricorso si arricchisce di nuovi elementi. Invariate le lett. *c*), *d*) ed *e*) rispetto al vecchio art. 93, comma 3, l. fall., nn. 3-5, la lett. *a*) prevede l'indicazione del numero di codice fiscale, nonché delle coordinate bancarie dell'istante o la dichiarazione di voler essere pagato con modalità, diversa dall'accredito in conto corrente bancario, stabilita dal giudice delegato ai sensi dell'art. 230, comma 1. Nella lett. *b*), rispetto al n. 2 dell'art. 93, comma 3, l. fall., alla «*determinazione della somma che si intende insinuare al passivo, ovvero la descrizione del bene di cui si chiede la restituzione o la rivendicazione*», si aggiunge, coerentemente con la scelta di assoggettare alla verifica anche il caso del debitore in liquidazione giudiziale terzo datore di ipoteca, «*ovvero l'ammontare del credito per il quale si intende partecipare al riparto se il debitore nei cui confronti è aperta la liquidazione giudiziale è terzo datore d'ipoteca*».

La disciplina del contenuto del ricorso, prima del decreto correttivo del 2007, anticipava a tale fase anche l'indicazione precisa del titolo di prelazione che eventualmente assiste il credito, ed in questo caso il creditore avrebbe potuto integrare la domanda solo nei limiti in cui una integrazione o modificazione della domanda fosse possibile nel corso del giudizio[31]. In ogni caso, anche eliminata la necessità di indicare la graduazione

[26] FABIANI, *La formazione*, 338; ID., *Diritto fallimentare*, 388, 396 s.

[27] DELLE DONNE, *Art. 94*, 411 s.; SASSANI, TISCINI, *L'accertamento*, 140 s. Per TRISORIO LIUZZI, *La domanda*, 1038 ai fini dell'osservanza del termine di 90 giorni il ricorso deve pervenire in cancelleria, e non è sufficiente sia semplicemente spedito. Conforme TEDESCHI, *L'accertamento*, 899 s.

[28] DIMUNDO, QUATRARO, *Accertamento del passivo*, 994, 999.

[29] SASSANI, TISCINI, *L'accertamento*, 139; DELLE DONNE, *Art. 93*, 404.

[30] BOZZA, *La domanda*, 750 ss., che nega l'applicabilità del privilegio di cui agli artt. 2755 e 2770 c.c.

[31] Cfr. BOZZA, *Art. 93*, 1409 ss.; ID., *La domanda*, 760. Precedentemente alla riforma sulla specificità dell'indicazione della natura del credito PELLEGRINO, *L'accertamento*, 222 ss.

Nemmeno si richiede l'indicazione specifica dei beni oggetto di privilegio a norma dell'art. 2764 c.c., atteso che l'eventuale mancanza rileva solo in sede di riparto, v. Cass., 21 giugno 2012, n. 10387. Cass., 22 febbraio 2019, n. 5341, per il caso di inesistenza del bene ipotecato; Cass., 14 luglio 2020, n. 14960. In fattispecie anteriore alla riforma ed in relazione a procedura di concordato preventivo v. pure Cass., 17 maggio 2013, n. 12064. Criticamente su questo orientamento giurisprudenziale BOZZA, *La domanda*, 762 ss. V. peraltro Trib. Milano, dec., 25 novembre 2013, in *Fallimento*, 2014, 113, che richiede una indicazione almeno sommaria dei beni, potendo il creditore richiedere agli organi della procedura, anteriormente alla domanda di acdel credito, l'incertezza o la completa omissione dell'esistenza di una causa di prelazione danneggia il creditore in quanto l'eventuale rigetto parziale della domanda in riferimento alla prelazione gli preclude la possibilità dell'insinuazione tardiva[32]. Si ritiene, invece, che in caso di eventuali carenze relative ai requisiti di cui ai primi tre numeri dell'art. 93, comma 3 (oggi lett. *a*, *b* e *c* del comma 3 dell'art. 201), sia possibile applicare la sanatoria che l'art. 164 c.p.c. prevede per l'atto di citazione, ed a maggior ragione in quanto nella domanda di insinuazione non è richiesta l'assistenza di un difensore. Tanto sarà possibile fino all'udienza di verificazione del passivo[33]. Per altri casi di inammissibilità non previsti dalla norma, come il difetto della procura al difensore, si propone di applicare il nuovo art. 182 c.p.c.[34]. L'inammissibilità della domanda, in quanto pronunzia di rito, non preclude la possibilità di riproporla come domanda tardiva[35].

Si è ritenuta inammissibile una istanza integrativa volta a far valere un privilegio non

---

cedere ai dati ricognitivi dei beni già in possesso della curatela (pur se l'inventario non è ancora formato) ed ai locali in cui i beni si trovano. Cass., 2 ottobre 2015, n. 19714, in *Fallimento*, 2016, 743, ritiene che la volontà del creditore di ottenere l'insinuazione al passivo fallimentare del proprio credito con la collocazione ipotecaria, può desumersi, ove manchi un'espressa istanza di riconoscimento della prelazione, dalle complessive indicazioni contenute nella domanda e dai documenti alla stessa allegati. Per la sinteticità dell'esposizione dei fatti e degli elementi di diritto nella domanda di insinuazione Cass., 4 settembre 2019, n. 22080, in *Fallimento*, 2019, 1555.

Particolare il caso deciso da Cass., 1° ottobre 2015, n. 19646, in *Fallimento*, 2016, 744, della intervenuta ammissione al passivo del fallimento di una società di persone, in via chirografaria, di un credito (portato da un decreto ingiuntivo ottenuto nei confronti della società e dei soci fideiussori in relazione ad uno scoperto di conto corrente), che per la S.C. rende inammissibile la successiva domanda di insinuazione dello stesso credito, in via ipotecaria, al passivo del fallimento del socio illimitatamente responsabile, atteso che il credito insinuato in chirografo al passivo sociale ha già prodotto i suoi effetti, *ex* art. 148, comma 3, l. fall., anche in relazione alla massa imputabile al singolo socio. È stata ritenuta ammissibile, invece, la conversione della domanda della banca, in sede di opposizione allo stato passivo, da mutuo fondiario a mutuo ipotecario, una volta rilevata la nullità del titolo per la violazione dei limiti di finanziabilità, formulata nella prima difesa utile successiva al rilievo della nullità: Cass., 24 settembre 2018, n. 22466, in *Fallimento*, 2019, 120; Cass., 14 giugno 2021, n. 16776, *ivi*, 2022, 134. In dottrina cfr. NARDECCHIA, *Il finanziamento*, 1231 ss.

[32] FABIANI, *La formazione*, 340 s.; ID., *Diritto fallimentare*, 398 s. V. pure PAGNI, *La formazione*, 374 s.; MENCHINI, MOTTO, *L'accertamento*, 460 s.

[33] BOZZA, *Art.* 93, 1414 s.; ID., *La domanda*, 760; DIMUNDO, QUATRARO, *Accertamento del passivo*, 1006 s.; FAUCEGLIA, ROCCO DI TORREPADULA, *Diritto dell'impresa*, 204 (ma non nei casi di incertezza assoluta degli elementi richiesti, FAUCEGLIA, *L'accertamento*, 1630, 1633 ss.). Sembra ritenere, invece, inapplicabile la norma dell'art. 164 c.p.c. SCARSELLI, BERTACCHINI, GUALANDI, PACCHI, *Manuale di diritto*, 281 s. Per l'inapplicabilità v. pure FABIANI, *La formazione*, 340; ID., *Diritto fallimentare*, 398; CECCHELLA, *Il diritto fallimentare*, 103; NARDONE, *Art. 93*, 1208 ss., che precisa non potersi applicare la disciplina dell'art. 164 se non adattandola alla verifica, consentendo al ricorrente di correggere la domanda o colmarne le lacune fino all'udienza di verifica, su sollecitazione del curatore contenuta nel progetto di stato passivo; TRISORIO LIUZZI, *La domanda*, 1040 s.

[34] FABIANI, *La formazione*, 340; ID., *Diritto fallimentare*, 398. In giurisprudenza, in relazione al giudizio di opposizione, Cass., 24 ottobre 2013, n. 24068, in *Fallimento*, 2014, 823; Cass., ord., 30 novembre 2016, n. 24485, in *Fallimento*, 2017, 1362.

[35] FABIANI, *La formazione*, 340; ID., *Diritto fallimentare*, 398; PAGNI, *La formazione*, 373 s.; ROSAPEPE, *L'accertamento*, 75; TRISORIO LIUZZI, *La domanda*, 1040.

Sono altresì salvi gli effetti della domanda proposta in sede ordinaria nei confronti del debitore e divenuta improcedibile a seguito dell'intervenuta dichiarazione di fallimento, v. per tutti MENCHINI, MOTTO, *L'accertamento*, 464 ss.

richiesto nella domanda[36]. Così se la parte non ha richiesto nella domanda gli interessi non potrà il giudice provvedervi d'ufficio[37]. Diverso il caso della domanda di ammissione in via privilegiata o ipotecaria, che per la giurisprudenza comprende in sé anche quella di ammissione in semplice chirografo, da considerare come subordinata[38].

L'indicazione della procedura presenta qualche particolarità nel caso di liquidazione giudiziale della società, nel quale la somma insinuata nella procedura della società si intende dichiarata anche in quella dei singoli soci (art. 148, comma 3, l. fall., oggi art. 257, comma 3), tuttavia una espressa individuazione sarà necessaria quando il credito verso la società non corrisponda al credito vantato verso il socio (v. pure le regole dettate per i patrimoni e finanziamenti destinati dagli artt. 156, comma 2 e 72-*ter* l. fall.[39], oggi 263, comma 2 e 176). La descrizione del bene oggetto di privilegio speciale costituisce onere del creditore già nella domanda di insinuazione al passivo[40].

Anche nella nuova formulazione del Codice «*al ricorso sono allegati i documenti dimostrativi del diritto del creditore ovvero del diritto del terzo che chiede la restituzione o rivendica il bene*» (comma 6).

Opportunamente il comma 7 dell'originario art. 93 l. fall., per il quale «*i documenti non presentati con la domanda devono essere depositati, a pena di decadenza, almeno quindici giorni prima dell'udienza fissata per l'esame dello stato passivo*», è stato abrogato dal decreto correttivo. Si trattava, infatti, di una evidente contraddizione della riforma, in quanto il termine di quindici giorni prima dell'udienza fissato per la presentazione dei documenti coincideva con quello del deposito dello stato passivo provvisorio da parte del curatore, che dunque non avrebbe avuto la possibilità di esaminare documenti prodotti l'ultimo giorno utile[41]. Ciò non toglie che l'intervento correttivo si presti a considerazioni critiche,

---

[36] Cass., 15 luglio 2011, n. 15702, in *Foro it.*, 2011, I, 3000, con osservazioni di FABIANI e in *Fallimento*, 2012, 427, con nota di TRISORIO LIUZZI, *Domanda tempestiva*. In dottrina v. pure MENCHINI, MOTTO, *L'accertamento*, 460; criticamente BOZZA, *Le domande tardive*, 923 ss.

Tuttavia, per Cass., 6 agosto 2014, n. 17710, in *Fallimento*, 2015, 854, la volontà del creditore che intenda ottenere l'insinuazione in collocazione privilegiata può comunque desumersi, qualora manchi un'espressa istanza di riconoscimento della prelazione, dalla chiara esposizione della causa del credito in relazione alla quale essa è richiesta, dovendosi determinare l'oggetto della domanda giudiziale alla stregua delle complessive indicazioni contenute in quest'ultima e dei documenti alla stessa allegati. Conformi Cass., 12 giugno 2019, n. 15825, *ivi*, 2019, 1123; Cass., 5 marzo 2020, n. 6342, *ivi*, 2020, 709.

[37] Per tutti MENCHINI, MOTTO, *L'accertamento*, 454. In giurisprudenza perché, in mancanza d'impugnazione dello stato passivo, sia preclusa ogni questione relativa all'esistenza, qualità ed entità del credito ammesso (nel caso ammissione del credito per gli interessi, su cui il giudice delegato aveva omesso ogni pronunzia, in sede di ripartizione dell'attivo), Cass., 21 aprile 1999, n. 3924, in *Giust. civ.*, 1999, I, 2677, con nota di Cannella.

[38] Cass., 22 febbraio 2022, n. 5857, in *Fallimento*, 2022, 972, con nota di COMMISSO, *Due principi*.

[39] V. per tutti SPIOTTA, *L'accertamento*, 2002 s.

[40] Cass., 7 giugno 2016, n. 11656, in *Fallimento*, 2017, 859; Cass., 22 marzo 2013, n. 7287, in *Fallimento*, 2014, 110; Cass., 28 marzo 2014, n. 7414, in *Fallimento*, 2015, 234; Cass., 14 gennaio 2004, n. 334, in *Dir. fall.*, 2005, II, 216, con nota di Penta. Perché sia sufficiente che il diritto venga indicato nelle componenti essenziali, di fatto e di diritto, da cui derivino i criteri di individuazione e di determinazione dei beni soggetti alla soddisfazione prioritaria del creditore fruente del privilegio, Cass., 3 dicembre 1996, n. 10786, in *Giust. civ.*, 1997, I, 1329, con nota di Marzo.

[41] BOZZA, *Art. 93*, 1416 s.; DIMUNDO, QUATRARO, *Accertamento del passivo*, 1013 ss.; (BONFATTI), CEN-

avendo riportato il procedimento a quella situazione passata che si voleva superare con il sistema di rigide preclusioni introdotto nel testo originario della riforma[42], tanto che si ritiene ammissibile la produzione documentale fino alla conclusione delle operazioni di verifica[43], e finanche in sede di impugnazione[44]. Sempre data la configurazione di giudizio di primo grado all'accertamento del passivo non sono idonei a costituire prova della pretesa avanzata quei documenti ai quali è dato rilievo in sede di cognizione sommaria (procedimento monitorio), come gli estratti delle scritture contabili o la dichiarazione prevista dall'art. 50 TUB[45].

SONI, *Manuale di diritto*, 361 s.; SASSANI, TISCINI, *L'accertamento*, 148, che pure sottolineano come il rischio di incompletezza del progetto sia fisiologico.

[42] CAVALLI, AMBROSINI, JORIO, *Il fallimento*, 560 s.; DIMUNDO, QUATRARO, *Accertamento del passivo*, 1017 s.; JORIO, *Fallimento*, 377.

[43] DIMUNDO, QUATRARO, *Accertamento del passivo*, 1017, dubitativamente FAUCEGLIA, ROCCO DI TORREPADULA, *Diritto dell'impresa*, 203; D'ORAZIO, *L'accertamento*, 719, 722, 760 ss., per il quale è ammissibile anche, in virtù del principio di non contestazione, la domanda del tutto priva di documentazione; DONGIACOMO, *Le prove*, 824, 829; FICHERA, *Accertamento del passivo*, 545; SPIOTTA, *L'accertamento*, 2013 ss. In giurisprudenza cfr. Cass., 11 settembre 2009, n. 19697, in *Foro it.*, 2010, I, 463, con nota di FABIANI, *Accertamento del passivo* ha ritenuto ammissibili le produzioni documentali nel regime normativo successivo al 31 dicembre 2007 fino all'udienza che si svolge davanti al giudice delegato. La stessa pronunzia (e Cass., 4 settembre 2009, n. 19211, *ivi*, 464; in relazione al regime "intermedio" per i fallimenti dichiarati fra il 16 luglio 2006 ed il 31 dicembre 2007, ritiene che in sede di opposizione possano essere pure prodotti nuovi documenti, in quanto le decadenze fissate nell'art. 93, comma 7 nel testo precedente il decreto correttivo non si comunicano al successivo giudizio di opposizione (Cass. n. 19211 del 2009 precisa che tali documenti possono essere prodotti solo contestualmente al deposito del ricorso).

[44] TRISORIO LIUZZI, *La domanda*, 1042; APRILE, VELLA, *Art. 93*, 1033 s.; LOCATELLI, *Brevi note*, 76 s.

[45] BOZZA, *Art. 93*, 1417 s.; TRISORIO LIUZZI, *La domanda*, 1042 s.

In giurisprudenza per l'inapplicabilità dell'efficacia probatoria di cui agli artt. 2709 e 2710, Cass., 17 ottobre 2014, n. 22044, in *Fallimento*, 2015, 30; Cass., 9 maggio 2013, n. 11017, in *Fallimento*, 2014, 229; Cass., 9 maggio 2011, n. 10081, in *Fallimento*, 2012, 234. Nella giurisprudenza di merito v. Trib. Isernia, 11 ottobre 2002, in *Dir. fall.*, 2003, II, 1025, con nota di Fonsi. Ma v. per l'applicabilità dell'art. 2709 c.c. quando sia il curatore ad agire quale avente causa del fallito Cass., 9 gennaio 2013, n. 321, in *Fallimento*, 2013, 1311. Per la compatibilità con il giudizio di verifica dell'efficacia probatoria attribuita alle scritture contabili a favore dell'imprenditore dall'art. 2710 c.c., VASSALLI, *Diritto fallimentare*, 49 s.

Sull'insufficienza ai fini probatori dell'estratto di saldaconto Cass., SS.UU., 18 luglio 1994, n. 6707, in *Fallimento*, 1995, 177; App. Genova, 5 febbraio 2002, in *Fallimento*, 2002, 74, con nota di Finardi. Per Trib. Palermo, dec., 12 novembre 2014, in *Fallimento*, 2015, 236, ai fini dell'ammissione al passivo del saldo di conto corrente, la banca deve produrre il contratto di apertura di conto corrente con data certa e copia degli estratti conto con le annotazioni di tutte le movimentazioni del rapporto e dei relativi titoli per permettere alla curatela, che non è parte del rapporto, di controllare il risultato del saldo e muovere le eventuali contestazioni. Sull'insufficienza della produzione parziale degli estratti conto Cass., 16 aprile 2018, n. 9365, in *Fallimento*, 2019, 64, con nota di Giurdanella. Per Cass., 13 marzo 2017, n. 6384, in *Fallimento*, 2017, 793, con nota di ANDRETTO, *Accertamento in sede*, invece, la mancata produzione degli estratti conto da parte della banca non preclude che il credito possa essere provato con mezzi diversi, come una consulenza tecnica, o che la prova possa essere desunta da partitari interni come le schede dei movimenti, oppure da altri documenti parimenti idonei ad attestare il compimento dei negozi da cui derivano, nonché il titolo, la natura e l'importo delle operazioni e l'effettiva annotazione in conto delle relative partite. Sull'onere di contestazione delle risultanze dell'estratto conto da parte del curatore, e sulla necessità da parte della banca di provare l'integrale andamento del rapporto, configurando l'accertamento del saldo di conto corrente come giudizio incidentale di rendiconto, cfr. Cass., 12 settembre 2018, n. 22208; Cass., 12 settembre 2018, n. 22209; Cass., 3 dicembre 2018, n. 31195, tutte in *Fallimento*, 2019, 149 ss., con nota adesiva di ANDRETTO, *L'efficacia probatoria*, la prima an-

Invariate rispetto all'art. 93 l. fall. le successive previsioni per le quali: «*Con la domanda di restituzione o rivendicazione, il terzo può chiedere la sospensione della liquidazione dei beni oggetto della domanda*» (comma 7). «*Il ricorso può essere presentato dal rappresentante comune degli obbligazionisti ai sensi dell'articolo 2418, secondo comma, del codice civile, anche per singoli gruppi di creditori*» (comma 8)[46]. Come si è detto l'ultimo comma dell'art. 201 accoglie l'opinione favorevole all'inapplicabilità al procedimento della sospensione nel periodo feriale. Si tratta di una deroga rispetto a quanto previsto, in linea generale, dall'art. 9 del Codice («*la sospensione feriale dei termini di cui all'articolo 1 della legge 7 ottobre 1969, n. 42 non si applica ai procedimenti disciplinati dal presente codice, salvo che esso non disponga diversamente*»). Diversa previsione si trova, oltre che nella norma in commento, nell'art. 207, comma 16 per le impugnazioni dello stato passivo. Pure la disciplina dell'inammissibilità del ricorso non varia rispetto a quella dell'art. 93 l. fall., se non nel mutato riferimento alle diverse norme del Codice. Bisogna tuttavia considerare la disciplina delle comunicazioni telematiche di cui al nuovo art. 10, ben più completa di quella relativa alle comunicazioni del curatore di cui all'art. 31-*bis* l. fall.

5. – Il ricorso può avere anche un contenuto eventuale, ad es. relativamente alla richiesta di sospensione della liquidazione dei beni oggetto della domanda di rivendicazione di cui all'art. 201, comma 7, alla dichiarazione di disponibilità del creditore ad assumere l'incarico di componente del comitato dei creditori (art. 138, comma 1, già art. 40 l. fall.), mentre è venuta meno con il Codice (v. l'art. 232, comma 4) la possibilità di integrare il

che in *Dir. fall.*, 2020, II, 223, con nota di FRADEANI, *Estratti conto bancari*; Cass., 11 marzo 2019, n. 6985, in *Fallimento*, 2019, 830; Cass., 8 maggio 2019, n. 12046, in *ilfallimentarista.it*, con nota di TARANTINO, *Fallimento: utilizzo*; Cass., 23 ottobre 2019, n. 27201, in *Fallimento*, 2019, 1451 s.; Cass., 27 febbraio 2020, n. 5319, in *Fallimento*, 2020, 709. Per Trib. Napoli, dec., 22 dicembre 2016, in *Fallimento*, 2017, 602, per il credito della banca derivante da contratto di apertura di credito in conto corrente, la consegna delle somme, con la quale sorge l'obbligo di restituzione del cliente, non può essere individuata con la semplice annotazione dell'accreditamento sul conto dell'accreditato, ma va individuata con l'effettivo prelievo; ne consegue che, ai fini dell'ammissione del credito, occorre avere riguardo al risultato contabile, raggiunto attraverso la contrapposizione delle poste attive e passive del conto corrente, risultante dalla produzione integrale degli estratti recanti il saldo passivo. Sulla prova del credito derivante da contratto di mutuo Cass., 27 ottobre 2017, n. 25632, in *Fallimento*, 2018, 250; Cass., 27 ottobre 2017, n. 25633, *ivi*, 250, quest'ultima circa l'irrilevanza della esclusione del credito dallo stato passivo ai fini del riconoscimento dell'ipoteca concessa a garanzia; Trib. Napoli, 1° marzo 2011, n. 2331, in *Banca, borsa, tit. cred.*, 2012, II, 365, con nota di ROMUALDI, *Osservazioni a Trib.*; Cass., 9 maggio 2022, n. 14683, in *Fallimento*, 2022, 1464 s., per la quale l'uscita del denaro dal patrimonio dell'istituto di credito mutuante, e l'acquisizione dello stesso al patrimonio del mutuatario, costituisce effettiva erogazione dei fondi, anche se la somma sia versata dalla banca su un deposito cauzionale infruttifero, destinato ad essere svincolato in conseguenza dell'adempimento degli obblighi e delle condizioni contrattuali; Cass., 16 novembre 2022, n. 33724, in *Fallimento*, 2023, 22, perché non sia necessaria, in assenza di specifica contestazione, ai fini della prova del credito derivante dal contratto di mutuo, la produzione del piano di ammortamento. Per l'assimilazione al mutuo, ai fini della considerazione del rispetto del divieto del tasso usurario, del contratto di finanziamento a stati di avanzamento dei lavori che risulti assistito da garanzia ipotecaria; Cass., 6 settembre 2019, n. 22380, in *Fallimento*, 2019, 1303 s. Sulla prova dei crediti bancari in sede di verifica DIMUNDO, QUATRARO, *La verifica*, 235 ss.; BONFATTI, *La formazione*, 57 ss.; FALCONE, *Accertamento dei crediti*, 105 ss.

[46] Sulla insinuazione al passivo degli obbligazionisti ed il ruolo del rappresentante comune v. ALLECA, *Fallimento e regole*, 243 ss.; ID., *Titoli di debito*, 1016 ss.

ricorso con la dichiarazione di voler beneficiare degli ulteriori riparti delle somme non riscosse di cui all'art. 117 l. fall.[47]. La sospensione della liquidazione deve essere richiesta nel ricorso, è stata ritenuta inammissibile la domanda in tal senso formulata successivamente in sede di opposizione, quando il g.d. abbia già provveduto nel merito rigettando la domanda[48].

«*Il giudice ad istanza della parte può disporre che il cancelliere prenda copia dei titoli al portatore o all'ordine presentati e li restituisca con l'annotazione dell'avvenuta domanda di ammissione al passivo*» (comma 9). Si tratta di una prassi costante nel caso i creditori debbano utilizzare i titoli per azioni nei confronti di fideiussori del debitore[49], ciò non toglie che per il giudice non sussista un obbligo di restituzione, e la stessa può essere negata quando, ad esempio, risulti dagli atti il pagamento della cambiale da parte del debitore o di terzi[50].

---

[47] BOZZA, *Art. 93*, 1412; ID., *La domanda*, 766; NARDONE, *Art. 93*, 1207 s.; TRISORIO LIUZZI, *La domanda*, 1040; APRILE, VELLA, *Art. 93*, 1028; D'ORAZIO, *L'accertamento*, 724 s.; SPIOTTA, *L'accertamento*, 2012; FAUCEGLIA, *L'accertamento*, 1629.

[48] Trib. Milano, dec., 7 ottobre 2015, in *Fallimento*, 2016, 709, con nota adesiva di Ficarella, che precisa come il creditore rivendicante non sia nemmeno legittimato, essendo previsto il rimedio dell'art. 93, comma 8, a chiedere la sospensione della vendita a norma dell'art. 108 l. fall.

[49] D'ORAZIO, *Art. 93*, 753; ID., *L'accertamento*, 725.

[50] Cass., 7 marzo 2000, n. 1805.

Articolo 202
Effetti della domanda

1. La domanda di cui all'articolo 201 produce gli effetti della domanda giudiziale per tutto il corso della liquidazione giudiziale e fino all'esaurimento dei giudizi e delle operazioni che proseguono dopo il decreto di chiusura a norma dell'articolo 235.

Vittorio Giorgi

Per l'art. 94 l. fall., «*la domanda di cui all'articolo 93 produce gli effetti della domanda giudiziale per tutto il corso del fallimento*». Viene eliminata nell'art. 94 l. fall., la precisazione contenuta nel d.d.l. Trevisanato per cui la domanda aveva anche "*la natura*" di domanda giudiziale, ma tale "*natura*", per quanto fosse utile la precisazione, è desumibile anche dalla attuale norma[1]. L'effetto interruttivo della domanda, si riteneva fino alla precisazione aggiunta dal Codice in relazione ai giudizi pendenti alla chiusura, durare fino alla chiusura o alla revoca del fallimento, non alla decisione sul credito, perdurando fino a tale momento l'impossibilità per il creditore di agire nei confronti del debitore con strumenti diversi dalla domanda di insinuazione al passivo[2]. L'effetto interruttivo si estende ai condebitori in solido a norma dell'art. 1310 c.c. ed ai garanti a norma dell'art. 1957 c.c.

La riforma del codice si limita a coordinare la norma con la possibilità della prosecuzione dei giudizi anche successivamente alla chiusura della liquidazione giudiziale.

Si applica la regola della rinuncia agli atti di cui all'art. 306 c.p.c.[3].

---

[1] BOZZA, *Art. 94*, 1420; ID., *La domanda*, 771; TEDESCHI, *L'accertamento*, 920 ss.

[2] BOZZA, *Art. 94*, 1423; ID., *La domanda*, 772; DIMUNDO, QUATRARO, *Accertamento del passivo*, 1009; FABIANI, *La formazione*, 338; ID., *Diritto fallimentare*, 397; ID., *La tutela*, 573; NARDONE, *Art. 94*, 1216; PELLEGRINO, *L'insinuazione*, 112; FAUCEGLIA, *L'accertamento*, 1637 s. Nella dottrina precedente la riforma, per tutti, BOZZA, SCHIAVON, *L'accertamento*, 89 ss.

[3] FABIANI, *La formazione*, 339; ID., *Diritto fallimentare*, 396; ID., *La tutela*, 574, che ritiene necessaria l'accettazione del curatore; TEDESCHI, *L'accertamento*, 934 ss.; BOZZA, *La domanda*, 774, per il quale non è necessaria l'accettazione del curatore; dubitativamente SPIOTTA, *L'accertamento*, 2001 s.

Per Cass., 19 gennaio 2016, n. 814, in *Fallimento*, 2017, 115 (s.m.), in caso di rinuncia del creditore già ammesso al passivo il cessionario del credito può a sua volta presentare una nuova insinuazione al passivo, non incidendo la rinuncia all'insinuazione sul diritto di credito.

Articolo 203
Progetto di stato passivo e udienza di discussione

1. Il curatore esamina le domande di cui all'articolo 201 e predispone elenchi separati dei creditori e dei titolari di diritti su beni mobili e immobili di proprietà o in possesso del debitore, rassegnando per ciascuno le sue motivate conclusioni. Il curatore può eccepire i fatti estintivi, modificativi o impeditivi del diritto fatto valere, nonché l'inefficacia del titolo su cui sono fondati il credito o la prelazione, anche se è prescritta la relativa azione.

2. Il curatore deposita il progetto di stato passivo corredato dalle relative domande nella cancelleria del tribunale almeno quindici giorni prima dell'udienza fissata per l'esame dello stato passivo e nello stesso termine lo trasmette ai creditori e ai titolari di diritti sui beni all'indirizzo indicato nella domanda di ammissione al passivo. I creditori, i titolari di diritti sui beni ed il debitore possono esaminare il progetto e presentare al curatore, con le modalità indicate dall'articolo 201, comma 2, osservazioni scritte e documenti integrativi fino a cinque giorni prima dell'udienza.

3. All'udienza fissata per l'esame dello stato passivo, il giudice delegato, anche in assenza delle parti, decide su ciascuna domanda, nei limiti delle conclusioni formulate e avuto riguardo alle eccezioni del curatore, a quelle rilevabili d'ufficio ed a quelle formulate dagli altri interessati. Il giudice delegato può procedere ad atti di istruzione su richiesta delle parti, compatibilmente con le esigenze di speditezza del procedimento. In relazione al numero dei creditori e alla entità del passivo, il giudice delegato può stabilire che l'udienza sia svolta in via telematica con modalità idonee a salvaguardare il contraddittorio e l'effettiva partecipazione dei creditori, anche utilizzando le strutture informatiche messe a disposizione della procedura da soggetti terzi.

4. Il debitore può chiedere di essere sentito.

5. Delle operazioni si redige processo verbale.

Marco Farina

1. – L'art. 203 conferma la struttura procedimentale della fase necessaria dell'accertamento del passivo destinata a svolgersi innanzi al giudice delegato che continua ad essere caratterizzata (i) dalla necessaria formazione da parte del curatore di un progetto di stato passivo contenente le sue motivate conclusioni relativamente ad ogni singola domanda di ammissione al passivo, (ii) dal contraddittorio, scritto e orale, che si svolgerà con i creditori nel corso dell'udienza fissata innanzi al giudice delegato per l'esame dello stato passivo, all'esito della quale quest'ultimo decreterà l'accoglimento o il rigetto, in tutto o in parte, delle domande proposte.

2. – Allorché è chiamato a redigere il progetto di stato passivo il curatore assume la veste di contraddittore istituzionale dei creditori concorsuali che aspirano a divenire concorrenti ed è così tenuto a prendere posizione su ciascuna domanda di ammissione al passivo, rassegnando per ciascuna di esse le sue motivate conclusioni.

Se il curatore conclude per l'accoglimento della domanda e, dunque, non contesta il fondamento di fatto e di diritto della stessa, ciò non vincolerà il giudice delegato il quale potrà legittimamente dissentire dalle comuni conclusioni rassegnate dal creditore e dal curatore, sia dando rilievo ad emergenze probatorie che abbiano valenza contraria rispetto alle risultanze virtuali ipotizzabili in base alla non contestazione del curatore[1], sia dando rilievo alle eccezioni (in senso stretto) eventualmente proposte dagli altri creditori concorrenti, oppure a quelle il cui fondamento emerga dagli atti e per le quali la legge non richieda la necessaria istanza di parte (c.d. eccezioni in senso lato).

Nel rassegnare le proprie motivate conclusioni di rigetto, invece, il curatore potrà limitarsi a contestare in fatto o in diritto le allegazioni del creditore, così lasciando inalterato il quadro dei fatti rilevanti per la decisione, oppure potrà eccepire i fatti estintivi, modificativi o impeditivi del diritto fatto valere con la domanda di ammissione, ovvero far valere l'inefficacia del titolo su cui si fonda il credito o la prelazione, in tal modo ampliando l'ambito della cognizione del giudice delegato.

Quanto al potere di proporre eccezioni in senso stretto[2] riconosciuto in capo al curato-

[1] Cass., 24 maggio 2018, n. 12973, Cass., 8 agosto 2017, n. 19734, Cass., 2 maggio 2017, n. 10662, Cass., 6 agosto 2015, n. 16554.

[2] Come noto, sono eccezioni in senso stretto quelle che sono espressamente riservate alla parte in virtù di una previsione di legge, o quelle che corrispondono all'esercizio in via di eccezione, appunto, di diritti potestativi. Quanto alla eccezione di inefficacia del titolo su cui sono fondati il credito o la prelazione (c.d. eccezione revocatoria e/o revocatoria incidentale o in via breve) essa si riferisce tanto ai casi di inefficacia del titolo o della prelazione che discende dall'operare di norme concorsuali, tanto alla inefficacia che conseguirebbe all'utile esperimento dell'azione revocatoria ordinaria. Occorre, tuttavia, precisare che qualora si tratti di inefficacia che operi di diritto ed a cui non corrisponda, dunque, l'esercizio in via di eccezione di un diritto potestativo a necessario esercizio giudiziale (ad es., inefficacia dell'atto a titolo gratuito compiuto nel biennio antecedente, oggi, al deposito della istanza per l'apertura della liquidazione giudiziale), la relativa eccezione parrebbe doversi considerare rilevabile anche d'ufficio, non potendosi ritenere che la previsione del comma 1 dell'articolo in commento che attribuisce al curatore il potere di far valere l'inefficacia del titolo o della prelazione (e non, invece, di far valere la revocabilità) equivalga a quella necessaria previsione di legge che riservi alla parte la corrispondente eccezione. A tacer d'altro, infatti, una tale interpretazione è contraddetta proprio dal fatto che la norma si riferisce espressamente al caso di eccezione di inefficacia proponibile anche allorché risulti prescritta la «*relativa azione*». Seppure, quindi, l'operare *ipso iure* della inefficacia non è, di per sé, decisivo per attribuire alla corrispondente eccezione la natura di eccezione in senso lato (anche la compensazione, come noto, opera *ipso iure* ma la corrispondente eccezione è espressamente riservata alla parte), non essendoci alcuna norma che espressamente riservi alla parte il potere di eccepire l'inefficacia del titolo o della prelazione, tale potere, secondo i principi generali, sarà riservato alla parte solo qualora ad esso corrisponda l'esercizio di un diritto potesta-

re deve precisarsi che esso non si preclude se non esercitato al momento della redazione del progetto di stato passivo [3] e che eguale potere compete anche ai creditori concorrenti che, pertanto, potranno dedurre i fatti estintivi, modificativi o impeditivi dell'altrui diritto (al concorso) che concretino altrettante eccezioni in senso stretto – espressamente compresa l'inefficacia del titolo su cui si fonda il credito o la prelazione [4] – tanto nel corso della fase sommaria [5], quanto in sede di impugnazione dei crediti ammessi.

Rimane, infine, da precisare che nel caso in cui il rigetto della domanda del creditore si giustifichi in dipendenza dell'accoglimento di una eccezione in senso stretto tempestivamente e ritualmente proposta dal curatore (o da un altro creditore concorrente), nel successivo giudizio di opposizione allo stato passivo instaurato dal creditore non sarà, ovviamente, necessario che il curatore riproponga la detta eccezione che, infatti, rimane ferma e sarà oggetto di riesame quanto alla sua fondatezza nel merito per effetto delle ragioni di doglianza a tal fine fatte valere dal creditore opponente con il ricorso introduttivo [6].

---

tivo a necessaria attuazione giudiziale; negli altri casi di inefficacia "di diritto" ad essa si potrà dare rilievo anche *ex officio*.

[3] Potendo, al contrario, il curatore, in virtù di quanto previsto dall'art. 207, comma 7 (che riproduce il testo dell'art. 99, comma 7, l. fall.), sempre proporre, in sede di costituzione nel successivo giudizio di opposizione allo stato passivo, quelle eccezioni che non abbia precedentemente sollevato in sede di verifica (Cass., 26 novembre 2020, n. 26870; Cass., 8 febbraio 2019, n. 3778; Cass., 25 settembre 2018, n. 22784; Cass., 31 luglio 2017, n. 19003; Cass., 14 dicembre 2016, n. 25728; Cass., 17 febbraio 2015, n. 3110; Cass. 4 aprile 2013, n. 8246; Cass. 4 giugno 2012, n. 8929).

[4] Cass., 5 marzo 2015, n. 4524; Cass. 27 febbraio 2013, n. 4959.

[5] La proposizione di una eccezione in senso stretto da parte di un creditore concorrente potrà avvenire sia al momento del deposito delle osservazioni scritte che ciascun creditore può depositare cinque giorni prima dell'udienza dopo aver esaminato il progetto di stato passivo, sia direttamente in udienza. Lo si deduce sia dal fatto che l'art. 203, comma 3 (così come l'omologa disposizione *olim* contenuta nel terzo comma dell'art. 95, comma terzo, l. fall.) prevede che all'udienza il giudice debba decidere tenuto conto delle eccezione formulate dagli altri interessati, sia dalla considerazione per cui non avrebbe senso imporre al creditore concorrente di proporre l'eccezione in senso stretto avverso l'altrui diritto al concorso nelle osservazioni da depositarsi cinque giorni prima della udienza giacché tali osservazioni, che sono trasmesse solo al curatore, non sono comunque conoscibili dall'altro creditore inciso dalla eccezione prima della udienza.

[6] Cass., 14 marzo 2017, n. 6522. Nel caso in cui, invece, la domanda del creditore sia stata disattesa per effetto del rilievo (anche, se del caso, officioso) di altra ragione di rigetto e l'eccezione in senso stretto proposta dal curatore sia rimasta, dunque, assorbita, allora il curatore avrà l'onere di costituirsi tempestivamente nel giudizio di opposizione allo stato passivo per riproporre detta eccezione nel termine di cui all'art. 207, comma 7. Nel caso in cui, a fronte del rigetto della domanda del creditore, il giudice delegato abbia espressamente disatteso una eccezione in senso stretto proposta dal curatore (l'ipotesi, francamente, è di scuola, giacché difficilmente nel contesto della fase sommaria di verifica il giudice delegato si soffermerà su di un tema di indagine non necessario per la decisione di segno negativo già propiziata dal rilievo di altra concorrente ragione di rigetto), si potranno porre le premesse, verosimilmente, di una impugnazione incidentale tardiva del curatore oggi espressamente prevista dal comma 4 dell'art. 206 (nel previgente regime la possibilità di una impugnazione incidentale del curatore era per lo più esclusa dalla giurisprudenza di legittimità, Cass., 4 ottobre 2019, n. 24829). In tale ultima ipotesi ciò che muta, rispetto al caso dell'assorbimento, sarà che il curatore dovrà dirsi tenuto a far valere motivi di doglianza rispetto al rigetto già pronunciato non potendosi limitare, crediamo, ad una mera riproposizione (fermo che le due attività si precludono nello stesso momento, ossia al tempo della costituzione tempestiva del convenuto). Nei casi in cui, infine, il giudice delegato abbia rigettato la domanda del creditore sulla base di una eccezione in senso stretto non rilevata da alcuno e, quindi, in violazione di quanto prescritto dal comma 3 dell'articolo in commento, il creditore potrà dedurre tale violazione come mo-

3. – Il progetto di stato passivo, corredato delle domande (e dei documenti dimostrativi depositati unitamente ad esse), deve essere depositato (telematicamente) in cancelleria almeno quindici giorni prima dell'udienza e, nello stesso termine, deve essere trasmesso[7] dal curatore ai creditori ed ai titolari di diritti sui beni.

A tal riguardo si deve precisare che ciò che viene trasmesso dal curatore ai creditori è esclusivamente il progetto di stato passivo e non anche le domande[8] e che nel caso di tempestivo deposito presso la cancelleria cui non faccia, però, seguito una altrettanto tempestiva trasmissione ai creditori, questi ultimi avranno la possibilità di depositare osservazioni scritte e documenti integrativi direttamente in udienza[9].

Nel vigore dell'art. 95 l. fall. la giurisprudenza di legittimità ha chiarito che il mancato deposito di osservazioni scritte e documenti integrativi nel termine di cinque giorni prima dell'udienza non comporta acquiescenza alla conclusione di rigetto eventualmente rassegnata dal curatore e conseguente decadenza dalla possibilità di proporre opposizione, e ciò sia perché l'art. 95, comma 2, l. fall. prevede che i creditori "possono" esaminare il progetto – senza porre a loro carico un onere di replica alle difese e alle eccezioni del curatore entro la prima udienza fissata per l'esame dello stato passivo e dovendosi, di conseguenza, escludere che il termine predetto sia deputato alla definitiva e non più emendabile individuazione delle questioni controverse riguardanti la domanda di ammissione – sia perché, come ovvio, non può trovare applicazione il disposto dell'art. 329 c.p.c. rispetto ad un provvedimento giudiziale non ancora emesso[10].

Neppure esiste alcuna limitazione, del resto, in ordine alla tipologia dei documenti "integrativi" che possono essere depositati dal creditore nel termine di cinque giorni prima della udienza. Il creditore resta, dunque, libero di depositare sino all'udienza quei docu-

tivo di opposizione ma esso sarà, fatalmente, reso inoffensivo dalla tempestiva costituzione del curatore che proponga detta medesima eccezione.

[7] A mezzo posta elettronica certificata all'indirizzo indicato nella domanda di ammissione al passivo. Ai sensi dell'art. 201, comma 3, lett. *e)* la domanda deve contenere «*l'indicazione dell'indirizzo di posta elettronica certificata, al quale ricevere tutte le comunicazioni relative alla procedura, le cui variazioni è onere comunicare al curatore*", mentre il successivo comma 5 prevede che "*se è omessa l'indicazione di cui al comma 3, lettera e), nonché nei casi di mancata consegna del messaggio di posta elettronica certificata per cause imputabili al destinatario si applica l'articolo 10, comma 3*». L'art. 10, comma 3 dispone che «*le comunicazioni ai soggetti per i quali la legge prevede l'obbligo di munirsi di un domicilio digitale e che non hanno provveduto ad istituirlo o comunicarlo sono eseguite esclusivamente mediante deposito in cancelleria. Si procede con le stesse modalità nelle ipotesi di mancata consegna del messaggio elettronico per cause imputabili al destinatario*». L'onere di cui al comma 3, lett. *e)*, dell'art. 201 può ritenersi assolto, senza dover indulgere ad inutili formalismi, allorché la domanda sia stata proposta mediante invio da un indirizzo di posta elettronica certificata. L'indirizzo da cui proviene la domanda sarà, dunque, anche quello cui doversi senz'altro riferire per la trasmissione del progetto di stato passivo (e per le altre successive comunicazioni), a nulla rilevando la circostanza per cui nel corpo della domanda non vi sia una espressa indicazione di tale indirizzo.

[8] Che potranno essere esaminate dai creditori mediante accesso al fascicolo della procedura ai sensi dell'art. 199, comma 4.

[9] Nel caso in cui la trasmissione del progetto avvenga almeno dieci giorni prima della udienza; in caso contrario, il creditore cui non sia stato tempestivamente trasmesso il progetto potrà chiedere al giudice delegato la concessione di un termine per il compimento di tali attività.

[10] Cass., 10 agosto 2017, n. 19937; Cass., 19 dicembre 2014, n. 27124; Cass., 4 novembre 2014, n. 23462; Cass., 9 gennaio 2014, n. 321; Cass., 10 aprile 2012, n. 5659.

menti che servano anche solo ad integrare, appunto, la prova dei fatti costitutivi ritenuta carente dal curatore nelle proprie conclusioni di rigetto rassegnate nel progetto di stato passivo. Insomma, anche la mera difesa del curatore consistente nella richiesta di rigetto della domanda per carenza di prova in ordine ai fatti costitutivi della pretesa concorsuale fatta valere con la domanda di insinuazione legittima il creditore a depositare nuovi documenti – integrativi, appunto, della originaria produzione documentale in astratto anche totalmente mancante – sino a cinque giorni prima dell'udienza [11].

4. – La decisione su ciascuna domanda di ammissione sarà resa dal giudice delegato anche in assenza delle parti, restando tuttavia intatta la possibilità per il creditore di rinunciare, con effetti meramente processuali, alla propria domanda con possibilità, dunque, di sua riproposizione in via tardiva [12].

La presenza delle parti in sede di udienza potrà, tuttavia, rilevarsi necessaria al fine di poter ivi richiedere che il giudice delegato proceda ad atti di istruzioni compatibilmente con le esigenze di speditezza del procedimento, così come continua a prevedere il secondo periodo del comma 3 dell'art. 203 [13].

---

[11] Per la dimostrazione di tale assunto sia consentito rinviare a FARINA, *Preclusioni e decadenze*, 679.

[12] In argomento si v. Cass., 19 gennaio 2016, n. 814 che, pur se pronunciata nel vigore della legge fallimentare antecedente alle riforme del 2006 e del 2007, ammette addirittura una rinuncia, con limitati effetti processuali. alla stessa ammissione. Da ciò potendosi dedurre la legittimità, a maggior ragione, di una rinuncia alla (sola) domanda prima che su di essa sia stato emesso un provvedimento del giudice delegato. Si può peraltro discutere in ordine al se la rinuncia alla domanda debba essere accettata dal curatore una volta che questi abbia depositato il progetto di stato passivo (così equiparandosi tale attività alla attività di costituzione della parte che ha interesse alla prosecuzione del giudizio di merito che deve accettare la rinuncia agli atti di cui all'art. 306) o se, al contrario, tale rinuncia non sia in alcun modo richiesta, né prima, né dopo il deposito del progetto di stato passivo. Di recente Cass., 12 gennaio 2023, n. 4632, ha correttamente ritenuto che la rinuncia all'ammissione produce effetti sostanziali, impedendo la riproposizione della medesima domanda, dovendosi invece senz'altro ammettere la rinuncia alla domanda di ammissione, con limitati effetti processuali (e, dunque, con possibilità di riproposizione), prima che su di essa si sia pronunciato il giudice delegato.

[13] Fermo il fatto che, ovviamente, tale richiesta non sarà necessario allorché si tratti di dover procedere ad un atto di istruzione che, d'ordinario, può essere ammesso dal giudice *ex officio*.

Articolo 204

Formazione ed esecutività dello stato passivo

1. Il giudice delegato, con decreto succintamente motivato, accoglie in tutto o in parte ovvero respinge o dichiara inammissibile la domanda proposta ai sensi dell'articolo 201. La dichiarazione di inammissibilità della domanda non ne preclude la successiva riproposizione.

2. Oltre che nei casi stabiliti dalla legge, sono ammessi al passivo con riserva:

a) i crediti condizionati e quelli indicati all'articolo 154, comma 3;

b) i crediti per i quali la mancata produzione del titolo dipende da fatto non riferibile al creditore, a condizione che la produzione avvenga nel termine assegnato dal giudice;

c) i crediti accertati con sentenza del giudice ordinario o speciale non passata in giudicato, pronunziata prima della dichiarazione di apertura della liquidazione giudiziale.

Il curatore può proporre o proseguire il giudizio di impugnazione.

3. Se le operazioni non possono esaurirsi in una sola udienza, il giudice ne rinvia la prosecuzione a non più di otto giorni, senza altro avviso per gli intervenuti e per gli assenti.

4. Terminato l'esame di tutte le domande, il giudice delegato forma lo stato passivo e lo rende esecutivo con decreto depositato in cancelleria.

5. Il decreto che rende esecutivo lo stato passivo e le decisioni assunte dal tribunale all'esito dei giudizi di cui all'articolo 206, limitatamente ai crediti accertati ed al diritto di partecipare al riparto quando il debitore ha concesso ipoteca a garanzia di debiti altrui, producono effetti soltanto ai fini del concorso.

Marco Farina

Sommario: 1. Introduzione. – 2. La decisione del giudice delegato. – 3. L'ammissione con riserva. – 4. Gli effetti del decreto di esecutività dello stato passivo.

1. – Anche l'art. 204 riproduce in modo pressoché invariato il testo dell'art. 96 l. fall., salva una sola, pur rilevante, novità riguardante gli effetti delle decisioni assunte in sede di accertamento del passivo.

In questa sede ci si può limitare, in prima battuta, a far menzione di alcune delle principali questioni che si sono poste all'attenzione degli interpreti nel vigore dell'art. 96 l. fall., per poi da ultimo concentrarsi un poco più a fondo sull'unica novità introdotta al riguardo dal legislatore delegato.

2. – Il comma 1 dell'art. 204 continua a prevedere che il giudice delegato decida su ciascuna domanda con decreto succintamente motivato. Ancorché la legge preveda che il giudice delegato emetta una sua decisione su ciascuna singola domanda pronunciando su di essa un apposito decreto succintamente motivato, è solo con il deposito in cancelleria del decreto che rende esecutivo lo stato passivo che la decisione resa dal giudice delegato diverrà immutabile da parte del giudice che l'ha resa e costituirà possibile oggetto di contestazione giudiziale con una delle impugnazioni previste dall'art. 206 [1].

Quanto al contenuto dei provvedimenti che il giudice delegato può emettere per dar risposta alle domande proposte dai creditori deve semplicemente osservarsi che la dichiarazione di inammissibilità potrà dipendere dalla mancanza o assoluta incertezza dei requisiti di cui alle lett. *a*), *b*) e *c*) dell'art. 201, ovvero potrà essere pronunciata allorché la domanda, per come formulata, non consenta l'individuazione del diritto fatto valere nelle sue componenti soggettive ed oggettive. In tali casi alla declaratoria di inammissibilità conseguirà la possibilità di una riproposizione, fatalmente in via tardiva [2], della domanda correttamente formulata ed emendata dai vizi relativi alla *editio actionis* riscontrati dal giudice delegato [3].

---

[1] Cass., 20 novembre 2019, n. 30131 che richiama Cass., 1° giugno 2017, n. 13886 che, a sua volta, giustifica la conclusione rifacendosi a Cass., 15 gennaio 2010, n. 559 resa nel vigore della legge fallimentare anteriore alle riforme del 2005/2006.

[2] Nel caso in cui la dichiarazione di inammissibilità colpisca una domanda proposta in via tardiva, la sua riproponibilità dipenderà, ovviamente, dal se – a quel tempo – sia già interamente decorso o meno il termine di cui all'art. 208 (ossia, 6 o 12 mesi dalla dichiarazione di esecutività dello stato passivo).

[3] Non è chiaro, peraltro, se la dichiarazione di inammissibilità possa, nonostante essa non escluda la riproponibilità della domanda, costituire oggetto di una opposizione allo stato passivo che l'art. 206 continua a limitare ai casi in cui la domanda sia stata accolta in parte o sia stata respinta, così apparentemente escludendo il caso della dichiarazione di inammissibilità che, come visto, nell'art. 204 in esame costituisce un epilogo che il legislatore considera separatamente rispetto, appunto, all'accoglimento in tutto o in parte ed al rigetto. Da un punto di vista pratico, la questione può assumere rilevanza, ad es., nel caso in cui la conservazione della pendenza della lite a far data dalla presentazione della domanda originaria serva al creditore per evitare una successiva dichiarazione di rigetto nel merito per intervenuta prescrizione. Atteso che, ai sensi dell'art. 202, la proposizione della domanda di ammissione produce gli effetti della domanda giudiziale, tra cui l'interruzione della prescrizione, e che, beninteso, tale effetto non può riconoscersi alla domanda (veramente) inammissibile, il creditore potrebbe aver interesse a contestare la dichiarazione di inammissibilità deducendone l'erroneità attesa la sufficienza delle indicazioni oggettive e soggettive contenute nella domanda ai fini della individuazione del diritto fatto valere. L'impugnazione, con l'opposizione allo stato passivo, della dichiarazione di inammissibilità, in luogo della riproposizione, potrebbe poi stimarsi utile per il creditore che voglia conservare integra la possibilità di partecipazione ai riparti: l'annullamento della dichiarazione di inammissibilità e l'ammissione nel merito disposta dal giudice dell'opposizione potrebbero, infatti, essere equiparati alla ipotesi di una ammissione tardiva "senza colpa". Egualmente, spazi di utile applicazione della opposizione potrebbero ritenersi certamente sussistenti allorché ad essere dichiarata inammissibile (per mancata individuazione del diritto valere) sia stata la domanda proposta in via tardiva (e comunque entro i 6 o 12 mesi dalla dichiarazione di esecutività dello stato passivo) e al momento in cui giunga tale declaratoria di rigetto in rito sia già integralmente spirato il termine di cui al comma 1 dell'art. 208. Nel caso di dichiarazione di inammissibilità della domanda ultra-tardiva, invece, il rimedio della opposizione allo stato passivo deve senz'altro riconoscersi sia allorché l'inammissibilità venga dichiarata per i motivi che si stanno qui esaminando (per le stesse le ragioni appena esposte), sia allorché la dichiarazione di inammissibilità riguardi l'ipotesi di accertata insussistenza di un ritardo non imputabile (e in tal caso l'opposizione sarà ammissibile solo qualora tale esito decisorio sia raggiunto per la ritenuta esistenza di una manifesta inammissibilità della domanda e, dunque, *de plano* senza in-

3. – Il comma 2 dell'articolo in commento lascia inalterate le ipotesi in cui il credito deve essere ammesso con riserva[4].

L'ammissione con riserva deve, in primo luogo, disporsi negli altri casi stabiliti dalla legge come, ad es., in ipotesi di accertamento dei crediti tributari iscritti a ruolo in virtù di quanto previsto dall'art. 88, d.p.r. n. 602 del 1973, e ciò al fine di preservare l'esercizio della giurisdizione tributaria in materia[5].

Con riferimento alla prima ipotesi di ammissione con riserva – vale a dire, quella di cui alla lett. *a*) – oltre a segnalare, di nuovo, che nulla è mutato rispetto alla precedente formulazione della corrispondente norma contenuta nella vecchia legge fallimentare, può qui farsi rinvio al commento all'art. 154 che reca la disciplina relativa agli effetti della apertura della liquidazione giudiziale sui crediti condizionali cui, appunto, si riferisce tale prima ipotesi.

Quanto alla ipotesi di cui alla lett. *b*), può osservarsi, in sintesi, che l'ammissione con riserva di un credito "non provato" potrà darsi solo nei casi in cui il creditore, nella domanda, indichi specificatamente quale sia il contenuto del documento che fornisce la prova del suo credito e dimostri che, nonostante la sua esistenza, tale documento non è nella sua disponibilità per fatto ad egli non imputabile e che, dunque, potrà procurarselo solo successivamente al momento in cui la domanda deve essere decisa. In tali casi, quindi, il giudice delegato – valutata la rilevanza e decisività del documento e condiviso il giudizio di non imputabilità dell'impedimento alla produzione tempestiva del documento – dovrà ammettere con riserva il credito e detta riserva sarà sciolta, in un senso o nell'altro, entro il termine, successivo alla dichiarazione di esecutività dello stato passivo, assegnato a tal fine dal giudice delegato (termine la cui durata sarà, beninteso, calibrata in ragione dello specifico impedimento oggettivo dedotto dal creditore nella propria domanda).

In relazione alla ipotesi *sub* c), vale la pena di rilevare, in primo luogo, che detta previsione, nonostante la sua lettera sembrerebbe giustificare l'opposta lettura, è dalla giurisprudenza di legittimità ritenuta applicabile anche nel caso in cui la sentenza – pronunciata prima della apertura della liquidazione giudiziale e non ancora passata in giudicato al momento in cui dovrà essere decisa la domanda di ammissione del credito oggetto della pronuncia – sia, anche solo in parte, di accertamento negativo della pretesa del creditore. Pure in tale ipotesi, quindi, l'accertamento (positivo o negativo) del credito avverrà al di fuori del procedimento di accertamento del passivo in cui si tratterà semplicemente di recepire – al momento dello scioglimento della riserva ai sensi dell'art. 228 – il giudicato

---

staurazione del contraddittorio e fissazione di udienza, perché in tal caso l'ultimo comma dell'art. 208 prevede che sia applicabile il rimedio del reclamo *ex* art. 124).

[4] Pure inalterata, peraltro, è la disciplina dettata dall'art. 228 quanto al procedimento semplificato di scioglimento della riserva.

[5] Al riguardo si segnala Cass., SS.UU., 24 dicembre 2019, n. 34447, la quale, a composizione di un contrasto esistente tra le sezioni semplici, ha affermato il principio di diritto per il quale «ove in sede di ammissione al passivo fallimentare, sia eccepita dal curatore la prescrizione del credito tributario maturata successivamente alla notifica della cartella di pagamento, che segna il consolidamento della pretesa fiscale e l'esaurimento del potere impositivo, viene in considerazione un fatto estintivo dell'obbligazione tributaria di cui deve conoscere il giudice delegato in sede di verifica dei crediti e il tribunale in sede di opposizione allo stato passivo e di insinuazione tardiva, e non il giudice tributario».

formatosi nella sede ordinaria nel contraddittorio tra creditore e curatore.

La previsione di cui alla lett. *c*) dell'art. 204 non sarà, invece, applicabile al caso in cui prima dell'apertura della liquidazione giudiziale sia stato pronunciato un decreto ingiuntivo non ancora passato in giudicato perché non è ancora decorso il termine per proporre opposizione o perché l'opposizione è stata tempestivamente proposta[6].

4. – L'ultimo comma dell'art. 204 riproduce, solo in parte, il contenuto dell'ultimo comma dell'art. 96. Rispetto alla formulazione della corrispondente disposizione della legge fallimentare, infatti, viene introdotta la precisazione per cui l'efficacia meramente endoconcorsuale delle decisioni in materia di stato passivo vale, oggi, solo «*limitatamente ai crediti accertati ed al diritto di partecipare al riparto quando il debitore ha concesso ipoteca a garanzia di debiti altrui*».

Se ne deduce, dunque, che alle decisioni che siano intervenute (tanto nella fase sommaria, quanto all'esito dei giudizi di impugnazione dello stato passivo) non sui crediti pecuniari[7] ma sui diritti reali o personali, mobiliari o immobiliari, oggetto delle domande di restituzione e rivendica proposte ai sensi e per gli effetti di cui all'art. 210 debba, allora, riconoscersi una efficacia maggiore, una efficacia, per la precisione, non limitata "ai soli fini del concorso".

Conviene iniziare con il dire che, con riferimento ai crediti, nulla è mutato rispetto alla precedente formulazione della disposizione contenuta nell'ultimo comma dell'art. 96 l. fall., nel senso che, qualsiasi sia il segno della decisione, essa non potrà esplicare alcuna efficacia di accertamento al di fuori della procedura. Non modifica tale conclusione la circostanza per cui il legislatore si riferisca ai «*crediti accertati*», come se, dunque, la decisione di accoglimento che riguardi, appunto, un credito accertato avesse efficacia limitata al concorso[8], mentre la decisione di rigetto produrrebbe effetti di giudicato anche al di là ed al di fuori della procedura di liquidazione giudiziale.

Una tale conclusione[9] non merita a nostro avviso di essere condivisa per una pluralità di ragioni: (i) in primo luogo, non c'è alcun dubbio in merito al fatto che, nel vigore dell'art. 96, ult. comma, l. fall. ad avere efficacia meramente endoconcorsuale fossero tutte

---

[6] L'orientamento della giurisprudenza di legittimità, peraltro, non solo esclude che il decreto ingiuntivo emesso prima della apertura della liquidazione giudiziale e non ancora passato in giudicato possa costituire titolo per un ammissione con riserva ai sensi della lett. *c*) dell'art. 204 ma, di più, ritiene che il decreto ingiuntivo possa dirsi passato in giudicato – e, dunque, opponibile alla procedura e vincolante nel procedimento di accertamento del passivo – solo qualora sia stato dichiarato definitivamente esecutivo ai sensi dell'art. 647 c.p.c. prima della apertura della liquidazione giudiziale (a nulla rilevando il fatto che il termine della opposizione sia inutilmente scaduto prima di tale medesima data). L'unico riflesso utile che potrà derivare in tali casi al creditore sarà quello di poter attribuire data certa anteriore alla apertura della liquidazione giudiziale alla scrittura – che non ne sia altrimenti munita – depositata già al momento del ricorso monitorio.

[7] O sul diritto di partecipare al riparto nel caso di ipoteca concessa dal debitore per un debito altrui che, in dipendenza di quanto oggi innovativamente previsto dall'art. 201 (al cui commento si rinvia), è oggi necessariamente oggetto di apposita domanda da proporsi nell'ambito e secondo le forme del procedimento di accertamento del passivo.

[8] Ciò che in effetti è confermato dalla disposizione di cui all'art. 236, comma 3.

[9] Sostenuta da PARISI, *L'accertamento,* 1103 il quale, anzi, auspicava che il legislatore delegato – in sede di decreto correttivo – estendesse *tout court* a tutte le decisioni emesse in sede di accertamento del passivo un'efficacia extra-concorsuale.

le decisioni (tanto di rigetto, quanto di accoglimento) rese sulle domande di ammissione al passivo e di restituzione e/o rivendica (mobiliari ed immobiliari), di modo che il legislatore delegato – il quale doveva esclusivamente provvedere, in dipendenza criterio direttivo posto dall'art. 7, comma 8, lett. *d*), legge delega n. 155 del 2017, ad «*assicurare stabilità alle decisioni sui diritti reali immobiliari*»[10] – non avrebbe potuto, se non violando i limiti della delega, modificare il regime di efficacia delle decisioni emesse nel corso del procedimento di accertamento del passivo diverse da quelle riguardanti un diritto reale immobiliare[11], (ii) pur a prescindere da quanto decisivamente osservato al punto precedente[12], il dato testuale valorizzato dalla tesi qui contrastata è obiettivamente equivoco e, comunque, di scarso peso interpretativo, nel senso che l'accertamento dei crediti cui la disposizione allude coincide, semplicemente, con l'attività descritta nell'art. 151, comma 2, a tenore del quale «*ogni credito, anche se munito di diritto di prelazione o prededucibile, nonché ogni diritto reale o personale, mobiliare o immobiliare, deve essere accertato secondo le norme stabilite dal capo III del presente titolo*», (iii) in ogni caso, una distinzione quanto alla efficacia extra-concorsuale o solamente endo-concorsuale tra decisioni di rigetto e decisioni di accoglimento implicherebbe, come evidente, un giudicato *secundum eventum litis* contrario ai principi generali[13].

La disposizione contenuta nell'ultimo comma dell'articolo in commento innova, invece, il sistema previgente in relazione alle decisioni rese (dal giudice delegato, dal tribunale all'esito di uno dei giudizi di impugnazione dello stato passivo, dalla cassazione per il caso di decisione di merito *ex* art. 384 c.p.c. assunta con riferimento ad un ricorso proposto ai sensi dell'ultimo comma dell'art. 207, comma 4) sulle domande di rivendica e restituzione proposte ai sensi dell'art. 210.

Per le decisioni rese su tali domande non vale più la regola della efficacia limitata al concorso, sicché parrebbe doversi ritenere che per esse debba allora applicarsi la regola opposta che porterebbe a riconoscere a tali decisioni l'attitudine a produrre effetti anche al di fuori del concorso[14].

Allorché nella relazione si evoca l'efficacia di giudicato delle decisioni sulle domande di rivendica o restituzione – di beni mobili, quanto di beni immobili – si vuole, in definitiva,

[10] Vale a dire, ad assicurare che le decisioni emesse sulle domande di rivendica di cui all'odierno art. 210 aventi ad oggetto un bene immobile godessero di un regime di stabilità diverso e maggiore rispetto alle decisioni rese sulle domande di ammissione al passivo e su quelle di restituzione e rivendica di un bene mobile, così come di restituzione di un bene immobile (in quanto in tal caso, al fondo della richiesta restituzione, vi è un diritto personale e non reale).

[11] Tanto che l'aver il legislatore delegato esteso l'efficacia extra-concorsuale anche alle decisioni rese sulle domande di restituzione o rivendica mobiliari, nonché a quelle di restituzione di un bene immobile in virtù di un diritto personale, è considerato da BOZZA, *L'accertamento*, 1204, viziato da eccesso di delega.

[12] Che, come ovvio, impone di ritenere preferibile l'interpretazione che non dia luogo al segnalato vizio di incostituzionalità della previsione per eccesso e/o difetto di delega.

[13] Di modo che, anche qui, per sostenere la tesi qui avversata vi sarebbe stato bisogno di una chiara ed espressa previsione legislativa che, come visto, in questo caso manca non potendo riconoscersi efficacia decisiva e determinante alla espressione adoperata dal legislatore.

[14] In tal senso è decisamente orientata la relazione governativa ove si afferma perentoriamente che le decisioni rese sulle domande di rivendica o restituzione «*hanno efficacia di giudicato*».

dar conto del fatto per cui la stabilità che si richiedeva di assicurare alle decisioni sui (soli) diritti reali immobiliari è conseguita attribuendo ad esse – diversamente da quanto accade per le decisioni sui crediti – un effetto di accertamento, incontrovertibile ed irretrattabile pure al di fuori ed al di là della procedura concorsuale nel cui ambito sono state rese, circa l'(in)esistenza ed il modo di essere del diritto reale o personale, mobiliare o immobiliare, in relazione al quale è stata proposta la domanda di rivendica o restituzione.

Di conseguenza, e per esemplificare, rigettata la domanda di rivendica immobiliare, non potrà il rivendicante che è rimasto soccombente nel procedimento di accertamento del passivo far valere la sua identica pretesa nei confronti dell'aggiudicatario del bene immobile ai sensi del combinato disposto degli artt. 2919 e 2921 c.c.[15], mentre in caso di accoglimento di una tale domanda ad essere preclusa dall'efficacia extra-concorsuale della decisione dovrebbe essere la pretesa del debitore che voglia conseguire di nuovo la disponibilità del bene affermandosene proprietario per un titolo, ovviamente, incompatibile – oggettivamente e temporalmente – con quello posto a fondamento della rivendica utilmente esperita nel concorso.

Di tale regola, come detto, è già stata segnalata la probabile incostituzionalità in relazione a due diversi profili: il primo attiene al già in precedenza segnalato eccesso di delega in cui è incorso il legislatore nel prevedere che l'efficacia extra-concorsuale delle decisioni rese nell'ambito della obbligatoria verifica dei diritti dei creditori e dei terzi debba riconoscersi non solo a quelle aventi ad oggetto «*diritti reali immobiliari*» ma anche quelle che riguardino diritti reali e personali mobiliari, così come diritti personali immobiliari; il secondo riguarda una violazione del principio di uguaglianza in quanto, a seconda del tipo di diritto soggetto alla necessaria verifica ai sensi dell'art. 152 Codice, la decisione avrebbe una efficacia diversa pur essendo essa resa all'esito di un eguale procedimento.

Quanto al primo rilievo esso pare, in effetti, condivisibile in ragione del fatto che il criterio direttivo dettato dal legislatore con riguardo all'accertamento del passivo richiedeva che si assicurasse «*stabilità ai diritti reali immobiliari*» e, dunque, richiedeva che si limitas-

[15] In tal caso, peraltro, si sarebbe potuta sostenere – anche in ragione della regola di esclusività ed obbligatorietà della verifica di cui all'art. 151 (che riproduce l'art. 52 l. fall.) – l'impossibilità per il rivendicante di far valere nei confronti dell'aggiudicatario una propria pretesa reale sul bene immobile trasferito pur facendo affidamento sulla sola efficacia meramente endo-concorsuale della decisione di rigetto, o meglio pur facendo affidamento sulla conclusione per cui oggetto della decisione non è il diritto reale in sé ma la sua opponibilità ai creditori al fine di escludere dall'attivo il bene. Poiché, infatti, ai sensi dell'art. 2919, secondo periodo, c.c. «*non sono opponibili all'acquirente diritti acquistati da terzi sulla cosa, se i diritti stessi non hanno effetto in pregiudizio del creditore pignorante e dei creditori intervenuti nell'esecuzione*», il rigetto della domanda di rivendica – per qualsiasi ragione esso sia stato decretato – implica riconoscimento della impossibilità di opporre validamente ai creditori il titolo su cui era venuta a fondarsi la domanda al fine di escludere dall'attivo quel bene e, dunque, esclude che questo medesimo titolo possa essere posto alla base di una domanda nei confronti dell'aggiudicatario (che beneficia, in virtù di quanto previsto dall'art. 2919, dell'effetto preclusivo formatosi nella procedura in favore dei creditori). La regola della efficacia non limitata al concorso, invece, potrebbe determinare conseguenze diverse rispetto al passato per l'ipotesi in cui la domanda del terzo rivendicante sia stata rigettata ma il bene non sia stato liquidato e sia rimasto, quindi, nel possesso o nella detenzione del debitore (ad es., perché la liquidazione giudiziale venga revocata dopo che sia divenuta definitiva la decisione di rigetto della domanda del terzo). In tal caso ad essere preclusa dall'efficacia di "giudicato" sarebbe anche l'azione che il terzo volesse proporre contro il debitore tornato *in bonis*, ovviamente nei limiti in cui la precedente decisione di rigetto si fondi su di un motivo che non riguardi l'opponibilità ai creditori del diritto ma sia relativo alla esistenza in sé del diritto.

se la diversa soluzione circa l'efficacia della decisione ai soli casi in cui a venire in rilievo fosse, appunto, un diritto reale su di un bene immobile [16] e non anche, invece, un diritto personale immobiliare [17] o un diritto, personale o reale, mobiliare.

Tale indebita estensione della regola della efficacia extra-concorsuale a tutte le decisioni sulle domande di rivendica e restituzione rende, peraltro, ragione pure dell'altro sospetto di incostituzionalità della norma atteso che, se per i diritti reali immobiliari una scelta diversa pare potersi giustificare al lume della maggiore rilevanza di detti diritti e delle diverse regole di circolazione che li caratterizzano [18], per gli altri possibili oggetti delle domande di restituzione e rivendica una differente e più ampia estensione dell'efficacia della decisione assunta all'esito di un eguale procedimento pare davvero confliggere con il principio di parità di trattamento di situazioni identiche.

---

[16] Peraltro, la necessità di assicurare stabilità ai diritti reali immobiliari poteva anche conseguirsi semplicemente attribuendo efficacia extra-concorsuale alla sola decisione di accoglimento della domanda di rivendica immobiliare in quanto – come detto – nel caso di rigetto di eguale domanda di rivendica immobiliare non vi è necessità di assicurare stabilità ad un diritto reale immobiliare ma, eventualmente, di assicurare stabilità all'acquisto dell'aggiudicatario. E tale stabilità non la si consegue estendendo l'efficacia dell'accertamento negativo effettuato in sede di accertamento del passivo in ordine al diritto di proprietà vantato dal terzo, non solo perché tale decisione di segno negativo non accerta, specularmente, la proprietà in capo al debitore ma anche perché, come evidente, una decisione di siffatto tenore neppure esclude che vi sia un ulteriore soggetto terzo che accampi pretese reali su quel bene. Ecco perché, in definitiva, al fine di assicurare stabilità all'acquisto dell'aggiudicatario non è necessario estendere al di fuori del concorso l'efficacia di accertamento della decisione di rigetto della domanda sul diritto reale immobiliare, essendo al contrario sufficiente che si riconosca – come pare debba farsi (v. *supra*) – che dall'obbligo di sottoporre a verifica il diritto reale immobiliare vantato e dalla previsione di estensione all'aggiudicatario delle regole di inopponibilità che operano a favore dei creditori discenda l'impossibilità sia per il terzo soccombente che per il terzo che non ha proposto domanda di far valere i loro pretesi diritti nei confronti dell'aggiudicatario.

[17] Può farsi l'esempio della domanda di restituzione del bene immobile proposta dalla società concedente a seguito della risoluzione di un contratto di leasing. In tal caso, qualora la domanda venga rigettata l'effetto extra-concorsuale della decisione non impedirà alla società concedente di far valere il proprio diritto di proprietà nei confronti del debitore qualora il bene non sia stato liquidato (ad esempio perché la liquidazione giudiziale sia stata revocata dopo la definitività della pronuncia di rigetto ma prima della vendita del bene), mentre impedirà alla stessa società concedente di far valere il suo diritto di proprietà nei confronti dell'aggiudicatario (se, per ipotesi, il bene venga venduto) atteso che, per quanto in precedenza ritenuto, il semplice fatto di aver mancato di far valere il diritto nella sede dell'accertamento del passivo in presenza di una norma che rende obbligatoria tale forma di esercizio del diritto costituisce ragione sufficiente per far ritenere tale medesimo diritto inopponibile ai creditori e, dunque, all'aggiudicatario. In questo caso, peraltro, può porsi il quesito relativo al se la società concedente possa, a seguito del rigetto della propria domanda di restituzione proposta su base personale, proporre domanda di rivendica anche al di là del termine previsto per le domande tardive.

[18] Ciò che infatti giustificava, nel vigore della legge fallimentare antecedente alle modifiche del 2005 e del 2006, l'attribuzione delle relative controversie alla competenza d'ordinario prevista (e non invece alla competenza del tribunale del luogo in cui era stato dichiarato il fallimento) e l'esclusione dell'obbligatorietà della loro verifica secondo le forme del procedimento di accertamento del passivo. L'esclusione dei diritti reali immobiliari dall'obbligo di verifica concorsuale e la loro soggezione alla ordinaria competenza del tribunale da esercitarsi nelle forme di un processo ordinario non implicava, comunque, che di esse fosse parte il debitore fallito, dovendo esse comunque svolgersi da e contro il curatore. In ragione di ciò pare doversi ritenere infondato il dubbio di legittimità costituzionale di una previsione che estenda al di fuori del (ed oltre il) concorso l'efficacia delle decisioni assunte in sede di accertamento del passivo sulla base del rilievo per cui il fallito non partecipa a tale procedimento, né ha diritto di impugnare le decisioni emesse al suo esito.

Articolo 205

Comunicazione dell'esito del procedimento di accertamento del passivo

1. Il curatore, immediatamente dopo la dichiarazione di esecutività dello stato passivo, ne dà comunicazione trasmettendo una copia a tutti i ricorrenti, informandoli del diritto di proporre opposizione in caso di mancato accoglimento della domanda.
2. La comunicazione contiene anche la sintetica esposizione delle concrete prospettive di soddisfacimento dei creditori concorsuali.

Alessio Bonafine

Sommario: 1. Il contenuto della comunicazione. – 2. Le modalità.

1. – Salvo che per il suo comma 2, la norma è riproduttiva del precetto dell'art. 97 l. fall., come modificato dall'art. 17, d.l. n. 179 del 2012, convertito con modifiche dalla l. n. 221 del 2012.

La disposizione, evidentemente, è funzionale a consentire la proposizione dell'opposizione *ex* art. 206 da parte dei creditori che abbiano presentato ricorso di ammissione al passivo ai sensi dell'art. 201 e che tuttavia abbiano visto non accolta (in tutto o in parte) la propria domanda. In ciò, la struttura e la *ratio* della norma sono autoesplicative, non richiedendo particolari sforzi interpretativi o di commento.

Piuttosto, è il contenuto della comunicazione, ovvero le modalità di sua effettuazione, a giustificare alcune puntualizzazioni.

Con riferimento al primo profilo, l'art. 205 prevede che il curatore proceda alla comunicazione della «*dichiarazione di esecutività dello stato passivo*». È tale notizia, infatti, che consente al singolo ricorrente di acquisire le informazioni necessarie anche in ordine alle altre domande in funzione di una eventuale impugnazione del decreto di ammissione.

La comunicazione, però, non è limitata alla semplice informativa circa l'intervenuta dichiarazione di esecutività. Il curatore, infatti, è chiamato a trasmettere a tutti i ricorrenti anche copia del provvedimento. D'altronde, si tratta di documento comunque accessibile a ciascun interessato, unitamente ai suoi allegati, sicché la condivisione del decreto ad opera del curatore risponde a ovvie logiche di semplificazione e accelerazione della procedura.

In questo modo, peraltro, pare offerta soluzione preventiva anche al caso della possibile discrepanza tra il contenuto della comunicazione e quello dello stato passivo depositato.

Certo, non è da escludere che il curatore possa comunque incappare nell'allegazione alla comunicazione di uno stato passivo errato ovvero di un decreto di esecutività relativo ad una procedura diversa da quella dell'incarico, ma pare possibile ritenere – applicando principi giurisprudenziali già collaudati [1] – che anche in siffatte ipotesi a rilevare sia solo lo stato passivo reale; e non, quindi, quello nei fatti ricevuto, atteso che incombe comunque sulla parte l'onere di accertare l'effettivo contenuto del provvedimento del giudice delegato.

In effetti, tale conclusione è imposta dalla considerazione che – come già evidenziato sopra – la comunicazione del curatore serve solo ad informare gli interessati dell'avvenuta ammissione o esclusione del diritto ai fini del decorso del termine per la loro eventuale opposizione. Oggetto di questa, però, non è la comunicazione (che non presenta infatti alcun carattere decisorio), ma è il provvedimento del giudice delegato. Ed è solo a questo, quindi, che occorre assegnare rilevanza.

L'art. 23, comma 2, d.lgs. n. 147 del 2020, poi, ha modificato la prima formulazione dell'art. 205 aggiungendo a questo il suo attuale comma 2, ai sensi del quale «*La comunicazione contiene anche la sintetica esposizione delle concrete prospettive di soddisfacimento dei creditori concorsuali*».

Tale ulteriore specifica si colloca nella logica della massima partecipazione possibile del ceto creditorio e va coordinato con l'onere di presentazione (entro sessanta giorni dalla redazione dell'inventario e in ogni caso non oltre centocinquanta giorni dalla sentenza dichiarativa dell'apertura della liquidazione giudiziale) del programma di liquidazione che, come noto, ai sensi dell'art. 213, commi 4 e 5, deve indicare gli atti necessari per la conservazione del valore dell'impresa (quali il suo esercizio e l'affitto di azienda, ancorché solo di suoi rami), le modalità di cessione unitaria dell'azienda, di singoli rami, di beni o di rapporti giuridici individuabili in blocco, nonché il termine entro il quale dovrà avere inizio l'attività di liquidazione dell'attivo ed il termine del suo presumibile completamento.

Come già faceva l'art. 97 l. fall., l'art. 205 non richiede, invece, al curatore né di indicare il termine per la proposizione dell'opposizione, né le conseguenze della eventuale mancata presentazione di questa.

Occorre però considerare che la comunicazione in parola ha natura di mera *provocatio ad opponendum* e che, quindi, il diritto all'opposizione nasce innanzitutto dalla legge ed è logica conseguenza anche della natura del procedimento di verifica dello stato passivo, che ha portata contenziosa e che instaura un contraddittorio collettivo esteso a tutti i creditori partecipanti, interessati a conoscere gli esiti della propria domanda.

Conseguentemente, è ovvio, come già affermato (pure di recente) dalla giurisprudenza di legittimità con riferimento all'art. 97 l. fall. [2], che l'eventuale omissione della informazione sul diritto di proporre opposizione non può costituire motivo di nullità della comunicazione, né impedire che a questa segua l'effetto di far decorrere il termine di trenta giorni per la sua proposizione *ex* art. 207.

Discorso diverso va fatto per l'ipotesi in cui il curatore ometta del tutto la comunicazione. In questi casi, non potendosi dare rilevanza ai fini della decorrenza del termine alla

---

[1] Cfr. Cass., 18 giugno 2003, n. 9716.

[2] Cass., 11 novembre 2021, n. 33622.

trasmissione, proprio perché mancante, l'opposizione potrà essere proposta entro sei mesi dal deposito del decreto che dichiara esecutivo lo stato passivo, in applicazione analogica dell'art. 327 c.p.c., salvo che l'opponente provi di non aver avuto affatto conoscenza dell'esistenza della procedura concorsuale[3].

La giurisprudenza di legittimità, in effetti, ha già chiarito – sempre guardando alla disposizione previgente – che proprio l'assenza di una disciplina espressa delle conseguenze dell'omissione della informazione impone di ritenere non modificata e/o derogata la disciplina dei termini processuali[4].

2. – Quanto alle modalità della trasmissione, il curatore dovrà procedere "*immediatamente*" e potrà farlo a mezzo p.e.c.

Sulle stringenti tempistiche, è facile osservare che esse rispondono all'esigenza di tempestività e concentrazione del procedimento di formazione del passivo.

Quanto all'uso della posta elettronica certificata, valga considerare che l'art. 205 presuppone il dettato dell'art. 201, che infatti richiede di indicare nel ricorso per l'ammissione al passivo l'indirizzo di posta elettronica certificata (e le eventuali successive modifiche) al quale ricevere tutte le comunicazioni relative alla procedura.

La stessa norma, peraltro, specifica che, nei casi di mancata segnalazione del predetto recapito, ovvero, comunque, in quelli di mancata consegna del messaggio per cause imputabili al destinatario[5], troverà applicazione l'art. 10, comma 3. Ne deriva che le comunicazioni – secondo uno schema non dissimile da quello previsto per le comunicazioni di cancelleria dall'art. 16, comma 6, d.l. n. 179 del 2012 – saranno eseguite mediante deposito in cancelleria.

---

[3] V. Trib. Roma, 26 febbraio 2016, in *ilcaso.it*.

[4] Cass., 28 marzo 2022, n. 9850. V. già Cass., 10 maggio 2018, n. 11366; Cass., 5 aprile 2017, n. 8869.

[5] Potrebbe costituire un'ipotesi di imputabilità della mancata ricezione la saturazione della casella p.e.c.; in questo senso, v. Cass., 12 settembre 2022, n. 26810; Cass., 2 marzo 2021, n. 5646; Cass., 11 febbraio 2020, n. 3164; Trib. Milano, 20 aprile 2016, in *dejure.it*. *Contra*, Cass., 20 dicembre 2021, n. 40758, secondo cui qualora la casella del destinatario risulti piena e – come tale – non in grado di ricevere il messaggio di posta elettronica, parte notificante dovrà attivarsi tempestivamente per procedere ad una nuova notifica con le modalità ordinaria di cui agli artt. 137 ss. c.p.c. Nello stesso senso, più di recente, cfr. Cass., 24 gennaio 2023, n. 2193.

Articolo 206

Impugnazioni

1. Contro il decreto che rende esecutivo lo stato passivo può essere proposta opposizione, impugnazione dei crediti ammessi o revocazione.

2. Con l'opposizione il creditore o il titolare di diritti su beni mobili o immobili contestano che la propria domanda sia stata accolta in parte o sia stata respinta. L'opposizione è proposta nei confronti del curatore.

3. Con l'impugnazione il curatore, il creditore o il titolare di diritti su beni mobili o immobili contestano che la domanda di un creditore o di altro concorrente sia stata accolta. L'impugnazione è rivolta nei confronti del creditore concorrente, la cui domanda è stata accolta. Al procedimento partecipa anche il curatore.

4. Nei casi di cui ai commi 2 e 3, la parte contro cui l'impugnazione è proposta, nei limiti delle conclusioni rassegnate nel procedimento di accertamento del passivo, può proporre impugnazione incidentale anche se è per essa decorso il termine di cui all'articolo 207, comma 1.

5. Con la revocazione il curatore, il creditore o il titolare di diritti su beni mobili o immobili, decorsi i termini per la proposizione della opposizione o della impugnazione, possono chiedere che il provvedimento di accoglimento o di rigetto venga revocato se si scopre che essi sono stati determinati da falsità, dolo, errore essenziale di fatto o dalla mancata conoscenza di documenti decisivi che non sono stati prodotti tempestivamente per causa non imputabile all'istante. La revocazione è proposta nei confronti del creditore concorrente, la cui domanda è stata accolta, ovvero nei confronti del curatore quando la domanda è stata respinta. Nel primo caso, al procedimento partecipa il curatore.

6. Gli errori materiali contenuti nello stato passivo sono corretti con decreto del giudice delegato su istanza del creditore o del titolare di diritti sui beni o del curatore, sentito il curatore o la parte interessata.

Alessio Bonafine

1. – L'art. 206 ripropone – con la sola eccezione del comma 4, di cui si dirà poi – il testo dell'art. 98 l. fall. Le questioni che dal medesimo emergono, pertanto, sono le stesse che già sotto la vigenza della legge fallimentare avevano offerto occasione di dibattito a dottrina e giurisprudenza. Di queste, per ovvie ragioni, si darà conto sommariamente e, comunque, al solo scopo di offrire le basi alla comprensione di quanto innovativamente previsto dalla riforma.

Ciò posto, è subito da evidenziare che pure l'art. 206 indica nell'opposizione, nell'impugnazione e nella revocazione le impugnazioni proponibili avverso il decreto che rende esecutivo lo stato passivo da parte dei soggetti espressamente indicati come legittimati.

Tra essi, si noti, non c'è anche il «*debitore assoggettato a liquidazione giudiziale*» (facendo applicazione della sostituzione terminologica richiesta dall'art. 349), così come nel testo dell'art. 98 l. fall. non compariva il fallito. In relazione a questi, d'altronde, era già stato osservato[1] come l'esclusione della legittimazione ad impugnare fosse da ricollegare non solo alla sua mancata espressa considerazione ad opera dell'art. 98 l. fall., ma pure all'efficacia meramente endoconcorsuale dei provvedimenti adottati dal giudice delegato in sede di formazione dello stato passivo, oltre che alla regola fissata dall'art. 43 l. fall. (ora art. 143) della legittimazione esclusiva del curatore per i rapporti patrimoniali del fallito compresi nel fallimento.

Che di impugnazioni si tratti[2], poi, lo dimostrano molteplici fattori:

– il fatto che esse siano finalizzate ad un riesame di quanto già oggetto di valutazione da parte del giudice delegato;
– la loro proposizione ad opera di chi la predetta valutazione abbia subito;
– l'esistenza di un termine perentorio alla loro presentazione;
– l'attribuzione delle stesse a giudice diverso da quello che abbia già pronunciato.

L'elencazione di tali rimedi, peraltro, deve essere ritenuta – come già è stato fatto – tassativa. Per questo motivo è stato considerato inammissibile, ad esempio, sia il reclamo endofallimentare *ex* art. 26 l. fall.[3] (ora art. 124) sia il ricorso straordinario in Cassazione[4].

2. – La prima impugnazione[5] consentita è l'opposizione che il creditore o il titolare di diritti su beni mobili o immobili possono proporre per contestare il fatto che la propria domanda sia stata accolta solo in parte ovvero sia stata respinta.

L'esclusione legittimante, quindi, può riguardare sia il credito sia la sua eventuale causa di prelazione. Inoltre, l'opposizione può proporsi sia per motivi di merito, sia per motivi di rito.

Se ne ricava, più in generale, un sistema piuttosto aperto, nell'ambito del quale, infatti, è stato considerato legittimato all'opposizione «non solo chi risulti formalmente soccombente, ma, altresì, chi manifesti un interesse ad impugnare, al fine di acquisire, attraverso il gravame, un risultato utile altrimenti precluso dal consolidamento della decisione impugnata»[6].

[1] Cfr., in ultimo, Cass., 21 gennaio 2020, n. 1197.

[2] FABIANI, *Impugnazioni*, 638; CANALE, *La formazione*, 206.

[3] Cass., 17 luglio 2019, n. 19151; Cass., 20 giugno 1996, n. 5719.

[4] V. già Cass., 18 giugno 1997, n. 5459; Cass., 19 giugno 1995, n. 6937.

[5] Sulla natura di tale strumento v. SASSANI, TISCINI, *L'accertamento*, 9, secondo cui essa andrebbe intesa come un'azione di impugnativa, non dissimile da quella prevista avverso gli atti amministrativi o negoziali.

[6] CORNO, *Art. 98*, 1181.

La legittimazione passiva in sede di opposizione, invece, spetta al solo curatore.

In ogni caso, non è esclusa la partecipazione per mezzo di intervento di qualunque altro interessato, come si ricava direttamente dall'art. 207, comma 9 (che ha riproposto il dettato dell'art. 99, comma 8, l. fall.).

Quanto all'oggetto del giudizio, può conservarsi quanto già osservato con riferimento all'art. 98 l. fall. Sicché: (*i*) il tribunale può riesaminare l'intero rapporto non limitandosi ad un controllo di legittimità dei soli capi sfavorevoli al creditore [7]; (*ii*) in ragione della natura impugnatoria dell'opposizione e del conseguente principio della immutabilità della domanda, non sono permesse domande nuove rispetto a quelle già formulate in sede di insinuazione al passivo [8]; (*iii*) non sono altresì ammissibili le domande riconvenzionali, perché non espressamente previste dal legislatore in sede di disciplina del contenuto della memoria difensiva, perché incompatibili con la valenza endoprocessuale delle decisioni sull'accertamento del passivo (come confermata dall'art. 204, comma 5) e perché in contrasto con l'esigenza di evitare la trattazione di temi estranei al solo profilo della partecipazione al concorso [9]; (*iv*) sono però ammesse – stante l'inapplicabilità, nonostante la natura impugnatoria del rimedio, del regime di preclusioni di cui all'art. 345 c.p.c. – le nuove eccezioni del curatore, in quanto «il riesame, a cognizione piena, del risultato della cognizione sommaria proprio della verifica, demandato al giudice dell'opposizione, se esclude l'immutazione del 'thema disputandum' e non ammette l'introduzione di domande riconvenzionali della curatela, non ne comprime tuttavia il diritto di difesa, consentendo, quindi, la formulazione di eccezioni non sottoposte all'esame del giudice delegato» [10].

La seconda delle impugnazioni previste dall'articolo in commento è l'impugnazione dei crediti ammessi. A differenza dell'opposizione (funzionale, per come detto, all'inclusione di un proprio credito nello stato passivo), essa tende, in senso contrario, ad ottenere l'esclusione di un credito (o di un diritto reale mobiliare o immobiliare) al fine di conseguire la diminuzione dei partecipanti al riparto [11].

La legittimazione attiva è da riconoscere anche al creditore ammesso con riserva [12], al creditore tardivo la cui domanda non sia stata ancora esaminata [13], oltre che al creditore escluso ma opponente, al fine di evitare che un'ingiusta esclusione possa impedire al creditore di opporsi all'altrui ammissione.

Essa, poi, spetta anche al curatore, che al procedimento, quando non abbia già proposto impugnazione, deve comunque partecipare.

La legittimazione passiva, invece, è del creditore la cui ammissione al passivo sia contestata, a nulla rilevando, quindi, che si tratti di creditori ammessi tempestivamente o tardivamente.

---

[7] MONTANARI, *Dell'accertamento*, 800; PANZANI, *Il sistema*, 928.

[8] Cass., 3 novembre 2017, n. 26225; Di recente, v. Trib. Milano, 29 novembre 2021, n. 9867; Trib. Nola, 5 febbraio 2020, entrambe in *dejure.it*.

[9] Cass., 22 marzo 2010, n. 6900.

[10] Cass., 31 luglio 2017, n. 19003; più di recente, v. Cass., 4 dicembre 2020, n. 27902; Cass., 6 ottobre 2020, n. 21490.

[11] Cfr. GIORGETTI, PELLEGRINELLI, *Art. 98*, 1025.

[12] Cass., 9 gennaio 2020, n. 268.

[13] Cass., 27 dicembre 2021, n. 41511.

Se il riconoscimento della legittimazione attiva all'impugnazione a favore del curatore offre plastica dimostrazione del superamento del divieto di *reformatio in peius*[14] del credito ammesso, la previsione della sua partecipazione necessaria (quando non già parte impugnante) è da inquadrare secondo le logiche del litisconsorzio necessario. Ne consegue – per quanto di maggiore evidenza – che il giudice avrà il potere-dovere di ordinare l'integrazione del contraddittorio nei suoi confronti e che il curatore potrà comunque intervenire senza subire preclusioni ed esercitando i propri pieni poteri, che sono quelli che spettano alle parti. Egli, quindi, potrà eccepire fatti estintivi, modificativi e impeditivi del diritto azionato, ovvero lamentare l'inefficacia del titolo fondante il credito o la prelazione, quand'anche non abbia così già provveduto in sede di verifica.

In merito alle ragioni dell'impugnazione, in ultimo, già Satta osservava che con essa «i creditori possono far valere qualunque motivo di esclusione totale o parziale del credito o della garanzia [...] Possono così contestare l'esistenza come il grado, sollevare eccezioni che il debitore avrebbe potuto sollevare (es. prescrizione)[15] o denunciare la simulazione ai loro danni. Unica preclusione, l'esistenza di un giudicato sul motivo dell'impugnazione, che è vincolante per i creditori se non si valgono dell'opposizione di terzo ordinaria»[16].

Una volta scaduti i termini per l'opposizione e l'impugnazione (quelli, cioè, indicati dall'art. 207, già art. 99 l. fall.), resta disponibile, quale strumento straordinario, la revocazione[17].

Attraverso di essa si persegue l'obiettivo di espungere dal concorso un credito ammesso ingiustamente sulla base di un provvedimento ormai definitivo, anche allo scopo di garantire il principio della parità di trattamento tra i creditori, atteso che esso risulterebbe violato se si ammettesse l'intangibilità di un credito la cui ammissione sia stata conseguenza di falsità, dolo, errore essenziale di fatto ovvero della mancata conoscenza di documenti decisivi non prodotti tempestivamente per causa non imputabile all'istante.

Sono questi, in effetti, i motivi tipizzati dal legislatore ai fini della ammissibilità del rimedio in esame. Di essi, invero, l'art. 206 non offre una specifica definizione, così giustificando anche un rinvio alle conclusioni già raggiunte, in particolare nell'esperienza delle impugnazioni del processo civile[18].

D'altronde, come già osservato, nella revocazione si cumulano due azioni tipiche del codice di rito. Da un lato, la revocazione in senso stretto, *ex* art. 395 c.p.c.; dall'altro, quella di terzo ai sensi dell'art. 404 c.p.c. Ciò in quanto essa «è un'azione che si esercita in parte surrogatoriamente al fallito [o, secondo le nuove definizioni, al debitore assoggettato alla liquidazione, n.d.r.], in parte *jure proprio* dei creditori»[19].

---

[14] Sulla precedente riconosciuta validità del predetto divieto, v. Cass., 4 giugno 1980, 3636; Trib. Milano, 12 maggio 1997, in *dejure.it*.

[15] Sul tema, v. Cass., 24 novembre 2021, n. 36543.

[16] SATTA, *Istituzioni*, 265.

[17] Se i motivi di revocazione sono noti prima della scadenza dei termini per proporre l'opposizione o l'impugnazione, è con tali strumenti che i medesimi vanno fatti valere. In ogni caso, la loro scoperta deve avvenire prima della chiusura della liquidazione (con onere della prova a carico dell'istante), dovendo altrimenti trovare applicazione le disposizioni del codice di procedura civile; cfr. TEDESCHI, *Manuale*, 401.

[18] *Amplius*, v. GIORGETTI, PELLEGRINELLI, *Art. 98*, 1050 ss.; FANTOZZI, *Art. 98*, 450 s.

[19] SATTA, *Istituzioni*, 268.

In ogni caso, la revocazione è inammissibile quando l'illegittima ammissione al passivo sia avvenuta in ragione di un inesatto apprezzamento delle risultanze probatorie che ha condotto il giudice delegato ad una errata valutazione giuridica. In altri termini, quando il decreto sull'ammissione al passivo sia conseguenza non di una errata percezione della realtà ma di una scelta consapevole e non condivisa. In tale ipotesi, infatti, il provvedimento del giudice delegato assunto come illegittimo va tempestivamente opposto ai sensi del comma 1 dell'art. 206, restando invece preclusa, proprio per la sua natura straordinaria, la revocazione.

Quanto alla legittimazione, essa – in modo non dissimile da quanto già rilevato con riferimento alle altre impugnazioni dell'art. 206 – spetta, sul lato attivo, al curatore, al creditore e al titolare di diritti reali mobiliari o immobiliari che vogliano, per i motivi tipizzati, contestare il provvedimento di ammissione o esclusione [20].

Sul lato passivo, invece, l'azione è da proporre nei confronti del creditore concorrente la cui domanda sia stata accolta (con necessaria partecipazione del curatore in veste di litisconsorte necessario), ovvero nei confronti del curatore quando la domanda sia stata respinta.

3. – Si è già anticipato che il contenuto innovativo dell'art. 206 va rintracciato nel suo comma 4 che, in ossequio al criterio di concentrazione contenuto nella delega, prevede che, nei casi di opposizione allo stato passivo e di impugnazione dei crediti ammessi, la parte contro cui l'iniziativa è proposta può avanzare impugnazione incidentale – anche tardiva – nei limiti delle conclusioni rassegnate nel procedimento di accertamento del passivo. La previsione, peraltro, trova eco anche nell'art. 207, comma 8.

La disposizione ha così chiuso ogni dibattito che sul tema si era invero sviluppato già nella vigenza della legge fallimentare.

L'inconfigurabilità di un'impugnazione incidentale, tardiva o tempestiva, del passivo era stata infatti affermata dalla giurisprudenza sulla scorta dell'argomento per cui «ove il termine sia ancora pendente, non può che essere proposta l'impugnazione spettante, mentre, se sia ormai decorso, si è decaduti dalla possibilità di contestare autonomamente lo stato passivo» [21].

In senso opposto, però, era stata anche sostenuta l'impossibilità di rintracciare nel dettato dell'art. 98 l. fall. un effettivo ostacolo all'ammissibilità dell'impugnazione incidentale [22]. Ciò in ragione della necessaria considerazione dell'interesse del creditore contestato e del curatore, che infatti pure avrebbero potuto proporre autonoma impugnazione, così instaurando un giudizio in ogni caso destinato alla riunione *ex* art. 335 c.p.c. [23].

Tale estensione, inoltre, già aveva interessato, in applicazione analogica dell'art. 334 c.p.c., anche l'impugnazione incidentale tardiva [24] proposta dal soggetto contro il quale fos-

[20] Non è invece disponibile la revocazione avverso il titolo giudiziale formatosi anteriormente e fuori dalla procedura, in forza del quale il credito è stato ammesso.

[21] Cass., 4 ottobre 2019, n. 24829; Cass., 30 novembre 2016, n. 24489; Cass., 11 maggio 2016, n. 9617.

[22] Patti, *Le impugnazioni*, 1105; Ferri, *La formazione*, 1271.

[23] Peraltro, è evidente che l'apertura all'impugnazione incidentale del curatore si lega, in particolare, al tema della *reformatio in peius*. A dovere essere in questo senso considerata, infatti, è soprattutto l'ipotesi dell'impugnazione proposta avverso un decreto di esclusione parziale nell'ambito della quale il curatore si costituisca chiedendo, impugnando a sua volta in via incidentale, l'esclusione totale ovvero un'esclusione comunque maggiore rispetto a quella già disposta.

[24] *Ex multis*, Trib. Vicenza, 27 maggio 2011; Trib. Milano, 12 aprile 2011, in *dejure.it*.

se stata presentata impugnazione principale (o altra impugnazione incidentale) ovvero da chi fosse stato chiamato ad integrare il contraddittorio[25]. Per lo meno in tutti i casi in cui il provvedimento impugnato fosse stato difforme rispetto alle conclusioni espresse dal curatore in sede di verifica e, comunque, ferma la necessità di formalizzare l'impugnazione, al più tardi, con la memoria *ex* art. 99, comma 7, l. fall. (ora, art. 207, comma 7).

4. – Resta invariata nell'ultimo comma dell'art. 206 anche la previsione della possibilità di ottenere la correzione degli errori materiali contenuti nello stato passivo.

Alla correzione si procede, su istanza del creditore (o del titolare di diritti sui beni) o del curatore, con decreto del giudice delegato, sentito il curatore o la parte interessata, a seconda di chi abbia presentato la richiesta[26].

Si tratta di procedimento non troppo lontano da quello di cui agli artt. 287 ss. c.p.c., all'evidenza funzionale ad assicurare il ripristino di corrispondenza tra ciò che lo stato passivo avrebbe dovuto rappresentare e ciò che invece ha rappresentato per mero errore.

Proprio la vicinanza di *ratio* con il modello tipico del processo civile deve consentire di intendere l'errore rilevante come quello che si sostanzia in una mera *svista*[27] del giudice; vale a dire, una non corrispondenza tra quanto dal medesimo ideato e la sua stessa materiale rappresentazione grafica, senza che sia necessaria una revisione giuridico-concettuale della decisione o delle scelte operate a monte di questa.

In ogni caso, poi, è evidente che per le stesse ragioni appena esposte, deve trattarsi di errore non già denunciabile con le impugnazioni di cui ai commi precedenti.

Quanto al regime impugnatorio del decreto correttivo, era stata già affermata la sua assoggettabilità al reclamo *ex* art. 26 l. fall.[28].

---

[25] Cfr. GIORGETTI, PELLEGRINELLI, *Art. 98*, 1055, che, proprio rilevando la posizione del curatore quale litisconsorte necessario sia in sede di opposizione allo stato passivo sia in quella di impugnazione dei crediti ammessi, a commento dell'art. 98 l. fall. hanno ammesso l'impugnazione incidentale tardiva di questi anche avverso capi diversi del decreto di esecutività dello stato passivo e nei confronti di parti diverse da quelle impugnanti.

[26] Secondo GIORGETTI, PELLEGRINELLI, *Art. 98*, 1058, la mancata espressa indicazione della fissazione di un'udienza è da intendere nel senso che il giudice può procedere alla correzione anche senza dovere necessariamente fissarne una; in senso contrario, CANALE, *La formazione*, 203, che la ritiene essenziale al rispetto dell'irrinunciabile principio del contraddittorio.

[27] Cass., 7 gennaio 2020, n. 41.

[28] ASPRELLA, *Art. 98*, 453. *Contra*, TEDESCHI, *Manuale*, 398.

Articolo 207
Procedimento

1. Le impugnazioni di cui all'articolo 206 si propongono con ricorso entro il termine perentorio di trenta giorni dalla comunicazione di cui all'articolo 205 ovvero, nel caso di revocazione, dalla scoperta della falsità, del dolo, dell'errore o del documento di cui all'articolo 206, comma 5.

2. Il ricorso deve contenere:

a) l'indicazione del tribunale, del giudice delegato e della procedura di liquidazione giudiziale;

b) le generalità dell'impugnante e l'elezione del domicilio nel comune ove ha sede il tribunale che ha aperto la liquidazione giudiziale;

c) l'esposizione dei fatti e degli elementi di diritto su cui si basa l'impugnazione e le relative conclusioni;

d) a pena di decadenza, le eccezioni processuali e di merito non rilevabili d'ufficio, nonché l'indicazione specifica dei mezzi di prova di cui il ricorrente intende avvalersi e dei documenti prodotti.

3. Il presidente, nei cinque giorni successivi al deposito del ricorso, designa il relatore, al quale può delegare la trattazione del procedimento, e fissa con decreto l'udienza di comparizione entro sessanta giorni dal deposito del ricorso.

4. Il ricorso, unitamente al decreto di fissazione dell'udienza, deve essere notificato, a cura del ricorrente, al curatore e all'eventuale controinteressato entro dieci giorni dalla comunicazione del decreto.

5. Tra la data della notificazione e quella dell'udienza deve intercorrere un termine non minore di trenta giorni.

6. Le parti resistenti devono costituirsi almeno dieci giorni prima dell'udienza, eleggendo il domicilio nel comune in cui ha sede il tribunale.

7. La costituzione si effettua mediante deposito di una memoria difensiva contenente, a pena di decadenza, le eccezioni processuali e di merito non rilevabili d'ufficio, nonché l'indicazione specifica dei mezzi di prova e dei documenti contestualmente prodotti. L'impugnazione incidentale tardiva si propone, a pena di decadenza, nella memoria di cui al presente comma.

8. Se è proposta impugnazione incidentale tardiva il tribunale adotta i provvedimenti necessari ad assicurare il contraddittorio.

9. L'intervento di qualunque interessato non può avere luogo oltre il termine stabilito per la costituzione delle parti resistenti con le modalità per queste previste.

10. In caso di mancata comparizione delle parti si applicano gli articoli 181 e 309 del codice di procedura civile. Il curatore, anche se non costituito, partecipa all'udienza di comparizione fissata ai sensi del comma 3, per informare le altre parti ed il giudice in ordine allo stato della procedura e alle concrete prospettive di soddisfacimento dei creditori concorsuali.

11. Il giudice provvede all'ammissione e all'espletamento dei mezzi istruttori.

12. Il giudice delegato alla liquidazione giudiziale non può far parte del collegio.

13. Il collegio provvede in via definitiva sull'opposizione, impugnazione o revocazione con decreto motivato, entro sessanta giorni dall'udienza o dalla scadenza del termine eventualmente assegnato per il deposito di memorie.

14. Il decreto è comunicato dalla cancelleria alle parti che, nei successivi trenta giorni, possono proporre ricorso per cassazione.

15. Gli errori materiali contenuti nel decreto sono corretti con decreto dal tribunale senza necessità di instaurazione del contraddittorio se tutte le parti concordano nel chiedere la stessa correzione. Se è chiesta da una delle parti, il presidente del collegio, con decreto da notificarsi insieme con il ricorso, fissa l'udienza nella quale le parti debbono comparire davanti al giudice designato come relatore. Sull'istanza il collegio provvede con decreto, che deve essere annotato sull'originale del provvedimento.

16. Le impugnazioni di cui all'articolo 206 sono soggette alla sospensione feriale dei termini di cui all'articolo 1 della legge 7 ottobre 1969, n. 742.

Alessio Bonafine

Sommario: 1. La natura del procedimento. – 2. Termini e sospensione feriale. – 3. L'atto introduttivo e il regime delle preclusioni. – 4. La fissazione dell'udienza e la costituzione delle parti resistenti. – 5. La fase decisoria.

1. – Con pochissime novità (una sola, a dire il vero: quella introdotta al comma 10) rispetto alla formulazione dell'art. 99 l. fall., l'art. 207 disciplina il procedimento di impugnazione del decreto di esecutività dello stato passivo.

Si tratta di un processo a cognizione piena, a carattere devolutivo e a struttura mista [1]: simil-lavoristica per la fase introduttiva e per il regime delle preclusioni delineato; camerale, invece, per la fase decisoria [2].

Nonostante la sua chiara natura impugnatoria, secondo la giurisprudenza di legittimità il procedimento in parola non è però equiparabile ad un giudizio d'appello e ad esso, quindi, non si applicano tutte le relative norme. Conseguentemente, ad esempio, la mancata comparizione della parte opponente, tempestivamente costituitasi, in un'udienza successiva alla prima, non costituisce motivo di improcedibilità dell'opposizione [3].

---

[1] ASPRELLA, *Art. 98*, 457; CANALE, *La formazione*, 200 ss.

[2] *Amplius* sulla natura del procedimento, v. COSTANTINO, *Profili processuali*, 995; ID., *Art. 98-99*, 1255; LAMANNA, *Il nuovo procedimento*, 631. In questo senso si è parlato anche di procedimento atipico, inteso come fase solo eventuale dell'unitario procedimento di accertamento del passivo; v. PATTI, *Le impugnazioni*, 1105 ss.

[3] Cass., 30 luglio 2021, n. 21991; Cass., 10 aprile 2019, n. 10086.

2. – Le singole fasi del procedimento sono disciplinate in modo assai analitico; e ciò contribuisce a differenziare quello in parola dal rito camerale tipico degli artt. 737 ss.

La disposizione si apre con la regola dei termini di proposizione delle impugnazioni: trenta giorni dalla comunicazione del decreto di esecutività dello stato passivo eseguita dal curatore *ex* art. 205, ovvero dal giorno in cui è scoperto il motivo che ne giustifica la revocazione.

Quando, però, il curatore abbia omesso del tutto la comunicazione, non potendosi in questi casi dare rilevanza ai fini della decorrenza del termine alla trasmissione, proprio perché mancante, l'impugnazione potrà essere proposta entro sei mesi dal deposito del decreto, in applicazione analogica dell'art. 327 c.p.c., salvo che l'impugnante provi di non aver avuto affatto conoscenza dell'esistenza della procedura concorsuale [4].

Nei casi in cui l'iniziativa sia assunta dal curatore, invece, la tempestività è da verificare guardando al momento del deposito dello stato passivo [5].

Quanto alla sospensione feriale, essa è espressamente indicata come applicabile, così confermando la soluzione che era stata già proposta nella vigenza della legge fallimentare sul presupposto della natura tassativa dell'elenco dei procedimenti alla medesima non assoggettati indicati dall'art. 3, l. n. 742 del 1969 (per richiamo all'art. 92 ord. giud.) e il non inserimento tra questi anche di quello di impugnazione in esame.

3. – L'atto introduttivo ha la forma del ricorso. L'inammissibilità della domanda proposta con citazione, però, va verosimilmente esclusa alla luce dell'orientamento giurisprudenziale che, ormai da tempo, ammette la conversione dell'atto quando risulti comunque raggiunto lo scopo. Nella specie, a condizione, che la citazione venga depositata in cancelleria entro il termine previsto per il deposito del ricorso [6].

Il deposito può avvenire anche con modalità telematiche [7].

Non costituisce motivo di improcedibilità dell'impugnazione la mancata produzione di copia autentica dello stato passivo, perché non trova applicazione l'art. 347, comma 2, c.p.c. e il tribunale può quindi accedere direttamente al fascicolo di cui all'art. 199 per conoscere il contenuto del provvedimento impugnato [8].

Fermo quant'altro ricavabile dalla generale previsione dell'art. 125 c.p.c., il ricorso de-

---

[4] V. Trib. Roma, 26 febbraio 2016, in *ilcaso.it*.

[5] ASPRELLA, *Art. 98*, 458.

[6] Tra le ultime, v. Cass., sez. un., 13 gennaio 2022, n. 927; Cass., 21 febbraio 2022, n. 5659. Sul tema, cfr. GIORGETTI-LOCATELLI, *Art. 99*, 1065.

[7] Tale modalità di deposito è stata infatti ammessa anche da Cass., 9 giugno 2022, n. 18609. Sulle modalità di deposito e sulle conseguenze derivanti da errori che incidano su queste, v. anche Cass., 12 maggio 2022, n. 15243, che ha ritenuto configurabile un'ipotesi di mera irregolarità (e non di nullità) nei casi in cui il deposito del ricorso in via telematica sia avvenuto utilizzando un registro diverso da quello degli affari contenziosi. A tale conclusione la Cassazione è giunta sulla scorta di un duplice argomento. Da un lato, l'assenza di un'espressa norma di legge comminatoria della nullità processuale; dall'altro, la considerazione per cui, una volta inserito nei registri informatizzati dell'ufficio previa generazione della ricevuta di avvenuta consegna, l'atto ha raggiunto il suo scopo, atteso che questo è da verificare guardando alla presa di contatto tra la parte e l'ufficio giudiziario e alla messa a disposizione dell'atto alle altre parti.

[8] Cfr. per principio analogo (ma formulato in relazione all'art. 99 l. fall.) Cass., 7 aprile 2021, n. 9339.

ve contenere, secondo una formulazione che pare ricalcare quella dell'art. 404 c.p.c.:

a) l'indicazione del tribunale, del giudice delegato e della procedura di liquidazione giudiziale;

b) le generalità dell'impugnante e l'elezione del domicilio (ovviamente anche in via digitale) nel comune ove ha sede il tribunale che ha aperto la liquidazione giudiziale;

c) l'esposizione dei fatti e degli elementi di diritto su cui si basa l'impugnazione e le relative conclusioni;

d) a pena di decadenza, le eccezioni processuali e di merito non rilevabili d'ufficio, nonché l'indicazione specifica dei mezzi di prova di cui il ricorrente intende avvalersi e dei documenti prodotti.

Proprio tale ultima previsione costituisce il fulcro del particolare regime di preclusioni applicabile[9].

Ciò che occorre da subito evidenziare è che dal tenore della disposizione (che non muta rispetto all'originaria formulazione dell'art. 99 l. fall.) si ricava che: (*i*) sono inammissibili domande dell'opponente nuove rispetto a quelle spiegate nella precedente fase[10]; (*ii*) il disposto dell'art. 207, comma 7 e le esigenze di celerità sottese alla disciplina dell'accertamento del passivo escludono che possano essere articolate domande riconvenzionali[11]; (*iii*) non è consentito il cumulo di domande connesse, a fronte delle quali, quindi, sarà necessario la proposizione di un nuovo giudizio, da coordinare con quello di accertamento attraverso il meccanismo della sospensione per pregiudizialità dipendenza[12]; (*iv*) nonostante il carattere impugnatorio del procedimento, non operano le preclusioni di cui all'art. 345 c.p.c., sicché sia al curatore[13] sia al creditore[14] è possibile la formulazione di nuove eccezioni ed istanze istruttorie, oltre che la produzione di nuovi documenti. Ciò in quanto il riesame, a cognizione piena, del risultato della cognizione sommaria proprio della verifica, demandato al giudice dell'opposizione, comunque non può comprimere il diritto alla difesa[15].

Da questo punto di vista, con specifico riferimento al tema delle istanze istruttorie e dei documenti da produrre, la giurisprudenza di legittimità che ha pronunciato in relazione all'art. 99 l. fall. ha già chiarito – tra l'altro – che il creditore ammesso allo stato passivo non è, in quanto tale, incapace di testimoniare nel giudizio di impugnazione promosso da altro creditore, perché va piuttosto verificato in concreto se l'eventuale suo intervento «si correli a un interesse giuridico, personale, concreto e attuale, alla definizione del predetto giudizio»[16] e che la regola della «*indicazione specifica dei mezzi di prova di cui il ricorrente*

---

[9] Sulle modifiche apportate sul punto con le varie versioni del Codice, v. BOZZA, *L'accertamento*, 1215.

[10] Cass., 24 febbraio 2022, n. 6279.

[11] Cfr. Cass., 31 gennaio 2019, n. 3017, che ha così pronunciato guardando al dettato dell'art. 99, comma 7, l. fall., che però è del tutto corrispondente a quello ora vigente.

[12] Si pensi al caso di un'azione revocatoria promossa avverso l'atto costitutivo di un credito ammesso al passivo con decreto poi impugnato; v. COSTANTINO, *Art. 98-99*, 1273.

[13] Cass., 7 dicembre 2020, n. 27940; Cass., 4 dicembre 2020, n. 27902.

[14] Cass., 13 ottobre 2017, n. 24160.

[15] Cass., 31 luglio 2017, n. 19003; più di recente, v. anche Cass., 6 ottobre 2020, n. 21490.

[16] Cass., 2 febbraio 2021, n. 2286.

intende avvalersi e dei documenti prodotti» non comporta l'onere di produrre *ex novo* quelli già allegati alla domanda di ammissione, piuttosto richiedendo unicamente che tali documenti siano tra quelli indicati nell'atto introduttivo e che su di essi il creditore mostri di voler fondare la propria pretesa anche nel giudizio di impugnazione[17]. Ciò perché i documenti trasmessi dal creditore al curatore tramite posta elettronica certificata e da questo inviati telematicamente alla cancelleria del giudice delegato entrano a fare parte del fascicolo d'ufficio informatico della procedura, sicché, in caso di impugnazione, di essi il tribunale può disporre l'acquisizione.

4. – I commi da 3 a 10 dell'art. 207 disciplinano i passaggi successivi del procedimento, dalla fissazione dell'udienza alla costituzione delle parti resistenti.

In particolare, è prescritto che il ricorso, unitamente al decreto di fissazione dell'udienza, sia notificato, a cura del ricorrente, al curatore e all'eventuale controinteressato entro dieci giorni dalla comunicazione del decreto. Tra la data della notificazione e quella dell'udienza deve invece intercorrere un termine non minore di trenta giorni.

Per l'ipotesi di omessa notifica, non sembra però irragionevole ritenere che il tribunale, senza procedere ad immediata inammissibilità dell'impugnazione, possa concedere un ulteriore termine secondo un meccanismo assimilabile a quello dell'art. 291 c.p.c.

Le parti resistenti devono costituirsi almeno dieci giorni prima dell'udienza (eleggendo domicilio, anche in via digitale, nel comune in cui ha sede il tribunale), con memoria difensiva contenente, a pena di decadenza, «*le eccezioni processuali e di merito non rilevabili d'ufficio, nonché l'indicazione specifica dei mezzi di prova e dei documenti contestualmente prodotti*», oltre che l'eventuale impugnazione incidentale tardiva; in questo caso, con adozione da parte del tribunale dei provvedimenti necessari ad assicurare il contraddittorio.

Al resistente non tempestivamente costituito, quindi, sarà possibile formulare solo eccezioni di carattere meramente difensivo.

Quanto alla possibilità di spiegare chiamata in causa, quella dell'art. 106 c.p.c. (in particolare, per manleva) è stata ammessa dalla giurisprudenza[18]. Un possibile limite a quella di cui all'art. 107 c.p.c., invece, sembrerebbe potersi ricavare dal principio della immutabilità della domanda (lo stesso che ostacola la proposizione di domande riconvenzionali; v. *supra*) e dall'esigenza di non permettere un ampliamento del *thema decidendum* che potrebbe contrastare con il valore solo endoprocedimentale del giudizio impugnatorio.

È invece consentito l'intervento di qualunque interessato, purché esso avvenga non oltre il termine stabilito per la costituzione delle parti resistenti e con le modalità per queste previste.

Si è inteso per "qualunque interessato" i creditori insinuati al passivo e non anche quelli che abbiano ragioni di credito "fuori da tale contesto"[19]. Di certo, tra i legittimati non può essere indicato anche il debitore assoggettato alla liquidazione. Poiché, infatti, egli non può impugnare, nemmeno può intervenire nel relativo giudizio.

---

[17] Cass., 4 novembre 2021, n. 31719; Cass. 12 aprile 2021, n. 9593; Cass., 10 luglio 2019, n. 18544.

[18] Trib. Piacenza, 14 luglio 2020, in *dejure.it*.

[19] GIORGETTI-LOCATELLI, *Art. 99*, 1074.

Quanto alla natura dell'intervento, il già richiamato principio della immutabilità della domanda ha portato a ritenere che lo stesso sia da inquadrare nelle logiche di quello adesivo dipendente [20], con conseguente possibilità di svolgere solo l'attività processuale che sia subordinata e complementare a quella della parte adiuvata.

Secondo la nuova previsione dell'art. 207, comma 10, all'udienza di comparizione partecipa, anche se non costituito, il curatore al fine informare le altre parti ed il giudice in ordine allo stato della procedura e alle concrete prospettive di soddisfacimento dei creditori concorsuali. In caso di mancata comparizione delle parti all'udienza, si applicano, con finalità evidentemente acceleratoria del procedimento, gli artt. 181 e 309 c.p.c.

5. – Dopo l'assunzione da parte del giudice delegato delle prove ammesse, la fase decisoria è riservata al collegio, di cui il primo non può far parte [21].

Il collegio provvede con decreto motivato, entro sessanta giorni dall'udienza o dalla scadenza del termine eventualmente assegnato per il deposito di memorie. Poiché la norma parla di termine solo eventuale, esso è all'evidenza accordato dal tribunale in base a una valutazione discrezionale, avuto riguardo all'andamento del giudizio, sicché la sua mancata concessione non può costituire violazione del diritto di difesa.

Il decreto è comunicato dalla cancelleria alle parti, che nei successivi trenta giorni [22] possono proporre ricorso per cassazione. Si tratta di riduzione del normale termine di proposizione del ricorso che però – secondo quanto precisato dalla giurisprudenza che ha pronunciato sull'art. 99 l. fall. [23] – non è riferibile anche al controricorso, atteso il carattere eccezionale della disposizione e la conseguente impossibilità di farne applicazione analogica.

Ovviamente, considerato il carattere impugnatorio e devolutivo con *thema decidendum* non ampliabile del procedimento definito con il decreto di cui alla norma in commento, con il ricorso in Cassazione ai sensi dell'art. 207, comma 14 non può sollecitarsi l'esame di nuove questioni, di fatto o di diritto, non già prospettate, ritualmente e tempestivamente, nel giudizio di impugnazione.

In caso di mancata impugnazione, invece, il decreto acquista efficacia di giudicato diventando così azionabile anche in sede di ottemperanza innanzi al G.A. *ex* art. 114 c.p.a. [24].

---

[20] FANTOZZI, *Art. 99*, 452; *contra*, GIORGETTI-LOCATELLI, *Art. 99*, 1076, che parlano di "intervento adesivo indipendente".

[21] Secondo una recente pronuncia resa con riferimento al dettato dell'art. 99 l. fall. e in tema di confisca di prevenzione, l'incompatibilità del giudice delegato che abbia pronunciato il decreto di esecutività dello stato passivo a far parte del collegio chiamato a decidere sulla conseguente opposizione, non determina una nullità deducibile in sede di impugnazione, in quanto tale condizione, non escludendo la *potestas iudicandi* del predetto giudice, quale magistrato addetto al tribunale che dell'impugnazione è il giudice naturale, può dar luogo soltanto – salvi i casi di interesse proprio e diretto nella causa – all'esercizio del potere di ricusazione, che la parte interessata ha l'onere di far valere, in caso di mancata astensione, nelle forme e nei termini previsti dal codice di rito; in questi termini, Cass. pen., 7 marzo 2022, n. 22618.

[22] In caso di decreto reso in udienza in presenza delle parti, il termine per la proposizione del ricorso decorre dalla pronuncia in udienza solo se del decreto è stata data lettura integrale, dovendosi altrimenti guardare al momento della successiva comunicazione; così, già Cass., 9 dicembre 2021, n. 39123.

[23] Cass., 21 gennaio 2020, n. 1193.

[24] Cfr. TAR Roma, 10 aprile 2020, n. 3893, in *dejure.it*.

Ad un procedimento che ricalca quello degli artt. 287 ss. c.p.c. è invece, in ultimo, affidata la correzione degli errori materiali contenuti nel provvedimento di definizione dell'impugnazione. Con l'unica differenza, rispetto alla disciplina del codice di rito, che essa è disposta sempre con decreto; non solo, quindi, quando vi sia comune volontà delle parti e manchi pertanto la necessità di instaurare il contraddittorio, ma pure quando si proceda su istanza di una sola di queste e previa fissazione di udienza.

Articolo 208
Domande tardive

1. Le domande di ammissione al passivo di un credito, di restituzione o rivendicazione di beni mobili e immobili, trasmesse al curatore oltre il termine di trenta giorni prima dell'udienza fissata per la verifica del passivo e non oltre quello di sei mesi dal deposito del decreto di esecutività dello stato passivo sono considerate tardive. In caso di particolare complessità della procedura, il tribunale, con la sentenza che dichiara aperta la liquidazione giudiziale, può prorogare quest'ultimo termine fino a dodici mesi.

2. Il procedimento di accertamento delle domande tardive si svolge nelle stesse forme di cui all'articolo 203. Quando vengono presentate domande tardive, il giudice delegato fissa per l'esame delle stesse un'udienza entro i successivi quattro mesi, salvo che sussistano motivi d'urgenza. Il curatore dà avviso della data dell'udienza a coloro che hanno presentato la domanda e ai creditori già ammessi al passivo. Si applicano le disposizioni di cui agli articoli da 201 a 207.

3. Decorso il termine di cui al comma 1, e comunque fino a quando non siano esaurite tutte le ripartizioni dell'attivo della liquidazione giudiziale, la domanda tardiva è ammissibile solo se l'istante prova che il ritardo è dipeso da causa a lui non imputabile e se trasmette la domanda al curatore non oltre sessanta giorni dal momento in cui è cessata la causa che ne ha impedito il deposito tempestivo. Quando la domanda risulta manifestamente inammissibile perché l'istante non ha indicato le circostanze da cui è dipeso il ritardo o non ne ha offerto prova documentale o non ha indicato i mezzi di prova di cui intende valersi per dimostrarne la non imputabilità, il giudice delegato dichiara con decreto l'inammissibilità della domanda. Il decreto è reclamabile a norma dell'articolo 124.

Vittorio Giorgi

Sommario: 1. Le insinuazioni tardive tra le due riforme. – 2. Insinuazione tardiva ed opposizione allo stato passivo. – 3. Il procedimento. – 4. Le domande supertardive.

1. – Le insinuazioni tardive presentano una propria particolarità rispetto alle altre impugnazioni avverso lo stato passivo, in quanto incidono solo indirettamente su questo, con l'aggiunta di un altro creditore non considerato in quella sede, non sono intese, invece, ad ottenere una modifica diretta dello stato passivo e di un provvedimento già preso dal giudice [1].

La riforma organica delle procedure concorsuali del 2006 ha inciso radicalmente sulla disciplina delle domande tardive. Nella legge fallimentare il momento al quale doveva farsi riferimento per stabilire se una domanda era tempestiva o tardiva, era dato dalla chiusura dello stato passivo. Ciò consentiva ai creditori più spregiudicati di presentare la propria domanda anche il giorno stesso dell'udienza, contando su una cognizione superficiale degli organi fallimentari, pressati dalla necessità di depositare lo stato passivo. Inoltre, la domanda tardiva, possibile fino al momento del riparto finale, presentava per il creditore il vantaggio di sottrarsi al controllo degli altri creditori [2].

Il riformato art. 101 l. fall. ha, innanzitutto, anticipato il momento oltre il quale la domanda si considera tardiva, e limitato la possibilità di presentazione di tali domande entro un termine finale di dodici mesi dal deposito del decreto di esecutività dello stato passivo, prorogabile solo in caso di particolare complessità della procedura: «*le domande di ammissione al passivo di un credito, di restituzione o rivendicazione di beni mobili e immobili, trasmesse al curatore* (prima del d.l. 179/2012, 'depositate in cancelleria') *oltre il termine di trenta giorni prima dell'udienza fissata per la verifica del passivo e non oltre quello di dodici mesi dal deposito del decreto di esecutività dello stato passivo sono considerate tardive; in caso di particolare complessità della procedura, il tribunale, con la sentenza che dichiara il fallimento, può prorogare quest'ultimo termine fino a diciotto mesi*» (art. 101, comma 1, l. fall.). La fissazione di un termine finale per la presentazione delle domande tardive costituisce una assoluta novità della riforma [3]. Il termine di trenta giorni si riferisce all'udienza fissata nella sentenza dichiarativa

---

[1] TEDESCHI, *Manuale di diritto*, 412; ID., *L'accertamento*, 1070.

[2] V. sul punto MONTANARI, *Art. 101*, 1546 ss. Sulla possibilità di presentare la domanda tardiva fino al momento della approvazione ed esecutività del piano di riparto Cass., 2 marzo 1988, n. 2201, in *Fallimento*, 1988, 752, con nota di CARAMAZZA, *Natura e funzioni*.

Sulle domande tardive e sul relativo procedimento nella disciplina abrogata v. in particolare BONFATTI, *L'accertamento*, 353 ss.; SATTA, *Diritto fallimentare*, 258 s.; FERRARA JR., *Il fallimento*, 504 ss.; VASSALLI, *Diritto fallimentare*, 112 ss.; JORIO, *Le crisi*, 645 ss.; LANFRANCHI, voce *Fallimento*, 19 ss.; PROVINCIALI, *Trattato di diritto*, 1497 ss.; AZZOLINA, *Il fallimento*, 763 ss.; BONSIGNORI, *Il fallimento*, 614 ss.; ID., *Diritto fallimentare*, 224 ss.; RAGUSA MAGGIORE, *Istituzioni di diritto*, 384 ss.; ID., *Diritto fallimentare*, 618 ss.; PAJARDI, *Manuale di diritto*, 590 ss.; MAZZOCCA, *Manuale di diritto*², 394 ss.; RUSSO, *L'accertamento*², 264 ss.; PELLEGRINO, *L'accertamento*, 361 ss.; DIDONE, *La dichiarazione tardiva*; ID., *Riforma del processo*, 332 ss.; SCHIAVON, *Le dichiarazioni tardive*, 943 ss.; PANZANI, *Decadenze e termini*, 208 ss.; PATELLI, *Comunicazione del decreto*, 445 ss.; BAVETTA, *Art. 101*, 920 ss.; PAOLUCCI, *Le iscrizioni*, 41 ss. Per altre indicazioni anche di giurisprudenza cfr. TEDESCHI (RUISI, JORIO, MAFFEI ALBERTI), *Il fallimento*², 275 ss.; VINCIGUERRA, in *Il fallimento*, 1600 ss.; BONFATTI, *I giudizi*, 347 ss.; ID., *La formazione*, 299 ss.; MONTANARI, *Art.* 101, 889 ss.

In giurisprudenza si era ritenuta inammissibile la domanda tardiva presentata successivamente all'omologazione del concordato fallimentare, v. Trib. Pesaro, 23 giugno 1993, in *Dir. fall.*, 1994, II, 567, con nota di CASSIANI, *L'omologa*. Sul caso dell'ammissione in via tardiva da parte del g.d. con un provvedimento difforme dalla richiesta del creditore v. Trib. Napoli, 12 novembre 2004, in *Dir. fall.*, 2006, II, p. 572, con nota di MERONE, *Insinuazione tardiva*.

[3] FABIANI, *Il nuovo diritto*, 44; ID., *Diritto fallimentare*, 427.

La domanda presentata oltre tale termine è inammissibile, e la pronunzia di inammissibilità può essere impugnata con l'opposizione, v. Cass., 3 dicembre 2012, n. 21596, in *Fallimento*, 2013, 998; Cass., 31 luglio 2017, n. 18998. La particolare complessità della procedura, ai fini della proroga del termine, richiede una specifica motivazione, e non può desumersi dal solo fatto della fissazione dell'udienza per il primo esame delle

per la verifica del passivo, non può riferirsi a quelle successive di eventuale rinvio[4]. Si tratta di termini, si riteneva, soggetti alla sospensione nel periodo feriale[5]. Oggi questa opinione trova conferma nell'ultimo comma dell'art. 201 Codice, che deroga per il procedimento di verifica del passivo, rispetto a quanto previsto, in linea generale, dall'art. 9 («*la sospensione feriale dei termini di cui all'articolo 1 della legge 7 ottobre 1969, n. 42 non si applica ai procedimenti disciplinati dal presente codice, salvo che esso non disponga diversamente*»).

Una seconda innovazione si riscontra sul piano processuale, ove il vecchio art. 101 l. fall. prevedeva un procedimento diverso rispetto a quello dell'insinuazione tempestiva, prescrivendo che al creditore tardivo dovesse applicarsi una procedura scandita da due fasi (una di volontaria giurisdizione ed un'altra, regolata dagli artt. 175 ss. c.p.c., che si apriva in caso di contestazione del curatore), nella quale era determinante la contestazione o meno del curatore, che, se sussistente, costringeva il creditore (e la procedura fallimentare) ad attendere i tempi del processo ordinario di cognizione. Con la riforma, invece, il procedimento viene in tutto uniformato a quello previsto per le insinuazioni tempestive[6]: «*il procedimento di accertamento delle domande tardive si svolge nelle stesse forme di cui all'articolo 95. Il curatore dà avviso a coloro che hanno presentato la domanda, della data dell'udienza. Si applicano le disposizioni di cui agli articoli da 93 a 99. Il giudice delegato fissa per l'esame delle domande tardive un'udienza ogni quattro mesi, salvo che sussistano motivi d'urgenza*» (art. 101, comma 2, l. fall. come modificato dal d.lgs. n. 169 del 2007). Il rinvio alla disciplina della formazione del passivo fa sì che il curatore debba predisporre un progetto integrativo dello stato passivo, e debba fissarsi la relativa udienza di discussione, con onere di darne notizia al creditore istante[7]. Non sussisteva nella disciplina dell'art. 101 l. fall. onere di avviso per i creditori già ammessi, sebbene non vi fosse ragione di escludere che gli stessi, anticipando le contestazioni da eventualmente svolgere nelle fasi di impugnazione, potessero presenziare all'udienza e presentare le proprie deduzioni[8].

La fissazione dell'udienza avviene da parte del giudice delegato, anche se è incerto il momento nel quale deve provvedersi in tal senso. Si propone la tesi che la fissazione dell'udienza debba essere contestuale al decreto di esecutività dello stato passivo, in modo da rendere conoscibile tale informazione a tutti i creditori che hanno già presentato domanda e che potrebbero avere interesse ad opporsi all'ammissione dei creditori tardivi[9].

---

domande oltre il termine di centoventi giorni (Cass., 3 febbraio 2022, n. 3466, in *Fallimento*, 2022, 851; Cass., 15 giugno 2021, n. 16943, in *Fallimento*, 2022, 134; Cass., 14 ottobre 2021, n. 28161, in *Fallimento*, 2022, 431; Cass., 23 settembre 2021, n. 25911 e Cass., 28 settembre 2021, n. 26501, entrambe in *Fallimento*, 2022, 400 s., con nota adesiva di CARNAZZA, *Lo scrutinio*).

[4] ROSAPEPE, *L'accertamento*, 77. Di una diversa prassi riferisce MICCIO, *Le dichiarazioni tardive*, 657 s.

[5] MICCIO, *Le dichiarazioni tardive*, 658; BOZZA, *Le domande tardive*, 932 s. In giurisprudenza Cass., 3 dicembre 2012, n. 21596, cit.; Cass., ord., 2 luglio 2013, n. 16494, in *Fallimento*, 2014, 476; Cass., 7 marzo 2016, n. 4408, in *Fallimento*, 2017, 477.

[6] V. sul punto FERRARO, *Art. 101*, 579 ss.; ID., *Art. 101*, 1287 ss.; DIMUNDO, QUATRARO, *Accertamento del passivo*, 1060 ss.; FAUCEGLIA, *L'accertamento*, 1676 ss.

[7] CANALE, *La formazione*, 210.

[8] (MENCHINI), MOTTO, *L'accertamento*, 633 s.

[9] NARDECCHIA, *Art. 101*, 183; ID., *Art. 101*, 1123. V. pure DIMUNDO, QUATRARO, *Accertamento del passivo*, 1064 s.; FERRARO, *Art. 101*, 1293; BOZZA, *Le domande tardive*, 934 ss.

Dubbio se il creditore possa presentare il ricorso personalmente, come previsto per le insinuazioni tempestive[10].

Meno significative le modifiche apportate dal Codice. La principale è costituita, in applicazione dell'art. 7, comma 8, lett. *a*), legge delega, dalla riduzione da dodici a sei mesi del termine oltre il quale la domanda è considerata ultratardiva, e da diciotto a dodici mesi del termine in caso di particolare complessità della procedura. Il Codice non consente la trattazione delle domande presentate oltre il termine inziale di trenta giorni, e quindi considerate tardive, nel caso di rinvio dell'udienza di verifica, soluzione che avrebbe evitato la fissazione di apposita udienza per le domande di questi creditori, senza apportare alcun pregiudizio ai creditori tempestivi[11]. Si prevede, ancora, che la domanda ultratardiva è ammissibile non solo se viene fornita la prova della non imputabilità del ritardo, ma anche se la stessa non è stata trasmessa nei sessanta giorni successivi al momento in cui è cessata la causa impeditiva.

Quanto al procedimento resta il rinvio alle regole previste per le domande tempestive, l'unica novità è la previsione del comma 2 per cui «*quando vengono presentate domande tardive, il giudice delegato fissa per l'esame delle stesse un'udienza entro i successivi quattro mesi, salvo che sussistano motivi d'urgenza*». Non si richiede più, pertanto, la preventiva predisposizione di un calendario delle udienze, una ogni quattro mesi salvo urgenze, per l'esame delle domande tardive, ma le udienze vengono fissate solo in caso di presentazione di domande tardive.

Viene riscritta la disciplina delle domande ultratardive (commi 3 e 4 nell'art. 101 l. fall.). Le stesse sono ammissibili in qualsiasi momento della procedura, fino al riparto definitivo, quando il creditore provi che il ritardo è dovuto a causa a lui non imputabile, e se trasmette la domanda al curatore non oltre sessanta giorni dal momento in cui è cessata la causa che ne ha impedito il deposito tempestivo[12]. Sempre nel comma 3 si consente l'immediata dichiarazione di inammissibilità della domanda, senza necessità di instaurare il contraddittorio, nel caso l'inammissibilità sia manifesta, perché l'istante non ha indicato le circostanze da cui è dipeso il ritardo o non ne ha offerto prova documentale o non ha indicato i mezzi di prova di cui intende valersi per dimostrarne la non imputabilità. Il provvedimento con il quale viene dichiarata la manifesta inammissibilità è costituito da un decreto, impugnabile a norma dell'art. 124. Al di fuori dei casi di manifesta inammissibilità

---

[10] In questo senso PELLEGRINO, *Modifiche dello stato*, 250 s.; D'ORAZIO, *L'accertamento*, 800; BONFATTI, CENSONI, *Lineamenti di diritto*², 198; RAMPINI, FRANCIOSO, *Domande tardive*, 2095; FAUCEGLIA, *L'accertamento*, 1679 s. Prima della riforma prevaleva la tesi della necessità dell'assistenza tecnica, v. BONFATTI, *L'accertamento*, 363 s.; RUSSO, *L'accertamento*², 266; PELLEGRINO, *L'accertamento*, 365 ss. Perché l'assistenza del difensore fosse necessaria solo in caso di istruzione della causa BONSIGNORI, *Il fallimento*, 614; ID., *Diritto fallimentare*, 224. La previsione per cui il curatore può stare in giudizio personalmente in materia di contestazioni e di tardive dichiarazioni di crediti e di diritti di terzi sui beni acquisiti al fallimento (art. 31 l. fall.) non esclude che lo stesso possa essere autorizzato a costituirsi con il ministero di un difensore (Cass., 5 maggio 1980, n. 2934, in *Fallimento*, 1981, 874, con nota di LUGARO, *Insinuazioni tardive*). Per altre indicazioni MONTANARI, *Art. 101*, 900 s.

[11] BOZZA, *L'accertamento*, 1213.

[12] Non si fa più riferimento, come nella versione originaria del Codice, alla sola causa relativa alla mancanza dell'avviso di cui all'art. 200, ma a tutte le ipotesi in cui sia cessata la causa impeditiva della presentazione della domanda, v. BOZZA, *L'accertamento*, 1214.

della domanda è necessaria la fissazione di un'udienza, e pertanto in udienza e nel contraddittorio delle parti che andrà verificata la causa di non imputabilità del ritardo [13]. Si precisa ancora che le udienze quadrimestrali vanno fissate soltanto quando siano state proposte domande. Si prevede ancora la comunicazione dell'udienza anche ai creditori già ammessi al passivo. Il contenuto dell'art. 101, comma 3, l. fall., relativo al concorso dei creditori tardivi sulle somme già distribuite ed alla richiesta di sospensione delle attività di liquidazione da parte del titolare di diritti su beni mobili ed immobili, viene spostato nell'art. 226.

2. – Il credito deve essere diverso da quello fatto valere con l'ammissione ordinaria (es. non si potrebbe chiedere un privilegio o un importo maggiore) [14], così pure deve proporsi

[13] BOZZA, *L'accertamento*, 1214.

[14] Per tutti v. GUGLIELMUCCI, *Diritto fallimentare*, 230; TEDESCHI, *Manuale di diritto*, 412; ID., *L'accertamento*, 1070 s.; CAVALLI, AMBROSINI, LORIO, *Il fallimento*, 600 s.; DIMUNDO, QUATRARO, *Accertamento del passivo*, 1065 ss.; BONFATTI, CENSONI, *Manuale di diritto fall.*^{4}, 394; FAUCEGLIA, ROCCO DI TORREPADULA, *Diritto dell'impresa*, 217; FAUCEGLIA, *L'accertamento*, 1682 ss.; D'ORAZIO, *Art. 101*, 893; ID., *Le domande*, 796 s.; PELLEGRINO, *Modifiche dello stato*, 247 s.; MICCIO, *Le dichiarazioni tardive*, 667 ss.; TRISORIO LIUZZI, *La domanda*, 1044 ss.; NARDECCHIA, *Art.* 101, 1115 s.; FABIANI, *Diritto fallimentare*, 427; MENCHINI, MOTTO, *L'accertamento*, 634 ss.; BOZZA, *Le domande tardive*, 918 ss.; RAMPINI, FRANCIOSO, *Domande tardive*, 2083 ss. Nella dottrina anteriore alla riforma BONFATTI, *L'accertamento*, 357 ss.; GUGLIELMUCCI, *Lezioni di diritto*, 249 s.; JORIO, *Le crisi*, 647; RAGUSA MAGGIORE, *Istituzioni di diritto*, 384 s.; ID., *Diritto fallimentare*, 619; AZZOLINA, *Il fallimento*, 768 ss. (quest'ultimo orientato a ritenere ammissibile la domanda tardiva anche a fronte della reiezione della domanda tempestiva, sia per motivi di rito che di merito, attesa l'assenza di ogni preclusione o efficacia di giudicato del provvedimento reiettivo); anche per ulteriori indicazioni DIDONE, *La dichiarazione tardiva*, 27 ss.; SCHIAVON, *Le dichiarazioni tardive*, 944 ss.; RUSSO, *L'accertamento*^{2}, 265 ss. In giurisprudenza, in relazione al privilegio non fatto valere con la domanda tempestiva, Cass., 15 luglio 2011, n. 15702, in *Foro it.*, 2011, I, 3000, con osservazioni di FABIANI; *Fallimento*, 2012, 427, con nota adesiva di TRISORIO LIUZZI, *Domanda tempestiva*; Cass., 11 maggio 2016, n. 95618, in *ilfallimentarista.it*, 12 luglio 2016, con nota di DIDONE, *Inammissibilità della tardiva*; Cass., 20 luglio 2016, n. 14936, in *Fallimento*, 2017, 990; Cass., 27 ottobre 2017, n. 25640, in *Fallimento*, 2018, 251; Cass., 18 gennaio 2018, n. 1191, in *Fallimento*, 2018, 509; Cass., 24 settembre 2019, n. 23723, in *Fallimento*, 2019, 1451. L'art. 101 l. fall. aveva posto problemi di legittimità costituzionale nel richiamo all'art. 98, co. 3 che esclude la riproponibilità della domanda (v. Corte cost., 30 giugno 1994, n. 274). Cass., 30 settembre 2004, n. 19628, in *Dir. fall.*, 2005, II, 692, con nota di FARINA, Revirement *della Cassazione*, ha mutato l'orientamento della S.C. stabilendo la riproponibilità del ricorso a seguito dell'estinzione del procedimento per mancanza di costituzione o costituzione tardiva. È stata pure ritenuta ammissibile una domanda tardiva in relazione ad una parte del TFR relativo allo stesso rapporto di lavoro, per altra parte già oggetto di domanda tempestiva, o in relazione a diversi crediti derivanti a vario titolo da un rapporto di lavoro [rispettivamente Cass., 12 dicembre 2011, n. 26539 e Cass., 6 ottobre 2011, n. 20534, entrambe in *Fallimento*, 2012, 309, con nota di DE SIMONE, *Il requisito*, la seconda anche in *Dir. fall.*, 2013, II, 452, con nota di POFI, *Sulla domanda tardiva*; Cass., 19 marzo 2012, n. 4282, in *Fallimento*, 2012, 1207; Cass., 13 dicembre 2011, n. 26761, in *Dir. fall.*, 2013, II, 452, con nota cit., che evidenzia il contrasto tra la soluzione accolta nel caso dalla S.C. e l'orientamento relativo alla infrazionabilità della domanda giudiziale (Cass., SS.UU., 15 novembre 2007, n. 23726, in *Foro it.*, 2008, I, 1514, con osservazioni di PALMIERI e PARDOLESI); Cass., 7 dicembre 2011, n. 26377, *ivi*, 2012, 1254; Cass., 17 aprile 2013, n. 9317, in *Fallimento*, 2014, 110. Nella giurisprudenza di merito per l'inammissibilità della domanda tardiva che costituisce riproposizione di identica domanda tempestiva non ammessa, Cass., 5 maggio 2021, n. 11779, in *Fallimento*, 2021, 1153; Trib. Ravenna, 3 ottobre 2013, in *ilfallimentarista.it*, 21 marzo 2014, con nota di BANDINI, *Impossibilità di reiterazione*; Trib. Venezia, 15 marzo 2012, in *ilfallimentarista.it*, 16 novembre 2012, con nota di AMATORE, *Il principio*, per l'inammissibilità della domanda di insinuazione tardiva fondata

opposizione allo stato passivo, e non insinuazione tardiva, laddove il giudice abbia omesso di pronunziare sulla domanda tempestiva del creditore [15]. Si è tuttavia ammesso il ricorso all'insinuazione tardiva per richiedere la prededuzione del credito, quando i relativi presupposti fattuali (subentro del curatore nel contratto di locazione finanziaria pendente) siano maturati successivamente al decreto con cui il g.d. rende esecutivo lo stato passivo [16], o quando una legge sopravvenuta attribuisca il privilegio ad un credito in precedenza chirografario [17], o quando l'impugnazione tempestiva è stata respinta dal g.d. per ragioni processuali e non nel merito (vizi di nullità della domanda, difetto di legittimazione, irregolarità fiscale della domanda o dei documenti allegati) [18], o ancora quando il creditore abbia rinunciato alla domanda tempestiva con effetto solo processuale [19], ovvero per gli interessi non richiesti con la domanda tempestiva [20].

Si è pure ammessa la riproponibilità dell'insinuazione tardiva in caso di estinzione del

---

sulle ritenute fiscali del trattamento di fine rapporto, per il quale il medesimo credito era stato già ammesso tempestivamente al passivo della procedura "al netto" delle ritenute fiscali. In senso contrario, in relazione a maggior importo di TFR rispetto a quello richiesto con l'insinuazione tempestiva, Trib. Palermo, dec., 26 novembre 2014, in *Fallimento*, 2015, 236]. Cass., 28 giugno 2012, n. 10882, in *Fallimento*, 2013, 496, ha ritenuto che anche la procura speciale alle liti rilasciata per la domanda tempestiva, sebbene attribuisca al procuratore "tutti i poteri inerenti al mandato", non estende i suoi effetti all'istanza di ammissione tardiva. Per indicazioni di giurisprudenza più risalente TEDESCHI, RUISI, JORIO, MAFFEI ALBERTI, *Il fallimento*, 278 ss.; BONFATTI, *La formazione*, 310 ss.; MONTANARI, *Art. 101*, 891 ss.

[15] TEDESCHI, *Manuale di diritto*, 412; ID., *L'accertamento*, 1071 s. Per riferimenti, anche in relazione alla contraria opinione, NARDECCHIA, *Art. 101*, 1118 s. Tra le opere meno recenti SATTA, *Diritto fallimentare*, 258.

Nella giurisprudenza meno recente App. Milano, 24 luglio 1957, in *Giur. it.*, 1958, I, 2, 456, con nota critica di TRAVI, *Istanza per ammissione*. È stata ritenuta inammissibile l'insinuazione tardiva anche nel caso di CREDITO già insinuato ed escluso, quando l'opposizione non era stata seguita dalla costituzione nel termine prescritto, v. App. Roma, 31 marzo 1953, in *Dir. fall.*, 1953, II, 166, con nota adesiva di CURTI GIALDINO, *Natura del processo*.

[16] Cass., 19 ottobre 2007, n. 22013, in *Fallimento*, 2008, 285. In dottrina v. BOZZA, *Le domande tardive*, 926; TRISORIO LIUZZI, *La domanda*, 1046.

Sempre in tema di prededuzione cfr. pure Cass., 7 gennaio 2016, n. 118, in *Fallimento*, 2017, 115, che ritiene non sia nuova la domanda di ammissione in prededuzione specificamente formulata solo in sede di opposizione, e soltanto in termini giuridicamente non ineccepibili con la domanda di insinuazione (nel caso con la richiesta della "restituzione dell'integrale importo depositato ammontante ad euro ...").

[17] Sul punto v., anche per riferimenti, CELENTANO, *Accertamenti del passivo*, 1136 s., il quale osserva peraltro come, in mancanza di apposita disposizione transitoria (v. ad esempio l'art. 23, commi 37, 38, 39 e 40, d.l. 6 luglio 2011, n. 98 sul privilegio dei crediti dello Stato per alcune imposte), non vi sia possibilità per tale creditore di impugnare a norma dell'art. 98, comma 3 crediti anteposti al proprio, proponendo l'applicazione dell'istituto della rimessione in termini. Nella dottrina più risalente BONFATTI, *L'accertamento*, 362; ID., *La formazione*, 321 ss.; PELLEGRINO, *L'accertamento*, 376 ss.

[18] Trib. Milano, 4 aprile 1974, in *Dir. fall.*, 1974, II, 1173; Trib. Napoli, 13 febbraio 1956, in *Foro it.*, 1956, I, 418, con nota critica di GAETA, *In tema*. In dottrina DIMUNDO, QUATRARO, *Accertamento del passivo*, 1068; PELLEGRINO, *Modifiche dello stato*, 246 s. (cfr. pure ID., *L'accertamento*, 373 ss.); TRISORIO LIUZZI, *La domanda*, 1045.

[19] Trib. Torino, 23 aprile 1990, in *Giur. it.*, 1991, I, 2, 18; Trib. S. Maria Capua Vetere, dec., 23 gennaio 2014, in *Fallimento*, 2014, 478. DIMUNDO, QUATRARO, *Accertamento*, 1068. In senso contrario, per il caso di rinuncia alla domanda tardiva, Cass., 25 settembre 1998, n. 9616, in *Mass. Giust. civ.*, 1998, n. 1948.

[20] Cass., 22 marzo 2012, n. 4554, in *Fallimento*, 2013, 622. In dottrina BOZZA, *Le domande tardive*, 926 ss. Per altri riferimenti BONFATTI, *La formazione dello stato passivo nel fallimento: dieci anni di giurisprudenza*, 335 ss.

procedimento per mancata o non tempestiva costituzione del creditore[21], ma non di omessa iscrizione a ruolo di altra domanda tardiva[22]. L'onere della prova della tardività, in virtù del principio della vicinanza alla prova, è stato ritenuto gravare sul curatore[23].

3. – L'imprecisione della norma, che riprende in un mutato contesto precedenti progetti che prevedevano periodiche verificazioni collettive delle domande tardive[24], lasciava il dubbio se dovesse fissarsi una sola udienza per la decisione di tutte le domande tardive, presentate nell'arco temporale di cui all'art. 101, comma 1, l. fall. Il decreto "*correttivo*" ha risolto il problema con la previsione di una udienza da fissarsi ogni quattro mesi, salvo che sussistano motivi di urgenza[25]. L'urgenza consente di fissare l'udienza prima dei quattro mesi, mentre non sembra possibile si possa andare oltre tale termine in relazione alle domande presentate, dati gli effetti per il creditore tardivo che può concorrere alle sole ripartizioni posteriori alla sua ammissione[26]. Dall'art. 96 l. fall. si desumeva, nella vigenza dell'art. 101 l. fall., che il curatore dovesse dare notizia del provvedimento reso sulla domanda tardiva a tutti i creditori ammessi ed ai titolari di diritti di rivendicazione e restituzione[27]. Ta-

---

[21] Cass., 26 maggio 2010, n. 12855, in *Fallimento*, 2011, 116; Trib. Roma, 27 marzo 1990, in *Giur. comm.*, 1991, II, 768, con nota adesiva di CANALE, *Osservazioni ad Appello*. In questo senso, in dottrina, DIDONE, *La dichiarazione tardiva*, 137 ss.; COVINO, *Se la domanda*, 143 ss. Per la non riproponibilità dell'istanza tardiva non notificata al curatore o non iscritta a ruolo Cass., 11 febbraio 1980, n. 938, in *Banca, borsa e tit. cred.*, 1980, II, 556, con nota di CAPUTO, *Insinuazione tardiva*; Cass., 10 aprile 1968, n. 1077, in *Foro it.*, 1968, I, 2177, con nota critica di PEZZANO, *Sulla riproponibilità*; Cass., 7 agosto 1959, n. 2490, in *Foro it.*, 1960, I, 250, 1774, con nota critica di FERRANTE, *Ancora sulla pretesa*; Trib. Modena, 10 febbraio 1977, in *Dir. fall.*, 1977, II, 368, con nota adesiva di BRONZINI, *Eccezionalità della insinuazione*. In dottrina SATTA, *Diritto fallimentare*, 250 s., 253 s.; PELLEGRINO, *L'accertamento*, 380 ss. La relativa questione di costituzionalità dell'art. 101, comma 2, l. fall. era stata ritenuta manifestamente infondata da Corte cost., 30 novembre 1988, n. 1045, in *Dir. fall.*, 1989, II, 533, con nota di SPAMPINATO, *Le conseguenze*. La questione di legittimità costituzionale era stata sollevata dal Trib. Roma, 4 gennaio 1988, *ivi*, 1988, II, 553, con nota critica di RAGUSA MAGGIORE, *È riproponibile*. Per la riproponibilità della domanda notificata al curatore oltre il termine perentorio stabilito dall'art. 101, invece, Trib. Torino, 25 luglio 1990, in *Fallimento*, 1991, 398, con nota adesiva di CANTELE, *Tardività della notifica*. Per la riproponibilità della domanda tardiva rinunziata Trib. Venezia, 10 luglio 1985, in *Fallimento*, 1986, 887, con nota di PAVONE, *Gli effetti*. In dottrina RUSSO, *L'accertamento*[2], 266.

[22] Trib. Trapani, 10 marzo 2003, in *Giur. comm.*, 2004, II, 468, con nota di DE SABATO, *Riproponibilità dell'insinuazione*.

[23] Cass., 4 maggio 2012, n. 6799, in *Fallimento*, 2013, 321, con nota di IMPAGNATIELLO, *Evoluzioni (e involuzioni)*.

[24] V. BONFATTI, CENSONI, *Manuale di diritto fall.*[4], 393; DIMUNDO, QUATRARO, *Accertamento del passivo*, 1062 ss.

[25] GUGLIELMUCCI, *Diritto fallimentare*, 231; DIMUNDO, QUATRARO, *Accertamento del passivo*, 1062 s.; MONTANARI, *Le insinuazioni tardive*, 432 ss.; FAUCEGLIA, ROCCO DI TORREPADULA, *Diritto dell'impresa*, 217; FERRARO, *Art. 101*, 1288 s. Per MONTANARI, *Le insinuazioni tardive*, 438, rientra nella discrezionalità del curatore consentire la trattazione anche di domande depositate oltre il termine di trenta giorni antecedenti l'udienza. In questo senso v. pure BOZZA, *Le domande tardive*, 930 ss.

Non è chiaro il memento di decorrenza delle verifiche quadrimestrali, per MONTANARI, *Le insinuazioni tardive*, 435 s. si dovrebbe far riferimento al decreto che rende esecutivo lo stato passivo.

[26] TRISORIO LIUZZI, *La domanda*, 1046 s.

[27] TEDESCHI, *Manuale di diritto*, 414; ID., *L'accertamento*, 1076 s.; MONTANARI, *Le insinuazioni tardive*, 436 s.

le opinione sembra confermata dall'onere di comunicare l'udienza a tutti i creditori ammessi introdotto dal Codice. Restava ferma la possibilità di mantenere il tradizionale modello "*atomistico*" di verifica per le domande "*supertardive*", presentate dopo la scadenza dei dodici (o diciotto) mesi (sei o dodici per il Codice) successivi al deposito dello stato passivo, che potranno partecipare solo all'ultimo riparto previsto [28]. Una ulteriore categoria di creditori, tendenzialmente "*tardivi*" è data dai crediti prededucibili maturati nel corso della procedura fallimentare, e quindi normalmente quando sarà scaduto il termine per l'insinuazione tempestiva. Per tale categoria sembra difficile ipotizzare una valutazione sulla "*imputabilità*" del ritardo, così come pretendere l'osservanza di un termine finale [29].

Queste udienze quadrimestrali (rispettando la cadenza prevista per le ripartizioni dell'attivo) si riteneva potessero essere fissate dal giudice delegato, come una sorta di "*programma*" o "*calendario*" di verifica delle domande tardive, anche nel decreto che dichiara esecutivo lo stato passivo, la cui comunicazione ai creditori già insinuati varrebbe anche come comunicazione in relazione a tali udienze [30]. La giurisprudenza di cassazione ritiene che tutte le domande tardive presentate in tale arco temporale vadano decise con unico decreto, e dal deposito di tale unitario decreto con dichiarazione cumulativa di esecutività decorrano i termini di impugnazione per i creditori non ammessi, anche in caso di approvazioni frazionate [31].

Si è detto che il Codice adotta un sistema diverso: «*quando vengono presentate domande tardive, il giudice delegato fissa per l'esame delle stesse un'udienza entro i successivi quattro mesi, salvo che sussistano motivi d'urgenza*». Non si richiede più, pertanto, la preventiva predisposizione di un calendario delle udienze, una ogni quattro mesi salvo urgenze, per l'esame delle domande tardive, ma le udienze vengono fissate solo in caso di presentazione di domande tardive.

4. – Resta la salvezza per il creditore ritardatario, il quale può presentare la domanda tardivamente, anche oltre i termini stabiliti nell'art. 208, comma 1 (cc.dd. domande "supertardive" [32]), provando che il ritardo è dipeso da causa a lui non imputabile: «*decorso il termine di cui al primo comma, e comunque fino a quando non siano esaurite tutte le ripartizioni dell'attivo fallimentare, le domande tardive sono ammissibili se l'istante prova che il ritardo è dipeso da causa a lui non imputabile e se trasmette la domanda al curatore non oltre sessanta giorni dal momento in cui è cessata la causa che ne ha impedito il deposito tempestivo*» (comma 3). Rispetto all'art. 101, ult. comma, l. fall. si aggiunge la previsione che la domanda deve essere trasmessa non oltre sessanta giorni dal momento in cui è cessata la cau-

---

[28] DIMUNDO, QUATRARO, *Accertamento del passivo*, 1064. Per l'applicabilità dell'art. 101, comma 2 l. fall. anche alle domande supertardive, per tutti, MONTANARI, *Le insinuazioni tardive*, 431 s.

[29] V. sul punto, in particolare, CAVALAGLIO, *Le dichiarazioni tardive*, 317 ss. In giurisprudenza per il credito dovuto alla tardata restituzione da parte del curatore di un bene immobile locato, Cass., 31 luglio 2018, n. 20310, in *Fallimento*, 2019, 211, con nota di ZANICHELLI, *Presupposti del credito*.

[30] BONFATTI, CENSONI, *Manuale di diritto fall.*[4], 393 s.; TRISORIO LIUZZI, *La domanda*, 1047.

[31] Cass., 1° giugno 2017, n. 13886, in *Fallimento*, 2017, 896, con nota adesiva di SPIOTTA, *La non frazionabilità*; Cass., 27 marzo 2018, n. 7556, in *Diritto & Giustizia*, 2018, fasc. 55, 8.

[32] DIMUNDO, QUATRARO, *Accertamento del passivo*, 1058 ss.; NARDECCHIA, *Art.* 101, 1121 s.; MICCIO, *Le dichiarazioni*, 662 ss.; BOZZA, *Le domande tardive*, 937 ss.

sa che ne ha impedito il deposito tempestivo. L'accertamento della non imputabilità del ritardo al creditore deve essere richiesto al g.d. contestualmente alla domanda tardiva [33]. La giurisprudenza, nella vigenza della l. fall., ritiene che la non imputabilità della causa debba riguardare fattori esterni alla posizione creditoria, quali la forza maggiore, il caso fortuito o l'errore incolpevole del creditore, non situazioni di privilegio processuale del creditore, come quelle a favore dell'agente della riscossione [34]. In particolare, si è ritenuta causa del ritardo non imputabile al creditore la mancata ricezione dell'avviso di cui all'art. 92 l. fall. [35] (oggi art. 200), o (ma non sempre) per il concessionario il ritardo nel-

---

[33] SCARSELLI, BERTACCHINI, GUALANDI, PACCHI, PACCHI, *Manuale di diritto*, 313; FERRI, *La formazione*, 1276; BOZZA, *Le domande tardive*, 937 s. Per MONTANARI, *Le insinuazioni tardive*, 429 ss., il problema della non imputabilità del ritardo appartiene al merito della domanda, il suo riscontro negativo non si risolve in una pronuncia di mera inammissibilità, ma in una declaratoria di infondatezza della stessa.

La norma dell'art. 101, ult. comma, l. fall. è stata ritenuta costituzionalmente legittima da Cass., 13 novembre 2015, n. 23302, in *Fallimento*, 2016, 1269, in quanto la stessa disposizione, consentendo la rimessione in termini al ricorrente che provi che il ritardo è dipeso da causa a lui non imputabile, non implica il sacrificio assoluto del diritto di credito, ma bilancia il suo esercizio con le esigenze di speditezza della procedura fallimentare.

[34] Trib. Macerata, dec., 11 novembre 2008, in *Fallimento*, 2009, 453. Per un caso di errore scusabile (l'affidamento sull'orientamento giurisprudenziale che fino al 2018, riteneva l'INPS vincolato dal provvedimento del giudice in sede di formazione dello stato passivo), Trib. Prato, dec., 13 dicembre 2021, in *Fallimento*, 2022, 551, con nota critica di LEUZZI, *Le ammissioni*. Nella giurisprudenza di legittimità cfr. Cass., 5 settembre 2018, n. 21661, in *Dir. fall.*, 2019, II, 253, con commento di Cossignani.

[35] Cass., 19 marzo 2012, n. 4310, in *Fallimento*, 2012, 1205 s., con nota di DE SIMONE, *Oneri delle parti*; Cass., 31 luglio 2017, n. 18998, *ivi*, 2018, 111; Trib. Reggio Calabria, 24 giugno 2011, *ivi*, 2012, 1209; Trib. Modena, dec., 20 marzo 2009, e Trib. Pescara, dec., 10 febbraio 2009, entrambe in *Fallimento*, 2010, 67, con nota di STAUNOVO POLACCO, *Il ritardo*. Salvo che non si possa desumere *aliunde* la conoscenza da parte del creditore, cfr. Trib. Treviso, dec., 9 dicembre 2011, in *Fallimento*, 2012, 451, con nota adesiva di DIDONE, *La domanda ultratardiva*, che pure precisa doversi impugnare la pronunzia di inammissibilità con l'opposizione di cui all'art. 98 e non con il reclamo *ex* art. 26; Cass., 13 novembre 2015, n. 23302 e Cass., 24 novembre 2015, n. 23975, in *Fallimento*, 2016, 823 ss., con nota di COMMISSO, *Il ritardo incolpevole*; Cass., 20 ottobre 2015, n. 21316, in *Fallimento*, 2016, 1007; Cass., 20 novembre 2019, n. 30133, *ivi*, 2020, 134; Cass., 26 novembre 2019, n. 30760, in *ilfallimentarista.it.*, 10 gennaio 2020, con nota di PAPAGNI, *Fallimento e inammissibilità*. In senso contrario, per l'insufficienza del mancato avviso a norma dell'art. 92 ai fini della causa non imputabile del ritardo, Trib. Torino, dec., 29 ottobre 2013, in *Fallimento*, 2014, 815, con nota contraria di NARDECCHIA, *L'avviso*. Cfr. pure Cass., 7 ottobre 2016, n. 20120, in *Fallimento*, 2017, 1364, per l'inammissibilità della domanda supertardiva proposta da s.a.s. quando l'avviso *ex* art. 92 risultava ricevuto dal socio accomandatario legale rappresentante; Trib. Mantova, 28 gennaio 2021, in *Fallimento*, 2021, 1015 s., che non ha ritenuto causa di non imputabilità del ritardo l'invio dell'avviso *ex* art. 92, l. fall. ad indirizzo PEC diverso da quello risultante dal registro delle imprese, ma pur sempre riconducibile al debitore, in quanto trattavasi di ufficio periferico. Cfr. pure Cass., 12 marzo 2020, n. 7109, in *Fallimento*, 2021, 361, con nota di MANCUSO, *Le domande supertardive*, per il rilievo di circostanze quali l'invio dell'avviso a società appartenenti allo stesso gruppo, l'entità del credito, il carattere professionale del creditore.

In dottrina v. BOZZA, *La ripartizione*, 664 ss.; ID., *Le domande tardive*, 941 ss.; FERRARO, *Art.* 101, 1297, ove ulteriori indicazioni di giurisprudenza; PELLEGRINO, *Modifiche dello stato*, 255; NARDECCHIA, *Art.* 101, 1121 s.; D'ORAZIO, *Le domande*, 799; RAMPINI, FRANCIOSO, *Domande tardive*, 2098 ss.; FAUCEGLIA, *L'accertamento*, 1686 s. L'omissione dell'avviso, comunque, non determina automaticamente la sussistenza di una causa non imputabile al creditore, potendo questi aver avuto conoscenza dell'esistenza del fallimento e dell'udienza indipendentemente dallo stesso, v. SDINO, *L'accertamento*, 646; MENCHINI, MOTTO, *L'accertamento*, 632.

Nella dottrina precedente la riforma critici verso l'orientamento che ravvisa causa non imputabile del ritardo nel mancato ricevimento dell'avviso di cui all'art. 92 l. fall., PROVINCIALI, *Trattato di diritto*, 1498;

l'emissione del ruolo da parte della P.A.[36], e si è dato talvolta rilievo anche a situazioni personali del creditore[37] ma non alla complessità organizzativa interna del creditore stesso[38]. Il giudizio sull'imputabilità del ritardo costituisce un accertamento di fatto demandato al giudice di merito, e se immune da vizi logici e congruamente motivato incensurabile in cassazione[39].

Una ulteriore possibilità di deroga ai termini di cui all'art. 208, comma 1 ed ultimo, è aperta da un recente orientamento della giurisprudenza di legittimità[40], per il quale

---

SCHIAVON, *Le dichiarazioni tardive*, 947 s. In giurisprudenza in senso contrario App. Milano, 5 aprile 1977, in *Dir. fall.*, 1977, II, 474, con nota critica di CONFORTI, *L'avviso*. Perché la mancanza dell'avviso costituisca causa di non imputabilità del ritardo, SATTA, *Diritto fallimentare*, 259; RAGUSA MAGGIORE, *Istituzioni di diritto*, 388 s.; BOZZA, SCHIAVON, *L'accertamento*, 67; PELLEGRINO, *L'accertamento*, 393 s. Per altre indicazioni BONFATTI, *La formazione*, 384 ss.

[36] Cass., 2 aprile 2012, n. 5254, in *Fallimento*, 2012, 1201; Cass., 8 settembre 2015, n. 17787, in *Fallimento*, 2016, 744.

[37] Cfr. Cass., 10 settembre 2013, n. 20686, in *Fallimento*, 2014, 595. Per il caso di errore nell'invio a mezzo PEC della domanda, Trib. Lecco, dec., 5 agosto 2017, in *Giur. it.*, 2018, 1907, con nota critica di FELLONI, *Invio della domanda*.

[38] Nel caso deciso da Trib. Pescara, dec., 10 febbraio 2009, cit., una banca di rilevanti dimensioni, venuta al corrente della procedura centodiciannove giorni prima della scadenza del termine per la presentazione delle domande tardive, aveva dichiarato il credito a termine scaduto assumendo che la predisposizione dell'istanza richiedeva termini più lunghi rispetto al comune creditore. Per il caso del concessionario delle imposte v. Trib. Reggio Calabria, 24 giugno 2011, cit.; Trib. Ivrea, 29 luglio 2019, in *Fallimento*, 2019, 1413 s. App. Torino, 21 giugno 2011, in *Fallimento*, 2011, 1248, ha ritenuto che non possa essere considerata causa non imputabile del ritardo la scelta del convenuto nel giudizio *ex* art. 44 di resistere in giudizio. Non è stata considerata causa di non imputabilità il ritardo dovuto al sorgere del credito di restituzione solo a seguito del vittorioso esercizio dell'azione revocatoria da parte della curatela, v. App. Torino, 3 marzo 2014, n. 454, in *ilfallimentarista.it*, 14 aprile 2014, con nota di PAGANINI, *Il creditore tardivo*.

Quanto ai limiti temporali delle domande "*supertardive*" Trib. Padova, dec., 1° febbraio 2012, in *Dir. fall.*, 2013, II, 114, con nota di BONACCORSI DI PATTI, *Sui termini*, ha ritenuto che il creditore nell'impossibilità di rispettare il termine di cui all'art. 101, comma 1, l. fall. senza sua colpa, può presentare la domanda supertardiva soltanto entro un termine congruo e ragionevole, e non potrà contare su di un integrale termine di dodici mesi dalla sopravvenienza del suo credito. Per il termine di 12 mesi, invece, Trib. Udine, 29 aprile 2011, in *unijuris.it* Ritiene eccessivo, in assenza di adeguata e specifica giustificazione, un intervallo temporale di quasi due anni tra l'insorgere del credito e l'insinuazione, Cass., 1° ottobre 2015, n. 19658, in *Fallimento*, 2016, 744. V. pure, per l'applicazione del criterio della ragionevolezza del termine, Cass., 5 aprile 2022, n. 11000, in *Fallimento*, 2022, 1417, con nota di MACAGNO, *Termine*.

[39] Cass., 1° ottobre 2015, n. 19679, in *Dir. fall.*, 2016, II, 228, con nota critica di RICCI, *Sui parametri*, che ritiene necessaria anche una valutazione del giudice sulla congruità del tempo (nel caso tre anni) intercorso tra il sorgere del credito e l'insinuazione tardiva; Cass., 10 settembre 2013, n. 20686, cit.

[40] Cass., 31 luglio 2015, n. 16218, in *Fallimento*, 2016, 20, con nota critica di SPADARO, *Crediti sopravvenuti*. Conformi Cass., 10 luglio 2019, n. 18544, in *Fallimento*, 2020, 32, con nota di CATALDO, *Il termine*, in relazione al credito relativo alla restituzione della caparra confirmatoria conseguente al mancato subentro del curatore nel contratto preliminare di vendita; Cass., 28 giugno 2019, n. 17594, in relazione a crediti prededucibili contestati; Cass., 7 novembre 2019, n. 28799, in *Fallimento*, 2020, 134; Cass., 17 febbraio 2020, n. 3872, in *Diritto & Giustizia*, 2020, fasc. 35, 10; Cass., 2 febbraio 2021, n. 2307, in *Fallimento*, 2021, 565; Cass., 10 febbraio 2021, n. 3190, in *Fallimento*, 2021, 713, che precisa come l'insinuazione al passivo dei crediti concorsuali, sebbene accertati in giudizi proseguiti nelle sedi ordinarie successivamente alla dichiarazione di fallimento, è soggetta all'ordinario termine di decadenza previsto per le dichiarazioni tardive dall'art. 101, primo ed ult. comma, l. fall.

l'insinuazione al passivo dei crediti sorti nel corso della procedura fallimentare non è soggetta a tali termini.

Il rinvio al procedimento in tema di insinuazioni tempestive fa ritenere ammissibile anche in tale sede l'ammissione con riserva dei crediti condizionali e di quelli per i quali la riserva riguarda la presentazione dei documenti giustificativi [41].

[41] NARDECCHIA, *Art. 101*, 184; ID., *Art. 101*, 1124; D'ORAZIO, *Le domande*, 801. Perché l'ammissione con riserva possa riguardare i soli crediti condizionali DIDONE, *La dichiarazione tardiva*, 87 ss.

Articolo 209
Previsione di insufficiente realizzo

1. Il tribunale, con decreto motivato da adottarsi prima dell'udienza per l'esame dello stato passivo, su istanza del curatore depositata almeno venti giorni prima dell'udienza stessa, corredata da una relazione sulle prospettive della liquidazione, e dal parere del comitato dei creditori, sentito il debitore, dispone non farsi luogo al procedimento di accertamento del passivo relativamente ai crediti concorsuali se risulta che non può essere acquisito attivo da distribuire ad alcuno dei creditori che abbiano chiesto l'ammissione al passivo, salva la soddisfazione dei crediti prededucibili e delle spese di procedura.

2. Le disposizioni di cui al comma 1 si applicano, in quanto compatibili, anche quando la condizione di insufficiente realizzo emerge successivamente alla verifica dello stato passivo.

3. Il curatore comunica il decreto di cui al comma 1 trasmettendone copia ai creditori che abbiano presentato domanda di ammissione al passivo ai sensi degli articoli 201 e 208 i quali, nei quindici giorni successivi, possono presentare reclamo, a norma dell'articolo 124, alla corte di appello, che provvede sentiti il reclamante, il curatore, il comitato dei creditori e il debitore.

Vittorio Giorgi

Sommario: 1. La previsione di insufficiente realizzo tra le due riforme. – 2. La portata innovativa della norma nella riforma del 2006 e nel decreto correttivo. – 3. La nozione di insufficiente realizzo. – 4. Gli effetti dell'interruzione della verifica.

1. – Le modifiche del codice, rispetto all'art. 102 l. fall. si limitano alla sostituzione del "*debitore*" al "*fallito*" nel comma 1 (prima del decreto correttivo lo stesso doveva solo essere sentito, per una isolata opinione sembra che il parere sarebbe non solo obbligatorio, ma anche vincolante [1]), ed ai diversi riferimenti agli artt. 201 e 208 nel comma 3. Unica vera

---

[1] BONFATTI, CENSONI, *Le disposizioni correttive*, 43; BONFATTI, CENSONI, *Manuale*^{4}, 383. Diversamente perché si tratti di parere obbligatorio, ma non vincolante, CAVALLI, AMBROSINI, JORIO, *Il fallimento*, 608, nt. 220; MONTANARI, *Previsione di insufficiente*, 439 s., per il quale l'assenza di modalità di formulazione del parere legittima anche l'acquisizione mediante separato interpello dei singoli componenti; BOZZA, *Previsione di insufficiente*, 720.

novità è costituita dalla specificazione che il reclamo proponibile dai creditori tempestivi e tardivi è quello di cui all'art. 124 (art. 26 l. fall.). Nel Codice la disciplina della previsione di insufficiente realizzo si completa con l'art. 130, che, innovando rispetto alla legge fallimentare, distingue tra una «*informativa sugli accertamenti compiuti e sugli elementi informativi acquisiti relativi alle cause dell'insolvenza e alla responsabilità del debitore ovvero degli amministratori e degli organi di controllo della società*», che il curatore deve presentare nel più breve termine di trenta giorni dall'apertura della liquidazione giudiziale (art. 130, comma 1), e la vera e propria relazione del curatore (che deve riferire «*in ordine al tempo e alle cause dell'insorgere della crisi e del manifestarsi dell'insolvenza del debitore, sulla diligenza spiegata dal debitore nell'esercizio dell'impresa, sulla responsabilità del debitore o di altri e su quanto può interessare anche ai fini delle indagini preliminari in sede penale*», art. 130, comma 4), per la quale resta il termine di sessanta giorni, ma decorrente dall'esecutività dello stato passivo. Se non vi è luogo all'accertamento del passivo il termine, per l'art. 130, comma 6, è di centottanta giorni dall'apertura della liquidazione giudiziale.

2. – La portata innovativa della norma, nella riforma organica del 2006, non consisteva tanto nella previsione di evitare la verifica nel caso di insufficiente realizzo, che nella prassi era ritenuta legittima anche nella disciplina previgente, ma nel consentire una verificazione "*parziale*", limitata ai soli crediti prededucibili[2]. Il termine di venti giorni serve al tribunale al fine di consentirgli un tempo adeguato per verificare la fondatezza dell'istanza. La pronunzia potrebbe sopravvenire anche nel caso in cui la verificazione del passivo si articoli in una pluralità di udienze, potendo emergere anche successivamente quella condizione di insufficiente realizzo[3]. Il comma 2 dell'art. 102 l. fall., come modificato dal decreto correttivo (invariato nel codice), ha poi previsto che la condizione di insufficiente realizzo possa emergere anche successivamente alla verifica del passivo[4]. La previsione per cui l'arresto del procedimento è condizionato alla mancanza di attivo da distribuire ai creditori che abbiano chiesto l'ammissione impedisce di applicare la procedura già in fase di inventario negativo e di mancanza di prospettive di futuri recuperi[5].

---

[2] Cfr. MONTANARI, *Art. 102*, 1558 ss.; DELLA CHA', *La previsione*, 994; DIMUNDO, *Fallimento rapido*, 1063 ss.; MIELE, *Art. 102*, 1232; FABIANI, *Diritto fallimentare*, 431; MENCHINI, MOTTO, *L'accertamento*, 639; FAUCEGLIA, *L'accertamento*, 1697 ss.

In caso di mancanza di attivo tale da non riuscire a coprire nemmeno i presumibili costi della procedura, il § 26 *InsO* prevede il rigetto dell'istanza di apertura, che comporta l'iscrizione del nome nel registro dei debitori (§ 26, comma 2, *InsO*). V. per riferimenti KELLER, sub *§ 26*, 304 ss.; HERZIG, sub *§ 26*, 232 ss. Se le spese di procedura sono coperte ma l'attivo non è sufficiente per soddisfare nemmeno gli altri debiti prededucibili v. il procedimento previsto ai §§ 208-211 *InsO*, disciplinato nell'ambito della chiusura della procedura di insolvenza. Cfr. JUNGMANN, sub *§ 208 ss.*, 1685 ss.; KIEßNER, sub *§ 208*, 1100 ss. La possibilità di chiudere la procedura quando la massa attiva non è in grado di coprire nemmeno i debiti della massa è stata prevista, con la *Ley* n. 38 del 2011, anche dall'art. 176-*bis* Ley Concursal, v. per tutti QUETGLAS, *La calificación*, 252 s.

[3] MONTANARI, *Art. 102*, 1563; BOZZA, *Previsione di insufficiente*, 716; CAVALLI, AMBROSINI, JORIO, *Il fallimento*, 608 s., ritiene debba interpretarsi in questo senso l'altrimenti incomprensibile previsione del comma 2, introdotta dal decreto correttivo, che consentirebbe di non dare luogo al procedimento anche dopo l'esecutività dello stato passivo, quando dunque tale procedimento è ormai completato.

[4] MONTANARI, *Previsione di insufficiente*, 440 s.

[5] BOZZA, *Previsione di insufficiente*, 718.

Unica precisazione del codice è quella concernente il reclamo di cui all'art. 124. Nell'art. 102 l. fall. parimenti non era previsto, per il caso di rigetto dell'istanza, il reclamo da parte del curatore, che si tendeva peraltro a riconoscere, a norma dell'art. 26 l. fall., quando lo stesso abbia presentato istanza di non procedere all'accertamento del passivo, rilevando che analogo interesse hanno i creditori e lo stesso fallito, pregiudicati dalla inutile prosecuzione di un fallimento incapiente[6]. Tale opinione è oggi confortata dall'espresso richiamo all'art. 124, malgrado la nuova formulazione pure preveda il solo caso del reclamo dei creditori. Avverso il provvedimento reso in sede di reclamo si ammette la possibilità del ricorso in cassazione[7], I termini per proporre il ricorso in cassazione sono dimezzati[8].

3. – Ai fini della determinazione dell'attivo devono considerarsi anche le eventuali prospettive di futuro realizzo, ad esempio attraverso l'esercizio delle azioni revocatorie, di azioni penali ove la costituzione di parte civile del curatore spinga gli imputati ad offrire un congruo risarcimento del danno, o con l'affitto di azienda o l'esercizio provvisorio, ai fini dell'applicazione della norma devono essere dedotti dall'attivo stesso i debiti da pagarsi in prededuzione, comprese le spese di procedura[9].

4. – L'interruzione della verifica del passivo non opera per i titolari di diritti reali e personali i quali abbiano presentato domande *ex* art. 210, con le quali si chiede di sottrarre un bene all'esecuzione collettiva[10], anche se l'esito di tali domande potrà influire sulla previsione di insufficiente realizzo, dovendo tenersi conto del possibile incremento dell'attivo nel caso le domande siano rigettate[11].

Eventuali giudizi di opposizione o impugnazione verso lo stato passivo non possono proseguire una volta emanato il decreto di cui all'art. 209. Dubbie peraltro le conseguenze sul piano processuale, se gli stessi diventino improcedibili o debbano essere interrotti o sospesi in attesa della chiusura del fallimento per essere proseguiti nei confronti del fallito ritornato *in bonis*[12].

---

[6] FERRARO, *Art. 102*, 591; ROSAPEPE, *L'accertamento*, 59. Dubitativamente MIELE, *Art. 102*, 1133. In senso contrario MONTANARI, *Art. 102*, 1564; FABIANI, *Diritto fallimentare*, 432; MENCHINI, MOTTO, *L'accertamento*, 641 s., pur facendo salva la possibilità di riproporre l'istanza; BOZZA, *Previsione di insufficiente*, 722 s.

[7] MONTANARI, *Art. 102*, 1565 s.; TEDESCHI, *L'accertamento*, 891; MENCHINI, MOTTO, *L'accertamento*, 641, ma in senso contrario, qualora la decisione in sede di gravame sia per la prosecuzione del fallimento, FERRARO, *Art. 102*, 591 s.; ID., *La "previsione*, 823 s., che muta opinione in ID., *Art. 102*, 1314 s.; D'ORAZIO, *Art. 102*, 907; ID., *Le domande*, 811; IMPAGNATIELLO, *L'accertamento*, 213. Dubitativamente DELLA CHA', *La previsione*, 1004; MIELE, *Art. 102*, 1133. Contrari alla ricorribilità in cassazione in entrambi i casi in quanto il provvedimento definitivo sarebbe solo il decreto di chiusura FABIANI, *Diritto fallimentare*, 432; BOZZA, *Previsione di insufficiente*, 723.

[8] CANALE, *La formazione*, 208.

[9] FERRARO, *Art.* 102, 587; ID., *La "previsione"*, 808 s.; ID., *Art. 102*, 1304; TEDESCHI, *Manuale di diritto*, 415; MIELE, *Art. 102*, 737; ID., *Art. 102*, 1130; DELLA CHA', *La previsione*, 999 s.; D'ORAZIO, *Art. 102*, 903 s.; ID., *Le domande*, 807; FABIANI, *Diritto fallimentare*, 430 s.; BOZZA, *Previsione di insufficiente*, 711 s.; (RAMPINI), FRANCIOSO, *Domande tardive*, 2113; FAUCEGLIA, *L'accertamento*, 1699.

[10] DELLA CHA', *La previsione*, 1001 s.; FAUCEGLIA, ROCCO DI TORREPADULA, *Diritto dell'impresa*, 219; FAUCEGLIA, *L'accertamento*, 1702 s.; MIELE, *Art. 102*, 1132; FABIANI, *Diritto fallimentare*, 431.

[11] D'ORAZIO, *Art. 102*, 904 s.; ID., *Le domande*, 807 s.; BOZZA, *Previsione di insufficiente*, 710.

[12] Per la sospensione MONTANARI, *Previsione di insufficiente*, 441 s. Per improcedibilità, e l'inammissibilità di nuove istanze, MIELE, *Art. 102*, 1132; BOZZA, *Previsione di insufficiente*, 717.

Restano incerti i rapporti tra il decreto di cui alla norma ed il provvedimento di chiusura nel caso di mancanza di attivo da liquidare, che sembra possibile almeno nel caso in cui non vi siano debiti della massa da sottoporre a verifica, o quando tali debiti siano stati soddisfatti [13], o per le procedure nelle quali l'attivo sia pari a zero [14]. Così come la chiusura potrebbe non seguire il provvedimento di arresto, nel caso sopravvengano fatti nuovi [15].

L'art. 209, anche dopo il decreto correttivo, non si coordinava con la normativa lavoristica, che, secondo una prima interpretazione, poi superata dall'I.N.P.S., pareva presupporre un accertamento in sede fallimentare, ai fini dell'intervento del fondo di garanzia dell'Inps per il t.f.r. e le ultime tre mensilità (art. 2, l. n. 297 del 1982) [16].

Si ritiene che il provvedimento di non farsi luogo all'accertamento del passivo sia modificabile o revocabile in presenza di attività sopravvenute, altrimenti sarebbe stridente il contrasto con l'ipotesi della riapertura del fallimento, ove le attività sopravvenute consentirebbero di riaprire il fallimento per la distribuzione ai creditori [17].

---

[13] MONTANARI, *Art. 102*, 1561, 1564 ss.; TEDESCHI, *Manuale di diritto*, 414; ASPRELLA, *Art. 102*, 474 s.; DELLA CHA', *La previsione*, 998 ss.; FABIANI, *Diritto fallimentare*, 431; BOZZA, *Previsione di insufficiente*, 712.

[14] DIMUNDO, *Fallimento rapido*, 1065.

[15] MONTANARI, *Art. 102*, 1565.

[16] MIELE, *Art. 102*, 738 s.; ID., *Art. 102*, 187; ID., *Art. 102*, 1134. È comunque dubbia la necessità della ammissione al passivo dei crediti dei lavoratori ai fini dell'applicazione della richiamata normativa, v. DELLA CHA', *La previsione*, 994 s.; DIMUNDO, *Fallimento rapido*, 1068 ss.; FAUCEGLIA, *L'accertamento*, 1699 ss. Per MONTANARI, *Previsione di insufficiente*, 442 s., invece, tali crediti andrebbero verificati unitamente a quelli prededucibili.

App. Venezia, dec., 21 maggio 2009, in *Fallimento*, 2010, 459, con nota di DIMUNDO, *Insufficiente realizzo*, ha ritenuto inapplicabile l'art. 102 ove sussistano esigenze di tutela di diritti il cui accertamento risulti indispensabile anche al di fuori dell'ambito endofallimentare, ed in particolare qualora tra i creditori insinuati risultino dipendenti aventi diritto alla tutela sostitutiva del Fondo di garanzia per la corresponsione del T.F.R. e delle ultime tre mensilità di retribuzione ai sensi dell'art. 2, l. n. 297 del 1982 e dell'art. 2 d.lgs. n. 80/1992. Conforme Trib. Milano, 27 settembre 2007, in *Fallimento*, 2007, 1485 (s.m.). Invece, per App. Torino, dec., 12 maggio 2010, in *Fallimento*, 2011, 51, con osservazioni di Commisso, l'intervento del fondo deve ritenersi comunque consentito anche quando il lavoratore, a seguito del provvedimento di cui all'art. 102, non abbia potuto ottenere un provvedimento di ammissione al passivo. In questo senso v. pure Trib. Catanzaro, 21 ottobre 2016, in *Giur.it.*, 2017, 425, con nota di FERRARI, *Trattamento di fine*.

A questi orientamenti dottrinari e giurisprudenziali pare essersi adeguato anche l'I.N.P.S. con la circolare 4 marzo 2010, n. 32, che consente l'intervento del fondo anche in assenza di procedimento di accertamento del passivo purché il credito risulti accertato sulla base dell'art. 2, comma 5, l. n. 297 del 1982, e purché il lavoratore alleghi, oltre il decreto con cui il tribunale ha deciso di non procedere all'accertamento del passivo, anche l'originale del titolo esecutivo con il quale il credito di lavoro è stato riconosciuto. V. D'ORAZIO, *Art. 102*, 906; ID., *Le domande*, 809 s.; MIELE, *Art. 102*, 1134; BOZZA, *Previsione di insufficiente*, 712 ss.

[17] MIELE, *Art. 102*, 1133 s.; FABIANI, *Diritto fallimentare*, 432; TEDESCHI, *L'accertamento*, 891; RAMPINI, FRANCIOSO, *Domande tardive*, 2124.

Articolo 210

Procedimenti relativi a domande di rivendica e restituzione

1. Ai procedimenti che hanno ad oggetto domande di restituzione o di rivendicazione, si applica il regime probatorio previsto nell'articolo 621 del codice di procedura civile. Se il bene non è stato acquisito all'attivo della procedura, il titolare del diritto, anche nel corso dell'udienza di cui all'articolo 207, può modificare l'originaria domanda e chiedere l'ammissione al passivo del controvalore del bene alla data di apertura del concorso. Se il curatore perde il possesso della cosa dopo averla acquisita, il titolare del diritto può chiedere che il controvalore del bene sia corrisposto in prededuzione.

2. Sono salve le disposizioni dell'articolo 1706 del codice civile.

3. Il decreto che accoglie la domanda di rivendica di beni o diritti il cui trasferimento è soggetto a forme di pubblicità legale deve essere reso opponibile ai terzi con le medesime forme.

Marco Farina

Sommario: 1. Particolarità delle domande di rivendica e restituzione nel procedimento di accertamento del passivo. – 2. L'istanza di sospensione della liquidazione dell'attivo e la modificazione della domanda. – 3. La pubblicità del decreto di accoglimento della domanda di rivendica.

1. – Fatta eccezione per la nuova previsione contenuta nel suo ultimo comma, l'art. 210 riproduce integralmente il testo dell'art. 103 l. fall.

Ai sensi del comma 2 dell'art. 151, anche i diritti reali o personali, mobiliari o immobiliari, devono essere obbligatoriamente accertati nell'ambito dello speciale procedimento regolato dagli artt. 200 ss.[1].

L'assoggettamento dell'accertamento anche di tali diritti alle regole del concorso formale[2] si giustifica, infatti e tra l'altro, in ragione dell'osservazione per cui, pure in tali ipo-

[1] Diversamente da quanto accade con riferimento alle domande di ammissione al passivo, si esclude un accoglimento con riserva delle domande di rivendicazione o restituzione (così, da ultimo, Cass., 5 settembre 2019, n. 22166).

[2] Occorre, peraltro, notare che ai sensi dell'art. 196 il terzo che vanti un diritto reale o personale su di un

tesi, la pretesa dell'avente diritto è in grado di incidere sul trattamento dei creditori concorsuali; in quanto diretta a sottrarre all'attivo beni altrimenti destinati alla liquidazione e, dunque, al soddisfacimento dei creditori concorrenti, anche la domanda di restituzione e rivendicazione deve essere proposta in forme tali da garantire il contraddittorio incrociato di tutti gli altri creditori concorsuali che aspirino a diventare concorrenti [3].

Il Codice ha lasciato inalterata tale regola e, dunque, la sua applicazione anche con riguardo ai diritti reali immobiliari introducendo, tuttavia e proprio in ragione di ciò, una differenza tra l'efficacia extra-concorsuale delle decisioni rese sulle domande di rivendica e restituzione e l'efficacia meramente endo-concorsuale delle decisioni rese sulle domande di ammissione dei crediti [4].

Le domande di rivendica e restituzione si distinguono tra di loro, come noto, in ragione della natura del diritto sul bene che con esse viene dedotto: nel primo caso la domanda si fonda ed ha ad oggetto il diritto di proprietà sul bene o altro diritto reale di godimento incompatibile con quello affermato dal curatore sul bene mediante la trascrizione della sentenza di apertura della procedura di liquidazione giudiziale [5] nel secondo caso, invece,

---

bene mobile "chiaramente ed immediatamente" riconoscibile può chiedere al giudice delegato la restituzione del bene «*in deroga a quanto previsto dagli articoli 151, secondo comma, e 210*». Poiché l'art. 196 (così come il previgente art. 87-*bis* l. fall.) prevede che l'istanza si ponga, come visto, quale "deroga" all'esclusività del procedimento di accertamento del passivo e dei diritti reali o personali, ciò rende evidente che esso disciplini una ipotesi in cui si dovrebbe (e potrebbe) seguire il procedimento di cui agli artt. 151 e 210 e, tuttavia, si ammette che la restituzione possa avvenire anticipatamente in presenza di diritti chiaramente ed immediatamente riconoscibili. Deve, tuttavia, precisarsi che la deroga al procedimento di accertamento non può operare (e, quindi, l'istanza non può essere presentata) né allorché sia decorso il termine di cui all'art. 208 per la proposizione delle domande tardive (al di là di tale termine l'istanza sarà comunque inammissibile, salva la possibilità di una domanda c.d. supertardiva da proporsi al ricorrere dei presupposti di cui all'ultimo comma dell'art. 208 e seguendo le forme di cui alla medesima disposizione), né nell'ipotesi in cui sia stata già rigettata una domanda di restituzione proposta ai sensi dell'articolo in commento. Di converso, il rigetto della istanza di immediata restituzione non precluderà – ed anzi, imporrà – di far valere la pretesa nell'ambito del procedimento di accertamento del passivo (così, da ultimo, Cass., 23 aprile 2021, n. 10833).

[3] Ciò che spiega, ad esempio, perché i creditori ammessi al passivo sono sempre legittimati ad impugnare, ai sensi dell'art. 206, comma 3, l'accoglimento dell'altrui domanda di accertamento di un diritto reale o personale su di un bene mobile o immobile altrimenti disponibile per la liquidazione. Mentre, al contrario, eguale legittimazione ad impugnare l'altrui credito ammesso al passivo non può, evidentemente, essere riconosciuta al terzo che abbia visto accolta la sua domanda di restituzione o rivendicazione.

[4] Come noto, solo il con il d.lgs. n. 5 del 2006 le regole del concorso formale e, dunque, la necessità della proposizione di una domanda ai sensi dell'allora vigente art. 103 l. fall. sono state estese ai diritti reali immobiliari, precedentemente esonerati da tale procedimento in quanto il loro accertamento doveva avvenire al di fuori del concorso e con l'osservanza delle ordinarie regole di competenza. L'opportunità di tale scelta del legislatore delegato dell'epoca ha sollevato, al tempo, alcuni interrogativi soprattutto con riferimento alla ritenuta incompatibilità della limitazione endoconcorsuale del provvedimento reso sulle domande di rivendica di diritti reali immobiliari con le esigenze di certezza e stabilità che caratterizzano la disciplina di siffatti diritti. Proprio in ragione di tali perplessità, come visto (si rinvia al commento all'art. 204), il Codice prevede ora un'efficacia extra-concorsuale dei provvedimenti (di accoglimento e di rigetto) delle domande di rivendica e restituzione.

[5] Ad es., nel caso in cui il bene immobile sul quale risulti validamente trascritto un diritto di usufrutto venga, per qualsiasi motivo, appreso all'attivo, l'usufruttuario, per conseguire il possesso del bene, dovrà proporre la domanda ai sensi della disposizione in commento, fermo ovviamente il potere-dovere del curatore di procedere alla liquidazione del diritto reale di nuda proprietà spettante al debitore. Diversamente, nel caso in

la domanda si fonda ed ha ad oggetto un diritto personale del terzo ad ottenere la restituzione del bene[6].

Con riferimento all'ultima ipotesi considerata, deve osservarsi che tale pretesa restitutoria di natura personale potrà venire a fondarsi pure sulla avvenuta risoluzione (per inadempimento) di un contratto. In tale caso, fermo il principio di opponibilità della domanda di risoluzione proposta prima dell'apertura della liquidazione giudiziale così come confermato dal comma 5 dell'art. 172, entrambe le domande (quella pregiudiziale di risoluzione proposta in sede ordinaria prima dell'apertura della liquidazione giudiziale e quella consequenziale di restituzione) dovranno essere proposte nell'ambito del procedimento di accertamento del passivo[7].

La domanda di rivendica di beni mobili può essere ammissibilmente proposta anche rispetto a beni fungibili – come, ad es., somme di denaro – perché il passaggio di proprietà in favore di chi riceve gli stessi non è conseguenza indefettibile della consegna al debitore nei cui confronti è stata aperta la procedura di liquidazione giudiziale e dipende della facoltà di servirsene che sia stata (solo eventualmente) attribuita a quest'ultimo[8].

Costituisce, poi, principio pacifico quello secondo cui le rivendiche dei beni inventariati proposte nei confronti del debitore nei cui confronti sia stata aperta la procedura di liquidazione giudiziale hanno la stessa natura e soggiacciono alla stessa disciplina delle opposizioni di terzo all'esecuzione, regolate per l'esecuzione individuale agli artt. 619 ss. c.p.c.; in ragione di ciò, l'articolo in commento dichiara applicabile alle domande in questione (meglio, alle domande di rivendica aventi ad oggetto beni mobili) l'art. 621 c.p.c.

Pertanto, il terzo che rivendichi la proprietà o altro diritto reale su beni mobili compresi nell'attivo della liquidazione giudiziale, deve dimostrare, con atto di data certa anteriore alla apertura della procedura di liquidazione giudiziale, di avere acquistato in passato la proprietà del bene ed altresì che il bene stesso è stato consegnato al debitore (e si trova presso di lui) per un titolo diverso dalla proprietà o altro diritto reale, escludendosi – in

cui il bene sia nel possesso del terzo che si affermi usufruttuario dello stesso ed il curatore, al contrario, trascriva la sentenza di apertura della liquidazione affermandosi (al momento della liquidazione) titolare del diritto di piena proprietà, il terzo avrà l'onere (se del caso anche in via ultra-tardiva) di proporre domanda di rivendica per ottenere l'accertamento del suo diritto reale incompatibile (e secondo quanto abbiamo ritenuto in sede di commento all'art. 204, dovrebbe oggi ritenersi che in caso di mancata proposizione di questa domanda il terzo aggiudicatario dovrebbe far salvo il proprio acquisto del diritto di piena proprietà).

[6] Ci si riferisce tipicamente ai casi in cui la pretesa restitutoria si fondi sul venir meno di un precedente rapporto contrattuale che legittimava il possesso e/o la detenzione da parte del debitore. È questo, dunque, il caso in cui la domanda di restituzione sia proposta dal concedente sulla base del venir meno del contratto di locazione finanziaria, ovvero dal locatore nel caso di cessazione del contratto di locazione. In entrambe queste ipotesi, peraltro, se i due contratti si sciolgono per effetto di una decisione del curatore, verosimilmente la restituzione del bene potrà avvenire per le vie brevi ai sensi dell'art. 106.

[7] Cass., 7 febbraio 2020, n. 2991, in *Fallimento*, 2020, 772, con commento di MONTANARI, *I rapporti*.

[8] Da ultimo, Cass., 25 gennaio 2022, n. 2128, in *Fallimento*, 2022, 343, con commento di FABIANI, *Rivendica di cose*, secondo la quale «il denaro è suscettibile di essere rivendicato ai sensi dell'art. 103 l.fall. nei confronti del depositario fallito, poiché quest'ultimo ne acquista la proprietà, in applicazione dell'art. 1782 c.c., solo se alla consegna si aggiunge l'attribuzione della facoltà di servirsene, sicché, in assenza di tale attribuzione, può essere effettuata la restituzione in natura, che non impone la riconsegna delle stesse cose ricevute ("idem corpus"), essendo sufficiente che si tratti di cose dello stesso genere, qualità e quantità». Sull'argomento v. anche DESIATO, *L'esperimento*.

virtù di quanto previsto dall'art. 621 c.p.c., appunto – che il terzo opponente possa provare con testimoni (e quindi anche per presunzioni) il proprio diritto sui beni pignorati nell'azienda o nella casa del debitore ed essendo, al contrario, ammessa la prova per testimoni (o presunzioni) nel solo caso in cui l'esercizio del diritto stesso sia reso verosimile dalla professione o dal commercio esercitati dal terzo o dal debitore[9].

2. – L'art. 201, comma 7 continua a prevedere che il terzo, con la domanda di restituzione o rivendicazione, può chiedere la sospensione della liquidazione dei beni oggetto della domanda.

L'istanza in questione stimola l'esercizio di un potere cautelare da parte del g.d. funzionale ad evitare il rischio che, nelle more della decisione sulla domanda del terzo, il curatore possa procedere alla liquidazione del bene così definitivamente pregiudicando il diritto del terzo a conseguire il possesso del bene.

In caso di mancata proposizione dell'istanza, ovvero di suo rigetto, l'eventuale liquidazione del bene da parte del curatore nelle more del procedimento e prima che sulla domanda sia stata resa una decisione di accoglimento del g.d. legittimerà, infatti, il terzo a modificare la sua domanda chiedendo l'ammissione al passivo, in prededuzione, del credito pecuniario corrispondente al controvalore del bene[10].

3. – L'ultimo comma dell'articolo in commento, innovando il contenuto del previgente art. 103 l. fall., prevede che il decreto di accoglimento della domanda di rivendica di beni o diritti il cui trasferimento è soggetto a forme di pubblicità legale deve essere reso opponibile ai terzi con le medesime forme.

La previsione è coerente con la riconosciuta efficacia extra-concorsuale dei provvedimenti resi sulle domande di rivendica (e restituzione) di beni mobili e immobili.

Per effetto della novella disposizione, pertanto, accolta la domanda di rivendica avente

---

[9] In giurisprudenza, tra le tante e da ultimo, Cass., 9 dicembre 2020, n. 28105. Secondo Cass., 6 novembre 2020, n. 24945, l'art. 621 c.p.c. non richiede necessariamente che terzo e debitore svolgano due diverse attività, essendo sufficiente che intercorra tra gli stessi un rapporto qualificato riconducibile alla professione o al commercio da entrambi esercitato (tale può essere quello lavorativo o di collaborazione professionale) che giustifichi il rinvenimento presso i locali del debitore di beni di proprietà del terzo. Nel caso in cui la proprietà del bene mobile sia fatta valere dal terzo sulla base della conclusione con il debitore di un contratto di compravendita con patto di riservato dominio, al terzo spetterà invece solo l'onere di provare la conclusione di detto contratto gravando sul curatore l'onere di provare al curatore provare che il prezzo sia stato integralmente pagato e che, dunque, la vendita abbia prodotto l'effetto reale del trasferimento della proprietà dei beni al compratore (Cass., 24 novembre 2021, n. 36541).

[10] Secondo Trib. di Milano, 7 ottobre 2015 (in *Fallimento*, 2016, 709, con commento di FICARELLA, *La sospensione*) l'istanza di sospensione non può essere proposta dopo l'esecutività dello stato passivo e in pendenza del giudizio di opposizione allo stato passivo. A tale proposito può, tuttavia, osservarsi che l'istanza di sospensione, in quanto come detto volta a stimolare l'esercizio di un potere funzionalmente cautelare, può a nostro avviso essere proposta con il ricorso in opposizione allo stato passivo potendosi a tal fine valorizzarsi il dato ricavabile dalla previsione contenuta nell'art. 227, comma 1, lett. *b*). Un argomento contrario all'ammissibilità della proponibilità della istanza di sospensione nel corso del giudizio di opposizione allo stato passivo potrebbe, tuttavia, desumersi dalla previsione contenuta nell'art. 226 a tenore del quale l'istanza di sospensione può essere proposta dal terzo che proponga domanda di rivendicazione o restituzione in via tardiva esclusivamente quando questi dimostri che il ritardo è dipeso da causa non imputabile.

ad oggetto il diritto di proprietà su di un bene immobile, il decreto di accoglimento dovrà essere trascritto nei registri immobiliari; allo stesso modo, accolta la domanda di rivendica di quote di una s.r.l. il relativo decreto di accoglimento dovrà essere depositato presso l'ufficio del registro delle imprese in dipendenza di quanto previsto dall'art. 2470 c.c.

Al di là di questi casi, l'ambito elettivo di questa disposizione sarà quello relativo alla proposizione, nelle forme di cui alla norma in commento e nel termine di cui all'art. 201, comma 1, da parte del promissario acquirente della domanda di esecuzione in forma specifica del contratto preliminare avente ad oggetto un immobile destinato a costituire l'abitazione principale del promissario acquirente stesso (o di suoi parenti ed affini entro il terzo grado), ovvero un immobile ad uso non abitativo destinato a costituire la sede principale dell'attività di impresa del promissario acquirente medesimo, secondo quanto previsto dall'art. 173, comma 3. In tal caso, infatti, il decreto di accoglimento reso dal g.d. (ma la norma deve intendersi senz'altro riferita anche al decreto reso dal tribunale in sede di opposizione allo stato passivo) avrà propriamente l'effetto di trasferire la proprietà del bene al promissario acquirente e dovrà, pertanto, essere reso pubblico con il mezzo della trascrizione ai fini dell'opponibilità ai terzi.

Articolo 211
Ammissione alla procedura

1. L'apertura della liquidazione giudiziale non determina la cessazione dell'attività d'impresa quando ricorrono le condizioni di cui ai commi 2 e 3.

2. Con la sentenza che dichiara aperta la liquidazione giudiziale, il tribunale autorizza il curatore a proseguire l'esercizio dell'impresa, anche limitatamente a specifici rami dell'azienda, purché la prosecuzione non arrechi pregiudizio ai creditori.

3. Successivamente, su proposta del curatore, il giudice delegato, previo parere favorevole del comitato dei creditori, autorizza, con decreto motivato, l'esercizio dell'impresa, anche limitatamente a specifici rami dell'azienda, fissandone la durata.

4. Durante il periodo di esercizio, il comitato dei creditori è convocato dal curatore, almeno ogni tre mesi, per essere informato sull'andamento della gestione e per pronunciarsi sull'opportunità di continuare l'esercizio.

5. Se il comitato dei creditori non ravvisa l'opportunità di continuare l'esercizio, il giudice delegato ne ordina la cessazione.

6. Ogni semestre, o comunque alla conclusione del periodo di esercizio, il curatore deve depositare un rendiconto dell'attività. In ogni caso il curatore informa senza indugio il giudice delegato e il comitato dei creditori di circostanze sopravvenute che possono influire sulla prosecuzione dell'esercizio.

7. Il tribunale può ordinare la cessazione dell'esercizio in qualsiasi momento laddove ne ravvisi l'opportunità, con decreto in camera di consiglio non soggetto a reclamo, sentiti il curatore e il comitato dei creditori.

8. Durante l'esercizio i contratti pendenti proseguono, salvo che il curatore non intenda sospenderne l'esecuzione o scioglierli. È fatto salvo il disposto dell'articolo 110, comma 3, del decreto legislativo 18 aprile 2016, n. 50. I crediti sorti nel corso dell'esercizio sono soddisfatti in prededuzione ai sensi dell'articolo 221, comma 1, lettera a).

9. Al momento della cessazione dell'esercizio si applicano le disposizioni di cui alla sezione V del capo I del titolo V.

10. Il curatore autorizzato all'esercizio dell'impresa non può partecipare a procedure di affidamento di concessioni e appalti di lavori, forniture e servizi ovvero essere affidatario di subappalto.

Luciano Panzani

Sommario: 1. Introduzione. – 2. La disciplina del Codice. – 3. Il grave danno. – 4. Contratti pendenti.

1. – La legge fallimentare del 1942, sin dalla sua concezione originale, prima dell'introduzione delle modifiche previste dalla riforma Vietti del 2005-2006, individuava nell'esercizio provvisorio l'unica risposta all'esigenza di conservazione dell'azienda esercitata dall'imprenditore fallito, per di più circoscritta a limiti rigorosi, nel timore che la prosecuzione dell'attività potesse portare a pesanti costi che sarebbero andati a detrimento dei creditori, destinati a soddisfarsi sui beni costituenti il patrimonio aziendale. L'art. 90 l. fall., che trovava la sua origine nel precedente art. 738 c. comm., costituiva l'unica ipotesi codificata di prosecuzione dell'attività d'impresa. L'affitto d'azienda, pur esistente nella prassi, era rimesso all'iniziativa degli operatori[1].

Con la riforma Vietti l'art. 90 fu sostituito dall'art. 104, opportunamente collocato tra le norme che disciplinavano unitamente all'esercizio provvisorio la gestione e la liquidazione dell'attivo mentre in precedenza si trovava all'interno del capo IV dedicato alla «custodia ed amministrazione delle attività fallimentari». L'inserimento della norma all'interno di tale contesto rispondeva all'esigenza di una migliore razionalizzazione dell'intero procedimento liquidatorio, di cui l'esercizio provvisorio costituiva una fase eventuale ma importante, tanto da essere richiamato quale decisione da assumere per prima in senso temporale e logico in sede di programma di liquidazione (art. 104-*ter*, comma 2, lett. *a*), l. fall.). Accanto all'esercizio provvisorio il legislatore inseriva la disciplina dell'affitto d'azienda, strumento alternativo che consentiva la prosecuzione dell'attività pur in presenza di una procedura diretta non alla prosecuzione, ma alla liquidazione del patrimonio del fallito, ipotesi questa che nel linguaggio odierno viene definita di continuità indiretta. Anche se l'art. 104 aveva ridotto i vincoli al ricorso all'esercizio provvisorio, la legge fallimentare mostrava di continuare a preoccuparsi del pericolo che tramite la prosecuzione dell'attività d'impresa ai creditori venissero addossati rilevanti costi che avrebbero inciso in modo significativo sulla loro possibilità di soddisfazione, escludendo che al nuovo istituto si potesse far ricorso nel caso di pericolo di grave danno, almeno nel caso in cui l'esercizio provvisorio fosse stato disposto dal tribunale con la sentenza di fallimento. Soprattutto gli interpreti[2] avevano osservato che se l'esercizio provvisorio rappresentava un momento importante della fase liquidatoria, esso non poteva essere autorizzato con mere finalità di risanamento dell'impresa. Tale finalità, infatti, era propria di altre procedure, quali il concordato preventivo e l'accordo di ristrutturazione, ma non aveva nulla a che vedere con il fallimento, tanto da non essere neppure contemplata tra le cause di chiusura del fallimento.

2. – Con il Codice il legislatore delegato ha dettato norme dirette ad incentivare la prosecuzione dell'attività d'impresa, purché compatibile con la tutela dei creditori. Coerentemente con tale impostazione non si parla più di esercizio provvisorio e sono stati ampliati i casi in cui vi si può far ricorso. Nell'art. 211 è stata quindi enunciata la regola generale secondo la quale l'apertura della liquidazione giudiziale non determina la cessazione dell'attività di impresa[3], fermo restando, al fine di tutelare i creditori, che la prosecuzione

[1] Ravinale, *Esercizio provvisorio*, 1819 ss.
[2] Ravinale, *Esercizio provvisorio*, 1822.
[3] Cfr. Relazione governativa, *Commento* sub *art. 211*.

dell'esercizio dell'attività imprenditoriale da parte del curatore deve essere autorizzata espressamente: dal tribunale, con la sentenza che dichiara aperta la liquidazione giudiziale, o, successivamente, dal giudice delegato, con il parere favorevole del comitato dei creditori, cui è attribuito un ruolo decisivo, essendo tale organo chiamato, con cadenza trimestrale, a pronunciarsi sull'opportunità della prosecuzione. Va aggiunto che l'art. 213, che disciplina il programma di liquidazione, precisa al comma 4 che il programma indica gli atti necessari per la conservazione del valore dell'impresa, tra cui l'esercizio provvisorio e l'affitto d'azienda, strumenti entrambi di mantenimento dell'impresa in esercizio, diretti quindi alla sua conservazione come *going concern*.

Va sottolineato che la prosecuzione dell'esercizio dell'impresa non può recare pregiudizio ai creditori se disposta dal tribunale e che, ove sia successivamente autorizzata dal giudice delegato, essa non può aver luogo se il comitato dei creditori ha espresso avviso contrario. L'esercizio dell'attività d'impresa può essere fatto cessare in ogni momento.

Ad una prima lettura pare che, nonostante la riduzione dei vincoli alla prosecuzione dell'attività d'impresa, di fatto i casi in cui vi si farà luogo rimarranno limitati tenuto anche conto che il comitato dei creditori può opporsi in termini vincolanti tutte le volte in cui non ravvisi l'opportunità della prosecuzione e che anche il tribunale può disporre la cessazione tutte le volte che ne ravvisi l'opportunità. È evidente che una valutazione in termini di opportunità ove correttamente motivata sfugge in massima parte al sindacato del tribunale, ove si tratti del comitato dei creditori, o del giudice dell'impugnazione, ove il provvedimento sia stato assunto dal tribunale.

Comparando il testo del nuovo art. 211 ed il testo del vecchio art. 104 l. fall., appare evidente che, se si prescinde dalla dichiarazione contenuta nel comma 1 della nuova norma, secondo la quale l'apertura della liquidazione giudiziale non determina la cessazione dell'attività d'impresa, quando ricorrano le condizioni previste dai commi successivi, in concreto la disciplina è rimasta sostanzialmente la medesima[4], come del resto avverte la stessa Relazione governativa. E quindi il tribunale con la sentenza di apertura della procedura può disporre l'esercizio dell'impresa, a condizione che non ne derivi danno per i creditori. Successivamente, su proposta del curatore e su parere favorevole del comitato dei creditori il g.d. autorizza l'esercizio dell'impresa fissandone la durata. Se peraltro, in corso di procedura il comitato dei creditori non ravvisa l'opportunità della continuazione, il g.d. ne deve disporre la cessazione. A tal fine il comitato deve essere convocato dal curatore almeno ogni tre mesi per essere informato sull'andamento della gestione e per pronunciarsi sull'opportunità di continuare l'esercizio. Sempre per le stesse ragioni il curatore deve presentare ogni semestre il rendiconto della gestione e deve informare senza indugio il g.d. ed il comitato di circostanze che possano influire sulla prosecuzione dell'esercizio. Infine il tribunale può ordinare la cessazione dell'esercizio dell'impresa in ogni momento quando ne ravvisi l'opportunità, sentiti in camera di consiglio il curatore ed il comitato dei creditori, con decreto non soggetto a reclamo.

Pare evidente che la circostanza che il legislatore non qualifichi più la prosecuzione

---

[4] Eccezion fatta per l'intervento del decreto correttivo n. 144 del 2020 sul comma 2 della norma in commento che ha soppresso il requisito, già previsto dall'art. 104, comma 1, l. fall. che dall'interruzione possa derivare un danno grave per i creditori.

dell'attività come esercizio provvisorio – l'aggettivo è caduto per sottolineare il carattere fisiologico della prosecuzione dell'attività – nella sostanza nulla è cambiato perché le condizioni in base alle quali l'attività può proseguire o riprendere non sono mutate.

3. – Già nel vigore della legge fallimentare si è sottolineato che il requisito del danno grave che poteva derivare dall'interruzione dell'attività era richiesto perché il tribunale potesse disporre l'esercizio dell'impresa, non per l'analogo provvedimento che può essere successivamente adottato dal g.d. ai sensi del comma 3 dell'art. 211. La spiegazione più ragionevole di tale differente disciplina stava nel fatto che al momento della pronuncia della sentenza di apertura della liquidazione giudiziale il tribunale aveva meno elementi di valutazione di quanti ne avesse il g.d. successivamente, essendo questi chiamato a provvedere su proposta del curatore e su parere favorevole del comitato dei creditori. L'art. 211, nel testo emendato dal decreto correttivo n. 144 del 2020 e poi rimasto immutato, ha soppresso il requisito del danno grave. Resta oggi che la prosecuzione non deve arrecare pregiudizio ai creditori tanto nel caso in cui provveda il tribunale quanto nell'ipotesi che sia il g.d. a disporre l'esercizio dell'impresa. Se è vero che nel secondo caso questo requisito non è espressamente enunciato, va ricordato che il g.d. non può disporre l'esercizio senza il parere favorevole del comitato dei creditori e che, anche in seguito, se il comitato non ravvisa l'opportunità di continuare l'esercizio, il g.d. ne deve disporre la cessazione. Infine il tribunale può ordinare la cessazione in ogni momento, quando ne ravvisi l'opportunità, con valutazione che è discrezionale, ma dopo aver sentito il curatore ed il comitato dei creditori. Pare evidente che la circostanza che il tribunale o il giudice delegato dovranno prendere in considerazione nel disporre la cessazione dell'esercizio non può che essere l'interesse dei creditori. Già si è detto, peraltro, che l'esercizio dell'impresa non può avere come finalità il risanamento, che rimane estraneo alla liquidazione giudiziale.

Le ipotesi in cui il tribunale o il g.d. verosimilmente riterranno opportuno nell'interesse dei creditori (ma non è necessario che la prosecuzione sia a vantaggio dei creditori, richiedendosi soltanto che essa non arrechi pregiudizio[5]) proseguire l'attività possono essere individuate, secondo regole di comune esperienza, nella salvaguardia della continuità aziendale in vista della miglior collocazione dell'azienda sul mercato, nella possibilità in alcuni casi di un risultato economico positivo soprattutto quando la prosecuzione riguardi soltanto specifiche attività o sia giustificata dall'esigenza di evitare la dispersione o la perdita di valore di alcuni asset aziendali o di consentire il completamento della produzione di determinati beni, ad esempio un immobile o l'esaurimento di un appalto[6]. Va ricordato, tra i

[5] LEUZZI, *L'esercizio*, rileva che al rango di parametro implicito, il criterio dell'opportunità-economicità presiede certamente all'avvio come alla prosecuzione dell'esercizio.

[6] Trib. Piacenza, 10 agosto 2012 in *ilcaso.it*; Trib. Udine, 12 dicembre 2011, in *ilcaso.it*; Trib. Bologna, 14 agosto 2009, in *ilcaso.it* nel caso di un ramo d'azienda costituito da un gruppo di dipendenti stabilmente coordinati e organizzati e dotati di un particolare *know how* di cui si riteneva opportuna e vantaggiosa la prosecuzione; Trib. Lecco, 9 luglio 2013, in *www.ilcaso.it* in una vicenda in cui era opportuno l'adempimento di ordinativi in corso; Trib. Bergamo, 2 aprile 2022, in *Dirittodellacrisi*, 2022, in un'ipotesi di valorizzazione dei beni aziendali ai fini della successiva vendita, eventualmente attraverso l'impiego di materie prime e semilavorati già disponibili che altrimenti si deprezzerebbero.

casi considerati dalla giurisprudenza nel vigore della legge fallimentare, il caso, del tutto peculiare, delle società calcistiche, dove l'esercizio dell'impresa doveva essere disposto necessariamente a tutela del patrimonio aziendale, che includeva la conservazione del "titolo sportivo", indispensabile per l'affiliazione alla F.I.G.C., e per la partecipazione ad un campionato di calcio, titolo che sarebbe stato irrimediabilmente perduto se la società avesse cessato l'attività, danno cui si sarebbe aggiunta la perdita del valore dei giocatori, che sarebbero stati immediatamente svincolati a seguito del fallimento senza prosecuzione dell'impresa[7]. Un caso a sé è rappresentato dalla particolare situazione di attività d'impresa che attenga all'erogazione di servizi di pubblica necessità o di pubblico interesse: somministrazione idrica, smaltimento di rifiuti, esercizio di attività sanitaria per la quale soltanto l'esercizio provvisorio poteva assicurare il mantenimento del rapporto di convenzionamento[8].

4. – L'art. 211 conferma le disposizioni dell'art. 104 l. fall. con riferimento alle sorti dei contratti pendenti ed alla natura prededucibile dei crediti sorti nell'esercizio dell'impresa. Con riguardo a tale ultima disposizione la circostanza che il legislatore abbia ripetuto la formula usata dall'art. 104 l. fall. comporta che debba sottolinearsi che i crediti che beneficiano della prededuzione sono soltanto quelli sorti nel corso dell'esercizio, sì che sarebbe opportuno che il provvedimento che dispone l'esercizio stesso ne precisasse con chiarezza l'estensione. La norma in commento al comma 8 richiama l'art. 221, comma 1, lett. *a*), ma, come già rilevato dalla dottrina con riferimento all'art. 104, sarebbe stato più opportuno un richiamo dell'art. 222, che detta la nozione di credito prededucibile.

Come si è detto, anche la prosecuzione dei contratti pendenti è regola che il legislatore del Codice ha mutuato dalla precedente disciplina. Con il termine "contratti pendenti" il legislatore rinvia alle regole dettate dall'art. 172 in ordine alla sospensione, prosecuzione o scioglimento di diritto dei rapporti pendenti. Va però detto che la regola generale dettata dall'art. 211 secondo la quale durante l'esercizio i contratti pendenti proseguono, riguarda tutti i contratti in corso, posto che la disciplina prevista dall'art. 172, presuppone la liquidazione e non la conservazione dell'attività d'impresa. Spetta pertanto al curatore un ampio potere di decidere se proseguire o sciogliersi da qualunque contratto in corso, salvo l'obbligo nel caso di prosecuzione di far fronte alle obbligazioni che ne derivano in prededuzione. In forza del comma 9 dell'art. 211 soltanto al momento della cessazione dell'esercizio troveranno applicazione le regole generali dettate dall'art. 172. In questo caso si ritiene infatti che la prosecuzione dell'attività d'impresa giustifichi la scelta di far proseguire il rapporto e che tale interesse prevalente della massa giustifichi la compressione dei diritti del contraente in bonis, che non è legittimato a recedere dal contratto. Soltanto il curatore può, per esigenze sopravvenute della procedura, chiedere la sospensione del contratto o sciogliersi.

È peraltro appena il caso di aggiungere che possono proseguire soltanto i contratti in corso, sì che se l'esercizio dell'impresa viene disposto dopo la sentenza di apertura della liquidazione giudiziale, in un momento successivo, ed il curatore già si è sciolto da un

---

[7] Trib. Vicenza, 15 gennaio 2018, *ilcaso.it*; Trib. Latina, 9 marzo 2017, *ivi*.

[8] Trib. Siracusa, 26 novembre 2013, in *ilfallimentarista.it*, con nota di ANGELI; Trib. Siracusa, 13 novembre 2013, *ivi*, con nota di AMATORE.

contratto ovvero tale contratto è venuto meno per effetto automatico o perché il contraente in bonis ha messo in mora il curatore, tale contratto non potrà rivivere e proseguire. E del pari se il contratto è proseguito e successivamente le parti lo hanno consensualmente risolto od è intervenuta altrimenti la risoluzione, le norme sui contratti pendenti al termine dell'esercizio dell'impresa non potranno trovare applicazione.

L'art. 211, comma 8, dispone che è fatto salvo il disposto dell'art. 110, comma 3, del codice degli appalti, modificato dall'art. 372, comma 1, lett. *c*), del Codice[9]. Tale norma dispone che il curatore della procedura di fallimento, autorizzato all'esercizio provvisorio dell'impresa, può eseguire i contratti già stipulati dall'impresa fallita (ora in liquidazione giudiziale) con l'autorizzazione del giudice delegato. Il legislatore pertanto deroga al principio generale, stabilito dall'art. 110, per cui in caso di fallimento, di liquidazione coatta e concordato preventivo, ovvero procedura di insolvenza concorsuale o di liquidazione dell'appaltatore (si omettono le altre ipotesi che qui non interessano) il contratto si scioglie e l'appalto è affidato da parte della stazione appaltante ad un nuovo soggetto, che si sia utilmente collocato nella graduatoria dell'originaria procedura di gara.

Al comma 10 l'art. 211 statuisce che il curatore autorizzato all'esercizio dell'impresa non può partecipare a procedure di affidamento di concessioni ed appalti di lavori, forniture e servizi ovvero essere affidatario in subappalto. Si tratta di una disciplina di rigore, meno favorevole all'impresa in liquidazione, rispetto regime stabilito in tema di concordato preventivo dal citato art. 110, perché le esigenze di conservazione dell'azienda cedono di fronte agli interessi della stazione appaltante e di fronte al fatto che si tratta pur sempre di impresa per la quale è aperta la procedura di liquidazione giudiziale.

[9] Anche la modifica del codice degli appalti entra in vigore il 20 agosto 2020, non rientrando tra le norme per cui è prevista una più ridotta *vacatio legis*.

Articolo 212

Affitto dell'azienda o di suoi rami

1. Anche prima della presentazione del programma di liquidazione di cui all'articolo 213, su proposta del curatore, il giudice delegato, previo parere favorevole del comitato dei creditori, autorizza l'affitto dell'azienda del debitore a terzi, anche limitatamente a specifici rami, quando appaia utile al fine della più proficua vendita dell'azienda o di parti della stessa.

2. La scelta dell'affittuario è effettuata dal curatore a norma dell'articolo 216, sulla base di stima, assicurando, con adeguate forme di pubblicità, la massima informazione e partecipazione degli interessati. La scelta dell'affittuario deve tenere conto, oltre che dell'ammontare del canone offerto, delle garanzie prestate e della attendibilità del piano di prosecuzione delle attività imprenditoriali, avuto riguardo alla conservazione dei livelli occupazionali.

3. Il contratto di affitto stipulato dal curatore nelle forme previste dall'articolo 2556 del codice civile deve prevedere il diritto del curatore di procedere alla ispezione della azienda, la prestazione di idonee garanzie per tutte le obbligazioni dell'affittuario derivanti dal contratto e dalla legge, il diritto di recesso del curatore dal contratto che può essere esercitato, sentito il comitato dei creditori, con la corresponsione all'affittuario di un giusto indennizzo da corrispondere in prededuzione.

4. La durata dell'affitto deve essere compatibile con le esigenze della liquidazione dei beni.

5. Il diritto di prelazione a favore dell'affittuario può essere concesso convenzionalmente, previa autorizzazione del giudice delegato e previo parere favorevole del comitato dei creditori. In tale caso, esaurito il procedimento di determinazione del prezzo di vendita dell'azienda o del singolo ramo, il curatore, entro dieci giorni, lo comunica all'affittuario, il quale può esercitare il diritto di prelazione entro cinque giorni dal ricevimento della comunicazione.

6. La retrocessione alla liquidazione giudiziale di aziende, o rami di aziende, non comporta la responsabilità della procedura per i debiti maturati sino alla retrocessione, in deroga a quanto previsto dagli articoli 2112 e 2560 del codice civile. Ai rapporti pendenti al momento della retrocessione si applicano le disposizioni di cui alla sezione V del capo I del titolo V.

Francesco Fimmanò

Sommario: 1. La selezione dell'affittuario e gli effetti del contratto. – 2. La sorte dei rapporti contrattuali. – 3. La retrocessione. – 4. La prelazione legale e convenzionale all'acquisto.

1. – Al fine di evitare la dispersione dei valori aziendali, la legge fallimentare del 1942 contemplava *soltanto* l'istituto dell'esercizio provvisorio dell'impresa del fallito. A cominciare dagli anni '70 tuttavia la prassi giurisprudenziale aveva delineato un *armamentario* in grado di realizzare meglio lo stesso fine consentendo al contempo di evitare soluzioni di continuità nell'esercizio dell'attività economica ed oneri ulteriori per la liquidazione giudiziale: l'affitto dell'azienda *endoconcorsuale* [1], *utilizzato in funzione della successiva vendita* nell'ambito di un programma unitario.

Il Codice non ha modificato la disciplina introdotta nel 2006 salvo che per aggiustamenti formali e nella ricostruzione complessiva del modello di liquidazione dell'attivo contemplato bisognerà tener conto infatti dell'esistenza di *due tipologie di azienda* cui corrispondono alcune sostanziali differenze procedimentali: quella dotata dei requisiti occupazionali di ammissione alla cassa integrazione (*socialmente rilevante*) e quella sprovvista di tali requisiti.

Il comma 2 dell'art. 212, sancisce che la scelta dell'affittuario è effettuata dal curatore [2] a norma delle disposizioni dettate per la cessione definitiva, sulla base di stima, assicurando, con adeguate forme di pubblicità, la massima informazione e partecipazione degli interessati.

È evidente la volontà del legislatore di dettare una disciplina "deformalizzata" che garantisca trasparenza e pubblicità all'attività del curatore ma lasci quest'ultimo libero, d'accordo con giudice delegato e comitato dei creditori, di determinare quelle modalità di pubblicità e di incanto che, di volta in volta, in ragione della attività specifica, possano essere ritenute più utili, *senza escludere differenze tra la fase di selezione dell'affittuario e quella di selezione dell'acquirente*. Il legislatore richiama l'art. 216 con specifico riferimento alla modalità competitiva di scelta dell'affittuario, con l'effetto di marcare la *spinta propulsiva verso l'approccio telematico* sia con riferimento alla perizia (da elaborare in conformità al modello tipo accessibile sul portale delle vendite e da depositare col pieno rispetto delle forme di evidenza pubbliche delineate dal ministero della giustizia) che al bando da pubblicizzare in rete.

Il comma 2 dell'art. 212, precisa che la scelta dell'affittuario deve tenere conto della *attendibilità del piano di prosecuzione delle attività imprenditoriali, avuto riguardo alla conservazione dei livelli occupazionali*. L'attenzione verso il profilo occupazionale va letta sempre *in chiave strumentale al mantenimento dell'efficienza dell'impresa* ed in una prospettiva volta a privilegiare le scelte reversibili rispetto a quelle irreversibili. A parità di benefici economici per i creditori, peraltro, la scelta di conservare più rapporti di lavoro può essere funzionale alla tutela del "bene azienda".

Il contratto di affitto deve prevedere la prestazione di idonee garanzie per le tutte le obbligazioni dell'affittuario derivanti dal contratto e dalla legge al fine di evitare che la procedura corra il rischio di non percepire i canoni pattuiti, di veder depauperati i valori aziendali, anche immateriali, di veder danneggiate o non adeguatamente manutenute le

[1] Per riferimenti FIMMANÒ, *Fallimento e circolazione*, 71 s.; CENSONI, *La sorte*, 333 s.

[2] La scelta dell'affittuario dell'azienda fallita rappresenta un atto del curatore che rimane tale anche se sia stato trasfuso nel provvedimento del giudice delegato di autorizzazione all'affitto di azienda, che sotto tale profilo ha il valore di una mera presa d'atto della scelta del curatore; di conseguenza, l'offerente che voglia impugnare la decisione del fallimento di stipulare l'affitto con un altro offerente ha l'onere di reclamare l'atto del curatore, e non il decreto del giudice delegato (Trib. Milano, 1 dicembre 2011, in *Fallimento*, 2012, 236).

attrezzature, i macchinari, gli eventuali beni immobili e di non garantire la conservazione delle normali dotazioni di merci e scorte. Anche se, laddove sia possibile, è preferibile vendere all'affittuario scorte e merci depositate in magazzino (materie prime, semilavorati e prodotti finiti) che avendo un valore di scambio e non un valore d'uso corrono notevoli rischi di dispersione e sottrazione.

Il legislatore contempla il *diritto di recesso* del curatore dal contratto che può essere esercitato, sentito il comitato dei creditori, con la corresponsione all'affittuario di *un giusto indennizzo* da pagare in prededuzione, che evoca peraltro quello contemplato all'art. 42 Cost. ed ha quindi una natura indennitaria diversa dal risarcimento del danno.

Inoltre sancisce genericamente che la durata dell'affitto deve essere compatibile con le esigenze della liquidazione dei beni. Quest'ultimo concetto deve essere inteso nel senso della previsione di un termine non eccessivamente lungo, al fine di evitare che la concessione del diritto di godimento a terzi possa ostacolare la vendita e per l'effetto anche la chiusura della liquidazione. Una clausola da inserire è quella di scioglimento del contratto di affitto in caso di revoca della liquidazione giudiziale o al fine di temperarne gli effetti, ed evitare che l'imprenditore tornato *in bonis* si trovi in pratica nell'impossibilità di disporre della propria azienda. Tenuto conto poi che il subentro nei contratti *ex* art. 2558 c.c. è effetto soltanto naturale dell'affitto, salvo che per alcuni contratti funzionalmente inscindibili dall'azienda, sarà legittimo (e specie in sede di liquidazione giudiziale opportuno) inserire una clausola che limiti il subentro soltanto a quei rapporti contrattuali risultanti dalla documentazione comunicata all'affittuario.

Quanto alla possibilità di prevedere nel contratto il diritto dell'affittuario ad essere rimborsato di tutti i *miglioramenti* apportati e dei costi sostenuti per *investimenti produttivi* durante il periodo di affitto, qualora l'azienda venga acquistata da altri, non ci pare che esistano motivi per escludere una clausola di questo tipo, che anzi può avere la funzione di incentivare l'affittuario ad investire nell'azienda invece di limitarsi alla mera conservazione. Ciò, tuttavia, purché l'indennizzo sia ineccepibilmente motivato, analiticamente documentato, determinato in base a meccanismi di valutazione obiettiva (stabiliti già in sede contrattuale) e portato preventivamente a conoscenza degli interessati all'acquisto.

L'art. 212 prevede inoltre che il contratto di affitto deve essere stipulato dal curatore nelle forme previste dall'art. 2556 c.c., per il trasferimento volontario [3] rogato o autenticato da un notaio che deve poi provvedere a curare l'adempimento delle relative formalità pubblicitarie.

2. – L'affitto, specie quello endoconcorsuale, impone la *continuazione della stessa impresa* tenuto conto che il trasferimento non è definitivo e che alla scadenza del contratto l'affittuario dovrà restituire il complesso.

Quanto ai *debiti aziendali* deve essere escluso che normalmente l'affittuario vi subentri [4].

Nessuna particolare questione si pone per i contratti automaticamente sciolti dalla di-

[3] Al riguardo per una disamina delle forme previste dall'art. 2556 c.c., mi permetto di rinviare a FIMMANÒ, *Atti traslativi*, 125 s.

[4] Sul tema cfr. ampiamente GRAZIOSI, *Sulle responsabilità*, 323 s.

chiarazione di insolvenza, né per quelli, inizialmente rimasti in stato di sospensione, dai quali il curatore si sia sciolto prima dell'affitto. Analogamente alcun particolare problema si pone per i contratti che proseguono *ope legis* o per quelli, inizialmente rimasti in stato di sospensione, nei quali il curatore sia subentrato prima del trasferimento di azienda.

Discorso a parte va fatto per i *rapporti di lavoro subordinato* e per i debiti derivanti dagli stessi regolati dall'art. 2112 c.c. La norma sancisce che il rapporto di lavoro continua con il cessionario ed il lavoratore conserva tutti i diritti che ne derivano. Il cedente ed il cessionario sono obbligati, in solido, per tutti i crediti che il lavoratore aveva al tempo del trasferimento, salva la liberazione del cedente in caso di ricorso alle procedure di cui agli artt. 410 e 411 c.p.c. Il cessionario è tenuto ad applicare i trattamenti economici e normativi previsti dai contratti collettivi nazionali, territoriali ed aziendali, vigenti alla data del trasferimento, fino alla loro scadenza, salvo che siano sostituiti da altri contratti collettivi applicabili all'impresa del cessionario.

Già prima del d.lgs. 2 febbraio 2001, n. 18, di attuazione della direttiva 98/50, era certo che la norma si applicasse anche all'affitto *endoconcorsuale*, come a tutte le ipotesi di *sostituzione nella titolarità dell'impresa* con qualunque modalità realizzata [5]. Il legislatore nel riformulare l'art. 2112 c.c., non ha fatto più riferimento (non a caso) alle figure di *acquirente* e di *alienante* ma a quelle generiche di cedente e di cessionario. L'art. 47, l. n. 428 del 1990, inoltre, al comma 5, ha stabilito che per le imprese dotate dei requisiti dimensionali per accedere al trattamento di cassa integrazione straordinaria, in caso di circolazione endoconcorsuale, qualora nel corso delle consultazioni previste dai primi due commi del medesimo articolo, sia stato raggiunto un accordo relativo al mantenimento anche parziale dell'occupazione, nei confronti dei lavoratori il cui rapporto continua con il cessionario, non trova applicazione l'art. 2112 c.c., salvo che dall'accordo non risultino condizioni di miglior favore [6]. In mancanza dei requisiti dimensionali o dell'accordo sindacale, o in mancanza di rinuncia dei singoli lavoratori, la circolazione dell'azienda comporterà l'obbligo di applicazione dell'art. 2112 c.c. La stessa procedura di accordo sindacale, nei casi previsti (o laddove le parti lo ritengano) andrà ripetuta quando la liquidazione giudiziale entrerà nella fase di vendita dell'azienda; e laddove l'aggiudicatario dell'azienda sia l'affittuario-prelazionario, l'accordo realizzato in sede di affitto dovrà comunque essere ridiscusso in una nuova fase di consultazione, considerato che le condizioni potrebbero es-

[5] Come detto la giurisprudenza aveva fatto rientrare nella fattispecie, ogni ipotesi di *sostituzione nella titolarità dell'impresa* sempre che *vi fosse un nesso di derivazione*, e fermo restando l'organizzazione del complesso dei beni destinati all'esercizio dell'attività e quindi immutati il suo oggetto e la sua attività obiettiva (cfr. Cass., 23 luglio 2002, n. 10761, in *Giur. comm.*, 2003, II, 297, con nota particolarmente incisiva ed esaustiva di BUONOCORE, *Il «nuovo» testo*, 316; FERRARO, *Circolazione dell'azienda*, 427 s., ma per riferimenti alla gran mole di giurisprudenza edita mi permetto di rinviare alla nota 132 di FIMMANÒ, *Fallimento e circolazione*, 47).

[6] Dunque in caso di affitto endoconcorsuale, gli organi della procedura devono pervenire alla stipula di un contratto che passa attraverso diverse fasi e cioè: proposta del curatore, parere del comitato dei creditori, autorizzazione del g.d., bando, vaglio delle offerte (ed in caso di aziende socialmente rilevanti informativa alle organizzazioni sindacali, consultazione ed eventuale accordo sindacale sul mantenimento anche parziale della forza lavoro), informativa al giudice delegato (che eventualmente recepisce i risultati dell'accordo sindacale) ed al commiato dei creditori (mediante deposito in cancelleria della documentazione), stipula del contratto, effettivo subentro nella gestione dell'affittuario.

sere nel frattempo mutate. In tutti gli altri casi di circolazione concorsuale dell'azienda, l'unico modo per evitare l'applicazione della norma è la disdetta in tempo utile dai rapporti di lavoro subordinato da parte della curatela.

Tuttavia il "nuovo" comma 5-*bis*, della l. n. 428, introdotto dall'art. 368, comma 4, lett. *d*), del Codice, prevede che, per le imprese in liquidazione giudiziale, non si applica l'art. 2112, comma 2, c.c., con la conseguenza che, anche nell'ipotesi di affitto endoconcorsuale non si applica la responsabilità solidale anche in assenza di accordo sindacale – come, d'altronde, è possibile alla luce della stessa disciplina comunitaria (ex art. 5, § 1, della direttiva CE del 12 marzo 2001, n. 23) – e a prescindere, pertanto, dai requisiti dimensionali. L'effetto della disapplicazione dell'art. 2112, comma 2, c.c. è la norma di cui all'art. 368, comma 4, lett. *d*), del Codice (che ha inserito il comma 5-*bis* all'interno dell'art. 47 della l. n. 428) che consente al lavoratore di conseguire l'immediata corresponsione del trattamento di fine rapporto (nonché delle ultime tre mensilità della retribuzione) in quanto «*la data del trasferimento tiene luogo di quella della cessazione del rapporto*», superando così anche le incertezze sulla possibilità di intervento del Fondo di garanzia.

3. – Questione diversa è quella della sorte dei rapporti e dei debiti contratti dall'affittuario alla fine dell'affitto ed a seguito della restituzione dell'azienda alla procedura in virtù del mancato acquisto (anche da parte di un terzo) o dell'eventuale *recesso indennizzato*.

Per i debiti va sicuramente esclusa ogni responsabilità del concedente [7] considerato che la normativa, sia generale che speciale, esclude nell'ipotesi inversa ogni responsabilità dell'affittuario per i debiti del fallito in deroga espressa agli artt. 2560 e 2112. c.c.

Il comma 6 dopo aver sancito che la retrocessione alla procedura di aziende, o rami di aziende, non comporta la responsabilità della procedura per i debiti maturati sino alla retrocessione aggiunge nella seconda parte che «*ai rapporti pendenti al momento della retrocessione si applicano le disposizioni di cui alla sezione V del capo I del titolo V*», senza distinguere tra rapporti pendenti proseguiti dall'affittuario, ma non ancora interamente eseguiti al termine dell'affitto e contratti stipulati *ex novo* dall'affittuario, ma rimasti ancora ineseguiti, totalmente o parzialmente, al momento della retrocessione. Ciò significa che al curatore vengono attribuite esattamente le stesse prerogative che aveva al momento della dichiarazione di fallimento, salvo i casi di prosecuzione o scioglimento automatico. Per la Suprema Corte si realizza il subentro purché si tratti di contratti non eccedenti la potenzialità produttiva dell'azienda valutata al momento della conclusione del contratto di affitto, o i poteri di gestione attribuiti pattiziamente all'affittuario, e purché la restituzione dell'azienda sia collegata direttamente alla volontà delle parti ovvero ad un fatto che queste avessero espressamente previsto e in relazione al quale avessero potuto disporre circa la sorte dei contratti (a prestazioni corrispettive inerenti all'azienda) ancora non interamente eseguiti al momento del suo verificarsi.

Passando ai rapporti di lavoro subordinato, la relativa prosecuzione, a seguito di retro-

[7] In questo senso si è espressa anche la giurisprudenza che ha affermato che la cessazione dell'affitto dell'azienda (e la sua restituzione al proprietario concedente) non comportano a carico di quest'ultimo, fuori dalle ipotesi diversamente regolate dalla legge, la responsabilità *ex* art. 2560 c.c., per i debiti contratti dall'affittuario, non essendo siffatta ipotesi riconducibile ad alcuna delle vicende traslative in relazione alle quali la norma è stata dettata (Cass., 8 maggio 1981, n. 3027, in *Giur. it.*, 1982, I, 1, 281).

cessione, è indirettamente sancita da una norma imperativa nell'interesse del lavoratore, per cui la pattuizione contraria sarebbe inopponibile al terzo, vista l'assenza di espressa deroga, contemplata dalla novella solo per i debiti derivanti da tale rapporto.

In caso di scadenza, risoluzione del contratto di affitto, recesso dell'affittuario o comunque mancata acquisizione dell'azienda da parte di quest'ultimo, i rapporti di lavoro, per effetto della retrocessione, si ritrasferiscono al locatore-procedura in quanto inerenti all'azienda e poi eventualmente ad un nuovo affittuario, o all'aggiudicatario. La fattispecie regolata dall'art. 2112 c.c., infatti, ricorre anche nell'ipotesi di restituzione dell'azienda al concedente purché rimangano immutati l'organizzazione dei beni aziendali e lo svolgimento della medesima attività [8].

4. – Secondo la Suprema Corte salvo esplicite deroghe in senso contrario «vi è una generale incompatibilità del diritto di prelazione con le vendite coattive ... Tale incompatibilità vale non solo per le prelazioni legali, ma anche, a maggior ragione, per quelle di origine convenzionale» sul presupposto che costituirebbero un ostacolo od un limite all'attività di natura pubblicistica degli organi della procedura [9]. Già prima della riforma del 2006 eccezioni normative erano quelle previste per le *aziende socialmente rilevanti* e per le aziende gestite da cooperative di lavoratori dipendenti. In questi casi è riconosciuto all'affittuario un diritto di prelazione nella vendita coattiva (art. 3, comma 4, l. n. 223 del 1991 ed art. 14, l. n. 49 del 1985, art. 3, comma 6, l. n. 67 del 1987 relativa all'acquisto di testate giornalistiche), in quanto la legge ha creato una situazione di privilegio per soggetti dotati di peculiari requisiti di meritevolezza, in presenza di una serie di condizioni. La giurisprudenza prevalente ha infatti parlato di istituto *premiale*, di uno speciale incentivo di *carattere sociale* che costituisce una eccezione al sistema e che si giustifica solo per chi *sgrava* la società insolvente e la collettività dagli oneri dei salari dei dipendenti, garantendone la prosecuzione dell'attività.

L'art. 212 prevede ora che il diritto di prelazione a favore dell'affittuario può essere concesso convenzionalmente, previa espressa autorizzazione del giudice delegato e previo parere favorevole del comitato dei creditori. In tal caso, esaurito il procedimento di determinazione del prezzo di vendita dell'azienda, o del singolo ramo, il curatore, entro dieci giorni, lo comunica all'affittuario, il quale può esercitare il diritto di prelazione entro cinque giorni dal ricevimento della comunicazione. È chiaro che l'espresso e specifico parere vincolante favorevole del comitato dei creditori, che si aggiunge a quello generale sull'affitto, risolve il problema della tutela dei relativi interessi.

In ogni caso la prelazione, sia legale che convenzionale, spetta soltanto ai soggetti che hanno stipulato il contratto di affitto dell'azienda con l'autorizzazione degli organi della liquidazione giudiziale, previa valutazione della convenienza della continuazione dell'attività e della capacità imprenditoriale dell'affittuario [10], e non a quelli che l'abbiano stipulato con il debitore, prima della dichiarazione di insolvenza.

---

[8] Cass., 7 luglio 1992, n. 8252, in *Riv. it. dir. lav.*, 1993, II, 589 con nota di ANGELINI, *Sostituzione dell'affittuario*; Cass., 19 agosto 1991, n. 8907, in *Riv. giur. lav.*, 1992, 502.

[9] Cass., 19 novembre 2003, n. 17523, in *Riv. not.*, 2004, 495 nota di DI ZILLO, *La prelazione convenzionale.*

[10] Cfr. FIMMANÒ, *Fallimento e circolazione*, 167 s.

Articolo 213
Programma di liquidazione

1. Entro sessanta giorni dalla redazione dell'inventario e in ogni caso non oltre centocinquanta giorni dalla sentenza dichiarativa dell'apertura della liquidazione giudiziale, il curatore predispone un programma di liquidazione da sottoporre all'approvazione del comitato dei creditori. Il mancato rispetto del termine di centocinquanta giorni di cui al primo periodo senza giustificato motivo è giusta causa di revoca del curatore.

2. Il curatore, previa autorizzazione del comitato dei creditori, può non acquisire all'attivo o rinunciare a liquidare uno o più beni, se l'attività di liquidazione appaia manifestamente non conveniente. In questo caso, il curatore notifica l'istanza e la relativa autorizzazione ai competenti uffici per l'annotazione nei pubblici registri e ne dà comunicazione ai creditori i quali, in deroga a quanto previsto nell'articolo 150, possono iniziare azioni esecutive o cautelari sui beni rimessi nella disponibilità del debitore. Si presume manifestamente non conveniente la prosecuzione dell'attività di liquidazione dopo sei esperimenti di vendita cui non ha fatto seguito l'aggiudicazione, salvo che il giudice delegato non autorizzi il curatore a continuare l'attività liquidatoria, in presenza di giustificati motivi.

3. Il programma è suddiviso in sezioni in cui sono indicati separatamente criteri e modalità della liquidazione dei beni immobili, della liquidazione degli altri beni e della riscossione dei crediti, con indicazione dei costi e dei presumibili tempi di realizzo. Nel programma sono, inoltre, indicati le azioni giudiziali di qualunque natura e il subentro nelle liti pendenti, con i costi per il primo grado di giudizio. Sono, altresì, indicati gli esiti delle liquidazioni già compiute.

4. Il programma indica gli atti necessari per la conservazione del valore dell'impresa, quali l'esercizio dell'impresa del debitore e l'affitto di azienda, ancorché relativi a singoli rami dell'azienda, nonché le modalità di cessione unitaria dell'azienda, di singoli rami, di beni o di rapporti giuridici individuabili in blocco.

5. Nel programma è indicato il termine entro il quale avrà inizio l'attività di liquidazione dell'attivo ed il termine del suo presumibile completamento. Entro otto mesi dall'apertura della procedura deve avere luogo il primo esperimento di vendita dei beni e devono iniziare le attività di recupero dei crediti, salvo che il giudice delegato, con decreto motivato, non ne autorizzi il differimento. Il termine per il completamento della liquidazione non può eccedere cinque anni dal deposito della sentenza di apertura della procedura. In casi di eccezionale complessità, questo termine può essere differito a sette anni dal giudice delegato.

6. Per sopravvenute esigenze, il curatore può presentare un supplemento del piano di liquidazione. Prima della approvazione del programma, il curatore può procedere alla liquidazione di beni, previa autorizzazione del giudice delegato e sentito il comitato dei creditori se già nominato, solo quando dal ritardo può derivare pregiudizio all'interesse dei creditori.

7. Il programma è trasmesso al giudice delegato che ne autorizza la sottoposizione al

comitato dei creditori per l'approvazione. Il giudice delegato autorizza i singoli atti liquidatori in quanto conformi al programma approvato.

8. Il mancato rispetto dei termini previsti dal programma di liquidazione di cui al comma 5 senza giustificato motivo è causa di revoca del curatore.

9. Se il curatore ha rispettato i termini di cui al comma 5, nel calcolo dei termini di cui alla legge 24 marzo 2001, n. 89, non si tiene conto del tempo necessario per il completamento della liquidazione.

Pierdanilo Beltrami

Sommario: 1. La genesi della norma. – 2. Contenuto del programma. – 3. Riparto di competenze tra g.d. e comitato dei creditori. – 4. Supplemento al programma, pubblicità e riservatezza. – 5. Liquidazione anticipata dei beni. – 6. La *derelictio* dei beni.

1. – Introdotta (nell'art. 104-*ter* l. fall.) per la prima volta con la riforma del 2006 in attuazione della legge delega n. 80 del 2005 e oggetto di sostanziali modifiche e integrazioni già con il decreto correttivo (d.lgs. n. 169 del 2007), la disciplina del programma di liquidazione [1] – da redigersi da parte del curatore e autorizzarsi da parte del comitato dei creditori, fermo il mantenimento in capo al g.d. della competenza a ricevere i reclami contro l'autorizzazione del comitato e autorizzare l'esecuzione degli atti di liquidazione conformi al programma – era stata successivamente interessata da un *maquillage* sostanziale nel 2015 (e in parte minima anche nel 2016) [2].

Il nuovo art. 213, pur muovendo dall'impianto alla base dell'art. 104-*ter* l. fall. [3], per

[1] In dottrina, in tema di programma di liquidazione, v. *ex multis*, D'Attorre, *Manuale di diritto*, 243 ss.; Panzani, *La liquidazione*, 1129 ss.; Frascaroli Santi, *Il diritto*, 586 ss.; Gallone, *La liquidazione*, 1763 ss.; Spiotta, *Il nuovo*, 319 ss.; Meta, *Esercizio provvisorio*, 45 ss.; Miccolis, *La liquidazione*, 685 ss.; Nonno, *Art. 104*-ter, 1393 ss.; Baessato, *Art. 104*-ter, 720 ss.; Paluchowski, *Art. 104*-ter, 1296 ss.; Frezza, *Il programma*, 243 ss.; Mandrioli, *Art. 104*-ter, 1396 ss.; Paciello, *Programma di liquidazione*, 949 ss.; Vitiello, *Il programma*, 188 ss.; Bozza, *L'approvazione*, 1057 ss.; Campochiaro, Vitiello, *Il programma*, 73 ss.; Ceniccola, *Il programma*, 699 ss.; Fontana, *Il programma*, 236 ss.; Zanichelli, *La nuova*, 296 ss.; Esposito, *Il programma di liquidazione nel decreto correttivo*, 1078 ss.; Esposito, *Il programma di liquidazione: profili applicativi*, 1670 ss.; Fimmanò, *La liquidazione*, 845 ss.; Quatraro, *Il programma*, 1661 ss.; Fimmanò, Esposito, *La liquidazione*, 177 ss.; Perrino, *Programma*, 1087 ss.; Mastrogiacomo, *La liquidazione*, 2010, 259 ss.

[2] Tra le principali novità del d.l. n. 83 del 2015 spiccano l'introduzione di un secondo termine, di non oltre centottanta giorni dalla sentenza dichiarativa di fallimento, per la predisposizione del programma e l'integrazione dell'elenco dei contenuti minimi di quest'ultimo con l'indicazione del termine (non superiore a due anni dal deposito della sentenza di fallimento, salvo proroga motivata limitatamente a determinati cespiti dell'attivo) di prevedibile completamento della liquidazione dell'attivo.

[3] La nuova norma non contiene più, tuttavia la precisazione che il programma costituisce un «atto di pianificazione e di indirizzo in ordine alle modalità e ai termini previsti per la realizzazione dell'attivo».

cui la liquidazione è compito esclusivo del curatore[4], che deve essere preceduto da un'adeguata pianificazione, è intervenuto, in alcuni casi eliminando, in altri modificando e in altri ancora integrando, il dettato della norma.

In particolare, è rimasto fermo il termine di 60 giorni dalla redazione dell'inventario come termine per la predisposizione del programma[5], mentre il secondo termine alternativo – da rispettare "*in ogni caso*"[6] – è stato invece ridotto a non oltre 150 giorni dalla sentenza di fallimento, con la precisazione che il suo mancato rispetto senza giustificato motivo costituisce giusta causa di revoca del curatore[7].

2. – Il programma, suddiviso in sezioni, deve contenere[8]: criteri e modalità della liquidazione dei beni e della riscossione dei crediti, con indicazione di costi e presumibili tempi di realizzo, nonché gli esiti delle liquidazioni già compiute; le azioni giudiziali di qualunque natura (con i costi per il primo grado di giudizio) e il subentro nelle liti pendenti (non è, però, più richiesto che il curatore dia conto anche del possibile esito di queste azioni[9]); eventuali atti di conservazione dell'impresa (quali l'esercizio provvisorio o l'affitto, relativi all'azienda o anche solo a uno o più rami della stessa) e «*le modalità di cessione unitaria dell'azienda, di singoli rami, di beni o di rapporti giuridici individuabili in blocco*».

Tra le novità spicca la necessità di indicare la data di inizio delle attività di liquidazione[10]. Quanto alla data, stimata, di completamento delle attività[11], la novità consiste nel fatto che

---

[4] Sembra da confermare, anche con il Codice, l'opinione della dottrina formulata con la norma previgente per cui l'attività di redazione del programma sia non delegabile (PERRINO, *Programma di liquidazione*, 1091; FRASCAROLI SANTI, *Il diritto*, 587), ferma la possibilità per il curatore di farsi assistere nella sua predisposizione, sotto la sua responsabilità, da esperti (ZANICHELLI, *La nuova disciplina*, 300). La competenza esclusiva del curatore in relazione al programma di liquidazione pare addirittura rafforzata, essendo stata espunta la possibilità per il curatore di farsi autorizzare dal g.d. ad affidare ad altri professionisti o società specializzate alcune incombenze della procedura di liquidazione dell'attivo.

[5] Il termine breve, il cui mancato rispetto rimane privo di una sanzione certa, è caratterizzato anche da incertezza sulla data di decorrenza, non essendo a sua volta previsto un termine entro cui il curatore è tenuto a redigere l'inventario (cfr. art. 195, comma 1).

[6] L'inciso «*in ogni caso*», già presente nella vecchia norma a seguito delle modifiche del 2015, era interpretato nel senso che il termine lungo fosse da rispettare anche se, eventualmente, a quella data non fosse ancora scaduto il termine breve (cfr. SPIOTTA, *Il nuovo*, 340).

[7] Può, dunque, continuare a condividersi l'opinione dottrinale che attribuisce natura meramente ordinatoria ad entrambi i termini citati, sulla cui prorogabilità già la dottrina nutriva dubbi con la norma previgente (v. GALLONE, *La liquidazione*, 1786 s., ove altri riferimenti).

[8] È venuto meno anche l'elencazione del contenuto del programma di cui all'art. 104-*ter* l. fall., comunque ritenuta dalla dottrina, anche prima della riforma, meramente facoltativa (SPIOTTA, *Il nuovo*, 326 ss.) e sempre integrabile (META, *Esercizio provvisorio*, 50 s.; SPIOTTA, *Il nuovo*, 326 ss., alla quale si rimanda per una indicazione di alcuni tipici elementi "accidentali" di cui il curatore doveva dare atto nel programma).

[9] La dottrina riteneva comunque sempre possibile chiedere la secretazione di quella parte del programma (così LIMITONE, *Secretazione del programma*, 1 ss.).

[10] La norma precisa che il primo esperimento di vendita deve necessariamente avere luogo, e le attività di recupero crediti avere inizio, entro otto mesi dall'apertura della procedura, salvo che il g.d., con decreto motivato, non ne autorizzi il differimento.

[11] Il mancato rispetto del termine continua a costituire causa di revoca (così confermando la previsione, di cui al comma 10 dell'art. 104-*ter* l. fall., introdotta nel 2015): ma si tratta di una valutazione da fare in con-

tale termine oggi non può eccedere 5 anni dal deposito della sentenza di apertura della procedura (contro i 2 anni dell'art. 104-*quater*, comma 3) ed è prorogabile dal g.d. fino a 7 anni, in casi di eccezionale complessità [12].

Il mancato rispetto del termine *(i)* di inizio dell'attività di liquidazione, *(ii)* di presumibile completamento della liquidazione, *(iii)* di otto mesi dall'apertura della procedura entro cui deve avere luogo il primo esperimento di vendita dei beni e devono iniziare le attività di recupero dei crediti, così come *(iv)* di 5 anni per il completamento della liquidazione costituisce causa di revoca per giusta causa [13].

3. – Una volta redatto, il programma deve prima essere trasmesso al g.d., il quale, valutate le sue previsioni, ne autorizza la sottoposizione al comitato dei creditori ai fini della sua eventuale approvazione. L'innovazione è assai rilevante, perché sembra riappropriare il magistrato di un potere di vaglio preventivo (non già solo sugli atti da eseguire, ma anche) sul programma in sé, che si riteneva gli fosse precluso nella vigenza della legge fallimentare *post*-2007.

Il g.d., secondo la dottrina [14], dovrebbe comunque limitarsi, in questa sede, a fare un controllo di legittimità (non già solo formale [15], bensì anche) sostanziale del programma e degli atti conformi, rimanendo invece nella esclusiva competenza del comitato dei creditori il controllo sul merito delle previsioni del programma.

Qualora il comitato dei creditori esprima parere negativo [16] sul programma [17], il curatore sarà tenuto a modificarlo per risottoporlo nuovamente al g.d. e riavviare da capo l'*iter* normativo [18]. Se approvato, invece, il programma ritorna in visione al g.d., ai soli fini dell'autorizzazione all'esecuzione dei singoli atti liquidatori previsti nel programma stesso.

4. – Per sopravvenute esigenze [19], il curatore può presentare un supplemento del piano di

---

creto, senza alcun automatismo, atteso che non sempre il ritardo sarà dovuto a inerzia del curatore (in argomento, v. D'ATTORRE, *Manuale di diritto*, 244).

[12] La precedente norma prevedeva che la facoltà di proroga fosse limitata a solo determinati cespiti, in relazione ai quali il curatore era tenuto a motivare specificamente in ordine alle ragioni che giustificavano tale maggior termine: ma tale regola non è stata riproposta nell'art. 213.

[13] Il comma 9 precisa che, «*nel calcolo dei termini di cui alla legge 24 marzo 2001, n. 89, non si tiene conto del tempo necessario per il completamento della liquidazione*».

[14] D'ATTORRE, *Manuale di diritto*, 244.

[15] Così, invece, FONTANA, *Il programma*, 226.

[16] La norma continua a non indicare il termine entro cui il comitato dei creditori deve pronunciarsi: già nella vigenza della legge fallimentare, la dottrina (GALLONE, *La liquidazione*, 1805; BAESSATO, *Art. 104*-ter, 726; NONNO, *Art. 104*-ter, 1407) riteneva applicabile per analogia il termine di 15 gg. di cui all'art. 41, comma 3, l. fall. (oggi art. 140, comma 3) decorrente da quando la richiesta di deliberazione perveniva al presidente del comitato.

[17] Resta ferma, in caso di inerzia, l'ammissibilità dell'intervento del g.d. in via surrogatoria *ex* art. 140, comma 4. In tal caso, però, lo strumento di contestazione da parte del curatore sarà il reclamo *ex* art. 124.

[18] In alternativa al reclamo *ex* art. 141, proponibile solo per violazione di legge.

[19] La norma non precisa più che le modalità di approvazione del supplemento sono quelle previste per l'approvazione del programma: sicché potrebbe sorgere qualche dubbio in merito a quale sia l'*iter* che il curatore debba seguire per la presentazione del supplemento, anche se nulla induce a dubitare del fatto che l'*iter* da seguire sia lo stesso del programma.

liquidazione: previsione opportuna stante la brevità del tempo inizialmente concesso per presentare il programma. L'espressione «*per sopravvenute esigenze*» sembrerebbe riferirsi solo a circostanze successive alla redazione del programma [20]: ma la dottrina [21], già nella vigenza della norma precedente, concordava sulla ammissibilità di una lettura "estensiva" di tale inciso.

È, invece, venuta meno la possibilità per il comitato dei creditori di «*proporre modifiche al programma presentato*» (contenuta nel comma 5 dell'art. 104-*ter* l. fall.).

Quanto al regime di pubblicità del programma, mancando una previsione *ad hoc*, occorrerà rifarsi alla disciplina generale di cui all'art. 199, che distingue tra: i componenti del comitato dei creditori e il debitore, che possono prendere visione ed estrarre copia di atti e documenti inseriti nel fascicolo, fatta eccezione per quelli di cui il g.d. ha ordinato la secretazione; gli altri creditori ed i terzi, che hanno, invece, diritto di prendere visione e di estrarre copia unicamente di atti e documenti per i quali sussiste un loro specifico ed attuale interesse, previa autorizzazione del g.d. e sentito il curatore.

5. – Attenzione particolare merita la disposizione del comma 6 [22] relativa al potere del curatore di procedere alla liquidazione dei beni prima dell'approvazione del programma, quando dal ritardo possa derivare un pregiudizio all'interesse dei creditori [23].

Da un punto di vista sistematico, la norma rileva in quanto costituisce una delle eccezioni [24] rispetto alla regola per cui la liquidazione dell'attivo dovrebbe avvenire in esecuzione del programma di liquidazione già approvato dal comitato dei creditori.

In ogni caso, anche se condotta al di fuori del programma, non v'è ragione per non ritenere che la vendita di questi beni debba avvenire per il tramite di procedure competitive e previa loro stima, dandosi atto nel programma di tali vendite [25].

6. – È rimasta ferma la possibilità per il curatore di non acquisire all'attivo beni, o di rinunciare a liquidarli, se l'attività di liquidazione appare manifestamente non conveniente [26]: come nel caso espressamente tipizzato di «*sei esperimenti di vendita cui non ha fatto seguito l'aggiudicazione, salvo che il giudice delegato non autorizzi il curatore a continuare l'attività liquidatoria, in presenza di giustificati motivi*».

L'effetto pratico di questa decisione è che i beni "abbandonati" tornano nella disponibilità del debitore e su di essi i creditori – ai quali il curatore è tenuto a dare comunicazio-

---

[20] Per qualche esemplificazione di fatti idonei ad integrare gli estremi delle "sopravvenute esigenze", v. FRASCAROLI SANTI, *Il diritto*, 588.

[21] V. GALLONE, *La liquidazione*, 1788, che muoveva anche dall'esigenza che il curatore facesse quanto possibile per velocizzare le operazioni di liquidazione del patrimonio; PALUCHOWSKI, *Art. 104*-ter, 1312.

[22] Questa disposizione, invero, presente nel comma 7 dell'art. 104-*ter*, era stata soppressa nella prima versione dell'art. 213, per poi essere riproposta nella versione finale modificata dal decreto *insolvency* del 2022.

[23] Per una casistica delle ipotesi in cui ricorre il pregiudizio indifferibile, v.: FREZZA, *Il programma*, 303; BAESSATO, *Art. 104*-ter, 730.

[24] Per citare alcune delle altre: autorizzazione, con la stessa sentenza di apertura della procedura o anche successivamente, alla continuazione dell'esercizio dell'impresa (art. 211, commi 2 e 3) o all'affitto a terzi (art. 212, comma 1).

[25] FRASCAROLI SANTI, *Il diritto*, 588.

[26] In argomento: GALLONE, *La liquidazione*, 1815 ss.; SPIOTTA, *Il nuovo programma*, 329.

ne (oltre a notificare l'istanza e la relativa autorizzazione ai competenti uffici per l'annotazione nei pubblici registri) – riacquisteranno il potere di promuovere azioni esecutive o cautelari [27].

[27] Secondo alcuni autori (FIMMANÒ, ESPOSITO, *La liquidazione*, 289 s.), nel caso di mancata acquisizione dei beni, trattandosi di beni che non sono mai entrati nell'attivo fallimentare e, dunque, mai oggetto di spossessamento, il creditore avrebbe potuto non solo iniziare *ex novo*, ma pure proseguire un'azione esecutiva o cautelare già avviata prima della dichiarazione di fallimento (sempre che *medio tempore* non fosse già intervenuta dichiarazione di improcedibilità dell'azione).

Articolo 214

Vendita dell'azienda o di suoi rami o di beni o rapporti in blocco

1. La liquidazione dei singoli beni ai sensi delle disposizioni del presente capo è disposta quando risulta prevedibile che la vendita dell'intero complesso aziendale, di suoi rami, di beni o rapporti giuridici individuabili in blocco non consenta una maggiore soddisfazione dei creditori.

2. La vendita del complesso aziendale o di rami dello stesso è effettuata con le modalità di cui all'articolo 216, in conformità a quanto disposto dall'articolo 2556 del codice civile.

3. Salva diversa convenzione, è esclusa la responsabilità dell'acquirente per i debiti relativi all'esercizio delle aziende cedute sorti prima del trasferimento.

4. Il curatore può procedere altresì alla cessione delle attività e delle passività dell'azienda o dei suoi rami, nonché di beni o rapporti giuridici individuali in blocco, esclusa comunque la responsabilità dell'alienante prevista dall'articolo 2560 del codice civile.

5. La cessione dei crediti relativi alle aziende cedute, anche in mancanza di notifica al debitore o di sua accettazione, ha effetto, nei confronti dei terzi, dal momento dell'iscrizione del trasferimento nel registro delle imprese. Tuttavia il debitore ceduto è liberato se paga in buona fede al cedente.

6. I privilegi e le garanzie di qualsiasi tipo, da chiunque prestate o comunque esistenti a favore del cedente, conservano la loro validità e il loro grado a favore del cessionario.

7. Il curatore può procedere alla liquidazione anche mediante il conferimento in una o più società, eventualmente di nuova costituzione, dell'azienda o di rami della stessa, ovvero di beni o crediti, con i relativi rapporti contrattuali in corso, esclusa la responsabilità dell'alienante ai sensi dell'articolo 2560 del codice civile e osservate le disposizioni inderogabili contenute nella presente sezione. Le azioni o quote della società che riceve il conferimento possono essere attribuite, nel rispetto delle cause di prelazione, a singoli creditori che vi consentono. Sono salve le diverse disposizioni previste in leggi speciali.

8. Il pagamento del prezzo può essere effettuato mediante accollo di debiti da parte dell'acquirente solo se non viene alterata la graduazione dei crediti.

Cristiana Fiengo e Enrico Locascio Aliberti *

Sommario: 1. Le novità. – 2. La vicenda circolatoria dell'azienda nell'ambito della liquidazione giudiziale. – 3. Modalità alternative di cessione del complesso aziendale ... – 4. ... e di pagamento del prezzo.

1. – Dal confronto tra l'art. 214 e l'art. 105 l. fall. (nella sua versione successiva alla riforma del 2006), emerge una sostanziale coincidenza.

Malgrado l'omogeneità tra le due norme, quella codicistica si differenzia da quella fallimentare innanzitutto per il fatto che da essa è stata espunta la regolamentazione dei rapporti di lavoro nella fase del trasferimento dell'azienda. Con l'intendimento, infatti, di attuare quanto sollecitato nella legge-delega [1] – ovverosia l'armonizzazione delle procedure di gestione della crisi e dell'insolvenza del datore di lavoro con le forme di tutela dell'occupazione e del reddito dei lavoratori – il legislatore, nel Codice, riserva ai rapporti di lavoro subordinato una specifica disciplina nella Sezione destinata agli effetti della liquidazione giudiziale sui rapporti giuridici pendenti (art. 189) e destina una apposita disposizione al profilo specifico degli effetti del trasferimento di azienda sui rapporti di lavoro (art. 191). Una manovra che, nel complesso, mira a considerare anche le posizioni occupazionali nell'ottica della prioritaria salvaguardia del valore aziendale, da realizzare, magari, mediante l'esercizio provvisorio dell'impresa del debitore/datore di lavoro nei cui confronti è stata aperta la procedura di liquidazione giudiziale oppure mediante l'istituto dell'affitto endoconcorsuale dell'azienda.

Proseguendo nel segnalare i limitati profili innovativi presenti nell'art. 214 rispetto all'art. 105 l. fall., rilevante è, per le modalità di vendita del complesso aziendale, il rinvio espresso all'art. 216 e quindi alle modalità di vendita ivi disciplinate. Nonostante, infatti, già l'art. 105 l. fall. provvedesse a rinviare all'art. 107 l. fall. [2] per la individuazione delle «*modalità delle vendite*», la rilevanza è dovuta al fatto che nella nuova disposizione codicistica sono disciplinate, con maggior grado di dettaglio, le più generali «*modalità della liquidazione*», che presentano elementi di novità limitatamente a pochi elementi, i quali risultano comunque idonei a potenziarne le caratteristiche in punto di celerità, trasparenza ed efficienza. Pur riproducendo, quindi, il preesistente rinvio, il legislatore ha reso più analitiche e trasparenti pure le modalità di vendita coattiva del complesso aziendale o di rami dello stesso [3].

Infine, un ulteriore elemento di originalità dell'art. 214, rispetto alla corrispondente

---

* Il contributo è il risultato di una ricerca svolta congiuntamente dai due Autori. Per le finalità di legge, si specifica che sono riferibili a Cristiana Fiengo i §§ 1 e 2 e a Enrico Locascio Aliberti i §§ 3 e 4.

[1] Art. 2, comma 1, lett. *p*), l.-delega 19 ottobre 2017, n. 155.

[2] L'art. 107 l. fall. è stato più volte novellato (ad opera, una prima volta, del d.lgs. 9 gennaio 2006, n. 5 e una seconda del d.lgs. 12 settembre 2007, n. 169); da ultimo, esso è stato riformato dal d.lgs. 27 giugno 2015, n. 83.

[3] LAMANNA, *Il codice*, 647; PALUCHOWSKI, *La liquidazione*, 1224.

norma fallimentare, è contenuto nel comma 7, ove il legislatore riconosce a questi ultimi un diritto di prelazione nell'attribuzione delle azioni o delle quote della società che riceve il conferimento.

2. – Il tratto ispiratore della norma che disciplina la vicenda circolatoria dell'azienda nell'ambito della liquidazione giudiziale è sicuramente rappresentato dal convincimento che il valore dell'azienda come complesso unitario di beni e di rapporti va preservato nella prospettiva del suo trasferimento nell'ambito della procedura concorsuale. Invero, si dà per presupposto che il maggior soddisfacimento dei creditori, piuttosto che attraverso la vendita di singoli beni, si realizzi proprio con la cessione del complesso aziendale, o anche soltanto di suoi rami o, ancora, di beni e rapporti in blocco[4]. Su questo presupposto è costruito l'art. 214, comma 1, ai sensi del quale il curatore può procedere alla liquidazione atomistica dei beni soltanto in via residuale, ossia solo quando risulta prevedibile che la vendita dell'intero complesso aziendale, di suoi rami o le altre cessioni c.d. "aggregate" non consentano una maggiore soddisfazione dei creditori. Può, dunque, considerarsi consolidata la preferenza – già conclamatasi nell'art. 105 l. fall.[5] – che il legislatore ha accordato alla vendita dell'unitario complesso aziendale rispetto alla cessione disaggregata[6]; una preferenza di cui c'è traccia prodromica già nella disciplina dell'amministrazione straordinaria delle grandi imprese in stato di insolvenza (artt. 27 e 63) e nel testo unico bancario (art. 90)[7].

Quanto, poi, alle modalità della vendita del complesso aziendale (o soltanto di rami dello stesso), l'art. 214, comma 2, come si è detto, si limita ad operare il rinvio all'art. 216, nonché ad invocare la conformità alla disciplina del codice civile dettata in materia di cessione di azienda (art. 2556 c.c.). Malgrado la formale coincidenza con l'art. 105, comma 2, l. fall. – il quale provvedeva a rinviare all'art. 107 l. fall., in conformità a quanto disposto dall'art. 2556 c.c. –, giova ribadire che ad aver subìto talune modifiche è la norma a cui tale disposizione rinvia, ossia l'art. 216[8]. Di conseguenza, seppur indirettamente, le prescrizioni vincolanti che si susseguono nell'art. 216, predisposte allo scopo di soddisfare l'esigenza di formalizzare nel sistema codicistico della crisi modalità di liquida-

---

[4] Nella prima versione dell'art. 105 l. fall. il legislatore si limitava a riconoscere la compatibilità delle disposizioni del c.p.c. relative al processo di esecuzione con le vendite di beni mobili e immobili del fallimento, tacendo del tutto sulla possibilità della vendita dell'unitario complesso aziendale. La nuova logica che valorizza la continuità aziendale e privilegia la vendita unitaria dell'azienda esordisce soltanto a seguito della sostituzione dell'art. 105 l. fall. operata dal d.lgs. n. 5 del 2006, e che viene stabilizzata nell'art. 214; grazie a tale riforma il sistema delle vendite in sede concorsuale si affranca dalle norme che disciplinano le vendite forzate, mediante la soppressione del richiamo delle norme del c.p.c. In tema, v.: ZAMPOGNA, *Art. 214*, 899.

[5] NONNO, *Art. 105*, 1431; MASTURZI, *Vendita, dell'azienda*, 960; MARTORANO, *Prime riflessioni*, 143; FIMMANÒ, *Art. 105*, 1735 e 1758, il quale evidenzia che soltanto per le aziende "socialmente rilevanti" il criterio della scelta tra le differenti soluzioni in funzione della convenienza economica viene temperato in considerazione dell'esigenza del mantenimento dei livelli occupazionali.

[6] È stata invertita la logica ha imperato nella vigenza dell'originaria legge fallimentare, anche se, nonostante il silenzio del legislatore, non è stata mai negata l'ammissibilità della vendita unitaria. Sul punto, v.: FIMMANÒ, *Art. 105*, 1732, spec. nt. 1; PROTO, *Della vendita*, 456.

[7] FAUCEGLIA, *La successione*, 361.

[8] D.l. 27 giugno 2015, n. 83, conv. in l. 6 agosto 2015, n. 132.

zione che garantiscano la massima informazione e partecipazione degli interessati, sono da considerarsi pertinenti alle vendite del complesso aziendale o i rami dello stesso.

Inoltre, l'immutato richiamo alla conformità di quanto disposto nell'art. 2556 c.c. fa sì che per il perfezionamento dell'atto di vendita dell'azienda tra le parti (la procedura e l'acquirente) la forma scritta sia imposta soltanto *ad probationem*, salvo che i singoli beni che compongono l'azienda non obblighino all'osservanza di una determinata forma[9]. Ed ancora ai sensi dell'art. 2556, comma 2, c.c., si renderà comunque necessario il deposito per l'iscrizione nel registro delle imprese del contratto di vendita in forma pubblica o per scrittura privata autenticata entro trenta giorni al fine di rendere il contratto stesso opponibile ai terzi.

Non è, invece, richiamato l'art. 2557 c.c. che impone a chi aliena l'azienda di astenersi dall'iniziare una nuova impresa, per un periodo di cinque anni dal trasferimento. Dal momento che il divieto di concorrenza attiene soltanto all'avvio di una nuova attività e non alla sua prosecuzione, si ritiene che esso non operi nei confronti del curatore, neppure se la cessione riguardi soltanto un ramo dell'azienda. Diversamente, il divieto potrebbe operare nei confronti dell'imprenditore sottoposto a liquidazione giudiziale, il quale, in pendenza della procedura, dovrebbe astenersi dall'intraprendere una nuova attività idonea a sviare la clientela dell'azienda ceduta. È, invece, dubbio che il divieto possa continuare ad operare una volta che l'imprenditore sia tornato in bonis[10].

Manca pure il rinvio all'art. 2558 c.c. in materia di successione nei contratti nella cessione di azienda. Al riguardo prevale l'orientamento che ritiene la disposizione comunque applicabile alla liquidazione giudiziale, soprattutto ove si tratti di contratti indispensabili per il funzionamento del complesso produttivo oggetto di cessione. Giova, tuttavia, osservare che, stanti le regole concorsuali in tema di rapporti giuridici pendenti, l'applicabilità dell'art. 2558 c.c. può configurarsi nelle ipotesi in cui il curatore è chiamato a scegliere tra subentro o scioglimento dei contratti – ed è opportuno che effettui tale scelta preliminarmente e in funzione della cessione del compendio aziendale – nonché nelle ipotesi di contratti che proseguono *ope legis* a seguito dell'apertura della liquidazione giudiziale[11].

Relativamente ai crediti, l'art. 214, comma 5 – come già l'art. 105, comma 6, l. fall. – replica la medesima formula adoperata nell'art. 2559 c.c. Tuttavia, come segnalato in dottrina, il passaggio dei crediti all'acquirente non avviene automaticamente, ma è necessaria una pattuizione tra le parti, le quali possono limitare la cessione anche soltanto ad alcuni contratti[12].

Anche relativamente ai privilegi e alle garanzie l'art. 214, comma 6 si limita a riprodurre in sostanza quanto già disposto nell'art. 1263 c.c., consentendo, in entrambi i casi, per tal via, la conservazione di quegli elementi che possano concorrere a rendere appetibile l'azienda. Precisamente, si prevede la permanenza, sia quanto a validità, sia quanto a grado, dei privilegi e delle garanzie che assistono i crediti ceduti.

---

[9] MASTURZI, *Vendita dell'azienda*, 965.

[10] ZAMPOGNA, *Art. 214*, 1075.

[11] FAUCEGLIA, *La successione,* 359; VATTERMOLI, *Art. 105*, 1461; MASTURZI, *Vendita dell'azienda*, 967.

[12] FIMMANÒ, *Art. 105*, 1743.

Invariata è, invece, la deroga alla disciplina dei debiti relativi all'azienda ceduta di cui all'art. 2560 c.c., contenuta nell'art. 214, comma 3 (e già prevista nell'art. 105, comma 4, l. fall.), dovuta principalmente alla considerazione che, trattandosi di una vendita che avviene in un contesto concorsuale, essa può attrarre acquirenti solo se liberata dai debiti che hanno concorso al verificarsi dello stato di insolvenza. L'acquirente non assume la responsabilità dei debiti dell'azienda ceduta sorti prima del trasferimento e neppure, secondo l'opinione maggioritaria, dei debiti maturati in prededuzione durante lo svolgimento dell'eventuale esercizio provvisorio [13]. Il comma 3 dell'art. 214 esordisce con la clausola di salvezza che rende ammissibile una pattuizione tra le parti nel senso di un accollo da parte dell'acquirente di (tutti o parte dei) debiti concorsuali. Dovranno, evidentemente, essere debiti ammessi al passivo oppure oggetto di impugnazione [14] e, seppur soltanto sottinteso, si ritiene che vada comunque rispettato il criterio della graduazione dei crediti (tra prededucibili, privilegiati e chirografari), tenuto soprattutto conto del suo esplicito richiamo nell'ultimo comma della norma [15].

3. – Se è vero che il legislatore, confermando l'impronta della legge fallimentare, prevede come regola generale di liquidazione la vendita unitaria del complesso aziendale, sono tuttavia mantenute nell'impianto del Codice forme alternative di cessione, che pur si differenziano dalla vendita classicamente intesa come atomistica di cui al comma 1 dell'articolo in commento. Ci si riferisce, con tutta evidenza, all'ipotesi disciplinata dall'art. 214, comma 4, che, replicando identicamente l'art. 105, comma 5, l. fall., permette la cessione delle attività e delle passività dell'azienda ovvero dei suoi rami, nonché la cessione di beni o rapporti giuridici.

Ora, quanto al trasferimento di beni o rapporti giuridici individuabili in blocco, si tratta di una fattispecie mutuata da quella *ex* art. 90, comma 2, TUB che, in materia di liquidazione coatta amministrativa delle imprese bancarie, favorisce la cessione degli sportelli bancari e la conservazione della produttività del patrimonio ceduto [16]. Si presta, invece, ad una differente valutazione la cessione delle attività o delle passività, le quali – di norma – difettano di un anche minimo collegamento funzionale [17].

Al di là di tale distinzione, in generale, la modalità di cessione di cui al comma 4 può ritenersi collocata a metà strada tra la liquidazione atomistica *tout court* e la vendita di un ramo d'azienda, alla quale non è invero assimilabile [18]. Difatti, la fattispecie in parola configura una "cessione aggregata" di attività, passività, beni e rapporti non funzionalmente connessi, ma uniti per il sol fatto di essere destinati in cessione al medesimo soggetto. In parole diverse, il valore di tale vendita viene determinato in base ad una mera sommatoria dei valori delle singole entità, mancando quel *surplus* che deriva dal vincolo funzionale e organizzativo, che connota invece le cessioni dell'intera azienda o, quantomeno, di un suo

[13] NONNO, *Art. 105*, 1442.

[14] BARATI, *Le cessioni «aggregate»*, 1130.

[15] BRUSCHETTA, *La liquidazione dell'attivo*, 1168.

[16] NONNO, *Art. 105*, 1443.

[17] NIGRO, VATTERMOLI, *Diritto della crisi*, 300.

[18] GUGLIELMUCCI, *Diritto fallimentare*, 239.

ramo[19]. Ed è importante precisare che per siffatte cessioni cc.dd. aggregate viene, in via inderogabile, esclusa la responsabilità dell'alienante per le obbligazioni sorte nell'esercizio dell'impresa in epoca anteriore al trasferimento.

Nell'ambito delle forme di liquidazione alternative alla cessione unitaria dell'azienda, continua a ricoprire un posto di sicuro rilievo il conferimento – dell'azienda, ovvero di un suo ramo, ovvero ancora di beni e rapporti in blocco – in una società, le cui partecipazioni sono destinate ad esser collocate sul mercato ovvero attribuite ai creditori concorsuali; ed è opportuno rilevare che, come per il passato, può trattarsi tanto di una società preesistente, quanto di una società neocostituita.

Detta fattispecie è oggi contenuta nel comma 7 dell'art. 214 e, nonostante il dato letterale della norma, tecnicamente non configura liquidazione; essa si realizza, in primo luogo, tramite l'esecuzione del conferimento in favore della società e, successivamente, attraverso la vendita delle partecipazioni a terzi ovvero l'attribuzione delle quote a singoli creditori sociali che vi acconsentano. Peraltro, ugualmente a quanto disposto a proposito della cessione di attività e passività e di beni e rapporti giuridici in blocco – di cui al comma 4 – è sancita l'esclusione della responsabilità del cedente per i debiti conferiti.

Orbene, in base a tale forma di cessione, i creditori concorsuali vengono soddisfatti vuoi mediante il ricavato della vendita delle partecipazioni, vuoi mediante la loro diretta attribuzione. Quest'ultima eventualità, già prefigurata in dottrina nella vigenza della legge fallimentare[20], rappresenta l'unica aggiunta, e quindi la vera novità dell'art. 214, comma 7, il quale si premura altresì di stabilire, come condizione, il rispetto delle cause di prelazione. È dunque di particolare significatività che il legislatore prospetti espressamente per i creditori una rinnovata veste di investitori o soci, come alternativa alla soddisfazione in moneta concorsuale. Fenomeno, questo, che, da un punto di vista sistematico, si inserisce in quell'ormai variegato alveo di iniziative volte a trasferire ai creditori il controllo dell'impresa in crisi[21]; ma che, in concreto, nella prospettiva di valorizzare ancor più le aspettative del ceto creditorio, introduce un vero e proprio diritto di prelazione a vantaggio dei creditori sulle quote della società destinataria del conferimento[22].

4. – La norma in commento si conclude, analogamente all'art. 105, comma 9, l. fall., con una specificazione in ordine al pagamento del prezzo dell'azienda ceduta, che può, cioè, avvenire anche mediante accollo da parte del cessionario; ciò, però, a condizione che non si verifichi una alterazione della graduazione dei crediti.

Nella sostanza, si prevede che l'accollo avvenga, quantomeno idealmente, nei termini in cui avverrebbe la distribuzione del ricavato dalla vendita dell'azienda. In concreto, il cessionario dovrà assumere i crediti in base all'ordine dei privilegi; e, si fa notare, laddove vi siano crediti chirografari, dovrà farlo in proporzione per ciascuno di essi[23].

---

[19] Masturzi, *Vendita dell'azienda*, 963 ss.

[20] Masturzi, *Vendita dell'azienda*, 980.

[21] Stanghellini, *Le crisi*, 50 ss.

[22] Zampogna, *Art. 214*, 906.

[23] Nonno, *Art. 105*, 1442.

Al riguardo, già in passato era dibattuto se tale regola, enunciata espressamente per le fattispecie di vendita dell'intero complesso aziendale ovvero di cessioni aggregate, fosse suscettibile di applicazione anche all'ipotesi di conferimento in società. Sicché, stante l'identico tenore letterale dell'attuale art. 214, comma 8, in virtù delle difficoltà applicative che incontrerebbe il curatore nello stimare il valore delle partecipazioni sociali, è preferibile ritenere tuttora l'applicazione di tale norma circoscritta alle sole operazioni «che implicano direttamente e immediatamente»[24] il pagamento di un prezzo, restando così estranea all'ambito di applicazione di tale comma la fattispecie del conferimento in società.

[24] MASTURZI, *Art. 105*, 985.

Articolo 215

Cessioni di crediti, azioni revocatorie e partecipazioni e mandato a riscuotere crediti

1. Il curatore può cedere i crediti, compresi quelli di natura fiscale o futuri, anche se oggetto di contestazione; può altresì cedere le azioni revocatorie concorsuali, se i relativi giudizi sono già pendenti.
2. Per la vendita delle partecipazioni in società a responsabilità limitata si applica l'articolo 2471 del codice civile.
3. In alternativa alla cessione di cui al comma 1, il curatore può stipulare contratti di mandato per la riscossione dei crediti.

Ludovica Vairo

Sommario: 1. Assetto regolatorio: la continuità normativa. – 2. Cessione dei crediti e mandato a riscuotere. – 3. Cessione delle azioni revocatorie concorsuali. – 4. Vendita delle partecipazioni.

1. – L'art. 215 – che regola la cessione dei crediti, delle azioni revocatorie e delle partecipazioni facenti capo al debitore sottoposto a liquidazione giudiziale – si pone in perfetta continuità normativa con la disciplina previgente. Replicando integralmente il contenuto della norma di cui all'art. 106 l. fall., l'intervento riformatorio si limita ad incidere sulla rubrica[1], che oggi recita «Cessione dei crediti, azioni revocatorie e partecipazioni e mandato a riscuotere crediti», in luogo della più generica formulazione antecedente[2]. Le modifiche, pertanto, arrestandosi a precisazioni di carattere terminologico nel titolo, hanno l'effetto sì di sciogliere qualche dubbio, ma altresì di riproporre talune criticità sostanziali.

La disposizione in commento riconosce al curatore – previa indicazione nel programma di liquidazione – la facoltà di cedere i crediti, ancorché oggetto di giudizio e salva la possibilità di stipulare contratti di mandato per la riscossione, nonché di cedere le azioni

[1] Già ragionevolmente oggetto di modifica con il d.lgs. 12 settembre 2007, n. 169, come sottolineato da Maffei Alberti, *Art. 106*, 739; Liccardo, Federico, *Le modalità competitive*, 1773; Vattermoli, *Art. 106*, 1474.

[2] Sull'imprecisione del titolo della norma *ex* art. 106 l. fall. – che recitava «Cessione dei crediti, dei diritti e delle quote, delle azioni, mandato a riscuotere» – si v., tra gli altri, Zampogna, *Art. 215*, 907.

revocatorie, purché pendenti, e di vendere le partecipazioni di s.r.l., fermo il richiamo all'art. 2471 c.c.

L'assoluta invarianza dei poteri attribuiti all'organo gestorio della procedura rispetto a quanto stabilito nel testo della legge fallimentare ne conferma e al contempo razionalizza l'approccio. In particolare, come precisato nella Relazione illustrativa, tale norma mira a contenere i rallentamenti nello svolgimento delle procedure concorsuali, spesso correlati alla pendenza di giudizi promossi dalla curatela per il recupero dell'attivo, ben innestandosi nella nota prospettiva di velocizzazione e semplificazione delle operazioni. Ciononostante, non sono mancate comprensibili preoccupazioni circa un potenziale indebolimento delle tutele creditorie, a causa del possibile ribasso del prezzo di cessione correlato all'alea dei giudizi e all'eventuale contenzioso associato ai crediti ceduti[3].

Eppure, alla luce del deciso *favor* del legislatore verso meccanismi di composizione delle crisi idonei a preservare gli organismi produttivi, siffatte ipotesi di cessione rappresentano una modalità di liquidazione alternativa – e, si ritiene, residuale[4] – rispetto alla cessione aggregata dei rapporti giuridici facenti capo all'azienda *ex* art. 214. In tal senso, la scelta è comunque rimessa al prudente apprezzamento del curatore sulla scorta di una valutazione circa la convenienza economica dell'operazione liquidatoria[5]. Pertanto, l'art. 215 rientra in quell'insieme di regole volte ad assicurare il necessario (e delicato) equilibrio – ancor più efficacemente valorizzato dal Codice – tra l'interesse pubblico ad una celere chiusura della procedura e quello privato alla liquidazione del patrimonio del debitore in modo massimamente soddisfacente.

2. – Una prima ipotesi liquidatoria prevista dall'art. 215 si sostanzia nella cessione dei crediti del debitore, unitamente ai privilegi, alle garanzie personali e reali e agli altri accessori, la cui acquisizione consegue automaticamente alla dichiarazione di liquidazione giudiziale ai sensi dell'art. 142[6].

Tra le modifiche apportate dal provvedimento riformatorio al titolo della norma, rileva a tal riguardo l'eliminazione del riferimento alla cessione dei «diritti», che ha un carattere essenzialmente formale, senza significativi effetti in termini sostanziali[7].

Stante la formulazione letterale della norma in parola, possono essere ceduti tutti i crediti, inclusi quelli di natura fiscale, quelli oggetto di contestazione e quelli futuri, purché il rapporto giuridico da cui originano sia già esistente. In sostanza, occorre garantire che la cessione sia lecita e possibile e che l'oggetto sia determinato o determinabile nel titolo costitutivo. Tuttavia, restano esclusi da tale ampio perimetro i crediti inerenti alle situazioni di cui all'art. 1261 c.c., nonché quelli per i quali sia stato convenuto un vincolo di indisponibilità opponibile *ex* art. 145 e quelli aventi natura strettamente personale del debito-

---

[3] MINUTOLI, *Art. 106*, 1452; MASTURZI, *Art. 106*, 987.

[4] ROLFI, *Art. 215*, 1080.

[5] BOCCHINI, *Le "cessioni"*, 693.

[6] La cessione dei crediti, quale modalità di liquidazione dell'attivo, era ritenuta ammissibile già nel vigore della disciplina antecedente alla riforma del 2006, pur in mancanza di una espressa disposizione sul punto (cfr. RIVOLTA, *L'affitto*, 64).

[7] ROLFI, *Art. 215*, 1081.

re a norma dell'art. 146[8]. Ebbene, relativamente ai crediti futuri, l'effetto traslativo si realizza quando essi vengano ad esistenza[9], sia in seguito alla definizione dei giudizi in corso, sia per effetto dell'esecuzione dei rapporti giuridici in cui il curatore subentra o ha intenzione di subentrare[10].

La cessione dei crediti comporta un rischio variabile in capo al cessionario in funzione di una serie di parametri (*i.e.* l'età del credito, il suo importo monetario, l'ubicazione e la solvibilità del debitore, nonché la presenza di contestazioni). Pertanto, è opportuno realizzare una *due diligence*, volta stimare il *fair value* dei crediti oggetto di cessione e che tenga conto di tutti gli aspetti idonei ad incidere quali-quantitativamente sugli stessi, per garantire l'applicazione del disposto *ex* art. 216 in quanto compatibile[11].

In assenza di specifiche regole, i modi, il contenuto e gli effetti della cessione sono disciplinati dalle norme codicistiche. Di conseguenza, il curatore, previa espressa pattuizione, non è tenuto a garantire l'esistenza del credito e, nel silenzio delle parti, non risponde dell'inadempimento del debitore ceduto[12]. D'altronde, le soluzioni opposte, pur migliorando le aspettative economiche dell'operazione, determinerebbero un inevitabile rallentamento nella chiusura della procedura a causa della necessità di attendere la scadenza del credito e di ricorrere a meccanismi tesi all'accertamento della sua esistenza o alla gestione dell'inadempimento del debitore ceduto. Si tratta allora di opzioni potenzialmente realizzabili, ma che avrebbero quale effetto quello di indebolire l'intento sotteso alla modalità di liquidazione in osservazione, pregiudicandone i risultati.

In alternativa alla cessione dei crediti, il curatore può stipulare contratti di mandato attraverso i quali non si producono effetti traslativi, ma si legittima il mandatario a riscuotere il credito in nome e per conto del mandante, che ne conserva la titolarità[13]. Di regola, questa rappresenta una valida opzione qualora siano stati individuati numerosi crediti di modesto importo o non facilmente recuperabili, giacché in tal modo gli organi della procedura sono esentati dalle procedure amministrative tendenzialmente lunghe e costose finalizzate all'accertamento della solvibilità del debitore e al monitoraggio dello stato dei crediti ai fini del loro recupero.

3. – Accanto a questa prima modalità di liquidazione alternativa, è testualmente riconosciuta altresì la possibilità di cedere le azioni revocatorie concorsuali[14], purché i relativi giudizi siano già stati preventivamente instaurati, sì da avere maggiore contezza della con-

---

[8] QUARANTA, *Art. 106*, 517.

[9] È opinione consolidata in giurisprudenza che, sino a questo momento, si producono unicamente effetti obbligatori tra le parti (Cass., 7 aprile 2009, n. 8373; Cass., 22 aprile 2003, n. 6422).

[10] ZAMPOGNA, *Art. 215*, 909.

[11] DOMINICI, QUATTROCCHIO, *La gestione*, 63 ss.

[12] Ritengono che la cessione dei crediti debba realizzarsi *pro soluto*, tra i molti, PENTA, *La liquidazione*, 605; LICCARDO, FEDERICO, *Le modalità competitive*, 1775.

[13] Cass., 30 gennaio 2003, n. 1391; Cass., 3 dicembre 2002, n. 17162.

[14] Sulle precisazioni circa l'utilizzo dei termini "fallimentari" e "concorsuali" si rinvia a VATTERMOLI, *La "cessione"*, 448 ss.

venienza economica[15] ed evitare conseguenze negative di tipo speculativo[16]. Pertanto, non è consentito procedere alla cessione qualora l'atto introduttivo del giudizio non sia stato notificato (o depositato, in ipotesi di ricorso), ancorché vi sia indicazione nel programma di liquidazione (o – più verosimilmente – in un suo supplemento)[17]; al contrario, alcun problema pare riscontrarsi in ipotesi di cancellazione, interruzione o sospensione del giudizio, purché esso possa essere riattivato o proseguito[18].

Ebbene, le note riflessioni interpretative circa la tipologia di azioni cedibili si ripropongono – pur con qualche specificità – anche dopo la novella, atteso che essa si limita ad integrare la rubrica con il termine "revocatorie", lasciando pienamente immutato il corpo normativo.

Nel vigore del testo antecedente, si rilevava una discrepanza tra il dato letterale dell'art. 106 l. fall., che esplicitava la cedibilità delle sole azioni revocatorie, e la Relazione illustrativa, che al contrario estendeva l'ammissibilità a *tutte* le azioni dirette a conseguire incrementi del patrimonio del debitore. Tale divergenza aveva spinto la dottrina maggioritaria a superare i confini letterali della norma e ad ammettere altresì la cessione delle azioni diverse da quelle revocatorie concorsuali[19], purché collegate ad un credito a sua volta oggetto di cessione, quali accessori dello stesso[20].

Questa posizione interpretativa, dunque, trovava giustificazione nelle esigenze di celerità della procedura, prendendo atto in ogni caso della diversa formulazione dell'art. 106 l. fall. rispetto all'art. 124, ult. comma, l. fall. in tema di concordato fallimentare (ora – sul punto inalterato – art. 240, comma 5), la cui lettera prevedeva invece la cessione assoluta ed illimitata delle azioni. Ciononostante, restavano aperti alcuni dubbi essenzialmente connessi alla difficile tenuta e stabilità di tali spunti esegetici dinanzi alle necessarie istanze pratiche. Si pensi, a tal proposito, al problema di stabilire se la cessione di tali azioni debba essere subordinata alla pendenza del relativo giudizio al pari delle azioni revocatorie concorsuali[21] ovvero se – valorizzando il distinguo tra dato letterale e quello ermeneutico – sia sufficiente la menzione nel programma di liquidazione[22]. A ciò si aggiungano le incertezze circa la regolazione della cedibilità delle azioni risarcitorie e recuperatorie[23], delle azioni di responsabilità nei confronti degli amministratori, dei liquidatori e degli organi di controllo[24], nonché dell'azione risarcitoria per abusiva concessione di credito[25].

---

[15] BENZI, *Cessione dei crediti*, 1252.

[16] Dalla Relazione illustrativa si legge che «*le revocatorie possono essere cedute limitatamente a quelle già pendenti, al fine di evitare che [...] l'esercizio delle azioni [...] possa assumere una connotazione negativa di tipo speculativo*».

[17] Sottolinea l'imperatività di tale adempimento PENTA, *La liquidazione*, 616.

[18] ROLFI, *Art. 215*, 1084; LICCARDO, FEDERICO, *Le modalità competitive*, 1776.

[19] AMBROSINI, *La liquidazione*, 648. In senso contrario, ZAMPOGNA, *Art. 215*, 909.

[20] LATELLA, *La cessione*, 38; DE SANTIS, *La cessione*, 330. Non essendovi ancora unanimità dei consensi, per una sintesi v. PAGNI, *Le azioni*, 1037 ss.

[21] BRUSCHETTA, *La liquidazione*, 1173; FONTANA, LEUZZI, *La liquidazione*, 2340.

[22] DE SANTIS, *La cessione*, 1124.

[23] LATELLA, *La cessione*, 24 ss.

[24] FABIANI, *Fondamento e azione*, 272 ss.; FEZZA, *Il programma*, 289; CORSO, *Le azioni*, 1034; PERRINO, *La liquidazione*, 695.

[25] Dopo l'arresto delle Sezioni Unite sulla legittimazione del curatore per affermare la pertinenza di tale

Relativamente all'oggetto della cessione, l'opinione prevalente propende per la sua identificazione nel diritto sostanziale di far valere l'azione procedendo esecutivamente sul bene, al fine di ricavarvi il corrispettivo come se non fosse mai uscito dal patrimonio del debitore[26]. In altri termini, secondo questa prospettiva, la circolazione della pretesa revocatoria non riguarderebbe già il bene oggetto dell'atto[27], ma il diritto a farne valere l'inefficacia rispetto ai creditori concorsuali per ottenere appunto la restituzione. Da ciò conseguono riflessioni – invero non ancora pacifiche – sulla funzione (liquidatoria o meno) della cessione delle revocatorie nell'ambito della procedura[28] e sulla possibilità per il convenuto ceduto di sollevare l'eccezione inerente all'assenza dell'*eventus damni* in forza della capienza del patrimonio del debitore posto in liquidazione giudiziale[29].

Con riguardo all'aspetto processuale, la cessione dell'azione revocatoria ai sensi dell'art. 111 c.p.c. non implica l'interruzione del processo, che, al contrario, prosegue tra le parti originarie, salva la possibilità per il successore a titolo particolare di intervenirvi e di estromettere il curatore, previo consenso del terzo convenuto in revocatoria[30]. Anche su questo aspetto non mancano criticità essenzialmente connesse ai conseguenti possibili ritardi nella chiusura della procedura, tali da indurre svariati tentativi di rimodellamento del principio dettato dall'art. 111 c.p.c.[31].

Ciò considerato, è intuibile che la modifica formale del titolo della norma non incide in modo sostanziale su questo dibattito dottrinale, laddove la regola resta identica e la relazione illustrativa ribadisce la generalità delle azioni cedibili, dando vigore a quanto sinora rappresentato e continuando ad alimentare le incongruenze[32].

4. – Da ultimo, l'art. 215 regola la trasferibilità concorsuale delle partecipazioni in s.r.l. rinviando all'art. 2471 c.c., con l'effetto di sollevare i ben noti dubbi circa la compatibilità con le previsioni *ex* art. 216. Orbene, stante il contenuto del comma 1 della norma codicistica, la cessione della quota nell'ambito della liquidazione giudiziale è subordinata alla notifica ed alla iscrizione della sentenza dichiarativa di apertura della procedura nel

azione ai singoli creditori in quanto non gioverebbe alla massa (Cass. civ., SS.UU., 28 marzo, 2006, n. 7030, in *Corr. giur.*, 2006, 643, con nota di Fauceglia; e in *Fallimento*, 2006, 1125, con nota di Esposito), si propende per la soluzione negativa (BOCCHINI, *Le "cessioni"*, 705; DE SANTIS, *La cessione*, 330).

[26] AGOSTINELLI, *Art. 106*, 1330 ss.; MIRAGLIA, *Le vendite fallimentari*, 375; PERRINO, *Cessioni "individuali"*, 56; SANDULLI, *Art. 106*, 636; FABIANI, *La cessione*, 3032. In giurisprudenza: Cass., 31 agosto 2005, n. 17590, in *Fallimento*, 2006, n. 5, 538 con nota di Trentini; Cass., 21 giugno 2000, n. 8419, in *Foro it.*, 2001, I, 1666, con nota di Tarzia, in *Dir. fall.*, 2001, 1234, con nota di Rago.

[27] In questo senso, invece, l'opinione minoritaria: LICCARDO, FEDERICO, *Le modalità competitive*, 1776. In giurisprudenza: Cass., 28 aprile 2003, n. 6587, in *Foro it.*, 2003, I, 3027, con nota di Fabiani e in *Fallimento*, 2004, 533, con nota di Genoviva.

[28] Cfr. PERRINO, *Cessioni «individuali»*, 59 ss.; GUERRERA, *Aspetti problematici*, 1088 ss. In giurisprudenza, si rinvia a Cass., 3 settembre 2007, n. 18512.

[29] LICCARDO, FEDERICO, *Le modalità competitive*, 1776.

[30] MASTURZI, *Art. 106*, 991; TARZIA, *La cessione*, 861 ss. In giurisprudenza, v. Cass., 13 luglio 2007, n. 15674.

[31] CAIAFA, *La liquidazione*, 1201; TRISORIO LIUZZI, *Cessione delle azioni*, 774; BRIGUGLIO, GUERRERA, *La cessione "autonoma"*, 507.

[32] AA.VV., *Art. 215*, 2301.

registro delle imprese [33] e, secondo alcuni, anche dell'inventariazione della quota [34]. In applicazione del comma 2, è preferibile ritenere imperativa la notifica alla società del decreto con cui il giudice delegato autorizza la cessione delle quote, la quale deve essere preventivamente indicata nel programma di liquidazione avente ad oggetto altresì la descrizione delle relative modalità [35].

Seguendo la formulazione dell'art. 2471 c.c., occorre distinguere tra quote liberamente trasferibili e quote non liberamente trasferibili. Nel primo caso, il curatore può procedere ai sensi degli artt. 2469 e 2470 c.c. [36], nel rispetto – secondo alcuni – altresì dei meccanismi competitivi di cui all'art. 216 e previa stima delle quote [37]. Nelle ipotesi di cessione di quote non liberamente trasferibili, invece, solo in difetto di accordo tra il curatore e la società, la vendita avrà luogo all'incanto sempre in conformità alla previsione *ex* art. 216, i cui effetti potrebbero essere eliminati indicando entro dieci giorni dall'aggiudicazione un altro acquirente propenso ad offrire lo stesso prezzo.

Qualora l'apertura della liquidazione giudiziale sia inclusa tra le cause di esclusione del socio *ex* art. 2473-*bis*, la quota dovrà essere liquidata secondo le norme sul recesso [38].

La riforma si lascia sfuggire l'opportunità di colmare una sentita lacuna già sottolineata nel vigore dell'art. 106 l. fall., atteso che la disposizione di nuovo conio continua a non regolare la cessione delle azioni, degli strumenti finanziari e delle quote di società di persone. Riducendo l'intervento alla mera sostituzione del termine "quote" con "partecipazioni" nella rubrica, infatti, gli interrogativi dottrinali sul punto conservano la loro attualità. Nello specifico, non paiono rilevarsi particolari problemi con riguardo alle azioni liberamente trasferibili e agli strumenti finanziari dematerializzati, la cui cessione seguirebbe le regole *ex* art. 216 come già ritenuto nel rispetto della disciplina precedente [39]. Più complesso è invece il caso delle azioni soggette a clausole di gradimento o di prelazione, la cui cessione sarebbe disciplinata nei modi appena descritti solo ritenendo – con argomenti prevalenti e condivisibili, ma comunque non pienamente pacifici – la norma *ex* art. 2471, comma 3, c.c. integrante un principio di carattere generale e, pertanto, da applicarsi analogicamente [40]. Ciò spiegherebbe anche le difficoltà relative al trasferimento della quota del socio accomandate che, ai sensi dell'art. 2322 c.c., è subordinato al consenso della maggioranza dei soci [41]. Con riferimento alle altre quote di società di persone, invece, si applica l'art. 2288 c.c., sicché – stante l'esclusione di diritto del socio in liquidazione giudiziale – il curatore può chiederne la liquidazione *ex* art. 2289 c.c. [42], come previsto altresì per le società cooperative [43].

---

[33] FONTANA, LEUZZI, *La liquidazione*, 2332.

[34] ZAMPOGNA, *Art. 215*, 910.

[35] PENTA, *La liquidazione*, 609; SANDULLI, *Art. 106*, 639.

[36] AMBROSINI, *La liquidazione*, 649.

[37] BRUSCHETTA, *La liquidazione*, 1174.

[38] ESPOSITO, *Il programma*, 270.

[39] PALUCHOWSKI, *Art. 106*, 993.

[40] MASTURZI, *Art. 106*, 999; ROLFI, *Art. 215*, 1082. *Contra*, in forza della natura ritenuta eccezionale dell'art. 2471, PERRINO, *La liquidazione*, 680.

[41] BOCCHINI, *Le "cessioni"*, 718.

[42] PALUCHOWSKI, *Art. 106*, 993.

[43] FONTANA, LEUZZI, *La liquidazione*, 2334.

Articolo 216

Modalità della liquidazione

1. I beni acquisiti all'attivo della procedura sono stimati da esperti nominati dal curatore ai sensi dell'articolo 129, comma 2. La relazione di stima deve essere depositata con modalità telematiche nel rispetto della normativa anche regolamentare concernente la sottoscrizione, la trasmissione e la ricezione dei documenti informatici, nonché delle apposite specifiche tecniche del responsabile per i sistemi informativi automatizzati del Ministero della giustizia. I modelli informatici delle relazioni di stima sono pubblicati sul portale delle vendite pubbliche e, quando la stima riguarda un bene immobile, deve contenere le informazioni previste dall'articolo 173-bis delle disposizioni per l'attuazione del codice di procedura civile. L'inosservanza della disposizione di cui al secondo periodo costituisce motivo di revoca dell'incarico. La stima può essere omessa per i beni di modesto valore. Il compenso dell'esperto è liquidato a norma dell'articolo 161, terzo comma, delle disposizioni per l'attuazione del codice di procedura civile.

2. Le vendite e gli altri atti di liquidazione posti in essere in esecuzione del programma di liquidazione sono effettuati dal curatore o dal delegato alle vendite tramite procedure competitive, anche avvalendosi di soggetti specializzati, sulla base delle stime effettuate ai sensi del comma 1, assicurando, con adeguate forme di pubblicità, la massima informazione e partecipazione degli interessati. Il curatore informa il giudice delegato dell'andamento delle attività di liquidazione nelle relazioni di cui all'articolo 130, comma 9. Per i beni immobili il curatore pone in essere almeno tre esperimenti di vendita all'anno. Dopo il terzo esperimento andato deserto il prezzo può essere ribassato fino al limite della metà rispetto a quello dell'ultimo esperimento. Fatto salvo quanto previsto dall'articolo 147, comma 2, il giudice delegato ordina la liberazione dei beni immobili occupati dal debitore o da terzi in forza di titolo non opponibile al curatore. Il provvedimento è attuato dal curatore secondo le disposizioni del giudice delegato, senza l'osservanza di formalità diverse da quelle stabilite dal giudice, anche successivamente alla pronuncia del decreto di trasferimento nell'interesse dell'aggiudicatario se questi non lo esenta. Per l'attuazione dell'ordine di liberazione il giudice delegato può avvalersi della forza pubblica e nominare ausiliari ai sensi dell'articolo 68 del codice di procedura civile. Quando nell'immobile si trovano beni mobili che non devono essere consegnati ovvero documenti inerenti lo svolgimento di attività imprenditoriale o professionale, il curatore intima di asportarli alla parte tenuta al rilascio ovvero al soggetto al quale gli stessi risultano appartenere, assegnandogli il relativo termine, non inferiore a trenta giorni, salvi i casi di urgenza. Dell'intimazione si dà atto a verbale ovvero, se il soggetto intimato non è presente, mediante atto notificato dal curatore. Se l'asporto non è eseguito entro il termine assegnato, i beni o i documenti sono considerati abbandonati e il curatore, salvo diversa disposizione del giudice delegato, ne dispone lo smaltimento o la distruzione. Per i beni immobili e gli altri beni iscritti nei pubblici registri, prima del completamento delle operazioni di vendita, è data notizia mediante notificazione da parte del curatore, a

ciascuno dei creditori ipotecari o i cui crediti siano assistiti da privilegio sul bene.

3. Il curatore può proporre nel programma di liquidazione che le vendite dei beni mobili, immobili e mobili registrati vengano effettuate dal giudice delegato secondo le disposizioni del codice di procedura civile in quanto compatibili.

4. Le vendite di cui ai commi 2 e 3 sono effettuate con modalità telematiche tramite il portale delle vendite pubbliche, salvo che tali modalità siano pregiudizievoli per gli interessi dei creditori o per il sollecito svolgimento della procedura.

5. Il curatore effettua la pubblicità, sul portale delle vendite pubbliche, dell'avviso contenente tutti i dati che possono interessare il pubblico o della ordinanza di vendita e di ogni altro atto o documento ritenuto utile e può ricorrere anche a ulteriori forme di pubblicità idonee ad assicurare la massima informazione e partecipazione degli interessati, da effettuarsi almeno trenta giorni prima della vendita. Il termine può essere ridotto, previa autorizzazione del giudice delegato, esclusivamente nei casi di assoluta urgenza.

6. Gli interessati a presentare l'offerta di acquisto formulano tramite il portale delle vendite pubbliche la richiesta di esaminare i beni in vendita. Essi hanno diritto di esaminare i beni in vendita entro quindici giorni dalla richiesta o nel diverso termine stabilito dal giudice delegato. La richiesta non può essere resa nota a persona diversa dal curatore o dal delegato alla vendita. L'esame dei beni si svolge con modalità idonee a garantire la riservatezza dell'identità degli interessati e ad impedire che essi abbiano contatti tra loro.

7. L'offerta non è efficace se perviene oltre il termine stabilito nell'avviso di cui al comma 5 o nell'ordinanza di vendita o se l'offerente non presta cauzione nella misura indicata. Le offerte di acquisto sono efficaci anche se inferiori di non oltre un quarto al prezzo stabilito nell'avviso di cui al comma 5 o nell'ordinanza di vendita e sono presentate tramite il portale delle vendite pubbliche.

8. Le vendite e gli atti di liquidazione possono prevedere che il versamento del prezzo abbia luogo ratealmente; si applicano, in quanto compatibili, le disposizioni di cui agli articoli 569, terzo comma, terzo periodo, 574, primo comma, secondo periodo, 585 e 587, primo comma, secondo periodo, del codice di procedura civile.

9. Il curatore informa il giudice delegato e il comitato dei creditori dell'esito della procedura di vendita o liquidazione di ciascun bene entro cinque giorni dalla sua conclusione mediante deposito nel fascicolo informatico della documentazione relativa alla vendita.

10. Se alla data di apertura della liquidazione sono pendenti procedure esecutive, il curatore può subentrarvi; in tale caso si applicano le disposizioni del codice di procedura civile; altrimenti, su istanza del curatore, il giudice dell'esecuzione dichiara l'improcedibilità dell'esecuzione, fermi restando gli effetti conservativi sostanziali del pignoramento in favore dei creditori.

11. I dati delle relazioni di stima di cui al comma 1 sono estratti ed elaborati, a cura del Ministero della giustizia, anche nell'ambito di rilevazioni statistiche nazionali e pubblicati sul portale delle vendite pubbliche.

12. Con regolamento del Ministro della giustizia, da adottare ai sensi dell'articolo 17, comma 3, della legge 23 agosto 1988, n. 400, entro il termine di sei mesi dalla data di entrata in vigore del presente decreto, sono stabiliti requisiti di onorabilità e professionalità dei soggetti specializzati dei quali il curatore può avvalersi ai sensi del comma 2.

Marco Gulotta

Sommario: 1. Le novità del Codice. – 2. La relazione di stima. – 3. Le adeguate forme di pubblicità. – 4. Gli aspetti procedurali delle vendite concorsuali. – 5. La liberazione dei beni immobili. – 6. Il subentro del curatore nelle procedure esecutive pendenti.

1. – Con l'art. 216 il legislatore – ferme le peculiarità caratterizzanti i precedenti artt. 214 e 215[1] – ha inteso disciplinare, come si intuisce già dalla modifica della rubrica (modalità della liquidazione) rispetto al corrispondente art. 107 l. fall. (modalità delle vendite), le modalità della liquidazione nella procedura di liquidazione giudiziale, e non più della sola vendita dei beni, nell'ottica della riconduzione della vendita esecutiva concorsuale ad un modello unitario[2]: un modello unico di vendita imperniato sul canale del Portale delle vendite telematiche pubbliche (PVP)[3], i cui criteri risultano universalmente applicabili a qualsiasi atto di liquidazione.

Occorre evidenziare che nella sua prima versione, ovvero prima delle modifiche introdotte dal d.lgs. 17 giugno 2022, n. 83 in recepimento della direttiva (UE) 2019/1023 (c.d. Direttiva Insolvency), la norma in commento – sostitutiva di quella contenuta nell'art. 107 l. fall. – aveva visto un "ritorno al passato" per una riacquisita centralità del giudice delegato nella fase di liquidazione, il cui ruolo era stato in tal guisa ridisegnato[4]. Più in particolare, l'originaria modifica del sistema di controllo del giudice delegato sull'attività di liquidazione era incentrata su una sequenza di atti: a) verifica sull'intero programma di liquidazione prima della trasmissione al comitato dei creditori; b) verifica sul singolo atto contenuto nel programma per valutarne la corrispondenza allo stesso; c) recepimento nell'ordinanza di vendita (di competenza del giudice delegato) della disciplina liquidativa prevista nel programma di liquidazione.

Lo spostamento dell'asse di gestione della procedura di liquidazione dal curatore al giudice delegato ha indotto i primi commentatori a evidenziare un possibile disallineamento con la legge delega[5], enfatizzando la farraginosità del meccanismo procedurale delineato[6] e la probabile duplicazione di attività, e giungendo ad ipotizzare, nella pratica, la possibile completa omissione dei passaggi processuali richiesti o una loro eccessiva semplificazione, sì da snaturarne la loro ragione genetica[7].

Sta di fatto che, con il d.lgs. n. 83 del 2022, il legislatore, in attuazione del principio di efficienza delle procedura di insolvenza di cui all'art. 25, lettera *b*), della Direttiva Insol-

---

[1] I quali disciplinano rispettivamente «*la vendita dell'azienda o di suoi rami o di beni o rapporti in blocco*» e le «*cessioni di crediti, azioni revocatorie e partecipazioni e mandato a riscuotere crediti*».

[2] PALUCHOWSKI, *La liquidazione*, 1223.

[3] ROLFI, *Art. 216, 1090.*

[4] LEUZZI, *L'esercizio*, 5.

[5] PALUCHOWSKI, *La liquidazione*, 1223.

[6] D'ADAMO, *La monetizzazione*, 521.

[7] MONTANARI, *Il Codice*, 270.

vency, ha "riaffidato" (i) al curatore il ruolo cardine della programmazione ed esecuzione delle operazioni di liquidazione[8], e (ii) al programma di liquidazione da egli predisposto l'individuazione delle modalità più opportune con le quali svolgersi[9], sì da optare per un "ritorno" ad una disciplina più affine a quella della legge fallimentare[10], ritenendo che la regolamentazione proposta dalla versione originaria dell'art. 216 fosse «*potenzialmente foriera di lungaggini che non si giustificano con esigenze di controllo e verifica dell'operato del curatore*»[11].

Si è venuta così a delineare una disciplina comunque rinnovata rispetto a quella del corrispondente art. 107 l. fall., ma limitatamente a taluni aspetti che ne hanno amplificato le caratteristiche di rapidità, trasparenza ed efficienza.

Più in particolare, tra le novità, viene proposto «un modello paradigmatico di vendita coattiva», operante obbligatoriamente attraverso il PVP con vendita telematica[12], legata alla possibilità di impiego di operatori specializzati privati – in possesso dei requisiti individuati dalla normativa regolamentare (comma 12) – pur mantenendo inalterata la preferibilità dell'attuazione di vendite competitive, ovvero di una trasparente e oculata attività di mercato fondata sulla creazione di meccanismi di competizione[13].

La procedura per la stima dei beni acquisiti all'attivo viene ad essere quindi disciplinata in modo analitico[14], prevedendone una standardizzazione del contenuto, anche in recepimento delle *best practies* attuate nei Tribunali italiani.

Altro elemento di novità è individuabile nel rinnovato meccanismo previsto per la liberazione dell'immobile, disancorato da quello delineato nel codice di rito. Un meccanismo che appare molto più snello e flessibile, e sicuramente meno vincolato dalla più recente disciplina del codice di procedura civile[15].

In ultimo, quale elemento di discontinuità rispetto al corrispondente art. 107 l. fall., può annoverarsi la soppressione del potere del curatore di disporre la sospensione della vendita, rimettendo tale potere esclusivamente al g.d. ai sensi dell'art. 217. Si tratta di una scelta legislativa che i primi commentatori hanno accolto con favore, essendo diretta ad eliminare i problemi applicativi generati dallo sdoppiamento dei poteri, riportando la sospensione della vendita a quei poteri di vigilanza e di controllo di legittimità rimessi al giudice delegato[16].

2. – Il primo comma offre una dettagliata descrizione delle fasi necessarie ai fini della redazione della relazione di stima, quale attività prodromica al modello unico di vendita imperniato sul canale delle vendite telematiche.

---

[8] Relazione tecnica al d.lgs. 17 giugno 2022, n. 83, *sub* art. 30.

[9] In questo senso v. Relazione n. 87 della Corte Suprema di Cassazione del 15 settembre 2022, 40.

[10] DE BERNARDIN, *La domanda*, 47.

[11] ROLFI, *Art. 216,* 1091.

[12] PALUCHOWSKI, *La liquidazione dell'attivo*, 1224.

[13] ESPOSITO, *Il Programma* 32.

[14] MONTEVERDE, *Le fasi*, 2003.

[15] ROLFI, *Art. 216,* 1091.

[16] PALUCHOWSKI, *La liquidazione*, 1226; ROLFI, *Art. 216,* 1091.

La stessa, per tale verso, dovrà altresì depositarsi con modalità telematiche, in modo da assicurare quella massima informazione degli interessati che ha costituito la pietra angolare del procedimento di vendita fallimentare già nel previgente art. 107 l. fall.

L'esperto è nominato dal curatore *ex* art. 129, con l'autorizzazione del comitato dei creditori, salvo per beni di modesto valore per i quali la spesa prevista per la stima può rilevarsi antieconomica[17].

Al medesimo esperto è demandato il compito di redigere relazioni dettagliate, accompagnate da tutta la documentazione utile ad effettuare una corretta stima dell'immobile e un'adeguata informazione degli interessati.

La relazione dovrà essere pubblicata sul PVP.

La norma, così come strutturata, delinea un sistema rivolto ad assicurare, da un lato, il pieno inserimento della relazione di stima sul PVP attraverso il richiamo alla normativa regolamentare in tema di documenti informatici e delle specifiche tecniche ministeriali e, dall'altro, una standardizzazione del suo contenuto, attraverso il richiamo ai modelli informativi pubblicati sul PVP.

Nel caso di stima di beni immobili, viene imposto il rispetto dell'art. 173-*bis* disp. att. c.p.c., la cui violazione è motivo di revoca dell'incarico, sì da evidenziare a chiare lettere l'intento del legislatore di recepire quelle che erano già le prassi degli uffici giudiziari.

3. – In ordine alla pubblicità della procedura di vendita, il Codice abbandona il richiamo all'art. 490 c.p.c. «al fine di assicurare la massima informazione e partecipazione degli interessati», eleggendo come canale pubblicitario primario il PVP (comma 5).

Resta invece inalterata la previsione di notificazione, ad opera del curatore e diretta ai creditori ipotecari e privilegiati speciali, delle operazioni di vendita prima del loro completamento, sì da lasciare immutato il persistente potere di purgazione che l'art. 217, comma 2, attribuisce al giudice delegato.

Tale obbligo va di pari passo con l'esigenza di informare i creditori destinati a subire la cancellazione della pubblicità del proprio diritto di prelazione e il trasferimento del diritto reale di garanzia dal bene al corrispettivo ricavato dalla vendita.

La pubblicità, come visto, è effettuata obbligatoriamente sul PVP, ritenuto mezzo idoneo ad assicurare la massima informazione, ma ciò non toglie che il curatore, laddove ne ravvisi l'esigenza, potrà scegliere canali informativi ausiliari – che comunque comportano costi aggiuntivi – come previsto dal comma 5.

Il richiamo alla "adeguatezza" delle forme di pubblicità è operato sia dal secondo comma che dal quinto comma dell'art. 216, nell'ambito dei quali viene ribadita la necessità di assicurare la massima informazione e partecipazioni degli interessati. Questa ripetizione, probabilmente ultronea, segna tuttavia la linea di demarcazione tra la scelta che il curatore deve operare nel limitare la pubblicità al solo PVP, in un'ottica di risparmio di costi, e quella di preferire la "massima" informazione adoperando più canali possibili, in guisa da "massimizzare" gli obiettivi informativi.

Tenuto conto che la pubblicazione delle procedure sul PVP ha l'ulteriore funzione di

[17] Di Amato, *Diritto della crisi*, 221.

soddisfare le finalità di monitoraggio per finalità statistiche nazionali [18], pare potersi confermare, in coerenza e continuità con quanto sostenuto dai commentatori dell'art. 107 l. fall., che la pubblicità potrà essere considerata adeguata quando venga effettuata con il maggior numero di canali pubblicitari [19], tenuto conto degli elementi legati al territorio [20], compatibilmente con il carattere di proporzionalità tra l'onere pubblicitario e il valore dei beni oggetto di liquidazione [21].

4. – L'art. 216, così come l'art. 107 l. fall., riconosce al curatore la possibilità di scegliere una modalità di vendita per il tramite di procedure competitive (modalità principale), ovvero di proporre l'adozione di quelle previste dal codice di rito (modalità alternativa).

Si è quindi inteso lasciare agli organi della procedura una pregnante "autonomia controllata" nelle modalità di liquidazione, sì da consentire una velocizzazione e ottimizzazione delle attività liquidatorie le cui "modalità" non sono ancorate alla statica individuazione della "procedura civile" ma possono essere modellate secondo una valutazione programmatica [22].

Sotto altro aspetto, la norma ha registrato una rivisitazione del modello della vendita competitiva, proponendo, come cennato, un modello unitario di liquidazione di tutto l'attivo fallimentare che riprende e valorizza il fattore caratterizzante della rinnovata vendita forzata del codice di rito, individuato nella telematizzazione della procedura di vendita, la quale è ritenuta più idonea a conferire alla vendita stessa garanzia di regolarità, sicurezza e riservatezza.

La telematizzazione diviene il «fulcro delle vendite endoconcorsuali» [23] che si inserisce nel solco di una disciplina già improntata ai principi di trasparenza e competitività, che vengono recepiti oggi in maniera più razionale [24].

Le vendite, infatti, sono effettuate obbligatoriamente con modalità telematiche, salvo il caso in cui possano rilevarsi potenziali pregiudizi per gli interessi dei creditori o per il sollecito svolgimento della procedura.

Tramite il PVP, gli interessati dovranno presentare l'offerta d'acquisto (comma 7) e formulare la richiesta di esaminare fisicamente i beni in vendita (comma 6).

Gli interessati hanno diritto ad esaminare i beni in vendita entro quindici giorni dalla richiesta o nel diverso termine stabilito dal giudice delegato, ma viene espressamente acuita l'esigenza di riservatezza inerente all'identità degli interessati, atteso che la medesima richiesta non può essere resa nota a persona diversa dal curatore o dal delegato alla vendita i quali devono attuare modalità idonee a garantire la riservatezza dell'identità degli interessati e ad impedire che essi abbiano contatti tra loro.

---

[18] LAMANNA, *Il codice*, 648; PALUCHOWSKI, *La liquidazione*, 1224.

[19] NONNO, *Art. 107*, 1465.

[20] SANDULLI, *Art. 107*, 643.

[21] MONTANARO, *Art. 107*, 1021.

[22] ESPOSITO, *Il programma*, 32.

[23] FAUCEGLIA, *Il nuovo diritto*, 170.

[24] ZAMPOGNA, *Art. 216*, 915.

Viene fatta salva l'efficacia dell'offerta anche laddove il prezzo sia inferiore al prezzo base di non più di un quarto, in linea con l'attuale art. 571 c.p.c.

È inoltre possibile prevedere che il pagamento del prezzo abbia luogo in forma rateale, con un espresso richiamo alle corrispondenti norme del codice di rito, ove applicabili.

Resta fermo, anche in vigore del Codice, che la procedura di vendita continua ad essere "atto di esecuzione" del programma di liquidazione, sì da rappresentare la limitazione del potere gestionale del curatore, per il tramite del vincolo di conformità delle operazioni di liquidazione al programma medesimo all'autorizzazione rilasciata dal giudice delegato per i soli atti che risultino conformi al programma stesso[25].

Al fine di soddisfare l'esigenza di una rapida liquidazione, il curatore deve procedere almeno a tre esperimenti all'anno (comma 2), con l'ulteriore previsione della possibilità, dopo il terzo esperimento negativo, di procedere ad un ulteriore ribasso sino alla metà del prezzo base dell'ultimo esperimento.

Questa previsione, in realtà, potrebbe rappresentare un limite, rispetto al passato, all'operato del curatore, vincolando lo stesso – al pari dei meccanismi del codice di rito – ad ancorarsi al prezzo base ed operare ribassi predeterminati, a discapito della concreta ed effettiva massimizzazione del ricavato delle vendite.

Conclusasi la procedura competitiva, volta alla identificazione del soggetto selezionato per l'acquisto del bene oggetto di vendita coattiva, il curatore è tenuto ad informare il giudice delegato e il comitato dei creditori dell'esito della stessa con il deposito della documentazione relativa alla vendita, con la finalità di garantire il controllo della regolarità della procedura e consentire l'esercizio da parte del giudice delegato del potere di sospensione della vendita di cui al successivo art. 217 (corrispondente all'art. 108 l. fall.)[26].

Solo dopo il decorso del termine di dieci giorni dal deposito documentale anzidetto, e in assenza di provvedimenti di sospensione o interruttivi da parte del giudice, potrà operarsi il trasferimento finale mediante la stipulazione di contratto di vendita innanzi al notaio rogante, il quale dovrà conferire all'atto la forma pubblica per le relative formalità pubblicitarie[27].

Agli esiti del trasferimento e una volta riscosso interamente il prezzo, il giudice provvederà ad emettere il decreto di cancellazione delle iscrizioni e trascrizioni pregiudizievoli su immobili o beni mobili registrati (art. 217).

5. – In ordine alla liberazione dei beni oggetto di procedura competitiva, la formulazione dell'art. 216 a seguito del Decreto "correttivo" ha comportato la previsione di una disciplina autonoma, la quale, pur ricalcando il contenuto dell'art. 560 c.p.c., resta del tutto svincolata da altri presupposti che non siano quelli del rispetto dell'art. 147 per l'abitazione del debitore[28].

L'ordine di liberazione, quindi, viene ad assumere un contenuto strettamente dipendente dall'ordinanza del giudice delegato che lo dispone, ed è attuato dal curatore – in ve-

[25] ROLFI, *Art. 216*, 1093.

[26] PALUCHOWSKI, *La liquidazione*, 1005.

[27] FIMMANÒ, *La liquidazione*, 53.

[28] ROLFI, *Art. 216*, 1095.

ste di pubblico ufficiale – secondo le disposizioni in esso contenute o con decreto separato ed ulteriore [29].

Salvo il caso in cui l'aggiudicatario non vi abbia rinunciato, il potere di attuare la liberazione continua a sussistere anche dopo che sia stato trasferito il bene al terzo aggiudicatario.

La prospettiva del legislatore è dunque quella di garantire la sicurezza dell'acquisto con l'emissione di provvedimenti e l'esecuzione di atti compiuti nell'interesse degli aggiudicatari.

La tutela giurisdizionale per tali soggetti è quindi affidata ai rimedi endoconcorsuali (art. 123 ss.) con il contemperamento degli interessi di costoro con quelli dell'efficienza della procedura e solo in ultima analisi dei creditori [30].

È da escludersi tuttavia che eventuali ritardi nell'esecuzione possano essere opposti dall'aggiudicatario/acquirente al fine di ottenere la risoluzione del trasferimento del bene, potendo tali ritardi solo giustificare eventuali pretese risarcitorie, ferme le conseguenze sulla valutazione dell'operato del curatore.

L'ordine di liberazione è reclamabile *ex* art. 124.

Quando nel bene siano presenti beni e documenti, il curatore intima alla parte tenuta al rilascio o al terzo cui beni e documenti risultano appartenere, di provvedere all'asporto entro un termine non inferiore a trenta giorni, salvi i casi di urgenza.

L'intimazione è contenuta nel verbale che il curatore dovrà avere cura di redigere al momento dell'attuazione dell'ordine di liberazione, ma nel caso in cui il soggetto destinatario della intimazione non sia presente al momento della liberazione, il curatore dovrà provvedere alla relativa notificata.

In mancanza di adempimento alla intimazione del curatore entro i termini ivi previsti, lo stesso potrà provvedere allo smaltimento o distruzione dei beni, considerandosi i medesimi abbandonati, sempre che il giudice delegato non disponga diversamente.

6. – Il comma 10 riprende il contenuto dell'art. 107 l. fall., prevedendo – fatta salva l'applicazione di norme speciali (i.e. privilegio processuale riconosciuto al creditore fondiario) – la scelta discrezionale del curatore di subentrare in tutte le procedure esecutive pendenti [31].

Resta inalterata la previsione di applicazione, nel caso di subentro, delle disposizioni del codice di procedura civile, le quali assumono il pregnante significato di consentire al curatore di subentrare nel processo esecutivo nello stato in cui lo stesso si trova, indipendentemente dalle preclusioni maturate in favore o in danno del creditore procedente [32].

In caso di subentro, il ricavato della vendita andrà a beneficio della procedura di liquidazione giudiziale. Nella ipotesi in cui il curatore non scelga tale strada, potrà richiedere al giudice dell'esecuzione di dichiarare la improcedibilità della procedura esecutiva, ma, in tal caso, saranno salvi gli effetti conservativi sostanziali del pignoramento in favore dei creditori.

---

[29] LAMANNA, *Il codice*, 651.

[30] LAMANNA, *Il codice*, 652.

[31] D'AQUINO, *Art. 104 ter*, 824.

[32] NONNO, *Art. 107*, 1482.

Questa ultima previsione ha avuto il pregio di consolidare normativamente l'approdo della giurisprudenza della Suprema Corte in relazione al dubbio interpretativo che aveva portato, già sotto il vigore della legge fallimentare, a immaginare una possibile caducazione degli effetti sostanziali del pignoramento (i.e. art. 2913 c.c. o art. 2916 c.c.) nelle ipotesi in cui il curatore avesse optato, ove possibile, per la liquidazione in sede «endoconcorsuale», chiedendo la declaratoria di improcedibilità. Caducazione oggi espressamente esclusa.

Articolo 217
Poteri del giudice delegato

1. Il giudice delegato, su istanza del debitore, del comitato dei creditori o di altri interessati, previo parere dello stesso comitato dei creditori, può sospendere, con decreto motivato, le operazioni di vendita, qualora ricorrano gravi e giustificati motivi ovvero, su istanza presentata dagli stessi soggetti entro dieci giorni dal deposito di cui all'art. 216, comma 9, impedire il perfezionamento della vendita quando il prezzo offerto risulti notevolmente inferiore a quello ritenuto congruo. Se il prezzo offerto è inferiore, rispetto a quello indicato nell'ordinanza di vendita, in misura non superiore ad un quarto, il giudice delegato può impedire il perfezionamento della vendita in presenza di concreti elementi idonei a dimostrare che un nuovo esperimento di vendita può consentire, con elevato grado di probabilità, il conseguimento di un prezzo perlomeno pari a quello stabilito.

2. Per i beni immobili e gli altri beni iscritti in pubblici registri, una volta eseguita la vendita e riscosso interamente il prezzo, il giudice delegato ordina, con decreto, la cancellazione delle iscrizioni relative ai diritti di prelazione, nonché delle trascrizioni dei pignoramenti e dei sequestri conservativi e di ogni altro vincolo.

Pietro Cappabianca

Sommario: 1. Premessa. – 2. Sospensione per gravi e giustificati motivi. – 3. Sospensione per incongruità del prezzo. – 4. La cancellazione dei gravami.

1. – L'art. 217 riproduce, quasi nella sua interezza, il disposto dell'art. 108 l. fall.[1]. Ciò implica che, nell'assetto che il Codice delinea, il giudice delegato ha poteri di controllo e vigilanza sulla regolarità dello svolgimento della procedura mentre le funzioni di direzione e gestione rimangono nella sfera di competenza del curatore.

Tuttavia, il legislatore della riforma introduce una modifica al secondo periodo del comma 1, laddove prevede, similmente a quanto già stabilito nell'art. 572, comma 3, c.p.c.[2], che il giudice possa impedire il perfezionamento della vendita se il prezzo sia inferiore a quello indicato nell'ordinanza di vendita in misura non superiore ad un quarto e vi

---

[1] FAUCEGLIA, *Il nuovo diritto*, 170.

[2] GRIECO, *Art. 217*, 332.

siano concreti elementi che dimostrino che, laddove la vendita venga nuovamente esperita, questa possa portare, con elevato grado di probabilità, al conseguimento di un prezzo almeno pari a quello stabilito.

La *ratio* che ha ispirato la novella della disciplina sui poteri del giudice delegato sta nella valorizzazione delle esigenze di celerità ed efficienza dell'attività liquidatoria, nonché nell'intento di favorire la stabilizzazione degli effetti della procedura di vendita, con la conseguente eliminazione del potere del curatore di sospensione della vendita in presenza di offerta di rincaro pari o superiore al dieci per cento del prezzo di aggiudicazione [3] nonché nell'intento di porre un bilanciamento ai poteri gestori attribuiti al curatore in sede di liquidazione a fini di garanzia dei creditori concorsuali [4].

Allo stesso tempo, però, si nota che tale potere di sospensione delle operazioni di vendita si colora anche di un aspetto giurisdizionale. Le vendite dei beni della massa concorsuale, infatti, possono avvenire nelle forme previste dal diritto privato e, quindi, un intervento nelle dinamiche liquidatorie non può che implicare anche l'esercizio di poteri di stampo giurisdizionale che vanno ad incidere in via diretta sul programma negoziale previsto tra le parti [5].

Anche nell'assetto delineato dal Codice, la liquidazione concorsuale si caratterizza per un potere di sospensione attribuito al giudice delegato che si declina in due aspetti.

Da un lato, infatti, è previsto un generale potere di sospensione della vendita quando ricorrano gravi e giustificati motivi, rispetto al quale è contemplata la sola attivazione su istanza del debitore, del comitato dei creditori o di altri interessati. Dall'altro, invece, vi è un potere di impedimento del perfezionamento della vendita a seguito di istanza presentata dai medesimi legittimati, laddove il prezzo risulti notevolmente inferiore a quello ritenuto congruo.

Infine, l'ultimo comma della norma prevede il potere del giudice delegato di ordinare, una volta riscosso interamente il prezzo di vendita dei beni immobili e di quelli mobili iscritti in pubblici registri, di ordinare, con proprio decreto, la cancellazione delle iscrizioni relative ai diritti di prelazione, nonché le trascrizioni dei pignoramenti, dei sequestri conservativi e di ogni altro vincolo.

2. – La sospensione per gravi e giustificati motivi rappresenta un rimedio di carattere generale, avente natura inibitoria e funge da strumento per il giudice delegato per garantire la coerenza e la razionalità del programma di liquidazione, sì da evitare l'inverarsi di fenomeni abusivi e speculativi. La norma non fissa alcun limite temporale per l'attivazione di tale potere – da ritenersi, quindi, utilizzabile in tutte le fasi della procedura di vendita – e rimane volutamente generica sui presupposti oggettivi che ne giustificano l'utilizzo [6]. Considerata, infatti, la locuzione «operazioni di vendita», il potere di cui all'art. 217, comma 1, prima parte, deve intendersi riferito non soltanto alle procedure competitive ma, più genericamente, a tutti quegli atti posti in essere dal curatore e strumentali alla liquida-

[3] Russolillo, *La nuova disciplina*, 791.

[4] In argomento Della Santina, *Prime riflessioni.*

[5] Zampogna, *Art. 217*, 919.

[6] Si veda, ad esempio, Cass., 18 gennaio 2018, n. 1194.

zione dell'attivo mediante la vendita dei beni, anche se non strettamente attuativi del programma di liquidazione, come ad esempio gli incidenti nella fase di selezione dell'acquirente che non siano stati compiutamente dominati dal curatore[7]. Possono, quindi, venire in rilievo non soltanto i profili inerenti alla determinazione del prezzo di vendita dei cespiti, ma anche quelli concernenti il merito e la convenienza della procedura stessa (come, per esempio, la valutazione circa l'uso di procedure di vendita concretamente competitive)[8].

Quanto all'ambito di applicazione oggettivo della norma, nella locuzione «*gravi e fondati motivi*» potranno farsi rientrare tanto il cambiamento delle circostanze di fatto che hanno giustificato l'attivazione di una certa procedura di vendita, così come le modalità di pubblicità adottate[9].

Il potere del giudice delegato di sospendere le operazioni di vendita nei casi di cui all'art. 217, poi, tenuto distinto dall'ipotesi disciplinata dall'art. 52 rubricato «*sospensione della liquidazione, dell'esecuzione del piano o degli accordi*».

L'art. 52, infatti, considera l'ipotesi in cui sia stato proposto reclamo avverso la sentenza che ha pronunciato l'omologazione del concordato preventivo o degli accordi di ristrutturazione oppure ha disposto l'apertura della liquidazione giudiziale. In tal caso, al ricorrere di gravi e fondati motivi, la corte di appello può sospendere, in tutto o in parte o temporaneamente, la liquidazione dell'attivo, la formazione dello stato passivo e il compimento di altri atti di gestione. Si va ad incidere, in altre parole, sull'*an* della liquidazione.

Nel caso dell'art. 217, invece, il potere del giudice delegato non spiega i suoi effetti sulla doverosità della liquidazione in sé considerata, ma sulle concrete modalità vendita di taluni beni acquisiti alla procedura ad opera del curatore. Infatti, anche in caso di accoglimento dell'istanza di sospensione della vendita, a quell'operazione si dovrà comunque dare esecuzione, pur se, chiaramente, con modalità differenti rispetto a quelle oggetto di doglianza, non incidendosi, come già anticipato, sulla doverosità della vendita stessa.

Quanto, infine, agli effetti derivanti dall'esercizio del potere di sospensione della vendita, nulla è stabilito dalla norma.

Avverso il provvedimento che accoglie o rigetta l'istanza di sospensione può proporsi reclamo al collegio, conformemente a quanto previsto dall'art. 124, e il relativo provvedimento decisorio sarà ricorribile in Cassazione ai sensi dell'art. 111 Cost.[10].

3. – L'art. 217 disciplina poi, nella seconda parte del comma 1, un'ulteriore ipotesi del potere di impedire il perfezionamento della vendita laddove il prezzo risulti notevolmente inferiore a quello congruo. Si ritiene, quindi, che il prezzo «*congruo*», al pari di quello «*giusto*» di cui al precedente art. 108 l. fall., è «quello dato per le vendite di beni appartenenti a quella tipologia merceologica in un determinato luogo e in un determinato arco di tempo»[11]. La formulazione della norma è particolarmente generica e ciò, si è ritenuto, al

[7] LICCARDO, FEDERICO, *Art. 108*, 1801.

[8] ROLFI, *Art. 108*.

[9] MONTANARO, *Art. 108*, 1068.

[10] Cass., 22 gennaio 2009, n. 1610.

[11] Testualmente, MONTANARO, *Art. 108*, 1078; v., anche, ROLFI, *Art. 217*, 1101.

fine di valorizzare il potere discrezionale del giudice delegato [12] per poter garantire la celerità nello svolgimento della procedura medesima [13].

Trattasi, anche in questo caso, di un potere attivabile solo su istanza di parte, da esercitarsi entro il termine di dieci giorni dal deposito del fascicolo della documentazione relativa alla vendita (art. 216, comma 9). Da tale deposito, quindi, decorre il termine per proporre l'istanza di sospensione. A ben vedere, la norma sconta un ambito applicativo limitato alle sole procedure competitive, in quanto si fa menzione del deposito del fascicolo di vendita che l'art. 216 riferisce solo a tali procedure. Al contempo, però, il potere di sospensione in esame, in assenza di contrarie disposizioni normative, può ritenersi applicabile a tutti i beni di pertinenza della procedura, purché ricorra il requisito della sproporzione tra prezzo offerto e giusto prezzo alla luce delle condizioni di mercato.

Rispetto, poi, alla generale previsione di sospensione di cui all'art. 217, comma 1, prima parte, la fattispecie in esame, facendo riferimento al prezzo di vendita e al termine di cui all'art. 216, comma 9, implica che sia stata completata la fase di aggiudicazione o di selezione dell'acquirente. Di talché, perfezionatosi l'acquisto, l'attivazione di questa ipotesi di sospensione rimarrà certamente preclusa, potendosi attivare, se del caso, altri strumenti per l'impugnazione della vendita già perfezionata.

Da tale ricostruzione discende che tale potere sconta taluni limiti di azionabilità. Segnatamente, tale potere non può essere fondato su quei fatti o quegli elementi che avrebbero dovuto costituire oggetto di doglianza al giudice delegato o al curatore in una fase anteriore all'aggiudicazione, già conosciuti dalle parti o conoscibili con l'ordinaria diligenza e non tempestivamente eccepiti, e, per i quali, al più sarebbe stato ipotizzabile l'utilizzo del generale potere di sospensione di cui all'art. 217.

Il potere in esame non è subordinato alla deduzione di un vizio di legittimità del procedimento di vendita, ma richiede anche una valutazione nel merito circa l'incongruità del prezzo di aggiudicazione alla luce delle risultanze del singolo caso concreto e in coerenza con le finalità di massimo realizzo della procedura concorsuale.

Una ipotesi peculiare di sospensione della vendita per incongruità del prezzo, tipizzata dal Codice, è quella in cui il prezzo offerto sia inferiore, in misura non superiore al 25 per cento, a quello indicato nell'ordinanza di vendita. In tal caso, il giudice delegato, se ritiene, con elevato grado di probabilità e sulla base di concreti elementi, che possa ottenersi un prezzo pari a quello stabilito nell'ordinanza di vendita, può decidere di impedirne il perfezionamento [14].

Sebbene la norma nulla dica sulla natura di tale termine può ritenersi che, alla luce della *ratio* e la funzione dell'istituto, questo debba ritenersi perentorio. Di conseguenza, dovrà essere dichiarata inammissibile un'istanza proposta al di fuori di detto termine, quali che ne siano le ragioni a sostegno.

Infine, il decreto che decide sull'istanza di sospensione è reclamabile ai sensi dell'art. 124 nonché ricorribile per cassazione *ex* art. 111 Cost.

---

[12] PROTO, *Art. 108*, 455.

[13] RUSSOLILLO, *La nuova disciplina.*, 792.

[14] Cass., 23 novembre 2022 n. 34457.

4. – Una volta eseguita la vendita, in base all'ultimo comma dell'art. 217, il giudice delegato deve procedere, a seguito del completamento della vendita e della riscossione del prezzo, a cancellare le iscrizioni relative ai diritti di prelazione e delle trascrizioni di pignoramenti, sequestri, nonché di ogni altro vincolo relativo a beni immobili e mobili registrati, con proprio decreto.

Un tale potere di natura purgativa si pone in un rapporto di autonomia rispetto alle fasi di perfezionamento della vendita e di riscossione del prezzo [15]. Ciò, in altre parole, implica che la vendita si perfezionerà con i vincoli che esistono sul bene e, successivamente al versamento del prezzo, si attiverà il potere purgativo del giudice delegato.

Profilo dubbio è rappresentato dalla possibilità per il giudice delegato di ordinare la cancellazione dei vincoli anche successivi alla sentenza dichiarativa dell'apertura della liquidazione giudiziale, rispetto al quale nulla dice l'art. 217. Sul punto, la dottrina tende a dare risposta affermativa [16].

Tuttavia, non tutti i vincoli risultano comunque purgabili. Il potere di disporre la cancellazione dei vincoli non può applicarsi alle domande giudiziali trascritte, in quanto non potrebbero farsi rientrare nella dicitura «*altri vincoli*» e per le quali sarebbe, invece, necessaria, secondo quanto disposto dall'art. 2668 c.c., una sentenza passata in giudicato o l'accordo delle parti.

Nondimeno, la purgazione prevista dal comma 2 dell'art. 217 non può trovare applicazione per le vendite eseguite con le modalità previste dal codice di procedura civile, rispetto alle quali si dovrà fare riferimento alle disposizioni dello stesso codice di rito o, al più, alle leggi speciali per quella particolare categoria di beni [17].

[15] LICCARDO, FEDERICO, *Art. 108*, 1804.

[16] MONTANARO, *Art. 108*, 1082.

[17] Sul punto, Cass., 11 aprile 2018, n. 9017.

Articolo 218

Vendita dei diritti sulle opere dell'ingegno, sulle invenzioni industriali e sui marchi

1. Il trasferimento dei diritti di utilizzazione economica delle opere dell'ingegno, il trasferimento dei diritti nascenti dalle invenzioni industriali, il trasferimento dei marchi e la cessione di banche di dati sono fatte a norma delle rispettive leggi speciali.

Rosaria Romano

1. – L'art. 218 si colloca nel capo IV, sezione II, intitolato «Vendita dei beni» e disciplina la vendita dei diritti sulle opere dell'ingegno, sulle invenzioni industriali e sui marchi, riprendendo letteralmente il previgente art. 108-*ter* l. fall. (come già modificato ad opera dell'art. 96, d.lgs. 9 gennaio 2006, n. 5) [1]. Pur in occasione del varo recente del Codice il legislatore italiano ha rinunciato all'uso del linguaggio, ormai attestatosi a livello internazionale ed europeo, che designa le regole ascrivibili al diritto dei segni distintivi tipici e atipici, dei disegni e modelli, delle invenzioni, dei segreti commerciali e del diritto d'autore e connessi, come regole relative al "diritto della proprietà intellettuale". Tale rilievo non è meramente linguistico, ma evidenzia, sia mancanza di unitarietà della disciplina italiana sul piano delle fonti chiamate a correlarsi con il Codice, quali la legge sul diritto d'autore (l. 22 aprile 1941, n. 633 novellata molteplici volte soprattutto in attuazione di Direttive europee) e il codice della proprietà industriale (d.lgs. 10 febbraio 2005, n. 30, anch'esso oggetto di diversi interventi e modifiche), sia la mancanza di considerazione di tali diritti come ascrivibili unitariamente alla tutela dell'innovazione sviluppata e utilizzata nell'ambito dell'attività imprenditoriale; l'innovazione, infatti, può mantenere il suo valore economico ed il suo potenziale di sfruttamento autonomo anche nel momento della crisi. Questo cenno al linguaggio utilizzato all'art. 218 segnala, dunque, una lacuna nel

[1] Per una ricostruzione di carattere generale della disciplina dei diritti di proprietà intellettuale prima delle riforme avviate a partire dal 2006, Formiggini, *Il fallimento*, 1109; Ghidini, *I diritti*, 47.

trattare del patrimonio innovativo dell'impresa, poiché trascura ogni riferimento esplicito a privative diverse rispetto a quella sui marchi (come per tutte la disciplina dei disegni e modelli) e a quei trovati che non costituiscono invenzioni industriali in senso stretto, ma che, tuttavia, sono oggi certamente ascrivibili al novero dei diritti di proprietà intellettuale, come per esemplificare i segreti commerciali disciplinati agli artt. 98 e 99 c.p.i. [2]; parimenti, si fa riferimento ai diritti di utilizzazione delle opere dell'ingegno senza alcun cenno alla sorte dei diritti connessi, anch'essi diritti di proprietà intellettuale e anch'essi oggi decisamente rilevanti nel contesto dell'industria culturale.

Come previsto dall'art. 214 la liquidazione giudiziale può avere ad oggetto l'intero complesso aziendale (e questa è la soluzione ritenuta preferibile), che comprenderà anche il patrimonio innovativo costituito dai diritti di proprietà intellettuale di titolarità dell'imprenditore oppure, se la vendita dell'azienda –o almeno delle cc.dd. "cessioni aggregate" – non consente una maggiore soddisfazione dei creditori, la liquidazione può avere ad oggetto singoli beni, tra i quali appunto, i diritti di proprietà intellettuale. Prima di considerare i profili applicativi della disciplina, è opportuno evidenziare che taluni dei diritti menzionati all'art. 218 hanno una componente personalistica che non può naturalmente essere oggetto di atti di disposizione; ci si riferisce ai diritti morali d'autore (art. 20 ss. l.a.) e al diritto morale dell'inventore di essere considerato autore dell'invenzione (art. 62 c.p.i.). In particolare, per il diritto d'autore oltre ai diritti morali, testualmente non trasmissibili (art. 22 l.a.), si pone il problema del diritto di prima pubblicazione dell'opera, che essendo facoltà rimessa alla decisione dell'autore, è, pertanto, anch'essa da ritenersi non trasferibile. Tali diritti, stante la loro connotazione personalistica, non possono essere trasferiti e sono, evidentemente, esclusi dal perimetro di applicabilità dell'art. 218. Parimenti, l'art. 111 l.a. esclude che, pur trattandosi di diritti patrimoniali, i diritti di pubblicazione dell'opera dell'ingegno e di utilizzazione dell'opera pubblicata, possano «*formare oggetto di pegno, pignoramento e sequestro né per atto contrattuale, né per via di esecuzione forzata, finché spettano personalmente all'autore*», con ciò prevedendosi regimi diversi in termini di esecuzione forzata a seconda che tali diritti siano stati ceduti dall'autore o meno [3].

2. – Come già il previgente art. 108-*ter* l. fall., anche l'art. 218 rinvia alle rispettive leggi speciali e, segnatamente, nell'ordine in cui sono menzionate, alla legge sul diritto d'autore e al codice della proprietà industriale. Giova evidenziare come, parimenti, in tema di vendita del complesso aziendale l'art. 214, comma 2 rinvii all'art. 2556 c.c. sulle modalità del trasferimento di azienda, confermando anche in tal caso il rinvio a fonti diverse rispetto al Codice. Il rinvio diretto del Codice alle leggi speciali era, come già detto, previsto dall'art. 108-*ter* l. fall., rispondente a sua volta all'obiettivo perseguito dai precedenti interventi di modifica della legge fallimentare, di risolvere il problema del rinvio operato alle norme del codice di procedura civile per le vendite coattive; già con i primi interventi di modifica del diritto fallimentare avvenuti a partire da 2006 si era inteso risolvere in maniera organica e nel contesto specifico delle procedure concorsuali il tema delle vendite dei beni, rinviando direttamente alle leggi speciali laddove queste, come nel caso

[2] In questa prospettiva FERRARO, *Art. 108* ter, 1598.

[3] In argomento, AUTERI, *Diritto d'autore*, 773.

dei diritti di proprietà intellettuale e segnatamente in tema di marchi e brevetti, disciplinassero l'esecuzione forzata ed il sequestro (art. 137 c.p.i.). In tema di diritti d'autore, invece, mancando una disciplina specifica dell'esecuzione forzata, rilevano le disposizioni sul trasferimento dei diritti ed in particolare l'art. 110 l.a. che prescrive che «*la trasmissione dei diritti di utilizzazione deve essere provata per iscritto*». Dunque, anche ai fini della liquidazione giudiziale il trasferimento di eventuali diritti d'autore sulle opere tutelate *ex* artt. 1 e 2 l.a. di titolarità dell'imprenditore dovrà essere provato per iscritto; a tale proposito è opportuno segnalare che anche in tale contesto, stante il rinvio alla legge speciale, troverà applicazione la prescrizione della legge sul diritto d'autore secondo la quale le singole facoltà di utilizzazione sono, salvo patto contrario, oggetto di cessione indipendente, escludendosi che il trasferimento di una facoltà implichi automaticamente il trasferimento delle altre (come si argomenta dall'autonomia delle singole facoltà *ex* artt. 19 l.a. e 119, comma 5, l.a.)[4]; da tale prescrizione si ricava che in termini applicativi il trasferimento di diritti d'autore dovrà avvenire anche nel caso previsto dall'art. 218 per iscritto ed indicando analiticamente ed esplicitamente tutte le facoltà di sfruttamento economico dell'opera oggetto del trasferimento. In materia di diritto d'autore, infine, a differenza di altri ambiti del diritto della proprietà intellettuale, non è prevista una disciplina relativa alla trascrizione degli atti di trasferimento. L'art. 103 l.a. detta, infatti, regole in tema di registri di pubblicità e deposito delle opere dell'ingegno considerando il registro pubblico generale delle opere protette, il registro pubblico per le opere cinematografiche e audiovisive e quello per i programmi per elaboratore, i quali assolvono, tuttavia, in termini meramente facoltativi, una funzione probatoria, sino a prova contraria, rispetto all'esistenza dell'opera; dunque, all'esito della vendita dei diritti su un'opera dell'ingegno nel contesto della liquidazione giudiziale, l'acquirente degli stessi ha l'onere di iscrizione negli appositi registri[5], mantenendo, però, tale iscrizione carattere facoltativo e non avendo efficacia in termini di soluzione del conflitto tra più acquirenti del medesimo bene[6]. Un cenno deve, poi, essere dedicato al richiamo esplicito contenuto all'art. 218 alle banche dati. Non sono, infatti, chiare le ragioni per le quali il trasferimento delle banche dati sia considerato autonomamente ed in chiusura dell'elenco dei diritti di proprietà intellettuale, quasi si trattasse di una disciplina ulteriormente speciale. In realtà, le banche dati sono tutelate nel sistema del diritto d'autore italiano (artt. 102-*bis*-102-*quinquies* l.a.), derivante dall'attuazione della direttiva CE 96/9, come opere protette dal diritto d'autore attraverso due diverse tecniche di tutela: un diritto esclusivo d'autore sull'architettura o struttura della banca dati ed un diritto connesso sul contenuto della banca dati, cioè sull'insieme o una parte rilevante dei dati che costituiscono la banca medesima. La legge sul diritto d'autore non prevede una disciplina speciale per la circolazione delle banche dati e devono, dunque, ritenersi anche

---

[4] Sull'autonomia delle singole facoltà di sfruttamento e le ricadute di tale prescrizione in sede di interpretazione dei contratti di trasferimento dei diritti, SPADA, *Parte generale*, 35; evidenzia l'autonomia dei singoli trasferimenti FERRARO, *Art. 108 ter*, 1525.

[5] In tale prospettiva TOSATO, *Art. 103*, 900 ss.

[6] Sul punto Cass., 29 ottobre 2009, n. 22924 ove testualmente: «si tratta di una pura facoltà e che conseguentemente non si può fare affidamento sulle risultanze emergenti dal registro, che possono comunque essere incomplete e parziali e che non possono valere a risolvere il conflitto tra più acquirenti del medesimo diritto o fra pretesi titolari del diritto stesso».

in tal caso applicabili le regole degli artt. 107 e 110 l.a. Il riferimento esplicito alle banche dati contenuto, sia all'art. 108-*ter* l. fall., che all'art. 218, ha, poi, condotto taluni interpreti a ritenere applicabili in caso di vendita della banca dati in occasione della liquidazione giudiziale la disciplina relativa al trattamento dei dati personali[7], con ciò presupponendo, evidentemente, che l'art. 218 si riferisca ad una banca dati avente ad oggetto dati personali. Pur essendo tale ipotesi fattualmente ipotizzabile, tuttavia, la disciplina delle banche dati nell'ambito del diritto della proprietà intellettuale è generale, dettata cioè in relazione a qualsiasi dato la banca contenga e non necessariamente dati personali (si pensi a raccolte dati sulle performance di un prodotto o sulla diffusione territoriale dello stesso o su altri dati prettamente aziendalistici); pertanto, il richiamo alla disciplina della tutela dei dati personali non è necessariamente e specificamente riferibile alle banche dati considerate all'art. 218, le regole in tema di tutela dei dati personali essendo, infatti, trasversali e comuni ad ogni vicenda giuridica traslativa che riguardi gli stessi.

Infine, deve essere segnalato che nella nozione ampia, accreditata a livello internazionale ed europeo, di proprietà intellettuale sono inclusi anche i diritti connessi al diritto d'autore (Titolo II, artt. 72-102 l.a.) ai quali pure nel caso di assoggettamento alla liquidazione giudiziale del detentore sembra ragionevole applicare l'art. 218.

3. – Diverse ed ulteriori questioni si pongono sul versante dei segni distintivi, delle invenzioni e delle altre innovazioni tutelate. In primo luogo, è opportuno tenere in considerazione ai fini della vendita di tali beni la distinzione tra diritti titolati e non titolati, tracciata all'art. 2 c.p.i.; questa incide, sia sul trasferimento, che sul valore degli stessi. In secondo luogo, devono essere evidenziate le ragioni per le quali l'art. 218 si riferisca unicamente al marchio senza considerare la varietà di regole ed interessi che ruotano attorno a quei segni distintivi ulteriori, che nella vita di un'impresa giocano un ruolo significativo: la ditta, l'insegna, il nome a dominio[8]. Per quanto riguarda la ditta, quest'ultima non potendo circolare autonomamente rispetto all'azienda è assorbita nella disciplina della vendita dell'azienda e dunque se ne comprende la mancata menzione all'art. 218; per quanto riguarda l'insegna anche in tal caso la vendita dell'azienda dovrebbe assorbire il trasferimento di tale segno distintivo che contraddistingue il luogo fisico in cui si svolge l'attività di impresa; infine, relativamente al nome a dominio, questo, stante la sua ubiquitarietà, non avendo un legame con un luogo fisico ma virtuale, ha rilievo come bene autonomo, spesso accreditato e noto presso il pubblico e potrà, pertanto, essere oggetto di vendita *ex* art. 218. In molti casi il nome di dominio è identico al marchio ed il trasferimento al medesimo acquirente potrà riguardare entrambi i segni (art. 22 c.p.i.). L'art. 218 si concentra, dunque, solo sul marchio, per il quale è prevista ampia libertà in tema di circolazione (art. 23 c.p.i.), sia quanto alla forma, che al titolo del trasferimento. Naturalmente, deve essere subito rilevato che, diversamente dalla disciplina previgente (anteriore, cioè, alla prima direttiva 89/104/CEE sul ravvicinamento delle legislazioni degli Stati membri in materia di marchi di impresa), il marchio può oggi circolare autonomamente e soprattutto

---

[7] Tale soluzione è proposta da ROLFI, *Art. 108* ter, 1106.

[8] Sul ruolo dei diversi segni distintivi nell'impresa VANZETTI, DI CATALDO, SPOLIDORO, *Manuale*, 329.

indipendentemente dall'azienda[9]. Tale rilievo viene ancor più in evidenza nel caso della crisi dell'impresa, potendo il marchio mantenere la propria capacità attrattiva e l'eventuale notorietà, che ne giustificano il valore economico e conseguentemente la vendita indipendentemente dal complesso aziendale. Unico limite in caso di trasferimento è quello prescritto all'art. 23, comma 4, c.p.i., secondo il quale dalla vendita del marchio non deve derivare inganno «*in quei caratteri dei prodotti che sono essenziali per l'apprezzamento del pubblico*». A differenza che per il diritto d'autore per i segni distintivi non è prevista la forma scritta dell'atto di disposizione, ma è prevista la trascrizione (artt. 138 e 139 c.p.i.) ai fini di opponibilità ai terzi e ciò può avere certamente un rilievo in sede di vendita nell'ambito del marchio nella liquidazione giudiziale. L'art. 137 c.p.i. prevede, infine, una disciplina specifica in tema di esecuzione forzata e sequestro rispetto alla quale in sede di liquidazione giudiziale va valutata la compatibilità delle diverse prescrizioni. Deve essere osservato che il comma 2 dell'art. 137 c.p.i. rinvia alle norme del codice di procedura civile ed il comma 7 richiama specificamente le norme in tema di vendita forzosa di beni mobili per tutti quei profili che non siano espressamente considerati nel c.p.i. Trova, in ogni caso, applicazione la valutazione di compatibilità, sia delle norme del codice di rito richiamate, sia, come testualmente previsto dall'art. 218, della disciplina speciale industrialistica con le disposizioni del Codice e tra queste con quelle dettate per il programma di liquidazione *ex* art. 213. In termini puntuali, sono state ritenute non compatibili con il dettato del nuovo Codice (ma anche con le precedenti disposizioni) i commi 3, 4, 5 e 6 dell'art. 137 c.p.i. poiché prescritti per il pignoramento, come pure i commi 10 e 11 relativi all'esecuzione individuale[10]. Deve, infine, essere rilevato, che anche il comma 14 dell'art. 137 c.p.i. è incompatibile con le regole in tema di procedure concorsuali, poiché richiama l'art. 120 c.p.i. sulla competenza, che in tal caso non è certo quella del tribunale specializzato, prevalendo i criteri inderogabili di competenza prescritti per la liquidazione giudiziale.

L'art. 218 fa, poi, genericamente riferimento ai «*diritti nascenti da invenzioni industriali*» considerando, evidentemente, che la vendita in sede di liquidazione giudiziale si riferisca, tanto ad invenzioni non ancora brevettate, come a quelle per le quali sia stata depositata la domanda di brevetto, come pure a quelle per le quali il brevetto sia stato concesso. Dal punto di vista della liquidazione giudiziale il fatto che l'invenzione sia brevettata o meno ha talune ricadute: l'invenzione brevettata può avere, infatti, un valore economico che deriva, non solo dal valore tecnologico del trovato in sé, ma anche dall'esistenza di un titolo rilasciato da un'Amministrazione che ne rende più agevole la circolazione e l'azionabilità nei confronti dei terzi, per il quale in sede di cessione è prevista la trascrizione e per il quale il c.p.i. detta regole specifiche in tema di esecuzione forzata e sequestro dei relativi titoli (artt. rispettivamente 138 in tema di trascrizione, 137 c.p.i. in tema di esecuzione forzata per il quale si rinvia ai profili di compatibilità con le regole in tema di procedure descritte sopra a proposito dei marchi[11]). Per le invenzioni non brevettate o il cui

[9] Per una ricostruzione delle ragioni e degli interessi che hanno condotto alla circolazione autonoma del marchio rispetto all'azienda RICOLFI, *I segni distintivi,* 164.

[10] In tal senso, già relativamente al previgente art. 108-*ter* l. fall. FERRARO, *Art. 108* ter.

[11] In argomento anche TOSATO, *Art. 103*.

iter brevettuale non sia ancora concluso si pongono, invece, problemi differenti. In tali casi, si deve evidenziare innanzitutto il rilievo del c.d. diritto al brevetto (art. 63 c.p.i.), ossia il diritto dell'inventore o del suo avente causa a depositare la domanda di brevetto rispetto ad un trovato che presenti le condizioni di brevettabilità. Trattandosi di un diritto patrimoniale quest'ultimo può essere ceduto qualora presente nel patrimonio aziendale, ma, naturalmente, stante l'incertezza circa l'esisto dell'iter brevettuale ed i relativi costi, il valore dello stesso è certamente inferiore a quello di un titolo brevettuale già concesso. Un'ipotesi ancora diversa, soprattutto in funzione del valore del bene, è, infine, quella nella quale la procedura brevettuale sia ancora in corso e ad esser oggetto di trasferimento sia la domanda di brevetto depositata. Anche in tal caso sarà applicabile l'art. 137 c.p.i., salve le ipotesi di incompatibilità delle regole concorsuali, come accennato a proposito dei marchi.

4. – Come evidenziato inizialmente l'art. 218 nell'ambito dei diritti di proprietà industriale fa riferimento esplicito alla vendita dei diritti sul marchio e sulle invenzioni industriali senza alcun cenno alle altre privative industrialistiche, siano esse titolate o meno, quali i modelli di utilità (art. 82 ss. c.p.i.), le topografie di prodotti a semiconduttori (art. 87 c.p.i.), i segreti commerciali (art. 98 ss. c.p.i), le nuove varietà vegetali (art. 100 ss. c.p.i.), innovazioni queste sotto taluni profili assimilabili alle invenzioni e dunque assoggettabili alla disciplina dell'art. 218.

Tra queste innovazioni tutelabili i segreti commerciali costituiscono, certamente, un bene ascrivibile al patrimonio innovativo dell'impresa, che presenta dei tratti peculiari in termini di protezione e valore economico e conseguentemente in sede di applicazione dell'art. 218. I segreti commerciali, benché tutelati espressamente (artt. 98 e 99 c.p.i.), sono, infatti, estremamente precari, stante la facilità con la quale possono essere divulgati [12]. La vendita nella liquidazione giudiziale di segreti commerciali detenuti dall'imprenditore insolvente dovrà, pertanto, avvenire rispettando le condizioni previste all'art. 98, lett. *c*), c.p.i. e segnatamente mantenendo tutte quelle misure "ragionevolmente adeguate" adottate dal legittimo detentore per proteggere i propri segreti commerciali al fine di evitare la perdita della segretezza con la conseguente divulgazione dell'innovazione e la relativa perdita del valore economico della stessa.

---

[12] Sulla tutela dei segreti commerciali BERTANI, *Struttura e contenuto*, 585.

Articolo 219
Procedimento di distribuzione della somma ricavata

1. Il giudice delegato provvede alla distribuzione della somma ricavata dalla vendita secondo le disposizioni del capo seguente.

2. Il tribunale stabilisce con decreto la somma da attribuire, se del caso, al curatore in conto del compenso finale da liquidarsi a norma dell'articolo 137. Tale somma è prelevata sul prezzo insieme alle spese di procedura e di amministrazione.

Gianfranco Alfano

Sommario: 1. Distribuzione delle somme. – 2. Attribuzione al curatore di acconti. – 3. Prelievo delle spese di procedura. – 4. Decreto del tribunale.

1. – La disposizione in commento, tradizionalmente oggetto di modesta considerazione da parte della dottrina, è rimasta nella sostanza inalterata – nel contenuto e nella rubrica – rispetto a quella precedentemente contenuta nel riformato art. 109 l. fall. Ne resta immutata persino la "collocazione", quale disposizione di chiusura del capo IV del Codice, con funzione di raccordo tra le norme sancite in materia di liquidazione dell'attivo – a cui il summenzionato capo IV è appunto intitolato – e quelle dedicate alla ripartizione dell'attivo[1]. Tale scelta continua ad apparire poco convincente, essendo la norma *de quo* dedicata esclusivamente alla fase di distribuzione dell'attivo e, dunque, all'esito di una procedura di ripartizione puntualmente disciplinata appunto ai sensi del capo successivo del Codice (art. 220 ss.)[2], a cui, peraltro, è fatto esplicito rinvio.

Il comma 1 dell'art. 219, in continuità con il disposto dell'art. 109 l. fall., affida formalmente al giudice delegato la competenza alla distribuzione della somma ricavata dalle operazioni di liquidazione, sebbene a costui spetti *de facto* una funzione di mera vigilanza sul deposito del piano di distribuzione elaborato dal curatore e sulla relativa esecuzione. Il legislatore non ha dunque accolto gli spunti critici offerti dalla dottrina[3], confermando una impostazione che non appare pienamente soddisfacente, sol che si pensi che al giudice

[1] Montanaro, *Art. 109*, 1095.

[2] Zampogna, *Art. 219*, 926.

[3] Montanaro, *Art. 109*, 1096.

delegato risulta oramai preclusa ogni possibilità di intervento sul succitato piano, dovendo quest'ultimo essere trasmesso direttamente ai creditori attraverso modalità telematiche (art. 220, comma 1).

2. – Il comma 2 prevede, con formulazione di fatto analoga a quella già contemplata all'interno della l. fall., la possibilità che il tribunale stabilisca con decreto l'attribuzione di acconti al curatore[4], specificando che tali somme debbano essere "prelevate" sul ricavato dei beni (mobili e immobili[5]) oggetto di liquidazione, in uno con le spese sostenute per le procedure di vendita e di amministrazione dei beni stessi.

Secondo quanto stabilito ai sensi del comma 2 dell'art. 137, salvo ricorrano giustificati motivi, la liquidazione dell'acconto – per la quale si ritiene necessario che il curatore presenti apposita istanza al tribunale[6] – deve essere sempre preceduta dalla presentazione di un riparto parziale[7]. Detta regola, già introdotta nel testo della l. fall. per mezzo della l. 6 agosto 2015, n. 132, che ha convertito con modifiche il d.l. 27 giugno 2015, n. 83, è stata conservata anche nell'impianto normativo del Codice; essa tende, a un tempo, a incentivare i riparti parziali (accelerando, così, i tempi della procedura[8]) e a evidenziare lo stretto rapporto intercorrente tra questi e la predisposizione di acconti in favore del curatore[9].

Come evidenziato in dottrina, la norma *de quo* non attribuisce, in capo al curatore, un diritto soggettivo all'acconto[10]; la liquidazione dello stesso risulta, piuttosto, meramente eventuale (come rimarcato dall'inciso «*se del caso*») e subordinata a una valutazione articolata[11] condotta in modo discrezionale dal tribunale, che tiene conto dell'effettivo apporto dell'organo della procedura alle operazioni di vendita dei beni ricompresi nell'attivo[12]. Sicché, nessun acconto sarebbe in astratto attribuibile nelle ipotesi in cui il curatore non abbia svolto una effettiva attività liquidatoria, limitandosi ad esempio a subentrare in una procedura esecutiva pendente, ovvero, più in generale, in tutti i casi in cui la liquidazione del bene sia compiuta in sede giurisdizionale, specie se su iniziativa di terzi.

---

[4] Il testo originario dell'art. 109 l. fall. affidava al giudice delegato – e non già al tribunale – il potere di liquidare al curatore delle somme in conto del compenso finale. La riformulazione della disposizione in discorso, avvenuta per mezzo dell'art. 97, comma 1, d.lgs. 9 gennaio 2006, n. 5, è stata salutata con entusiasmo da parte della dottrina (v. *ex multis* MONTANARO, *Art. 109*, 1096), in quanto ritenuta maggiormente coerente con il quadro complessivo delle competenze affidate al tribunale (specie in materia di liquidazione del compenso del curatore e di nomina e revoca dello stesso) ai sensi della l. fall.

[5] BORTOLUZZI, *Art. 109*, 1517; PALUCHOWSKI, *Art. 109*, 1388.

[6] Cfr., nel vigore della legge fallimentare, SANDULLI, *Art. 109*, 668.

[7] MONTELEONE, *Aspetti giuridici*, 211.

[8] BATTAGLIA, *Il curatore*, 231.

[9] Così FAROLFI, *Art. 219*, 1107, il quale peraltro evidenzia che la predisposizione di riparti parziali risulta altresì incentivata, nel quadro normativo attuale, in ragione della previsione contenuta nell'ult. comma dell'art. 220, secondo cui il mancato rispetto da parte del curatore dell'obbligo di redazione di un progetto di ripartizione nelle ipotesi individuate ai sensi del comma 1 del medesimo articolo costituisce «giusta causa di revoca» dall'incarico. Su quest'ultimo aspetto, v. altresì FAROLFI, *Il rendiconto*, 1232.

[10] MONTANARO, *Art. 109*, 1096. *Contra*, REBECCA, RONCATO, SPEROTTI, *Il riparto*, 394.

[11] BORTOLUZZI, *Art. 109*, 1520.

[12] MONTANARO, *Art. 109*, 1098.

La puntuale determinazione della misura dell'acconto viene effettuata dal tribunale sulla base dei medesimi criteri sanciti *ex* art. 137 ai fini della quantificazione del compenso del curatore [13]; segnatamente, occorre tenere in considerazione elementi quali l'attivo ricavato, il passivo accertato e il concreto esercizio (nonché i relativi esiti) dell'attività di liquidazione da parte del curatore [14].

3. – Insieme all'acconto eventualmente spettante al curatore, il decreto del tribunale consente il prelievo, sul ricavato generato dalla totalità delle operazioni di liquidazione dell'attivo, delle spese relative alle procedure di vendita e, ancor prima, delle spese concernenti l'amministrazione dei beni dell'attivo.

Possono inoltre dirsi superate in senso positivo – anche alla luce del disposto di cui al comma 2 dell'art. 151, che impone altresì ai creditori muniti di privilegio processuale *ex* art. 150 l'insinuazione al passivo ai fini dell'accertamento del proprio credito – le perplessità circa la possibilità di far gravare anche sui creditori privilegiati una parte del compenso del curatore e delle spese generali della procedura concorsuale [15], correlate in particolare alle attività poste in essere dal curatore nell'interesse dei creditori garantiti, in proporzione all'accertata utilità per costoro di tali spese [16].

4. – Il decreto con cui il tribunale concede ovvero rifiuta di concedere al curatore istante un acconto sul compenso va annotato *ex* art. 125, comma 4 nel registro nazionale istituito presso il Ministero della giustizia [17] ed è reclamabile dinanzi alla corte d'appello ai sensi dell'art. 124 [18], nei termini ivi sanciti.

Risultando espressione di un potere discrezionale del tribunale, che interviene in un momento anteriore rispetto a quello della presentazione e dell'approvazione del rendiconto, il decreto in parola è privo di carattere decisorio e non assume l'efficacia di cosa giudicata [19]. Pertanto, a differenza di quanto pacificamente si ritiene a proposito del decreto con cui è liquidato *ex* art. 137 il compenso definitivo del curatore [20], esso non incide su diritti soggettivi perfetti e non può essere oggetto di ricorso per cassazione ai sensi dell'art. 111 Cost. [21].

---

[13] FAROLFI, *Codice della crisi*, 1108.

[14] Cass., 6 giugno 2018, n. 14631.

[15] FAROLFI, *Codice della crisi*, 1108; PALUCHOWSKI, *Art. 109 l.f.*, 1390.

[16] Cass., 12 maggio 2010, n. 15000.

[17] PANZANI, *L'assetto*, 1264.

[18] Per una sintetica panoramica relativa alla disciplina dei reclami contenuta nel Codice, v. ABETE, *Gli organi preposti*, 1157 s.

[19] Cass., SS.UU., 20 novembre 2007, n. 26730. Cfr. Trib. Roma, 12 settembre 2008.

[20] Cass., 31 maggio 2021, n. 15168; Cass., 17 febbraio 2020, n. 3871; Cass., 18 gennaio 2019, n. 1394. In dottrina, v. BELLOMI, *La liquidazione*, 1182 s.

[21] Cass., 25 novembre 2015, n. 24044; Cass., 30 ottobre 2014, n. 23086; Cass., 25 settembre 1993, n. 9721. In dottrina, v. BELLOMI, *La liquidazione*, 1185.

Articolo 220
Procedimento di ripartizione

1. Il curatore, ogni quattro mesi a partire dalla data del decreto previsto dall'articolo 204, comma 4, o nel diverso termine stabilito dal giudice delegato, trasmette a tutti i creditori, compresi quelli per i quali è in corso uno dei giudizi di cui all'articolo 206, un prospetto delle somme disponibili, nonché, qualora l'entità del passivo accertato consenta una ripartizione in misura apprezzabile, un progetto di ripartizione delle medesime, riservate quelle occorrenti per la procedura. Nel progetto sono collocati anche i crediti per i quali non si applica il divieto di azioni esecutive e cautelari di cui all'articolo 150.

2. Nel caso in cui siano in corso giudizi di cui all'articolo 206, il curatore, nel progetto di ripartizione di cui al comma 1, indica, per ciascun creditore, le somme immediatamente ripartibili nonché le somme ripartibili soltanto previa consegna di una fideiussione autonoma, irrevocabile e a prima richiesta, rilasciata in favore della procedura da uno dei soggetti di cui all'articolo 574, primo comma, secondo periodo, del codice di procedura civile, idonea a garantire la restituzione alla procedura delle somme che risultino ripartite in eccesso, anche in forza di provvedimenti provvisoriamente esecutivi resi nell'ambito dei giudizi di cui all'articolo 206, oltre agli interessi, al tasso applicato dalla Banca centrale europea alle sue più recenti operazioni di rifinanziamento principali, a decorrere dal pagamento e sino all'effettiva restituzione. Le disposizioni del periodo precedente si applicano anche ai creditori che avrebbero diritto alla ripartizione delle somme ricavate nel caso in cui risulti insussistente, in tutto o in parte, il credito avente diritto all'accantonamento ovvero oggetto di controversia a norma dell'articolo 206.

3. I creditori, entro il termine perentorio di quindici giorni dalla ricezione della comunicazione di cui al comma 1, possono proporre reclamo al giudice delegato contro il progetto di riparto ai sensi dell'articolo 133.

4. Decorso tale termine, il giudice delegato, su richiesta del curatore, corredata dal progetto di riparto e dai documenti comprovanti l'avvenuta trasmissione, dichiara esecutivo il progetto di ripartizione.

5. Se sono proposti reclami, il progetto di ripartizione è dichiarato esecutivo con accantonamento delle somme corrispondenti ai crediti oggetto di contestazione. Non si fa luogo ad accantonamento qualora sia presentata in favore della procedura una fideiussione a norma del primo periodo del comma 2, idonea a garantire la restituzione di somme che, in forza del provvedimento che decide il reclamo, risultino ripartite in eccesso, oltre agli interessi nella misura prevista dal predetto secondo periodo del comma 2. Il provvedimento che decide sul reclamo dispone in ordine alla destinazione delle somme accantonate.

6. In presenza di somme disponibili per la ripartizione, il mancato rispetto dell'obbligo di cui al comma 1, costituisce giusta causa di revoca del curatore.

Dario Latella

Sommario: 1. Premessa. – 2. Le ripartizioni parziali. – 2.1. I crediti esenti dal divieto di azioni esecutive individuali. – 3. Il reclamo avverso il progetto di riparto.

1. – Il Codice non ha inciso in modo significativo sul procedimento di ripartizione dell'attivo ricavato dalla liquidazione giudiziale[1], mantenendo intatta la serie di norme dedicate alla concreta soddisfazione dei creditori, sia pure secondo una visione ancor più attenta all'economia delle ripartizioni (v. appresso il riferimento al criterio della "apprezzabilità", di cui all'art. 220, comma 1)[2], le quali rimangono distinte in "parziali" (art. 220) e "finale" (art. 232). A presidio di tali obblighi, è previsto che il disvalore insito nella circostanza della sussistenza di somme disponibili e non ripartite costituisca giusta causa di revoca del curatore (art. 220, comma 6).

Seguendo l'illustrazione della Relazione al Codice, deve poi notarsi come venga mantenuta la dicotomia tra «*prospetto*» e «*piano*», che il curatore è chiamato a produrre e rendere noti non più a mezzo deposito cartaceo, ma piuttosto mediante mera trasmissione ai creditori; ciò anche in considerazione delle modalità telematiche di svolgimento della procedura, che hanno giustificato l'avvenuta soppressione dell'art. 110, comma 2, l. fall. sull'ordine di deposito in cancelleria (v. ora l'art. 10).

Il prospetto contiene una schematizzazione grafica della massa attiva, ossia di tutte le somme incassate dal curatore, o a qualsiasi titolo disponibili, al netto di quelle prededucibili di cui all'art. 6 (già art. 111 l. fall.), necessarie a finanziare la continuazione della procedura liquidatoria[3], sebbene al netto delle somme di cui al successivo art. 227 (v. *infra*).

Ne discende il piano di riparto, quale progetto di concreta distribuzione contenente un'elencazione dei creditori, che potranno essere pagati nell'ordine indicato dagli artt. 6 e 222, con la rispettiva indicazione della somma a ciascuno attribuita. È possibile inserire

---

[1] In termini generali, sulla disciplina del riparto contenuta nella legge fallimentare e rimasta sostanzialmente invariata a seguito dell'approvazione del Codice, v. AA.VV., *Il nuovo diritto*; AA.VV., *Il diritto fallimentare*; AA.VV., *La legge fallimentare*; BONFATTI, CENSONI, *Le disposizioni correttive*; CATTANO, PALLADINO, *La riforma*; CAVALAGLIO, *I crediti prededucibili*, 449; DEL VECCHIO, *La graduabilità*, 1006; DE MARCHI, *Legittimazione attiva*, 1319; FERRI, *Il nuovo diritto*; FORGILLO, *La ripartizione*; GARBAGNATI, *Il concorso*; GROSSI, *La riforma*; JORIO, FABIANI, *Il nuovo diritto*; JORIO, FABIANI, *Il nuovo diritto*; LO CASCIO, *Il fallimento*; MANDRIOLI, *La ripartizione*; MATTEI, *Delle ripartizione*; MONTANARI, *Della ripartizione*; NARDECCHIA, *Accertamento, quantificazione*; PAJARDI, *Manuale di diritto*; PROVINCIALI, *Trattato di diritto*; REBECCA, SPEROTTI, *Il riparto fallimentare*; ROVERONI, *Ripartizioni dell'attivo*; RUGGIERO, in AA.VV., *Il nuovo diritto*; SILVESTRINI, *La ripartizione*; TEDESCHI, *Manuale del nuovo diritto*; TRINCHI, *Art. 110*; ZANICHELLI, *La nuova disciplina*; ZORZI, *Gli effetti*.

[2] Questa ispirazione efficientista, già presente nella legge fallimentare riformata, è stata ulteriormente potenziata, in quanto le economie procedurali attese non si sono realizzate (cfr. ROVERONI, *Ripartizioni dell'attivo*; RUGGIERO, in AA.VV., *Il nuovo diritto*, 219.

[3] Cfr. già BONSIGNORI, *Liquidazione dell'attivo*, 194; DE FERRA, *Manuale di diritto*, 241; GUGLIELMUCCI, *Lezioni di diritto*, 287.

nei piani di riparto parziali soltanto i creditori per i quali sia prevista un'effettiva attribuzione di somme.

Anche modalità e termini della reclamabilità del progetto di riparto rimangono intatti, sicché le questioni che possono dirimersi da parte del giudice delegato non potranno riguardare altro che la graduatoria dei privilegi e la collocazione dei crediti (cfr. art. 136). Non si potranno apportare modifiche allo stato passivo, ma eventualmente potrà essere escluso un credito già ammesso al concorso, là dove il curatore faccia valere un fatto estintivo dello stesso (nella specie, l'integrale soddisfazione del creditore intervenuta in sede extraprocedimentale da parte dei coobbligati in solido del debitore) sopravvenuto alla dichiarazione di esecutività dello stato passivo e, dunque, nuovo e posteriore rispetto al giudicato endoprocedimentale[4]. Come si vedrà, il reclamo non osta comunque alla dichiarazione di esecutività del progetto di ripartizione, sempre che si provveda ai necessari accantonamenti e sia stata consegnata una fideiussione autonoma, irrevocabile e a prima richiesta in favore della procedura (art. 220, comma 2).

2. – Le disposizioni del Capo V del Codice realizzano, come si diceva, lo scopo della procedura giudiziale di liquidazione e assicurano ai creditori l'attuazione dei loro diritti, ovviamente secondo le regole del concorso e della graduazione delle pretese.

Il soggetto che rimane titolare della funzione di ripartizione dell'attivo è il curatore, il quale, tramite i riparti parziali, si occupa di soddisfare concretamente il ceto creditorio; il tutto, entro i limiti segnati dall'art. 227, il quale disciplina i riparti parziali prevedendo che gli stessi non possano superare l'ottanta per cento delle somme da ripartire. Inoltre, devono essere trattenute e depositate, nei modi stabiliti dal giudice delegato, le quote assegnate: a) ai creditori ammessi con riserva; b) ai creditori opponenti a favore dei quali siano state disposte misure cautelari; c) ai creditori opponenti la cui domanda è stata accolta, quando la sentenza non è ancora passata in giudicato; d) ai creditori nei cui confronti sono stati proposti i giudizi di impugnazione. Sono accantonamenti finanziari che costituiscono un fondo finalizzato a coprire esposizioni in corso di accertamento e, comunque, posto a garanzia di tutti i creditori.

L'accelerazione impressa all'operato del curatore dal meccanismo della periodicità e dalla sanzionabilità delle relative omissioni, testimoniano, per un verso, la volontà del legislatore di attenuare il più possibile le conseguenze del deterioramento della posizione creditoria (ad esempio, per i chirografari, sia sul piano degli interessi), evitando sostanzialmente ritardi immotivati. Già prima del Codice, infatti, la periodicità dei riparti era di fatto obliterata dalla condotta delle curatele, che sovente violavano i termini anche a prescindere dalla presenza di provvedimenti *ad hoc* del giudice delegato[5]. Le giustificazioni che venivano addotte a sostegno di detti ritardi risiedevano talora nell'assenza di un attivo significativo da distribuire[6], o di qualsiasi possibilità di riparto, o ancora nella volontà del giudice delegato o del curatore di consentire la conclusione di giudizi potenzialmente rilevanti, come quelli di opposizione allo stato passivo o alla sentenza dichiarativa della liqui-

[4] Cass., 14 gennaio 2016, n. 525.

[5] AA.VV., *La prassi*, 169.

[6] Cfr. TEDIOLI, *Il procedimento*, 375 ss.

dazione giudiziale, o ancora nella volontà dei curatori di lucrare interessi bancari attivi sulle somme depositate.

La valutazione del legislatore circa l'importanza dei riparti quadrimestrali non esclude, e anzi conferma, che il giudice delegato possa comunque prevedere un "diverso termine" (art. 220, comma 1); il che può darsi mediante decreto motivato di anticipazione o di differimento della presentazione del progetto di riparto e, se del caso, anche con un provvedimento di carattere generale di fissazione di una diversa cadenza[7]. Sotto questo profilo, il potere del giudice delegato di fissazione di un "diverso termine" non può spingersi fino a elidere il senso della periodicità[8], ad esempio concedendo rinvii molto lunghi o privi di data. Non deve ritenersi possibile, in tal senso, una sospensione del riparto in attesa della definizione del giudizio sull'opposizione all'apertura della liquidazione giudiziale, che invece potrebbe provenire dalla decisione cautelare appositamente emanata dalla corte di appello adita. Una volta proposto il reclamo avverso il provvedimento del tribunale, infatti, su richiesta di parte o del curatore, quando ricorrono gravi e fondati motivi, può essere sospesa, «*in tutto o in parte o temporaneamente, la liquidazione dell'attivo*» (art. 52, comma 1). In ogni caso, la prospettazione del curatore avente a oggetto le «*somme disponibili*» non comporta necessariamente il relativo riparto, visto che deve essere sempre osservato un criterio di verifica in ordine alla possibilità di una «*ripartizione in misura apprezzabile*», tale per cui devono intendersi vietate le programmazioni di distribuzioni impossibili o di entità minima[9].

In realtà, anche se non si possa parlare di titolo esecutivo in senso stretto, il decreto di esecutività del giudice delegato svolge nell'ambito della procedura di liquidazione (al pari di quanto accadeva con la procedura fallimentare) la medesima funzione del titolo esecutivo giudiziale nella esecuzione individuale. Con la conseguenza che la misura di ripartizione parziale viene anch'essa determinata in base a un mero apprezzamento di fatto incensurabile in sede di legittimità, se non per vizi logici o giuridici. L'interpretazione del decreto di esecutività dello stato passivo non consiste, infatti, in una interpretazione della regola giuridica, o del comando del giudice, e che richiede l'applicazione dei canoni ermeneutici prescritti dall'art. 12 ss. d.p.c.c., in ragione dell'assimilabilità per natura ed effetti dei provvedimenti giurisdizionali agli atti normativi[10].

Come è stato efficacemente sintetizzato, «la determinazione quantitativa e qualitativa della parte del ricavo che l'organo giurisdizionale è in concreto obbligato ad assegnare ai singoli creditori concorrenti» attua coattivamente la responsabilità patrimoniale personale del debitore con tutti i suoi beni, secondo il principio della *par condicio creditorum*, nel rispetto delle cause legittime di prelazione[11].

2.1. – Il progetto deve inoltre prevedere l'espressa indicazione dei «*crediti per i quali non si applica il divieto di azioni esecutive e cautelari di cui all'articolo 150*» (art. 220, ult.

[7] VIGOTTI, *La ripartizione*, 461.

[8] MAROLLO, *La ripartizione*, 489.

[9] Secondo CUNEO, *Le procedure concorsuali*, 1286, non sarebbero consentite neanche le ripartizioni che risultino insufficienti a soddisfare integralmente alcune categorie di creditori.

[10] Cass., 20 gennaio 2015, n. 892.

[11] GARBAGNATI, *Il concorso*, 322.

comma), il che lascia intendere come queste posizioni giuridiche fruiscano di un privilegio esclusivamente processuale, ma non sono esenti dal concorso sostanziale, cosicché essi devono essere inseriti nelle ripartizioni per potere trattenere in via definitiva quanto da loro percepito in sede di espropriazione individuale.

Era già previsto dall'art. 51 l. fall. (oggi, art. 150) che i crediti per i quali non si applica il divieto delle azioni esecutive e cautelari di cui beneficiano di un privilegio processuale, anche se in realtà non può comunque evitarsi la loro graduazione nel concorso con gli altri crediti, né l'obbligo dell'insinuazione al passivo. Nell'esecuzione individuale, però il preteso rispetto dell'obbligo del concorso formale e sostanziale consente ugualmente al creditore interessato di ottenere l'immediata disponibilità del ricavato realizzato, determinando quanto meno benefici collegati alla valuta.

In casi particolari di deroga al divieto delle azioni esecutive e cautelari, alcuni crediti possono trovare un diverso trattamento in relazione al tipo di esecuzione applicabile, come in materia di credito fondiario; in tal caso può accadere che il curatore intervenga per assumere iniziative proprie, oppure, come nelle ipotesi di crediti assistiti da pegno o privilegio con diritto di ritenzione, possono intervenire modalità di liquidazione differenti. Era già stato previsto, in tal senso, che l'espropriazione immobiliare, iniziata o proseguita da un istituto di credito fondiario dopo la dichiarazione di fallimento dell'esecutato, imponesse che la distribuzione delle somme ricavate dalla vendita forzata da parte del giudice dell'esecuzione avesse carattere provvisorio e potesse divenire definitiva soltanto in esito al riparto in sede fallimentare (per corrispondenza, oggi "liquidazione giudiziale"); sicché il curatore era legittimato ad agire per ottenere la restituzione degli importi percepiti in eccedenza dal creditore fondiario (artt. 28, 39, 40 e 4 TUB) a titolo di anticipazione in sede esecutiva [12].

Qualora sussistano giudizi d'impugnazione dello stato passivo (art. 220, comma 2), proposti ai sensi del nuovo art. 206, allora il curatore, nel progetto di ripartizione, indicherà per ciascun debitore le somme immediatamente ripartibili soltanto previa consegna di una fideiussione autonoma, irrevocabile e a prima richiesta, rilasciata in favore della procedura. L'integrazione del precedente art. 100 l. fall. è stata dovuta alla volontà di tutelare la procedura rispetto alla circostanza di un accoglimento delle impugnazioni idoneo a incidere sulle quote di riparto attribuibili ai singoli creditori. Il che conferma come il curatore sia l'unico responsabile del progetto di riparto e il giudice delegato intervenga invece al solo fine di controllare, in sede di reclamo, la legittimità del suo operato (si pensi a violazioni delle prerogative di massa, oppure delle riserve di legge sugli accantonamenti) [13]. Dette fideiussioni, infatti, devono garantire la restituzione alla procedura «*delle somme che risultino ripartite in eccesso, anche in forza di provvedimenti provvisoriamente esecutivi resi nell'ambito dei giudizi di cui all'articolo 206, oltre agli interessi, al tasso applicato dalla Banca centrale europea alle sue più recenti operazioni di rifinanziamento principali, a decorrere dal pagamento e sino all'effettiva restituzione*». L'obbligo di rilasciare la fideiussione in parola si applica anche ai creditori che, pur avendo diritto alla ripartizione delle somme ricavate, subiscano un accertamento negativo della esistenza del loro diritto.

---

[12] Cass., 28 settembre 2018, n. 23482.

[13] FAUCEGLIA, *Il nuovo diritto*, 173.

3. – La riferibilità del progetto di ripartizione al curatore conferma che i creditori debbano rivolgersi al giudice delegato per il reclamo da proporsi utilizzando lo strumento generale dell'art. 133 (reclamo contro gli atti e le omissioni del curatore), sia pure entro i limiti di censura della mera legittimità.

Il termine per impugnare è rimasto di quindici giorni, mentre l'impugnazione avverso gli atti del curatore deve essere proposta nel termine di otto giorni: «*contro gli atti di amministrazione e le omissioni del curatore, il comitato dei creditori, il debitore e ogni altro interessato possono proporre reclamo, per violazione di legge, con ricorso al giudice delegato entro otto giorni dalla conoscenza dell'atto o, in caso di omissione, dalla scadenza del termine indicato nella diffida a provvedere*» (art. 133, comma 1).

Il richiamo all'art. 133 presenta, dunque, alcune disarmonie che non risultano rimosse. Anzitutto, si discute della identità, o meno, dello strumento rimediale. In secondo luogo, si osserva che la serie dei legittimati attivi alla proposizione del reclamo è differente nelle due norme citate.

Sotto il primo profilo, è da tempo ritenuto che i due rimedi, sebbene in presenza di molte somiglianze, siano da considerarsi distinti e, come tali, finalizzati alla tutela di posizioni affatto differenti [14].

Sul secondo aspetto, si deve osservare come gli unici legittimati ad esperire il reclamo avverso il progetto di riparto appaiano essere i creditori, rimanendo esclusi il comitato dei creditori, il debitore e i soggetti genericamente interessati, tutti titolari del potere di reclamo ai sensi del richiamato art. 133. Allo stesso modo, si osserva che la sostituzione del *deposito* del progetto con la *trasmissione* dello stesso ha parzialmente inciso sulla platea dei destinatari della conoscenza del progetto medesimo. È già previsto, infatti, per quanto attiene al progetto di stato passivo, che il curatore lo "depositi" «*corredato dalle relative domande nella cancelleria del tribunale almeno quindici giorni prima dell'udienza fissata per l'esame dello stato passivo e nello stesso termine lo trasmette ai creditori e ai titolari di diritti sui beni all'indirizzo indicato nella domanda di ammissione al passivo*» (art. 203, comma 2, prima parte); tale trasmissione viene assistita dal diritto, riconosciuto a «*creditori, i titolari di diritti sui beni ed il debitore*» di poter «*esaminare il progetto e presentare al curatore, con le modalità indicate dall'articolo 201, comma 2, osservazioni scritte e documenti integrativi fino a cinque giorni prima dell'udienza*» (art. 203, comma 2, ult. parte). Dette modalità consistono nella possibilità di trasmettere le osservazioni tramite l'indirizzo di «*posta elettronica certificata del curatore indicato nell'avviso di cui all'articolo 200*» (art. 201, comma 2). Per assicurare coerenza al sistema, sarebbe dunque da ritenere di massima ampiezza la categoria dei legittimati alla proposizione del reclamo avverso il progetto di riparto del curatore, così dovendosi considerare titolari del relativo potere anche i creditori non ammessi al passivo [15], peraltro con onere di assistenza a mezzo di difensore [16].

Come si è detto, l'oggetto del reclamo avverso il progetto di riparto consiste nella censura avverso l'attività amministrativa del curatore che, tuttavia, è suscettibile di incidere

---

[14] GARBAGNATI, *Fallimento ed azioni*, 18, 21 ss. e 29 ss.; BONSIGNORI, *Recensione a Lanfranchi*, 511 ss.

[15] TEDIOLI, *Il procedimento*, 381.

[16] MAROLLO, *La ripartizione*, 610.

anche su diritti soggettivi dei singoli creditori (*quantum* e ordine di percezione delle somme da parte dei creditori), piuttosto che soltanto sul generale interesse a che la gestione della procedura sia conforme alla legge. In tal senso, la proponibilità del reclamo è stata considerata estesa a tutte le ipotesi in cui l'interessato possa invocare l'applicazione di una norma e la sua conseguente violazione, includendo in questo ambito tutte le disposizioni che regolano l'attività del curatore ed anche i principi generali della procedura[17]. Pertanto, le attività del curatore sottratte alla censura sarebbero soltanto quelle caratterizzate da una specifica discrezionalità[18].

Non è ben chiaro, tuttavia, quale sia il contenuto delle "violazioni di legge" oggetto di reclamo. In alcuni casi, si invocano le categorie del diritto amministrativo, quali l'eccesso di potere[19]; l'evidente carattere riduttivo di tale interpretazione, però, lascerebbe appunto fuori dal perimetro della reclamabilità[20].

Il reclamo viene deciso dal giudice delegato mediante provvedimento contro il quale si discute se possa essere, a sua volta, proposto gravame. È ragionevole, in tal senso, ritenere che possa applicarsi analogicamente il procedimento di cui all'art. 133, ult. comma, il quale prevede che «*contro il decreto del giudice delegato può essere proposto il reclamo previsto dall'articolo 124*», ossia il gravame avverso i provvedimenti del giudice delegato dinanzi al tribunale[21].

A fronte della comunicazione del progetto di ripartizione, possono presentarsi due scenari: il primo è quello del decorso del termine di reclamabilità, senza che alcuna iniziativa venga assunta; il secondo è quello della concreta proposizione di un reclamo. Nel primo caso, «*il giudice delegato, su richiesta del curatore, corredata dal progetto di riparto e dai do-*

---

[17] TEDIOLI, *Il procedimento*, 381: si pensi alle questioni inerenti al rapporto tra i crediti prededucibili e quelli ipotecari, alla graduazione dei privilegi, o alle modalità di trattamento dei crediti ammessi tardivamente (Cass., 12 settembre 2003, n. 13985, in *Foro it.*, 2003, I, 3317), al riconoscimento di privilegi speciali a seguito dell'acquisizione o meno del bene (RUGGIERO, *Art. 110*, 1828), all'importo degli accantonamenti (Cass., 26 settembre 2003, n. 1430, in *Arch. civ.*, 2004, 910), alla quantificazione degli accessori non conteggiati e non conteggiabili in sede di verifica, alla l'incidenza dello *ius superveniens* in materia di privilegi (Cass., 25 agosto 1998, n. 8421).

[18] FAUCEGLIA, *Il nuovo diritto*, 174; e già ABETE, *Art. 36*, 609.

[19] ABETE, *Art. 36*, 610.

[20] Secondo qualcuno, ad esempio, un curatore che stimasse eccessivamente al rialzo le spese di procedura e, dunque, erodesse le somme ripartibili, adotterebbe una condotta censurabile e, quindi, reclamabile (GUGLIELMUCCI, *Lezioni di diritto*, 261 ss.).

[21] Si discuteva se il rinvio, contenuto nella legge fallimentare, al corrispondente art. 36 l. fall. (oggi art. 113), fosse da considerarsi limitato agli atti del curatore, o invece integrale (BONFATTI, CENSONI, *Manuale di diritto*, 54 ss.). Tuttavia, in senso contrario, la Cassazione ha statuito che l'art. 110, comma 3, l. fall., prevedendo che, nei confronti del progetto di riparto dell'attivo fallimentare, i creditori possono proporre reclamo al giudice delegato ai sensi dell'art. 26 l. fall. (oggi, art. 124), rinvia integralmente alla disciplina processuale ivi contenuta, compreso il termine di otto giorni per ricorrere al tribunale nei confronti del decreto pronunciato dal giudice delegato (Cass., 13 settembre 2016, n. 17948).

Ci si è chiesti se il provvedimento reso dal tribunale possa formare oggetto di ricorso per cassazione; il che rinvia alla necessità di determinare se il provvedimento abbia, o meno, natura definitiva oltre che decisoria. Premesso che non si dovrebbe dubitare della decisorietà del provvedimento, si potrebbe invece avanzare qualche riserva sulla sua definitività (cfr. PAGNI, *Il controllo*, 248; e Cass., 21 febbraio 2001, n. 2493, in *Fallimento*, 2002, 332.

cumenti comprovanti l'avvenuta trasmissione, dichiara esecutivo il progetto di ripartizione» (art. 220, comma 4); nel secondo caso, invece, «*il progetto di ripartizione è dichiarato esecutivo con accantonamento delle somme corrispondenti ai crediti oggetto di contestazione. Non si fa luogo ad accantonamento qualora sia presentata in favore della procedura una fideiussione a norma del primo periodo del comma 2, idonea a garantire la restituzione di somme che, in forza del provvedimento che decide il reclamo, risultino ripartite in eccesso, oltre agli interessi nella misura prevista dal predetto secondo periodo del comma 2. Il provvedimento che decide sul reclamo dispone in ordine alla destinazione delle somme accantonate*» (art. 220, comma 5). Detto accantonamento sembra essere il contrappeso della mancata sospensione del procedimento di ripartizione e, come tale, esso dovrebbe risultare governato da una sorta di automatismo (*rectius*, obbligatorietà) e dalla conseguente insindacabilità della scelta operata dal giudice, nonché degli importi accantonati[22].

Infine, appare significativo, come si è già accennato, il collegamento tra disponibilità di somme non ripartite e la qualificazione di tale circostanza come giusta causa di revoca del curatore (art. 221, comma 6); il che rafforza l'idea che i riparti intermedi, a condizioni date, siano caratterizzati da una precisa obbligatorietà.

---

[22] MIELE, *Art. 110*, 868.

Articolo 221

Ordine di distribuzione delle somme

1. Le somme ricavate dalla liquidazione dell'attivo sono erogate nel seguente ordine:

a) per il pagamento dei crediti prededucibili;

b) per il pagamento dei crediti ammessi con prelazione sulle cose vendute secondo l'ordine assegnato dalla legge;

c) per il pagamento dei creditori chirografari, in proporzione dell'ammontare del credito per cui ciascuno di essi sia stato ammesso, compresi i creditori indicati alla lettera b), qualora non sia stata ancora realizzata la garanzia, ovvero per la parte per cui essi siano rimasti non soddisfatti dal relativo realizzo;

d) per il pagamento dei crediti postergati.

Dario Latella

Sommario: 1. Le categorie di crediti. – 2. L'ordine dei crediti.

1. – L'art. 221 riproduce essenzialmente il contenuto del previgente art. 111 l. fall., come già riformato [1], e detta l'ordine di pagamento dei creditori concorsuali aggiungendo all'ultimo posto dell'elenco i titolari di crediti postergati.

Naturalmente, l'ordine del riparto costituisce il modo concreto attraverso il quale i singoli creditori ottengono soddisfacimento rispetto all'ammissione generica delle rispettive ragioni. Allo stesso modo, dunque, è la sede nella quale la falcidia della liquidazione giudiziale opera con tutta la sua evidenza. La funzione della norma è, quindi, quella di regolare il "traffico" tra creditori concorrenti, imponendo l'ordine di soddisfazione che, in molti casi, equivale al conseguimento, o meno, dello stesso pagamento atteso.

---

[1] Cfr. AA.VV., *Scritti in onore*; AA.VV., *La riforma*; AA.VV., *Il nuovo diritto*; AMBROSINI, *Appunti "flash"*; APICE, *Prededucibilità dei crediti*; BONFATTI, *Il sostegno finanziario*; BONSIGNORI, *La liquidazione*; CAIAFA, *Nuovo diritto*; CALÒ, VIRGINTINO, *I crediti prededucibili*; COSENTINO, *I crediti prededucibili*; FABIANI, *L'ennesima riforma*; GIORGI, *Consecuzione di procedure*; GROSSI, *La riforma*; LEUZZI, *Il credito*; LO CASCIO, *Il fallimento*; LO CASCIO, *La prededuzione*; MAFFEI ALBERTI, *Commentario breve*; MONTEVERDE, *Prededuzione del compenso*; NARDECCHIA, *La prededuzione*; ID., *La prededuzione*; PANZANI, *La Riforma organica*; SCHIANO DI PEPE, *Il diritto fallimentare*; SILVESTRINI, *La riforma*; VIOTTI, *Credito del subappaltatore*; ZANICHELLI, *La nuova disciplina*; ID., *Prededuzione dei crediti*, 553.

Allo stesso modo, può accadere che un'esigenza di graduazione si presenti con riferimento alla medesima categoria di appartenenza, perché l'insufficienza dell'attivo può produrre l'effetto che alcuni crediti chirografari debbano essere posposti nel pagamento ad altri, ad esempio dopo che il loro rango, inizialmente privilegiato, è stato degradato per incapienza del bene o della massa loro destinati (art. 2776 c.c.); così come può rendersi necessaria una selezione sulla base del grado di privilegio anche per i crediti prededucibili (cfr. il nuovo art. 222 e, già, l'art. 111-*bis*, ult. comma, l. fall.).

In definitiva, può accadere che l'originario posizionamento identificato con riferimento al momento dell'ammissione, possa e debba rideterminarsi con riferimento alla successiva fase del riparto e in base ad accadimenti successivi.

Per altro verso, è ben possibile che la esecuzione di riparti intermedi consenta ai creditori insinuatisi tardivamente (art. 208) di concorrere soltanto alle distribuzioni successive alla propria ammissione e salvo comunque «*il diritto di prelevare le quote che sarebbero loro spettate nelle precedenti ripartizioni se assistiti da cause di prelazione o se il ritardo è dipeso da cause ad essi non imputabili*») (art. 225); allo stesso modo, ove il creditore sia stato ammesso tardivamente, questi avrà diritto di concorrere sulle somme già distribuite nei medesimi limiti e, se titolare di diritti su beni mobili o immobili, soltanto se prova che il ritardo nella presentazione della domanda è dipeso da causa non imputabile, allora «*può chiedere che siano sospese le attività di liquidazione del bene sino all'accertamento del diritto*» (art. 226).

2. – Il Codice mantiene quindi la partizione già riformata, che distingue i crediti "prededucibili", quelli ammessi con "prelazione", i "chirografari" e, in ultimo, i "postergati".

Per quanto attiene alla definizione di crediti "prededucibili", si rinvia al commento dell'art. 222.

I crediti ammessi con prelazione rimangono quelli assistiti da privilegio o da garanzia reale, che trovano priorità di soddisfacimento dopo i prededucibili e, in considerazione della natura tassativa delle norme che eccepiscono alla regola della *par condicio creditorum* (art. 2741 c.c.), è necessario che la costituzione della garanzia reale venga subordinata a requisiti di riconoscibilità esterna, rappresentati dalla dazione della cosa al creditore e dall'iscrizione in pubblici registri per l'ipoteca, mentre il privilegio non può che trovare fonte in una disposizione di legge (art. 2745 c.c.).

È poi necessario che l'ordine di soddisfacimento venga sottoposto alla valutazione legislativa del grado di meritevolezza di un credito rispetto ad altri, secondo un ordine decrescente (artt. 2777-2783-*bis* c.c.). Naturalmente, la prelazione risultante dal provvedimento di esecutorietà dello stato passivo (art. 273) può trovare, o meno, concreta attuazione solo in sede di riparto, in relazione alla capienza effettiva. Nell'ipotesi più favorevole il creditore munito di prelazione sarà pagato, se munito di privilegio generale, «*per il capitale, le spese e gli interessi, nei limiti di cui agli articoli 153 e 154, sul prezzo ricavato dalla liquidazione del patrimonio mobiliare, sul quale concorrono in un'unica graduatoria con i crediti garantiti da privilegio speciale mobiliare, secondo il grado previsto dalla legge*» (art. 224, comma 1). per quanto attiene alla liquidazione dei beni sottoposti a garanzia, allora il creditore prelazionario assistito da ipoteca e pegno, o quello assistito da privilegio speciale, «*hanno diritto di preferenza per il capitale, le spese e gli interessi, nei limiti di cui agli articoli 153 e 154, sul prezzo ricavato dai beni vincolati alla loro garanzia*» (art. 224, comma 2).

Per quanto attiene alla distinzione tra le diverse categorie di privilegio, l'art. 2746 c.c. distingue i privilegi generali da quelli speciali, precisando che i primi si esercitano su tutti i beni mobili del debitore mentre i secondi possono avere a oggetto determinati beni mobili o immobili. Nel conflitto tra creditore assistito da pegno e creditore assistito da privilegio speciale sul medesimo bene, la preferenza vada accordata al primo; mentre, se la legge non dispone diversamente, il privilegio speciale immobiliare prevale sull'ipoteca (art. 2748 c.c.).

Può poi accadere che la natura della prelazione attribuisca al creditore una preferenza perfino rispetto ai crediti prededucibili, come accade nel caso del creditore ipotecario o pignoratizio che non è tenuto a concorrere agli oneri della gestione del fallimento (oggi, "liquidazione giudiziale") se non nella stretta misura delle spese necessarie alla conservazione, incremento, liquidazione del bene, oggetto della prelazione[2].

Come è noto, infine, i crediti chirografari appartengono a una categoria residuale, che comprende i *a)* crediti cui la legge non attribuisce alcuna prelazione; *b)* i crediti per i quali la legge attribuisce la prelazione ma questa non sia concretamente opponibile alla liquidazione giudiziale e, pertanto, sia stata esclusa in sede di ammissione allo stato passivo; *c)* i crediti che, pur ammessi al passivo in via privilegiata, non trovano capienza in sede di riparto parziale o per l'obbligo di accantonamento di una percentuale delle somme disponibili, o perché il bene sul quale può farsi valere la prelazione non è stato ancora liquidato; *d)* i crediti che, pur ammessi al passivo in via privilegiata, non trovano capienza in sede di riparto finale per la concorrenza di altri creditori aventi prelazione di grado poziore sulla medesima massa o sul medesimo bene.

Questi ultimi subiscono la falcidia concorsuale e, allo stesso modo, saranno considerati i crediti di cui alla lett. *d*) dell'art. 221, che riguarda i cc.dd. "postergati", i quali evidentemente avranno ben poche possibilità di essere soddisfatti. Tali sono i crediti postergati per legge (cfr. art. 2467 c.c.), oppure quelli sottoposti a una regola di postergazione convenzionale; inoltre, potrà trattarsi di postergazione assoluta, ossia tale da richiedere il previo pagamento di tutti i crediti chirografari senza distinzione, ovvero essere soltanto relativa, ossia inerente ad alcuni creditori sulla base proprio di una regola convenzionale[3].

---

[2] Cass., 11 novembre 1995, n. 251.

[3] Cfr. FAUCEGLIA, *Il nuovo diritto*, 174.

Articolo 222
Disciplina dei crediti prededucibili

1. I crediti prededucibili devono essere accertati con le modalità di cui al capo III del presente titolo, con esclusione di quelli non contestati per collocazione e ammontare, anche se sorti durante l'esercizio dell'impresa del debitore, e di quelli sorti a seguito di provvedimenti di liquidazione di compensi dei soggetti nominati ai sensi dell'articolo 123; in questo ultimo caso, se contestati, devono essere accertati con il procedimento di cui all'articolo 124.

2. I crediti prededucibili vanno soddisfatti per il capitale, gli interessi e le spese con il ricavato della liquidazione del patrimonio mobiliare e immobiliare, tenuto conto delle rispettive cause di prelazione, con esclusione di quanto ricavato dalla liquidazione dei beni oggetto di pegno ed ipoteca per la parte destinata ai creditori garantiti, salvo il disposto dell'articolo 223. Il corso degli interessi cessa al momento del pagamento.

3. I crediti prededucibili sorti nel corso della procedura di liquidazione giudiziale che sono liquidi, esigibili e non contestati per collocazione e per ammontare, possono essere soddisfatti al di fuori del procedimento di riparto se l'attivo è presumibilmente sufficiente a soddisfare tutti i titolari di tali crediti. Il pagamento deve essere autorizzato dal comitato dei creditori ovvero dal giudice delegato.

4. Se l'attivo è insufficiente, la distribuzione deve avvenire secondo i criteri della graduazione e della proporzionalità, conformemente all'ordine assegnato dalla legge.

Sabino Fortunato

Sommario: 1. Ordine di distribuzione nel riparto dell'attivo e accertamento dei crediti prededucibili. – 2. Pagamento dei crediti prededucibili: modalità e attivo disponibile. – 3. Tutela dei creditori prededucibili.

1. – La ripartizione dell'attivo realizzato nella liquidazione giudiziale in favore dei creditori segue un ordine di distribuzione rigoroso che è, in via di principio, fissato dall'art. 221 che precede, ordine che impone di soddisfare prioritariamente i crediti prededucibili (salvo che si tratti di liquidità ricavata dalla vendita di beni oggetto di pegno o di ipoteca, nei limiti che si dirà fra breve), quindi i crediti privilegiati secondo la graduazione di legge, successivamente i crediti chirografari e da ultimo i crediti postergati.

La qualificazione sostanziale dei crediti prededucibili, nella legge fallimentare riformata collocata al comma 2 dell'art. 111, nel Codice è affrontata fra i principi generali all'art. 6, al cui commento si rinvia.

La presente disposizione riprende semmai l'art. 111-*bis* l. fall., risolvendo problemi che attengono all'eventuale procedimento di accertamento dei crediti prededucibili (per esistenza, collocazione ed ammontare) ed al pagamento degli stessi [1].

Quanto all'*accertamento* il principio è quello secondo cui, come per ogni altro credito concorrente, anche i crediti prededucibili vanno accertati nell'ambito della procedura di liquidazione giudiziale secondo le forme della verifica dello stato passivo (e v. anche art. 151, comma 2), sì che l'interessato deve insinuare con apposita domanda il proprio credito qualificandolo come prededucibile e le relative domande potranno essere tempestive, tardive o ultratardive alla stregua dei criteri che governano la formazione dello stato passivo in generale. Il principio si pone in correlazione con il divieto di azioni esecutive individuali (e cautelari) a carico del patrimonio del soggetto sottoposto a liquidazione giudiziale, stante l'apertura del concorso (art. 150) [2].

Tuttavia va subito precisato che l'esigenza di un accertamento trova sicura applicazione a tutti i crediti prededucibili sorti *prima* della messa in liquidazione giudiziale del debitore, anche nel corso e in funzione di pregresse procedure concorsuali ed eventualmente in funzione della stessa liquidazione giudiziale.

Tale esigenza può non presentarsi per i crediti prededucibili sorti *durante* la stessa procedura di liquidazione giudiziale, anche nel corso dell'esercizio provvisorio dell'impresa o a seguito di provvedimenti del giudice delegato di liquidazione dei compensi, su proposta del curatore, alle persone la cui opera è stata richiesta da quest'ultimo nell'interesse della procedura (art. 123, comma 1, lett. *d*) e purché si tratti di crediti non contestati per esistenza, collocazione o ammontare.

È evidente che per i crediti maturati dalle persone incaricate dall'organo della procedura l'accertamento è implicito nel provvedimento liquidatorio del giudice delegato, a sua volta suscettibile di reclamo da chiunque vi abbia interesse ai sensi dell'art. 124. In tal caso può ritenersi che il mancato reclamo coincida con la mancata contestazione per collocazione e ammontare che la disposizione richiede ai fini di escludere l'apposito accertamento nelle forme della verifica dello stato passivo. Meno chiaro è quale sia la modalità di contestazione dei crediti prededucibili, differenti dai compensi liquidati ai sensi del citato art. 123. Considerato che il pagamento dei crediti prededucibili al di fuori di ogni piano di riparto, ove ammesso, deve essere autorizzato comunque dal comitato dei creditori o dal giudice delegato, probabilmente è avverso tale provvedimento che potrà insorgere una contestazione nelle forme del reclamo *ex* art. 141 o *ex* art. 124 (o anche avverso l'atto del curatore ai sensi dell'art. 133, ove si ritenga che l'autorizzazione non abbia portata imme-

[1] Sul commento relativo nel vigore della legge fallimentare v. per tutti LO MUNDO, *Sub art. 111*-bis, 1060 ss.

[2] Il Codice supera definitivamente una tesi risalente secondo cui il credito di massa – in caso di contestazione – dovesse essere accertato in un giudizio ordinario (Trib. Milano, 21 novembre 1957, in *Dir. fall.*, 1957, II, 824; Trib. Roma, 29 novembre 1963, in *Giur. it.*, 1964, I, 2, 195; App. Venezia, 26 luglio 196, *ivi*, 1968, I, 2, 266) e potesse essere attivato con procedura espropriativa contro la curatela fallimentare (Trib. Monza, 30 settembre 1982, in *Dir. fall.*, 1983, II, 176; Trib. Firenze, 30 maggio 1963, in *Giur. tosc.*, 1963, 880).

diatamente lesiva riducendosi ad atto ricognitivo e non decisorio e prodromico alla rimozione dell'ostacolo al potere di pagamento già proprio del curatore).

2. – Allo stesso modo in cui possono esservi crediti prededucibili da accertare secondo il procedimento di verifica dello stato passivo e crediti prededucibili non contestati non suscettibili di specifico accertamento, il *pagamento* degli stessi segue modalità differenti.

I primi, unitamente ai crediti contestati e perciò anch'essi soggetti a forme di accertamento forse più snelle della verifica del passivo, saranno soddisfatti in sede di riparto (parziale o definitivo, secondo l'ordine di cui all'art. 221) insieme con i creditori concorsuali; i secondi, purché liquidi ed esigibili, possono essere soddisfatti al di fuori del riparto, sempre che tuttavia l'attivo realizzato e a realizzarsi sia presumibilmente valutato come sufficiente a soddisfare tutti i titolari quantomeno dei crediti prededucibili (art. 222, comma 3). Una tale valutazione di capienza si ritiene affidata al curatore, sotto sua personale responsabilità e benché a ciò autorizzato alternativamente dal comitato dei creditori o dal giudice delegato[3]. Si ritiene, infatti, che il provvedimento autorizzatorio abbia portata ricognitiva e comunque sostanzialmente amministrativa, più che di accertamento giurisdizionale, poiché rimuove un ostacolo al potere di pagamento che già compete al Curatore[4]; ciò renderebbe possibile una ratifica successiva dell'atto del Curatore, con efficacia retroattiva.

Il comma 2 chiarisce in quale *ammontare* debba essere soddisfatto il credito prededucibile: al capitale si aggiungono le spese e gli interessi maturati sino al momento dell'effettivo soddisfacimento, mentre è noto che i crediti privilegiati maturano interessi solo fino al momento della vendita dei beni su cui ricade il privilegio. Il diverso trattamento è collegato alla circostanza che il credito prededucibile viene contratto perlopiù dagli organi della procedura nell'interesse della massa dei creditori e comunque – ove contratto in funzione o durante altre procedure concorsuali – pur sempre per l'utilità complessiva dei creditori. Benché non specificato, si ritiene che gli interessi dovuti debbano qualificarsi come *interessi corrispettivi* ai sensi dell'art. 1282 c.c. e non già come interessi moratori *ex* art. 1224 c.c. Ne consegue che la decorrenza procede dal momento in cui il credito prededucibile è divenuto liquido ed esigibile, cioè dal momento della sua verifica o – se non contestato – dal momento della sua maturazione/liquidazione. Gli interessi moratori non sono dovuti in generale su tutti i crediti che formano il passivo, poiché i pagamenti sono soggetti al potere discrezionale degli organi della procedura pur sorretti da un principio di speditezza[5].

Le somme necessarie al pagamento dei crediti prededucibili sono tratte dal ricavato disponibile a seguito della liquidazione dei beni (mobiliari e immobiliari) acquisiti alla procedura. Fanno eccezione le somme ricavate dalla vendita dei *beni oggetto di pegno o di ipoteca* a garanzia dei terzi creditori concorsuali, che devono essere prioritariamente destinate alla soddisfazione di questi ultimi[6]. Il principio di prevalenza della soddisfazione dei creditori muniti di garanzia reale anche nel concorso dei creditori prededucibili è tuttavia temperato da due eccezioni, desumibili dall'inciso «*salvo il disposto dell'articolo 223*». E infatti

[3] Cfr. Cass. n. 5761 del 1979; LIMITONE, *Art. 111*-bis, 1339.

[4] LIMITONE, *Art. 111*-bis, 1340.

[5] Cass. n. 8185 del 2010.

[6] Sul tema v. PANI, *Prededuzioni e riparto*.

il curatore, nel tenere i conti speciali ed autonomi delle vendite dei singoli beni immobili gravati di ipoteca (e di privilegio speciale immobiliare) e dei singoli beni mobili gravati di pegno (e di privilegio speciale mobiliare), deve indicare analiticamente (entrate ed) *uscite di carattere specifico* nonché la *quota di quelle di carattere generale* imputabili a ciascun bene o gruppo di beni secondo un criterio di proporzionalità. Ciò significa che sulle somme ricavate dalla vendita di beni oggetto di pegno e di ipoteca gravano: (i) innanzitutto le spese connesse alla manutenzione, gestione e liquidazione dei relativi beni, sì che i relativi creditori devono considerarsi prededucibili e prevalgono comunque sul creditore garantito; (ii) in secondo luogo le spese generali della procedura (fra cui certamente il compenso del curatore) calcolate *pro-quota* secondo un criterio di proporzionalità.

Il principio di prevalenza dei creditori muniti di garanzia reale anche sui creditori prededucibili, nei limiti appena indicati, non pare possa estendersi anche ai creditori muniti di *privilegio speciale* (mobiliare o immobiliare), benché l'art. 223 esiga che nei conti speciali si distingua anche per essi le uscite specifiche e la quota proporzionale delle spese generali[7]. E infatti quella prevalenza è sancita nell'art. 222 esclusivamente con riferimento ai creditori garantiti da pegno o ipoteca, non già da altre forme di privilegio; ne consegue che i crediti prededucibili devono essere soddisfatti prioritariamente anche a scapito di ogni altro creditore privilegiato che non sia munito di garanzia reale.

Se l'attivo (detratto quanto necessario a soddisfare eventuali creditori muniti di garanzia reale nei limiti indicati) è *insufficiente* a pagare tutti i creditori prededucibili (con riparto e fuori riparto), si dovrà procedere alla formazione di un apposito riparto per gli stessi creditori prededucibili, in cui a loro volta essi saranno graduati in base al grado di privilegio legale a ciascuno spettante e saranno soddisfatti – nell'ambito del medesimo grado e in caso di insufficienza – secondo un criterio di proporzionalità.

3. – In caso di violazione, nel piano di riparto o anche nei pagamenti, dei principi di graduazione e proporzionalità che leda l'interesse di uno o più creditori prededucibili sorge il problema se siano individuabili forme di tutela giurisdizionale a vantaggio del creditore parzialmente o totalmente pretermesso o comunque posposto.

Nell'ipotesi che si proceda con piano di riparto, i creditori sono legittimati a proporre reclamo al giudice delegato avverso l'atto del curatore ai sensi dell'art. 133 (e v. art. 220, comma 3, che fissa un termine perentorio di quindici giorni dalla ricezione della comunicazione del curatore del prospetto delle somme disponibili e del progetto di ripartizione delle stesse) e poi ulteriore reclamo al tribunale avverso il provvedimento del giudice delegato *ex* art. 124.

Nell'ipotesi che il pagamento avvenga fuori riparto saranno esperibili i reclami disciplinati dall'art. 133 (avverso gli atti ed omissioni del curatore) o dall'art. 124 (avverso l'autorizzazione del giudice delegato) o alternativamente dall'art. 141 (avverso l'autorizzazione del comitato dei creditori).

---

[7] Dubitativamente sotto la legge fallimentare PAJARDI, *Codice del fallimento*, 1406, traendo spunto dall'obbligo del curatore *ex* art. 111-*ter* l. fall. di tenere i conti speciali con distinzione di entrate ed uscite riferite anche a beni gravati da privilegio speciale.

È tuttavia possibile che vi sia totale o parziale omissione anche dopo la chiusura della liquidazione giudiziale. V'è chi ritiene che il creditore prededucibile pretermesso possa agire in responsabilità avverso il curatore *ex* art. 136 oltre che verso il creditore favorito per ottenere la restituzione di quanto indebitamente percepito da quest'ultimo [8] o ancora verso il debitore eventualmente tornato *in bonis*[9].

---

[8] In questo senso sotto la legge fallimentare DEL VECCHIO, *La graduabilità*, 1006.

[9] Così PAJARDI, *Codice del fallimento*, 1408. Deve peraltro ammettersi la prededuzione anche nell'eventuale procedura esecutiva individuale che dovesse essere avviata a carico del debitore tornato *in bonis*: e v. quanto sostenuto *supra* nel commento all'art. 6, § 7.

Articolo 223
Conti speciali

1. La massa liquida attiva immobiliare è costituita dalle somme ricavate dalla liquidazione dei beni immobili, come definiti dall'articolo 812 del codice civile, e dei loro frutti e pertinenze, nonché dalla quota proporzionale di interessi attivi liquidati sui depositi delle relative somme.

2. La massa liquida attiva mobiliare è costituita da tutte le altre entrate.

3. Il curatore deve tenere un conto autonomo delle vendite dei singoli beni immobili oggetto di privilegio speciale e di ipoteca e dei singoli beni mobili o gruppo di mobili oggetto di pegno e privilegio speciale, con analitica indicazione delle entrate e delle uscite di carattere specifico e della quota di quelle di carattere generale imputabili a ciascun bene o gruppo di beni secondo un criterio proporzionale.

Pietro Paolo Ferraro

Sommario: 1. Liquidità disponibile e contabilizzazione. – 2. Le masse liquide attive. – 3. I conti speciali e l'imputazione delle spese. – 4. Il rapporto tra crediti privilegiati e spese prededucibili.

1. – Il Codice ha mantenuto sostanzialmente invariato il contenuto dell'articolo della legge fallimentare rubricato «*Conti speciali*», che era stato introdotto nella legge fallimentare con la riforma realizzata dal d.lgs. n. 5 del 2006, nell'ambito di una complessiva razionalizzazione della disciplina relativa alla ripartizione dell'attivo fallimentare. Pertanto, all'esito del recente processo riformatore, cambia soltanto la numerazione della disposizione in esame, in quanto l'art. 111-*ter* l. fall. è ora sostituito dall'art. 223.

Sebbene il tenore letterale della norma sia rimasto immutato, da un lato, va considerato il suo impatto sistematico rispetto alla disciplina concorsuale riformata, dall'altro, occorre dare conto dei più recenti interventi dottrinali e giurisprudenziali che hanno contribuito a chiarire taluni aspetti oscuri o controversi.

In questa prospettiva, viene confermata la rilevanza – strumentale rispetto alla graduazione dei crediti da soddisfare in base all'art. 221 (che ha sostituito l'art. 111 l. fall.) – del precetto che dispone la divisione delle somme destinate ai creditori concorrenti in masse distinte, secondo la natura dei beni liquidati, con la relativa imputazione delle spese sostenute dagli organi della procedura, prescrivendo altresì specifiche modalità di contabilizzazione di entrate e uscite [1]. In tal modo, attraverso una sorta di proiezione dell'ordine legale di soddisfacimento dei crediti, è possibile ripartire le somme in concreto acquisite, dedotti gli esborsi riferibili a ciascun bene mobile e immobile, nel rispetto delle diverse cause legittime di prelazione, a seconda cioè se riguardino soltanto il ricavato della liquidazione dei beni immobili (privilegi immobiliari e ipoteche), oppure operino esclusivamente sul corrispettivo della vendita dei beni mobili (pegni e privilegi mobiliari), o ancora incidano prima sulla massa mobiliare e, poi, in via subordinata, sulla massa immobiliare (privilegi mobiliari con garanzia sussidiaria sugli immobili).

Sul piano della rappresentazione contabile, in base ad una prassi normativizzata sin dalla riforma della legge fallimentare del 2006, il curatore si avvale di conti speciali, che consentono di individuare, da un lato, le masse mobiliari e immobiliari costituite dal ricavato della vendita dei beni gravati da specifici diritti di prelazione, su ciascuna delle quali incidono le spese specifiche e, *pro quota*, le spese generali, dall'altro, la massa dei beni non gravati da garanzie specifiche, alla quale sono imputate le residue spese di procedura [2]. Le masse in questione integrano complessivamente l'attivo disponibile, che costituisce, detratti gli accantonamenti di cui all'art. 227, le somme destinate al soddisfacimento dei creditori concorrenti attraverso i riparti parziali ed il riparto finale.

2. – Il curatore, nel rispetto dell'ordine legale di priorità, deve predisporre il prospetto delle somme disponibili, ripartendole in masse distinte, a seconda della natura, mobiliare o immobiliare, dei beni liquidati.

La massa liquida attiva immobiliare è costituita dalle somme ricavate dalla liquidazione di ciascuno dei beni immobili, che rientrano nella definizione di cui all'art. 812 c.c., ed è incrementata dal corrispettivo dell'alienazione separata delle pertinenze degli immobili, nonché dai frutti naturali e civili dagli stessi generati, anche durante la procedura di liquidazione giudiziale (art. 142, comma 2). Nella massa attiva relativa agli immobili sono altresì inclusi, in proporzione, gli interessi attivi maturati sulle somme depositate sul conto corrente acceso dal curatore presso un istituto di credito nel corso della procedura concorsuale.

A questo proposito, appare evidente che il precetto contenuto nell'art. 223, comma 1 riproduce, con riguardo alla liquidazione giudiziale, quanto già previsto dall'art. 2912 c.c. per l'espropriazione forzata individuale [3]. Ciò induce a propendere per una considerazione onnicomprensiva dei beni immobili, che include tutte le componenti che ne incrementano il valore e concorrono alla realizzazione della loro funzione economica [4].

Per stabilire se un bene mobile costituisca o meno pertinenza di un'immobile, occorre verificare la sussistenza di un rapporto di strumentalità e complementarità funzionale, non

---

[1] Per un'analisi esegetica della disposizione introdotta dalla riforma fallimentare del 2006, si vedano, fra gli altri, SILVESTRINI, *Art. 111-ter*, 1573 ss.; RUGGIERO, *Art. 111-ter*, 1849 ss.; con riguardo al Codice, NIGRO, VATTERMOLI, *Diritto della crisi*, 306 s.; LENOCI, *Art. 223*, 1125 ss.

[2] Cfr. LIMITONE, *Art. 111-ter*, 1348.

[3] Per completezza espositiva, si ricorda che l'art. 2912 c.c., rubricato «*Estensione del pignoramento*», stabilisce che «*il pignoramento comprende gli accessori, le pertinenze e i frutti della cosa pignorata*».

[4] Così SILVESTRINI, *Art. 111-ter*, 1574.

essendo sufficiente un mero legame materiale[5]. Tuttavia, tenuto conto che i beni organizzati in azienda sono posti tutti sullo stesso piano, in quanto parimenti destinati alla realizzazione del programma imprenditoriale, i beni mobili che compongono l'azienda non sono di regola considerati pertinenze rispetto all'immobile aziendale[6], salvo che non siano incorporati in quest'ultimo, dando vita ad un bene complesso[7].

Rientrano nella massa attiva immobiliare tutte le somme pervenute al curatore a seguito della liquidazione degli immobili o in relazione ad altri atti di disposizione degli stessi, e quindi non solo quale prezzo della vendita, ma anche ad altro titolo, come, ad esempio, per effetto di divisione o transazione[8].

La massa liquida attiva mobiliare, invece, è determinata in via residuale o per esclusione, in quanto è costituita da tutte le entrate percepite a qualunque titolo dal curatore, diverse da quelle che sono ricomprese nella massa attiva immobiliare. Vi rientrano, pertanto, a titolo esemplificativo, i corrispettivi delle vendite mobiliari, il ricavato dell'attività di recupero crediti, gli importi riconosciuti a seguito dell'esercizio vittorioso di azioni revocatorie (che non riguardino beni immobili), quanto ricevuto per avere esperito con successo azioni di responsabilità ed altre azioni risarcitorie, le somme versate per effetto di transazioni (che non siano relative a diritti reali immobiliari), i ricavi dell'esercizio provvisorio dell'impresa nel corso della procedura, nonché gli interessi maturati su tali somme.

Il curatore è tenuto a diversificare gli importi ricevuti in caso di cessione dell'azienda, nel senso che deve imputare il prezzo di cessione alla quota immobiliare ed alla quota mobiliare, anche al fine di determinare l'incidenza dell'avviamento negativo, secondo un criterio di proporzionalità che consideri tutti i beni ricompresi nella cessione[9].

Nei medesimi termini, in presenza di affitto dell'azienda, il curatore deve imputare alla massa attiva liquida immobiliare la quota di canone riferibile all'opificio e agli impianti incorporati all'immobile, devolvendo invece alla massa liquida attiva mobiliare la parte del canone riferibile a tutti gli altri beni materiali e immateriali[10].

3. – In funzione strumentale rispetto ai piani di riparto, il curatore deve tenere i conti speciali contemplati dall'art. 223, comma 3, ossia conti autonomi che consentono di individuare le masse, sia mobiliari sia immobiliari, nelle quali è compreso il ricavato della vendita dei beni gravati da specifici diritti di prelazione (pegno, ipoteca e privilegio speciale), riportando in modo analitico le entrate e le uscite di carattere specifico e la quota parte di quelle di carattere generale imputabili a ciascun bene o gruppo di beni secondo un criterio proporzionale.

[5] In questi termini, Cass., 2 febbraio 2017, n. 2804; analogamente, Cass., 28 marzo 1996, 2790; Cass., 19 marzo 1990, n. 2278. Si veda altresì, più di recente, Cass., 14 maggio 2019, n. 12731; nonché Cass., 20 marzo 2012, n. 4378, in *Fallimento*, 2013, 41.

[6] Secondo quanto statuito da Cass., 29 settembre 1993, n. 9760, in *Foro it.*, 1994, I, 1840; nei medesimi termini, Cass., 26 gennaio 1985, n. 391, in *Dir. fall.*, 1985, II, 395; Cass., 18 dicembre 1984, n. 6629; Cass., SS.UU., 9 aprile 1984, 2255, in *Riv. dir. comm.*, 1984, II, 317.

[7] In tal senso, Cass., 26 gennaio 1985, n. 391, *cit.*; si veda inoltre Cass., 10 gennaio 2011, n. 377.

[8] Cfr. Cass., 22 novembre 1966, n. 2790, in *Dir. fall.*, 1967, II, 260.

[9] Sul punto, si veda Trib. Biella, 7 febbraio 2011, in *Fallimento*, 2012, 116.

[10] Lo evidenzia SILVESTRINI, *Art. 111-ter*, 1574 s.

Da un punto di vista operativo, il curatore predispone tanti conti speciali quanti sono gli immobili acquisiti all'attivo della procedura, in modo da ripartire in maniera precisa le spese riferibili a ciascun cespite immobiliare [11]. Invece, per i beni mobili oggetto di pegno o privilegio speciale il curatore può tenere un unico conto speciale, dal momento che l'art. 224 dispone la formazione di un'unica graduatoria di tutti i crediti assistiti da garanzia mobiliare [12].

La contabilità separata attraverso i conti speciali non comporta che il curatore debba provvedere a diversi depositi, potendo la liquidità confluire in un unico conto corrente [13].

La norma di cui all'art. 223, comma 3 regola, poi, l'imputazione delle spese della procedura in modo che gravino sui soli creditori ipotecari, pignoratizi o muniti di privilegio speciale le spese relative alla conservazione e alla liquidazione dei beni oggetto di garanzia o ai quali si riferisce il privilegio.

In particolare, rientrano tra le spese di carattere specifico i costi per la conservazione e l'amministrazione dei singoli beni, i costi della loro stima, della relativa pubblicità per la vendita, i costi per la cancellazione di iscrizioni e trascrizioni, gli oneri fiscali, le spese giudiziali per il rilascio o la prosecuzione dell'espropriazione ai sensi dell'art. 216 («*Modalità della liquidazione*») [14].

Invece, tra le spese generali, che gravano *pro quota* su ciascun creditore, vi è anzitutto il compenso del curatore [15], nonché le spese inerenti al funzionamento del comitato dei creditori, così come gli esborsi relativi alle comunicazioni ai creditori e all'accertamento del passivo.

Per quanto riguarda la tecnica di imputazione delle spese, in passato si è sviluppato un orientamento della giurisprudenza di legittimità, reiterato anche dopo l'introduzione nel 2006 dell'art. 111-*ter* l. fall., in base al quale la ripartizione delle spese generali tra creditori ipotecari e pignoratizi deve avvenire secondo un criterio di utilità, nel senso che la quota gravante su ciascun creditore garantito va determinata in base all'effettiva utilità a lui apportata, e, ove tale verifica non sia possibile, occorre adottare in via subordinata un criterio di proporzionalità [16]. Questa ricostruzione è stata condivisa anche da una parte della dottrina, per la quale non possono essere imputate *pro quota*, come spese generali, le spese della procedura che non apportano alcuna utilità, neppure potenziale, al creditore garantito, come – ad esempio – i costi per il recupero dei crediti, per l'esercizio delle azioni revocatorie, così come i debiti, ancorché prededucibili, sorti in esecuzione di concordati preventivi e accordi di ristrutturazione dei debiti anteriori al fallimento [17]. Tuttavia, come evidenziato

---

[11] Si vedano, fra gli altri, FABIANI, *Diritto fallimentare*, 473; GUGLIELMUCCI, *Diritto fallimentare*, 256; LIMITONE, *Art. 111-ter*, 1347.

[12] Così RUGGIERO, *Art. 111-ter*, 1853 s.; *contra* FABIANI, *Diritto fallimentare*, 473.

[13] In tal senso ZANICHELLI, *La nuova disciplina*, 270.

[14] Si veda, fra gli altri, SILVESTRINI, *Art. 111-ter*, 1577.

[15] Cfr. Cass., 2 febbraio 2006, n. 2329; Cass., 9 giugno 1997, n. 5104, in *Dir. fall.*, 1998, II, 329; Cass., 10 marzo 1994, n. 2337, in *Fallimento*, 1994, 997.

[16] In tal senso – in relazione ad una fattispecie regolata *ratione temporis* dalla normativa anteriore alla riforma realizzata con il d.lgs. n. 5 del 2006 – Cass., 12 maggio 2010, n. 11500, in *Fallimento*, 2010, 1271, con nota di FEDERICO, *Criteri di imputazione*.

[17] Così STANGHELLINI, *Le crisi*, 287 s.; seguito poi da SILVESTRINI, *Art. 111-ter*, 1577; si esprimono, invece, in senso contrario LAMANNA, *La ripartizione* 345; BOZZA, SCHIAVON, *L'accertamento*, 473; BONFATTI, *Procedure concorsuali minori*, 900.

dalla più recente giurisprudenza di merito, con l'introduzione dell'art. 111-*ter* l. fall., il legislatore, relativamente alla ripartizione delle spese generali, ha abbandonato il criterio di utilità per avvalersi soltanto del criterio di proporzionalità [18], secondo un'impostazione confermata dal nuovo art. 223. Pertanto, si può sostenere che, in base al diritto positivo vigente, il criterio di utilità è intrinseco o implicito nell'imputazione delle spese specifiche, fatte appunto nell'interesse del creditore garantito, mentre le spese generali vengono ripartite secondo un criterio di proporzionalità, che opera oggettivamente, a prescindere da una verifica (peraltro opinabile) della loro utilità concreta, o anche solo potenziale, per il creditore privilegiato. D'altra parte, occorre considerare che, in caso di incapienza del credito ipotecario, pignoratizio o assistito da privilegio speciale, per mancata acquisizione del bene in garanzia o insufficienza del relativo ricavato per il soddisfacimento del creditore privilegiato, quest'ultimo subisce la degradazione, in tutto o in parte, al rango chirografario [19].

Sotto altro profilo, va ricordato che, in caso di liquidazione giudiziale della società e, in estensione, dei soci illimitatamente responsabili ai sensi dell'art. 256, il curatore deve tenere distinti conti speciali per ciascuna delle procedure concorsuali di cui all'art. 257.

Infine, giova segnalare che il regolamento UE 2015/848 del Parlamento europeo e del Consiglio del 20 maggio 2015 in materia di procedure di insolvenza transfrontaliere, stabilisce all'art. 7, comma 2, lett. *i*), che la legge dello Stato membro nel cui territorio è aperta la procedura d'insolvenza determina, tra l'altro, le disposizioni relative alla ripartizione del ricavato dei beni liquidati ed il trattamento dei creditori secondo il loro grado.

4. – Uno degli aspetti più delicati che riguarda la ripartizione dell'attivo disponibile tra i creditori è quello relativo al rapporto tra crediti privilegiati e crediti prededucibili [20]. A questo proposito, il nuovo art. 222 – rubricato «*Disciplina dei crediti prededucibili*» – ha recepito integralmente il contenuto dell'art. 111-*bis* l. fall., prevedendo al comma 2 che «*I crediti prededucibili vanno soddisfatti per il capitale, gli interessi e le spese con il ricavato della liquidazione del patrimonio mobiliare e immobiliare, tenuto conto delle rispettive cause di prelazione, con esclusione di quanto ricavato dalla liquidazione dei beni oggetto di pegno ed ipoteca per la parte destinata ai creditori garantiti*» [21]. Tuttavia, mentre in passato non vi era alcun raccordo normativo di tale disposizione con la disciplina dei conti speciali di cui all'art. 111-*ter* l. fall. [22], ora il Codice ha inserito un inciso nell'art. 222, comma 2, specificando che i crediti assistiti da pegno e ipoteca prevalgono sui crediti prededucibili in relazione al ricavato della liquidazione dei beni in garanzia «*salvo il disposto dell'articolo 223*». Come chiarisce la Relazione illustrativa, l'art. 222, nel riprodurre in maniera sostanzial-

---

[18] Così Trib. Trapani, 27 dicembre 2019, in *ilcaso.it.*; Trib. Milano, 3 aprile 2017; Trib. Pordenone, 7 aprile 2016.

[19] Cfr. Trib. Piacenza, 11 febbraio 2015, in *ilcaso.it.*

[20] Sul punto, tra i contributi più recenti, si veda DIMUNDO, *Crediti prededucibili*, 1 ss.

[21] Cfr. NIGRO, VATTERMOLI, *Diritto della crisi*, 308.

[22] Anche se, nella Relazione illustrativa del d.lgs. n. 5 del 2006, che ha introdotto gli artt. 111-*bis* e 111-*ter* nella legge fallimentare, si legge che l'art. 111-*bis*, comma 2, l. fall. ha recepito un principio già affermatosi nella giurisprudenza di legittimità, mantenendo altresì ferma l'eccezione, secondo un orientamento altrettanto consolidato in giurisprudenza, secondo cui la priorità accordata ai creditori muniti di garanzia reale sul ricavato dell'alienazione dei beni pignorati o ipotecati cede solo con riguardo a determinati crediti prededucibili.

mente immutata il testo dell'art. 111-*bis* l. fall., rende altresì «*esplicito il collegamento con l'art. 223 per quanto attiene all'incidenza dei debiti prededucibili sulle singole masse*». In questi termini, la più recente disciplina concorsuale recepisce espressamente il principio della postergazione, entro certi limiti, dei crediti prededucibili rispetto ai crediti assistiti da pegno e ipoteca, che la giurisprudenza di legittimità, seguita dalla migliore dottrina, aveva più volte enunciato già prima della riforma fallimentare del 2006[23]. Ciò conferma che la norma sui conti speciali non ha una mera rilevanza operativa o contabile, ma detta un criterio sostanziale di regolazione degli eventuali conflitti tra crediti prededucibili e crediti assistiti da cause di prelazione[24], nel senso che le spese prededucibili incidono sul ricavato della liquidazione dei beni dati a garanzia, prevalendo sui crediti privilegiati, soltanto entro i limiti di cui all'art. 223, comma 3. Pertanto, in base al combinato disposto degli artt. 222, comma 2, e 223, comma 3, al fine della determinazione della quota spettante ai creditori prededucibili, non si deve tener conto dei beni oggetto di pegno ed ipoteca, per la parte necessaria alla soddisfazione dei crediti garantiti, dal momento che su tale ricavato incidono solo le spese specificamente afferenti al bene ed una quota delle spese generali[25].

In sostanza, l'impianto disciplinare che riguarda il rapporto tra crediti prededucibili e privilegiati è così articolato: 1) anzitutto, vi è la regola generale di cui all'art. 221, che sancisce la precedenza dei crediti prededucibili rispetto a tutti gli altri crediti concorsuali; 2) poi, c'è l'eccezione contenuta nell'art. 222, comma 2, che prevede la prevalenza dei crediti ipotecari e pignoratizi sui crediti prededucibili in caso di liquidazione del cespite gravato da tali diritti speciali di garanzia; 3) infine, vi è il temperamento a quest'ultima eccezione posto dall'art. 223, comma 3, secondo cui il ricavato della liquidazione distribuibile ai creditori privilegiati speciali è decurtato delle spese prededucibili di conservazione e liquidazione del bene vincolato, nonché di una parte delle spese generali (ivi compreso il compenso del curatore[26]) determinata secondo un criterio proporzionale[27].

[23] Cfr. Cass., 25 ottobre 1971, n. 3015; Cass., 3 febbraio 1987, n. 952; Cass., 10 agosto 1992, n. 9429; Cass., 20 giugno 1994, n. 5913; Cass., 19 aprile 2001, n. 5769; Cass., 28 giugno 2002, n. 9490; Cass., 2 febbraio 2006, n. 2329; Cass., 13 giugno 2006, n. 13672; Cass., 12 maggio 2010, n. 11500. In tal senso, si è espressa anche la più recente giurisprudenza di merito: Trib. Monza, 11 gennaio 2013, in *ilcaso.it*; Trib. Milano, 1° aprile 2017, *ibidem*. Nei medesimi termini, in dottrina, FERRARA, BORGIOLI, *Il fallimento*, 592 s.; nonché BOZZA, *Conflitti tra cause*, 697 ss.

[24] Così Trib. Milano, 21 maggio 2015, in *ilfallimentarista.it*.

[25] In altri termini, la prevalenza dei crediti prededucibili su tutti gli altri crediti, ivi compresi i crediti ammessi con prelazione sui beni venduti, non trova limitazioni soltanto in relazione ai crediti assistiti da privilegio generale.

[26] In attuazione di tale principio, l'art. 219 (art. 109 l. fall.), relativo alla distribuzione della somma ricavata dalla vendita degli immobili, impone al tribunale di stabilire con decreto la somma da attribuire al curatore in conto del compenso finale e di prelevarla sul prezzo di vendita dei beni immobili insieme alle spese di procedura e di amministrazione.

[27] Secondo l'orientamento prevalente della giurisprudenza e della dottrina, la preferenza dei crediti ipotecari e pignoratizi rispetto ai crediti prededucibili si estende anche ai frutti civili derivanti dai beni gravati: così Cass., 9 maggio 2013, n. 11025; Cass., 15 maggio 1978, n. 2355; MUNARI, *Concordato preventivo*, 873 ss.; LIMITONE, *Art. 111-ter*, 1347; *contra* BALESTRA, *Brevi note*, 8 ss.

Articolo 224
Crediti assistiti da prelazione

1. I crediti assistiti da privilegio generale hanno diritto di prelazione per il capitale, le spese e gli interessi, nei limiti di cui agli articoli 153 e 154, sul prezzo ricavato dalla liquidazione del patrimonio mobiliare, sul quale concorrono in un'unica graduatoria con i crediti garantiti da privilegio speciale mobiliare, secondo il grado previsto dalla legge.

2. I crediti garantiti da ipoteca e pegno e quelli assistiti da privilegio speciale hanno diritto di prelazione per il capitale, le spese e gli interessi, nei limiti di cui agli articoli 153 e 154, sul prezzo ricavato dai beni vincolati alla loro garanzia.

Pietro Paolo Ferraro

Sommario: 1. Il trattamento dei crediti prelatizi. – 2. La graduazione dei crediti relativa alla massa mobiliare. – 3. La graduazione dei crediti relativa alla massa immobiliare. – 4. I privilegi previsti dal codice della navigazione e da altre leggi speciali.

1. – L'art. 224 conserva lo stesso contenuto dell'art. 111-*quater* l. fall., che era stato introdotto dal d.lgs. n. 5 del 2006, all'epoca della riforma della legge fallimentare, anzitutto per regolare il rapporto tra privilegi generali e privilegi speciali, assicurando un coordinamento normativo con il sistema di graduazione dei diritti di prelazione [1].

In particolare, il comma 1 dell'articolo in epigrafe si occupa del concorso tra crediti assistiti da privilegio generale [2] e da privilegio speciale mobiliare, che hanno diritto di prelazione sul ricavato della liquidazione del patrimonio mobiliare, secondo l'ordine o il grado

---

[1] Per un'analisi esegetica della norma introdotta dalla riforma della legge fallimentare, si vedano, fra i tanti, SILVESTRINI, *Art. 111-quater*, 1578 ss.; RUGGIERO, *Art. 111-quater*, 1855 ss.; BOZZA, *Le norme*, 658 ss.; con riguardo al Codice, NIGRO, VATTERMOLI, *Diritto della crisi*, 308 s.; LENOCI, *Art. 224*, 1128 ss. Più in generale, sul tema dei privilegi nel fallimento, restano fondamentali, nell'ambito di una vasta letteratura, i contributi di RAGUSA MAGGIORE, *Il sistema*, 1 ss.; INZITARI, *Effetti del fallimento*, 107 ss.

[2] Com'è noto, il privilegio generale è di regola mobiliare, salvo l'eccezione di cui all'art. 2776 c.c., che prevede la possibilità di soddisfazione sussidiaria sul prezzo dei beni immobili in caso di infruttuosa esecuzione sui beni mobili, con preferenza rispetto ai creditori chirografari: cfr. Cass., 13 aprile 1981, n. 2182; Cass., 5 febbraio 1982, n. 654; Cass., 11 maggio 1982, n. 2924.

previsto dalla legge, e cioè dalla disciplina di diritto comune contenuta nel codice civile e dalle ulteriori norme di diritto speciale.

Il comma 2 dell'art. 224, invece, si occupa dei crediti con garanzia reale, ossia ipoteca e pegno, e dei crediti assistiti da privilegio speciale, i quali vantano un diritto di prelazione sul ricavo della liquidazione dei beni vincolati alla loro garanzia o ai quali si riferisce il privilegio.

In entrambi i commi dell'articolo viene precisato che il diritto di prelazione riguarda il capitale, le spese e gli interessi, nei limiti fissati dagli artt. 153 e 154. A questo proposito, il legislatore ha recepito, sin dalla riforma del fallimento del 2006, quanto statuito dalla Corte costituzionale per sopperire ad una lacuna (o meglio ad una svista) della normativa originaria in merito al trattamento degli interessi sui crediti privilegiati [3], chiarendo espressamente che il diritto di prelazione si estende anche agli interessi [4]. Come però ha puntualizzato la Cassazione, con un orientamento sempre più consolidato, la prelazione riguarda soltanto gli interessi corrispettivi e non anche gli interessi moratori [5].

Prima di procedere con una breve esegesi normativa, è appena il caso di evidenziare l'importanza – in coerenza con le indicazioni della legge delega n. 155 del 2017 [6] – di razionalizzare il regime dei privilegi, a partire da una sistematica valutazione degli interessi in gioco, con un'attenta verifica, per ciascuno di essi, dell'attuale opportunità, o necessità, di un trattamento preferenziale [7].

2. – Sul piano operativo, l'art. 224, comma 1 prevede espressamente che i crediti relativi alla massa liquida attiva mobiliare siano inseriti in un'unica graduatoria, nella quale confluiscono tutti i crediti con prelazione su beni mobili, e quindi i crediti pignoratizi, i crediti assistiti da privilegio speciale mobiliare e i crediti che fruiscono di privilegio generale.

---

[3] La dottrina prevalente parlava di una mera svista del legislatore (RAGUSA MAGGIORE, *Il sistema,* 177 ss.; DEL VECCHIO, *Le spese,* 245 ss. FABIANI, *Quando una svista,* 466 ss.). In tal senso si esprimeva anche parte della giurisprudenza di legittimità e di merito, secondo cui si trattava di una lacuna o comunque di una imprecisione letterale del testo normativo (Cass., 14 maggio 1974, n. 697, in *Foro it.*, 1974, I, 2712; Trib. Milano, 15 marzo 1965, in *Dir. fall.*, 1965, II, 907).

[4] Corte cost., 28 maggio 2001, n. 162, in *Fallimento,* 2001, 1301, ha dichiarato l'illegittimità costituzionale – in riferimento all'art. 3 Cost. – dell'art. 54, comma 3, l. fall., nella parte in cui non richiamava l'art. 2749 c.c., ai fini dell'estensione del diritto di prelazione agli interessi maturati sui crediti privilegiati. Con la nuova formulazione della norma, si è assicurata, anche in sede concorsuale, una disciplina sostanzialmente uniforme degli interessi relativi a crediti assistiti da cause di prelazione, in piena coerenza sistematica con quanto previsto per l'esecuzione individuale. In tal modo, si viene a delineare un principio generale secondo cui gli interessi condividono, in ogni caso, la stessa natura privilegiata dei crediti cui accedono, senza distinzione fra cause di prelazione, e, quindi, non solo con riguardo a pegno ed ipoteca, ma anche con riferimento ai diversi privilegi, sia speciali che generali.

[5] In tal senso, fra le pronunce più recenti, Cass., 15 gennaio 2013, n. 775, in *Fallimento,* 2013, 1359, con nota di TARZIA, *L'estensione*; Cass., 24 ottobre 2011, n. 21998; Cass., 30 agosto 2007, n. 18312, in *Fallimento,* 2008, 549; *contra* BOZZA, SCHIAVON, *L'accertamento,* 337 ss.

[6] In particolare, l'art. 10, l. n. 155 del 2017 – dedicato ai «*Privilegi*» – stabilisce che «*Nell'esercizio della delega di cui all'articolo 1, il Governo procede al riordino e alla revisione del sistema dei privilegi, principalmente con l'obiettivo di ridurre le ipotesi di privilegio generale e speciale, con particolare riguardo ai privilegi retentivi, eliminando quelle non più attuali rispetto al tempo in cui sono state introdotte e adeguando in conformità l'ordine delle cause legittime di prelazione*».

[7] Come da tempo auspicato dalla migliore dottrina: si veda, ad esempio, PARENTE, *Nuovo ordine,* 1 ss.

La previsione normativa di un'unica graduatoria per i crediti relativi alla massa mobiliare recepisce quanto già sostenuto in passato da dottrina e giurisprudenza, che richiamavano in ambito fallimentare quanto stabilito in termini generali dagli artt. 2777 e 2778 c.c. in relazione all'ordine dei privilegi [8]. In questo modo, i crediti assistiti da privilegio generale di grado anteriore sono soddisfatti su tutta la massa liquida mobiliare [9], e quindi anche con il ricavato della liquidazione dei beni gravati da privilegio speciale di grado successivo, con la conseguenza che i crediti assistiti da quest'ultimo tipo di privilegio speciale rischiano di restare insoddisfatti, in quanto la relativa prelazione riguarda soltanto il ricavato della liquidazione del bene a cui si riferiscono [10]. Pertanto, qualora i crediti assistiti da prelazione su di un bene specifico siano rimasti insoddisfatti rispetto alla liquidazione del bene di riferimento, concorrono per il residuo con i crediti chirografari, subendo la relativa falcidia.

Nello specifico, poi, opera l'ordine di priorità dei crediti assistiti da privilegi afferenti la massa mobiliare, che è determinato, in virtù di espresso rinvio, dalle disposizioni del codice civile, integrate dalle leggi speciali e, in particolare, dal codice della navigazione.

Il rapporto tra privilegi speciali e pegno su beni mobili è regolato dall'art. 2748, comma 1, c.c., il quale stabilisce che il pegno prevale sul privilegio speciale mobiliare, anche se posteriore rispetto a quest'ultimo, purché il creditore pignoratizio abbia ignorato di ledere

---

[8] Si vedano, in dottrina, fra gli altri, LAMANNA, *La ripartizione*, 347; PATTI, *I privilegi*, 110; in giurisprudenza, ad esempio, Cass., 24 luglio 1989, n. 3486, in *Dir. fall.*, 1990, II, 412; nonché, più recentemente, Cass., 11 aprile 2018, n. 9018, in *Fallimento*, 2018, 1427 (con nota di CANAZZA, *Unicità di graduazione*), ove si legge che «In tema di ordine dei privilegi nel fallimento, il rinvio contenuto nell'art. 111-*quater*, primo comma, l. fall. al grado previsto dalla legge, rende applicabili alla materia le regole sul concorso fissate dall'art. 2777 c.c., che impone un'unicità di graduatoria, senza distinzione a secondo che più privilegi spettino a creditori diversi od allo stesso creditore, e dall'art. 2778 c.c. che prevede l'ordine dei privilegi sui beni mobili».

[9] Come puntualizzato da RUGGIERO, *Art. 111-quater*, 1856, «il privilegio generale estende, quindi, il suo raggio di azione a tutti i beni mobili del debitore, compresi i diritti mobiliari, le universalità di mobili, i mobili registrati, i titoli di credito ed il denaro, avendo ad oggetto l'intero patrimonio mobiliare considerato in un'ottica evolutiva, ricomprendendo anche eventuali valori che contribuiscono ad aumentarlo, come beni sopravvenuti, ovvero a diminuirlo, come le alienazioni».

[10] Il privilegio speciale si caratterizza per l'identificazione del bene, per cui, qualora perisca, viene meno il privilegio ed il credito viene degradato a chirografario. Tuttavia, come chiarito dalla Cassazione, «L'ammissione al passivo fallimentare di un credito in via privilegiata non presuppone, ove si tratti di privilegio speciale su determinati beni, che questi siano già presenti nella massa, non potendosi escludere la loro acquisizione successiva all'attivo fallimentare; ne consegue che è a tal fine sufficiente, in sede di verifica dello stato passivo, l'accertamento dell'esistenza del credito e della correlativa causa di prelazione, dovendosi demandare alla successiva fase del riparto la verifica della sussistenza o meno dei beni stessi, da cui dipende l'effettiva realizzazione del privilegio speciale»: così Cass., SS.UU., 20 dicembre 2001, n. 16060, in *Fallimento*, 2002, 412, con nota di FABIANI, *La ritrovata astrattezza*, 379, con nota di DI LAURO, *Privilegio speciale*; nei medesimi termini, successivamente, Cass., 18 agosto 2004, n. 16080; Cass., 24 marzo 2011, n. 6849; Cass., 21 giugno 2012, n. 10387. Il principio affermato dalle Sezioni Unite della Cassazione è riferibile anche alle garanzie reali: si veda al riguardo la recente Cass., 22 febbraio 2019, n. 5341, la quale ha statuito che «L'ammissione al passivo fallimentare di un credito ipotecario è possibile anche se il bene su cui grava la garanzia non faccia parte dell'attivo, purché, ai sensi dell'art. 93 l. fall. (nel testo introdotto dall'art. 78 d.lgs. n. 5 del 2006), la domanda di insinuazione descriva il bene su cui si intende far valere la prelazione e precisi le oggettive ragioni della potenziale acquisibilità, fermo restando che l'effettivo dispiegarsi della prelazione in sede di riparto rimane subordinato al recupero del bene al compendio fallimentare».

l'altrui diritto (in ossequio al principio espresso dall'art. 1153 c.c., secondo cui il possesso in buona fede vale titolo), salvo che la legge non disponga diversamente, come – ad esempio – per il privilegio speciale mobiliare relativo alle spese di giustizia (art. 2777, comma 1, c.c.) e il privilegio sulle cose caricate sulla nave (art. 561 c. nav.).

Il concorso tra privilegi mobiliari ed ipoteca su autoveicoli è disciplinato dall'art. 2779 c.c., il quale pospone la garanzia reale in questione soltanto ai primi dieci privilegi di cui all'art. 2778 c.c., mentre è preferita rispetto a tutti gli altri.

Infine, in caso di liquidazione giudiziale del socio illimitatamente responsabile in estensione della liquidazione giudiziale della società ai sensi dell'art. 256, secondo quanto previsto dall'art. 257, comma 3, «*il credito dichiarato dai creditori sociali nella liquidazione giudiziale della società si intende dichiarato per l'intero e con il medesimo eventuale privilegio generale anche nella liquidazione giudiziale aperta nei confronti dei singoli soci*». Tale principio di automaticità, presupponendo che la prelazione scaturisca dal medesimo rapporto dal quale sorge il credito, non opera, invece, per i privilegi speciali che possono essere fatti valere soltanto nello stato passivo della liquidazione giudiziale relativa al titolare del bene gravato[11].

3. – Diversamente da quanto avviene per i crediti destinati ad essere soddisfatti dalla monetizzazione del patrimonio mobiliare, con riguardo alla massa liquida attiva immobiliare vengono formate più graduatorie dei crediti per ciascuno dei beni immobili liquidati[12].

Il sistema di graduazione dei crediti privilegiati afferenti la massa immobiliare è regolato dal codice civile, anche per quanto riguarda il conflitto tra privilegi speciali e ipoteca su di un bene immobile, che per l'appunto è disciplinato dall'art. 2748, comma 2, c.c., il quale stabilisce che, se la legge non dispone diversamente, il privilegio speciale immobiliare prevale sull'ipoteca. Fa eccezione alla regola di prevalenza del privilegio sull'ipoteca, in materia di contratto preliminare, il privilegio speciale del promissario acquirente *ex* art. 2775-*bis* c.c., in quanto subordinato alla pubblicità costitutiva di cui all'art. 2745 c.c.[13].

---

[11] In tal senso, si sono espresse, in relazione al fallimento, Cass., 30 agosto 2007, n. 18312; Cass., 25 marzo 2003, n. 4363, in *Fallimento*, 2004, 166, con nota di LAMANNA, *Insinuazione di crediti*. Sul punto, si veda altresì Cass., 1 ottobre 2015, n. 19646.

[12] Cfr. SILVESTRINI, *Art. 111-quater*, 1580 s.

[13] Così Cass., SS.UU., 1 ottobre 2009, n. 21045, in *Giust. civ.*, 2010, I, 1695, la quale ha statuito che «Il privilegio speciale sul bene immobile, che assiste (ai sensi dell'art. 2775-*bis* c.c.) i crediti del promissario acquirente conseguenti alla mancata esecuzione del contratto preliminare trascritto ai sensi dell'art. 2645-*bis* c.c., siccome subordinato ad una particolare forma di pubblicità costitutiva (come previsto dall'ultima parte dell'art. 2745 c.c.), resta sottratto alla regola generale di prevalenza del privilegio sull'ipoteca, sancita, se non diversamente disposto, dal secondo comma dell'art. 2748 c.c., e soggiace agli ordinari principi in tema di pubblicità degli atti. Ne consegue che, nel caso in cui il curatore del fallimento della società costruttrice dell'immobile scelga lo scioglimento del contratto preliminare (ai sensi dell'art. 72 della l. fall.), il conseguente credito del promissario acquirente – nella specie, avente ad oggetto la restituzione della caparra versata contestualmente alla stipula del contratto preliminare – benché assistito da privilegio speciale, deve essere collocato con grado inferiore, in sede di riparto, rispetto a quello dell'istituto di credito che, precedentemente alla trascrizione del contratto preliminare, abbia iscritto sull'immobile stesso ipoteca a garanzia del finanziamento concesso alla società costruttrice»; nei medesimi termini, più di recente, Cass., 16 marzo 2012, n. 4195, in *Giust. civ.*, 2013, I, 147; Cass., 30 luglio 2014, n. 17270, in *Foro it.*, 2015, I, 2905; Cass., 17 agosto 2016, n. 17141.

Pertanto, in base a quanto stabilito dalla disciplina codicistica, al vertice si posizionano i crediti assistiti da privilegio speciale, seguiti dai crediti ipotecari secondo l'ordine di iscrizione dell'ipoteca nei registri immobiliari e, infine, ci sono i crediti con collocazione sussidiaria sugli immobili, articolati nel seguente ordine discendente: al primo posto ci sono i crediti da lavoro dipendente relativi al trattamento di fine rapporto e all'indennità di mancato preavviso, poi vengono i crediti di cui agli artt. 2751, 2751-*bis* e 2753 c.c. [14] (i quali sono collocati sullo stesso piano e, quindi, sono da soddisfare in proporzione) e dopo si trovano i crediti dello Stato per iva *ex* art. 2752, comma 3, c.c.

I crediti con collocazione sussidiaria sugli immobili vanno prima soddisfatti sulla massa mobiliare e, se non integralmente soddisfatti, sul residuo della liquidazione dei beni immobili, con preferenza rispetto ai crediti chirografari. Anche a questo proposito, in caso di parziale soddisfazione dei crediti assistiti da privilegi speciali su beni immobili, a seguito della loro liquidazione, i relativi creditori concorrono per il residuo con i crediti chirografari per essere soddisfatti in percentuale.

4. – Il rapporto tra la disciplina dei privilegi contemplata nel codice civile e quella contenuta in leggi speciali è regolato dagli artt. 2750, 2783 e 2777, comma 3, c.c. [15].

In particolare, l'art. 2750, comma 1, c.c., rinvia al codice della navigazione per l'individuazione dei privilegi speciali sulle navi e sugli aeromobili, nonché sui noli e sulle cose caricate (artt. 548-564 e 1022-1026 c. nav.) [16]: pertanto, in deroga alla disciplina codicistica, i privilegi marittimi e aereonautici [17], in base agli artt. 548 e 1022 c. nav., sono preferiti a ogni altro privilegio generale o speciale, nel senso che sono sovraordinati anche ai privilegi comuni anteposti ai privilegi di diritto speciale [18]. Invece, l'art. 2750, comma 2, c.c., con una disposizione di chiusura dalla portata più ampia, estende la disciplina generale dei privilegi dettata dal codice civile ai privilegi previsti dalle leggi speciali, salvo che non sia diversamente disposto.

Inoltre, l'art. 2783 c.c. stabilisce che, quando dalla legge non risulti un grado di preferenza, il credito si colloca dopo ogni altro privilegio speciale contemplato dal codice civile [19].

Infine, l'art. 2777, comma 3, c.c. dispone che i privilegi che le leggi speciali dichiarano preferiti ad ogni altro credito sono sempre postergati al privilegio per le spese di giustizia ed ai privilegi generali di cui all'art. 2751-*bis* c.c. [20].

---

[14] L'art. 2751 c.c. riguarda i «*crediti per spese funebri, d'infermità, alimenti*»; l'art. 2751-*bis* c.c. è relativo ai «*crediti per retribuzioni e provvigioni, crediti dei coltivatori diretti, delle società od enti cooperativi e delle imprese artigiane*»; l'art. 2753 c.c. ha ad oggetto i «*crediti per contributi di assicurazione obbligatoria per l'invalidità, la vecchiaia e i superstiti*».

[15] Sul punto, si vedano, fra gli altri, BOZZA, SCHIAVON, *L'accertamento*, 761 s.; nonché, Cass., 24 luglio 1989, n. 3486, in *Dir. fall.*, 1990, II, 412.

[16] Per approfondimenti, si consultino, in luogo di altri, LEFEBVRE D'OVIDIO, PESCATORE, TULLIO, *Manuale di diritto*, 741 ss., anche per ulteriori riferimenti relativi alla dottrina specialistica.

[17] I privilegi in materia di navigazione sono tutti speciali.

[18] Così PATTI, *I privilegi*, 111.

[19] Nonostante l'art. 2783 c.c. non preveda il caso in cui l'indeterminatezza della legge riguardi un privilegio generale, parte della dottrina, applicando in via analogica la norma, ritiene che anche il privilegio generale debba essere collocato dopo i privilegi generali previsti nel codice civile: così, ad esempio, PATTI, *I privilegi*, 112.

[20] Sebbene i beni soggetti ai privilegi previsti dal codice della navigazione possano formare oggetto anche

Con riguardo alle insolvenze transfrontaliere, l'art. 7, comma 2, lett. *i*), regolamento UE 2015/848 del Parlamento europeo e del Consiglio del 20 maggio 2015, stabilisce che la ripartizione del ricavato della liquidazione dei beni ed il trattamento dei creditori secondo il loro grado sono regolati dalla legge dello Stato membro nel cui territorio è stata aperta la procedura.

dei privilegi (generali o speciali) di diritto comune, si ritiene che i privilegi marittimi ed aeronautici prevalgano, in ogni caso, sui privilegi che le leggi speciali dichiarano preferiti ad ogni altro privilegio: cfr., in giurisprudenza, Cass., 24 luglio 1989, n. 3486, in *Dir. fall.*, 1990, II, 412; Cass., 15 novembre 1984, n. 5782, in *Dir. marittimo*, 1985, 530; in dottrina, PATTI, *I privilegi*, 111.

Articolo 225

Partecipazione dei creditori ammessi tardivamente

1. I creditori ammessi a norma dell'articolo 208 concorrono soltanto alle ripartizioni posteriori alla loro ammissione in proporzione del rispettivo credito, salvo il diritto di prelevare le quote che sarebbero loro spettate nelle precedenti ripartizioni se assistiti da cause di prelazione o se il ritardo è dipeso da cause ad essi non imputabili.

Vittorio Giorgi

La norma è meramente ripetitiva dell'art. 112 l. fall., mutando il solo riferimento all'art. 208, invece che all'art. 101 l. fall. Gli effetti dell'ammissione tardiva, infatti, sono previsti interamente dalla norma in commento, e dal successivo art. 226, non dall'art. 208, comma 3. Nel nuovo art. 208, infatti, non si ripetono le previsioni dell'art. 101, comma 3, l. fall.: «*il creditore ha diritto di concorrere sulle somme già distribuite nei limiti di quanto stabilito nell'articolo 112*», e del comma 4 dello stesso articolo, per cui «*il titolare di diritti su beni mobili o immobili, se prova che il ritardo è dipeso da causa non imputabile, può chiedere che siano sospese le attività di liquidazione del bene sino all'accertamento del diritto*», che si ritrovano nel successivo art. 226. La nozione di creditore tardivo è quella di cui all'art. 208. In conformità ai principi esaminati in tema di efficacia delle decisioni concernenti lo stato passivo vale anche in questo caso la regola della efficacia endofallimentare [1], pur temperata, nella disciplina del Codice, dalla diversa disciplina dell'art. 204 per le domande di cui all'art. 210. Le modifiche, rispetto alla normativa anteriore alla riforma del 2006, sono sostanziali, essendo del tutto mutata la definizione di creditore tardivo, sono sul piano del trattamento, invece, meramente formali, per adattare la norma al mutato quadro legislativo [2].

La non imputabilità del ritardo deve essere accertata dal g.d. [3]. Si tende a ritenere causa di non imputabilità del ritardo la mancanza della comunicazione di cui all'art. 92 (oggi 200), o la domanda *ex* art. 70, comma 2, l. fall. (oggi 171), ma non il mutamento di un indirizzo giurisprudenziale [4]. Si rinvia sul punto al commento all'art. 208. Sempre in sede di commento all'art. 208 si è rilevato che il legislatore del codice richiede, che la domanda

[1] FERRARO, *Art. 101*, 581 ss.

[2] BOZZA, *La ripartizione*, 661 ss.; TRINCHI, *Art. 112*, 1263 ss.; ZECCA, *Art. 112*, 1582.

[3] TRINCHI, *Art. 112*, 1270.

[4] TRINCHI, *Art. 112*, 1271; MIELE, *Art. 112*, 1362.

sia trasmessa al curatore non oltre sessanta giorni dal momento in cui è cessata la causa che ne ha impedito il deposito tempestivo.

Il creditore tardivo a norma dell'art. 226 concorre anche sulle somme già distribuite. Deve intendersi sulle somme oggetto di riparto esecutivo non ancora eseguito [5]. In effetti l'eliminazione già dall'art. 112 l. fall. del richiamo all'«*attivo non ripartito*», unitamente alla legittimazione del creditore tardivo, prevista nell'art. 101 l. fall., a concorrere sulle «*somme già distribuite*», ha fatto sorgere, nella vigenza della legge fallimentare riformata nel 2006, il dubbio che il creditore tardivo per cause a lui non imputabili possa non solo trovare soddisfazione sull'attivo residuo disponibile, ma pure esigere la ripetizione delle somme anche a carico dei creditori già soddisfatti. Si osservava però in contrario che l'art. 114 l. fall. (come l'art. 229) prevede la non ripetibilità dei pagamenti eseguiti in attuazione dei piani di riparto, e lo stesso concorso sulle somme non distribuite deve avvenire nei limiti di quanto stabilito nell'art. 112 l. fall. [6] (ora art. 225). Il creditore tardivo, peraltro, partecipa solo alle distribuzioni successive all'ammissione, non alla domanda, con soluzione giudicata incongrua, anche in relazione al diverso principio di cui all'art. 91, d.lgs. n. 385 del 1993 [7].

Il termine finale per il creditore tardivo è quello dell'esecutività del riparto [8].

Nel caso della cessione del credito ammesso in sede di verificazione del passivo la giurisprudenza anteriore alla riforma del 2006 riteneva che il cessionario dovesse comunque richiedere l'ammissione tardiva, ai fini del controllo sulla effettività della cessione [9]. Con la riforma del 2006 l'art. 115, comma 2, l. fall., stabilisce, invece, che il curatore provvede solo ad una rettifica formale dello stato passivo «*qualora la cessione sia stata comunicata, unitamente alla documentazione che attesti, con atto recante le sottoscrizioni di cedente e cessionario, l'intervenuta cessione*» [10] (v. ora l'art. 230, comma 2). Si tratta tuttavia di un meccanismo processuale imperfetto, in quanto cedente o cessionario non saranno nemmeno destinatari dell'avviso di deposito dei successivi progetti di riparto dell'attivo, e potrebbero avere notizia della decisione del curatore di pagare l'altro soltanto a pagamento avvenuto e senza poter ricorrere al reclamo di cui all'art. 133 [11].

---

[5] CLEMENTE, *Art. 112*, 698 s.; BOZZA, *La ripartizione*, 660 ss.; TRINCHI, *Art. 112*, 1270.

[6] ZECCA, *Art. 112*, 1586 s. Cfr. pure MIELE, *Art. 112*, 1359, 1361 s.

[7] V. BONFATTI, CENSONI, *Manuale di diritto*, 434.

[8] TRINCHI, *Art. 112*, 1268; MIELE, *Art. 112*, 1360 s., il quale rileva che, essendo impugnabile il decreto di esecutività, in realtà il termine ultimo è costituito dal decorso del termine *ex* art. 26 l. fall.

[9] V. Cass., 9 dicembre 1991, n. 13221; Cass., 22 febbraio 1995, n. 1997; Cass., 2 luglio 1998, n. 6469.

[10] GUGLIELMUCCI, *Diritto fallimentare*, 231 s.

[11] CELENTANO, *Accertamenti del passivo*, 1134. Per DI COLA, *Cessione del credito*, 367 s., 371 ss., il curatore dovrebbe comunque comunicare agli altri interessati l'avvenuta rettificazione nei termini di cui all'art. 92 l. fall., e dal ricevimento di tale comunicazione decorrerebbe il termine per il reclamo *ex* art. 36 l. fall., oppure (soluzione ritenuta preferibile) con un meccanismo analogo a quello di cui all'art. 110 l. fall. il giudice dovrebbe ordinare il deposito della documentazione dalla quale risulti la rettificazione, con avviso ai creditori ed altri interessati oggi in modalità telematica. In questo caso, in applicazione analogica dell'art. 110, comma 3, l. fall. i creditori potrebbero reclamare *ex* art. 36 l. fall. entro il termine di quindici giorni dalla comunicazione. Non si potrebbe comunque negare alla parte pregiudicata il diritto di impugnare lo stato passivo rettificato in un giudizio a cognizione piena che dovrebbe comunque svolgersi innanzi al g.d. applicando, con gli opportuni adattamenti, la disciplina degli artt. 93 ss. l. fall. (*ivi*, 375 ss.).

Articolo 226

Ripartizioni e diritti in favore del creditore con domanda tardiva

1. Il creditore ammesso a norma dell'articolo 208 ha diritto di concorrere sulle somme già distribuite nei limiti di quanto stabilito nell'articolo 225. Il titolare di diritti su beni mobili o immobili, se prova che il ritardo nella presentazione della domanda è dipeso da causa non imputabile, può chiedere che siano sospese le attività di liquidazione del bene sino all'accertamento del diritto. Si applica l'articolo 208, comma 3.

Dario Latella

Sommario: 1. Caratteri generali. – 2. Modalità di partecipazione.

1. – Il Codice non ha apportato modifiche particolarmente significative al testo dell'art. 112 l. fall., come a sua volta modificato dal d.lgs. 12 settembre 2007, n. 169, nella formulazione già introdotta dall'art. 101, d.lgs. 9 gennaio 2006, n. 5[1].

Normalmente, i creditori ammessi in via tardiva al passivo possono partecipare soltanto ai piani di riparto dichiarati esecutivi dopo il provvedimento definitivo di ammissione e percepire esclusivamente la percentuale che i creditori di pari grado ricevono nel medesimo riparto, senza poter pretendere alcunché in relazione ai riparti precedenti.

Le eccezioni a tale regola sono due: a) la prima, riguarda il creditore assistito da prelazioni; b) la seconda, riguarda il caso di non imputabilità del ritardo, il che consente ai "tardivi" di prelevare le quote che sarebbero loro spettate nelle precedenti ripartizioni (cfr. art. 225). Come è noto, è stato escluso un contrasto tra tale disposizione e l'art. 24 Cost., sotto il profilo della possibile mancanza di tutela dei creditori tardivi, in quanto la norma in esame bilancerebbe comunque l'interesse del singolo creditore tardivo – che richiede un maggior tempo per l'accertamento della posizione – e quello della massa dei creditori concorrenti, i quali hanno invece interesse al rapido soddisfacimento del loro credito. Secondo la giuri-

[1] Cfr. in generale, Bonsignori, *Liquidazioni dell'attivo*; Cattano, Palladino, *La riforma*; Clemente, *Art. 112*; De Crescienzo, Mattei, Panzani, *La riforma organica*; Fabiani, Nardecchia, *Formulario commentato*; Ferrara, *Manuale di diritto*; Jaeger, *Il fallimento*; Lo Cascio, *Il fallimento*; Miele, *Art. 112*; Pajardi, Paluchowski, *Manuale di diritto*; Provinciali, *Trattato di diritto*; Ruggiero, *Art. 112*; Satta, *Istituzioni di diritto*; Schiano di Pepe, *Il diritto fallimentare*; Trinchi, *Art. 112*; Zoppellari, Sub *art. 112*.

sprudenza della Suprema Corte, sono riconosciute come prioritarie le ragioni di questi ultimi e, di conseguenza, limitate le ragioni dei “tardivi” rispetto ai residui disponibili [2].

Il procedimento di verifica delle insinuazioni tardive è il medesimo di quello previsto per le domande tempestive e gli effetti dell’ammissione si producono nel momento in cui il giudice delegato ha reso esecutivo lo stato passivo tardivo; nel caso, invece, di opposizione allo stato passivo, l’efficacia dell’ammissione è da ricollegarsi al momento in cui diviene irrevocabile il decreto emesso a conclusione del procedimento d’impugnazione di cui all’art. 207, il che apparirebbe confermato dall’art. 227, ult. comma, là dove è previsto che l’accantonamento a favore dei creditori opponenti la cui domanda sia stata accolta con sentenza *non ancora* passata in giudicato. Sotto questo profilo, la partecipazione al riparto sarebbe possibile fino all’emanazione del decreto che dichiara esecutivo il progetto di ripartizione [3].

2. – Come si è detto, la regola generale si risolve nel fatto che i creditori tardivi perdono la possibilità di partecipare alla ripartizione delle somme già distribuite tra i creditori tempestivi di pari grado, rimanendo titolari del diritto di partecipare a ciò che residua dopo la loro definitiva ammissione e per la percentuale che i creditori di pari grado percepiranno in tali riparti. Il creditore tardivo è come se assumesse su di sé il rischio della tardività della domanda e della durata del procedimento di verifica tardivamente iniziato dal creditore [4].

Al contrario, i creditori che sono assistiti da cause di prelazione ed i creditori chirografari insinuati tardivamente senza colpa possono partecipare alla ripartizione di quote già distribuite, sempre che sussistano disponibilità residue capienti per tali estensioni. Quindi, in sede di riparto, bisognerà innanzitutto riconoscere a tali categorie di creditori le somme che gli stessi hanno diritto di recuperare e, in un secondo momento, procedere al riparto in favore di tutti i creditori ammessi sino a quel momento, compresi quelli per i quali si è disposto il recupero di quanto fino ad allora non percepito [5].

Si ritiene che la non imputabilità del ritardo, da accertarsi mediante con il provvedimento di ammissione tardiva, non consenta di incrementare le disponibilità residue all’atto dell’ammissione mediante la riduzione dei riparti ricevuti dagli altri creditori; non dovrebbe potersi applicare, in tal senso, la disposizione di cui all’art. 229, che in continuità con la precedente versione dell’art. 114 l. fall., prevede la possibilità di restituire soltanto le somme non dovute, o quelle che ineriscono a crediti oggetto di domande di revocazione accolte [6].

Se ormai risolto è il contrasto che riguardava la forma di accertamento del ritardo non imputabile – oggi pacificamente ricondotta al decreto di ammissione tardiva [7] –, bisogna

[2] Cass., 1° marzo 1991, n. 2186, in *Fallimento*, 1991, 695.

[3] RUGGIERO, *Art. 112*, 1864.

[4] Cass., 19 febbraio 1999, n. 1391, in *Foro it.*, 1999, 2958.

[5] RUGGIERO, *Art. 112*, 1862; il diritto a recuperare le quote in parola deve essere soddisfatto alla prima occasione (riparto) utile (Cass., 19 settembre 2003, n. 13895, in *Fallimento*, 2004, 1313).

[6] Cass., 17 dicembre 1990, n. 11961, in *Fallimento*, 1991, 462.

[7] Cfr. Cass., 6 maggio 1991, n. 4988, in *Fallimento*, 1992, 23.

invece rifarsi alla casistica giurisprudenziale per individuare i casi in cui il ritardo non possa concretamente addebitarsi al creditore: a) il mancato avviso circa l'apertura della procedura [8]; b) ma non anche quello di insinuazione a seguito di restituzione di somme in esito a un giudizio di revocatoria dei pagamenti [9].

Come si diceva, una eccezione ulteriore continua a essere rappresentata dalla titolarità di diritti di prelazione. La norma, ovviamente, manifesta i propri effetti soltanto se bene oggetto di garanzia sia stato già venduto alla data di ammissione al passivo del credito tardivamente insinuato; in questo caso, il creditore assistito da causa di prelazione avrà diritto all'assegnazione di una somma corrispondente a quella ricavata dall'alienazione del bene e precedentemente distribuita ai creditori di grado successivo. Là dove, al contrario, la vendita non sia ancora avvenuta a quella data, allora il creditore non avrà diritto a recuperare quote precedentemente assegnate, salvo che non possa invocare l'altra eccezione prevista dalla norma, ossia di essersi tardivamente insinuato per causa a lui non imputabile.

In tal caso, ossia dimostrando il prelazionario di avere tardivamente insinuato il proprio diritto di credito per cause a lui non imputabili, questi potrà richiedere la sospensione delle attività di liquidazione del bene sul quale insiste la prelazione. Tale potere costituisce certamente l'aspetto più incisivo della tutela riconosciuta dalla norma, visto che, in generale, vale il principio di intangibilità delle ripartizioni intermedie dell'attivo e, per tale ragione, non sarebbe in astratto possibile recuperare quote di attivo già liquidato (cfr. art. 229).

[8] Cass., 25 ottobre 1999, n. 11969, in *Fallimento*, 2000, 1143, ma il curatore potrebbe provare che il creditore comunque conosceva del fallimento e avrebbe potuto insinuarsi (Cass., 7 settembre 1979, n. 4735, in *Riv. trim. dir. proc. civ.*, 1980, 365).

[9] Cass., 3 giugno 2004, n. 10578, in *Fallimento*, 2005, 426; *contra*, App. Bologna, 4 settembre 1996, in *Giur. it.*, 1997, I, 2, 282.

Articolo 227
Ripartizioni parziali

1. Nelle ripartizioni parziali, che non possono superare l'ottanta per cento delle somme da ripartire, devono essere trattenute e depositate, nei modi stabiliti dal giudice delegato, le quote assegnate:

a) ai creditori ammessi con riserva;

b) ai creditori opponenti a favore dei quali sono state disposte misure cautelari;

c) ai creditori opponenti la cui domanda è stata accolta quando la sentenza non è passata in giudicato;

d) ai creditori nei cui confronti sono stati proposti i giudizi di impugnazione e di revocazione.

2. Le somme ritenute necessarie per spese future, per soddisfare il compenso al curatore e ogni altro debito prededucibile devono essere trattenute. In questo caso, l'ammontare della quota da ripartire indicata nel comma 1 deve essere ridotta se la misura dell'ottanta per cento appare insufficiente.

3. Devono essere altresì trattenute e depositate nei modi stabiliti dal giudice delegato le somme ricevute dalla procedura per effetto di provvedimenti provvisoriamente esecutivi e non ancora passati in giudicato.

Dario Latella

Sommario: 1. Introduzione. – 2. L'accantonamento generale del venti per cento sulle ripartizioni parziali. – 3. Gli accantonamenti specifici.

1. – Nessuna modifica al testo della previgente disposizione contenuta nella legge fallimentare[1].

---

[1] In generale, AA.VV., *Diritto fallimentare*; ANDRIOLI, voce *Fallimento*; BONSIGNORI, *La liquidazione*; BOZZA, *La tutela*; BRUSCHETTA, *Le riforme*; CATTANO, PALLADINO, *La riforma*; CAVALAGLIO, *La chiusura*; CELENTANO, *L'ammissione*; CLEMENTE, *Art. 113*; FABIANI, NARDECCHIA, *Formulario commentato*; FERRARA, *Il fallimento*; GUGLIELMUCCI, *Diritto fallimentare*; GUIZZI, *Il passivo*; LO CASCIO, *Il fallimento*; MATTEI, *Della ripartizione*; MAZZOCCA, *Manuale di diritto*; MIELE, *Art. 113*; MONTANARI, *Della Ripartizione*; PAJARDI, PALUCHOWSKI, *Manuale di diritto*; PROVINCIALI, *Trattato di diritto*; RAGUSA MAGGIORE, *Fallimento*; RUGGIERO, *Art. 113*; ZOPPELLARI, *Il nuovo Fallimento*.

La norma, in realtà, disciplina un obbligo di accantonamento da osservare in caso di ripartizioni intermedie parziali. Attraverso gli accantonamenti si consente il normale svolgimento della procedura trattenendo sempre la liquidità necessaria ad assicurare: a) il pagamento delle spese prededucibili; b) l'eventuale restituzione delle somme ricevute dalla procedura per effetto di provvedimenti provvisoriamente esecutivi e non ancora passati in giudicato; c) il soddisfacimento di alcune categorie di creditori, il cui diritto nell'ambito del concorso non sia stato ancora definitivamente accertato.

Come si può leggere nel commento all'art. 226, l'ammissione al passivo è possibile fino a che non siano esaurite tutte le ripartizioni dell'attivo liquidatorio; il che costituisce solo un limite cronologico all'esercizio di tale diritto, ma non si spinge fino a impedire che il creditore possa comunque soddisfarsi. La domanda d'insinuazione tardiva di un credito non impedisce agli organi della procedura il compimento di ulteriori attività processuali, compresa la chiusura della liquidazione per l'integrale soddisfacimento dei creditori ammessi o per l'esaurimento dell'attivo; d'altra parte, non comporta neanche un obbligo per il curatore di accantonamento di una parte dell'attivo a garanzia del creditore tardivamente insinuatosi. Tale circostanza, infatti, non è considerata tra le ipotesi di accantonamento previste dall'art. 227 [2].

2. – Il comma 1 dell'art. 227 prevede che le ripartizioni parziali non possono superare l'ottanta per cento delle somme da ripartire. Ciò comporta la necessità di un accantonamento che non deve essere inferiore al venti percento, ma che il curatore potrebbe anche stabilire in una percentuale più elevata.

Questa quota di accantonamento minimo costituisce una sorta di riserva per spese e uscite future, la cui consistenza potrebbe mutare in considerazione delle previsioni effettuate dal curatore.

Inoltre, detto accantonamento "generico", si discute se sia destinato esclusivamente a garantire il pagamento delle prededuzioni, o se invece costituisca uno strumento utile per correggere errori possibili nei riparti precedenti [3], o per far fronte ad eventuali imprevisti [4], come anche per provvedere ad insinuazioni tardive dipendenti da cause non imputabili ai creditori, o, più in generale, al soddisfacimento di creditori contestati e quindi ammissibili soltanto a procedura di riparto già avviata [5]. Esistono poi spese che possono essere soltanto identificate, ma non immediatamente quantificate, ossia prevedibili e determinabili nel loro ammontare, sia pure per approssimazione, oppure affatto preventivabili.

La quota di accantonamento del primo comma, in ogni caso, è del tutto autonoma e indipendente rispetto agli accantonamenti specifici di cui ai numeri 1), 2), 3) e 4) dell'articolo in commento; quindi la riserva del venti percento deve essere comunque disposta anche là dove gli stessi non risultino necessari.

---

[2] Tale previsione è considerata tassativa e, perciò, insuscettibile di applicazione analogica (Cass., 5 marzo 2009, n. 5304).

[3] RAGUSA MAGGIORE, voce *Fallimento*, 19.

[4] FERRARA, *Il fallimento*, 571.

[5] BONSIGNORI, *La liquidazione*, 271.

La quantificazione dell'accantonamento generico deve essere fatta in base a quanto stabilito dal comma 2, dell'art. 227. Questo stabilisce che devono essere trattenute anche le somme «*ritenute necessarie per spese future, per soddisfare il compenso al curatore e ogni altro debito prededucibile*», il che comporta che «*l'ammontare della quota da ripartire indicata nel comma 1 deve essere ridotta se la misura dell'ottanta per cento appare insufficiente*».

3. – Una volta quantificato l'ammontare dell'accantonamento generale, si procederà a destinare i successivi accantonamenti per determinate categorie di creditori (nn. 1, 2, 3, 4 dell'art. 227).

La norma intende evitare che i creditori, che hanno contestato l'esito delle verifiche in sede di ammissione, possano subire una lesione del proprio diritto per il caso in cui la procedura concorsuale termini prima che venga definito il giudizio. Sono due gli interessi da bilanciare: da un lato, quello dei creditori ammessi di veder soddisfatto nel più breve tempo possibile il proprio credito; dall'altro, quello dei creditori *sub judice*, che attendono l'esito del procedimento di accertamento [6].

Questi accantonamenti non riducono la somma distribuibile, perché i creditori beneficiari sono compresi nel riparto, solo che invece dell'assegnazione della somma in pagamento viene fatto un accantonamento per l'importo corrispondente [7].

Il n. 1 dell'art. 227 stabilisce che la prima categoria di creditori in favore dei quali effettuare l'accantonamento è rappresentata da quelli ammessi con riserva. Più particolare è la posizione del creditore sottoposto a condizione risolutiva, che potrebbe essere ammesso con riserva al pari di ogni altro nella medesima situazione [8], così che – ove si verificasse la condizione risolutiva – si potrebbe dare ingresso esclusivamente a ad azioni di ripetizione dell'indebito [9].

Il n. 2 dell'art. 227 riguarda i creditori che abbiano proposto opposizione allo stato passivo, a favore dei quali siano state disposte misure cautelari. Non basta, quindi, che sia pendente l'opposizione, ma piuttosto che l'opponente abbia ottenuto, ad esempio, la sospensione della liquidazione dell'attivo [10].

Al n. 3 dell'articolo in commento, è previsto un accantonamento per i creditori opponenti la cui domanda sia stata accolta, ma con sentenza non ancora passata in giudicato. In realtà, come previsto dall'art. 207 al comma 13, il procedimento di opposizione si conclude con decreto. Ciò che rileva, in tal caso, non è quindi la circostanza che sia stata concessa una misura cautelare a supporto dell'opposizione, visto che il creditore ha già ottenuto una ammissione, sia pure non definitiva.

---

[6] Cfr. ANDRIOLI, voce *Fallimento*, 447.

[7] Cfr. BOZZA, *La tutela*, 210.

[8] CELENTANO, *L'ammissione*, 168 ss.

[9] Il che potrebbe provenire dall'iniziativa del curatore, se detto evento condizionante dovesse verificarsi in costanza di fallimento, ovvero su iniziativa dei creditori interamente soddisfatti, se l'evento dovesse verificarsi successivamente alla chiusura del fallimento (GUIZZI, *Il passivo*, 282).

[10] Cfr. già, in vigenza dell'art. 98 l. fall., RUGGIERO, *Art. 113*, 1869; in giurisprudenza, cfr. Cass., 24 maggio 2004, n. 9901, in *Foro it.*, 2005, 2487; Cass., 24 marzo 1993, n. 3500, in *Fallimento*, 1993, 843; Cass., 17 dicembre 1990, n. 11961, in *Fallimento*, 462.

La quarta categoria di accantonamenti (n. 4, art. 227) riguarda i creditori riguarda i creditori nei cui confronti sono stati proposti giudizi di impugnazione dei crediti ammessi (art. 206, comma 3) e di revocazione (art. 206, comma 4).

Gli accantonamenti delle somme acquisite dalla procedura in virtù di provvedimenti non definitivi sono invece quelli rinvenienti da provvedimenti esecutivi, sia pure non ancora passati in giudicato (art. 227, comma 3). Tali somme andranno detratte da quelle disponibili e non entrano nel computo delle somme da ripartire secondo le norme analizzate (art. 227).

L'accantonamento costituisce un'operazione di natura contabile, che viene realizzata senza la necessità di muovere materialmente gli importi su un conto diverso da quello della procedura[11].

[11] Cfr. Pajardi, Paluchowski, *Manuale di diritto*, 646; Ruggiero, *Art. 113*, 1870; Clemente, *Art. 113*, 704; ritiene invece Bonsignori, *La liquidazione*, 282, che si debba procedere all'apertura di un conto apposito e separato.

Articolo 228
Scioglimento delle ammissioni con riserva

1. Quando si verifica l'evento che ha determinato l'accoglimento di una domanda con riserva, su istanza del curatore o della parte interessata, il giudice delegato modifica lo stato passivo, con decreto, disponendo che la domanda deve intendersi accolta definitivamente.

Vittorio Giorgi

L'art. 113-*bis* l. fall. era giudicata norma non del tutto comprensibile per la collocazione, in quanto più coerentemente andava inserita dopo l'art. 96 che disciplinava l'ammissione con riserva [1]. Per la stessa: «*quando si verifica l'evento che ha determinato l'accoglimento di una domanda con riserva, su istanza del curatore o della parte interessata, il giudice delegato modifica lo stato passivo, con decreto, disponendo che la domanda deve intendersi accolta definitivamente*». Nessuna modifica viene apportata dal codice nell'art. 228, se non la diversa numerazione dell'articolo.

La norma è applicabile sia allo scioglimento della riserva relativa ai crediti condizionali che a quella relativa alla produzione di documenti [2], anche se questo secondo profilo presenta aspetti critici, sottraendosi così i documenti nuovi al contraddittorio dei creditori [3].

Discusso se il decreto in esame sia suscettibile di impugnativa, non prevista dalla legge. Si sostiene l'applicabilità dell'art. 98 [4], secondo altri dell'art. 26 [5]. Il dubbio è destinato a riproporsi con gli artt. 206 e 124.

---

[1] NARDONE, *Art. 113*-bis, 707; ZECCA, *Art. 113*-bis, 1600; FORGILLO, *La ripartizione*, 974.

[2] TRINCHI, *Art. 113*-bis, 1287; DI CORRADO, *Art.* 113-*bis*, 1376; FORGILLO, *La ripartizione*, 975. Non vi è differenza sotto il profilo degli accantonamenti tra condizione sospensiva e risolutiva, v. DEL VECCHIO, *I crediti condizionali*, 363.

[3] BOZZA, *L'udienza*, 900 ss.

[4] AMBROSINI, (CAVALLI, JORIO), *Il fallimento*, 668 s.; NARDONE, *Art. 113*-bis, 707; ZECCA, *Art. 113*-bis, 1602; FORGILLO, *La ripartizione*, 975; TRINCHI, *Art. 113*-bis, 1288. In giurisprudenza Trib. Roma, 21 giugno 2019, in *Fallimento*, 2020, 249, con nota adesiva di CARNAZZA, *L'impugnazione*. Questa tesi è stata accolta da Cass., ord., 21 giugno 2022, n. 20068, in *Fallimento*, 2023, 209, con nota adesiva di FARINA, *L'impugnabilità*. Per la reclamabilità JORIO, *Fallimento*, 386.

[5] BOZZA, *La ripartizione*, 583; ID., *L'udienza*, 904 s.

Il sistema dello scioglimento delle riserve lascia peraltro i creditori privi di tutela, mancando quel controllo e quella facoltà di interloquire che vi era nell'udienza di verifica [6]. La competenza appartiene di regola al g.d., ma nel caso gli organi siano cessati al giudice ordinario [7].

Non erano previsti nella legge fallimentare accantonamenti a favore dei creditori esclusi che si siano opposti allo stato passivo [8], o a favore dei creditori tardivi per i quali pende il giudizio di accertamento [9]. Con la riforma del 2006 questo principio era stato attenuato a favore dei creditori che avessero ottenuto sentenza favorevole o a cui favore fossero state disposte misure cautelari. Ciò non toglie che nessun accantonamento era disposto per i creditori opponenti che non si trovavano in tali condizioni [10]. In passato si riteneva che tali accantonamenti potessero essere disposti facoltativamente, incrementando la misura dell'attivo non ripartito aldilà della soglia minima del 10% [11]. Oggi la soluzione proposta dal legislatore della l. n. 119 del 2016 della prestazione di «*una fideiussione autonoma, irrevocabile e a prima richiesta, rilasciata da uno dei soggetti di cui all'articolo 574, primo comma, secondo periodo, del codice di procedura civile, idonea a garantire la restituzione alla procedura delle somme che risultino ripartite in eccesso*» (art. 110, comma 1, l. fall., ora art. 220, comma 2), sembra estensibile, a pena di una ingiustificata disparità di trattamento rispetto ai creditori opponenti non ammessi al passivo, anche al creditore che voglia evitare l'accantonamento, oltre il caso dell'art. 113, n. 2 espressamente previsto [12]. Si rinvia comunque al commento dell'art. 220.

---

[6] BOZZA, *La ripartizione*, 582 s.; ID., *L'udienza*, 900 ss.

[7] TRINCHI, *Art. 113*-bis, 1288; DI CORRADO, *Art. 113*-bis, 1378.

[8] Cass., 24 maggio 2004, n. 9901, in *Dir. fall.*, 2005, I, 406, con nota di TRICOMI, *Nota sulla tassatività*, ritiene la legittimità costituzionale di tale interpretazione a norma degli artt. 3 e 24 Cost., ma nell'ambito del giudizio di opposizione è previsto il provvedimento di cui all'art. 99, comma 3.

[9] Nella dottrina più risalente per la tesi giurisprudenziale CARNELUTTI, *Una singolare questione*, 280 ss.; ANDRIOLI, voce *Fallimento*, 451; FERRARA JR., *Il fallimento*, 553 s.; JORIO, *Le crisi*, 701 s.; VASSALLI, *Diritto fallimentare*, 243 s.; BONSIGNORI, *Liquidazione dell'attivo*, 348 s.; ID., *Il fallimento*, 692 s. Per la tesi della necessità dell'accantonamento e della prosecuzione dei giudizi di opposizione, impugnazione e revocazione anche dopo la chiusura del fallimento, CAVALAGLIO, *La chiusura*, 583 ss., 592 ss.; DE FERRA, *Manuale di diritto*, 266 s. In giurisprudenza per la tesi che richiedeva ai fini della chiusura del fallimento gli accantonamenti per i crediti oggetto di controversie relative all'accertamento del passivo le pronunzie dell'App. Bologna, del 2, 3 e 9 novembre 1979, tutte in *Giur. comm.*, 1981, II, 717, con nota di BONFATTI, *Ancora sulla chiusura*. Precedentemente Cass., 11 giugno 1958, n. 1930, in *Dir. fall.*, 1958, II, 610, con nota di DE FERRA, *Chiusura del fallimento*. Più di recente Cass., 17 dicembre 1990, n. 11961, in *Giust. civ.*, 1991, I, 1207, con nota di LO CASCIO, *Ripartizione dell'attivo*; Cass., 5 marzo 1979, n. 1367, in *Dir. fall.*, 1979, II, 329, con nota critica di BONSIGNORI, *Impugnazione del decreto*, richiede l'accantonamento per il caso di esito del giudizio favorevole al creditore opponente. Criticamente su tale pronunzia pure FANILE, *L'obbligo*, 730 ss.

[10] TEDESCHI, *Manuale di diritto*, 440. In giurisprudenza Trib. Milano, dec., 18 settembre 2015, in *Fallimento*, 2016, 472, con nota favorevole di BOZZA, *Il diritto*.

[11] MONTANARI, *I procedimenti*, 494 ss. Nella letteratura precedente la riforma, in relazione ai crediti contestati, cfr. pure CASCIOLI, *Ripartizione dell'attivo*, 250 ss. Sulla discrezionalità del g.d. nel disporre accantonamenti prudenziali v. pure Trib. Orvieto, dec., 2 agosto 1991, in *Fallimento*, 1992, 185, con nota critica di MASSARO, *Possibili sviluppi*; Trib. Monza, 2 giugno 1992, in *Fallimento*, 1993, 384, con nota critica di PLENTEDA, *Gli accantonamenti*.

[12] In questo senso FINARDI, *Il riformato*, 820 s.

Nel caso in cui l'evento che ha determinato l'ammissione con riserva non si verifichi nel termine previsto, ovvero non possa più verificarsi, il curatore ed ogni altro interessato potranno chiedere al g.d. lo scioglimento della riserva con un provvedimento di esclusione della domanda [13].

[13] NARDONE, *Art. 113*-bis, 708; TRINCHI, *Art. 113*-bis, 1288.

Articolo 229
Restituzione di somme riscosse

---

1. I pagamenti effettuati in esecuzione dei piani di riparto non possono essere ripetuti, salvo il caso dell'accoglimento di domande di revocazione.

2. I creditori che hanno percepito pagamenti non dovuti, devono restituire le somme riscosse, oltre agli interessi legali dal momento del pagamento effettuato a loro favore.

Dario Latella

Sommario: 1. Introduzione. – 2. I pagamenti ripetibili. – 3. La restituzione delle somme.

1. – Nessuna modifica al testo della previgente disposizione contenuta all'art. 114 l. fall. [1]. La norma era considerata una sorta di eccezione (appunto rappresentata dall'accoglimento della domanda di revocazione) al principio della immutabilità delle attribuzioni patrimoniali effettuate a favore dei creditori in sede di riparto [2]. D'altra parte, l'efficacia del decreto di esecutività dello stato passivo (rilevante in sede endoprocedimentale) deve coordinarsi con il principio di intangibilità delle ripartizioni intermedie dell'attivo [3].

2. – Il comma 1 della norma in commento sancisce il principio generale della irripetibilità delle ripartizioni intermedie, stabilendo come unica eccezione quella dell'accoglimento delle domande di revocazione. Il decreto di esecutività del progetto di ripartizione, una volta divenuto incontestabile (cfr. art. 220), statuisce sulle questioni inerenti alla collocazione dei crediti. Il principio di stabilità delle ripartizioni intermedie è, quindi, da un lato conseguenza della definitività del decreto di esecutività del progetto, ma d'altro lato

---

[1] In generale, AA.VV., *Diritto fallimentare*; ANDRIOLI, *Fallimento*; BONSIGNORI, *La liquidazione*; BOZZA, in FABIANI, PATTI (a cura di), *La tutela*; BRUSCHETTA, in DIDONE (a cura di), *Le riforme*; CATTANO, PALLADINO, *La riforma*; CAVALAGLIO, *La chiusura*; CELENTANO, *L'ammissione*; CLEMENTE, Sub *art. 113*; FABIANI, NARDECCHIA, *Formulario commentato*; FERRARA, *Il fallimento*; GUGLIELMUCCI, *Diritto fallimentare*; GUIZZI, *Il passivo*; LO CASCIO; MATTEI, *Della ripartizione*; MAZZOCCA, *Manuale di diritto*; MIELE, *Art. 113*; MONTANARI, *Della Ripartizione*; PAJARDI, PALUCHOWSKI, *Manuale di diritto*; PROVINCIALI, *Trattato di diritto*; RAGUSA MAGGIORE, voce *Fallimento*; RUGGIERO, *Art. 113*; ZOPPELLARI, *Il nuovo Fallimento*.

[2] Cfr. Cass., 1 marzo 1991, n. 2186, in *Fallimento*, 1991, 695.

[3] Cass., 28 febbraio 2018, n. 2479.

deriva dall'efficacia preclusiva riconosciuta in ambito concorsuale ai provvedimenti definitivi di ammissione al passivo; appare in tal senso coerente che tale definitività venga meno per effetto del revocazione di un credito o di una garanzia, ossia del titolo di partecipazione che ha dato luogo all'ammissione e alla ripartizione intermedia[4]. La restituzione è obbligo che incombe sul curatore, di talché i creditori danneggiati potranno agire contro di lui per il caso che, dopo la revocazione, non abbia provveduto alla restituzione.

3. – La norma sembrerebbe prevedere che l'obbligo restitutorio incomba sui percipienti nei casi di pagamento d'indebito. In tal senso, si ritiene ormai che il comma 2 della disposizione sia esplicativo del primo e consenta di considerare "pagamenti non dovuti" quelli successivamente revocati, in quanto eseguiti a soddisfacimento di crediti ammessi per ragioni determinate da «*falsità, dolo, errore essenziale di fatto o dalla mancata conoscenza di documenti decisivi che non sono stati prodotti tempestivamente per causa non imputabile*», o ancora quelli effettuati in violazione della *par condicio* a danno di un creditore escluso per le ragioni medesime sopra enunciate[5]. Non si può considerare concreta l'ipotesi di effettuare "pagamenti non dovuti", quasi si trattasse di crediti non ammessi; ma è evidente che il presupposto di ogni atto di pagamento consiste proprio nella previa ammissione e, se del caso, nel relativo accantonamento.

Le somme da restituire devono comprendere anche gli interessi legali maturati dal giorno della riscossione delle somme; il che consente di derogare al termine di cui all'art. 2033 c.c. (che, a sua volta, consente di individuare il termine di decorrenza degli interessi alla data di ricezione del pagamento solo nel caso della provata mala fede dell'*accipiens*).

[4] TRINCHI, *Art. 110 l.fall.*, cit., 1292; BOZZA, in FABIANI, PATTI (a cura di), *La tutela*, 569.
[5] CLEMENTE, *Art. 112*, 710.

Articolo 230
Pagamento ai creditori

1. Il curatore provvede al pagamento delle somme assegnate ai creditori nel piano di ripartizione nei modi stabiliti dal giudice delegato, idonei ad assicurare la prova del pagamento stesso.

2. Se prima della ripartizione i crediti ammessi sono stati ceduti, il curatore attribuisce le quote di riparto ai cessionari, qualora la cessione sia stata tempestivamente comunicata, unitamente alla documentazione che attesti, con atto recante le sottoscrizioni autenticate di cedente e cessionario, l'intervenuta cessione. In questo caso, il curatore provvede alla rettifica formale dello stato passivo. Le stesse disposizioni si applicano in caso di surrogazione del creditore.

Dario Latella

Sommario: 1. Introduzione. – 2. I pagamenti e le modalità di esecuzione. – 3. Il pagamento dei crediti ceduti.

1. – Nessuna modifica al testo della previgente disposizione contenuta nella legge fallimentare (art. 115 l. fall.) [1].

La esecuzione dei pagamenti costituisce la fase ultima della procedura di liquidazione giudiziale, ossia la conversione in denaro degli attivi d'impresa e la conseguente soddisfazione percentuale dei partecipanti al concorso secondo le regole della *par condicio*. I creditori accedono ovviamente alle somme "disponibili", ossia quelle che residuano a seguito della realizzazione dell'attivo e la soddisfazione delle prededuzioni (cfr. il commento all'art. 221).

2. – Gli atti di pagamento sono intestati al curatore, ma esecutivi di un provvedimento del giudice che stabilisce quali modi debbano seguire, in modo che i pagamenti mede-

[1] Per le opere generali in tema, AA.VV., *La legge fallimentare*; BRUSCHETTA, *Le riforme*; CASILLI, *La riforma*; CLEMENTE, *La riforma*; DI COLA, *Cessione del credito*, 352; DIDONE, *La dichiarazione tardiva*; FORGILLO, *La ripartizione*; LAMANNA, *La disciplina*; LO CASCIO, *Il fallimento*; PAJARDI, *Il codice*; PAJARDI, PALUCHOWSKI, *Manuale di diritto*; PANZANI, *Il fallimento*; PERROTTI, *Art. 115*; RINALDI, *La cessione*; ZOPPELLARI, *Art. 115*.

simi siano provati. La prassi conosce ormai mezzi di pagamento, i quali consentono di tracciare in modo certo la esecuzione e il suo tempo, senza per questo dover assumere forme troppo sacramentali. È naturalmente possibile impiegare lo strumento dell'assegno circolare, ma evidentemente il bonifico bancario assolve ampiamente alla funzione richiesta. Tuttavia, la libertà di decisione del giudice delegato si esplica nella possibilità di derogare anche ai criteri legali per l'adempimento delle obbligazioni pecuniarie (art. 1182 c.c.) [2]. Per la esecuzione dei pagamenti, inoltre, il giudice delegato conferisce al curatore un mandato al prelievo delle somme presso l'istituto di credito ove esse sono collocate [3].

Ci si è domandati cosa accada se il curatore non ritenga appropriate le modalità di pagamento scelte dal giudice, rispetto ovviamente alla funzione assegnata dalla legge («*assicurare la prova del pagamento stesso*»); in particolare, ci si è chiesti se il curatore debba rivolgersi al giudice per ottenere una loro modifica, o se invece egli possa discrezionalmente operare eventuali adeguamenti o integrazioni. Appare corretta la soluzione che depone per la proposizione del reclamo, o comunque della richiesta espressa al giudice delegato di operare le correzioni o modifiche ritenute necessarie [4].

3. – La norma consente espressamente che i crediti ammessi vengano ceduti prima della ripartizione. A quel punto, i pagamenti saranno dovuti in favore del cessionario, sempre che vi sia stata tempestiva comunicazione della cessione e siano state adempiute le formalità richieste dalla norma [5]. La documentazione deve infatti essere idonea a comprovare la cessione e recare le sottoscrizioni autenticate di cedente e cessionario. Non si parla di notificazione a mezzo di ufficiale giudiziario, bensì soltanto di comunicazione; appare adeguato, quindi, ogni mezzo concretamente idoneo a portare a conoscenza del curatore l'avvenuta cessione, ma è evidente che ormai la posta elettronica certificata assolve alla funzione nella prassi corrente [6].

L'autenticazione delle firme di cedente e cessionario costituisce ovviamente un requisito necessario al fine di dare certezza circa la provenienza dell'atto di cessione [7].

Una delle ipotesi di sostituzione del titolare originario del credito è rappresentata dalla

---

[2] Cass., 6 maggio 1985, n. 2827, in *Fallimento*, 1985, 1047; in *Giur. it.*, 1986, 95; in *Giust. civ.*, 1986, 197; in *Riv. dir. comm.*, 1986, 27.

[3] Non si può invece ricorrere all'istituto dell'assegnazione dei beni ai creditori (Cass., 22 luglio 1983, n. 5069, in *Fallimento*, 1984, 438).

[4] BRUSCHETTA, in A. DIDONE (a cura di), *Le riforme*, 1286.

[5] In giurisprudenza, si è sostenuto che non possano considerarsi opponibili al fallimento le cessioni di credito non notificate o non accettate dal debitore prima dell'apertura della procedura: Trib. Sulmona, 30 dicembre 2004, in *Fallimento*, 2005, 1308; Trib. Torino, 14 settembre 1991, in *Fallimento*, 1991, 1303.

[6] PERROTTI, *Art. 115*, 1883.

[7] Secondo Cass., 14 maggio 2014, n. 10454 «In sede di accertamento del passivo fallimentare del debitore ceduto, il cessionario di un credito concorsuale è tenuto a dare la prova che la cessione è stata stipulata anteriormente al fallimento soltanto ai fini di una eventuale compensazione (art. 56, secondo comma, legge fall.) ovvero ai fini del voto in un eventuale concordato fallimentare (art. 127, ultimo comma, legge fall.), restando, altrimenti, opponibile al curatore anche se ha luogo nel corso della procedura. Qualora, peraltro, il credito ceduto sia stato già ammesso al passivo, il cessionario dovrà limitarsi a seguire la procedura prevista dall'art. 115 legge fall., mentre, ove il credito non sia stato ancora ammesso al passivo, dovrà dare anche la prova del credito e della sua anteriorità al fallimento se venga in discussione la sua opponibilità».

surrogazione (cfr. art. 1203, nn. 3 e 5, c.c.). Assai comuni, in tal senso, le surrogazioni dell'Inps, che anticipa il pagamento del trattamento di fine rapporto ai dipendenti (art. 2, l. 29 maggio 1982, n. 297, s.m.i.); così come le ultime tre mensilità non corrisposte dal debitore "liquidato" (artt. 1 e 2, d.lgs. 27 gennaio 1992, n. 80, s.m.i.). In entrambi i casi, l'Istituto si surroga nei diritti dei lavoratori, sempre che i relativi crediti risultino fossero iscritti al passivo.

Come si legge nell'ultima parte del comma 2 della norma in commento, infatti, lo stesso trattamento del cessionario è esteso testualmente anche ai casi di surrogazione del creditore[8].

Per quanto attiene, poi, al subingresso dovuto a successione *mortis causa*, sembra potersi sostenere che anche l'erede dovrà provare la propria qualità e, così, poter legittimamente partecipare al concorso mediante ricezione dei pagamenti altrimenti spettanti al *de cuius*[9].

Ove si verifichi un caso di sostituzione del creditore ai sensi della norma in commento, il curatore provvederà alla rettifica "formale" dello stato passivo. Il che lascia intendere che non sia necessario alcun provvedimento del giudice delegato[10].

[8] Il Fondo di garanzia per il t.f.r., se corrisponde il dovuto ai lavoratori ammessi al passivo, è surrogato nei diritti e nei privilegi a questi spettanti sul patrimonio del datore di lavoro ed è munito di identico privilegio, ai sensi dell'art. 2751-*bis* c.c. (Trib. Roma, 26 marzo 2014, in *Dir. fall.*, 2014, II, 463, con nota di Caiafa).

[9] PERROTTI, *Art. 115*, 1884.

[10] Alcuni Autori sostengono che sarebbe più corretto subordinare la rettifica alla preventiva autorizzazione del giudice delegato (PERROTTI, *Art. 115*, 1884), ma di opinione diversa è chi sostiene la natura puramente formale della ricognizione modificativa (AA.VV., *La legge fallimentare*, 922).

Articolo 231
Rendiconto del curatore

1. Compiuta la liquidazione dell'attivo e prima del riparto finale, nonché in ogni caso in cui cessa dalle funzioni, il curatore presenta al giudice delegato l'esposizione analitica delle operazioni contabili, dell'attività di gestione della procedura, delle modalità con cui ha attuato il programma di liquidazione e il relativo esito.

2. Il giudice ordina il deposito del conto in cancelleria e fissa l'udienza che non può essere tenuta prima che siano decorsi quindici giorni dalla comunicazione del rendiconto a tutti i creditori.

3. Dell'avvenuto deposito e della fissazione dell'udienza il curatore dà immediata comunicazione al debitore, ai creditori ammessi al passivo, a coloro che hanno proposto opposizione, ai creditori in prededuzione non soddisfatti, inviando loro copia del rendiconto e avvisandoli che possono presentare eventuali osservazioni o contestazioni fino a cinque giorni prima dell'udienza con le modalità di cui all'articolo 201, comma 2.

4. Se all'udienza stabilita non sorgono contestazioni o su queste viene raggiunto un accordo, il giudice approva il conto con decreto; altrimenti, fissa l'udienza innanzi al collegio che, sentite le parti, provvede in camera di consiglio.

Dario Latella

Sommario: 1. Caratteri del rendiconto. – 2. Il controllo del rendiconto. – 3. Il giudizio sulle contestazioni.

1. – Nessuna modifica al testo della previgente disposizione contenuta nella legge fallimentare[1].

Il curatore deve documentare mediante una relazione illustrativa e consuntiva la propria attività. Il conto della sua gestione costituisce uno snodo essenziale della procedura,

[1] Per le opere generali, AA.VV., *La legge fallimentare*; Bonsignori, *Liquidazione dell'attivo*; Bruschetta, in *Le riforme*; Chizzini, *Art. 116*; D'Attorre, *La riforma*; Demarchi, *Legittimazione attiva*; Demarchi, *Art. 116*; Fabiani, Panzani, *La riforma*; Lo Cascio, *Il fallimento*; Pajardi, *Il codice*; Pajardi, Paluchowski, *Manuale di diritto*; Panzani, *Il fallimento*; Tedeschi, *Il rendiconto*; Tedeschi, *Manuale del nuovo diritto*; Trinchi, *Art. 116*.

in quanto finalizzato a determinare la somma da distribuire prima della chiusura della liquidazione giudiziale[2].

Nella prospettiva più risalente, il rendiconto possedeva le caratteristiche di dovere giuridico di fonte pubblicistica, e non una obbligazione di cui all'art. 1173 c.c., con la conseguenza di risultare obbligo personale, non trasferibile ed insuscettibile di dispensa[3]. Ormai, anche a seguito delle riforme del 2006 e 2007, la funzione di curatore assume invece una dimensione privatistica (cfr. art. 1713 c.c.)[4]. L'obbligo del rendimento del conto scaturisce anche quando il curatore cessi prima della liquidazione dell'attivo ovvero in caso di revoca, dimissioni e revoca della sentenza di liquidazione giudiziale[5].

Il comma 2 della norma in commento prevede che il curatore presenta al giudice delegato l'esposizione analitica delle operazioni contabili e delle attività di gestione della procedura; ma non è necessario che vengano rispettate le forme rigorose del bilancio di esercizio, anche se ovviamente i conti dovranno essere soggetti a verificabilità. È comunque appropriato che i fatti contabili siano sostenuti dalla descrizione degli eventi storici che hanno li hanno causati, illustrando motivazioni e ragioni a sostegno delle scelte operate. In tal senso, l'apparato documentale riveste funzione di ulteriore supporto a riprova delle affermazioni rese.

2. – Il conto viene presentato al giudice delegato[6], il quale, nell'ambito dei poteri di direzione e vigilanza sulla procedura, può intervenire sia nella fase di preparazione del conto medesimo, che ovviamente a valle della sua presentazione.

La norma non precisa se il controllo sia meramente formale, visto che l'adempimento connesso alla predisposizione del conto è rappresentato dal suo deposito e dalla sua comunicazione ai creditori, in vista dell'udienza che darà luogo, o meno, al sorgere di contestazioni (sul deposito telematico, cfr. art. 10). È tuttavia immaginabile che, là dove il giudice non rilevi alcuna irregolarità formale, allora procederà a ordinare il deposito in cancelleria e alla fissazione della predetta udienza[7]; questa dovrà essere stabilita in una data non anteriore a quindici giorni dalla comunicazione del rendiconto ai creditori e, in tal senso, è prassi che il giudice provveda a indicare i tempi del deposito, quelli della comuni-

[2] Sulla natura giuspubblicistica della funzione di curatore, cfr. D'ATTORRE, *La riforma*, 715.

[3] Cfr. Trib. Milano, 20 maggio 1985, in *Fallimento*, 1985, 977.

[4] D'ATTORRE, *La riforma*; solo con il rendiconto, il curatore potrà dimostrare di aver svolto l'incarico in conformità con la legge che nell'osservanza della diligenza prescritta (Cass., 23 gennaio 1985, n. 277, in *Dir. fall.*, 1985, 977).

[5] L'eventuale sentenza di approvazione del rendiconto non preclude uno specifico autonomo accertamento da parte del giudice investito dell'azione di responsabilità (Cass., 14 gennaio 2016, n. 59).

[6] Non sono destinatari del conto i creditori del fallito, in quanto interessati all'atto, ma non formalmente parti della procedura (così, già per la procedura fallimentare, BONSIGNORI, *Liquidazione dell'attivo*, 301).

[7] Si ritiene da parte di alcuni che, in caso di irregolarità formali, il giudice potrebbe opportunamente suggerirne la correzione e quindi procedere con l'ordine di deposito (DEMARCHI, *Art. 116*, 1892; PAJARDI, PALUCHOWSKI, *Manuale di diritto*, 649); vi è chi riteneva, tuttavia, che il giudice delegato non avrebbe il potere d'imporre al curatore eventuali integrazioni del conto, per cui ogni provvedimento diverso rispetto all'ordine di deposito del conto e fissazione dell'udienza sarebbe reclamabile *ex* art. 26 (oggi, art. 124) di fronte al tribunale (D'ATTORRE, *La riforma*, 717).

cazione ai creditori e, di conseguenza, fissi l'udienza (per il deposito telematico, cfr. sempre l'art. 10)[8].

Il comma 3 dell'articolo in commento prevede che alcuni soggetti determinati debbano ricevere notizia dell'avvenuto deposito e della fissazione d'udienza: si tratta del debitore, dei creditori ammessi al passivo, di coloro che hanno proposto opposizione e dei creditori in prededuzione non soddisfatti. Le ragioni di tale avviso stanno nella necessità di mettere i destinatari in condizione di potere presentare osservazioni o contestazioni (fino a cinque giorni prima dell'udienza) con le modalità di cui all'art. 201, comma 2.

All'udienza di discussione, è anche possibile che sulle contestazioni formulate dai creditori venga raggiunto un accordo; in questo caso, il giudice provvederà con decreto alla definitiva approvazione del rendiconto[9].

3. – Il giudizio che deve definire le contestazioni sollevate ha ad oggetto l'operato del curatore e la valutazione di diligenza professionale richiesta nell'incarico; le contestazioni devono inoltre possedere caratteri di concretezza e specificità, tali da porsi come elementi di causazione delle conseguenze, anche solo potenzialmente dannose, che ne siano derivate[10].

Come si è detto, le contestazioni o le osservazioni vanno presentate alla cancelleria del giudice delegato, fino in udienza. Se il giudice dovesse rilevare delle irregolarità non considerate in precedenza, potrebbe comunque bloccare l'approvazione del rendiconto e disporre eventuali integrazioni e modifiche, senza aprire la procedura contenziosa[11].

Se il contenzioso sulle contestazioni non dovesse essere aperto, e quindi il rendiconto finisse per essere approvato, il decreto del giudice sarebbe suscettibile di reclamo ai sensi dell'art. 124[12].

Il comma 4 dell'articolo in commento prevede che la fase contenziosa si apra di fronte al collegio, il quale decide, sentite le parti, in camera di consiglio.

Ai sensi dell'art. 124, il reclamo non sospende l'efficacia del decreto; nel giudizio, ogni altro interessato può intervenire e, all'udienza, il collegio, sentite le parti, ammette o assume anche d'ufficio i mezzi di prova, se non ritiene di delegarne l'assunzione al relatore.

---

[8] DEMARCHI, *Art. 116*.

[9] Il decreto di approvazione del rendiconto ha natura ordinatoria e, al pari di tutti gli altri decreti aventi identica natura, può essere revocato da parte del medesimo giudice delegato che lo ha pronunciato (Trib. Napoli, 18 ottobre 2010, in *Giur. comm.*, 2012, II, 148).

[10] Cass., 13 aprile 2016, n. 7320; si è anche precisato che il giudizio di approvazione del rendiconto presentato dal curatore può estendersi all'accertamento della sua personale responsabilità nel compimento di atti pregiudizievoli per la massa o per i singoli creditori (Cass., 5 marzo 2019, n. 6377).

[11] Cfr. DEMARCHI, *Art. 116*, 1322 ss.

[12] Cass., 24 marzo 1993, n. 3490, in *Giust. civ.*, 1994, 93; Cass., 15 luglio 2003, n. 11026, in *Foro it.*, 2005, 12010; la differenza di tempi tra il procedimento di approvazione del conto e quello di liquidazione del compenso al curatore (che segue all'approvazione del conto) esclude che nel procedimento di rendiconto possa introdursi la questione relativa all'individuazione del soggetto sul quale devono gravare le spese ed il compenso spettante al curatore (Cass., 20 marzo 2014, n. 6553).

La decisione collegiale sul reclamo deve essere resa entro trenta giorni dall'udienza di comparizione, con decreto motivato [13].

Il legittimato passivo è il curatore (i suoi eredi, in caso di premorienza) in carica nel periodo in cui sono state compiute quelle omissioni, negligenze o azioni oggetto di contestazione.

Oggetto del giudizio sono gli errori materiali, le omissioni ed i criteri di conteggio, ma anche la gestione del curatore e l'accertamento della sua responsabilità [14].

[13] Da parte di alcuni, si ritiene preferibile l'applicazione della procedura di cui agli artt. 737-742 c.p.c., in quanto il giudizio in parola possiede natura contenziosa e vede coinvolti non solo gli organi della procedura ma anche i creditori, il fallito ed altri interessati (DEMARCHI, *Art. 116*, 1899 ss.).

[14] Cfr. Cass., 19 gennaio 2000, n. 547, in *Mass. Giust. civ.*, 87.

Articolo 232

Ripartizione finale

1. Approvato il conto e liquidato il compenso del curatore, il giudice delegato, sentite le proposte del curatore, ordina il riparto finale secondo le norme precedenti.

2. Nel riparto finale vengono distribuiti anche gli accantonamenti precedentemente fatti. Tuttavia, se la condizione non si è ancora verificata ovvero se il provvedimento non è ancora passato in giudicato, la somma è depositata nei modi stabiliti dal giudice delegato, perché, verificatisi gli eventi indicati, possa essere versata ai creditori cui spetta o fatta oggetto di riparto supplementare fra gli altri creditori. Gli accantonamenti non impediscono la chiusura della procedura.

3. Il giudice delegato, nel rispetto delle cause di prelazione, può disporre che a singoli creditori che vi consentono siano assegnati, in luogo delle somme agli stessi spettanti, crediti di imposta del debitore non ancora rimborsati.

4. Per i creditori che non si presentano o sono irreperibili le somme dovute sono nuovamente depositate presso l'ufficio postale o la banca già indicati ai sensi dell'articolo 131. Decorsi cinque anni dal deposito, le somme non riscosse dagli aventi diritto e i relativi interessi, se non richieste da altri creditori, rimasti insoddisfatti, sono versate a cura del depositario all'entrata del bilancio dello Stato per essere riassegnate, con decreti del Ministro dell'economia e delle finanze, allo stato di previsione del Ministero della giustizia.

5. Il giudice, anche se è intervenuta l'esdebitazione del debitore, omessa ogni formalità non essenziale al contraddittorio, su ricorso dei creditori rimasti insoddisfatti che abbiano presentato la richiesta di cui al comma 4, dispone la distribuzione delle somme non riscosse fra i soli richiedenti e in base all'articolo 221.

Dario Latella

Sommario: 1. Introduzione. – 2. L'assegnazione delle somme.

1. – Nessuna modifica al testo del previgente art. 117 l. fall. [1].

---

[1] Per le opere di carattere generale, AA.VV., *Il diritto fallimentare*; AA.VV., *Il nuovo diritto*; AA.VV. (2007), *La legge fallimentare*; AA.VV. (2008), *La legge fallimentare*; AA.VV., *La riforma organica*; Azzolina, *Il fallimento*; Caiafa, *La legge fallimentare*; Ferrara, Borgioli, *Il fallimento*; Grossi, *La riforma*; Guglielmucci, *Diritto fallimentare*; Lo Cascio, *Il fallimento*; Tedeschi, *Manuale del nuovo diritto*, 2006; Tedeschi, *Manuale del nuovo diritto*, 2007; Trinchi, *Art. 117*; Zanichelli, *La nuova disciplina*.

La ripartizione finale dell'attivo costituisce il momento in cui la procedura liquidatoria realizza la propria funzione. Essa ha luogo dopo l'approvazione del conto e la liquidazione del compenso al curatore. Il curatore provvede così al pagamento delle somme che sono state assegnate a ogni singolo creditore concorsuale. Gli accantonamenti realizzati in precedenza dovranno essere "smobilizzati" e anch'essi destinati al pagamento, senza che ciò impedisca la chiusura della procedura per il caso in cui le condizioni che hanno giustificato l'ammissione con riserva non si siano ancora verificate, ovvero il provvedimento che ha determinato l'accantonamento non sia ancora passato in giudicato (comma 2). Ove invece i creditori destinatari degli accantonamenti non dovessero risultare titolari del diritto alla distribuzione dell'attivo, allora si procederà a riparti supplementari degli "avanzi" in favore di tutti gli altri creditori ammessi, tenuto conto delle prelazioni e delle quote loro spettanti [2].

Nonostante la chiusura della procedura, il curatore mantiene quindi una sorta di legittimazione processuale selettiva o attenuata, che si manifesta in alcuni procedimenti di accertamento del passivo e la decisione sui crediti contestati. Il fatto che l'esistenza di accantonamenti non precluda la chiusura della procedura consente però di dover affrontare il problema della legittimazione in senso "forte" del curatore, visto che i pagamenti su accantonamenti non ancora smobilizzabili potranno essere realizzati (al verificarsi dell'evento, ovvero alla definitività del provvedimento) per espressa previsione di legge.

2. – Il comma 3 dell'articolo in commento prevede, in alternativa al pagamento della somma di denaro spettante al singolo creditore, la possibilità di assegnare ai creditori concorrenti che vi consentono i crediti di imposta del debitore "liquidato", non ancora rimborsati [3]. Questa modalità di soddisfacimento dei crediti concorsuali ha lo scopo di accelerare la chiusura della procedura, senza dover gestire in via officiosa i rimborsi fiscali, ma lasciando appunto che questi vengano trasferiti (con le loro complessità e lungaggini) ai creditori disponibili [4].

Tali somme (come anche quelle destinate ai creditori che non si presentano o sono irreperibili) vanno depositate nel conto della procedura e ripartite soltanto a seguito di uno specifico provvedimento del giudice delegato, ove i relativi crediti risultino ammessi e nel rispetto della graduazione di cui all'art. 221. Diversamente, le citate somme rimarranno depositate per cinque anni e, ove mai assegnate, versate allo Stato da parte della filiale bancaria o dell'ufficio postale depositario affinché possano essere riassegnate, con decreti del Ministro dell'economia e delle finanze, allo stato di previsione del Ministero della giustizia [5].

---

[2] Cfr. Perrotti, *Art.115*, 1903 ss.

[3] Cfr. Caiafa, *Nuovo diritto*, 620; Zanichelli, *La nuova disciplina*, 333.

[4] Per le criticità connesse alla esatta valutazione dei crediti in parola, Perrotti, *Art. 115*, 1904; Grossi, *La riforma*, 1593.

[5] Secondo Cass., 15 novembre 2018, n. 29466, è inammissibile il ricorso per cassazione *ex* art. 111 Cost. avverso il decreto con il quale il tribunale fallimentare, in sede di reclamo, abbia confermato il decreto del giudice delegato, adottato dopo la chiusura della procedura, che abbia rigettato la domanda di restituzione delle somme accantonate in favore dei creditori irreperibili proposta dal debitore, trattandosi di atto giudiziale assunto al di fuori delle competenze ormai cessate del tribunale fallimentare e privo dei connotati della decisorietà e definitività, potendo le istanze del fallito in relazione alle somme accantonate e mai riscosse dai creditori irreperibili essere fatte valere solo mediante l'introduzione di un giudizio di cognizione ordinario avanti al giudice competente.

Articolo 233
Casi di chiusura

1. Salvo quanto disposto per il caso di concordato, la procedura di liquidazione giudiziale si chiude:

a) se nel termine stabilito nella sentenza con cui è stata dichiarata aperta la procedura non sono state proposte domande di ammissione al passivo;

b) quando, anche prima che sia compiuta la ripartizione finale dell'attivo, le ripartizioni ai creditori raggiungono l'intero ammontare dei crediti ammessi, o questi sono in altro modo estinti e sono pagati tutti i debiti e le spese da soddisfare in prededuzione;

c) quando è compiuta la ripartizione finale dell'attivo;

d) quando nel corso della procedura si accerta che la sua prosecuzione non consente di soddisfare, neppure in parte, i creditori concorsuali, né i crediti prededucibili e le spese di procedura. Tale circostanza può essere accertata con la relazione o con i successivi rapporti riepilogativi di cui all'articolo 130.

2. In caso di chiusura della procedura di liquidazione giudiziale di società di capitali, nei casi di cui al comma 1, lettere a) e b), il curatore convoca l'assemblea ordinaria dei soci per le deliberazioni necessarie ai fini della ripresa dell'attività o della sua cessazione ovvero per la trattazione di argomenti sollecitati, con richiesta scritta, da un numero di soci che rappresenti il venti per cento del capitale sociale. Nei casi di chiusura di cui al comma 1, lettere c) e d), ove si tratti di procedura di liquidazione giudiziale di società e fatto salvo quanto previsto dall'articolo 234, comma 6, secondo periodo, il curatore ne chiede la cancellazione dal registro delle imprese.

3. La chiusura della procedura di liquidazione giudiziale della società nei casi di cui alle lettere a) e b) determina anche la chiusura della procedura estesa ai soci ai sensi dell'articolo 256, salvo che nei confronti del socio non sia stata aperta una procedura di liquidazione giudiziale come imprenditore individuale.

Giovanni Capo

Sommario: 1. La chiusura della liquidazione giudiziale: profili generali. – 2. Le diverse cause della chiusura: la mancata presentazione di domande di ammissione al passivo. – 3. (*Segue*): l'integrale pagamento dei debiti. – 4. (*Segue*): l'integrale ripartizione dell'attivo. – 5. (*Segue*): l'insufficienza dell'attivo. – 6. Disposizioni in tema di chiusura della liquidazione giudiziale delle società.

1. – In linea con la disciplina dettata per la chiusura del fallimento nel Titolo II, Capo VIII, sez. I, dalla legge fallimentare, il Codice regola la chiusura della liquidazione giudiziale connettendone il sopravvenire, oltre che all'omologazione del concordato (art. 246), all'emersione, nel corso della procedura, di fatti, circostanze, situazioni, che ne facciano obiettivamente venir meno la ragion d'essere [1].

In sostanza, ferma la funzione della liquidazione giudiziale quale procedura intesa alla liquidazione del patrimonio dell'imprenditore che vi è assoggettato ai fini della soddisfazione dei creditori, può concretamente accadere: che nessuno di questi ritenga di concorrere alla ripartizione dell'attivo [art. 233, comma 1, lett. *a*)]; che la procedura approdi, in tutto o in parte, agli esiti cui essa tende [art. 233, comma 1, lett. *b*) e lett. *c*)]; ovvero che tali esiti si rivelino non conseguibili [art. 233, comma 1, lett. *d*)] [2].

Vale osservare che la cessazione della liquidazione giudiziale conseguente al ricorrere delle cause sopra indicate, di là da alcune affinità sul piano degli effetti, non può essere assimilata alla revoca del provvedimento di apertura della procedura: se la prima, infatti, consegue alla legittima apertura della liquidazione giudiziale, la seconda, per contro, implica l'accertamento dell'insussistenza dei presupposti per la sua apertura [3].

2. – La logica della previsione per cui, ove «nel termine stabilito» non siano state presentate domande di ammissione al passivo la liquidazione giudiziale si chiude [art. 233, comma 1, lett. *a*)], risiede nel disinteresse mostrato dai creditori nei confronti della procedura in corso e della prospettiva di candidarsi, appunto attraverso l'istanza di insinuazione al passivo, a partecipare alla ripartizione dell'attivo: il proseguimento della liquidazione giudiziale, quindi, resterebbe in tal caso fine a sé stesso [4].

Secondo la più convincente interpretazione, il termine a cui la norma in discorso intende far riferimento è quello fissato dall'art. 49, comma 3, lett. *e*), per la tempestiva presentazione delle domande di ammissione al passivo: spirato tale termine, la chiusura della liquidazione giudiziale può quindi avere luogo senza doversi attendere la data fissata per l'udienza di verifica del passivo [art. 49, comma 3, lett. *d*)] e a prescindere dalla presentazione di domande tardive [5]. Inoltre, valorizzando la formulazione letterale della norma, si

---

[1] D'ATTORRE, *Manuale*, 317; PACCHI, AMBROSINI, *Diritto della crisi*, 264 ss. Sulla disciplina della chiusura del fallimento dettata nel r.d. n. 267 del 1942 v. CAPO, *La chiusura*, 513 ss., ove ulteriori riferimenti; TEDESCHI, *Della chiusura*, 36 ss.

[2] Può poi accadere, come già si è rilevato, che, sussistendone i presupposti, la liquidazione giudiziale a suo tempo avviata cessi a seguito dell'apertura del concordato (art. 233, comma 1). Inoltre, un'ulteriore causa di chiusura della liquidazione giudiziale si rinviene nel d.lgs. 6 settembre 2011, n. 159 (c.d. codice antimafia), che negli artt. 63, comma 6 e 64, comma 7, prevede che il tribunale dichiari la chiusura quando l'attivo della procedura sia interamente costituito da beni sottoposti a sequestro o confisca di prevenzione (D'ATTORRE, *Manuale*, 318. In tema, con riferimento alla disciplina del fallimento, v. SPADARO, *Sequestro penale*, nota a Trib. Birindisi, 21 maggio, 2022, in *Fallimento*, 2023, 137).

[3] Analoghe conclusioni sono state tratte in merito al rapporto tra decreto di chiusura e revoca del fallimento (TEDESCHI, *Della chiusura*, 36). Da una diversa angolazione, la chiusura della liquidazione giudiziale, come quella del fallimento, non può essere assimilata all'estinzione del processo *tout court* (PROVINCIALI, *Trattato di diritto*, 1740).

[4] La norma non attribuisce rilievo alle ragioni per le quali i creditori abbiano inteso non far valere le loro ragioni nei confronti del debitore insolvente o, comunque, non affidare la regolazione dei loro rapporti con quest'ultimo alla liquidazione giudiziale (D'ATTORRE, *Manuale*, 317; LUNGHINI, *Art. 233*, 1801. Con riferimento alla disciplina della chiusura del fallimento, improntata allo stesso principio, v. CAPO, *La chiusura*, 517).

[5] D'ATTORRE, *Manuale*, 318. Così, sullo sfondo della previgente normativa, conseguente alla riforma della

ritiene che l'utilizzazione del sostantivo plurale «domande» deponga nel senso che soltanto quando non sia stata proposta – nel termine sopra indicato – alcuna domanda è possibile l'avvio del procedimento di chiusura della liquidazione giudiziale; e che, di converso, a ciò osti anche la presentazione di una sola domanda[6].

Su tale sfondo, sembra doversi condividere, poi, la tesi per cui il ritiro delle domande proposte prima dell'espletamento della verifica del passivo faccia sì che le medesime, nell'ottica della disciplina della chiusura della procedura, possano considerarsi non presentate; mentre è controverso se la stessa soluzione possa valere per le domande che siano state respinte[7].

Allorquando non siano state presentate domande tempestive di insinuazione al passivo, poi, non sembra potersi ritenere che la chiusura della liquidazione giudiziale possa essere preclusa dalla proposizione, ai sensi dell'art. 201, comma 1, di domande di rivendicazione o restituzione di cose mobili o immobili in possesso dell'imprenditore assoggettato alla procedura[8].

Per quanto la normativa vigente non renda chiarimenti sul punto, poi, la chiusura della liquidazione giudiziale per mancanza di domande di ammissione al passivo sembra implicare la soddisfazione dei crediti prededucibili maturati dopo l'apertura della procedura e il pagamento del compenso del curatore, sulla base di una fase liquidatoria *ad hoc*[9].

3. – A mente dell'art. 233, comma 1, lett. *b*), la liquidazione giudiziale deve essere chiusa, ancora, quando i crediti ammessi al passivo, anche prima che sia compiuta la ripartizione finale dell'attivo, siano stati integralmente soddisfatti o comunque estinti e siano stati pagati tutti i debiti e le spese da soddisfare in prededuzione[10]. In effetti, l'estinzione complessiva del passivo rende inutile la prosecuzione delle operazioni liquidatorie e, in linea più generale, la continuazione della procedura: così che, nella logica della disposizione de qua, non assu-

---

legge fallimentare del 2006, AMBROSINI, *Chiusura e riapertura*, 678. In senso diverso, nella vigenza della originaria formulazione dell'art. 118 l. fall., in cui ricorreva il sostantivo plurale «termini», tra gli altri, BONSIGNORI, *Il fallimento*, 702; SATTA, *Diritto fallimentare*, 380. Con riferimento alla disciplina del fallimento, peraltro, nel senso che nulla osti alla prosecuzione della procedura nel caso in cui, non essendo state presentate domande tempestive di ammissione al passivo, prima della chiusura vengano presentate domande tardive, Cass., 15 febbraio 2017, n. 4021, in *ilcaso.it*.

[6] FAUCEGLIA, *Il nuovo diritto*, 249; LUNGHINI, *Art. 233*, 1802. Alle medesime conclusioni il prevalente indirizzo interpretativo perveniva anche con riferimento alla vicenda della chiusura del fallimento (TEDESCHI, *Manuale del nuovo*, 453; FORGILLO, *Chiusura e riapertura*, 1311).

[7] D'ATTORRE, *Manuale*, 318. Vale anche ricordare, peraltro, che secondo l'indirizzo della giurisprudenza di legittimità «l'art. 118, comma 1, n. 1, l.fall. va interpretato nel senso che il fallimento non può essere chiuso quando siano state comunque presentate domande tempestive di insinuazione al passivo, ancorché successivamente rinunciate, potendo l'eventuale rinuncia alle domande, siano esse tempestive o tardive, rilevare soltanto ai fini della chiusura della procedura ai sensi dell'art. 118, comma 1, n. 2, l.fall.» (Cass., 16 maggio 2019, n. 13270, in *onelegale.it*).

[8] TEDESCHI, *Manuale del nuovo*, 453; PALUCHOWSKY, *Art. 118*, 1915 s.; FORGILLO, *Chiusura e riapertura*, 1312; AMBROSINI, *Chiusura e riapertura*, 678,

[9] In tal senso, con riferimento alla chiusura del fallimento, TEDESCHI, *Manuale*, 453 s.; PALUCHOWSKY, *Art. 118*, 1916. In senso contrario, tuttavia, v. IRACE, *Art. 118*, 730; BASSI, *Lezioni*, Bologna, 2009, 196.

[10] Se il verificarsi dell'ipotesi in discorso richiede in primo luogo il pagamento integrale dei crediti ammessi al passivo va da sé che la norma presuppone che sia intervenuta la formazione dello stato passivo esecutivo, ove viene appunto definito il quadro delle pretese creditorie ammesse al concorso (artt. 203 e 204).

mono alcun rilievo le modalità attraverso le quali l'esposizione debitoria dell'imprenditore insolvente sia stata estinta, né se ciò sia avvenuto in sede concorsuale o extraconcorsuale [11].

Resta da segnalare, peraltro, che nel caso in questione – ferma la necessità di provvedere ai necessari accantonamenti, ove ne ricorrano i presupposti [12] – la chiusura della procedura non sembra poter essere ostacolata: *(i)* dalla pendenza di procedimenti giudiziali che vertano sull'ammissione al passivo di crediti, si tratti ricorsi di opposizione allo stato passivo, di impugnazione di crediti ammessi o di revocazione (art. 206) [13]; *(ii)* dall'ammissione di crediti con riserva, non ancora sciolta in senso positivo o negativo (art. 204, comma 2) [14]; *(iii)* dalla pendenza di ricorsi per insinuazione tardiva di crediti, che, anzi, la chiusura del fallimento è destinata a rendere improcedibili [15].

4. – Abbia o meno consentito di soddisfare integralmente le ragioni dei creditori ammessi al concorso, la liquidazione giudiziale deve essere chiusa [art. 233, comma 1, lett. *c*)] quando si è fatto luogo alla ripartizione finale dell'attivo (art. 232).

Invero, l'esecuzione del riparto finale presuppone che gli organi della procedura abbiano valutato che l'attivo disponibile non possa essere incrementato attraverso eventuali iniziative o azioni, già in corso o da intraprendersi [16]. D'altra parte – salvo quanto previsto dall'art. 234 e ferma l'ipotesi di una sua successiva riapertura – con l'esecuzione del riparto finale la procedura vede esaurita la sua funzione, non riservando la sua eventuale continuazione alcuna ulteriore prospettiva satisfattoria per i creditori.

Anche nel caso in esame non può essere di ostacolo alla chiusura della procedura la pendenza di giudizi non ancora definiti, che vertano sull'ammissione al passivo di crediti, ovvero la presenza di crediti ammessi con riserva, che non sia stata ancora sciolta [17].

In termini più generali, peraltro, l'art. 234, comma 1, prevede che la chiusura della procedura per integrale ripartizione dell'attivo non sia preclusa dalla pendenza di giudizi o procedimenti che possano apportare nuove utilità per i creditori: ma sul punto si tornerà più approfonditamente innanzi [18].

5. – L'epilogo della liquidazione giudiziale, a mente dell'art. 233, comma 1, lett. *d*),

[11] Se il verificarsi dell'ipotesi in discorso richiede in primo luogo il pagamento integrale dei crediti ammessi al passivo va da sé che la norma presuppone che sia intervenuta la formazione dello stato passivo esecutivo, ove viene appunto definito il quadro delle pretese creditorie ammesse al concorso (artt. 203 e 204). È, dunque, sufficiente, ai fini della chiusura, che abbia avuto luogo l'integrale soddisfazione dei crediti ammessi al passivo (D'ATTORRE, *Manuale*, 319).

[12] D'ATTORRE, *Manuale*, 319.

[13] Sul punto, v. LUNGHINI, *Art. 233*, 1803. Nella vigenza della disciplina antecedente al Codice, v., tra gli altri, BONISGNORI, *Il fallimento*, 704.

[14] TEDESCHI, *Della chiusura*, 16.

[15] E sembra deporre in tal senso anche l'omessa previsione, in occasione delle operazioni di riparto, di accantonamenti funzionali alla tutela delle ragioni dei creditori che si siano insinuati al passivo non tempestivamente (art. 227).

[16] TEDESCHI, *Della chiusura*, 29.

[17] SANDULLI, *La crisi*, 161.

[18] Cfr. *infra*, *sub* art. 234.

consegue, infine, al riscontro – che può emergere anche dalla relazione o dai successivi rapporti riepilogativi redatti dal curatore ai sensi dell'art. 130 – dell'inutilità della sua prosecuzione ai fini del pagamento, anche soltanto parziale, dei crediti concorsuali, nonché dei crediti prededucibili e delle spese di procedura.

La norma, che ricalca la disposizione contenuta nell'art. 118, comma 1, n. 4), l. fall., risponde alla logica di evitare il protrarsi di procedure il cui svolgimento, senza poter più apportare alcun vantaggio ai creditori, si presti sostanzialmente a produrre effetti antieconomici. In tale ottica, pare evidente che la fattispecie in discorso si presenta diversa rispetto a quella prevista dall'art. 209, comma 1, che attiene all'ipotesi che, ancor prima della celebrazione dell'udienza per l'esame dello stato passivo, emerga l'impossibilità di realizzare dell'attivo da ripartire fra i creditori, salva restando la soddisfazione dei crediti prededucibili e delle spese di procedura. Ipotesi, quest'ultima, ricorrendo la quale, come è noto, il tribunale può disporre, per evidenti esigenze di economicità della procedura, di non farsi luogo alla verifica dei crediti, con un provvedimento che, peraltro, può essere adottato anche quando la previsione di insufficiente realizzo emerga dopo la verifica dello stato passivo (art. 209, comma 2) [19].

Rimane il fatto, che non è sempre agevole appurare il verificarsi dei presupposti previsti dall'art. 233, comma 1, lett. *d*). In linea generale, va osservato che la presenza di elementi di attivo nell'ambito del patrimonio del debitore non necessariamente implica la disponibilità di risorse effettivamente ripartibili fra i creditori concorsuali o quantomeno impiegabili in funzione del pagamento, sia pure parziale, dei crediti prededucibili e delle spese di procedura. D'altro canto, l'art. 213, comma 2, consente al curatore di rinunciare, previa autorizzazione del comitato dei creditori, alla liquidazione dei beni rientranti nell'attivo, quando, considerati i costi ed i plausibili ricavi connessi alla vendita degli stessi, appaia manifestamente non conveniente darvi corso [20].

Ciò posto, può discutersi se, ai fini della chiusura della procedura, l'insussistenza di attivo costituisca una condizione da rilevarsi, per così dire, nella sua attualità, ovvero, come la formulazione della norma sembra far ritenere, tenendo conto anche di future ed eventuali prospettive di reintegrazione o accrescimento del patrimonio del debitore, connesse ad apposite iniziative ovvero alla possibile sopravvenienza di beni o elementi dell'attivo. Si tratta, in ogni caso, di una valutazione che può assumere profili complessi, tant'è che il tribunale deve compierla acquisito il parere, sebbene non vincolante, del debitore e del comitato dei creditori che (art. 235, comma 2) [21].

---

[19] Nel senso che le due disposizioni della legge fallimentare omologhe a quelle di cui agli artt. 233, comma 1, lett. *d*) e 209, contenute, rispettivamente, nell'art. 118, comma 1, n. 4) e nell'art. 102, implichino entrambe una valutazione di economicità ed efficienza della procedura, Trib. Rimini, 22 aprile 2021, in *ilcaso.it*.

[20] Se il verificarsi dell'ipotesi in discorso richiede in primo luogo il pagamento integrale dei crediti ammessi al passivo va da sé che la norma presuppone che sia intervenuta la formazione dello stato passivo esecutivo, ove viene appunto definito il quadro delle pretese creditorie ammesse al concorso (artt. 203 e 204).

[21] Con riferimento alla omologa previsione contenuta nell'art. 118, comma 1, n. 4, l. fall., v. CAPO, *La chiusura*, 529, ove riferimenti.

6. – In caso di chiusura della liquidazione giudiziale di una società di capitali per mancanza di domande di ammissione al passivo o per integrale soddisfazione dei creditori, il curatore deve convocare l'assemblea dei soci per l'adozione delle deliberazioni necessarie ai fini della ripresa dell'attività o per la sua cessazione, ovvero per l'adozione dei provvedimenti sollecitati, con apposita richiesta scritta, dai soci che rappresentino almeno il venti per cento del capitale giudiziale (art. 233, comma 2). È dunque la compagine sociale ad essere chiamata a decidere delle sorti della società [22].

Ricorrendo le stesse ipotesi di chiusura, inoltre, quando si tratti di liquidazione giudiziale relativa a una società ha luogo anche la chiusura della procedura estesa ai soci ai sensi dell'art. 256, salvo che nei loro confronti non sia stata aperta autonoma procedura di liquidazione giudiziale quali imprenditori individuali (art. 233, ult. comma) [23].

Quando la liquidazione giudiziale di una società viene chiusa per integrale ripartizione o per insufficienza dell'attivo, poi – così come era previsto per la chiusura del fallimento dall'art. 118, comma 2, l. fall. –, non profilandosi, in linea di principio, prospettive di ripresa dell'attività da parte della compagine, il curatore deve procedere alla cancellazione della medesima società dal registro delle imprese, fatto salvo quanto previsto dall'art. 234, commi 6 e 8 (art. 233, comma 2) [24].

---

[22] La norma dà attuazione al principio espressamente previsto nell'art. 7, comma 10, lett. *c*), l. 19 ottobre 2017, n. 155, recante Delega al Governo per la riforma delle discipline della crisi di impresa e dell'insolvenza.

[23] Nel qual caso la procedura riguardante il singolo socio dovrà approdare autonomamente a chiusura (LUNGHINI, *Art. 233*, 1803).

[24] Allorquando la chiusura della liquidazione giudiziale abbia luogo ai sensi dell'art. 233, comma 1, lett. *c*), e venga dato seguito a giudizi o procedimenti pendenti, a norma dell'art. 234, comma 8, il curatore deve chiedere la cancellazione della società soltanto allorquando sia stato depositato il decreto di archiviazione della procedura ed entro dieci giorni dal deposito. Tuttavia, se all'esito dei riparti supplementari o comunque in altro modo i creditori ammessi siano stati integralmente soddisfatti e siano stati pagati tutti i debiti e le spese da pagare in prededuzione, il curatore deve procedere a norma dell'art. 233, comma 2, primo periodo (cfr. *infra*, *sub* art. 234). Inoltre, la cancellazione non dovrà essere richiesta quando la società abbia potuto fruire del beneficio dell'esdebitazione (D'ATTORRE, *Manuale*, 323).

Articolo 234

Prosecuzione di giudizi e procedimenti esecutivi dopo la chiusura

1. La chiusura della procedura nel caso di cui all'articolo 233, comma 1, lettera c), non è impedita dalla pendenza di giudizi o procedimenti esecutivi, rispetto ai quali il curatore mantiene la legittimazione processuale, anche nei successivi stati e gradi del giudizio, ai sensi dell'articolo 143. La legittimazione del curatore sussiste altresì per i procedimenti, compresi quelli cautelari e esecutivi, strumentali all'attuazione delle decisioni favorevoli alla liquidazione giudiziale, anche se instaurati dopo la chiusura della procedura.

2. In deroga all'articolo 132, le rinunzie alle liti e le transazioni sono autorizzate dal giudice delegato.

3. Le somme necessarie per spese future ed eventuali oneri relativi ai giudizi pendenti, nonché le somme ricevute dal curatore per effetto di provvedimenti provvisoriamente esecutivi e non ancora passati in giudicato, sono trattenute dal curatore secondo quanto previsto dall'articolo 232, comma 2.

4. Dopo la chiusura della procedura, le somme ricevute dal curatore per effetto di provvedimenti definitivi e gli eventuali residui degli accantonamenti sono fatti oggetto di riparto supplementare fra i creditori secondo le modalità disposte dal tribunale con il decreto di cui all'articolo 235.

5. In relazione alle eventuali sopravvenienze attive derivanti dai giudizi pendenti non si fa luogo a riapertura della procedura.

6. Con il decreto di chiusura il tribunale impartisce le disposizioni necessarie per il deposito del rapporto riepilogativo di cui all'articolo 130, comma 9, di un supplemento di rendiconto, del riparto supplementare e del rapporto riepilogativo finale. La chiusura della procedura a norma del presente comma non comporta la cancellazione della società dal registro delle imprese sino alla conclusione dei giudizi in corso e alla effettuazione dei riparti supplementari, anche all'esito delle ulteriori attività liquidatorie che si siano rese necessarie.

7. Eseguito l'ultimo progetto di ripartizione o comunque definiti i giudizi e procedimenti pendenti, il curatore chiede al tribunale di archiviare la procedura di liquidazione giudiziale. Il tribunale provvede con decreto.

8. Entro dieci giorni dal deposito del decreto di archiviazione, il curatore chiede la cancellazione della società dal registro delle imprese ovvero, quando le ripartizioni ai creditori raggiungono l'intero ammontare dei crediti ammessi, o questi sono in altro modo estinti e sono pagati tutti i debiti e le spese da soddisfare in prededuzione, procede ai sensi dell'articolo 233, comma 2, primo periodo.

Giovanni Capo

Sommario: 1. La logica della norma. – 2. La "gestione" dei giudizi e dei procedimenti pendenti. – 3. L'archiviazione della procedura.

1. – Disposizione omologa rispetto a quella contenuta nell'art. 118, comma 2, l. fall., l'art. 234, comma 1, stabilisce che l'eventuale pendenza di giudizi o procedimenti esecutivi non è di ostacolo alla chiusura della procedura di liquidazione giudiziale per l'integrale ripartizione dell'attivo [art. 233, comma 1, lett. *c*)] [1].

La logica della norma è evidente: essa tende a dare risposta all'avvertita esigenza di condurre alla chiusura, per evidenti ragioni di economia processuale, le liquidazioni giudiziali prive di attivo, senza tuttavia compromettere le prospettive di recupero, attraverso la prosecuzione delle azioni in corso – si pensi ad azioni di recupero crediti, revocatorie, di responsabilità ovvero a procedure di esecuzione mobiliari o immobiliari, intraprese verso il debitore o verso terzi –, di ulteriori risorse da porre a disposizione dei creditori [2]. In coerenza con tale logica, peraltro, un rilevante orientamento interpretativo inclina a ritenere che la disposizione in esame, pur nel silenzio della legge, debba trovare applicazione estensivamente, o quantomeno analogicamente, anche nel caso di chiusura della liquidazione giudiziale per insufficienza di attivo, allorquando siano in corso giudizi o procedimenti esecutivi dai quali possano rivenire utilità da destinare alla soddisfazione del ceto creditorio [3].

Ciò posto, vale osservare che la chiusura della liquidazione giudiziale a norma dell'art. 234, in pendenza di giudizi o procedimenti di esecuzione, non costituisce un esito necessario, ma resta rimessa alla valutazione dei relativi organi, chiamati a verificare, verosimilmente su impulso del curatore, la convenienza della continuazione delle liti pendenti pur a seguito della cessazione della procedura [4].

In ogni caso, si osserva in dottrina che la chiusura "anticipata" della liquidazione giudiziale può comunque aver luogo soltanto una volta che sia decorso il termine per la presentazione delle domande tardive di ammissione al passivo, atteso che, diversamente, ne risulterebbero pregiudicati quei creditori che hanno fatto legittimamente affidamento su tale termine ai fini della presentazione della propria insinuazione [5].

---

[1] Tale disposizione, come è noto, è stata introdotta nell'art. 118, comma 2, l. fall., dal d.l. n. 83 del 2015.

[2] De Santis, *La chiusura*, 1236 ss. Si tratta di una «sorta di "finzione" di chiusura» secondo D'Attorre, *Manuale di diritto*, 319. Nel senso che la chiusura della procedura non possa aver luogo ove siano pendenti azioni volte a far confluire nell'attivo beni mobili o immobili o comunque beni diversi dal denaro, in quanto l'acquisizione degli stessi richiederebbe un'attività liquidatoria incompatibile con la cessazione della procedura medesima, Mancinelli, *Brevi note*; Vitiello, *La chiusura*.

[3] De Santis, *La chiusura*, 1236 ss. In senso contrario, con riguardo alla previgente disciplina, Vitiello, *La chiusura anticipata*.

[4] Bruschetta, *La ripartizione*, 1220. Di contrario avviso Montanari, *Ancora sulla chiusura*, 15 s.

[5] Così De Santis, *La chiusura*, 1240, argomentando da Cass., 16 maggio 2019, n. 13270.

2. – A mente dell'art. 234, comma 1, quindi, non impedisce la chiusura della liquidazione giudiziale, quando è stata effettuata la ripartizione integrale dell'attivo, «la pendenza di giudizi o procedimenti esecutivi».

I giudizi pendenti cui la norma fa riferimento sono, in tutta evidenza, i giudizi ordinari di cognizione, che attengono a situazioni giuridiche afferenti alla sfera patrimoniale del debitore attratte nell'orbita dell'attivo della procedura (si pensi alle azioni di recupero dei crediti); ma anche, deve ritenersi, le cc.dd. azioni "di massa", che trovano nell'apertura della procedura il loro presupposto e che, in altri termini, non sono relative a situazioni giuridiche già presenti nella sfera giuridica del debitore (si pensi alle azioni revocatorie o alle azioni di responsabilità) [6].

Per quanto concerne, poi, i procedimenti esecutivi [7], sembra condivisibile l'orientamento secondo cui l'art. 234 va riferito tanto alle esecuzioni avviate prima dell'apertura della liquidazione giudiziale quanto a quelle introdotte dal curatore successivamente; tanto alle esecuzioni immobiliari quanto a quelle mobiliari; tanto alle esecuzioni proposte nei confronti del debitore quanto a quelle proposte presso terzi [8].

Nell'ambito dei giudizi e dei procedimenti esecutivi pendenti, nonché nei loro successivi stati e gradi, il curatore (art. 143) conserva la legittimazione processuale. La norma, peraltro, in attuazione di quanto previsto nell'art. 7, comma 10, lett. *b*), l. n. 155 del 2017, specifica che il curatore conserva la propria legittimazione a stare in giudizio anche per i procedimenti, compresi quelli cautelari ed esecutivi, che siano strumentali all'attuazione delle decisioni favorevoli alla procedura, anche se instaurati dopo la chiusura della medesima.

Ciò posto, l'art. 234, comma 2, stabilisce che, con riguardo ai riferiti giudizi e procedimenti pendenti, eventuali atti di rinunzia alle liti o transazioni devono essere autorizzati dal giudice delegato, in deroga a quanto previsto dall'art. 132 [9].

L'art. 234, comma 3, poi, dispone che il curatore trattenga, secondo quanto previsto dall'art. 232, comma 2, gli importi necessari per far fronte alle spese future e agli oneri relativi ai giudizi pendenti, così come le somme ricevute per effetto di provvedimenti provvisoriamente esecutivi e non ancora passati in giudicato [10]. Ed è il tribunale che, con il decreto in virtù del quale è dichiarata la chiusura della procedura (art. 235), provvede a stabilire le modalità secondo le quali le somme ricevute dal curatore per effetto di provvedimenti definitivi e gli eventuali residui degli accantonamenti effettuati devono essere ripartite – in via supplementare – fra i creditori (art. 234, comma 4). Rimane inteso, comun-

---

[6] Nel senso che la disposizione di cui all'art. 118, comma 2, l. fall., nella parte in cui prevede la chiusura della procedura pur in pendenza di giudizi in corso, vada riferita ai giudizi c.d. attivi intrapresi dalla curatela e non anche ai giudizi di opposizione allo stato passivo, v. Trib. Milano, 24 settembre 2021, in *Società*, 2022, 247.

[7] L'art. 118, comma 2, l. fall., invero, non faceva riferimento alle procedure esecutive, per quanto potesse ritenersi che esse rientrassero nell'area applicativa della disposizione (De Santis, *La chiusura*, 1236 ss.; Iozzo, *La chiusura*, 2269. In giurisprudenza, in tale senso, Trib. Milano, 22 marzo 2017, in *onelegale.it*.

[8] De Santis, *La chiusura*, 1236 ss.

[9] La logica della norma, Lunghini, *Art. 234*, 1806, deve rinvenirsi nella circostanza che con la chiusura della liquidazione giudiziale decade senza alcuna ultrattività dei relativi poteri il comitato dei creditori.

[10] D'Attorre, *Manuale*, 320.

que, che ove i giudizi pendenti generino sopravvenienze attive non possa aver luogo la riapertura della procedura (art. 234, comma 5) [11].

Con il decreto di chiusura, infine, il tribunale impartisce al curatore le disposizioni necessarie per provvedere al deposito del rapporto riepilogativo di cui all'art. 130, comma 9, di un supplemento di rendiconto, del riparto supplementare e del rapporto riepilogativo finale (art. 234, comma 6) [12].

3. – Mette conto di osservare, ancora, che nell'ipotesi in questione, la chiusura della liquidazione giudiziale non comporta la cancellazione della società dal registro delle imprese sino a quando i giudizi in corso non siano conclusi e sino a quando non siano eseguiti i riparti supplementari, anche all'esito delle ulteriori attività liquidatorie che si siano rese necessarie (art. 234, comma 6). Soltanto al compimento dell'ultimo progetto di ripartizione o quando siano stati definiti i giudizi e i procedimenti pendenti, il curatore propone al tribunale l'istanza di archiviazione della procedura, sulla quale il tribunale medesimo provvede con decreto (art. 234, comma 7), entro dieci giorni dal cui deposito il curatore deve poi chiedere la cancellazione della società dal registro delle imprese, salvo che i crediti ammessi al passivo siano stati integralmente soddisfatti attraverso le ripartizioni dell'attivo o siano stati comunque estinti e siano stati pagati tutti i debiti e le spese da pagare in prededuzione: nel qual caso il curatore deve procedere secondo quanto previsto dall'art. 233, comma 2, primo periodo (art. 234, comma 8) [13].

---

[11] FAUCEGLIA, *Il nuovo diritto*, 253. Su alcune implicazioni problematiche della disposizione in parola v. LUNGHINI, *Art. 234*, 1806.

[12] Il persistere della legittimazione del curatore lo obbliga a rendere, secondo le disposizioni adottate dal tribunale, i rapporti riepilogativi periodici (D'ATTORRE, *Manuale*, 320).

[13] Con riguardo all'art. 118, comma 2, l. fall., in analoghi termini, Trib. Bergamo, 23 novembre 2016, in *onelegale.it*.

Articolo 235
Decreto di chiusura

1. La chiusura della procedura di liquidazione giudiziale è dichiarata con decreto motivato del tribunale su istanza del curatore o del debitore ovvero di ufficio, pubblicato nelle forme prescritte dall'articolo 45. Unitamente all'istanza di cui al primo periodo il curatore deposita un rapporto riepilogativo finale redatto in conformità a quanto previsto dall'art. 130, co. 9.

2. Quando la chiusura della procedura è dichiarata ai sensi dell'articolo 233, co. 1, lettera d), prima dell'approvazione del programma di liquidazione, il tribunale decide sentiti il curatore, il comitato dei creditori e il debitore.

3. Contro il decreto che dichiara la chiusura o ne respinge la richiesta è ammesso reclamo a norma dell'articolo 124. Contro il decreto della corte di appello, il ricorso per cassazione è proposto nel termine perentorio di trenta giorni, decorrente dalla notificazione o comunicazione del provvedimento per il curatore, per il debitore, per il comitato dei creditori e per chi ha proposto il reclamo o è intervenuto nel procedimento; dal compimento della pubblicità di cui all'articolo 45 per ogni altro interessato.

4. Il decreto di chiusura acquista efficacia quando è decorso il termine per il reclamo, senza che questo sia stato proposto, ovvero quando il reclamo è definitivamente rigettato.

5. Con i decreti emessi ai sensi dei commi 1 e 3, sono impartite le disposizioni esecutive volte ad attuare gli effetti della decisione. Allo stesso modo si provvede a seguito del passaggio in giudicato della sentenza di revoca della procedura di liquidazione giudiziale o della definitività del decreto di omologazione del concordato proposto nel corso della procedura stessa.

Giovanni Capo

Sommario: 1. Il procedimento di chiusura della liquidazione giudiziale. – 2. Il reclamo avverso il decreto che dispone la chiusura della procedura o rigetta la relativa istanza. – 3. Le disposizioni volte ad attuare gli effetti del provvedimento di chiusura della liquidazione giudiziale.

1. – Così come l'apertura della procedura, anche la chiusura della liquidazione giudiziale, a norma dell'art. 235, comma 1, consegue a un provvedimento giurisdizionale. Essa è disposta dal tribunale con decreto motivato, emesso previo accertamento della sussistenza dei presupposti previsti dall'art. 233, su istanza del curatore, del debitore ovvero di ufficio – di solito su impulso del giudice delegato –, e pubblicato nelle forme prescritte dall'art. 45 [1]. Vale ricordare, poi, che se a chiedere che venga disposta la chiusura è il curatore, quest'ultimo deve depositare un rapporto riepilogativo finale redatto in conformità con quanto disposto dall'art. 130, comma 9 [2].

Non figurano tra i soggetti legittimati a richiedere la chiusura della liquidazione giudiziale, invece, i creditori, i quali, tuttavia, possono senz'altro segnalare al curatore, al giudice delegato e allo stesso presidente del tribunale la sussistenza delle condizioni per la cessazione della procedura, affinché valutino le iniziative da intraprendere [3].

L'accertamento dei fatti e delle circostanze indicati nell'art. 233, comma 1, quindi, costituisce il fulcro della motivazione su cui deve basarsi il decreto di chiusura della liquidazione giudiziale, che, ricorrendo i casi indicati nella norma, deve considerarsi atto necessario, non rientrando nella discrezionalità del tribunale la permanenza in vita della procedura. Peraltro, se la chiusura della procedura è disposta ai sensi dell'art. 233, comma 1, lett. *d*), prima dell'approvazione del programma di liquidazione, il tribunale deve assumere la sua decisione sentiti il curatore, il comitato dei creditori – in coerenza con il ruolo attribuito a tale organo nella pianificazione strategica della procedura, che si esplica innanzitutto attraverso l'approvazione del programma di liquidazione – e il debitore, il cui parere, fondamentalmente richiesto ai fini del corretto accertamento circa l'effettiva insussistenza di attivo, non deve, però, ritenersi vincolante (art. 235, comma 2) [4].

In ogni caso, non si dubita che, allorquando ricorrano le ipotesi previste dall'art. 233, comma 1, l'emissione del provvedimento di chiusura della liquidazione giudiziale costituisca un diritto soggettivo del debitore; diritto soggettivo la cui violazione può dare adito alla richiesta del debitore medesimo di ottenere il risarcimento dei danni che abbia patito per effetto della illegittima prosecuzione della procedura [5].

2. – Il decreto che dichiara la chiusura o ne respinge la richiesta è soggetto a reclamo, da proporsi a norma dell'art. 124, innanzi la corte di appello [6]. La decisione della corte di appel-

[1] La chiusura della liquidazione giudiziale, come quella del fallimento (art. 119 l. fall.), non consegue, quindi, al puro e semplice verificarsi di una delle cause previste nell'art. 233, ma ne presuppone l'accertamento giudiziale (nella vigenza della legge fallimentare, sul tema, v. BONSIGNORI, *Il fallimento*, 707; SATTA, *Diritto fallimentare*, 383). Sulle ragioni della previsione della iniziativa officiosa, non più prevista per la dichiarazione di fallimento, dopo la riforma del 2006, IRACE, *Art. 119*, 736.

[2] Tale previsione è stata introdotta in virtù del d.lgs. 17 giugno 2022, n. 83.

[3] TEDESCHI, *Della chiusura*, 33.

[4] D'ATTORRE, *Manuale*, 322. Così, nella vigenza dell'art. 119 l. fall., CAPO, *La chiusura*, 531.

[5] Qualifica, con riguardo al fallimento, in termini di diritto soggettivo l'interesse del debitore alla definizione della procedura, sussistendone i presupposti, PALUCHOWSKY, *Art. 119*, 1925 s. Sul diritto del debitore a rivalersi dei danni subiti per l'illegittimo protrarsi del fallimento in presenza delle condizioni per disporne la chiusura, TEDESCHI, *Manuale*, 458.

[6] Il reclamo, quindi, va proposto entro il termine perentorio di dieci giorni, decorrente dalla notificazione o comunicazione del provvedimento per il curatore, per il debitore e chiunque ha preso parte al procedimento ovvero dalla sua pubblicazione per ogni altro interessato (art. 124). Vale ricordare che la previsione normativa della reclamabilità del decreto di rigetto dell'istanza di chiusura della procedura è stata introdotta, in relazione al fallimento, a seguito della declaratoria di illegittimità costituzionale dell'art. 119 l. fall. per contrasto con gli

lo, nel senso dell'accoglimento o del rigetto, deve basarsi sul riscontro della sussistenza o meno, nella fattispecie sottoposta al suo esame, delle condizioni previste dall'art. 233 per la chiusura della liquidazione giudiziale[7]. Tale decisione è, a sua volta, suscettibile di impugnazione mediante ricorso per cassazione da proporsi nel termine perentorio di trenta giorni, che decorrono dalla notificazione o comunicazione del provvedimento per il curatore, per il debitore e per chi ha proposto il reclamo o è intervenuto nel procedimento, e dal compimento della pubblicità di cui all'art. 45 per ogni altro interessato (art. 235, comma 3)[8].

Legittimati alla proposizione del reclamo contro il rigetto dell'istanza di chiusura sono senz'altro il curatore e il debitore la cui richiesta non sia stata accolta, mentre il reclamo avverso il decreto di chiusura può, in linea di principio, essere proposto da coloro i quali, avendo legittimazione a richiederlo, non l'abbiano fatto: si ritiene, in tale ottica, che possano ritenersi legittimati i creditori che dimostrino di poter subire un pregiudizio dalla chiusura o quelli che abbiano presentato domanda di insinuazione al passivo prima che quest'ultima sia intervenuta[9].

Decorso il termine per il reclamo senza che questo sia stato proposto, ovvero quando il reclamo è definitivamente rigettato, il decreto di chiusura acquista efficacia (art. 235, comma 4)[10].

3. – Il tribunale e la corte di appello con i decreti, rispettivamente, di chiusura ovvero di accoglimento del reclamo proposto avverso il rigetto dell'istanza di chiusura della liquidazione giudiziale impartiscono le disposizioni esecutive volte ad attuare gli effetti delle loro decisioni (art. 235, comma 5). Sono tali provvedimenti, quindi, a dover stabilire, tra l'altro, le modalità di restituzione all'imprenditore dei beni afferenti alla propria sfera patrimoniale che siano residuati all'esito delle attività liquidatorie eventualmente svolte dagli organi della procedura. E ciò, tenendo conto anche del presupposto che ha determinato la chiusura della procedura[11].

Resta inteso, peraltro, che fin tanto che detti provvedimenti non siano divenuti definitivi, le disposizioni esecutive dettate dagli stessi non possono ricevere attuazione[12].

---

artt. 3 e 24 Cost., proprio nella parte in cui non prevedeva tale possibilità (Corte cost., 28 novembre 2002, n. 493, in *Dir. fall.*, 2003, II, 169, con nota di SCALERA, *La reclamabilità*).

[7] Così, con riguardo all'art. 119, comma 2, l. fall., Cass., 20 aprile 2022, n. 12666; Cass., 27 novembre 2019, n. 31050, entrambe reperibili in *onelegale.it*.

[8] Come è stato osservato in dottrina, la previsione dell'impugnabilità con ricorso in cassazione della decisione della corte di appello sull'istanza di chiusura del fallimento, introdotta nell'art. 119 l. fall. nel quadro della riforma del 2006, ha contribuito a dissipare i dubbi dapprima nutriti sulla stessa natura, da alcuni ritenuta ordinatoria, dello stesso decreto di chiusura (AMBROSINI, *Chiusura e riapertura*, 680).

[9] FAUCEGLIA, *Il nuovo diritto*, 250; LUNGHINI, *Art. 235*, 1810, ove riferimenti. Nella vigenza dell'art. 119 l. fall., in tale senso, tra gli altri, PROVINCIALI, *Trattato di diritto*, 1769.

[10] Cass., 9 ottobre 2015, n. 20292, in *ilcaso.it.* Nel senso che il decreto di chiusura, di là dalla denominazione, abbia natura sostanziale di sentenza con contenuto di accertamento ed effetti costitutivi, PROVINCIALI, *Trattato di diritto*, 1762 ss. In questi termini anche PALUCHOWSKY, *Art. 119*, 1925.

[11] CAPO, *La chiusura*, 532. Sulla eccessiva laconicità dell'omologa disposizione contenuta nell'art. 119 l. fall., RIEDI, *La chiusura*, 368.

[12] LUNGHINI, *Art. 119*, 1811.

Articolo 236

Effetti della chiusura

1. Con la chiusura cessano gli effetti della procedura di liquidazione giudiziale sul patrimonio del debitore e le conseguenti incapacità personali e decadono gli organi preposti alla procedura medesima.

2. Le azioni esperite dal curatore per l'esercizio di diritti derivanti dalla procedura non possono essere proseguite, fatto salvo quanto previsto dall'articolo 234.

3. I creditori riacquistano il libero esercizio delle azioni verso il debitore per la parte non soddisfatta dei loro crediti per capitale e interessi, salvo quanto previsto dagli articoli 278 e seguenti.

4. Il decreto o la sentenza con la quale il credito è stato ammesso al passivo costituisce prova scritta per gli effetti di cui all'articolo 634 del codice di procedura civile.

5. Nell'ipotesi di chiusura in pendenza di giudizi ai sensi dell'articolo 234, il giudice delegato e il curatore restano in carica ai soli fini di quanto ivi previsto. In nessun caso i creditori possono agire su quanto è oggetto dei giudizi medesimi.

Giovanni Capo

1. – Secondo quanto disposto dall'art. 236, comma 1, che ricalca il dettato dell'art. 120 l. fall., dalla cessazione della liquidazione giudiziale discende, innanzitutto, il venir meno degli effetti prodotti dall'apertura della procedura sul patrimonio del debitore e delle incapacità personali scontate da quest'ultimo (art. 142 ss.)[1]; restando peraltro inteso che la chiusura della procedura non incide sugli effetti che nel corso della stessa, e sino alla sua cessazione, si sono legittimamente prodotti[2].

---

[1] In ciò, la norma si pone in linea con la previsione contenuta nell'art. 120, comma 1, l. fall., nella formulazione introdotta del d.lgs. n. 169 del 2007. Va ricordato, peraltro, che il decreto di chiusura non produce alcun riflesso sui procedimenti penali vertenti sull'accertamento delle responsabilità connesse ad eventuali reati contestati al debitore (con riferimento alla disciplina previgente, AMBROSINI, *Chiusura e riapertura*, 680; TEDESCHI, *Manuale del nuovo*, 460).

[2] Come accade, ai sensi dell'art. 53, nell'ipotesi di revoca della sentenza con cui viene aperta la liquidazione giudiziale.

Ciò posto, a seguito della chiusura della liquidazione giudiziale il debitore riacquista, in primo luogo, il potere di amministrazione e disposizione del proprio patrimonio – che, come è noto, in virtù della sentenza di apertura della procedura viene attribuito al curatore *ex* art. 142 – nella consistenza e nella composizione che lo stesso assume al momento della cessazione della procedura [3].

Le modalità attraverso le quali deve aver luogo la restituzione all'imprenditore dei beni rientranti nella propria sfera patrimoniale vanno tendenzialmente definite nell'ambito del decreto di chiusura, che, lo si è visto, deve appunto indicare i provvedimenti da assumere onde consentire il prodursi degli effetti connessi alla cessazione della procedura (art. 235, ult. comma) [4].

Deve ricordarsi, ancora, che dopo la chiusura della procedura continuano ad aver corso i rapporti giuridici pendenti, che non siano stati sciolti nel corso della stessa. Ove, invece, al momento della chiusura si registri la pendenza di rapporti rispetto ai quali il curatore non ha ancora assunto la determinazione di darvi seguito o di interromperne lo svolgimento, è da ritenersi che la possibilità di mantenerli in vita o porvi fine vada verificata sulla base della disciplina di diritto comune relativa alla fattispecie ricorrente in concreto [5].

Da ultimo, va poi rammentato che, come si è già accennato, ove concerna la liquidazione di un'impresa costituita in forma societaria – non importa se di capitali o di persone – a mente dell'art. 233, comma 2, la chiusura "non satisfattiva" della procedura, fatta salva l'ipotesi della prosecuzione dei giudizi e dei procedimenti pendenti *ex* art. 234, implica la cancellazione dell'ente – cui deve provvedere il curatore – dal registro delle imprese [6]. Nel caso, invece, di chiusura "satisfattiva", il curatore deve convocare l'assemblea ordinaria dei soci per l'adozione delle deliberazioni relative alla prosecuzione dell'attività o alla sua cessazione, ovvero per la trattazione degli argomenti posti all'attenzione, mediante richiesta scritta, da un numero di soci che rappresenti almeno il venti per cento del capitale sociale (art. 233, comma 2) [7].

2. – Prevede, ancora, l'art. 236, comma 1, che in virtù del decreto di chiusura cessino, in linea di principio, dalle funzioni gli organi della procedura, ai quali, peraltro, restano demandate esclusivamente determinate attività, di rilievo invero marginale [8].

---

[3] D'ATTORRE, *Manuale di diritto*, 322. Secondo TEDESCHI, *Manuale del nuovo*, 462, nell'ipotesi di chiusura del fallimento sarebbe opportuna la redazione dell'inventario da parte del curatore cessato e del debitore.

[4] Cfr. *sub* art. 235.

[5] La chiusura della procedura, nel segno di un indirizzo interpretativo riferito alla chiusura del fallimento (AMBROSINI, *Chiusura e riapertura*, 681), fa venir meno anche il vincolo di inefficacia impresso, rispetto alla massa, dalla sentenza di apertura sugli atti compiuti successivamente alla sua pubblicazione da parte del debitore.

[6] Nel caso della liquidazione giudiziale di una società con soci illimitatamente responsabili, la chiusura della procedura che sia intervenuta per mancanza di domande di ammissione al passivo o per integrale soddisfazione dei creditori, implica, come si è visto (cfr. *sub* art. 233) anche la chiusura della liquidazione giudiziale aperta con riguardo ai soci, a meno che questi ultimi non siano investiti da una procedura che li interessi ad altro titolo (art. 233, ult. comma).

[7] D'ATTORRE, *Manuale di diritto*, 323.

[8] Con riferimento all'art. 120 l. fall., v. AMBROSINI, *Chiusura e riapertura*, 681.

In tale ottica, il curatore resta legittimato alla prosecuzione dei giudizi di impugnazione della sentenza di apertura della procedura (art. 50) e di opposizione allo stato passivo (art. 206) e conserva, con il comitato dei creditori, la competenza ad esprimere il parere in ordine alla richiesta di esdebitazione presentata entro l'anno successivo alla chiusura della procedura medesima dal debitore (art. 281, comma 1).

Nell'ipotesi di chiusura della liquidazione giudiziale con prosecuzione di giudizi e procedimenti, ai sensi dell'art. 234, il giudice delegato e il curatore restano in carica ai soli fini di quanto tale norma prevede (art. 236, comma 5).

3. – Riacquisita la disponibilità della propria sfera patrimoniale, l'imprenditore riacquista anche la legittimazione a far valere i diritti inerenti alla stessa e, quindi, a esercitare le azioni a ciò funzionali (si pensi alle azioni di recupero di crediti o di risarcimento danni), sempre che esse non postulino la pendenza della procedura e non siano pertanto rimesse all'esclusiva competenza del curatore [9]. In altri termini, le azioni condotte dalla curatela possono essere proseguite dal debitore tornato *in bonis* soltanto quando non si tratti di azioni derivanti dall'apertura della procedura e spettanti esclusivamente alla massa [10]: in quest'ultima ipotesi, di converso, le azioni medesime possono essere proseguite soltanto allorquando ricorrano i presupposti di cui all'art. 234 (art. 236, comma 2) [11].

Da una diversa angolazione, i creditori potranno proseguire nei confronti del debitore le azioni revocatorie ordinarie e nei confronti dei componenti degli organi sociali le eventuali azioni di responsabilità [12].

E ancora, è evidente che la chiusura della procedura fa venir meno il divieto di avviare azioni individuali nei confronti dell'imprenditore da parte dei creditori concorsuali rimasti integralmente o parzialmente insoddisfatti. È in questa logica, invero, che l'art. 236, comma 3, prevede che, con la chiusura della procedura, i creditori riacquistano le loro azioni nei confronti del debitore – ferma la prescrizione dei relativi diritti, i cui termini, interrotti dalla dichiarazione di apertura della procedura medesima, riprendono a decorrere – per la parte non soddisfatta dei loro crediti, in relazione alla sorta capitale ed agli interessi. In tale ottica, il decreto o la sentenza con la quale il credito è stato ammesso al passivo costituisce prova scritta per gli effetti di cui all'art. 634 c.p.c. (art. 236, comma 4).

I medesimi creditori, peraltro, non possono esercitare pretese su quanto costituisce oggetto dei giudizi il cui corso prosegue, a norma dell'art. 234, dopo la chiusura della procedura (art. 236, comma 5). E restano fermi, in ogni caso, i limiti all'esercizio delle pretese creditorie derivanti dall'ammissione del debitore al beneficio dell'esdebitazione (artt. 278 ss.), ovvero dall'apertura del concordato (artt. 240 ss.).

---

[9] Con riguardo alla disciplina della chiusura del fallimento, v. PALUCHOWSKY, *Art. 120*, 1330, ove anche riferimenti ai diversi orientamenti della dottrina sul tema).

[10] AMBROSINI, *Chiusura e riapertura*, 681.

[11] Secondo la giurisprudenza di legittimità le azioni in discorso possono essere proseguite da chi vi abbia interesse soltanto al fine di farne dichiarare l'improcedibilità o in funzione del governo delle spese di lite (Cass., 29 febbraio 2008, n. 5438, in *Fallimento*, 2008. 1968, con nota di PATTI).

[12] D'ATTORRE, *Manuale di diritto*, 323 s.

La chiusura della procedura non incide, invece, sull'eventuale impugnazione della sentenza in virtù della quale essa è stata aperta, che è intesa a contestare in radice la sussistenza dei presupposti per la soggezione dell'imprenditore alla liquidazione giudiziale, e dunque ad ottenere – anche al fine di far venire meno l'elemento costitutivo dei delitti di bancarotta – la revoca del provvedimento giudiziale che vi ha dato avvio [13].

[13] Con riferimento alla disciplina del fallimento, in tal senso, GUGLIELMUCCI, *Diritto fallimentare,* 263. In giurisprudenza, v. Cass., 8 febbraio 2016, n. 2399, in *onelegale.it.*

Articolo 237

Casi di riapertura della procedura di liquidazione giudiziale

1. Salvo che sia stata pronunciata l'esdebitazione nei casi preveduti dall'articolo 233, comma 1, lettere c) e d), il tribunale, entro cinque anni dal decreto di chiusura, su istanza del debitore o di qualunque creditore, può ordinare che la liquidazione giudiziale già chiusa sia riaperta, quando risulta che nel patrimonio del debitore esistono attività in misura tale da rendere utile il provvedimento.

2. Il tribunale, con sentenza in camera di consiglio, se accoglie l'istanza:

a) richiama in ufficio il giudice delegato e il curatore o li nomina di nuovo;

b) stabilisce i termini previsti dalle lettere d) ed e) dell'articolo 49, comma 3, eventualmente abbreviandoli non oltre la metà; i creditori già ammessi al passivo nella procedura chiusa possono chiedere la conferma del provvedimento di ammissione salvo che intendano insinuare al passivo ulteriori interessi.

3. La sentenza può essere reclamata a norma dell'articolo 51.

4. La sentenza è pubblicata a norma dell'articolo 45.

5. Il giudice delegato nomina il comitato dei creditori, tenendo conto nella scelta anche dei nuovi creditori.

6. Per le altre operazioni si seguono le norme stabilite nei capi precedenti.

Giovanni Capo

Sommario: 1. I casi di riapertura. – 2. La dichiarazione di riapertura e l'impugnabilità con reclamo. – 3. La dibattuta natura: reviviscenza della procedura cessata o avvio di una nuova? – 4. Lo svolgimento della procedura riaperta.

1. – La disciplina della riapertura della liquidazione giudiziale – che non costituisce una forma di revoca del provvedimento di chiusura ma una nuova apertura della procedura per ragioni sopravvenute alla sua cessazione – ricalca, salve le specifiche modificazioni di cui si darà conto, quella della riapertura del fallimento contenuta negli artt. 121 ss. l. fall. [1].

In effetti, l'art. 237 prevede che, a meno che il debitore non sia stato ammesso al bene-

[1] Lunghini, *Art. 237*, 1817. In tema, con riferimento alla riapertura del fallimento, tra i tanti, Ambrosini, *Chiusura e riapertura*, 691 ss.; Bonfatti, Censoni, *Lineamenti di diritto*, 236; Guglielmucci, *Diritto fallimentare*, 270; Stella Richter, *La riapertura*, 204.

ficio dell'esdebitazione, se è stata chiusa a seguito del verificarsi delle ipotesi previste nell'art. 233, comma 1, lett. *c*) e *d*) – e quindi per insufficienza o insussistenza dell'attivo – entro cinque anni dal decreto di chiusura la liquidazione giudiziale, sussistendo determinate condizioni, di cui si dirà innanzi, può essere riaperta. Ciò significa, che entro tale termine deve intervenire il provvedimento con cui il tribunale ordina la riapertura della procedura, non potendo invece ritenersi sufficiente la semplice presentazione della relativa istanza[2].

La riapertura della liquidazione giudiziale, quindi, postula, innanzitutto, la persistenza di crediti rimasti insoddisfatti in sede concorsuale; persistenza, che, come è noto, non è invece compatibile con la chiusura della procedura medesima per mancanza di passivo [art. 233, comma 1, lett. *a*)] o per l'integrale soddisfazione dei creditori [art. 233, comma 1, lett. *b*)]: ipotesi, queste, ricorrendo le quali, come si è detto, l'art. 237 non prevede la possibilità della riapertura[3].

Condizione necessaria per la riapertura della liquidazione giudiziale, prevista anche con riguardo al fallimento dall'art. 121 l. fall., è la sopravvenienza nel patrimonio del debitore di nuove attività[4], in misura tale da rendere utile il provvedimento ai fini della soddisfazione dei creditori ammessi al passivo, che siano rimasti in tutto o in parte insoddisfatti nel corso della procedura già chiusa, nonché dei creditori – "vecchi" e "nuovi" – i cui titoli risalgano ad epoca successiva alla chiusura della liquidazione e che, quindi, non hanno preso parte al concorso. Sicché, in tali evenienze, la previsione della possibilità di riaprire la procedura risponde all'esigenza di assicurare il rispetto della *par condicio creditorum*, anche nell'ottica di evitare la proposizione di non coordinate azioni individuali da parte dei creditori e di governare nella logica del concorso la soddisfazione delle relative pretese[5]. L'art. 237 non ripropone, invece, l'ulteriore ipotesi di riapertura del fallimento prevista dall'art. 121 l. fall., connessa alla disponibilità, manifestata dal debitore, ad offrire garanzie per il pagamento di almeno il dieci per cento dei vecchi e nuovi crediti[6].

Resta incerta, invero, l'entità del vantaggio che i creditori devono poter conseguire dal provvedimento di riapertura del fallimento perché lo stesso possa considerarsi "utile", atteso che l'art. 237, come il previgente art. 121, comma 1, l. fall., non chiarisce il significato da attribuirsi a tale aggettivo. Sembra corretto ritenere, peraltro, che l'utilità della riapertura della liquidazione giudiziale – come del fallimento – debba essenzialmente emergere da una valutazione che, tenuto conto delle sopravvenienze attive di cui ha beneficiato il

---

[2] Cfr. FABIANI, NARDECCHIA, *Artt. 237-239*, 2432; LUNGHINI, *Art. 237*, 1818.

[3] Cfr. PALUCHOWSKY, *Art. 121*, 1939.

[4] Le attività cui dover fare riferimento includono, secondo l'opinione della dottrina, non soltanto quelle sopravvenute, ma anche quelle ignorate nel corso della procedura chiusa (TEDESCHI, *Della chiusura*, 93) o, in quella fase, presenti nel patrimonio del debitore allo stato solo potenziale, come nel caso di crediti futuri e incerti insperatamente realizzati (GIORGIERI, *La riapertura*, 54).

[5] Cfr. D'ATTORRE, *Manuale*, 324. Di là dall'ipotesi contemplata nell'art. 237, la riapertura della liquidazione giudiziale ha luogo, poi, nel caso di annullamento o risoluzione del concordato proposto nel corso della medesima (LUNGHINI, *Art. 237*, 1817).

[6] Sul punto v. FAUCEGLIA, *Il nuovo diritto*, 253. Sulla previsione contenuta nella legge fallimentare si rinvia a FAUCEGLIA, ROCCO DI TORREPADULA, *Diritto delle imprese*, 268; FORGILLO, *Chiusura e riapertura*, 1343; NIGRO, VATTERMOLI, *Diritto della crisi*, 275; PALUCHOWSKI A., *Art. 121*, 1340 ss.; STELLA RICHTER, *La riapertura*, 204.

patrimonio del debitore, ponga in rapporto i vantaggi plausibilmente connessi all'esecuzione concorsuale e quelli che potrebbero derivare ai creditori dal ricorso alle esecuzioni individuali. Sicché, in tale ottica, potrebbe essere negata la riapertura della procedura ove non si ravvisino ragioni di convenienza al ripristino della dinamica concorsuale[7].

2. – La riapertura della liquidazione giudiziale viene disposta dal tribunale, su istanza del debitore o di qualunque creditore[8], con sentenza motivata emessa in camera di consiglio, soggetta a pubblicazione ai sensi dell'art. 45[9]. La norma non attribuisce, invece, al curatore della procedura cessata e al pubblico ministero la legittimazione a richiedere la riapertura della liquidazione giudiziale, né prevede che questa possa essere disposta d'ufficio[10].

Rileva osservare, poi, che ai fini della riapertura della liquidazione giudiziale il tribunale non è chiamato a verificare la sussistenza dei presupposti necessari per l'apertura della stessa – già originariamente valutata – ma ad accertare, essenzialmente, il ricorrere nella fattispecie concreta delle condizioni indicate nella norma in esame[11].

Ciò posto, con la sentenza con la quale dispone la riapertura della liquidazione giudiziale il tribunale provvede:

(i) a richiamare ai propri uffici il giudice delegato e il curatore ovvero a nominarli *ex novo* [art. 237, comma 2, lett. *a*)], mentre il comitato dei creditori va nominato *ex novo*, tenendo conto della composizione dello stato passivo riaperto (art. 238, comma 5);

(ii) a dettare le disposizioni per lo svolgimento della verifica del passivo fissando i termini di cui all'art. 49, comma 3, lett. *a*) e *b*), fermo restando che i creditori già ammessi al passivo della procedura originaria e interessati a partecipare al concorso nella procedura riaperta sono tenuti a chiedere essenzialmente «*la conferma del provvedimento di ammissione*», a meno che non intendano insinuare al passivo ulteriori interessi o nuove ragioni creditorie maturate nel corso della liquidazione giudiziale oppure dopo la sua chiusura [art. 237, comma 2, lett. *b*)]. E invero, se nella prima ipotesi la richiesta di "conferma" non integra una nuova domanda di ammissione al passivo, ma costituisce un atto processuale inteso a esprimere l'interesse del creditore a partecipare alla procedura riaperta e a consentire la quantificazione del credito residuo vantato[12]; nella seconda i creditori, se pure già

---

[7] Si veda FAUCEGLIA, *Il nuovo diritto*, 254, ove si ragiona in termini di giudizio di fatto rimesso al tribunale, declinato attraverso una valutazione prognostica di realizzo; PACCHI, AMBROSINI, *Diritto della crisi*, 228, ove ci si riferisce ad una valutazione comparativa tra costi per la procedura e benefici per i creditori.

[8] Deve trattarsi di creditori rimasti insoddisfatti nel corso della procedura chiusa o che – "vecchi" o "nuovi" creditori che siano – agiscano per far valere crediti non attivati in quella sede. Sul punto, Cfr. PACCHI, AMBROSINI, *Diritto della crisi*, 228. Si è ritenuta, con riguardo al fallimento, la legittimazione del debitore – e dei suoi eredi – a chiederne la riapertura in funzione della tutela di un interesse proprio, anche di carattere soltanto morale (TEDESCHI, *Della chiusura*, 105).

[9] Cfr. DI AMATO, *Diritto della crisi*, 244.

[10] DI AMATO, *Diritto della crisi*, 244. Con riferimento al fallimento, v., in tal senso, PROVINCIALI, *Trattato di diritto*, 1969; TEDESCHI, *Della chiusura*, 95.

[11] Va da sé che debba essere assicurato, nel corso del procedimento, il diritto di difesa del debitore (FAUCEGLIA, *Il nuovo diritto*, 254). Con riferimento alla riapertura del fallimento, sul tema, cfr. GIORGIERI, *La riapertura*, 27 ss.

[12] In tal senso, tra i tanti, STELLA RICHTER, *La riapertura*, 205.

ammessi nella procedura chiusa, devono proporre una specifica domanda di ammissione al passivo, analogamente a quanto è richiesto ai creditori che non abbiano partecipato al concorso nella procedura chiusa [13].

Ai sensi dell'art. 237, comma 3, la sentenza con cui è disposta la riapertura della liquidazione giudiziale è suscettibile di reclamo ai sensi dell'art. 51 [14]; avverso la sentenza con cui la corte d'appello dovesse, poi, rigettare il reclamo, confermando, appunto, il provvedimento impugnato, è possibile proporre ricorso in cassazione [15]. Diversamente, il decreto di rigetto dell'istanza di riapertura può essere impugnato innanzi alla corte d'appello, ma non si ritiene ammissibile il ricorso in cassazione avverso l'eventuale provvedimento di conferma dello stesso [16].

3. – Con riguardo alla qualificazione giuridica della riapertura della liquidazione giudiziale, permangono i nodi interpretativi inerenti alla riapertura del fallimento, restando dubbio se essa implichi la riattivazione della procedura approdata a chiusura [17], ovvero dia avvio a una nuova procedura [18].

In relazione alla riapertura del fallimento, come è noto, la prevalenza degli interpreti e della giurisprudenza si è orientata a sostenere che essa comportasse la reviviscenza della procedura chiusa, e non già l'intervento di un nuovo fallimento. Tra le diverse argomentazioni addotte a sostegno di tale indirizzo interpretativo, particolare rilievo va ascritto a quella intesa a rimarcare come la disciplina del fallimento riaperto conferisse rilievo a valutazioni, acquisizioni, attività, provvedimenti e situazioni giuridiche traenti titolo dalla procedura cessata. E, in questa ottica, si posto in risalto che la riapertura del fallimento non implicava l'accertamento *ex novo* dei presupposti per la dichiarazione di fallimento; che, ancora, per effetto del provvedimento di riapertura del fallimento riassumevano le funzioni gli organi della procedura approdata a chiusura; che, infine, le statuizioni intervenute nell'ambito di quest'ultima restavano ferme nel corso del fallimento riaperto [19].

---

[13] FABIANI, NARDECCHIA, *Artt. 237-239*, 2432.

[14] Con riguardo alla disciplina della riapertura del fallimento, sul tema, v. DI CECCO, *Art. 121*, 748 ss.; NIGRO, VATTERMOLI, *Diritto della crisi*, 275. Con riguardo alla disciplina della liquidazione giudiziale, cfr. D'ATTORRE, *Manuale*, 324; DI AMATO, *Diritto della crisi*, 244; FAUCEGLIA, *Il nuovo diritto*, 254; PACCHI, AMBROSINI, *Diritto della crisi*, 228.

[15] Come è noto, la possibilità di proporre reclamo innanzi la corte d'appello avverso la sentenza di riapertura del fallimento, dapprima esclusa dall'art. 121 l. fall., era stata introdotta in tale disposizione soltanto in virtù della riforma della legge fallimentare attuata con il d.lgs. n. 5 del 2006. Anche prima della riforma, tuttavia, si riteneva in dottrina che, atteso il contenuto *decisiorio* che la caratterizzava, la sentenza di riapertura del fallimento potesse essere impugnata innanzi la Corte di cassazione ai sensi dell'art. 111 Cost. (tra gli altri, v. TEDESCHI, *Della chiusura*, 107; GIORGIERI, *La riapertura*, 76; DI CECCO, *Art. 121*, 750 s.).

[16] Cfr. DI AMATO, *Diritto della crisi*, 244, ove si giustifica tale regime sul presupposto che il provvedimento di rigetto è carente dei requisiti della definitività e della decisorietà.

[17] Tra i vari contributi, v. SATTA, *Diritto fallimentare*, 290; AMBROSINI, *Chiusura e riapertura*, 694; FORGILLO, *Chiusura e riapertura*, 1345; NIGRO, VATTERMOLI, *Diritto della crisi*, 276; PALUCHOWSKI, *Art. 121*, 1339.

[18] In tal senso anche SANDULLI, *La crisi*, 134, ove l'A. valorizza la disciplina dell'inefficacia e della revocabilità per sostenere la tesi del nuovo fallimento.

[19] Cfr. Cass., 13 settembre 2017, n. 21219, in *ilcaso.it*, ove si afferma che la riapertura del fallimento costituisce un fenomeno di reviviscenza, ovvero di prosecuzione nel segno dell'unitarietà, della procedura origina-

Per altro verso, elementi, pure significativi, a suffragio della ricostruzione della riapertura del fallimento quale ipotesi di avvio di una nuova procedura si coglievano, da un lato, nella disciplina attinente all'ammissione al concorso dei nuovi creditori (art. 122, comma 1, l. fall.); dall'altro, nell'esposizione all'azione revocatoria fallimentare degli atti di disposizione compiuti dopo la chiusura del fallimento (art. 123, comma 1, l. fall.)[20].

Nell'ottica di una diversa e per molti aspetti condivisibile impostazione, poi, si promuoveva una lettura dell'istituto, mutuabile anche con riferimento alla liquidazione giudiziale, che, nella logica di valorizzare i profili di autonomia della relativa disciplina, rimarcava i tratti distintivi della procedura «riaperta»: da una parte, rispetto a quella cessata, che ne costituisce comunque l'antecedente essenziale; dall'altra, rispetto al fallimento *tout court* e dunque ad una procedura *in thesi* avviata *ex novo*[21].

4. – Per quanto attiene, poi, allo svolgimento della procedura riaperta, in linea di principio si applica, in quanto compatibile e con le dovute "modulazioni", la disciplina generale della liquidazione giudiziale. E, come è stato osservato in dottrina, le peculiarità dell'istituto in discorso si riflettono, in sostanza, sul piano della disciplina della verifica del passivo, della ripartizione dell'attivo e degli effetti della riapertura sugli atti pregiudizievoli ai creditori[22].

---

ria, atteso che la riapertura prescinde dall'accertamento dell'attuale sussistenza dei presupposti del fallimento. In tal senso, in dottrina, tra gli altri, v. PROVINCIALI, *Trattato di diritto*, 1963 ss. e, in riferimento al nuovo compendio normativo, FAUCEGLIA, *Il nuovo diritto*, 254.

[20] FERRARA JR., BORGIOLI, Il *Fallimento*, 730.

[21] ANDRIOLI, *Fallimento (dir. priv.)*, 456.

[22] LUNGHINI, *Art. 237*, 1819 s. Sul tema, con riguardo alla riapertura del fallimento, TEDESCHI, *Della chiusura*, 95,109.

Articolo 238

Concorso dei vecchi e nuovi creditori

1. I creditori concorrono alle nuove ripartizioni per le somme loro dovute al momento della riapertura, dedotto quanto hanno percepito nelle precedenti ripartizioni, salve in ogni caso le cause legittime di prelazione.

2. Restano ferme le precedenti statuizioni a norma del capo III del presente titolo.

Giovanni Capo

Sommario: 1. La formazione dello stato passivo. – 2. La ripartizione dell'attivo.

1. – Con la riapertura della liquidazione giudiziale si apre il concorso, che, nell'ottica della formazione di uno stato passivo unitario [1], coinvolge:

(i) i creditori già ammessi al passivo nella procedura a suo tempo chiusa, che abbiano chiesto la "*conferma*" dei provvedimenti assunti in quella sede sulle loro istanze o abbiano ottenuto l'ammissione, nella procedura riaperta, di crediti – per interessi o altri titoli – non fatti valere nel corso della procedura chiusa [art. 237, comma 2, lett. *b*)] [2];

(ii) i creditori che non abbiano partecipato al concorso nella procedura chiusa e che abbiano ottenuto l'ammissione al passivo a seguito della verifica condotta nella procedura riaperta [3].

Ai fini della formazione dello stato passivo *post* riapertura occorre tener conto della previsione contenuta nell'art. 238, comma 2, secondo la quale i provvedimenti emessi all'esito delle attività di verifica svolte nell'ambito della procedura a suo tempo chiusa restano definitivamente fermi.

---

[1] Si veda PAJARDI, PALUCHOWSKY, *Manuale*, 670, ove, rispetto alla previgente normativa di analogo contenuto, si affermava che, per ragioni di praticità ed economia dei giudizi, il legislatore ha facilitato gli adempimenti del curatore prescindendo, nella formazione del nuovo stato passivo, dalla necessità per i creditori già ammessi di insinuarsi nuovamente. Di recente, alla luce del rinnovato contesto normativo, in tal senso anche FAUCEGLIA, *Il nuovo diritto*, 254, ove sottolinea comunque la necessità di osservare il principio della domanda.

[2] In tema DI AMATO, *Diritto della crisi*, 244, ove si afferma che i "vecchi" sono quelli già ammessi alla procedura.

[3] Sul punto D'ATTORRE, *Manuale*, 325, ove vengono intesi come i creditori sopravvenuti alla procedura o preesistenti, ma che non avevano fatto domanda di insinuazione allo stato passivo.

In tale ottica, se lo stato passivo della liquidazione giudiziale riaperta include i crediti che sono stati ammessi al passivo nella liquidazione giudiziale a suo tempo chiusa, ove i relativi titolari ne abbiano richiesto la "*conferma*"[4], non possono rientrarvi, di converso, proprio alla luce dell'immodificabilità dei provvedimenti sull'ammissione al passivo pronunciati nel corso della liquidazione giudiziale approdata a chiusura, crediti già fatti valere e rimasti esclusi in quella sede[5].

L'insinuazione, da parte dei creditori che abbiano già concorso nella procedura chiusa, di ulteriori interessi o di ragioni creditorie non fatte valere nel corso della stessa, sembra richiede, invece, la presentazione di una specifica istanza di ammissione al passivo della liquidazione giudiziale riaperta[6].

Analogamente, i crediti vantati da soggetti che non hanno partecipato al concorso nella procedura cessata, siano essi fondati su titoli formatisi precedentemente alla chiusura della stessa o tra la chiusura e la sua successiva riapertura, devono essere oggetto di domanda di insinuazione sottoposta a verifica secondo la disciplina ordinaria dell'accertamento del passivo[7].

Una volta formato, lo stato passivo della procedura riaperta va ovviamente dichiarato esecutivo ai sensi dell'art. 204 e contro di esso sono ammesse le impugnazioni di cui all'art. 206, fermo restando che la posizione attribuita ai "vecchi" creditori sulla base dello stato passivo della procedura chiusa non risulta più sindacabile, nemmeno invocando l'istituto della revocazione: potrà essere, tuttavia, impugnata l'ammissione *ex novo* di eventuali crediti fatti valere soltanto in sede di riapertura e non insinuati nell'originaria liquidazione giudiziale[8].

2. – Con riguardo, poi, alle modalità di ripartizione dell'attivo, resta inteso che i vecchi creditori possono partecipare al concorso esclusivamente in relazione alle somme loro dovute al momento della riapertura della procedura, dedotto, tuttavia, quanto da loro già percepito nelle precedenti ripartizioni, fatte ovviamente salve, in ogni caso, le cause legittime di prelazione (art. 238, comma 1).

---

[4] In tal senso, vigente la normativa fallimentare, anche STELLA RICHTER JR., *La riapertura*, 205.

[5] Si veda anche LUNGHINI, *Art. 122*, 830.

[6] In tal senso si veda FABIANI, NARDECCHIA, *Artt. 237-239*, 2432, ove si ritiene necessaria una nuova domanda di insinuazione non solo se si intendono richiedere interessi maturati nel corso della procedura chiusa e prima della riapertura, ma anche ove si vogliano far valere crediti non insinuati o successivi alla liquidazione giudiziale; così anche PACCHI, AMBROSINI, *Diritto della crisi*, 228. Nello stesso senso, nella vigenza della legge fallimentare, *ex multis*, FAUCEGLIA, ROCCO DI TORREPADULA, *Diritto delle imprese*, 269.

[7] Cfr., sotto la vigenza della normativa fallimentare, AMBROSINI, *Chiusura e riapertura*, 697; FORGILLO, *Chiusura e riapertura*, 1345.

[8] Cfr. DI CECCO, *Art. 121*, 755; PALUCHOWSKI, *Art. 121*, 1345 ss.

Articolo 239
Effetti della riapertura sugli atti pregiudizievoli ai creditori

1. In caso di riapertura della procedura di liquidazione giudiziale, per le azioni revocatorie relative agli atti del debitore, compiuti dopo la chiusura della procedura, i termini stabiliti dagli articoli 164, 166 e 167, sono computati dalla data della sentenza di riapertura.

2. Sono privi di effetto nei confronti dei creditori gli atti a titolo gratuito e quelli di cui all'articolo 169, posteriori alla chiusura e anteriori alla riapertura della procedura.

Giovanni Capo

Sommario: 1. Atti onerosi e pagamenti. – 2. Atti a titolo gratuito e atti tra coniugi, conviventi di fatto o soggetti uniti civilmente. – 3. Il mancato richiamo espresso.

1. – Profili di specificità della disciplina della riapertura della liquidazione giudiziale si colgono sul piano della disciplina degli atti pregiudizievoli ai creditori compiuti dal debitore. In particolare, gli atti e i pagamenti effettuati dopo la chiusura della liquidazione giudiziale sono assoggettabili ad azione revocatoria concorsuale se posti in essere nei termini di cui agli artt. 164, 166 e 167, che vanno computati rispetto alla data della sentenza di riapertura[1].

Il rinvio generale alla disciplina dell'azione revocatoria implica che, anche nella fattispecie in questione, trovano applicazione i principi dettati in tale sede a proposito della distribuzione dell'onere probatorio inerente alla conoscenza dello stato di insolvenza: e ciò, ferme restando le perplessità derivanti dalla circostanza che, nell'ipotesi *de qua*, non è detto che sussista – o, meglio, persista – una situazione di insolvenza del soggetto la cui liquidazione si è chiusa[2].

Per gli atti e i pagamenti effettuati prima della sentenza di apertura della liquidazione, che restano anch'essi esposti alla revocatoria di cui all'art. 166, i confini del periodo so-

---

[1] Sul punto Di Amato, *Diritto della crisi*, 245, ove si afferma che la disciplina degli atti compiuti dopo la chiusura, dando rilievo alla data di riapertura, inserisce un elemento ibrido che però conferma la continuità della procedura in senso unitario.

[2] Cfr. Bassi, *Lezioni di diritto*, 200.

spetto restano invece tracciati in relazione alla data di tale provvedimento: nel caso di esito favorevole dell'azione, peraltro, dei risultati vantaggiosi devono poter approfittare i creditori vecchi e nuovi[3].

2. – Ai sensi dell'art. 239, comma 2, poi, sono privi di effetto nei confronti dei creditori gli atti a titolo gratuito e quelli *ex* art. 169[4], compiuti, dunque, tra i coniugi, conviventi di fatto o soggetti uniti civilmente, posteriori alla chiusura e anteriori alla riapertura della procedura: il che individua, secondo un orientamento interpretativo formatosi con riguardo all'omologa disposizione della legge fallimentare, l'unica restrizione di ordine patrimoniale che resta imposta al debitore nonostante la cessazione della procedura; restrizione, tuttavia che opera soltanto nell'ipotesi di prosecuzione della medesima[5].

3. – Si discute se il mancato richiamo agli artt. 163, 165, 167 e 168 comporti o meno l'impossibilità di procedere alle relative azioni in sede di riapertura della liquidazione giudiziale. L'azione di cui all'art. 163 parrebbe esclusa alla luce della chiara formulazione dell'art. 239, comma 2[6]; diversa potrebbe, invece, essere la soluzione per le altre disposizioni sopra menzionate. Secondo parte della dottrina, peraltro, la circostanza che sia espressamente disciplinato il profilo della decorrenza dei termini soltanto con riferimento a talune specifiche azioni, implica la volontà del legislatore non di precludere l'esperibilità di ulteriori azioni non specificamente richiamate[7].

---

[3] Sul punto, nella vigenza della legge fallimentare, AMBROSINI, *Chiusura e riapertura*, 697, ove l'A. pone naturalmente in evidenza la necessità che non siano decorsi i termini di decadenza dall'azione.

[4] In tema, nel vigore della pregressa normativa fallimentare, PAJARDI, PALUCHOWSKY, *Manuale*, 671.

[5] Sulla relativa previsione normativa si rimanda a STELLA RICHTER JR., *La riapertura*, 205.

[6] Si veda D'ATTORRE, *Manuale*, 324; PACCHI, AMBROSINI, *Diritto della crisi*, 228; FAUCEGLIA, *Il nuovo diritto*, 254.

[7] Nel vigore della precedente normativa, nel senso che potessero essere esperite nel corso del fallimento riaperto anche le azioni di cui agli artt. 66, 68, 69 l. fall., tra gli altri, TEDESCHI, *Manuale*, 478. Sul punto, v. anche CAPO, *La chiusura*, 551, ove ulteriori riferimenti. Con riguardo alla disciplina oggi vigente, FABIANI, NARDECCHIA, *Artt. 237-239*, 2432.

Articolo 240

Proposta di concordato nella liquidazione giudiziale

1. Dichiarata aperta la liquidazione giudiziale, i creditori o i terzi possono proporre un concordato anche prima del decreto che rende esecutivo lo stato passivo, purché sia stata tenuta dal debitore la contabilità e i dati risultanti da essa e le altre notizie disponibili consentano al curatore di predisporre un elenco provvisorio dei creditori da sottoporre all'approvazione del giudice delegato. La proposta non può essere presentata dal debitore, da società cui egli partecipi o da società sottoposte a comune controllo se non dopo il decorso di un anno dalla sentenza che ha dichiarato l'apertura della procedura di liquidazione giudiziale e purché non siano decorsi due anni dal decreto che rende esecutivo lo stato passivo. La proposta del debitore, di società cui egli partecipi o di società sottoposte a comune controllo è ammissibile solo se prevede l'apporto di risorse che incrementino il valore dell'attivo di almeno il dieci per cento.

2. La proposta inoltre può prevedere: a) la suddivisione dei creditori in classi, secondo posizione giuridica ed interessi economici omogenei; b) trattamenti differenziati fra creditori appartenenti a classi diverse, indicando le ragioni dei trattamenti differenziati dei medesimi; c) la ristrutturazione dei debiti e la soddisfazione dei crediti attraverso qualsiasi forma, anche mediante cessione dei beni, accollo o altre operazioni straordinarie, ivi compresa l'attribuzione ai creditori, nonché a società da questi partecipate, di azioni, quote ovvero obbligazioni, anche convertibili in azioni o altri strumenti finanziari e titoli di debito.

3. Se la società in liquidazione giudiziale ha emesso obbligazioni o strumenti finanziari oggetto della proposta di concordato, i portatori di tali titoli sono costituiti in classe.

4. La proposta può prevedere che i creditori muniti di privilegio, pegno o ipoteca, non vengano soddisfatti integralmente, purché il piano ne preveda la soddisfazione in misura non inferiore a quella realizzabile, in ragione della collocazione preferenziale, sul ricavato in caso di liquidazione, avuto riguardo al valore di mercato attribuibile ai beni o diritti sui quali sussiste la causa di prelazione, al netto del presumibile ammontare delle spese di procedura inerenti al bene o diritto e della quota parte delle spese generali, indicato nella relazione giurata di un professionista indipendente, iscritto nell'albo dei revisori legali, in possesso dei requisiti di cui all'articolo 358 e designato dal tribunale. Il trattamento stabilito per ciascuna classe non può avere l'effetto di alterare l'ordine delle cause legittime di prelazione.

5. La proposta presentata da uno o più creditori o da un terzo può prevedere la cessione, oltre che dei beni compresi nell'attivo della liquidazione giudiziale, anche delle azioni di pertinenza della massa, purché autorizzate dal giudice delegato, con specifica indicazione dell'oggetto e del fondamento della pretesa. Il proponente può limitare gli impegni assunti con il concordato ai soli creditori ammessi al passivo, anche provvisoriamente, e a quelli che hanno proposto opposizione allo stato passivo o domanda di ammissione tardiva al tempo della proposta. In tale caso, verso gli altri creditori continua a rispondere il debitore, fermo quanto disposto dagli articoli 278 e seguenti in caso di esdebitazione.

Stefania Pacchi

Sommario: 1. Premessa. – 2. La legittimazione all'iniziativa. – 3. La proposta.

1. – L'art. 240, che inaugura il capo VII del titolo V (dedicato alla liquidazione giudiziale), – lasciando invariate funzione e natura dell'istituto alternativo di gestione del patrimonio oggetto di spossessamento concorsuale per la liquidazione satisfattiva[1] – rimarca nella sua rubrica quanto già sfoderato nell'intitolazione di quel capo: la disciplina seguente ha ad oggetto una procedura che non sarà più contrassegnata dalla generica denominazione di "concordato" – così come avveniva sia nella legge fallimentare del '42 sia in quella riformata nel 2006 – perché oggi denominata "Concordato nella liquidazione giudiziale".

Adesso è il legislatore – quasi a sottolineare che ogni vocabolo che rinvii al "fallimento" deve essere espunto dal nostro linguaggio – a imporre il "*nomen*" a questo strumento votato a far cessare, in tempi più rapidi e con risultati più convenienti, la liquidazione giudiziale differenziandolo dal più utilizzato concordato destinato a ricoprire una funzione preventiva. Ciò marca una differenza rispetto alle precedenti edizioni di questa disciplina quando era stata la dottrina a coniare un'appropriata etichetta a quel "concordato" promosso dal debitore per sancire più rapidamente l'esaurimento della procedura fallimentare.

L'*incipit* dell'art. 240, grazie ad un ritocco meramente stilistico, – pur sostanzialmente riproducendo, come del resto i successivi articoli, la disposizione contenuta nell'esordio dell'equivalente disposizione della legge fallimentare (art. 124) – ci immette, più evidentemente però rispetto alla norma del 2006, in una procedura – destinata a chiudere la liquidazione giudiziale – caratterizzata, per un verso, da immediatezza potendo essere domandata «*dichiarata aperta la liquidazione giudiziale*» e, per un altro, dall'essere, attraverso un percorso ad essi riservato, appannaggio prioritario dei creditori e dei terzi. La disposizione del I capoverso per come è congegnata – «*la proposta non può essere presentata dal debitore*» – sottolinea la residualità della posizione del soggetto sottoposto a liquidazione giudiziale rispetto a questa soluzione concordataria. In ogni modo, fino a qui, non si registra alcun scostamento rispetto all'impostazione assunta dalla riforma del 2006[2]. Dove, invece, il Codice va oltre è rispetto all'offerta economica del debitore vincolata ad un incremento dell'attivo, mentre quella del creditore e del terzo ne resta immune.

La peculiarità, esclusiva del concordato liquidatorio giudiziale, che si sostanzia nell'attribuzione della legittimazione all'iniziativa prioritaria a terzi e creditori è, quindi, rimarcata applicando – per indurre il debitore a formulare una proposta non meramente finalizzata alla chiusura della procedura ma che, invece, incrementi significativamente il soddisfacimento dei creditori – la percentuale migliorativa del dieci per cento (coniata per il concordato preventivo) rispetto a quanto potrebbe essere loro assegnato sulla base dei

[1] GAMBI, *Concordato nella liquidazione,* 3.

[2] NARDECCHIA, *Il Concordato,* 1247, si dichiara dubbioso su questi "perduranti limiti" vista la previsione dell'apporto richiesto al debitore di risorse che incrementino l'attivo e che potrebbero rendere conveniente una sua proposta immediata.

risultati della liquidazione giudiziale. Il Legislatore ammette, quindi, che sia lo stesso debitore a "sistemare" la liquidazione giudiziale se può essere mezzo per un miglior soddisfacimento dei creditori quando, di fatto, o non vi siano proposte in continuità avanzate da creditori o terzi o, se vi siano, presentino un soddisfacimento deteriore per i creditori.

Se, per un verso, l'articolo in commento recepisce le indicazioni tracciate dalla legge delega n. 155 del 2017[3] rispetto al mantenimento della retrocessione della posizione del debitore rispetto a quella del creditore e perfino del terzo, per un altro, non si comprende quale sia l'incentivo previsto per la sua proposta che, anzi, avrebbe avuto un senso atteso che l'idea centrale del Codice poggia sul tempestivo accesso – adesso incarnato nella composizione negoziata dagli eterogenei e fluidi sbocchi – a uno strumento (qualsiasi) per risolvere la crisi sia esso conservativo o liquidativo, negoziale o non.

Anzi, pareva che tale impostazione, assieme alla caduta degli ultimi barlumi sanzionatori, avrebbe incoraggiato, – quando gli strumenti di ristrutturazione preventiva apparissero fin da subito impraticabili – virtuose auto-liquidazioni giudiziali tanto più che, grazie al concordato in esse proponibile, il debitore avrebbe potuto rapidamente – anche l'accelerazione è un obiettivo del Codice – tornare al mercato.

La disposizione potrà, però, vanificare queste previsioni disincentivando l'accesso a una liquidazione giudiziale in proprio quale tappa per arrivare a una proposta di concordato del debitore. Ciò ha fatto sorgere il sospetto non solo di un aperto contrasto con il principio affermato incisivamente dal Legislatore Unionale di una rapida "seconda *chance*" – dove la rapidità deve essere vista come vantaggio sia per il debitore che per i creditori – ma anche con l'aspirazione – tradotta (soltanto) nel cambio del *nomen* – a una procedura liquidativa-satisfattiva ormai spogliata di ogni residuo sanzionatorio[4].

Considerando che nel programma di liquidazione non è prescritto più (art. 213) di far menzione di proposte di concordato e che il rapporto semestrale non deve più essere pubblicato nel Registro delle imprese, i potenziali proponenti non saranno facilmente in grado di selezionare procedure nelle quali inserirsi[5].

In verità appare incerto un utilizzo più frequente di questo strumento da parte del creditore o del terzo. Il terzo/creditore si servirà con cautela della corsia temporalmente "privilegiata" a lui riservata perché la possibilità di ottenere dal curatore l'elenco dei creditori approvato dal giudice delegato deve essere accompagnata dalla conoscenza di un panorama più

[3] L'art. 7, comma 10, lett. *d*) stabilisce «*al fine di accelerare la chiusura della procedura di cui al presente articolo sono adottate misure dirette a (...) disciplinare e incentivare le proposte di concordato liquidatorio giudiziale da parte di creditori e di terzi, nonché dello stesso debitore, ove questi apporti risorse che incrementino in modo apprezzabile l'attivo*».

[4] Così LA CROCE, *Il concordato,* 287. In verità nutro dubbi rispetto a un contrasto della norma, che pone un appesantimento di ordine economico e non solo temporale alla proposta del debitore, con il venir meno del carattere sanzionatorio della liquidazione giudiziale. Ritengo, infatti, che il legislatore si muova su binari diversi. L'abbattimento degli effetti di natura personale che si producevano a carico del debitore sol per essere stato dichiarato insolvente e che non erano affatto funzionali a un miglior soddisfacimento dei creditori, non contrasta con il persistente dubbio del legislatore che un concordato successivo possa risolversi in un vantaggio per l'insolvente scaltro. In definitiva il legislatore conferma che il concordato nella liquidazione giudiziale deve essere, nel contempo, uno strumento per l'investimento di soggetti terzi e un pungolo/sanzione per l'imprenditore recalcitrante o incapace a risolvere preventivamente la crisi.

[5] LA CROCE, *Il concordato,* 286; PEZZANO, RATTI, *Il nuovo concordato,* 232-233.

ampio delle *chances* che quella procedura offre all'investitore. Di contro, però, la domanda del terzo «in futuro potrebbe trovare più spazio a fronte del prevedibile allungamento dei tempi di definizione dello stato passivo dettati dall'allargamento delle ipotesi di attrazione nel rito speciale delle pretese fatte valere a vario titolo nei confronti del debitore»[6].

2. – Questo concordato, dunque, si inserisce, prendendone il posto, nella liquidazione giudiziale già aperta e costituisce – quando vi si ricorra – il momento negoziale della liquidazione giudiziale, trattandosi di un accordo tra chi lo propone e i creditori concorsuali.

Creditori e terzi possono presentare la proposta anche prima del decreto che rende esecutivo lo stato passivo, purché sia stata tenuta la contabilità ed i dati risultanti da essa e le altre notizie disponibili consentano al curatore di predisporre un elenco provvisorio dei creditori[7] da sottoporre all'approvazione del giudice delegato (art. 240, comma 1). Qualsiasi creditore può assumere l'iniziativa perché ciascuno, senza distinzione di posizione giuridica, è il naturale destinatario della massa dei beni. L'iniziativa non può, quindi, essere riservata a gruppi di creditori o a percentuali di crediti.

Nell'arco di un anno dalla dichiarazione di apertura della liquidazione giudiziale, creditori e terzi non subiscono la «concorrenza» del debitore[8]. L'art. 240, comma 1, in proposito sancisce che la proposta non può essere presentata dal debitore, da società cui egli partecipi o da società sottoposte a comune controllo, se non dopo il decorso di un anno dalla dichiarazione di fallimento e purché non siano decorsi due anni dal decreto che rende esecutivo lo stato passivo. Chiaro è l'intento del legislatore, quello cioè di favorire la presentazione di proposte di creditori e di terzi, guardando invece con sospetto proposte o troppo immediate del debitore e di soggetti ad esso collegati sol perché dispongono di informativa "di prima mano" sulla situazione economica e finanziaria dell'impresa, o "tardive".

La peculiarità, esclusiva del concordato della liquidazione giudiziale, si sostanzia nell'attribuzione della legittimazione all'iniziativa prioritaria a terzi e creditori, peraltro – in linea con l'art. 84, comma 4 in tema di concordato preventivo liquidatorio – rafforzata in quanto l'art. 240 impone al debitore – ma poi anche "alle società cui egli partecipi o da società sottoposte a comune controllo" – di apportare risorse nuove per incrementare del 10% il soddisfacimento dei creditori rispetto a quanto potrebbe essere loro assegnato sulla base dei risultati della liquidazione nella procedura in corso[9].

---

[6] NARDECCHIA, *Il Concordato,* 1248.

[7] La predisposizione dell'elenco provvisorio da una parte è funzionale all'ammissione della domanda di concordato e dall'altra regola temporaneamente l'ammissione dei creditori alla votazione. Ciò è dimostrato dal fatto che l'elenco provvisorio può essere sostituito dallo stato passivo formato dal giudice delegato e depositato in cancelleria. Così se la proposta è presentata prima che lo stato passivo venga reso esecutivo, questo elenco provvisorio farà stato ai fini della votazione.

[8] Il limite temporale (dei 2 anni dopo il decreto che rende esecutivo lo stato passivo) è dunque riferito al debitore e ai soggetti a lui legati, per cui è possibile ritenere sempre ammissibile (fino alla data di chiusura della liquidazione giudiziale) un tentativo di concordato da parte dei terzi o dei creditori nella misura in cui sono possibili soluzioni, anche dell'ultima ora, più vantaggiose per i creditori. Questa mancanza di un limite temporale all'iniziativa del terzo (o creditore) veniva criticata (ZANICHELLI, *I concordati giudiziali,* 368) ritenendo incongruo consentire ai proponenti diversi dal debitore ciò che a quest'ultimo viene interdetto.

[9] Questa previsione rispecchia l'attuazione della lett. *d)* del comma 10 dell'art. 7 legge delega.

In tal modo viene seguito, anche per il concordato della liquidazione giudiziale, l'indirizzo base del Codice, vale a dire la penalizzazione delle soluzioni liquidative[10]. Occorre però segnalare, rispetto all'analoga previsione inserita nell'art. 84, comma 4 per il concordato preventivo con liquidazione del patrimonio, la differente formulazione della richiesta posta a carico del debitore proponente il concordato di liquidazione giudiziale.

L'art. 84, comma 4 fa riferimento, infatti, a «*un incremento di risorse esterne che incrementi di almeno il 10 per cento l'attivo disponibile al momento della presentazione della domanda e assicuri il soddisfacimento dei creditori chirografari e dei privilegiati degradati per incapienza in misura non inferiore al 20% del loro ammontare complessivo*». Diversamente l'art. 240 che esclusivamente prevede l'apporto di risorse esterne che incrementino il valore dell'attivo di almeno il 10 per cento. In quest'ultima norma è quindi assente non solo il riferimento ai creditori, ma anche la percentuale di incremento dell'attivo che ne deve conseguire. Da tale sintetica norma potrebbe essere ricavato che tale ulteriore apporto richiesto al debitore per legittimarsi come proponente, non debba necessariamente produrre un migliore soddisfacimento dei creditori chirografari[11].

Il legislatore ammette, infatti, che sia lo stesso debitore a «sistemare» la liquidazione giudiziale se può essere mezzo per un miglior soddisfacimento dei creditori quando di fatto o non vi siano proposte migliori (della sua) avanzate da creditori o terzi i quali, possono formulare una proposta concordataria con un anno di anticipo rispetto al debitore, e «dare un apporto migliorativo che potrebbe anche sostanziarsi in una riduzione dei tempi di pagamento o in una maggiore sicurezza dello stesso senza l'alea della liquidazione o anche in un apporto in misura inferiore al 10% dell'attivo, nel mentre il debitore deve attendere un anno almeno dall'apertura della procedura per presentare una domanda di concordato, ha una finestra temporale limitata per farlo (entro due anni dalla esecutività dello stato passivo) e deve, in più, apportare risorse esterne che incrementino l'attivo di almeno il 10%; eppure, in entrambi i casi, il concordato è approvato con le stesse maggioranze e vale lo stesso criterio del silenzio assenso»[12].

Potrebbe sorgere un dubbio circa la base su cui calcolare il suddetto incremento. Nessuna questione sorge nel caso in cui, al momento della presentazione della proposta da parte, l'attivo sia stato integralmente realizzato nella procedura di liquidazione. In questo caso, infatti, il dieci per cento si calcolerà sull'importo realizzato. In caso contrario, occorrerà riferirsi ai valori risultanti dalle valutazioni peritali disposte nell'ambito delle operazioni inventariali *ex* art. 195 e/o delle operazioni propedeutiche alla liquidazione, secondo quanto indicato nel programma di liquidazione *ex* art. 213[13].

[10] La possibile finalità conservativa di questo tipo di concordato è stata affermata anche dalla Suprema Corte nella sentenza 29 luglio 2011, n. 16738: «l'apertura ai terzi della legittimazione ad avanzare la proposta di concordato (...) mira infatti (...) ad agevolare la soluzione della crisi dell'impresa attraverso strumenti che, nel favorire la riallocazione dei fattori produttivi, consentano al tempo stesso di salvaguardare l'unità dell'azienda, trasferendola nelle mani di chi sia in grado di gestirla utilmente».

[11] NARDECCHIA, *Il Concordato,* 1249.

[12] BOZZA, *Il sistema,* 31.

[13] GAMBI, *Concordato nella liquidazione,* 5.

3. – La proposta può prevedere: *a*) la suddivisione dei creditori in classi, secondo posizione giuridica e interessi economici omogenei; *b*) trattamenti differenziati fra creditori appartenenti a classi diverse, indicando le ragioni dei trattamenti differenziati dei medesimi.

La costituzione di classi non è obbligatoria – salvi casi in cui la società debitrice abbia emesso obbligazioni o strumenti finanziari [14] oggetto della proposta o la proposta provenga da soggetto diverso dal debitore e si voglia ammetterlo al voto (art. 243, comma 6) – ma, se applicata, deve essere motivata, non può avere l'effetto di alterare l'ordine delle cause legittime di prelazione (art. 240, comma 4) e dovrà essere sottoposta al giudizio del tribunale (art. 241, comma 3).

Posto che l'obbiettivo prioritario è il soddisfacimento dei creditori attraverso la ristrutturazione dei debiti, l'art. 240, comma 2, lett. *c*) lascia al proponente libertà nel congegnare la proposta – «*attraverso qualsiasi forma*» –, limitandosi a elencare, a titolo esemplificativo, una serie di strumenti per realizzarlo quali cessione dei beni, accollo o altre operazioni straordinarie, ivi compresa l'attribuzione ai creditori, nonché a società da queste partecipate, di azioni, quote ovvero obbligazioni, anche convertibili in azioni o altri strumenti finanziari e titoli di debito. In ogni modo il piano, anche se non menzionato dall'art. 240, è imprescindibile per elencare e illustrare i passaggi che renderanno possibile e condurranno al soddisfacimento proposto.

Il Codice replica dalla legge fallimentare la norma che – anticipando nel concordato quello che sarebbe un sicuro effetto della liquidazione giudiziale (art. 240, comma 4) – che consente per i creditori muniti di privilegio, pegno o ipoteca, un soddisfacimento non integrale, purché il piano ne preveda la soddisfazione in misura non inferiore a quella realizzabile, in ragione della collocazione preferenziale, sul ricavato in caso di liquidazione, avuto riguardo al valore di mercato attribuibile ai beni o diritti sui quali sussiste la causa di prelazione, al netto del presumibile ammontare delle spese di procedura inerenti al bene o diritto o della quota parte delle spese generali, indicato nella relazione giurata di un professionista indipendente, iscritto nell'albo dei revisori legali, in possesso dei requisiti di cui all'art. 358 e designato dal tribunale [15].

In questo caso il loro soddisfacimento parziale è bilanciato dal diritto di voto riconosciuto per la parte del credito «scaduta» a chirografaria (art. 243, comma 4).

Particolari contenuti della proposta si rinvengono nel caso in cui proponente sia un creditore o un terzo: in questi casi la proposta può contenere anche la cessione delle azioni di pertinenza del fallimento (revocatorie, di responsabilità, ecc.). A tale proponente è offerta, inoltre, la possibilità di limitare l'impegno concordatario nei confronti dei creditori ammessi, anche provvisoriamente, al passivo, a quelli che hanno proposto opposizione allo stato passivo o domanda di ammissione tardiva al tempo della proposta.

---

[14] Riguardo all'obbligo di classamento è doveroso segnalare– sul punto v. anche LA CROCE, *Il concordato*, 288 – una differenza – difficilmente spiegabile – rispetto all'analogo obbligo disposto nel concordato preventivo. Per quest'ultima procedura, infatti, a differenza di quanto previsto per il concordato nella liquidazione giudiziale, l'obbligo del classamento riguarda i crediti previdenziali e fiscali privilegiati, non soddisfatti integralmente, i creditori titolari di garanzie prestate da terzi, e i crediti soddisfatti con mezzi diversi dal denaro.

[15] A proposito della formula utilizzata dall'art. 240, comma 4, per indicare chi deve redigere la "relazione giurata" è stata osservata la "sua ridondanza" – l'art. 2, infatti, contiene una definizione di "professionista indipendente" nonché la diversa dizione rispetto all'art. 84, BOZZA, *Le maggioranze*, 9.

Articolo 241

Esame della proposta e comunicazione ai creditori

1. La proposta di concordato è presentata con ricorso al giudice delegato, il quale chiede il parere del curatore, con specifico riferimento ai presumibili risultati della liquidazione e alle garanzie offerte. Quando il ricorso è proposto da un terzo, esso deve contenere l'indicazione dell'indirizzo di posta elettronica certificata al quale ricevere le comunicazioni. Si applica l'articolo 10, comma 3.

2. Una volta espletato tale adempimento preliminare il giudice delegato, acquisito il parere favorevole del comitato dei creditori, valutata la ritualità della proposta, ordina che la stessa, unitamente al parere del comitato dei creditori e del curatore, venga comunicata a cura di quest'ultimo ai creditori a mezzo posta elettronica certificata, specificando dove possono essere reperiti i dati per la sua valutazione e informandoli che la mancata risposta sarà considerata come voto favorevole. Nel medesimo provvedimento il giudice delegato fissa un termine non inferiore a venti giorni e non superiore a trenta, entro il quale i creditori devono far pervenire nella cancelleria del tribunale eventuali dichiarazioni di dissenso. In caso di presentazione di più proposte o se comunque ne sopraggiunge una nuova prima che il giudice delegato ordini la comunicazione, il comitato dei creditori sceglie quella da sottoporre all'approvazione dei creditori. Su richiesta del curatore, il giudice delegato può ordinare la comunicazione ai creditori di una o di altre proposte, tra quelle non scelte, ritenute parimenti convenienti. Si applica l'articolo 140, comma 4.

3. Qualora la proposta contenga condizioni differenziate per singole classi di creditori essa, prima di essere comunicata ai creditori, deve essere sottoposta, con i pareri di cui ai commi 1 e 2, al giudizio del tribunale che verifica il corretto utilizzo dei criteri di cui all'articolo 240, comma 2, lettere a) e b), tenendo conto della relazione giurata di cui al comma 4, dello stesso articolo.

Stefania Pacchi

Sommario: 1. Premessa. – 2. I pareri del curatore e del comitato dei creditori. – 3. La valutazione del giudice. – 4. La presentazione di più proposte e la comunicazione ai creditori. – 5. Norme ingiustificatamente non riprodotte.

1. – L'articolo riproduce i primi tre commi dell'art. 125 l. fall. del quale conserva la medesima rubrica.

Dal momento del deposito del ricorso contenente la proposta concordataria – corredato della documentazione eventualmente necessaria [1] e dotato dei requisiti dell'atto di parte *ex* art. 125, comma 1, c.p.c. – il giudice delegato assume la guida del procedimento immediatamente orientato alla raccolta del materiale valutativo e informativo diretto ai creditori e funzionale all'espressione della loro volontà. Si tratta di un articolato procedimento valutativo del quale la legge disegna le sequenze e le competenze [2] mentre attribuisce al giudice delegato il compito di attivarlo richiedendo i pareri.

In questo procedimento, guidato dal giudice delegato, possono essere individuate quattro fasi:

1) la prima è occupata dai controlli (pareri degli organi e valutazioni dell'autorità giudiziaria);

2) la seconda culmina nell'approvazione del concordato;

3) la terza è incentrata nell'omologazione;

4) la quarta è dedicata all'esecuzione del concordato.

La prima fase del procedimento è volta ad un esame preliminare sul merito e sulla legittimità della proposta demandato, obbligatoriamente e per ciascuna area di competenza, 1) al curatore; 2) al comitato dei creditori e 3) al giudice delegato. Soltanto in caso di formazione di classi la proposta sarà valutata anche dal tribunale.

Ciascun parere è orientato verso un differente obiettivo e dotato di diversa efficacia. Entrambi i pareri debbono essere motivati [3].

2. – Il parere del curatore (obbligatorio ma non vincolante), muovendo dalla sua conoscenza capillare della procedura in generale e della liquidazione in particolare, deve tracciare un quadro comparativo prospettico tra i presumibili risultati della liquidazione all'interno della procedura in corso e la proposta concordataria, tenendo presente le garanzie eventualmente offerte, mentre quello del comitato dei creditori (obbligatorio e vincolante) ha ad oggetto la convenienza della proposta rispetto al soddisfacimento sia pure valutando nell'ottica del «corretto andamento e del buon esito della procedura» [4]. Il parere del curatore – in quanto incentrato sulla congruenza e sulla non contraddittorietà della proposta – costituisce il supporto informativo non solo per i creditori [5] che dovranno

---

[1] La relazione giurata di stima *ex* art. 240, comma 4 nel caso in cui la proposta offra ai creditori muniti di privilegio, pegno o ipoteca, una soddisfazione non integrale purché in misura non inferiore a quella realizzabile, «in ragione della collocazione preferenziale, sul ricavato in caso di liquidazione, avuto riguardo al valore di mercato attribuibile ai beni o diritti sui quali sussiste la causa di prelazione».

[2] Sulla suddivisione dei settori d'indagine cfr. NARDECCHIA, *La ripartizione fisiologica*, 1715.

[3] Dal momento che i pareri del curatore e del comitato sono funzionali all'informazione dei creditori non si può prescindere dalla motivazione. Del resto, per quanto concerne il comitato dei creditori, l'art. 140, comma 1 dispone che tale organo «*esprime pareri nei casi previsti dalla legge, ovvero su richiesta del tribunale o del giudice delegato, succintamente motivando le proprie deliberazioni*». Secondo la giurisprudenza di legittimità «l'intervenuta approvazione da parte dei creditori, ai quali spetta ogni valutazione di convenienza della proposta, determina la sanatoria di ogni irregolarità del parere reso dal comitato dei creditori, ivi compresa la mancanza di una succinta motivazione, che non ne comporta la inesistenza, ma soltanto una nullità relativa» Cass., 29 luglio 2011, n. 16738, in *Fallimento*, 2012, 51.

[4] In questi termini si è espressa la Cass., 13 marzo 2015, n. 5094.

[5] Sul parere del curatore come strumento informativo per i creditori, anche ALLEGRITTI, *Art. 125*, 610.

esprimersi sulla proposta e senza la possibilità di un confronto vista l'assenza dell'adunanza[6] ma anche per lo stesso comitato che potrà redigere il proprio parere conoscendo le conseguenze delle alternative concretamente praticabili.

Il parere negativo del curatore non blocca, tuttavia, il procedimento: viene richiesto egualmente il parere del comitato anche se le criticità evidenziate dal curatore determinano, per lo più, un secondo parere negativo.

Dinanzi al parere negativo del comitato si produce, invece, un blocco nell'*iter* della proposta di concordato (che diviene improcedibile), rilevabile dal giudice delegato con decreto – motivato – di arresto del procedimento impugnabile dal curatore, dal debitore o da qualunque altro interessato[7].

L'omessa richiesta dei pareri determina la nullità dei provvedimenti successivi e dell'intero procedimento, da far valere attraverso il reclamo.

Se la mancanza del parere del comitato dei creditori dipende dall'inerzia dell'organo, il giudice delegato può, *in primis,* convocare il comitato dei creditori ai sensi dell'art. 123, lett. *c*), diffidandolo a provvedere entro un certo termine (art. 133, comma 1). Dalla scadenza del termine, indicato nella diffida a provvedere, senza che questa abbia avuto esito positivo, il curatore, il debitore, e ogni altro interessato possono proporre reclamo al giudice delegato per violazione di legge (art. 133).

In questi casi il giudice delegato stesso potrebbe, avvalendosi della disposizione di cui all'art. 140, comma 4, redigere il parere richiesto al comitato. Si tratta, infatti, di un parere fondamentale nell'*iter* concordatario, per cui «la mancanza del necessario parere del comitato dei creditori, che non può ritenersi assorbito nella successiva manifestazione di volontà dei creditori, vizia la procedura di concordato fallimentare ed impedisce l'apertura del giudizio di omologazione». Diversamente per le eventuali irregolarità del suddetto parere (ivi compresa la mancanza di una succinta motivazione) che vengono sanate dall'intervenuta approvazione della proposta da parte dei creditori[8].

3. – Il giudice delegato valuta la ritualità della proposta.

Il giudice deve innanzi tutto menzionare i pareri suddetti e in particolare quello del comitato dei creditori[9] accertando che non siano costituiti da affermazioni apodittiche,

---

[6] Con il Codice i concordati sono stati tutti privati dell'adunanza così che è stato affermato (v. BOZZA, *Il sistema,* 4) che il legislatore così «non ha cancellato soltanto un passaggio della procedura, ma ha smantellato un sistema imperniato sull'assemblea dei creditori, quale luogo di confronto e di dibattito».

[7] Diversamente CASA, *Parere del comitato,* 1251 e nota 6.

[8] Cass., 29 luglio 2011, n. 16738, in *Fallimento,* 2012, 51; Cass., 26 novembre 2018, n. 30535; Cass., 26 novembre 2010.

[9] «La mancata menzione, nel provvedimento autorizzativo del giudice delegato, del parere vincolante del comitato dei creditori e di ogni richiamo all'impossibilità di costituzione o funzionamento dell'organo costituisce vizio dell'atto solo se, pur essendo stato costituito e regolarmente funzionante il suddetto comitato, non ne sia stato acquisito il parere favorevole; se, viceversa, il comitato stesso non sia stato ancora costituito, il provvedimento autorizzativo del Giudice delegato, che in questo caso esercita anche i poteri del comitato dei creditori, vale al tempo stesso quale parere favorevole dell'organo mancante, per l'ovvia considerazione che autorizzare qualcosa implica necessariamente la manifestazione espressa di una valutazione favorevole a ciò che si autorizza», così Trib. Campobasso, 3 novembre 2016, in *ilcaso.it.*

lacunose, oscure, e che non siano privi di un'articolata motivazione [10].

Inoltre, per quanto riguarda il parere del comitato, il giudice dovrà verificare anche che sia stato rispettato il procedimento di formazione previsto dall'art. 140, comma 3 [11].

Merita in ogni modo rimarcare che «il termine di riferimento del giudizio resta la ritualità della proposta, con la conseguenza che il giudice delegato può dichiarare inammissibile una proposta di concordato priva dei requisiti formali previsti dalla legge, con riferimento alla regolarità o conformità della stessa con le norme del procedimento nel suo complesso» [12].

Un caso di inammissibilità particolarmente significativo si ha quando il tribunale riscontra un esercizio abusivo dell'autonomia negoziale nella proposizione della domanda di concordato. Ciò si verifica, nella pratica, nel caso della domanda del terzo, presenta condizioni inique rispetto all'interesse del debitore, imponendo sacrifici patrimoniali ingiustificati, come quando si evidenzia un divario particolarmente consistente tra attivo ceduto e minor passivo rilevato [13]. Non potrà, invece, né anticipare un giudizio che spetti al tribunale – quello sulle classi – o, tanto meno, invadere la sfera valutativa in punto di convenienza della quale è investito, in prima battuta, il comitato dei creditori e, successivamente, tutti i creditori votanti.

In tal maniera la legge ha inteso costruire un filtro – molto delicato [14] – grazie al quale giungano ai creditori le informazioni necessarie per compiere la loro valutazione sulla proposta e nel contempo dar corso soltanto a proposte ammissibili sotto il profilo della ritualità e della convenienza [15] evitando inutili e dannose perdite di tempo. In particolare, però dobbiamo aggiungere che i pareri richiesti sono dotati ciascuno di differente incidenza sull'*iter* della proposta, potendolo bloccare o meno.

Il giudice delegato, secondo il comma 2 della norma in commento, valuta la ritualità

---

[10] Sul punto Trib. La Spezia, 29 gennaio 2008, in *unijuris.it*), secondo cui: «La manifesta irragionevolezza del parere emesso dal comitato dei creditori e dal curatore è sindacabile da parte del giudice delegato e, in caso di positivo riscontro di tale vizio di legittimità, la proposta di concordato fallimentare va dichiarata improcedibile».

[11] GUGLIELMUCCI, *Art. 125,* 1633-1634. In giurisprudenza, in tal senso, Trib. La Spezia, 5.7.2007, in *Fallimento,* 2007, 1485 secondo cui «Il parere del curatore sulla proposta di concordato deve essere motivato ed è compito del giudice delegato effettuare un controllo sulla regolarità della procedura di concordato e di verificare che il parere del curatore sulla convenienza del concordato non sia affetto da vizi logici o da carenza o contraddittorietà di motivazione, un controllo che – senza più entrare nel merito della convenienza della proposta – impedisca che un eventuale errore o travisamento di fatti da parte del curatore abbia come effetto la sottrazione del potere di scelta sulla proposta ai creditori in caso di parere negativo o, al contrario, l'avvio di una costosa e non agevole procedura di voto in caso di parere favorevole dato ad una proposta manifestamente lesiva degli interessi dei creditori».

[12] FAUCEGLIA, *Illegittimità della domanda*, dove l'A. esprime il proprio dissenso rispetto a Trib. Milano, 5 marzo 2012, secondo cui il controllo sulla corretta formazione delle classi poteva essere anticipato dal giudice delegato che nella specie aveva così arrestato il procedimento ritenendo illegittima, e quindi inammissibile, la proposta.

[13] Cfr. Cass., 11 novembre 2020, n. 25318.

[14] Il comitato potrebbe, infatti, "liquidare" come non convenienti proposte interessanti, suscitando reazioni del proponente (AMBROSINI, *Il concordato fallimentare*, 714).

[15] FABIANI, *Diritto fallimentare,* 573.

della proposta, vale a dire «la sussistenza degli elementi indispensabili, caratterizzanti la proposta di concordato»[16]. Di quest'ultima il giudice dovrà ad es. considerare i requisiti attinenti[17]: alla competenza del tribunale; alla legittimazione del proponente alla luce sia dell'art. 240, comma 1 sia nel caso che il debitore proponente sia una società, dell'art. 265; al contenuto della proposta in relazione all'art. 240, comma 3 (relazione giurata di stima in caso di previlegiati incapienti) e al comma 4 (nel senso che la cessione delle azioni di massa e la limitazione di responsabilità siano oggetto della proposta di un soggetto diverso dal debitore).

L'esame del giudice non si arresta qui perché, essendo tenuto a soffermarsi «sulla regolarità/conformità con le norme del procedimento nel suo complesso»[18], deve controllare la produzione e formazione secondo i canoni di legge del corredo informativo che lui stesso ha richiesto.

Così deve verificare – come già accennato – la completezza delle informazioni fornite dal curatore per consentire ai creditori una consapevole espressione del loro voto[19] e in funzione di ciò potrà chiedere al curatore chiarimenti ed integrazioni ai sensi dell'art. 123, n. 3. Nel complesso esame che deve condurre il giudice non potrà mai entrare nel merito.

Alla luce della lettera dell'art. 241, commi 1 e 2, parrebbe corretto ritenere che il controllo del giudice sulla ritualità debba essere effettuato a completamento dell'*iter* "istruttorio" dopo che curatore e comitato dei creditori hanno espresso il loro parere. Ritengo che la mancata previsione nell'art. 241, comma 1, di una valutazione preliminare (e antecedente alla richiesta dei due pareri) sulla ritualità da parte del giudice, non possa precludere la soluzione qui prospettata, ampiamente rispettosa dell'interesse dei creditori ad una liquidazione fallimentare non intralciata da proposte concordatarie irrituali[20].

In realtà, sebbene di uno soltanto – quello del comitato dei creditori – la legge predichi la vincolatività assegnandogli, in quanto proveniente dall'organo rappresentativo dei destinatari della proposta e avente ad oggetto una valutazione di convenienza, la funzione di sbarramento, in realtà poi dobbiamo desumere che, anche dall'esame condotto dal giudice (esclusivamente) in punto di ritualità, possa conseguire un'interruzione del procedimento. Tale potere gli deriva da quello generale di vigilanza sulla regolarità della procedura, descritto dall'art. 123.

Anzi, proprio considerando l'ambito di valutazione – quello della ritualità – e l'obiettivo di fondo di bloccare sul nascere iniziative senza fondamento, pare logico ritenere che la sequenza tracciata dalla legge debba essere sovvertita, il controllo del giudice sul ricorso dovendo essere condotto per primo, risparmiando al curatore e al comitato dei creditori un compito che potrebbe rivelarsi inutile[21].

---

[16] NARDECCHIA, *La ripartizione fisiologica*, 207.

[17] Per una esposizione analitica dei punti oggetto di verifica da parte del giudice si rinvia a NORELLI, *L'esdebitazione*, 45 ss.

[18] VALENSISE, *Il procedimento*.

[19] In tal senso, Trib. Mantova, 20 febbraio 2007, cit., 592.

[20] Tale è il principio affermato da Trib. Milano, 5 marzo 2012, in *ilfallimentarista.it*, (commentate negativamente da FAUCEGLIA, *Illegittimità della domanda*, cit.) che tuttavia ha, poi, compreso un profilo di legittimità riguardante la formazione delle classi.

[21] In tal senso, VITIELLO, *Art. 125*, 1994 già alla luce del d.lgs. n. 5 del 2006 (che non conteneva ancora

Tale inversione degli *steps* valutativi non pare né contrastare con il settore di indagine oggi affidato al giudice, né depotenziare l'organo rappresentativo dei creditori, unico preposto alla verifica della convenienza [22].

Questa prima fase, ove i controlli preliminari – da svolgersi entro un termine fissato dal giudice [23] – lo consentano, si concluderà con l'ordine del giudice indirizzato al curatore di comunicare la proposta ai creditori affinché possano esprimere individualmente il giudizio sulla convenienza e, ritenendo questa sussistente, la loro volontà negoziale. Al giudice spetta un potere di arresto della procedura quando dall'esame sulla ritualità della proposta emerga l'assenza di uno dei requisiti previsti dall'art. 240 (ad es. mancanza della legittimazione nel proponente; mancato rispetto da parte del debitore dei limiti temporali, etc.). Il parere del comitato e quello del curatore vengono inviati al tribunale quando, essendo state costituite classi di creditori, questi sarà chiamato ad esprimere un giudizio sulla correttezza dei criteri di formazione di esse.

Il giudice delegato, espletato l'adempimento preliminare (cioè la richiesta del parere del curatore), acquisito il parere favorevole del comitato e valutata la ritualità della proposta [24] (art. 241, commi 1 e 2), emette un ordine di comunicazione della proposta e dei pareri ai creditori (tutti i creditori risultanti dallo stato passivo esecutivo o dall'elenco provvisorio approvato dal giudice delegato) e, nello stesso provvedimento, fissa un termine, non inferiore a 20 né superiore a 30 giorni, entro il quale i creditori devono esprimere il loro eventuale dissenso. In questo spazio temporale deve essere fissata la data (una sola) per l'espressione del voto.

In sostanza i creditori ricevuta la comunicazione della proposta e dei pareri hanno tempo fino alla data fissata per il voto per esaminarli, eventualmente reperire individualmente i dati necessari per comprendere meglio la proposta, atteso che nella comunicazione del curatore viene indicato «*dove possono essere reperiti i dati per la sua valutazione*» e decidere.

Nessuna indicazione però viene data rispetto alle modalità di espressione del voto [25],

---

quell'espresso richiamo al controllo del giudice sulla ritualità), sottolineando la rilevanza del «generale criterio di economia di giudizio» riteneva impensabile «che l'eventuale illegittimità della proposta possa attendere, per essere rilevata, quella verifica sulla regolarità della procedura cui il tribunale è chiamato nel giudizio di omologazione (art. 129, comma 4)».

[22] In tal senso, MINUTOLI, *Art. 125*, 1758; GUGLIELMUCCI, *Art. 125*, 1633 che chiaramente afferma «in via logica il controllo sulla ritualità della proposta ha carattere prioritario. In presenza di un ricorso presentato dal fallito prima del decorso di un anno dalla dichiarazione di fallimento o dopo due anni dal decreto di esecutività dello stato passivo oppure, ove fallita sia una società, in mancanza dell'approvazione della proposta e delle condizioni del concordato ai sensi dell'articolo 152 o, ancora, in difetto della relazione giurata del professionista sulla capienza ove venga proposto il soddisfacimento non integrale dei creditori con prelazione, ecc., la previa acquisizione dei pareri del curatore e del comitato dei creditori si risolverebbe in un'inutile perdita di tempo».

[23] Sulla prassi che si è diffusa già durante il precedente regime (anche sulla spinta dell'art. 41, comma 3, l. fall. trasfuso nell'art. 14, comma 3) di fissare un termine entro il quale sia il comitato che il curatore debbono esprimere i loro pareri cfr. CELENTANO, MASCARELLO, *Procedimento: la fase*, 357-363.

[24] Benché la legge discorra di giudizio sulla ritualità della proposta, è ragionevole intendere che il giudice debba vagliarne, più ampiamente, l'ammissibilità, D'ATTORRE, *Manuale del diritto*, 330.

[25] È un silenzio che non passa inosservato visto che per gli altri strumenti concordatari (dove è previsto il voto dei creditori) il legislatore ha precisato le modalità di espressione, v. BOZZA, *Il sistema*, 7.

che invece la disciplina del concordato preventivo, una volta abolita l'assemblea, puntualmente registra. Rispetto al voto il legislatore si limita a delimitare l'arco temporale entro il quale far pervenire le dichiarazioni e il destinatario, che non è il curatore bensì la cancelleria. Da tale silenzio si può desumere che tale dichiarazione di voto possa essere inviata «con qualunque mezzo, tanto più che la regola generale delle comunicazioni telematiche posta dall'art. 10 CCII riguarda i rapporti dei terzi con gli organi delle procedure e non con la cancelleria»[26].

Nella suddetta comunicazione il giudice delegato invita i creditori a far pervenire nella cancelleria del tribunale – e non al curatore come, viceversa, è oggi previsto per il concordato preventivo[27] –, nel termine fissato, le loro eventuali dichiarazioni di dissenso, informandoli che la mancata risposta sarà considerata come voto favorevole (art. 241, comma 2).

Il Codice prosegue, così, nella scia della legge fallimentare disponendo, in questo concordato, un sistema di votazione teso a favorire la soluzione concordataria (silenzio vale assenso), anche se contestualmente restringe l'iniziativa concordataria del debitore. È come se una volta superati i *caveat* posti alla presentazione della proposta concordataria – probabilmente continuando ad auspicare investimenti dei creditori o dei terzi nelle aziende di imprese insolventi – il concordato possa avere una strada spianata.

4. – Il comma 2 dell'articolo in commento si occupa – riproducendo, ancora una volta, la disciplina pregressa – della fattispecie in cui più proposte siano state presentate simultaneamente. La norma statuisce che in questo caso, o se ne sopraggiunge una nuova, prima che il giudice delegato ordini la comunicazione, il comitato dei creditori sceglie quella da sottoporre all'approvazione dei creditori; su richiesta del curatore, il giudice delegato può ordinare la comunicazione ai creditori di una o di altre proposte, tra quelle non scelte, ritenute parimenti convenienti. Si applica l'art. 140, comma 4.

La norma investe, quindi, il comitato dei creditori del compito di scegliere la proposta – giunta, comunque, prima della comunicazione della iniziale proposta ai creditori – da sottoporre all'approvazione dei creditori.

Il curatore è, però, il motore della competizione tra proposte anche sotto un altro profilo. Se infatti il curatore lo richiede, «il giudice delegato può ordinare la comunicazione ai creditori di una o di altre proposte, tra quelle non scelte, ritenute parimenti convenienti».

Siamo, quindi, dinanzi a una duplice condizione affinché i creditori possano valutare

[26] BOZZA, *Il sistema*, 7.

[27] Questa differenza è stata spiegata (BOZZA, *Il sistema*, 9) «nell'attuale diverso sistema di votazione, che nel concordato fallimentare non prevede una assemblea dei creditori e, di conseguenza, neanche il voto espresso in udienza, e nell'inserimento della procedura concordataria nell'ambito del fallimento ove tradizionalmente i creditori depositavano in cancelleria le domande di insinuazione, nel mentre nel concordato preventivo l'adunanza dei creditori è centrale, con la possibilità di un voto tardivo; è anche vero, però, che la nuova riforma, nel momento in cui ha eliminato l'assemblea dei creditori anche nel concordato preventivo ed ha ribadito il rapporto diretto tra creditori e curatore nella formazione del passivo, poteva cogliere l'occasione per uniformare almeno la trasmissione del voto, o disponendo anche nel concordato preventivo l'invio del voto in cancelleria o, più preferibilmente, imponendo, anche nel concordato liquidatorio giudiziale, ai creditori di esprimere il loro dissenso a mezzo Pec all'indirizzo del curatore, che, a mezzo Pec comunica loro le informazioni di cui all'art. 241».

tra un ventaglio di proposte: che 1) il curatore, in contrasto con la scelta fatta dal comitato dei creditori, chieda al giudice delegato di dare rilevanza anche ad una o più delle proposte scartate dal comitato e 2) che il giudice delegato ritenga parimenti conveniente sottoporre ai creditori la o le proposte accantonate dal comitato e valorizzate dal curatore.

Al di là, però, del congegno che "parla" di competizione, questa evenienza che i creditori si possano trovare davanti diverse proposte appare, per un verso, non frequente a causa dei tempi serrati del procedimento, per un altro neppure particolarmente auspicabile, vista la scarsità dei supporti informativi che possono guidare i creditori per un'accorta selezione. Nel caso non è prevista, infatti, alcuna relazione integrativa, né un parere comparativo da parte del curatore. È una comparazione che potrebbe aiutare i creditori che invece si trovano da un lato con una prima scelta del comitato dei creditori e poi, in contrasto con quella, una successiva indicazione del curatore che ha trovato sponda nella decisione del giudice. Insomma, i creditori si trovano dinanzi a un ping-pong del quale però – senza ricevere alcuna delucidazione comparativa – non sono probabilmente in grado di comprendere le mosse.

5. – Infine, è doveroso osservare che il legislatore del Codice non contempla – a differenza di quanto previsto dalla disciplina del concordato preventivo – una norma riguardo la comunicazione della proposta agli obbligazionisti e ai titolari di strumenti finanziari sulla falsariga di quella contenuta nell'art. 125, ult. comma, l. fall. secondo cui «se la società fallita ha emesso obbligazioni o strumenti finanziari oggetto della proposta di concordato, la comunicazione è inviata agli organi che hanno il potere di convocare le rispettive assemblee, affinché possano esprimere il loro eventuale dissenso».

Una disposizione simile appare tanto più necessaria tenendo presente che l'art. 2415, comma 1, n. 3, c.c. prevede che, in caso di proposta di concordato, l'assemblea degli obbligazionisti deve essere convocata dagli amministratori o dal rappresentante comune. In tal caso veniva evidenziato «il concetto secondo cui il rappresentante comune aveva l'obbligo di convocare l'assemblea affinché potesse esprimere l'eventuale dissenso»[28].

Il silenzio del legislatore potrebbe essere frettolosamente interpretato come volontà di attribuire il voto a ciascun portatore dei titoli anziché al rappresentante comune.

In assenza di una delibera assembleare ogni obbligazionista sarebbe, infatti, titolare del diritto di voto, al pari di ogni altro creditore. Si comprenderebbe allora il silenzio del legislatore. Ma ciò sarebbe in contrasto con l'art. 2415, comma 1, n. 3, c.c. che attribuisce, appunto, il diritto di voto sulla proposta concordataria all'assemblea della quale poi il rappresentante comune sarà il portavoce. Su quest'ultimo aspetto, infatti, non pare possano esserci dubbi anche alla luce del Codice che, tuttavia, rende difficile il compito del rappresentante comune a causa dei ristretti limiti temporali[29].

---

[28] AMBROSINI, *Il concordato fallimentare*, 104.

[29] V. i dubbi di LA CROCE, *Il concordato*, 289.

Articolo 242

Concordato nel caso di numerosi creditori

1. Ove le comunicazioni siano dirette ad un rilevante numero di destinatari, il giudice delegato può autorizzare il curatore a dare notizia della proposta di concordato, anziché con comunicazione ai singoli creditori, mediante pubblicazione del testo integrale della medesima su uno o più quotidiani a diffusione nazionale o locale.

Stefania Pacchi

Nel caso in cui la comunicazione della proposta debba raggiungere un rilevante numero di creditori la norma in commento, riproducendo l'art. 126 l. fall., fissa una disciplina *ad hoc* al fine di facilitare l'attività degli organi della procedura [1].

«La norma mira ad assicurare che tutti i creditori siano a conoscenza della proposta di concordato fallimentare affinché possano esprimere il loro parere e realizza, al contempo, il principio di economicità degli atti giudiziari» [2].

La semplificazione caratterizza la disposizione sotto un duplice profilo: della forma della comunicazione e della competenza a disporla.

La norma non prevede quali debbano essere i criteri per potere affermare quando il numero è rilevante. È il giudice delegato l'organo che, in caso di rilevante numero di destinatari, può autorizzare – con sua scelta discrezionale – una diversa forma di comunicazione (invece della comunicazione ai singoli creditori) e, nel contempo, il curatore a darne notizia.

Definitivamente abbandonata la pubblicazione della proposta nella Gazzetta Ufficiale e, eventualmente, in altri giornali, ora la legge dispone solo la pubblicazione del testo integrale della medesima su uno o più quotidiani a diffusione nazionale o locale, «rimettendo la scelta al prudente apprezzamento del giudice delegato che valuterà a seconda della portata della procedura concorsuale» [3].

Trattandosi di una modalità semplificatrice che tuttavia «incide fortemente sul diritto di ciascun creditore ad essere personalmente notiziato di una fattispecie che coinvolge di-

---

[1] Questa considerazione, alla luce della riforma del 2006 foriera di questa previsione, veniva svolta da AMBROSINI, *Il concordato fallimentare*, 104.

[2] GIORGETTI, *Il procedimento*, 41.

[3] AMBROSINI, *Il concordato fallimentare*, 105.

rettamente la propria sfera patrimoniale»[4], sorge il dubbio se la norma introduca una modalità generale di comunicazione e, quindi, sia applicabile ogni volta che vi sia qualche difficoltà a utilizzare quella *ad personam*, o se, viceversa, costituisca uno strumento eccezionale il cui utilizzo il giudice delegato possa autorizzare a fronte di una richiesta motivata del curatore e, quindi, in ipotesi documentate di rilevante numero di creditori.

L'art. 242 non menziona l'ipotesi di difficoltà nella identificazione dei creditori prevista dall'art. 150 c.p.c. (che prevede per questa evenienza la notifica per pubblici proclami). Sulla scorta di una pronuncia della Suprema Corte[5] si ritiene che questa fattispecie non rientri, però, nella previsione dell'art. 242.

[4] CAPEZZERA, *Art. 242,* 1212.

[5] Cass., 17 gennaio 1998, n. 362 che così ha statuito: «L'avviso ai creditori di cui all'art. 171 della legge fallimentare va comunicato nelle forme stabilite nell'art. 126 della medesima legge solamente quando la comunicazione personale con raccomandata o telegramma, prevista nel terzo comma, sia sommamente difficile per le ragioni ivi indicate, fra le quali non sono comprese quelle concernenti l'impossibilità di accertamento del recapito dei creditori».

Articolo 243
Voto nel concordato

1. Hanno diritto di voto i creditori indicati nello stato passivo reso esecutivo ai sensi dell'articolo 204, compresi i creditori ammessi provvisoriamente e con riserva. Se la proposta è presentata prima che lo stato passivo venga reso esecutivo, hanno diritto al voto i creditori che risultano dall'elenco provvisorio predisposto dal curatore e approvato dal giudice delegato.

2. I creditori muniti di privilegio, pegno o ipoteca, ancorché la garanzia sia contestata, dei quali la proposta di concordato prevede l'integrale pagamento, non hanno diritto al voto se non rinunciano al diritto di prelazione, salvo quanto previsto dal comma 1. La rinuncia può essere anche parziale, purché non inferiore alla terza parte dell'intero credito fra capitale ed accessori.

3. Qualora i creditori muniti di privilegio, pegno o ipoteca rinuncino in tutto o in parte alla prelazione, per la parte del credito non coperta dalla garanzia sono assimilati ai creditori chirografari; la rinuncia ha effetto ai soli fini del concordato.

4. I creditori muniti di diritto di prelazione di cui la proposta di concordato prevede, ai sensi dell'articolo 240, comma 4, la soddisfazione non integrale, sono considerati chirografari per la parte residua del credito.

5. Sono esclusi dal voto e dal computo delle maggioranze il coniuge, la parte di un'unione civile tra persone dello stesso sesso, il convivente di fatto del debitore, i suoi parenti e affini fino al quarto grado, la società che controlla la società debitrice, le società da questa controllate e quelle sottoposte a comune controllo, nonché i cessionari o aggiudicatari dei loro crediti da meno di un anno prima della domanda di concordato. Sono inoltre esclusi dal voto e dal computo delle maggioranze i creditori in conflitto d'interessi.

6. Il creditore che propone il concordato ovvero le società da questo controllate, le società controllanti o sottoposte a comune controllo, ai sensi del primo comma dell'articolo 2359 del codice civile possono votare soltanto se la proposta ne prevede l'inserimento in apposita classe.

7. I trasferimenti di crediti avvenuti dopo la sentenza che ha dichiarato l'apertura della procedura di liquidazione giudiziale non attribuiscono diritto di voto, salvo che siano effettuati a favore di banche o altri intermediari finanziari.

Stefania Pacchi

Sommario: 1. L'attribuzione del diritto di voto. – 2. I creditori in conflitto d'interesse. – 3. Il voto del creditore proponente.

1. – L'art. 243, rubricato «Voto nel concordato», è diretto ad individuare il sistema di attribuzione del diritto a manifestare la volontà in merito al concordato. Pochi e scarsamente rilevanti sono gli scostamenti della norma in commento da quella omologa della Legge fallimentare. Si tratta di modifiche meramente formali.

Il comma 1 pone una regola di tipo temporale per determinare l'ammissione al voto.

La norma distingue a seconda che la proposta di concordato sia stata presentata prima o dopo il deposito in cancelleria del decreto che rende esecutivo lo stato passivo.

Nel primo caso i creditori aventi diritto al voto sono quelli risultanti dall'elenco provvisorio predisposto dal curatore e approvato dal giudice delegato.

Nel secondo caso sono legittimati al voto quelli indicati nello stato passivo reso esecutivo (art. 204), compresi i creditori ammessi provvisoriamente o con riserva (art. 243, comma 1, primo periodo). I creditori ammessi provvisoriamente sono coloro che, esclusi dal giudice delegato, si sono opposti allo stato passivo (art. 206, comma 2) e hanno ottenuto dal tribunale, prima della pronuncia definitiva (art. 207, comma 13), un provvedimento di ammissione provvisoria.

Sono, invece, creditori ammessi con riserva quelli – titolari di crediti condizionali (art. 154, comma 3) o di crediti per i quali non sono stati ancora prodotti i documenti giustificativi o di crediti accertati con sentenza non ancora passata in giudicato prima della dichiarazione di fallimento (art. 204, comma 2) – così ammessi dal giudice delegato.

Nel comma 2, l'art. 243 passa ad una regolamentazione dell'attribuzione del diritto di voto impostata sulla base dell'entità del soddisfacimento assicurato per legge al credito o proposto nel concordato. A tal riguardo si apre lo scenario che vede da un lato i creditori con «pagamento» integrale (effettuato per l'intero importo e non differito) e, quindi, privi del diritto di voto e dall'altro i creditori con «pagamento» non integrale titolari – salvo poi stabilirne il "peso" – del diritto di voto.

Al centro della norma dell'art. 243, commi 2, 3 e 4, si collocano i creditori privilegiati mentre sullo sfondo, richiamati solo come termine di riferimento, stanno i chirografari.

Per i primi l'art. 243, comma 2, conferma un principio generale della disciplina concordataria, sancendo che i creditori muniti di privilegio, pegno o ipoteca, ancorché la garanzia sia contestata, dei quali la proposta di concordato prevede l'integrale pagamento non hanno diritto al voto. I privilegiati possono, però, rinunciare a parte del privilegio per accedere al voto. Lo prevede espressamente l'art. 242, comma 3, secondo cui qualora i creditori muniti di privilegio, pegno o ipoteca rinuncino in tutto o in parte alla prelazione, per la parte del credito non coperta dalla garanzia sono assimilati ai creditori chirografari; la rinuncia ha effetto ai soli fini del concordato.

La rinuncia deve essere consistente: l'art. 243, comma 2, stabilisce che non può essere inferiore alla terza parte dell'intero credito fra capitale ed accessori.

Il voto spetta, allora, in linea di principio ai creditori chirografari (i quali sarebbero, invece, privati del voto se venissero pagati integralmente) e ai creditori privilegiati di cui la proposta di concordato prevede, ai sensi dell'art. 240, comma 4, la soddisfazione non integrale. Questi non votano per la parte coperta dalla garanzia mentre per il residuo, essendo da considerarsi chirografari (nella liquidazione giudiziale concorrerebbero per il residuo con i chirografari) e, quindi, in base all'art. 243, comma 4, ai fini del soddisfacimento e del voto, sono considerati chirografari per la parte residua del credito e come tali sono ammessi al voto. Questa è l'interpretazione che pare corretta e che rampolla da quanto statuito sul tema per l'analoga fattispecie del concordato preventivo scolpita nell'art. 84 secondo cui «*La quota residua del credito è trattata come credito chirografario*».

Sebbene questa disposizione non sia stata ripresa per il concordato nella liquidazione giudiziale (all'art. 240), tuttavia, l'equiparazione operata per il concordato preventivo segna una linea interpretativa che consente di leggere la disposizione del comma 4 (secondo cui in questo concordato i creditori prelatizi incapienti «sono considerati chirografari per la parte residua del credito») come comprensiva di una assimilazione sotto tutti gli effetti, anche quelli sostanziali, della parte residua del credito prelatizio – insoddisfatta in via preferenziale – ai crediti chirografari fin dall'origine [1].

2. – L'art. 243, commi 5 e 6, con elencazione che appare tassativa, vuole evitare che soggetti in evidente o molto probabile conflitto di interesse influiscano sulla sorte di una proposta concordataria. In queste norme lo scopo del legislatore è di assicurare la genuinità del voto, evitando che la proposta venga favorita dal voto compiacente di chi non ne valuti oggettivamente la convenienza.

L'art. 243, comma 5, pone, così, alcune esclusioni dal voto (e dal computo delle maggioranze) per ragioni di carattere soggettivo (tipizzate) in quanto, altrimenti, possono mirare con il loro voto a favorire la proposta. Qui, alle fattispecie scolpite nell'art. 127 l. fall., sono state aggiunte quelle rese necessarie dall'esigenza di adattare la norma alle disposizioni di cui alla l. n. 76 del 2016 (la parte di un'unione civile e il convivente *more uxorio*) [2] e quelle che si riconducono a "relazioni societarie" (la società controllante la società debitrice, le società da queste controllate e quelle sottoposte a comune controllo).

A queste fattispecie "di conflitto" viene aggiunta – mancava, però, per questa procedura una previsione analoga a quella dell'art. 6, comma 1, lett. *f*), l. n. 155 del 2017 di porre per il concordato preventivo «un'apposita disciplina delle situazioni di conflitto d'interessi» [3] – una disposizione di carattere generale escludendo dal voto e dal computo delle maggioranze i creditori in conflitto di interessi, vale a dire di coloro che sono «portatori di un interesse che non sia quello derivante dalle cause legittime di prelazione, perciò in conflitto con il massimo soddisfacimento della massa (art. 243, comma 5, ultimo periodo)» [4].

Si tratta di situazioni delicate che possono inquinare, anche pesantemente, il risultato della votazione. Nonostante ciò, dobbiamo segnalare che è assente una norma sia che definisca nei confronti di chi, o di che cosa, debba essere misurata l'esistenza del conflitto [5],

---

[1] BOZZA, *Le maggioranze,* 10.

[2] Fattispecie sulle quali (LA CROCE, *Il concordato,* 291) potrebbero sorgere contrasti a causa dell'assenza di una accurata puntualizzazione (es. circa la prova di convivente di fatto in assenza di una resultanza dello stato di famiglia o il momento rispetto al quale la convivenza deve essere dimostrata).

[3] PEZZANO, RATTI, *Il nuovo concordato,* 234, ravvisano un eccesso di delega vuoi per mancanza di una previsione *ad hoc* della legge delega, vuoi perché in contrasto con il principio di incentivare il concordato giudiziale.

[4] SARDELLA, *Concordato nella liquidazione,* 239.

[5] Osservazione di LA CROCE, *Il concordato,* 290.

sia che regoli – chiarendo il ruolo di ciascun organo – la verifica/accertamento della situazione di conflitto del creditore e, quindi, della decisione circa la sua esclusione dal voto[6].

Questa situazione si verifica quando il creditore è portatore di un interesse personale e non derivante dalla sua posizione creditizia relativa alla proposta concordataria. Tale potrebbe essere la posizione del creditore che sia stato convenuto in revocatoria dal curatore quando la proposta di concordato preveda la rinuncia a tutte le azioni revocatorie a seguito dell'eventuale omologazione.

3. – Nel comma 6 della disposizione in commento è inoltre individuata – e ciò si segnala come risposta a tanti dubbi sorti nella prassi[7], mancando nella legge fallimentare una disposizione analoga a quella di cui all'art. 163, comma 4 – una particolare fattispecie di conflitto di interessi con riferimento alla posizione del creditore proponente il concordato o delle società da questo controllate, delle società controllanti o sottoposte a comune controllo.

In questo caso il conflitto di interessi sorge dall'essere il creditore anche controparte negoziale della massa dei creditori. La disposizione, riallacciandosi ai primi commi dell'art. 109, si caratterizza per un vero e proprio ribaltamento rispetto alla disciplina della legge fallimentare[8], dove era assente una disciplina del voto dei proponenti.

Il Codice, da una parte, esprime una regola generale sull'esclusione dal voto (e dal computo delle maggioranze) dei creditori in conflitto di interessi (art. 243, comma 5)[9], e dall'altra, ammette al voto i creditori che propongono il concordato, purché il credito sia inserito in apposita classe.

Pertanto, il creditore proponente non è escluso dal voto e dal calcolo delle maggioranze per trovarsi in conflitto di interessi, come attualmente avviene nel concordato fallimen-

[6] De Carolis, *Cessazione della procedura,* 227.

[7] La giurisprudenza aveva più volte affermato che nel concordato fallimentare (così come in quello preventivo) non esisterebbe un problema di conflitto di interessi, – ciò sarebbe dimostrato dall'assenza di una norma generale in tal senso – da ciò derivando che la partecipazione al voto è la norma, mentre l'esclusione è l'eccezione che, in quanto tale, deve essere espressamente prevista. Sulla base di questo ragionamento veniva ammesso al voto anche lo stesso creditore proponente (in termini vedasi Cass., 10 febbraio 2011, n. 3274, in *Fallimento,* 2011, 403; Trib. Teramo, 28 luglio 2017; Trib. Teramo, 24 giugno 2014; App. Napoli, 19 maggio 2009; Trib. Reggio Emilia, 18 marzo 2007). Sulla questione sono intervenute le Sezioni Unite della Corte di cassazione (28 giugno 2018, n. 17186, in *Giur. comm.* 2019, 2, II, 307) che, modificando l'orientamento della giurisprudenza di legittimità e di merito, non solo hanno statuito che nel concordato fallimentare ed in quello preventivo può parlarsi di conflitto di interessi, ma hanno anche precisato che i relativi casi sono innumerevoli e spetta alla legge stabilire quali ipotesi siano rilevanti e quali no, indicando il metodo più opportuno per neutralizzare il conflitto. Per quanto riguarda il voto espresso in un concordato fallimentare da parte del creditore proponente le SS.UU. hanno affermato che, essendo portatore di un interesse in conflitto con quello degli altri creditori, non può esprimere il proprio voto; infatti, il primo è interessato a concludere l'accordo con il minor esborso possibile, mentre gli altri hanno interesse a massimizzare il soddisfacimento dei propri crediti. Inoltre, la medesima pronuncia ha puntualizzato che anche le società correlate alla fallita non possono esprimere il voto.

[8] Bozza, *Il sistema,* 38.

[9] Su questo ultimo aspetto, il Codice ha seguito la giurisprudenza. Cfr. Cass., SS.UU., 28 giugno 2018, n. 17186; Cass., 8 febbraio 2021, n. 2948. Precedentemente Cass., 10 febbraio 2011, n. 3274, in *Fallimento,* 2011, 43 aveva negato tale situazione di conflitto.

tare secondo la soluzione offerta dalle Sezioni Unite, perché, se inserito in una specifica classe, si vede riconosciuto il diritto di voto sulla sua proposta.

«Di conseguenza, la valorizzazione del conflitto di interessi al fine di escludere il voto va riferita a tutte le altre situazioni in cui si determina un conflitto diverso da quello del voto del creditore proponente sulla propria proposta; tra queste, così come nel concordato preventivo, sono da includere il voto sulla domanda presentata del debitore e su quelle proposte da altri terzi, nel caso sempre che vengano sottoposte all'approvazione più proposte, di modo che ciascun creditore che presenta una proposta concordataria può esprimere il voto sulla propria proposta, purché immesso in una apposita classe, nel mentre non può esercitare il voto sulle proposte presentata dal debitore e da altri eventuali creditori e credito relativo è escluso dal calcolo delle maggioranze» [10].

È doveroso segnalare, tuttavia, una (prima) differenza di trattamento rispetto ai creditori del debitore ai quali si applica il divieto previsto dal comma 5 della norma commentata. Tale divieto, infatti, non è divelto, come invece per le proposte provenienti dal creditore, dalla previsione del comma 6.

Altra differenza di trattamento si verifica quando il creditore proponente è una persona fisica, perché egli può votare quando sia stato inserito in una apposita classe, ma il suo coniuge e i suoi parenti, affini, conviventi sono esclusi dal voto e dal calcolo delle maggioranze, in quanto colpiti dal divieto di cui al comma 5 dell'art. 243.

Come è stato lucidamente osservato, questo divieto non è «agevolmente superabile sia perché rientranti comunque sotto la mannaia del conflitto di interessi, sia perché questi soggetti non sono tra quelli compresi nel comma 6, come le società collegate» [11].

L'attribuzione del diritto di voto al creditore proponente, se pur condizionata al suo classamento, ha già destato diverse perplessità.

È stata tacciata come "irragionevole" [12] perché attribuirebbe un ingiustificato vantaggio al creditore proponente soprattutto quando siano portate al voto proposte sia del debitore che del creditore o di soggetti a quest'ultimo collegati. L'inserimento in una classe separata permette al creditore di contribuire al calcolo delle maggioranze non solo rispetto alla proposta per la quale è in conflitto ma anche a quella del debitore esprimendo un voto che è favorevole alla propria e contrario alla seconda. Questa disposizione, però, è senza dubbio in linea con l'idea che caratterizza la disciplina di questo concordato e che vuole penalizzare la posizione del debitore.

Infine, per evitare manovre speculative sui voti, l'ultimo comma dell'articolo in esame, prevede – mutuando la norma dalla legge fallimentare – che i trasferimenti dei crediti avvenuti dopo la dichiarazione di fallimento (salvo quelli *mortis causa*) non attribuiscono diritto di voto, salvo che siano effettuati a favore di banche o di altri intermediari finanziari. Tale esenzione trae giustificazione dalla volontà legislativa di favorire l'intervento finanziario in operazioni concordatarie.

---

[10] BOZZA, *Il sistema*, 45.

[11] BOZZA, *Il sistema*, 46.

[12] D'ATTORRE, *Manuale di diritto*, 283 e ID., *Le sezioni unite*, 960. Parla norma che si presterà a «utilizzi distorti, aumentando le occasioni contenziose della procedura» e, quindi, «di un allungamento dei tempi e di un incremento dei costi delle procedure», LA CROCE, *Il concordato*.

Articolo 244

Approvazione del concordato nella liquidazione giudiziale

1. Il concordato è approvato dai creditori che rappresentano la maggioranza dei crediti ammessi al voto. Ove siano previste diverse classi di creditori, il concordato è approvato se tale maggioranza si verifica inoltre nel maggior numero di classi.

2. I creditori che non fanno pervenire il loro dissenso nel termine fissato dal giudice delegato si ritengono consenzienti.

3. La variazione del numero dei creditori ammessi o dell'ammontare dei singoli crediti, che avvenga per effetto di un provvedimento emesso successivamente alla scadenza del termine fissato dal giudice delegato per le votazioni, non influisce sul calcolo della maggioranza.

4. Quando il giudice delegato dispone il voto su più proposte di concordato ai sensi dell'articolo 241, comma 2, quarto periodo, si considera approvata quella tra esse che ha conseguito il maggior numero di consensi a norma dei commi 1, 2 e 3, e, in caso di parità, la proposta presentata per prima.

Stefania Pacchi

Sommario: 1. Le maggioranze richieste per l'approvazione del concordato. – 2. Il voto su più proposte e l'approvazione.

1. – L'articolo in commento fissa, nel comma 1, le maggioranze necessarie per l'approvazione del concordato della liquidazione giudiziale mentre, nel secondo e nel terzo, pone le regole per il loro computo, e nel quarto quella, particolare, nel caso in cui siano portate in votazione più proposte.

Il principio di maggioranza – imperniato sull'ammontare dei crediti ammessi al voto e non sul numero dei creditori – caratterizza gli strumenti concordatari. Il voto costituisce lo strumento di reazione del quale è dotato il creditore destinatario di una proposta di soddisfacimento non integrale. Ne consegue che la votazione (con la conseguente applicazione del principio di maggioranza) non avrà luogo quando la proposta preveda il soddisfacimento integrale di tutti i creditori (chirografari e privilegiati)[1].

---

[1] Capezzera, *Art. 244*, 1222.

La norma, così, confermando il disposto dell'art. 128 l. fall., richiede – al fine di agevolare il raggiungimento dell'accordo – il voto favorevole soltanto della maggioranza dei crediti ammessi al voto[2]. L'eccezione alla maggioranza semplice si ha nel caso di presenza di classi.

Ove siano previste diverse classi di creditori, ai fini dell'approvazione del concordato, è sufficiente che tale maggioranza dei crediti venga raggiunta nel maggior numero di classi[3]. Deve comunque verificarsi una maggioranza sia di classi (è dunque rischiosa la proposizione di esse in numero pari poiché in caso di parità non si realizza la maggioranza) che dei voti nell'ambito di ciascuna di esse.

La disciplina dell'approvazione del concordato della liquidazione giudiziale, pur mantenendo alcune regole comuni al concordato preventivo, oggi se ne discosta sensibilmente.

Se da una parte possiamo, infatti, osservare che tra questo concordato e quello preventivo liquidatorio vi sono, per quanto riguarda le maggioranze da conseguire ai fini dell'approvazione, regole analoghe (mi riferisco a quella per la quale il concordato è approvato dai creditori che rappresentano la maggioranza dei crediti ammessi al voto e, nel caso di suddivisione dei creditori in classi, se la maggioranza è raggiunta nel maggior numero di classi), dall'altra dobbiamo sottolineare differenze importanti, quali la regola del silenzio-assenso, tradizionalmente predisposta per favorire un accordo che debba essere conseguiti a maggioranza.

Il Codice, nell'intento di favorire il raggiungimento della maggioranza per siglare il concordato nella liquidazione giudiziale, comprendendo tra i creditori favorevoli anche quelli "apatici" e "disinteressati", permane nella regola del silenzio-assenso[4]: chi non fa pervenire il proprio dissenso in cancelleria, entro il termine fissato dal giudice delegato, si reputa consenziente. Tale regola del "silenzio-assenso" viene, così, a caratterizzare questo concordato e spiega «perché l'art. 241, comma 2 parla di 'dichiarazioni di dissenso' da far pervenire in cancelleria (anche se questo, evidentemente, non impedisce ai creditori di manifestare espressamente un voto favorevole)»[5].

Non si tiene conto, al fine del calcolo della maggioranza, delle variazioni sul numero dei creditori ammessi o sull'ammontare dei singoli crediti che avvenga sulla base di una sentenza emessa successivamente alla scadenza del termine fissato dal giudice delegato per le votazioni.

---

[2] La Riforma del 2005 aveva eliminato la doppia maggioranza (per teste e per i crediti) prevista dalla legge del 1942.

[3] Il decreto correttivo n. 169 del 2007, allo scopo di facilitare la realizzazione di concordati fallimentari con classi, era intervenuto sull'art. 128 l. fall., che richiedeva – a differenza di quanto previsto nella versione prodotta dal d.lgs. n. 5 del 2006 – il raggiungimento della maggioranza dei crediti ammessi al voto nella maggioranza delle classi e non più in tutte le classi. Nella più recente formulazione della norma veniva anche chiaramente disposto che il voto favorevole della maggioranza dei crediti ammessi al voto è sempre necessario per l'approvazione di qualsiasi tipo di concordato, monoclasse o pluriclasse.

[4] D'ATTORRE, *Manuale di diritto*, 283. BOZZA, *Il sistema*, 25, osserva che mentre «nel concordato preventivo, fortemente incentivato dal legislatore, almeno nella forma della continuità aziendale, sia diretta che indiretta, vige un sistema di votazione (silenzio vale dissenso) che non favorisce l'approvazione del concordato» invece «nel concordato liquidatorio giudiziale, continua ad essere applicato un sistema di votazione teso a favorire la soluzione concordataria» pur penalizzandosi nel contempo l'iniziativa concordataria del debitore.

[5] MANENTE, *Lineamenti del diritto*, 541.

Se sono state formate classi, il concordato è approvato se è stata raggiunta «la maggioranza complessiva di tutti i crediti ammessi al voto e, nel contempo, la maggioranza numerica delle classi, all'interno delle quali sia raggiunta la maggioranza di somma dei crediti (ammessi al voto) appartenenti a ciascuna di esse» [6].

2. – Vigono regole particolari nell'ipotesi in cui siano sottoposte al voto più proposte di concordato. Il comma 4 dell'articolo in commento presenta una indicazione "generica", gemmata dall'art. 128 l. fall. che adesso è naturale sottoporre a un confronto con una norma contenente una descrizione "minuziosa, se pur non del tutto lineare" della fattispecie quale il comma 2 dell'art. 109 in tema di maggioranza per l'approvazione del concordato preventivo in presenza di più proposte.

La comparazione non è favorevole all'art. 244, norma frettolosa che forse denuncia scarsa fiducia del legislatore nella nascita di una proficua competizione all'interno di un concordato nella liquidazione giudiziale.

Quando si verifica tale ipotesi, si considera approvata la proposta che ha raccolto il maggior numero di consensi e, in caso di parità, quella presentata per prima. Il procedimento per calcolare la maggioranza in presenza di proposte concorrenti si basa su due diversi e successivi passaggi.

In primo luogo, dovrà essere calcolato il numero di voti favorevoli complessivamente riportati da ciascuna proposta per verificare quale sia la proposta che prevale, vale a dire la proposta che ha ricevuto il maggior numero di voti favorevoli. Successivamente dovrà valutarsi se la proposta prevalente sia anche stata approvata dai creditori secondo le maggioranze richieste, ossia dovrà essere accertato se questa abbia raggiunto il *quorum* previsto per legge.

L'art. 244, richiamando i suoi tre precedenti commi, avverte che (comma 1) deve risultare l'approvazione del concordato da parte della maggioranza e che, in presenza di classi, tale maggioranza deve essersi verificata anche nel maggior numero di classi. Inoltre, ribadisce che anche nelle proposte plurime si applica il principio del silenzio-assenso, (comma 2) [7].

Infine, la norma – richiamando il comma 3 – statuisce la irrilevanza delle variazioni del numero dei creditori ammessi o dell'ammontare dei singoli crediti, che avvengano per

---

[6] NORELLI, *Il concordato fallimentare*, 55.

[7] Sul tema delle proposte plurime e di applicabilità del principio del silenzio-assenso, v. Cass., 11 agosto 2010, n. 18621, nella pronuncia resa in tema di concordato fallimentare, secondo cui «La procedura di omologazione del concordato fallimentare effettuata ai sensi dell'art. 128 legge fallimentare – nel testo vigente a seguito del d. lgs. n. 5 del 2006, '*ratione temporis*' applicabile prima della modifica di cui all'art. 61 della legge n. 69 del 2009 – mediante l'approvazione della pluralità delle proposte presentate dai creditori con il sistema del silenzio-assenso, unico criterio applicabile secondo l'art. 128 sopracitato, deve ritenersi legittima ove solo uno dei proponenti abbia chiesto la successiva omologazione della propria proposta atteso che il tribunale deve limitarsi alla verifica della regolarità della procedura e dell'esito della votazione mentre, se tutti i soggetti proponenti, che hanno effettuato le proposte approvate, ne domandano l'omologazione, è illegittima la procedura nella quale il tribunale, sostituendosi nell'esercizio di un potere di scelta invece appartenente ai soli creditori, procede all'esame comparativo delle stesse, così omologando una di esse, ritenuta la più conveniente».

effetto di un provvedimento emesso successivamente alla scadenza del termine fissato dal giudice delegato per le votazioni.

Niente l'art. 244 dispone per il caso in cui nessuna delle proposte raggiunga la maggioranza. Nella liquidazione giudiziale il concordato è un incidente, non uno strumento che debba essere favorito ad oltranza. Se i creditori non approvano nessuna proposta ciò comporta il ritorno alla liquidazione giudiziale in corso[8].

[8] BOZZA, *Il sistema*, 38.

Articolo 245

Giudizio di omologazione

1. Decorso il termine stabilito per le votazioni, il curatore presenta al giudice delegato una relazione sul loro esito.

2. Se la proposta è stata approvata, il giudice delegato dispone che il curatore ne dia immediata comunicazione a mezzo posta elettronica certificata al proponente, affinché richieda l'omologazione del concordato e ai creditori dissenzienti. Al debitore, se non è possibile procedere alla comunicazione con modalità telematica, la notizia dell'approvazione è comunicata mediante lettera raccomandata con avviso di ricevimento. Con decreto da pubblicarsi a norma dell'articolo 45 fissa un termine non inferiore a quindici giorni e non superiore a trenta giorni per la proposizione di eventuali opposizioni, anche da parte di qualsiasi altro interessato, e per il deposito da parte del comitato dei creditori di una relazione motivata col suo parere definitivo. Se il comitato dei creditori non provvede nel termine, la relazione è redatta e depositata dal curatore nei sette giorni successivi.

3. L'opposizione e la richiesta di omologazione si propongono con ricorso a norma dell'articolo 124.

4. Se nel termine fissato non vengono proposte opposizioni, il tribunale, verificata la regolarità della procedura e l'esito della votazione, omologa il concordato con decreto motivato non soggetto a gravame.

5. Se sono state proposte opposizioni, il tribunale assume i mezzi istruttori richiesti dalle parti o disposti di ufficio, anche delegando uno dei componenti del collegio. Nell'ipotesi di cui all'articolo 244, comma 1, secondo periodo, se un creditore appartenente a una classe dissenziente contesta la convenienza della proposta, il tribunale omologa il concordato se ritiene che il credito può risultare soddisfatto dal concordato in misura non inferiore rispetto alle alternative concretamente praticabili.

6. Il tribunale provvede con decreto motivato pubblicato a norma dell'articolo 45.

Stefania Pacchi

Sommario: 1. Le operazioni di conteggio. Mancata approvazione. Apertura del giudizio di omologazione. – 2. L'opposizione all'omologa. – 3. L'indagine del tribunale.

1. – L'articolo in commento disciplina il giudizio di omologazione[1], riproducendo quasi pedissequamente l'art. 129 l. fall.

[1] In dottrina, sul giudizio di omologazione come disciplinato nella legge fallimentare, Pagni, *L'omologazione*, 1053.

Decorso il termine entro il quale i creditori aventi diritto al voto possono far pervenire in cancelleria le loro dichiarazioni di dissenso, il curatore deve effettuare il conteggio e presentare al giudice delegato una relazione sull'esito della votazione (art. 245, comma 1).

Sebbene la norma non si esprima su cosa accada se non venga raggiunta la maggioranza, si può ritenere che, dinanzi alla relazione negativa del curatore, il tribunale dichiari l'improcedibilità del ricorso del proponente[2]. Così, l'esito della votazione potrà essere contestato da parte del debitore o di altro proponente o interessato con reclamo dinanzi al tribunale per vizi del conteggio dei voti.

Ove sia assente una contestazione, l'insuccesso della votazione determinerà un decreto motivato del giudice delegato (*ex* art. 123) con il quale si concluderà il concordato.

Ove invece la contestazione sia stata presentata e il tribunale accolga il reclamo, questi dichiarerà (con decreto) raggiunta la maggioranza per cui si instaurerà il procedimento per l'omologazione e sarà allora, dapprima con l'opposizione *ex* art. 245, comma 3, e poi con il reclamo *ex* art. 247, che potrà essere impugnato il suddetto provvedimento (di accoglimento del reclamo avverso il decreto del giudice delegato) del tribunale.

Se, invece, il tribunale respinge il reclamo, contro il relativo provvedimento sarà esperibile ricorso per cassazione *ex* art. 247, comma 12, trattandosi di decisione su una questione che, in caso di apertura del giudizio di omologazione, sarebbe stata oggetto di quel giudizio, che concludendosi con decreto sarebbe reclamabile alla corte d'appello, il cui decreto sarebbe ricorribile per cassazione.

Alla fine di questo *iter*, divenuto definitivo il provvedimento che dichiara respinta la proposta di concordato per mancato raggiungimento della maggioranza, il concordato si chiude. Sarà comunque possibile presentare una nuova proposta concordataria.

Qualora la proposta sia stata, invece, approvata dai creditori, diventa immodificabile. "La matrice negoziale che caratterizza (accanto a quella processuale) il concordato, fa argine, infatti, rispetto a modifiche che siano successive all'accettazione della proposta di concordato manifestata dai creditori attraverso l'approvazione"[3].

Registrato l'esito favorevole della votazione, il giudice delegato: *1*) invita il curatore a darne immediata comunicazione, a mezzo posta elettronica certificata[4], al proponente perché questi chieda con ricorso l'omologazione e ai creditori dissenzienti; *2*) emette decreto (soggetto alle forme di pubblicità fissate nell'art. 45) con il quale fissa un termine non inferiore a 15 e non superiore a 30 giorni per: *a*) la presentazione (con ricorso) di eventuali opposizioni anche da parte di qualunque interessato; e *b*) il deposito da parte del comitato dei creditori di una relazione motivata con il parere definitivo. Quest'ultimo ha una funzione informativa e ad oggetto valutazioni emerse a seguito della votazione. A differenza di quello che il comitato dei creditori deve emettere inizialmente sulla proposta, non è vincolante. In ogni modo, in caso di inerzia del comitato dovrà provvedere il curatore nei sette giorni successivi alla scadenza del termine fissato dal giudice delegato.

[2] MANENTE, *Lineamenti del diritto,* 541.

[3] D'ATTORRE, *Manuale del diritto,* 336.

[4] Per quanto riguarda la comunicazione al debitore, ove non sia possibile procedere via PEC, il curatore vi provvede con lettera raccomandata A/R.

Raggiunte le maggioranze, l'omologazione deve essere chiesta dal proponente. Questa previsione rivela che il giudizio di omologazione sia un giudizio ad iniziativa di parte, non potendo il tribunale attivarlo d'ufficio.

Il proponente, però, potrebbe rinunciare alla proposta non assumendo l'iniziativa. Ciò potrebbe accadere quando la proposta di concordato provenisse dal creditore. Tale comportamento legittimerà azioni risarcitorie per danni provocati alla massa a causa di un concordato protratto che ha interrotto le operazioni di liquidazione[5].

2. – L'opposizione può essere proposta dai creditori dissenzienti, cioè coloro che hanno fatto pervenire nei termini la dichiarazione di dissenso e da qualsiasi altro interessato la cui posizione giuridica può essere incisa dal concordato. In questa categoria di legittimati possono rientrare, oltre ai soggetti che potrebbero ricevere un pregiudizio indiretto dal concordato,– quindi ad esempio i postergati *ex lege*, i soggetti esposti all'azione revocatoria già autorizzata dal giudice delegato, i garanti del debitore, i proponenti di altre domande concordatarie, ecc. – i creditori che non hanno votato perché non hanno ricevuto la comunicazione della proposta o perché esclusi dal voto o perché non aventi diritto o esclusi dallo stato passivo o non insinuatisi. Tra i possibili interessati, può essere incluso anche il debitore che potrebbe esercitare l'opposizione all'omologa di una proposta dei creditori, a tutela del diritto di proprietà sui beni che residuano in seguito alla liquidazione.

Per motivi attinenti alla regolarità della procedura può presentare opposizione (come soggetto «interessato») anche il curatore. Nella categoria degli interessati può però rientrare anche un creditore «assenziente» che ad es., scoprendo che è stato dolosamente esagerato il passivo, ovvero sottratta o dissimulata parte rilevante dell'attivo (art. 251, comma 1), faccia valere con l'opposizione un vizio che condurrebbe all'annullamento.

L'opposizione può fondarsi su motivi che attengono alla regolarità del procedimento (es. alla irregolarità della votazione), alla non fattibilità economica della proposta, all'inammissibilità giuridica e, ove presentata da creditore dissenziente di classe dissenziente, anche sulla mancanza di convenienza della proposta[6].

Sia l'opposizione, sia la richiesta di omologazione si propongono con ricorso *ex* art. 124. L'opposizione deve essere notificata, insieme al decreto di fissazione dell'udienza, al curatore e al proponente.

Diverse sono le modalità con cui procede il giudizio di omologazione a seconda che siano state presentate o meno opposizioni.

Se nel termine fissato dal giudice delegato non è stata proposta alcuna opposizione, il tribunale, verificata la regolarità della procedura, nonché l'esito della votazione, omologa il concordato, con decreto motivato non soggetto a gravame (art. 245, comma 4) contro il quale, però, sarà proponibile ricorso straordinario per cassazione *ex* art. 111 Cost.[7]. Il tribunale deve limitarsi a verificare la legittimità della proposta e la correttezza del procedi-

[5] D'ATTORRE, *Manuale del diritto,* 336.

[6] MANENTE, *Lineamenti del diritto,* 542.

[7] Su questa linea, la giurisprudenza: cfr. Cass., 5 dicembre 2017, n. 29116; Cass., 14 febbraio 2011, n. 3585.

mento non potendo entrare né sul merito, né sulla convenienza[8]. Non può apportare modifiche alla proposta dovendo omologare la proposta così come è stata approvata dai creditori.

Nel caso in cui il tribunale verifichi irregolarità nella procedura ne valuterà la gravità operando probabilmente per "salvare il concordato" che abbia ricevuto l'approvazione dei creditori e che non sia stato neppure oggetto di opposizioni.

In presenza di opposizioni, il giudizio si svolge in contraddittorio, con procedimento in camera di consiglio e con idonea istruttoria, potendo il tribunale assumere anche d'ufficio tutte le informazioni e prove necessarie, delegando allo scopo uno dei componenti del collegio (art. 245, comma 5).

3. – L'indagine del tribunale dovrà comunque attenersi al *petitum*, vale a dire ai motivi dell'opposizione. Si tratta, quindi, di un procedimento semplificato avente ad oggetto un mero controllo di legittimità della proposta, la verifica di regolarità del procedimento e il raggiungimento delle maggioranze. «In tal caso, non sussiste alcuno spazio per attribuire al giudice un controllo di merito ovvero sulla convenienza del concordato rispetto alla prosecuzione della procedura di liquidazione»[9].

Se la proposta prevede più classi di creditori ed un creditore appartenente ad una classe dissenziente contesti la convenienza del concordato, il tribunale, con decreto motivato, omologa il concordato laddove ritenga che il credito possa risultare soddisfatto in misura non inferiore rispetto alle alternative concretamente praticabili (art. 245, comma 5)[10].

In ogni caso, indipendentemente dalla presenza di opposizioni, «il giudizio di omologazione assume la funzione di accertamento tutto della conformità della proposta e del risultato della procedura al modello delineato dal legislatore: si tratta, innanzitutto, di un controllo di legittimità formale che consiste nella verifica delle forme con cui viene presentata la proposta, dell'intero procedimento, della corretta formazione delle classi, della regolarità del voto e del relativo conteggio, nonché delle comunicazioni, avvisi e pubblicazioni connesse alla fase»[11]. Il perimetro del controllo giudiziale viene però individuato diversamente a seconda che l'opposizione sia esercitata da un creditore dissenziente di classe dissenziente o, invece, da creditore dissenziente appartenente a classe consenziente. Mentre nel primo caso il tribunale sarebbe investito di una valutazione non solo di legittimità sostanziale ma anche di merito, nel secondo non potrebbe oltrepassare l'area della legittimità in quanto il creditore opponente di classe che a maggioranza ha approvato il concordato, potrebbe soltanto eccepire un difetto di legittimità.

---

[8] Cfr. Cass., 5 agosto 2020, n. 16707.

[9] FAUCEGLIA, *Il nuovo diritto*, 262.

[10] Nel concordato della liquidazione giudiziale non è previsto il c.d. *cram down* fiscale e previdenziale previsto, per il concordato preventivo, dall'art. 88, comma 2-*bis*. Secondo la citata disposizione il tribunale può omologare il concordato anche in mancanza del voto favorevole dell'amministrazione finanziaria e degli enti gestori di forme di previdenza o assistenza obbligatorie quando: 1) l'adesione sia determinante ai fini del raggiungimento delle prescritte maggioranze; 2) sia stata prodotta la relazione di un professionista indipendente dalla quale risulti che la proposta di soddisfacimento dei soggetti pubblici sia conveniente o non deteriore rispetto all'alternativa liquidatoria.

[11] FAUCEGLIA, *Il nuovo diritto*, 262.

Il decreto del tribunale che conclude il giudizio – sia che omologhi, sia che accolga l'opposizione e quindi blocchi l'*iter* del concordato – è reclamabile, entro trenta giorni dalla data della sua notificazione (art. 247), dinanzi alla corte d'appello che si pronuncia con decreto motivato, ricorribile in cassazione entro i successivi trenta giorni dalla notificazione eseguita dalla cancelleria. Legittimati al reclamo sono esclusivamente le parti – proponente e opponenti – che abbiano partecipato al giudizio di omologazione.

Articolo 246
Efficacia del decreto

---

1. La proposta di concordato diventa efficace dal momento in cui scadono i termini per opporsi all'omologazione o da quello in cui si esauriscono le impugnazioni previste dall'articolo 245.

2. Quando il decreto di omologazione diventa definitivo, il curatore rende conto della gestione ai sensi dell'articolo 231 e il tribunale dichiara chiusa la procedura di liquidazione giudiziale.

Stefania Pacchi

La norma in commento – riprendendo quanto previsto dall'art. 130 l. fall. – indica due diversi momenti a partire dai quali il concordato in esame produce i suoi effetti [1]: o il momento in cui scadono i termini per proporre opposizione all'omologa o quello in cui si esauriscono le opposizioni. Così come è formulata, la disposizione è destinata, probabilmente, a generare la prosecuzione del dibattito circa il suo significato soprattutto ove posta in relazione a quanto statuito nel comma 2, nonché negli artt. 246 e 248 [2].

A mio avviso, però, le diverse disposizioni citate si riferiscono ciascuna a differenti tematiche. Mentre il comma 1 della norma in commento si dirige alla proposta concordataria come nucleo di un accordo che sarà assoggettato ad omologa, volendo così individuare il momento a partire dal quale l'impegno contrattuale, che comunque dovrà essere sigillato dal tribunale perché possa essere eseguito, vincola i contraenti.

Diversamente il comma 2 prescrive due adempimenti – rispettivamente a carico del curatore, il rendiconto, e del tribunale, la chiusura della liquidazione giudiziale, – che riferendosi all'esaurimento del processo inerente alla fase concordataria, sono naturalmente ancorati al decreto di omologazione, provvedimento che apre all'esecuzione.

Diverso oggetto ha inoltre l'art. 248 che dispone in ordine all'esdebitazione concordataria che risulta dal sigillo giudiziale che viene a chiudere, con l'omologazione, la fase concordataria alla quale seguirà la fase esecutiva (art. 249) che si dipanerà secondo quanto ha

---

[1] Sulla disciplina anteriore al 2006 dell'efficacia della proposta, v. BUCCARELLA, *Il concordato fallimentare,* 253 ss.

[2] Tra i molti: AZZARO, *Artt. 129-141*, 139; BONFATTI, *L'efficacia,* 207 ss.; CAVALAGLIO, *Art. 130*, 2037; ZANICHELLI, *I concordati giudiziali,* 437; RUOSI, *Art. 130*, 808. Per un riepilogo del dibattito, più recentemente, ROSSI, *Appunti su definitività,* 859 ss.

fissato il decreto di omologazione sigillando l'accordo concordatario.

Ciò che il comma 1 della norma in commento vuole affermare è che non è «necessario attendere il provvedimento formale (decreto) con il quale il tribunale omologa il concordato. Si tratta, peraltro, di una efficacia condizionata, atteso che contro il decreto del tribunale che omologa il concordato è possibile (...) proporre reclamo che se è accolto comporta il venir meno dell'intero *iter* concordatario»[3].

Tornando alla disposizione osserviamo che la distinzione operata nel comma 1 – ispirata ad un'idea di semplificazione e accelerazione[4] – è ancorata alla struttura a doppio binario del procedimento di omologa.

È comprensibile, allora, che nel primo caso il legislatore abbia previsto che la proposta di concordato diventa efficace, e dunque obbligatoria per il proponente, per i creditori, per il debitore e per tutti i soggetti interessati, ancor prima dell'omologazione del tribunale.

Sotto questo aspetto la norma pone al centro l'accordo – raggiunto dalle parti su una proposta di soddisfacimento – caratterizzato dal fatto di inserirsi in un procedimento concorsuale, in un concordato «avente natura giuridica *ibrida*, pubblico/privata»[5].

«L'atto che governa i rapporti fra le parti e l'accordo negoziale, rispetto al quale il provvedimento del giudice funge da mera *condicio iuris*. Quando si prendono ad esempio le tipologie di provvedimenti autorizzatori-omologatori per classificarli unitariamente, si nota che il giudice chiamato ad esercitare un controllo (talora anche di merito) sul *quomodo* dell'attività dei privati, ed è proprio questo il compito che il tribunale fallimentare deve assolvere»[6].

Così la norma di cui al comma 1 dell'art. 246, prescinde dall'intervento del giudice per sancire l'efficacia della proposta tra le parti. Ciò consente di affermare che l'accordo concluso tra i soggetti privati è perfetto e valido e non ha neanche bisogno, per essere operante e vincolante, di essere verificato, seppur solo formalmente, o autorizzato, seppur in maniera vincolata dal tribunale, e dunque diviene efficace prima che l'organo giurisdizionale possa esercitare quel limitato controllo circa la regolarità della procedura. L'assenza di opposizioni produce uno snellimento del procedimento, la pronuncia del decreto avendo «la funzione di rendere stabili gli effetti del concordato nonché (...) di rendere conoscibile, anche ai terzi, l'esistenza e l'efficacia della proposta concordataria. La proposta di concordato è direttamente efficace per volontà di legge e prima ancora della pronuncia del provvedimento definitivo»[7].

Qualora, invece, siano state presentate opposizioni, la proposta diventa efficace – e attuabile – sulla base del principio generale per cui un provvedimento giudiziale diventa de-

[3] NIGRO, VATTERMOLI, *Diritto della crisi*, 342.

[4] FERRINI, PIRANI, *Art. 130 l. fall.*, 598, ritengono che questa previsione potrebbe provocare complicazioni pratiche nel caso in cui non venisse richiesta l'omologazione perché da un lato vi sarebbe una proposta approvata ed efficace per disposizione di legge e dall'altro una procedura liquidativa che riprenderebbe il suo corso non potendo essere dichiarata cessata d'ufficio.

[5] NIGRO, VATTERMOLI, *Diritto della crisi*, 326.

[6] FABIANI, *Diritto fallimentare*, 581.

[7] FERRINI, PIRANI, *Art. 130 l. fall.*, 598.

finitivo nel momento in cui sono esaurite le impugnazioni ed il provvedimento non è più reclamabile o impugnabile[8].

La norma chiarisce che non è possibile attribuire efficacia alla proposta se non sono state risolte le controversie promosse contro la stessa. È da escludere che il tribunale possa dichiarare provvisoriamente esecutivo il decreto di omologa pronunciato in presenza di opposizione.

L'art. 246, comma 2, prevede che divenuto definitivo il decreto di omologazione e presentato il conto della gestione da parte del curatore, il tribunale dichiara chiusa la procedura di liquidazione giudiziale. Il conto redatto dal curatore – destinato al debitore, ai creditori e al terzo che abbia assunto gli obblighi derivanti dalla proposta – deve essere completo, dettagliato, documentato e avere ad oggetto l'intera attività svolta[9].

Il curatore deve così non solo evidenziare i flussi finanziari ma anche analizzare puntualmente tutte le operazioni compiute in modo dal rendere possibile il controllo su tutto il suo operato. Questa attività di rendicontazione può risultare più o meno complessa a seconda che la proposta sia stata presentata in un momento antecedente alla predisposizione cioè del programma di liquidazione o invece immediatamente dopo l'apertura della procedura di liquidazione giudiziale.

Il tribunale si pronuncia sul rendiconto con decreto reclamabile davanti alla corte d'appello è ricorribile per cassazione ai sensi dell'art. 111 Cost. emette un decreto motivato di chiusura della liquidazione giudiziale.

Con tale provvedimento, il debitore viene reintegrato nell'amministrazione e disponibilità del suo patrimonio e da quel momento – in quanto unico titolare dell'obbligazione concordataria – è tenuto al suo adempimento, restando il curatore in carica solo al fine di sorvegliare, unitamente al giudice delegato e al comitato dei creditori, l'adempimento delle obbligazioni concordatarie, secondo le modalità stabilite dal decreto di omologazione[10]. Se il concordato fosse stato proposto da un creditore o da un terzo, il debitore sarà tenuto, tuttavia, ad adempiere le obbligazioni vantate da creditori che non risultavano presenti al momento di presentazione delle proposte e per le quali il proponente ha escluso la propria responsabilità.

Ne consegue che il concordato è equiparato agli altri casi di chiusura della liquidazione giudiziale menzionati nell'art. 233.

---

[8] Le parole «dall'art. 245» sono state inserite dal d.lgs. 26 ottobre 2020, n. 147 che ha, nel contempo, sostituito quelle che comparivano precedentemente, vale a dire, «dall'art. 206» e che tante perplessità avevano suscitato in quanto che la norma da ultimo citata si riferisce alle opposizioni allo stato passivo. Ciò avrebbe comportato che il decreto di omologazione avrebbe avuto efficacia solo all'esaurimento dei giudizi di opposizione e impugnazione dello stato passivo, scoraggiando a causa di una condizione così incerta qualsiasi proponente. Sul punto, PEZZANO, RATTI, *Il nuovo concordato,* 234 e LA CROCE, *Il concordato,* 291.

[9] Cass., 19 gennaio 2000, n. 547, in *Fallimento*, 2001, 48.

[10] Cass., 9 maggio 2007, n. 10634, aveva statuito che: «Qualora, invece, il tribunale o il giudice delegato, fissando le modalità di pagamento delle somme dovute ai creditori, abbiano stabilito che a tanto provveda materialmente il curatore, questi diviene per tale incombente un rappresentante *ex lege* senza poteri, del fallito tornato *in bonis* o comunque un *adiectus solutionis* causa del fallito medesimo, cui oggettivamente fanno capo gli effetti dell'attività dell'organo concorsuale».

Articolo 247

Reclamo

1. Il decreto del tribunale è reclamabile dinanzi alla corte di appello che pronuncia in camera di consiglio.

2. Il reclamo è proposto con ricorso da depositarsi nella cancelleria della corte di appello nel termine perentorio di trenta giorni dalla notificazione del decreto fatta dalla cancelleria del tribunale.

3. Esso deve contenere i requisiti prescritti dall'articolo 51, comma 2.

4. Il presidente, nei cinque giorni successivi al deposito del ricorso, designa il relatore, e fissa con decreto l'udienza di comparizione entro sessanta giorni dal deposito del ricorso.

5. Il ricorso, unitamente al decreto di fissazione dell'udienza, deve essere notificato, a cura del reclamante, entro dieci giorni dalla comunicazione del decreto, al curatore e alle altre parti, che si identificano, se non sono reclamanti, nel debitore, nel proponente e negli opponenti.

6. Tra la data della notificazione e quella dell'udienza deve intercorrere un termine non minore di trenta giorni.

7. Le parti resistenti devono costituirsi almeno dieci giorni prima della udienza, eleggendo il domicilio nel comune in cui ha sede la corte di appello.

8. La costituzione si effettua mediante il deposito in cancelleria di una memoria contenente l'esposizione delle difese in fatto e in diritto, nonché l'indicazione dei mezzi di prova e dei documenti prodotti.

9. L'intervento di qualunque interessato non può aver luogo oltre il termine stabilito per la costituzione delle parti resistenti, con le modalità per queste previste.

10. All'udienza, il collegio, sentite le parti, assume, anche d'ufficio, i mezzi di prova, eventualmente delegando un suo componente.

11. La corte provvede con decreto motivato.

12. Il decreto è pubblicato a norma dell'articolo 45 e notificato alle parti, a cura della cancelleria, ed è impugnabile con ricorso per cassazione entro trenta giorni dalla notificazione.

Davide Cesiano

Sommario: 1. La legittimazione attiva e passiva. – 2. Il procedimento.

1. – L'art. 247 ripropone la previgente disciplina di cui all'art. 131 l. fall., in materia di reclamo avverso il decreto di omologa del concordato.

Anche se la disposizione non indica espressamente i soggetti legittimati a proporre reclamo dinanzi alla corte d'appello, certamente lo sono coloro che sono stati parte nel giudizio di omologazione, nel rispetto della regola generale della soccombenza. Nel caso di decreto che abbia respinto la richiesta di omologazione, la legittimazione a proporre il reclamo spetta al proponente la soluzione concordataria; mentre avverso il decreto di accoglimento della richiesta di omologazione in presenza di opposizioni, essa spetta ai creditori dissenzienti, che abbiano proposto opposizione dinanzi al tribunale. Il reclamo può essere proposto anche dal debitore, quando la proposta sia stata presentata da uno o più creditori o da un terzo.

Nel caso in cui il tribunale abbia modificato la proposta in sede di omologazione, legittimati attivi al reclamo sono ritenuti lo stesso proponente e i creditori che avevano votato favorevolmente la proposta e che, pertanto, non avevano proposto opposizione.

Si ritiene che anche l'assuntore ed il garante del concordato abbiano la legittimazione attiva all'impugnazione *ex* art. 247, i quali, sebbene «non possano essere considerati soccombenti nel giudizio di omologazione ed anche ove non abbiano partecipato a tale giudizio, potrebbero avere interesse all'impugnazione nell'ipotesi in cui il decreto di omologazione del concordato abbia introdotto modifiche rispetto alle condizioni del concordato cui essi avevano aderito» [1].

Parte resistente necessaria del procedimento è il curatore, al quale non spetta il potere di impugnazione [2], neppure nel caso di parere contrario, bensì esclusivamente la qualità di contraddittore necessario, in quanto i poteri di tutela degli interessi coinvolti nel concordato competono al debitore, ai creditori ed al proponente.

Infatti, una volta omologato il concordato, al curatore spetta esclusivamente, di concerto con gli altri organi della procedura, di sorvegliarne l'adempimento.

2. – Il reclamo dinanzi alla corte d'appello deve contenere i requisiti prescritti per le impugnazioni dall'art. 51, comma 2, ovvero le generalità delle parti, l'indicazione dell'ufficio giudiziario competente, l'esposizione dei fatti e degli elementi su cui si basa l'impugnazione con le relative conclusioni, oltre l'indicazione dei mezzi di prova di cui il reclamante intende avvalersi.

Il procedimento è modellato sulla falsariga dei procedimenti in camera di consiglio di cui all'art. 737 ss. c.p.c., sicché il presidente del tribunale, nei cinque giorni successivi al deposito del reclamo, designa il giudice relatore e fissa con decreto l'udienza di comparizione delle parti entro sessanta giorni dal deposito del reclamo.

Il reclamo unitamente al decreto di fissazione dell'udienza, deve essere notificato, a cura del reclamante, entro dieci giorni dalla comunicazione del decreto, al curatore e alle al-

---

[1] FABIANI, *Sistema, principi*, 511.

[2] Nel sistema previgente v. Cass., 10 febbraio 2011, n. 3274, per la quale «Nel concordato fallimentare il curatore assume il ruolo di ausiliario del giudice e come tale partecipa al procedimento di omologazione quale rappresentante della massa dei creditori senza assumere la posizione di parte in senso sostanziale. Il curatore in quanto non riveste la qualità di parte sostanziale nel procedimento di omologazione del concordato fallimentare, non è legittimato ad impugnare il decreto con reclamo alla corte d'appello o con ricorso per cassazione, salvo che vanti un proprio specifico interesse». Cfr. inoltre FABIANI, *La ricerca*, 298 ss.

tre parti, che si identificano, se non sono reclamanti, nel debitore, nel proponente e negli opponenti. Tra la data della notificazione e quella dell'udienza di comparizione deve intercorrere un termine non minore di trenta giorni.

Le parti resistenti devono costituirsi almeno dieci giorni prima dell'udienza mediante il deposito in cancelleria di una memoria contenente l'esposizione delle difese in fatto e in diritto, nonché l'indicazione dei mezzi di prova e dei documenti prodotti. L'intervento di qualunque interessato non può aver luogo oltre il termine stabilito per la costituzione delle parti resistenti con le modalità per queste previste.

All'udienza il collegio, sentite le parti, assume anche d'ufficio i mezzi di prova, eventualmente delegando un suo componente e quindi provvede con decreto motivato. Il decreto è pubblicato a norma dell'art. 45 ed è notificato alle parti, a cura del cancellerie, ed è impugnabile con ricorso per cassazione entro trenta giorni dalla notificazione.

Si è osservato che «la scelta di prevedere il ricorso per cassazione nasca dall'esigenza di rendere stabili gli effetti del concordato nella liquidazione giudiziale, sì da impedire la generalizzata revocabilità del decreto, secondo il modello di cui all'art. 742 c.p.c., che sarebbe, altrimenti, invocabile al giudizio camerale omologatorio» [3].

---

[3] Sull'argomento v. ancora FABIANI, *Sistema, principi*, 511.

Articolo 248

Effetti del concordato nella liquidazione giudiziale

1 Il concordato omologato è obbligatorio per tutti i creditori anteriori alla sentenza che dichiara l'apertura della procedura di liquidazione giudiziale, compresi quelli che non hanno presentato domanda di ammissione al passivo. A questi non si estendono le garanzie date nel concordato da terzi.

2. I creditori conservano la loro azione per l'intero credito contro i coobbligati, i fideiussori del debitore e gli obbligati in via di regresso.

Davide Cesiano

Sommario: 1. Gli effetti del concordato omologato. – 2. I diritti contro i coobbligati, i fideiussori del fallito e gli obbligati in via di regresso.

1. – L'art. 248 ripresenta la previgente disciplina di cui all'art. 135 l. fall., in materia di effetti del concordato omologato.

Il concordato acquista efficacia, diventando obbligatorio per tutti i creditori – anche per coloro che non hanno presentato domanda di ammissione al passivo – una volta scaduto il termine per le opposizioni, oppure allorquando il decreto di omologazione è divenuto definitivo, a seguito del reclamo in appello e del ricorso per cassazione.

Ed è soltanto con la definitività del decreto che il debitore torna *in bonis,* come si sta per dire e gli organi della procedura assumono un diverso ruolo, di vigilanza e controllo [1].

Gli effetti del concordato omologato riguardano tutti i creditori anteriori alla sentenza di liquidazione giudiziale, il cui credito corrisponderà ai contenuti previsti dalla proposta per quel che riguarda la natura dell'obbligazione, i tempi, l'importo e, eventualmente, il soggetto obbligato. Tali effetti si dispiegano anche nei confronti dei creditori che non hanno presentato domanda di ammissione al passivo – recita l'art. 248 – ai quali, tuttavia, non si estendono le garanzie concesse da terzi (art. 248).

Per quel che riguarda gli effetti sul debitore – nel caso di proposta presentata da un terzo o dal creditore – egli è liberato dai debiti, sostituiti dalle nuove obbligazioni concordatarie assunte dal proponente nei confronti di tutti i creditori anteriori (c.d. esdebitazio-

[1] Cfr. Capezzera, *Art. 248*, 1239 ss.; Ghiotto, Keller, *Art. 248*, 287.

ne). La liberazione non sarà totale se il proponente ha assunto il debito nei confronti dei creditori ammessi al passivo, a coloro che si sono opposti allo stato passivo o hanno presentato domanda tardiva al tempo della proposta. In tal caso il debitore continuerà a rispondere nei confronti degli altri creditori limitatamente alla percentuale concordataria.

Sempre nel caso di concordato proposto dal creditore o dal terzo, è a costoro che sarà trasferito il patrimonio del debitore – normalmente dopo l'esecuzione del concordato o per singoli elementi dell'attivo in funzione dell'adempimento – quale corrispettivo dell'assunzione degli obblighi concordatari.

Se invece è il medesimo debitore ad aver proposto il concordato, l'esdebitazione sarà pari alla differenza tra i debiti originari e la percentuale offerta ai creditori[2].

2. – Non beneficiano invece dell'esdebitazione riservata al debitore, i coobbligati, fideiussori ed obbligati in via di regresso di quest'ultimo, nei cui confronti i creditori conservano l'azione per l'intero credito.

In pratica, resta fermo il principio che i creditori conservano la propria azione per l'intero credito contro i coobbligati, i fideiussori del debitore e gli obbligati in via di regresso, in deroga alla regola generale che prevede che l'estinzione dell'obbligazione principale estingua anche quelle accessorie.

Orbene, la persistenza della responsabilità sembra collocarsi in contrasto con il principio di accessorietà che connota solitamente le garanzie ed anche con la disciplina delle obbligazioni solidali. Tale contrasto trova la sua ragione nel fatto che il concordato non determina l'estinzione delle obbligazioni, ma la degradazione ad obbligazione naturale della quota di obbligazione della quale non è previsto il pagamento in sede concordataria.

Ne consegue dunque la coesistenza dell'obbligazione originaria, vincolante per i coobbligati, fideiussori ed obbligati in via di regresso, con la nuova obbligazione derivante dal patto concordatario.

---

[2] D'ATTORRE, *Il concordato*, 325 ss.

Articolo 249

Esecuzione del concordato nella liquidazione giudiziale

1. Dopo la omologazione del concordato il giudice delegato, il curatore e il comitato dei creditori ne sorvegliano l'adempimento, secondo le modalità stabilite nel decreto di omologazione.

2. Le somme spettanti ai creditori contestati, condizionali o irreperibili, sono depositate nei modi stabiliti dal giudice delegato.

3. Accertata la completa esecuzione del concordato, il giudice delegato ordina lo svincolo delle cauzioni e la cancellazione delle ipoteche iscritte a garanzia e adotta ogni misura idonea per il conseguimento delle finalità del concordato.

4. Il provvedimento è pubblicato ed affisso ai sensi dell'articolo 45. Le spese sono a carico del debitore.

Davide Cesiano

Sommario: 1. Il ruolo degli organi della procedura nella fase esecutiva. – 2. Le modalità di esecuzione del concordato e le categorie di creditori.

1. – L'art. 249 ripresenta la previgente disciplina di cui all'art. 136 l. fall., in materia di esecuzione del concordato omologato, prevedendo la sorveglianza da parte del giudice delegato, del curatore e del comitato dei creditori sull'esecuzione del concordato omologato, secondo le modalità stabilite nel decreto di omologazione.

Orbene, una volta che il concordato nella liquidazione giudiziale sia stato omologato, gli organi mantengono, nella fase esecutiva, un ruolo di sorveglianza sulla sua puntuale esecuzione, secondo le modalità stabilite nel decreto di omologazione.

In questa fase, l'art. 249 ha assegnato al giudice delegato un ruolo centrale di intervento, attribuendogli il potere di adottare «*ogni misura idonea per il conseguimento delle finalità del concordato*».

Si è osservato come tale compito possa essere espletato mediante la formazione di atti esecutivi, attuativi ovvero integrativi delle disposizioni contenute nella proposta di concordato e nel decreto di omologazione[1].

---

[1] Cfr. Capezzera, *Art. 249*, 1247 ss.

In ogni caso, i provvedimenti adottati dal giudice delegato in fase esecutiva non sono reclamabili, ai sensi dell'art. 124, per mancanza di specifici richiami a tale rimedio nell'articolo in commento, né sono ricorribili per cassazione [2], non avendo contenuto giurisdizionale.

2. – Le modalità esecutive proprie di ciascun concordato sono normalmente contenute nella proposta accettata dai creditori e devono essere dettate dal tribunale nel decreto di omologazione.

In questa delicata fase della procedura debitore e creditori possono comunque rivolgersi al giudice delegato per individuare con precisione le modalità esecutive anche in ordine al deposito delle somme spettanti ai creditori irreperibili.

Giova osservare che l'esecuzione non riguarda soltanto il pagamento dei creditori ma anche l'eventuale attività di liquidazione dei beni.

Il comma 2 della disposizione in commento individua tre categorie di creditori il cui pagamento avviene con il deposito delle somme dovute, secondo le modalità stabilite dal giudice delegato. Si tratta dei creditori contestati, condizionali o irreperibili.

Attenta dottrina ha osservato come «il deposito delle somme dovute ai creditori irreperibili costituisca un pagamento in quanto dal momento della sua costituzione decorrono i termini di prescrizione; di contro quello in favore dei creditori contestati e condizionali rappresenta, invece una cauzione che può essere sostituita dalla prestazione di una fideiussione. In ogni caso, il termine di prescrizione per questi creditori decorre rispettivamente dal verificarsi della condizione per i primi e dal definitivo riconoscimento dei loro diritti per i secondi» [3].

Il comma 3 dell'art. 249 stabilisce infine che, accertata la completa esecuzione del concordato, il giudice delegato ordina lo svincolo delle cauzioni e la cancellazione delle ipoteche iscritte a garanzia ed adotta ogni misura idonea per il conseguimento delle finalità del concordato da adottarsi con provvedimento pubblicato e affisso ai sensi dell'art. 45 a spese del debitore, il quale ha natura ricognitiva e non giurisdizionale per cui, non è impugnabile mediante ricorso in cassazione *ex* art. 111 Cost.

[2] Sull'argomento NARDECCHIA, *Il concordato*, 1247.

[3] FABIANI, *Sistema, principi*, 513.

Articolo 250

Risoluzione del concordato nella liquidazione giudiziale

1. Se le garanzie promesse non vengono costituite o se il proponente non adempie regolarmente gli obblighi derivanti dal concordato, ciascun creditore può chiederne la risoluzione.

2. Il ricorso per la risoluzione deve essere proposto entro un anno dalla scadenza del termine fissato per l'ultimo adempimento previsto nel concordato.

3. Il procedimento è regolato dall'articolo 41. Ad esso è chiamato a partecipare anche l'eventuale garante.

4. La sentenza che risolve il concordato riapre la procedura di liquidazione giudiziale ed è provvisoriamente esecutiva. Con essa il tribunale adotta i provvedimenti di cui all'articolo 237, comma 2. La sentenza è reclamabile ai sensi dell'articolo 51.

5. Le disposizioni del presente articolo non si applicano quando gli obblighi derivanti dal concordato sono stati assunti dal proponente o da uno o più creditori con liberazione immediata del debitore.

6. Non possono proporre istanza di risoluzione i creditori verso cui il terzo, ai sensi dell'articolo 240, comma 5, non abbia assunto responsabilità per effetto del concordato.

Davide Cesiano

Sommario: 1. Legittimazione e presupposti per la richiesta di risoluzione del concordato. – 2. Procedimento.

1. – L'art. 250 ricalca la previgente disciplina di cui all'art. 137 l. fall., in materia di risoluzione del concordato, prevedendo che se le garanzie legate alla proposta di concordato non vengono costituite, oppure se il proponente non adempie agli obblighi concordatari, ciascun creditore (non ha legittimazione il curatore né il tribunale d'ufficio) può chiedere la risoluzione del concordato, attraverso un ricorso da presentarsi entro l'anno dalla scadenza del termine fissato per l'ultimo adempimento previsto dal concordato.

È stato osservato come il legislatore abbia omesso di adeguare la predetta disposizione ai principi del Codice della crisi ed in particolare alla disciplina del concordato preventivo, dove è previsto che anche il commissario giudiziale, su segnalazione dei creditori, sia legittimato a chiedere la risoluzione del concordato. «Il rimedio ha ancora carattere collettivo, in quanto il concordato si risolve necessariamente in relazione all'universalità dei creditori, anche se l'inadempimento riguardi un solo creditore»[1].

La risoluzione può essere richiesta benché l'inadempimento abbia scarsa importanza – contrariamente al concordato preventivo – dunque per la violazione di qualsiasi previsione dalla proposta, anche se relativa ad un solo creditore. Per la giurisprudenza rileva il solo profilo oggettivo dell'inadempimento – ossia dell'impossibilità di eseguire la proposta nei termini promessi –, non quello soggettivo della sua effettiva imputabilità al debitore concordatario

Si è osservato come il concetto di irregolarità utilizzato dal legislatore concorsuale abbia una portata più ampia di quello civilistico di inesatto adempimento, di per sé comprensivo sia dell'inadempimento che del tardivo adempimento, includendo ogni deviazione oggettiva rispetto allo schema negoziale approvato dalle parti[2].

Attesa la natura contrattuale del concordato nella liquidazione giudiziale, dottrina accreditata ha ritenuto applicabile, per quanto compatibile «la disciplina codicistica dettata dagli art. 1453 ss., con la conseguenza che l'inadempimento o il ritardo nella puntuale esecuzione degli obblighi concordatari potrà essere ritenuto rilevante soltanto ove sia concretamente apprezzabile e comunque tale da incidere sull'interesse dei creditori (o del singolo creditore) all'esatto adempimento degli obblighi concordatari»[3].

2. – Il procedimento è regolato secondo le forme previste da quello previsto per l'apertura della liquidazione giudiziale (art. 41).

Il tribunale, con decreto notificato alle parti, dispone la comparizione del ricorrente, del proponente e del debitore (se persona diversa dal proponente), di eventuali garanti, anche al fine di verificare un possibile tardivo adempimento.

La sentenza che risolve il concordato è immediatamente esecutiva e riapre la liquidazione giudiziale ed è reclamabile, ai sensi dell'art. 51, davanti alla corte d'appello e in cassazione.

La decisione del tribunale che rigetta la domanda di risoluzione assume la forma di decreto motivato e, per analogia, dovrebbe trovare applicazione il procedimento di cui all'art. 50.

La riapertura della liquidazione giudiziale non si determina se gli obblighi del concordato sono stati assunti dal terzo o dai creditori con liberazione immediata del debitore, essendo eventualmente i primi ad essere esposti a liquidazione giudiziale per effetto della novazione soggettiva determinata dal concordato.

La risoluzione non può essere pronunciata trascorso un anno dalla scadenza del termine fissato per l'ultimo adempimento previsto nel concordato. Si tratta di un termine di decadenza e non di prescrizione ed è perentorio. Nel regime previgente, tale termine era fatto decorrere dalla scadenza dell'ultimo pagamento previsto dal concordato. Poiché nel nuovo concordato il soddisfacimento dei creditori può essere realizzato in forme diverse

---

[1] NARDECCHIA, *Il concordato*, 1247.

[2] Cfr. sull'argomento RUSSOLILLO, *La risoluzione anticipata*, 91; ROCCO DI TORREPADULA, *Il concordato fallimentare*, 798.

[3] FABIANI, *Sistema, principi*, 515.

dal pagamento, il termine è ora fatto decorrere dalla scadenza del termine fissato per l'ultimo adempimento previsto nel concordato.

Il concordato non può essere risolto quando gli obblighi da esso derivanti siano stati assunti dal terzo inadempiente, con liberazione del debitore, sia perché vi è stata una novazione del rapporto, sia perché il debitore non inadempiente ed ha perso, in favore dell'assuntore, i beni con cui avrebbe potuto adempiere laddove avesse tenuto a proprio carico gli obblighi concordatari[4].

[4] NARDECCHIA, *Il concordato*, 1250.

Articolo 251

Annullamento del concordato nella liquidazione giudiziale

1. Il concordato omologato può essere annullato dal tribunale, su istanza del curatore o di qualunque creditore, in contraddittorio con il debitore, quando si scopre che è stato dolosamente esagerato il passivo o che è stata sottratta o dissimulata una parte rilevante dell'attivo.

2. Il ricorso per l'annullamento deve proporsi nel termine di sei mesi dalla scoperta del dolo e, in ogni caso, non oltre due anni dalla scadenza del termine fissato per l'ultimo adempimento previsto nel concordato. Non è ammessa alcuna altra azione di nullità. Si procede a norma dell'articolo 250.

3. La sentenza che annulla il concordato riapre la procedura di liquidazione giudiziale ed è provvisoriamente esecutiva. Con essa il tribunale adotta i provvedimenti di cui all'articolo 237, comma 2. La sentenza è reclamabile ai sensi dell'articolo 51.

Davide Cesiano

Sommario: 1. I motivi di annullamento. – 2. Gli effetti della riapertura del procedimento di liquidazione giudiziale.

1. – Anche l'art. 251 ricalca la previgente disciplina di cui all'art. 138 l. fall., e prevede la possibilità di richiedere al tribunale l'annullamento del concordato, laddove dovesse emergere che il passivo è stato dolosamente esagerato oppure è stata sottratta o dissimulata una parte rilevante dell'attivo, tale da aver indotto in errore i creditori sulla fattibilità e sulla convenienza del concordato proposto. L'annullamento è disposto quando l'errore dei creditori è da ricondurre ad un'alterazione dell'effettiva situazione patrimoniale della società debitrice, realizzata attraverso le suddette condotte.

Secondo la prevalente giurisprudenza formatasi prima della riforma in esame, la sottrazione o dissimulazione dell'attivo può consistere nel materiale occultamento di denaro o di qualsiasi altro bene destinato alla massa creditoria, ivi compresa l'intestazione fiduciaria o la vendita simulata [1].

---

[1] In termini riepilogativi *ante* riforma cfr. SANZO, *La fase successiva*, 2090; PAJARDI, PALUCOSKY, *Manuale di diritto*, 1543.

Diversamente da quanto avviene nell'ipotesi di risoluzione del concordato, ai fini dell'annullamento, rileva l'elemento soggettivo, in quanto il debitore deve aver agito dolosamente, con l'intento di alterare la volontà dei soggetti coinvolti nel concordato nel momento pattizio [2].

Il ricorso può essere presentato da qualunque creditore – in questo caso anche dal curatore (quale tutore di un pubblico interesse) – entro sei mesi dalla scoperta del dolo e, comunque, non oltre due anni dalla scadenza del termine fissato per l'ultimo adempimento previsto nel concordato.

Si ritiene che l'iniziativa non possa essere adottata d'ufficio dal tribunale né intrapresa dal creditore che era a conoscenza del carattere doloso della cessione di un bene del debitore, sottratto al concordato.

Il procedimento per l'annullamento del concordato segue quello per la risoluzione.

La sentenza che pronuncia l'annullamento è immediatamente esecutiva e può essere impugnata con reclamo, ai sensi dell'art. 51; nel caso di rigetto, il tribunale provvede con decreto.

2. – La sentenza che annulla il concordato riapre la liquidazione giudiziale nella quale avrà luogo il concorso dei vecchi e nuovi creditori. Se il proponente è il debitore cesserà l'effetto esdebitatorio e si riprodurranno gli effetti patrimoniali e personali a suo carico. Nel caso di terzo o creditore il patrimonio sarà retrocesso ai creditori.

Fra gli effetti più rilevanti della riapertura, si segnalano:

i. la possibilità per il curatore di recuperare le azioni revocatorie pendenti che erano state cedute al terzo;

ii. la conservazione, per i creditori, delle garanzie che erano state loro rilasciate dal garante;

iii. la ritenzione, da parte dei creditori, delle somme che hanno ricevuto in esecuzione del concordato in base alla regola fissata per la stabilità dei riparti concorsuali.

La riapertura della procedura di liquidazione, a seguito dell'annullamento del concordato, costituisce un fenomeno di reviviscenza, ovvero di prosecuzione, nel segno dell'unitarietà, della procedura originaria, dapprima "chiusa" e poi, per l'appunto, "riaperta".

I "nuovi creditori" che possono partecipare al concorso conseguente alla riapertura della liquidazione vanno identificati unicamente in coloro che risultano tali con riferimento all'attività svolta dal debitore nella fase intermedia tra la chiusura e la riapertura della procedura, allorché il debitore aveva riacquistato l'amministrazione del suo patrimonio. Questi ultimi debbono comunque presentare una nuova domanda di partecipazione al concorso.

Se, come si è anticipato, la proposta di concordato proviene da un assuntore (terzo o creditore), a seguito dell'effetto caducatorio derivante dalla pronuncia di annullamento, la proprietà dei beni in capo al medesimo non trova più ragione d'essere, per cui, i beni devono essere restituiti alla "massa" dei creditori. Di contro, per i beni che siano stati alienati a terzi in esecuzione del concordato, ci si chiede se debbano prevalere le ragioni del terzo acquirente o le ragioni della massa dei creditori.

[2] Cfr. Capezzera, *Art. 251*, 1257 ss.; Fabiani, *Sistema, principi*, 517.

Secondo la disciplina concorsuale speciale, gli atti compiuti dopo la chiusura della liquidazione giudiziale, ove questa sia riaperta, possono essere impugnati con l'azione di revocatoria Mentre la disciplina generale in tema di annullamento (art. 1445 c.c.) offre tutela al terzo acquirente in buona fede (art. 1153 c.c.).

Comunque sarà onere del curatore, che intende impugnare l'atto di cessione del bene, dimostrare che nel momento in cui l'atto è stato compiuto, il terzo era a conoscenza della revocabilità dell'atto, essendo il concordato annullabile[3].

[3] FABIANI, *Sistema, principi*, 517.

Articolo 252
Effetti della riapertura della liquidazione giudiziale

1. Nei casi di risoluzione o annullamento del concordato, gli effetti della riapertura della liquidazione giudiziale sono regolati dagli articoli 238 e 239.

2. Possono essere riproposte le azioni revocatorie già iniziate e interrotte per effetto del concordato.

3. I creditori anteriori conservano le garanzie per le somme ancora ad essi dovute in base al concordato risolto o annullato e non sono tenuti a restituire quanto hanno già riscosso.

4. Essi concorrono per l'importo del primitivo credito, detratta la parte riscossa in parziale esecuzione del concordato.

Carlo Amatucci

L'articolo in commento contiene la disciplina degli effetti della riapertura della liquidazione giudiziale, richiamando quelli previsti dagli artt. 238 e 239 che regolamentano la situazione processuale che si verifica allorquando, dopo la chiusura della liquidazione, risulta che nel patrimonio del debitore esistono attività in misura tale da rendere utile il provvedimento di riapertura della stessa.

Con la riapertura della liquidazione giudiziale gli organi riassumono le proprie funzioni e i creditori non sono tenuti a restituire quanto hanno incassato, ove i pagamenti siano già avvenuti nel rispetto della *par condicio creditorum*, al pari di quanto avviene nel caso di un riparto parziale. Per le somme ancora dovute essi conservano le garanzie prestate in esecuzione del concordato e «*concorrono per l'importo del primitivo credito, detratta la parte riscossa in parziale esecuzione del concordato*» (così art. 252, comma 4).

Stante la continuità del procedimento, si ritiene che le statuizione adottate in sede di verifica dello stato passivo della procedura di liquidazione riaperta non sono soggette a riesame. I creditori esclusi, non potranno riproporre domanda di ammissione al passivo, non costituendo la riapertura una riammissione in termini[1].

Gli organi della procedura potranno riproporre le azioni revocatorie già iniziate e interrotte per effetto del concordato e si ritiene che il curatore possa intraprendere nuove

---

[1] Cfr. CAPEZZERA, *Art. 251*, 1260 ss.

azioni revocatorie, atteso che non ci si trova di fronte ad una nuova liquidazione giudiziale, bensì ad una prosecuzione della prima, cosicché rimane integro il potere in ordine all'esercizio delle azioni da compiere nell'interesse della massa.

Ciò nondimeno, è assai improbabile che il curatore possa effettivamente intraprendere nuove azioni revocatorie, attesi i termini di prescrizione imposti dalla legge e decorrenti dalla sentenza dichiarativa di liquidazione giudiziale.

Articolo 253

Nuova proposta di concordato

1. Reso esecutivo il nuovo stato passivo, il proponente è ammesso a presentare una nuova proposta di concordato. Questo non può tuttavia essere omologato se prima dell'udienza a ciò destinata non sono depositate, nei modi stabiliti dal giudice delegato, le somme occorrenti per il suo integrale adempimento o non sono prestate garanzie equivalenti.

Carlo Amatucci

L'ultima disposizione in tema di concordato nella liquidazione giudiziale prende in considerazione l'ipotesi, contemplata dal previgente art. 141 l. fall., in cui il proponente, dopo la riapertura della liquidazione giudiziale, depositi una nuova domanda di concordato e, nel prevederne, l'ammissibilità, dispone che l'omologa del nuovo concordato sia possibile solo a condizione che il nuovo stato passivo sia stato reso esecutivo, non trovando applicazione l'art. 240, nella parte in cui prevede la possibilità di presentazione anticipata del concordato e che prima dell'udienza siano depositate, nei modi stabiliti dal giudice delegato, le somme occorrenti per il suo integrale adempimento.

È espressamente consentito, anziché depositare le provviste necessarie per l'adempimento del concordato, prestare garanzie equivalenti, quali ad esempio fideiussioni a prima richiesta, che solitamente offrono sufficienti certezze in ordine all'adempimento degli obblighi assunti e ciò in quanto è evidente «l'interesse ad evitare che vengano omologate proposte formulate da soggetti dimostratisi non affidabili» [1].

Qualche primo commentatore ha dedotto, da quest'ultima previsione, la convincente conclusione dell'impossibilità di presentare una nuova proposta di concordato che preveda il soddisfacimento dei creditori attraverso forme diverse dal pagamento in denaro [2].

Se la nuova proposta viene presentata da un soggetto diverso dal vecchio proponente, trova applicazione la disciplina generale, non essendovi ragione di applicare le cautele di cui all'articolo in commento.

---

[1] Cfr. FABIANI, *Sistema, principi*, 517.

[2] Così CAPEZZERA, *Art. 253*, 1263 ss.

Si è altresì osservato come il legislatore abbia lasciato sostanzialmente invariata l'impostazione tradizionale che non vede nella riapertura una cesura procedimentale, determinando invece, una prosecuzione della fase precedente, senza che vengano meno gli effetti già eseguiti del concordato annullato o risolto.

Articolo 254

Doveri degli amministratori e dei liquidatori

1. Gli amministratori e i liquidatori della società in liquidazione giudiziale devono essere sentiti in tutti i casi in cui la legge richiede che sia sentito il debitore e sono tenuti a fornire le informazioni o i chiarimenti necessari per la gestione della procedura richiesti dal curatore o dal comitato dei creditori.

Giuseppe Santoni

Sommario: 1. L'obbligo di sentire gli amministratori ed i liquidatori. – 2. L'obbligo degli amministratori e dei liquidatori di fornire i chiarimenti necessari per la gestione della procedura.

1. – La norma in commento dispone che, ove una società sia sottoposta a liquidazione giudiziale, in tutti i casi in cui la legge richiede di sentire il debitore siano sentiti gli amministratori o i liquidatori; sui medesimi incombe pure l'obbligo di fornire le informazioni o i chiarimenti necessari per la gestione della procedura che il curatore o il comitato dei creditori ritengano di richiedere. Il contenuto di tale disposizione, confrontato con quello delle corrispondenti norme dettate nella legge fallimentare del 1942, come modificata nel 2005, sembra costituire una sintesi, da un lato, dell'art. 146, comma 1, l. fall., il quale estende agli organi sociali gli obblighi più in generale già dettati per il fallito dall'art. 49 l. fall., attraverso il richiamo appunto di detta norma; e, dall'altro, dello stesso citato art. 49, comma 2, che peraltro, in termini più pressanti per il fallito, ne prevedeva l'obbligo di presentarsi personalmente al giudice delegato, al curatore e al comitato dei creditori, per fornire le informazioni o chiarimenti occorrenti ai fini della gestione della procedura.

Dell'art. 146 l. fall., invece non è riproposto il comma 2 riguardante l'esercizio delle azioni di responsabilità, la cui disciplina è invece sostanzialmente riprodotta dall'art. 255.

Per poter comprendere le implicazioni e le novità della nuova formulazione della disciplina, occorre ripercorrere sinteticamente alcune delle questioni applicative sorte nell'interpretazione degli artt. 146, comma 1, e 49 l. fall., per poi verificare quali eventuali novità comporti il testo novellato della disposizione, e su quali presupposti questa si fondi.

Al riguardo, il Codice ha confermato alcune delle scelte più rilevanti della precedente disciplina. Al riguardo, va ricordato che la riforma della legge fallimentare del 2005 aveva completamente riscritto l'art. 49 l. fall., eliminando le precedenti gravi limitazioni alla libertà di residenza e movimento del fallito, compreso il potere del giudice delegato di ordinare l'accompagnamento coatto del fallito per mezzo della forza pubblica. Quelle limitazioni furono in sostanza circoscritte alla sola previsione (oggi contemplata nell'art. 149), a carico del fallito e degli amministratori e liquidatori della società dichiarata insolvente, dell'obbligo di comunicare al curatore ogni cambiamento di residenza o domicilio, e confermando l'obbligo a carico degli stessi di presentarsi personalmente (o a mezzo di mandatario in caso di legittimo impedimento o per giustificato motivo) davanti agli organi della procedura per fornire informazioni o chiarimenti necessari per la gestione della procedura [1]. In realtà, la prima parte dell'art. 146 l. fall., come novellata dal d.lgs. n. 5 del 2006, era considerata come una mera duplicazione della disposizione già dettata nell'art. 49 l. fall., il quale già imponeva gli obblighi previsti anche ad amministratori e liquidatori della società [2].

In realtà, la norma in commento ha confermato la duplicazione di disciplina risalente alla precedente legge fallimentare, poiché anche l'attuale art. 149, comma 2 prevede testualmente che «*se occorrono informazioni o chiarimenti ai fini della gestione della procedura, i soggetti di cui al comma 1* [tra i quali sono compresi appunto gli amministratori o i liquidatori della società o dell'ente nei cui confronti è aperta la liquidazione giudiziale] *devono presentarsi personalmente al giudice delegato, al curatore o al comitato dei creditori*» [3].

2. – La norma in commento ha ribadito inoltre la scelta della precedente disciplina, di non richiedere modalità specificamente individuate per procedere alla convocazione dei destinatari, ovvero di non precisare allo scopo formule rituali da adottare.

Ne consegue che il curatore o il comitato dei creditori potranno procedere, oltre che a sentire il debitore nei casi previsti dalla legge, alla richiesta delle informazioni o dei chiarimenti da ottenere attraverso una qualsiasi modalità adatta allo scopo, consistente nel consentire loro di provvedere alla gestione della procedura.

Condivisibilmente, la norma continua a non definire le modalità attraverso le quali le informazioni o i chiarimenti vanno richiesti o resi. Quanto alle modalità specifiche attraverso le quali il curatore o il comitato di sorveglianza potranno procedere alla richiesta delle informazioni o chiarimenti, potranno essere effettuate con qualunque mezzo di comunicazione, e dunque con lettere, raccomandate o non, mail, messaggi telefonici, ma anche telefonate, messaggi mail, ed ancora comunicazioni effettuate da soggetti terzi, quali dipendenti o collaboratori della procedura, ovvero professionisti incaricati da questa. Parimenti, le risposte potranno essere rese con analoghe modalità, fermo restando il carattere personale dell'obbligo di collaborazione gravante su ciascun esponente societario, e l'esigenza per costoro di dimostrare di avere fornito le informazioni ed i chiarimenti richiesti, in ottemperanza del proprio doveri, come delineato nella norma in esame.

L'ampiezza della finalità generale attribuita alla richiesta di informazioni o chiarimenti non lascia dubbi sulla circostanza che a carico dei soggetti indicati gravi un vero e proprio

---

[1] Cfr. in argomento, per tutti, GENOVIVA, *Gli effetti patrimoniali*, 473 ss.

[2] Cfr. ABETE, *Azione di responsabilità*, 1474.

[3] Vedi CAGNASSO, *Liquidazione giudiziale*, 427.

obbligo di collaborazione con gli organi della procedura, e che la violazione di tali obblighi possa comportare delle conseguenze, in primo luogo in termini di responsabilità risarcitoria, sia in caso di mancato riscontro, sia in caso di risposte tardive o insufficienti o non veritiere.

Quanto ai soggetti legittimati passivi degli obblighi in esame, essi sono innanzitutto indicati dall'art. 259, anche negli enti e imprenditori collettivi non societari e nei loro componenti illimitatamente e personalmente responsabili per le obbligazioni dell'ente. Inoltre, è da ritenere che i medesimi obblighi si indirizzino anche al c.d. amministratore di fatto, ove gli accertamenti degli organi della procedura conducano ad a ritenere in concreto sussistente la relativa figura. Mentre il mancato espresso riferimento alla carica del direttore generale, di cui all'art. 2396 c.c., potrebbe indurre – a mio avviso infondatamente, in considerazione della finalità della norma volta con evidenza ad incrementare l'efficienza della procedura – ad escludere che questi soggiaccia ai medesimi obblighi di amministratori o liquidatori.

Infine, effetti ed obblighi previsti dalla norma in commento cessano con la chiusura della liquidazione giudiziale.

Articolo 255
Azioni di responsabilità

1. Il curatore, autorizzato ai sensi dell'art. 128, comma 2, può promuovere o proseguire:

a) l'azione sociale di responsabilità;

b) l'azione dei creditori sociali prevista dall'art. 2394 e dall'art. 2476, sesto comma, del codice civile;

c) l'azione prevista dall'art. 2476, ottavo comma, del codice civile;

d) l'azione prevista dall'art. 2497, quarto comma, del codice civile;

e) tutte le altre azioni di responsabilità che gli sono attribuite da singole disposizioni di legge.

Umberto Morera e Riccardo Bencini

Sommario: 1. Scopo e interventi correttivi. – 2. Ciò che cambia rispetto al passato. – 3. Le azioni di responsabilità nella società a responsabilità limitata e nei gruppi. – 4. Nuovi «capi d'accusa» nei confronti degli organi di amministrazione e controllo.

1. – Le azioni di responsabilità esperibili dal curatore sono disciplinate dall'art. 255. Tale norma, che ha sostituito l'art. 146 l. fall., intensifica i poteri del curatore[1] in coordinamento alle novellate disposizioni del codice civile dedicate al diritto societario. La sua originaria formulazione, svelata dal d. lgs. 12 gennaio 2019, n. 14, è stata ritoccata due volte dal legislatore: *(i)* l'art. 28, comma 1, d. lgs. 26 ottobre 2020, n. 147 ha corretto, a decorrere dal 1° settembre 2021, il comma 1, lett. *c*), nella parte in cui, in merito all'azione prevista dall'art. 2476 c.c., indicava il «settimo» comma, che è stato sostituito con l'«ottavo»[2]; *(ii)* l'art. 32, comma 1, d. lgs. 17 giugno 2022, n. 83 ha invece soppres-

[1] Che l'obiettivo del riformatore sia stato quello di rafforzare i poteri del curatore semplificandone l'attività, è confermato da BURRONI, PORCARI, *La liquidazione*, 482.

[2] Cfr. art. 28 (Modifiche alla disciplina della liquidazione giudiziale e concordato nella liquidazione giudiziale delle società) dello *Schema di decreto legislativo correttivo del CCII* del 9 giugno 2020, nel quale si legge che «Al comma 1, lettera c, dell'articolo 255, viene corretto un riferimento divenuto erroneo a seguito di una modifica all'art. 2476 c.c. recata dal medesimo Codice della crisi e dell'insolvenza (art. 378), che ha provocato lo slittamento dal settimo all'ottavo comma della previsione secondo cui il curatore può promuovere o prose-

so, a decorrere dal 15 luglio 2022, l'inciso di cui al comma 1 «*anche separatamente*».

2. – La lettura dell'art. 255, in raffronto a quella dell'art. 146 l. fall., consente di coglierne immediatamente i tratti innovativi. Per quanto concerne l'avvio delle azioni di responsabilità, il comma 2 dell'art. 146 l. fall. prevedeva che queste «sono esercitate dal curatore previa autorizzazione del giudice delegato sentito il comitato dei creditori». L'art. 255 si limita, invece, a richiamare il comma 2 dell'art. 128, ove stabilito che il curatore «*non può stare in giudizio senza l'autorizzazione del giudice delegato, salvo che in materia di contestazioni e di tardive dichiarazioni di crediti e di diritti di terzi sui beni compresi nella liquidazione giudiziale, e salvo che nei procedimenti promossi per impugnare atti del giudice delegato o del tribunale e in ogni altro caso in cui non occorra ministero di difensore*». Conseguentemente, il curatore – per promuovere o proseguire le azioni di responsabilità – non deve più rivolgersi al comitato dei creditori, essendo sufficiente la sola autorizzazione del giudice delegato. In tal modo, come precisato nella Relazione illustrativa[3], è stato semplificato l'esercizio dell'azione di responsabilità che «*rimane, così, assoggettato alle medesime disposizioni che regolano ogni altro tipo di iniziativa giudiziaria del curatore*».

Questa scelta legislativa attribuisce indubbiamente al curatore una maggiore autonomia decisionale, connessa a un proporzionale aumento di responsabilità[4]. Il curatore sarà infatti chiamato a compiere accurate valutazioni prodromiche all'instaurazione del contenzioso, aventi a oggetto l'analisi delle criticità e la stima dei vantaggi che ne potrebbero derivare alla procedura. L'autorizzazione del giudice delegato è resa con decreto motivato, come previsto dall'art. 123. È richiesta per ogni grado di giudizio e ricomprende le eventuali iniziative cautelari connesse all'azione autorizzata che il curatore intenda promuovere in corso di causa[5]. Quale condizione di efficacia dell'attività processuale dell'azione del curatore, l'autorizzazione è rilasciata prima dell'instaurazione del giudizio; qualora sia invece successiva all'avvio del contenzioso, la stessa produce effetti sananti *ex tunc*[6]. Il curatore rimane tenuto a informare il comitato dei creditori dell'esistenza delle azioni di responsabilità mediante il Programma di liquidazione (art. 213, comma 3).

L'art. 255, nella sua formulazione precedente al d.lgs. 17 giugno 2022, n. 83, consentiva al curatore di promuovere o proseguire, «anche separatamente» le azioni di responsa-

guire l'azione contro i soci per gli atti dannosi nei confronti della società, dei soci o di terzi, e da essi intenzionalmente decisi o autorizzati, per i quali essi sono solidalmente responsabili con gli amministratori che li hanno compiuti».

[3] Cfr. lo Schema di decreto legislativo recante *CCII* in attuazione della l. 19 ottobre 2017, n. 155, 199.

[4] Cfr. FAUCEGLIA, *Il nuovo diritto della crisi*, 259.

[5] In questo senso DONGIACOMO, MACRÌ, NAZZICONE, QUARANTA, *Organi sociali*, 474, ove ricordato che l'autorizzazione, pur se in forma generica, ricomprende entrambe le azioni previste dagli artt. 2393 e 2394 c.c., le istanze anche cautelari se postulate in corso di causa, nonché tutti i soggetti (amministratori, sindaci, direttori generali, ecc.) astrattamente responsabili dei fatti dedotti, anche *per relationem*, dal curatore; salvo che il decreto non disponga diversamente.

[6] Principio pacifico anche *ante* riforma; cfr. Cass., 11 settembre 2007, n. 19087. L'effetto convalidante dell'autorizzazione in sanatoria successivamente emessa dal giudice delegato è impedito nell'ipotesi in cui l'inefficacia degli atti compiuti dal curatore sia, nel frattempo, già accertata e sanzionata dal giudice. Su questo profilo, Cass., 29 settembre 2004, n. 19528; Cass., 28 marzo 2003, n. 4704.

bilità[7]. Tale inciso, come anticipato, è stato oggi eliminato, privilegiandosi l'iniziativa giudiziaria in forma cumulativa, in attuazione del principio di efficienza delle procedure di gestione dell'insolvenza di cui all'art. 25, lett. *b*), direttiva (UE) 2019/1023 del Parlamento europeo e del Consiglio del 20 giugno 2019. La Relazione illustrativa[8] spiega che la *ratio* dell'intervento correttivo è quello di evitare: *(i)* il proliferare di giudizi che, incidendo sulla durata eccessiva delle procedure di insolvenza, si pongono contro il principio di economia processuale; *(ii)* il compimento di accertamenti sovrapponibili che non consentono di distinguere agevolmente le conseguenze dannose di una fattispecie rispetto all'altra; *(iii)* l'aumento dei costi della procedura, a danno dei creditori.

Quanto ai soggetti legittimati passivi, l'art. 255 nulla prevede al riguardo; a differenza dell'art. 146 l. fall., che elencava al comma 2, lett. *a*), i destinatari processuali dell'azione di responsabilità, individuati, precisamente, negli amministratori, nei componenti degli organi di controllo, nei direttori generali e nei liquidatori. La scelta del riformatore è stata giustificata dalla volontà di evitare «questioni di una più o meno vasta area di differente applicazione soggettiva»[9], dovendosi pertanto ritenere compresi, oltre ai soggetti contemplati dalla citata norma fallimentare, i revisori contabili, i soci di società a responsabilità limitata che abbiano intenzionalmente deciso o autorizzato atti di *mala gestio*, nonché i membri degli organi di gestione e di controllo dei sistemi dualistico e monistico.

Venendo infine alla gamma delle azioni esperibili, l'art. 255 ne amplia il catalogo rispetto a quello dell'art. 146 l. fall., con espressa previsione dell'azione: *(i)* sociale di responsabilità (artt. 2392, 2393, 2476, 2485 e 2486 c.c.); *(ii)* dei creditori sociali, prevista dall'art. 2394 e dall'art. 2476, comma 6, c.c. e, in quanto a esse riconducibili, degli artt. 2485 e 2486 c.c.; *(iii)* di cui all'art. 2476, comma 8, c.c.; *(iv)* di cui all'art. 2497, comma 4, c.c., attribuita ai creditori della società soggetta ad altrui direzione e coordinamento.

Completa il quadro una disposizione di chiusura[10] che consente al curatore di esercitare tutte le altre azioni di responsabilità che gli sono «*attribuite da singole disposizioni di legge*».

3. – Degna di nota è la previsione concernente la legittimazione del curatore a promuovere l'azione spettante ai creditori sociali di società a responsabilità limitata. Ciò, in raccordo all'art. 378, comma 1 che, in modifica dell'art. 2476 c.c., ne ha introdotto il

---

[7] Il curatore avrebbe potuto, cioè, scegliere quale azione esercitare e, sulla base dei presupposti del caso concreto, se agire prima con l'una e poi con l'altra. Sul punto, con ampi riferimenti, DELLA ROCCA, GRIECO, *Il codice*, 232 ss.

[8] Cfr. lo Schema di decreto legislativo Modifiche al Codice della crisi d'impresa e dell'insolvenza di cui al d.lgs. 12 gennaio 2019, n. 14, in attuazione della direttiva (UE) 2019/1023 del Parlamento europeo e del Consiglio del 20 giugno 2019, riguardante i quadri di ristrutturazione preventiva, l'esdebitazione e le interdizioni, e le misure volte ad aumentare l'efficacia delle procedure di ristrutturazione, insolvenza ed esdebitazione, che modifica la direttiva (UE) 2017/1132 (sulla ristrutturazione e sull'insolvenza), approvato in via preliminare dal Consiglio dei Ministri il 17 marzo 2022.

[9] Cfr. Schema di decreto legislativo recante CCII in attuazione della l. 19 ottobre 2017, n. 155, 198. Dovrebbero considerarsi altresì ricompresi, nel novero dei soggetti chiamati in responsabilità, l'amministratore di fatto e le figure apicali dell'ente che il curatore ritenga abbiano concorso alla produzione del danno.

[10] Viene così superata, come evidenziato da LAMANNA, *Il nuovo Codice*, 119 «l'incerta disposizione in vigore che attribuisce al curatore la legittimazione ad esercitare "le azioni di responsabilità" senza altra precisazione».

comma 6, codificando la responsabilità degli amministratori verso i creditori della società a responsabilità limitata[11] «*per l'inosservanza degli obblighi inerenti alla conservazione dell'integrità del patrimonio sociale*». L'azione di responsabilità, in forza di detta norma, «può essere proposta dai creditori quando il patrimonio sociale risulta insufficiente al soddisfacimento dei loro crediti. La rinunzia all'azione da parte della società non impedisce l'esercizio dell'azione da parte dei creditori sociali. La transazione può essere impugnata dai creditori sociali soltanto con l'azione revocatoria quando ne ricorrono gli estremi». Questa previsione pone fine al lungo dibattito[12], innescato dal precedente silenzio normativo, sorto sulla possibilità di configurare l'azione dei creditori sociali nella società a responsabilità limitata. Riconosciuta cittadinanza all'azione del singolo creditore sociale nei confronti degli amministratori al fine di ottenere la reintegrazione del patrimonio della società, è stato osservato[13] che, in ipotesi di liquidazione giudiziale, detta azione, non appartenendo al patrimonio della fallita, non potrebbe passare al curatore, salvo che per speciale previsione. In questo senso, la norma in commento riconosce, appunto, al curatore il potere di agire o proseguire l'azione sociale e quella dei creditori sociali nei termini appena esposti.

Il curatore è legittimato ad agire anche verso i soci che abbiano intenzionalmente deciso o autorizzato atti di *mala gestio* degli amministratori di società a responsabilità limitata[14].

Infine, la norma in commento attribuisce al curatore, nel contesto dei gruppi societari, la titolarità dell'azione di responsabilità spettante a creditori sociali della eterodiretta. Legittimati passivi sono non soltanto i componenti degli organi amministrativi e di controllo della società soggetta a procedura concorsuale, ma anche la *holding* dirigente e i componenti dei rispettivi organi; ciò, nell'ottica di reintegrare il patrimonio dalle lesioni subite a causa dell'illegittimo esercizio di attività di direzione e coordinamento della capogruppo[15]. Nel valutare la condotta di coloro che abbiano agito in violazione dei princìpi di corretta gestione societaria, il curatore è tenuto a ponderare anche gli eventuali vantaggi compensativi[16]. Ai sensi dell'art. 291, la legittimazione del curatore è configurabile sia nel caso di apertura di procedura unitaria, sia nel caso di pluralità di procedure, con possibilità di coinvolgere anche la società del gruppo che abbia preso parte al fatto lesivo ovvero ne abbia tratto, anche indirettamente, beneficio[17].

---

[11] In termini di favorevole accoglimento di questa disposizione contenuta nella legge delega, ABRIANI, *Per i creditori*, 6, secondo cui «la chiara indicazione si rivela opportuna sul piano della tecnica legislativa e riflette una impostazione coerente e apprezzabile sistematicamente, ove si consideri che nell'azione dei creditori sociali viene tradizionalmente ravvisato uno strumento di garanzia di corretto esercizio del potere gestorio, con funzione di contrappeso al regime di responsabilità limitata per le obbligazioni sociali».

[12] Lo ripercorre, con richiami di dottrina e giurisprudenza, BASTIANON, *Le azioni di responsabilità*, 5-7.

[13] In questo senso, TRIMARCHI, *Codice della crisi*, 120, il quale ricorda come l'azione dei creditori sociali si prescriva in cinque anni dal manifestarsi dell'insufficienza del patrimonio ai sensi dell'art. 2949, comma 2, c.c.; JEANTET, VALLINO, *La responsabilità*, 5-6.

[14] Sulla possibilità di configurare una responsabilità dei soci in solido con gli amministratori per concorso in *mala gestio*, CALVOSA, *Gestione dell'impresa*799 ss.

[15] In questi termini, MAMBRIANI, RACUGNO, *Bilancio e libri*, 551.

[16] Così LEGNANI, MONTI, DI GIOIA, *I gruppi*, 601.

[17] Cfr. BARTALENA, *Le azioni*, 308.

4. – Il Codice, come anticipato, ha anche introdotto rilevanti modifiche alle norme del codice civile dedicate al diritto societario [18]. Per quanto qui rileva, è stata ampliata la gamma di doveri in capo ai membri degli organi di gestione e controllo; il che consente al curatore di individuare anche nuovi profili di responsabilità a sostegno delle azioni promosse nei loro confronti. In particolare, ai sensi del novellato art. 2086, comma 2, c.c., gli amministratori potrebbero ritenersi responsabili: *(i)* per non avere istituito un assetto organizzativo, amministrativo e contabile adeguato alle dimensioni e alla natura dell'impresa [19]; *(ii)* per aver ignorato i segnali di allarme premonitori del successivo stato di crisi; *(iii)* per aver omesso di adottare, per aver tardivamente adottato, ovvero per aver errato nell'individuare e nell'eseguire gli strumenti volti al superamento della crisi.

La violazione di questi doveri, che ruotano tutti attorno al valorizzato principio della continuità aziendale e che potranno essere vagliati anche tramite il filtro del «successo sostenibile» [20], legittimano il curatore all'avvio dell'azione di responsabilità nei confronti degli amministratori [21] e dei sindaci, ove sia ravvisabile un loro comportamento omissivo e negligente [22]. Doveri da ritenersi ancora più pregnanti a livello infragruppo. Se si considera infatti che la crisi, fin dai segnali premonitori del suo insorgere, debba comportare una modifica dell'*agere* degli amministratori e dei sindaci chiamati a rispettare le nuove disposizioni, parrebbe allora coerente prefigurare, anche in àmbito di gruppo, e proprio in ragione di una gestione unitaria della crisi, una maggior cooperazione e coordinamento fra gli organi della *holding* e quelli delle società eterodirette. Sia che la crisi coinvolga la prima, o le seconde, ovvero entrambe.

[18] Le modifiche apportate dal Codice al codice civile riguardano gli artt. 375-384.

[19] Che l'inadeguatezza dell'assetto organizzativo non costituisca, di per sé, l'*eventus damni*, bensì, al più, il suo presupposto, è affermato da ABRIANI, ROSSI, *Nuova disciplina*, 397, i quali sottolineano che «andranno pertanto evitate scorciatoie (indebitamente) semplificatrici volte a desumere automaticamente dall'accertamento della sopravvenuta insolvenza la "prova" dell'originaria inidoneità del modello predisposto dagli organi sociali ai fini della sua prevenzione».

[20] Per un esempio storico di attuazione del successo sostenibile, v. BENCINI, *Il "successo sostenibile"*.

[21] Osserva BERTOLOTTI, *Responsabilità e poteri*, 271, che «quando si discorre di crisi, gli amministratori sono normalmente e naturalmente i primi (e sovente gli unici) a saperlo. Con il corollario che bisogna riconoscere come sia alquanto sporadico che i controllori siano in grado di avvertire l'organo di gestione che è in atto una crisi di cui gli amministratori nei fatti non si siano già accorti». Ritiene poi l'A. che gli amministratori, una volta allertati, non debbano necessariamente cambiare la strategia di gestione. «Gli è, però, che essi non possono godere di ripari sicuri se non dimostrano di aver preso in considerazione gli ammonimenti ricevuti e di aver tuttavia (diligentemente e con ragionevolezza) ritenuto opportuno di non dover apportare modifiche alla gestione». Non potrà, infine, non essere valutata la natura probabilistica dell'impresa, unitamente ai limiti cognitivi nella conduzione della stessa. In argomento, BASTIA, *Crisi e insolvenza*, 151.

[22] Che l'organo di controllo sia tenuto «a monitorare nel continuo gli indicatori d'insolvenza, assumendo un ruolo decisivo sia nell'àmbito della qualità dell'informativa societaria, sia nella necessaria disponibilità di affidabili informazioni di natura gestionale» è ben puntualizzato da CASTELLI, NATALONI, RIZZI, MOSTARDINI, *Organi, assetti*, 632. In argomento anche VERNA, *Strumenti*, 930.

Articolo 256

Società con soci a responsabilità illimitata

1. La sentenza che dichiara l'apertura della procedura di liquidazione giudiziale nei confronti di una società appartenente ad uno dei tipi regolati nei capi III, IV e VI del titolo V del libro quinto del codice civile produce l'apertura della procedura di liquidazione giudiziale anche nei confronti dei soci, pur se non persone fisiche, illimitatamente responsabili.

2. La liquidazione giudiziale nei confronti dei soci di cui al comma 1 non può essere disposta decorso un anno dallo scioglimento del rapporto sociale o dalla cessazione della responsabilità illimitata anche in caso di trasformazione, fusione o scissione, se sono state osservate le formalità per renderle note ai terzi. La liquidazione giudiziale è possibile solo se l'insolvenza della società attenga, in tutto o in parte, a debiti esistenti alla data della cessazione della responsabilità illimitata.

3. Il tribunale, prima di disporre la liquidazione giudiziale nei confronti dei soci illimitatamente responsabili, ne ordina la convocazione a norma dell'articolo 41.

4. Se dopo l'apertura della procedura di liquidazione giudiziale della società risulta l'esistenza di altri soci illimitatamente responsabili, il tribunale, su istanza del curatore, di un creditore, di un socio nei confronti del quale la procedura è già stata aperta o del pubblico ministero, dispone l'apertura della procedura di liquidazione giudiziale nei confronti dei medesimi. L'istanza può essere proposta anche dai soci e dai loro creditori personali.

5. Allo stesso modo si procede quando, dopo l'apertura della procedura di liquidazione giudiziale nei confronti di un imprenditore individuale o di una società, risulta che l'impresa è riferibile ad una società di cui l'imprenditore o la società è socio illimitatamente responsabile.

6. Contro la sentenza del tribunale è ammesso reclamo a norma dell'articolo 51. Al giudizio di reclamo deve partecipare il curatore, il creditore, il socio o il pubblico ministero che proposto la domanda di estensione, nonché il creditore che ha proposto il ricorso per l'apertura della procedura di liquidazione giudiziale.

7. In caso di rigetto della domanda, contro il decreto del tribunale l'istante può proporre reclamo alla corte di appello a norma dell'articolo 50.

Valentina Pettirossi e Laura Schiuma*

Sommario: 1. La liquidazione giudiziale del socio illimitatamente responsabile: ambito di applicazione. – 2. Aspetti procedimentali per la dichiarazione di apertura della procedura in estensione e impugnative. – 3. Il meccanismo dell'estensione in forza di rapporto sociale occulto. – 4. Interposizione nell'esercizio dell'impresa e regole del gioco.

---

* I §§ 1, 2, 3 sono di Valentina Pettirossi; il § 4 di Laura Schiuma.

1. – L'art. 256, in continuità con l'art. 147 l. fall., prevede la automatica estensione ai soci illimitatamente responsabili di società di persone della procedura di liquidazione giudiziale dichiarata nei confronti della società, con revisioni al testo della previgente disposizione normativa che non ne alterano la sostanza, pur con l'introduzione di talune importanti novità, in specie con riferimento al comma 5. Viene ad essere, quindi, confermata la storica impostazione – di eccezione alla regola generale – secondo la quale il socio illimitatamente responsabile, benché non imprenditore commerciale e benché non ne sia provata la personale insolvenza, è assoggettato a liquidazione giudiziale, ciò ai fini della realizzazione della garanzia posta dalla disciplina comune a presidio delle pretese dei creditori sociali, ma anche al fine di coordinare gli interessi di questi ultimi con le legittime aspettative dei creditori particolari del socio [1].

L'art. 256, comma 1 precisa quali siano i tipi di società cui applicare la disciplina in commento, circoscrivendone l'ambito di applicazione alla società in nome collettivo, alla società in accomandita semplice e in accomandita per azioni (e rispettivi soci illimitatamente responsabili). Quanto alle due accomandite, la liquidazione giudiziale in estensione riguarda i soci accomandatari, ma si pone anche la questione – non risolta dal nuovo Codice – dei soci accomandanti che si siano ingeriti nella gestione sociale violando il disposto di cui all'art. 2320 c.c. o che abbiano acconsentito ad inserire il proprio nome nella ragione sociale, incorrendo in ambo i casi nella decadenza dalla limitazione di responsabilità [2]. Il mancato richiamo agli altri tipi comporta, invece, che la liquidazione giudiziale non possa essere dichiarata in estensione nei confronti del socio unico di s.p.a. o s.r.l. che abbia violato gli obblighi pubblicitari prescritti agli artt. 2362 e 2470 c.c. e l'obbligo di versamento integrale del conferimento in denaro di cui agli artt. 2342 e 2464 c.c., così ai sensi degli artt. 2325, comma 2 e 2462, comma 2, c.c., trattandosi di una responsabilità di carattere eccezionale e sanzionatorio [3]. Alla liquidazione giudiziale può essere assoggettato anche il socio per il quale sia cessato il regime di responsabilità illimitata, in seguito a fatti personali o societari, quali il recesso, l'esclusione, la morte, ma anche in conseguenza di atti di trasformazione, fusione o scissione dell'ente, purché la dichiarazione intervenga entro un anno dalla cessazione e purché l'insolvenza della società sia riferibile a debiti esistenti alla data della cessazione della responsabilità illimitata; è peraltro necessario che siano state rispettate le formalità per rendere noti ai terzi gli eventi sottesi alla cessazione [4].

[1] Così ancora NIGRO, *I soggetti*, 109; ID., *Il fallimento.*, 529 ss. ove viene sottolineata, tra l'altro, la mancanza di una finalità sanzionatoria sottesa alla disciplina.

[2] In senso favorevole alla "fallibilità" dell'accomandante in giurisprudenza, più recentemente, Cass., 27 giugno 2018, n. 16984; Cass., 28 febbraio 2017, n. 5069 e già Cass., 20 gennaio 1955, n. 158, in *Dir. fall.*, 1955, 51; Cass., 18 giugno 1958, n. 2094, in *Dir. fall.*, 1958, II, 397. In dottrina già NIGRO, *Il fallimento*, 595; SERIO, *Il socio*, 60. Per la non ammissibilità del fallimento dell'accomandante v. invece CARIDI, *Art. 147*, 899; VASSALLI, *Art. 147 l. fall.*, 1930; PROVINCIALI, *Manuale di diritto*, 1856.

[3] Sul tema v. per tutti FABIANI, *Società insolvente.* In giurisprudenza v. Cass., 14 aprile 2010, n. 8964 e Cass., 4 febbraio 2009, n. 2711, in *ilfallimentarista.it.*

[4] In punto, un più recente orientamento della giurisprudenza di legittimità ha ribadito che il termine annuale decorre dall'iscrizione nel registro delle imprese della vicenda personale o societaria, v. Cass., 1 marzo 2022, n. 6771, in *ilfallimentarista.it*; Cass., 28 febbraio 2017, n. 5069; Cass., 6 novembre 2014, n. 23651.

2. – Prima di dichiarare la liquidazione giudiziale del socio illimitatamente responsabile, il tribunale, già competente ad aprire la procedura nei confronti della società[5], ne deve ordinare la convocazione a norma dell'art. 41, al fine di garantire il diritto di difesa. Poiché la dichiarazione della liquidazione giudiziale del socio è conseguenza automatica della sentenza adottata nei confronti della società, il preventivo contraddittorio potrà vertere sul solo rapporto sociale[6]. Nell'ipotesi di cui al comma 1, la dichiarazione dell'apertura della procedura nei confronti del socio sarà contestuale a quella della società. Quanto, invece, alla legittimazione ad agire dopo l'apertura della procedura della società ove risulti l'esistenza di altri soci illimitatamente responsabili (c.d. estensione "successiva"), sia palesi (art. 256, comma 4) che occulti (art. 256, comma 5), questa oggi compete non solo al curatore, al creditore della società e ad altro socio nei confronti del quale la procedura sia già stata aperta, ma anche al pubblico ministero[7], agli stessi soci nei cui confronti la procedura deve essere estesa e creditori personali. Il riconoscimento dell'iniziativa al socio può essere letto in funzione del beneficio dell'esdebitazione, mentre la legittimazione in capo al creditore particolare dovrebbe essere funzionale ad un più corretto regolamento del concorso con i creditori sociali sul patrimonio personale del socio[8], sebbene ad esso sia sotteso il confliggente interesse individuale dello stesso creditore particolare.

Contro la sentenza del tribunale è ammesso reclamo a norma dell'art. 51. La nuova disposizione chiarisce che al giudizio di reclamo sono parti necessarie il curatore, il creditore, il socio o il pubblico ministero che ha proposto la domanda di estensione, nonché il creditore che ha proposto il ricorso per l'apertura della procedura di liquidazione giudiziale. Costituiscono oggetto di reclamo le questioni attinenti alla estensione della procedura e, quindi, al rapporto sociale, ma non anche i presupposti per la dichiarazione della liquidazione giudiziale della società; conformemente, l'eventuale revoca della procedura aperta nei confronti del socio non produrrà effetti su quella della società.

3. – La novità che più merita di essere segnalata è la revisionata trasposizione dell'art. 147, comma 5, l. fall. nell'art. 256, comma 5, la quale rappresenta una presa di posizione del legislatore nei confronti delle questioni interpretative sorte con riferimento alla possibilità di dichiarare la liquidazione giudiziale in estensione al socio di società occulta nell'ipotesi in cui il primo soggetto debitore ad essere ammesso alla procedura concorsuale sia una società[9], e non un imprenditore individuale, unico soggetto precedentemente menzionato dell'art. 147, comma 5, l. fall. L'attuale disposizione normativa, infatti, prevede espressamente che il meccanismo dell'estensione operi anche quando la procedura principale sia stata dichiarata nei confronti di una società (anche di capitali) che risulti successivamente socia di una società di fatto, dando, quindi, dignità normativa a quelle elaborazioni giurisprudenziali che nella figura della "supersocietà di fatto" hanno indivi-

---

[5] V. FABIANI, *Le nuove regole*, 433 ss.

[6] Si veda in giurisprudenza Cass., 14 giugno 2021, n. 16777, in *ilfallimentarista.it*.

[7] Ancora sul tema FABIANI, *Le nuove regole*, 436.

[8] Così già FABIANI, *Le nuove regole*, 438-439.

[9] In critica alla norma FAUCEGLIA G., *Supersocietà di fatto*, 935; BLANDINI, *Brevi considerazioni*, 91 ss.; FIMMANÒ, *Fallimento in estensione*, 761 ss.

duato lo snodo per estendere lo stato di insolvenza ad un gruppo "orizzontale" di società non soggette ad attività di direzione e coordinamento [10] che partecipino (eventualmente anche con persone fisiche) ad una società di fatto. Per quanto emerge dalla stessa Relazione Illustrativa al d.lgs. n. 14 del 2019, la menzionata novità trova fondamento nella giurisprudenza della Corte di cassazione (Cass., 21 gennaio 2016, n. 1095) [11] e della Corte costituzionale (Corte cost., 22 novembre 2017, n. 255). Seguendo questa giurisprudenza, oggi appunto divenuta diritto positivo, la liquidazione giudiziale in estensione è applicabile anche alle società di capitali che risultino socie di una società di fatto, pur in assenza del rispetto delle prescrizioni di cui all'art. 2361 c.c. [12] in merito alla preventiva autorizzazione dell'assemblea e all'obbligo di indicazione in nota integrativa, con ciò imputando alla società gli effetti del comportamento concludente dei suoi amministratori e traslando, di conseguenza, il sistema dei rimedi dal piano risarcitorio verso il comportamento negligente dell'organo amministrativo a quello della responsabilità patrimoniale dell'ente. L'estensione, così disciplinata, implica che i requisiti di ammissibilità alla procedura concorsuale siano verificati avuto riguardo all'ente di fatto [13] e, quindi, che dovrà essere dimostrata, in primo luogo, la *affectio societatis* [14] (fattispecie estranea all'ipotesi di società che esercita attività di direzione e coordinamento [15] nei confronti di una o più società, nell'interesse proprio o di terzi) [16]; secondariamente, che è imprescindibile l'accertamento della "specifica insolvenza" della società di fatto [17] e, quindi, l'individuazione delle obbligazioni inadempiute riferibili alla comune attività, rispetto alla quale l'insolvenza del "socio di fatto" potrebbe non essere circostanza determinante ma solo indiziale.

Già originariamente l'art. 147, comma 5, l. fall. rappresentava un dato normativo di *favor* per i creditori dell'imprenditore palese, consentendo a questi l'ampliamento della garanzia patrimoniale a valori personali riconducibili al soggetto che avesse occultato il proprio rapporto sociale dietro l'attività condotta dall'imprenditore palese, e ciò secondo

---

[10] Questo l'approccio consacrato dalla richiamata pronuncia della Cass. n. 109 del 2016. Nel senso di distinguere il fenomeno da quello dell'abusivo esercizio dell'attività di direzione e coordinamento, tra le pronunce di merito si veda Trib. Prato, 1 agosto 2018, in *ilcaso.it*. In dottrina già FIMMANÒ, *L'estensione "inversa"*, 460 ss.

[11] La pronuncia richiamata nella Relazione illustrativa al d.lgs. n. 14 del 2019 si accompagna, in vero, ad altre due pronunce della stessa Cassazione (Cass., 20 maggio 2016, n. 10507; Cass., 13 giugno 2016, n. 12120, in *Società*, 2017, 163 ss.), «che nel giro di sei mesi hanno stravolto il mondo», così FAUCEGLIA G., *Supersocietà di fatto*, 935.

[12] Nella giurisprudenza di legittimità v. Cass. n. 1095 del 2016. In punto ampiamente FAUCEGLIA G.B., *La liquidazione giudiziale*, 1333 ss.

[13] Sottolinea FAUCEGLIA G., *Supersocietà di fatto*, 935 ss., che alla luce del nuovo art. 256, comma 5 le questioni interpretative saranno spostate sul terreno probatorio in ordine alla ricorrenza dei requisiti di cui all'art. 2247 c.c.

[14] Così Cass., 17 aprile 2020, n. 7903, in *Società*, 2020, 8-9, 935, con nota di Fauceglia.

[15] L'accertamento della attività di direzione e coordinamento o della sua abusività ai sensi dell'art. 2497 c.c. potrebbe, invece, comportare la determinazione di un danno risarcibile, successivamente legittimante la richiesta di apertura della liquidazione giudiziale. In argomento RICCIARDIELLO, *Il fallimento*, 1248 ss.

[16] App. Salerno, 16 luglio 2021, in *dirittodellacrisi.it*. In dottrina v. RESTUCCIA, *La Corte*, 1247 ss.

[17] Così Cass., 4 marzo 2021, n. 6030, in *Fallimento*, 2021 con nota di FIMMANÒ, *Fallimento in estensione*, 761 ss.

un principio di prevalenza della "effettività" sulla "apparenza"[18] e, quindi, a discapito dei creditori particolari dell'occulto che legittimamente avessero fatto affidamento su quei valori. Oggi tale disparità di trattamento pare ancor più accentuata nella misura in cui, per diritto positivo, i creditori sociali della società di capitali potrebbero trovarsi a dover concorrere nell'ambito di una procedura di liquidazione giudiziale quali creditori particolari della medesima società risultata essere socia illimitatamente responsabile di una società di persone di fatto[19], con ciò non solo scalfendo il legittimo affidamento sull'autonomia patrimoniale dell'ente, ma anche il legittimo affidamento sulla portata informativa del bilancio di esercizio della società di capitali, che avrebbe dovuto dare informazione in nota integrativa dell'eventuale assunzione di partecipazione in società a responsabilità illimitata.

4. – Non è chiaro se la possibilità di dichiarare la liquidazione giudiziale in estensione al socio di società occulta anche quando il primo soggetto ammesso alla procedura concorsuale è una società (v. art. 256, comma 5) sia espressione di una regola eccezionale o non piuttosto di un principio generale, essendo autorevolmente rappresentate in letteratura entrambe le possibili letture. Certo è che, oggi come ieri, l'interposizione nell'esercizio dell'impresa è riprovata, e riprovata quando chi si occulta dietro un prestanome (sia questo una persona fisica o una società o altro ente o finanche un intero gruppo di società[20]) lo faccia dotando il prestanome di un patrimonio insufficiente.

Le tecniche odierne per contrastare il c.d. imprenditore occulto o indiretto si sono arricchite di nuovi strumenti a partire da quelli, introdotti dalla riforma organica del 2003 (società unipersonali, patrimoni destinati, organizzazione di gruppo, partecipazione di società di capitali a società di persone), che consentono in vario modo all'imprenditore individuale di limitare – a determinate condizioni – i beni destinati all'impresa individuale, separandoli da quelli personali[21], per ciò stesso disincentivando l'interposizione come tecnica di limitazione del rischio. La tecnica di cui al comma 5 dell'art. 256 (già art. 147, comma 5, l. fall.) deve essere inquadrata, quindi, in questo mutato contesto, nel quale l'ordinamento, incrementando gli strumenti a disposizione dei privati per limitare la propria personale responsabilità patrimoniale, si rende meno tollerante nei confronti di quelle limitazioni che non rispettino le condizioni, le regole del gioco.

È in questo contesto, allora, che deve leggersi l'art. 256, comma 5, che presuppone, per il coinvolgimento del patrimonio di chi si occulta (interposto) nel fallimento del soggetto palese (interponente) – in quanto socio occulto –, la semplice "riferibilità" dell'impresa[22]: e segnatamente la riferibilità ad una società di cui il fallito è socio illimitatamente

---

[18] Così FAUCEGLIA G., *Supersocietà di fatto*, 935, che richiama in nota MURINO, *Sulla fattispecie*, 918 ss.; BASSI, *L'apparenza*, 752; ID., *La liquidazione giudiziale*, 1333 ss.; DELL'OSSO, *Periclitanti discrimina*, 463 ss.

[19] In argomento FAUCEGLIA G., *Così è*, 744 ss.

[20] Per questa lettura v. GARCEA, *I «gruppi finti»*, 205 ss.; SPADA, *L'interposizione* 140 ss., spec. 143; SCHIUMA, *Art. 2359*, 1288.

[21] v. SPADA *L'interposizione*, 142 ss., alludendo alla «costituzione unilaterale di società per azioni o a responsabilità limitata e all'assolvimento di obblighi/oneri di liberazione delle partecipazioni intestate al fondatore e di pubblicità della unipersonalità della società nel registro delle imprese (artt. 2325.2 e 2462.2 c.c.)».

[22] Il cambio di passo del diritto scritto non sfugge a GARCEA, *Il fallimento*, 171 ss.

responsabile, onde procedere al fallimento in estensione dei suoi stessi soci illimitatamente responsabili. Una riferibilità (anche) all'interposto, insomma, quale grimaldello – più severo, in quanto più semplice da utilizzare – per ovviare alla mancata spendita del nome in un contesto dove di tecniche di limitazione (vantaggiose per gli imprenditori, ma) indolori per i creditori ve ne sono ormai a iosa.

Peraltro, come ha ritenuto la Corte costituzionale, nulla cambia se la dichiarazione di fallimento originaria (oggi liquidazione giudiziale) – quella che dà impulso a questo meccanismo (si allude alla c.d. "supersocietà di fatto") – sia rivolta ad un imprenditore individuale o collettivo (società), atteso che vi sarebbe semmai violazione del "principio di uguaglianza" se la norma non fosse riferibile anche alle società, ivi comprese quelle di capitali[23]. In realtà non vi è chi non veda che, se all'origine della catena dei dissesti[24] vi è la dichiarazione di fallimento di una società di capitali (s.p.a. o s.r.l.), la situazione non è proprio "uguale" a quella in cui il fallimento originario sia dichiarato nei confronti di un imprenditore individuale o di una società personale, e ciò non tanto perché – come pure correttamente si dice – in tali casi non si solleva il velo della persona giuridica[25], come accadrebbe se fallisse la società di capitali (e soci occulti della supersocietà di fatto si ritenessero sia la società di capitali, sia i soci della stessa); bensì perché, se fallisce una s.p.a. o una s.r.l., i debiti contratti in nome di tali società sono e restano di tali società, e ciò quandanche si ritenesse che dette società siano socie di una supersocietà di fatto tra le stesse: quei debiti infatti, essendo debiti *personali* del socio-società di capitali e non debiti *sociali* della supersocietà (art. 257, comma 4), giammai si trasferirebbero alla (per quanto super) società.

Se dunque il curatore di una società di capitali sottoposta a liquidazione giudiziale (per es. una s.r.l.) è legittimato a domandare – sul presupposto che l'attività di tale società sia soggettivamente imputabile/riferibile ad una società di persone irregolare, anche occulta, di cui la liquidata è socia – l'emissione di una sentenza che estenda l'efficacia della pronunzia dichiarativa della liquidazione giudiziale ai soci (siano essi persone fisiche ovvero società di capitali) della società di persone irregolare o anche occulta, la sentenza dovrà procedere all'accertamento giudiziale dell'esistenza, fra la società di capitali fallita ed altri soggetti (anche solo società di capitali), di un *rapporto sociale* irregolare, in ipotesi anche occulto, per lo svolgimento della medesima attività d'impresa i cui esiti hanno determinato il pregresso accertamento dell'insolvenza. Ma medesima non è – a ben guardare –

---

[23] v. Corte cost., 22 novembre 2017, n. 255, che aderisce all'interpretazione costituzionalmente adeguata offerta dalla Cassazione, nel ritenere che al riferimento all'"imprenditore individuale" vada, *ratione temporis*, attribuita «valenza meramente indicativa dello 'stato dell'arte' dell'epoca in cui la norma è stata concepita, che non può essere di ostacolo ad una sua interpretazione estensiva che, tenuto conto del mutato contesto nel quale essa deve attualmente trovare applicazione, ne adegui la portata in senso evolutivo, includendovi fattispecie non ancora prospettabili alla data della sua emanazione», sottolineando come «a contrario, un'interpretazione dell'art. 147, co. 5, l. fall. che conducesse all'affermazione dell'applicabilità della norma al solo caso (di fallimento dell'imprenditore individuale) in essa espressamente considerato, risulterebbe in contrasto col principio di uguaglianza sancito dall'art. 3 Cost. (sentenza n. 10507 del 2016 e, sulla stessa linea, sentenza 13 giugno 2016, n. 12120)».

[24] Di «potenziale lunghissima catena di Sant'Antonio» parla efficacemente MONTAGNANI, *Art. 147*, 255.

[25] FIMMANÒ, *Fallimento in estensione, 761* ss., per il quale «mentre le norme di cui agli artt. 147, comma 1, l.fall., e 2497 c.c. potevano condurre alla insolvenza della società di capitali senza "squarciare il velo della personalità giuridica" l'applicazione estensiva dell'art. 147, comma 5, l.fall., porta alla estensione del fallimento della persona giuridica ad altri soggetti abbattendo il *totem* dell'autonomia patrimoniale perfetta».

l'attività della società-socia e della supersocietà di fatto occulta[26], il fallimento di una società occulta implicando[27] che «il soggetto dichiarato fallito, in realtà socio di una società, esercitasse la stessa impresa che si ritiene riferibile a quest'ultima», ma tale *identità* d'impresa – a tutto concedere – non necessariamente c'è[28]; come medesimi non sono i creditori della società-socia e della supersocietà di fatto occulta, e tanto meno il medesimo può dirsi l'affidamento fatto dai creditori, quelli della società-socia e quelli della supersocietà di fatto, se questa era appunto occulta.

Insomma, un conto è il maggior rigore nell'esigere il rispetto delle regole del gioco di fronte all'interposizione; un conto è scambiare *tout court* la riferibilità con la *confusione* e l'*automatica estensione*, il che non giova certamente alla certezza del diritto, né all'efficienza dell'impresa, come accade quando, automaticamente, in conseguenza dell'accertamento sopravvenuto al fallimento di società di capitali, l'imprenditore insolvente è la società di persone irregolare, anche occulta, e la società di capitali fallita, al pari degli altri casi della società irregolare, fallisce (è ammessa a liquidazione giudiziale) in quanto socio personalmente ed illimitatamente responsabile per le obbligazioni assunte dalla società irregolare insolvente. Appare pertanto condivisibile la Cassazione[29], là dove afferma la necessità dell'accertamento dell'"autonomo" stato di insolvenza in capo alla supersocietà di fatto, posto che non si tratterebbe di un fallimento (una dichiarazione) dipendente[30], come lo è invece quello dei soci illimitatamente responsabili: la Cassazione non accontentandosi dell'accertamento del solo vincolo sociale (senza accertare lo stato di insolvenza, come è a norma del comma 5), richiedendo invece «l'accertamento sia dell'esistenza di una società occulta (o di fatto) cui sia riferibile l'attività dell'imprenditore già dichiarato fallito, sia della sua insolvenza»[31]: proprio come accade là dove deve accertarsi la respon-

[26] V. anche DELL'OSSO, *Periclitanti discrimina* 463 ss., per il quale l'art. 147, comma 5, l. fall. postula che si tratti di «un'unica impresa, e non mai di iniziative distinte seppure collegate» come accade nell'ipotesi *holding* personale che eterodirige due società di capitali, esercitando «un'impresa allora *diversa* rispetto a quella esercitata dalla società dichiarata fallita»; e RONDINONE, *Tecniche di coinvolgimento* 1075, che nega la "identità" dell'impresa della società di capitali e della supersocietà, che può ricorrere «solo se l'imprenditore dichiarato fallito appariva titolare di un'impresa individuale, la quale era in realtà "comune" con altre persone fisiche; non anche se si tratti di una società di capitali, poiché l'impresa di questa non potrebbe che rappresentare *una parte* della "superimpresa"» e «d'altronde (...) il patrimonio della persona giuridica non è giuridicamente suscettibile di confluire in via di fatto in un coacervo patrimoniale più ampio (in ipotesi comprensivo dei beni dei soci "tiranni")».

[27] Cass., 30 gennaio, 1995, n. 1106, in *Foro it.*, 1995, I, 3227, con nota di VACCHIANO, *Sulle orme*.

[28] Per esempio «vi può essere identità d'impresa, qualora l'attività del socio risulti esser stata conferita nella società occulta. Da quest'ultima proposizione si evince pure che "identica impresa" non corrisponde necessariamente a "identica attività", potendo il socio in questione fornire un proprio specifico apporto diverso dall'attività "sociale" strettamente intesa. Egli sarà ritenuto socio della società occulta qualora da quest'ultima non abbia ricevuto un semplice corrispettivo per la prestazione svolta, ma abbia comunque partecipato agli utili (o eventualmente alle perdite) della società stessa», così VACCHIANO, *Sulle orme*, 3227.

[29] Cass., 4 marzo 2021, n. 6030.

[30] Così, invece, FIMMANÒ, *Fallimento in estensione,* 762, per il quale «la declaratoria di insolvenza in estensione a norma dell'art. 147 l. fall., o è *dipendente* oppure non è possibile».

[31] E ciò non solo perché il fallimento della supersocietà di fatto costituirebbe «il presupposto logico e giuridico della dichiarazione di fallimento *per ripercussione* dei soci illimitatamente responsabili», ma anche perché «All'insolvenza del socio già dichiarato fallito», del resto, «potrebbe non corrispondere l'insolvenza della

sabilità patrimoniale di una autonoma società di fatto (a norma del comma 1) [32].

Il che comporta, evidentemente, che la sibillina formula «*allo stesso modo si procede*» di cui al comma 5 sia da intendere in modo cangiante: al punto che, quando il fallimento originario è quello di una società di capitali, lo "stesso modo" non sia più da intendere come riferito al solo comma 4 [33], ma *a tutta la trafila* che lo precede: a partire, quindi, dal comma 1, proprio come nel gioco dell'oca.

---

s.d.f.» (così Cass., 20 maggio 2016, n. 10507); v. Cass. n. 6030 del 2021. Non sarebbe in altri termini sufficiente l'accertamento già compiuto nei confronti dell'imprenditore (qui in realtà *socio-società di capitali*) già fallito, posto che – per dirla con NIGRO, *Il fallimento*, 151, nota – «l'insolvenza di quest'ultimo potrebbe essere stata determinata da debiti personali».

[32] Si deve percorrere, in altri termini, "il sentiero impervio" della verifica di un'autonoma ed effettiva società di fatto alla quale abbia partecipato la società già fallita; così JORIO, *Società di capitali*, 652.

[33] Come ritenuto dalla Corte cost., 22 novembre 2017, n. 255 con riferimento alla disposizione di cui al comma 5 dell'art. 147 l. fall. «Allo stesso modo [e, cioè, conformemente a quanto disposto dal comma precedente in ordine alla estendibilità del fallimento di società a quello dei soci illimitatamente responsabili della stessa]».

Articolo 257

Liquidazione giudiziale della società e dei soci

1. Nei casi previsti dall'articolo 256, il tribunale nomina, sia per la liquidazione giudiziale della società, sia per quella nei confronti dei soci, un solo giudice delegato e un solo curatore, pur rimanendo distinte le diverse procedure. Possono essere nominati più comitati dei creditori. Il curatore ha diritto ad un solo compenso.

2. Il patrimonio della società e quello dei singoli soci sono tenuti distinti.

3. Il credito dichiarato dai creditori sociali nella liquidazione giudiziale della società si intende dichiarato per l'intero e con il medesimo eventuale privilegio generale anche nella liquidazione giudiziale aperta nei confronti dei singoli soci. Il creditore sociale ha diritto di partecipare a tutte le ripartizioni fino all'integrale pagamento, salvo il regresso fra le procedure di liquidazione nei confronti dei soci per la parte pagata in più della quota rispettiva.

4. I creditori particolari partecipano soltanto alla liquidazione giudiziale nei confronti dei soci loro debitori.

5. Ciascun creditore può contestare i crediti dei creditori con i quali si trova in concorso.

6. Il curatore della liquidazione giudiziale della società può esercitare l'azione sociale di responsabilità nei confronti del socio amministratore anche se nei suoi confronti non è stata aperta la procedura di liquidazione giudiziale.

Francesco Casale

Sommario: 1. Introduzione. – 2. Autonomia e connessione tra liquidazione giudiziale della società e dei soci. – 3. L'unico compenso del curatore. – 4. Altre questioni già dibattute. – 5. Le contestazioni tra creditori concorrenti. – 6. Il comma 6.

1. – L'art. 257 riproduce, con gli adattamenti lessicali derivanti dall'abbandono della parola «fallimento» in favore del nuovo lemma «liquidazione giudiziale», l'art. 148 l. fall., con due novità rispetto al passato:

a) alla fine del comma 1 è stato aggiunto un ultimo periodo, che dispone che «*il curatore ha diritto ad un solo compenso*» pur svolgendo il suo ufficio nella liquidazione giudiziale della società ed in quella (o quelle) dei soci;

b) è stato aggiunto il comma 6, secondo cui «*il curatore della liquidazione giudiziale della società può esercitare l'azione sociale di responsabilità nei confronti del socio amministratore anche se nei suoi confronti non è stata aperta la procedura di liquidazione giudiziale*».

2. – Quanto alla prima novità, la previsione di un unico compenso per il curatore suona come un'ulteriore conferma della scelta, già operata dal legislatore nella novella della legge fallimentare del 2006, in favore dell'autonomia e della distinzione tra la liquidazione giudiziale della società e quella (o quelle) dei soci, orientamento da tempo consolidato in dottrina [1] e in giurisprudenza [2], pur conservando momenti unitari tra le diverse procedure per esigenze di opportunità e di economia processuale.

In linea generale, la liquidazione giudiziale della società e quelle dei singoli soci vivono una tensione dialettica continua tra autonomia e connessione. Autonomia che si esprime nel mantenimento di distinti centri d'imputazione di situazioni giuridiche soggettive attive e passive, anche processuali, al fine di meglio rappresentare e tutelare i divergenti interessi dei creditori sociali e dei creditori personali; connessione nella misura in cui si rendono necessari espedienti tecnici per gestire al meglio gli aspetti di interesse comune tra le distinte masse passive. Il tutto in continuità logica con l'autonomia patrimoniale imperfetta della società *in bonis* [3].

Pertanto, da un lato le procedure rimangono distinte, così come sono tenuti distinti il patrimonio della società e quelli dei singoli soci (comma 2) sicché, mentre la massa passiva della liquidazione giudiziale della società è formata solo dai debiti di quest'ultima, le masse passive delle liquidazioni giudiziali dei soci sono formate sia dai debiti sociali che dai debiti personali di ciascun socio; di conseguenza, mentre i creditori sociali possono soddisfarsi sia sul patrimonio della società che su quello dei soci [4], i creditori particolari possono soddisfarsi soltanto sul patrimonio del socio debitore (comma 4). Dall'altro, il tribunale nomina un solo giudice delegato ed un solo curatore cui spetta un unico compenso, pur potendosi nominare più comitati dei creditori (comma 1) [5], e il credito insinuato nella li-

[1] V. da ultimo SCIUTO, *Il fallimento*, 253; FARENGA, *Manuale di diritto*, 808; in precedenza SATTA, *Diritto fallimentare*, 431; VIGO, *Il fallimento*, 783 s.; CARIDI, *Art. 148*, 911 ss.; TEDESCHI, *Manuale del nuovo*, 528; IANNIELLO, *Il nuovo diritto*, 330; IRRERA, *Art. 148*, 2191; JORIO, *Il fallimento*, 766; BLATTI, *Art. 148*, 1129; BONFATTI, CENSONI, *Manuale di diritto*, 410; FABIANI, *Diritto fallimentare*, 541; DE CRESCIENZO, *Il fallimento*, 1513; GUGLIELMUCCI, *Diritto fallimentare*, 316. Nel vigore del codice di commercio v. MARGHIERI, *Manuale del diritto*, 644; RAFFAELLI, *Istituzioni di diritto*, 342.

[2] Cass., 13 dicembre 2007, n. 26177; Cass., 1° marzo 2005, n. 4284, in *Dir. prat. soc.*, 2005, 14-15, 91; Cass., 11 giugno 2004, n. 11084; Cass., 21 giugno 1996, n. 5776, in *Fallimento*, 1997, 463; Cass., 7 giugno 1989, n. 2766, *ivi*, 1989, 1191.

[3] JORIO, *Il fallimento*, 766.

[4] A norma del secondo periodo del comma 4, il creditore sociale ha diritto di partecipare a tutte le ripartizioni dell'attivo di tutte le liquidazioni giudiziali dei soci fino all'integrale pagamento, indipendentemente dalla quota di partecipazione dei singoli soci alla società; è fatto salvo il regresso tra le procedure dei soci per la parte pagata in eccedenza rispetto alla quota dei rispettivi soci, con effettuazione dei conguagli d'ufficio da parte del curatore nel progetto di riparto (BONSIGNORI, *Il fallimento*, 184) e, comunque, solo dopo la chiusura della procedura principale: cfr. Trib. Milano, 10 giugno 1993, in *Foro it.*, 1995, I, 1679; Trib. Caltanissetta, 21 marzo 1961, in *Giur. it.*, 1962, I, 2, 460.

[5] La nomina di più comitati dei creditori in luogo di un unico comitato risulta preferibile per meglio esprimere la diversa composizione delle singole masse passive e dei relativi interessi sottesi: così VIGO, *Il fallimento*, 784; JORIO, *Le crisi*, 589; ID., *Il fallimento*, 768. La formulazione impersonale della norma («*possono*

quidazione giudiziale della società si intende dichiarato per intero e mantiene il privilegio generale nella liquidazione giudiziale dei singoli soci (comma 3)[6], dando vita ad una singolare ipotesi di connessione tra procedure esecutive concorsuali, che dovranno svolgersi di concerto[7], seppure con la liquidazione giudiziale della società in funzione portante e quelle dei soci in dipendenza della prima[8].

3. – L'espressa previsione di un unico compenso per il curatore delle diverse procedure non ha risolto il dubbio, emerso nella giurisprudenza di merito, sulle modalità di calcolo dello stesso[9].

---

essere nominati più comitati dei creditori») deriva dal fatto che, ferma la competenza del giudice delegato alla nomina dell'organo, l'art. 139 abilita i creditori che rappresentano la maggioranza dei crediti ammessi ad effettuare nuove designazioni dei componenti del comitato nel rispetto dei criteri di rappresentatività di cui all'art. 138: IRRERA, *Art. 148*, 2192.

[6] Per una convincente lettura di questa regola v. CARIDI, *Art. 148*, 914 ss., secondo il quale non si tratta di un corollario della tesi della responsabilità del socio per debito proprio, bensì un mero temperamento a fini semplificativi del principio di autonomia delle procedure e delle relative masse passive; nello stesso senso BONFATTI, CENSONI, *Manuale di diritto*, 409; *contra* IRRERA, *Art. 148*, 2193.

In un'altra prospettiva, la regola può spiegarsi anche alla luce del fatto che, con l'apertura della liquidazione giudiziale, il socio perde il *beneficium excussionis* di cui agli artt. 2268 e 2304 c.c. e, di conseguenza, non ha diritto a che gli organi della procedura vendano i beni sociali prima dei loro beni personali: BONSIGNORI, *Il fallimento del socio*, 181; JORIO, *Le crisi*, 591; MAFFEI ALBERTI, *La chiusura*, 874 ss.; TEDESCHI, *Manuale del nuovo*, 529; BONFATTI, CENSONI, *Manuale di diritto*, 408; in giurisprudenza v. Cass., 26 luglio 1966, n. 2070, in *Foro it.*, 1966, I, 2026; Trib. Torino, 18 aprile 1986, in *Fallimento*, 1986, 1391; *contra* App. Bologna, 25 giugno 1971, in *Giur. it.*, 1972, I, 2, 284; NIGRO, *Il fallimento*, 446; RUBINO DE RITIS, *Il* beneficium excussionis, 223.

Al contrario, i crediti dichiarati nella liquidazione giudiziale del socio non si intendono automaticamente dichiarati nella liquidazione giudiziale della società: JORIO, *Il fallimento*, 771; IRRERA, *Art. 148*, 2193. Inoltre, l'ammissione in chirografo al passivo della liquidazione giudiziale della società rende inammissibile la successiva ammissione del medesimo credito in via privilegiata nella liquidazione giudiziale del socio, avendo la prima ammissione spiegato effetto automaticamente in entrambe le procedure: cfr. Cass., 27 novembre 2019, n. 31053, in *Fallimento*, 2020, 284; Cass., 1° ottobre 2015, n. 19646, *ivi*, 2016, 744.

[7] Ad esempio, trattando la verifica dei crediti delle diverse procedure in un'unica udienza o serie di udienze e/o mediante la liquidazione aggregata di beni delle diverse masse fallimentari: JORIO, *Il fallimento*, 773; FABIANI, *Diritto fallimentare*, 543; CARIDI, *Art. 148*, 912. Il curatore deve però redigere più programmi di liquidazione quante sono le procedure: DE CRESCIENZO, *Il fallimento*, 1513.

[8] La dipendenza delle liquidazioni giudiziali dei soci dalla procedura principale a carico della società si manifesta anche nella fase di cessazione di quest'ultima che, nei casi di mancata presentazione di domande di insinuazione e di integrale soddisfazione dei creditori, determina anche la chiusura delle prime, salvo che nei confronti del socio non si apra una procedura come imprenditore individuale (art. 233, comma 3); in tale ultima ipotesi, il curatore della liquidazione giudiziale della società è legittimato ad agire in revocatoria nei confronti di tutti i pagamenti eseguiti dal predetto socio, ivi compresi quelli effettuati nell'esercizio dell'impresa individuale: cfr. Cass., 23 luglio 2007, n. 16213, in *Fallimento*, 2008, 21.

In caso di chiusura della liquidazione giudiziale a seguito di concordato e salvo patto contrario, il concordato della società ha effetto anche verso i soci a responsabilità illimitata e fa cessare le procedure aperte nei loro confronti, mentre il concordato particolare del socio non determina la cessazione della liquidazione giudiziale della società (artt. 266 e 267, al cui commento si rinvia).

La regola dell'effetto esdebitativo della procedura sociale in favore dei soci illimitatamente responsabili si ritrova anche in materia di accordi di ristrutturazione (art. 59, comma 3), concordato minore (art. 79, comma 4), concordato preventivo (art. 117, comma 2), liquidazione controllata del sovraindebitato (art. 270, comma 1), esdebitazione (art. 278, comma 5), ai cui commenti si rinvia.

[9] Contro il decreto del tribunale che liquida il compenso, non reclamabile ai sensi dell'art. 137 del codice,

Argomentando dal fatto che il credito dichiarato dai creditori sociali si intende *dichiarato* – e non già *ammesso*[10] – nella liquidazione dei singoli soci, se ne è ricavato che nelle procedure plurime non vi è possibilità di cumulo ed il compenso, pertanto, dovrà essere liquidato in relazione alle rispettive masse attive e passive, con riferimento solo alla totalità delle somme incassate ed acquisite a qualunque titolo dal curatore che ne comporti l'assoggettamento all'esecuzione concorsuale, senza tenere conto dei valori dei beni inventariati ma non liquidati, escluse le somme incassate e restituite (ad esempio, in forza di deposito, cauzione o mutuo) e le somme pagate direttamente dai terzi ai creditori ammessi al passivo, senza considerare le procedure individuali incapienti[11].

4. – Per il resto, rimangono sostanzialmente invariate le altre questioni insorte nel vigore della precedente disciplina, alcune delle quali si possono di seguito rammentare senza pretesa di esaustività:

– l'unico curatore, potendo agire sia nell'interesse della liquidazione giudiziale principale sia delle procedure dipendenti, è legittimato ad esperire l'azione revocatoria contro gli atti di disposizione compiuti a titolo personale dal socio illimitatamente responsabile in considerazione degli effetti positivi che l'incremento della massa attiva della liquidazione giudiziale del socio è destinato a produrre anche a beneficio dei creditori sociali[12];

è ammesso ricorso straordinario per cassazione. In tal caso, il curatore deve, a pena di inammissibilità, chiedere al primo presidente della Suprema Corte e non al giudice delegato la nomina di un curatore speciale della procedura ai sensi dell'art. 78 c.p.c.: Cass., 3 marzo 2022, n. 7070; Cass., 14 marzo 2000, n. 2918, in *Fallimento*, 2000, 885; Cass., 20 novembre 1992, n. 12398, in *Mass. giur. it.*, 1992; Cass., 13 dicembre 1988, n. 6780, in *Fallimento*, 1989, 509; Cass., 7 novembre 1975 n. 3757, in *Foro it.*, 1976, I, 1041.

[10] Curiosamente, la relazione accompagnatoria annuncia tra le novità nella formulazione della norma che il credito dichiarato dai creditori sociali nella liquidazione giudiziale della società si intende *ammesso* – e non più *dichiarato* – nella liquidazione giudiziale aperta o estesa nei confronti dei singoli soci, ma di tale novità non vi è alcuna traccia né nella stesura definitiva della norma in commento né nel testo licenziato dal Governo e presentato alle Camere per i pareri di rito.

Del resto, una simile modifica avrebbe creato notevoli problemi applicativi, mettendo in discussione lo stesso ruolo degli organi della procedura, dato che vi sono casi in cui il socio non può essere chiamato a rispondere di obbligazioni che non gli competono per il solo fatto della loro insinuazione nella liquidazione giudiziale della società, tali per cui del tutto legittimamente il curatore può proporre ed il giudice delegato disporre la non ammissione al passivo della liquidazione giudiziale del socio, come nel caso delle obbligazioni sociali sorte dopo lo scioglimento individuale del rapporto per morte, recesso o esclusione debitamente pubblicati nel registro delle imprese ovvero in caso di trasformazione in società di capitali, fusione o scissione eterogenea da cui risultino società con responsabilità limitata.

[11] Trib. Roma, 9 aprile 1998, in *Dir. fall.*, 1998, con nota di DI GRAVIO, secondo cui si considerano, ad esempio, le somme ricavate dalla vendita dei beni fallimentari, quelle ricevute dal curatore a titolo di pagamento di crediti, di transazione, di risarcimento danni e, quelle incassate mediante azioni giudiziarie, nonché il danaro liquido rinvenuto nella disponibilità del fallito e gli interessi maturati sulle somme depositate. V. anche Trib. Trapani, 2 aprile 2003, in *Rep. giur. it.*, 2003, che più laconicamente fissa la base di calcolo sull'attivo complessivamente realizzato e sul passivo complessivamente accertato.

[12] JORIO, *Il fallimento*, 774 ss.; Cass., ord. 7 febbraio 2022, n. 3771; Cass., 21 ottobre 2021, n. 29824; Cass., 25 settembre 2017, n. 22279; Cass., 21 gennaio 2016, n. 1103, in *Fallimento*, 2017, 352; Cass., 25 gennaio 2013, n. 1778; Cass., 9 marzo 2007, n. 5433, in *Giur. it.*, 2007, 1163; Cass., 1° marzo 2005, n. 4284, cit.; *contra*, con riferimento ad un'azione restitutoria esperita nei confronti di un istituto bancario, Trib. Como, 11 febbraio 2011, in *Fallimento*, 2011, 497.

– qualora vi sia un conflitto di interessi tra la procedura principale e le procedure dipendenti, deve essere richiesta al giudice delegato la nomina di un curatore speciale *ex* art. 78 c.p.c.[13];

– la regola del mantenimento del privilegio generale nella liquidazione giudiziale del socio non opera in caso di privilegio speciale o di prelazione reale, che possono essere fatti valere soltanto nella liquidazione giudiziale del titolare del bene gravato[14];

– l'obbligazione sociale che il creditore fa valere nella liquidazione giudiziale della società e, in automatico, in quella del socio illimitatamente responsabile impedisce un'ulteriore insinuazione nel passivo del socio in virtù della garanzia fideiussoria prestata da quest'ultimo, non potendosi ammettere una duplice insinuazione della medesima obbligazione[15];

– qualora, dopo l'apertura della liquidazione giudiziale di un imprenditore persona fisica, la procedura sia estesa ad altro soggetto persona fisica ed alla società occulta costituita tra i due soggetti, il creditore che abbia ottenuto l'ammissione al passivo dell'imprenditore ritenuto individuale deve reiterare la domanda anche nello stato passivo della società[16].

5. – A norma del comma 5, ciascun creditore può contestare i crediti dei creditori con cui si trova in concorso. La regola soggiace agli stessi principi di autonomia e connessione tra le procedure e di primazia della liquidazione giudiziale della società rispetto a quelle dei soci. Pertanto, l'impugnazione – nelle forme di cui agli artt. 206 e 207 – proposta da un creditore sociale nei confronti di un credito concorrente nella procedura di liquidazione giudiziale della società e del quale si contesta la riferibilità alla società determina, in caso di accoglimento, l'esclusione del credito anche dal passivo delle procedure a carico dei soci[17].

Se, invece, la contestazione è proposta da un creditore personale del socio nella liquidazione giudiziale di quest'ultimo, l'accoglimento dell'impugnazione comporta l'esclusione del credito soltanto dalla procedura a carico del socio[18], sia nel caso in cui l'impugnazione è rivolta contro un altro creditore personale, sia nel caso in cui riguardi un creditore sociale, facendo però attenzione al potenziale contrasto di giudicati qualora l'impu-

[13] VIGO, *Il fallimento*, 783, nt. 247; IRRERA, *Art. 148*, 2191; Cass., 26 giugno 1964, n. 1702, in *Giust. civ.*, 1964, I, 1730; Cass., 15 aprile 1980, n. 2446, in *Foro it.*, 1981, I, 184; App. Palermo, 11 marzo 1991, in tema di unico curatore dei fallimenti di due società, una delle quali creditrice dell'altra; Trib. Torino, 18 novembre 1997, in *Fallimento*, 1998, 1066, in tema di unico commissario di due società in amministrazione straordinaria, tra loro collegate.

[14] BLATTI, *Art. 148*, 1130; Cass., 30 agosto 2007, n. 18312, in *Fallimento*, 2008, 549; Cass., 30 luglio 2004, n. 14646; Cass., 25 marzo 2003, n. 4363, in *Fallimento*, 2004, 166; con riguardo all'ipoteca giudiziale v. Trib. Monza, 20 aprile 1995, *ivi*, 1995, 1062.

[15] BONFATTI, CENSONI, *Manuale di diritto*, 409; Cass., 27 marzo 1993, n. 3730, in *Fallimento*, 1993, 1027; Trib. Torino, 18 aprile 1986, *ivi*, 1987, 412.

[16] SATTA, *Diritto fallimentare*, 432, nt. 49; NIGRO, *Il fallimento*, 419, nt. 31; TEDESCHI, *Manuale del nuovo*, 529; *contra*, PROVINCIALI, *Trattato di diritto*, 2153; VIGO, *Il fallimento*, 784, nt. 250; BLATTI, *Art. 148*, 1131; in giurisprudenza, nel primo senso, v. Trib. Ferrara, 23 gennaio 2002, in *Gius*, 2002, 1639; Trib. Lanciano, 22 marzo 1983, in *Giur it.*, 1983, I, 2, 513.

[17] VIGO, *Il fallimento*, 785, il quale efficacemente osserva che le diverse masse passive sono in rapporto tra loro come vasi comunicanti; NIGRO, *Il fallimento*, 411 ss.; JORIO, *Le crisi*, 590; IRRERA, *Art. 148*, 2192.

[18] CARIDI, *Art. 148*, 914.

gnazione sia presentata, sulla base dei medesimi motivi, anche nella liquidazione giudiziale della società [19].

6. – La seconda novità lessicale di rilievo rispetto al previgente art. 148 l. fall. è rappresentata dall'aggiunta del comma 6, secondo cui il curatore della liquidazione giudiziale della società può esercitare l'azione sociale di responsabilità nei confronti del socio amministratore anche se nei suoi confronti non si è aperta la procedura di liquidazione giudiziale dipendente. La Relazione illustrativa giustifica l'aggiunta con la necessità di attuare uno specifico criterio direttivo della legge delega (art. 7, comma 5, lett. *c*), l. n. 155 del 2017) [20] tale da estendere il novero dei soggetti che possono essere chiamati in giudizio con l'azione sociale di responsabilità al socio amministratore che ha perso la responsabilità illimitata da oltre un anno o per qualsiasi altro motivo e che non è stato, dunque, personalmente assoggettato a liquidazione giudiziale.

La norma non è di immediata lettura, dato che l'amministratore è *ipso iure* illimitatamente responsabile nella s.n.c., nella s.a.s. e nella s.a.p.a. [21] ed è assoggettato a liquidazione giudiziale in estensione per il solo fatto di essere socio a responsabilità illimitata. Tuttavia, leggendola in combinato disposto con l'art. 256, ci si accorge che sussistono diverse ipotesi nelle quali il socio illimitatamente responsabile non fallisce in estensione perché ha perso tale qualità e ciò da un apprezzabile lasso di tempo, come nel caso del socio defunto, receduto, escluso o che ha ceduto la propria quota [22], oppure dell'accomandatario che ha cessato di essere tale, a condizione che sia trascorso un anno da quando sono state osservate le formalità per rendere l'uscita del socio opponibile ai terzi, oppure ancora dopo che, a seguito di trasformazione, fusione o scissione debitamente pubblicizzate nel registro delle imprese, il socio ha perso la responsabilità illimitata per le obbligazioni sociali ai sensi degli artt. 2500-*quinquies* e 2504-*bis*, ult. comma, c.c.; il tutto a condizione che l'insolvenza della società sia dovuta a debiti esistenti alla data in cui è cessata la responsabilità illimitata (art. 256, comma 2).

Tuttavia, queste ipotesi di franchigia dalla liquidazione giudiziale in estensione devono conciliarsi con il principio secondo cui, per i soci palesi a responsabilità illimitata, la sentenza che dichiara l'apertura della liquidazione giudiziale della società produce automati-

---

[19] PAJARDI, PALUCHOWSKI, *Manuale di diritto*, 794; nulla impedisce, anche per evitare questo rischio, che le decisioni sulle contestazioni avvengano con unica sentenza per tutte le procedure connesse: SATTA, *Diritto fallimentare*, 433.

[20] Così l'art. 7, comma 5 della legge delega: «*Ai fini dell'esercizio delle azioni di responsabilità, il Governo prevede la legittimazione del curatore a promuovere o a proseguire:* (...) *c) per le società di persone, l'azione sociale di responsabilità nei confronti del socio amministratore cui non sia stata personalmente estesa la procedura di liquidazione giudiziale*».

[21] FARENGA, *Manuale di diritto*, 808, il quale ritiene l'ipotesi puramente teorica.

[22] BONFATTI, CENSONI, *Manuale di diritto*, 403; GUGLIELMUCCI, *Diritto fallimentare*, 317; ABETE, *Il fallimento*, 1367 ss.; FABIANI, *Diritto fallimentare*, 542, il quale osserva che la naturale trasmissione dei crediti verso la società ai soci è in realtà una mera supposizione; IANNIELLO, *Il nuovo diritto*, 331, la quale evidenzia che l'espressione «*si intende dichiarato*» deriva proprio dal fatto che una cosa è la domanda di ammissione, altra il provvedimento del giudice delegato che ben può disattendere la richiesta, essendosi il credito sociale formato quando il socio non era più illimitatamente responsabile.

camente l'apertura della procedura dipendente nei loro confronti. Siffatto automatismo può venire meno soltanto se, in sede di convocazione preventiva da parte del tribunale a norma degli artt. 41 e 256, comma 3, il socio riesce a provare la perdita della responsabilità illimitata, l'esecuzione delle relative formalità pubblicitarie ed il decorso di almeno un anno dal loro espletamento[23]. In altre parole, il procedimento unitario di cui agli artt. 40 ss. è la sede in cui si deve formare la prova delle condizioni di non soggezione a liquidazione giudiziale di cui sopra, con il relativo onere probatorio a carico del socio.

Se il socio ex amministratore è riuscito a sfuggire alla liquidazione giudiziale in estensione, il curatore della liquidazione giudiziale della società può, in virtù di quanto disposto dal comma 6 della norma in commento, esperire l'azione sociale di responsabilità. Si tratta, a ben vedere, di una trasposizione dell'art. 2260 c.c. in sede concorsuale, dirimendo i dubbi che ancora oggi sussistono circa la legittimazione ad agire quando la società è *in bonis*[24], attribuendola al curatore qualora la società sia stata sottoposta a liquidazione giudiziale. Sussiste, dunque, uno stretto legame tra il comma 6 e l'art. 255 Codice, essendo entrambe norme abilitanti per il curatore ai fini della proposizione o prosecuzione delle azioni di responsabilità in sede concorsuale; si può, anzi, affermare che quella in commento sia una delle «*altre azioni di responsabilità che gli* [*scil.* al curatore] *sono attribuite da singole disposizioni di legge*» a norma della lett. *e*) del citato art. 255.

---

[23] SCIUTO, *Il fallimento*, 253.

[24] Secondo la tesi oggi prevalente la legittimazione spetta esclusivamente alla società tramite i propri organi sociali: v. Cass., 28 aprile 2021, in *Giur. it.*, 2021, 2151; Cass., 25 luglio 2007, n. 16416, in *Società*, 2009, 607; Cass., 10 marzo 1992, n. 2872; App. Venezia, 16 febbraio 2017, in *Dir. fall.*, 2017, II, 1265; Trib. Milano, 16 aprile 1992, in *Giur it.*, 1993, 1514; *contra*, nel senso dell'esperibilità dell'azione sociale di responsabilità ex art. 2260 c.c. anche al singolo socio *uti socius*, sulla falsariga dell'art. 2476, comma 3, c.c. Trib. Napoli, ord. 3 marzo 2008, in *Società*, 2009, 889; Trib. Milano, 9 giugno 2005, in *Corr. merito*, 2005, 883; Trib. Biella, 30 marzo 2004, in *Giur. it.*, 2004, 307; Trib. Alba, 10 febbraio 2005, in *Società*, 1995, 828.

Articolo 258

Effetti sulla società dell'apertura della liquidazione giudiziale nei confronti dei soci

1. La liquidazione giudiziale aperta nei confronti di uno o più soci illimitatamente responsabili non determina l'apertura della liquidazione giudiziale nei confronti della società.

Francesco Casale

L'art. 258 riproduce senza modifiche di sorta, pur con i consueti adattamenti lessicali, il previgente art. 149 l. fall., onde la liquidazione giudiziale di uno o più soci illimitatamente responsabili non comporta la liquidazione giudiziale della società. Si tratta di una norma di chiusura del microsistema della liquidazione giudiziale di società con soci illimitatamente responsabili [1], anche in questo caso rispettosa dei principi generali valevoli per tali tipi societari, che non vengono intaccati dalla procedura apertasi a carico del singolo socio, sia che egli svolga un'autonoma attività di impresa, sia in qualità di socio illimitatamente responsabile di società terza sottoposta a liquidazione giudiziale. Qualora, però, in un secondo momento e per propria insolvenza, anche la società sia sottoposta a liquidazione giudiziale, le questioni di competenza, in passato vivacemente dibattute [2], si risolvono in base a quanto disposto dagli artt. 7 e 27 ss., al cui commento si rinvia.

La liquidazione giudiziale in proprio del socio di società *in bonis* è la trasposizione in sede concorsuale del principio sotteso all'art. 2288 c.c., che dispone l'esclusione di diritto del socio sottoposto a liquidazione giudiziale, ipotesi che preclude in radice qualsiasi contagio alla società della procedura concorsuale del socio [3]. Con l'apertura della procedura a

[1] CARIDI, *Art. 149*, 918, il quale osserva che la norma rappresenta un'ulteriore conferma del fatto che il socio illimitatamente responsabile fallisce in estensione non perché insolvente, bensì in forza di una mera regola tecnica.

[2] CARIDI, *Art. 149*, 920 s.; SATTA, *Diritto fallimentare*, 433, ove ulteriori riferimenti.

[3] SATTA, *Diritto fallimentare*, 433, giudica superflua la previsione dell'art. 149 l. fall.; nello stesso senso BLATTI, *Art. Art. 149*, 1132. Non si possono escludere, tuttavia, effetti negativi riflessi determinati dall'apertura della liquidazione giudiziale del socio, come puntualmente rilevato da JORIO, *Il fallimento*, 777 s.: potrebbe ad esempio venire meno la pluralità dei soci, con conseguente scioglimento della società in caso di mancata ricostituzione nei sei mesi di cui all'art. 2272, n. 4, c.c.; ancora, il socio non sarebbe più in grado di eseguire i

carico del socio viene meno, infatti, l'elemento fiduciario caratteristico delle società di persone e, di conseguenza, il rapporto sociale[4], sorgendo il diritto alla liquidazione della quota, che dovrà essere corrisposta al curatore della liquidazione giudiziale del socio[5]. Il credito da liquidazione della quota diviene certo soltanto per effetto della sentenza che dispone la liquidazione giudiziale del socio e non può dunque essere portato in compensazione con eventuali controcrediti della società nei confronti del socio[6].

conferimenti promessi, causando o aggravando l'insolvenza della società, cosa che potrebbe avvenire anche quando la società non sia in grado di pagare la quota di liquidazione al curatore della procedura individuale.

[4] Il socio accomandatario di una s.a.s. dichiarato fallito assieme ad altra società di persone è escluso di diritto e non è quindi legittimato a proporre opposizione alla sentenza dichiarativa di fallimento della s.a.s. stessa, dalla quale è stato escluso per l'intervenuto fallimento dell'altra società: Trib. Torino, 9 dicembre 1987, in *Dir. fall.*, 1988, II, 286.

[5] IRRERA, *Art. 149*, 2195; ABETE, *Il fallimento*, 1384; App. Bologna, 13 febbraio 1987, in *Dir. fall.*, 1987, II, 934; Trib. Venezia, 9 giugno 1983, in *Società*, 1984, 191.

[6] Cass., SS.UU., 23 ottobre 2006, n. 22659, in *Fallimento*, 2007, 397; Cass., 29 settembre 2011, n. 19955, *ivi*, 2012, 317; Cass., 7 luglio 2008, n. 18599; Cass., 18 marzo 2005, n. 6006, in *Corr. giur.*, 2005, 969; Cass., 12 ottobre 2004, n. 20169, in *Società*, A 2005, 469; *contra*, prima dell'intervento delle Sezioni Unite, Cass., 24 luglio 2000, n. 9678, in *Dir. fall.*, 2001, 897; Cass., 28 agosto 2001, n. 11288, in *Fallimento*, 2002, 615; in dottrina CARIDI, *Art. 149*, 919; JORIO, *Le crisi*, 592.

Articolo 259

Liquidazione giudiziale nei confronti di enti ed imprenditori collettivi non societari

1. Le disposizioni di cui agli articoli 254, 255, 256, 257 e 258 si applicano, in quanto compatibili, anche agli enti e imprenditori collettivi non societari e ai loro componenti illimitatamente e personalmente responsabili per le obbligazioni dell'ente.

Giacomo D'Attorre

Sommario: 1. L'assoggettamento a liquidazione giudiziale di enti e imprenditori collettivi non societari. – 2. Le azioni di responsabilità. – 3. Gli effetti per i componenti illimitatamente responsabili.

1. – L'articolo in commento conferma, in modo implicito, ma indiscusso, l'assoggettabilità anche degli enti e degli imprenditori collettivi non societari alla procedura di liquidazione giudiziale. L'applicazione a detti enti ed imprenditori collettivi non societari di alcune norme dettate in tema di liquidazione giudiziale delle società presuppone, infatti, la preventiva assoggettabilità a questa procedura.

L'eventualità che un ente collettivo non societario (es: associazioni, fondazioni, comitati, *onlus*, imprese sociali) potesse assumere la qualità di imprenditore commerciale, nel caso in cui alla propria attività tipica affiancasse o sostituisse l'esercizio di un'attività commerciale, era da tempo riconosciuta[1]. Del pari pacifica, inoltre, era la possibilità che questi enti collettivi, riqualificati quali imprese collettive non societarie, potessero essere assoggettati a procedura concorsuale in caso di insolvenza[2]; procedura concorsuale che, salva diversa previsione di legge[3], era rappresentata dal fallimento o dal concordato preventivo. Sotto questo profilo, quindi, la previsione dell'assoggettamento anche degli enti e degli imprenditori collettivi non societari alla disciplina della liquidazione non giudiziale non presenta profili di novità. Resta fermo che gli enti collettivi potranno essere soggetti

[1] Vedi, tra i molti, NIGRO, *Gli imprenditori*, 1600; *contra*, BONFANTE, *L'insolvenza*, 82 ss.

[2] NIGRO, *I soggetti*, 97 ss.; ID.; *Gli imprenditori*, 1598; SANDULLI, *Il presupposto*, 110.

[3] Vedi, ad esempio, l'art. 15, d.lgs. n. 185 del 2016, che prevede l'assoggettamento delle imprese sociali alla procedura di liquidazione coatta amministrativa.

alla procedura di liquidazione giudiziale solo a condizione che si provi l'intervenuto acquisto della qualità di imprenditori commerciali (diversi dagli imprenditori minori) in conseguenza dell'effettivo svolgimento dell'attività d'impresa commerciale; altrimenti, detti enti saranno soggetti alle procedure di sovraindebitamento, al pari di tutti i soggetti diversi dagli imprenditori commerciali [4].

Ciò che, invece, rappresenta una significativa innovazione è, da un lato, l'espresso richiamo anche alla norma dell'art. 255 in tema di responsabilità degli amministratori e, dall'altro, la previsione dell'assoggettamento alla procedura di liquidazione giudiziale anche per i componenti illimitatamente responsabili per le obbligazioni dell'ente.

2. – Per quanto riguarda la responsabilità degli amministratori, nella legge fallimentare l'art. 146 l. fall., che disciplinava le azioni di responsabilità esercitabili, era incluso nel capo dedicato al «fallimento delle società» e, quindi, trovava diretta applicazione alle sole azioni esercitabili nei confronti dei componenti degli organi della società fallita. Ci si interrogava, pertanto, sul fondamento dell'eventuale legittimazione del curatore ad esercitare l'azione di responsabilità nei confronti dei componenti degli organi sociali degli enti collettivi non societari e questa legittimazione veniva fondata, per quanto riguarda le azioni sociali di responsabilità (previste, ad esempio dagli artt. 22 e 25, comma 3, c.c. per associazioni e fondazioni), sulla sostituzione del curatore nei diritti compresi nel patrimonio dell'imprenditore fallito e nella sostituzione processuale, mentre, per quanto riguarda l'azione dei creditori sociali, veniva basata sulla legittimazione del curatore ad esercitare, quale azione di massa, l'azione di responsabilità extracontrattuale per lesione del credito [5]. Pur riconoscendosi la legittimazione del curatore, rimanevano comunque potenziali problema in punto di autorizzazioni, non essendoci una norma che consentisse al curatore di agire sulla base di un regime autorizzatorio derogatorio rispetto a quello del diritto comune.

Adesso, l'espresso richiamo che l'art. 259 opera anche all'art. 255 in punto di legittimazione del curatore all'esercizio delle azioni di responsabilità parifica completamente, su questo aspetto, la disciplina delle azioni di responsabilità nelle imprese collettive non societarie a quella delle società.

Va, tuttavia, operata una precisazione di non secondaria importanza. L'attribuzione al curatore della legittimazione all'esercizio delle azioni di responsabilità nei confronti degli amministratori di enti e imprenditori collettivi non societari opera sul piano della legittimazione, non su quello sostanziale dell'ambito di esercizio delle azioni di responsabilità nei diversi tipi di imprenditori collettivi non societari [6] e nemmeno sul piano della identificazione degli obblighi [7], che rimangono differenziati rispetto a quelli nelle società e ri-

[4] D'ATTORRE, *Manuale di diritto*, 359.

[5] Sul punto, vedi, per tutti, CETRA, *L'impresa*, 377. Per i consorzi, la Suprema Corte aveva, tuttavia, escluso la legittimazione del curatore ad agire nei confronti degli amministratori facendo valere l'azione sociale o l'azione dei creditori sociali, argomentando, tra l'altro, proprio dall'inapplicabilità dell'art. 146 l. fall. a figure collettive diverse dalle società (Cass., 3 giugno 2010, n. 13465, in *Giur. comm.*, 2011, 1095).

[6] NIGRO, *Gli imprenditori*, 1609; nello stesso senso, MAFFEI ALBERTI, *Commentario breve*, 2048.

[7] D'ATTORRE, *La liquidazione*, 1265. Vedi anche BARILLÀ, *Enti del terzo*, 56-120, ove ampia analisi, anche comparatistica, sulla responsabilità degli amministratori di associazioni e fondazioni del terzo settore.

messi alla specifica disciplina sostanziale prevista dal legislatore per ciascuna tipologia di ente ed impresa non societaria. Nelle associazioni e nelle fondazioni, ad esempio, il regime degli obblighi degli amministratori è disciplinato in modo autonomo dall'art. 18 c.p.c., mediante il richiamo alle norme del mandato, delineandosi pertanto un assetto di doveri e responsabilità affatto diverso rispetto a quello posto dagli artt. 2392 e 2476 c.c. per le s.p.a. Basti solo pensare che il richiamo alle norme sul mandato rende applicabile anche l'art. 1710 c.c. nella parte in cui dispone che «*se il mandato è gratuito, la responsabilità per colpa è valutata con minor rigore*»; norma che può certamente trovare applicazione per i consiglieri c.d. onorari – spesso presenti nelle associazioni e nelle fondazioni – che non percepiscono alcun compenso e che, per tale ragione, non possono certo essere accomunati sotto il profilo della responsabilità agli altri consiglieri. Non può l'intervenuta liquidazione giudiziale determinare la sopravvenuta irrilevanza della specifica disciplina sostanziale prevista dal legislatore per ciascuna tipologia di impresa e la parificazione *ex post* degli obblighi e delle responsabilità di tutti gli amministratori [8].

3. – Per quanto riguarda la previsione dell'assoggettamento alla procedura di liquidazione giudiziale anche per i componenti illimitatamente responsabili per le obbligazioni dell'ente, il problema principale è quello della identificazione dei soggetti «*illimitatamente responsabili*». Il discorso va, ovviamente, differenziato in base alla diversa tipologia di impresa collettiva non societaria, essendo differenti i regimi normativi che governano la responsabilità dei componenti [9]. Di seguito, per ragioni di spazio, si limiterà l'esame alle fattispecie più ricorrenti di imprese collettive non societarie, rappresentate dalle associazioni non riconosciute e dai consorzi con attività esterna.

Nelle associazioni non riconosciute, l'art. 38 c.c. dispone che «*per le obbligazioni assunte dalle persone che rappresentano l'associazione i terzi possono far valere i loro diritti sul fondo comune*», ma «*delle obbligazioni stesse rispondono anche personalmente e solidalmente le persone che hanno agito in nome e per conto dell'associazione*». Come anche di recente ribadito dalla Suprema Corte [10], «la fattispecie che, ai sensi dell'art. 38 c.c., dà luogo alla responsabilità dei soggetti che hanno agito in nome e per conto delle associazioni non riconosciute è in effetti radicalmente differente da quella prevista per i soci illimitatamente responsabili delle società di persone ... La responsabilità personale del socio riguarda tutti i debiti della società rappresentata e deriva dalla sua qualità ... Nelle associazioni non riconosciute i legali rappresentanti (e, in particolare, il presidente) non rispondono affatto dei debiti dell'ente in base a tale loro qualità. La responsabilità è prevista dall'art. 38 c.c., esclusivamente per coloro i quali hanno agito in nome e per conto dell'associazione nell'ambito del singolo e specifico rapporto obbligatorio fatto valere in giudizio: essa non riguarda quindi tutti i debiti dell'ente e non si traduce in una obbligazione propria di tali soggetti». È da escludersi, pertanto, che i componenti che abbiano agito in nome e per conto della società possano configurarsi come "illimitatamente responsabili" e che, sotto il profilo dell'esten-

---

[8] Vedi D'ATTORRE, *La legittimazione*, cit., 170, ove ulteriori riferimenti.

[9] D'ATTORRE, *Manuale di diritto*, 360.

[10] Cass., 14 maggio 2019, n. 12714.

sione automatica della procedura, possano essere accomunati ai soci illimitatamente responsabili di società di persone, attesa la radicale diversità di natura e funzione della partecipazione dell'associante rispetto alla partecipazione del socio[11]. Da ciò la conseguenza per cui l'apertura della liquidazione giudiziale nei confronti dell'ente non determinerà il loro assoggettamento in estensione alla procedura[12], fermo restando la loro responsabilità per le singole obbligazioni sorte in forza di atti compiuti in nome e per conto[13].

Considerazioni analoghe vanno svolte per i consorzi con attività esterna, nei quali l'art. 2615, comma 2, c.c. stabilisce che «*per le obbligazioni assunte dagli organi del consorzio per conto dei singoli consorziati rispondono questi ultimi solidalmente col fondo consortile*». In questo caso, non sono i consorziati ad assumere una responsabilità illimitata per debiti del consorzio, ma, al contrario, è il consorzio a rispondere per un debito altrui, in quanto il debito principale è del consorziato per cui conto è stata assunta l'obbligazione[14]. Anche per i consorziati va così esclusa la possibilità di estendere la procedura di liquidazione giudiziale a carico del consorzio, non trattandosi di componenti illimitatamente responsabili per le obbligazioni dell'ente[15].

---

[11] Nel sistema della legge fallimentare, per l'esclusione del fallimento in estensione degli associati che abbiano agito in nome e per conto dell'associazione non riconosciuta fallita, vedi FARENGA, *Esercizio di impresa*, 229 ss.; NAPOLEONI, *Il fallimento*, 156 ss.; NIGRO, *I soggetti*, 100; SANDULLI, *Il presupposto*, 112. *Contra*, nel senso della fallibilità degli associati che hanno agito in nome e per conto, Cass., 16 marzo 2004, n. 5305; Cass., 18 settembre 1993, n. 9589, in *Dir. fall.*, 1994, II, con nota di Ragusa Maggiore.

[12] D'ATTORRE, *La liquidazione*, 1265; ID., *Manuale di diritto*, 360. Nello stesso senso MARASÀ, *La "commercializzazione"*, 233; MAFFEI ALBERTI, *Commentario breve*, 2049, BARILLÀ, *Enti del terzo*, 111 e, sembrerebbe, anche NIGRO, *Gli imprenditori*, 1596 (in nota). In senso contrario vedi però FAUCEGLIA, *Il nuovo*, 330, il quale sembra affermare l'assoggettabilità a liquidazione giudiziale in estensione di coloro che abbiano agito in nome e per conto dell'associazione.

[13] In questo senso cfr., di recente, Cass., 4 agosto 2023, n. 23896: «La responsabilità personale e solidale prevista dall'art. 38 c.c. è circoscritta alle singole obbligazioni negoziali assunte ed è assimilabile a quella del fideiussore per le obbligazioni del debitore principale. Il fallimento dell'associazione non riconosciuta non comporta il fallimento "per ripercussione" di chi ha agito in nome e per conto dell'associazione medesima, che si limita a rispondere in via personale e solidale delle specifiche obbligazioni scaturite dall'attività negoziale così posta in essere».

[14] Cass., 21 febbraio 2006, n. 3664.

[15] D'ATTORRE, *La liquidazione*, 1266; ID., *Manuale di diritto*, 360; MARASÀ, *La "commercializzazione"*, 233.

Articolo 260

Versamenti dei soci a responsabilità limitata

1. Nella procedura di liquidazione giudiziale delle società con soci a responsabilità limitata il giudice delegato può, su proposta del curatore, ingiungere con decreto ai soci e ai precedenti titolari delle quote o delle azioni di eseguire i versamenti ancora dovuti, quantunque non sia scaduto il termine stabilito per il pagamento.

2. Contro il decreto emesso a norma del comma 1, può essere proposta opposizione ai sensi dell'articolo 645 del codice di procedura civile.

Clemente Pecoraro

1. – La norma prevede le iniziative che la curatela può intraprendere per recuperare i versamenti ancora dovuti dal socio.

Non si registra alcuna variazione rispetto al regime previgente dell'art. 150 l. fall., fatta eccezione per il riferimento nominalistico alla procedura concorsuale come «*liquidazione giudiziale*».

2. – Spetta al curatore il compito di *proporre* al giudice delegato l'emissione del decreto d'ingiunzione al pagamento. Il radicamento di un potere d'impulso in capo al curatore si pone in armonia con i principi generali che informano il funzionamento della procedura di liquidazione giudiziale. Il curatore, infatti, è responsabile della fase di attivazione delle iniziative adeguate alla formazione dell'attivo. Nel caso di specie, il curatore sarà tenuto anzitutto: *i*) a rilevare dalla contabilità della società insolvente l'esistenza del credito per versamenti ancora dovuti; *ii*) valutare se richiedere direttamente al giudice delegato l'ingiunzione di pagamento, o, viceversa, seguire procedure alternative per il recupero del credito.

Con riguardo al primo profilo, è ragionevole ritenere che il curatore – al pari di una qualunque parte ricorrente nel procedimento monitorio *ex* art. 633 c.p.c. – sia tenuto a dare una prova scritta del credito [1]. L'onere potrà essere assolto, ad. es., attraverso la pro-

[1] De Cicco, *Art. 150*, 277; *contra* Caridi, *Art. 150*, 923. In giurisprudenza, Trib. Ivrea, 3 gennaio 2005, in *Fallimento*, 2005, 469.

duzione dell'atto costitutivo (o delibera di aumento del capitale sociale). Si è ritenuto, al riguardo, che la mera annotazione sul titolo della liberazione dell'azione non sarebbe sufficiente a provare l'integrale versamento dei decisimi residui [2]; il principio va tuttavia coordinato con la massima secondo cui la curatela, quando esercita un diritto dell'insolvente, succede nella medesima posizione di quest'ultimo e l'ingiunto sarebbe pertanto legittimato ad eccepire il valore di confessione stragiudiziale nell'annotazione a firma del rappresentante legale della società [3].

Con riguardo al secondo profilo, è opinione diffusa credere che la procedura speciale prevista dalla norma in commento non escluda la facoltà per il curatore di ricorrere alle procedure tradizionali di recupero del credito. Saranno verosimilmente marginali i casi nei quali si potrà concepire un interesse concreto del curatore a farvi ricorso [4]. Ma ciò non esclude l'esistenza di uno spazio discrezionale sulle iniziative legali da programmare e condividere con il comitato dei creditori.

Quanto alla *forma* dell'atto attraverso il quale invocare l'intervento del giudice delegato, vige un principio di sostanziale libertà. L'espressione utilizzata – *propone* – lascerebbe intendere ad una mera istanza presentata direttamente dal curatore in luogo della preposizione di un ricorso (per decreto ingiuntivo) depositato con l'assistenza del legale [5]. La semplificazione dei passaggi procedimentali è funzionale ad un'accelerazione nell'attività di recupero dell'attivo in favore della massa.

A questi valori è ispirato il radicamento in capo al giudice delegato della *competenza* a decretare l'ingiunzione di pagamento. La norma si pone in deroga alle regole generali sulla competenza a decidere le cause di recupero del credito da conferimento. Si registra, peraltro, anche un'attenuazione dell'esigenza di sterilizzare il potere del giudice delegato di decidere su cause nelle quali sia parte il curatore. A tal riguardo, neppure si potrà escludere l'eventualità nella quale il giudice delegato, in sostituzione del comitato dei creditori, preliminarmente abbia già approvato il programma di liquidazione contenente l'opzione di proporre l'ingiunzione di pagamento *ex* art. 260. E tuttavia, trattandosi di un potere limitato alla mera ingiunzione di pagamento, non si rinviene il pericolo di una compromissione dell'assetto degli interessi sotteso alla ripartizione di competenze tra gli organi della procedura, ed anche per questo si dovrebbe coerentemente ammettere che l'ingiunzione – ricorrendone i presupposti di legge (art. 642 c.p.c.) – possa essere resa con formula provvisoriamente esecutiva.

3. – L'interesse ad accelerare l'attività di recupero del credito per versamenti ancora dovuti giustifica la facoltà per il curatore di proporre l'ingiunzione «*quantunque non sia scaduto il termine stabilito per il pagamento*». Si inclina pertanto a ritenere che la norma

---

[2] Trib. Milano, 13 febbraio 2008, in *Banca, borsa e tit. cred.*, 2008, II, 498.

[3] È invece conforme a questo principio l'arresto della Cass., 10 dicembre 1992, n. 13095, in *Giur. it.*, 1994, I, 1, 1883, per il caso nel quale la liberazione dell'azione risulti dalla dichiarazione del presidente dell'assemblea.

[4] CAMPOBASSO, *Fallimento delle società*, 516 ss.; cfr. App. Firenze, 23 dicembre 1982, in *Dir. fall.*, 1983, II, 704.

[5] IRRERA, *Art. 150*, 2196.

preveda la decadenza del socio-debitore dal beneficio del termine eventualmente concordato nell'atto costituito o nella delibera di aumento del capitale sociale [6].

Talvolta questa chiave di lettura è stata avversata ritenendo che, essendo il termine per il versamento dei decimi residui posto nell'interesse della società-creditrice, la stessa (ed il curatore, quando la società sia stata sottoposta a procedura di liquidazione giudiziale) potrebbero in ogni momento rinunziarvi ed esigere il credito. In questo senso, neppure vi sarebbe spazio per invocare una decadenza del debitore dal termine di adempimento [7]. La tesi si fonda sul presupposto per cui l'eventuale termine convenzionale per l'esecuzione del conferimento sarebbe posto nell'interesse della società creditrice [8].

Quest'ultimo assunto non è tuttavia pacifico. Per quanto qui interesserà osservare, non si potrà escludere che le parti abbiamo concordato esplicitamente un termine nell'interesse del socio-conferente. E proprio in questa circostanza, dunque, la soggezione della società ad una procedura di liquidazione giudiziale potrebbe legittimare la decadenza dal termine ai sensi e per gli effetti della norma in commento.

Sarebbe in ogni caso ragionevole confidare sul fatto che il curatore, prima di proporre l'ingiunzione di pagamento ai sensi dell'art. 260, diffidi il debitore ai sensi degli artt. 2344 e 2466 c.c. [9], o, in via concorrente, in base alle norme generali di correttezza e collaborazione nell'adempimento delle obbligazioni. La necessità di questo passaggio preliminare consentirebbe di contemperare le ragioni di tutela del socio con quelle della procedura concorsuale all'economicità delle iniziative preordinate al recupero dell'attivo.

L'immediata esigibilità del credito non è infine ostacolata dalla previsione dettata dall'art. 2491, comma 1, c.c., a tenore della quale la richiesta del liquidatore al recupero dei decimi residui è subordinata all'effettiva necessità di dotare la società delle riserve occorrenti ai fini del pagamento dei debiti sociali. La norma societaria non può trovare applicazione quando la società sia dichiarata insolvente. Il curatore è invece legittimato ad esigere il richiamo dei decimi senza attendere l'accertamento dello stato passivo e indipendentemente dalla sufficienza del patrimonio sociale a soddisfare i creditori [10].

4. – È discusso se la norma introduca una radicale deroga alla disciplina sostanziale sull'esecuzione del credito da conferimento. Il tema è stato posto avendo riguardo alla regolamentazione prevista dagli artt. 2346 e 2481 c.c. per l'ipotesi della cessione di azioni o quote non interamente liberate. In occasione della sottoposizione della società alla procedura di liquidazione giudiziale, dovrà pertanto chiedersi se il giudice delegato possa, su proposta del curatore, ingiungere l'alienante al pagamento dei versamenti ancora dovuti (per la partecipazione ceduta) *a prescindere* dall'operatività del termine triennale previsto

---

[6] BONSIGNORI, *Fallimento delle società*, 318; NIGRO, *Le società*, 348.

[7] Cfr. CARIDI, *Art. 150*, 926.

[8] cfr. FERRARA, CORSI, *Gli imprenditori*, 447; secondo PIANI MASSAMORMILE, *I conferimenti*, 310, nota 13, è nell'interesse della società il termine convenzionale presupposto dall'art. 150 l. fall. (oggi 260): di conseguenza, solo gli amministratori potranno richiedere in anticipo il pagamento.

[9] Sull'obbligatorietà della diffida per esigenze di tutela del socio, BUONOCORE, *Le situazioni giuridiche*, 196.

[10] CAMPOBASSO, *Fallimento delle società*, 540 s., nota 83.

dal comma 1 dell'art. 2346 c.c. ed anche *fuori* dal meccanismo della preventiva escussione del socio attuale.

Con riguardo al primo profilo, è stata convincentemente ribadita la permanenza del vincolo temporale convenuto dall'art. 2356 c.c. entro il quale potrà operare la responsabilità del cedente di azioni o quote per i versamenti ancora dovuti [11].

Con riguardo al secondo profilo, la questione si pone in termini apparentemente più problematici. Per un verso, si è ritenuto che il giudice delegato possa ingiungere liberamente l'alienante al pagamento, ragione per la quale il curatore potrebbe azionare il decreto contro l'*ex* socio a prescindere dalla prova della preventiva richiesta al socio attuale [12]. Per altro verso, è stata rivendicata la necessità di discriminare il socio attuale dal dante causa in omaggio al principio di legge consacrato dall'art. 2356, comma 2, c.c. [13]; questa seconda tesi si lascia inoltre preferire per quanti ritengono che il curatore, all'atto di esigere i conferimenti dal socio, agisca pur sempre *utendo iuribus* dell'insolvente, motivo per il quale non si potrà registrare alcun mutamento nelle condizioni di esercizio del credito [14].

5. – Ai sensi dell'art. 260, comma 2, il socio – attuale o meno – ingiunto al pagamento dal giudice delegato potrà proporre opposizione ai sensi dell'art. 645 c.p.c.

Non è da escludere che l'ingiunto decida di reclamare il decreto del giudice delegato innanzi al collegio ai sensi dell'art. 124. Sarebbe tuttavia necessario rinvenire un interesse concreto a proporre il reclamo anziché esercitare il rimedio generale dell'opposizione all'ingiunzione.

È invece più interessante chiedersi se l'ingiunto possa resistere all'ingiunzione di pagare i versamenti ancora dovuti eccependo la compensazione con un controcredito verso la società a norma dell'art. 155 [15]. Il quesito tange una questione molto controversa, ovvero la compensabilità del credito da conferimento, sulla quale un primo orientamento negazionista [16] pare cedere oggi il passo alla tesi opposta. L'opinione prevalente ammette infatti la compensazione del credito da conferimenti [17].

Sarebbe invece da escludere che l'opponente possa spiegare domanda riconvenzionale dovendosi viceversa riconoscere, in omaggio alle regole poste a presidio del procedimento di verifica dello stato passivo, la mera facoltà di resistere all'ingiunzione di pagamento.

---

[11] NIGRO, *Le società*, 349; DE CICCO, *Art. 150*, 279; cfr. Trib. Genova, 4 aprile 1989, in *Fallimento*, 1989, 1231.

[12] Di recente, IRRERA, *Art. 150*, 2197. Trib. Torino, 26 settembre 2006, in *Giuri it.*, 2007, 1985; Trib. Napoli, 21 giugno 1996, in *Fallimento*, 1996, 1242. Sulla prevalenza dell'interesse dei creditori concorsuali su quello dei soci, attuali o meno, cfr. SATTA, *Diritto fallimentare*, 435, nota 60; BONSIGNORI, *Fallimento delle società*, 318; JORIO, *Il fallimento*, 779 s.

[13] NIGRO, VATTERMOLI, *Diritto della crisi*, 324; DE CICCO, *Art. 150*, 278 s.

[14] CAMPOBASSO, *Fallimento delle società*, 523 ss.; Trib. Genova, 4 aprile 1989, in *Fallimento*, 1989, 1231; cfr. Cass. civ., 25 febbraio 2020, n. 4956.

[15] BONSIGNORI, *Fallimento delle società*, 322; *contro* PROVINCIALI, *Trattato di diritto*, 2171.

[16] Cass., 10 novembre 1992, n. 13095, in *Foro it.*, 1993, I, 3100.

[17] Per una compiuta esposizione della questione v. SPOLIDORO, *I conferimenti*, 410 ss. In giurisprudenza, Cass., 24 aprile 1998, n. 4236, in *Foro it.*, 1998, I, 2892; Cass., 5 febbraio 1996, n. 2367, in *Giur. comm.*, 1997, II, 23, con nota di COLUCCI, *Un parziale* revirement.

Articolo 261

Liquidazione giudiziale di società a responsabilità limitata: polizza assicurativa e fideiussione bancaria

1. Nella procedura di liquidazione giudiziale di società a responsabilità limitata il giudice delegato, ricorrendone i presupposti, può autorizzare il curatore ad escutere la polizza assicurativa o la fideiussione bancaria rilasciata ai sensi dell'articolo 2464, quarto e sesto comma, del codice civile.

Clemente Pecoraro

Sommario: 1. Premessa. – 2. L'escussione della polizza assicurativa e fideiussione bancaria: margini di operatività. – 3. Ruolo del curatore e del giudice delegato.

1. – La norma è stata ripresa nel Codice senza variazioni rispetto al previgente art. 151 l. fall., fatta eccezione per il riferimento alla denominazione della procedura concorsuale come «*liquidazione giudiziale*».

Il testo normativo si pone in continuità tematica con il precedente articolo di questo codice e prevede le iniziative che gli organi della procedura devono intraprendere allo scopo di recuperare il valore del conferimento[1], segnatamente il valore del conferimento del socio d'opera garantito da polizza assicurativa o fideiussione bancaria ai sensi dell'art. 2464, comma 6, c.c., oppure il controvalore della polizza assicurativa o fideiussione bancaria concessa in sostituzione del versamento dell'acconto sui conferimenti in denaro *ex* art. 2464, comma 4, c.c.

2. – In quanto norma da raccordare alla regolamentazione societaria sui conferimenti dei soci di s.r.l., il perimetro di concreta applicazione dipenderà dall'ambito di operatività degli istituti previsti ai commi quarto e sesto dell'art 2464 c.c., e, dunque, dallo spazio di vigenza della facoltà di escutere la polizza assicurativa o la fideiussione bancaria. Nei limiti in cui il tema possa essere qui accennato, si dovrà operare una distinzione.

Qualora il socio abbia prestato la polizza assicurativa o la fideiussione bancaria *in sostituzione* del versamento iniziale (art. 2464, comma 4, c.c.), sarà ragionevole ritenere che –

---

[1] Irrera, *Art. 151*, 2199.

sottoposta la società ad una procedura di liquidazione giudiziale – gli organi della procedura potranno liberamente esigere l'escussione della garanzia allo scopo di riscuotere il controvalore del versamento "coperto". La conclusione è una diretta conseguenza della premessa secondo cui l'escussione della garanzia concessa in sostituzione del versamento iniziale potrà essere azionata in ogni momento e non sottostà a presupposti vincolanti [2].

Qualora il socio abbia invece prestato la polizza assicurativa o la fideiussione bancaria a garanzia di una prestazione d'opera o di servizi (art. 2464, comma 6, c.c.), invece, rimane controverso se intendere la stessa come mera garanzia dell'oggetto del conferimento [3] oppure attribuirvi natura di atto solutorio dell'obbligazione del conferimento [4]. L'inquadramento della garanzia non è una questione priva di risvolti pratici.

I fautori della prima tesi hanno ritenuto che la polizza assicurativa e la fideiussione bancaria possano coprire solamente l'inadempimento del socio d'opera ed hanno negato il diritto della società ad esigerne l'escussione in ipotesi di *sopravvenuto arresto dell'attività* a prescindere se provocato volontariamente dai soci (es. messa in liquidazione senza continuazione dell'attività) o determinato dallo stato di insolvenza della società (soggezione a procedura di liquidazione giudiziale) [5]. Sulla base di questo assunto si è ritenuto che gli organi della procedura concorsuale sarebbero legittimati ad escutere la garanzia in ragione dell'inadempimento del socio d'opera – presumibilmente pregresso all'apertura del concorso – e non anche in forza del mero dato oggettivo della mancata prestazione dell'opera o del servizio, *a fortiori* quando determinata dalla sottoposizione alla procedura di liquidazione giudiziale [6].

In una direzione opposta sarebbe invece orientata la chiave di lettura che inquadra diversamente la funzione della polizza assicurativa o fideiussione bancaria, ovvero che risolve la questione dando priorità alla necessità di preservare estensivamente l'effettività del capitale sociale. Si suole pertanto estendere l'operatività della garanzia conferita dal socio d'opera alla verifica di qualsiasi evento dal quale possa concretamente derivare l'interruzione o la mancata attuazione della prestazione d'opera o del servizio, anche quando non imputabile al socio [7] o comunque anche quando ascrivibile all'azione della società (per via della messa in scioglimento anticipato, della dichiarazione d'insolvenza o del cambiamento dell'oggetto sociale) [8].

3. – L'escussione della polizza assicurativa o della fideiussione bancaria è atto che il giudice delegato – ricorrendone i presupposti – autorizza previa richiesta (o proposta) del curatore.

---

[2] MONTAGNANI, *Art. 151*, 286; CARIDI, *Art. 151*, 931; cfr. IRRERA, *Art. 151*, 2200.

[3] ROSAPEPE, *Art. 2464*, 32; MONTAGNANI, *Art. 151*, 284.

[4] PORTALE, *La legge fallimentare*, 372; FERRI, *Il conferimento*, 1374; MENTI, *Socio d'opera*, 45 ss.; CINCOTTI, *I conferimenti*, 96. Per una rassegna dei sostenitori delle diverse tesi, cfr. SPOLIDORO, *Conferimenti d'opera*, 505, nota 1.

[5] *Ex plurimis*, MONTAGNANI, *Art. 151*, 286.

[6] MONTAGNANI, *Art. 151*, 286.

[7] NIEDDU ARRICA, *Il conferimento*, 118 ss., specie 122.

[8] OLIVIERI, *Conferimenti assicurati*, 364 ss.; dubbi sono espressi invece da AMATUCCI, *Ancora*, 1456.

Il *potere d'impulso* spetta al curatore, sebbene non espressamente previsto dalla norma [9]. Il curatore ne è infatti responsabile in base all'investitura a curare la fase della liquidazione del patrimonio dell'insolvente. Non vi sono peraltro ragioni per dubitare della necessità di menzionare questa iniziativa nel programma di liquidazione.

Quanto ai *presupposti* per richiedere l'escussione della polizza assicurativa o della fideiussione bancaria, essi dipenderanno dal concreto ambito di operatività della garanzia cui si è fatto cenno nel precedente paragrafo.

Qualora ricorressero i presupposti per escutere la polizza assicurativa o la fideiussione bancaria, si aprirebbe per gli organi della procedura una fase di valutazione tesa a scrutinare l'opportunità dell'opzione. In linea di principio, la norma parrebbe assumere il significato di enfatizzare il ruolo del giudice delegato nel farsi interprete di una funzione di supervisione e di filtro rispetto alla volontà del curatore di procedere all'escussione della garanzia. In pratica, però, i margini d'intervento del giudice delegato sembrano limitati.

È anzitutto arduo pensare che il giudice delegato possa decidere di non autorizzare l'escussione della polizza assicurativa o della fideiussione bancaria prestata in sostituzione del versamento iniziale. Una volta che la società sia stata sottoposta ad una procedura di liquidazione giudiziale, infatti, acquisterà rilevanza un preciso interesse a recuperare il credito anche contro il socio per l'integrale versamento di quanto ancora dovuto (art. 260); e, *a fortiori*, quando il socio si fosse avvalso della facoltà di cui al comma 4 dell'art. 2464 c.c., l'escussione della garanzia diventerebbe un atto doveroso per gli organi della procedura concorsuale.

Solo in apparenza potrebbe ritenersi più complessa la valutazione sull'escussione della polizza assicurativa o della fideiussione bancaria prestata a garanzia del valore della prestazione d'opera o di servizi *ex* art. 2464, comma 6, c.c. Intervenuta la dichiarazione di insolvenza della società, le possibilità per il giudice delegato di rifiutare l'autorizzazione ad escutere la garanzia saranno obiettivamente limitate; in effetti, si dovrebbe ipotizzare una continuazione dell'attività – ad esempio, in occasione dell'esercizio provvisorio dell'impresa – per rinvenire un *interesse concreto* a ricevere la prestazione del socio d'opera in luogo di procedere all'escussione della garanzia [10].

Si dovrà parimenti escludere che un rifiuto del giudice delegato ad escutere la garanzia possa essere legittimato dalla pendenza del procedimento di accertamento dello stato passivo o dalla pendenza di iniziative di liquidazione dell'attivo. Il recupero del credito, infatti, *a fortiori* quando connesso al valore del conferimento del socio, non può ritenersi in nessun caso subordinato alla preliminare verifica di uno stato d'incapienza patrimoniale della società insolvente [11].

---

[9] CARIDI, *Art. 151*, 930.

[10] CARIDI, *Art. 151*, 932.

[11] CARIDI, *Art. 151*, 932.

Articolo 262

Patrimoni destinati ad uno specifico affare

1. Se è aperta la liquidazione giudiziale nei confronti della società, l'amministrazione del patrimonio destinato previsto dall'articolo 2447-bis, primo comma, lett. a), del codice civile è attribuita al curatore, che vi provvede con gestione separata.

2. Il curatore provvede a norma dell'articolo 216 alla cessione a terzi del patrimonio, al fine di conservarne la funzione produttiva. Se la cessione non è possibile, il curatore provvede alla liquidazione del patrimonio secondo le regole della liquidazione della società in quanto compatibili.

3. Il corrispettivo della cessione al netto dei debiti del patrimonio o il residuo attivo della liquidazione sono acquisiti dal curatore nell'attivo della liquidazione giudiziale, detratto quanto spettante ai terzi che vi abbiano effettuato apporti, ai sensi dell'articolo 2447-ter, primo comma, lett. c), del codice civile.

Renato Santagata

1. – Può verificarsi una crisi dell'attività "principale" della società tale da generare lo stato d'insolvenza del suo patrimonio "generale" in presenza di uno «specifico affare», dalla medesima esercitato, il cui andamento registri invece margini di profitto. Ebbene, l'ultimo comma dell'art. 2447-*novies* c.c. menziona la liquidazione giudiziale della società quale particolare causa legale di estinzione del vincolo di destinazione.

Ad una prima impressione potrebbe dedursi che la liquidazione giudiziale della società è considerata dal legislatore alla stregua di un'impossibilità sopravvenuta di prosecuzione dell'affare[1]. Così tuttavia non è, ed anzi, proprio l'esigenza di esplicitarne la parificazione alle cause legali di estinzione del vincolo conferma che la liquidazione giudiziale determina impossibilità di prosecuzione dell'affare da parte della società insolvente, non già ogget-

[1] Inquadravano in questi termini la vicenda i primi commentatori, fra cui, ad esempio, COMPORTI, *Commento*, 1013; LOCORATOLO, *«Patrimoni destinati»*, 176.

tivo impedimento alla sua realizzazione ad opera di altra società *in bonis*[2].

Del resto, sono evidenti i rischi di un'eventuale continuazione dello svolgimento dell'affare da parte di una società insolvente: basti pensare al possibile aggravamento del dissesto in seguito all'insorgenza di obbligazioni da fatto illecito od a fraudolenti trasferimenti di liquidità dal compendio destinato *in bonis* al residuo patrimonio sociale incapiente a pregiudizio dei creditori particolari.

Dall'interpretazione letterale dell'ultimo periodo del comma 4 dell'art. 2447-*novies* consegue la necessità, anche in caso di liquidazione giudiziale della società, di espletare gli adempimenti formali dalla stessa previsti.

Cominciando dal rendiconto finale, si discute circa la sua effettiva utilità in tale fattispecie e comunque, ove ritenuto necessario, è controversa la competenza alla sua redazione. Tali interrogativi non sono stati definitivamente sciolti né dalla disciplina dei patrimoni destinati ad uno specifico affare introdotta dalla riforma della legge fallimentare del 2006 (artt. 155 e 156 l. fall., inseriti dagli artt. 137 ss., d.lgs. 9 gennaio 2006, n. 5), né dalla sua risistemazione del Codice, peraltro avvenuta senza alcuna sostanziale modifica al testo delle disposizioni.

Questa disciplina sembra fornire però almeno le coordinate per la loro soluzione, come attestato dalla tendenza della giurisprudenza ad applicarla anche ad altre fattispecie di separazione patrimoniale[3].

In particolare, in caso di liquidazione giudiziale della società, l'amministrazione del patrimonio destinato in questione «è attribuita al curatore che vi provvede *con gestione separata*» (comma 1, della norma in commento). Sennonché, se è vero che il compendio destinato, al pari del patrimonio generale della società, è oggetto di spossessamento, con il corollario che qualsiasi atto inerente alla sua amministrazione è sottratto alla competenza degli organi sociali e, per effetto dell'intervenuta liquidazione giudiziale della società, affidato alla cura degli organi della procedura concorsuale; altrettanto vero è, nondimeno, che il curatore deve espletare la funzione di gestione separata del patrimonio destinato nell'ottica conservativa tipica di un'impresa *in bonis*, e non già nella tradizionale prospettiva liquidatoria da adottarsi invece rispetto al patrimonio generale della società soggetta a procedura concorsuale: lo attesta la previsione di uno specifico obbligo del curatore di valutare la possibilità di conservazione della funzione produttiva del patrimonio destinato, propedeutico alla scelta tra la sua cessione a terzi o la liquidazione ai sensi del comma 2 della norma in commento[4].

---

[2] Cfr. PASQUARIELLO, *Profili dei patrimoni*, 109, sulla scia di GIANNELLI, *Art. 2447*-novies, 1272 e di FIMMANÒ, *Patrimoni destinati*, 284 s., spec. nt. 664.

[3] E v., ad esempio, Cass., 22 gennaio 2010, n. 1112, in *Foro it.*, 2011, I, 574, con riguardo al fondo patrimoniale e Trib. Milano, 29 marzo 2012, in *ilcaso.it*, con riferimento ai fondi comuni di investimento gestiti da società di gestione del risparmio soggetta a liquidazione coatta amministrativa.

[4] Una corretta valorizzazione di questo profilo, pur traendone corollari non condivisibili (come si vedrà *infra*), è compiuta da MORELLO, *La cessione*, 384 s., ove la significativa osservazione che «il curatore, limitatamente all'amministrazione del patrimonio destinato, cessa di essere "organo" della procedura per diventare "organo della società" o, se si preferisce organo di una impresa non insolvente» (corsivi nell'originale); il che ha inevitabili riflessi sul piano della responsabilità nell'espletamento di tale gestione separata del patrimonio destinato.

Dal canto loro, gli amministratori della società sono tenuti a consegnare al curatore i beni sociali, ivi compresi quelli destinati allo specifico affare, affinché questi possa redigere, nel più breve tempo possibile, l'inventario ai sensi dell'art. 195. All'uopo, gli amministratori devono presentare al curatore una situazione contabile aggiornata alla data dell'apertura della liquidazione giudiziale ed un rendiconto sulla loro gestione inerente al periodo successivo all'ultimo bilancio approvato. È questo, appunto, il rendiconto finale contemplato dal comma 1 dell'art. 2447-*novies* c.c.[5], la cui mancata redazione: *da un lato*, renderebbe assai più ardua al curatore quella gestione separata del patrimonio destinato da compiersi secondo i criteri sopra esposti; *dall'altro lato* e di riflesso, esporrebbe gli amministratori al rischio di azioni di responsabilità ai sensi dell'art. 263, comma 3, almeno nei casi in cui il curatore, non riuscendo a ricostruire dalla contabilità la consistenza del patrimonio destinato – ad esempio a causa dei numerosi rapporti intergestori intercorsi successivamente all'approvazione dell'ultimo bilancio d'esercizio e nel periodo immediatamente prossimo all'apertura della liquidazione giudiziale –, ravvisi una violazione delle regole di separatezza fra i diversi compendi.

Tale rendiconto deve essere accompagnato dalla relazione dei sindaci e da quella separata del soggetto incaricato della revisione contabile e depositato presso il tribunale ai sensi dell'art. 49, comma 3, lett. *c*), oltreché presso l'ufficio del registro delle imprese[6], ai fini di una puntuale individuazione delle responsabilità soprattutto nei casi in cui non siano state integralmente soddisfatte le obbligazioni contratte per lo svolgimento dello specifico affare. L'eventuale mancanza od incompletezza di una o di entrambe queste relazioni genera l'obbligo del curatore di agire nei confronti (oltreché degli amministratori) dei sindaci e/o dei soggetti incaricati della revisione contabile.

---

[5] Nel senso che la redazione del rendiconto finale sia, anche in questo caso, di competenza degli amministratori si pronuncia CASTELLANO, *Art. 155*, 695.

Ritengono, invece, che la competenza alla redazione del rendiconto sia del curatore, che dovrà provvedervi nei soli casi in cui riterrà di dar luogo alla liquidazione del patrimonio destinato FIMMANÒ, *Patrimoni destinati*, 286, nt. 666 e PASQUARIELLO, *Profili dei patrimoni*, 110 e 156; e su posizioni sostanzialmente simili si colloca GIANNELLI, *Artt. 155-156*, 313 e 324, sul presupposto che (il fallimento) la liquidazione giudiziale della società con patrimonio destinato capiente non determinerebbe la cessazione del vincolo di destinazione (quest'ultimo a. offre una chiara sintesi del suo pensiero nella voce *Patrimoni e finanziamenti*, spec. 604 ss.).

Pur a prescindere dalle difficoltà che incontrerebbe il curatore nella redazione dell'inventario nelle ipotesi in cui la consistenza patrimoniale della società abbia subito consistenti variazioni dall'ultimo bilancio d'esercizio approvato, le posizioni di questi due scrittori vanno comunque respinte perché in contrasto con la formulazione dell'ultimo comma dell'art. 2447-*novies* secondo cui anche in caso di liquidazione giudiziale della società «*si applicano le disposizioni del presente articolo*».

[6] Non pare condivisibile l'opinione di PASQUARIELLO, *Profili dei patrimoni*, 110, che, nella vigenza della legge fallimentare, riteneva l'esigenza di conoscenza/conoscibilità dell'effetto dissolutivo qui assolta già dal regime di pubblicità della sentenza dichiarativa di fallimento, oggi equivalente alla sentenza di apertura della liquidazione giudiziale, e dal deposito del rendiconto presso il tribunale. Ed invero, in assenza del deposito del rendiconto finale presso il registro delle imprese, da tale fondamentale strumento di pubblicità non potrebbe chiaramente evincersi l'estinzione del vincolo di destinazione conseguente alla dichiarazione di apertura della liquidazione giudiziale della società. E sul punto cfr. anche IBBA, *Il registro*, 241 s., che ritiene necessaria anche la cancellazione ai sensi dell'art. 2495, stante la prescritta applicazione ai patrimoni destinati delle norme sulla liquidazione della società di capitali in quanto compatibili.

L'accertamento dello stato d'insolvenza della società comporta la formazione di distinte masse attive e passive del patrimonio generale e del compendio dedicato[7], sul quale possono soddisfarsi le pretese dei soli creditori particolari dello specifico affare[8]; costoro possono presentare domanda d'insinuazione al passivo nella procedura di liquidazione giudiziale della società solo nei casi previsti dai commi 3 e 4 dell'art. 2447-*quinquies* c.c., e cioè quando: *a)* il credito è sorto da fatto illecito compiuto nell'esecuzione dello specifico affare; *b)* il credito è relativo ad un affare per il quale la delibera costitutiva del vincolo abbia previsto la responsabilità illimitata della società; *c)* il credito è sorto in relazione ad un atto che, benché compiuto in relazione allo «specifico affare», non rechi espressa menzione del vincolo di destinazione (art. 263, comma 2).

2. – Come accennato, la liquidazione giudiziale determina impossibilità di prosecuzione dell'affare da parte della società ad essa sottoposta, non già oggettivo impedimento alla sua realizzazione ad opera di altra società *in bonis*. E proprio questo profilo forma oggetto della specifica disciplina contemplata dalla norma in commento.

Presupposto di applicazione di tale disciplina è il perfezionamento del procedimento di costituzione del patrimonio destinato alla data di deposito in cancelleria della sentenza di apertura della liquidazione giudiziale, successiva quindi al decorso del termine di sessanta giorni previsto dall'art. 2447-*quater*, comma 2, per l'opposizione dei creditori sociali anteriori all'iscrizione della delibera costitutiva del vincolo.

Si è detto che, nel caso di apertura della liquidazione giudiziale della società con patrimonio destinato, l'amministrazione di quest'ultimo, ancorché non incapiente, è attribuita al curatore (tenuto ad apprendere anche la corrispondenza relativa allo specifico affare), la cui legittimazione processuale è da reputarsi estesa alle liti insorte nell'esercizio del medesimo[9]. Gli effetti dello spossessamento sono quindi estesi al compendio separato al fine di troncare in radice iniziative individuali di autotutela dei creditori particolari suscettibili di compromettere il proficuo ed ordinato svolgimento della procedura nel rispetto della separazione delle masse attive e passive.

Il curatore *deve* dunque espletare una gestione separata del patrimonio destinato, in coerenza con la stessa *ratio* dell'istituto, clamorosamente disattesa ove, in ipotesi di insolvenza della società, potessero confondersi massa "generale" e compendio separato, posti a garanzia di distinte classi di creditori.

Si noti però che l'affidamento dell'amministrazione del patrimonio destinato al curatore non comporta affatto l'apertura del concorso dei creditori particolari che pertanto resteranno extraconcorsuali. Ciò nondimeno, la corretta gestione del patrimonio destinato è suscettibile di beneficiare anche i creditori generali della società, poiché alla massa attiva della liquidazione giudiziale è attratto l'eventuale residuo attivo di liquidazione del compendio separato all'esito dell'integrale pagamento dei creditori particolari ai sensi del comma 3.

[7] I tratti di originalità di questa vicenda sono rimarcati in SANTAGATA, *Dei patrimoni destinati*, 377 ss., note 49 e 52.

[8] Applica questo principio anche al fondo patrimoniale, richiamando espressamente la norma dell'abrogata legge fallimentare corrispondente a quella in commento Cass., 22 gennaio 2010, n. 1112.

[9] Sul punto, PASQUARIELLO, *Profili dei patrimoni*, 157.

La norma in commento non fornisce indicazioni circa la durata massima della gestione "transitoria" dello specifico affare in vista della sua cessione a terzi (contemplata dal comma 2), né definisce i poteri del curatore in questa fase. Qualche indizio in merito può ricavarsi dal riferimento, nel comma 2, alla finalità di conservazione della «funzione produttiva» che riecheggia quei «fini della conservazione dell'integrità e del valore del patrimonio sociale» che informano la gestione di una società di capitali in liquidazione (art. 2486, comma 1, c.c.). Se ne deduce che il curatore deve senz'altro autorizzare la prosecuzione dell'attività d'impresa cui è asservito il patrimonio, benché in una prospettiva evidentemente propedeutica al miglior realizzo dei cespiti aziendali con la loro cessione o liquidazione: il che impone, all'evidenza, l'adozione di strategie volte a contemperare il previo soddisfacimento dei creditori particolari con la rapida massimizzazione del disinvestimento delle risorse impiegate dalla società nell'esecuzione dello specifico affare. Ed irrinunciabile base di partenza per la programmazione di tale fase interinale sono le indicazioni risultanti dal rendiconto finale contemplato dall'art. 2447-*novies* c.c.

Trattasi, ad ogni modo, di un regime ben più elastico del procedimento dell'esercizio provvisorio dell'impresa insolvente disposto dall'art. 211 [10]: il curatore deve procedere a siffatta gestione separata del patrimonio prescindendo sia dall'autorizzazione del giudice delegato, sia dal parere favorevole del comitato dei creditori. Non è allora casuale che il legislatore si esprima in termini di «*gestione separata*» e non di esercizio provvisorio [11].

Il carattere di gestione separata comporta però che il curatore debba rigorosamente osservare il requisito formale della "menzione" dello specifico affare (art. 2447-*quinquies*, ult. comma), al fine di consentire l'imputazione degli atti al patrimonio destinato [12].

Le implicazioni di tale gestione separata per i creditori generali della società ne rendono inevitabile la soggezione alla vigilanza del comitato dei creditori. Depongono in tal senso: da un canto, l'eventualità che i creditori sociali subiscano il concorso dei creditori particolari per i quali non opera la separazione ai sensi dell'art. 263, comma 2; dall'altro, la possibilità – espressamente contemplata dal comma 3 della norma in commento – che il corrispettivo della cessione del patrimonio destinato a terzi, al netto dei debiti, o il residuo attivo della liquidazione siano acquisiti dal curatore nell'attivo della liquidazione giudiziale, detratto quanto spettante ai terzi che vi abbiano effettuato apporti ai sensi dell'art.

---

[10] Inclini ad inquadrare la fattispecie in esame nell'àmbito dell'esercizio provvisorio dell'impresa soggetta a liquidazione giudiziale (fallimento), invece, FIMMANÒ, *I patrimoni destinati*, 569 e PASQUARIELLO, *Profili*, 160 s., sulla scia di COMPORTI, *Art. 2447*-novies, 959; reputa che i poteri del curatore sarebbero circoscritti all'ordinaria amministrazione, CASTELLANO, *Art. 155*, 697.

Diversamente però, già prima della riforma del diritto fallimentare, COLOMBO, *La disciplina contabile*, 43, nt. 28; FAUCEGLIA, *I patrimoni*, 815.

[11] A risultati simili a quelli raggiunti nel testo perviene la dottrina largamente prevalente: GIANNELLI, *Artt. 155-156*, 314 ss.; GIORGI, *I patrimoni destinati*, 676; NIUTTA, *Patrimoni destinati*, 339 s.; PARTISANI, *I patrimoni destinati*, 1579 (opportunamente richiamando la diversa soluzione del diritto portoghese); SANTOSUOSSO, *Art. 155*, 2020; SCHIANO DI PEPE, *Patrimoni destinati*, 522 (per il quale la norma in commento contempla già una forma di esercizio provvisorio dell'affare).

[12] Cfr. PASQUARIELLO, *Profili dei patrimoni*, 180 s., che correttamente richiama le responsabilità personali anche risarcitorie del curatore in caso di omissione della menzione.

2447-*ter*, comma 1, lett. *d*), c.c. [13], al cui pagamento il curatore non deve tuttavia procedere con l'osservanza di criteri concorsuali consistenti, tra l'altro, nella predisposizione di piani di riparto [14].

I rilievi svolti attestano insomma che la gestione del patrimonio destinato di una società sottoposta a liquidazione giudiziale non è propriamente riferibile a scelte della curatela, essendo piuttosto imposta dalla legge ai fini della conservazione della funzione produttiva dello specifico affare. Sicché i debiti sorti nel corso di tale gestione "transitoria" non devono essere soddisfatti in prededuzione [15], derivando dall'esercizio di un'impresa *non insolvente*: insolvente è qui, invero, il patrimonio sociale, non già il compendio destinato allo specifico affare.

3. – Palese intento della norma in commento è la salvaguardia, in sede concorsuale, del valore di realizzo del patrimonio destinato, inteso come unità produttiva od autonomo ramo d'azienda suscettibile di dismissione; tale valore sarà, all'evidenza, più elevato, ove la cessione a terzi del complesso di beni utilizzato per l'esercizio dello «specifico affare» dovesse assicurare la continuazione dell'attività produttiva.

In questa prospettiva, il legislatore consente al curatore la «*cessione a terzi del patrimonio*, al fine di conservarne la funzione produttiva». All'uopo, il curatore deve dunque valutare, in un'ottica "prospettica" e sulla base delle indicazioni risultanti dal piano economico-finanziario allegato alla deliberazione costitutiva, se lo specifico affare sia idoneo a generare un plusvalore, ove ristrutturato ed inserito in un assetto organizzativo sano ed efficiente e sia pertanto conveniente la conservazione della sua capacità produttiva. Del resto, una società concorrente potrebbe ben nutrire un concreto interesse ad acquisire ed a valorizzare uno specifico affare sinora non adeguatamente sviluppato da una società in sofferenza o in crisi di liquidità [16].

La selezione del cessionario del patrimonio destinato va effettuata nell'osservanza di procedure competitive trasparenti ai sensi dell'art. 216, comma 2 [17]: è dunque presumibile l'ausilio di soggetti specializzati ed è necessaria l'adozione di adeguate forme di pubbli-

[13] Nello stesso senso, ROSSI, *Liquidazione*, 898; ma diversamente orientato, GIANNELLI, *Artt. 155-156*, 317 ss.

[14] Come puntualizzano SANTOSUOSSO, *Art. 155*, 2023; GIANNELLI, *Artt. 155-156*, 329, il quale sottolinea che l'applicazione delle regole del concorso presuppone l'incapienza del patrimonio destinato: ipotesi però regolata dall'art. 263 cod. crisi e non già dalla norma in commento.

[15] A meno che non si tratti di debiti dei quali deve rispondere – per legge o per specifica previsione della delibera costitutiva del vincolo – anche il patrimonio sociale ai sensi dell'art. 2447-*quinquies*, commi 3 e 4. Ma di diverso avviso, NIUTTA, *Patrimoni destinati*, 347; PASQUARIELLO, *Profili dei patrimoni*, 175 s. e 179 ss., che ritengono che i debiti sorti nell'esercizio provvisorio in funzione della dismissione del ramo d'azienda relativo al patrimonio destinato siano in ogni caso da soddisfare in via preferenziale nella sua liquidazione ordinaria.

[16] Per l'approfondimento di questi profili, v. NIUTTA, *Patrimoni destinati*, 337 s.; MORELLO, *La cessione*, 382 s., testo e note 13 e 14, e 385, per il quale il curatore deve valutare la capacità dell'affare di produrre ricavi confrontandola con il fabbisogno finanziario richiesto per l'efficiente esercizio dell'intrapresa.

[17] Sulle implicazioni di tale richiamo v. PASQUARIELLO, *Profili dei patrimoni*, 163; e nel senso che questa regola può subire temperamenti, in ragione della flessibilità dell'attività gestionale del patrimonio destinato, v. SANTOSUOSSO, *Art. 155*, 2021.

cità che favoriscano la massima informazione e partecipazione degli interessati[18].

Se questo è vero, dubiterei invece che il richiamo alla finalità di conservazione della capacità produttiva, nel comma 2 della norma in commento, basti ad affidare al curatore la delicata funzione di mediare tra due interessi ipoteticamente confliggenti: ossia l'istanza dei creditori generali della società a preferire il potenziale cessionario disposto a pagare il prezzo più alto ed il diverso interesse dei creditori particolari a prediligere chi offra le migliori garanzie ed il piano di prosecuzione dell'attività imprenditoriale più attendibile anche con riguardo alla conservazione dei livelli occupazionali[19].

Ritengo infatti che la disciplina positiva della cessione a terzi dello specifico affare da parte di società insolvente valga di per sé ad escludere, a monte, un simile conflitto tra diverse classi di creditori, là dove prevede che «il corrispettivo della cessione *al netto dei debiti del patrimonio* ... [è] acquisito dal curatore all'attivo della liquidazione giudiziale, detratto quanto spettante ai terzi che vi abbiano effettuato apporti ai sensi dell'art. 2447-*ter*, primo comma, lett. *d*) del codice civile» (art. 262, comma 3). Lo attesta l'ineludibile coordinamento dell'ultimo comma dell'art. 2447-*novies* c.c. con il secondo capoverso della norma in commento: in particolare, dalla disposizione codicistica si ricava che la liquidazione giudiziale della società costituisce causa legale di estinzione del vincolo di destinazione (ult. comma), ferma restando la necessità di far salvi, con riferimento ai beni e rapporti compresi nel patrimonio destinato, i diritti dei creditori particolari dello specifico affare (tra cui i terzi che abbiano eseguito apporti *ex* art. 2447-*ter*, lett. *d*), comma 3); esigenza cui risponde, appunto, il comma 3 della norma in esame, che consente la permanenza dell'effetto di separazione patrimoniale sul «corrispettivo *della cessione*» a terzi, così al contempo assicurando all'acquirente del patrimonio la prosecuzione di uno specifico affare non gravato da debiti. Non è forse un caso, allora, che i commi 2 e 3 della norma in commento si esprimano in termini di «*cessione a terzi del patrimonio*», giammai aggiungendo l'aggettivo «*destinato*».

Orbene, se la cessione a terzi dello specifico affare fa sorgere il diritto dei creditori particolari dello specifico affare ad essere immediatamente liquidati dal curatore con le somme ricavate, il loro interesse sarà esattamente coincidente con quello dei creditori generali della società a che sia preferito il cessionario disposto a pagare il prezzo più alto.

Ad esiti diversi conduce un'altra impostazione[20] incline a ravvisare la differenza tra cessione e liquidazione del patrimonio destinato in ciò, che: *a*) la cessione consentirebbe la persistenza del «patrimonio destinato nella sua originaria configurazione *anche* giuridica, perché ad essere ceduto non è solo la massa patrimoniale ma anche il vincolo di destinazione e separatezza che qualifica, come patrimonio destinato, i beni che la compongono»; *b*) con la liquidazione, invece, il vincolo di destinazione si scioglierebbe «importando, così, l'estinzione del "patrimonio destinato" tecnicamente inteso come l'insieme di quei "fat-

---

[18] GIANNELLI, *Artt. 155-156*, 321.

[19] Di tale avviso è, invece, MORELLO, *La cessione*, 386 s., che quindi propone un discutibile accostamento della cessione a terzi del patrimonio destinato alla diversa vicenda dell'affitto d'azienda endoconcorsuale.

[20] Il riferimento è alla tesi di MORELLO, *La cessione*, 390 s., che non tiene in alcun conto il precetto statuito dall'ultimo comma della norma in commento, ai sensi del quale la liquidazione giudiziale (ex fallimento) della società costituisce causa *legale* di estinzione del vincolo di destinazione.

tori di produzione" che una società, fino al momento della liquidazione, aveva adoperato … per lo svolgimento … di una determinata attività (d'impresa)».

Questa tesi, pur suggestiva, non merita adesione.

È innegabile che cessione e liquidazione del patrimonio destinato siano fattispecie distinte che, in una società *in bonis*, soggiacciono a regole diverse. Parimenti incontrovertibile è però che il combinato disposto dell'art. 2447-*novies* e della disciplina concorsuale renda il trattamento delle due vicende, *nell'ipotesi di patrimonio destinato di società soggetta a liquidazione giudiziale*, parzialmente equivalente.

Del resto, a livello sostanziale, la tesi criticata solleverebbe problematiche applicative di ardua soluzione, suscettibili di rendere pressoché impraticabile siffatta operazione di cessione del patrimonio. Basti pensare che il perfezionamento dell'atto di cessione del patrimonio, cui conseguirebbe l'effetto traslativo del vincolo di destinazione sui beni deputati all'esecuzione dello specifico affare, necessariamente implicherebbe l'avvenuto espletamento del procedimento costitutivo dello stesso vincolo nella società cessionaria, i cui creditori generali vedrebbero restringersi la garanzia patrimoniale generica senza ottenere alcuna immediata utilità. Pertanto, la società acquirente dovrebbe: *a*) essere una società per azioni, un'accomandita per azioni o una cooperativa, in quanto le altre società non possono costituire *né subentrare* in simili vincoli di destinazione; *b*) impiegare, per l'acquisto del "patrimonio destinato", risorse non eccedenti il dieci per cento del suo patrimonio netto; *c*) adottare una deliberazione costitutiva del vincolo di destinazione ai sensi dell'art. 2447-*ter*, successivamente iscritta nel registro delle imprese e soprattutto divenuta esecutiva in seguito al decorso del termine di sessanta giorni entro il quale i suoi creditori possono opporsi alla costituzione del vincolo (art. 2447-*quinquies*, comma 1).

Ebbene, se così stanno le cose, diviene quasi utopistico immaginare che una società possa esser davvero interessata ad intraprendere un simile percorso, peraltro suscettibile di rivelarsi accidentato ed assai oneroso in seguito alle eventuali opposizioni di – o comunque alle azioni revocatorie esercitate da – suoi creditori [21], col rischio di non venire poi prescelta dal curatore che, all'esito della "gara" ai sensi dell'art. 216, dovesse poi ritenere altro acquirente più idoneo a preservare la capacità produttiva dello specifico affare.

La «cessione a terzi del patrimonio», contemplata dal comma 2 della norma in commento, è insomma concepita dal legislatore come vicenda del tutto neutrale per i creditori particolari dello specifico affare oltreché per i terzi che abbiano eseguito apporti ai sensi dell'art. 2447-*ter*, lett. *d*), come attesta la circostanza che il legislatore l'abbia rimessa all'esclusiva discrezionalità del curatore. Costoro *devono* essere necessariamente soddisfatti dal curatore con il corrispettivo pagato dal cessionario; in particolare, la gestione separata del curatore implica l'obbligo di enucleare una specifica sezione dello stato passivo in cui inserire creditori particolari dello specifico affare e terzi aventi diritto alla restituzione dei beni apportati, che abbiano presentato istanza alla procedura [22].

Non sembra quindi possibile attuare una cessione dei rapporti giuridici passivi inclusi

---

[21] E v., SANTAGATA, *Dei patrimoni destinati*, 386, nt. 66, per una più estesa critica ai correttivi individuati da MORELLO, *La cessione*, 393 ss., a simili inconvenienti.

[22] Cfr., sul punto, FIMMANÒ, *I patrimoni destinati*, 571, nt. 32.

nel patrimonio separato di una società sottoposta a liquidazione giudiziale[23]: un simile assetto convenzionale colliderebbe infatti con il chiaro disposto dell'ultimo comma dell'art. 2447-*novies* c.c., decisamente preclusivo di una sopravvivenza del vincolo di destinazione all'apertura della liquidazione giudiziale della società e, di riflesso, di una sua "trasmigrazione" alla società cessionaria, pur all'esito del costoso procedimento sopra illustrato. Né è difficile avvedersi che una simile «*cessione del patrimonio destinato*» potrebbe rivelarsi pregiudizievole per i creditori particolari dello specifico affare, non essendo la separazione patrimoniale perfetta: si pensi al caso in cui le risorse del patrimonio destinato ceduto fossero impiegate per adempiere obbligazioni da fatto illecito compiuto dalla società cessionaria nell'esercizio della sua generale attività economica (art. 2447-*quinquies*, comma 3, ult. pt. e, c.c.).

Nella prospettiva qui accolta, il comma 3 della norma in esame rende allora inapplicabile al presente contesto la deroga alla responsabilità dell'alienante per i debiti dell'azienda ceduta sancita dall'art. 214, comma 4: nel caso di specie si è in presenza di un *patrimonio destinato capiente di società insolvente*, non verificandosi alcuna circolazione dei debiti dello specifico affare, soddisfatti dal curatore della procedura della società alienante con il corrispettivo della cessione del patrimonio, sul quale si riverbera quindi il vincolo di destinazione[24]. Il ricavato della cessione può infatti essere acquisito dal curatore nell'attivo "generale" soltanto per l'*eventuale* residuo dall'integrale pagamento dei creditori particolari (comma 3 della norma in commento).

4. – Nell'ottica di salvaguardare la funzione produttiva dello «specifico affare», la liquidazione del patrimonio destinato è ipotesi eccezionale alla quale il curatore può ricorrere soltanto all'esito dell'accertamento – in seguito alle procedure di cui all'art. 216 – dell'oggettiva impossibilità di una «vendita in blocco» dell'affare a terzi funzionale alla sua prosecuzione, ad esempio per totale assenza di offerte di acquisto.

La decisione del curatore di liquidare, constatata l'assenza di valide alternative, necessita di una specifica autorizzazione del giudice delegato[25], come si evince dal coordinamento del comma 2 della norma in commento con il comma 1 dell'art. 263.

La liquidazione del patrimonio destinato va effettuata dal curatore «secondo le regole della liquidazione della società in quanto compatibili». A ben vedere, la stessa scelta legislativa di affidare tali operazioni al curatore ed il carattere imperativo della liquidazione del patrimonio destinato rendono: per un verso, applicabile in questo contesto parte della disciplina concorsuale ed, in particolare, le regole sul programma di liquidazione (art. 213), sul quale non sussiste ragione per precludere al comitato dei creditori di pronunciar-

[23] Possibilista, invece, GIANNELLI, *Artt. 155-156*, 320 e 323, il quale omette però di coordinare gli attuali artt. 262 e 263 (corrispondenti agli abrogati artt. 155 e 156 l. fall.) al precetto generale statuito dall'ultimo comma dell'art. 2447-*novies*, non tenendo peraltro conto delle implicazioni sulla sua tesi dell'art. 2447-*quinquies*, comma 3, ult. pr., c.c.

[24] Conf. PASQUARIELLO, *Profili dei patrimoni*, 164 s.; in senso contrario, ma non decisivamente, SCARAFONI, *Art. 155*, 1694 s., cui aderisce DE CRESCENZO, *Patrimoni destinati*, 1563, oltreché – coerentemente alla sua ricostruzione – MORELLO, *La cessione*, cit., p. 400.

[25] In questo senso, ad es., DE CRESCENZO, *Patrimoni destinati*, 1564; *contra*, però, GIORGI, *I patrimoni*, 679.

si[26]; per altro versante, palesemente inconciliabile con la fattispecie in discussione buona parte della disciplina societaria. Sono infatti sicuramente incompatibili le disposizioni in tema di accertamento della causa di scioglimento della società (art. 2484 c.c.), di correlativi obblighi e poteri degli amministratori (artt. 2485-2486 c.c.), di nomina e revoca dei liquidatori (artt. 2487-2487-*bis* c.c.) e di responsabilità per sopravvenienze passive (art. 2495, comma 2, c.c.)[27].

Permangono invece gli organi sociali in costanza di liquidazione del patrimonio destinato (art. 2488 c.c.) ed è applicabile la disciplina del bilancio finale di liquidazione (art. 2492 c.c.)[28], sia pure con gli adattamenti imposti dall'assenza di quote di liquidazione distribuite ai soci, il che rende qui inoperativo il regime di approvazione contemplato dall'art. 2493: in tale contesto, questo bilancio consente di quantificare l'eventuale residuo attivo della liquidazione del compendio destinato acquisito all'attivo della liquidazione giudiziale al netto del pagamento dei creditori particolari dello specifico affare e delle somme spettanti ai terzi che lo abbiano finanziato con apporti (art. 2447-*ter*, comma 1, lett. *d*, c.c.), anche sottoscrivendo strumenti finanziari di partecipazione (art. 2447-*ter*, comma 1, lett. *e*, c.c.).

Parimenti applicabile è la disciplina della revoca della liquidazione (art. 2487-*ter* c.c.), naturalmente con gli adattamenti imposti dalla circostanza che la scelta è qui affidata al curatore[29], allorché una sopravvenuta offerta di acquisto renda conveniente la cessione del patrimonio[30].

[26] Così anche VIGO, *La crisi*, 933 s. e GIORGI, *I patrimoni*, 677, il quale però esclude l'applicazione dell'art. 214 (*ex* art. 105 l. fall.).

[27] Analogamente orientato, VIGO, *La crisi*, 934, che ritiene incompatibile anche l'art. 2489, dato che questi crediti non sono opponibili alla procedura in prededuzione.

[28] Conf. SANTOSUOSSO, *Art. 155*, 2022.

[29] E v., SANTAGATA, *Dei patrimoni destinati*, 389, nt. 74 e 370, nt. 34, ove illustrazione delle differenze rispetto all'ipotesi di liquidazione di patrimonio destinato di società *in bonis ex* art. 2447-*novies*, comma 2, c.c.; sul punto cfr. anche IBBA, *Il registro*, 241 s.

[30] Così anche, sul punto specifico, SANTOSUOSSO, *Art. 155*, 2022; PASQUARIELLO, *Profili dei patrimoni*, 169.

Articolo 263
Patrimonio destinato incapiente e violazione delle regole di separatezza

1. Se a seguito dell'apertura della liquidazione giudiziale nei confronti della società o nel corso della gestione il curatore rileva che il patrimonio destinato è incapiente provvede, previa autorizzazione del giudice delegato, alla sua liquidazione secondo le regole della liquidazione della società in quanto compatibili.

2. I creditori particolari del patrimonio destinato possono presentare domanda di insinuazione al passivo della procedura di liquidazione giudiziale aperta nei confronti della società nei casi di responsabilità sussidiaria o illimitata previsti dall'articolo 2447-quinquies, terzo e quarto comma, del codice civile.

3. Se risultano violate le regole di separatezza fra uno o più patrimoni destinati costituiti dalla società e il patrimonio della società medesima, il curatore può proporre l'azione sociale di responsabilità e l'azione dei creditori sociali prevista dall'articolo 2394 del codice civile nei confronti degli amministratori e dei componenti degli organi di controllo della società.

Renato Santagata

Sommario: 1. Il trattamento normativo dell'incapienza del patrimonio destinato e le relative critiche. – 2. L'incapienza del patrimonio destinato manifestatasi in seguito all'apertura della procedura di liquidazione giudiziale nei confronti della società. – 3. La violazione delle regole di separatezza patrimoniale. – 4. La legittimazione esclusiva del curatore all'esercizio delle azioni di responsabilità. – 5. L'insinuazione al passivo dei creditori particolari.

1. – La sostanziale assenza di una disciplina dell'insolvenza dei patrimoni destinati nel codice civile aveva, già all'indomani della loro introduzione nel nostro ordinamento, alimentato il dubbio se si trattasse di lacuna da colmare con la riforma del diritto fallimentare del 2006, a quel tempo ancora in cantiere, od invece di scelta consapevole del legislatore, coerente con un sistema di *gestione contrattuale del rischio d'impresa*.

La delicatezza della questione e l'emersione di posizioni contrastanti già nei primi mesi di vita della riforma avevano indotto il legislatore ad intervenire esplicitamente sul punto, sia in sede di integrazione e correzione del d.lgs. n. 6 del 2003, sia in occasione della riforma del diritto fallimentare. Cosicché, i profili dell'autonomia negoziale, insiti nei patrimoni destinati, risultavano confermati ed ulteriormente valorizzati dalle modifiche al comma 2 dell'art. 2447-*novies* c.c., apportate dall'art. 20, d.lgs. 28 dicembre 2004, n. 310: si puntualizzava, infatti, che l'incapacità del patrimonio destinato di soddisfare regolarmente le obbligazioni contratte nell'esecuzione dello specifico affare è da regolarsi *esclusivamente* dalle disposizioni sulla liquidazione della società in quanto compatibili.

Tale approccio è stato poi confermato sia dalla successiva disciplina fallimentare del 2006, sia dal Codice, in coerenza con l'assenza di soggettività dei patrimoni destinati che, se sono certamente utilizzabili per l'esercizio di attività di impresa, giammai rivestono la qualifica di imprenditori (da attribuirsi invece alla società).

Il comma 1 della norma in commento dispone quindi che, «*se a seguito dell'apertura della liquidazione giudiziale nei confronti della società o nel corso della gestione il curatore rileva che il patrimonio destinato è incapiente*[1], *provvede, previa autorizzazione del giudice delegato, alla sua liquidazione secondo le regole della liquidazione della società*».

Il dato testuale, congiunto agli interventi testé ricordati, non lascia ormai più margine alla tesi dell'autonom(o fallimento)a procedura di liquidazione giudiziale del patrimonio destinato[2]. Ed il rinvio alle regole societarie inevitabilmente comporta che la liquidazione del patrimonio destinato non presenta il connotato della "concorsualità". Con il corollario che, nel presente contesto, è inapplicabile la disciplina degli effetti della procedura concorsuale di liquidazione giudiziale nelle sue molteplici rifrazioni: *a*) per i creditori, con la conseguente inoperatività, in specie, del divieto di azioni esecutive individuali; *b*) sugli atti pregiudizievoli ai creditori particolari dello specifico affare, resi immuni dal sistema delle revocatorie concorsuali; *c*) sui rapporti giuridici preesistenti. Né trova applicazione in questo contesto il regime delle conseguenze penali del dissesto: non è configurabile, ad esempio, il reato di bancarotta per le condotte riferite allo specifico affare, difettando la condizione di punibilità, ossia l'apertura della procedura di liquidazione giudiziale del patrimonio destinato.

Questa scelta indubbiamente penalizza l'investimento dei piccoli risparmiatori negli specifici affari, sembrando quasi presupporre che esclusivi loro finanziatori siano le banche, per definizione dotate di forza contrattuale sufficiente per imporre alla società debitrice una certa regolamentazione dei rapporti in caso di insolvenza del patrimonio dedicato.

Ciò nondimeno, non paiono fondati i dubbi di legittimità costituzionale sollevati con riferimento all'opzione normativa in discorso[3], giacché è lecito supporre che i creditori particolari degli specifici affari negozino con la società le condizioni del credito al patrimonio destinato anche (se non soprattutto) in considerazione dell'assenza della garanzia di

[1] Si noti il riferimento lessicale all'«*incapienza*», in luogo dell'*insolvenza*, per descrivere lo stato di incapacità del patrimonio destinato di far fronte regolarmente alle obbligazioni contratte nell'esecuzione dello specifico affare, che palesa chiaramente l'intento legislativo di disporne la sua sottrazione alla procedura di liquidazione giudiziale. E cfr., FIMMANÒ, *Patrimoni destinati*, 323; SCIUTO, *Imputazione e responsabilità*, 106.

[2] Così, ad esempio, TERRANOVA, *Insolvenza, stato*, 140 s.; FIMMANÒ, *I patrimoni destinati*, 568 ss.; GIANNELLI, *Artt. 155-156*, 328; GUIZZI, *Patrimoni destinati*, 775 s., testo e nt. 3; ROSSI, *Liquidazione dei patrimoni*, 906 ss.; PASQUARIELLO, *Profili dei patrimoni*, 132 ss., pur con accenti critici.

[3] Dal PARTISANI, *I patrimoni*, 1574 e da CAMPOBASSO, *L'impatto*, 308.

una formale *par condicio* in ipotesi di liquidazione del compendio separato dovuta alla sua *incapienza*; sicché la loro posizione deve reputarsi oggettivamente diversa da quella dei creditori generali della società.

D'altro canto, l'assenza di una liquidazione concorsuale del patrimonio destinato consente di evitare inefficienze e costi di delega (c.d. *agency costs*) nella gestione della crisi dello specifico affare, agevolandone soluzioni concordate e progettate dai suoi maggiori finanziatori (fra i quali vi è la stessa società) in relazione alle diverse esigenze calibrate sulla varietà di interessi economici da ciascuno rappresentati. Una simile "privatizzazione" della crisi rende possibile, in termini più espliciti, concordare trattamenti diversi per creditori portatori di differenti istanze economiche nell'immunità dei rischi di revocatorie o della configurazione di reati penali. Ed in questa prospettiva, non è allora casuale che l'opzione in discorso sia stata oggi estesa pure al contratto di rete, nell'ipotesi in cui l'erezione di un'organizzazione e la costituzione di un fondo patrimoniale comune non si accompagnino alla nascita di un nuovo soggetto di diritto.

Ma siffatte aperture alla "negoziazione" nella gestione della crisi dello specifico affare non equivalgono a denegare l'esigenza di rispettare una *parità di trattamento tra creditori*, benché soltanto sostanziale e con rilievo meramente obbligatorio[4]; e soprattutto, in particolare, non valgono certo a legittimare manovre abusive e surrettizie iniziative di autotutela dei tradizionali finanziatori della società, talora ben rappresentati nel suo consiglio di amministrazione, in frode alle ragioni dei creditori particolari del patrimonio destinato.

Qualsiasi soluzione concordata della crisi logicamente presuppone, invero, il consenso dei creditori e deve «*svilupparsi al riparo da iniziative di autotutela*» ed abusi posti in essere, sia pure indirettamente, da taluni di essi.

Non può trascurarsi, del resto, che il carattere della "concorsualità" manca nella liquidazione ordinaria delle società perché questo procedimento non presuppone affatto l'incapienza del patrimonio sociale a soddisfare le passività sociali; insolvenza che, una volta manifestatasi, determinerebbe l'apertura della procedura concorsuale di liquidazione giudiziale che varrebbe appunto ad instaurare la *par condicio creditorum*.

Ciò induce allora a scorgere, nella necessità di applicare queste regole al patrimonio destinato insolvente solo «*in quanto compatibili*», almeno un obbligo di comportamento dei liquidatori volto al sostanziale, pur se non formale, rispetto della *par condicio creditorum*, realizzabile con una ripartizione proporzionale delle perdite dello specifico affare ma, comunque, senza gli stringenti vincoli delle tradizionali procedure concorsuali. Ne consegue, ad esempio, la responsabilità dei liquidatori che abbiano onorato impegni non ancora scaduti esaurendo l'attivo e lasciando insoddisfatti debiti già scaduti.

Né si obietti che la sostanziale parità di trattamento tra creditori, in assenza di una normativa *ad hoc* di specificazione ed attuazione come quella concorsuale, assumerebbe carattere meramente programmatico: è indubitabile, nel contesto in esame, l'assenza di presìdi quali il divieto di azioni esecutive individuali, la cristallizzazione dei crediti e così

---

[4] E v., in una prospettiva non molto distante da quella qui accolta, pur con varie sfumature, PARTISANI, *I patrimoni*, 1575; PASQUARIELLO, *Profili dei patrimoni*, 167 s.

via; altrettanto vero è, però, che la pubblicità del rendiconto finale, ai sensi del comma 1 dell'art. 2447-*novies* c.c., mette in condizione i creditori di partecipare effettivamente al riparto delle attività[5], il cui adempimento è realizzabile con una ripartizione proporzionale delle perdite dello specifico affare senza gli stringenti vincoli delle tradizionali procedure concorsuali.

2. – Va ora esaminata l'ipotesi di incapienza del patrimonio destinato manifestatasi in seguito all'apertura della procedura di liquidazione giudiziale nei confronti della società. L'imprecisa formulazione del comma 1 della norma in commento solleva il dubbio se l'autorizzazione del giudice delegato, ivi prevista, debba riferirsi alla decisione del curatore di procedere alla liquidazione del patrimonio destinato, verificatane l'incapienza; o se referente di tale provvedimento autorizzatorio debba piuttosto ritenersi la liquidazione del compendio secondo le regole della liquidazione della società in quanto compatibili, anziché secondo la normativa concorsuale.

La più efficace salvaguardia dei creditori particolari induce a ritenere che referente dell'autorizzazione del giudice delegato sia, a monte, la decisione del curatore di procedere alla liquidazione del patrimonio destinato: il giudice deve cioè verificare l'effettiva incapienza del patrimonio destinato[6] e, quindi, l'insussistenza delle condizioni per una conveniente prosecuzione – e/o eventuale realizzazione – dello «*specifico affare*» pur in pendenza della procedura concorsuale della società.

Non condivisibile sembra invece l'impostazione[7] per la quale l'autorizzazione del giudice delegato andrebbe riferita alla possibilità del curatore di liquidare del patrimonio destinato secondo le regole societarie, anziché in applicazione della disciplina concorsuale; ciò in quanto, l'accertamento del passivo e la ripartizione dell'attivo del compendio destinato eseguiti secondo questa normativa tradirebbero quella gestione contrattuale del rischio di impresa che l'istituto in esame intende perseguire[8].

3. – In sintonia con tale gestione contrattuale dell'insolvenza del patrimonio dedicato, la violazione delle regole di separatezza patrimoniale non comporta la perdita del beneficio della responsabilità limitata della società per le obbligazioni contrattuali inerenti allo «*specifico affare*».

Il comma 3 della norma in esame si limita invero a legittimare il curatore (della liquidazione giudiziale della società) – in ipotesi di accertamento, posteriore all'apertura della procedura concorsuale nei confronti della società, della violazione delle regole di separatezza fra uno o più compendi destinati costituiti dalla società e il patrimonio della società

[5] Mi esprimevo in tal senso già in SANTAGATA, *Patrimoni destinati*, 283 ss.; cfr. altresì FIMMANÒ, *I patrimoni*, 580 s.; GIANNELLI, *Artt. 155-156*, 329 s.

[6] Nello stesso senso, FIMMANÒ, *I patrimoni*, 579 e GIANNELLI, *Artt. 155-156*, 323 s.

[7] Sostenuta da VIGO, *La crisi*, 934.

[8] Neppure può accogliersi l'opinione di GIORGI, *I patrimoni destinati*, 679, che argomenta la soluzione qui condivisa dal confronto con il precedente art. 262 (equivalente all'abrogato art. 155 l. fall.), deducendo erroneamente che, se il patrimonio destinato è capiente, la scelta del curatore di procedere alla sua liquidazione non debba invece esser autorizzata dal giudice delegato.

medesima *insolvente* – ad agire in responsabilità nei confronti degli amministratori, oltreché dei componenti degli organi di controllo della società[9].

Tale disposizione ha un indubbio rilievo sistematico poiché consacra una netta scelta di campo nella direzione delle azioni risarcitorie ed, al contempo, un'evidente repulsione di più drastiche soluzioni (quali il c.d. *Durchgriff*) fondate su suggestioni di esperienze giuridiche radicalmente diverse dalla nostra[10].

È d'uopo puntualizzare, al riguardo, che le somme corrisposte dagli amministratori (o dai componenti degli organi di controllo) a titolo di risarcimento conseguente all'accoglimento dell'azione di responsabilità esperita dal curatore vanno ad incrementare la massa attiva di pertinenza. La riforma della legge fallimentare ha dunque reso impossibile parificare l'ipotesi *de qua* agli effetti della liquidazione giudiziale della società con soci illimitatamente responsabili (art. 257): solo in caso di apertura della liquidazione giudiziale della società con patrimoni destinati, il curatore ha il potere di agire in responsabilità nei confronti degli amministratori e degli organi di controllo ed assegnare l'eventuale ricavato dalle azioni risarcitorie alle masse attive risultate lese da iniqui rapporti intergestori.

Peraltro, l'aver espressamente legittimato il curatore al solo esercizio delle azioni di responsabilità nei confronti degli amministratori e dei componenti degli organi di controllo (ripetendo un principio generale già deducibile dall'art. 255), nelle ipotesi di violazione delle regole di separatezza patrimoniale fra uno o più patrimoni destinati costituiti dalla società ed il patrimonio della società medesima, induce ad escludere che il curatore possa anche, a prescindere da tali azioni, redistribuire d'ufficio le risorse indebitamente drenate dall'una all'altra massa patrimoniale[11].

4. – Presupposto oggettivo della legittimazione esclusiva del curatore ad agire in responsabilità nei confronti degli amministratori è la violazione delle «*regole di separatezza fra uno o più patrimoni destinati costituiti dalla società e il patrimonio della società medesima*», per l'accertamento della quale appare decisivo il contenuto delle relazioni dei sindaci e del soggetto incaricato della revisione contabile, che devono accompagnare il rendiconto finale ai sensi dell'art. 2447-*novies*, comma 1, c.c. L'eventuale mancanza od incompletezza di una o di entrambe queste relazioni comporta l'obbligo del curatore di agire nei confronti (oltreché degli amministratori) dei sindaci e/o dei soggetti incaricati della revisione contabile.

Si rilevi peraltro che questa legittimazione esclusiva del curatore non soffre eccezione

[9] La soluzione prescelta dal legislatore del 2006, confermata dal Codice, si discosta quindi da iniziali proposte di sanzionare l'inosservanza del vincolo di destinazione con la responsabilità illimitata della società e del patrimonio destinato la cui integrità sia risultata lesa dall'abuso della separazione patrimoniale: si allude all'art. 209 dello Schema c.d. Trevisanato – anteriore alla riforma della legge fallimentare del 2006 – che circoscriveva l'operatività della sanzione alle ipotesi di fraudolente violazioni delle regole di separazione patrimoniale.

[10] Di opposto avviso GIANNELLI, *Artt. 155-156*, 335 ss. che ipotizza – sulla base dei principi generali (artt. 2740 e 2741 c.c.) – una disapplicazione del regime di responsabilità limitata per le obbligazioni contratte in relazione allo specifico affare in ipotesi di violazione delle regole di separatezza anche contabile; ma, per una argomentata critica ad una simile impostazione, sia consentito rinviare a SANTAGATA, *Patrimoni destinati*, 222 ss.

[11] Diversamente orientato, PESCATORE, *La funzione di garanzia*, 317 ss.; e già SALAMONE, *I patrimoni*, 91 s.

nei casi in cui la suddetta violazione sia ridondata a vantaggio del patrimonio sociale ed abbia quindi pregiudicato i soli interessi dei creditori particolari. Non convince infatti la diversa tesi [12], volta ad escludere tale legittimazione del curatore allorché, pur accertata una violazione delle «*regole di separatezza*», il risarcimento del danno non possa incrementare anche il patrimonio sociale a causa dell'incapienza del compendio destinato e dell'oggettiva impossibilità che siffatto risarcimento generi un residuo attivo di liquidazione suscettibile di esser acquisito alla massa attiva "generale". Ed invero, questa impostazione restrittiva, da un lato, ridurrebbe l'ultimo comma della norma in commento ad una mera ripetizione di regole già dettate altrove (art. 255); dall'altro e soprattutto, pare inconciliabile con la scelta legislativa di attribuire l'amministrazione del patrimonio destinato, capiente o non, di una società sottoposta a liquidazione giudiziale al curatore (art. 262, comma 1), estendendogli gli effetti dello spossessamento: opzione sottesa alla quale è l'esigenza di troncare in radice iniziative individuali di autotutela dei creditori particolari suscettibili di compromettere il proficuo ed ordinato svolgimento della procedura nel rispetto della separazione delle masse attive e passive.

Quanto evidenziato porta anche a ritenere il principio posto dal comma 3 dell'art. 263 estensivamente applicabile all'ipotesi - pervero piuttosto remota - in cui la violazione delle regole di separatezza coinvolga solo uno o più compendi destinati di una società soggetta a liquidazione giudiziale e non anche il suo patrimonio generale [13].

5. – Soltanto un cenno merita il comma 2 della norma in commento che riconosce ai creditori particolari il diritto di presentare domanda di insinuazione allo stato passivo nelle sole ipotesi [14] in cui: *a*) la delibera costitutiva del patrimonio destinato preveda specificamente la responsabilità del patrimonio sociale (art. 2447-*quinquies*, comma 3, primo pr., c.c.); *b*) la fonte delle loro ragioni è un fatto illecito (art. 2447-*quinquies*, comma 3, ult. pr., c.c.), ancorché direttamente conseguente alla realizzazione dell'affare; *c*) le loro pretese sono originate da atti che, pur compiuti in relazione allo specifico affare, non rechino espressa menzione del vincolo di destinazione (art. 2447-*quinquies*, comma 4). In questi casi, tuttavia, il curatore dovrebbe provvedere al soddisfacimento del creditore danneggiato dall'esecuzione dell'affare con i beni sociali soltanto in caso di incapienza del

[12] Patrocinata da ROSSI, *Liquidazione dei patrimoni*, 899 s.; e v. anche CASTELLANO, *Art. 156*, 701; ma in senso critico, correttamente, GUIZZI, Mala gestio, 407 s., nt. 49, sottolineando che i creditori particolari dello «*specifico affare*» sono in realtà pur sempre creditori della società.

[13] Lo prevedeva espressamente il già citato art. 209 del c.d. Schema Trevisanato (come ricorda PESCATORE, *La funzione*, 302, nt. 25), coerentemente alla scelta di vertice di quel progetto di configurare anche un fallimento autonomo del patrimonio destinato; tuttavia, il mancato accoglimento di questa proposta, se rendeva alquanto teorica l'ipotesi prefigurata (se la società è sottoposta a liquidazione giudiziale, il curatore dovrebbe infatti ragionevolmente presupporre che la violazione delle regole di separatezza sia ridondata pure a danno del patrimonio generale), non pare precludere l'estensione dell'art. 263, comma 3 al caso ora prospettato.

[14] Di diverso avviso, GUIZZI, Mala gestio, 397, il quale, sulla premessa che i creditori particolari sono pur sempre creditori sociali, li ammette a presentare domanda di insinuazione al passivo, sebbene in via postergata rispetto ai creditori generali: lettura, questa, che tuttavia renderebbe pressoché superfluo il comma 2 della norma in commento; ed in senso critico v. anche PASQUARIELLO, *Profili dei patrimoni*, 173 s.

compendio ad esso destinato [15], anche se, non risultando subordinata l'insinuazione al passivo dei creditori insoddisfatti ad un'attestazione di incapienza del compendio destinato, i creditori dello specifico affare sono legittimati – nei casi menzionati sopra *sub a, b, c* – a chiedere l'ammissione del loro credito al passivo della società per l'intero *ex* art. 160 [16].

[15] Evidenzia la mancata previsione di una forma di verifica del passivo del patrimonio destinato, giustamente contestando la scelta legislativa, PASQUARIELLO, *Profili dei patrimoni*, 171 s.; sul rapporto tra imputazione al patrimonio sociale ed al patrimonio destinato della responsabilità verso i creditori extracontrattuali, v. le approfondite riflessioni di BACCETTI, *Creditori extracontrattuali*, 295 ss., ove anche completa bibliografia.

[16] Così anche GIANNELLI, *Artt. 155-156*, 333; PASQUARIELLO, *Profili dei patrimoni*, 173.

Articolo 264

Attribuzione al curatore dei poteri dell'assemblea

1. Il curatore può compiere gli atti e le operazioni riguardanti l'organizzazione e la struttura finanziaria della società previsti nel programma di liquidazione, dandone adeguata e tempestiva informazione ai soci ed ai creditori della società. I soci, i creditori ed i terzi interessati possono proporre reclamo ai sensi dell'articolo 133.

2. Il programma di liquidazione può prevedere l'attribuzione al curatore, per determinati atti od operazioni, dei poteri dell'assemblea dei soci. Le decisioni che non sono prese in conformità della legge o dell'atto costitutivo, possono essere impugnate con reclamo al giudice delegato ai sensi dell'articolo 133. Si applicano, in quanto compatibili, gli articoli da 2377 a 2379-ter e l'articolo 2479-ter del codice civile.

Domenico Spagnuolo

Sommario: 1. Struttura organizzativa e finanziaria della società e liquidazione giudiziale. – 2. Gli atti e le operazioni riguardanti l'organizzazione e la struttura societaria. – 3. I poteri sostitutivi del curatore. – 4. L'impugnazione delle decisioni del curatore.

1. – Nelle società di persone, l'apertura della liquidazione giudiziale determina *ex se* la mutazione dello scopo sociale verso finalità liquidatorie e la privazione completa dei soci di qualsiasi possibile potere gestorio, organizzativo o di esercizio di diritti sociali, tutti trasferiti in capo al curatore: l'art. 2308 c.c. (richiamato per le s.a.s. dall'art. 2323 c.c.), contempla il fallimento – ed ora la liquidazione giudiziale – tra le cause di scioglimento della società; l'estensione della procedura concorsuale ai soci con responsabilità illimitata priva questi dei diritti ad essi attribuiti dalla partecipazione sociale, con unica eccezione per le decisioni relative alla proposizione del concordato nella liquidazione giudiziale, in relazione alla quale l'art. 265 (come già l'art. 152 l. fall.) conserva la competenza decisoria in capo ai soci, ed al legale rappresentante della società la legittimazione processuale.

Per le società di capitali, invece, sia la legge fallimentare, sia la disciplina societaria, dopo la riforma del 2003, avevano delineato un carattere "neutro" della procedura concorsuale rispetto al contratto ed all'organizzazione societaria[1]: era stata, infatti, soppressa la

[1] VATTERMOLI, *La posizione*, 876; GUERRERA, *Le competenze*, 65 ss.; D'ATTORRE, *La liquidazione*, 1260 ss.

causa di scioglimento costituita dalla dichiarazione di fallimento della società [2], con la conseguenza che gli organi sociali restavano in carica, con i poteri compatibili e residui rispetto agli effetti dello spossessamento che determina l'apertura della procedura concorsuale.

Invero, se l'effetto dissolutivo della società era coerente con lo scopo del fallimento di espellere l'impresa insolvente dal mercato, la crescente valorizzazione della "cultura del salvataggio" dell'impresa anche nella fase della crisi aveva orientato, dapprima il legislatore comunitario [3], e poi il legislatore nazionale, a dare spazio alle possibili iniziative di conservazione del complesso aziendale e del valore economico dell'impresa in esercizio per la risoluzione della crisi. In tale prospettiva, la struttura organizzativa della società non veniva soppressa e già la legge fallimentare (art. 124, comma 2, l. fall.) aveva reso possibile la formulazione di proposte di concordato fallimentare che prevedessero «la ristrutturazione dei debiti e la soddisfazione dei crediti attraverso qualsiasi forma, anche mediante ... operazioni straordinarie, ivi compresa l'attribuzione ai creditori, nonché a società da questi partecipate, di azioni, quote ovvero obbligazioni, anche convertibili in azioni o altri strumenti finanziari e titoli di debito», in analogia con quanto pure previsto per il concordato preventivo (art. 160, comma 1, lett. *a*), l. fall.).

Il Codice, tuttavia, se da un lato reintroduce, all'art. 2484, n. 7-*bis*, c.c. l'apertura della liquidazione giudiziale come causa di scioglimento della società di capitali (art. 380) [4], dall'altro, conferma l'opzione di consentire la chiusura della procedura di liquidazione giudiziale attraverso una proposta di concordato che preveda interventi modificativi della struttura organizzativa e finanziaria della società sottoposta a liquidazione giudiziale (fusioni, scissioni, operazioni sul capitale, emissione di obbligazioni, anche convertibili con *debt-to-equity swap*, ecc.) (art. 240, comma 2, lett. *b)*] [5]. Ed anzi estende la possibilità di ricorso a tali strumenti anche alla fase di gestione della procedura da parte del curatore.

Gli interessi alla "conservazione" dell'impresa nella gestione della procedura erano già rinvenibili nella indicazione prioritaria per il curatore di adottare gli «atti necessari per la conservazione del valore dell'impresa» e di individuare forme liquidative unitarie «dell'azienda, di singoli rami, di beni o di rapporti giuridici individuabili in blocco» (artt. 213, comma 4 e 215, comma 1; prima artt. 104-*ter* e 105 l. fall.). Si tratta, però, di forme di liquidazione, o meglio di "vendita" che prevedono la fuoriuscita del complesso aziendale dal soggetto sottoposto a liquidazione giudiziale ed a vantaggio di terzi.

---

[2] Tra i molti PACIELLO, *Art. 2484*, 239.

[3] SANTONI, *Gli azionisti*, 335 ss.; NIGRO, *La proposta*, 201 ss.; VATTERMOLI, *La posizione*, 881, che sottolinea come nel contesto comunitario le norme sulla ristrutturazione sono pensate nell'ottica della prevenzione dell'insolvenza. Vedi anche l'art. 63, direttiva 2014/59/UE (cd. BRDD) ed il successivo art. 60, d.lgs. 16 novembre 2015, n. 180 in materia di risoluzione delle crisi bancarie.

[4] D'ATTORRE, *La liquidazione*, 1259 sottolinea come tale previsione appare distonica rispetto all'assetto che la procedura di liquidazione giudiziale ha assunto nella riforma come ipotesi, seppure residuale, di risoluzione della crisi e con caratteri anche riorganizzativi.

[5] Alla *ratio* di pervenire alla dissoluzione del soggetto societario solo nelle ipotesi in cui non vi sia alcuna possibile soluzione in chiave "conservativa" della crisi risponde la previsione della "sospensione" degli effetti conseguenti all'accertamento di perdite nel capitale sociale oltre un terzo (art. 182-*sexies* l. fall.; ora art. 64 per gli accordi di ristrutturazione, art. 89 per il concordato preventivo; art. 20 per la composizione negoziata della crisi).

2. – L'art. 264 permette al curatore di elaborare un programma di liquidazione, ipotizzando il soddisfacimento dei creditori con modalità alternative alla "liquidazione" dell'azienda o dei beni (in blocco o atomistica), attraverso operazioni straordinarie incidenti sull'organizzazione societaria e sulla sua struttura finanziaria[6]; può trattarsi anche di progetti di ristrutturazione "parziale", cioè che non conducono necessariamente alla chiusura della procedura. Per la realizzazione di tali operazioni il curatore può attribuire "a se stesso" anche «*dei poteri dell'assemblea dei soci*», oltre che degli amministratori (si pensi alla predisposizione del progetto di scissione o fusione).

La possibilità per il curatore di "progettare" la gestione della procedura anche attraverso atti di riorganizzazione, non assume carattere eccezionale, ma risponde ad una selezione, rimessa alla discrezionalità del curatore stesso, delle forme e dei mezzi più opportuni per il perseguimento degli interessi creditori. In tal senso deve essere inteso il riferimento alla necessaria e specifica previsione degli «*atti e le operazioni riguardanti la struttura organizzativa e finanziaria della società*» nel programma di liquidazione, che deve essere approvato dal comitato dei creditori (art. 213, comma 1)[7]. Il programma di liquidazione deve indicate gli atti e le operazioni incidenti sul piano organizzativo della società che il curatore intende porre in essere in modo analitico e dettagliato, secondo un parametro di "determinatezza", non essendo legittima la generica previsione nello stesso programma della possibilità che il curatore compia "atti o operazioni ritenute necessarie"[8].

La norma fa riferimento alquanto generico ad «*atti ed operazioni riguardanti l'organizzazione e la struttura societaria*», riproponendo tal quale l'art. 7, comma 2, lett. *e*), legge delega n. 155 del 2017[9]. Il catalogo può essere molto ampio, come ad esempio modifiche statutarie, anche riguardanti la composizione, il funzionamento e le attribuzioni degli organi sociali; trasformazione, scissione o fusione; operazioni di aumento del capitale[10], anche con esclusione del diritto di opzione[11], per consentire l'acquisizione di nuove risorse finanziarie, idonee a soddisfare i creditori, ovvero per consentire ai creditori di convertire il credito in strumenti di *equity*, analogamente a quanto già consentito dall'art. 214, comma 7, attraverso l'operazione di conferimento in una o più società, anche di nuova costituzione, dell'azienda o di rami di azienda, ovvero di beni o crediti, con i relativi rapporti contrattuali, con successiva attribuzione delle quote o azioni della società conferitaria ai creditori che vi acconsentano. Parimenti sono ipotizzabili operazioni di emissione di

---

[6] Di contrario avviso MARZO, *Fallimento e liquidazione*, 221 secondo cui non si rinviene nell'art. 213 la previsione che il curatore possa inserire nel programma di liquidazione il compimento di atti ed operazioni di natura riorganizzativa e che la norma in commento sarebbe piuttosto destinata ad introdurre poteri sostitutivi del curatore nell'ambito di concordati proposti da terzi; analogamente LA CROCE, *Liquidazione giudiziale*, 89.

[7] REVIGLIONO, *I poteri*, 653 ritiene che il curatore, per l'esecuzione degli atti ed operazioni che incidono sulla struttura organizzativa della società non necessita dell'autorizzazione del g.d. e del comitato dei creditori.

[8] REVIGLIONO, *I poteri*, 656; A. ROSSI, *La legge delega*, 1383.

[9] FERRI JR., *Ristrutturazioni societarie*, 233.

[10] *Contra* FAUCEGLIA, *Il nuovo diritto*, 244 il quale ritiene comunque riservata alla competenza esclusiva dell'assemblea dei soci la potestà di deliberare aumenti di capitale.

[11] Sul punto v. NIGRO, *Le riorganizzazioni societarie*, 382 ss. esclude la possibilità per il curatore di limitare il diritto di opzione, sebbene tale ipotesi sia espressamente prevista dall'art. 90 nell'ambito del concordato preventivo.

categorie speciali di azioni, di obbligazioni, anche convertibili, di strumenti finanziari partecipativi ai sensi dell'art. 2346, comma 6, c.c.

Il curatore resta comunque soggetto ai limiti previsti dalla disciplina ordinaria relativamente alle specifiche operazioni che intende porre in essere. Nel caso di trasformazione, questa potrà essere eseguita solo se «non vi siano incompatibilità con le finalità o lo stato» della procedura concorsuale (art. 2499 c.c.) [12], e certamente senza che da essa possa derivare una responsabilità illimitata dei soci non consenzienti. Per le fusioni e le scissioni, permane la preclusione nel caso in cui la procedura abbia già iniziato la distribuzione dell'attivo» (artt. 2501, comma 2 e 2506, comma 4, c.c.) [13]. L'aumento di capitale imporrà l'accertamento della preventiva liberazione integrale dei conferimenti pregressi (art. 2438 c.c.) e l'emissione di strumenti finanziari partecipativi la necessaria corrispondente modifica statutaria (art. 2346, comma 6, c.c.) [14].

Non può ritenersi ricompresa nei poteri riconosciuti al curatore dalla norma in commento la formulazione di una proposta di concordato nella liquidazione giudiziale, atteso che gli artt. 240 e 265 individuano specificamente i soggetti ai quali è riconosciuta la legittimazione alla proposta di concordato [15].

3. – L'apertura della liquidazione giudiziale, determinando la liquidazione della società, non fa venir meno, anche in pendenza della procedura, le residue prerogative decisionali dei soci, dell'assemblea, dei liquidatori per le operazioni straordinarie e, in generale, per gli atti che incidono sulla struttura organizzativa e finanziaria della società stessa. Pertanto, nelle ipotesi in cui sia necessario attuare operazioni riorganizzative da parte del curatore, ai fini della più efficiente gestione della procedura e del miglior soddisfacimento dei creditori, si è reso necessario sterilizzare il disinteresse ovvero il potere di "veto" dei diversi organi sociali ai quali le norme societarie riservano la decisione [16].

Nel concordato preventivo, per superare l'inerzia del debitore e l'ostruzionismo dei soci a dare esecuzione alle operazioni previste dal piano di concordato è stata prevista la possibilità di conferire al commissario giudiziale «*i poteri necessari a provvedere in luogo del debitore al compimento degli atti a questo richiesti*» e, nel caso di deliberazioni da assumere da parte dell'assemblea, attraverso la revoca dell'organo amministrativo e la nomina di un amministratore giudiziario, al quale attribuire anche il potere di convocare l'assemblea e di esercitarvi il diritto di voto spettante ai soci (art. 118) [17].

---

[12] PACIELLO, *L'art. 2499*, 13.

[13] Non si considera ostativa la mera dichiarazione di esecutività del progetto di riparto da parte del g.d. ai sensi dell'art. 220, occorrendo che «non sia iniziata l'effettiva erogazione di quanto ricavato dalla liquidazione dell'attivo»: REVIGLIONO, *I poteri*, 658; D'ATTORRE, *La liquidazione*, 1261.

[14] Di diverso avviso USAI, *Le operazioni*, 9, secondo il quale il curatore potrebbe procedere all'emissione di strumenti partecipativi senza che ciò fosse già statutariamente previsto dalla società.

[15] D'ATTORRE, *La liquidazione*, 1261. Di contrario avviso REVIGLIONO, *I poteri*, 651. FERRI JR., *Ristrutturazioni societarie*, 233 sottolinea come l'art. 249 attribuisce al curatore, in fase di concordato, unicamente il compito di sorvegliare l'adempimento, restando di esclusiva competenza dell'organo gestorio della società l'esecuzione della proposta.

[16] Sulla necessità di sterilizzare l'incidenza della volontà dei soci nelle procedure di riorganizzazione societaria in ambito concorsuale FERRI JR., *Il ruolo*, 531.

[17] D'ATTORRE, *Le proposte*, 1163.

L'art. 264 estende, ora, anche alla liquidazione giudiziale il rimedio "sostitutivo" dell'iniziativa del curatore rispetto alle residue prerogative sia dell'assemblea dei soci, sia dell'organo amministrativo, al fine di porre in essere le operazioni di riorganizzazione finanziaria della società che possano assicurare un miglior soddisfacimento dei creditori, ovvero la più rapida definizione della procedura [18].

I poteri sostitutivi del curatore per l'adozione delle decisioni e delle deliberazioni in luogo dell'assemblea, come anche degli atti che spettano ai liquidatori, potranno essere esercitati senza che sia necessario il preventivo diniego dell'organo competente all'adozione del relativo atto deliberativo. Non occorre che sia stata manifestata l'ostilità dei soci o dei liquidatori all'operazione; il curatore potrà inserire l'indicazione degli atti o delle operazioni che intende porre in essere nel programma di liquidazione, e già prevedere l'attribuzione a sé stesso dei relativi poteri deliberativi, prescindendo, quindi, anche dal mero interpello degli organi sociali.

Gli atti e delle operazioni incidenti sulla struttura organizzativa e finanziaria della società sono decisi dal curatore al di fuori del procedimento deliberativo assembleare o consiliare (diversamente da quanto previsto dall'art. 118) [19]. La decisione del curatore sarà soggetta alla forma (atto pubblico) e alla pubblicità (iscrizione nel registro delle imprese) prevista per lo specifico atto.

I poteri "sostitutivi" del curatore non si estendono agli atti di riorganizzazione in esecuzione del concordato nella liquidazione giudiziale. La fase del concordato (vuoi per l'iniziativa, come innanzi detto, ma anche per la successiva esecuzione) è estranea all'ambito applicativo dell'art. 264 che fa riferimento solo alle operazioni straordinarie «*previste nel programma di liquidazione*»: con l'omologazione del concordato si chiude la procedura, il programma di liquidazione esaurisce ogni effetto ed il curatore cessa dall'esercizio dei suoi poteri gestori, residuando solo un potere di sorveglianza sull'esecuzione del concordato. L'esercizio di poteri sostitutivi rispetto al debitore inadempiente alla proposta di concordato nella liquidazione giudiziale potrà essere, invece, disposto dal tribunale con le modalità indicate dall'art. 118 per il concordato preventivo, norma che può trovare applicazione analogica al concordato nella liquidazione giudiziale «alla luce della sostanziale identità del problema da risolvere» [20].

4. – Ulteriori principi della legge delega, con riferimento all'esercizio da parte del curatore dei poteri sostitutivi degli organi societari, erano costituiti dalla necessità per il legislatore delegato di assicurare «*adeguata e tempestiva informazione*» di tutti gli interessati e «*idonei strumenti di tutela, in sede concorsuale*».

La tutela della società sottoposta a liquidazione giudiziale, dei soci, dei creditori e dei

[18] NIGRO, *Le riorganizzazioni*, 393 ha sollevato dubbi di costituzionalità della disciplina, producendo effetti sostanzialmente "espropriativi" per soggetti che non sono sottoposti alla procedura concorsuale.

[19] Nella formulazione originaria il Codice faceva riferimento alla «deliberazione» del curatore, ma il successivo decreto correttivo d.lgs. n. 147 del 2020 ha opportunamente rettificato il riferimento all'atto del curatore, che è anche formalmente diverso dalla deliberazione assembleare.

[20] FERRI JR., *Ristrutturtazioni*, 233 ss.; ABRIANI, *Proposte concorrenti*, 375; Trib. Pisa 14 novembre 2018, in *Banca, borsa e tit. cred.*, 2020, II, 295, con nota di Covino.

terzi interessati è affidata, innanzitutto, al procedimento di approvazione del programma di liquidazione (art. 213, comma 7), e perciò agli strumenti di controllo e di eventuale impugnativa previsti per tutti gli atti di gestione del curatore nell'ambito della procedura di liquidazione giudiziale.

Al regime di trasparenza ed informazione dei terzi che connota il programma di liquidazione, nel caso di atti che incidono sulla struttura organizzativa e finanziaria della società e che contemplano l'esercizio di poteri sostitutivi del curatore rispetto alle prerogative degli organi sociali, si impone una ulteriore «*adeguata e tempestiva informazione ai soci ed ai creditori della società*»: tale pubblicità non può ritenersi assolta con l'iscrizione nel registro delle imprese prevista per i singoli atti straordinari; l'informativa dovrà essere data dal curatore in via anticipata rispetto al compimento degli stessi atti, e dovrà essere specificamente indirizzata quanto meno ai soci della società sottoposta alla procedura ed ai creditori. Si evidenzia che la norma impone la comunicazione a tutti i creditori, e perciò non solo selettivamente a quelli che non possano ricevere un diretto pregiudizio dall'operazione (si pensi ad una riduzione del capitale senza diritto di opzione, che incide sul diritto dei portatori di obbligazioni convertibili). Anche sotto il profilo del contenuto dell'informativa è stato opportunamente sottolineato come la comunicazione deve contenere la descrizione dettagliata dell'atto o dell'operazione, al fine di consentire ai soggetti interessati di valutarne compiutamente la portata, la legittimità e gli eventuali vizi [21].

È, poi, prevista la possibilità di impugnazione dell'atto o della decisione del curatore con la forma del reclamo di cui all'art. 133, da proporsi al giudice delegato, la cui decisione è ulteriormente reclamabile dinanzi al tribunale (art. 124) [22]. L'art. 264, comma 2, fa rinvio anche alle disposizioni dettate dal codice civile per l'invalidità delle delibere assembleari (artt. 2377-2379-*ter* e 2479-*ter* c.c.) «*in quanto compatibili*».

L'ambigua formulazione normativa ha orientato parte della dottrina a ritenere che i due sistemi di impugnazione (quello concorsuale del reclamo e quello societario delle impugnazioni delle delibere) debbano essere considerati alternativi [23], assegnando al reclamo l'ambito della tutela "preventiva", cioè anteriormente al compimento dell'atto da parte del curatore, ed alle disposizioni codicistiche l'impugnazione dell'atto dopo l'assunzione della decisione, con conseguente competenza, in questo caso, del tribunale delle imprese nel caso di società di capitali.

Tuttavia, proprio in ragione della precisazione che le disposizioni societarie si applicano al caso di specie solo «*in quanto compatibili*», appare più corretto operare il coordinamento tra i rimedi impugnatori "concorsuali" e quelli "societari" individuando nel reclamo, in via esclusiva, lo strumento impugnatorio dell'atto del curatore, con le regole pro-

---

[21] DEL LINZ, *Art. 264*, 2068.

[22] REVIGLIONO, *I poteri*, 655 che critica la scelta del legislatore di assegnare la tutela dei soggetti coinvolti al reclamo endo-concorsuale in quanto tale rimedio «concerne essenzialmente, se non esclusivamente, la violazione di norme di azione, cioè delle disposizioni prefiguranti le modalità di esercizio di un potere e, come tale, risulta fortemente "destrutturato", improntato all'informalità e quindi parzialmente privo di quelle caratteristiche che, anche sul piano del contraddittorio, devono contrassegnare i procedimenti che sfociano in una decisione che viene ad incidere su diritti soggettivi».

[23] NIGRO, *Le riorganizzazioni*, 398; USAI, *Le operazioni*, 11 che evidenzia la mancanza di una tutela cautelare nell'ambito del procedimento camerale del reclamo; LA CROCE, *Liquidazione giudiziale*, 90.

cessuali per esso previste, così come i limiti indicati dall'art. 133 per i motivi di impugnazione (solo per violazione di legge). Tale scelta è certamente coerente con il principio di attrazione all'ambito concorsuale degli strumenti di tutela, di cui è espressione anche l'art. 116 nel concordato preventivo [24].

La natura camerale del reclamo, il cui procedimento è deformalizzato e rispondente a canoni di celerità, consente di ritenere non sacrificate le eventuali esigenze cautelari che, diversamente, sebbene non previste dagli artt. 133 e 124, potrebbero parimenti essere avanzate anche nel procedimento impugnatorio concorsuale, non risultando "incompatibile" con le norme processuali del reclamo la previsione dell'art. 2378, commi 3 e 4, c.c. di sospensione dell'esecuzione della decisione impugnata.

Il rinvio alla disciplina societaria soccorre, quindi, per l'individuazione dei presupposti per l'impugnativa, sotto il profilo della legittimazione, delle cause di invalidità, per la eventuale sanatoria e per gli effetti della pronuncia. Non saranno applicabili al reclamo le disposizioni delle norme codicistiche di impugnazione delle delibere assembleari riguardanti la competenza del giudice, i termini di impugnazione, le modalità di trattazione della causa [25].

Il reclamo assorbe anche le opposizioni che possono proporre i creditori avverso le operazioni straordinarie, secondo la disciplina societaria [26].

---

[24] D'ATTORRE, *La liquidazione,* 1262; così anche REVIGLIONO, *I poteri*, 661.

[25] REVIGLIONO, *I poteri*, 663 s.

[26] Così D'ATTORRE, *La liquidazione*, 1262 e, con riferimento alle operazioni straordinarie nel concordato preventivo, SACCHI, *Le operazioni*, 51. BRIOLINI, *Appunti sul ruolo*, 1151 s. evidenzia come ulteriore presidio di tutela per i terzi può essere individuato nel controllo notarile, nelle ipotesi di atto o operazione che siano soggette alla forma pubblica; in tal caso, secondo l'Autore, il controllo del notaio dovrà estendersi, oltre alla conformità della decisione del curatore al modello legale, anche alla coerenza ed alla strumentalità della decisione al programma di liquidazione. Sul punto anche REVIGLIONO, *I poteri*, 665 s. che esclude che il controllo del notaio possa estendersi «sino al punto di ricomprendere la verifica della legittimità della decisione in relazione alle esigenze di rapidità ed efficacia della liquidazione o al rispetto dei diritti dei soci».

Articolo 265

Proposta di concordato nella liquidazione giudiziale della società

1. La proposta di concordato per la società sottoposta a liquidazione giudiziale è sottoscritta da coloro che ne hanno la rappresentanza sociale.

2. La proposta e le condizioni del concordato, salva diversa disposizione dell'atto costitutivo o dello statuto:

a) nelle società di persone, sono approvate dai soci che rappresentano la maggioranza assoluta del capitale;

b) nelle società per azioni, in accomandita per azioni e a responsabilità limitata, nonché nelle società cooperative, sono deliberate dagli amministratori.

3. In ogni caso, la decisione o la deliberazione di cui al comma 2, lettera b), deve risultare da verbale redatto da notaio ed è depositata ed iscritta nel registro delle imprese a norma dell'articolo 2436 del codice civile.

Domenico Spagnuolo

Sommario: 1. La rappresentanza e la competenza decisionale. – 2. La competenza decisionale nelle società di persone. – 3. (*Segue*): nelle società di capitali. – 4. Forma e pubblicità della decisione.

1. – La norma ripropone, senza modificazioni, quanto già previsto dall'art. 152 l. fall., regolando i profili della competenza decisionale e della rappresentanza per la proposta di concordato nella liquidazione giudiziale da parte delle società [1].

La *rappresentanza* della società (comma 1), segue le regole ordinarie della rappresentanza processuale della società, atteso che il Codice attribuisce alla proposta di concordato la forma del ricorso al giudice delegato (art. 241, comma 1) [2], e ricomprende sia gli atti processuali finalizzati all'accesso alla procedura, sia quelli esecutivi [3].

---

[1] Nella liquidazione coatta amministrativa l'art. 314 fa espresso rinvio all'art. 265; per l'amministrazione straordinaria delle grandi imprese v. art. 78, d.lgs. 8 luglio 1999, n. 270.

[2] Trib. Ancona, 15 ottobre 2012, in *Fallimento*, 2013, 79, con nota di Vella, ha evidenziato come «in ipotesi di difetto di legittimazione del soggetto che ha sottoscritto la domanda, la concessione di un termine per la sanatoria è imposta dall'art. 182 c.p.c., di cui l'art. 152 l. fall. rappresenta una specifica applicazione in sede concorsuale».

[3] Caridi, *Art. 152*, 936.

Per quanto riguarda la *competenza decisionale* sulla proposta di concordato e la determinazione del suo contenuto (comma 2), si lascia ampio spazio all'autonomia statutaria: l'art. 265 è norma meramente dispositiva, per cui lo statuto della società potrà individuare l'organo al quale è riservata la decisione o la deliberazione, nonché le modalità per l'assunzione di queste.

Ai fini della deroga al regime legale delineato dalla norma, però, non sembra sufficiente una clausola statutaria di tenore generico (per esempio, riferita agli atti di straordinaria amministrazione): trattandosi di norma dispositiva speciale, dettata per la fattispecie concordataria in sede concorsuale in senso derogatorio rispetto alle regole generali in materia societaria, la clausola statutaria dovrà prevedere specificamente l'ipotesi del concordato, o più in generale agli atti e le decisioni nell'ambito delle procedure concorsuali o per la risoluzione della crisi e dell'insolvenza.

2. – In mancanza di specifica clausola statutaria, la decisione sulla proposta concordataria è disciplinata in modo distinto per le società di persone [comma 2, lett. *a*)] e le società di capitali [comma 2, lett. *b*)], coerentemente con le diverse conseguenze che l'apertura della procedura concorsuale determina nei diversi tipi societari.

Per le società di persone la competenza è riservata ai soci, i quali conservano l'esercizio del potere decisionale, limitatamente a tale aspetto, anche se sottoposti alla liquidazione giudiziale [4].

La decisione deve essere assunta con la maggioranza assoluta, calcolata in base alle quote di partecipazione al capitale [5], restando irrilevante la diversa posizione dei soci nella società in accomandita semplice. Lo statuto può comunque prevedere un diverso criterio di calcolo della maggioranza (in base alla partecipazione agli utili o per teste), rafforzare il quorum deliberativo, sino ad imporre il principio unanimistico [6], riservare la decisione ad alcuni soci (ad es. gli amministratori; gli accomandatari), o anche ad uno solo di essi (ad es. in caso di quote paritarie).

3. – Per le società di capitali e le cooperative la competenza deliberativa è, invece, riconosciuta agli amministratori.

Con riferimento alle società per azioni, parte della dottrina, sulla scorta di quanto riferito dalla relazione al d.lgs. n. 5 del 2006 per l'analoga disposizione dell'art. 152 l. fall., ha ritenuto tale scelta del legislatore mera applicazione del principio secondo cui «*la gestione dell'impresa … spetta esclusivamente agli amministratori*» (art. 2380-*bis* c.c.) [7], assegnando

[4] FERRI JR., *Fallimento e scioglimento*, 39.

[5] In mancanza di diversa indicazione statutaria, restano esclusi dalla decisione i soci il cui conferimento non sia stato capitalizzato (ad esempio in soci d'opera); sul punto v. GUERRERA, *Art. 152*, 2209, nota 26; CAGNASSO, *Il concordato*, 49; in senso contrario BONSIGNORI, *Art. 152*, 342, favorevole alla inclusione del socio d'opera nel novero dei soci partecipanti al capitale; così pure VASSALLI, *Responsabilità d'impresa*, 201; MAISANO, *Il concordato preventivo*, 81 ss.

[6] CARIDI, *Art. 152*, 940; con riferimento alla società con due soci paritari; di diverso avviso GUERRERA, *Art. 152*, 2210.

[7] Sulla esclusività del potere gestorio in capo agli amministratori nelle s.p.a. v. SANDULLI, *Art. 2380-*bis, 545.

natura gestoria alla scelta di proporre il concordato. La deroga statutaria consentita dall'art. 265, quindi, nelle s.p.a. potrebbe al più contemplare una diversa attribuzione delle competenze nell'ambito dell'organo amministrativo, con la previsione di delega ad uno o più amministratori [8], ma non potrebbe spingersi sino all'attribuzione della competenza deliberativa all'assemblea [9], se non nei limiti di un mero potere autorizzatorio ai sensi e con gli effetti previsti dall'art. 2364, n. 5, c.c.

Diversamente, nelle società a responsabilità limitata, dove è riconosciuta ampia autonomia statutaria nella ripartizione dei poteri tra amministratori e soci, la previsione di una competenza in capo agli amministratori appare distonica rispetto all'assetto organizzativo delineato dal diritto societario [10], per cui l'attribuzione statutaria ai soci della relativa competenza deliberativa, in deroga a quanto previsto dall'art. 265, renderebbe l'iniziativa concordataria conforme allo spirito della disciplina societaria.

La scelta di affidare la decisione sulla proposta di concordato, in mancanza di diversa previsione statutaria, all'organo amministrativo sembra, piuttosto rispondere ad una esigenza di celerità e speditezza che si è inteso imprimere a tutti gli atti nell'ambito delle procedure concorsuali [11], per cui la norma assume un carattere decisamente speciale rispetto a quelle societarie, con efficacia prevalente sul regime ordinario di distribuzione delle competenze decisionali, e dunque permettendo la deroga anche oltre i limiti consentiti dalla disciplina codicistica.

La deliberazione competenza a decidere sulla proposta di concordato non sostituisce quella specificamente prevista dalle norme societarie per gli atti di riorganizzazione, di ristrutturazione, o per le operazioni straordinarie o sul capitale, che siano previste nella proposta stessa, e dunque ne costituiscano l'adempimento [12].

4. – La decisione concernente la proposta di concordato deve, in ogni caso, risultare da verbale redatto da notaio, in forma pubblica, sia se adottata con deliberazione di organo collegiale (assemblea; consiglio di amministrazione; comitato esecutivo), sia se da organo monocratico o comunque in forma "individuale", come accade nelle società di persone, ovvero nelle s.r.l. in caso di amministrazione disgiuntiva o di consultazione scritta degli amministratori (art. 2475, commi 3 e 4, c.c.) o dei soci (2479, comma 3, c.c.) [13].

La deliberazione o la decisione devono essere iscritte nel registro delle imprese e potranno ritenersi efficaci solo dopo l'iscrizione (art. 2436, comma 5, c.c.).

---

[8] AMBROSINI, *Il concordato*, 66.

[9] RESCIGNO, *Procedure concorsuali*, 16, che riconosce maggiore articolazione nel caso di sistema dualistico; di diverso avviso invece CARIDI, *Art. 152*, 941.

[10] FABIANI, *Il concordato*, 874 s.; CAGNASSO, *Il concordato*, 54 e, sulle peculiarità dell'organizzazione interna della s.r.l., ID., *La società*, 215.

[11] PACCHI, *Il concordato*, 2404.

[12] Cass., 12 settembre 2018, n. 29741, in *Fallimento*, 2019, 927, con nota di Canazza; GUERRERA, *Art. 152*, 2216; CAGNASSO, IRRERA, *Il fallimento*, 194. Sulla possibilità di estendere al concordato fallimentare i poteri sostitutivi del curatore o del tribunale attraverso un amministratore giudiziario, vedi *sub* artt. 118 e 264.

[13] Sull'ammissibilità della consultazione scritta tra i soci per la decisione sulla proposta di concordato nella liquidazione giudiziale GUERRERA, *Art. 152*, 2212 sottolinea che l'art. 2479 c.c. impone la forma assembleare per le operazioni che comportano «*una rilevante modificazione dei diritti dei soci*».

L'atto decisorio non solo deve esprimere la volontà della società di proporre il concordato, ma deve anche contenere «le condizioni del concordato», almeno nei contenuti essenziali a delineare il contenuto della proposta: la decisione, infatti, investe tanto la scelta in sé, quanto le condizioni economico giuridiche della soluzione concordataria e del "piano" in concreto adottati da sottoporre ai creditori [14].

La decisione o la deliberazione devono essere adottate in forma pubblica solo se assunte dalla medesima società debitrice, relativamente alla proposta di concordato per la procedura di liquidazione giudiziale aperta nei suoi confronti. Diversamente la proposta presentata da una società terza, in relazione alla procedura concorsuale di altro debitore, necessita solo del ricorso e della verifica della sussistenza dei poteri di rappresentanza del soggetto che lo ha sottoscritto [15].

È consolidata l'opinione che la delibera possa intervenire anche successivamente al deposito del ricorso, purché prima dell'esame preliminare, da parte del giudice delegato, della ritualità della proposta, ai sensi dell'art. 241, comma 2 [16].

[14] Ma vedi Cass., 12 settembre 2018, n. 29741, *cit.* secondo la quale «Nel caso di organo monocratico, coincidente con l'organo rappresentativo della società, questa esigenza di certezza può, allora, dirsi ampiamente soddisfatta anche con una determina generica di proporre il concordato preventivo, atteso che, poi, il contenuto della proposta è rinvenibile nel ricorso, anch'esso sottoscritto dal debitore, dunque dal rappresentante legale della società (oltre che da iscrivere nel registro delle imprese): nessun senso, quindi, avrebbe, dopo la presentazione della domanda di concordato, il dichiararla inammissibile solo perché la determina riportata nel verbale notarile non ne indicasse il contenuto, essendo ormai quest'ultimo noto».

[15] PACCHI, *Il concordato fallimentare*, 2403; Trib. Mantova, 29 maggio 2007, in *ilcaso.it*.

[16] GUERRERA, *Art. 152*, 2207; Cass., 31 luglio 2017, n. 19009.

Articolo 266

Effetti del concordato nella liquidazione giudiziale della società

1. Salvo patto contrario, il concordato della società ha effetto anche con riguardo ai soci a responsabilità illimitata e fa cessare la procedura di liquidazione giudiziale aperta nei loro confronti.

2. Contro il decreto di chiusura della liquidazione giudiziale aperta nei confronti del socio è ammesso reclamo a norma dell'articolo 124.

Domenico Spagnuolo

Sommario: 1. Concordato sociale e chiusura della liquidazione giudiziale del socio. – 2. Il reclamo.

1. – Ai sensi dell'art. 256, la liquidazione giudiziale della società in nome collettivo, della società in accomandita semplice e della società in accomandita per azioni determina l'apertura di analoga procedura concorsuale a carico dei soci con responsabilità illimitata per le obbligazioni sociali. L'art. 266 (come già l'art. 153 l. fall.), disciplina gli effetti del concordato proposto nell'ambito della procedura di liquidazione giudiziale aperta nei confronti della società, rispetto ai soci illimitatamente responsabili ed alle relative procedure collegate.

La stretta connessione tra la procedura della società e quella dei soci è palesata non solo per la fase dell'apertura, ma anche nel successivo svolgimento (art. 257). Nella fase di chiusura, l'art. 233, comma 3 prevede la automatica chiusura della procedura aperta nei confronti dei soci solo se la procedura della società si chiude per la mancata proposizione di domande al passivo nei termini [(lett. *a*)] o se siano stati soddisfatti integralmente i creditori sociali [lett. *b*)]; le procedure particolari dei soci resteranno invece aperte, anche dopo la chiusura della procedura della società, nel caso in cui i creditori sociali siano rimasti insoddisfatti all'esito della liquidazione dell'attivo della società e sia possibile, con il patrimonio personale del socio, pervenire al soddisfacimento (ulteriore) dei loro diritti.

Nel caso di concordato, l'art. 266, per un verso, conferma il carattere accessorio della procedura del socio rispetto a quella della società; dall'altro, valorizza l'autonomia negoziale nel configurare la posizione dei soci in modo distinto rispetto alla società.

Sotto il primo profilo, il concordato sociale, una volta omologato, dispiega i suoi effetti nei confronti dei soci illimitatamente responsabili, facendo cessare anche la procedura di liquidazione giudiziale aperta nei loro confronti, con il ripristino della loro piena capacità personale e patrimoniale, e con l'estinzione anche dell'obbligazione personale del socio per la quota eccedente quella concordataria [1]. Pertanto, una volta data esecuzione alle obbligazioni derivanti dalla proposta di concordato della società, i soci saranno liberati da ogni ulteriore responsabilità verso i creditori sociali. In tal modo si deroga al principio di cui all'art. 248, comma 2 (in precedenza art. 135 l. fall.), che circoscrive gli effetti del concordato al solo debitore sottoposto alla procedura, mantenendo integre le ragioni di credito (per la quota non soddisfatta) nei confronti dei coobbligati, degli obbligati in via di regresso e dei fideiussori. L'esdebitazione del socio per effetto del concordato della società opera anche nei confronti dei creditori garantiti da fideiussione rilasciata dallo stesso socio in quanto, come affermato dalla giurisprudenza di legittimità [2], la fideiussione per i debiti sociali da parte del soggetto che già risponde per gli stessi *ex lege* non assolve la funzione tipica di strumento di ampliamento del patrimonio responsabile, ma vale solo ad esentare il creditore dall'onere di preventiva escussione, che normalmente non opera per la garanzia fideiussoria, salvo patto contrario (art. 1944 c.c.); beneficio che comunque viene meno con l'apertura della procedura concorsuale.

L'effetto esdebitatorio del concordato sociale per i soci illimitatamente responsabili è, però, limitato alle obbligazioni sociali, e non si estende ai creditori particolari, estranei all'accordo e che neppure votano sulla proposta della società [3]; i soci resteranno comunque obbligati per la parte non soddisfatta in sede concorsuale delle obbligazioni personali.

L'art. 266 consente, tuttavia, di conferire, in ambito negoziale, rilevanza autonoma alla procedura concorsuale individuale del socio rispetto a quella della società, escludendo la propalazione automatica degli effetti del concordato sociale al socio. La proposta di concordato sociale, infatti, potrà contenere clausole che circoscrivono (in tutto o in parte) gli effetti del concordato alla sola società, o ad una o più procedure particolari dei soci. E ciò, sia sotto il profilo processuale, per cui viene esclusa la chiusura della singola procedura nei confronti del socio a seguito della chiusura della liquidazione giudiziale della società; sia sotto il profilo sostanziale, facendo salve le ragioni dei creditori sociali verso i soci illimitatamente responsabili per la quota delle obbligazioni sociali non soddisfatte in sede concordataria.

Se è possibile sterilizzare gli effetti del concordato rispetto alla posizione concorsuale dei soci, deve pur ritenersi legittima la deroga pattizia che preveda un trattamento differenziale dell'obbligazione concordataria per la società e per (uno o più) soci rispetto ai

---

[1] SATTA, *Diritto fallimentare*, 473, nota 65 sottolinea come la cessazione della procedura individuale del socio è conseguenza automatica della cessazione della procedura della società, conformemente a quanto previsto dall'art. 233, comma 3, e non perché si realizza un concordato tacito o di riflesso per il socio.

[2] Cass., SS.UU., 24 agosto 1989, n. 3749, in *Dir. fall.*, 1990, II, 19, con nota di Ragusa Maggiore; Cass., 1° marzo 1999, n. 1688, che non ritiene ammissibile una distinzione in base al momento in cui sia stata rilasciata la garanzia fideiussoria, se prima o dopo l'assunzione della posizione di socio. SATTA, *Diritto fallimentare*, 473, nota 43; BONFATTI, CENSONI, *Manuale di diritto*, 409.

[3] NIGRO, *Il fallimento*, 478; Cass., 3 aprile 1987, n. 3229, in *Dir. fall.*, 1987, II, 620. Isolata è l'opposta opinione espressa da DE SEMO, *Diritto fallimentare*, 440, secondo il quale la chiusura della procedura per il socio, a seguito del concordato sociale, determina anche l'effetto sostanziale dell'esdebitazione dello stesso socio per tutti i propri debiti, per la parte eccedente la percentuale concordataria.

creditori sociali: la "detipizzazione" del contenuto della proposta di concordato sembra conformabile anche ai "patti contrari"[4].

2. – Ai sensi dell'art. 246, comma 2, una volta divenuto definitivo il decreto che omologa il concordato, «*il tribunale dichiara chiusa la procedura di liquidazione giudiziale*». Avverso tale provvedimento il comma 2 dell'art. 266 prevede la possibilità di proporre reclamo alla corte di appello, nei termini di cui all'art. 124, da parte del curatore, del comitato dei creditori, del debitore e di ogni interessato. L'interesse alla proposizione del reclamo ben può essere proprio la prosecuzione della procedura a carico del singolo socio, lì dove «il concordato potrebbe pregiudicare [per i creditori particolari] quel soddisfacimento che sarebbe invece loro consentito» dalla procedura concorsuale già avviata [5]. In tal caso, la prosecuzione della procedura individuale può essere disposta anche se non ricorrono i presupposti per l'assoggettamento a liquidazione giudiziale del socio autonomi rispetto a quelli della società, e cioè la sua qualità di imprenditore o una sua insolvenza [6].

Il reclamo, tuttavia, non può essere giustificato dall'interesse dei creditori sociali correlato all'effetto esdebitatorio del socio rispetto ai debiti sociali, poiché tale profilo (per gli effetti che determina sul diritto individuale del creditore concorsuale) è pertinente alla valutazione della convenienza della proposta, e dunque all'eventuale mancata previsione della clausola di deroga all'estensione degli effetti sostanziali del concordato al socio: si tratta di un profilo che attiene alla fase omologatoria e potrà essere fatta valere con l'opposizione a questa, nei limiti consentiti al controllo da parte del tribunale della convenienza della proposta concordataria [7].

[4] GUERRERA, *Art. 153-154*, 2000.

[5] MAFFEI ALBERTI, *La chiusura*, 884; CARIDI, *Art. 153*, 949; v. anche GUERRERA, *Art. 153-154*, 2001, il quale evidenzia come «i creditori individuali potrebbero essere pregiudicati, almeno indirettamente, dall'effetto processuale che il concordato della società produce nei confronti dei soci, facendone cessare il fallimento, poiché ciò potrebbe diminuire le loro prospettive di soddisfazione, reputate maggiori in caso di continuazione della procedura, rispetto a quelle che essi avrebbero intraprendendo un'esecuzione individuale». La disciplina dell'originaria legge fallimentare, *ante* riforma del 2006, riconosceva ai creditori particolari del socio la legittimazione a proporre l'opposizione all'omologazione del concordato sociale.

[6] Così, invece, SATTA, *Diritto fallimentare*, 473, nota 65.

[7] CAIAFA, *Il giudizio*, 145; PAGNI, *L'omologazione*, 1052.

Articolo 267
Concordato del socio

1. Nella procedura di liquidazione giudiziale di una società con soci a responsabilità illimitata, ciascuno dei soci può proporre un concordato ai creditori sociali e particolari concorrenti nella procedura di liquidazione giudiziale aperta nei suoi confronti.

Domenico Spagnuolo

Ai soci illimitatamente responsabili ai quali è stata estesa la procedura di liquidazione giudiziale della società si riconosce la possibilità di proporre un concordato sia per i creditori sociali sia per i creditori particolari che concorrono nella procedura personale [1].

Tale facoltà, già prevista dall'art. 154 l. fall., segna l'autonomia della procedura del socio rispetto a quella della società: il concordato del socio conduce alla chiusura della relativa procedura personale anticipatamente (ed indipendentemente) rispetto a quella della società e degli altri soci. Pertanto, il socio potrà proporre il proprio concordato in qualsiasi momento [2], anche dopo l'esito negativo di altro concordato proposto dalla società, ma non oltre il passaggio in giudicato del decreto che omologa il concordato sociale, posto che in tale momento, ai sensi dell'art. 266 c.c.i., e salvo che non vi sia diversamente disposto nella proposta, si determina la chiusura anche della procedura concorsuale del socio [3].

Parte della dottrina ha ritenuto anche il socio assoggettato alle preclusioni temporali per la proponibilità della proposta di concordato fissate dall'art. 240 c.c.i. (come il previgente art. 124 l. fall.: non prima che sia decorso un anno dalla sentenza che ha dichiarato l'apertura della liquidazione giudiziale, e non oltre i due anni dal decreto di esecutorietà

[1] Guerrera, *Art. 153-154,* 2003 segnala come «il diverso titolo delle obbligazioni che la proposta di concordato è volta a regolare, nell'ambito del fallimento individuale del socio, potrebbe giustificare la suddivisione dei creditori in classi e la conseguente formulazione di trattamenti differenziati, nonostante l'identità della loro posizione giuridica».

[2] Ma v. Trib. Firenze, 28 aprile 2004, in *Foro toscano*, 2004, II, 193, con nota di Ansaldo, secondo il quale la domanda può essere presentata solo successivamente all'emissione, da parte del giudice delegato, del decreto di esecutività dello stato passivo.

[3] Jorio, *Le crisi,* 741. Sulle problematiche del coordinamento tra proposta di concordato della società e quello particolare del socio, ovvero sulla proponibilità di una proposta unitaria per entrambe le procedure v. Guerrera, *Art. 153-154,* 2006 s.; Guglielmucci, *Le maggioranze*, 205.

dello stato passivo) [4]; ciò al fine di sollecitare il debitore, e perciò anche i soci, a fronteggiare preventivamente l'insolvenza della società, in virtù della loro posizione di corresponsabilità.

Proprio la *ratio* della disposizione, però, esclude una sua applicazione estensiva al concordato particolare del socio. Infatti, la possibilità di risoluzione tempestiva della crisi dell'impresa è strettamente correlata alla possibilità, per lo stesso debitore, di attivare uno dei diversi strumenti per la composizione ed il superamento della crisi, prima che questa sfoci nell'insolvenza e diventi irreversibile. Tali strumenti, afferendo alla posizione debitoria della società, non possono essere attivati dal socio in proprio ed *uti singulus*: questi può proporre istanza per la sistemazione della *propria* situazione debitoria, secondo le procedure introdotte dal Codice della crisi in modo differenziato per gli imprenditori commerciali e per gli altri soggetti per i quali difettano i requisiti della liquidazione giudiziale (le nuove procedure di composizione delle crisi da sovraindebitamento). Il procedimento attivato dal socio non può incidere, però, nella sfera patrimoniale della società, nel senso di sanarne lo stato di crisi: il socio non può certamente proporre un concordato preventivo (o altro strumento di composizione della crisi) per le obbligazioni sociali [5]. Il socio resta soggetto alla liquidazione giudiziale disposta nei confronti della società, a cui partecipa come socio illimitatamente responsabile, suo malgrado, in ragione della situazione di insolvenza della società, ed anche se egli non versi in alcuno stato di insolvenza. Inoltre, egli sarà assoggettato alla procedura concorsuale della società, in via di estensione, anche se ha attivato per sé la procedura di composizione o utilizzato gli altri mezzi di risoluzione della crisi, in relazione al proprio patrimonio.

Non appare, quindi ragionevole imporre al socio una "sanzione", consistente nella preclusione ad attivare forme di risoluzione della propria procedura concorsuale particolare, che sono conseguenza anche "involontaria" dell'insolvenza societaria; per altro verso, la chiusura della liquidazione giudiziale nei confronti del socio non incide né sui diritti residui dei creditori sociali, né sulla proseguibilità della procedura concorsuale della società.

La proposta di concordato particolare del socio, benché debba essere avanzata non soltanto nei confronti dei creditori particolari, ma anche dei creditori sociali, coinvolge tutti coloro che possano vantare ragioni di credito nei confronti del debitore al quale si riferisce la proposta concordataria; per cui legittimati ad esprimere il voto non sono tutti i creditori ammessi allo stato passivo delle diverse procedure individuali dei soci ai quali è stata estesa la procedura concorsuale della società, ma solo quelli della società e del socio proponente.

---

[4] IRRERA, *Art. 153*, 2225.

[5] Cass., 17 febbraio 2006, n. 3535; Cass., 3 novembre 2005, n. 21326; Cass., 30 agosto 2001, n. 11343; Cass., 1° luglio 1992 n. 8097: «È inammissibile il concordato preventivo proposto ai propri creditori personali da un socio illimitatamente responsabile di una società di persone, unitamente e contestualmente al concordato preventivo della società stessa, atteso che l'efficacia del concordato della società nei confronti dei soci illimitatamente responsabili, ai sensi dell'art. 184, comma 2, l. fall., non coinvolge anche i creditori personali di tali soci, i quali, mancando della qualità di imprenditori, non sono legittimati alla proposizione del concordato preventivo (artt. 1 e 161 l. fall.), e che non possono applicarsi a questa procedura le regole, contenute negli artt. 147 e 154 l. fall., sull'estensione del fallimento e del concordato fallimentare ai soci illimitatamente responsabili, trattandosi di disposizioni eccezionali, non suscettibili di interpretazione analogica (senza che ciò implichi contrasto con l'art. 3 Cost., attesa la diversa funzione delle rispettive procedure)».

Con l'adempimento delle obbligazioni concordatarie, il socio è liberato sia per i debiti personali che per quelli vantati dai creditori sociali. L'effetto di esdebitazione non si estende alla società, né agli altri soci illimitatamente responsabili: i creditori sociali mantengono inalterato il diritto di concorrere per l'intero (per la quota di credito non soddisfatta dal socio proponente il concordato) sia nella liquidazione giudiziale della società, sia nella procedura concorsuale personale degli altri soci (art. 248 c.c.i.) [6]. Non si applica, quindi, la regola sancita dall'art. 1301 c.c., secondo la quale il creditore che abbia rimesso il debito nei confronti di uno dei condebitori in solido, riservando il diritto verso gli altri, non può esigere il credito da costoro se non detratta la parte del debitore a favore del quale vi è stata la remissione [7].

Gli altri soci, rimasti inerti, non possono trarre né vantaggio né sacrificio dal socio concordatario, per cui resta fermo il diritto di regresso fra i soci, con il diritto di quelli per i quali prosegue la liquidazione giudiziale di ottenere dal socio concordatario il pagamento della maggiore percentuale corrisposta ai creditori sociali, rispetto a quella indicata nel concordato ed in ragione della misura della responsabilità di quest'ultimo per le obbligazioni sociali [8]. Chiusa la procedura concorsuale personale del socio con il concordato, il credito di regresso verso quest'ultimo della società e degli altri soci dovrà essere fatto valere nelle forme processuali ordinarie. Per contro, il socio concordatario ha diritto di agire in via di regresso verso la società per le somme pagate ai creditori sociali, oltre che verso gli altri soci per la parte eccedente la propria quota di partecipazione alle perdite [9], insinuando il proprio credito nelle rispettive procedure concorsuali (che proseguono) e concorrendo con quello degli altri creditori concorsuali, non essendovi ragione per ritenerlo postergato, se non limitatamente alla posizione dei creditori sociali [10].

Nel caso in cui con il concordato del socio si sia provveduto ad estinguere integralmente tutti i debiti sociali, si determinerà la chiusura della procedura della società e, conseguentemente, anche quella degli altri soci, con la successiva regolazione del diritto di regresso del socio che ha proposto il concordato secondo le forme ordinarie.

---

[6] PROVINCIALI, *Trattato di diritto*, 2183, che, con riferimento alla previgente identica norma della legge fallimentare, evidenzia come «la *ratio* della norma consiste indubbiamente nell'essersi voluta conservare ai creditori la possibilità di rivalersi anche sugli altri soci della differenza che perdono, per effetto del concordato nei confronti del socio concordatario»; in giurisprudenza, Cass., 16 aprile 1959, n. 1136, in *Giust. civ.*, 1959, I, 1005; Cass., 21 aprile 1964, n. 953; Trib. Genova, 12 luglio 1977, in *Giur. comm.*, 1978, II, 254.

[7] GUERRERA, *Art. 153-154*, 2005; Trib. Genova, 12 luglio 1977, cit.

[8] NIGRO, *Il fallimento*, 491; GALLESIO PIUMA, *Brevi osservazioni*, 254.

[9] NIGRO, *Il fallimento*, 491.

[10] GUERRERA, *Art. 153-154*, 2004.

Articolo 268
Liquidazione controllata

1. Il debitore in stato di sovraindebitamento può domandare con ricorso al tribunale competente ai sensi dell'articolo 27, comma 2, l'apertura di una procedura di liquidazione controllata dei suoi beni.

2. Quando il debitore è in stato di insolvenza, la domanda può essere presentata da un creditore anche in pendenza di procedure esecutive individuali. Nei casi di cui al primo periodo non si fa luogo all'apertura della liquidazione controllata se l'ammontare dei debiti scaduti e non pagati risultanti dagli atti dell'istruttoria è inferiore a euro cinquantamila. Tale importo è periodicamente aggiornato con le modalità di cui all'articolo 2, comma 1, lettera d).

3. Quando la domanda è proposta da un creditore nei confronti di un debitore persona fisica non si fa luogo all'apertura della liquidazione controllata se l'OCC, su richiesta del debitore, attesta che non è possibile acquisire attivo da distribuire ai creditori neppure mediante l'esercizio di azioni giudiziarie. All'attestazione sono allegati i documenti di cui all'articolo 283, comma 3.

4. Non sono compresi nella liquidazione:

a) i crediti impignorabili ai sensi dell'articolo 545 del codice di procedura civile;

b) i crediti aventi carattere alimentare e di mantenimento, gli stipendi, le pensioni, i salari e ciò che il debitore guadagna con la sua attività nei limiti, indicati dal giudice, di quanto occorre al mantenimento suo e della sua famiglia;

c) i frutti derivanti dall'usufrutto legale sui beni dei figli, i beni costituiti in fondo patrimoniale e i frutti di essi, salvo quanto disposto dall'articolo 170 del codice civile;

d) le cose che non possono essere pignorate per disposizione di legge.

5. Il deposito della domanda sospende, ai soli effetti del concorso, il corso degli interessi convenzionali o legali fino alla chiusura della liquidazione, a meno che i crediti non siano garantiti da ipoteca, pegno o privilegio e salvo quanto previsto dagli articoli 2749, 2788 e 2855, secondo e terzo comma, del codice civile.

Francesco Accettella

Sommario: 1. Premessa. – 2. I presupposti. – 3. L'iniziativa e il tribunale competente. – 4. Le entità non comprese nella liquidazione e gli effetti del deposito della domanda sui crediti pecuniari.

1. – La liquidazione controllata, in un ideale parallelo con le procedure concorsuali maggiori, va accostata alla liquidazione giudiziale, rispetto alla quale presenta diversi profili di somiglianza[1]. Tra le due procedure, si dice nella Relazione illustrativa (art. 268), vi sarebbe addirittura un rapporto di «*equivalenza*», pur nell'ottica della semplificazione della liquidazione controllata, destinata, rispetto alla liquidazione giudiziale, ad affrontare la crisi di soggetti con patrimoni meno consistenti e condizioni economico-finanziarie meno complesse. Se si considera che analogo ragionamento può essere svolto con riguardo al concordato minore, a sua volta paragonabile al concordato preventivo, è allora possibile definire la procedura *ex* art. 268 ss. come una liquidazione giudiziale "minore"[2]. Questa prospettiva è del resto confermata anche dalla posizione, all'interno del Codice, delle dieci norme (artt. 268-277) che la disciplinano, non a caso collocate a chiusura del titolo V dedicato proprio alla «*liquidazione giudiziale*»[3].

Di fronte a questa impressione non convince ed anzi, per certi versi, stupisce l'assenza di un richiamo generale alle norme dettate per la liquidazione giudiziale in favore della scelta di replicare, volta per volta, le disposizioni di interesse o disporre singoli ed episodici rinvii[4]. E la scelta appare ancor meno comprensibile se la si contrappone a quella, diversa, effettuata con riguardo al concordato minore, la cui disciplina, ai sensi dell'art. 74, comma 4, è integrata mediante un generale rinvio – ove non diversamente previsto e previo vaglio di compatibilità – alle disposizioni di cui al capo III del titolo IV, riservate al concordato preventivo[5].

Da altro punto di vista, merita di essere rimarcata in premessa la circostanza che la procedura di liquidazione controllata, pur nuova nel *nomen juris*, non lo è del tutto nella disciplina. Trova infatti il suo antesignano nella l. n. 3 del 2012, come modificata dal d.l. n. 179 del 2012 (convertito dalla l. n. 221 del 2012), e nella procedura di liquidazione del patrimonio del debitore sovraindebitato ivi contemplata alla sezione II del capo II (art. 14-*ter* ss.). Si tratta più semplicemente, dunque, di una modifica della disciplina esistente[6]. La Relazione illustrativa al Codice (nel paragrafo dedicato alla «*procedura di sovrain-*

---

[1] Si tratta di un rilievo ricorrente in dottrina: cfr. CAMPOBASSO, *Dalla procedura*, 141; CATERINO, *La gestione/amministrazione*, 178; SCIUTO, *Il codice*, 343; DI MARZIO, *Obbligazione, insolvenza, impresa*, 118, per il quale le «tappe» della liquidazione controllata sono le medesime della liquidazione giudiziale; PANZANI, *Dal "fallimento"*, 1143; PARISI, *L'accertamento*, 1109; BENINCASA, *Le procedure*, 2044; SOLDATI, *Tutela del consumatore*, 71 e 164; NAPOLITANO, *La liquidazione*, 225; LAMANNA, *Il nuovo Codice*, 56, secondo cui l'utilizzo del termine «*controllata*» rievoca l'abrogata amministrazione controllata, con la quale la procedura ora in esame condivide il ruolo centrale «di un ausiliario di giustizia» rivestito dal liquidatore, nella liquidazione controllata, e dal commissario giudiziale, nell'amministrazione controllata; KELLER, DE CESARE, *Liquidazione*, 247; CECCHELLA, *Il diritto*, 495; NIGRO, VATTERMOLI, *Diritto della crisi*, 631. Per uno sguardo di insieme sulla procedura di liquidazione controllata sia consentito il rinvio ad ACCETTELLA, *La liquidazione*, 657 ss.

[2] In questi termini, per esempio, GRIECO, *Le procedure*, 176; NIGRO, VATTERMOLI, *Diritto della crisi*, 631.

[3] Discorre della liquidazione controllata come di una «modalità della liquidazione giudiziale», FAUCEGLIA, *Il nuovo diritto*, 86; di «"costola" della liquidazione giudiziale» scrive BARONCINI, *Le novità*, 403; da ultimi, v. MONTANARI, *Il codice*, 287 s., per il quale si tratta di una «sottospecie della liquidazione giudiziale»; RANA, *Il procedimento*, 77; in senso critico VATTERMOLI, *Contratti pendenti*, 595.

[4] Cfr. BENINCASA, *Le procedure*, 2044; LOLLI, PAOLUCCI, *Procedure di composizione*, 957 s.; NIGRO, VATTERMOLI, *Diritto della crisi*, 631.

[5] In tal senso NARDECCHIA, *Il nuovo codice*, 215 s. e LOLLI, PAOLUCCI, *Procedure di composizione*, 958.

[6] Cfr. LEUZZI, *La liquidazione*, 2 s.; nel senso che, stando alla legge delega, la modifica non avrebbe dovuto coinvolgere gli «aspetti strutturalmente determinanti dell'attuale disciplina», v. RICCIUTO, *Il sovraindebita-*

debitamento») dà conto delle ragioni che hanno giustificato la revisione della normativa dei «*procedimenti di composizione della crisi da sovraindebitamento e di liquidazione del patrimonio*». Innanzitutto, esse vanno colte in un'esigenza di armonizzazione e di coordinamento con le discipline previste per le diverse procedure di regolazione della crisi e dell'insolvenza, in un'ottica di sistematizzazione dell'intera materia e di creazione di un *corpus* normativo unitario, qual è il Codice. In secondo luogo, nella Relazione si dà atto della scarsa applicazione dei predetti istituti, frutto (anche) di un testo normativo considerato troppo complesso e confuso, dal che è conseguita l'esigenza di rendere la disciplina più semplice e chiara per gli operatori e la procedura più rapida[7].

2. – A differenza di quanto previsto in relazione al concordato minore, ove l'art. 74, comma 1, esclude «*il consumatore*», la procedura di liquidazione controllata, ai sensi del comma 1 della norma in commento, si riferisce in genere al «*debitore in stato di sovraindebitamento*».

La nozione di «*sovraindebitamento*» di cui all'art. 2, comma 1, lett. *c*), chiarisce non solo l'ambito oggettivo di applicazione della procedura, che è individuato nello «*stato di crisi o di insolvenza*»[8], ma altresì quello soggettivo, che comprende una serie di figure, quali il consumatore, il professionista, l'imprenditore minore, l'imprenditore agricolo e le *start-up* innovative (di cui al d.l. 18 ottobre 2012, n. 179, convertito, con modificazioni, dalla l. 17 dicembre 2012, n. 221)[9], oltre che, con formula residuale[10], «*ogni altro debitore non assoggettabile alla liquidazione giudiziale ovvero a liquidazione coatta amministrativa o ad altre procedure liquidatorie previste dal codice civile o da leggi speciali per il caso di crisi o insolvenza*». Di fronte al consumatore sovraindebitato la liquidazione controllata si presenta dunque come un'alternativa alla procedura di ristrutturazione dei debiti *ex* art. 67 ss., ma, per come è disciplinata, essa appare senza dubbio pensata per regolare le situazioni di sovraindebitamento più gravi.

Quanto al presupposto oggettivo, merita di essere evidenziata la circostanza che la

---

mento, 189; più in generale, con riferimento all'intera riforma, si esprime in termini di «semplice *novellazione*» e di «notevole *timidezza*» NIGRO, *I principi*, 14 s.

[7] Su tali esigenze v. DI MARZIO, *La riforma*, 105; RORDORF, *Prime osservazioni*, 132; PELLECCHIA, *La definizione*, 1138 s.; SCIUTO, *Il codice*, 341; BENINCASA, *Le procedure*, 2038 s.; per un giudizio negativo in merito alla disciplina della liquidazione del patrimonio di cui alla sez. II della l. n. 3 del 2012, cfr. COSTA, *Profili problematici*, 1325, il quale la giudicava «scarna» e «monca»; VATTERMOLI, *La disciplina*, 7 s.; CAMPOBASSO, *Dalla procedura*, cit., 155, il quale estende il giudizio negativo, per le medesime ragioni, anche al testo introdotto al riguardo dal Codice; DONZELLI, *Il procedimento*, 67.

[8] Sulle ambiguità che solleva la nozione di «*sovraindebitamento*» per via della sua mancanza di autonomia rispetto allo *stato di crisi o di insolvenza* cfr., per tutti, TERRANOVA, *Le procedure*, 21; DI MARZIO, *Obbligazione, insolvenza, impresa*, 98; esprime invece un giudizio positivo sulla scelta definitoria adottata dal Codice DELLE MONACHE, *Sovraindebitamento del "debitore*, 11 s.; sulla nozione in parola v. pure, in maniera diffusa e in prospettiva "storica", PELLECCHIA, *La definizione*, 1143 ss.; nonché SOLDATI, *Tutela del consumatore*, 130 ss.

[9] «Quand'anche fossero titolari di impresa commerciale non minore»: in questi termini SCIUTO, *Il codice*, 341.

[10] Ma priva, probabilmente, di «una reale efficacia euristica»: così NAPOLITANO, *La liquidazione*, 227; sul carattere *residuale* delle procedure da sovraindebitamento v., comunque, LEUZZI, *La liquidazione*, 12; SOLDATI, *Tutela*, 134 s.; in relazione alla l. n. 3 del 2012, FERRI *jr.*, *Sovraindebitamento, piccoli imprenditori*, 424; con specifico riguardo alla liquidazione controllata, v. infine il cenno di BONFANTE, *Il nuovo diritto*, 1946.

norma in commento – mediante il rinvio al concetto di sovraindebitamento – riferisce la procedura di liquidazione controllata non solo alle situazioni di vera e propria insolvenza, ma anche a quelle di semplice crisi. Se ci si fermasse alla lettura del comma 1, se ne dovrebbe senz'altro ricavare una distonia rispetto all'ambito oggettivo di applicazione della liquidazione giudiziale che, ai sensi dell'art. 121, è riservata agli imprenditori (commerciali) in stato di insolvenza. Proseguendo nella lettura della norma in commento, ci si avvede però del fatto che il comma 2 allude all'insolvenza come unico stato tale da consentire al creditore di attivare la procedura in discorso. Tramite questo appiglio, si potrebbe giungere a recuperare appieno il parallelo con la liquidazione giudiziale e a conservare l'impressione generale che il legislatore, nel disciplinare la liquidazione controllata, si sia ispirato alla prima [11].

Tuttavia, l'apparente contraddizione tra i due commi della norma in commento va risolta facendo prevalere il primo, specie a seguito delle modifiche apportate al comma 2 dall'art. 29, comma 1, d.lgs. 26 ottobre 2020, n. 147 (d'ora in avanti, anche "decreto correttivo") e dall'art. 33, comma 1, lett. *a*), d.lgs. 17 giugno 2022, n. 83 [12]. Si deve innanzitutto considerare l'inciso contenuto nella Relazione illustrativa (art. 268), secondo cui la procedura in discorso si rivolge al debitore in stato di crisi o di insolvenza (e, invero, analogo inciso è contenuto anche nel passaggio della Relazione *sub* art. 269). A ben vedere poi, l'attuale formulazione del comma 2 autorizza unicamente a considerare l'insolvenza come il solo stato che legittima il creditore (e non più, oggi, anche il pubblico ministero) ad attivarsi. Leggendo altresì il relativo passaggio della Relazione illustrativa al decreto correttivo se ne trae in effetti la conclusione che l'insolvenza non esaurisce il presupposto oggettivo della procedura in esame, quando l'iniziativa sia dello stesso debitore e non del creditore [13].

Nella norma in commento viene invece espunta la condizione di inammissibilità di cui all'art. 7, comma 2, lett. *b*), l. n. 3 del 2012, richiamata dall'art. 14-*ter*, comma 1, che poneva un limite temporale, pari a cinque anni, per la riproposizione della domanda, condizione di cui la legge delega (l. 19 ottobre 2017, n. 155), all'art. 9, comma 1, lett. *f*), sembrava esigere l'inserimento anche nel Codice. Da tale scelta si trae conferma della rinnovata veste della procedura, che, da strumento sostanzialmente a disposizione del debitore che intende accedere all'esdebitazione [14], diviene, più in generale, una possibile alternativa di

---

[11] Nel vigore della formulazione originaria dell'art. 268, prospettava una simile interpretazione CAMPOBASSO, *Dalla procedura*, 139 s., con particolare riguardo alla legittimazione dei creditori a presentare domanda di liquidazione controllata (e v., su questo specifico profilo, la modifica prevista dal decreto correttivo, segnalata di seguito nel testo); ritiene la questione dubbia DELLE MONACHE, *Sovraindebitamento del "debitore*, 13; secondo LEUZZI, *La liquidazione*, 27, è verosimile che la liquidazione controllata venga attivata in situazioni di insolvenza, dal momento che la procedura non si pone obiettivi di continuazione dell'attività del debitore ovvero di risanamento.

[12] Che attua nel nostro ordinamento la direttiva (UE) 2019/1023 (c.d. direttiva *Insolvency*).

[13] Cfr., per una simile conclusione, LAMANNA, GALLETTI, *Il primo Correttivo*, 181.

[14] Invero, ai sensi dell'art. 14-*quater*, l. n. 3 del 2012, ai creditori era concesso solo di avanzare istanza, nelle ipotesi patologiche ivi previste, per «la conversione della procedura di composizione della crisi di cui alla sezione prima in quella di liquidazione del patrimonio»: su questa fattispecie v., per tutti, PERRINO, *La "crisi"*, 1462 s. Nel Codice, la «*conversione in liquidazione controllata*» della procedura di ristrutturazione dei debiti o del concordato minore è regolata dalle disposizioni speculari contenute negli artt. 73 e 83.

soluzione della crisi da sovraindebitamento, attivabile – come si darà conto subito appresso – anche dai creditori [15].

3. – Ferma la legittimazione del debitore a presentare domanda di apertura di una procedura di liquidazione controllata dei propri beni, già prevista dalla l. n. 3 del 2012, l'art. 268 allarga le maglie dei soggetti cui compete l'iniziativa. In linea con quanto previsto dalla legge delega, all'art. 9, comma 1, lett. *h*), e con la – già segnalata – rinnovata funzione della procedura, il comma 2 della norma in commento consente, in un'ottica di rivitalizzazione dell'istituto, l'iniziativa del (singolo) creditore [16].

Per effetto dell'ultima modifica apportata dal citato art. 33, comma 1, lett. *a*), d.lgs. 17 giugno 2022, n. 83, è stata invece eliminata l'iniziativa del pubblico ministero, peraltro limitata originariamente all'ipotesi in cui l'insolvenza riguardasse un imprenditore. Si tratta di una modifica tesa a valorizzare gli interessi privatistici a scapito di quelli pubblicistici, laddove la crisi (o meglio l'insolvenza) riguardi imprese di piccole dimensioni [17].

Peraltro, debitore e creditore non sono sullo stesso piano sul fronte della legittimazione a presentare un ricorso al tribunale contenente la domanda di liquidazione controllata. Lo dimostra già il fatto che l'iniziativa del debitore è prevista nel comma 1, mentre quella del creditore nel comma 2. Inoltre, mentre per il debitore la norma nulla dice, per il creditore contiene due precisazioni volte, rispettivamente, ad estendere e a restringere la sua legittimazione.

Quanto alla prima, si afferma che il creditore può presentare la domanda «*anche in pendenza di procedure esecutive individuali*». Alla luce della predetta formulazione, ribadita nella Relazione illustrativa (art. 268), è da respingere l'interpretazione – avanzata da alcuni dei primi commentatori [18] –, in base alla quale l'iniziativa dei creditori sarebbe condizionata alla pendenza a carico del debitore di procedure esecutive individuali. Una simile interpretazione, oltre ad essere palesemente contraria al dato testuale in virtù della presenza della congiunzione «*anche*», comporterebbe un inutile restringimento nell'applicazione

---

[15] In tal senso CAMPOBASSO, *Dalla procedura*, 138; VATTERMOLI, *La disciplina*, 13; D'AMICO, *Il sovraindebitamento*, 328; NAPOLITANO, *La liquidazione*, 238 e 244 s.; cfr. pure DI MARZIO, *La riforma*, 116; DELLE MONACHE, *Sovraindebitamento del "debitore*, 13; BIFERALI, *Credito al consumo*, 199; BENINCASA, *Le procedure*, 2045; KELLER, DE CESARE, *Liquidazione controllata*, 254; NIGRO, VATTERMOLI, *Diritto della crisi*, 632; CRIVELLI, *Principali aspetti*, 886; FERRARO, *La liquidazione*, 171; in termini dubitativi, v. il cenno di BASSI, *I presupposti*, 1948.

[16] Di «novità [...] dirompente» discorre D'ORAZIO, *Il sovraindebitamento*, 707 s.

[17] In tal senso, nella Relazione illustrativa al decreto richiamato nel testo si legge che la modifica in discorso «*rappresenta un intervento di semplificazione e coordinamento che intende privilegiare la soluzione stragiudiziale della crisi delle imprese di minori dimensioni, sul presupposto del minore impatto che l'insolvenza di tali imprese produce sul mercato di riferimento e sul sistema economico in generale. Gli effetti distorsivi sulla concorrenza prodotti dalle imprese in sovraindebitamento sono infatti minori rispetto a quelli delle attività produttive più grandi che, se restano sul mercato in stato di insolvenza, potenzialmente pregiudicano un numero maggiore di soggetti economici che con essi interagiscono oppure operano in concorrenza*»; in dottrina v. RANA, *Il procedimento*, 79 e nt. 5.

[18] Cfr., per esempio, GIORGETTI, *La liquidazione*; LEUZZI, *La liquidazione*, 10; GRIECO, *Le procedure*, 170; KELLER, DE CESARE, *Liquidazione controllata*, 247; BARONCINI, *Le novità*, 413 e 425; sembrerebbe pure BENINCASA, *Le procedure*, 2045.

della norma e, per tale via, la frustrazione del criterio direttivo di cui alla legge delega (art. 9, comma 1, lett. *b*), che non a caso presenta la stessa formulazione del decreto delegato («*riconoscere l'iniziativa per l'apertura delle soluzioni liquidatorie,* anche in pendenza di procedure esecutive individuali, *ai creditori*», enfasi aggiunta). Di converso, l'inciso in esame appare finalizzato ad estendere la legittimazione dei creditori o, meglio, a fugare i dubbi in merito alla circostanza che essi siano legittimati a intraprendere l'iniziativa *anche* in presenza di procedure esecutive individuali già avviate[19].

Con il decreto correttivo, e la riformulazione del comma 2 dell'art. 268, si introduce un ulteriore inciso volto a limitare la legittimazione attiva del creditore al caso in cui il debitore versi in stato di insolvenza. In questa modifica si coglie l'ottica del legislatore, in base alla quale l'iniziativa del creditore, a differenza di quella del debitore, va limitata a quelle ipotesi nelle quali maggiore è la gravità della situazione di crisi in cui quest'ultimo versa[20].

Lo stesso intervento di modifica legislativa appena citato restringe poi ulteriormente il successo dell'iniziativa del creditore, perché – in linea con la regola dettata dall'art. 49, comma 5, per la liquidazione giudiziale – pone una soglia di significatività per «*l'ammontare dei debiti scaduti e non pagati risultanti dagli atti dell'istruttoria*», pari (oggi) a euro cinquantamila [in luogo di quella di euro ventimila, prevista prima dell'ultima modifica ad opera dell'art. 33, comma 1, lett. *b*), d.lgs. 17 giugno 2022, n. 83], al di sotto della quale non si procede all'apertura della liquidazione controllata. A differenza di quanto potrebbe sostenersi con riferimento all'art. 49, comma 5, nella liquidazione controllata non si è di fronte a un vero e proprio presupposto della procedura, dal momento che la predetta condizione rileva unicamente se l'iniziativa proviene da un creditore nei confronti di un debitore in stato di insolvenza. E un analogo giudizio potrebbe essere espresso in merito al comma 3 dell'art. 268 *post* correttivo – introdotto *ex novo* – che preclude l'apertura della liquidazione controllata, ma questa volta solo «*quando la domanda è proposta da un creditore nei confronti di un debitore persona fisica*», «*se l'OCC, su richiesta del debitore, attesta che non è possibile acquisire attivo da distribuire ai creditori neppure mediante l'esercizio di azioni giudiziarie*». Attesta cioè la palese insufficienza dell'attivo, mediante un giudizio prognostico che tenga conto anche degli esiti delle azioni volte a reintegrarlo. Stando alla Relazione illustrativa al decreto correttivo, questa previsione si ispirerebbe all'art. 209 che, nell'ambito della liquidazione giudiziale, consente al tribunale, su istanza del curatore, di disporre il «*non farsi luogo al procedimento di accertamento del passivo relativamente ai crediti concorsuali*», qualora si preveda un insufficiente realizzo (comma 1), con la significativa differenza però che, nella liquidazione controllata, la valutazione dell'OCC (anziché del curatore) è anticipata alla fase istruttoria che precede l'apertura della procedura, con tutte le difficoltà che derivano dal dover effettuare già allora un giudizio prospettico di realizzo dell'attivo.

---

[19] In tal senso LAMANNA, *Il nuovo Codice*, 57; cfr. pure D'ORAZIO, *Il sovraindebitamento*, 708; NARDECCHIA, *Il nuovo codice*, 216; LOLLI, PAOLUCCI, *Procedure di composizione*, 953, nt. 53; DE MATTEIS, *La liquidazione*, 353; RANA, *Il procedimento*, 80 s.

[20] Al riguardo v. LAMANNA, GALLETTI, *Il primo Correttivo*, 182, per i quali la legittimazione attiva dei creditori (in maniera non dissimile da quella del P.M., originariamente prevista) presenterebbe «carattere straordinario».

Ne risulta un quadro nel quale – pur nell'intento di evitare l'apertura di procedure (liquidatorie) antieconomiche e il conseguente intasamento del sistema giudiziario[21] – l'iniziativa del creditore e il suo successo sono fortemente ridimensionati rispetto all'idea originaria del legislatore del Codice.

In merito alla competenza, si segue la regola generale dell'art. 27, comma 2, richiamata dal comma 1 della norma in commento, in base alla quale «*è competente il tribunale nel cui circondario il debitore ha il centro degli interessi principali*». Si dà dunque attuazione, anche per la liquidazione controllata, al principio generale, contenuto nell'art. 2, comma 1, lett. *f*), legge delega, che richiedeva di «*recepire, ai fini della disciplina della competenza territoriale, la nozione di "centro degli interessi principali del debitore" definita dall'ordinamento dell'Unione europea*».

Sebbene il richiamo sia limitato al comma 2 dell'art. 27, esso sembra da estendere al collegato comma 3, che contiene dei precetti per l'individuazione *presuntiva* del «*centro degli interessi principali del debitore*».

4. – I commi 3 e 4 della norma in commento, dedicati, rispettivamente, alle entità non comprese nella liquidazione e agli effetti della domanda di liquidazione sui crediti pecuniari, confermano la natura ambivalente della disciplina dettata per la liquidazione controllata. Tali commi, infatti, da un lato, riprendono regole analoghe dettate, per la liquidazione giudiziale, rispettivamente dall'art. 146 in tema di «*beni non compresi nella liquidazione giudiziale*» e dal comma 1 dell'art. 154 (la cui rubrica è per l'appunto *crediti pecuniari*). Dall'altro lato, riproducono testualmente due previsioni già contenute nell'art. 14-*ter*, l. n. 3 del 2012 (rispettivamente, ai commi 6 e 7), che in questo caso appaiono essere i riferimenti più immediati delle stesse.

Prendendo avvio dalle entità non liquidabili, la regola è volta, anche per ragioni legate alla dignità della persona e al valore della famiglia, a individuare una serie di crediti e di beni che si ritiene non opportuno includere nella liquidazione controllata e, dunque, non destinati alla soddisfazione dei creditori concorsuali. Rispetto ai «*crediti aventi carattere alimentare e di mantenimento, gli stipendi, le pensioni, i salari e ciò che il debitore guadagna con la sua attività*», la norma del Codice – riprendendo l'inciso contenuto nell'art. 14-*ter*, comma 6, lett. *b*), l. n. 3 del 2012[22] – precisa che i «*limiti [...] di quanto occorre al mantenimento suo e della sua famiglia*», entro in quali è circoscritta l'esclusione dalla liquidazione, sono «*indicati dal giudice*»[23].

Per quanto concerne gli effetti della domanda di liquidazione controllata sui crediti pecuniari, in linea con la corrispondente previsione contemplata nell'ambito della disci-

[21] Con riferimento all'impostazione adottata dall'art. 268 pre-correttivo, v. le perplessità manifestate da PANZANI, *Dal "fallimento"*, 1143.

[22] E v., infatti, FRASCAROLI SANTI, *Procedimenti*, 580.

[23] Sul punto v. BIFERALI, *Credito al consumo*, 203 s., la quale ipotizza che il giudice possa adottare quale riferimento la misura fissata dall'art. 283, comma 2 (in tema di sopravvenienza di *utilità rilevanti* in caso di esdebitazione), utilizzandola come soglia minima ed eventualmente aumentandola; cfr. pure SOLDATI, *Tutela del consumatore*, 165, nt. 55; e v. NAPOLITANO, *La liquidazione*, 239, per il rilievo che, in mancanza del provvedimento del giudice (sollecitato dall'OCC ovvero dal liquidatore, se nominato), le somme in questione «si presumono tutte destinate al mantenimento del debitore e della sua famiglia».

plina della liquidazione giudiziale dall'art. 154, comma 1, e fatte salve alcune lievi differenze di formulazione, l'ultimo comma dell'art. 268 dispone la sospensione, «*ai soli effetti del concorso*»[24], del corso degli interessi sia convenzionali che legali fino alla chiusura della procedura, a meno che non si tratti di crediti garantiti da pegno, ipoteca o privilegio. Tuttavia, diverso nei due casi è il *dies a quo* per la decorrenza della sospensione che, nel caso della liquidazione controllata, è anticipato – rispetto a quello individuato dall'art. 154, comma 1, nella dichiarazione di apertura della liquidazione giudiziale – al momento del deposito della domanda[25]. Da questo punto di vista, dunque, la disposizione in commento – onde evitare un aggravamento della situazione di sovraindebitamento del debitore nelle more dell'apertura della procedura – dimentica la peculiare natura liquidatoria della liquidazione controllata per allinearsi alla regola propria delle procedure di composizione della crisi da sovraindebitamento, di cui all'art. 68, comma 5, con riguardo alla procedura di ristrutturazione dei debiti, e all'art. 76, comma 5, in relazione al concordato minore[26].

[24] Per i dubbi interpretativi che solleva tale inciso nell'ambito delle procedure di composizione della crisi da sovraindebitamento – ma con considerazioni estensibili alla liquidazione controllata – v., prima dell'emanazione del Codice, COSTA, *Profili problematici*, 1317; sul punto cfr. pure D'AIELLO, *Gli effetti*, 640 s.

[25] Discorre di «una sorta di effetto prenotativo» LAMANNA, *Il nuovo Codice*, 63.

[26] Su questa linea cfr. BIFERALI, *Credito al consumo*, 201.

Articolo 269
Domanda del debitore

1. Il ricorso può essere presentato personalmente dal debitore, con l'assistenza dell'OCC.

2. Al ricorso deve essere allegata una relazione, redatta dall'OCC, che esponga una valutazione sulla completezza e l'attendibilità della documentazione depositata a corredo della domanda e che illustri la situazione economica, patrimoniale e finanziaria del debitore.

3. L'OCC, entro sette giorni dal conferimento dell'incarico da parte del debitore, ne dà notizia all'agente della riscossione e agli uffici fiscali, anche degli enti locali, competenti sulla base dell'ultimo domicilio fiscale dell'istante.

Francesco Accettella

Sommario: 1. La non obbligatorietà del patrocinio legale. – 2. I compiti dell'OCC. – 3. La documentazione da produrre in allegato al ricorso.

1. – Una particolarità per quanto concerne la presentazione della domanda di apertura della procedura di liquidazione controllata rispetto alla domanda di accesso alla procedura (maggiore) di liquidazione giudiziale va colta nella circostanza che il ricorso può essere presentato dal debitore «*personalmente*», cioè senza avvalersi dell'assistenza di un difensore. Si tratta dunque di uno di quei casi ove, ai sensi dell'art. 9, comma 2, è «*previsto altrimenti*» rispetto alla regola generale che prescrive, nelle procedure disciplinate dal Codice, l'obbligo del patrocinio legale. La regola è ribadita invece, per quanto concerne la liquidazione giudiziale, dal comma 2 dell'art. 40, che impone la sottoscrizione del ricorso da parte del «*difensore munito di procura*».

La diversa scelta del legislatore è in questo caso consapevole, come si evince dalla Relazione illustrativa al Codice, e si spiega nell'ottica della semplificazione della procedura, nonché dell'esigenza che il debitore (specie il consumatore) non sia gravato di costi eccessivi, che possano scoraggiarlo dal tentare una soluzione alla propria crisi del tipo di quella in esame.

2. – Alla mancata obbligatorietà dell'assistenza di un difensore fa da contraltare l'intervento dell'OCC, a fianco del debitore, ai fini della presentazione del ricorso. Tuttavia, sulla base del tenore letterale del comma 1 della norma in commento e della stessa esigenza di semplificazione e di contenimento dei costi sopra richiamata, si deve ritenere che l'assistenza dell'OCC nella presentazione del ricorso non sia necessaria qualora il debitore decida comunque di avvalersi del patrocinio di un difensore[1].

In realtà, l'OCC non si limita ad assistere il debitore nella presentazione della domanda, come recita il comma 1 della norma in commento. Un intervento di questo tipo – come detto – potrebbe anche non essere necessario nell'ottica del debitore che vuole accedere alla procedura. L'intervento dell'OCC è invece in ogni caso obbligatorio, se si considera la previsione del comma 2, ai sensi del quale all'organismo è richiesta – questa volta a favore del tribunale e, indirettamente, degli stessi creditori – la redazione di una relazione dal duplice contenuto. Essa deve innanzitutto includere una «*valutazione*» sul fatto che i documenti presentati dal debitore a corredo della domanda siano *completi* e *attendibili*. In secondo luogo, la relazione deve illustrare «*la situazione economica, patrimoniale e finanziaria del debitore*».

Solo in parte il contenuto della relazione rispecchia quello ben più analitico delineato sia dall'art. 14-*ter*, comma 3, l. n. 3 del 2012, che richiede non a caso una «*relazione particolareggiata*» volta soprattutto a dar conto della meritevolezza del debitore, sia dall'art. 76, comma 2, con riferimento ad analoga relazione che lo stesso OCC deve predisporre in occasione di una domanda di accesso alla procedura di concordato minore. Qualche elemento in più in merito al contenuto della relazione di cui alla norma in commento è offerto dalla Relazione illustrativa, che chiarisce come la descrizione della «*situazione economico finanziaria del debitore*» deve far emergere «*la sussistenza dello stato di crisi o insolvenza*». Se ne desume che è compito dell'OCC illustrare la ricorrenza del presupposto oggettivo della liquidazione controllata.

Il ruolo dell'OCC è dunque ambivalente. Per un verso, esso si trova a fianco del debitore nella predisposizione del ricorso, per altro verso esso funge, a supporto del giudice e a beneficio dei creditori, da garante delle informazioni contenute nella documentazione prodotta dal debitore, da interprete della situazione (di crisi) in cui quest'ultimo versa e, di regola, ai sensi dell'art. 270, comma 2, lett. *b*), pure da liquidatore del suo patrimonio. Una serie di ruoli tale da riproporre, anche nella disciplina del Codice, la problematica dell'immanente conflitto di interessi nel quale l'OCC inevitabilmente è destinato a districarsi[2].

Completa il novero degli adempimenti richiesti all'OCC l'obbligo di dare notizia del conferimento dell'incarico, entro sette giorni dallo stesso, «*all'agente della riscossione e agli uffici fiscali, anche degli enti locali, competenti sulla base dell'ultimo domicilio fiscale dell'istante*», in modo da coinvolgerli in vista di una loro partecipazione alla futura (ma non ancora certa) procedura. Viene dunque riproposta la previsione già contenuta nell'art. 14-*ter*, comma 4, l. n. 3 del 2012, pur con la differenza che, stando a quest'ultima norma, all'OCC sono concessi tre giorni di tempo, dal momento in cui ha ricevuto la richiesta di predi-

---

[1] Cfr. NAPOLITANO, *La liquidazione*, 241.

[2] Prima dell'emanazione del Codice e con discorso riferito in generale alle procedure di composizione della crisi da sovraindebitamento, cfr. *ex multis* FABIANI, *Crescita economica*, 455; RISPOLI FARINA, *I rimedi*, 291; FRASCAROLI SANTI, *Procedimenti di composizione*, 583 s.; COSTA, *Profili problematici*, 1320 s.; GIANNELLI, *Il procedimento*, 1351; PISANI MASSAMORMILE, *Una legge*, 195 ss.; PANZANI, *L'esdebitazione*, 698 s. e 732 s.; con riferimento al Codice v. NIGRO, VATTERMOLI, *Diritto della crisi*, 609 ss.

sporre la relazione, per adempiere all'obbligo di comunicazione[3]. In dottrina si è invece lamentata la mancanza, tra i soggetti destinatari della notizia, degli enti contributivi e previdenziali, che pure avrebbero interesse a conoscere per tempo la prossima apertura di una procedura di liquidazione controllata a carico di un debitore sovraindebitato[4].

3. – La norma in commento si limita a prescrivere che debba essere presentato un ricorso, al quale va allegata la relazione predisposta dall'OCC. Tuttavia, già da una rapida lettura del comma 2 si può implicitamente dedurre che il debitore, il quale chiede l'accesso a una procedura di liquidazione controllata, non possa limitarsi a produrre il ricorso e la relazione, ma debba altresì depositare ulteriore documentazione. Lo si ricava dall'oggetto della valutazione dell'OCC contenuta nell'apposita relazione, rappresentato anche dalla «*completezza e [dal]l'attendibilità della documentazione depositata a corredo della domanda*». Dunque, la norma dà per presupposto che tale documentazione vi sia, pur non indicandola e non prescrivendone il deposito.

Diversamente l'art. 14-*ter*, l. n. 3 del 2012 richiede al comma 2 che la domanda di liquidazione sia corredata della documentazione di cui all'art. 9, commi 2 e 3, ovvero dell'elenco dei creditori (e delle somme loro dovute), dell'elenco dei beni del debitore (e degli eventuali atti di disposizione relativi agli ultimi cinque anni), delle dichiarazioni dei redditi dell'ultimo triennio, dell'elenco delle spese correnti destinate al sostentamento del debitore e della sua famiglia, nonché – se il debitore svolge attività d'impresa – delle scritture contabili degli ultimi tre esercizi (con dichiarazione di conformità all'originale). A rinforzare tale prescrizione è poi previsto al comma 5 che, «*se la documentazione prodotta non consente di ricostruire compiutamente la situazione economica e patrimoniale del debitore*», la domanda di accesso alla liquidazione deve essere dichiarata inammissibile.

A fronte del silenzio della norma in commento, in dottrina v'è chi ha proposto di rimettere all'OCC la selezione dei documenti da produrre a cura del debitore in allegato al ricorso, con l'effetto insoddisfacente di affidare all'OCC la valutazione di completezza di una documentazione che lo stesso Organismo ha richiesto al debitore, oltre che, più in generale, di privarlo anche di una minima autonomia rispetto a quest'ultimo[5]. Neppure si può ritenere che, a fronte di carenze anche gravi nella documentazione presentata dal debitore, il tribunale debba comunque giungere a dichiarare, con sentenza, l'apertura della liquidazione controllata[6]. Se si ragionasse in questi termini, si dimenticherebbe che il tribunale, al fine di pervenire alla dichiarazione di apertura della procedura, ai sensi dell'art.

---

[3] Per un giudizio negativo in merito a un simile adempimento, reputato *inopportuno*, oltre che *inutile* e *intempestivo*, v. Di Girolamo, *La liquidazione*, 122 s. e nt. 22; cfr. pure Pisani Massamormile, *Una legge*, 198 s.

[4] Così Napolitano, *La liquidazione*, 243, il quale giudica la mancata inclusione di tali enti e delle loro dipendenze inopportuna.

[5] È la tesi sostenuta da Napolitano, *La liquidazione*, 243, il quale ne riconosce anche l'effetto segnalato nel testo.

[6] Come, invece, sembra sostenere Grieco, *Le procedure*, 171, sulla base del rilievo che la procedura in esame coinvolge l'intero patrimonio del debitore; per una fattispecie nella quale è stata dichiarata l'apertura della procedura di liquidazione ai sensi dell'art. 14 *quinquies*, l. n. 3 del 2012 in assenza dell'allegazione, da parte del debitore, dell'inventario di tutti i suoi beni, v. comunque Trib. Ivrea, 8 novembre 2019, in *tribunaleivrea.it*.

270, comma 1, ne deve verificare i presupposti e che questi (si pensi alla situazione di sovraindebitamento o ai requisiti dell'impresa minore) non possono essere accertati prescindendo dalla relazione dell'OCC e dalla documentazione accluse al ricorso [7], come la norma appena richiamata sembra indicare. Si giungerebbe poi, all'esito paradossale di aprire una procedura su istanza di un soggetto (il debitore), che non fornisce gli elementi di prova necessari al giudice per poterla accogliere e al quale, allo stesso tempo, si concede la possibilità di accedere al beneficio dell'esdebitazione. D'altra parte, non va dimenticato che, ai sensi dell'art. 77, comma 1, la domanda di concordato minore è considerata inammissibile – in linea con il disposto di cui all'art. 14-*ter*, comma 5, l. n. 3 del 2012 – se manca la documentazione richiesta in allegato alla domanda.

Per risolvere la questione e sopperire all'ermetismo della norma in commento può venire tuttavia in aiuto la previsione generale dell'art. 39, contenuta nel titolo III relativo agli «*strumenti di regolazione della crisi e dell'insolvenza*» e in particolare nella sezione I del capo IV, dedicata all'*iniziativa per l'accesso* a tali strumenti. Invero, in materia di liquidazione controllata, un richiamo al predetto titolo e, in particolare, al «*procedimento unitario*» ivi regolato v'è, seppur collocato fuori posto, e cioè a chiusura del comma 5 dell'art. 270, che propriamente disciplina gli effetti dell'apertura della liquidazione controllata. Né sembra che vi siano argomenti insuperabili – anche alla luce della previsione dell'art. 65, comma 2 [8] – per escludere da un simile richiamo le norme relative all'*iniziativa per l'accesso alle procedure di regolazione della crisi o dell'insolvenza* (art. 37 ss.), segnando un'inutile cesura all'interno del titolo III (richiamato nella sua interezza) tra queste e quelle successive, riferite nello specifico al *procedimento unitario per l'accesso alle procedure di regolazione della crisi o dell'insolvenza* [9]. In ogni caso, la norma generale non può non applicarsi al caso di specie per colmare quella che è un'evidente lacuna, ovvero un'ipotesi non specificamente regolata [10]. Ovviamente, anche alla luce del vaglio di compatibilità richiesto dall'art. 270, comma 5, se ne richiede un adattamento, se non altro in tutti quei casi nei quali la domanda di accesso alla procedura di liquidazione controllata proviene da un soggetto che non svolge attività d'impresa. Dunque, al debitore che chiede l'accesso alla procedura in questione è richiesto il deposito quantomeno delle dichiarazioni dei redditi relative all'ultimo triennio, dello stato delle sue attività, dell'elenco dei creditori e dei rispettivi crediti (con le eventuali cause di prelazione), nonché dell'elenco di coloro che

---

[7] Cfr. LAMANNA, *Il nuovo Codice*, 59.

[8] Per l'attinenza della norma alle *procedure di sovraindebitamento* in genere v. VATTERMOLI, *La disciplina*, 12; nonché CRIVELLI, *Principali aspetti*, 886 s.

[9] Delle seconde, peraltro, in dottrina è stata sostenuta l'applicazione alla liquidazione controllata, anche a prescindere da un espresso richiamo, in virtù delle forti analogie che la procedura presenta con la liquidazione giudiziale: così MONTANARI, *Il codice*, 287 s.; in relazione al tema dell'applicabilità di norme dettate per le «procedure maggiori» a «quelle minori» v. anche il cenno di PASQUARIELLO, *Le procedure*, 60.

[10] Per l'applicazione dell'art. 39 al caso di specie v. CAMPOBASSO, *Dalla procedura*, 140; nello stesso senso BIFERALI, *Credito al consumo*, 200 e nt. 37, la quale ipotizza, in subordine a un'applicazione della norma in via diretta, il ricorso al criterio dell'analogia; NIGRO, VATTERMOLI, *Diritto della crisi*, 634; da ultimo v. anche RANA, *Il procedimento*, 83 s.; in giurisprudenza cfr. Trib. Verona, 20 settembre 2022, in *Fallimento*, 2022, 1618; ritiene, invece, che debba farsi rinvio all'art. 67, comma 2, che disciplina la documentazione da presentare a corredo della domanda di accesso alla procedura di ristrutturazione dei debiti, CECCHELLA, *Il diritto*, 496.

vantano diritti (reali e personali) su cose in suo possesso, mentre la «*relazione sulla situazione economica, patrimoniale e finanziaria*» del debitore (pure richiesta dall'art. 39) è qui assorbita da quella redatta dall'OCC ai sensi dell'art. 269, comma 2. Se poi svolge attività d'impresa, il debitore sarà tenuto a depositare, ove presenti, anche le scritture contabili e fiscali obbligatorie e i bilanci relativi agli ultimi tre esercizi [11].

[11] Nonché, alla luce del decreto correttivo (art. 7, comma 2) che riscrive l'art. 39, comma 1, «*le dichiarazioni IRAP e le dichiarazioni annuali IVA*», sempre relative al triennio. La norma revisionata impone altresì al debitore di depositare «*un'idonea certificazione*» *in relazione ai propri debiti fiscali, contributivi e assicurativi*.

Articolo 270
Apertura della liquidazione controllata

1. Il tribunale, in assenza di domande di accesso alle procedure di cui al titolo IV e verificati i presupposti di cui agli articoli 268 e 269, dichiara con sentenza l'apertura della liquidazione controllata. La sentenza produce i suoi effetti anche nei confronti dei soci illimitatamente responsabili. Si applica, in quanto compatibile, l'articolo 256.

2. Con la sentenza il tribunale:

a) nomina il giudice delegato;

b) nomina il liquidatore, confermando, in caso di domanda presentata dal debitore, l'OCC di cui all'articolo 269 o, per giustificati motivi, scegliendolo nell'elenco dei gestori della crisi di cui al decreto del Ministro della giustizia 24 settembre 2014, n. 202. In questo ultimo caso la scelta è effettuata di regola tra i gestori residenti nel circondario del tribunale competente e l'eventuale deroga deve essere espressamente motivata e comunicata al presidente del tribunale;

c) ordina al debitore il deposito entro sette giorni dei bilanci e delle scritture contabili e fiscali obbligatorie, nonché dell'elenco dei creditori;

d) assegna ai terzi che vantano diritti sui beni del debitore e ai creditori risultanti dall'elenco depositato un termine non superiore a sessanta giorni entro il quale, a pena di inammissibilità, devono trasmettere al liquidatore, a mezzo posta elettronica certificata, la domanda di restituzione, di rivendicazione o di ammissione al passivo, predisposta ai sensi dell'articolo 201; si applica l'articolo 10, comma 3;

e) ordina la consegna o il rilascio dei beni facenti parte del patrimonio di liquidazione, salvo che non ritenga, in presenza di gravi e specifiche ragioni, di autorizzare il debitore o il terzo a utilizzare alcuni di essi. Il provvedimento è titolo esecutivo ed è posto in esecuzione a cura del liquidatore;

f) dispone l'inserimento della sentenza nel sito internet del tribunale o del Ministero della giustizia. Nel caso in cui il debitore svolga attività d'impresa, la pubblicazione è altresì effettuata presso il registro delle imprese;

g) ordina, quando vi sono beni immobili o beni mobili registrati, la trascrizione della sentenza presso gli uffici competenti.

3. Al liquidatore nominato dal tribunale ai sensi del comma 2, lettera b), seconda parte, si applicano gli articoli 35, comma 4-bis, 35.1 e 35.2 del decreto legislativo 6 settembre 2011, n. 159.

4. Gli adempimenti di cui al comma 2, lettere f) e g), sono eseguiti a cura del liquidatore; la sentenza è notificata al debitore, ai creditori e ai titolari di diritti sui beni oggetto di liquidazione.

Si applicano l'articolo 143 in quanto compatibile e gli articoli 150 e 151; per i casi non regolati dal presente capo si applicano altresì, in quanto compatibili, le disposizioni sul procedimento unitario di cui al titolo III.

6. Se un contratto è ancora ineseguito o non compiutamente eseguito nelle prestazioni principali da entrambe le parti al momento in cui è aperta la procedura di liquidazione controllata, l'esecuzione del contratto rimane sospesa fino a quando il liquidatore, sentito il debitore, dichiara di subentrare nel contratto in luogo del predetto debitore, assumendo, a decorrere dalla data del subentro, tutti i relativi obblighi, ovvero di sciogliersi dal medesimo salvo che, nei contratti ad effetti reali, sia già avvenuto il trasferimento del diritto. Il contraente può mettere in mora il liquidatore, facendogli assegnare dal giudice delegato un termine non superiore a sessanta giorni, decorso il quale il contratto si intende sciolto. In caso di prosecuzione del contratto, sono prededucibili soltanto i crediti maturati nel corso della procedura. In caso di scioglimento del contratto, il contraente ha diritto di far valere nel passivo della liquidazione controllata il credito conseguente al mancato adempimento, senza che gli sia dovuto risarcimento del danno.

Francesco Accettella

Sommario: 1. La composizione del tribunale. – 2. Le condizioni di apertura. – 3. Il contenuto della sentenza. – 4. Gli effetti dell'apertura.

1. – La procedura di liquidazione controllata segue uno schema che ricalca quello della liquidazione giudiziale, a cominciare dalla fase di apertura disciplinata dalla norma in commento. Le difformità più significative si spiegano unicamente in virtù delle esigenze di semplificazione e di rapidità che animano la prima procedura rispetto alla seconda.

A differenza del procedimento di ristrutturazione dei debiti e di quello di concordato minore, che, ai sensi, rispettivamente, degli art. 67, ult. comma, e 76, ult. comma, si svolgono «*dinanzi al tribunale in composizione monocratica*», nella liquidazione controllata non si rinviene un'analoga previsione né vi è un richiamo alle norme citate. Deve dunque ritenersi che si applichi la regola generale di cui all'art. 40, comma 1, in base alla quale «*il procedimento per l'accesso agli strumenti di regolazione della crisi e dell'insolvenza e alla liquidazione giudiziale si svolge dinanzi al tribunale in composizione collegiale*».

2. – Il comma 1 della norma in commento precisa che il tribunale, oltre a verificare i «*presupposti*» (ma sarebbe stato più corretto dire le *condizioni*) di cui alle due norme precedenti (artt. 268 e 269), deve accertare, prima di procedere a dichiarare l'apertura della procedura, l'«*assenza di domande di accesso alle procedure di cui al titolo IV*». Se ne deve desumere che il tribunale può dichiarare l'apertura della liquidazione controllata solo qualora non siano state presentate e non siano pendenti domande di accesso ad altre procedure di *regolazione della crisi*. Tuttavia, sarebbe errato pensare che il criterio prescelto sia quello temporale, in base al quale la presentazione di una domanda di accesso a una *qualunque* procedura precluderebbe l'apertura di una diversa procedura. Che tale convincimento sia errato lo si ricava dalla successiva norma dell'art. 271, al cui commento si rinvia.

La formula utilizzata dalla legge che richiama genericamente «*le procedure di cui al titolo IV*» pone qualche problema interpretativo, dal momento che il titolo IV contempla molteplici «*strumenti di regolazione della crisi*». In realtà, deve ritenersi che la norma in commento, nel menzionare le «*procedure di cui al titolo IV*», abbia voluto fare riferimento fondamentalmente – anche per ragioni di coerenza con quanto prevede l'art. 271 in relazione a un'ipotesi speculare – alle *procedure di composizione delle crisi da sovraindebitamento* nelle due forme della «*procedura di ristrutturazione dei debiti*» (art. 67 ss.) e del «*concordato minore*» (art. 74 ss.)[1], oltre che, per un piccolo profilo di sovrapposizione, agli «*accordi di ristrutturazione dei debiti*» (art. 57 ss.). A questa conclusione si arriva sulla base di una serie di argomenti, nonché di una notazione generale secondo cui solo le *procedure di composizione delle crisi da sovraindebitamento* – oltre alla liquidazione controllata, ora in esame – sono specificamente dedicate, ai sensi dell'art. 65, comma 1, a regolare la crisi del debitore sovraindebitato e pongono dunque un problema di rapporti tra procedure.

Gli argomenti a sostegno di questa conclusione sono diversi a seconda dello specifico «*strumento di regolazione della crisi*». Così, per il piano attestato di risanamento (art. 56), è decisiva l'assenza di una vera e propria domanda di accesso. È l'"imprenditore" (e, dunque, non il consumatore o il professionista), ai sensi dell'art. 56, a predisporre *unilateralmente* un piano di risanamento della propria esposizione debitoria e di riequilibrio della propria situazione economico finanziaria e a chiedere, eventualmente, che lo stesso sia pubblicato nel registro delle imprese. Ma non v'è una domanda di accesso, né si può dire, allora, che la presentazione del piano ai creditori e, dunque, la pendenza dello stesso, anche se pubblicato nel registro delle imprese, precludano al tribunale di dichiarare l'apertura della liquidazione controllata.

In merito al concordato preventivo (art. 84 ss.), l'incompatibilità dello stesso rispetto alla crisi da sovraindebitamento emerge invece sul fronte del presupposto soggettivo per l'accesso alla procedura, pensata *ex* art. 85, comma 1, per l'«*imprenditore di cui all'articolo 121*», ovvero per un soggetto al quale, ai sensi del combinato disposto degli artt. 2, comma 1, lett. *c*) e *d*), 121 e 268, comma 1, è precluso l'accesso alla liquidazione controllata[2]. Tant'è che per il debitore sovraindebitato, proprio in alternativa al concordato preventivo, è previsto il *concordato minore*.

Quanto, infine, all'accordo di ristrutturazione dei debiti (art. 57 ss.), a ridimensionare la portata applicativa della questione concorre il ristretto campo di applicazione comune delle due procedure (liquidazione controllata e accordo di ristrutturazione dei debiti), circoscritto fondamentalmente all'imprenditore agricolo. Ora, considerato che nello strumento in questione una domanda esiste ed è la domanda che, ai sensi dell'art. 40, comma 4, conduce al giudizio di omologazione dell'accordo, si dovrebbe ritenere che la presentazione della stessa da parte di un imprenditore (diverso dall'imprenditore minore) impedisca al tribunale di dichiarare aperta la liquidazione controllata. In senso contrario, non

[1] Limitano il rinvio contenuto nella norma in commento alle sole procedure di composizione delle crisi da sovraindebitamento NAPOLITANO, *La liquidazione*, 244 e DE MATTEIS, *La liquidazione*, 361, nt. 46.

[2] Cfr. NAPOLITANO, *La liquidazione*, 244.

sembra spendibile la tesi di chi nega la qualificazione dell'accordo di ristrutturazione dei debiti (e, a maggior ragione del piano attestato di risanamento) alla stregua di una *procedura concorsuale*[3], escludendo di conseguenza tale accordo – sulla base di un'interpretazione strettamente aderente al dato testuale (in un testo, però, che non brilla certo per precisione!) – dal perimetro del rinvio fatto dalla norma in commento alle «*procedure di cui al titolo IV*». Di là dalla notazione – non decisiva – che, nel medesimo contesto normativo del Codice, l'omonima «*ristrutturazione dei debiti*» del consumatore di cui agli art. 67 ss. è qualificata e trattata a tutti gli effetti come una *procedura*[4], l'accordo di ristrutturazione dei debiti prevede in ogni caso l'intervento del tribunale che, ai sensi degli artt. 40, comma 4, e 48, comma 4, deve pronunciarsi sulla domanda di accesso al giudizio di omologazione dell'accordo. Pertanto, un problema di concorso con la liquidazione controllata potrebbe comunque porsi. E la soluzione al problema, alla luce della formulazione dell'art. 270, comma 1, non può che essere l'impossibilità per il tribunale di dichiarare l'apertura della liquidazione controllata in pendenza di una domanda di accesso al giudizio per l'omologazione di un accordo di ristrutturazione dei debiti.

3. – Il provvedimento che apre la liquidazione controllata è oggi una sentenza e non più un decreto, come previsto dall'art. 14-*quater*, l. n. 3 del 2012 in merito alla conversione della procedura di composizione della crisi da sovraindebitamento in quella di liquidazione del patrimonio. Da questo punto di vista, si registra un'uniformazione rispetto alla liquidazione giudiziale, anch'essa aperta con sentenza *ex* art. 49, comma 1. Il contenuto della sentenza risulta, ai sensi del comma 2 della norma in commento, (solo) parzialmente sovrapponibile a quello dell'analoga sentenza dichiarativa di apertura della liquidazione giudiziale di cui all'art. 49, comma 3. Così è, per esempio, per la nomina del giudice delegato (lett. *a*).

Costituisce una differenza significativa, invece, e non solo dal punto di vista nominalistico, la circostanza che, al posto del curatore, il tribunale nomini il liquidatore (lett. *b*). La principale peculiarità di questa figura rispetto al curatore della liquidazione giudiziale risiede nel fatto che, di norma, il liquidatore viene a identificarsi con l'OCC che, ai sensi dell'art. 269, ha assistito il debitore nella presentazione del ricorso e ha redatto la relazione a quest'ultimo allegata[5]. Da questo punto di vista, v'è uniformità con quanto previsto nell'ambito delle procedure di composizione della crisi da sovraindebitamento, ove l'art. 65, comma 3 attribuisce all'OCC i compiti del liquidatore (oltre che quelli del commissario giudiziale).

---

[3] Per una simile tesi, v., per tutti, NIGRO, VATTERMOLI, *Diritto della crisi*, 470 s.; con riferimento all'analogo strumento regolato dall'art. 182-*bis* l. fall., FABIANI, *Crescita economica*, 451.

[4] Per il significato di tale qualificazione v., seppur prima dell'emanazione del Codice, DI MARZIO, *La riforma*, 105 s.; «di procedure concorsuali in senso tecnico» discorre VATTERMOLI, *La disciplina*, 3, con riguardo a tutte le procedure da sovraindebitamento.

[5] Al riguardo, appare superflua la precisazione apportata al comma 2, lett. *b*), dell'art. 270 dal decreto correttivo (art. 29, comma 2, lett. *b*), in base alla quale l'OCC verrebbe *confermato* nella veste di liquidatore «*in caso di domanda presentata dal debitore*», giacché negli altri casi, normalmente, non vi è un OCC che assiste il debitore, da *confermare* poi nel ruolo di liquidatore: cfr. RANA, *Il procedimento*, 99; sul punto v. pure LAMANNA, GALLETTI, *Il primo Correttivo*, 188.

Rispetto alla previsione dell'art. 15, comma 8, l. n. 3 del 2012, che, pur con una formulazione poco chiara, non vincola il giudice nella scelta di attribuire le funzioni di liquidatore all'Organismo oppure a un soggetto diverso[6], nella norma in commento si afferma che, solo per «*giustificati motivi*», è concesso al tribunale di rinunciare alla designazione dell'OCC e optare per uno dei gestori della crisi risultante dall'elenco ministeriale (di cui al d.m. 24 settembre 2014, n. 202). Sebbene non sia specificato quali debbano essere questi «*giustificati motivi*», si può ritenere che il tribunale possa avvalersi dell'opzione in esame quando, per esempio, ritenga che l'OCC versi in palese conflitto di interessi, tale da non poter assicurare una liquidazione imparziale[7]. Peraltro, anche in un simile caso, la scelta deve ricadere «*di regola tra i gestori residenti nel circondario del tribunale competente*», configurandosi come «*deroga*» un'eventuale diversa opzione e richiedendo essa un'*espressa motivazione*, oltre che la comunicazione al presidente del tribunale.

Degno di interesse è altresì il termine, non superiore a sessanta giorni, che il tribunale assegna ai creditori, ma anche «*ai terzi che vantano diritti sui beni del debitore*», al fine di consentire loro di trasmettere tramite pec al liquidatore, «*a pena di inammissibilità*», la domanda di ammissione al passivo (per i creditori) e la domanda di restituzione o di rivendicazione (per i terzi che vantano diritti sui beni)[8]. Al riguardo, è prescritta l'applicazione dell'art. 10, comma 3. La norma prevede che, qualora vi siano creditori o titolari di diritti sui beni non muniti (pur essendone obbligati) o anche non tenuti a munirsi di un domicilio digitale, le comunicazioni debbano essere effettuate dal tribunale «*esclusivamente mediante deposito in cancelleria*», con la conseguenza che il termine in questione decorrerà da quest'ultimo adempimento. Una simile lettura elude le difficoltà di individuazione dei creditori (nonché dei terzi che vantano diritti sui beni) «*risultanti dall'elenco depositato*», che inevitabilmente scaturirebbero qualora si ritenesse che il suddetto termine decorra invece dalla notifica di cui al comma 4 della norma in commento[9]. In effetti, ai sensi dell'art. 39, comma 1 (e sempre che lo si ritenga applicabile alla procedura di liquidazione controllata[10]), un elenco è depositato e, dunque, disponibile solo qualora

---

[6] Cfr., anche per la scarsa chiarezza del quadro normativo disegnato sul punto dalla legge sul sovraindebitamento, NAPOLITANO, *La liquidazione*, 247; al riguardo v. pure CAMPOBASSO, *Dalla procedura*, 141.

[7] Sul punto v. NAPOLITANO, *La liquidazione*, 248, il quale non esclude che i "giustificati motivi" possano consistere anche in apposite richieste da parte del debitore o del creditore istante; secondo LAMANNA, *Il nuovo Codice*, 60, il giustificato motivo potrebbe ricorrere nel caso di domanda di accesso alla liquidazione controllata da parte di un creditore, perché in tali casi l'assistenza dell'OCC al debitore non è obbligatoria; cfr. pure NARDECCHIA, *Il nuovo codice*, 218; KELLER, DE CESARE, *Liquidazione controllata*, 249; DE MATTEIS, *La liquidazione*, 358, nt. 32; v. infine la Relazione illustrativa (art. 270).

[8] Il termine può essere però prorogato di ulteriori trenta giorni ai sensi dell'art. 272, comma 1, nell'ipotesi in cui il liquidatore, a sua volta «*entro trenta giorni dalla comunicazione della sentenza*», proceda ad aggiornare l'elenco dei creditori: per i problemi di coordinamento tra i termini previsti nelle due disposizioni, cfr. NAPOLITANO, *La liquidazione*, 256, e LAMANNA, *Il nuovo Codice*, 62.

[9] Per questo diverso orientamento e per le incertezze che ne derivano v. LAMANNA, *Il nuovo Codice*, 61 s., il quale ritiene che il termine, al massimo di sessanta giorni, decorra dal momento in cui il liquidatore, dopo aver integrato l'elenco dei creditori ai sensi dell'art. 272, comma 1, effettua la notifica a tutti i creditori (anche a quelli già noti al momento dell'apertura della procedura).

[10] Al riguardo, v. *sub* art. 269.

la domanda di accesso alla procedura sia avanzata dal debitore e si tratta dell'«*elenco nominativo dei creditori*» e «*di coloro che vantano diritti reali e personali su cose in suo possesso*». Di nessun elenco dispone, invece, il tribunale quando l'iniziativa per l'apertura della procedura è stata assunta da un creditore, almeno fino a quando il debitore, «*entro sette giorni*», non provveda ad effettuare il deposito prescritto dalla stessa sentenza, ai sensi della lett. *c*) del comma 2 della norma in commento, e fermo restando che egli potrebbe anche non adempiere all'ordine del tribunale [11].

Il tribunale, nella sentenza, ordina altresì «*la consegna o il rilascio dei beni facenti parte del patrimonio di liquidazione*» (lett. *e*). Sebbene la norma non lo dica espressamente, è chiaro che l'ordine in questione si rivolge innanzitutto al debitore e che la consegna dei beni deve essere effettuata al liquidatore. In linea con quanto prevede l'art. 142, comma 1, in relazione alla liquidazione giudiziale, si tratta in sostanza dello spossessamento del debitore dai propri beni, confermato dalla regola di cui all'art. 275, comma 2, che assegna al liquidatore l'amministrazione del patrimonio di liquidazione. È possibile però che il tribunale, «*in presenza di gravi e specifiche ragioni*», autorizzi il debitore o il terzo a utilizzare alcuni beni, che, di conseguenza, potranno rimanere nella disponibilità di tali soggetti. Intuitivo è il riferimento – cui allude anche la Relazione illustrativa lì dove richiama eventuali «necessità abitative» – all'immobile adibito dal debitore ad abitazione, eventualmente anche della propria famiglia [12].

Sempre nella sentenza, il tribunale deve disporre la pubblicità del provvedimento, che – come previsto per il decreto che dichiara aperta la procedura di concordato minore [art. 78, comma 2, lett. *a*)] – si fonda sull'inserimento dello stesso nel sito internet del tribunale o del Ministero della giustizia e, solo nel caso di un debitore-imprenditore, *anche* sulla pubblicazione presso il registro delle imprese (lett. *f*). L'inserimento nel sito internet del tribunale o del Ministero sostituisce dunque la forma di pubblicità consistente nel deposito in cancelleria, tipica di ogni sentenza (art. 133 c.p.c.) e prevista anche per quella di apertura della liquidazione giudiziale *ex* art. 49, comma 4, che rinvia all'art. 45. È poi prescritta, ma solo «*quando vi sono beni immobili o beni mobili registrati, la trascrizione della sentenza presso gli uffici competenti*» (lett. *g*).

Nel contesto della norma in esame, infine, la pubblicità è completata dalla previsione di cui al comma 4. E ciò sia perché vi si precisa che i suddetti adempimenti devono essere eseguiti dal liquidatore, sia perché vi si aggiunge un ulteriore livello di pubblicità, rappresentato dalla notifica della sentenza «*al debitore, ai creditori e ai titolari di diritti sui beni oggetto di liquidazione*». Nella Relazione illustrativa si afferma non soltanto che la notifica va assolta «*mediante strumenti telematici*», ma anche che la sua *ratio* deve essere individuata nell'esigenza di «*rendere conoscibile agli interessati l'apertura della liquidazione*», in ragione della circostanza che potrebbero avervi accesso debitori, diversi dagli imprenditori e dunque non assoggettati ad iscrizione nel registro delle imprese. Lo stesso legislatore finisce in tal modo per sconfessare l'idoneità dell'inserimento della sentenza nel sito internet del tribunale o del Ministero della giustizia ad assolvere alla predetta esigenza pubblicitaria, rele-

[11] Cfr. BENINCASA, *Le procedure*, 2045.

[12] Nel senso che il giudice potrebbe autorizzare il debitore a utilizzare anche beni funzionali alle esigenze della propria attività imprenditoriale o professionale v. LEUZZI, *La liquidazione*, 49.

gando quest'ultimo adempimento, almeno per quei soggetti che ricevono la notifica, a un inutile sovrappiù pubblicitario [13].

4. – I commi 5 e 6 della norma in commento regolano alcuni effetti dell'apertura della liquidazione controllata, ma non esauriscono la materia, in quanto la disciplina ivi contenuta, oltre a essere lacunosa e a sollevare più di un dubbio interpretativo, è destinata ad essere completata dall'art. 275, comma 2, che – come già accennato (v., *supra*, § 3) – assegna al liquidatore l'amministrazione del patrimonio di liquidazione, prevedendo il fondamentale effetto dello spossessamento.

Il comma 5 disciplina in particolare gli effetti (o, meglio, taluni effetti) dell'apertura della liquidazione controllata per il debitore e per i creditori. Lo fa non attraverso la previsione di regole apposite, bensì mediante rinvio ad alcune norme dettate dal Codice in tema di liquidazione giudiziale. Si tratta dell'art. 143 («*rapporti processuali*»), applicabile «*in quanto compatibile*» [14], e degli artt. 150 («*divieto di azioni esecutive e cautelari individuali*») e 151 («*concorso dei creditori*»), questi ultimi tra loro connessi in quanto l'uno conseguenza applicativa dell'altro [15].

Dalla prima norma si ricava che, nelle controversie inerenti a rapporti di natura patrimoniale, in luogo del debitore sta in giudizio, come attore o come convenuto, il liquidatore (anziché il curatore, come dispone l'art. 143). Dunque, quest'ultimo, una volta aperta la procedura di liquidazione controllata, subentra al debitore nei suoi rapporti processuali sia attivi che passivi. La previsione – completata dagli artt. 128, comma 2 (dettato per la liquidazione giudiziale) e 274 (riferito specificamente alla liquidazione controllata), dai quali si ricava, di regola, la necessità dell'autorizzazione del giudice delegato – rappresenta il risvolto in chiave processuale dello spossessamento. Sempre in tema di effetti per il debitore, si stenta invece a comprendere il motivo del mancato richiamo degli artt. 144 e 145, che regolano la sorte, rispettivamente, degli «*atti compiuti dal debitore dopo l'apertura della liquidazione giudiziale* e delle *formalità eseguite dopo l'apertura della liquidazione giudiziale*». Tuttavia, nella misura in cui tali regole appaiono essere un completamento della previsione generale dell'art. 142, comma 1 e, cioè, del principio dello spossessamento [autonomamente disposto, per la liquidazione controllata, dagli artt. 270, comma 2, lett. *e*), e 275, comma 2], riesce difficile negare una loro vigenza anche nell'ambito della liquidazione controllata [16].

Il rinvio all'art. 150 comporta poi che, dal giorno della dichiarazione di apertura della liquidazione controllata, è fatto divieto per i creditori di promuovere o proseguire

---

[13] Ritiene che l'adempimento pubblicitario in questione sia rivolto genericamente *erga omnes* LEUZZI, *La liquidazione*, 51.

[14] Secondo NAPOLITANO, *La liquidazione*, 250, non sarebbe compatibile con la liquidazione controllata la previsione di cui al comma 2, prima parte, dal momento che il debitore assoggettato a liquidazione controllata non può essere imputato del reato di bancarotta.

[15] Così NAPOLITANO, *La liquidazione*, 250.

[16] E, per effetto di un analogo trascinamento, si potrebbe ipotizzare l'applicazione alla liquidazione controllata, in via analogica, anche delle previsioni contenute nei commi 2 e 3 dell'art. 142, che appaiono ulteriori corollari del principio dello spossessamento: a una simile conclusione perviene BIFERALI, *Credito al consumo*, 202 s.; cfr. pure CAMPOBASSO, *Dalla procedura*, 142 s.; *contra* KELLER, DE CESARE, *Liquidazione controllata*, 255.

azioni individuali esecutive o cautelari sui beni compresi nel patrimonio di liquidazione, e ciò anche a fronte di crediti maturati durante la stessa procedura. Si tratta di un effetto automatico dell'apertura della liquidazione [17], che non si verifica invece nelle procedure di composizione della crisi da sovraindebitamento, in relazione alle quali l'art. 70, comma 4, (per la procedura di ristrutturazione dei debiti del consumatore) e l'art. 78, comma 2, lett. *d*), (per il concordato minore) richiedono a tal fine un'apposita istanza da parte del debitore [18]. Infine, per effetto del rimando all'art. 151, anche nell'ambito della liquidazione controllata vige il principio del concorso dei creditori sul patrimonio del debitore una volta aperta la procedura, con il relativo corollario per cui ogni credito (e ogni diritto reale o personale), per poter essere fatto valere all'interno della procedura, deve essere accertato – fatte salve le diverse disposizioni legislative – secondo le regole proprie della formazione del passivo, che nel caso di specie sono collocate nell'art. 273.

Il comma 6, che chiude la norma in esame, è frutto dell'ultimo passaggio parlamentare prima dell'emanazione del Codice e del suggerimento della competente Commissione parlamentare (Commissione Giustizia della Camera). Esso contiene una disciplina degli effetti dell'apertura della liquidazione controllata sui rapporti giuridici pendenti, che risulta simile, seppur più scarna [19], rispetto a quella dettata dall'art. 172 nell'ambito della liquidazione giudiziale. La regola di base è che i contratti non ancora eseguiti o non completamente eseguiti da entrambe le parti al momento di apertura della liquidazione controllata restano sospesi nella loro esecuzione fino a quando il liquidatore (sentito il debitore [20]) decide e dichiara di subentrarvi in luogo del debitore, ovvero di non subentrarvi (provocandone lo scioglimento). La scelta del liquidatore può anche essere sollecitata dal terzo contraente, il quale, onde evitare che i tempi si allunghino eccessivamente [21], «*può mettere in mora il liquidatore, facendogli assegnare dal giudice delegato un termine non superiore a sessanta giorni, decorso il quale il contratto si intende sciolto*».

Due possono essere gli esiti della scelta del liquidatore. Se questi decide di subentrare nel rapporto contrattuale pendente, i crediti maturati (dal terzo contraente) durante la procedura, e solo questi, devono essere trattati come crediti prededucibili, mentre quelli maturati prima come crediti concorsuali [22]. Di converso, se il liquidatore decide di sciogliersi dal vincolo contrattuale, il contraente può insinuare nel passivo della liquidazione controllata il credito derivante dal mancato adempimento del contratto. Tuttavia, la nor-

---

[17] In giurisprudenza v., con riguardo alla liquidazione del patrimonio del sovraindebitato di cui alla l. n. 3 del 2012, Trib. Monza, 9 maggio 2013, in *ilfallimentarista.it*; Trib. Verona, 9 giugno 2015, in *ilcaso.it*.

[18] Sulla questione v. DI MARZIO, *Obbligazione, insolvenza, impresa*, 193.

[19] Sull'applicabilità alla liquidazione controllata della disciplina contenuta nell'art. 172, commi 5, 6 e 7, non espressamente replicata nell'art. 270, comma 6, v. VATTERMOLI, *Contratti pendenti*, 603 ss.

[20] In luogo del comitato dei creditori, da parte del quale, nell'ambito della liquidazione giudiziale, l'art. 172, comma 1, richiede una vera e propria *autorizzazione*: sul punto v. LAMANNA, *Il nuovo Codice*, 63 s.; BENINCASA, *Le procedure*, 2046; VATTERMOLI, *Contratti pendenti*, 597.

[21] Cfr. FAUCEGLIA, *Il nuovo diritto*, 101.

[22] Così FAUCEGLIA, *Il nuovo diritto*, 102.

ma esclude che tale sorte possa toccare al credito relativo al risarcimento del danno, in quanto quest'ultimo non è dovuto [23].

Un effetto tipico della sentenza di apertura della liquidazione controllata dei debitori in forma societaria è, infine, previsto dal decreto correttivo (art. 29, comma 2), che aggiunge al comma 1 dell'art. 270 l'inciso finale in base al quale – riprendendo la previsione dell'art. 65, comma 4, dedicata alle *procedure di composizione delle crisi da sovraindebitamento*, soppressa dal decreto correttivo (art. 10) – «*la sentenza produce i suoi effetti anche nei confronti dei soci illimitatamente responsabili*» e, dunque, anche tenuto conto del rinvio (nei limiti della compatibilità [24]) all'art. 256, produce nei loro confronti l'apertura della procedura di liquidazione controllata.

---

[23] In ragione del fatto che la risoluzione del contratto scaturisce «dall'esercizio di un diritto che la legge attribuisce al liquidatore»: in questi termini CAMPOBASSO, *Dalla procedura*, 144 s.; secondo NAPOLITANO, *La liquidazione*, 253, la previsione si riferirebbe «probabilmente» al credito che il contraente, a seguito dello scioglimento del contratto, vanta a titolo di pagamento indebito; sulla stessa linea v. pure VATTERMOLI, *Contratti pendenti*, 598, nt. 23.

[24] Al riguardo v. LAMANNA, GALLETTI, *Il primo Correttivo*, 184 ss.; DE MATTEIS, *La liquidazione*, 359.

Articolo 271
Concorso di procedure

1. Se la domanda di liquidazione controllata è proposta dai creditori o dal pubblico ministero e il debitore chiede l'accesso a una procedura di cui al capo II del titolo IV, il giudice concede un termine per l'integrazione della domanda.

2. Nella pendenza del termine di cui al comma 1, non può essere dichiarata aperta la liquidazione controllata e la relativa domanda è dichiarata improcedibile quando sia aperta una procedura ai sensi del capo III del titolo IV. Alla scadenza del termine di cui al comma 1, senza che il debitore abbia integrato la domanda, ovvero in ogni caso di mancata apertura o cessazione delle procedure di cui al capo III del titolo IV, il giudice provvede ai sensi dell'articolo 270, commi 1 e 2. Si applicano, in quanto compatibili, gli articoli da 51 a 55.

Francesco Accettella

Sommario: 1. La fattispecie. – 2. La disciplina. – 3. Il criterio prescelto per regolare il concorso tra procedure.

1. – La norma in commento disciplina l'ipotesi nella quale vi siano più domande di accesso alle procedure previste per la regolazione della crisi da sovraindebitamento. In particolare, contempla il caso in cui sia stata proposta, da parte dei creditori [1], una domanda di liquidazione controllata dei beni del debitore e quest'ultimo chieda successivamente l'accesso a una delle procedure disciplinate nel capo II del titolo IV, ossia alla procedura di ristrutturazione dei debiti del consumatore (sezione II) o al concordato minore (sezione III). In altre parole, la norma prende in considerazione l'eventualità che, nel momento in cui il debitore avanza una richiesta di accedere a una procedura di *composizione della crisi da sovraindebitamento*, sia già pendente dinanzi al tribunale concorsuale una domanda di accesso alla liquidazione controllata, presentata dai creditori.

[1] Deve, invece, considerarsi implicitamente abrogato il riferimento che la norma continua a fare al *pubblico ministero* (di «mera svista» discorre RANA, *Il procedimento*, 90, nt. 21), la cui iniziativa, ai fini dell'attivazione della procedura di liquidazione controllata, è venuta meno a seguito dell'ultima modifica apportata all'art. 268, comma 2 (ad opera dell'art. 33, comma 1, lett. *a*), d.lgs. 17 giugno 2022, n. 83): al riguardo, v. *sub* art. 268.

La norma in esame completa la previsione dell'art. 270, comma 1, nel delineare i rapporti tra le diverse procedure di regolazione della crisi da sovraindebitamento. Ai sensi della disposizione appena richiamata, il tribunale può dichiarare l'apertura della liquidazione controllata solo «*in assenza di domande di accesso alle procedure di cui al titolo IV*». Si fa dunque riferimento all'ipotesi, per certi versi, opposta a quella contemplata dalla norma in commento, cioè al caso in cui siano già state presentate domande di accesso a procedure di regolazione della crisi di cui al (capo II del) titolo IV e quest'ultime siano pendenti quando interviene una domanda di apertura della procedura di liquidazione controllata, alla quale di conseguenza il tribunale non può dare seguito.

2. – In presenza della fattispecie sopra delineata, il comma 1 della norma in commento prescrive innanzitutto che il giudice conceda un termine affinché la domanda possa essere integrata. Sebbene non sia precisato, è da ritenersi che la domanda da *integrare* sia quella di accesso a una delle procedure di composizione delle crisi da sovraindebitamento e che il termine per *integrarla* sia concesso evidentemente al debitore. Riformulando la disposizione di legge, si può dunque affermare che il debitore, in pendenza di una domanda di liquidazione controllata, può chiedere al giudice la concessione di un termine per la *presentazione* della domanda di accesso a una procedura di composizione della crisi da sovraindebitamento[2].

Il comma 2 poi contiene ulteriori regole. Innanzitutto, esso dispone che, in pendenza del suddetto termine e, cioè, nel periodo concesso al debitore per *integrare* la domanda, al tribunale è preclusa la dichiarazione di apertura della liquidazione controllata. In secondo luogo, prevede che, qualora il tribunale dichiari aperta «*una procedura ai sensi del capo III del titolo IV*», la domanda di apertura della liquidazione controllata proposta dai creditori debba essere dichiarata improcedibile.

Quest'ultima disposizione contiene un evidente refuso laddove richiama la procedura di cui al capo III del titolo IV e, dunque, il concordato preventivo. A parte l'incoerenza con la previsione del comma 1 (che si riferisce alle procedure di composizione della crisi da sovraindebitamento di cui al capo II), va detto che il concordato preventivo è una procedura accessibile, ai sensi dell'art. 84, comma 1, all'imprenditore soggetto a liquidazione giudiziale e dunque non pone alcun problema di *concorso* con la procedura di liquidazione controllata[3]. Il richiamo deve essere dunque necessariamente considerato frutto di un errore, con la conseguenza che la regola in esame non può che riferirsi all'ipotesi in cui il tribunale abbia dichiarato aperta una procedura di composizione della crisi da sovraindebitamento di cui al capo II del titolo IV, come del resto si ricava dalla lettura della Relazione illustrativa.

Il secondo periodo del comma 2, infine, individua le ipotesi nelle quali il tribunale può procedere alla dichiarazione di apertura della liquidazione controllata ai sensi dell'art. 270, commi 1 e 2. Ciò è possibile allo spirare del termine, qualora il debitore non abbia inte-

---

[2] Cfr. LAMANNA, *Il nuovo Codice*, 58; BENINCASA, *Le procedure*, 2045; in senso diverso v. però RANA, *Il procedimento*, 91 ss., per il quale la norma consentirebbe solo di *integrare* una *domanda* di accesso «con riserva» (cfr. art. 44) già presentata.

[3] Rileva una simile distonia NAPOLITANO, *La liquidazione*, 254 s.

grato la domanda, ovvero nel caso di mancata apertura di una delle predette procedure di composizione della crisi ovvero, ancora, in caso di cessazione delle stesse. Anche qui, va segnalato un refuso analogo a quello appena evidenziato, che, in misura ancor più inverosimile rispetto a quello, rinvia alle «*procedure di cui al capo III del titolo IV*» (anziché a quelle di cui al capo II). Agli argomenti prima richiamati si aggiunge l'utilizzo del plurale «procedure» per rinviare a un capo del titolo IV in cui è disciplinata una sola procedura, quella per l'appunto di concordato preventivo[4].

L'inciso finale del comma 2 prevede l'applicazione, nei limiti della compatibilità, degli artt. da 51 a 55. Ne discende l'estensione alla liquidazione controllata non solo del regime delle impugnazioni della sentenza di apertura e delle eventuali conseguenze che ne scaturiscono (in termini, per esempio, di sospensione della procedura e di effetti della revoca della liquidazione controllata), ma anche della disciplina delle misure cautelari e protettive che il tribunale può adottare nel corso del procedimento per l'apertura della liquidazione. Si tratta dunque di un richiamo a delle disposizioni generali, che poco o nulla hanno a che fare con le regole specifiche dettate dalla norma in commento con riferimento all'ipotesi di concorso di procedure e che, dunque, appare fuori posto. Se ne stenta poi a comprendere il reale valore precettivo se si considera il richiamo generale, contenuto nell'art. 270, comma 5, a tutte «*le disposizioni sul procedimento unitario di cui al titolo III*» e, dunque, anche alle norme appena menzionate, collocate proprio all'interno del titolo III del Codice.

Solo in parte tale richiamo può essere giustificato al fine di evitare dubbi sull'applicazione delle predette disposizioni generali anche nell'ipotesi peculiare in cui l'apertura della liquidazione controllata scaturisca da uno degli eventi indicati al secondo periodo del comma 2 della norma in commento. In quest'ottica, non si comprenderebbe infatti perché il richiamo non sia più esteso e – in linea con quello di cui all'art. 270, comma 5 – non si rivolga all'intera disciplina del procedimento unitario per l'accesso alle procedure di regolazione della crisi o dell'insolvenza.

3. – Se si procede a una lettura della norma in commento in combinato disposto con l'art. 270, comma 1 ci si avvede dell'esistenza di un criterio generale di soluzione del concorso di differenti procedure di regolazione della crisi da sovraindebitamento.

Dalla norma appena richiamata si ricava che il tribunale non può dichiarare l'apertura della liquidazione controllata qualora siano state presentate e siano pendenti domande di accesso ad altre procedure di regolazione della crisi, che, quindi, evidentemente vanno esaminate prima. La norma in commento rafforza questa prospettiva impedendo al tribunale di dichiarare l'apertura della liquidazione controllata anche se la domanda di accesso ad una procedura di composizione della crisi da sovraindebitamento sia stata presentata dal debitore successivamente alla proposta, da parte dei creditori, della domanda di liquidazione. E, dunque, anche qui si impone al tribunale di esaminare prioritariamente la domanda di accesso a una procedura di composizione della crisi di cui al titolo IV (capo II) del Codice della crisi.

[4] Per un analogo argomento v. NAPOLITANO, *La liquidazione*, 255, il quale auspicava al riguardo «un intervento chiarificatore del legislatore».

Come segnalato anche nel commento all'art. 270, il criterio di soluzione del concorso tra procedure non è dunque quello della priorità temporale, bensì quello della preferenza per le procedure di composizione della crisi da sovraindebitamento, le quali – potendo preservare una parte del patrimonio del debitore e, in certi casi, anche la sua attività[5] – godono di una sorta di corsia preferenziale rispetto a quella che è destinata a percorrere la liquidazione controllata[6]. Chiaro è il passaggio in tal senso contenuto nella Relazione illustrativa ove si invoca «il principio secondo il quale la liquidazione può essere disposta solo quando non sono proposte o non sono percorribili soluzioni concorsuali alternative». Se ne trae, dunque, la conclusione che la liquidazione controllata rappresenta l'*extrema ratio* per la soluzione della crisi da sovraindebitamento.

Si aggiunge nella Relazione illustrativa che la norma in commento prevede «una variante semplificatoria alla disciplina del processo unitario», rinviando idealmente alle regole generali dell'art. 7 in tema di *trattazione unitaria delle domande di accesso agli strumenti di regolazione della crisi e dell'insolvenza e alle procedure di insolvenza.* Due sono in particolare i principi che si traggono da questa norma: da un lato, la trattazione in un unico procedimento delle diverse domande di regolazione della crisi o dell'insolvenza e la riunione della domanda sopravvenuta a quella già pendente (comma 1); dall'altro, la trattazione in via prioritaria della domanda diretta a regolare la crisi o l'insolvenza con strumenti diversi dalla liquidazione giudiziale o controllata (comma 2)[7]. Rispetto a quest'ultimo principio, tuttavia, la disciplina del concorso di procedure di soluzione della crisi da sovraindebitamento, che si ricava dalla norma in commento (letta in combinato disposto con l'art. 270, comma 1), presenta una significativa peculiarità. Non ripropone, infatti, le condizioni che l'art. 7, comma 2, richiede per la trattazione in via prioritaria delle domande di apertura di una procedura di regolazione della crisi o dell'insolvenza a carattere non liquidatorio. Non è richiesto, in particolare, che: «*a) la domanda [...] non sia manifestamente inammissibile; b) il piano non sia manifestamente inadeguato a raggiungere gli obiettivi prefissati; c) nella proposta siano espressamente indicate la convenienza per i creditori o, in caso di concordato in continuità aziendale, le ragioni della assenza di pregiudizio per i creditori*»[8]. Nel contesto della norma in commento, la segnalata preferenza per le soluzioni non liquidatorie della crisi da sovraindebitamento diviene così ancor più marcata e forse anche in questo aspetto può cogliersi quella *variante semplificatoria* cui allude la *Relazione* nel rimando alla disciplina del processo unitario.

---

[5] Al riguardo, appare significativo il richiamo *ex* art. 9, comma 1, lett. *b*), legge delega n. 155 del 2017, con riferimento alle procedure di composizione della crisi da sovraindebitamento, alle «*soluzioni dirette a promuovere la continuazione dell'attività svolta dal debitore*»: per un parallelo con il principio di continuità aziendale v. DI MARZIO, *La riforma*, 115.

[6] Cfr. NAPOLITANO, *La liquidazione*, 243 e 254.

[7] E v. al riguardo CARRATTA, *Il procedimento*, 1063 ss.

[8] Tuttavia, nel senso che la condizione relativa al fatto che la domanda non sia manifestamente inammissibile si applichi anche alla fattispecie di cui alla norma in commento, v. LAMANNA, *Il nuovo Codice*, 58.

Articolo 272

Elenco dei creditori, inventario dei beni e programma di liquidazione

1. Il liquidatore entro trenta giorni dalla comunicazione della sentenza aggiorna l'elenco dei creditori, ai quali notifica la sentenza ai sensi dell'articolo 270, comma 4. Il termine di cui all'articolo 270, comma 2, lettera d), può essere prorogato di trenta giorni.

2. Entro novanta giorni dall'apertura della liquidazione controllata il liquidatore completa l'inventario dei beni del debitore e redige un programma in ordine a tempi e modalità della liquidazione. Si applica l'articolo 213, commi 3 e 4, in quanto compatibile. Il programma è depositato in cancelleria ed approvato dal giudice delegato.

3. Il programma deve assicurare la ragionevole durata della procedura.

Paolo Ghionni Crivelli Visconti

Sommario: 1. L'aggiornamento dell'elenco dei creditori. – 2. L'inventario. – 3. Il programma di liquidazione. – 4. Il problema dei beni sopravvenuti.

1. – La norma in commento disciplina, insieme all'ultimazione dell'inventario ed all'aggiornamento dell'elenco dei creditori, anche il programma di liquidazione, occupandosi di aspetti in precedenza fissati in norme distinte, ossia negli artt. 14-*sexies* e 14-*novies*, l. n. 3 del 2012. In secondo luogo, vengono dettate regole in parte differenti dal passato, vuoi al fine di colmare certe lacune, quali, ad esempio, la mancata previsione dell'approvazione del programma da parte del giudice[1]; vuoi allo scopo di correggere alcuni errori, come la fissazione di una durata "minima" della procedura, come voleva l'art. 14-*novies*, comma 5, l. n. 3 del 2012.

Anzitutto, si prevede che, entro trenta giorni dalla comunicazione della sentenza dichiarativa della liquidazione controllata[2], il liquidatore deve provvedere ad aggiornare l'elenco dei creditori, al fine di notificare loro tale sentenza *ex* art. 270, comma 4, come già effettuato per quelli noti al momento dell'apertura della procedura. L'integrazione della lista dei creditori può scaturire dall'analisi della documentazione presentata dal debitore

---

[1] Difetto evidenziato nel regime previgente da: Donzelli, *Prime riflessioni*, 632 s.; Panzani, *L'esdebitazione*, 726.

[2] Ma, per la decorrenza dalla data della sentenza e non dalla comunicazione, Pini, Porcari, *La disciplina*, 294.

e, in particolare, dei bilanci e delle scritture contabili e fiscali obbligatorie. Tale opera di adeguamento è funzionale alla formazione del passivo e, pertanto, deve riguardare anche coloro che vantano diritti sui beni del debitore. Ciò si impone, da un lato, perché pure per tali soggetti è previsto l'obbligo di proporre domanda di restituzione o rivendicazione; e, dall'altro, perché anche a costoro bisogna notificare la sentenza di apertura della liquidazione controllata (art. 270, comma 4).

Anche alla luce di tale considerazione, sembra che il termine assegnato al liquidatore per l'aggiornamento dell'elenco dei creditori non sia ben coordinato con quello stabilito per questi ultimi e per i titolari di diritti sui beni oggetto di liquidazione, al fine di depositare le richieste di restituzione, rivendica o di ammissione al passivo [art. 270, comma 2, lett. *d*)] [3]. Ad ogni modo, la disposizione in esame consente in modo espresso di prorogare il termine di altri trenta giorni, verosimilmente pure per rimediare a tale incongruenza. Siffatto prolungamento spetta al tribunale e non al giudice delegato [4], ricollegandosi alle prerogative al primo appartenenti *ex* art. 270. La cadenza temporale per completare l'elenco dei soggetti cui va notificata la sentenza di apertura della liquidazione può passare, pertanto, dai sessanta giorni previsti dall'art. 270, comma 2, lett. *d*), ai novanta, in caso di concessione della proroga *de qua*. Ciò spiega perché è proprio entro tale arco temporale dall'apertura della procedura che il liquidatore deve completare l'inventario dei beni del debitore e redigere un programma in ordine a tempi e modalità della liquidazione.

2. – Mentre per il piano di monetizzazione dell'attivo vi è un parziale rinvio alla disciplina della liquidazione giudiziale [5], nulla è detto in ordine all'inventario; il motivo dovrebbe risiedere nel fatto che quest'ultimo deve essere soltanto "completato", a differenza del primo da redigere, invece, *ex novo*. Del resto, al di là delle ovvie esigenze di semplificazione proprie della liquidazione controllata, analoga motivazione può giustificare la circostanza che entrambi devono essere redatti entro il medesimo termine, là dove l'inventario dovrebbe, di norma, precedere il programma.

A ben vedere, la regola per cui l'elenco dei beni del debitore deve essere solo ultimato sembra retaggio della vecchia procedura di liquidazione del patrimonio, dove al debitore era fatto espresso obbligo di allegarlo alla domanda *ex* art. 14-*ter*, comma 3, l. n. 3 del 2012 [6]; tuttavia, tale prescrizione può ugualmente conciliarsi con il dovere di presentare uno stato particolareggiato ed estimativo delle attività *ex* art. 39, comma 1, applicabile in virtù del rinvio alla disciplina del Titolo III del nuovo Codice, contenuto nell'art. 270, comma 5 [7].

---

[3] Tra molti, NAPOLITANO, *La liquidazione*, 256, per il quale, se ad un creditore la sentenza di apertura della liquidazione controllata viene notificata a ridosso dei trenta giorni dal deposito della stessa, questi non ha più sessanta giorni per insinuarsi al passivo, ma circa la metà.

[4] PINI, PORCARI, *La disciplina*, 294.

[5] Si tratta di uno dei vari rimandi specificamente rivolti alla disciplina della liquidazione giudiziale, in luogo di un rinvio complessivo nei limiti di compatibilità: scelta, quest'ultima, che sarebbe stata preferibile a giudizio di NARDECCHIA, *Il nuovo codice*, 216.

[6] Sul punto, sovente reputando inammissibile la domanda priva dell'inventario, ANSALDI, *Organismi di composizione*, 629; FALCONE, *I procedimenti*, 2128 s.; FRASCAROLI SANTI, *Procedimenti di composizione*, 579; PANZANI, *L'esdebitazione*, 724.

[7] In proposito, CAMPOBASSO, *Dalla procedura*, 140 s. e nota 10; ACCETTELLA, *La liquidazione*, 671 s.

Sotto altro profilo, la formulazione della norma non chiarisce se debbano essere inventariati tutti i beni o solo quelli da liquidare. Il tenore letterale milita contro quest'ultima soluzione[8]; viceversa, sono destinati a trovare indicazione nel programma di liquidazione i soli cespiti oggetto di cessione, tra tutti quelli inclusi nell'inventario.

3. – Entro novanta giorni dall'apertura della liquidazione controllata, il liquidatore deve non solo completare l'inventario dei beni del debitore, ma redigere pure un programma in ordine a tempi e modalità della liquidazione, per poi provvedere a depositarlo in cancelleria. Si vuole così assicurare la pianificazione e l'indirizzo della successiva attività di monetizzazione. È inoltre prevista, risolvendo un problema del passato, l'espressa approvazione ad opera del giudice delegato, che così effettua un controllo preventivo sul programma[9]. Ciò significa che il liquidatore riceve un'autorizzazione generalizzata e preventiva al compimento degli atti conformi al piano di liquidazione, non essendovi alcuna traccia circa la necessità di uno specifico provvedimento permissivo né in questa norma, né in seno all'art. 275[10]. Ne discende, peraltro, che il programma di liquidazione non deve essere comunicato a mezzo pec ai singoli creditori ed ai titolari di diritti sui beni del patrimonio del debitore[11], a differenza del progetto di stato passivo (art. 273, comma 1).

In ciò la disciplina si differenzia dalla liquidazione giudiziale, dove è stabilita, oggi come ieri, l'approvazione del programma da parte del comitato dei creditori *ex* art. 213, comma 1, norma inapplicabile in analogia non solo per l'assenza di un organo del genere nella procedura concorsuale *de qua*[12], ma altresì perché si tratta di una disposizione oggetto di esplicito richiamo per altri aspetti, per cui deve respingersi la sussistenza di una lacuna sul punto. I commi richiamati sono il terzo ed il quarto ed attengono al contenuto del programma di liquidazione[13], colmando così un vuoto del vecchio sistema, anche per quanto attiene all'indicazione delle azioni che si intendono promuovere[14]. Ciò implica che il programma è suddiviso in sezioni nelle quali sono riportati separatamente criteri e modalità della liquidazione degli immobili, degli altri beni e della riscossione dei crediti, con indicazione dei costi e dei presumibili tempi di realizzo. Devono, ancora, essere menzionate le azioni giudiziali di qualunque natura ed il subentro nelle liti pendenti, con le

[8] In passato, VATTERMOLI, *La procedura*, 793, per il quale l'inventario redatto dal debitore avrebbe dovuto riguardare tutti i beni e quello predisposto dal liquidatore, invece, solo quelli da cedere ai fini della procedura; analogamente, DI GIROLAMO, *La liquidazione*, 146 s.; TARANTINO, *L'accertamento*, 683 s.

[9] Nel sistema previgente, VATTERMOLI, *La procedura*, 793 s.; dopo la nuova disciplina, PINI, PORCARI, *La disciplina*, 294 s.

[10] DE MATTEIS, *La liquidazione*, 370 e 378, per il quale l'approvazione del programma da parte del giudice delegato ha lo scopo di coinvolgerlo nell'attività di liquidazione, attribuendogli anche le scelte di convenienza.

[11] Come già previsto nel vecchio sistema, in cui mancava qualsiasi coinvolgimento di tali soggetti (art. 14-*novies*, l. n. 3 del 2012): LO CASCIO, *L'ennesima modifica*, 824; MANENTE, *Gli strumenti*, 599; PANZANI, *L'esdebitazione*, 726.

[12] Già, GIAVARRINI, *La procedura*, 739.

[13] Cfr. NARDECCHIA, *Il nuovo codice*, 219.

[14] Il silenzio in ordine alle quali era oggetto di critica: VATTERMOLI, *La procedura*, 794, che concludeva per la tesi affermativa.

spese per il primo grado di giudizio; infine, occorre indicare anche gli esiti delle liquidazioni già compiute (art. 213, comma 3).

In linea con quanto già disposto dall'art. 14-*novies*, comma 1, l. n. 3 del 2012, la norma in esame precisa che il programma deve assicurare la ragionevole durata della procedura: siffatta previsione non può che avere pure un'incidenza sul contenuto, poiché impone al liquidatore di tenere conto non solo della massimizzazione del risultato, ma anche dei tempi in cui raggiungerlo, dovendo cercare un punto di equilibrio tra rapidità e migliore realizzazione possibile dell'attivo. Nell'attuale disposizione non vi è più traccia di una durata minima della procedura [15], in passato fissata in quattro anni dal deposito della domanda ai sensi dell'art. 14-*novies*, comma 5, l. n. 3 del 2012 [16]. Non è, infatti, logico prevedere che il periodo di svolgimento debba essere ragionevole, ma al contempo pari ad almeno un certo arco temporale [17]; è evidente che, a seconda del caso concreto, anche un'estensione quadriennale può risultare insensata.

Il richiamo alle disposizioni dettate per la liquidazione giudiziale – assente nell'originario schema di decreto legislativo recante il Codice [18] – risponde all'esigenza di dettare una regolamentazione autosufficiente, scongiurando il rischio che l'obiettivo di prevedere regole più agili e snelle possa, in realtà, tradursi in veri e propri vuoti normativi, se non in delle disparità di trattamento ingiustificate, a cui poteva e può porsi rimedio, ove tuttora ricorrenti, tramite ricorso all'integrazione analogica [19]. Tanto è vero che, in passato, è stato vieppiù sottolineato in termini critici il silenzio del legislatore, in maniera differente dal fallimento, in ordine al contenuto del programma [20].

Del resto, la procedura in discorso può riguardare un'impresa e ciò obbliga, a maggior ragione, a rifarsi ad alcune disposizioni proprie della liquidazione giudiziale [21], oggi appli-

[15] E v. BARONCINI, *Le novità*, 427, che reputa opportuna l'eliminazione del termine minimo.

[16] A parere di RISPOLI FARINA, *La nuova*, 660, si trattava di regola eccentrica, ma giustificata dalla necessità di evitare condotte opportunistiche da parte del debitore; conforme, BATTAGLIA, *Art. 14-*ter, 3244; in termini critici, FALCONE, *I procedimenti*, 2130; LO CASCIO, *L'ennesima modifica*, 823; PANZANI, *L'esdebitazione*, 726, secondo cui lo scopo di evitare l'abusivo accesso alla procedura poteva essere raggiunto anche senza mantenerla pendente.

[17] Per il contrasto tra le due previsioni, FRASCAROLI SANTI, *Procedimenti di composizione*, 579 s.; a giudizio di DE MATTEIS, *La liquidazione*, 370 s., la durata della liquidazione controllata deve essere meno di cinque anni e di regola inferiore o uguale ai quattro indicati nell'art. 283 quale termine ultimo per l'acquisizione al patrimonio di utilità rilevanti idonee a produrre l'effetto risolutivo dell'esdebitazione del sovraindebitato incapiente.

[18] Il riferimento è al testo trasmesso, in data 14 novembre 2018, dal Governo al Parlamento e consultabile in *osservatorio-oci.org*.

[19] Il che impone l'inevitabile ricorso alla disciplina della liquidazione giudiziale, di cui quella controllata è una "costola", a parere di BARONCINI, *Le novità*, 403 e 424 s.; CAMPOBASSO, *Dalla procedura*, 141. Allo stesso modo, rispetto alla liquidazione del patrimonio, PACCHI, *I procedimenti*, 69, secondo cui la vecchia normativa non riusciva, peraltro, a creare un minifallimento per piccole insolvenze, generando disparità di trattamento ingiustificate; RORDORF, *La liquidazione*, 159. V., anche, ANGELI, *La procedura liquidatoria*, 230.

[20] Al riguardo, MANENTE, *Gli strumenti*, 599; PANZANI, *L'esdebitazione*, 726.

[21] Risolvendo così una lacuna del sistema previgente, opportunamente stigmatizzata da: PACCHI, *I procedimenti*, 72 s.; VATTERMOLI, *La procedura*, 793, che segnalava come la procedura di liquidazione del patrimonio avesse in mente solo il consumatore o il professionista; nonché, D'AIELLO, *Gli effetti*, 663 s.

cabili in via diretta, quali quelle che impongono di indicare nel piano gli atti necessari per la conservazione del valore della realtà produttiva, come il suo esercizio e l'affitto di azienda, ancorché riguardanti singoli rami, nonché le modalità di cessione unitaria o separata della stessa, di beni o di rapporti giuridici individuabili in blocco (art. 213, comma 4).

Giova notare, infine, che il programma di liquidazione ha ad oggetto, in primo luogo, quanto posseduto dal debitore al momento della domanda, eccetto le esclusioni *ex lege* (art. 268, comma 4); pertanto, sono ricompresi anche i cespiti utilizzati per il proprio lavoro[22], dovendosene verificare, ai fini di un'eventuale deroga, la loro effettiva indispensabilità per lo svolgimento dell'attività lavorativa nel singolo caso concreto[23]. E sulla valutazione effettuata dal liquidatore dovrà esserci, poi, il controllo del giudice delegato in sede di approvazione del programma.

4. – Una questione non poco complicata, sorta con la nuova disciplina, è quella di stabilire se siano inclusi o meno nella procedura i beni ed i crediti sopravvenuti, mancando la riproposizione di una norma analoga all'art. 14-*undecies*, l. n. 3 del 2012[24]; pertanto, le strade possibili sono due: l'applicazione analogica dell'art. 142, comma 2, dettato in tema di beni sopraggiunti all'interno della liquidazione giudiziale[25], ovvero la mera esclusione delle sopravvenienze attive dalla procedura *de qua*[26], in deroga all'art. 2740 c.c. Un simile esito potrebbe non essere ritenuto estraneo al sistema concorsuale nel suo complesso, specie in caso di procedure che prevedono un accordo con il ceto creditorio[27], ipotesi tuttavia qui non ricorrente[28].

---

[22] Problema affrontato in diverse pronunce relative alla liquidazione del patrimonio, di solito con riguardo ad autoveicoli e motoveicoli, sostenendone per lo più l'inclusione tra i cespiti da liquidare, non trattandosi di beni rientranti nelle eccezioni prestabilite dalla legge (art. 14-*ter*, comma 6, l. n. 3 del 2012, ora art. 268, comma 4): Trib. Firenze, 23 gennaio 2018, in *Fallimento*, 2018, 1313.

[23] E v. GIORGETTI e NADIN, *Il procedimento*, 1319 s., che ne respingono il carattere dell'impignorabilità ai fini della disciplina della liquidazione del patrimonio, ritenendo che l'art. 14-*ter*, comma 6, lett. *d*), l. n. 3 del 2012 non riguardi le cose mobili relativamente impignorabili (art. 515 c.p.c.), ma solo quelle che lo sono in termini assoluti (art. 514 c.p.c.).

[24] Che ne prevedeva l'acquisizione nei quattro anni successivi al deposito dell'istanza di accesso alla procedura, previa deduzione delle passività incontrate per l'acquisto e la loro conservazione, in maniera affine al sistema fallimentare: BATTAGLIA, *Art. 14*-novies, 3256 s.; D'AIELLO, *Gli effetti*, 666 s.; DI GIROLAMO, *La liquidazione*, 140.

[25] A favore di questa tesi, CAMPOBASSO, *Dalla procedura*, 142 s.; DE MATTEIS, *La liquidazione*, 365.

[26] Per questa seconda opinione, PINI, PORCARI, *La disciplina*, 288.

[27] Rispetto al concordato preventivo liquidatorio, per l'ammissibilità della destinazione parziale dei beni, anche per riferimenti, D'ATTORRE, *Concordato preventivo*, 14 ss., che sottolinea come qualsiasi concordato rappresenti di per sé una duplice deroga al principio di universalità della responsabilità patrimoniale *ex* art. 2740 c.c. (19 s.); JORIO, *La riforma fallimentare*, 705 s.; RACUGNO, *Concordato preventivo*, 500. Su posizioni contrarie si attesta la giurisprudenza edita in materia: App. Roma, 5 marzo 2013, in *ilcaso.it*; Trib. Torino, 5 giugno 2014, in *ilfallimentarista.it*; Trib. Roma, 25 luglio 2012, in *Giur. merito*, 2012, 2078; Trib. Arezzo, 8 novembre 2011, in *deJure*; Trib. Torino, 23 dicembre 2010, in *ilfallimentarista.it*; nonché, NARDECCHIA, *Cessione dei beni*, 95; PASQUARIELLO, *Il concordato preventivo*, 1137 s. e nota 27, per la quale proprio la vecchia disciplina della liquidazione del patrimonio dimostrerebbe l'impossibilità di tenere fuori dal piano valori del proprio attivo, quand'anche vi fosse l'assenso della maggioranza dei creditori.

[28] Per l'inammissibilità di un'offerta parziale, PACCHI, *I procedimenti*, 61 e nota 147.

Per ricostruire tale aspetto di disciplina deve tenersi presente che il legislatore prende in espressa considerazione le sopravvenienze nell'art. 283, peraltro solo se rilevanti. Si tratta del caso in cui bisogna verificare se concedere o meno l'esdebitazione al c.d. debitore incapiente (art. 283, comma 1)[29]. Fatta eccezione per questa situazione particolare, l'esdebitazione opera di diritto a seguito del provvedimento di chiusura, oppure anche prima se sono decorsi tre anni dall'apertura della liquidazione controllata (art. 282, comma 1), salve le preclusioni stabilite dall'art. 282, comma 2. Ne discende, per forza di cose, che i beni sopravvenuti, anche se la procedura è pendente, non possono essere acquisiti dal liquidatore una volta ottenuto da parte del sovraindebitato il beneficio del c.d. *discharge*. Di contro, in attuazione dell'art. 2740 c.c., può propendersi per l'integrazione del programma di liquidazione nelle altre circostanze[30], ossia qualora sopraggiungano attività durante lo svolgimento della procedura e non sia ancora trascorso un triennio dal suo avvio. Ciò deriva dall'affinità esistente tra liquidazione controllata e giudiziale[31], come affermato dalla stessa relazione illustrativa, dove si rimarca il carattere semplificato della prima rispetto alla seconda, per via delle dimensioni più ridotte e meno complesse dei debitori che vi sono soggetti. Resta fermo che l'acquisizione deve essere fatta previa deduzione delle passività incontrate per l'acquisto e la conservazione, così come, qualora tali spese siano superiori al valore di presumibile realizzo, il liquidatore dovrà rinunciarvi in applicazione analogica dell'art. 142, comma 3. Si pone, però, il problema di individuare il soggetto deputato ad autorizzare il liquidatore in luogo del comitato dei creditori, organo assente nella procedura *de qua*. È preferibile ricondurre tale potere alle funzioni del giudice delegato, anziché a tutti i creditori[32], ipotesi che peraltro potrebbe anche risultare complicata dal punto di vista pratico. Siffatta conclusione s'impone non solo perché a costui spetta l'approvazione del programma di liquidazione, ma altresì perché sempre allo stesso compete di provvedere, al posto del comitato dei creditori, in caso di impossibilità di costituzione di quest'ultimo, ai sensi dell'art. 140, comma 4.

---

[29] Cfr. BARONCINI, *Le novità*, 430 s.

[30] In passato, per l'obbligo del liquidatore di modificare il programma di liquidazione ogniqualvolta fossero sopraggiunti nuovi beni liquidabili, VATTERMOLI, *La procedura*, 794; cfr., altresì, PELLECHIA, *La composizione*, 1295; RIZZO, *Sovraindebitamento e* par condicio, 166 ss.

[31] Ritiene che vi sia un assorbimento pressoché assoluto della procedura di liquidazione controllata nel modello proprio del fallimento, LEUZZI, *La liquidazione*, 31.

[32] Tesi sostenuta, nel vigore della liquidazione del patrimonio, da LO CASCIO, *L'ennesima modifica*, 825.

Articolo 273

Formazione del passivo

1. Scaduti i termini per la proposizione delle domande di cui all'articolo 270, comma 2, lettera d), il liquidatore predispone un progetto di stato passivo, comprendente un elenco dei titolari di diritti sui beni mobili e immobili di proprietà o in possesso del debitore, e lo comunica agli interessati all'indirizzo di posta elettronica certificato indicato nella domanda. In mancanza della predetta indicazione, il provvedimento si intende comunicato mediante deposito in cancelleria.

2. Entro quindici giorni possono essere proposte osservazioni, con le stesse modalità della domanda di cui all'articolo 270, comma 2, lettera d).

3. In assenza di osservazioni, il liquidatore forma lo stato passivo, lo deposita in cancelleria e ne dispone l'inserimento nel sito web del tribunale o del Ministero della giustizia.

4. Quando sono formulate osservazioni che il liquidatore ritiene fondate, predispone, entro quindici giorni successivi alla scadenza del termine di cui al comma 2, un nuovo progetto di stato passivo che comunica ai sensi del comma 1.

5. In presenza di contestazioni non superabili ai sensi del comma 4, il liquidatore rimette gli atti al giudice delegato, il quale provvede alla definitiva formazione del passivo con decreto motivato, pubblicato ai sensi del comma 3.

6.Contro il decreto può essere proposto reclamo davanti al collegio, di cui non può far parte il giudice delegato. Il procedimento si svolge senza formalità, assicurando il rispetto del contraddittorio.

7. Decorso il termine di cui al comma 1, e comunque fino a quando non siano esaurite tutte le ripartizioni dell'attivo della liquidazione, la domanda tardiva è ammissibile solo se l'istante prova che il ritardo è dipeso da causa a lui non imputabile e se trasmette la domanda al liquidatore non oltre sessanta giorni dal momento in cui è cessata la causa che ne ha impedito il deposito tempestivo. Il procedimento di accertamento delle domande tardive si svolge nelle stesse forme di cui ai commi da 1 a 6. Quando la domanda risulta manifestamente inammissibile perché' l'istante non ha indicato le circostanze da cui è dipeso il ritardo o non ne ha offerto prova documentale o non ha indicato i mezzi di prova di cui intende valersi per dimostrarne la non imputabilità, il giudice delegato dichiara con decreto l'inammissibilità della domanda. Il decreto è reclamabile a norma dell'articolo 124.

Paolo Ghionni Crivelli Visconti

Sommario: 1. La formazione dello stato passivo come atto del liquidatore. – 2. L'intervento del giudice delegato nella formazione dello stato passivo. – 3. Il reclamo. – 4. Le domande tardive.

1. – Senza soluzione di continuità con la vecchia procedura di liquidazione del patrimonio (art. 14-*octies*, l. n. 3 del 2012), è previsto che lo stato passivo sia predisposto esclusivamente dal liquidatore, in assenza di contestazioni [1]. In ciò persiste un punto di contatto con la disciplina della l.c.a., poiché in entrambe la verifica dell'esposizione debitoria è rimessa direttamente all'organo tecnico, ferma restando la differenza dovuta alla necessità della presentazione di un'apposita domanda [2]. Ne discende, pertanto, che il procedimento volto ad accertare le passività può tuttora comporsi di due fasi, una prima gestita dal solo liquidatore ed una seconda, eventuale, che vede l'intervento del giudice ove sussistano contestazioni non superabili al progetto redatto dal primo [3]. L'intento del legislatore è quello di predisporre una procedura agile e semplificata, su cui persistono i dubbi in ordine alla sua idoneità a tutelare adeguatamente le parti sul piano processuale [4]. In effetti, non sembra che tale preoccupazione possa essere superata dall'espresso richiamo, assente in precedenza, all'osservanza del principio del contraddittorio in caso di reclamo avverso il decreto di formazione dello stato passivo. È evidente che, da un lato, si tratta di una tutela minima ed inderogabile, pure in mancanza di un'esplicita indicazione in tal senso; e, dall'altro, che la fase di formazione del passivo rimane del tutto priva di qualsiasi presidio processuale [5], in maniera non dissimile dal sistema previgente [6].

L'accertamento del passivo riguarda non soltanto i creditori concorsuali, distinti in chirografari e privilegiati [7], ma anche coloro che vantano diritti reali e personali su beni

---

[1] Tra molti, BARONCINI, *Le novità*, 427, che parla di una fase di natura mista e solo eventualmente giurisdizionale; NAPOLITANO, *La liquidazione*, 258; in precedenza, per la natura non giurisdizionale del passivo formato dal solo liquidatore, DE SENSI, *La nuova disciplina*, 653.

[2] In passato, GIANNELLI, *Il procedimento*, 205 s., il quale richiama gli artt. 85-86 TUB; VATTERMOLI, *La procedura*, 789; contrariamente, RISPOLI FARINA, *La nuova*, 659, a parere della quale la formazione dello stato passivo rimane atto del giudice.

[3] Già, FALCONE, *I procedimenti*, 2131; FRASCAROLI SANTI, *Procedimenti*, 580; GIANNELLI, *Il procedimento*, 205 s.; PANZANI, *L'esdebitazione*, 725 s.; VATTERMOLI, *La procedura*, 789.

[4] In relazione alla normativa previgente, DONZELLI, *Prime riflessioni*, 611 e 613.

[5] Di contraddittorio meramente cartolare discute, NAPOLITANO, *La liquidazione*, 259; in precedenza, per la facoltà dello stesso debitore di presentare osservazioni scritte sia rispetto al progetto predisposto dal liquidatore, sia con riferimento alle contestazioni ricevute ed alle sue risposte, TARANTINO, *L'accertamento*, 686.

[6] Tra molti, BATTAGLIA, *Art. 14-*ter, 3244; DONZELLI, *Prime riflessioni*, 630, che parla di un mero scambio di atti tra liquidatore e creditori, anziché di un momento di effettiva discussione in contraddittorio tra tutte le parti.

[7] Come si ricava agevolmente dall'art. 275, comma 5 e dall'espresso riferimento all'ordine di prelazione risultante dallo stato passivo.

mobili o immobili facenti parte del patrimonio liquidabile[8]. Mancano, invece, indicazioni sulle modalità di verifica dei crediti prededucibili all'interno della procedura *de qua*[9]. Né, tantomeno, le disposizioni in cui sono contemplate le pretese aventi tali caratteristiche contengono qualche chiarimento sul punto [artt. 6, comma 1, lett. *a*), 270, comma 6, e 277, comma 2]. Al riguardo, non mancano voci propense a rifarsi in via analogica all'art. 151, proprio quanto all'esclusività del rito di accertamento del passivo per tutti i crediti della procedura, anche quelli della massa[10]. A ben vedere, si tratta di diposizione da applicare in via diretta, oggetto di specifico richiamo ad opera del comma 5 dell'art. 270[11].

Nel regime previgente, si è ritenuto che potessero trovare applicazione le regole sulla scadenza anticipata dei crediti (artt. 55, comma 2, e 59 l. fall.) e sulla loro conversione, ove necessario, in pretese a carattere pecuniario (art. 59 l. fall.), essendo di contro espressamente prevista la sospensione degli interessi durante la procedura *ex* art. 14-*ter*, comma 7, l. n. 3 del 2012[12]. Il quadro è sostanzialmente immutato, poiché il legislatore si occupa soltanto di replicare quest'ultima disposizione nel nuovo art. 268, comma 5, tacendo in ordine agli altri due profili. Sembra corretto, peraltro, continuare a sostenere la tesi affermativa, trattandosi di principi generali delle procedure concorsuali, necessari per la corretta attuazione del concorso tra i creditori[13].

Al liquidatore non è imposto un tempo entro il quale predisporre l'iniziale verifica delle passività, essendo solo stabilito il dovere di provvedervi una volta scaduto il termine di cui all'art. 270, comma 2, lett. *d*), eventualmente prorogato di trenta giorni *ex* art. 272, comma 1. Del progetto di stato passivo devono essere informati gli interessati, ossia coloro che hanno fatto domanda di insinuazione, all'indirizzo di posta elettronica certificata ivi menzionato. In difetto di tale indicazione, il provvedimento si intende comunicato mediante deposito in cancelleria. Siffatta informazione è finalizzata a consentire ai creditori di esprimere le loro valutazioni entro quindici giorni di tempo, utilizzando le stesse forme e modalità con cui hanno presentato domanda di ammissione.

---

[8] Cfr. ACCETTELLA, *La liquidazione*, 684 s.; BARONCINI, *Le novità*, 427. Tra i crediti oggetto di verifica va incluso anche quello relativo al compenso del soggetto delegato alla vendita del bene sottoposto ad espropriazione immobiliare, ma non ancora liquidato dal giudice dell'esecuzione al momento dell'apertura della procedura concorsuale: così, rispetto alla liquidazione del patrimonio, Trib. Verona, 21 agosto 2018, in *ilcaso.it*.

[9] Si veda, vigente la liquidazione del patrimonio, VATTERMOLI, *La procedura*, 789 s.

[10] Cfr. NARDECCHIA, *Il nuovo codice*, 218.

[11] Lo segnala, correttamente, CAMPOBASSO, *Dalla procedura*, 146; in precedenza, Trib. Verona, 21 agosto 2018, in *dejure*.

[12] Già, MASTURZI, *La composizione*, 694; cfr., altresì, GIANNELLI, *Il procedimento*, 201; e, a cavallo tra vecchia e nuova disciplina, LEUZZI, *La liquidazione*, 38 e 52 s.; diversamente, GIAVARRINI, *La procedura*, 735.

[13] Di quest'avviso, CAMPOBASSO, *Dalla procedura*, 146 s.; poi, ACCETTELLA, *La liquidazione*, 686; DE MATTEIS, *La liquidazione*, 366 s. Per altro verso, si è pure ammessa la facoltà del creditore di eccepire al liquidatore la compensazione legale del suo credito con quello vantato, verso di lui, dal debitore ammesso alla liquidazione controllata, nel rispetto delle condizioni richieste dall'art. 1243 c.c., ossia omogeneità, liquidità ed esigibilità di entrambi al momento dell'apertura della procedura: VATTERMOLI, *La procedura*, 787; conforme, LEUZZI, *La liquidazione*, 53. Al riguardo, si è in seguito prospettata l'integrazione analogica con l'attuale art. 155, in modo da assicurare la parità di trattamento dei creditori nelle diverse procedure concorsuali a carattere liquidatorio: CAMPOBASSO, *Dalla procedura*, 147 e nota 22, che precisa come la compensazione relativa a crediti non scaduti al momento dell'apertura della liquidazione controllata si giustifica per via dell'applicazione della regola della scadenza anticipata degli stessi.

In mancanza di «*osservazioni*», il liquidatore forma lo stato passivo[14], lo deposita in cancelleria e ne dispone l'inserimento nel sito *web* del tribunale, oppure in quello del Ministero della giustizia, poiché la norma lascia intendere la sufficienza di una soltanto delle due pubblicazioni *on line*[15]. Se, però, vi sono contestazioni, si aprono due possibili scenari, a seconda che il liquidatore le ritenga o meno fondate. Nella prima circostanza, infatti, dovrà redigere, entro quindici giorni dalla scadenza del termine per la presentazione delle osservazioni, un *nuovo* progetto di stato passivo, accogliendo evidentemente le considerazioni dei creditori e procedendo ad un'ulteriore comunicazione a questi ultimi con le stesse modalità[16]. L'alternativa è il mancato accoglimento delle contestazioni svolte e, in questa eventualità, il liquidatore deve rimettere gli atti al giudice delegato.

2. – In caso di rimessione degli atti al giudice delegato, questi sarà tenuto a provvedere alla definitiva formazione del passivo con decreto motivato, da depositare in cancelleria e pubblicare sul sito *web* del tribunale o del Ministero della giustizia. Si giunge, in tal modo, all'ipotesi in cui l'accertamento dei debiti avviene in via giudiziale e si tende a ritenere necessaria in questo frangente l'assistenza tecnica, ammettendo la partecipazione dei creditori e dei titolari dei diritti sui beni del debitore, nonché di quest'ultimo, senza preclusioni derivanti dalla precedente fase preliminare[17]. Tuttavia, occorre notare come il carattere del tutto eventuale dell'intervento del giudice non sia privo di incongruenze, là dove potrebbe pure trattarsi di debitori che svolgono attività imprenditoriale, benché assoggettati a liquidazione controllata, anziché giudiziale[18].

Per disciplinare l'evenienza *de qua*, la norma parla di contestazioni «*non superabili*», in contrapposizione a quelle «*fondate*». Significa che il liquidatore può rimettere gli atti al giudice delegato non solo quando reputa prive di fondamento le lamentele sollevate dai creditori[19], ma verosimilmente anche in altre circostanze in cui ritiene di non poter superare da solo le doglianze. Si pensi al caso di dubbi in ordine alla bontà delle contestazioni avanzate dai creditori; ovvero alla situazione nella quale un creditore rimasto silente sul primo progetto abbia poi sollevato riserve in riferimento alla seconda versione presentata dal liquidatore[20]. Risulta confermato, così, il sistema previgente (art. 14-*octies*, l. n. 3 del 2012), volto ad attribuire al giudice il compito della definitiva formazione dello stato pas-

[14] In realtà, si tratta di vere e proprie contestazioni, mentre è stato eliminato l'ambiguo riferimento all'approvazione da parte del liquidatore, perché è evidente che si tratta della definitiva formazione del progetto dallo stesso redatto: VATTERMOLI, *La procedura*, 791.

[15] Per una critica, NAPOLITANO, *La liquidazione*, 257 s., a parere del quale sarebbe stato più opportuno prevedere la pubblicazione su entrambi i siti, pur sottolineando il valore meramente "notiziale" di tale adempimento pubblicitario.

[16] Correttamente, nel vigore dell'art. 14-*octies*, l. n. 3 del 2012, BATTAGLIA, *Art. 14*-quinquies, 3250; LO CASCIO, *L'ennesima modifica*, 824; PANZANI, *L'esdebitazione*, 726.

[17] Già, DONZELLI, *Prime riflessioni*, 631; conforme, BATTAGLIA, *Art. 14*-quinquies, 3250 s.

[18] La differenza di trattamento che viene così a formarsi tra imprese minori e le altre, rispetto alla modalità semplificata di formazione del passivo, è priva di giustificazione a parere di NAPOLITANO, *La liquidazione*, 259.

[19] Non avendo alcun potere di soluzione eteronoma dei conflitti che possono sorgere in tale fase: resta tuttora valida la considerazione, in proposito, di DONZELLI, *Prime riflessioni*, 631.

[20] Ciò può accadere ove siano state accolte lamentele di altri, ai quali sia stata riconosciuta l'ammissione in precedenza negata, ovvero un titolo di prelazione dapprima respinto.

sivo dinanzi a contestazioni ritenute infondate dal liquidatore e, dunque, non superabili [21]. Nulla si dice tuttora circa il valore delle verifiche dei crediti svolte in tale sede, ma il carattere semplificato della procedura di accertamento deve, *a fortiori*, avere gli stessi effetti meramente endoprocessuali previsti per la liquidazione giudiziale (art. 204, comma 5) [22].

3. – Contro il decreto che statuisce lo stato passivo può essere proposto reclamo davanti al collegio, di cui non può far parte il giudice delegato. Il procedimento si svolge senza formalità, assicurando il rispetto del contraddittorio. È dubbia l'individuazione dei soggetti che possono proporre tale rimedio, giacché è evidente che se si arriva innanzi al giudice delegato è perché alcuni creditori hanno proposto delle osservazioni che il liquidatore ha giudicato insuperabili, altrimenti il passivo si sarebbe potuto chiudere senza l'intervento del giudice. Conviene, allora, chiedersi se debba riconoscersi il potere di proporre reclamo soltanto ai creditori che hanno formulato le contestazioni (rimasti delusi dalla definitiva statuizione del giudice delegato), oppure anche agli altri, restati in precedenza silenti. L'interesse del creditore non è solo quello alla propria ammissione, ma pure all'esclusione di soggetti non legittimati o di privilegi insussistenti [23], per cui deve preferirsi la seconda soluzione.

Il reclamo è l'unico meccanismo di impugnazione previsto e si sono segnalate, in merito, diverse possibilità di inquadramento: si è proposto il ricorso agli istituti generali processualistici, ossia al reclamo cautelare, oppure a quello tipicamente disciplinato nell'ambito dei procedimenti camerali di cui agli artt. 737 ss. c.p.c. [24]; infine, si è fatto riferimento al reclamo previsto contro qualsiasi atto del giudice delegato, la cui disciplina è contenuta nell'art. 124 [25]. In questo senso milita, invero, la disciplina dettata dall'art. 275 per impugnare il piano di riparto, ove l'art. 124 è espressamente menzionato ed il sistema di approvazione all'uopo prestabilito presenta indubbie analogie con quello concernente lo stato passivo. Stesso richiamo si ritrova nelle disposizioni riguardanti l'esdebitazione di diritto (art. 282, comma 3) e, dopo il d.lgs. n. 147 del 2020, anche nell'ultimo comma della norma in commento [26].

L'accoglimento di questa impostazione implica che il reclamo va proposto nel termine perentorio di dieci giorni, oltre alle ulteriori regole desumibili dallo stesso art. 124, nel limite della loro compatibilità. Appare, però, problematica proprio l'individuazione dell'obbligo di comunicazione del decreto in questione nei confronti dei creditori, perché la

[21] Vigente la liquidazione del patrimonio, VATTERMOLI, *La procedura*, 787.

[22] E v. CAMPOBASSO, *Dalla procedura*, 148, nota 24; ma, per le varie tesi possibili, ivi compresa quella della piena stabilità degli accertamenti in questione *ex* art. 2909 c.c., DONZELLI, *Prime riflessioni*, 632.

[23] E, più in generale, alla corretta ammissione dei creditori concorrenti: NAPOLITANO, *La liquidazione*, 259; evidenzia solo l'abbandono del rito camerale, LEUZZI, *La liquidazione*, 58.

[24] Applicabili, nel vigore della vecchia disciplina, a parere di: DE SENSI, *La nuova disciplina*, 660; GIANNELLI, *Il procedimento*, 205; VATTERMOLI, *La procedura*, 792.

[25] Così, NAPOLITANO, *La liquidazione*, 259 s.

[26] Non manca chi reputa tali richiami indicativi nel senso di non rifarsi all'art. 124 per risolvere le questioni di formazione dello stato passivo: DE MATTEIS, *La liquidazione*, 373, per il quale occorre utilizzare il modello previsto dall'art. 207 nei limiti di compatibilità, ferma restando l'inammissibilità dell'impugnazione e della revocazione.

norma in commento, nel richiamare il proprio comma 3, prevede soltanto che lo stesso deve essere depositato in cancelleria e pubblicato sul sito *web* del tribunale o del Ministero della giustizia; mentre nella liquidazione giudiziale il curatore, immediatamente dopo la dichiarazione di esecutività dello stato passivo, ne dà notizia trasmettendo una copia a tutti i ricorrenti, informandoli del diritto di proporre opposizione in caso di mancato accoglimento della domanda (art. 205). Si è, però, ritenuto ragionevole credere che il liquidatore sia ugualmente obbligato ad effettuare tale comunicazione[27].

Il più assoluto silenzio è serbato anche in ordine alla ricorribilità o meno per Cassazione *ex* art. 111 Cost. avverso il decreto emesso all'esito del reclamo[28]. Anche qui il riferimento alla liquidazione giudiziale pone non pochi problemi ricostruttivi, in quanto è espressamente prevista tale evenienza dall'art. 207, comma 14, ed è stabilito che debba essere proposto entro trenta giorni dalla comunicazione alle parti ad opera della cancelleria. Sicché, ove si riconoscesse carattere decisorio al provvedimento in esame, come appare preferibile, diventa innegabile la possibilità di fare ricorso in Cassazione secondo le regole del codice di procedura civile[29].

4. – La prima versione della norma in commento non si occupava delle domande tardive, analogamente alla l. n. 3 del 2012[30], con conseguente discussione circa l'applicabilità delle regole proprie della liquidazione giudiziale[31]. Con il d.lgs. n. 147 del 2020 il punto viene affrontato dal legislatore e risolto con il nuovo comma 7, volto a disciplinare tale profilo sulla falsariga della liquidazione giudiziale, stando alle parole della Relazione illustrativa. Tuttavia, il modello di riferimento è quello delle domande ultratardive per tutte quelle che non sono effettuate tempestivamente[32]. Ed infatti, le nuove domande sono

---

[27] Per questa tesi, NAPOLITANO, *La liquidazione*, 260.

[28] A favore dell'opinione positiva, nel vecchio regime, BATTAGLIA, *Art. 14*-quinquies, 3251; DONZELLI, *Prime riflessioni*, 631; TARANTINO, *L'accertamento*, 685.

[29] È stata però reputata incongrua l'applicazione dei termini generali, siccome ragioni di celerità hanno imposto un tempo più ridotto per la liquidazione giudiziale; pertanto, in quella controllata, questo dovrebbe semmai essere ancora più stretto e non certo maggiore, secondo NAPOLITANO, *La liquidazione*, 260 s., che reputa applicabile in via analogica il termine di trenta giorni previsto per la liquidazione giudiziale; tuttavia, il carattere semplificato della procedura va distinto dalle esigenze di celerità della liquidazione giudiziale, non ricorrenti nel caso di specie.

[30] Come segnalato, parlando di una vistosa carenza, da: MANENTE, *Gli strumenti*, 599; VATTERMOLI, *La procedura*, 792 e nota 63, per il quale il termine per la presentazione tempestiva della domanda non può essere considerato in alcun caso perentorio, poiché in tutte le altre procedure concorsuali il creditore è legittimato altresì a presentare domanda di ammissione tardiva.

[31] Per questa tesi, LO CASCIO, *L'ennesima modifica*, 824, secondo cui il termine entro il quale tali richieste potevano essere fatte valere doveva essere fissato dal giudice nel contraddittorio tra le parti; poi, NARDECCHIA, *Il nuovo codice*, 220. Diversamente, per l'applicazione di un regime più favorevole, CAMPOBASSO, *Dalla procedura*, 148; all'opposto, per la tesi della perdita per il creditore ritardatario degli eventuali riparti parziali, BATTAGLIA, *Art. 14*-quinquies, 3251.

[32] Ma v., prima del correttivo, in senso contrario all'applicazione delle limitazioni previste dall'art. 208, comma 3, per le domande ultratardive, CAMPOBASSO, *Dalla procedura*, 148, secondo cui non ricorrevano le finalità di efficienza e di accelerazione dell'accertamento del passivo proprie della liquidazione giudiziale. In seguito al c.d. decreto correttivo il punto viene affrontato dal legislatore e risolto con il nuovo comma 7.

proponibili fino a che non è esaurita l'intera ripartizione dell'attivo, a due ulteriori condizioni: la dimostrazione della non imputabilità del ritardo da parte dell'istante e la trasmissione della domanda entro sessanta giorni dal momento in cui è cessata la causa che ne ha impedito il deposito tempestivo [33]. Il procedimento di accertamento delle domande «*tardive*» si svolge nelle stesse forme stabilite per quelle tempestive.

[33] ACCETTELLA, *La liquidazione*, 694, per il quale sono inammissibili le domande prive di indicazione delle circostanze da cui è dipeso il ritardo o della relativa prova; DE MATTEIS, *La liquidazione*, 374.

Articolo 274

Azioni del liquidatore

1. Il liquidatore, autorizzato dal giudice delegato, esercita o se pendente, prosegue, ogni azione prevista dalla legge finalizzata a conseguire la disponibilità dei beni compresi nel patrimonio del debitore e ogni azione diretta al recupero dei crediti.

2. Il liquidatore, sempre con l'autorizzazione del giudice delegato, esercita o, se pendenti, prosegue le azioni dirette a far dichiarare inefficaci gli atti compiuti dal debitore in pregiudizio dei creditori, secondo le norme del codice civile.

3. Il giudice delegato autorizza il liquidatore ad esercitare o proseguire le azioni di cui ai commi 1 e 2, quando è utile per il miglior soddisfacimento dei creditori.

Paolo Ghionni Crivelli Visconti

Sommario: 1. Le novità previste in tema di azioni del liquidatore. Gli atti pregiudizievoli ai creditori. – 2. Le tre tipologie di azioni esercitabili e la perdita di legittimazione processuale del debitore.

1. – La norma in commento segna svariate e rilevanti differenze rispetto all'originario art. 14-*decies*, l. n. 3 del 2012, dettato in tema di azioni del liquidatore, almeno per tre aspetti: 1) la perdita della legittimazione processuale da parte del debitore [1]; 2) la necessità di autorizzazione del giudice delegato per le azioni promosse o proseguite dal liquidatore; 3) la disciplina degli atti pregiudizievoli ai creditori, con conseguente attribuzione a tale soggetto della facoltà di agire al riguardo. Con riferimento a quest'ultimo profilo, in passato, si era esclusa la possibilità di applicare per analogia la regolamentazione della revocatoria fallimentare, argomentando dall'insussistenza di qualsiasi fondamento normativo in proposito e dalla mancanza dello stato di insolvenza [2]. La lacuna è ora colmata con l'aggiunta dell'espresso potere del liquidatore di esperire le azioni dirette a far dichiarare inefficaci gli

---

[1] Fermo restando che si tratta di profilo controverso nel sistema precedente e da taluni già risolto in via interpretativa, affermando la perdita di legittimazione del debitore anche per i giudizi in corso, nonostante il dato normativo oscuro (art. 14-*decies*, l. n. 3 del 2012, testo originario): così, ad esempio, D'Aiello, *Gli effetti*, 668; Leuzzi, *La liquidazione*, 50; e, in termini dubitativi, Di Girolamo, *La liquidazione*, 142 s. Dubbia sarebbe stata, invece, la sola legittimazione passiva del liquidatore, a giudizio di Tarantino, *L'accertamento*, 687. Cfr., altresì, *infra* nota 14.

[2] Lo rileva, Vattermoli, *La procedura*, 787.

atti compiuti dal debitore in pregiudizio dei creditori [3], ipotesi che si affianca alle altre due già previste nel regime previgente, concernenti le azioni volte al recupero dei crediti e quelle dirette a conseguire la disponibilità dei beni compresi nel patrimonio del debitore.

Ne esce confermata, pertanto, l'inapplicabilità della disciplina della revocatoria nella liquidazione giudiziale [4], sia pure per implicito, poiché si fa espresso riferimento alle norme del codice civile quanto alle azioni tese a far dichiarare inefficaci gli atti compiuti dal debitore in pregiudizio dei creditori. Evidente appare, al riguardo, il riferimento all'*actio pauliana* [5], in maniera non dissimile dal vecchio art. 66 l. fall. [6], nonché in genere agli strumenti di diritto comune, ricorrendone i presupposti [7]. Tale innovazione spiega perché è stata depennata la condizione di accesso alla procedura consistente nell'assenza di atti in frode ai creditori negli ultimi cinque anni (art. 14-*quinquies*, comma 1, l. n. 3 del 2012) [8]. Di contro, lascia perplessi l'eliminazione, tra gli allegati alla domanda, dell'indicazione degli eventuali atti di disposizione compiuti negli ultimi cinque anni (artt. 9, comma 2 e 14-*ter*, comma 2, l. n. 3 del 2012), poiché ciò sarebbe servito a facilitare il compito del liquidatore; tuttavia, una prescrizione del genere può rinvenirsi nell'art. 39, comma 2, applicabile in virtù del rinvio alla disciplina del Titolo III del nuovo Codice, contenuto nell'art. 270, comma 5 [9].

Per altro verso, l'attribuzione della legittimazione in capo al liquidatore consente di ritenere che l'esperimento della revocatoria ordinaria vada a beneficio di tutti i creditori, quale azione della massa [10]. Significa che, attraverso il suo esercizio, possono rendersi inopponibili ai creditori concorsuali gli atti dispositivi compiuti dal debitore oggetto di impugnazione, incrementando così l'attivo da destinare a coloro che sono ammessi al passivo.

2. – Oltre alle azioni dirette a far dichiarare inefficaci gli atti compiuti dal debitore in pregiudizio dei creditori, al liquidatore spetta anche l'esercizio di quelle finalizzate a conseguire la disponibilità dei beni compresi nel suo patrimonio ed al recupero dei crediti. Si ribadisce così quanto previsto dall'originario art. 14-*decies*, l. n. 3 del 2012 [11]; mentre

---

[3] Cfr. BARONCINI, *Le novità*, 427.

[4] CAMPOBASSO, *Dalla procedura*, 144; LEUZZI, *La liquidazione*, 54 s.

[5] Sia pure assente, in maniera espressa, come già accadeva rispetto alla liquidazione del patrimonio: BATTAGLIA, *Art. 14*-novies, 3255 s.; ma, per l'inapplicabilità di tale strumento nel regime previgente, GIAVARRINI, *La procedura*, 731 e 735.

[6] Cfr. NAPOLITANO, *La liquidazione*, 261.

[7] Quali, ad esempio, la rescissione o la ripetizione di indebito: CAMPOBASSO, *Dalla procedura*, 144.

[8] Ma v. BARONCINI, *Le novità*, 425 s., che ricollega l'assenza di verifica del compimento di atti in frode nell'ultimo quinquennio ad un maggior *favor* normativo per il sovraindebitato.

[9] In merito, ACCETTELLA, *La liquidazione*, 671 s.

[10] Alla luce della nuova regolamentazione, LEUZZI, *La liquidazione*, 54; in precedenza, DI GIROLAMO, *La liquidazione*, 138 e nota 65; VATTERMOLI, *La procedura*, 787; all'opposto, per la tesi negativa, PACCHI, *I procedimenti*, 69; e, in termini dubitativi, PANZANI, *L'esdebitazione*, 725, secondo cui non era prevista una specifica disciplina delle azioni revocatorie ed era dubbio che il liquidatore potesse esperire quella ordinaria; nel medesimo senso, MANENTE, *Gli strumenti*, 597, nota 130.

[11] Ma v. PINI, PORCARI, *La disciplina*, 288, secondo cui mancherebbe una norma analoga all'art. 14-*decies*, l. n. 3 del 2012 e, quindi, sarebbe incerta la possibilità per il liquidatore di esercitare attività recuperatorie.

scompare il riferimento al legame tra la prima tipologia di *actiones* e lo svolgimento dell'attività di amministrazione, come già accaduto con l'allineamento di tale disposizione alla presente versione della norma in commento (ad opera del d.l. n. 137 del 2020, conv. con l. n. 176 del 2020)[12].

In tutte e tre le tipologie di azioni esercitabili, la legittimazione spetta al liquidatore tanto per instaurare nuove liti quanto per proseguirle e, perciò, l'apertura della procedura sembra determinare la perdita della *legitimatio ad processum* in capo al debitore in relazione ai rapporti patrimoniali inclusi nella stessa, specie allorché vi rientra, per espressa previsione legislativa, anche la prosecuzione dei giudizi pendenti[13]. Sotto questo profilo, la norma segna una rottura col passato, poiché taluni sottolineavano come, diversamente dal fallimento, non vi fosse il venir meno della legittimazione processuale del debitore, né parimenti l'interruzione delle controversie in corso[14].

Ne discende, dunque, tanto la possibilità di esperire *ex novo* le azioni presenti nel patrimonio del debitore, quanto quella di proseguire quelle già avviate da quest'ultimo. È oggi chiarito, del resto, che le liti già instaurate relative a rapporti di diritto patrimoniale del sovraindebitato compresi nella liquidazione debbano interrompersi, come previsto dall'art. 143, comma 3, dettato per la liquidazione giudiziale e richiamato dall'art. 270, comma 5[15]. Ciò comporta che il termine per la riassunzione del processo interrotto dovrebbe decorrere da quando l'interruzione viene dichiarata dal giudice in applicazione diretta dell'art. 143, comma 3, anziché analogica[16].

In ogni caso, è sempre necessario che il liquidatore venga autorizzato dal giudice delegato[17], diversamente da quanto stabilito dall'originario art. 14-*decies*, l. n. 3 del 2012[18]. Inoltre, il comma 3 della disposizione in commento tiene a precisare che il benestare – ad esercitare, oppure a proseguire le azioni – viene concesso quando è utile per il miglior soddisfacimento dei creditori. Precisazione, quest'ultima, ritenuta da taluni di dubbia utilità dal momento che il criterio con cui si decide se autorizzare o meno il curatore, in ambito fallimentare, è già da tempo quello della convenienza per la massa oltre, come ovvio, alla presumibile fondatezza dell'azione da intraprendere o continuare[19].

Infine, manca qualsiasi riferimento alla legittimazione ad esperire eventuali azioni di responsabilità, aspetto regolato in modo puntuale nell'art. 255 per la liquidazione giudi-

---

[12] Prima del quale si faceva riferimento alla possibilità di esperire, fra le altre, ogni azione «*comunque correlata con lo svolgimento dell'attività di amministrazione*» (art. 14-*decies*, l. n. 3 del 2012, testo originario).

[13] E v. NAPOLITANO, *La liquidazione*, 261.

[14] Cfr. DONZELLI, *Prime riflessioni*, 631 s., che propendeva per la perdurante legittimazione processuale del debitore ed attribuiva al liquidatore una legittimazione ad agire straordinaria a carattere surrogatorio, da cui la necessaria partecipazione del primo, argomentando dall'art. 2900 c.c. e riconoscendo al secondo, per contro, la facoltà di intervenire volontariamente nei giudizi pendenti.

[15] Con conseguente attribuzione al liquidatore della legittimazione processuale attiva e passiva in luogo del debitore: CAMPOBASSO, *Dalla procedura*, 143 s.

[16] Ma, a quanto consta, in favore del richiamo per analogia, NARDECCHIA, *Il nuovo codice*, 218.

[17] Sul punto, LEUZZI, *La liquidazione*, 54 s.

[18] Evidenziava la mancanza di alcuna preventiva autorizzazione da parte del giudice, DONZELLI, *Prime riflessioni*, 631; nonché, BATTAGLIA, *Art. 14-*novies, 3255.

[19] Cfr. NAPOLITANO, *La liquidazione*, 261.

ziale, in cui l'individuazione delle fattispecie ammesse vale anche a selezionare quelle che il legislatore considera di pertinenza della massa. Analoghi poteri devono riconoscersi al liquidatore pure all'interno della liquidazione controllata [20], creandosi altrimenti una frattura sistematica priva di giustificazione alcuna. Del resto, il silenzio del legislatore potrebbe essere il frutto di una mera svista, da ricollegare al fatto che il sovraindebitamento trae origine dalla necessità di regolare la crisi del debitore civile, trascurando l'ipotesi che possa altresì riguardare un'impresa societaria. Nondimeno, anche senza ricorrere all'applicazione analogica dell'art. 255, potrebbe propendersi per la soluzione positiva attraverso una lettura estensiva delle azioni volte al recupero crediti, poiché anche quelle di responsabilità hanno pur sempre ad oggetto pretese di questo tipo, sia pure di natura risarcitoria.

---

[20] Per la soluzione positiva, CAMPOBASSO, *Dalla procedura*, 143.

Articolo 275
Esecuzione del programma di liquidazione

1. Il programma di liquidazione è eseguito dal liquidatore, che ogni sei mesi ne riferisce al giudice delegato. Il mancato deposito delle relazioni semestrali costituisce causa di revoca dell'incarico ed è valutato ai fini della liquidazione del compenso.

2. Il liquidatore ha l'amministrazione dei beni che compongono il patrimonio di liquidazione. Si applicano le disposizioni sulle vendite nella liquidazione giudiziale, in quanto compatibili. Eseguita la vendita e riscosso interamente il prezzo, il giudice ordina la cancellazione delle iscrizioni relative ai diritti di prelazione, delle trascrizioni dei pignoramenti e dei sequestri conservativi nonché di ogni altro vincolo.

3. Terminata l'esecuzione, il liquidatore presenta al giudice il rendiconto. Il giudice verifica la conformità degli atti dispositivi al programma di liquidazione e, se approva il rendiconto, procede alla liquidazione del compenso del liquidatore.

4. Il giudice, se non approva il rendiconto, indica gli atti necessari al completamento della liquidazione ovvero le opportune rettifiche ed integrazioni del rendiconto, nonché un termine per il loro compimento. Se le prescrizioni non sono adempiute nel termine, anche prorogato, il giudice provvede alla sostituzione del liquidatore e nella liquidazione del compenso tiene conto della diligenza prestata, con possibilità di escludere in tutto o in parte il compenso stesso.

5. Il liquidatore provvede alla distribuzione delle somme ricavate dalla liquidazione secondo l'ordine di prelazione risultante dallo stato passivo, previa formazione di un progetto di riparto da comunicare al debitore e ai creditori, con termine non superiore a giorni quindici per osservazioni. In assenza di contestazioni, comunica il progetto di riparto al giudice che senza indugio ne autorizza l'esecuzione.

6. Se sorgono contestazioni sul progetto di riparto, il liquidatore verifica la possibilità di componimento e vi apporta le modifiche che ritiene opportune. Altrimenti rimette gli atti al giudice delegato, il quale provvede con decreto motivato, reclamabile ai sensi dell'articolo 124.

Paolo Ghionni Crivelli Visconti

Sommario: 1. Le novità in tema di esecuzione del programma di liquidazione e l'obbligo informativo del liquidatore. – 2. L'attività di amministrazione e di liquidazione. – 3. Approvazione del rendiconto, controllo del giudice e successivo riparto. – 4. Revoca e responsabilità del liquidatore.

1. – L'esecuzione del programma di liquidazione è regolata per alcuni aspetti in maniera contigua al vecchio sistema e, per altri, in modo differente (art. 14-*novies*, l. n. 3 del

2012), anche colmando alcuni vuoti, come quelli concernenti la ripartizione del ricavato e la previsione di un meccanismo di controllo giudiziale sulla stessa [1].

Come naturale, al liquidatore spetta non solo la predisposizione del piano di liquidazione, ma altresì di darvi esecuzione, prevedendo oggi anche uno specifico obbligo informativo, in passato assente, che consiste nel dovere di riferirne ogni sei mesi al giudice delegato. Il mancato deposito delle relazioni semestrali è fonte di due possibili conseguenze: 1) costituisce causa di revoca dell'incarico; 2) è valutato ai fini della liquidazione del compenso. Quanto alla prima sanzione, riempiendo solo in parte una lacuna del passato [2], il legislatore ricollega alla violazione di uno specifico dovere del liquidatore la sua rimozione [3]. L'altra conseguenza dell'omessa relazione semestrale risiede nella valutazione di tale inadempimento ai fini della determinazione del compenso spettante al liquidatore.

2. – Il comma 2 della norma in commento attribuisce al liquidatore l'amministrazione dei beni che compongono il patrimonio di liquidazione. Questa scelta si pone senza soluzione di continuità con l'art. 14-*novies*, comma 2, l. n. 3 del 2012 [4], attestando così lo spossessamento del debitore, fatta eccezione per alcuni cespiti del patrimonio esclusi dalla liquidazione [5], in ordine ai quali non si registrano particolari novità [6]. La titolarità dei beni resta, perciò, in capo al debitore, per cui eventuali atti di disposizione effettuati dallo stesso, al pari dei pagamenti, dovrebbero considerarsi validi, ma relativamente inefficaci nei confronti della massa, alla stregua dell'art. 144 [7].

L'amministrazione dei beni è una delle funzioni principali del liquidatore, comprensiva delle attività di liquidazione in senso stretto (conversione dei beni in danaro) e di quelle strettamente connesse, quali gestione, ricostruzione e distribuzione dell'attivo, per cui l'assenza di qualsiasi distinzione tra atti di ordinaria e straordinaria amministrazione lascia intendere che al liquidatore spetta il compimento di entrambi, senza la necessità di ottenere la preventiva autorizzazione del giudice [8]. Ne discende che il suo ruolo è stato, per molti

---

[1] In relazione alla normativa previgente, per la mancanza di una regolamentazione espressa al riguardo, DI GIROLAMO, *La liquidazione*, 118 e 145; DONZELLI, *Prime riflessioni*, 625 e 633; analogamente, DE SENSI, *La nuova disciplina*, 654; v., tuttavia, LEUZZI, *La liquidazione*, 62, per il quale sono poche le originalità di disciplina previste sul punto dal nuovo Codice.

[2] Quando si sottolineava, nel vigore della liquidazione del patrimonio, la totale assenza di regole riguardanti la cessazione dall'ufficio di liquidatore: VATTERMOLI, *La procedura*, 779.

[3] Su cui si veda *infra* al § 4.

[4] Nel vigore della liquidazione del patrimonio, BATTAGLIA, *Art. 14*-novies, 3254; FALCONE, *I procedimenti*, 2131; FRASCAROLI SANTI, *Procedimenti*, 581; PACCHI, *I procedimenti*, 71; RISPOLI FARINA, *La nuova*, 659.

[5] Cfr. DE MATTEIS, *La liquidazione*, 363 ss.; NARDECCHIA, *Il nuovo codice*, 221.

[6] Come già stabilito dall'art. 14-*ter*, comma 6, l. n. 3 del 2012 ed ora dall'art. 268, comma 4, nonché, in presenza di gravi e specifiche ragioni, dall'art. 270, comma 2, lett. *e*) [corrispondente, sul punto, al vecchio art. 14-*quinquies*, comma 2, lett. *e*), l. n. 3 del 2012] per quei cespiti di cui ne sia autorizzato l'uso a favore del debitore: da qui, si è parlato di spossessamento attenuato con riguardo alla liquidazione del patrimonio (e v. PANZANI, *L'esdebitazione*, 725; nella sua scia, MANENTE, *Gli strumenti*, 597; per una netta presa di distanza, PACCHI, *I procedimenti*, 74; MONTANARI, BACCAGLINI, BARONCINI, *La liquidazione*, 351 s., che parlano di spossessamento pieno).

[7] Così, a cavallo tra vecchia e nuova disciplina, LEUZZI, *La liquidazione*, 50.

[8] Già, DI GIROLAMO, *La liquidazione*, 139; PACCHI, *I procedimenti*, 74.

aspetti, accostato a quello del curatore fallimentare [9]. Quanto ai rimedi ed ai controlli cui sottoporre gli atti compiuti, nel vigore della vecchia disciplina sul sovraindebitamento, si è prospettata l'eventualità degli interessati di attivare il procedimento in camera di consiglio disciplinato dagli artt. 737 ss. c.p.c., con la consueta possibilità di proporre reclamo al tribunale contro il provvedimento del giudice [10].

La versione iniziale della norma – per come risultante dall'originario schema di decreto legislativo recante il Codice [11] – non aggiungeva altro. L'attuale e definitiva formulazione prevede, altresì, che si applicano, in quanto compatibili, le disposizioni sulle vendite nella liquidazione giudiziale (artt. 214 ss.) [12]. Viene scongiurato, così, non solo il pericolo di un possibile vuoto da colmare in via interpretativa, ma pure il rischio che si potesse immaginare l'esistenza di una totale libertà sul punto da parte del liquidatore, per via della mancanza di indicazioni legislative al riguardo, una volta deciso di non predisporre una disciplina a sé stante, come accadeva, invece, in passato [13]. Si assicura, in questo modo, l'osservanza del principio della necessaria competitività delle vendite, funzionale al miglior esito della liquidazione [14]. Ciò impone, di contro, un'attenta verifica di quali disposizioni possano ritenersi effettivamente compatibili.

È sempre il comma 2 a precisare ancora che, dopo aver eseguito la cessione e riscosso interamente il prezzo, il giudice ordina la cancellazione delle iscrizioni relative ai diritti di prelazione, delle trascrizioni dei pignoramenti e dei sequestri conservativi, nonché di ogni altro vincolo. Siffatta previsione, nel contemplare la purgazione dei beni, mira a favorire la vendita e, in genere, la circolazione dei cespiti ceduti all'interno della liquidazione controllata, alla stregua di una vendita coattiva [15]. Inizialmente, tale regolamentazione era prevista nell'art. 276 dello schema del Codice, quale conseguenza della chiusura della procedura [16]. Si tratta di modifica opportuna, allo stesso modo di quanto stabilito nell'art. 14-*novies*, comma 3, l. n. 3 del 2012, giacché ritardare la purgazione dei beni fino al termine della procedura sarebbe stato privo di giustificazione ed avrebbe reso meno appetibile il loro acquisto in seno alla liquidazione controllata.

---

[9] Lo afferma, PISANI MASSAMORMILE, *Una legge sfortunata*, 189.

[10] Ipotesi avanzata da VATTERMOLI, *La procedura*, 780; in seguito, LEUZZI, *La liquidazione*, 44.

[11] Testo trasmesso, in data 14 novembre 2018, dal Governo al Parlamento e consultabile in *osservatorio-oci.org*.

[12] Lo evidenzia, BARONCINI, *Le novità*, 427.

[13] Si tratta di opzione da accogliere con favore, poiché per la liquidazione del patrimonio si prevedeva una normativa ben più scarna di quella fallimentare (art. 14-*novies*, comma 2, l. n. 3 del 2012), ma pur sempre alla stessa ispirata, ponendo così problemi di integrazione quanto agli aspetti non regolati. Ad esempio, la necessità della pubblicazione dei beni da liquidare sul portale delle vendite pubbliche del sito del Ministero della Giustizia (sostenuta da Trib. Mantova, 16 febbraio 2018, in *ilcaso.it*; conforme, LEUZZI, *La liquidazione*, 64 s.) appare oggi necessaria alla luce della diretta applicazione dell'art. 216, secondo quanto ivi disposto. Altri problemi posti dal vecchio art. 14-*novies*, comma 2, l. n. 3 del 2012, con le relative soluzioni, possono leggersi in VATTERMOLI, *La procedura*, 795 s.

[14] Cfr. NARDECCHIA, *Il nuovo codice*, 221.

[15] Per tale inquadramento della vendita fallimentare, FABIANI, PICCOLO, *Vendita fallimentare*, 4 ss., secondo cui la conclusione non muta qualora l'*iter* procedimentale si concluda con atto notarile, anziché con decreto di trasferimento.

[16] Il riferimento è, di nuovo, al testo trasmesso, in data 14 novembre 2018, dal Governo al Parlamento e consultabile in *osservatorio-oci.org*.

3. – Esaurite le operazioni di monetizzazione del patrimonio, il liquidatore trasmette il rendiconto [17]. Al giudice è affidato il controllo sull'operato di quest'ultimo, come già previsto nella disciplina previgente (art. 14-*novies*, commi 2 e 3, l. n. 3 del 2012) [18], in merito alle operazioni di liquidazione in senso stretto, per cui occorre verificare la conformità degli atti dispositivi al programma e, in caso di approvazione del rendiconto, procedere alla liquidazione del suo compenso. Altrimenti, nell'ipotesi di difformità, il giudice deve indicare gli atti necessari al completamento della liquidazione, ovvero le opportune rettifiche ed integrazioni del rendiconto, nonché un termine per il loro compimento, suscettibile di proroga. In caso di inadempimento, il giudice provvede alla sostituzione del liquidatore [19]; e, nella determinazione del compenso, tiene conto della diligenza prestata, potendo ridurlo o negarlo del tutto, a seconda delle circostanze.

Approvato il rendiconto, il liquidatore deve procedere alla distribuzione delle somme ricavate dalla monetizzazione del patrimonio del debitore, nel rispetto delle cause legittime di prelazione *ex* art. 2741 c.c. [20], sulla base di un progetto di riparto, da comunicare al debitore ed ai creditori, assegnando loro un termine non superiore a quindici giorni per formulare osservazioni. In assenza di contestazioni, il piano viene trasmesso al giudice che, senza indugio, ne autorizza l'esecuzione. Se, invece, vi sono doglianze, il liquidatore verifica la possibilità di componimento ed apporta al progetto di riparto le modifiche che ritiene opportune; in caso contrario, deve rimettere gli atti al giudice delegato, il quale provvede con decreto motivato, reclamabile ai sensi dell'art. 124. Si è parlato, in proposito, di una sorta di attività transattiva endoprocedurale, naufragata la quale si deve inevitabilmente investire della decisione il giudice delegato [21]. Il sistema pare, in larga parte, sovrapponibile a quello predisposto per la formazione dello stato passivo [22], a conferma degli ampi poteri attribuiti all'organo tecnico.

Per altro verso, nel silenzio della norma, deve ritenersi che spetti al liquidatore la scelta in ordine alla previsione o meno di eventuali riparti parziali [23], nonché rispetto a quale criterio seguire quanto agli accantonamenti, sia per la copertura delle spese di procedura, sia per preservare la posizione dei titolari di crediti contestati o condizionati [24].

Occorre precisare, inoltre, come debba regolarsi il liquidatore nel caso in cui effettui delle modifiche al piano di ripartizione sulla base delle considerazioni ricevute; pare preferibile credere che sia indispensabile comunicarlo di nuovo al debitore ed ai creditori, poiché bisogna consentire loro di esaminare il progetto modificato, benché la norma non lo

---

[17] Si colma, così, un vuoto del regime previgente, silente sul punto, come rilevato da MANENTE, *Gli strumenti*, 600; ma, per la sussistenza di tale obbligo, in via interpretativa, VATTERMOLI, *La procedura*, 781 e 797; LEUZZI, *La liquidazione*, 45.

[18] E v. VATTERMOLI, *La procedura*, 778, che evidenziava l'assenza di una disposizione sulla generale reclamabilità degli atti del curatore, alla stregua dell'art. 36 l. fall.

[19] Profilo in relazione al quale si veda *infra* al § 4.

[20] Già, VATTERMOLI, *La procedura*, 796; poi, LEUZZI, *La liquidazione*, 65 s.

[21] Riflessione di LEUZZI, *La liquidazione*, 67.

[22] Cfr. BARONCINI, *Le novità*, 428.

[23] Ma, per l'inammissibilità, a causa del carattere semplificato e rapido della procedura, ACCETTELLA, *La liquidazione*, 696; DE MATTEIS, *La liquidazione*, 381.

[24] Sul punto, VATTERMOLI, *La procedura*, 797.

dica espressamente. Bisogna, cioè, far ripartire il procedimento che consente di giungere alla predisposizione definitiva del piano di riparto. In linea di principio, quindi, il creditore che non svolge alcuna osservazione non dovrebbe avere, poi, interesse a reclamare il decreto con cui il giudice delegato ne autorizza l'esecuzione; tuttavia, le contestazioni svolte da un altro creditore, una volta recepite dal giudice o dal liquidatore [25], possono suscitare anche il legittimo interesse al reclamo di colui che è rimasto inizialmente silente [26].

4. – Come accennato, una specifica causa di revoca risiede nel mancato deposito delle relazioni semestrali da parte del liquidatore. Sulla base del perentorio tenore letterale della norma, la rimozione appare in tal caso obbligata, senza che sia concesso svolgere una valutazione differente [27]. Fattispecie analoga è prevista dal comma 4 della disposizione in commento, dove ugualmente è utilizzata una formulazione *tranchant* in caso di inadempimento di precisi doveri relativi al completamento della liquidazione oppure alla modifica del rendiconto, violati i quali il liquidatore viene sostituito dal giudice. Tale ipotesi pare costituire un'ulteriore causa di revoca del liquidatore per giusta causa, sebbene il legislatore parli di mera sostituzione. Ciò che muta rispetto al mancato deposito delle relazioni semestrali è la possibilità, in tal caso, che il giudice possa ritenere insussistente, in un primo momento, un inadempimento colpevole, giacché è contemplata la possibilità di proroga del termine, decorso il quale la revoca diventa, a quanto sembra, inevitabile.

Le ipotesi specifiche di revoca non escludono che possa ammettersi un ulteriore e più generale potere di rimozione dall'incarico da parte del tribunale al ricorrere di una giusta causa, in quanto corrispondente a quello di designazione [28], come può essere il caso della previsione, nel programma di liquidazione, di tempi di esecuzione ingiustificatamente lunghi [29]. Non sono previste, poi, oggi come ieri, altre regole riguardanti la cessazione dall'ufficio di liquidatore, eventualità comunque rinvenibili nella morte e nella rinuncia, oltre che nella revoca [30].

Un cenno va fatto, infine, alla responsabilità del liquidatore, aspetto su cui il legislatore rimane tuttora silente. Senza dubbio va ribadita la sussistenza di un criterio di diligenza professionale, anziché quella media del buon padre di famiglia, visti i requisiti richiesti per ricoprire l'ufficio: quanto alla responsabilità nei confronti della procedura, se ne è avanzata la natura contrattuale, traendo la sua fonte dal rapporto scaturente dalla nomina. Si è, poi, reputato possibile azionarla durante il corso della stessa senza dover revocare preventivamente il liquidatore, ben potendo il giudice nominare un curatore speciale, al quale affidare, appunto, l'esercizio dell'azione [31], ma l'ipotesi sembra più che altro teorica. Infi-

---

[25] Che, per quanto appena detto, deve procedere di nuovo all'avviso.

[26] Così, NAPOLITANO, *La liquidazione controllata*, 262 s.

[27] E v. DE MATTEIS, *La liquidazione*, 378.

[28] Da esercitarsi con decreto motivato in ogni tempo, come già riconosciuto in passato da VATTERMOLI, *La procedura*, 779; in seguito, LEUZZI, *La liquidazione*, 41 s.

[29] È quanto osserva, CAMPOBASSO, *Dalla procedura*, 149.

[30] Cfr. VATTERMOLI, *La procedura*, 779.

[31] In precedenza, con argomentazioni valevoli tuttora, VATTERMOLI, *La procedura*, 780; conforme, LEUZZI, *La liquidazione*, 44.

ne, si è osservato che sulla base dei principi generali l'organo dovrebbe rispondere non soltanto nei riguardi della procedura, ma anche direttamente nei confronti del debitore, dei creditori o di terzi per i danni eventualmente loro cagionati nell'esercizio delle sue funzioni[32]. E, in tal caso, secondo alcuni, si tratterebbe di responsabilità extracontrattuale[33].

[32] Ancora, VATTERMOLI, *La procedura*, 780.
[33] Lo afferma, LEUZZI, *La liquidazione*, 44.

Articolo 276

Chiusura della procedura

1. La procedura si chiude con decreto. Si applica l'articolo 233, in quanto compatibile.
2. Con decreto di chiusura, il giudice, su istanza del liquidatore, autorizza il pagamento del compenso liquidato ai sensi dell'articolo 275, comma 3 e lo svincolo delle somme eventualmente accantonate.

Carlo Limatola

Sommario: 1. Le ipotesi di chiusura. – 2. La chiusura della liquidazione controllata delle società. – 3. Il decreto di chiusura e lo svincolo delle somme accantonate.

1. – Le ipotesi di chiusura della liquidazione controllata sono determinate in forza del rinvio operato all'art. 233 «*in quanto compatibile*»[1]. Sono, dunque, le stesse cause previste per la liquidazione giudiziale, ossia la mancata presentazione di domande di ammissione al passivo nei termini di legge, il pagamento integrale dei creditori, la ripartizione finale dell'attivo e la previsione di insufficiente realizzo[2]. Tali fattispecie riproducono, peraltro, quanto già disposto per il fallimento dall'abrogato art. 118 l. fall., riproponendo analoghe considerazioni[3].

Così, quanto all'assenza di domande di insinuazione, si tratta di ipotesi che rivela il disinteresse dei creditori, qualunque ne sia il motivo, giustificando la conclusione della pro-

---

[1] Soluzione già desunta in passato in via interpretativa (cfr., M. Campobasso, *Dalla procedura*, 150 s.; Accettella, *La liquidazione controllata*, 697; v. anche Giavarrini, *La procedura*, 741 ss.).

[2] Dall'art. 282, comma 1, che dispone l'esdebitazione di diritto del sovraindebitato decorsi tre anni dall'apertura della procedura, inoltre, si desume che, diversamente dal passato, siffatto termine indica la durata massima della liquidazione controllata (v. Bianchi, Farolfi, *La procedura*, 594 s.; v., altresì, De Matteis, *La liquidazione controllata*, 382, il quale ribadisce che, nonostante la formulazione della disposizione, la chiusura è disposta dal tribunale, per ragioni di simmetria con il provvedimento di apertura). Per la previgente disciplina (art. 14-*novies*, comma 5, l. 27 gennaio 2012, n. 3), cfr. Vattermoli, *La procedura*, 798 s.; Panzani, *L'esdebitazione*, 726; in giurisprudenza, Trib. Salerno, 2 novembre 2022, in *onelegale.it*.

[3] Il presupposto della chiusura è quindi il completamento dell'attività di liquidazione, a prescindere dall'effettiva soddisfazione dei creditori (v. già Ceccarini, *L'attività*, 80; in riferimento all'abrogata legge fallimentare, Tedeschi, *Della chiusura*, 1 s.).

cedura[4]. Non rileva la mera eventualità che possano essere presentate domande tardive[5], in quanto il termine di sessanta giorni posto dall'art. 270, comma 2, lett. *d*) può essere superato solo se l'istante dimostri che il ritardo sia dipeso da causa a lui non imputabile (art. 273, comma 7)[6]. Pertanto, se si attribuisse rilievo a tale circostanza, la procedura potrebbe protrarsi *sine die*[7]. In presenza di debiti della massa inevasi, pur in assenza di domande dei creditori, si pongono problemi analoghi a quelli relativi alla chiusura della liquidazione giudiziale[8].

Rispetto al caso, infrequente, del pagamento integrale dei crediti ammessi, occorre ricordare come si debba prescindere dalla circostanza della loro estinzione con risorse provenienti dall'attivo o in altro modo[9]. Non si segnalano peculiarità rispetto alla liquidazione giudiziale, al pari dell'ipotesi di chiusura dovuta al riparto finale dell'attivo, incapiente rispetto ai crediti ammessi[10]. È incerto, in particolare, se la pendenza di giudizi e procedure esecutive, nonché di contestazioni allo stato passivo, siano di ostacolo al riparto finale ed alla conseguente chiusura della procedura, nonché entro quali margini sia comunque possibile addivenire alla sua conclusione in presenza di contestazioni al passivo[11].

Infine, il caso di prognosi di insufficiente realizzo sembra richiedere, di contro, un più intenso vaglio di compatibilità con la disciplina della liquidazione controllata ed in particolare con l'art. 268, comma 3[12], qualora la medesima sia stata aperta nei confronti di una persona fisica su richiesta di un creditore. La disposizione, infatti, introduce una causa di improcedibilità per l'ipotesi in cui l'organismo di composizione della crisi, su istanza del debitore, abbia attestato in sede di istruttoria preliminare l'impossibilità di acquisire attivo distribuibile, anche in seguito all'esperimento di azioni giudiziarie[13]. Pertanto, la prognosi

[4] Su tale profilo, ampiamente, v. già IRACE, *Art. 118*, 1643 s.

[5] Questione ulteriormente complicata sotto la previgente disciplina, quando la legge in materia di sovraindebitamento non contemplava espressamente la possibilità di istanze presentate oltre il termine (v., M. CAMPOBASSO, *Dalla procedura*, 148).

[6] Si reputa, che, pur a fronte della loro presentazione, la procedura possa essere comunque chiusa in pendenza della decisione (così, per il fallimento, MONTANARI, *Nozione e presupposti*, 563).

[7] Si addiviene, pertanto, a conclusione analoga rispetto alla possibilità di chiudere la liquidazione giudiziale, pur prospettandosi eventuali domande supertardive (e v., già in riferimento alla procedura fallimentare, TEDESCHI, *Della chiusura*, 7; SATTA, *Istituzioni*, 303).

[8] Cfr., con contrapposte soluzioni, TEDESCHI, *Della chiusura*, 11 s.; SATTA, *Istituzioni*, 301.

[9] Deve trattarsi di un pagamento effettivo, non essendo rilevante la mera possibilità di soddisfazione a seguito del reperimento delle risorse necessarie (in questi termini, v. già PROVINCIALI, *Trattato*, 682, 1758).

[10] Pertanto, se non rimane nulla da ripartire ai creditori non è giustificata la prosecuzione della procedura, salvo contestazioni al piano di riparto (v. IANNICELLI, *I profili processuali*, 465 ss.; *amplius*, ID., *Liquidazione*, 492 ss.).

[11] Sul piano formale l'eventuale presenza di giudizi pendenti non impedisce la chiusura, ma il riparto finale (v. MONTANARI, *Nozione e presupposti*, 569). Per il problema degli accantonamenti, v. *infra*, § 3.

[12] Si tratta di una valutazione analoga a quella compiuta in caso di derelizione (v. CAPO, *La chiusura*, 528 s.; A.M. PERRINO, *La chiusura*, 1001). In questo contesto, il riferimento posto dall'art. 233 ai rapporti riepilogativi *ex* art. 130 va inteso, nella liquidazione controllata, alle relazioni semestrali del liquidatore depositate ai sensi dell'art. 275, comma 1 (così, DE MATTEIS, *La liquidazione controllata*, 382).

[13] Cfr. DE MATTEIS, *La liquidazione controllata*, 354, secondo cui la disposizione non si applica in caso di istanza del pubblico ministero.

di insufficiente realizzo costituisce ipotesi di chiusura della liquidazione controllata solo allorché si fondi su elementi che non potevano essere desunti già in tale momento. Altrimenti, la medesima costituisce un motivo di reclamo, funzionale ad ottenerne la revoca, con rilevanti corollari in termini di effetti sugli atti *medio tempore* compiuti[14].

2. – Alcune brevi riflessioni merita l'ipotesi di chiusura della liquidazione controllata di società. In primo luogo, il rinvio all'art. 233 implica la conclusione anche delle procedure aperte in estensione nei confronti dei soci illimitatamente responsabili ai sensi dell'art. 270, comma 1. Si tratta dei casi in cui non siano state presentate domande di ammissione al passivo nei termini di legge e del pagamento integrale dei creditori, in applicazione di quanto disposto dall'art. 233, comma 3. Ne consegue che, come per la liquidazione giudiziale, quella controllata aperta in estensione nei riguardi dei soci prosegue quando la procedura a carico della società si è conclusa in seguito alla ripartizione finale dell'attivo o per la previsione di insufficiente realizzo; oltre che, naturalmente, qualora la medesima sia stata aperta in via autonoma nei confronti del singolo socio in quanto soggetto di per sé sovraindebitato[15].

L'operatività della liquidazione controllata come causa di scioglimento della società [artt. 2272, n. 5-*bis*) e 2484, n. 7-*bis*), c.c.], inoltre, implica l'applicazione del rinvio all'art. 233, comma 2, secondo cui, quando la procedura si sia chiusa per assenza di domande dei creditori od in seguito al loro pagamento integrale, il liquidatore convoca nelle società di capitali l'assemblea «*per le deliberazioni necessarie ai fini della ripresa dell'attività o della sua cessazione*», nonché per la trattazione di argomenti sollecitati da tanti soci che rappresentino almeno un quinto del capitale sociale[16]. Diversamente, quando la liquidazione controllata si chiude in seguito alla ripartizione finale dell'attivo o alla previsione di insufficiente realizzo, il liquidatore deve chiedere la cancellazione della società dal registro delle imprese.

3. – Il comma 2 della disposizione in commento afferma che, con il decreto di chiusura, il giudice autorizza il pagamento del compenso del liquidatore e lo svincolo delle somme eventualmente accantonate, lasciando aperti diversi problemi. La norma non chiarisce, in primo luogo, se, unitamente all'ordine di svincolo, si debba ordinare anche il deposito degli accantonamenti per i crediti sospensivamente condizionati o contestati, prospettandosi l'estensione della regola prescritta dall'art. 232, comma 2[17], sebbene la mag-

---

[14] Su cui v., in termini generali, ANDRIOLI, *Fallimento (dir. priv.)*, 449. Per la distinzione con la chiusura in seguito a prognosi di insufficiente realizzo, v., prima del Codice, MONTANARI, *Nozione e presupposti*, 578 s.

[15] In argomento, FERRARO, *La liquidazione controllata*, 165 ss.

[16] Spetta, dunque, ai soci decidere se dare impulso alla liquidazione del patrimonio residuo oppure proseguire l'attività dopo aver risolto la situazione di sovraindebitamento (al riguardo sono ancora attuali le riflessioni di NIGRO, *Le società*, 403 ss.); ma v. FERRARO, *La liquidazione controllata*, 185 ss., il quale reputa che l'art. 233, comma 2 sia incompatibile con i caratteri della liquidazione controllata.

[17] L'applicazione analogica, invero, non sarebbe impedita dalla circostanza che l'art. 275, comma 2 opera un rinvio alle sole norme sulle vendite nella liquidazione giudiziale, prescrivendo invece una disciplina semplificata dei riparti all'art. 275, comma 5 (cfr. ACCETTELLA, *La liquidazione controllata*, 696 s.; BIANCHI, FAROLFI, *La procedura*, 595; DE MATTEIS, *La liquidazione controllata*, 381, il quale argomenta da ragioni di maggio-

giore speditezza del procedimento di formazione del passivo (art. 273) potrebbe rendere meno frequente una simile evenienza [18].

Più delicato, invece, è il problema della sorte dei giudizi e procedimenti esecutivi pendenti al momento della chiusura della liquidazione controllata e, soprattutto, se i medesimi impediscano, a monte, il riparto finale e la conseguente emanazione del provvedimento di chiusura [19].

Si potrebbe prospettare, in una prima direzione, l'applicazione analogica dell'art. 234, nonostante il suo mancato richiamo. La soluzione sarebbe coerente con la circostanza che la legittimazione del liquidatore ad esercitare le azioni necessarie ad assicurare il miglior soddisfacimento dei creditori (art. 274) ed il richiamo all'art. 143 in materia di effetti processuali dell'apertura della procedura (art. 270, comma 5) pongono la necessità di regolare la sorte dei procedimenti non ancora definiti al momento della chiusura [20]. Ne conseguirebbe che all'ordine di svincolo dovrebbe affiancarsi quello di deposito degli importi accantonati in previsione delle spese processuali future (argomentando dall'art. 234, comma 3) e che le eventuali sopravvenienze non determinino la riapertura della procedura.

In senso contrario, tuttavia, milita il carattere eccezionale della perdurante legittimazione processuale del curatore dopo la chiusura della liquidazione giudiziale, che potrebbe costituire un ostacolo al riconoscimento, nel silenzio della legge, di analoga prerogativa al liquidatore [21]. A ciò si aggiunga che il sovraindebitato meritevole ai sensi dell'art. 280 può comunque richiedere l'esdebitazione decorsi tre anni dall'apertura della liquidazione controllata (art. 281, comma 2) [22].

Da tali rilievi discende che il mancato richiamo all'art. 234 implica che la liquidazione controllata non venga chiusa fino alla definizione dei giudizi pendenti, non ponendosi, come in passato, analoghe esigenze di tutela del debitore a non subire le conseguenze dell'eccessivo protrarsi della procedura [23]. Il sovraindebitato, infatti, quanto meno nelle ipotesi in cui sussistano i presupposti di meritevolezza stabiliti dall'art. 280, al più tardi

---

re speditezza; ma v. CECCHELLA, *Il diritto*, 498, il quale, se si è inteso bene il pensiero, reputa applicabili anche alla procedura in esame le regole afferenti alle attività svolte in questa fase dal curatore della liquidazione giudiziale). Il problema dell'applicabilità della disciplina dei riparti parziali alla liquidazione controllata è stato affrontato di recente da POSTIGLIONE, *Gli accantonamenti*, 601 ss.

[18] Il problema si pone, invero, in riferimento ai creditori opponenti non ammessi, per i quali non sia stata disposta una misura cautelare ai sensi dell'art. 227, comma 1, lett. *b*) e rispetto ai quali, già in riferimento al fallimento, non si riteneva necessario disporre accantonamenti a fronte della chiusura della procedura (cfr. CALVOSA et al., *Diritto fallimentare*, 369; ma v. già quanto ampiamente rilevato sotto la vigenza della legge fallimentare da MONTANARI, *I procedimenti*, 520 s.; nonché, SATTA, *Istituzioni*, 301, s., testo e nt. 508).

[19] Cfr. MONTANARI, *Chiusura "anticipata"*, 1251 ss.; in giurisprudenza, Trib. Forlì, 3 febbraio 2016, in *Fallimento*, 2016, 1250.

[20] Cfr. MONTANARI, *Nozione e presupposti*, 571, il quale ravvisa l'imprecisione della formulazione dell'art. 234, comma 1.

[21] Lo esclude, infatti, DE MATTEIS, *La liquidazione controllata*, 382.

[22] Cfr. Trib. Pordenone, 13 dicembre 2022, in *onelegale.it.*; Trib. Palermo, 30 settembre 2022, in *ilcaso.it.*; Trib. Verona, 20 settembre 2022 (s.m.), in *Fallimento*, 2022, 1618.

[23] E v., per la *ratio* della disciplina in materia di giudizi pendenti, MONTANARI, *Nozione e presupposti*, 572.

dopo tre anni dall'apertura della procedura può ottenere il provvedimento di esdebitazione[24]. Tale conclusione, per altro verso, sembra confermata dalla circostanza che l'art. 281, comma 5 esclude l'operatività dell'esdebitazione ai giudizi ed alle operazioni liquidatorie posteriori alla chiusura della sola liquidazione giudiziale, sul presupposto tacito che, diversamente, fino alla loro definizione la liquidazione controllata resti ancora aperta.

[24] Cfr. Trib. Verona, 6 ottobre 2022, in *ilcaso.it*; Trib. Verona, 20 settembre 2022, cit., per il rilievo che, intervenuta l'esdebitazione, la liquidazione prosegue per i soli beni facenti parte del patrimonio del debitore, con l'esclusione di nuove ed ulteriori operazioni di apprensione. È, all'opposto, coerente che un regime più gravoso si applichi al debitore quando la legge esclude l'operatività *ex* art. 280 dell'esdebitazione (e v., già STANGHELLINI, *Il credito «irresponsabile»*, 401 ss.).

Articolo 277
Creditori posteriori

1. I creditori con causa o titolo posteriore al momento dell'esecuzione della pubblicità di cui all'articolo 270, comma 2, lettera f), non possono procedere esecutivamente sui beni oggetto di liquidazione.

2. I crediti sorti in occasione o in funzione della liquidazione sono soddisfatti con preferenza rispetto agli altri, con esclusione di quanto ricavato dalla liquidazione dei beni oggetto di pegno e ipoteca per la parte destinata ai creditori garantiti.

Francesco Accettella

Sommario: 1. Il trattamento dei creditori posteriori. – 2. I crediti sorti «*in occasione o in funzione*» della procedura di liquidazione controllata.

1. – La norma in commento costituisce la trasposizione, quasi letterale, nel Codice l'art. 14-*duodecies*, l. n. 3 del 2012. Essa racchiude due regole, inserite nei due commi che la compongono, riguardanti il trattamento dei creditori posteriori. La prima regola, contenuta nel comma 1, può definirsi generale e fornisce anche la nozione di *creditori posteriori*. Essi sono individuati come «*i creditori con causa o titolo posteriore al momento dell'esecuzione della pubblicità di cui all'articolo 270, comma 2, lettera f)*». Dunque, è la pubblicazione della sentenza a fungere da spartiacque tra i creditori anteriori e quelli posteriori, con l'avvertenza che non ha rilievo tanto il momento nel quale i relativi crediti possono considerarsi sorti, quanto il momento nel quale si imputa il titolo (o la causa) che li sorregge.

La norma, tuttavia, pone un problema interpretativo lì dove sembra non considerare che, per gli imprenditori, l'art. 270, comma 2, lett. *f*) prevede due forme di pubblicità: l'una che si realizza mediante inserimento della sentenza nel sito internet del tribunale o del Ministero della giustizia; l'altra, che si attua mediante pubblicazione della stessa sentenza presso il registro delle imprese. Quest'ultima, in quanto tipica per gli imprenditori, dovrebbe prevalere sulla prima, anche in ragione del fatto che verosimilmente risulterà ad essa successiva[1].

[1] Per un'analoga conclusione cfr. De Matteis, *La liquidazione*, 382, nt. 114; con riferimento all'analoga

Per i creditori posteriori, così identificati, la disposizione prevede che essi non possano procedere in via esecutiva sui beni oggetto di liquidazione, (si intende) fino alla chiusura della procedura, verificatasi la quale essi recupereranno la possibilità di agire esecutivamente sul patrimonio del loro debitore[2]. In tal modo, la previsione – che non si rinviene nell'ambito delle procedure di composizione della crisi da sovraindebitamento di cui al capo II del titolo IV del Codice – si collega a quella dell'art. 150, applicabile alla liquidazione controllata in forza del richiamo contenuto nell'art. 270, comma 5. In particolare, l'art. 150 dispone che i creditori, a partire dal giorno della dichiarazione di apertura della liquidazione giudiziale (leggasi: controllata), non possano promuovere (o proseguire) azioni individuali esecutive (o cautelari) sui beni compresi nel patrimonio di liquidazione. Che questa regola si applichi anche ai creditori posteriori nel senso qui delineato si evince dall'inciso ivi contenuto, per cui essa vale «*anche per crediti maturati durante la liquidazione giudiziale [leggasi: controllata]*».

In realtà, rispetto alla previsione dell'art. 150, dalla disposizione in commento discende altresì il corollario – ricavabile invero già dal principio *ex* art. 151, anch'esso operante nella liquidazione controllata per mezzo del richiamo da parte dell'art. 270, comma 5 –, in base al quale i creditori posteriori sono fuori anche dal concorso e dalla conseguente esecuzione collettiva sui beni ricompresi nel patrimonio di liquidazione. In altre parole, essi non sono creditori *concorrenti*[3]. I beni del patrimonio di liquidazione sono invece destinati, con l'eccezione posta dal comma 2 della norma in commento (di cui si dirà tra un attimo), a soddisfare unicamente i creditori con causa o titolo anteriore alla pubblicità della sentenza.

2. – Il comma 2 dell'articolo in commento contiene una disposizione speciale perché riferita ad alcuni particolari creditori posteriori. Si tratta dei soggetti, in primo luogo gli organi della procedura, i cui crediti sono sorti «*in occasione o in funzione*» della stessa. Peraltro, una simile dizione non esclude ed anzi ammette implicitamente che vi possano essere crediti di questo tipo non qualificabili come *posteriori* nel senso anzidetto del termine. Una siffatta qualificazione, per esempio, sembra da escludere per i crediti maturati dall'organismo di composizione della crisi a titolo di spese e compensi in relazione all'assistenza che l'organismo è chiamato a prestare al debitore per la presentazione del ricorso ai sensi dell'art. 269.

La regola che disciplina il trattamento dei creditori in questione può considerarsi in parte superflua, perché ribadisce con specifico riguardo alla procedura di liquidazione controllata quanto già desumibile dai principi generali di cui all'art. 6, ove sono elencati i crediti prededucibili. In particolare, il comma 2 della norma in commento dispone che «*i*

---

questione posta dall'art. 14-*duodecies*, l. n. 3 del 2012, che rinvia alle forme di pubblicità di cui all'art. 14-*quinquies*, comma 2, lett. *c*) e *d*), v. i rilievi di DONZELLI, *Il procedimento*, 73; GIAVARRINI, *La procedura*, 733; D'AIELLO, *Gli effetti*, 646.

[2] Cfr. NAPOLITANO, *La liquidazione*, 263.

[3] Per una simile osservazione, cfr. NIGRO, VATTERMOLI, *Diritto della crisi*, 646; sul punto v. pure BIFERALI, *Credito al consumo*, 207, per il rilievo che i creditori posteriori non potrebbero neppure soddisfarsi su «ciò che il debitore guadagna con la sua attività nei limiti, indicati dal giudice, di quanto occorre al mantenimento suo e della sua famiglia» *ex* art. 268, comma 3, lett. *b*), (ovvero, *post* correttivo, comma 4, lett. *b*).

crediti sorti in occasione o in funzione della liquidazione» (in questo caso) controllata debbano essere «*soddisfatti con preferenza rispetto agli altri*» e vadano, dunque, considerati come crediti prededucibili. Sebbene la norma non usi questa terminologia, il concetto di *prededucibilità* con riguardo a tali crediti si rinviene – a fugare dubbi di sorta sull'ammissibilità del parallelo con l'art. 6 – nella *Relazione* al Codice (*sub* art. 277).

Per recuperare un senso al precetto in commento può innanzitutto valorizzarsi la diversa formulazione che, invero, appare più ampia di quella ricavabile dalla disposizione generale. Per quanto di nostro interesse, l'art. 6, comma 1, assorbe nella prededucibilità «*i crediti relativi a spese e compensi per le prestazioni rese dall'organismo di composizione della crisi da sovraindebitamento*» (lett. *a*) e, soprattutto, «*i crediti legalmente sorti durante le procedure concorsuali [nel cui novero rientra anche la liquidazione controllata] per la gestione del patrimonio del debitore e la continuazione dell'esercizio dell'impresa, il compenso degli organi preposti e le prestazioni professionali richieste dagli organi medesimi*» (lett. *d*). La norma, dunque, specifica quali sono le finalità per le quali i crediti sono sorti e i motivi che di conseguenza li rendono prededucibili. Il comma 2 della disposizione in commento – come visto – non contiene una simile specificazione, ma si limita ad includere nella sfera della prededucibilità tutti «*i crediti sorti in occasione o in funzione della liquidazione*», riducendo così i rischi a carico di quei soggetti che si relazionano con gli organi della procedura e rafforzandone le prospettive di pagamento [4].

In secondo luogo, il reale significato precettivo della disposizione in parola scaturisce dall'eccezione alla suddetta regola, disposta dall'inciso finale. Ad essa sfuggono infatti i crediti garantiti da pegno e ipoteca, dal momento che i relativi creditori hanno diritto di soddisfarsi prioritariamente su quanto ricavato mediante la liquidazione dei beni oggetto della garanzia [5].

---

[4] Cfr., con riguardo all'analoga regola dell'art. 14-*duodecies*, comma 2, l. n. 3 del 2012, DI GIROLAMO, *La liquidazione*, 147.

[5] Ferma restando, secondo NAPOLITANO, *La liquidazione*, 263, la partecipazione di tali creditori alle spese sia specifiche che generali, da calcolare secondo un criterio proporzionale.

Articolo 278

Oggetto e ambito di applicazione

1. L'esdebitazione consiste nella liberazione dai debiti e comporta la inesigibilità dal debitore dei crediti rimasti insoddisfatti nell'ambito di una procedura di liquidazione giudiziale o di liquidazione controllata. Con l'esdebitazione vengono meno le cause di ineleggibilità e di decadenza collegate all'apertura della liquidazione giudiziale.

2. Nei confronti dei creditori per fatto o causa anteriori che non hanno partecipato al concorso l'esdebitazione opera per la sola parte eccedente la percentuale attribuita nel concorso ai creditori di pari grado.

3. Possono accedere all'esdebitazione, secondo le norme del presente capo, tutti i debitori di cui all'articolo 1, comma 1.

4. Se il debitore è una società o altro ente, le condizioni stabilite nell'articolo 280 devono sussistere nei confronti dei soci illimitatamente responsabili e dei legali rappresentanti.

5. L'esdebitazione della società ha efficacia nei confronti dei soci illimitatamente responsabili.

6. Sono salvi i diritti vantati dai creditori nei confronti dei coobbligati e dei fideiussori del debitore, nonché degli obbligati in via di regresso.

7. Restano esclusi dall'esdebitazione:

a) gli obblighi di mantenimento e alimentari;

b) i debiti per il risarcimento dei danni da fatto illecito extracontrattuale, nonché le sanzioni penali e amministrative di carattere pecuniario che non siano accessorie a debiti estinti.

Daniele Vattermoli

Sommario: 1. Introduzione. L'esdebitazione in senso stretto. – 2. L'esdebitazione nell'ordinamento italiano: evoluzione della disciplina. – 3. Esdebitazione, rapporto obbligatorio e responsabilità patrimoniale. – 4. L'esdebitazione del debitore-società.

1. – L'art. 278, comma 1 stabilisce che «*L'esdebitazione consiste nella liberazione dai debiti e comporta la inesigibilità dal debitore dei crediti rimasti insoddisfatti nell'ambito di una procedura di liquidazione giudiziale o di liquidazione controllata*» [1]. Con l'esdebita-

[1] Prima della modifica intervenuta con il d.lgs. n. 147 del 2020 la norma faceva generico riferimento alla

zione, prosegue la norma come modificata dal d.lgs. n. 83 del 2022 (c.d. secondo decreto correttivo) in attuazione dell'art. 22, direttiva n. 1023 del 2019, «*vengono meno le cause di ineleggibilità e di decadenza collegate all'apertura della liquidazione giudiziale*», in tal modo introducendosi una forma di "riabilitazione" sganciata dalla chiusura della procedura concorsuale; ciò che rende più celere ed effettiva la reintegrazione nel tessuto economico del debitore.

La disposizione delinea gli aspetti essenziali di quella che può essere convenzionalmente definita l'esdebitazione "in senso stretto", ossia quella che consegue alla chiusura delle procedure di liquidazione giudiziale o di liquidazione controllata, intervenendo dall'esterno del rapporto obbligatorio, senza alcun coinvolgimento attivo della parte creditrice, e che, proprio per tale ragione, si distingue dalle ipotesi di liberazione dai debiti che costituiscono elemento di un accordo più ampio tra debitore e creditori, comunemente definite "falcidie concordatarie", che d'acchito sembrerebbero appartenere alla medesima categoria concettuale dell'esdebitazione in senso stretto [2].

La differenza più marcata tra esdebitazione e falcidia attiene, prima ancora che all'*iter* procedurale che conduce al beneficio della liberazione dei debiti residui e al titolo (o al fondamento giuridico) che la determina nell'uno e nell'altro caso, alla *ratio* stessa dei due istituti. In particolare, è opinione condivisa cha la *ratio* della liberazione dai debiti consista nell'agevolare il recupero al mercato di un soggetto produttivo di reddito e di lavoro, il cui reinserimento nel tessuto economico verrebbe frustrato dalla permanenza del vincolo impresso dall'art. 2740, comma 1, c.c. sul patrimonio formatosi successivamente alla chiusura della procedura [3]. Reinserimento che produrrebbe effetti benefici non soltanto sul piano personale, bensì anche a livello macroeconomico ed il cui costo viene sopportato dai creditori anteriori alla concessione del beneficio, a tutto vantaggio, a ben vedere, dei creditori futuri.

L'importanza dell'istituto è testimoniata dallo spazio che allo stesso è dedicato nei testi a carattere sovranazionale, tanto di *soft law* (per tutti, la *Legislative Guide on Insolvency*, elaborata dall'Uncitral nel 2004) [4], quanto e soprattutto di *hard law* (il riferimento è alla direttiva 2019/1023 del 26 giugno 2019), in tema di disciplina dell'insolvenza.

«*procedura concorsuale che prevede la liquidazione dei beni*». La dottrina, peraltro, non esitava a ritenere che con quella menzione il legislatore si volesse riferire, appunto, alle procedure di liquidazione, giudiziale e controllata (sul punto cfr., per tutti, VATTERMOLI, *L'esdebitazione*, 478).

In generale, sull'istituto dell'esdebitazione cfr., tra gli altri, STANGHELLINI, «Fresh start», 442; SANTORO, *Art. 142*, 1864; PANZANI, *L'esdebitazione*, 660; CASTAGNOLA, *L'esdebitazione*, 448 ss.; e, più di recente, NIGRO, VATTERMOLI, *Diritto delle imprese*, 651 ss.; BROGI, *Le esdebitazioni*, 297; BETTAZZI, *La "liberazione"*, 1328 ss.; CERRATO, *La nuova esdebitazione*.

[2] Sembrerebbe assimilare – seppure incidentalmente – la falcidia concordataria all'esdebitazione in senso stretto anche Cass., SS.UU., 18 novembre 2011, n. 24214, in *Riv. dir. proc.*, 2012, 1677 ss., con nota di FRADEANI, *Sulla "parziale soddisfazione"*, nella quale si legge che l'istituto, «per vero, non rappresenta una novità in assoluto, atteso che il legislatore aveva già previsto l'esdebitazione come conseguenza ex lege nei concordati». In realtà, le somiglianze tra le due figure si limitano all'effetto da esse determinato, dato dalla inesigibilità della parte del credito non soddisfatta: diversa è la *ratio*; diverso è il procedimento attraverso il quale si giunge alla liberazione da quella parte del debito; diversa è l'estensione, oggettiva e soggettiva, della liberazione; diverso, infine, è ciò che residua del rapporto obbligatorio per effetto della falcidia e dell'esdebitazione in senso stretto.

[3] Per una critica all'impostazione tradizionale in ordine agli effetti "benefici" che produrrebbe, anche a livello sociale, il *discharge* cfr., per tutti, ROJAS ELGUETA, *L'esdebitazione*, 310 ss.

[4] Tale Guida dedica all'esdebitazione le Raccomandazioni nn. 194-196.

2. – *a*) L'esdebitazione ha fatto ingresso nel nostro ordinamento a seguito della riforma operata con il d.lgs. n. 5 del 2006 (art. 128), con la quale sono stati integralmente riformulati gli artt. 142-144 l. fall., sostituendosi alle originarie norme dettate con riferimento alla riabilitazione civile quelle dedicate, appunto, al procedimento attraverso il quale il debitore, ricorrendo determinate condizioni, viene liberato dall'obbligo di adempimento delle prestazioni ancora dovute nei confronti dei creditori rimasti insoddisfatti dai riparti endoconcorsuali.

b) Successivamente, l'istituto è divenuto multiforme, l'esdebitazione essendo contemplata, con alcune varianti rispetto al primo modello, anche nella procedura di liquidazione del patrimonio disciplinata dalla l. n. 3 del 2012 sul sovraindebitamento (art. 14-*terdecies*), dando così luogo ad un sistema binario che è stato mantenuto anche nei successivi provvedimenti in materia.

c) Nell'impostazione della l. delega n. 155 del 2017, l'esdebitazione continua a seguire due percorsi paralleli, variando in dipendenza del fatto che a beneficiarne sia l'imprenditore commerciale assoggettato alla liquidazione giudiziale (art. 8), oppure il sovraindebitato ammesso alla liquidazione controllata (art. 9).

d) L'ultima tappa del percorso evolutivo della disciplina dell'esdebitazione è rappresentata dal Codice, che dedica alla nostra materia il Capo X del Titolo V (artt. 278-283), suddiviso in due Sezioni: la prima, di portata generale, relativa ad entrambe le procedure; la seconda, più specifica, dedicata esclusivamente al sovraindebitato[5].

Le principali novità recate con la riforma riguardano, per un verso e sulla scia di quanto suggerito dal legislatore unionale (direttiva UE n. 1023 del 2019), l'accelerazione del procedimento per giungere alla liberazione dai debiti, che avviene alla chiusura della procedura di liquidazione ed in ogni caso – ed è questo il punto più rilevante – decorsi *tre anni* dall'apertura della stessa; per altro verso, la possibilità che a beneficiare della liberazione dai debiti sia un ente collettivo e, in particolare, una società; e per altro ancora, la previsione di un'esdebitazione totale, ammessa *una tantum* per il debitore sovraindebitato.

3. – A. In via del tutto generale può dirsi che l'esdebitazione è istituto di fonte *legale*, l'autorità giudiziaria limitandosi ad accertare la sussistenza delle condizioni, positive e negative, che le norme pongono per la sua concessione.

L'intervento *ab externo* operato dalla legge sulla relazione di credito non può dirsi certo una novità per il nostro ordinamento: e si pensi, per fare solo qualche esempio, alla prededuzione e alla subordinazione involontaria dei crediti, assoluta o relativa. Le peculiarità del nostro istituto si possono rinvenire, per un verso, nel suo carattere *generale*, l'esdebitazione operando (almeno tendenzialmente e salvo alcune eccezioni puntualmente indicate dalla legge) rispetto a tutte le relazioni di credito sorte prima dell'apertura della procedura collettiva; e, per altro verso, nell'*effetto* che essa determina sul rapporto obbligatorio che ne è investito.

B. Rispetto a quest'ultimo aspetto, può dirsi con sufficiente certezza che il rapporto obbligatorio *non si estingua* e che dunque *sopravviva* all'esdebitazione. Dato che emerge

---

[5] Sull'esdebitazione del sovraindebitato cfr., da ultimo, BENINCASA, *L'esdebitazione*, 392 ss.

con chiarezza sin dalla prima apparizione dell'istituto e che oggi, alla luce del già richiamato art. 278, comma 1, che espressamente qualifica l'effetto dell'esdebitazione in termini di *inesigibilità* dei crediti rimasti insoddisfatti, è divenuto incontrovertibile. L'inesigibilità del credito determinata dall'esdebitazione si atteggia come un effetto tendenzialmente *definitivo*, non essendo soggetto né a tempo né a condizione risolutiva e solo in ipotesi eccezionali – e peraltro, almeno espressamente, solo per il debitore-persona fisica sovraindebitato (cfr. art. 283, comma 7) – revocabile; ed è un effetto innescato, come si è detto, da un intervento esterno rispetto al rapporto obbligatorio che ne è investito.

Le osservazioni che precedono consentono di ricondurre l'obbligazione colpita dall'esdebitazione tra quelle *naturali*, *ex* art. 2034 c.c., il cui adempimento spontaneo non ammette la ripetizione della prestazione eseguita (*soluti retentio*). Si tratta, più in particolare, di un'ipotesi di obbligazione naturale *atipica sopravvenuta*, che presenta più di un punto di contatto con il «*debito prescritto*» (art. 2940 c.c.).

Anzi, proprio il confronto con quest'ultima figura convince circa la riconducibilità dell'obbligazione che residua dall'esdebitazione tra quelle naturali. Se è vero, infatti, che il pagamento (spontaneo) di un debito prescritto non ammette ripetizione, in quanto evidentemente considerato dall'ordinamento quale adempimento di un dovere sociale, *a fortiori* deve esserlo il pagamento (sempre se spontaneo) del debito colpito dalla esdebitazione, atteso che in quest'ultimo caso nessun comportamento colpevole – neanche quello, omissivo, dato dall'inerzia nell'esercizio del diritto – può essere imputato al creditore. Il che poi spiega anche perché mentre l'esdebitazione non tocca il diritto del creditore nei confronti del fideiussore del debitore sottoposto alle procedure di liquidazione concorsuali (art. 278, comma 6), la prescrizione del debito dell'obbligato principale impedisca al creditore di rivolgersi al fideiussore (*ex* art. 1955 c.c.). Le regole che governano il rapporto con il negozio fideiussorio (o, più in generale, con il fenomeno della solidarietà passiva) evidenziano in maniera cristallina come l'esdebitazione sia un istituto che, almeno in via diretta, attiene solo ed esclusivamente alla sfera giuridica del debitore e come per l'ordinamento sia del tutto indifferente su chi, in ultima istanza, gravi il peso economico della liberazione dai debiti[6].

C. Spostandoci sul versante, attiguo, della responsabilità patrimoniale del debitore, sembra possibile inquadrare l'esdebitazione tra i casi, di cui fa menzione il comma 2 dell'art. 2740 c.c., di limitazione *ex lege* della responsabilità.

I contorni di tale limitazione, peraltro, non risultano chiaramente delineati e, dunque, non sempre è possibile enucleare masse o, meglio, sottomasse patrimoniali, attive e passive, rispetto alle quali è certo che operi o, all'opposto, non operi l'esdebitazione.

a) Si può dire tuttavia con certezza che l'esdebitazione *non operi* rispetto alla massa attiva concorsuale, la quale deve essere necessariamente destinata al soddisfacimento dei creditori concorrenti. Di ciò è testimonianza la regola secondo cui anche le somme rivenienti dalla liquidazione dei beni formanti la massa attiva, eventualmente accantonate e

[6] Tanto che, secondo un Autore (NORELLI, *L'esdebitazione*, 220), il permanere della responsabilità dei coobbligati in solido è da ricollegare al disposto dell'art. 1297, comma 1, c.c., ai sensi del quale «*Uno dei debitori in solido non può opporre al creditore le eccezioni personali agli altri debitori*»; e l'esdebitazione sarebbe, appunto, un'eccezione personale opponibile dal solo soggetto che l'ha ottenuta.

non riscosse dai legittimi titolari, vengono assegnate, dopo la chiusura della procedura, ai creditori che ne abbiano fatto richiesta, nonostante l'avvenuta esdebitazione del debitore (art. 232, ult. comma). Regola, quest'ultima, completata dall'altra, ricavabile dall'art. 281, commi 5 e 6, in virtù dei quali, per un verso, l'avvenuta esdebitazione non produce effetti nei confronti dei giudizi in corso e delle operazioni di liquidazione, che dunque proseguono, anche se posteriori (non soltanto alla concessione del beneficio, ma anche) alla chiusura della procedura; e, per altro verso, le operazioni attive «chiuse» dopo l'esdebitazione vanno a vantaggio dei creditori concorrenti che godono di riparti supplementari, operando il *fresh start* soltanto per la parte di credito *definitivamente* non soddisfatta.

b) Non esiste invece corrispondenza perfetta tra la coppia debito/responsabilità formata dai crediti sorti successivamente all'esdebitazione ed il patrimonio estraneo alla massa attiva, atteso che quest'ultimo continua a garantire il pagamento di alcuni crediti che, pur essendo anteriori all'apertura della procedura collettiva, il Codice esclude dal campo di applicazione dell'esdebitazione (art. 278, comma 7).

In particolare, ne restano fuori i debiti derivanti dagli obblighi di mantenimento e alimentari; quelli connessi al risarcimento dei danni per fatto illecito extracontrattuale e quelli, infine, derivanti da sanzioni penali ed amministrative di carattere pecuniario che non siano accessorie a debiti estinti. La *ratio* di ciascuna esenzione è intuitiva: il legislatore ha individuato una scala di valori nella quale l'interesse del debitore all'ottenimento del *fresh start* (e le altre conseguenze benefiche per l'economia che la liberazione dai debiti produce) viene posposto a quello di determinate categorie di creditori (quelli per prestazioni alimentari e di mantenimento; quelli involontari e l'erario), ritenuti maggiormente meritevoli di tutela rispetto al primo[7].

Nella categoria dei creditori concorsuali che continuano a gravare sul patrimonio del debitore estraneo alla massa attiva rientrano, a ben vedere, anche quelli vantati dai *creditori concorsuali non concorrenti*, almeno nei limiti di quanto ottenuto nella procedura dai creditori di pari rango (art. 278, comma 2), indipendentemente dalla loro genesi, essendo a tal fine sufficiente che siano anteriori all'apertura della procedura collettiva e che – anche se la legge non lo dice espressamente – traggano origine da un atto valido ed efficace.

La soluzione adottata, sul punto, dal Codice non convince. Certo, rispetto all'alternativa offerta dal riconoscimento al creditore concorsuale non concorrente della possibilità di sottrarsi totalmente all'esdebitazione è evidente che è più coerente con il sistema applicare a questi ultimi la regola dell'esdebitazione (almeno) pari a quella sofferta dai creditori concorrenti. Il punto, però, è che il riconoscimento a favore del creditore non concorrente di una qualsivoglia pretesa sul patrimonio del debitore rappresenta un *vulnus* ingiustificato al beneficio dell'esdebitazione. Se è vero, infatti, che quest'ultima è volta ad offrire una seconda opportunità, ossia una ripartenza senza il fardello dei debiti pregressi, non si capisce il motivo per il quale al creditore concorsuale non concorrente si dovrebbe riconoscere il diritto di attingere al patrimonio «nuovo» del debitore, seppure nei limiti della

[7] Con la riforma introdotta dal Codice sono poi state *omogeneizzate* le ipotesi di esenzione, oggi identiche per qualunque tipologia di debitore, restringendosi altresì l'area di esenzione, atteso che tra i debiti non "esdebitabili" sono scomparsi, anche e proprio per effetto dell'omogeneizzazione di cui si è appena detto, quelli connessi alle «*obbligazioni derivanti da rapporti estranei all'impresa*» [art. 142, comma 3, lett. *a*), l. fall.].

percentuale attribuita all'interno della procedura ai creditori concorrenti di pari rango. L'obiettivo dell'istituto non è, invero, assicurare una distribuzione omogenea, tra gli aventi diritto, del peso economico della liberazione dai debiti; qui, in altri termini, non dovrebbe venire in rilievo la perdita subita dai creditori, quanto la possibilità per il debitore di usufruire di un *fresh start* che sia effettivamente tale.

Da questo punto di vista, è allora evidente come l'art. 278, comma 2, urti frontalmente con la *ratio* dell'esdebitazione, atteso che se il creditore avesse presentato regolare domanda di ammissione al passivo, per il debitore *nulla* sarebbe cambiato in termini di responsabilità, perché comunque avrebbe risposto nei limiti della massa attiva concorsuale (con conseguente riduzione della percentuale di soddisfacimento per i creditori del medesimo rango); mentre con l'attivazione della regola *de qua* il debitore vede incolpevolmente ampliarsi il perimetro del patrimonio responsabile [8].

4. – Come si è avuto modo di anticipare, un'altra novità particolarmente rilevante recata dal Codice è senza dubbio quella che concerne l'esdebitazione delle società [9].

Rompendo quello che sembrava un vero e proprio dogma, il Codice prevede espressamente che a beneficiare della liberazione dai debiti possano essere non soltanto le persone fisiche, bensì «*tutti i debitori di cui all'articolo 1, comma 1*» (art. 278, comma 3).

[8] Per rendersene conto si consideri il seguente esempio numerico. Si immagini che il debitore abbia una massa attiva pari a 20 e una massa passiva, formata per ipotesi da creditori del medesimo rango, pari a 100; alla chiusura della procedura i creditori saranno stati soddisfatti per una percentuale pari al 20%; chiusa la procedura ed ottenuta l'esdebitazione, il debitore riesce a ricostruire un nuovo patrimonio per un importo pari a 20. Immaginiamo ora che esista un creditore concorsuale X, che vanta un credito, di pari rango di quelli ammessi al passivo della procedura, pari a 100: se tale creditore avesse fatto domanda di ammissione, la massa passiva sarebbe salita a 200, con conseguente soddisfacimento dei creditori pari al 10% ed il debitore "esdebitato" avrebbe conservato i "nuovi" 20; non avendo presentato domanda di ammissione ed operando l'esdebitazione, ai sensi dell'art. 278, comma 2, solo nei limiti dell'80%, il creditore concorsuale non concorrente può invece aggredire il patrimonio nuovo del debitore, vanificando così il *fresh start*. Peraltro, l'esempio qui riportato dimostra come l'art. 278, comma 2 sia oltremodo penalizzante per il debitore, in quanto ai fini del calcolo della parte sottratta all'esdebitazione non fa riferimento alla percentuale che il creditore non concorrente avrebbe ottenuto nella procedura in caso di ammissione (che nell'esempio sarebbe stato il 10%), come *giustamente* stabiliva la versione originaria della norma, prima della riforma dell'art. 144 l. fall. intervenuta con il correttivo del 2007, quanto alla percentuale di soddisfacimento che nella procedura hanno ottenuto i creditori di pari grado (nell'esempio il 20%). Sul punto v., altresì, le interessanti osservazioni di CASTAGNOLA, *L'esdebitazione*, 453.

Peraltro, l'irragionevolezza di tale soluzione emerge chiaramente dalla disciplina dei creditori tardivi. Com'è noto, il creditore ammesso tardivamente al passivo ai sensi dell'art. 208 concorre soltanto alle ripartizioni posteriori alla sua ammissione, salvo, precisa l'art. 225, il diritto di prelevare le quote che sarebbero a lui spettate nelle precedenti ripartizioni qualora il credito vantato fosse assistito da cause legittime di prelazione, oppure il ritardo fosse dipeso da causa a lui non imputabile; e sempre che, in questi ultimi casi, ci sia attivo sufficiente dal quale attingere, non essendo viceversa contemplata la ripetizione delle somme in precedenza distribuite agli altri creditori. Orbene, se si mette a confronto la posizione del creditore concorsuale che, per ipotesi, si sia volontariamente sottratto al concorso ed il creditore tardivo che, sempre per ipotesi, risulti incolpevolmente in ritardo, non v'è chi non veda l'iniquità della disposizione contenuta nell'art. 278, comma 2: il primo, infatti, mantiene il diritto di essere soddisfatto, seppure nei limiti della percentuale ottenuta dai concorrenti di pari rango, sul patrimonio nuovo del debitore esdebitato; il secondo, invece, non può vantare alcun diritto su quel patrimonio, neanche nell'ipotesi in cui non abbia ottenuto nulla nel corso della procedura.

[9] In argomento, da ultimo, CENTONZE, *L'esdebitazione*, 1326.

La scelta così operata dal legislatore domestico pare senz'altro condivisibile [10], specialmente qualora si ritenga, insieme ad attenta dottrina [11], che la chiusura (prima, del fallimento, oggi) della liquidazione giudiziale della società non conduca necessariamente ed inesorabilmente all'estinzione della stessa.

Qualora a beneficiare della esdebitazione sia una società, l'art. 278, comma 4 stabilisce che la verifica dell'esistenza dei presupposti di meritevolezza per l'ottenimento della liberazione dai debiti, di cui all'art. 280, deve essere condotta «*nei confronti dei soci illimitatamente responsabili e dei legali rappresentanti*». Nella Relazione illustrativa del decreto correttivo la disposizione viene giustificata con l'esigenza «*di chiarire che le condizioni di meritevolezza* (...) *ostative all'esdebitazione non possono che riferirsi a persone fisiche e dunque ai soci illimitatamente responsabili o ai legali rappresentanti delle società o degli enti*».

La regola desta più di una perplessità in quanto, come bene evidenziato da attenta dottrina, per un verso, non è affatto certo che il socio illimitatamente responsabile sia una persona fisica, così come non è detto che lo sia l'amministratore o il legale rappresentante della società o dell'ente metaindividuale; per altro verso, non è ben chiara la ragione del coinvolgimento del socio illimitatamente responsabile; e, per altro ancora, non si capisce se l'eventuale giudizio negativo in ordine alla meritevolezza del socio illimitatamente responsabile si traduca, come il dato testuale farebbe pensare, nell'impossibilità per la società (e per gli eventuali altri soci illimitatamente responsabili) di ottenere l'esdebitazione oppure se, come sembra più ragionevole, impedisca al solo socio non meritevole di ottenere l'esdebitazione in via indiretta [12].

B. La disciplina specifica dedicata all'esdebitazione delle società è completata dall'art. 278, comma 5, ai sensi del quale «*L'esdebitazione della società ha efficacia nei confronti dei soci illimitatamente responsabili*». Ciò significa che l'inesigibilità della parte del credito vantato dal creditore sociale colpita dall'esdebitazione opera anche a protezione del patrimonio dei soci illimitatamente responsabili. Si tratta di un meccanismo che richiama da vicino quello contemplato dagli artt. 117, comma 2 e 266, comma 1, dettati, rispettivamente, per il concordato preventivo e per il concordato nella liquidazione giudiziale della società con soci illimitatamente responsabili, ma con una grande differenza: dato che l'esdebitazione in senso stretto, a differenza della falcidia concordataria, non si inserisce come un tassello in un accordo tra debitore e creditori, nella disciplina recata dall'art. 278, comma 5 non viene fatto salvo il "patto contrario", che invece ritroviamo nelle altre due disposizioni prima richiamate. Quindi, una volta concessa l'esdebitazione alla società, la stessa produrrà i suoi effetti automaticamente nei confronti dei soci illimitatamente responsabili.

L'eventuale esdebitazione ottenuta dalla società non può evidentemente sortire effetto alcuno nei confronti dei creditori particolari dei soci: con la conseguenza, allora, che per poter beneficiare della liberazione totale dai debiti pregressi, il socio illimitatamente responsabile dovrà ottenere la propria esdebitazione, all'esito (o durante lo svolgimento) del-

[10] NIGRO, VATTERMOLI, *Diritto della crisi*, 659; conf., nel vigore della precedente disciplina, FRASCAROLI SANTI, *L'esdebitazione*, 40.

[11] NIGRO, *Le società*, 398 ss.

[12] NIGRO, *I soci*, 488 ss.

la liquidazione giudiziale o controllata aperta – in estensione, rispettivamente, *ex* artt. 256 e 270, comma 1 – nei suoi confronti.

C. Rimane il problema legato alla disciplina applicabile al socio illimitatamente responsabile che sia al contempo fideiussore della società esdebitata.

Non si tratta, in realtà, di un problema proprio ed esclusivo del nostro istituto, esistendo nell'ordinamento concorsuale diverse altre ipotesi nelle quali, per un verso, i soci illimitatamente responsabili beneficiano dell'effetto *lato sensu* esdebitatorio ottenuto dalla società e, per altro verso e al contempo, sono fatti salvi i diritti dei creditori nei confronti dei fideiussori [13].

Ad avviso di chi scrive, premesso che non v'è alcuna ontologica incompatibilità tra l'essere socio illimitatamente responsabile e, al contempo, fideiussore della società, essendo dunque del tutto legittimo che il socio debba rispondere per un'obbligazione della società sulla base di due titoli diversi – come ormai positivamente confermato dall'art. 59, comma 3 –, non si scorge la ragione per riconoscere una posizione di preferenza al socio illimitatamente responsabile-fideiussore rispetto agli altri fideiussori che soci non sono: tanto più ove si consideri che la fideiussione a favore della società viene rilasciata dal socio anche nel suo interesse. Se poi si mette a confronto la posizione del socio illimitatamente responsabile-fideiussore con quella del socio non illimitatamente responsabile-fideiussore ci si avvede ancor di più della irragionevolezza, sempre ad avviso di chi scrive, della diversa interpretazione che vorrebbe "travolta" l'obbligazione fideiussoria dalla responsabilità *ex lege* che grava sui primi.

---

[13] Ciò avviene nell'ambito del concordato preventivo (art. 117, commi 1 e 2), del concordato minore (art. 79, commi 4 e 5), del concordato nella liquidazione giudiziale (artt. 248, comma 2 e 266, comma 1) e degli accordi di ristrutturazione (art. 59, commi 2 e 3). Solo in quest'ultima ipotesi viene presa espressa posizione sulla particola figura del socio illimitatamente responsabile che sia al contempo fideiussore, stabilendosi che «*Salvo patto contrario, gli accordi di ristrutturazione della società hanno efficacia nei confronti dei soci illimitatamente responsabili, i quali, se hanno prestato garanzia, continuano a rispondere per tale diverso titolo, salvo che non sia diversamente previsto*».

Articolo 279
Condizioni temporali di accesso

1. Salvo il disposto dell'articolo 280, il debitore ha diritto a conseguire l'esdebitazione decorsi tre anni dall'apertura della procedura di liquidazione o al momento della chiusura della procedura, se antecedente.

Daniele Vattermoli

Nella ricerca del punto di equilibrio tra le istanze del debitore e quelle dei creditori un ruolo essenziale viene svolto dalle condizioni che i singoli ordinamenti pongono ai fini dell'ottenimento del beneficio della liberazione dai debiti residui[1]. Come è evidente, più esse si presentano lasche e flessibili, più si corre il rischio di "inquinare" il mercato del credito; all'opposto, più esse sono stringenti, più difficile è il *fresh start*, con tutto quello che ne discende dal punto di vista socio-economico.

Il Codice, sul punto fortemente influenzato dalla direttiva 2019/1023, sembra essersi attestato su una posizione *debtor-oriented*, dettando due gruppi di condizioni – uno legato al fattore tempo e l'altro che attiene, invece, al comportamento tenuto dal debitore prima o durante lo svolgimento della procedura –, soddisfatte le quali la liberazione dai debiti diviene un effetto automatico o quasi automatico.

In questa sede ci si occuperà solo del primo gruppo di condizioni, e per altro non di tutte.

L'art. 279 stabilisce che «*Salvo il disposto dell'articolo 280, il debitore ha diritto a conseguire l'esdebitazione decorsi tre anni dall'apertura della procedura di liquidazione o al momento della chiusura della procedura, se antecedente*» (comma 1). Originariamente, il comma 2 della disposizione stabiliva che «*Il termine di cui al comma 1 è ridotto a due anni quando il debitore ha tempestivamente proposto istanza di composizione assistita della crisi*». Quest'ultima disposizione, essendo venuto meno il procedimento di composizione assisti-

[1] Cfr. UNCITRAL, *Legislative Guide*, 282: «Irrespective of the approach adopted, in some circumstances all laws restrict the availability of a discharge. These circumstances vary from law to law but may include where the debtor has acted fraudulently; engaged in criminal activity; violated employment or environmental laws; failed to keep appropriate records; failed to participate in the insolvency proceedings in good faith or to cooperate with the insolvency representative; failed to provide or actively withheld or concealed information; continued trading at a time when it knew it was insolvent; incurred debts with no reasonable expectation of being able to pay them; and concealed or destroyed assets or records after the application for commencement».

ta, è stata abrogata, e il legislatore del 2022 ha ritenuto di non riproporre questa sorta di "misura premiale" per il debitore che abbia "utilmente avviato la composizione negoziata" (volendo riprendere l'espressione utilizzata nell'art. 90, comma 5 in tema di proposte concorrenti nel concordato preventivo).

Come detto, quella posta dalla norma in commento non è l'unica condizione legata al trascorrere del tempo: tra di esse, infatti, deve essere annoverata anche quella prevista dal successivo art. 280, comma 1, lett. *d*), in virtù del quale il debitore è ammesso alla liberazione dai debiti a condizione che «*non abbia beneficiato di altra esdebitazione nei cinque anni precedenti la scadenza del termine per l'esdebitazione*»[2].

Il debitore, indipendentemente dalla sua qualità soggettiva ed indipendentemente, altresì, dalla procedura di liquidazione al quale è sottoposto, potrà dunque beneficiare dell'esdebitazione – sempre che siano rispettate le altre condizioni "comportamentali" di cui al successivo art. 280 – trascorsi massimo tre anni dal momento dell'apertura della procedura, anche prima, quindi, che quest'ultima si sia formalmente chiusa.

La *ratio* e la lettera della legge consentono senz'altro di ritenere che, decorso il termine previsto dalla norma, il debitore possa non soltanto *richiedere*, bensì *ottenere* il beneficio della liberazione dai debiti, superando così i dubbi che poteva ingenerare, sul punto, la legge delega[3]. Con la conseguenza che, ferma restando la prosecuzione della procedura e ferma restando, altresì, la destinazione della massa attiva sin lì appresa al soddisfacimento dei creditori concorsuali[4], l'effetto della liberazione dai debiti si traduce nella possibilità per il debitore di non subire lo spossessamento per i beni che dovessero entrare nel suo patrimonio dopo la concessione del beneficio[5], introducendosi in tal modo una (ulteriore) ipotesi di responsabilità patrimoniale "a tempo"[6].

L'esdebitazione a procedura aperta genera dunque una sorta di segregazione (non già della massa attiva, bensì e specularmente) della porzione di patrimonio "nuovo", che per effetto del provvedimento di liberazione dai debiti viene destinato al soddisfacimento dei

---

[2] Per l'analisi di tale condizione si rinvia all'art. 280.

[3] L'art. 8, comma 1, lett. *a*), l. n. 155 del 2017 ha stabilito, quale criterio direttivo, quello di «*prevedere per il debitore la possibilità di presentare domanda di esdebitazione subito dopo la chiusura della procedura e, in ogni caso, dopo tre anni dalla sua apertura, al di fuori dei casi di frode o di malafede e purché abbia collaborato con gli organi della procedura*».

[4] Nello stesso senso, l'art. 21, § 3, direttiva 2019/1023, ai sensi del quale: «*Gli Stati membri possono disporre che un'esdebitazione non comprometta la prosecuzione di una procedura di insolvenza che comporti la realizzazione e la distribuzione dell'attivo dell'imprenditore che rientrava nella massa fallimentare di tale imprenditore alla data di scadenza del termine di esdebitazione*». In tale direzione sembrerebbe in effetti andare l'art. 281, comma 5, ai sensi del quale: «*L'esdebitazione non pregiudica la prosecuzione dei giudizi e delle operazioni liquidatorie successivi al decreto che la concede, anche se posteriori alla chiusura della liquidazione giudiziale*». Il successivo comma 6 completa la disciplina precisando che «*Qualora all'esito dei predetti giudizi e operazioni derivi un maggior riparto a favore dei creditori, l'esdebitazione ha effetto solo per la parte conclusivamente non soddisfatta*».

[5] In questo senso, in giurisprudenza, da ultimo, Trib. Verona, 20 settembre 2022, in *ilcaso.it*.

[6] Si tratta, infatti, di ipotesi concettualmente simile a quella in precedenza disciplinata dall'art. 14-*undecies*, l. n. 3 del 2012, nell'ambito della ormai abrogata procedura di liquidazione del patrimonio del debitore sovraindebitato, ai sensi del quale: «*I beni sopravvenuti* nei quattro anni successivi *al deposito della domanda di liquidazione di cui all'art. 14-ter costituiscono oggetto della stessa, dedotte le passività incontrate per l'acquisto e la conservazione dei beni medesimi. Ai fini di cui al periodo precedente il debitore integra l'inventario di cui all'art. 14-ter, comma 3*».

creditori extraconcorsuali, perché successivi all'apertura della procedura; nonché di quelli, di cui si è già avuto modo di trattare nel commento all'articolo precedente, che pur concorsuali non hanno presentato domanda di ammissione (nella misura fissata dall'art. 278, comma 2) e di quelli, pur concorrenti, che tuttavia sfuggono all'esdebitazione, *ex* art. 278, comma 7.

Rispetto a tali categorie di creditori si pone il problema degli eventuali vincoli che incontra il debitore nel soddisfarli, in particolare in ordine all'operatività o meno del principio della *par condicio creditorum*. Partendo dalle premesse che il rispetto dell'ordine verticale e di quello orizzontale di distribuzione del patrimonio è necessario in presenza di un concorso in atto e che il concorso ha ad oggetto, appunto, un patrimonio e non un soggetto, sembra corretto ritenere che ad esdebitazione ottenuta, il debitore possa/debba procedere al soddisfacimento dei crediti extraconcorsuali integralmente ed alla scadenza, a tal fine impiegando il *new money*. Per quelli non concorrenti e per quelli rispetto ai quali non opera l'esdebitazione, invece, sembrerebbe necessario attendere la chiusura della procedura (*recte*, la distribuzione finale dell'attivo): ciò vale sicuramente per i non concorrenti, in quanto soltanto al termine dei riparti endoconcorsuali sarà possibile calcolare la parte del credito soggetta ad esdebitazione (che, in ipotesi, potrebbe anche essere integrale); mentre per quelli "immuni" dalla esdebitazione la soluzione, pur dubbia, si lascia preferire in quanto consente di graduare l'utilizzo delle risorse, impiegando dapprima la massa attiva fallimentare e solo in un secondo momento il patrimonio nuovo, contribuendo così a rendere effettivo il *fresh start*.

Articolo 280

Condizioni per l'esdebitazione

1. Il debitore è ammesso al beneficio della liberazione dai debiti a condizione che:

a) non sia stato condannato con sentenza passata in giudicato per bancarotta fraudolenta o per delitti contro l'economia pubblica, l'industria e il commercio, o altri delitti compiuti in connessione con l'esercizio dell'attività d'impresa, salvo che per essi sia intervenuta la riabilitazione. Se è in corso il procedimento penale per uno di tali reati o v'è stata applicazione di una delle misure di prevenzione di cui al decreto legislativo 6 settembre 2011, n. 159, il beneficio può essere riconosciuto solo all'esito del relativo procedimento;

b) non abbia distratto l'attivo o esposto passività insussistenti, cagionato o aggravato il dissesto rendendo gravemente difficoltosa la ricostruzione del patrimonio e del movimento degli affari o fatto ricorso abusivo al credito;

c) non abbia ostacolato o rallentato lo svolgimento della procedura e abbia fornito agli organi ad essa preposti tutte le informazioni utili e i documenti necessari per il suo buon andamento;

d) non abbia beneficiato di altra esdebitazione nei cinque anni precedenti la scadenza del termine per l'esdebitazione;

e) non abbia già beneficiato dell'esdebitazione per due volte.

Domenico Benincasa

Sommario: 1. Premessa. – 2. Le condizioni di carattere soggettivo e le innovazioni rispetto al passato. – 3. Mancato richiamo alla condizione oggettiva e (superamento del) presupposto di risultato.

1. – L'articolo in commento, nel dettare i requisiti soggettivi di meritevolezza ai fini dell'ottenimento del beneficio dell'esdebitazione, costituisce la sintesi della ricerca di quel punto di equilibrio tra le istanze del debitore e quelle dei creditori concorsuali su cui, in termini generali, la nuova disciplina dell'istituto *de quo* denota, sotto vari fondamentali aspetti, l'attestazione su di una posizione maggiormente *debtor oriented* rispetto al passato, anche per l'influenza esercitata dalla dir. (UE) 2019/1023[1].

---

[1] V. *ex multis* NIGRO, VATTERMOLI, *Diritto della crisi*, 655; BROGI, *Le esdebitazioni*, 293 ss.; BETTAZZI, *La "liberazione"*, 1329.

Per quel che concerne il più limitato ambito delle condizioni soggettive, collocate all'interno della disciplina generale di cui al capo X, sez. I (ulteriori e più pervasive essendo quelle contemplate dall'art 282 per l'esdebitazione del "soggetto sovraindebitato", trovando sul punto conferma il c.d. sistema del doppio binario[2], nonché dal successivo art. 283 per quello incapiente), tale propensione da parte del legislatore appare, almeno sotto il profilo formale – e in disparte le considerazioni, *infra, sub* § 3, sulla portata della mancata riproposizione della condizione oggettiva – meno evidente, stante la continuità, nell'elencazione dei comportamenti tenuti dal debitore prima o durante la procedura, e salve alcune specifiche eccezioni/innovazioni nel prosieguo evidenziate, tra l'attuale formulazione ed il previgente art. 142 l. fall.

2. – Un primo, evidente, indice di continuità con il passato, emerge, in particolare, già per la prima delle condizioni richiamate dall'art. 280, la quale esige che il debitore non sia stato condannato con sentenza passata in giudicato per bancarotta fraudolenta o per delitti contro l'economia pubblica, l'industria e il commercio, e altri delitti compiuti in connessione con l'esercizio dell'attività d'impresa, salvo che per tali reati sia intervenuta la riabilitazione.

Se da un lato, e opportunamente, viene anche qui richiamata la stessa precisazione per cui, se è in corso il procedimento penale per uno di tali reati o vi è stata applicazione di una delle misure di prevenzione di cui al d.lgs. n. 159 del 2011, il beneficio può essere riconosciuto solo all'esito del relativo procedimento, dall'altro continueranno a porsi le medesime discussioni sorte in passato quali, in primo, luogo, la portata impeditiva o meno, ai fini dell'ammissione al beneficio *de quo*, della sentenza di applicazione della pena su richiesta di una delle parti *ex* art. 444 c.p.p.[3].

Inoltre, contemplando la disposizione, tra quelli aventi rilevanza ostativa, «*tutti gli altri delitti compiuti in connessione con l'esercizio dell'attività di impresa*» – da individuarsi quindi in base al legame concretamente esistente con l'attività economica esercitata o perché la stessa ha costituito lo strumento per la realizzazione di tale attività criminosa ovvero perché quest'ultima è servita ad agevolare l'esercizio dell'attività di impresa[4] – può assumersi che rientrino in questa categoria il ricorso abusivo al credito, la denuncia di creditori inesistenti e la bancarotta semplice[5], pur segnalandosi, proprio riguardo a tale fattispecie, un orientamento giurisprudenziale contrario, per via dell'assenza di un espresso richiamo di tale reato nella norma in esame[6].

---

[2] V. VATTERMOLI, *L'esdebitazione*, 485.

[3] In senso affermativo NORELLI, *L'esdebitazione*, 708; GUIDOTTI, *Art. 142*, 917, rilevando che quest'ultima è «equiparata a una pronuncia di condanna», per poi soggiungere che analogo effetto ostativo sia da riconoscersi al decreto penale di condanna divenuto esecutivo per mancanza di opposizione *ex* art. 459 c.p.c.; *contra*, Trib. Piacenza, 8 marzo 2008 in ilcaso.it, sul presupposto che la forma di applicazione della pena *ex* art. 444 c.p.c. costituisce una condanna "sui generis" che non può contenere dichiarazione di colpevolezza, né indicazione di condanna e che in base all'art. 445 c.p.p. l'estinzione del reato comporta l'estinzione di ogni effetto penale.

[4] Così ZANARDO, *Art. 142*, 183; in senso analogo NORELLI, *L'esdebitazione*, 709.

[5] In tal senso GUIDOTTI, *Art. 142*, 916. Si veda anche SANTORO, *Art. 142*, 1870, il quale richiama la condanna (o anche il patteggiamento) per reati specificamente fallimentari anche semplicemente connessi all'attività di impresa, quali quelli di natura ambientale o edilizia.

[6] Trib. Udine, 18 maggio 2012, in *ilcaso.it*. In merito al registrato dibattito, più di recente, si veda FAROL-

Altrettanto immodificata rispetto alla previgente versione dell'art. 142 l. fall., risulta il disposto della lett. *b*), che richiama tra le attività rilevanti ed ostative alla concessione del beneficio patrimoniale il trafugamento dell'attivo, l'esposizione di passività inesistenti, l'avere procurato od aggravato il dissesto, in particolare alterando od occultando la documentazione, così da rendere «*gravemente difficoltosa la ricostruzione del patrimonio e del movimento degli affari*», ovvero fatto (e senza che per tale ultima ipotesi abbia rilievo alcuno la predetta limitazione) ricorso abusivo al credito[7].

Tra le fattispecie di cui alla lett. *b*) appena richiamate (alle quali, peraltro, non essendovi una delimitazione temporale, potrà attribuirsi rilevanza a prescindere dalla circostanza che siano state poste in essere prima o dopo l'apertura della procedura) sussiste, peraltro, una sfera assai ampia di sovrapposizione con quelle contemplate dalla lett. *a*), avendo le prime rilevanza penale e, le seconde, civile, di guisa che alcuni comportamenti del debitore, ancorché irrilevanti dal punto di vista penale, potrebbero comunque determinare l'esclusione dal beneficio della liberazione (si pensi all'esposizione di passività inesistenti, che deve ritenersi svincolata dalla norma penale, integrando di per sé condizione ostativa all'esdebitazione senza che ricorra anche l'intento specifico di «*recare pregiudizio ai creditori*» ai sensi dell'art. 322)[8].

Sempre in continuità, seppure con lievi modifiche, con la formulazione di cui al precedente art. 142 l. fall., e sebbene sussunti, oggi, in un'unica lettera, si pongono gli ulteriori obblighi comportamentali di trasparenza sotto il profilo informativo e documentale e di attiva collaborazione con gli organi della procedura, al fine di ridurre quelle eventuali esternalità negative sulle prospettive recuperatorie dei creditori date dalle asimmetrie informative generalmente riscontrabili rispetto al debitore assoggettato a procedura liquidatoria[9].

È così richiesto che il debitore non abbia ostacolato o rallentato lo svolgimento della procedura, tale comportamento potendosi configurare, stante la genericità del precetto (volto ad attribuire ampia discrezionalità al tribunale, nel cui esercizio dovrà riconoscersi tuttavia rilievo all'elemento soggettivo del debitore[10], senza che una semplice inottempe-

---

FI, *Art. 280*, 1403, il quale ritiene preferibile l'orientamento che, valorizzando il collegamento causale di tale reato con l'esercizio dell'impresa, ne assume ai fini ostativi dell'esdebitazione la sua rilevanza.

[7] Non si pone, quindi, per quest'ultima fattispecie, il problema che l'inciso riprodotto dal legislatore anche nel Codice e richiamato nel testo potrebbe determinare invece con riferimento agli altri comportamenti indicati dall'articolo in commento, al fine di verificarne la rilevanza di per se stessi ovvero solo in quanto siano stati di ostacolo nella ricostruzione delle vicende dell'impresa e nell'accertamento della sua effettiva consistenza patrimoniale. Per quest'ultima soluzione, GUIDOTTI, *Art. 142*, 921; LAMANNA, *Il codice*, 697.

[8] V. SANTORO, *Art. 142*, 1871; LAMANNA, *Il codice*, 697; GUIDOTTI, *Art. 142*, 921, ove si rileva che analogo discorso può essere svolto con riferimento alla espressione «*distrazione dell'attivo*», che non si esaurisce nel concetto penalistico, ma risulta comprensiva di ogni atto o comportamento da cui sia conseguita senza giustificazione la distrazione di uno o più beni del debitore alla garanzia generica dei creditori ovvero la violazione della *par condicio creditorum*.

[9] V. anche con riferimento agli studi di *Law & Economics* di matrice nordamericana, PANZANI, *L'esdebitazione*, 475 ss.

[10] Di tal guisa, «il comportamento del fallito da sanzionare dovrà, cioè, non solo aver causato o contribuito a causare il ritardo nello svolgimento della procedura, ma anche essere stato intenzionale o, quanto meno, colposo». V. GUIDOTTI, *Art. 142*, 920; NORELLI, *L'esdebitazione*, 698.

ranza formale rispetto all'esito della procedura sia di per sé impeditiva dell'esdebitazione), nell'aver promosso iniziative giudiziarie, quali reclami contro atti o provvedimenti degli organi della procedura, che si siano rilevate infondate e/o pretestuose [11], o nel non essersi reso prontamente reperibile al curatore; mentre viene espunta la presunzione, rispetto al passato, per cui poteva considerarsi non collaborativo il debitore per il sol fatto di sottrarsi all'obbligo di consegnare la corrispondenza al curatore [12].

Sempre in chiave di stimolo affinché il debitore fornisca un quadro veritiero al curatore in merito alla situazione debitoria nonché agli elementi valorizzabili come attivo della procedura, si pone il dovere del primo di collaborare con gli organi della procedura, sussunto espressamente nell'obbligo di mettere a disposizione ogni documento o informazione utile al buono e spedito andamento della procedura, e nel quale rientrano tutta una serie di attività ulteriori, oggetto di specifiche prescrizioni normative (si pensi, ad esempio, all'obbligo di depositare i bilanci e le scritture contabili e fiscali obbligatorie, *ex* art. 49, comma 3, lett. *c*), o di dichiarare al curatore se si ha notizia dell'esistenza di altre attività da comprendere nell'inventario, *ex* art. 195, comma 3) [13].

Esaminando le due ulteriori (e maggiormente innovative) condizioni finali contemplate dalle lett. *d*) e *e*) della norma in commento, (i) se in un'ottica facilitativa del ricorso all'esdebitazione si colloca, per un verso, la novità rappresentata dalla riduzione a 5 anni del lasso temporale minimo (dovendosi calcolare quindi a ritroso dal triennio o dalla chiusura della procedura, se anteriore) che dovrà intercorrere tra una esdebitazione e l'altra, così dimezzandosi il termine contemplato – nel precedente regime – dall'art. 142, comma 1, n. 4, l. fall. [14], (ii) dall'altro, e sempre sotto il profilo temporale, il legislatore prevede il

---

[11] In tal senso, PAJARDI, PALUCHOWSKY, *Manuale di diritto*, 731 e, dopo la riforma, LAMANNA, *Il codice*, 697, che ricomprende nel comportamento antigiuridico volto a ritardare lo svolgimento della procedura (secondo l'accezione del termine, fornita da Cass., 23 maggio 2011, n. 11279, quale sinonimo di "ostacolare" e, quindi, in contrasto con il principio di durata ragionevole del processo di cui all'art. 6 Cedu) altresì l'aver posto in essere atti di disposizione del proprio patrimonio «anche prima del fallimento già nella consapevolezza della irreversibilità del dissesto ed alternativi alla tempestiva domanda di fallimento in proprio», tali da imporre azioni recuperatorie da parte della curatela che potrebbero comportare un lungo contenzioso. *Contra,* anche nella previgente formulazione dell'art. 142 l. fall. (che peraltro contemplava l'aver *«ritardato o contribuito a ritardare»* lo svolgimento della procedura, laddove l'attuale lett. *c*) dell'art. 280 si riferisce all'avere ostacolato o rallentato lo stesso), ZANICHELLI, *La nuova disciplina*, 383, secondo cui, appunto, l'aver ritardato la dichiarazione del proprio fallimento non è circostanza ostativa all'esdebitazione in quanto la norma farebbe riferimento al procedimento fallimentare già avviato.

[12] V. FAROLFI, *Art. 280,* 1407, il quale collega la soppressione del richiamo, precedentemente operato dall'art. 142 l. fall., alla violazione del (previgente) art. 48, nella *ratio* dell'articolo in commento le cui (seppur lievi) modifiche rispetto al passato denotano ulteriormente come omissioni o inottemperanze formali che risultino irrilevanti rispetto all'esito della procedura non possano impedire la concessione della *discharge*, di guisa che la mancata consegna della corrispondenza non potrà considerarsi *sic et simpliciter* rilevante rispetto al buon andamento della procedura, tale inottemperanza potendo essere valorizzata in senso sfavorevole solo ove lo scritto o la comunicazione telematica in rilievo integrino il concetto di documento la cui acquisizione alla procedura sia indefettibilmente necessaria.

[13] Per una ampia esemplificazione dei comportamenti del fallito rientranti in questa condizione si veda FAROLFI, *Art. 280,* 1407.

[14] Cfr. FAROLFI, *Art. 280,* 1408. Secondo l'art. 14-*terdiecies*, comma 1, lett. *c*), l. n. 3 del 2012, il termine *de quo* era invece fissato in 8 anni per il sovraindebitato.

limite delle due esdebitazioni, con l'evidente fine di impedire un ricorso seriale ed opportunistico al beneficio *de quo* o di stigmatizzare una incapacità di gestione della propria sfera economica, non apparendo in tal caso giustificabile ed opportuna la concessione di una "quarta opportunità"[15].

3. – Dal punto di vista oggettivo, spicca nella norma in commento la mancata riproduzione della previsione contenuta nell'art. 142, comma 2, l. fall., la quale precludeva la concessione del beneficio *de quo* laddove non fossero «*soddisfatti, neppure in parte, i creditori concorsuali*».

La formulazione non particolarmente felice – come da più parti rilevato – della disposizione aveva dato luogo ad accesi contrasti[16] tra chi riteneva che il carattere parziale del soddisfacimento richiedesse che i flussi monetari ottenuti dalla procedura fossero andati a vantaggio di tutti i creditori, compresi (ancorché parzialmente) quelli chirografari, e chi, secondo una impostazione più funzionale e coerente con il favore per l'istituto già esternato nella legge delega n. 80 del 2005 che ne aveva previsto per la prima volta l'introduzione nel nostro ordinamento – ed invero definitivamente avallata anche a livello giurisprudenziale a partire da Cass., SS.UU., 18 novembre 2011, n. 24215[17] – riteneva che non fosse necessario che tutti i creditori concorsuali fossero soddisfatti almeno parzialmente, bensì che una parte di essi fosse stata soddisfatta (indipendentemente, quindi, dal fatto che fosse avvenuto o meno un riparto anche a favore dei creditori chirografari).

Dal mancato richiamo di tale condizione oggettiva tra quelle richieste attualmente dall'art. 280, sembrerebbe desumersi una sua espunzione dal novero dei requisiti sottesi al riconoscimento del beneficio *de quo*, militando in tale senso, secondo parte della dottrina, oltre i) all'interpretazione testuale, ii) «il raffronto tra l'art. 143 l. fall. e l'art. 278 CCI, laddove si precisa che l'esdebitazione comporta l'inesigibilità di tutti i crediti insoddisfatti, senza alcun riferimento limitativo all'insoddisfazione parziale»[18], nonché iii) una lettura teleologica ed evolutiva dell'istituto *de quo*[19], sebbene in senso contrario a tale soluzione potrebbero militare il dettato dell'art. 281c.c.i., il quale continua a prevedere l'esigenza del

[15] V. VATTERMOLI, *L'esdebitazione*, 485 ss., che utilizza al riguardo l'espressione «quarta opportunità *non datur*».

[16] V., per i termini del dibattito e ulteriori riferimenti, sia a livello dottrinario che giurisprudenziale, GUIDOTTI, *Art. 142*, 917; SPIOTTA, *Il parametro*, 37.

[17] In *Fallimento*, 2012, 288, con nota di Ferro. In tale occasione la Suprema Corte, precisando come fosse sufficiente che solo una parte dei creditori fosse stata soddisfatta, ha poi rimesso al prudente apprezzamento del giudice accertare quando la consistenza dei riparti realizzati consenta di affermare che l'entità dei versamenti effettuati, valutati comparativamente rispetto a quanto complessivamente dovuto, costituisca quella parzialità dei pagamenti richiesta per il riconoscimento del beneficio. Per una rassegna delle sentenze successive si vedano GABASSI, *Nota a Tribunale*, 219, LAMANNA, *Il codice*, 695, il quale riferisce come più volte la giurisprudenza abbia dato risalto al principio per cui «la nota di discrimine fra imprenditori falliti, ai fini del conseguimento del beneficio dell'esdebitazione, non andrebbe individuata sulla base di un dato legato a contingenze casuali e non riconducibili all'operato dell'imprenditore, quale il numero dei creditori privilegiati e la consistenza dei loro crediti, ma potrebbe essere piuttosto ricercata nella valorizzazione del dato comportamentale del debitore».

[18] Così BETTAZZI, *La "liberazione"*,1324; LAMANNA, *Il codice*, 697.

[19] V. BETTAZZI, *La "liberazione"*, 1324, FAUCEGLIA,*Il nuovo diritto*, 199.

contraddittorio nei confronti dei creditori ammessi al passivo e non integralmente soddisfatti, così potendosi intendere, dalla disciplina degli effetti della soddisfazione parziale, la necessità di un qualche pagamento in favore dei creditori, nonché il confronto con il regime previsto per il sovraindebitato incapiente (cui verrebbe riservato, visti i più stringenti presupposti di meritevolezza e la "condizione modale" di cui all'art. 283, comma 1, un trattamento quasi di minor favore rispetto al "regime ordinario", in contrasto con quelle che apparivano le intenzioni della legge delega n. 155 del 2017, all'art. 9 lett. *c*) [20].

Sebbene su tale aspetto sarebbe stato auspicabile un intervento maggiormente chiarificatore da parte del legislatore della riforma, già si registra da parte del formante giurisprudenziale una netta propensione interpretativa *debtor oriented* nel senso, quindi, di una (tacita) abrogazione del requisito oggettivo *de quo* [21].

[20] Si vedano al riguardo FAROLFI, *Art. 280,* 1409, secondo cui tale circostanza induce a «ritenere che le insolvenze maggiori debbano pur sempre aver distribuito qualcosa a favore dei creditori. Non si tratterà di una misura minima legale, ma il concetto di 'non integrale soddisfazione' resterà pur sempre una valutazione ancora possibile secondo criteri di ragionevolezza, non potendosi [...] ammettere una esdebitazione del debitore maggiore incapiente, senza però prevedere quegli obblighi di destinazione delle eventuali sopravvenienze attive che solo l'art. 283 per la persona fisica sovraindebitata dispone»; VATTERMOLI, *L'esdebitazione*, 490.

[21] Tale interpretazione, peraltro, esplicherebbe i suoi effetti anche anticipatamente rispetto all'entrata in vigore del Codice, secondo quanto ritenuto da App. Bologna, 28 luglio 2022, Trib. Modena, 7 dicembre 2022, Trib. Verona, 2 dicembre 2022, tutte in *ilcaso.it*; *contra*, nel senso che non possa condividersi l'attribuzione della rilevanza alla diversa natura processuale o sostanziale delle norme regolanti l'esdebitazione nel nuovo Codice, di guisa che (anche) per quel che concerne il presupposto oggettivo *de quo* le procedure di fallimento pendenti alla data di entrata in vigore del Codice. sono definite secondo le disposizioni della legge fallimentare, Trib. Catania, 2 marzo 2023, in *ilcaso.it*.

Articolo 281
Procedimento

1. Il tribunale, contestualmente alla pronuncia del decreto di chiusura della procedura, sentiti gli organi della stessa e verificata la sussistenza delle condizioni di cui agli articoli 278, 279 e 280, dichiara inesigibili nei confronti del debitore i debiti concorsuali non soddisfatti.

2. Allo stesso modo il tribunale provvede, su istanza del debitore, quando siano decorsi almeno tre anni dalla data in cui è stata aperta la procedura di liquidazione giudiziale.

3. Ai fini di cui ai commi 1 e 2, il curatore dà atto, nei rapporti riepilogativi di cui all'articolo 130, dei fatti rilevanti per la concessione o il diniego del beneficio.

4. Il decreto del tribunale è comunicato agli organi della procedura, al pubblico ministero, al debitore e ai creditori ammessi al passivo non integralmente soddisfatti, i quali possono proporre reclamo a norma dell'articolo 124; il termine per proporre reclamo è di trenta giorni. Il decreto è iscritto nel registro delle imprese su richiesta del cancelliere.

5. L'esdebitazione non ha effetti sui giudizi in corso e sulle operazioni liquidatorie, anche se posteriori alla chiusura della liquidazione giudiziale disposta a norma dell'articolo 234.

6. Quando dall'esito dei predetti giudizi e operazioni deriva un maggior riparto a favore dei creditori, l'esdebitazione ha effetto solo per la parte definitivamente non soddisfatta.

Domenico Benincasa

Sommario: 1. Inquadramento. – 2. Il procedimento. – 3. Le impugnazioni.

1. – Con l'art. 281 il legislatore delinea il procedimento di esdebitazione, attraverso una disciplina "minimale"[1] e che deve essere letta congiuntamente all'art. 279 il quale, introducendo la c.d. esdebitazione anticipata, rappresenta a sua volta una delle più importanti innovazioni dalla riforma.

Il diritto del debitore di chiedere l'esdebitazione, che ai sensi della previgente disposizione dell'art. 143 l. fall. poteva configurarsi solo al momento della chiusura o entro

[1] In tal senso, rimarcando come sia necessaria l'integrazione dell'interprete, FAROLFI, *Art. 280*, 1411.

l'anno dalla stessa, sorgerà (ricorrendo le condizioni previste dagli artt. 278, 279 e 280) decorsi tre anni dall'apertura della procedura di liquidazione, ovvero al momento della chiusura della procedura medesima, ove questo si collochi temporalmente in un momento precedente al decorso del triennio[2].

Deve ritenersi, in virtù della formulazione letterale dei primi due commi dell'articolo in commento, che il tribunale provveda (i) d'ufficio, in caso di concessione al momento della chiusura della procedura, dichiarando inesigibili nei confronti del debitore i debiti concorsuali non soddisfatti – così omologandosi il procedimento dell'esdebitazione di diritto a quello contemplato, in ogni caso, per la liquidazione controllata *ex* art. 282 – mentre (ii) nell'ipotesi in cui siano decorsi tre anni dalla data di apertura della liquidazione giudiziale e questa ancora non sia stata chiusa, necessariamente su istanza del debitore[3], anche se non sono mancate opinioni di senso contrario, per cui la domanda del debitore sarebbe necessaria anche nel primo caso, per via del principio di delega che prevedeva una concessione officiosa del beneficio *de quo* per il solo caso delle cc.dd. insolvenze minori, nonché per essere l'espressione «*esdebitazione di diritto*» richiamata solo dall'art. 282, posto all'interno della sezione II del capo X (che contempla le disposizioni speciali in materia di esdebitazione del soggetto sovraindebitato)[4].

Unitamente alla disciplina del procedimento che, come si vedrà (*infra*, § 2), contempla una prima fase "interna" di verifica delle condizioni per l'ottenimento dell'esdebitazione, rinviando il "contraddittorio" con i creditori insoddisfatti in "seconda battuta", una volta emesso il decreto[5], viene delineato con gli ultimi due commi della disposizione in commento, con funzione programmatica di inquadramento della portata del beneficio *de quo*, il rapporto tra quest'ultimo ed i diritti dei creditori in relazione alle utilità che pervengono

[2] Rinviando ai più approfonditi rilievi già esposti in sede di commento all'art. 279, si ricorda che quello triennale opera quale termine il cui decorso è necessario ai fini della maturazione del diritto ad ottenere il beneficio se la procedura sia ancora aperta; altrimenti, ove antecedente al triennio, tale diritto maturerà in coincidenza con la chiusura della procedura. Si vedano FAROLFI, *Art. 280,*1403; BROGI, *Le esdebitazioni,* 300.

[3] Cfr., *ex multis*, LAMANNA, *Il codice*, 698; VATTERMOLI, *L'esdebitazione*, 485 ss., rilevandosi in ogni caso che sarebbe più corretta l'espressione "d'ufficio", essendo comunque previsto un procedimento di controllo e valutazione della sussistenza delle condizioni previste dalla legge.

[4] In tal senso FAROLFI, *Art. 280,* 1412; CERRATO, *La nuova esdebitazione*, 42. Non si è mancato di rilevare peraltro che nel nuovo meccanismo procedimentale ordinario dell'esdebitazione il legislatore non ha preso in considerazione l'ipotesi della richiesta dell'esdebitazione anche successivamente al decreto di chiusura – diversamente dal previgente art. 143 l. fall. – senza che da ciò debba comunque derivare una impossibilità/illegittimità da parte del debitore a formulare apposita richiesta. Cfr. CERRATO, *La nuova esdebitazione*, 43 il quale evidenzia che il ricorso del debitore – essendo così valevole il principio della domanda di parte *ex* artt. 99 c.p.c. e 2907 c.c. – è necessario «sia quando il decreto di esdebitazione venga emesso contestualmente a quello di chiusura della procedura concorsuale liquidatoria sia quando il decreto di esdebitazione venga emesso successivamente». Sul punto si vedano anche BROGI, *Le esdebitazioni*, 300; LAMANNA, *Il codice*, 698, il quale propendendo per la tesi secondo cui il provvedimento di esdebitazione concesso in fase di chiusura venga emesso d'ufficio e non su istanza del debitore, associa l'opportunità di legittimare una pronuncia a procedura già chiusa a una dimenticanza del tribunale di provvedere, di guisa che «il debitore possa, entro il termine previsto per proporre reclamo, proporre tale impugnativa per ottenere il provvedimento esdebitatorio, ovvero, decorso tale termine, promuovere un procedimento camerale di correzione dell'errore materiale per omissione ravvisabile nel decreto di chiusura».

[5] In tal senso FAROLFI, *Art. 280,* 1412.

successivamente all'esdebitazione, anche dopo la chiusura della procedura. Viene al riguardo previsto che l'esdebitazione non ha effetti sui giudizi pendenti e sulle operazioni di liquidazione, anche se successive rispetto alla chiusura della procedura di liquidazione giudiziale disposta *ex* art. 234, e che quando dall'esito di tali giudizi derivi un maggior riparto in favore dei creditori, l'esdebitazione abbia effetto solo per la parte non soddisfatta.

Tale meccanismo potrà così incidere sulla posizione dei creditori contemplati dal secondo comma dell'art. 278, in quanto, potendo l'esdebitazione sopravvenire in un momento in cui ancora non è definita la percentuale attribuita nella procedura ai creditori concorsuali concorrenti (suscettibile di aumento a seguito del maggior ricavato derivante dalla liquidazione), potrà determinarsi una modifica (in diminuzione ed in danno, quindi, del debitore) anche della percentuale destinata ad intaccare – mediante l'effetto dell'inesigibilità del credito – i diritti dei «*creditori per fatto o causa anteriori che non hanno partecipato al concorso*». E ciò, invero, sia nel caso di esdebitazione concessa al momento della chiusura della liquidazione giudiziale – così replicandosi i problemi sussistenti, nel previgente sistema, per via del combinato disposto dell'art. 144 e dell'art. 118, ult. comma, l. fall. che introduceva una forma di chiusura anticipata e/o di ultrattività degli organi della procedura a seguito della modifica del 2015[6] – sia, evidentemente, in quello dell'esdebitazione concessa una volta che siano decorsi tre anni dalla sua apertura[7], che non preclude (allo stesso modo) ai creditori di soddisfarsi sul ricavato della liquidazione a mano a mano che si verifichino i presupposti, nei tempi e modi derivanti dalla concreta evoluzione della procedura[8].

Aspetto diverso – e speculare – rispetto a quello appena esaminato riguarda l'effettiva modalità con cui si atteggiano gli effetti dell'esdebitazione concessa a procedura liquidatoria ancora in corso sul patrimonio del debitore e che, pur nelle possibili alternative interpretative che il silenzio della norma potrebbe determinare, deve risolversi – secondo l'orientamento maggioritario in dottrina e condiviso anche a livello giurisprudenziale[9] – nel senso dell'immediatezza degli stessi con conseguente «separazione tra la massa attiva acquista alla procedura ed i beni sopravvenuti al (e/o i ricavi della nuova attività in tesi intrapresa dal) debitore»[10]. Una diversa lettura che, valorizzando il dato formale di disposi-

[6] In particolare, gli ultimi cinque periodi dell'art. 118, dopo le parole "imprenditore individuale." sono stati aggiunti dall'art. 7, d.l. 27 giugno 2015, n. 83 conv., con modificazioni, dalla l. 6 agosto 2015 n. 132.

[7] V., sul tema, CENTONZE, *L'esdebitazione*, 1329, proponendo in questa ipotesi due alternative: «o condizionare l'effetto esdebitatorio (ossia la parziale inesigibilità del credito) alla definizione di quella percentuale, oppure considerare inesigibile il credito per l'intero ammontare, salvo limitare successivamente l'effetto esdebitatorio, una volta cristallizzatosi il parametro di riferimento», soluzione, quest'ultima, che allo stesso Autore appare più coerente con il tessuto normativo e di facile realizzazione.

[8] V. NIGRO, VATTERMOLI, *Diritto della crisi*, 315 ss.

[9] Cfr. Trib. Bologna, 27 settembre 2022, Trib. Verona, 20 settembre 2022, entrambe in *ilcaso.it*, secondo cui se da un lato è vero che la procedura può proseguire certamente finché tutti i beni non liquidati e – nel caso di redditi futuri – finché non è possibile acquisirli, dall'altro si deve rilevare che ove il debitore ottenga l'esdebitazione dopo tre anni dall'apertura della procedura «l'apprensione di quote di reddito non è più possibile, poiché la prosecuzione dell'attività liquidatoria è limitata ai beni già presenti nel patrimonio del debitore in quel momento».

[10] Così BETTAZZI, *La "liberazione"*, il quale pur ritenendo tale lettura preferibile, evidenzia come questa si scontri «con i principi fondamentali del sistema concorsuale, ed in particolare della procedura più squisitamente liquidatoria». Propendono, tra le contrapposte possibili interpretazioni consentite dall'articolato normativo – che

zioni in eventuale distonia con tale interpretazione – quali, in particolare, quelle contemplate, in tema di definizione ed effetti del c.d. spossessamento, dall'art. 166 e dall'art. 236[11] – affidasse all'esdebitazione "anticipata" rispetto alla cessazione del procedura una mera efficacia prenotativa che non si estenda immediatamente ai beni ed ai ricavi sopravvenuti prima della chiusura, svilirebbe la portata dell'istituto teso a garantire un pronto ed effettivo reinserimento del debitore nel circuito economico (c.d. *fresh new start*).

2. – Il procedimento di esdebitazione, che può essere autonomo, in caso di domanda presentata dopo tre anni dall'apertura della procedura, ovvero innestarsi nella fase di chiusura della stessa quantunque in forme camerali, ha natura contenziosa, posto che la relativa decisione è in grado di incidere su diritti soggettivi contrapposti[12].

Se sotto questo profilo, come si è anticipato, il contraddittorio con i soggetti portatori di interessi confliggenti con quelli del debitore è strutturato in forma differita/oppositiva una volta emesso il relativo decreto, già nella prima fase, comunque, è previsto uno scrutinio di sussistenza delle condizioni di cui agli artt. 278-279 e 280, da parte del tribunale concorsuale, competente a pronunciare sul decreto di esdebitazione[13], a presidio del quale deve intendersi l'obbligo per lo stesso di sentire gli organi della procedura[14], così come l'obbligo (di nuovo conio rispetto all'impianto della legge fallimentare e salutato con par-

---

non chiarisce espressamente se (i) al momento della concessione dell'esdebitazione a procedura in corso i suoi effetti patrimoniali si riverberino pienamente sulla posizione del debitore, costituendo il limite temporale entro il quale sia possibile acquisire i beni sopravvenuti nella liquidazione controllata o se (ii) l'esdebitazione operi, piuttosto, come "effetto prenotativo" del beneficio, che potrà essere conseguito appieno solo all'esito della chiusura – per la tesi più estensiva ed in linea con la c.d. Direttiva Insolvency, *ex multis*, DE MATTEIS, *L'esdebitazione*, 1383; VATTERMOLI, *L'esdebitazione*, 485. Evidenzia al riguardo, da un lato, come l'esdebitazione in corso di procedura strida con le regole dello spossessamento e, dall'altro, tuttavia, che nel patrimonio "autonomo" del debitore debbano rientrare – ritenendosi sottratti alla procedura – i beni di formazione successiva all'esdebitazione "anticipata", CENTONZE, *L'esdebitazione*, 1348, il quale suggerisce una integrazione dell'art. 146 con una norma implicita e, in particolare, con una «ideale lettera e, a tenore della quale non sono compresi nella liquidazione giudiziale i beni che pervengono al debitore dopo la pronuncia del decreto di cui all'art. 281».

[11] Le previsioni richiamate nel testo in particolare prevedono rispettivamente che fermo quanto previsto dall'art. 142, comma 2, sono acquisite alla liquidazione le utilità che il debitore consegue nel corso della procedura per effetto degli atti compiuti dal debitore o i pagamenti eseguiti o ricevuti dopo l'apertura della procedura, e che gli effetti dell'assoggettamento alla procedura (a partire dallo spossessamento) cessano con la chiusura.

[12] Da ciò discende un obbligo di difesa tecnica sia per il ricorrente che per gli eventuali creditori che intendessero intervenire per presentare opposizioni od osservazioni. In tal senso, *ex multis*, BETTAZZI, *La "liberazione"*, 1326 e, prima della riforma, SPIOTTA, *L'esdebitazione*, 288 ss. Per una disamina delle problematiche cui l'originaria formulazione dell'artt. 143 l. fall. aveva dato luogo, sino alla pronuncia da parte della Corte cost., 30 maggio 2008, n. 181, si rinvia a GUIDOTTI, *Art. 142*, 917; FAROLFI, *Art. 280*, 1413 che sulla attuale formulazione dell'art. 281 rileva che la stessa «comporta una regressione dei diritti di difesa dei terzi creditori non integralmente soddisfatti la cui compatibilità con quanto già ritenuto dalla Consulta dovrà essere certamente ulteriormente scrutinata».

[13] V. CERRATO, *La nuova esdebitazione*, 43, precisando che «la competenza del Tribunale concorsuale sarà inderogabile ed il giudizio sarà deciso in composizione collegiale (art. 50-bis, comma 2, c.p.c.)».

[14] Sulla falsariga della disciplina *ante* riforma, se tale attività ha funzione consultiva, ma fondamentalmente istruttoria, appare comunque «remota la possibilità che il tribunale si discosti dal parere del curatore». Così BETTAZZI, *La "liberazione"*, 1327, riprendendo quanto sostenuto già in passato da PANZANI, *Artt. 142-144*, 837.

ticolare favore) per il curatore di dare conto nei rapporti riepilogativi *ex* art. 130 dei fatti rilevanti per la concessione del beneficio *de quo*[15].

Il decreto del tribunale dev'essere comunicato agli organi della procedura, al debitore, al pubblico ministero mentre, per quanto riguarda la categoria creditori, il comma 4 della disposizione in commento la circoscrive a quelli non integralmente soddisfatti[16].

Un'ulteriore forma di pubblicità del decreto è poi contemplata, sempre dall'articolo in commento (a seguito del c.d. Decreto correttivo) attraverso l'iscrizione del primo, a cura del cancelliere, nel registro delle imprese[17].

3. – Il termine entro cui è prevista, in capo ai soggetti a favore dei quali è effettuata la comunicazione del decreto, la possibilità di proporre reclamo, dinanzi alla corte di appello nel cui distretto è compreso il tribunale che ha emesso il decreto *de quo* è, ai sensi del nuovo art. 124, di trenta giorni decorrenti (i) dalla data di comunicazione nel caso di decreto che concede l'esdebitazione, e (ii) nel caso di diniego, per il debitore, dalla data di notifica del decreto nei suoi confronti[18].

Avverso tale decisione, che avrà a sua volta natura di decreto motivato, sarà proponibile ricorso straordinario per cassazione ai sensi dell'art. 111 Cost., la prima consistendo in un provvedimento che possiede i requisiti di decisorietà e definitività[19].

---

[15] Al curatore viene così demandato il compito di rilevare tutte le condotte, sia in positivo sia in negativo, tenute dal debitore e che risultino importanti per verificare la possibilità di concedere o meno l'esdebitazione. V. *ex multis*, PELLEGRINELLI, *L'esdebitazione*, 381; BROGI, *L'esdebitazione*, 300, la quale auspica che i rapporti riepilogativi contengano un paragrafo appositamente dedicato a quanto previsto nell'art. 281, comma 3.

[16] Essendo quelli integralmente soddisfatti privi di interesse. In tal senso LAMANNA, *Il codice*, 699; Pellegrinelli, *op. cit.*, 381, secondo cui si è di tal guise colta l'occasione per semplificare «il compito del curatore, il quale sarà così tenuto ad effettuare un numero ridotto di comunicazioni».

[17] Si tratta di una integrazione prevista dall'art. 30, comma 2, d.lgs. n. 147 del 2020, al fine di agevolare la conoscibilità del predetto decreto e della cui effettiva valenza, tuttavia, non si è mancato di dubitare posto che se da un lato i soggetti legittimati al reclamo risultano già destinatari della relativa comunicazione, dall'altro dalla eliminazione del generico richiamo a qualunque interessato deve escludersi che altri soggetti – a partire dai creditori concorsuali non concorrenti – siano titolati all'impugnazione. In tal senso BETTAZZI, *La "liberazione"*, 1327; LAMANNA, GALLETTI, *Dall'emergenza Covid*, 332. Non appare suscettibile di diversa interpretazione la norma in commento, per il chiaro tenore letterale della stessa che non richiama tra i soggetti legittimati a proporre reclamo (come invece avveniva con il previgente art. 143, comma 2, l. fall.) "qualunque interessato" (tra cui, ad esempio, anche i creditori rimasti estranei rispetto alla procedura.

[18] V. BOTTI, *L'esdebitazione*, 1017; CERRATO, *La nuova esdebitazione*, 45; FAROLFI, *Art. 280*, 1414, il quale osserva che in ogni caso il reclamo dinanzi alla corte di appello non è limitato a motivi di legittimità, potendo entrare nel merito. Non si è mancato di rilevare che avverso tale decreto non sia esperibile solo il reclamo ma sia proponibile anche la revocazione nei casi previsti dall'art. 395 c.p.c. In tal senso COSTANTINO, *La esdebitazione*, 210.

[19] V. CERRATO, *La nuova esdebitazione*, 45; prima della riforma, NORELLI, *L'esdebitazione*, 708.

Articolo 282

Esdebitazione di diritto

1. Per le procedure di liquidazione controllata, l'esdebitazione opera di diritto a seguito del provvedimento di chiusura o anteriormente, decorsi tre anni dalla sua apertura, ed è dichiarata con decreto motivato del tribunale, iscritto al registro delle imprese su richiesta del cancelliere. Il decreto che dichiara l'esdebitazione del consumatore e del professionista è pubblicato in apposita area del sito web del tribunale o del Ministero della giustizia.

2.L'esdebitazione non opera nelle ipotesi previste dall'articolo 280 nonché nelle ipotesi in cui il debitore ha determinato la situazione di sovraindebitamento con colpa grave, malafede o frode.

3. Il provvedimento di cui al comma 1 o il provvedimento con cui il tribunale dichiara la sussistenza delle preclusioni di cui al comma 2 è comunicato al pubblico ministero, ai creditori e al debitore, i quali possono proporre reclamo ai sensi dell'articolo 124; il termine per proporre reclamo è di trenta giorni.

Caterina Luisa Appio

Sommario: 1. Inquadramento dell'istituto. – 2. Le condizioni ostative e i controlli del tribunale. – 3. I profili procedimentali.

1. – Con riferimento all'esdebitazione, la scelta del Codice è stata di predisporre un gruppo di regole comuni ad ogni ipotesi di procedura di liquidazione del patrimonio, sia essa giudiziale o controllata (artt. 278 e 279), procedendo poi alla diversificazione in punto di disciplina, condizione ed effetti.

La disposizione in commento, collocata in apertura della sezione II (specificatamente dedicata all'esdebitazione del soggetto sovraindebitato[1]) del capo X (rubricato «*Esdebitazione*»), introduce, in ossequio alle direttive contenute nella legge delega per la riforma della crisi di impresa (l. 19 ottobre 2017, n. 155) e come auspicato nella raccomandazione 2014/135/UE e della proposta di direttiva del 22 novembre 2016[2], una particolare forma

[1] L'attuale rubrica della disposizione in commento è stata modificata dal decreto correttivo (d.lgs. n. 147 del 2020). Originariamente il riferimento è alla esdebitazione del "*sovraindebitato*".

[2] A questi si aggiunga anche la direttiva (UE) 2019/1023 del Parlamento europeo e del Consiglio, del 20 giugno 2019.

di esdebitazione – denominata esdebitazione «*di diritto*» – riservata alle sole insolvenze di minori dimensioni.

Si tratta, in particolare, di una fattispecie che opera nell'ambito della liquidazione controllata, con riferimento alla quale il termine di tre anni, fissato dall'art. 279, comma 1, per ottenere l'esdebitazione, ha una portata più incisiva. Difatti, nel caso di specie, affinché l'effetto esdebitatorio si realizzi, non occorre una istanza del debitore, come prescritto invece nell'ipotesi della liquidazione giudiziale dall'art. 281, comma 2.

Va in ogni caso sin da subito precisato che, affinché detto effetto si realizzi, non è sufficiente che la procedura si chiuda o, alternativamente, sia decorso il termine di tre anni indicato dalla norma[3]. Difatti, nel caso di specie, l'inesigibilità dei debiti non adempiuti consegue, al pari di quanto si verifica nella liquidazione giudiziale, ad un provvedimento del tribunale, ma, diversamente da quanto contemplato nell'art. 281 dapprima richiamato, non necessita di una domanda da parte del debitore[4]. In altri termini (e più correttamente), a dispetto della lettera dell'art. 282, comma 1, nella liquidazione controllata l'esdebitazione opera d'ufficio[5]. L'esdebitazione, pertanto, è un beneficio concesso dalla legge, ma che produce i propri effetti a seguito dell'emissione del decreto da parte del tribunale.

A conforto di tale conclusione può essere invocata l'introduzione – per mano del decreto correttivo – di un ulteriore periodo in base al quale «*il decreto che dichiara l'esdebitazione del consumatore o del professionista è pubblicato in apposita area del sito web del tribunale o del Ministero della giustizia*»: una siffatta innovazione si giustifica – sia all'interno della Relazione illustrativa sia in quella tecnica – a partire dalla necessità di colmare una lacuna «*dovuta ad una mancata forma di pubblicità e, quindi, di conoscibilità a terzi, di provvedimenti che interessano soggetti che non svolgono attività imprenditoriale*» (così la *Relazione*). Difficilmente una pubblicità così congegnata (iscrizione nel registro delle imprese e pubblicazione sul sito web) sarebbe compatibile con la natura ricognitiva di un effetto già prodottosi[6].

Rispetto alla disciplina contenuta nell'art. 14-*terdecies*, comma 4, l. 27 gennaio 2012, n. 3, la quale presuppone(va) l'instaurazione di un subprocedimento di esdebitazione attivabile esclusivamente dal debitore entro un anno dalla chiusura della liquidazione del patrimonio, il legislatore della riforma ha dunque inteso *snellire* la procedura al fine di *favorire* in maniera più rapida una seconda opportunità per il debitore[7] e superare quella disparità, contenuta nella l. n. 3 del 2012, fra l'esdebitazione conseguente ad un accordo o ad un piano e quella in esito alla liquidazione del patrimonio (art. 14-*terdecies*, comma 4, l. n. 3 del 2012)[8].

La riforma sembrerebbe poi chiarire la questione, sorta con riferimento alla analoga di-

---

[3] Così invece LAMANNA, *Il nuovo codice*, 73.

[4] Così già nel mio *Brevi note*, 599 s.; e BROGI, *Le esdebitazioni*, 302.

[5] In tal senso sono VATTERMOLI, *L'esdebitazione*, 489; e PAGLIANTINI, *L'esdebitazione*, 685.

[6] Così invece NAPOLITANO, *La liquidazione controllata*, 268.

[7] FAUCEGLIA, *Il nuovo diritto*, 201; sul punto cfr. altresì PINI, PORCARI, *La disciplina residuale*, 299; e GRIECO, *Le procedure*, 266.

[8] RANUCCI, *L'esdebitazione*, 662.

sciplina di cui all'art. 14-*terdecies*, l. n. 3 del 2012, relativamente all'ambito oggettivo di estensione degli effetti esdebitatori.

La questione è stata definitivamente risolta con il Codice il quale, all'art. 278, comma 2, che è disposizione applicabile, come innanzi già rilevato, anche all'esdebitazione di diritto, nel definire l'oggetto e il perimetro soggettivo dell'istituto, ripropone la regola contenuta nell'art. 144 l. fall., di talché, l'esdebitazione, sia che consegua alla liquidazione giudiziale, sia che operi ai sensi dell'art. 282, coinvolge anche i creditori non concorrenti, operando per la parte eccedente la percentuale attribuita nel concorso ai creditori di pari grado.

2. – Relativamente alle condizioni ostative di cui all'art. 282, comma 2, nella versione originaria della norma era stabilito che l'esdebitazione non avrebbe potuto operare esclusivamente in presenza della condizione prevista per la liquidazione giudiziale nell'art. 280, comma 1, lett. *a)* e, solo avendo riguardo al consumatore, *anche* di quella enunciata dall'art. 69, comma 1.

La disposizione così congeniata ha sin da subito prestato il fianco a rilievi critici di non poco momento. In particolare, con riferimento al sovraindebitato consumatore, avendo riguardo alla prima condizione enunciata nell'art. 69 è stata ravvisata una oggettiva difficoltà per il tribunale nel condurre l'indagine in ordine all'insussistenza delle preclusioni sancite dalla norma, considerato che, mentre nell'ipotesi della procedura di ristrutturazione dei debiti del consumatore, a cui la disciplina di cui all'art. 69 afferisce, il compito affidato al giudice è agevolato dal preventivo lavoro svolto dall'Organismo di Composizione della Crisi che, ai sensi dell'art. 68, comma 2, è tenuto ad indicare nella propria relazione le «*cause dell'indebitamento*» e la «*diligenza impiegata dal debitore nell'assumere le obbligazioni*», altrettanto non si verifica nell'ipotesi della procedura di liquidazione controllata, in seno alla quale l'Organismo è chiamato ad illustrare esclusivamente «*la situazione economica, patrimoniale e finanziaria del debitore*» (art. 269, comma 2) [9]. Le altre condizioni, invece, riprendevano quelle già previste per la liquidazione giudiziale alle lett. *c)* e *d)* dell'art. 280, creando così una evidente discrasia rispetto al sovraindebitato non consumatore: non v'è dubbio, difatti, che per effetto del mancato rinvio ad esse da parte dell'art. 282, comma 2, il legislatore aveva colpevolmente trascurato che, nell'ambito della categoria dei sovraindebitati non consumatori, sono ricompresi anche gli imprenditori (benché minori e/o non esercenti attività commerciale), per i quali l'esdebitazione, da un lato, funge da incentivo ad accettare il rischio di impresa (come, del resto, accade per i soggetti fallibili), ma dall'altro rischia di trasformarsi in abuso, con ingiustificato nocumento per i creditori.

In altri termini, nella versione originaria della disposizione in commento, per il consumatore le condizioni soggettive ostative per l'accesso all'esdebitazione nella procedura di liquidazione controllata erano state equiparate a quelle la cui presenza comportava un giudizio di inammissibilità giuridica della domanda di accesso alla procedura di ristrutturazione dei debiti; diversamente e senza una evidente *ratio*, non era stata effettuata un'analoga equiparazione fra le condizioni soggettive ostative per l'accesso all'esdebitazione da

[9] Sul punto cfr. tuttavia FAUCEGLIA, *Il nuovo diritto*, 88 s. Sul ruolo dell'Organismo cfr. altresì ACCETTELLA, *La liquidazione controllata*, 669 ss.

parte del sovraindebitato non consumatore ammesso alla procedura di liquidazione controllata e quelle contemplate per il concordato minore, il cui art. 77 contempla fra le condizioni di inammissibilità l'essere stato esdebitato nei cinque anni precedenti la domanda o l'aver beneficiato dell'esdebitazione per due volte.

Con riferimento ad ambedue le ipotesi, il legislatore della riforma aveva espunto dai presupposti per poter beneficiare dell'effetto esdebitatorio le altre condizioni previste dall'art. 14-*terdecies*, comma 1, l. n. 3 del 2012, fra cui vengono in rilievo quelle di cui alle lett. *a*) e *b*). In assenza di una espressa previsione, il tribunale non avrebbe dovuto verificare la cooperazione del debitore all'efficace e regolare svolgimento della procedura di liquidazione [10].

Le questioni interpretative innanzi evidenziate trovano senz'altro una soluzione grazie alle modifiche apportate dal decreto correttivo alla disposizione in commento. Nella nuova formulazione della norma: *i*) si unifica il regime delle preclusioni per il sovraindebitato consumatore e non; *ii*) si sostituisce il rinvio al (solo) art. 280, comma 1, lett. *a*), con il richiamo all'intero art. 280; *iii*) si aggiunge il riferimento, che si trova pure nell'art. 283, comma 7, alla mancanza di colpa grave, malafede o frode nella formazione dell'indebitamento.

Nell'attuale disposizione, fra le cause ostative, viene omessa quella contemplata nella lett. *f*) dell'art. 14-*terdecies*, ovvero la soddisfazione, almeno in parte, dei creditori per titolo o causa anteriore al provvedimento di apertura della procedura. Omissione che darebbe conforto alla previsione contenuta nell'art. 282, comma 3, che stabilisce che il decreto con cui il tribunale dichiara inesigibili i debiti concorsuali non soddisfatti deve essere comunicato *ai «creditori»* e non, come invece si esprime l'art. 281, comma 4, con riferimento alla liquidazione giudiziale, «*ai creditori non integralmente soddisfatti*».

Tuttavia, sebbene molto ci si allontani dal dato letterale della norma, è stato ipotizzato che, avendo il legislatore contemplato nel successivo art. 283 in via eccezionale l'ipotesi di una esdebitazione *totale*, svincolata dall'apertura di una delle procedure destinate al sovraindebitato e concessa al solo debitore persona fisica incapiente, la mancata riproposizione della condizione di cui alla lett. *f*) dell'art. 14-*terdecies*, nel caso dell'art. 282 sia più semplicemente frutto di una svista del legislatore: si potrebbe ritenere che il sovraindebitato che non versi nelle condizioni enunciate nell'art. 283 e che acceda alla procedura di liquidazione controllata, per poter beneficiare degli effetti esdebitatori, debba aver soddisfatto almeno in parte i creditori concorsuali [11].

3. – Diversamente da quanto si verifica per la liquidazione giudiziale, nel caso in esame l'esdebitazione viene pronunciata dal tribunale anche in assenza di una domanda da parte del debitore. E ciò si verifica tanto qualora la stessa intervenga in occasione della chiusura della procedura, quanto nel caso in cui la stessa operi decorsi tre anni dall'aper-

---

[10] Cfr. NAPOLITANO, *La liquidazione controllata*, 269.

[11] VATTERMOLI, *La disciplina*, 15. L'interpretazione proposta nel testo, per altro, consentirebbe di scongiurare il rischio che il debitore, ancorché incapiente, prediliga, con evidente nocumento del ceto creditorio, la strada della liquidazione controllata, così da poter giungere ad una esdebitazione che ha carattere definivo rispetto a quella disciplinata nell'art. 283, la quale è sospensivamente condizionata alla mancata produzione di utilità da destinare al ceto creditorio nei quattro anni successivi alla pronuncia del provvedimento.

tura della liquidazione. Tuttavia, mentre nella seconda ipotesi occorre un decreto *ad hoc*[12], nella prima l'esdebitazione è oggetto del provvedimento di chiusura della procedura: ciò non significa che l'esdebitazione operi in conseguenza della pronuncia del decreto di chiusura, occorrendo anche in tal caso che il giudice accerti la sussistenza dei presupposti per la concessione del beneficio.

Ai sensi dei commi 1 e 3 della norma in commento il decreto motivato con cui il tribunale dichiara inesigibili nei confronti del sovraindebitato i debiti non soddisfatti deve essere iscritto nel registro delle imprese e, per il consumatore e per il professionista, pubblicato in apposita area del sito web del tribunale o del Ministero della giustizia.

Quanto all'iscrizione nel registro delle imprese, si tratta di un obbligo che con tutta evidenza opera solo nell'ipotesi in cui il debitore sia un imprenditore o comunque un soggetto sottoposto a pubblicità nel registro delle imprese. Tanto è vero che il decreto correttivo ha introdotto, quale formalità pubblicitaria per il consumatore e per il professionista, la pubblicazione in apposita area del sito web del tribunale o del Ministero della giustizia.

A differenza di quanto statuito con riferimento alla liquidazione giudiziale, il provvedimento con cui viene pronunciata l'esdebitazione o dichiarata la sussistenza delle preclusioni di cui all'art. 280 deve essere comunicato a *tutti* i creditori e non solo a quelli non integralmente soddisfatti. Si tratta di una regola che parrebbe essere in linea con la mancata riproposizione, quanto meno in via esplicita, della condizione di cui all'art. 14-*teredecies*, comma 1, lett. *f*), ove naturalmente si prediliga interpretare la norma in esame, dando rilievo al dato letterale: ipotesi che, per le ragioni dapprima evidenziate, si ritiene di non poter accogliere.

In questa prospettiva, considerato che tutti coloro ai quali viene comunicato il provvedimento (oltre ai creditori, il debitore e, qualora il sovraindebitato sia un imprenditore, il pubblico ministero[13]) sono a loro volta legittimati a proporre reclamo, non è dato cogliere quale possa essere la *ratio* sottesa ad un reclamo promosso da un creditore integralmente soddisfatto nel corso della procedura[14]. E ciò sempre che non si preferisca aderire alla tesi – sin da subito scartata in questa sede – secondo cui l'esdebitazione si verificherebbe di diritto come semplice conseguenza del decreto di chiusura della liquidazione: in tal caso, difatti, i creditori (unitamente al pubblico ministero) potrebbero avere l'interesse a proporre reclamo non essendo stata accertata la sussistenza delle preclusioni[15].

Con il decreto correttivo, fra i soggetti a cui deve essere comunicato il provvedimento è stato aggiunto anche il debitore, di talché anche quest'ultimo potrà proporre reclamo: ipotesi prospettabile, oltre che nel caso in cui il provvedimento ritenga sussistenti le preclusioni di cui all'art. 282, comma 2, anche qualora il decreto di chiusura della procedura non si pronunci sul punto. L'art. 282 specifica che il reclamo deve essere promosso ai sensi dell'art. 124. In questa prospettiva, deve ritenersi che il procedimento si svolgerà nelle

---

[12] Sul punto cfr. BROGI, *Le esdebitazioni*, 302.

[13] E ciò per la stessa ragione per la quale la domanda di apertura della procedura di liquidazione controllata può essere presentata dal pubblico ministero quando l'insolvenza riguarda un imprenditore (art. 268, comma 2).

[14] Così SARDELLA, *L'esdebitazione*, 268.

[15] Così BROGI, *Le esdebitazioni*, 303.

forme del rito camerale, con il diverso e più lungo termine di 30 giorni entro il quale potrà essere promosso.

La disposizione tace in ordine al *dies a quo* da cui il suddetto termine debba farsi decorrere.

Stando alla disciplina originaria, la quale non prevedeva alcuna forma di pubblicità del decreto, nell'ipotesi in cui il sovraindebitato fosse stato un professionista o un consumatore, poteva agevolmente concludersi che il termine avrebbe dovuto farsi decorrere dalla comunicazione del provvedimento.

Non pare tuttavia che lo scenario possa ritenersi mutato a seguito delle modifiche apportate dal decreto correttivo ed in particolare della espressa previsione di una formalità pubblicitaria anche per tali soggetti [16].

Sempre il richiamo (alle forme di cui) all'art. 124, permette di sostenere che il reclamo non sospenda l'efficacia esecutiva del provvedimento impugnato, di talché l'effetto esdebitatorio enunciato dal comma 1 dell'art. 282 si produce rispettivamente dall'iscrizione nel registro delle imprese o dalla pubblicazione nell'apposita area del sito web del tribunale o del Ministero della giustizia, a seconda che il debitore rivesta o meno la qualifica di imprenditore [17].

[16] Non può difatti ritenersi valevole, quale *dies a quo* per il decorso del termine per proporre reclamo, per l'imprenditore, l'iscrizione nel registro delle imprese e, per il consumatore e il professionista, la pubblicazione nell'apposita area del sito web del tribunale o del Ministero della giustizia, convergendo, a favore di una conclusione di questo tipo, ragioni non solo di certezza, ma soprattutto di coerenza con la disciplina contenuta nell'art. 124, cui il comma 3 dell'art. 282 rinvia.

[17] L'interpretazione proposta nel testo tiene conto della versione (si auspica) definitiva della norma commentata e rimedita quanto, a una prima impressione, poteva ricavarsi dalle bozze del c.d. correttivo, appena messe in circolazione (v., sul punto, il mio *Brevi note*, 606, nt. 25).

Articolo 283

Esdebitazione del sovraindebitato incapiente

1. Il debitore persona fisica meritevole, che non sia in grado di offrire ai creditori alcuna utilità, diretta o indiretta, nemmeno in prospettiva futura, può accedere all'esdebitazione solo per una volta, fatto salvo l'obbligo di pagamento del debito entro quattro anni dal decreto del giudice laddove sopravvengano utilità rilevanti che consentano il soddisfacimento dei creditori in misura non inferiore complessivamente al dieci per cento. Non sono considerate utilità, ai sensi del periodo precedente, i finanziamenti, in qualsiasi forma erogati.

2. La valutazione di rilevanza di cui al comma 1 deve essere condotta su base annua, dedotte le spese di produzione del reddito e quanto occorrente al mantenimento del debitore e della sua famiglia in misura pari all'assegno sociale aumentato della metà moltiplicato per un parametro corrispondente al numero dei componenti il nucleo familiare della scala di equivalenza dell'ISEE di cui al decreto del Presidente del Consiglio dei ministri del 5 dicembre 2013, n. 159.

3. La domanda di esdebitazione è presentata tramite l'OCC al giudice competente, unitamente alla seguente documentazione:

a) l'elenco di tutti i creditori, con l'indicazione delle somme dovute;

b) l'elenco degli atti di straordinaria amministrazione compiuti negli ultimi cinque anni;

c) la copia delle dichiarazioni dei redditi degli ultimi tre anni;

d) l'indicazione degli stipendi, delle pensioni, dei salari e di tutte le altre entrate del debitore e del suo nucleo familiare.

4. Alla domanda deve essere allegata una relazione particolareggiata dell'OCC, che comprende:

a) l'indicazione delle cause dell'indebitamento e della diligenza impiegata dal debitore nell'assumere le obbligazioni;

b) l'esposizione delle ragioni dell'incapacità del debitore di adempiere le obbligazioni assunte;

c) l'indicazione della eventuale esistenza di atti del debitore impugnati dai creditori;

d) la valutazione sulla completezza ed attendibilità della documentazione depositata a corredo della domanda.

5. L'OCC, nella relazione, deve indicare anche se il soggetto finanziatore, ai fini della concessione del finanziamento, abbia tenuto conto del merito creditizio del debitore, valutato in relazione al suo reddito disponibile, dedotto l'importo necessario a mantenere un dignitoso tenore di vita; a tal fine si ritiene idonea una quantificazione non inferiore a quella indicata al comma 2.

6. I compensi dell'OCC sono ridotti della metà.

7. Il giudice, assunte le informazioni ritenute utili, valutata la meritevolezza del debitore e verificata, a tal fine, l'assenza di atti in frode e la mancanza di dolo o colpa grave

nella formazione dell'indebitamento, concede con decreto l'esdebitazione, indicando le modalità e il termine entro il quale il debitore deve presentare, a pena di revoca del beneficio, ove positiva, la dichiarazione annuale relativa alle sopravvenienze rilevanti ai sensi dei commi 1 e 2.

8. Il decreto è comunicato al debitore e ai creditori, i quali possono proporre opposizione nel termine di trenta giorni. Decorsi trenta giorni dall'ultima delle comunicazioni, il giudice, instaurato nelle forme ritenute più opportune il contraddittorio tra i creditori opponenti ed il debitore, conferma o revoca il decreto. La decisione è soggetta a reclamo ai sensi dell'articolo 50.

9. L'OCC, nei quattro anni successivi al deposito del decreto che concede l'esdebitazione, vigila sulla tempestività del deposito della dichiarazione di cui al comma 7 e, se il giudice ne fa richiesta, compie le verifiche necessarie per accertare l'esistenza di sopravvenienze rilevanti ai sensi dei commi 1 e 2.

Caterina Luisa Appio

Sommario: 1. Inquadramento dell'istituto. – 2. I presupposti e le condizioni ostative. – 3. Il ruolo del soggetto finanziatore nell'indebitamento. – 4. L'effetto esdebitatorio. Decorrenza. – 5. I profili procedimentali.

1. – Con la disposizione in commento l'esdebitazione assume tratti inediti. L'art. 283 contempla difatti una ipotesi di esdebitazione totale che può tuttavia essere concessa per una sola volta al debitore meritevole, al di fuori di una procedura concorsuale e a condizione che si tratti di un soggetto non in grado «*di offrire ai creditori alcuna utilità, diretta o indiretta, nemmeno in prospettiva futura*».

La fattispecie esdebitativa contemplata nell'art. 283 rappresenta l'unica eccezione alla regola secondo cui l'inesigibilità dei debiti rimasti insoddisfatti presuppone sempre il soddisfacimento, ancorché parziale, dei creditori concorsuali [1].

Una delle peculiarità dell'istituto in esame è senza dubbio data dalla circostanza che l'effetto esdebitativo si produce senza la necessità che sia stata preventivamente aperta una procedura liquidatoria [2]. In tal caso, difatti, è sufficiente che il debitore ne faccia richiesta al giudice il quale, verificatane la meritevolezza accertando l'assenza di dolo e colpa grave nell'indebitamento, la concede con decreto. Tale istituto opera, in altri termini, non già quale (possibile) effetto di una procedura liquidatoria, ma come beneficio «*direttamente ricollegato alle circostanze che il debitore sia un nullatenente*» e che non sia ipotizzabile un

---

[1] Su tale profilo, cfr. quanto già rilevato in sede di commento all'art. 282 (in particolare, § 2).

[2] Sul punto cfr. LAMANNA, *Il nuovo codice*, 73, il quale definisce l'ipotesi *de qua* una forma di *esdebitazione extra concorsuale*.

mutamento in futuro della sua situazione patrimoniale[3]: condizioni che renderebbero superflua e inutile l'apertura di una procedura[4].

Ratio sottesa alla disciplina in commento è di dare attuazione all'indicazione, proveniente dal legislatore europeo e recepita nella legge delega (l. 19 ottobre 2017, n. 155), di rendere più efficaci le procedure di insolvenza, di ristrutturazione e di liberazione dei debiti: efficacia che, con l'istituto regolamentato nell'art. 283, si rafforza, atteso che in tal caso viene offerto al debitore un beneficio avente carattere straordinario, i cui effetti, come innanzi sottolineato, si producono non già in esito ad una procedura concorsuale, ma al di fuori e a prescindere dalla stessa.

2. – A mente dei commi 1 e 7 l'accesso all'esdebitazione è nel caso di specie subordinato alla sussistenza di una serie di presupposti e condizioni di tipo soggettivo. In particolare, il debitore *(a)* deve essere una persona fisica meritevole; *(b)* non deve aver avuto accesso ad altra esdebitazione; *(c)* non deve essere in grado di produrre utilità, diretta o indiretta, nemmeno in prospettiva futura; *(d)* non deve aver posto in essere atti in frode e/o non aver concorso con dolo e colpa grave alla formazione dell'indebitamento.

Con riferimento al requisito *sub (a)*, emerge come il legislatore abbia inteso circoscrive l'accesso all'esdebitazione totale ed extra-concorsuale alle sole persone fisiche. A tal proposito, deve ritenersi che, essendo la disposizione collocata nella sezione II, dedicata all'esdebitazione del sovraindebitato, e non essendovi in essa alcuna specificazione destinata ad introdurre ulteriori limitazioni di natura soggettiva, il beneficio contemplato nella norma in commento è destinato indiscriminatamente a tutti i soggetti annoverati nell'art. 2, comma 1, lett. *c*), eccezion fatta che per coloro che operano nella veste di società (di persone e/o di capitali) o di altro ente collettivo[5].

L'esclusione dell'estensione del beneficio alle società e/o ad altri enti collettivi segna una differenza non di poco momento rispetto al raggio di azione delle altre ipotesi di esdebitazione: diversità legata evidentemente al carattere eccezionale dell'istituto, nel quale ricompare una giustificazione di ordine "etico", espunta con riferimento alle altre fattispecie esdebitative.

Come innanzi rilevato, l'istituto opera a condizione che il debitore sia una persona fisica «*meritevole*»[6]. A tal proposito, l'art. 283 attribuisce al giudice il compito di verificare la sussistenza di tale ulteriore condizione soggettiva che, a sua volta, è strettamente collegata a quella enunciata *sub (d)*. Difatti, il comma 7 della disposizione in commento statuisce che spetta

---

[3] D'AMICO, *Il sovraindebitamento*, 331, il quale la definisce una esdebitazione fondata sullo stato di "bisogno" del debitore.

[4] Così anche LAMANNA, *Il nuovo codice*, 73.

[5] In tal senso depone anche la modifica della rubrica della norma apportata dal decreto correttivo (d.lgs. n. 147 del 2020): diversamente da quanto contemplava la norma nella sua versione originaria, ove compariva un generico riferimento al «*debitore*» incapiente, nell'attuale formulazione è esplicitato il riferimento al «*sovraindebitato*» incapiente e dunque a quei soggetti enunciati nell'art. 2, comma 1, lett. *c*), innanzi richiamato.

[6] Per una disamina del requisito della meritevolezza del debitore sovraindebitato, nel passaggio dalla l. n. 3 del 2012 al Codice, cfr., fra i più recenti, GHEDINI, RUSSOTTO, *La meritevolezza*, 1 ss., ove riferimenti anche alle più recenti pronunce di merito intervenute su tale profilo; nonché DE MATTEIS, *Esdebitazione del sovraindebitato*, 1379; LAZZARA, *Esdebitazione e meritevolezza*, 673 ss. In giurisprudenza, v., da ultimo, Trib. Milano, 25 novembre 2021, in *ilfallimentarista.it*, 2021.

al giudice valutare la «*meritevolezza*» del debitore richiedente, verificando «*a tal fine, l'assenza di atti in frode e la mancanza di dolo e colpa grave nella formazione dell'indebitamento*»: indagine in ordine alla quale un ruolo di miglior supporto avrebbe dovuto essere attribuito all'OCC, chiamato a redigere la relazione particolareggiata che, ai sensi del comma 4 della medesima disposizione, deve essere allegata alla domanda di esdebitazione.

Tuttavia, così non *sembrerebbe* essere, considerato il dato letterale della norma che, al comma 4, riproduce (pressoché) integralmente il contenuto dell'art. 68. Sarebbe stato senza dubbio necessario imporre all'OCC lo svolgimento di uno scrutinio più intransigente[7], anche in ragione della circostanza che nel caso di specie l'esdebitazione non presuppone un piano. Diversamente, il comma 4 innanzi richiamato statuisce che l'OCC è tenuto a verificare, quale unico criterio di misurazione e di valutazione della domanda, la (sola) diligenza al momento dell'assunzione dell'obbligo, senza contenere alcun riferimento alla meritevolezza che, ove fosse stata prevista, avrebbe imposto all'OCC una indagine in ordine all'elemento soggettivo del dolo e della colpa grave nella formazione dell'indebitamento[8] e all'assenza di atti in frode: indagine rispetto alla quale, invece, l'OCC *sembrerebbe* fare da spettatore.

Il condizionale è d'obbligo. Non può ignorarsi, difatti, che, al fine di delimitare l'area degli atti suscettibili di essere qualificati come «*in frode*» ai creditori, nella relazione particolareggiata dell'OCC, deve essere fatta «*indicazione della eventuale esistenza di atti del debitore impugnati dai creditori*» (art. 283, comma 4, lett. *c*): un'interpretazione letterale condurrebbe verso l'opzione di ritenere rilevanti per l'esclusione del beneficio in discorso gli atti dispositivi del patrimonio del debitore che siano (o, il che è lo stesso, siano stati negli ultimi cinque anni) in grado di ridurre il livello di soddisfazione del ceto creditorio. Di talché ove il debitore abbia disposto negli ultimi cinque anni dei propri beni (s'intende, a titolo di liberalità o a prezzo vile) e tali atti di disposizione del patrimonio siano stati oggetto di impugnativa da parte dei creditori, alcuna "verginità" potrà essere accordata al sovraindebitato incapiente. Sotto questo profilo, il tribunale è chiamato a svolgere un ruolo più marginale stante la mera "verifica" che esso deve compiere circa la sussistenza di atti dispositivi del patrimonio del debitore che chiede l'esdebitazione; difatti, questo dato (la commissione di uno o più atti dispositivi del patrimonio e quindi in frode) deve emergere dalla documentazione allegata alla domanda, non essendo il tribunale chiamato ad alcun "accertamento"[9].

Con riferimento alla condizione indicata *sub (b)*, il legislatore, attesa la totalità dell'effetto esdebitatorio, ne consente l'accesso *una tantum*. Si ritiene, tuttavia, che l'unicità del beneficio si riferisca esclusivamente all'ipotesi enunciata dall'art. 283, posto il carattere eccezionale, in termini quantitativi e qualitativi, dello stesso. La norma, difatti, circoscrivendo l'effetto liberatorio totale all'ipotesi in cui ricorrano i presupposti soggettivi innanzi enunciati, porta a ritenere che il debitore possa depositare la domanda, ancorché abbia già in precedenza ottenuto l'esdebitazione nell'ambito di una procedura di liquidazione controllata e, dunque, in assenza delle condizioni individuate nella prima parte del comma 1 dell'art. 283; così come, una volta ottenuta una esdebitazione totale, non sembrerebbe po-

[7] L'espressione è di PAGLIANTINI, *L'esdebitazione*, 718.

[8] Così SALERNO, *L'esdebitazione*, 1378 ss.

[9] Sulla diversa portata della terminologia ("verifica"/"accertamento"), sotto la disciplina di cui alla l. n. 3 del 2012, cfr. BENVENUTO, *Gli atti*, 1 ss. e DE FILIPPIS, *Accordo del sovraindebitato*, 429 ss.

tersi escludere che il medesimo debitore ottenga successivamente il beneficio *ex* art. 282, a patto che, questa volta, abbia soddisfatto almeno in parte i propri creditori [10], sempre che, naturalmente, tale condizione (nel silenzio dell'art. 282) sia ritenuta ancora necessaria.

3. – Ai sensi del comma 5 dell'art. 283, nella relazione l'OCC è tenuto ad «*indicare anche se il soggetto finanziatore, ai fini della concessione del finanziamento, abbia tenuto conto del merito creditizio del debitore*». In tal caso, il compito affidato all'OCC involge non già una verifica della capacità restitutoria del debitore al momento dell'erogazione del finanziamento, bensì un'indagine volta ad accertare la sussistenza di eventuali profili di responsabilità dell'intermediario creditizio nell'aver indotto il debitore a presumersi "capace" di rimborsare il prestito erogato.

Come attenta dottrina ha avuto modo di evidenziare[11], la correlazione fra la condotta del debitore e quella del creditore è un criterio di valutazione introdotto dal legislatore sulla scia di un indirizzo giurisprudenziale, formatosi con riferimento al piano del consumatore disciplinato nella l. n. 3 del 2012, secondo il quale, alla luce degli obblighi di verifica del merito creditizio imposti all'intermediario dall'art. 124-*bis* TUB, il legislatore avrebbe inteso tutelare, oltre che l'ente finanziatore, il consumatore, onerando il primo dell'obbligo di verificare la posizione finanziaria del secondo, nonché offrire al cliente la consulenza finanziaria che, mettendo a confronto le diverse offerte di credito sul mercato, gli consenta di assumere una decisione informata e consapevole in ordine al finanziamento di cui chiede l'erogazione [12], di talché, nel caso in cui la scelta economica del cliente dovesse poi risultare "falsata" dal comportamento scorretto e poco trasparente dell'intermediario finanziario, non potrebbe assumersi in capo al debitore di aver tenuto una condotta colposa, determinante ai fini della configurazione della situazione di sovraindebitamento.

In questa prospettiva, si potrebbe concludere che, per un verso, la disciplina di cui all'art. 283 consente di ritenere che il debitore potrebbe essere considerato meritevole ancorché al momento dell'erogazione del finanziamento non avesse la prospettiva concreta di poter "onorare" il prestito: ciò in quanto la verifica richiesta nel comma 5 dell'art. 283 ha per oggetto, non già il comportamento del debitore, ma quello tenuto dal creditore nella valutazione del merito creditizio. Per altro, nel caso di specie, dal comportamento del creditore/finanziatore eccessivamente disinvolto non deriverebbero conseguenze sanzionatorie a suo carico, se non in termini di responsabilità e sempre che non si ritenga di poter far ricorso nel caso di specie all'applicazione in via analogica alla disciplina di cui all'art. 69 in tema di piano del consumatore [13].

4. – Il comma 1 della norma in commento si chiude, sottoponendo l'effetto enunciato nella prima parte della disposizione alla condizione risolutiva che non sopraggiungano nei

[10] In tal senso è anche D'AMICO, *Il sovraindebitamento*, 331; e PAGLIANTINI, *L'esdebitazione*, 719, nota 134.

[11] SALERNO, *L'esdebitazione*, 1380, a cui si rinvia per la esaustiva analisi della giurisprudenza intervenuta sul punto.

[12] Così espressamente Trib. Napoli Nord, 7 dicembre 2017, in *ilcaso.it*.

[13] In tal senso è CESARE, *L'esdebitazione*, 5.

quattro anni successivi all'emanazione del decreto di esdebitazione utilità che consentano di soddisfare i crediti rimasti insoluti nella misura minima «*complessivamente*» del 10%.

Va innanzitutto evidenziato che l'avverbio *esclusivamente* introdotto con il decreto correttivo, sebbene non sia apparso, inizialmente, di agevole interpretazione, non essendo chiaro infatti se, ai fini del computo della percentuale indicata dalla norma, si dovesse avere riguardo alle utilità singolarmente percepite dai creditori, oppure se le utilità "sopravvenute" debbano essere tali da garantire il pagamento di tutti i creditori nella misura complessiva del 10%, pare doversi interpretare in questo secondo senso. E ciò richiamando l'esegesi che dello stesso avverbio è stata operata dalla giurisprudenza di legittimità [14], a proposito del "vecchio" art. 15, ult. comma (ora trasfuso nell'art. 49, comma 5) [15].

La regola contemplata nel comma 1 della disposizione in commento, come evidenziato in dottrina, produce senza dubbio un doppio effetto *boomerang*. Il debitore potrebbe, difatti, da un lato ritenere più conveniente ottenere l'esdebitazione ai sensi dell'art. 282 (sempre che ciò possa ritenersi ammissibile nell'ipotesi in cui si tratti di sovraindebitato totalmente incapiente), considerato che in tal caso l'effetto esdebitatorio sarebbe definitivo; dall'altro, qualora agisca ai sensi della disposizione in commento, non adoperarsi per produrre nuova ricchezza, azzerando così l'obiettivo del *fresh start* sotteso all'art. 283 [16].

Deve altresì convenirsi che tale previsione supporta con chiarezza l'idea che l'esdebitazione non rappresenta un modo di estinzione dell'obbligazione diversa dall'adempimento: in tal caso, il rapporto obbligatorio non si estingue, ma si trasforma in una obbligazione naturale che può riassurgere ad obbligazione pecuniaria *tout court* [17] qualora si realizzi la condizione prevista nell'art. 283 [18].

La verifica della sussistenza di utilità "rilevanti", diverse dai finanziamenti in qualsiasi forma erogati e da calcolarsi, come enuncia il comma 3, su base annua e previa deduzione delle spese di produzione del reddito e di quelle di mantenimento del debitore e della sua famiglia, vanno rendicontate, a pena della revoca del beneficio, nei tempi e secondo le modalità stabilite dal giudice nel decreto di esdebitazione (comma 7).

Qualora la condizione risolutiva enunciata dalla disposizione in commento si realizzi, nel silenzio della norma, ci si domanda quali debbano essere le modalità di pagamento dei creditori. La disposizione si limita, difatti, a enunciare che spetta al giudice indicare i termini e le modalità a cui il debitore deve attenersi al fine della presentazione della relazione annuale relativa alle sopravvenienze rilevanti (comma 7), attribuendo all'OCC il compito

[14] Cfr., fra le più recenti, Cass., 13 luglio 2018, n. 18770.

[15] Nello specifico, si è argomentato che «ai fini della verifica del superamento della condizione ostativa alla dichiarazione di fallimento prevista dall'art. 15, nono comma, l. fall., non deve aversi riguardo al solo credito vantato dalla parte istante per la dichiarazione di fallimento, bensì alla prova, comunque acquisita nel corso dell'istruttoria prefallimentare, della esistenza di una esposizione debitoria complessiva superiore ad euro trentamila». A conferma di quest'interpretazione può richiamarsi anche la Relazione tecnica allegata alla bozza di c.d. correttivo.

[16] VATTERMOLI, *La procedura*, 11 s. Sul punto cfr., altresì, PAGLIANTINI, *L'esdebitazione*, 718.

[17] NAPOLITANO, *La liquidazione*, 271.

[18] Cfr. VATTERMOLI, *L'esdebitazione*, 492, il quale ritiene che in tal caso il legislatore, in maniera "bizzarra", abbia disegnato una "*esdebitazione modale*".

di vigilare sulla tempestività del deposito della dichiarazione e, qualora richiesto dal giudice, di accertare l'esistenza di utilità rilevanti (comma 9).

In particolare, non è chiaro se si debba rispettare il principio della *par condicio creditorum*[19] ovvero se, trattandosi di una esdebitazione extra concorsuale, sia preferibile applicare il criterio della proporzionalità[20]. Salvo che non sia lo stesso giudice – ancorché la norma taccia sul punto – a stabilire anche le modalità di pagamento dei creditori, la soluzione da ultimo prospettata è quella che appare maggiormente conforme all'impianto sistematico della norma, atteso che nessun rilievo può essere dato nel caso di specie al principio della *par condicio creditorum*, considerato che l'istituto opera al di fuori di una procedura concorsuale. Per altro, il criterio di proporzionalità, ove applicato, sarebbe in linea con lo sbarramento del 10% imposto dalla norma[21].

A mente del comma 7 della disposizione in commento, il debitore, in caso di esito positivo della procedura, è tenuto a depositare annualmente una relazione – sulla cui tempestività è tenuto a vigilare l'OCC, ai sensi del successivo comma 9 – dalla quale deve evincersi l'insussistenza di utilità sopravvenute, pena la revoca del beneficio.

Dal tenore di tale disposizione si evince che la revoca del beneficio è contemplata esclusivamente con riferimento al mancato deposito della relazione. Nessuna sanzione è pertanto prevista nell'ipotesi in cui le dichiarazioni in essa contenute non siano veritiere, così come non è prevista alcuna misura avverso la successiva scoperta del compimento da parte del debitore di atti in frode ai creditori prima della presentazione della domanda. Il che, come condivisibilmente sottolineato, rende *fragile* l'equilibrio fra l'opportunità di offrire al debitore un *fresh start* e il sacrificio del ceto creditorio[22].

5. – Ai sensi del comma 3 della disposizione in commento, la domanda di esdebitazione può essere presentata direttamente dal debitore (senza cioè l'assistenza di un professionista), ma in ogni caso per il tramite dell'OCC – i cui compensi, attesa la verosimile assenza di risorse, sono ridotti alla metà, come previsto nel successivo comma 6 – il quale, unitamente alla documentazione ivi elencata, dovrà, ai sensi del comma successivo, allegare una relazione particolareggiata che, come dapprima evidenziato, assume un ruolo chiave nella verifica demandata al giudice in ordine alla sussistenza dei presupposti per la concessione del beneficio.

L'esdebitazione viene concessa con decreto, previa valutazione da parte del giudice della meritevolezza del debitore richiedente, che implica a sua volta, come già sottolineato, una verifica in ordine all'insussistenza di atti in frode e/o di dolo o colpa grave nella determinazione dell'indebitamento.

È singolare che su tale aspetto il legislatore, abbandonando la tecnica del rinvio adottata con riferimento all'esdebitazione di diritto, ha preferito enunciare le cause ostative soggettive, affiancando alla frode e alla colpa grave il dolo e non anche la malafede, prevista invece nell'art. 282, così come nell'art. 69, comma 1.

---

[19] Così D'AMICO, *Il sovraindebitamento*, 331, nota 47.

[20] In tal senso è LAMANNA, *Il nuovo codice*, 76.

[21] Così LAMANNA, *Il nuovo codice*, 76.

[22] BROGI, *Le esdebitazioni*, 305 s. e nota 46, il quale ritiene che l'assenza di qualsivoglia sanzione concretizzi una ipotesi di illegittimità costituzionale sotto il profilo della ragionevolezza *ex* art. 3 Cost.

A tal proposito, sebbene non possa ignorarsi la differente portata dei due elementi soggettivi, traducendosi la malafede nella consapevolezza di nuocere, laddove invece il dolo implica l'intenzionalità dannosa, è probabile che la distinzione operata dal legislatore non sia frutto di una scelta consapevole e che, pertanto, i parametri soggettivi di cui il giudice deve tener conto ai fini della verifica della meritevolezza del debitore siano nella sostanza coincidenti.

Deve per altro evidenziarsi che dal punto di vista applicativo un'indagine sulla *ratio* sottesa alla differente portata del dolo rispetto alla malafede sarebbe del tutto sterile, considerato che in ambedue i casi la soglia minima di sbarramento nell'indagine spettante al giudice è la colpa grave.

Lascia ad ogni modo perplessi la circostanza che, al cospetto di una esdebitazione totale in oggettivo pregiudizio dei creditori, il legislatore del Codice, anziché adottare una tecnica esplorativa più stringente, non ne abbia escluso la fattibilità giuridica in presenza di una colpa lieve da parte del debitore nella determinazione della situazione di indebitamento.

Come prescritto nel comma 8, il decreto deve essere comunicato al debitore e ai creditori ai quali è concesso, nel termine di trenta giorni, di proporre opposizione. Tenuto conto, da un lato, della laconicità della disposizione anche in merito alle modalità attraverso cui tale comunicazione deve essere effettuata, dall'altro che, come previsto nel medesimo comma, decorsi trenta giorni dall'*ultima* delle comunicazioni, il giudice, dopo aver instaurato nelle forme ritenute più opportune il contraddittorio fra gli opponenti e i creditori, conferma o revoca il decreto, sembrerebbe potersi argomentare che una opposizione sia da ritenersi ammissibile anche se siano già decorsi i trenta giorni dalla ricezione della propria comunicazione, ma non anche i trenta giorni dall'ultima delle comunicazioni inviate [23].

Nulla è detto sulle modalità attraverso le quali il decreto deve essere comunicato ai creditori e soprattutto su chi ricada tale incombenza. Si potrebbe, in proposito, ipotizzare che si sia trattato di una dimenticanza del legislatore e che, pertanto, la comunicazione sia effettuata dall'OCC, al pari di quanto previsto con riferimento alla comunicazione del decreto di omologazione del piano di ristrutturazione dei debiti dall'art. 70 [24].

In ordine alle modalità di instaurazione del contraddittorio, come già affermato in dottrina [25], il giudice potrebbe alternativamente convocare un'apposita udienza o, più efficacemente, concedere alle parti coinvolte (debitore e creditori opponenti) un termine per il deposito di memorie autorizzate.

Avverso la decisione assunta in esito al confronto fra debitore e creditori opponenti, tutte le parti coinvolte possono proporre reclamo dinanzi alla corte d'appello nei termini e secondo le modalità di cui all'art. 50.

---

[23] In tal senso è anche LEUZZI, *La liquidazione*, 76. Ritengono invece che il termine decorra dalla ricezione della propria comunicazione PINI, PORCARI, *La disciplina residuale*, 302.

[24] Così è anche BROGI, *Le esdebitazioni*, 305, a parere del quale tuttavia occorrerebbe una espressa indicazione in tal senso da parte del giudice.

[25] GRIECO, *Le procedure*, 272.

Articolo 284

Concordato, accordi di ristrutturazione e piano attestato di gruppo

1. Più imprese in stato di crisi o di insolvenza appartenenti al medesimo gruppo e aventi ciascuna il centro degli interessi principali nello Stato italiano possono proporre con un unico ricorso la domanda di accesso al concordato preventivo di cui all'articolo 40 con un piano unitario o con piani reciprocamente collegati e interferenti.

2. Parimenti può essere proposta con un unico ricorso, da più imprese appartenenti al medesimo gruppo e aventi tutte il proprio centro degli interessi principali nello Stato italiano, la domanda di accesso alla procedura di omologazione di accordi di ristrutturazione dei debiti, ai sensi degli articoli 57, 60 e 61.

3. Resta ferma l'autonomia delle rispettive masse attive e passive.

4. La domanda proposta ai sensi dei commi 1 e 2 deve contenere l'illustrazione delle ragioni di maggiore convenienza, in funzione del migliore soddisfacimento dei creditori delle singole imprese, della scelta di presentare un piano unitario ovvero piani reciprocamente collegati e interferenti invece di un piano autonomo per ciascuna impresa. Il piano o i piani di cui al comma 1 quantificano il beneficio stimato per i creditori di ciascuna impresa del gruppo, anche per effetto della sussistenza di vantaggi compensativi, conseguiti o fondatamente prevedibili, derivanti dal collegamento o dall'appartenenza al gruppo. La domanda deve inoltre fornire informazioni analitiche, complete e aggiornate sulla struttura del gruppo e sui vincoli partecipativi o contrattuali esistenti tra le imprese e indicare il registro delle imprese o i registri delle imprese in cui è stata effettuata la pubblicità ai sensi dell'articolo 2497-bis del codice civile. Il bilancio consolidato di gruppo, ove redatto, deve essere allegato al ricorso unitamente alla documentazione prevista, rispettivamente, per l'accesso al concordato preventivo o agli accordi di ristrutturazione. Si applica l'articolo 289.

5. Il piano unitario o i piani reciprocamente collegati e interferenti, rivolti ai rispettivi creditori, aventi il contenuto indicato nell'articolo 56, comma 2, devono essere idonei a consentire il risanamento dell'esposizione debitoria di ciascuna impresa e ad assicurare il riequilibrio complessivo della situazione finanziaria di ognuna. Un professionista indipendente attesta: a) la veridicità dei dati aziendali; b) la fattibilità del piano o dei piani; c) le ragioni di maggiore convenienza, in funzione del migliore soddisfacimento dei creditori delle singole imprese, della scelta di presentare un piano unitario ovvero piani reciprocamente collegati e interferenti invece di un piano autonomo per ciascuna impresa; d) la quantificazione del beneficio stimato per i creditori di ciascuna impresa del gruppo, operata ai sensi del comma 4. L'attestazione contiene anche informazioni analitiche, complete e aggiornate sulla struttura del gruppo e sui vincoli partecipativi o contrattuali esistenti tra le imprese.

6. Su richiesta delle imprese debitrici, il piano o i piani sono pubblicati nel registro delle imprese o nei registri delle imprese in cui è stata effettuata la pubblicità ai sensi dell'articolo 2497-bis del codice civile. Si applica l'articolo 289.

Giuliana Scognamiglio

Sommario: 1. L'accesso al concordato ed agli accordi di ristrutturazione dei debiti da parte di un gruppo di imprese: la legittimazione, le modalità, i presupposti. – 2. Le ragioni della scelta di presentare un piano unitario ovvero piani reciprocamente collegati e interferenti in luogo di un piano autonomo per ciascuna impresa. Il rilievo dei vantaggi compensativi. – 3. Gli obblighi di trasparenza circa la composizione ed i profili patrimoniali e finanziari del gruppo, nonché in merito alla struttura proprietaria delle imprese che ne fanno parte. – 4. I piani di risanamento attestati di gruppo.

1. – Più imprese appartenenti ad un medesimo gruppo possono essere assoggettate a separate procedure di concordato preventivo (nel qual caso trova applicazione l'art. 288, al cui commento si rinvia), oppure possono decidere di adire un percorso concordatario unitario, proponendo la domanda di accesso di cui all'art. 40 con un unico ricorso [1], corredato da un piano unitario ovvero da più piani distinti, ma fra loro collegati o reciprocamente interferenti [2].

Lo stesso può avvenire per la domanda di accesso alla procedura di omologazione di un accordo di ristrutturazione dei debiti (artt. 57, 60, 61).

Il carattere unitario dello strumento di regolazione della crisi o dell'insolvenza a cui si chiede di accedere non tocca e non menoma l'autonomia e la separatezza reciproca delle masse attive e passive, facenti capo alle diverse società del gruppo: la chiara affermazione del principio, contenuta nella legge delega per la riforma delle discipline della crisi e dell'insolvenza dell'impresa [3], non poteva ovviamente non trovare riscontro nelle scelte del legislatore delegato.

È appena il caso di sottolineare il carattere di assoluta novità della disciplina rispetto alla legge fallimentare previgente, che – com'è noto – non dettava regole specifiche sulla crisi e l'insolvenza dei gruppi. Ciononostante, si registrava, già da diversi anni, un vivace interesse della giurisprudenza pratica e teorica per la questione della legittimità o meno di una soluzione concordataria di gruppo [4]: questione rispetto alla quale si erano avute prese

---

[1] L'unicità del veicolo processuale – il ricorso al tribunale – con comporta che la domanda debba essere formulata in maniera unitaria per il "gruppo": al contrario, la mancanza di soggettività giuridica del gruppo ed il correlato principio di separatezza, inducono (come già osservato in altra sede: cfr. SCOGNAMIGLIO, *I gruppi*, 426 s.; EAD., *La crisi*, 699 s.) ad interpretare il disposto, in qualche misura ambiguo, dell'art. 284 (in particolare, commi 1 e 4) nel senso questo autorizza la presentazione, in forma documentalmente unitaria, di domande articolate con riferimento alle singole società del gruppo. Una siffatta lettura trova altresì conferma nella regola (art. 285, comma 5, al cui commento si rinvia) onde è prevista la separatezza dele votazioni, da parte dei creditori, sulla proposta dell'impresa loro debitrice. Su posizioni non dissimili BENEDETTI, *La nuova disciplina*, 63 ss.

[2] La presentazione, a corredo del ricorso unitario, di più piani reciprocamente collegati e interferenti viene palesemente considerata come soluzione funzionalmente identica, e perciò del tutto fungibile, con quella della presentazione di un piano unitario.

[3] Cfr. l. 19 ottobre 2017, n. 155, art. 3, comma 1, lett. *d*).

[4] Al riguardo, si legge ancora con interesse la ricca casistica analizzata negli scritti di POLI, *Il "concordato"*,

di posizione diverse e talora opposte: da un lato, si riscontravano opinioni propense a riconoscere l'ammissibilità del concordato di gruppo nel nostro ordinamento, pur in mancanza di un'espressa previsione legislativa; dall'altro, invece, veniva manifestato un atteggiamento di chiusura, basato sull'assunto che la versione "di gruppo" del concordato lasciasse emergere diversi profili di incompatibilità con una disciplina tarata esclusivamente sulla fattispecie del concordato "individuale", e che una diversa risposta non fosse giustificabile neppure nel caso in cui le società aspiranti al concordato "di gruppo" avessero proceduto ad una preventiva unificazione dei rispettivi patrimoni attraverso la costituzione fra le stesse di una società in nome collettivo oppure attraverso una fusione; pertanto, secondo questo modo di vedere[5], la necessità di un intervento del legislatore doveva considerarsi ineludibile.

Il presupposto per la presentazione di un ricorso unitario è individuato, in termini generali, con riferimento alla comune appartenenza delle imprese istanti ad un medesimo gruppo, secondo la definizione che di quest'ultimo enuncia la lett. *h*) dell'art. 2, comma 1, ricalcando in larga misura la nozione di gruppo che è possibile ricostruire sulla base delle disposizioni del codice civile, in particolare degli artt. 2497, 2545-*septies* e 2359 c.c., così come integrate da successive norme di interpretazione autentica (ovvero, per altri versi, dal dibattito sviluppatosi nella giurisprudenza teorica e pratica), sebbene queste non facciano uso della parola "gruppo", recepita invece dal Codice, e non dettino una specifica definizione del fenomeno.

La legittimazione ad accedere al concordato di gruppo spetta quindi alle imprese che, ai sensi degli artt. 2497 e 2545-*septies*, esercitano la direzione e coordinamento di altre imprese ovvero che sono sottoposte alla direzione e coordinamento altrui. L'individuazione della fattispecie della direzione e coordinamento viene agevolata, anche in questo caso, e cioè ai fini della disciplina in materia di crisi ed insolvenza, come già ai fini della disciplina civilistica (art. 2497-*sexies* c.c.), attraverso talune presunzioni semplici: si presume infatti, salvo prova contraria, che l'attività di direzione e coordinamento sia esercitata dall'impresa tenuta alla redazione del bilancio consolidato di gruppo, oppure dall'impresa che controlla le altre, direttamente o indirettamente, in maniera "solitaria" ovvero congiuntamente con altre imprese.

Dal punto di vista della tipologia di soggetti che possono essere coinvolti in un legame di gruppo rilevante ai fini che qui interessano, la definizione normativa (art. 2, comma 1, lett. *h*) fa riferimento – com'è ovvio – alle imprese ed alla forma organizzativa più diffusa in quest'ambito, dunque alle società; contempla altresì la possibilità che del gruppo facciano parte "enti" diversi dallo Stato o dagli enti territoriali, in tal modo recependo ed ulteriormente precisando (con l'esplicita esclusione degli enti territoriali) la norma di interpretazione autentica contenuta nell'art. 19, comma 6, d.l. n. 78 del 2009, conv. in l. n. 102 del 2009, alla cui stregua l'art. 2497, comma 1, c.c. "s'interpreta nel senso che per enti si intendono i soggetti giuridici collettivi, diversi dallo Stato, che detengono la partecipazione sociale nell'ambito della propria attività imprenditoriale ovvero per finalità di

---

1345 ss.; ID., *Il concordato*, 100 ss. Per ulteriori riferimenti al dibattito, anteriormente al Codice della crisi, in punto di legittimità di procedure concordatarie di gruppo, v. SANTAGATA, *Concordato preventivo*, 213 ss.

[5] Chiaramente espresso in Cass., 13 ottobre 2015, n. 20559.

natura economica o finanziaria"; considera, infine, espressamente l'ipotesi che l'attività di direzione e coordinamento faccia capo ad una persona fisica, così introducendo nell'ordinamento la fattispecie dell'impresa holding individuale, o, se si preferisce, della persona fisica capogruppo, che, pur se espunta, nel corso dei lavori preparatori, dal disposto dell'art. 2497 c.c., aveva continuato a vivere nella giurisprudenza, anche di legittimità: questa, almeno a partire dal 1990[6], aveva ripetutamente affermato doversi riconoscere la fattispecie del gruppo anche là dove sia una persona fisica (od un gruppo di persone fisiche, realizzando allora la fattispecie della società di fatto holding) ad esercitare l'attività di direzione e coordinamento dell'insieme delle società partecipate.

Per taluni aspetti, la nozione di gruppo che si ricava dalla citata definizione del Codice è pertanto più estesa di quella che sembra presupposta dalla disciplina del codice civile, nella qual cosa deve probabilmente ravvisarsi l'espressione di una sorta di *favor* per l'accesso alla procedura di gruppo: assume infatti rilevanza non solo, come si è appena osservato, l'attività di direzione e coordinamento facente capo ad una persona fisica, ma anche la titolarità in forma congiunta del controllo su una o più società[7], mentre l'esplicito richiamo, nel corpo della definizione di gruppo enunciata nel Codice, al disposto dell'art. 2545-*septies* c.c. è a sua volta indice univoco della scelta legislativa di riconoscere la legittimazione attiva al ricorso per concordato di gruppo non solo nel caso di gruppo "verticale" fondato su rapporti partecipativi a catena o a raggiera, bensì anche nel caso in cui la direzione e coordinamento sia esercitata "orizzontalmente" sulla base di un contratto, come avviene, fra l'altro ma non solo (cfr. art. 2497-*septies* c.c.), nel gruppo cooperativo paritetico.

La fattispecie di gruppo rilevante ai fini qui considerati si caratterizza per la collocazione nel territorio dello Stato italiano del centro degli interessi principali delle imprese che ne fanno parte: stando al tenore letterale della norma, le società che, pur appartenenti al gruppo, non hanno il proprio COMI nello Stato italiano sono escluse dalla possibilità di essere partecipi di una procedura di concordato di gruppo governata dalla legge italiana. La norma non sembra tuttavia dover essere intesa nel senso che, nell'ipotesi, assai diffusa, com'è noto, dei gruppi a carattere multinazionale, le procedure di ristrutturazione mediante concordato si arrestano ai confini del nostro Paese: piuttosto, deve ritenersi che, ove sussista in concreto l'interesse a coinvolgere nella ristrutturazione concordataria anche le articolazioni del gruppo aventi il proprio COMI all'estero e perciò soggette ad una diversa giurisdizione, si dovrà fare applicazione, oltre che della disciplina nazionale, anche delle regole che governano il fenomeno dell'insolvenza transfrontaliera di gruppo, e specificamente, per quanto riguarda l'Unione europea, del regolamento 2015/848/UE (art. 56), che prevedono, con riferimento al caso che ci occupa (società del medesimo gruppo aventi il COMI in Stati membri diversi), la possibile (contestuale) apertura di procedure

[6] Anno di pubblicazione della nota sentenza sul caso dei fratelli Caltagirone (Cass., sez. I civ., 26 febbraio 1990, n. 1439), alla quale si fa risalire la prima elaborazione della teoria che afferma la possibilità di riconoscere nella persona fisica o nel gruppo di persone fisiche al vertice di un insieme di società dalle stesse controllate una holding individuale o una holding in forma di società di fatto tra individui, che può avere i caratteri dell'impresa ed essere pertanto assoggettata alla relativa disciplina.

[7] Né la fattispecie della persona fisica esercente attività di direzione e coordinamento di un gruppo, né quella del controllo congiunto sono per converso considerate rilevanti, com'è noto, ai fini della disciplina degli art. 2497 ss. c.c.

di insolvenza o di ristrutturazione multiple riguardo alle diverse società facenti parte di un medesimo gruppo e l'obbligo, sia a livello dei professionisti a cui incombe la direzione della procedura, sia a livello di autorità giudiziarie coinvolte, di cooperare fra loro e di scambiarsi informazioni (previa adozione, se del caso, degli accorgimenti necessari a proteggerne la riservatezza). La collaborazione transfrontaliera può concretizzarsi nella stipula di accordi e protocolli diretti a facilitarla e a rafforzarla, nella misura in cui "ciò sia compatibile con le norme applicabili a ciascuna procedura" [8]; può altresì realizzarsi nel momento della nomina, da parte dei giudici di Stati membri differenti, investiti del potere di vigilanza sulle procedure aperte in detti Stati, degli organi delle procedure di insolvenza, attraverso forme di coordinamento nella scelta dei preposti ai diversi uffici o persino attraverso la nomina di un unico "amministratore" per le diverse procedure riguardanti più società di un medesimo gruppo, "purché ciò sia compatibile con le norme applicabili a ciascuna procedura, in particolare con gli eventuali requisiti" relativi alla qualificazione professionale, previsti da singole leggi nazionali (considerando n. 50). L'obbligo di cooperazione si estrinseca, per quanto qui più da vicino interessa, nel dovere dei curatori delle procedure di insolvenza avviate con riferimento a singole società del gruppo di verificare la possibilità di una ristrutturazione coordinata di queste ultime, e, nel caso di esito positivo di siffatta verifica, nel dovere di promuovere la proposta e la negoziazione di un piano di ristrutturazione coordinato (art. 56, comma 2, lett. *c*, del citato regolamento).

In presenza del presupposto fin qui descritto (appartenenza delle diverse imprese ad un medesimo gruppo, identificato sulla base della nozione fornita dal Codice), la più precisa determinazione del perimetro delle imprese interessate ad una determinata procedura concordataria di gruppo e coinvolte in un piano di ristrutturazione unitario, ovvero in più piani collegati o fra loro interferenti, spetta alle stesse imprese interessate (*i.e.*, ai loro rispettivi organi amministrativi) ovvero, in termini più realistici, al soggetto (persona fisica, società, ente diverso dallo Stato e dagli enti pubblici territoriali) esercente l'attività di direzione e coordinamento. Altrimenti detto, il concordato di gruppo potrebbe non coinvolgere tutte le imprese del gruppo perché può ben accadere che solo per alcune di esse ricorra il presupposto oggettivo (lo stato di insolvenza o lo stato di crisi); fra queste, potrebbe non esservi la capogruppo, che tuttavia normalmente avrà, anche quando rimanga esterna alla procedura concordataria, un ruolo determinante nella decisione riguardo alla scelta dello strumento di regolazione della crisi, nonché nella elaborazione della domanda di accesso al medesimo e del piano che l'accompagna.

Quanto sin qui osservato, con riferimento all'accesso al concordato di gruppo, vale nei medesimi termini anche per la domanda di accesso, da parte di più imprese del medesimo

---

[8] Cfr. regolamento UE/848/32015, art. 56 e considerando 49. Tali accordi e protocolli, recita ancora il considerando 49 del regolamento, "possono variare per forma, sia scritta che orale, nonché per ambito di applicazione, da generico a specifico, e possono essere conclusi da parti differenti. Semplici accordi generici possono evidenziare la necessità di una stretta cooperazione tra le parti senza affrontare questioni specifiche, mentre accordi specifici più dettagliati possono definire un quadro di principi per disciplinare le procedure d'insolvenza multiple e possono essere approvati dai giudici coinvolti, laddove il diritto nazionale lo richieda. Essi possono indicare che le parti hanno concordato di adottare o di astenersi dall'adottare determinati provvedimenti o azioni". Cfr. in argomento, ad es., VATTERMOLI, MADAUS, PASQUARIELLO, *Transnational protocols, passim*; PASQUARIELLO, *I gruppi*, 1622 ss.

gruppo, alla procedura di omologazione di accordi di ristrutturazione dei debiti nelle diverse forme previste dagli artt. 57, 60 e 61[9].

2. – Il piano che accompagna la proposta di concordato "di gruppo" deve avere anzitutto il contenuto che l'art. 87 stabilisce in via generale per il piano di concordato, e così, fra l'altro, indicare e documentare le ragioni per le quali la proposta concordataria risulta preferibile rispetto alla liquidazione giudiziale.

In aggiunta, poiché la scelta, da parte delle imprese in crisi o insolventi del gruppo e per esse della capogruppo, di seguire il percorso del concordato (o dell'accordo di ristrutturazione) di gruppo e di presentare pertanto un piano unitario ovvero piani collegati e reciprocamente interferenti in luogo di un piano autonomo per ciascuna impresa non può essere ispirata all'arbitrio o al capriccio, il piano deve illustrare le ragioni di maggiore convenienza del percorso proposto, rispetto a quello alternativo dell'accesso, da parte delle singole imprese del gruppo, ad una pluralità di procedure autonome e parallele: la convenienza dev'essere verificata in rapporto all'interesse dei creditori ad ottenere, nella misura più elevata possibile, il soddisfacimento dei propri crediti. Un richiamo generico alla "maggiore convenienza" non sembra per altro sufficiente: il piano o i piani (collegati e reciprocamente interferenti) da elaborare a supporto della domanda di accesso alla procedura unitaria devono infatti contenere una stima specifica del beneficio atteso in capo ai creditori di ciascuna impresa del gruppo, stima che – per quanto concerne "il piano o i piani di cui al comma 1", e cioè presentati a corredo di una proposta di concordato preventivo [10] – potrà tener conto della sussistenza di vantaggi compensativi "derivanti dal collegamento o dall'appartenenza al gruppo", anche quando siano solo "fondatamente prevedibili" e non (ancora) effettivamente conseguiti.

La norma da ultimo menzionata non esisteva nel testo originario della disposizione, contenuto nella prima versione del d.lgs. n. 14 del 2019: il suo inserimento risale al decreto correttivo del 2021. È palese il richiamo alla c.d. teoria dei vantaggi compensativi nei gruppi, di origine dottrinale e giurisprudenziale, recepita a livello normativo con la riforma organica delle società di capitali e cooperative di cui al d.lgs. n. 6 del 2003, a cui si de-

[9] Non si fa per converso menzione della possibilità e delle modalità di accesso, da parte di un gruppo di imprese, al piano di ristrutturazione soggetto ad omologazione (PRO), di cui agli art. 64-*bis* ss. Ciò dipende verosimilmente dalla circostanza che l'elaborazione della disciplina del PRO risale ad un momento successivo a quello di stesura degli art. 284 ss., dedicati alla "regolazione della crisi o insolvenza del gruppo", ed è mancato ogni coordinamento tra la disciplina (meno recente) del gruppo e quella dell'ultimo nato fra gli strumenti di regolazione della crisi e dell'insolvenza. Alcuni autori sembrano per altro ritenere del tutto ovvia e scontata la possibilità anche per un gruppo di imprese di accedere unitariamente, non solo agli accordi stragiudiziali di ristrutturazione e ai piani attestati, ma anche ai PRO (in tal senso, ad es., ABRIANI, *La disciplina,* 15).

[10] L'indicazione testuale risultante dall'*incipit* del secondo periodo del comma 4 dell'art. 284 sembra chiara; tuttavia, non si comprende agevolmente per quale ragione il criterio che consente di tener conto, ai fini ivi disciplinati, dei vantaggi compensativi accordati nell'ambito della politica di gruppo non debba trovare applicazione nel caso degli accordi di ristrutturazione di gruppo, fin qui disciplinati sostanzialmente in parallelo, ferme le differenze strutturali, rispetto al concordato di gruppo. Al riguardo, si deve probabilmente ammettere un'applicazione estensiva del criterio stesso, fondata sull'assunto della valenza generale ormai assunta dal principio per cui la legittimità dell'attività di direzione e coordinamento è condizionata alla contestuale assegnazione di vantaggi compensativi alle società del gruppo che ne risultino negativamente incise.

ve, com'è noto, l'introduzione nel codice civile del capo IX del libro V, dedicato alla "direzione e coordinamento" di società. In quel contesto (cfr. art. 2497, comma 1, ultimo periodo, c.c.) i "vantaggi compensativi", sia pure non espressamente nominati, giocano un ruolo riguardo alla determinazione dei confini della responsabilità da abuso dell'attività di direzione e coordinamento. Si afferma infatti che questa non sussiste quando il danno, che può consistere nella lesione della redditività e del valore della partecipazione (rilevando in questo caso a carico dei soci), oppure nella lesione dell'integrità del patrimonio sociale (rilevante anche confronti dei creditori sociali), viene eliso da fatti di segno opposto, dunque da benefici risultanti dall'attività di direzione e coordinamento nel suo complesso oppure da operazioni a ciò specificamente dirette.

La disposizione appena ricordata ha dato luogo a diversi dubbi interpretativi, in particolare ad una nota *querelle* sul punto se siano sufficienti, ai fini dell'elisione del pregiudizio e conseguentemente della responsabilità degli agenti (*in primis* la capogruppo esercente l'attività di direzione e coordinamento), compensazioni meramente virtuali (da identificare per esempio nel generico vantaggio dell'appartenenza al gruppo o nel generico successo della politica di gruppo, testimoniato dall'incremento del risultato attivo complessivo a livello consolidato), ovvero sia necessario che il danno sia bilanciato da benefici effettivamente conseguiti o per lo meno promessi in termini giuridicamente impegnativi e perciò ragionevolmente conseguibili in un arco temporale dato [11]. Si è raggiunta, per converso, una certa concordia di opinioni fra gli interpreti sul punto che la disciplina in esame rinviene la sua *ratio* nel riconoscimento di una sorta di statuto privilegiato all'attività di direzione e coordinamento del gruppo ed al soggetto che la esercita: si esclude, infatti, l'operatività della regola generale onde la responsabilità e l'obbligo risarcitorio sussistono ogni qualvolta un danno sia prodotto nella sfera patrimoniale altrui da un comportamento *contra ius* dell'agente e si applica la diversa regola per cui il pregiudizio arrecato dalla capogruppo ad una delle imprese eterodirette non dà luogo a responsabilità nella misura in cui sia bilanciato da un vantaggio corrispondente, che la società del gruppo danneggiata ritragga da un'operazione specificamente diretta a questo obiettivo o comunque ricavi dall'andamento complessivo dell'attività di direzione e coordinamento. Altrimenti detto: il pregiudizio patito dalla società eterodiretta va rilevato e poi quantificato in un'ottica di gruppo, alla stregua di un criterio che prescinde dall'accertamento del carattere nocivo di singoli atti o direttive della capogruppo e tende invece a considerare se questi siano stati o meno neutralizzati dal conseguimento, attraverso la politica di gruppo, di vantaggi in misura quanto meno corrispondente alla perdita inflitta a ciascuna impresa del gruppo.

La disposizione dell'art. 284, comma 4, secondo periodo, trasferisce i concetti che si sono appena richiamati in termini molto succinti nel diverso contesto della disciplina della crisi e dell'insolvenza del gruppo [12]: mentre nella citata disposizione del codice civile i

[11] Sul punto mi sia consentito rinviare, per mere ragioni di economia espositiva, a SCOGNAMIGLIO, *Direzione e coordinamento*, 1116 ss.

[12] La disciplina del gruppo in crisi o insolvente contenuta nel testo originario del d.lgs. n. 14 del 2019, aveva già operato la traslazione, o, se si preferisce, il recepimento in sede concorsuale del criterio dei vantaggi compensativi. Questa tendenza si è ulteriormente rafforzata con i successivi interventi correttivi del testo originario del Codice, che hanno moltiplicato, forse anche al di là del necessario, i riferimenti a tale criterio: cfr. SPIOTTA, *Vantaggi compensativi*, 1965 ss.

vantaggi compensativi rilevano in funzione della possibile neutralizzazione del danno inferto dalla capogruppo e della possibile elisione della sua responsabilità nei confronti delle società eterodirette, dei soci e dei creditori di queste ultime, nella disposizione in esame essi vengono in considerazione nella stima dei benefici che il carattere unitario del piano, frutto della persistente attività di direzione e coordinamento della capogruppo, è in grado di assicurare ai creditori delle singole imprese del gruppo partecipanti alla procedura concordataria o all'accordo di gruppo per la ristrutturazione dei debiti. Detti benefici devono essere, se si vuole dare un senso al principio dell'autonomia delle masse attive e passive delle imprese del gruppo, che impone, fra altro, il rispetto dell'integrità di ciascuna, reali ed effettivi, non soltanto virtuali o sperati[13]: alla stregua di questa premessa, il riferimento, nell'art. 284, comma 4, ai vantaggi "fondatamente prevedibili" va inteso nel senso che i vantaggi compensativi, per poter assumerne rilievo nel calcolo dei benefici attesi dal piano unitario di gruppo, devono essere oggetto di un impegno specificamente assunto dalla capogruppo ovvero, per suo conto, da altra società del gruppo, ed esigibili entro un periodo di tempo predeterminato: non basta, in altri termini, che i vantaggi siano "prevedibili", sia pure sulla base di un calcolo probabilistico accurato ("fondatamente"), se manca una corrispondente dichiarazione, in termini giuridicamente vincolanti, della capogruppo o di altra società del gruppo[14].

[13] A contendersi il campo non sono, rispettivamente e diversamente da quanto talora prospettato (cfr. ad es. di recente BENEDETTI, *La nuova disciplina*, 338 ss.) una concezione (qualificata con qualche venatura spregiativa come) "ragionieristica" ed una concezione, al contrario, "elastica" dei vantaggi compensativi. Semmai vi è contrasto fra la posizione, da un lato, di chi, enfatizzando all'estremo i benefici insiti nella forma organizzativa del gruppo e nel perseguimento di un superiore interesse di gruppo, ritiene che anche vantaggi genericamente intesi, derivanti dall'appartenenza al gruppo, siano sufficienti ai vari fini per cui rileva la compensazione con gli inconvenienti e le esternalità negative generati dalle politiche di gruppo; e la posizione, dall'altro lato, di chi ritiene realisticamente che per la compensazione degli eventuali pregiudizi occorra far capo a vantaggi che, pur non essendosi ancora realizzati, sono comunque specificamente identificati e pianificati (nelle direttive della capogruppo ovvero nel piano concordatario di gruppo), per cui la realizzazione degli stessi appare non soltanto verosimile o auspicabile, bensì certa, in base a quel criterio di ragionevole prevedibilità che connota inevitabilmente le certezze umane, in un arco temporale preventivamente definito.

[14] Il legislatore del Codice della crisi sembra essersi ispirato al disposto dell'art. 2634 c.c., che, nel disciplinare il reato di infedeltà patrimoniale con riferimento agli amministratori di società appartenenti ad un gruppo, scrimina gli atti di disposizioni dei beni sociali da essi compiuti nel caso in cui risulti perseguito il profitto di un'altra società del gruppo o del gruppo nel suo insieme, se, a fronte di questo profitto, il conto economico della società depauperata registra "vantaggi conseguiti o fondatamente prevedibili". La giurisprudenza ha chiarito in più occasioni che è l'amministratore, il quale voglia avvalersi dell'esimente appena ricordata, a dover dimostrare che il vantaggio compensativo è stato già conseguito dalla società danneggiata ovvero si può prevedere, in base ad un canone di ragionevolezza, che esso sarà conseguito: il che significa quanto meno che il fatto idoneo a produrlo è stato identificato e che il suo verificarsi non è rimesso al caso o affidato alla speranza, ma è ragionevolmente certo, perché qualcuno (ad es. la capogruppo o un'altra società del gruppo) ha assunto un impegno a far sì che esso si realizzi in un tempo dato. Criteri simili possono applicarsi, *mutatis mutandis*, nel contesto che ora ci occupa: qui non è il caso di discorrere di prova a discolpa da parte di chicchessia, ma è comunque necessario che, in relazione ai diversi momenti in cui il piano concordatario di gruppo affronta il vaglio di soggetti esterni al gruppo, siano offerti nel piano medesimo elementi oggettivi atti (quanto meno) a supportare seriamente quella ragionevole e fondata previsione.

3. – Nella domanda di accesso al concordato o all'accordo di ristrutturazione dei debiti di gruppo l'istante deve fornire, in maniera completa, analitica ed aggiornata, tutte le informazioni utili alla comprensione della struttura e della composizione del gruppo, nonché alla conoscenza dei legami partecipativi o contrattuali esistenti fra le diverse imprese che ad esso appartengono. Deve altresì allegare, oltre alla documentazione generalmente prevista per l'accesso al concordato preventivo o alla procedura di omologazione degli accordi di ristrutturazione dei debiti, il bilancio consolidato del gruppo, se esistente.

Occorre infine indicare il registro delle imprese in cui è stata effettuata la pubblicità richiesta dall'art. 2497-*bis* c.c., che impone, com'è noto, all'impresa soggetta a direzione e coordinamento di iscrivere tale sua condizione nell'apposita sezione del registro delle imprese (del luogo in cui essa ha sede), istituita ai sensi del comma 2 della citata disposizione, indicando specificamente la società o l'ente alla cui attività di direzione e coordinamento è soggetta.

Le disposizioni appena esaminate, contenute nell'art. 284, comma 4, terzo e quarto periodo, perseguono l'obiettivo evidente della massima *disclosure* possibile della struttura e delle articolazioni interne del gruppo. Esse colmano una lacuna della legge previgente, che non solo non dettava alcuna regola specifica sulla crisi e l'insolvenza dei gruppi, tranne che per le imprese sottoposte alla procedura di amministrazione straordinaria delle grandi imprese in stato di insolvenza o per quelle appartenenti a settori "speciali" e vigilati (banche intermediari finanziari, imprese assicurative), ma neppure obbligava l'imprenditore, in sede di accesso alle procedure concorsuali "tradizionali", a fare chiarezza sull'eventuale esistenza di collegamenti di gruppo con altre imprese; con la conseguenza che, tanto più nel caso di irregolare tenuta della contabilità e dei bilanci, i curatori fallimentari ed i commissari giudiziali dei concordati facevano sovente fatica a identificare detti collegamenti e ad avere una visione complessiva del gruppo di appartenenza dell'impresa sottoposta alla procedura. Tale assoluta mancanza di trasparenza su legami di gruppo spesso complessi ed intricati poteva essere foriera di complicazioni e di inefficienze nella gestione della procedura; basti considerare il tema del trattamento dei crediti e delle garanzie infragruppo, per rendersi conto dell'importanza di un'informazione tempestiva ed analitica sulla struttura e la composizione del gruppo di cui fa parte l'impresa che propone la domanda di accesso ad un determinato strumento di regolazione della crisi e dell'insolvenza. Ciò vale in generale[15], e cioè in tutti i casi in cui l'imprenditore richiedente appartiene ad un gruppo, ma vale a maggior ragione quando la domanda abbia ad oggetto uno strumento "di gruppo" per la regolazione della crisi o dell'insolvenza, come accade per il concordato preventivo e per l'accordo di ristrutturazione dei debiti di gruppo, a cui ha riguardo la norma in esame.

Il richiamo testuale all'art. 289, che disciplina l'accesso ad uno degli strumenti di regolazione della crisi o dell'insolvenza da parte di un'impresa facente parte di un gruppo che agisca tuttavia singolarmente, consente di applicare anche nel concordato e negli accordi di ristrutturazione dei debiti di gruppo la regola onde è attribuito sia al tribunale, sia all'organo direttivo della procedura (al commissario giudiziale nel caso del concordato), al fine di accertare l'esistenza di collegamenti di gruppo, il potere di richiedere alla Consob, ad ogni altra pubblica autorità e alle società fiduciarie informazioni sull'identità degli ef-

[15] E v. infatti l'art. 289.

fettivi titolari di diritti sulle azioni o sulle quote, con il correlativo diritto di ottenere la risposta entro 15 giorni dalla richiesta.

4. – Le imprese in crisi o insolventi del gruppo possono anche intraprendere, in via unitaria piuttosto che ciascuna autonomamente rispetto all'altra, la strada del piano attestato di risanamento, ai sensi dell'art. 56, proponendo ognuna ai propri creditori un piano unitario o più piani collegati e reciprocamente interferenti, aventi il contenuto descritto nel comma 2 dell'art. 56 e tendenti all'obiettivo del risanamento dell'esposizione debitoria e del riequilibrio della situazione finanziaria di ciascuna impresa del gruppo. La disciplina del piano di risanamento attestato di gruppo è contenuta nel comma 5 della disposizione in esame e ricalca, in linea di massima, quella dettata dall'art. 56 per il piano attestato di risanamento presentato ai propri creditori dall'impresa *stand alone*.

L'attestazione, che deve essere rilasciata da un professionista munito del requisito dell'indipendenza, ha ad oggetto, come per il piano attestato presentato individualmente da un'impresa al di fuori della logica di gruppo, la veridicità dei dati aziendali esposti e la fattibilità (economica) del piano unitario o dei piani plurimi fra loro collegati. Oltre a ciò, il professionista incaricato deve: (i) attestare le ragioni di maggiore convenienza dello schema del piano unitario o dei piani reciprocamente collegati rispetto a quello del piano autonomo per ciascuna impresa, in funzione dell'obiettivo del miglior soddisfacimento dei creditori delle singole imprese; (ii) stimare comparativamente, alla stregua dei criteri in precedenza indicati nel comma 4 (dunque, tenendo conto dell'esistenza di eventuali vantaggi compensativi di gruppo), il beneficio che i creditori di ciascuna impresa del gruppo riceverebbero dall'attuazione del piano unitario o dei piani reciprocamente collegati e interferenti (in rapporto a quanto percepirebbero sulla base di piani elaborati individualmente da ciascuna impresa) [16].

L'ultimo periodo del comma 5 stabilisce inoltre, a conferma dell'importanza che il Codice riconosce al tema della trasparenza delle strutture di gruppo, che l'attestazione del professionista contenga informazioni complete ed aggiornate sull'articolazione interna e sui legami partecipativi o contrattuali intercorrenti fra le imprese che ne fanno parte. Il richiamo dell'art. 289 (nell'ultima proposizione del comma 6) vale ad estendere anche al professionista attestatore la facoltà di rivolgersi alla Consob, a qualsiasi autorità pubblica o alle società fiduciarie per assumere tutte le informazioni necessarie ai fini della descrizione, quanto più possibile precisa ed analitica, della struttura del gruppo.

Al pari di quanto disposto dall'art. 56 riguardo ai piani attestati di risanamento individuali, anche il piano unitario o i piani collegati possano essere, su richiesta delle imprese in essi coinvolte, oggetto di pubblicità tramite il registro delle imprese, precisamente nella sezione del registro o dei registri interessati in cui è stata effettuata la pubblicità ai sensi dell'art. 2497-*bis* c.c.

Infine, sebbene non sia testualmente riprodotta, nella disciplina dei piani attestati di

[16] L'attestazione che il professionista viene richiesto di rilasciare si arricchisce di contenuti ulteriori se il piano prevede operazioni contrattuali o riorganizzative infragruppo, come si osserverà nel commento al successivo art. 285.

risanamento di gruppo, la regola, contenuta nel comma 5 dell'art. 56, che impone la forma scritta *ad probationem* ed il requisito della data certa con riguardo agli atti unilaterali ed ai contratti posti in essere "in esecuzione del piano" di risanamento attestato individuale, deve ritenersi applicabile anche alla fattispecie del piano di risanamento attestato di gruppo. In vero, si può in termini generali osservare che il regime "di gruppo" dei diversi strumenti di regolazione della crisi e dell'insolvenza dell'impresa certamente si differenzia per alcuni profili specificamente individuati (attinenti per esempio alle forme e modalità di accesso, alla struttura e all'articolazione del piano, al calcolo dei benefici attesi per i creditori, ecc.) dalla versione "individuale" dei medesimi strumenti, ma per il resto si pone del tutto in continuità con quest'ultima. In particolare, l'onere della forma scritta ed il requisito della data certa previsti per gli atti ed i contratti esecutivi del piano attestato costituiscono parti della disciplina rispetto alle quali certamente non assumono rilievo la pluralità delle imprese partecipanti al piano e l'esistenza fra le stesse di legami di gruppo. Si tratta d'altra parte di regole funzionali alla fruizione del beneficio dell'esenzione dalla revocatoria (fallimentare ed ordinaria), previsto dall'art. 166, comma 3, lett. *d)* riguardo agli atti posti in essere in esecuzione di un piano attestato ed applicabili, per espressa statuizione di legge, tanto al piano attestato individuale (art. 56), quanto al piano attestato di gruppo (art. 284).

Articolo 285

Contenuto del piano o dei piani di gruppo e azioni a tutela dei creditori e dei soci

1. Il piano o i piani concordatari di gruppo possono prevedere la liquidazione di alcune imprese e la continuazione dell'attività di altre imprese del gruppo. Si applica tuttavia la sola disciplina del concordato in continuità quando, confrontando i flussi complessivi derivanti dalla continuazione dell'attività con i flussi complessivi derivanti dalla liquidazione, risulta che i creditori delle imprese del gruppo sono soddisfatti in misura prevalente dal ricavato prodotto dalla continuità aziendale diretta o indiretta ...

2. Il piano o i piani concordatari possono altresì prevedere operazioni contrattuali e riorganizzative, inclusi i trasferimenti di risorse infragruppo, purché' un professionista indipendente attesti che dette operazioni sono necessarie ai fini della continuità aziendale per le imprese per le quali essa è prevista nel piano e coerenti con l'obiettivo del miglior soddisfacimento dei creditori di tutte le imprese del gruppo tenuto conto dei vantaggi compensativi derivanti alle singole imprese, fermo quanto previsto dagli articoli 47 e 112.

3. Se non ricorre l'ipotesi prevista dal comma 1, secondo periodo, gli effetti pregiudizievoli delle operazioni di cui ai commi 1 e 2 possono essere contestati dai creditori dissenzienti appartenenti a una classe dissenziente o, nel caso di mancata formazione delle classi, dai creditori dissenzienti che rappresentano almeno il venti per cento dei crediti ammessi al voto con riguardo ad una singola impresa, attraverso l'opposizione all'omologazione del concordato di gruppo. I creditori non aderenti possono proporre opposizione all'omologazione degli accordi di ristrutturazione.

4. In caso di opposizione proposta ai sensi del comma 3, il tribunale omologa il concordato o gli accordi di ristrutturazione qualora ritenga, sulla base di una valutazione complessiva del piano o dei piani collegati e tenuto conto dei vantaggi compensativi derivanti alle singole imprese del gruppo, che i creditori possano essere soddisfatti in misura non inferiore a quanto ricaverebbero dalla liquidazione giudiziale della singola impresa.

4-bis. Nell'ipotesi di cui al comma 1, secondo periodo, il tribunale omologa il concordato secondo quanto previsto dall'articolo 112, commi 2, 3 e 4.

5. I soci possono far valere il pregiudizio arrecato alla redditività e al valore della partecipazione sociale dalle operazioni di cui ai commi 1 e 2, esclusivamente attraverso l'opposizione all'omologazione del concordato di gruppo. Il tribunale omologa il concordato se esclude la sussistenza del predetto pregiudizio in considerazione dei vantaggi compensativi derivanti alle singole imprese dal piano di gruppo.

Giuliana Scognamiglio

Sommario: 1. Concordato di gruppo liquidatorio e concordato di gruppo in continuità. – 2. Possibile contenuto del piano o dei piani concordatari di gruppo: in particolare, la previsione di trasferimenti di risorse intragruppo. – 3. Il procedimento di omologazione del concordato di gruppo liquidatorio e di quello in continuità. – 4. La tutela dei soci avverso il pregiudizio ad essi arrecato dalle operazioni previste nel piano o nei piani concordatari di gruppo.

1. – Fra le disposizioni del Codice in tema di concordato di gruppo, quella dell'art. 285 ha subito, più delle altre, modificazioni significative nel passaggio dal testo originario del 2019 al testo attualmente in vigore; modificazioni che si spiegano in relazione all'esigenza di rendere applicabili anche al concordato di gruppo le nuove regole dettate in materia di omologazione del concordato in continuità (diverse da quelle che governano l'omologazione del concordato liquidatorio) al fine di recepire nel nostro ordinamento le indicazioni provenienti dalla direttiva UE 2019/1023.

È quindi opportuno prendere le mosse, seguendo del resto l'ordine dei commi in cui è articolata la disposizione in esame, dalla distinzione fra concordato preventivo di gruppo con finalità liquidatorie[1] e concordato di gruppo finalizzato invece alla continuazione dell'attività.

La medesima distinzione, com'è noto, è prevista, con riferimento al concordato individuale, dall'art. 84, che detta le linee generali della disciplina applicabile all'una ed all'altra fattispecie. Tale disciplina, sebbene non espressamente richiamata nel disposto dell'art. 285, deve ritenersi a mio avviso applicabile anche alla versione "di gruppo" dell'uno e dell'altro modello. In particolare, è da ritenere che anche quando sia proposto in maniera unitaria per un gruppo di imprese, il concordato liquidatorio debba prevedere l'apporto di risorse esterne senza obbligo di rimborso o con vincolo di postergazione, con l'obiettivo del pagamento dei creditori concorsuali in misura non inferiore al 20% dell'ammontare complessivo dei rispettivi crediti e con facoltà di distribuzione di dette risorse in deroga ai criteri di graduazione dei crediti stabiliti a norma del codice civile. Secondo l'ipotesi espressamente contemplata nell'art. 84, comma 4, l'apporto di risorse esterne è effettuato dai soci; quindi, nel caso che ora ci occupa, potrebbero provvedervi una o più società del gruppo direttamente a vantaggio dei creditori delle singole imprese coinvolte nella proposta concordataria di gruppo: questa dovrà prevedere che rispetto a ciascuna impresa siano soddi-

[1] È appena il caso di osservare che strutturalmente distinta e funzionalmente diversa dal concordato preventivo di gruppo, anche nella sua configurazione come concordato liquidatorio, è la fattispecie del concordato semplificato di gruppo, non espressamente disciplinata dalla legge, ma a mio avviso sicuramente ammissibile. Infatti, il concordato semplificato costituisce, com'è noto, uno dei possibili sbocchi della composizione negoziata della crisi (art. 12 ss.) e questa prevede, al pari delle procedure qui esaminate, una versione "di gruppo", dandosi espressamente la possibilità di una conduzione unitaria delle trattative riferite a più imprese del medesimo gruppo, ai sensi dell'art. 25). Cfr., sul concordato semplificato di gruppo, la recente decisione del Trib. Bergamo, 26 aprile 2023, in *Dirittodellacrisi.it*, 2023. Per l'esame della disciplina, in generale, del concordato semplificato, si rinvia il cortese lettore al commento degli artt. 25-*sexies* e 25-*septies*.

sfatti i presupposti indicati nel comma 4 dell'art. 84 (incremento dell'attivo nella misura minima del 10%, da destinare al pagamento dei creditori chirografari e dei prelazionari degradati per incapienza in misura pari ad almeno il 20% dell'ammontare complessivo dei rispettivi crediti).

Stante la pluralità delle imprese coinvolte nella procedura unitaria e la fisiologica diversità delle rispettive condizioni, è del tutto plausibile che possa prevedersi, nel piano concordatario di gruppo o nei piani collegati e reciprocamente interferenti allegati alla domanda di accesso alla procedura unitaria, la liquidazione per alcune imprese e la continuazione dell'attività rispetto ad altre imprese del gruppo, con conseguente contestuale applicazione delle regole rispettivamente previste per l'una e per l'altra forma di concordato.

Tuttavia, se da un confronto tra i flussi derivanti dalla continuazione dell'attività (con riferimento alle società del gruppo per le quali il piano prevede questa soluzione) e quelli derivanti dalla liquidazione, risulta che al soddisfacimento dei creditori complessivamente considerati contribuisce in misura prevalente[2] il ricavato della continuità aziendale, diretta o indiretta, la disciplina applicabile è, in via esclusiva, quella – più favorevole – del concordato in continuità (art. 285, comma 1)[3].

Ciò comporta, ad esempio, la mancanza di una soglia minima di soddisfacimento dei creditori (prevista, invece, com'è noto, nel caso del concordato liquidatorio dall'art. 84, comma 4); la possibilità di soddisfare i creditori con l'assegnazione di qualsiasi "utilità" economicamente valutabile, che può consistere, fra l'altro, nella prosecuzione o nel rinnovo di rapporti contrattuali con l'imprenditore sottoposto a concordato o, nell'ipotesi di continuità indiretta, con il suo avente causa (art. 84, comma 3); l'applicazione di una disciplina che viene definita "speciale" per quanto riguarda i contratti pendenti (cfr. art. 94-

[2] Dunque, ai fini della individuazione della disciplina applicabile (quella del concordato liquidatorio ovvero quella del concordato in continuità), assume rilievo, se lo strumento di regolazione della crisi selezionato è il concordato di gruppo, quel requisito della prevalenza del ricavato prodotto dalla continuità nel soddisfacimento dei creditori che, alla stregua del tenore attuale dell'art. 84, comma 3, non è più richiesto per l'applicazione della disciplina del concordato in continuità a livello di singola impresa. Originariamente, invece, la disposizione, rimasta sotto questo profilo invariata, dell'art. 285, comma 1, era in linea con il disposto dell'art. 84, comma 3, che stabiliva: "Nel concordato in continuità aziendale i creditori vengono soddisfatti in misura prevalente dal ricavato prodotto dalla continuità aziendale diretta o indiretta". Si può fondatamente supporre che il disallineamento determinatosi fra le due disposizioni per effetto della sopravvenuta modifica dell'art. 84 sia del tutto involontario, e cioè dovuto a mera disattenzione o ad un difetto di coordinamento redazionale. In generale, è rilievo frequente e del tutto condivisibile quello della mancanza di un efficace coordinamento fra la disciplina del concordato individuale e quella del concordato di gruppo: difetto già presente nello schema di decreto legislativo prodotto dalla commissione Rordorf, a causa della fretta imposta dai vertici politici dell'epoca ai lavori di detta Commissione, e purtroppo non emendato (anzi, forse accresciuto) in occasione dei successivi ed incisivi interventi che quel testo originario ha subito.

[3] Cfr. Trib. Ravenna, ord. 24 febbraio 2023, in *one.it/legale*: "La continuità di gruppo sussiste ogniqualvolta le sinergie organizzative e gestionali, di tipo verticale ed orizzontale, risultino, all'esito del risanamento, sostanzialmente preservate, sia pur nel quadro di un ridimensionamento del perimetro di gruppo; ciò in ragione dell'assunto – implicitamente riconosciuto e fatto proprio dal Legislatore del Codice – che il valore della continuità di gruppo non corrisponde alla somma atomistica di quello delle sue componenti. Laddove, pertanto, le prospettive di risanamento enunciate si mostrino orientate, previa ristrutturazione e riduzione del perimetro, alla conservazione dell'articolazione amministrativa e gestionale facente capo alla holding può ritenersi – sia pur con i limiti dell'accertamento sommario – che la previsione della liquidazione di alcune società del perimetro non contraddica la sussistenza di una prospettiva ragionevole di risanamento del gruppo".

bis); l'applicazione di regole particolari, diverse da quelle previste per il concordato liquidatorio, sia per quanto riguarda il contenuto dell'attestazione rilasciata da un professionista indipendente (art. 85, comma 3), sia nella fase dei controlli finalizzati all'ammissione alla procedura (cfr. art. 47, comma 1), sia, ancora, nella fase dell'approvazione del concordato (art. 109, commi 1 e 5) e del successivo giudizio di omologazione (art. 112).

2. – Il tema della continuità sembra essere centrale anche nel comma 2 della disposizione, che definisce il possibile contenuto del piano concordatario (ovvero dei piani reciprocamente collegati e interferenti), ulteriore, s'intende, rispetto a quello già previsto dall'art. 284, comma 4 (quantificazione del beneficio stimato per i creditori di ciascuna impresa del gruppo; informazioni complete ed aggiornate sulla struttura e la composizione del gruppo; ecc.). Come si constaterà nel prosieguo, infatti, l'ampia autonomia lasciata ai redattori del piano nell'articolazione dei contenuti del medesimo è testualmente collegata, per quanto riguarda i profili maggiormente dirompenti rispetto all'impostazione tradizionale basata sul rigoroso ossequio al principio di separatezza delle masse attive e passive delle società del gruppo, alla circostanza che determinate operazioni siano "necessarie" ai fini della continuità aziendale.

Giova osservare innanzi tutto che trovano applicazione anche al piano o ai piani concordatari di gruppo le disposizioni onde è delineato il contenuto del piano con riferimento al concordato in generale (art. 87). La peculiarità del piano concordatario di gruppo (sia esso unitario, ovvero articolato in più piani collegati e reciprocamente interferenti) risiede in ciò, che – riguardando esso un insieme di imprese giuridicamente autonome, seppure avvinte da determinate tipologie di legami – possono essere (ed è nella pratica frequente che siano) previste operazioni contrattuali e operazioni riorganizzative che si caratterizzano per avere come parti le imprese stesse del gruppo e cioè per svolgersi all'interno del medesimo. Così, per esempio, il piano concordatario di gruppo potrebbe prevedere una delle tipiche operazioni riorganizzative, come la fusione, che coinvolga un'impresa del gruppo ed un'impresa esterna al medesimo; oppure potrebbe prevedere una fusione che coinvolga società facenti parte del gruppo ma non tutte necessariamente assoggettate alla procedura concordataria, ovvero, ancora, esclusivamente società del gruppo sottoposte altresì al concordato di gruppo. Lo stesso vale per altre operazioni societarie tipicamente ascrivibili alla categoria delle operazioni riorganizzative, come la scissione, lo scorporo, ecc., così come per le operazioni "contrattuali", e cioè gli atti dispositivi realizzati tramite contratti intragruppo aventi il contenuto più vario.

Altra peculiarità, probabilmente la più eclatante[4], risiede nell'avere il legislatore espressamente ammesso che dette operazioni contrattuali ovvero riorganizzative intragruppo possano comportare (*i.e.*, avere come oggetto o per effetto) "trasferimenti di risorse" all'in-

[4] La norma di cui si discorre in questo paragrafo è stata valutata, al suo primo apparire, come sistematicamente discutibile, se non addirittura dirompente. Da taluni sono stati persino sollevati dubbi circa la sua legittimità costituzionale sotto il profilo dell'eccesso di delega, ovvero, secondo un'altra prospettazione, sotto il profilo della violazione dell'art. 2740 c.c., che prescrive la riserva di legge per le deroghe al principio della destinazione integrale del patrimonio del debitore al soddisfacimento dei propri creditori. Tali dubbi non meritano a mio avviso di essere coltivati. Per i termini della discussione cfr. comunque di recente BENEDETTI, *La nuova disciplina*, 259 ss.; vedi altresì, ampiamente, MIOLA, *Le operazioni*, 660 ss.

terno del gruppo, a condizione, in tal caso, che un professionista indipendente attesti che dette operazioni sono: (i) necessarie ai fini della continuazione, in forma diretta ovvero indiretta, dell'attività delle imprese per le quali il piano prevede questo tipo di soluzione[5]; (ii) funzionali al conseguimento dell'obiettivo del miglior soddisfacimento dei creditori delle singole imprese del gruppo, tenuto conto degli eventuali vantaggi previsti per le singole imprese a compensazione del pregiudizio in ipotesi arrecato.

La possibilità di prevedere, nel piano concordatario di gruppo, operazioni di natura contrattuale ovvero organizzativa, aventi come oggetto o per effetto il trasferimento di risorse finanziarie[6] (o più genericamente di elementi patrimoniali attivi) fra le società del gruppo era stata già discussa, e talora vivacemente contestata[7], alla stregua della disciplina previgente, in difetto, tuttavia, di qualunque appiglio nel diritto positivo, idoneo a fornire argomenti a supporto della tesi della legittimità di siffatte operazioni. In quel contesto, caratterizzato – com'è noto – dall'inesistenza di una disciplina del concordato di gruppo, la tesi negativa

[5] Sebbene la norma sia formulata in termini alquanto restrittivi, che sembrerebbero circoscrivere la legittimità della previsione di trasferimenti di risorse da una società all'altra del gruppo al solo caso in cui per la beneficiaria del trasferimento il piano concordatario preveda la continuità aziendale diretta o indiretta, parte della dottrina (cfr., anche per i riferimenti, BENEDETTI, *La nuova disciplina*, 246 ss.) sembra incline ad una lettura più ampia, alla cui stregua non vi sarebbe ragione di escludere la possibilità che i trasferimenti suddetti siano previsti (e si realizzino) a favore di società del gruppo sottoposte ad un concordato liquidatorio, o addirittura, ampliando ulteriormente, siano previsti nell'ambito di un concordato di gruppo esclusivamente liquidatorio, e persino nel programma di liquidazione unitario predisposto nell'ambito di una liquidazione giudiziale di gruppo. A mio avviso, rispetto al problema ora considerato è preferibile adottare un atteggiamento di cautela e di maggiore aderenza al dato normativo: non tanto nel senso di ritenere la lettera della legge insuperabile, bensì nel senso di ammetterne il possibile superamento solo nella misura in cui un'interpretazione meno rigida di quella suggerita dal testo della disposizione sia comunque coerente con la *ratio* e con gli obiettivi della disciplina. Ora, è opinione condivisa fra gli interpreti che la previsione di trasferimenti di risorse intragruppo, bilanciati con l'attribuzione alla trasferente di vantaggi compensativi adeguati, vale a riprodurre nel concordato di gruppo la logica e le modalità operative della direzione e coordinamento di un gruppo *in bonis*. Si tratta di una logica di impresa in attività, di *going concern*, non di una logica liquidatoria: la scelta normativa si spiega e si giustifica, allora, in relazione alla circostanza che nell'ambito di quel determinato concordato di gruppo vi è (almeno) un'impresa che va in continuità. Pertanto, si può ammettere che il trasferimento di risorse sia previsto a favore di una società del gruppo in concordato liquidatorio, ma bisognerà che risulti dal piano (e dall'attestazione del professionista) che l'operazione complessiva è funzionale a consentire o per lo meno a favorire l'attuazione, in un'altra società del gruppo, di un percorso di continuità aziendale.

[6] Si è posto il problema (ripreso di recente da BENEDETTI, *La nuova disciplina*, 255 ss.) se dette operazioni siano da considerare alla stregua di atti eccedenti l'ordinaria amministrazione, richiedenti in quanto tali, almeno al di sopra di una certa soglia di valore, l'autorizzazione del giudice delegato, in difetto della quale sarebbero inefficaci rispetto ai creditori anteriori ai sensi dell'art. 94, commi 2 e 3. Il dubbio merita a mio avviso di essere sciolto in senso negativo, se si accede all'idea che la previsione nel piano delle operazioni infragruppo in questione vale a riprodurre nell'ambito del concordato unitario di gruppo la logica della direzione e coordinamento di un gruppo *in bonis*, come tale afferente al concetto di "ordinaria amministrazione" del gruppo. Altro discorso è che le operazioni infragruppo previste nel piano o nei piani di concordato di gruppo, se hanno la struttura di contratti di finanziamento con diritto del finanziatore al rimborso, e precisamente di finanziamento infragruppo ai sensi dell'art. 2497-*quinquies* c.c., dovrebbero ritenersi soggette alla disciplina di cui all'art. 102 (credito di restituzione assoggettato ad un regime di prededuzione fino all'80 per cento), che richiama a sua volta quella dettata dagli artt. 99 e 101 in relazione alle diverse fattispecie di finanziamenti contratti dall'imprenditore sottoposto al concordato.

[7] Cfr. ad es. Trib. Roma, 25 luglio 2012, in *Fallimento*, 6/2013, 748 ss. con nota di Trentini; App. Roma, 5 marzo 2013, in *ilcaso.it*.

aveva dalla sua, da un lato, la regola della illimitatezza, salvo casi specificamente ammessi dalla legge, della responsabilità patrimoniale del debitore (codificata nel già ricordato art. 2740 c.c.); dall'altro, il principio, munito di un saldo ancoraggio anche nel diritto europeo, della reciproca autonomia e separatezza dei patrimoni facenti capo alle società del gruppo.

In un siffatto contesto, ed a voler seguire la tesi più rigorosa, a quell'epoca prevalente fra gli interpreti, le operazioni che comportino trasferimenti di risorse infragruppo avrebbero potuto essere considerate legittime soltanto se avessero assunto la forma giuridica del contratto sinallagmatico, e così per esempio di un contratto di finanziamento stipulato da una società del gruppo a favore di altra o di altre dello stesso gruppo, con obbligo di pagamento degli interessi e di rimborso dei fondi alla scadenza del termine convenuto. È questa una tesi che, almeno fra i primi commentatori della disciplina del concordato di gruppo, sembra aver riscosso qualche consenso[8]: altrimenti detto, vi è chi ha sostenuto che sia questa la (sola) interpretazione del disposto dell'art. 285, comma 2, compatibile con i principi sopra ricordati.

Tuttavia, il d.lgs. n. 83 del 2022, nel dare attuazione nel nostro ordinamento alla direttiva europea sui quadri di ristrutturazione preventiva delle imprese, ha integrato il testo originario dell'art. 285, comma 2, inserendovi la previsione per la quale il professionista indipendente, nel rilasciare le attestazioni richieste, deve "tener conto" dei vantaggi compensativi "derivanti alle singole imprese".

Ora, pur nella non commendevole genericità del suo tenore testuale[9], la proposizione aggiunta al comma 2 dell'art. 285 è sicuramente di ausilio alla ricostruzione del significato complessivo della regola ivi enunciata, nella misura in cui lascia intendere che gli atti e le operazioni di trasferimento di risorse dall'una all'altra società del gruppo, a cui si ha riguardo, possono essere contemplate nel piano concordatario di gruppo purché il pregiudizio arrecato alla società che ne risulta depauperata riceva una compensazione, consistente nell'attribuzione ad essa di un corrispondente vantaggio, che ridonderà evidentemente (ed indirettamente) altresì a vantaggio dei suoi creditori. In altri termini, operazioni che comportino lo spostamento di risorse all'interno del gruppo possono legittimamente entrare nel contenuto di un piano concordatario di gruppo, ma alla triplice condizione che esse siano necessarie alla realizzazione di un progetto di continuazione dell'attività d'impresa da parte delle articolazioni del gruppo per le quali essa è prevista, che siano idonee ad ottimizzare il soddisfacimento dei creditori e che vengano contestualmente previste, nel piano, le modalità di neutralizzazione o compensazione del pregiudizio arrecato alla o alle società trasferenti.

---

[8] FERRI JR, *Autonomia delle masse*, 289 ss., 293; in senso contrario alla tesi della identificazione della fattispecie del trasferimento di risorse con quella del finanziamento intragruppo, fra gli altri, SACCHI, *Sui trasferimenti*, 318; MIOLA, *Le operazioni*, 658, nt. 54.

[9] Che cosa significa, infatti, nel caso di specie, il "tener conto"? Può voler alludere ad un elemento necessario del bagaglio conoscitivo dell'attestatore, che potrà valutarne discrezionalmente il peso e la rilevanza nel rilascio dell'attestazione che gli è richiesta; oppure può voler indicare (ed è questa la lettura a mio avviso preferibile, come sembra confermare altresì il disposto del comma 5, ultimo periodo, della disposizione in esame) l'obbligo dell'attestatore di valutare gli impatti negativi che le operazioni intragruppo divisate nel piano sono suscettibili di provocare sulle società depauperate e di verificare l'esistenza (e la sufficienza) di eventuali vantaggi compensativi a favore delle imprese del gruppo che hanno subito quegli impatti.

La disciplina adottata sembra rinvenire la propria fonte d'ispirazione non tanto nella disciplina degli accordi di sostegno finanziario intragruppo, contenuta nel TUB[10], bensì piuttosto nella prassi, anche internazionale[11], della ristrutturazione dei gruppi d'imprese in stato di dissesto, nonché in certi orientamenti della giurisprudenza penalistica di legittimità relativa agli ultimi anni, che si è mostrata incline a recepire, nella ricostruzione delle fattispecie di bancarotta, e con riferimento alla rilevanza dei vantaggi compensativi di gruppo, le indicazioni provenienti dalla disciplina civilistica in materia di direzione e coordinamento di società, nonché quelle desumibili dalla disciplina del (diverso) reato di infedeltà patrimoniale (art. 2634 c.c.), sebbene le norme incriminatrici dei reati di bancarotta non prendano allo stato testualmente in considerazione la fattispecie dell'atto di trasferimento intragruppo.

Detta giurisprudenza ha statuito in più occasioni, anche recenti[12], nel senso che, a fronte di atti di erogazione di finanziamenti e di altre operazioni infragruppo, poste in essere da o in direzione di società in crisi o insolventi appartenenti al medesimo gruppo, la previsione di vantaggi compensativi a favore della o delle società che ne risultano depauperate è idonea ad escludere la qualificazione in termini di fattispecie distrattiva dell'atto o dell'operazione, e perciò ad integrare uno degli elementi del reato di bancarotta, purché si tratti di vantaggi specifici, non coincidenti con la mera appartenenza al gruppo, e concretamente idonei a bilanciare gli effetti negativi dell'atto o dell'operazione.

A ben vedere, sussiste tuttavia una significativa differenza di piani e di impostazioni tra il ragionamento svolto dal giudice penale, che deve ricostruire *ex post* il comportamento del presunto autore dell'illecito e valutarne la colpevolezza, tenendo conto di tutti gli elementi del fatto concreto così come storicamente avvenuto, e il tipo di valutazioni e dichiarazioni *ex ante* che sono invece richieste al professionista attestatore, incaricato di una sorta di giudizio prognostico in merito all'attitudine delle operazioni infragruppo contemplate nel piano a soddisfare gli obiettivi indicati nel comma 2 dell'art. 285. In altri termini, se il giudice non ritiene provata l'esistenza di vantaggi compensativi aventi le caratteristiche richieste e sopra ricordate, la conseguenza è che la condotta dell'imputato (a cui in-

[10] In tal senso ad es. BENEDETTI, *La nuova disciplina*, 244 s. L'accostamento non convince: infatti, la disciplina del sostegno finanziario di gruppo, di cui agli art. 69-*duodecies* ss. TUB, ai applica agli accordi che siano *preventivamente* conclusi fra società (italiane e non) appartenenti al medesimo gruppo bancario, "per il caso in cui si realizzino per una di esse [successivamente alla conclusione dell'accordo, n.d.r.] i presupposti dell'intervento precoce ai sensi dell'art. 69-octiesdecies (...)". L'accordo, che dev'essere sottoscritto da ciascuna delle società aderenti, previa approvazione delle rispettive assemblee in sede straordinaria, e preventivamente autorizzato dalla Banca d'Italia, è costitutivo dell'obbligo, in capo alle imprese paciscenti, di prestarsi sostegno finanziario, anche in forma reciproca, in conformità dei termini dell'accordo stesso e deve indicare i criteri di calcolo per determinare, con riferimento al momento in cui il sostegno finanziario verrà fornito, "il corrispettivo dovuto per qualsiasi operazione effettuata in virtù dell'accordo stesso" (art. 69-*duodecies*, comma 5).

[11] Significative, a tale riguardo, le posizioni espresse nella *Legislative Guide on Insolvency Law* elaborata dall'UNCITRAL, la cui *Part three* (Vienna, 2012) è dedicata al *Treatment of enterprise groups in insolvency*. Si vedano in particolare le *Recommendations* dal n. 211 al n. 214.

[12] Cfr. ad es. Cass. pen., sez. I, 3 maggio 2023, n. 18333; Cass. pen., sez. V, 24 marzo 2023, n. 12496; Cass. pen., sez. V, 9 gennaio 2023, n. 225; Cass. pen., sez. V, 18 novembre 2022, n. 43834; Cass. pen., sez. V, 29 aprile 2020, n. 13284; Cass. pen., sez. V, 21 novembre 2019, n. 47216; Cass. pen., sez. V, 6 marzo 2019, n. 9851; Cass. pen., sez. V, 19 gennaio 2016, n. 32131.

combe, secondo la medesima giurisprudenza, la prova della sussistenza di detti vantaggi) sarà considerata penalmente rilevante ai sensi delle norme in materia di bancarotta. Venendo al caso ora considerato, invece, il difetto assoluto di attestazione ovvero la mancanza, nell'attestazione, dei contenuti prescritti dal comma 2 dell'art. 285, ed in particolare della dichiarazione relativa alla sostanziale "neutralità" delle operazioni intragruppo, per essere i previsti trasferimenti infragruppo di risorse bilanciati da corrispondenti vantaggi compensativi, potrebbe assumere rilievo già in sede di ammissione al concordato di gruppo, nonostante il contenuto almeno all'apparenza "minimalista" della regola di cui all'art. 47[13], e comunque assumerebbe rilievo nella fase dell'omologazione e dell'opposizione alla medesima, nei termini che saranno sinteticamente esaminati nei paragrafi seguenti.

3. – I successivi commi 3, 4, 4-*bis* e 5 della disposizione in esame affrontano il tema dell'omologazione del concordato di gruppo e dell'opposizione alla stessa[14], trattando distintamente: (i) l'ipotesi in cui il concordato di gruppo *non* sia assoggettato alla disciplina del concordato in continuità[15] e (ii) l'ipotesi in cui, al contrario, risulti applicabile, in base al disposto del comma 1, la disciplina del concordato in continuità.

Nel primo caso[16], la disciplina applicabile ricalca sostanzialmente quella dettata, con riferimento al concordato individuale, dall'art. 112, comma 5. Essa prevede, com'è noto, la legittimazione a contestare la convenienza del concordato in capo ai creditori dissenzienti appartenenti ad una classe dissenziente, ovvero, nell'ipotesi di mancata formazione delle classi, in capo ai creditori dissenzienti che rappresentino almeno il 20% dei crediti ammessi al voto riguardo ad una singola impresa. La contestazione viene proposta attraverso l'opposizione all'omologazione del concordato di gruppo (così, testualmente, l'art. 285, comma 3, primo periodo, in fine), a fronte della quale, tuttavia, il tribunale omologa ugualmente, ove ritenga, alla stregua di una valutazione complessiva del piano o dei piani allegati alla proposta concordataria di gruppo, che i creditori opponenti possano essere soddisfatti in misura non inferire rispetto a quella che sarebbe possibile sulla base della liquidazione giudiziale della singola impresa (*i.e.*, dell'impresa loro debitrice). Qui (art. 285, comma 4) troviamo un ulteriore richiamo, forse superfluo, all'esigenza di "tener conto" dei vantaggi compensativi "derivanti alle singole imprese del gruppo": derivanti, deve

[13] Richiamato, come si è ricordato nel testo, espressamente dall'art. 285 (comma 2) e perciò certamente applicabile al concordato di gruppo ma altrettanto certamente "tarato" sulla fattispecie del concordato individuale.

[14] Il comma 3, in fine, contiene altresì un riferimento, sia pure affatto breve e conciso, all'omologazione degli accordi di ristrutturazione (s'intende, di gruppo), e alla facoltà, in capo ai creditori non aderenti, di proporre opposizione all'omologazione stessa.

[15] Perché il piano prevede, per quanto sopra osservato, la destinazione alla liquidazione rispetto a tutte le imprese del gruppo, o per lo meno rispetto ad alcune di esse, e dal confronto tra i "flussi" a cui ha riguardo il comma 1 della disposizione in esame risulta che il soddisfacimento concordatario dei creditori si realizza, in una misura stimabile dal 50 per cento in su, con i flussi della liquidazione.

[16] Alla medesima disciplina è assoggettata l'omologazione degli accordi di ristrutturazione di gruppo, come se il legislatore presupponesse, riguardo ad essi, un contenuto ed una finalità di natura tipicamente liquidatoria; il che non sembra corrispondere alla realtà di detti accordi: non solo a quella empirica, ma neppure a quella normativa (cfr. ad es. l'art. 99, comma 1).

probabilmente intendersi, dalle operazioni previste nel piano e idonei a ristorare il pregiudizio che queste abbiano cagionato alle singole imprese e quindi, di riflesso, anche ai loro rispettivi creditori.

Nel caso in cui per converso risulti applicabile, sulla base del disposto del comma 1, la disciplina del concordato in continuità, l'omologazione del concordato di gruppo soggiace alle regole enunciate nei commi 2, 3 e 4 dell'art. 112, espressamente richiamati nel comma 4-*bis* della disposizione in esame. L'utilizzo della tecnica del mero rinvio e ragioni di economia espositiva suggeriscono di astenersi in questa sede dall'analisi nel dettaglio di tali disposizioni, già svolta nel commento dell'art. 112, rinviando il cortese lettore a quest'ultimo.

È tuttavia il caso di osservare che, nell'applicazione al concordato di gruppo in continuità delle regole dettate per la diversa ipotesi dell'omologazione del concordato individuale in continuità: (a) non potrà non darsi accesso, se non altro per simmetria rispetto a quanto previsto testualmente a proposito dell'omologazione dell'altro tipo di concordato (quello liquidatorio), alla valutazione dei vantaggi compensativi eventualmente previsti nel piano a favore delle imprese che risultino pregiudicate della progettata riorganizzazione di gruppo; (b) la rilevanza del gruppo e dei legami di gruppo sembra tuttavia arrestarsi qui: infatti, in ossequio al principio di separatezza, le regole e le condizioni della ristrutturazione trasversale, di cui al comma 2 dell'art. 112, dovrebbero applicarsi singolarmente per ciascuna società del gruppo; il confronto fra il trattamento previsto nella proposta di concordato (di gruppo) e quello conseguibile dal singolo creditore attraverso un'ipotetica liquidazione giudiziale va condotto con riferimento alla singola impresa, secondo il medesimo criterio adottato dal comma 4 per quanto concerne l'omologazione del concordato di gruppo liquidatorio; (c) possono quindi verificarsi circostanze ostative all'omologazione del concordato che, pur riguardando una singola impresa del gruppo o i suoi creditori, dato il carattere unitario del piano ovvero le interferenze tra i diversi piani reciprocamente collegati e presentati a corredo dell'unico ricorso, incidono negativamente sul buon fine dell'omologazione, che – alla stessa stregua dell'ammissione – sembra non poter riguardare che l'intero concordato, considerato, sotto questo profilo, alla stregua di una unità inscindibile[17].

4. – La contestazione nel merito delle soluzioni adottate nel piano o nei piani allegati al concordato di gruppo è consentita anche ai soci (evidentemente, minoritari) delle diverse società del gruppo coinvolte nella procedura di concordato, i quali lamentino la perdita di valore ovvero di redditività delle loro partecipazioni. Anche in questo caso, lo strumento processuale utilizzabile per far valere l'asserito pregiudizio è quello dell'opposizione all'omologazione.

Al suo primo apparire nel testo originario del d.lgs. n. 14 del 2019, la disposizione oggi contenuta nel comma 5 dell'art. 285 suscitò diversi dubbi e perplessità: i piani concordatari, questo il rilievo all'epoca più immediato, non si occupano dei soci, i quali sono fisiologicamente, nelle procedure concorsuali, *out of the money*, ragion per cui non sarebbe concepibile, nei loro riguardi, un pregiudizio giuridicamente rilevante e non si giustifiche-

[17] Cfr. GUERRERA, *La regolazione*, 1318 ss.; D'ATTORRE, *I concordati*, 277 ss.

rebbe l'attribuzione di uno strumento di tutela avverso detto ipotetico pregiudizio.

Un siffatto rilievo oggi, alla stregua della versione finale del Codice, che – nella sezione VI-bis – detta norme specifiche sul coinvolgimento dei soci pure nei profili distributivi del concordato, sarebbe probabilmente da considerare privo di consistenza e di fondamento. Già nel 2019, tuttavia, poteva essere rintuzzato sulla base di una considerazione adeguata della realtà del gruppo di imprese e dei conflitti d'interessi ad essa immanenti nel caso in cui le società del gruppo si caratterizzino per la presenza di soci minoritari, esterni al controllo [18].

In vero, una volta ammesso, alla stregua del comma 2 della disposizione in esame, che il piano o i piani concordatari di gruppo possano prevedere operazioni atte a realizzare trasferimenti di risorse dall'una all'altra società del gruppo medesimo, è sembrato doversi riconoscere un'esigenza di protezione dei soci nei riguardi di una politica di gruppo – quella che trova appunto espressione nel piano o nei piani concordatari di gruppo – potenzialmente non diversa, nelle modalità e negli effetti, da quella che nel gruppo *in bonis* li legittima all'azione di responsabilità disciplinata nell'art. 2497 c.c., ma se possibile più insidiosa, perché nel caso che ora ci occupa le operazioni intragruppo, suscettibili di generare trasferimenti di risorse dall'una all'altra società, intervengono fra (o comunque coinvolgono) società in situazione di disagio se non di vero e proprio dissesto, sì da rendere più fragile ed incerta (rispetto al gruppo *in bonis*) l'attuazione della promessa di eventuali vantaggi compensativi. Né varrebbe osservare che, in considerazione della condizione in cui versano per ipotesi sia la trasferente, sia la beneficiaria dello spostamento di risorse, il valore delle partecipazioni sociali può presumersi ormai azzerato, per cui il socio non avrebbe titolo per dolersi di alcun pregiudizio. In senso contrario si deve infatti osservare che l'impresa sottoposta a concordato (individuale o di gruppo) potrebbe versare in stato di crisi e non di insolvenza, e cioè in una condizione di disagio che potrebbe essere non irreversibile e potrebbe non aver ridotto a zero il valore netto del patrimonio sociale, in quanto, ad esempio, correlata ad un mero stato di illiquidità dello stesso [19].

Parimenti è sembrato opportuno prevedere che la tutela dei soci si realizzasse in via endoconcorsuale, o più precisamente endoconcordataria: non quindi attraverso lo stru-

---

[18] La letteratura sul tema è ovviamente sconfinata. Mi limito qui a ricordare che, in tempi assai recenti, l'esigenza di costruire la disciplina dei gruppi tenendo conto dei peculiari conflitti d'interessi generati dalla presenza, nel gruppo, di "minority co-owned legal entities" è stata sottolineata da ENRIQUES, GILOTTA, *Intragroup Transactions, passim.* Ma vedi già, con grande chiarezza, G. Ferri sr.

[19] Si pensi per esempio ad un caso in cui il patrimonio della società Gamma, un tempo "cassaforte" del gruppo, sia costituito da immobili di grande dimensione per lungo tempo non agevolmente liquidabili, e alla possibilità che per effetto di un mutamento *in melius* delle contingenze esterne la vendita di detti immobili si realizzi a condizioni molto vantaggiose per la società alienante, che ne ricava una somma di denaro addirittura superiore all'ammontare della propria esposizione debitoria. Potrebbe in un caso siffatto il piano concordatario di gruppo prevedere il trasferimento di ciò che residua dal soddisfacimento dei creditori di Gamma in capo alla controllante (o ad un'altra società del gruppo), con destinazione di quell'importo al pagamento della percentuale concordataria in favore dei suoi creditori, senza alcuna forma di indennizzo o comunque di tutela per i soci minoritari di Gamma? Il caso risulta essersi verificato nella pratica, in epoca anteriore all'entrata in vigore del Codice, con riferimento ad un importante gruppo italiano: ma in quel caso le componenti del gruppo, inclusa la ex cassaforte, erano tutte società a controllo totalitario, per cui non poteva neppure astrattamente porsi un problema di tutela dei soci esterni al controllo.

mento dell'azione di responsabilità prevista dall'art. 2497 c.c., che per la sua complessità e per la lungaggine dei tempi processuali potrebbe seriamente pregiudicare l'efficacia della soluzione concordataria divisata o addirittura metterne a repentaglio il buon fine, bensì attraverso lo strumento dell'opposizione all'omologazione; strumento che, già alla stregua della versione originaria del d.lgs. n. 14 del 2019, per questo aspetto fortemente innovativa, veniva ad essere singolarmente attribuito, dalla disposizione in esame, non soltanto ai creditori, ma anche a soggetti che, a differenza dei primi, non avevano avuto alcuna possibilità di manifestare in precedenza, attraverso il voto, il proprio dissenso rispetto ai contenuti del piano concordatario di gruppo, né, verosimilmente, la possibilità di ricevere un'informazione effettiva e sostanziale [20] riguardo a detti contenuti.

È noto, tuttavia, che la condizione dei soci dell'impresa sottoposta a concordato ha subito profonde modificazioni nel passaggio dal testo originario del d.lgs. n. 14 del 2019 a quello che è entrato effettivamente in vigore il 15 luglio 2022. Le principali sono state introdotte nel testo originario del Codice con il già ricordato d.lgs. n. 83 del 2022 (di recepimento della direttiva UE/2019/1023), a cui si deve l'inserimento, dopo l'art. 120, della sezione VI-*bis*, contenente disposizioni particolari riguardo al concordato delle società e alla posizione, in esso, dei soci [21].

Per quanto qui specificatamente interessa, viene prevista la collocazione dei soci in un'apposita classe [22], il che consente ad essi di partecipare, alla stessa stregua dei creditori [23], al procedimento di votazione sulla proposta di concordato. Il mancato esercizio del voto da parte dei soci viene valutato dalla legge come consenso (art. 120-*quater*, comma 3) e vale pertanto ad escludere la legittimazione ad opporsi all'omologazione del concordato, altrimenti attribuita al socio (art. 120-*quater*, comma 3), che può in tal modo "far valere il pregiudizio subito rispetto all'alternativa liquidatoria".

La partecipazione al procedimento di approvazione del concordato di una o più classi di soci rende più complesso, ovviamente, il procedimento stesso, rispetto alla disciplina che ne detta l'art. 112, applicabile altresì, come si è già constatato, al concordato di gruppo.

[20] La sola fonte di informazione dei soci (e dei terzi) prevista dal d.lgs. n. 14 del 2019 nel suo testo originario era infatti costituita dalla pubblicazione nel registro delle imprese, a norma dell'art. 40, comma 3, della domanda di accesso allo strumento di regolazione della crisi o dell'insolvenza.

[21] Incomprensibilmente, l'ultimo comma dell'art. 285, nella versione finale entrata in vigore il 15 luglio 2022, non contiene alcun richiamo alla disciplina della posizione dei soci nel concordato così come dettata negli art. 120-*bis* ss., come se questa fosse stata considerata, da un legislatore indubbiamente poco attento, del tutto priva di collegamenti sostanziali con la disciplina dei poteri dei soci delle società del gruppo dettata, sia pure in forma embrionale, dall'art. 285, ult. comma. Parimenti gli art. 120-*bis* e ss. sembrano ignorare il disposto dell'art. 285.

[22] Ovvero in due o più classi, «se esistono soci ai quali lo statuto, anche a seguito delle modifiche previste dal piano, riconosce diritti diversi» (art. 120-*ter*, comma 1).

[23] «(...) nelle forme e nei termini previsti per l'espressione del voto da parte dei creditori»: art. 120-*ter*, comma 3. I creditori sono a loro volta suddivisi in classi, obbligatoriamente se si tratta di un concordato in continuità (art. 85, comma 3). Che questa sia la forma di concordato a cu ha riguardo e trova applicazione la disciplina dettata dagli art. 120-*bis* ss. non è stabilito in maniera esplicita. Induce tuttavia a pensare in tal senso la circostanza che nell'art. 120-*quater* venga affrontato il tema della distribuzione del valore risultante dalla ristrutturazione, e cioè – deve probabilmente intendersi – di un valore derivante dalla continuazione dell'attività d'impresa ed eccedente quello di liquidazione (in questi esatti termini, di valore eccedente quello di liquidazione, si esprime, con riferimento al concordato in continuità, il comma 2 dell'art. 112, che è espressamente richiamato dall'art. 120-*quater*).

Infatti, se il piano prevede che alla distribuzione del valore risultante dalla ristrutturazione concordataria dell'impresa partecipino anche i soci (che erano tali alla data di presentazione della domanda di accesso alla procedura), viene regolato, dall'art. 120-*quater*, comma 1, il possibile conflitto fra classi dei creditori e classe (ovvero classi) dei soci nel caso in cui una o più classi di creditori votino contro la proposta ed il piano di concordato. Nell'ipotesi descritta, si prevede che il concordato possa essere omologato, nonostante il dissenso di una o più classi di creditori, se: (i) se i principi del pari soddisfacimento delle classi dello stesso rango e del soddisfacimento decrescente delle classi di rango inferiore risultano soddisfatti rispetto alla/e classe/i di creditori dissenzienti anche nell'ipotesi in cui il valore complessivamente riservato ai soci venisse attribuito alle classi di rango inferiore a quella/e dissenziente/i; (ii) se, nel caso in cui non esistano classi di creditori di rango pari o inferiore rispetto a quella o a quelle dissenzienti, il valore destinato al soddisfacimento dei creditori della classe dissenziente è superiore a quello complessivamente riservato ai soci.

Nel concordato di gruppo in continuità, la disciplina che si è appena richiamata, sia pure in maniera affatto concisa [24], trova applicazione nel caso in cui i soci (*i.e.*, le società del gruppo) mantengano le proprie partecipazioni e, attraverso queste, partecipino al valore risultante dalla ristrutturazione [25].

Questa disciplina non esaurisce tuttavia le problematiche del gruppo e perciò del concordato di gruppo, essendo rivolta a dirimere, come si è osservato, il possibile conflitto fra classi di creditori e (classi dei) soci nella distribuzione del surplus concordatario.

Rimane quindi, anche dopo l'introduzione della sezione VI-*bis*, aperto il tema del conflitto fra gruppi di soci che sono esterni al controllo nelle diverse società del gruppo. A questo ha riguardo l'ultimo comma della disposizione in esame [26], che non è stato testualmente toccato dall'intervento, alquanto incisivo, operato dal d.lgs. n. 83 del 2022, ma che dev'essere tuttavia letto ed interpretato, oggi, alla luce di detto intervento.

In conclusione, a mio avviso, la disciplina oggi vigente può essere così riassunta: i soci votano, suddivisi o meno in classi, sulla proposta concordataria espressa nella domanda di ammissione al concordato di gruppo e corredata dal piano o dai concordatari di gruppo; prima ancora del diritto di voto, hanno il diritto ad essere informati sui contenuti (e sull'andamento) del piano o dei piani ai sensi dell'art. 120-*bis*, comma 3, norma che senza dubbio trova applicazione anche nei gruppi, e precisamente nei riguardi degli amministratori di società facenti parte di un gruppo; se non votano, si presumono assenzienti; se esprimono con il voto il proprio dissenso, hanno la legittimazione ad opporsi all'omologazione, con la quale potranno far valere il pregiudizio subito rispetto all'alternativa liquidatoria (così, testualmente, il comma 3 dell'art. 120-*quater*); una componente di questo

---

[24] Per una disamina approfondito di detta disciplina, approfondito, si rinvia al commento degli art. 120-*bis* ss.

[25] In vero, a norma dell'art. 120-*quater*, comma 2, per "valore assegnato ai soci" s'intende il valore effettivo, conseguente all'omologazione della proposta di concordato, delle rispettive partecipazioni, detratto il valore del contributo che essi eventualmente (secondo uno schema di comportamento che si può assumere come frequente, se non addirittura normale, proprio nell'ambito dei gruppi) abbiano apportato alla ristrutturazione, sotto forma di conferimento, o di versamento a fondo perduto, ovvero, per le imprese di minori dimensioni, sotto qualsiasi altra forma.

[26] Là dove fa riferimento al tema del pregiudizio al valore della partecipazione, tuttavia neutralizzabile attraverso la corresponsione di vantaggi compensativi "derivanti dal piano di gruppo".

potrà essere costituita dal pregiudizio subito rispetto ai soci minoritari di altre società del gruppo, per effetto delle operazioni contrattuali o riorganizzative infragruppo previste nel piano o nei piani concordatari di gruppo, nella misura in cui questo tipo di pregiudizio non risulti neutralizzato dai vantaggi compensativi assegnati nell'ambito della direzione e coordinamento di gruppo e previsti nel piano; il tribunale omologa il concordato se riconosce la relativa proposta come ugualmente o maggiormente conveniente rispetto al trattamento che i soci sperimenterebbero nell'alternativa liquidatoria, tenuto conto dei vantaggi compensativi "derivanti alle singole imprese dal piano di gruppo". Altrimenti detto, il confronto con l'alternativa liquidatoria, ai fini della misurazione del pregiudizio (in ipotesi) subito dal socio per effetto del piano concordatario, include anche la considerazione del danno derivante dal depauperamento della società in questione rispetto alle altre del gruppo, qualora esso non sia stato adeguatamente riequilibrato attraverso l'attribuzione di vantaggi compensativi di gruppo.

Articolo 286
Procedimento di concordato di gruppo

1. Se le diverse imprese del gruppo hanno il proprio centro degli interessi principali in circoscrizioni giudiziarie diverse, è competente il tribunale individuato ai sensi dell'articolo 27 in relazione al centro degli interessi principali della società o ente o persona fisica che, in base alla pubblicità prevista dall'articolo 2497-bis del codice civile, esercita l'attività di direzione e coordinamento oppure, in mancanza, dell'impresa che presenta la maggiore esposizione debitoria in base all'ultimo bilancio approvato.

2. Il tribunale, se accoglie il ricorso, nomina un unico giudice delegato e un unico commissario giudiziale per tutte le imprese del gruppo e dispone il deposito di un unico fondo per le spese di giustizia.

3. I costi della procedura sono ripartiti fra le imprese del gruppo in proporzione delle rispettive masse attive.

4. Il commissario giudiziale, con l'autorizzazione del giudice, può richiedere alla Commissione nazionale per le società e la borsa – CONSOB o a qualsiasi altra pubblica autorità informazioni utili ad accertare l'esistenza di collegamenti di gruppo e alle società fiduciarie le generalità degli effettivi titolari di diritti sulle azioni o sulle quote ad esse intestate. Le informazioni sono fornite entro quindici giorni dalla richiesta.

5. I creditori di ciascuna delle imprese che hanno proposto la domanda di accesso al concordato di gruppo, suddivisi per classi qualora tale suddivisione sia prevista dalla legge o dal piano, votano in maniera contestuale e separata sulla proposta presentata dall'impresa loro debitrice. Il concordato di gruppo è approvato quando le proposte delle singole imprese del gruppo sono approvate dalla maggioranza prevista dall'articolo 109.

6. Sono escluse dal voto le imprese del gruppo titolari di crediti nei confronti dell'impresa ammessa alla procedura.

7. Il tribunale, con il decreto di omologazione, nomina un comitato dei creditori per ciascuna impresa del gruppo e, quando il concordato prevede la cessione dei beni, un unico liquidatore giudiziale per tutte le imprese.

8. Il concordato di gruppo omologato non può essere risolto o annullato quando i presupposti per la risoluzione o l'annullamento si verificano soltanto rispetto a una o ad alcune imprese del gruppo, a meno che ne risulti significativamente compromessa l'attuazione del piano anche da parte delle altre imprese.

Giuliana Scognamiglio

1. – L'art. 286 regola taluni profili procedimentali della soluzione concordataria di gruppo [1]. Si tratta di profili cruciali nella ricostruzione dell'istituto, posto che se, da un lato, in ossequio al principio (a cui, come sopra ricordato, il legislatore era vincolato dalla legge delega), di piena autonomia reciproca delle masse attive e passive delle singole società del gruppo, la disciplina del concordato di gruppo si astiene da ogni concessione al modello – allo stato sostanzialmente estraneo al diritto europeo – del c.d. consolidamento sostanziale [2], che prevede la confusione dei patrimoni delle diverse società e perciò l'allontanamento da detto principio, dall'altro, vengono adottate, per alcuni aspetti o profili, soluzioni che sembrano esprimere una forte adesione all'idea del gruppo d'imprese come fenomeno unitario. Rimane tuttavia difficilmente controvertibile, alla stregua dei dati normativi, la mancanza di un'adesione piena e totale, da parte del nostro legislatore, al modello altresì del c.d. consolidamento procedurale: per questa ragione si è da taluni proposto di definire il tipo di soluzione prescelto dal nostro legislatore in termini di "concentrazione" (piuttosto che "consolidamento") di procedure, ovvero di ravvisare nel nostro concordato di gruppo la disciplina di un fascio di procedure che presentano alcuni punti di incontro e di intersezione reciproca [3]. Al di là delle scelte terminologiche degli interpreti, che in quanto tali possono avere un peso limitato, il problema va risolto, com'è ovvio, sul piano dell'interpretazione del dato positivo; dal quale sembra emergere la presa d'atto del nostro legislatore circa l'impossibilità di prescindere, nella disciplina dei problemi del gruppo d'imprese, dalla considerazione contestuale del profilo dell'unità (economica) e di quello della molteplicità (dei soggetti giuridici) e perciò la propensione ad adottare soluzioni articolate, che tengano conto ed attribuiscano rilevanza ora all'uno, ora all'altro profilo.

---

[1] Una norma del tutto spuria, rispetto al tema centrale dell'art. 286, è contenuta nel comma 4, che prevede il potere del commissario giudiziale, dietro autorizzazione del giudice, di chiedere alla Consob o a qualsiasi altra pubblica autorità nonché alle società fiduciarie informazioni utili ad accertare l'esistenza di collegamenti di gruppo. Si tratta oltre tutto di una norma ripetitiva, essendo quel potere già previsto dall'art. 284, ed in questo senso superflua: frutto, evidentemente, della carenza di coordinamento redazionale che ha caratterizzato, attraverso le sue varie fasi e vicende, la stesura del d.lgs. n. 14 del 2019.

[2] Cfr., in proposito, per una chiara esposizione del tema, anche in chiave comparatistica, VATTERMOLI, *Gruppi insolventi,* 586 ss.

[3] La discussione sul tema è ripresa, nella letteratura recente, da BENEDETTI, *La nuova disciplina,* 65 ss., ove i necessari riferimenti.

Il dettato normativo dell'art. 286, comma 8, risponde alle seguenti domande, le quali corrispondono ad altrettanti dubbi che erano stati sollevati dalla dottrina e dalla giurisprudenza anteriormente al Codice, ricevendo per lo più una risposta negativa o perplessa (il che aveva reso alla fine indilazionabile l'intervento del diritto scritto):

(i) Nel caso in cui le società del gruppo abbiano il proprio COMI in circoscrizioni giudiziarie diverse, è possibile accedere al concordato di gruppo e, in caso affermativo, in quale tribunale si radica la competenza?

(ii) Nel caso di concordato di gruppo, è possibile la designazione di un unico giudice delegato, di un unico commissario giudiziale nonché, eventualmente, di un unico liquidatore giudiziale? Il comitato dei creditori può (o addirittura deve) essere unico?

(iii) Il fondo che la legge richiede di depositare per le spese di giustizia è unico oppure deve essere versato separatamente per ciascuna società del gruppo?

(iv) I costi della procedura gravano su una, su alcune o su tutte le società del gruppo? In quest'ultimo caso, secondo qualche criterio vengono ripartiti?

(v) Come avviene, nel concordato di gruppo, la votazione dei creditori delle singole società sulla proposta unitaria? In maniera unitaria, ovvero per ciascuna serie di creditori?

2. – (i)-(ii) La risposta alla prima domanda è sicuramente affermativa: del resto, quella di consentire la procedura concordataria di gruppo nel caso di società aventi sede in circoscrizioni giudiziarie diverse era fra le esigenze maggiormente avvertite dalla pratica e più difficilmente risolvibili in difetto di una specifica previsione normativa. Ora, in base alle regole generali recepite nel Codice (cfr. art. 27), la competenza – sia per quanto riguarda l'accesso allo strumento di regolazione della crisi, sia per quanto concerne le controversie che ne derivano – si radica in capo al tribunale nel cui circondario il debitore ha il proprio centro degli interessi principali[4], e cioè la sede legale risultante dal registro delle imprese ovvero, in mancanza, la sede effettiva dell'attività abitualmente esercitata. Nel caso del gruppo, e specificamente del concordato di gruppo, si ha invece riguardo al centro degli interessi principali del soggetto (persona fisica, ente, società) che risulta esercitare l'attività di direzione e coordinamento del gruppo, sulla base delle segnalazioni pubblicitarie di cui all'art. 2497-*bis* c.c.; in mancanza di tale pubblicità (che è obbligatoria, ma che non ha efficacia costitutiva), il comma 1 della disposizione in commento prescrive di fare riferimento, ai fini del radicamento della competenza, al COMI dell'impresa del gruppo che presenti la maggiore esposizione debitoria in base all'ultimo bilancio approvato.

Nel caso in cui accolga il ricorso, statuendo nel senso dell'ammissione del gruppo alla procedura di concordato unitaria, sulla base del piano o dei piani reciprocamente collegati ed interferenti allegati alla domanda[5], il tribunale designa (art. 286, comma 2) un unico

---

[4] Se la domanda di accesso al concordato di gruppo riguarda «*un gruppo di imprese di rilevante dimensione*» (così come definito dall'art. 2, comma 1, lett. *i*), è funzionalmente competente il tribunale sede della sezione specializzata in materia di imprese: art. 27, comma 1.

[5] In alternativa, il ricorso per concordato di gruppo potrà essere respinto; mentre sembra da escludere l'ipotesi dell'accoglimento "parziale" (in quanto, ad es., limitato soltanto ad alcune imprese del gruppo). Al carattere unitario del ricorso corrisponde quindi il medesimo carattere nel decreto di ammissione (conf., ad es., GUERRERA, *La regolazione*, 1330). Nel caso in cui il ricorso venga (unitariamente) respinto, le imprese del gruppo istante potranno ripresentarlo in termini modificati, sì da tener conto delle motivazioni addotte dal tri-

giudice delegato e nomina un unico commissario giudiziale per tutte le imprese partecipanti alla procedura di gruppo. Più precisamente, per quanto riguarda in particolare quest'ultimo, unico è l'ufficio, ma non è ovviamente preclusa la possibilità che a ricoprire l'ufficio di commissario giudiziale siano designate più persone. Altrettanto ovvio è che la scelta tra ufficio uni- o pluripersonale debba essere ancorata a parametri quanto più possibile oggettivi, e cioè vada compiuta in base al criterio (ed in funzione dell'obiettivo) della gestione razionale ed efficiente della procedura, tenuto conto della complessità e della dimensione del gruppo, della complessità delle azioni pianificate nella proposta concordataria nel caso concreto e dei costi inerenti all'incarico di commissario giudiziale.

Il principio della concentrazione dell'attività in un ufficio unico per tutte le società del gruppo si applica, se del caso, anche alla nomina del liquidatore giudiziale (art. 286, comma 7), a cui si provvede con il decreto di omologazione del concordato, se questo prevede la cessione o la liquidazione dei beni delle (o di alcune delle) società del gruppo.

Nel medesimo decreto di omologazione è contenuta altresì la nomina del comitato dei creditori. In questo caso, ritorna a prevalere, nella costante dialettica fra unità e molteplicità che – come si è più volte osservato – caratterizza il gruppo anche nella disciplina della crisi e dell'insolvenza, il profilo della pluralità e della reciproca autonomia delle società appartenenti al gruppo e coinvolte nella procedura di concordato unitaria: dovrà essere pertanto nominato un comitato dei creditori per ciascuna impresa del gruppo (art. 286, comma 7).

Si è osservato, in termini critici, che non è testualmente risolta dal dettato normativo la questione se possa (o addirittura debba) essere unico per tutte le società del gruppo il professionista indipendente officiato per il rilascio dell'attestazione richiesta[6]. Nel silenzio della legge, spetta a mio avviso alle società del gruppo proponenti il concordato la scelta tra la soluzione del professionista unico e quella che prevede invece un attestatore per ciascuna società. La prima potrà verosimilmente risultare più attraente, anche (ma non solo[7]) per ragioni di contenimento dei costi della procedura; d'altra parte, non sembra che essa possa andare incontro a dubbi sul piano della legittimità ovvero dell'opportunità, se si considera che viene espressamente ammessa dal legislatore con riferimento all'attestazione avente ad oggetto il piano di risanamento di gruppo (art. 284, comma 5).

3. – (iii)-(iv) Il fondo destinato a far fronte al pagamento delle spese della procedura[8]

---

bunale nel provvedimento di diniego dell'ammissione, oppure rinunciare al ricorso ed al piano unitari e intraprendere ciascuna un suo percorso, proponendo ad es. una domanda di concordato preventivo individuale.

[6] Cfr., di recente, BENEDETTI, *La nuova disciplina*, 163 ss.

[7] Osservava condivisibilmente SANTAGATA, *Concordato preventivo*, 253 s., già alla stregua del diritto previgente, che nel concordato preventivo di gruppo la finalità della relazione dell'attestatore «di favorire la corretta formazione di un consenso informato dei creditori» viene perseguita attraverso «l'esatta ricostruzione dei rapporti infragruppo» e comunque, aggiungerei oggi, attraverso la rappresentazione delle ragioni e dei profili di maggiore convenienza della scelta di presentare un piano unitario o piani reciprocamente collegati ed interferenti, rispetto all'opposta scelta del piano autonomo per ogni società del gruppo. Tali considerazioni corroborano la tesi dell'opportunità (che ovviamente non significa, allo stato, doverosità) della designazione di un unico attestatore.

[8] Si richiama la formula adoperata nell'art. 44, comma 1, lett. *d*), in quanto più chiara e precisa di quella ("spese di giustizia") utilizzata invece nel comma 2 della disposizione in esame. Sembra essere questo uno dei tanti casi in cui si manifesta la carenza di un efficace coordinamento redazionale fra le varie parti del

è unico per tutte le società del gruppo coinvolte nel concordato unitario: al tribunale spetta di determinarne l'ammontare, con il decreto di accoglimento del ricorso, in misura pari al 50 per cento delle spese «*che si presumono necessarie per l'intera procedura*» ovvero in misura minore, purché non inferiore al 20% di dette spese, secondo i criteri dettati dall'art. 47, comma 2, lett. *d*), con riferimento alla domanda di accesso al concordato "individuale", che possiamo ritenere applicabili altresì al caso qui considerato. Se la determinazione dell'ammontare del fondo per le spese della procedura è rimessa alla valutazione discrezionale del tribunale (sebbene all'interno di un *range* predeterminato dal legislatore), sembra invece sottratta al potere discrezionale del giudice la questione della ripartizione fra le imprese del gruppo dei costi della procedura stessa: a questo riguardo, infatti, dispone direttamente la legge, che prevede un criterio di ripartizione proporzionale, avuto riguardo all'entità delle rispettive masse attive[9].

Quid iuris nel caso in cui una delle imprese del gruppo si renda inadempiente all'obbligo di versamento della propria quota di fondo spese? Nel silenzio della norma, la soluzione più semplice potrebbe essere quella dell'accrescimento proporzionale della quota dell'inadempiente a quella di cui sono gravate le altre imprese del gruppo, ovviamente sulla base di un apposito accordo intragruppo. In alternativa, in difetto di accordo, dovrebbe trovare applicazione l'art. 106, alla cui stregua l'inadempimento all'obbligo qui considerato costituisce una delle ipotesi in cui è possibile attivare il procedimento di revoca del (decreto di apertura del) concordato. Al riguardo, si pone l'ulteriore interrogativo se l'eventuale revoca inciderebbe solo sulla domanda di concordato riconducibile alla società del gruppo che è risultata inadempiente, ovvero coinvolgerebbe l'intero concordato di gruppo. Questo problema verrà brevemente ripreso più avanti, nel commento all'ultimo comma della disposizione in esame.

Ci si potrebbe anche domandare se alla disciplina legale poc'anzi richiamata debba riconoscersi carattere dispositivo: se, cioè, la ripartizione del debito relativo alle spese della procedura possa avvenire sulla base di accordi diretti fra le imprese stesse, anche in deroga al criterio enunciato dalla legge. Il dubbio va sciolto probabilmente in senso affermativo, in considerazione dello spazio alquanto ampio che la disciplina del concordato unitario lascia all'autonomia delle imprese del gruppo che ad esso partecipino. Tuttavia, l'eventuale scostamento dal criterio legale di ripartizione dei costi all'interno del gruppo andrebbe chiaramente esplicitato nella proposta concordataria: il criterio previsto dal legislatore esprime infatti un'esigenza di equilibrio nella partecipazione agli oneri del concordato di gruppo, che è del tutto coerente, a mio avviso, con il principio di autonomia e separatezza delle masse attive e passive facenti capo alle diverse società; di qui la necessità di rendere quanto meno trasparente una soluzione diversa, che, se non opportunamente bilan-

---

Codice e probabilmente la mancanza di una lettura finale complessiva del testo normativo, che avrebbe probabilmente consentito di. rendere uniforme ciò che non andava differenziato, di evitare ripetizioni o duplicazioni delle medesime regole, ecc., e, in definitiva, di rendere il testo normativo più agile e più facilmente fruibile.

[9] Al riguardo, in termini critici, VANETTI, *Il concordato,* 265 s.

Giova ricordare che il medesimo criterio è previsto dall'art. 85, comma 2, d.lgs. n. 270 del 1999 sull'amministrazione straordinaria delle grandi imprese in stato di insolvenza, ai fini dell'imputazione alle singole imprese del gruppo assoggettato ad a.s. delle spese generali della procedura.

ciata nell'ambito dell'accordo complessivo potrebbe compromettere la solidità di quel principio ed assumere sotto questo profilo rilievo in sede di valutazione della proposta.

4. – (v) Quanto alla votazione, ferma l'applicazione delle regole in punto di maggioranze necessarie, dettate nell'ambito della disciplina generale del concordato dall'art. 109, il problema specifico sollevato dalla caratteristica "di gruppo" del concordato è quello della scelta fra votazione unitaria di tutti i creditori complessivamente considerati e votazione separata, società per società. La soluzione adottata (art. 286, comma 5) è, ancora una volta in ossequio al (ed incoerenza con) il principio di separatezza reciproca delle masse attive e passive, quella dell'autonomia, in sede di votazione, delle singole serie di creditori, eventualmente suddivisi in classi, qualora tale suddivisione sia prevista dal piano ovvero imposta dalla legge (cfr. art. 85: altrimenti detto, la votazione, pur celebrandosi contestualmente per le singole società del gruppo, deve avvenire in forma separata per ciascuna di esse.

Ne consegue che non è consentita – nel caso di concordato con più classi di creditori – la "confusione" delle classi né la partecipazione promiscua dei creditori di diverse società del gruppo ad una medesima classe, neppure quando una siffatta soluzione sia temperata con la previsione di percentuali di soddisfacimento differenziate, «a seconda delle condizioni patrimoniali di ogni singola società cui la proposta di concordato si riferisce»[10]. Ne consegue altresì che, ai fini dell'approvazione del concordato di gruppo, occorre che le maggioranze previste dall'art. 109 siano raggiunte rispetto alle singole articolazioni del gruppo, fermo restando che, nonostante la formulazione a tale riguardo imperfetta del comma 5, l'oggetto della votazione è costituito, a seconda della configurazione prescelta dalle imprese interessate, dalla proposta (documentalmente) unitaria corredata da un piano unitario di gruppo, oppure, alternativamente, dalle proposte rispettivamente presentate (sia pure con un unico ricorso, ai sensi dell'art. 284, comma 1) dalle singole imprese del gruppo e accompagnate dal piano unitario ovvero da piani distinti, ma fra loro collegati o reciprocamente interferenti.

Ancora in punto di votazione sulla o sulle proposte presentate nell'ambito del concordato unitario, si deve richiamare l'attenzione sul comma 6 della disposizione in esame, che disciplina l'esclusione dal voto delle imprese del gruppo. Ora, essendo la materia delle esclusioni dal voto regolata in termini generali dal comma 6 dell'art. 109, si deve a mio avviso ritenere che tale più estesa disciplina, finalizzata alla sterilizzazione dei possibili conflitti d'interessi, trovi applicazione anche al concordato di gruppo e non sia soppiantata dal disposto dell'art. 286, comma 6, che regola la sola ipotesi di conflitto derivante dall'appartenenza del creditore, in astratto munito del diritto di voto, al medesimo gruppo di cui fa parte l'impresa ammessa alla procedura di concordato unitario. Dunque, trova applicazione, anche nel caso del concordato di gruppo, la norma generale dell'art. 109, comma 6, fermo restando che l'esclusione motivata dall'appartenenza allo stesso gruppo è dise-

[10] È questo un modello di concordato di gruppo certamente molto duttile, ma al tempo stesso suscettibile di compromettere quell'autonoma delle masse attive e passive, che pure si dichiara di voler preservare (cfr. in termini critici, SANTAGATA, *Concordato preventivo,* 235 ss.). Esso è previsto nell'unico precedente che il nostro ordinamento conosce in questa materia, che è contenuto nel comma 2 dell'art. 4-*bis,* d.l. n. 347 del 2003, conv. in l. n. 39 del 2004, avente riguardo al concordato di gruppo in corso di amministrazione straordinaria.

gnata, dalla disposizione qui commentata, in termini più ampi: essa riguarda infatti non solo le società controllanti, controllate o sottoposte a comune controllo rispetto alla debitrice, ma, più genericamente, le imprese del gruppo, e cioè tutte le imprese esercenti la direzione e coordinamento sulla debitrice o sottoposte alla direzione e coordinamento di quest'ultima, dove l'esercizio dell'attività di direzione e coordinamento può, com'è noto, non solo ai fini della disciplina generale civilistica (cfr. artt. 2497-*septies*, 2545-*septies* c.c.), ma anche ai fini del Codice (cfr. art. 2, comma 1, lett. *h*) ed il richiamo ivi contenuto alla fattispecie del gruppo paritetico), prescindere dall'esistenza di una relazione di controllo.

5. – L'ultimo comma dell'art. 286 detta una disciplina per certi aspetti peculiare[11] riguardo alla risoluzione e all'annullamento del concordato di gruppo omologato, confermando quella costante tensione fra unità economica del gruppo e pluralismo giuridico dei suoi componenti che costituisce, come si è già avuto occasione di osservare, il filo rosso dell'intera disciplina del nostro istituto.

Il primo degli enunciati di cui si compone la norma in questione è il seguente: i presupposti della risoluzione (inadempimento di non scarsa importanza delle obbligazioni assunte con la proposta ed il piano di concordato) e dell'annullamento (esagerazione dolosa del passivo, sottrazione o dissimulazione di una parte rilevante dell'attivo) sono nel concordato di gruppo gli stessi che nel concordato individuale; l'esistenza di detti presupposti va per altro valutata con riferimento alle singole imprese del gruppo. L'aver adottato, con riferimento al profilo in esame, una siffatta impostazione "atomistica"[12] impone di affrontare l'ulteriore interrogativo, se e quali siano gli effetti della ricorrenza dei presupposti per la risoluzione o per l'annullamento in capo ad una o ad alcune soltanto delle imprese del gruppo; fermo restando che la loro ricorrenza in capo a tutte le articolazioni soggettive del gruppo conduce pianamente alla risoluzione o all'annullamento dello stesso concordato di gruppo[13].

Nel caso che i requisiti per la risoluzione o per l'annullamento dei patti concordatari si siano verificati rispetto ad una o ad alcune società del gruppo (non rispetto a tutte), il concordato di gruppo in quanto tale non può essere rispettivamente risolto o annullato, quindi prosegue: il vizio funzionale spiegherà i suoi effetti soltanto sulla domanda riconducibile alla singola impresa interessata (ovvero sulla frazione della domanda unitaria che

[11] Ferma la peculiarità di cui si dirà subito dopo nel testo, per il resto (cause e presupposti dell'annullamento e della risoluzione, termini per l'esercizio dell'azione, regole procedurali, ecc.) dovrebbero valere le medesime norme dettate per il concordato individuale (artt. 119 e 120 c.c.).

[12] Avente, cioè, riguardo a fatti e comportamenti rilevati con riferimento alle singole imprese del gruppo (quali "atomi" di una medesima molecola), piuttosto che a quest'ultimo nel suo insieme.

[13] La legge è affatto laconica riguardo agli effetti dell'annullamento e della risoluzione, in generale, del concordato, con l'eccezione del disposto dell'art. 116, che dichiara irreversibili gli effetti delle operazioni di trasformazione, fusione escissione eventualmente eseguite durante la procedura o dopo la sua omologazione e che è certamente applicabile anche al concordato di gruppo. Per altro l'eventuale caducazione (per annullamento o risoluzione, ma anche per diniego di omologazione) del concordato di gruppo è suscettibile di sollevare problemi molto complessi e delicati, per es., in merito alla sorte delle eventuali operazioni contrattuali e riorganizzative intragruppo in ipotesi già eseguite ed in relazione alle quali potrebbero prospettarsi esigenze analoghe a quelle che hanno indotto il legislatore a prevedere l'intangibilità degli effetti di trasformazioni, fusioni e scissioni. Purtroppo, su tali questioni non si è avuto, nella stesura finale del d.lgs. n. 14 del 2019, quell'intervento del legislatore che da taluni si era giustamente auspicato: cfr. RESCIGNO, *Il concordato*, 278 ss.

la riguarda); questa si scioglierebbe dunque dal vincolo che la avvince alle altre e che trova espressione nel piano concordatario di gruppo e potrebbe essere avviata isolatamente alla liquidazione giudiziale, secondo il disposto dell'art. 119, ult. comma[14]. Una soluzione opposta, e cioè la caducazione dell'intero concordato di gruppo, vale soltanto quando i fatti addotti a fondamento della domanda giudiziaria (di risoluzione o di annullamento) sono tali da giustificare una valutazione di rischio significativo di non attuazione del piano concordatario, in conseguenza dell'evento negativo (risoluzione o annullamento) che ha colpito una parte delle imprese che a tale attuazione avrebbero dovuto contribuire, in quanto appunto coinvolte nel piano o nei piani collegati di gruppo.

La norma esprime in termini abbastanza chiari una sorta di *favor* per la conservazione[15] e la stabilità del concordato di gruppo omologato (che dunque verosimilmente versa nella fase dell'esecuzione): il *favor* si arresta, tuttavia, di fronte alla rilevazione del rischio concreto di incidenza delle patologie funzionali verificatesi riguardo ad alcune delle imprese partecipanti alla procedura unitaria sulla effettiva possibilità di attuazione del piano o dei piani concordatari.

Un criterio simile a quello che la norma in esame prescrive di applicare nel caso in cui i presupposti per la risoluzione o l'annullamento del concordato si verifichino «soltanto rispetto ad una o ad alcune imprese del gruppo» può essere altresì invocato quando si riscontri, rispetto ad una o ad alcune imprese del gruppo, l'esistenza di uno o più dei comportamenti (occultamento di elementi dell'attivo, esposizione di passività inesistenti ed in genere compimento di atti diretti a frodare le ragioni dei creditori o comunque privi della necessaria autorizzazione del giudice), a cui la legge (art. 106) ricollega la possibile revoca del (decreto di ammissione al) concordato[16]?

Nel silenzio della legge, e con la cautela imposta dalla novità dei temi, ritengo che, alla stregua del diritto oggi vigente, il dubbio meriti di essere sciolto in senso negativo. Pertanto, se venisse accertato uno dei fatti sopra menzionati riguardo ad una o ad alcune delle imprese del gruppo, la revoca andrebbe ad investire il decreto unitario di ammissione alla

---

[14] In tal senso ad es. RESCIGNO, *Il concordato*, 277. Propendono per una diversa soluzione – per la quale «al verificarsi di una causa di risoluzione o di annullamento per una (o più) delle società del gruppo l'esecuzione del concordato di gruppo proseguirebbe nella sua interezza anche rispetto alla stessa (o alle stesse)» – D'ATTORRE, *I concordati*, 287 s.; MIOLA, *Le operazioni*, 700; FERRI JR., *Il concordato preventivo*, 44; GUERRERA, *La regolazione*, 1322; nonché, sia pure in termini dubitativi, BENEDETTI, *La nuova disciplina*, 73 ss. (da cui è tratta la frase riportata tra virgolette).

[15] Non a caso è stata avvicinata da taluni (cfr. ad es. BENEDETTI, *La nuova disciplina*, 73) alla disciplina dettata dall'art. 1419 c.c. riguardo alla nullità parziale del contratto, in quanto esprime – pure essa – un intento di conservazione dell'atto di autonomia privata, nonostante il vizio che inficia singole parti o clausole dello stesso. Per altro, volendo tracciare un parallelo con la disciplina del contratto, sarebbe forse più pertinente il richiamo all'art. 1459 c.c. sulla risoluzione del contratto plurilaterale.

[16] Si è consapevolmente omesso di menzionare quell'ulteriore possibile presupposto della revoca a norma dell'art. 106 che è costituito dall'inadempimento dell'obbligo di deposito delle somme costituenti il fondo per le spese della procedura, Infatti, nel concordato di gruppo, essendo previsto, com'è noto, il deposito di un unico fondo (al quale dovrebbero contribuire proporzionalmente tutte le imprese del gruppo coinvolte nella procedura), l'inadempimento di una o più di esse all'obbligo di contribuzione potrebbe avere una rilevanza meramente interna, nei rapporti fra le stesse, se il fondo unico viene comunque depositato, nell'ammontare stabilito dal giudice, ad opera delle altre imprese del gruppo.

procedura unitaria di gruppo. A maggior ragione la soluzione appena prospettata dovrebbe applicarsi nell'ulteriore caso di revoca previsto dall'art. 106 e fin qui non menzionato, che è quello del sopravvenuto accertamento del difetto delle condizioni prescritte dalla legge per l'apertura del concordato. Né varrebbe il ricorso al criterio dell'analogia: nel caso specifico mancherebbero, a mio avviso, (a) sia il presupposto della *lacuna legis*, posto che la disciplina del concordato in generale, nell'ambito della quale è collocata quella della revoca di cui all'art. 106, è comunque applicabile al concordato di gruppo, nella misura in cui non siano dettate regole diverse in funzione della dimensione unitaria del medesimo; dimensione che, come si è più volte constatato, secondo la scelta consapevolmente compiuta del Codice, non esclude la rilevanza in taluni casi della pluralità e della individualità delle singole imprese del gruppo; (b) sia quello della *eadem ratio*, perché le ragioni che giustificano il *favor* per la conservazione di un concordato giunto alla fase dell'esecuzione possono ben essere valutate come non sussistenti nel caso di un concordato che si trova invece nella fase iniziale e non è stato ancora sottoposto né al vaglio dei creditori né a quello del giudice.

Articolo 287
Liquidazione giudiziale di gruppo

1. Più imprese in stato di insolvenza, appartenenti al medesimo gruppo e aventi ciascuna il centro degli interessi principali nello Stato italiano, possono essere assoggettate, in accoglimento di un unico ricorso, dinanzi ad un unico tribunale, a una procedura di liquidazione giudiziale unitaria quando risultino opportune forme di coordinamento nella liquidazione degli attivi, in funzione dell'obiettivo del migliore soddisfacimento dei creditori delle diverse imprese del gruppo, ferma restando l'autonomia delle rispettive masse attive e passive. A tal fine il tribunale tiene conto dei preesistenti reciproci collegamenti di natura economica o produttiva, della composizione dei patrimoni delle diverse imprese e della presenza dei medesimi amministratori.

2. In tal caso, il tribunale nomina, salvo che sussistano specifiche ragioni, un unico giudice delegato, un unico curatore, un comitato dei creditori per ciascuna impresa del gruppo.

3. Nel programma di liquidazione il curatore illustra le modalità del coordinamento nella liquidazione degli attivi delle diverse imprese. Le spese generali della procedura sono imputate alle imprese del gruppo in proporzione delle rispettive masse attive.

4. Se le diverse imprese del gruppo hanno il proprio centro degli interessi principali in circoscrizioni giudiziarie diverse, il tribunale competente è quello dinanzi al quale è stata depositata la prima domanda di liquidazione giudiziale. Qualora la domanda di accesso alla procedura sia presentata contemporaneamente da più imprese dello stesso gruppo, è competente il tribunale individuato ai sensi dell'articolo 27, in relazione al centro degli interessi principali della società o ente o persona fisica che, in base alla pubblicità prevista dall'articolo 2497-bis del codice civile, esercita l'attività di direzione e coordinamento oppure, in mancanza, dell'impresa che presenta la più elevata esposizione debitoria in base all'ultimo bilancio approvato.

5. Quando ravvisa l'insolvenza di un'impresa del gruppo non ancora assoggettata alla procedura di liquidazione giudiziale, il curatore designato ai sensi del comma 2, segnala tale circostanza agli organi di amministrazione e controllo ovvero promuove direttamente l'accertamento dello stato di insolvenza di detta impresa.

Daniele U. Santosuosso

Sommario: 1. Premessa. – 2. La riforma introdotta con il Codice: finalità e direttrici. La gestione procedurale concorsuale della crisi e dell'insolvenza di gruppo. – 3. La fattispecie rilevante di gruppo di società. L'esclusione dello Stato e degli enti territoriali. L'interesse imprenditoriale e la natura imprenditoriale dell'attività come criteri per individuare i soggetti capaci di esercitare la direzione e coordinamento. Nuove prospettive di governo dell'economia, dallo Stato nazionale agli enti locali. – 4. (*Segue*): considerazioni esegetiche e di sistema per la più ampia nozione di gruppo. La direzione e coordinamento come attività essenzialmente gestionale, di controllo qualificato. Le presunzioni tipiche. Il controllo congiunto. La capogruppo persona fisica. Le regole sulla competenza. – 5. I profili di *unitarietà* procedurale. L'accesso alla procedura unitaria in caso di liquidazione per motivi di opportunità. Il migliore soddisfacimento dei creditori delle diverse imprese del gruppo (scopo), presuppone il «*coordinamento nella liquidazione degli attivi*» (mezzo). Quadro informativo complessivo. I profili di *diversità* procedurale. L'"ottimo relativo" in relazione al tipo e al rango di ciascuna posizione soggettiva mantenendo «*l'autonomia delle rispettive masse attive e passive*». – 6. Il consolidamento procedurale. Il *favor* per la procedura unitaria. Legittimazione attiva a proporre il ricorso per la procedura unitaria. Sopravvivenza della direzione e coordinamento. Poteri del curatore di fronte all'insolvenza di una impresa di gruppo ancora fuori procedura. La cooperazione in caso di procedure concorsuali autonome.

1. – Dottrina e giurisprudenza hanno tradizionalmente escluso la configurabilità dell'insolvenza del gruppo come ente invocando, come è noto, il principio generale della autonoma soggettività giuridica e patrimoniale, in virtù del quale le società sono dotate di propria individualità giuridica, autonomi e separati centri di imputazione di posizioni giuridiche soggettive attive e passive, anche processuali e concorsuali [1]. Così si è affermato in giurisprudenza che, ai fini della dichiarazione di fallimento di una società inserita in un gruppo, l'accertamento dello stato di insolvenza è effettuato con esclusivo riferimento alla situazione economica della società medesima, poiché ciascuna società conserva propria personalità giuridica ed autonoma qualità di imprenditore, rispondendo con il proprio patrimonio soltanto dei propri debiti [2].

Al tempo stesso è stato pacificamente avvertito che il gruppo, come agglomerato di imprese basate sulla influenza di una società sulle altre, è caratterizzato dalla unità o unitarietà economica imprenditoriale [3]; potere più o meno "intenso" a seconda del tipo di influenza (collegamento, controllo o direzione e coordinamento, in ordine di crescente intensità) [4].

Di qui l'esigenza di disciplinare i gruppi con società insolventi, o "gruppi insolventi" [5]. Come è noto, sia per quanto riguarda il diritto concorsuale comune sia per quello di settore (bancario, assicurativo, finanziario e via dicendo) il nostro sistema conosceva (e conosce) discipline in materia. Così, l'Italia è stata tra i primi Paesi a dotarsi di un corpo normativo con una disciplina dei gruppi insolventi introducendo la procedura dell'amministrazione straordinaria delle grandi imprese in crisi (con la "legge Prodi", l. n. 95 del 1979 e poi la "legge Prodi bis" di cui al d.lgs. n. 270 del 1999). In forza di essa la procedura già aperta (c.d. madre) si estende alle imprese del gruppo (basato sul controllo o sulla direzio-

[1] GAMBINO, *I gruppi*, 367 ss.

[2] Cass., 18 novembre 2010, n. 23344, in *Fallimento*, 2011, 5, 565, con nota di Signorelli.

[3] V. per tutti MONTALENTI, *I gruppi*, 76 ss.

[4] Si veda la mia voce *Gruppi di società*, in IRTI, *Dizionari del diritto*, 459 ss.

[5] LIBONATI, *Il gruppo insolvente*.

ne e coordinamento, art. 80) sì da trattare le prospettive di recupero in una procedura unica nonostante le imprese non rispondano ai requisiti di grandezza di cui all'art. 2. Estensione operativa non soltanto laddove le imprese presentino le «*concrete prospettive di recupero dell'equilibrio economico*» (nei modi di cui all'art. 27: cessione o ristrutturazione economica) ma anche quando risulti semplicemente opportuna la gestione unitaria dell'insolvenza in quanto idonea ad agevolare, «*per i collegamenti di natura economica o produttiva esistenti tra le singole imprese*», il raggiungimento degli obiettivi – conservazione del patrimonio produttivo mediante prosecuzione, riattivazione o riconversione delle attività imprenditoriali: art. 1 – della procedura (art. 81).

Così si è previsto un *consolidamento di tipo procedurale e operativo*: alla procedura di amministrazione straordinaria dell'impresa del gruppo sono preposti *gli stessi organi* nominati per la procedura madre, salva l'eventuale integrazione del comitato di sorveglianza (art. 85); se l'impresa del gruppo è stata ammessa alla procedura di amministrazione straordinaria nel concorso delle condizioni indicate nell'art. 27, il commissario straordinario predispone, secondo uno degli indirizzi alternativi previsti dal comma 2 del medesimo articolo, *un programma unitario* (art. 86), ed altresì un *programma integrativo* se l'impresa del gruppo è stata ammessa alla procedura in assenza delle condizioni indicate nell'art. 27, di nuovo in considerazione della opportunità di una gestione unitaria dell'insolvenza nell'ambito del gruppo (trattasi di ipotesi residuale ma non impossibile, che si realizza laddove le imprese coinvolte in estensione sono quelle che presentano, come unica possibilità di sbocco, quella liquidatoria).

Nella stessa linea la c.d. legge Marzano (l. 18 febbraio 2004, n. 39), che consente una *operatività unitaria*, essendo possibili operazioni unitarie anche extra programma di cessione e di utilizzo di beni, di aziende o di rami di aziende dell'impresa laddove tali operazioni richieste dal commissario straordinario siano finalizzate alla ristrutturazione o alla salvaguardia del valore economico produttivo totale o parziale del gruppo (art. 5).

Questa disciplina, come altre di settore (artt. 98-105 TUB, per le banche; artt. 275-282 c. ass., per le imprese di assicurazioni; artt. 2-3, l. n. 430 del 1986, per le società fiduciarie e di revisione) denota dunque il pieno sostegno dell'ordinamento giuridico per forme di gestione unitaria delle procedure. Per converso nessuna di queste norme ha lasciato spazio a forme di *consolidamento di tipo sostanziale-patrimoniale*, con la confusione delle masse attive e passive delle imprese coinvolte nella procedura.

Né a tale risultato si sarebbe potuto pervenire in base al dettato del "progetto Rordorf" del 2016, che considerava per la prima volta rilevante l'insolvenza di società di gruppo al fuori della amministrazione straordinaria. Con il progetto di legge delega si intendeva rispondere alle varie sollecitazioni volte a colmare una lacuna dell'ordinamento, disponendo, in via generale, che «*la crisi e l'insolvenza dei gruppi di imprese vanno specificamente disciplinate*» avuto riguardo al fenomeno del gruppo di imprese[6].

Il progetto non introduceva una nozione del gruppo nuova ed ulteriore rispetto a quella assunta dal codice civile all'esito della riforma organica del diritto societario intervenuta nel

---

[6] In tema, a proposito della legge delega e del progetto Rordorf si vedano SANTAGATA, *Il concordato*, 681 ss.; SCOGNAMIGLIO, *La disciplina*, 21 ss.; PASQUARIELLO, *La crisi*, 299 ss.

2004, rinviando, quanto alla individuazione dello stesso, ad una definizione "... modellata sulla nozione di direzione e coordinamento di cui agli articoli 2497 e seguenti, nonché 2545-septies, del codice civile". Piuttosto conteneva disposizioni volte a consentire lo svolgimento di una procedura unitaria per la trattazione dell'insolvenza delle imprese del gruppo: individuando, a tal fine, criteri di competenza territoriale idonei allo scopo, e prevedendo, comunque, anche in caso di procedure distinte che si svolgano in sedi giudiziarie diverse, obblighi di reciproca informazione a carico degli organi di tali procedure; in ciò sensibile alle direttrici tracciate dal regolamento UE n. 848 del 2015 sui gruppi sovranazionali, che, oltre a dettare norme di diritto privato e processuale per i gruppi insolventi, si fonda sulla collaborazione tra organi delle procedure facenti capo a diverse società del gruppo.

2. – Sia pure nel solco, come vedremo, dei precedenti citati interventi legislativi la riforma introdotta con il Codice si distingue per una disciplina assai innovativa nella materia di gruppi di imprese, cui viene dedicato il Titolo VI[7]. Essa si presenta come un organico statuto normativo sul concordato preventivo, accordi di ristrutturazione e piano attestato di gruppo nonché sulla liquidazione giudiziale di gruppi italiani: un diritto concorsuale dei gruppi di imprese, speciale rispetto al diritto concorsuale "comune".

La finalità principale dell'intervento riformatore è quella di rendere la gestione procedurale concorsuale della crisi e dell'insolvenza di gruppo la più efficiente ed efficace possibile (per "il buon andamento" della procedura[8]), volta al migliore soddisfacimento degli interessi in gioco, *in primis* dei creditori, presi in considerazione in una logica integrata.

In vista di tale obiettivo il legislatore si è mosso lungo alcune direttrici, così sintetizzabili: elevare il gruppo tipicamente più accentrato, quello basato su direzione e coordinamento, a fattispecie rilevante anche per il diritto concorsuale; favorire *forme di consolidamento procedurale* con una gestione unitaria o comunque coordinata di procedure distinte; aprire a modelli di aggregazione e integrazione "operativa" (con possibili trasferimenti di risorse in caso di concordato preventivo da una società all'altra recependo, in definitiva, la metrica dei vantaggi compensativi).

Non si è invece superato il tradizionale "tabù" rappresentato dal principio di separazione giuridica delle entità agglomerate: non giungendosi a quella che poteva essere la soluzione astrattamente ideale, dell'insolvenza tecnicamente di gruppo come entità, con la trattazione del gruppo insolvente come impresa unica e la correlativa confusione delle masse patrimoniali attive e passive.

Scelta (saggia, si è scritto[9]) in armonia con le esperienze internazionali, tra tutte quella offerta dalla Guida Legislativa Uncitral del 2010 per la quale la semplice prospettiva della eliminazione di ogni distinzione patrimoniale tra imprese giuridicamente distinte rappresenterebbe uno svantaggio per la fisiologica utilizzazione dell'istituto del gruppo.

---

[7] Per primi commenti in materia NIGRO, *I gruppi*, 1 ss.; GUERRERA, *La regolazione negoziale*, 169 ss.; MIOLA, *Crisi dei gruppi*, 307 ss. (e in *La nuova disciplina*, 440 ss.); D'ATTORRE, *I concordati*, 277 ss.; SCOGNAMIGLIO, *I gruppi*, 413 ss.; FAUCEGLIA, *Il nuovo diritto*, 213 ss.; FARENGA, *Prime riflessioni*, 1009 ss.; SPIOTTA, *La disciplina*, 1943 ss.; BENEDETTI, *Osservazioni sulla nuova*; CORRADO, *La liquidazione giudiziale*; SANZO, BURRONI, *Il nuovo codice*; AA.VV., *I gruppi*; PICARDI, *Artt. 284-292*.

[8] Sia consentito rinviare a SANTOSUOSSO, *Abuso di eterodirezione*, 1258.

[9] NIGRO, *I gruppi*, 23.

3. – La fattispecie considerata dal legislatore è dunque quella dei gruppi basati su direzione e coordinamento, ossia «*l'insieme delle società, imprese, enti, escluso lo Stato e gli enti territoriali, che, ai sensi degli articoli 2497 e 2545-septies c.c., esercitano o sono sottoposti alla direzione e coordinamento di una società, di un ente o di una persona fisica*».

Può subito segnalarsi che l'esclusione anche degli enti territoriali (Regioni, Città Metropolitane, Province e Comuni) dai soggetti che possono qualificarsi come capogruppo ai fini della disciplina qui considerata è frutto di una inserzione operata dal decreto correttivo al Codice (d.lgs. 17 giugno 2022, n. 83), la cui disciplina prevedeva tale esclusione soltanto per lo Stato. La genesi di questa delimitazione di fattispecie è nota e risale al d.l. 1 luglio 2009, n. 78, conv. in l. 3 agosto 2009, n. 102 (c.d. decreto anticrisi): a fronte dei dubbi interpretativi sorti relativamente agli enti che potessero esercitare direzione e coordinamento per i quali risultava problematico affermare il perseguimento di un interesse imprenditoriale di gruppo, con l'art. 19, comma 6, del suddetto decreto si intendeva forniva una interpretazione autentica dell'art. 2497, comma 1, c.c. In proposito la norma specifica che per enti si intendono «*i soggetti giuridici collettivi diversi dallo Stato, che detengono la partecipazione sociale nell'ambito della propria attività imprenditoriale ovvero per finalità di natura economica o finanziaria*».

Nella direzione tracciata da tale norma si è posta la giurisprudenza. Così la Corte di Appello di Napoli, con sentenza n. 5428 del 2019 che, alla luce dell'art. 19 cit., ha rilevato che gli enti sottoposti a responsabilità ai sensi dell'art. 2497 c.c. sono appunto quelli che «detengono la partecipazione sociale nell'ambito della propria attività imprenditoriale ovvero per finalità di natura economica o finanziaria»; ha conseguentemente ritenuto che "l'interesse imprenditoriale", quale canone per individuare i soggetti attivi dell'attività di direzione e coordinamento di società, è riscontrabile in capo agli enti pubblici (in linea generale chiamati ad agire in vista di finalità di interesse generale, in astratto incompatibili con la funzione di holding di chi dirige e coordina con la sottesa funzione imprenditoriale) che esercitano, per il tramite di una o più società, l'attività di produzione di beni o servizi secondo un "criterio di obiettiva economicità". L'interesse patrimoniale può pertanto, secondo i giudici napoletani, «addirsi (oltre agli enti pubblici economici) anche agli enti pubblici locali le cui attività (definibili) come economiche, sono dirette a realizzare pubbliche finalità; un simile interesse non è invece ravvisabile nei confronti dello Stato, in quanto portatore di un interesse politico attinente al governo dell'economia, né degli altri enti pubblici che agiscono secondo criteri di pura erogazione (cd. enti pubblici di protezione sociale)» [10].

L'interesse imprenditoriale perseguito e la natura imprenditoriale dell'attività nel rispetto di criteri di obiettiva economicità in regime di mercato sono gli elementi necessari per poter essere riconosciuti come capogruppo. E su questo terreno i giudici giungono a ritenere che del novero dei soggetti attivi della direzione e coordinamento debbano fare parte anche gli enti pubblici territoriali (del resto non esclusi dall'art. 19 cit.), almeno

[10] Secondo i giudici napoletani: «Specificamente tale interesse potrebbe contraddistinguere l'ente pubblico che partecipi in società che erogano servizi pubblici di rilevanza economica quindi di mercato (la pronunzia qui citata ne offre una esemplificazione nei servizi di distribuzione di energia elettrica e del gas, idrici integrati, di spazzamento delle strade comunali, di gestione della raccolta di rifiuti solidi urbani, di trasporto pubblico, di gestione dei parcheggi comunali); non anche quegli enti partecipi in società che erogano servizi pubblici privi di rilevanza economica».

quelli detentori di partecipazioni in società fornitrici di servizi rivolti al pubblico in regime di mercato ("di concorrenza"), restandone fuori, perché privi di quegli elementi di imprenditorialità sopra detti, soltanto gli enti pubblici territoriali esercenti attività amministrativa meramente strumentale a favore degli enti medesimi (c.d. società semi-amministrazioni ai sensi dell'art. 13, l. n. 248 del 2006).

Sulla stessa linea il Tribunale delle Imprese di Roma con sentenza n. 689 del 2021 che, nel premettere l'applicabilità dell'art. 2497 c.c. anche agli enti pubblici secondo quanto chiarito dall'art. 19, comma 6, sopra cit., ha concluso nel senso che, al fine della configurabilità della responsabilità *ex* art. 2947 c.c., occorre che la società controllata o eserciti «attività di produzione di beni e servizi destinati ad utenza esterna» e non si tratti di società costituita per il mero svolgimento di attività di "autoproduzione" esclusivamente a favore degli enti pubblici soci, o comunque sia gestita con "il metodo economico" proprio dell'impresa. Per tal via e ove ricorrano questi presupposti il giudice romano arriva ad includere nella fattispecie capogruppo anche enti locali, e, in generale, amministrazioni pubbliche diverse dallo Stato, anche dirigenti le società *in house providing*.

La previsione del Codice conferma a mio avviso l'orientamento ora illustrato nella parte in cui ravvisa nell'"interesse imprenditoriale" il criterio per individuare i soggetti capaci di esercitare la direzione e coordinamento. Tale interesse non è confacente allo Stato che, invece, persegue interessi pubblici al governo dell'economia secondo criteri politici; né si addice agli altri enti pubblici che agiscono secondo criteri di mera erogazione.

La norma del Codice pone invece un problema relativamente alla scelta di assimilare *tout court* allo Stato gli enti pubblici territoriali senza distinzioni. Si potrebbe sostenere, alla luce dell'orientamento citato, che possano essere esclusi soltanto gli enti territoriali che esercitino attività puramente strumentale a favore degli enti medesimi (ai sensi dell'art. 13, l. n. 248 del 2006). In questo senso sembra possa annoverarsi il Tribunale di Napoli [11], che, ritenendo possibile ripartire le partecipazioni (nella specie comunali) in due categorie, quelle a) nelle società che gestiscono servizi di interesse generale e svolgono un'attività d'impresa, e quelle b) nelle società che prestano servizi o attività strumentali per il perseguimento dei fini istituzionali dell'ente locale socio, non svolgono un'attività d'impresa ma funzioni amministrative (c.d. società semi amministrazioni), afferma che qualora l'ente locale detenga partecipazioni di categoria a) l'ente locale e la sua società partecipata sono sottoposte a tutta la disciplina dell'art. 2497 ss. c.c. al pari di ogni altro socio "privato" che esercita attività di direzione e coordinamento sulle proprie controllate; qualora l'ente locale detenga partecipazioni di categoria b) non si applicano le disposizioni dell'art. 2497 c.c.

Questa interpretazione però non sarebbe rispettosa della lettera della legge. La scelta del Codice appare chiaramente espressiva anche di una nuova ottica legislativa: ai fini che interessano per il legislatore della crisi di impresa anche gli enti territoriali non possono dirsi perseguire interessi imprenditoriali bensì interessi generali pubblici in ossequio a canoni politici del governo dell'economia (locale), perseguendo la sua cura, la sua uniformità, o come meglio si deve affermare, la sua unità quale clausola di garanzia e chiusura del governo dell'economia [12].

---

[11] Trib. Napoli, 16 settembre 2022, n. 8128 in *onelegale.it*.

[12] V. il tradizionale insegnamento di CARL SCHMITT, *Il custode*, 149 ss. Sul concetto di unità nel governo

Il discorso non può che ampliarsi e porsi in armonia con riflessioni più generali (anche se solo da accennarsi in questa sede): rispetto ai modelli originari costituzionali, nell'attuale contesto, mutato l'oggetto del governare (l'economia, tra esigenze locali a spinte globali) diverso risulta anche il modello di governo dell'economia, che non pare più potere assegnare competenza esclusiva allo Stato nazionale coinvolgendo invece altresì quegli enti che, in una logica "multilivello", siano in grado di dare ad essa coerenza e unità "regionale"[13].

4. – Al di là delle esigenze legate agli enti di governo dell'economia volte a restringere la fattispecie di gruppo, tornando all'esegesi della nuova normativa alcune ulteriori sottolineature denotano per converso la *voluntas legis* di adottare una nozione ampia.

In primo luogo il legislatore ha ritenuto necessario specificare che la fattispecie di gruppo rilevante ai fini della disciplina che ci occupa include non solo società, imprese, enti "sottoposti" alla direzione e coordinamento ma altresì quelli che la "esercitano"; precisazione (direi superflua) volta a prevenire ogni dubbio sulla necessità di includere il soggetto esercente la direzione e coordinamento nelle procedure che riguardano i gruppi.

Può in secondo luogo notarsi che con il decreto correttivo è stato eliminato il riferimento all'esercizio della direzione e coordinamento «*sulla base di un vincolo partecipativo o di un contratto*»: si è preferita così una nozione lineare e soprattutto depurata di elementi forieri di eventuali letture restrittive non conformi alle finalità della nuova disciplina, che postula una nozione vasta di direzione e coordinamento, in qualunque modo esercitata, per influenza interna o esterna.

Questa è attività, nella sua natura essenzialmente gestionale, di controllo qualificato dalla scarsa o inesistente autonomia gestionale delle società ad essa assoggettate. In tale prospettiva, al fine di stabilirne la ricorrenza, analogamente alla nozione civilistica la nuova disciplina del Codice fornisce due presunzioni tipiche, valide salvo prova contraria: si presume che l'attività di direzione e coordinamento sia esercitata (i) dalla società (o ente) tenuta al consolidamento dei suoi bilanci; oppure (ii) dalla società (o ente) che le controlla; in tale caso rilevando – e qui la riforma è più precisa della disciplina codicistica di cui all'art. 2497-*sexies*, c.c. di nuovo per sancirne una ampia perimetrazione – anche il controllo indiretto e il controllo congiunto[14].

Per quanto riguarda in particolare il controllo congiunto può recepirsi l'orientamento (manifestato con riferimento all'art. 2, comma 1, TUSP) sulla rilevanza di tale forma di controllo in applicazione di norme di legge, statutarie o di patti parasociali quando per le decisioni finanziarie e gestionali strategiche relative all'attività sociale sia richiesto il consenso unanime di tutte le parti che condividono il controllo, a prescindere dal fatto che sia

dell'economia CALLIES, *Die Justitiabilität*, 896 ss.; KENNTNER, *Normgeberwille und Verfassungsinterpretatio*, 289 ss.; GIUFFRÈ, *Unità della Repubblica*; NOCITO, *Dinamiche del regionalismo*, 121 ss.

[13] Ampiamente RAFFIOTTA, *Il governo multilivello*.

[14] La legge delega n. 155 del 2017 prevedeva più semplicemente tra i principi e criteri direttivi, all'art. 3. comma 1, lett. *a*), di «*prevedere una definizione di gruppo di imprese modellata sulla nozione di direzione e coordinamento di cui agli articoli 2497 e seguenti nonché di cui all'articolo 2545-septies del codice civile, corredata della presunzione semplice di assoggettamento a direzione e coordinamento in presenza di un rapporto di controllo ai sensi dell'articolo 2359 del codice civile*».

frutto di un coordinamento formalizzato o risultante da comportamenti concludenti [15].

Infine, è inequivocabile il dato normativo per cui il soggetto capogruppo può essere una persona fisica [16] – dato normativo anticipato da alcuni orientamenti interpretativi: si pensi alla figura della holding-persona fisica [17] –. Ciò consente di affermare che la pubblicità di cui all'art. 2497-*bis* c.c., con l'indicazione di chi anche persona fisica esercita l'attività di direzione e coordinamento, sia oggetto di un dovere da parte delle società che a tale forma di direzione e coordinamento sono soggette. A questa conclusione si può giungere con interpretazione evolutiva, o attribuendo all'«*ente*» di cui all'art. 2497-*bis* c.c. il significato amplissimo di "essere capace di diritti" con applicazione diretta della norma, ovvero estendendo analogicamente questa norma alle persone fisiche; per entrambe le conclusioni può valere anche l'argomentazione sistematica offerta dall'art. 287, comma 4 (e per il concordato di gruppo dall'art. 286, comma 1) sulla competenza per la procedura di liquidazione giudiziale di gruppo, che prende in considerazione l'ipotesi che il centro degli interessi principali (COMI) delle diverse imprese del gruppo sia in circoscrizioni giudiziarie diverse, individuando la competenza nel tribunale «*ai sensi dell'articolo 27 in relazione al centro degli interessi principali della società o ente o persona fisica che, in base alla pubblicità prevista dall'articolo 2497-bis del codice civile, esercita l'attività di direzione e coordinamento oppure, in mancanza, dell'impresa che presenta la maggiore esposizione debitoria in base all'ultimo bilancio approvato*»: interpretandosi il criterio suppletivo non necessariamente riferito alle persone fisiche holding ma a quelle ipotesi in cui si sia omesso di effettuare la pubblicità a registro imprese del soggetto che eserciti la direzione e coordinamento.

A proposito della competenza, questa ora vista è la regola generale che trova applicazione laddove «*la domanda di accesso alla procedura sia presentata contemporaneamente da*

[15] In tal senso, muovendo dal rilievo che la nozione di "controllo" elaborata per il TUSP è una nozione di diritto singolare elaborata "ai fini" precipui del TUSP medesimo, senza che si debba per forza sovrapporre o farla coincidere con quella di diritto comune, ANAC con la deliberazione n. 1134 del 2017 (recante le linee guida per l'attuazione della normativa in materia di prevenzione della corruzione e trasparenza, da parte delle società e degli enti di diritto privato controllati e partecipati da pubbliche amministrazioni) e MEF con l'*Orientamento (ai sensi dell'art. 15, comma 2, del D.Lgs. n. 175/2016)* del 15 febbraio 2018: «*La lettura combinata delle citate lettere induce a ritenere che il legislatore del TUSP abbia voluto ampliare le fattispecie del "controllo", prevedendo che: a) il controllo di cui all'articolo 2359 c.c. possa essere esercitato da più amministrazioni congiuntamente, anche a prescindere dall'esistenza di un vincolo legale, contrattuale, statutario o parasociale tra le stesse; b) si realizzi una ulteriore ipotesi di controllo congiunto, rispetto a quelle di cui alla precedente lettera a), quando in applicazione di norme di legge o statutarie o di patti parasociali, per le decisioni finanziarie e gestionali strategiche relative all'attività sociale è richiesto il consenso unanime di tutte le parti che condividono il controllo*»). Cfr. nella medesima prospettiva altresì gli orientamenti espressi in sede consultiva delle Sezioni regionali e delle Sezioni riunite di controllo della Corte dei conti, tra cui pronunciamenti effettuati in sede consultiva, segnatamente SRC Liguria, n. 3/2018/PAR; SRC Piemonte n. 42/2018/PAR; SRC Trentino-Alto Adige/Südtirol, sede di Bolzano, n. 8/2018/PAR; SRC Umbria n. 5/2019/QMIG; SS.RR. controllo, n. 11/2019/QMIG.

[16] Ne ammette la riferibilità altresì SCIUTO, *Le ragioni*, 64. Cfr. anche SCOGNAMIGLIO, *I gruppi*, 413 ss.

[17] *Inter alios* Cass., 26 febbraio 1990, n. 1439, in *Giur.it.*, 1990, I, 1, 713, con nota di Weigmann; Cass., 13 marzo 2003, n. 3724, in *Giur. it.*, 2004, I, 562, con nota di Weigmann; Cass., 18 novembre 2010, n. 23344, in *Fallimento*, 2011, 5, 565, con nota di Signorelli; Cass., 6 marzo 2017, 5520, in *onelegale.it*; di recente, Trib. Forlì, 10 aprile 2019, in *ilfallimentarista.it*, maggio 2019 (con nota di PICCININI, *Fallibilità della holding personale ed esenzione dal fallimento dell'impresa agricola*).

più imprese dello stesso gruppo». Nelle altre ipotesi, in cui «*le diverse imprese del gruppo hanno il proprio centro degli interessi principali in circoscrizioni giudiziarie diverse, il tribunale competente è quello dinanzi al quale è stata depositata la prima domanda di liquidazione giudiziale*» (art. 287, comma 4, parte prima). Inoltre, per i gruppi di imprese di rilevanti dimensioni, la competenza è del tribunale delle imprese (art. 27, comma 1).

5. – Abbiamo sopra sottolineato che nel tracciare la nuova organica disciplina sulle procedure di gruppo e sul loro funzionamento il legislatore muove dal riconoscimento dell'unità o per lo meno della omogeneità economico-imprenditoriale delle imprese come dato qualificante della fattispecie di gruppo, in cui tutte o alcune di esse siano in stato di crisi o di insolvenza, e dalla conseguente necessità o opportunità di una gestione unitaria in quanto funzionale al miglior soddisfacimento degli interessi in gioco, in via preminente dei creditori.

Da questo assunto discendono i caratteri di *unitarietà* delle procedure disciplinate: la riforma ha infatti previsto, con riferimento alla regolazione della crisi o della insolvenza del gruppo ossia sugli istituti di risoluzione (concordato, accordi di ristrutturazione e piano attestato), la possibilità di una procedura unitaria con un piano unitario o con piani collegati e interferenti (o più procedure coordinate); e, con riferimento alla liquidazione giudiziale, una procedura unitaria di liquidazione giudiziale del gruppo quando l'insolvenza colpisca più imprese facenti parte del medesimo.

Occorre notare che mentre l'ammissione alla procedura unitaria di risoluzione è consentita ove ciò convenga nel senso della ricorrenza delle «*ragioni di maggiore convenienza in funzione del migliore soddisfacimento dei creditori delle singole imprese*», l'accesso alla procedura unitaria in caso di liquidazione viene accordato alle imprese insolventi appartenenti al gruppo anche quando meno forte appare l'esigenza di forme di coordinamento nella liquidazione degli attivi per realizzare l'obiettivo della migliore tutela dei creditori delle diverse imprese del gruppo: è sufficiente infatti che ricorrano motivi di opportunità di tali forme di coordinamento per più imprese in stato di insolvenza appartenenti al medesimo gruppo dato che per l'art. 287 «*possono essere assoggettate, in accoglimento di un unico ricorso, dinanzi ad un unico tribunale, a una procedura di liquidazione giudiziale unitaria quando risultino opportune forme di coordinamento nella liquidazione degli attivi*».

Il giudizio devoluto al tribunale è quindi di convenienza in funzione del miglior soddisfacimento dei creditori [18]. Mutuando una terminologia del diritto societario, la causa-scopo della procedura ossia il migliore soddisfacimento dei creditori delle diverse imprese del gruppo presuppone la (preminente) causa-mezzo rappresentata dall'attività di «*coordinamento nella liquidazione degli attivi*», strumentale allo scopo.

Lo strumento del coordinamento nella liquidazione degli attivi innesta dunque nella procedura una logica unitaria di gruppo ma al solo fine di ottimizzare il soddisfacimento dei creditori delle singole imprese. La liquidazione potrà così avvalersi di una strategia omogenea e sinergica sul piano commerciale e industriale per una gestione efficiente ed efficace, per esempio cedendo unitariamente rami di azienda o asset per valorizzare al meglio gli attivi realizzabili, possibilmente al medesimo soggetto e con un'unica operazione

[18] PICARDI, *Art. 287*, 1441.

negoziale. Il tribunale potrà e dovrà valutare a monte una serie di fattori che consentiranno di ottimizzare le liquidazioni: i preesistenti reciproci collegamenti di natura economica o produttiva, la composizione dei patrimoni delle diverse imprese e la presenza dei medesimi amministratori (art. 287, comma 1).

Analogamente agli istituti della risoluzione, in ordine alla liquidazione si afferma così [19] un *modello di consolidamento procedurale*: si contempla, ai fini della gestione unitaria delle rispettive procedure concorsuali, la facoltà di presentare un unico ricorso (in linea con l'art. 3, comma 1, lett. *d*), legge delega n. 155 del 2017), dinanzi ad un unico tribunale (con i medesimi criteri fissati per gli istituti di risoluzione); la nomina di un unico giudice delegato e di un unico curatore (ma non la nomina di un unico comitato dei creditori: v. dopo); infine l'individuazione di un programma unitario di liquidazione coordinata delle singole masse – redatto e illustrato dal curatore nelle sue modalità e ragioni di maggiore efficacia ed efficienza rispetto alla liquidazione "atomistica". Nel programma può trovare esplicazione il principio di economicità della procedura, pur esso strumentale alla finalità del migliore soddisfacimento dei creditori. Il programma è infatti un importante momento per focalizzare le esigenze di coordinamento. Per converso può far emergere le eventuali specifiche ragioni per procedere invece in modo separato, nonostante il tribunale si sia espresso in sede di ammissione per la liquidazione unitaria di gruppo [20].

Ove sussista un conflitto di interessi del curatore (per esempio nell'esercizio di azioni revocatorie tra imprese del gruppo) occorrerà nominare un curatore speciale, ovvero "smembrare le procedure" e nominare uno o più altri curatori [21].

Accanto alle esigenze di unitarietà, l'obiettivo del migliore soddisfacimento dei creditori, ossia l'"ottimo relativo" in relazione al tipo e al rango di ciascuna posizione soggettiva va perseguito al tempo stesso nella logica di separazione delle entità componenti il gruppo, mantenendo «*l'autonomia delle rispettive masse attive e passive*». Il legislatore della riforma non accoglie infatti, lo abbiamo detto, un *modello di consolidamento sostanziale* (come invece ammesso in altri ordinamenti quali gli USA) [22]: in aderenza alla legge-delega n. 155 del 2017 [23] resta fermo nel Codice (art. 287, comma 1) il principio di separazione delle masse attive e passive che pure parte della giurisprudenza italiana – in modo alquanto va-

---

[19] È il c.d. *joint administration o procedural consolidation*, presente in alcuni ordinamenti per favorire l'ottimizzazione delle cessioni dei complessi aziendali o ristrutturazione economica e finanziaria delle imprese del gruppo *as a whole*. Cfr. MEVORACH, *Appropriate Treatment*, 188; ZHANG, *Reconsidering Procedural Consolidation*, 332 ss.

[20] PICARDI, *Art. 287*, 1441.

[21] CORRADO, *La liquidazione giudiziale*, 5; PICARDI, *Art. 287*, 1442 e ID., *Art. 288*, 1444 che opta decisamente per l'apertura di separate procedure di liquidazione laddove sia concreto il rischio di un conflitto di interessi.

[22] VATTERMOLI, *Gruppi insolventi*, 60 ss. Forme di consolidamento sostanziale per quanto riguarda le masse attive sono state affermate da alcuni orientamenti giurisprudenziali in materia di concordato di gruppo: v. la utile ricostruzione di POLI, *Il concordato*, 735 ss.

[23] Art. 3, comma 1, lett. *d*): «*prevedere per le imprese, in crisi o insolventi, del gruppo sottoposte alla giurisdizione dello Stato italiano la facoltà di proporre con unico ricorso domanda di omologazione di un accordo unitario di ristrutturazione dei debiti, di ammissione al concordato preventivo o di liquidazione giudiziale, ferma restando in ogni caso l'autonomia delle rispettive masse attive e passive*».

riegato – era giunta a superare almeno sotto il profilo delle masse attive.

Di qui i profili di *diversità* della procedura. I creditori delle varie imprese concorreranno tra loro non insieme in unico concorso (come se l'impresa di gruppo fosse unica) ma con gli altri creditori della medesima impresa di appartenenza. Conseguentemente, in coerenza appunto con il principio di separazione delle masse, si nomineranno distinti comitati dei creditori per ciascuna impresa del gruppo (in tal senso l'art. 3, comma 3, lett. *a*), legge delega n. 155 del 2017)[24]; e si predisporrà uno stato passivo, con una sua evoluzione procedimentale, per ogni impresa di gruppo, a ognuna imputandosi le spese generali di procedura proporzionalmente alle rispettive masse attive (art. 287, comma, 3, nel solco dell'art. 3, comma 3, lett. *b*), legge delega n. 155 del 2017). E gli attivi ricavati coordinandone la liquidazione dovranno essere ripartiti tra le varie imprese in proporzione alla titolarità dei beni di ciascuna. A monte, ogni impresa del gruppo dovrà presentare i presupposti oggettivi e soggettivi per l'apertura della liquidazione giudiziale singola, e tale verifica andrà condotta considerando l'impresa separatamente dalle altre.

6. – Per quanto riguarda ancora il consolidamento "procedurale", la procedura unitaria appare favorita per il sottostante "forte" profilo economico-sostanziale della unità o unitarietà imprenditoriale del gruppo. Invero, pur se lasciato alla discrezionalità del tribunale, la relativa decisione è presa «*salvo che sussistano specifiche ragioni*» (art. 287, comma 2): la regola appare cioè la procedura unitaria, a meno che non ricorrano *ab initio* peculiari condizioni (tra cui il conflitto di interessi tra le imprese di gruppo con le relative potenziali criticità tra creditori) da far ritenere preferibile il coordinamento delle procedure.

Nella prospettiva del suddetto *favor* per il consolidamento procedurale appare preferibile una interpretazione estensiva a proposito della legittimazione attiva a proporre il ricorso per la procedura unitaria (con facoltà quindi di perimetrare il gruppo da sottoporre alla procedura ed eventualmente escludere imprese sia pure assistite dai presupposti di appartenenza alla procedura): nel senso che non spetti esclusivamente alle società del gruppo, ma sussista altresì, secondo la norma di cui all'art. 37, comma 2, in capo agli organi e autorità con funzioni di controllo e vigilanza sull'impresa, a uno o più creditori (anche non di tutte le società del gruppo), al pubblico ministero[25].

Si tratta invero di una procedura che comporta lo spossessamento di una o di tutte le imprese del gruppo per salvaguardare il valore delle garanzie patrimoniali per tutti i creditori del gruppo, i soggetti maggiormente interessati. Ciò consentirebbe di superare la regola del diritto concorsuale "comune" (art. 37) per cui un soggetto non potrebbe chiedere l'accertamento giudiziario di una impresa di cui non è creditore[26]. Si tratta inoltre di una procedura "sistemica" che coinvolge una molteplicità di interessi, legittimando l'entrata in campo di soggetti preposti al controllo e alla vigilanza, ed anche del pubblico ministero,

[24] Nello stesso senso PICARDI, *Art. 287*, 1441.

[25] Vedi SCOGNAMIGLIO, *I gruppi*, 413 ss.; D'ATTORRE, *I concordati*, 283; SCIUTO, *Le ragioni*, 57 ss. *Contra*: MEO, PANZANI, *Procedure unitarie*, 1 ss.; SCIUTO, *Le ragioni*, 57 ss.; VATTERMOLI, *Le procedure concorsuali*, 78, per il quale la liquidazione giudiziale di gruppo potrebbe aprirsi solo su istanza congiunta (volontaria) delle diverse imprese insolventi del gruppo.

[26] SCIUTO, *Le ragioni*, 58.

anche qui parimenti superandosi la regola (art. 38) per cui l'organo inquirente interviene su specifiche imprese insolventi.

Lo spossessamento per alcuni primi commentatori dovrebbe avere come effetto la cessazione della direzione e coordinamento[27]. Il punto appare delicato. L'aspetto funzionale della procedura potrebbe a mio avviso indirizzare l'interprete nel senso di giustificare la permanenza di una qualche forma di attività di influenza di gruppo. Se invero la funzione si realizza attraverso il «*coordinamento nella liquidazione degli attivi*», essa presuppone una attività di stampo gestionale volta a coordinare le attività (di liquidazione), una direzione e coordinamento parziale e qualificata dalla mera organizzazione dell'attività, svolta da un soggetto-organo della procedura medesima a ciò preposto, il curatore.

Discendono da questa impostazione due corollari. In primo luogo non dovrebbe darsi luogo alla cessazione della pubblicità prevista dall'art. 2497-*bis* c.c. con la cancellazione dell'ormai ex soggetto capogruppo dagli atti e dalla corrispondenza nonché dal registro delle imprese, ancorché sorgendo la necessità di far menzione dell'apertura della liquidazione giudiziale del gruppo e dell'indicazione degli organi a ciò preposti. In secondo luogo non ricorrerebbero comunque le condizioni perché il socio possa esercitare il diritto di recesso ai sensi dell'art. 2497-*quater*, lett. *c*), c.c.

Una tendenza a favorire il più ampio consolidamento procedurale, nel senso non soltanto della possibile riconduzione ad unitarietà ma anche quanto meno del coordinamento delle procedure afferenti ad imprese del medesimo gruppo si registra poi con riferimento al potere del curatore che, quando ravvisa l'insolvenza di un'impresa del gruppo non ancora assoggettata alla procedura di liquidazione giudiziale, dovrà farsi carico di segnalarlo agli organi di amministrazione e controllo delle altre imprese (sarà così sollecitato a verificare l'eventuale stato d'insolvenza a più ampio raggio nel gruppo) e, se del caso, di promuovere egli stesso il relativo accertamento (art. 287, comma 5). La norma, che attua la legge delega[28], pur nella sua genericità[29] sembra consentire, sempre con la unica finalità della migliore gestione dell'insolvenza per il soddisfacimento dei creditori delle singole imprese, la successiva riunione – "per attrazione" alla procedura aperta – di altre imprese del gruppo, ricorrendone i presupposti (dello stato di insolvenza, dell'appartenenza al gruppo, del centro degli interessi principali nello Stato italiano)[30]. Riunione che potrebbe proporsi con ricorso da parte dei legittimati come sopra individuati.

---

[27] MAUGERI, *Gruppo insolvente*, 222 ss.; SCIUTO, *Le ragioni*, 59; SCOGNAMIGLIO, *I gruppi*, 413 ss.: «la direzione e coordinamento di gruppo è attività che presuppone il *going concern*; appare pertanto arduo assumere che essa possa continuare, nei medesimi termini e con le medesime modalità della fase in bonis, nella vicenda liquidatoria e dissolutoria dell'impresa insolvente».

[28] Art. 3, comma 3, legge delega n. 155 del 2017: «*Nell'ipotesi di gestione unitaria della procedura di liquidazione giudiziale di gruppo devono essere previsti (...) c) l'attribuzione al curatore, anche nei confronti di imprese non insolventi del gruppo, del potere di: (...) 4) nel caso in cui ravvisi l'insolvenza di imprese del gruppo non ancora assoggettate alla procedura di liquidazione giudiziale, segnalare tale circostanza agli organi di amministrazione e di controllo ovvero promuovere direttamente l'accertamento dello stato di insolvenza di dette imprese*».

[29] SANZO, BURRONI, *Il nuovo codice*, 329.

[30] *Contra* SCIUTO, *Le ragioni*, 79.

Articolo 288

Procedure concorsuali autonome di imprese appartenenti allo stesso gruppo

1. Nel caso in cui più imprese appartenenti a un medesimo gruppo siano assoggettate a separate procedure di liquidazione giudiziale ovvero a separate procedure di concordato preventivo, eventualmente dinanzi a tribunali diversi, gli organi di gestione delle diverse procedure cooperano per facilitare la gestione efficace di tali procedure.

Daniele U. Santosuosso

Sommario: 1. La cooperazione in caso di procedure concorsuali autonome. – 2. I presupposti di applicazione della norma. Gli organi cooperanti. Il curatore. Il debitore ma anche il commissario giudiziale. Il reg. 2015/848. Cooperazione (soprattutto informativa). – 3. Le modalità di cooperazione. Il reg. 2015/848. Modelli in ogni forma ma appropriati per la massima efficacia dell'amministrazione delle procedure. Accordi o protocolli. Il coordinatore.

1. – Al fine di ottimizzare, nel contesto concorsuale, la gestione delle imprese insolventi di gruppo con forme di consolidamento procedurale – sia pure attenuata e flessibile – il legislatore ha previsto il dovere di cooperazione degli organi di gestione delle diverse procedure: ciò nel caso in cui più imprese appartenenti a un medesimo gruppo siano assoggettate ad autonome procedure di liquidazione giudiziale, eventualmente dinanzi a tribunali diversi, appunto per «*facilitare la gestione efficace delle procedure*» (art. 288).

La norma attua l'art. 3, comma 1, lett. *e*), legge delega n. 155 del 2017, in virtù della quale il legislatore governativo, nell'esercizio della delega, avrebbe dovuto adeguarsi al criterio di «*stabilire obblighi reciproci di informazione e di collaborazione tra gli organi di gestione delle diverse procedure, nel caso in cui le imprese insolventi del gruppo siano soggette a separate procedure concorsuali, in Italia o all'estero*». E supera così le difficoltà cui dava adito la legge fallimentare di riconoscere, rispetto alla facoltà di chiedere collaborazione da parte di una curatela, un corrispondente obbligo in capo ad altra curatela.

Anche alla luce di tale disposizione può affermarsi che tali obblighi sorgano in capo all'organo della procedura aperta in Italia altresì nei confronti degli omologhi organi delle procedure aperte all'estero a condizioni di reciprocità, del resto in armonia con alcune legislazioni oltralpe come quella tedesca[1] e con gli orientamenti (anche di soft law) internazionali: così l'UNCITRAL, segnatamente la Parte III della Guida Legislativa sull'insolvenza, del 2004[2]; e il Regolamento europeo sull'insolvenza transfrontaliera (reg. 2015/848), cui la stessa Relazione al Codice rinvia ai fini della individuazione delle misure di cooperazione, che presenta modelli di riferimento di tali obblighi di collaborazione ed informazione reciproca[3].

Il modello delineato dal legislatore della riforma prevede dunque una forma di cooperazione "a geometria variabile" applicabile a seconda del caso concreto e qualificata dalla massima elasticità[4]; a differenza del *consolidamento procedurale in senso stretto*, a sua volta distinguibile in consolidamento procedurale *debole*, se le plurime procedure sono coordinate in ragione della identità degli organi; ovvero *forte*, in caso di procedura unica.

2. – Il presupposto di applicazione della norma è l'apertura di «*separate procedure di liquidazione giudiziale*» ovvero di «*separate procedure di concordato preventivo*» nei confronti di imprese appartenenti al medesimo gruppo.

La disciplina non si applica quindi in caso di liquidazione unitaria di gruppo, né in caso di concordato di gruppo. Non rilevano poi né gli accordi in esecuzione di piani attestati né gli accordi di ristrutturazione dei debiti, e ciò per la semplice ragione che in entrambi i casi non operano «*organi di gestione*» che potrebbero cooperare tra di loro[5].

Non sembrano invece esservi ostacoli ad estendere la disciplina laddove la cooperazione sia utile per coordinare tra loro procedure di liquidazione giudiziale e di concordato preventivo. La lettera della legge depone diversamente ma l'argomento appare superabile alla luce della *ratio legis* che è quella di garantire il raggiungimento dei benefici del coordinamento, la gestione ottimale, in funzione degli interessi protetti[6].

La gestione ottimale rappresenta appunto la finalità della norma, e coincide, come detto per altre norme (vedi *supra sub* art. 287) con il "buon andamento" delle procedure per l'ottimo "paretiano" in termini di efficienza ed efficacia[7] nel soddisfacimento degli interessi tutelati.

---

[1] *Gesetz zur Erleichterung der Bewältigung von Konzerninsolvenzen*, (*BGBl*, 2017, *Teil* I, n. 22, del 13 aprile 2017, in vigore dal 21 aprile 2018).

[2] Così anche VATTERMOLI, *Le procedure concorsuali*, 81.

[3] ZHANG, *Reconsidering Procedural Consolidation*, 332 ss.

[4] Cfr. D'ATTORRE, *I concordati*, 279.

[5] VATTERMOLI, *Le procedure concorsuali*, 78, che aggiunge l'argomentazione, per gli accordi di ristrutturazione, della mancanza della natura di procedure concorsuali cui la norma fa espresso riferimento. L'argomento è a mio avviso superfluo ma anche impegnativo perché presuppone la opinabile sottrazione di tali accordi alla categoria delle procedure concorsuali.

[6] VATTERMOLI, *Le procedure concorsuali*, 80, che ricorda che «il criterio direttivo di cui all'art. 3, co. 1, lett. e) l. n. 155/2017 imponeva al Governo di introdurre una norma volta a "stabilire obblighi reciproci di informazione e di collaborazione tra gli organi di gestione delle diverse procedure, nel caso in cui le imprese insolventi del gruppo siano soggette a separate procedure concorsuali, in Italia o all'estero", senza limitare tale obbligo agli organi di gestione di procedure tra loro omogenee».

[7] Entrambi i criteri sono citati reg. n. 848 del 2015: sulla "efficienza" vedi il considerando n. 54: «*Al fine di migliorare ulteriormente il coordinamento delle procedure di insolvenza delle società facenti parte di un gruppo di società e di consentire la ristrutturazione coordinata del gruppo, il presente regolamento dovrebbe introdurre norme procedurali relative al coordinamento delle procedure di insolvenza delle società facenti parte di un gruppo di*

Per quanto riguarda gli organi di gestione cooperanti, mentre in caso di liquidazione giudiziale essi saranno ovviamente i curatori (ciò che discende dai principi che governano la procedura ed espressamente dalla norma dell'art. 128), dubbia può essere la soluzione per quanto riguarda il concordato preventivo. Secondo alcuni, anche alla luce del reg. n. 848 del 2015, l'obbligo di cooperazione dovrebbe essere posto a carico del debitore, in quanto gestore del patrimonio e in senso lato ausiliario o "organo" della procedura[8], sia pure sotto la vigilanza del commissario giudiziale, che, in quanto sì organo ma non di gestione, dovrebbe esserne soltanto informato[9].

Secondo una interpretazione funzionale questa appare una soluzione accettabile, ma parziale. A mio avviso, anche alla luce del dato letterale, che fa riferimento agli «*organi di gestione delle diverse procedure*», dovrebbe intendersi che anche il commissario giudiziale, insieme al debitore e ognuno nell'ambito delle proprie attività, debba adempiere agli obblighi di cooperazione: gli è infatti che il commissario, che è organo della procedura, abbia una serie di funzioni di controllo (vigilanza sull'attività del debitore; accertamento e segnalazione alle autorità preposte di informazioni ove previsto), consulenza (attraverso consultazione o rilascio di pareri) e amministrazione (così redazione dell'inventario del patrimonio del debitore e predisposizione della relazione sulle cause del dissesto, sulle proposte di concordato e sulle garanzie offerte ai creditori; gestione delle informazioni e comunicazioni in particolare per i creditori, rimborso delle spese e dei costi sostenuti per la formulazione dell'offerta originaria in caso di offerte concorrenti, annotazioni in contabilità del decreto di apertura del concordato preventivo) che possono essere qualificate a pieno titolo di *governo* della procedura: *governo* cui la norma allude nell'utilizzare il termine di gestione, in senso ampio in questo caso, comprensiva della – ma che non si esaurisce nella – gestione in senso stretto.

In questo senso depone anche il reg. 2015/848: così all'art. 56, § 2, che prevede possibilità di forme di cooperazione con riferimento sia all'amministrazione che al controllo («*In implementing the cooperation set out in paragraph 1, insolvency practitioners shall: (a) as soon as possible communicate to each other any information which may be relevant to the other proceedings, provided appropriate arrangements are made to protect confidential information; b) consider whether possibilities exist for coordinating the administration and supervision of the affairs of the group members which are subject to insolvency proceedings, and if so, coordinate such administration and supervision;*»).

Nell'ambito delle proprie attività dunque il commissario giudiziale può e deve svolgere una attività di cooperazione, segnatamente informativa, in grado di rivelarsi significativamente utile agli altri organi delle procedure per facilitare la più efficace gestione delle stesse.

3. – Per quanto riguarda più in generale le diverse modalità di cooperazione, si è detto che il reg. 2015/848 presenta modelli di riferimento per la cooperazione (anche) tra tutti

società. Tale coordinamento dovrebbe cercare di assicurare l'efficienza del coordinamento, rispettando nel contempo la distinta personalità giuridica di ciascuna società del gruppo». Sulla "efficacia" il considerando n. 57: «*Le procedure di coordinamento di gruppo dovrebbero sempre mirare a facilitare l'efficace gestione delle procedure d'insolvenza di società del gruppo e avere un impatto generalmente positivo per i creditori*».

[8] NIGRO, *La disciplina*, 260.

[9] VATTERMOLI, *Le procedure concorsuali*, 85-86.

gli organi di gestione, da attuare compatibilmente con le procedure in essere e l'autonomia di scelta delle strutture di collaborazione più appropriate in assenza di conflitti di interesse, per facilitare l'efficacia (da intendersi efficacia ed efficienza, e quindi buon andamento) dell'amministrazione delle procedure medesime; e ciò in ogni forma, compresi accordi o protocolli (espressamente l'art. 56, § 1) [10].

L'uso degli accordi o protocolli, per disciplinare complessivamente gli strumenti di cooperazione che si intendono adottare per coordinare le procedure, deriva dalla prassi internazionale (con varie denominazioni, tra cui *insolvency agreements, protocols, insolvency administration contracts, cooperation and compromise agreements, memorandum of understanding*) [11]. Le norme contrattuali di coordinamento possono avere i più diversi ambiti (dai piani di liquidazione e risanamento o recupero ai criteri di gestione del contenzioso, alle modalità di scambio delle informazioni) in funzione del buon andamento delle procedure [12]. La dottrina li sottrae alla categoria dei contratti [13], inquadrandoli in prima approssimazione tra gli atti negoziali non patrimoniali, atipici, bi- o plurilaterali, a contenuto organizzatorio [14].

Si dà poi specifico risalto da un lato a possibili figure di coordinatori, dall'altro a possibili deleghe interne tra i gestori. In particolare all'art. 56, § 2, ultimo periodo, reg. n. 848 del 2015 si prevede che si possa raggiungere un accordo per nominare uno dei gestori delle procedure con poteri qualificati o anche concordare tra loro l'attribuzione di alcuni compiti [15]. In effetti, il ruolo del coordinatore potrebbe rilevarsi particolarmente utile soprattutto nelle ipotesi in cui il numero delle società del gruppo sia elevato, in modo che l'accentramento della gestione, anche per singole fasi o attività, possa facilitare l'individuazione e la realizzazione di disegni unitari [16].

[10] Art. 56, § 1, reg. n. 848 del 2015: «*Where insolvency proceedings relate to two or more members of a group of companies, an insolvency practitioner appointed in proceedings concerning a member of the group shall cooperate with any insolvency practitioner appointed in proceedings concerning another member of the same group to the extent that such cooperation is appropriate to facilitate the effective administration of those proceedings, is not incompatible with the rules applicable to such proceedings and does not entail any conflict of interest. That cooperation may take any form, including the conclusion of agreements or protocols*».

[11] UNCITRAL, *Practice Guide*, 3. Per tali accordi nella insolvenza transfrontaliera v. FUMAGALLI, *I protocolli*, 185; VATTERMOLI, *Gli* insolvency protocols, 11 ss. e ID., *Le procedure concorsuali*, 89, ove riferimenti alla dottrina internazionale.

[12] Per la dottrina internazionale v. ZUMBRO, *Cross-Border Insolvencies*, 157.

[13] FUMAGALLI, *I protocolli*, 193 ss.

[14] VATTERMOLI, *Gli* insolvency protocols, 31 ss.

[15] Art. 56, § 2, ultimo periodo, reg. n. 848 del 2015: «*all or some of the insolvency practitioners referred to in paragraph 1 may agree to grant additional powers to an insolvency practitioner appointed in one of the proceedings where such an agreement is permitted by the rules applicable to each of the proceedings. They may also agree on the allocation of certain tasks amongst them, where such allocation of tasks is permitted by the rules applicable to each of the proceedings*».

[16] VATTERMOLI, *Le procedure concorsuali*, 88, per il quale è possibile che il coordinatore sia il gestore non della procedura principale ma, per la rilevanza dell'attivo, il numero dei creditori e il peso economico delle relazioni contrattuali in corso di esecuzione, di quella aperta nei confronti di una controllata operativa.

Articolo 289

Domanda di accesso e obblighi di informazione e collaborazione

1. La domanda di accesso a uno strumento di regolazione della crisi e dell'insolvenza o a una procedura di insolvenza presentata da un'impresa appartenente ad un gruppo deve contenere informazioni analitiche sulla struttura del gruppo e sui vincoli partecipativi o contrattuali esistenti tra le società e imprese e indicare il registro delle imprese o i registri delle imprese in cui è stata effettuata la pubblicità ai sensi dell'articolo 2497-bis del codice civile. L'impresa deve, inoltre, depositare il bilancio consolidato di gruppo, ove redatto. In ogni caso il tribunale ovvero, successivamente, il curatore o il commissario giudiziale possono, al fine di accertare l'esistenza di collegamenti di gruppo, richiedere alla CONSOB o a qualsiasi altra pubblica autorità e alle società fiduciarie le generalità degli effettivi titolari di diritti sulle azioni o sulle quote ad esse intestate. Le informazioni sono fornite entro quindici giorni dalla richiesta.

Daniele U. Santosuosso

Sommario: 1. Il quadro informativo complessivo come strumentale al buon andamento delle procedure di gruppo. Gli obblighi informativi e di deposito del bilancio consolidato. Il "decreto correttivo" e la ritrovata coerenza sistematica. – 2. Il potere degli organi delle procedure di richiedere alle pubbliche autorità e alle società fiduciarie le generalità degli effettivi titolari delle partecipazioni. Le nozioni di «pubbliche autorità» e di «effettivo titolare».

1. – Il miglior andamento della procedura, principio cardine, come nei commenti precedenti si è cercato di illustrare, del diritto concorsuale in generale e di quello speciale (diritto concorsuale dei gruppi) che ci occupa, potrà raggiungersi anche grazie alla disponibilità, da parte degli organi della procedura, di un quadro informativo complessivo relativamente al gruppo. In tal senso prevedeva la legge delega, richiedendo innanzitutto di «*prescrivere specifici obblighi dichiarativi nonché il deposito del bilancio consolidato di gruppo, ove redatto, a carico delle imprese appartenenti a un gruppo, a scopo di informazione sui legami di gruppo esistenti, in vista del loro assoggettamento a procedure concorsuali*» (art. 3, comma 1, lett. *b*), legge delega n. 155 del 2017).

In quest'ottica, al fine di fornire elementi di conoscenza sulla complessiva situazione patrimoniale ed economica del gruppo (profilo statico o degli assetti) e per meglio coordinare la liquidazione degli attivi (profilo dinamico o dell'attività), con l'art. 289 si prescrivono alcuni requisiti di ammissibilità della domanda di accesso a uno strumento di regolazione della crisi e dell'insolvenza o a una procedura di insolvenza presentata da un'impresa appartenente ad un gruppo. La domanda di accesso deve contenere (i) informazioni analitiche sulla struttura del gruppo e sui vincoli partecipativi o contrattuali esistenti tra le sue imprese, sul registro o registri imprese dove è stata effettuata la pubblicità ai sensi dell'art. 2497-*bis* c.c., (ii) il deposito del bilancio consolidato ove esistente [1].

La norma è stata oggetto di rivisitazione tramite "decreto correttivo" (d.lgs. 17 giugno 2022, n. 83, art. 36) con la inserzione di tali condizioni anche per la procedura di insolvenza. Invero l'art. 284, comma 4, seconda parte stabiliva e stabilisce che la domanda – presentata da più imprese appartenenti a un gruppo – di accesso al concordato preventivo o al procedimento di omologazione di accordi di ristrutturazione «*deve inoltre fornire informazioni analitiche, complete e aggiornate sulla struttura del gruppo e sui vincoli partecipativi o contrattuali esistenti tra le imprese e indicare il registro delle imprese o i registri delle imprese in cui è stata effettuata la pubblicità ai sensi dell'articolo 2497-bis del codice civile. Il bilancio consolidato di gruppo, ove redatto, deve essere allegato al ricorso unitamente alla documentazione prevista, rispettivamente, per l'accesso al concordato preventivo o agli accordi di ristrutturazione. Si applica l'articolo 289.*» e tale previsione era quasi letteralmente riprodotta nel successivo art. 289, che però faceva riferimento esclusivamente alle domande di accesso a procedure di regolazione della crisi o dell'insolvenza presentate da un'impresa appartenente ad un gruppo. Analogamente l'art. 286, comma 4, prevedeva e prevede, in relazione al procedimento di concordato di gruppo, che «*Il commissario giudiziale, con l'autorizzazione del giudice, può richiedere alla Commissione nazionale per le società e la borsa – CONSOB o a qualsiasi altra pubblica autorità informazioni utili ad accertare l'esistenza di collegamenti di gruppo e alle società fiduciarie le generalità degli effettivi titolari di diritti sulle azioni o sulle quote ad esse intestate. Le informazioni sono fornite entro quindici giorni dalla richiesta.*»: disposizione anche questa come ora vedremo pressoché testualmente replicata con l'art. 289.

La dottrina aveva evidenziato che poteva sorgere il dubbio che gli obblighi (e i poteri) informativi non sussistessero ove la domanda fosse di accesso alla liquidazione giudiziale di gruppo [2].

Tuttavia, se già prima della versione definitiva della norma si poteva superare la disarmonia in senso estensivo argomentando che le due fattispecie (e relative discipline) avevano alla base una razionalità unitaria, oggi tale razionalità è stata riportata a coerenza sistematica con il correttivo. La logica consiste come si è sopra detto nel mettere in condizione gli organi della procedura di conoscere unitariamente la situazione patrimoniale ed economica del gruppo anche per coordinare in modo ottimale la liquidazione degli attivi. In questa prospettiva gli obblighi informativi sorgono per il mero fatto che a presentare la domanda di accesso sia un'impresa appartenente al gruppo [3].

---

[1] Sul punto in generale, a proposito dei progetti di riforma, SANTAGATA, *Il concordato*, 681 ss., 696 ss.; successivamente in relazione alla norma del Codice ante correttivo SCOGNAMIGLIO, *I gruppi*, 418 ss.

[2] NIGRO, *I gruppi*, 18. Di scarsa linearità parlava FERRI JR, *Il concordato preventivo*, 38.

[3] In tal senso anche GUERRERA, *La regolazione negoziale*, 131 ss.; SCOGNAMIGLIO, *I gruppi*, 425 ss.; NIGRO, *I gruppi*, 26; FERRI jr, *Il concordato preventivo*, 38.

Per quanto riguarda il deposito del bilancio consolidato si deve ritenere che esso vada allegato al ricorso, al pari di quanto si prevede espressamente all'art. 284, comma 4.

2. – La seconda parte della norma dell'art. 289 stabilisce come accennato che «*In ogni caso il tribunale ovvero, successivamente, il curatore o il commissario giudiziale possono, al fine di accertare l'esistenza di collegamenti di gruppo, richiedere alla CONSOB o a qualsiasi altra pubblica autorità e alle società fiduciarie le generalità degli effettivi titolari di diritti sulle azioni o sulle quote ad esse intestate. Le informazioni sono fornite entro quindici giorni dalla richiesta.*». Anche sul punto il legislatore della riforma attua un principio generale della legge delega, che prevede di «*attribuire all'organo di gestione della procedura il potere di richiedere alla Commissione nazionale per le società e la borsa (CONSOB) o a qualsiasi altra pubblica autorità informazioni utili ad accertare l'esistenza di collegamenti di gruppo, nonché di richiedere alle società fiduciarie le generalità degli effettivi titolari di diritti sulle azioni o sulle quote a esse intestate*» (art. 3, comma 1, lett. *c*), l. n. 155 del 2017).

Dunque, «*in ogni caso*» e anche laddove gli obblighi informativi di cui alla prima parte della norma siano stati regolarmente adempiuti, il tribunale in sede di scrutinio della domanda di accesso ovvero, «*successivamente*», il curatore o il commissario giudiziale, possono richiedere alla pubblica autorità tutte le informazioni necessarie al fine di accertare l'esistenza di collegamenti di gruppo. Il legislatore evidentemente presuppone che i dati emergenti dalle informazioni fornite in sede di domanda di accesso possano non bastare a ricostruire l'esatta catena di controllo e direzione e coordinamento e l'effettivo titolare delle partecipazioni.

Su questo punto la norma attribuisce un potere molto ampio di richiedere alle pubbliche autorità, compresa la Consob, nonché alle società fiduciarie, le necessarie informazioni e precisamente le generalità degli effettivi titolari di diritti sulle azioni o sulle quote ad esse intestate.

Innanzitutto giova osservare che tale previsione, che costituisce oggetto del rinvio (peraltro sovrabbondante) dall'art. 284, comma 4, si colloca nel solco di quel percorso evolutivo volto all'affermazione della tendenza, emersa sin dalla riforma della legge fallimentare attuata con il d.lgs. 9 gennaio 2006, n. 5, all'ampliamento delle funzioni (e correlativi poteri) del curatore fallimentare (oggi della liquidazione giudiziale), protagonista e propulsore della procedura e attivo interprete delle istanze privatistiche legate alla crisi di impresa (*in primis* dei creditori)[4]. Lo stesso è a dirsi, nel suo ruolo di amministrazione e controllo, del commissario giudiziale.

L'ampiezza della locuzione utilizzata di «*pubbliche autorità*», e la previsione tra esse in via esemplificativa della Consob (che normalmente è quella che può avere informazioni del genere, specialmente per i gruppi di grandi dimensioni) induce a ritenere che vi rientrino sia le autorità giudiziarie (in particolare gli organi della procedura esecutiva previamente investiti della competenza in relazione a beni del debitore o gli organi di altra procedura concorsuale in qualche modo connessa), sia quelle amministrative: tra queste a titolo esemplificativo l'Agenzia delle Entrate o le Prefetture, ma anche tutte le autorità in-

[4] Sia consentito rinviare a SANTOSUOSSO, *Abuso di eterodirezione*, 1255.

dipendenti che possano essere in possesso dei dati rilevanti, come l'IVASS e la stessa Banca d'Italia con particolare riferimento all'Unità di Informazione Finanziaria (UIF), l'Anac e il Garante per la Protezione dei Dati Personali. In proposito può osservarsi che la tutela dell'interesse alla privacy appare recessiva rispetto agli interessi della procedura concorsuale, e il fatto che il legislatore abbia espressamente incluso le società fiduciarie è in tal senso significativo. Possiamo ritenere inoltre che tra le pubbliche autorità rientrino anche quelle internazionali a livello dell'UE corrispondenti a quelle nazionali (così l'ESMA).

La individuazione della nozione di «*effettivo titolare*» infine sembra poter beneficiare di quella di "titolare effettivo" messa a punto anche a livello unionale europeo[5] e internazionale[6] ai fini antiriciclaggio, come colui che risulti essere l'effettivo beneficiario dell'operazione economico – finanziaria oltre che giuridica posta in essere da un soggetto terzo: una nozione di carattere sostanziale, posto che la stessa mira alla ricerca del soggetto cui imputare gli effetti di un'operazione, soggetto non necessariamente coincidente con quello cui formalmente tali effetti sono riferibili[7]. In questa prospettiva assume ulteriore significato il richiamo che l'art. 289 fa alle società fiduciarie che dopo la modifica apportata al d.lgs. 21 novembre 2007, n. 231 dal d.lgs. n. 90 del 2017, non sono più esonerate dagli obblighi di adeguata verifica da parte degli altri soggetti obbligati nel caso entrino in contatto con gli stessi per operazioni soggette alla normativa antiriciclaggio.

---

[5] Per ultima la quinta direttiva, direttiva (UE) 2018/843 del Parlamento europeo e del Consiglio, del 30 maggio 2018, che modifica la direttiva (UE) 2015/849 relativa alla prevenzione dell'uso del sistema finanziario a fini di riciclaggio o finanziamento del terrorismo e che modifica le direttive 2009/138/CE e 2013/36/UE.

[6] Al riguardo il sistema delle fonti vede al suo vertice le Raccomandazioni del GAFI, il Gruppo d'azione finanziaria Internazionale (o *FATF*: *Financial Action Task Force*), organismo intergovernativo che ha per scopo l'elaborazione e lo sviluppo di strategie di lotta al riciclaggio dei capitali di origine illecita: v. https://www.dt.mef.gov.it/it/attivita_istituzionali/rapporti_finanziari_internazionali/organismi_internazionali/gafi/). Le raccomandazioni GAFI sono state emanate per la prima volta nel 2012 e riviste da ultimo nel marzo 2022: *International standards on combating money laundering and the financing of terrorism and proliferation – The Fatf Recommendations* (in https://www.fatf-gafi.org/media/fatf/documents/recommendations/pdfs/FATF%20Recommendations%202012.pdf).

[7] Arcella, Carioni, Nastri, Piffaretti, *La ricerca*; Razzante, *Manuale di legislazione*.

Articolo 290

Azioni di inefficacia fra imprese del gruppo

1. Nei confronti delle imprese appartenenti al medesimo gruppo possono essere promosse dal curatore, sia nel caso di apertura di una procedura unitaria, sia nel caso di apertura di una pluralità di procedure, azioni dirette a conseguire la dichiarazione di inefficacia di atti e contratti posti in essere nei cinque anni antecedenti il deposito dell'istanza di liquidazione giudiziale, che abbiano avuto l'effetto di spostare risorse a favore di un'altra impresa del gruppo con pregiudizio dei creditori, fatto salvo il disposto dell'articolo 2497, primo comma, del codice civile.

2. Spetta alla società beneficiaria provare di non essere stata a conoscenza del carattere pregiudizievole dell'atto o del contratto.

3. Il curatore della procedura di liquidazione giudiziale aperta nei confronti di una società appartenente ad un gruppo può esercitare, nei confronti delle altre società del gruppo, l'azione revocatoria prevista dall'articolo 166 degli atti compiuti dopo il deposito della domanda di apertura della liquidazione giudiziale o, nei casi di cui all'articolo 166, comma 1, lettere a) e b), nei due anni anteriori al deposito della domanda o nell'anno anteriore, nei casi di cui all'articolo 166, comma 1, lettere c) e d).

Giorgio Meo

Sommario: 1. Struttura e funzione. – 2. Profili processuali dell'azione di inefficacia infragruppo. – 3. Profili sostanziali e novità del rimedio. – 4. Revocatoria aggravata degli atti anomali infragruppo.

1. – L'art. 290 mira a neutralizzare gli atti infragruppo pregiudizievoli rispetto alla consistenza dell'attivo disponibile per il soddisfacimento dei creditori. La disposizione individua due fattispecie distinte, alle quali sono riferiti effetti a loro volta diversi ma accomunati dallo scopo perseguito.

La prima fattispecie, alla quale sono dedicati i due commi iniziali, fa riferimento alla realizzazione nei cinque anni anteriori al deposito dell'istanza di liquidazione giudiziale di atti che abbiano impoverito il patrimonio in garanzia con il trasferimento di risorse ad altre società del gruppo e così pregiudicato i creditori sociali.

La seconda fattispecie è costruita mediante un rinvio all'art. 166. Riguarda perciò gli stessi atti indicati da questa disposizione, caratterizzati però da una nota specifica, e cioè dall'essere stati realizzati dalla società in liquidazione giudiziale insieme con altre società del gruppo.

2. – L'azione di inefficacia regolata dai primi due commi solleva questioni anzitutto di carattere processuale. Quelle più significative riguardano l'individuazione del giudice competente e dei soggetti legittimati sia ad agire sia a resistere.

Quanto al primo profilo, appare pacifica la competenza funzionale del giudice della procedura individuato ai sensi dell'art. 27[1].

Altrettanto chiara risulta la legittimazione ad agire del curatore[2], titolare esclusivo dell'iniziativa[3].

Incerta è invece la legittimazione passiva. L'art. 290 si limita a precisare che l'azione è configurabile sia nel contesto di una procedura unitaria di gruppo sia nell'ambito di procedure distinte aperte nei confronti delle singole imprese. La disposizione non chiarisce se l'azione di inefficacia sia esperibile dal curatore solo nei confronti di soggetti del gruppo *in bonis* o anche contro soggetti sottoposti a loro volta alla procedura di liquidazione giudiziale[4]. Per la soluzione negativa dovrebbe orientare la giurisprudenza di legittimità che nel vigore della legge fallimentare richiamava il c.d. principio di cristallizzazione delle masse per escludere la procedibilità di azioni revocatorie promosse contro un soggetto fallito[5]. In altra direzione potrebbero tuttavia indirizzare: l'esigenza di coerenza con la disciplina della revocatoria aggravata infragruppo nell'amministrazione straordinaria[6]; il riferimento esplicito all'esercizio dell'azione regolata dall'art. 290 sia nell'ambito di una procedura concorsuale unitaria sia in ipotesi di pluralità di procedure, che prospetta un importante indizio per

---

[1] CARIDI, *La revocatoria*, 666.

[2] È da sottolineare il riferimento contenuto nell'art. 3, comma 3, lett. *c*), n. 1, legge delega n. 155 del 2017, al solo riconoscimento della legittimazione del curatore ad esercitare le azioni conseguenti ad atti traslativi di risorse infragruppo, peraltro ristretta all'ipotesi di apertura di una procedura unitaria. Proprio dalla prospettiva ristretta assunta dal legislatore delegante dipende un diffuso sospetto di incostituzionalità per eccesso di delega della disciplina da poco in vigore.

[3] Sottolinea CARIDI, *La revocatoria*, 666 s., che la configurazione di una legittimazione originaria ed esclusiva del curatore risolve il problema del subentro in giudizi pendenti prima della liquidazione giudiziale e subordina il trasferimento dell'azione a terzi alla sua instaurazione da parte dello stesso curatore.

[4] Al tema si collegano problemi ulteriori e in buona parte inediti. A giudicare ammissibile la revocatoria, si pone il problema delle conseguenze da associare all'accoglimento dell'azione. In particolare, si può porre il dubbio tra: il successivo esercizio di una domanda del curatore di ammissione al passivo della procedura a cui è sottoposto il soggetto soccombente, in linea con l'ipotesi di un contenuto di condanna della pronuncia; la necessità in ogni caso di una azione esecutiva sul bene trasferito tramite l'atto reso inefficace, chiaramente problematica per la pendenza della procedura concorsuale nei confronti del titolare del bene da espropriare.

[5] Cass., 23 novembre 2018, n. 30416, in *Riv. dir. comm.*, 2020, II, 259, seguita da Cass., 24 giugno 2020, n. 12476.

[6] Sull'adozione con il Codice di regole analoghe a quelle già stabilite per l'inefficacia infragruppo nella disciplina dell'amministrazione straordinaria, SCOGNAMIGLIO, *La crisi*, 689. Quanto all'esercizio della revocatoria aggravata nell'ambito dell'amministrazione straordinaria, sono da ricordare le previsioni dell'art. 88, comma 1, e poi dell'art. 91, d.lgs. 8 luglio 1999, n. 270, dalle quali si desume l'esperibilità del rimedio anche nei confronti di soggetti del gruppo a loro volta insolventi.

l'ammissibilità dell'iniziativa anche nei confronti di soggetti a loro volta sottoposti alla procedura di insolvenza[7].

3. – Le maggiori innovazioni introdotte dall'art. 290, commi 1 e 2 si individuano sul piano sostanziale.

Come si è accennato in apertura, questa disciplina ha una finalità ripristinatoria: mira a consentire la neutralizzazione degli atti infragruppo dai quali sia dipeso uno "spostamento" di risorse pregiudizievole per i creditori in concorso.

La fattispecie che consente l'esercizio dell'azione di inefficacia è individuata in termini oggettivi dal comma 1, che nega ogni rilevanza allo stato soggettivo del soggetto disponente – cioè gli organi della società in liquidazione giudiziale – e di quello beneficiato dall'atto pregiudizievole per i creditori. Rilevano: il dato temporale, ossia il compimento dell'atto «*nei cinque anni antecedenti il deposito dell'istanza di liquidazione giudiziale*»; le conseguenze oggettive dell'atto, che deve avere prodotto «*l'effetto di spostare risorse a favore di un'altra impresa del gruppo con pregiudizio dei creditori*». Non si richiedono al curatore accertamenti ulteriori per l'esercizio dell'azione. Proprio per questa ragione, l'iniziativa pare staccarsi dall'alveo della revocatoria – che in effetti neppure è richiamata dai primi due commi dell'art. 290 – per avvicinarsi ad una azione di puro accertamento dell'inefficacia. Per l'accoglimento è sufficiente la constatazione del pregiudizio provocato dall'atto infragruppo contro cui l'azione è promossa. L'unica verifica di carattere soggettivo che può ipotizzarsi è quella disciplinata dal comma 2. Si tratta di un controllo che si compie "a valle", cioè solo in seguito all'eccezione sollevata dal soggetto contro cui l'azione è promossa, ed ha per oggetto la (difficile) dimostrazione di avere effettivamente ignorato il carattere pregiudizievole dell'atto traslativo di risorse della società insolvente in proprio favore.

L'impostazione appena riassunta ha precise implicazioni sia sul piano teorico sia su quello operativo.

In primo luogo, l'introduzione di una nuova ipotesi di inefficacia consente di risolvere il problema affacciato in dottrina circa la natura della disciplina dettata dal Codice[8]. Le novità introdotte escludono la qualificazione come mero regime processuale, diretto a semplificare sul piano probatorio l'esercizio di una "comune" revocatoria[9]. Benché fosse probabilmente questa l'intenzione del legislatore delegante[10], il carattere sostanziale della disciplina poi introdotta configura una ipotesi inedita di inefficacia "concorsuale", riguar-

[7] Sia il regime previsto per l'amministrazione straordinaria sia il contenuto dell'art. 290 sono richiamati per sostenere l'ammissibilità di azioni revocatorie contro soggetti falliti da D'ORSI, *Le revocatorie*, 307-308. In linea analoga, nel ricavare dall'art. 290 l'esperibilità dell'azione di inefficacia nei confronti di un soggetto in liquidazione giudiziale, MAUGERI, *Finanziamenti infragruppo*, 1307; ABRIANI, *La disciplina*, 194. In direzione diametralmente opposta, FARENGA, *Prime riflessioni*, 1011-1012.

[8] Per l'analisi degli argomenti a sostegno rispettivamente della tesi "processualistica" e di quella "sostanzialistica", CARIDI, *La revocatoria*, 652 ss.

[9] Sotto questo profilo, appare preferibile riferirsi ad una nuova azione di inefficacia anziché all'introduzione di una revocatoria "aggravata", potendosi riservare quest'ultima espressione a discipline come quella dettata nell'art. 290, comma 3 oppure, se si pensa alla procedura di amministrazione straordinaria, nell'art. 91, d.lgs. 8 luglio 1999, n. 270.

[10] V. nota 2.

dante i soli atti infragruppo e destinata a sommarsi alle altre previste dall'ordinamento senza sostituirle[11].

La configurazione di una nuova ipotesi di inefficacia, diretta a "colpire" anche atti altrimenti definitivi e non revocabili, spiega il riferimento contenuto nell'art. 290, comma 1, all'applicabilità dell'art. 2497 c.c. nonostante l'esercizio dell'azione di inefficacia. Il richiamo alla disciplina della responsabilità da direzione e coordinamento conferma la valenza sostanziale della nuova disciplina, che proprio per tale sua natura pone e deve risolvere il problema delle interferenze con le norme del codice civile. Soprattutto, il richiamo all'art. 2497 c.c. chiarisce l'autonoma sfera di applicazione dell'azione di inefficacia, da un lato, e di quella risarcitoria, dall'altro. Anzitutto, il primo rimedio prescinde sia dal dolo e dalla colpa sia dalla violazione dei principi di corretta gestione, imprescindibili invece per il secondo. Inoltre, l'iniziativa risarcitoria può coinvolgere soggetti ulteriori rispetto al legittimato passivo della revocatoria, e segnatamente coloro che abbiano concorso all'illecito pregiudizievole e da questo abbiano tratto beneficio. Infine, benché in concreto un'azione possa talvolta eliminare le conseguenze negative dell'atto e rendere l'altra superflua, la semplice inefficacia può non bastare a neutralizzare l'intera gamma dei pregiudizi riconducibili all'atto, suscettibile perciò di giustificare entrambe le iniziative.

L'autonomia tra i due rimedi e i rispettivi presupposti offre spunti utili a risolvere un ulteriore problema ancora aperto, che riguarda l'incerta rilevanza di eventuali "vantaggi compensativi"[12]. Richiamati dalla disciplina dell'attività di direzione e coordinamento e per configurare la responsabilità prevista dall'art. 2497 c.c., tali vantaggi non sono considerati dall'art. 290, commi 1 e 2, ma solamente dalla Relazione illustrativa. Il disallineamento tra il regime dell'attività di direzione e coordinamento e quello che regola l'inefficacia dello specifico atto pregiudizievole sembra dipendere dal diverso presupposto dei due rimedi. Il primo è diretto a "colpire" l'attività contraria ai «*principi di corretta gestione societaria e imprenditoriale*», tra cui non rientra quella che tramite operazioni di segno opposto – alcune pregiudizievoli, altre vantaggiose – porti ad escludere l'impoverimento della società eterodiretta. Il secondo considera soltanto lo specifico atto, allo scopo di neutralizzarne le conseguenze pregiudizievoli a prescindere dall'intenzione delle parti e dalla violazione dei principi di corretta gestione imprenditoriale e societaria. È coerente alla funzione stessa del rimedio l'irrilevanza di vantaggi conseguiti tramite operazioni ulteriori e diverse, come tali estranee all'accertamento da compiere per l'inefficacia di uno specifico atto.

4. – Il comma 3 dell'art. 290 riguarda una fattispecie diversa rispetto agli altri due commi e introduce un regime di particolare rigore per specifiche categorie di atti, individuati mediante il rinvio all'art. 166. A differenza dei commi precedenti, l'art. 290, co. 3,

---

[11] La conclusione proposta trova conferma nella constatazione che l'applicazione di quello disciplinato dall'art. 290, commi 1 e 2, in sostituzione dei rimedi ordinari potrebbe talvolta diminuire anziché incrementare il grado di tutela. Conseguenze paradossali potrebbero aversi soprattutto con riferimento ad atti a titolo gratuito, con l'anomalia di escludere per quelli infragruppo l'inefficacia automatica prevista dall'art. 163 ed ammettere difese della società beneficiaria fondate sull'ignoranza del carattere pregiudizievole, non consentite invece nell'ambito della revocatoria ordinaria.

[12] Per la possibilità di tenere conto di eventuali vantaggi compensativi, MIOLA, *Crisi dei gruppi*, 335; MAUGERI, *Finanziamenti infragruppo*, 1308.

non regola una azione "nuova". Essa si limita ad introdurre una dilatazione significativa del periodo sospetto [13], sul modello già sperimentato dal legislatore con l'art. 91, d.lgs. 8 luglio 1999, n. 270 per la revocatoria di atti infragruppo nella procedura di amministrazione straordinaria [14].

Il rinvio disposto al solo comma 1 dell'art. 166 circoscrive il regime della revocatoria "aggravata" e quindi la dilatazione del periodo sospetto ai cc.dd. atti anormali di gestione. Di riflesso, restano soggetti alla disciplina ordinaria gli atti contemplati nel comma successivo dell'art. 166, per i quali non si giustifica un sospetto automatico di anomalie.

Mentre il mancato riferimento al comma 2 pare dipendere da una scelta consapevole dal legislatore che risale proprio alla minore gravità degli atti in esso indicati, sembra da imputare piuttosto a una svista l'omesso rinvio al comma 3 dell'art. 166. Tramite quest'ultima previsione il Codice individua le ipotesi di esenzione da revocatoria di atti che, pur potendo risultare in sé anomali e perciò revocabili, sono tuttavia giustificati da circostanze esterne e talvolta perfino strumentali ad iniziative astrattamente idonee al risanamento dell'impresa. La rilevanza del tema emerge considerando che l'esclusione di tali ipotesi di esenzione determinerebbe un ostacolo difficilmente superabile per quegli stessi tentativi precoci di risanamento che la riforma vuole invece favorire, difficilmente realizzabili se si espongono i soggetti coinvolti non solo al rischio (normale) dell'insuccesso, ma anche al pericolo di subire poi la revocatoria in relazione ad atti privi di disvalore al momento del loro compimento. Un simile pericolo può essere escluso se si considera la funzione propria dell'art. 290, comma 3. Obiettivo della nuova disciplina è la mera estensione del periodo sospetto per l'inefficacia di atti pregiudizievoli infragruppo; circoscritta al piano temporale, la disciplina dell'art. 290, comma 3, non ha la finalità di individuare nuove categorie di atti revocabili e perciò neppure quella di negare l'esenzione dall'inefficacia stabilita da altre norme.

---

[13] Di raddoppio può parlarsi per i soli atti richiamati dall'art. 166, comma 1, lett. *a*), *b*) e *d*). Per un difetto di redazione che è segnalato già da SCOGNAMIGLIO, *La crisi*, 690 s., risulta invece privo di senso il riferimento agli atti considerati dall'art. 166, comma 1, lett. *c*), per i quali già questa disposizione prevede un periodo sospetto annuale, e cioè corrispondente a quello indicato dall'art. 290, comma 3.

[14] Peraltro, oltre che nella disciplina dell'amministrazione straordinaria, l'estensione del periodo sospetto con riferimento alla revocatoria di atti infragruppo è previsto anche in ambiti diversi, come ad esempio nella liquidazione coatta bancaria (art. 99, d.lgs. 1 settembre 1993, n. 385).

Articolo 291

Azioni di responsabilità e denuncia di gravi irregolarità di gestione nei confronti di imprese del gruppo

1. Il curatore, sia nel caso di apertura di una procedura unitaria, sia nel caso di apertura di una pluralità di procedure, è legittimato ad esercitare le azioni di responsabilità previste dall'articolo 2497 del codice civile.

2. Il curatore è altresì legittimato a proporre, nei confronti di amministratori e sindaci delle società del gruppo non assoggettate alla procedura di liquidazione giudiziale, la denuncia di cui all'articolo 2409 del codice civile.

Giorgio Meo

1. – L'art. 291 risponde alle indicazioni fornite dalla legge delega n. 155 del 2017 per la prima formulazione del Codice, all'art. 3, comma 3, lett. *c*), nn. 3 e 4. Allo scopo di accentrare sul curatore le funzioni correlate al compimento di atti di *mala gestio* prima della liquidazione giudiziale, la disposizione imponeva il riconoscimento a quest'organo della legittimazione ad «*esercitare le azioni di responsabilità di cui all'articolo 2497 del codice civile*», a cui aggiungere quella a «*promuovere la denuncia di gravi irregolarità gestionali nei confronti degli organi di amministrazione delle società del gruppo non assoggettate alla procedura di liquidazione giudiziale*».

Con riguardo alla legittimazione riconosciuta al curatore per l'esercizio delle azioni di responsabilità richiamate nel comma 1, si tratta per la verità di attribuzione a prima vista già ricavabile dall'art. 2497, ult. comma, c.c. e poi, all'interno dello stesso Codice, dall'art. 255, lett. *d*). Un elemento di novità emerge tuttavia dall'espressa previsione dell'esperibilità del rimedio tanto nell'ambito di una procedura unitaria di gruppo quanto nell'ipotesi di procedure distinte.

Innovazioni più significative dipendono dal comma 2, che introduce la legittimazione del curatore a denunziare al tribunale irregolarità nella *governance* e nel controllo delle società del gruppo.

2. – La formulazione del comma 1 dell'art. 291 si presta a interpretazioni differenti per quanto riguarda le azioni che il curatore è ammesso a proporre.

L'art. 2497, ult. comma, c.c. contiene una precisazione che non compare nella disposizione del Codice.

Il codice civile legittima il curatore ad esercitare non qualunque azione per il risarcimento dei danni provocati dall'attività di direzione e coordinamento ma solamente «*l'azione spettante ai creditori*». È a questa stessa iniziativa che fa riferimento anche l'art. 255, n. 4, nel richiamare con una formulazione al singolare "l'azione prevista dall'articolo 2497, quarto comma, del codice civile".

Una diversa e più ampia formulazione compare nell'art. 291, comma 1, quando si richiamano in termini generici e al plurale «*le azioni di responsabilità previste dall'articolo 2497 del codice civile*», in linea peraltro con l'identica previsione della legge delega[1].

La differente redazione giustifica il dubbio tra il carattere meramente riproduttivo di norme già esistenti[2] o invece il contenuto innovativo dell'art. 291, comma 1: una novità certamente significativa potrebbe dipendere proprio dal riconoscimento al curatore della legittimazione all'esercizio non solo dell'azione dei creditori ma anche di quella spettante ai soci direttamente pregiudicati dall'attività di direzione e coordinamento[3].

Il tema assume un rilievo non secondario né meramente teorico se si considera che la legittimazione riconosciuta al curatore dall'art. 291, comma 1, sembra rivestire carattere esclusivo e perciò precludere ai creditori ed eventualmente anche ai soci l'esercizio individuale delle proprie pretese[4]. Inoltre, il danno lamentato dal curatore nel sostituirsi ai creditori è diverso da quello che potrebbe lamentare sostituendosi ai soci, poiché l'azione dei creditori si fonda sul pregiudizio al patrimonio sociale in garanzia, mentre l'azione dei soci mira a far valere il pregiudizio direttamente arrecato al valore e alla redditività delle partecipazioni sociali.

Tra le due ipotesi che si possono formulare quella favorevole alla legittimazione del curatore sia per le azioni dei creditori sia per quelle dei soci sembra la più aderente al testo dell'art. 291, comma 1. Peraltro, la negazione di iniziative individuali dei soci può forse trovare una ragione pratica nell'intento di evitare una moltiplicazione delle azioni correlate a danni che, pur essendo diversi, dipendono comunque da un'unica attività dannosa, e cioè dall'esercizio dell'eterodirezione[5].

Soprattutto, il riconoscimento al curatore del potere di esercitare le azioni sia dei creditori sia dei soci contro la capogruppo responsabile di un cattivo esercizio del potere di ete-

[1] In termini ancora più estesi, la Relazione allude all'attribuzione al curatore dell'esercizio «*di tutte le azioni di responsabilità contemplate dall'art. 2497 c.c.*», con ciò volendo verosimilmente indicare proprio le iniziative a tutela sia dei soci che dei creditori.

[2] In questa direzione, escludendo la legittimazione del curatore ad esperire azioni diverse da quella diretta alla tutela dei creditori, SCOGNAMIGLIO, *La crisi*, 694.

[3] BARTALENA, *Le azioni*, 308; RACUGNO, *I gruppi*, 1291; ABRIANI, *La disciplina*, 194.

[4] BARTALENA, *Le azioni*, 308.

[5] Una ulteriore interpretazione, suggerita da SPIOTTA, *La disciplina*, 2025 s., si pone in posizione intermedia rispetto a quelle richiamate e tenta di spiegare l'uso del plurale nell'art. 291, comma 1 con l'attribuzione al curatore della legittimazione ad introdurre iniziative distinte a fronte del danno subito dai creditori nei confronti dei soggetti responsabili, senza potersi tuttavia sostituire ai soci pregiudicati dall'esercizio dell'eterodirezione.

rodirezione attesta la progressiva omologazione delle due categorie di soggetti all'interno del concorso. L'interesse e i diritti sia degli uni sia degli altri vengono fatti confluire nella procedura concorsuale ed affidati all'iniziativa di un suo organo. Benché non sia priva di una sua logica, la soluzione legislativa risulta parziale: al curatore è riconosciuto l'esercizio di una sola tra le azioni di responsabilità esperibili dai soci, senza che a questi sia negato l'esercizio autonomo, ad esempio, dell'azione disciplinata dall'art. 2395 c.c. Per ragioni di coerenza, sembra auspicabile l'introduzione di un sistema unitario di regole, basato o sempre sull'attribuzione o sempre sulla negazione al curatore delle azioni di responsabilità esperibili dai soci.

Ad ogni modo, anche a voler aderire all'impostazione opposta e riconoscere al curatore l'esercizio solamente delle azioni spettanti ai creditori, il contenuto meramente riproduttivo di regole già presenti nell'ordinamento sarebbe comunque da escludere con riferimento all'art. 291, comma 1. Mentre l'art. 2497 c.c. fa riferimento alla responsabilità unicamente di società ed enti che esercitano l'attività di direzione e coordinamento, l'art. 291, comma 1, sembra presupporre la nozione di gruppo dettata ai fini concorsuali dall'art. 2, lett. *h*). Quest'ultima nozione risulta più ampia rispetto a quella del codice civile, dato che fa riferimento all'esercizio dell'eterodirezione anche da parte di persone fisiche e non soltanto da società o enti [6]. Proprio la maggiore estensione del gruppo a fini concorsuali induce ad ipotizzare una legittimazione passiva più ampia per le azioni del curatore rispetto a quella ipotizzabile per le azioni promosse al di fuori della liquidazione giudiziale da creditori e soci [7].

3. – Ha carattere certamente innovativo la previsione contenuta nell'art. 291, comma 2. Questa disposizione attribuisce al curatore il potere di denunciare irregolarità nella gestione di altre società del gruppo, con una legittimazione ulteriore ed aggiuntiva rispetto a quella dei soci dell'ente mal gestito [8].

Al di là delle apparenze, la norma non si risolve in una mera disciplina della legittimazione. Essa introduce novità e modifiche di rilievo alle regole che dovrebbero applicarsi ipotizzando un semplice rinvio alla fattispecie codicistico-societaria [9].

L'art. 2409 consente a soci titolari di una porzione qualificata del capitale di denunziare al tribunale irregolarità compiute dai soli amministratori della società partecipata, purché da queste possa dipendere un pregiudizio a tale società o a eventuali sue controllate.

In termini estremamente più estesi, l'art. 291, comma 2, prescinde anzitutto dalla detenzione di una frazione qualificata del capitale, giustificando la legittimazione del curatore a prescindere dalla titolarità di partecipazioni sociali e sulla base della mera appartenenza della società mal gestita alla medesima sfera di eterodirezione.

Inoltre, a differenza della disciplina del codice civile, il regime della liquidazione giudiziale consente al curatore di lamentare irregolarità non solo degli amministratori, ma anche dei sindaci, con una dilatazione del rimedio di diritto societario sperimentata già nella

[6] Per questa considerazione, già MEO, in MEO, PANZANI, *Procedure unitarie*, 14.
[7] RACUGNO, *I gruppi*, 1290-1291.
[8] RACUGNO, *I gruppi*, 1291.
[9] In termini simili, SPIOTTA, *La disciplina*, 2025.

disciplina dell'amministrazione straordinaria[10]. All'espansione dei soggetti di cui possono denunziarsi le irregolarità corrisponde per forza di cose quella dei fatti suscettibili di denunzia. Tra questi l'art. 291, comma 2, consente di includere tanto la *mala gestio* quanto il cattivo esercizio del controllo affidato al collegio sindacale[11].

Infine, l'art. 291, comma 2, richiama in termini generici le società appartenenti al gruppo, marcando così il distacco rispetto all'art. 2409, comma 1, c.c., che consente la denunzia di irregolarità potenzialmente pregiudizievoli per la sola società mal gestita (o mal controllata) o nei confronti di società da questa controllate. Almeno in apparenza, l'art. 291, comma 2, riconosce al curatore la legittimazione a denunziare irregolarità riguardanti anche soggetti che si trovano invece in posizione sovraordinata oppure al medesimo livello della "catena" di direzione e coordinamento. Quest'ulteriore ampliamento suscita perplessità che investono la funzione stessa da riconoscere al curatore. Un potere di denunzia tanto esteso sembra tendere al riconoscimento di poteri di controllo "diffuso" sul gruppo, a prescindere dall'interesse particolare della società assoggettata alla liquidazione giudiziale. Contro una dilatazione incontrollata dei poteri (e doveri) del curatore orienta tuttavia la necessità in ogni caso di un interesse concreto del curatore ad agire per denunziare irregolarità di amministratori o sindaci: qualora queste riguardino altri soggetti del gruppo e non possano in alcun modo pregiudicare la società in liquidazione giudiziale, l'azione del curatore sarebbe da escludere.

[10] Nella disciplina del d.lgs. 8 luglio 1999, n. 270, è l'art. 89 a prevedere l'inclusione delle irregolarità dei sindaci tra i fatti suscettibili di denunzia al tribunale.

[11] In questa prospettiva, la nuova disciplina attesta l'emersione di una necessità che va oltre la repressione di condotte di cattiva gestione ed investe il cattivo controllo di altre società al ricorrere dell'insolvenza anche solo per un altro soggetto del gruppo. La conclusione si ricava dalla considerazione che la denunzia delle irregolarità dei sindaci prescinde dal modo in cui è gestita la società, dimostrando un avanzamento della tutela indipendente dalla gestione e diretto ad affermare la pericolosità e la rilevanza autonoma della difettosa esecuzione dell'incarico da parte dei sindaci.

Articolo 292

Postergazione del rimborso dei crediti da finanziamenti infragruppo

1. I crediti che la società o l'ente o la persona fisica esercente l'attività di direzione e o coordinamento vanta, anche a seguito di escussione di garanzie, nei confronti delle imprese sottoposte a direzione e coordinamento, o che queste ultime vantano nei confronti dei primi sulla base di rapporti di finanziamento contratti dopo il deposito della domanda che ha dato luogo all'apertura della liquidazione giudiziale o nell'anno anteriore, sono postergati rispetto al soddisfacimento degli altri creditori. Se tali crediti sono stati rimborsati nell'anno anteriore alla domanda che ha dato luogo all'apertura della liquidazione giudiziale, si applica l'articolo 164.

2. La disposizione di cui al comma 1, primo periodo, non si applica ai finanziamenti previsti dall'articolo 102.

Giorgio Meo

Sommario: 1. Estensione dei presidi contro il finanziamento infragruppo anomalo: ambito oggettivo di applicazione. – 2. Ambito soggettivo di applicazione. – 3. Eccezioni al regime dei finanziamenti anomali nel Codice.

1. – Le norme dettate nell'art. 292 costituiscono un frammento della disciplina sempre più estesa dedicata ai finanziamenti potenzialmente sostitutivi di apporti di capitale.

Nell'ambito di quelli infragruppo vengono oggi in rilievo tre regole, accomunate da una logica almeno in parte condivisa.

Anzitutto, l'art. 2497-*quinquies* c.c. Quindi la norma che tramite un mero rinvio estende l'applicazione della regola dettata nella disciplina delle società a responsabilità limitata (art. 2467 c.c.) ai finanziamenti erogati da chi esercita l'attività di direzione e coordinamento o è sottoposto allo stesso centro di eterodirezione della finanziata. Per effetto delle modifiche previste proprio dal Codice, la norma oggetto di rinvio, ossia l'art. 2467 c.c., si limita ora a prevedere la postergazione «*dei finanziamenti dei soci a favore della società*» erogati nelle condizioni di anomalia indicate dal secondo comma, mentre non stabilisce più l'obbligo di restituzione inizialmente incorporato nella previsione codicistica dalla riforma del 2003.

È l'art. 164, commi 2 e 3, a stabilire l'inefficacia e così imporre la restituzione alla società dei rimborsi percepiti dai finanziatori successivamente alla domanda di liquidazione giudiziale della società o nell'anno anteriore all'istanza[1]. Purché ricorrano i profili di anomalia indicati dall'art. 2467, comma 2, c.c. all'epoca dell'esecuzione del finanziamento – ossia «*un eccessivo squilibrio dell'indebitamento rispetto al patrimonio netto*» oppure «*una situazione finanziaria della società nella quale sarebbe stato ragionevole un conferimento*» – inefficacia ed obbligo di restituzione[2] riguardano sia «*i rimborsi dei finanziamenti dei soci a favore della società*» (art. 164, comma 1) sia il «*rimborso dei finanziamenti effettuati a favore della società assoggettata alla liquidazione giudiziale da chi esercita attività di direzione e coordinamento nei suoi confronti o da altri soggetti ad essa sottoposti*» (art. 164, comma 2).

Le due discipline, quella dell'art. 2497-*quinquies* c.c. e quella dell'art. 164, commi 2 e 3, considerano la medesima fattispecie, ossia l'esecuzione di finanziamenti anomali. È solamente per questi apporti che la prima regola stabilisce la postergazione del diritto al rimborso[3], mentre la seconda prevede l'inefficacia e quindi l'obbligo di restituzione del rimborso già percepito entro un anno dalla domanda propedeutica all'accertamento dell'insolvenza o successivamente al suo deposito.

Radicalmente diversa è l'impostazione dell'art. 292[4]. Gli effetti sono i medesimi delle norme già richiamate: postergazione ed obbligo di restituzione del rimborso percepito. È la fattispecie a risultare differente, sia per quanto concerne i requisiti oggettivi sia per quanto riguarda i presuppostiti soggettivi per l'applicazione.

L'art. 292, comma 1, si riferisce ai «*rapporti di finanziamento contratti dopo il deposito della domanda che ha dato luogo all'apertura della liquidazione giudiziale o nell'anno anteriore*». Nessun riferimento compare alle condizioni di anomalia del finanziamento che sono imprescindibili invece per l'applicazione degli artt. 2497-*quinquies* c.c. e 164, comma 2. Proprio dalla mancanza di riferimenti testuali ai profili di anomalia si desume l'automaticità della postergazione e dell'obbligo restitutorio[5]: è sufficiente la costituzione del rapporto nell'anno precedente alla domanda di liquidazione giudiziale o successiva-

---

[1] È utile osservare la non perfetta corrispondenza tra il periodo rilevante originariamente indicato dall'art. 2467, comma 1, e quello stabilito dall'art. 164, comma 2, per individuare i rimborsi soggetti all'obbligo restitutorio: mentre la vecchia disciplina faceva riferimento ai rimborsi intervenuti «*nell'anno precedente la dichiarazione di fallimento della società*», il regime ora in vigore estende l'orizzonte temporale e considera i rimborsi anteriori di un anno o successivi alla domanda di dichiarazione dell'insolvenza. Su tale innovazione, CAMPOBASSO, *La disciplina*, 172 s.

[2] Segnala MAUGERI, *Finanziamenti "anomali"*, 139, che l'art. 164, commi 2 e 3 stabilisce non più direttamente l'obbligo di restituzione, ma l'inefficacia del rimborso e così indirettamente l'obbligo espressamente stabilito nella formulazione dell'art. 2467 c.c. introdotta dalla riforma societaria del 2003.

[3] Il risalente problema relativo al contenuto della postergazione è risolto da Cass., 15 maggio 2019, n. 12994, in *Riv. dir. comm.*, 2021, II, 773, con l'affermazione della tesi "sostanzialistica" contro quella "processualistica", ossia con l'individuazione nella postergazione di una ragione di inesigibilità temporanea del credito, non rimborsabile dalla società qualora non risulti possibile soddisfare tutti i creditori di grado anteriore al finanziatore postergato. Contro una simile impostazione, con argomenti ricavati anche dalle innovazioni previste dal Codice, D'ORSI, *Il regime*, 782 ss.; FERRI JR., *Questioni attuali*, 90 ss.

[4] Il carattere innovativo della disciplina dettata dal Codice per i finanziamenti infragruppo è posto in risalto da MAUGERI, *Finanziamenti infragruppo*, 1301, con l'osservazione che le novità introdotte sembrano almeno in parte in conflitto con l'indicazione della legge delega di limitarsi con la riforma a confermare i principi già in vigore.

[5] La rilevanza delle condizioni stabilite dall'art. 2467, comma 2, c.c. è tuttavia giudicata implicita da SCOGNAMIGLIO, *I gruppi*, 423; PALMIERI, *I finanziamenti dei soci*, 1013 s.

mente a questa per determinare entrambi gli effetti [6]. L'automatismo previsto dall'art. 292 porta ad escludere la necessità per chi invoca postergazione ed obbligo restitutorio, ossia il curatore nella procedura di insolvenza, di dimostrare che al momento del finanziamento ricorrevano un eccessivo squilibrio dell'indebitamento della società finanziata oppure circostanze tali da rendere ragionevole un conferimento; al tempo stesso, il finanziatore non è ammesso ad evitare postergazione ed obbligo restitutorio offrendo la prova del carattere non anomalo del finanziamento erogato. Si configura perciò un trattamento di particolare rigore e cautela per i finanziamenti infragruppo, che dalla prospettiva del legislatore giustifica una presunzione *iuris et de iure* di anomalia del rapporto costituito a ridosso della domanda strumentale all'accertamento dell'insolvenza [7].

2. – Problemi diversi si pongono per quanto riguarda la sfera soggettiva di applicazione della disciplina introdotta dall'art. 292. Una maggiore estensione rispetto alle regole introdotte nel codice civile con la riforma societaria del 2003 si coglie anzitutto nel riferimento esplicito ai crediti nascenti da rapporti di finanziamento stipulati dalla società in liquidazione giudiziale con la società, l'ente o anche la persona fisica che esercita la direzione e il coordinamento. Il richiamo ai rapporti con la persona fisica chiarisce che sia la postergazione sia l'obbligo restitutorio interessano non solo le società e gli enti a cui fa riferimento la disciplina degli artt. 2497 ss. c.c., ma anche soggetti ulteriori [8]. Inoltre, con il mancato rinvio all'art. 2467 c.c. la disciplina del Codice evidenzia che l'applicazione dell'art. 292 prescinde dal vincolo partecipativo e può basarsi anche sul mero fatto dell'esercizio dell'eterodirezione sulla società sottoposta a liquidazione giudiziale [9]. Infine, un ulteriore ampliamento della fattispecie si coglie per quanto riguarda l'allusione esplicita agli apporti "ascendenti", assente nelle altre disposizioni in materia di finanziamenti infragruppo [10].

In direzione contraria, e quindi per un ambito applicativo più ristretto, può teoricamente orientare la mancanza di richiami nell'art. 292 all'ipotesi dei finanziamenti orizzontali. Ad essere espressamente richiamati sono solamente gli apporti erogati da chi esercita l'attività di direzione e coordinamento alla società in liquidazione giudiziale o invece da questa stessa società al titolare del potere di eterodirezione. Ciononostante, l'applicabilità dell'art. 292 anche ai finanziamenti tra soggetti sottoposti al medesimo centro di eterodirezione può essere ricavata sia dall'intento dell'ultima riforma di espandere la tutela contro

[6] In termini simili per quanto riguarda la rilevanza del mero profilo temporale per l'applicazione dell'art. 292 ai finanziamenti infragruppo, CARRARO, *Atti pregiudizievoli*, 1126; D'ORSI, *Il regime*, 783-784.

[7] Le ragioni di semplificazione alla base di tale presunzione sono illustrate da MAUGERI, *Finanziamenti infragruppo*, 1301 ss.

[8] MIOLA, *Crisi dei gruppi*, 322.

[9] In merito a tale profilo, MIOLA, *Crisi dei gruppi*, 323-324; MAUGERI, *Finanziamenti infragruppo*, 1302-1303. È da segnalare peraltro che la possibilità di riferire sia la postergazione sia l'obbligo restitutorio anche ai finanziamenti erogati da soggetti non titolari di partecipazioni nella società finanziata è affermata già nel sistema posteriore alla riforma del 2003 da TERRANOVA, *Art. 2467*, 1471.

[10] Il silenzio dell'art. 2497-*quinquies* c.c. rispetto ai finanziamenti erogati non da chi esercita l'eterodirezione ma in suo favore dall'eterodiretta è all'origine di incertezza sull'applicazione della disciplina anche a tali rapporti: per la posizione favorevole, BENEDETTI, *La disciplina*, 749 ss.; per quella contraria, MAUGERI, *Finanziamenti "anomali"*, 251 ss.

scelte opportunistiche di finanziamento nei rapporti infragruppo sia sulla base di considerazioni sistematiche e di coerenza[11]. Un ulteriore indice in questa direzione deriva dalle funzioni che è possibile attribuire alla disciplina dell'art. 292: da un lato, sarebbe paradossale che un congegno giuridico antiabuso si prestasse ad essere agevolmente neutralizzato mediante l'esecuzione in forma indiretta del finanziamento alla società "in pericolo"; da un altro, proprio l'idea che il pericolo di insolvenza potesse essere già percepito dall'anno anteriore dai soggetti compresi nella stessa area di eterodirezione fa emergere l'intento di favorire l'interruzione dei flussi finanziari che potrebbero aggravare la crisi, sollecitando in tal modo l'attivazione tempestiva dei rimedi previsti contro la condizione di crisi o di insolvenza.

3. – Mentre il comma 1 dell'art. 292 è diretto a neutralizzare gli effetti di scelte verosimilmente opportunistiche, tramite l'assoggettamento del finanziatore a un regime particolarmente rigoroso, il comma successivo tende a consentire il sostegno infragruppo "sano", ossia quello che può realizzarsi nell'ambito di strumenti almeno teoricamente idonei a consentire una reazione adeguata contro la crisi.

Né la postergazione né l'obbligo restitutorio dei finanziamenti disposti entro l'anno dal fallimento non operano nelle ipotesi indicate dall'art. 102, e cioè se il finanziamento rientra tra le iniziative collegate a un tentativo di soluzione negoziale della crisi.

Anche la previsione di tale esonero comporta rilevanti incertezze. La laconica previsione secondo cui la disciplina dettata nell'art. 292, comma 2, «*non si applica ai finanziamenti previsti dall'articolo 102*» non chiarisce se i relativi rapporti siano semplicemente esonerati da postergazione ed obbligo restitutorio o anche sottoposti alle regole ulteriori che lo stesso art. 102 prevede, e cioè al regime della prededucibilità per l'80% dell'importo. Benché il mero rinvio all'art. 102, non consenta conclusioni sicure, l'applicabilità dell'art. 102, e quindi la prededucibilità limitata all'80%, dipende dalla necessità di evitare una disparità ingiustificata tra rapporti che rispondono alla medesima logica e suscitano perciò comuni bisogni di tutela[12].

[11] In termini simili, MAUGERI, *Finanziamenti infragruppo*, 1302.

[12] Il problema si pone soprattutto per quei finanziamenti infragruppo che sono contemplati dall'art. 292 ma non dall'art. 2497-*quinquies* c.c. (come ad esempio quelli ascendenti). Se si esclude l'applicazione diretta a questi rapporti dell'art. 102, sembra da riconoscere l'importante beneficio di una prededucibilità integrale e non limitata all'80% del credito complessivo.

Articolo 293
Disciplina applicabile e presupposti

1. La liquidazione coatta amministrativa è il procedimento concorsuale amministrativo che si applica nei casi espressamente previsti dalla legge.

2. La legge determina le imprese soggette a liquidazione coatta amministrativa, i casi per i quali la liquidazione coatta amministrativa può essere disposta e l'autorità competente a disporla

Riccardo Fava

1. – La disciplina della liquidazione coatta amministrativa (l.c.a.) è contenuta in parte nel Titolo VII del Codice (artt. 293-315) e in parte in singole leggi speciali (quali ad esempio il TUF, Codice delle assicurazioni, TUB), con ciò costituendo una differenza rispetto alla disciplina della liquidazione giudiziale integralmente contenuta nel Codice (e prima nella legge fallimentare).

Il particolare regime normativo ha origine sin dalla prima disciplina prevista dall'art. 26, l. 15 luglio 1988, n. 5546 per la liquidazione di una categoria specifica di soggetti: le Casse di risparmio. Nel corso del tempo il legislatore ha esteso l'ambito delle imprese assoggettabili alla liquidazione su iniziativa dell'autorità amministrativa. Così il d.l. 12 marzo 1936, n. 375, conv. in l. 7 marzo 1938, n. 141 di riforma del sistema bancario aveva previsto al Titolo VII (artt. 57-86-*bis*) una specifica disciplina della liquidazione delle aziende di credito, definendone i presupposti e le modalità di svolgimento. La legge fallimentare del 1942 non aveva previsto una disciplina organica, ma essenzialmente due gruppi di norme, l'uno abrogante le disposizioni anteriori incompatibili (artt. 195, 196, 200, 201, 203, 211 e 213 l. fall.), l'altro suppletivo (artt. 197, 198, 199, 204, 205, 206, 212, 214 e 215 l. fall.) della normativa vigente. Il legislatore del '42 aveva definito i caratteri distintivi della l.c.a. rispetto alla procedura fallimentare, rinviando alla legislazione speciale per l'individuazione delle imprese assoggettate ad essa, i presupposti per l'apertura, nonché l'autorità preposta ad avviare e sovraintendere il procedimento [1].

2. – Successivamente all'entrata in vigore della legge fallimentare del '42 si è assistito ad un ampliamento dei procedimenti di l.c.a. sia con rinvio espresso alla legge fallimentare (ad es. la l. 1° agosto 1986, n. 430, per le società fiduciarie e di revisione; la l. 17 luglio 1975, n. 400 per gli enti cooperativi), sia alla legge bancaria del 1938 (ad es. la l. 23 marzo 1983, n. 77, art. 8, comma 3 per le società di gestione di fondi d'investimento aperti, poi abrogata dall'art. 214, comma 2, d.lgs. 24 febbraio 1998, n. 58) [2].

La legge delega n. 155 del 2017 volendo imprimere una netta inversione di tendenza al progressivo ampliamento delle ipotesi di applicazione della l.c.a. aveva previsto all'art. 15 che l'istituto della l.c.a. fosse anch'esso oggetto di un intervento di riforma, prevedendo che il legislatore delegato operasse una riduzione dell'ambito delle imprese assoggettabili al procedimento speciale, conservandone l'applicazione per le imprese esercenti attività bancaria, assicurativa e d'intermediazione finanziaria [3]. Il legislatore delegato non ha però esercitato la delega limitandosi a mutuare nel Codice la disciplina della l.c.a. già contenuta nella legge fallimentare con qualche modifica per esigenze di coordinamento sistematico all'interno della nuova disciplina [4].

3. – Con riguardo alla funzione della l.c.a. prima del Codice l'opinione largamente diffusa attribuiva ad essa finalità essenzialmente estintive dell'ente [5], per eliminare dal mercato l'impresa o il soggetto (come le fondazioni bancarie) in presenza di fatti di gestione che avessero compromesso la regolare operatività, rappresentando il soddisfacimento dei creditori un effetto conseguenziale alla finalità di soppressione. Per contro, la struttura concorsuale del procedimento prevista dalla legge fallimentare, unitamente alla possibile conclusione tramite una soluzione concordataria, aveva indotto taluni a sostenere che la l.c.a. assolvesse primariamente ad una funzione esecutiva e satisfattiva delle ragioni dei creditori [6].

Il Codice definisce ora espressamente la l.c.a. come il «*procedimento concorsuale amministrativo*», inserendo chiaramente l'istituto nel novero delle procedure concorsuali [7]. Ad esso viene riconosciuta finalità liquidatoria [8] e di soddisfazione dei creditori dell'impresa, sia pure attraverso un procedimento amministrativo [9].

---

[1] Cfr. BAVETTA, *La liquidazione coatta*, 417 ss.

[2] BRANCADORO, *Linee evolutive*, 322.

[3] BONFANTE, *Codice della crisi*, 1943; LO CASCIO, *La legge fallimentare*, 393.

[4] In senso critico v. RORDORF, *Prime osservazioni*, 129.

[5] BELVISO, *Tipologia e normativa*, 58. ss.; BAVETTA, *Profili generali*, 464 ss.; in tal senso è orientato anche a seguito del Codice D'ATTORRE, *Manuale di diritto*, 391.

[6] BONSIGNORI, *Della liquidazione coatta*, 320.

[7] V. già orientato in questo senso anche prima del Codice: FABIANI, *Il diritto*, 543.

[8] CECCHELLA, *Il diritto*, 437, il quale rileva però anche la finalità conservativa perseguita primariamente mediante cessioni dell'azienda, rami di essa, o situazioni in blocco.

[9] Così: NIGRO, VATTERMOLI, *Diritto della crisi*, 511.

4. – Il «*procedimento concorsuale amministrativo*» non è dettagliatamente disciplinato nel Codice, che si limita a definirne la natura e attribuire ad esso struttura concorsuale.

La natura amministrativa del procedimento è connessa al fatto che esso si apre per effetto di un provvedimento amministrativo e si svolge sotto il controllo e la direzione dell'autorità amministrativa. L'intervento del tribunale è tendenzialmente eventuale e può riguardare: – la dichiarazione giudiziale dello stato di insolvenza; – le impugnazioni avverso lo stato passivo formato dall'organo della procedura nominato dall'autorità amministrativa; – l'approvazione del concordato di liquidazione a chiusura della procedura. Le uniche fasi in cui è previsto necessariamente il compimento di un atto presso l'autorità giurisdizionale sono il deposito dello stato passivo e, nella fase di chiusura, il deposito del bilancio finale della liquidazione, unitamente al conto di gestione dell'organo della procedura ed al piano di riparto tra i creditori.

La struttura concorsuale è realizzata per effetto di specifici rinvii alle disposizioni della liquidazione giudiziale che prevedono lo spossessamento e l'assoggettamento dell'intero patrimonio dell'impresa alla soddisfazione dei creditori (art. 303), nonché il divieto di agire in via esecutiva ai singoli creditori regolandone il concorso sul patrimonio del debitore (art. 304) [10].

Il Codice rinvia alla legislazione speciale l'individuazione delle imprese assoggettabili, la definizione dei presupposti per l'apertura e l'autorità amministrativa che può attivarlo. Non esiste pertanto una unica procedura di liquidazione coatta amministrativa, ma tante procedure quante sono le leggi speciali che le prevedono. In quest'ultime, e non nel Codice, va dunque individuata la specifica disciplina del procedimento [11].

5. – Le categorie di imprese assoggettate alla l.c.a. sono numerose ed eterogenee tra loro, ma tassativamente individuate dalla legge.

Risultano assoggettate esclusivamente alla l.c.a., tra le altre, le imprese bancarie la cui disciplina del procedimento è descritta nel TUB; le Sim, le Ggr e le Sicav la cui relativa disciplina è descritta nel TUF; le imprese di assicurazione la cui disciplina è descritta nel Codice delle assicurazioni.; le cooperative che non svolgono attività commerciale (arg. *ex* art. 2545-*terdecies* c.c.); le società fiduciarie e le società fiduciarie e di revisione per le quali la disciplina del procedimento è descritta nella l. n. 430 del 1996; le imprese sociali la cui disciplina del procedimento è descritta nel d.lgs. n. 155 del 2006; tra i soggetti che rientrano nell'ambito di applicazione della disciplina in esame vi sono anche enti che non svolgano attività d'impresa come le fondazioni bancarie la cui disciplina del procedimento è descritta nel d.lgs. n. 356 del 1996. Vi sono imprese che possono essere assoggettate sia alla liquidazione giudiziale, sia alternativamente alla l.c.a. – nel qual caso si applicherà il c.d. principio di prevenzione previsto dall'art. 295 – come le cooperative che svolgono attività commerciale. Si tratta di categorie eterogenee tra loro, ma accumunate dal fatto di svolgere una particolare attività di interesse pubblico, in ragione della pluralità dei soggetti coinvolti dalla loro insolvenza [12].

---

[10] Sulla «nozione di procedura concorsuale» v. AMBROSINI, *Procedure concorsuali*, 47 ss. e 50 ss.

[11] TOMMASO, *La liquidazione coatta*, 1113.

[12] CECCHELLA, *Il diritto*, 438; BONFANTE, *Codice della crisi*, 1943.

Questo interesse pubblico emerge innanzitutto nella sottoposizione delle suddette imprese ad uno speciale regime amministrativo di vigilanza sull'attività svolta e l'assoggettabilità alla l.c.a. rappresenta l'elemento di chiusura ed autonomia della disciplina di controllo.

6. – Il Codice rinvia alle singole leggi speciali anche per la determinazione dei «*casi*» per i quali la liquidazione coatta amministrativa può essere disposta dall'autorità amministrativa, intendendo con ciò il c.d. "presupposto oggettivo" per l'avvio del procedimento.

Il presupposto oggettivo per l'apertura del procedimento può anche essere diverso dallo stato di insolvenza previsto per la liquidazione giudiziale, rilevando altri «fatti di gestione» ai fini dell'apertura della l.c.a [13]. In via generale, i possibili presupposti che possono consentire l'apertura del procedimento possono essere raggruppati in tre categorie [14]: – violazioni di leggi o di regolamenti o irregolarità gestionali; – non conformità dell'attività esercitata all'interesse generale; – perdite patrimoniali. Quest'ultimo requisito non deve essere inteso come manifestazione esteriore dello stato di insolvenza [15], come indirettamente si conferma dall'art. 298, comma 1, che prevede l'accertamento dello stato di insolvenza da parte del tribunale successivamente all'apertura del procedimento "disposta per insufficienza di attivo" [16].

Il presupposto oggettivo deve essere accertato dall'autorità amministrativa a cui la legge speciale ha attribuito il potere di avviare il procedimento. Tendenzialmente l'autorità che dispone l'avvio della l.c.a. vigilia anche sullo svolgimento del relativo procedimento. Così, ad esempio, nella disciplina della l.c.a. delle società cooperative. Per contro, nella l.c.a. delle banche e degli intermediari finanziari la l.c.a. è disposta con provvedimento del Ministro dell'economia, mentre la direzione e vigilanza della procedura è affidata alla Banca d'Italia.

---

[13] BONFATTI, *Art. 8*, 1082 ss.; CUONZO, *Art. 80*, 462 ss.

[14] NIGRO, VATTERMOLI, *Diritto della crisi*, 515.

[15] Cfr. FALCONE, "*Stato di dissesto*", 225; COTRONEI, *Insolvenza e liquidazione*, 2003; BONFATTI, *La disciplina*.

[16] Così ad esempio in tema di crisi bancarie è rilevante anche una valutazione previsionale che emerge dal coordinato disposto dell'art. 80 TUB e art. 17, d.lgs. 16 novembre 2015, n. 180.

Articolo 294

Rinvio alle norme speciali

1. La liquidazione coatta amministrativa è regolata dalle disposizioni del presente titolo, salvo che le leggi speciali dispongano diversamente.

2. I rinvii al regio decreto 16 marzo 1942, n. 267 contenuti in leggi speciali in materia di liquidazione coatta amministrativa si intendono fatti alle disposizioni del presente codice della crisi e dell'insolvenza e secondo le norme di coordinamento.

3. Le disposizioni di questo titolo non si applicano agli enti pubblici.

Sido Bonfatti

Sommario: 1. La evoluzione della disciplina delle procedure di l.c.a. – 2. Le linee guida della riforma della legge fallimentare: i principi dettati dalla legge delega 19 ottobre 2017, n. 155. – 3. La permanente struttura della disciplina delle procedure di Liquidazione Coatta Amministrativa. – 4. Il rinvio alle norme contenute nel Codice. – 5. La disciplina concorsuale applicabile agli "enti pubblici".

1. – In occasione dell'approvazione della legge fallimentare del 1942 il legislatore si trovava di fronte ad un panorama normativo nel quale erano già presenti, oltre alla procedura concorsuale di diritto comune del fallimento, anche "procedure speciali" denominate "*liquidazione coatta amministrativa*", introdotte per la gestione delle situazioni di crisi di imprese operanti in specifici settori dell'economia. In particolare il legislatore si trovava di fronte ad una disciplina sufficientemente compiuta della procedura di liquidazione coatta amministrativa delle imprese bancarie (espressa dalla "legge bancaria" formatasi nel biennio 1936-1938).

In linea di massima le esigenze di delineare procedure "di crisi" idonee a prevenire o superare anche situazioni di crisi "di legalità", nonché di consentire interventi connotati da discrezionalità amministrativa delle Autorità amministrative di vigilanza di settore, avevano trovato risposte normative contingenti, e non coordinate tra di loro.

A ciò pose rimedio la legge fallimentare fissando alcuni fondamentali principi concernenti:

a) le regole di coordinamento tra le procedure concorsuali di diritto comune (fallimento; amministrazione controllata; Concordato preventivo), e le procedure speciali delle liquidazioni coatte amministrative;

b) un nucleo di disposizioni normative (artt. 194-215 l. fall.) comuni a tutte le procedure di l.c.a., variamente delineate o delineabili per le singole categorie di imprese giudicate meritevoli di una disciplina delle crisi di diritto speciale [1];

c) l'affermazione del necessario adeguamento delle disposizioni in vigore ad una serie di norme imperative (artt. 195, 196, 200, 201, 202, 203, 209, 211 e 213 l. fall.), dotate di efficacia abrogatrice delle disposizioni previgenti di contenuto incompatibile (art. 194, comma 2, l. fall.).

Successivamente la disciplina delle procedure di l.c.a. è stata interessata da alcuni fenomeni di carattere generale.

Principalmente si è andata affermando la tendenza a dettare, per ogni singola categoria di imprese appartenenti al novero di quelle sottratte al fallimento, un *corpus* autonomo di disposizioni speciali aventi ad oggetto la disciplina delle situazioni di "crisi", in larga parte autosufficiente. Questa tendenza, già manifestatasi con la disciplina delle situazioni di crisi delle società fiduciarie e di revisione e degli enti di gestione fiduciaria (d.l. 5 giugno 1986, n. 233, convertito con modificazioni nella l. 1° agosto 1986, n. 430), ha trovato la sua più completa espressione nella disciplina delle crisi delle banche (art. 70 ss. TUB), e nella disciplina delle crisi delle imprese abilitate alla prestazione di servizi di investimento (art. 51 ss., TUF): ed ha poi registrato una significativa conferma con l'approvazione di una articolata "disciplina delle crisi" delle imprese di assicurazione (d.lgs. 7 settembre 2005, n. 205, "*Codice delle Assicurazioni*").

In secondo luogo, si è andata accentuando l'attenzione al fenomeno del "gruppo" di imprese, che la disciplina della procedura di fallimento, invece, praticamente ignorava (ed ha ignorato sino all'avvento del Codice). Sulla scia di quanto già previsto dalla disciplina della amministrazione straordinaria delle grandi imprese in crisi (art. 3, d.l. 30 gennaio 1979, n. 26, conv. con modificazioni dalla l. 3 aprile 1979, n. 95), le disposizioni sulla l.c.a. delle società fiduciarie (e delle società fiduciarie e di revisione, nonché degli enti di gestione fiduciaria) assoggettarono alla procedura concorsuale di diritto speciale della l.c.a. non soltanto le società fiduciarie (e assimilate) propriamente dette, ma anche le società (in stato di insolvenza) che, pur esercitando una attività economica "di diritto comune" – che come tale ne avrebbe comportato la soggezione al fallimento –, presentassero dei rapporti di collegamento con la società fiduciaria (così da appartenere a quello che può essere definito il "gruppo fiduciario").

Successivamente, le disposizioni sull'amministrazione straordinaria e sulla liquidazione coatta amministrativa delle imprese esercitanti l'attività creditizia hanno assoggettato a tali procedure di crisi di diritto speciale non solamente le banche propriamente dette, ma anche le società (in stato di insolvenza) "di diritto comune" – che in quanto tali sarebbero state soggette al fallimento – presentanti dei rapporti di collegamento con la società bancaria (così da appartenere a quello che è normativamente definito "gruppo bancario").

---

[1] Secondo NIGRO, VATTERMOLI, *Diritto della crisi*, 461 ss., «Il legislatore fallimentare del 1942 ha ritenuto necessario regolare la l.c.a. accanto alle altre procedure concorsuali, ma non al costo dell'azzeramento totale delle discipline particolari preesistenti. Così, ha estrapolato dalle leggi anteriori (in particolare dalla legge banc. del 1936-1938) le linee di fondo della regolamentazione ed ha fatto di queste la disciplina generale dell'istituto».

Nello stesso modo gli artt. 275 ss., d.lgs. n. 209 del 2005 hanno dettato una disciplina compiuta "sul risanamento e sulla liquidazione del gruppo assicurativo"[2].

Successivamente, nel momento di mettere mano alla prima "riforma organica" della legge fallimentare, dopo oltre 60 anni dalla sua approvazione, per espressa (e non è dato di sapere quanto consapevole) volontà del legislatore delegante, la "*riforma organica della disciplina delle procedure concorsuali*", avviata con l'approvazione della l. n. 80 del 2005, è stata specificamente circoscritta a quelle ["*procedure concorsuali*"] "*di cui al regio decreto 16 maggio 1942, n. 267*", cioè le procedure disciplinare dalla c.d. "legge fallimentare" (cfr. art. 1, comma 5, l. 14 maggio 2005, n. 80), vale a dire le procedure rivolte a disciplinare le situazioni di crisi delle imprese "di diritto comune".

In conseguenza di ciò la "riforma organica" della legge fallimentare degli anni 2005 e 2006 (e seguenti) non ha riguardato, in linea di principio:

(i) né le procedure di liquidazione coatta amministrativa disciplinate in testi normativi diversi dalla c.d. "legge fallimentare" – per es.: le procedure di l.c.a. delle banche, delle imprese autorizzate a prestare servizi di investimento, delle assicurazioni, che sono rimaste disciplinate, rispettivamente, nel "*Testo Unico Bancario*" (d.lgs. n. 386 del 1993); nel «*Testo Unico della Finanza*» (d.lgs. n. 58 del 1998); e nel «*Codice delle Assicurazioni*» (d.lgs. n. 209 del 2005) –;

(ii) né la procedura concorsuale di Amministrazione straordinaria delle grandi imprese in stato di insolvenza (c.d. "*Prodi-bis*"), disciplinata dal d.lgs. n. 270 del 1999;

(iii) né la procedura concorsuale di Amministrazione Straordinaria delle imprese insolventi di rilevanti dimensioni (c.d. "legge Marzano" o anche "legge Parmalat", disciplinata dal d.l. n. 347 del 2003);

(iv) né la procedura concorsuale di Amministrazione Straordinaria delle imprese di rilevanti dimensioni "*operanti nel settore dei servizi pubblici essenziali*" (c.d. "decreto Alitalia": d.l. n. 134 del 2008).

Si è precisato che a tali procedure la "riforma organica" della legge fallimentare degli anni 2005 e 2006 (e seguenti) non si applica in linea di principio: ma non va trascurata la circostanza che una parte rilevante della disciplina delle procedure di l.c.a. regolate al di fuori del fallimento è costituita da disposizioni di rinvio alla "legge fallimentare" propriamente detta. In conseguenza di ciò, molte disposizioni modificate dagli interventi di riforma che si sono succeduti dal 2005 sino alla approvazione del Codice si sono trovate ad

[2] La considerazione del *corpus* normativo rappresentato dalla "rivisitazione" della disciplina dell'amministrazione straordinaria delle grandi imprese insolventi (d.l. n. 270 del 1999, che prese il posto del menzionato d.l. n. 95 del 1979) aveva indotto a cogliere i sintomi di una terza, possibile tendenza di fondo nella evoluzione della disciplina delle procedure concorsuali "amministrativistiche": un rafforzamento delle funzioni dell'Autorità giudiziaria, sia pure in un contesto caratterizzato da una forte "ingerenza" dell'autorità amministrativa, anche in funzione della garanzia di un più adeguato equilibrio tra l'esigenza del soddisfacimento degli interessi generali di settore, e l'esigenza del soddisfacimento degli interessi individuali delle parti dei rapporti giuridici posti in essere dall'imprenditore assoggettato ad A.S. (primi tra tutti i suoi creditori). Tale tendenza, peraltro, è stata rapidamente smentita dalla successiva disciplina della procedura della "Amministrazione straordinaria delle imprese di rilevanti dimensioni in stato di insolvenza" (c.d. "legge Marzano", o "legge Parmalat": d.l. 23 dicembre 2003, n. 347, e successive modificazioni e integrazioni), e dalla integrazione da essa ricevuta da parte del c.d. "decreto Alitalia" (d.l. 28 agosto 2008, n. 134, conv. nella l. 27 ottobre 2008, n. 166) – in argomento v. BONFATTI, *Amministrazione Straordinaria.*

essere applicate anche alle procedure concorsuali amministrative delle l.c.a. "speciali", nella versione riformata, pur essendo tali procedure – come detto – di per sé estranee agli interventi riformatori.

Occorre infine dare conto dei dubbi di legittimità costituzionale che in passato hanno investito l'istituto. È proprio la ricorrenza dei ricordati interessi di carattere, per così dire, "generale", che ha consentito alla disciplina in materia di liquidazione coatta amministrativa di sottrarsi alla censura di incostituzionalità [3], agitata, anche in dottrina, soprattutto partendo dalla constatazione dell'affievolimento dei poteri e dei diritti dei creditori (tanto sotto il profilo del loro potere di iniziativa; quanto sotto quello della sottrazione della loro tutela all'autorità giudiziaria) [4]. Al conseguimento di tale risultato interpretativo non è estraneo il fenomeno rappresentato dalla circostanza che la Corte costituzionale, attraverso la propria attività "correttiva", ha sovente introdotto nella liquidazione coatta alcuni principi propri della procedura fallimentare [5].

In questo senso può anche dirsi che la Corte costituzionale abbia "precorso i tempi" rispetto a quello che sarebbe stato l'indirizzo perseguito dal legislatore del d.lgs. 12 settembre 2007, n. 18: deve infatti tenersi in considerazione la circostanza che gli interventi modificativi sulla disciplina della liquidazione coatta amministrativa ad opera dell'art. 18 del c.d. "decreto correttivo" [del 2007] sono stati giustificati proprio alla luce dell'esigenza di una armonizzazione con la disciplina dettata per istituti della procedura fallimentare, ovvero proprio per adeguare la normativa vigente agli interventi "correttivi" della corte costituzionale cui si è fatto cenno [6].

2. – L'art. 15, comma 1, legge delega n. 155 del 2017 aveva disposto: «*Nell'esercizio della delega* [conferitagli con la legge n. 155/2017], *per la riforma della liquidazione coatta amministrativa, il governo si attiene ai seguenti principi e criteri direttivi*:

"*a) applicare in via generale la disciplina concorsuale ordinaria anche alle imprese in stato di crisi o di insolvenza attualmente soggette alla procedura di liquidazione coatta amministrativa, mantenendo fermo il relativo regime speciale solo nei casi previsti:*

1) dalle leggi speciali in materia di banche e imprese assimilate, intermediari finanziari, imprese assicurative e assimilate;

2) dalle leggi speciali in materia di procedimenti amministrativi di competenza delle autorità amministrative di vigilanza, conseguenti all'accertamento di irregolarità e all'applicazione di sanzioni da parte delle medesime autorità;

---

[3] Corte cost., 26 giugno 1975, n. 159, in *Foro it.*, 1975, I, 1592, che ha escluso la illegittimità costituzionale dell'art. 2 l. fall. sotto il profilo degli artt. 3 e 24 Cost.

[4] BONSIGNORI, *Processi concorsuali*, 499, evidenzia come «la struttura del procedimento di liquidazione coatta amministrativa è ben lungi dal presentare le stesse garanzie che offre il fallimento».

[5] BAVETTA, *La liquidazione coatta*, 399, che si riferisce essenzialmente al principio della necessaria audizione dell'imprenditore in camera di consiglio prima che il tribunale si pronunci sulla richiesta di accertamento dello stato di insolvenza (le considerazioni dell'A. sono riferite all'art. 195 l. fall. prima della sua riforma); e alla dichiarazione di incostituzionalità dell'art. 209 l. fall. nella parte in cui prevede che l'opposizione dei creditori in tutto o in parte esclusi decorra dalla data del deposito dell'elenco dei crediti e non da quella di ricezione delle raccomandate a.r. con cui il commissario liquidatore dà notizia dell'avvenuto deposito.

[6] Sul punto sia consentito rinviare a FALCONE, *La liquidazione coatta*, 799 ss.

b) attribuire alle autorità amministrative di vigilanza le competenze in tema di segnalazione dell'allerta e di composizione assistita della crisi di cui all'articolo 4, anche al fine di individuare soluzioni di carattere conservativo, nonché la legittimazione alla domanda di apertura della procedura di liquidazione giudiziale di cui all'articolo 7».

A proposito di tale principio direttivo la Relazione illustrativa dello Schema di d.d.l., recante la suddetta delega al Governo, commentava: «*al di fuori dei settori soggetti a particolare regime di vigilanza ad opera di autorità pubbliche a tal fine specificamente istituite, quali il settore bancario, quello assicurativo e dell'intermediazione finanziaria, nell'ambito dei quali l'istituto risponde anche ad esigenze sui generis che chiamano necessariamente in causa la peculiare competenza delle anzidette autorità di settore, non sembrano più sussistere ragioni che, per imprese diverse – tra cui segnatamente le cooperative – giustifichino una disciplina della crisi e dell'insolvenza dell'impresa divergente da quella tracciata in via generale dalle disposizioni che si sono andate fin qui illustrando.*

Lo sforzo di ricondurre ad unità sistematica la normativa concorsuale, della cui importanza s'è già detto ripetutamente, suggerisce quindi di riportare anche il fenomeno della crisi e dell'insolvenza delle imprese oggi soggette a liquidazione coatta nell'alveo della disciplina comune, circoscrivendo detto istituto speciale alle sole ipotesi in cui la necessità di liquidare l'impresa non discenda dall'insolvenza, ma costituisca lo sbocco di un procedimento amministrativo volto ad accertare e sanzionare gravi irregolarità intervenute nella gestione[7].

È peraltro doveroso registrare, sul punto, un orientamento almeno in parte diverso manifestato nel corso dei lavori di elaborazione del testo, favorevole invece ad estendere le competenze del Commissario governativo in ipotesi di crisi delle imprese oggi soggette al regime della liquidazione coatta amministrativa».

Pareva evidente, quindi, l'intenzione di distinguere nettamente fra le cc.dd. "crisi economiche" e le cc.dd. "crisi di legalità", riservando alle sole ipotesi riconducibili al secondo fenomeno l'esigenza di ricorrere ad una procedura concorsuale liquidativa di diritto speciale – la liquidazione (coatta) *amministrativa* –, anziché alla procedura concorsuale liquidativa di diritto comune – la liquidazione *giudiziale* –.

Questa parte della legge delega è rimasta completamente inattuata[8]: ciò in conseguen-

---

[7] In argomento v. ARMELI, *Liquidazione coatta*; TOMASSO, *La liquidazione coatta*, 1113.

[8] In senso critico, a tale proposito, RORDORF, *Prime osservazioni*, secondo il quale «pare che qui il confine tra mancato esercizio della delega, che rientra nelle prerogative del Governo, ed esercizio della delega in difformità dai criteri enunciati nelle legge delega approvata dal Parlamento, con conseguente violazione costituzionale, sia piuttosto evanescente»; LAMANNA, *Il nuovo Codice*, 23 ss.; ID., *Il nuovo Codice*, 77 ss.; ID., *Il Codice*, 731 ss.; BONFANTE, *Codice della crisi*, 1943. Diversamente è a dirsi per la parte alla quale faceva riferimento la lett. *b*) del comma 1 dell'art. 15, legge n. 155 del 2017, in materia di attribuzione alle autorità amministrative di vigilanza della competenza in tema di segnalazioni di "allerta" e di funzioni attribuite agli Organismi di Composizione della Crisi. Sempre in argomento di interventi del Codice sulle procedure di liquidazione coatta amministrativa va tenuta presente l'innovazione apportata all'art. 369 dall'art. 38, d.lg. 26 ottobre 2020, n. 147 (c.d. "*decreto correttivo*"). La disposizione innovata disciplina il coordinamento del "Codice" con il TUB e con il d.lg. 16 novembre 2015, n. 180, che ha recepito la Direttiva Comunitaria 2014/59/UE in materia di risanamento e risoluzione degli enti creditizi ("BRRD"). All'art. 69-*septiesdecies* TUB, che disciplina «*il beneficio della esenzione da revocatoria per gli atti posti in essere in esecuzione di un accordo di sostegno finanziario di gruppo tra imprese bancarie o finanziarie*» (come regolato dagli artt. *69-duodecies* ss.), è stata apportata una integrazione che*: «(i) esclude la promuovibilità delle "azioni di inefficacia fra imprese del gruppo»*

za del suggerimento proveniente dalla Commissione Giustizia del Senato, che ha ritenuto necessario confermare la (pre) vigente normativa in materia di l.c.a. (soprattutto) delle società cooperative (con oggetto commerciale)[9].

3. – Stante la mancata attuazione del principio della legge delega n. 155 del 2017, in forza del quale la disciplina concorsuale di diritto comune avrebbe dovuto essere applicata «*in via generale … anche alle imprese in stato di crisi o di insolvenza attualmente soggette alla procedura di liquidazione coatta amministrativa*», il legislatore che ha dato vita al Codice *ha mantenuto l'impostazione che la disciplina della (o delle) l.c.a. registrava nella legge fallimentare*: disciplina caratterizzata da:

(i) l'affermazione del principio della applicabilità *delle singole leggi speciali* che regolano *le procedure* di l.c.a. rispettivamente delineate per le diverse categorie di imprese "di diritto speciale" che erano sottratte al fallimento (e che rimangono sottratte al Codice); e da

(ii) l'affermazione dell'applicabilità a tutte le imprese "di diritto speciale", pur sottratte alla disciplina della procedura liquidativa di diritto comune (del fallimento prima, e successivamente) della liquidazione giudiziale, *di una serie di norme della "legge fallimentare"* (oggi del Codice), giudicate meritevoli di ricevere una applicazione generalizzata, per la insussistenza di ragioni giustificative di una regolamentazione diversificata dei relativi oggetti[10].

In conseguenza di quanto sopra, il giudizio complessivo assegnabile alla riforma conseguente alla introduzione del Codice, per quanto concerne la disciplina della Liquidazione Coatta Amministrativa, può essere sintetizzato nella constatazione di «una sostanziale conferma della disciplina attualmente vigente»[11], che ha indotto a considerare «superfluo svolgere un commento delle singole norme che abbia anche solo modeste velleità interpretative»[12].

Il giudizio è condividibile, ma deve essere integrato da una precisazione.

A prescindere dalla scelta "ideologica" di mantenere una procedura concorsuale liquidativa "di diritto speciale" per imprese (soprattutto le società cooperative, ma non solo) connotate da profili di "specialità" non particolarmente accentuati, rimane il fatto che la disciplina previgente originava numerose e gravi incertezze interpretative. *Nulla questio* sulla scelta "politica" (magari di "bassa politica")[13] di mantenere la disciplina della l.c.a.

---

altrimenti previste dall'art. 290 *«(ii) esclude la applicabilità dell'art. 292 CCII. in materia di "postergazione del rimborso dei crediti da finanziamento infragruppo»; e «(iii) esclude l'applicabilità dell'art. 322 CCII in materia di bancarotta fraudolenta per distrazione e di bancarotta preferenziale, nonché l'applicabilità dell'art. 323 CCII in materia di bancarotta semplice»*.

In argomento v. anche, in generale, LEGNANI, MAZZEI, BRIGUGLIO, 417 ss., *Liquidazioni coatte*, 329 ss.

[9] In argomento v. LAMANNA, *Il nuovo Codice*, 23 ss. e 731.

[10] D'ATTORRE, *Manuale di diritto*, 391.

[11] LAMANNA, *Il nuovo Codice*, 77.

[12] LAMANNA, *Il nuovo Codice*.

[13] Secondo RORDORF, *Prime osservazioni*, 129 ss., «è allora legittimo supporre che abbia prevalso il desiderio di alcuni ambienti ministeriali di non perdere competenze, a scapito della razionalità e della completezza di un progetto di riforma nel cui ambito il mantenimento della singolare alternativa tra procedura amministrativa di liquidazione coatta e procedura di liquidazione giudiziale, in presenza dei medesimi presupposti, non trova più alcuna adeguata giustificazione quando si tratti di imprese operanti sul mercato in regime di concorrenza con altre per le quali un'analoga alternativa, ovviamente, non sussiste».

applicabile alle imprese che vi erano soggette nel passato: ma ciò non avrebbe dovuto impedire di cogliere l'occasione per sciogliere i dubbi interpretativi da essa originati, e per colmare le lacune che il suo esame aveva rilevato. La "*sostanziale conferma*" del pregresso tessuto normativo mantiene attuale il dibattito su una serie di questioni interpretative che trapassano dalla legge fallimentare al Codice.

4. – Le leggi speciali che disciplinano le procedure di liquidazione coatta amministrativa delle imprese sottratte al "fallimento" (ovvero soggette *anche* alla liquidazione coatta amministrativa) contenevano innumerevoli rinvii alla "legge fallimentare". Essendo stato ritenuto – evidentemente – particolarmente laborioso intervenire su tutti questi testi normativi, correggendone il riferimento con la sostituzione del numero dell'articolo della legge fallimentare richiamato con il corrispondente articolo del Codice, si è dettato il principio secondo il quale «*i rinvii [alla legge fallimentare] contenuti in leggi speciali in materia di liquidazione coatta amministrativa si intendono fatti*» alle disposizioni del Codice.

5. – La legge fallimentare previgente precisava, all'art. 195, ultimo comma, che «*le disposizioni di questo articolo non si applicano agli enti pubblici*»: e ciò giustifica la congettura che agli enti pubblici fossero invece applicabili *gli altri articoli* (diversi da quello di cui si esclude la applicabilità) che disciplinavano i caratteri generali della procedura di l.c.a. La disposizione dichiarata inapplicabile (l'art. 195 l. fall., per l'appunto) disciplinava lo «*accertamento giudiziario dello stato di insolvenza anteriore alla liquidazione coatta amministrativa*»: e da ciò si sarebbe potuto desumere che la disposizione concernente invece l'«*accertamento giudiziario dello stato d'insolvenza*» successivo all'assoggettamento dell'ente pubblico alla l.c.a. (cioè l'art. 202 l. fall.), come anche le altre disposizioni generali sulla procedura di l.c.a. contenute nel titolo IV della legge fallimentare, rimanessero applicabili [14].

Il Codice, con una delle poche disposizioni riconosciute come apportatrici di effetti innovativi [15], afferma ora (art. 294, comma 3) che «*le disposizioni di questo titolo non si applicano agli enti pubblici*»: escludendo pertanto tali enti da tutte le disposizioni del «*Titolo VII. Liquidazione Coatta Amministrativa*» del Codice, quindi da tutte le disposizioni gene-

---

[14] In argomento NIGRO, VATTERMOLI, *Diritto della crisi*, 464, osservano che «dato il tenore letterale dell'art. 202, co. 2, che esclude dal rinvio il co. 8 dell'art. 195, e la ratio che giustifica la sottrazione degli enti pubblici all'accertamento anteriore dello stato di insolvenza, sembra potersi affermare – in contrasto con quanto sostenuto dalla giurisprudenza dominante – che anche per gli enti pubblici sia possibile procedere all'accertamento successivo dello stato di insolvenza, essendo la procedura concorsuale già aperta e non risultando motivi che possano giustificare una disparità di trattamento, sul punto, tra i diversi enti assoggettabili a l.c.a. D'altra parte, tale soluzione trova conferma nella disciplina specifica della l.c.a. delle banche, dove è previsto l'accertamento successivo dello stato di insolvenza anche nei confronti degli istituti di credito aventi natura pubblica (art. 82, co. 2, t.u.b.)».

[15] BONFANTE, *Il Codice*, 1943 ss. Non rilevano tale fenomeno LEGNANI, MAZZEI, BRIGUGLIO, *Liquidazioni coatte*, 418, secondo i quali «il successivo art. 294, oltre a prevedere l'espresso rinvio a disposizioni contenute in leggi speciali e alla legge fallimentare post riforma, ha ribadito, in continuità con quanto disposto dall'attuale art. 194 l. fall., la deroga dall'applicazione delle norme del titolo VII agli enti pubblici».

Lo stesso deve dirsi, sia pure dovendo tenere conto della sinteticità della affermazione, per quanto sostenuto da FABIANI, NARDECCHIA, *Codice della crisi,* 2864, secondo i quali «la Liquidazione coatta amministrativa … è la procedura concorsuale amministrativa … destinata agli enti pubblici e a particolari categorie di imprese».

rali sulle procedure di l.c.a. regolate dalle diverse leggi speciali che riguardano l'assoggettamento a procedure concorsuali liquidatorie dei soggetti sottratti al "fallimento" (*rectius*: alla liquidazione giudiziale).

Ferma restando la necessità di prendere atto della innovazione apportata dal Codice, rimane però da comprendere *il senso della riproduzione della disposizione dell'art. 199, comma 8, l. fall.*, operata dall'art. 297, comma 9, che ripropone il principio secondo il quale «*le disposizioni di questo articolo non si applicano agli enti pubblici*": essendo ovvio che se non si applicano «*le disposizioni di questo titolo*» (il titolo VII), non si applicano neppure le singole disposizioni che di quel "*titolo*" fanno parte, tra le quali – per l'appunto – "*questo articolo*", quando si tratta – *inter alia* – proprio dell'art. 297.

Si può solo congetturare – allora – che:

(i) il principio della inapplicabilità di «*questo titolo*» (il titolo VII) del Codice riguardi gli «*enti pubblici*» non economici; e

(ii) per ciò che concerne gli «*enti pubblici*» economici, invece, debba essere soltanto esclusa – come nel vigore della legge fallimentare – l'applicabilità della disposizione riguardante gli effetti della dichiarazione giudiziale dello stato di insolvenza – allo scopo, si deve ritenere, di sottrarre l'autorità di vigilanza all'obbligo di disporre l'apertura della procedura di l.c.a., che rappresenta, come si dirà, una conseguenza ritenuta necessaria dell'intervenuta dichiarazione di insolvenza da parte dell'autorità giudiziaria –.

La esclusione in commento riguarda sia gli enti locali – considerato che il d.lgs. n. 267 del 2000 (c.d. TUEL) prevede una disciplina articolata e circostanziata relativamente agli «*enti deficitari e dissestati*» – sia gli enti pubblici economici (intesi come enti pubblici esercitanti un'attività commerciale, come per es. l'attività di spettacolo teatrale): diversamente opinando, si realizzerebbe un'ingiustificata disparità di trattamento dei creditori degli enti pubblici economici rispetto ai creditori di qualsiasi altro soggetto [16].

[16] BONFATTI, *La procedura*, 2021, 84 ss.

Articolo 295

Liquidazione coatta amministrativa e liquidazione giudiziale

1. Le imprese soggette a liquidazione coatta amministrativa non sono soggette a liquidazione giudiziale, salvo che la legge diversamente disponga.

2. Quando la legge ammette la procedura di liquidazione coatta amministrativa e quella di liquidazione giudiziale, la dichiarazione di apertura della liquidazione giudiziale preclude la liquidazione coatta amministrativa e il provvedimento che ordina la liquidazione coatta amministrativa preclude l'apertura della liquidazione giudiziale.

Sido Bonfatti

Sommario: 1. Il coordinamento tra le procedure di liquidazione coatta amministrativa e le "procedure di crisi" di diritto comune. A) I rapporti tra liquidazione (coatta) amministrativa e liquidazione giudiziale. – 2. B) I rapporti tra la liquidazione coatta amministrativa e la procedura di Amministrazione Straordinaria. – 3. C) I rapporti tra la liquidazione coatta amministrativa ed il concordato preventivo. – 4. D) I rapporti tra liquidazione coatta amministrativa e procedure di "composizione negoziale" delle crisi di impresa diverse dal Concordato preventivo ("Piano Attestato di Risanamento", "Convenzione di Moratoria" ed "Accordi di Ristrutturazione"). – 5. E) I rapporti tra liquidazione coatta amministrativa e "Accordi di Ristrutturazione" con riguardo alle imprese sottratte alle "procedure concorsuali" di diritto comune, nel Codice della crisi d'impresa e dell'insolvenza.

1. – Anche prima di avere esaminato il dettaglio della disciplina delle procedure concorsuali di diritto speciale denominate "Liquidazione Coatta Amministrativa", dalla semplice considerazione della denominazione dell'istituto ("Liquidazione coatta") è facile ricavare la *ratio* allo stesso sotteso: *ratio* rappresentata dall'obiettivo della *cessazione forzosa dell'attività dell'impresa, con conseguente sua espulsione coatta dal mercato* (nella ricorrenza, per l'appunto, dei presupposti giustificativi del suo assoggettamento a tale procedura) [1]. In

[1] In questo senso FABIANI, *Il diritto*, 544.

In tale contesto è giudicata contraddittoria la previsione della possibilità di chiusura della procedura di l.c.a. attraverso l'approvazione di un Concordato di liquidazione (art. 214 l. fall.; art. 314), dal momento che tale istituto potrebbe comportare la prosecuzione dell'attività esercitata dall'impresa assoggettata alla l.c.a. (FABIANI, *Il diritto*) – peraltro, inevitabilmente, all'insegna di una innegabile discontinuità rispetto al passato –.

conseguenza di ciò si pone il problema del coordinamento della l.c.a. con la procedura concorsuale di diritto comune caratterizzata dalla medesima *ratio*, rappresentata dalla procedura di *liquidazione giudiziale*: e in secondo luogo si porrà il problema dell'applicabilità o meno alle imprese soggette alla l.c.a., che sotto tale profilo risultano qualificabili "di diritto speciale", delle procedure di composizione della crisi, diverse dalla liquidazione giudiziale, dettate per le imprese "di diritto comune". Il dubbio non è affatto banale, solo che si pensi alla circostanza che la disciplina delle procedure di l.c.a. più "strutturate" (quella delle banche; quella degli intermediari finanziari non bancari; quella delle Compagnie Assicurative) [2] esclude l'applicabilità alle relative imprese delle "procedure concorsuali" di diritto comune: il ché pone (*inter alia*) l'interrogativo di quali delle procedure di composizione della crisi d'impresa possano essere qualificate "procedure concorsuali".

L'art. 295, comma 1, dispone che «*le imprese soggette a liquidazione coatta amministrativa non sono soggette a liquidazione giudiziale, salvo che la legge diversamente disponga*», riproducendo esattamente il principio dettato dall'art. 2, comma 2, l. fall. [3]. Il comma successivo dispone che quando la legge ammetta l'applicabilità di entrambe le procedure, vale il principio c.d. della "prevenzione" [4], conformemente a quanto veniva unanimemente ricavato dal disposto, pur meno univoco, dell'art. 196 l. fall. [5]. Per l'applicazione del richiamato principio è necessario fare riferimento, rispettivamente, alla data di pubblicazione nella Gazzetta Ufficiale del provvedimento (decreto ministeriale) di assoggettamento alla l.c.a., ed alla data di deposito nella Cancelleria del tribunale della sentenza di apertura della liquidazione giudiziale [6].

[2] Art. 80, comma 6, TUB; art. 57, comma 3, TUF; art. 245, comma 7, cod. ass.

[3] Secondo LAMANNA, *Il Codice*, 733, «l'art. *295* (Liquidazione coatta amministrativa e liquidazione giudiziale), costituisce la mera riscrittura dell'art. 2 l. fall., secondo e terzo comma, e dell'art. 196 della medesima legge, disciplinando i rapporti tra liquidazione coatta amministrativa e liquidazione giudiziale nei casi in cui la legge consente che l'imprenditore sia assoggettato ad entrambe le procedure».

[4] Vale a dire che «la dichiarazione di apertura della liquidazione giudiziale preclude la L.C.A., e il provvedimento che ordina la L.C.A. preclude l'apertura della liquidazione giudiziale»: in argomento BONFANTE., *Codice della crisi*, 1943 ss.; CONTARINI, *Art. 295*, 2201; FAUCEGLIA, *Il nuovo diritto*, 206; D'ATTORRE, *Manuale di diritto*, 393.

[5] In argomento, BONFATTI, *Art. 196*, 2388 ss.

[6] Il tenore dell'art. 196 l. fall., che pone a confronto «*la dichiarazione di fallimento*» con «*il provvedimento di liquidazione coatta amministrativa*», lasciava aperto il problema di quando si considerasse "aperta" l'una o l'altra procedura.

Con riferimento al fallimento, il problema fu risolto dal novellato art. 16, comma 2, l. fall., secondo il quale «*la sentenza* (dichiarativa di fallimento) *produce i suoi effetti dalla data della pubblicazione ai sensi dell'art. 133, primo comma, del codice di procedura civile*» (nota COSTA, *Artt. 2 e 3*, 70 ss., come la scelta del legislatore della riforma sia stata nel senso di accogliere l'orientamento già manifestato dalla Cassazione: Cass., 7 luglio 1981, n. 4434, in *Giur. comm.*, 1982, II, 637 – vale a dire dal momento del deposito in cancelleria –).

Per quanto riguarda la liquidazione coatta amministrativa, ci si domanda se il momento al quale si debba fare riferimento sia quello del decreto che dispone la liquidazione ovvero quello della sua pubblicazione in Gazzetta Ufficiale. Anche per ragioni di coerenza con l'interpretazione prevalente in tema di produzione di effetti (artt. 200 e 201), deve ritenersi che il momento rilevante sia quello della adozione del decreto, e non già quello della sua pubblicazione (in questo senso, del resto, si era espressa in prevalenza la giurisprudenza di merito: si veda Trib. Napoli, 20 febbraio 1968, in *Dir. fall.*, 1968, II, 422; App. Bologna, 16 ottobre 1993, in *Fallimento*, 1994, 218. Nello stesso senso anche COSTA, *Art.* 75, il quale argomenta anche dal testo dell'art.

Si è peraltro espressa l'opinione che la l.c.a. disposta per fatti diversi dall'insolvenza non impedisca il fallimento (oggi: liquidazione giudiziale), che può in teoria proseguire, nonostante la già disposta l.c.a., al fine di acquisire gli utili effetti delle azioni revocatorie, il cui attivo può venire distribuito ai creditori ammessi al passivo e condizionatamente al mancato soddisfacimento dei crediti nella l.c.a. La dichiarazione di fallimento (oggi: liquidazione giudiziale), in questi casi, si giustificherebbe altresì per la persecuzione degli effetti penali dell'insolvenza [7].

2. – Per ciò che concerne i rapporti tra la liquidazione coatta amministrativa e la procedura di Amministrazione Straordinaria, ci si trova di fronte ad un argomento che presenta diversi profili di complessità. Diversi decenni dopo che l'approvazione della legge fallimentare aveva individuato l'assetto giudicato preferibile per il rapporto tra procedure concorsuali "di diritto comune" e procedure concorsuali "di diritto speciale" – rappresentato, per l'appunto, dalla disciplina delle procedure di l.c.a. sviluppata nel contesto della legge fallimentare –, il legislatore ha sentito l'esigenza di sottrarre alla disciplina di diritto comune delle "crisi" (di natura patrimoniale) non più soltanto le imprese appartenenti a settori dell'economia di particolare interesse pubblico (le banche; gli intermediari finanziari; le assicurazioni; ecc.); ma anche le imprese che, a prescindere dal settore economico di operatività, presentassero livelli dimensionali di tale portata, da imporre la considerazione della esigenza di salvaguardare interessi sino ad allora trascurati – nella occasione dell'insolvenza dell'impresa –: quali, principalmente, la salvaguardia dei livelli occupazionali e l'integrità degli organismi produttivi. Sono così state introdotte nell'ordinamento concorsuale nuove ed ulteriori procedure di carattere amministrativo, che pur presentando una affinità per c.d. "ideologica" con le procedure di l.c.a., non hanno declinato questo modello, ma ne hanno introdotto uno autonomo, rappresentato dalla procedura (anzi: dalle procedure) di Amministrazione Straordinaria: l'Amministrazione Straordinaria delle grandi imprese in crisi, originariamente disciplinata dal d.l. 30 gennaio 1979, n. 26, convertito con modificazioni dalla l. 3 aprile 1979, n. 95, poi soppiantata dalla Amministrazione Straordinaria delle grandi imprese insolventi, disciplinata dal d.lgs. n. 170 del 1999; la Amministrazione Straordinaria delle imprese di rilevanti dimensioni in stato di insolvenza, disciplinata (in occasione del dissesto "Parmalat") dal d.l. 23 dicembre 2003, n. 347, e successive modificazioni e integrazioni; la Amministrazione Straordinaria delle im-

---

197, che stabilisce una netta distinzione tra la data del provvedimento e quella della sua pubblicazione. *Contra*: STALLA, *La liquidazione coatta*, 228.

Secondo CONTARINI, *Art. 295,* 2202, «occorre fare riferimento, rispetto al fallimento (oggi: liquidazione giudiziale), alla data di pubblicazione della sentenza dichiarativa di fallimento (oggi: della sentenza di apertura della liquidazione giudiziale) ai sensi dell'art 183, co. 1, c.p.c., come già previsto dall'art. 16, co. 2, l. fall. oggi sostituito dall'art. 49, co. 4, Per quanto riguarda la l.c.a. è discusso se il momento al quale dovere fare riferimento sia quello del decreto che dispone la l.c.a. o quello della sua pubblicazione in Gazzetta Ufficiale. Prevale, tuttavia, l'opinione secondo cui si debba fare riferimento alla data di adozione del decreto di l.c.a. e non già quello della sua pubblicazione, anche per ragioni di coerenza con la interpretazione prevalente in tema di produzione dei relativi effetti (cfr. artt. 200, 201, 203 l. fall., oggi sostituiti dagli artt. 303, 300 e 299), dipendenti solo dalla giuridica esistenza del provvedimento e non dalla sua pubblicazione».

[7] BONFATTI, *La liquidazione coatta,* 36 ss.; CONTARINI, *Art. 295,* 2202.

prese operanti nel settore dei servizi pubblici essenziali, introdotta – in occasione del (primo) dissesto "Alitalia" – dal d.l. n. 134 del 2008.

In epoca relativamente recente la situazione di crisi del gruppo industriale facente capo alla "Compagnia di bandiera", cioè Alitalia, ha indotto il legislatore ad apportare nuove modificazioni alla disciplina delle procedure concorsuali amministrative. Anche in questo caso, peraltro, il "modello" di riferimento non è stato rappresentato dalle procedure di l.c.a., bensì dalla procedura di Amministrazione Straordinaria. L'assoggettamento di "Alitalia" ad una procedura concorsuale di carattere amministrativo, in considerazione degli interessi generali sottesi alla circostanza che essa operava nel settore dei servizi pubblici essenziali, avrebbe potuto essere conseguito, in via teorica, sia domandando l'ammissione alla procedura di Amministrazione Straordinaria "normale" di cui al d.lgs. n. 270 del 1999 (legge "Prodi-*bis*"); sia domandando l'ammissione all'Amministrazione Straordinaria "speciale" di cui al d.l. n. 347 del 2003 ("legge Marzano", o "legge Parmalat"): "Alitalia", infatti, presentava livelli di indebitamento e di "forza lavoro" largamente superiori a quelli fissati in occasione delle modifiche apportate alla legge "Prodi-*bis*" in conseguenza del dissesto di "Parmalat"[8].

Nessuna delle due strade fu intrapresa, per differenti ordini di ragioni. Non la strada della legge "Prodi-*bis*", per le stesse ragioni "politiche" che avevano indotto a modificarne la disciplina attraverso la creazione di una Amministrazione Straordinaria "speciale" in occasione del dissesto "Parmalat": ragioni di varia natura, ma principalmente individuate nella indesiderata giurisdizionalizzazione subita dalla "legge Prodi" nel passaggio della legge n. 95 del 1979 al d.lgs. n. 270 del 1999[9]. Era davvero inimmaginabile che la politica, dopo aver giocato un ruolo di assoluto protagonista durante la vita (e durante l'agonia) di Alitalia, consegnasse ai tribunali la gestione degli effetti della sua morte.

Peraltro nemmeno la strada della "legge Parmalat" rappresentava una soluzione praticabile. Quando alla Amministrazione Straordinaria "normale" vennero apportate quelle modificazioni (soprattutto in direzione di una più accentuata amministrativizzazione) che avrebbero originato l'Amministrazione Straordinaria "speciale" cui assoggettare "Parmalat", infatti, a giustificazione all'intervento fu addotta la necessità di prevedere procedure più rapide di avvio della ristrutturazione aziendale, al fine di salvaguardare la continuità gestionale: ed a riprova fu sottolineata la esclusione dell'ammissibilità del ricorso alla nuova procedura da parte delle imprese che non fossero in condizione di perseguire la ristrutturazione economica e finanziaria tramite l'attuazione di un "*programma di ristrutturazione*", ma versassero in una situazione di crisi irreversibile, tale da consentire solamente l'avvio di un "*programma di cessione dei complessi aziendali*". Per "Alitalia", peraltro, non era neppure lontanamente ipotizzabile il perseguimento del risanamento industriale attraverso l'esecuzione di un programma di ristrutturazione, essendo la Compagnia di bandiera pervenuta ad uno stadio così avanzato della situazione di crisi (dichiaratamente e inequivocabilmente qualificabile stato di insolvenza *tout court*), da dovere necessariamente passare attraverso la cessione dei complessi aziendali (e neppure tutti!): giusto il contrario di quanto consentito dalla "legge Parmalat".

---

[8] In argomento BONFATTI, *L'Amministrazione Straordinaria*, 404 ss.

[9] BONFATTI, *L'Amministrazione Straordinaria*, 421 ss.

È stato necessario pertanto modificare la "legge Parmalat" ed abolire l'ostacolo rappresentato dalla originaria inammissibilità dell'accesso all'Amministrazione Straordinaria "speciale" per le imprese (di rilevanti dimensioni) aspiranti a perseguire (soltanto) un "*programma di cessione*" dei complessi aziendali.

L'obiettivo di consentire ad "Alitalia" di accedere alla più gradita (dal Governo) Amministrazione Straordinaria "speciale", piuttosto che alla (pur disponibile) Amministrazione Straordinaria "normale", non è stato perseguito con una "legge fotografia" propriamente detta (applicabile cioè solo ad "Alitalia" ed alle società del "Gruppo"): bensì *modificando i presupposti generali di accesso alla procedura di Amministrazione Straordinaria "speciale"*, in modo tale da consentire il ricorso alla stessa *anche* ad Alitalia [10].

La necessità di apportare alla disciplina della Amministrazione Straordinaria "speciale" di cui alla "legge Parmalat" alcune modificazioni, per renderla funzionale a regolare la situazione di crisi del "Gruppo Alitalia", ha prodotto non soltanto il risultato di originare una nuova procedura di Amministrazione Straordinaria "speciale" per tutte le imprese in stato di insolvenza qualificabili "*di rilevanti dimensioni*": ma anche quello di delineare una Amministrazione Straordinaria connotata di caratteristiche peculiari per ciò che concerne le imprese (di rilevanti dimensioni) "*operanti nel settore dei servizi pubblicitari essenziali*", come era il settore in cui operavano le società del "Gruppo Alitalia". Le disposizioni specifiche concernenti le situazioni di insolvenza delle imprese operanti nel settore dei servizi pubblici essenziali hanno modificato per tali imprese tanto la procedura di Amministrazione Straordinaria "normale"; quanto la procedura di Amministrazione Straordinaria "speciale", riservata alle imprese più grandi (cioè "di rilevanti dimensioni"), *e disponibili ad esservi sottoposte* (giacché la procedura di Amministrazione Straordinaria "speciale" può essere aperta solo su domanda dell'impresa interessata).

Alla luce di quanto sopra considerato risulta condivisibile la conclusione secondo la quale il problema del possibile concorso della procedura (*rectius*: delle procedure) di l.c.a. con la procedura di Amministrazione straordinaria (delle "grandi imprese" in crisi; delle imprese insolventi di "rilevanti dimensioni"; delle imprese "*operanti nel settore dei servizi pubblici essenziali*"), deve essere risolto riconoscendo la prevalenza delle seconde rispetto alla prima (che ha finalità esclusivamente liquidatorie), avendo le procedure di Amministrazione Straordinaria anche la funzione di salvaguardare i complessi produttivi, per la quale invece la l.c.a. non appare predisposta [11].

---

[10] Va da sé, peraltro, che in questo modo anche tutte le altre imprese (di rilevante dimensione) che si sarebbero trovate e si troveranno nelle condizioni di Alitalia potranno accedere all'Amministrazione Straordinaria "speciale", benché non posseggano in ipotesi i requisiti originariamente necessari.

[11] FABIANI, *Il diritto*, 545. FABIANI, NARDECCHIA, *Codice della crisi*, 2868. In senso diverso conclude invece D'ATTORRE, *Manuale di diritto*, 394, secondo il quale «per quanto riguarda i rapporti tra l.c.a. e amministrazione straordinaria delle imprese in stato di insolvenza, possono richiamarsi le considerazioni svolte con riferimento alla liquidazione giudiziale, atteso che l'ammissione all'amministrazione straordinaria è riservata alle imprese soggette a liquidazione giudiziale che presentino determinati requisiti dimensionali. Pertanto, se la legge assoggetta un'impresa a l.c.a. con esclusione della liquidazione giudiziale, è esclusa anche l'applicazione delle procedure di amministrazione straordinaria; se, al contrario, un'impresa è assoggettabile a l.c.a. senza esclusione della liquidazione giudiziale, è consentita, nella ricorrenza dei requisiti di legge e nel rispetto del principio della prevenzione, la sua assoggettabilità anche all'amministrazione straordinaria».

3. – Per ciò che concerne i rapporti tra la procedura di liquidazione coatta amministrativa e la procedura di concordato preventivo si rinvia al commento dell'art. 296.

4. – Le imprese di diritto comune possono disporre, per perseguire il tentativo del superamento ovvero della composizione delle situazioni di "crisi" – anche coincidenti con lo stato di insolvenza *tout court* –, di procedure negoziali ulteriori rispetto al concordato preventivo : segnatamente, i "Piani Attestati di Risanamento" (che sono disciplinati dall'art. 56); gli "Accordi di Ristrutturazione" (che sono regolati dagli artt. 57 ss.) – nelle diverse declinazioni degli "Accordi di Ristrutturazione" per c.d. "*normali*"; degli "Accordi" cc.dd. "*agevolati*" (art. 60); degli "Accordi" cc.dd. "*ad efficacia estesa*" (art. 61) –; la "Convenzione di moratoria" (di cui all'art. 62)[12]; e della Composizione Negoziata della Crisi d'Impresa (artt. 12 ss.). La domanda se tali istituti debbano considerarsi disponibili anche per le imprese cc.dd. "di diritto speciale", ed in quanto tali soggette – ricorrendone i presupposti – alla procedura di l.c.a., in luogo (ovvero, quando consentito, in alternativa) alla liquidazione giudiziale, dovrebbe trovare una risposta positiva tendenzialmente per qualsiasi figura tra quelle considerate.

Nel silenzio assoluto del diritto positivo – che, invece, come visto, regola i rapporti tra l.c.a. e liquidazione giudiziale (art. 295, comma 1,), ed i rapporti tra l.c.a. e concordato preventivo (art. 296) –, non si vedono ragioni per le quali una impresa c.d. "di diritto speciale", che versi in una condizione di "squilibrio finanziario"[13], non possa ricorrere all'istituto del Piano Attestato di Risanamento[14]; ovvero che una impresa di tale natura, che intenda concludere con i propri creditori un accordo diretto «*a disciplinare in via provvisoria gli effetti della crisi*», non possa usufruire dell'istituto della Convenzione di moratoria.

Neppure si può dubitare che una delle imprese *de quibus* si possa avvalere della "procedura" di Composizione negoziata della crisi d'impresa[15].

Neppure si vedono ragioni per escludere, *in linea di principio*, che le imprese soggette a l.c.a., nelle situazioni di «*stato di crisi o di insolvenza*», possano concludere con i creditori un "Accordo di Ristrutturazione" disciplinato dagli artt. 57 ss., tanto più che ciò è già accaduto, almeno in un caso che ha avuto grande risonanza[16].

---

[12] Nel vigore della legge fallimentare si poteva dubitare che la Convenzione di moratoria costituisca un istituto giuridico a sé, piuttosto che rappresentare una forma di Accordo di Ristrutturazione «*con intermediari finanziari*» (ovverosia «*ad efficacia estesa*»), stante la comune collocazione nell'art. 182-*septies* l. fall. Oggi l'autonomia della "Convenzione" rispetto agli Accordi – già richiamabile nel vigore della legge fallimentare (BONFATTI, *Le nuove procedure*) – non può più essere messa in discussione, stante l'autonomia anche della collocazione normativa (l'art. 62, per l'appunto).

[13] Nonché in una condizione di insolvenza *tout court*, per chi ritenesse utilizzabile l'istituto disciplinato dall'art. 56 anche da parte delle imprese versanti in situazioni di crisi irreversibili: v. in argomento D'ATTORRE, *Manuale di diritto*, 54 ss.; FAUCEGLIA, *Il nuovo diritto*, 46.

[14] In argomento v. BONFATTI, *La disciplina*, 13. Sull'istituto, in termini generali, v. ora SANTANGELI, *Il piano attestato*, 2021.

[15] In argomento BONFATTI, *Profili della composizione*, n. 2. V. altresì CONTARINI, *Art. 297*, 2207.

[16] Si allude al caso del c.d. "Gruppo Delta", in occasione del quale si è ritenuto omologabile l'Accordo di Ristrutturazione stipulato ai sensi degli artt. 182-*bis* ss. l. fall. (corrispondenti agli artt. 57 ss.) da parte di in-

La conclusione (in senso positivo), che si ritiene di dovere mantenere ferma in termini generali, richiede tuttavia una precisazione con riguardo a *talune* delle procedure di Liquidazione Coatta Amministrativa, e segnatamente a quelle che *escludono*, per le imprese "di diritto speciale" rispettivamente ad esse sottoposte, il ricorso a "procedure concorsuali" diverse da quelle disciplinate dai rispettivi *corpora* (per fare gli esempi di più immediata ricorrenza: il *corpus* del diritto concorsuale bancario, per le imprese bancarie – e v. in particolare l'art. 80, comma 6, TUB –; il *corpus* del diritto concorsuale finanziario, per le imprese di investimento – e v. in particolare l'art. 57, comma 3, TUF –; ed il *corpus* del diritto concorsuale assicurativo per le imprese amministrative – e v. in particolare l'art. 238 cod. ass. –).

5. – Se si presta attenzione al contenuto della c.d. riforma della "legge fallimentare" ormai entrata in vigore, si deve prendere atto del tentativo – rappresentato dal c.d. "Progetto Rordorf" – di assimilare gli "Accordi di Ristrutturazione" alle "*procedure concorsuali*" (con specifico riguardo al concordato preventivo); e del "passo indietro" realizzato dalla "Riforma Bonafede" – poi confluita nel testo definitivo del "Codice" –, che quel tentativo ha frustrato.

Basta infatti confrontare il testo dell'art. 50 del "Progetto Rordorf" con il testo dell'art. 46 della "Riforma Bonafede", poi diventata c.c.i., per rendersi conto del fenomeno segnalato.

Gli effetti della domanda di accesso al concordato preventivo *prima* erano riconnessi anche alla domanda di accesso all'"Accordo", che così recitava [Rubrica]: «*Effetti del decreto di concessione dei termini per accesso al Concordato Preventivo o al giudizio per omologazione dell'Accordo di Ristrutturazione.*» [Testo] *1. «Dopo il deposito della domanda di accesso* [al Concordato Preventivo o al giudizio di omologa dell'Accordo] *e fino al decreto di apertura di cui all'articolo 47, il debitore può compiere gli atti urgenti di straordinaria Amministrazione previa autorizzazione del tribunale. In difetto di autorizzazione gli atti sono inefficaci e il tribunale dispone la revoca del decreto di cui all'articolo 4, comma 1 … . 3. I crediti sorti per effetto degli atti legittimamente compiuti dal debitore sono prededucibili … . 5. I creditori non possono acquisire diritti di prelazione con efficacia rispetto ai creditori concorrenti, salvo che vi sia l'autorizzazione prevista dai commi 1, 2 e 3. Le ipoteche giudiziali iscritte nei novanta giorni che precedono la data della pubblicazione nel registro delle imprese della domanda di accesso* [al Concordato Preventivo o al giudizio di omologa dell'Accordo] *sono inefficaci rispetto di creditori anteriori*».

Con la approvazione del Codice, peraltro, tutto è cambiato. Il Testo definitivo della norma (divenuta ora l'art. 46) così recita [Rubrica]: «*Effetti della domanda di accesso al Concordato preventivo.*» [Testo] *1. «Dopo il deposito della domanda di accesso* [al Concordato Preventivo] *e fino al decreto di apertura di cui all'articolo 47, il debitore può compiere gli atti urgenti di straordinaria Amministrazione previa autorizzazione del tribunale. In difetto di autorizzazione gli atti sono inefficaci e il tribunale dispone la revoca del decreto di cui*

---

termediari bancari e finanziari: Trib. Bologna, 17 novembre 2021, in *Fallimento*, 2021, 594. In argomento v. BONFATTI, *La disciplina*, 16.

In termini generali D'ATTORRE, *Manuale di diritto*, 394, afferma che «discorso analogo a quello del concordato preventivo vale anche per gli accordi di ristrutturazione dei debiti, ai quali può far ricorso anche l'impresa per la quale la legge speciale prevede l'assoggettamento a l.c.a., salvo diversa previsione legislativa».

all'articolo 44, comma 1. 4. I crediti di terzi sorti per effetto di atti legalmente compiuti dal debitore sono prededucibili. 5. I creditori non possono acquisire diritti di prelazione con efficacia rispetto ai creditori concorrenti, salvo che vi sia l'autorizzazione prevista dai commi 1, 2 e 3. Le ipoteche giudiziali iscritte nei novanta giorni che precedono la data della pubblicazione nel registro delle imprese della domanda di accesso sono inefficaci rispetto di creditori anteriori»[17].

La assimilabilità degli "Accordi" al concordato preventivo deve quindi essere definitivamente esclusa, perché effetti di primaria importanza, caratteristici delle "procedure concorsuali" – quale il divieto di azioni esecutive o cautelari individuali; la limitazione della gestione dell'impresa agli atti di ordinaria amministrazione; la prededucibilità dei crediti sorti in corso di procedura –, *sono attribuiti esclusivamente al Concordato preventivo, e sottratti invece all'Accordo di Ristrutturazione*[18].

Se poi si ha riguardo al nuovo art. 100 è possibile desumere ulteriori argomenti a favore della tesi della "non concorsualità" dell'accordo di ristrutturazione.

La norma disciplina gli effetti del pagamento di creditori pregressi (i cc.dd. "fornitori strategici"), consentendolo solo a seguito di una autorizzazione giudiziale, preceduta da una attestazione speciale. Trattasi di disposizione analoga a quella ieri prevista dall'art. 182-*quinquies*, comma 5, l. fall. (per l'ipotesi della sequenza "concordato-fallimento"), ed è applicabile esclusivamente al «*debitore che presenta una domanda di concordato*».

Nessuna disposizione è invece dettata per l'ipotesi della sequenza "Accordo – Fallimento" (ieri disciplinata dall'art. 182-*quinquies*, comma 6, l. fall., ma oggi non riprodotta nel Codice).

In mancanza di una disciplina specifica, le possibili soluzioni sono due:

---

[17] Secondo GESMUNDO, *Gli accordi*, 777, l'analisi della disciplina dell'istituto delineata negli schemi dei decreti legislativi di attuazione della legge delega sulla riforma del diritto concorsuale dimostra che la soluzione adottata dalla Corte di Cassazione, se non è perfettamente in linea con la visione della dottrina maggioritaria, «è destinata a diventare inevitabile con la introduzione della normativa prevista dalla riforma in corso»: la previsione di un unico procedimento di ammissione, dichiarazione e omologazione, per tutte le procedure, gli strumenti di soluzione concordata della crisi e gli accordi, «elimina alla radice il problema della classificazione, delle une e degli altri, come 'procedure concorsuali'».

Tale analisi non è peraltro più attuale – nel passaggio dagli "*schemi dei decreti legislativi*" al decreto legislativo delegato –, sia per le ragioni precisate nel testo; sia perché non sussiste più "*un unico procedimento di ammissione ...*" per gli accordi di ristrutturazione ed il concordato preventivo, potendo i primi, come ieri, anche oggi, essere conclusi *in assenza di qualsiasi procedimento preliminare di "ammissione"*, o cosa che sia.

[18] Né a diversa conclusione è dato pervenire laddove si considerino le figure particolari di "Accordo" costituite dagli "Accordi agevolati" (art. 60) e dagli Accordi "ad efficacia estesa" (art. 61). Con riguardo ai secondi, infatti, il fattore rappresentato dall'efficacia vincolante della maggioranza (qualificata) dei creditori rispetto ai creditori (omogenei) dissenzienti, che viene invocato come elemento espressivo di una contiguità dell'istituto al concordato preventivo, deve essere fortemente ridimensionato dalla previsione della condizione del soddisfacimento "non inferiore rispetto alla liquidazione giudiziale" – laddove nel concordato preventivo la maggioranza (semplice) vincola la minoranza (anche non omogenea) nonostante l'eventuale maggior convenienza (economica) dell'apertura del fallimento (potendo fare valere interessi anche diversi, e non necessariamente comuni ai creditori dissenzienti) –. Quanto agli "Accordi agevolati", poi, si tratta di un istituto caratterizzato dalla totale mancanza di effetti (neppure quelli della "moratoria coatta") nei confronti della stragrande maggioranza (70%) dei creditori: dove sia rintracciabile un "concorso", in tale contesto, è davvero difficile stabilire (in argomento ZANICHELLI, *Prededuzione dei crediti*, 553 ss.).

a) il pagamento di "fornitori strategici" non è mai consentito all'imprenditore che abbia concluso un "Accordo", neanche con la autorizzazione del tribunale (che non è contemplata); oppure

b) il pagamento dei "fornitori strategici" è sempre consentito all'imprenditore che abbia concluso un "Accordo", anche senza autorizzazione del tribunale – che non è contemplata (a nulla rilevando la circostanza che detto pagamento possa essere assoggettato a revocatoria nel fallimento consecutivo; e neppure rilevando che esso possa costituire causa di risoluzione dello "Accordo", ove contrario agli impegni assunti dall'imprenditore: giacché il pagamento rimarrebbe comunque valido).

È evidente che, in entrambi i casi, la risposta corretta è la seconda (non avrebbe senso vietare nell'"Accordo" ciò che è consentito nel concordato, seppur con l'intervento autorizzatorio del giudice competente): e ciò evidenzia vieppiù la diversa natura del primo istituto rispetto al secondo.

Articolo 296

Rapporti tra concordato preventivo e liquidazione coatta amministrativa

1. Se la legge non dispone diversamente, le imprese soggette a liquidazione coatta amministrativa possono essere sempre ammesse alla procedura di concordato preventivo, osservato, per le imprese non assoggettabili a liquidazione giudiziale, l'articolo 297, comma 8

Riccardo Fava

La disposizione costituisce la riscrittura dell'art. 3 l. fall. e dispone che tutte le imprese per le quali la legge prevede la soggezione alla procedura di liquidazione coatta amministrativa, anche quando non siano assoggettabili alla liquidazione giudiziale, sono ammesse alla procedura di concordato preventivo, salvo che ciò sia espressamente escluso dalla legge speciale

Il sistema delineato dall'articolo in commento è dunque inverso rispetto a quello previsto dall'art. 293. Soltanto se la legge non dispone diversamente ed in senso negativo, le imprese soggette a liquidazione coatta amministrativa sono ammesse alla procedura del concordato preventivo. Ad esempio, l'art. 80, comma 6, TUB prevede espressamente l'esclusione dell'assoggettabilità delle banche alle procedure concorsuali diverse dalla liquidazione coatta amministrativa e di conseguenza al concordato preventivo; così anche per le S.i.m., S.g.r., S.i.ca.v. in forza del richiamo della citata disposizione all'art. 57, comma 3, d. lgs. n. 58 del 1998.

Emerge dunque un favore legislativo per la procedura di concordato preventivo, ritenuto idoneo a gestire le situazioni di crisi delle imprese caratterizzate dagli interessi pubblici presi in considerazione dal legislatore nella selezione delle imprese assoggettate alla liquidazione coatta amministrativa.

La pendenza del concordato preventivo impedisce all'autorità governativa di disporre la liquidazione coatta dell'impresa, salva l'ipotesi in cui a quest'ultima procedura si sia fatto ricorso per motivi diversi dallo stato di insolvenza, casi in cui i procedimenti potrebbero coesistere per mancanza di presupposto comune (insolvenza); l'apertura della liquidazione coatta dovrebbe impedire la procedura di concordato preventivo, solo se disposta in presenza dello stato di insolvenza[1].

---

[1]Cfr. BONSIGNORI, *Disposizioni generali.*

Il richiamo all'art. 297, comma 8, impone poi che per le sole imprese assoggettabili in via esclusiva alla liquidazione coatta amministrativa con esclusione della liquidazione giudiziale, in caso di cessazione della procedura di concordato preventivo il tribunale provveda su istanza del commissario giudiziale alla dichiarazione dello stato di insolvenza.

Articolo 297

Accertamento giudiziario dello stato di insolvenza anteriore alla liquidazione coatta amministrativa

1. Salva diversa disposizione delle leggi speciali, se un'impresa soggetta a liquidazione coatta amministrativa con esclusione della liquidazione giudiziale si trova in stato di insolvenza, il tribunale del luogo in cui essa ha il centro degli interessi principali, su ricorso di uno o più creditori o dell'autorità che ha la vigilanza sull'impresa o di questa stessa, dichiara tale stato con sentenza.

2. Il trasferimento del centro degli interessi principali intervenuto nell'anno antecedente il deposito della domanda per la dichiarazione dello stato di insolvenza non rileva ai fini della competenza.

3. Con la stessa sentenza o con successivo decreto, il tribunale adotta i provvedimenti conservativi che ritenga opportuni nell'interesse dei creditori fino all'inizio della procedura di liquidazione.

4. Prima di provvedere il tribunale deve sentire il debitore, con le modalità di cui all'articolo 40 e l'autorità che ha la vigilanza sull'impresa.

5. La sentenza è comunicata entro tre giorni, a norma dell'articolo 136 del codice di procedura civile, all'autorità competente perché disponga la liquidazione o, se ne ritiene sussistenti i presupposti, l'avvio della risoluzione ai sensi del decreto di recepimento della direttiva 2014/59/UE o del regolamento (UE) 2021/23 e delle relative norme attuative. Essa è inoltre notificata, e resa pubblica a norma dell'articolo 45.

6. Contro la sentenza può essere proposto reclamo da qualunque interessato, a norma dell'articolo 51.

7. Il tribunale che respinge il ricorso per la dichiarazione d'insolvenza provvede con decreto motivato. Contro il decreto è ammesso reclamo a norma dell'articolo 50.

8. Il tribunale provvede su istanza del commissario giudiziale alla dichiarazione d'insolvenza a norma del presente articolo quando nel corso della procedura di concordato preventivo di un'impresa soggetta a liquidazione coatta amministrativa, con esclusione della liquidazione giudiziale, si verifica la cessazione della procedura e sussiste lo stato di insolvenza. Si applica, in ogni caso, il procedimento di cui al comma 4.

9. Le disposizioni di questo articolo non si applicano agli enti pubblici.

Sido Bonfatti

Sommario: 1. Il presupposto oggettivo rappresentato dall'accertamento giudiziario dello stato di insolvenza dell'impresa assoggettabile a l.c.a. – 2. Il concetto di "insolvenza" nelle procedure di liquidazione coatta amministrativa (degli intermediari bancari e degli intermediari finanziari assimilati) ed il rapporto con le perdite patrimoniali. – 3. Inapplicabilità della norma agli enti pubblici.

1. – L'art. 297 declina direttamente la disciplina di uno dei "casi" per i quali "la liquidazione coatta amministrativa può essere disposta ...": ed anzi considera una fattispecie nella quale, come si dirà, l'opinione comune è nel senso che la l.c.a. *debba* essere disposta dall'autorità competente. Un presupposto oggettivo comune a tutte le procedure di l.c.a. (escluse le procedure attivabili nei confronti di enti pubblici, che non possono consistere nella procedura che stiamo qui considerando: art. 294, comma 3) è infatti rappresentato dall'intervenuta dichiarazione giudiziale dello stato di insolvenza. L'art. 297, comma 1, per l'appunto, dispone che «*se un'impresa, soggetta a liquidazione coatta amministrativa con esclusione della liquidazione giudiziale, si trova in stato di insolvenza, il tribunale del luogo dove essa ha il centro degli interessi principali*[1]*, su ricorso di uno o più creditori, ovvero dell'autorità che ha la vigilanza sull'impresa o di questa stessa, dichiara tale stato con sentenza … La sentenza è comunicata entro tre giorni … all'autorità competente perché disponga la liquidazione*». Ciò vuol dire che quando il tribunale ("fallimentare") accerta la sussistenza dello stato di insolvenza di una impresa soggetta a l.c.a., se questa è soggetta anche al fallimento (oggi: alla liquidazione giudiziale), pronuncia la relativa sentenza dichiarativa, in applicazione dell'art. 121; se invece l'impresa è soggetta soltanto alla l.c.a., il tribunale dichiara la sussistenza dello stato di insolvenza e dispone la comunicazione della sentenza alla autorità amministrativa di settore, competente per il controllo e la vigilanza della categoria di imprese interessata, «*perché disponga la liquidazione coatta amministrativa*». Nel frattempo il tribunale può adottare i provvedimenti conservativi che ritenga opportuni nell'interesse dei creditori, quali ad esempio la nomina di un *amministratore giudiziale* o di un *custode* dell'azienda, ovvero la disposizione di provvedimenti protettivi del patrimonio dell'impresa[2].

Si delinea in questo modo un procedimento che, per i creditori, è analogo a quello che conduce alla apertura della liquidazione giudiziale dell'impresa commerciale insolvente di diritto comune. Di fronte ad un'impresa "di diritto speciale" insolvente, infatti, ai creditori non è di norma concesso rivolgersi all'autorità amministrativa di settore perché questa disponga la l.c.a.: è peraltro concesso loro di rivolgersi all'autorità giudiziaria, perché que-

[1] L'art. 297 «*riproduce l'art. 1959 l. fall*» (Lamanna, *Il Codice*, 711): peraltro nel contesto della legge fallimentare la competenza per territorio dipende dal luogo in cui l'impresa ha la «*sede principale*»: art. 9, comma 1, l. fall. Nel contesto del Codice viene attribuita rilevanza al «*centro degli interessi principali*» del debitore (art. 27, comma 2).

[2] Bonfatti, *Liquidazione coatta*, 94 ss.; Contarini, *Art. 297*, 2122.

sta dichiari la sussistenza dello stato di insolvenza, e conseguentemente disponga la comunicazione della sentenza all'autorità amministrativa «*perché disponga*» la l.c.a. (con un atto che è unanimemente ritenuto "atto dovuto") [3].

La legittimazione a richiedere l'accertamento giudiziale dello stato di insolvenza delle imprese soggette a l.c.a. è attribuita ai «*creditori*» nonché, all'autorità che ha la vigilanza sull'impresa, ed all'impresa stessa. La individuazione dell'autorità giudiziaria competente rappresenta l'unica differenza sostanziale rispetto alla disciplina previgente (art. 195 l. fall.): non indicandosi più il tribunale del luogo nel quale l'impresa ha la sede legale, bensì quello del luogo nel quale l'impresa ha il proprio principale centro di interessi [4]. Nelle ipotesi nelle quali l'impresa fosse stata ammessa [all'amministrazione controllata od] al concordato preventivo, e ricorressero le situazioni nelle quali si sarebbe dovuto procedere alla dichiarazione di fallimento, l'art. 297, comma 8, dispone che il tribunale, su istanza del commissario giudiziale, dichiari l'insolvenza dell'impresa in questione quando nel corso della procedura di concordato preventivo si verifica la cessazione della procedura e sussiste lo stato di insolvenza (che potrebbe teoricamente anche non sussistere, non costituendo più il presupposto necessario della ammissione al concordato preventivo). Si deve ritenere che il procedimento sia disciplinato dalle norme concernenti i giudizi in camera di consiglio (visto il rinvio all'art. 40 per la necessaria audizione del debitore: cfr. art. 297, comma 4), integrate dalle previsioni della audizione obbligatoria dell'imprenditore, nonché della necessaria acquisizione del parere (obbligatorio, ma non vincolante) dell'autorità amministrativa competente. Nell'ipotesi nella quale il tribunale respinga l'istanza (*rectius*: il "*ricorso*") per la dichiarazione giudiziale dello stato di insolvenza, provvede con decreto motivato (soggetto a reclamo davanti alla corte d'appello, ai sensi dell'art. 50); se invece la accoglie, provvede (in composizione collegiale) con sentenza, con la quale adotta «*i provvedimenti conservativi che ritenga opportuni nell'interesse dei creditori fino all'inizio della procedura di liquidazione*».

La sentenza è comunicata entro tre giorni, a norma dell'art. 136 c.p.c., all'autorità competente («*perché disponga la liquidazione* ...»), ed è notificata e resa pubblica a norma dell'art. 45.

Va da sé che mentre si sviluppano i giudizi di gravame sulla sentenza dichiarativa dello stato di insolvenza, l'impresa interessata sarà già stata assoggettata a l.c.a. da parte dell'autorità amministrativa competente (tenuto conto, come detto, che quest'ultima è tenuta a disporre la l.c.a. dell'impresa dichiarata insolvente): onde l'eventuale riforma della sentenza di accertamento dello stato di insolvenza deve ritenersi implichi l'annullamento del provvedimento amministrativo di disposizione della l.c.a.

Occorre peraltro segnalare che di norma l'autorità amministrativa, alla quale sia stata comunicata la sentenza di accertamento giudiziale dell'insolvenza, dispone la l.c.a. dell'impresa interessata *anche sulla base di presupposti ulteriori rispetto alla detta situazione di insolvenza*: in tal caso la procedura di l.c.a. è destinata a proseguire anche qualora sia stata riformata la sentenza del tribunale "fallimentare" di cui all'art. 297.

Va da sé, ancora, che il provvedimento amministrativo di disposizione della l.c.a. è a

[3] In argomento, BONFATTI, *Art. 80*, 1113 ss.; D'ATTORRE, *Manuale di diritto*, 396; FAUCEGLIA, *Il nuovo diritto*, 207; ARMELI, *Liquidazione coatta*; NIGRO, VATTERMOLI, *Diritto della crisi*, 464.

[4] LEGNANI, MAZZEI, BRIGUGLIO, *Le liquidazioni*, 420; CONTARINI, *Art. 297*, 2209.

sua volta soggetto alle impugnative proprie dei provvedimenti della specie (*in primis* il ricorso al TAR competente).

Occorre segnalare, infine, che a seguito della riforma del diritto concorsuale bancario conseguente al recepimento della direttiva comunitaria 2014/59/UE (BRRD), il Codice ha dovuto tenere contro della circostanza che l'insolvenza dell'impresa bancaria può comportare *non soltanto più* l'assoggettamento della stessa alla procedura di l.c.a., *bensì anche* il suo assoggettamento alla procedura di risoluzione[5]. In conseguenza di ciò l'art. 297, comma 5, precisa che, a seguito del ricevimento della comunicazione della sentenza dichiarativa dello stato di insolvenza dell'impresa soggetta a l.c.a. (segnatamente: di una impresa bancaria ovvero di una impresa finanziaria non bancaria soggetta anch'essa alla procedura di "risoluzione")[6], l'autorità competente dispone la liquidazione, «*o, se ne ritiene sussistenti i presupposti, l'avvio della risoluzione...*». Nello stesso modo, quando si dovesse considerare la situazione di crisi di una "*controparte centrale*"[7], l'autorità di risoluzione potrebbe avviare l'azione di risoluzione nei suoi confronti, allorché essa fosse considerata in dissesto "*dall'autorità competente*": ciò in conseguenza della modifica apportata al comma 5 della norma qui commentata ad opera dell'art. 24, comma 1, lett. *a*), d. lgs. 6 dicembre 2023, n. 224, il quale ha inserito, dopo le parole "*direttiva 2014/59/UE*" le ulteriori parole "*o del regolamento (UE) 2021/23 e delle relative norme attuative*".

2. – Nelle discipline che regolano le procedure di l.c.a. delle imprese "di diritto speciale" che vi sono soggette è normalmente annoverato, tra i presupposti oggettivi di assoggettabilità alla procedura, quello della emersione di perdite patrimoniali[8]. La coincidenza o meno di tale presupposto con il concetto di «*insolvenza*»; e la coincidenza o meno del concetto di «*insolvenza*» quale presupposto di assoggettabilità alla l.c.a. con il concetto di «*insolvenza*» quale presupposto di assoggettabilità al fallimento (ieri) od alla liquidazione giudiziale (oggi) – v., rispettivamente, l'art. 5 l. fall. e l'art. 2, comma 1, lett. *b*), –; rappresentano dubbi interpretativi ai quali vengono date rispose articolate e non sempre conseguenti.

Il tema è condizionato anche dalla necessità di valutare quale significato attribuire alla precisazione (contenuta nell'art. 202, comma 1, ultima parte, l. fall.; e replicata nell'art. 298, comma 1, ultima parte), secondo la quale all'accertamento giudiziale dello stato d'insolvenza dell'impresa *già assoggettata alla l.c.a.* si provvede «*anche se la liquidazione*

---

[5] In argomento, BONFATTI, *La disciplina*, 150 ss. Sulla disciplina della l.c.a. con riguardo alla procedura di "risoluzione" dell'impresa bancaria v. NIGRO, VATTERMOLI, *Diritto della crisi*, 487 ss.

[6] BONFATTI, *La disciplina*, 158 ss. e 389 ss.

[7] È definibile "controparte centrale" il soggetto che si interpone tra due controparti di una transazione agendo come acquirente nei confronti del venditore e come venditore nei confronti dell'acquirente. Si protegge dal rischio di inadempienza di ciascuna delle due parti attraverso l'acquisizione di adeguate garanzie. La controparte centrale italiana è la Cassa di compensazione e garanzia spa, operativa dal 1992.

[8] V. in argomento: per le banche e per gli intermediari finanziari non bancari assoggettati, nella materia, ad identica disciplina ("Sim speciali", su cui v. BONFATTI, *La disciplina*), l'art. 17, comma 2, lett. *b*), d.lgs. 16 novembre 2015, n. 180 (reso applicabile dall'art. 80, comma 1, d.lgs. 1° settembre 1993, n. 385); per gli intermediari finanziari non bancari che non risultano soggetti alla stessa disciplina della l.c.a. bancaria (intermediari diversi dalle cc.dd. "Sim speciali"), l'art. 57, comma 1, d.lgs. 24 febbraio 1998, n. 58; per le imprese di assicurazioni, l'art. 245, comma 1, d.lgs. 7 settembre 2005, n. 209.

[coatta amministrativa] *è stata disposta per insufficienza d'attivo*», cioè per perdite che hanno azzerato il patrimonio netto.

Secondo una parte della dottrina[9] ciò evidenzia una diversità rispetto al fallimento, «perché il concetto di perdita patrimoniale – così come quello di insufficienza di attivo – è diverso dal concetto di insolvenza». Tuttavia il senso della norma potrebbe anche esser quello di pretendere che l'accertamento dello stato di insolvenza *ai fini della produzione degli effetti supplementari che gli siano propri* avvenga in sede giudiziale, anziché in sede amministrativa, al fine di garantire una piena tutela ai diritti dei soggetti controinteressati – che intendessero negarne la sussistenza per sottrarsi, per l'appunto, agli effetti supplementari allo stesso conseguenti –.

Con riguardo al fondamentale settore delle imprese soggette a l.c.a. che è rappresentato dalle *imprese bancarie* (e dalle "Sim speciali", ad esse assimilate per ciò che concerne questa materia), la innovazione normativa rappresentata dalla introduzione della disciplina della "Risoluzione"[10] ha riacceso il dibattito sulla nozione di "insolvenza" assumibile per identificare la situazione di decozione dell'impresa bancaria (e finanziaria), anche con riguardo al rapporto della stessa con le *nozioni* di "dissesto" e di "rischio di dissesto" – che rappresentano i possibili presupposto della "Risoluzione" –; e con riguardo ai «*fatti*» rappresentati dall'intervenuta dichiarazione di "dissesto" o di "rischio di dissesto", quali possibili fattori sintomatici della sussistenza di una situazione di "insolvenza".

Secondo la più recente giurisprudenza, formatasi in occasione della dichiarazione giudiziale dello stato di insolvenza di Veneto Banca S.p.a., di Banca Popolare di Vicenza S.p.a. e di Banca delle Marche S.p.a., «l'accertamento dello stato di insolvenza di una banca sottoposta a l.c.a. deve essere compiuto con riferimento alla data del decreto che dispone la liquidazione e applicando i criteri previsti dall'art. 5 l. fall., posto che questa norma ha carattere "universale" ed è valida anche per le crisi bancarie. La dichiarazione di "dissesto" o "prossimità di dissesto" costituisce un fattore sopravvenuto idoneo a produrre l'insolvenza della banca in l.c.a. ed impone, nel relativo accertamento, l'adozione di una impostazione patrimonialistica tesa a verificare – attraverso una prognosi postuma – se l'istituto disponga di risorse (anche liquide) necessarie e sufficienti al soddisfacimento delle ragioni creditorie»[11]. In altri termini «in assenza di una autonoma definizione dell'art. 82 TUB dello stato di insolvenza, rilevante ai fini della relativa declaratoria nei confronti di banche in l.c.a., l'insolvenza bancaria deve essere definita nei medesimi termini previsti dell'art. 5 l. fall. E deve essere accertata con riferimento alla data di apertura della procedura, tenendo conto della specifica declinazione che essa assume in ragione dello stato di liquidazione nel quale si trova»[12]. Ancora è stato precisato che «anche per la dichiarazione di insolvenza di un istituto di credito, il giudice di merito deve verificare se esiste o meno un'effettiva situazione di insolvenza alla data di adozione del provvedimento di avvio della

[9] NIGRO, VATTERMOLI, *Diritto della crisi*, 463.

[10] BONFATTI, *La procedura*, 99, nt. 50.

[11] Trib. Treviso, 27 giugno 2018, cit. Negli stessi termini Trib. Vicenza, 9 gennaio 2019, in *ilcaso.it*, marzo 2019.

[12] App. Venezia, 18 dicembre 2019, in *Banca borsa*, 2020, II, 256, con nota di CANALE, *L'accertamento della insolvenza delle banche*).

risoluzione ex art. 36, d. lg. n. 180/2015, così apprezzando la circostanza in sé, a prescindere dalle ragioni che l'avevano causata, nella specie erroneamente invocate a scriminante, quali il diniego di autorizzazione, da parte della Banca d'Italia, dell'intervento del Fondo interbancario per la tutela dei depositi (peraltro di infruttuosa iniziativa). Non ha invero base normativa la distinzione tra insolvenza sussistente nella realtà economica ed insolvenza determinata o non impedita, in tutto o in parte, da una contestata decisione dell'autorità di vigilanza, eventualmente e solo rilevante in un diverso contesto di affermazione di responsabilità. La norma speciale si limita infatti a fissare il riferimento temporale dell'avvio della risoluzione, ma non permette alcuna valutazione controfattuale in merito alle cause che hanno condotto a un simile stato» [13].

In dottrina si è allora riproposta la tesi secondo la quale «'l'insolvenza bancaria' potrebbe tornare ad essere accertata giudizialmente alla luce di 'inadempimenti o altri fattori esteriori, i quali dimostrano che il debitore non è più in grado di adempiere regolarmente le proprie obbligazioni» [14].

Come si è già avuto modo di osservare [15], in via preliminare è necessario distinguere le due possibili fattispecie, nelle quali può intervenire la dichiarazione giudiziale dello stato di insolvenza: (*a*) la fattispecie della banca non (ancora) sottoposta a liquidazione coatta amministrativa; (*b*) la fattispecie opposta.

Nella prima ipotesi pare obiettivamente difficile discostarsi, per l'impresa bancaria, dal concetto di «*stato di insolvenza*» che si ricava, per le imprese soggette alla disciplina di diritto comune della liquidazione giudiziale., dall'art. 2, comma 1, lett. *b*). Si può discutere se lo «*stato di insolvenza*» consista in, oppure si manifesti con (come dice la norma) «*inadempimenti od altri fatti esteriori, i quali dimostrino che il debitore non è più in grado di soddisfare regolarmente le proprie obbligazioni*»: ma sta di fatto che se non sussistono «*inadempimenti*»; o non ricorrono fattispecie di mancato soddisfacimento "regolare" delle (proprie) obbligazioni: non parrebbe razionale qualificare "insolvenza", ai fini di disporre la liquidazione coatta amministrativa della banca, ai sensi del combinato disposto dell'art. 82 TUB e dell'art. 297, una situazione economico patrimoniale finanziaria alla quale non sarebbe attribuita la stessa natura, ai fini della apertura della liquidazione giudiziale ai sensi dell'art. 2, comma 1, lett. *b*), se accertata in capo ad un'impresa commerciale soggetta alla liquidazione giudiziale.

Ciò soprattutto per la circostanza, che, per opinione comune, una volta accertato giudizialmente lo stato di insolvenza della banca, questa *deve* essere assoggettata a l.c.a.

In tale prospettiva, le analisi che si vanno conducendo in sede internazionale sull'opportunità di collegare l'apertura di procedure di gestione della crisi bancaria alle situazioni di riduzione del patrimonio della banca al di sotto dei limiti regolamentari fissati a fini di vigilanza, non devono tanto essere riferite alla possibile introduzione di una nuova nozione di «*insolvenza*» (rilevante ai fini di fare scattare l'intervento *giudiziario* di cui si sta discorrendo): ma – se mai – devono essere collegate ad una revisione della nozione di «*perdite previste ... di eccezionale gravità*» che legittimano la disposizione della l.c.a. *da parte*

---

[13] Cass., 11 giugno 2020, n. 11267. In argomento v. anche CONTARINI, *Art. 297*, 2211.

[14] CANALE, *L'accertamento*, 293.

[15] BONFATTI, *La liquidazione coatta*, 834 ss.

dell'autorità amministrativa, a prescindere dall'intervento giudiziario.

Nell'ipotesi in cui la banca versi già in l.c.a., non pare ragionevole invece assumere come rilevante quella situazione di «*insolvenza*» che è ricavabile dal principio contenuto nell'art. 2, comma 1, lett. *b*): la circostanza che la banca assoggettata a l.c.a. incorra in «*inadempimenti*», o non sia «*più in grado di soddisfare regolarmente le proprie obbligazioni*» è *in re ipsa*, connaturata cioè all'intervento della procedura concorsuale.

È necessario allora individuare una nozione di «*insolvenza*» (per la banca già assoggettata a l.c.a.) che sia compatibile con la circostanza che la disciplina vigente postula la possibilità che ricorrano procedure di liquidazione coatta amministrativa (bancaria) ***con*** successiva dichiarazione giudiziale dello stato di insolvenza; e procedure di liquidazione coatta amministrativa (bancaria) *senza* successiva dichiarazione giudiziale dello stato di insolvenza.

A questo fine sembra a chi scrive opportuno considerare quali siano gli effetti della dichiarazione giudiziale dello stato di insolvenza della banca già assoggettata a liquidazione coatta amministrativa.

L'art. 82, ultimo comma, TUB, afferma che la dichiarazione giudiziale dello stato di insolvenza della banca «*produce gli effetti indicati nell'art. 299 c.c.i.*»: quindi comporta l'applicabilità delle «*disposizioni del titolo V, capo I, sezione IV*» del Codice (cioè la disciplina dell'azione revocatoria fallimentare); e delle «*disposizioni degli articoli 322 a 326 e 329 e 331*» della stessa legge (cioè la disciplina speciale dei reati fallimentari di bancarotta e di ricorso abusivo al credito).

Si può pertanto affermare che l'esigenza posta alla base della distinzione tra liquidazioni coatte (bancarie) *tout court*; e liquidazioni coatte (bancarie) integrate dalla successiva dichiarazione giudiziale dello stato di insolvenza; consiste essenzialmente nella necessità di perseguire, nella seconda fattispecie, gli atti di disposizione della banca, o gli atti compiuti in danno dell'integrità del suo patrimonio, la rimozione dei cui effetti possa attenuare il pregiudizio economico subito dai creditori; o nella necessità di perseguire comportamenti "criminosi" che abbiano inciso sulla consistenza o sulla ricostruibilità del patrimonio della banca; sull'entità del dissesto o delle esposizioni di singoli creditori; sull'alterazione della *par condicio creditorum*.

Ciò consente di affermare che la situazione «*rilevante*» ai fini della dichiarazione giudiziale dello stato di insolvenza successiva alla disposizione della liquidazione coatta amministrativa (bancaria) coincide con l'accertamento della insufficienza dell'attivo rispetto all'entità del passivo, cioè con una situazione di *deficit* patrimoniale dell'impresa (bancaria) assoggettata alla procedura.

3. – L'ultimo comma dell'art. 297, replicando quanto già disposto dall'ultimo comma dell'art. 195 l. fall., afferma che «*Le disposizioni di questo articolo non si applicano agli enti pubblici*». La ragione di ciò è individuabile nella circostanza che la sequenza "sentenza – decreto" spiega perché – per espressa disposizione di legge – l'accertamento da parte del tribunale dello stato di insolvenza sia escluso nei riguardi degli enti pubblici, posto che la loro natura non consente di configurare in capo all'autorità amministrativa un obbligo di disporre l'apertura della l.c.a., il quale scaturirebbe dalla sentenza dichiarativa dello stato di insolvenza[16].

[16] FABIANI, NARDECCHIA, *Codice della crisi*, 2876.

Articolo 298

Accertamento giudiziario dello stato di insolvenza successivo alla liquidazione coatta amministrativa

1. Se l'impresa, al tempo in cui è stata ordinata la liquidazione, si trovava in stato d'insolvenza e questa non è stata preventivamente dichiarata a norma dell'art. 297, il tribunale del luogo in cui essa ha il centro degli interessi principali, su ricorso del commissario liquidatore o del pubblico ministero, accerta tale stato con sentenza in camera di consiglio, anche se la liquidazione è stata disposta per insufficienza di attivo.

2. Si applicano le norme dell'art. 297, commi 3, 4, 5, 6 e 7.

3. Restano salve le diverse disposizioni delle leggi speciali relative all'accertamento dello stato di insolvenza successivo all'apertura della liquidazione coatta amministrativa.

Giovanni Falcone

Sommario: 1. Premessa. – 2. I soggetti legittimati. – 3. Il contenuto dei richiami all'art. 297. – 4. L'applicabilità dell'art. 298 agli enti pubblici. – 5. Il rapporto tra "insolvenza" e "insufficienza dell'attivo". – 6. I limiti temporali alla dichiarabilità dello stato di insolvenza dopo l'apertura della liquidazione coatta amministrativa. – 7. Profili procedurali. – 8. Le disposizioni delle leggi speciali.

1. – L'articolo in commento ricalca il contenuto sostanziale del previgente art. 202 l. fall. (rispetto al quale viene peraltro condivisibilmente modificata la rubrica, onde specificare che l'accertamento dello stato di insolvenza di cui si parla è quello successivo alla apertura della liquidazione coatta amministrativa), salvo il richiamo al «*centro degli interessi principali*» dell'impresa (rispetto al luogo in cui essa ha la "sede principale"), e salva inoltre l'introduzione di un nuovo comma 3, che fa salve «*le diverse disposizioni delle leggi speciali relative all'accertamento dello stato di insolvenza successivo all'apertura della liquidazione coatta amministrativa*» (introduzione di cui, peraltro, la Relazione illustrativa non chiarisce le effettive motivazioni).

Resta valida anche nel quadro del Codice la considerazione per cui l'accertamento dello stato di insolvenza successivo all'apertura della liquidazione ha un ambito di applicazione soggettivo più ampio di quello preventivo, posto ché mentre quest'ultimo caso può riguardare unicamente le imprese per le quali è necessariamente prevista la liquidazione coatta amministrativa, nel secondo può riguardare anche le imprese per le quali – pur astrattamente passibili di essere sottoposte a liquidazione giudiziale – la liquidazione coatta sia stata dichiarata in applicazione del principio della prevenzione [1].

Deve tenersi peraltro conto del fatto che la possibilità di un accertamento «*successivo*» dello stato di insolvenza dell'impresa è concepito come "generale" e pare prescindere dalla "natura" del soggetto: ciò che ha suscitato recentemente le perplessità della giurisprudenza di merito [2].

2. – È stato evidenziato come l'individuazione dei soggetti legittimati a richiedere la dichiarazione dello stato d'insolvenza, a seconda che l'insolvenza sia stata dichiarata prima o dopo l'apertura della procedura, segua criteri differenziati.

Comune ad entrambe le situazioni è la legittimazione del commissario liquidatore [3], mentre il pubblico ministero è legittimato soltanto per il caso in cui l'insolvenza venga dichiarata dopo l'apertura della procedura [4]; resta confermata, invece, l'esclusione della legittimazione dei creditori e dell'imprenditore, che invece sussiste per il caso in cui l'insolvenza venga dichiarata prima dell'apertura della procedura.

La legittimazione del pubblico ministero è stata giustificata essenzialmente alla luce per il suo interesse a promuovere l'azione penale per fattispecie che presuppongono la dichiarazione dello stato di insolvenza.

L'esclusione di quella dei creditori è in genere spiegata alla luce della presenza del commissario liquidatore, cui comunque compete la valutazione delle ragioni della massa [5]. Ciononostante, detta esclusione è stata riguardata criticamente, non mancando di eviden-

[1] Sul punto BELVISO, *Tipologia e normativa*, 187 ss.; BONSIGNORI, *Processi concorsuali*, 528.

[2] Trib. Udine, 22 gennaio 2021, in *Dir. fall.*, 2022, II, 1060 ss. con nota di MARTINA, *Liquidazione coatta amministrativa*, ha ritenuto non manifestamente infondata la questione di illegittimità costituzionale, con riferimento agli artt. 3 e 45 Cost., dell'art. 202, comma 1, l. fall., nella parte in cui prevede che il tribunale deve pronunciare sentenza di accertamento dello stato di insolvenza della società cooperativa sottoposta a liquidazione coatta amministrativa anche in assenza dei requisiti soggettivi richiesti per la dichiarazione di fallimento di un imprenditore costituito in altra forma giuridica e, in particolare, di una società lucrativa.

[3] Con riguardo alla legittimazione del commissario liquidatore, Cass. I, 10 ottobre 1992, n. 11085 (in *Fallimento*, 1993), aveva precisato che il commissario liquidatore non ha bisogno, nel richiedere la dichiarazione dello stato di insolvenza, del ministero del difensore, dal momento che le istanze di fallimento possono essere proposta anche personalmente; e neppure necessità di autorizzazione dell'autorità governativa, mancando contrarie previsioni normative. Analogo principio era stato espresso da App. Roma, 20 ottobre 1986, in *Dir. fall.*, 1987, II, 467. Si è discusso, inoltre, se per il commissario liquidatore la richiesta di declaratoria dello stato di insolvenza costituisca sia discrezionale, ovvero esercizio di un potere dovere. Per la prima soluzione, BAVETTA, *L'accertamento giudiziale*, 680; per la seconda soluzione PROVINCIALI, *Trattato di diritto*.

[4] STASI, *La liquidazione coatta*, 1878, rileva che prima della apertura della procedura di liquidazione il pubblico ministero potrebbe soltanto attivare i poteri dell'autorità governativa competente mediante un'apposita segnalazione diretta.

[5] Quanto alla posizione del creditore nel corso del procedimento per l'accertamento dello stato di insolvenza di impresa già posta in liquidazione coatta, Cass., SS.UU., 28 marzo 1985, n. 2177, in *Fallimento*, 1985, 940 ha precisato che egli, non avendo qualità di parte, non può esperire ricorso per regolamento preventivo di giurisdizione. Analogo principio, in precedenza, veniva espresso da Trib. Milano, 5 aprile 1984, in *Giur. comm.*, 1985, II, 867.

ziare come possa evidenziare profili di illegittimità costituzionale alla luce di quanto previsto dagli artt. 3 e 24 Cost.[6].

È stato sottolineato – con osservazione formulata vigente la legge fallimentare, ma riproducibile anche per il Codice – come l'elencazione dei soggetti legittimati a promuovere la dichiarazione dello stato di insolvenza sia da considerarsi tassativa[7].

La legittimazione passiva spetta all'imprenditore: conclusione che, oltre che raggiunta dagli interpreti prima della riforma sulla scorta della sentenza della Corte cost. n. 110 del 1972, viene ora ribadita anche sull'assunto del richiamo all'art. 297, comma 4, operato dal comma 2 dell'articolo in commento, che stabilisce che «*prima di provvedere il tribunale deve sentire il debitore*»[8] (oltre che l'autorità che ha la vigilanza sull'impresa[9]).

Con riguardo a tale obbligo la giurisprudenza di merito ha ritenuto che detta previsione non valga comunque a considerare come una "parte" tale autorità, sull'assunto che la funzione giurisdizionale esercitata non incide sulla sua sfera giuridica[10].

3. – Viene richiamata anche l'applicazione del comma 5 dell'art 297. La valenza di tale richiamo (con riguardo a quello, analogo, in precedenza operato all'art. 195, comma 4, l. fall.) è stata particolarmente dibattuta dalla dottrina più attenta, la quale, pur consideran-

---

[6] In questa prospettiva, BAVETTA, *L'accertamento giudiziale*, 685: l'A. rileva come il creditore abbia uno specifico interesse, giuridicamente rilevante, alla pronuncia dello stato d'insolvenza successivo all'apertura della liquidazione coatta (non foss'altro che per l'applicabilità delle norme in tema di revocatoria conseguente alla dichiarazione). Inoltre, contrasterebbe con il principio di parità di trattamento ammettere la legittimazione dei creditori prima della apertura della procedura, ed escluderla a procedura aperta.

[7] DE VITIS, *Art. 202*, 1170, il quale evidenzia come, in particolare, debba escludersi la possibilità di una declaratoria d'ufficio, tanto più in un contesto normativo, quale quello innovato per effetto della riforma, in cui viene esclusa la dichiarabilità d'ufficio del fallimento; Cass., SS.UU., 15 giugno 1985, n. 3567, in *Fallimento*, 1986, 154.

[8] Così DE VITIS, *Art. 202*, 1170-1171, anche se il riferimento viene fatto al comma 4 dell'art. 195. Una serie di interventi della giurisprudenza ha avuto modo di precisare che il contraddittorio per l'esercizio del diritto di difesa deve essere instaurato nei confronti degli organi esterni dell'impresa alla data del provvedimento che apre la procedura (anche perché il provvedimento che accerta lo stato di insolvenza fa riferimento proprio alla data del provvedimento di apertura). Il principio è stato affermato, con riferimento alla procedura che ha riguardato l'Efim (Ente partecipazioni finanziamento industria manifatturiera), da Cass., 26 agosto 2004, n. 17014. Secondo App. Roma, 19 marzo 2001, in *Fallimento*, 2002, 335, il contraddittorio con la società debitrice, al fine di consentire l'esercizio del diritto di difesa, deve essere instaurato col legale rappresentante dall'ente esistente al momento in cui si è manifestata l'insolvenza. In precedenza, Cass., 11 ottobre 1997, n. 9881, aveva precisato che laddove l'accertamento dello stato di insolvenza intervenga successivamente all'apertura della procedura, il contraddittorio per l'esercizio del diritto di difesa va comunque instaurato nei confronti degli organi esterni della società anche se le loro funzioni sono sospese ai sensi dell'art. 200. Ancor più anteriormente, Trib. Milano, 5 aprile 1984, in *Giur comm.* 1985, II, 867, aveva precisato che nel procedimento per la dichiarazione dello stato di insolvenza di società dotate di personalità giuridica il diritto di difesa va esercitato da chi ne aveva la legale rappresentanza al momento della emanazione del decreto di apertura della procedura, concludendo che non rileva la mancata audizione di consiglieri di amministrazione privi di qualsiasi potere di rappresentanza.

[9] Secondo BAVETTA, *L'accertamento giudiziale*, 689, tale previsione non vale peraltro a far considerare l'autorità governativa di vigilanza come una parte del processo. Trib. Cosenza, 24 marzo 1994, in *Banca, borsa, tit. cred.*, 1994, II, 570, aveva chiarito che la legittimazione passiva in caso di società spetta solo al legale rappresentante e non può essere estesa all'amministratore privo di poteri di rappresentanza o al direttore.

[10] Così Cass., 10 ottobre 1992, n. 11085, in *Dir. fall.*, 1993, II, 305.

do lo stesso come frutto di una "svista" (infatti, mentre nel contesto dell'art. 297 la comunicazione all'autorità governativa è funzionale alla emanazione, da parte di questa, del decreto di apertura della procedura, altrettanto non può dirsi nel contesto dell'art. 298 dove, per definizione la procedura è già aperta), lo considera comunque idoneo a stabilire un regime di "pubblicità notizia", assolvendo all'esigenza di "portare tempestivamente a conoscenza la p.a. competente della decisione del tribunale e della conseguente produzione degli effetti" (ora previsti dall'art. 299)[11].

Il richiamato comma 5 dell'art. 297, in merito alla pubblicità della sentenza che dichiara lo stato di insolvenza, va inteso nel senso che la comunicazione per estratto prevista dall'art. 45 (a sua volta richiamato dall'art. 297, comma 5) non va fatta al creditore che abbia richiesto l'accertamento dello stato di insolvenza, posto che tale possibilità è esclusa nell'accertamento successivo alla apertura della procedura.

Circa il richiamo al comma 6 dell'art. 297, esso prevede che il reclamo contro la sentenza possa essere proposto da qualunque interessato: dunque anche dai creditori, che peraltro non sono legittimati a richiedere la dichiarazione dello stato di insolvenza.

La disposizione contenuta nel comma 7 dell'art. 297, pure richiamata, prevede che il tribunale che respinge il ricorso provvede con decreto motivato, contro il quale è ammesso reclamo a norma dell'art. 50: quest'ultimo riconosce la legittimazione a proporre reclamo al ricorrente e al pubblico ministero

4. – Con riguardo al contenuto del previgente art. 202 l. fall., aveva costituito oggetto di un intenso ed appassionato dibattito dottrinale la questione relativa alla possibilità che la dichiarazione di stato di insolvenza potesse intervenire con riguardo ad un ente pubblico per il quale fosse stata già disposta la apertura della procedura di liquidazione coatta amministrativa.

Un argomento "forte" per la soluzione positiva veniva riscontrato nella circostanza che – mentre l'esclusione di tale applicabilità viene sancita *apertis verbis* nel caso di dichiarazione di insolvenza anteriore alla apertura della procedura (art. 195, ult. cpv., l. fall., ora art. 297, comma 9) – analogamente non viene stabilito per il caso di dichiarazione successiva[12]; e che, sotto un profilo sostanziale, la esclusione dell'assoggettamento degli enti pubblici a dichiarazione giudiziale dello stato di insolvenza prima dell'apertura della procedura può spiegarsi alla luce della necessità di evitare che l'autorità giudiziaria possa condizionare nella sua attività quella amministrativa. Tale necessità viene evidentemente meno quando la procedura sia stata già aperta: di talché la dichiarazione giudiziale dello stato di insolvenza si porrebbe come necessaria[13], tanto più che da essa dipende l'applicazione delle disposizioni in materia di effetti sugli atti pregiudizievoli ai creditori e di quelle penali. Una diversa ricostruzione, si era aggiunto, avrebbe finito per rendere la disposizione in commento costituzionalmente illegittima per violazione del principio di eguaglianza di trattamento di cui all'art. 3 Cost.[14].

---

[11] Così BAVETTA, *L'accertamento giudiziale*, 690.

[12] In questo senso si era espresso Trib. Trieste, 12 dicembre 1979, in *Banca, borsa, tit. cred.*, 1980, 105; in dottrina STALLA, *La liquidazione coatta*, 235.

[13] È la tesi di BONSIGNORI, *Processi concorsuali minor*, 529

[14] In questa prospettiva CASTIELLO D'ANTONIO, 147.

Le argomentazioni in senso contrario[15] erano state fondate essenzialmente sul richiamo all'art. 2221 c.c., allora vigente, che sottraeva tali enti al fallimento[16] (talora fondando tale asserzione sulla base di una equiparazione, a tutti gli effetti, della sentenza di accertamento giudiziale dello stato di insolvenza ad una sentenza dichiarativa di fallimento[17]), in questo senso esprimendosi la corte di cassazione[18]. Era stato peraltro evidenziato storicamente il caso di Efim, ente pubblico dichiarato in stato di insolvenza dopo l'apertura della procedura di liquidazione coatta[19].

Inoltre, un altro argomento "forte" intorno alla possibilità di una declaratoria di insolvenza successiva alla apertura della procedura con riguardo agli enti pubblici viene dalla disciplina bancaria, posto che l'art. 82, comma 2, d.lgs. n. 385 del 1993 prevede espressamente la possibilità di dichiarare lo stato di insolvenza successivamente all'emanazione del provvedimento di liquidazione coatta amministrativa anche se la banca ha natura pubblica.

L'art. 2221 c.c. è ora abrogato: la legge delega n. 155 del 2017, all'art. 2, comma 1, lett. *e*) ha previsto tra i principi generali quello di «*assoggettare al procedimento di accertamento dello stato di crisi o di insolvenza ogni categoria di debitore, sia esso persona fisica o giuridica, ente collettivo, consumatore, professionista o imprenditore esercente un'attività commerciale, agricola o artigianale, con esclusione dei soli enti pubblici*» Il principio è ora invece contenuto all'interno dell'art. 1, comma 1, secondo cui «*il presente codice disciplina le situazioni di crisi o insolvenza del debitore, sia esso consumatore o professionista, ovvero imprenditore che eserciti, anche non a fini di lucro, un'attività commerciale, artigiana o agricola, operando quale persona fisica, persona giuridica o altro ente collettivo, gruppo di imprese o società pubblica, con esclusione dello Stato e degli enti pubblici*» (e fatta salva l'applicazione delle «*leggi speciali in materia di crisi d'impresa delle società pubbliche*»: alla luce di quanto previsto dal d.lgs. n. 175 del 2016).

5. – Un particolare problema interpretativo della disposizione in commento consiste nel richiamo alla ammissibilità dell'accertamento dello stato di insolvenza (dopo l'apertura della procedura) «*anche se la liquidazione è stata disposta per insufficienza dell'attivo*», salvo poi ad individuare con quali criteri provvedere ad accertare gli elementi attivi del patrimonio sociale[20].

---

[15] Da ultimo, STASI, *Liquidazione coatta*, 1875; TEDESCHI, *Manuale del nuovo*, 590.

[16] GALGANO, *Sull'inammissibilità*, 477.

[17] In questa prospettiva, per esempio, SATTA, *Diritto fallimentare*, 550, secondo il quale, infatti, la sentenza dichiarativa dello stato di insolvenza determinerebbe una vera e propria "conversione" della liquidazione in fallimento. L'opinione era condivisa da PROVINCIALI, *Trattato di diritto*, 2323; *contra* BONSIGNORI, *Processi concorsuali*, 529; BAVETTA, *L'accertamento*, 594, il quale evidenzia come la distinzione tra sentenza dichiarativa dello stato di insolvenza e sentenza dichiarativa di fallimento sia marcata, tanto sotto il profilo della struttura procedimentale, quanto sotto quello dell'impianto organizzativo, sul piano funzionale, nonché sullo stesso piano della natura.

[18] Cass., 9 ottobre 1993, n. 10008, in *Fallimento*, 1994, 173; in senso critico rispetto a tale pronuncia CASTIELLO D'ANTONIO, *Sull'applicabilità*, 137 ss.; in precedenza App. Campobasso, 29 novembre 1989, in *Fallimento*, 1990, 619; e, anteriormente alla pronuncia del 1981, lo stesso Trib. Trieste, 12 dicembre 1979, in *Banca, borsa, tit. cred.*, 1980, II, 105. In dottrina BELVISO, *Tipologia e normativa*, 188.

[19] PLATANIA, *Art. 202*, 1708.

[20] Al riguardo, Cass., 10 luglio 2018, n. 18137 secondo la quale «non si può prescindere dalla valutazione della concretezza ed attualità di tali elementi».

La dottrina ha per una parte affrontato il problema interpretativo con lo scopo di chiarire che alla declaratoria dell'insolvenza può farsi luogo quale che sia stata la causa che ha dato luogo all'apertura della procedura: vale a dire che, quand'anche il procedimento amministrativo fosse stato aperto per insufficienza di attivo, ciononondimeno non può considerarsi per ciò stesso accertata l'insolvenza[21]; dall'altra parte si è espressa nel senso per cui la declaratoria sarebbe possibile unicamente ove tale apertura abbia avuto luogo in ragione di insolvenza o di insufficienza dell'attivo[22].

In dottrina è stata avanzata anche la teoria secondo la quale lo stato di "insufficienza di attivo" coincide in buona sostanza con la stessa insolvenza, che gioca come presupposto oggettivo della apertura della procedura, prima della dichiarazione di insolvenza delle imprese[23]: in senso contrario si è rilevato come non vi sia sovrapposizione tra l'accertamento amministrativo di insussistenza dell'attivo e quello effettuato in sede giudiziale di insolvenza, che presuppone l'incapacità di far fronte alle obbligazioni assunte[24]. Tale assunto è stato fatto proprio anche dalla giurisprudenza amministrativa[25]. In particolare, la giurisprudenza di merito ha ritenuto che l'eccedenza delle passività sulle attività, pur essendo un elemento fortemente sintomatico dell'insolvenza, non la comporti di per sé[26]; e ciò anche se, con riferimento all'insolvenza di una banca, ha ritenuto il deficit patrimoniale come avente particolare rilevanza indiziaria in ordine al grado di irreversibilità della crisi[27].

Se non pare dubbio che l'insolvenza presa in considerazione dall'articolo in esame coincida con quella che costituiva presupposto oggettivo del fallimento (e ora della liquidazione giudiziale), si è peraltro evidenziato come tale affermazione debba essere specificamente "modulata", allorché riferita ad intermediari del mercato finanziario (inteso in senso lato), quali le banche e le imprese di assicurazione[28]. In particolare, mentre con riferimento alle prime non pare che la situazione di insolvenza presa in considerazione non possa essere diversa da quella "generale" (se mai, differenziandosi le modalità per il suo apprezzamento,

---

[21] Così PRATIS, *Disciplina giuridica*, 448; PROVINCIALI, *Trattato di diritto*, 2542.

[22] LORDI, *Il fallimento*, 85. Questa soluzione è stata fatta propria anche da BONSIGNORI, *Processi concorsuali*, 532.

[23] Così BAVETTA, *L'accertamento*, 589. Secondo Cass. civ., 24 luglio 2012, n. 12972, ai fini della dichiarazione dello stato di insolvenza successivo alla apertura della procedura è rilevante l'inadempimento dei debiti tributari inerenti a periodi d'imposta anteriori alla messa in liquidazione.

[24] PLATANIA, *Art. 202*, 1707.

[25] Si veda al riguardo TAR Valle d'Aosta, in *Foro amm.*, 1997, 842, secondo cui ai sensi dell'art. 202 l. fall., legittimamente la regione ordina la liquidazione coatta amministrativa della società cooperativa sulla base della constatazione dell'insufficienza dell'attivo per far fronte ai debiti e omettendo di accertarne lo stato di insolvenza, atteso che tale accertamento può intervenire anche successivamente, in vista della dichiarazione di fallimento.

[26] Trib. Potenza, 8 novembre 1997, in *Gius*, 1998, 2349, che pertanto ritiene che per potersi procedere all'accertamento dello stato di insolvenza *ex* art. 202 l. fall. sia necessario analizzare il periodo antecedente la data del provvedimento di liquidazione per esprimere un giudizio probabilistico circa la possibilità per l'impresa di continuare a soddisfare regolarmente le proprie obbligazioni.

[27] Cass., 21 aprile 2006, n. 9408, in *Fallimento*, 2006, 1279; anche secondo Trib. Trieste, 7 marzo 1997, in *Foro it.*, 1997, I, 2685, il deficit patrimoniale è un indice di un permanente e irreversibile stato di insolvenza di una banca.

[28] Si vedano al riguardo le considerazioni di SPIOTTA, *Art. 202*, 2662-2663.

che, comunque, dovrà essere riferito al momento di apertura della procedura[29]), con riguardo alle imprese di assicurazione è la stessa legge a stabilire come l'insolvenza, secondo quanto previsto dall'art. 248, comma 3, "codice delle assicurazioni private", non solo si rende di evidenza per mezzo di «*inadempimenti od altri fatti esteriori, i quali dimostrino che il debitore non è più in grado di soddisfare regolarmente le proprie obbligazioni*», ma anche laddove manifesti una «*situazione di notevole, evidente e non transitoria insufficienza delle attività patrimoniali necessarie per fa fronte agli impegni relativi ai crediti di assicurazione o di riassicurazione*». La giurisprudenza di legittimità e di merito si sono spesso occupate dell'accertamento dello stato di insolvenza di una impresa di assicurazione, allo scopo di individuare alcuni parametri cui fare riferimento per l'accertamento stesso: a tale riguardo, mentre si è ritenuto irrilevante il valore di avviamento[30], sono stati considerati indici sintomatici il marcato sbilanciamento tra attivo e passivo patrimoniale e l'inadeguatezza del rapporto tra risorse finanziarie e riserve accantonate[31].

L'accertamento dello stato di insolvenza deve essere riferito secondo quanto previsto dal comma 1 dell'articolo in commento, «*al tempo in cui è stata ordinata la liquidazione*». Come è stato notato, infatti, «certi mutamenti che si sono verificati nell'impresa e nel patrimonio potrebbero, infatti, essere ascrivibili agli effetti che la l.c.a. ha prodotto e non già ad un'insolvenza preesistente»[32]. In applicazione di questo principio, e con riferimento alla liquidazione coatta amministrativa delle banche, la giurisprudenza ha ritenuto non ostativo all'accertamento l'intervenuta cessione delle attività e delle passività della banca posta in essere dai commissari liquidatori dopo che è stata disposta la liquidazione coatta amministrativa[33].

6. – La giurisprudenza si è inoltre interrogata in ordine alla legittimità della dichiarazione dello stato di insolvenza anche decorso un anno dalla apertura della procedura (*rectius*: del decreto di apertura della procedura). I giudici di merito avevano infatti talora ritenuto che ammettere la possibilità di dichiarare lo stato di insolvenza dopo il decorso di un anno dalla data di apertura della procedura avrebbe sollevato il problema del contrasto della disposizione contenuta nel previgente art. 202 l. fall. (nonché di quella contenuta

---

[29] Così Trib. Agrigento, 20 dicembre 1991, in *Banca, borsa, tit. cred.*, 1993, II, 210; in precedenza Cass., 17 marzo 1989, n. 1321, in *Dir. fall.*, 1989, II, 539. Secondo Trib. Treviso, 27 luglio 2018, in *Foro it.*, 2018, l'accertamento della sussistenza dello stato di insolvenza della banca alla data di apertura della procedura va verificato in termini di probabilità, secondo il metodo della prognosi postuma.

[30] Cass., 27 gennaio 2014, n. 1645.

[31] Cass., 4 luglio 2013, n. 16746.

[32] Così PACCHI, *La liquidazione coatta*, 492.

[33] Così Trib. Palermo, 20 febbraio 1999, in *Dir. fall.*, 1999, II, 425; analogo principio in Trib. Potenza, 20 ottobre 1997, in *Banca, borsa, tit. cred.*, 1999, II, 81. In precedenza, Cass., 17 marzo 1989, in *Fallimento*, 1989, 614, aveva affermato che lo stato di insolvenza di una banca in liquidazione coatta amministrativa non viene escluso dalla sussistenza di sovvenzioni ed operazioni che siano indirizziate, tramite cessione da parte degli organi liquidatori di tutte le attività e passività ad un'altra banca, a tutelare i depositanti e gli interessi complessivi del sistema creditizio, atteso che tali operazioni, ancorché programmate nella precedente fase di amministrazione straordinaria si ricollegano funzionalmente alla liquidazione e sono dirette non a salvare l'impresa, sebbene l'azienda, inserendola in un'impresa distinta ed autonoma, previa cessazione di quella insolvente.

nell'art. 82 TUB) con il principio di uguaglianza e di ragionevolezza codificato nell'art. 3 Cost. [34], operando il raffronto con la disposizione contenuta nel previgente art. 10 l. fall. Sul punto, peraltro, la corte costituzionale aveva opinato che tale situazione non determinasse perciò stesso l'illegittimità costituzionale della disposizione di cui all'art. 202 l. fall. per contrasto con l'art. 3 Cost.: la Corte, infatti, aveva ritenuto come non vi fosse possibilità di raffronto tra l'articolo della legge fallimentare e la disciplina dei limiti temporali per la dichiarazione di fallimento «*giacché nella liquidazione coatta amministrativa la sopravvenuta sentenza dichiarativa dello stato di insolvenza interviene in una procedura concorsuale già aperta e riguarda una società ancora non cancellata dal registro delle imprese*» [35].

Le medesime considerazioni – *mutatis mutandis* – possono in linea di principio essere riprodotte con riferimento al raffronto con l'art. 33, comma 1, secondo cui «*la liquidazione giudiziale può essere aperta entro un anno dalla cessazione dell'attività del debitore, se l'insolvenza si è manifestata anteriormente alla medesima o entro l'anno successivo*», chiarendo nel comma successivo che «*per gli imprenditori la cessazione dell'attività coincide con la cancellazione dal registro delle imprese e, se non iscritti, dal momento in cui i terzi hanno conoscenza della cessazione stessa*».

In precedenza, la Suprema Corte aveva affrontato il problema della legittimità costituzionale dell'art. 202 l. fall. proprio nella parte in cui consentiva che rispetto ad una impresa già posta in liquidazione coatta amministrativa venisse dichiarato lo stato di insolvenza: tale possibilità, nel giudizio della Corte, non contrasta né con l'art. 3, né con l'art. 24 della Costituzione: non con il primo, giacché la circostanza che la dichiarazione di insolvenza intervenga prima o dopo il decreto che dispone la liquidazione non determina una disuguaglianza di poteri operativi e di gestione, «dato che il momento di riferimento della situazione sostanziale di insolvenza (data del decreto di messa in liquidazione) è identico nelle due ipotesi e considerato che una possibile disuguaglianza iniziale tra le parti sul piano delle situazioni di conoscenza non può incidere sulle modalità operative che l'imprenditore deve compiere per evitare lo stato di insolvenza, da valutarsi, comunque, nelle sue implicazioni oggettive, soltanto nel momento anzidetto»; non con il secondo, perché «l'ambito dei poteri difensivi, da individuarsi nella possibilità di dedurre prove e argomentazioni nel processo, è identica sia che l'accertamento preceda, sia che esso segua, la emanazione del d.m. di messa in liquidazione» [36].

7. – Vale qui ricordare che, con riferimento alla previgente, corrispondente disposizione contenuta nella legge fallimentare, la giurisprudenza aveva ritenuto che: a) l'accertamento successivo (al provvedimento che dispone la liquidazione) rientri comunque nella giurisdizione del giudice ordinario [37]; b) la pendenza del giudizio di impugnazione in sede amministrativa del provvedimento che dispone la liquidazione coatta amministrativa non

---

[34] In questa prospettiva Trib. Cosenza, 28 febbraio 2003, in *Fallimento*, 2003, 786.

[35] Così Corte cost., 22 luglio 2005, n. 301, in *Fallimento*, 2006, 1, 17.

[36] Cas., 11 ottobre 1997, n. 9881, in *Fallimento*, 1998, 1228. Nella stessa pronuncia, la Corte esclude anche i profili di violazione degli artt. 4, 35, 41 e 42 Cost., «perché la fattispecie si inquadra in una sostituzione degli organi di gestione dell'impresa prevista per la tutela di finalità pubbliche e di interessi diffusi».

[37] Cass., SS.UU., 30 ottobre 1992, n. 11848; Cass., SS.UU., 9 aprile 1987, n. 3489; Cass., SS.UU., 10 marzo 1987, n. 2467, in *Fallimento*, 1987, 940.

sia di per sé ostativa alla dichiarazione di insolvenza[38] (e che, in particolare, non sussista rapporto di pregiudizialità tra i due procedimenti, non essendovi quindi i presupposti per la sospensione *ex* art. 295 c.p.c.[39]); c) ove intervenga la dichiarazione di insolvenza non per questo deve intendersi venuto meno l'interesse all'impugnazione del provvedimento che apre la liquidazione[40].

La dottrina aveva anche avuto modo di osservare che, laddove fosse revocata la sentenza dichiarativa dello stato di insolvenza, in virtù dello stesso rapporto di autonomia, non ne sarebbe rimasto travolto il provvedimento che aveva in precedenza disposto la liquidazione coatta amministrativa.

Si era però precisato che l'accoglimento dell'appello avverso la sentenza dichiarativa dello stato di insolvenza annulla la liquidazione se il relativo provvedimento sia stato emanato a motivo dell'insolvenza[41].

La sostanziale autonomia tra il procedimento che mette capo al provvedimento che dispone la liquidazione coatta e quello che sfocia nella dichiarazione di insolvenza ha posto agli interpreti anche l'interrogativo se non sia possibile che, in sede di dichiarazione di insolvenza, il giudice ordinario possa disapplicare – in quanto ritenuto illegittimo – il provvedimento amministrativo che dispone la procedura, e pronunciare pertanto anziché sentenza dichiarativa di insolvenza una vera e propria dichiarazione di fallimento[42].

8. – Con previsione innovativa, il Codice fa ora esplicitamente salve le disposizioni delle leggi speciali relative all'accertamento dello stato di insolvenza successivo all'apertura della liquidazione coatta amministrativa: previsione in sé alquanto pleonastica – attesa la tendenziale prevalenza della legge speciale – ma significativa in quanto implicitamente (e, forse, inconsciamente) riconoscente la natura sostanzialmente "residuale" delle disposizioni generali sulla liquidazione coatta amministrativa contenute nel Codice, soprattutto in considerazione della avvenuta sedimentazione ci alcuni "corpus" normativi dotati di una sostanziale autonomia (in particolare di quelli riguardanti banche, intermediari finanziari, intermediari del mercato mobiliare ed imprese di assicurazione).

---

[38] Cass., SS.UU., 9 marzo 1993, n. 2801, in *Giur. it.*, 1994, I, 1, 454; Cass., SS.UU., 30 ottobre 1992, n. 11848; Cass., SS.UU., 28 marzo 1985, n. 2178, in *Fallimento*, 1985, 1131.

[39] Cass., 9 febbraio 1995, n. 1467; Cass. 10 ottobre 1992, n. 11085, in *Fallimento*, 1993, II, 354; Cass., SS.UU., 28 marzo 1985, n. 2178, in *Fallimento*, 1985, 1131; contra, nel senso della rilevanza, almeno potenziale, della impugnativa del provvedimento amministrativo ai fini del procedimento per la dichiarazione dello stato di insolvenza, Cass., SS.UU., 9 aprile 1987 e Cass., SS.UU., 28 marzo 1985, n. 2177, in *Fallimento*, 1985, 940. Nel senso della insussistenza di un rapporto di pregiudizialità tra le due procedure tale da comportare la sospensione necessaria *ex* art. 295 c.p.c., TEDESCHI, *Manuale del nuovo*, 591.

[40] TAR Lazio. 26 novembre 1982, n. 1981, in *Dir. fall.*, 1982, II, 873.

[41] Così TEDESCHI, *Manuale del nuovo*, 591.

[42] È la celebre tesi di PAJARDI, PALUCHOWSKI, *Manuale di diritto*, 978; in giurisprudenza App. Milano, 9 luglio 1964, in *Dir. fall.*, 1964, II, 223.

Articolo 299

Effetti dell'accertamento giudiziario dello stato d'insolvenza

1. Accertato giudizialmente lo stato d'insolvenza a norma degli articoli 297 e 298, sono applicabili, con effetto dalla data del provvedimento che ha accertato lo stato di insolvenza, le disposizioni del titolo V, capo I, sezione IV, anche nei riguardi dei soci a responsabilità illimitata, sostituito al deposito della domanda di apertura della liquidazione giudiziale il deposito della domanda per l'accertamento dello stato di insolvenza.

2. L'esercizio delle azioni di revoca degli atti compiuti in frode ai creditori compete al commissario liquidatore. Il termine di decadenza di cui all'articolo 170 decorre dalla data del provvedimento di nomina del commissario liquidatore, se successivo al provvedimento che accerta lo stato di insolvenza.

3. Il commissario liquidatore presenta al pubblico ministero la relazione prevista dall'articolo 130.

Giovanni Falcone

1. – L'articolo in commento disciplina la materia (in precedenza oggetto delle disposizioni contenute nell'art. 203 l. fall.) degli effetti dell'accertamento giudiziario dello stato di insolvenza (sia precedente che successivo all'apertura della procedura di liquidazione coatta) per i creditori, estendendo (come già il citato art. 203 l. fall.) anche alla liquidazione coatta amministrativa il regime della inefficacia e delle azioni revocatorie "fallimentari" di atti pregiudizievoli posti in essere dal soggetto debitore, laddove sia intervenuto il predetto accertamento (art. 163 ss.).

Tali effetti si producono, secondo quanto previsto dal comma 1, «*dalla data del provvedimento che ha accertato lo stato di insolvenza*» (e, più in particolare, per la determinazione del "periodo sospetto", dalla data del deposito della domanda per l'accertamento dello stato di insolvenza, coerentemente con quanto ora previsto in materia di liquidazione giudiziale): con ciò segnando un distacco "qualitativo" dalla previgente previsione contenuta nella legge fallimentare, secondo la quale tali effetti avrebbero avuto prodursi «*dalla data del provvedimento che ordina la liquidazione*».

La Relazione spiega tale vistoso cambiamento alla luce dell'adeguamento ad una «*elaborazione giurisprudenziale ormai consolidata*»: ed invero il dibattito (non solo giurisprudenziale, ma anche dottrinale) in merito alla individuazione del momento della produzione degli effetti dell'accertamento è stato molto articolato, se non addirittura "tormentato".

L'accertamento dello stato di insolvenza successivo alla apertura del procedimento di liquidazione (la cui possibilità è diretta conseguenza della circostanza che la procedura di liquidazione coatta potrebbe essersi già avviata sulla base di presupposti oggettivi diversi dall'insolvenza), non meno di quello che intervenga prima della apertura, determina non soltanto l'applicabilità delle norme dettate dal Codice in materia di effetti della liquidazione giudiziale sugli atti pregiudizievoli ai creditori (art. 163 ss.), ma anche, per effetto di quanto previsto dall'art. 343, quelle del Titolo IX, contenenti le disposizioni penali, realizzandosi, a questi effetti, una equiparazione tra accertamento giudiziario dello stato di insolvenza e sentenza di apertura della liquidazione giudiziale [1].

In questo senso autorevole dottrina – in merito alle corrispondenti previsioni contenute nella legge fallimentare – aveva rimarcato come l'accertamento giudiziario dello stato di insolvenza all'interno della liquidazione coatta amministrativa presentasse marcati tratti di strumentalità – presentandosi come funzionale alla produzione degli effetti ora ricordati – oltre che di sussidiarietà e di autonomia [2]. Si rimarcava, peraltro, la loro "eventualità" [3] (producendosi unicamente laddove intervenga la dichiarazione giudiziale dello stato di insolvenza): in questo senso sono stati e sono definiti come effetti "massimi" [4] (nel senso per cui, laddove intervenga la dichiarazione, tali effetti si sommano con quelli prodotti dal provvedimento di apertura della procedura), o anche "supplementari" [5]. Nel contesto della disposizione contenuta nella legge fallimentare, ci si era interrogati in merito alla esatta delimitazione del "periodo sospetto" ai fini dell'esercizio dell'azione revocatoria, alla individuazione del "*dies a quo*" per il termine previsto per il suo esercizio, ed ai poteri spettanti al commissario liquidatore in merito a quest'ultimo.

L'applicazione delle disposizioni in materia di azioni revocatorie "fallimentari" anche nell'ambito della liquidazione coatta amministrativa comportava e comporta tuttora, peraltro, la soluzione di problemi applicativi supplementari da parte dell'interprete: non soltanto per quanto riguarda l'individuazione del giudice competente a conoscere delle azioni revocatorie eventualmente esercitate, ma anche, per quanto riguarda la delimitazione del "periodo sospetto" all'interno del quale individuare gli atti revocabili, l'individuazione del termine di decorrenza della prescrizione dell'azione e di quello di decadenza.

2. – Quanto al primo punto – oggetto di un corposo dibattito vigente la legge fallimentare – la disposizione in commento prevede espressamente che, per quanto riguarda l'espe-

[1] BONFATTI, *La liquidazione coatta*, 600.

[2] BAVETTA, *L'accertamento giudiziale*, 590.

[3] Così BAVETTA, *L'accertamento giudiziale*, 696.

[4] È l'espressione preferita da PORZIO, *Il governo*, 122 ss.

[5] Così BONFATTI, *La liquidazione coatta*, 130.

ribilità delle azioni revocatorie, si debba fare riferimento al deposito della domanda di accertamento dello stato di insolvenza: ciò che comporta, peraltro, il rischio, puntualmente evidenziato in dottrina, che, laddove la domanda per l'accertamento dello stato di insolvenza venga depositata dopo sei mesi dall'apertura della procedura, nessun atto a titolo oneroso posto in essere dall'impresa poi assoggettata alla procedura sarà più revocabile, giacché saranno ormai trascorsi i sei mesi, ciò che comporta il "consolidamento" di quegli atti [6].

Vigente la legge fallimentare, la dottrina prevalente aveva ritenuto che, per la determinazione del periodo sospetto, occorresse rifarsi alla data della sentenza che accerta l'insolvenza e non a quella di apertura della liquidazione in ragione della circostanza che la procedura può aprirsi anche per presupposti diversi dall'insolvenza (sicché non avrebbe avuto senso determinare a ritroso il periodo sospetto partendo da un provvedimento che può prescindere dalla ricorrenza della insolvenza stessa), e della constatazione per cui se l'accertamento dello stato di insolvenza intervenga preventivamente rispetto all'apertura della procedura, l'eventuale ritardo nell'apertura stessa determinerebbe una arbitraria limitazione dell'intervallo temporale "disponibile". La giurisprudenza, invece, sembrava piuttosto prediligere il riferimento al provvedimento che dispone la liquidazione [7]: evidenziando che, quand'anche la sentenza di accertamento dello stato di insolvenza fosse intervenuta a procedura già aperta, la stessa avrebbe avuto per oggetto la sussistenza della insolvenza stessa al momento di apertura della procedura [8] (in questa prospettiva anche parte della dottrina) [9]. Sennonché la Suprema Corte aveva poi decisamente optato per il riferimento alla sentenza che accerta lo stato di insolvenza [10], anche per il caso di dichiarazione di insolvenza anteriore rispetto alla apertura della procedura [11], ma non senza oscillazioni al riguardo [12].

In questa prospettiva, la scelta del legislatore del Codice pare avere preso atto e fatto proprio l'orientamento del giudice di legittimità.

3. – L'art. 170, richiamato dalla norma in commento, stabilisce che la facoltà di proporre azione revocatoria "decade" una volta che siano decorsi cinque anni dal compimento dell'atto e comunque tre anni dalla apertura della liquidazione giudiziale. La nuova di-

---

[6] Bonfatti, *La liquidazione coatta*, 134, il quale evidenzia come sarebbero invece revocabili gli atti compiuti dal commissario liquidatore, in quanto gli unici rientranti dal commissario liquidatore: una conclusione, secondo l'A., "difficile da accettare".

[7] Trib. Milano, 6 novembre 1997, in *Banca, borsa, tit. cred.*, 1999, II, 353; Trib. Torino, 4 maggio 2006, in *Giur. it.*, 2007, 5, 1178; Trib. Torino, 14 giugno 2005, in *Fallimento*, 2006, 1, 9; Trib. Milano, 7 febbraio 2005, in *Fallimento*, 2005, 1322; Cass., 27 settembre 2002, n. 14012, in *Fallimento*, 2003, 633.

[8] Cass., 27 settembre 2002, n. 14012, in *Fallimento*, 2003, 633; Trib. Roma, 15 settembre 2015, in *Dejure*.

[9] Bavetta, *L'accertamento giudiziale*, 707.

[10] In questa prospettiva, Cass., 30 maggio 2008, n. 14552; nella stessa prospettiva, in precedenza. Trib. Monza, 24 novembre 1997, in *Giur. it.*, 1999, 117.

[11] Cass., 14 giugno 1999, n. 5858, in *Fallimento*, 2000, 835.

[12] Il riferimento è a Cass., 13 luglio 2018, n. 18728, secondo cui in caso di accertamento dello stato di insolvenza successivo alla apertura della procedura, il periodo sospetto deve computarsi dalla data del provvedimento amministrativo, dal momento che è in relazione a tale momento che viene accertato, anche se con sentenza successiva, lo stato di insolvenza.

sposizione precisa ora che tale termine «*decorre dalla data del provvedimento di nomina del commissario liquidatore, se successivo al provvedimento che accerta lo stato di insolvenza*»: e ciò perché – spiega la Relazione – è soltanto a partire da quel momento che l'azione può essere esercitata.

Vigente la legge fallimentare (e, dunque, con riferimento a quanto stabilito dall'art. 69-*bis* della stessa) si riteneva prevalentemente che il termine di decadenza iniziasse a decorrere quando alla dichiarazione giudiziale dello stato di insolvenza avesse fatto seguito il provvedimento che disponeva la liquidazione (evidentemente con riferimento all'ipotesi che l'accertamento intervenisse prima dell'apertura della procedura). La soluzione adottata dal Codice, implicitamente, dovrebbe condurre anche ad una soluzione per il caso in cui la nomina del commissario liquidatore sia intervenuta prima della sentenza che accerta lo stato di insolvenza (essendosi la procedura aperta per un presupposto differente). Si dovrebbe, cioè, dedurre che il termine di decadenza, in questo secondo caso, decorra dalla data del provvedimento che accerta lo stato di insolvenza (*rectius*: dal deposito della relativa domanda): il che, in ultima analisi, conferma l'interpretazione, raggiunta vigente la legge fallimentare, secondo la quale per poter iniziare il decorso del termine di decadenza è necessario che siano intervenute tanto l'accertamento dello stato di insolvenza che la nomina del commissario liquidatore[13].

Anteriormente all'entrata in vigore dell'art. 69-*bis* l. fall. si discorreva (non in termini di "decadenza" ma) di "prescrizione": in quel contesto, comunque, l'orientamento condiviso dalla giurisprudenza era stato nel senso della necessità della compresenza tanto del provvedimento di apertura della liquidazione che di quello di accertamento dello stato di insolvenza perché potesse decorrere il termine, e ciò in applicazione del principio per cui il termine di prescrizione inizia a decorrere dal momento in cui il diritto può essere fatto valere[14] (soluzione che peraltro aveva lasciato la dottrina talora perplessa[15]). Anche la dottrina aveva spiegato che, se il presupposto della decorrenza del termine prescrizionale è la possibilità di esercitare un diritto, l'esercizio dell'azione revocatoria ordinaria presuppone che vi sia stato tanto l'accertamento giudiziario dello stato di insolvenza (anteriore o posteriore rispetto alla apertura della procedura) quanto il decreto amministrativo di apertura della procedura: ed è pertanto dal momento in cui tali due presupposti coesistono che deve farsi decorrere il termine prescrizionale[16]. In questa stessa prospettiva l'orientamento della Suprema Corte[17].

[13] BONFATTI, *La liquidazione coatta*, 135, che conclude che la soluzione adottata dal Codice «conferma la correttezza della tesi che prevede il completamento della sequenza tra i due provvedimenti, prima di ritenere operante la concorrenza del termine decadenziale triennale!». In giurisprudenza Cass., 11 gennaio 2013, n. 605.

[14] In questa prospettiva Cass., 24 luglio 2007, n. 16384; Cass., 18 luglio 2007, n. 15960; Trib. Como, 22 settembre 1999, in *Giur. it.*, 2000, 115.

[15] Sul punto BONFATTI, *La liquidazione coatta*, 601, secondo cui la soluzione della giurisprudenza appare convincente per il caso in cui il provvedimento che dispone la liquidazione coatta sia stato adottato dopo l'accertamento giudiziale dello stato di insolvenza, ma meno convincente per il caso contrario.

[16] Così BAVETTA, *L'accertamento giudiziale*, 709.

[17] In questa prospettiva anche Cass., 18 luglio 2007, n. 15960, che afferma il principio per cui occorre fare

4. – Tra i problemi posti dall'esercizio dell'azione revocatoria "fallimentare" all'interno della liquidazione coatta amministrativa, vi è quello della individuazione del tribunale competente a conoscere delle azioni revocatorie.

Vigente la legge fallimentare, la giurisprudenza aveva in diverse occasioni escluso che detto tribunale dovesse riconoscersi in quello che aveva dichiarato lo stato di insolvenza, sull'assunto che nella liquidazione coatta amministrativa non trovasse applicazione, in quanto non richiamato, l'art. 24 l. fall. [18], con la conseguenza che per la individuazione del giudice competente avrebbero dovuto applicarsi le regole comuni del codice di rito. In dottrina, peraltro, erano state argomentate anche soluzioni diverse, partendo dalla constatazione che l'art. 201 l. fall. abilitava il commissario liquidatore ad esercitare l'azione revocatoria ordinaria all'interno della liquidazione, richiamando l'art. 66 l. fall., il cui comma 2 prevedeva la competenza del tribunale fallimentare, cosicché se ne sarebbe potuta dedurre la competenza del tribunale del luogo in cui l'impresa da liquidare aveva la sua sede principale, nonché l'ulteriore conseguenza per cui anche le azioni revocatorie fallimentari avrebbero dovuto seguire lo stesso regime [19]. Inoltre, si invocavano, a sostegno di tale conclusione, le previsioni espresse che figurano nella legislazione bancaria (art. 83 TUB) e dall'art. 13, d.lgs. n. 270 del 1999 [20].

Il quadro normativo non appare sostanzialmente mutato dal Codice, giacché il principio già contenuto nell'art. 24 l. fall. è ora rinvenibile nell'art. 32: e quest'ultima norma non è richiamata tra quelle prese in considerazione negli artt. 299 e 304; mentre anche in dottrina si ribadisce ora che il mancato richiamo dell'art. 32 non è frutto di un caso, ma una scelta giustificata dalla "differenza intrinseca di ruolo" tra il tribunale fallimentare, che ha una competenza funzionale a decidere delle cause che originano dalla liquidazione giudiziale, ed il tribunale che dichiara lo stato di insolvenza della impresa sottoposta a liquidazione coatta amministrativa [21].

5. – In forza di quanto previsto dall'art. 343, l'accertamento giudiziale dello stato di insolvenza a norma degli artt. 297 e 298 è equiparato alla dichiarazione di apertura della liquidazione giudiziale ai fini dell'applicazione delle disposizioni penali. Conseguentemente, alla dichiarazione giudiziale dello stato di insolvenza – tanto che intervenga previamente, quanto che intervenga successivamente all'apertura della procedura - consegue l'applicabilità di tutte le disposizioni penali che, nel contesto degli artt. 322 ss., presuppongono che sia intervenuto lo stato di liquidazione giudiziale.

---

riferimento ai due eventi congiunti dell'accertamento giudiziale dello stato di insolvenza e del provvedimento che ordina la liquidazione.

[18] Così App. Milano, 18 luglio 2001, in *Orient. giur. lav.*, 2001, I, 675; Cass., 15 febbraio 1996, n. 1145, in *Fallimento*, 1996, 565; Cass., 13 aprile 1983, n. 2812, in *Giur. it.*, 1983, I, 1, 1388; in senso contrario Trib. Lucca, 29 marzo 1982, in *Fallimento*, 1983, 139,

[19] BONSIGNORI, *Processi concorsuali*, 580, secondo il quale tanto per l'azione revocatoria ordinaria *ex* art. 66 l. fall., come per le azioni revocatorie fallimentari, è competente il tribunale del luogo in cui si trova la sede principale dell'impresa.

[20] Così BAVETTA, *L'accertamento giudiziale*, 702-706; contra TEDESCHI, *Manuale del nuovo*, 597-598, secondo cui devono applicarsi i principi comuni di competenza.

[21] BONFATTI, *La procedura*, 131, che richiama, in senso conforme, Trib. Milano, 4 giugno 2021, n. 4815.

È da ricordare come, vigente la legge fallimentare, anche l'applicazione delle disposizioni penali dettate per il fallimento alla liquidazione coatta amministrativa non avesse mancato di porre dei problemi di raccordo, a seconda che la dichiarazione di insolvenza precedesse o seguisse l'apertura della procedura. Così, si era ritenuto che il momento consumativo dei reati coincidesse con quello della dichiarazione di insolvenza (e non con quello di apertura della procedura che eventualmente la avesse preceduta), in quanto detta dichiarazione veniva individuata come "elemento costitutivo del reato"[22].

6. – L'ultimo comma della disposizione in commento prevede che il liquidatore presenti al pubblico ministero la relazione prevista dall'art. 130 (che, nella liquidazione giudiziale, viene invece presentata al giudice delegato).

Orbene, di «*relazione*» l'art. 130 parla unicamente con riferimento a quella, particolareggiata, che il curatore deve presentare al giudice delegato entro sessanta giorni dal deposito del decreto di esecutività dello stato passivo, «*in ordine al tempo e le cause dell'insorgere della crisi e del manifestarsi dell'insolvenza del debitore, sulla diligenza spiegata dal debitore nell'esercizio dell'impresa, sulla responsabilità del debitore o di altri e su quanto può interessare anche ai fini delle indagini preliminari in sede penale*» (comma 4). Viceversa, gli altri rapporti che sono previsti dall'art. 130 sono definiti "informative": sicché è da domandarsi se il richiamo all'art. 130 debba intendersi unicamente al suo comma 4 (perché soltanto in quel caso si parla di «*relazione*») e non anche agli altri casi, in particolare alla "informativa" che il curatore, entro trenta giorni dalla dichiarazione di apertura della liquidazione giudiziale, presenta al giudice delegato «*sugli accertamenti compiuti e sugli elementi informativi acquisiti relativi alle cause dell'insolvenza e alla responsabilità del debitore ovvero degli amministratori e degli organi di controllo della società*». Nel contesto della legge fallimentare, la disciplina della liquidazione (art. 303) faceva espresso riferimento ad «*una relazione in conformità di quanto è disposto dall'art. 33, primo comma*», vale a dire alla relazione particolareggiata che il curatore doveva presentare al giudice delegato, entro sessanta giorni dalla dichiarazione di fallimento, sulla diligenza dispiegata dal fallito nell'esercizio dell'impresa, sulla responsabilità del fallito o di altri e su quanto può interessare anche ai fini delle indagini preliminari in sede penale. Proprio l'affinità del contenuto della relazione induce l'interprete a ritenere che il richiamo compiuto dalla disposizione in commento sia effettivamente al comma 4 dell'art. 130: il che, peraltro, comporta uno "slittamento" della relazione ad un momento successivo al deposito dello stato passivo.

Possono poi riprodursi, con riguardo alla disciplina attuale, alcune considerazioni maturate nella vigenza della legge fallimentare con riguardo al richiamo, da parte dell'art. 203, della relazione di cui al comma 1 dell'art. 30 l. fall. Al riguardo, la giurisprudenza aveva evidenziato che la relazione non potesse considerarsi un atto giudiziario, sibbene una vera e propria "*notitia criminis*"[23].

Anche nel nuovo contesto, inoltre, occorre domandarsi se, per quanto in presenza di un richiamo espresso, la «*relazione*» presentata dal commissario liquidatore assuma la stes-

---

[22] Così Cass. pen., sez. V, 9 dicembre 1999, n. 2136, in *Cass. pen.*, 2001, 1340.

[23] Così Trib. Torino, 2 giugno 1993, in *Difesa pen.* 1994, fasc. 44, 99.

sa natura di quella presentata dal curatore: ci si è domandati – e la domanda è riproponibile anche nel nuovo contesto normativo – se, più che di fronte ad una trasposizione nell'ambito della liquidazione coatta della disciplina dettata per la liquidazione giudiziale – non ci si trovi, piuttosto, di fronte ad una declinazione dell'obbligo di denuncia in capo ai pubblici ufficiali (quale è il commissario liquidatore) contenuta nell'art. 331 c.p.p.[24].

7. – La disposizione contenuta nel comma 1 dell'articolo in commento prevede che l'applicazione delle disposizioni in materia di revocatoria avvenga «*anche nei riguardi dei soci a responsabilità illimitata*».

Questa previsione, così come quella contenuta nel corrispondente e previgente art. 203, comma 1, è anche l'argomento letterale per escludere che ai soci illimitatamente responsabili possa applicarsi la liquidazione coatta "in estensione" (differentemente da quanto avviene nel fallimento)[25]: e ciò è del resto confermato dal mancato richiamo all'art. 256, comma 1. Si spiega, infatti, che ove gli stessi soci fossero stati soggetti alla estensione della liquidazione coatta non avrebbe senso la previsione della assoggettabilità degli atti da loro posti in essere all'azione revocatoria fallimentare. Con riguardo poi, alla identificazione della categoria dei soci illimitatamente responsabili, si è ritenuto che questa ricomprenda anche soci che non fossero originariamente illimitatamente responsabili, ma che lo siano divenuti in seguito e che l'estensione non riguardi soltanto l'azione revocatoria ordinaria, ma anche quella fallimentare[26].

Con riferimento, infine, alla concreta individuazione degli atti dei soci illimitatamente responsabili che possono costituire oggetto delle revocatorie fallimentari, si è ritenuto che questi debbano ritenersi limitati a quelli che producono effetti sul patrimonio della società (così ad esempio la prestazione di garanzie a creditori della società o il pagamento di debiti sociali)[27].

[24] Così BAVETTA, *L'accertamento giudiziale*, 709-714, il quale perciò conclude che, «rispetto alle relazioni ex art. 33 e 205 cit., la funzione referente del commissario liquidatore prevista dall'art. 203, ult. co., l. fall., rappresenta un *tertium genus*».

[25] BONSIGNORI, *Processi concorsuali*, 582: TEDESCHI, *Manuale del nuovo*, 598, LIMITONE, *Commento*, 1576-1577.

[26] Così BONSIGNORI, *Processi concorsuali*, 582: tra gli esempi portati, l'accomandante che abbia contravvenuto al divieto di cui all'art. 2320 c.c.

[27] NIGRO, VATTERMOLI, *Diritto della crisi*, 479; BONFATTI, *La procedura*, 135.

Articolo 300
Provvedimento di liquidazione

1. Il provvedimento che ordina la liquidazione, entro dieci giorni dalla sua data, è pubblicato integralmente, a cura dell'autorità che lo ha emanato, nella Gazzetta Ufficiale della Repubblica italiana ed è comunicato per l'iscrizione all'ufficio del registro delle imprese, salve le altre forme di pubblicità disposte nel provvedimento.

Sido Bonfatti

Ai sensi dell'art. 300, «*il provvedimento che ordina la liquidazione, entro dieci giorni dalla sua data, è pubblicato, a cura dell'autorità che lo ha emanato, nella Gazzetta Ufficiale della Repubblica Italiana ed è comunicato per l'iscrizione all'ufficio del Registro delle Imprese, salve le altre forme di pubblicità disposte nel provvedimento*».

Nelle procedure di l.c.a. più strutturate – come quelle concernenti la l.c.a. delle banche, delle imprese autorizzate alla prestazione di servizi di investimento e delle imprese assicuratrici – la comunicazione agli interessati del provvedimento di disposizione della l.c.a. è prevista solo successivamente all'insediamento del commissario liquidatore [1].

La comunicazione perviene direttamente dall'autorità di vigilanza che ha emanato il provvedimento e non dalla cancelleria del tribunale, la quale, invece, è estranea questa fase del procedimento concorsuale [2].

La pubblicazione del provvedimento di liquidazione sul Registro delle imprese non costituisce, comunque, una condizione di validità dell'atto amministrativo. Essa ne costituisce, invece, una condizione di efficacia in tutti i casi nei quali la legge non stabilisca l'operatività degli effetti sin dalla data del provvedimento [3].

Quanto – infine – al ruolo del tribunale "fallimentare", a parte il necessario intervento nella fase di dichiarazione dello stato di insolvenza, resta meramente eventuale nel contesto

---

[1] Bonfatti, *La disciplina*, 212 ss.; Nigro, Vattermoli, *Diritto della crisi delle imprese*, 465.

[2] Nicola, *Liquidazione coatta*, 558 s.s.

[3] Secondo Cass., 6 luglio 1968, n. 2298, in *Foro.it*, 1968, I, 2459, «è inammissibile il ricorso per ingiunzione contro la società in liquidazione coatta amministrativa proposto dopo la pubblicazione sulla G.U. del decreto ministeriale che l'ha disposta, a nulla rilevando la mancata comunicazione di quest'ultimo per l'iscrizione nel registro delle imprese e quindi la omissione delle formalità transitoriamente previste, in sostituzione di tale adempimento, dall'art. 100 disp. att. c.c.».

della risoluzione di controversie insorte nel corso della liquidazione coatta amministrativa (come nel caso di impugnazione dello stato passivo; delle contestazioni del piano di riparto; delle opposizioni al concordato di liquidazione), ovvero di situazioni straordinarie (come la dichiarazione di risoluzione o annullamento del concordato di liquidazione [4]).

[4] FAUCEGLIA, *Il nuovo diritto*, 210.

Articolo 301

Organi della liquidazione coatta amministrativa

1. Con il provvedimento che ordina la liquidazione o con altro successivo viene nominato un commissario liquidatore. Si applicano gli articoli 356 e 358. È altresì nominato un comitato di sorveglianza di tre membri o cinque membri, scelti fra persone particolarmente esperte nel ramo di attività esercitato dall'impresa, possibilmente fra i creditori.

2. Qualora l'importanza dell'impresa lo consigli, possono essere nominati tre commissari liquidatori. In tal caso essi deliberano a maggioranza, e la rappresentanza è esercitata congiuntamente da due di essi. Nella liquidazione delle cooperative la nomina del comitato di sorveglianza è facoltativa.

Enrico Mauceri

Sommario: 1. Il commissario liquidatore. – 2. Il comitato di sorveglianza. – 3. Il ruolo del tribunale e dell'Autorità Amministrativa.

1. – Il nuovo Codice, come noto, non ha introdotto significative novità rispetto alla disciplina della Liquidazione Coatta Amministrativa ("l.c.a.") ed in particolare la norma in commento riproduce pedissequamente l'art. 198 l. fall., che individua gli organi della suddetta procedura concorsuale.

Per quanto concerne il commissario liquidatore, la nomina avviene da parte dell'Autorità amministrativa competente con il decreto di apertura, ovvero con un atto successivo.

La norma non individua specifici requisiti di onorabilità e/o professionalità, né individua cause di incompatibilità.

A ciò pone rimedio l'art. 358, adesso esplicitamente richiamato dalla norma[1] che, nel disciplinare i requisiti richiesti per rivestire gli incarichi nelle procedure concorsuali, da una parte, individua le figure professionali che possono accedere al ruolo di curatore, commissario giudiziale e liquidatore[2], dall'altra, al comma 2, fornisce un'elencazione delle

[1] Modifica avvenuta ad opera del d. lgs n. 83 del 2022 che introduce nella norma in commento anche un richiamo esplicito all'art. 356.

[2] La norma contempla le seguenti categorie professionali: a) gli iscritti agli albi degli avvocati, dei dottori

cause di incompatibilità, prevedendo testualmente che non possono essere nominati curatore, commissario giudiziale o liquidatore, il coniuge, la parte di un'unione civile tra persone dello stesso sesso, il convivente di fatto, i parenti e gli affini entro il quarto grado del debitore, i creditori di questo e chi ha concorso al dissesto dell'impresa, nonché chiunque si trovi in conflitto di interessi con la procedura.

La disposizione citata colma il vuoto normativo presente nella legge fallimentare e derivante dall'assenza di un chiaro rinvio all'art. 28 l. fall.

A riguardo, tanto la dottrina, quanto la giurisprudenza, hanno cercato colmare tale mancanza, ora facendo riferimento ai principi generali che regolano l'attività amministrativa[3], ora estendendo al commissario liquidatore le cause di incompatibilità previste per il curatore fallimentare[4].

Di norma, il commissario liquidatore è un organo monocratico che può diventare collegiale allorché l'importanza dell'impresa lo suggerisca. In tale evenienza possono essere nominati tre commissari liquidatori che deliberano a maggioranza e la rappresentanza è esercitata congiuntamente da due di essi.

Il commissario liquidatore insediato nella carica, quindi, ha la rappresentanza della società e può costituirsi in giudizio, esercitando i correlati poteri di impugnazione in nome e per conto della medesima[5].

Qualora il ruolo di commissario sia esercitato collegialmente, si ritiene che la rappresentanza passiva sia attribuita a tutti commissari, in quanto la limitazione contenuta nella norma in commento è posta a tutela della collegialità e quindi delle attività da compiersi. Ne deriva che tale preclusione non si renderebbe necessaria per quanto attiene al lato passivo della rappresentanza, posto che l'essere mero destinatario di atti non comporta alcuna attività volitiva[6].

Come noto, la disciplina contenuta nel Codice è derogata dalle normative di dettaglio previste per determinati tipi di società, quali le società cooperative, le banche e gli intermediari finanziari, e le compagnie assicurative.

Con riguardo alle banche e agli intermediari finanziari, l'art. 81 TUB Prevede che la

---

commercialisti e degli esperti contabili e dei consulenti del lavoro; b) gli studi professionali associati o società tra professionisti, sempre che i soci delle stesse siano in possesso dei requisiti professionali di cui alla lettera a), e, in tal caso, all'atto dell'accettazione dell'incarico, deve essere designata la persona fisica responsabile della procedura; c) coloro che abbiano svolto funzioni di amministrazione, direzione e controllo in società di capitali o società cooperative, dando prova di adeguate capacità imprenditoriali e purché non sia intervenuta nei loro confronti dichiarazione di apertura della procedura di liquidazione giudiziale.

[3] IMBARDELLI, *Organi della liquidazione*, 908; Cass., 8 febbraio 1990, n. 866, in *Fallimento*, 1990, 689.

[4] BONSIGNORI, *La liquidazione coatta*, 114.

[5] Cass., 29 aprile 2004, n. 8204, in *Giust. civ.*, 2005, 9, I, 2159, con nota di Calò, in cui si sostiene che il potere di rappresentanza non viene meno qualora il decreto ministeriale di messa in liquidazione coatta amministrativa contenente la nomina, sia giuridicamente inesistente per essere stato emesso in assoluta carenza di potere. Si ritiene altresì che con l'iscrizione nel registro delle imprese del nominativo (o dei nominativi) del commissario liquidatore, debba procedersi con la cancellazione dei soggetti che rivestivano la carica di amministratore, coerentemente con quanto disposto dall'attuale art. 303 c.c.i. (200 l. fall.) NICOLA, *Liquidazione coatta*, 560.

[6] Cass., 1 agosto 2010, n. 6636; Cass., n. 3014 del 1969. Dissentono da tale impostazione BONSIGNORI, *La liquidazione coatta*, 115; BELLÈ, *Art. 198*, 2310 e ss.

Banca d'Italia, autorità amministrativa di vigilanza competente, possa nominare uno o più commissari liquidatori, anche persone giuridiche, in possesso dei requisiti di onorabilità e professionalità di cui all'art. 26 TUB, richiesti per i soggetti che svolgono funzioni di amministrazione, direzione e controllo presso le banche[7].

In merito, invece, alle assicurazioni, l'art. 246 c. ass., affida all'IVASS, autorità amministrativa di vigilanza competente nel settore assicurativo, il compito di nominare uno o più commissari liquidatori per un periodo triennale rinnovabile senza limiti di tempo, tenuto conto dei risultati positivi dell'attività espletata.

Agli organi della procedura, inoltre, si applicano i requisiti di professionalità, onorabilità ed indipendenza contemplati nell'art. 76 c. ass., indirizzato ai soggetti che svolgono funzioni di amministrazione, direzione, controllo, ovvero funzioni ritenute fondamentali presso le imprese di assicurazione e di riassicurazione.

Da ultimo, il Codice, similmente alla legge fallimentare, nulla dice circa la determinazione del compenso del commissario liquidatore, diversamente da quanto avviene rispetto alle procedure di l.c.a. riguardanti banche (art. 81, comma 4, TUB), assicurazioni (art. 246, comma 3, c. ass.) ed intermediari finanziari (art. 57 TUF), in cui l'importo dell'indennità è determinato dalla stessa Autorità amministrativa di vigilanza.

2. – Il comitato di sorveglianza è un organo collegiale, composto da tre o cinque membri, scelti fra soggetti ritenuti particolarmente esperti nel ramo di attività esercitato dall'impresa e possibilmente fra i creditori[8].

Alla stregua della nomina del commissario liquidatore, anche la nomina del comitato di sorveglianza segue delle regole parzialmente difformi rispetto alla disciplina ordinaria, allorché l'impresa sottoposta a l.c.a. sia una cooperativa, una banca o una compagnia assicurativa.

Nel primo caso è la stessa norma che, al comma 2, rende facoltativa la nomina del comitato di sorveglianza[9].

Per quanto concerne le banche, gli intermediari finanziari e le assicurazioni, la nomina è rispettivamente affidata alla Banca d'Italia (banche e intermediari finanziari)[10] e all'IVASS.

In merito alle imprese di assicurazione e riassicurazione, similmente a quanto avviene per i liquidatori, i membri del comitato di sorveglianza sono nominati per un periodo triennale rinnovabile senza limiti di tempo (art. 246, comma 1, c. ass.).

A differenza del comitato dei creditori nella liquidazione giudiziale, che mira esclusivamente alla tutela degli interessi del ceto creditorio, il comitato di sorveglianza è esso stesso un organo che svolge delle funzioni dirette alla migliore realizzazione dell'interesse pubblico sotteso alla procedura[11].

---

[7] IMBARDELLI, *Organi della liquidazione*, 909.

[8] La legge non impone un obbligo a riguardo ma una mera facoltà.

[9] Sul punto TAR Palermo, (Sicilia), 10 marzo 1997, n. 262, in *Foro amm.*, 1997, 3251.

[10] Entro quindici giorni dalla comunicazione della nomina, i commissari liquidatori provvedono all'iscrizione nel registro delle imprese degli atti di nomina degli organi della liquidazione coatta e del presidente del comitato di sorveglianza.

[11] IMBARDELLI, *Organi della liquidazione*, 908.

Tali funzioni si esplicano, essenzialmente, nell'attività di controllo sul corretto svolgimento della procedura e di consulenza al commissario liquidatore e all'Autorità amministrativa.

Infine, analogamente a quanto previsto per il commissario liquidatore, anche in merito al comitato di sorveglianza il Codice nulla riferisce circa la determinazione del compenso, diversamente da quanto avviene per le banche (art. 81, comma 4, TUB), le assicurazioni (art. 246, comma 3, c. ass.) e gli intermediari finanziari (art. 57 TUF), per cui valgono le considerazioni prima svolte ed a cui si rimanda.

3. – Una breve notazione merita, infine, il ruolo dell'Autorità amministrativa competente e del tribunale nonostante entrambi non vengano annoverati nella norma in commento tra gli organi della l.c.a.

L'Autorità amministrativa ha il compito di preservare l'interesse pubblico che sta alla base dell'intera procedura e ricopre il ruolo che nella liquidazione giudiziale è attribuito al tribunale e al giudice delegato. In altri termini, svolge un'attività di indirizzo che influenza e coordina quella posta in essere dagli altri organi, *in primis* dal commissario liquidatore.

Per quanto concerne il tribunale, invece, rispetto alla liquidazione giudiziale ha un ruolo certamente ridotto e meno incisivo [12], in quanto, sia nella Legge Fallimentare, che nel Codice, la l.c.a. si contraddistingue per il carattere amministrativo e non giurisdizionale [13].

Come sostenuto da autorevole dottrina, il tribunale non potrebbe, in effetti, essere definito un organo della l.c.a., in quanto l'autorità giudiziaria non è titolare di poteri gestori e/o di controllo ed il suo intervento è richiesto soltanto in determinate circostanze previste dalla legge [14].

---

[12] Resta in ogni caso di esclusiva competenza del tribunale l'eventuale dichiarazione dello stato di insolvenza.

[13] Non a caso la l.c.a. può essere disposta anche che per gravi irregolarità gestionali e per violazione di leggi e/o di regolamenti, nonché per ragioni di interesse pubblico. Come si rileva in giurisprudenza (TAR Lazio, 26 novembre 1981, in *Dir. fall.*, 1982, II, 873), il provvedimento che dispone la liquidazione è un atto avente natura amministrativa, impugnabile pertanto innanzi al giudice amministrativo.

[14] BELLÈ, *Art. 198*, 1580 ripreso anche da IMBARDELLI, *Organi della liquidazione*, 907.

Articolo 302

Responsabilità del commissario liquidatore

1. Il commissario liquidatore è, per quanto attiene all'esercizio delle sue funzioni, pubblico ufficiale.

2. Durante la liquidazione l'azione di responsabilità contro il commissario liquidatore revocato è proposta dal nuovo liquidatore con l'autorizzazione dell'autorità che vigila sulla liquidazione.

3. Si applicano al commissario liquidatore le disposizioni degli articoli 129, 134, 135 e 136, comma 1, intendendosi sostituiti nei poteri del tribunale e del giudice delegato quelli dell'autorità che vigila sulla liquidazione.

Giovanni Falcone

Sommario: 1. Qualifica e livello di autonomia del commissario liquidatore. – 2. Natura della responsabilità del commissario liquidatore. – 3. Le norme della disciplina della liquidazione giudiziale fatte oggetto di richiamo.

1. – La disposizione in commento riproduce sostanzialmente quella già contenuta nell'art. 199 della previgente legge fallimentare.

La attribuzione della qualifica di pubblico ufficiale [1] esplicitamente compiuta dal comma 1 della disposizione in commento veniva e viene comunemente ancorata alla constatazione dello svolgimento di una funzione pubblica (e, in particolare, di una attività amministrativa) [2], o alla sua partecipazione alla amministrazione della giustizia (in quanto inca-

[1] Con la conseguente applicabilità delle norme penalistiche relative ai reati compiuti dai pubblici ufficiali: sul punto Cass. pen., 26 marzo 1998, n. 5576, in *Cass. pen.*, 1999, 1460, per un caso di applicazione al commissario liquidatore della fattispecie del reato di peculato. In particolare, secondo la Corte, il commissario liquidatore che si sia appropriato di somme di denaro provenienti dall'attivo della procedura di liquidazione non può invocare la causa di giustificazione dell'esercizio di un diritto, sull'assunto di essersi soltanto "auto liquidato" degli acconti finali sul compenso finale a lui dovuto ai sensi dell'art. 213 l. fall., poiché egli non ha un diritto soggettivo alla percezione di tali acconti, che gli possono essere accordati discrezionalmente soltanto dal tribunale (in applicazione analogica dell'art. 39 l. fall.). Quanto, poi, alle "ricadute" civilistiche della qualifica di pubblico ufficiale, Cass., 15 gennaio 2001, secondo cui detta qualifica non vale ad attribuire pubblica fede ai documenti prodotti in giudizio dal commissario stesso, quando essi siano stati formati sulla base di notizie apprese da terzi.

[2] Provinciali, *Manuale di diritto*, 2073.

ricato di diritto privato per la tutela di rapporti di rilevanza pubblicistica)[3]. Nello stesso tempo, la giurisprudenza ha ritenuto che tale qualifica non debba essere riconosciuta al commissario liquidatore laddove operi al di fuori dell'esercizio delle funzioni pubblicistiche[4]. È stato peraltro rilevato in modo calzante come il commissario liquidatore sia un organo autonomo «preposto alla realizzazione delle finalità pubbliche perseguite dal legislatore»[5].

Si è anche sostenuto che il commissario liquidatore sarebbe soggetto ad un potere gerarchico dell'autorità amministrativa che vigila sulla liquidazione[6].

L'affermazione secondo la quale il commissario liquidatore, pur essendo legato ad un rapporto gerarchico dall'autorità di vigilanza, sarebbe vincolato alle direttive di questa in modo meno specifico di quanto non lo sia il curatore rispetto alle direttive del giudice delegato[7] dovrebbe peraltro essere modulata alla luce della circostanza che l'art. 128, comma 1, sottopone il curatore non già alla "direzione" del giudice delegato, sibbene alla sua «*vigilanza*». Si ritiene comunque che il commissario liquidatore abbia, rispetto al curatore nel fallimento, poteri più ampi e che sia dotato complessivamente di maggiore autonomia: con il riferimento ai più ampi poteri, si allude a quelli che il commissario liquidatore ha nell'ambito dell'accertamento del passivo, mentre con quello alla maggiore autonomia, si allude soprattutto alle iniziative giudiziali ed alle modalità, più agili, di liquidazione dell'attivo[8].

Altrettanto comune è l'affermazione secondo cui i poteri e le responsabilità del commissario liquidatore andrebbero a modellarsi su quelli del curatore (oggi: della liquidazione giudiziale), restando, se mai, aperto il dibattito se la "parificazione" debba intendersi come assoluta, o non piuttosto "prevalente": in questo senso si è in passato discusso se al commissario liquidatore dovesse estendersi anche la disciplina relativa ai requisiti per la nomina[9] del curatore, giacché non vi era (e non vi è tuttora) un richiamo della relativa

---

[3] PACCHI, *La liquidazione coatta*. È una affermazione in linea con la ricostruzione – talora fatta propria dalla giurisprudenza: Trib. Milano, 9 aprile 1984, in *Fallimento*, 1984, 1008 – secondo la quale l'attività del commissario liquidatore consisterebbe in un esercizio privato di pubbliche funzioni, tesi sostenuta in dottrina da DEL VECCHIO, *La liquidazione coatta*, 44.

[4] Cass. pen., 21 marzo 2019, n. 32033.

[5] BAVETTA, *Gli organi*, 761.

[6] Così PAJARDI, PALUCHOWSKI, *Manuale di diritto*, 982. Si veda però Trib. Milano, 30 giugno 1983, in *Banca, borsa, tit. cred.*, 1985, II, 517, secondo cui il commissario liquidatore, anche se nominato dall'autorità amministrativa, non è legato alla p.a. da un rapporto di impiego, bensì da un rapporto di mandato professionale la cui esplicazione costituisce esercizio privato di pubbliche funzioni, aggiungendo che le autorizzazioni dell'autorità di vigilanza non sono ordini del genere di quelli emanati dal giudice delegato nei confronti del curatore fallimentare con la conseguenza che le funzioni deliberative del commissario liquidatore, pur in presenza di tali autorizzazioni, non sono intaccate né egli diventa organo esecutivo della P.A.

[7] STALLA, *La liquidazione coatta*, 250.

[8] Così BONFATTI, *Manuale di diritto*, 593. PROVINCIALI, *Manuale di diritto*, 2073, marcava fortemente la distinzione tra curatore fallimentare e commissario liquidatore, assumendo che pur svolgendo entrambi una funzione pubblica (il primo di tipo giurisdizionale, il secondo di tipo amministrativo), il curatore è soltanto "l'organo esecutivo" dell'ufficio fallimentare, mentre il commissario liquidatore svolge una attività amministrativa, sostituendosi nell'attività demandata all'imprenditore.

[9] Lo esclude LATELLA, *Art. 199*, 2640, ritenendo doversi «interpretare restrittivamente il rinvio operato dall'immutato art. 199, 3° co., agli artt. 32, 37 e 38, 1° co.»; ad analoghe conclusioni giunge STASI, *Liquidazio-*

norma (oggi "ubicata" nell'art. 358) da parte dell'articolo in commento.

Al riguardo, si è ritenuto che proprio la circostanza di un mancato richiamo non possa comportare l'operatività automatica di tutte le cause di incapacità previste per il curatore[10]; in ogni caso, la sussistenza di una causa di incapacità all'atto della nomina è stata ritenuta non inficiare il provvedimento di messa in liquidazione, pur costituendo vizio di legittimità della nomina stessa[11].

2. – Con riferimento al tipo di diligenza richiesta al commissario liquidatore nello svolgimento dell'incarico (e quindi, correlativamente, al tipo di responsabilità cui lo stesso va incontro in caso di mancato rispetto di quel livello di diligenza) – vigente la legge fallimentare – si è ritenuto che, stante anche la maggiore autonomia attribuita alla curatela nel fallimento, non sussistano più, attualmente, motivazioni per un diversa configurazione ed una diversa ampiezza di tale responsabilità a seconda che si tratti del curatore della liquidazione giudiziale o del commissario liquidatore della liquidazione coatta amministrativa[12].

Per quanto riguarda la responsabilità del commissario liquidatore, essa può avere natura penale (potendo dare luogo allora all'applicazione della disciplina dei reati propri del pubblico ufficiale), civile (discutendosi se la stessa abbia natura contrattuale o extracontrattuale[13]) ovvero disciplinare[14] (da cui ha origine il provvedimento di revoca), o fiscale[15].

Sotto il profilo della proponibilità dell'azione di responsabilità nei confronti del commissario liquidatore, la Suprema Corte ha ritenuto che la stessa non sia esclusa laddove il commissario stesso non possa continuare a svolgere le proprie funzioni a causa dell'improseguibilità della procedura (come nel caso di dichiarazione definitiva di illegittimità del decreto di apertura)[16].

3. – Le disposizioni in materia di liquidazione giudiziale fatte oggetto di richiamo riguardano, rispettivamente, quelle in materia di esercizio delle attribuzioni del curatore

---

ne coatta, 189, partendo dall'assunto che il commissario liquidatore è un organo amministrativo estraneo all'organizzazione giudiziaria e che, pertanto, le norme dettate dall'art. 28 in tema di requisiti soggettivi e di cause di incompatibilità per la nomina a curatore non sono applicabili analogicamente, mentre devono ritenersi vigenti le cause di incapacità "speciale" e quelle di incapacità giuridica conseguenti alla qualità di pubblico ufficiale attribuita al commissario liquidatore. Per la negativa anche PACCHI, *La liquidazione coatta*, 487. Tuttavia si veda in senso (per lo meno) perplesso Cass., SS.UU., 8 febbraio 1990, n. 866, in *Fallimento*, 1990, 689 che ritiene rilevanti le situazioni di incapacità o incompatibilità fissate per il curatore pur in difetto di un espresso richiamo, nella disciplina della liquidazione coatta, all'art. 28 l. fall.

[10] STALLA, *La liquidazione*, 250.

[11] STALLA, *La liquidazione*, 251.

[12] In tal senso STASI, *Liquidazione coatta*, 1896, secondo cui la responsabilità risarcitoria del commissario liquidatore obbedisce alle medesime regole stabilite per il curatore.

[13] In tal senso opina BELLÉ, *Art. 199*, 1554, argomentando dalla assimilabilità delle conclusioni raggiunte per il curatore fallimentare; nel senso della natura extracontrattuale della responsabilità del commissario PISANI MASSAMORMILE, *La responsabilità*, 96. Secondo PLATANIA, *Art. 199*, 1693, la responsabilità del commissario è nei confronti della procedura di tipo contrattuale, e di tipo extracontrattuale nei confronti dei terzi.

[14] STALLA, *La liquidazione*, 253.

[15] BELLÉ, *Art. 199*, 1554.

[16] Cass., 22 gennaio 2013, n. 1280.

(art. 129), di revoca del curatore (art. 134) e di responsabilità del curatore (art. 136): in tutti i casi, «*intendendosi sostituiti nei poteri del tribunale e del giudice delegato quelli dell'autorità che vigila sulla liquidazione*».

Il richiamo all'art. 129 (che si riferisce alla possibilità di "delega" di specifiche operazioni da parte del curatore, ed alla possibilità che lo stesso venga coadiuvato da tecnici o da altre persone retribuite – compreso il debitore – operanti sotto la sua responsabilità, richiedendo in entrambi i casi l'autorizzazione del comitato dei creditori), continua a generare (così come la corrispondente previsione della legge fallimentare) particolari problemi interpretativi, giacché la norma richiamata non prevede competenze del tribunale o del giudice delegato: vigente la legge fallimentare, si è da alcuno ritenuto comunque preferibile, in entrambi i casi, individuare nell'autorità di vigilanza il titolare del potere di autorizzazione [17]. In realtà, mentre vi è una certa uniformità di indirizzi nel ritenere che la delega di operazioni debba essere autorizzata dall'autorità amministrativa, si è sostenuto, con riguardo alla nomina di coadiutori, che la stessa possa essere compiuta senza autorizzazione [18].

Il richiamo all'art. 134 (che prevede la possibilità di revocare il curatore, da parte del tribunale, su proposta del giudice delegato o su richiesta del comitato dei creditori o d'ufficio), può intendersi innanzi tutto come possibilità, da parte dell'autorità di vigilanza (che "attrae" i poteri spettanti nel fallimento al tribunale e al giudice delegato), di revocare d'ufficio il commissario liquidatore [19]. Resta da chiarire in che modo "traslare" nell'ambito della liquidazione coatta amministrativa il potere di proposta che al riguardo nella liquidazione giudiziale è attribuito al comitato dei creditori: se cioè ipotizzare che un potere di proposta al riguardo possa identificarsi in capo al consiglio di sorveglianza. Questo perché le funzioni del comitato di sorveglianza non sono specificamente connesse alla tutela dei creditori, ciò che ne impedisce una sua equiparazione al comitato dei creditori della procedura fallimentare [20]. Tuttavia questo non ha impedito di ritenere che un potere di iniziativa possa riconoscersi anche al comitato di sorveglianza, in relazione ai suoi poteri di controllo [21].

Quanto alle motivazioni della revoca sono stati individuati: la responsabilità disciplinare del commissario; situazioni di incompatibilità; la mancanza di specifici requisiti soggettivi e/o professionali o la loro perdita o l'accertamento successivo della loro carenza; decisione della riduzione del numero dei commissari [22].

---

[17] VATTERMOLI, *Art. 200*, 1154-1155, il quale pur evidenzia come tale soluzione appare a sua volta problematica per il fatto che l'equiparazione, compiuta nel comma 3 della norma in commento, dei poteri dell'autorità di vigilanza a quelli del tribunale e del giudice delegato non troverebbe conferma in tale soluzione, posto che la norma richiamata non prevede interventi né del tribunale, e neppure del giudice delegato. Nella stessa prospettiva PAJARDI, BOCCHIOLA, *Codice del fallimento*, 1869.

[18] Tale sembra l'avviso di BELLÉ, *Art. 199*, 1557; *contra* LATELLA, *Art. 199*, 2641, che riteneva necessaria l'autorizzazione dell'autorità governativa, ai sensi degli artt. 206 e 35 l. fall.; e PLATANIA, *Art. 199*.

[19] Secondo Cass., SS.UU., 17 ottobre 2011, n. 22378 il provvedimento ministeriale di revoca del commissario liquidatore, emesso nel procedimento di liquidazione coatta amministrativa, ha carattere amministrativo ed a fronte di esso la posizione del commissario liquidatore non ha natura di diritto soggettivo, bensì di interesse legittimo: premessa da cui la Corte trae la conseguenza per la quale la relativa controversia è attratta nella giurisdizione del giudice amministrativo.

[20] BONFATTI, *La liquidazione coatta*, 593.

[21] BONSIGNORI, *La liquidazione coatta*, 128.

[22] Sul punto si veda analiticamente BELLÉ, *Art. 199*, 1555.

Con riguardo alla necessità di sentire il commissario liquidatore prima dell'adozione del provvedimento di revoca, la giurisprudenza ha ritenuto che la reiterazione del provvedimento, sulla base di elementi anteriormente non valutati e nuovi, non costituisca semplice atto confermativo, ma autonomo provvedimento per la cui legittima formazione occorre che il predetto liquidatore sia sentito sui nuovi dati e fatti acquisiti [23].

Ancora: l'art. 134, richiamato in toto, fa riferimento alla possibilità di reclamare il decreto di revoca o di rigetto dell'istanza di revoca alla corte d'appello: in questo caso, peraltro, il provvedimento di nomina o quello di revoca hanno natura amministrativa, sicché la posizione soggettiva facente capo al commissario liquidatore sarebbe di interesse legittimo e non già di diritto soggettivo: per questo motivo si è ritenuto che il potere di conoscere dell'impugnativa spetti al giudice amministrativo [24].

La revoca, stante il rinvio all'art. 134, può avvenire "in ogni tempo": a tale espressione la dottrina più attenta ha attribuito un significato non solamente cronologico, ma anche di diverso tipo, nel ritenere che la revoca possa avvenire "*ad nutum*" ed anche in assenza di una "giusta causa" (salvo il diritto del commissario, in quest'ultimo caso, al risarcimento del danno) [25].

È la revoca del commissario il presupposto dell'esercizio dell'azione di responsabilità nei suoi confronti: che spetta al nuovo liquidatore, con l'autorizzazione dell'autorità che vigila sulla liquidazione. Poiché il richiamo all'art. 136, è limitato al relativo comma 1, l'interrogativo intorno alla "traslabilità" alla liquidazione coatta della previsione contenuta nel comma 3 (che subordina l'esercizio dell'azione all'autorizzazione del giudice delegato) è impropriamente posto.

---

[23] Così Cons. Stato, sez. VI, 17 aprile 1997, n. 605, in *Foro amm.*, 1997, 1134.

[24] Così PLATANIA, *Art. 199*, 1694.

[25] BAVETTA, *Gli organi*, 773-775.

Articolo 303
Effetti del provvedimento di liquidazione per l'impresa

1. Dalla data del provvedimento che ordina la liquidazione si applicano gli articoli 142, 144, 145, 146 e 147 e se l'impresa è una persona giuridica cessano le funzioni delle assemblee e degli organi di amministrazione e di controllo, salvo il caso previsto dall'art. 314.

2. Nelle controversie anche in corso, relative a rapporti di diritto patrimoniale, sta in giudizio il commissario liquidatore.

Giovanni Falcone

Sommario: 1. Il momento di produzione degli effetti. – 2. Le disposizioni della disciplina della liquidazione giudiziale oggetto di richiamo. – 3. La "cessazione" degli organi di amministrazione e di controllo. – 4. La capacità di stare in giudizio. – 5. Le disposizioni della disciplina della liquidazione giudiziale non fatte oggetto di richiamo.

1. – Gli effetti del provvedimento di liquidazione sull'impresa si producono dalla «*data del provvedimento che ordina la liquidazione*»: essi sono effetti, per così dire, "necessari" (e non già "eventuali" come quelli che discendono dalla dichiarazione dello stato di insolvenza anteriore o successiva rispetto alla emanazione del provvedimento di liquidazione [1]).

In particolare, con riguardo al momento di produzione di tali effetti, si è discusso – vigente la corrispondente previsione contenuta nella legge fallimentare (art. 200) – se gli stessi siano da riconnettere alla emanazione del provvedimento, ovvero alla sua pubblicazione in Gazzetta Ufficiale o alla sua iscrizione nel Registro delle Imprese: si opinava che quegli effetti si producessero a partire dalla data di emanazione del provvedimento (e non già da quella della sua pubblicazione o comunicazione per l'iscrizione: adempimenti che comunque sono richiesti per portare a conoscenza dei terzi il provvedimento in quanto atto amministrativo) [2], salvo quanto previsto per specifiche categorie di im-

---

[1] Platania, *Art. 200*, 1696.

[2] Così Spiotta, *Artt. 200-201*, 2644-2645, che ricorda il contenuto di Cass., 10 luglio 1999, n. 7275, in *Fallimento*, 2000, 835. In tal senso di veda pure Trib. Venezia, 12 ottobre 2004, in *Banca, borsa, tit. cred.*, 2006,

prese[3]. Nella stessa prospettiva, la corte costituzionale aveva dichiarato infondata, con riferimento all'art. 3 cost., la questione di legittimità costituzionale della corrispondente norma della legge fallimentare (dell'art. 44 l. fall., da essa richiamato) nella parte in cui non prevedeva che nel procedimento di liquidazione coatta amministrativa la produzione degli effetti sostanziali rispetto ai terzi fosse temporalmente collegata alla conoscibilità del provvedimento di liquidazione coincidente con la sua pubblicazione nella Gazzetta Ufficiale[4].

2. – Le disposizioni oggetto di richiamo sono quelle in tema di beni del debitore (art. 142); atti compiuti dal debitore dopo l'apertura della liquidazione giudiziale (art. 144); formalità eseguite dopo l'apertura della liquidazione giudiziale (art. 145); beni non compresi nella liquidazione giudiziale (art. 146); alimenti ed abitazione del debitore (art. 147) e 47 (alimenti ed abitazione del debitore).

Sembra doversi ritenere che anche nel contesto del Codice (come accadeva in quello della legge fallimentare) il richiamo di alcune norme in materia di liquidazione giudiziale (così come, in precedenza, in materia di fallimento) debba essere oggetto di una mediazione interpretativa: e così, si dovrebbe ritenere che, nel contesto del richiamo all'art. 142, il riferimento – contenuto nel comma 3 – al comitato dei creditori non possa essere "traslato" sul comitato di sorveglianza, quanto, piuttosto, all'autorità che vigila sulla liquidazione[5].

3, 372, secondo cui il termine per l'accertamento dell'inefficacia di un pagamento in forza degli artt. 44 e 200 l. fall., decorre dalla data di emanazione dell'atto amministrativo che dispone la liquidazione coatta amministrativa, a prescindere da quando esso sia reso pubblico e senza che assuma rilevanza l'eventuale buona fede del "solvens".

[3] Il riferimento è alle banche, per le quali l'art. 83 TUB fa riferimento alla data di insediamento degli organi liquidatori, o, al più tardi, al terzo giorno successivo alla data di emanazione del provvedimento che dispone la liquidazione coatta amministrativa per l'effetto della sospensione del pagamento delle passività di qualsiasi genere e delle restituzioni di beni di terzi, nonché per l'effetto dell'applicabilità degli artt. 42, 44, 45 e 46 l. fall.

[4] Corte cost., 24 luglio 1998, n. 337, in *Corr. giur.*, 1998, 1335. La Corte è tornata ad occuparsi del tema con la pronuncia del 31 ottobre 2014, n. 248, in *Giur. cost.*, 2014, 5, 4076, dichiarando inammissibile la questione di legittimità costituzionale dell'art. 200, comma 1, l. fall., in combinato disposto con gli artt. 42 e 44 della stessa legge, nella parte in cui prevede che, per i terzi in buona fede, gli effetti della liquidazione coatta amministrativa si producano dalla data del provvedimento che ordina la liquidazione, anziché dalla data di pubblicazione nella Gazzetta Ufficiale o di iscrizione nel registro delle imprese del medesimo provvedimento. Cass., 30 luglio 2014, n. 17290 e Trib. Roma, 13 aprile 2017, in *Dejure*, hanno ritenuto che l'estensione alla liquidazione coatta amministrativa degli effetti previsti dall'art. 45 l. fall. con decorrenza dalla data del provvedimento amministrativo che la dispone e non da quella della sua pubblicazione in G.U. non discrimini tra soggetti coinvolti nella procedura concorsuale e nel fallimento, dal momento che il terzo può assumere, presso la competente amministrazione, *ex* artt. 22 e 25, l. n. 241 del 1990, eventualmente anche in via di accesso informale, le opportune informazioni circa l'esistenza ed il contenuto di un eventuale decreto di liquidazione dell'impresa, tanto più che, laddove quest'ultimo sia successivo alla sentenza dichiarativa dello stato di insolvenza, i terzi coinvolti nella procedura concorsuale possono avere una preventiva conoscenza di tale declaratoria. Anche TAR Lombardia, sez. II, Brescia, 20 maggio 2015, n. 736, in *Foro amm.*, 2015, II, 5, 1510 e Trib. Treviso, 19 gennaio 2015, in *ilfallimentarista.it*, 6 marzo 2015, ribadiscono la legittimità del riferimento alla data del provvedimento che ordina la liquidazione. Si veda peraltro Trib. Milano, 10 dicembre 2010, in *Dejure*, secondo cui l'opponibilità ai terzi della capacità di disporre del proprio patrimonio della società assoggettata a liquidazione coatta amministrativa si produce dalla data di pubblicazione sulla Gazzetta Ufficiale del decreto che ordina la liquidazione.

[5] Così, per esempio, con riferimento alle norme contenute nella legge fallimentare, STASI, *Liquidazione coatta*, 1882; GUERRERA, *Gli effetti*, 835.

Quanto ai beni non acquisiti alla procedura, sembra potersi continuare ad argomentare che, relativamente a questi, restino possibili le esecuzioni individuali[6].

3. – Il riferimento alla "cessazione" delle funzioni delle assemblee e degli organi di amministrazione e di controllo è da intendersi in realtà come situazione di "quiescenza", con sostituzione, in tale esercizio, degli organi della gestione liquidatoria[7]. Tali organi, dunque, non vengono meno, tanto è vero che nell'ipotesi di concordato – prevista dal richiamato art. 314 – essi "riacquistano" l'esercizio di quelle funzioni (in primo luogo perché la proposta di concordato deve essere approvata dall'assemblea; in secondo luogo perché, ove il concordato venisse omologato e regolarmente eseguito, gli organi sociali uscirebbero dallo stato di "quiescenza").

In questa prospettiva, vigente la legge fallimentare – ma con conclusione condivisibile anche nel contesto del Codice – si è ritenuto non soltanto che il commissario liquidatore non sia un "organo straordinario" della società (ma, se mai, della procedura), ma che la sua sostituzione agli organi amministrativi operi soltanto "ad effetti limitati": vale a dire con riguardo alla rappresentanza legale della società, e con riguardo alla amministrazione e gestione del patrimonio da liquidare[8].

4. – La "cessazione" delle funzioni determina la perdita della capacità processuale in capo alla società che vi è sottoposta[9], capacità che invece – giusta la disposizione di cui al comma 2 – compete al commissario liquidatore; l'amministratore delegato della società "*in bonis*" perde la facoltà di proseguire il giudizio[10]. L'imprenditore sottoposto a liquidazione coatta conserva peraltro la capacità di stare in giudizio per le controversie aventi ad oggetto beni e diritti di carattere strettamente personale, ovvero per le pretese destinate a essere fatte valere nei confronti della procedura o all'interno di essa[11]. All'imprenditore sottoposto a liquidazione coatta è stata riconosciuta la legittimazione passiva di fronte ad un procedimento per la dichiarazione dello stato di insolvenza[12] (evidentemente successiva all'apertura della procedura stessa). Di più: la giurisprudenza si è spinta sino al segno di

[6] Così PLATANIA, *Art. 200*, 1697, relativamente alla corrispondente previsione contenuta nella legge fallimentare.

[7] In questa prospettiva anche Cass., 1° agosto 2014, n. 17525, la quale ritiene che la "cessazione" sia in realtà una "sospensione temporanea degli organi sociali" per la durata della procedura concorsuale.

[8] In questa prospettiva, BAVETTA, *Gli organi*, 778.

[9] Cass., 10 febbraio 2004, n. 2527 che ne ricava la conseguenza della inammissibilità del ricorso per cassazione non proposto, né notificato, nei confronti di una "s.p.a. in liquidazione coatta amministrativa" (che sta in giudizio unicamente in persona del commissario liquidatore). TAR Lazio, 18 dicembre 2013, n. 10963, in *Foro amm.*, TAR, 2013, II, 12, 3762 e Cons. Stato, sez. V, 24 marzo 2014, n. 1437, in *Foro amm.*, 2014, II, 3, 824, evidenziano come la messa in liquidazione coatta amministrativa determina la perdita della sua capacità di stare in giudizio; conseguentemente, la perdita della capacità della parte dichiarata in udienza dal suo procuratore (o da essa notificata alle altre parti), comporta l'interruzione del processo, salvo che coloro ai quali spetta di proseguirlo si costituiscano volontariamente, ovvero l'altra parte provveda a citarli in riassunzione.

[10] Trib. Roma, 9 luglio 2002.

[11] GUERRERA, *Gli effetti*, 843.

[12] Cass., 11 ottobre 1997, n. 9881.

ammettere una capacità di stare in giudizio dell'imprenditore per il caso di disinteresse da parte degli organi della procedura [13].

Vigente la legge fallimentare, la giurisprudenza riteneva applicabile alla liquidazione coatta amministrativa – benché non richiamato – l'art. 43 l. fall., in tema di rapporti processuali; la dottrina, invece, riteneva applicabile in via analogica soltanto il comma 1, escludendo peraltro la facoltà del debitore (prevista dal comma 2) di intervenire nei giudizi per le questioni dalle quali possa dipendere un'imputazione di bancarotta a suo carico [14]: da ciò era stata dedotta la legittimazione processuale dell'imprenditore unicamente nei giudizi concernenti diritti propri da far valere nella liquidazione o contro la liquidazione (quali il giudizio di accertamento dello stato di insolvenza, l'impugnativa del decreto che dispone la liquidazione coatta, il giudizio che decide sulla proposta di concordato, l'impugnativa della sentenza che respinge detta proposta) [15]. Sembra che analoghe considerazioni possano essere riprodotte, con riguardo al Codice, relativamente a quanto disposto dal comma 1 dell'art. 143.

Con riguardo all'impugnativa del decreto che dispone la procedura, la giurisprudenza ha avuto modo di precisare i termini della legittimazione dell'imprenditore, chiarendo che ove venga accolta tale impugnativa, ciò non comporta l'automatico venir meno degli atti compiuti dagli organi della procedura; e che, in particolare, resta ferma la legittimazione del commissario alla rappresentanza giudiziale [16].

Sempre vigente la legge fallimentare, si era ritenuto inoltre applicabile analogicamente anche il comma 3 dell'art. 43, in forza del quale la apertura della procedura determina l'interruzione del processo [17] (la medesima disposizione si legge ora nell'art. 143, comma 3). Si era opinato, peraltro, che l'interruzione non facesse seguito automaticamente all'apertura della procedura, ma dovesse essere dichiarata in udienza o che il fatto interruttivo dovesse essere notificato alle altre parti, *ex* art. 300 c.p.c. [18].

---

[13] Cass., 7 marzo 1990, n. 1809.

[14] A tale conclusione giunge anche BAVETTA, *Gli organi*, 781, argomentando dalla circostanza che non solo l'art. 43 l. fall. non viene richiamato dall'art. 200, ma che il comma 2 di quest'ultimo ne sostanzialmente riproduce soltanto una parte, lasciando così trasparire una "precisa e consapevole scelta che non è facile spiegare". Propende invece per la possibilità di una applicazione analogica dell'art. 43, comma 2 STALLA, *La liquidazione*, 134.

[15] Così TEDESCHI, *Manuale del nuovo*, 596, che ne deduce che l'imprenditore è legittimato processualmente solo nei giudizi concernenti diritti propri da far valere nella liquidazione o contro la liquidazione (giudizio di accertamento dello stato di insolvenza, impugnativa del decreto che dispone la liquidazione coatta, giudizio che decide sulla proposta di concordato, impugnativa della sentenza che respinge detta proposta).

[16] Cass., 3 ottobre 2005, n. 19293.

[17] In questa prospettiva, STASI, *Liquidazione coatta*, 1883; VATTERMOLI, *Art. 200*, 1160. Rileva SPIOTTA, *Artt. 200-201*, 2648, che, mentre per il fallimento ciò costituisce una novità, per la liquidazione coatta amministrativa l'orientamento prevalente era già nel senso per cui l'apertura della procedura comportasse *ipso iure* la interruzione del processo.

[18] GUERRERA, *Gli effetti*, 843, il quale peraltro rileva che comunque i giudizi non interrotti siano destinati a produrre effetti soltanto nei confronti dell'imprenditore, e non della massa. App. L'Aquila, 3 novembre 2020, in *Dejure*, ha ritenuto che la messa in liquidazione coatta amministrativa di una società di capitali, che non abbia natura bancaria, non determina l'automatica interruzione del processo, trovando applicazione l'art. 300 c.p.c. secondo cui l'interruzione del processo a seguito della perdita della capacità della parte costituita si

La giurisprudenza in materia di legge fallimentare aveva rilevato come la disposizione contenuta nel comma 2 della disposizione corrispondente a quella dell'articolo in commento si riferisse unicamente alle cause aventi natura patrimoniale[19]. Ovviamente, la generale capacità di stare in giudizio del liquidatore viene meno nei casi espressamente previsti dalla legge.

Sempre secondo la giurisprudenza, la cessazione della procedura quale conseguenza dell'annullamento giurisdizionale del provvedimento che l'aveva disposta, comporta il venir meno con efficacia *ex nunc* della capacità processuale del commissario liquidatore, con la conseguenza che i giudizi in cui questi sia parte devono essere dichiarati interrotti[20], e che, in caso di declaratoria giudiziale di inesistenza del decreto di apertura della liquidazione coatta amministrativa, la cessazione dei poteri rappresentativi e gestionali spettanti al commissario si determina con la decorrenza del passaggio in giudicato, cosicché il titolo esecutivo o gli atti del processo esecutivo già compiuti non sono colpiti da invalidità sopravvenuta come conseguenza della caducazione della legittimazione del commissario[21].

5. – Non viene richiamato l'art. 148, relativo alla corrispondenza del fallito: in dottrina (relativamente al corrispondente art. 48 l. fall.) tale norma veniva talora considerata non applicabile *tout court*[22]; ma non mancava chi riteneva applicabile la distinzione, formulata da autorevole dottrina[23], tra corrispondenza indirizzata al fallito nelle sedi e negli stabilimenti dell'impresa e corrispondenza a lui indirizzata altrove, assumendo la necessità di consegnare la prima al commissario liquidatore, in quanto bene di pertinenza della massa acquisibile dal commissario in virtù dei poteri riconosciutigli dall'art. 240 l. fall.: di talché si è ritenuto che sia direttamente apprensibile dal commissario liquidatore soltanto la corrispondenza inviata presso le sedi o gli opifici dell'impresa societaria[24]. Di più: si aggiunge, che, per effetto della riforma, dovrà distinguersi non solo tra la corrispondenza recapitata presso la sede dell'impresa e quella distribuita al domicilio del debitore, ma anche tra posta riguardante rapporti compresi nella procedura e quella con diverso contenuto (restando aperto il problema della individuazione del soggetto a cui competa effettuare la distinzione)[25].

verifica soltanto quando il procuratore della stessa dichiari in udienza o notifichi alle altre parti l'evento interruttivo.

[19] In questa prospettiva, Cass. pen., sez. V, 16 dicembre 2004, n. 3407, ha affermato l'inammissibilità della costituzione di parte civile del commissario liquidatore – nel procedimento per bancarotta a carico degli amministratori di una società dichiarata in stato di insolvenza – privo di autorizzazione da parte dell'autorità amministrativa che vigila sulla liquidazione, considerato che la previsione di cui all'art. 206 l. fall. richiede tale autorizzazione per il promovimento dell'azione di responsabilità contro gli amministratori e la costituzione di parte civile si sostanzia in un'azione di responsabilità nell'ambito del processo penale.

[20] Così Cass., 26 luglio 2012, n. 13190. Per la efficacia "ex nunc" della cessazione, anche Cass., 22 gennaio 2014, n. 1280; Cass., SS.UU., 24 dicembre 2009, n. 27346.

[21] Cass., 1° agosto 2014, n. 17529.

[22] TEDESCHI, *Manuale del nuovo*, 596.

[23] BONSIGNORI, *Processi concorsuali*, 560 ss.

[24] STASI, *Liquidazione coatta*, 1882.

[25] SPIOTTA, *Artt. 200-201*, 1646. Secondo CONTARINI, *Art. 303*, 2235, «si deve obiettare che il diritto di liberà sancito dall'art. 15 Cost. può soffrire limitazioni soltanto eccezionalmente e in forza di espressa disposizione di legge».

Neppure viene richiamato l'art. 149 (obblighi di comunicazione di cambiamento di residenza e domicilio; obbligo di presentazione personale)[26]. Da ciò la dottrina aveva dedotto (relativamente al previgente art. 49 l. fall.) come, con riferimento agli effetti di natura personale, la liquidazione "si mostra meno sanzionatoria del fallimento"[27]: così, si è anche affermato in modo efficace come la liquidazione coatta amministrativa si presenti come un "fallimento mite"[28].

In questa prospettiva deve leggersi anche il mancato richiamo all'art. 256, comma 1, in tema di assoggettamento dei soci illimitatamente responsabili delle società con soci a responsabilità illimitata a liquidazione giudiziale, ove tale procedura fosse aperta in capo alla società. Sicché se la liquidazione giudiziale di tale società produce di per sé quella dei soci illimitatamente responsabili (e salvo a dover ricomprendere tra questi anche coloro che non lo sono "strutturalmente", come l'unico azionista), la liquidazione coatta amministrativa di una società non produce mai l'assoggettamento a liquidazione coatta anche di tali soci (neppure quando ne venisse dichiarata giudizialmente l'insolvenza): ciò che aveva fatto (e continua a far ritenere) la sussistenza di una disparità di trattamento "difficilmente giustificabile"[29].

[26] Ne esclude in radice anche l'applicabilità in via analogica GUERRERA, *Gli effetti*, 835, sull'assunto del carattere eccezionale della norma.

[27] PACCHI, *La liquidazione coatta*, 490.

[28] In questo modo si esprime STALLA, *La liquidazione coatta*, 134.

[29] BONFATTI, *La liquidazione coatta*, 594.

Articolo 304

Effetti della liquidazione per i creditori e sui rapporti giuridici preesistenti

1. Dalla data del provvedimento che ordina la liquidazione si applicano le disposizioni del titolo V, capo I, sezioni III e V e le disposizioni dell'articolo 165.

2. Si intendono sostituiti nei poteri del tribunale e del giudice delegato l'autorità amministrativa che vigila sulla liquidazione, nei poteri del curatore il commissario liquidatore e, in quelli del comitato dei creditori, il comitato di sorveglianza.

Riccardo Fava

Sommario: 1. Introduzione. – 2. Il concorso formale e sostanziale dei creditori nella l.c.a. – 3. Gli effetti nei confronti dei rapporti giuridici preesistenti e i problemi di coordinamento. – 4. Gli effetti sugli atti pregiudizievoli per i creditori.

1. – L'art. 304 comma 1 estende integralmente la disciplina degli artt. 150-162 della liquidazione giudiziale alla liquidazione coatta amministrativa (l.c.a.). Analoga disposizione si rinviene all'art. 83 TUB già opportunamente aggiornato con i rinvii al nuovo Codice. Il richiamo alle suddette disposizioni consente che si producano gli effetti del concorso formale e sostanziale dei creditori anche nella procedura amministrativa

Il comma 2 stabilisce la sostituzione degli organi amministrativi nei poteri degli organi giurisdizionali. Il criterio della sostituzione non può tuttavia essere applicato alla lettera ed in modo automatico [1], vuoi perché sussiste la riserva di legge in favore del potere giurisdizionale sulla tutela dei diritti soggettivi, vuoi perché il comitato di sorveglianza non può essere equiparato – anche per composizione – al comitato dei creditori. L'applicazione del criterio della sostituzione richiede pertanto un coordinamento sistematico.

2. – L'applicazione dell'art. 150 l. fall. consente innanzitutto di attribuire al decreto che dispone la liquidazione coatta amministrativa l'effetto di imporre il concorso formale dei creditori sul patrimonio del debitore. Dall'apertura della procedura è precluso l'avvio e

---

[1] BONSIGNORI, *Disposizioni generali*, 270; così anche VATTERMOLI, *Art. 201*, 1163.

la prosecuzione delle azioni esecutive e cautelari individuali dei creditori promosse sul patrimonio dell'ente assoggettato alla procedura di l.c.a. Sussistono invece dubbi sulla applicazione delle eccezioni al divieto, in quanto la clausola di salvezza contenuta nell'art. 150 e precisamente le «*diverse disposizioni di legge*» che consentono di derogare al divieto sancito dalla medesima disposizione fanno riferimento alla sola procedura concorsuale giurisdizionale (ad esempio l'art. 41 TUB per l'esecuzione fondiaria) [2].

In secondo luogo, tutti i crediti dovranno essere accertati nel corso della procedura di liquidazione coatta, anche se assistiti da garanzia reale e ancorché per tali crediti si possa procedere in sede esecutiva al di fuori della procedura concorsuale per la realizzazione della garanzia. Le modalità di accertamento dei crediti nella procedura di liquidazione coatta non seguono però quanto previsto dall'art. 151, comma 2, dettato per la liquidazione giudiziale, avendo il legislatore regolato in modo autonomo e specifico il procedimento di verifica dei crediti nella liquidazione coatta amministrativa (artt. 308, 309, 310). Potrà applicarsi, inoltre, il disposto dell'art. 152, comma 1, per effetto del quale il creditore assistito da pegno o dai privilegi previsti dagli artt. 2756 e 2761 può realizzare la sua garanzia al di fuori della liquidazione concorsuale a condizione che il credito sia stato ammesso con privilegio nel passivo della l.c.a. e l'autorità amministrativa che sovraintende la procedura (che sostituisce il tribunale), previo pare del commissario liquidatore (che sostituisce il curatore) e del comitato di sorveglianza (che sostituisce il comitato dei creditori) abbia autorizzato la vendita e definito le relative modalità ai sensi dell'art. 216.

Il Codice introduce all'art. 152, comma 2, secondo periodo, la possibilità che il giudice delegato possa assegnare i beni al creditore garantito che ne abbia fatto apposita istanza. Il giudice delegato deve provvedere sulla base di una preventiva valutazione di stima del bene. Possono tuttavia nutrirsi dubbi sulla possibilità che la nuova disposizione dettata per la liquidazione giudiziale possa applicarsi integralmente alla l.c.a. sostituendo al giudice delegato l'autorità amministrativa, che dovrà vigilare sulle modalità di vendita e di assegnazione, trattandosi comunque di incidere su diritti soggettivi. Invero, ai fini dell'applicazione occorrerà accertare se il ricavato della vendita al netto delle spese o, in caso di assegnazione il valore di stima, sia superiore all'importo del credito ammesso al passivo con prelazione, in tal caso il creditore dovrà essere obbligato a versare alla procedura di l.c.a. l'eccedenza, in applicazione dell'art. 152, comma 3. In caso di inadempimento del creditore occorrerà inevitabilmente ricorrere all'autorità giurisdizionale per l'accertamento dell'obbligo e la richiesta di pagamento in favore della procedura di l.c.a.

Troverà inoltre applicazione nella l.c.a. anche la disposizione dell'ultimo comma dell'art. 152 consentendo così all'autorità amministrativa che sovraintende la l.c.a. di autorizzare il commissario liquidatore, eventualmente, a riprendere le cose date in pegno corrispondendo al creditore l'importo del credito, ovvero a procedere con la vendita secondo le modalità dell'art. 216, così impedendo al creditore garantito di procedere alla realizzazione della garanzia al di fuori della vendita concorsuale.

---

[2] Dubbi sorti già nel vigore dell'art. 51 l. fall., cfr. BONSIGNORI, *Della liquidazione coatta*, 148; la giurisprudenza di merito più recente esclude l'operatività dell'eccezione dell'art. 51 alla l.c.a.: Trib. Macerata, 14 marzo 2018, in *ildirittodegliaffari.it*; Trib. Pesaro, 12 agosto 2016, in *unijuris.it*, Trib. Lucca, 13 agosto 2015, in *Foro it.*, 2015, I, 4032; *contra* Cass., 07 giugno 1988, n. 3847 in *Giur. it.*, 1989, I, 277.

Dalla data del decreto che dispone l'apertura della procedura avranno applicazione le disposizioni previste nella liquidazione giudiziale relativamente agli effetti sostanziali sui crediti quali la sospensione del corso degli interessi (art. 154, comma 1), la scadenza anticipata dei crediti (154, comma 2), nonché le disposizioni in tema di compensazione (art. 155). Il concorso sostanziale verrà regolato in modo analogo a quanto previsto nella liquidazione giudiziale trovando applicazione le regole sulle obbligazioni solidali (artt. 160, 161, 162).

3. – L'art. 304, comma 1, richiama integralmente le disposizioni dettate in tema di effetti della liquidazione giudiziale sui c.d. "contratti pendenti" previste agli artt. 172-192.

Per effetto del richiamo alle suddette norme nella l.c.a. gli eventuali contratti ineseguiti, ovvero, non ancora integralmente eseguiti alla data del decreto che dispone l'apertura della l.c.a. divengono in via generale in stato di sospensione, con relativo potere di scelta in capo al commissario liquidatore se subentrare in essi o sciogliersi (art. 172). Troveranno applicazione, inoltre, le specifiche disposizioni che prevedono per alcune tipologie contrattuali lo scioglimento *ope legis* (es. art. 175), ovvero, la prosecuzione automaticamente (art. 177, comma 3).

Non tutte le disposizioni sui c.d. contratti pendenti possono però essere applicate alla procedura di l.c.a. in quanto, come detto, l'autorità amministrativa non può sostituirsi completamente all'autorità giurisdizionale nell'esercizio dei poteri di accertamento dei diritti ed obblighi nascenti dai rapporti contrattuali.

Sussistono infatti alcune disposizioni in cui dalla relativa applicazione discendono questioni su diritti soggettivi che possono essere oggetto di decisione solo con provvedimento dell'autorità giurisdizionale, in virtù della riserva di giurisdizione sulla tutela dei diritti soggettivi avente copertura costituzionale (arg. *ex* artt. 3, 24, 111 Cost.)[3]; si ritiene ad esempio che la controparte *in bonis* non possa richiedere all'autorità di vigilanza l'assegnazione del termine previsto dall'art. 172, comma 2, entro cui il commissario liquidatore deve decidere se subentrare o meno nel contratto; analogamente, che non possa essere rimessa all'autorità amministrativa la determinazione, nel dissenso delle parti, dell'importo dell'equo indennizzo da corrispondere al conduttore (art. 185, comma 2) o al locatore (art. 185, comma 3) per effetto dello scioglimento anticipato del contratto: in tali casi vertendosi in situazioni in cui viene inciso o deciso un diritto soggettivo è dunque imprescindibile il ricorso all'autorità giudiziaria[4].

Oltre alla necessità di coordinamento tra potere amministrativo e potere giurisdizionale al fine di rispettare i principi costituzionali in tema di tutela dei diritti soggettivi, sussiste anche l'esigenza di garantire la diversa struttura sistematica che gli organi di vigilanza assumono nella l.c.a. e nella liquidazione giudiziale. Il comitato di sorveglianza non può essere equiparato *sic et simpliciter* al comitato dei creditori, in quanto il primo – anche in ragione della diversa composizione – viene disciplinato come un organo avente funzioni consultive e di controllo sull'operato del commissario liquidatore, mentre il secondo è disciplinato nella liquidazione

[3] LANFRANCHI, *Costituzione e procedure, passim.*

[4] BONSIGNORI, *Della liquidazione coatta*, 162 s.

giudiziale come un organo composto esclusivamente dai creditori e dotato di specifici poteri autorizzativi ed integrativi degli atti che il curatore intende compiere. Per tale motivo è stato proposto di ritenere, in via interpretativa, che il potere autorizzativo delle scelte del commissario liquidatore debba competere all'autorità amministrativa che sovraintende allo svolgimento della procedura, pur rappresentando una evidente forzatura del tenore letterale[5].

4. – L'art. 304, comma 1, richiama poi l'applicazione dell'art. 165 dettato in tema di azione revocatoria ordinaria.

Il commissario liquidatore ai sensi dell'art. 299, comma 2 è l'unico legittimato all'esercizio delle azioni di revoca degli atti compiuti in frode ai creditori e potrà esercitare l'azione revocatoria ordinaria disciplinata dall'art. 2901 c.c. al fine di reintegrare il patrimonio del soggetto sottoposto alla l.c.a. Il richiamo dell'art. 165 nell'ambito dell'art. 304, comma 1 consente l'esercizio dell'azione revocatoria ordinaria senza il preventivo accertamento dello stato di insolvenza dell'ente sottoposto alla l.c.a., requisito che invece occorre ai fini dell'esercizio delle azioni di revocatoria previste dagli art. 163 ss. Quest'ultime sono mezzi di tutela dalla *par condicio creditorum* lesa da alcune tipologie di atti compiuti dall'impresa nel periodo antecedente all'apertura della procedura. L'azione revocatoria ordinaria costituisce, invece, un mezzo ordinario a tutela di ogni creditore al fine di rendere fruttuosa la successiva azione esecutiva sul patrimonio del debitore e, se pendente alla data dell'apertura della l.c.a., il commissario liquidatore ha facoltà di subentrare in essa, rendendo improcedibile l'azione esercitata dai creditori.

Quanto alla competenza territoriale restano ancora nel Codice i dubbi sorti nel vigore della l. fall., in quanto l'art. 165, comma 2, attribuisce la competenza a conoscere dell'azione revocatoria ordinaria esercitata nella liquidazione giudiziale al tribunale individuato ai sensi dell'art. 27, vale a dire il tribunale del luogo in cui l'impresa ha il centro degli interessi principali (il c.d. "COMI"). La disposizione dell'art. 27 non è però applicabile alla l.c.a. in quanto l'intera procedura si svolge sotto la supervisione dell'autorità amministrativa e non del tribunale del luogo in cui è posto il centro di interessi principali dell'impresa. Considerando allora che l'azione revocatoria ordinaria non ha origine dall'apertura della procedura di l.c.a. è preferibile ritenere che la competenza a conoscere dell'azione revocatoria ordinaria intrapresa dal commissario liquidatore sia individuabile secondo le regole in tema di competenza contenute nel codice di rito. Per la stessa ragione, anche la decorrenza del termine di prescrizione quinquennale dell'azione di revocatoria ordinaria esercitabile dal commissario liquidatore va individuato nel momento del compimento dell'atto dispositivo posto in essere dall'impresa in applicazione dell'art. 2903 c.c. Per completezza va aggiunto che ove si ritenesse applicabile anche all'azione revocatoria ordinaria il termine decadenziale previsto dell'art. 170, la disposizione dell'art. 299, comma 2 – risolvendo alcuni dubbi interpretativi sorti dopo l'entrata in vigore dell'art. 69-*bis* l. fall.[6] – prevede che tale termine decorra dalla data di nomina del commissario liquidatore, se successivo al provvedimento che accerta lo stato di insolvenza.

[5] NIGRO, VATTERMOLI, *Diritto della crisi*, 529.

[6] VATTERMOLI, *Art. 201*, 1164.

Articolo 305
Commissario liquidatore

1. Il commissario liquidatore procede a tutte le operazioni della liquidazione secondo le direttive dell'autorità che vigila sulla liquidazione e sotto il controllo del comitato di sorveglianza.

2. Il commissario prende in consegna i beni compresi nella liquidazione, le scritture contabili e gli altri documenti dell'impresa o dell'ente richiedendo, ove occorra, l'assistenza di un notaio.

3. Il commissario forma quindi l'inventario, nominando, se necessario, uno o più stimatori per la valutazione dei beni.

Annalisa Radin

Sommario: 1. La natura dell'incarico. – 2. I compiti del commissario liquidatore.

1. – L'art. 304 si apre delineando i compiti attribuiti al commissario liquidatore nell'attività di liquidazione. Esso riprende quanto già previsto dall'art. 204 l. fall. con la conseguenza che rimangono validi gli approdi interpretativi cui la dottrina e la giurisprudenza sono giunte nella vigenza della legge fallimentare.

Il commissario liquidatore nello svolgimento di tutte le operazioni di liquidazione è dotato di ampia autonomia, anche se questa deve essere contenuta entro i limiti delle direttive provenienti dall'autorità di vigilanza, che il commissario è tenuto a seguire. È stato osservato che il concetto di "*direttiva*" è più generico rispetto a quello di "*autorizzazione*", utilizzato dal successivo art. 307 con riferimento all'esercizio delle azioni di responsabilità nei confronti degli *ex* amministratori. Da tale differenza lessicale si può ricavare come il potere direttivo dell'autorità di vigilanza non implichi la necessità di un'autorizzazione per ogni atto posto in essere dal commissario, ma sia espressione della capacità organizzativa della pubblica amministrazione, la quale impartisce ai propri funzionari le linee guida che essi debbono seguire nello svolgimento delle attività a loro assegnate[1]. Il commissario è, inoltre, sottoposto nello svolgimento del suo ufficio al controllo del comitato di sorveglianza.

---

[1] Cannavò, *Liquidazione coatta*, 180. L'autore rileva come non ogni attività del commissario liquidatore deve essere preventivamente autorizzata, ma è necessario che i poteri siano sempre esercitati in attuazione delle direttive ricevute.

Secondo un orientamento costante in giurisprudenza[2], il commissario liquidatore svolge l'attività di *funzionario temporaneo* della pubblica amministrazione e gli atti da lui posti in essere si caratterizzano per l'esercizio di un potere autoritativo o strumentale rispetto alla cura di interessi pubblici sovraordinati, da cui derivano in capo ai privati posizioni di interesse legittimo. Tuttavia, non tutti gli atti compiuti dal commissario liquidatore hanno necessariamente natura amministrativa, ben potendo egli porre in essere anche atti di diritto privato, come possono essere quelli collegati alla gestione dell'impresa. In particolare, parte della giurisprudenza[3] ha rilevato che le operazioni compiute dal liquidatore relative alle procedure di vendita hanno connotati privatistici, in quanto la liquidazione riguarda beni che appartengono all'impresa privata e non alla pubblica amministrazione; inoltre, i contratti relativi alla cessione di questi beni sono negozi di diritto privato stipulati dai commissari per conto dell'impresa, anche se nell'ambito di una fase procedimentalizzata in cui interviene la pubblica amministrazione. Sul punto è opportuno osservare come, non sussistendo una giurisdizione esclusiva del giudice amministrativo relativamente alla liquidazione coatta amministrativa, il riparto dovrà svolgersi sulla base del *petitum*, con la conseguenza che per contestare gli atti sarà necessario rivolgersi al giudice amministrativo o a quello ordinario a seconda del tipo di posizione soggettiva che viene in rilievo.

Accanto al riportato orientamento sulla natura degli atti posti in essere dal commissario liquidatore, merita segnalare un orientamento minoritario in dottrina, secondo cui non è ammissibile la riconduzione del commissario nell'alveo degli organi della pubblica amministrazione con la conseguenza che i suoi atti non possono essere considerati amministrativi. Egli avrebbe un incarico professionale, sulla base del quale è chiamato a svolgere un esercizio privato di pubbliche funzioni[4].

Il commissario liquidatore, inoltre, svolge funzioni gestorie che sono parzialmente sostitutive degli organi sociali, in particolare assumendo la rappresentanza della società specie in sede processuale. Egli, inoltre, è tenuto a esperire gli adempimenti fiscali collegati alle operazioni effettuate successivamente all'apertura della procedura concorsuale.

2. – L'articolo in esame prosegue poi descrivendo alcune attività che il commissario liquidatore è chiamato a compiere nel periodo immediatamente successivo alla sua nomina e preliminarmente rispetto all'inizio delle operazioni di liquidazione. Egli ha in primo luogo l'obbligo di prendere in consegna i beni ricompresi nella liquidazione, le scritture contabili e gli altri documenti dell'impresa o dell'ente, richiedendo, ove occorra, l'assistenza di un notaio. La presenza di quest'ultimo appare non solo opportuna, ma necessaria in caso di assenza dell'imprenditore al momento della consegna o se insorgono contestazioni con riferimento alla consegna stessa[5]. Questa raccolta documentale non rappre-

---

[2] *Ex multis* Cass., SS.UU., 15 ottobre 2008, n. 25174, in *Riv. dir. proc.*, 2009, 803, con nota di Odorisio; Cons. Stato, sez. VI, 3 luglio 2003, n. 4006, in *Foro amm. – Cons. Stato,* 2003, 2297; Cons. Stato, sez. IV, 23 settembre 2014, n. 4798, in *Giur. it.,* 2015, 2, 445, con nota di Ingegnatti.

[3] Cons. Stato, sez. VI, 17 marzo 2009, n. 1585, in *Foro amm. – Cons. Stato,* 2009, 815; Cass., SS.UU., 29 maggio 2017, n. 13451; TAR Lazio, 31 gennaio 2018, in *ilcaso.it.*

[4] DESIDERIO, *La liquidazione coatta*, 294.

[5] POLITELLI, *Codice della crisi.*

senta solo un dovere per il commissario, ma anche un diritto, in quanto, da un lato, essa presenta un'utilità per il compimento dell'ufficio e, dall'altro, è fondamentale per ricostruire correttamente la situazione amministrativo – contabile della società nell'interesse del buon esito della procedura[6]. Per questi motivi, quindi, gli *ex* amministratori sono gravati di un obbligo di effettuare la consegna, mentre il commissario liquidatore dovrà adoperarsi con la massima diligenza nell'apprendimento di tutto il materiale utile a chiarire la situazione dell'impresa e ciò anche nel caso in cui la documentazione indicata nella norma non fosse disponibile per la consegna.

Il commissario liquidatore dovrà poi procedere a formare l'inventario, nominando ove necessario uno o più stimatori per la valutazione dei beni. Il fatto che la legge preveda la possibilità di ricorrere all'attività di uno stimatore comporta che il commissario non debba ritenersi vincolato nel determinare il valore dei beni ai dati che emergono dal bilancio, ma possa discostarsene nel caso in cui vi siano delle obiettive esigenze in tal senso, come sembra suggerire l'inciso «*se necessario*»[7]. Per l'inventario non sono richieste particolari formalità, pur dovendosi in ogni caso procedere al processo verbale delle attività svolte. Il commissario liquidatore dovrà poi adottare ogni accorgimento per la conservazione dei beni, anche tenendo conto della loro eventuale deperibilità, del rischio di furto, incendio o altri pericoli.

[6] CANNAVÒ, *Liquidazione coatta*, 182.
[7] CANNAVÒ, *Liquidazione coatta*, 191.

Articolo 306
Relazione del commissario

1. L'imprenditore o, se l'impresa è una società o una persona giuridica, gli amministratori devono rendere al commissario liquidatore il conto della gestione relativo al tempo posteriore all'ultimo bilancio.

2. Il commissario è dispensato dal formare il bilancio annuale, ma deve presentare alla fine di ogni semestre all'autorità che vigila sulla liquidazione una relazione sulla situazione patrimoniale dell'impresa e sull'andamento della gestione, precisando la sussistenza di eventuali indicatori della crisi, accompagnata da un rapporto del comitato di sorveglianza. Nello stesso termine, copia della relazione è trasmessa al comitato di sorveglianza, unitamente agli estratti conto dei depositi postali o bancari relativi al periodo. Il comitato di sorveglianza o ciascuno dei suoi componenti possono formulare osservazioni scritte. Altra copia della relazione è trasmessa, assieme alle eventuali osservazioni, per via telematica all'ufficio del registro delle imprese ed è trasmessa a mezzo di posta elettronica certificata ai creditori e ai titolari di diritti sui beni.

Annalisa Radin

1. – L'articolo in esame, riprendendo quanto già previsto dall'art. 205 l. fall., pone alcuni obblighi informativi in capo all'imprenditore individuale o, se l'impresa è una società o una persona giuridica, agli amministratori, oltre che al commissario liquidatore. Più nello specifico, il primo comma è dedicato al periodo antecedente all'inizio della procedura di liquidazione e prescrive che l'imprenditore o, se l'impresa è una società o una persona giuridica, gli amministratori debbano rendere al commissario il conto della gestione relativa al periodo successivo all'ultimo bilancio. Si può ritenere che la *ratio* di questa previsione sia analoga a quella sottesa agli obblighi di consegna della documentazione, previsti dall'art. 305, e cioè fornire al commissario un quadro della situazione in cui versa l'impresa con particolare riferimento alle informazioni che possono non emergere dalla documentazione consegnata ai sensi dell'articolo precedente.

Anche in questo caso, quindi, è possibile parlare di un diritto–dovere del liquidatore con riferimento all'ottenimento delle informazioni. Egli, infatti, dovrà adoperarsi per acquisire i descritti dati dai soggetti obbligati, essendo essi presupposto necessario per lo svolgimento delle specifiche attività, che a lui derivano dal suo ufficio. È stato osservato come sia opportuno in tal senso che il commissario liquidatore metta in mora i soggetti indicati dalla norma, invitandoli espressamente a rendere conto della loro gestione, attraverso un atto stragiudiziale notificato a mezzo dell'ufficiale giudiziario o con lettera raccomandata con cartolina di ritorno al fine di provare l'avvenuta ricezione. Nel caso in cui le dichiarazioni siano rese oralmente, sarà necessario formare un verbale [1].

2. – La norma prosegue, poi, disponendo alcuni stringenti obblighi di comunicazione contabile e amministrativa, a cui è tenuto il commissario liquidatore nel corso della procedura. In particolare, egli deve redigere relazioni periodiche semestrali da presentare all'autorità che vigila sulla liquidazione unitamente ad un rapporto del comitato di sorveglianza. Tali relazioni hanno a oggetto la descrizione della situazione patrimoniale dell'impresa e dell'andamento della gestione ed hanno, quindi, la finalità di fornire all'autorità amministrativa di vigilanza tutte le informazioni economiche relative all'evoluzione della procedura di liquidazione coatta. In particolare, si ritiene che la relazione debba dare indicazione delle attività realizzate, delle spese sostenute, della disponibilità finanziaria esistente, dello stato della procedura, anche specificando l'intenzione di procedere a eventuali riparti parziali e i motivi che ne impediscono la chiusura [2]. La norma in esame prevede innovativamente rispetto al passato che nella relazione debba essere segnalata la sussistenza di eventuali indicatori della crisi, come definiti dall'art. 13. In particolare, quest'ultima informazione ha la funzione di rendere edotta l'autorità di vigilanza sulle condizioni dell'impresa, così da consentirle tempestivamente l'esercizio dei poteri e dei compiti di cui all'art. 316 [3].

3. – È opportuno rilevare che l'art. 306 dispensa espressamente il commissario liquidatore dal formare il bilancio annuale e ciò, come è stato osservato anche dalla giurisprudenza di merito [4], è da ricondurre al fatto che, mancando l'attività di funzionamento regolare dell'impresa, viene meno l'esigenza di predisporre i bilanci di esercizio. Tuttavia, è stato osservato [5] come la relazione in questione dal punto di vista delle sue finalità sia sostanzialmente sostitutiva del bilancio di esercizio, trattandosi di uno strumento volto a fornire informazioni sulle vicende economiche e finanziarie dell'impresa. Essa, però, differisce dai bilanci per quanto riguarda la forma espositiva e il regime di pubblicità: la relazione è prevalentemente descrittiva e non è soggetta ai vincoli previsti dal codice civile per la redazione del bilancio di esercizio, anche se nulla impedisce che a essa siano allegati prospetti numerici di sintesi relativi alle varie situazioni economiche. La mancata necessità del

[1] CANNAVÒ, *Liquidazione coatta*, 184.
[2] ARMELI, *Liquidazione coatta*.
[3] LAMANNA, *Il nuovo Codice*, 79.
[4] V. App. Roma, 16 giugno 2005, in *Pluris.it*.
[5] CANNAVÒ, *Liquidazione coatta*, 190.

rispetto dei vincoli civilistici non deve però portare a ritenere che la relazione del commissario liquidatore possa essere redatta in forma meno rigorosa dal punto di vista della chiarezza e della veridicità delle informazioni riportate.

4. – La norma prescrive, poi, che una copia di queste relazioni debba essere trasmessa, assieme agli estratti conto dei depositi postali o bancari relativi al periodo considerato, al comitato di sorveglianza, il quale può formulare osservazioni scritte. Inoltre, con riferimento al regime pubblicitario, cui le relazioni sono sottoposte, esse dovranno essere trasmesse, assieme alle eventuali osservazioni, in via telematica all'ufficio del registro delle imprese e a mezzo di posta elettronica certificata ai creditori e ai titolari di diritti sui beni dell'impresa.

Articolo 307

Poteri del commissario

1. L'azione di responsabilità contro gli amministratori e i componenti degli organi di controllo dell'impresa o dell'ente in liquidazione, a norma degli articoli 2393, 2394, 2476, primo, sesto, e ottavo comma, 2497 del codice civile, è esercitata dal commissario liquidatore, previa autorizzazione dell'autorità che vigila sulla liquidazione.

2. Per il compimento degli atti previsti dall'articolo 132 di valore indeterminato o superiore a euro 1032,91 e per la continuazione dell'esercizio dell'impresa, il commissario deve essere autorizzato dall'autorità predetta, la quale provvede sentito il comitato di sorveglianza.

Annalisa Radin

Sommario: 1. Le azioni di responsabilità. – 2. Le altre azioni. – 3. La responsabilità del commissario liquidatore.

1. – L'articolo in esame è dedicato alla disciplina dei poteri del commissario liquidatore e riprende quanto già previsto dall'art. 206 l. fall. [1].

Il comma 1 stabilisce che il commissario possa esercitare l'azione di responsabilità contro i cessati amministratori e i componenti degli organi di controllo previo ottenimento dell'autorizzazione da parte dell'autorità che vigila sulla liquidazione. La norma richiama espressamente le azioni di responsabilità previste per i vari tipi di società con riferimento però alle sole fattispecie relative ai danni provocati alla società o ai creditori dall'operato di amministratori e sindaci. Rimangono escluse, invece, quelle con danni ai singoli soci esulando la loro tutela in questo senso dai compiti del commissario. Inoltre, qualora emergano fatti di rilevanza penale, il commissario liquidatore ha l'obbligo di presentare una relazione di denuncia alle autorità competenti.

[1] L'art. 33 del d.lgs. n. 147 del 2020 è intervenuto sull'art. 307 per rimediare a un difetto di coordinamento tra norme. La precedente versione, infatti, con riferimento all'art. 2476 c.c. richiamava il comma 7. Tale richiamo però doveva essere inteso come riferito al comma 8 a seguito della modifica seguita alla nuova formulazione dell'art. 378. Inoltre, per armonizzare l'art. 307 con l'art. 255, è stato introdotto anche un richiamo ai commi primo e sesto dell'art. 2476 c.c., riferiti all'azione sociale di responsabilità e all'azione di responsabilità verso i creditori sociali.

Da una lettura combinata di questa previsione assieme agli articoli precedenti, si può dedurre che al commissario liquidatore spetti l'obbligo di controllo sull'attività posta in essere dagli amministratori nel periodo antecedente all'apertura della procedura. Egli, infatti, esaminando la documentazione e le dichiarazioni raccolte, dovrà verificare se sussistano irregolarità di qualunque genere. Ove queste siano rinvenute e abbiano arrecato un qualche danno, il commissario ha l'obbligo di chiedere l'autorizzazione all'autorità di vigilanza per intraprendere l'azione di responsabilità sociale nei confronti degli amministratori e dei sindaci al fine di ottenere il risarcimento [2]. Sul punto è opportuno precisare come, secondo la giurisprudenza [3], i controlli devono essere esperiti e le azioni di responsabilità esercitate non solo con riferimento agli atti compiuti dagli amministratori e sindaci in carica al momento del provvedimento di messa in liquidazione, ma anche dai loro predecessori, fermo in ogni caso il limite della prescrizione. Da ciò consegue che ove il commissario liquidatore abbia immotivatamente omesso di svolgere le verifiche e di agire di conseguenza, potrà essere chiamato a rispondere del mancato recupero delle somme [4].

Il commissario liquidatore per ogni altra iniziativa collegata all'agire o al resistere in giudizio non necessità di una previa autorizzazione [5]. Come è stato rilevato dalla giurisprudenza, infatti, l'apertura della procedura di liquidazione coatta amministrativa costituisce un fatto giuridico di per sé idoneo a radicare la legittimazione processuale attiva e passiva del commissario relativamente ai rapporti giuridici che ne formano l'oggetto [6].

2. – Il comma 2 dell'articolo in esame si occupa, invece, di perimetrare i poteri del liquidatore con riferimento agli atti diversi dalle azioni in giudizio. Esso stabilisce che per il compimento degli atti di straordinaria amministrazione [7] di valore indeterminato o superiore a euro 1.032,91 e per la continuazione dell'esercizio d'impresa, il commissario liquidatore deve essere autorizzato dall'autorità di vigilanza, sentito il comitato di sorveglianza. Potrà, invece, compiere autonomamente tutti i restanti tipi di atti.

---

[2] CANNAVÒ, *Liquidazione coatta*, 186.

[3] Cass., 12 giugno 2007, n. 13765, in *Foro it.*, 2008, I, 1573.

[4] CANNAVÒ, *Liquidazione coatta*, 188.

[5] Egli, ad esempio, potrà costituirsi parte civile senza previa autorizzazione in un procedimento per bancarotta a carico degli amministratori; cfr. Cass. pen., sez. V, 17 marzo 2016, n. 20108, in *Cass. pen.*, 2016, 3814, nota di BONATO oppure potrà esercitare l'azione revocatoria. Inoltre, Cass., 10 ottobre 2008, n. 24908, in *ilcaso.it*, ha escluso sia necessaria l'autorizzazione anche nel caso di proposizione di impugnazione nei confronti della sentenza resa in un giudizio avente ad oggetto la responsabilità di amministratori e sindaci.

[6] Cass., 22 gennaio 2014. Tale sentenza precisa che la legittimazione viene meno solo se il provvedimento di messa in liquidazione sia rimosso dalla stessa amministrazione o annullato o dichiarato nullo o giuridicamente inesistente con pronuncia giurisdizionale passata in giudicato, che si traduca nell'affermazione dell'inesistenza giuridica della procedura concorsuale.

[7] La norma richiama espressamente gli atti previsti dall'art. 132. Quest'ultimo fornisce un'elencazione non tassativa dei possibili atti di straordinaria amministrazione quali le riduzioni di crediti, le transazioni, i compromessi, le rinunzie alle liti, le ricognizioni di diritti di terzi, la cancellazione di ipoteche, la restituzione di pegni, lo svincolo delle cauzioni, l'accettazione di eredità e donazioni.

3. – Con riferimento al rapporto tra il regime autorizzativo e la responsabilità del commissario liquidatore, è, altresì, importante rilevare come l'eventuale sussistenza di un provvedimento autorizzativo o, più in generale, di direttive da parte dell'autorità amministrativa non escluda il dovere del commissario di agire secondo diligenza e di conseguenza di astenersi dal compimento di atti autorizzati, qualora sopravvenute circostanze, prima ignote all'autorità di vigilanza, inducano a ritenere che l'autorizzazione non sarebbe stata rilasciata – o sarebbe stata data a condizioni diverse – se il reale quadro fosse stato noto all'autorità[8].

[8] Cass., 7 febbraio 1992, n. 1346, in *Fallimento*, 1992, 476; CAMPIONE, DE PAMPHILIS, *I profili*, 1194.

Articolo 308

Comunicazione ai creditori e ai terzi

1. Entro un mese dalla nomina il commissario comunica a ciascun creditore, a mezzo posta elettronica certificata, se il destinatario ha un domicilio digitale e, in ogni altro caso, a mezzo lettera raccomandata presso la sede dell'impresa o la residenza del creditore, il suo indirizzo di posta elettronica certificata e le somme risultanti a credito di ciascuno secondo le scritture contabili e i documenti dell'impresa. Contestualmente il commissario invita i creditori a indicare, entro il termine di cui al comma 3, il loro indirizzo di posta elettronica certificata, con l'avvertimento sulle conseguenze di cui al comma 4 e relativo all'onere del creditore di comunicarne ogni variazione. La comunicazione s'intende fatta con riserva delle eventuali contestazioni.

2. Analoga comunicazione è fatta a coloro che possono far valere domande di rivendicazione, restituzione e separazione su cose mobili e immobili posseduti dall'impresa.

3. Entro quindici giorni dal ricevimento della comunicazione i creditori e le altre persone indicate dal comma 2 possono far pervenire al commissario mediante posta elettronica certificata le loro osservazioni o istanze.

4. Tutte le successive comunicazioni sono effettuate dal commissario all'indirizzo di posta elettronica certificata indicato ai sensi del comma 1. In caso di mancata indicazione dell'indirizzo di posta elettronica certificata o di mancata comunicazione della variazione, o nei casi di mancata consegna per cause imputabili al destinatario, esse si eseguono mediante deposito in cancelleria. Si applica l'articolo 104, commi 2, 3 e 4, in quanto compatibile.

Enrico Mauceri

Sommario: 1. Le comunicazioni del commissario liquidatore. – 2. Osservazioni e istanze dei creditori e degli altri aventi diritto. – 3. Le altre comunicazioni del commissario liquidatore.

1. – La norma in commento riprende nei suoi caratteri essenziali l'art. 207 l. fall., già oggetto di modifica ad opera del d.l. n. 179 del 2012.

La procedura di l.c.a., similmente alla liquidazione giudiziale, prevede una fase di accertamento dello stato passivo che però, a differenza della procedura prima citata, non è gestita dall'autorità giudiziaria ma dal commissario liquidatore.

Tale procedimento, infatti, ha natura amministrativa[1], in quanto il tribunale è chiamato ad intervenire solo a seguito del deposito dello stato passivo e per pronunciarsi sulle impugnazioni eventualmente proposte.

Il procedimento di formazione dello stato passivo prende avvio con le comunicazioni dirette ai creditori, effettuate dal commissario liquidatore entro un mese dalla nomina[2].

Tali comunicazioni hanno ad oggetto l'indirizzo di posta elettronica certificata del commissario e il credito che emerge dalle scritture contabili ovvero, più in generale, dai documenti dell'impresa[3].

Qualora il creditore abbia un domicilio digitale, la comunicazione deve essere fatta mediante posta elettronica certificata mentre, in ogni altro caso, a mezzo lettera raccomandata da inviare alla sede dell'impresa o alla residenza del creditore.

Nell'ambito della stessa comunicazione, inoltre, il commissario liquidatore è chiamato a svolgere i seguenti adempimenti: i) invitare i creditori a indicare entro il termine di cui al successivo comma 3 il loro indirizzo di posta elettronica certificata e ogni successiva variazione ii) avvertire i creditori circa gli effetti di cui al comma 4.

Il comma 1 della norma in commento prevede, inoltre, che la comunicazione «*s'intende fatta con riserva delle eventuali contestazioni*».

In altri termini, la comunicazione del commissario liquidatore riveste carattere preliminare e necessario nella fase di accertamento dello stato passivo, in quanto le eventuali contestazioni formulate dai terzi aventi diritto possono portare tanto alla modifica dell'importo a credito, quanto all'esclusione del credito stesso[4].

Ai sensi del comma 2, infine, la comunicazione di cui al comma 1 dovrà essere fatta, oltre che al ceto creditorio, anche a coloro che possono far valere domande di rivendicazione, restituzione e separazione su cose mobili e immobili[5] possedute dall'impresa.

---

[1] Sul punto, in dottrina BONFATTI, CENSONI, *Manuale di diritto*, 595; ARMELI, *Liquidazione coatta*; in giurisprudenza Cass., SS.UU. 13 novembre 1997, n. 11216 e Cass., 10 giugno 2011, n. 12729, in cui si afferma che il diritto all'equa riparazione per le conseguenze dell'irragionevole durata del processo, riconosciuto dall'art. 2, legge 24 marzo 2001, n. 89, non è configurabile in relazione alla liquidazione coatta amministrativa, che è un procedimento a carattere amministrativo. In senso conforme cfr. Cass., 30 dicembre 2009 n. 28105.

[2] Detto termine deve ritenersi ordinatorio, in quanto trova applicazione l'art. 152, comma 2, c.p.c. secondo cui tutti i termini non sono da considerarsi perentori, a meno che la legge non li qualifichi esplicitamente come tali. Cfr. BONFATTI nella precedente edizione di questo commentario; BAVETTA, *La liquidazione coatta*, 137; PELLEGRINO, *L'accertamento*, 498.

[3] In dottrina ZOPPELLARI, *Art. 207*, 1590, il quale sostiene che il credito oggetto della comunicazione può emergere anche da fonti diverse.

[4] Cass., 25 ottobre 2001, n. 15058, in *Dir. e giust.*, 2002, 43, 65: «La comunicazione che il commissario invia ai creditori risultanti dalle scritture contabili e dalla documentazione dell'impresa riveste una funzione meramente preliminare all'accertamento definitivo poiché la comunicazione è fatta con riserva di eventuali contestazioni da parte di terzi (art. 207 comma 1), che potrebbero portare ad una successiva esclusione del credito dall'elenco di quelli ammessi, e fatta salva la possibilità per i creditori stessi destinatari della comunicazione di presentare osservazioni od istanze per far valere un diverso importo od una diversa natura del proprio credito». VONA, *Art. 207*, 940.

[5] L'estensione ai beni immobili posseduti dall'impresa è stata prevista per la prima volta nel Codice.

Tuttavia, si segnala che nella l.c.a. delle banche si prevede che la comunicazione di cui all'art. 308, comma 2, venga inviata a coloro che risultino titolari di diritti reali sui beni e sugli strumenti finanziari relativi ai ser-

2. – Il comma 3 della norma in esame consente ai creditori e agli altri soggetti indicati dal comma precedente di far pervenire al commissario liquidatore a mezzo posta elettronica certificata osservazioni o istanze, entro il termine ordinatorio di quindici giorni [6] a decorrere dalla ricezione della comunicazione di cui al comma 1.

Data la natura del termine prima indicato, si ritiene che la presentazione delle osservazioni e/o delle istanze possa avvenire entro novanta giorni dal provvedimento di liquidazione, secondo quanto previsto dall'art. 310 [7] per il deposito dell'elenco dei creditori [8].

Qualora i creditori e gli altri soggetti indicati dalla norma non avessero ricevuto la comunicazione del commissario, gli stessi potranno procedere con l'insinuazione del credito vantato nelle forme previste dall'art. 309 [9].

3. – Ai sensi dell'art. 308, comma 4, le comunicazioni del commissario liquidatore temporalmente successive a quelle previste dai commi 1 e 2 sono effettuate, di norma, all'indirizzo di posta elettronica certificata dei creditori e degli eventuali aventi diritto.

Qualora i creditori e gli altri aventi diritto non provvedessero tempestivamente a fornire il proprio indirizzo *pec* o la sua eventuale variazione, le comunicazioni a loro indirizzate avverranno mediante deposito in cancelleria.

Seguono la stessa sorte anche le comunicazioni la cui mancata consegna è da ricondurre a cause imputabili al destinatario.

Da ultimo, il comma 4 della disposizione in commento prevede che, ove possibile, troveranno applicazione i commi 2, 3 e 4 dell'art. 104, che disciplina la convocazione dei creditori nel concordato preventivo ad opera del commissario giudiziale [10].

---

vizi previsti dal d.lgs. n. 58 del 1998 in possesso della banca, nonché ai clienti che abbiano diritto alle restituzioni dei detti strumenti finanziari (art. 86, comma 2, TUB).

[6] Si rimanda alle considerazioni contenute nella nota n. 2.

[7] La disposizione riprende il contenuto dell'art. 209 l. fall.

[8] Cfr. AUDINO, *Art. 207*, 207.

[9] Che corrisponde all'art. 208 l. fall. Come rilevato, inoltre, dalla giurisprudenza, le osservazioni e le istanze non sono assimilabili alle domande di ammissione al passivo (Trib. Marsala, 10 ottobre 1986, in *Fallimento*, 1987, 351) né, più in generale, possono essere considerate domande giudiziali, sebbene producano come effetto l'interruzione dei termini della prescrizione (Cass., 2 marzo 2004, n. 4209).

[10] Nella legge fallimentare si rimanda, invece, all'art. 31-*bis*, comma 3, dedicato alle comunicazioni del curatore.

Articolo 309
Domande dei creditori e dei terzi

1. I creditori e le altre persone indicate nell'articolo 308 che non hanno ricevuto la comunicazione prevista dal predetto articolo possono chiedere mediante raccomandata, entro sessanta giorni dalla pubblicazione del provvedimento di liquidazione nella Gazzetta Ufficiale, il riconoscimento dei propri crediti e la restituzione dei loro beni, comunicando l'indirizzo di posta elettronica certificata. Si applica l'articolo 308, comma 4.

Sido Bonfatti

L'art. 309 attribuisce ai creditori "pretermessi" – cioè ignorati nelle comunicazioni *ex* art. 308 inviate dal commissario liquidatore [1] – il diritto di richiedere il riconoscimento dei loro crediti (e «*la restituzione dei propri beni*») con lettera raccomandata, entro sessanta giorni dalla pubblicazione del provvedimento di liquidazione nella *Gazzetta Ufficiale* (ma la domanda è giudicata "tempestiva" anche se proposta successivamente, purché prima della scadenza del termine per il deposito dell'elenco dei creditori di cui all'art. 310, comma 1) [2].

La norma conferma quanto disposto dall'art. 208 l. fall., che era già stato oggetto di un intervento di modifica ad opera del d.l. n. 179 del 2012, c.d. decreto "Crescita bis", conv. in l. n. 221 del 2012, che aveva aggiunto un ultimo periodo contenente la previsione dell'onere per i creditori pretermessi (e dei titolari di diritti sui beni) di comunicare l'indirizzo di posta elettronica certificata nella raccomandata con la quale chiedono il riconoscimento dei propri crediti e la restituzione dei propri beni [3].

Si ritiene che la domanda di riconoscimento dei crediti o di restituzione dei beni, qualora venga presentata nella forma dell'atto di citazione, in luogo della lettera raccomandata, sia inammissibile, non potendosi attivare alcun giudizio di accertamento di un credito

[1] Secondo LAMANNA, *Il Codice*, 735, «l'art. 309 (domande dei creditori e dei terzi), ripropone il disposto dell'art. 208 l. fall. disciplinando l'ipotesi in cui i creditori e i terzi non abbiano ricevuto la comunicazione prevista dall'art. 308». In argomento LEGNANI, MAZZEI, GRIGUGLIO, *Le liquidazioni coatte*, 423.

[2] In argomento D'ATTORRE, *Manuale di diritto*, 402.

[3] PAOLUCCI, *Art. 309*, 2255.

verso l'impresa posta in l.c.a. prima del deposito dell'elenco da parte del commissario liquidatore[4].

Si è comunque inclini a ritenere che il termine di 60 giorni abbia natura ordinatoria[5].

---

[4] PAOLUCCI, *op. loc. ult. citt.*

[5] In argomento PAOLUCCI, *op. loc. ult. citt.*

Articolo 310

Formazione dello stato passivo

1. Salvo che le leggi speciali stabiliscano un maggior termine, entro novanta giorni dalla data del provvedimento di liquidazione il commissario forma l'elenco dei crediti ammessi o respinti e delle domande indicate all'articolo 308, comma 2, accolte o respinte, e lo deposita nella cancelleria del tribunale dove ha il centro degli interessi principali. Il commissario trasmette l'elenco dei crediti ammessi o respinti a coloro la cui pretesa non sia in tutto o in parte ammessa a mezzo posta elettronica certificata ai sensi dell'articolo 308, comma 4. Con il deposito in cancelleria l'elenco diventa esecutivo.

2. Le impugnazioni, le domande tardive di crediti e le domande di rivendica e di restituzione sono disciplinate dagli articoli 206, 207, 208 e 210, sostituiti al giudice delegato il giudice incaricato per la trattazione di esse dal presidente del tribunale ed al curatore il commissario liquidatore.

3. Restano salve le disposizioni delle leggi speciali relative all'accertamento dei crediti chirografari nella liquidazione delle imprese che esercitano il credito.

Sido Bonfatti

Sommario: 1. La esecutività della formazione dello stato passivo. – 2. (*Segue*): la fase c.d. "amministrativa" dell'accertamento dello stato passivo. – 3. (*Segue*): la fase c.d. "giudiziale". – 4. La disciplina delle «*impugnazioni*», delle «*domande tardive*» e delle «*domande di rivendica e di restituzione*». – 5. (*Segue*): le modifiche dello stato passivo conseguenti alla definizione dei giudizi di impugnazione ovvero alla conclusione di accordi transattivi.

1. – L'art. 310 riproduce il disposto dell'art. 209 l. fall., se si esclude l'individuazione del criterio di fissazione della competenza giudiziale [1].

Più in generale viene fatto rinvio alla disciplina dell'accertamento del passivo in sede "fallimentare": ma con importanti modificazioni.

Secondo quanto disposto dall'art. 304, comma 1, «*dalla data del provvedimento che ordina la liquidazione si applicano le disposizioni del titolo V, capo I, sezioni III e V e le disposi-*

[1] Secondo PAOLUCCI, *Art. 310*, 2257, «l'unico elemento di novità è il fallimento al centro degli interessi principali (COMI) che l'art. 2, lett. m) definisce come il luogo in cui il debitore gestisce i suoi interessi in modo abituale e riconoscibile dai terzi».

zioni dell'articolo 165». Costituisce applicazione di detto principio quanto recentemente enunciato, in materia di procedure di l.c.a. bancaria, dalla Suprema Corte[2], secondo la quale «nelle procedure concorsuali opera il principio secondo il quale tutti i crediti vantati nei confronti dell'imprenditore insolvente devono essere accertati secondo le norma che ne disciplinano il concorso, sicché la domanda formulata da chi si afferma creditore in sede di cognizione ordinaria, se proposta prima dell'inizio della liquidazione coatta amministrativa, diviene improcedibile e tale improcedibilità sussiste anche se la procedura concorsuale sia stata aperta, dopo una pronuncia di condanna nei confronti dell'impresa insolvente, nel corso del giudizio in Cassazione»[3].

2. – Scaduto il termine previsto dall'art. 309 – secondo il quale i creditori e le altre persone indicate nell'articolo 308 che non hanno ricevuto la comunicazione prevista dal predetto articolo possono chiedere mediante raccomandata, entro 60 giorni dalla pubblicazione del provvedimento di liquidazione nella Gazzetta Ufficiale, il riconoscimento dei propri crediti e la restituzione dei loro beni, comunicando l'indirizzo di posta elettronica certificata – «*entro novanta giorni dalla data del provvedimento di liquidazione*» – termine pure non perentorio, il commissario liquidatore «*forma l'elenco dei creditori ammessi o respinti e delle domande indicate nell'articolo 308, comma 2, accolte o respinte ... e lo deposita nella cancelleria del tribunale ... col deposito in cancelleria l'elenco diventa esecutivo*» (art. 310, comma 1).

L'elenco dei creditori ammessi o respinti è trasmesso anche a coloro la cui pretesa non sia stata accolta, in tutto o in parte[4].

L'accertamento dello stato passivo, in questa fase, avviene dunque ad opera del commissario liquidatore: e la sua esecutività (che nella liquidazione giudiziale consegue alla emanazione del decreto del giudice delegato previsto dall'art. 204) prescinde dall'intervento dell'autorità giudiziaria (nonché, in linea di principio, dall'intervento dell'autorità amministrativa che vigila sulla liquidazione).

L'esecutività dello stato passivo delle domande (*rectius*: delle pretese) "tempestive", conseguita con il deposito nella cancelleria del tribunale competente (quello del luogo nel quale l'impresa ha il centro degli affari principali), pone fine alla fase c.d. "amministrativa" dell'accertamento del passivo (e delle domande di rivendicazione, restituzione e separazione di beni mobili e immobili) nella procedura di l.c.a.

---

[2] Cass., 15 marzo 2022, n. 8463, in *Fallimento*, 2022, II, 944, con nota di BONFATTI, *Ammissione con riserva*. Sull'argomento v. anche PAOLUCCI, *Art. 310*, 2258.

[3] Nell'occasione la Suprema Corte ha dichiarato improcedibile la domanda di risarcimento del danno proposta dal cliente di un istituto di credito sottoposto a liquidazione coatta amministrativa soltanto nel corso del giudizio di legittimità, dopo che la banca ancora "*in bonis*" era rimasta soccombente all'esito di un giudizio di condanna in appello.

[4] Secondo FAUCEGLIA, *Il nuovo diritto*, 211, «l'elenco dei creditori, il quale conserva in questa fase natura amministrativa, pur potendo essere impugnato innanzi l'autorità giudiziaria, deve essere formato dal commissario, il quale, come il curatore, assume la qualità di "terzo". La formazione dello stato passivo non ha, quindi, natura giurisdizionale e produce effetti preclusivi solo in relazione alle posizioni esaminate dal commissario liquidatore».

3. – La fase c.d. "giudiziale" si può aprire – secondo quanto sembrerebbe di dovere ricavare dal disposto dell'art. 310, comma 2, non diversamente da quanto parrebbe ricavabile dall'art. 209, comma 2, l. fall. – soltanto nella fase c.d. "giudiziale". La norma in esame, infatti, dispone (non diversamente dalla corrispondente disposizione della legge fallimentare) che «le integrazioni, le domande tardive di crediti e le domande di rivendica e di restituzione sono disciplinate dagli articoli 206, 207, 208 e 2010» (sostituito il giudice delegato con il giudice incaricato per la trattazione delle cause dal Presidente del tribunale, ed il curatore con il commissario liquidatore).

Le disposizioni richiamate disciplinano l'accertamento del passivo (e delle domande di rivendicazione, ecc.) nella liquidazione giudiziale[5], ed originano certamente procedimenti aventi natura giudiziale. Per ciò che riguarda le *domande tardive*, in particolare – salvo quanto sarà osservata in prosieguo –, va segnalato che non risulta previsto il termine massimo di presentabilità, né una disciplina relativa alle cc.dd. "ultratardive". In argomento si deve ritenere che le domande tardive possano presentarsi, senza necessità di giustificare il ritardo, entro sei mesi dall'esecutività dell'elenco depositato dal commissario liquidatore: decorso questo termine, e comunque fino a quando non siano esaurite tutte le ripartizioni dell'attivo, deve ritenersi che siano ammesse le domande cc.dd. ultratardive, se l'istante prova che il ritardo è dipeso da causa a lui non imputabile, e se trasmette la domanda non oltre sessanta giorni dal momento in cui è cessata la causa che ne ha impedito il deposito tempestivo[6].

4. – L'assetto sopra rappresentato non è tuttavia privo di qualche incertezza, e segnatamente:

a) relativamente alle «*impugnazioni*», è da ritenere che ci si voglia riferire tanto alle "*opposizioni*" (ad una decisione che abbia respinto, in tutto o in parte, la propria domanda); quanto alle "*impugnazioni*" propriamente dette (di decisioni che abbiano accolto, in tutto o in parte, crediti altrui); quanto alle "*revocazioni*" (di decisioni determinate da falsità, dolo, errore essenziale di fatto, ovvero dalla mancata conoscenza di documenti decisivi): cfr. art. 206, la cui rubrica reca per l'appunto il termine riassuntivo «*impugnazioni*».

A tale proposito è opportuno ricordare quanto precisato dalla giurisprudenza a proposito della decorrenza del termine di proposizione delle "impugnazioni"[7]. Si è infatti affermato che «il termine per proporre opposizione, ai sensi dell'art. 98, comma 2, l. fall., contro lo stato passivo formato dal commissario liquidatore nella procedura di liquidazione coatta amministrativa decorre dalla comunicazione ai creditori dell'avvenuto deposito in cancelleria dell'elenco dei crediti ammessi o respinti, ancorché accompagnata dal rico-

[5] In questo modo rendendo attuali tutti i problemi interpretativi posti dalla disciplina dell'accertamento dello stato passivo "fallimentare". In argomento, molto recentemente, Cass., 29 agosto 2023, n. 25442, ha affermato che «in tema di accertamento del passivo fallimentare, qualora, in sede di controversia insorta per il rigetto dell'ammissione di un credito, maturato in forza di un rapporto riconducibile alla previsione dell'articolo 2956, comma 1, n. 2, c.c., sia eccepita dal curatore la prescrizione presuntiva del credito e il creditore deferito il giuramento decisorio, la dichiarazione del curatore di non sapere se il pagamento sia avvenuto o meno produce gli effetti del mancato giuramento».

[6] D'ATTORRE, *Manuale di diritto*, 403.

[7] Trib. Roma, 22 ottobre 2021, in *Fallimento,* 2022, 702.

noscimento ai creditori della facoltà di presentare successivamente osservazioni e documenti integrativi e seguita soltanto in un secondo momento dalla trasmissione di quell'elenco: fermo restando il diritto dei creditori medesimi a vedersi rimessi in termini nel caso di opposizione tardivamente proposta sulla base del convincimento, indotto da quelle comunicazioni, che il relativo decorresse da altro e successivo momento».

Nell'ipotesi invece di mancato invio della comunicazione ex art. 308 da parte del Commissario Liquidatore, si è affermato [8] che «il creditore può dolersi con l'opposizione allo stato passivo ex art. 209 l. fall. della mancata ammissione di una componente del suo credito ammesso al passivo (nel caso di specie, quanto dovuto per TFR a fronte di crediti di lavoro), senza necessità di una corrispondente e previa istanza ai sensi dell'art. 208 l. fall., che costituisce una mera eventualità ispirata solo ad una funzione collaborativa con il commissario liquidatore». Sul principio enunciato in questa occasione dalla Suprema Corte in tale occasione non si riscontravano precedenti né in senso conforme, né in senso contrario.

Si è affermato che il silenzio mantenuto dal commissario liquidatore in ordine alle richieste formulate dal creditore e il mancato inserimento del credito nell'elenco previsto dall'art. 209, comma 1, l. fall. assuma valore implicito di rigetto, contro il quale, per evitare il formarsi di una preclusione, il creditore deve proporre opposizione allo stato passivo ai sensi dell'art. 98 l. fall., mentre ove sia mancata ogni specifica domanda od osservazione alla comunicazione del commissario liquidatore, resta proponibile la domanda tardiva del credito che non sia stata inserito nel suddetto elenco [9].

L'opinione dovrebbe valere, *mutatis mutandi,* anche sotto il vigore dell'attuale Codice;

b) relativamente alle «*domande di rivendica e di restituzione*», è da ritenere che ci si voglia riferire alle istanze aventi tali contenuti *ma presentate in via tardiva*, non spiegandosi altrimenti perché le istanze tempestive (od addirittura le pretese di tale natura accertata d'ufficio dal commissario liquidatore) non possano essere oggetto dell'elenco (delle "tempestive") formato dallo stesso e depositato nella cancelleria del tribunale ai sensi dell'art. 310, comma 1;

c) relativamente alle «*domande tardive*», non si può fare a meno di prendere atto del tenore letterale della (nuova) norma, pur mantenendo ferma l'opinione [10] che non si vede la ragione per la quale se il commissario liquidatore è legittimato a recepire d'ufficio le pretese dei creditori rilevabili dalle scritture contabili e dai documenti dell'impresa con immediatezza – così da poterle inserire nell'elenco delle "tempestive" –; non dovrebbe essere legittimato a recepire ugualmente le pretese rilevate da un esame supplementare delle medesime scritture contabili e della medesima documentazione di impresa, per il solo fatto di essere pervenuto al relativo accertamento dopo il deposito dell'elenco previsto dall'art. 310, comma 1 (tanto più quando il commissario liquidatore fosse stato ligio nel ri-

[8] Cass., 10 maggio 2019, n. 12567.

[9] FABIANI, NARDECCHIA, *Codice della crisi*, 2960.

[10] BONFATTI, *La liquidazione coatta*, 687 («occorre peraltro rilevare che la disciplina delle domande tardive dovrà tenere conto della circostanza che nella l.c.a. le domande tempestive sono esaminate e decise, come detto, dal Commissario liquidatore, all'infuori di qualsiasi udienza giudiziale, onde anche per le domande tardive si dovrà consentire l'ammissione al passivo ad opera del commissario liquidatore, senza necessità di adire l'autorità giudiziaria»); ID., *Liquidazione coatta*, 386 ss.

spettare i termini indicati dalla norma, così moltiplicando le ipotesi di possibili accertamenti bensì "tardivi", ma non per ciò meno attendibili di quelli formanti lo stato passivo "tempestivo").

Ciò è tanto vero che è stato giustamente osservato che «l'art. 310 potrebbe sollevare profili di legittimità costituzionale laddove fosse interpretato nel senso che le domande tardive e di rivendica sui beni del fallito, debbano essere istruite e decise dal giudice anziché dal commissario, dato che coloro che si insinuano tardivamente godrebbero di un trattamento più tutelante dal punto di vista giurisdizionale e sicuramente diverso rispetto a coloro che si insinuano tempestivamente. Onde evitare distorsioni applicative, sarebbe, quindi necessario concludere che anche le domande tardive e di rivendica sui beni del debitore, analogamente a quelle di insinuazione di crediti di cui al comma 1, siano esaminate e decise dal commissario liquidatore e non dal giudice chiamato a intervenire nella sola sede impugnatoria»[11].

Il mancato esame da parte del commissario liquidatore di un credito o di una prelazione non costituisce implicita pronuncia di esclusione, con la conseguenza che il creditore non deve proporre opposizione allo stato passivo, ma domanda di insinuazione tardiva. È, però, proponibile l'opposizione allorché il mancato riconoscimento del credito faccia seguito a specifica, preventiva istanza *ex* art. 208 ovvero alle osservazioni inoltrate ai sensi dell'art. 207 da parte del creditore[12].

5. – La considerazione della disciplina dell'accertamento del passivo nella procedura di l.c.a. comprende lo scioglimento del dubbio sulle modalità da osservare nelle fattispecie nelle quali non si tratti di incrementare lo stato passivo "tempestivo" – come avviene nelle ipotesi dell'esame di pretese "tardive", necessariamente aggiuntive rispetto a quelle "tempestive" –; bensì di modificare lo stato passivo, in conseguenza dell'esito dei giudizi di "*impugnazione*", definiti con provvedimento giudiziale (a seguito dello sviluppo dei procedimenti di cui all'art. 206), ovvero in conseguenza di accordi transattivi. Ci si deve domandare, infatti, in tali frangenti, se a seguito della decisione giudiziale definitiva ovvero a seguito dell'accordo transattivo comportante una modifica dello stato passivo "tempestivo" – per esempio, con l'ammissione al passivo di una parte del credito originariamente escluso in misura integrale –, si debba instaurare un procedimento giudiziale (peraltro non qualificabile né come «*impugnazione*», né come «*tardiva*», né come «*domanda di rivendica o restituzione*»: cfr. art. 310, comma 3); oppure possa provvedere direttamente il commissario liquidatore ad apportare la conseguente modificazione dello stato passivo.

La soluzione che appare preferibile è quella che propende per l'attribuzione al commissario liquidatore della legittimazione a provvedere alle modificazioni allo stato passivo conseguenti:

(i) *tanto a decisioni giudiziali divenute definitive*, rese sulle impugnazioni dello stato passivo proposte dai creditori, ovvero sui giudizi originati da loro domande di insinuazioni tardive;

---

[11] PAOLUCCI, *Art. 310*, 2259.

[12] PAOLUCCI, *Art. 310*, 2259.

(ii) *quanto alla conclusione di accordi transattivi*, definitori delle controversie *de quibus*, una volta autorizzati dalla competente autorità di vigilanza.

Deve essere valorizzata, a tale proposito, la considerazione che la liquidazione coatta amministrativa è una procedura mista: amministrativa e giurisdizionale, in cui l'interesse pubblico è talmente predominante da riconoscere all'autorità di vigilanza, e non all'autorità giudiziaria, il controllo dell'intera procedura (la liquidazione coatta amministrativa è, infatti, disposta con decreto motivato del Ministero competente a seconda dell'attività svolta dall'impresa, su proposta dell'Autorità di vigilanza di settore). La competenza dell'autorità di vigilanza, che ha funzione di indirizzo, controllo ed autorizzazione, risulta evidente dalle norme che regolano tutta la procedura di liquidazione coatta e, ancor più, da quelle che ne regolano il compimento degli atti della gestione sia ordinaria che straordinaria. Il commissario liquidatore è nominato dall'Autorità di vigilanza e compie autonomamente tutti gli atti di ordinaria amministrazione, mentre necessitano di essere autorizzati, sempre dall'autorità di vigilanza, gli atti di straordinaria amministrazione. La estraneità, nella procedura della liquidazione coatta amministrativa, delle logiche sottese alla procedura "fallimentare" può totalmente essere colta, ad esempio, nella riconosciuta legittimazione processuale, sia attiva che passiva, del commissario liquidatore, che non necessita di alcuna autorizzazione (da parte dell'Autorità di vigilanza) per stare in giudizio.

Come già visto, il procedimento di formazione dello stato passivo nella liquidazione coatta amministrativa si struttura in una duplice fase: la prima, necessaria, di carattere amministrativo, condotta autonomamente dal commissario liquidatore e informata a un principio di ufficialità; la seconda, soltanto eventuale, di natura giudiziale, da svolgersi invece davanti all'autorità giudiziaria. L'accertamento amministrativo precede quindi necessariamente l'intervento giudiziale, meramente eventuale, che trova la propria sede nel giudizio di impugnazione dello stato passivo *ex* artt. (98 e 99 l. fall. e) 206 e 207, ed in quello di accertamento delle domande di insinuazione tardive *ex* art. (101 l. fall. e) 208. Ciò conferma la qualifica della liquidazione coatta amministrativa come procedimento amministrativo in tutte le sue parti in cui si innestano eventuali fasi di natura giurisdizionale [13].

La verifica dello stato passivo nella liquidazione coatta amministrativa riceve copertura normativa unicamente con riguardo alla fase giudiziale, mentre con riguardo all'accertamento compiuto dal commissario liquidatore, a parte l'indicazione dell'asse temporale in cui questo è scandito, resta priva di regolazione. Trattasi in particolare di una verifica che ambisce a conseguire l'obiettivo di una celere ricognizione di tutte le pretese creditorie, rifiutando il primato dell'esercizio giurisdizionale: tanto che, già prima del possibile intervento giudiziale, lo stato passivo è formato e reso incondizionatamente esecutivo dal commissario liquidatore. Tale carattere non può venire meno o perdere di effettività a seguito dell'intervento della fase giudiziaria: onde deve riconoscersi che l'autorità di vigilanza abbia sempre il poter di incidere sullo stato passivo, anche modificando (successivamente) le decisioni prese nella eventuale fase giudiziale, essendo, infatti, la procedura di liquidazione coatta amministrativa improntata sul principio dell'attribuzione della legittimazione alla formazione dello stato passivo agli Organi amministrativi. L'autorità giudiziaria è chiamata ad intervenire *solo se*, e quindi *solo sino a quando*, sopravvengono contro-

---

[13] V. per tutte, Cass., 10 giugno 2011, n. 12729.

versie tra creditori e commissario liquidatore: non, invece, quando controversie non siano insorte (stato passivo formato dal commissario e non contestato dai creditori), ovvero siano cessate (accordo transattivo intervenuto tra creditori e commissario, ed autorizzato dall'autorità di vigilanza).

Come visto le operazioni di verifica dei crediti non solo sono affidate ad un soggetto estraneo all'autorità giudiziaria, ma prescindono persino dalla necessità di domande di parte (che possono, al più, assurgere ad una funzione collaborativa) e comunque non sono vincolate al contenuto di queste ultime [14]. Ciò è tanto vero che la Suprema Corte ha chiarito il carattere amministrativo del procedimento di formazione dello stato passivo in questi termini: «Diverso è, però, lo scenario in cui si attua la formazione del passivo nel procedimento di liquidazione coatta, al quale pacificamente è attribuita natura amministrativa (si vedano, tra le altre, Cass. S.U. n. 11216/1997, Cass. n. 17048 del 2007, Cass. n. 1817 del 2005 e Cass. n. 15102 del 2001; ma, prima ancora, Corte cost. n. 155 del 1980): scenario nel quale solo eventualmente, a seguito della proposizione di uno dei ricorsi ipotizzati dalla L. Fall., già citato art. 209, possono inserirsi momenti giurisdizionali, che però non valgono a modificare i caratteri schiettamente amministrativi delle operazioni di verifica dei crediti precedentemente svolte dal commissario liquidatore. Le quali, infatti, oltre ad essere affidate ad un soggetto estraneo alla giurisdizione, prescindono dalla necessità di domande di parte (destinate ad assolvere, se proposte, solo una funzione collaborativa) e non sono in alcun modo vincolate al contenuto di tali eventuali domande» [15].

[14] Cass., 15 febbraio 2016, n. 2917; Cass., SS.UU., n. 6060 del 2015; Cass., n. 25174 del 2008; Cass., SS.UU., n. 11216 del 1997.

[15] Cass., SS.UU., 15 ottobre 2008, n. 25174.

Articolo 311

Liquidazione dell'attivo

1. Il commissario ha tutti i poteri necessari per la liquidazione dell'attivo, salve le limitazioni stabilite dall'autorità che vigila sulla liquidazione.

2. In ogni caso per la vendita degli immobili e per la vendita dei mobili in blocco occorrono l'autorizzazione dell'autorità che vigila sulla liquidazione e il parere del comitato di sorveglianza.

3. Nel caso di società con soci a responsabilità limitata il presidente del tribunale può, su proposta del commissario liquidatore, ingiungere con decreto ai soci a responsabilità limitata e ai precedenti titolari delle quote o delle azioni di eseguire i versamenti ancora dovuti, quantunque non sia scaduto il termine stabilito per il pagamento.

Sido Bonfatti

Sommario: 1. La liquidazione dell'attivo. – 2. Il recupero degli aumenti di capitale non ancora versati.

1. – Dalla previsione (art. 311, comma 2) secondo la quale «*per la vendita degli immobili e per la vendita dei mobili in blocco occorrono l'autorizzazione dell'autorità che vigila sulla liquidazione e il parere del comitato di sorveglianza*»; e dal mancato richiamo di una serie di disposizioni, applicabili alle vendite "fallimentari"; si ricava una valutazione complessiva di maggiore autonomia del commissario liquidatore, rispetto al curatore della liquidazione giudiziale, nelle attività di liquidazione dei beni dell'impresa assoggettata a l.c.a. [1]. Fuori delle ipotesi di vendite immobiliari e di vendite mobiliari "in blocco", infatti – e sempre che l'autorità che vigila sulla liquidazione non abbia stabilito, come peraltro può, "limitazioni" in tema di liquidazione dell'attivo: cfr. art. 311, comma 1 –, il commissario liquidatore può:

a) procedere alla vendita dei beni dell'impresa in liquidazione senza necessità di acquisire autorizzazioni o pareri;

b) procedere nelle forme ritenute più opportune – anche per le vendite immobiliari –, senza essere vincolato alle forme della vendita giudiziale, né alle forme della vendita di beni da parte della pubblica amministrazione;

---

[1] In argomento D'Attorre, *Manuale di diritto*, 403; Cecchella, *Il diritto*, 449.

c) procedere alle operazioni di liquidazione in qualsiasi momento, anche prima del deposito dello stato passivo.

La mancata applicabilità della disciplina delle vendite giudiziali comporta peraltro anche qualche inconveniente: *in primis* il dubbio sui così detti "effetti purgativi" delle vendite effettuate dal commissario liquidatore rispetto alle iscrizioni e trascrizioni pregiudizievoli aventi ad oggetto i beni venduti [2]. In linea di principio si tende ad affermare la necessità di ottenere una pronuncia giudiziale di accertamento della legittimazione dell'aggiudicatario ad ottenere la cancellazione delle iscrizioni e trascrizioni pregiudizievoli (cfr. art. 2884 c.c.) [3], salvo l'intervento di disposizioni speciali di settore (come in materia di amministrazione straordinaria delle grandi imprese insolventi – art. 64, d.lg. n. 270 del 1999 –, o di l.c.a. delle cooperative, dei consorzi e delle associazioni di cooperative – art. 5 e l. n. 400 del 1975 –), che attribuiscono espressamente la legittimazione a disporre le cancellazioni *de quibus* alle autorità amministrative di settore (rispettivamente, negli esempi citati, il Ministro dello Sviluppo Economico e l'Autorità di vigilanza).

---

[2] In argomento PEZZANO, RATTI, *Le purgazioni (im)possibili*, osservano che «nella Liquidazione Coatta Amministrativa la situazione è piuttosto articolata. Difatti, l'art. 210 l. fall. che pure si occupa della dismissione (anche) dei beni immobili con l'autorizzazione dell'Autorità di Vigilanza, nulla precisa in punto di consequenziale purgazione dei vincoli [salvo poi attribuire una specifica potestà purgativa alla autorità amministrativa nel solo peculiare caso di LCA di cooperative edilizie di cui all'art. 5, L. 17 luglio 1975, n. 400]. Anche il successivo art. 214 l. fall. – disciplinante il relativo concordato e che pone l'Autorità Giudiziaria a presidio della relativa omologazione – tace in argomento. Né si è fatto carico di colmare tali lacune il CCII, come testimoniano le omologhe disposizioni, rispettivamente di cui gli artt. 311 e 314». Secondo D'ATTORRE, *Manuale di diritto*, 404, «pur in mancanza di un'espressa previsione, pare preferibile riconoscere all'autorità di vigilanza il potere di cancellare le formalità pregiudizievoli, perché la soluzione alternativa, rappresentata dalla cancellazione all'esito di un processo di cognizione ordinaria, ai sensi dell'art. 2884 c.c., renderebbe poco appetibili le vendite in sede di l.c.a., con pregiudizio dell'interesse pubblico ed anche dell'interesse dei creditori».

Secondo PAOLUCCI, *Art. 311*, 2262-2263, «il meccanismo delle vendite nella l.c.a. lascia tuttora aperta la questione in ordine alle modalità attraverso le quali si può provvedere alla cancellazione delle ipoteche gravanti sui beni immobili venduti dal commissario liquidatore, qualora i creditori iscritti non abbiano dato l'assenso alla cancellazione. Secondo la tesi che appare preferibile, i creditori, dopo la vendita, sono obbligati a prestare consenso alla cancellazione delle iscrizioni, ed il commissario liquidatore potrà proporre un'azione di accertamento di tale obbligo davanti al giudice ordinario. In dottrina, tra le diverse soluzioni prospettate, si è, invece, affermato che il giudice deve emettere il decreto di cui all'art. 586 c.p.c. ordinando la cancellazione delle iscrizioni, ovvero, se adito prima della vendita, può emanare un decreto con il quale, preso atto dell'intervenuta autorizzazione dell'autorità amministrativa, ordina la cancellazione condizionatamente alla vendita stessa; che il commissario liquidatore deve devolvere l'intera procedura di vendita al giudice dell'esecuzione, creando la condizione necessaria perché questi possa emanare l'ordine ex art. 586 c.p.c.; che il potere di ordinare la cancellazione compete all'autorità amministrativa, ovvero allo stesso commissario liquidatore; che le ipoteche e le altre trascrizioni devono essere cancellate dal conservatore su ordine dell'autorità governativa di sorveglianza». L'attribuzione di tale potere all'autorità amministrativa è, del resto, già prevista esplicitamente nella liquidazione coatta amministrativa delle imprese assicuratrici e delle società cooperative delle grandi imprese in crisi. Secondo FABIANI, NARDECCHIA, *Codice della crisi*, 2963, «poiché le vendite disposte nella l.c.a., anche se qualificabili come vendite coattive, non promanano dal giudice, la cancellazione delle ipoteche gravanti su beni di un'impresa posta in liquidazione coatta amministrativa che siano venduti dal commissario liquidatore in sede di realizzazione dell'attivo, non può essere disposta in via amministrativa dal commissario liquidatore o dall'autorità di vigilanza, ma (in caso di dissenso del creditore) deve essere ordinata dal giudice con le forme del processo di cognizione ordinaria ai sensi dell'art. 2884 c.c.».

[3] In argomento CECCHELLA, *Il diritto*, 449.

2. – Nel contesto sopra delineato, una disciplina speciale è dettata per l'escussione dei soci della società posta in l.c.a., che oggi può riguardare soltanto l'ipotesi dei soci a responsabilità limitata (art. 311, comma 3), non potendo più ricorrere l'ipotesi dei soci a responsabilità illimitata (un tempo disciplinata dall'art. 211 l. fall., ormai abrogato).

L'art. 311, comma 3, legittima il commissario liquidatore a pretendere dai soci attuali ovvero dai precedenti soci il completamento del processo di "liberazione" delle quote o delle azioni sottoscritte, «*quantunque non sia scaduto il termine stabilito per il pagamento*» dei "decimi" mancanti.

In altre parole, come nel fallimento (v. art. 260), il commissario liquidatore può chiedere al tribunale l'emissione di un decreto ingiuntivo per il pagamento delle somme ancora dovute dai soci con responsabilità limitata, qualora non vi avessero già provveduto, indipendentemente dall'esistenza di un termine per l'esecuzione dell'obbligo [4].

---

[4] PAOLUCCI, *Art. 311*, 2263.

Articolo 312
Ripartizione dell'attivo

1. Le somme ricavate dalla liquidazione dell'attivo sono distribuite secondo l'ordine stabilito nell'articolo 221.

2. Previo parere del comitato di sorveglianza, e con l'autorizzazione dell'autorità che vigila sulla liquidazione, il commissario può distribuire acconti parziali a tutti i creditori o ad alcune categorie di essi, anche prima che siano realizzate tutte le attività e accertate tutte le passività.

3. Le domande tardive per l'ammissione di crediti o per il riconoscimento dei diritti reali non pregiudicano le ripartizioni già avvenute, e possono essere fatte valere sulle somme non ancora distribuite, osservate le disposizioni dell'articolo 225.

4. Alle ripartizioni parziali si applicano le disposizioni dell'articolo 227.

Sido Bonfatti

Sommario: 1. La ripartizione del ricavato. – 2. Il rinvio all'art. 227 ed il soddisfacimento delle pretese derivanti da accordi transattivi.

1. – Per ciò che concerne le attività di ripartizione del ricavato, vengono dichiarati applicabili gli artt. 221 («*ordine di distribuzione delle somme*»); 225 («*partecipazione dei creditori ammessi tardivamente*»); e 227 («*ripartizioni parziali*»)[1]. L'art. 312, comma 2, peraltro, accanto alle ripartizioni parziali – disciplinate come detto dall'art. 227 – prevede anche la effettuabilità di «*acconti parziali*» (con l'autorizzazione dell'autorità che vigila sulla liquidazione e previo il parere del comitato di sorveglianza), «*a tutti i creditori, o ad alcune categorie di essi*».

---

[1] Secondo ARMELI, *Liquidazione coatta*, «l'elenco dei crediti, ammessi o respinti, e delle domande di rivendicazione, restituzione e separazione, accolte o rigettate (formato dal commissario liquidatore) è depositato nella cancelleria del tribunale del luogo dove l'impresa ha sede principale, divenendo per legge esecutivo (art. 209, co. 1, l. fall.). Con tale deposito si può direttamente procedere al riparto dell'attivo già liquidato: rispetto al fallimento, infatti, l'accertamento dei debiti e il realizzo dell'attivo possono avvenire anche parallelamente, posto che l'esecutività dello stato passivo è il presupposto solo delle restituzioni e dei riparti e non anche della liquidazione».

Le principali differenze tra acconti (parziali) e ripartizioni parziali sono per lo più individuate in ciò che:

a) gli acconti possono essere disposti anche prima del completamento delle attività di formazione dello stato passivo;

b) gli acconti non sono soggetti alle disposizioni sugli accantonamenti previsti dall'art. 227;

c) gli acconti possono prescindere dalla graduazione dei creditori secondo l'ordine fissato dall'art. 221[2];

d) gli acconti non hanno effetto preclusivo nei confronti della partecipazione alla distribuzione del ricavato da parte dei creditori tardivi (come accade invece per le ripartizioni parziali già effettuate alla data dell'ammissione al passivo delle domande tardive);

e) gli acconti illegittimamente erogati sono soggetti a ripetizione[3], mentre non lo sono le somme attribuite a seguito di ripartizioni parziali – salvo l'esito delle eventuali impugnazioni dei piani di riparto parziali –;

f) gli acconti sono soggetti a contestazione nelle forme dell'atto di citazione (giudizio di cognizione ordinario), mentre i riparti parziali sono soggetti all'impugnazione disciplinata (per il riparto finale) dall'art. 232.

Stante la rilevanza delle differenze tra "acconti" e "ripartizioni" (*in primis* il principio di *ripetibilità* degli "acconti", allorché al beneficiario non risultassero dovute, al momento dell'esaurimento del riparto finale, le somme già riconosciutegli), la facoltà di avvalersi di questo istituto deve essere esercitata con prudenza. È da ritenere che la funzione dello stesso sia da individuare nella esigenza di venire incontro a bisogni di carattere sociale (per es. acconti versati ai lavoratori ancora prima della formazione dello stato passivo), oppure di favorire la prosecuzione dell'eventuale attività dell'impresa in procedura (ad es. acconti versati a creditori che siano anche fornitori dell'impresa[4])[5].

2. – L'ultimo comma della norma in commento rende applicabili alle ripartizioni dell'attivo eseguite nell'ambito della procedura di l.c.a. le disposizioni contenute nell'art. 227, che disciplina le ripartizioni «*parziali*». Le disposizioni che regolano le varie procedure di l.c.a. ricomprese nell'ordinamento giuridico subordinano l'esecuzione delle riparti-

---

[2] PAOLUCCI, *Art. 312*, 2263, osserva che «il rinvio dell'art. 221 non sembra, invece, trovare applicazione per gli acconti parziali, in quanto, essendo questi effettuati prima dell'accertamento di tutti i crediti, non sarebbe possibile osservare integralmente la graduazione prevista da tale norma».

[3] In argomento BONFATTI, *La liquidazione coatta*, 690; nello stesso senso D'ATTORRE, *Manuale di diritto*, 405; PAOLUCCI, *op. ult. cit.*, 2264.

[4] Secondo D'ATTORRE, *Manuale di diritto*, 405, «resta fermo, però, che gli acconti vanno corrisposti a categorie di creditori, caratterizzate da omogeneità di posizione giuridica e di interesse economico, non a singoli creditori».

[5] Anche NIGRO, VATTERMOLI, *Diritto della crisi*, 484, ritengono che «in ogni caso, gli acconti parziali sono da considerare erogazioni provvisorie, suscettibili dunque di conguaglio ma anche di recupero in sede di ripartizioni». Tuttavia gli AA. precisano che «il richiamo all'art. 111 (di cui all'art. 212, co. 1) porta a ritenere che la diversità di trattamento possa concernere esclusivamente il tempo dell'attribuzione, non già il suo ammontare. In altri termini, per poter procedere a queste attribuzioni 'selettive' il commissario liquidatore deve assicurarsi che in prospettiva (valutate cioè le possibilità residue di realizzo e la futura composizione quantitativo/qualitativa della massa passiva) le stesse non vadano ad intaccare la graduatoria legale dei crediti».

zioni parziali all'autorizzazione della Autorità di Vigilanza, così come accade per la liquidazione giudiziale (cfr. art. 220). Si deve tuttavia ritenere che le "ripartizioni" conseguenti all'esecuzione di accordi transattivi non siano soggette a tale regola, dovendo invece essere poste in essere «*fuori dal riparto parziale secondo le modalità delle transazioni stesse*»[6].

Pur nel silenzio della norma, deve ritenersi che i piani di riparto parziali siano trasmessi ai creditori a mezzo posta elettronica certificata, sulla falsariga di quanto previsto per il piano di riparto definitivo e in linea con l'intero impianto del Codice (v. artt. 10 e 308, comma 1)[7].

---

[6] In questi termini le istruzioni del Ministero dello Sviluppo Economico nell'anno 2022 nel contesto di una procedura di l.c.a. disposta nei confronti di una società cooperativa.

[7] Paolucci, *Art. 312*, 2265.

Articolo 313

Chiusura della liquidazione

1. Prima dell'ultimo riparto ai creditori, il bilancio finale della liquidazione, con il conto della gestione e il piano di riparto tra i creditori, accompagnati da una relazione del comitato di sorveglianza, devono essere sottoposti all'autorità che vigila sulla liquidazione, la quale ne autorizza il deposito presso la cancelleria del tribunale competente ai sensi dell'articolo 27 e liquida il compenso al commissario.

2. Dell'avvenuto deposito, a cura del commissario liquidatore, è data comunicazione ai creditori ammessi al passivo e ai creditori prededucibili con le modalità di cui all'articolo 308, comma 4 ed è data notizia mediante inserzione nella Gazzetta Ufficiale e nei giornali designati dall'autorità che vigila sulla liquidazione.

3. Gli interessati possono proporre le loro contestazioni con ricorso al tribunale nel termine perentorio di venti giorni, decorrente dalla comunicazione fatta dal commissario a norma del comma 1 per i creditori e dall'inserzione nella Gazzetta Ufficiale per ogni altro interessato. Le contestazioni sono comunicate, a cura del cancelliere, all'autorità che vigila sulla liquidazione, al commissario liquidatore e al comitato di sorveglianza, che nel termine di venti giorni possono presentare nella cancelleria del tribunale le loro osservazioni. Il tribunale provvede con decreto in camera di consiglio. Si applicano, in quanto compatibili, le disposizioni dell'articolo 124.

4. Decorso il termine senza che siano proposte contestazioni, il bilancio, il conto di gestione e il piano di riparto si intendono approvati, e il commissario provvede alle ripartizioni finali tra i creditori. Si applicano le norme dell'articolo 231 e, se del caso, degli articoli 2495 e 2496 del codice civile.

Anna Chiara Marrollo

Sommario: 1. Introduzione. – 2. Il procedimento per l'approvazione dell'ultimo piano di riparto. – 3. Le contestazioni, le osservazioni e la chiusura della liquidazione.

1. – L'articolo riproduce l'art. 213 l. fall. ed è rubricato «*Chiusura della liquidazione*»; infatti disciplina l'attività che deve svolgere il commissario liquidatore prima dell'ultimo riparto ma ad esso segue la chiusura della procedura, decorso il termine di venti giorni secondo le modalità stabilite dal comma 2 dell'articolo[1]. L'art. 313 così come l'art. 314 in-

---

[1] Secondo la dottrina (NIGRO, VATTERMOLI, *Diritto della crisi*, 539, D'ATTORRE, *Manuale di diritto*, 461)

dividuano come possibili cause di cessazione della procedura di liquidazione coatta amministrativa, la ripartizione finale dell'attivo e la conclusione di un concordato di liquidazione[2]. L'articolo in esame non prevede un formale provvedimento di chiusura della procedura di liquidazione coatta amministrativa[3].

2. – Il comma 1 stabilisce che, il commissario, in via preliminare deve sottoporre all'autorità di vigilanza il bilancio finale di liquidazione con il conto di gestione e il piano di riparto fra i creditori, nonché la relazione del comitato di sorveglianza. L'autorità di vigilanza, previa disamina della correttezza formale e sostanziale della documentazione, ne dà autorizzazione per il deposito presso la cancelleria del tribunale competente ai sensi dell'art. 27 e liquida il compenso del commissario liquidatore. Se la liquidazione del compenso è di competenza dell'autorità di vigilanza, eventuali contestazioni sono tutelabili dinanzi la giurisdizione ordinaria in quanto sono inerenti a diritti soggettivi[4]. L'autorità di vigilanza può anche non autorizzare il deposito se rileva che non tutte le attività sono state liquidate, che vi sono lacune nel conto di gestione, irregolarità nella liquidazione oppure nel rendiconto. Il commissario deve dare comunicazione dell'avvenuto deposito, ai creditori ammessi al passivo e ai creditori prededucibili con le modalità stabilite dal comma 4 dell'art. 308; deve darne notizia ai terzi, mediante inserzione nella Gazzetta Ufficiale e nei giornali designati dall'autorità che vigila sulla liquidazione. Sul commissario incombe un onere di pubblicità diretto a garantire il *decisum* della Corte costituzionale 14 aprile 2006, n. 154[5] ed è duplice: il comma 2 dell'art. 313 rinvia al comma 4 dell'art. 308 (comunicazione ai creditori e ai terzi) che a sua volta rinvia al comma 1: il commissario deve effettuare tutte le comunicazioni all'indirizzo di posta elettronica; ma quest'ultimo comma stabilisce che, in caso di mancata indicazione dell'indirizzo di posta elettronica certificata o di mancata comunicazione della variazione, o nei casi di mancata consegna per cause imputabili al destinatario, le comunicazioni si eseguono mediante deposito in cancelleria.

---

il riparto finale dell'attivo è l'unica causa di chiusura della procedura; non vi è spazio per la operatività nella l.c.a. delle altre cause di chiusura previste nella liquidazione giudiziale perché sarebbero incompatibili con la struttura del procedimento (mancanza di domande di ammissione) o con la finalità della procedura (la l.c.a. ha la funzione primaria di eliminare l'impresa dal mercato, non di soddisfare i creditori e quindi l'esigenza della procedura potrebbe persistere pur dopo che i creditori siano stati soddisfatti o che si accerti l'assenza di prospettive di soddisfacimento).

[2] BONFATTI, *La procedura*, 157; CASTIELLO D'ANTONIO, FALCONE, *Le liquidazioni coatte*, 766 ss.

[3] CAPEZZERA, *Art. 313*, 1492.

[4] ARMELI, *La liquidazione coatta*. Si evidenzia che il MISE il 3 novembre 2016 ha emanato il decreto recante i «*Criteri per la determinazione e liquidazione dei compensi spettanti ai commissari liquidatori e ai membri dei comitati di sorveglianza delle procedure di liquidazione coatta amministrativa ai sensi dell'articolo 2545*-terdecies *c.c. e di scioglimento atto dell'autorità ai sensi dell'articolo 2545*-septiedecies *c.c.*»; esso è entrato in vigore il 6 dicembre 2016 e stabilisce che il compenso spettante al commissario liquidatore si compone di due quote: una remunerativa delle attività di natura concorsuale e l'altra remunerativa dell'attività gestionale, nel caso di autorizzazione alla continuazione dell'esercizio dell'impresa (art. 3); stabilisce i criteri per la determinazione del compenso per le attività di natura concorsuale da calcolare su scaglioni dell'attivo e del passivo (art. 4, commi 1-4); dispone al comma sesto dell'art. 4 che «*il compenso del commissario liquidatore è a totale carico della liquidazione, è imputato in prededuzione alle spese di procedura e, in ogni caso, non può essere inferiore a euro 2.500,00*».

[5] Corte cost. 14 aprile 2006, n. 154, in *giurcost.org*.

3. – Il comma 3 dell'art. 313 stabilisce che i creditori ed ogni altro interessato possono proporre le loro contestazioni: i creditori entro il termine di venti giorni decorrente dalla comunicazione eseguita dal commissario liquidatore; ogni altro interessato entro il termine di venti giorni decorrente dalla inserzione nella Gazzetta Ufficiale eseguita dal commissario liquidatore. Il soggetto legittimato attivo, ovvero il creditore e ogni altro interessato devono fornire la prova del proprio interesse ad agire *ex* art. 100 c.p.c. Le contestazioni devono essere effettuate con ricorso dinanzi il tribunale; devono essere specifiche in quanto devono essere riferite a determinati atti od omissioni; possono avere ad oggetto gli errori materiali, i criteri di conteggio, le omissioni, la gestione del commissario liquidatore. Le contestazioni che riguardano, invece, la esistenza, la entità e qualità dei crediti ammessi sono proponibili solo con la impugnazione dello stato passivo (art. 310, comma 2). Legittimato passivo è solo il commissario liquidatore[6]. Il comma 3 stabilisce che le contestazioni sono comunicate a cura del cancelliere alla autorità che vigila sulla liquidazione, al commissario liquidatore e al comitato di sorveglianza i quali possono presentare le loro osservazioni entro il termine di venti giorni nella cancelleria del tribunale. In mancanza di specifiche disposizioni normative e poiché il terzo comma stabilisce che il procedimento si conclude con decreto in camera di consiglio, si può ritenere che il procedimento sia disciplinato dagli artt. 737-742 c.p.c. Il decreto può essere impugnato secondo le disposizioni contenute nell'art. 124 che disciplina il reclamo contro i decreti del giudice delegato e del tribunale[7]. Nella fase di riparto possono sorgere difficoltà distributive qualora i creditori non si presentino per la riscossione oppure sono irreperibili. In queste ipotesi può applicarsi l'art. 232, comma 4[8]; quindi le somme sono depositate presso l'ufficio postale o presso la banca scelti dal commissario liquidatore. Decorsi cinque anni dal deposito, le somme non riscosse dagli aventi diritto e i relativi interessi possono essere richiesti dai creditori rimasti insoddisfatti; altrimenti sono versate a cura del depositario, all'entrata del bilancio dello Stato per essere riassegnate, con decreti del Ministro dell'economia e delle finanze, allo stato di previsione del Ministero della giustizia. Nella ipotesi in cui, invece, sussiste un residuo attivo, il commissario liquidatore deve procedere con la liquidazione per un ulteriore riparto ma a favore dei soci[9]. Il comma 4 stabilisce che, decorso il termine senza che siano proposte contestazioni, il bilancio, il conto di gestione e il piano di riparto si intendono approvati e il commissario provvede alle ripartizioni finali tra i creditori. Il comma 4 stabilisce anche che si applicano, «*se del caso*» l'art. 2495 c.c. che disciplina la cancellazione e la estinzione della società e l'art. 2496 c.c. che disciplina il deposito e la conservazione dei libri sociali per dieci anni presso l'ufficio del registro delle imprese[10].

---

[6] Cass., SS.UU., 24 dicembre 2009, n. 27346, in *ilcaso.it*.

[7] Secondo la Dottrina FAROLFI, *Art. 124*, 583) la reclamabilità dei decreti del tribunale è da intendersi in senso stretto come gravame comportante il riesame di merito della decisione emessa in prime cure dall'organo collegiale di primo grado.

[8] CAPEZZERA, *Art. 313*, 1494.

[9] D'ATTORRE, *Manuale di diritto*, 462. Secondo altra parte della dottrina (CAPEZZERA, *Art. 313*, 1494) il residuo attivo andrebbe liquidato dal commissario liquidatore a favore dei creditori che non abbiano fruito del riparto concorsuale e «solo a seguito del pagamento dei crediti dei creditori non soddisfatti nella procedura concorsuale, il commissario liquidatore potrà affrontare il problema ulteriore di una ripartizione a soci o di una devoluzione a terzi del residuo attivo rinveniente dalla liquidazione».

[10] LEGNANI, MAZZEI, BRIGUGLIO, *Liquidazioni coatte*, 425.

Articolo 314

Concordato della liquidazione

1. L'autorità che vigila sulla liquidazione, su parere del commissario liquidatore, sentito il comitato di sorveglianza, può autorizzare l'impresa in liquidazione, uno o più creditori o un terzo a proporre al tribunale un concordato, a norma dell'articolo 240, osservate le disposizioni dell'articolo 265, se si tratta di società.

2. La proposta di concordato è depositata nella cancelleria del tribunale competente ai sensi dell'articolo 27 con il parere del commissario liquidatore e del comitato di sorveglianza, comunicata dal commissario a tutti i creditori ammessi al passivo con le modalità di cui all'articolo 308, comma 4, pubblicata mediante inserzione nella Gazzetta Ufficiale e deposito presso l'ufficio del registro delle imprese.

3. I creditori e gli altri interessati possono presentare nella cancelleria le loro opposizioni nel termine perentorio di trenta giorni, decorrente dalla comunicazione fatta dal commissario per i creditori e dall'esecuzione delle formalità pubblicitarie di cui al comma 2 per ogni altro interessato.

4. Il tribunale, sentito il parere dell'autorità che vigila sulla liquidazione, decide sulle opposizioni e sulla proposta di concordato con sentenza in camera di consiglio. Si applicano, in quanto compatibili, le disposizioni degli articoli 245, 246 e 247.

5. Gli effetti del concordato sono regolati dall'articolo 248.

6. Il commissario liquidatore con l'assistenza del comitato di sorveglianza sorveglia l'esecuzione del concordato.

Anna Chiara Marrollo

Sommario: 1. Introduzione. – 2. Il procedimento. – 3. Le opposizioni al concordato. – 4. Gli effetti del concordato ed i poteri del commissario liquidatore nella esecuzione del concordato.

1. – L'articolo riproduce l'art. 214 l. fall., ma con la modifica della rubrica in «*Concordato nella liquidazione*». Disciplina il procedimento da seguire per ottenere il concordato che ha natura pubblicistica poiché riguarda imprese per le quali è rilevante l'interesse pubblicistico, sin dalla fase in cui sono sottoposte a liquidazione[1]. Permane la forma semplifi-

[1] Bonfatti, *La liquidazione coatta;* Castiello d'Antonio, Falcone, *Le liquidazioni coatte*, 780, 2014; Bonsignori, *Della liquidazione coatta*, 320; Cass., 1 aprile 2011, n. 7569.

cata del procedimento, che non prevede la sottoposizione al voto da parte dei creditori i quali, però, possono proporre opposizione alla proposta di concordato. Per la mancanza di votazione da parte dei creditori il concordato è qualificato come concordato speciale o coattivo[2]. Secondo la dottrina[3] «la mancanza della fase della votazione e il tenore letterale dell'art. 314, comma 4, fanno ritenere che il giudizio del tribunale debba coprire tutti gli aspetti della proposta (convenienza, rispondenza all'interesse pubblico, regolarità formale, fattibilità), indipendentemente dalla presentazione o meno di opposizioni». Secondo la Suprema Corte[4], in tema di concordato della liquidazione coatta amministrativa, la disciplina integrale dell'istituto desumibile dall'art. 214 l. fall. (art. 314) e la sua autonomia dal concordato fallimentare comportano che l'interesse pubblico si attua nel solo potere di scegliere circa la convenienza tra conservazione o liquidazione dell'impresa, in quanto ai creditori, pur non chiamati all'approvazione della proposta, spetta il diritto di presentare opposizione, così provocando il sindacato giurisdizionale sul rispetto del principio della "*par condicio creditorum*", derogabile esclusivamente in presenza di cause legittime di prelazione o, quanto al trattamento dei crediti di pari rango, per effetto di espresse previsioni di leggi speciali.

2. – Il comma 1 dell'articolo in esame stabilisce che la proposta di un concordato può essere fatta dalla impresa in liquidazione, o da uno o più creditori o da un terzo, a norma dell'art. 240 che disciplina la proposta di concordato nella liquidazione giudiziale. Se si tratta di una società, si applica l'art. 265 che disciplina la proposta di concordato nella liquidazione giudiziale della società. Quest'ultimo articolo stabilisce che la proposta e le condizioni del concordato, salva diversa disposizione dell'atto costitutivo o dello statuto: a) nelle società di persone sono approvate dai soci che rappresenta la maggioranza assoluta del capitale sociale; b) nelle società per azioni, in accomandita per azioni e a responsabilità limitata e nelle società cooperative, sono deliberate dagli amministratori e la decisione o la deliberazione deve risultare da verbale redatto dal notaio ed è depositata ed iscritta nel registro delle imprese a norma dell'art. 2436 c.c. Si evidenzia che l'art. 93 TUB, stabilisce che «*In qualsiasi stadio della procedura di liquidazione coatta, i commissari, con il parere del comitato di sorveglianza, ovvero la banca ai sensi dell'articolo 265, comma 2, del codice della crisi e dell'insolvenza, con il parere degli organi liquidatori, possono proporre un concordato al tribunale del luogo dove l'impresa ha il centro degli interessi principali. La proposta di concordato deve essere autorizzata dalla Banca d'Italia*»[5]. L'art. 262, d.lgs. n. 209 del 2005 (Codice delle assicurazioni private) stabilisce che in qualsiasi stadio della procedura di liquidazione coatta di una impresa assicuratrice, i commissari, con il parere del comitato di sorveglianza, ovvero l'impresa ai sensi dell'art. 265, comma 2, con il parere degli organi liquidatori, possono proporre un concordato al tribunale dove l'impresa ha il centro degli interessi principali e la proposta di concordato è autorizzata dall'IVASS (ex ISVAP). Questi articoli prevedono la legittimazione attiva anche dei commissari liquidatori, esclusa dall'art. 314. Il comma 1 dell'articolo in esame stabilisce che il soggetto legittimato pro-

[2] BAVETTA, *La liquidazione coatta*, 278 ss.

[3] NIGRO, VATTERMOLI, *Diritto della crisi*, 541.

[4] Cass., 22 aprile 2013, n. 9675, in *ilcaso.it*.

[5] Sul punto si rinvia al commento dell'art. 369.

ponente la proposta di concordato deve essere sottoporla alla autorità che vigila sulla liquidazione la quale la autorizza, su parere del commissario liquidatore e sentito il comitato di sorveglianza. L'autorizzazione da parte della autorità di vigilanza costituisce condizione di procedibilità per l'approvazione ed i pareri del commissario liquidatore e del comitato di sorveglianza sono obbligatori ma non vincolanti[6]. Quindi spetta all'autorità amministrativa di vigilanza la valutazione della conformità della proposta di concordato all'interesse pubblico[7]. L'autorizzazione dell'autorità di vigilanza necessaria per la presentazione del concordato deve, pertanto, essere rinnovata qualora l'impresa debitrice intenda modificare ed integrare l'originaria proposta e la sua mancanza è rilevabile d'ufficio dal giudice. La proposta di concordato è depositata nella cancelleria del tribunale competente ai sensi dell'art. 27 con il parere del commissario liquidatore e del comitato di sorveglianza. Il deposito della proposta nella cancelleria del tribunale competente costituisce richiesta di omologazione[8]. La proposta deve essere: a) comunicata dal commissario liquidatore a tutti i creditori ammessi al passivo con le modalità stabilite dall'art. 308, comma 4 («*Comunicazione ai creditori e ai terzi*») e b) pubblicata mediante inserzione nella Gazzetta Ufficiale e deposito presso l'ufficio del registro delle imprese.

3. – Il comma 3 dell'articolo in esame stabilisce che i creditori e gli altri interessati possono presentare nella cancelleria le loro opposizioni alla proposta di concordato nel termine perentorio di trenta giorni, decorrente, per i primi, dalla comunicazione fatta dal commissario e, per i secondi, dall'esercizio delle formalità pubblicitarie di cui al comma 2. Questo comma rinvia all'art. 308, comma 4 (Comunicazioni ai creditori e ai terzi). La tutela dei creditori non è garantita dalla votazione, non essendo prevista, ma dal rimedio processuale della opposizione. Ogni creditore può promuovere la opposizione; essa consiste in una domanda giudiziale, basata su un interesse ai sensi dell'art. 100 c.p.c., da proporsi con ricorso, in quanto è oggetto della decisione del tribunale (art. 314, comma 4). La locuzione «*gli altri interessati*» è generica ma essa può comprendere la impresa in liquidazione nella ipotesi in cui la proposta provenga da un creditore o da un terzo, in quanto la proposta concordataria potrebbe incidere sul suo patrimonio; può comprendere i creditori concorsuali non (ancora) *concorrenti* al tempo della presentazione della proposta. I motivi che possono essere oggetto delle opposizioni possono riguardare la regolarità formale del procedimento, la fattibilità del piano concordatario, la non convenienza del piano concordatario per i creditori, il rispetto del principio della "*par condicio creditorum*", derogabile esclusivamente in presenza di cause legittime di prelazione o, quanto al trattamento dei crediti di pari rango, per effetto di espresse previsioni di leggi speciali. Il comma 4 dell'articolo in esame rinvia agli artt. 245 («*Giudizio di omologazione del concordato fallimentare*»), 246 («*Efficacia del decreto di omologazione del concordato fallimentare*») e 247 («*Reclamo del decreto del tribunale di omologa del concordato fallimentare*») e ne stabilisce la applicabilità in quanto compatibili. Considerando che il comma 3 stabilisce che le

[6] Blatti, *Art. 214*, 2877.

[7] In giurisprudenza Cass., 18 marzo 2008, n. 7263; Cass., 19 settembre 2006, n. 20259.

[8] Capezzera, *Art. 314*, 1496; Pagni, Fabiani, *I giudizi*.

opposizioni devono essere presentate in cancelleria, che il comma 4 stabilisce che il tribunale decide sulle opposizioni e sulla proposta di concordato con sentenza in camera di consiglio e che si applicano, in quanto compatibili, le disposizioni degli artt. 245, 246 e 247, si può sostenere che le opposizioni introducono un procedimento camerale. Ma se il tribunale può assumere i mezzi istruttori richiesti dalle parti o disposti d'ufficio, decide sulle opposizioni e sulla proposta di concordato, sentito il parere, anche se non vincolante [9], dell'autorità che vigila sulla liquidazione (comma 4).

4. – La proposta di concordato della liquidazione diventa efficace dal momento in cui scadono i termini per opporsi all'omologazione o da quello in cui si esauriscono le impugnazioni Il comma 5 dell'articolo in esame stabilisce che gli effetti del concordato sono regolati dall'art. 248 che disciplina gli effetti del concordato nella liquidazione giudiziale; ne discende che il concordato omologato è obbligatorio per tutti i creditori anteriori al decreto di apertura della procedura ma essi i conservano la loro azione per l'intero credito contro i coobbligati, i fideiussori del debitore e gli obbligati in via di regresso. A seguito del concordato omologato e la conseguente chiusura della procedura di liquidazione coatta amministrativa, viene meno la legittimazione del commissario liquidatore in merito agli eventuali diritti controversi e facenti capo ai creditori in quanto negli stessi subentra la impresa che era sottoposta alla procedura se ha riacquistato il suo patrimonio oppure il proponente al quale sono stati ceduti i beni o che abbia assunto l'onere di soddisfare i creditori. Il comma 6 stabilisce che la esecuzione del concordato è sottoposta alla sorveglianza del commissario liquidatore con l'assistenza del comitato di sorveglianza e non ne specifica il contenuto; ma esso può essere individuato anche sulla base dell'art. 263, comma 1, del d. lgs. n. 209 del 2005 (Codice delle assicurazioni private), così come modificato dall'art. 25, comma 5, Regolamento n. 4 del 17 dicembre del 2013 [10] che stabilisce «*Divenuto esecutivo concordato, il commissario liquidatore, con l'assistenza del comitato di sorveglianza, sovrintende alla sua esecuzione. A tal fine il commissario liquidatore verifica costantemente il rispetto di tutti gli obblighi concordatari di esecuzione, con particolare riguardo al pagamento dei creditori nei tempi previsti e nella misura stabilita e al mantenimento o svincolo, anche parziale, delle garanzie eventualmente offerte. Il commissario liquidatore almeno trimestralmente informa il comitato di sorveglianza, con dettagliato resoconto, sull'andamento della fase esecutiva del concordato. Il comitato di sorveglianza formula con apposita relazione le sue valutazioni sul resoconto del commissario liquidatore, su altri aspetti che ritiene di segnalare in merito all'esecuzione, nonché su specifiche questioni ad esso sottoposte dall'IVASS. Le relazioni del comitato di sorveglianza sono conservate a cura del presidente*». Il comma 6 della norma in esame non fa riferimento alla autorità di vigilanza. Si può ritenere che quest'ultima anche nella fase di esecuzione possa esercitare i suoi poteri direttivi, sulla base dell'art. 94, comma 1, TUB il quale stabilisce che i commissari liquidatori sovrintendono l'esecuzione del concordato bancario di liquidazione secondo le direttive della Banca d'Italia.

---

[9] D'ATTORRE, *Manuale di diritto*, 464.

[10] Regolamento in materia di liquidazione coatta amministrativa delle imprese di assicurazione di cui al titolo XVI (Misure di salvaguardia, risanamento e liquidazione), capo IV (liquidazione coatta amministrativa) del d.lgs. 7 settembre 2005, n. 2009 (Codice delle assicurazioni private).

Articolo 315

Risoluzione e annullamento del concordato

1. Se il concordato non è eseguito, il tribunale, su ricorso del commissario liquidatore o di uno o più creditori, ne pronuncia la risoluzione con sentenza in camera di consiglio. Si applicano le disposizioni dall'articolo 250, commi 2, 3, 4, 5 e 6.

2. Su richiesta del commissario o dei creditori il concordato può essere annullato a norma dell'articolo 251.

3. Risolto o annullato il concordato, si riapre la liquidazione coatta amministrativa e l'autorità che vigila sulla liquidazione adotta i provvedimenti che ritiene necessari.

Anna Chiara Marrollo

Sommario: 1. Introduzione. – 2. La risoluzione del concordato. – 3. L'annullamento del concordato. – 4. Gli effetti della risoluzione e dell'annullamento del concordato.

1. – L'art. 315 disciplina l'esito patologico del concordato e le conseguenze del concordato non eseguito, prevedendone con la medesima norma, come già prevedeva l'art. 215 l. fall., la risoluzione o l'annullamento. Invece gli artt. 250 e 251 disciplinano rispettivamente la risoluzione e l'annullamento nella liquidazione giudiziale ai quali la norma in esame rinvia. In caso di risoluzione o annullamento del concordato si riapre la liquidazione coatta amministrativa e l'autorità che vigila sulla liquidazione adotta i provvedimenti che ritiene necessari.

2. – Il comma 1 disciplina la risoluzione del concordato e stabilisce che si applicano le disposizioni dell'art. 250, commi 2, 3, 4, 5 e 6. Il comma 1 stabilisce che legittimati attivi a chiedere la risoluzione del concordato sono il commissario liquidatore e i creditori. Per effetto del rinvio della norma al comma 5 dell'art. 250, essa non si applica quando gli obblighi del concordato sono stati assunti dal proponente o da uno o più creditori con liberazione immediata del debitore. In queste ipotesi i creditori possono agire nei confronti del terzo. Per effetto del rinvio della norma al comma 6 dell'art. 250 non possono proporre istanza di risoluzione i creditori verso cui il terzo ai sensi dell'art. 240, comma 5 non abbia assunto responsabilità per effetto del concordato. Riguardo alla legittimazione attiva del commissario liquidatore la norma nulla dice se occorra o meno l'autorizzazione dell'autorità di vigilanza[1]. Il comma 1 stabilisce che la risoluzione può essere richiesta «*se il concordato non è eseguito*»: la espressione è generica, diversamente da quanto è previsto nel comma 1 dell'art. 250 («*Risoluzione del concordato nella liquidazione giudiziale*») che stabilisce che «*la risoluzione può essere richiesto se le garanzie promesse non vengono costituite o se il proponente non adempie regolarmente gli obblighi derivanti dal concordato*»; nel comma 3 dell'art. 119 («*Risoluzione del concordato*») che stabilisce che «*il concordato non si può risolvere se l'inadempimento ha scarsa importanza*». Se si considera che la risoluzione può essere chiesta da soggetti portatori di interessi differenti, il commissario giudiziale e i creditori, differente potrebbe essere configurato il contenuto della non esecuzione del concordato. Il procedimento di risoluzione è regolato dall'art. 41 cui rinvia il comma 3 dell'art. 250 al quale rinvia il comma 1 dell'articolo in esame; deve essere introdotto con il ricorso che deve essere proposto entro un anno dalla scadenza del termine fissato per l'ultimo adempimento previsto nel concordato; in esso è chiamato a partecipare anche l'eventuale garante nella sua configurazione processuale di litisconsorte necessario. Il procedimento si conclude con la sentenza che è reclamabile ai sensi dell'art. 51. il quale stabilisce le regole per la impugnazione dinanzi la corte d'appello e la cassazione[2].

3. – Il comma 2 dell'articolo in esame stabilisce che «*su richiesta del commissario o dei creditori il concordato può essere annullato a norma dell'art. 251*» che disciplina l'annullamento del concordato nella liquidazione giudiziale. Ne discende che l'annullamento può essere richiesto quando si scopre che è stato dolosamente esagerato il passivo o che è stata dissimulata una parte rilevanza dell'attivo. Al riguardo secondo la giurisprudenza la sottrazione o la dissimulazione dell'attivo può consistere nel materiale occultamento di denaro o di qualsiasi altro bene destinato alla massa creditoria, ivi compresa l'intestazione fiduciaria o la vendita simulata[3]. Occorre che il debitore abbia posto in essere i comportamenti su indicati con dolo specifico ovvero con la finalità di recare pregiudizio ai creditori. La legittimazione passiva è del debitore. Il ricorso per l'annullamento deve proporsi nel termine di sei mesi dalla scoperta del dolo e, in ogni caso, non oltre due anni dalla scadenza del termine fissato per l'ultimo adempimento previsto nel concordato.

4. – Il comma 3 dell'articolo in esame stabilisce che a seguito della risoluzione o dell'annullamento del concordato, si riapre la liquidazione coatta amministrativa e, quindi, prosegue quella che era stata chiusa. Per la sua riapertura occorre un autonomo provvedimento adottato dall'autorità amministrativa di vigilanza poiché il comma stabilisce che l'autorità di vigilanza adotta i provvedimenti che ritiene necessari[4]. La disposizione normativa contenuta nel comma 3 ha carattere eccezionale in quanto il legislatore non ha previsto altre ipotesi di riapertura della procedura: essa non può essere riaperta neppure se ricorrono le condizioni dell'art. 237[5].

[1] In dottrina per tesi favorevole alla autorizzazione dell'autorità di vigilanza, BAVETTA, *La liquidazione coatta*, 282.

[2] MONTANARI, *Le impugnazioni.*

[3] Trib Ascoli Piceno ,18 dicembre 2009, in *ilcaso.it.*

[4] BONSIGNORI, *Della Liquidazione coatta*, 351.

[5] NIGRO, VATTERMOLI, *Diritto della crisi*, 541.

Articolo 316
Funzioni delle autorità amministrative di vigilanza

1. Oltre a quanto previsto nei precedenti articoli, le autorità amministrative di vigilanza sono altresì competenti a:

a) ricevere dagli organi interni di controllo dei soggetti vigilati e dai soggetti incaricati della revisione e dell'ispezione la comunicazione dei segnali di cui all'articolo 3;

(...)

c) proporre domanda di accertamento dello stato di insolvenza con apertura della liquidazione coatta amministrativa.

Giovanni Strampelli

Sommario: 1. Introduzione. – 2. Le funzioni delle Autorità di vigilanza.

1. – L'articolo in commento concorre a delineare il regime di applicazione della disciplina dei "segnali di allarme" – il monitoraggio e la sollecita emersione dei quali sono finalizzati alla «*tempestiva rilevazione dello stato di crisi e dell'assunzione di idonee iniziative*»[1] – alle società soggette alla procedura di liquidazione coatta amministrativa, definendo le competenze riconosciute alle autorità di vigilanza in relazione a tale profilo.

La norma in commento attribuisce all'autorità amministrativa che vigila sulla procedura[2] il duplice compito di: *i*) «*proporre domanda di accertamento dello stato di insolvenza con apertura della liquidazione coatta amministrativa*»; *ii*) «*ricevere dagli organi interni di controllo dei soggetti vigilati e dai soggetti incaricati della revisione e dell'ispezione la comunicazione dei segnali di cui all'art. 3*».

2. – Come già accennato, la norma in commento attribuisce alle Autorità amministrative di vigilanza le competenze in materia di monitoraggio dei segnali di allarme funzionale al tempestivo accertamento della crisi e dell'insolvenza.

Il testo previgente della norma in commento (antecedente alle modifiche apportate

---

[1] Art. 3, commi 1 e 2.

[2] Quale individuata dalle singole leggi speciali e non sempre coincidente con l'autorità competente a disporre la liquidazione coatta. Cfr. NIGRO, VATTERMOLI, *Diritto della crisi*, 420.

dall'art. 38, comma 1, lett. *b*), d.lgs. 17 giugno 2022 n. 83, con effetto dal 16 luglio 2022) conteneva, alla lett. *b*), un'ulteriore previsione in forza della quale le autorità di vigilanza erano altresì competenti a «*svolgere le funzioni attribuite agli organismi di composizione assistita della crisi, designando i componenti del collegio di cui all'articolo 17, comma 1, lettere b) e c), a seguito della richiesta di nomina del debitore o richiedendo direttamente la costituzione del collegio al referente, ai sensi dell'articolo 16. Per l'impresa minore è nominato, con i medesimi poteri del collegio, un commissario tra gli iscritti all'albo speciale di cui all'articolo 356. L'apertura della procedura di composizione assistita della crisi non costituisce causa di revoca degli amministratori e dei sindaci*»[3]. Per la ricostruzione delle funzioni attribuite alle autorità amministrative di vigilanza occorreva tenere altresì conto di quanto previsto dall'abrogato art. 12, comma 8 il quale espressamente chiariva che le previsioni dell'art. 316, comma 1, lett. *a*) e *b*) integrano la generale disciplina delle procedure di allerta e di composizione assistita della crisi di cui agli art. 12 ss. In base a tale previsione sembrava, dunque, potersi ritenere che, ove non previsto diversamente dalla norma in commento, la disciplina ordinaria delle procedure di allerta trovava applicazione anche alle imprese assoggettabili a liquidazione coatta amministrativa.

Sulla scorta di tale criterio interpretativo poteva dunque constatarsi che, ai sensi del previgente testo del comma 1, lett. *a*) della norma in esame[4], le segnalazioni da parte degli organi interni di controllo dei soggetti vigilati, dei soggetti incaricati della revisione e dell'ispezione nonché dei creditori qualificati (previste, rispettivamente, dagli artt. 14 e 15 (devono essere indirizzate all'autorità amministrativa competente, chiamata a vigilare sulla procedura di liquidazione coatta.

Ai sensi del previgente testo dell'art. 14, la segnalazione dei fondati indizi di crisi all'autorità di vigilanza doveva essere effettuata da parte dell'organo di controllo e dal revisore contabile in caso di omessa o inadeguata risposta da parte dell'organo amministrativo ovvero di mancata adozione da parte del medesimo, nei successivi sessanta giorni, delle misure ritenute necessarie per superare lo stato di crisi. Analogamente, la segnalazione all'autorità di vigilanza da parte dei creditori qualificati di cui all'art. 15 è dovuta qualora, in presenza di un'esposizione debitoria eccedente le soglie di rilevanza di cui al comma 2 del medesimo articolo, il debitore non abbia, entro il termine di novanta giorni, proceduto ad estinguere o regolarizzare il proprio debito ovvero presentato istanza di composizione assistita della crisi o domanda per l'accesso ad una procedura di regolazione della crisi e dell'insolvenza.

---

[3] In linea con la generale disciplina della liquidazione coatta amministrativa caratterizzata dall'affidamento all'autorità amministrativa della direzione della procedura, la legge delega n. 155 del 2017 richiedeva all'art. 15, comma 1, lett. *b*) al legislatore delegato di «*attribuire alle autorità amministrative di vigilanza le competenze in tema di segnalazione dell'allerta e le funzioni attribuite agli organismi di composizione della crisi nelle procedure di allerta e di composizione assistita della crisi di cui all'articolo 4, anche al fine di individuare soluzioni di carattere conservativo, nonché la legittimazione alla domanda di apertura della procedura di liquidazione giudiziale di cui all'articolo 7*».

[4] Ai sensi del quale le Autorità amministrative di vigilanza erano altresì competenti a «*ricevere dagli organi interni di controllo dei soggetti vigilati, dai soggetti incaricati della revisione e dell'ispezione e dai creditori qualificati di cui all'articolo 15 la segnalazione dei fondati indizi di crisi secondo le disposizioni del titolo II del presente codice*».

In linea con quanto sin qui osservato, il previgente testo del comma 1, lett. *a*) dell'art. 316 attribuiva all'autorità amministrativa di vigilanza le funzioni di regola spettanti agli OCRI. In primo luogo, qualora essa avesse ricevuto la segnalazione di cui agli artt. 14 e 15 sull'autorità gravava (ai sensi dell'art. 316, comma 1, lett. *b*) l'onere di richiedere la costituzione del collegio al referente individuato, ai sensi dell'art. 16, nel segretario generale della camera di commercio, industria, artigianato e agricoltura o in un suo delegato.

Inoltre, qualora il debitore avesse presentato l'istanza di assistenza nella composizione della crisi ovvero qualora la stessa autorità avesse richiesto direttamente la costituzione del collegio al referente, alla stessa autorità era rimessa – riflettendo in tal modo la peculiarità dei soggetti vigilati– la nomina di due componenti del collegio. Precisamente, all'autorità competeva la designazione dei due membri del collegio di cui all'art. 17, comma 1, lettere *b*) e *c*), ossia del componente (diverso dal referente di cui all'art. 16, comma 3) che normalmente spettava al presidente della camera di commercio, industria, artigianato e agricoltura o ad un suo delegato nonché del componente scelto all'associazione rappresentativa del settore di riferimento del debitore tra tre nominativi dallo stesso indicati.

Con l'eliminazione della disciplina dell'allerta tali competenze sono, ovviamente, venute meno e, in base all'attuale testo del Codice, sulle autorità di vigilanza gravano esclusivamente i doveri, in prima battuta facenti capo all'imprenditore, funzionali ad attivarsi tempestivamente, anche prima dell'insorgenza di una situazione di crisi, per superare in maniera efficace le difficoltà insorte. In particolare, ai sensi della lett. *a*), sono tenuti a comunicare all'autorità la sussistenza dei segnali di cui all'art. 3 l'organo di controllo e il soggetto incaricato della revisione contabile. Tale previsione si pone in linea con i doveri del revisore e dell'organo di controllo (come precisati per quest'ultimo anche dall'art. 25-*octies*) di tempestiva comunicazione all'organo gestorio e, nell'ambito della procedura di liquidazione coatta amministrativa, dei segnali di allarme che indichino situazioni di crisi o di insolvenza.

Quanto previsto dal vigente testo della lett. *a*) è, evidentemente, funzionale a quanto previsto dalla lett. *c*) dell'art. 316 ai sensi del quale l'autorità amministrativa può proporre domanda di accertamento dello stato di insolvenza con apertura della liquidazione coatta amministrativa.

Articolo 317
Principio di prevalenza delle misure cautelari reali e tutela dei terzi

1. Le condizioni e i criteri di prevalenza rispetto alla gestione concorsuale delle misure cautelari reali sulle cose indicate dall'articolo 142 sono regolate dalle disposizioni del Libro I, titolo IV del decreto legislativo 6 settembre 2011, n. 159, salvo quanto previsto dagli articoli 318, 319 e 320.

2. Per misure cautelari reali di cui al comma 1 si intendono i sequestri delle cose di cui è consentita la confisca disposti ai sensi dell'articolo 321, comma 2, del codice di procedura penale, la cui attuazione è disciplinata dall'articolo 104-bis delle norme di attuazione, di coordinamento e transitorie del codice di procedura penale.

Gennaro Mastrangelo

Sommario: 1. Il "traffico delle precedenze" tra sequestro, confisca, terzi. – 2. Le confische. – 3. La legge delega ed il modello del c.d. codice antimafia. – 4. Le resistenze della giurisprudenza all'applicazione analogica del d.lgs. n. 159 del 2011. – 5. Il sequestro finalizzato alle confische e le procedure concorsuali: le Sezioni Unite Focarelli e Uniland. – 6. La tutela dei terzi nella giurisprudenza: le Sezioni Unite Bacherotti. – 7. Il principio di prevalenza nel Codice.

1. – Il Codice, agli artt. dal 317 al 320, intende rimediare al conflitto tra due ordini di esigenze, quelle penali, di natura pubblicistica, mediate dal sequestro e dalla confisca, quelle dei creditori dell'imprenditore sottoposto a procedura concorsuale: «di fronte alla coesistenza di numerose e variegate forme ablative dei patrimoni illeciti si crea un vero e proprio traffico delle precedenze tra processo penale, cautelare, di prevenzione e fallimentare» [1]. I sequestri coinvolgono gli interessi dei creditori e, se così si può dire, quelli del curatore, poiché una divisione dell'attivo spedita è spesso frustrata dai tempi del processo penale. Mentre il terzo estraneo al reato e proprietario dei beni sequestrati ha una sicura tutela – ad esempio quella in materia di confisca, art. 240, comma 3, c.p.p. – i creditori dell'imprenditore – titolari di un diritto di garanzia o di prelazione sui beni – sono stati spesso pretermessi. Problemi finora lasciati alla soluzione giurisprudenziale ma «ogni qualvolta si affronta *ex professo* il tema dei

[1] MEZZETTI, *Codice antimafia*, 7. Sul tema anche PIVA, *Sequestri e liquidazione*, 2-17; RUGANI, *I rapporti*, 1 ss.

rapporti tra sequestri penali, confisca e fallimento si rischia di rendere affermazioni suscettive di essere smentite alla prima applicazione, e ciò per la crescente complessità della materia dei sequestri che sollecita l'interprete a continui approfondimenti»[2].

L'art. 317 si occupa del sequestro preventivo finalizzato alla confisca[3] che sottrae immediatamente il bene per un risultato che si realizzerà in futuro, al passaggio in giudicato della sentenza.

2. – Sulle tutele da riconoscere ai creditori influisce anche la natura della confisca, che va sempre più allontanandosi dallo statuto classico di misura di sicurezza patrimoniale[4]. Le ipotesi di confisca obbligatoria sono molteplici e non sempre indirizzate a neutralizzare la pericolosità della cosa; si pensi a quella di cui al d.lgs. n. 231 del 2001, che ha natura sanzionatoria[5]. Altre ipotesi di confisca obbligatoria, per equivalente o per sproporzione (detta anche di valore), sono contenute nell'art. 240-*bis* c.p. «Confisca in casi particolari» e per i reati tributari dall'art. 12-*bis*, d.lgs. n. 74 del 2000[6]. La confisca penale allargata è decisamente diversa dalla confisca classica dell'art. 240 c.p., essendo alterato e dilatato il nesso di pertinenzialità tra il reato e le cose dallo stesso direttamente prodotte o allo stesso direttamente ricollegabili[7]. «Appare assai arduo, oggi, catalogare l'istituto [...] nel rigido schema della misura di sicurezza [...] Con il termine "confisca", in sostanza, al di là del mero aspetto nominalistico, si identificano misure ablative di natura diversa, a seconda del contesto normativo in cui lo stesso termine viene utilizzato»[8]. Lo strumento ablatorio, dunque, va spostandosi sempre più dalla misura di sicurezza *in rem*, per assumere i connotati della sanzione penale vera e propria.

3. – L'art. 13, comma 1, l. n. 155 del 2017[9] (*Rapporti tra liquidazione giudiziale e misure penali*) indica i principi, poi realizzati negli artt. 317-321[10], ed il d.lgs. n. 159 del 2011,

---

[2] Cass. pen., sez. III, 7 marzo 2017, n. 37439, § 3.3 della motivazione. V. anche le considerazioni IACOVIELLO, *Fallimento e sequestri*, nota a Cass., SS.UU., 9 luglio 2004, n. 29951, in *Fallimento*, 1265.

[3] Che può concorrere con quello preventivo, logicamente, nel caso di profitto: suscettibile di confisca (si pensi gli interessi usurari concretamente corrisposti; v. Cass. pen., sez. II, 5 aprile 2018, n. 23132) – artt. 240, comma 1, c.p. e 321, comma 2, c.p.p. – ma esso è anche una conseguenza del reato, è danno patito dalla persona offesa, e quindi può rientrare nel sequestro impeditivo – art. 321, comma 1, c.p.p. –.

[4] V. MEZZETTI, *Codice antimafia*, 2 e 3.

[5] SANTORIELLO, *La confisca*, 870 e in giurisprudenza Cass. pen., sez. VI, 31 maggio 2012, n. 34505, in *Giur. it.*, 2013, III, 661, con nota di Auriemma.

[6] Per i quali, però, «la confisca non opera per la parte che il contribuente si impegna a versare all'erario anche in presenza di sequestro», con un evidente avvicinamento al sequestro conservativo. Sez. III, sentenza 13 luglio 2018, n. 32213, in motivazione fa esplicito riferimento alla «garanzia della pretesa tributaria».

[7] Cass. pen., sez. I, 19 giugno 2014, n. 26527, 1, in *Giur. it.*, 2014, VIII-IX, 2034, con nota di Razzante.

[8] Così in motivazione Cass., SS.UU., 2 luglio 2008, n. 26654, in *Riv. it. dir. proc. pen.*, 2008, IV, 1738, con nota di Mongillo. In dottrina ALESSANDRI, *Confisca nel diritto*.

[9] Per un primo commento alla bozza CHIARAVIGLIO, *Osservazioni penalistiche*, 91-110; BONTEMPELLI, PAESE, *La tutela*, 123 ss.

[10] «Nell'esercizio della delega di cui all'articolo 1, il Governo adotta disposizioni di coordinamento con il codice delle leggi antimafia e delle misure di prevenzione, di cui al decreto legislativo 6 settembre 2011, n. 159, stabilendo condizioni e criteri di prevalenza, rispetto alla gestione concorsuale, delle misure cautelari

è sembrato l'esempio migliore da seguire, attesa anche la comune funzione, delle misure di prevenzione e di alcune forme di sequestro, di giungere alla confisca. L'organizzazione di una disciplina omogenea è frutto di un processo che dura da tempo, quasi trainato da quello delle confische. Dapprima l'introduzione della confisca c.d. allargata [11] (art. 12-*sexies* nel d.l. 8 giugno 1992, n. 306) [12], poi estendendo l'applicazione, anche ai casi di confisca previsti dai commi da 1 a 4 dell'art. 12-*sexies*, delle «disposizioni in materia di gestione e destinazione dei beni sequestrati o confiscati previste dalla legge 31 marzo 1965, n. 575» [13] e, con intervento normativo immediatamente successivo alla delega in esame, si rendono applicabili le disposizioni del codice antimafia anche con riguardo alla loro destinazione finale e soprattutto alla tutela dei terzi. Con il d.lgs. 1° marzo 2018, n. 21, il legislatore delegato ha dato maggiore sistematicità alle basi normative della c.d. confisca "allargata", che ora trova disciplina all'interno di una norma di parte generale del codice penale, l'art. 240-*bis* c.p. [14], dove sono confluite le disposizioni di cui ai commi 1 e 2-*ter* dell'art. 12-*sexies*, che individuano casi, presupposti e modalità per l'applicazione dell'istituto. Nelle disposizioni di attuazione del c.p.p., art. 104-*bis*, è ora rinvenibile la disciplina degli aspetti più propriamente esecutivi dell'istituto, in particolare nei nuovi commi da 1-*quater* a 1-*sexies* [15].

Questa opera di coordinamento non ha però riguardato i sequestri e le confische diversi da quelli per i reati di cui all'art. 51, comma 3-*bis*, c.p.p. e quelli di cui all'art. 240-*bis* c.p. Il d.lgs. n. 14 del 2019, dunque, nella necessità di disciplinare sia i rapporti tra procedura concorsuale e sequestro, sia i diritti dei terzi, ha trovato nel codice antimafia un modello da seguire, facendo rinvio al Libro I, titolo IV – dunque dall'art. 52 a 65 – del d.lgs. n. 159 del 2011.

4. – L'intervento del legislatore è anche frutto della resistenza giurisprudenziale a riconoscere una generale applicazione al c.d. codice antimafia [16]. Un primo orientamento [17],

adottate in sede penale, anteriormente o successivamente alla dichiarazione di insolvenza». Nel comma 2, relativo alla responsabilità amministrativa delle persone giuridiche, delle società e delle associazioni anche prive di personalità giuridica, si è scelto il «principio di prevalenza del regime concorsuale, salvo che ricorrano ragioni di preminente tutela di interessi di carattere penale». Sebbene questa parte della delega non sia stata esercitata, è plausibile l'opinione di chi, per ragioni sistematiche e di coerenza generale, ritiene che il principio di prevalenza delle misure cautelari reali su quelle concorsuali opererà anche in questa materia (v. BONTEMPELLI, PAESE, *La tutela*, 129 ss.; sul punto anche PIVA, *Sequestri e liquidazione*, 5-7).

[11] Principalmente per i reati previsti dagli artt. 416-*bis*, 629, 630, 644, 644-*bis*, 648, 648-*bis*, 648-*ter* c.p., artt. 73 e 74 t.u. stupefacenti; per i delitti aggravati dalle circostanze ora nel comma 1 dell'art. 416-*bis*.1 c.p.

[12] Art. 2, d.l. 20 giugno 1994, n. 399.

[13] Mediante la introduzione del comma 4-*bis* ad opera dell'art. 24, l. 13 febbraio 2001, n. 45.

[14] L'art. 12-*sexies*, infatti, è stato abrogato quasi del tutto, restando in vigore i soli commi 4-*ter* e 4-*quater*.

[15] Il d.lgs. n. 14 del 2019, con l'art. 373, interviene nuovamente sull'art. 104-*bis*, come si vedrà.

[16] Solo nelle ipotesi di confisca emessa in sede penale nell'ambito dei procedimenti relativi ai delitti di cui all'art. 51, comma 3-*bis*, c.p.p., la giurisprudenza riconosceva l'applicabilità delle norme dettate dagli artt. 52 ss., d.lgs. n. 159 del 2011, a tutela dei diritti vantati dai terzi creditori in buona fede sui beni sottoposti a confisca di prevenzione (Cass., 23 marzo 2016, n. 12362, in *Il Foro it.*, 2016, I, 684, con nota di Calvigioni, *Quali strumenti processuali*), nonché per le confische disposte in sede penale *ex* art. 12-*sexies*, d.l. 8 giugno 1992 (Cass. pen., sez. I, 6 aprile 2018, n. 15533).

[17] Cass. pen., sez. V, 3 marzo 2016, n. 8935, per un mutuo ipotecario concesso da istituto bancario per l'acquisto di un immobile ed oggetto di accollo da parte del successivo acquirente resosi inadempiente, bene

preso atto del rinvio operato dall'art. 12-*sexies*, l. n. 356 del 1992 al codice antimafia limitatamente alle «disposizioni in materia di amministrazione e destinazione dei beni sequestrati e confiscati», escludeva la possibilità di un'applicazione analogica del d.lgs. n. 159 del 2011. La Suprema Corte, nel confermare l'indirizzo negativo, ricostruisce il rapporto tra la pretesa avanzata dallo Stato e quella del terzo titolare di un diritto di garanzia[18]: mentre il terzo che vanta un diritto di proprietà, avvalendosi dei poteri a lui riconosciuti dall'art. 321 c.p.p., può chiedere la revoca del sequestro già prima della definizione della regiudicanda[19], il titolare di un credito assistito da un diritto reale di garanzia, in ragione della diversità della sua posizione giuridica rispetto alla pretesa statuale[20], deve attendere la definizione del processo, «perché solo in tale momento il conflitto fra creditore e Stato da potenziale diventa attuale e concreto e, quindi, idoneo ad essere risolto»[21], trovando soddisfazione all'esito della procedura di liquidazione.

L'orientamento contrario intravede una «linea evolutiva dell'ordinamento»[22], indirizzata ad assimilare la confisca penale a quella di prevenzione, specialmente nei casi di confisca penale allargata[23].

5. – Questi problemi sono complicati dalle procedure concorsuali: l'imprenditore è spossessato dei beni, quale effetto *ex lege* della sentenza che dichiara aperta la liquidazione giudiziale, essi sono presi di mira sia dai creditori sia dal titolare dell'azione penale, anche quanto ricavato *ex delicto* compone la massa attiva[24] per cui due interessi, parimenti pubblicistici, quello dei creditori e quello del pubblico ministero che, una volta aperta la procedura liquidatoria, verrebbero a sovrapporsi irrimediabilmente[25].

confiscato per il reato di cui all'art. 416-*bis* c.p. Anche le Cass., SS.UU., 7 maggio 2013, n. 10532, in *Giur. it.*, 2013, VI, 1246, con nota di Carbone, 1246, in motivazione riconoscono una «prevalenza del sequestro e della confisca di prevenzione su quella disposta in sede penale». V. anche Cass. pen., sez. IV, 21 luglio 2017, n. 36092.

[18] Cass. pen., sez. II, 5 marzo 2014, n. 10471, in *Riv. pen.*, 2015, I, 54, con commento di Beltrani. La Corte doveva decidere se il terzo, titolare di pegno o ipoteca sul bene oggetto di sequestro penale, possa chiedere la revoca del sequestro in via anticipata e cioè quando è ancora pendente il processo penale, al fine di avere la possibilità di iniziare o proseguire nell'azione esecutiva eventualmente intrapresa nei confronti del debitore senza dover attendere, quindi, l'esito del processo penale con conseguente tutela in via posticipata allorquando, riconosciuta la colpevolezza dell'imputato, il sequestro si trasforma in confisca.

[19] Cass. pen., sez. II, 5 marzo 2014, n. 10471, cit.

[20] «In questa ipotesi, infatti, il conflitto non è fra due soggetti (terzo – Stato) che reclamano lo stesso diritto (di proprietà) sullo stesso bene, ma fra un terzo che vanta un diritto di credito e lo Stato che vanta un diritto di proprietà seppure all'esito di un processo penale che si concluda con la condanna dell'imputato. Si tratta di una situazione profondamente diversa sotto il profilo giuridico» (*ibidem*).

[21] Cass. pen., sez. II, 5 marzo 2014, n. 10471, cit.

[22] Così, in motivazione, Cass. pen., sez. I, 28 febbraio 2017, n. 9758.

[23] In particolare, Cass. pen., sez. I, 19 giugno 2014, n. 26527, cit.

[24] Già da Cass. pen., sez. V, 16 dicembre 1997, n. 11711, con orientamento conforme sul quale, da ultimo, Cass. pen., sez. V, 21 febbraio 2014, n. 8373; parzialmente difforme, Cass. pen., sez. V, 15 aprile 1980, n. 4830, in *Foro it.*, 1981, II, 6.

[25] Si pensi pure al caso, trattato da Cass., 7 marzo 2017, n. 37439, cit., del sequestro delle somme in giacenza sul conto corrente della procedura concorsuale e derivanti dall'attività di gestione degli organi fallimentari.

Nel caso di confisca obbligatoria quale misura di sicurezza patrimoniale la valutazione è effettuata dal legislatore: solo il venir meno della base indiziaria consente la revoca del vincolo reale, essendo le esigenze cautelari adese allo stigma di pericolosità del bene, e qualunque ragione liquidatoria deve cedere. Ragionare diversamente, proprio nella prospettiva liquidatoria, condurrebbe al paradosso se il ricavato della vendita di tali beni fosse sufficiente a soddisfare i creditori, così lasciano all'imprenditore gli immobili di pregio di cui pur è proprietario [26]. Si è visto, d'altro canto, come le ipotesi di confisca obbligatoria siano ormai molteplici e non sempre indirizzate alle finalità classiche. Per le cose sequestrabili in via facoltativa è sufficiente un nesso strumentale tra esse e la perpetrazione del reato, non essendo necessario che la cosa debba essere specificatamente predisposta, fin dall'origine o per successiva modifica, per l'azione criminosa e la giurisprudenza richiede che «si possa formulare una prognosi sulla pericolosità sociale derivante dal mantenimento del possesso della cosa da parte dell'imputato» [27]. In tali casi, «l'uso del potere discrezionale del giudice può avere un impatto forte sulla formazione della massa attiva perché può ad essa sottrarre un bene anche di rilevante valore. Non è un problema di *par condicio creditorum* (che non si pone mai in caso di confisca). È un problema di tutela delle aspettative legittime di tutti i creditori» [28]. Questi problemi sono stati affrontati da almeno due importanti sentenze.

Le Sezioni unite Focarelli [29], nei casi di confisca facoltativa, pur ammettendo che lo spossessamento "fallimentare" e quello della misura cautelare possono ottenere lo stesso effetto, richiede una valutazione in concreto poiché «la realizzazione delle medesime esigenze cautelari [...] non può essere automaticamente affermata e l'autorità giudiziaria dovrà accertare caso per caso le concrete conseguenze della eventuale restituzione [...] al fine di considerare le possibilità che l'imputato, anche qualora abbia agito attraverso lo schermo societario, ritorni in possesso delle cose che costituiscono il prodotto o il profitto del reato [...] D'altra parte, è opportuno ricordare che la confisca prevista dall'art. 240 cod. pen. non travolge i diritti di garanzia dei terzi, allorquando la presunzione di pericolosità che giustifica la misura di sicurezza inerisca non alla cosa illecita in sé ma alla relazione che la lega al soggetto che ha commesso il reato». Quanto al sequestro obbligatorio, la stessa decisione, ha ribadito l'assoluta soccombenza delle esigenze della procedura fallimentare rispetto a quelle penali. Occorre però notare come la natura obbligatoria della confisca, seppure dedotta dal *nomen* assegnatole dal legislatore, non sempre corrisponda alla intrinseca pericolosità del bene per cui è discutibile che il principio della insensibilità assoluta al fallimento sia collegato alla configurazione legislativa della confisca, o alla natura, intrinsecamente pericolosa o meno, del bene che ne forma oggetto. Da questo

[26] L'art. 324 c.p.p. dispone che «la revoca del provvedimento di sequestro può essere parziale e non può essere disposta nei casi indicati nell'articolo 240 comma 2 del codice penale».

[27] Cass. pen., sez. IV, 22 settembre 2000, n. 9937 e la giurisprudenza costante. Il prodotto ed il profitto, in diretta derivazione dall'illecito, sembrano avere, *ex se*, una caratteristica pericolosità, «nel senso che si reputa sempre pericoloso mantenere al colpevole il risultato empirico dell'esecuzione criminosa o il vantaggio economico direttamente conseguitone» (così GRASSO, *Art. 240*, 619).

[28] Così IACOVIELLO, *Fallimento e sequestri*, 1273.

[29] Cass. pen., SS.UU., 9 luglio 2004, n. 29951, in *Arch. nuova proc. pen.*, 2004, V, 511, in *Diritto e Giustizia*, 2004, 80.

punto prendono le mosse le Sezioni Unite Uniland[30] che, in motivazione[31], in parte si discostano dalla precedente: a prescindere dal nome dato alla confisca dal legislatore, bisogna verificare, in concreto, ove essa sia misura di sicurezza e quando, invece, diventi sanzione penale[32].

6. – La confisca determina il trasferimento del bene allo Stato, a titolo originario secondo alcune posizioni, derivativo per altre, ma entrambi gli orientamenti[33] riconoscono la necessità di tutelare le posizioni giuridiche dei terzi. D'altro canto, riconoscere l'intangibilità di un diritto di pegno concesso su un bene del condannato significa fornire un vantaggio indiretto a costui in quanto il soddisfacimento delle ragioni del creditore pignoratizio si risolverebbe nell'estinzione dell'obbligazione.

L'art. 240 c.p., al comma 3, esclude la confiscabilità – facoltativa ed obbligatoria quanto al prezzo del reato nonché a quanto indicato nella lett. *1-bis)* – se la cosa appartiene a persona estranea al reato[34] e la giurisprudenza precisa che appartiene al terzo non solo il bene di cui abbia la proprietà ma anche quello assistito da diritto reale di godimento o di garanzia[35]. Quanto alla estraneità del terzo rispetto al reato, nella prospettiva della misura di sicurezza patrimoniale, è estraneo chi, oltre a non aver dato alcun contributo al fatto penalmente rilevante, da questo non abbia tratto alcun vantaggio[36]. Qualora il terzo abbia oggettivamente tratto un vantaggio dal reato, egli resta estraneo se incolpevolmente ignaro «della derivazione della propria posizione soggettiva dal reato commesso dal condannato»[37]. La Cassazione ritiene che il sequestro preventivo funzionale alla confisca per equivalente possa essere applicato ai beni anche nella sola disponibilità dell'indagato «per quest'ultima intendendosi, al pari della nozione civilistica del possesso, tutte quelle situazioni nelle quali i beni stessi ricadano nella sfera degli interessi economici del reo, ancorché il potere

[30] Cass., SS.UU., 17 marzo 2015, n. 11170, in *Giur. it.*, 2015, VIII-IX, 1995.

[31] Con la precisazione che la decisione fu resa in un caso di confisca ai sensi dell'art. 19, d.lgs. n. 231 del 2001, di natura sanzionatoria.

[32] Per un'applicazione in un caso di sequestro obbligatorio *ex* art. 12-*sexies* v. Cass., 25 maggio 2007, n. 20443, in *Consulente dell'impresa commerciale industriale*, 2007, VI, 918, con nota di Izzo, per la quale il curatore può essere autorizzato alla vendita per soddisfare i creditori ma alcune cautele per evitare che essi «ritornino surrettiziamente in altro modo, attraverso prestanomi o con altri fraudolenti accorgimenti, nella diretta o indiretta disponibilità del condannato medesimo».

[33] L'opinione tradizionale ritiene che ciò avvenga a titolo originario (v. Cass. pen., SS.UU., 23 marzo 1998, n. 2, in *La Giustizia Penale*, 1998, 545 e Cass., SS.UU., 7 maggio 2013, n. 10532, cit.). La dottrina propende per l'acquisto del bene a titolo derivativo (v., FORTE, *Il codice*, 10054) e l'opinione ha riscontri anche in giurisprudenza (Cass. pen., sez. II, 5 marzo 2014, n. 10471, cit.).

[34] Questa regola si applica anche alle ipotesi di confisca speciale, salva una specifica disciplina derogatoria sul punto (Cass. pen., SS.UU., 8 giugno 1999, n. 9, in motivazione).

[35] Per il diritto di pegno su libretti di risparmio confiscati Cass. pen., sez. II, 18 giugno 1992, n. 2296; per l'ipoteca Cass. pen., sez. I, 23 agosto 1994, n. 2860. La dottrina è divisa tra chi aderisce a tale idea (CHIAROTTI, *Il concetto*, 88 ss.) e chi ritiene che il solo diritto di proprietà integri l'appartenenza (GRASSO, *Art. 240*), anche se lo Stato acquista il bene gravato dagli stessi oneri che gravavano sul proprietario espropriato.

[36] V. Cass. pen., sez. V, 19 settembre 2017, n. 42778, in *Cass. pen.*, 2018, VII-VIII; 2598, con nota di Federici; Cass. pen., sez. I, 23 settembre 2011, n. 34722 e la giurisprudenza maggioritaria.

[37] Cass. pen., SS.UU., 8 giugno 1999, n. 9, in motivazione.

dispositivo su di essi venga esercitato per il tramite di terzi»[38], salvi i modi per recuperare al titolare del diritto reale o di garanzia quanto gli spetti[39].

Sul punto, riassuntivamente, i principi indicati dalle Sezioni Unite Bacherotti che costituisce il punto di riferimento della giurisprudenza successiva: a) nessuna forma di confisca può determinare l'estinzione dei diritti reali di garanzia costituiti sulla cosa; b) i terzi hanno l'onere di provare i fatti costitutivi della pretesa fatta valere sulla cosa confiscata e, in particolare, 1) la titolarità dello "*ius in re aliena*", il cui titolo deve essere costituito da un atto di data certa anteriore alla confisca e – nel caso in cui questa sia stata preceduta dalla misura cautelare reale *ex* art. 321, comma 2 c.p.p.– anteriore al sequestro preventivo; 2) la mancanza di collegamento del diritto con l'altrui condotta delittuosa; 3) se tale nesso esiste, l'affidamento incolpevole ingenerato da una situazione di apparenza che rendeva scusabile l'ignoranza o il difetto di diligenza[40]. La giurisprudenza pacificamente ritiene[41] che la misura possa essere applicata anche prima della soddisfazione delle ragioni del terzo estraneo, ma «il vincolo derivante dal sequestro deve essere limitato alle facoltà inerenti alla posizione del debitore garante, lasciando impregiudicate quelle spettanti, sullo stesso bene, al creditore pignoratizio estraneo all'illecito penale».

7. – La lettera dell'art. 317, comma 2, riferendosi alle «cose di cui è *consentita* la confisca», sembra escludere dall'ambito di applicazione la confisca obbligatoria. L'art. 373 ha modificato l'art. 104-*bis* disp. att. c.p.p., il cui nuovo comma 1-*bis*, stabilisce che «quando il sequestro è disposto ai sensi dell'articolo 321, comma 2, del codice ai fini della *tutela dei terzi* e *nei rapporti con la procedura di liquidazione* giudiziaria si applicano, altresì, le disposizioni di cui al titolo IV del Libro I del citato decreto legislativo». Il nuovo comma 1-*quater* prescrive che «ai casi di sequestro e confisca in casi particolari previsti dall'articolo 240 –bis del codice penale o dalle altre disposizioni di legge che a questo articolo rinviano, nonché agli altri casi di sequestro e confisca di beni adottati nei procedimenti relativi ai delitti di cui all'articolo 51, comma 3 –bis, del codice, si applicano le disposizioni del titolo IV del Libro I del decreto legislativo 6 settembre 2011, n. 159». Dal raffronto tra le due norme sembra possa ricavarsi che il d.lgs. n. 14 del 2019 abbai inteso regolare anche i casi in cui le misure cautelari siano disposte al di fuori di una procedura concorsuale e vi sia la necessità di tutelare i terzi. L'art. 317, dunque, fa riferimento al sequestro disposto ai sensi dell'art. 321, comma 2, qualunque sia il tipo di confisca.

Iniziando dai rapporti tra il sequestro e la procedura di liquidazione, gli artt. 63 e 64, d.lgs. n. 159 del 2011, inseriti nel Capo III «Rapporti con le procedure concorsuali», mostrano di favorire il sequestro e disciplinano separatamente le fattispecie a seconda che la

[38] CAss. pen., sez. 3, 20 aprile 2012, n. 15210.

[39] V. Cass. pen., sez. I, 23 agosto 1994, n. 2860.

[40] Questi principi hanno dato luogo ad un contrasto di giurisprudenza nel caso di cessione dei crediti, specialmente ove avvenuta in blocco, di recente risolto dalle SS.UU. in base alle indicazioni di SS.UU. Bacherotti, richiedendo una verifica, in concreto, della buona fede, a prescindere dalle concrete modalità di cessione; v. SS.UU., n. 29847 del 31 maggio 2018 – dep. 3 luglio 2018, Island Refinancing S.r.l. e altro, rv. 27297801, in *Il Foro It.*, 2018, XI, 635, con nota di CALVIGIONI, *Confisca dei beni*, con nota di SCOLLO, *Il credito garantito.*

[41] Cass., SS.UU., 3 dicembre 1994, n. 9.

misura cautelare intervenga prima o dopo la liquidazione[42].

L'art. 63, disciplina il caso di dichiarazione di liquidazione giudiziale successiva al sequestro[43]. I beni assoggettati a sequestro o confisca sono esclusi dalla massa attiva; la verifica dei crediti e dei diritti inerenti ai rapporti relativi ai suddetti beni viene svolta dal giudice delegato che, in base al comma 1-*ter* dell'art. 104-*bis* disp. att. c.p.p., è il procedimento dal giudice che ha emesso il decreto di sequestro[44]. La separazione si riflette anche sulle due procedure: quella liquidatoria e quella penale proseguono separatamente, e si duplica la fase di accertamento dei crediti[45]. Constatato che nell'attivo vi sono unicamente i beni i già sottoposti a sequestro, il tribunale dichiara chiusa la liquidazione[46]. Se il sequestro o la confisca vengono meno, il curatore procede all'apprensione dei beni, il giudice delegato procede alla verifica dei crediti e dei diritti in relazione ai beni per i quali è intervenuta la revoca. Se la revoca è successiva alla chiusura della procedura, essa sarà riaperta, se economicamente utile[47].

L'art. 64 contempla l'ipotesi del sequestro successivo all'apertura della liquidazione giudiziale: il giudice delegato dispone la separazione dei beni sequestrati dalla massa attiva e la loro consegna all'amministratore giudiziario, eventualmente su sua domanda[48]. Salvo quanto previsto dal comma 7, i crediti e i diritti inerenti ai rapporti relativi ai beni sottoposti a sequestro, ancorché già verificati dal giudice della liquidazione[49], sono ulteriormente verificati dal giudice della misura cautelare reale. I giudizi endofallimentari devono essere sospesi sino all'esito del procedimento penale se hanno ad oggetto beni sequestrati. Se il sequestro o la confisca intervengono dopo la chiusura del fallimento, essi si eseguono su quanto eventualmente residua dalla liquidazione. Se il sequestro o la confisca sono revocati prima della chiusura della liquidazione, i beni sono nuovamente ricompresi nella massa attiva e l'amministratore giudiziario provvede alla consegna degli stessi al curatore.

[42] Secondo MINUTOLI, *Codice antimafia*, 1273, il codice antimafia accorda una tendenziale prevalenza della procedura di prevenzione su quella concorsuale, ma limitatamente alla «sottrazione del patrimonio in sequestro alla massa attiva fallimentare».

[43] La misura cautelare reale può essere l'occasione per rilevare gli estremi per la procedura liquidatoria ed infatti il P.M., anche su «segnalazione» dell'amministratore giudiziario, può avanzare la domanda al tribunale (v. art. 38, d.lgs. n. 14 del 2019). L'amministratore giudiziario, avendo un mero potere di segnalazione ad altri, non è legittimato a chiedere la liquidazione, a meno che non sia pure il legale rappresentante dell'impresa e non mero amministratore di quote.

[44] Nella maggior parte dei casi si tratta del giudice per le indagini preliminari e tale competenza perdura «nel corso di tutto il procedimento», art. 104-*bis*, comma 1-ter, disp. att. c.p.p.

[45] V. il comma 5 dell'art. 63.

[46] Art. 63, comma 6, d.lgs. n. 159 del 2011 ed. art. 118 l. fall. ora 233, d.lgs. n. 14 del 2019.

[47] Art. 63, comma 7, d.lgs. n. 159 del 2011, per entrambe le ipotesi. Sembra dunque che non possa accogliersi l'idea per la quale l'ablazione totale, in via cautelare penale, di tutta la massa attiva osti alla dichiarazione di insolvenza, altrimenti, venuto meno il vincolo penale, non vi sarebbe il presupposto per riaprire una procedura mai conclusa, con effetti deleteri per i creditori.

[48] Per l'amministratore giudiziario nominato dal giudice penale v. art. 104-*bis* disp. att. c.p.p. Si vedano gli artt. 104 disp. att. c.p.p. per l'immissione in possesso dell'amministratore nominato dal giudice penale e l'art. 21, d.lgs. n. 159 del 2011 per l'esecuzione del sequestro di prevenzione.

[49] Secondo alcune opinioni i crediti esclusi dal giudice della procedura civile, non potendo partecipare al riparto dell'attivo, non devono essere sottoposti all'ulteriore verifica di cui all'art. 64, comma 2, da parte del giudice penale; v. VERDOLIVA, *Art.* 64.

Se il sequestro o la confisca sono revocati dopo la chiusura del fallimento, si provvede ai sensi dell'art. 63, comma 7. Se il sequestro o la confisca hanno per oggetto l'intera massa attiva fallimentare ovvero, nel caso di società di persone, l'intero patrimonio personale dei soci illimitatamente responsabili, il tribunale dichiara la chiusura del fallimento. I crediti inerenti beni per cui interviene il sequestro, una volta verificati dal giudice che ha emesso la misura cautelare reale, sono soddisfatti sui beni oggetto di confisca secondo il piano di pagamento di cui all'art. 61.

Il codice antimafia, dunque, separa i beni di provenienza illecita oggetto di sequestro o confisca, consentendo alla procedura liquidatoria di fare il suo corso, salva la facoltà di chi abbia diritti su tali beni di avere tutela all'interno del processo penale.

Per operare la separazione dei beni il giudice delegato emette un «decreto non reclamabile» – art. 64, comma 1, d.lgs. n. 159 del 2011 –. Nel caso di errori circa la individuazione dei beni separati per l'avvenuto sequestro, il creditore potrà quindi solo rivolgersi al giudice delegato affinché rettifichi o revochi la sua decisione. Finché il bene non sia stato consegnato all'amministratore giudiziario questo meccanismo sembra sufficiente; successivamente, sembra possibile applicare in via analogica il procedimento per la restituzione delle cose sequestrate – art. 263 c.p.p. –, intervenendo il P.M. per la restituzione di un bene che non doveva sottostare alle ragioni dell'azione penale. Il titolare del diritto di proprietà sul bene sequestrato per la successiva confisca potrà comunque ricorrere al tribunale del riesame ai sensi dell'art. 321, comma 3, c.p.p. in quanto il diritto assoluto vantato è incompatibile con l'appartenenza proprietaria in capo all'imputato, trattandosi di due diritti assoluti logicamente inconciliabili e per la soluzione dell'apparente conflitto non è necessario attendere la fase esecutiva.

I diritti di credito dei terzi, dunque, vanno accertati in sede penale – art. 57 ss. –, intervenendo l'amministratore giudiziario, che presenta l'elenco dei crediti e gestisce i beni[50], nonché il giudice delegato[51]. La verifica dei crediti e formazione dello stato passivo avvengono in contraddittorio. Una volta che il provvedimento di confisca sia divenuto irrevocabile, i creditori ammessi al passivo vengono soddisfatti attraverso il pagamento o, se necessario, la liquidazione dei beni – art. 60 –[52]. Se i diritti di credito per titolo anteriore al sequestro sono soddisfatti come detto, la sorte dei diritti reali – di godimento o di garanzia – e dei diritti personali di godimento è diversa. L'art. 52, d.lgs. n. 159 del 2011, comma 4, stabilisce che la confisca definitiva determina «lo scioglimento dei contratti aventi ad oggetto un diritto personale di godimento o un diritto reale di garanzia, nonché l'estinzione dei diritti reali di godimento sui beni stessi»[53]; il comma 5 riconosce, in prededuzione, «ai titolari dei diritti di cui al comma 4 [...] un equo *indennizzo* commisurato alla durata residua del contratto o alla durata del diritto reale». Queste disposizioni, allora, paiono conferire alla confisca la natura di titolo di acquisto a titolo originario, spettando al terzo di buona fede una tutela indennitaria.

[50] Art. 104-*bis*, comma 1-*bis*, n. att. c.p.p.

[51] Come detto quello che ha emesso il provvedimento di sequestro; v. comma 1-*ter* dell'art. 104-*bis* n. att. c.p.p.

[52] La soddisfazione dei crediti incontra i limiti quantitativi di cui all'art. 53, d.lgs. n. 152 del 2011, apparendo necessario riservare allo Stato, che pure ha impiegato risorse nella procedura, un qualche vantaggio.

[53] Comma così sostituito dall'art. 20, comma 1, lett. *d*), l. 17 ottobre 2017, n. 161.

L'art. 52, d.lgs. n. 152 del 2011 individua le condizioni di legittimazione per l'accesso dei creditori: «La confisca non pregiudica i *diritti di credito* dei terzi che risultano da atti aventi data certa anteriore al sequestro, nonché i *diritti reali di garanzia* costituiti in epoca anteriore al sequestro, ove ricorrano le seguenti condizioni: a) che il proposto non disponga di altri beni sui quali esercitare la garanzia patrimoniale idonea al soddisfacimento del credito, salvo che per i crediti assistiti da cause legittime di prelazione su beni sequestrati[54]; b) che il credito non sia strumentale all'attività illecita o a quella che ne costituisce il frutto o il reimpiego, sempre che il creditore dimostri la buona fede e l'inconsapevole affidamento; c) nel caso di promessa di pagamento o di ricognizione di debito, che sia provato il rapporto fondamentale; d) nel caso di titoli di credito, che il portatore provi il rapporto fondamentale e quello che ne legittima il possesso». Il richiamo all'art. 52 che contempla, espressamente, i diritti di credito, costituisce un ampliamento di tutela rispetto alla soluzione di Le Sezioni Unite Uniland[55]. La scelta del legislatore va guardata con favore specialmente per la confisca di valore, misura che molto si allontana dalla pericolosità della cosa[56]. In queste ipotesi, infatti, la compromissione, anche temporale, dei diritti dei terzi appariva difficilmente riconducibile alla prevalenza dello strumento penale come risultato necessario della conformazione classica di tale misura di sicurezza; la "cosa pericolosa", non rinvenibile, viene sostituita con un valore corrispondente, ed il terzo attratto nelle conseguenze del fatto altrui in maniera del tutto casuale. La lettera a) richiede che il sequestrato non disponga di altri beni sui quali il terzo possa trovare soddisfazione: la finalità confiscatoria, col futuro acquisto del bene in capo ad un nuovo titolare, richiede di "separare", in un certo modo, le pretese dei creditori anteriori[57]. Nel caso venga aperta la liquidazione giudiziale il creditore ivi insoddisfatto, per il residuo potrà soddisfarsi sui beni sequestrati e confiscati a meno che la misura reale non abbia appreso tutti i beni. Dal momento che prima della l. n. 161 del 2017 era necessaria la prova della previa escussione del patrimonio, è preferibile ritenere che il creditore possa limitarsi a dimostrare che il suo agire sarebbe dispendioso o inutile, ad esempio perché i beni della procedura concorsuale sono pochi o di nessun pregio. La procedura di verifica dell'art. 52, d.lgs. n. 159 del 2011 è esclusa per i crediti per beni e servizi, sorti prima della misura cautelare reale, relativi a prestazioni «collegate a rapporti commerciali essenziali per la prosecuzione dell'attività» – art. 54-*bis*, d.lgs. n. 159 del 2011 –. In queste limitate ipotesi l'amministratore giudiziario formula la richiesta al giudice delegato.

La buona fede, essenziale al terzo nel caso di vantaggio oggettivo, e distinta da quella civilistica[58], viene fatta oggetto di una specifica disposizione nel d.lgs. n. 159 del 2011:

---

[54] In tal caso, infatti, i crediti hanno una relazione giuridica diretta col bene sequestrato.

[55] Secondo la quale «il creditore che non abbia ancora ottenuto l'assegnazione del bene a conclusione della procedura concorsuale non può assolutamente essere considerato "terzo titolare di un diritto acquisito in buona fede" perché prima di tale momento il creditore vanta una semplice pretesa, ma non certo la titolarità di un diritto reale su un bene».

[56] Come osserva ALESSANDRI, *Criminalità economica*, 2106 ss.: «la fungibilità dei beni ricavati dal reato con una somma monetaria di pari valore sgombera la scena della confisca da qualunque residua inclinazione ad accedere alla nozione di pericolosità della cosa, che si trasferirebbe al reo».

[57] La specificazione in parola sembra un'applicazione delle regole derivanti dall'art. 2740 c.c. e dal *beneficum excussionis;* si vedano sul punto le osservazioni di AIELLO, *Spunti di riflessione*.

[58] Secondo Cass., SS.UU., 17 marzo 2015, n. 11170: «il concetto di buona fede per il diritto penale è di-

«nella valutazione della buona fede, il tribunale tiene conto delle condizioni delle parti, dei rapporti personali e patrimoniali tra le stesse e del tipo di attività svolta dal creditore, anche con riferimento al ramo di attività, alla sussistenza di particolari obblighi di diligenza nella fase precontrattuale nonché, in caso di enti, alle dimensioni degli stessi» – art. 52, comma 3 –. I parametri previsti esplicitamente sono obbligatori, nel senso che essi debbono essere necessariamente valutati dal giudice, il quale, però, può tenere in conto anche di altri, ove emersi dalla concreta fattispecie[59]. Sull'onere della prova le Sezioni Unite civili, ritengono che il creditore, seppur intervenendo in sede penale, debba provare i fatti costitutivi della sua pretesa[60], indi anche l'incolpevole affidamento; di contrario avviso, però, le Sezioni Unite Uniland, con soluzione condivisa pure in dottrina[61].

Sull'individuazione del giudice che ha emesso il titolo cautelare quale soggetto sempre competente possono farsi alcune considerazioni. Di certo il giudice della misura reale ha un maggiore polso dei fatti, ma dovrà attrezzarsi per decidere questioni sinora per lui inedite. Nel caso in cui gli unici beni oggetto di spossessamento siano quelli sequestrati, la tutela delle ragioni dei creditori e dei terzi sarà tutta spostata sul giudice penale; a lui competerà, integralmente, la verifica del passivo. Ma anche il giudice civile può trovarsi a maneggiare situazioni nuove: deve verificare, «*anche* con riferimento ai rapporti relativi ai beni sottoposti a sequestro, la sussistenza delle condizioni di cui all'articolo 52, comma 1, lettere b), c) e d) e comma 3 del presente decreto»[62]. La duplicazione dei controlli e l'intervento di due giudici può dar luogo ad interferenze almeno nel caso in cui la liquidazione intervenga dopo che il giudice penale ha già effettuato la verifica dei crediti secondo il d.lgs. n. 159 del 2011, emettendo il decreto di esecutività ma, secondo l'art. 59, comma 4, d.lgs. n. 159 del 2011, «i provvedimenti di ammissione e di esclusione dei crediti producono effetti solo nei confronti dell'Erario», quindi non sembrano possibili pregiudizi verso la procedura liquidatoria[63]. L'art. 63, comma 8-*bis*, codice antimafia consente all'amministratore giudiziario, «ove siano stati sequestrati complessi aziendali e produttivi o partecipazioni societarie di maggioranza», prima che intervenga la confisca definitiva, previa autorizzazione del tribunale ai sensi dell'art. 41, di presentare al tribunale fallimentare competente ai sensi dell'art. 9 l. fall., in quanto compatibile, domanda per l'ammissione al concordato preventivo, di cui agli artt. 160 ss. l. fall., nonché accordo di ristrutturazione dei debiti ai sensi dell'art. 182-*bis*, l. fall., o predisporre un piano attestato ai sensi dell'art. 67, comma 3, lett. *d*) l. fall. Ove finalizzato a garantire la salvaguardia dell'unità produttiva e il mantenimento dei

---

verso da quello di buona fede civilistica a norma dell'art. 1147 cod. civ., dal momento che anche i profili di colposa inosservanza di doverose regole di cautela escludono che la posizione del soggetto acquirente o che vanti un titolo sui beni da confiscare o già confiscati sia giuridicamente da tutelare».

[59] Si veda in motivazione Cass., SS.UU., 7 maggio 2013, n. 10532.

[60] Cass., SS.UU., 7 maggio 2013, n. 10532.

[61] BONTEMPELLI, *Sequestro preventivo*, 12.

[62] Il rischio è, principalmente, la precostituitone di diritti da far valere nelle procedure, per poi restituire il vantaggio all'imputato: precostituitone di titoli di credito o di effetti, appositamente protestati e dunque con data certa, stipula e registrazione di contratti preliminari di compravendita di unità immobiliari, con un privilegio per il promissario acquirente che ha buon gioco finanche sulla ipoteca.

[63] Secondo MINUTOLI, *Codice antimafia*, 1274, non può escludersi che il giudice civile, anche per economia processuale, faccia riferimento al decreto del giudice penale.

livelli occupazionali, il piano di ristrutturazione può prevedere l'alienazione dei beni sequestrati anche fuori dei casi di cui all'art. 48.

Il subprocedimento descritto ha lo scopo di far acquisire il bene libero da qualsiasi rapporto che possa dare luogo a spese o questioni di diritti dei terzi, che vanno risolte in anticipo all'interno della procedura. Che questa sia la finalità del legislatore s'intende, in particolare, dagli effetti della confisca – art. 52, comma 4, d.lgs. n. 159 del 2011 – e dalla sorte delle azioni esecutive sui beni – art. 55, d.lgs. n. 159 del 2011 –: intervenuto il sequestro esse non possono essere iniziate o proseguite, i beni già oggetto di esecuzione sono presi in consegna dall'amministratore giudiziario, quelle pendenti sono sospese sino alla conclusione del procedimento di prevenzione, alle confisca definitiva esse si estinguono, se la misura cautelare reale viene meno esse possono essere iniziate o riassunte. Se il sequestro riguarda beni oggetto di domande giudiziali precedentemente trascritte, aventi ad oggetto il diritto di proprietà ovvero diritti reali o personali di godimento o di garanzia sul bene, il terzo, che sia parte del giudizio, è chiamato ad intervenire nel procedimento di prevenzione ai sensi degli artt. 23 e 57; il giudizio civile è sospeso sino alla conclusione del procedimento di prevenzione.

Articolo 318
Sequestro preventivo

1. In pendenza della procedura di liquidazione giudiziale non può essere disposto sequestro preventivo ai sensi dell'articolo 321, comma 1, del codice di procedura penale sulle cose di cui all'articolo 142, sempre che la loro fabbricazione, uso, porto, detenzione e alienazione non costituisca reato e salvo che la fabbricazione, l'uso, il porto, la detenzione e l'alienazione possano essere consentiti mediante autorizzazione amministrativa.

2. Quando, disposto sequestro preventivo ai sensi dell'articolo 321, comma 1, del codice di procedura penale, è dichiarata l'apertura di liquidazione giudiziale sulle medesime cose, il giudice, a richiesta del curatore, revoca il decreto di sequestro e dispone la restituzione delle cose in suo favore.

3. Nel caso di cui al comma 2, il curatore comunica all'autorità giudiziaria che aveva disposto o richiesto il sequestro, la dichiarazione dello stato di insolvenza e di apertura della procedura della liquidazione giudiziale, il provvedimento di revoca o chiusura della liquidazione giudiziale, nonché l'elenco delle cose non liquidate e già sottoposte a sequestro. Il curatore provvede alla cancellazione delle iscrizioni e trascrizioni decorsi novanta giorni dalla comunicazione di cui al primo periodo.

4. Le disposizioni di cui ai commi 1 e 2 non si applicano quando sono sottoposte a sequestro preventivo le cose indicate all'articolo 146 e le cose non suscettibili di liquidazione, per disposizione di legge o per decisione degli organi della procedura.

Gennaro Mastrangelo

Sommario: 1. Il sequestro preventivo impeditivo *ex* art. 321, comma 1, c.p.p. e le procedure concorsuali. – 2. Sequestro preventivo e liquidazione giudiziale.

1. – L'art. 318 si riferisce al sequestro preventivo c.d. impeditivo – art. 321, comma 1, c.p.p. –, che intende frenare la progressione criminosa, indi la sua estensione a qualsivoglia cosa «pertinente» al reato [1], anche se legata solo indirettamente alla fattispecie criminosa [2], che sia nella «libera disponibilità» dell'indagato. Dal momento che esso implica

[1] Principalmente le cose sulle quali o a mezzo delle quali esso fu commesso o che ne costituiscono il prezzo, il prodotto o il profitto.

[2] Cass. pen., sez. III, 4 marzo 2016, n. 9149.

l'esistenza di un collegamento tra il reato e la cosa e non tra il reato e il suo autore [3], «possono essere oggetto del provvedimento anche le cose in proprietà di un terzo, estraneo all'illecito ed in buona fede» [4] il quale potrà far valere le proprie ragioni solo «una volta esaurite le esigenze cautelari ovvero il rapporto processuale» [5]. L'art. 321, comma 3, c.p.p. consente, infatti, all'«interessato» [6] di rappresentare il venir meno delle condizioni di applicabilità del sequestro.

Nella materia concorsuale, questa forma di sequestro, nell'ipotesi in cui la distrazione dei beni sia già stata consumata, può svolgere la funzione di vincolare il patrimonio alla garanzia spettante alla intera massa dei creditori [7]. Nelle ipotesi di bancarotta fraudolenta le *conseguenze del reato* vanno oltre il semplice atto dispositivo per involgere la più ampia funzione di astringere il patrimonio sociale alla garanzia spettante all'intera massa dei creditori proprio dopo la liquidazione, anche indipendentemente dalle specifiche vicende recuperatorie all'interno della procedura o dalla permanenza di un vincolo ipotecario a favore di singoli creditori [8]. Il sequestro c.d. impeditivo potrebbe però subire uno snaturamento: la persona offesa ha perso la proprietà di un bene perché ceduto all'imprenditore [9] ed il P.M., che dalle intercettazioni sa che l'indagato sta vendendo gli oggetti a più ricettatori, ne ottiene il sequestro. L'indagato è sottoposto a procedura concorsuale e quei beni, pur ottenuti mediante un delitto, rientrano nella massa attiva. Seppur le due situazioni sembrino sovrapponibili, il sequestro disposto *ex* art. 321, comma 1, c.p.p. non può alterare la *par condicio creditorum* e l'effetto indiretto in favore di uno dei creditori è solo apparante e tale deve restare.

La misura cautelare reale può intervenire prima o dopo l'apertura della liquidazione giudiziale. Nel caso di sequestro anteriore alla procedura, il vincolo in tanto resta sul bene in quanto deve essere sottratto alla disponibilità materiale dell'indagato ma, venuta meno l'esigenza, ad esempio mercé lo spossessamento, la misura cautelare va revocata [10]. Nel-

[3] Cass. pen., sez. III, 4 novembre 2008, n. 1806; Cass. pen., sez. V, 22 gennaio 2010, n. 11287. «Il *periculum* rilevante al fine della adozione della misura cautelare deve essere concreto ed attuale e va inteso come concreta possibilità – desunta dalla natura del bene e da tutte le circostanze del fatto – che la libera disponibilità del bene assuma carattere strumentale rispetto alla agevolazione della commissione di altri reati della stessa specie. Inoltre [...] il bene oggetto di sequestro preventivo deve caratterizzarsi da una intrinseca, specifica e strutturale strumentalità rispetto al reato commesso non essendo sufficiente una relazione meramente occasionale tra la "res" ed il reato commesso», Cass. pen., sez. V, 29 marzo 2010, n. 12064.

[4] «Il vincolo, diretto a rendere indisponibile la *res*, è imposto per più generali esigenze di giustizia [...] che, sebbene pregiudizievoli per il soggetto che ne è gravato, vanno necessariamente soddisfatte» Cass. pen., sez. III, 16 novembre 2010, n. 40480, in motivazione.

[5] Cass. pen., sez. III, 16 novembre 2010, n. 40480, in motivazione.

[6] Tra gli interessati un terzo, ad esempio il creditore titolare di un diritto reale sulla cosa, o, in fatto, il curatore; si veda BALDUCCI, *Il sequestro preventivo*.

[7] Cass. pen., sez. V, 13 dicembre 2001, n. 44818, in motivazione; Cass. pen., sez. V, 27 gennaio 1993, n. 2022.

[8] In alcuni casi questa forma di cautela è stata utilizzata «in alternativa ai provvedimenti *ex* art. 15, comma 8, l. fall., in funzione preventiva rispetto ai reati fallimentari, per i quali da dichiarazione di insolvenza è condizione di procedibilità», FIMMANÒ, *L'impresa*, 39.

[9] Ad esempio, una collezione di opere d'arte, *datio in solutum* ad estinzione di un mutuo con interessi usurari.

[10] V. artt. 321, comma 3 e 323, comma 4, c.p.p. che, nel disciplinare la perdita di efficacia del sequestro preventivo, stabilisce: «la restituzione non è ordinata se il giudice dispone, a richiesta del pubblico ministero o della parte civile, che sulle cose appartenenti all'imputato o al responsabile civile sia mantenuto il sequestro a

l'ipotesi di apertura della liquidazione con successiva adozione della misura cautelare, «il giudice – a fronte di una dichiarazione di fallimento del soggetto a cui il bene appartenga – ben può disporre l'applicazione, il mantenimento o la revoca del sequestro previsto dal 1 comma dell'art. 321 c.p.p., senza essere vincolato dagli effetti di cui all'art. 42 L.F.; lo stesso giudice, però, nel discrezionale giudizio sulla pericolosità della *res*, dovrà effettuare una valutazione di bilanciamento (e darne conto con adeguata motivazione) del motivo della cautela e delle ragioni attinenti alla tutela dei legittimi interessi dei creditori, anche attraverso la considerazione dello svolgimento in concreto della procedura concorsuale» [11].

2. – L'art. 318 riconosce alla procedura di liquidazione un deciso favore in quanto: la sentenza che con cui è dichiarata aperta la procedura di liquidazione impedisce il sequestro preventivo impeditivo sui beni esistenti alla data di apertura della liquidazione [12]; se dopo l'esecuzione della misura cautelare è aperta la liquidazione, il curatore può chiederne la revoca, con restituzione dei beni all'organo della procedura; se il curatore ha ottenuto, ai sensi del comma precedente, la restituzione delle cose, una volta revocata o chiusa la liquidazione, comunicherà al P.M. «l'elenco delle cose non liquidate e già sottoposte a sequestro»; i beni che non rientrano nella liquidazione e le cose non suscettibili di liquidazione, per disposizione di legge o per decisione degli organi della procedura, sono liberamente assoggettabili al sequestro impeditivo.

La soluzione proposta dal codice dell'insolvenza è data con scansioni nette, nel chiaro intento di far procedere spedita la procedura liquidatoria, ma restano alcuni casi dubbi. Il comma 1 dell'art. 318 vieterebbe il sequestro impeditivo, ma il pubblico ministero deve soddisfare una funzione di prevenzione speciale rilevante *erga omnes* ed il suo potere di controllo e reazione è più penetrante di quello del curatore: se, aperta la liquidazione, l'imprenditore utilizza uno dei suoi beni per commettere altri reati, appare difficile che l'organo della procedura possa accorgersene [13]. Le indagini, inoltre, possono essere più ampie di quelle palesi al momento della liquidazione, sicché anche legittimi atti del liquidatore possono interferire. La cautela penale ha, in queste ipotesi, indubbi vantaggi e forse alcune evenienze avranno ancora bisogno dei distinguo giurisprudenziali [14]. Anche la di-

---

garanzia dei crediti indicati nell'articolo 316». V. Cass. pen., sez. II, 3 giugno 2003, n. 24160, in *Fallimento*, 2004, XII, 1363: «se, infatti, di regola il sequestro preventivo, in quanto destinato a soddisfare una funzione di prevenzione speciale rilevante *erga omnes*, ha risalto poziore e prevalente rispetto alla procedura fallimentare [...] una simile caratteristica viene meno ove il carattere "preventivo" finisca per coincidere con il fine di impedire la dispersione delle garanzie patrimoniali cui è preordinato il sequestro di cui agli artt. 316 e segg. cod. proc. pen. Misura, quest'ultima, che, essendo naturalmente anticipatoria rispetto ad una azione esecutiva individuale nei confronti dell'obbligato da delitto, ricade, in ipotesi di fallimento, nella generale inibitoria sancita dall'art. 51 della legge fallimentare, con conseguente inefficacia nei confronti della massa».

[11] Così, in motivazione, Cass. SS.UU., 9 luglio 2004, n. 29951.

[12] Ad eccezione delle cose sottoposte a confisca obbligatoria perché illecite in sé.

[13] Si pensi all'imprenditore la cui azienda sia stata foraggiata dalla criminalità organizzata e, per fornire mezzi al capo latitante, esegua pagamenti preferenziali dopo l'apertura della dichiarazione d'insolvenza. Oppure quando l'imprenditore voglia corrompere il curatore.

[14] Sembra allora ancora attuale la massima secondo cui «la misura cautelare di cui all'art. 321 c.p.p. può essere disposta anche quando l'indagato o l'imputato abbia perso in tutto [...] o in parte [...] la disponibilità della cosa. In tali casi il sequestro preventivo può essere disposto quando sussista il pericolo che l'interessato,

stribuzione del sopravanzo va considerata. Se il comma 3 dell'art. 318 disciplina l'ipotesi del sequestro anteriore all'apertura della procedura di liquidazione, nulla è detto quando, successivamente all'apertura della liquidazione, dovrebbe eseguirsi un sequestro, ora impedito: ma i beni non liquidati, semmai per decisione degli organi della procedura, tornerebbero all'indagato ed il P.M. ne potrebbe ottenere il sequestro, ma ciò può fare solo ove il curatore lo avvisi, seppur in assenza di un preciso obbligo in tal senso. Il curatore, nell'ipotesi di cui al comma 2, non sembra obbligato a chiedere la revoca del sequestro ed il P.M., ad esempio per ragioni d'indagine, potrebbe suggerire che alcuni beni restino sottoposti al più stringente vincolo penale [15], anche per meglio tutelare le ragioni creditorie al di là degli effetti limitati dello spossessamento [16].

riacquistando la piena disponibilità della cosa, possa aggravare o protrarre le conseguenze del reato o commetterne altri: tale pericolo deve ritenersi sussistente quando il pubblico ministero non è in grado di conoscere e di controllare tempestivamente le vicende dei vincoli civili o amministrativi o processuali che limitano la disponibilità sulla cosa», Cass. pen., sez. III, 31 marzo 1998, n. 379.

[15] Alcuni dei container dell'azienda forse sono stati utilizzati per trasportare stupefacenti e si attendono gli esiti di accertamenti tecnici; alcuni impianti di smaltimento dei rifiuti hanno trattato sostanze nocive non meglio individuate ed il loro ritorno nella disponibilità della curatela potrebbe dare la stura ad altri reati. La finalità – lecita – perseguita dall'imprenditore ben può accompagnarsi ad altra illecita ed è pertanto ammissibile il sequestro dell'azienda se strumentale alla commissione di reati (v. Cass. pen., sez. VI, 25 settembre 2003, n. 36773).

[16] Questa opera di coordinamento, inoltre, sembra comportare la comunicazione di notizie coperte da segreto istruttorio; quindi, il canale di raccordo dovrebbe essere individuato nel giudice delegato.

Articolo 319
Sequestro conservativo

1. In pendenza della procedura di liquidazione giudiziale non può essere disposto sequestro conservativo ai sensi dell'articolo 316 del codice di procedura penale sulle cose di cui all'articolo 142.

2. Quando, disposto sequestro conservativo ai sensi dell'articolo 316 del codice di procedura penale, è dichiarata l'apertura di liquidazione giudiziale sulle medesime cose, si applica l'articolo 150 e il giudice, a richiesta del curatore, revoca il sequestro conservativo e dispone la restituzione delle cose in suo favore.

Gennaro Mastrangelo

Il sequestro conservativo – art. 316 c.p.p. – è un innesto nella materia penale: a favore della parte civile per le obbligazioni nascenti dal reato o dello Stato, su richiesta del P.M., per il pagamento della pena pecuniaria, delle spese di procedimento e di ogni altra somma dovuta all'erario, vuole impedire la disponibilità non solo materiale, ma anche giuridica, della cosa, rendendone inefficace l'eventuale alienazione [1] ed è revocabile solo nel caso in cui venga offerta idonea cauzione e non anche per il venir meno dei presupposti che ne hanno legittimato l'adozione [2]. Sia il singolo creditore – in quanto persona offesa del delitto di bancarotta [3] – che il curatore [4] possono costituirsi parte civile e già l'art. 240 l. fall. regolava il rapporto tra le due azioni sul quale ora provvede l'art. 347. La legittimazione del singolo creditore per il danno da reato ha natura sussidiaria [5] e deve cedere quando il curatore si sia costituito parte civile, tranne il caso in cui il primo faccia valere un danno di natura personale [6], nel qual caso le due azioni civili nel processo penale possono concorrere [7]. Nulla è detto

[1] Cass. pen., sez. V, 17 marzo 1994, n. 886. Esso presuppone che l'azione penale sia stata già esercitata – «in ogni stato e grado del *processo*» – ed è possibile pur prima del decreto che disponga il giudizio (Cass. pen., sez. VI, 9 settembre 1998, n. 2425).

[2] Cass. pen., sez. IV, 15 maggio 2013, n. 39171; Cass. pen., sez. V, 17 aprile 2012, n. 40407.

[3] V. Cass. pen., sez. V, 21 gennaio 2008, n. 2513.

[4] Cass. pen., sez. V, 7 giugno 2016, n. 23647.

[5] Cass. pen., sez. V, 10 novembre 1980, n. 11782.

[6] Ad esempio morale o si costituisca per altri reati in continuazione con la bancarotta.

[7] Cass. pen., sez. V, 24 novembre 2005, n. 42608.

quando il curatore intenda far valere l'azione in sede civile ma è plausibile ritenere che il singolo creditore, costituitosi parte civile nel processo penale, debba esservi estromesso se, successivamente, il curatore abbia esercitato l'azione di responsabilità in sede civile contro l'imputato di bancarotta[8]. Nelle procedure liquidatorie questa misura cautelare anticipa, plausibilmente, un'azione individuale e sottostà al generale divieto di azioni esecutive o cautelari individuali[9]. Nulla vieta un sequestro conservativo anteriormente alla dichiarazione di liquidazione giudiziale. Quando questa è già pendente, è palese il rischio di reciproche interferenze, cui l'art. 319 pone rimedio. Questa forma di cautela reale è stata sempre ritenuta incompatibile con una contestuale procedura fallimentare, per l'ovvia sovrapposizione che verrebbe altrimenti a crearsi tra le ragioni del singolo creditore – avvantaggiato dalla cautela penale – e quelle dei creditori concorsuali.

L'art. 319 riprende questi concetti stabilendo al comma 1 che, pendente la procedura di liquidazione, non può essere disposto il sequestro conservativo sulle cose di cui all'art. 142. In questa ipotesi l'effetto indiretto della cautela penale sarebbe sicuramente contrario alla *par condicio creditorum*. Il comma 2 disciplina il caso in cui il sequestro sia anteriore alla procedura liquidatoria, nel qual caso si applica l'art. 150 e il giudice, a richiesta del curatore, revoca il sequestro e dispone la restituzione delle cose in suo favore. In entrambi i casi, a parte l'automatismo individuato dalla legge, rileva la natura del bene, se esso sia o meno ricompreso in quelli di cui all'art. 142. In particolare, nell'ipotesi di cui al comma 2, la valutazione sarà fatta dal curatore, che potrà o meno avanzare una richiesta, non sembrando sussistente un obbligo in tal senso. Nel caso inverso, quello di cui al comma 1, la valutazione sulla natura della cosa compete al giudice della cautela: il p.m. o la parte civile ben potrà chiedere al giudice il sequestro, rimettendo la valutazione all'autorità giudiziaria. Si pensi alle somme derivanti dal riscatto della polizza assicurativa sulla vita stipulata dall'imputato, dove è necessario verificare se essa abbia natura previdenziale[10] o di strumento finanziario. Qualora il giudice dovesse accogliere la richiesta di sequestro preventivo, il curatore dovrebbe agire ai sensi dell'art. 318 c.p.p., che permette il riesame a «chiunque vi abbia interesse»: la sua legittimazione, già riconosciuta in giurisprudenza[11], come si vedrà è ora prevista in generale dall'art. 320 contro qualsivoglia decreto di sequestro e discende dalla finalità dell'ufficio, quella di rimuovere un atto pregiudizievole ai fini della reintegrazione del patrimonio[12].

L'art. 262 c.p.p. prevede un'ipotesi specifica. Se viene meno la ragione del sequestro probatorio, le cose sono, di norma, restituite a chi ne abbia diritto, anche prima della sen-

[8] Lacuna giustificabile dal fatto che la l. fall. era stata emanata molto tempo prima del c.p.p.; il legislatore del 2019 avrebbe potuto regolare l'ipotesi, di cui la giurisprudenza pur si è dovuta occupare (Cass. pen., sez. V, 9 maggio 2014, n. 19216).

[9] Art. 52 l. fall. ed ora 150.

[10] In tema di contratto di assicurazione sulla vita, alla dichiarazione di fallimento del beneficiario non consegue lo scioglimento del contratto, né il curatore può agire contro il terzo assicuratore per ottenere il valore di riscatto della relativa polizza stipulata dal fallito quand'era "in bonis", non rientrando tale cespite tra i beni compresi nell'attivo fallimentare ai sensi della l. fall., art. 46, comma 1, n. 5, considerata la funzione previdenziale riconoscibile al predetto contratto, non circoscritta alle sole somme corrisposte a titolo di indennizzo o risarcimento.

[11] Cass. pen., sez. V, 24 gennaio 1997, n. 5175.

[12] Così le Sezioni Unite Focarelli.

tenza ma, «*la restituzione non è ordinata se il giudice dispone, a richiesta del pubblico ministero o della parte civile, che sulle cose appartenenti all'imputato o al responsabile civile sia mantenuto il sequestro a garanzia dei crediti indicati nell'articolo 316*». L'art. 319 nulla dice circa questo specifico caso, che sembra risolvibile distinguendo: se la procedura liquidatoria non è aperta, è possibile il meccanismo generale dell'art. 262 c.p.p., con la sua logica interna al processo penale. Qualora sia scattato il divieto di azioni esecutive individuali, al contrario, il divieto di cui all'art. 319 non consentirà, nemmeno nello specifico caso, l'apposizione del sequestro conservativo.

Articolo 320
Legittimazione del curatore

1. Contro il decreto di sequestro e le ordinanze in materia di sequestro il curatore può proporre richiesta di riesame e appello nei casi, nei termini e con le modalità previsti dal codice di procedura penale. Nei predetti termini e modalità il curatore è legittimato a proporre ricorso per cassazione.

Gennaro Mastrangelo

Il curatore, stretto tra l'azione penale e le ragioni dei creditori, volendo impugnare i provvedimenti cautelari reali ha ricevuto risposte diversificate dalla giurisprudenza, anche per le numerose ipotesi di sequestro e di confisca e le finalità, spesso divergenti, che le animano.

Le SS.UU. Focarelli[1], in un caso di sequestro probatorio poi convertito in preventivo per la confisca facoltativa, hanno ritenuto il curatore legittimato a proporre l'istanza di riesame del provvedimento, quella di revoca della misura, a proporre il ricorso per cassazione ai sensi dell'art. 325 c.p.p., in quanto terzo estraneo al reato[2]. Le SS.UU. Uniland[3], in un'ipotesi di confisca obbligatoria disposta, prima della dichiarazione di fallimento, ai sensi dell'art. 19, d.lgs. n. 231 del 2001, avevano negato la legittimazione. Entrambe le sentenze, pur nella diversità degli esiti, muovevano da punti comuni: il curatore, avendo esclusivamente compiti gestionali, non è titolare di diritti sui beni in sequestro, né è rappresentante dei soggetti titolari di diritti di credito, non essendo anche questi ultimi, prima assegnazione dei beni e della conclusione della procedura concorsuale, titolari di alcun diritto sugli stessi, e sono dunque privi di qualsiasi titolo restitutorio sui beni sequestrati. La varietà dei casi concreti ha però richiesto soluzioni differenziate, anche in base ad una ricostruzione più articolata del rapporto tra l'ufficio della curatela ed i beni del debitore nonché distinguendo i rapporti giuridici che possono sorgere nella procedura[4]. Sulla scor-

---

[1] Cass, SS.UU., 24 maggio 2004, n. 29951.

[2] È terzo, come detto, chi dal reato non abbia ricavato alcun vantaggio o utilità.

[3] Cass., SS.UU., 17 marzo 2015, n. 11170.

[4] Cass. pen., sez. III, 7 marzo 2017, n. 37439, in *Fallimento*, 2018, II, 187, con nota di TETTO, *Sequestri penali*, in un caso di sequestro preventivo finalizzato alla confisca per equivalente ritiene il curatore legittimato quando «oggetto del sequestro sono proprio le somme in giacenza sul conto corrente della procedura concorsuale e derivanti dall'attività di gestione degli organi fallimentari […] nella specie non è nota la composizione della

ta di questo ultimo orientamento, le SS.UU., hanno recentemente ritenuto il curatore legittimato alla impugnazione[5].

La natura del sequestro sembra anche facilitare il riconoscimento della legittimazione del curatore. Ed infatti, quando, eseguito il sequestro c.d. impeditivo, intervenga la sentenza dichiarativa di fallimento, la giurisprudenza riconosce la legittimazione del curatore alla revoca del vincolo reale[6]: avendo peraltro agito «previa autorizzazione del giudice delegato»[7], rientra nella nozione di «interessato» che, secondo il comma 3 dell'art. 321 c.p.p., può chiedere la revoca del sequestro[8], dal momento che la misura reale ha assunto «caratteristiche di cautela volta a garantire il soddisfacimento di interessi esclusivamente civili»[9]. Altrettanto per il sequestro c.d. conservativo, avendo la giurisprudenza stabilito che il curatore è ammesso a chiedere la revoca del sequestro conservativo, ottenuto nei confronti del fallito dalla parte civile costituita in un procedimento penale prima della dichiarazione di fallimento, indipendentemente dal fatto che all'epoca del sequestro il fallito non versasse in stato di insolvenza e che il sequestro sia posto a garanzia di crediti privilegiati[10].

Il Codice, riconoscendo all'art. 320 una generale legittimazione del curatore, sembra voler superare le incertezze giurisprudenziali.

Per come sono ora strutturati i rapporti tra sequestro impeditivo e procedura liquidatoria, la legittimazione del curatore è coerente con la disciplina dell'art. 318[11]. Nel caso di sequestro propedeutico alla confisca, l'esclusione della legittimazione del curatore poggiava sulla considerazione che il curatore non è un rappresentante dei creditori e costoro, prima del riparto, vantano mere aspettative, indi attendano tale epilogo per far valere i loro diritti. Ora che i creditori hanno una sede propria ove far valere, innanzi al giudice della cautela, le loro ragioni sui beni peraltro materialmente separati dalla massa attiva, la le-

---

massa attiva fallimentare, e cioè l'origine della giacenza del conto corrente: le somme acquisite potrebbero, ad esempio, essere il risultato del fruttuoso esperimento di azioni revocatorie fallimentari il cui presupposto è proprio la dichiarazione di fallimento o di azioni di responsabilità esercitate nell'interesse dei creditori sociali, in cui quindi il curatore non ha agito in surroga del fallito, bensì in rappresentanza dell'intera massa dei creditori sociali, casi entrambi nei quali è certamente da escludere il diritto di proprietà della società fallita o dell'indagato». V. anche Cass. pen., sez. III, 7 ottobre 2016, n. 42469, in *Cass. pen.*, IV, 2017, 1554-1565, per il caso in cui il sequestro abbia ad oggetto beni già parte della massa attiva, quindi nel caso in cui sia stato già dichiarato il fallimento, dal momento che il reo non avrebbe più la disponibilità dei suoi beni.

[5] Cass., SS.UU., 26 settembre 2019, n. 45936, in *Sist. pen.*, on line, 3 dicembre 2019, con commento di GRISONICH, *Il cambi*, 975 ss.

[6] Cass. pen., sez. II, 3 giugno 2003, n. 24160.

[7] Cass. pen., sez. II, 3 giugno 2003, n. 24160.

[8] In sostanza poiché l'intera operazione, ancorché illecita, doveva essere riferita alla società poi fallita, ne discendeva, secondo i principi generali dettati dalla legge fallimentare, la necessità di devolvere la somma provento di tale operazione alla massa fallimentare ed il suo assoggettamento alla procedura concorsuale, dovendo il sequestro preventivo originariamente disposto dal G.I.P. soccombere di fronte alle ragioni della curatela del fallimento intervenuto nei confronti della società cui i beni appartengono.

[9] Cass. pen., sez. II, 3 giugno 2003, n. 24160, in motivazione.

[10] Cass. pen., sez. V, 24 gennaio 1997, n. 5175, richiamata in motivazione, in senso adesivo, da Cass. pen., SS.UU., 9 luglio 2004, n. 29951.

[11] BONTEMPELLI, PAESE, *La tutela*, 136, parlano di una «soluzione ben spiegabile [...] alla luce del divieto di cumulare la misura cautelare reale con la gestione concorsuale secondo il disegno normativo del nuovo codice della crisi e dell'insolvenza».

gittimazione del curatore ha una base razionale più esigua e va cercata altrove [12]. Il curatore potrebbe avere interesse a dedurre la mala fede o il colpevole affidamento del terzo, o la simulazione del negozio che è alla base della costituzione del titolo, così ottenendo che il cespite rientri nella massa da dividere. Per il sequestro conservativo, ora vietato dall'art. 319 pendente la procedura liquidatoria, a maggior ragione il curatore agisce per un compito attinente al suo ufficio di diritto pubblico: evitare procedure esecutive individuali, riassorbite nella procedura liquidatoria.

[12] Prima del codice della crisi la legittimazione veniva talvolta inferita dallo scopo del *munus*, il compimento di attività finalisticamente intese alla tutela delle ragioni dei creditori; v. BONTEMPELLI, *Sequestro preventivo*, 13.

Articolo 321
Liquidazione coatta amministrativa e misure di prevenzione

---

1. Le disposizioni che precedono si applicano in quanto compatibili alla liquidazione coatta amministrativa.

Gennaro Mastrangelo

L'art. 321, rubricato «*Liquidazione coatta amministrativa e misure di prevenzione*», stabilisce l'applicabilità delle disposizioni precedenti anche alla liquidazione coatta amministrativa, istituto disciplinato dal Titolo VII. L'elemento differenziale della liquidazione sta nella natura anche pubblicistica degli interessi coinvolti e nella circostanza che ivi assumono rilievo «non soltanto i presupposti che sono espressivi di una "crisi" di carattere economico-finanziario-patrimoniale, bensì anche quelli espressivi di una "crisi" di carattere "comportamentale" – c.d. "crisi di legalità": violazione di norme di legge, di disposizioni regolamentari, di principi statutari» [1]. Tali caratteristiche, dunque, confermano ancor più la valenza pubblicistica degli interessi tutelati con la nuova disciplina, nel rapporto tra regola (art. 317) ed eccezioni (318, 319 e 320), come la loro graduazione è valida anche laddove siano coinvolte procedure di liquidazione coatta amministrativa.

Dal momento che il criterio di delega [2] non ha trovato compiuta attuazione [3], la valutazione di compatibilità richiesta dall'art. 321 sembra ridursi all'intervento degli organi propri della liquidazione coatta [4] ed alla legittimazione all'impugnazione della cautela reale in capo al commissario [5] e non al curatore.

---

[1] BONFATTI, *La liquidazione coatta.*

[2] Art. 15, comma 1, l. n. 155 del 2017, Delega al governo per la riforma della disciplina della crisi di impresa e dell'insolvenza: «*applicare in via generale la disciplina concorsuale ordinaria anche alle imprese in stato di crisi o di insolvenza attualmente soggette alla procedura di liquidazione coatta amministrativa, mantenendo fermo il relativo regime speciale*» in limitati casi.

[3] RORDORF, *Prime osservazioni*, 317; BONFATTI, *La liquidazione coatta*; LAMANNA, *Il nuovo codice*, 116.

[4] Comitato di sorveglianza ed autorità amministrative di vigilanza.

[5] V., in particolare, art. 305.

Articolo 322
Bancarotta fraudolenta

1. È punito con la reclusione da tre a dieci anni, se è dichiarato in liquidazione giudiziale, l'imprenditore che:

a) ha distratto, occultato, dissimulato, distrutto o dissipato in tutto o in parte i suoi beni ovvero, allo scopo di recare pregiudizio ai creditori, ha esposto o riconosciuto passività inesistenti;

b) ha sottratto, distrutto o falsificato, in tutto o in parte, con lo scopo di procurare a se o ad altri un ingiusto profitto o di recare pregiudizi ai creditori, i libri o le altre scritture contabili o li ha tenuti in guisa da non rendere possibile la ricostruzione del patrimonio o del movimento degli affari.

2. La stessa pena si applica all'imprenditore, dichiarato in liquidazione giudiziale, che, durante la procedura, commette alcuno dei fatti preveduti dalla lettera a) del comma 1, ovvero sottrae, distrugge o falsifica i libri o le altre scritture contabili.

3. È punito con la reclusione da uno a cinque anni l'imprenditore in liquidazione giudiziale che, prima o durante la procedura, a scopo di favorire, a danno dei creditori, taluno di essi, esegue pagamenti o simula titoli di prelazione.

4. Salve le altre pene accessorie, di cui al capo III, titolo II, libro I del codice penale, la condanna per uno dei fatti previsti nel presente articolo importa l'inabilitazione all'esercizio di una impresa commerciale e l'incapacità ad esercitare uffici direttivi presso qualsiasi impresa fino a dieci anni.

Carlo Longobardo

Sommario: 1. Premessa. – 2. Bene giuridico tutelato. – 3. Gli elementi oggettivi della fattispecie: tipologia di offesa, soggetti attivi e la dichiarazione di liquidazione giudiziale. – 4. Le varie ipotesi di bancarotta fraudolenta. – 4.1. Bancarotta fraudolenta patrimoniale (comma 1, lett. *a*). – 4.2. Bancarotta fraudolenta documentale (comma 1, lett. *b*). – 4.3. Bancarotta fraudolenta preferenziale (comma 3). – 4.4. Bancarotta post-fallimentare (comma 2). – 5. Regime sanzionatorio e pene accessorie (comma 4).

1. – L'art. 322 Codice, rubricato «*Bancarotta fraudolenta*», disciplina il reato fallimentare per eccellenza ancorato alla tradizionale concezione punitiva che identifica il disvalore della condotta quale causa presunta di fallimento[1].

Tra le più importanti novità che riguardano anche la fattispecie in esame, si segnala la sostituzione del termine "fallimento" e dei suoi derivati[2], con la dicitura *liquidazione giudiziale* in conformità ad una tendenza già manifestatasi, in verità, nei principali ordinamenti europei di *civil law*, tra cui la Francia, la Germania e la Spagna[3].

Invero, nella sostanza, soprattutto a livello procedurale, non sembrano registrarsi cambiamenti radicali[4]: al pari del fallimento, infatti, la liquidazione giudiziale, finalizzata a liquidare il patrimonio dell'imprenditore insolvente ripartendo il ricavato in favore dei creditori sulla base della graduazione dei loro crediti, mira, sostanzialmente, all'apprensione dei beni, alla liquidazione dell'attivo ed al riparto tra i creditori[5].

Tuttavia si ritiene che la *ratio* della suddetta scelta, da parte del legislatore, risieda nell'eliminare, seppur solo lessicalmente, il disvalore sociale connesso al termine fallimento, a favore di una concezione che ritenga prevalente un interesse diverso rispetto a quello della sola espulsione dell'impresa insolvente dal mercato con finalità solo punitive[6].

Ciò nonostante si è comunque inteso garantire un'armonizzazione tra le ipotesi di reato. In merito la legge delega sancisce il "generale principio" di «*continuità delle fattispecie criminose*»[7]. Difatti, da un'analisi dei primi tre capi del titolo IX del nuovo Codice (intitolato «*Disposizioni Penali*») si evince chiaramente come, nella sostanza, non vi siano state significative innovazioni dal punto di vista della struttura e della descrizione delle condotte incriminate rispetto alle previsioni contenute agli art. 216 ss. l. fall. di cui al r.d. 16 marzo 1942, n. 267, eccezion fatta per quanto riguarda la riscrittura degli articoli attraverso la sostituzione dell'espressione *fallimento* con quella di *liquidazione giudiziale*, ed il termine *fallito* con *imprenditore in liquidazione giudiziale*[8].

In merito a tale profilo, assume particolare importanza l'art. 349 del nuovo Codice il quale prevede un meccanismo di uniformità delle disposizioni penali previste dalla legge fallimentare con le novità introdotte dal nuovo Codice[9]. In questo senso, la sostituzione

[1] Cfr. FLORA, *Verso una nuova stagione*, 892.

[2] Si evidenzia infatti, che nell'art. 216 l. fall. compare il termine "fallito" in luogo di "liquidazione giudiziale".

[3] PANZANI, *Dal "fallimento"*, 13.

[4] Difatti la procedura della liquidazione giudiziale rimane incentrata su un procedimento giurisdizionale, davanti al tribunale, su istanza dei creditori o del pubblico ministero o dello stesso debitore, ma vengono aggiunti nel novero dei soggetti titolari del potere di presentare istanza di liquidazione giudiziale anche i membri dell'organo di controllo della società debitrice.

[5] Per un approfondimento si rinvia a PANZANI, *Dal "fallimento"*, 14.

[6] La stessa Relazione illustrativa si era espressa sul tema, affidando alla sostituzione lessicale il fine di «evitare l'aura di negatività e di discredito, anche personale, che storicamente a quella parola (fallimento) si accompagna».

[7] Cfr. art. 2, comma 1, lett. *a*), legge delega n. 155 del 2017.

[8] Cfr. GAMBARDELLA, *Il nuovo codice*, 2 s.

[9] L'art. 349, rubricato: «*Sostituzione del termine fallimento*», sancisce che: «*Nelle disposizioni normative vigenti i termini "fallimento" e "procedura fallimentare", "fallito" nonché le espressioni dagli stessi termini derivate devono intendersi sostituite, rispettivamente, con le espressioni "liquidazione giudiziale", "procedura di liquidazione giudiziale" e "debitore assoggettato a liquidazione giudiziale" e loro derivati, con salvezza della continuità delle fattispecie*».

lessicale, per quanto riguarda le disposizioni penali, non produce alcun fenomeno abolitivo delle fattispecie criminose[10]. Pertanto, ai fatti commessi dall'imprenditore dichiarato fallito (*rectius*: in liquidazione giudiziale), anteriormente all'entrata in vigore della riforma, si applicheranno le disposizioni di cui agli art. 216 ss. l. fall. Come si legge nella Relazione illustrativa al Codice, in questa prospettiva «*è garantita di fatto continuità normativa, non contenendo la delega disposizioni che autorizzassero modifiche di natura sostanziale al trattamento penale riservato alle condotte di bancarotta e alle altre condotte contemplate oggi dal titolo sesto della legge fallimentare*».

Tali conclusioni sono state condivise anche dalla Corte di cassazione che di recente ha chiarito come «le nuove norme appaiono in perfetta continuità normativa con le precedenti norme contenute nel Regio Decreto 16 marzo 1942 n. 267, sicché (...) non vi è (...) alcuna discontinuità del precetto penale (né la risposta sanzionatoria risulta diversa) che subentrerà all'attuale disciplina», e che, alla luce del Codice, «non si ravvisano elementi concreti – e certo non possono esserlo la diversa distribuzione di compiti e poteri del giudice delegato, del curatore, dei creditori e del soggetto interessato e le diverse scansioni processuali – tali da mutare il presupposto, l'"insolvenza dell'impresa", su cui si fondano le norme penali, che, difatti, sono rimaste immutate, tranne nell'aggiornamento del lessico dei nuovi presupposti di applicabilità»[11].

Ma la novella, anche se non intervenendo direttamente sulla struttura dei cc.dd. reati fallimentari – lasciando inalterate le caratteristiche e ponendosi in linea di continuità con le fattispecie già previste – aveva introdotto una serie di meccanismi premiali posti a tutela dell'imprenditore (si pensi agli artt. 24 e 25) al fine di prevenire il dissesto economico ed incentivare, il più possibile, l'emersione anticipata dalla crisi d'impresa[12].

2. – L'opinione prevalente in dottrina[13] e giurisprudenza[14] qualifica il delitto di bancarotta fraudolenta quale reato contro il patrimonio in quanto tutela gli interessi patrimoniali vantati dai creditori dell'imprenditore. Ma vi è chi, da un lato, sostiene che oggetto di tutela sia il diritto dei creditori a che i beni dell'imprenditore fallito siano distribuiti in modo egualitario[15] e, dall'altro, chi sostiene che il bene giuridico tutelato dalla norma sia il diritto di credito *tout court*[16]. Tuttavia, contro quest'ultima posizione, si è obiettato come esistano ipotesi di bancarotta (come ad esempio la bancarotta documentale) che non prendono in considerazione, nel loro oggetto di tutela, solo il diritto di credito, piuttosto l'offesa degli interessi dei creditori collegata al verificarsi dello stato di insolvenza[17].

---

[10] Cfr. GAMBARDELLA, *Il nuovo codice*, 3. Sul tema vedi anche MUCCIARELLI, *Risvolti penalistici*, 1189 ss.

[11] Così, Cass. pen., sez. V, n. 4772 del 2020.

[12] L'art. 25, rubricato «*Misure premiali*» è stato abrogato prima ancora di entrare in vigore.

[13] CONTI, *Diritto penale commerciale*, 91; PUNZO, *Il delitto*, 24 ss.; DELITALA, *Contributo alla determinazione*, 723; LONGHI, *Bancarotta e altri*, 91.

[14] Tra le altre si rinvia a Cass. pen., sez. V, 12 novembre 1974, in *Riv. pen.*, 1975, 105; Cass. pen., sez. V, 31 gennaio 2007, n. 3615; Cass. pen., SS.UU., 27 gennaio 2011, n. 21039.

[15] PUNZO, *Il delitto*, 24 ss.

[16] Così, DELITALIA, *L'oggetto*, 840.

[17] In questo senso SANTORIELLO, *I reati*, 8.

Secondo altra dottrina[18], l'individuazione del bene giuridico tutelato deve essere effettuata in relazione alla singola ipotesi di bancarotta: così, ad esempio, per quanto riguarda la bancarotta fraudolenta patrimoniale, il bene giuridico tutelato si risolve nell'interesse dei creditori a ricevere soddisfazione del proprio credito; in tema di bancarotta fraudolenta documentale, invece, essendo le condotte incriminate strumentali all'attività di sottrazione dei beni, il bene da difendere dovrebbe essere più aderente alla sua stessa natura patrimoniale, in quanto, a valere, «non è tanto la rilevanza della veridicità in sé delle scritture contabili, quanto una loro preordinata inadeguatezza all'esercizio delle pretese creditorie»[19]; nella bancarotta fraudolenta preferenziale, oggetto della tutela è l'aspettativa dei creditori della massa ad essere tutti considerarti sullo stesso piano; nelle condotte di bancarotta semplice e societaria bene giuridico tutelato, sempre di natura patrimoniale, è l'interesse dei creditori ad essere soddisfatti nella maggior misura possibile[20].

Vi è chi, poi, individua il bene giuridico tutelato dalla norma nell'economia pubblica stante il carattere di intrinsecità del ricorso al credito[21]. Ma a questa tesi si è obiettato come gli interessi dell'economia pubblica costituiscano solo una finalità secondaria tutelata dalla fattispecie in esame, in quanto coinvolti solo eventualmente e indirettamente, ossia come riflesso dell'offesa portata ai diritti dei creditori[22].

Ancora, secondo altra parte della dottrina[23], il bene giuridico tutelato dalla norma è l'amministrazione della giustizia: l'incriminazione dei fatti di bancarotta è funzionale ad assicurare il buon esito delle procedure concorsuali. In questo senso gli interessi dei creditori non vengono tutelati in chiave individuale, bensì collettiva, attraverso il soddisfacimento di tutti i creditori in base alla *par condicio creditorum*, principio di natura pubblicistico-processuale[24].

Infine, vi è chi qualifica il delitto di bancarotta fraudolenta come un reato plurioffensivo, dato che i beni giuridici tutelati sono rinvenibili sia nell'interesse dei creditori, sia nella pubblica economia, sia nell'amministrazione della giustizia[25]. Anche in questo non sono mancate critiche da parte di chi ritiene non condivisibile la natura plurioffensiva del reato perché interessi, quali la pubblica economia e l'amministrazione della giustizia, subiscono una lesione solo indiretta[26].

3. – Dal punto di vista della tipologia dell'offesa, la giurisprudenza maggioritaria tende a qualificare la bancarotta fraudolenta come un reato di pericolo astratto che si realizza

---

[18] Cfr. ALESSANDRI, *Diritto penale commerciale*, 33.

[19] *Ibidem*.

[20] *Ibidem*, 34.

[21] PAGLIARO, *Il delitto*, 32; ID., *Problemi attuali*, 519; STELLA, *Fatti di bancarotta*, 138; MANGANO, *Il diritto penale*, 48.

[22] Sul tema PEDRAZZI, SGUBBI, *Reati commessi*, 103 e ss.; SANTORIELLO, *I reati*, 10.

[23] NUVOLONE, *Il diritto penale*, 1955; CARNELUTTI, *Appunti sulla natura*, 1; LA MONICA, *Manuale di diritto*; ANTONIONI, *La bancarotta semplice*.

[24] Cfr. NUVOLONE, *Il diritto penale*, 25.

[25] ANTOLISEI, *Manuale di diritto*, 24 ss. Adesivamente, DI AMATO, *Diritto penale*, 144.

[26] PEDRAZZI, *Reati commessi*, 10.

attraverso la mera esposizione a pericolo delle ragioni creditorie, non essendo necessario che sia arrecato un pregiudizio effettivo[27]. Ciò implica, di conseguenza, che il giudice non dovrà accertare, caso per caso, la concreta sussistenza del pericolo essendo già previsto in astratto dal legislatore nella fattispecie incriminatrice.

Tuttavia, parte della dottrina, ritiene che i fatti di bancarotta fraudolenta patrimoniale (art. 322, comma 1, lett. *a*) e documentale (art. 322, comma 1, lett. *b*) siano reati di pericolo concreto[28] essendo richiesto, dal punto di vista dell'elemento psicologico del reato, il dolo specifico. In questi casi, poiché la sussistenza del dolo specifico è necessaria per l'esistenza stessa dell'illecito[29], il giudice sarà tenuto ad accertare, ai fini della corrispondenza del fatto al tipo, l'effettiva realizzazione dello «*scopo di arrecare pregiudizio ai creditori*» o lo «*scopo di procurare a se o ad altri un ingiusto profitto*».

Per quanto riguarda i soggetti attivi, il delitto di bancarotta fraudolenta è considerato un reato proprio, in quanto il fatto può essere commesso solo dall'imprenditore commerciale dichiarato in liquidazione giudiziale, i cui parametri di riferimento si rinvengono nell'art. 121[30] nonché nell'art. 2, comma 1, lett. *d*), in luogo dell'art. 1 l. fall.

Per la definizione di imprenditore commerciale si rinvia all'art. 2195 c.c.[31], che porta ad escludere dal novero dei soggetti attivi l'imprenditore agricolo ed il piccolo imprenditore. Infatti, la posizione di imprenditore insolvente, assoggettabile alla liquidazione giudiziale (già fallimento) – e quindi alle fattispecie delittuose di bancarotta – è da tenere distinta rispetto a quella dell'imprenditore sovraindebitato, assoggettabile alla liquidazione controllata, il quale, però, non risponde del reato di bancarotta fraudolenta in quanto titolare di una impresa minore. La nuova definizione di "impresa minore", contenuta nella lett. *d*) dell'art. 2, è stata elaborata mantenendo ferme le soglie previste dall'art. 1 l. fall., dettate in relazione alla non assoggettabilità a fallimento (art. 2, comma 1, lett. *e*), legge delega n. 155 del 2017) e corrisponde, sostanzialmente, alla figura dell'imprenditore "*sotto soglia*" previsto dalla legge vigente. L'unica reale modifica consiste nell'eliminazione dell'espressione «*ricavi lordi*», che, per la sua ambiguità, aveva suscitato qualche dubbio interpretativo. La nuova disposizione parla semplicemente di ricavi, con un chiaro rinvio alla disciplina civilistica e in particolare agli artt. 2425 e 2525-*bis* c.c., che disciplinano le modalità di iscrizione di tale voce nel bilancio delle società di capitali.

Altro elemento fondante la responsabilità per il reato di bancarotta fraudolenta è la dichiarazione di liquidazione giudiziale, che da sempre ha suscitato un ampio dibattito, sia in dottrina che in giurisprudenza, circa la natura giuridica ed il ruolo della sentenza di-

---

[27] Così, Cass. pen., sez. V, 22 giugno 2010, n. 30932; Cass. pen., sez. V, 13 giugno 2007; Cass. pen., sez. V, 26 gennaio 2006, n. 7212.

[28] Così PEDRAZZI, *Reati commessi*, 13.

[29] In questo senso, FIORE, FIORE, *Diritto penale*, 250.

[30] L'art. 121 identifica i soggetti cui si applicano le disposizioni in tema di liquidazione giudiziale, contemplando altresì il requisito oggettivo dell'insolvenza prima contenuto nell'art. 5 l. fall.

[31] Art. 2195, comma 1, c.c.: «*sono soggetti all'obbligo dell'iscrizione, nel registro delle imprese gli imprenditori che esercitano: 1) un'attività industriale diretta alla produzione di beni o di servizi; 2) un'attività intermediaria nella circolazione dei beni; 3) un'attività di trasporto per terra, per acqua o per aria; 4) un'attività bancaria o assicurativa; 5) altre attività ausiliarie delle precedenti*».

chiarativa di fallimento (ora liquidazione giudiziale) come elemento costitutivo del reato o come condizione obiettiva di punibilità [32].

Innanzitutto, occorre precisare che il ruolo della dichiarazione è differente a seconda che si tratti di ipotesi di bancarotta pre-fallimentare o post-fallimentare. Per quest'ultima è pacifico, sia in giurisprudenza che in dottrina, che la dichiarazione di liquidazione giudiziale sia un presupposto del reato [33], traducendosi in una qualifica soggettiva dell'agente [34].

Per quanto, invece, riguarda le ipotesi di bancarotta fraudolenta pre-fallimentare, si registrano opinioni contrastanti. Secondo la giurisprudenza succedutasi nel tempo prima dell'entrata in vigore del Codice, la sentenza dichiarativa di fallimento veniva considerata un elemento costitutivo del delitto ossia una condizione di esistenza del reato stesso. In tal senso le Sezioni Unite della Cassazione avevano affermato che «la dichiarazione di fallimento, pur costituendo un elemento imprescindibile per la punibilità dei reati di bancarotta, si differenzia concettualmente dalle condizioni obiettive di punibilità vere e proprie perché, mentre queste presuppongono un reato già strutturalmente perfetto, sotto l'aspetto oggettivo e soggettivo, essa, invece, costituisce, addirittura, una condizione di esistenza del reato, relativamente a quei fatti commissivi od omissivi anteriori alla sua pronunzia, e ciò in quanto attiene così strettamente all'integrazione giuridica della fattispecie penale, da qualificare i fatti medesimi, i quali fuori dal fallimento, sarebbero penalmente irrilevanti, come fatti di bancarotta» [35]. Sulla scia di questo insegnamento si è sostenuto come il fallimento, pur essendo un elemento costitutivo della fattispecie di bancarotta fraudolenta, non ne rappresenta l'evento né deve essere retto da un nesso psicologico con l'agente ovvero da un nesso eziologico con la condotta [36].

La posizione prevalente in dottrina [37], invece, qualifica la dichiarazione di fallimento quale condizione obiettiva di punibilità, secondo alcuni *estrinseca*, partendo dal presupposto che il disvalore dei reati di bancarotta non si realizzi con la dichiarazione di fallimento ma, al contrario, le condotte tipizzate siano già di per sé cariche di un contenuto offensivo tale da giustificarne l'illiceità penale. Sono, infatti, queste a mettere in pericolo le ragioni creditorie; il fallimento non porta alcun disvalore aggiuntivo [38]. Altri autori, al contrario, ritengono la dichiarazione di liquidazione giudiziale una condizione obiettiva di punibilità *intrinseca* [39], che incide sull'interesse protetto dalla norma, aggravando l'offesa già implicita nel fatto. In questo senso «l'atto giurisdizionale imprime il crisma dell'illiceità agli atti di disposizione compiuti in precedenza dall'imprenditore, i quali, in assenza di tale pronuncia, sono assolutamente legittimi» [40]. Il soggetto agente, dunque,

---

[32] Si veda RECCIA, *Il mutato orientamento*, 1 ss.

[33] Sul tema si veda PEDRAZZI, SGUBBI, *Reati commessi*, 106; CONTI, *Diritto penale commerciale*, 128.

[34] ANTOLISEI, *Manuale di diritto*, 41-42.

[35] Cass. pen., SS.UU., 25 gennaio 1958, n. 2.

[36] Si veda, MUZZACUVA, AMATI, *Diritto penale*, 174.

[37] Tra i molti si vedano, richiamano BUSETTO, *Giudice penale*, 154 ss.; PEDRAZZI, *Reati commessi*, 19 ss.; SANTORIELLO, *Reati di bancarotta*, 26 ss.; ANTOLISEI, *Manuale di diritto*, 30; ALLEGRI, *La dichiarazione*, 481.

[38] In questo senso, ad esempio, PEDRAZZI, *Reati commessi*, 17.

[39] Tra i vari, qui si richiamano SANTORIELLO, *I reati*, 28; NUVOLONE, *Diritto penale*, 42; LANZI, *Riflessi penali*, 148; SCALERA, *Teoria generale*, 72.

[40] SANTORIELLO, *Reati di bancarotta*, 28.

deve rappresentarsi, quantomeno, il futuro rischio penale del proprio comportamento, la futura insolvenza[41].

Tuttavia, la recente giurisprudenza[42] ha confermato la natura di condizione obiettiva di punibilità estrinseca della sentenza dichiarativa di fallimento, dunque estranea all'offesa e alla sfera volitiva dell'agente, che restringe l'area del penalmente rilevante di modo che le condotte del debitore, già di per sé offensive degli interessi dei creditori, siano punite solo nel momento in cui alle stesse segua una dichiarazione di fallimento[43].

4. – Le varie tipologie di bancarotta fraudolenta di cui all'art. 322 si distinguono per le diverse condotte nonché per l'elemento soggettivo.

4.1. – La bancarotta fraudolenta patrimoniale è prevista al comma 1, lett. *a)* dell'articolo in commento che punisce, con la reclusione da tre a dieci anni, l'imprenditore, dichiarato in liquidazione giudiziale, che distrae, occulta, dissimula, distrugge o dissipa in tutto o in parte i suoi beni, ovvero, allo scopo di recare pregiudizio ai creditori, espone o riconosce passività inesistenti.

Dunque, le condotte contemplate dalla norma sono molteplici.

La più frequente è, nella prassi, quella distrattiva che mira alla «sottrazione di una cosa alla funzione di garanzia patrimoniale a favore dei creditori, con destinazione del bene ad uno scopo diverso»[44]. Per distrazione, dunque, si intende l'utilizzo, da parte dell'imprenditore, dei propri beni per scopi estranei all'esercizio dell'attività imprenditoriale. Si ritiene che la condotta in questione sia a forma libera, sia commissiva che omissiva, configurabile nei casi di distacco del bene dal patrimonio dell'imprenditore fallito[45]. In merito, la cassazione[46] ha specificato che la distrazione si può realizzare anche creando solo vincoli patrimoniali per l'impresa fallita.

Oggetto materiale della condotta, possono essere anche beni oggetto di vendita o in *leasing* ovvero beni dei quali il debitore abbia il mero possesso. Per i beni di provenienza illecita, invece, la giurisprudenza generalmente ritiene possibile che la condotta distrattiva possa ricadere su beni di origine delittuosa[47] come anche sull'avviamento commerciale[48]. Infine, può configurare l'oggetto materiale della distrazione anche il passaggio d'azienda dietro contropartita a titolo di avviamento[49].

L'occultamento e la dissimulazione sono condotte attraverso cui l'imprenditore nasconde

---

[41] Così, ANTOLISEI, *Manuale di diritto*, 46.

[42] Cfr. Cass. pen., sez. V, 15 aprile 2015, n. 15613; Cass. pen., SS.UU., 27 maggio 2016, n. 22474; Cass. pen., sez. V, 22 marzo 2017, n. 13910; Cass. pen., sez. V, 30 maggio 2017, n. 34836.

[43] MUZZACUVA, AMATI, *Diritto penale*, 175.

[44] MUZZACUVA, AMATI, *Diritto penale*, 179. Sul tema si veda anche PISANI, *Crisi d'impresa*, 44 ss.

[45] MUZZACUVA, AMATI, *Diritto penale*, 180.

[46] Si veda Cass. pen., sez. V, 20 giugno 2017, n. 35591.

[47] Così, MUZZACUVA, AMATI, *Diritto penale*, 181-182. Si veda, anche, BRICCHETTI, PISTORELLI, *La bancarotta*, 126.

[48] Così, Cass. pen., sez. V, 4 aprile 2017, n. 3167.

[49] MUZZACUVA, AMATI, *Diritto penale*, 182.

i propri beni da un luogo noto ad uno ignoto. Nel primo caso lo fa materialmente, utilizzando mezzi giuridici idonei ad occultare il patrimonio; nel secondo caso, invece, fa apparire il trasferimento dei beni nella sfera giuridica di altro soggetto. In entrambi i casi, scopo della condotta è l'irreperibilità dei beni nascosti da parte degli organi del fallimento[50].

Fra le attività elencate dalla norma, la più grave è la distruzione che può essere sia attiva che omissiva. Essa consiste nell'attività di eliminazione o riduzione del valore di un bene potenzialmente utile al soddisfacimento dei creditori, e comporta una diminuzione effettiva del patrimonio[51].

Invece si ha dissipazione qualora l'imprenditore sperperi il proprio patrimonio, assumendo impegni economici ed effettuando spese sproporzionate rispetto al reddito dell'impresa. La dottrina è concorde nel ritenere integrato il reato in presenza della non necessarietà della spesa e della significativa consistenza di quest'ultima rispetto all'entità patrimoniale[52].

L'ultima condotta menzionata dall'art. 322, comma 1, lett. *a*) consiste nell'esposizione e nel riconoscimento di passività inesistenti comportanti la rivelazione di uno stato patrimoniale passivo più consistente di quello reale, oppure la contestazione di un credito vantato da terzi per aumentare il conto debiti del passivo dello stato patrimoniale.

Dal punto di vista dell'elemento psicologico del reato, la norma richiede il dolo generico, da intendersi, in questo caso, in termini di consapevolezza di agire ponendo in pericolo la garanzia data dal patrimonio al soddisfacimento dei creditori[53], eccezion fatta per la condotta di esposizione o riconoscimento di passività inesistenti per le quali è richiesto il dolo specifico, consistente nell'agire al fine di recare pregiudizio ai creditori.

Oggetto materiale del reato è costituito dal patrimonio dell'imprenditore, ossia tutti i beni sui quali il debitore vanti un dritto[54]. La dottrina e la giurisprudenza maggioritaria configurano il delitto in esame quale reato di pericolo astratto[55], per la cui configurabilità non occorre un danno effettivo per la massa dei creditori, realizzandosi, ad esempio, il reato anche quando i beni saranno recuperati dalla successiva procedura concorsuale[56].

4.2. – La bancarotta fraudolenta documentale è prevista sempre al comma 1 dell'art. 322, ma alla lett. *b*) e punisce – sempre con la reclusione da tre a dieci anni – l'imprenditore che, dichiarato in liquidazione giudiziale, sottrae, distrugge o falsifica, in tutto o in parte, con lo scopo di procurare a sé o ad altri un ingiusto profitto o di recare pregiudizi ai creditori, i libri o le altre scritture contabili o li ha tenuti in guisa da non rendere possibile la ricostruzione del patrimonio o del movimento degli affari.

Sostanzialmente il legislatore sanziona le inadempienze relative alla tenuta della contabilità potendo distinguersi, all'uopo, la bancarotta fraudolenta documentale in *specifica* o

---

[50] Cfr. BRICCHETTI, PISTORELLI, *La bancarotta*, 70.

[51] *Ibidem*, 66.

[52] Cfr. MUZZACUVA, AMATI, *Diritto penale*, 85.

[53] PEDRAZZI, *Manuale di diritto*, 136.

[54] Si veda ANTOLISEI, *Manuale di diritto*, 50.

[55] Così, MUZZACUVA, AMATI, *Diritto penale*, 179.

[56] *Ibidem*, 189 s.

generica, a seconda che le scritture contabili vengano sottratte, distrutte o falsificate, ovvero tenute al solo scopo di non rendere possibile la ricostruzione del patrimonio dell'imprenditore o il suo volume d'affari[57].

In base alla prevalente dottrina e giurisprudenza, la norma incriminatrice tutela l'interesse dei creditori alla conoscenza del patrimonio destinato a soddisfare le loro ragioni[58]. L'oggetto della condotta è costituito dai libri o dalle altre scritture contabili, non differenziandosi tra scritture contabili obbligatorie (disciplinate dall'art. 2214 c.c.) o facoltative.

Al pari della bancarotta patrimoniale, anche il reato in esame si può commettere attraverso una molteplicità di condotte tra cui: la *sottrazione* delle scritture contabili, imponendo agli organi fallimentari di utilizzarle e/o l'impiego di una particolare diligenza per ritrovarle[59]; la *distruzione*, ovvero l'eliminazione, totale o parziale, della scrittura tenuta in formato cartaceo ovvero informatico ritenendosi che integri la fattispecie distruttiva anche la condotta volta a rendere del tutto indecifrabile la scrittura[60]; la *falsificazione* consistente nella creazione di un documento non rispondente al vero, che si può perpetrare sia tramite la formazione *ex novo* della scrittura non veritiera, che attraverso l'alterazione di una scrittura esistente[61]. Ulteriore condotta prevista dalla norma è la tenuta delle scritture in modo tale da non rendere possibile la ricostruzione del patrimonio o del movimento d'affari dell'imprenditore: questa è una fattispecie a forma libera, che si colloca quale norma di chiusura all'interno delle condotte di bancarotta fraudolenta documentale.

Dal punto di vista dell'elemento psicologico è richiesto il dolo specifico consistente nel «*procurare a sé o ad altri un ingiusto profitto o di recare pregiudizio ai creditori*». Tuttavia, la Corte di cassazione ha precisato che il dolo specifico è richiesto solo per condotte di sottrazione, distruzione o falsificazione dei libri o delle scritture contabili, e non anche per la fattispecie di bancarotta fraudolenta documentale generica, per la quale è sufficiente il dolo generico[62].

È opportuno, infine, sottolineare che il reato di bancarotta fraudolenta documentale può concorrere con il delitto di occultamento o distruzione di documenti contabili, disciplinato dall'art. 10, d.lgs. n. 74 del 2000, laddove le scritture contabili siano tenute in modo irregolare e poi vengano sottratte o distrutte subito dopo la dichiarazione di fallimento al fine di realizzare l'evasione fiscale[63].

4.3. – Il comma 3 dell'art. 322 disciplina la bancarotta fraudolenta preferenziale che si configura allorquando l'imprenditore in liquidazione giudiziale esegua pagamenti o simuli titoli di prelazione prima o durante la procedura, a scopo di favorire, a danno dei credito-

[57] Si veda in argomento, ALESSANDRI, *Reati in materia*, 319.

[58] Cfr. MUZZACUVA, AMATI, *Diritto penale*, 193 s.

[59] *Ibidem*, 197.

[60] Sul tema GAROFOLI, *Diritto penale*, 842.

[61] Si veda, ALESSANDRI, *Reati in materia*, 319. Sul punto si rinvia anche alla Cass. pen., sez. V, 28 gennaio 2011, n. 3115.

[62] Si veda, fra le altre, Cass. pen., sez. V, 14 aprile 2017, n. 18634.

[63] Ciò è stato chiarito dalla Cass. pen., sez. V, n. 11049 del 2018.

ri, taluno di essi. In questo caso la pena prevista è la reclusione da uno a cinque anni.

Il reato in esame, definito come figura intermedia, ma autonoma, tra la bancarotta fraudolenta patrimoniale e quella semplice, si caratterizza per il particolare bene giuridico tutelato, ossia l'ordine di soddisfazione dei creditori sull'attivo fallimentare secondo il rispetto del principio della *par condicio creditorum*[64]: i creditori hanno eguale diritto di essere soddisfatti, fatte salve le cause legittime di prelazione (art. 2741 c.c.) e i crediti prededucibili. In questa fattispecie di reato, infatti, la consistenza patrimoniale del debitore non viene intaccata[65].

Il reato in esame può essere integrato tramite due condotte tra loro alternative: eseguendo pagamenti di crediti in via preferenziale, ovvero simulando titoli di prelazione. Riguardo la prima condotta, essa comprende qualsiasi atto produttivo di un'estinzione dell'obbligazione con valore satisfattorio nei confronti del titolare del credito [66], che deve inoltre essere effettivo; in caso contrario si ricadrebbe nella ipotesi di bancarotta fraudolenta patrimoniale per distrazione. In merito, invece, alla simulazione di titoli di prelazione, la prevalente dottrina ritiene che, affinché si abbia una simulazione, occorre un negozio giuridico apparente che non abbia valore fra le parti o nasconda un negozio giuridico diverso per opera di un altro accordo[67]. Al contrario, la prevalente giurisprudenza ritiene che la simulazione non vada intesa in senso civilistico bensì deve mirare a sanzionare sia le condotte che realizzino una costituzione fittizia di un titolo preferenziale, sia quelle che trasformino un credito chirografario in privilegiato con la costituzione di una garanzia nel momento nel quale il debitore versi in stato di insolvenza[68].

L'elemento soggettivo è, anche in questo caso, il dolo specifico consistente nello scopo di favorire alcuni creditori. Parte della dottrina e della giurisprudenza ritengono che basti il dolo eventuale per integrare l'ipotesi delittuosa in esame, ossia la previsione del fine di favorire un creditore accompagnato dall'accettazione del rischio di un danno alla massa debitoria [69].

È bene precisare che il reato di bancarotta fraudolenta preferenziale può realizzarsi o prima o durante la procedura di liquidazione giudiziale, atteso che la norma non parla di avvenuta dichiarazione di fallimento.

4.4. – Il comma 2 dell'art. 322 dispone che le pene previste in caso di bancarotta fraudolenta patrimoniale o documentale, ossia la reclusione da tre a dieci anni, si applichino all'imprenditore dichiarato in liquidazione giudiziale che, durante la procedura, commetta alcuno dei fatti preveduti dalla lett. *a*) del comma 1, ovvero sottragga, distrugga o falsifichi i libri o le altre scritture contabili. Lo stesso vale anche in caso di bancarotta preferenziale di cui al comma 3. La norma, in pratica, estende la punibilità a tutte quelle

---

[64] Il principio della *par condicio creditorum* è sancito dall'art. 2741 c.c. il quale sancisce che: «i creditori hanno eguale diritto di essere soddisfatti sui beni del debitore, salvo le cause legittime di prelazione».

[65] Così, MUZZACUVA, AMATI, *Diritto penale*, 204 ss.

[66] Cfr. TAGLIARINI, *Profili salienti*, 743.

[67] Cfr. ANTOLISEI, *Manuale di diritto*, 148.

[68] Cfr. Cass. pen., sez. V, 2 marzo 2004, n. 16688.

[69] Sul tema ANTOLISEI, *Manuale di diritto*, 153; BRICCHETTI, PISTORELLI, *La bancarotta*, 184.

condotte poste in essere successivamente alla dichiarazione di liquidazione giudiziale [70].

La giurisprudenza, in diverse occasioni, ha avuto modo di precisare che il reato di bancarotta post-fallimentare si realizzi tramite la distrazione di somme pervenute al fallito per l'attività esercitata successivamente alla dichiarazione di fallimento, ove esse superino i limiti, fissati dal giudice delegato, di quanto occorra per il mantenimento suo e della famiglia, secondo quanto disposto dall'art. 46, n. 2, l. fall. (oggi art. 146). Risulta pacifico, infatti, in giurisprudenza che non sussiste un divieto assoluto di lavorare dopo la dichiarazione di fallimento, ma rimane fermo l'obbligo di non depauperare il patrimonio sociale e di versare parte dei proventi dell'attività lavorativa nella massa attiva fallimentare, trattenendo solo quanto necessario al mantenimento [71].

Di recente la Corte di cassazione ha chiarito, sempre in tema di bancarotta post-fallimentare, che «nel fallimento non vanno riversati i ricavi dell'attività esercitata dal fallito dopo il fallimento, ma i guadagni conseguiti, con la conseguenza che, per stabilire se ed in quale misura il fallito abbia sottratto beni alla massa fallimentare, occorre tener conto dei costi incontrati nella gestione dell'attività, dovendosi per l'effetto considerare distratte le somme che rappresentano il guadagno effettivo, eccedente i limiti stabiliti dal giudice delegato» [72].

5. – Com'è noto, le fattispecie di bancarotta fraudolenta si caratterizzano per un severo regime sanzionatorio. È prevista, come già evidenziato, la reclusione da tre a dieci anni per l'ipotesi di bancarotta patrimoniale, documentale e post-fallimentare; la reclusione da uno a cinque anni per la bancarotta preferenziale.

Nel solco del rigore ora segnalato, va evidenziato il comma 4 dell'art. 322 in tema di pene accessorie, in quanto la norma contiene una clausola di salvaguardia («*salve le altre pene accessorie, di cui al capo III, titolo II, libro I del codice penale*») che indica come oltre alle pene accessorie previste dagli artt. 28 a 36 c.p., si potranno applicare, per i fatti di bancarotta fraudolenta, ulteriori misure quali l'inabilitazione all'esercizio di una impresa commerciale e l'incapacità ad esercitare uffici direttivi presso qualsiasi impresa.

L'elemento di novità, rispetto alla previgente formulazione di cui all'art. 216, comma 4, l. fall., è la sostituzione dell'espressione: «*per la durata di dieci anni*», con quella: «*fino a dieci anni*» [73]. Infatti, si sosteneva che la pena accessoria ivi prevista indicasse una durata fissa di dieci anni, laddove, invece, per la bancarotta semplice la sanzione potesse essere considerata graduabile dal giudice in relazione al suo prudente apprezzamento, fino al tetto massimo di due anni [74].

---

[70] MUZZACUVA, AMATI, *Diritto penale*, 178.

[71] Così Cass. pen., sez. V, 17 marzo 2004, n. 38244.

[72] Cfr. Cass. pen., sez. V, 24 gennaio 2020, n. 15650. In senso conforme, Cass. pen., sez. V, 19 marzo 2013, n. 24493.

[73] Ai sensi dell'art. 216, comma 4, l. fall.: «*Salve le altre pene accessorie, di cui al Capo III, Titolo II, Libro I del Codice penale, la condanna per uno dei fatti previsi nel presente articolo importa per la durata di dieci anni l'inabilitazione all'esercizio di un'impresa commerciale e l'incapacità per la stessa durata ad esercitare uffici direttivi presso qualsiasi impresa*».

[74] Ai sensi dell'art. 217, comma 3, l. fall. (articolo recepito senza modificazioni nel nuovo art. 323, comma 3): «*Salve le altre pene accessorie di cui al Capo III, Titolo II, Libro I del Codice penale, la condanna comporta*

Invero, già la corte di cassazione, attraverso alcune pronunce, aveva cercato di mitigare la portata del dato normativo ritenendo che la suddetta formula dovesse intendersi riferita alla durata massima della pena accessoria [75]. Successivamente, è intervenuta la Corte costituzionale che, con la sentenza n. 222 del 2018 [76], ha dichiarato parzialmente illegittimo l'art. 216, comma 4, l. fall. nella parte in cui dispone che «la condanna per uno dei fatti previsti dal presente articolo importa per la durata di dieci anni l'inabilitazione all'esercizio di una impresa commerciale e l'incapacità per la stessa durata ad esercitare uffici direttivi presso qualsiasi impresa", anziché: "la condanna per uno dei fatti previsti dal presente articolo importa l'inabilitazione all'esercizio di una impresa commerciale e l'incapacità ad esercitare uffici direttivi presso qualsiasi impresa fino a dieci anni"». La Corte giungeva a questa conclusione rilevando che la gravità dei fatti di bancarotta fraudolenta potesse essere, nella prassi, molto differente e, dunque, la previsione di una pena accessoria di durata fissa avrebbe comportato una risposta sanzionatoria sproporzionata [77], in violazione degli artt. 3, 27, 117 Cost., nonché dell'art. 8 Cedu [78]. Il nuovo comma 4 dell'art. 322, dunque, fa proprie le indicazioni giurisprudenziali in materia.

Ma anche a seguito della citata sentenza della Corte costituzionale residuava qualche dubbio interpretativo. In particolare, si discuteva se le pene accessorie in tema di bancarotta fraudolenta – di durata non espressamente determinata – dovessero seguire la disciplina indicata nell'art. 37 c.p., ovvero se dovessero essere applicabili criteri di cui agli artt. 133 c.p. e 27 Cost., qualora tali pene dovessero essere ritenute di durata predeterminata.

La questione sembra risolta dalla pronuncia delle Sezioni Unite della Corte di cassazione del 2019, nella quale si è enunciato il seguente principio di diritto: «le pene accessorie previste dall'art. 216 legge fall., nel testo riformulato dalla sentenza n. 222 del 5 dicembre 2018 della Corte Costituzionale, così come le altre pene accessorie per le quali la legge indica un termine di durata non fissa, devono essere determinate in concreto dal giudice in base ai criteri di cui all'art. 133 c.p.» [79]. La sentenza ora citata, in linea con le indicazioni fornite dalla Corte costituzionale, indica il ricorso ai criteri della gravità del reato di cui all'art. 133 c.p., affidando al giudice il calcolo della pena accessoria da infliggersi nel caso concreto. La soluzione appare condivisibile anche in relazione al maggiore rispetto dei precetti costituzionali di cui all'art. 27, commi 1 e 3, Cost., impedendo pericolosi meccanismi automatici poco rispettosi del principio di rieducazione che non può prescindere dalla personalizzazione della sanzione irrogata al condannato.

---

l'inabilitazione all'esercizio di un'impresa commerciale e l'incapacità ad esercitare uffici direttivi presso qualsiasi impresa fino a due anni».

[75] Si veda, tra le altre, Cass. pen., sez. V, 30 maggio 2012, n. 30341; Cass. pen., sez. V, 31 marzo 2010, n. 23720; Cass. pen., sez. V, 22 gennaio 2010, n. 9672.

[76] Corte cost., 25 settembre 2018, n. 222.

[77] Vedi BUSUTTO, *Reati commessi*, 94 ss.

[78] La questione di legittimità costituzionale era stata sollevata dalla Cass. pen., sez. I, (ord.) 6 luglio 2017, n. 52613 con la quale si lamentava, appunto, la violazione degli artt. 3, 27, 117 Cost., e dell'art. 8 Cedu nonché l'applicazione alle pene accessorie della bancarotta fraudolenta dell'art. 37 c.p. con conseguente allineamento della durata della pena accessoria con quella della pena principale.

[79] Cass. pen., SS.UU., 28 febbraio 2019, n. 28910.

Articolo 323

Bancarotta semplice

1. È punito con la reclusione da sei mesi a due anni, se è dichiarato in liquidazione giudiziale, l'imprenditore che, fuori dai casi preveduti nell'articolo precedente:

a) ha sostenuto spese personali o per la famiglia eccessive rispetto alla sua condizione economica;

b) ha consumato una notevole parte del suo patrimonio in operazioni di pura sorte o manifestamente imprudenti;

c) ha compiuto operazioni di grave imprudenza per ritardare l'apertura della liquidazione giudiziale;

d) ha aggravato il proprio dissesto, astenendosi dal richiedere la dichiarazione di apertura della propria liquidazione giudiziale o con altra grave colpa;

e) non ha soddisfatto le obbligazioni assunte in un precedente concordato preventivo o liquidatorio giudiziale.

2. La stessa pena si applica all'imprenditore in liquidazione giudiziale che, durante i tre anni antecedenti alla dichiarazione di liquidazione giudiziale ovvero dall'inizio dell'impresa, se questa ha avuto una minore durata, non ha tenuto i libri e le altre scritture contabili prescritti dalla legge o li ha tenuti in maniera irregolare o incompleta.

3. Salve le altre pene accessorie di cui al capo III, titolo II, libro I del codice penale, la condanna importa l'inabilitazione all'esercizio di un'impresa commerciale e l'incapacità ad esercitare uffici direttivi presso qualsiasi impresa fino a due anni.

Carlo Longobardo

Sommario: 1. Premessa. – 2. Bene giuridico tutelato. – 3. Gli elementi oggettivi della fattispecie: tipologia di offesa, soggetti attivi e la dichiarazione di liquidazione giudiziale. – 4. Le varie ipotesi di bancarotta semplice. – 4.1. Bancarotta semplice patrimoniale (comma 1, lett. *a-d*). – 4.2. Bancarotta semplice per inosservanza delle obbligazioni assunte in un precedente concordato preventivo o liquidatorio giudiziale (comma 1, lett. *e*). – 4.3. Bancarotta semplice documentale (comma 2). – 5. Elemento psicologico del reato. – 6. Regime sanzionatorio e pene accessorie (comma 3).

1. – L'art. 323 prevede il reato di bancarotta semplice che si differenzia dalla bancarotta fraudolenta, per la gravità degli atti e dei fatti commessi dall'imprenditore dichiarato in liquidazione giudiziale.

Inoltre le due ipotesi di bancarotta, ma solo per quanto riguarda la documentale, si distinguono per il diverso atteggiarsi dell'elemento psicologico del reato: ai fini della punibilità per la bancarotta semplice documentale, di cui al comma 2 del presente articolo, l'elemento soggettivo può essere indifferentemente costituito dal dolo o dalla colpa, ravvisabili quando l'agente ometta, volontariamente o per semplice negligenza, di tenere le scritture contabili; invece, per la bancarotta fraudolenta documentale – *ex* art. 322, comma 1, lett. *b*) – l'elemento psicologico deve essere individuato esclusivamente nel dolo generico, consistente nel rappresentarsi e volere la tenuta irregolare delle scritture, con la consapevolezza che ciò renda impossibile la ricostruzione delle vicende del patrimonio dell'imprenditoriale [1].

Rispetto all'art. 217 l. fall., anche in questo caso si evidenzia la sostituzione, nel dettato letterale della norma, del termine *fallito*, con quello di imprenditore «*dichiarato in liquidazione giudiziale*», nonché di *fallimento* con «*liquidazione giudiziale*» (così nel comma 1, lett. *c), d*), *e*), per le cui osservazioni, in merito, si rinvia a quanto già espresso nel paragrafo 1 dell'art. 322.

La norma, inoltre, contiene una clausola c.d. di sussidiarietà («*fuori dai casi preveduti dall'articolo precedente*») in quanto la fattispecie in esame risulta residuale rispetto alla bancarotta fraudolenta [2].

2. – Il bene giuridico tutelato dalle ipotesi di bancarotta semplice non è dissimile da quello della bancarotta fraudolenta. Il fatto che l'art. 323 si riferisca ad un eccesso nelle spese (lett. *a*), alla consumazione di «*una notevole parte*» del patrimonio per effetto di operazioni imprudenti (lett. *b*), al ritardare la liquidazione giudiziale (lett. *c*), ovvero, infine, all'aggravamento del dissesto (lett. *d*), induce fondatamente a ritenere che il bene giuridico della bancarotta semplice sia omogeneo a quello delle ipotesi fraudolente [3].

Per quanto riguarda la bancarotta semplice documentale (art. 323, comma 2), in questo caso si ritiene che oggetto della tutela sia piuttosto la corretta informazione sulle vicende patrimoniali e contabili dell'impresa nonché l'ostensibilità del patrimonio del debitore [4].

Tuttavia, un problema che pone tale tipologia delittuosa è legato alla circostanza che la fattispecie si propone di delineare un "modello gestionale illecito", inserendosi nella dinamica delle scelte imprenditoriali e consegnando al giudice uno strumento malleabile, anche dal punto di vista sanzionatorio, che può avere come effetto l'estromissione di soggetti economici dal mercato. Una tale conseguenza richiede particolare attenzione circa i limiti all'intervento penale rispetto all'attività imprenditoriale, considerando come parametri imprescindibili sia il rischio d'impresa che la tutela delle varie parti interessate, in termini sia oggettivi che soggettivi, evitando formule vuote che potrebbero determinare forme di tutela aventi un'efficacia discutibile [5].

---

[1] Cass. pen., sez. V, 2 ottobre 2018, n. 2900; Cass. pen., sez. V, 14 novembre 2016, n. 55065; Cass. pen., sez. V, 6 ottobre 2011, n. 48523.

[2] In argomento, MAZZACUVA, AMATI, *Diritto penale*, 217 ss.

[3] In questi termini PEDRAZZI, *Art. 216*, 140 ss.

[4] Si veda ALESSANDRI, *Reati in materia*, 373.

[5] Sul tema cfr. BERTEL, *La bancarotta colposa*, 643 ss.

3. – Dal punto di vista della tipologia dell'offesa, la dottrina tende a qualificare il delitto di bancarotta semplice patrimoniale come un reato di pericolo concreto, a differenza della bancarotta semplice documentale ritenuta come un reato di pericolo astratto, essendo irrilevante la presenza di altre scritture che rendano possibile la ricostruzione degli affari [6].

Al pari di quella fraudolenta, anche la bancarotta semplice è un reato proprio, in quanto il fatto può essere commesso solo dall'imprenditore commerciale dichiarato in liquidazione giudiziale i cui parametri di riferimento si rinvengono nell'art. 121 [7] nonché nell'art. 2, comma 1, lett. *d*), in luogo dell'art. 1 l. fall. Per la definizione di imprenditore commerciale si rinvia all'art. 2195 c.c. [8] che, com'è noto, consente di escludere dal novero dei soggetti attivi l'imprenditore agricolo ed il piccolo imprenditore [9].

Altro elemento fondante la responsabilità per il reato di bancarotta semplice è la dichiarazione di liquidazione giudiziale, intesa, anche in questo caso, come una condizione obiettiva di punibilità [10].

4. – Le varie tipologie di bancarotta semplice, di cui all'art. 323, si distinguono in: bancarotta semplice patrimoniale (comma 1, lett. *a*)-*d*)); bancarotta semplice per inosservanza delle obbligazioni assunte in un precedente concordato preventivo o liquidatorio giudiziale (comma 1, lett. *e*) e bancarotta semplice documentale (comma 2).

4.1. – Per quanto riguarda la bancarotta semplice documentale, l'art. 323, comma 1, dalla lett. *a*) alla lett. *d*), contempla una serie di condotte che presentano, tra loro, una forte eterogeneità. La norma punisce, con la reclusione da sei mesi a due anni, l'imprenditore dichiarato in liquidazione giudiziale che, al di fuori delle ipotesi contemplate nell'art. 322, abbia fatto spese personali o per la famiglia, eccessive rispetto alla sua condizione economica (lett. *a*), o abbia consumato una parte notevole del patrimonio in operazioni di pura sorte o manifestamente imprudenti (lett. *b*), ovvero abbia compiuto operazioni di grave imprudenza per ritardare l'apertura della liquidazione giudiziale (lett. *c*), nonché abbia aggravato il proprio dissesto, astenendosi dal richiedere la dichiarazione della propria liquidazione giudiziale o con altra grave colpa, o non abbia soddisfatto le obbligazioni assunte in un precedente concordato preventivo o liquidatorio giudiziale (lett. *d*).

Per quanto riguarda il concetto di *spesa* deve essere inteso come un esborso di denaro effettuato per soddisfare un bisogno o un'esigenza di vita personale ovvero della famiglia dell'imprenditore, e non per finalità di lucro [11], ma in misura eccessiva rispetto alle finanze

---

[6] Cfr. MAZZACUVA, AMATI, *Diritto penale*, 223 ss.

[7] L'art. 121 identifica i soggetti cui si applicano le disposizioni in tema di liquidazione giudiziale, contemplando altresì il requisito oggettivo dell'insolvenza prima contenuto nell'art. 5 l. fall.

[8] Art. 2195, comma 1, c.c.: «*sono soggetti all'obbligo dell'iscrizione, nel registro delle imprese gli imprenditori che esercitano: 1) un'attività industriale diretta alla produzione di beni o di servizi; 2) un'attività intermediaria nella circolazione dei beni; 3) un'attività di trasporto per terra, per acqua o per aria; 4) un'attività bancaria o assicurativa; 5) altre attività ausiliarie delle precedenti*».

[9] Si rinvia sul punto al § 3 del commento all'art. 322.

[10] Cfr. RECCIA, *Il mutato orientamento*, 1 ss. Si rinvia, sul punto, al § 3 del commento all' art. 322.

[11] Si veda ALESSANDRI, *Reati in materia*, 365.

dell'imprenditore e dell'impresa per poter assumere rilevanza: ai fini della determinazione della sproporzione, occorre effettuare una valutazione *ex ante*, che accerti l'incidenza della spesa sul patrimonio dell'imprenditore [12].

Il concetto di spesa deve essere ben distinto da quello di *dissipazione* previsto per la bancarotta fraudolenta: mentre la dissipazione, infatti, sovente è ingiustificata, la spesa eccessiva comporta una violazione del dovere di continenza oltre il normale, imposta da una particolare condizione patrimoniale a tutela dei creditori [13].

Le *operazioni di pura sorte*, invece, di cui alla lett. *b*), non devono essere intese nel senso di partecipazione a un gioco d'azzardo, ma atti attraverso i quali si rischia una parte del proprio patrimonio per uno scopo che ha la sua base nella vita economica dell'azienda. Si distingue, così, l'operazione manifestamente imprudente, nella quale alcuno degli elementi può essere predeterminato dall'imprenditore, e operazione di pura sorte, laddove l'esito dell'operazione stessa non può essere in alcun modo predeterminato dallo stesso [14].

Riguardo, invece, alla lett. *c*), la norma, ai fini dell'integrazione del fatto tipico, richiede un'operazione di grave imprudenza finalisticamente rivolte a ritardare l'apertura della liquidazione giudiziale che deve essere già incombente sull'imprenditore ai fini dell'applicazione della fattispecie in esame [15]. La differenza rispetto all'operazione di pura sorte risiede nella circostanza che queste ultime riguardino operazioni aleatorie sul patrimonio dell'imprenditore, laddove, invece, la grave imprudenza richiesta dalla fattispecie in esame dev'essere caratterizzata da spregiudicatezza [16].

L'*aggravamento del dissesto*, previsto dalla lett. *d*), può essere conseguenza o del comportamento omissivo – consistente nel ritardo rispetto alla richiesta della dichiarazione di liquidazione giudiziale – o conseguenza di altre operazioni gravemente imprudenti dovute ad altra grave colpa, come nel caso di ricorso al credito usurario o l'assunzione di enormi impegni finanziari. In questo caso, ai fini dell'imputazione per bancarotta semplice, il presupposto è uno stato di dissesto già maturato [17].

4.2. – L'art. 323, comma 1, lett. *e*) (art. 217, comma 1, n. 5, l. fall.) prevede l'ipotesi di bancarotta semplice per inosservanza delle obbligazioni assunte in un precedente concordato preventivo o liquidatorio giudiziale (prima fallimento).

La *ratio* della previsione in esame è la punizione dell'imprenditore c.d. recidivo [18], ossia

---

[12] Cfr. MAZZACUVA, AMATI, *Diritto penale*, 219.

[13] Sul tema si veda Cass. pen., sez. V, 22 giugno 1971, n. 894 secondo cui sono eccessive «le spese personali o per la famiglia che, pur essendo razionali e più o meno connesse alla vita dell'azienda risultano sproporzionate alla capacità economica dell'imprenditore», laddove si integrerà la condotta dissipativa allorquando le stesse siano qualificabili quali «spese non necessarie, fatte dall'imprenditore a scopo voluttuario ovvero per soddisfare le esigenze di una vita viziosa o la propria vanità».

[14] Si veda MARINI, *La bancarotta semplice*, 497; ANTOLISEI, *Manuale di diritto*, 97; CONTI, *Diritto penale commerciale*, 238 ss. Per la giurisprudenza si veda Cass. pen., sez. V, 7 marzo 1989, n. 12874.

[15] Cfr. ALESSANDRI, *Reati in materia*, 368 ss.

[16] Cfr. Cass. pen., sez. V, 4 giugno 2003, n. 24231.

[17] Così, ALESSANDRI, *Reati in materia*, 371.

[18] Cfr. CONTI, *I reati fallimentari*, 246.

che risulta inadempiente ad un precedente concordato preventivo[19], differenziandosi rispetto alle altre fattispecie di bancarotta, in quanto l'imprenditore non sta sottraendo risorse economiche ai creditori. In questo caso l'inadempimento deve riguardare una procedura concorsuale diversa rispetto a quella, eventualmente riaperta, dalla quale ha tratto origine il reato in esame[20].

4.3. – Il comma 2 punisce – con la stessa pena prevista per la bancarotta semplice patrimoniale, ossia la reclusione da sei mesi a due anni – l'imprenditore dichiarato in liquidazione giudiziale che, durante i tre anni antecedenti alla dichiarazione di liquidazione giudiziale ovvero dall'inizio dell'impresa, se questa ha avuto una minore durata, non ha tenuto i libri e le altre scritture contabili prescritti dalla legge o li ha tenuti in maniera irregolare o incompleta.

Innanzitutto, è bene precisare che l'obbligo di tenuta di libri e scritture contabili imposto dal Codice, mira ad assicurare, a garanzia dei creditori, il corretto svolgimento dell'attività commerciale e a precostituire la prova della situazione economica dell'impresa, onde consentire agli organi dell'eventuale liquidazione giudiziale di acquisire attività e ricostruire il patrimonio dell'impresa.

A differenza della bancarotta fraudolenta documentale (art. 322, comma 1, lett. *b*), l'oggetto materiale del reato è costituito dai soli libri e scritture contabili obbligatorie, *ex* artt. 2214, 2421 e 2478 c.c., quindi il libro giornale e il libro degli inventari, ma anche dagli altri libri sociali, quali il libro dei soci, delle adunanze e delle deliberazioni delle assemblee o del collegio sindacale[21].

Il reato si consuma sia attraverso l'omissione della tenuta delle scritture contabili che l'irregolare tenuta delle stesse in difformità rispetto a quanto stabilito per legge. Va inoltre posto nel debito risalto il dato secondo cui, ai fini della consumazione, rileva anche la tenuta incompleta delle scritture dalle quali, per esempio, non si riesce a ricavare l'esatta ricostruzione del patrimonio dell'impresa[22]. È bene precisare che la tenuta delle scritture è *irregolare* quando queste non presentano i requisiti di regolarità formale e sostanziale richiesti dalla legge e dagli usi commerciali, mentre risultano essere *incomplete* quelle che, sebbene formalmente regolari, mostrino lacune o intermittenze a causa della mancata registrazione di alcune operazioni[23].

Molto importante è l'aspetto temporale: il reato sussiste solo se la condotta riguarda tre annualità antecedenti la dichiarazione di liquidazione giudiziale ovvero dall'inizio dell'impresa, se questa ha avuto una minore durata. Così, ad esempio, se l'imprenditore è fallito nel 2016, non presenterà alcuna rilevanza penale la mancata compilazione del libro giornale da settembre a dicembre del 2012, dovendo in tal caso verificarsi la regolare tenuta rispetto agli anni 2013, 2014 e 2015.

[19] Per la disciplina del concordato preventivo si rinvia al titolo IV, capo III, Codice della crisi di impresa.

[20] Si veda MAZZACUVA, AMATI, *Diritto penale*, 222-223. Sul tema si veda anche Cass. pen., sez. V, 15 dicembre 2005, n. 4015.

[21] MAZZACUVA, AMATI, *Diritto penale*, 223 ss.

[22] *Ibidem*.

[23] CASAROLI, *Qualche riflessione*, 403.

Infine, come già in precedenza accennato, la giurisprudenza dominante ritiene che il delitto di bancarotta semplice documentale sia un *reato di pericolo astratto*, il quale si configura per la semplice possibilità che l'omissione, l'irregolarità o l'incompletezza delle scritture contabili pregiudichi l'interesse dei creditori ad una pronta ed esatta ricostruzione del patrimonio dell'imprenditore sottoposto a liquidazione giudiziale, essendo irrilevante che non vi sia stato un concreto pericolo di sottrazione dell'attivo[24].

5. – Per quanto riguarda l'elemento soggettivo del reato di bancarotta semplice, la dottrina ritiene che le ipotesi di cui alla lett. *a*), *b*) e *d*), ovvero la condotta dell'imprenditore dichiarato fallito che abbia sostenuto spese per la famiglia eccessive rispetto alla sua condizione economica, o consumato una notevole parte del proprio patrimonio in operazioni di pura sorte o manifestamente imprudenti, ovvero abbia aggravato il proprio dissesto, astenendosi dal richiedere la dichiarazione di apertura della propria liquidazione giudiziale o con altra grave colpa, siano di natura esclusivamente colposa[25]. Secondo questa dottrina gli espliciti richiami alla colpa previsti nella norma non lascerebbero spazio ad alcun dubbio interpretativo[26].

Invece per l'ipotesi *sub* art. 323, comma 1, lett. *c*), che si riferisce al caso in cui l'imprenditore abbia compiuto operazioni di grave imprudenza *per ritardare l'apertura della liquidazione giudiziale*, si può parlare di punibilità a titolo di dolo.

Riguardo, invece, l'inosservanza delle obbligazioni assunte in un precedente concordato preventivo o liquidatorio giudiziale (art. 323, comma 1, lett. *e*), l'elemento psicologico dovrebbe essere certamente doloso, anche se parte della dottrina ritiene la condotta di inadempimento dell'obbligazione possa essere assimilabile alla colpa[27].

Infine, per la bancarotta semplice documentale (art. 323, comma 2) la giurisprudenza – nonostante nella norma non vi siano riferimenti alla colpa – ha sostenuto che può essere retta anche da quest'ultima, poiché essa risulterebbe ravvisabile in relazione all'agente che ometta per negligenza, di tenere le scritture[28]. L'interpretazione, abbastanza risalente, si fonda sul dato secondo cui, la "previsione espressa" dell'elemento psicologico colposo, *ex* art. 42, comma 2, c.p., non si deve intendere "previsione esplicita", sicché può darsi una previsione implicita della colpa, desumibile attraverso un'interpretazione sistematica, come appunto nel caso di bancarotta semplice documentale, argomentando *a contrario* dalla definizione "dolosa" della bancarotta fraudolenta documentale[29].

6. – Tutte le ipotesi di bancarotta semplice contemplate all'art. 323 sono punite con la reclusione da sei mesi a due anni. Il trattamento sanzionatorio più mite, rispetto alle ipo-

---

[24] Cass. pen., sez. V, sentenza 12 giugno 1984, n. 5406; Cass. pen., sez. V, 5 aprile 2019, n. 15061; Cass. pen., sez. V, 20 dicembre 2011, n. 8610.

[25] GIULIANI BALESTRINO, *La colpa*, 677 ss. Così, vigente il codice di commercio del 1882, anche F. CARRARA, *Programma*, 169 ss., che intitolava appunto il § 3482 con la dizione «Bancarotta colposa».

[26] NUVOLONE, *Il diritto penale del fallimento*, cit., 81 ss.; SELLAROLI, *Considerazioni sull'elemento*, 787 ss.; PEDRAZZI, *Art. 217*, 143 ss.; CANESTRARI, *"Rischio d'impresa"*, 554 ss.; CERQUETTI, *Profili del dolo*, 35 ss.

[27] Sul tema, PEDRAZZI, *Reati commessi*, 170 s.

[28] Cfr. Cass. pen., sez. V, 6 ottobre 2011, n. 48523.

[29] Così, Cass. pen., sez. V, 18 marzo 1968, n. 107958.

tesi di bancarotta fraudolenta di cui all'art. 322, si giustifica in relazione alla gravità degli atti e dei fatti commessi dall'imprenditore fallito.

Al pari dell'ipotesi di cui al comma 4 dell'art. 322, anche la norma in esame prevede quali pene accessorie, salvo sempre quanto previsto al capo III, titolo II, libro I, c.p., l'inabilitazione all'esercizio di un'impresa commerciale e l'incapacità ad esercitare uffici direttivi presso qualsiasi impresa. Tuttavia, la differenza rispetto alla bancarotta fraudolenta risiede nell'arco temporale di estensione delle predette pene accessorie: per la bancarotta semplice, il periodo massimo è di due anni; per la bancarotta fraudolenta, fino a dieci anni.

Con riferimento alla durata delle pene accessorie, il comma 3 dell'art. 323, ricalca pedissequamente quanto già previsto all'art. 217, comma 3, l. fall., differentemente rispetto a quanto accaduto, invece, per la disciplina delle pene accessorie in tema di bancarotta fraudolenta, oggetto di modifica a seguito della dichiarazione di illegittimità costituzionale dichiarata dalla sentenza della Corte costituzionale n. 22 del 2018 [30].

[30] Si veda sul punto il commento all'art. 322, § 5.

Articolo 324

Esenzioni dai reati di bancarotta

1. Le disposizioni di cui agli articoli 322, comma 3 e 323 non si applicano ai pagamenti e alle operazioni computi in esecuzione di un concordato preventivo o di accordi di ristrutturazione dei debiti omologati o degli accordi in esecuzione del piano attestato ovvero del concordato minore omologato ai sensi dell'articolo 80, nonché ai pagamenti e alle operazioni di finanziamento autorizzati dal giudice a norma degli articoli 99, 100 e 101.

Carlo Longobardo

1. – L'art. 324, regola le cc.dd. esenzioni dai reati di bancarotta, disciplinate nella legge fallimentare all'art. 217-*bis*, inserito, a sua volta, dall'art. 48, d.l. 31 maggio 2010, n. 78, convertito con l. 30 luglio 2010, n. 122[1]. La nuova norma non presenta mutamenti sostanziali rispetto alla precedente disciplina mantenendo lo stesso assetto. Anche in questo caso, dunque, il Codice si pone in piena continuità con la l. fall.

Tuttavia, se si confronta l'art. 217-*bis* l. fall. con il nuovo art. 324 va posto in risalto che nella nuova norma scompare il richiamo ai singoli articoli del codice in relazione alle operazioni concorsuali presupposte, ovvero compiute in esecuzione di un concordato preventivo, di accordi di ristrutturazione di debiti omologati o degli accordi in esecuzione del piano attestato, richiamo, invece, presente nell'art. 217-*bis* l. fall., che rinvia espressamente agli artt. 160, 182-*bis*, 67, comma 3, lett. *d*), nonché all'art. 12, l. 27 gennaio 2012, n. 3. Per quanto riguarda il riferimento ai pagamenti ed alle operazioni di finanziamento autorizzati dal giudice, l'art. 324 ora rinvia agli artt. 99, 100 e 101, i quali prevedono, separatamente, le stesse operazioni e pagamenti di cui all'art 182-*quinquies* l. fall., in precedenza richiamato dall'art. 217-*bis*. Invece, l'accordo di composizione della crisi, omologa-

---

[1] Riguardo all'art. 217-*bis* l. fall. si rinvia a D'Alessandro, *Il nuovo art.*, 201; Id., *Le disposizioni penali*, 13 ss.; Mucciarelli, *Stato di crisi*, 825; Alessandri, *Profili penalistici*, 111 ss.

to ai sensi dell'art. 12, l. n. 3 del 2012, è oggi sostituito dal concordato minore, disciplinato dall'art. 80 [2].

Da questo punto di vista, si deve sottolineare che, in verità, la versione originaria dell'art. 324, così come era stata licenziata nella legge delega n. 155 del 2017, faceva riferimento ai pagamenti e alle operazioni computi in esecuzione di un concordato preventivo di cui all'art. 84, o di un accordo di ristrutturazione dei debiti omologato ai sensi dell'art. 48, o del piano di cui all'art. 56, ovvero del concordato minore omologato ai sensi dell'art. 80, nonché ai pagamenti ed alle operazioni di finanziamento autorizzati dal giudice a norma dell'art. 100 e dell'art. 101.

Di conseguenza, come sottolineato in dottrina [3], ci si chiede cosa abbia spinto il legislatore a decidere di eliminare la specificazione di talune particolari operazioni: in particolare, gli accordi di ristrutturazione e gli accordi in esecuzione del piano attestato, che non sono più limitati, rispettivamente, agli artt. 48 e 56.

Una delle maggiori critiche che vengono mosse all'attuale istituto delle "esenzioni fallimentari", infatti, consiste proprio nella stranezza di ritenere rilevanti solo talune operazioni, escludendone altre, seppure largamente permesse in ambito civilistico (si pensi, a mero titolo esemplificativo, all'accordo di cui all'art. 182-*septies* l. fall., oppure alle operazioni di cui all'art. 67, comma 3, lett. *a*), *b*), *c*), *f*), *g*), l. fall.) [4].

Conseguentemente, il principale problema che potrebbe porsi, sarebbe quello della "coerenza" con il nuovo volto che sembra assumere la disciplina della crisi di impresa, la quale, infatti, appare incentrata sull'ampliamento del "momento giurisdizionale" a scapito di tutti quegli strumenti che hanno natura maggiormente privatistica [5].

2. – Com'è noto, l'art. 324 *esenta* dall'applicazione della bancarotta preferenziale e di quella semplice tutta una serie di operazioni effettuate in esecuzione di uno degli strumenti concordati della crisi d'impresa [6].

La funzione dell'istituto è quella di creare un "raccordo" tra le fattispecie incriminatrici della disciplina fallimentare e le innovazioni nel campo delle procedure concorsuali (soprattutto le soluzioni negoziali dell'impresa) al fine di incentivarne l'uso [7].

Le operazioni previste dall'articolo in esame, ai fini dell'inapplicabilità delle norme penali menzionate, dovranno necessariamente rispettare i requisiti richiesti dalle disposizioni civilistiche che disciplinano le tre forme di composizione della crisi dell'impresa [8].

Nel termine «*pagamenti*», secondo l'unanime interpretazione, rientra ogni forma di pagamento, e dunque ogni modalità satisfattoria di un debito; la nozione «*operazioni*»

---

[2] Vedi BRICCHETTI, *Codice della crisi*, 79.

[3] GAMBARDELLA, *Il codice*, 510.

[4] *Ibidem*, 511.

[5] GAMBARDELLA, *Il nuovo codice*.

[6] Cfr. BRICCHETTI, PISTORELLI, *La bancarotta*, 166 ss.; MUCCIARELLI, *L'esenzione*, 1474 ss.; MAZZACUVA, AMATI, *Diritto penale*, 229 ss.; AMBROSETTI, MEZZETTI, RONCO, *Diritto penale*, 321 ss.; MANNA, PERDONÒ, *Le singole fattispecie*, 559 ss.

[7] Cfr. FIORELLA, MASUCCI, *I delitti*, 112 ss.; SGUBBI, *Profili evolutivi*, 66 ss.; COCCO, *Il ruolo*, 93 ss.

[8] SCHIAVANO, *I reati fallimentari*, 693.

dev'essere strettamente correlata all'idoneità delle stesse a realizzare una delle procedure di soluzione della crisi: dunque vi rientra qualsiasi atto, negozio giuridico o fatto concretamente funzionale allo scopo [9]. Va qui ricordato come la dottrina avesse già individuato nei piani di risanamento, nel concordato preventivo e nell'accordo di ristrutturazione dei debiti una risposta al c.d. "stato di crisi", presupposto oggettivo perché tali procedure risultassero azionabili [10].

Gli accordi in esecuzione del piano attestato di risanamento, di cui all'art. 56, consistono nella redazione di un piano che dev'essere idoneo a consentire il risanamento dell'esposizione debitoria dell'impresa e adatto ad assicurare il riequilibrio della situazione finanziaria. La ragionevolezza di tale piano dev'essere attestata da un professionista: tale verifica, nel caso in cui il piano non riuscisse, spetterà al giudice penale, sempre con riferimento alla sua idoneità e ragionevolezza [11].

L'ulteriore strumento risolutorio della crisi di impresa che esenta da responsabilità per i fatti di bancarotta preferenziale e semplice è il concordato preventivo, previsto agli art. 84 ss., che contempla rinnovate e più ampie modalità e condizioni di accesso per l'imprenditore che si trova in stato di crisi.

Infine, l'art. 324 richiama l'accordo di ristrutturazione dei debiti, ossia la facoltà per l'imprenditore in stato di crisi di domandare l'omologazione di un «*accordo di ristrutturazione dei debiti*» stipulato con i creditori. In assenza di un preciso dettato normativo, ci si è interrogati sulla possibilità che le operazioni compiute in attuazione di questi strumenti privatistici di superamento della crisi d'impresa (e cioè: il piano di risanamento, il concordato preventivo e l'accordo di ristrutturazione dei debiti) potessero integrare alcuna delle modalità realizzative dei delitti di bancarotta preferenziale o semplice di cui agli artt. 322, comma 3 e 323 nell'ipotesi in cui tali piani di salvataggio non fossero approdati ad esiti fausti e fossero sfociati, al contrario, nella declaratoria fallimentare [12].

Questi istituti, infatti, rispondono a quella logica privatistica-conservativa a cui si faceva riferimento in precedenza e, dunque, sembrano trovarsi in aperta frizione con le norme incriminatrici del codice della crisi di impresa, soprattutto in materia di bancarotta preferenziale, dal momento che introducono una molteplicità di possibilità per l'impresa in difficoltà ed i suoi debitori di evitare la liquidazione giudiziale attraverso il ricorso ad accordi consensuali o programmi unilaterali potenzialmente antitetici con l'interesse della *par condicio creditorum* tutelato i dagli artt. 322, comma 3, e 323 [13].

3. – Le fattispecie di reato richiamate dall'art. 324 sono la bancarotta preferenziale (art. 322, comma 3) e la bancarotta semplice (art. 323).

I problemi interpretativi maggiori si sono posti riguardo l'attivazione delle soluzioni

---

[9] MUCCIARELLI, *L'esenzione*, 1478.

[10] Così TROYER, *Le responsabilità penali*, 111 ss.

[11] VITALE, *Nuovi profili penali*, 4 e 5.

[12] Ricostruisce questo pregresso stato di incertezza relativo alla rilevanza penale delle operazioni finanziarie compiute nell'ambito di tali procedure MUCCIARELLI, *Stato di crisi*, 825 ss.; sinteticamente anche BRICCHETTI, PISTORELLI, *Bancarotta, le operazioni*, 94 ss.

[13] Così AMARELLI, *I delitti*, 553 ss.

concordate della crisi in merito alla bancarotta preferenziale. La fattispecie prevista al comma 3 dell'art. 322, sanzionata meno gravemente della bancarotta fraudolenta patrimoniale e documentale, ma non costituente, in verità una forma attenuata rispetto alle predette figure, tutela proprio l'interesse dei creditori a una regolare e paritaria distribuzione del patrimonio del debitore (*par condicio creditorum*). Il reato, inoltre, si consuma nel momento dei pagamenti, essendo irrilevante la data della dichiarazione di liquidazione giudiziale[14]. Pertanto, parte della dottrina ha sottolineato come la norma di cui art. 322, comma 3, sia destinata al soggetto imprenditore «la cui particolare qualifica e il particolare rapporto con il bene giuridico tutelato contraddistinguono e rendono incomunicabile la violazione del precetto»[15].

Con riferimento, invece, alla bancarotta semplice, l'art. 323 individua una serie di comportamenti suscettibili di integrare l'illecito[16], il cui elemento costitutivo è la dichiarazione di liquidazione giudiziale. Ai fini dell'esenzione dai fatti di bancarotta semplice, l'art. 324 richiama indifferentemente l'intero art. 323 ma, in merito, sono necessarie alcune precisazioni: innanzitutto, parte della dottrina ha da sempre ritenuto che il richiamo generico a tutte le ipotesi di cui alle lett. *a*)-*d*) dell'art. 323, sembrerebbe fuori luogo rispetto all'opportunità di risolvere una crisi d'impresa, in maniera tale da non potere essere ricondotto nell'alveo dell'art. 324. Invece, alcun dubbio è sorto circa le condotte di bancarotta semplice di cui alle lett. *c*) e *d*). Permane qualche perplessità in dottrina circa l'ipotesi di cui alla lett. *b*) dell'art. 323 che punisce «*chi ha consumato una notevole parte del suo patrimonio in operazioni di pura sorte o manifestamente imprudenti*», anche se sembra prevalere quell'orientamento che privilegia l'inapplicabilità dell'esenzione[17].

Controversa è l'applicabilità dell'esenzione di cui all'art. 324 anche alla bancarotta da reato societario prevista agli artt. 329 e 330. È stato sostenuto che, in ossequio al principio di legalità, in specie tassatività e determinatezza, si dovrebbe negare l'estensibilità della causa di non punibilità in esame alle ipotesi di bancarotta impropria, le quali non potrebbero essere attratte nel suo raggio di azione se non avallando una sorta di illegittima applicazione analogica. Invero, una simile conclusione porterebbe ad una *disparità di trattamento* tra l'imprenditore individuale e l'impresa societaria a fronte di condotte identiche, quali le operazioni e i pagamenti compiuti in esecuzione di una soluzione preventiva della crisi d'impresa. Invero, le fattispecie di cui agli artt. 329 e 330 (223 e 224 l. fall.) sono *costruite per rinvio* proprio alle fattispecie di bancarotta fraudolenta e semplice, descritte dagli artt. 322 e 323 (216 e 217 l. fall.), espressamente richiamate dalla nuova clausola di esenzione della bancarotta in commento[18].

[14] Cass. pen., sez. V, 24 settembre 2009, n. 37428.

[15] Cfr. tra gli altri, COCCO, *La bancarotta preferenziale*, 266.

[16] Si rinvia, sul punto, all'art. 323.

[17] In questo senso MUCCIARELLI, *L'esenzione*, 1478; D'ALESSANDRO, *Il nuovo*; BRICCHETTI, PISTORELLI, *Bancarotta, le operazioni*, 96.

[18] Sul punto, cfr. AMARELLI, *I delitti*, 568; LOTTINI, *Modifica della legge*, 1371.

4. – Nonostante la nuova formulazione dell'art. 324, restano gli stessi dubbi sviluppatisi intorno all'art. 217-*bis* l. fall., circa la natura giuridica dell'istituto in esame [19]. Da tempo si discute se l'esenzione prevista dall'articolo in commento rappresenti una causa di esclusione del fatto tipico ovvero una causa di giustificazione.

Il dato letterale non aiuta a sciogliere l'interrogativo. Difatti, già l'ambigua terminologia utilizzata dal legislatore: «*Esenzioni dai reati di bancarotta*», genera molte perplessità attesa la sua originale denominazione ma, soprattutto, la sua peculiare formulazione linguistica [20]. Infatti, la scelta di non ricorrere alle classiche locuzioni '*non è punibile*' o '*esclude la punibilità*' ma parlare di inapplicabilità delle fattispecie penali («*le disposizioni di cui agli artt. 322, terzo comma, e 323 non si applicano*») non aiuta certo l'interprete [21]. Secondo una parte della dottrina, il riferimento all'inapplicabilità di cui all'art. 324 impone di classificarla nell'alveo delle *cause di esclusione della tipicità* e, precisamente, in quelle ipotesi in cui il legislatore, dopo aver descritto compiutamente il fatto, ne *elimina* una parte, riducendo la portata del tipo legale, autocorreggendosi, poiché il reato, se mantenesse la 'primitiva' estensione, risulterebbe troppo ampio [22]. L'articolo (*ex* art. 217-*bis* l. fall.) infatti, sembrerebbe contribuire alla ridefinizione del raggio di azione delle norme incriminatrici da esso richiamate in materia di bancarotta, lasciando fuori espressamente le condotte potenzialmente in queste sussumibili, ma concretamente realizzate in esecuzione di un'azione di risanamento dell'impresa in crisi [23].

Di conseguenza l'art. 324 assurgerebbe al rango di vero e proprio elemento negativo delle fattispecie incriminatrici di bancarotta, contribuendo a rimodularne, attraverso una lettura in combinato disposto, il novero dei fatti tipici e, quindi, il perimetro applicativo [24]. La norma, in questo senso, agirebbe direttamente sulla struttura dei reati di bancarotta richiamati, con una funzione delimitativa della tipicità. E dunque – così come vari autori avevano già sostenuto in merito all'art. 217-*bis* l. fall. [25] – sembra si possa ritenere correttamente che le esenzioni previste dall'art. 324 debbano essere qualificate quali cause di esclusione della tipicità, in quanto «si tratta di un elemento che, muovendo dalla descrizione legale, ne restringe la portata, rendendo atipica una parte del fatto» [26].

---

[19] Si veda MUCCIARELLI, *L'esenzione*, 1474; BRICCHETTI, PISTORELLI, *Bancarotta, le operazioni*, 96.

[20] AMARELLI, *I delitti*, 562.

[21] Sia l'espressione «*Esenzione dai reati*» che campeggia nella rubrica, sia la locuzione «*non si applicano*» che caratterizza il precetto primario, sono entrambe formule linguistiche estranee alla tradizione semantica del diritto penale. Testualmente, AMARELLI, *I delitti*, 562.

[22] Così ROMANO, *Teoria del reato*, 1737, il quale, sebbene con prevalente riferimento alle soglie di punibilità quantitative delle fattispecie di cui agli artt. 2621 e 2622 c.c., afferma chiaramente che «le cause di esclusione del tipo muovono dalla descrizione legale e ne restringono la portata, rendendo atipica una parte del tipo 'originario'».

[23] Cfr. AMARELLI, *I delitti*, 564.

[24] MUCCIARELLI, *L'esenzione*, 1475. Di diverso avviso è COCCO, *Art. 217* bis, 5.

[25] Fra gli altri, LOTTINI, *Il nuovo art.*, cit., 1372; PISTORELLI, *Novità legislative*.

[26] Cfr. MAZZACUVA, AMATI, *Diritto penale*, 231; sul tema si vedano anche MUCCIARELLI, *L'esenzione*, 1474; BRICCHETTI, PISTORELLI, *La bancarotta*, 400; ID., *Bancarotta, le operazioni*, 98.

Articolo 325

Ricorso abusivo al credito

1. Gli amministratori, i direttori generali, i liquidatori e gli imprenditori esercenti un'attività commerciale che ricorrono o continuano a ricorrere al credito, anche al di fuori dei casi di cui agli articoli precedenti, dissimulando il dissesto o lo stato d'insolvenza sono puniti con la reclusione da sei mesi a tre anni.

2. La pena è aumentata nel caso di società soggette alle disposizioni di cui al capo II, titolo III, parte IV, del testo unico delle disposizioni in materia di intermediazione finanziaria, di cui al decreto legislativo 24 febbraio 1998, n. 58, e successive modificazioni.

3. Salve le altre pene accessorie di cui al libro I, titolo II, capo III, del codice penale, la condanna importa l'inabilitazione all'esercizio di un'impresa commerciale e l'incapacità ad esercitare uffici direttivi presso qualsiasi impresa fino a tre anni.

Francesco D'Alessandro

1. – La figura incriminatrice in esame nasce per "gemmazione" dalla limitrofa fattispecie di bancarotta semplice[1], originariamente collocata all'art. 856, n. 3, codice del commercio del 1807[2]. Solo con la legge fallimentare il delitto di ricorso abusivo al credito vide il consolidarsi della propria autonomia, sia in termini di precetto, ora regolativo di un'ipotesi dolosa, che di sanzione, diversa e tuttavia più tenue di quella prevista per la bancarotta semplice. Infatti, l'art. 218 l. fall. (oggi, art. 325), pur rappresentando una fattispecie dolosa di maggiore gravità, prevedeva inizialmente la pena della reclusione fi-

---

[1] ALESSANDRI, *Profili penali*, 111; PISANI, *Crisi di impresa*, 183.

[2] La norma così disponeva: «*Sarà convenuto in giudizio come reo di bancarotta semplice, e potrà essere dichiarato tale, il mercante fallito (...) se, con l'intento di ritardare il suo fallimento (...), egli si è abbandonato ad imprestiti, a girate di effetti o ad altri mezzi rovinosi di procurarsi i fondi*».

no a due anni, significativamente più bassa, quindi, dell'ambito edittale previsto dalla bancarotta semplice.

Ad una tale contraddizione fu posto rimedio con l'ultimo intervento legislativo realmente incisivo della formulazione del reato in questione, quello operato dalla c.d. "Legge sul risparmio" (l. n. 262 dell'8 dicembre 2005), con la quale, nell'intento di anticipare l'auspicato e auspicabile intervento riformatore concernente il complessivo sistema dei reati fallimentari, è stata ridisegnata la fattispecie incriminatrice, spianando tuttavia il campo a ulteriori criticità interpretative[3], che saranno oggetto di analisi nel prosieguo della trattazione.

Le modifiche da ultimo introdotte possono così sintetizzarsi: è stata ampliata la cerchia dei soggetti attivi del reato; espunta la clausola di sussidiarietà espressa che connotava il reato, è stata ora prevista l'operatività della norma «*anche al di fuori dei casi di cui agli articoli precedenti*»; è stata attribuita specifica rilevanza alla dissimulazione dello stato d'insolvenza oltre al già previsto stato di dissesto; è stato infine inasprito il trattamento sanzionatorio che prevede ancora oggi una pena da sei mesi a tre anni di reclusione, oltre alla previsione di una circostanza aggravante speciale, al comma 2, per l'ipotesi in cui i fatti siano commessi nel contesto di società quotate in un mercato regolamentato.

Da ultimo, la norma è stata trasposta, senza alcuna modificazione – come è essenzialmente accaduto per tutti reati fallimentari – nell'attuale Codice.

2. – Il legislatore del 2005 ha riformulato il novero di soggetti attivi del reato, estendendo l'incriminazione – prima riferita al solo imprenditore esercente attività commerciale – anche ai fatti commessi dalle figure gestorie di enti societari: gli amministratori, i direttori generali e i liquidatori.

Il delitto rappresenta quindi un reato proprio, che ammette il concorso dell'*extraneus*[4].

Tuttavia, tale espansione della base soggettiva del reato ha generato, per il vero, significative incongruenze di ordine sistematico che la dottrina più attenta non ha mancato di rilevare. Così, da un lato, non sono menzionati né l'institore né i soci illimitatamente responsabili, i quali, tuttavia, sono sempre sottoposti al comando penale in forza degli artt. 328 e 333 (già artt. 222 e 227 l. fall.), ma espressamente solo in caso di fallimento; dall'altro l'innovazione si riverbera sull'art. 331 (già art. 225 l. fall.) che pure già prevedeva la punibilità, per i fatti di cui alla norma in commento, dei direttori generali e degli amministratori di società dichiarate fallite.

Il grave *deficit* di sistematicità dell'intervento legislativo del 2005 ha quindi imposto all'interprete uno sforzo esegetico particolarmente complesso: la tesi più convincente, sostenuta da numerosi autori[5], è quella che ritiene essere intervenuta un'abrogazione tacita dell'art. 331 (già art. 225 l. fall.), e dunque – giova anticiparlo – lo stesso orientamento dottrinale maggioritario, alla luce dell'attuale formulazione della norma in esame, pro-

---

[3] D'ALESSANDRO, *Le disposizioni penali*, 15 ss.

[4] Su tutti, COCCO, *Artt. 218 e 225*, 1228.

[5] D'ALESSANDRO, *Le disposizioni penali*, 16; COCCO, *Artt. 218 e 225*, 1225 ss.; ROSSI, *Manuale di diritto*, 232 ss.; ALESSANDRI, *Diritto penale*, 184, in termini di "impossibile interpretazione" alternativa; *contra* PISANI, *Crisi di impresa*; MICHELETTI, *Il ricorso abusivo*, 41 ss.

pende oggi per l'irrilevanza della dichiarazione di fallimento (oggi, liquidazione giudiziale) dell'imprenditore individuale o societario. Al contempo, alla luce dell'inequivocabile dato letterale, la condizione di dichiarato fallimento (*rectius* liquidazione giudiziale) continuerebbe però ad essere il presupposto per le fattispecie di cui agli artt. 328 e 331, pur con una discutibile logica politico-criminale[6].

3. – In merito all'elemento oggettivo del reato, conviene soffermare l'attenzione anzitutto sulla condotta tipica e sul bene materiale del ricorso abusivo al credito.

La fattispecie punisce la condotta di chi «*ricorre o continua a ricorrere al credito, dissimulando il dissesto o lo stato di insolvenza*»; prima di addentrarsi in merito alla definizione della nozione di «*credito*» e alle modalità della condotta (dissimulazione del dissesto e insolvenza), giova dare atto di un contrasto ermeneutico che è sorto in relazione all'inciso «*continua a ricorrere*».

Al riguardo è stato correttamente escluso che il disposto voglia riferirsi al caso in cui l'imprenditore o altro soggetto agente faccia ricorso al credito *dopo* che sia intervenuta la sentenza di accertamento dello stato di insolvenza. In altri termini, non può esistere un ricorso abusivo "post-fallimentare", dal momento con il fallimento il soggetto fallito perde la disponibilità dei suoi beni, divenendo inoltre la sua insolvenza un dato notorio o comunque agevolmente accertabile da parte del terzo[7].

Pertanto, secondo la dottrina più tradizionale la formula sarebbe volta a ricomprendere all'interno della fattispecie un comportamento ripetuto, abituale[8], in guisa da configurare il reato come avente natura eventualmente abituale[9] (o c.d. abituale improprio). Senonché, alla stregua di questa interpretazione, risulterebbe di non immediata comprensione, come avremo modo di approfondire, il rapporto con l'aggravante *ex* art. 326, comma 2, n. 1, (art. 219, comma 2, n. 1, l. fall.) relativo alla pluralità di fatti di bancarotta e ricorso abusivo al credito[10]. Ha quindi preso piede nella dottrina più recente un'altra interpretazione, volta a ricondurre la "continuazione" del ricorso al credito all'ipotesi in cui il dissesto, assente al momento della prima richiesta all'ente erogatore, subentri durante lo svolgimento del rapporto.

Una maggiore uniformità di vedute si riscontra invece con riferimento all'oggetto materiale della condotta, anch'esso rimasto invariato dalla formulazione originaria. Per «*credito*» deve intendersi qualsiasi genere di prestazione data contro la promessa di una prestazione futura[11]: non si ha, quindi, ricorso al credito nei casi in cui il pagamento sia effettuato subito dopo la fruizione del servizio, ma a rilevare è proprio lo iato temporale tra

---

[6] ROSSI, *Manuale di diritto*, 235.

[7] PISANI, *Crisi di impresa*, 188; cfr. Cass. pen., sez. V, 4 maggio 2004, n. 23796; contra GIULIANI BALESTRINO, *La bancarotta*, 374.

[8] PEDRAZZI, SGUBBI, *Reati commessi*, 200.

[9] ALESSANDRI, *Diritto penale*, 189.

[10] Cfr. PEDRAZZI, SGUBBI, *Reati commessi*, secondo il quale si avrebbe un aggravamento di pena pur in presenza di unità del reato; ROSSI, *Manuale di diritto*, 241, sempre in termini problematici, considera ridondante la formula «*continua a ricorrere*».

[11] Cass. pen., sez. v, 14 gennaio 2004, in *Riv. pen.*, 2004, 843.

prestazione e controprestazione che comporti l'accettazione di un rischio da parte del fornitore del credito [12].

Guardando al dato prasseologico, la giurisprudenza ha ritenuto che rientrino nella nozione di credito, fra gli altri, le richieste di finanziamento attraverso i consueti canali bancari, la fideiussione bancaria, l'acquisto di merci a pagamento differito, la percezione di anticipi per forniture da eseguirsi, essendo del tutto indifferente la qualificazione giuridica del negozio [13].

4. – La dissimulazione del dissesto o dello stato di insolvenza che deve accompagnare il ricorso al credito, rappresenta senz'altro il baricentro sul quale si edifica il disvalore reale del fatto, rivelando l'oggettività giuridica della fattispecie [14].

La dissimulazione costituisce il nascondimento del reale stato patrimoniale dell'impresa, che può realizzarsi sia attraverso inesatte dichiarazioni – da qui, come vedremo, si profilano dei margini di sovrapposizione con gli artifici e raggiri del delitto di truffa, soprattutto alla luce della scomparsa della clausola di sussidiarietà espressa nel 2005 – sia attraverso il mero silenzio, ovvero la reticenza c.d. "maliziosa", contrastante con la buona fede *ex* art. 1337 posta a presidio dei traffici commerciali [15]. Ad ogni modo, anche tenuto conto della corretta individuazione del bene giuridico tutelato dalla norma – che avremo modo di approfondire – ciò che più caratterizza l'elemento oggettivo del ricorso abusivo al credito, differenziandolo, anche ad avviso della giurisprudenza – dalle fattispecie di bancarotta, è che il creditore versi in uno stato di ignoranza circa il dissesto o l'insolvenza della sua controparte [16].

Con la novella del 2005, ad affiancare il dissesto, quale precipuo oggetto della condotta dissimulatoria, fa il suo ingresso lo "stato d'insolvenza", di talché si è reso necessario attribuire ai due termini una differente valenza semantica: il ricorso abusivo al credito nella sua versione riformata ha quindi offerto agli interpreti l'occasione per un'*actio finium regundorum* tra i concetti di insolvenza e dissesto [17].

In particolare, una parte della dottrina [18], ha ritenuto che il dissesto rappresenti un *quid minoris* rispetto all'insolvenza: un pur grave squilibrio finanziario e patrimoniale che non si traduce però nella incapacità di far fronte alle proprie obbligazioni (cfr. art. 2, lett. *b*), già art. 5, comma 2, l. fall.), in quanto non ancora irreversibile.

Diversamente, secondo la tesi dottrinale più condivisibile [19], la differenza tra insolvenza e dissesto non sarebbe solo, per così dire, quantitativa, ma avrebbe natura qualitativa. In particolare, muovendo dal dato normativo letterale, e segnatamente quello codicistico, si osserva come il termine insolvenza compaia nel reato di insolvenza fraudolenta di cui

[12] Più ampiamente PEDRAZZI, 195 ss.; COCCO, *Artt. 218 e 225*, 1226.

[13] PEDRAZZI, SGUBBI, *Reati commessi*, 195 ss.; BRICCHETTI, MUCCIARELLI, SANDRELLI, *Artt. 216/241*, 1285.

[14] PEDRAZZI, SGUBBI, *Reati commessi*, 197.

[15] ROSSI, *Manuale di diritto*, 242.

[16] Cass. pen., sez. V, 30 giugno 2016, n. 46689.

[17] cfr. PEDRAZZI, SGUBBI, *Reati commessi*, 179 ss. che, prima della riforma del 2005, tendeva a far coincidere i due termini.

[18] AMBROSETTI, MEZZETTI, RONCO, *Diritto penale*, 355.

[19] ROSSI, *Manuale di diritto*, 243 ss.; D'ALESSANDRO, *Le disposizioni penali*, 20 ss.

all'art. 641 c.p., laddove solo il concetto di dissesto apparterrebbe più propriamente al tradizionale lessico della disciplina penal-fallimentare. Consegue a questo dato che l'insolvenza avrebbe dunque una dimensione singolare, alla stregua di una situazione direttamente collegata alla specifica operazione illecita e scorretta volta al conseguimento del credito; il dissesto, invece, avrebbe una dimensione multidimensionale[20] e sottenderebbe una valutazione di inidoneità dell'intero patrimonio dell'imprenditore o della società a far fronte al complesso dei rapporti di debito esistenti.

5. – La fattispecie è punibile a titolo di dolo generico, il cui oggetto si sostanzia nella consapevolezza del dissesto o dell'insolvenza in atto, essendo invece irrilevante la volontà di non soddisfare l'obbligazione assunta – a differenza dell'art. 641 c.p. – e così anche l'intenzione di recare danno ai creditori, ben potendo lo stesso imprenditore (o altro soggetto attivo nel contesto societario) agire con la speranza di sanare l'esposizione debitoria[21].

6. – Il contemporaneo inserimento, ad opera del legislatore del 2005, dell'inciso «*anche al di fuori dei casi di cui agli articoli precedenti*» in uno con la soppressione della clausola di sussidiarietà espressa «*salvo che il fatto non costituisca un reato più grave*» e l'inasprimento della cornice edittale del reato, ha determinato un radicale mutamento prospettico del campo applicativo della fattispecie, spogliandola della natura residuale che la caratterizzava nella sua formulazione previgente e facendo sorgere quello che la dottrina più attenta ha definito come il "massimo problema"[22] insito nella fattispecie.

Trattasi, in particolare, di stabilire se il delitto *de quo* possa o meno dirsi ancora condizionato, nella sua punibilità, dalla sentenza dichiarativa di fallimento (oggi di liquidazione giudiziale) dell'imprenditore, individuale o societario. L'interrogativo reca con sé diverse conseguenze più squisitamente applicative: dalla natura condizionata o meno del reato dipende essenzialmente l'individuazione del bene giuridico protetto, il momento consumativo e la configurabilità del tentativo, nonché un diverso inquadramento dei rapporti con le altre fattispecie ad essa naturalisticamente "limitrofe".

A segnalare le difficoltà interpretative sul punto, basti considerare che tale divergenza di opinioni ed orientamenti ha attraversato la dottrina e la giurisprudenza anche a cavallo della riforma *ex* l. n. 262 del 2005.

Prima dell'intervento della legge sul risparmio[23], autorevole dottrina era infatti incline a ritenere implicita nella fattispecie in esame la condizione di punibilità del fallimento, alla luce della collocazione topografica della stessa, tra i "reati commessi dal fallito" e del dato sistematico di cui agli artt. 326 e 331 (già artt. 219 e 221 l. fall.) che espressamente la richiamano[24].

---

[20] Così BRICCHETTI, MUCCIARELLI, SANDRELLI, *Artt. 216/241*, 1284.

[21] COCCO, *Artt. 218 e 225*, 1227; PISANI, *Crisi di impresa*, 189; BRICCHETTI, MUCCIARELLI, SANDRELLI, *Artt. 216/241*, 1285; in giurisprudenza, Cass. pen., sez. V, 18 ottobre 2002, n. 38225.

[22] GIULIANI BALESTRINO, *La bancarotta*, 372.

[23] La formulazione previgente della norma, nel suo comma 1, era la seguente: «*Salvo che il fatto costituisca un reato più grave, è punito con la reclusione fino a due anni l'imprenditore esercente un'attività commerciale che, ricorre o continua a ricorrere al credito, dissimulando il proprio dissesto*».

[24] Su tutti PEDRAZZI, SGUBBI, *Reati commessi*, 194.

La giurisprudenza, invece, insieme ad altri autori, si era orientata nel senso opposto[25].

Nel 2005 il legislatore ha certamente perso l'occasione per fugare i dubbi interpretativi, tanto che già all'indomani del *novum* legislativo e quindi della formulazione tuttora vigente della fattispecie, il problema ermeneutico sulla natura condizionata del reato sembrava essersi acuito.

Da una parte, la dottrina maggioritaria[26], che considera il reato di ricorso abusivo al credito come avulso dal contesto penal-fallimentare (oggi più propriamente del diritto penale della crisi); dall'altra, la giurisprudenza più recente[27] e una parte minoritaria della dottrina[28] che continuano invece a ribadirne la natura condizionata.

Gli argomenti a sostegno della prima tesi, che si è già avuto modo di condividere in altra sede[29], ruotano intorno al rilievo per cui solo la legge, ai sensi dell'art. 44 c.p. può richiedere espressamente il verificarsi della condizione di punibilità, né la stessa può più considerarsi implicita alla luce del nuovo testo, che prevede, come già anticipato la punibilità del soggetto «*anche al di fuori dei casi di cui agli articoli precedenti*»: il riferimento è alle disposizioni cui agli artt. 216 e 217 l. fall. (oggi 323 e 324) che incriminano rispettivamente la bancarotta fraudolenta e quella semplice[30]. Inoltre, a nulla rileverebbe l'art. 225 l. fall. (oggi 331), che richiede espressamente il fallimento (liquidazione giudiziale); dovendosi la norma considerare implicitamente abrogata, come visto poc'anzi. I sostenitori di questa opzione interpretativa ritengono inoltre che neppure possa trarsi un argomento contrario in virtù della collocazione della norma tra i "reati commessi dal fallito" (oggi "reati commessi dall'imprenditore in liquidazione giudiziale"), frutto di una mera svista del legislatore, specie ove si consideri che tra i soggetti attivi della stessa norma figurano oggi anche i cc.dd. "soggetti societari", i quali non saranno personalmente sottoponibili alla liquidazione giudiziale[31].

Così configurato, il reato sembra dunque posto a presidio non tanto del patrimonio del debitore e quindi di riflesso del ceto creditorio nel suo complesso, quanto, principalmente, del soggetto che elargisce il credito, in un'ottica orientata alla protezione della buona fede nei rapporti giuridici[32]. Si consideri, del resto, come la nuova formulazione è stata inserita nel contesto di una legge espressamente dedicata alla tutela del risparmio, e preveda oggi, al comma 2, un'aggravante speciale per il caso in cui il ricorso abusivo al credito avvenga ad opera di una società quotata.

---

[25] NUVOLONE, *Il diritto penale*, 418; in giurisprudenza: Cass. pen., 9 giugno 1997, n. 4021; Cass. pen., 4 maggio 2004, n. 23796.

[26] ROSSI, *Manuale di diritto*, 236; BRICCHETTI, MUCCIARELLI, SANDRELLI, *Artt. 216/241*, 1284; GIULIANI BALESTRINO, *La bancarotta*, 372 ss.; SEMINARA, *Nuovi illeciti penali*, 556; LANZI, *La tutela penale*, 561 ss.; D'ALESSANDRO, *Le disposizioni penali*, 18 ss.

[27] Cass. pen., 23 settembre 2014, n. 44857; Cass. pen., 30 giugno 2016, n. 46689.

[28] MICHELETTI, *Il ricorso abusivo*, 29 ss.; PERINI, *Prime osservazioni*, 879; PISANI, *Crisi di impresa*, 185 ss.

[29] D'ALESSANDRO, *Le disposizioni penali*, 18.

[30] Cfr. GIUALIANI BALESTRINO, *La bancarotta*; ROSSI, *Manuale di diritto*; D'ALESSANDRO, *Le disposizioni penali*.

[31] ROSSI, *Manuale di diritto*, 237

[32] D'ALESSANDRO, *Le disposizioni penali*, 18; COCCO, *Artt. 218 e 225*, 1225; SEMINARA, *Nuovi illeciti penali*, 557; in termini di plurioffensività ROSSI, *Manuale di diritto*, 232.

Seguendo invece la teoria della natura condizionata del reato, e quindi "vincolando" il ricorso abusivo al credito, quantomeno nella sua concreta punibilità, alle successive sorti dell'impresa, si assiste inevitabilmente ad un mutamento prospettico circa il bene giuridico protetto: in primo piano si staglierebbe, in particolare, la tutela del patrimonio del debitore, a presidio degli interessi del ceto creditorio, in linea con quanto avviene nei reati di bancarotta [33].

In proposito, si segnala che la natura condizionata del reato *de quo* è affermata dalla giurisprudenza più recente [34], ma in maniera invero alquanto assertiva, laddove le argomentazioni che ne costituiscono il fondamento vengono tratte, più puntualmente, dalle osservazioni formulate in dottrina [35]. Così, si è osservato che se l'institore ed i soci illimitatamente responsabili (cfr. artt. 222 e 227 l. fall., oggi 328 e 333.) continuano espressamente ad essere puniti solo in caso di fallimento, evidente sarebbe l'irragionevolezza di considerare svincolato dal fallimento il solo ricorso abusivo al credito commesso dai soggetti *ex* art. 331 [36]. Allo stesso tempo, tale ultima lettura, viene detto, aprirebbe la via ad una interpretazione sistematica più convincente rispetto alla compatibilità con l'aggravante della pluralità di fatti di bancarotta [37], ma sul punto avremo modo di soffermarci più avanti.

Infine, a seconda della teoria prescelta [38], muta il *tempus commissi delicti*. Accedendo alla teoria qui preferita, il momento consumativo del reato è individuabile al compimento dell'azione illecita e non già nell'eventuale successiva declaratoria di fallimento [39]. Il tentativo, si ritiene generalmente configurabile [40].

7. – L'eliminazione della clausola di sussidiarietà, il significativo ritocco verso l'alto della cornice edittale, le descritte incertezze in merito al bene giuridico protetto dalla fattispecie ed alla sua natura di reato condizionato, si riverberano fatalmente nei rapporti tra la fattispecie incriminatrice in commento ed una serie di reati con essa potenzialmente concorrenti.

Restando sul fronte delle norme penali del Codice, merita qualche chiarimento il regolamento di confini tra il ricorso abusivo al credito e le fattispecie di bancarotta semplice *ex* art. 323, nn. 3 e 4, e di bancarotta fraudolenta impropria *ex* art. 329 (segnatamente, con le *operazioni dolose* punite da questa fattispecie)

Se prima dell'intervento della l. n. 262 del 2005 la dottrina maggioritaria [41] riteneva che i fatti di ricorso abusivo al credito potessero ritenersi assorbiti, in caso di fallimento, nelle previsioni dell'art. 323, nn. 3 e 4, (già art. 217, comma 1, nn. 3 e 4, l. fall.) tenuto conto della previgente clausola di sussidiarietà espressa e del minimo edittale più basso che la fattispecie in esame presentava, la situazione sembra mutare radicalmente nell'attuale

[33] MICHELETTI, *Il ricorso abusivo*, 23 ss.; PISANI, *Crisi di impresa*, 185.

[34] Cass. pen., sez. V, 23 settembre 2014, n. 44857; Cass. pen., sez. V, 30 giugno 2016, n. 46689.

[35] MICHELETTI, *Il ricorso abusivo*, 29 ss.; PISANI, *Crisi di impresa*, 185 ss.

[36] MICHELETTI, *Il ricorso abusivo*, 29.

[37] PISANI, *Crisi di impresa*, 186.

[38] Per una completa disamina delle ragioni a sostegno delle due tesi, cfr. ROSSI, *Manuale di diritto*, 236 ss.

[39] BRICCHETTI, MUCCIARELLI, SANDRELLI, *Artt. 216/241*, 1284.

[40] GIUALIANI BALESTRINO, *La bancarotta*, 381 ss.

[41] PEDRAZZI, SGUBBI, *Reati commessi*, 194 ss.

formulazione. Ora, infatti, la soppressione della riserva e l'aumento della cornice edittale conducono ad affermare la possibilità di un concorso materiale tra le due norme, in caso di successivo fallimento del debitore che abbia fatto abusivo ricorso al credito [42]. Peraltro, anche a voler opinare diversamente, si è già segnalato il paradosso in cui si incorrerebbe: considerare assorbito il delitto di bancarotta semplice che esprime note di disvalore aggiuntive, in un altro, meno grave, quale il ricorso abusivo al credito, per il mero dato formalistico ed illogico di una maggiore cornice edittale [43].

Meno complessa la ricostruzione dei rapporti con le operazioni dolose di cui all'art. 329, comma 2, n. 2. In questo caso, una parte autorevole della dottrina [44] è incline a ritenere non configurabile un concorso materiale alla luce della maggiore gravità della bancarotta fraudolenta distrattiva, e così anche la giurisprudenza più recente, che ha posto in evidenza le differenze strutturali tra le due fattispecie [45].

8. – Sull'altro fronte, quello dei rapporti con le fattispecie di reato c.d. comuni, possono divenire problematici, specialmente ove si consideri la fattispecie emancipata dal contesto fallimentare e posta a presidio del patrimonio del singolo erogatore del credito, i rapporti con la truffa (640 c.p.), l'insolvenza fraudolenta (641 c.p.) ed il mendacio bancario (137 TUB).

Quanto alla truffa, il problema è più spinoso in considerazione del significato sempre più esteso che, specie sul versante giurisprudenziale, hanno assunto le nozioni di "artifici e raggiri" che in alcune occasioni sono state ritenute integrate anche da una condotta di mero silenzio, quando sia violato un obbligo d'informazione nel rapporto tra i contraenti. L'accento, pertanto, si sposta sull'induzione in errore del soggetto passivo, del tutto assente nella mera dissimulazione richiesta dal ricorso abusivo al credito, di talché, vige ancora la dicotomia tradizionale tra l'errore del soggetto passivo, da un parte, idoneo ad integrare la truffa, in quanto cagionato attraverso un comportamento attivo della controparte; e la mera ignoranza dall'altra, sufficiente per la fattispecie in esame, quando l'imprenditore dissestato non si adoperi per convincere il proprio interlocutore, ma si limiti a nascondere il suo stato di dissesto [46]. Permangono tuttavia profili di irrazionalità, dal momento che il trattamento sanzionatorio complessivo previsto dal reato in commento, peraltro procedibile d'ufficio, si pone come più grave rispetto a quello previsto per il delitto di truffa, il quale tuttavia, come visto, punisce una condotta connotata da una maggiore insidiosità.

Di maggiore evidenza appaiono i profili di differenziazione con l'insolvenza fraudolenta (641 c.p.). Quest'ultima richiede infatti, quale elemento aggiuntivo, un dolo caratterizzato dalla consapevolezza di non adempiere all'obbligazione che si sta contraendo, per al-

---

[42] D'ALESSANDRO, *Le disposizioni penali*, 22 ss.; SEMINARA, *Nuovi illeciti penali*, 557.

[43] D'ALESSANDRO, *Le disposizioni penali*, 24.; di diverso avviso, ALESSANDRI, *Diritto penale*, 190: secondo l'autore risulterebbe iniquo un concorso materiale tra i due reati e ciò confermerebbe la natura necessariamente condizionata del ricorso abusivo al credito.

[44] ALESSANDRI, *Diritto penale*, 190.

[45] Cass. pen., sez. V, 30 giugno 2016, n. 46689.

[46] PEDRAZZI, SGUBBI, *Reati commessi*, 197 ss.; D'ALESSANDRO, *Le disposizioni penali*, 21 ss.; ALESSANDRI, *Diritto penale*, 190.

tro verso, non si richiede alcun nascondimento del proprio reale stato patrimoniale. Ad ogni modo, alla minor offensività della condotta, questa volta, da contraltare il più tenue trattamento sanzionatorio previsto dall'art. 641 c.p. che ne comporta il suo potenziale assorbimento nel fatto tipico del ricorso abusivo al credito[47].

Infine, anche il mendacio bancario (art. 137 TUB) si ritiene comunemente "soccombente" in rapporto al reato in commento, in ragione della sua minor gravità lesiva, risultando anch'esso assorbito[48] al di là delle significative differenze strutturali tra le due norme[49].

9. – Da ultimo, merita qualche cenno il rapporto tra la fattispecie in esame e la norma di cui all'art. 326, comma 2, n. 1, (già art. 219, comma 2, n. 1, l. fall.) relativa alla pluralità di fatti di bancarotta. Come noto, le Sezioni Unite[50] hanno statuito in merito alla natura della disposizione, ritenendo che la stessa configuri una circostanza aggravante solo nei suoi effetti, laddove strutturalmente si sarebbe più propriamente in presenza di una peculiare disciplina della continuazione, derogatoria rispetto a quella codicistica *ex* art. 81. Sicché, nel caso di pluralità di condotte di bancarotta o di ricorso abusivo al credito, le stesse manterrebbero la propria autonomia ontologica, dando luogo ad un concorso di reati unificati ai soli fini di pena[51].

Così configurato l'istituto, sorge qualche difficoltà nel delineare la riferibilità dello stesso al reato di ricorso abusivo al credito, laddove quest'ultimo – come ritiene dottrina maggioritaria – si ritenesse sganciato dalla necessaria dichiarazione di liquidazione giudiziale. Non a caso, questa stessa dottrina segnala l'anomalia, comunque in *bonam partem*, che la lettura combinata *ex* artt. 325 e 326, comma 2, n. 1, (già art. 219, comma 2, n. 1 e 218 l. fall.) lascerebbe emergere in proposito: plurimi ricorsi abusivi al credito, diversi ed autonomi, anche avverso soggetti passivi diversi, potranno "godere" del regime più favorevole di cui all'art. 326, comma 2, n. 1, peraltro anche in assenza di un medesimo disegno criminoso[52], laddove la reiterazione di condotte di bancarotta riferite a procedure concorsuali diverse esula dal regime più favorevole della "continuazione fallimentare".

10. – Può ora trarsi qualche riflessione conclusiva.

Dalla breve disamina compiuta, appare evidente come il vero momento cruciale nell'evoluzione normativa del reato di ricorso abusivo al credito sia rappresentato dall'intervento normativo del 2005, con il quale il legislatore ha tuttavia lasciato gravi margini di incertezza, sia sul piano letterale che sistematico in merito alla natura e quindi alle condizioni di sussistenza del reato.

Il Codice, lasciando immutata la formulazione della fattispecie non è destinato a porre fine al dibattito intorno a queste ormai annose questioni.

Tuttavia, sulla base della riscoperta centralità degli strumenti alternativi alla liquida-

[47] D'Alessandro, *Le disposizioni penali*, 22; Alessandri, *Diritto penale* 189.

[48] Alessandri, *Diritto penale* 190; Pisani, *Crisi di impresa*, 190.

[49] Nel mendacio bancario infatti, soggetto passivo è necessariamente la banca e la condotta è scevra da profili ingannatori o dissimulatori.

[50] Cass. pen., SS.UU., 27 gennaio 2011, n. 21039.

[51] Ambrosetti, Mezzetti, Ronco, *Diritto penale*, 355 ss.

[52] Rossi, *Manuale di diritto*, 260-261.

zione giudiziale, i quali saranno destinati ad assumere un ruolo sempre più centrale nel complessivo quadro delle tutele concorsuali, potranno venire in rilievo taluni profili che erano rimasto quasi del tutto all'"ombra" della lente dottrinale e giurisprudenziale; si pensi all'ipotesi in cui a ricorrere abusivamente al credito sia un imprenditore in crisi che faccia successivo ricorso al concordato preventivo in continuità.

Sotto questo punto di vista, preme segnalare che l'art. 341 (già art. 236 l. fall.) omette di fare rinvio alla fattispecie di ricorso abusivo al credito, sicché l'eventuale ricorso al concordato preventivo si configura come fatto del tutto irrilevante ai fini dell'integrazione della fattispecie[53]. Il dato sembrerebbe confermare come anche nel ridisegnato assetto di tutele concorsuali previste dal nuovo Codice, il ricorso abusivo al credito si presenti come reato emancipato dal sistema della crisi d'impresa, e posto a protezione di un bene giuridico ad esso estraneo, qual è la tutela della buona fede nei traffici commerciali. Questione in merito alla quale, la giurisprudenza potrà essere a breve chiamata ad una ben più ampia riflessione, nell'attesa di un sempre più auspicabile intervento riformatore del versante penalistico della crisi d'impresa.

---

[53] PISANI, *Crisi di impresa*, 186.

Articolo 326

Circostanze aggravanti e circostanza attenuante

1. Nel caso in cui i fatti previsti negli articoli 322, 323 e 325 hanno cagionato un danno patrimoniale di rilevante gravità, le pene da essi stabilite sono aumentate fino alla metà.

2. Le pene stabilite negli articoli suddetti sono aumentate:

a) se il colpevole ha commesso più fatti tra quelli previsti in ciascuno degli articoli indicati;

b) se il colpevole per divieto di legge non poteva esercitare un'impresa commerciale.

3. Nel caso in cui i fatti indicati nel comma 1 hanno cagionato un danno patrimoniale di speciale tenuità, le pene sono ridotte fino al terzo.

Carlo Longobardo

1. – L'art. 326, in conformità a quanto stabilito all'art. 219 l. fall., prevede una serie di circostanze aggravanti e un'attenuante, applicabili al delitto di bancarotta fraudolenta (art. 322), alla bancarotta semplice (art. 323) nonché al ricorso abusivo al credito (art. 325).

Rispetto alla formulazione della norma contenuta nella legge fallimentare, anche in questo caso, il Codice si pone in continuità in quanto l'articolo in commento non contiene nessun elemento innovativo, se non riguardo al rinvio ai nuovi articoli del Codice (ovvero gli artt. 322, 323, 325).

Ugualmente, all'art. 219 l. fall., l'art. 326 prevede diverse circostanze: due relative all'entità del danno – i commi 1 e 3 prevedono, rispettivamente, un'aggravante per il caso in cui il danno patrimoniale sia di «*rilevante gravità*» – ed una, attenuante, per il caso opposto, ovvero per un danno di «*speciale tenuità*».

Una formulazione analoga si ritrova nel codice penale che, nelle disposizioni riguardanti le cc.dd. circostanze comuni, prevede, all'art. 61, comma 1, n. 7, l'aggravante relativa al «*danno patrimoniale di rilevante gravità*», mentre all'art. 62, comma 1, n. 4, l'attenuante relativa al «*danno patrimoniale di speciale tenuità*».

Per quanto riguarda le circostanze aggravanti, quella prevista al comma 1 è ad effetto speciale, in quanto comporta un aumento della pena fino alla metà; le altre due circostanze aggravanti, ovvero l'aver commesso più atti tra quelli previsti dagli articoli sopra indicati (art. 326 comma 2, lett. *a*) e l'aver esercitato un'impresa commerciale che, «*per divieto di legge*», il fallito non poteva esercitare (art. 326, comma 2, lett. *b*) sono ad efficacia comune.

Come l'aggravante di cui al comma 1, anche l'attenuante prevista all'art. 326, comma 3 – che presuppone l'aver cagionato un danno patrimoniale di speciale tenuità – è ad effetto speciale, in quanto prevede una diminuzione di pena «*fino al terzo*» e non sino al massimo di un terzo. Ne deriva che la pena può essere ridotta fino ai due terzi di quella stabilita per il reato commesso[1].

È bene precisare che nella fattispecie di bancarotta, in virtù del principio di specialità e del divieto di *bis in idem*, trovano applicazione le sole circostanze di cui all'art. 326, non quelle disciplinate nel codice penale.

Infine, occorre chiarire che le circostanze previste dall'articolo in commento hanno natura oggettiva e dunque, a norma dell'art. 118 c.p., sono estensibili ai concorrenti nel caso di concorso di persone nel reato.

2. – Prima circostanza aggravante, prevista dall'art. 326, è quella che riguarda l'aver cagionato «*un danno patrimoniale di rilevante gravità*».

Per danno patrimoniale la dottrina maggioritaria ritiene debba intendersi il nocumento cagionato al patrimonio, cioè al complesso dei beni o diritti di cui un soggetto è titolare[2].

In un primo momento si era posto il problema se, ai fini della valutazione dell'entità del danno, ci si dovesse riferire al danno causato dal fallimento, oppure a quello derivante dal fatto di bancarotta. Al riguardo, giurisprudenza e dottrina sono concordi nel ritenere che l'entità di tale danno non abbia nulla a che vedere con il complessivo passivo fallimentare, ma debba intendersi connesso all'evento causalmente derivante dalla condotta di bancarotta, dovendosi considerare che l'illecito è rappresentato dai comportamenti descritti nella fattispecie penale e non dal fallimento in quanto tale[3]. Inoltre, tale danno dev'essere una conseguenza immediata e diretta della condotta delittuosa, e la sua valutazione deve avvenire secondo un criterio oggettivo ed astratto, ovvero prescindendo dalle condizioni soggettive dei danneggiati che, semmai, rileveranno soltanto sotto il profilo civilistico, al fine di determinare il *quantum* della prestazione risarcitoria[4].

Secondo il dato letterale dell'art. 326, la circostanza aggravante è applicabile alle ipotesi di bancarotta fraudolenta e semplice previste rispettivamente agli artt. 322 e 323, nonché al reato di ricorso abusivo al credito, di cui all'art. 325.

---

[1] Come chiarito da Cass. pen., sez. V, 17 febbraio 2005, n. 10391.

[2] Così SGUBBI, PEDRAZZI, *Reati commessi*, 205.

[3] In questi termini di recente CONSULICH, *Il diritto penale*, 42. Si rinvia anche a ANTOLISEI, *Manuale di diritto*, 149; CONTI, *Diritto penale commerciale*, 329. In giurisprudenza, si veda Cass. pen., sez. V, 16 aprile 1986, n. 5707; Cass. pen., sez. V, 12 ottobre 1984.

[4] Cfr., tra gli altri, ANTOLISEI, *Manuale di diritto*, 150; SANTORIELLO, *I reati*, 300.

In passato, dottrina e giurisprudenza si erano già interrogate circa l'estensione dell'aggravante anche ai fatti di bancarotta impropria di cui agli artt. 329 (223 l. fall.) e 330 (224 l. fall.), inclusa la preferenziale. Il problema sorgeva proprio perché l'art. 326 (219 l. fall.) rinviava alla sola bancarotta propria.

Oggi sembra pacifico [5] che la circostanza aggravante di cui al comma 1 dell'articolo in commento sia applicabile anche alle ipotesi di bancarotta impropria, in base al dato secondo cui la norma, richiamando gli artt. 322 e 323, non può che riferirsi anche ai «*fatti di bancarotta*» trattati e disciplinati agli artt. 329 e 330 Argomentando *a contrario*, si incorrerebbe in una indebita violazione del principio di uguaglianza [6].

Invero, in merito alla ipotesi di bancarotta da reato societario (art. 329, comma 1), inizialmente la Corte di cassazione aveva ritenuto inapplicabile la previsione di cui all'art. 326, comma 1 alla forma societaria del reato, in quanto quest'ultima risultava essere differente, sul piano strutturale, rispetto a quella propria e anche perché tale estensione avrebbe avuto effetti *in malam partem* [7]. Va però preso atto di un mutato orientamento, che ha adottato la soluzione opposta, ritenendo che le condotte sanzionate dall'art. 223, comma 1, l. fall. (oggi 329, comma 1) siano oggetto di un rinvio formale a tutti i fatti di bancarotta, con il relativo, complessivo, trattamento sanzionatorio [8].

3. – La circostanza aggravante dell'aver «*commesso più fatti tra quelli previsti in ciascuno degli articoli indicati*», ha suscitato molteplici questioni interpretative, sia in merito alla sua natura giuridica che in relazione all'individuazione dell'ambito applicativo.

Per quello che concerne la natura giuridica, tale aggravante comune viene generalmente intesa come espressione della c.d. *unitarietà del reato di bancarotta* [9], secondo cui, per la sussistenza del reato stesso, sarebbe sufficiente la realizzazione di uno solo dei fatti contemplati dalla legge, ma la violazione resterebbe unica, seppure sanzionata più gravemente, anche qualora fossero realizzate più condotte tra quelle menzionate dalla legge [10]. I molteplici fatti, dunque, non spezzerebbero l'unitarietà del reato: la bancarotta si presenterebbe infatti come un reato eventualmente abituale.

Altra parte della dottrina [11], seppur minoritaria, ha contestato la soluzione ora illustrata dell'unitarietà della bancarotta, ritenendo preferibile la tesi secondo cui la commissione di una pluralità di violazioni darebbe invece luogo ad un concorso di reati.

Sul punto, sono intervenute le Sezioni Unite della Corte di cassazione che, a sostegno della concezione pluralistica, hanno confermato l'indirizzo interpretativo minoritario rite-

---

[5] CONTI, *Diritto penale*, 355; SANTORIELLO, *I reati*, 303. In giurisprudenza Cass. pen., sez. V, 18 febbraio 2010, n. 17690, Cass. pen., sez. V, 22 giugno 2010, n. 30932, Cass. pen., sez. V, 17 gennaio 2013, n. 10180.

[6] Cass. pen., sez. V, sent. n. 30932 del 2010.

[7] Cass. pen., sez. V, 18 dicembre 2009, n. 8829.

[8] In questi termini, CONSULICH, *Il diritto penale*, 43. Per la giurisprudenza si veda Cass. pen., sez. V, 22 giugno 2010, n. 30932. Si rinvia anche alla pronuncia della Cass. pen., SS.UU., 26 maggio 2011, n. 21039.

[9] Così MAZZACUVA, AMATI, *Diritto penale*, 267.

[10] CONSULICH, *Il diritto penale*, 44.

[11] NUVOLONE, *Il diritto penale*, 447 ss.; Punzo, *Il delitto*, 250.

nendo che la disposizione in commento, pur essendo riconducibile sul piano formale e su quello funzionale alla categoria delle circostanze, sul piano strutturale si sostanzia in «un'ipotesi di concorso di reati autonomi e indipendenti, che il legislatore unifica fittiziamente agli effetti della individuazione del regime sanzionatorio nel cumulo giuridico, facendo ricorso formalmente allo strumento tecnico della circostanza aggravante»[12]. La *ratio* di tale operazione legislativa – consistendo nella pluralità di violazioni, fisiologica in un fallimento – si identifica nella volontà di mitigare le conseguenze sanzionatorie che, laddove si procedesse con il cumulo, sarebbero estremamente elevate. Dunque, la commissione di più fatti di bancarotta «non integra, sotto il profilo strutturale, una circostanza aggravante, ma detta una peculiare disciplina della continuazione, in deroga a quella ordinaria di cui all'art. 81 c.p., in tema di reati fallimentari»[13].

È pacifico, poi, che l'ambito di applicazione della circostanza aggravante in commento sia il perimetro di un'unica procedura fallimentare posto che, in caso di diversi fallimenti, sarebbe necessario fare ricorso all'istituto della continuazione, *ex* art. 81, comma 2, c.p.[14].

In merito alle questioni circa l'applicabilità dell'aggravante in commento al caso di commissione di fatti previsti da articoli differenti (ad esempio bancarotta fraudolenta e semplice) o a quello di reiterazione della stessa condotta (per esempio alla pluralità di pagamenti preferenziali), va segnalata la posizione delle Sezioni Unite della Corte di cassazione[15] che – con riferimento al primo caso – hanno ritenuto applicabile l'art. 219, comma 2, n. 1 (oggi 326). La *ratio* sottostante a tale indirizzo interpretativo è ravvisabile nella necessità di una lettura costituzionalmente orientata: se infatti seguissimo la tesi secondo cui la disposizione *de quo* non fosse applicabile, si determinerebbe una violazione dell'art. 3 Cost. Invece, in merito alla ipotesi di reiterazione di fatti appartenenti alla stessa ipotesi di bancarotta, le Sezioni Unite hanno ritenuto che, anche nel caso di specie, si possa applicare la disposizione in esame: a tal fine è però necessario che la condotta illecita sia posta in essere «con distinte azioni, con una pluralità di atti». Se, al contrario, la pluralità di atti è espressione di un'unica azione, il reato rimane unico[16].

4. – Infine, l'ultima circostanza aggravante prevista dall'art. 326, comma 2, lett. *b*) riguarda l'esercizio abusivo di una impresa commerciale, che ricorre ogniqualvolta il soggetto agente eserciti l'attività commerciale nonostante la legge ponga, nei suoi confronti, un divieto per ragioni di incompatibilità. Proprio il fatto che la restrizione deve derivare direttamente e immediatamente dalla legge fa sì che la circostanza trovi, di fatto, scarsa applicabilità: le ipotesi di verificazione sono statisticamente poche.

5. – Come già in precedenza sottolineato, l'art. 326, comma 3 prevede la circostanza attenuante a effetto speciale del danno patrimoniale di speciale tenuità che comporta una riduzione della pena fino al terzo.

---

[12] Cass. pen., SS.UU., sentenza n. 21039 del 2011.

[13] *Ibidem*. Per maggiori approfondimenti si rinvia ad CAPUTO, *Pluralità dei fatti*, 845.

[14] SANTORIELLO, *I reati*, 309; SOANA, *I reati fallimentari*, 367 ed alla giurisprudenza ivi richiamata.

[15] Cass. pen., SS.UU., sentenza n. 21039 del 2011.

[16] In questo senso anche SANTORIELLO, *I reati*, 308; SGUBBI, *Reati commessi*, cit., 221.

Com'è noto, il danno, per essere di speciale tenuità, deve avere una consistenza particolarmente trascurabile [17]. In merito al significato di danno patrimoniale si rinvia a quanto già sottolineato *sub* § 2.1 del commento al presente articolo.

La suddetta circostanza attenuante doveva essere coordinata con quella inserita dal nuovo Codice all'art. 25, comma 2, secondo periodo, poi abrogata prima dell'entrata in vigore, in cui era prevista una nuova circostanza attenuante speciale ad effetto speciale che consisteva in una riduzione della pena fino alla metà in presenza di una condizione oggettiva e numerica, ovvero quando il valore dell'attivo inventariato o offerto ai creditori assicurasse il soddisfacimento di almeno un quinto dell'ammontare dei debiti chirografari e, comunque, il danno complessivo cagionato non avesse superato l'importo di 2.000.000 euro.

La previsione di favore non richiedeva una particolare *meritevolezza* soggettiva in capo all'agente (derivando spesso da fattori che esorbitavano dalla sua sfera di controllo), né una connessione stretta con il principio di offensività, posto che la dimensione del danno era solo uno dei fattori che determinavano l'entità dell'offesa penalmente rilevante [18].

---

[17] Si veda, a riguardo, SISIA, TREMOLADA, *Il nuovo Codice*, 9; BUSUTTO, *Reati commessi*, 94 ss.; GAMBARDELLA, *Il nuovo codice*, 6.

[18] In questi termini, CONSULICH, *Il diritto penale*, 44. Per analoghe considerazioni si veda ALESSANDRI, *Novità penalistiche*, 1847.

Articolo 327

Denuncia di creditori inesistenti e altre inosservanze da parte dell'imprenditore in liquidazione giudiziale

1. È punito con la reclusione da sei mesi a un anno e sei mesi l'imprenditore in liquidazione giudiziale, il quale, fuori dei casi preveduti all'art. 322, nell'elenco nominativo dei suoi creditori denuncia creditori inesistenti od omette di dichiarare l'esistenza di altri beni da comprendere nell'inventario, ovvero non osserva gli obblighi imposti dagli articoli 49, comma 3, lettera c) e 149.

2. Se il fatto è avvenuto per colpa, si applica la reclusione fino ad un anno.

Francesco D'Alessandro

1. – La fattispecie in esame, nell'attuale collocazione all'interno del Codice, risulta, salvo i consueti adattamenti lessicali, immutata nella sua struttura. Rispetto alle altre fattispecie penalistiche, tuttavia, il mutamento ha riguardato le norme che costituiscono oggetto di rinvio della fattispecie, sicché, nel corso dell'analisi, sarà necessario verificare se le modifiche alle suddette disposizioni civilistiche, che costituiscono elementi normativi della fattispecie, abbiano o meno determinato, in concreto, una estensione od un restringimento dell'area del penalmente rilevante. La norma prevede tre differenti condotte che possono avere come soggetti attivi: il debitore sottoposto a liquidazione giudiziale, gli amministratori, i direttori generali e i liquidatori di società in liquidazione giudiziale (art. 332), i soci illimitatamente responsabili (art. 328) e l'institore (art. 333). La disposizione, inoltre, ha natura sussidiaria, rispetto alla ben più grave fattispecie di bancarotta fraudolenta, come espresso dall'inciso «*fuori dai casi preveduti all'art. 322*».

2. – La prima delle condotte che vengono in rilievo nella fattispecie in commento ha ad oggetto la denuncia, da parte del debitore in liquidazione giudiziale, di creditori inesistenti all'interno dell'«*elenco nominativo*» relativo agli stessi. Sul punto, sotto il regime della legge fallimentare, la tesi dottrinale preferibile era quella che riteneva che tale elenco fosse solo ed esclusivamente quello di cui all'art. 14 l. fall.[1], dovendosi considerare l'interpretazione volta ad includere nel novero della nozione di «*elenco nominativo*» ulteriori documenti o informazioni che il debitore avrebbe avuto l'obbligo di sottoporre al curatore o ad altri organi della procedura, alla stregua di una operazione analogica in *malam partem*[2]. Secondo altra dottrina invece, sarebbe potuto rientrare nell'oggetto materiale del reato anche l'elenco predisposto dal curatore ai sensi dell'art. 89 l. fall., nel quale potevano confluire le "altre notizie" raccolte *aliunde,* anche dal debitore o, in caso di società, dagli amministratori o liquidatori[3].

Ad ogni modo, dovrà trattarsi di un elenco di carattere «*nominativo*» e non di mere indicazioni o informazioni frammentarie[4].

Oggi la questione sembrerebbe riproporsi, nei medesimi termini, anche alla luce del nuovo *corpus* normativo del Codice, l'art. 39, che ha preso il posto dell'art. 14 l. fall., fa infatti riferimento al medesimo elenco normativo, salvo qualche adattamento lessicale: le differenze più significative tra le due norme riguardano il fatto che la nuova disposizione pone tale obbligo di deposito con riferimento a tutte le procedure di regolazione della crisi e dell'insolvenza, e prevede espressamente che esso possa adempiersi anche tramite deposito in formato digitale: variazioni che appaiono indifferenti sotto il profilo penalistico, tenuto conto che, in ogni caso, la fattispecie si rivolge al solo debitore soggetto a liquidazione giudiziale.

Così, allo stesso modo può dirsi per l'art. 198, rimasto sostanzialmente corrispondente al disposto fallimentare di cui all'art. 89.

Quanto ai rapporti con il reato di cui all'art. 322, una possibile interferenza si registra con riferimento alla condotta di esposizione o riconoscimento di passività inesistenti, che andrà risolta nel senso della prevalenza della bancarotta fraudolenta, come da clausola di sussidiarietà espressa. Ad ogni modo, la significativa differenziazione del trattamento sanzionatorio è stata spiegata[5] ritenendo che nella fattispecie in esame sia richiesto che i creditori denunciati siano *effettivamente* inesistenti e che di ciò il debitore sia consapevole (anche nelle forme del dolo eventuale[6] laddove nel caso di mera negligenza, si ricadrebbe nell'ipotesi colposa di cui al comma 2). Solo in tale ipotesi fattuale la norma troverebbe spazi di autonoma applicazione rispetto al più grave reato di cui all'art. 322.

Del resto, il diverso grado di insidiosità e di conseguente pericolo per la garanzia del ceto creditorio tra una condotta tesa ad attribuire una passività fittizia ad un creditore esistente ed una volta a inventare di "*sana pianta*"[7] un nuovo soggetto nell'elenco nominati-

[1] ALESSANDRI, *Diritto penale commerciale*, 193; PEDRAZZI, SGUBBI, *Reati commessi*, 226 ss.

[2] Così, PEDRAZZI, SGUBBI, *Reati commessi*, 227.

[3] COCCO, *Artt. 218 e 225*, 1237; ROSSI, *Manuale di diritto*, 262; nel senso di ritenere che la norma si riferisca addirittura al *solo* elenco di cui all'art. 89 l. fall., stante la natura "post-fallimentare" dell'illecito, PISANI, *Crisi di impresa*, 192.

[4] NUVOLONE, *Il diritto penale*, 286.

[5] PEDRAZZI, SGUBBI, *Reati commessi*, 227; ALESSANDRI, *Diritto penale commerciale*, 194; PISANI, *Crisi di impresa*, 193; GIULIANI BALESTRINO, *La bancarotta*, 400 ss.

[6] Ritiene, invece, necessario almeno il dolo diretto, PEDRAZZI, SGUBBI, *Reati commessi*, 227.

[7] NUVOLONE, *Il diritto penale*, 286.

vo creditorio, si riflette nel diverso elemento soggettivo che è richiesto nella fattispecie di bancarotta, consistente nel dolo specifico di arrecare un danno ai creditori e quindi nell'intenzione di sottrarre una parte dei beni alla garanzia dei creditori [8]; finalità che invece non è richiesta nella fattispecie *de qua,* laddove il soggetto agisce nel convincimento che dall'inesatta dichiarazione non sarebbe derivata un'alterazione sostanziale della situazione del patrimonio.

3. – L'omessa dichiarazione dell'esistenza di altri beni da comprendere nell'inventario costituisce la seconda condotta incriminata dalla norma.

Ancora una volta, non può prescindersi dal rinvio che la fattispecie implicitamente pone alle disposizioni che regolano un siffatto obbligo dichiarativo.

Il riferimento è al procedimento di redazione dell'inventario e alla relativa dichiarazione che, prima del Codice, era regolato all'art. 87 l. fall., il cui contenuto trova ora collocazione nell'art. 195, che non reca, ad ogni modo, significative differenze dalla previgente disposizione fallimentare.

Secondo la prevalente dottrina, configura un presupposto del reato il necessario interpello del curatore ai sensi del comma 3 di cui all'art. 87 l. fall. [9] (ora 195, comma 3), dal momento che l'obbligo penalmente rilevante si traduce, in concreto, nell'obbligo di risposta veritiera al suddetto interpello.

La condotta si ritiene integrata sia in caso di mera omissione dichiarativa che in caso di falsità della stessa: prima della riforma di cui al d.lgs. n. 5 del 2006, l'assunto era fondato esclusivamente sulla convinzione che anche tramite una «negazione mendace potesse omettersi di ottemperare all'obbligo di dichiarazione» [10], dopo l'intervento del 2006 la tesi risulta avvalorata anche dal mutato dato positivo, che fa ora riferimento (attuale comma 3, art. 195) anche alla "*falsa*" dichiarazione [11].

Un interessante interrogativo emerso nel dibattito dottrinale è quello che riguarda la sussumibilità nell'oggetto materiale della condotta – il quale racchiude, in via generale, ogni attività che possa essere inclusa nel fallimento – dei beni che siano stati già *sottratti* dall'imprenditore prima del fallimento. L'indirizzo prevalente è incline a fornire risposta positiva [12]. Appaiono tuttavia condivisibili le perplessità sollevate da chi [13] ha evidenziato che una siffatta interpretazione imporrebbe un inammissibile obbligo di autodenuncia al fallito (oggi debitore in liquidazione giudiziale).

Ulteriori divergenze d'opinione si riscontrano circa il momento consumativo del reato,

---

[8] Cfr. PISANI, *Crisi di impresa,* 193 nel senso che la differenza fondamentale sia da ravvisarsi nell'elemento soggettivo, ROSSI, *Manuale di diritto,* 263; in giurisprudenza Cass. pen., 10 febbraio 1964, in *Cass. pen. Mass. Ann.* 1964, 924; Cass. pen., 26 novembre 1963, n. 3567.

[9] PEDRAZZI, SGUBBI, *Reati commessi,* 228; COCCO, *Artt. 218 e 225,* 1239; PISANI, *Crisi di impresa,* 194.

[10] Così PEDRAZZI, SGUBBI, *Reati commessi,* 198; vedi anche ROSSI, *Manuale di diritto,* 263 ss.; COCCO, *Artt. 218 e 225,* 1239.

[11] ALESSANDRI, *Diritto penale commerciale,* 195.

[12] PEDRAZZI, SGUBBI, *Reati commessi,* 231; NUVOLONE, *Il diritto penale,* 291.

[13] COCCO, *Artt. 218 e 225,* 1239, che ritiene tale comportamento configurabile alla stregua di un post-factum non punibile.

tra chi[14] ritiene che a rileva sia il momento della omessa o falsa dichiarazione, e chi[15], altrettanto autorevolmente, invece, considera determinante a tal fine il momento di chiusura dell'inventario da parte del curatore.

Quanto all'elemento soggettivo, valgono i rilievi già visti per la precedente condotta.

Più intricati i rapporti con la bancarotta fraudolenta.

In particolare, il *discrimen* oggettivo con le condotte di distrattive risiede nel fatto che queste ultime producono, soprattutto nell'ipotesi post-fallimentare (oggi più propriamente, post-liquidazione giudiziale) una sottrazione con effetto immediato della massa di attivo in liquidazione. Analogamente, l'esposizione di passività inesistenti implicherebbe un effettivo pericolo per i creditori per il tramite di una induzione in errore degli organi concorsuali, laddove la condotta in esame sembrerebbe riguardare più propriamente inosservanze meramente formali[16]. Come si comprende, sul piano della tipicità il terreno rimane dunque alquanto farraginoso, e pertanto la stessa dottrina ha spostato, ancora una volta, la linea di discrimine sul versante soggettivo, sostenendosi che risponderà di bancarotta fraudolenta il debitore in liquidazione giudiziale che taccia l'esistenza di un bene con il precipuo intento di sottrarlo definitivamente ai creditori; mentre, lo stesso soggetto sarà chiamato a rispondere del reato in commento laddove agisca con il proposito di evitare solo temporaneamente l'apprensione materiale del bene da parte del curatore[17].

4. – Resta da esaminare il terzo gruppo di condotte previste dalla norma in esame: si tratta dell'inottemperanza agli obblighi imposti al debitore in liquidazione giudiziale, attualmente previsti agli artt. 49, comma 3 e 149, sostanzialmente corrispondenti agli artt. 16, comma 3 e 49 l. fall.

Si ritiene che la condotta configuri, rispetto alle due precedenti, un'autonoma fattispecie incriminatrice[18] – peraltro di più comune applicazione giudiziale – in guisa da dover considerare l'articolo in commento come norma mista cumulativa (o se si preferisce disposizione a più norme), con i consueti corollari che ne derivano in termini di configurabilità di un concorso materiale di reati.

Le condotte concernono: da una parte, il mancato deposito delle scritture contabili e fiscali obbligatorie, del bilancio e dell'elenco nominativo dei creditori ove già non depositato ai sensi dell'attuale art. 39 (art. 49, comma 3), e, dall'altra, l'inottemperanza alle prescrizioni di cui all'art. 149, che prevede, a sua volta, l'obbligo dell'imprenditore in liquidazione giudiziale di comunicare al curatore la propria residenza o il proprio domicilio e ogni loro cambiamento e di presentarsi, qualora occorressero informazioni o chiarimenti e salvo legittimo impedimento, personalmente dinanzi agli organi della procedura tassativamente indicati.

Significativo rilevare come entrambe le norme la cui violazione è idonea ad integrare la

---

[14] COCCO, *Artt. 218 e 225*, 1239.

[15] PEDRAZZI, SGUBBI, *Reati commessi*, 229.

[16] In questi termini, PEDRAZZI, SGUBBI, *Reati commessi*, 230.

[17] PEDRAZZI, SGUBBI, *Reati commessi*, 230-231; PISANI, *Crisi di impresa*, 195.

[18] ALESSANDRI, *Diritto penale commerciale*, 193.

fattispecie *de qua*, siano state modificate, in quella che è ancora la loro attuale formulazione, dalla l. n. 5 del 2006: è a questo intervento legislativo che l'interprete deve pertanto rivolgere la propria attenzione nell'esegesi del dato normativo.

L'interesse tutelato dalla norma e presidiato da entrambe le violazioni si identifica comunemente nel corretto svolgimento della procedura concorsuale.

4.1. – Con riferimento alla prima violazione (cfr. art. 49, comma 3), la riforma del 2006 ha influito sul novero degli atti da depositare obbligatoriamente, includendovi anche le scritture fiscali obbligatorie, e ha esteso il termine per il deposito da ventiquattro ore a tre giorni. Come è stato osservato, il *novum* legislativo ha avuto carattere innovativo e non già meramente ricognitivo dello stato dell'arte, dal momento che l'orientamento dottrinale precedente annoverava tra le scritture contabili assoggettate all'obbligo di deposito anche quelle facoltative[19].

Il delitto in questione si configura come un reato omissivo proprio, di natura permanente[20] che comincia con l'insorgere dell'obbligo di deposito; obbligo che, a sua volta, deriva dalla effettiva e rituale comunicazione della sentenza dichiarativa dello stato di liquidazione giudiziale[21], prescindendosi quindi dalla pubblicazione del provvedimento giurisdizionale *de quo*, che potrà tuttalpiù rilevare a fini processual-civilistici.

Da ultimo, quanto ai rapporti con i reati di bancarotta, la giurisprudenza è consolidata nel ritenere che il reato di inosservanza dell'obbligo di deposito delle scritture contabili possa concorrere con le ipotesi di bancarotta documentale, fraudolenta e semplice, tutte le volte in cui la condotta non consista nella sottrazione, distruzione, falsificazione o mancata tenuta delle scritture contabili, ma nella diversa condotta di tenuta irregolare o incompleta delle stesse, o tenuta in guisa da non rendere possibile la ricostruzione del patrimonio o del movimento degli affari[22].

4.2. – Anche con riferimento alla violazione dell'art. 149, viene anzitutto in rilievo l'intervento riformatore del 2006. La riformulazione, questa volta, è stata più radicale: il divieto di allontanarsi dalla propria residenza senza il permesso del giudice delegato è stato soppiantato da un diverso obbligo avente ora natura meramente informativa: il dovere di comunicazione ogni cambiamento di residenza e domicilio[23].

Da ultimo, l'attuale d.lgs. n. 14 del 2019 ha apportato un'ulteriore e apparentemente superficiale modifica al tenore letterale dell'art. 149, estendo l'obbligo di comunicazione alla residenza e al domicilio, prima ancora che ad un loro cambiamento.

---

[19] Cfr. Bricchetti, Mucciarelli, Sandrelli, *Artt. 216-241*, 1278 ss.; Rossi, *Manuale di diritto*, 265.

[20] Pedrazzi, Sgubbi, *Reati commessi*, 235; Pisani, 196; Cocco, *Artt. 218 e 225*, 1240; in giurisprudenza: Cass. pen., sez. V, 14 gennaio 2000, n. 1646; *contra* Alessandri, *Diritto penale commerciale*, 196.

[21] Pedrazzi, Sgubbi, *Reati commessi*, 233; Bricchetti, Mucciarelli, Sandrelli, *Artt. 216-241*, 1278-1279; Cocco, *Artt. 218 e 225*, 1240; Pisani, *Crisi di impresa*, 196; *contra* Rossi, *Manuale di diritto*, 267.

[22] In questi termini, Cass. pen., sez. V, 25 giugno 2013, n. 49789; conf. Cass. pen., sez. V, 28 febbraio 2017, n. 14846.

[23] Interessante notare, come la riforma abbia recepito i rilievi di ordine costituzionale che erano state sollevati con riferimento agli artt. 13 e 16 Cost. (cfr. Corte cost., 16 marzo 1962, n. 20; Corte cost., 20 febbraio 1969, n. 24); cfr. Bricchetti, Mucciarelli, Sandrelli, *Artt. 216-241*, 1279.

Non pare possa ritenersi che la norma abbia dato luogo ad un fenomeno di nuova incriminazione, tenuto conto che a rilevare sarà sempre il mutamento non comunicato alla procedura liquidatoria: per le persone fisiche svolgenti attività d'impresa, infatti, il primo domicilio è già conosciuto alla procedura, identificandosi con la sede legale indicata nel registro delle imprese.

Ad ogni modo, come si è osservato [24], la mutata natura dell'obbligo (da un obbligo di non allontanamento ad un mero dovere informativo), per mano del legislatore del 2006, ha dato vita ad una autentica *abolitio criminis*: da un lato, è ora del tutto indifferente ai fini dell'integrazione della fattispecie il momento fisico di allontanamento dal domicilio dichiarato, contando solo l'eventuale omessa informazione; dall'altro, non ogni spostamento dovrà essere oggetto di comunicazione, laddove esso, in particolare, sia temporaneo e non comporti una modifica effettiva della residenza e del domicilio. In altri termini, conformemente all'elasticità che connota le nozioni civilistiche di residenza e domicilio, sfuggono dal perimetro dell'attuale formulazione del fatto tipico gli spostamenti temporanei della persona ed anche gli allontanamenti all'estero [25].

Il secondo obbligo penalmente sanzionato, relativo alla presentazione personale al giudice delegato, al comitato dei creditori o al curatore, mira infine a rendere concretamente operativa la disponibilità del debitore sottoposto a liquidazione giudiziale. A conferma di ciò è stato previsto che siffatto obbligo ricorra ora solo laddove «*occorr*[a]*no informazioni o chiarimenti ai fini della gestione della procedura*».

Anche con riferimento a questa violazione vale quanto considerato in merito alla natura omissiva e permanente del reato in questione (cfr. § 4.1.).

Quanto all'elemento soggettivo, si richiede per tutte le ipotesi il dolo generico, mentre in caso di negligenza (che può consistere in un "disordine" nelle scritture contabili e fiscali o nella rimproverabile ignoranza della sentenza dichiarativa di fallimento e degli obblighi ivi statuiti) si ricadrà nell'ipotesi colposa di cui al comma 2.

---

[24] Bricchetti, Mucciarelli, Sandrelli, *Artt. 216-241*, 1281.

[25] Bricchetti, Mucciarelli, Sandrelli, *Artt. 216-241*, 1280.

Articolo 328

Liquidazione giudiziale delle società in nome collettivo e in accomandita semplice

1. Nella liquidazione giudiziale delle società in nome collettivo e in accomandita semplice le disposizioni del presente capo si applicano ai fatti commessi dai soci illimitatamente responsabili.

Carlo Longobardo

Sommario: 1. Premessa. – 2. Fatti commessi dai soci illimitatamente responsabili.

1. – L'art. 328 Codice prevede che le disposizioni del titolo IX, quindi quelle relative ai delitti di bancarotta, accesso abusivo del credito e denuncia di creditori inesistenti, si applicano, nella liquidazione giudiziale delle società in nome collettivo e in accomandita semplice, ai soci illimitatamente responsabili.

Rispetto all'art. 222 l. fall., anche in questo caso nel nuovo Codice scompare il termine fallimento in luogo di liquidazione giudiziale.

Tuttavia, eccezion fatta per la sostituzione meramente terminologica, la norma si pone in continuità con la precedente per quanto attiene la sostanza.

2. – Dal punto di vista dei soggetti attivi, dunque, la norma prevede che i reati di bancarotta fraudolenta o documentale, nonché i fatti preveduti agli artt. 325 e 327, possono essere commessi anche dai soci illimitatamente responsabili di società in nome collettivo e in accomandita semplice dichiarate fallite, *rectius* in liquidazione giudiziale.

È bene precisare che nella società in nome collettivo, la responsabilità personale e illimitata di tutti i soci costituisce l'effetto naturale dell'adozione di tale tipo di organizzazione sociale, il cui rigore appare esclusivamente temperato, a condizione che la società sia stata regolarmente iscritta nel registro delle imprese, dal beneficio della preventiva escussione del patrimonio sociale, in base al quale il creditore può sottoporre ad esecuzione forzata il patrimonio personale del socio, esclusivamente previo assolvimento dell'onere della prova dell'insufficienza di quello della società.

Come stabilito dal Codice, anche le società che svolgono attività commerciale sono soggette a liquidazione giudiziale che si estende anche ai soci illimitatamente responsabili, i quali possono perciò essere chiamati a rispondere, come prevede l'art. 328 (art. 222 l. fall.) dei reati di bancarotta stabiliti dalla normativa per l'imprenditore dichiarato in liquidazione giudiziale.

Come è noto, nell'ambito dell'impresa esercitata in forma collettiva, la responsabilità limitata per le obbligazioni sociali assunte e l'esclusione dell'estensione del liquidazione giudiziale della società ai soci – salva comunque l'applicabilità delle disposizioni penali per i reati di bancarotta a carico degli amministratori, direttori generali, sindaci e liquidatori in forza dell'art. 328 (art. 223 l. fall.) – può ottenersi mediante ricorso all'organizzazione dell'attività d'impresa nella forma della società di capitali.

Articolo 329

Fatti di bancarotta fraudolenta

1. Si applicano le pene stabilite nell'articolo 322 agli amministratori, ai direttori generali, ai sindaci e ai liquidatori di società in liquidazione giudiziale, i quali hanno commesso alcuno dei fatti preveduti nel suddetto articolo.

2. Si applica alle persone suddette la pena prevista dall'articolo 322, comma 1, se:

a) hanno cagionato, o concorso a cagionare, il dissesto della società, commettendo alcuno dei fatti previsti dagli articoli 2621, 2622, 2626, 2627, 2628, 2629, 2632, 2633 e 2634 del codice civile.

b) hanno cagionato con dolo o per effetto di operazioni dolose il dissesto della società.

3. Si applica altresì in ogni caso la disposizione dell'articolo 322, comma 4.

Carlo Longobardo

Sommario: 1. Premessa. – 2. Bene giuridico tutelato ed oggetto materiale del reato. – 3. Soggetti attivi. – 4. La bancarotta fraudolenta da reato societario (art. 329, comma 2, lett. *a*). – 5. La bancarotta fraudolenta impropria per effetto di operazioni dolose (art. 329, comma 2, lett. *b*). – 6. Il regime sanzionatorio.

1. – L'art. 329 prevede, al comma 1, il reato di bancarotta fraudolenta impropria che punisce gli amministratori, i direttori generali, i sindaci ed i liquidatori di società in liquidazione giudiziale, i quali abbiano commesso alcuno dei fatti preveduti dall'art. 322 (bancarotta fraudolenta). Oltre ad estendere il novero dei soggetti attivi della bancarotta impropria, l'art. 329 prevede anche due ulteriori figure autonome di reato, ossia la bancarotta da reato societario (comma 2, lett. *a*) e la bancarotta cagionata «*con dolo o per effetto di operazioni dolose*» (comma 2, lett. *b*).

Rispetto all'art. 223 l. fall., anche in questo caso le isolate modifiche al testo della norma non sembrano produrre rilevanti conseguenze sulla disciplina prevista e riguardano, essenzialmente, la sostituzione del termine «*fallimento*» con quello di «*liquidazione giudiziale*» nonché la parola «*dissesto*» in luogo di «*fallimento*» (così al comma 2 dell'articolo in commento).

Va posta in risalto, altresì, l'assenza, anche nel nuovo Codice – al pari della legge fallimentare – di un chiaro richiamo all'art. 326, in tema di circostanze. Come già accennato [1], sono state molte le difficoltà interpretative in ordine all'estensibilità delle circostanze aggravanti, previste all'articolo ora menzionato, anche ai fatti di bancarotta. Sebbene il rapporto tra l'art. 322 e l'art. 329 sembra essere ormai pacificamente riconosciuto, nel senso di rendere applicabili le disposizioni di cui all'art. 326 anche alla bancarotta impropria, sarebbe stato opportuno un richiamo legislativo espresso.

2. – Come sottolineato, l'art. 329 contiene un espresso rinvio all'art. 322, ovvero al delitto di bancarotta fraudolenta propria. Pertanto, si ritiene che il bene giuridico tutelato dalla disposizione in esame, sia il medesimo di quello individuato per la bancarotta propria [2].

Difatti, il rinvio operato dal legislatore deve intendersi di natura formale, ovvero, ove siano introdotte delle modificazioni legislative all'art. 322, le stesse opereranno anche con riferimento alla bancarotta impropria, senza necessità di un'apposita specificazione [3].

Tuttavia, il rinvio cede a qualche perplessità interpretativa [4], soprattutto dal punto di vista della tecnica legislativa. Innanzitutto, nella bancarotta impropria è diverso l'oggetto materiale del reato, dato che l'attività criminosa non si svolge sui beni propri del fallito, ma sui beni della società nella quale l'agente esercita funzioni di gestione e di controllo [5].

In secondo luogo, non tutte le ipotesi criminose previste dall'art. 322 sono configurabili nei confronti di ogni soggetto indicato nella norma. Al di fuori delle ipotesi di concorso con gli amministratori, non è ipotizzabile, ad esempio, il delitto di bancarotta fraudolenta documentale o preferenziale in capo ai direttori generali ed ai sindaci [6], atteso che la tenuta dei libri e delle scritture contabili compete istituzionalmente agli amministratori.

La bancarotta impropria non è, dunque, perfettamente speculare a quella propria, atteso che i fatti di bancarotta cadono esclusivamente sui beni della società, non rilevando, ai fini della sussistenza del reato, il patrimonio personale dei diversi soggetti attivi. Al riguardo è stato precisato che «qualsiasi deviazione della destinazione di un bene che porti alla realizzazione di un interesse non compreso nell'oggetto sociale, integri una distrazione penalmente rilevante» [7].

È importante, inoltre, rilevare che sui beni della società, i soggetti qualificati possono commettere anche delitti comuni contro il patrimonio (ad esempio l'appropriazione indebita), senza la necessità di una «coincidenza di direzionalità offensiva» [8]. In pratica, l'appropriazione di beni sociali assume portata distrattiva, ai sensi dell'art. 322, solo se concretamente idonea a esporre a pericolo le aspettative creditorie.

3. – Il delitto di bancarotta fraudolenta impropria si distingue da quella propria (art. 322) per i diversi soggetti attivi del reato.

Infatti, mentre l'art. 322 designa, quale soggetto attivo, l'imprenditore dichiarato in li-

---

[1] Si rinvia, sul punto, al commento all' art. 326, § 1.

[2] Si rinvia al riguardo al commento all'art. 322, § 2.

[3] Cfr. ANTOLISEI, *Manuale di diritto*, 121.

[4] Si veda sul punto, MAZZACUVA, AMATI, *Diritto penale*, 240-242.

[5] ANTOLISEI, *Manuale di diritto*, 31.

[6] Eccezion fatta nel caso di gestione della società *ex* art. 2386, comma 4, c.c.

[7] Cfr. MAZZACUVA, AMATI, *Diritto penale*, 240.

[8] in questo senso, SGUBBI, PEDRAZZI, *Reati commessi*, 292.

quidazione giudiziale, l'articolo in commento prevede che possano commettere il reato determinate categorie di soggetti, quali gli amministratori, i direttori generali, i sindaci ed i liquidatori di società in liquidazione giudiziale. D'altro canto, è questo il motivo per cui la bancarotta impropria viene comunemente definita societaria [9]. Si tratta anche in questo caso, di un reato proprio, con cui si è inteso rafforzare l'imposizione di particolari doveri posti dalla normativa civilistica a carico dei soggetti attivi del reato.

È bene sottolineare che proprio il rapporto organico con l'impresa giustifica l'estensione degli effetti dell'insolvenza dell'imprenditore [10] anche ai soggetti attivi del reato in esame, che rappresentano i responsabili dell'amministrazione e del controllo della società. Si tratta di qualifiche soggettive sostanzialmente omogenee a quella dell'imprenditore, in quanto le stesse sono connotate dal potere di gestione sull'impresa societaria (quanto agli amministratori e ai liquidatori), dalla discrezionalità operativa (il direttore generale) e dal controllo sulla gestione (per i sindaci) [11]. Dunque, la carica ricoperta e la funzione svolta all'interno della società condizionano l'apporto che ciascuno di questi soggetti può fornire rispetto alla commissione del reato.

Ma la disposizione in esame non contempla tra i soggetti attivi gli enti, quali le associazioni ed i consorzi con attività esterna non costituiti in forma di società che, pur potendo fallire, non possono essere ricompresi nella sfera applicativa dell'art. 329 per il divieto di analogia in *malam partem* [12].

In generale, per «*amministratori*» si intendono coloro che hanno diretti e concreti poteri di gestione, organizzazione e controllo sui fattori produttivi nell'attività economica svolta dalla società, della quale possono avere la rappresentanza verso i terzi ed alla quale sono legati da un rapporto organico [13]. Elemento caratterizzante della figura è il potere decisionale e l'autonomia [14].

Tema discusso [15] è stato quello dell'eventuale estensione della responsabilità anche all'amministratore di fatto ovvero colui che, pur senza aver ricevuto un'investitura formale all'interno della compagine societaria, ovvero nei casi di nullità, decadenza o annullamento dell'atto di nomina, eserciti effettivamente i poteri tipici connessi al ruolo ed alla qualifica di amministratore formale [16]. La giurisprudenza è, da tempo, orientata a riconoscere la responsabilità dell'amministratore di fatto, privilegiando il dato funzionale dell'attività in concreto svolta, rispetto a quello meramente formale dell'avvenuta investitura [17], seguen-

---

[9] *Ibidem*, 256. Gli autori preferiscono parlare, nel caso di specie, di bancarotta societaria.

[10] Cfr. Cass. pen., SS.UU., 30 settembre 2010, n. 43428.

[11] Cfr. SGUBBI, PEDRAZZI, *Reati commessi*, 256.

[12] *Ibidem*, 257.

[13] In tal senso cfr. ANTOLISEI, *Manuale di diritto*, 117; CONTI, *Diritto penale commerciale*, 81; CASAROLI, *Art. 223*, 1519.

[14] SGUBBI, PEDRAZZI, *Reati commessi*, 261.

[15] Sul tema vedi ROSSI, *I profili penalistici*, 1166 ss.

[16] Per una definizione di amministratore di fatto cfr. BRICCHETTI, *Art. 223*, 2156 ss.; PALLADINO, *L'amministratore*, 3088 ss.; MUCCIARELLI, *Responsabilità penale*, 122.

[17] Si rinvia, tra le altre, a Cass. pen., sez. V, 19 ottobre 1999; Cass. pen., sez. V, 13 agosto 1998, in *Cass. pen.*, 2001, 1622; Cass. pen., sez. V, 22 aprile 1998, in *Cass. pen.*, 2000, 3451.

do, nel contesto fallimentare, la teoria "sostanzialistica" per la quale «i destinatari delle norme di cui agli artt. 216 (ora 322) e 223 (329) l. fall. vanno individuati in base alle concrete funzioni esercitate (e quindi in base alla loro concreta possibilità di ledere il bene protetto dalla norma), non già rapportandosi alle mere qualifiche formali, ovvero alla rilevanza degli atti posti in essere in adempimento della qualifica ricoperta» [18]. Una soluzione diversa implicherebbe la creazione di zone di impunità, posto che un meccanismo per evitare la responsabilità penale sarebbe quello, appunto, di svestirsi della qualifica formale e continuare ad amministrare nell'ombra della compagine sociale [19].

Difatti la dottrina, che condivide l'orientamento giurisprudenziale [20], considera responsabile anche l'amministratore occulto, ossia colui che dirige di fatto la società senza esporsi [21]. Sul tema, un particolare rilievo assume anche l'art. 2639 c.c. che, per l'appunto, prevede l'estensione delle qualifiche soggettive [22].

Per quanto riguarda i «*direttori generali*», sono titolari di poteri di esercizio e di alta gestione sicuramente assimilabili a quelli degli amministratori, ma si contraddistinguono, rispetto a questi ultimi, per avere un rapporto di lavoro dipendente con la società. Tali soggetti coadiuvano il consiglio di amministrazione nell'espletamento delle sue mansioni, ne eseguono le delibere, e sono forniti in misura più o meno ampia, di poteri deliberativi e di rappresentanza [23]. In argomento, l'art. 2396 c.c. prevede che i direttori generali rispondano «*in relazione dei compiti loro affidati*»: la norma viene interpretata in modo estensivo, accogliendo una responsabilità degli stessi anche nei casi di nomina implicita da parte dell'assemblea, di investitura tacita da parte del consiglio di amministrazione, ovvero di svolgimento di fatto delle relative funzioni [24].

I «*sindaci*», invece, rispondono dei reati di bancarotta in relazione allo svolgimento delle funzioni di controllo. La posizione di garanzia dei sindaci, all'interno del collegio sindacale, deriva dagli artt. 2403 e 2407 c.c.

L'art. 2403 c.c., oltre a disciplinare l'eventualità che il collegio eserciti il controllo contabile, impone, al collegio medesimo, di vigilare «*sull'osservanza della legge e dello statuto*» e «*sul rispetto dei principi di corretta amministrazione, ed in particolare sull'adeguatezza dell'assetto organizzativo, amministrativo e contabile adottato dalla società e sul suo corretto funzionamento*»: si tratta di un controllo che, più che coinvolgere le scelte economiche deve verificare che la discrezionalità della scelta non si traduca in atti finalizzati a perseguire interessi personali dell'amministratore o di terzi [25]. L'art. 2407, comma 2, c.c., prevede la

---

[18] Cfr. Cass. pen., sez. V, 26 giugno 2013, n. 45671.

[19] Si veda, sul punto, CARDONE, PONTIERI, *Bancarotta fraudolenta*, 257.

[20] In questo senso ANTOLISEI, *Manuale di diritto*, 53; NUVOLONE, *Diritto penale*, 47.

[21] Cfr. ALESSANDRI, *Reati in materia*, 388.

[22] L'art. 2639 c.c. dispone che: che «*per i reati previsti dal presente titolo*», vale a dire per i reati societari, debbano essere equiparati «*al soggetto formalmente investito della qualifica o titolare della funzione prevista dalla legge*», sia i soggetti che esercitino «*in modo continuativo e significativo i poteri inerenti alla qualifica o alla funzione*», sia i soggetti tenuti «*a svolgere la stessa funzione, diversamente qualificata*».

[23] Cfr. BORGIOLI, *I direttori generali*, 27 ss. e 110 ss.; ABBADESSA, *Il direttore generale*, 461 ss.

[24] ALESSANDRI, *Reati in materia*, 390.

[25] MAZZOTTA, D'AVIRRO, *Profili penali*, 337.

responsabilità solidale dei sindaci con gli amministratori «*per i fatti o le omissioni di questi, quando il danno non si sarebbe prodotto se essi avessero vigilato in conformità degli obblighi della loro carica*» e richiama poi, al comma successivo, le azioni di responsabilità da parte della società e dei creditori sociali, con ciò espressamente stabilendo, per i sindaci, la responsabilità non solo per i danni derivati alla società ma anche per quelli conseguenti all'inosservanza degli obblighi inerenti alla conservazione dell'integrità patrimoniale della società nei confronti dei creditori.

Si deve rilevare, infine, da un lato, che la punibilità dei sindaci, normalmente, viene affermata in relazione alla loro condotta omissiva (*ex* art. 40 c.p.) concorrente con il fatto commissivo di reato posto in essere dagli «*amministratori*», e dall'altro che, stante la particolare posizione giuridica dei sindaci, difficilmente potrà ipotizzarsi un esercizio *di fatto* delle relative funzioni in difetto di nomina[26].

Infine, ultimo soggetto attivo previsto dall'art. 329, è quello dei «*liquidatori*», soggetti che, una volta verificatasi una causa di scioglimento della società, hanno il compito di chiudere i rapporti correnti, realizzare i beni sociali, estinguere i debiti e ripartire l'eventuale patrimonio residuo tra i soci, dopo l'approvazione del bilancio finale di liquidazione (artt. 2311 e 2453 c.c.) e prima di procedere alla cancellazione della società dal registro delle imprese (artt. 2313 e 2456 c.c.). Secondo la giurisprudenza maggioritaria[27], il liquidatore ha una posizione di garanzia analoga a quella prevista per l'amministratore, per cui risulterà essere «penalmente responsabile delle condotte di tutti coloro che abbiano agito – in via di diritto o di fatto – per conto di un ente successivamente fallito in tutti i casi nei quali, pur essendone inconsapevole, non abbia fatto tutto quanto in sua possibilità per attuare una efficace vigilanza ed un rigoroso controllo, ovvero non si sia data un'organizzazione idonea non soltanto al raggiungimento degli scopi sociali, ma anche ad impedire che vengano posti in essere atti pregiudizievoli nei confronti dei soci, dei creditori e dei terzi».

Anche con riguardo alla figura del liquidatore di società, rispondono dei delitti di bancarotta non soltanto le persone munite di formale investitura ma, altresì, quelle che di fatto esercitano le relative funzioni.

4. – L'art. 329, comma 2, lett. *a*), estende le pene previste dall'art. 322, comma 1, ovvero la reclusione da uno a dieci anni, agli amministratori, ai direttori generali, ai sindaci e ai liquidatori di società in liquidazione giudiziale, i quali abbiano cagionato, o concorso a cagionare, il dissesto della società, commettendo alcuno dei fatti previsti dagli artt. 2621, 2622, 2626, 2627, 2628, 2629, 2632, 2633 e 2634 c.c.

Anche in questo caso l'art. 329 contiene un rinvio di natura formale, questa volta, però, alle disposizioni del codice civile, che comporterà, per le persone preposte all'amministrazione ed al controllo della società, la responsabilità a titolo di bancarotta fraudolenta, sempre nel caso si verificasse la liquidazione giudiziale della società. I reati presupposto, previsti dalla norma in commento, sono: a) le false comunicazione sociali (art. 2621, n. 1,

---

[26] Si veda ancora una volta ANTOLISEI, *Manuale di diritto*, 120. Per la giurisprudenza cfr. Cass. pen., sez. V, dep. 22 maggio 1981, n. 4729. *Contra*, NUVOLONE, *Diritto penale*, 47.

[27] Cfr. Cass. pen., sez. V, 22 febbraio 2008, n. 8260; Cass. pen., sez. V, 8 novembre 2008, in *Giust. pen.*, 2009, 444.

c.c.); b) la ripartizione di utili fittizi o non distribuibili, anche a titolo di acconti (art. 2621, nn. 2 e 3, c.c.); c) la divulgazione di notizie sociali riservate (art. 2622 c.c.); d) la violazione, da parte degli amministratori, degli obblighi indicati nell'art. 2623 c.c.; e) le manovre fraudolente sui titoli della società (art. 2628 c.c.); f) l'infedeltà patrimoniale [28].

Parte della dottrina [29] ritiene che l'innesto delle norme civili abbia la sua ragion d'essere in una parziale omogeneità di contenuti offensivi e di oggettività giuridica tra i due rami principali del diritto penale dell'impresa, quello societario e quello inerente alla liquidazione giudiziale.

Tuttavia, anche con il nuovo Codice non sono mancate critiche in ordine alla non omogeneità del catalogo dei reati presupposto contemplati dalla norma, che non include, ad esempio, il reato di corruzione fra privati ovvero di omessa comunicazione del conflitto di interessi [30].

La bancarotta fraudolenta da reato societario è un reato di danno ove l'evento, eziologicamente collegato al reato societario [31], è rappresentato dal «*dissesto*» in cui si sostanzia buona parte del disvalore del fatto. Invece la liquidazione giudiziale, anche nella fattispecie in commento, continua a rappresentare una condizione obiettiva di punibilità [32]: la causazione del dissesto, attraverso la commissione dei fatti integranti gli illeciti societari richiamati, è punita solo se la società sia stata dichiarata in liquidazione giudiziale, in quanto, la mancanza di quest'ultimo requisito rende inopportuno il sindacato penalistico sulla conduzione economico-finanziaria dell'impresa [33].

Ma, al pari della legge fallimentare, anche il Codice non contiene una definizione di dissesto, per cui la linea di confine con l'insolvenza resta ancora di difficile demarcazione [34].

Sicuramente il dissesto deve obbligatoriamente essere effettivo, nonché frutto del deterioramento del rapporto tra attività e passività, e destinato (successivamente al suo reale determinarsi) a sfociare nella liquidazione giudiziale [35].

5. – Per quanto riguarda l'ipotesi criminosa prevista all'art. 320, comma 2, lett. *b*), ovvero l'aver cagionato «*con dolo* o *per effetto di operazioni dolose*» il dissesto della società, è considerata una fattispecie residuale di bancarotta fraudolenta impropria, il cui tenore letterale, tuttavia, dà adito a differenti interpretazioni ricostruttive soprattutto in tema di elemento soggettivo, nonché del ruolo della liquidazione giudiziale nella norma in esame.

La disposizione contempla due diverse condotte, collegate allo stesso evento consuma-

---

[28] Sia consentito, per un approfondimento in merito a queste tematiche, rinviare al nostro, *L'infedeltà patrimoniale, passim.*

[29] SGUBBI, PEDRAZZI, *Reati commessi*, 133.

[30] PERINI, *La bancarotta fraudolenta*, 304.

[31] Si veda sul punto, MAZZACUVA, AMATI, *Diritto penale*, 243. Per la giurisprudenza si veda Cass. pen., sez. V, 8 maggio 2002, n. 21535.

[32] In merito si rinvia al commento *sub* art. 322, § 3.

[33] Cfr. BRICCHETTI, *La nuova fattispecie*, 955; ROSSI, *Trattato di diritto*, 187; CADOPPI, *Art. 4*, 384.

[34] Per una differenza tra insolvenza e dissesto si rinvia a GAMBARDELLA, *Il nuovo codice*, 5.

[35] Cfr. ROSSI, *Causazione del fallimento*, 432.

tivo, il quale consiste nella causazione preordinata della liquidazione giudiziale. In questo senso, «*cagionare il dissesto*» significa porre le premesse della liquidazione[36], considerando tale condotta quale presupposto per valutare il pregiudizio alle ragioni creditorie.

Secondo parte della dottrina[37], la disposizione in esame ha anche la funzione di chiarire che la distruzione della garanzia creditoria può avvenire pure mediante una liquidazione giudiziale ingiustificata; in altre parole, la disciplina prevista all'art. 329, comma 2, lett. *a*) costituisce la conferma della regola generale dell'irrilevanza che il fatto di bancarotta fraudolenta patrimoniale sia causativo del dissesto.

Ma è opportuno ribadire che il Codice ha sostituito il termine fallimento con quello di dissesto e non di liquidazione giudiziale, ponendosi, in tal senso, non in perfetta armonia con i principi contenuti nella legge delega n. 155 del 2017.

Tuttavia, mentre prima della modifica, si discuteva se il *fallimento*, previsto come evento del reato, in quanto conseguenza del comportamento del soggetto[38], andasse inteso nella sua accezione sostanziale di «*dissesto*» della società, ovvero nel senso formale di "sentenza dichiarativa di fallimento"[39], oggi la questione non sembra avere più rilevanza dato che la norma prevede il «*dissesto*» quale evento naturalistico del reato, mentre la dichiarazione di liquidazione giudiziale costituirà, anche in questo caso, una condizione obiettiva di punibilità. Vi è chi in dottrina ipotizza, in tal senso, addirittura un fenomeno di *abolitio criminis* in relazione alle condotte che abbiano cagionato il fallimento, ma senza la previa determinazione dello stato di insolvenza[40].

Il reato previsto all'art. 329, comma 2, lett. *b*) è, dunque, un reato di danno e per quello che concerne l'ipotesi di causazione «*con dolo*» del dissesto, si ritiene che la fattispecie sia a forma libera, comprensiva, com'è noto, di ogni modalità idonea[41] a realizzare l'evento, ossia il dissesto, che si può determinare attraverso uno stato d'insolvenza, sia effettivo che simulato[42].

Si è precisato, inoltre, che l'inciso «*con dolo*» indica che il soggetto qualificato, oltre a voler cagionare il dissesto, deve aver voluto anche recare offesa alla società, ai creditori sociali e ai terzi interessati o, comunque, voluto realizzare un profitto ingiusto[43]. Secondo parte della dottrina, data la genericità del richiamo, deve ritenersi ricompreso anche il dolo indiretto o eventuale[44]. In altre parole, ad integrare il reato, sarebbe sufficiente che il soggetto qualificato preveda e accetti il dissesto quale possibile conseguenza del proprio comportamento[45].

---

[36] Così D'AVIRRO, DE MARTINO, *I reati*, 176 ss.; BRICCHETTI, *Art. 223*, 221; CASAROLI, *La causazione*, 423.

[37] GIULIANI BALESTRINO, *La colpa*, 412.

[38] Per un approfondimento sulla tematica si rinvia a ROSSI, *Causazione del fallimento*, 492 ss.

[39] Cfr. ANTOLISEI, *Manuale di diritto*, 133; nello stesso senso, BRICCHETTI, *Art. 223*, 128; CONTI, *Diritto penale commerciale*, 110.

[40] Si veda ROSSI, *I profili penalistici*, 1170 ss.

[41] PEDRAZZI, *Reati commessi*, 138.

[42] DAWAN, *La bancarotta fraudolenta*, 304-322.

[43] CONTI, *Diritto penale commerciale*, 32.

[44] ROSSI, *Causazione del fallimento*, 436.

[45] Cfr. ANTOLISEI, *Manuale di diritto*, 134. Adesivamente, PEDRAZZI, *Reati commessi*, 139.

È anche ipotizzabile una causazione omissiva ai sensi dell'art. 40, comma 2, c.p.: data la posizione di garanzia rispetto agli interessi creditori, immanente alle funzioni societarie prese in considerazione, vale come causazione l'omesso impedimento di un dissesto determinato da fattori esterni o da comportamenti di soggetti interni ad esso diretti[46].

Per operazione dolosa, invece, si intende in genere «qualsiasi atto o complesso di atti implicanti una disposizione patrimoniale compiuti dalle persone preposte all'amministrazione della società, con abuso dei poteri o violazione dei doveri inerenti alla loro qualità, con l'intento di conseguire per sé o per altri un ingiusto profitto, a danno della società o dei creditori, o anche con la sola intenzione di arrecare un danno alla società o ai creditori»[47]. Secondo alcuni autori, rientrerebbero in tale definizione anche «condotte prive di rilevanza penale, ma concretatesi comunque in una violazione dei doveri gravanti sui titolari di cariche societarie o in un abuso dei correlativi poteri – come, ad esempio, la violazione dell'obbligo di non concorrenza o l'omessa redazione del bilancio»[48].

Tuttavia, la Cassazione – in merito all'ipotesi di cui all'art. 329, comma 2, lett. *b*) (art. 223, comma 2, n. 2, l. fall.) – ha affermato che la condotta deve presentare un profilo di concreta offensività manifestandosi nella «commissione di abusi di gestione o di infedeltà ai doveri imposti dalla legge. [...] supponendo sempre un'indebita diminuzione dell'asse attivo, ossia un depauperamento non giustificabile in termini di interesse per l'impresa (rappresentando la condotta in esame, una fattispecie di bancarotta fraudolenta patrimoniale)»[49], riprendendo, in merito, la posizione dottrinaria di chi, già in passato, aveva sostenuto che «solo l'ancoramento a una patologia di infedeltà può conservare all'incriminazione una plausibile *ratio*, un fondo di omogeneità con la bancarotta patrimoniale, evitando che il suo perimetro si dissolva nell'indeterminato»[50].

È stato anche sostenuto che, «poiché nell'ipotesi in esame non si esige neppure la volizione indiretta del fallimento della società, la quale, per la ragione dianzi indicata, deve ritenersi compresa nella causazione con dolo, il dubbio che ci si trovi di fronte ad un caso di responsabilità oggettiva è forte»[51] e da questa affermazione, oggi, non può che derivare un 'indizio' di incostituzionalità, a mente della valenza, questa volta, dell'art. 27, comma 1, Cost. Su queste basi, si tende a riconoscere una struttura preterintenzionale alla fattispecie in esame[52].

Infine, secondo parte della dottrina, sussiste il delitto di bancarotta fraudolenta in commento, anche quando le *operazioni dolose* dalle quali deriva il dissesto della società, non comportano una diminuzione dell'attivo patrimoniale, ma determinano comunque un depauperamento del patrimonio non giustificabile in termini di interesse per l'impresa[53].

---

[46] Testualmente PEDRAZZI, *Manuale di diritto*, 171.

[47] CADOPPI, CANESTRARI, MANNA, PAPA, *Diritto Penale*, richiamando, a proposito di tale definizione, alcune pronunce giurisprudenziali, nonché PEDRAZZI, *Manuale di diritto*, 171.

[48] SANTORIELLO, *La bancarotta fraudolenta*.

[49] Si veda Cass. pen., sez. V, n. 17480 del 2013.

[50] Cfr. PEDRAZZI, *Reati commessi*, 237.

[51] ROSSI, *Causazione del fallimento*, 437.

[52] Testualmente ROSSI, *Causazione del fallimento*, 437 che richiama alla nota 23. Cfr. PEDRAZZI, *Art. 223*, 322.

[53] Testualmente PEDRAZZI, *Reati fallimentari*, 174.

Per la maggior parte della dottrina è esclusa, in questa ipotesi, la rilevanza di condotte omissive [54]. La giurisprudenza, invece, ritiene che le operazioni dolose ben possano «consistere nel compimento di qualunque atto intrinsecamente pericoloso per la salute economica e finanziaria della impresa e, quindi, anche in una condotta omissiva produttiva di un depauperamento non giustificabile in termini di interesse per l'impresa» [55].

6. – In merito al regime sanzionatorio, mentre l'art. 329, al comma 1, rinvia alle pene previste dall'art. 322 e, dunque, al trattamento sanzionatorio complessivamente inteso, – vale a dire sia per quanto riguarda la pena stabilita per la bancarotta patrimoniale e documentale («*reclusione dai tre ai dieci anni*»), sia per quella preferenziale («*reclusione da uno a cinque anni*») – per le ipotesi contemplate nel comma 2, lett. *a*) e *b*) il legislatore rinvia solamente alla «*pena prevista dal primo comma dell'art. 322*». Tuttavia, in entrambi i casi si applicano le pene accessorie previste all'ultimo comma dell'art. 322.

Come già specificato, qualche difficoltà interpretativa è emersa riguardo la possibilità di applicare, per i fatti in commento, le circostanze previste dall'art. 326. Come già evidenziato, seppur nel silenzio della legge, oggi dottrina e giurisprudenza sono alquanto concordi nel ritenere possibile l'estensione delle circostanze applicabili al delitto di bancarotta fraudolenta, a causa dello stringente collegamento tra i fatti di bancarotta di cui all'art. 329 e l'art. 322. In altri termini, un'eventuale esclusione delle ipotesi di bancarotta societaria dall'operatività dell'art. 326 potrebbe creare significative incongruenze sistematiche [56].

---

[54] ROSSI, *Causazione del fallimento*, 438.

[55] Cass. pen., sez. V, 15 maggio 2014, n. 29586; Cass. pen., sez. V, 29 novembre 2013, n. 12426.

[56] La giurisprudenza, infatti, al di là pronuncia Cass. pen., sez. V, 18 dicembre 2009, n. 8829 sembra orientata proprio nel senso di ritenere l'aggravante in parola applicabile indiscriminatamente a tutte le ipotesi delittuose postulate dall'art. 223, l. fall. (oggi 329). Cfr. Cass. pen., sez. V, 22 giugno 2010, n. 30932; Cass. pen., sez. V, 18 febbraio 2010, n. 17690.

Articolo 330
Fatti di bancarotta semplice

1. Si applicano le pene stabilite nell'articolo 323 agli amministratori, ai direttori generali, ai sindaci e ai liquidatori di società dichiarate in liquidazione giudiziale, i quali:

a) hanno commesso alcuno dei fatti preveduti nel suddetto articolo;

b) hanno concorso a cagionare od aggravare il dissesto della società con inosservanza degli obblighi ad essi imposti dalla legge.

Carlo Longobardo

1. – L'art. 330 prevede il reato di bancarotta semplice impropria che punisce, con la stessa pena prevista per la bancarotta semplice, ovvero la reclusione da sei mesi a due anni, gli amministratori, i direttori generali, i sindaci ed i liquidatori di società in liquidazione giudiziale, i quali abbiano commesso alcuno dei fatti preveduti dall'art. 323, ovvero abbiano concorso a cagionare od aggravare il dissesto della società con inosservanza degli obblighi ad essi imposti dalla legge.

La norma, dunque, estende il novero dei soggetti attivi della bancarotta semplice.

Rispetto all'art. 224 l. fall., anche in questo caso le isolate modifiche al testo della norma non sembrano produrre rilevanti conseguenze sulla disciplina prevista e riguardano, essenzialmente, la sostituzione del termine *fallimento* con quello di *liquidazione giudiziale*. Al pari della legge fallimentare anche il nuovo Codice, non prevede un chiaro richiamo, nella norma, alle circostanze previste all'art. 326 [1].

2. – Anche in questo caso, atteso che l'art. 330 opera un richiamo al delitto di bancarotta semplice, si ritiene che il bene giuridico tutelato da entrambe le fattispecie sia lo stes-

[1] In merito si rinvia al commento agli artt. 326 e 329.

so, ovvero il patrimonio e la corretta informazione sulle vicende contabili della società [2], nonché la legittima instaurazione delle procedure concorsuali.

Oggetto dell'attività criminosa, rispetto alla bancarotta semplice propria, non sono i beni dell'imprenditore bensì quelli della società, sui quali l'autore del reato esercita poteri di amministrazione e controllo [3]. Tuttavia, come affermato dalla Suprema Corte di cassazione, non tutto il patrimonio dell'ente è soggetto alla scure della responsabilità penale, ma soltanto quella parte che si tramuta in un rapporto giuridicamente rilevante ed economicamente valutabile, escludendo, quindi, le mere aspettative di profitto [4].

Sebbene il rinvio operato dalla fattispecie in esame debba intendersi di natura formale, parte della dottrina ha sollevato qualche perplessità in merito alla differenza tra l'art. 330 (224 l. fall.) e l'art. l'art. 323 (217 l. fall.), ritenendola difficilmente superabile in relazione all'oggetto materiale del reato e alla soggettività giuridica [5]. Qualche incertezza si registra anche in merito alle ipotesi omissive descritte dall'art. 217 l. fall. (oggi art. 323), nell'ambito del rapporto tra bancarotta semplice impropria e propria [6]. Invero, nonostante le differenze esistenti fra bancarotta semplice propria e impropria, è evidente che anche la fattispecie in commento rientra nello schema della bancarotta, per cui l'imputazione dei fatti di bancarotta impropria va, in ogni caso, subordinata all'apertura di una procedura concorsuale oltre che all'offesa che i fatti medesimi portano agli interessi dei creditori e della società dichiarata in liquidazione giudiziale.

Dal punto di vista dei soggetti attivi, anche la fattispecie in esame configura un'ipotesi di reato proprio che, com'è noto, può essere commesso solo da colui che possiede determinate qualità, ovvero, nel caso di specie, gli amministratori, i direttori generali, i sindaci ed i liquidatori di società dichiarate in liquidazione giudiziale, i quali vengono chiamati a rispondere in relazione alla loro qualifica. La condotta illecita si riconnette, infatti, proprio alla funzione svolta e ricoperta da ciascun organo societario.

Naturalmente, i soggetti richiamati dalla norma possono concorrere ai sensi dell'art. 110 c.p., così come coloro i quali non ottemperano ai propri doveri di controllo o gestione della società, potrebbero essere chiamati a rispondere di omesso impedimento di reati commessi da altri soggetti qualificati, in forza del combinato disposto di cui agli artt. 40, cpv., c.p. e 110 c.p.

Per quanto riguarda la definizione dei soggetti attivi del reato, il loro inquadramento all'interno della compagine sociale, ovvero in relazione ai molteplici dubbi interpretativi riguardo alle posizioni *di fatto*, si rinvia al commento all'art. 329, § 2.

3. – In merito al rinvio che l'art. 330 effettua all'art. 323, va subito evidenziata la difficoltà di riportare tutte le ipotesi previste nell'ambito della bancarotta semplice propria

---

[2] Si veda ALESSANDRI, *Reati in materia*, 373.

[3] Tale affermazione trova un'eccezione per quanto riguarda i soci illimitatamente responsabili dichiarati falliti, i quali potranno rispondere anche dei fatti illeciti commessi sui propri beni.

[4] A tal riguardo cfr. Cass. pen., sez. V, 24 maggio 1982.

[5] A tal proposito PEDRAZZI, *Art. 223*, 255 ss. parla di «gestione patrimoniale nomine alieno» per indicare il mutato quadro di contorno della bancarotta impropria rispetto a quella propria.

[6] Così ANTOLISEI, *Manuale di diritto*, 200-210.

(soprattutto quelle di cui all'art. 323, comma 1, lett. *a*)-*d*) ai soggetti attivi del reato in commento.

Infatti, mentre l'imprenditore amministra il proprio patrimonio, esiste un rapporto di altruità fra i soggetti attivi della bancarotta societaria ed il patrimonio della società. Conseguentemente, diverse ipotesi previste dall'art. 323 (217 l. fall.) non sono ascrivibili ad alcuni soggetti menzionati dalla norma. Ad esempio, non risponderanno di bancarotta societaria semplice gli amministratori, i direttori generali e i liquidatori che abbiano compiuto spese personali eccessive con il loro patrimonio; le fattispecie di cui alle lett. *b*) e *c*) dell'art. 323 (avere consumato «*notevole parte del patrimonio in operazioni di pura sorte o manifestamente imprudenti*») – riferendosi al patrimonio sociale – sono, invece, sicuramente punibili.

Per quanto, invece, riguarda il rinvio all'ipotesi previsa all'art. 323, comma 1, lett. *d*) – ovvero l'ipotesi di aggravamento del dissesto astenendosi dal richiedere l'apertura della propria liquidazione giudiziale o per altra grave colpa – occorrono alcune precisazioni. Innanzitutto, il dissesto dev'essere causalmente imputabile alla condotta di omessa richiesta della liquidazione giudiziale o ad altra grave colpa; infatti, l'espressione "aggravamento del dissesto" designa, allo stesso tempo, l'evento e la condotta. In secondo luogo, poiché la mancata richiesta della liquidazione giudiziale costituisce una condotta omissiva, la prima questione riguarda l'esistenza di un obbligo giuridico in capo ai soggetti. Sicuramente possono rendersi responsabili del reato gli amministratori ed i liquidatori in quanto gli stessi hanno la rappresentanza legale della società e da questa deriva il potere-dovere di attivarsi, al fine di richiedere la dichiarazione di liquidazione giudiziale. Si discute, tuttavia, se il contenuto di tale potere-dovere sia un *atto dovuto* ovvero *necessario*. Milita per la prima posizione quella parte della dottrina che parla di violazione dell'obbligo di richiedere la dichiarazione di liquidazione giudiziale consistendo il reato proprio nella omessa domanda[7]. Secondo altra parte della dottrina, invece, il dovere di chiedere l'apertura della procedura rappresenta un atto necessario, ovvero un diritto di colui il quale possiede la rappresentanza legale dell'ente[8].

Per quanto invece riguarda i direttori generali ed i sindaci, si ritiene che essi non siano passibili di incriminazione, ai sensi dell'art. 323, comma 1, lett. *d*), proprio in quanto non hanno un potere di rappresentanza e, quindi, non sono gravati dal potere-dovere di richiedere la dichiarazione di liquidazione giudiziale della società, neppure nel caso in cui il ritardo potrebbe aggravare il dissesto[9].

In tema di bancarotta societaria semplice documentale, la giurisprudenza[10] ha affermato che non integra il delitto in esame il mero ritardo nella trasmissione dei documenti contabili. Va, infine, precisato che il reato in esame è di pericolo presunto (si prescinde dunque dalla causazione effettiva di un danno), punibile anche a titolo di colpa[11].

---

[7] Cfr. NUVOLONE, *Il Diritto Penale*, 186 ss.; PEDRAZZI, *Art. 224*, 329; PROVINCIALI, *Manuale di diritto*, 149.

[8] Cfr. DESEMO, *Diritto fallimentare*, 136.

[9] Si veda sul punto MAZZACUVA, AMATI, *Diritto penale*, 257 s.

[10] Così, Cass. pen., sez. V, 15 luglio 2010, n. 36613.

[11] MAZZACUVA, AMATI, *Diritto penale*, 258.

4. – La bancarotta semplice impropria di cui all'art. 330, comma 1, lett. *b*) integra una fattispecie autonoma di reato integrata, alternativamente, dalla causazione o dall'aggravamento del dissesto.

Innanzitutto, vi sono alcuni dubbi interpretativi sul bene giuridico tutelato, che dovrebbe differenziarsi sia rispetto alla bancarotta in generale che alle varie ipotesi specifiche. Secondo parte della dottrina [12], la causazione del dissesto è un reato contro l'economia pubblica, mentre l'aggravamento del dissesto costituisce un reato contro l'amministrazione della giustizia. Per altri [13], invece, la parziale sovrapposizione dell'articolo in commento con l'art. 323 (217 l. fall.) induce a ritenere che il bene giuridico tutelato sia, in entrambe le fattispecie, lo stesso.

La formula «*con inosservanza degli obblighi imposti dalla legge*» delimita la condotta tipica del reato in esame, definendo le oggettive modalità e la natura colposa della fattispecie, ricalcando lo schema previsto dalla colpa per inosservanza di cui all'art. 43 c.p. La norma configura un reato di evento, ove la condotta dell'agente dev'essere legata da un nesso eziologico – in termini di causazione o di aggravamento – al dissesto societario [14].

Ma gli obblighi richiamati, la cui violazione è rilevante penalmente per la configurazione del reato di bancarotta semplice societaria di cui all'art. 330, comma 1, lett. *b*) (art. 224, n. 2, l. fall.) variano a seconda della categoria dei soggetti qualificati. Tuttavia, la mera trasgressione degli obblighi nascenti dallo specifico ruolo ricoperto dai soggetti attivi del reato, senza che ciò abbia contribuito a cagionare od aggravare il dissesto, non determina il sorgere della responsabilità penale bensì il sorgere della sola responsabilità civile.

Dunque, anche nella fattispecie in esame, l'aggravamento del dissesto assume un ruolo rilevante in merito al disvalore del fatto.

Contrariamente alle ipotesi precedenti, la figura di cui alla lett. *b*) dell'art. 330, non può essere addebitata a titolo di responsabilità penale ai titolari di cariche societarie di fatto.

5. – Riguardo all'elemento psicologico del reato occorre fare una distinzione tra le ipotesi previste alle lett. *a*) e *b*) dell'articolo in commento.

Generalmente si ritiene che – atteso il richiamo espresso dell'art. 330 all'art. 322 – l'elemento psicologico richiesto sia il medesimo di quello previsto per la bancarotta semplice propria [15]. Tuttavia, secondo parte della dottrina, le ipotesi previste rispettivamente agli artt. 323 e 330 non possiedono una univocità soggettiva, in quanto quest'ultima norma si limita ad elencare fatti pregiudizievoli per la società, i quali però vengono commessi senza dolo, ma unicamente per negligenza, imprudenza o imperizia. Secondo il descritto orientamento, «la bancarotta semplice è caratterizzata dall'assenza di ogni intenzionalità nei confronti del danno ai creditori che ne può conseguire, limitandosi la volontà alla realizzazione dei singoli fatti» [16].

Nonostante ciò, la previsione che desta maggiori perplessità, anche dal punto di vista

---

[12] NUVOLONE, *Il Diritto Penale*, 220 e 350.

[13] PEDRAZZI, *Art. 224*, 334.

[14] Così, MAZZACUVA, AMATI, *Diritto penale*, 259.

[15] Si rinvia in merito al commento all'art. 323.

[16] NUVOLONE, *Il Diritto Penale*, 75.

dell'elemento soggettivo, è quella di cui alla lett. *d*) dell'art. 323, ossia l'aver aggravato «*il proprio dissesto, astenendosi dal richiedere la dichiarazione della propria liquidazione giudiziale o con altra grave colpa*». In questa ipotesi, l'aggravamento del dissesto, ovvero l'evento naturalistico indicante un danno già in atto per i creditori sociali [17], non deve essere voluto, ma è sufficiente sia cagionato da un atto gravemente colposo, non indirizzato a rendere più gravoso il dissesto.

Dal dato letterale della norma si desume che la colpa richiesta deve essere grave: ciò vuol dire che l'azione od omissione, da cui deriva l'evento, deve costituire la violazione di un dovere di diligenza o di prudenza percepibile da chiunque. Pertanto, parte della dottrina indica, per questa ipotesi, la colpa cosciente o con previsione [18].

L'elemento soggettivo previsto per l'ipotesi art. 330, comma 1, lett. *b*), consiste, come accennato, nella colpa per inosservanza di leggi ai sensi dell'art. 43 c.p. Va posto in risalto il dato secondo cui alcuni autori [19] ritengono si tratti di colpa specifica che richiede la prova dell'inosservanza di una tassativa prescrizione di legge a carico degli amministratori, direttori generali, sindaci o liquidatori. Altri autori [20], invece, non condividono l'opinione per cui sia necessario categorizzare ogni singola ipotesi come colpa specifica o colpa generica, essendo tale distinzione ormai superata nei contenuti dalla legislazione societaria, più attenta a definire il grado di diligenza richiesto ai soggetti qualificati.

Infine, si deve sottolineare che l'inosservanza degli obblighi deve essere necessariamente involontaria, altrimenti integrerà la fattispecie di cui all'art. 329, comma 2, lett. *b*), ovvero la causazione con dolo o per effetto di operazioni dolose del dissesto della società [21].

6. – In merito al regime sanzionatorio, l'art. 330 rinvia a quanto previsto dall'art. 323, che punisce le condotte ivi incriminate con la reclusione da sei mesi a due anni.

Nonostante, nella norma in esame, manchi un rinvio espresso alle pene accessorie previste per la bancarotta fraudolenta propria, si ritiene, anche in tal caso, che ai fatti di bancarotta semplice impropria sia possibile applicare le pene accessorie previste dalla bancarotta semplice propria, ovvero l'inabilitazione all'esercizio di un'impresa commerciale e l'incapacità ad esercitare uffici direttivi presso qualsiasi impresa, fino a due anni.

Come già specificato, qualche difficoltà interpretativa è emersa riguardo la possibilità di applicare, per i fatti in commento, le circostanze previste dall'art. 326. Come già evidenziato, seppur nel silenzio della legge, oggi dottrina e giurisprudenza sono alquanto concordi nel ritenere possibile l'estensione delle circostanze applicabili al delitto di bancarotta fraudolenta, a causa dello stringente collegamento tra i fatti di bancarotta di cui all'art. 330 e l'art. 323. In altri termini, un'eventuale esclusione delle ipotesi di bancarotta societaria dall'operatività dell'art. 326 potrebbe creare significative incongruenze sistematiche.

---

[17] Cfr. ANTOLISEI, *Manuale di diritto*, 227.

[18] NUVOLONE, *Il Diritto Penale*, 79.

[19] ANTONIONI, *La bancarotta semplice*, 256.

[20] Si veda sul punto PEDRAZZI, *Art. 224*, 338. *Contra*. ANTOLISEI, *Manuale di diritto*, 228.

[21] Cfr. MAZZACUVA, AMATI, *Diritto penale*, 259.

Articolo 331

Ricorso abusivo al credito

1. Si applicano le pene stabilite dall'art. 325 agli amministratori ed ai direttori generali di società sottoposte a liquidazione giudiziale, i quali hanno commesso il fatto in esso previsto.

Francesco D'Alessandro

Nell'originario contesto della legge fallimentare, la previsione in esame, siccome richiedente espressamente il fallimento (oggi liquidazione giudiziale) della società, veniva "utilizzata" dalla dottrina tradizionale[1] come argomento a sostegno dell'affermazione della natura condizionata anche dell'attuale art. 325 (218 l. fall.), al fine di evitare di incorrere in profili di irragionevolezza nel trattare difformemente i soggetti attivi in situazioni di analogo disvalore penale.

Con la riforma operata dalla c.d. Legge sul risparmio (l. n. 262 del 2005), come visto in sede di commento all'art. 325, deve ragionevolmente ritenersi che la norma sia stata tacitamente abrogata, dal momento che l'art. 325 annovera ora espressamente, fra i soggetti attivi del reato, anche gli amministratori ed i direttori generali.

Tale interpretazione è del resto conforme all'orientamento secondo cui il reato di abusivo ricorso al credito abbia di fatto cessato di essere condizionato alla pronuncia di sottoposizione a liquidazione giudiziale dell'imprenditore individuale o societario.

Nondimeno, anche ove si ritenesse che il reato di cui all'art. 325 continui a richiedere, pur in forma implicita, l'accertamento dell'insolvenza[2], le due norme finirebbero per essere interamente sovrapponibili e pertanto, in forza del criterio cronologico, la norma successiva – in questo caso il riformato 325 (previgente 218 l. fall.) prevarrebbe sulla norma in esame, che finirebbe per configurarsi ugualmente abrogata in via tacita.

[1] PEDRAZZI, SGUBBI, *Reati commessi*, 193 e 343.

[2] MICHELETTI, *Il ricorso abusivo*, 29 ss.; PISANI, *Crisi di impresa*, 185 ss.; in giurisprudenza, Cass. pen., sez. V, 23 settembre 2014, n. 44857; Cass. pen., sez. V, 30 giugno 2016, n. 46689.

Articolo 332
Denuncia di crediti inesistenti

1. Si applicano le pene stabilite nell'art. 327 agli amministratori, ai direttori generali e ai liquidatori di società dichiarate in liquidazione giudiziale, che hanno commesso i fatti in esso indicati.

Francesco D'Alessandro

Per i fatti oggetto di incriminazione, si rimanda all'analisi dell'art. 327.

I problemi posti dal rinvio operato dalla norma in commento riguardano il necessario coordinamento tra i soggetti ivi indicati e le diverse condotte descritte dalla fattispecie di cui all'art. 327.

Quanto alla condotta di denuncia di crediti inesistenti, taluni autori ritengono che l'amministratore, il liquidatore e l'institore (ai sensi dell'art. 333 e nei limiti della gestione a lui affidata) possano commettere il reato, mentre il direttore generale potrà incorrere nella realizzazione dell'illecito a condizione che egli sia amministratore di fatto della società[1]. Analoghe conclusioni possono trarsi con riguardo all'ipotesi di omessa dichiarazione di beni da comprendere nell'inventario[2].

In riferimento all'omessa consegna delle scritture contabili, la configurabilità della fattispecie sembra profilarsi, in questo, solo per coloro che abbiano il compito di tenere le scritture contabili, e quindi anche i direttori generali, laddove rientri nelle loro mansioni[3] o ne siano comunque in possesso.

Quanto, infine, alla riferibilità ai soggetti societari di cui alla presente norma dell'obbligo penalmente sanzionato di comunicazione della residenza, del domicilio e di ogni loro eventuale cambiamento, nonché di presentazione dinanzi al giudice delegato, deve segnalarsi che la disposizione della legge fallimentare che esplicitamente estendeva tali doveri previsti per il solo fallito al novero dei soggetti societari (art. 146 l. fall.)[4] sembrerebbe

---

[1] Giuliani Balestrino, *La bancarotta*, 409; distingue invece la riferibilità a tali soggetti, a seconda che si ritenga che oggetto materiale della condotta sia il solo elenco nominativo di cui all'attuale art. 39 o anche all'attuale art. 198, Cocco, *Artt. 218 e 225*, 1281.

[2] Cocco, *Artt. 218 e 225*,1281; Giuliani Balestrino, *La bancarotta*, 409.

[3] Pedrazzi, Sgubbi, *Reati commessi*, 346; Cocco, *Artt. 218 e 225*, 1281.

[4] Cocco, *Artt. 218 e 225*, 1281.

non aver ricevuto integrale trasposizione nel nuovo Codice. La norma di cui all'art. 254, infatti, dispone che «*gli amministratori e i liquidatori della società in liquidazione giudiziale devono essere sentiti in tutti i casi in cui la legge richiede che sia sentito il debitore e sono tenuti a fornire le informazioni o i chiarimenti necessari per la gestione della procedura richiesti dal curatore o dal comitato dei creditori*».

Ad una prima analisi, tuttavia, ci pare che il *novum* dispositivo, pur presentando ora una formula assai più generica, non sia in concreto idoneo a dar vita a una parziale abolizione del reato in esame, con riguardo agli amministratori, ai liquidatori e ai direttori generali, essendo il rinvio ai fatti indicati nell'art. 327 formulato senza eccezioni di sorta.

Articolo 333

Reati dell'institore

1. All'institore dell'imprenditore, dichiarato in liquidazione giudiziale, il quale nella gestione affidatagli si è reso colpevole dei fatti preveduti negli articoli 322, 323, 325 e 327 si applicano le pene in questi stabilite.

Carlo Longobardo

Sommario: 1. Premessa. – 2. Soggetto attivo. – 3. Bene giuridico tutelato ed oggetto materiale. – 4. Il rinvio agli artt. 322, 323, 325 e 327.

1. – Analogamente alle altre fattispecie in precedenza analizzate, anche per quanto attiene il reato previsto dall'art. 333 non si riscontrano novità sostanziali, se non in punto di mera sostituzione terminologica del termine «*fallimento*» con quello di «*liquidazione giudiziale*», nonché per la diversa elencazione dei reati presupposto che, ovviamente, fanno ora riferimento alle fattispecie previste dal Codice.

Il reato in esame prevede la responsabilità dell'institore dell'imprenditore dichiarato in liquidazione giudiziale il quale, nell'ambito della gestione degli affari a lui affidategli, si rende colpevole dei reati previsti al titolo IX, capo I, e, precisamente, del reato di bancarotta fraudolenta (art. 322), bancarotta semplice (art. 323), ricorso abusivo al credito (art. 325) e denuncia di creditori inesistenti (art. 327).

Pertanto, di fondamentale importanza, è, innanzitutto, l'individuazione del ruolo svolto dal soggetto attivo del reato.

2. – L'art. 2203 c.c. definisce l'institore come colui che, ausiliario dell'imprenditore, è da questi preposto all'esercizio di un'impresa commerciale. La preposizione può essere limitata all'esercizio di una sede secondaria o di un ramo particolare dell'impresa. Generalmente svolge un ruolo di responsabilità strategica all'interno dell'azienda ed ha diversi poteri di gestione e rappresentanza. Parte della dottrina definisce la preposizione institoria come «la sostituzione volontaria dell'imprenditore nell'esercizio dell'impresa e la conseguente dissociazione da questo esercizio della responsabilità patrimoniale che ne deriva nei confronti dei terzi» [1].

---

[1] Fanelli, *Per una rivalutazione*, 470.

Per quanto riguarda i poteri e gli obblighi dell'institore, questi sono disciplinati rispettivamente dagli artt. 2204 e 2205 c.c. L'institore può compiere tutti gli atti pertinenti all'esercizio dell'impresa a cui è preposto, salve le limitazioni contenute nella procura, ma non può alienare o ipotecare i beni immobili dell'imprenditore, se non è stato espressamente autorizzato. Inoltre, per le imprese o le sedi secondarie alle quali è preposto, l'institore è tenuto, insieme con l'imprenditore, all'osservanza delle disposizioni riguardanti l'iscrizione nel registro delle imprese e alla tenuta delle scritture contabili.

Egli ha anche una rappresentanza processuale di carattere generale, ovvero può stare in giudizio in nome del proponente per gli atti compiuti nell'esercizio dell'impresa cui l'institore è preposto. Ciò implica che l'institore possa agire e resistere in giudizio nell'interesse dell'imprenditore, sia nei procedimenti di cognizione che in quelli di esecuzione forzata [2].

I poteri rappresentativi determinati dalla legge nei confronti dell'institore possono essere anche ampliati oppure limitati dall'imprenditore, sia all'atto della preposizione sia successivamente.

Da ciò si evince l'estrema importanza della figura in esame, definita dalla dottrina come l'*alter ego* dell'imprenditore [3], motivo per cui è agevole comprendere che, in caso di liquidazione giudiziale dell'imprenditore, le sanzioni penali previste a carico dello stesso saranno applicate anche all'institore, *ex* art. 333 (227 l. fall.).

Tuttavia, è stato osservato che, al di là degli aspetti formali, ciò che rileva, ai fini della responsabilità *ex* art. 330, è l'effettiva natura dei poteri attribuiti al soggetto che, anche se non qualificato nell'atto di noma come institore, è tale ove in concreto svolga funzioni qualificate come institorie [4]. D'altronde, tale posizione pare confermata anche dall'art. 2639 c.c. che, in materia di reati societari, equipara il soggetto formalmente investito della qualifica a colui che, di fatto, svolge la stessa funzione. Sulla scorta di queste osservazioni, v'è concordia nell'estendere la disciplina di cui all'articolo in commento, anche all'institore di fatto [5].

Va altresì ricordato che l'institore potrebbe essere investito anche della gestione di una sola parte dell'azienda, ma potrebbe comunque rispondere del reato di cui all'art. 333 (227 l. fall.). Sul punto, infatti, la giurisprudenza ha affermato che: «L'art. 227 legge fallimentare, nel prevedere i reati fallimentari dall'institore, non fa distinzione alcuna tra institore preposto all'esercizio di tutta l'impresa commerciale, di cui al primo comma dell'art. 2203 c.c., e institore la cui preposizione sia limitata all'esercizio di una sede secondaria o di un ramo particolare dell'impresa, di cui al secondo comma del medesimo articolo. Anche questa più circoscritta preposizione institoria può quindi, per il principio che dove la legge non distingue non può distinguere l'interprete, dar luogo a responsabilità ai sensi dell'art. 227 legge fallimentare» [6].

[2] Cass., 2 agosto 1965, n. 1863.

[3] GRAZIANI, *L'impresa*, 217.

[4] Cfr. PEDRAZZI, *Reati fallimentari*, 162.

[5] Cfr. PUNZO, *Il delitto*, 29.

[6] Cfr. Cass. pen., sez. V., 4 agosto 1992, n. 8705.

3. – Affinché possa essere riconosciuta la responsabilità penale dell'institore, *ex* art. 333, è necessaria la dichiarazione di liquidazione giudiziale in capo all'imprenditore, in mancanza della quale, l'institore potrà essere chiamato a rispondere solo di illeciti penali di diritto comune, quali appropriazione indebita, falso, ecc. Dunque, anche in questo caso, la dichiarazione di liquidazione giudiziale è qualificabile come una condizione di punibilità intrinseca[7]. Sul punto, la giurisprudenza ha avuto modo di affermare come «la responsabilità dell'institore per gli atti di bancarotta patrimoniale e documentale posti in essere durante la gestione affidatagli è subordinata alla sola condizione che l'imprenditore da cui egli abbia ricevuto la preposizione sia dichiarato fallito, non essendo invece necessario anche il fallimento personale dello stesso institore, atteso il disposto di cui all'art. 227 l. fall. (in applicazione del principio, la Corte ha ritenuto corretta l'affermazione di responsabilità per i reati di bancarotta fraudolenta patrimoniale e documentale pronunciata nei confronti dell'institore nonostante la revoca del fallimento dichiarato a carico di quest'ultimo)»[8].

Occorre inoltre rilevare che, poiché solo l'imprenditore può essere dichiarato in liquidazione giudiziale, quest'ultimo soltanto sarà esposto agli effetti personali e patrimoniali che ne derivano; l'institore, al contrario, può essere personalmente responsabile degli atti compiuti, solo nel caso in cui non manifesti di agire per l'imprenditore, mentre sarà responsabile in solido con quest'ultimo, nel caso in cui l'atto da lui compiuto è attinente all'esercizio dell'impresa[9]. È stato, però, affermato che la responsabilità personale dell'institore nei rapporti contrattuali con i terzi sussiste solo nel caso in cui abbia tenuto un comportamento commissivo ed omissivo idoneo ad ingenerare nella controparte il convincimento che egli fosse l'effettivo titolare del costituendo rapporto giuridico.

Per quello che concerne il bene giuridico tutelato dall'art. 330, si ritiene che – in presenza del rinvio espresso alle fattispecie di bancarotta fraudolenta e semplice, nonché ai reati di ricorso abusivo del credito e di denuncia di creditori inesistenti – sia il medesimo. Lo stesso può essere sostenuto con riferimento all'elemento psicologico del reato.

Oggetto materiale dell'attività illecita dell'institore è il patrimonio dell'impresa e non quello suo personale, le cui vicende non hanno alcun effetto sul patrimonio dell'imprenditore fallito[10].

4. – L'art. 333 prevede un rinvio espresso ad una serie di fattispecie di reato di cui l'institore può essere chiamato a rispondere nell'esercizio della gestione degli affari a lui affidategli dall'imprenditore. Anche in questo caso il rinvio contenuto nella norma deve essere considerato di natura formale: ciò implicherà che eventuali modifiche al reato presupposto, varranno anche per la fattispecie di reato in esame.

I reati richiamati dalla norma sono i delitti di bancarotta fraudolenta e semplice, il ricorso abusivo al credito, nonché la denuncia di creditori inesistenti. Nonostante la norma

[7] Per i dovuti approfondimenti circa la qualificazione giuridica della dichiarazione di liquidazione giudiziale, v. *sub* art. 322.

[8] Cfr. Cass. pen., sez. V, 7 luglio 2014, n. 29585.

[9] Così, Cass., 16 luglio 1962, n. 1889.

[10] ANTOLISEI, *Manuale di diritto*, 146, PEDRAZZI, *Reati fallimentari*, 162.

non contempli la bancarotta fraudolenta e semplice impropria, di cui agli artt. 329 e 330, anche in tal caso si ritiene che l'institore possa essere comunque chiamato a risponderne, atteso lo stringente collegamento tra gli artt. 322 e 323.

Con riferimento alla bancarotta fraudolenta, di cui all'art. 322, non paiono sorgere dubbi in ordine alla possibilità di realizzare tutte le modalità contemplate dalla norma richiamata. Qualche perplessità sorge relativamente alla bancarotta post-fallimentare (art. 322, comma 2). In tal caso, la dichiarazione di fallimento facendo cessare i poteri dell'institore, farebbe venir meno il presupposto del reato dell'institore, che si fonda proprio sulla gestione degli affari a lui affidata[11]. Tuttavia, è opinione prevalente che il rinvio previsto nell'art. 333 abbia carattere generale e si riferisca, dunque, a tutte le fattispecie previste all'art. 322.[12].

In merito alla bancarotta semplice, alcune fattispecie previste dall'art. 323 sembrano risultare incompatibili con la figura dell'institore: si pensi, ad esempio, alla condotta prevista alla lett. *a*), riferita alle spese personali o per la propria famiglia eccessive rispetto alle proprie condizioni economiche, che risulta inapplicabile all'institore, atteso che il suo patrimonio personale non è posto a garanzia dei creditori dell'impresa[13]. Ugualmente, si ritiene che sia da escludere la responsabilità dell'institore per i fatti contemplati dall'art. 323, comma 1. lett. *d*), prima parte, in quanto la condotta aggravante il dissesto – per aver omesso di chiedere l'apertura della procedura di liquidazione giudiziale – non è di sua competenza[14].

L'institore risulterà invece punibile nelle ipotesi di cui agli artt. 325 (ricorso abusivo al credito) e 327 (denuncia di creditori inesistenti), dovendo ritenersi comunque escluse le violazioni relative ad obblighi facenti capo personalmente all'imprenditore in liquidazione giudiziale come, per esempio, l'onere di presentare o comunicare il cambiamento di domicilio o residenza.

---

[11] Cfr. PUNZO, *Il delitto*, 71.

[12] NUVOLONE, *Il diritto penale*, 223.

[13] PEDRAZZI, *Art. 227*, 334; CONTI, *Diritto penale commerciale*, 291.

[14] ANTOLISEI, *Manuale di diritto*, 146.

Articolo 334

Interesse privato del curatore negli atti della liquidazione giudiziale

1. Salvo che al fatto non siano applicabili gli articoli 315, 317, 318, 319, 321, 322 e 323 del codice penale, il curatore che prende interesse privato in qualsiasi in qualsiasi atto della liquidazione giudiziale direttamente o per interposta persona o con atti simulati è punito con la reclusione da due a sei anni e con la multa non inferiore a euro 206.

2. La condanna comporta l'interdizione dai pubblici uffici.

Nicola Pisani

Sommario: 1. Considerazioni introduttive. – 2. L'attribuzione della qualifica di pubblico ufficiale al curatore fallimentare. – 3. Interesse privato del curatore negli atti della liquidazione giudiziale. – 4. La clausola di riserva. – 5. Bene giuridico tutelato, fatto tipico ed elemento soggettivo.

1. – Tra i «*Reati commessi da persone diverse dall'imprenditore in liquidazione giudiziale*», il Codice, al Capo II del Titolo IX, contempla alcune fattispecie riservate al curatore fallimentare, disciplinate oggi dagli artt. 334-338. Si tratta di norme che riproducono sul piano delle condotte incriminate le corrispondenti previsioni della legge fallimentare *ex* artt. 228-231, sostituendo il termine "fallimento" e i suoi derivati con l'espressione "liquidazione giudiziale", al fine di superare il risalente stigma che colpisce la figura del soggetto fallito [1-2].

Pur rappresentando processo penale e liquidazione giudiziale realtà giuridiche governate da regole e finalità diverse, essi risultano, in realtà, legati da un particolare punto di contatto, costituito proprio dalla relazione del curatore di cui all'art. 130.

La dottrina identifica la suddetta relazione come il documento da cui prende avvio l'inchiesta penale [3] e la stessa è stata definita come il «momento fondamentale di contatto tra il curatore ed il giudice delegato».

---

[1] Quanto ai rapporti con la disciplina civilistica, si evidenzia come spesso le norme penali utilizzino elementi normativi che, ove mutati in quella disciplina, hanno ricadute nella materia penale. In tale prospettiva, v. Gambardella, *Condotte economiche*, 153 ss.

[2] L'attenzione quasi esclusiva al tessuto civilistico è stata oggetto di critiche anche in passato. Sul punto v. Giunta, *Lineamenti di diritto*, 5.

[3] Sandrelli, *I reati*, 24.

Il curatore è l'organo cui compete l'amministrazione del patrimonio da liquidare e la nuova disciplina ne ha ampliato non solo i poteri, ma anche i doveri.

Da una parte, infatti, si prevede l'estensione dei poteri d'indagine del curatore, il quale, ove verifichi il mancato deposito, da parte del soggetto sottoposto a liquidazione, della documentazione contabile richiesta, ha facoltà di accedere ad una serie di banche dati ulteriori rispetto a quelle tipiche, indicate dell'art. 49.

Dall'altra, invece, si rinviene un ampliamento anche sul piano degli obblighi informativi che il curatore è tenuto ad assolvere. In particolare, è stata prevista una segnalazione al pubblico ministero laddove il debitore non depositi copia dei bilanci e delle scritture contabili e fiscali obbligatorie (art. 130, comma 2).

Si tratta di innovazioni pienamente coerenti con la *ratio* del nuovo art. 130 che, in una linea di sostanziale continuità con l'art. 33 l. fall., mira a garantire un costante esercizio della vigilanza e del controllo da parte del giudice delegato e del comitato dei creditori sull'operato del curatore nonché a preservare le esigenze di trasparenza e d'informazione proprie dei creditori e di qualunque interessato.

2. – L'art. 127, confermando quanto già previsto dall'art. 30 l. fall., qualifica espressamente il curatore, per quanto attiene all'esercizio delle sue funzioni, come pubblico ufficiale.

Parte della dottrina, alla luce del criterio funzionale che ha ispirato la riforma del 1990 della nozione *ex* art. 357 c.p.[4], evidenzia che il curatore fallimentare, agli effetti penali, può certamente essere considerato pubblico ufficiale e, in particolare, le sue funzioni possono farsi rientrare tra quelle giudiziarie previste dal suddetto articolo[5].

In tale prospettiva, dunque, l'art. 127 avrebbe un ruolo meramente ricognitivo, anziché costitutivo, della qualifica soggettiva, già desumibile dall'art. 357 c.p.

Secondo altra parte della dottrina, in realtà, l'attribuzione della qualifica di pubblico ufficiale al curatore *ex* art. 127 sarebbe frutto di una concezione soggettivistica, ormai superata dall'attuale formulazione dell'art. 357 c.p.

Più opportuno invece, secondo questa tesi, sarebbe concludere che, se, per un verso, a caratterizzare la nozione di pubblico ufficiale è la funzione dallo stesso concretamente svolta, è in base a quest'ultima che uno stesso soggetto potrebbe rivestire, in situazioni diverse, la qualifica di pubblico ufficiale o di privato. Il curatore, pertanto, potrà rivestire tale qualifica esclusivamente ove eserciti – anche in via alternativa – una delle funzioni pubbliche prese in considerazione dalla norma che definisce la qualifica di pubblico ufficiale.

La stessa dottrina, peraltro, ricava l'affermazione della qualifica di pubblico ufficiale, in capo al curatore fallimentare, alla luce del richiamo che l'art. 334 (e dapprima l'art. 228 l. fall.) fa ad articoli del codice penale riservati ai delitti dei pubblici ufficiali contro la p.a.:

---

[4] L'art. 357 c.p., rubricato «*Nozione del pubblico ufficiale*» prevede che «*agli effetti della legge penale, sono pubblici ufficiali coloro i quali esercitano una pubblica funzione legislativa, giudiziaria o amministrativa. Agli stessi effetti è pubblica la funzione amministrativa disciplinata da norme di diritto pubblico e da atti autoritativi, e caratterizzata dalla formazione e dalla manifestazione della volontà della pubblica amministrazione o dal suo svolgersi per mezzo di poteri autoritativi o certificativi*».

[5] COCCO, *Fallimento*, 1284; PERDONÒ, *I reati commessi*, 265.

se il curatore non rivestisse la qualifica di pubblico ufficiale il richiamo in questione non avrebbe ragion d'essere[6].

L'orientamento oggi prevalente è quello che riconosce al curatore una qualifica sempre pubblicistica, proprio in forza del contenuto dell'art. 357 c.p. e ciò anche alla luce dell'ultimo impianto legislativo.

3. – Il delitto in esame punisce il curatore che «*prende un interesse privato, direttamente o tramite interposta persona o attraverso atti simulati, in qualsiasi atto della liquidazione giudiziale*».

La fattispecie *de qua*, che riproduce sostanzialmente la disciplina previgente *ex* art. 228 l. fall. e si inserisce tra i reati propri del curatore della liquidazione giudiziale, unico soggetto tipico, avrebbe funzione estensiva, atteso il suo ruolo sussidiario rispetto alle fattispecie incriminatrici cui fa rinvio la clausola di riserva[7].

In particolare, deve qualificarsi «*interesse privato*» ogni tipo di interesse che non sia in alcun modo riferibile all'ambito delle finalità proprie dell'amministrazione della liquidazione giudiziale. La dottrina precisa che l'interesse privato assume un significato più ampio di quello di utilità privata, tale da comprendere anche il mero sfruttamento della posizione di curatore al solo fine di far coincidere i vantaggi privati con gli interessi pubblici a cui la funzione è predisposta[8].

Proprio in base alla considerazione che l'antigiuridicità permane anche nel caso in cui l'interesse privato coincida con l'interesse dell'ufficio, in dottrina il delitto in commento è stato qualificato reato di pericolo presunto[9].

La giurisprudenza è, peraltro, costante nel precisare che la nozione di interesse privato non comprende solo l'ipotesi della mera coincidenza tra i vantaggi privati e gli interessi dell'ufficio, ma anche il caso in cui l'interesse privato del curatore non risulti in concreto rivolto a perseguire un beneficio personale o di terzi, contrastante con le finalità della procedura stessa[10].

Il riferimento che la disposizione fa a qualsiasi atto della liquidazione induce, peraltro, a ritenere che sia compreso nella sfera della tipicità anche l'atto che, pur non essendo del curatore, sia stato da quest'ultimo *provocato*[11].

Importante anche definire la nozione di «*presa di interesse*», il quale deve intendersi come «l'inserimento in un atto della procedura nella prospettiva di ottenere un vantaggio privato attraverso qualsiasi forma di sfruttamento dell'ufficio o mediante l'alterazione delle regole legali che presiedono alla formazione dell'atto medesimo»[12].

La giurisprudenza al riguardo precisa che «*la presa d'interesse privato*» da parte del curatore non deve essere necessariamente finalizzata al perseguimento esclusivo di un interesse privato confliggente con quello della procedura, essendo, al contrario, sufficiente che essa

---

[6] Giuliani Balestrino, *La bancarotta*, 546-547.

[7] Conti, *I reati fallimentari*, 378 ss.

[8] Antolisei, *Manuale di diritto*, 280.

[9] Antolisei, *Manuale di diritto*, 196.

[10] Cass. pen., sez. V, 6 febbraio 2003, n. 19818; v. Ambrosetti, Mezzetti, Ronco, *Diritto penale*, 370.

[11] Montani, *Gli altri reati*, 465.

[12] Ambrosetti, Mezzetti, Ronco, *Diritto penale*, 369.

comporti, in relazione al detto ultimo interesse, un risultato di minore consistenza, in senso qualitativo o quantitativo, rispetto a quello che si sarebbe ottenuto in mancanza dell'ingerenza profittatrice[13].

Parte della dottrina già da tempo ha segnalato, tuttavia, la necessità di accertare un'effettiva ingerenza approfittatrice, ovvero una strumentalizzazione dei poteri attribuiti al curatore, piegati in senso egoistico. In tale prospettiva, si evidenzia la fondatezza dei dubbi circa la sufficiente determinatezza della fattispecie, poiché ogni tratto della condotta è descritto in termini elastici, suscettibili delle più diverse interpretazioni[14].

4. – È prevista la clausola di riserva relativa all'applicabilità dei reati di cui agli artt. 315, 317, 318, 319, 321, 322 e 323 c.p.

Occorre rilevare come il delitto di cui all'art. 334 sia una fattispecie autonoma ed abbia carattere sussidiario e generale rispetto alle altre incriminazioni previste dal Codice.

È necessario cogliere, inoltre, gli effetti sulla clausola di riserva delle modifiche legislative degli artt. 317 e 318 c.p., a seguito della l. 6 novembre 2012, n. 190.

In conseguenza dell'introduzione del delitto di «*induzione indebita*», di cui all'art. 319-*quater* c.p., il legislatore non ha provveduto ad aggiungere tale fattispecie tra quelle indicate ai fini dell'operatività della clausola di riserva.

Applicando l'analogia *in bonam partem*, posto che l'attuale condotta di concussione risulta più grave di quella di induzione, si dovrebbe concludere per l'inclusione dell'art. 319-*quater* c.p. nell'ambito di operatività della clausola di riserva di cui all'art. 334. Al contempo, prediligendo un'interpretazione letterale del combinato disposto delle norme in esame, si dovrebbe concludere per l'ammissibilità di un concorso di reati. La tesi preferibile è quella che appare più aderente al canone della ragionevolezza: sarebbe irragionevole ipotizzare il concorso tra la fattispecie «*fallimentare*» e il delitto di cui all'art. 319-*quater* c.p. e, al contempo, escluderlo in presenza di una più grave condotta di costrizione.

Inoltre, anche la modificata struttura della fattispecie di cui all'art. 318 c.p. apre un ulteriore fronte di problemi relativamente al rapporto tra la corruzione per l'esercizio della funzione e l'art. 334[15].

5. – Il bene giuridico tutelato dalla norma viene identificato dalla dottrina nel corretto svolgimento della procedura concorsuale. La *ratio* viene, infatti, identificata nella «tutela della integrità di azione dei soggetti qualificati, indipendentemente dal danno o dal pericolo, i quali possono non sussistere, per le gestioni a essi affidate. Riceve altresì tutela, poiché la nomina di tali soggetti spetta nel caso al tribunale, il prestigio dell'amministrazione della giustizia»[16].

L'orientamento oggi prevalente riconosce, tuttavia, all'art. 334 natura plurioffensiva, essendo posto a tutela non solo della corretta amministrazione della giustizia e, in partico-

---

[13] Cass. pen., sez. V, 21 settembre 2000, n. 4043.

[14] ALESSANDRI, *Diritto Penale*, 9 ss.

[15] ROSSI, *Illeciti penali*, 257.

[16] ANTOLISEI, *Manuale di diritto*, 279.

lare, della genuinità e del regolare svolgimento della procedura di liquidazione giudiziale, ma, altresì, degli interessi patrimoniali dei creditori [17].

La condotta risulta costituita dal prendere interesse privato mediante l'ingerenza del curatore in un qualsiasi atto della procedura, in tal modo abusando del proprio ufficio o, più specificamente, alterando il corretto procedimento interno che porta alla formazione dello stesso atto [18].

Si tratti di reato di pericolo, secondo un autorevole orientamento classificabile come reato di pericolo presunto [19]. Alla luce del principio di offensività, la mera presa di interesse del curatore a cui non si accompagni una concreta esposizione a pericolo degli interessi patrimoniali dei creditori non sembra possa far ritenere integrata l'offesa tipica, nella forma del pericolo concreto.

Quanto all'elemento soggettivo, esso risulta costituito dal dolo generico, consistente nella consapevole volontà del curatore di porre in essere una condotta di abuso o di strumentalizzazione avente ad oggetto un atto d'ufficio.

Il momento consumativo corrisponde con l'attuazione, da parte del curatore, del privato interesse, senza che a tal fine rilevi il conseguimento di un utile o la realizzazione di un danno da parte del soggetto stesso. Il delitto si consuma indipendentemente dalla revoca della procedura concorsuale o del curatore. Ciò in quanto dalle revoche non può derivare la cessazione *ex tunc* della qualifica di pubblico ufficiale né viene meno la responsabilità penale in relazione ai reati commessi in forza della qualifica stessa [20].

Quanto alle fattispecie non richiamate dalla clausola di riserva potrà operare la disciplina del concorso di reati o del reato continuato qualora ne ricorrano i presupposti [21].

In questo senso, la giurisprudenza ha concluso, ad esempio, che il delitto in esame concorre con quello di corruzione propria non sussistendo alcun rapporto di specialità tra l'art. 228 l. fall. – *rectius* art. 334 – e l'art. 319 c.p [22]. Differentemente, infatti, da quanto sostenuto dalla dottrina maggioritaria, secondo cui il delitto in esame è da considerarsi fattispecie «residuale» rispetto ai reati dei pubblici ufficiali contro la pubblica amministrazione, la giurisprudenza conclude per la diversità delle condotte proprie dei due reati, da considerare quindi, quali fattispecie autonome [23].

---

[17] Cass. pen., sez. V, 19 settembre 2007, n. 35049; Cass. pen., sez. V, 15 giugno 2006, n. 20558.
[18] *Ibidem*, 267.
[19] ANTOLISEI, *Manuale di diritto*, 279.
[20] PERDONÒ, *I reati commessi*, 265.
[21] PERDONÒ, *I reati commessi*, 270.
[22] Cass. pen., sez. VI, 24 giugno 2010, n. 38986.
[23] BOTTAI, *Il curatore*, 1078.

Articolo 335

Accettazione di retribuzione non dovuta

1. Il curatore della liquidazione giudiziale che riceve o pattuisce una retribuzione, in danaro o in altra forma, in aggiunta di quella liquidata in suo favore dal tribunale o dal giudice delegato, è punito con la reclusione da tre mesi a due anni e con la multa da euro 103 a euro 516.

2. Nei casi più gravi alla condanna può aggiungersi l'inabilitazione temporanea all'ufficio di amministratore per la durata non inferiore a due anni.

Nicola Pisani

Sommario: 1. La struttura del reato. – 2. La pena accessoria della inabilitazione temporanea.

1. – L'art. 335, in corrispondenza con quanto previsto già dall'art. 229, comma 1, l. fall. punisce con la pena della reclusione da tre mesi a due anni e la multa da 103 euro a 506 euro, il curatore della liquidazione giudiziale che «*riceve o pattuisce una retribuzione, in denaro o in altra forma, in aggiunta di quella liquidata in suo favore dal tribunale o dal giudice delegato*».

Con riguardo ai casi più gravi, è prevista l'eventuale applicazione della pena accessoria dell'inabilitazione temporanea all'ufficio di amministratore per una durata non inferiore a due anni.

Il riferimento all'accettazione di una «*retribuzione*» non dovuta richiama all'evidenza il delitto di corruzione contemplato nel codice penale. A differenza della corruzione, in questa figura di reato non è necessario che la dazione di utilità sia finalizzata alla commissione di un atto d'ufficio o di un atto contrario ai doveri di ufficio [1].

La fattispecie di "corruzione fallimentare" in analisi incrimina, così, una "condotta prodromica" rispetto a quella di corruzione, rappresentando una forma di "difesa avanzata" [2], a salvaguardia del prestigio delle funzioni del curatore.

La riforma dei delitti di corruzione a opera della l. 6 novembre 2012, n. 190 pone ulteriori problemi.

---

[1] Antolisei, *Manuale di diritto*, 283.

[2] Cadoppi, *Reati del curatore*, 177.

Nel contesto della disciplina previgente, infatti, elemento differenziale rispetto alla corruzione propria o impropria era la finalità della «*retribuzione*»: configurandosi il reato di corruzione propria nell'ipotesi speciale di remunerazione per il compimento di un atto contrario ai doveri del proprio ufficio e la corruzione impropria nella diversa ipotesi di atti conformi ai doveri dell'ufficio.

La riformulazione, ad opera della l. n. 192 del 2012, dell'art. 318 c.p. in termini di «*corruzione per l'esercizio della funzione*» elimina questo tratto differenziale attinente alla finalità della retribuzione con il rischio – prospettato da una parte della dottrina [3] – che il curatore della liquidazione giudiziale, che mercifichi la propria funzione, sia punito meno gravemente degli agli altri pubblici ufficiali, se si considera che il delitto di accettazione di retribuzione non dovuta prevede, la reclusione da due mesi a tre anni. L'art. 318 c.p. è punito, invece, a seguito della modifica con la l. 9 gennaio 2019, n. 3, con la reclusione da tre a otto anni.

Resta, in ogni caso, che il tratto caratteristico della fattispecie di cui all'art. 335, rispetto all'ipotesi di corruzione, per l'esercizio della funzione è l'assenza del nesso funzionale tra retribuzione data e promessa e atti tipici rientranti nelle funzioni del curatore.

Più agevole è l'individuazione della linea di demarcazione tra la fattispecie in questione e le figure di concussione (art. 317 c.p.) e di induzione indebita a dare o promettere utilità (art. 319-*quater* c.p.); queste ultime, infatti, sono connotate da un elemento specializzante del tutto assente nel "reato fallimentare": la promessa o la dazione del denaro o di altra utilità è conseguenza di una condotta costrittiva o induttiva posta in essere dal curatore con l'abuso della sua qualità o dei suoi poteri [4].

Ad oggi non è più possibile riconoscere, come in passato, un'analogia tra la fattispecie in esame e quella di cui all'art. 2638 c.c.: quest'ultima disposizione, che in passato prevedeva la realizzazione della stessa fattispecie in forza di una condotta posta in essere dall'amministratore giudiziario o dal commissario governativo, a seguito di intervenute modifiche legislative, è adesso rubricata «*ostacolo all'esercizio delle funzioni delle Autorità pubbliche di vigilanza*» [5].

In particolare, la norma riprende e rafforza, mediante la previsione di una sanzione penale, il principio di cui all'art. 137, comma 4, in forza del quale il curatore non può pretendere alcun compenso ulteriore rispetto a quello liquidato dal tribunale, anche nell'eventualità in cui egli non abbia ottenuto il riconoscimento di alcun emolumento: sicché, alla violazione della disposizione segue «la nullità delle promesse e dei pagamenti e la ripetizione dell'indebito». Il fine ultimo perseguito dal legislatore è quello di disincentivare il curatore da suggestioni economiche.

Oggetto giuridico della tutela è il prestigio di un soggetto della procedura concorsuale, ossia il curatore, tenuto ad un comportamento ispirato ai principi di lealtà e correttezza. Ciò spiega la natura di reato di pericolo della fattispecie di cui all'art. 335.

La giurisprudenza, infatti, ha precisato che la norma «è spirata allo scopo di sottrarre il curatore alle suggestioni economiche ed ai contratti di natura patrimoniale con le parti

[3] CAPOTI, *Il diritto penale*, 180.

[4] Cass. pen., sez. VI, 9 gennaio 2008, n. 18732.

[5] MONTANARA, *Gli altri reati*, 1024.

private, per assicurarne la natura di organo processuale indipendente nelle sue determinazioni; sicché – nella qualificazione dell'ipotesi criminosa come reato di pericolo, la cui oggettività giuridica è da ravvisare nella "venalità del curatore"»[6].

Dal momento che la fattispecie materiale contempla la "pattuizione", il reato non può ritenersi integrato per effetto della semplice promessa unilaterale che il terzo rivolga al curatore, ove ad essa non si colleghi l'accettazione da parte di quest'ultimo.

Rispetto al delitto di corruzione, infatti, si è in presenza di un reato plurisoggettivo necessario improprio[7], atteso che, il soggetto estraneo che dà o promette la retribuzione illecita va esente da responsabilità[8].

In difetto, pertanto, di una norma che incrimini espressamente la condotta del privato – al pari di quella prevista dall'art. 321 c.p. per il corruttore – si deve escludere la configurabilità di una responsabilità, a titolo di concorso ai sensi dell'art. 110 c.p. nel "delitto fallimentare", anche in capo al promittente o solvente consapevole che la retribuzione non sia dovuta al curatore: in tal caso il fatto tipico postula un contributo di "istigazione" dell'*extraneus* che si perfeziona nell'accordo con il curatore. È proprio il difetto di un'espressa previsione di punibilità del "privato", perciò, a precludere l'applicabilità dell'art. 110 c.p., che si risolverebbe in un'applicazione analogica della clausola generale del concorso di persone nel reato.

La prestazione oggetto di reato, invece, al pari delle ipotesi codicistiche di corruzione, deve essere passibile di valutazione economica ed essere apprezzabile quanto a valore[9].

La retribuzione non dovuta, dunque, deve essere aggiuntiva a quella liquidata dal tribunale. In dottrina si specifica, infatti, che non è richiesto alcun rapporto cronologico tra la liquidazione del compenso e l'indebita retribuzione[10]. Si privilegia, inoltre, un'interpretazione estensiva del concetto di «*retribuzione*», tale da ricomprendere qualsiasi compenso e corrispettivo suscettibile di apprezzamento economico, dal quale il curatore possa ricavare un vantaggio patrimoniale diretto o indiretto[11].

Si è posta, altresì, la questione dei limiti entro cui possa affermarsi la liceità della retribuzione ricevuta o pattuita a fronte di prestazioni professionali rese dal curatore nell'ambito di un rapporto instauratesi al di fuori della procedura, sebbene in favore di un soggetto che abbia interesse nella stessa[12].

Al riguardo, si è evidenziato che, per lo meno in linea di principio, deve ammettersi la liceità dei compensi ricevuti dal curatore nell'ambito di un rapporto professionale privato,

---

[6] Cass. pen., sez. VI, 2 novembre 1994, n. 4172.

[7] Con la formula "reati necessariamente plurisoggettivi" si designano «quei reati il cui fatto richiede come elemento costitutivo il compimento di una pluralità di condotte da parte di una pluralità di persone» così MARINUCCI, DOLCINI, GATTA, *Manuale di diritto*, 269 ss. Talora la norma assoggetta a pena tutti i soggetti che intervengono nel reato: si parla in questo caso di "reati necessariamente plurisoggettivi propri"; altre volte, invece, la norma richiede sì una pluralità di condotte da parte di una pluralità di persone, ma assoggetta a pena soltanto alcune delle condotte che costituiscono il fatto di reato: si parla di "reati necessariamente plurisoggettivi impropri".

[8] MONTANI, *Gli altri reati*, 467.

[9] PERDONÒ, *I reati commessi*, 272.

[10] ALESSANDRI, *Diritto penale commerciale*, 202.

[11] BERTONI, *Reati e crisi*, 477; ANTOLISEI, *Manuale di diritto*, 201; MANGANO, *Disciplina penale*, 169.

[12] BERTONI, *Reati e crisi*, 478.

anche laddove si instauri con un soggetto portatore di interessi nella procedura concorsuale, purché l'incarico sia estraneo alle competenze del pubblico ufficio rivestito. Non potrà, tuttavia, escludersi, in ragione delle circostanze del caso concreto, che l'incarico professionale sia soltanto fittizio e che, quindi, il compenso pattuito o ricevuto dal curatore «dissimuli surrettiziamente una forma di retribuzione per la funzione svolta»[13].

Secondo quanto precisato da particolare dottrina, il reato sussiste solo quando l'atto della pubblica amministrazione realizza nella sua obiettività un interesse privato del pubblico ufficiale: in altre parole, quando la causa dell'atto pubblico coincide, in tutto o in parte, col motivo dell'attività svolta dal pubblico ufficiale per la sua realizzazione. Non vi deve essere, dunque, rapporto di alterità, ma di coincidenza, tra la realizzazione dell'interesse privato e la manifestazione della volontà dell'ente pubblico[14].

La condotta illecita può essere posta in essere sia prima che dopo l'esecuzione della procedura, a condizione che la pattuizione o la dazione siano riconducibili a funzioni eseguite dal curatore; a nulla rileva la locuzione «in aggiunta alla retribuzione liquidata dal Tribunale», poiché essa ha la funzione di individuare il compenso legittimo del curatore[15].

Ai fini dell'elemento soggettivo del reato, il dolo consiste nella coscienza e dalla volontà relative alla pattuizione o alla ricezione di una retribuzione diversa da quella disposta dall'Autorità ed è da ritenersi generico[16].

Il momento consumativo deve essere fissato nell'accettazione della promessa o nella pattuizione della somma oggetto di pattuizione. Non sembra si possa discutere sul fatto che il pagamento eventualmente seguito alla pattuizione non dà luogo ad un ulteriore reato né ad un *post factum* non punibile.

Si è in presenza, dunque, di reato a consumazione alternativa, sicché, in caso di corresponsione del compenso in esecuzione dell'accordo, il momento consumativo coincide con la *datio*[17].

Parte della dottrina non considera, invece, configurabile il tentativo, proprio in forza della riconosciuta natura di reato di pericolo dell'art. 335[18].

2. – Con riguardo alle ipotesi di più grave realizzazione della condotta criminosa, il comma 2 dell'art. 335 prevede la pena accessoria e facoltativa dell'inabilitazione temporanea dall'ufficio di amministratore per una durata non inferiore a due anni. In via eccezionale, in tal caso, la pena accessoria non risulta automaticamente e necessariamente connessa alla previsione della pena principale, ma può essere discrezionalmente disposta dal giudice in base alla gravità del fatto commesso.

Particolare interesse ha destato, in dottrina, il rapporto tra la citata previsione di pena

---

[13] SANTORIELLO, *I reati*, 210 ss.

[14] NUVOLONE, *Il diritto penale*, 334.

[15] QUATRARO, D'AMORA, *Il curatore fallimentare*, 682.

[16] MONTANI, *Gli altri reati*, 466; ANTOLISEI, *Manuale di diritto*, 285. Cfr. Cass. pen., sez. VI, 2 novembre 1994, n. 4172, secondo cui «l'elemento soggettivo si sostanzia nella consapevolezza dell'agente della mancata osservanza delle forme previste per la liquidazione del compenso».

[17] CONTI, *I reati fallimentari*, 381; PERDONÒ, *I reati commessi*, 273.

[18] MONTANARA, *Gli altri reati*, 1026.

accessoria e l'art. 32-*bis* c.p. [19], introdotto dall'art. 120, l. 24 novembre 1981, n. 689.

Chi considera applicabile l'art. 32-*bis* c.p. anche al curatore deve, infatti, risolvere il problema del rapporto tra una disposizione posteriore generale (art. 32-*bis* c.p.) e una antecedente speciale (art. 335, comma 2). Non potendosi però ritenere che la prima prevalga sulla seconda, il conflitto apparente tra le due norme si risolve, ragionevolmente, con l'applicazione della «disposizione fallimentare» [20].

[19] L'art. 32-*bis* c.p., rubricato «*Interdizione temporanea dagli uffici direttivi delle persone giuridiche e delle imprese*» prevede che «*l'interdizione dagli uffici direttivi delle persone giuridiche e delle imprese priva il condannato della capacità di esercitare, durante l'interdizione, l'ufficio di amministratore, sindaco, liquidatore, direttore generale e dirigente preposto alla redazione dei documenti contabili societari, nonché ogni altro ufficio con potere di rappresentanza della persona giuridica o dell'imprenditore. Essa consegue ad ogni condanna alla reclusione non inferiore a sei mesi per delitti commessi con abuso dei poteri o violazione dei doveri inerenti all'ufficio*». Cfr. MUCCIARELLI, *Art. 120*, 552.

[20] CONTI, *I reati fallimentari*, 382.

Articolo 336
Omessa consegna o deposito di cose della liquidazione giudiziale

1. Il curatore che non ottempera all'ordine del giudice di consegnare o depositare somme o altra cosa della liquidazione giudiziale, ch'egli detiene a causa del suo ufficio, è punito con la reclusione fino a due anni e con la multa fino a euro 1.032.

2. Se il fatto avviene per colpa, si applica la reclusione fino a sei mesi o la multa fino a euro 309.

Nicola Pisani

L'art. 336, ricalcando sostanzialmente il testo dell'art. 230 l. fall., punisce con la reclusione fino a due anni e con la multa fino a 1.032 euro, il curatore che non ottemperi all'ordine disposto dal giudice di consegnare o depositare somme o altra cosa della liquidazione giudiziale, dal curatore detenuta in ragione del suo ufficio.

La norma, al comma 2, prevede anche la punibilità della condotta colposa. Anche in questa, come in altre fattispecie proprie del curatore, la previsione dell'art. 336 rappresenta «una tutela avanzata contro la malversazione, figura disciplinata dall'abrogato art. 315 c.p. e riassorbita, per effetto dell'art. 20, legge 26 aprile 1999, n. 86, nella più ampia nozione di peculato di cui all'art. 314 c.p.»[1].

La volontà del legislatore è, infatti, quello di avanzare la soglia di punibilità del curatore anche a situazioni di fatto che, pur non concretando una appropriazione dei beni della procedura tale da integrare gli estremi del delitto di peculato, ne possano costituire la premessa[2].

È evidente il rinvio alla "norma primaria" di cui all'art. 131 (in passato art. 34 l. fall.), che disciplina il deposito ad opera del curatore delle somme riscosse a qualunque titolo nel corso della procedura di liquidazione giudiziale.

Il bene giuridico tutelato è rappresentato dal corretto svolgimento del procedimento concorsuale liquidatorio e, in particolare, nella protezione di obblighi «funzionali» preordinati alla tutela del «patrimonio fallimentare»[3].

[1] MONTANI, *Gli altri reati*, 468.

[2] Cfr. Cass. pen., sez. VI, 14 ottobre 1981, n. 6568.

[3] PERDONÒ, *I reati commessi*, 273.

Con questa incriminazione, infatti, si è inteso sanzionare una condotta di mera disobbedienza a un obbligo del giudice che può, tuttavia, sfociare nel delitto di peculato. Già la giurisprudenza più risalente, infatti, qualificava la malversazione (e le medesime considerazioni possono valere, oggi, per il peculato) come «un reato progressivo rispetto a quello di cui all'art. 230 l. fall.»[4].

È punita l'inosservanza all'ordine disposto dal giudice relativamente alla consegna o al deposito di beni della procedura di liquidazione giudiziale: non rileva, perciò, ai fini dell'integrazione del reato la condotta di appropriazione o quella di distrazione dei beni della procedura fallimentare, integrando essa il fatto di peculato ai sensi dell'art. 314 c.p.

La giurisprudenza delinea il rapporto tra la fattispecie in esame e il delitto di peculato di cui all'art. 314 c.p., precisando che integra il delitto di peculato e non quello di omessa consegna o deposito di cose della liquidazione giudiziale la condotta del curatore che, prima di consegnarle a seguito di pressanti e formali richieste del nuovo curatore della procedura e negando in precedenza di averle ricevute, abbia trattenuto per lungo tempo dopo la loro acquisizione somme di pertinenza della stessa[5].

La differenza, inoltre, tra l'ipotesi di peculato, che è una particolare appropriazione indebita di somme o cose possedute dal pubblico ufficiale (nella specie, dal curatore della liquidazione giudiziale), e quella di omessa consegna o deposito di cose della liquidazione giudiziale, sta nel fatto che nel secondo caso elemento costitutivo del reato è il ritardo nel versare le somme o altra cosa della liquidazione giudiziale a seguito dell'ordine del giudice, senza che le somme o le cose siano entrate a fare parte del patrimonio del curatore; nel primo caso, invece, le somme o le cose sono entrate a fare parte del patrimonio di tale soggetto[6].

Ne consegue che, ove si realizzi una *interversio possessionis*, la condotta del curatore integrerebbe una indebita appropriazione, con conseguente configurazione del più grave delitto di peculato[7].

Non è idonea ad integrare la fattispecie in parola neanche la mera inosservanza di un termine previsto dalla legge – per cui l'art. 131 prevede la sola e solo eventuale revoca del curatore – essendo, invece, necessaria l'inottemperanza ad un ordine dell'autorità giudiziaria.

L'oggetto materiale è descritto con formula generica «*somme o altra cosa della liquidazione giudiziale*», con la conseguente possibilità che vi siano ricompresi tutti i beni soggetti alla procedura, anche se sopravvenuti nel corso di questa o privi di qualunque valore economico[8]. La giurisprudenza ha, infatti, ritenuto integrato il reato in esame dalla condotta del curatore che non ottemperi all'ordine del giudice di depositare nella cancelleria del tribunale il registro e i libri IVA afferenti alla procedura.

La dottrina, così come, peraltro, la giurisprudenza prevalente, interpretano in senso ampio anche il concetto di ordine impartito dal giudice ritenendo che esso possa rivestire

---

[4] Cass. pen., sez. VI, 25 ottobre 1971.

[5] Cass. pen., sez. VI, 18 settembre 2013, n. 41094. Fattispecie relativa a canoni di locazione di pertinenza della procedura fallimentare riscossi dal curatore e mai versati sul libretto bancario intestato alla procedura medesima.

[6] Cass. pen., sez. VI, 3 febbraio 2000, n. 4472.

[7] Cfr. Cass. pen., sez. VI, 3 febbraio 2000, n. 4472; Cass. pen., sez. VI, 7 ottobre 2010, n. 670.

[8] Cfr. Cass. pen., sez. V, 20 settembre 2005, n. 37459.

qualsiasi forma, anche solo quella verbale, purché venga dato in maniera espressa e non equivoca: volendo interpretare detto presupposto del reato alla stregua del canone della determinatezza, si deve richiedere, non un "mero" ordine verbale, ma un vero e proprio atto formale emanato dal giudice delegato o dal tribunale.

Con riferimento al presupposto occorre un'ulteriore specificazione, alla luce del criterio «teleologico» e dell'oggettività giuridica tutelata: l'ordine non può promanare da un organo inquirente che si trovi a disporre la consegna o il deposito di un bene appartenente alla procedura di liquidazione giudiziale[9].

Il reato è punito sia a titolo di dolo che a titolo di colpa.

Se si considera che il diritto penale fallimentare tende a valorizzare l'aspetto dell'adeguatezza dell'apparato organizzatorio di cui il curatore può avvalersi nell'esercizio della sua professione[10], si comprende che la "colpa" del curatore della liquidazione giudiziale può essere ancorata ai medesimi parametri della "colpa di organizzazione".

Quanto al dolo, esso consiste nella volontà e rappresentazione della condotta illecita, unita alla consapevolezza che l'oggetto materiale della condotta stessa è costituito da beni relativi alla procedura di liquidazione giudiziale[11].

Il momento consumativo non può farsi coincidere con l'emanazione dell'ordine disposto dall'autorità giudiziaria, se l'ordine stesso non indichi un termine: deve constare un lasso di tempo apprezzabile, che sia sintomatico o della vera e propria volontà di non ottemperare oppure della noncuranza del curatore nell'adempimento. Qualora sia previsto un termine, invece, corrisponderà con il termine indicato[12].

In questo senso, la giurisprudenza di legittimità precisa che il delitto in esame ha natura di reato istantaneo e si consuma con la scadenza del termine, assegnato al curatore dal giudice delegato, per ottemperare alla consegna[13].

Considerata, infine, la natura di reato omissivo proprio e le specifiche connotazioni della struttura della fattispecie, non sembra configurabile il tentativo.

---

[9] ANTOLISEI, *Manuale di diritto*, 288.

[10] SELVAGGI, *Le altre fattispecie*, 1019.

[11] CONTI, *I reati fallimentari*; PERDONÒ, *I reati commessi*, 384.

[12] PERDONÒ, *I reati commessi*, 275.

[13] Cass. pen., sez. V, 18 marzo 2016, n. 22534.

Articolo 337
Coadiutori del curatore

1. Le disposizioni degli articoli 333, 334 e 335, si applicano anche alle persone che coadiuvano il curatore nell'amministrazione della liquidazione giudiziale.

Nicola Pisani

L'art. 337, ricalcando il testo dell'art. 231 l. fall., estende l'applicabilità delle disposizioni di cui agli articoli precedenti, concernenti i reati del curatore, anche ai soggetti che coadiuvano il curatore medesimo.

La norma fa riferimento al disposto dell'art. 129 (in passato art. 32 l. fall.), che facoltizza il curatore a delegare specifiche operazioni a terzi, previa autorizzazione del comitato dei creditori, e fatta eccezione per determinate ipotesi espressamente indicate dall'articolo stesso. Allo stesso modo, sempre previa autorizzazione del comitato dei creditori, il curatore può farsi coadiuvare nell'esecuzione dei suoi compiti da tecnici o altri soggetti, inclusi il debitore e gli amministratori della società o dell'ente in liquidazione giudiziale.

Come previsto dal Codice, e già dalla legge fallimentare, infatti, è possibile la nomina di un solo curatore nell'ambito della procedura, il quale deve esercitare personalmente le funzioni del proprio ufficio. Proprio da tale principio, pertanto, il divieto, per il curatore stesso, di delegare ad altro soggetto le proprie funzioni.

Se per un verso quest'ultima previsione si collega al comma 1 dell'art. 129, la stessa norma stabilisce, d'altro canto, delle eccezioni, prevedendo la possibilità che il curatore si avvalga della collaborazione di tecnici o di altri soggetti.

È opinione largamente condivisa, che dall'art. 32 l. fall. (*rectius* art. 129) emerga la previsione di due diverse figure di collaboratori del curatore, e cioè quella del delegato, caratterizzata da un vero e proprio trasferimento delle funzioni del curatore in capo allo stesso, e quella del coadiutore, destinato allo svolgimento di incarichi meramente materiali, senza la previsione di alcun trasferimento di funzioni [1].

Peraltro, se da una parte tale disposizione fa richiamo sia ai coadiutori che ai delegati, pur se con esclusivo riferimento al compimento di specifiche operazioni, l'art. 337 si riferisce esclusivamente ai coadiutori.

---

[1] SANTORIELLO, *I reati*, 456 ss.

Il problema "classico", in caso di "trasferimento di funzioni", concerne la possibilità di considerare responsabili ai sensi degli artt. 333, 334 e 335 anche i soggetti delegati.

Parte della dottrina ritiene che i delegati, indicati dal comma 1 del vigente art. 129, debbano essere inclusi nella "categoria" dei coadiutori di cui al comma 2 dello stesso articolo.

Tale ricostruzione, non si porrebbe in contrasto con la lettera stessa dell'art. 129, che non osta ad un'interpretazione estensiva della norma [2].

Diversa opinione, invece, ritiene di dover tener ferme le distinzioni tra la prima categoria di soggetti indicata dal comma 1 dell'art. 129 ("delegati") e la categoria risultante dal disposto del comma 2 ("coadiutori") [3]. A sostegno di questa seconda tesi si porrebbe, d'altra parte, il divieto di analogia *in malam partem* in materia penale [4].

Da ultimo vi è chi propende per il contenimento, entro ristretti limiti, della categoria di soggetti ai quali l'art. 337 è destinato. In particolare, si nega la possibilità di estendere la norma in questione a quei soggetti che, senza alcun legame istituzionale e giuridico con l'ufficio, svolgono una mansione di aiuto e collaborazione di carattere meramente esecutivo, venendo i risultati di tale attività imputati direttamente ed esclusivamente al solo organo della procedura di liquidazione giudiziale [5].

Quest'ultimo orientamento risulta in linea con la struttura dei reati propri o funzionali: l'estensione della qualifica soggettiva a coloro che svolgono mansioni meramente "esecutive" comporterebbe una palese violazione del divieto di analogia in materia penale.

In ogni caso, secondo l'opinione prevalente, sia ai delegati che ai coadiutori deve essere riconosciuta la qualifica di pubblico ufficiale ai sensi dell'art. 357 c.p., derivandone, pertanto, l'applicazione dell'art. 337 in caso di autorizzazione, dovendosi escludere la responsabilità per quei "collaboratori di fatto" dei quali il curatore si avvalga senza aggravio di spese per la procedura [6].

Non manca comunque chi, a riguardo, preferisce porre una distinzione tra le categorie di ausiliari del curatore indicate dall'art. 337, precisando come ai delegati debba in ogni caso assegnarsi la qualifica di pubblico ufficiale, mentre per i curatori si deve prendere in considerazione l'eventuale svolgimento di attività materiale senza svolgimento di pubblica funzione: in quest'ultimo caso, si dovrebbe escludere la qualifica di pubblico ufficiale del coadiutore [7].

---

[2] PERDONÒ, *I reati commessi*, 276.

[3] ANTOLISEI, *Manuale di diritto*, 289 ss.

[4] MONTANARA, *Gli altri reati*, 1030.

[5] SANTORIELLO, *I reati*, 460.

[6] MONTANARA, *Gli altri reati*, 1030.

[7] CADOPPI, *Reati del curatore*, 215; SANTORIELLO, *I reati*, 460.

Articolo 338
Domande di ammissione di crediti simulati o distrazioni senza concorso con l'imprenditore in liquidazione giudiziale

1. È punito con la reclusione da uno a cinque anni e con la multa da euro 51 a euro 516 chiunque, fuori dei casi di concorso in bancarotta, anche per interposta persona presenta domanda di ammissione al passivo della liquidazione giudiziale per un credito fraudolentemente simulato.

2. Se la domanda è ritirata prima della verificazione dello stato passivo, la pena è ridotta alla metà.

3. È punito con la reclusione da uno a cinque anni chiunque:

a) dopo l'apertura della procedura di liquidazione giudiziale, fuori dei casi di concorso in bancarotta o di favoreggiamento, sottrae, distrae, ricetta ovvero in pubbliche o private dichiarazioni dissimula beni del debitore assoggettato a liquidazione giudiziale;

b) essendo consapevole dello stato di dissesto dell'imprenditore distrae o ricetta merci o altri beni dello stesso o li acquista a prezzo notevolmente inferiore al valore corrente, se la apertura della liquidazione giudiziale si verifica.

4. La pena, nei casi previsti dalle lettere a) e b) del comma 3, è aumentata se l'acquirente è un imprenditore che esercita un'attività commerciale.

Nicola Pisani

Sommario: 1. Considerazioni introduttive. – 2. Domande di ammissione di crediti simulati. – 3. La ricettazione dopo l'apertura della liquidazione giudiziale. – 4. La ricettazione prima dell'apertura della liquidazione giudiziale. – 5. L'aggravante del comma 4.

1. – L'art. 338 racchiude in sé alcune ipotesi delittuose a carico di creditori e terzi estranei alla procedura liquidatoria. Si tratta di un complesso di fattispecie, tra loro eterogenee, che è difficile ricondurre ad un'unità di ispirazione [1].

Il comma 1 contempla il reato di presentazione di domanda di ammissione di crediti simulati: esso attiene alla veridicità e, quindi, all'esistenza dei crediti di cui si chiede l'ammissione al passivo della liquidazione giudiziale [2]. Il comma 3, invece, i due reati di

---

[1] ALESSANDRI, *Diritto penale*, 206.

[2] ALESSANDRI, *Diritto penale*, 206.

«*ricettazione*», commessa prima e dopo l'apertura della liquidazione giudiziale.

2. – La prima delle tre figure di reato previste dall'art. 338 incrimina la presentazione di una domanda di ammissione al passivo per un credito fraudolentemente simulato o per un credito che si faccia apparire reale, attraverso la fraudolenta predisposizione di un fittizio apparato probatorio.

L'interesse tutelato va identificato nella veridicità ed effettività dei crediti insinuati, in vista del soddisfacimento dei creditori effettivi.

Soggetto attivo può essere «*chiunque*»; l'oggetto materiale del reato è una pretesa, in tutto o in parte, inesistente.

Controversa è la natura della simulazione: secondo alcuni assoluta (denuncia di un credito inesistente), secondo altri relativa (credito diverso per entità da quello effettivo)[3]. Laddove si accolga una accezione ampia di simulazione, rientrerebbero nell'ambito soggettivo di applicazione della fattispecie tanto il soggetto creditore in forza di altro titolo, quanto il falso creditore privo di qualsiasi titolo legittimante.

Nessun riferimento è rinvenibile circa la responsabilità penale dell'interposto. Non essendo espressamente richiesto che egli sia a conoscenza della fraudolenta simulazione, tuttavia, dovrà farsi applicazione dei generali criteri valevoli in materia di concorso di persone nel reato[4].

È da respingere la tesi che ravvisa nella figura in esame un reato di pericolo, che si perfezionerebbe con la presentazione della domanda fraudolenta, indipendentemente dalla effettiva ammissione al passivo del credito e della conseguente lesione dei beni giuridici tutelati[5]. L'avverbio «fraudolentemente» presenta una connotazione oggettiva[6]. La simulazione nella proposizione di credito deve essere posta in essere attraverso mezzi fraudolenti oppure mediante l'utilizzo di una documentazione concretamente idonea a indurre in inganno ed arrecare offesa agli interessi protetti.

Si tratterebbe di un'ipotesi speciale di truffa processuale a consumazione anticipata, per cui non potrebbe prescindersi dalla concreta idoneità della condotta ad indurre in errore il soggetto passivo[7]. La giurisprudenza è giunta, infatti, ad escludere la sussistenza del concorso tra il reato di truffa e il reato di domanda di ammissione al passivo di crediti simulati[8].

Degna di attenzione è la clausola di riserva determinata dall'inciso «*fuori dei casi di concorso in bancarotta*», la quale, quindi, produce l'assorbimento della figura in esame nel concorso in bancarotta, ove ne sussistano gli estremi: si pensi alla domanda fraudolenta presentata dal terzo in accordo con l'imprenditore in liquidazione giudiziale.

La collusione tra quest'ultimo e il falso creditore in danno dei veri creditori darebbe luogo al concorso in bancarotta fraudolenta per esposizione o riconoscimento di passività inesistenti (art. 322, comma 1, lett. *a*). Qualora, viceversa, la manovra collusiva si arresti

[3] AMBROSETTI, MEZZETTI, RONCO, *Diritto penale*, 284.

[4] ROSSI VANNINI, MAZZACUVA, *Disposizioni penali*, 11.

[5] CONTI, *I reati fallimentari*, 388; PERDONÒ, *Ricorsi per ammissione*, 280; MONTANARA, *Gli altri reati*, 1031.

[6] NUVOLONE, *Il diritto penale*, 288.

[7] PERDONÒ, *Ricorsi per ammissione*, 287; GROSSI, *La riforma*, 1827.

[8] Cass. pen., sez. V, 10 settembre 2020, n. 25836.

alla presentazione della domanda potrebbe solo essere ipotizzato un concorso del debitore nel delitto di cui all'art. 338, comma 1 commesso dal terzo.

Come già evidenziato, l'elemento soggettivo è rappresentato dal dolo generico, che postula la conoscenza di una già avviata procedura di liquidazione giudiziale e l'intenzione di presentare domanda di ammissione al passivo, con la consapevolezza di avere fatto rientrare nella procedura medesima crediti simulati attraverso una fraudolenta induzione in errore degli organi preposti alla procedura stessa.

A segnare il momento consumativo è invece la presentazione, anche tardiva, della domanda di insinuazione presso la cancelleria del tribunale [9]. Non rileva, peraltro, che la domanda sia respinta o che la frode sia scoperta [10].

Secondo l'orientamento che non riconosce nella fattispecie in analisi un reato di pericolo, il tentativo risulta configurabile [11]. Altri autori, invece, riconoscono la configurabilità del tentativo, pur senza alcuna espressa qualificazione della fattispecie in questione come reato di pericolo [12].

L'art. 338, comma 2, contempla una circostanza attenuante, costituita dal ritiro della domanda prima della verificazione dello stato passivo, che è a carattere speciale, con riduzione della pena della metà.

3. – Il comma 3 punisce, con la reclusione da uno a cinque anni, gli attentati all'integrità della garanzia patrimoniale commessi in fase antecedente (art. 338, comma 3, lett. *b*) e successiva (art. 338, comma 3, lett. *a*) alla dichiarazione di apertura della liquidazione giudiziale.

I due delitti in esame sono stati tradizionalmente nominati «ricettazione» «post-fallimentare» e «pre-fallimentare», sebbene non ricorra alcuno degli elementi costituivi della fattispecie di cui all'art. 648 c.p. Non è, infatti, richiesta la provenienza delittuosa dei beni oggetto delle condotte incriminate [13].

La condotta punibile nella fattispecie di «ricettazione post-fallimentare», *rectius* posta in essere dopo l'apertura della procedura di liquidazione giudiziale, può esplicarsi attraverso una pluralità di condotte, che hanno come comune denominatore quello di rendere indisponibili alla liquidazione giudiziale beni che avrebbero potuto essere distribuiti ai creditori [14].

In primo luogo, rileva la sottrazione che consiste nel togliere la cosa al suo possessore. Nel caso in cui l'agente si impossessi della cosa al fine di trarne profitto, la fattispecie di furto *ex* art. 624 c.p., in forza del principio di specialità espresso dall'art. 15 c.p., risulterà assorbita dalla fattispecie in rilievo.

---

[9] Cass. pen., sez. V, 10 settembre 2020, n. 25836, secondo cui «la consumazione coincide con il momento in cui la domanda di insinuazione al passivo venga presentata regolarmente e compiutamente, corredata dalla indispensabile, ai fini della proponibilità, produzione dei titoli incorporanti i crediti di cui si intende chiedere l'insinuazione».

[10] SANDRELLI, *I reati*, 182.

[11] MONTANARA, *Gli altri reati*, 1031.

[12] ANTOLISEI, *Manuale di diritto*, 210; GIULIANI BALESTRINO, *La bancarotta*, 539.

[13] BERTONI *et al.*, *Reati e crisi*, 483.

[14] ALESSANDRI, *Diritto penale*, 207.

La condotta di distrazione si realizza attraverso l'attività di storno dei beni appartenenti al patrimonio del debitore vincolati alla liquidazione giudiziale. Presupposto essenziale è il possesso a qualsiasi titolo del bene [15]. Laddove, tuttavia, si configuri il dolo di appropriazione indebita, il delitto di cui all'art. 646 c.p. sarà comunque da considerarsi assorbito da quello di ricettazione in esame.

La nozione di ricettazione include, invece, le condotte del ricevere, occultare presso di sé e acquistare, a qualsiasi titolo, diverso dalla compravendita. Sui rapporti tra la fattispecie di cui si tratta e quella di cui all'art. 648 c.p. si registrano molteplici orientamenti: la tesi da preferire è quella della prevalenza della fattispecie contro il patrimonio, vista la continuità tra la tutela del patrimonio e la tutela degli interessi dei creditori attraverso lo spettro della garanzia patrimoniale.

La norma in esame incrimina, infine, la dissimulazione di beni dell'imprenditore in liquidazione giudiziale in pubbliche e private dichiarazioni: non è, pertanto, sufficiente ad integrare la condotta il mero silenzio o il mero nascondimento materiale [16].

In forza della clausola di riserva, la fattispecie non si applica nell'ipotesi in cui siano ravvisabili gli estremi del concorso in bancarotta o del favoreggiamento.

Il concorso nel reato di bancarotta, in particolare, postula un'«ipotesi di autonoma istigazione o ausilio alla condotta dell'imprenditore, attuanti un volere tipico rispetto alla fattispecie di bancarotta» [17].

Un ausilio all'autore del reato fornito *post delictum* e senza finalità di profitto proprio, suscettibile di rilevare nell'ottica del favoreggiamento reale (art. 379 c.p.), sembra, invece, incompatibile con le ipotesi di sottrazione e distrazione, in quanto il delitto di favoreggiamento presuppone che la sottrazione o la distrazione siano già state poste in essere dall'imprenditore, senza concorso nella bancarotta. L'aiuto al fine di assicurarsi il prodotto, profitto o prezzo del reato potrà invece essere concretamente riferito solo alle condotte della ricettazione e della dissimulazione [18].

La differenza tra le due ipotesi di ricettazione in esame consiste non solo nel dato temporale di commissione rispetto all'apertura della procedura di liquidazione giudiziale, bensì nella circostanza che la prima fattispecie presuppone la consapevolezza dell'*accipiens* dello stato di dissesto dell'imprenditore. La seconda, invece, dà per acquisita la sola conoscenza dell'intervenuta dichiarazione di apertura [19]: sicché il delitto si consuma successivamente a tale dichiarazione (che deve necessariamente essere coperta dal dolo, almeno in termini di rappresentazione), con la realizzazione della condotta criminosa [20].

4. – Il comma 3, lett. *b*) punisce colui che, a condizione che l'apertura della liquidazione giudiziale si verifichi, essendo consapevole dello stato di dissesto dell'imprenditore,

---

[15] CONTI, *I reati fallimentari*, 390; *contra* SANDRELLI, *I reati*, 239.

[16] ANTOLISEI, *Manuale di diritto*, 216; PEDRAZZI, *Reati fallimentari*, 193; PERDONÒ, *Ricorsi per ammissione*, 288; GROSSI, *La riforma*, 1832; SANDRELLI, *I reati*, 1984.

[17] PAGLIARO, *Il diritto penale*, 425 s., in nota alla sent. Cass. pen., sez. III, 14 maggio 1962, n. 3333.

[18] ANTOLISEI, *Manuale di diritto*, 217-218.

[19] AMBROSETTI, MEZZETTI, RONCO, *Diritto penale*, 285.

[20] ANTOLISEI, *Manuale di diritto*, 217.

distrae o ricetta merci o altri beni dello stesso o li acquista a prezzo notevolmente inferiore al valore corrente.

Sono tipizzate, dunque, le seguenti condotte: distrazione, ricettazione o acquisto a prezzo notevolmente inferiore al valore corrente.

Con riferimento a quest'ultima, in particolare, la vaghezza della nozione di «*prezzo notevolmente inferiore al valore corrente*» pone dei problemi di compatibilità con il canone della determinatezza. La soluzione preferibile è quella che rimanda alla nozione di prezzo di mercato, ossia al prezzo generalmente praticato per beni dello stesso tipo tenendo conto delle prassi e consuetudini di mercato. Nel caso in cui il bene dovesse considerarsi un *unicum*, dovrà farsi riferimento a beni similari presenti sul mercato, mentre, in difetto di un congruo termine di confronto, la norma risulta di difficile applicazione.

Oggetto materiale del delitto è qualunque bene, compreso nella liquidazione giudiziale, la cui vendita, alle condizioni predette, sia idonea alla *deminutio patrimonii*.

Lo stato di dissesto deve necessariamente preesistere rispetto all'azione delittuosa.

L'elemento soggettivo postula la consapevolezza di agire in una situazione di dissesto in atto e in danno dell'interesse creditorio.

Con riguardo alle condotte di distrazione e ricettazione, il reo agisce con la consapevolezza di compiere un atto potenzialmente lesivo della garanzia patrimoniale creditoria: è necessaria la rappresentazione e la volizione degli atti lesivi del patrimonio idonei a recare pregiudizio ai creditori.

Si discute su quale sia il momento consumativo del reato. Secondo diverso orientamento dottrinale, il reato si consumerebbe nel momento della commissione del fatto [21], con la conseguente configurabilità del tentativo [22]. La soluzione preferibile è quella che radica la consumazione al verificarsi della declaratoria di apertura della liquidazione giudiziale, in armonia con il ruolo delle condizioni obiettive di punibilità estrinseca del reato.

Il tentativo risulterà configurabile solo ove non si attribuisca al delitto in esame la natura di reato di pericolo.

A differenza di quanto previsto dalle altre fattispecie che compongono l'art. 338, quella di cui al comma 3, lett. *b*), non presenta la clausola di riserva relativa al concorso nel reato di bancarotta. Come evidenziato dalla dottrina, tuttavia, ciò non può di per sé far ritenere che, in caso di concorso di cui sopra e commissione di ricettazione «prefallimentare», il reo risponderebbe solo del secondo reato. Così concludendo, infatti, finirebbe per disapplicare l'art. 117 c.p. [23].

5. – Il comma 4 prevede, infine, una circostanza aggravante speciale ad effetto comune «*se l'acquirente è un imprenditore che esercita un'attività commerciale*», applicabile ad entrambe le forme di «ricettazione», ma circoscritta al solo imprenditore «*acquirente*».

---

[21] MONTANARA, *Gli altri reati*, 1037.

[22] AMBROSETTI, MEZZETTI, RONCO, *Diritto penale*, 288.

[23] ANTOLISEI, *Manuale di diritto*, 215.

Articolo 339
Mercato di voto

1. Il creditore che stipula con l'imprenditore in liquidazione giudiziale o con altri nell'interesse del predetto vantaggi a proprio favore per dare il suo voto nel concordato o nelle deliberazioni del comitato dei creditori è punito con la reclusione da sei mesi a tre anni e con la multa non inferiore a euro 103.

2. La somma o le cose ricevute dal creditore sono confiscate.

3. La stessa pena si applica all'imprenditore in liquidazione giudiziale e a chi ha contrattato col creditore nell'interesse dell'imprenditore in liquidazione giudiziale.

Nicola Pisani

L'art. 339, ricalcando sostanzialmente quanto già previsto dall'art. 233 l. fall., punisce con la reclusione da sei mesi a tre anni e con la multa non inferiore a euro 103, il creditore che stipula con l'imprenditore in liquidazione giudiziale, o con altri nell'interesse del predetto, vantaggi a proprio favore per dare il suo voto nel concordato o nelle deliberazioni del comitato dei creditori.

La stessa pena, peraltro, si applica all'imprenditore in liquidazione giudiziale e a chi ha contrattato col creditore nell'interesse di quest'ultimo, mentre la somma o le cose ricevute dal creditore sono confiscate.

Si tratta di una fattispecie di reato di non frequente applicazione e trova anch'essa la propria collocazione tra i reati commessi da persone diverse dall'imprenditore in liquidazione giudiziale.

Esso trova il suo antecedente storico nell'art. 866 c. comm. del 1882, il quale prevedeva che "*il creditore che ha stipulato col fallito o con altra persona vantaggi a proprio favore per il voto nelle deliberazioni del fallimento o sulla domanda di moratoria, o che in modi diversi da quelli preveduti nell'art. 860 si procurò vantaggi a carico dell'attivo del fallimento, è punito col carcere sino ad un anno e con multa sino a lire duemila*".

Sotto la vigenza del codice del commercio del 1882, dunque, era punito solo il creditore e non anche l'imprenditore fallito o il terzo che con quest'ultimo avevano raggiunto l'accordo.

Già l'art. 233 l. fall., invece, dirimendo i dubbi interpretativi che erano sorti, estendeva la punibilità anche all'imprenditore fallito o al terzo che abbia contrattato.

In virtù del richiamo *ex* art. 341, comma 2, lett. *c*), la disposizione in esame si applica anche ai creditori nell'ambito della procedura di concordato preventivo.

La norma, in particolare, mira a tutelare il regolare svolgimento delle procedure concorsuali attraverso l'incriminazione di tutti quei comportamenti che potrebbero inquinare le operazioni di voto dei creditori, che la legge esige siano poste in essere nell'interesse comune e secondo coscienza[1].

In tale prospettiva, si ritiene che il reato di cui all'art. 339 possa essere annoverato tra i delitti contro l'amministrazione della giustizia.

È un reato a concorso necessario, ovvero necessariamente plurisoggettivo: è la stessa norma a richiedere, per l'esistenza del reato, una pluralità di soggetti attivi come elemento costitutivo della fattispecie. Quest'ultima sorge, pertanto, solo in caso di condotta bilaterale.

Il mercato di voto è, dunque, assimilabile alla struttura bilaterale dell'accordo corruttivo.

Il legislatore, tuttavia, nel caso della corruzione ha espressamente previsto la rilevanza penale anche della condotta unilaterale di chi propone l'accordo corruttivo non recepito dall'altra parte: cioè l'istigazione. Tale previsione è, invece, assente per il reato di cui all'art. 339.

In virtù, pertanto, dell'art. 115 c.p. e della regola generale secondo cui un fatto può essere punito come reato solo se espressamente previsto come tale dalla legge, l'istigatore dello scambio di voto in sede di liquidazione giudiziale o di concordato preventivo non è punibile, essendo il suo ruolo penalmente irrilevante[2].

La questione, in particolare, si era posta con riferimento alla proposta dell'imprenditore non accolta dal creditore, poiché la fattispecie di cui all'art. 223 l. fall., oggi sostanzialmente ripresa dall'art. 339, è stata concepita come fattispecie commessa dal creditore, il quale, invece, nel caso in esame è semplice destinatario della proposta[3].

Tale conclusione risulta essere, peraltro, conforme al costante orientamento dottrinale, secondo cui nel caso di semplice proposta e, quindi, in assenza di accordo, viene meno uno dei requisiti essenziali richiesti dalla norma incriminatrice per la configurabilità del delitto di mercato di voto, anche nella forma tentata[4].

Rispondono del delitto *de quo*, tuttavia, solo i creditori che hanno diritto di voto. L'elemento materiale dello stesso, infatti, si concretizza nel raggiungimento di un accordo avente ad oggetto vantaggi indebiti per il creditore, i quali in ogni caso devono essere connessi al voto che lo stesso è chiamato ad esprimere.

È sufficiente, dunque, la sola stipulazione, che può avere ad oggetto anche l'astensione o la revoca di un voto contrario, non essendo, invece, necessaria l'espressione del voto medesimo.

I vantaggi oggetto dell'accordo, peraltro, possono essere patrimoniali o meno e non necessariamente devono avere natura illecita, ma devono essere ad esclusivo interesse del singolo creditore.

Quanto al momento consumativo, avendo il reato natura di pericolo, si afferma che lo stesso si consumi nel momento della conclusione dell'accordo tra creditore e imprenditore in liquidazione giudiziale o terzo.

---

[1] ANTOLISEI, *Manuale di diritto*, 217.

[2] Cass. pen., sez. V, 7 novembre 2022, n. 46839.

[3] STAMPANONI BOSSI, *Il mercato*, 390.

[4] STAMPANONI BOSSI, *Il mercato*, 390; ROSSI, *Legge Fallimentare*, 60; SANDRELLI, *I reati*, 183.

Si ritiene ammissibile il tentativo: occorre tener distinto, infatti, il piano della (ir)rilevanza penale della condotta unilaterale da quello relativo alla configurabilità del tentativo. L'orientamento prevalente in dottrina, infatti, ritiene configurabile il tentativo di mercato di voto in presenza di trattative tra le parti, le quali non siano giunte, tuttavia, a conclusione per cause indipendenti dalla volontà degli autori [5].

Un orientamento minoritario, invece, non ritiene ammissibile il tentativo, considerando le trattative comunque degli «atti preparatori di significato equivoco» [6].

[5] ANTOLISEI, *Manuale di diritto,* 221.

[6] MANGANO, *Disciplina penale*, 183.

Articolo 340

Esercizio abusivo di un'attività commerciale

1. Chiunque esercita un'impresa commerciale, sebbene si trovi in stato d'inabilitazione ad esercitarla per effetto di condanna penale, è punito con la reclusione fino a due anni e con la multa non inferiore a euro 103.

Francesco D'Alessandro

Sommario: 1. Il bene giuridico protetto ed il rapporto con l'art. 389 c.p. – 2. Il novero dei soggetti attivi e la condotta tipica. – 3. L'elemento soggettivo.

1. – In via prodromica rispetto all'analisi della struttura della fattispecie si pone la questione relativa all'individuazione del bene giuridico protetto ed al rapporto tra la norma in commento e quella di cui all'art. 389 c.p.; profili che, peraltro, come avremo modo di vedere, hanno dato adito ad un intricato nodo esegetico.

Secondo l'impostazione tradizionale e maggioritaria, si sarebbe di fronte ad un reato lesivo della corretta amministrazione della giustizia, la cui portata offensiva si concreta nella disobbedienza ad un precedente provvedimento reso dall'autorità giudiziaria[1].

Alla base della disposizione, infatti, si pone la particolare pena accessoria della «*inabilitazione all'esercizio di un'impresa commerciale*» prevista espressamente in relazione alle ipotesi di bancarotta fraudolenta (art. 322, comma 4), di bancarotta semplice (art. 323, comma 4) e di ricorso abusivo al credito (325, comma 3). Tuttavia, a dispetto di una pena accessoria che è tipica delle fattispecie fallimentari, il legislatore ha al contempo fatto riferimento alla più generica formula «*condanna penale*»: da qui taluni problemi di coordinamento con l'art. 389 c.p.[2].

In particolare, può oggi ritenersi che, dopo la modifica apportata dalla l. 24 novembre 1981, n. 689 e l'inserimento nel codice penale degli artt. 32-*bis* e 35-*bis*, che prevedono rispet-

[1] Conti, *Diritto penale commerciale*, 421; Sandrelli, Lottini, *Artt. 216-241*, 2537; Rossi, *Manuale di diritto*, 343.

[2] La norma in esame così statuisce: «*Chiunque, avendo riportato una condanna, da cui consegue una pena accessoria, trasgredisce agli obblighi o ai divieti inerenti a tale pena, è punito con la reclusione da due a sei mesi. La stessa pena si applica a chi trasgredisce agli obblighi o ai divieti inerenti ad una pena accessoria provvisoriamente applicata*».

tivamente l'interdizione temporanea dagli «*uffici direttivi*» delle persone giuridiche e delle imprese e la sospensione dall'esercizio dei medesimi, la norma in esame non solo sia rimasta espressamente in vigore rispetto alla normativa sopravvenuta, ma presenti altresì profili di specialità rispetto alla disposizione codicistica [3], che ne ritagliano autonomi spazi di applicazione.

Il tratto specializzante, che comporta peraltro un trattamento sanzionatorio più severo, consisterebbe proprio nella peculiare pena accessoria della «*inabilitazione*» all'esercizio di «*impresa*», posta, come visto, alla base dell'incriminazione, rispetto alle diverse sanzioni accessorie proprie del diritto penale comune. Si è così sostenuto che la norma in esame avrebbe trovato una più logica collocazione sistematica all'interno dello stesso codice penale e che una possibile spiegazione a sostegno della scelta "topografica" di inserire il reato nella legge fallimentare (quindi nell'attuale Codice) sarebbe quella secondo cui la norma avrebbe un collegamento puramente occasionale e diretto con la materia fallimentare, dove proprio il ricorso all'applicazione della pena accessoria dell'inabilitazione è più comune che in altri settori dell'ordinamento [4].

Per altro verso, si è sostenuto che una plausibile giustificazione a fondamento del legame tra la norma ed il contesto penal-fallimentare (oggi del diritto penale della crisi) risieda in una sorta di funzione di "sbarramento" all'accesso alla "gestione qualificata" dell'impresa da parte di chi si sia dimostrato già non meritevole di fiducia da parte dell'ordinamento, che il reato *de quo* rivestirebbe [5]. Alla stregua di questa impostazione, sembrerebbe quindi configurarsi, nella forma di un reato di pericolo, a tutela anticipata, una plurioffensività della fattispecie di reato: non solo il presidio alla corretta amministrazione della giustizia, ma, altresì, la tutela anticipata dell'economia pubblica in senso lato.

Infine, si segnala che, rispetto a quella sancita specialmente dal vigente art. 389 c.p., la pena del reato di esercizio abusivo di un'impresa commerciale si presenta più elevata.

2. – Chiariti i rapporti tra la norma in esame e l'art. 389 c.p., può ora passarsi all'analisi della condotta tipica e dei soggetti attivi del reato: si registrano due differenti orientamenti dottrinali, a seconda della concezione più o meno ristretta della nozione di «*impresa*» che si ritenga di accogliere.

Premessa la poco felice formulazione di «*esercizio*» di una «*impresa commerciale*», dovendosi qui intendere il compimento di una *attività* di impresa, non essendo concepibile un'inabilitazione a esercitare una singola impresa, che lasci al contempo sussistere la facoltà di esercitare analoga attività in un altro settore commerciale [6], deve convenirsi che la norma in esame non possa applicarsi a chi sia stato inabilitato all'esercizio di uffici direttivi presso qualsiasi impresa [7]. Militano a favore di questa ricostruzione, tanto il dato letterale – vista l'assenza di un richiamo alla suddetta pena accessoria (pur prevista nei medesimi artt. 322, comma 4, 323, comma 4 e 325, comma 3) – quanto quello sistematico, doven-

---

[3] In termini di funzione integratrice dell'art. 389 c.p. NUVOLONE, *Il diritto penale*, 324; CONTI, *Diritto penale commerciale*, 420; ROSSI, *Manuale di diritto*, 341 ss.

[4] Cfr. ROSSI, *Manuale di diritto*, 341.

[5] ROSSI VANNINI, *Disposizioni finali*, 69 ss.

[6] GIULIANI BALESTRINO, *La bancarotta*, 428.

[7] In questi termini, CONTI, *Diritto penale commerciale*, 420; GIULIANI BALESTRINO, *La bancarotta*, 429 ss.

dosi riconoscere l'autonomia della fattispecie in esame, rispetto all'art. 389 c.p., proprio per la caratteristica pena accessoria che ne è a fondamento [8]. Ne deriva che gli organi di società in liquidazione giudiziale (amministratori, sindaci e direttori generali) non possono considerarsi soggetti attivi del presente reato, potendo tuttalpiù rispondere del più tenue reato di cui all'art. 389 c.p., sebbene ciò appaia poco giustificabile alla luce del diverso trattamento sanzionatorio.

Secondo un diverso punto di vista, autorevole dottrina [9] è incline a far rientrare nella base soggettiva del reato anche tali figure qualificate (unitamente all'institore), facendo leva sul fatto che l'esercizio di impresa commerciale può essere comminata anche in virtù degli artt. 329, 330, 331, 333 (223, 224, 225 e 227 l. fall.) e su una concezione di «*esercizio di impresa*» intesa come «*gestione qualificata*» della stessa, idonea quindi ad includere anche i suddetti uffici direttivi.

3. – Il reato è punibile a titolo di dolo generico.

La questione che si è posta in dottrina riguarda l'ipotesi in cui il soggetto attivo sia rimasto ignaro (es. perché il giudice non l'ha esplicitata nella sentenza di condanna) circa la pregressa applicazione della sanzione accessoria all'inabilitazione.

Ancora una volta, continuano a contendersi il campo due tesi: da una parte [10], vi è chi ritiene, anche sulla scorta della dottrina più tradizionale [11], che l'ipotesi integri i tratti di un errore *sul fatto,* riconducibile all'alveo della disciplina *ex* art. 47 c.p.; la dottrina maggioritaria [12], invece, atteso che la pena accessoria consegue di diritto, come effetto penale, alla condanna (art. 20 c.p.), ritiene che la mancata conoscenza della stessa configuri più propriamente un errore su norma penale, inescusabile ai sensi dell'art. 5 c.p., ovviamente nei limiti dell'inevitabilità/scusabilità dello stesso come tracciati dalla Corte cost. con la nota pronuncia n. 364 del 1988.

---

[8] Del resto, lo stesso art. 35-*bis*, comma 2, c.p. definisce oggi l'esercizio di ufficio direttivo della persona giuridica come ufficio dell'amministratore, di sindaco, liquidatore, direttore generale e dirigente preposto alla redazione dei documenti contabili societari nonché ogni altro ufficio con potere di rappresentanza.

[9] ROSSI VANNINI, *Disposizioni finali*, 68 ss.; ROSSI, *Manuale di diritto*, 342; SANDRELLI, LOTTINI, *Artt. 216-241*, 2537.

[10] GIULIANI BALESTRINO, *La bancarotta*, 525.

[11] NUVOLONE, *Il diritto penale*, 326 ss.

[12] CONTI, *Diritto penale commerciale*, 421; ROSSI VALENTINI, *Disposizioni finali*, 71; SANDRELLI, LOTTINI, *Artt. 216-241*, 2538; in termini più incerti, ROSSI, *Manuale di diritto*, 343.

Articolo 341

Concordato preventivo e accordo di ristrutturazione con intermediari finanziari e convenzione di moratoria

1. È punito con la reclusione da uno a cinque anni l'imprenditore, che, al solo scopo di ottenere l'apertura della procedura di concordato preventivo o di ottenere l'omologazione di un accordo di ristrutturazione o il consenso alla sottoscrizione della convenzione di moratoria, si sia attribuito attività inesistenti, ovvero, per influire sulla formazione delle maggioranze, abbia simulato crediti in tutto o in parte inesistenti.

2. Nel caso di concordato preventivo si applicano:

a) le disposizioni degli articoli 329 e 330 agli amministratori, direttori generali, sindaci e liquidatori di società;

b) la disposizione dell'articolo 333 agli institori dell'imprenditore;

c) le disposizioni degli articoli 334 e 335 al commissario del concordato preventivo;

d) le disposizioni degli articoli 338 e 339 ai creditori.

3. Nel caso di accordi di ristrutturazione ad efficacia estesa o di convenzione di moratoria, nonché nel caso di omologa di accordi di ristrutturazione ai sensi dell'art. 48, comma 5, si applicano le disposizioni previste al comma 2, lettere a), b) e d).

Nicola Pisani

Sommario: 1. Art. 341, comma 1, e la sua continuità normativa con l'art. 236, comma 1, l. fall. – 2. Art. 341, comma 2, come norma estensiva della punibilità? – 3. Art. 341, comma 3: nuove incriminazioni?

1. – La norma in esame disciplina gli effetti penali del concordato preventivo [1], confermando in parte quanto già previsto dall'art. 236, comma 1, l. fall.

La profonda riforma di tale istituto [2], che gli ha impresso una curvatura privatistica-

[1] La nuova disciplina del concordato preventivo ha evidenziato lo sforzo del legislatore di realizzare la ricomposizione della crisi attraverso il mantenimento dell'attività produttiva. L'art. 84 rubricato «*Finalità del concordato preventivo*» dispone che con il concordato preventivo il debitore realizza il soddisfacimento dei creditori mediante la continuità aziendale o la liquidazione del patrimonio. In ogni caso, dunque, al vertice della scala dei valori del diritto della crisi è posta la tutela del credito e ciò anche ove vengano perseguiti percorsi risanativi. V. Renzi, *Una lettura lavoristica*, 453.

[2] La Riforma è volta a ridefinire alcuni pilastri fondamentali del diritto fallimentare e a trasferire nell'or-

contrattualistica, oscurandone i profili pubblicistici-liquidatori ed esaltandone le finalità "conservative" dell'impresa in crisi, ha sin da subito posto il problema del rapporto con la "parallela" disciplina penale, rimasta quasi intatta.

La disposizione in commento, infatti, trae il proprio contenuto e ambito di applicazione proprio dalle norme extra-penali alle quali rinvia, secondo lo schema tipico della "norma penale in bianco" [3].

Alla luce delle novità del Codice [4], e mai come in questo caso, si "pagano" le conseguenze di un difetto di coordinamento tra l'evoluzione del diritto fallimentare e l'apparente immobilismo della disciplina penalistica, al punto che si può parlare di un comparto – quello fallimentare visto nel suo complesso – a doppia velocità [5].

Il comma 1 dell'art. 341 contempla una fattispecie tipica del concordato preventivo, contenente l'autonoma tipizzazione di due distinte condotte tipiche.

La disposizione in esame punisce, infatti, il solo imprenditore individuale [6] che si sia attribuito attività inesistenti per ottenere l'apertura della procedura di concordato preventivo o l'omologazione di un accordo di ristrutturazione o il consenso alla sottoscrizione della convenzione di moratoria ovvero abbia simulato crediti in tutto o in parte inesistenti per influire sulla formazione delle maggioranze [7].

È venuto meno, rispetto alla disciplina previgente, il riferimento agli intermediari finanziari, sebbene lo stesso sia rimasto nella rubrica dell'art. 341, mentre è stata confermata la limitazione della responsabilità al solo imprenditore individuale, con l'esclusione di quello collettivo.

Un'estensione della fattispecie in esame anche ai titolari di funzioni organiche nelle imprese sociali costituirebbe, dunque, ancora oggi un'ipotesi di analogia *in malam partem* [8], vietata e, come tale, non percorribile [9-10].

---

dinamento nazionale i principi affermati dalla raccomandazione 2014/135/UE della Commissione «su un nuovo approccio al fallimento delle imprese e all'insolvenza». L'atteggiamento europeo nei confronti dell'insolvenza delle imprese è, infatti, in continua evoluzione, con la riforma del diritto vigente nell'Unione europea relativo alle insolvenze transfrontaliere già in corso. Questa nuova raccomandazione della Commissione europea, tuttavia, mira a fornire un quadro comune per le norme nazionali in materia di insolvenza.

[3] Autorevole dottrina definisce con il nome di norme penali in bianco «le norme penali il cui precetto è posto in tutto o in parte da una norma di fonte inferiore alla legge: la legge lascia cioè in bianco il contenuto del precetto, che si 'colora' e prende forma solo ad opera della fonte sublegislativa» così MARINUCCI, DOLCINI, GATTA, *Manuale di Diritto*, 69.

[4] Il Codice è preordinato a disciplinare in maniera compiuta tutte le procedure regolatrici del dissesto dell'impresa commerciale.

[5] Cfr. GAMBARDELLA, *Condotte economiche*, 153 ss.

[6] In questo senso cfr. Cass. pen., sez. V, 10 luglio 2018, n. 42591.

[7] Cfr. Cass. pen., sez. V, 2 giugno 1989, n. 14773 e Cass. pen., sez. V, 10 luglio 2018, n. 42591.

[8] È necessario, infatti, rispetto ai temi in esame delineare il confine tra interpretazione, anche estensiva, della norma e analogia a sfavore del reo. Autorevole dottrina specifica che «si tratta di interpretazione estensione allorché il giudice attribuisce alla norma un significato tale da abbracciare tutti i casi che possono essere ricondotti al suo tenore letterale» mentre «si tratta di analogia allorché il giudice riferisce la norma a situazioni non riconducibili a nessuno dei suoi possibili significati letterali e, in particolare, viola il divieto di analogia allorché estende la norma a casi simili a quelli contemplati dalla legge» così MARINUCCI, DOLCINI, GATTA, *Manuale di Diritto*, 79.

[9] ALESSANDRI, *Diritto Penale*, 158.

[10] Cass., SS.UU., 20 gennaio 2017, n. 31451.

Secondo una parte della dottrina l'incriminazione andrebbe ricompresa tra i reati contro l'amministrazione della giustizia: si tutelerebbe l'interesse a che la decisione sull'ammissione del concordato sia basata su presupposti non "ingannevoli".

Più aderente alla disciplina è, tuttavia, la soluzione che identifica nella correttezza della procedura di concordato l'interesse specifico presidiato dalla disposizione in esame e alle medesime conclusioni si può giungere per quanto riguarda la condotta di simulazione di crediti inesistenti che ha come effetto l'alterazione delle maggioranze.

Soffermandosi ancora sulla struttura delle condotte, in aderenza al principio di tassatività non può farsi rientrare nella nozione di "attribuzione di attività inesistenti" anche la "sopravvalutazione di poste esistenti [11]" oppure "l'occultamento di passività" [12]. Tale lettura "restrittiva" della fattispecie – che esclude la punibilità di condotte potenzialmente dannose per il ceto creditorio, ma non munite del medesimo contenuto di frode – è correttamente orientata al rispetto del principio di frammentarietà e di tassatività.

La giurisprudenza ha ritenuto, invece, che l'attribuzione di attività inesistenti è condizione integrata anche quando la sopravvalutazione delle poste attive sia tale da far apparire come esistente un bene intrinsecamente diverso da quello realmente presente nel patrimonio dell'imprenditore [13].

La seconda condotta tipica, «*simulazione di crediti in tutto o in parte inesistenti*», concerne l'apparenza di crediti di terzi nei confronti dell'imprenditore, onde riuscire a creare fittizie maggioranze, attribuendo diritti di voto altrimenti assenti [14].

Secondo la dottrina maggioritaria e parte della giurisprudenza [15], peraltro, non sarebbe necessario il carattere fraudolento dell'attività: il fatto tipico si perfezionerebbe già con l'indicazione dei crediti nell'elenco nominativo a prescindere dalla successiva produzione documentale [16]. Questa lettura – basata sull'argomento *a contrario* in rapporto all'art. 338 ove si parla espressamente di simulazione fraudolenta di crediti, lasciando intendere che vi possa essere una simulazione non fraudolenta [17] – non convince del tutto: il controllo del tribunale ai fini dell'omologazione del concordato si appunta proprio sulla "completezza e regolarità" della documentazione presentata.

Sicché è in linea con la *ratio* della norma incriminatrice richiedere che la condotta simulatoria sia idonea ad alterare la corretta determinazione del processo decisionale ai fini dell'omologa del concordato. Peraltro, in questo caso, sarebbe autorizzato il procedimento analogico rispetto all'art. 338, trattandosi di analogia *in bonam partem* dalla quale discenderebbe una restrizione dell'area del penalmente rilevante dell'art. 341, comma 1.

---

[11] V. Cass. pen., sez. V, 3 luglio 1991, n. 9392, secondo cui «non è consentito equiparare la condotta dell'imprenditore che, *ex* art. 236 l. fall., si attribuisce attività inesistenti alla condotta dell'imprenditore che sopravvaluti attività esistenti, trattandosi non di interpretazione estensiva, bensì analogica, non consentita nel campo penale».

[12] MANGIONE, *Riflessioni penalistiche*, 921.

[13] Cfr. Cass. pen., sez. V, 10 luglio 2018, n. 42591.

[14] FIORELLA, *Gestione dell'impresa*, 191.

[15] Cass. pen., sez. V, n. 4343 del 1984.

[16] AMBROSETTI, MEZZETTI, RONCO, *Diritto penale*, 391.

[17] MAZZACUVA, *False comunicazioni*, 92.

Il reato si classifica, dunque, come di mera condotta. Si consuma nel momento in cui il soggetto si attribuisce attività o simula i crediti, senza che abbia rilevanza l'esistenza di un danno effettivo. Da qui la definizione di reato di pericolo.

Il dolo è specifico in entrambe le fattispecie descritte[18].

2. – L'art. 341, comma 2, ricalca sostanzialmente quanto già previsto dall'art. 236, comma 2, l. fall.

Esso opera, attraverso la tecnica del rinvio, l'estensione della punibilità: nel caso di concordato preventivo si applicano a) le disposizioni degli artt. 329 e 330 (che disciplinano rispettivamente la bancarotta fraudolenta e semplice imputabile a soggetti diversi dal fallito) agli amministratori, direttori generali, sindaci e liquidatori di società; b) la disposizione dell'art. 333 agli institori dell'imprenditore; c) le disposizioni degli artt. 334 e 335 (che disciplinano interesse privato e accettazione di retribuzione non dovuta del curatore) al commissario del concordato preventivo; e, infine, d) le disposizioni degli artt. 338 e 339 (che disciplinano la domanda di ammissione di crediti simulati e mercato di voto) ai creditori.

Sembra evidente che essa non si applichi all'imprenditore individuale, ma solo ai titolari delle funzioni organiche di imprese societarie espressamente indicate e agli altri soggetti, quali institori, commissari del concordato e creditori: non è possibile raggiungere una soluzione interpretativa diversa appellandosi al principio di ragionevolezza.

Ulteriori problemi di compatibilità strutturale si pongono tra l'art. 341 e le fattispecie di bancarotta impropria richiamate al suo interno.

Il primo nodo concerne l'equiparazione tra declaratoria di apertura della liquidazione giudiziale e decreto di ammissione al concordato preventivo. La tesi preferibile riconosce a quest'ultimo la stessa funzione della prima, cioè quella di condizione obiettiva di punibilità estrinseca[19].

Ne consegue che si devono ritenere punibili fatti riconducibili alla bancarotta fraudolenta, commessi prima del decreto di ammissione al concordato, purché presentino, profili di lesività in concreto e cioè generino un concreto pericolo per la garanzia patrimoniale creditoria. Tale soluzione è stata, peraltro, già da tempo convalidata dalla sentenza della Corte costituzionale[20], facendo perno sulla natura di reato di pericolo della bancarotta fraudolenta. Anche qualora, quindi, il concordato preventivo conducesse a un pieno soddisfacimento dei creditori potrebbe comunque configurarsi la fattispecie criminosa di cui all'art. 329.

Il concordato preventivo è stato, tuttavia, riformato dapprima nel biennio 2005-2007 e da ultimo con il d.lgs. n. 14 del 2019.

Anzitutto occorre guardare all'ampliamento dei presupposti per l'accesso al concordato preventivo che incide in termini di allargamento della sfera di rilevanza penale.

Il concordato preventivo, sotto il vigore del testo originario del r.d. n. 267 del 1942 presentava, infatti, significative analogie con la procedura fallimentare, tanto nella struttu-

---

[18] ANTOLISEI, *Manuale di diritto*, 226.

[19] INSOLERA, *Riflessi penalistici*, 459.

[20] Corte cost. 19 maggio 1989, n. 268.

ra, quanto negli scopi che esso mirava a perseguire[21]. L'art. 160 l. fall. contemplava, in particolare, la possibilità per il debitore di accedervi sul presupposto dello stato di insolvenza e del ricorrere di alcuni requisiti personali di meritevolezza.

Alla luce degli interventi di riforma attuati nel biennio 2005-2007 – proprio in vista dell'obiettivo di risanamento dell'impresa o della restituzione al mercato di *asset* ancora appetibili[22] – il concordato preventivo aveva, invece, come presupposto lo «*stato di crisi*» dell'impresa e veniva specificato che per stato di crisi si dovesse intendere «*anche lo stato di insolvenza*».

L'analisi letterale della disposizione lascia intendere come lo stato di crisi possa comprendere non solo quelle situazioni di squilibrio irreversibile, ma anche quelle in cui l'impresa manifesta l'impossibilità di adempiere le obbligazioni in scadenza e quelle in cui sia possibile pronosticare per l'immediato futuro uno degli inconvenienti or ora indicati[23-24].

La modifica del presupposto di ammissione avrebbe determinato, ove inteso nel senso in esame, certamente un effetto *in malam partem* e cioè un ampliamento dell'ambito di applicazione dell'art. 236, comma 2, l. fall. e, conseguentemente, della fattispecie incriminatrice cui detta disposizione fa rinvio[25].

Ci si chiedeva, infatti, se e in qual misura potessero ritenersi strutturalmente compatibili talune incriminazioni fallimentari laddove il concordato preventivo venisse ammesso non sul presupposto dello stato di insolvenza dell'impresa, che giustificava la dichiarazione di fallimento, bensì dello stato di crisi che presenta i caratteri della transitorietà e della reversibilità[26].

Non appare pienamente condivisibile la tesi[27] che escludeva si potesse prescindere, anche nella bancarotta fraudolenta, dall'accertamento di un evento rappresentato dall'insolvenza: il verificarsi dell'evento di dissesto è incompatibile con lo stato di crisi, che si palesa come stato di "pre-dissesto" non assimilabile né all'insolvenza né al dissesto vero e proprio. In tal caso l'integrazione del "tipo" non poteva, dunque, prescindere dall'insolvenza: spettava al giudice penale accertare se il decreto di ammissione al concordato si fondasse, in concreto, sullo stato di insolvenza[28].

Con il nuovo Codice, la disomogeneità tra liquidazione giudiziale e concordato preventivo, sotto il profilo dei presupposti oggettivi, è stata resa ancora più evidente.

Il d.lgs. n. 14 del 2019 ha espressamente definito anche lo stato di crisi. I due concetti possono ad oggi considerarsi, dunque, distinti e non sovrapponibili[29].

L'art. 2 definisce la crisi «*lo stato di squilibrio economico-finanziario che rende probabile l'insolvenza del debitore, e che per le imprese si manifesta come inadeguatezza dei flussi di cas-*

[21] D'ALESSANDRO, *La bancarotta*, 1203.

[22] MANGIONE, *Riflessioni penalistiche*, 916.

[23] *Ibidem*, 917.

[24] Cass. pen., SS.UU., 26 febbraio 2009, n. 24468, in *Dir. pen. proc.*, 2009, 977.

[25] CASSANI, *La riforma*, 760.

[26] SGUBBI, *Crisi d'impresa*, 667.

[27] FIORELLA, *Gestione dell'impresa*, 194.

[28] SANDRELLI, *La riforma*, 1301.

[29] GUIDI, *Le sanzioni penali*, 137.

sa prospettici a far fronte regolarmente alle obbligazioni pianificate» (lett. *a*)[30].

L'«*insolvenza*», invece, alla lett. *b*) viene definita come «*lo stato del debitore che si manifesta con inadempimenti od altri fatti esteriori, i quali dimostrino che il debitore non è più in grado di soddisfare regolarmente le proprie obbligazioni*». Quest'ultima definizione è, peraltro, rimasta identica a quella contenuta nell'art. 5, comma 2, l. fall.

Lo stato di crisi, pertanto, implica «una condizione patologica dell'azienda meno grave rispetto all'insolvenza, ma che fa presagire un successivo peggioramento della situazione, tale da non consentire in futuro il regolare soddisfacimento delle obbligazioni»[31].

Alla luce delle suindicate definizioni legislative vengono in rilievo situazioni economico-finanziarie tra loro diverse, anche se potenzialmente "contigue" sotto il profilo della successione logico-temporale.

Il nuovo Codice ha, inoltre, specificato, rispetto al previgente art. 160 l. fall., i presupposti di accesso al concordato preventivo, menzionando espressamente, quali condizioni di ammissione alla procedura, sia la crisi che l'insolvenza. Entrambe le situazioni, dunque, legittimano il debitore a formulare la proposta di concordato.

Viene criticata, tuttavia, la scelta legislativa di conservare la c.d. "bancarotta concordataria", rimasta invariata rispetto alla vecchia disciplina.

Non appare coerente, infatti, introdurre una definizione legale da cui risulta che la crisi è cosa diversa e meno grave rispetto all'insolvenza, per poi, tuttavia, continuare ad accomunare queste due ben distinte condizioni ai fini dell'estensione alla procedura concordataria delle incriminazioni in materia di bancarotta[32].

Tale parificazione sanzionatoria, che finisce per disincentivare l'accesso all'istituto[33], solleva dubbi di legittimità costituzionale sotto il profilo della ragionevolezza.

Con l'introduzione del presupposto dello stato di crisi per l'ammissione al concordato preventivo, il binomio bancarotta/insolvenza sembra, dunque, essersi dissolto, in ragione del fatto che l'amministratore può essere chiamato a rispondere di bancarotta anche se la società non si sia mai trovata in uno stato di reale insolvenza. Dottrina evidenzia che il paradosso è evidente: «è venuta meno, in tal modo, la omogeneità dei presupposti che forniva la base su cui si fondava la ratio dell'estensione della punibilità delle condotte poste in essere nell'ambito del concordato preventivo ai corrispondenti fatti di bancarotta»[34].

Il d.lgs. n. 14 del 2019 ha modificato, inoltre, la fattispecie di bancarotta impropria c.d. preterintenzionale, sostituendo il termine fallimento, non già con la *"locuzione liqui-*

---

[30] V. GAMBARDELLA, *La nuova disciplina*, 1908-1917. La nuova definizione di crisi (che ha sostituito all'espressione «*difficoltà economico-finanziaria*» quella di «*squilibrio economico-finanziario*») va collegata altresì alla nuova formulazione dell'art. 13, scaturita a seguito delle modifiche apportate dal c.d. "decreto correttivo" (d.l. n. 147 del 2020). L'art. 13 ora è rubricato «*Indicatori e indici della crisi*» e viene specificato che gli elementi sintomatici denotanti l'emersione della situazione di squilibrio devono essere individuati: a) nella "non sostenibilità dei debiti" per almeno sei mesi successivi, b) nella "assenza di prospettive di continuità aziendale".

[31] *Ibidem*.

[32] D'ALESSANDRO, *La bancarotta*, 1208.

[33] GUIDI, *Le sanzioni penali*, 139; v. anche MUCCIARELLI, *Risvolti penalistici*, 1191 ss.

[34] GAMBARDELLA, *Il nuovo codice*, 1914.

dazione giudiziale", come previsto dalla legge delega, bensì con l'espressione "*dissesto*", ai sensi dell'art. 329, comma 2, lett. *b*)[35].

In tal modo, le fattispecie incriminatrici di cui al capoverso dell'art. 223 l. fall. sono state uniformate sotto il profilo dell'evento costitutivo del reato, poiché la bancarotta impropria di cui al n. 1 di tale articolo già contemplava il dissesto come risultato della commissione di uno dei reati ivi indicati.

Una simile scelta legislativa non ha solo sollevato dubbi sotto il profilo dell'eccesso di delega, ma ha posto, altresì, perplessità, poiché l'art. 349 stabilisce espressamente che nelle disposizioni normative vigenti il termine «*fallimento*» debba essere sostituito con la locuzione «*liquidazione giudiziale*» e non quello di «*dissesto*»[36], del quale, peraltro, non viene fornita alcuna definizione legale.

Quest'ultimo, infine, nella nuova disposizione sulla bancarotta impropria fraudolenta *ex* art. 329, rappresenta l'elemento costitutivo del reato in entrambe le fattispecie contemplate dal capoverso.

Dovrebbe farsi riferimento alla nozione ormai affermatasi in giurisprudenza che vede nel dissesto lo squilibrio tra attività e passività, inteso come dato quantitativo graduabile, che non necessariamente sfocia nella sentenza dichiarativa di fallimento[37].

Con riferimento al difetto di coordinamento tra la disciplina del concordato preventivo e l'art. 341, si pone poi l'ulteriore questione di stabilire che incidenza abbia la revoca *ex* art. 106 sulla punibilità ai sensi dell'art. 341, comma 2.

La norma riprende l'impostazione del previgente art. 173 l. fall., ma vi è una modifica significativa prevista dall'ultimo comma, il quale non prevede la revoca del concordato preventivo, bensì che il tribunale proceda all'accertamento delle condizioni per l'apertura della liquidazione giudiziale informando il pubblico ministero e i creditori, laddove venga accertata la mancanza di tali condizioni. È dubbio che in tal caso possano applicarsi agli amministratori, direttori generali e sindaci le fattispecie di cui agli artt. 329 e 330 (in passato artt. 223 e 224 l. fall.): sul piano formale, infatti, verrebbe meno il presupposto della condizione di punibilità (in caso di concordato preventivo) in assenza di una successiva declaratoria di apertura della liquidazione giudiziale.

In tale prospettiva si evidenzia la differenza rispetto al previgente art. 173, comma 1, l. fall., che sembrava riferirsi, sebbene secondo una lettura meno formalistica, all'ipotesi in cui una domanda di concordato fosse ammessa, benché successivamente intervenuta la revoca. Trattandosi di condizione di punibilità estrinseca, era ragionevole ritenere la scelta di adire il concordato preventivo segnasse un "punto di non ritorno": la disciplina penale fallimentare assume, del resto, il provvedimento giurisdizionale di ammissione al concordato come "presupposto di fatto".

L'art. 341, comma 2, n. 1, estende, infine, la punibilità per i fatti di bancarotta societaria (artt. 329 e 330), in ipotesi di concordato, agli «*amministratori, direttori generali, sindaci*» e, quindi, ai «*liquidatori di società*».

---

[35] GUIDI, *Le sanzioni penali*, 139.

[36] GAMBARDELLA, *Il nuovo codice*, 1916 ss.

[37] Cass. pen., sez. V, 9 maggio 2017, n. 29885.

La Cassazione[38] ha specificato che rientrano nel campo di applicazione solo i liquidatori della società nominati ai sensi degli artt. 2275 e 2276 c.c. e non anche i liquidatori del concordato preventivo nominati ai sensi dell'art. 114. Solo i primi, infatti, avrebbero un rapporto organico con la società, tale da renderlo equiparabile alle vesti tipiche dell'amministratore di società[39].

Per converso, il liquidatore del concordato preventivo con *cessio bonorum* sarebbe organo della procedura, che ripete i propri poteri dal decreto di omologazione e ha una funzione liquidatoria concorsuale che si esaurisce con il riparto dei beni ai creditori.

3. – Con la mini-riforma introdotta con d.l. n. 83 del 2015, il legislatore si era spinto nella direzione di una piena equiparazione agli effetti penali tra fallimento e "procedure minori", estendendo la portata dell'art. 236, comma 2, l. fall. agli accordi di ristrutturazione con banche e intermediari finanziari.

Il d.l. n. 83 del 2015 aveva introdotto, infatti, all'art. 182-*septies* la fattispecie degli accordi di ristrutturazione con banche e intermediari finanziari, la quale operava, segnatamente, l'estensione degli effetti dell'accordo anche ai creditori estranei non aderenti, se la maggioranza qualificata dei creditori si fosse espressa per l'adesione all'accordo nella rispettiva categoria di appartenenza. A tale ipotesi "speciale" di accordo si applicavano le disposizioni di cui al comma 2, nn. 1, 2 e 4, e cioè l'art. 223 sulla bancarotta fraudolenta, l'art. 224 sulla bancarotta semplice, l'art. 232 sulla simulazione di crediti e distrazioni e, infine, l'art. 233 sul mercato di voto, che concernono rispettivamente gli amministratori, i direttori generali, i sindaci e i liquidatori di società (artt. 223 e 224), agli institori (art. 227) e ai creditori (artt. 200 e 233).

Tale estensione della disciplina penale fallimentare trovava la sua *ratio* nella considerazione che l'accordo di ristrutturazione con banche ed intermediari finanziari agiva, in deroga al principio di relatività del contratto *ex* art. 1372 c.c., anche verso terzi, ovvero le banche non aderenti[40]: si mirava così a rafforzare il presidio penale a salvaguardia del corretto svolgimento del procedimento da parte del debitore, proprio in ragione della ricaduta degli effetti dell'accordo anche su creditori terzi.

Era difficile, peraltro, dubitare della specialità dell'art. 182-*septies* rispetto alla figura di genere disegnata dall'art. 182-*bis* l. fall.: la disciplina posta dal comma 3 dell'art. 236 l. fall., pertanto, non si estendeva all'ipotesi di accordi di ristrutturazione *tout court* per evidenti esigenze di tassatività della norma penale[41].

Le condotte illecite poste in essere nell'ambito degli accordi di ristrutturazione del debito *ordinari* non erano, in ogni caso, destinate a rimanere impunite, ben potendo le stesse integrare altre fattispecie di reato, quali ad esempio le false comunicazioni sociali quando si sia configurata l'indicazione mendace di dati nella relazione sulla situazione patrimoniale, economica e finanziaria della società ovvero il delitto di cui all'art. 236-*bis* l. fall.

[38] Cass. pen., SS.UU., 30 settembre 2010, n. 43428.

[39] LUPARIA, *Liquidatore del concordato,* 329. Vedi anche Cass., SS.UU., 30 settembre 2010, n. 43428, in *Riv. it.*, 2011, 1, 348, con nota di Rossi.

[40] INZITARI, *Gli accordi*, 1183 ss.

[41] ALESSANDRI, *Profili penali,* 89.

qualora fossero indicati dati non rispondenti al vero nella relazione del professionista [42].

Il comma 3 dell'art. 341, invece, elencando le procedure ulteriori [43] alle quali viene estesa l'applicabilità delle fattispecie di reato indicate nel secondo comma [44], risulta essere in parte diverso rispetto al suindicato comma 3 dell'art. 236 l. fall.

Nello specifico esso prevede che nel caso di accordi di ristrutturazione ad efficacia estesa o di convenzione di moratoria, nonché nel caso di omologa di accordi di ristrutturazione ai sensi dell'art. 48, comma 5, si applicano le disposizioni previste al comma 2, lett. *a*), *b*) e *d*).

Non vi è più, dunque, alcun riferimento agli «*accordi di ristrutturazione con intermediari finanziari*», i quali vengono sostituiti con gli «*accordi di ristrutturazione ad efficacia estesa*», sebbene la rubrica dell'art. 341 sia rimasta la medesima dell'art. 236 l. fall.

Si è, altresì, previsto il caso di «*omologa di accordi di ristrutturazione*» ai sensi dell'art. 48, comma 5.

Non può non evidenziarsi, pertanto, come il nuovo Codice, sia pure in assenza di delega, abbia introdotto due nuove incriminazioni.

Rispetto agli all'art. 236 l. fall., infatti, danno luogo a una nuova incriminazione gli accordi di ristrutturazione ad efficacia estesa 'generalizzata', di cui all'art. 61, commi da 1 a 4. Questi riproducono il modello del concordato di continuità [45] e possono essere conclusi con creditori appartenenti a qualunque tipologia e obbligano anche i creditori non aderenti appartenenti alla medesima categoria, individuata tenuto conto dell'omogeneità di posizione giuridica ed interessi economici che non vi partecipano.

Al fine di incentivare l'impiego di tale istituto, peraltro, è previsto che lo strumento debba essere esteso a tutte le ipotesi di ristrutturazione del debito e, quindi, non più soltanto alle ipotesi in cui l'ammontare dei debiti sia costituito, per la metà, da debiti verso le banche e intermediari finanziari [46].

Si ha, altresì, nuova incriminazione anche nel caso dell'art. 48, comma 5, che prevede che gli accordi di ristrutturazione e il concordato preventivo possono essere omologati anche dal tribunale, anche in difetto di adesione da parte dell'amministrazione finanziaria o degli enti gestori di forme di previdenza o assistenza obbligatorie, quando l'adesione è determinante ai fini del raggiungimento delle maggioranze previste per gli accordi *ordinari* (art. 57, comma 1) o *agevolati* (60, comma 1) ovvero per il concordato preventivo (art. 109, comma 1) e allorché, anche sulla base delle risultanze della relazione del professionista indipendente, la proposta di soddisfacimento della predetta amministrazione o degli

---

[42] CHIARAVIGLIO, *Il reato*, 121 ss.

[43] V. sul punto MUCCIARELLI, *Risvolti penalistici,* 1198. Si evidenzia che «tutti gli istituti di regolazione menzionati dal terzo comma sono attivabili in presenza di uno stato di crisi (oltre che di insolvenza): dimostrazione esplicita che il legislatore della riforma ha inteso mantenere – contro ogni ragionevolezza anche sotto il profilo della 'appetibilità' di tali istituti – la grave comminatoria penale originariamente prevista soltanto per situazioni d'insolvenza».

[44] V. sul punto la disamina di BRICCHETTI, *Codice della crisi*, 82 ss. Cfr. GAMBARDELLA, *Il nuovo codice*, 504 ss.

[45] BRICCHETTI R., *Reati fallimentari*, 9.

[46] GAMBARDELLA, *Il nuovo codice*, 1908.

enti gestori di forme di previdenza o assistenza obbligatorie è conveniente rispetto all'alternativa liquidatoria[47].

Una parte della dottrina evidenzia che, sebbene tale equiparazione fra accordi di ristrutturazione ad efficacia estesa e la novellata convenzione di moratoria sia ragionevole in virtù del medesimo campo di applicazione previsto dal nuovo Codice, quest'ultimo ha finito per estendere l'area del penalmente rilevante ad ambiti che, nella vigenza della legge fallimentare, cadevano al di fuori della sfera di applicazione delle norme incriminatrici[48].

Il rischio è quello di acuire il problema dell'equiparazione, da un lato, tra bancarotta e procedure concorsuali in genere, che presuppongono la crisi dell'imprenditore e mirano a risolverla; e, dall'altro, tra bancarotta e liquidazione giudiziale fondato sull'insolvenza, non favorendo così l'accesso a tali procedure, ma ponendosi in contrasto con gli obiettivi della riforma[49].

Non si configurano, invece, nuove incriminazioni, essendovi continuità rispetto alla relativa disposizione fallimentare, nell'ipotesi di accordi di ristrutturazione ad efficacia estesa "speciale" *ex* art. 61, comma 5, che, ricalcando le previsioni dell'art. 182-*septies* l. fall., possono essere conclusi solo con banche e intermediari finanziari in misura non inferiore alla metà dell'indebitamento complessivo, e delle convenzioni di moratoria *ex* art. 62. Queste ultime, tuttavia, a differenza di quanto previsto dalla legge fallimentare, possono vincolare anche i creditori omogenei che non vi partecipano, anche se non sono banche o intermediari finanziari.

---

[47] Tale disposizione è stata modificata dall'art. 7, comma 7, d.lgs. 26 ottobre 2020, n. 147.

[48] GAMBARDELLA, *Il nuovo codice*, 1908.

[49] MUCCIARELLI, *Risvolti penalistici*, 1200.

Articolo 342

Falso in attestazioni e relazioni

1. Il professionista che nelle relazioni o attestazioni di cui agli articoli 56 comma 4, 57, comma 4, 58 commi 1 e 2, 62, comma 2, lettera d), 87, comma 3, 88, commi 1 e 2, 90, comma 5, 100, commi 1 e 2, espone informazioni false ovvero omette di riferire informazioni rilevanti in ordine alla veridicità dei dati contenuti nel piano o nei documenti ad esso allegati, è punito con la reclusione da due a cinque anni e con la multa da 50.000 a 100.000 euro.

2. Se il fatto è commesso al fine di conseguire un ingiusto profitto per sé o per altri, la pena è aumentata.

3. Se dal fatto consegue un danno per i creditori la pena è aumentata fino alla metà.

Paola Filippi

1. – Le fattispecie penali descritte all'art. 342 sono in parte quelle dell'art. 236-*bis* della vecchia legge fallimentare. Sono stati modificati gli articoli ai quali la norma rinvia in ragione della nuova collocazione e dello sviluppo degli strumenti di composizione della crisi operato dal d.lgs. n. 14 del 2019, il falso in attestazioni, nelle declinazioni omissive e commissive e nella varietà delle relazioni di rinvio, sotto tale profilo, è dunque diverso esclusivamente in ragione del contesto procedimentale in cui la relazione si inserisce.

È stata inoltre apportata una modifica sostanziale con l'inserimento della precisazione dell'oggetto del falso, ristretto «*alla veridicità dei dati contenuti nel piano o nei documenti ad esso allegati*». Trattasi di previsione al quale non corrisponde alcuna direttiva della legge delega n. 155 del 2017, non presente nello schema licenziato dalla Commissione Rordorf nel dicembre 2017. Come si legge nella Relazione ministeriale «*attraverso l'introduzione dell'art. 342 c.c.i., viene descritta meglio la condotta incriminata, essendo precisato il contenuto delle informazioni rilevanti la cui omissione costituisce reato*». Ciò determina l'abrogazione delle fattispecie incriminatrici del falso sulla fattibilità del piano.

2. – Il bene-interesse tutelato dalla fattispecie penale è quello del corretto accesso alle procedure di composizione della crisi diverse dalla liquidazione, dell'affidamento dei creditori e in ultima analisi delle posizioni creditorie. Trattasi di reato «proprio» del professionista, soggetto privato necessariamente indipendente dall'impresa e da coloro che hanno interesse all'operazione di risanamento.

Secondo la definizione di cui all'art. 2, lett. *o*) «*il professionista attestatore*» è il professionista incaricato dal debitore nell'ambito di una delle procedure di regolazione della crisi di impresa che soddisfi congiuntamente i seguenti requisiti: 1) essere iscritto all'albo dei gestori della crisi e insolvenza delle imprese, nonché nel registro dei revisori legali; 2) essere in possesso dei requisiti previsti dall'art. 2399 c.c.; 3) non essere legato all'impresa o ad altre parti interessate all'operazione di regolazione della crisi da rapporti di natura personale o professionale; il professionista ed i soggetti con i quali è eventualmente unito in associazione professionale non devono aver prestato negli ultimi cinque anni attività di lavoro subordinato o autonomo in favore del debitore, né essere stati membri degli organi di amministrazione o controllo dell'impresa, né aver posseduto partecipazioni in essa.

Il reato può essere realizzato esclusivamente mediante falsità nella stesura delle relazioni o attestazioni che il professionista è chiamato a redigere nell'ambito delle procedure di cui agli artt. 56, comma 4, 57, comma 4, 58, commi 1 e 2, 62, comma 2, lett. *d*), 87, comma 3, 88, commi 1 e 2, 90, comma 5, 100, commi 1 e 2.

L'art. 56 si riferisce agli «*accordi in esecuzione di piani attestati di risanamento*», trattasi di strumento negoziale stragiudiziale che prevede che l'imprenditore in stato di crisi o di insolvenza possa predisporre un piano, rivolto ai creditori, che sia idoneo a consentire il risanamento dell'esposizione debitoria dell'impresa e ad assicurare il riequilibrio della situazione finanziaria.

L'art. 57 si riferisce agli «*accordi di ristrutturazione dei debiti*», trattasi, anche in questo caso, di strumento negoziale stragiudiziale. Gli accordi di ristrutturazione dei debiti devono contenere l'indicazione degli elementi del piano economico-finanziario che ne consentono l'esecuzione.

La relazione che ne condiziona l'ammissibilità deve contenere attestazione della veridicità dei dati aziendali e della fattibilità economica e giuridica del piano e altresì l'idoneità dell'accordo e del piano ad assicurare l'integrale pagamento dei creditori estranei, nel rispetto dei termini.

L'art. 58 riguarda la relazione da allegare in caso di «*rinegoziazione degli accordi* o *modifiche del piano*».

L'art. 62 si riferisce alla «*convenzione di moratoria*». La convenzione di moratoria è uno strumento stragiudiziale diretto a disciplinare, in via provvisoria, gli effetti della crisi e avente a oggetto la dilazione delle scadenze dei crediti, la rinuncia agli atti o la sospensione delle azioni esecutive e conservative e ogni altra misura che non comporti rinuncia al credito, in deroga agli artt. 1372 e 1411 c.c. La relazione deve contenere attestazione della veridicità dei dati aziendali, dell'idoneità della convenzione a disciplinare provvisoriamente gli effetti della crisi, e della ricorrenza delle condizioni richieste per l'ammissione.

L'art. 87 contiene disposizioni in merito al contenuto del «*piano di concordato*», da allegare insieme alla proposta. Il rinvio riguarda anche le relazioni da presentare nel caso di modifiche sostanziali della proposta o del piano, detta previsione fuga ogni dubbio in ordine alla configurabilità del reato di falso in attestazione con riferimento alle relazioni da allegare alle modifiche della proposta che incidano sull'originario contenuto della stessa.

L'art. 88 si riferisce alla relazione da allegare al piano di concordato in caso si preveda un «*trattamento differenziato dei crediti tributari e contributivi*». La relazione del professionista indipendente, relativamente ai crediti fiscali e previdenziali, deve contenere attestazione della convenienza del trattamento proposto rispetto alla liquidazione giudiziale.

L'art. 90 riguarda le «*proposte concorrenti*» che possono essere presentate dai creditori non oltre trenta giorni prima della data iniziale stabilita per la votazione dei creditori sulla proposta di concorso del debitore. La relazione è limitata alla fattibilità del piano per gli aspetti che non siano già oggetto di verifica da parte del commissario giudiziale, e può essere omessa se non ve ne sono.

L'art. 100 riguarda la relazione che il debitore deve allegare per ottenere «*la autorizzazione al pagamento di crediti pregressi*», essa deve contenere l'attestazione che trattasi di pagamenti essenziali per la prosecuzione dell'attività di cui è prevista la continuazione.

3. – La condotta si realizza attraverso l'esposizione di informazioni false o omissione di informazioni rilevanti.

L'oggetto materiale dell'esposizione di informazioni false riguarda, per effetto della precisazione operata con il d.lgs. n. 14 del 2019, «*la veridicità dei dati contenuti nel piano o nei documenti ad esso allegati*», inciso inserito fuori dalla legge delega, ma in ragione del contenuto in *bonam partem* il vizio di eccesso delega ben difficilmente sarà sottoposto a vaglio di legittimità.

Superando la tortuosità descrittiva della condotta come risultante dalla tecnica del rinvio utilizzata dal legislatore, per «*esposizioni di informazioni false nell'attestazione della veridicità dei dati aziendali*», deve intendersi l'attestazione di veridicità di dati contabili non corrispondenti al vero.

Analogamente all'esposizione di informazioni false, l'omissione di informazioni rilevanti consiste nell'omessa esposizione di informazioni che, se conosciute dal tribunale o dai creditori determinerebbero, a secondo delle varie procedure in cui la relazione si inserisce, la non adesione al piano o alla proposta da parte dei creditori, il rigetto della proposta di ammissione o della richiesta di autorizzazione da parte del tribunale.

La nozione di rilevanza è riferita solo alle informazioni omesse; questa è la conclusione alla quale si giunge in base a interpretazione letterale della norma e in ragione della collocazione dell'aggettivo "rilevanti"; sul punto la dottrina non è univoca e, secondo orientamento minoritario, sarebbe ingiustificato ritenere la nozione di rilevanza limitata all'omissione e non estesa anche alle informazioni false, non si è formata giurisprudenza a riguardo [1].

In base ad una lettura sistematica della fattispecie penale e alla luce dell'oggetto della tutela la rilevanza dell'informazione omessa è nozione diversa da quella elaborata in materia di falso in quanto, come si è detto, in questo caso l'omissione va considerata come specificamente diretta a manipolare o a nascondere un dato che, se conosciuto, deporrebbe per una conseguente non ammissione alla procedura.

La lettura della norma che tenga conto della finalità della relazione– porta ad affermare che l'informazione omessa è rilevante quando, se conosciuta, in termini di *id quod ple-*

---

[1] TETTO, *La (ritrovata) indipendenza*, 688; BERTACCHINI, *Crisi d'impresa*, 322.

rumque accidit, indurrebbe i creditori a non accettare la proposta e il tribunale a non ammetterla, perché inidonea al conseguimento della causa giuridica o perché in violazione di norme imperative come l'art. 2740 c.c.

Per utilizzare i concetti utilizzati dalle Sezioni Unite in riferimento al reato di false comunicazioni sociali dopo la novella del 2015 «*la rilevanza altro non è che la pericolosità conseguente alla falsificazione*». La sussistenza del reato dovrebbe essere così considerata «con riguardo all'esposizione o alla omissione di fatti oggetto di 'valutazione', se, in presenza di criteri di valutazione normativamente fissati o di criteri tecnici generalmente accettati, l'agente da tali criteri si discosti consapevolmente e senza darne adeguata informazione giustificativa, in modo concretamente idoneo ad indurre in errore i destinatari delle comunicazioni» (Cass. n. 22474 del 2016).

La lettura della fattispecie penale alla luce del bene interesse protetto e della finalità precipua assegnata alla relazione dell'attestatore consente di superare le perplessità derivanti dall'associare la falsità al giudizio e alla valutazione, evidentemente insita nel giudizio di fattibilità del piano – nei termini in esso descritti– in tal modo sancendo la penale rilevanza del falso valutativo. In altri termini, è sanzionata la condotta del professionista che redige una relazione attestativa nella quale, venendo meno agli obblighi di veridicità ed esaustività, attesti come veri dati aziendali non veri (nessun rilievo penale deriva ora dall'attestazione come fattibile di piano non fattibile disancorata dalla falsità del dato), o non informi dell'esistenza di eventuali operazione poste in essere in violazione di norme imperative (prima tra tutte la violazione dell'art. 2740 c.c.) ovvero di operazioni che rendono irrealizzabile la causa giuridica del modello di composizione del piano, dell'accordo o del concordato.

Si è affermato che non rilevano penalmente gli aspetti relativi al giudizio di convenienza della proposta concordataria rispetto alle alternative concretamente praticabili (salvo il caso del concordato in continuità); ciò è senz'altro corretto, salvo però considerare che l'eventuale compimento di atti in frode, che integrando una violazione dell'art. 2740 c.c., rileva in termini di eseguibilità del concordato cosicché l'informazione circa l'eventuale compimento di operazione fraudolente, ricomprese nell'ambito di applicazione dell'art. 173, è senz'altro informazione rilevante che l'attestatore deve necessariamente fornire al tribunale[2].

Il danno ai creditori costituisce una circostanza aggravante speciale e ciò sgombera ogni dubbio circa la rilevanza degli effetti derivanti dall'abuso del diritto attuato con l'utilizzo deviato della procedura di composizione ovvero attraverso un piano fondato su dati contabili esposti in maniera alterata e asseverato da attestazione infedele. Ulteriore circostanza aggravante è costituita dall'ottenimento del profitto ingiusto.

L'attestazione di veridicità del dato contabile non vero, ai fini della penale rilevanza della condotta, deve essere consapevolmente e intenzionalmente formulata e così l'omessa informazione, in riferimento alla quale occorre pure la consapevolezza della rilevanza[3]. La consapevolezza va valutata in relazione al grado di esigibilità di diligenza e perizia da valutarsi in ragione non solo dei requisiti di professionalità richiesti ma anche dell'oggetto dell'incarico conferito che specificamente richiede al professionista attestazione dal conte-

[2] FILIPPI, *I reati fallimentari.*

[3] BRUNO, CALETTI, *L'art. 236 bis l. fall.*, 2260; D'ALESSANDRO, *Il delitto*, 552.

nuto di cui agli articoli ai quali la fattispecie incriminatrice fa rinvio[4].

Sul piano dell'elemento soggettivo, è sufficiente evidenziare che il reato è punito a titolo di dolo generico nella sua fattispecie semplice, ed a titolo di dolo specifico in quella aggravata del comma 2[5].

Il concorso del debitore, o di eventuali professionisti che assistono il debitore, è eventuale, ricorre nella forma dell'istigazione e del concorso morale. Il reato si consuma con il deposito presso la cancelleria del tribunale della relazione. La genericità della fattispecie e le difficoltà interpretative hanno comunque determinato un'assai scarsa applicazione della fattispecie[6].

[4] FILIPPI, *I reati fallimentari*.

[5] BRICHETTI, PISTORELLI, *Operazioni di risanamento*, 45 ss.; BORSARI, *Il nuovo reato*, 97. V. DEMARCHI ALBENGO, *La fattispecie incriminatrice*, 6.

[6] JANNUZZI, REGI, *Il reato*, 17.

Articolo 343
Liquidazione coatta amministrativa

1. L'accertamento giudiziale dello stato di insolvenza a norma degli articoli 296 e 297 è equiparato alla dichiarazione di apertura della liquidazione giudiziale ai fini dell'applicazione delle disposizioni del presente titolo.

2. Nel caso di liquidazione coatta amministrativa si applicano al commissario liquidatore le disposizioni degli articoli 334, 335 e 336.

3. Nel caso di risoluzione, le disposizioni degli articoli 334, 335 e 336 si applicano al commissario speciale di cui all'articolo 37 del decreto legislativo 16 novembre 2015, n. 180, agli amministratori straordinari di cui all'articolo 50 del regolamento (UE) 2021/23, agli amministratori temporanei di cui all'articolo 19 del regolamento (UE) 2021/23, nonché alle persone che li coadiuvano nell'amministrazione della procedura.

Paola Filippi

Analogo effetto della sentenza di fallimento, ai fini della configurabilità dei reati fallimentari, è collegato alla dichiarazione di insolvenza nelle procedure di liquidazione coatta amministrativa, dichiarazione che può essere emessa dal tribunale, sia prima che dopo il decreto ministeriale di ammissione alla liquidazione coatta amministrativa, inidoneo da solo quest'ultimo a produrre effetti penali, a prescindere dall'ammissione.

L'art. 343 riprende il vecchio art. 237 l. fall., come modificato dall'art. 99, d.lgs. n. 195 del 1999 che ha esteso le diposizioni penali di cui al Titolo VI della legge fallimentare alla liquidazione coatta amministrativa.

La precedente previsione normativa estendeva all'imprenditore in liquidazione coatta amministrativa, inspiegabilmente, soltanto i reati di cui agli artt. 220 e 226 l. fall. e al commissario i reati di cui agli artt. 232 e 233 l. fall.

L'estensione dei reati fallimentari alla procedura della liquidazione coatta amministrativa è stata attuata attraverso l'equiparazione della dichiarazione di insolvenza alla dichiarazione di fallimento.

L'art. 343 costituisce trasposizione dell'art. 237 della vecchia legge fallimentare con l'esclusiva modifica lessicale della locuzione dichiarazione di fallimento in dichiarazione di apertura della liquidazione in attuazione della delega di cui all'art. 2 (*principi generali*), comma 1, lett. *a*), contenente direttiva in tema di adeguamento lessicale delle disposizioni penali, ferma restando la continuità delle fattispecie penali, previste al r.d. 16 marzo 1942,

n. 267, Titolo VI, con riferimento alle procedure concorsuali aperte a seguito di ricorso presentato dopo l'entrata in vigore del Codice.

Sono stati coerentemente modificati i richiami alle disposizioni, rimaste nel contenuto immutate degli artt. 195 e 202 collocati nel Codice rispettivamente agli artt. 296 e 297.

L'equiparazione della dichiarazione di insolvenza riguarda ora la dichiarazione di apertura della liquidazione giudiziale ciò comporta l'estensione di tutte le disposizioni penali comprese le disposizioni sulle circostanza di aggravanti.

Il comma 2 estende al commissario della liquidazione coatta amministrativa ed ai suoi coadiutori l'applicabilità delle previsioni di cui alle fattispecie penali di cui agli artt. 334, 335 e 336 previste per il curatore e i suoi coadiutori.

I primi due commi riproducono l'art. 237 l. fall., con la sola modifica lessicale della dizione «*apertura della liquidazione giudiziale*» al sostantivo «*fallimento*», e ciò conformemente a quanto previsto dalla legge delega.

Con l'art. 34, comma 1, d.lgs. 26 ottobre 2020, n. 147, recante disposizioni integrative e correttive a norma dell'art. 1, comma 1, l. 8 marzo 2019, n. 20, al d.lgs. 12 gennaio 2019, n. 14, è stato inserito il comma 3 che prevede l'estensione della fattispecie penali di cui agli artt. 334, 335 e 336 ai commissari speciali – nominati dalla Banca di Italia ai sensi dell'art. 71, d.lgs. 1 settembre 1993, n. 385 – ai quali sono affidati i compiti di cui all'art. 37, d.lgs. 16 novembre 2015, n. 180, nell'ambito delle procedure di risoluzione degli enti creditizi e di talune imprese di investimento nel quadro del meccanismo di risoluzione unico in attuazione del reg. (CE) 15 luglio 2014, n. 806 del 2014 che ha modificato il regolamento (UE) n. 1093 del 2010. L'art. 24, comma 1, lett. *d*), d.lgs. 6 dicembre 2023, n. 224, recante l'adeguamento della normativa nazionale alle disposizioni del regolamento (UE) 2021/23 del Parlamento europeo e del Consiglio, del 16 dicembre 2020, ha esteso dette fattispecie penali anche agli amministratori straordinari di cui all'art. 50 del regolamento (UE) 2021/23 e agli amministratori temporanei di cui all'art. 19 del regolamento (UE) 2021/23, nonché alle persone che li coadiuvano nell'amministrazione della procedura.

Detto comma 3 è stato introdotto senza che la l. 19 ottobre 2017, n. 155, alla quale l'art. 1, d.lgs. n 20 del 2019 rinvia, contenesse alcuna direttiva di delega idonea a conferire al governo il potere di introdurre o estendere i reati propri del curatore ai commissari speciali delle procedure di insolvenza degli enti creditizi e di investimento.

L'estensione delle fattispecie penali descritte agli artt. 334, 335 e 336 ai commissari speciali di cui all'art. 37 cit., agli amministratori straordinari di cui all'art. 50 cit., agli amministratori temporanei di cui all'art. 19 cit. nonché ai coadiutori degli stessi appare dunque affetta dal vizio di legittimità dell'eccesso di delega.

Articolo 344

Sanzioni per il debitore e per i componenti dell'organismo di composizione della crisi[1]

1. Salvo che il fatto costituisca più grave reato, è punito con la reclusione da sei mesi a due anni e con la multa da 1.000 a 50.000 euro il debitore che:

a) al fine di ottenere l'accesso alle procedure di composizione delle crisi da sovraindebitamento di cui alle sezioni II e III del capo II del titolo IV aumenta o diminuisce il passivo ovvero sottrae o dissimula una parte rilevante dell'attivo ovvero dolosamente simula attività inesistenti;

b) al fine di ottenere l'accesso alle procedure di cui alle sezioni II e III del capo II del titolo IV e di quelle di cui al capo IX del titolo V, produce documentazione contraffatta o alterata, ovvero sottrae, occulta o distrugge, in tutto o in parte, la documentazione relativa alla propria situazione debitoria ovvero la propria documentazione contabile;

c) nel corso delle procedure di cui alle sezioni II e III del capo II, effettua pagamenti in violazione del piano di ristrutturazione dei debiti o del concordato minore omologati;

d) dopo il deposito del piano di ristrutturazione dei debiti o della proposta di concordato minore, e per tutta la durata della procedura, aggrava la sua posizione debitoria;

e) intenzionalmente non rispetta i contenuti del piano di ristrutturazione dei debiti o del concordato minore.

2. Le pene previste dal comma 1 si applicano al debitore incapiente che, con la domanda di esdebitazione di cui all'articolo 283, produce documentazione contraffatta o alterata o sottrae, occulta o distrugge, in tutto o in parte, la documentazione relativa alla propria situazione debitoria ovvero la propria documentazione contabile ovvero omette, dopo il decreto di esdebitazione, la dichiarazione di cui al comma 7 del medesimo articolo 283, quando dovuta o in essa attesta falsamente fatti rilevanti.

3. Il componente dell'organismo di composizione della crisi che rende false attestazioni nella relazione di cui agli articoli 68, 76, 268 e 283 in ordine alla veridicità dei dati contenuti nella proposta di cui agli articoli 67 e 75, nella domanda di apertura della liquidazione controllata o nella domanda di esdebitazione di cui all'articolo 283, è punito con la reclusione da uno a tre anni e con la multa da 1.000 a 50.000 euro.

4. Le pene di cui al comma 2, si applicano al componente dell'organismo di composizione della crisi che cagiona danno ai creditori omettendo o rifiutando senza giustificato motivo un atto del suo ufficio.

[1] Rubrica così sostituita dall'art. 40, comma 1, d.lgs. 17 giugno 2022, n. 83 precedentemente la rubrica era la seguente: «*Reati commessi nelle procedure di composizione delle crisi da sovraindebitamento e reati commessi nella procedura di composizione della crisi*».

Paola Filippi

Sommario: 1. Inquadramento. – 2. La tutela introdotta dall'art. 16, l. n. 3 del 2012. I reati del sovraindebitato. – 2.1. Frodi su attività e passività. – 2.2. Frodi documentali. – 2.3. Pagamenti in violazione del piano di ristrutturazione. – 2.4. L'aggravamento della posizione debitoria. – 2.5. Inadempimento doloso del piano di ristrutturazione dei debiti o del concordato minore. – 3. I reati del debitore incapiente. – 4. I delitti del componente dell'organismo di composizione. – 4.1. La falsa attestazione nelle relazioni per l'accesso all'esdebitazione. – 5. Omissione o rifiuto ingiustificato di atti dell'ufficio.

1. – I reati del sovraindebitato e dei componenti degli organismi di composizione della crisi, introdotti dall'art. 16, l. 10 gennaio 2012, n. 3, successivamente modificato dal d.l. n. 179 del 2012, convertito in l. n. 221 del 2012, trovano la loro nuova collocazione nell'art. 344, ai commi 1 e 3.

I reati del debitore incapiente, di cui al comma 2, sono stati introdotti *ex novo* dal d.lgs. n. 14 del 2019, si tratta dei reati propri del debitore incapiente, che sanzionano condotte collegate alla domanda e alla successiva dichiarazione di esdebitazione.

Le fattispecie penali al comma 1 e 3 – salvo che per le relazioni per l'esdebitazione– sono state collocate all'art. 344 in ragione dell'inserimento della procedura di composizione della crisi da sovraindebitamento nel Codice. I rinvii sono stati coordinati coerentemente con le modifiche apportate alla procedura e secondo la distinzione operata tra sovraindebitato consumatore e sovraindebitato piccolo imprenditore.

La procedura di composizione è stata scissa in *procedura di ristrutturazione dei debiti* per la crisi del sovraindebitato consumatore, *concordato minore* per la crisi del piccolo imprenditore e *liquidazione controllata del sovraindebitato* per l'insolvenza del debitore sovraindebitato genericamente inteso.

La clausola di sussidiarietà attribuisce a tutti i reati di cui all'art. 344 il carattere della specialità residuale. Non sono previste circostanze attenuanti o aggravanti in relazione al grado di lesione degli interessi o di realizzazione degli intenti fraudolenti. I reati sono procedibili di ufficio.

La mancata previsione di aggravante analoga a quella della c.d. continuazione fallimentare consente di ritenere applicabile l'art. 81 c.p. nell'ipotesi in cui il debitore ponga in essere più condotte tra quelle indicate all'art. 344.

2. – La finalità delle fattispecie penali, introdotte dall'art. 16, l. n. 3 del 2012[2], ora collocate al comma 1 e al comma 3 dell'art. 344, rimane quella originaria di assicurare una tutela rafforzata alle posizioni soggettive dei creditori coinvolti nelle procedure di composizione della crisi da sovraindebitamento, in coerenza con il sistema di protezione adottato per le procedure d'insolvenza.

[2] FONTANA, *La disciplina*, 273; PISTORELLI, *Novità legislative*; SPINOSA, *Nuova procedura*, 787 ss.; MERENDA, *Profili penali*, 3355 ss.; MASUCCI, *Le fattispecie penali*, 1039 ss.; DE MARTINO, *Lo statuto penale*, 2179 ss.

Per effetto della distinzione introdotta tra *debitore consumatore*, per il quale è prevista la procedura di *ristrutturazione dei debiti*, disciplinata alla sezione II del capo II del titolo IV, e *debitore imprenditore*, per il quale è prevista la procedura del *concordato minore*, disciplinata alla sezione III del capo II del titolo IV, i reati, con riferimento alle medesime fattispecie, ora si connotano per essere reati propri di due diverse tipologie di autori.

La definizione di sovraindebitato si trae dalla definizione di sovraindebitamento di cui alla lett. *c*) dell'art. 2 ove è descritto come lo stato di crisi o di insolvenza del consumatore, del professionista, dell'imprenditore minore, dell'imprenditore agricolo, delle *start-up* innovative di cui al d.l. 18 ottobre 2012, n. 179, convertito, con modificazioni, dalla l. 17 dicembre 2012, n. 221, e di ogni altro debitore non assoggettabile alla liquidazione giudiziale ovvero a liquidazione coatta amministrativa o ad altre procedure liquidatorie previste dal codice civile o da leggi speciali per il caso di crisi o insolvenza.

Le condotte descritte *sub* lett. *a*) e lett. *b*), contengono un generico richiamo «*all'accesso alla procedura*», all'interprete è rimesso il compito di accertare l'idoneità della condotta e la «*rilevanza*» della parte dell'attivo sottratta o dissimulata sub lett. a). È stato affermato che il modello di riferimento è quello dei reati di bancarotta fraudolenta patrimoniale, documentale e preferenziale, nonché le falsità finalizzate all'ammissione al concordato[3]. In realtà la distrazione delle garanzie o l'ostacolo alla ricostruzione del patrimonio sono tutelate solo indirettamente, i reati di cui all'art. 344 sanzionano infatti solo le condotte fraudolente attuate attraverso lo strumento delle procedure di composizione della crisi, al quale si aggiungono i reati della fase esecutiva di aggravamento della posizione creditoria, di dolosa violazione dei termini dell'accordo di ristrutturazione nonché le infedeltà tipiche degli organi della procedura consistenti in falsità o omissioni.

Con il Codice, agli artt. 70, 72 e 82, è stata introdotta una forma di partecipazione del pubblico ministero, non prevista nell'originaria disciplina, trattasi di partecipazione ricondotta alla legittimazione limitata alla richiesta di revoca ma dette previsioni introducono la qualità di parte del pubblico ministero e lo legittimano a partecipare alle procedure.

2.1. – I reati del comma 1 dell'art. 344 sono propri del debitore in stato di sovraindebitamento non assoggettabile alle procedure esecutive concorsuali, secondo la definizione di cui all'art. 2, lett. *o*), non gravato dalle condizioni ostative di cui agli artt. 69 e 74. Nel caso della procedura *ristrutturazione dei debiti del consumatore* il soggetto attivo non può che essere il *debitore consumatore*, nel caso del *concordato minore* il soggetto attivo non può che essere il *piccolo imprenditore*. Le condotte descritte sub lett. *a*), come quelle descritte *sub* lett. *b*), si caratterizzano perché finalizzate al fraudolento accesso al procedimento di ristrutturazione della crisi (artt. 67-73, sez. II, capo II, titolo IV) o al fraudolento accesso al concordato minore (artt. 74-83, sez. III, capo II, titolo II).

Le fattispecie penali sanzionano la condotta a prescindere dall'aggressione del bene, decisiva sarà dunque l'individuazione di segni univoci dell'idoneità dell'atto a determinare, quanto meno, l'emanazione dei provvedimenti di apertura della procedura o di moratoria.

Le operazioni descritte alla lett. *a*) sono le stesse individuate all'art. 72, comma 1, e

[3] DI AMATO, *Composizione della crisi*, 98; BRICCHETTI, PISTORELLI, *Represse penalmente*, 74.

all'art. 82, comma 1, come cause di revoca al quale in dette diposizione va ad aggiungersi il compimento di altri atti in frode[4].

Le condotte fraudolente che determinano la revoca possono essere sia dolose che gravemente colpose ma ai fini della configurabilità del reato occorre il dolo specifico. Le operazioni sull'attivo, finalizzate ad ottenere l'accesso alla procedura di composizione della crisi integrano il reato se consistono in sottrazione o dissimulazione di una parte rilevante dell'attivo o in dolosa simulazione di attività inesistenti. Nell'elencazione delle condotte penalmente rilevanti solo la *simulazione di «attività inesistenti»* appare operazione effettivamente idonea a determinare l'accesso alla procedura. «*L'aumento del passivo*» rileva ai fini dell'accesso, avuto riguardo al nesso eziologico, solo per il concordato minore quando attraverso tale operazione venga modificata la maggioranza ai fini dell'ottenimento dell'approvazione dei creditori *ex* art. 79, ma sul punto nulla è espressamente precisato.

Criticità, quanto al collegamento eziologico con l'accesso, si rilevano con riguardo alle condotte di *diminuzione del passivo*. Anche in riferimento alla condotta consistente nella sottrazione o dissimulazione di una parte rilevante dell'attivo la formulazione lascia perplessi per la difficoltà sottesa all'individuazione dell'efficacia causale di tali condotte a determinare l'accesso alla procedura di composizione. La rilevata difficoltà potrebbe indurre a interpretare la disposizione nel senso che stante la disgiuntiva «*ovvero*» non sia richiesto lo scopo dell'accesso, bensì solo la concomitanza con esso, nel qual caso i reati si connoterebbero come a dolo generico.

La diminuzione del passivo, la sottrazione o la dissimulazione di una parte rilevante dell'attivo, in realtà, determinano una lesione dei diritti creditori collegata alla circostanza dell'omologazione.

2.2. – Le condotte descritte *sub* lett. *b*) si caratterizzano perché finalizzate al fraudolento accesso al procedimento di ristrutturazione della crisi del debitore (artt. 6-73, sez. II, capo II, titolo IV) o al fraudolento accesso al concordato minore (artt. 74-83, sez. III, capo II, titolo II) o al fraudolento accesso alla liquidazione del sovraindebitato (art. 283, capo IX, titolo V) mediante operazione sulla documentazione allegata alla domanda e sulla documentazione contabile. La condotta consistente nella produzione di documentazione contraffatta e alterata si consuma con il deposito della domanda.

La contraffazione consiste nella creazione di documento falso, mentre per alterazione si intende la falsificazione parziale di un atto autentico.

La condotta descritta al capo b) si consuma con il deposito di documenti contraffatti e falsificati, se il falso dovesse ricadere in atto pubblico la natura sussidiaria del reato determinerebbe la sola configurabilità del reato di falsità ideologica commessa dal privato in atto pubblico di cui all'art. 483 c.p. La seconda parte della lett. *b*) sanziona la condotta di sottrazione, occultamento o distruzione totale o parziale della documentazione.

Il reato di frode documentale per distruzione è, reato da ritenersi proprio del solo debitore imprenditore in quanto il debitore/imprenditore è obbligato alla tenuta della contabilità, anche se eventualmente, in forma semplificata, obbligo che rimane, nonostante le so-

---

[4] Il d.d.l. C-5117 di modifica della l. n. 6 del 2012 propone l'introduzione dell'art. 14-*bis* che individua come cause di revoca degli effetti dell'omologazione del piano i medesimi fatti indicati all'art. 14.

glie di fallibilità Sotto tale profilo la cogenza dell'obbligo di cui all'art. 2214 c.c. avrebbe consentito l'individuazione di fattispecie penali specifiche per punire alterazioni e sottrazioni della contabilità al fine di non rendere possibile la ricostruzione del patrimonio e degli affari.

2.3. – Il reato di cui *sub* lett. *c*) punisce il debitore consumatore e il debitore imprenditore che rispettivamente nel corso delle procedura di cui alle sezioni II e III del capo II, effettua pagamenti in violazione del piano di ristrutturazione dei debiti o del concordato minore omologati. La condotta assume rilevanza penale nel momento in cui la procedura è aperta, non è richiesto espressamente che il pagamento sia produttivo di danno. Il termine pagamento evoca l'adempimento di un obbligo e in tal modo la previsione si inserisce nel contesto della tutela della procedura in termini di corretto svolgimento della stessa, ma l'effetto della sottrazione dell'attivo, che pagamento fuori dal piano determina, induce a ritenere punibile anche l'ipotesi di pagamento indebito e per tale via anche la sottrazione del denaro posto a diposizione dei debitori con il piano o con il concordato. Si tratta nella sostanza di una sottrazione patrimoniale con caratteri analoghi alla bancarotta post fallimentare.

2.4. – La previsione di cui alla lett. *d*) sanziona la condotta del debitore che aggrava la posizione debitoria. Il deposito del piano di ristrutturazione dei debiti o della proposta di concordato minore costituiscono l'atto di iniziale di rilevanza penale della condotta che può essere realizzata per tutta la durata della procedura sino all'avvenuta esecuzione. Ai fini della configurabilità occorre l'effettivo aumento delle passività con conseguente lesione delle posizioni creditorie. La condotta di aggravamento della posizione creditoria è da ritenersi integrata sia con il compimento di operazioni di natura distrattiva che con operazioni di natura dissipativa, essa è integrata altresì dall'assunzione di nuovi debiti.

2.5. – La previsione di cui alla lett. *e*) sanziona la condotta del debitore che *intenzionalmente non adempie agli obblighi derivanti dall'accordo*. Anche in questo caso è lasciata all'interprete l'individuazione del momento in cui tale condotta può essere realizzata, si consuma allo scadere dei termini fissati nel piano o nella proposta. La previsione realizza effettivamente una tutela rafforzata attraverso il presidio della sanzione penale in caso di inadempimento. La previsione espressa dell'intenzionalità evidenzia la non punibilità del mancato adempimento che sia dipeso da cause estranee alla volontà del debitore e imprevedibili al momento del deposito della proposta.

3. – Sono stati introdotti al comma 2 dell'art. 344 quattro reati propri del debitore incapiente. Secondo la definizione di cui al comma 1 dell'art. 283 il debitore è la persona fisica giudicata meritevole, che non sia in grado di offrire ai creditori alcuna utilità, diretta o indiretta, nemmeno in prospettiva futura con i requisiti per accedere all'esdebitazione. È giudicato meritevole il debitore il cui indebitamento non sia riconducibile ad atti in frode, a dolo o colpa grave.

La prima fattispecie è integrata dalla produzione, in allegato alla domanda di esdebitazione di documentazione contraffatta o alterata. La seconda fattispecie è integrata dalla sottrazione o in via alternativa dall'occultamento o dalla distruzione, totale o anche solo parziale, della documentazione relativa alla situazione debitoria ovvero della documentazione contabile.

Il terzo e il quarto reato, nell'ordine descritto al comma 2, descrivono condotte che si realizzano nella fase successiva all'emissione del decreto di esdebitazione; uno ha carattere omissivo ed è integrato dalla mancata presentazione, nei termini e secondo le modalità fissate dal giudice nel decreto di esdebitazione, della dichiarazione relativa alle sopravvenienze rilevanti secondo le prescrizioni di cui all'art. 283, l'altro ha carattere commissivo ed è integrato dalla falsa attestazione di fatti rilevanti, la rilevanza va valutata con riguardo agli effetti che detta dichiarazione produce in ragione delle falsità esposte.

Le disposizioni di cui al comma 2 appaiono affette dal vizio dell'eccesso di delega non si rinviene nella legge delega n. 155 del 2017 alcuna direttiva con riguardo alla tutela penale con riferimento al procedimento di esdebitazione.

4. – Il comma 3 dell'art. 344 costituisce trasposizione del comma 2 dell'art. 16, l. n. 3 del 2012, salvo che per quanto riguarda le false attestazioni in ordine alla veridicità dei dati contenuti nella domanda di esdebitazione di cui all'art. 283[5], con riferimento al reato del componente dell'organismo di composizione e con riferimento ai reati tipizzati al comma 2 dell'art. 16, l. n. 3 del 2012[6], la modifica è coerente con gli interventi sulla procedura di composizione, gli articoli ai quali la disposizione rinvia sono ora gli artt. 67, 68, 75 76, e 268. Il reato del componente dell'organismo di composizione della crisi è analogo al reato «*falso in attestazioni e relazioni*» proprio del professionista attestatore di cui all'art. 342, con la precisazione che in questo caso la condotta consiste nella falsa attestazione in ordine alla veridicità dei dati contenuti nelle relazioni redatte ai fini dell'accesso del consumatore sovraindebitato alla *procedura di ristrutturazione dei debiti*, al *concordato minore* e alla *liquidazione controllata*.

L'autore dei reati può essere solo il componente dell'organismo di composizione della crisi d'impresa, organismo definito agli artt. 16-18. Trattasi di organismo costituito presso ciascuna camera di commercio, industria, artigianato e agricoltura, al quale è attribuito oltre che il compito di ricevere le segnalazioni di cui gli artt. 14 e 15 e gestire il procedimento di allerta per assistere l'imprenditore, quello di redigere la relazione attestativa, su istanza del debitore, nei procedimenti di composizione assistita della crisi di cui al capo III. Non è espressamente affermata la qualità di pubblico ufficiale del componente degli organismi di composizione della crisi[7]. La qualità di pubblico ufficiale appare loro attri-

---

[5] Il comma 3 è stato modificato dall'art. 35, comma 1, d.lgs. 26 ottobre 2020, n. 147, la modifica ha riguardato esclusivamente lo spostamento della frase «*rende false attestazioni*».

[6] Il comma 2 dell'art. 16, l. n. 3 del 1012 quanto ai reati propri del componente dell'organismo di composizione della crisi prevedeva «*Il componente dell'organismo di composizione della crisi, ovvero il professionista di cui all'articolo 15, comma 9, che rende false attestazioni in ordine alla veridicità dei dati contenuti nella proposta o nei documenti ad essa allegati, alla fattibilità del piano ai sensi dell'articolo 9, comma 2, ovvero nella relazione di cui agli articoli 9, comma 3-bis, 12, comma 1 e 14-ter, comma 3, è punito con la reclusione da uno a tre anni e con la multa da 1.000 a 50.000 euro*».

[7] In definitiva l'effettiva qualifica assunta da questi soggetti è ambigua e dunque foriera di possibili contrasti interpretativi, com'è avvenuto in passato in riferimento alla posizione del liquidatore nel concordato pre-

buibile secondo la nozione di pubblico ufficiale fornita dall'art. 357 c.p. Qualità che non deriva da un vincolo organico con la pubblica amministrazione, ma risulta dalla presenza di tutte le caratteristiche indicate in sede penale. I componenti degli organismi di composizione esercitano una funzione pubblica per gli interessi sottesi alla crisi. Svolgono funzione amministrativa in quanto preposti all'amministrazione del patrimonio del debitore, funzione modellata nell'interesse pubblico. Sono infine forniti di poteri di attestazione e verifica [8].

La conseguenza dell'attribuzione dell'esposta qualità al componente degli organismi di composizione delle crisi è che, agli effetti della legge penale, tutte le norme di diritto penale che hanno come soggetto, attivo o passivo, il pubblico ufficiale o comunque gli si riferiscono, possono essere applicate al componente dell'organismo di composizione salvo, ovviamente, il caso in cui riguardino attività che non rientrano tra i compiti demandategli dalla legge.

La previsione di cui all'art. 18, comma 2, attribuisce al componete designato dall'organismo il compito di acquisire e riferire i dati e le informazioni rilevanti, trattasi di disposizione che perimetra i poteri di controllo dell'attestatore che lo mettono in grado verificare la veridicità di quanto esposto dal debitore nel piano di ristrutturazione nella proposta di concordato minore e nella proposta di liquidazione.

La veridicità va controllata con riferimento alla documentazione e alle informazioni che il debitore pone a disposizione all'attestatore per la relazione e dunque sarà esonerato da responsabilità nel caso di induzione in errore da parte del debitore.

L'attestazione si atteggia differentemente a seconda del dato rappresentato sia o meno oggettivamente verificabile. Il reato si inquadra nel falso ideologico doloso, a concorso eventuale del debitore, la falsità è sufficiente a integrare il reato a prescindere dall'apertura della procedura. Il reato si consuma con la consegna della relazione al debitore, è procedibile d'ufficio, in mancanza di specifica circostanza aggravante sono irrilevanti, il profitto ingiusto o il danno derivati dalla falsa attestazione.

Trattasi di reato analogo alla falsa attestazione del professionista attestatore, come introdotto all'art. 236-*bis* l. fall. e ora collocato all'art. 342, per cui per cui valgono le medesime osservazioni svolte nel commento a detto articolo al quale si rinvia.

4.1. – Il reato di falsa attestazione in ordine alla veridicità dei dati contenuti nella domanda di esdebitazione di cui all'art. 283 è un reato posto a tutela del corretto svolgimento della procedura di esdebitazione.

Trattasi di reato introdotto, ex novo, dal d.lgs. n. 14 del 2019, mentre per quanto riguarda il reato di falsa attestazione, con riferimento alle procedure di composizione, l'articolazione in tre diversi procedimenti dell'originario istituto di composizione, introdotto con la l. n. 3 del 2012, non ha determinato novità sostanziali, carattere di novità ha invece

---

ventivo con cessione dei beni (in proposito si registra infatti un contrasto segnato da Cass. pen., sez. VI, 17 gennaio 1989, n. 367, e da Cass. pen., sez. V, 29 dicembre 1994 n. 4761: la prima nega al liquidatore la qualifica di pubblico ufficiale, la seconda invece lo afferma). BRICCHETTI, PISTORELLI, *Represse penalmente*, 5.

[8] DE MARTINO, *Lo statuto penale*, 2207. Propende per la qualifica privatistica MASUCCI, *Le fattispecie penali*, 1053.

il reato di falso, con riferimento alla relazione per l'esdebitazione, trattandosi di procedura fuori dall'alveo dell'art. 16, l. n. 3 del 2012.

La l. delega n. 155 del 2017, non contiene alcuna direttiva con riguardo all'estensione delle ipotesi di falso nelle relazioni dei componenti dell'OCC. La fattispecie penale del falso avente ad oggetto l'attestazione della veridicità dei dati contenuti nella relazione di cui all'art. 283, comma 4, appare affetta da violazione dell'art. 76 Cost.

5. – Il comma 4 dell'art. 344 riproduce il comma 3 dell'art. 16, l. n. 3 del 2012. Trattasi in questo caso di condotta che presuppone una determinazione specifica degli atti da compiere e un termine per il loro compimento. Il mero mancato compimento da parte del componete dell'organo di composizione della crisi dell'atto richiesto non è sufficiente ai fini della configurabilità del reato ma occorre che a tale omissione, o ritardo, determini un danno ai creditori. Dal tenore della disposizione il danno non deve necessariamente essere voluto, mentre deve essere intenzionale l'omissione o il rifiuto dell'atto. L'autore deve comunque rappresentarsi la dannosità derivante dalla sua inerzia almeno in termini di prevedibilità della lesione. Si osserva che ai fini della configurabilità dell'omissione occorre un termine per il compimento dell'atto mentre per il rifiuto occorre una manifestazione di diniego al compimento dell'atto stesso.

Articolo 345

Falso nelle attestazioni dei componenti dell'OCRI

Articolo abrogato dall'art. 40, comma 2, d.lgs. 17 giugno 2022, n. 83, a decorrere dal 15 luglio 2022, ai sensi di quanto disposto dall'art. 51, comma 1, del medesimo d.lgs. n. 83 del 2022.

Articolo 346

Esercizio dell'azione penale per reati in materia di liquidazione giudiziale

---

1. Per i reati previsti negli articoli 322, 323, 329 e 330, l'azione penale è esercitata dopo la comunicazione della sentenza di apertura della liquidazione giudiziale di cui all'articolo 49.

2. È iniziata anche prima nel caso previsto dall'articolo 38 e in ogni altro in cui concorrano gravi motivi e già esista o sia contemporaneamente presentata domanda per ottenere la dichiarazione suddetta.

Francesca Picardi

Sommario: 1. Introduzione. – 2. Ambito applicativo della disposizione. – 3. Sentenza civile di apertura della liquidazione giudiziale: elemento costitutivo del reato o condizione obiettiva di punibilità? – 4. Il coordinamento con il giudizio civile. – 5. Il procedimento penale prima della sentenza di apertura della liquidazione giudiziale.

1. – La presente disposizione sostituisce l'art. 238 l. fall., ai sensi del quale «*per i reati previsti negli articoli 216, 217, 223 e 224 l'azione penale è esercitata dopo la comunicazione della sentenza dichiarativa di fallimento di cui all'art. 17*», ma «*è iniziata anche prima nel caso previsto dall'art. 7 e in ogni altro in cui concorrano gravi motivi e già esista o sia contemporaneamente presentata domanda per ottenere la dichiarazione suddetta*».

L'attuale rinvio all'art. 38, che prevede che il pubblico ministero presenta il ricorso per l'apertura della liquidazione giudiziale in ogni caso in cui ha notizia dell'esistenza di uno stato di insolvenza, sembrerebbe rendere la nuova disciplina non interamente coincidente con la precedente, in quanto l'art. 7, l. fall. limita l'iniziativa della parte pubblica in ordine alla dichiarazione di fallimento alle ipotesi in cui lo stato di insolvenza risulta dalla fuga o dalla latitanza dell'imprenditore, dalla chiusura dei locali dell'impresa, dal trafugamento, dalla sostituzione o dalla diminuzione fraudolenta dell'attivo da parte dell'imprenditore. Va, tuttavia, ricordato che secondo la giurisprudenza più recente [1], il p.m. è legittimato a

---

[1] V., da ultimo, Cass., 14 gennaio 2019, n. 646.

richiedere il fallimento, ai sensi dell'art. 7, n. 1, l. fall., non solo qualora apprenda la *notitia decoctionis* da un procedimento penale pendente, ma anche ogni qualvolta la decozione emerga dalle condotte specificamente indicate in tale norma, che non sono necessariamente esemplificative di fatti costituenti reato e non presuppongono come indefettibile la pendenza di un procedimento penale. Si è, difatti, precisato che la *ratio* dell'art. 7 l. fall., una volta venuto meno il potere del tribunale di dichiarare officiosamente il fallimento, è chiaramente nel senso di estendere la legittimazione del p.m. alla presentazione della richiesta in tutti i casi nei quali l'organo abbia istituzionalmente appreso la *notitia decoctionis*[2].

L'articolo in commento non presenta, dunque, alcuna effettiva e sostanziale differenza rispetto all'art. 238 l. fall., facendo, peraltro, riferimento ai medesimi reati di bancarotta semplice e fraudolenta[3].

2. – L'ambito applicativo della presente disposizione è limitato ai reati di cui agli artt. 322, 323, 329 e 330 e, cioè, alle bancarotte (semplici o fraudolente), commesse dall'imprenditore individuale o dagli amministratori, direttori generali, liquidatori e sindaci di società. La norma si applica, però, anche ai fatti commessi dai soci illimitatamente responsabili delle società in nome collettivo o in accomandita semplice, nonché a quelli commessi dall'institore dell'imprenditore individuale, ai quali, in virtù degli artt. 328 e 333, si estende integralmente la disciplina della bancarotta (semplice e fraudolenta). Va, inoltre, aggiunto che, in virtù dell'equiparazione espressa dall'art. 95, d.lgs. 8 luglio 1999, n. 270, tra dichiarazione di insolvenza e sentenza di fallimento (a cui oggi si sostituisce la sentenza di apertura della liquidazione giudiziale), la disposizione in esame opera anche con riferimento alle procedure di amministrazione straordinaria.

3. – L'esercizio dell'azione penale per i reati di bancarotta (semplice e fraudolenta) è, dunque, subordinato alla comunicazione alla Procura della sentenza di apertura della procedura di liquidazione giudiziale: sentenza che può essere ricondotta agli elementi costitutivi – sia pure impropri – del reato[4] o alle condizioni obiettive di punibi-

---

[2] Così Cass., 25 agosto 2017, n. 20400.

[3] Alla medesima conclusione giungono GIORDANO, TEDESCHI, *Art. 346*, 1415, «al netto del *restyling* lessicale concernente la sostituzione del termine *fallimento* con liquidazione giudiziale, la previsione di cui all'art. 346 riproduce sostanzialmente l'impostazione ed il contenuto dell'art. 238 del r.d. 16 marzo 1942, n. 267».

[4] Con riferimento alla sentenza di fallimento, secondo Cass. pen., SS.UU., 25 gennaio 1958, n. 2, tale pronuncia, rispetto ai fatti di bancarotta che siano anteriori, costituisce una condizione di esistenza del reato, oltre a determinare la punibilità, e si differenzia concettualmente dalla condizione obiettiva di punibilità, perché mentre questa presuppone un reato già perfetto oggettivamente e soggettivamente, essa inerisce così intimamente alla struttura del reato da qualificare quei fatti, i quali sarebbero penalmente irrilevanti fuori del fallimento, segnando la dichiarazione di fallimento il momento consumativo del reato. Seguendo tale impostazione, le Sezioni Unite hanno escluso, nel caso di specie, l'applicabilità del decreto di amnistia intervenuto prima della pronuncia di fallimento, non potendosi ritenere estinto per amnistia un reato inesistente al momento dell'intervento del relativo provvedimento. Ancora in epoca recente v. Cass. pen., sez. V, 18 maggio 2018, n. 40477, secondo cui la consumazione dei reati di bancarotta coincide con la pronuncia della sentenza di fallimento, ancorché la condotta, commissiva od omissiva, si sia esaurita anteriormente, in quanto detta sentenza ha natura di elemento costitutivo del reato, sicché, in tema di indulto, per determinarne il tempo di applicazione o di revoca, deve farsi riferimento alla data di tale pronuncia.

lità [5]. In proposito deve sottolinearsi che anche coloro che aderiscono alla prima ricostruzione escludono la necessità che la pronuncia civile sia collegata in base al nesso psicologico all'agente o in base al rapporto di causalità alla sua condotta [6], ma individuano il momento ed il luogo di commissione del reato proprio con riferimento a tale pronuncia [7]: conclusione che, tuttavia, può essere raggiunta anche laddove la sentenza civile sia configurata come condizione obiettiva di punibilità [8]. Invero, con riferimento all'art. 238 l. fall. sembra essersi imposto l'orientamento della giurisprudenza di legittimità, secondo cui la sentenza civile, ponendosi come evento estraneo all'offesa tipica e alla sfera di volizione dell'agente, costituisce una condizione obiettiva di punibilità, che circoscrive l'area di illiceità penale alle sole ipotesi nelle quali alle condotte del debitore, di per sé offensive degli interessi dei creditori in quanto espongono a pericolo la garanzia di soddisfacimento delle loro ragioni, segue la dichiarazione di fallimento (ora la sentenza di apertura della liquidazione giudiziale) [9]. Del resto, tale impostazione è più coerente con i principi generali, esulando la pronuncia civile dalla rimproverabilità di cui all'art. 27, comma 1, Cost.

Va, ad ogni modo, precisato che il termine di prescrizione del reato di bancarotta prefallimentare decorre dal momento in cui interviene la sentenza dichiarativa di fallimento (ora di apertura della liquidazione giudiziale) e non dal momento di consumazione delle singole condotte distrattive precedenti a tale declaratoria [10]. Parimenti, per il futuro, l'isti-

[5] Così, tra le tante, con riferimento alla sentenza di fallimento, Cass. pen., sez. V, 2 ottobre 2018, n. 2899, secondo cui, in tema di bancarotta, la sentenza dichiarativa di fallimento costituisce una condizione obiettiva di punibilità, poiché si pone come evento estraneo all'offesa tipica e alla sfera di volizione dell'agente, e Cass., sez. V, 12 ottobre 2017, n. 53184, secondo cui dichiarazione di fallimento, ponendosi come evento estraneo all'offesa tipica e alla sfera di volizione dell'agente, costituisce condizione obiettiva di punibilità, che circoscrive l'area di illiceità penale alle sole ipotesi nelle quali alle condotte del debitore, di per sé offensive degli interessi dei creditori in quanto espongono a pericolo la garanzia di soddisfacimento delle loro ragioni, segue la dichiarazione di fallimento.

[6] È rimasta del tutto isolata Cass. pen., sez. V, 24 settembre 2012, n. 47502, la quale, muovendo dalla premessa che, nel reato di bancarotta fraudolenta per distrazione, lo stato di insolvenza che dà luogo al fallimento costituisce elemento essenziale del reato, in quanto evento dello stesso, ha ritenuto che esso deve porsi in rapporto causale con la condotta dell'agente e deve essere, altresì, sorretto dall'elemento soggettivo del dolo.

[7] In proposito deve, peraltro, segnalarsi che si è recentemente affermato che non incide sulla competenza territoriale del giudice penale per il reato di bancarotta la sentenza civile (nella specie della Corte di cassazione) dichiarativa dell'incompetenza territoriale per la dichiarazione di fallimento, intervenuta dopo l'apertura del dibattimento: Cass. pen., sez. V, 13 marzo 2019, n. 31974.

[8] V. Cass. pen., sez. V, 8 febbraio 2017, n. 13910, con nota adesiva di MASULLO, *La sentenza dichiarativa*, 1151 ss., «il concetto di consumazione del reato di cui all'art. 8 c.p.p., in assenza di vincolanti e diverse prescrizioni normative, deve appunto essere ricostruito nei termini di completa realizzazione della fattispecie incriminatrice (e si è sopra visto, come anche per Corte cost. n. 247 del 1989, la condizione obiettiva di punibilità rientri nella fattispecie). La conclusione, oltre a garantire una piena equiparazione delle soluzioni in tema di *tempus* e di *locus commissi delicti*, la cui diversificazione non avrebbe senso alcuno, è coerente con le finalità delle norme che assumono la consumazione del reato a presupposto della loro applicabilità, giacché la condizione di punibilità, pur estranea, nella accezione che qui assume rilievo, all'offesa, comunque rappresenta il dato che giustifica l'intervento sanzionatorio dello Stato».

[9] Tra le tante sentenze più recenti, si rinvia a Cass. pen., 2 ottobre 2018, n. 2899; Cass. pen., 12 ottobre 2017, n. 53184; Cass. pen., 8 febbraio 2017, n. 13910.

[10] Cfr. Cass. pen., 11 maggio 2017, n. 45288, che ha precisato che tale principio è valido sia nel caso in cui la sentenza di fallimento venga qualificata elemento costitutivo improprio della fattispecie penale sia qualora la si ritenga condizione obiettiva di punibilità.

tuto dell'improcedibilità, essendo collegato alla durata dei singoli gradi del giudizio, prescinde dalla data delle condotte.

4. – La disposizione non richiede che la sentenza civile sia passata in giudicato e che, pertanto, siano decorsi i termini per il gravame o siano definiti gli eventuali giudizi di impugnazione, limitandosi a menzionare l'adempimento della comunicazione, da parte della cancelleria del tribunale, alla Procura. Tuttavia, in epoca anteriore alla definitività della sentenza civile la punibilità della condotta resta incerta[11]. Nel tentativo di risolvere le problematiche che possono derivare dall'instabilità della pronuncia civile le Sezioni Unite penali, con la sentenza n. 19601 del 28 febbraio 2008, hanno affermato che, in tema di reati di bancarotta, il giudice penale può disporre la sospensione del dibattimento a norma dell'art. 479 c.p.p. qualora sia in corso il procedimento civile per la revoca della sentenza dichiarativa di fallimento, fermo restando che, laddove non sia stata disposta la sospensione e sia intervenuta sentenza definitiva di condanna, il condannato può chiederne la revisione ai sensi dell'art. 630, comma 1, lett. *b*), c.p.p. In considerazione dell'autonomia tra processo civile e penale, che caratterizza l'attuale sistema penale, tale sospensione è l'unica praticabile, non potendosi ricomprendere la questione in esame tra le controversie sullo stato di famiglia o cittadinanza rispetto alle quali l'art. 3 c.p.p. consente, a determinate condizioni, la sospensione del processo penale sino al passaggio in giudicato della sentenza civile.

Deve, comunque, ricordarsi che il termine di prescrizione del reato di bancarotta non è né può essere sospeso per effetto della sospensione del procedimento disposta, a norma dell'art. 479 c.p.p., per la pendenza del giudizio civile relativo all'impugnazione della sentenza di fallimento (ora apertura della liquidazione giudiziale), trattandosi di sospensione facoltativa non ricompresa nelle previsioni tassative dell'art. 159 c.p.

Ovviamente la chiusura della procedura non comporta l'estinzione dei reati contestati in quanto non rimuove la dichiarazione di insolvenza della società contenuta nella pronuncia del fallimento, che può essere posta nel nulla solo in caso di accoglimento dell'eventuale gravame[12].

5. – Il comma 2 dell'art. 346 consente un'attività del p.m. anteriore alla sentenza nel caso previsto dall'art. 38 e in ogni caso in cui concorrano gravi motivi, a condizione che,

[11] Proprio per questo in alcune sentenze le eventuali iniziative penali prima del passaggio in giudicato della sentenza civile sono state ricondotte al comma 2 dell'art. 238, l. fall.: v. in questo senso Cass. pen., sez. V, 2 marzo 2011, n. 15061, secondo cui l'azione penale per i reati di bancarotta può essere legittimamente esercitata, nei casi previsti dall'art. 238, comma 2, l. fall., anche prima della definitività della sentenza di fallimento e indipendentemente dal fatto che non siano decorsi i termini per la presentazione avverso la stessa del reclamo da parte dei creditori.

[12] In questo senso v. Cass. pen., sez. V, 15 marzo 2018, n. 21920, secondo cui la chiusura del fallimento conseguente all'esito positivo del concordato previsto dagli artt. 124 ss. l. fall. non comporta l'estinzione dei reati fallimentari contestati (nella specie la bancarotta documentale fraudolenta) posto che, invece, l'indicata chiusura non rimuove la dichiarazione di insolvenza della società contenuta nella pronuncia del fallimento, che può essere annullata solo impugnando la stessa. La Corte ha precisato che solo l'annullamento della sentenza dichiarativa di fallimento determinerebbe l'insussistenza dei reati fallimentari per il mancato avveramento della condizione obiettiva di punibilità, costituita dalla predetta pronuncia.

comunque, già sia stata presentata o venga contemporaneamente presentata la domanda strumentale alla dichiarazione della liquidazione giudiziale [13].

Invero, secondo l'opzione ermeneutica preferibile, la richiesta di invio a giudizio non può prescindere dalla sentenza, mentre prima di tale momento possono essere posti in essere atti d'indagine o, comunque, attività preliminari e propedeutiche all'esercizio dell'azione penale [14]. Questa interpretazione è, difatti, compatibile, oltre che con il dato letterale della disposizione, che nella prima parte fa riferimento all'esercizio e nella seconda all'inizio dell'azione penale, con i principi costituzionali di obbligatorietà ed irretrattabilità dell'azione penale (art. 112 Cost.) [15].

Secondo l'orientamento consolidato della giurisprudenza di legittimità, in tema di bancarotta fraudolenta, nelle stesse ipotesi in cui è possibile iniziare l'azione penale anche prima della pronuncia della sentenza dichiarativa di fallimento (oggi della sentenza di apertura della liquidazione giudiziale), deve ritenersi che sia anche possibile, nelle stesse condizioni, l'applicazione di misure cautelari (personali e/o reali), i cui presupposti andranno verificati secondo gli ordinari canoni normativi [16]. Va, difatti, sottolineato che non vi è coincidenza tra esercizio dell'azione penale ed emissione dei provvedimenti cautelari, sicché la seconda parte della disposizione in esame consente al pubblico ministero, ancor prima della declaratoria di fallimento, di porre in essere ogni iniziativa volta a salvaguardare la successiva azione penale ed a tutelare i beni ed il patrimonio sociale o la documentazione aziendale, ogni qual volta emergano chiari ed univoci segni di imminente fallimento e vi sia il concreto pericolo di lesione al bene giuridico protetto dalla norma incriminatrice, con l'unico limite di non esercitare l'azione penale e, cioè, di non richiedere il rinvio a giudizio in assenza della sentenza di fallimento [17].

---

[13] Proprio la precarietà dell'esercizio dell'azione penale, in assenza di elemento costitutivo o condizione obiettiva di punibilità del reato, continua a rendere la disposizione eccezionale, non suscettibile di interpretazione estensiva o analogica, come sostenuto riguardo all'art. 238, comma 2, l. fall., da LOTTINI, *Codice commentato*, 2800.

[14] Così BRICHETTI, *Codice della crisi*, 97, secondo cui la disposizione va letta «nel senso che al pubblico ministero, nei casi di cui al comma secondo, sia consentito dare inizio ad attività di indagine preliminare (con la conseguente adozione delle iniziative ritenute opportune) prima ancora che il tribunale abbia pronunciato la sentenza … Non è, invece, possibile che il pubblico ministero eserciti l'azione penale prima dell'anzidetta pronuncia in quanto, in tal caso, il giudice, investito della medesima, dovrebbe rilevare l'assenza di un elemento essenziale della fattispecie tipica».

[15] V. SAMMARCO, *Trattato delle procedure*, 390 richiama anche il principio di legalità (art. 25 Cost.) e la presunzione di non colpevolezza dell'imputato (art. 27 Cost.), osservando che «appare impossibile giustificare … l'esercizio del potere di richiesta della condanna dell'imputato … proprio quando l'imputato sarebbe, al momento dell'accusa, per definizione innocente, non essendo ancora maturato il presupposto di esistenza o quanto meno di punibilità del reato».

[16] Così Cass. pen., sez. V, 9 dicembre 2005, n. 8363. V. anche più recentemente Cass. pen., sez. V, 10 febbraio 2012, n. 16000, secondo cui è legittima l'applicazione di misure cautelari personali per il reato di bancarotta anche prima della pronunzia della sentenza dichiarativa del fallimento qualora ricorrano le condizioni previste dall'art. 238, comma 2, l. fall. per l'esercizio anticipato dell'azione penale, e Cass. pen., sez. V, 15 marzo 2019, n. 20000, secondo cui, in tema di bancarotta fraudolenta, è legittimo il sequestro preventivo disposto prima della sentenza dichiarativa di fallimento, in quanto la previsione di cui all'art. 238 l. fall. consente lo svolgimento di attività di indagine in relazione al reato in questione anche prima della sentenza dichiarativa di fallimento, a condizione che ricorrano indizi dello stato di insolvenza o che concorrano gravi motivi e sia stata presentata domanda per ottenere la dichiarazione di fallimento.

[17] Esprime perplessità su tale posizione della giurisprudenza penale SAMMARCO, *Trattato delle procedure*, 390.

La gravità indiziaria dovrà, tuttavia, essere valutata anche relativamente alla possibilità di apertura della procedura.

Si è anche precisato che, con riguardo alla decorrenza dei termini di durata delle misure cautelari, *ex* art. 297, comma 3, c.p.p., nei casi in cui sussistono i presupposti per iniziative anteriori all'apertura della procedura concorsuale, deve farsi riferimento alla condotta e non già alla dichiarazione giudiziale di insolvenza, considerato che il legislatore, con la norma in esame, ha attribuito rilevanza, ai limitati fini di ordine processuale, non già al fatto illecito completo in tutti i suoi elementi, ma anche alla probabile lesione degli interessi dei creditori in presenza di una condotta ancora carente del crisma giudiziale dichiarativo dell'insolvenza. Ne deriva che in tali casi l'assenza della declaratoria fallimentare, così come non costituisce ostacolo alla applicazione delle misure cautelari, nemmeno impedisce l'operatività della regola della retrodatazione dei termini di custodia cautelare, *ex* art. 297, comma 3, c.p.p.

Articolo 347
Costituzione di parte civile

1. Il curatore, il liquidatore giudiziale, il commissario liquidatore, il commissario speciale di cui all'articolo 37 del decreto legislativo 16 novembre 2015, n. 180, l'amministratore straordinario di cui all'articolo 50 del regolamento (UE) 2021/23 e l'amministratore temporaneo di cui al regolamento (UE) 2021/23 possono costituirsi parte civile nel procedimento penale per i reati preveduti nel presente titolo, anche contro l'imprenditore in liquidazione giudiziale.

2. I creditori possono costituirsi parte civile nel procedimento penale per bancarotta fraudolenta quando manca la costituzione del curatore, del commissario liquidatore o del commissario speciale, quando non sia stato nominato il liquidatore giudiziale o quando intendono far valere un titolo di azione propria personale.

Francesca Picardi

Sommario: 1. Introduzione. – 2. Il danno da bancarotta. – 3. Rapporti con il giudizio civile. – 4. La legittimazione degli organi della procedura. – 5. La legittimazione dei creditori.

1. – La presente disposizione sostituisce l'art. 240 l. fall., ai sensi del quale «*Il curatore, il commissario giudiziale, il commissario liquidatore e il commissario speciale di cui all'articolo 37 del decreto di recepimento della direttiva 2014/59/UE possono costituirsi parte civile nel procedimento penale per i reati preveduti nel presente titolo, anche contro il fallito. I creditori possono costituirsi parte civile nel procedimento penale per bancarotta fraudolenta quando manca la costituzione del curatore, del commissario giudiziale o del commissario liquidatore o quando intendono far valere un titolo di azione propria personale*».

Sul testo originario della disposizione in esame è intervenuta la modifica apportata dall'art. 24 del d.lgs. 6 dicembre 2023, n. 224 (adottato per adeguare la normativa nazionale alle disposizioni del regolamento UE 2021/23 del Parlamento europeo e del Consiglio, del 16 dicembre 2020, relativo a un quadro di risanamento e risoluzione delle controparti centrali). La modifica consiste nell'aggiunta, esclusivamente nel primo comma, del riferimento all'amministratore straordinario e all'amministratore temporaneo di cui agli artt. 50 e 19 del regolamento UE 2021/23 – il primo organo nominato dell'autorità di risoluzione; il secondo nominato, nell'ambito di un intervento "precoce", dall'autorità competente, che, dopo aver disposto la rimozione dell'alta dirigenza e del consiglio della controparte centrale, in presenza di un deterioramento significativo della situazione finanziaria della CCP o di una violazione dei suoi requisiti legali, ne reputi insufficiente la sostituzione.

Le differenze rispetto alla versione originaria sono costituite da alcuni adattamenti terminologici (il riferimento nell'art. 346 al liquidatore giudiziale in luogo che al commissario giudiziale, la menzione del d.lgs. n. 180 del 2015, adottato in attuazione della direttiva europea n. 59 del 2014, ed oggi dell'amministratore straordinario e temporaneo previsti di cui agli artt. 50 e 19 del regolamento UE 2021/203, la sostituzione del fallito con l'imprenditore in liquidazione giudiziale) e dalla previsione della possibilità per i creditori di costituirsi parte civile nel procedimento penale di bancarotta fraudolenta non solo laddove manchi la costituzione della procedura o quando intendono far valere un titolo di azione personale, ma anche laddove non vi sia stata la nomina del liquidatore giudiziale. Deve rilevarsi che nel recente intervento del 2023 il legislatore non ha modificato il secondo comma della disposizione in commento, sicché l'assenza della costituzione della procedura – quale requisito di legittimazione per i creditori – è riferita al curatore, al commissario liquidatore ed al commissario speciale, ma non anche all'amministratore straordinario di cui all'art. 50 del regolamento UE 2021/23.

2. – Il danno derivante dal reato è un pregiudizio economico diverso da quello derivante dal mero inadempimento. La condotta delittuosa integra, difatti, anche un illecito aquiliano, che può determinare un pregiudizio economico corrispondente, ad esempio, alla differenza tra l'attivo che si sarebbe realizzato in sua assenza e quello effettivo oppure alla eventuale maggior spesa, necessaria alla procedura, ai fini della realizzazione dell'attivo o dell'individuazione del passivo (ad esempio, a causa dell'irregolare tenuta, della alterazione o distruzione delle scritture contabili). I singoli creditori possono, inoltre, subire danni ulteriori, di tipo personale, collegati alla loro specifica posizione, anche di carattere non patrimoniale, posto che, ai sensi dell'art. 187, comma 2, c.p., il reato obbliga anche al risarcimento del danno non patrimoniale. Risulta, tuttavia, difficile individuare un danno patrimoniale dei singoli creditori che non sia assorbito da quello della massa. Di recente, la Suprema Corte, nel ribadire che il singolo creditore è legittimato in proprio a costituirsi parte civile nel procedimento penale per il delitto di bancarotta fraudolenta nella sua qualità di persona danneggiata dal reato solo quando fa valere una richiesta di risarcimento a titolo personale, ha riconosciuto detta autonoma legittimazione in capo ad una società creditrice insinuatasi al passivo fallimentare che, a causa delle condotte distrattive commesse dagli imputati, era a sua volta fallita per il mancato recupero della ingente somma di denaro che aveva concesso in finanziamento alla società amministrata dagli stessi [1].

3. – La costituzione di parte civile nel processo penale costituisce, tuttavia, una mera eventualità, in quanto la domanda di risarcimento del danno può essere esercitata direttamente in sede civile. Difatti, come oramai più volte chiarito, in materia di rapporti tra giudizio civile e penale, l'art. 652 c.p.p., innovando rispetto alla disciplina di cui al previ-

[1] Cass. pen., sez. V, 4 novembre 2016, n. 6904.

gente sistema, fondato sulla prevalenza del processo penale su quello civile, si ispira al principio della autonomia e separazione dei due processi, prevedendo che il giudizio civile di danno debba essere sospeso soltanto allorché l'azione civile *ex* art. 75 c.p.p. sia stata proposta dopo la costituzione di parte civile in sede penale o dopo la sentenza penale di primo grado, in quanto esclusivamente in tali casi si verifica una concreta interferenza del giudicato penale nel giudizio civile di danno, che non può, pertanto, pervenire anticipatamente ad un esito potenzialmente difforme da quello penale in ordine alla sussistenza di uno o più dei comuni presupposti di fatto[2].

In proposito va ricordato che le Sezioni Unite, nel vigore della precedente disciplina, hanno chiarito che la costituzione di parte civile del curatore fallimentare nel procedimento penale per bancarotta fraudolenta a carico del fallito non determina l'estinzione del giudizio civile precedentemente introdotto ai sensi dell'art. 64 l. fall., né la sospensione di quello introdotto successivamente, neppure nel caso in cui il curatore sia stato autorizzato ad estendere la domanda risarcitoria, fondata sui medesimi fatti, al terzo convenuto nel giudizio civile, in qualità di responsabile civile, in quanto si tratta di domande diverse ed, anzi, aventi *causae petendi* opposte, dato che la domanda risarcitoria si fonda su di un fatto illecito-reato e l'altra riguarda un atto lecito, che può essere dichiarato inefficace anche qualora al disponente ed al beneficiario non si possa rimproverare alcunché; inoltre, il *petitum* dell'azione risarcitoria è rivolto a conseguire la reintegrazione del patrimonio del soggetto depauperato dall'illecito mediante la corresponsione dell'equivalente pecuniario del pregiudizio subito, mentre, nella fattispecie di cui all'art. 64 l. fall., l'azione ha per oggetto la sanzione di inefficacia del pagamento eseguito dal *solvens* e la restituzione della somma pagata assume carattere strumentale al fine della ricostituzione della massa fallimentare nella consistenza originaria[3]. Tali conclusioni restano valide anche nel nuovo sistema.

4. – La legittimazione degli organi alla costituzione di parte civile nel processo penale è condizionata al rispetto delle specifiche regole della procedura.

Così, ad esempio, nell'ambito della liquidazione giudiziale, è necessaria l'autorizzazione del giudice delegato, ai sensi dell'art. 123, comma 1, lett. *f*), d.lgs. n. 14 del 2019. Il curatore, difatti, può stare in giudizio senza la previa autorizzazione del giudice delegato solo in materia di contestazioni e di tardive dichiarazioni di crediti e di diritti di terzi sui beni compresi nella liquidazione giudiziale, nei procedimenti promossi per impugnare atti del giudice delegato o del tribunale e in quei casi in cui non occorra ministero di difenso-

[2] Da ultimo, Cass., 30 dicembre 2021, n. 42028, secondo cui il nostro ordinamento non è ispirato al principio dell'unità della giurisdizione e della prevalenza del giudizio penale su quello civile, avendo il legislatore instaurato un sistema di completa autonomia e separazione fra i due giudizi, in virtù del quale è consentito al processo civile, ad eccezione di alcune particolari e limitate ipotesi di sua sospensione *ex* art. 75, comma 3, c.p.p., di proseguire il suo corso senza essere influenzato da quello penale ed è imposto al giudice civile di procedere ad un autonomo accertamento dei fatti e della responsabilità civile con pienezza di cognizione, senza essere vincolato alle soluzioni e alle qualificazioni del giudice penale, sicché, anche in presenza di un giudicato penale, non ha l'obbligo di esaminare e valutare le prove e le risultanze acquisite nel processo penale come fonte del proprio convincimento.

[3] Cass., SS.UU, 18 marzo 2010, n. 6538.

re. Nelle altre ipotesi – e, quindi, anche ai fini della sua costituzione come parte civile nel processo penale – è necessaria l'autorizzazione del giudice delegato, che deve essere rilasciata per ogni grado del giudizio.

Nell'ambito della liquidazione coatta amministrativa è espressamente richiesta, ai sensi dell'art. 307, d.lgs. n. 14 del 2019, l'autorizzazione dell'autorità amministrativa che vigila sulla procedura solo per l'azione di responsabilità contro gli amministratori e i componenti degli organi di controllo dell'impresa o dell'ente in liquidazione, a norma degli artt. 2393, 2394, 2476, comma 7, 2497 c.c. Tuttavia, relativamente alla disciplina previgente, rispetto alla quale l'attuale non presenta significative novità, va segnalato che, secondo un orientamento più risalente della giurisprudenza di legittimità, è inammissibile la costituzione di parte civile del commissario liquidatore privo di autorizzazione da parte dell'autorità amministrativa nel procedimento per bancarotta a carico degli amministratori di una società dichiarata in stato di insolvenza, considerato che l'art. 206 l. fall. richiede tale autorizzazione per il promovimento dell'azione di responsabilità contro gli amministratori e la costituzione di parte civile si sostanzia in un'azione di responsabilità nell'ambito del processo penale, mentre nessun rilievo spiega in quest'ambito l'art. 200 l. fall. che riguarda solo le cause relative a rapporti di natura patrimoniale, per le quali il commissario liquidatore sta in giudizio senza la previa autorizzazione dell'autorità di vigilanza[4]. Più recentemente si è, però, ritenuto che, nel procedimento per bancarotta a carico degli amministratori di una società dichiarata in stato di insolvenza, è ammissibile la costituzione di parte civile del commissario liquidatore non munito di autorizzazione da parte dell'autorità amministrativa di vigilanza, in quanto l'azione civile nel processo penale non si concretizza in un'azione di responsabilità *ex* artt. 2393 e 2394 c.c., per la quale soltanto è necessaria l'autorizzazione. Invero, il problema non sembra potere essere risolto in astratto ed in modo generale, in quanto occorre verificare, alla luce del capo di imputazione, se la costituzione di parte civile nel processo penale può effettivamente ed in concreto sovrapporsi all'azione di responsabilità nei confronti degli organi della società[5]. Ad ogni modo, ove l'organo giudicante ritenesse necessaria l'autorizzazione, di cui il commissario liquidatore non risultasse munito, deve tenersi conto dell'orientamento della giurisprudenza di legittimità, secondo cui l'autorizzazione del giudice delegato a promuovere azione giudiziale o a resistere all'altrui azione integra condizione di efficacia dell'attività processuale del curatore, suscettibile di sanatoria con effetto *ex tunc*, anche nel caso in cui l'autorizzazione ad agire o a resistere sia data nel successivo giudizio d'impugnazione[6].

5. – La legittimazione dei creditori a costituirsi parte civile nel processo penale per bancarotta fraudolenta sussiste, invece, solo laddove gli organi della procedura non si siano costituiti o laddove l'attore intenda esercitare un'azione personale e, cioè, lamenti uno specifico pregiudizio, riferito esclusivamente alla sua posizione individuale, non confluito

---

[4] Cass. pen., sez. V, 16 dicembre 2004, n. 3407.

[5] Cass. pen., sez. V, 17 marzo 2016, n. 20108, BONATO, *Poteri del commissario*, 3822; MEOLI, *Commissario liquidatore*.

[6] Cass., 11 settembre 2007, n. 19087.

e non assorbito dal pregiudizio subito dalla massa dei creditori. L'attuale disposizione riconosce, inoltre, espressamente la legittimazione dei creditori a costituirsi parte civile nel processo per bancarotta nell'ipotesi di omologazione di un concordato preventivo senza liquidazione dei beni, in cui, pertanto, non viene nominato il liquidatore giudiziale.

La giurisprudenza di legittimità ha chiarito che la limitazione operante nei confronti dei singoli creditori concerne esclusivamente il reato di bancarotta, mentre non opera qualora si proceda per alcuno dei reati commessi da persona diversa dal fallito[7]. Ad ogni modo, in qualsiasi giudizio penale contro il soggetto sottoposto a procedura concorsuale, resta la necessità di coordinamento con gli effetti della procedura, per cui i creditori non potranno costituirsi nel processo penale per esercitare quelle azioni che sono riservate agli organi della procedura, nell'interesse della massa, né potranno, con la loro costituzione nel processo penale, contrapporsi alla diversa scelta degli organi della procedura di esercitare l'azione di risarcimento del danno direttamente in sede civile.

Tale considerazione dovrebbe consentire di estendere l'applicabilità del secondo comma della disposizione in esame anche alle crisi delle controparti centrali, che sfocino nella nomina di un amministratore straordinario, ai sensi dell'art. 50 del regolamento UE 2021/23, per cui in tale ipotesi dovrebbe riconoscersi ai creditori la possibilità di costituirsi parte civile nel procedimento di bancarotta fraudolenta solo laddove non si sia costituito l'amministratore straordinario. Nell'ipotesi di nomina di un amministratore temporaneo, in virtù del precedente art. 19 del regolamento, trattandosi di un intervento anteriore alla crisi vera e propria, l'estensione della norma sembra preclusa.

[7] Cass. pen., sez. V, 14 ottobre 1987 (dep. 1988), n. 1727.

Articolo 348

Adeguamento delle soglie dell'impresa minore

1. Ogni tre anni il Ministro della giustizia può procedere all'aggiornamento dei valori di cui all'articolo 2, comma 1, lettera d) con decreto adottato sulla base della media delle variazioni degli indici ISTAT dei prezzi al consumo per le famiglie di operai ed impiegati intervenute nel periodo di riferimento.

Alberto Jorio

L'indicazione della soglia sotto la quale l'imprenditore insolvente viene escluso dalla procedura di liquidazione giudiziale e la sua insolvenza viene regolata da una procedura più semplice, da sovraindebitamento, si regge su parametri quantitativi che richiedono periodici aggiornamenti. Il riferimento alla media delle variazioni degli indici ISTAT dei prezzi al consumo era già presente nella legge fallimentare abrogata, la quale peraltro menzionava, oltre alle famiglie di operai, anche le famiglie di impiegati.

Per molti anni l'inflazione non ha inciso in maniera significativa sui prezzi al consumo, ed era anzi noto l'impegno delle banche centrali teso a favorire l'aumento dei prezzi quale veicolo per il maggiore sviluppo dell'economia.

L'arrivo della pandemia e i tragici eventi bellici degli anni recenti hanno radicalmente cambiato lo scenario macro-economico: l'inflazione ha raggiunto livelli impensabili e l'impegno delle autorità monetarie si è diretto nel senso opposto, verso un raffreddamento dell'economia, senza tuttavia che si sia ancora verificata una significativa riduzione dell'inflazione.

La previsione dell'aggiornamento periodico dei valori utilizzabili per l'applicazione o l'esclusione della liquidazione giudiziale trova ancora piena giustificazione.

Articolo 349
Sostituzione dei termini fallimento e fallito

---

1. Nelle disposizioni normative vigenti i termini «fallimento», «procedura fallimentare», «fallito» nonché le espressioni dagli stessi termini derivate devono intendersi sostituite, rispettivamente, con le espressioni «liquidazione giudiziale», «procedura di liquidazione giudiziale» e «debitore assoggettato a liquidazione giudiziale» e loro derivati, con salvezza della continuità delle fattispecie.

Domenico Spagnuolo

La questione semantica è stata indicata, dalla legge delega (l. 19 ottobre 2019, n. 155) quale primo principio generale dettato al legislatore delegato, disponendo, all'art. 2, lett. *a*), di «*sostituire il termine "fallimento" e i suoi derivati con l'espressione "liquidazione giudiziale"*». In linea alla tendenza già manifestatasi nei principali ordinamenti europei di *civil law* (tra cui quelli di Francia, Germania e Spagna), si è inteso così bandire dall'ordinamento l'uso dei termini che evocavano l'accezione negativa della procedura concorsuale, e dunque l'aura di negatività e di discredito, anche personale, che storicamente si accompagna alla parola fallimento o allo *status* di fallito per il debitore che vi è sottoposto [1].

La nuova denominazione di "liquidazione giudiziale" concorre alla «oggettivazione della crisi, da situazione dell'imprenditore a difetto dell'impresa» [2], con conseguente abbandono dell'impostazione afflittiva e dello stigma sociale che il termine "fallito" ha da sempre assunto nel contesto sociale, conseguente alla rappresentazione dell'insolvenza quale conseguenza di condotte illecite del debitore (secondo il noto brocardo *decoctor ergo fraudator* risalente al giureconsulto Baldo degli Ubaldi) [3]. Ed invero, il codice di commercio

---

[1] In tal senso la *Relazione illustrativa* chiarisce che «un diverso approccio lessicale può meglio esprimere una nuova cultura del superamento dell'insolvenza, vista come evenienza fisiologica nel ciclo vitale di un'impresa da prevenire ed eventualmente regolare al meglio»; RORDORF, *Prime osservazioni*, 131.

[2] PACCHI, *La liquidazione*, 965.

[3] GALGANO, *Storia del diritto*, p. 50; PRESTI, STANGHELLINI, VELLA (a cura di), *Il debitore civile*, *passim*. Va ricordato come il fallito Quest'ultimo era considerato «male infettivo da circoscrivere (...) e distruggere secondo un interesse supremo e statuale alla tutela dell'economia e del credito» (D'AVACK, *La natura giuridica*, 25). A tal riguardo v. anche EINAUDI, *Intorno al credito*, 119, che sosteneva che per uscire dalla crisi fosse necessario «lasciar fallire coloro che non sono in grado di vivere. Le crisi industriali si sono sempre vinte in questa maniera: ed ancora non se ne è inventata un'altra»; di «visione darwiniana dell'economia» parla JORIO, *Le procedure concorsuali*, 513.

del 1882 considerava il fallimento «come un fenomeno morboso che si deve prevenire con gravi sanzioni» e non come «una necessità fisiologica del commercio di cui il fallito non è che una vittima»[4].

La rimozione della carica di «negatività giuridica e sociale»[5] che caratterizzava la procedura di fallimento nella sua stessa denominazione, e per le aggettivazioni che da essa ne derivavano per il debitore *fallito*, ha lo scopo anche ad incoraggiare l'accesso alla procedura di liquidazione giudiziale in modo spontaneo e più tempestivo, con gli evidenti vantaggi per la soddisfazione dei creditori e, in generale, del mercato, lì dove non sia possibile accedere agli altri strumenti di risoluzione della crisi.

Proprio il carattere afflittivo che determinava l'utilizzo del termine *fallimento*, aveva sollecitato il Tribunale di Vicenza a investire la Corte costituzionale, suggerendo di «dichiarare soltanto l'insolvenza dell'impresa della persona fisica come attività», in luogo del «fallimento»[6]. La Corte costituzionale, pur dichiarando inammissibile la questione, aveva evidenziato che «l'obiettivo del mutamento del *nomen iuris* dell'istituto in questione, che il rimettente si propone di conseguire attraverso l'incidente di costituzionalità – seppur apprezzabile nella delineata prospettiva di una più sensibile attenzione al valore della dignità della persona – presuppone, comunque, una valutazione, in ordine alla denominazione più appropriata di aspetti pertinenti alla disciplina del fallimento, certamente eccentrica rispetto ai poteri del Giudice delle leggi ed attinente invece al *proprium* delle scelte riservate al legislatore. Come, del resto, dimostrato, *de iure condendo*, dal criterio direttivo individuato dal recente schema di disegno di legge recante "Delega al Governo per la riforma organica delle discipline della crisi di impresa e dell'insolvenza", elaborato dalla Commissione ministeriale istituita dal Ministro della giustizia con decreto 24 febbraio 2015, consistente proprio nella previsione della sostituzione del termine "fallimento", con espressioni equivalenti, quali "insolvenza" o "liquidazione giudiziale"»[7].

Il legislatore si è preoccupato di precisare che la sostituzione lessicale, generalizzata all'intero ordinamento nazionale, non comporta, per le norme così riformulate, alcuna modifica sotto il profilo applicativo delle stesse o della fattispecie regolata. La finalità della disposizione in commento, quindi, è esclusivamente quella di ricollegare alla *nuova* procedura di liquidazione giudiziale le disposizioni che avevano come riferimento normativo il fallimento e le situazioni ad esso correlate.

---

[4] Così VIVANTE, *Trattato di diritto*, 453.

[5] RORDORF, *Prime osservazioni*, 131.

[6] Trib. Vicenza, (ord.) 13 giugno 2014, in *G.U.*, 27 maggio 2015, n. 21 che denunziava «1) la lesione del principio di uguaglianza, per la disparità di trattamento tra un imprenditore soprasoglia ed uno sottosoglia (e tra un soggetto fallibile ed uno non fallibile) nel subire la *capitis deminutio* sociale conseguente alla attribuzione dell'appellativo "fallito", che viene dato con sentenza ad una persona fisica, per l'insolvenza della sua impresa, o della società di cui è socio illimitatamente responsabile; 2) lo iato di sensibilità (sociale e giuridica) rispetto alla vigente Costituzione materiale, che più non tollera nel proprio sentire che un soggetto persona fisica debba essere qualificato "fallito", sol perché la sua impresa commerciale (e solo essa) non abbia funzionato a dovere, eventualmente anche per cause esterne al suo volere, come è dimostrato nei fatti dalla mutata sensibilità del Legislatore, che nella L. n. 3/2012 ha adoperato espressioni e fatto riferimento a procedure affatto diverse, comunque svincolate da una logica nominalmente punitiva fallimentaristica, ed implicanti soltanto procedure di regolazione concordata della crisi, oppure di liquidazione giudiziale, non traumatiche per la persona fisica e per la sua dignità».

[7] Corte cost., 3 marzo 2016, n. 46, in *Giur. cost.*, 2016, 2, 528.

In tale prospettiva, viene affermata la «*continuità della fattispecie*», precisazione che, sebbene riferita segnatamente alle disposizioni penali, deve orientare l'interprete in via generale a riconoscere il tratto della «*continuità*» in tutte le disposizioni normative che fanno riferimento alla procedura fallimentare e da applicare tal quali anche alle ipotesi di liquidazione giudiziale, trattandosi, peraltro, di procedura che assume identici caratteri di concorsualità ed analoghe conseguenze per il debitore ed il suo patrimonio. L'automatismo della disposta sostituzione lessicale, con effetto generale, è chiaramente affermata dalla stessa norma, che fa appunto riferimento a tutte le «*disposizioni normative vigenti*», senza che possa assumere rilevanza la circostanza che lo stesso Codice si è preoccupato di disporre analoga sostituzione in modo specifico per talune norme speciali, come ad esempio per il Codice dei contratti pubblici (art. 372), per le società cooperative ed enti mutualistici (art. 381), per le norme del codice civile relative alle cause di scioglimento delle società di persone (art. 382).

La sostituzione lessicale opera con riferimento ai termine *fallimento*, *procedura fallimentare* e *fallito*, «*nonché le espressioni dagli stessi termini derivate*», e perciò con riferimento esclusivamente alle fattispecie normative che fanno riferimento alla procedura di fallimento ed al soggetto che vi è sottoposto.

La modifica terminologica, operando l'adeguamento automatico e generalizzato delle norme vigenti con riferimento specifico alla «liquidazione giudiziale», non consente l'ampliamento dell'area di applicazione delle norme così adeguate in via più generale alle procedure liquidatorie delineate dal nuovo sistema normativo concorsuale del Codice, e perciò anche alla liquidazione controllata, sebbene questa sia conformata come procedura concorsuale sostanzialmente analoga alla liquidazione giudiziale ed omogenea per le conseguenze che determina nei confronti sotto il profilo patrimoniale per il debitore. Il rilievo appare rilevante con riferimento, ad esempio, alle ipotesi di scioglimento della comunione tra coniugi (art. 191 c.c.), di scioglimento della società di persone (art. 2308 c.c.), di esclusione del socio (art. 2288 c.c.) o di espropriazione della quota di s.r.l. (art. 2471 c.c.), di postergazione del finanziamento del socio eseguito nell'anno anteriore alla apertura della procedura concorsuale della società a responsabilità limitata (art. 2467 c.c.), alla legittimazione per l'azione di responsabilità nei confronti del soggetto che esercita attività di direzione e coordinamento (art. 2497), al requisito per l'assunzione della carica di amministratore o sindaco di società (art. 2382 c.c.), al privilegio processuale riconosciuto alla banca per il credito fondiario (art. 41 TUB)[8].

---

[8] Sulla estensibilità alla liquidazione giudiziale del privilegio fondiario v. Trib. Brescia, 3 ottobre 2003, n. 633 in *dirittodellacrisi.it*, che ha rimesso la questione alla Suprema Corte, in via pregiudiziale ai sensi dell'art. 363-*bis* c.p.c. Hanno escluso l'applicabilità del privilegio processuale fondiario in caso di liquidazione controllata del debitore Trib. Verona, 20 dicembre 2022, in *inexecutivis.it*; Trib. Modena, 3 marzo 2023, in *ilcaso.it*; Trib. Treviso, 19 gennaio 2023, in *unijuris.it.* In senso contrario, Trib. Brescia, 12 aprile 2023, in *ilcaso*.it; Trib. Torre Annunziata, 14 aprile 2023, in *unijuris.it*; Trib. Barcellona P.G., 24 gennaio 2023, in *unijuris.it* che hanno ritenuto doversi estendere il riferimento al fallimento a tutte le ipotesi di concorsualità e, con specifico riferimento all'art. 41 TUB, affermando che il rinvio operato, nell'ambito della liquidazione controllata, dall'art. 270, comma 5 all'art. 150, deve intendersi come rinvio materiale, e perciò recettizio del sistema di regole ed eccezioni previsto da tale norma, ivi compresa la clausola di salvaguardia «*salvo diverse disposizioni di legge*», per cui la tecnica del rinvio materiale impone di uniformare integralmente il regime delle due procedure, applicando alla liquidazione controllata il regime, sia ordinario che speciale, previsto in relazione agli effetti per i creditori, applicando, perciò, in modo diretto, e non analogico, l'art. 41 TUB, quale effetto automatico del rinvio all'art. 150 nella sua interezza.

Articolo 350

Modifiche alla disciplina dell'amministrazione straordinaria

All'articolo 3, comma 1, del decreto legislativo 8 luglio 1999, n. 270, le parole «del luogo in cui essa ha la sede principale» sono sostituite dalle seguenti: «competente ai sensi dell'articolo 27, comma 1, del codice della crisi e dell'insolvenza»;

All'articolo 2, comma 1, del decreto-legge 23 dicembre 2003, n. 347, convertito, con modificazioni, in legge 18 febbraio 2004, n. 39, le parole «del luogo in cui ha la sede principale» sono sostituite dalle seguenti: «competente ai sensi dell'articolo 27, comma 1, del codice della crisi e dell'insolvenza».

Vedi il commento all'art. 27.

Articolo 351

Disposizioni sui compensi dell'OCRI

Articolo abrogato dall'art. 41, comma 4, d.lgs. 17 giugno 2022, n. 83, a decorrere dal 15 luglio 2022, ai sensi di quanto disposto dall'art. 51, comma 1, del medesimo d.lgs. n. 83 del 2022.

Articolo 352

Disposizioni transitorie sul funzionamento dell'OCRI

Articolo abrogato dall'art. 41, comma 4, d.lgs. 17 giugno 2022, n. 83, a decorrere dal 15 luglio 2022, ai sensi di quanto disposto dall'art. 51, comma 1, del medesimo d.lgs. n. 83 del 2022.

Articolo 353

Istituzione di un osservatorio permanente

1. Il Ministro della giustizia, con decreto adottato di concerto con il Ministro dell'economia e delle finanze e con il Ministro per lo sviluppo economico entro sei mesi dalla data di entrata in vigore del presente decreto, istituisce, anche ai fini di cui all'articolo 355, un osservatorio permanente sull'efficienza delle misure e degli strumenti previsti dal titolo II e degli strumenti di regolazione della crisi d'impresa.

2. Ai componenti dell'osservatorio non sono corrisposti compensi e gettoni di presenza, rimborsi spese ed altri emolumenti comunque denominati.

Paolo Lazzara e Davide Palazzo[*]

Sommario: 1. Inquadramento generale – nuove misure nuovi strumenti. – 2. Modalità di istituzione e composizione. – 3. L'attività. – 4. Conclusioni.

1. – L'articolo in commento si inserisce nel Titolo IX contenente le disposizioni per l'attuazione del Codice, le norme di coordinamento e la disciplina transitoria, e nel Capo I, relativo a «*Disposizioni generali, strumenti di allerta e composizione assistita della crisi*». Si pone dunque particolare attenzione a tale materia e si istituisce un apposito osservatorio permanente che studia e analizza l'efficienza degli istituti regolati dal titolo II del Codice e gli strumenti di regolazione della crisi d'impresa. Tali misure seguono una prospettiva che si afferma anzitutto nel contesto europeo e mira a prevenire il verificarsi o l'aggravamento delle crisi d'impresa, per favorire i processi di ristrutturazione [1].

---

[*] I paragrafi n. 1 e 4 sono di Paolo Lazzara ed i paragrafi n. 2 e 3 sono di Davide Palazzo.

[1] Tale esigenza è sempre maggiormente sentita a livello europeo, come dimostra l'approvazione della direttiva (UE) 2019/1023 del Parlamento europeo e del Consiglio, del 20 giugno 2019, riguardante i quadri di ristrutturazione preventiva, l'esdebitazione e le interdizioni, e le misure volte ad aumentare l'efficacia delle procedure di ristrutturazione, insolvenza ed esdebitazione, e che modifica la direttiva (UE) 2017/1132. Obiettivo di tale proposta è, tra l'altro, la predisposizione di strumenti di allerta per spingere i debitori che cominciano ad avere problemi finanziari ad agire in una fase precoce, quando è probabile che l'insolvenza possa essere evitata e la continuazione dell'attività assicurata (considerando 22). Conformemente, l'art. 3 della direttiva impone agli Stati membri di predisporre strumenti di allerta in grado di individuare un andamento degenerativo dell'impresa e segnalare al debitore o all'imprenditore la necessità di agire con urgenza. Si veda inoltre la

Più in generale, il sistema previsto dalle disposizioni in commento (artt. 353-355) è emblematico del grado di "precarietà" della disciplina legislativa, in relazione alle difficoltà di regolare materie particolarmente complesse e "dinamiche". Tra queste vi è certamente quella delle crisi d'impresa la cui nuova prospettiva di inquadramento richiederà sicuramente aggiustamenti, modifiche e correzioni di vario genere negli anni a venire.

Non è una novità, ma merita sottolineatura, che il legislatore stesso rinvii ad una fonte secondaria (il regolamento) la delegificazione di alcune disposizioni, proprio al fine di adeguarle ad esigenze e necessità che emergeranno soltanto dopo la relativa applicazione e attuazione.

L'impostazione, d'altra parte, caratterizza una materia nella quale il sistema di riferimento (le imprese, le banche, gli altri operatori) deve trovare adeguato spazio di intervento. Si tratta di ambiti nei quali il rilievo del "mercato" e delle imprese è centrale di talché qualsiasi riforma deve necessariamente misurarsi – anche *in itinere* – con gli operatori e gli *stakeholders*. Diversamente i complessi meccanismi in questione sarebbero destinati a fallire.

A fronte della richiamata delegificazione, le questioni si spostano sul tavolo governativo che appare, in materie così tecniche e dinamiche, il luogo istituzionale più adeguato per studiare e realizzare le revisioni, con il coinvolgimento degli operatori interessati.

In base all'art. 354, il Governo, proprio sulla base dei dati elaborati dall'osservatorio, può modificare la normativa che disciplina gli obblighi di segnalazione da parte di creditori pubblici qualificati [2] e la tempestività dell'iniziativa del debitore volta a prevenire l'aggravarsi della crisi [3].

In questo quadro, l'osservatorio è organismo volto a "monitorare" l'attuazione del Codice al fine di adeguarne le disposizioni alle esigenze e alle criticità che emergeranno nel tempo.

Rilevante è il collegamento funzionale con la relazione che il Ministro della Giustizia è tenuto a presentare al Parlamento ai sensi all'art. 355. Tale relazione, da svolgersi entro due anni dalla prima applicazione del Codice (e successivamente ogni tre anni), deve tenere conto proprio dei dati elaborati dall'osservatorio [4].

2. – L'istituzione dell'osservatorio previsto dalla legge è rimessa ad un decreto del Ministro della Giustizia, di concerto con il Ministro dell'Economia e delle Finanze e con il Ministro per lo sviluppo economico (adesso denominato Ministro delle imprese e del made in Italy). Il decreto è stato adottato il 29 dicembre 2022. A tale "fonte" ministeriale sono rimessi gli aspetti "organizzativi", che tuttavia appaiono particolarmente rilevanti e delicati.

Raccomandazione della Commissione Europea su "Un nuovo approccio al fallimento delle imprese e all'insolvenza", 13 marzo 2014, C(2014) 1500 final, e la Comunicazione della Commissione europea su "Un nuovo approccio europeo al fallimento delle imprese e all'insolvenza", 12.12.2012, COM(2012) 742 final. In dottrina v. FERRO, *Allerta e composizione*, 419 ss.; GUIOTTO, *I sistemi*, 410 ss.; GABOARDI, *Spunti sulla legge*, 155 ss.; POLICARO, *La crisi*, 1038 ss.

[2] Art. 15.

[3] Art. 24. La tempestività dell'iniziativa del debitore è valutata ai fini del riconoscimento delle misure premiali, in particolare di carattere tributario e penale, previste dall'art. 25.

[4] Sull'attività referente imposta al Ministro della Giustizia si rinvia al commento dell'art. 355 in questo volume.

Tale rinvio appare eccessivamente ampio e suscita perciò qualche perplessità in relazione al rispetto del principio di legalità in senso sostanziale [5]; in tal senso sarebbe stata necessaria una definizione, almeno di principio, degli aspetti organizzativi pubblici (art. 97 Cost.), come ad esempio la composizione dell'organo, i requisiti necessari per farvi parte, la provenienza degli stessi, ecc.

L'unico aspetto *lato sensu* "organizzativo" su cui la disposizione si pronuncia è l'assenza di corrispettivo per la partecipazione all'organo: in base al comma 2, ai componenti dell'osservatorio non sono corrisposti compensi e gettoni di presenza, rimborsi spese o altri emolumenti comunque denominati [6]. Tale previsione, pur essendo conforme all'art. 391, comma 1 (in forza del quale l'attuazione delle disposizioni del Codice deve avvenire nel limite delle risorse finanziarie, umane e strumentali disponibili, senza nuovi o maggiori oneri per la finanza pubblica), suscita non poche perplessità, anche perché finisce per depotenziare "in partenza" il ruolo dell'osservatorio e l'impegno che potrà essere richiesto ai componenti.

Il decreto attuativo prevede una composizione dell'osservatorio ispirata ai principi del pluralismo e della sussidiarietà. Ai sensi dell'art. 2, esso è presieduto dal Capo di gabinetto del Ministero della Giustizia ed è composto da esperti (in particolare, docenti universitari e magistrati) nominati in parte dallo stesso Capo di gabinetto, in parte dal Ministero delle imprese e del made in Italy e dalla Banca d'Italia. Altri componenti possono considerarsi espressione del tessuto sociale: essi sono nominati da alcuni ordini professionali [7] e da organizzazioni rappresentative delle imprese [8]. Ne risulta una composizione mista, che tende ad assicurare la rappresentanza istituzionale e la partecipazione del mondo delle imprese e del lavoro. Manca, tuttavia, un collegamento con le istituzioni regionali e locali.

I componenti restano in carica per cinque anni e possono essere confermati per un secondo quinquennio.

3. – La disposizione in commento non specifica l'attività dell'osservatorio, limitandosi a individuarne l'oggetto: l'efficienza delle misure di allerta e delle procedure di composizione assistita della crisi di impresa di cui al titolo II del Codice. Le funzioni dell'osservatorio sono, perciò, quasi integralmente regolate dal d.m. del 29 dicembre 2022.

Qualche utile indicazione, a livello di normazione primaria, può però ricavarsi dagli artt. 354 e 355 che regolano, rispettivamente, la possibilità di modificare alcune disposizioni in materia di obblighi di segnalazione sulla base dei dati elaborati dall'osservatorio, e l'obbligo per il Ministro della Giustizia di presentare periodicamente una relazione al Parlamento sull'attuazione del Codice, tenendo conto dei medesimi dati.

Si comprende allora che l'osservatorio ha il compito di raccogliere ed elaborare i dati

---

[5] Sul principio di legalità in senso sostanziale v. per tutti CLARICH, *Manuale di diritto*, 62. In generale sul principio di legalità v. ROMANO, *Amministrazione, legalità*, 111 ss.; FOIS, *Legalità (principio di)*, 659 ss.

[6] V. anche art. 3, del d.m. 29 dicembre 2022.

[7] Un componente è designato dal Consiglio nazionale forense, uno dal Consiglio nazionale dei dottori commercialisti ed esperti contabili, uno dal Consiglio nazionale dei consulenti del lavoro.

[8] Un membro è designato dalla Confederazione generale dell'industria italiana, uno dalla Confartigianato-imprese, uno dalla Confederazione generale dell'agricoltura italiana.

relativi all'applicazione degli strumenti di allerta della crisi, con particolare riferimento agli obblighi di segnalazione, e al funzionamento dei meccanismi "pre-giurisdizionali" di composizione della stessa. L'attenzione sarà riposta segnatamente sull'efficacia degli «*Organismi di composizione della crisi d'impresa*», ai quali spetta un ruolo di primo piano nella realizzazione di una nuova forma di "concorsualità preventiva", autonoma rispetto ai procedimenti giudiziari [9].

In questa prospettiva, l'art. 2 del d.m. 29 dicembre 2022 dispone che l'osservatorio verifica l'efficienza delle misure e degli strumenti per la gestione della crisi d'impresa, giudiziali e stragiudiziali, monitorandone, in particolare, la durata, l'esito e, nei casi di prosecuzione dell'attività, il mantenimento dei livelli occupazionali. Rispetto alle procedure di ristrutturazione, l'osservatorio verifica l'esito della fase esecutiva e monitora l'adempimento agli obblighi assunti con il piano di ristrutturazione o l'apertura di altra procedura anche di tipo liquidatorio.

A tal fine l'osservatorio si avvale dei dati forniti da un tavolo tecnico istituito con la convenzione sottoscritta tra il Ministero della Giustizia e Unioncamere il 21 e 22 giugno 2022, dalla Direzione generale di statistica e analisi organizzativa e dalla Direzione generale per i servizi informativi automatizzati. Esso può acquisire dati e informazioni anche da esperti e soggetti esterni.

Sulla base dei dati raccolti l'osservatorio redige ogni due anni una relazione sull'efficienza delle misure monitorate, anche in vista di eventuali modifiche normative.

Si tratta, dunque, di attività di tipo conoscitivo-informativo da svolgersi a favore del Parlamento e del Governo, anche per il tramite della relazione ministeriale [10]. Sulla base dei dati forniti dall'osservatorio, l'esecutivo (con decreto di delegificazione) o il Parlamento possono intervenire sull'impianto normativo qualora la sua applicazione non abbia prodotto i risultati sperati.

L'istituzione dell'osservatorio si iscrive, dunque, in una prospettiva che tende a valutare la "bontà" di determinate misure non solo sulla carta, ciò che spesso ha contribuito a delineare il quadro di "ipertrofia normativa" che caratterizza il nostro ordinamento [11], ma in concreto, sulla base dei risultati effettivamente ottenuti. La raccolta e l'elaborazione di dati affidabili inerenti all'impatto di una determinata disciplina normativa costituisce, infatti, un'attività necessaria per valutare l'efficacia delle politiche pubbliche [12].

Da qui l'inquadramento in termini di sussidiarietà Stato-mercato. L'opportunità di instituire meccanismi di monitoraggio sulle discipline che regolano le attività economiche, è sottolineata in misura sempre maggiore dalle istituzioni internazionali ed europee nell'ambito delle iniziative volte a promuovere la c.d. "*better*" o "*smart regulation*" [13]; ciò sia come

[9] Sul punto v. FERRO, *Allerta e composizione*, 419. Cfr. inoltre CATALDO, *La soggezione*, 1021 ss.

[10] In proposito, v. CHELI, MACCHITELLA, *L'attività conoscitiva*, 103, i quali sottolineano l'importanza che il Parlamento si avvalga «di apparati strumentali adeguati, in grado di realizzare un sistema di raccolta di dati coerente ed efficace».

[11] Cfr. AINIS, *La legge oscura*, 20 ss.; ROMANO, *Il cittadino*, 175.

[12] In proposito v. DENTE, *L'analisi*, 15.

[13] V. la Comunicazione della Commissione europea intitolata "Legiferare meglio per ottenere risultati migliori – Agenda dell'UE", 19 maggio 2015, COM(2015) 215 final.

elemento essenziale dello Stato di diritto, sia come strumento per la crescita economica [14]. L'osservazione e la valutazione degli effetti di un determinato *corpus* normativo costituiscono una fase essenziale del "ciclo della regolazione", volto al miglioramento della qualità delle regole nella prospettiva della riduzione degli oneri e dei costi a carico dei privati, e in particolare delle imprese [15].

In questo contesto, il monitoraggio costituisce attività necessaria per la "manutenzione" delle regole, ossia per il costante adeguamento delle medesime alla luce delle esigenze e delle criticità emerse nella fase attuativa [16].

Con riferimento al regime delle discipline concorsuali, la Commissione europea ha "raccomandato" agli Stati membri dell'Unione Europea di raccogliere statistiche annuali affidabili sulle procedure di ristrutturazione, verificandone il numero, la durata, l'esito e la dimensione dei debitori interessati [17]. Nella stessa direzione si muove la recente direttiva europea in tema di ristrutturazione, insolvenza e liberazione dai debiti [18] che impone agli Stati membri di raccogliere e aggregare dati affidabili sui risultati delle procedure applicabili alla crisi d'impresa al fine di consentire una valutazione accurata del funzionamento pratico della direttiva stessa [19].

4. – L'istituzione dell'osservatorio si inscrive in un contesto internazionale ed europeo che preme, sia in generale sia con specifico riferimento alle crisi d'impresa, verso l'analisi e la valutazione *ex post* degli effetti della normativa, al fine di assicurarne il costante adeguamento alle esigenze della collettività.

Fissati i punti essenziali, il decreto attuativo definisce nel dettaglio gli aspetti organizzativi, i compiti e le modalità di funzionamento dell'osservatorio, in modo da rendere l'attività conoscitiva di quest'ultimo il più possibile completa ed efficace.

Tale organo costituisce espressione del principio di sussidiarietà orizzontale e funge da necessario collegamento tra le istituzioni pubbliche e "il mercato", ovvero gli operatori e gli *stakeholders* impegnati nel settore.

---

[14] Sul punto, v. DE BENEDETTO, MARTELLI, RANGONE, *La qualità*, 11 ss.

[15] Connaturata all'attività di regolazione si considera, infatti, sia l'analisi di impatto *ex ante* (c.d. AIR), sia la verifica d'impatto *ex post* (c.d. VIR). Sul punto v. LAZZARA, *La regolazione amministrativa*, 351 ss., che precisa come anche le leggi siano sottoposto a questo genere di valutazioni. Con riferimento specifico alle riforme amministrative v. NATALINI, *Il tempo*, 285 ss.

[16] Cfr. DE BENEDETTO, MARTELLI, RANGONE, *La qualità*, 51. Non si trascura, d'altra parte, che l'"instabilità" normativa prodotta da continui "ritocchi" legislativi possa costituire un fattore di incertezza del diritto. Sul punto v. CIOLLI, *Le relazioni*, 55. Cfr., inoltre, AINIS, *La legge oscura*, 22.

[17] Raccomandazione della Commissione Europea su "Un nuovo approccio al fallimento delle imprese e all'insolvenza", 13 marzo 2014, C(2014) 1500 final, punto 35.

[18] Si tratta della già menzionata direttiva (UE) 2019/1023.

[19] Considerando n. 92. L'art. 29 della direttiva precisa la portata dell'obbligo di raccolta dei dati e impone agli Stati membri di comunicarli con cadenza annuale alla Commissione europea, la quale provvede alla loro pubblicazione sul proprio sito web.

Articolo 354

Revisione dei parametri

Articolo abrogato dall'art. 41, comma 4, d.lgs. 17 giugno 2022, n. 83, a decorrere dal 15 luglio 2022, ai sensi di quanto disposto dall'art. 51, comma 1, del medesimo d.lgs. n. 83 del 2022.

Articolo 355
Relazione al Parlamento

1. Entro due anni in sede di prima applicazione, e successivamente ogni tre anni, il Ministro della giustizia presenta al Parlamento una relazione dettagliata sull'applicazione del presente codice, tenuto conto dei dati elaborati dall'osservatorio di cui all'articolo 353.

Paolo Lazzara e Davide Palazzo*

Sommario: 1. Introduzione. – 2. La relazione del Governo nel contesto dell'attività conoscitiva e di controllo del Parlamento. – 3. La relazione governativa nel quadro della "better regulation". – 4. Conclusioni.

1. – La disposizione in commento si inserisce tra le misure apprestate dal Codice per garantire un permanente monitoraggio e controllo sull'applicazione dello stesso. A tal fine, si prevede che il Ministro della Giustizia presenti entro due anni dall'applicazione del Codice e, successivamente, ogni tre anni una relazione dettagliata al Parlamento.

Il legislatore non definisce il contenuto della relazione, ma stabilisce che essa debba tenere conto dei dati elaborati dall'osservatorio istituito ai sensi dell'art. 353 per valutare l'efficienza delle misure di allerta, delle procedure di composizione assistita della crisi di impresa di cui al titolo II. La relazione avrà, dunque, ad oggetto in particolar modo l'applicazione delle disposizioni di cui al Titolo II del Codice e i loro effetti rispetto alla prevenzione e gestione delle crisi d'impresa. Si tratta, infatti, di alcune delle disposizioni maggiormente innovative del Codice che, nell'ottica di prevenire o ridurre il rischio di insolvenza, ha introdotto un meccanismo "pre-giurisdizionale" per la composizione delle crisi d'impresa [1].

2. – La relazione ministeriale si inquadra nel contesto dell'attività conoscitiva e di controllo delle Camere o, secondo altra prospettiva, dell'attività referente del Governo [2]. Si tratta di strumenti informativi, frequentemente previsti dal legislatore e contemplati

* I paragrafi n. 1 e 2 sono di Paolo Lazzara ed i paragrafi n. 3 e 4 sono di Davide Palazzo.

[1] Cfr. Ferro, *Allerta e composizione*, 419 ss.; Guiotto, *I sistemi*, 410 ss.

[2] In proposito v. Degrassi, *Le relazioni*, 18.

anche nei regolamenti parlamentari. Il Governo, mediante i suoi organi[3], adempie al dovere di informazione nei confronti delle Camere parlamentari, cui è legato dal rapporto di fiducia.

L'organo legislativo è così messo nelle condizioni di esercitare la funzione di controllo dell'attività governativa[4] in via sistematica e continuativa[5], verificando *ex post* l'attuazione di una certa disciplina[6].

Il collegamento della relazione governativa con le funzioni di indirizzo e controllo delle Camere trova espressione nelle disposizioni dei regolamenti parlamentari, in forza delle quali le Commissioni parlamentari competenti[7] possono adottare una risoluzione sulla base della relazione, esprimendo un determinato orientamento politico[8].

In questa prospettiva, può ritenersi che mediante l'obbligo di relazione il legislatore integri le attività conoscitive del Parlamento, imponendo all'organo esecutivo un'attività informativa che prescinde dall'iniziativa parlamentare[9]. È riconosciuto, infatti, che le relazioni sull'attuazione di una legge forniscono dati e informazioni quantitativamente superiori e diversi rispetto a quanto può essere ottenuto con l'attività ispettiva[10].

Sotto altro profilo, l'attività "referente" del Governo risulta strumentale anche al miglior esercizio delle altre funzioni del Parlamento e, in particolare, della funzione legislativa[11]; sul punto ci si soffermerà nel paragrafo successivo.

In termini generali, la relazione del Governo può quindi ricondursi al principio di col-

[3] L'obbligo di relazione o di "referto" ricade ordinariamente sul Presidente del Consiglio dei Ministri o sul Ministro competente rispetto all'oggetto della relazione medesima. Sulle modalità di individuazione del titolare della funzione referente v. DEGRASSI, *Le relazioni*, 167 ss.

[4] Cfr. CIOLLI, *Le relazioni*, 70. Sulla nozione di controllo politico come comprensivo degli atti che servono ad acquisire notizie e informazioni v. RESCIGNO, *Corso di diritto*, 390. Sul collegamento tra l'attività conoscitiva e quella di controllo v. MARTINES, *Diritto costituzionale*, 328-329; MAZZIOTTI DI CELSO, *Parlamento (principi generali*, 807-808. Nel senso che la funzione ispettiva del Parlamento, pur innestandosi nel rapporto fiduciario con il Governo, non risulta assorbita da tale rapporto, v. LAVAGNA, *Istituzioni di diritto*, 671.

[5] Con riferimento al requisito di "continuità" dell'attività referente v. DEGRASSI, *Le relazioni*, 90.

[6] Sul concetto di controllo-verifica, v. BALDASSARRE, *Il Parlamento*, 30.

[7] Come osserva DEGRASSI, *Le relazioni*, 118 e 130, sebbene destinatario dell'attività referente debba intendersi il Parlamento, l'esercizio delle funzioni politiche conseguenti alla relazione può essere rimesso alle sue articolazioni organizzative.

[8] Per gli aspetti procedurali v. l'art. 124 del regolamento della Camera e gli artt. 34, comma 1, 50, comma 2, e 125, regolamento del Senato. In proposito, anche con riferimento alla frequente inosservanza di tali disposizioni, v. RUOTOLO, *Le relazioni*, 178 ss.; CAGGIULA, *Le relazioni governative*, 273.

[9] In particolare, l'art. 143, comma 3, regolamento della Camera dei Deputati prevede che le commissioni competenti possano chiedere ai rappresentanti del Governo di riferire, anche per iscritto, in merito all'esecuzione di leggi. Analoga previsione è contenuta nell'art. 46, comma 2, del regolamento del Senato. DEGRASSI, *Le relazioni*, 132, ritiene che le previsioni legislative che prevedono la presentazione di relazione al Parlamento abbiano essenzialmente la finalità di "*rendere obbligatoria l'attività referente*". Sugli strumenti non legislativi tramite cui le Camere parlamentari possono esercitare la propria funzione di conoscenza e controllo v. CARNEVALE, *Il Parlamento*, 330 ss. Nella dottrina meno recente v. TUCCARI, *Della nuova funzione*, 35 ss.

[10] Così SICLARI, *Il controllo parlamentare*, 353, il quale però al contempo sottolinea che la mole di dati contenuti nelle numerose relazioni ne impedisce, di fatto, l'esame da parte delle Commissioni parlamentari (356).

[11] Cfr. SICARDI, *Controllo e indirizzo*, 127.

laborazione istituzionale che regge i rapporti tra quest'ultimo e le Camere nel contesto della "razionalizzazione" del governo parlamentare [12].

Rimane qualche perplessità sulla competenza affidata esclusivamente al Ministero della Giustizia, a conferma che le crisi di impresa rimangono ancora per molti versi legate ad una prospettiva contenziosa o quanto meno giudiziaria. Rispetto al disegno del Codice sarebbe stato forse opportuno il coinvolgimento del Ministero per lo sviluppo economico (adesso Ministero delle imprese e del made in Italy), che presidia in via continuativa le più importanti crisi di impresa e che può offrire importanti apporti informativi in materia.

3. – Lo strumento della relazione periodica (normalmente annuale) è comunemente utilizzato nei rapporti tra le Autorità indipendenti e il Parlamento [13]. Le prime, sottratte al circuito della legittimazione democratica [14], sono tenute a rendere conto al Parlamento delle attività svolte nei settori di competenza [15]. Analogo obbligo informativo è imposto ad altri enti pubblici [16] sebbene in tali casi spesso operi una forma di "intermediazione governativa" [17], e alla Corte dei conti [18]. Mediante tali vincoli si realizza una "rete conoscitiva" che integra i mezzi dell'informazione parlamentare [19].

In altri casi, come quello previsto dalla disposizione in commento, il legislatore impone al Presidente del Consiglio o ai Ministri di riferire al Parlamento sull'attuazione di una determinata disciplina normativa [20] in ragione della rilevanza o dell'impatto di quest'ultima. In queste ipotesi, l'obbligo di relazione si inquadra nell'obiettivo della migliore tecnica legislativa [21] o, secondo altra terminologia, della *better regulation*, che invita a monitorare costantemente l'attuazione delle norme, così da verificarne gli effetti sul piano pratico e da

---

[12] In proposito v. DEGRASSI, *Le relazioni, passim*.

[13] Con riferimento alla Banca d'Italia v. art. 19, comma 4, legge 262/2005; relativamente all'AGCM, v. art. 23, l. n. 287 del 1990, che tuttavia prevede l'"intermediazione" del Presidente del Consiglio dei Ministri; relativamente all'AGCOM e all'ARERA, v. art. 2, comma 12, lett. *i*), l. 14 novembre 1995, n. 481; in merito alla Consob, v. art. 1, comma 13, d.l. 8 aprile 1973, n. 95, conv. in l. 7 giugno 1974, 216.

[14] Cfr. LAZZARA, *Autorità indipendenti*, 37.

[15] Cfr. SICLARI, *Il controllo parlamentare*, 364 ss.; MANZELLA, *Il parlamento*, 173 e 212 ss. Nel senso che le relazioni presentate dalle Autorità indipendenti costituiscono uno strumento conoscitivo piuttosto che di controllo, v. CIOLLI, *Le relazioni*, 70.

[16] Ad es., relativamente all'Agenzia Spaziale Italiana v. art. 21, comma 6, lett. *q*), d.lgs. 4 maggio 2003, n. 128; riguardo all'Istat v. art. 24, d.lgs. 6 settembre 1989, n. 322.

[17] Cfr. DEGRASSI, *Le relazioni*, 280 ss.

[18] Sull'autonomia dell'attività referente della Corte dei conti, v. DEGRASSI, *Le relazioni*, 322 ss.

[19] Cfr. MANZELLA, *Il parlamento*, 210.

[20] Un lungo elenco dei provvedimenti legislativi che impongono al Governo o ai Ministri la presentazione di relazioni al Parlamento si trova in RUOTOLO, *Le relazioni*, 188 ss. Cfr. inoltre CAGGIULA, *Le relazioni governative*, 281 ss. Più di recente v. CIOLLI, *Le relazioni*, 59 ss., la quale nota che l'imposizione di un obbligo di relazione sull'attuazione della legge è divenuta particolarmente frequente a partire dagli anni '80 del secolo scorso. Analoghe "clausole valutative" si riscontrano nella legislazione regionale. Cfr., a titolo esemplificativo, l'art. 407, l. regionale dell'Umbria 9 aprile 2015, n. 11 (Testo unico in materia di Sanità e Servizi sociali), che pone a carico della Giunta regionale l'obbligo di presentare all'Assemblea Legislativa, con cadenza annuale, una relazione sullo stato di attuazione di determinati interventi sociali.

[21] Più esattamente, l'«analisi ex post dello stato di cose susseguente ad una legge» è ricondotta al campo delle tecniche legislative definito come "controllo di gestione". Sul punto v. RESCIGNO, *Tecnica legislativa*, 2.

poter procedere, eventualmente, alla relativa revisione[22]. Tale obiettivo è oggetto di particolare attenzione nell'ordinamento europeo, come dimostra la direttiva in tema di ristrutturazione, insolvenza e liberazione dai debiti, che contempla una previsione analoga, imponendo alla Commissione europea di presentare periodicamente al Parlamento europeo, al Consiglio e al Comitato economico e sociale europeo una relazione sull'applicazione del nuovo testo normativo[23].

Volendo classificare la relazione prevista dalla disposizione in commento, essa si inquadra tra quelle volte a documentare l'efficacia di una disciplina normativa la cui attuazione è rimessa non esclusivamente al Governo, ma all'operato di altri soggetti, pubblici o privati[24]. L'implementazione del Codice e in particolare delle disposizioni in materia di procedure di allerta e di composizione assistita della crisi richiede, infatti, un adempimento solerte da parte del debitore, degli organi societari, dei c.d. creditori pubblici qualificati, nonché dei nuovi "Organismi di composizione della crisi d'impresa". Il coinvolgimento di plurimi soggetti nell'attuazione della nuova normativa rende il contenuto della relazione ministeriale particolarmente complesso e rilevante, in ragione dell'esigenza, ma al contempo della difficoltà di individuare le cause di eventuali disfunzioni del sistema[25].

4. – La previsione di un'attività referente del Governo in favore del Parlamento, con riferimento all'attuazione delle disposizioni del Codice, si inserisce, da un lato, nel quadro di collaborazione istituzionale che permea la forma di governo parlamentare, dall'altro nella prospettiva di "qualità della regolazione" che tende ad affermarsi in maniera sempre più dirompente nel contesto europeo e internazionale.

Nell'esperienza italiana la diffusa previsione normativa di un obbligo di "referto" si è accompagnata, di frequente, all'inosservanza del vincolo legislativo, rimasto "lettera morta" per l'inerzia degli organi governativi e il disinteresse delle istituzioni parlamentari[26]. Affinché gli obiettivi perseguiti dal legislatore possano essere realizzati, occorre pertanto sia un certo grado di "diligenza" da parte del Governo sia un efficace controllo da parte delle Camere. In questo modo la relazione periodica potrà costituire un rilevante strumento informativo, nella direzione del perfezionamento della disciplina della crisi d'impresa alla luce dei risultati raggiunti nella prassi.

---

[22] V. la Comunicazione della Commissione europea intitolata "Legiferare meglio per ottenere risultati migliori – Agenda dell'UE", 19 maggio 2015, COM(2015) 215 final. In dottrina v. CIOLLI, *Le relazioni*, 54 ss.; SICLARI, *Il controllo parlamentare*, 354. Sulla *better regulation* v. LAZZARA, *La regolazione amministrativa*, 348.

[23] Art. 33, direttiva (UE) 2019/1023 del Parlamento europeo e del Consiglio, del 20 giugno 2019, riguardante i quadri di ristrutturazione preventiva, l'esdebitazione e le interdizioni, e le misure volte ad aumentare l'efficacia delle procedure di ristrutturazione, insolvenza ed esdebitazione, e che modifica la direttiva (UE) 2017/1132.

[24] La relazione in esame si distingue così da quelle che hanno ad oggetto l'attuazione della legge esclusivamente da parte del Governo. Per questa distinzione v. RUOTOLO, *Le relazioni*, 176-177.

[25] Sulla difficoltà di valutare l'efficacia di una politica la cui attuazione dipende anche dalle condizioni economiche, politiche e sociali esistenti in un dato momento storico, v. DENTE, *L'analisi*, 32.

[26] Cfr. SICLARI, *Il controllo parlamentare*, 352, nota 38; CIOLLI, *Le relazioni*, 67; DEGRASSI, *Le relazioni*, 87-88.

Articolo 356

Albo dei soggetti incaricati dall'autorità giudiziaria delle funzioni di gestione e di controllo nelle procedure di cui al Codice della crisi e dell'insolvenza

1. È istituito presso il Ministero della giustizia un albo dei soggetti, costituiti anche in forma associata o societaria, destinati a svolgere, su incarico del tribunale, le funzioni di curatore, commissario giudiziale o liquidatore, nelle procedure previste nel codice della crisi e dell'insolvenza. È assicurato il collegamento dati con le informazioni contenute nel registro di cui all'articolo 125, comma 4. Il Ministero della giustizia esercita la vigilanza sull'attività degli iscritti all'albo.

2. Possono ottenere l'iscrizione i soggetti che, in possesso dei requisiti di cui all'articolo 358, comma 1, dimostrano di aver assolto gli obblighi di formazione di cui all'articolo 4, comma 5, lettere b), c) e d), del decreto del Ministro della giustizia 24 settembre 2014, n. 202, e successive modificazioni. Per i professionisti iscritti agli ordini professionali degli avvocati, dei dottori commercialisti e degli esperti contabili, dei consulenti del lavoro la durata dei corsi di cui al predetto articolo 4, comma 5, lettera b), è di quaranta ore. Ai fini del primo popolamento dell'albo, possono ottenere l'iscrizione anche i soggetti in possesso dei requisiti di cui all'articolo 358, comma 1, che documentano di essere stati nominati, alla data di entrata in vigore del presente articolo, in almeno due procedure negli ultimi quattro anni, curatori fallimentari, commissari o liquidatori giudiziali. Costituisce condizione per il mantenimento dell'iscrizione l'acquisizione di uno specifico aggiornamento biennale, ai sensi del predetto decreto. La Scuola superiore della magistratura elabora le linee guida generali per la definizione dei programmi dei corsi di formazione e di aggiornamento. I requisiti di cui all'articolo 358, comma 1, lettera b), devono essere in possesso della persona fisica responsabile della procedura, nonché del legale rappresentante della società tra professionisti o di tutti i componenti dello studio professionale associato.

3. Costituisce requisito per l'iscrizione all'albo il possesso dei seguenti requisiti di onorabilità:

a) non versare in una delle condizioni di ineleggibilità o decadenza previste dall'articolo 2382 del codice civile;

b) non essere stati sottoposti a misure di prevenzione disposte dall'autorità giudiziaria ai sensi del decreto legislativo 6 settembre 2011, n. 159;

c) non essere stati condannati con sentenza passata in giudicato, salvi gli effetti della riabilitazione:

1) a pena detentiva per uno dei reati previsti dalle norme che disciplinano l'attività bancaria, finanziaria, mobiliare, assicurativa e dalle norme in materia di mercati e valori mobiliari, di strumenti di pagamento;

2) alla reclusione per uno dei delitti previsti nel titolo XI del libro V del codice civile o nel presente codice;

3) alla reclusione per un tempo non inferiore a un anno per un delitto contro la pubblica amministrazione, contro la fede pubblica, contro il patrimonio, contro l'ordine pubblico, contro l'economia pubblica ovvero per un delitto in materia tributaria;

4) alla reclusione per un tempo superiore a due anni per un qualunque delitto non colposo;

d) non avere riportato negli ultimi cinque anni una sanzione disciplinare più grave di quella minima prevista dai singoli ordinamenti professionali.

Tommaso Nigro

Sommario: 1. La creazione dell'Albo ed i criteri di iscrizione. – 2. L'equipollenza ed il «*primo popolamento*». – 3. L'iscrizione del «*professionista indipendente*». – 4. Il requisito dell'onorabilità.

1. – La norma di nuovo conio, di portata assolutamente innovativa, prevede che alcune categorie di professionisti che ambiscono ad essere officiati dall'autorità giudiziaria per ricoprire incarichi nelle procedure previste dal Codice, sono ora obbligati ad iscriversi nel nuovo «*Albo dei soggetti incaricati dall'autorità giudiziaria delle funzioni di gestione e di controllo nelle procedure di cui al Codice della crisi e dell'insolvenza*».

Con l'emanazione del d.lgs. n. 83 del 17 giugno 2022 [1] si è reso, inizialmente seppur solo apparentemente, completo il corredo normativo e regolamentare destinato a disciplinare il nuovo mondo della crisi di impresa e le attività degli operatori che, a vario titolo, risulteranno coinvolti. Il riformato art. 356 dispone, dunque, l'istituzione, presso il Ministero della Giustizia, di un albo dei soggetti destinati a svolgere, su incarico del tribunale, le funzioni di curatore, commissario giudiziale o liquidatore, nelle procedure previste nel Codice, potendo accedere a detto Albo, per effetto del richiamo all'art. 358, «*a) gli iscritti agli albi degli avvocati, dei dottori commercialisti e degli esperti contabili e dei consulenti del lavoro; b) gli studi professionali associati o società tra professionisti; c) coloro che abbiano svolto funzioni di amministrazione, direzione e controllo in società di capitali o società cooperative". In aggiunta al requisito di base gli aspiranti hanno l'onere di dimostrare "di aver assolto gli obblighi di formazione di cui all'articolo 4, comma 5, lettere b), c) e d) del decreto del Ministro della Giustizia 24 settembre 2014, n. 202, e successive modificazioni*», ovvero, per quanto qui di interesse, che abbiano maturato una «*specifica formazione acquisita tramite la partecipazione a corsi di perfezionamento*» che includano insegnamenti nei settori disciplinari del: diritto civile e commerciale, diritto fallimentare e dell'esecuzione civile, economia aziendale, diritto tributario e previdenziale.

Il rinvio alla disposizione generale, contenuta nel d.m. n. 202 del 2014 [2] è, in parte, de-

[1] Pubblicato nella Gazzetta Ufficiale n. 152 del 1 luglio 2022.

[2] Decreto, tra l'altro, istituito per regolare il diverso Albo dei gestori delle crisi da sovraindebitamento.

rogato dal comma 2 dell'art. 356 che (i) riduce a 40 ore la durata dei corsi per i soli avvocati, dottori commercialisti e consulenti del lavoro; (ii) introduce un'inutile precisazione in ordine all'aggiornamento biennale, già contenuta nel richiamo alla lettera d); (iii) dispone che i corsi di formazione e di aggiornamento debbano essere tenuti in conformità alle linee guida generali elaborate dalla Scuola Superiore della Magistratura (che, risalenti al 7 novembre 2019, sono state poi aggiornate con pubblicazione protocollo N.0001393/2023 del 1 febbraio 2023[3]).

La tecnica dei rinvii pone un'importante interrogativo in ordine al requisito della formazione obbligatoria da espletare ed all'inevitabile sovrapposizione che si determina con riferimento agli altri "Albi". L'utilizzo, in chiave di rimando all'art. 4, comma 5, d.m. n. 202 del 2014, seppur lasci pensare, in prima lettura, ad una equipollenza con la formazione imposta per la maturazione del requisito di "Gestore di O.C.C.", non pare possa giustificare un'ipotesi di tal fatta, posto che essa fa uso, per quest'ultima abilitazione, di una disposizione di portata molto più ampia, della quale tende solo in parte a servirsi, senza imporre l'intero percorso formativo declinato; sicché non è ragionevolmente sostenibile che una formazione di 40 ore, confinata alla sola illustrazione degli istituti del sovrainde-

---

[3] 2. Le linee guida. Caratteri generali.

Compito della Scuola superiore della magistratura è dunque, secondo il dettato legislativo, di elaborare le linee guida generali per la definizione dei programmi dei corsi di formazione e di aggiornamento. La Scuola non ha dunque il compito di redigere i programmi, né di validarne la conformità alle linee guida: ha invece il compito di predisporre tali linee guida.

Le linee guida possono essere descritte come un insieme di informazioni organizzate ed esposte in modo sistematico. Esse sono elaborate sulla base di conoscenze ed esperienze in un determinato settore, e periodicamente aggiornate in ragione dell'evoluzione di tali esperienze e conoscenze. Lo scopo tipico delle linee guida è di rendere appropriata e fornita di un elevato standard di qualità una determinata procedura di carattere tecnico. A differenza di procedure obbligatorie, come i protocolli, i codici o le procedure comportamentali da adottare in determinati settori, le linee guida hanno lo scopo di orientare la produzione di un risultato, senza imporre procedure rigide. Lo scopo è di fornire una serie coordinata di indicazioni che lasciano un margine fisiologico di discrezionalità a coloro che sono chiamate ad applicarle.

Le linee guida che la Scuola deve elaborare per la definizione dei programmi dei corsi di formazione e di aggiornamento nella materia del diritto della crisi d'impresa e dell'insolvenza sono definite nel Codice come "generali". Questo aggettivo è indicativo di un carattere fondamentale delle linee guida in oggetto, perché accentua la natura nelle stesse come indicazioni di massima rivolte ai destinatari. Queste indicazioni dovrebbero valere come direttrici entro cui esprimere la scelta formativa da parte dei soggetti che organizzano i corsi. In tal modo diviene possibile salvaguardare l'uniformità dell'offerta formativa da un lato, e la libertà della scelta culturale degli organizzatori dall'altro. Diviene, inoltre, possibile, salvaguardare il pluralismo culturale assicurando al contempo l'adeguatezza di ciascuna offerta formativa agli scopi prefissati dalla legge, riassumibili in una appropriata formazione e in un efficiente aggiornamento professionale.

3. Oggetto delle linee guida.

Oggetto delle linee guida generali è la definizione dei programmi dei corsi di formazione e di aggiornamento. Le linee guida contengono pertanto indicazioni sui criteri di organizzazione di tali programmi alla luce degli scopi tipici ad essi assegnati. Tali scopi possono essere riassunti nella adeguata formazione e aggiornamento professionali necessari per ricoprire gli incarichi professionali di cui all'art. 358 C.C.I.I. I requisiti professionali in oggetto possono essere sintetizzati nell'adeguata conoscenza teorica e nella adeguata conoscenza tecnica relative all'adempimento di tali compiti. Teoria e tecnica attengono all'oggetto dei compiti medesimi e riguardano la padronanza delle conoscenze di natura giuridica e di natura aziendale rilevanti nella materia del diritto della crisi d'impresa e dell'insolvenza. Alla luce dell'esperienza che la Scuola superiore della magistratura ha vissuto in questi anni caratterizzati dalla pandemia e dunque dall'esigenza di approfondire metodologie formative diverse da quelle tradizionali, appare oggi necessario evidenziare anche alcuni aspetti prettamente metodologici.

bitamento, possa legittimamente servire per "formare" esperti curatori e commissari. E lo stesso ragionamento può essere svolto per la parallela formazione prevista dal comma 4 dell'art. 13, d.lgs. n. 14 del 2019 che, come noto, per espressa disposizione della sezione V del decreto dirigenziale del 28 settembre 2021, poi aggiornato con decreto del 21 marzo 2023, tende a confinare la formazione alla specifica disciplina della «*composizione negoziata*» recata dall'originario d.l. n. 118 del 2021 (poi trasfuso quasi integralmente negli artt. da 12 a 25-*undecies*) senza, però, soddisfare il requisito della più completa formazione che deve interessare necessariamente gli altri istituti introdotti dal nuovo Codice.

A ben veder, dunque, il susseguirsi degli interventi attuati "a singhiozzo" per le inevitabili difficoltà incontrate nel cammino che ha portato verso l'unitario intervento riformatore, ha, ad oggi, prodotto un'assurdità incoerente, una sorta di "ircocervo", che impone all'interno di un quadro organico, qual è quello del Codice, la presenza di almeno tre "elenchi/albi", destinati ad accogliere, separatamente, gestori delle crisi da sovraindebitamento, esperti della composizione negoziata ed operatori della crisi di impresa (curatori, commissari ed anche professionisti indipendenti); avendo previsto che, essendo la crisi del consumatore e dell'impresa minore e la gestione della composizione negoziata parte integrante del nuovo Codice, la formazione svolta in riferimento all'Albo di cui all'art. 356 possa consentire di "abilitare" il professionista alle funzioni di gestore di O.C.C. (ostando all'equipollenza della composizione negoziata il chiaro tenore dell'art. 13). Con la derivata che un corso abilitante di "sole" 40 ore sull'intera crisi di impresa, ove conforme alle linee guida della SSM, si riveli "sostitutivo" di altre "abilitazioni", non valendo tuttavia il percorso inverso.

2. – La norma introduce un requisito di equipollenza disponendo che «*ai fini del primo popolamento dell'albo, possono ottenere l'iscrizione anche i soggetti in possesso dei requisiti di cui all'articolo 358, comma 1, che documentano di essere stati nominati, alla data di entrata in vigore del presente articolo, in almeno due procedure negli ultimi quattro anni, curatori fallimentari, commissari o liquidatori giudiziali*», con una formulazione che ha dato luogo ad alcune difficoltà interpretative. Essendo il limite temporale relativo al c.d. «*primo popolamento dell'albo*» inizialmente ancorato alla data di entrata in vigore dell'art. 356 (*id est* 16 marzo 2019) si è posta la necessità di valutare se differire la data di riferimento per il calcolo a ritroso del quadriennio all'effettiva entrata in vigore del Codice, così recuperando anche le esperienze maturate nel corso di gestazione della norma. Dopo una prima resistenza il Ministero di Giustizia con circolare del 13 marzo 2023 ha definitivamente chiarito che «gli incarichi giudiziali utili ai fini dell'iscrizione all'albo sono non soltanto quelli conferiti negli ultimi quattro anni a decorrere a ritroso dal 16 marzo 2019 ma anche quelli conferiti successivamente a tale data sino all'entrata in vigore del codice della crisi di impresa e dell'insolvenza, e pertanto tutti gli incarichi giudiziali conferiti dal 17 marzo 2015 sino al 15 luglio 2022». Così come si è posto il problema di rimediare al mancato richiamo, all'interno dell'art. 356, comma 2, dell'art. 4, comma 6, ultimo periodo del d.m. n. 202 del 2014 (che, come noto, dispensa dallo svolgimento del periodo di tirocinio gli avvocati ed i dottori commercialisti ed esperti contabili[4]); norma che, così come artico-

[4] Art. 4, comma 6, d.m. n. 202 del 2014. Per i professionisti appartenenti agli ordini professionali di cui al comma 2 la durata dei corsi di cui al comma 5, lett. *b*), è di quaranta ore. Gli ordinamenti professionali possono in-

lata, impone al professionista che non abbia potuto giovare del c.d. «*primo popolamento*» di svolgere anche un periodo di tirocinio professionale al fine di essere abilitato alla funzione di curatore, commissario giudiziale, commissario liquidatore ed anche di professionista indipendente [5]. Tuttavia, il Ministero non ha inteso rimeditare una diversa soluzione, dando luogo alla paradossale conseguenza di dover costringere un professionista che ha svolto in passato l'incarico di curatore, ma al di fuori della finestra temporale prevista, magari in procedure di rilevante dimensione, a seguire nuovamente un tirocinio formativo presso altro collega, quand'anche meno esperto, allo scopo di maturare competenze tecniche ed esperienze che, a ben vedere, già possiede.

3. – Tema apparentemente trascurato è poi quello del «*professionista indipendente*», ovvero di quella figura, non nuova se non nel dato testuale, codificata all'art. 2, comma 1, lett. *o*), (*id est* il c.d. "attestatore") che, sebbene continui a mantenere la caratteristica di soggetto designato dal debitore, è anch'egli tenuto ad iscriversi all'Albo, generando l'effetto, non trascurabile, da un lato, di limitare il primo accesso a quei professionisti che storicamente si sono occupati di attestazione "lato *debitoris*" (e che, dunque, potrebbero non vantare esperienze pregresse nelle attività più propriamente giudiziali), e dall'altro, di imporre lo svolgimento di un percorso formativo calibrato su temi in larga parte differenti e non del tutto in linea con le attività e funzioni richieste per tale categoria di professionista.

4. – Completa il quadro normativo la prescrizione inerente i requisiti di onorabilità che va indagata sia in occasione del primo accesso, sia anche con riferimento alle verifiche di permanenza.

Al fine di officiare soggetti di «*specchiata onestà professionale e morale*» [6], è prescritto che i soggetti candidati: a) non versino in una delle cause di ineleggibilità e decadenza di cui all'art. 2382 c.c.; b) non siano stati sottoposti a misure di prevenzione personali e patrimoniali disposte dall'autorità giudiziaria ai sensi del d.lgs. n. 159 del 2011 (c.d. Codice Antimafia); c) non siano stati condannati con sentenza passata in giudicato e salvo gli effetti della riabilitazione: 1. a pena detentiva per uno dei reati previsti dalle norme che disciplinano l'attività bancaria, finanziaria, mobiliare, assicurativa e dalle norme in materia di mercati e valori mobiliari, di strumenti di pagamento; 2. Alla reclusione per uno dei delitti previsti nel titolo XI del libro V c.c. (sulle disposizioni penali in materia di società e di consorzi) o dei delitti previsti dal Codice.; 3. alla reclusione per un tempo non inferiore

---

dividuare specifici casi di esenzione dall'applicazione delle disposizioni di cui al comma 5, lett. *b*) e *d*), ovvero fissare i criteri di equipollenza tra i corsi di formazione e di aggiornamento biennale di cui al presente articolo e i corsi di formazione professionale. Ai medesimi professionisti non si applicano le disposizioni di cui al comma 5, lett. *c*).

[5] L'art. 4, comma 5, lett. *c*), d.m. n. 202 del 2014 prevede che il tirocinio debba essere svolto "presso uno o più organismi, curatori fallimentari, commissari giudiziali professionisti indipendenti – così qualificati dalla disciplina fallimentare – professionisti delegati per le operazioni di vendita nelle procedure esecutive immobiliari ovvero nominati per svolgere i compiti e le funzioni dell'organismo o del liquidatore". Il tirocinio, nello specifico, dovrà consentire al tirocinante la possibilità di partecipare "alle fasi di elaborazione ed attestazione di accordi e piani omologati di composizione della crisi da sovraindebitamento, di accordi omologati di ristrutturazione dei debiti, di piani di concordato preventivo e di proposte di concordato fallimentare omologati, di verifica dei crediti e di accertamento del passivo, di amministrazione e di liquidazione dei beni".

[6] Così si esprime la Relazione al Codice.

a un anno per un delitto contro la Pubblica Amministrazione, contro la fede pubblica, contro il patrimonio, l'ordine pubblico, l'economia pubblica ovvero per un delitto in materia tributaria; 4. alla reclusione per un tempo superiore a due anni per un qualunque delitto non colposo; d) non abbiano riportato, negli ultimi cinque anni, una sanzione disciplinare più grave di quella minima prevista dall'Ordine professionale di riferimento.

Quanto al mantenimento del requisito di onorabilità si ritiene che, ove si accerti in qualsiasi momento il suo venir meno, occorrerà disporre l'immediata cancellazione dall'albo[7]; a tal proposito l'art. 5, comma 3, lett. *a*), d.m. n. 75 del 2022 stabilisce che sia onere dell'iscritto procedere alla comunicazione al "responsabile" del sopraggiunto venir meno dei requisiti di onorabilità, potendo immaginare un potere di legittimazione anche in capo all'ordine professionale di appartenenza.

[7] Cfr. art. 6, d.m. 3 marzo 2022, n. 75.

Articolo 357
Funzionamento dell'Albo

1. Con decreto del Ministro della giustizia, di concerto con il Ministro dell'economia e delle finanze, da adottare ai sensi dell'articolo 17, comma 3, della legge 23 agosto 1988, n. 400, entro il 30 giugno 2020, sono stabilite, in particolare:

a) le modalità di iscrizione all'albo di cui all'articolo 356;

b) le modalità di sospensione e cancellazione, volontaria o disposta dal Ministero della giustizia, dal medesimo albo anche a seguito del mancato versamento del contributo previsto dal comma 2 (2);

c) le modalità di esercizio del potere di vigilanza da parte del Ministero della giustizia.

2. Con lo stesso decreto è stabilito l'importo del contributo che deve essere versato per l'iscrizione e per il suo mantenimento, tenuto conto delle spese per la realizzazione, lo sviluppo e l'aggiornamento dell'albo. Le somme corrisposte a titolo di contributo sono versate all'entrata del bilancio dello Stato per essere riassegnate allo stato di previsione del Ministero della giustizia.

Tommaso Nigro

Sommario: 1. La declinazione positiva e le norme di rinvio. – 2. Le modalità operative indicate dal decreto n. 75 del 2022, l'iscrizione e la tenuta dell'Albo. – 3. Le ipotesi di sospensione e cancellazione dall'Albo.

1. – La norma in commento ha una portata per lo più operativa contenendo disposizioni attuative ed un preciso rimando ad un decreto del Ministro della giustizia, da emanarsi di concerto con il Ministro dell'economia e delle finanze a cui viene affidato il compito di stabilire: a) le modalità di iscrizione all'albo di cui all'art. 356; b) le modalità di sospensione e cancellazione, volontaria o disposta dal Ministero della giustizia, dal medesimo albo anche a seguito del mancato versamento del contributo previsto dal comma 2; c) le modalità di esercizio del potere di vigilanza da parte del Ministero della giustizia; nonché l'importo del contributo per l'iscrizione e per il mantenimento.

La norma originaria aveva introdotto l'«*Albo dei soggetti incaricati della gestione e del controllo nelle procedure*» con una disposizione generale, contenuta all'art. 356, disciplinante l'istituzione del Registro; demandando, poi, al successivo art. 357, anch'esso ad efficacia immediata, ma ancorato al successivo decreto operativo, il funzionamento dell'Albo ed all'art. 358, con entrata in vigore però posticipata, i «*requisiti per la nomina agli incarichi nelle procedure*». Il correttivo recato dal d.lgs. n. 147 del 26 ottobre 2020 [1] aveva modificato l'art. 357 solo con riferimento al termine entro il quale lo stesso andava emanato (30 giugno 2020); tuttavia, nonostante tanta attesa, il primo corredo documentale consistente nella pubblicazione nella G.U. del "Regolamento recante disposizioni sul funzionamento dell'albo dei soggetti incaricati dall'autorità giudiziaria delle funzioni di gestione e di controllo", non ha consentito un agevole ed immediato debutto [2].

Già la data di emanazione del decreto, indicata al 3 marzo 2022, ha destato una certa perplessità che si è tradotta in disagio allorquando, operata la lettura del testo, si è scorto il rimando a diversi articoli del Codice risultati, nel mentre, abrogati. Il riferimento va, evidentemente, alla sezione seconda che dovrebbe accogliere i componenti degli OCRI, organismi che sono stati espunti dal nuovo testo codicistico. Ma, in disparte questo argomento, il tema principale è stata la negata concreta operatività, atteso che, a mente dell'art. 3, comma 5, decreto n. 75 del 2022, «L'accesso all'albo ha luogo esclusivamente con modalità telematiche» per le quali si è reso necessario attendere un «decreto dirigenziale del responsabile per i sistemi informatizzati del Ministero della giustizia da adottarsi entro sei mesi dalla data di entrata in vigore del presente regolamento». Decreto che è stato poi pubblicato in data 30 dicembre 2022 [3] sul portale dei servizi telematici del Ministero della giustizia, acquistando efficacia dal 5 gennaio 2023 alle ore 12.00.

2. – In chiave operativa si evidenzia che l'Albo è tenuto presso il Ministero della Giustizia mentre il suo continuo aggiornamento è affidato al c.d. "Responsabile" e che esso prevede, almeno astrattamente, due sezioni di cui una dedicata ai componenti dell'OCRI (che, dunque, non potrà mai essere operante) ed un'altra, definita "sezione ordinaria".

A detta domanda si accompagna un onere di allegazione di tutti quei documenti capaci di comprovare il possesso dei requisiti e la conseguente iscrizione nell'albo, ovvero [4]: a) quanto ai requisiti di cui all'art. 358, comma 1, lett. *a*) e *b*), d.lgs. n. 14 del 2019: 1. la certificazione attestante l'albo professionale presso il quale è iscritto e la data di iscrizione; 2. la certificazione di non avere riportato negli ultimi cinque anni sanzioni disciplinari più gravi di quella minima prevista dall'ordinamento professionale di appartenenza; 3. la certificazione dell'ordine di appartenenza di essere in regola con i crediti formativi professionali di cui agli obblighi previsti dal programma di formazione del medesimo ordine; b) quanto al requisito che investe l'iscrizione del candidato non professionista ma che abbia svolto attività di amministrazione, direzione e controllo: 1. la documentazione comprovante le cariche ricoperte in società di capitali o società cooperative; 2. la dichiarazione che, nei confronti delle medesime società, non è stata aperta una procedura di liquidazione giudiziale; 3. la visura camerale della società a favore della quale è stata prestata l'attività;

[1] Pubblicato sulla Gazzetta Ufficiale n. 276 del 5 novembre 2020.

[2] Decreto n. 75 del 3 marzo 2022 in Gazzetta Ufficiale del 21 giugno 2022 Serie generale n. 143.

[3] Allegato_m_dg.DOG07.30-12-2022.0007648.ID.

[4] Cfr. art. 4, comma 2, d.m. n. 75 del 2022.

4. la copia dell'atto di conferimento dell'incarico, in caso di nomina da parte dell'autorità giudiziaria; 5. una sintetica relazione dell'amministratore o liquidatore in carica, al momento della presentazione della domanda di iscrizione, che descriva l'attività concretamente svolta dal richiedente all'interno della società; c) quanto al requisito di cui all'art. 356, comma 2, primo e secondo periodo, la certificazione comprovante l'assolvimento degli obblighi formativi, tenendo conto che, nelle ipotesi di primo popolamento, in luogo di detta certificazione, il richiedente è tenuto a dimostrare le nomine ricevute attraverso l'allegazione di idonea documentazione come indicata all'art. 4, comma 3, d.m. n. 75 del 2022.

Occorre, inoltre, che siano acclusi: 1) ogni altro documento idoneo a dimostrare il possesso dei requisiti di professionalità; 2) una dichiarazione di possesso dei requisiti di onorabilità; 3) l'indicazione della casella di posta elettronica certificata alla quale saranno effettuate le comunicazioni; 4) l'attestazione del pagamento del contributo di cui all'art. 357, comma 2[5].

L'intera documentazione potrà essere prodotta sotto forma di autodichiarazione *ex* artt. 46 e 47, d.p.r. n. 445 del 2000, ad eccezione di quella richiesta al soggetto non professionista, per il quale è prevista la produzione della copia conforme dell'atto giudiziario di nomina.

Ad ogni buon conto è demandato al responsabile la verifica della sussistenza dei requisiti, anche attraverso l'esercizio della facoltà di accertare le dichiarazioni rese ai sensi dell'art. 71, d.p.r. n. 445 del 2000.

Sulla domanda di iscrizione provvede il responsabile che, a regime, entro trenta giorni dal ricevimento della stessa, verificherà il possesso dei requisiti previsti, fatta salva la possibilità di richiedere, nel medesimo termine e per una sola volta, l'integrazione della domanda ovvero degli allegati[6].

L'accesso all'albo avviene, dunque, esclusivamente con modalità telematiche le cui specifiche tecniche sono state definite attraverso il decreto dirigenziale adottato in data 30 dicembre 2022 che regolamenta:

• l'accesso alla parte pubblica dell'Albo, nonché alla parte riservata, secondo quattro distinti regimi di conoscibilità: i. accesso riservato ai magistrati e ai dirigenti degli uffici giudiziari o loro delegati; ii. accesso riservato al personale del Dipartimento per gli affari di Giustizia del Ministero della Giustizia (DAG); iii. accesso riservato agli iscritti; iv. accesso riservato ai soci incaricabili e agli associati; • la funzione di inserimento dei seguenti dati e/o documenti: o i dati identificativi e l'indirizzo di posta elettronica certificata del-

[5] L'art. 8, d.m. n. 75 del 2022 determina in euro centocinquanta (150) il contributo dovuto per l'iscrizione all'albo ed in euro cinquanta (50), il contributo richiesto per il suo mantenimento, posto in capo agli stessi iscritti e da effettuarsi entro il 31 gennaio di ciascun anno per poi procedere, a mezzo pec, con l'invio dell'attestazione di pagamento entro il successivo 30 aprile al Ministero della Giustizia. Il contributo è dovuto per ciascun anno solare, mentre le indicazioni delle modalità di pagamento sono affidate al successivo art. 9 del medesimo d.m. e lo stesso potrà essere effettuato attraverso la piattaforma tecnologica PagoPa, mediante bonifico bancario o postale, mediante conto corrente postale intestato alla Tesoreria dello Stato, ovvero mediante altri sistemi telematici di pagamento tracciati.

[6] Ai sensi dell'art. 5, comma 2, d.m. n. 75 del 2022 il termine dei trenta giorni entro i quali il responsabile dovrà provvedere in merito all'iscrizione è interrotto qualora vi sia una richiesta di integrazione documentale e sino a quando non sia pervenuta la documentazione mancante richiesta. Da questo momento, inizierà nuovamente a decorrere il termine dei trenta giorni.

l'iscritto; o l'eventuale ordine professionale di appartenenza; o le comunicazioni relative ai provvedimenti adottati nei confronti degli iscritti per inadempienze ai doveri inerenti alle attività di gestione e di controllo nelle procedure previste dal Codice; o le richieste di sospensione o cancellazione volontaria dall'Albo e i provvedimenti di sospensione o cancellazione adottati, anche d'ufficio, dal direttore generale degli affari interni del Ministero della Giustizia, ovvero la persona da lui delegata con qualifica dirigenziale nell'ambito della direzione generale (Responsabile DAG, ai sensi dell'art. 1, comma 1, lett. c), del Decreto 3 marzo 2022, n. 75); • le modalità di presentazione telematica della domanda di iscrizione, unitamente agli allegati, nonché le modalità di associazione degli allegati alla domanda; • le modalità telematiche con cui può essere richiesta da parte dell'Ufficio l'integrazione della domanda o dei suoi allegati; • le modalità telematiche con cui gli iscritti comunicano al Responsabile DAG il venir meno dei requisiti di iscrizione, o l'avvio di procedimenti penali a proprio carico, o l'avvio di procedimenti disciplinari a proprio carico; • le modalità telematiche con cui l'autorità giudiziaria che ha proceduto alla nomina comunica, ai sensi dell'art. 10, comma 2, del Decreto 3 marzo 2022, n. 75, al Responsabile DAG tutti i fatti e le notizie ritenute rilevanti ai fini dell'esercizio della gestione dell'Albo della sospensione e della cancellazione dall'Albo stesso e l'eventuale revoca dell'incarico da parte dell'Autorità giudiziaria.

3. – L'accesso all'Albo non esclude che l'iscritto possa andare incontro a provvedimenti di sospensione o cancellazione che possano determinare la perdita dei requisiti e l'inibizione alla nomina. I provvedimenti di sospensione e cancellazione conseguono al realizzarsi di circostanze ovvero di provvedimenti e/o di procedure avviate in altri ambiti, giudiziario ovvero ordinistico; in altri casi, derivano dall'avverarsi di ipotesi specifiche e strettamente attinenti all'albo come, ad esempio, il perpetrato omesso pagamento del contributo richiesto per il mantenimento dello stesso [7]. Costituisce in particolare, causa di sospensione la segnalazione di fatti di gravità tale da compromettere l'idoneità al corretto svolgimento delle funzioni di cui all'art. 356, comma 1, configurandosi tale ipotesi quando [8]: (i) siano state disposte tre revoche degli incarichi conferiti o sia stato avviato un procedimento disciplinare per illeciti che possono comportare l'applicazione di una sanzione più grave di quella minima prevista dal singolo albo professionale di appartenenza; (ii) sia stato avviato un procedimento penale a carico dell'iscritto per i reati di cui all'art. 356, comma 3, lett. *c*) e sino all'esito del procedimento ovvero alla pronuncia di sentenza di primo grado di proscioglimento o assoluzione. Rappresentano, invece, motivo di cancellazione dall'albo: • la mancata regolarizzazione della propria posizione da parte dell'iscritto nel termine assegnato – comunque non superiore a sei mesi – nel caso in cui sia accertata l'insussistenza o il venir meno dei requisiti formativi di cui all'art. 356, comma 2, d.lgs. n. 14 del 2019 (art. 6, comma 1); • il venir meno dei requisiti di onorabilità di cui all'art. 356, comma 3, d.lgs. n. 14 del 2019 (art. 6, comma 1); • la revoca di quattro incarichi conferiti (art. 6, comma 2); • il perdurante omesso pagamento dei contributi, decorsi sei mesi dall'adozione del provvedimento di sospensione di cui all'art. 8, comma 4, d.m. n. 75 del 2022 (art. 8, comma

[7] Cfr. art. 8, comma 5, d.m. n. 75 del 2022.

[8] Cfr. art. 6, comma 2, d.m. n. 75 del 2022.

6). In aggiunta alle ipotesi di sospensione e cancellazione d'ufficio, ai sensi dell'art. 7, d.m. n. 75 del 2022, l'iscritto può, sua sponte, richiedere la cancellazione dall'albo, ovvero la sospensione, per gravi e comprovate ragioni di salute, familiari e professionali. In questi casi la sospensione può essere richiesta per un periodo non superiore a sei mesi, prorogabile per una sola volta per un periodo di ulteriori sei mesi.

Sia la sospensione che la cancellazione sono disposte dal Responsabile dell'albo con decreto succintamente motivato da comunicare all'interessato che, entro i trenta giorni successivi al ricevimento della comunicazione stessa, potrà proporre le proprie osservazioni scritte.

Articolo 358

Requisiti per la nomina agli incarichi nelle procedure

1. Possono essere chiamati a svolgere le funzioni di curatore, commissario giudiziale e liquidatore, nelle procedure di cui al codice della crisi e dell'insolvenza:

a) gli iscritti agli albi degli avvocati, dei dottori commercialisti e degli esperti contabili e dei consulenti del lavoro;

b) gli studi professionali associati o società tra professionisti, sempre che i soci delle stesse siano in possesso dei requisiti professionali di cui alla lettera a), e, in tal caso, all'atto dell'accettazione dell'incarico, deve essere designata la persona fisica responsabile della procedura;

c) coloro che abbiano svolto funzioni di amministrazione, direzione e controllo in società di capitali o società cooperative, dando prova di adeguate capacità imprenditoriali e purché non sia intervenuta nei loro confronti dichiarazione di apertura della procedura di liquidazione giudiziale.

2. Non possono essere nominati curatore, commissario giudiziale o liquidatore, il coniuge, la parte di un'unione civile tra persone dello stesso sesso, il convivente di fatto, i parenti e gli affini entro il quarto grado del debitore, i creditori di questo e chi ha concorso al dissesto dell'impresa, nonché chiunque si trovi in conflitto di interessi con la procedura.

3. Il curatore, il commissario giudiziale e il liquidatore sono nominati dall'autorità giudiziaria tenuto conto:

a) delle risultanze dei rapporti riepilogativi;

b) degli incarichi in corso, in relazione alla necessità di assicurare l'espletamento diretto, personale, efficiente e tempestivo delle funzioni;

c) delle esigenze di trasparenza e di rotazione nell'assegnazione degli incarichi, anche tenuto conto del numero delle procedure aperte nell'anno precedente, valutata la esperienza richiesta dalla natura e dall'oggetto dello specifico incarico;

d) con riferimento agli iscritti agli albi dei consulenti del lavoro, dell'esistenza di rapporti di lavoro subordinato in atto al momento dell'apertura della liquidazione giudiziale, del deposito del decreto di ammissione al concordato preventivo o al momento della sua omologazione.

e) in caso di procedura che presenta elementi transfrontalieri, delle correlate esperienze e competenze acquisite e, in particolare, della capacità di rispettare gli obblighi di cui al regolamento (UE) 2015/848, di comunicare e cooperare con i professionisti che gestiscono le procedure di insolvenza e con le autorità giudiziarie o amministrative di un altro Stato membro, nonché delle risorse umane e amministrative necessarie per far fronte a casi potenzialmente complessi.

Tommaso Nigro

Sommario: 1. Le singole categorie di professionisti e gli altri soggetti abilitati. – 2. Le incompatibilità. – 3. I diversi criteri posti a base delle nomine; i rapporti riepilogativi. – 4. Gli ulteriori requisiti dell'espletamento diretto e della trasparenza e rotazione. – 5. Il contenuto residuale della norma.

1. – L'art. 358 individua espressamente i soggetti che possono aspirare ad essere inseriti nell'Albo, limitando l'accesso agli: a. iscritti agli albi degli avvocati, dei dottori commercialisti ed esperti contabili, e dei consulenti del lavoro; b. studi professionali associati o società tra professionisti; c. soggetti non iscritti ad albi professionali, ma che abbiano svolto funzioni di amministrazione, direzione e controllo in società di capitali e società cooperative.

Nessuna particolare difficoltà si incontra con riferimento alle singole categorie professionali richiamate dalla lett. *a*) del comma 1, salvo ricordare che, con riferimento ai dottori commercialisti, l'art. 1, comma 3, lett. *d*), d.lgs. n. 139 del 28 giugno 2005, riserva ai soli iscritti nella sezione "A" «*l'incarico di curatore, commissario giudiziale e commissario liquidatore nelle procedure concorsuali*». Per il resto, la disposizione tace, ancora una volta, sulla possibilità di nomina collegiale di singoli professionisti, lasciando senza tutela una prassi largamente utilizzata nei principali tribunali. Già nel previgente sistema la giurisprudenza di merito [1], aveva validato la facoltà di poter designare alla carica di curatore un collegio nelle particolari ipotesi in cui la dimensione dell'impresa e/o la prospettata complessità della procedura, potessero giustificare l'utilizzo di plurimi professionisti. In assenza di una disposizione positiva, si pone in ogni caso una problematica di regolamentazione dei poteri, dovendo il tribunale, in sede di nomina, auspicabilmente dettare le regole comportamentali [2].

Qualche spunto di interesse si incontra, poi, nel trattamento di cui al punto b) del comma 1, con il quale si prevede che il tribunale possa nominare quale curatore, gli studi professionali associati e le società tra professionisti, a condizione, tuttavia, che gli associati ed i soci rivestano le qualifiche professionali di cui alla precedente lett. a). Non vi è dubbio, al proposito, che la carica di curatore vada assegnata allo studio professionale associato o alla società tra professionisti indicata dal tribunale [3]; tuttavia è necessario procedere,

---

[1] Trib. Torre Annunziata, 2 maggio 2012, in *Dejure*, secondo il quale «Le notevoli dimensioni dell'impresa e la presumibile complessità della procedura giustificano la nomina di un collegio di curatori».

[2] Trib. Aosta, 31 marzo 2010, in *Onelegale*. Nella fattispecie, nel procedere alla designazione di tre professionisti, il tribunale ha statuito che: tale collegio adempia alle funzioni con attività di deliberazione a maggioranza, in caso di eventuale contrasto; vi sia esercizio congiunto dei poteri di rappresentanza attraverso almeno due dei componenti; il diritto al compenso finale non ecceda quello previsto per un unico curatore, con suddivisione per la quota di un terzo in favore di ciascuno. Si veda altresì Trib. Ivrea, 30 maggio 2006, in *Onelegale*, dove si è proceduto alla nomina di un collegio di due curatori con poteri disgiunti.

[3] ABETE, *Art. 28*, 531.

all'atto dell'accettazione dell'incarico, alla designazione della persona fisica destinata ad assumere la responsabilità della procedura, tenendo presente che nel prosieguo qualunque associato o socio potrà dar corso all'espletamento delle singole incombenze attribuite alla generica figura del curatore. Giova, ad ogni buon conto, precisare che al tribunale compete la mera facoltà di scelta dello studio associato o della S.T.P., ma non la designazione del responsabile della procedura, che resta di esclusiva pertinenza dell'organismo collettivo, facultato anche a modificare successivamente l'indicazione del soggetto responsabile[4].

Resta da esaminare la categoria di cui tratta la lett. *c)* del comma 1, la quale prevede che possano essere officiati anche «*coloro che abbiano svolto funzioni di amministrazione, direzione e controllo in società di capitali o società cooperative, dando prova di adeguate capacità imprenditoriali e purché non sia intervenuta nei loro confronti dichiarazione di apertura della procedura di liquidazione giudiziale*». La disposizione, non nuova, si discosta dal previgente requisito richiamato all'art. 28 l. fall. per il più generale rimando alle «*società di capitali o società cooperative*», in luogo della più ristretta previsione delle sole «*società per azioni*»; con ciò superando quella linea di pensiero[5] che riteneva di giustificare il richiamo con la particolare esperienza maturata in società dotate di un complesso assetto gestionale ed organizzativo, rinvenibile nelle sole società per azioni. La norma contiene una limitazione all'ultimo capoverso che esclude dalla possibilità di essere nominati quei soggetti nei cui confronti sia intervenuta una dichiarazione di apertura della procedura di liquidazione giudiziale; locuzione che va interpretata letteralmente, nel senso che rileva unicamente l'eventuale dichiarazione di apertura della liquidazione giudiziale afferente il soggetto che ha svolto «*funzioni di amministrazione, direzione e controllo*», e non l'analogo evento interessante la società di capitali che ha consentito la maturazione del requisito. Se questo è il senso della norma, evidentemente riferita ai soggetti imprenditori sopra soglia, sarebbe necessaria un'ulteriore estensione anche a soggetti nei cui confronti sia stata aperta una procedura di liquidazione controllata del sovraindebitato, così rispondendo alla più generale finalità che sembra perseguire la norma in commento.

2. – Il comma 2 stabilisce che «*Non possono essere nominati curatore, commissario giudiziale o liquidatore, il coniuge, la parte di un'unione civile tra persone dello stesso sesso, il convivente di fatto, i parenti e gli affini entro il quarto grado del debitore, i creditori di questo e chi ha concorso al dissesto dell'impresa, nonché chiunque si trovi in conflitto di interessi con la procedura*».

La riforma recata dalla l. n. 132 del 2015 aveva già fortemente inciso l'art. 28 l. fall. stabilendo un'incompatibilità perpetua e non più soltanto biennale per «*chi ha concorso al dissesto dell'impresa*», mantenendo il generale divieto di assunzione dell'incarico per «*il coniuge, i parenti e gli affini entro il quarto grado del fallito, i creditori di questo*», nonché per chi si trovi in conflitto di interessi con la procedura. La norma di nuovo conio, modellata sul richiamato art. 28 l. fall., non fa altro che confermare ed ampliare la platea ricomprendendo «*la parte di un'unione civile tra persone dello stesso sesso, il convivente di fatto*»,

---

[4] SPAGNUOLO, *Art. 28*, 171 s.

[5] SPAGNUOLO, *Art. 28*, 173.

dando così dignità a nuove fattispecie riconosciute più in generale dall'ordinamento.

Su questo quadro, sostanzialmente completo, aleggia ancora l'ombra del testo ufficiale della legge di conversione n. 132 del 2015 (secondo alcuni commentatori frutto di un mero errore di trascrizione del testo approvato con quello effettivamente pubblicato in G.U.) in ordine ad una ulteriore causa di incompatibilità che era stata prevista nel d.l. 83 del 2015, ovvero quella relativa all'aver svolto funzioni di commissario giudiziale nel procedimento di concordato preventivo antecedente l'apertura della procedura concorsuale maggiore. L'equivoco, che aveva indotto ancora alcuni a ritenere invocabile detta incompatibilità, sembrerebbe essere, definitivamente chiarito, come anche ribadito da avveduta giurisprudenza di merito[6]. Il che, per vero, induce, ancor oggi, il tribunale a valutare discrezionalmente la possibilità di conferma del commissario giudiziale, potendo auspicabilmente valorizzare il bagaglio di conoscenze acquisito da quest'ultimo nel corso della procedura concordataria poi sfociata in liquidazione giudiziale. Ritenendo scarsamente condivisibile la tesi di una possibile "tentazione" del commissario di propendere per una soluzione negativa in prospettiva di un raddoppio del compenso; o di un inverso rischio che il commissario, sul presupposto di non poter essere nominato curatore, tenda a favorire la prosecuzione del concordato anche se inammissibile. A meno di non ritenere che il tribunale sia "succube" delle considerazioni svolte dal suo ausiliario.

3. – Il comma 3 detta i criteri che l'autorità giudiziaria è tenuta ad osservare nella scelta dei professionisti.

Venendo in rilievo in primo luogo le «*risultanze dei rapporti riepilogativi*» con una regola che, a ben vedere, era già presente nella precedente formulazione dell'art. 28 l. fall.[7] e che aveva già destato più di una perplessità.

Di certo il riferimento non può essere alla procedura per la quale occorre disporre la nomina, perché appare finanche ovvio che se la stessa non è stata ancora aperta non può giovarsi di alcun rapporto riepilogativo, residuando un'interpretazione che tenga conto dei risultati della liquidazione, della diligenza e della tempestività mostrata da quel professionista in altre procedure, che verrebbero a costituire un "curriculum" ulteriore per orientare la scelta.

Ponendosi sul piano del merito deve farsi riferimento in primo luogo al criterio formale che attiene alla puntuale e tempestiva redazione dei prospetti riepilogativi semestrali, alla loro completezza, con particolare riferimento a tutte quelle informazioni previste dal modello ministeriale; a cui occorre necessariamente abbinare una valutazione sostanziale che possa far apprezzare la diligenza mostrata in tema di adeguata tempistica nella fase di liquidazione degli attivi, in conformità al disposto di cui agli artt. 213 e 216, di motivazione espressa degli eventuali scostamenti, ed anche di assoluto rispetto della tempistica

---

[6] App. Napoli, 17 febbraio 2021, in *eutekne.it*, la quale, investita dell'argomento, ha così statuito «la norma richiamata dalla reclamante (art. 5 comma 1 lettera a secondo periodo del d.l. 83/2015), norma che prevedeva la dedotta incompatibilità, modificando l'art. 28 L.F., non è (e non è mai stata) in vigore. In sede di conversione del detto decreto, infatti, il Legislatore (legge di conversione n. 132/2015) non recepì la sopra richiamata disposizione, sostituendo, per quel che rilevi, proprio la lettera a) del comma 1 dell'art. 5 o, *recte*, eliminando dalla stessa la detta incompatibilità tra curatore e commissario giudiziale».

[7] Ricordando che il d.lgs. n. 169 del 2007 aveva abrogato il comma 2 dell'art. 28 l. fall., che aveva introdotto la necessità di indicare nel provvedimento di nomina "le specifiche caratteristiche ed attitudini del curatore".

prevista per i piani di riparto, il cui inadempimento costituisce, tra l'altro, giusta causa di revoca. Per di più la norma risente di qualche limitazione, dovendo in primo luogo riferire che il detto "corredo" è disponibile per il solo tribunale chiamato a disporre la nomina, che potrebbe non conoscere i rapporti riepilogativi redatti in procedure aperte presso altri uffici giudiziari; dando, inoltre, atto delle preclusioni che si generano nella valutazione delle "prime nomine" di professionisti che non potranno, ovviamente, far valere alcun rapporto riepilogativo, innestando così un corto circuito che può essere risolto solo considerando il requisito come eventuale[8].

4. – Ciò posto, nel tema generale indagato, va tenuto conto come il tribunale debba oggi, diversamente dalle precedenti nomine disposte, necessariamente tener conto anche «*b) degli incarichi in corso, in relazione alla necessità di assicurare l'espletamento diretto, personale, efficiente e tempestivo delle funzioni*».

Secondo la prassi giudiziaria[9] «corollario dell'elevata professionalità richiesta al curatore è la capacità che questi deve avere di svolgere per quanto possibile in autonomia tutte le attività richieste dall'incarico senza dover ricorrere in maniera sistematica a coadiutori. Fermo restando che il compimento di determinate attività altamente specializzate o richiedenti particolari abilitazioni talvolta impone la nomina di coadiutori, deve tuttavia essere sconsigliata la nomina di professionisti che non siano in grado di compiere le operazioni basilari poste a fondamento dell'incarico ricevuto. Quanto precede per garantire, fra l'altro, un principio di efficacia, celerità ed economicità della procedura».

Per di più, il tribunale deve tener conto «*c) delle esigenze di trasparenza e di rotazione nell'assegnazione degli incarichi, anche tenuto conto del numero delle procedure aperte nell'anno precedente, valutata la esperienza richiesta dalla natura e dall'oggetto dello specifico incarico*». Sicché, al fine di verificare che il curatore sia in grado di compiere efficacemente il proprio incarico «è indispensabile che egli disponga – oltre che della professionalità – anche del tempo necessario per la cura di tutti gli aspetti della procedura, essendo evidente che incarichi troppo ravvicinati nel tempo non consentono di dedicare alla procedura l'attenzione richiesta dalla legge»[10]. Il che imporrà, al di là della formazione dell'Albo di cui all'art. 356, che i tribunali imbastiscano sin d'ora un percorso di monitoraggio atto a formare protocolli rispettosi del precetto normativo e così garantire, pur nel rispetto del criterio di rotazione, una graduazione che tenga conto congiuntamente delle caratteristiche della singola procedura, delle competenze del professionista da officiare e degli incarichi al momento assunti. Norma che, in chiave operativa, si potrebbe tradurre nella formazione di elenchi territoriali, come tra l'altro già in uso in alcuni tribunali[11], con specifica sezione dedicata anche ai professionisti di altra circoscrizione dotati di particolari competenze (da

---

[8] ZANICHELLI, *Gli organi fallimentari*, 288, che valuta la norma quasi offensiva nei confronti dei tribunali prevedendo che si concretizzerà in una motivazione più o meno di stile nel decreto di nomina.

[9] Consiglio Superiore della Magistratura, *Buone prassi nel settore delle procedure concorsuali – linee guida (delibera del 20 luglio 2022)*, in *dirittodellacrisi.it*.

[10] Consiglio Superiore della Magistratura, *Buone prassi nel settore delle procedure concorsuali – linee guida (delibera del 20 luglio 2022)*, in *dirittodellacrisi.it*.

[11] Si veda circolare Trib. Roma del 24 marzo 2017, in *www.tribunalediroma.it*.

formarsi anche a seguito di manifestazioni di disponibilità) articolata in fasce, in maniera tale da poter correttamente "abbinare" le procedure ai professionisti in ossequio al disposto di cui alla lettera c), tenendo conto anche degli incarichi tempo per tempo assunti. La norma, a ben vedere, ricalca nell'impronta generale, quanto già previsto dall'art. 17, comma 4, d.lgs. n. 14 del 2019 in tema di nomina dell'esperto [12] che, una volta officiato, dopo aver verificato la propria indipendenza rispetto all'imprenditore, è chiamato ad un ulteriore *screening* in ordine al possesso delle sue competenze ed alla disponibilità di tempo necessari per lo svolgimento dello specifico incarico, assicurando il corretto compimento dello stesso; attuando una sorta di responsabilizzazione in ordine alle eventuali difficoltà che questi possa intravedere nello svolgimento di quello specifico incarico in cui deve cimentarsi, anche tenendo conto del "momento professionale", più o meno intenso, che lo stesso vive ed essendo, in ogni caso previsto, il limite di non più di due incarichi da esercitarsi contemporaneamente.

5. – La disposizione del comma 3 conclude con le caratteristiche richieste per i casi, si ritiene residuali, di nomina effettuata attingendo agli iscritti agli albi dei consulenti del lavoro per i quali il tribunale terrà conto «*dell'esistenza di rapporti di lavoro subordinato in atto al momento dell'apertura della liquidazione giudiziale, del deposito del decreto di ammissione al concordato preventivo o al momento della sua omologazione*»; con una precisazione che intende, evidentemente, confinare l'utilizzo di tale categoria professionale a quei casi di procedure caratterizzate da un forte impatto sociale e ad alta intensità di forza lavoro.

L'ultimo inciso, riferito alle procedure che presentano «*elementi transfrontalieri*», è frutto dell'innesto del "correttivo" di cui al d.lgs. n. 147 del 2020 che, intervenendo sulla parte I, titolo X, capo II del Codice assimila lo specifico criterio richiesto dall'art. 26, § 1, lett. *c*), direttiva nel caso di procedura che presenti tali caratteristiche ed elimina un refuso contenuto nella norma del Codice.

[12] Seppur in tale particolare caso la valutazione è rimessa all'esperto nominato e non all'organo che va a nominarlo.

Articolo 359
Area web riservata

1. L'area web riservata di cui all'articolo 40, comma 7, è realizzata dal Ministero dello sviluppo economico, sentita l'Agenzia per l'Italia digitale, avvalendosi delle strutture informatiche di cui all'articolo 6-*bis*, comma 4, del decreto legislativo 7 marzo 2005, n. 82 (Codice dell'amministrazione digitale).

2. Il Ministro dello sviluppo economico, di concerto con il Ministro della giustizia e con il Ministro per la pubblica amministrazione, sentito il Garante per la protezione dei dati personali, con decreto da adottarsi entro il 1° marzo 2020, definisce in particolare:

a) la codifica degli eventi che generano avvisi di mancata consegna, distinguendo tra quelli imputabili e quelli non imputabili al destinatario;

b) le modalità di inserimento automatico degli atti nell'area web riservata;

c) le modalità di accesso a ciascuna area da parte dei rispettivi titolari;

d) le modalità di comunicazione al titolare dell'area web riservata del link per accedere agevolmente all'atto oggetto della notifica, escludendo la rilevanza di questa comunicazione ai fini del perfezionamento della notifica, già avvenuta per effetto dell'inserimento di cui alla lettera seguente;

e) il contenuto e le modalità di rilascio alla cancelleria dell'attestazione dell'avvenuto inserimento dell'atto da notificare nell'area web riservata;

f) il contenuto della ricevuta di avvenuta notifica mediante inserimento nell'area web riservata e le modalità di firma elettronica;

g) il periodo di tempo per il quale è assicurata la conservazione dell'atto notificato nell'area web riservata;

h) le misure necessarie ad assicurare la protezione dei dati personali.

Articolo 360
Disposizioni in materia di obbligatorietà del deposito con modalità telematiche degli atti del procedimento di accertamento dello stato di crisi o di insolvenza

1. Dopo l'articolo 16-*bis*, comma 4, del decreto-legge 18 ottobre 2012, n. 179, convertito dalla legge 17 dicembre 2012, n. 221 è inserito il seguente comma: «4-*bis*. Nei procedimenti giudiziali diretti all'apertura delle procedure concorsuali, in ogni grado di giudizio, gli atti dei difensori e degli ausiliari del giudice, nonché i documenti sono de-

positati esclusivamente con modalità telematiche, nel rispetto della normativa anche regolamentare concernente la sottoscrizione, la trasmissione e la ricezione dei documenti informatici. Si applica il secondo periodo del comma 4. Per il ricorso per cassazione, la disposizione acquista efficacia a decorrere dal sessantesimo giorno successivo alla pubblicazione nella Gazzetta Ufficiale del provvedimento del responsabile dei sistemi informativi automatizzati del Ministero della giustizia, da adottarsi entro un anno dall'entrata in vigore del codice della crisi di impresa e dell'insolvenza, adottato in attuazione dell'articolo 1 della legge delega 19 ottobre 2017, n. 155, attestante la piena funzionalità dei servizi di comunicazione.».

Articolo 361
Norma transitoria sul deposito telematico delle notifiche

1. Quando la notificazione telematica di cui all'articolo 40, comma 6, non risulta possibile o non ha esito positivo, per causa imputabile al destinatario e sino all'emanazione del decreto di cui all'articolo 359, si applicano le disposizioni di cui all'articolo 40, comma 8.

Luigi Papi

Sommario: 1. Il nuovo quadro normativo. – 2. Area *web* e procedimento telematico.

1. – La norma di cui all'art. 359 disciplina l'istituzione, a cura del Ministero delle imprese e del made in Italy, sentita l'Agenzia per l'Italia digitale, di un'area *web* riservata per la pubblicazione della domanda di accesso alle procedure le cui notificazioni non siano andate a buon fine. Si tratta, più nel dettaglio, dell'area destinata ad ospitare gli atti che non sia possibile notificare a mezzo di posta elettronica certificata per causa imputabile al destinatario, come previsto dall'art. 40, comma 7[1]. Un decreto emanato dal Ministero delle imprese e del made in Italy, di concerto con il Ministero della giustizia, definirà le modalità tecniche e i contenuti dell'area *web* riservata.

Nelle more della realizzazione dell'area *web*, è previsto ai sensi dell'art. 361 che, nelle ipotesi in cui la notificazione telematica non sia possibile o non abbia esito positivo per

[1] V. *supra* commento all'art. 40.

causa imputabile al destinatario, la notifica, a cura del ricorrente, si esegua esclusivamente di persona a norma dell'art. 107, comma 1, d.p.r. 15 dicembre 1959, n. 1229, presso la sede risultante dal registro delle imprese o, per i soggetti non iscritti nel registro delle imprese, presso la residenza. Quando la notificazione non può essere compiuta con queste modalità, si esegue con il deposito dell'atto nella casa comunale della sede che risulta iscritta nel registro delle imprese ovvero presso la residenza per i soggetti non iscritti nel registro delle imprese, e si perfeziona nel momento del deposito stesso. Per le persone fisiche non obbligate a munirsi del domicilio digitale, del deposito è data notizia anche mediante affissione dell'avviso in busta chiusa e sigillata alla porta dell'abitazione o dell'ufficio e per raccomandata con avviso di ricevimento.

L'art. 360 prevede infine l'obbligo del deposito con modalità telematiche degli atti di parte e degli atti degli ausiliari del giudice nel procedimento di accertamento dello stato di crisi o di insolvenza, in tutti i gradi di giudizio.

2. – Le modalità tecniche di funzionamento dell'area *web* riservata, come detto, troveranno compiuta definizione nel decreto, ad oggi non ancora emanato, del Ministero delle imprese e del made in Italy, da adottarsi di concerto con il Ministero della Giustizia sentito il Garante per la protezione dei dati personali.

La norma delega al decreto la regolamentazione di una serie di aspetti particolarmente tecnici, rispetto ai quali, in assenza di specifiche indicazioni, i procedimenti telematici non saranno del tutto operativi[2]. A tal riguardo, lo stesso Codice (art. 361) si premura di chiarire che fin quando non saranno adottati i decreti attuativi volti a definire le modalità tecniche per l'operatività dell'area (così come nel caso in cui la notificazione telematica di cui all'art. 40, comma 6 non risulti possibile o non abbia esito positivo per causa imputabile al destinatario), troverà applicazione la disciplina contenuta all'art. 40, comma 8. Le notifiche, in tal caso, sono da eseguirsi esclusivamente di persona, *ex* art. 107, comma 1, d.p.r. n. 1229 del 1959, presso la sede risultante dal registro delle imprese o, per i soggetti non iscritti nel registro, presso la residenza[3].

Il Codice prevede, pertanto, per il periodo transitorio precedente all'emanazione del decreto attuativo, una finestra temporale entro la quale la disciplina sull'area *web* riservata non trova applicazione.

---

[2] Le indicazioni ministeriali riguarderanno: a) la codifica degli eventi che generano avvisi di mancata consegna, distinguendo tra quelli imputabili e quelli non imputabili al destinatario; b) le modalità di inserimento automatico degli atti nell'area web riservata; c) le modalità di accesso a ciascuna area da parte dei rispettivi titolari; d) le modalità di comunicazione al titolare dell'area web riservata del link per accedere agevolmente all'atto oggetto della notifica, escludendo la rilevanza di questa comunicazione ai fini del perfezionamento della notifica, già avvenuta per effetto dell'inserimento di cui alla lettera seguente; e) il contenuto e le modalità di rilascio alla cancelleria dell'attestazione dell'avvenuto inserimento dell'atto da notificare nell'area web riservata; f) il contenuto della ricevuta di avvenuta notifica mediante inserimento nell'area web riservata e le modalità di firma elettronica; g) il periodo di tempo per il quale è assicurata la conservazione dell'atto notificato nell'area web riservata; h) le misure necessarie ad assicurare la protezione dei dati personali.

[3] Le notifiche devono eseguirsi dapprima presso la sede dell'impresa, poi, qualora la notificazione non possa essere compiuta con tale modalità, attraverso il deposito dell'atto nella casa comunale della sede che risulta iscritta nel registro delle imprese ovvero presso la residenza, per i soggetti non iscritti nel registro. La notifica si considera perfezionata al momento del deposito.

Per coordinare tale disciplina con quella dettata in materia di processo telematico, l'art. 360 ha previsto l'aggiunta del comma 4-*bis* all'art. 16-*bis*, d.l. n. 179 del 2012, sugli atti processuali assoggettati a deposito telematico obbligatorio, stabilendo che in ogni grado di giudizio, nei procedimenti giudiziali diretti all'apertura delle procedure concorsuali, gli atti dei difensori e degli ausiliari del giudice nonché i relativi documenti debbano essere depositati telematicamente, nel rispetto della disciplina concernente la sottoscrizione, la trasmissione e la ricezione dei documenti informatici. Fermo restando comunque che il Presidente del tribunale può autorizzare il deposito con modalità non telematiche, qualora i sistemi informatici del dominio giustizia non siano funzionanti e sussista una indifferibile urgenza [4].

L'art. 11, comma 1, d.lgs. n. 149 del 2022 (c.d. riforma Cartabia del processo civile), come modificato dalla l. n. 197 del 2022 ha tuttavia integralmente abrogato il richiamato art. 16-*bis*, facendone però di fatto confluire il contenuto nell'art. 196-*quater* disp. att. c.p.c. Tale norma, in sostanza, generalizza, con decorrenza 1° gennaio 2023, l'obbligatorietà del deposito telematico di atti e documenti relativi ai procedimenti dinanzi il tribunale, la corte di appello e la Corte di Cassazione [5]. Peraltro, l'art. 35, d.l. n. 13 del 2023 (c.d. decreto PNRR 3) ha poi esteso tale obbligo alle attività del pubblico ministero nonché al deposito dei verbali di udienza e dei provvedimenti adottati dal magistrato.

La Corte di Cassazione, a tal riguardo, ha reso noto i nuovi codici di classificazione che dal 1° gennaio 2023 sono in uso per il processo telematico di legittimità. In particolare, sono state introdotte diciannove nuove voci, di cui due afferenti al settore delle procedure concorsuali [6].

[4] Cfr. LICCI, *Condizioni e procedimento*, 326 ss.

[5] L'articolo chiarisce che, qualora i sistemi informatici del dominio giustizia non siano funzionanti e sussista una situazione di urgenza, il capo dell'ufficio autorizza il deposito con modalità non telematiche, dandone comunicazione attraverso il sito istituzionale dell'ufficio. Con la medesima forma di pubblicità provvede a comunicare l'avvenuta riattivazione del sistema.

[6] Nello specifico, la voce 204, area processuale, ricomprende le materie relative alla liquidazione giudiziale (il reclamo avverso il rigetto della liquidazione, l'azione di inefficacia *ex* art. 144 codice della crisi, l'azione di inefficacia ai sensi dell'art. 163, l'azione revocatoria, l'opposizione a sentenza di apertura della liquidazione giudiziale, l'opposizione all'accertamento dello stato di insolvenza, l'esdebitazione del debitore incapiente, il ricorso per liquidazione giudiziale, il ricorso per la dichiarazione dello stato di insolvenza), mentre la voce 205 riguarda gli istituti e le procedure diversi dalla liquidazione giudiziale.

Articolo 362
Trattazione delle controversie concorsuali presso la Corte di cassazione

1. Presso la Corte di cassazione, alla sezione incaricata della trattazione delle controversie di cui al presente codice, sono destinati magistrati nel numero richiesto dalle esigenze del servizio, tenuto conto dei procedimenti pendenti e pervenuti e dell'urgenza della definizione.

2. L'assegnazione del personale di magistratura alla sezione di cui al comma 1 ha luogo nei limiti della dotazione organica vigente.

Antonio Scarpa

L'art. 362 della crisi d'impresa e dell'insolvenza detta una singolare norma che attiene ai profili organizzativi della Corte di cassazione, prescrivendo che, presso la Suprema Corte, «*alla sezione incaricata della trattazione delle controversie di cui al presente codice, sono destinati magistrati nel numero richiesto dalle esigenze del servizio, tenuto conto dei procedimenti pendenti e pervenuti e dell'urgenza della definizione*», pur precisandosi che, ovviamente, «[l]'*assegnazione del personale di magistratura alla sezione*» apposita «*ha luogo nei limiti della dotazione organica vigente*». Nella specie, si tratta, secondo le vigenti tabelle di organizzazione, della I sezione civile della Corte di cassazione, "area 3".

Il tema si interseca con quello del programma di gestione della Corte di cassazione, finalizzato alla riduzione della durata dei procedimenti e all'individuazione dei correlati obiettivi di rendimento dell'ufficio, nei limiti dei carichi esigibili di lavoro individuati dai competenti organi di autogoverno.

La norma in commento trova un suo predecessore nel comma 4 dell'art. 43 l. fall., aggiunto dal d.l. 27 giugno 2015, n. 83, convertito in l. 6 agosto 2015, n. 132, il quale prescrive un criterio di priorità nella trattazione delle controversie che vedono come parte un fallimento e chiama il capo dell'ufficio a trasmettere annualmente al presidente della corte di appello i dati relativi al numero di tali procedimenti alla loro durata, nonché le disposizioni adottate per la finalità della trattazione prioritaria.

L'art. 5, comma 5, parimenti, stabilisce ora che le controversie in cui è parte un organo nominato dall'autorità giudiziaria o amministrativa nell'ambito degli strumenti di regolazione della crisi e dell'insolvenza o delle procedure di insolvenza o comunque un soggetto nei cui confronti è aperta una procedura prevista dal presente codice sono trattate con priorità. Rimane la previsione che il capo dell'ufficio deve trasmettere annualmente al presidente della corte di appello i dati relativi al numero e alla durata dei suddetti procedimenti, indicando le disposizioni adottate per assicurarne la celere trattazione.

Si consideri, infine, l'art. 35-*ter*, comma 3, d.l. 6 novembre 2021, n. 152, inserito dalla legge di conversione 29 dicembre 2021, n. 233, che riserva criteri di prevalenza nell'assegnazione dei posti che comportano la trattazione dei procedimenti in materia concorsuale ai magistrati che abbiano maturato esperienza in tale materia ed abbiano curato la formazione e l'aggiornamento in conformità a quanto previsto dal comma 1 di tale disposizione.

Articolo 363
Certificazione dei debiti contributivi e per premi assicurativi

1. L'Istituto nazionale per la previdenza sociale e l'Istituto nazionale per gli infortuni sul lavoro, su richiesta del debitore o del tribunale, comunicano i crediti dagli stessi vantati nei confronti del debitore a titolo di contributi e premi assicurativi, attraverso il rilascio di un certificato unico.

2. L'INPS e l'INAIL, entro novanta giorni dall'entrata in vigore del presente articolo, definiscono i contenuti della comunicazione ed i tempi per il rilascio del certificato unico di cui al comma 1 con proprio provvedimento, approvato dal Ministero del lavoro e delle politiche sociali, di concerto con il Ministero dell'economia e delle finanze e, per i profili di competenza, con il Dipartimento della funzione pubblica.

Caterina Luisa Appio

1. – Per cogliere appieno la portata della disposizione in commento, va preliminarmente evidenziata la necessità del coordinamento della disciplina ivi prevista con le altre disposizioni che, all'interno del Codice, si occupano del profilo della "circolazione" delle informazioni tra le pubbliche amministrazioni che gestiscono banche dati e la cancelleria del tribunale competente a conoscere della procedura di regolazione della crisi d'impresa o dell'insolvenza.

Partitamente, vengono in rilievo gli artt. 39 e 42. Quest'ultima norma, al comma 1, assegna alla cancelleria del tribunale il compito di acquisire, mediante collegamento telematico diretto alle banche dati dell'Agenzia delle Entrate, dell'Istituto nazionale di previdenza sociale e del registro delle imprese, i dati e i documenti relativi al debitore. Previsione che, a sua volta, va coordinata con quella di cui all'art. 39, a mente della quale il debitore che chiede l'accesso a uno strumento di regolazione della crisi e dell'insolvenza è tenuto a depositare presso la cancelleria del tribunale, le dichiarazioni dei redditi concernenti i tre esercizi, le dichiarazioni IRAP, le dichiarazioni annuali IVA, i bilanci relativi agli ultimi tre esercizi, un'idonea certificazione sui debiti fiscali, contributivi e per premi assicurativi.

Non può tuttavia sottacersi che, fra le disposizioni richiamate (ivi compresa la norma in commento), vi sia un'apparente contraddizione, atteso che, stando al tenore letterale dell'art. 39, incomberebbe sul debitore l'onere di produrre la documentazione indicata a corredo della propria domanda per l'avvio del procedimento unitario. Diversamente, nell'art. 42, si stabilisce che sia la cancelleria ad acquisire, «*mediante collegamento telematico diretto alle banche dati dell'Agenzia delle entrate, dell'Istituto nazionale di previdenza sociale e del Registro delle imprese*» – i documenti relativi al debitore medesimo. Sempre nell'art. 42 si prevede, poi, che le pubbliche amministrazioni che gestiscono le banche dati del registro delle imprese, dell'Anagrafe tributaria e dell'Istituto nazionale di previdenza sociale trasmettano «*direttamente e automaticamente*», «*mediante il sistema di cooperazione applicativa*» ai sensi del codice dell'amministrazione digitale, i documenti indicati nei commi successivi. La disposizione in commento statuisce, a sua volta, che la certificazione dei crediti vantati dall'INPS e dall'INAIL viene da questi ultimi trasmessa «*su istanza del debitore o del tribunale*».

La soluzione della denunciata "contraddizione" potrebbe rinvenirsi nel ruolo assegnato alla cancelleria del tribunale la quale sarebbe deputata a fare da "collettore" delle informazioni provenienti dalle pubbliche amministrazioni che gestiscono banche dati, colmando così eventuali *deficit* informativi da parte del debitore che domanda l'accesso alla procedura.

Quanto al perimetro applicativo della disposizione in esame, merita altresì di essere sottolineato che l'obbligo imposto all'INPS e all'INAIL di fornire, mediante il rilascio di un certificato unico, la attestazione relativa ai crediti dagli stessi vantati nei confronti del debitore opera nell'ipotesi dell'accesso a una procedura concorsuale come pure alla composizione negoziata per la soluzione della crisi d'impresa, di cui all'art. 5, d.l. n. 118 del 2021, (oggi, art. 12 ss.).

2. – Al fine di agevolare l'istruttoria nei procedimenti innanzi richiamati, al pari di quanto statuisce l'art. 364 relativamente ai debiti tributari, la norma in commento impone all'INPS e all'INAIL il rilascio di una certificazione unica attestante la sussistenza o meno in capo al debitore di debiti contributivi e di debiti per i premi assicurativi.

In particolare, a mente del comma 2 dell'art. 363, il Codice onera gli enti certificatori del compito di definire con apposito provvedimento, da emanarsi entro 90 giorni dall'entrata in vigore della disciplina in esame, contenuto e tempi per il rilascio del suddetto certificato.

In ossequio a quanto stabilito da detta norma e in considerazione del fatto che la disposizione in questione è fra quelle che, ai sensi dell'art. 389, sono entrate in vigore dopo 30 giorni dalla pubblicazione in Gazzetta Ufficiale del d.lgs. n. 14 del 2019, gli enti in questione sono stati subito chiamati ad adoperarsi per definire i contenuti della certificazione e le tempistiche per il suo rilascio.

In questa prospettiva, si sono avvicendati tre provvedimenti. Il primo di questi è la Determina del Direttore generale dell'INPS n. 99 del 14 giugno 2019[1], contenente in allega-

[1] Reperibile sul sito istituzionale dell'ente di previdenza. Anche gli altri documenti citati immediatamente dopo nel corpo del testo si possono trovare sul predetto sito web.

to il modello della Certificazione dei debiti contributivi, da utilizzarsi, ai sensi dell'art. 39, per la presentazione della domanda di accesso a una delle procedure di regolazione della crisi e dell'insolvenza, nonché per l'accesso alla procedura di composizione negoziata. In quest'ultimo caso, il documento in questione è indispensabile per poter richiedere la nomina dell'esperto indipendente, ai sensi dell'art. 5, d.l. n. 118 del 2021, poi trasfuso negli artt. 12 e 13.

A tale provvedimento hanno fatto seguito, poi, due messaggi esplicativi della procedura individuata nella Determina del 2019: il primo – n. 4696 del 28 dicembre 2021 – nel quale vengono illustrate, nel dettaglio, le modalità per ottenere la c.d. "V.E.R.A e Certificazione dei debiti contributivi", costituente, si legge nel messaggio, «l'evoluzione della procedura denominata "V.E.R.A. Verifica regolarità aziendale", fino a quel momento utilizzata».

Dal contenuto del suddetto messaggio, emerge, in particolare, come l'intento precipuo sia quello di scandire tempi e modalità del rilascio del certificato, al fine di rendere più agevole l'istruttoria che precede l'ammissione a una delle procedure di regolazione della crisi e dell'insolvenza.

A poca distanza dall'emanazione del messaggio di cui si è detto, partitamente in data 26 gennaio 2022, è stato emanato un secondo messaggio (n. 400), resosi necessario al fine di meglio precisare le condizioni di presentazione della richiesta e le conseguenze sulle modalità di definizione della domanda da parte degli enti territoriali.

In particolare, per coadiuvare l'utente nell'inserimento della richiesta, l'INPS, relativamente alle domande presentate ai sensi dell'art. 39, considerata la discrasia temporale fra la data di entrata in vigore della nuova disciplina concorsuale contenuta nel Codice (15 luglio 2022) e quella della disciplina di cui all'art. 363, che, come in precedenza evidenziato, compare nell'elenco delle disposizioni del Codice entrate in vigore sin da subito, ha – correttamente – specificato che la procedura di cui all'art. 363 non opera con riferimento ai procedimenti governati dalle regole contenute nella "vecchia" legge fallimentare.

Relativamente, invece, alle procedure di composizione negoziata, in vigore già dal 15 novembre 2021 (come prevedeva l'art. 2, d.l. n. 118 del 2021), al fine di evitare che l'INPS rilasci una certificazione al di fuori delle ipotesi previste dalla legge, viene precisato che la richiesta formulata dall'imprenditore sia corredata da adeguata motivazione, con la specificazione che il rilascio del certificato è propedeutico all'avvio della composizione (partitamente, alla nomina dell'esperto indipendente).

Articolo 364

Certificazione dei debiti tributari

1. Gli uffici dell'Amministrazione finanziaria e degli enti preposti all'accertamento dei tributi di loro competenza rilasciano, su richiesta del debitore o del tribunale, un certificato unico sull'esistenza di debiti risultanti dai rispettivi atti, dalle contestazioni in corso e da quelle già definite per le quali i debiti non sono stati soddisfatti.

2. L'Agenzia delle entrate adotta, entro novanta giorni dalla data di entrata in vigore del presente articolo, con proprio provvedimento, modelli per la certificazione dei carichi pendenti, risultanti al sistema informativo dell'anagrafe tributaria e dell'esistenza di contestazioni, nonché per le istruzioni agli uffici locali dell'Agenzia delle entrate competenti al rilascio e definisce un fac-simile di richiesta delle certificazioni medesime da parte dei soggetti interessati, curando la tempestività di rilascio.

Marco Di Siena

Sommario: 1. Una norma procedurale dalla *ratio* intuitiva. – 2. La natura meramente informativa del certificato unico dei debiti tributari e l'affermata carenza di tutela per il contribuente nel caso di infedeltà delle informazioni in esso contenute.

1. – La norma in commento fa da *pendant* all'analoga previsione concernente i debiti di natura contributiva[1]. Viene previsto che gli enti impositori, per quanto di propria competenza, rilascino in favore del debitore o del tribunale i quali ne abbiano fatto richiesta una certificazione *«sull'esistenza di debiti risultanti dai rispettivi atti, dalle contestazioni in corso e da quelle già definite per le quali i debiti non sono stati soddisfatti»*[2]. La *ratio* sottesa a questa previsione è intuitiva: nel contesto delle procedure di composizione della crisi aziendale l'esigenza di conoscere con puntualità lo stato del debito fiscale del contribuente risulta quanto mai cogente e ciò non fosse altro che per assicurare allo stesso un trattamento idoneo (anche) rispetto alle altre posizioni debitorie di natura extratributaria. Va detto, peraltro, che quella analizzata in questa sede costituisce una disposizione che non può essere considerata totalmente innovativa in quanto l'ordinamento tributario conosce

[1] Cfr. art. 365.

[2] In tal senso il comma 1.

da tempo analoghe modalità di certificazione le quali talvolta – oltre ad assolvere un ruolo meramente informativo – assolvono anche il ruolo di vera e propria *configurazione* dell'obbligazione tributaria (come avviene nel caso della limitazione della responsabilità sussidiaria del cessionario di azienda a fronte dei debiti tributari del cedente disciplinata dall'art. 14, comma 2, d.lgs. n. 472 del 1997). In attuazione di quanto prescritto dal comma 2 dell'art. 364, il Direttore dell'Agenzia delle Entrate ha formalizzato il provvedimento n. 224245 del 27 giugno 2019 [3] con cui è stato approvato il «*certificato unico dei debiti tributari*» impiegabile in tutte le procedure disciplinate al Codice. In realtà, tale nuovo documento presenta una struttura abbastanza *standard* ed è sostanzialmente riproduttivo della *certificazione dei carichi pendenti* già in uso in precedenza presso l'Amministrazione finanziaria [4] se si fa eccezione per la previsione di un prospetto sinottico teso a rendere più uniforme l'esposizione delle informazioni da parte delle singole articolazioni dell'Agenzia delle Entrate a cui fa capo l'obbligo del rilascio del certificato [5]. È anzi del tutto ragionevole ritenere che – ancorché formalizzato in base all'art. 364 qui analizzato – il documento approvato dal menzionato provvedimento del 2019 del Direttore dell'Agenzia delle Entrate esplichi rilievo anche al di fuori della materia concorsuale e quindi sia integralmente sostitutivo della pregressa certificazione dei carichi pendenti potendo essere impiegato come tale in ciascun ambito dell'ordinamento tributario. È opportuno precisare che gli uffici dell'Agenzia delle Entrate sono tenuti alla compilazione del richiamato certificato unico previa esclusiva consultazione del sistema informativo dell'anagrafe tributaria e, pertanto, senza alcuna verifica *in loco* o senza alcun obbligo di supplemento d'istruttoria. Tale circostanza fa sì che – come si dirà – possa accadere che il certificato unico rechi informazioni non del tutto puntuali o comunque non aggiornate. Di specifico interesse è la statuizione di un termine di 30 giorni (dal momento della formulazione della richiesta) entro cui il certificato unico dei debiti tributari deve essere formalmente rilasciato in forza del richiamato provvedimento del n. 224245 del 27 giugno 2019. Si tratta di un termine da intendersi come ordinatorio, a fronte del quale non è prevista alcuna sanzione ed al cui mancato rispetto non è correlata alcuna specifica conseguenza giuridica (come invece previsto dall'art. 14, comma 3, d.lgs. n. 472 del 1997 in forza del quale l'omesso rilascio entro il termine di quaranta giorni del certificato che sia richiesto nel contesto di una cessione di azienda fa sì che l'avente causa dell'operazione sia esente da responsabilità solidale a fronte dei debiti tributari del dante causa [6]).

2. – Come detto è possibile – per le più variegate ragioni – che il certificato unico rilasciato dall'Agenzia delle Entrate non rispecchi del tutto fedelmente la situazione del contribuente. Nella maggior parte dei casi la rilevata distonia fra la realtà documentale, da un

[3] Il documento è reperibile previa consultazione del sito *www.agenziaentrate.it*.

[4] In tal senso il Provvedimento del Direttore dell'Agenzia delle Entrate del 25 giugno 2001.

[5] Il richiamato *certificato unico dei debiti tributari*, infatti, deve essere rilasciato dall'Ufficio dell'Agenzia delle Entrate competente in ragione del domicilio fiscale del debitore (fiscale) come identificato ai sensi dell'art. 58, d.p.r. n. 600 del 1973.

[6] Su questa specifica disciplina, a titolo esemplificativo, cfr. DONATELLI, *Osservazioni sulla responsabilità*, 486; DI DIO, *La cessione*, 68; MARINI, *Note in tema*, 181.

lato, e l'effettiva situazione, dall'altro lato, viene risolto per le vie brevi con comunicazioni ed aggiustamenti *in itinere* su iniziativa del soggetto interessato; in talune situazioni, tuttavia, può accadere che – per ragioni di tempistica e/o di natura burocratica – il certificato unico non corretto venga acquisito nelle sedi competenti e sulla base del medesimo si sviluppino le pertinenti procedure amministrative o giudiziali. In proposito, pertanto, occorre chiedersi quali siano le conseguenze di una tale situazione soprattutto allorquando dall'infedeltà del certificato possano scaturire conseguenze pregiudizievoli per il contribuente interessato. La specifica tematica è stata affrontata dalla Corte di cassazione in una pronunzia sufficientemente recente [7] la quale ha escluso in radice ogni possibilità di tutela per il contribuente riconoscendo al certificato unico una funzione meramente informativa e rilevando la non impugnabilità del medesimo per estraneità al novero tassativo degli atti impugnabili di cui all'art. 19, d.lgs. n. 546 del 1992. Invero una tale interpretazione – come rilevato dalla dottrina più attenta [8] – è meno netta di quanto possa apparire in prima istanza e ciò, quanto meno, per un duplice ordine di motivazioni. In prima istanza, infatti, è dubbio che il certificato unico abbia una esclusiva funzione informativa e come tale sia sempre sprovvisto di qualsiasi effetto lesivo immediato della sfera soggettiva del contribuente. È, invero, possibile individuare più casi in cui un'eventuale incoerenza delle informazioni desumibili dall'anagrafe tributaria e traslate nel certificato unico parrebbe concretamente in grado di danneggiare il soggetto passivo dell'obbligazione tributaria. È questo il caso, ad esempio, delle procedure di evidenza pubblica disciplinate dal vigente codice degli appalti pubblici nel cui contesto una potenziale irregolarità fiscale documentata da un certificato unico affetto da incoerenza potrebbe indurre la stazione appaltante ad un'esclusione totalmente ingiustificata da una gara. Ma – per restare all'ambito concorsuale – è evidente come l'infedeltà del certificato unico possa incidere sulla configurazione stessa del passivo concorsuale o alterare i presupposti stessi posti alla base di una proposta di transazione fiscale con conseguenze agevolmente intuibili. È difficile pertanto negare come – almeno in talune situazioni – l'affermata natura meramente informativa del certificato unico rilasciato dall'Agenzia delle Entrate sia abbastanza ectoplasmatica perché i dati incoerenti in esso riprodotti sembrerebbero in realtà essere in grado di estrinsecare palesi ed immediati effetti lesivi per il contribuente. Va detto che nei casi summenzionati sussiste comunque la possibilità cronologicamente successiva di impugnare quel provvedimento che – rinviando *de relato* al certificato unico non veritiero ovvero incorporando i dati incoerenti dallo stesso desumibili – esplichi effetti deteriori nella sfera soggettiva del contribuente (è il caso – per restare agli esempi formulati in precedenza – dell'impugnativa dell'eventuale esclusione dalla gara pubblica dinanzi al giudice amministrativo ovvero dei rimedi accordati dalla disciplina concorsuale dinanzi al giudice ordinario [9]. In tali sedi, infatti, il giudice adito può senz'altro conoscere in via incidentale della prefigurata erroneità del certificato unico rilasciato dall'Agenzia delle Entrate). È altresì vero, tuttavia, che una siffatta tutela giudiziale si configura come *differita* nel tempo ed in astratto anche mera-

[7] Cfr. Cass., 2 luglio 2020, n. 13536.

[8] Cfr. PAPARELLA, *L'impugnabilità*.

[9] Esprime, infatti, l'opinione che il certificato unico non costituisca un «atto impugnabile in modo generalizzato» PAPARELLA, *Il rapporto*, 429.

mente *eventuale* come parrebbe il caso del rilascio di un certificato unico che documenti contestazioni che in realtà sono state definite con sentenza passata in giudicato favorevole al contribuente. In tale contingenza infatti – a meno che l'Agenzia delle Entrate non rettifichi in autotutela il documento – il contribuente parrebbe in prima istanza sprovvisto di qualsiasi possibilità di tutela giudiziale non essendo prevista alcuna successiva pretesa e/o azione avverso cui egli possa fare valere i propri motivi di censura (fra cui l'erroneità delle risultanze dell'anagrafe tributarie riflesse nella certificazione [10]). La seconda ragione di perplessità circa l'interpretazione della giurisprudenza di legittimità che si è espressa per la non impugnabilità dell'infedeltà del certificato unico è l'enfasi attribuita alla sua estraneità al novero degli atti impugnabili di cui all'art. 19, d.lgs. n. 546 del 1992. È noto, infatti, che da tempo – almeno a decorrere dall'ampliamento dei confini della giurisdizione tributaria operato nel 2001 – il diritto vivente si è incaricato di tracciare un percorso che ha determinato la recessività della tesi che postula la rigorosa tipicità e tassatività degli atti impugnabili dinanzi al giudice speciale tributario. Nel corso del tempo si è, pertanto, affermato un criterio meno *formale* che a tali fini tende ad attribuire rilievo sistematico principalmente all'efficacia lesiva del singolo atto e ciò al di là del *nomen iuris* dello stesso. In tale ottica, pertanto, lo specifico argomento impiegato dalla Suprema Corte per escludere l'impugnabilità autonoma del certificato unico appare un po' *d'antan* e non del tutto *a regime* rispetto allo stato della giurisprudenza. La tutela del contribuente a fronte del certificato unico affetto da erroneità resta, perciò, una tematica su cui la riflessione non può dirsi ancora compiutamente definita ed il cui sviluppo è irrimediabilmente connesso a quello che sarà lo sviluppo delle forme di tutela anticipata in ambito giudiziale tributario; un argomento i relazione al quale– come noto – l'interpretazione elaborata del diritto vivente è da sempre assai fredda e poco disponibile ad ammettere una qualche forma di accesso giudiziale in via anticipata rispetto alla formalizzazione del provvedimento impositivo [11].

---

[10] Invero, anche in tale circostanza, l'ipotesi della carenza di tutela è meno concreta di quanto possa apparire in prima istanza. Infatti un eventuale debito tributario erroneamente riflesso nel certificato unico è di per sé sufficientemente innocuo. È solo nel caso in cui l'Amministrazione finanziaria intendesse porre in esecuzione il credito che il contribuente interessato potrebbe vedere conculcata la propria sfera soggettiva. Ove ciò si verificasse, tuttavia, sarebbero realizzate delle iniziative (anche di natura meramente esecutiva) a fronte delle quali il soggetto passivo sarebbe legittimato ad esperire gli opportuni rimedi giurisdizionali. Ciò significa, quindi, che anche in siffatta situazione l'infedeltà del certificato unico rileva essenzialmente sul piano informativo essendovi comunque una facoltà di tutela differita (senza meno non del tutto soddisfacente - quanto meno per il suo carattere *differito* e connotato da minore immediatezza – ma in ogni caso ravvisabile).

[11] È il tipico caso della tutela a fronte delle illegittimità *endoprocedimentali* ossia anteriori alla formalizzazione del provvedimento impositivo impugnabile dinanzi al giudice tributario per cui – a mero titolo esemplificativo del carattere datato della tematica – si rinvia a DI SIENA, *Illegittimità istruttorie*, 1293.

Articolo 365
Informazioni sui debiti fiscali, contributivi e per premi assicurativi

1. A seguito della domanda di apertura della liquidazione giudiziale o del concordato preventivo e fino alla emanazione dei provvedimenti di cui agli articoli 363 e 364, la cancelleria acquisisce dagli uffici competenti idonea certificazione sui debiti fiscali, contributivi e per premi assicurativi.

Giuseppe Marini

La norma in commento, entrata in vigore il 15 luglio 2022 [1], ha natura procedimentale, limitandosi a prevedere che, a seguito della domanda di apertura della liquidazione giudiziale o del concordato preventivo e fino alla emanazione dei provvedimenti di cui agli artt. 363 e 364, la cancelleria del tribunale dinanzi al quale pende detta domanda acquisisce dagli uffici competenti dell'Agenzia delle Entrate e degli Enti previdenziali idonea certificazione sui debiti fiscali, contributivi e per premi assicurativi.

L'efficacia di detta disposizione sembra, pertanto, per espressa previsione del Legislatore, avere una "durata limitata" nel tempo, ovvero fino a quando gli Enti creditori non avranno adottato i provvedimenti indicati dai citati artt. 363 e 364.

In particolare, l'art. 363, comma 2, dispone che l'INPS e l'INAIL devono approvare, entro novanta giorni dalla data di entrata in vigore di detto articolo (quindi entro il 14 giugno 2019 [2]), con proprio provvedimento approvato dal Ministero del lavoro e delle politiche sociali, di concerto con il Ministero dell'economia e delle finanze e, per i profili di competenza, con il Dipartimento della funzione pubblica, i contenuti della comunicazione ed i tempi per il rilascio del certificato unico contenente l'ammontare dei crediti vantati nei confronti del debitore a titolo di contributi e premi assicurativi.

Con formulazione sostanzialmente analoga, il comma 2 dell'art. 364 prevede che

[1] Ai sensi dell'art. 389, comma 1, come modificato, da ultimo, dall'art. 42, comma 1, lett. *a*), d.l. n. 36 del 2022, convertito, con modificazioni, dalla l. n. 79 del 2022.

[2] Si ricorda che l'art. 389, comma 2, prevede espressamente che «*gli articoli 27, comma 1, 350, 356, 357, 359, 363, 364, 366, 375, 377, 378, 379, 385, 386, 387 e 388 entrano in vigore il trentesimo giorno successivo alla pubblicazione nella Gazzetta Ufficiale del presente decreto*»; premesso, pertanto, che il d.lgs. n. 14 del 2019 è stato pubblicato in Gazzetta Ufficiale in data 14 febbraio 2019, dette disposizioni (tra cui gli artt. 363 e 364 che ci riguardano) sono entrate in vigore in data 16 marzo 2019.

l'Agenzia delle Entrate deve adottare, sempre entro novanta giorni dalla data di entrata in vigore di detto articolo[3], con proprio provvedimento, modelli per la certificazione dei carichi pendenti, risultanti al sistema informativo dell'anagrafe tributaria e dell'esistenza di contestazioni, nonché per le istruzioni agli uffici locali competenti al rilascio, definendo un facsimile di richiesta delle certificazioni medesime da parte dei soggetti interessati e curando la tempestività dei rilasci.

Ebbene, con provvedimento n. 30 del 4 luglio 2019, il Direttore Generale dell'INAIL ha deliberato di approvare il modello di Certificato unico debiti per premi assicurativi, definendone i contenuti (denominazione/ragione sociale, codice fiscale, sede legale, numero e data della richiesta, importo dei debiti a titolo di premi, sanzioni civili e interessi, iscritti e non iscritti a ruolo), fissando un termine massimo di 45 giorni, a decorrere dalla data della richiesta da parte del debitore o del tribunale, entro il quale rilasciare detto certificato unico ed individuando, in base alla sede legale del debitore, nei Direttori territoriali, nei Direttori delle Direzioni provinciali di Trento e Bolzano e nel Direttore della Sede regionale di Aosta la competenza a sottoscrivere, con firma digitale, detto certificato unico in formato .pdf non modificabile.

Con analoga determinazione (la n. 99 del 14 giugno 2019), il Direttore Generale dell'INPS ha disposto di approvare il modello di Certificazione dei debiti contributivi, definendone i contenuti (denominazione/ragione sociale, codice fiscale, sede legale, numero e data della richiesta, esposizioni debitorie consolidate distinte per Gestione previdenziale, numero di posizione contributiva, periodo, importo dei contributi, importo delle sanzioni civili e stato del credito), fissando il termine massimo di 45 giorni per il suo rilascio a decorrere dalla data della richiesta.

È stato, altresì, disposto di individuare in capo alla Direzione Provinciale, alla Filiale metropolitana, alla Filiale provinciale, ove istituita, e all'Agenzia complessa che ha in carico la gestione delle posizioni riconducibili al codice fiscale del debitore la competenza ad effettuare le verifiche delle esposizioni debitorie, e in capo ai medesimi organi presso cui risulta il debito di maggiore importo la competenza ad effettuare il consolidamento delle posizioni debitorie, affidando al relativo Direttore il compito di sottoscrivere con firma digitale il Certificato unico prodotto in formato .pdfA non modificabile, tramite la procedura "Certificazione dei Debiti Contributivi" (C.D.C.).

Da ultimo il Direttore dell'Agenzia delle Entrate, con provvedimento del 27 giugno 2019, ha disposto l'approvazione, con le relative istruzioni, del modello di Certificato unico debiti tributari ai sensi dell'art. 364, comma 2, contenente l'indicazione dei debiti risultanti dall'interrogazione al sistema informativo dell'anagrafe tributaria relativi agli atti, alle contestazioni in corso e a quelle già definite per le quali i debiti non sono stati soddisfatti, in materia di imposte dirette, imposta sul valore aggiunto e altre imposte indirette.

Alla luce di tutto quanto fin qui esposto, la norma di cui all'art. 365 in commento, nella parte in cui prevede che la cancelleria del tribunale dinanzi alla quale pende la procedura di liquidazione giudiziale o di concordato preventivo acquisisca autonomamente dagli uffici competenti degli Enti creditori la certificazione sui debiti fiscali, contributivi e

[3] Cfr. nota precedente.

per premi assicurativi fino a quando non siano stati emanati i provvedimenti di cui agli artt. 363 e 364 sembra – per effetto dei continui rinvii dell'entrata in vigore della maggior parte delle norme del Codice (tra cui, appunto, l'art. 365) e della mancanza di coordinamento delle stesse[4] – essere "nata morta", stante l'approvazione, da parte dei Direttori dell'INPS, dell'INAIL e dell'Agenzia delle Entrate, in data antecedente alla sua entrata in vigore, dei provvedimenti istitutivi dei vari certificati attestanti l'esistenza di debiti fiscali, contributivi e per premi assicurativi.

[4] L'art. 389 è stato più volte modificato. Il testo originario era il seguente: «*il presente decreto entra in vigore decorsi diciotto mesi dalla data della sua pubblicazione nella Gazzetta Ufficiale, salvo quanto previsto al comma 2*». Tale data di entrata in vigore è stata "differita": *a)* al 1° settembre 2021 dall'art. 5, comma 1, d.l. n. 23 del 2020, convertito, con modificazioni, dalla l. n. 40 del 2020; *b)* al 16 maggio 2022 dall'art. 1, comma 1, lett. *a)*, d.l. n. 118 del 2021, convertito, con modificazioni, dalla l. n. 147 del 2021; *c)* al 15 luglio 2022 dall'art. 42, comma 1, lett. *a)*, d.l. n. 36 del 2022, convertito, con modificazioni, dalla l. n. 79 del 2022. L'entrata in vigore degli artt. 363 e 364 è stata, invece, sempre confermata al 16 marzo 2019.

Articolo 366

Modifica all'articolo 147 del Testo unico in materia di spese di giustizia

1. L'articolo 147 del decreto del Presidente della Repubblica 30 maggio 2002, n. 115, è sostituito dal seguente: «Art. 147 (L) (Recupero delle spese in caso di revoca della dichiarazione di apertura della liquidazione giudiziale). – 1. In caso di revoca della dichiarazione di apertura della liquidazione giudiziale, le spese della procedura e il compenso del curatore sono a carico del creditore istante quando ha chiesto con colpa la dichiarazione di apertura della liquidazione giudiziale; sono a carico del debitore persona fisica, se con il suo comportamento ha dato causa alla dichiarazione di apertura della liquidazione giudiziale. La corte di appello, quando revoca la liquidazione giudiziale, accerta se l'apertura della procedura è imputabile al creditore o al debitore.».

2. Le disposizioni dell'articolo 147 del decreto del Presidente della Repubblica n. 115 del 2002, come sostituito dal comma 1, si applicano anche in caso di revoca dei fallimenti adottati con provvedimento emesso a norma dell'articolo 18 del regio decreto 16 marzo 1942, n. 267.

Federica Boncristiano

Sommario: 1. L'evoluzione normativa e giurisprudenziale. – 2. L'art. 147, d.p.r. n. 115 del 2001. – 3. Le novità introdotte con il Codice.

1. – La regolazione delle spese di procedura, in particolare il compenso del curatore fallimentare e l'individuazione dell'obbligato passivo onerato al relativo pagamento nel caso di revoca della dichiarazione fallimentare, sono stati al centro di un'annosa *quaestio iuris* solo in parte sopita con la promulgazione del d.p.r. 30 maggio 2002 n., 115, noto come testo unico delle spese di giustizia (d'ora in poi TUSG). All'epoca della promulgazione della legge fallimentare (r.d. 16 marzo 1942, n. 267), la materia era disciplinata dall'art. 21. Nella specie, il comma 3 imputava le spese e gli onorari di procedura «*a carico del creditore istante che fosse condannato ai danni per aver chiesto la dichiarazione di fallimento (...) In assenza di condanna*», diversamente, gli onorari del curatore erano riversati su un fondo speciale costituito allo scopo di retribuire gli amministratori giudiziari[1] in

[1] L'art. 1, comma 3, l. 10 luglio 1930, n. 995, disponeva che «*la nomina di amministratore giudiziario ha*

caso di incapienza ovvero di revoca del fallimento [2]. La successiva soppressione del fondo e la liberalizzazione della professione di curatore fallimentare, non accompagnati da un intervento legislativo complementare, lasciarono privi di un'adeguata tutela tutti quei casi in cui il fallimento non era stato avviato con colpa imputabile al creditore procedente, unica ipotesi mantenuta in seno alla legge fallimentare. Nel silenzio della legge, la soluzione accolta dalla giurisprudenza era nel senso che in mancanza dei presupposti fissati dalla norma, la corresponsione del compenso dovesse spettare al debitore fallito tornato *in bonis* [3]. L'orientamento, che nel tempo si è consolidato nelle corti di merito e di legittimità, è stato censurato dalla Corte costituzionale con sentenza del 6 marzo 1975, n. 46 per contrasto dell'art. 21, comma 3, seconda parte, l. fall. con il principio di eguaglianza *ex* art. 3 Cost. [4]. Il Giudice delle Leggi, in quell'occasione, concluse che anche nel procedimento fallimentare dovesse trovare applicazione il principio della soccombenza in materia di spese processuali [5], principio ritenuto immanente alla *littera legis* della norma censurata, che anzi sembrava prevederne «addirittura una forma aggravata – quale la condanna al risarcimento dei danni – per il creditore che abbia richiesto la dichiarazione di fallimento con colpa» [6]. Pertanto, in mancanza di un addebito per colpa al creditore procedente, il pagamento spettava al fallito che con il proprio comportamento avesse alimentato la convinzione della sussistenza dei presupposti per l'apertura del fallimento [7]. In via residuale, era tenuto a risponderne l'Erario, ossia l'Amministrazione dello Stato nella persona del Ministero della Giustizia, in ragione dell'esercizio di un *munus publicum* da parte del curatore [8]. I primi commentatori hanno parlato di «dichiarazione di incostituzionalità di una norma

durata di un quinquennio. Essa è fatta con decreto del Ministero per la giustizia, in seguito a concorso per titoli fra gli avvocati e procuratori, gli esercenti la professione in economia e commercio e i ragionieri, che siano di specchiata moralità e dimostrino particolare idoneità all'ufficio. Gli avvocati debbono inoltre avere almeno quattro anni di effettivo esercizio professionale, i procuratori e gli esercenti la professione in economia e commercio sei anni e i ragionieri dieci anni. L'esercizio della funzione di magistrato dell'ordine giudiziario o amministrativo vale nel computo dell'anzianità come esercizio professionale».

[2] Il perimetro normativo era delineato dal combinato disposto del r.d. 20 novembre 1930, n. 1595 e dell'art. 5, l. 10 luglio 1930, n. 995. In particolare, quest'ultimo articolo all'ultimo comma statuiva la detrazione di un'aliquota pari al quinto del compenso diretto ai curatori per la costituzione del fondo destinato «*ad attribuire compensi ai curatori, che non poterono conseguire adeguate retribuzioni e premi di rendimento*».

[3] Cass., 19 novembre 1957, n. 4430, in *Dir. fall.*, 1957, II, 764. Conforme Cass., 31 maggio 1969, in *Giust. civ.*, 1969, I, 1647. In contrasto, App. Roma, 22 maggio 1956, in *Dir fall.*, 1957, II, 469.

[4] V. COSTANZO, *Revoca della dichiarazione*, 418, in nota a Corte cost., 6 marzo 1975, n. 46.

[5] Secondo Del Vecchio è più appropriato parlare di principio di causalità. DEL VECCHIO, *Una sentenza*, 413.

[6] In un altro passaggio della sentenza in rassegna, il Giudice delle Leggi smentiva che, sulla base di un rapporto di continenza tra la procedura fallimentare e quella esecutiva, si potesse giustificare l'indifferente applicazione dell'art. 95 c.p.c., il quale invece trovava luogo solo rispetto ad una esecuzione legittima. Cfr. SATTA, *Diritto fallimentare*, 98.

[7] DI LAURO, *Responsabilità del creditore*, 305, in nota a Trib. Napoli, 3 maggio 1991. LO CASCIO, *La liquidazione*, 19; FERRARA, *Le spese*, 187.

[8] Cfr. Cass., SS.UU., 29 maggio 2012, n. 8516. Nello stesso senso la giurisprudenza ha riscritto la *ratio* dell'art. 91 l. fall. per cui le spese giudiziali dovevano essere «anticipate dall'Erario e poi recuperate mediante prelievo delle somme ricavate dalla liquidazione dell'attivo». Cfr. Cass., 6 novembre 1999, n. 12349, in *Foro it.*, 2000, I, 1912, con nota di Fabiani. La sentenza è stata annotata anche da SAMPIETRO, *Revoca del fallimento*, 1347. Sull'ampio ruolo delle corti di merito, v. DEL VECCHIO, *Le spese*, 948.

inesistente»[9], in quanto il veto non cadeva su una norma di diritto, bensì su un principio di matrice puramente giurisprudenziale privo di un avallo positivo.

2. – L'abulia del legislatore rispetto all'argomento è stata scossa con l'entrata in vigore dell'art. 147 TUSG, rubricato «*Recupero delle spese in caso di revoca del fallimento*»[10], secondo la quale «*in caso di revoca della dichiarazione di fallimento le spese della procedura sono a carico del creditore istante, se condannato ai danni per aver chiesto la dichiarazione di fallimento con colpa; sono a carico del fallito persona fisica se con il suo comportamento ha dato causa alla dichiarazione di fallimento*». Il primo alinea ripete pedissequamente la prima parte dell'art. 21, comma 3, l. fall. – parte non investita dalla dichiarazione di incostituzionalità – per effetto del quale le spese gravano sul creditore procedente nel caso sia stato condannato per la propria condotta abusiva[11]. La giurisprudenza ha preferito una lettura meno stringente del sintagma «*condanna ai danni*» e lo ha parafrasato come mera verifica del relativo titolo di responsabilità[12]. Il secondo alinea recepisce le conclusioni raggiunte dalla pronuncia della Corte costituzionale sancendo espressamente la responsabilità del fallito che con il proprio comportamento abbia fatto presumere la presenza dei presupposti per la dichiarazione di fallimento. Ma il precetto risulta applicabile al solo fallito persona fisica. L'illogicità di fondo della disposizione è l'aver escluso, dal novero dei chiamati al pagamento, il fallito società commerciale, con o senza responsabilità giuridica, sulla presunzione di una concezione personalistica del concetto di "colpa" ovvero di "comportamento"; come nessuna menzione è fatta al caso in cui il fallimento sia stato chiesto dal Pubblico Ministero. Il punto controverso restava la definizione della legittimazione passiva in capo all'Erario che, dopo la definitiva abrogazione degli artt. 21 e 91 l. fall. con d.lgs. n. 5 del 2006[13], perde ogni appiglio normativo, prima consentito dal riferimento alle «*speciali norme vigenti*». L'interpretazione che gravava l'Erario del compenso del curatore del fallimento revocato senza colpa[14] si è consolidata nella giurisprudenza[15], tanto da

[9] L'espressione prende in prestito il titolo di un saggio in commento alla citata sentenza di legittimità a firma di Caputo. L'A. scrive che «ciò che, peraltro, stupisce ancora di più è che la Corte costituzionale, investita a sua volta della decisione, ha dichiarato incostituzionale la norma denunciata, senza peraltro avvedersi che in contrasto con i principi della costituzione era non già la norma, bensì la libera interpretazione che della stessa era stata data dalla giurisprudenza»: CAPUTO, *La dichiarazione*, 637. Similmente BORSELLI, *Revoca del fallimento*, 272.

[10] *Sub* art. 147 Relazione illustrativa del testo unico delle disposizioni legislative e regolamentari in materia di spese di giustizia.

[11] Cfr. Trib. Roma, 20 settembre 2002, con nota di DI GRAVIO, *Omessa notifica*, 874.

[12] Cass., 21 febbraio 2007, n. 4096, in *Giust. civ.*, 2007, I, 831. A tal fine, la giurisprudenza precisa che la sede elettiva dell'accertamento *de quo* è il giudizio di reclamo in quanto antecedente logico-giuridico per la successiva condanna del creditore. In un'altra pronuncia, la Cassazione ha escluso che il socio illimitatamente responsabile possa essere chiamato a rispondere *ex* art. 147 TUSG. Cfr. Cass, 12 settembre 2005, n. 18106.

[13] L'art. 21, comma 3, e l'art. 91 l. fall. sono stati abrogati per effetto dell'art. 299, d.p.r. n. 115 del 2002. La totale abrogazione dell'art. 21 l. fall. è intervenuta con il d.lgs. n. 5 del 2006.

[14] È riconosciuto in giurisprudenza che il curatore non è considerato come un ausiliario del giudice bensì come un ausiliario della giustizia. Cfr. Trib. Milano, 19 luglio 2012, n. 8835 con nota di BELLOMI, *Il pagamento*, 223. V. altresì, ANFUSO, *Gli onorari*, 1126.

[15] La Corte costituzionale, investita della questione di legittimità dell'art. 146, comma 3, TUSG, con sentenza del 28 aprile 2006, n. 174, ha dichiarato l'illegittimità costituzionale della norma nella parte in cui non

assumere la forza di diritto vivente, non messo in discussione neanche in sede di legittimità [16]. Alla luce del quadro normativo delineato, il rischio che il costo della procedura potesse essere addossato ciecamente a discredito dell'Erario, è stato risolto dalla giurisprudenza ritenendo che il curatore, in qualità di titolare del diritto soggettivo al compenso per le proprie prestazioni, nell'adire il tribunale avrebbe dovuto individuare nell'istanza di liquidazione *ex* art. 39 l. fall. il soggetto onerato del relativo pagamento [17].

3. – La riscrittura dell'art 147 TUSG, operata per effetto dell'art. 366, si pone in linea di continuità con il precedente testo, quasi da ripeterne le pecche. La prima modifica evidente è il cambio di riferimento dal termine «*fallimento*» al concetto di «*liquidazione giudiziale*», il quale, nell'idea del legislatore, apre ad una concezione dell'insolvenza come fase fisiologica nella vita d'impresa [18]. Proseguendo nell'analisi del testo normativo, la prima parte del comma 1 – al pari del suo antecedente – prevede che, in caso di revoca del fallimento, le spese della procedura e il compenso del curatore siano a carico del creditore procedente o del fallito persona fisica. Rispetto alla figura del creditore procedente, viene espunto il presupposto della condanna ai danni – formula che alludeva ad un previo accertamento in sede giudiziale, poi sconfessata dalla giurisprudenza – ritenendo sufficiente la richiesta colposa della liquidazione giudiziale. Illustre dottrina interpreta il requisito della "colpa" come meramente descrittivo della natura di responsabilità per i danni processuali: la conseguenza designata è l'applicazione in combinato disposto della norma generale contenuta nell'art. 96 c.p.c., la quale esige il dolo o la colpa grave per la configurazione della responsabilità processuale [19]. Resta ferma, e con essa le critiche già sorte in seno

prevedeva che il compenso del curatore fosse tra le spese anticipate dall'Erario. Il principio di diritto enunciato, poi confermato successivamente da altra pronuncia della medesima Corte del 9 febbraio 2009, n. 37, ha acquisito la valenza di diritto vivente. Nonostante la diversità di *ratio*, gli artt. 146 e 147 TUSG sono prossimi per materia – in specie, l'art. 146 disciplina la sorte delle spese nel fallimento privo di attivo – sicché, la giurisprudenza ha ritenuto di poter applicare in via estensiva il principio enunciato in questa occasione dal Giudice delle Leggi al fine di rafforzare la cogenza del principio della soccombenza previsto dall'art. 147 TUSG. V. FABIANI, nota a Corte cost. 28 aprile 2006, n. 174, in *Foro it.*, 2006, I, 1636. «Nella sostanza il diritto vivente ritiene esservi un combinato disposto degli artt. 146 e 147 d.p.r., più propriamente una crasi normativa, trattandosi di norme affatto differenti»: Cfr. Trib. Milano, 13 febbraio 2018.

[16] Di diverso avviso è BARBIERI, *Revoca della sentenza*, 627 in nota a Cass., 10 settembre 2002, n. 13147. L'A. ha rilevato che il vuoto normativo creato dall'abrogazione delle dette norme fallimentari, potrebbe dare la stura ad una declaratoria di incostituzionalità dell'art. 147 in violazione degli artt. 3, 23, 24, 35, 36 e 97 Carta costituzionale.

[17] Cass, 26 ottobre 2012, n. 18541. Conforme Cass., 20 marzo 2014, n. 6553. Nella fattispecie rilevava l'art. 18, ult. comma, l. fall., nel quale era trasmigrato l'abrogato art. 21 l. fall., secondo cui le spese di procedura dovevano essere liquidate dal tribunale sulla base della relazione del giudice delegato con decreto reclamabile *ex* art. 26 l. fall., senza però fornire alcuna indicazione sui soggetti onerati. In dottrina, BOTTAI, *Il compenso*, 1067.

[18] Relazione illustrativa al Codice.

[19] PAJARDI, *Manuale di diritto*, 138. L'A. scrive: «ciò premesso, e ricordata qui la configurazione del ricorso per dichiarazione di fallimento da qualunque parte provenga come esercizio del diritto d'azione, viene in esame l'applicabilità del 2° c. dell'articolo 96 c.p.c., essendo il fallimento un processo esecutivo e bastando quindi il difetto di normale prudenza per integrare la responsabilità (*culpa levis*). Ma l'applicabilità, possibile e logica in via di principio, è esclusa in concreto dal fatto che il 2° c. dell'art. 96 c.p.c. riguarda solo un elemento dell'azione esecutiva: l'esistenza del diritto soggettivo sostanziale; e nel processo esecutivo speciale fallimentare non rileva neppure l'accertamento successivo della insussistenza del diritto del creditore ricorrente. Infatti, tale processo si regge unicamente sul presupposto, soggettivo (*ex parte debitoris*), della qualità di imprenditore commerciale e su quello,

alla precedente formulazione, l'imputabilità del pagamento al solo debitore fallito *persona fisica* che, con il proprio comportamento, abbia permesso di dare corso all'apertura della liquidazione giudiziale. A parere di chi scrive, sembra che il legislatore abbia perso un'occasione per uniformare il dato positivo alla prassi giurisprudenziale, estendendo anche alle società commerciali, con o senza personalità giuridica, l'obbligo al pagamento [20].

Rimane emblematico il ruolo dell'Erario. Si legge nella Relazione che accompagna il Codice che «*la disposizione si fa carico di colmare un vuoto normativo che genera un rilevante contezioso con il Ministero della Giustizia. (...) La norma in esame prevede perciò in modo espresso che nelle ipotesi di revoca del fallimento per causa non imputabile né a colpa del creditore ricorrente né a responsabilità del debitore, il compenso del curatore fallimentare è posto direttamente a carico dell'Erario con pagamento diretto da parte dell'ufficio sulla base del decreto di liquidazione del tribunale*» [21]. Dal confronto con il testo della norma, manca un richiamo espresso al dovere dell'Erario di rifondere le spese di procedura. Anzi, tale onere sembrerebbe essere negato dall'uso dell'oppositiva nell'ultima parte del comma 1 ove la norma dispone che la corte d'appello, con il decreto di revoca della liquidazione giudiziale, deve determinare se l'apertura della procedura sia imputabile al creditore *o* al debitore. Il rischio è di svilire la portata precettiva del *novum*, rischio al quale si può ovviare solo se si propone un'interpretazione conforme al diritto vivente, secondo cui se la corte d'appello non ritiene il concorso per colpa del creditore procedente ovvero del fallito, può disporre direttamente, in seno al decreto di liquidazione, che competente al pagamento sia l'Erario.

La norma potrebbe essere fuorviante, in quanto sembra superare il principio del chiesto e del pronunciato con l'investire direttamente l'autorità giudiziaria di deliberare sulla responsabilità senza previa domanda da parte del curatore, in qualità di titolare del diritto soggettivo di credito. L'unica giustificazione sembra sia nella necessità di evitare l'apertura di plurimi procedimenti contro l'Amministrazione dello Stato, con un ulteriore aggravio di costi ed interessi [22].

Nel chiosare l'articolo, il comma 2 opera come una disposizione transitoria in quanto estende la portata precettiva del nuovo art. 147 TUSG anche alla revoca della dichiarazione di fallimento pronunciata in fase di reclamo *ex* art. 18 l. fall., disciplina ora invece trasmigrata nell'art. 51.

---

oggettivo (sempre *ex parte debitoris*) dello stato di insolvenza; con la conseguenza che non sorgerà mai, per definizione, una responsabilità del creditore ricorrente per difetto del diritto soggettivo sostanziale di credito». Conforme, FACCIOLI, *La responsabilità*, 7. Diversamente, la Giurisprudenza ha riconosciuto spazi applicativi anche per il comma 2 dell'art. 96 c.p.c. limitati al caso in cui la revoca sia avvenuta per inesistenza del diritto di credito. Parte della dottrina opta per la natura aquiliana *ex* art. 2043 c.c. della responsabilità del creditore procedente nel fallimento revocato. Altra, invece, discorre di autonomia normativa dell'art. 21, comma 3, l. fall. La diatriba è stata chetata con la modifica dell'art. 22 l. fall. per effetto del d.lgs. n. 169 del 2007, nel quale il comma 2 rinviava apertamente all'art. 96 c.p.c.: in un'ottica di sistema, la norma spiegava un'inevitabile influenza anche nell'ipotesi della revoca del fallimento. Le conclusioni raggiunte non sono messe in discussione con il passaggio alla nuova disciplina della liquidazione giudiziale: l'art. 50, comma 3 riprende il testo dell'art. 22, comma 2, l. fall. e con esso il rinvio alla norma del codice di rito. Per le diverse opinioni in dottrina, V. BOZZA, *Revoca della sentenza*, 525; PROVINCIALI, *Trattato di diritto*, 628; SATTA, *Diritto fallimentare*, 91; FRONTINI, *In tema*, 1278.

[20] Altresì, la norma continua ad essere silente sulla legittimazione al pagamento degli onorari della curatela da parte del P.M.

[21] *Sub* art. 366 Relazione.

[22] *Ibidem.*

Articolo 367

Modalità di accesso alle informazioni sui debiti risultanti da banche dati pubbliche

1. Nei procedimenti di cui all'articolo 42, comma 1, le pubbliche amministrazioni che gestiscono le banche dati del Registro delle imprese, dell'Anagrafe tributaria e dell'Istituto nazionale di previdenza sociale trasmettono direttamente e automaticamente alla cancelleria, mediante il sistema di cooperazione applicativa ai sensi del decreto legislativo 7 marzo 2005, n. 82, Codice dell'amministrazione digitale, i dati e i documenti di cui ai commi 2, 3 e 4.

2. Il Registro delle imprese trasmette alla cancelleria i bilanci relativi agli ultimi tre esercizi, la visura storica, gli atti con cui sono state compiute le operazioni straordinarie e in particolare aumento e riduzione di capitale, fusione e scissione, trasferimenti di azienda o di rami di azienda. Ulteriori informazioni e documenti possono essere individuati con decreto non avente natura regolamentare del Ministero della giustizia, di concerto con il Ministero dello sviluppo economico.

3. L'Agenzia delle entrate trasmette alla cancelleria le dichiarazioni dei redditi concernenti i tre esercizi o anni precedenti, l'elenco degli atti sottoposti a imposta di registro e i debiti fiscali, indicando partitamente per questi ultimi interessi, sanzioni e gli anni in cui i debiti sono sorti. Con decreto del direttore generale della giustizia civile d'intesa con il direttore generale dell'Agenzia delle entrate possono essere individuati ulteriori documenti e informazioni.

4. L'Istituto nazionale di previdenza sociale trasmette alla cancelleria le informazioni relative ai debiti contributivi. Con decreto del direttore generale della giustizia civile d'intesa con il presidente del predetto Istituto possono essere individuati ulteriori documenti e informazioni.

5. Sino a quando non sono definiti dall'Agenzia per l'Italia digitale gli standard di comunicazione e le regole tecniche di cui all'articolo 71 del decreto legislativo 7 marzo 2005, n. 82, e, in ogni caso, quando l'amministrazione che gestisce la banca dati o il Ministero della giustizia non dispongono dei sistemi informatici per la cooperazione applicativa di cui al codice dell'amministrazione digitale, i dati, i documenti e le informazioni di cui al presente articolo sono acquisiti previa stipulazione, senza nuovi o maggiori oneri per la finanza pubblica, di una convenzione a titolo gratuito e senza nuovi o maggiori oneri per la finanza pubblica, finalizzata alla fruibilità informatica dei dati, sentito il Garante per la protezione dei dati personali.

6. Con le medesime modalità di cui al comma 1 sono altresì trasmesse alla cancelleria le ulteriori informazioni relative al debitore e rilevanti per la sussistenza dei requisiti eccedenti quelli di cui all'articolo 2, comma 1, lettera d), detenute dalle altre pubbliche amministrazioni individuate dal Ministero della giustizia. Si applica il comma 5.

7. Le disposizioni del presente articolo acquistano efficacia a decorrere dal sessante-

simo giorno successivo alla pubblicazione nella Gazzetta Ufficiale del provvedimento del responsabile dei sistemi informativi automatizzati del Ministero della giustizia, da adottarsi entro un anno dall'entrata in vigore del presente codice, attestante la piena funzionalità del collegamento telematico, anche a seguito della stipulazione delle convenzioni di cui al comma 5.

Caterina Luisa Appio

Sommario: 1. Coordinamento con le altre norme afferenti il profilo della circolazione delle informazioni. – 2. L'(ancora) inattuato ultimo comma e la disciplina "transitoria". – 3. Le informazioni e i documenti che ciascuna pubblica amministrazione è tenuta a trasmettere. – 4. Il comma 6.

1. – Prima di procedere alla disamina del contenuto della norma in commento, appare utile tentare un suo coordinamento con le altre disposizioni che, all'interno del Codice, si occupano del profilo della "circolazione" delle informazioni tra le pubbliche amministrazioni che gestiscono banche dati e la cancelleria del tribunale competente a conoscere della procedura di regolazione della crisi d'impresa o dell'insolvenza.

A tal fine, viene in rilievo la relazione della disposizione *de quo* con l'art. 42, comma 1, espressamente richiamato dalla norma che ci si appresta a commentare. L'art. 42, comma 1, difatti, rinviando, a sua volta, all'art. 367, assegna alla cancelleria del tribunale il compito di acquisire, mediante collegamento telematico diretto alle banche dati dell'Agenzia delle Entrate, dell'Istituto nazionale di previdenza sociale e del Registro delle imprese, i dati e i documenti relativi al debitore [1]. Previsione che, a sua volta, va poi coordinata con quella di cui all'art. 39, a mente della quale il debitore che chiede l'accesso a uno strumento di regolazione della crisi e dell'insolvenza sia tenuto a depositare presso la cancelleria del tribunale, le dichiarazioni dei redditi concernenti i tre esercizi, le dichiarazioni IRAP, le dichiarazioni annuali IVA, i bilanci relativi agli ultimi tre esercizi, un'idonea certificazione sui debiti fiscali, contributivi e per premi assicurativi.

In astratto, la relazione tra le norme richiamate (artt. 39, 42 e 367) potrebbe apparire quasi contraddittoria, atteso che, da un lato, si pone sul debitore l'onere di produrre la documentazione indicata a corredo della propria domanda per l'avvio del procedimento unitario; dall'altro, con l'art. 42 a cui rinvia l'art. 367 si stabilisce che sia la cancelleria ad acquisire, «*mediante collegamento telematico diretto alle banche dati dell'Agenzia delle entrate, dell'Istituto nazionale di previdenza sociale e del Registro delle imprese*» – i documenti relativi al debitore medesimo. Infine, si prevede, sempre in ragione del richiamo per mano dell'art. 367 all'art. 42, che le pubbliche amministrazioni che gestiscono le banche dati del

---

[1] Per un'analisi più puntuale della disciplina recata dall'art. 42, si rinvia al relativo commento.

registro delle imprese, dell'Anagrafe tributaria e dell'Istituto nazionale di previdenza sociale trasmettano «*direttamente e automaticamente*», «*mediante il sistema di cooperazione applicativa*» ai sensi del Codice dell'amministrazione digitale, i documenti indicati nei commi successivi.

A ben vedere, l'apparente contraddizione sembra potersi superare, considerato che il "fulcro" della "circolazione" delle informazioni tra pubbliche amministrazioni risiederebbe nel ruolo assegnato alla cancelleria del tribunale, deputata a fare da "collettore" delle informazioni provenienti dalle pubbliche amministrazioni che gestiscono banche dati e, per tale via, a "colmare" eventuali *deficit* informativi da parte del debitore che domanda l'accesso alla procedura [2]. Le espressioni adoperate dal comma 1 della norma in commento («*direttamente e automaticamente*») sembrano difatti postulare un'iniziativa della cancelleria del tribunale.

Ragionando diversamente, sarebbe davvero arduo immaginare che la pubblica amministrazione depositaria delle informazioni d'interesse invii *direttamente* e *automaticamente* tali informazioni senza neppure conoscere dell'avvio della procedura. Gli avverbi utilizzati si riferirebbero, piuttosto, alla fase successiva della richiesta inoltrata dalla cancelleria, a seguito della quale i documenti dovrebbero essere trasmessi *direttamente* alla cancelleria (e non ad altri soggetti interessati o coinvolti nella procedura) [3] e *automaticamente*, ovvero senza necessità, a quanto pare, dell'indicazione di quali documenti inviare attesa l'indicazione (puntuale) dei documenti che ciascuna pubblica amministrazione è chiamata a inviare.

2. – Prima ancora di occuparci del relativo elenco e capovolgendo l'ordine di esame degli altri commi della norma, il "dialogo" informativo tra le pubbliche amministrazioni e la cancelleria si delinea negli ultimi tre commi della norma.

L'ultimo comma subordina l'entrata in vigore della norma in commento al decorso del termine di sessanta giorni dalla pubblicazione sulla Gazzetta Ufficiale del provvedimento del responsabile dei sistemi informativi automatizzati del Ministero della giustizia attestante la piena funzionalità del collegamento telematico tra il Ministero della giustizia (*rectius*, le cancellerie) e le pubbliche amministrazioni coinvolte, provvedimento che, al momento, non risulta essere stato ancora emanato [4].

Merita altresì di essere evidenziato che la disposizione da ultimo richiamata relaziona la piena funzionalità del predetto collegamento telematico *anche* all'eventualità che siano stipulate le convenzioni previste dal comma 5 della norma in commento. Nello specifico, si tratta di convenzioni, stipulate «*senza nuovi o maggiori oneri per la finanza pubblica*» [5] e fina-

[2] Problema che, evidentemente, non si porrebbe qualora l'impulso alla procedura provenisse da un soggetto diverso dal debitore.

[3] Sotto tale profilo, potrebbe porsi il dubbio se, per esempio, il debitore possa conoscere il contenuto dei documenti inviati dalla pubblica amministrazione competente alla cancelleria. Sulla scorta delle riflessioni contenute nel testo l'ipotesi non appare da escludere: al debitore ben potrebbe essere riconosciuto un siffatto diritto, da esplicarsi mediante la richiesta da inviarsi alla cancelleria del tribunale di accedere alla documentazione prodotta dalla pubblica amministrazione, rivolgendosi, in mancanza, direttamente a quest'ultima.

[4] Per la verità, allo stato, non risulterebbe neppure decorso il termine prescritto dalla norma, vale a dire un anno dall'entrata in vigore del Codice.

[5] La norma contiene una ripetizione dell'inciso riprodotto nel testo, atteso che essa ribadisce, per due vol-

lizzate alla «*fruibilità informatica*» dei dati, dei documenti e delle informazioni previste dalla norma in commento. La stipulazione delle convenzioni in questione dovrebbe tener luogo, nella mente del legislatore, della mancata definizione da parte dell'Agenzia per l'Italia digitale degli «*standard di comunicazione e le regole tecniche di cui all'art. 71 del decreto legislativo 7 marzo 2005, n. 82*»[6] e, in ogni caso, dell'ipotesi in cui la pubblica amministrazione che gestisce la banca dati o il Ministero della giustizia non disponga dei sistemi di cooperazione applicativa[7] di cui (sempre) al Codice dell'amministrazione digitale.

Insomma, l'attuazione della norma in discorso sembra essere subordinata a svariate variabili (convenzioni ancora non stipulate e/o provvedimento del responsabile dei sistemi informativi automatizzati del Ministero della giustizia) tanto che, per lungo tempo ancora, l'acquisizione dei dati e dei documenti potrebbe venire effettuata (più semplicemente) tramite richiesta della cancelleria mediante posta elettronica certificata mercé il disposto dell'art. 42, comma 2. Le difficoltà di attuazione paiono, nondimeno, oggettive poiché legate a quell'elevato tasso di tecnicismo – non prettamente giuridico bensì informatico – che connota la "circolazione" delle informazioni tra i soggetti coinvolti.

3. – Passando, infine, a esaminare le informazioni e i documenti che ciascuna delle pubbliche amministrazioni menzionate nella disposizione devono trasmettere, preliminarmente si osserva che esse, come già detto, coincidono, solo parzialmente, con quelle che il debitore, a mente dell'art. 39, deve fornire nel momento in cui chiede l'accesso a uno strumento di regolazione della crisi e dell'insolvenza. Questo sembra valere, specialmente, per le informazioni e i documenti dell'Istituto nazionale di previdenza sociale che deve trasmettere le informazioni relative ai debiti contributivi.

L'Agenzia delle entrate, accanto alle dichiarazioni dei redditi e l'elenco dei debiti fiscali, fornisce indicazioni anche in merito agli atti sottoposti a imposta di registro. Dal canto suo, invece, il registro delle imprese aggiunge alle informazioni e documenti che il debitore deve fornire (su tutti, i bilanci relativi agli ultimi tre esercizi) la visura storica e «*gli atti con cui sono state compiute le operazioni straordinarie e in particolare aumento e riduzione di capitale, fusione e scissione, trasferimenti di azienda o di rami di azienda*». Sotto tale ultimo profilo, si apprezza una differenza rispetto a quanto, invece, deve indicare il debitore: è sufficiente, per quest'ultimo, il deposito di una *relazione riepilogativa* degli atti di straordinaria amministrazione di cui all'art. 94, comma 2, compiuti nel quinquennio anteriore. Al registro delle imprese sembra richiesto un *surplus* informativo, dovendo produrre, stan-

---

te, la formula «senza nuovi o maggiori oneri per la finanza pubblica». Al di là di tale (evidente) refuso, colpisce come, pur trattandosi di un profilo (quello dell'implementazione delle infrastrutture informatiche) meritevole di investimenti, il legislatore abbia ritenuto di disporre la "circolazione" delle informazioni tra cancelleria e pubbliche amministrazioni coinvolte praticamente a infrastrutture invariate. Ciò che potrebbe pregiudicare la buona riuscita del "sistema" informativo congegnato dal legislatore codicistico.

[6] Con il rinvio all'art. 71 Codice dell'amministrazione digitale, la norma sembra far riferimento alle Linee guida contenenti le regole tecniche e di indirizzo per l'attuazione del codice medesimo.

[7] Stando a quanto stabilisce l'art. 2, comma 1, lett. *ee*), Codice dell'amministrazione digitale per «cooperazione applicativa» s'intende «la parte del Sistema Pubblico di Connettività finalizzata all'interazione tra i sistemi informatici dei soggetti partecipanti, per garantire l'integrazione dei metadati, delle informazioni, dei processi e procedimenti amministrativi».

do alla lettera della norma, gli *atti* compiuti in un arco temporale ben più ampio del quinquennio.

Sulla base della stipulazione di apposite intese[8], ciascuna delle pubbliche amministrazioni indicate potrebbe essere chiamata a fornire ulteriori documenti e informazioni.

4. – Il comma 6 della norma in commento prevede che le *altre* pubbliche amministrazioni individuate dal Ministero della giustizia e che – è da ritenere – gestiscono banche dati trasmettano alla cancelleria le *ulteriori* informazioni relative al debitore e rilevanti per la sussistenza delle soglie dimensionali relative alla impresa minore per come definita dall'art. 2, comma 1, lett. *d*). Le modalità di trasmissione delle informazioni dovrebbero essere identiche a quelle di cui al comma 1 (trasmissione diretta e automatica), con la possibilità che anche in tal caso trovi applicazione quanto previsto dal comma 5 in punto di stipulazione di convenzioni.

Se la norma appare chiara nell'estendere anche all'impresa minore la (necessaria) operatività della "circolazione" delle informazioni con le medesime modalità valide per quella che superi i prescritti requisiti dimensionali, meno perspicua risulta l'individuazione, allo stato, delle *altre* pubbliche amministrazioni che potrebbero detenere informazioni e documenti *ulteriori* rispetto a quelli nella disponibilità delle pubbliche amministrazioni menzionate all'interno della nostra norma.

[8] Ciascuno dei commi citati nel testo individua il soggetto competente a concludere l'intesa per ciascuna pubblica amministrazione e per l'amministrazione della giustizia.

Articolo 368
Coordinamento con la disciplina del diritto del lavoro

1. All'articolo 5, comma 3, della legge 23 luglio 1991 n. 223, dopo le parole «comma 12» sono aggiunte le seguenti: «nonché di violazione delle procedure di cui all'articolo 189, comma 6, del codice della crisi e dell'insolvenza».

2. All'articolo 10 del decreto legislativo 4 marzo 2015, n. 23, dopo le parole «comma 12» sono aggiunte le seguenti: «nonché di violazione delle procedure di cui all'articolo 189, comma 6, del codice della crisi e dell'insolvenza».

3. All'articolo 24 della legge 23 luglio 1991, n. 223 sono introdotte le seguenti modifiche:

a) al comma 1, dopo il primo periodo, è aggiunto il seguente: «Fermi i requisiti numerici e temporali prescritti dal presente comma, alle imprese in stato di liquidazione giudiziale si applicano le disposizioni di cui all'articolo 189, comma 6, del codice della crisi e dell'insolvenza.»;

b) al comma 1-*bis*, dopo il primo periodo, è aggiunto il seguente: «Ai datori di lavoro non imprenditori in stato di liquidazione giudiziale si applicano le disposizioni di cui all'articolo 189, comma 6, del codice della crisi e dell'insolvenza.»;

c) al comma 1-*quinquies*, dopo le parole: «procedure richiamate dall'articolo 4, comma 12,» sono aggiunte le seguenti: «nonché di violazione delle procedure di cui all'articolo 189, comma 6, del codice della crisi e dell'insolvenza.».

4. All'articolo 47 della legge 29 dicembre 1990, n. 428, sono apportate le seguenti modificazioni e integrazioni:

a) dopo il comma 1 è inserito il seguente:

«*1-bis*. Nei casi di trasferimenti di aziende nell'ambito di procedure di regolazione della crisi e dell'insolvenza di cui al presente codice, la comunicazione di cui al comma 1 può essere effettuata anche solo da chi intenda proporre offerta di acquisto dell'azienda o proposta di concordato preventivo concorrente con quella dell'imprenditore; in tale ipotesi l'efficacia degli accordi di cui ai commi 4-*bis* e 5 può essere subordinata alla successiva attribuzione dell'azienda ai terzi offerenti o proponenti.».

b) il comma 4-*bis* è sostituito dal seguente:

«*4-bis*. Nel caso in cui sia stato raggiunto un accordo, nel corso delle consultazioni di cui ai precedenti commi, con finalità di salvaguardia dell'occupazione, l'articolo 2112 del codice civile, fermo il trasferimento al cessionario dei rapporti di lavoro, trova applicazione, per quanto attiene alle condizioni di lavoro, nei termini e con le limitazioni previste dall'accordo medesimo, da concludersi anche attraverso i contratti collettivi di cui all'articolo 51 del decreto legislativo 15 giugno 2015, n. 81, qualora il trasferimento riguardi aziende:

a) per le quali vi sia stata la dichiarazione di apertura della procedura di concordato preventivo in regime di continuità indiretta, ai sensi dell'articolo 84, comma 2, del codice della crisi e dell'insolvenza, con trasferimento di azienda successivo all'apertura del concordato stesso;

b) per le quali vi sia stata l'omologazione degli accordi di ristrutturazione dei debiti, quando gli accordi non hanno carattere liquidatorio;

c) per le quali è stata disposta l'amministrazione straordinaria, ai sensi del decreto legislativo 8 luglio 1999, n. 270, in caso di continuazione o di mancata cessazione dell'attività»;

c) il comma 5 è sostituito dal seguente:

«*5.* Qualora il trasferimento riguardi imprese nei confronti delle quali vi sia stata apertura della liquidazione giudiziale o di concordato preventivo liquidatorio, ovvero emanazione del provvedimento di liquidazione coatta amministrativa, nel caso in cui la continuazione dell'attività non sia stata disposta o sia cessata, i rapporti di lavoro continuano con il cessionario. Tuttavia, in tali ipotesi, nel corso delle consultazioni di cui ai precedenti commi, possono comunque stipularsi, con finalità di salvaguardia dell'occupazione, contratti collettivi ai sensi dell'articolo 51 del decreto legislativo 15 giugno 2015, n. 81, in deroga all'articolo 2112, commi 1, 3 e 4, del codice civile; resta altresì salva la possibilità di accordi individuali, anche in caso di esodo incentivato dal rapporto di lavoro, da sottoscriversi nelle sedi di cui all'articolo 2113, ultimo comma del codice civile.»;

d) dopo il comma 5 sono aggiunti i seguenti:

«*5-bis.* Nelle ipotesi previste dal comma 5, non si applica l'articolo 2112, comma 2, del codice civile e il trattamento di fine rapporto è immediatamente esigibile nei confronti del cedente dell'azienda. Il Fondo di garanzia, in presenza delle condizioni previste dall'articolo 2 della legge 29 maggio 1982, n. 297, interviene anche a favore dei lavoratori che passano senza soluzione di continuità alle dipendenze dell'acquirente; nei casi predetti, la data del trasferimento tiene luogo di quella della cessazione del rapporto di lavoro, anche ai fini dell'individuazione dei crediti di lavoro diversi dal trattamento di fine rapporto, da corrispondere ai sensi dell'articolo 2, comma 1, del decreto legislativo 27 gennaio 1992, n. 80. I predetti crediti per trattamento di fine rapporto e di cui all'articolo 2, comma 1, del decreto legislativo 27 gennaio 1992, n. 80 sono corrisposti dal Fondo di Garanzia nella loro integrale misura, quale che sia la percentuale di soddisfazione stabilita, nel rispetto dell'articolo 85, comma 7, del codice della crisi e dell'insolvenza, in sede di concordato preventivo.

5-ter. Qualora il trasferimento riguardi imprese nei confronti delle quali vi sia stata sottoposizione all'amministrazione straordinaria, nel caso in cui la continuazione dell'attività non sia stata disposta o sia cessata e nel corso della consultazione di cui ai precedenti commi sia stato raggiunto un accordo circa il mantenimento anche parziale dell'occupazione, ai lavoratori il cui rapporto di lavoro continua con l'acquirente non trova applicazione l'articolo 2112 del codice civile, salvo che dall'accordo risultino condizioni di miglior favore. Il predetto accordo può altresì prevedere che il trasferimento non riguardi il personale eccedentario e che quest'ultimo continui a rimanere, in tutto o in parte, alle dipendenze dell'alienante.»;

e) al comma 6 dopo le parole «i lavoratori che» è aggiunta la seguente: «comunque»;

f) all'articolo 11, comma 3, del decreto-legge 23 dicembre 2013, n. 145, convertito, con modificazioni, dalla legge 21 febbraio 2014, n. 9, le parole «dell'articolo 2, comma 19, della legge 28 giugno 2012, n. 92» sono sostituite dalle seguenti: «dell'articolo 8 del decreto legislativo 4 marzo 2015, n. 22»

Antonio Caiafa

Sommario: 1. Premessa. – 2. Le disposizioni in tema di licenziamento collettivo. – 3. Le vicende circolatorie dell'azienda o di singoli rami.

1. – La norma nell'operare il coordinamento con la disciplina del diritto del lavoro e dettare, dunque, le relative disposizioni modificative, ovvero integrative di essa, raggiunge il voluto risultato attraverso la rivisitazione, in parte, di alcuni articoli della l. 23 luglio 1991 n. 223, con riferimento alle *ipotesi risolutive dei rapporti di lavoro di lavoro* per come previste e disciplinate dall'art. 189, comma 5.

In particolare alle relative modifiche che mi appresto a considerare, partitamente, sono dedicati i primi tre commi della norma in commento, essendo gli altri volti ad attuare le necessarie modificazioni ed integrazioni della disciplina diretta a regolare la realizzazione delle *vicende circolatorie dell'azienda* nell'ambito delle procedure di crisi, ovvero liquidatorie, attraverso, quindi, l'attuazione di quanto previsto con la legge delega che, all'art. 2, comma 1, lett. *p*), ha espressamente previsto la necessaria armonizzazione delle procedure di gestione della crisi e di insolvenza con le forme di tutela dell'occupazione e del reddito dei lavoratori – di cui si occupa, invero, l'art. 190 – mediante richiamo della Carta Sociale Europea, siglata a Strasburgo il 3 maggio 1996, ratificata con la l. 9 febbraio 1999 n. 30 e, ancora, in conformità con quanto previsto dalla direttiva 2001/23 del Consiglio del 12 marzo 2001, con riferimento alle vicende traslative dell'azienda, o di suoi rami, «*come interpretate dalla Corte di Giustizia dell'Unione Europea*».

A differenza che in passato il Codice ha dedicato plurime disposizioni dirette ad attuare la regolamentazione dei rapporti di lavoro, stabilendone la continuità, nell'ambito del *concordato preventivo* e prevedendo una particolare disciplina di essi nella *liquidazione giudiziale* (art. 189), con riferimento alla possibilità di sospenderne gli effetti e di risolverli (art. 189, comma 6); attraverso poi l'art. 368 è stato attuato il voluto coordinamento – di cui vi è espressa previsione nella legge delega – al fine di operare un raccordo con la regolamentazione prevista per la *liquidazione giudiziale*, attraverso una rivisitazione della disciplina sul trasferimento di azienda, o di singoli rami, nell'ambito del concordato preventivo, sia esso liquidatorio o in continuità, e della stessa liquidazione giudiziale stessa.

2. – La tutela dei lavoratori rientra, indubbiamente, tra le ragioni di interesse generale riconosciute dall'ordinamento comunitario, che ha inteso ridurre la disoccupazione, nell'intento di realizzare un legittimo obiettivo di politica sociale e, quindi, disciplinare le condizioni ed i presupposti in presenza dei quali possa pervenirsi legittimamente alla risoluzione dei rapporti di lavoro [1].

La Relazione evidenzia e sottolinea l'intento che si è inteso perseguire, attraverso la scritturazione dei primi tre commi, mediante il necessario coordinamento con la discipli-

[1] RATTI, *Tutela del lavoro*, 433 in nota a Corte giust., 16 dicembre 2016, C 201/15.

na dei rapporti di lavoro pendenti, per il relativo adeguamento «*al nuovo testo, sul piano formale dei richiami interni*» per il relativo allineamento con la «*normativa in materia di licenziamenti collettivi*».

I primi tre commi fanno riferimento all'art. 189, comma 6, e, in relazione al relativo tema, con il comma 1, la norma si preoccupa di stabilire che, quante volte il licenziamento sia stato intimato, violando l'*iter* procedimentale richiamato all'art. 4, comma 12, «*nonché in violazione delle procedure di cui all'art. 189, comma sesto*», trova applicazione il terzo periodo, del comma 7, dell'art. 18, l. n. 300 del 1970, che nel richiamare il comma 5 – che regola le ipotesi in cui il giudice accerti non ricorrere gli estremi del giustificato motivo soggettivo o della giusta causa indicati dal datore di lavoro – stabilisce che, ai fini della determinazione della indennità, tra il minimo ed il massimo previsti, parametrata all'ultima retribuzione globale di fatto, deve tenersi conto dell'anzianità del lavoratore, del numero dei dipendenti occupati, delle dimensioni dell'attività economica, del comportamento e delle condizioni delle parti, con onere di specifica motivazione a tal riguardo.

Il comma 2 realizza il necessario collegamento tra quanto previsto dall'art. 189, comma 6, per le ipotesi di risoluzione del rapporto di lavoro decise nell'ambito della liquidazione giudiziale, nella prevista forma del *licenziamento collettivo*, regolato dagli artt. 4 e 24, l. n. 223 del 1991, con le regole fissate, in attuazione della l. 10 dicembre 2014, n. 183, con riferimento al *contratto di lavoro, a tempo indeterminato, a tutele crescenti*.

Il comma 2, espressamente, integra l'art. 10, attraverso la previsione che, qualora il licenziamento sia stato intimato senza l'osservanza della forma scritta, in applicazione del regime sanzionatorio, di cui all'art. 2 del medesimo decreto legislativo, la violazione dell'*iter* procedimentale, previsto dall'art. 189, comma 6, sarà sanzionata in ragione di quanto previsto dall'art. 3, comma 1, riconoscendo, quindi, al giudice il potere di dichiarare estinto il rapporto di lavoro, alla data del licenziamento, con condanna del curatore al pagamento di una indennità, non assoggettata a contribuzione previdenziale, di importo pari a due mensilità dell'ultima retribuzione, di riferimento per il calcolo il trattamento di fine rapporto per ogni anno di servizio, «*in misura, comunque, non inferiore a sei e non superiore a trentasei mensilità*».

È stato ritenuto, in pratica, indispensabile ribadire gli strumenti di tutela previsti nell'ambito dei licenziamenti collettivi, oggetto della direttiva 98/59/Cee, ciò in quanto per i rapporti di lavoro a tempo indeterminato, costituiti sino al 7 marzo 2015 – data che segna l'applicazione del diverso regime in relazione ai rapporti di lavoro a tutele crescenti – trova l'applicazione l'art. 18, l. n. 300 del 1970, che assicura ai lavoratori, nel caso di violazione dei criteri di scelta, la tutela reale rappresentata dalla reintegrazione nel posto di lavoro.

Ed infatti, l'art. 5, comma 3, l. n. 223 del 1991, per come novellato dalla l. n. 92 del 2012 (*c.d. legge Fornero*), espressamente stabilisce che nel caso di violazione dei criteri di scelta trovi applicazione il comma 4 dell'art. 18, l. n. 300 del 1970 il quale, per l'appunto, dispone che ove non venga accertata la ricorrenza degli estremi del giustificato motivo e della giusta causa, per insussistenza del fatto contestato, il giudice nell'annullare il licenziamento condanna il datore di lavoro – nel nostro caso il curatore – alla reintegrazione nel posto di lavoro ed al pagamento di una indennità risarcitoria.

Sulla questione è di recente intervenuta una interessante decisione del tribunale di Milano[2], in relazione all'art. 19, § 3, lett. *b*), Trattato sull'Unione Europea, quanto previsto dall'art. 267 del Trattato sul funzionamento dell'Unione Europea, ha chiesto alla Corte di Giustizia di pronunciarsi e, in particolare, di stabilire in concreto «se i principi di parità di trattamento e non di discriminazione contenuti nella clausola quattro sulla direttiva 99/70/Cee, sulle condizioni di impiego, ostino alle previsioni normative dell'art. 1, secondo comma, dell'art. 10 del d.lgs. 23/15 che, con riferimento ai licenziamenti collettivi illegittimi per violazione di criteri di scelta, determinano un duplice regime differenziato di tutela in forza del quale viene assicurata, nella medesima procedura, una tutela adeguata, effettiva e dissuasiva ai rapporti di lavoro a tempo indeterminato costituiti, in data antecedente al 7 marzo 2015, per i quali sono previsti i rimedi della reintegrazione ed il pagamento dei contributi a carico del datore di lavoro ed introducono, viceversa, una tutela meramente indennitaria nell'ambito di un limite minimo e massimo di minore effettività ed inferiore capacità dissuasiva».

È evidente che qualora il giudizio della Corte, investita della relativa questione, dovesse essere di condivisione, del tema dinanzi alla stessa sollevato e dovesse ritenere non compatibile, con un sistema di tutela dei licenziamenti, con il diritto dell'unione, una disposizione che, in presenza di situazioni non differenziate, determini, tuttavia, una difformità di trattamento, sì da confliggere con il principio di parità, in ragione di quanto previsto dall'art. 20 della Carta dei Diritti fondamentali dell'Unione, che, per l'appunto, statuisce che «*tutte le persone sono uguali davanti alla legge*», per tale dovendosi intendere il complesso di norme che caratterizzano il sistema dell'Unione, è evidente che una siffatta pronuncia verrebbe ad incidere sulla diversa previsione, attuata attraverso il comma 2 dell'art. 368, poiché essa intervenendo sul d.lgs. 4 marzo 2015, n. 23, non realizzando questo l'equo contemperamento tra il diritto al lavoro e l'interesse dell'impresa, che unico può rendere legittima la riduzione delle tutele, verrebbe a comportare la necessaria riscrittura della norma, attraverso una regolamentazione non più differenziata, in ragione della data con la quale il rapporto di lavoro ha avuto inizio.

Il comma 3 dell'art. 368 si preoccupa di introdurre modifiche all'art. 24, l. n. 223 del 1991, al fine di precisare che le medesime regole trovano applicazione nei confronti delle imprese in stato di *liquidazione giudiziale*, quante volte intendano attuare la risoluzione dei rapporti di lavoro ai sensi dell'art. 189, comma 6 (lett. *a*), mentre suscita perplessità quanto previsto alla lett. *b*), con riferimento al comma 1-*bis*, in ragione della estensione delle medesime disposizioni previste per l'attuazione dei licenziamenti collettivi «*ai datori di lavori non imprenditori in stato di liquidazione giudiziale*».

La perplessità è, dunque, giustificata dalla circostanza che, al di là della possibile applicazione della disciplina sui licenziamenti collettivi, nei confronti dei datori di lavoro non imprenditori, risulta essere non comprensibile, tuttavia, il richiamo allo «*stato di liquidazione giudiziale*», ciò in quanto ben difficilmente potrà ritenersi, invero, che per le imprese sotto soglia possono sussistere i presupposti per l'applicazione della relativa disciplina, essendo essa ancorata all'ipotesi in cui il datore di lavoro intenda risolvere più di *cinque* rapporti, nell'arco di *centoventi* giorni e, sempre che l'impresa occupi più di *quindici* dipendenti.

Il richiamo risulta essere coerente, esclusivamente, qualora si fosse inteso far riferimento

[2] Trib. Milano, 5 agosto 2019.

all'*imprenditore agricolo* il quale, seppur sottratto allo statuto di quello commerciale[3], sul presupposto che viene ad assumere rilievo il rapporto con la terra – ciò in quanto per le attività agricole produttive, a differenza di quelle industriali, è appunto la terra a costituire un fattore specifico della produzione – ove intenda risolvere i rapporti di lavoro è tenuto a farlo nel rispetto della l. 11 maggio 1990 n. 108 – che ha modificato, come noto, le l. nn. 604 del 1966 e 300 del 1970 – con la conseguenza che, ai sensi dell'art. 18, della seconda disposizione normativa, il regime di *tutela reale* del posto di lavoro si applica anche nei suoi confronti, seppure ai fini di essa ha rilievo se questi occupi più o meno di *cinque* dipendenti.

Invero, laddove si consideri anche quanto espressamente previsto all'art. 2, in vigore dal 1 settembre 2021 – in ragione delle modifiche apportate con il correttivo (d.lgs. 26 ottobre 2020, n. 147) al Codice – e si tenga conto della definizione di «*sovraindebitamento*», coincidendo esso con lo stato di crisi o di insolvenza, oltreché del consumatore, del professionista, dell'imprenditore minore, dell'imprenditore agricolo, delle start up innovative ma, anche, «*di ogni altro debitore non assoggettabile alla liquidazione giudiziale ovvero a liquidazione coatta amministrativa o ad altre procedure liquidatorie previste dal codice civile o da leggi speciali per il caso di crisi o insolvenza*», può giungersi anche alla conclusione che, attraverso la specifica previsione contenuta, per l'appunto, nel richiamato comma dell'art. 189. il legislatore abbia inteso far riferimento a tali soggetti per i quali potrebbe sussistere la necessità, in presenza della richiesta di ammissione ad una delle procedure regolate, anch'esse, dal Codice, di dover procedere al licenziamento di parte del personale in organico, sempre che esso abbia riguardo a più di *cinque* dipendenti nell'arco di *centoventi* giorni, o anche qualora intenda procedere al licenziamento di tutto il personale dipendente, in conseguenza della cessazione dell'attività non imprenditoriale.

In pratica, attraverso la richiamata disposizione deve ritenersi che si sia inteso estendere la disciplina del licenziamento collettivo, per riduzione di personale al datore di lavoro che non svolga attività imprenditoriale quante volte intenda attuare la riduzione o trasformazione dell'attività, e ciò coinvolga almeno *cinque* dipendenti nell'arco di *centoventi* giorni, sempre che i recessi siano riconducibili tutti alla medesima «*riduzione o trasformazione*», ovvero qualora intenda cessare l'attività.

È dunque l'esistenza di tali requisiti che va riscontrata nella fase di attivazione della procedura e non già in quella conclusiva che impongono, anche i datori di lavoro non imprenditori, in stato di liquidazione giudiziale, di applicare le disposizioni previste dall'art. 189, comma 6, imponendogli, pertanto, di seguire l'*iter* procedimentale descritto dalla richiamata disposizione al fine dell'eventuale controllo giudiziale, che può essere esteso e riguardare non solo la sussistenza di una riduzione o trasformazione di attività o di lavoro ma anche la verifica dell'esistenza di un nesso di casualità tra la scelta imprenditoriale ed il licenziamento, seppur non sarà consentito al giudice di entrare nel merito delle scelte imprenditoriali.

L'intervento attuato, attraverso il comma 6 dell'art. 189, espressamente richiamato, ai fini della sua applicazione, dal comma 3 dell'art. 368, in particolare ai fini della regolamentazione dei licenziamenti collettivi intimati in vista di una cessazione dell'attività, ove

---

[3] RONCOLETTA, *Art. 1*, 23; CAIAFA *Jobs Act*, 713.

la decisione riguardi l'intero personale in organico, sì da non poter essere i livelli occupazionali salvaguardati neppur parzialmente, è stata determinata dalla necessità di dover diversamente interpretare l'art. 24, l. n. 223 del 1991, atteso che tale norma facendo riferimento alla intenzione di cessare l'attività sembrava doversi ritenere esclusa nell'ipotesi in cui questa fosse già cessata e, naturalmente, tale aspetto è stato considerato dalla richiamata disposizione normativa posto che, per l'appunto, l'art. 189, al comma 6, mentre alle lett. *a*), *b*), *c*), *d*) regola diversamente l'*iter* procedimentale, in deroga a quanto previsto dall'art. 4, commi da 2 ad 8, l. n. 223 del 1991, in particolare, alla lett. *d*) disciplina le modalità di svolgimento dell'esame congiunto anche quando «*non sia possibile evitare la riduzione del personale*» attraverso il possibile ricorso «*a misure sociali di accompagnamento intese, in particolare, a facilitare la riqualificazione e la riconversione dei lavoratori licenziati*», ed alla lett. *e*), stabilisce che identica procedura deve trovare applicazione anche qualora si intenda procedere al licenziamento di uno o più dirigenti senza, tuttavia, nulla disporre per l'ipotesi in cui, come detto, l'attività risulti già cessata nel momento in cui si è realizzata la situazione di «*sovraindebitamento*», che giustifica l'accesso alle procedure regolamentate dal Codice, nei confronti di un datore di lavoro non imprenditore, non assoggettabile a liquidazione giudiziale, seppur l'art. 368, comma 3, alla lett. *b*), invero, ritiene dover trovare applicazione le disposizioni dell'art. 189, comma 6, «*ai datori di lavoro non imprenditori in stato di liquidazione giudiziale*», espressione questa che ha, dunque, generato e, in assenza di un intervento correttivo, continuerà a generare incertezze sulla sua possibile applicazione, se non attraverso una interpretazione estensiva della disposizione normativa che, tuttavia, come si è avuto modo di accennare, non ha fornito una risposta al quesito se dovesse essere seguito o meno l'*iter* procedimentale, revisionato nel contenuto dal comma 6 dell'art. 189, anche nell'ipotesi in cui l'attività sia già cessata[4].

3. – Il comma 4, come chiarisce la stessa Relazione, «*introduce modifiche, sul piano sostanziale, all'art. 47 legge 428/1990...che disciplina la procedura applicabile ad un trasferimento d'azienda ai sensi dell'art. 2112 cod. civ. in cui siano complessivamente occupati più di quindici lavoratori*».

Nella stessa legge delega è stato opportunamente previsto che la disciplina relativa alla circolazione dell'azienda dell'impresa in crisi, ovvero insolvente, dovesse tener conto di quanto previsto dalle relative direttive comunitarie, non potendo essere ancora tollerata una disciplina in contrasto con queste.

Ed infatti, la regolamentazione del trasferimento dell'azienda ha avuto importanti evoluzioni, non solo, da un punto di vista normativo ma, anche, giurisprudenziale, di

[4] CAIAFA, *Il fallimento*, 659 ove è stato sottolineato il relativo problema dando atto del diverso orientamento, comunque, dei giudici di legittimità in termine di applicazione ideale dell'art. 24, l. n. 223 del 1991 sul presupposto di essere dedicato alla materia dei licenziamenti collettivi la direttiva comunitaria 75/129/Cee, successivamente modificata ed integrata dalla direttiva 95/56/Cee e 98/59 che all'art. 1 ha fornito la definizione di licenziamento collettivo seppur l'*iter* argomentativo non assume rilevanza decisiva, ai fini della corretta individuazione della soluzione, quante volte i recessi siano determinati dalla cessazione dell'attività: Corte cost., 21 gennaio 1999, n. 6, in *Mass. giur. lav.*, 1999, 438; Corte cost., 13 giugno 2000, n. 190, ivi, 2000, 171; Cass., 2 marzo 2009, n. 5032, in *Fallimento*, 2009, 1154, con nota adesiva di ROTONDI, *Licenziamenti collettivi*.

adattamento agli orientamenti comunitari, in ragione delle pronunce intervenute in merito all'applicazione, da parte degli Stati membri, della direttiva 77/187/Cee e delle successive integrazioni o modifiche apportate dalla direttiva 98/50/Cee e dalla successiva 2001/2003/Cee, che hanno operato una lettura degli obblighi discendenti qualora l'impresa sia in *crisi*, distinguendo l'ipotesi della *insolvenza*, in ragione della possibilità, o meno, per questa di sottrarsi, attraverso il raggiungimento delle intese con gli acquirenti, dall'obbligo di assicurare la continuità giuridica del rapporto di lavoro e di *garantire il trattamento economico e normativo acquisito*.

La materia ha trovato una prima regolamentazione, nell'ambito del nostro ordinamento, attraverso l'art. 47, legge comunitaria n. 428 del 1990, che ha, poi, subito delle successive modifiche, dapprima attraverso l'art. 19-*ter*, legge n. 166 del 2009 e, quindi, con il d.l. n. 83 del 2012, convertito questo, con modificazioni, nella l. n. 134 del 2012[5].

È evidente che diversa non può che essere la soluzione qualora la procedura di concordato tenda al superamento dell'individuato squilibrio economico-finanziario e, dunque, l'impresa versi in una situazione di *crisi reversibile*, dall'altra in cui la proposta si sostanzi in una cessione dei beni e, dunque, abbia *contenuto tipicamente liquidatorio*[6], sempre che ciò non venga attuato assicurando la prosecuzione dell'attività da parte del proponente, seppur attraverso la liquidazione.

Vi è, difatti, una evidente differenza fra il concetto di *conservazione* e l'altro di *liquidazione*, se si considera che, invero, solo nell'ipotesi di una ristrutturazione economica e finanziaria si verifica il concreto superamento della crisi ed è possibile l'attuazione della conservazione del patrimonio.

La cessione, pertanto, attuata nell'ambito di una *procedura di composizione concordata della crisi*, seppur in grado di consentire la conservazione del ramo ceduto o dell'intero complesso produttivo, se tuttavia realizzata al solo scopo di soddisfare le ragioni dei creditori, non può essere influenzata, unicamente, dall'attivo che si presume di realizzare, ciò in quanto l'obiettivo economico non si sostanzia nella liquidazione dei beni, quanto, piuttosto, nella conservazione, che non può privare i lavoratori dei diritti che l'ordinamento conferisce loro[7].

---

[5] CAIAFA, *Decreto crescita*, 30 che nell'intento di adeguare la disciplina interna in tema di trasferimento di azienda, con quella comunitaria, ha giustificato, nel caso delle procedure, la flessibilizzazione degli obblighi derivanti per il cessionario anche quando esso intervenga nell'ambito della procedura di concordato preventivo alla condizione, però, che sia stato accertato lo stato di crisi aziendale, ai sensi dell'art. 2, comma 5, lett. *c*), l. n. 675 del 1977.

[6] CAIAFA, *La legge fallimentare*, 738, dove nel sottolineare che, invero, dalle esperienze dei Paesi della Comunità Europea si possono recepire solo indicazioni e non modelli, attesa la sostanziale disomogeneità – ciò in quanto le procedure concorsuali sono state, per lo più, nei vari ordinamenti, costruite al fine di assicurare la continuità dei rapporti, qualora lo scopo perseguito dalla procedura sia la continuazione dell'attività del cedente e non già la liquidazione dei beni – prende atto della circostanza che, ormai, il trattamento riservato ai dipendenti delle imprese ammesse alle procedure concorsuali, per quel che concerne le ipotizzate soluzioni traslative, continua ad ignorare l'importanza del *micro sistema normativo* previsto dal legislatore, nel diverso versante giuslavoristico, allo scopo di soddisfare le finalità fissate dall'art. 2112 c.c., attesa la impossibilità di attuare una *flessibilizzazione* del rapporto di lavoro derogando alla disciplina generale.

[7] Già in passato la dottrina era pervenuta ad identiche conclusioni: RICCI, *Procedure liquidatorie*, 36; CAIAFA, *Crisi di impresa*, 93; ID., *Nuove regole*, 63; ID., *Vicende circolatorie*, 316.

Il meccanismo che subordina l'effetto di disapplicazione dell'art. 2112 c.c. è stato individuato dalla l. n. 166 del 2009, con riferimento al concordato preventivo, nella dichiarazione di crisi aziendale, prevista dall'art. 2, comma 5, l. n. 675 del 1977, ciò in quanto è stato ritenuto giusto operarne la *flessibilizzazione* in presenza di situazioni congiunturali contingenti che potessero giustificare il relativo procedimento.

Non può, al riguardo, tuttavia, essere ignorato il contenuto delle tutele garantite dalla disciplina interna, nel dovuto rispetto dei principi comunitari (art. 2112 c.c.), che assicura: i) la *continuazione* del rapporto di lavoro in capo all'acquirente; ii) la *conservazione* dei diritti che discendono dal rapporto di lavoro, inclusi quelli derivanti dai contratti individuali; iii) la *responsabilità solidale* del cedente e del cessionario per i crediti dei lavoratori, nei confronti del primo, al tempo del trasferimento, potendo l'alienante essere liberato solo mediante rinuncia del lavoratore, resa nella forme previste dagli artt. 410 e 411 c.p.c.; iv) la *conservazione* dei trattamenti economici e normativi stabiliti dai contratti collettivi, nazionali ed aziendali, applicati dal cedente, fino alla loro scadenza, ferma la possibilità, ove l'acquirente applichi già un proprio e diverso contratto collettivo, che questo trovi applicazione nei confronti dei dipendenti dell'azienda alienata in sostituzione di quelli applicati dall'alienante.

Il quadro delle tutele previste dall'ordinamento comunitario passa attraverso la mediazione delle OO.SS., ovvero la conclusione di un accordo che consenta la disapplicazione degli obblighi discendenti dalla norma e che imponga alle parti interessate alla realizzazione della *vicenda circolatoria* di darvi luogo prima della sua conclusione, sicché la fase di informazione e consultazione deve essere avviata in data antecedente la conclusione del negozio traslativo, non essendo il sindacato legittimato ad avere notizie quante volte le trattative siano in corso ed il processo decisionale debba considerarsi ancora non concluso [8].

L'accordo, tuttavia, è necessario, perché esso deve riguardare le conseguenze giuridiche, economiche e sociali per i lavoratori e le eventuali misure previste nei confronti di questi, sicché non è solo il prezzo che può essere preso in considerazione, ma anche, evidentemente, il *piano industriale* e le *offerte garanzie* di *prosecuzione delle attività imprenditoriali*, anche con riferimento alla conservazione dei livelli di occupazione, ciò coerentemente con i principi già enunciati nella relazione alla legge di riforma delle procedure concorsuali (d.lgs. n. 6 del 2005), in ragione della esigenza, in conformità con la legislazione dei Paesi Europei, di dover «considerare le procedure concorsuali non più in termini meramente liquidatori-sanzionatori, ma piuttosto come destinate ad un risultato di conservazione dei mezzi organizzativi dell'impresa, assicurando la sopravvivenza, ove possibile, di questa...procurando alla collettività, ed in primo luogo agli stessi creditori, una più consistente garanzia patrimoniale attraverso il risanamento ed il trasferimento a terzi delle strutture aziendali» [9].

Le innovazioni derivanti dall'inserimento, attraverso l'art. 46-*bis*, comma 2, l. n. 134 del 2012, della lett. *b-bis*), per regolare la *vicenda traslativa* attuata nell'ambito del concordato preventivo, non proceduto da apposita dichiarazione dello stato di crisi, ai sensi dell'art. 2, l. n. 675 del 1977 – richiesta dall'art. 47, comma 4-*bis*, lett. *a*), l. n. 428 del

[8] Sul tema PROJA, *Sulla "intenzione"*, 91.

[9] CAIAFA, *Il trasferimento*, 157.

1990, per come modificato dalla l. n. 166 del 2009, a seguito dell'intervento della Corte di giustizia[10] – hanno imposto lo svolgimento dell'*iter procedimentale*, di informazione delle OO.SS., per il raggiungimento del previsto accordo, la cui operatività è condizionata dalla adesione ad esso da parte anche dei lavoratori non iscritti alle OO.SS. stipulanti[11].

Gli artt. 163 e 163-*bis* l. fall. nel regolare, tuttavia, le *proposte* e le *offerte concorrenti* nulla dispongono in ordine ai criteri di comparazione delle stesse e, in particolare, se debba tenersi conto, esclusivamente della convenienza e congruità di quelle pervenute ovvero del solo prezzo offerto e, dunque, del realizzo, da un punto di vista quantitativo o, anche, delle garanzie di prosecuzione delle attività imprenditoriali, avuto riguardo alla conservazione dei livelli di occupazione.

Tale conclusione, d'altronde, trova ragionevole ancoraggio nella stessa Raccomandazione della Commissione Europea del 12 marzo 2014 e, in particolare, nell'obiettivo di essa, di cui al "*primo considerando*", di garantire alle imprese sane, in difficoltà finanziaria, di ristrutturarsi in una fase precoce in modo da evitare la insolvenza «*massimandone pertanto il valore totale per i creditori, dipendenti, proprietari e per l'economia in generale*».

La soluzione individuata ha determinato un indiscutibile ampliamento della legittimazione, seppur nel caso delle *proposte concorrenti* essa è riconosciuta, esclusivamente, ai creditori che, anche per effetto di acquisti successivi alla presentazione della domanda, rappresentino almeno il 10% dei crediti risultanti dalla situazione patrimoniale depositata, ai sensi dell'art. 161, comma 6, lett. *a*) dal proponente, con la prevista esclusione, ai fini del computo della percentuale, dei crediti della società che controlla la debitrice, ovvero delle società da queste controllate o di quelle sottoposte al comune controllo.

La riconosciuta possibilità di formulare proposte alternative è stata giustificata in ragione della circostanza di essere esse dirette al ceto creditorio e, dunque, suscettibili di attenta valutazione, non essendo destinate ad estinguere ogni effetto della domanda proposta dal debitore, risultando essere ad essa alternativa, sì da dover trovare una concreta e coerente giustificazione nella possibilità che il proponente, ovvero l'offerente, possano consentire all'impresa di riacquistare il suo normale equilibrio, attraverso il trasferimento dell'organizzazione esistente, sicché la previsione ha assunto un ruolo centrale nel sistema dell'esecuzione coattiva concorsuale delineato dalle modifiche apportate già dalla l. 6 agosto 2015, n. 132.

Non era, tuttavia, previsto né delineato un *iter* procedimentale che potesse garantire il regolare svolgimento della fase di informazione e consultazione, non solo da parte del debitore ma anche del proponente o dell'offerente.

---

[10] Corte giust., 11 giugno 2009, in *Dir. fall.*, 2010, II, 13 con nota di CAIAFA, *Crisi di impresa*.

[11] I profili di contrasto tra tutela individuale e collettiva sono stati sottolineati da PELAGI, *Trasferimento d'azienda*, 628; NAPPI, *Negozi traslativi*, 334; LA TERZA, *Diritti dei lavoratori*, 875 che ha ritenuto poter consentire gli accordi – di cui vi è cenno all'art. 47, comma 5, l. n. 428 del 1990 – solo modifiche all'assetto economico e normativo dei lavoratori in organico sul presupposto che la direttiva 98/50 all'art. 2, lett. *b*) fa riferimento esclusivamente alle «*modifiche delle condizioni di lavoro*»; CAIAFA, *Il trasferimento*, 157 ove ho sottolineato dipendere l'ambito di azione della direttiva dalle modalità della procedura di crisi, a seconda che essa implichi, o meno, la prosecuzione dell'attività di impresa. In senso contrario, PIZZOFERRATO, *Il trasferimento*, 159 che ha ritenuto ricomprendere la previsione anche la possibilità di intervenire sul livello occupazionale alternativamente presso il cessionario ovvero il cedente.

Chiarisce la Relazione che la norma è diretta a realizzare «*un equo contemperamento delle esigenze di tutela dei diritti dei lavoratori e di salvaguardia dei livelli occupazionali*» e al tempo stesso «*le esigenze tecnico-produttive ed occupazionali dell'impresa subentrante, nelle vicende circolatorie dell'impresa in crisi*", al deliberato fine del "... *superamento delle problematiche interpretative cui l'art. 47 ha dato luogo nell'applicazione giurisprudenziale, al fine di uniformarla al diritto europeo*».

Il comma 4, alla lettera a), attraverso l'inserimento del comma 1-*bis* ha inteso, per l'appunto, disciplinare le vicende circolatorie, nell'ambito delle procure di regolazione della crisi e dell'insolvenza, attraverso la previsione che la comunicazione di cui al comma 1 dell'art. 47 può essere effettuata, *non solo* dal debitore imprenditore, *ma anche* da chi intenda proporre o formulare un'offerta concorrente, precisando che, in siffatta ipotesi, l'efficacia degli accordi di cui ai commi 4-*bis* e 5 della l. n. 428 del 1990 può essere subordinata alla successiva attribuzione, del complesso aziendale, ai terzi proponenti ovvero offerenti.

Si tratta di un intervento particolarmente significativo laddove si consideri che nel caso del *concordato preventivo in continuità* – come viene sottolineato nella Relazione – questa deve essere intesa in senso oggettivo e non soggettivo, con la conseguenza, quindi, che l'attività è importante che possa continuare anche dopo la conclusione della procedura, prescindendo dall'identità dell'imprenditore che non è necessariamente, dunque, il debitore ma può essere un proponente od un offerente.

In particolare, è stata superata la *querelle* in ordine alla possibilità che, nel concetto di *continuità*, possano rientrare anche i casi in cui la gestione sia operata da un soggetto diverso e sia, quindi, possibile realizzare la soluzione concordataria attraverso la cessione dell'azienda, ancora in esercizio, ovvero di cui sia stata prevista la riattivazione tempestiva, alla condizione che il terzo abbia assunto l'obbligo di proseguire l'attività, anche se, come presto vedremo, l'aver limitato l'art. 84, comma 2, questo attraverso la previsione di «*almeno un anno dalla omologazione*», con la ulteriore di dover «*mantenere in forza la metà della media dei lavoratori impiegati dal debitore proponente dei due esercizi antecedenti il deposito del ricorso*», risulta essere in evidente contrasto con quanto previsto dallo stesso art. 368 effettivamente alla lett. *b*) [12].

L'intervento è stato reso necessario – come chiarisce la stessa Relazione – ed attuato nell'ottica di un superamento delle criticità applicative discendenti dalla operata rivisitazione della disciplina interna, attraverso l'art. 19-*quater*, l. n. 166 del 2009, che, invero, con l'inserimento del comma 4-*bis* aveva espressamente riconosciuta la possibilità che nelle procedure con finalità non liquidatoria potessero essere flessibilizzati gli obblighi e, dunque, derogato quanto previsto dall'art. 2112 c.c., quante volte fosse intervenuto il necessario accordo, anche con riferimento al mantenimento parziale dell'occupazione.

La norma, per come ora formulata, espressamente chiarisce che le consultazioni attuate dalle parti, con l'intermediazione delle OO.SS., «*con finalità di salvaguardia dell'occupazione*» non possono avere ad oggetto la *continuità giuridica* del rapporto di lavoro, in quanto trasferiti al cessionario, mentre queste potranno riguardare le condizioni di lavoro e l'accordo, peraltro, sarà valido se concluso attraverso quanto previsto dall'art. 51, d.lgs. n. 81 del 2015.

---

[12] CAIAFA, *Il nuovo codice*, 151.

Tali regole vengono, espressamente estese non solo al *concordato preventivo in regime di continuità indiretta* (art. 84, comma 2) qualora il trasferimento sia successivo all'apertura della procedura concorsuale [lett. *a*), comma 4-*bis*] ma, anche, agli *accordi di ristrutturazione dei debiti omologati*, qualora non abbiano carattere liquidatorio [art. 4-*bis*, lett. *b*)] e, infine, all'*amministrazione straordinaria*, regolata dal d.lgs. 8 luglio 1999, n. 270, «*in caso di continuazione o di mancata cessazione dell'attività*».

Conclusivamente il comma 4-*bis*, attraverso le modifiche apportate, ha inteso regolare in modo conforme a quanto previsto dalla direttiva comunitaria tutte le ipotesi in cui il trasferimento di azienda venga attuato nell'ambito di una procedura con finalità *conservative* e non già *liquidatorie*, atteso il chiaro richiamo al concordato preventivo in regime di continuità indiretta ed all'accordo di ristrutturazione omologato non avente carattere liquidatorio.

Il comma 4, alla lett. *c*) – come viene sottolineato nella Relazione –prevede, in conformità alle direttive europee, il trasferimento al cessionario dei rapporti di lavoro, anche nel caso di *procedure liquidatorie*, espressamente menzionate dalla norma (*liquidazione giudiziale*, *concordato preventivo liquidatorio*, emanazione del provvedimento di *liquidazione coatta amministrativa*), quante volte la continuazione dell'attività non sia stata disposta ovvero sia cessata – così come d'altronde prevede il comma quinto dell'art. 47, l. n. 428 del 1990 – consentendo, tuttavia, che nel corso della consultazioni possono essere stipulati accordi, con finalità di salvaguardia dell'occupazione limitatamente, però, ai commi uno, tre e quattro, dell'art. 2112 c.c., con la espressa previsione della possibilità di accordi individuali «*in caso di esodo incentivato dal rapporto di lavoro, purché sottoscritti in sede protetta*».

La lett. *d*) ha aggiunto, al comma cinque, due altri commi, con finalità completamente diverse in risposta, peraltro, ad un orientamento contrario della Suprema Corte[13] prevedendo l'esigibilità del trattamento di fine rapporto, nei confronti del cedente l'azienda, al fine di consentire l'immediato intervento del Fondo di garanzia, in presenza delle condizioni previste dalla relativa disciplina (art. 2, l. n. 297 del 1982), anche in favore di coloro il cui rapporto sia proseguito, senza soluzione di continuità, con l'acquirente, individuando nella data del trasferimento quella di cessazione del rapporto, «*anche ai fini della individuazione dei crediti diversi dal t.f.r. ovvero quelli regolati dall'art. 2 comma primo del d.lgs. n. 80 del 1992*».

[13] Cass., 19 luglio 2018, n. 19277, con nota di GRAGNOLI, *Il trattamento*, 168; che ha ritenuto essere riferita la disciplina relativa all'intervento del Fondo di garanzia, nel caso di insolvenza del datore di lavoro, all'ipotesi in cui il credito risulti esigibile al momento della domanda di ammissione al passivo con la conseguenza, quindi, che ove vi sia stata cessione di azienda non può essere richiesto l'intervento del Fondo per la parte antecedente, ancorché ammessa al passivo, in ragione della non esigibilità del credito prima dell'intervenuta risoluzione del rapporto. Cass., 17 ottobre 2018, n. 26021 che ha affermato che l'intervento del Fondo di garanzia, non è subordinato alla previa esclusione di eventuali obbligati solidali che siano tenuti, anche solo *pro quota*, per il medesimo debito, poiché la l. n. 297 del 1982 prevede l'accesso diretto alla prestazione previdenziale, salvo una breve dilazione temporale di quindici giorni dal deposito dello stato passivo, ovvero, dalla sentenza che decide l'opposizione ad esso, e nessun ulteriore requisito che suffraghi la natura sussidiaria della copertura del Fondo ed ha, per tale ragione, escluso che la domanda di corresponsione del trattamento di fine rapporto potesse essere condizionata dal previo esperimento da parte del lavoratore, insinuatosi al passivo del fallimento del datore di lavoro per l'intero credito, delle azioni esecutive nei confronti della società affittuaria alla quale era stato trasferito durante il rapporto e che lo aveva retrocesso alla curatela, rimanendo obbligata, seppur *pro quota*, ai sensi dell'art. 2112 c.c.

Il soddisfacimento, peraltro, è previsto intervenga «*nella integrale misura*», indipendentemente dalla percentuale di soddisfazione, seppur risulta incomprensibile il richiamo all'art. 85, comma 7, che nel regolare i presupposti per l'accesso alla procedura di concordato prevede che i creditori muniti di privilegio, pegno o ipoteca possano essere soddisfatti anche non integralmente «*in caso di liquidazione dei beni o diritti sui quali sussiste la causa di prelazione*», avuto riguardo al loro valore di mercato, dal momento che il Fondo di garanzia non può che assicurare integralmente la soddisfazione del credito, indipendentemente dalla possibilità del suo realizzo attraverso la surroga.

Il comma 5-*ter* è riservato all'*amministrazione straordinaria*, qualora la continuazione dell'attività non sia stata disposta, ovvero sia cessata, attraverso la previsione, in tal caso, che ove venga raggiunto un accordo, in ordine al mantenimento parziale – dunque consentito – dell'occupazione, si ha la flessibilizzazione degli obblighi discendenti dall'art. 2112 c.c., in riferimento ai rapporti di lavoro proseguiti con l'acquirente, consentendo anche la esclusione del «*personale eccedentario*» il cui rapporto è destinato a continuare con l'alienante.

La lett. *e*) attua una modifica letterale della previsione, di cui al comma 6 della l. n. 428 del 1990, mentre la lett. *f*) richiama l'art. 11, l. 21 febbraio 2014, n. 9, che all'art. 3 espressamente prevede che l'atto di aggiudicazione dell'affitto o della vendita a società cooperative, in ragione della prelazione alle stesse riconosciute dal comma 2 della medesima norma, consente ai soci lavoratori delle medesime di godere dei benefici stabiliti dalle richiamate disposizioni, mentre continueranno a trovare applicazione quelle in materia di integrazione al trattamento salariale, in favore dei lavoratori che non passano alle dipendenze della società cooperativa.

Articolo 369

Norme di coordinamento con le disposizioni del decreto legislativo 1° settembre 1993, n. 385 e del decreto legislativo 16 novembre 2015, n. 180

1. Al decreto legislativo 1° settembre 1993, n. 385, sono apportate le seguenti modificazioni:

a) all'articolo 39, comma 4, le parole: «a revocatoria fallimentare» sono sostituite dalle seguenti «alla revocatoria di cui all'articolo 166 del codice della crisi e dell'insolvenza» e le parole: «L'art. 67 della legge fallimentare» sono sostituite dalle seguenti: «L'articolo 166 del codice della crisi e dell'insolvenza»;

b) all'articolo 69-septiesdecies, le parole: «agli articoli 64, 65, 66 e 67, 216, primo comma, n. 1), e terzo comma, e 217 della legge fallimentare» sono sostituite dalle seguenti: «agli articoli 163, 164, 165, 166, 290, 292, 322, comma 1, lettera a), e comma 3, e 323 del codice della crisi e dell'insolvenza»;

c) all'articolo 70, comma 7, le parole: «il titolo IV della legge fallimentare e» sono soppresse;

d) all'articolo 80, comma 6, le parole: «della legge fallimentare» sono sostituite dalle seguenti: «del codice della crisi e dell'insolvenza»;

e) all'articolo 82 sono apportate le seguenti modificazioni:

1) al comma 1, le parole: «in cui essa ha la sede legale» sono sostituite dalle seguenti: «dove essa ha il centro degli interessi principali», le parole «dell'art. 195, commi primo, secondo periodo, terzo, quarto, quinto, sesto e ottavo della legge fallimentare» sono sostituite dalle seguenti: «dell'articolo 296 del codice della crisi e dell'insolvenza»;

2) al comma 2, le parole «del luogo in cui la banca ha la sede legale» sono sostituite dalle seguenti: «del luogo in cui la banca ha il centro degli interessi principali», le parole «dell'art. 195, terzo, quarto, quinto e sesto comma della legge fallimentare» sono sostituite dalle seguenti: «dell'articolo 297 del codice della crisi e dell'insolvenza»;

3) al comma 3, le parole «nell'art. 203 della legge fallimentare» sono sostituite dalle seguenti: «nell'articolo 298 del codice della crisi e dell'insolvenza»;

f) all'articolo 83 sono apportate le seguenti modificazioni:

1) al comma 2, le parole: «dagli articoli 42, 44, 45 e 66, nonché dalle disposizioni del titolo II, capo III, sezione II e sezione IV della legge fallimentare» sono sostituite dalle seguenti: «dagli articoli 142, 144, 145 e 165, nonché dalle disposizioni del titolo V, capo I, sezione III e V del codice della crisi e dell'insolvenza»;

2) al comma 3, le parole «del luogo dove la banca ha la sede legale» sono sostituite dalle seguenti: «del luogo in cui la banca ha il centro degli interessi principali»;

3) al comma 3-bis, le parole «all'articolo 56, primo comma, della legge fallimentare» sono sostituite dalle seguenti: «all'articolo 155, comma 1, del codice della crisi e dell'insolvenza

g) all'articolo 86 sono apportate le seguenti modificazioni:

1) al comma 3, le parole «del luogo ove la banca ha la sede legale» sono sostituite dalle seguenti: «del luogo in cui la banca ha il centro degli interessi principali» e le parole «Si applica l'articolo 31-bis, terzo comma, della legge fallimentare, intendendosi sostituito al curatore il commissario liquidatore» sono sostituite dalle seguenti: «In pendenza della procedura e per il periodo di due anni dalla chiusura della stessa, il commissario liquidatore è tenuto a conservare i messaggi di posta elettronica certificata inviati e ricevuti»;

2) al comma 7, le parole «del luogo ove la banca ha la sede legale» sono sostituite dalle seguenti: «del luogo in cui la banca ha il centro degli interessi principali»;

h) all'articolo 87, al comma 2, le parole «del luogo ove la banca ha la sede legale» sono sostituite dalle seguenti: «del luogo in cui la banca ha il centro degli interessi principali» e le parole «l'articolo 99, commi 2 e seguenti, della legge fallimentare» sono sostituite dalle seguenti: «l'articolo 206, comma 2 e seguenti, del codice della crisi e dell'insolvenza»;

i) all'articolo 91 sono apportate le seguenti modificazioni:

1) al primo periodo del primo comma, le parole «dall'articolo 111 della legge fallimentare» sono sostituite dalle seguenti: «dall'articolo 221 del codice della crisi e dell'insolvenza» e, al secondo periodo, le parole «nell'articolo 111, comma primo, numero 1) della legge fallimentare» sono sostituite dalle seguenti: «nell'articolo 221, comma 1, lettera a), del codice della crisi e dell'insolvenza»;

2) al comma 1-bis, le parole «dall'articolo 111 della legge fallimentare» sono sostituite dalle seguenti: «dall'articolo 221 del codice della crisi e dell'insolvenza»;

3) al comma 3, le parole «dell'articolo 111, comma 1, numero 3) della legge fallimentare» sono sostituite dalle seguenti: «dall'articolo 221, comma 1, lettera c) del codice della crisi e dell'insolvenza»;

l) all'articolo 93 sono apportate le seguenti modificazioni:

1) al comma 1, le parole «del luogo dove l'impresa ha la sede legale» sono sostituite dalle seguenti: «del luogo dove l'impresa ha il centro degli interessi principali» e le parole «dell'art. 152, secondo comma, della legge fallimentare» sono sostituite dalle seguenti: «dell'articolo 265, comma 2, del codice della crisi e dell'insolvenza»;

2) al comma 3, ultimo periodo, le parole «dall'articolo 135 della legge fallimentare» sono sostituite dalle seguenti: «dall'articolo 248 del codice della crisi e dell'insolvenza»;

3) al comma 6, le parole «l'articolo 131 della legge fallimentare» sono sostituite dalle seguenti: «l'articolo 247 del codice della crisi e dell'insolvenza»;

m) all'articolo 94, comma 3, le parole «l'articolo 215 della legge fallimentare» sono sostituite dalle seguenti: «l'articolo 315 del codice della crisi e dell'insolvenza»;

n) all'articolo 99, il comma 5 è sostituito dal seguente: «5. Quando sia accertato giudizialmente lo stato di insolvenza, compete ai commissari l'esperimento dell'azione revocatoria prevista dall'articolo 166 del codice della crisi e dell'insolvenza nei confronti di altre società del gruppo. L'azione può essere esperita per gli atti indicati al comma 1, lettere a), b) e c), dell'articolo 166 del codice della crisi e dell'insolvenza, che siano stati posti in essere nei cinque anni anteriori al provvedimento di liquidazione coatta e per gli atti indicati al comma 1, lettera d), e al comma 2, dello stesso articolo che siano stati posti in essere nei tre anni anteriori.»;

o) all'articolo 104, comma 1, le parole «ha sede legale la capogruppo» sono sostituite dalle seguenti: «la capogruppo ha il centro degli interessi principali».

2. La disposizione di cui al comma 1, lettera a), si applica alle liquidazioni giudiziali

aperte a seguito di domanda depositata o iniziativa comunque esercitata successivamente alla data di entrata in vigore del presente decreto.

3. La disposizione di cui al comma 1, lettera b), si applica agli accordi previsti dal capo 02-I del Titolo IV del Testo unico bancario e alle prestazioni di sostegno finanziario in loro esecuzione, approvati successivamente alla data di entrata in vigore del presente decreto.

4. Le disposizioni di cui al comma 1, lettere d), e), f), g), h), i), l), m), n), e o), si applicano alle liquidazioni coatte amministrative disposte per effetto di domande depositate o iniziative comunque esercitate successivamente alla data di entrata in vigore del presente decreto.

5. Al decreto legislativo 16 novembre 2015, n. 180, sono apportate le seguenti modificazioni:

a) all'articolo 36:

1) al comma 2, le parole: «Le disposizioni del Titolo VI della legge fallimentare» sono sostituite dalle seguenti: «Le disposizioni del Titolo IX del codice della crisi d'impresa e dell'insolvenza»;

2) al comma 3, il secondo ed il terzo periodo sono sostituiti dai seguenti: «I termini di cui agli articoli 163, 164, comma 1, 166, comma 1, 169 e 170 del codice della crisi d'impresa e dell'insolvenza decorrono dalla data di avvio della risoluzione. Non sono esperibili le azioni previste dall'articolo 166, comma 2, del codice della crisi d'impresa e dell'insolvenza.»;

b) al comma 8 dell'articolo 37, le parole: «prededucibili ai sensi dell'articolo 111 della legge fallimentare» sono sostituite dalle seguenti: «prededucibili ai sensi dell'articolo 6, comma 1, lettera d), del codice della crisi d'impresa e dell'insolvenza»;

c) al comma 3 dell'articolo 38, l'ultimo periodo è sostituito dal seguente: «Se è dichiarato lo stato di insolvenza, i termini di cui agli articoli 163, 164, 166, comma 1, e 169 del codice della crisi d'impresa e dell'insolvenza decorrono dalla data determinata dalla Banca d'Italia ai sensi dell'articolo 32, comma 2.».

6. Le disposizioni di cui al comma 5 si applicano alle procedure di risoluzione avviate ai sensi dell'articolo 32 del decreto legislativo 16 novembre 2015, n. 180, successivamente alla data di entrata in vigore del presente decreto.

Anna Chiara Marrollo

L'articolo in esame è inserito nel Capo V «Disposizioni di coordinamento in tema di liquidazione coatta amministrativa e in altre materie» a sua volta inserito nel Titolo X dedicato alle «Disposizioni per l'attuazione del codice della crisi e dell'insolvenza, norme di coordinamento e disciplina transitoria». L'articolo è stato sostituito dall'art. 38, comma 1, d.lgs. 26 ottobre 2020, n. 147 [1]; le disposizioni normative contenute nel comma 1, lett. *e*), n. 1, n. 2 e n. 3 sono state modificate dall'art. 6, comma 1, lett. *a*), d.lgs. 8 novembre

[1] «Disposizioni integrative e correttive a norma dell'articolo 1, comma 1, della legge 8 marzo 2019, n. 20, al decreto legislativo 12 gennaio 2019, n. 14, recante codice della crisi d'impresa e dell'insolvenza in attuazione della legge 19 ottobre 2017, n. 155» (G.U. Serie Generale n. 276 del 5 novembre 2020).

2021, n. 193 [2]. Le disposizioni dell'articolo in esame sono entrate in vigore il 15 luglio 2022 secondo quanto stabilito dall'art. 389 come modificato dall'art. 1, comma 1, lett. *b*), d.l. 24 agosto 2021, n 118 conv. con modificazioni dalla l. 21 ottobre 2021, n. 147 [3] e dall'art. 42, comma 1, d.l. 30 aprile 2022, n. 36 convertito con modificazioni dalla l. 29 giugno 2022, n. 79 [4].

Il comma 1 dell'articolo in esame contiene disposizioni normative che stabiliscono la sostituzione lessicale, in alcuni articoli del testo unico bancario (d.lgs. 1° settembre 1993, n. 385), in gran parte disciplinanti la liquidazione coatta amministrativa con le corrispondenti novità lessicali contenute nei corrispondenti nuovi articoli richiamati del Codice [5]. Il comma 2 stabilisce che la disposizione di cui al comma 1, lett. *a*) si applica alle liquidazioni giudiziali aperte a seguito di domanda depositata o iniziativa comunque esercitata successivamente alla data di entrata in vigore del presente decreto. Il comma 3 stabilisce che la disposizione di cui al comma 1, lett. *b*) si applica agli accordi previsti dal capo 02-I del Titolo IV del testo unico bancario e alle prestazioni di sostegno finanziario in loro esecuzione, approvati successivamente alla data di entrata in vigore del presente decreto. Il comma 4 stabilisce che le disposizioni di cui al comma 1, lett. *d*), *e*), *f*), *g*), *h*), *i*), *l*), *m*), *n*), *o*) si applicano alle liquidazioni coatte amministrative disposte per effetto di domande depositate o iniziative comunque esercitate successivamente alla data di entrata in vigore del presente decreto. Il comma 5 contiene disposizioni normative che stabiliscono la sostituzione in alcuni articoli del d.lgs. 16 novembre 2015, n 180 [6]. Il comma 6 stabilisce che le disposizioni di cui al comma 5 si applicano alle procedure di risoluzione avviate ai sensi dell'art. 32, d.lgs. 16 novembre 2015, n. 180, successivamente alla entrata in vigore del presente decreto.

---

[2] «Attuazione della direttiva (UE) 2019/879 del Parlamento europeo e del Consiglio, del 20 maggio 2019, che modifica la direttiva 2014/59/UE per quanto riguarda la capacità di assorbimento di perdite e di ricapitalizzazione degli enti creditizi e delle imprese di investimento e la direttiva 98/26/CE, nonché per l'adeguamento della normativa nazionale al regolamento (UE) n. 806/2014 del Parlamento europeo e del Consiglio, del 15 luglio 2014, che fissa norme e una procedura uniformi per la risoluzione degli enti creditizi e di talune imprese di investimento nel quadro del meccanismo di risoluzione unico e del Fondo di risoluzione unico e che modifica il regolamento (UE) n. 1093/2010, come modificato dal regolamento (UE) 2019/877 del Parlamento europeo e del Consiglio, del 20 maggio 2019» (G.U. Serie Generale n. 285 del 30 novembre 2021).

[3] Decreto-legge 24 agosto 2021, n. 118 (pubblicato nella Gazzetta Ufficiale – Serie generale – n. 202 del 24 agosto 2021), coordinato con la legge di conversione 21 ottobre 2021, n. 147 (in questa stessa Gazzetta Ufficiale alla pag. 1), recante: «Misure urgenti in materia di crisi d'impresa e di risanamento aziendale, nonché ulteriori misure urgenti in materia di giustizia». (G.U. Serie Generale n. 254 del 23 ottobre 2021).

[4] *Testo del decreto-legge 30 aprile 2022, n. 36 (in Gazzetta Ufficiale – Serie generale – n. 100 del 30 aprile 2022), coordinato con la legge di conversione 29 giugno 2022, n. 79 (in questa stessa Gazzetta Ufficiale alla pag. 1), recante: «Ulteriori misure urgenti per l'attuazione del Piano nazionale di ripresa e resilienza (PNRR).».* (G.U. Serie Generale n. 150 del 29 giugno 2022). In dottrina SANTANGELI, *Art. 389*, 1675 ss.

[5] BONFATTI, *La procedura*, 75 ss. Sul coordinamento tra liquidazione coatta amministrativa e leggi speciali, TERENGHI, *Liquidazione coatta amministrativa*.

[6] Attuazione della direttiva 2014/59/UE del Parlamento europeo e del Consiglio, del 15 maggio 2014, che istituisce un quadro di risanamento e risoluzione degli enti creditizi e delle imprese di investimento e che modifica la direttiva 82/891/CEE del Consiglio, e le direttive 2001/24/CE, 2002/47/CE, 2004/25/CE, 2005/56/CE, 2007/36/CE, 2011/35/UE, 2012/30/UE e 2013/36/UE e i regolamenti (UE), n. 1093 del 2010 e (UE) n. 648 del 2012, del Parlamento europeo e del Consiglio (G.U. n. 267 del 16 novembre 2015).

Articolo 370

Norme di coordinamento con le disposizioni del decreto legislativo 7 settembre 2005, n. 209

1. Al decreto legislativo 7 settembre 2005, n. 209, sono apportate le seguenti modificazioni:

a) all'articolo 238, le parole «non si applica il titolo III della legge fallimentare» sono sostituite dalle seguenti: «non si applicano le disposizioni dei capi I e III del titolo IV del codice della crisi e dell'insolvenza»;

b) all'articolo 245, comma 7, secondo periodo, le parole «della legge fallimentare» sono sostituite dalle seguenti: «del codice della crisi e dell'insolvenza»;

c) all'articolo 248 sono apportate le seguenti modificazioni:

1) al comma 1, le parole «dove l'impresa ha la sede legale» sono sostituite dalle seguenti: «dove l'impresa ha il centro degli interessi principali», le parole «dell'articolo 195, primo, secondo periodo, terzo, quarto, quinto e sesto comma, della legge fallimentare» sono sostituite dalle seguenti: «dell'articolo 297 del codice della crisi e dell'insolvenza»;

2) al comma 2, le parole «in cui l'impresa ha la sede legale» sono sostituite dalle seguenti: «dove l'impresa ha il centro degli interessi principali», le parole «dell'articolo 195, terzo, quarto, quinto e sesto comma, della legge fallimentare» sono sostituite dalle seguenti: «dell'articolo 297 del codice della crisi e dell'insolvenza»;

3) al comma 3, le parole «nell'articolo 5, secondo comma, della legge fallimentare» sono sostituite dalle seguenti: «nell'articolo 2, comma 1, lettera b), del codice della crisi e dell'insolvenza»;

4) al comma 4, le parole «nell'art. 203 della legge fallimentare» sono sostituite dalle seguenti: «nell'articolo 299 del codice della crisi e dell'insolvenza»;

d) all'articolo 249 sono apportate le seguenti modificazioni:

1) al comma 1, le parole «del luogo dove l'impresa ha la sede legale» sono sostituite dalle seguenti: «dove l'impresa ha il centro degli interessi principali»;

2) al comma 2, le parole «titolo II, capo III, sezione II e sezione IV, e dall'articolo 66 della legge fallimentare» sono sostituite dalle seguenti: «titolo V, capo I, sezione III e V del codice della crisi e dell'insolvenza e dall'articolo 165 del medesimo codice»;

e) all'articolo 252 sono apportate le seguenti modificazioni:

1) al comma 2, le parole «del luogo dove ha sede legale l'impresa» sono sostituite dalle seguenti: «dove l'impresa ha il centro degli interessi principali»;

2) al comma 8, le parole «del luogo ove l'impresa ha sede legale» sono sostituite dalle seguenti: «dove l'impresa ha il centro degli interessi principali»;

f) all'articolo 254, comma 2, le parole «dagli articoli 98 e 99 della legge fallimentare» sono sostituite dalle seguenti: «dagli articoli 206 e 207 del codice della crisi e dell'insolvenza»;

g) all'articolo 255, le parole «dalla legge fallimentare» sono sostituite dalle seguenti: «dal codice della crisi e dell'insolvenza»;

h) all'articolo 256, le parole «dagli articoli 98 e 99 della legge fallimentare» sono sostituite dalle seguenti: «dagli articoli 206 e 207 del codice della crisi e dell'insolvenza»;

i) all'articolo 257, comma 1, le parole «dall'articolo 35 della legge fallimentare» sono sostituite dalle seguenti: «dall'articolo 132 del codice della crisi e dell'insolvenza» e le parole «a quanto disposto dall'articolo 206, secondo comma, della medesima» sono sostituite dalle seguenti: «a quanto disposto dall'articolo 307, comma 2, del medesimo codice»;

l) all'articolo 258, comma 6, le parole «all'articolo 111, primo comma, numero 1, della legge fallimentare» sono sostituite dalle seguenti: «all'articolo 221, comma 1, lettera a), del codice della crisi e dell'insolvenza»;

m) all'articolo 260, al comma 1, primo periodo, le parole «dall'articolo 111 della legge fallimentare» sono sostituite dalle seguenti: «dall'articolo 221 del codice della crisi e dell'insolvenza» e, al comma 1, secondo periodo, le parole «nell'articolo 111, comma primo, numero 1) della legge fallimentare» sono sostituite dalle seguenti: «nell'articolo 221, comma 1, lettera a), del codice della crisi e dell'insolvenza»;

n) all'articolo 262, comma 1, le parole «dell'art. 152, secondo comma, della legge fallimentare» sono sostituite dalle seguenti: «dell'articolo 265, comma 2, del codice della crisi e dell'insolvenza» e le parole «del luogo dove l'impresa ha la sede legale» sono sostituite dalle seguenti: «dove l'impresa ha il centro degli interessi principali»;

o) all'articolo 263, comma 3, le parole «Si applica l'articolo 215 della legge fallimentare» sono sostituite dalle seguenti: «Si applicano gli articoli 250 e 251 del codice della crisi e dell'insolvenza»;

p) all'articolo 265, comma 3, le parole «all'articolo 213, secondo e terzo comma, della legge fallimentare» sono sostituite dalle seguenti: «all'articolo 313 del codice della crisi e dell'insolvenza»;

q) all'articolo 270, comma 1, le parole «dall'articolo 56 della legge fallimentare» sono sostituite dalle seguenti: «all'articolo 155 del codice della crisi e dell'insolvenza»;

r) all'articolo 276, comma 5, prima parte, le parole «67 della legge fallimentare», sono sostituite dalle seguenti: «166 del codice della crisi e dell'insolvenza» e le parole «per gli atti indicati ai numeri 1), 2) e 3) del primo comma dell'articolo 67 della legge fallimentare, che siano stati posti in essere nei cinque anni anteriori al provvedimento di liquidazione coatta, e per gli atti indicati al numero 4) del primo comma e dal secondo comma del medesimo articolo 67, che siano stati posti in essere nei tre anni anteriori» sono sostituite dalle seguenti: «per gli atti indicati all'articolo 166, comma 1, lettere a), b) e c) del codice della crisi e dell'insolvenza che siano stati posti in essere nei cinque anni anteriori al provvedimento di liquidazione coatta, e per gli atti indicati all'articolo 166, comma 1, lettere a), b) e c) e comma 2 del codice della crisi e dell'insolvenza, che siano stati posti in essere nei tre anni anteriori»;

s) all'articolo 281, comma 1, le parole «tribunale nella cui circoscrizione ha sede legale tale società controllante» sono sostituite dalle seguenti: «tribunale dove tale società controllante ha il centro degli interessi principali».

2. Le disposizioni di cui al comma 1, lettere b), c), d), e), f), g), h), i), l), m), n), o), p), q), r) e s), si applicano alle liquidazioni coatte amministrative disposte per effetto di domande depositate o iniziative comunque esercitate successivamente all'entrata in vigore del presente decreto.

Anna Chiara Marrollo

L'articolo in esame è inserito nel Capo V «Disposizioni di coordinamento in tema di liquidazione coatta amministrativa e in altre materie» a sua volta inserito nel Titolo X dedicato alle «Disposizioni per l'attuazione del codice della crisi e dell'insolvenza, norme di coordinamento e disciplina transitoria».

Il comma 1 dell'articolo in esame contiene disposizioni normative che stabiliscono la sostituzione lessicale, in alcuni articoli del d.lgs. 7 settembre 2005, n. 209 [1], con le corrispondenti e nuove formulazioni lessicali contenute nei corrispondenti nuovi articoli richiamati.

Il comma 2 stabilisce che le disposizioni di cui al comma 1, lett. *b*), *c*), *d*), *e*), *f*), *g*), *h*), *i*), *l*), *m*), *n*), *o*), *p*), *q*), *r*) e *s*) si applicano alle liquidazioni coatte amministrative [2] disposte per effetto di domande depositate o iniziative comunque esercitate successivamente all'entrata in vigore del presente decreto [3].

---

[1] Sul tema del coordinamento tra la legge fallimentare e il codice delle assicurazioni, Cass., 1° giugno 2021, n. 16549, in *unijuris.it.*

[2] FALCONE, *La liquidazione coatta*, 1035 ss.

[3] SANTANGELI, *Art. 369*, 1617.

Articolo 371

Norme di coordinamento con l'articolo 16 delle disposizioni di attuazione del codice civile

1. All'articolo 16 delle disposizioni di attuazione del codice civile, le parole «201, 207, 208, 209, 210, 212 e 213 del r.d. 16 marzo 1942, n. 267» sono sostituite dalle seguenti: «304, 308, 309, 310, 311, 312 e 313 del codice della crisi e dell'insolvenza».

2. Il comma 1 si applica alle liquidazioni generali del patrimonio disposte per effetto di domande depositate o iniziative comunque esercitate successivamente all'entrata in vigore del presente decreto.

Anna Chiara Marrollo

L'articolo in esame è inserito nel Capo V «Disposizioni di coordinamento in tema di liquidazione coatta amministrativa e in altre materie» a sua volta inserito nel Titolo X dedicato alle «Disposizioni per l'attuazione del codice della crisi e dell'insolvenza, norme di coordinamento e disciplina transitoria». L'articolo conferma la volontà del legislatore di trasferire nell'ambito della liquidazione del patrimonio degli enti (associazioni e fondazioni) di cui al Capo II, Titolo II del Libro Primo del codice civile, le regole di diritto positivo, in una ottica di omogeneità, senza introdurre altre discipline e divergenti [1].

L'art. 16 disp. att. c.c. disciplina la liquidazione del patrimonio degli enti che è prevista nelle ipotesi di dichiarazione di estinzione dell'ente o di scioglimento dell'associazione (art. 11 disp. att. c.c.) e nelle quali i liquidatori dopo aver fatto l'inventario e determinato la consistenza dell'attivo e del passivo dell'ente, constatano che il patrimonio non è sufficiente per il pagamento integrale delle passività (art. 14 disp. att. c.c.) [2]. La disciplina della liquidazione, in relazione ad alcuni profili, rinviava agli artt. 201, 207, 208, 209, 210, 212 e 213 l. fall. ed ora, per effetto del comma 1, ai corrispondenti artt. 304, 308, 309, 310, 311, 312 e 313. Il comma 2 stabilisce che questi articoli si applicano alle liquidazioni generali del patrimonio disposte per effetto di domande depositate o iniziative comunque esercitate successivamente alla sua entrata in vigore.

---

[1] Bartolini, *Art. 371*, 1633.

[2] Santangeli, *Art.* 369, 1617.

Articolo 372

Modifiche al codice dei contratti pubblici di cui al decreto legislativo 18 aprile 2016, n. 50

1. Al codice dei contratti pubblici di cui al decreto legislativo 18 aprile 2016, n. 50, sono apportate le seguenti modificazioni:

a) all'articolo 48, al comma 17, le parole «articolo 110, comma 5, in caso di fallimento, liquidazione coatta amministrativa, amministrazione controllata, amministrazione straordinaria, concordato preventivo ovvero procedura di insolvenza concorsuale o di liquidazione del mandatario ovvero, qualora si tratti di imprenditore individuale, in caso di morte, interdizione, inabilitazione o fallimento» sono sostituite dalle seguenti: «articolo 110, comma 6, in caso di liquidazione giudiziale, liquidazione coatta amministrativa, amministrazione straordinaria, concordato preventivo o di liquidazione del mandatari ovvero, qualora si tratti di imprenditore individuale, in caso di morte, interdizione, inabilitazione o liquidazione giudiziale» e, al comma 18, le parole «articolo 110, comma 5, in caso di fallimento, liquidazione coatta amministrativa, amministrazione controllata, amministrazione straordinaria, concordato preventivo ovvero procedura di insolvenza concorsuale o di liquidazione di uno dei mandanti ovvero, qualora si tratti di imprenditore individuale, in caso di morte, interdizione, inabilitazione o fallimento» sono sostituite dalle seguenti: «articolo 110, comma 6, in caso di liquidazione giudiziale, liquidazione coatta amministrativa, amministrazione straordinaria, concordato preventivo o di liquidazione di uno dei mandanti ovvero, qualora si tratti di imprenditore individuale, in caso di morte, interdizione, inabilitazione o liquidazione giudiziale»;

b) all'articolo 80, comma 5, la lettera b) è sostituita dalla seguente: «b) l'operatore economico sia stato sottoposto a liquidazione giudiziale o si trovi in stato di liquidazione coatta odi concordato preventivo o sia in corso nei suoi confronti un procedimento per la dichiarazione di una di tali situazioni, fermo restando quanto previsto dall'articolo 95 del codice della crisi di impresa e dell'insolvenza adottato in attuazione della delega di cui all'articolo 1 della legge 19 ottobre 2017, n. 155 e dall'articolo 110;»;

c) l'articolo 110 è sostituito dal seguente:

«Art. 110 (Procedure di affidamento in caso di liquidazione giudiziale dell'esecutore o di risoluzione del contratto e misure straordinarie di gestione). – 1. Fatto salvo quanto previsto ai commi 3 e seguenti, le stazioni appaltanti, in caso di liquidazione giudiziale, di liquidazione coatta e concordato preventivo, ovvero di risoluzione del contratto ai sensi dell'articolo 108 ovvero di recesso dal contratto ai sensi dell'articolo 88, comma 4-ter, del decreto legislativo 6 settembre 2011, n. 159, ovvero in caso di dichiarazione giudiziale di inefficacia del contratto, interpellano progressivamente i soggetti che hanno partecipato all'originaria procedura di gara, risultanti dalla relativa graduatoria, al fine di stipulare un nuovo contratto per l'affidamento dell'esecuzione o del completamento dei lavori, servizi o forniture.

2. L'affidamento avviene alle medesime condizioni già proposte dall'originario aggiudicatario in sede in offerta.

3. Il curatore della procedura di liquidazione giudiziale, autorizzato all'esercizio dell'impresa, può eseguire i contratti già stipulati dall'impresa assoggettata alla liquidazione giudiziale su autorizzazione del giudice delegato.

4. Alle imprese che hanno depositato la domanda di cui all'articolo 40 del codice della crisi di impresa e dell'insolvenza adottato in attuazione della delega di cui all'articolo 1 della legge 19 ottobre 2017, n. 155, si applica l'art. 95 del medesimo codice. Per la partecipazione alle procedure di affidamento di contratti pubblici tra il momento del deposito della domanda di cui al primo periodo ed il momento del deposito del decreto previsto dall'articolo 47 del codice della crisi di impresa e dell'insolvenza è sempre necessario l'avvalimento dei requisiti di un altro soggetto.

5. L'impresa ammessa al concordato preventivo non necessita di avvalimento di requisiti di altro soggetto.

6. L'ANAC può subordinare la partecipazione, l'affidamento di subappalti e la stipulazione dei relativi contratti alla necessità che l'impresa in concordato si avvalga di un altro operatore in possesso dei requisiti di carattere generale, di capacità finanziaria, tecnica, economica, nonché di certificazione, richiesti per l'affidamento dell'appalto, che si impegni nei confronti dell'impresa concorrente e della stazione appaltante a mettere a disposizione, per la durata del contratto, le risorse necessarie all'esecuzione dell'appalto e a subentrare all'impresa ausiliata nel caso in cui questa nel corso della gara, ovvero dopo la stipulazione del contratto, non sia per qualsiasi ragione più in grado di dare regolare esecuzione all'appalto o alla concessione quando l'impresa non è in possesso dei requisiti aggiuntivi che l'ANAC individua con apposite linee guida.

7. Restano ferme le disposizioni previste dall'articolo 32 del decreto-legge 24 giugno 2014, n. 90, convertito, con modificazioni, dalla legge 11 agosto 2014, n. 114, in materia di misure straordinarie di gestione di imprese nell'ambito della prevenzione della corruzione.»;

2. Le disposizioni di cui al comma 1 si applicano alle procedure in cui il bando o l'avviso con cui si indice la gara è pubblicato successivamente alla data di entrata in vigore del presente codice, nonché, per i contratti non preceduti dalla pubblicazione di bandi o avvisi, alle procedure in cui, alla medesima data, non sono ancora stati inviati gli inviti a presentare le offerte.

Paolo Lazzara e Davide Palazzo*

Sommario: 1. Introduzione. – 2. Le modifiche "terminologiche". – 3. L'interpello e la prosecuzione del contratto da parte dell'impresa fallita (commi 1-3 del nuovo art. 110 codice dei contratti pubblici). – 4. Il ricorso all'avvalimento "speciale" da parte delle imprese in concordato (commi 4-6 del nuovo art. 110 codice dei contratti pubblici).

1. – La disposizione in commento modifica alcune previsioni del d.lgs. 18 aprile 2016, n. 50, adeguandolo alle innovazioni del Codice. Si intende in questo modo ordinare e ra-

* I paragrafi n. 1, 2 e 4 sono di Paolo Lazzara ed il paragrafo n. 3 è di Davide Palazzo.

zionalizzare la disciplina relativa alla stipulazione e alla esecuzione di un contratto pubblico da parte di soggetti sottoposti a procedure concorsuali.

Alcune modifiche hanno il semplice scopo di adeguare il codice dei contratti pubblici alla nuova "terminologia" introdotta dal Codice. Altre, a fronte di un previgente quadro normativo "stratificatosi" nel corso del tempo, mirano a disciplinare in maniera più chiara il rapporto tra la sottoposizione dell'impresa a procedure concorsuali e la partecipazione alla procedura di gara per l'affidamento di contratti pubblici o l'esecuzione di questi ultimi. Viene così riordinato un quadro normativo che, a seguito dell'approvazione del d.lgs. n. 50 del 2016, appariva frammentario e confuso, senza adeguato coordinamento con la disciplina delle procedure concorsuali [1].

Le modifiche introdotte dal Codice sono state confermate, con alcune differenze di cui si renderà contro nelle seguenti pagine, dal nuovo Codice dei contratti pubblici (d.lgs. 31 marzo 2023, n. 36).

2. – Al novero delle modifiche relative alla terminologia utilizzata possono ricondursi quelle apportate dalla disposizione in commento all'art. 48 del d.lgs. n. 50 del 2016. Il legislatore, con l'approvazione del Codice, ha inteso sancire il superamento di una connotazione prettamente negativa delle vicende attinenti alla crisi dell'impresa. In questa prospettiva, il Codice introduce alcune innovazioni "lessicali" in linea con un diverso approccio "culturale". In particolare, sono stati eliminati i riferimenti al «*fallimento*» o al «*fallito*», assumendo che tali vocaboli portassero con sé una connotazione negativa, incompatibile con la nuova concezione.

In quest'ottica possono inquadrarsi i ritocchi ai commi 17 e 18 dell'art. 48 del d.lgs. n. 50 del 2016, che regolavano le conseguenze della sottoposizione a procedure concorsuali di un componente di un raggruppamento temporaneo di imprese nella fase di esecuzione di un contratto pubblico. In particolare, il termine «*fallimento*» è stato sostituito con l'espressione più neutra di «*liquidazione giudiziale*»; i riferimenti all' «*amministrazione controllata*» e alla «*procedura di insolvenza concorsuale*» [2] sono stati eliminati. Tali innovazioni sono state confermate dall'art. 196, comma 6, del nuovo Codice dei contratti pubblici (d.lgs. n. 36 del 2023).

Similmente, il comma 1, lett. *b*), della disposizione in commento ha sostituito l'art. 80, comma 5, d.lgs. n. 50 del 2016, introducendo la parola «*liquidazione giudiziale*» al posto di «*fallimento*», per le ragioni esaminate *supra*. Anche in tal caso la modifica trova conferma nell'art. 95, comma 5, lett. *d*), del nuovo Codice dei contratti pubblici.

3. – Il comma 1, lett. *c*), della disposizione in commento ha sostituito l'art. 110 del d.lgs. n. 50 del 2016. Tale disposizione regolava il c.d. interpello, ossia i casi in cui l'Amministrazione è tenuta a "scorrere" la graduatoria di gara in ragione di eventi che comportino l'impossibilità per l'impresa aggiudicataria di portare a termine l'esecuzione di un contratto pubblico. Inoltre, disciplinava alcuni aspetti della partecipazione alle procedure di

[1] Sul punto v. GIANI, *La partecipazione*, 489; PERRINO, *Codice dei contratti*, 304.

[2] Sui dubbi cui aveva dato origine questa espressione v. D'ORAZIO, *Il concordato preventivo*, 399; RINALDI, *Art. 110*, 1006.

gara da parte di imprese che hanno richiesto l'accesso o che sono già state sottoposte a concordato. Nel prosieguo del commento, si farà riferimento alla nuova disciplina contenuta nel d.lgs. n. 36 del 2023, evidenziando le novità rispetto al d.lgs. n. 50 del 2016.

Con riferimento all'interpello, l'art. 110, comma 1, d.lgs. n. 50 del 2016, adesso riprodotto nell'art. 124, comma 1, d.lgs. n. 36 del 2023, individua i casi al verificarsi dei quali l'Amministrazione, nel corso dell'esecuzione di un contratto pubblico, deve interpellare gli operatori economici che hanno partecipato all'originaria procedura di gara, secondo l'ordine risultante dalla relativa graduatoria, al fine di stipulare un nuovo contratto per l'affidamento dell'esecuzione o del completamento dei lavori, servizi o forniture[3].

Le ipotesi da cui scaturisce l'obbligo di interpello sono le seguenti: liquidazione giudiziale; liquidazione coatta; concordato preventivo; risoluzione del contratto ai sensi dell'art. 108 del d.lgs. n. 50 del 2016 (adesso sostituito dall'art. 122 del d.lgs. n. 36 del 2023); recesso dal contratto *ex* art. 88, comma 4-*ter*, d.lgs. 6 settembre 2011, n. 159 (c.d. Codice antimafia); dichiarazione giudiziale di inefficacia del contratto.

È opportuno esaminare distintamente le varie ipotesi di interpello, le quali danno luogo a non poche questioni interpretative.

In primo luogo, si deve osservare che la liquidazione giudiziale e il concordato preventivo non comportano sempre la cessazione del rapporto contrattuale con l'originario contraente e il conseguente interpello.

Relativamente alla liquidazione giudiziale, l'art. 124, comma 4, d.lgs. n. 36 del 2023, stabilisce che il curatore della procedura di liquidazione giudiziale, autorizzato all'esercizio dell'impresa, possa eseguire i contratti già stipulati dall'impresa assoggettata alla liquidazione giudiziale su autorizzazione del giudice delegato. Si manifesta qui un *favor* per la continuazione del contratto, che non è considerata come necessariamente incompatibile con la liquidazione giudiziale dell'aggiudicatario[4]. Rispetto alla disciplina contenuta nel d.lgs. n. 50 del 2016, il nuovo Codice precisa che se la dichiarazione di liquidazione giudiziale interviene dopo l'aggiudicazione, ma prima della stipulazione del contratto, l'autorizzazione deve essere rilasciata entro sessanta giorni da quando l'aggiudicazione è efficace o entro il diverso termine stabilito ai sensi dell'art. 18, comma 2, del. d.lgs. n. 36 del 2023.

Quanto alla prosecuzione del contratto da parte dell'impresa sottoposta a concordato preventivo, si rinvia a quanto previsto dall'art. 95 e al relativo commento[5]. In questa sede è sufficiente osservare che l'impresa in concordato può portare a termine l'esecuzione di un contratto pubblico, qualora il professionista indipendente attesti che la prosecuzione del rapporto contrattuale sia funzionale agli scopi della procedura concordataria (in continuità aziendale o "liquidatoria") e che sussista una ragionevole capacità di adempimento del contratto. Si procederà ad interpello, dunque, solo nelle ipotesi in cui la continuazione del contratto non sia consentita dalla normativa esaminata o non sia richiesta dall'impresa interessata.

---

[3] Secondo la giurisprudenza amministrativa, i casi di interpello sono tassativi e di stretta interpretazione: cfr. TAR Campania, 16 ottobre 2017, n. 4830, seppur relativamente al previgente art. 140, d.lgs. n. 163 del 2006.

[4] Sul punto v. D'ORAZIO, *Il concordato preventivo*, 398. In senso analogo si era orientata parte della dottrina nella vigenza del d.lgs. n. 163 del 2006: cfr. PELLEGRINO, *Le procedure concorsuali*, 1210.

[5] V. commento *sub* art. 95.

Negli altri casi individuati al comma 1, all'interruzione del rapporto contrattuale con l'originario contraente segue l'obbligo per l'Amministrazione di interpellare i concorrenti che si trovano nelle posizioni successive in graduatoria (ammesso che ve ne siano). Occorre precisare la portata di tali ipotesi.

La *ratio* dell'interpello consiste nel portare a termine l'esecuzione di un contratto pubblico pur a fronte di eventi che impediscano all'originario contraente di proseguire il rapporto negoziale. Tali eventi possono riguardare sia la fase "genetica" del contratto e, in particolare, la legittimità della procedura di gara, sia la fase "esecutiva" (l'esatto adempimento delle prestazioni contrattuali, la sopravvenuta sottoposizione a una procedura concorsuale, ecc.). Si deve trattare, comunque, di casi in cui la cessazione del rapporto contrattuale è "imputabile" all'originario contraente.

In questa prospettiva, il legislatore non richiama ogni ipotesi di cessazione del rapporto contrattuale, escludendo, ad esempio, che il recesso *ad nutum* contemplato nell'art. 109 del d.lgs. n. 50 del 2016 e ora nell'art. 123 del d.lgs. n. 36 del 2023 possa dar luogo ad interpello: in questo caso, manca la volontà da parte dell'Amministrazione di eseguire il contratto stipulato né ad essa è consentito sovvertire i risultati della gara scegliendo *ad libitum* un concorrente diverso [6].

Alla luce della *ratio* dell'istituto dell'interpello devono esaminarsi le altre ipotesi richiamate dal legislatore, chiarendo a quali condizioni sia consentito lo "scorrimento" della graduatoria.

In primo luogo, vengono in rilievo le diverse ipotesi di risoluzione del contratto elencate nell'art. 122 del d.lgs. n. 36 del 2023. Si ritiene che non tutti i casi di risoluzione possano dare luogo allo "scorrimento" della graduatoria.

L'interpello è da escludere nel caso di modifiche del contratto che richiedano una nuova procedura di gara [7]. La causa della risoluzione del contratto è in tal caso incompatibile con la prosecuzione del contratto, indipendentemente dall'identità del contraente.

Lo scorrimento è invece consentito qualora l'aggiudicatario avrebbe dovuto essere escluso dalla gara in ragione del mancato possesso di un requisito di partecipazione [8]. Trattandosi di un vizio della procedura che concerne specificamente la posizione dell'aggiudicatario, la prosecuzione del contratto con un altro concorrente deve ritenersi ammissibile.

Nella stessa prospettiva possono esaminarsi le ipotesi di risoluzione del contratto per decadenza dell'attestazione di qualificazione dovuta a falsa documentazione o dichiarazioni mendaci [9] o per una sopravvenuta sentenza passata in giudicato che accerti il compimento di determinati reati [10]. Anche queste ipotesi riguardano l'assenza o la perdita sopravvenuta di requisiti in capo all'originario contraente, sicché la prosecuzione del contratto con un altro soggetto è consentita.

L'interpello trova applicazione, inoltre, nel caso di risoluzione per inadempimento [11]. Il

[6] Sul punto v. RINALDI, *Art. 110*, 1005. In giurisprudenza v. Cons. Stato, 18 agosto 2016, n. 3573.

[7] Questa causa di risoluzione è prevista dall'art. 122, comma 1, lett. *a*) e *b*), d.lgs. n. 36 del 2023.

[8] Art. 122, comma 1, lett. *c*), d.lgs. n. 36 del 2023.

[9] Art. 122, comma 2, lett. *a*), d.lgs. n. 36 del 2023.

[10] Art. 122, comma 2, lett. *b*), d.lgs. n. 36 del 2023.

[11] Art. 122, commi 3 e 4, d.lgs. n. 36 del 2023.

mancato o inesatto adempimento delle obbligazioni contrattuali, ove sia connotato dal carattere della gravità, legittima l'Amministrazione a risolvere il contratto con l'originario contraente. Alla stessa tuttavia è consentito (*rectius*: imposto) individuare, secondo l'ordine della graduatoria, un nuovo contraente che completi l'esecuzione del contratto pubblico.

Discorso differente deve farsi per i casi in cui il contratto è risolto in conseguenza a una grave violazione degli obblighi derivanti dai Trattati europei, accertata dalla Corte di giustizia dell'Unione europea in un procedimento di infrazione [12], o è dichiarato inefficace dal giudice amministrativo. In queste ipotesi, alla cessazione del rapporto contrattuale con l'originario contraente non segue necessariamente l'interpello, dovendosi distinguere a seconda del tipo di violazione accertata in sede giudiziale.

Se la violazione attiene specificamente alla posizione dell'aggiudicatario che, ad esempio, avrebbe dovuto essere escluso per mancanza dei requisiti necessari o la cui offerta si sarebbe dovuta considerare inammissibile, la stazione appaltante può (e deve) procedere all'interpello degli altri concorrenti. In tali casi, infatti, la prosecuzione del contratto risulta compatibile con la pronuncia del giudice europeo o nazionale.

Se il vizio accertato dalla Corte di giustizia dell'Unione europea o dal giudice amministrativo riguarda, invece, il procedimento di gara nel suo complesso (ad esempio per illegittimità del bando o per fatti che abbiano pregiudicato la trasparenza o la correttezza delle operazioni di gara), all'Amministrazione è precluso l'interpello, dovendosi procedere alla indizione di una nuova gara.

L'ultima ipotesi di interpello si configura quando il contraente sia sottoposto a misure di prevenzione o ad altri atti dell'autorità giudiziaria che comportino, secondo quanto previsto dal combinato disposto degli artt. 67 e 88, comma 4-*ter*, d.lgs. n. 159 del 2011 (c.d. Codice antimafia), l'obbligo per l'Amministrazione di recedere dal contratto. Poiché in tal caso il recesso non rappresenta una libera scelta della stazione appaltante, ma è dovuto a fatti che riguardano la posizione dell'originario contraente, e in particolare il possesso da parte del medesimo dei requisiti di "moralità" prescritti per la stipulazione di un contratto pubblico, si giustifica il ricorso allo "scorrimento" della graduatoria.

Distinta rispetto all'interpello è l'ipotesi di "commissariamento" regolata dall'art. 32, d.l. n. 90 del 2014, convertito con modificazioni in l. n. 11 del 2014.

Questa disposizione, "fatta salva" dall'art. 124, comma 6, d.lgs. n. 36 del 2023, disciplina i casi in cui il Prefetto, su proposta del Presidente dell'ANAC, può ordinare la rinnovazione degli organi sociali o provvedere alla sostituzione degli organi sociali e alla «*straordinaria e temporanea gestione dell'impresa*», limitatamente alla esecuzione di un contratto pubblico già stipulato. In questi casi non si ha la cessazione del rapporto contrattuale in corso né la sostituzione del contraente originario con altra impresa, bensì la prosecuzione dell'originario rapporto contrattuale mediante "commissariamento" dell'aggiudicatario per il tempo necessario alla esecuzione del contratto. Si tratta di una ipotesi diversa dall'interpello, poiché non muta il contraente dell'Amministrazione, sebbene sia temporaneamente sospeso l'esercizio dei poteri di disposizione e gestione dei titolari dell'impresa [13].

---

[12] Art. 122, comma 1, lett. *d*), d. lgs. 36/2023.

[13] Art. 32, comma 3, d.l. n. 90 del 2014, conv. in l. n. 114 del 2014.

Quanto alle modalità dell'interpello, l'art. 110, comma 2, d.lgs. n. 50 del 2016 disponeva che l'Amministrazione fosse tenuta stipulare il contratto alle medesime condizioni già proposte dall'originario aggiudicatario in sede in offerta. Secondo l'orientamento giurisprudenziale prevalente l'interpello si configurava come un mezzo per portare a conclusione il contratto già parzialmente eseguito, ma non poteva determinare una modifica delle condizioni contrattuali risultanti dal procedimento di gara, pena la violazione del principio di *par condicio* [14].

Sul punto, tuttavia, la nuova disciplina contenuta nel d.lgs. n. 36 del 2023 stabilisce che le stazioni appaltanti possono prevedere nei documenti di gara che il nuovo affidamento avvenga alle condizioni proposte dall'operatore economico interpellato [15]. In tal modo, il legislatore tende a favorire la possibilità di continuazione del contratto in corso, rispetto all'alternativa rappresentata dalla indizione di una nuova procedura di gara. Al contempo, si salvaguarda la parità di trattamento degli operatori economici, poiché la pubblicità dei documenti di gara consente a tutti di conoscere a quali condizioni avverrà l'interpello.

Da ultimo, occorre valutare la compatibilità dell'istituto dell'interpello con il diritto dell'Unione europea.

Lo "scorrimento" della graduatoria nel corso dell'esecuzione del contratto comporta una modifica del contratto. In base all'art. 72, § 1, lett. *d*), direttiva 2014/24/UE [16], riprodotto nell'art. 120, comma 1, lett. *d*), d.lgs. n. 36 del 2023, la sostituzione dell'aggiudicatario nel corso dell'esecuzione del contratto è consentita: 1) quando è prevista una clausola di revisione nei documenti di gara; 2) quando all'aggiudicatario iniziale succede, in via universale o parziale, a seguito di ristrutturazioni societarie, un altro operatore economico che soddisfi i criteri di selezione qualitativa stabiliti inizialmente, purché ciò non implichi altre modifiche sostanziali al contratto e non sia finalizzato ad eludere l'applicazione della disciplina dei contratti pubblici; 3) nel caso in cui l'Amministrazione si assuma gli obblighi del contraente principale nei confronti dei suoi subappaltatori.

Le ipotesi di interpello non appaiono riconducibili ai casi 2) e 3), dato che non ha luogo una ristrutturazione societaria dell'originario contraente né una assunzione degli obblighi da parte dell'Amministrazione.

In base a un'interpretazione sistematica e teleologica, l'interpello può però ricondursi all'ipotesi *sub* 1). La previsione della clausola nei documenti di gara ha la funzione di garantire che i concorrenti conoscano preventivamente la possibilità e le condizioni della modifica di un contratto pubblico in corso di esecuzione [17]. La previsione per legge del-

[14] Cfr. Cons. Stato, 18 agosto 2016, n. 3573; Cons. Stato, 13 gennaio 2015, n. 76; Cons. Stato, 30 novembre 2015, n. 5404; Cons. Stato, 12 aprile 2011, n. 2260; ANAC, parere n. 17 del 25 febbraio 2015. La Corte costituzionale con sentenza del 12 febbraio 2010, n. 45, ha dichiarato l'illegittimità costituzionale dell'art. 86, l. della Provincia autonoma di Trento 24 luglio 2008, n. 10, ai sensi del quale in caso di interpello l'affidamento sarebbe dovuto avvenire alle condizioni fatte in sede di originaria offerta da parte dell'interpellata e non da parte dell'originario aggiudicatario. Tale disposizione è stata ritenuta in contrasto con la disciplina statale, a sua volta considerata come diretta attuazione del diritto dell'Unione europea.

[15] Art. 124, comma 2, d.lgs. n. 36 del 2023.

[16] In senso analogo dispongono l'art. 43, § 1, lett. *d*), direttiva 2014/23/UE sui contratti di concessione, e l'art. 89, § 1, lett. *d*), direttiva 2014/25/UE sugli appalti pubblici nei settori "speciali".

[17] In proposito v. Corte di giustizia dell'Unione europea, 29 aprile 2004, C-496/99, Commissione c. CAS

l'istituto dell'interpello assolve alla medesima funzione di "conoscibilità". Inoltre, come esaminato *supra*, le condizioni a cui avviene l'interpello devono essere specificate nei documenti di gara. Il principio di parità di trattamento risulta, pertanto, salvaguardato.

In questa prospettiva, l'istituto dell'interpello, sebbene non espressamente contemplato nelle direttive europee sui contratti pubblici, appare compatibile con il diritto dell'Unione.

4. – Come si è anticipato, i commi 4, 5 e 6 del nuovo art. 110, d.lgs. n. 50 del 2016, regolavano alcuni aspetti della partecipazione alle procedure di gara da parte di imprese che hanno richiesto l'accesso o che sono già state sottoposte a concordato preventivo. In particolare, si individuavano i casi in cui l'impresa fosse tenuta a far ricorso all'avvalimento c.d. speciale per partecipare a una procedura di gara. Tale forma di avvalimento si caratterizzava per il fatto che l'impresa ausiliaria si impegnava ad eseguire direttamente l'appalto qualora il soggetto ausiliato risultasse inadempiente [18]. La disciplina in esame, tuttavia, non è mai entrata in vigore a causa della mancata approvazione delle linee guida dell'Autorità nazionale anticorruzione, che avrebbe dovuto darne attuazione [19].

L'istituto dell'avvalimento c.d. obbligatorio è stato espunto dal nuovo Codice dei contratti pubblici (d.lgs. n. 36 del 2023). Ne consegue che la partecipazione alla gara da parte di un'impresa sottoposta a concordato preventivo è attualmente integralmente regolata dall'art. 95 del Codice.

Succhi di Frutta s.p.a., punti 108 ss. In dottrina v. GIANNELLI, *Contratti pubblici*, 127 ss.; MARESCA, *La modificazione sostanziale*, 749 ss.

[18] In dottrina v. RENNA, VACCARI, *Crisi d'impresa*, 88 ss.

[19] Con atto di segnalazione n. 10 del 2 dicembre 2020, l'ANAC aveva anzi segnalato talune criticità dell'istituto in esame, sottolineandone le esigenze di riforma.

Articolo 373

Coordinamento con le norme di attuazione del codice di procedura penale

1. All'articolo 104-bis delle norme di attuazione, di coordinamento e transitorie del codice di procedura penale approvate con decreto legislativo 28 luglio 1989, n. 271 sono apportate le seguenti modificazioni:

a) il comma 1-bis è sostituito dal seguente: «1-bis. Si applicano le disposizioni di cui al Libro I, titolo III, del codice di cui al decreto legislativo 6 settembre 2011, n. 159, e successive modificazioni nella parte in cui recano la disciplina della nomina e revoca dell'amministratore, dei compiti, degli obblighi dello stesso e della gestione dei beni. Quando il sequestro è disposto ai sensi dell'articolo 321, comma 2, del codice ai fini della tutela dei terzi e nei rapporti con la procedura di liquidazione giudiziaria si applicano, altresì, le disposizioni di cui al titolo IV del Libro I del citato decreto legislativo.»;

b) il comma 1-quater è sostituito dal seguente: «1-quater. Ai casi di sequestro e confisca in casi particolari previsti dall'articolo 240-bis del codice penale o dalle altre disposizioni di legge che a questo articolo rinviano, nonché agli altri casi di sequestro e confisca di beni adottati nei procedimenti relativi ai delitti di cui all'articolo 51, comma 3-bis, del codice, si applicano le disposizioni del titolo IV del Libro I del decreto legislativo 6 settembre 2011, n. 159. Si applicano inoltre le disposizioni previste dal medesimo decreto legislativo in materia di amministrazione e destinazione dei beni sequestrati e confiscati e di esecuzione del sequestro. In tali casi l'Agenzia nazionale per l'amministrazione e la destinazione dei beni sequestrati e confiscati alla criminalità organizzata coadiuva l'autorità giudiziaria nell'amministrazione e nella custodia dei beni sequestrati, fino al provvedimento di confisca emesso dalla corte di appello e, successivamente a tale provvedimento, amministra i beni medesimi secondo le modalità previste dal citato decreto legislativo 6 settembre 2011, n. 159. Restano comunque salvi i diritti della persona offesa dal reato alle restituzioni e al risarcimento del danno».

Gennaro Mastrangelo

Nelle disposizioni di attuazione del c.p.p., art. 104-*bis* «*Amministrazione dei beni sottoposti a sequestro preventivo e a sequestro e confisca in casi particolari. Tutela dei terzi nel giudizio*», è ora rinvenibile la disciplina degli aspetti più propriamente esecutivi dell'istituto, in particolare nei nuovi commi da 1-*quater* a 1-*sexies*.

Il nuovo comma 1-*bis*, stabilisce che «*quando il sequestro è disposto ai sensi dell'articolo 321, comma 2, del codice ai fini della tutela dei terzi e nei rapporti con la procedura di liquidazione giudiziaria si applicano, altresì, le disposizioni di cui al titolo IV del Libro I del citato decreto legislativo*». Il nuovo comma 1-*quater* prescrive che «*ai casi di sequestro e confisca in casi particolari previsti dall'articolo 240-bis del codice penale o dalle altre disposizioni di legge che a questo articolo rinviano, nonché agli altri casi di sequestro e confisca di beni adottati nei procedimenti relativi ai delitti di cui all'articolo 51, comma 3-bis, del codice, si applicano le disposizioni del titolo IV del Libro I del decreto legislativo 6 settembre 2011, n. 159*». Le modifiche apportate dal d.lgs. n. 14 del 2019 vanno oltre l'ambito di interferenza tra procedure concorsuali e misure cautelari reali poiché l'intervento normativo disciplina anche i casi in cui le misure cautelari siano disposte al di fuori di una procedura concorsuale e vi sia la necessità di tutelare i terzi [1].

Nei casi disciplinati dall'art. 317 la separazione dei beni sequestrati dalla massa attiva e la loro consegna all'amministratore giudiziario, in applicazione dell'art. 64 codice antimafia, può essere sollecitata anche dall'amministratore giudiziario nominato dal giudice penale *ex* art. 104-*bis* disp. att. L'amministratore è incaricato anche della custodia delle aziende, dei beni o delle partecipazioni sociali sottoposti al vincolo reale dal momento che l'ultimo periodo dell'art. 104-*bis*, comma 1, dispone che «*la custodia dei beni suddetti può tuttavia essere affidata a soggetti diversi da quelli indicati al periodo precedente*», così confermando che, salva diversa determinazione, l'amministratore è anche custode. Grazie ai richiami all'art. 104-*bis* disp. att. c.p.p. si rinviene un ulteriore ragione per la tesi sostenuta a commento dell'art. 317: questa norma rinvia anche all'art. 21, d.lgs. n. 159 del 2011, rubricato «*Esecuzione del sequestro*» [2], norma che a sua volta fa rinvio all'art. 104 disp. att. c.p.p., esecuzione del sequestro preventivo, che contempla, appunto, l'immissione nel possesso. La situazione fattuale sui beni deve, dunque, essere risolta in favore dell'amministratore, per la già illustrata prevalenza della misura cautelare penale reale rispetto alla procedura liquidatoria [3].

Secondo il comma 1-*ter* dell'art. 104-*bis* disp. att. c.p.p., «*I compiti del giudice delegato alla procedura sono svolti nel corso di tutto il procedimento dal giudice che ha emesso il decreto di sequestro ovvero, nel caso di provvedimento emesso da organo collegiale, dal giudice delega-*

---

[1] La lettura sistematica con la disposizione di attuazione è condivisa anche da USLENGHI, LIEDHOLM, *Il nuovo Codice*, 392; VARRASO, *Il sequestro*, 3, parlando del comma 2 dell'art. 321 afferma: «quest'ultima norma conteneva e contiene nel comma 2 un rinvio aperto non solo all'art. 240 c.p. [...] ma anche a tutte le confische previste da norme speciali» (corsivo nel testo); ancora più esplicitamente si veda 21. Anche l'art. 321 c.p.p., del resto, usa il termine «consentita» e pur in tal caso l'opinione della dottrina è per l'indiscriminato riferimento all'obbligatoria ed alla facoltativa; v., per tutti, GUALTIERI, *Art. 321*.

[2] «*Il sequestro è eseguito con le modalità previste dall'articolo 104 del decreto legislativo 28 luglio 1989, n. 271. La polizia giudiziaria, eseguite le formalità ivi previste, procede all'apprensione materiale dei beni e all'immissione dell'amministratore giudiziario nel possesso degli stessi, anche se gravati da diritti reali o personali di godimento, con l'assistenza, ove ritenuto opportuno, dell'ufficiale giudiziario*».

[3] Nei casi in cui sia necessario amministrare aziende e società le ragioni sottese al sequestro devono essere poste in equilibrio con l'esigenza di preservare la produttività del bene sottoposto al vincolo e di salvaguardare, se possibile, i posti di lavoro: non più una custodia statica, ma una amministrazione responsabile di quanto sequestrato, dal momento che l'idea della semplice conservazione si è rivelata illusoria. V., in dottrina, VARRASO, *Il sequestro*.

to». Nella maggior parte dei casi si tratta del giudice per le indagini preliminari, atteso che tale competenza vale «*nel corso di tutto il procedimento*», il quale, dunque, dovrà effettuare la verifica dei crediti e dei diritti inerenti ai rapporti relativi ai beni separati dalla massa attiva. Nell'ipotesi di dichiarazione di liquidazione giudiziale successiva al sequestro, la scelta di sottrarre al giudice "fallimentare" la verifica sui beni sequestrati e separati dalla massa attiva, affidandola a quello della prevenzione aveva una sua giustificazione, che non sembra sussistente nell'ambito specifico[4]. Anche l'argomento della migliore attitudine del giudice penale alla verifica del requisito della buona fede[5] sembra controvertibile, potendosi osservare come ora esso si trovi a maneggiare istituti propri delle procedure concorsuali coi quali può avere poca familiarità. Di certo il giudice della misura reale ha un maggiore polso dei fatti, ma dovrà attrezzarsi per decidere questioni sinora per lui inedite; inoltre, col procedere delle scansioni processuali, il giudice dell'ordinanza genetica si scosta sempre di più dalle vicende processuali. Come s'è parlato di "fallimentarizzazione" del giudice della prevenzione[6], questo processo lo subisce anche il giudice della cautela penale reale e nel caso in cui gli unici beni oggetto di spossessamento siano quelli sequestrati, la tutela delle ragioni dei creditori e dei terzi sarà tutta spostata sul giudice penale dal momento che a lui competerà, integralmente, la verifica del passivo[7].

[4] Secondo VERDOLIVA, *Art. 63*, la ragione era ravvisabile nella necessità di tutelare i lavoratori delle aziende in mano alla criminalità organizzata, favorendo pure l'emersione del lavoro irregolare.

[5] MENDITTO, *Confisca di prevenzione*, p. 21.

[6] MINUTOLI, *Verso una fallimentarizzazione*, 1271 ss.

[7] MASTRANGELO, *Le soluzioni*, 103 ss., in particolare § 10.

Articolo 374
Abrogazioni

1. Il comma 43 dell'articolo 23 del decreto-legge 6 luglio 2011, n. 98, convertito con modificazioni, dalla legge 15 luglio 2011, n. 111 è abrogato.

Paolo Valensise

La norma in commento rappresenta il coerente completamento della sistematica riorganizzazione della disciplina di regolazione della crisi per l'imprenditore agricolo adesso recata dal Codice, in attuazione dei princìpi di cui alla legge delega n. 155 del 2017 (in particolare dell'art. 2, comma 1, lett. *e*)). Essa, infatti, abroga la previsione che aveva introdotto nel 2011, «*in attesa di una revisione complessiva della disciplina dell'imprenditore agricolo in crisi e del coordinamento delle disposizioni in materia*», la possibilità per quest'ultimo di accedere alle procedure di accordo di ristrutturazione dei debiti e di transazione fiscale, rispettivamente regolate dagli artt. 182-*bis* e 182-*ter* l. fall.

Si trattava di una disposizione, oggetto di un interessante dibattito, all'epoca introdotta seguendo un'impostazione "premiale" per tali imprenditori. In virtù della stessa questi ultimi erano infatti ammessi alla possibile fruizione di alcuni dei nuovi, più agili strumenti di regolazione della crisi che le riforme della disciplina fallimentare succedutesi dal 2005 in avanti avevano messo a disposizione (soltanto) degli imprenditori fallibili, categoria cui, per l'appunto, gli imprenditori agricoli erano estranei [1].

[1] A questo proposito ci si permette di rinviare, *ex multis*, a VALENSISE, *Accordi di ristrutturazione*, 166 ss., ove ulteriori riferimenti.

Articolo 375
Assetti organizzativi dell'impresa

1. La rubrica dell'articolo 2086 del codice civile è sostituita dalla seguente: «Gestione dell'impresa».

2. All'articolo 2086 del codice civile, dopo il primo comma è aggiunto il seguente:

«L'imprenditore, che operi in forma societaria o collettiva, ha il dovere di istituire un assetto organizzativo, amministrativo e contabile adeguato alla natura e alle dimensioni dell'impresa, anche in funzione della rilevazione tempestiva della crisi dell'impresa e della perdita della continuità aziendale, nonché di attivarsi senza indugio per l'adozione e l'attuazione di uno degli strumenti previsti dall'ordinamento per il superamento della crisi e il recupero della continuità aziendale».

Gaetano Presti

Sommario: 1. La sopravvivenza del comma 1 e la nuova rubrica. – 2. Genesi del dovere di adeguato assetto organizzativo. – 3. Ambito di applicazione del comma 2. – 4. Le differenze tra codice civile e Codice della crisi. – 5. La nozione di adeguato assetto organizzativo.

1. – La versione originaria dell'art. 2086 c.c. era rubricata «*Direzione e gerarchia nell'impresa*» e conteneva un unico comma nel quale era sancito che «*l'imprenditore è il capo dell'impresa e da lui dipendono gerarchicamente i suoi collaboratori*»: una disposizione generica, analizzata più dai giuslavoristi che dai cultori del diritto commerciale, che in realtà poco aggiungeva a quanto già ricavabile dall'art. 2094 c.c. e, in più, era connotata dalla sgradevole fama di versione italica del *Führerprinzip* [1]. A ben vedere, in realtà, l'art. 2086 più prosaicamente poteva essere considerato per le risorse umane il corrispettivo dell'art.

[1] PERRINO, *Crisi di impresa*, 659, introduce il nuovo art. 2086 c.c. evocando la sua riesumazione «dal dimenticatoio in cui – quale indesiderabile reliquia corporativa – era meritevolmente caduto pur senza mai essere formalmente abrogato». Per un'esauriente sintesi della (scarsa) fortuna dell'art. 2086 c.c. nella commercialistica italiana, v. SPOLIDORO, *Note critiche*, 254 ss., che conclude (a 258) con la perentoria, e condivisibile, affermazione che «da anni la disposizione in esame occupava inutilmente alcune righe del codice» cui aggiunge, meno persuasivamente, la diagnosi dell'inopportunità di averne voluto fare, nel 2019, una norma centrale nella disciplina dell'impresa. Per un inquadramento dell'art. 2086 c.c. nell'ordinamento corporativo v. DE ANGELIS, *La responsabilità*, 29.

2555 c.c. per quelle materiali: le due norme in cui si manifesta la funzione organizzativa dell'imprenditore.

Il Codice interviene su questa norma, rivitalizzandola[2], su due profili. Da un lato, ne viene modificata la rubrica che ora suona «*Gestione dell'impresa*»; dall'altro, viene introdotto un comma 2 che impone all'imprenditore collettivo di istituire un assetto organizzativo, amministrativo e contabile adeguato alla natura e alle dimensioni dell'impresa[3].

In effetti, la nuova rubrica della norma è senz'altro censurabile[4]; e, come vedremo, l'errore terminologico non fu – fino alle correzioni apportate dal d.lgs. n. 147 del 2020 – privo di conseguenze (cfr. il commento all'art. 377). Entrambi i commi della disposizione, infatti, sia il primo – per sua natura rivolto all'imprenditore individuale – sia il secondo – per l'imprenditore collettivo –, non riguardano tanto la gestione dell'impresa quanto ciò che ne sta a monte: per un verso i rapporti gerarchici tra l'imprenditore e i suoi collaboratori; per altro verso, la necessità che l'impresa collettiva sia dotata di un adeguato assetto organizzativo. Più corretta, per assicurare coerenza tra etichetta e contenuto, sarebbe stata quindi per la norma modificata una rubrica uguale a quella utilizzata per la norma modificatrice, vale a dire «*Assetti organizzativi dell'impresa*»[5].

In ogni caso, non v'è dubbio che si tratti di disposizione che ha per oggetto l'esercizio dell'impresa[6] e che, dunque, attiene non all'organizzazione del soggetto, ma a quella della sua attività[7].

2. – Il nuovo comma 2 dell'art. 2086 c.c. trae chiaramente ispirazione sia dall'art. 2381, comma 5, c.c. secondo cui nelle s.p.a. «*gli organi delegati curano che l'assetto organizzativo, amministrativo e contabile sia adeguato alla natura e alle dimensioni dell'impresa*»[8], sia – per quanto concerne la finalizzazione di quest'ultimo (anche) alla tempestiva rileva-

[2] Senza paura di esagerare può dirsi che i contributi commercialistici sull'art. 2086 c.c. usciti dopo la pubblicazione della bozza di Codice sono più numerosi di quelli editi nei settantacinque anni successivi all'emanazione del codice civile.

[3] In seguito, per brevità, in luogo di questa lunga espressione normalmente si userà quella più sintetica di "adeguato assetto organizzativo".

[4] Cfr., per tutti, DI CATALDO, ROSSI, *Nuove regole generali*, 749; MONTALENTI, *Gestione dell'impresa*, 486; SPOLIDORO, *Note critiche*, 259, che, confrontando rubrica e norma, imputa alla prima un «eccesso di ambizione».

[5] Nello stesso senso v. CALANDRA BUONAURA, *Ruolo e responsabilità*, 35.

[6] ABRIANI, ROSSI, *Nuova disciplina*, 393 s. Giustamente SPOLIDORO, *Note critiche*, 261, la qualifica come «norma che regola oggettivamente la funzione di chi gestisce un'impresa sociale». Sul punto v. già MAUGERI, *Note in tema*, 22. FORTUNATO, *Codice della crisi*, 958 la qualifica come principio transtipico. LIBERTINI, *Principio di adeguatezza*, 7, persuasivamente segnala che «l'organizzazione dell'impresa non è dunque un atto di libertà, ma è il risultato dell'esercizio di un potere funzionale, da esercitare secondo criteri di discrezionalità tecnica».

[7] Da cui DI CATALDO, ROSSI, *Nuove regole generali*, 751, deducono la «allocazione tecnicamente appropriata» della nuova norma. Per un parere nettamente contrario v. SPOLIDORO, *Note critiche*, 273.

[8] A sua volta ispirato dall'art. 149, comma 1, lett. *c*), TUF a mente del quale «*il collegio sindacale vigila sull'adeguatezza della struttura organizzativa della società per gli aspetti di competenza, del sistema di controllo interno e del sistema amministrativo-contabile nonché sull'affidabilità di quest'ultimo nel rappresentare correttamente i fatti di gestione*» e, in parte, dai modelli di organizzazione e controllo previsti dal d.lgs. n. 231 del 2001. Sul punto v. ABRIANI, ROSSI, *Nuova disciplina*, 394.

zione della crisi – dal d.lgs. 19 agosto 2016, n. 175 (t.u. in materia di società a partecipazione pubblica), ove nell'art. 6, comma 2, si stabilisce che «*le società a controllo pubblico predispongono specifici programmi di valutazione del rischio di crisi aziendale*»[9] e nel successivo art. 14, comma 2, che «*qualora emergano, nell'ambito dei programmi di valutazione del rischio di cui all'articolo 6, comma 2, uno o più indicatori di crisi aziendale, l'organo amministrativo della società a controllo pubblico adotta senza indugio i provvedimenti necessari al fine di prevenire l'aggravamento della crisi, di correggerne gli effetti ed eliminarne le cause, attraverso un idoneo piano di risanamento*»[10].

L'insistenza, peraltro condivisibile, con cui negli ultimi anni il legislatore preme sulla necessità di un adeguato assetto organizzativo giustifica la metafora del mantra[11], a condizione che della ripetizione si intenda correttamente il fine positivo di favorire la concentrazione sull'obiettivo, vale a dire di porre rimedio alla «cronica debolezza degli assetti organizzativi dell'impresa, privi di adeguati strumenti di monitoraggio e di pianificazione anche a breve termine»[12] e non, come talvolta accade, il dileggio per la ripetizione meccanica di una formula asseritamente vuota di contenuto.

Al riguardo va notato che questa enfatizzazione è avvenuta sostanzialmente in contemporanea con due fenomeni ben noti: da un lato, la riduzione del ruolo del capitale sociale[13]; dall'altro, il venir meno della concezione sanzionatoria del fallimento[14].

Per un verso, in effetti, meno conta il capitale – cioè le risorse finanziarie durevolmente destinate dai soci all'esercizio dell'impresa –, più contano le modalità di svolgimento dell'attività che devono essere calibrate in modo tale da proteggere i terzi finanziatori[15]. Ne deriva una definitiva smentita dell'irrilevanza giuridica dell'organizzazione d'impresa; o meglio della sua insindacabilità in quanto rimessa a chi rischia il capitale. La realtà è che, anche a prescindere dalla ridotta valenza del capitale sociale, i soci (anche quelli a responsabilità personale illimitata) non rischiano solo del loro giacché qualsiasi impresa esercita di fatto un potere che implica più o meno rilevanti esternalità.

Per altro verso, la richiesta di un adeguato assetto organizzativo rappresenta l'altra faccia della medaglia della nuova visione per cui il dissesto è un possibile esito fisiologico dell'impresa da non demonizzare e da non considerare più come meritevole di sanzione

[9] Norma che, oggi, secondo BENAZZO, *Il Codice*, 283, potrebbe considerarsi assorbita dal nuovo art. 2086, comma 2, c.c. che ha un contenuto ulteriore.

[10] SPIOTTA, *Brevi riflessioni*.

[11] ABRIANI, ROSSI, *Nuova disciplina*, 395; CALVOSA, *Gestione dell'impresa*, 801.

[12] RORDORF, *Prime osservazioni*, 133. BENAZZO, *Il Codice*, 283, giunge a parlare di «consustanzialità tra l'organizzazione adeguata e l'impresa collettiva».

[13] La riduzione del ruolo del capitale sociale nella più recente legislazione d'impresa è attestato da plurimi indici che qui possono essere solo accennati: l'abbassamento del minimo di capitale sia nelle s.p.a sia, e soprattutto, nelle s.r.l.; la sterilizzazione dell'ammontare del capitale sociale ai fini dell'obbligo di controllo istituzionale nelle s.r.l. (cfr. art. 2477 c.c.); il progressivo allentamento della regola "ricapitalizza o liquida" (prima in relazione all'accesso al concordato preventivo e agli accordi di ristrutturazione, poi per le s.r.l. start-up, infine nella legislazione speciale connessa alla pandemia da covid).

[14] Icasticamente rappresentato dalla stessa evoluzione terminologica da «*fallimento*» a «*liquidazione giudiziale*».

[15] Trib. Milano, 3 dicembre 2019, in *ilcaso.it*.

giuridica e sociale in quanto tale. Ed è proprio per questa fisiologia che il rischio d'impresa, come sommatoria di tutte le varie tipologie di rischio, deve essere conosciuto, valutato e gestito durante l'attività.

3. – Il primo problema che il comma 2 pone è quello dell'individuazione del suo ambito di applicazione. La norma si riferisce all'imprenditore che operi in forma societaria o collettiva e, pertanto, è testuale la sua applicazione a tutte le forme di esercizio dell'impresa collettiva in forma diversa da quella societaria: associazioni, consorzi con attività esterna, GEIE di imprese, reti di imprese soggettivizzate[16].

Il dubbio riguarda, invece, le fondazioni che esercitano un'impresa giacché, per un verso, si tratta di imprese individuali; per altro verso, tuttavia, vedono come soggetto giuridico cui viene imputata l'attività una persona non fisica, ma giuridica. Al riguardo, credo che la formula di legge vada letta nel senso che nell'impresa collettiva vadano ricomprese *tutte le ipotesi diverse da quella dell'imprenditore individuale persona fisica* sia per simmetria con il comma 1 dell'art. 2086 c.c. (che evoca proprio la persona fisica), sia perché il comma 2 (come poi, sia pure parzialmente[17], viene chiarito dall'art. 377 che si riferisce agli «*Assetti organizzativi societari*») pare riferirsi a tutte le ipotesi ove vi è necessariamente una non coincidenza tra il soggetto cui l'attività viene imputata e quelli chiamati a gestirla nell'interesse del primo[18] (ovvero di coloro che al primo partecipano o della cui attività sono beneficiari)[19].

4. – Il nuovo comma 2 dell'art. 2086 c.c. riprende e articola il comma 2 dell'art. 3[20] che, infatti, rinvia alla norma qui in esame. Le differenze sono le seguenti:

[16] Sostanzialmente nello stesso senso v. DI CATALDO, ROSSI, *Nuove regole generali*, 750. Qualche dubbio l'avrei in materia di c.d. impresa coniugale che, come noto, è sì un'ipotesi di impresa collettiva non societaria [in quanto retta dalle regole sulla comunione legale fra coniugi: art. 177, comma 1, lett. *d*), c.c.]; proprio il particolare assetto disciplinare della c.d. impresa coniugale, però, fa sorgere il dubbio che essa, in materia, debba essere retta dalle regole dell'impresa individuale (e, dunque, dall'art. 3). Generalmente condivisa è l'opinione che la norma non si applica alle società che non esercitano un'impresa (p.e. società occasionale e società fra professionisti): CERRATO, *L'obbligo*, 1307; FORTUNATO, *Assetti organizzativi*, 749.

[17] Per tutte le forme di impresa collettiva non societaria (o meglio imprese non imputate a una persona fisica) manca, infatti, una disposizione che individui esattamente i soggetti alla predisposizione dell'adeguato assetto organizzativo; benché non sia difficile ricavare dall'art. 377 la regola per cui tale incombenza spetta, in ogni ente, all'organo con funzioni amministrative.

[18] A questi argomenti può aggiungersi quello desumibile dalla versione originaria della disposizione nella bozza del 22 dicembre 2017 (v. commento all'art. 3, § 1). In essa, infatti, vi era una tripartizione («*in forma individuale, societaria o in qualunque altra veste*») dalla quale si poteva agevolmente dedurre che nella categoria residuale rientrassero tutte le ipotesi di imprenditore diverse dalla persona fisica e dalle società. L'espunzione dell'impresa individuale dall'ambito di applicazione dell'art. 2086, comma 2, c.c. ha reso inutilizzabile la formula «*in qualunque altra veste*», ma rende plausibile attribuire al termine «*collettiva*» il significato attribuitogli nel testo.

[19] La soluzione è condivisa, tra gli altri, da FERRI JR., ROSSI, *La gestione*, 94 s.; CERRATO, *L'obbligo*, 1307; SPOLIDORO, *Note critiche* 262, che però rifiuta nettamente un'interpretazione unitaria dell'art. 2086 c.c. ritenendo (a 273) che tra i suoi due commi ci sia un «abisso». Diversamente BENAZZO, *Il Codice*, 285, reputa che anche il comma 1 dell'art. 2086 c.c. evochi un assetto organizzativo.

[20] Si ricorda inoltre che, mentre il nuovo art. 2086 c.c. è entrato in vigore già nel marzo 2019, l'art. 3, invece, è entrato in vigore solo il 15 luglio 2022.

a) nell'art. 3 si indica genericamente che l'assetto deve essere adeguato in relazione alle finalità indicate, nell'art. 2086 si specifica che esso deve essere adeguato alla natura e alle dimensioni dell'impresa;

b) nell'art. 3 il fine è indicato nella rilevazione tempestiva dello stato di crisi e nell'assunzione di idonee iniziative, nell'art. 2086 il fine è *anche* quello «*della rilevazione tempestiva della crisi dell'impresa e della perdita della continuità aziendale, nonché* … [del] *l'adozione e l'attuazione di uno degli strumenti previsti dall'ordinamento per il superamento della crisi e il recupero della continuità aziendale*».

Riguardo al punto a) la formula dell'art. 2086 è preferibile perché viene espressamente enunciato il *principio di proporzionalità*[21] declinandolo, come già nell'art. 2381 c.c., con riferimento alla natura e alle dimensioni dell'impresa. Essendo evidente che non può essere richiesto lo stesso assetto organizzativo, p.e., a una piccola o media impresa collettiva che svolga attività di commercio al dettaglio rispetto a una grande impresa industriale, sorprende semmai che la forma giuridica non venga in alcun modo indicata tra le variabili da considerare per la prognosi di adeguatezza; la stessa forma giuridica, che secondo il legislatore rappresenterebbe l'unico discrimine tra dovere di adottare misure idonee e quello di istituire un assetto organizzativo adeguato (cfr. commento all'art. 3), qui perde ogni rilevanza con la conseguenza che l'assetto organizzativo dovrebbe necessariamente essere eguale per due imprese che svolgano la stessa attività a parità di dimensioni benché l'una in forma di società in nome collettivo, l'altra di s.r.l. (o magari addirittura di s.p.a.).

Così, peraltro, non può essere perché è la legge stessa che, non solo in alcuni casi prevede variabili organizzative che in altre ipotesi non sono consentite (p.e., rimanendo all'esempio della frase precedente, in una s.n.c. o in una s.r.l. potremmo avere una pluralità di amministratori in via disgiuntiva; possibilità preclusa nella s.p.a. in virtù dell'inderogabilità del metodo collegiale), ma addirittura in certe fattispecie prevede obbligatoriamente una forma di organizzazione che in altre può mancare (si pensi all'obbligatorietà costante del collegio sindacale nelle s.p.a., solo ricorrendo certe condizioni nelle s.r.l., mai nelle s.n.c.). All'obiezione che quelli appena citati sono assetti organizzativi non dell'impresa ma della società, può replicarsi, per un verso, che si tratta di un'obiezione formalistica e contraria all'evoluzione della normativa centrata sempre più, in via generale, sulla concezione della società in generale come forma organizzativa dell'impresa; e, del resto, l'antecedente dell'art. 2086, comma 2, va rinvenuto, come s'è visto, nell'art. 2381, comma 5, c.c., cioè proprio in una disposizione che la collocazione etichetterebbe come societaria, ma che già la dottrina più avvertita (e la stessa lettera della norma) riferiva all'impresa. Per altro verso, rimanendo nell'alveo della distinzione tra impresa e società, che comunque la diversa articolazione dell'assetto organizzativo della società non può non riflettersi su quello dell'impresa dalla prima esercitata.

Reputo, quindi, in conclusione, che il principio di proporzionalità vada declinato in relazione a tutte le componenti del contesto, ivi compresa la forma giuridica dell'ente[22] e che il riferimento a natura e dimensioni vada inteso come meramente esemplificativo.

[21] Sul principio di proporzionalità v. ABRIANI, ROSSI, *Nuova disciplina*, 395, i quali ritengono che esso incida non solo sul *quomodo*, ma anche sull'*an* della loro predisposizione. Cfr. anche, per una visione critica, GUIDOTTI, *La governance*, 3.

[22] Così anche, se ben comprendo, FORTUNATO, *Assetti organizzativi*, 960.

D'altronde, la stessa genesi della disposizione – frutto di una copia dell'art. 2381, comma 5, c.c. – conferma questa conclusione: in quell'articolo, infatti, che si riferiva solo alle s.p.a., non aveva senso introdurre una diversificazione per forma giuridica.

Il punto b) appare maggiormente problematico. Anzitutto, perché la finalità non è come nell'art. 3 solo quella della rilevazione e prevenzione della crisi come è reso palese dall'avverbio «*anche*». Il che implica di individuare quali siano le altre finalità e se ciò si concili con la legge delega che, come ricordato, sanciva di provvedere a modificare il codice civile solo nella misura in cui ciò fosse necessario per la definizione della disciplina organica di attuazione dei principi e criteri direttivi della legge delega[23].

Il fine principale dell'adeguato assetto organizzativo può essere facilmente rinvenuto nella concretizzazione del principio di «*corretta amministrazione*»[24]. Dall'art. 2403 c.c. in tema di sindaci si evince, infatti, chiaramente che l'adeguatezza dell'assetto organizzativo, amministrativo e contabile (e il suo concreto funzionamento) è un di cui della corretta amministrazione. Ciò detto, potrebbe allora aprirsi il discorso su un eventuale eccesso di delega da parte del Governo che sarebbe andato al di là di quanto era stato espressamente incaricato intervenendo su profili estranei alla disciplina delle crisi. Ma si tratterebbe, a mio parere, di una falsa strada in quanto la prima e fondamentale misura di prevenzione della crisi (ed, eventualmente, di sua rilevazione tempestiva, condizione necessaria per intervenire prima del punto di non ritorno) è rappresentata proprio dalla corretta amministrazione. In questa prospettiva è corretto l'uso di «*anche*» giacché l'avverbio indica che l'adeguato assetto organizzativo non esaurisce i suoi effetti positivi nella patologia dell'impresa ma prima ancora è strumento necessario per rafforzarne l'andamento fisiologico[25].

Un secondo aspetto rilevante riguardo al punto b) concerne il fatto che la (nuova e ulteriore) finalità specifica nell'art. 2086, comma 2, c.c. è articolata in termini di rilevazione tempestiva non *solo* della crisi dell'impresa ma *anche* della perdita della continuità aziendale[26], nonché dell'adozione e attuazione di uno degli strumenti previsti dall'ordinamento per il superamento della crisi e il recupero della continuità aziendale.

In effetti, il riferimento sia alla crisi sia alla perdita della continuità aziendale sembra rappresentare una duplicazione[27]. D'altro canto, la parte finale della norma (l'adozione e

---

[23] In generale, da ultimo, sugli assetti organizzativi, DE SENSI, *Adeguati assetti organizzativi*, 311 ss.

[24] Correttamente natura e dimensioni dell'impresa indicano le modalità con cui l'adeguatezza deve essere valutata in concreto, ma non il fine cui rapportare in astratto la relazione di adeguatezza che va invece individuato nella "corretta amministrazione"; sul punto v. IRRERA, *Assetti organizzativi adeguati*, 84; IRRERA, *L'obbligo*, 16 ss.; MOZZARELLI, *Appunti in tema*, 736 ss. *Contra*, nel senso di un'identificazione tra adeguatezza e proporzionalità, v. SACCHI, *Sul così detto*, 1287. Singolarmente ASSONIME, *Le nuove regole*, 23, assume che la preesistente norma del codice civile fosse neutra sui fini.

[25] In quest'ottica, anche se ne è condivisibile l'assunto di base, sembra ingenerosa la critica formulata da DI CATALDO, ROSSI, *Nuove regole generali*, 752.

[26] Con riferimento all'avverbio anche (presente nell'art. 2086 c.c. ma non nell'art. 3), BENAZZO, *Il Codice*, 277, nota 4, condivisibilmente ritiene che la differenza sia spiegabile con la diversa collocazione delle due norme e la fisiologica maggior latitudine del codice civile.

[27] ASSONIME, *Le nuove regole*, 7, 15 ss., 35 e nota 96, distingue nettamente le due situazioni anche per quanto riguarda gli strumenti utilizzabili che sarebbero tutti quelli ammessi dall'ordinamento per il recupero della continuità aziendale (situazione c.d. meno grave) e solo quelli previsti dal Codice per il superamento della crisi (situazione più grave). Alla corretta obiezione di DI CATALDO, ROSSI, *Nuove regole generali*, 755 s., per

attuazione di uno degli strumenti previsti dall'ordinamento per il superamento della crisi e il recupero della continuità aziendale) va certamente al di là del generico fine dell'art. 3, comma 2, di far fronte alla situazione di crisi.

Le due finalità ulteriori dell'art. 2086, comma 2, c.c. vanno, a mio parere, lette insieme. Fine dell'adeguato assetto amministrativo non è semplicemente far fronte tempestivamente alla situazione di crisi (p.e. con la proposta di un concordato liquidatorio, seppur nei limiti in cui il Codice lo ammette, o con la richiesta di liquidazione giudiziale), ma qualcosa in più. Questo *quid pluris* è rappresentato, appunto, dalla continuità aziendale. L'assetto adeguato deve essere tale da intercettare, prima ancora dello stato di crisi[28], i segnali di incertezza sulla continuità aziendale[29] in modo da poter intervenire tempestivamente con le opportune azioni correttive. In questo senso si coglie il già accennato[30] rapporto tra adeguato assetto organizzativo e composizione negoziata che, come noto, ha tra i suoi presupposti oggettivi anche la mera probabilità della crisi.

D'altra parte, è chiaro che il dovere degli organi dell'impresa collettiva non è in sé quello di (tentare di) superare la crisi e recuperare la continuità aziendale; ma quello diverso, e che si colloca a monte, di istituire un assetto organizzativo idoneo a poter intervenire tempestivamente a tal fine.

Un terzo aspetto che merita di essere sottolineato è la circostanza che l'espressione «*anche*» potrebbe assumere nella norma in esame una valenza non solo di congiunzione ma anche, implicitamente, di avverbio avversativo (in funzione non solo di ..., ma anche di ...). In questa ottica, l'aggiunta della rilevazione tempestiva della crisi e perdita della continuità aziendale nonché dell'attivarsi per farvi fronte al precedente parametro della correttezza amministrativa potrebbe rappresentare un significativo cambiamento di politica legislativa: dalla mera tutela dell'interesse dei soci alla massima efficienza organizzativa per realizzare il programma lucrativo (ovvero il programma "bilanciato" se si tratta di società *benefit*)[31] alla

---

i quali non si vede perché una situazione di crisi non possa essere risolta con uno strumento di diritto comune (p.e. una ricapitalizzazione), la risposta di ASSONIME è che in caso di crisi ciò è ben possibile, ma solo all'interno di un piano sottostante a uno degli strumenti di regolazione della crisi previsti dal Codice. Ma, francamente, al di là di non pochi dubbi sull'effettiva differenza tra perdita (non volontaria) della continuità aziendale e crisi, non si comprende la ragione per cui in un'ipotesi del genere per attuare una ricapitalizzazione in sé sufficiente a superare la crisi l'impresa dovrebbe essere costretta a sopportare i costi economici e reputazionali di un concordato preventivo o di un accordo di ristrutturazione o di un piano di risanamento.

[28] Definito ora dall'art. 2, comma 1, lett. *a*), come «*lo stato del debitore che rende probabile l'insolvenza del debitore, e che si manifesta con l'inadeguatezza dei flussi di cassa prospettici a far fronte alle obbligazioni nei successivi dodici mesi*».

[29] Intesa non come situazione statica, normalmente rilevata in sede di bilancio, ma come evento dinamico desumibile dall'andamento della gestione. Sul punto v. FORTUNATO, *Codice della crisi*, 964; FORTUNATO, *Assetti organizzativi*, 757. Il "Principio di revisione internazionale (Isa Italia) n. 570 continuità aziendale" prevede nelle linee guida allegate una serie di eventi o circostanze che possono far sorgere dubbi significativi sulla capacità dell'impresa di continuare ad operare come un'entità in funzionamento e li distingue in: indicatori finanziar; indicatori gestionali; altri indicatori.

[30] Cfr. il commento all'art. 3.

[31] Come noto, ai sensi dell'art. 1, comma 376 ss., l. 28 dicembre 2015, n. 208, i soci possono decidere che la loro società persegua, oltre al fine di lucro o a quello mutualistico, anche una o più finalità di beneficio comune; in tal caso, gli amministratori sono obbligati a bilanciare gli interessi dei soci con il perseguimento delle finalità di beneficio comune e con gli interessi degli *stakeholders* (comma 380).

tutela anche dei terzi (e, in particolare dei creditori) in relazione alla sostenibilità nel tempo dell'impresa[32].

5. – Restano due profili relativi alla norma in esame, entrambi di importanza fondamentale: chi all'interno dell'impresa collettiva deve provvedere all'istituzione di un assetto organizzativo adeguato e cosa si debba intendere con quest'ultima espressione.

Alla prima domanda la risposta è data non dall'articolo qui analizzato, ma – sebbene soltanto per le società[33] – dal successivo art. 377, al cui commento quindi si rinvia.

Per la seconda si è già accennato che un assetto organizzativo adeguato consiste in un insieme di regole, procedure e uffici che integrino il precetto della c.d. corretta amministrazione[34]. Il dovere di predisporlo è ora espressamente sancito in tutti i tipi sociali[35] con una sorta di tipizzazione legale del dovere di diligenza[36]; inoltre, il dovere trova anche (o, meglio, ne viene esplicitata[37]) un'ulteriore finalizzazione specifica, a sua volta articolata: anzitutto, rilevare tempestivamente lo stato di crisi e la perdita della continuità aziendale; in secondo luogo, procedere con le opportune azioni correttive. Per entrambi questi fini ulteriori, l'art. 3, comma 3 prescrive gli *output* che gli assetti organizzativi devono essere in grado di generare.

Occorrerà, quindi, istituire un insieme di regole, procedure e uffici che, in linea generale, siano idonei a presidiare tutti i rischi tipici della specifica attività e, in particolare, siano in grado di consentire di intercettare senza ritardo[38] i segnali di discontinuità dell'impresa e, conseguentemente, a chi ne ha i poteri, di intervenire.

Si tratta, dunque, di una struttura di servizio[39] per gli organi o gli uffici volta a volta competenti per assumere le decisioni[40] affinché queste siano assistite da una solida base conoscitiva e possano essere prese e attuate tempestivamente.

---

[32] Sul punto v. le interessanti notazioni di GINEVRA, PRESCIANI, *Il dovere*, 1225 s.

[33] Cfr. *supra*, nota 17 e testo corrispondente.

[34] In materia v. per tutti: IRRERA, *Assetti organizzativi*; DE MARI, *Gli assetti organizzativi*; MERUZZI, *L'adeguatezza*.

[35] Prima del Codice il dovere era implicitamente previsto nell'art. 2381 c.c. per le s.p.a. là ove in caso di amministrazione pluripersonale con deleghe onera gli organi delegati di predisporre gli adeguati assetti organizzativi ed era normalmente desunto per gli altri tipi di sociali (in termini generali v. DE ANGELIS, *La responsabilità*, 2; in particolare per la s.r.l. v.: IRRERA, *Assetti organizzativi*, 306; CAGNASSO, *Gli assetti adeguati*; PEDERZINI, *La* governance, 44 s.; BARTOLACELLI, *Struttura e funzionamento*, 226; *contra* ZANARONE, *Della società*, 961) come compreso nel dovere di diligenza dei soggetti incaricati della gestione.

[36] Il che fa ritenere ingenerosa la critica di inutilità della norma formulata da SPOLIDORO, *Note critiche* 265 ss., e ritenere preferibile la diversa opinione di BENAZZO, *Il Codice*, 282.

[37] In letteratura era già presente l'avvertenza che l'assetto organizzativo per poter essere considerato adeguato dovesse essere in grado di intercettare tempestivamente i segnali di pericolo per la continuità aziendale. Il nesso era colto in modo particolarmente lucido da MAUGERI, *Note in tema*, 12 ss.

[38] In materia l'aspetto temporale ha una rilevanza centrale e può dirsi che l'assetto organizzativo, in particolare quello contabile, deve essere strutturato in modo tale da produrre risultati di sintesi anche in tempi estremamente rapidi quando si siano verificati campanelli di attenzione che rendono necessario un monitoraggio più frequente di quello che ordinariamente può ritenersi sufficiente.

[39] Che si colloca al di sotto del macro livello organizzativo statutario (p.e. scelta del sistema di amministrazione e controllo, ma anche specificazioni dell'oggetto sociale o impostazione della struttura finanziaria) che spetta ai soci.

[40] Sul punto v. il commento all'art. 377, § 2 in fine.

Se per i fini c.d. ulteriori l'art. 3, comma 3 indica quali risultati gli assetti adeguati devono essere idonei a fornire, una specificazione analoga manca per il fine generale della corretta amministrazione. Occorre allora cercare di concretizzare questo versante della norma e, in tale prospettiva, è essenziale rivolgersi agli aziendalisti.

Al riguardo deve, allora, ricordarsi che il CNDCEC, nelle Norme di comportamento del collegio sindacale di società non quotate (2021)[41], ha stabilito che «per assetto organizzativo si intende (i) il sistema di funzionigramma e di organigramma e, in particolare, il complesso delle direttive e delle procedure stabilite per garantire che il processo decisionale sia assegnato ed effettivamente esercitato ad un appropriato livello di competenza e di responsabilità; (ii) il complesso procedurale di controllo. Un assetto organizzativo è adeguato se presenta una struttura compatibile alle dimensioni delle società, nonché alla natura e alle modalità di perseguimento dell'interesse sociale, nonché alla rilevazione tempestiva degli indizi di crisi e di perdita della continuità aziendale e possa quindi consentire, agli amministratori preposti, una sollecita adozione delle misure più idonee alla sua rilevazione e alla sua composizione»[42].

E che «il sistema amministrativo-contabile può definirsi come l'insieme delle direttive, delle procedure e delle prassi operative dirette a garantire la completezza, la correttezza e la tempestività di una informativa societaria attendibile, in accordo con i principi contabili adottati dall'impresa. Un sistema amministrativo-contabile risulta adeguato se permette: – la completa, tempestiva e attendibile rilevazione contabile e rappresentazione dei fatti di gestione; – la produzione di informazioni valide e utili per le scelte di gestione e per la salvaguardia del patrimonio aziendale; la produzione di dati attendibili per la formazione del bilancio d'esercizio»[43].

Sempre nelle citate Norme, inoltre, viene menzionato anche il sistema di controllo interno, che non può non essere considerato parte essenziale dell'assetto organizzativo e che è definito come «l'insieme delle direttive, delle procedure e delle prassi operative adottate dall'impresa allo scopo di raggiungere, attraverso un adeguato processo di identificazione, misurazione, gestione e monitoraggio dei principali rischi, i seguenti obiettivi: – obiettivi strategici, volti ad assicurare la conformità delle scelte del management alle direttive ricevute e all'oggetto che la società si propone di conseguire, nonché a garantire la salvaguardia del patrimonio aziendale e a tutelare gli interessi degli *stakeholders*; – obiettivi operativi, volti a garantire l'efficacia e l'efficienza delle attività operative aziendali; – obiettivi di *reporting*, volti a garantire l'attendibilità e l'affidabilità dei dati; – obiettivi di conformità, volti ad assicurare la conformità delle attività aziendali alle leggi e ai regolamenti in vigore. Un sistema di controllo interno risulta adeguato se permette la chiara e precisa indicazione dei principali fattori di rischio aziendale e ne permette il costante monitoraggio e la corretta gestione»[44].

---

[41] *Norme di comportamento del collegio sindacale di società non quotate*, versione aggiornata alla data del 12 gennaio 2021, ove si legge che «il collegio sindacale, nello svolgimento della funzione riconosciutagli dalla legge, vigila che il sistema di controllo e gli assetti organizzativi adottati dalla società risultino adeguati a rilevare tempestivamente segnali di perdita della continuità aziendale» (cfr. norma 11.1 dei Principi); analogamente è formulata la Norma 11.2 per la rilevazione tempestiva della crisi dell'impresa.

[42] *Norme di comportamento*, norma 3.5.

[43] *Norme di comportamento*, norma 3.7.

[44] *Norme di comportamento*, norma 3.6.

Particolarmente utile risulta anche l'elaborazione di SIDREA, Società Italiana dei Docenti di Ragioneria e di Economia Aziendale, che nel 2021[45], premesso in generale che «per assetto organizzativo, amministrativo e contabile deve intendersi il sistema di disposizioni, procedure e prassi operative idonee a garantire che la gestione dell'impresa si sviluppi, nel rispetto delle condizioni di equilibrio del sistema aziendale, in funzione del raggiungimento degli obiettivi definiti dai responsabili della attività di *governance*, in conformità a quanto previsto da leggi, regolamenti e disposizioni statutarie»[46] ha così sintetizzato il contenuto degli assetti[47]:

«L'assetto organizzativo, considerato nella accezione più ampia del termine, attiene alle modalità di organizzazione del disegno imprenditoriale visto nel suo complesso ed include al suo interno: a) la configurazione della *corporate governance* aziendale e, quindi, la definizione delle modalità di articolazione e funzionamento degli organi di amministrazione e di controllo[48]; b) la configurazione delle variabili organizzative, intese come struttura organizzativa[49] e sistemi operativi[50].

L'assetto amministrativo include la parte dei sistemi operativi[51] che consentono di verificare le *performance* economico finanziarie dell'impresa. Può essere definito come il sistema di disposizioni, procedure e prassi operative adottate dall'impresa che consentono di verificare la sussistenza delle condizioni di equilibrio del sistema aziendale mediante il confronto sistematico fra gli obiettivi perseguiti e i risultati conseguiti.

L'assetto contabile può essere definito come il sistema di rilevazione dei fatti aziendali finalizzato alla rappresentazione veritiera e corretta della situazione patrimoniale, economica e finanziaria aziendale in coerenza con il *framework* normativo (fra cui i principi contabili applicabili) di riferimento[52]».

In definitiva, da entrambe le autorevoli fonti aziendalistiche, al di là di alcune differenze catalogatorie[53], emerge che un chiaro organigramma, procedure di monitoraggio

---

[45] SIDREA, *Le parole*, 2 s.

[46] E precisando che gli assetti amministrativi e contabili rappresentano sottosistemi della più ampia categoria degli assetti organizzativi (p. 7).

[47] Assai utili, in chiave operativa, sono inoltre gli approfondimenti sull'adeguatezza dei diversi assetti e, soprattutto, l'elencazione dei sintomi di inadeguatezza (p. 13 ss.).

[48] Parte regolata prevalentemente (ma non esclusivamente; si vedano, p.e., le procedure per le operazioni con parti correlate delle s.p.a. aperte che sono di competenza dell'organo amministrativo) in sede statutaria.

[49] Vale a dire la previsione di specifiche unità organizzative con l'indicazione dei rispettivi compiti e il disegno delle interconnessioni.

[50] Nell'ambito dei sistemi operativi particolare rilievo assumono quello di pianificazione, quello informativo e quello di controllo interno (nel caso delle imprese più strutturate da articolare nelle funzioni di *internal audit, risk management* e *compliance*).

[51] Con ciò dimostrando la difficoltà di individuare un *limes* tra le diverse tipologie di assetti nominati nella norma e il carattere generale di quelli organizzativi.

[52] Rappresentata non solo dalla contabilità generale ma anche, in relazione alla natura e alle dimensioni dell'impresa, da quella analitica.

[53] V., ad esempio, la sostanziale equivalenza tra sistema di controllo interno nelle Norme di comportamento del CNDCEC e nozione di assetto amministrativo nel documento SIDREA. Il fenomeno è da ascrivere alla forte correlazione tra le diverse subcategorie di assetti e alla conseguente problematica linea di demarcazione tra le diverse tipologie di assetti indicate nella legge.

e gestione dei rischi, un sistema di controllo interno, flussi informativi, attendibili procedure contabili rappresentano le basi di un adeguato assetto organizzativo, amministrativo e contabile nel quale vanno enfatizzate le componenti relative al monitoraggio sui segnali di perdita della continuità aziendale e di crisi dell'impresa[54]. In relazione al principio di proporzionalità queste basi andranno calibrate come modalità, p.e. prevedendo nelle imprese che superino una determinata soglia o che comunque operino in settori delicati che l'organigramma (e, naturalmente, poi la sua applicazione) sancisca la separazione tra funzioni decisorie, attuative, di pagamento, di contabilizzazione e di controllo.

[54] Sul punto v. anche BIANCHI, *Assetti adeguati*, 152; PANZANI, *L'obbligo*.

Articolo 376
Crisi dell'impresa e rapporti di lavoro

1. All'articolo 2119 del codice civile, il secondo comma è sostituito dal seguente: «Non costituisce giusta causa di risoluzione del contratto la liquidazione coatta amministrativa dell'impresa. Gli effetti della liquidazione giudiziale sui rapporti di lavoro sono regolati dal codice della crisi e dell'insolvenza.».

Antonio Leonardo Fraioli

Sommario: 1. La modifica all'art. 2119 c.c.: l'esigenza di giustificare il licenziamento.

1. – L'art. 376 aggiorna il testo dell'art. 2119 c.c., sostituendo il comma 2 di tale articolo che così recitava: «*Non costituisce giusta causa di risoluzione del contratto il fallimento dell'imprenditore o la liquidazione coatta amministrativa dell'azienda*». Ed invero, non esistendo più il termine «*fallimento*» a seguito dell'attuale riforma, il comma 2 dell'art. 2119 c.c., rubricato «*Recesso per giusta causa*», non può che fare riferimento solo alla liquidazione coatta amministrativa dell'impresa[1].

Il secondo periodo di tale disposizione stabilisce poi che gli effetti della liquidazione giudiziale sui rapporti di lavoro seguono la disciplina dettata dal Codice.

Quanto alla relazione tra la liquidazione giudiziale (prima fallimento) e la sorte dei rapporti di lavoro, questa non può quindi determinare, come diretta conseguenza, lo scioglimento del rapporto di lavoro[2]. Il rapporto rimarrà sospeso in attesa delle decisioni del curatore, il quale potrà scegliere di proseguirlo, così esercitando una legittima facoltà di subentro, ovvero di recedere da esso, ma sempre nel rispetto delle norme limitative dei licenziamenti individuali e collettivi[3].

---

[1] Si veda anche il commento *sub* artt. 189 e 190, essendo le disposizioni naturalmente legate l'una all'altra. In particolare, sulle problematiche legate al licenziamento, si veda l'art. 189.

[2] In dottrina si veda Alleva, *Fallimento e tutela*, 214; Alleva, *La sorte*, 674 ss.; Bipolin, *Gli effetti*, 13 ss.; Caiafa, *I rapporti*, 351; Comporti, *Gli effetti*.

[3] Questa l'interpretazione dottrinaria e giurisprudenziale dominante. In dottrina si veda Menghini, *I contratti*, 521 ss.; De Marinis, *Fallimento dell'impresa*, 329 ss. Sempre in dottrina si veda Magnani, *Crisi d'impresa*, 1377 ss.; Tullini, *Retrocessione al fallimento*, 418 ss.; Id., *Tutela del lavoro*, 217 ss.;

Ciò vuol dire che, non costituendo la liquidazione giudiziale una giusta causa di recesso, il curatore potrà recedere dal rapporto solo per giustificato motivo oggettivo e cioè per «*ragioni inerenti all'attività produttiva, all'organizzazione del lavoro e al regolare funzionamento di essa*» (art. 3, l. n. 604 del 1966), provando, come per le imprese *in bonis*, un giustificato motivo, non integrando di per sé la liquidazione giudiziale una impossibilità a mantenere in piedi i rapporti di lavoro [4].

Pertanto, così come accadeva per il fallimento, anche la liquidazione giudiziale non potrà essere in alcun modo sottratta ai vincoli propri dell'ordinamento lavoristico, posto che la necessità di tutelare gli interessi della procedura fallimentare non esclude l'obbligo del curatore di rispettare le norme generali previste per la risoluzione dei rapporti di lavoro. Ed invero, nel caso di liquidazione giudiziale, sussiste sempre l'interesse del prestatore di lavoro licenziato alla tutela reale o obbligatoria, sia per le utilità connesse al rapporto lavorativo – quali l'eventuale ripresa del lavoro e/o la ricezione degli indennizzi previsti dalla legge – sia per l'ammissione ai benefici previdenziali, quali l'indennità di cassa integrazione e quella di disoccupazione [5].

Si evidenzia altresì come, al comma 1 citato, il legislatore della riforma abbia sostituito al termine «*azienda*» quello di «*impresa*», termini che nel gergo comune posso anche essere coincidenti, ma che in realtà rivestono un significato assai deverso. Ed invero mentre con il termine *impresa* si vuole connotare l'attività economica, con la parola *azienda* ci si riferisce invece all'insieme dei beni (materiali, ma non solo) a disposizione dell'imprenditore [6]. Ai fini della disciplina del presente articolo, però, tale modifica non ha riflessi sostanziali.

Infine, si rileva come le modifiche "lavoristiche" introdotte dal Codice non incidano comunque sul riparto di competenza tra il giudice del lavoro e quello del fallimento, nei contenziosi introdotti dal lavoratore nei confronti del fallimento. Ed infatti il discrimine deve sempre essere individuato nelle rispettive speciali prerogative dei due diversi giudici, spettando al primo, quale giudice del rapporto, le controversie riguardanti lo "status" del lavoratore, in riferimento ai diritti di corretta instaurazione, vigenza e cessazione del rapporto, della sua qualificazione e qualità, volte ad ottenere pronunce di mero accertamento oppure costitutive, come quelle di annullamento del licenziamento e di reintegrazione nel posto di lavoro. Rientrano, invece, nella cognizione del giudice del fallimento, oggi liquidazione giudiziale, al fine di garantire la parità tra i creditori, le controversie relative all'accertamento ed alla qualificazione dei diritti di credito dipen-

GAROFALO, MARAZZA, *Insolvenza del datore*, 12 ss.; PESSI, *Profili giuslavoristici*, 33 ss.; CAIAFA, *I rapporti*, 351; DE ANGELIS, *Fallimento e rapporto*, 86. In giurisprudenza, *ex multis*, si può veda Cass., 30 maggio 2018, n. 13693; Cass., 23 marzo 2018, n. 7308; Cass., 11 gennaio 2018, n. 522; Cass., 14 maggio 2012, n. 7473.

[4] In tal senso, *ex multis,* si veda Cass., ord., n. 26671 del 2018.

[5] Cass., 13 dicembre 2021, n. 39699.

[6] L'art. 2555, comma 1, c.c. prevede che «*L'azienda è il complesso dei beni organizzati dall'imprenditore per l'esercizio dell'impresa*», ponendosi dunque questa in modo strumentale rispetto all'impresa, nel senso che I beni che compongono l'azienda verranno utilizzati in vista dell'attività di impresa che potrà essere, per esempio, commerciale, agricola, di offerta di servizi.

denti dal rapporto di lavoro in funzione della partecipazione al concorso e con effetti esclusivamente endoconcorsuali, ovvero destinate comunque ad incidere nella procedura concorsuale [7].

[7] Da ultimo si veda Cass., 22 agosto 2022, n. 25055, con la quale la Suprema Corte, in un procedimento *ex* l. n. 92 del 2012, avente ad oggetto il licenziamento intimato all'esito di una procedura di licenziamento collettivo, trattandosi nella circostanza di una domanda di condanna risarcitoria, spettante, in quanto tale, al giudice concorsuale, ha accolto il ricorso della società in regime di amministrazione straordinaria, cassando la sentenza della Corte del merito impugnata e ha deciso nel merito dichiarando improcedibile la domanda del lavoratore di condanna risarcitoria pronunciata nei confronti di quest'ultima.

Articolo 377

Assetti organizzativi societari

1. All'articolo 2257 del codice civile, il primo comma è sostituito dal seguente: «L'istituzione degli assetti di cui all'articolo 2086, secondo comma, spetta esclusivamente agli amministratori. Salvo diversa pattuizione, l'amministrazione della società spetta a ciascuno dei soci disgiuntamente dagli altri.».

2. All'articolo 2380-bis del codice civile, il primo comma è sostituito dal seguente: «La gestione dell'impresa si svolge nel rispetto della disposizione di cui all'articolo 2086, secondo comma, e spetta esclusivamente agli amministratori, i quali compiono le operazioni necessarie per l'attuazione dell'oggetto sociale. L'istituzione degli assetti di cui all'articolo 2086, secondo comma, spetta esclusivamente agli amministratori.».

3. All'articolo 2409-novies, primo comma, del codice civile, il primo periodo è sostituito dal seguente: «La gestione dell'impresa si svolge nel rispetto della disposizione di cui all'articolo 2086, secondo comma, e spetta esclusivamente al consiglio di gestione, il quale compie le operazioni necessarie per l'attuazione dell'oggetto sociale. L'istituzione degli assetti di cui all'articolo 2086, secondo comma, spetta esclusivamente al consiglio di gestione.».

4. All'articolo 2475 del codice civile, il primo comma è sostituito dal seguente: «L'istituzione degli assetti di cui all'articolo 2086, secondo comma, spetta esclusivamente agli amministratori. Salvo diversa disposizione dell'atto costitutivo, l'amministrazione della società è affidata a uno o più soci nominati con decisione dei soci presa ai sensi dell'articolo 2479.».

5. All'articolo 2475 del codice civile, dopo il quinto comma è aggiunto il seguente: «Si applica, in quanto compatibile, l'articolo 2381.».

Gaetano Presti

Sommario: 1. Il sospetto di illegittimità costituzionale. – 2. La limitazione dell'esclusiva dell'organo amministrativo alla sola predisposizione di un adeguato assetto organizzativo. – 3. Il riparto di poteri tra soci e amministratori. – 4. Istituzione degli assetti e responsabilità degli amministratori. – 5. L'ultimo comma.

1. – I quattro articoli del codice civile oggetto dell'art. 377 sono stati oggetto di una doppia modificazione: la prima, appunto, con il Codice, la seconda con il decreto correttivo del 2020 (d.lgs. n. 147 del 2020)[1].

[1] L'art. 377 ha sostituito i primi commi degli artt. 2257, 2380-*bis*, 2409-*novies* e 2475 c.c. e ha aggiunto

Nei suoi primi quattro commi l'art. 377 completava l'art. 2086 c.c.[2] modificando simmetricamente i primi commi degli artt. 2257, 2380-*bis*, 2409-*novies* e 2475 c.c. indicando chi, all'interno delle società lucrative (ma anche cooperative, stante il richiamo operato dall'art. 2519 c.c.), doveva provvedere a istituire l'adeguato assetto amministrativo[3]. Il comma 5, poi, dichiarava l'art. 2381 c.c. applicabile, in quanto compatibile, alle s.r.l.

L'intervento normativo, peraltro, letteralmente andava oltre il suddetto fine integrativo: presa come matrice la formula del precedente art. 2380-*bis* c.c. («*la gestione dell'impresa spetta esclusivamente agli amministratori, i quali compiono le operazioni necessarie per l'attuazione dell'oggetto sociale*»), veniva introdotto, tra le parole «*impresa*» e «*spetta*» l'inciso «*si svolge nel rispetto della disposizione di cui all'articolo 2086, secondo comma, e*» e poi questa nuova formulazione veniva collocata nei commi 1 degli artt. 2257 c.c. (società di persone)[4], 2380-*bis* c.c. (s.p.a. a sistema tradizionale e monistico), 2409-*novies* c.c. (s.p.a. a sistema dualistico, ove naturalmente il riferimento non è agli amministratori, ma al consiglio di gestione)[5] e 2475 (s.r.l.)[6]. In tutte le società, quindi, almeno apparentemente, il compito di *gestire l'impresa sociale* era attribuito in via esclusiva all'organo amministrativo.

In questi termini, l'innovazione in commento era certamente da censurare di illegittimità costituzionale per eccesso di delega; in nessuna parte della l. n. 155 del 2017, infatti, era riscontrabile l'assegnazione al Governo del compito di modificare la ripartizione dei poteri, proprie di ciascun tipo societario per assoggettarle tutte al c.d. modello managerialistico proprio delle s.p.a. La delega per la modifica alle norme del codice civile (art. 14, l. n. 155 del 2017), infatti, era limitata «*alle modifiche delle seguenti disposizioni del codice civile rese necessarie per la definizione della disciplina organica di attuazione dei principi e criteri direttivi di cui alla presente legge*» e in nessuna di queste – per gran parte con criteri di delega assai analitici – era previsto un intervento, verrebbe da dire rivoluzionario, di tal genere[7]. In particolare, per quanto riguarda ciò che qui interessa, il dovere di istituire as-

un ultimo comma (sesto) a quest'ultimo articolo. Successivamente l'art. 40, d.lgs. 26 ottobre 2020, n. 147, senza intervenire sull'art. 377, ha direttamente sostituito i primi commi degli artt. 2257 e 2475 c.c. e ha aggiunto un nuovo periodo alla fine dei primi commi degli artt. 2380-*bis* e 2409-*novies* c.c. nella loro versione ante Codice. Per ragioni di comodità del lettore si riporta sopra il testo in vigore risultante dalle due modificazioni citate. Va aggiunto che l'art. 6, d.lgs. 8 novembre 2021, n. 183 ha aggiunto un ulteriore periodo alla fine dell'art. 2475, comma 1 («*Si applica l'art. 2382*»).

[2] Il collegamento tra l'art. 377 e l'art. 375 (che ha introdotto il comma 2 dell'art. 2086 c.c.) è reso manifesto dall'assonanza delle rispettive rubriche: «*Assetti organizzativi dell'impresa*» e «*Assetti organizzativi societari*»; sul punto cfr. ABRIANI, ROSSI, *Nuova disciplina*, 394 s.

[3] Per le imprese collettive non societarie (o meglio le imprese non imputate a una persona fisica) v. il commento all'art. 375, nota 17.

[4] Nell'articolo era poi ripreso senza variazioni il precedente testo del comma («*salvo diversa pattuizione, l'amministrazione della società spetta a ciascuno dei soci disgiuntamente dagli altri*»).

[5] Veniva fatto salvo il secondo periodo del comma 1. Peraltro nel precedente primo periodo la norma, salva la sostituzione di «*amministratori*» con «*consiglio di gestione*», era identica all'art. 2380-*bis*.

[6] Nell'articolo era poi ripreso senza variazioni il precedente testo del comma («*Salvo diversa disposizione dell'atto costitutivo, l'amministrazione della società è affidata a uno o più soci nominati con decisione dei soci presa ai sensi dell'articolo 2479*»).

[7] Come ha efficacemente notato RORDORF, *Prime osservazioni*, 135, «appare meno facilmente condivisibile (e forse eccedente rispetto alle indicazioni della legge delega) l'intervento operato in termini generali sul model-

setti organizzativi adeguati era stabilito per l'imprenditore individuale e per gli organi sociali: il che legittimava a (anzi, imponeva di) intervenire per assegnare a questi il dovere organizzativo, ma nulla di più.

La parte prevalente della dottrina, tuttavia, riteneva possibile evitare l'illegittimità costituzionale, procedendo a un'interpretazione costituzionalmente conforme [8]. Il dibattito, che si proverà a riassumere nel successivo paragrafo, fu particolarmente intenso e tale, infine, da indurre il legislatore a intervenire (non sull'art. 377, ma direttamente sui quattro articoli del c.c. che erano stati modificati dal Codice) con il c.d. decreto correttivo (d.lgs. n. 147 del 2020) in modo da dissipare ogni dubbio al riguardo. Oggi, dunque, i primi quattro commi dei citati articoli del codice civile sono ancora letteralmente omogenei, ma solo perché in ciascuno di essi – all'inizio (artt. 2257 e 2475) o alla fine (2380-*bis* e 2409-*novies*) – è riportata l'identica frase «*L'istituzione degli assetti di cui all'articolo 2086, secondo comma, spetta esclusivamente agli amministratori*» [9]; per il resto gli articoli citati mantengono il dettato letterale precedente il Codice e la formula manageriale della spettanza esclusiva della gestione agli amministratori torna a essere esclusiva delle sole s.p.a.

Per comprendere se il decreto correttivo abbia solo inteso eliminare ogni dubbio sulla fondatezza di un'interpretazione costituzionalmente orientata ma anti-letterale oppure abbia effettivamente cambiato direzione [10] rispetto al tenore delle modifiche apportate al codice civile dall'art. 377, conserva utilità ricordare, seppur sinteticamente, il dibattito svoltosi prima del d.lgs. n. 147 del 2020.

2. – La dottrina si divise su diverse ipotesi ricostruttive, per lo più formulate con riferimento alle sole s.r.l. [11].

Un primo orientamento era a favore di un'interpretazione forte [12], di portata implici-

---

lo amministrativo delle società a responsabilità limitata e delle società di persone, nelle quali, al pari delle società per azioni, viene ora attribuita la gestione dell'impresa in via esclusiva agi amministratori con apparente eliminazione di ogni possibile ingerenza amministrativa dei soci. Una previsione, questa, che appare incoerente con alcune delle caratteristiche tipiche di quei tipi societari, in cui si è soliti riconoscere maggiore rilevanza al ruolo personale del socio, e che neppure trova adeguato riscontro nei criteri enunciati nella legge delega». Nello stesso senso v. FORTUNATO, *Codice della crisi*, 970; CALANDRA BUONAURA, *Amministratori e gestione*, 8.

[8] Per una visione conforme v., oltre all'Autore citato nella nota precedente: ATLANTE, MALTONI, RUOTOLO, *Il nuovo art. 2475*; ABRIANI, ROSSI, *Nuova disciplina*, 397 s.; RIOLFO, *Il nuovo codice*, 400, nota 9, e 402, nota 18, e 408; e STANGHELLINI, *Il codice*, 450, secondo il quale «l'unico modo per renderle compatibili è interpretarle in senso riduttivo, ritenendo che il legislatore, pur prevedendo che la 'gestione' delle società di persone o della s.r.l. spetta esclusivamente agli amministratori, ha in realtà voluto (solo) responsabilizzarli rispetto alla predisposizione di adeguati assetti amministrativi e alla pronta reazione ai segnali di crisi. L'incostituzionalità delle norme per eccesso di delega pare tuttavia ampiamente sostenibile».

[9] Ovviamente nell'art. 2409-*novies* il riferimento non è agli amministratori, ma al consiglio di gestione.

[10] Questa seconda opzione è sostenuta, p.e., da MIRONE, *Assetti organizzativi*, 185 ss.

[11] Al contrario, nell'interpretazione delle modifiche apportate dall'art. 377 bisognava, e bisogna, tener conto che esse si applicano anche alle società di persone (il punto era ben colto da SPOLIDORO, *Note critiche*, 272, FAUCEGLIA, *Il nuovo diritto*, 231 ss., GUIDOTTI, *La governance*, 3; FORTUNATO, *Codice della crisi*, 972; CALANDRA BUONAURA, *Amministratori e gestione*, 8) e che, pertanto, ogni soluzione interpretativa doveva passare anche questo ulteriore vaglio; in altri termini, se si assumeva che per la s.r.l. valesse inderogabilmente il modello managerialistico "simil s.p.a.", la stessa soluzione non avrebbe potuto non valere anche per le società di persone.

[12] DE ANGELIS, *L'influenza*, 3 (limitatamente alle s.r.l. con sistema di *governance* di stampo capitalistico;

tamente abrogativa di una serie di disposizioni in tema di s.r.l. [13] e di società di persone [14].

Un secondo propendeva per un'interpretazione estesa [15], volta ad applicare la nuova norma, ivi compreso il dovere di istituire un adeguato assetto organizzativo, a tutti i soggetti chiamati ad assumere decisioni gestorie, indipendentemente dal fatto che fossero o no amministratori.

Un terzo orientamento limitava la novità della norma al divieto di attribuire ai soci non amministratori il potere di dare diretta esecuzione a decisioni afferenti la gestione della società [16].

La maggioranza, infine, era a favore di un'interpretazione debole che tuttavia si scindeva a sua volta in diverse opinioni: a chi riteneva che la novità andasse intesa nel senso più ristretto e cioè che fosse attribuita in esclusiva agi amministratori solo la c.d. organizzazione della gestione [17], si contrapponeva chi reputava che l'innovazione dequalificasse le decisioni dei soci in materia di gestione a semplici autorizzazioni [18].

---

nello stesso senso v. anche DE ANGELIS, *La responsabilità*, 31, che però apprezza il *revirement*); CALVOSA, *Gestione dell'impresa*, 799 ss., che, peraltro, non si poneva il problema delle società di persone e "salvava" dall'abrogazione implicita le norme che espressamente conferiscono, o consentono di conferire, poteri gestori ai soci di s.r.l. In sostanza, concretamente, l'Autrice limitava (ma non è poco) l'abrogazione implicita all'art. 2479, comma 1, e all'art. 2468, comma 3, c.c. per le parti riferite al possibile intervento dei soci o del singolo socio nella gestione della s.r.l. V. anche AMBROSINI, *Assetti adeguati*, 441.

[13] Le norme coinvolte sarebbero state, in prima approssimazione, l'art. 2479, comma 1, c.c. secondo cui «*i soci decidono sulle materie riservate alla loro competenza dall'atto costitutivo, nonché sugli argomenti che uno o più amministratori o tanti soci che rappresentano almeno un terzo del capitale sociale sottopongono alla loro approvazione*», l'art. 2479, comma 5, c.c. che assegna ai soci la competenza a decidere sul compimento di operazioni che comportano una sostanziale modificazione dell'oggetto sociale o una rilevante modificazione di diritti dei soci e l'art. 2468, comma 3, c.c. in base al quale «*resta salva la possibilità che l'atto costitutivo preveda l'attribuzione a singoli soci di particolari diritti riguardanti l'amministrazione della società*».

[14] Si pensi solo all'art. 2257, comma 2, c.c. che nel sistema dispositivo di amministrazione disgiuntiva assegna a tutti i soci, anche non amministratori, di decidere sul dissidio sorto tra soci amministratori. Ma, in realtà, sarebbe stato tutto il sistema delle società di persone a essere messo in discussione da questa opinione giacché la relativa *governance* è intimamente collegata alla responsabilità personale e illimitata dei soci per le obbligazioni sociali.

[15] BUSANI, *La riforma*; FAUCEGLIA, *Il nuovo diritto*, 237, entrambi solo con riguardo espresso alle s.r.l.

[16] In questo senso v. la Massima 183 Consiglio Notarile di Milano (peraltro, notando che tale «precetto era forse già contenuto nel sistema»), preceduta da NOTARI, *Soci e amministratori*. Nello stesso senso v. anche CAMPOBASSO, *La società*, 25.

[17] Per tutti v. CAGNASSO, *Profili organizzativi*, 849 ss.; MONTALENTI, *Gestione dell'impresa*, 439 s.; ATLANTE, MALTONI, RUOTOLO, *Il nuovo art. 2475 c.c.* (che distinguevano il profilo dell'organizzazione da quello dell'operatività); SPOLIDORO, *Note critiche*, 271 (che peraltro contestava correttezza e opportunità della distinzione tra organizzazione e operatività e sosteneva che fosse sufficiente identificare l'organo amministrativo come responsabile necessario dell'organizzazione e titolare al riguardo di una posizione di garanzia); BENAZZO, *Categorie di quote*, 302 s.; ASSONIME, *Le nuove regole*, 88 ss.; ABRIANI, ROSSI, *Nuova disciplina*, 400; DAMASCELLI, TASSINARI, *Crisi d'impresa*; RIOLFO, *Il nuovo codice*, 408 (che distingueva tra «gestione organizzativa» e «gestione operativa» ma, avvertiva, «con evidente forzatura del dettato normativo»). V. anche GUIDOTTI, *La governance*, 3, il quale giustamente rilevava che il problema che il legislatore era chiamato a risolvere non era quello della gestione dell'impresa nel suo complesso, ma quello diverso dell'individuazione dell'organo responsabile della creazione degli assetti organizzativi adeguati.

[18] Così DI CATALDO, ROSSI, *Nuove regole generali*, 760; *contra* RESCIO, *Brevi note*. La soluzione è adombrata anche da ABRIANI, ROSSI, *Nuova disciplina*, 400 che però la contrastano.

A mio parere, la soluzione corretta era quella più drastica che limitava l'esclusiva degli amministratori al solo dovere organizzativo, cioè all'istituzione degli adeguati assetti organizzativi.

A spingere in questa direzione era anzitutto il dato sistematico: non solo nella legge delega mancava ogni appiglio per sostenere la tesi forte (tanto da rendere l'art. 377, se così interpretato, costituzionalmente illegittimo per eccesso di delega), ma nessuno mai in tutto il corso dei lavori aveva discusso dell'opportunità di modificare così radicalmente l'ordinamento societario abrogando implicitamente una cospicua serie di disposizioni in materia non solo di s.r.l.[19] ma anche di società di persone sostanzialmente aggregando tutta la disciplina del "potere" nelle società sulla falsariga del modello della s.p.a.[20].

Anche a livello testuale, inoltre, non mancavano argomenti. Nei quattro commi originari dell'art. 377 si assegnava in esclusiva agli amministratori la «*gestione dell'impresa*». Chi ha letto il commento all'art. 375 in questo commentario, tuttavia, ricorderà che questa espressione è proprio quella ora adottata come nuova rubrica dell'art. 2086 c.c. e ricorderà altresì che tale scelta è stata criticata in quanto l'art. 2086 non si occupa propriamente di gestione dell'impresa, ma di assetti organizzativi dell'impresa (come recita la rubrica dell'art. 375).

Tuttavia, con un approccio marcatamente stipulativo, che in altra occasione mi ha spinto ad accostare il nostro legislatore a Humpty Dumpty[21], deve prendersi atto della scelta linguistica del legislatore: nel suo linguaggio «*gestione dell'impresa*» significava ciò che è stabilito dall'art. 2086 c.c. (e prima ancora dall'art. 375) e, quindi, per quanto qui interessa, il dovere di istituire un assetto organizzativo, amministrativo e contabile adeguato alla natura e alle dimensioni dell'impresa[22]. Allora, se così è, anche nell'art. 377 (che, come si è visto, è

---

[19] Si è già ricordato che spesso la discussione in materia è stata svolta avendo come schema di riferimento solo quello delle s.r.l. e interrogandosi, vuoi in termini di opportunità vuoi in termini di interpretazione del nuovo art. 2475, comma 1, c.c., sull'avvicinamento tra la disciplina delle s.r.l. e quella delle s.p.a. (cfr. DI CATALDO, ROSSI, *Nuove regole generali*, 749). L'avvicinamento è indubbio (e basti pensare, oltre che all'ufficializzazione della sopravvivenza dell'azione di responsabilità dei creditori *ex* art. 378, comma 1, all'indiscriminata restaurazione dell'art. 2409 c.c. e al notevole aumento dei casi di obbligo di un organo di controllo o di un revisore: sui quali v. il commento all'art. 379) e in certi casi potrebbe essere anche ulteriormente auspicabile (il riferimento è alle c.d. s.r.l. aperte su cui v., per tutti, CAGNASSO, *Profili organizzativi*, 59 ss.; CIAN, *S.r.l. PMI*, 818 ss.; BENAZZO, *Categorie di quote*, 1440 ss.). Tuttavia, la gran parte delle s.r.l. conserva la struttura codicistica e l'art. 377, come ricordato, coinvolge anche le società di persone.

[20] Giustamente BENAZZO, *Categorie di quote*, 280, nota che «a essere messa pericolosamente in gioco sarebbe la classificazione e la distinzione dei tipi sociali».

[21] Cfr. PRESTI, *Il legislatore*, 676. Come è noto, in *Attraverso lo specchio e quel che Alice vi trovò*, il personaggio di Humpty Dumpty afferma «in tono alquanto sprezzante» che «quando io uso una parola questa significa esattamente quello che decido io … né più né meno». Alla replica di Alice sul potere di dare significati diversi alle parole, Humpyty Dumpty risponde «bisogna vedere chi è che comanda … è tutto qua». Nel nostro caso comanda il legislatore.

[22] Giustamente ABRIANI, ROSSI, *Nuova disciplina*, 400 rilevano «che – in termini astratti e senza dover scomodare l'Accademia della Crusca – nel concetto di "gestione dell'impresa" è sussumibile anche (e forse soprattutto) la concreta operatività dell'impresa» ma, subito dopo, con un ragionamento analogo a quello qui svolto, aggiungono che «una lettura coordinata delle nuove disposizioni e della legge delega sembra indirizzare verso un'interpretazione volta a riferire la "esclusiva competenza" degli amministratori, in tutti i tipi societari, soltanto ai doveri introdotti dal richiamato nuovo secondo comma dell'art. 2086 c.c. riguardanti l'adeguatezza degli assetti». In senso analogo v. anche BENAZZO, *Categorie di quote*, 303.

strettamente legato all'art. 375 e all'art. 2086 c.c. tanto da citarlo espressamente) l'espressione «*gestione dell'impresa*» doveva avere lo stesso significato: riferito non alle decisioni operative, ma alla predisposizione di un assetto organizzativo adeguato [23].

Un ulteriore argomento in questo senso poteva poi essere tratto dalla disciplina delle società a partecipazione pubblica [24]. Come è noto, per le società *in house* (art. 16, comma 2, lett. *a*) e per le società a partecipazione mista (art. 17, comma 4, lett. *a*) il testo unico prevede che «*gli statuti delle società per azioni possono contenere clausole in deroga delle disposizioni dell'articolo 2380*-bis *e dell'articolo 2409*-novies *del codice civile*» per consentire, rispettivamente, il c.d. controllo analogo e il controllo interno del socio pubblico sulla gestione dell'impresa. Ciò non era invece previsto per le s.r.l. (l'unica altra forma societaria ammessa per la partecipazione pubblica) perché evidentemente non ce n'era bisogno. Ma proprio il fatto che in sede di redazione del Codice non si fosse sentito il bisogno di estendere la deroga anche alle s.r.l. [25] convince che l'art. 377 non imponesse il modello manageriale alle s.r.l. Altrimenti, si sarebbe stati costretti a giungere alla conclusione, quanto meno sconcertante, che, nell'ambito delle partecipate pubbliche, esso era derogabile per le s.p.a. ma non per le s.r.l.

In definitiva, dunque, già prima del decreto correttivo, la predisposizione di un adeguato assetto organizzativo era, in tutti i tipi sociali, una competenza inderogabile dell'organo amministrativo; ma non toccava la diversa materia della gestione [26] in senso proprio per cui continuavano a valere le precedenti norme delle s.r.l. e delle società di persone con conseguente ampio spazio lasciato, o che l'atto costitutivo può lasciare, alle decisioni dei soci; ovvero le norme della s.p.a. ove, sulla base dell'art. 2364, comma 1, n. 5 c.c., l'esclusiva competenza degli amministratori si estende «dal piano dell'organizzazione della gestione al piano delle decisioni inerenti alle operazioni gestorie» [27].

3. – Quanto appena esposto non significava affatto, e non significa oggi dopo il decreto correttivo, che le innovazioni superstiti (vale a dire l'inserimento in tutti i tipi sociali della frase «*l'istituzione degli assetti di cui all'articolo 2086, secondo comma, spetta esclusivamente agli amministratori*») siano prive di aspetti problematici né di conseguenze sul riparto di poteri, soprattutto all'interno dei tipi sociali diversi dalla s.p.a.

Assegnare inderogabilmente agli amministratori il compito di predisporre un adeguato

[23] In senso ancor più restrittivo v. CALANDRA BUONAURA, *Amministratori e gestione*, 9.

[24] Devo lo spunto per questo argomento a un'interessante conversazione telefonica con Paolo Valensise, curatore di questo volume, al quale volentieri riconosco la paternità dell'intuizione.

[25] Ma si sia invece mantenuta, per le società miste, la possibilità di prevedere l'attribuzione sia agli enti pubblici sia ai soci privati di particolari diritti ai sensi dell'art. 2468, comma 3, c.c. nonché, e soprattutto, di derogare all'art. 2479, comma 1, c.c. per «*eliminare o limitare la competenza dei soci*» (art. art. 17, comma 4, lett. *b*).

[26] Efficacemente ABRIANI, ROSSI, *Nuova disciplina*, 401, distinguono la predisposizione dei «binari» adeguati rispetto ai mezzi destinati alla circolazione sugli stessi dalle decisioni inerenti al contenuto dei "vagoni" che su di essi circolano. RESCIO, *Brevi note* (come SPOLIDORO, *Note critiche*, 271), evidenzia per un verso che non sempre è agevole distinguere in concreto cosa appartiene rispettivamente alla gestione organizzativa e a quella operativa; per altro verso, che anche in materia di organizzazione dell'impresa possono rinvenirsi competenze dei soci (ma su questo punto v. *infra*, nota 36 e testo corrispondente).

[27] ABRIANI, ROSSI, *Nuova disciplina*, 402.

assetto organizzativo, in effetti, implica certamente un rafforzamento della loro posizione di potere rispetto a quella dei soci. L'assetto, infatti, deve essere concretamente adeguato in relazione alla natura e alle dimensioni dell'attività esercitata; il che implica una relazione biunivoca tra organizzazione e operatività: da un lato, gli amministratori devono predisporre un'organizzazione in concreto adeguata sulla base dell'attuale operatività della società; dall'altro i soci devono mantenere le loro decisioni gestorie (nelle società ove ciò è consentito) nell'ambito di quanto è compatibile con l'assetto organizzativo esistente (o contestualmente implementabile). Arbitri di questo secondo profilo non possono che essere gli amministratori che, essendo i soggetti preposti per legge all'esecuzione degli atti da chiunque decisi[28], dovranno rifiutarsi di effettuare quelle operazioni che, pur decise dai soci, non sono coerenti con l'assetto organizzativo della società (e per le quali essi non sono in grado, con le risorse disponibili, di aggiornarle tempestivamente)[29]; per riprendere la metafora ferroviaria[30], gli amministratori devono rifiutarsi di far circolare sui binari da loro predisposti vagoni inadatti o eccessivamente caricati dai soci[31].

In prima battuta, insomma, il giudizio di adeguatezza – che implica la valutazione complessiva delle due entità in gioco: l'organizzazione e la natura e dimensione dell'attività – spetta agli amministratori. Ciò rafforza la loro posizione di potere rispetto ai soci; ma nel contempo li responsabilizza ulteriormente: sia nei confronti dei soci[32], sia – in caso di crisi – nei confronti dei creditori.

Il senso dell'assegnazione in esclusiva del compito organizzativo agli amministratori sembra, in definitiva, proprio questo: la loro responsabilizzazione[33]. Ed è un effetto che,

---

[28] V. *supra*, nota 16 nonché RESCIO, *Brevi note*.

[29] In questo senso, riterrei che – a differenza di quanto sostenuto da MONTALENTI, *Assetti organizzativi*, 706 ss., da cui è tratto il virgolettato seguente – tutte le scelte concrete di organizzazione sono direttamente «connesse e biunivocamente collegate» con le decisioni operative.

[30] V. *supra*, nota 26.

[31] Quanto osservato nel testo potrebbe sembrare analogo alla tesi di chi, riguardo alle s.r.l., ritiene che le decisioni siano dall'art. 377. degradate a «pareri o autorizzazioni, senza quindi vincolare gli amministratori» (DI CATALDO, ROSSI, *Nuove regole generali*, 759 s.). Ma si tratta di un'impressione non corretta giacché un conto è che agli amministratori spetti una discrezionalità totale (come accade in caso di mero parere o di concessione di un'autorizzazione), altro conto è che essi abbiano il dovere di sottoporre la decisione dei soci al test di conformità con l'assetto organizzativo cui consegue, in caso di esito negativo, (non il potere ma) il dovere di non eseguire l'operazione a causa dell'inadeguatezza dell'assetto organizzativo (sul punto v. MAUGERI, *Note in tema*, 16 s.).

[32] Oltre, naturalmente, la possibilità dei soci di revocare per giusta causa l'amministratore inadempiente all'obbligo organizzativo anche in assenza di danno. L'inadempimento del dovere organizzativo è inoltre qualificabile grave irregolarità suscettibile di denunzia *ex* art. 2409 c.c. in quanto va a incidere su uno dei pilastri fondamentali della disciplina delle imprese collettive ed è, per definizione, idoneo ad arrecare un danno alla società (cfr. BENAZZO, *Categorie di quote*, 298 s.; in giurisprudenza v. Trib. Milano, 18 aprile 2019, in *Giur. it.*, 2020, 363 con nota di Cagnasso (e con la data del 21 ottobre 2019 in *Le Società* 2020, 988 con nota di Capelli) e Trib. Roma, 15 settembre 2020, in *Giur. comm.*, 2021, II, 1358 con nota di Fortunato) e, con indicazioni operative, Trib. Cagliari, 19 gennaio 2022, in *netplusdiritto.ilsole24ore.com*.

[33] Argutamente SPOLIDORO, *Note critiche*, 269, pone il dubbio che sul punto «la riforma non sia affatto diretta al miglioramento delle condizioni in cui operano le imprese, ma all'agevolazione dell'amministrazione burocratica della giustizia, nella misura in cui consente di identificare alcuni "responsabili necessari". Sul punto v., in termini generali, le efficaci parole, di BUONOCORE, *Adeguatezza, precauzione,* 34. V. anche FORTUNATO, *Codice della crisi*, 973; CAVALIERE, *Le modificazioni*, 2048.

d'accordo o meno che si sia con la politica del diritto sottesa a tale scelta (comunque spettante al legislatore), è coerentemente perseguito nell'intero Codice con riguardo sia alle società in generale (si pensi alla legittimazione esclusiva degli amministratori ad avviare il percorso della composizione negoziata ovvero uno di quelli previsti nell'art. 120-*bis*[34]), sia alle società di capitali (si pensi al nuovo comma 3 dell'art. 2486 c.c.), sia alle s.r.l. (si pensi alla reintroduzione espressa dell'azione di responsabilità dei creditori e dell'art. 2409 c.c.).

Da tale conclusione, peraltro, non consegue che i soci siano completamente estromessi da ogni scelta organizzativa. Anzitutto, gli assetti organizzativi cui allude l'art. 2086, comma 2, c.c. si collocano al di sotto del macro livello organizzativo statutario (p.e. scelta del sistema di amministrazione e controllo e sua articolazione, ma anche specificazioni dell'oggetto sociale o impostazione della struttura finanziaria[35]) che spetta ai soci[36]; ai quali, inoltre, compete sempre (almeno nelle società di capitali) la possibilità – con o senza giusta causa – di revocare gli amministratori del cui operato, anche in materia organizzativa, non siano soddisfatti.

La riserva in favore degli amministratori, in definitiva, si colloca in un ambito intermedio tra le scelte statutarie che spettano ai soci e quelle operative che, salvo il caso delle s.p.a. ove vige il criterio manageriale della spettanza esclusiva agli amministratori, possono essere liberamente distribuite tra soci e amministratori. Ne emerge, dunque la difficoltà di descrivere esattamente il perimetro di ciò che inderogabilmente spetta agli amministratori in ogni tipo di società[37]; al riguardo, poi, deve tenersi conto dalla circostanza che il sostantivo utilizzato riguardo agli assetti organizzativi, vale a dire «*l'istituzione*», non significa necessariamente che a loro spetti in esclusiva la competenza deliberativa al riguardo; in effetti, la norma pare disinteressarsi alla competenza deliberativa per evidenziare invece che, qualunque essa sia, l'istituzione in concreto[38] di adeguati assetti organizzativi proporzionati all'operatività concreta della società spetta agli amministratori: essi, cioè, ne sono comunque responsabili.

Con specifico riguardo alla s.r.l. si potrebbe allora inquadrare il tema nella distinzione tra poteri di decisione e dovere di gestione[39]: comunque siano allocati i primi, il dovere di gestione spetta agli amministratori; e in questo ambito rientra l'istituzione degli assetti organizzativi che della corretta amministrazione rappresentano la base fondamentale.

Un tale inquadramento appare persuasivo perché, anzitutto, consente comunque ai soci di esprimere la loro *voice* e, in secondo luogo, è coerente con il fine della responsabiliz-

[34] Letteralmente riferito a ogni strumento di regolazione della crisi e dell'insolvenza ma che probabilmente va limitato ai soli quadri di ristrutturazione preventiva.

[35] Sul punto v. le perspicaci osservazioni di MAUGERI, *Note in tema*, 14 ss. Nulla esclude che, a livello statutario, si dettino regole organizzative ulteriori su come l'impresa sociale va gestita.

[36] Cfr. il commento all'art. 375, nota 39 e testo corrispondente. BENEDETTI, *L'applicabilità*, 418 parla di «organizzazione interna della società intesa come la "struttura aziendale" sottostante al livello superiore dell'organizzazione dell'ente, costituito dagli organi di *governance*». Sul punto v. anche LIBERTINI, *Principio di adeguatezza*, 11.

[37] In effetti, la distinzione tra decisioni organizzative e decisioni gestorie è assai problematica e, probabilmente, addirittura impossibile; sul punto v. per tutti, CAMPOBASSO, *La società*, 25; DI CATALDO, *Dimensioni minime*, 573.

[38] Ovvero, come si esprime MIRONE, *Assetti organizzativi*, 195, «la fase dell'effettiva predisposizione».

[39] RESCIO, *Brevi note*.

zazione degli amministratori che, quindi, saranno responsabili pure se si limitano ad accettare passivamente scelte organizzative dei soci quand'anche esse si collochino a livello statutario [40] e, quindi, certamente oltre la sfera deliberativa degli amministratori [41]. La *ratio* di questa responsabilizzazione degli amministratori dovrebbe allora essere rinvenuta, come giù si è accennato [42], nella tutela di interessi esterni rispetto a quelli dei soci, come tipicamente quello del mantenimento nel tempo della solvibilità della società.

4. – Ci si potrà chiedere infine se, in materia di organizzazione, si applichi agli amministratori il *safe harbor* della *business judgment rule*. Il tema può appassionare [43], ma corre il rischio di avvitarsi in una discussione meramente nominalistica. In ogni caso, infatti, il sindacato *ex post* sulle scelte organizzative compiute dagli amministratori riguarda la diligenza e la ragionevolezza con cui *ex ante* è stato disegnato l'assetto organizzativo in modo proporzionato alla natura e alle dimensioni dell'impresa e, quindi, si sostanzia nella verifica che la scelta sia stata opportunamente istruita e ragionevolmente assunta, senza conflitti di interessi, sulla base delle informazioni disponibili [44].

È vero che quello di predisporre un adeguato assetto organizzativo è un obbligo specifico, ma a contenuto generico [45] ed è altresì vero che anche l'organizzazione riguarda la ge-

[40] Nello stesso senso v. FORTUNATO, *Codice della crisi*, 963, nota 24.

[41] P.e. il soggetto nominato amministratore unico di una società di rilevanti dimensioni non potrà esonerarsi da responsabilità adducendo l'inadeguatezza dell'organo monocratico per quella società, peraltro imposta dal suo statuto e quindi da lui non modificabile. Poiché la configurazione dell'organo amministrativo rientra nel complessivo assetto organizzativo il nostro A.U., non appena si renda conto dell'inadeguatezza della previsione statutaria, deve sollecitare i soci a procedere a una sua modifica o, altrimenti, rinunziare all'incarico. In termini più generali, gli amministratori devono verificare che le scelte organizzative dei soci, anche quelle di loro esclusiva spettanza (come la composizione quali-quantitativa dell'organo amministrativo), siano coerenti con l'obbligo di adeguati assetti organizzativi.

[42] V. commento all'art. 375, § 4.

[43] A favore, *ex multis*, ABRIANI, ROSSI, *Nuova disciplina*, 396; MAUGERI, *Note in tema*, 12; PANZANI *L'obbligo*; BARTALENA, *Assetti organizzativi*, 1351; MASTURZI, *La rilevanza*, 1876; BENEDETTI *L'applicabilità*, (ove ulteriori citazioni in entrambi i sensi); Trib. Roma, 8 aprile 2020, in *Banca, borsa, tit. cred.*, 2021, II, 284 con nota di BENEDETTI *L'applicabilità*, e in *Le Società*, 2020, 1339, con nota di BARTALENA; Trib. Roma, 15 settembre 2020, cit. *Contra* MONTALENTI, *Gestione dell'impresa*, 440; MONTALENTI, *Assetti organizzativi*, 701 ss.; AMATUCCI, *Adeguatezza degli assetti*, 664 ss.; MOZZARELLI, 740; SACCHI, *La responsabilità gestionale*, 309; SACCHI, *Sul così detto*, 1288 (ma di SACCHI v. anche *Amministrazione e controllo*, 565, ove viene evocato il pericolo che l'inapplicabilità della *business judgment rule* metta «seriamente a rischio il valore della libertà di impresa»); CERRATO, *L'obbligo*, 1329; IRRERA, *Adeguatezza degli assetti*, 91.

[44] CALANDRA BUONAURA, *Amministratori e gestione*, 300 ss., il quale (a 303) conclude che «l'adeguatezza non riguarderebbe gli assetti organizzativi in quanto tali, ma il procedimento seguito per la loro adozione, permanendo il divieto di sindacare nel merito le scelte effettuate dall'organo amministrativo». Sul punto v. anche DI CATALDO, ARCIDIACONO, *Decisioni organizzative*, 89; RABITTI, *Responsabilità da deficit*, 958 s.

[45] Cfr. MERUZZI, *L'adeguatezza*, 44; CALANDRA BUONAURA, *Amministratori e gestione*, 294 (che usa l'espressione «contenuto indeterminato»); IRRERA, *Assetti organizzativi*, 82 (che usa l'espressione «contenuto aperto»); ASSONIME, *Le nuove regole*, 22; FORTUNATO, *Codice della crisi*, 962, nota 23. CALANDRA BUONAURA, *Amministratori e gestione*, 12, distingue tra assetti a risultato vincolato e no; benché la distinzione sia stata formulata prima, essa ben si presta a distinguere tra assetti funzionali a rilevare tempestivamente la crisi dell'impresa e della perdita della continuità aziendale nonché ad attivarsi senza indugio per porvi rimedio (il cui risultato deve essere conforme a quanto oggi prescritto dall'art. 3, comma 3) e altri assetti.

stione dell'impresa sociale. Ed è ancora vero che le scelte in materia di organizzazione sono rivolte al futuro, in uno scenario di incertezza e, quindi, di rischio e inoltre che gli amministratori sono fisiologicamente di fronte al dilemma se investire le risorse disponibili in nuove operazioni o in un'organizzazione più robusta. Sono tutti elementi che potrebbero far propendere per l'applicazione della *business judgment rule*[46].

D'altronde, non si può scordare che l'adeguato assetto organizzativo si colloca a monte dell'assunzione delle decisioni schiettamente gestorie proprio per assicurarne la corretta base informativa e che il legislatore non prescrive l'adozione di un determinato assetto organizzativo o di quello migliore ipotizzabile allo stato dell'arte, ma solo di un assetto che – fra i diversi in astratto possibili – superi il giudizio di adeguatezza[47]. Tutto ciò induce a ritenere che insindacabile sia la scelta in concreto adottata dall'organo amministrativo fra più sistemi *ex ante* valutabili come adeguati, ma che sia invece sindacabile, sia pur con le cautele sopra ricordate per evitare di applicare il senno di poi (più elegantemente l'*hindsight bias*), sia l'opzione negativa sia quella positiva per un assetto che già *ex ante* doveva ritenersi non adeguato per l'impresa. In altri termini, la *business judgment rule* si applica solo dopo avere accertato l'adeguatezza, anche marginale, dell'assetto organizzativo concretamente predisposto[48].

5. – L'art. 377 si chiude aggiungendo all'art. 2475 c.c. un comma 6 del seguente tenore: «*si applica, in quanto compatibile, l'articolo 2381*».

L'interesse della norma non consiste tanto nella già scontata possibilità di delegare funzioni nell'ambito del consiglio d'amministrazione di una s.r.l.[49] e ai conseguenti flussi informativi e neppure nel disegno del ruolo del presidente quanto in altri profili.

Anzitutto, l'applicazione dell'art. 2381 c.c. alle s.r.l., peraltro già in buona parte anticipato dalla giurisprudenza teorica e pratica, indica con chiarezza che all'inderogabilità dell'assegnazione della mansione organizzativa agli amministratori non corrisponde la sua indelegabilità[50]. Il problema, semmai, è un altro: e cioè se, in presenza di organi delegati,

---

[46] Su tutti questi profili, v., anche per le opportune citazioni, il lavoro di BENEDETTI, *L'applicabilità*, 413 ss.

[47] Cfr. MOZZARELLI, *Appunti in tema*, 738 s.; MAUGERI, *Note in tema*, 22 ss. In ogni caso, va aggiunto che l'inosservanza del dovere di predisporre un adeguato assetto organizzativo non rappresenta un danno in sé, semmai la causa di un danno; e, naturalmente, sarà a carico del danneggiato l'onere di provare il nesso eziologico tra inosservanza del dovere e danno (cfr. MOZZARELLI, *Appunti in tema*, 740; ABRIANI, ROSSI, *Nuova disciplina*, 396 s.).

[48] Sulla base di quanto esposto nel testo la soluzione di BENEDETTI, *L'applicabilità*, 449, a parere del quale non sarebbe censurabile «la decisione non manifestamente irrazionale – ossia assunta con quelle cautele, con quelle verifiche e all'esito di quelle informazioni preventive propedeutiche per una scelta del genere e razionalmente coerente con il procedimento istruttorio – di non predisporre assetti in realtà necessari in base alla natura e alla dimensione dell'impresa: in tal caso la scelta va considerata non sindacabile dal giudice, sebbene si riveli *ex post* erronea», può essere accolta, ma va riqualificata. Nel caso esemplificato, infatti, gli amministratori vanno assolti non in base all'applicazione della *business judgment rule*, ma perché l'assetto da loro proposto, pur rivelandosi *ex post* inadeguato, non lo era *ex ante*, come dimostrato dalla complessa analisi che l'autorità giudiziaria è chiamata a svolgere (tutto quanto nella citazione è racchiuso nei trattini). Sostanzialmente concordi con l'impostazione qui esposta mi sembrano SPOLIDORO, *Appunti in tema*, 266 e IRRERA, *Adeguatezza degli assetti*, 91.

[49] Per tutti v. RIOLFO, *Il nuovo codice*, 410 nota 40.

[50] Non paiono esserci ostacoli ad applicare anche alle s.r.l. i limiti alla delega catalogati nell'art. 2381, comma 4, c.c. (alcuni dei quali, del resto, già presenti nell'elenco di cui all'art. 2475, comma 5, c.c.): così ASSONIME, *Le nuove regole*, 87.

la predisposizione degli assetti organizzativi faccia inderogabilmente parte della delega. Il punto, come noto, è stato oggetto di discussione in relazione alle s.p.a. e si trovano in dottrina posizioni divergenti [51]. Il filtro della compatibilità induce a ritenere che, qualunque sia la tesi preferita in tema di s.p.a., nella s.r.l. si dovrebbe optare per la derogabilità [52].

In secondo luogo, l'espresso rinvio all'art. 2381 c.c. implica sistematicamente che, in linea generale, al consiglio di amministrazione di una s.r.l. vadano applicate analogicamente le norme che disciplinano tale organo nelle s.p.a. Per esempio, è ben nota la *querelle* in tema di invalidità delle delibere del consiglio di amministrazione di s.r.l. con la giurisprudenza divisa tra chi ritiene che l'unica ipotesi di invalidità rilevante sia quella del conflitto di interessi e chi reputa che debba applicarsi analogicamente l'art. 2388 c.c. [53]. La nuova norma aggiunge un argomento, direi decisivo, in favore di quest'ultima opzione.

Infine, va prestata attenzione alla non facile applicazione dell'ultimo comma dell'art. 2381 c.c., come normalmente interpretato, alle s.r.l. Fermo restando che già prima della novella agli amministratori di s.r.l. si applicava l'obbligo «*di agire in modo informato*» [54], riesce, infatti, difficile ammettere che un amministratore "delegante" (magari anche socio) di s.r.l. possa chiedere agli organi delegati informazioni relative alla gestione della società solo in sede di adunanza consiliare mentre il socio non amministratore abbia in ogni momento il diritto di avere dagli amministratori notizie sullo svolgimento degli affari sociali e di consultare i libri sociali e i documenti relativi all'amministrazione. Anche qui il filtro della compatibilità, peraltro, può consentire di interpretare la norma richiamata in modo difforme da come viene letta nella sua sede d'origine estendendo il diritto di informazione e di consultazione dell'amministratore non esecutivo quanto meno a tutto ciò che è permesso al socio non amministratore [55], salvo che l'amministratore, vista la sua qualità, dovrà necessariamente provvedere personalmente e non tramite un professionista di sua fiducia.

---

[51] Per tutti v., nel senso dell'inderogabilità IRRERA, *Assetti organizzativi*, 216 ss.; in quello della derogabilità ABBADESSA, *Profili topici*, 493 ss.

[52] In questo senso, quando ancora l'obbligo di predisporre adeguati assetti organizzativi non era espressamente previsto per le s.r.l. (ma era da lui dedotto interpretativamente), v. CAGNASSO, *Gli assetti adeguati*, 17. In generale, per una visione analoga del filtro di compatibilità v. DI CATALDO, ROSSI, *Nuove regole generali*, 761 s. Non persuasiva la tesi di BENAZZO, *Categorie di quote*, 285 nota 13, secondo il quale per l'applicazione delle singole previsioni dell'art. 2381 basta che la s.r.l. abbia un organo amministrativo pluripersonale con deleghe.

[53] Per le due impostazioni v., a titolo esemplificativo, Trib. Genova, 2 maggio 2013, e Trib. Milano, 18 marzo 2012, entrambe in *giurisprudenzadelleimprese.it*. In linea generale, già prima della novella, ZANARONE, *Della società*, 970 s. (ove ulteriori riferimenti), si esprimeva per l'applicazione analogica alle s.r.l. delle regole delle s.p.a. sul funzionamento del consiglio di amministrazione.

[54] Per tutti v. ZANARONE, *Della società*, 960; CAVALIERE, *Le modificazioni*, 2053.

[55] In termini analoghi ABRIANI, ROSSI, *Nuova disciplina*, 404; CAVALIERE, *Le modificazioni*, 2053.

Articolo 378

Responsabilità degli amministratori

1. All'articolo 2476 del codice civile, dopo il quinto comma è inserito il seguente: «Gli amministratori rispondono verso i creditori sociali per l'inosservanza degli obblighi inerenti alla conservazione dell'integrità del patrimonio sociale. L'azione può essere proposta dai creditori quando il patrimonio sociale risulta insufficiente al soddisfacimento dei loro crediti. La rinunzia all'azione da parte della società non impedisce l'esercizio dell'azione da parte dei creditori sociali. La transazione può essere impugnata dai creditori sociali soltanto con l'azione revocatoria quando ne ricorrono gli estremi».

2. All'articolo 2486 del codice civile dopo il secondo comma è aggiunto il seguente: «Quando è accertata la responsabilità degli amministratori a norma del presente articolo, e salva la prova di un diverso ammontare, il danno risarcibile si presume pari alla differenza tra il patrimonio netto alla data in cui l'amministratore è cessato dalla carica o, in caso di apertura di una procedura concorsuale, alla data di apertura di tale procedura e il patrimonio netto determinato alla data in cui si è verificata una causa di scioglimento di cui all'articolo 2484, detratti i costi sostenuti e da sostenere, secondo un criterio di normalità, dopo il verificarsi della causa di scioglimento e fino al compimento della liquidazione. Se è stata aperta una procedura concorsuale e mancano le scritture contabili o se a causa dell'irregolarità delle stesse o per altre ragioni i netti patrimoniali non possono essere determinati, il danno è liquidato in misura pari alla differenza tra attivo e passivo accertati nella procedura».

Vincenzo Di Cataldo

Sommario: 1. La responsabilità degli amministratori verso i creditori sociali nella s.r.l. – 2. Legittimazione all'azione di responsabilità dei creditori sociali nelle procedure concorsuali. – 3. Una responsabilità di natura contrattuale, ed una azione autonoma. – 4. Il termine di decorrenza della prescrizione. – 5. La responsabilità degli amministratori nel fallimento, prima della riforma. – 6. La responsabilità degli amministratori nel Progetto Rordorf. – 7. La regola presuntiva della differenza dei netti patrimoniali. – 8. La differenza tra passivo e attivo della liquidazione giudiziale.

1. – L'art. 377 propone alcune innovazioni di notevole rilievo in tema di responsabilità degli amministratori, articolate in due commi nettamente distinti.

Il comma 1 interviene sull'art. 2476 c.c., inserendo in esso un nuovo comma 6, che contiene una serie di regole concernenti la responsabilità degli amministratori della società a responsabilità limitata verso i creditori sociali.

La nuova norma [1] ripete alla lettera la regola vigente (art. 2394 c.c.) per la società per azioni. La sola differenza è nel fatto che la norma azionaria è distribuita su tre commi, mentre questa nuova regola dettata per la società a responsabilità limitata compatta l'identico contenuto in un unico comma.

Come è noto, la riforma del 2003 non diceva nulla in ordine all'azione di responsabilità dei creditori sociali nella società a responsabilità limitata [2]. Giurisprudenza e dottrina si erano espresse in vari sensi, ed era poi forse prevalso l'orientamento favorevole alla applicazione analogica, alla società a responsabilità limitata, della regola dettata per la società per azioni dall'art. 2394 c.c. [3]. D'altra parte, questo è uno dei punti per i quali non sembra facile giustificare una divaricazione di regole tra i due tipi.

2. – L'interpretazione della nuova norma verosimilmente risentirà dell'esperienza maturata in ordine all'applicazione della regola di diritto azionario. E dovrebbero in linea di massima proporsi, per i vari problemi interpretativi posti dalla nuova norma, le soluzioni fin qui suggerite per gli stessi problemi che si pongono per la norma azionaria.

È possibile ipotizzare, anzitutto, che anche questa norma (come avviene per la corrispondente norma azionaria) sarà utilizzata quasi solo all'interno di una procedura concorsuale. E dovrebbe essere certo che nella liquidazione giudiziale la legittimazione all'azione dei creditori sociali, esattamente come la legittimazione all'azione sociale, spetterà all'organo incaricato della tutela dei creditori, cioè al curatore nella liquidazione giudiziale, al commissario liquidatore nella liquidazione coatta amministrativa, al commissario straordinario nella amministrazione straordinaria. Così dice l'art. 2394-*bis* c.c. [4], introdotto dalla riforma societaria del 2003, per le azioni di responsabilità nelle procedure concorsuali della società per azioni. La stessa norma dovrebbe estendersi per analogia alle azioni di responsabilità nelle procedure concorsuali della società a responsabilità limitata, nonostante il Codice abbia, verosimilmente per una svista, dimenticato di precisarlo.

Il Codice detta poi una disciplina speciale per le azioni di responsabilità nel concordato preventivo con cessione dei beni. In questa procedura, la legittimazione ad esercitare l'azione sociale di responsabilità contro amministratori e sindaci spetta al liquidatore (art. 115, comma 2), mentre «*resta ferma, in ogni caso, … la legittimazione di ciascun creditore sociale a esercitare o proseguire l'azione di responsabilità prevista dall'articolo 2394 del codice civile*» (comma 3).

Per l'analisi dell'art. 115 si rinvia al commento ad esso dedicato. Ci si limita qui a dire che esso, letteralmente, sembra riguardare solo la società per azioni. Dimentica infatti, piuttosto stranamente, di regolare (per il concordato preventivo con cessione dei beni) la legittimazione alle azioni di responsabilità nella società a responsabilità limitata (il comma 3

[1] Su di essa V. DI CATALDO, Ser. ROSSI, *Nuove regole generali*, 762 ss.; ABRIANI, Ant. ROSSI, *Nuova disciplina*, 407 ss.

[2] In tema, tra tanti, RESCIGNO, *Il problema*, 706 ss.

[3] Così, tra le altre, Cass., 21 luglio 2010, n. 17121, in *Foro it.*, 2011, I, 2459, ed ivi, in nota, ulteriori riferimenti.

[4] Per una prima analisi dell'art. 2394-*bis* c.c., si veda BUTA, *Art. 2394-*bis, 1449 ss.

menziona l'azione *ex* art. 2394 c.c., e non dice nulla dell'azione *ex* art. 2476, come integrato, appunto, dall'art. 378). Dovrebbe però essere sicuro che lo stesso assetto valga anche per il concordato preventivo con cessione dei beni della società a responsabilità limitata.

L'art. 115 non dice nulla delle azioni di responsabilità nel concordato preventivo in continuità aziendale; per questa ipotesi, quindi, dovrebbero valere le regole generali, sia per la società per azioni, sia per la società a responsabilità limitata: la legittimazione all'azione sociale di responsabilità rimane alla società, e la legittimazione all'azione dei creditori sociali rimane ai creditori.

3. – Le nuove regole introdotte all'interno dell'art. 2476 c.c. apprestano una specifica tutela ai creditori della società, indipendente dalla tutela indiretta che ad essi comunque appresta l'azione sociale di responsabilità. Questa tutela diretta vale (soltanto) per l'ipotesi in cui gli amministratori non rispettino l'obbligo di conservazione dell'integrità del patrimonio sociale, e da ciò derivi insufficienza del patrimonio sociale al soddisfacimento dei creditori[5]. In sostanza, quindi, gli obblighi degli amministratori la cui violazione, secondo questa nuova norma, può dar vita all'azione dei creditori sociali sono meno ampi di quelli la cui violazione dà vita all'azione sociale di responsabilità. Esiste infatti un buon numero di norme (ad esempio, la norma che obbliga gli amministratori al conseguimento dell'oggetto sociale; la norma che obbliga gli amministratori a cooperare con gli altri organi della società) del cui inadempimento gli amministratori sono responsabili verso la società, ma che «nulla hanno a che vedere con la conservazione del patrimonio sociale»[6].

Il problema, se l'azione dei creditori sociali sia azione di natura contrattuale o di natura extracontrattuale, sembra oggi tendere (per l'azione *ex* art. 2394 c.c.) verso la prima soluzione, in ragione della considerazione per la quale questa responsabilità discende dall'inadempimento di obblighi preesistenti alla lesione, obblighi posti in capo agli amministratori anche a tutela, appunto, dei creditori sociali[7]. L'affermazione della natura contrattuale di questa azione porta poi ad applicare ad essa le regole di riparto dell'onere della prova che sono proprie della responsabilità contrattuale.

Altro problema classico, se si tratti di azione autonoma o surrogatoria, è da tempo orientato (per l'azione *ex* art. 2394 c.c.) verso la prima soluzione[8]. La posizione dei creditori è, almeno in qualche misura, autonoma rispetto alla posizione della società. Infatti, l'azione sociale mira ad ottenere il risarcimento di danno emergente e lucro cessante, mentre l'azione dei creditori è limitata dalla formula normativa al risarcimento del danno emergente. Inoltre, i creditori possono agire anche se la società rinunzia alla propria azione.

Dall'identificazione di una natura autonoma dell'azione dovrebbe derivare la inapplicabilità della norma (art. 2941, n. 7, c.c.) che dispone la sospensione della prescrizione della azione finché gli amministratori sono in carica; e, d'altra parte, rispetto all'azione dei creditori risultano assenti le ragioni che hanno indotto il legislatore a prevedere la sospensione della prescrizione per l'azione sociale.

---

[5] In tema BUTA, *Art. 2394*, 1433 ss.

[6] CALANDRA BUONAURA, *Gestione dell'impresa*, 217.

[7] BUTA, *Art. 2394*, 1435 ss.

[8] BUTA, *Art. 2394*, 1438 ss.

4. – Proprio in tema di prescrizione si pone quello che forse è, nella prassi giudiziaria, uno dei problemi più acuti dell'azione dei creditori sociali: il problema dell'individuazione del termine di decorrenza della prescrizione quinquennale.

Come è noto, l'interpretazione più seguita è nel senso che la prescrizione inizia a decorrere dalla data in cui l'insufficienza del patrimonio sociale al soddisfacimento dei creditori si manifesta all'esterno, e, cioè, dalla data in cui i creditori hanno conoscenza di questa insufficienza [9]. Senonché, la giurisprudenza fallimentare tende poi spesso ad affermare che la data in cui i creditori acquisiscono conoscenza della insufficienza patrimoniale della società è la data della dichiarazione di fallimento [10]; con il risultato che il curatore potrebbe pretendere il risarcimento di danni realizzati da amministratori (e sindaci) che hanno lasciato l'incarico anni e anni prima della dichiarazione di fallimento, e rispetto ai quali l'azione sociale è ampiamente prescritta. Il che, in molti casi, porta ad esiti sicuramente iniqui.

Non credo sia seriamente contestabile, in astratto, che il termine di decorrenza della prescrizione dell'azione dei creditori inizi a decorrere dalla data in cui l'insufficienza patrimoniale della società si manifesti all'esterno. Questa soluzione è imposta dall'art. 2935 c.c., secondo il quale «la prescrizione comincia a decorrere dal giorno in cui il diritto può essere fatto valere». Occorre piuttosto applicare la regola con la dovuta attenzione, evitando di identificare *a priori* tale data con la data della dichiarazione di apertura della liquidazione giudiziale (del fallimento, ieri).

Inoltre, dovrebbe ricordarsi che non occorre, per far decorrere la prescrizione, che al mercato sia nota la «*insolvenza*» della società; basta, invece, che il mercato avverta, anzi, possa avvertire, l'esistenza di una situazione di sofferenza economico-finanziaria. Del resto, se la società utilizza al massimo la propria capacità di indebitamento (e questa è situazione molto diffusa), basta pochissimo perché il suo patrimonio «*risulti insufficiente al soddisfacimento*» di tutti i creditori.

Sarebbe ragionevole, in questo senso, valorizzare, caso per caso, i dati di fatto che possono dar prova della avvenuta manifestazione della sofferenza della società. Il fatto che la società abbia depositato presso l'Ufficio del registro bilanci in perdita, o non abbia depositato bilanci, abbia effettuato consistenti riduzioni di capitale, abbia subito procedure esecutive per importi notevoli; il fatto che siano state diffuse sui *media* informazioni oggettivamente implicanti l'esistenza di serie difficoltà; il fatto che la società abbia effettuato una riduzione progressiva e consistente del proprio giro d'affari; il fatto che si siano realizzati, e se ne sia avuta pubblica informazione, accadimenti incompatibili con una buona salute economica e finanziaria della società, come il dissidio con partners storici, l'uscita dalla compagine sociale di soci importanti, l'abbandono del posto da parte di manager, dirigenti, operatori specializzati di particolare peso.

---

[9] Così da ultimo Cass., 18 giugno 2014, n. 13807, in *Giur. comm.*, 2015, II, 1195, in motivazione.

[10] La Cassazione per la verità dichiara che la data in cui l'insufficienza patrimoniale si manifesta all'esterno «può non coincidere con il momento dell'insolvenza» (Cass., 18 giugno 2014, n. 13807, cit. nota prec.), ma precisa anche che della prova della data di manifestazione dell'insufficienza patrimoniale è onerato l'amministratore che eccepisce la prescrizione. Ed è questa precisazione che consente poi di ricollegare la manifestazione dell'insufficienza patrimoniale alla data della dichiarazione di fallimento, se l'amministratore non sa indicare una data anteriore alla quale si possa ricollegare tale manifestazione.

Che poi nessun creditore si sia mosso, pur in presenza di accadimenti del genere, non dovrebbe avere rilievo in senso contrario. La mancanza di reazione dei creditori alla conoscenza della crisi del debitore è manifestazione classica di apatia razionale, ed infatti i casi in cui l'azione dei creditori sociali viene esercitata al di fuori di una procedura concorsuale sono assolutamente sporadici. Ma questo non può certo valere a che i creditori evitino la prescrizione di un'azione che non hanno voluto esercitare.

5. – Il comma 2 dell'art. 378 crea nuove norme in tema di liquidazione del danno da responsabilità degli amministratori, e le inserisce nell'art. 2486 c.c.

La prassi dei fallimenti, negli ultimi due-tre decenni, ha utilizzato intensamente le azioni di responsabilità contro amministratori e sindaci di società fallite. Sul piano sostanziale il diritto societario si è evoluto nel senso di un progressivo espandersi dei consensi in favore della *business judgement rule*[11]. La giurisprudenza fallimentare non si è dissociata da questa linea in astratto, ma non può certo dirsi che l'abbia sempre seguita in concreto. Essa, in realtà, è parsa spesso coltivare in linea di fatto un atteggiamento punitivo, quasi a considerare il dissesto come risultato addebitabile in sé a colpa (negligenza) degli amministratori. E questo nonostante la gravissima crisi finanziaria del 2007-2008, i cui effetti si sono protratti per anni, e poi, subito dopo, la altrettanto grave crisi innescata dalla pandemia da COVID-19, dalla guerra in Ucraina e dal conseguente pesante rialzo dei costi dell'energia, dovessero rendere evidente come tanto spesso il dissesto non ha nulla a che fare con una gestione valutabile giuridicamente come negligente, e dunque colpevole. Gli amministratori sbagliano spesso, come chiunque, ma (per fortuna, verrebbe da dire) è abbastanza raro che si comportino del tutto irragionevolmente o illegittimamente.

All'interno del tema della responsabilità di amministratori e sindaci della società fallita si è creato un dibattito importante in ordine ai criteri di quantificazione del danno risarcibile. La giurisprudenza fallimentare, soprattutto dei giudici di merito, ha elaborato e difeso un proprio criterio, secondo il quale il danno risarcibile, nel caso di amministratori di una società fallita, sarebbe da liquidare nella misura del deficit fallimentare, cioè nella misura della differenza tra il passivo e l'attivo del fallimento.

Come è facile notare, e del resto è stato notato, questo criterio è del tutto altro rispetto ai criteri applicati nei giudizi di responsabilità di amministratori che si svolgono al di fuori di procedure concorsuali, i quali, peraltro, non si discostano (né, forse, potrebbero discostarsi) dai criteri di liquidazione del danno proposti dalla normativa di diritto comune (art. 1218 ss. c.c.). Esso è, inoltre, ed anche questo è stato notato, del tutto ingiustificabile su base razionale. Ha avuto però grande fortuna, perché realizza (seppure solo apparentemente, come si vedrà in chiusura del presente commento) una notevole semplificazione dell'accertamento processuale, risponde all'esigenza in senso lato punitiva, che, come si è detto, è molto sentita dai tribunali fallimentari, e consente una condanna "esemplare" nei casi (peraltro forse percentualmente piuttosto ridotti) in cui il fallimento non riesce ad acquisire le scritture contabili dell'impresa fallita (il che, peraltro, come si vedrà, non sempre

[11] Per tutti si veda BRIOLINI, *Art. 2392*, 1381 ss. Nel senso che la *business judgement rule* continui a valere anche rispetto alle decisioni gestorie in una situazione di crisi si vedano VICARI, *I doveri*, 128 ss. e P. MONTALENTI, *Diritto dell'impresa in crisi*, 76-77.

e non necessariamente dipende da colpa di tutti gli amministratori e sindaci convenuti in responsabilità).

Il criterio della differenza tra passivo e attivo del fallimento ha tuttavia perduto terreno negli ultimi anni anteriori al varo del Codice. La Corte di cassazione, con varie decisioni, e, da ultimo, con una ben nota e molto ricca sentenza delle Sezioni Unite [12], la sentenza n. 9100 del 2015, ha espresso piena sfiducia sulla sua razionalità, e ne ha dichiarato possibile l'utilizzazione solo in un contesto fitto di riserve [13].

In dottrina [14], in alternativa al criterio del deficit patrimoniale, si è proposto di liquidare il danno in misura pari alla differenza tra il netto patrimoniale della società alla data in cui si è realizzata una causa di scioglimento (di solito, la riduzione del capitale per più di un terzo) e il netto patrimoniale alla data della dichiarazione di fallimento. E questa linea è stata seguita anche da vari giudicati.

6. – Era quindi scontato che la riforma sarebbe intervenuta su questo problema, ma i lavori preparatori si sono orientati in un senso non facilmente prevedibile.

Il Progetto Rordorf (presentato nella passata legislatura nel dicembre 2017 ad un Consiglio dei Ministri già dimissionario) costruiva una nuova norma, ponendola all'interno della disciplina dello scioglimento delle società di capitali, e non inseriva, in essa, alcun cenno al criterio della differenza tra passivo e attivo della procedura di liquidazione.

La norma progettuale richiamava in primo luogo, ai fini della liquidazione del danno, le regole generali degli artt. 1223, 1225, 1226 e 1227 c.c., in quanto compatibili. Precisava, poi, che deve liquidarsi «*il pregiudizio arrecato al patrimonio sociale dai singoli atti compiuti in violazione del dovere previsto dal comma primo*». Ed introduceva (in termini presuntivi, e consentendo espressamente la possibilità della prova contraria) un criterio speciale di quantificazione del danno per il (solo) caso di «*scritture contabili mancanti o comunque inattendibili*». Per questo caso, la norma progettuale identificava il danno risarcibile nella differenza tra il netto patrimoniale della società al momento del verificarsi della causa di scioglimento e il netto patrimoniale al momento di apertura della procedura di liquidazione giudiziale.

7. – Il Codice ha conservato per alcuni aspetti la norma progettuale, ma, per altri, l'ha modificata radicalmente, nel senso che si vedrà. La norma del Codice, peraltro, non ha

[12] Cass., SS.UU., 6 maggio 2015, n. 9100, in *Giur. comm.*, 2015, II, 643 ss. (oltre che in molte altre riviste) con commenti di Bassi, Cabras, Cian, Fortunato, Galletti, Jorio, Montalenti, Racugno, Sacchi, e nella stessa rivista, 2016, II, 529 ss., con nota di Cossu. Per un panorama completo di giurisprudenza e dottrina si veda Buta, *Art. 2394-bis*, 1454 ss.

[13] La sentenza richiama la necessità che la liquidazione del danno sia collegata agli specifici inadempimenti degli amministratori provati in giudizio, e il danno stesso sia riconducibile causalmente a tali inadempimenti. Esclude che la mancanza delle scritture contabili, anche se imputabile agli amministratori, possa giustificare di per sé la liquidazione del danno in misura pari alla differenza tra passivo e attivo del fallimento. Consente l'adozione di tale criterio solo all'interno di una liquidazione equitativa del danno, ove ricorrano i presupposti di legge perché si possa procedere a liquidazione equitativa, a condizione che la sentenza indichi le ragioni che non permettono di accertare gli specifici effetti dannosi concretamente riconducibili alla condotta degli amministratori e a condizione che il ricorso a questo criterio di liquidazione sia logicamente plausibile in rapporto alle circostanze del caso concreto.

[14] In questo senso Galletti, Jorio, Cossu. V. *supra* nota 12.

subito alcuna modifica ad opera dei vari interventi subiti dal Codice stesso prima della sua entrata in vigore, e il testo riferito dal d.lgs. 17 giugno 2022, n. 83, è esattamente identico a quello riferito dal d.lgs. 12 gennaio 2019, n. 14 (ed entrato subito in vigore, come tutte le norme del Codice che intervenivano in termini modificativi sul codice civile).

La norma si colloca (come la norma del Progetto) all'interno della disciplina dello scioglimento di società di capitali, e riguarda tutti i tre tipi di società di capitali. Essa quindi vale solo come criterio di liquidazione del danno in caso di violazione dello specifico obbligo fissato dal comma 1 dell'art. 2486 c.c. (obbligo di gestione conservativa in presenza di una causa di scioglimento [15]). Essendo frequente che il capitale della società insolvente sia sceso al di sotto del minimo legale prima della apertura della procedura di liquidazione, di fatto la nuova norma riguarda praticamente una fascia molto ampia delle società in liquidazione giudiziale. Essa, tuttavia, regola solo la quantificazione del danno provocato dagli amministratori alla società successivamente allo scioglimento (successivamente, cioè, alla riduzione del capitale al di sotto del minimo legale), come effetto dell'inadempimento dell'obbligo di conservazione del patrimonio della società. E quindi non vale né per la quantificazione del danno provocato dagli amministratori prima dello scioglimento della società, né per la quantificazione del danno provocato (anche dopo lo scioglimento) come effetto dell'inadempimento di altri doveri; per la loro quantificazione deve applicarsi la disciplina comune.

La norma sopprime ogni riferimento alle regole generali sul risarcimento del danno, ed anzi si pone "in evidente contrasto con i principi civilistici" [16]. Ma le regole generali, tuttavia, proprio perché generali, dovrebbero comunque ritenersi applicabili, ove e nella misura in cui non siano state espressamente derogate. In particolare, non si comprende come possa ritenersi non applicabile la disciplina generale che esige la verifica dell'esistenza di un nesso causale tra atti e danno – punto estraneo alla normativa di pura liquidazione, e quindi non da essa derogato.

Inoltre, la disciplina generale dovrebbe rimanere applicabile anche sul piano della quantificazione del danno, perché la norma speciale ha carattere presuntivo, e quindi non esclude che il giudice possa (anzi, debba) pervenire, ove possibile, ad una liquidazione "non presuntiva", da effettuare, appunto, secondo le regole generali.

Il danno risarcibile è indicato in via di presunzione relativa; la norma, infatti, fa «*salva la prova di un diverso ammontare*». Ed è indicato come pari alla differenza tra il patrimonio netto alla data in cui l'amministratore è cessato dalla carica, o alla data di apertura di una eventuale procedura concorsuale, e il patrimonio netto alla data dello scioglimento della società *ex* art. 2484 c.c. Se però è stata aperta una procedura concorsuale, e se, per mancanza o irregolarità delle scritture contabili o per «*altre ragioni*», non è possibile determinare i netti patrimoniali, il danno risarcibile è liquidato in misura pari alla differenza tra passivo e attivo accertati nella procedura [17].

---

[15] Conseguentemente, secondo V. CALANDRA BUONAURA, *Amministratori e gestione*, 18-19, la norma in esame non si applica in caso di scioglimento (in particolare, di scioglimento per impossibilità di conseguimento dell'oggetto sociale) in presenza di un patrimonio netto positivo superiore al capitale minimo.

[16] CALANDRA BUONAURA, *Amministratori e gestione*, 18.

[17] La norma, per la verità, parla di «*differenza tra attivo e passivo*». Ma certamente è più corretta l'espressione riferita qui nel testo: differenza tra passivo e attivo.

Nel Codice, quindi, il criterio della differenza tra i netti patrimoniali sembra diventare, per il giudice, il criterio di generale applicazione. La norma precisa che dalla differenza tra i netti patrimoniali deve essere detratto il totale dei costi che l'impresa ha sostenuto e dovrebbe ancora sostenere, secondo un criterio di normalità, dopo il verificarsi della causa di scioglimento e fino al compimento della liquidazione. Questa è certamente una regola ragionevole; il suo richiamo alla "normalità", con una norma molto elastica, fa sì che la sua applicazione potrebbe dar vita a dubbi consistenti.

Gli ex-amministratori convenuti possono dar prova dell'inesistenza del danno, o di un suo diverso ammontare. Ma, non disponendo più essi della documentazione societaria, le loro possibilità di fornire detta prova contraria sono ben poche, anzi praticamente inesistenti.

8. – Come già detto, nel caso in cui, per la mancanza o irregolarità delle scritture contabili o per altre ragioni, i netti patrimoniali non possono essere determinati, il danno risarcibile viene liquidato in misura pari alla differenza tra il passivo e l'attivo del fallimento. Viene così recuperato, sia pure in uno spazio apparentemente circoscritto, un criterio che sembrava destinato all'abbandono, ma del quale il legislatore ha sentito "nostalgia"[18], e che oggettivamente non ha alcuna giustificazione razionale. Basti dire, tra le tante critiche correttamente quanto inutilmente sollevate, che non ha nessun senso addossare agli amministratori quella parte del passivo fallimentare (di solito consistente) che trova la propria fonte nell'attività d'impresa anteriore al verificarsi della causa di scioglimento; e che ancor meno ha senso addossare agli amministratori lo scarso rendimento delle operazioni di liquidazione giudiziale dell'attivo, che sempre deriva ineluttabilmente dalla necessità di vendere che è propria della procedura, e che spesso viene ulteriormente ridotto da errori o incapacità dei liquidatori, quasi mai adeguatamente evidenziati.

La delimitazione del campo di applicazione di questo criterio però non è agevole, e desta preoccupazione la formula «*o per altre ragioni*», molto vaga e suscettibile, apparentemente, di una lettura estensiva. Questa tendenza espansiva dovrebbe però essere tenuta sotto controllo. La norma dovrebbe essere interpretata come riferita (solo) ad «*altre ragioni*» oggettivamente capaci, come la mancanza o l'irregolarità delle scritture, di impedire (e non solo di rendere difficile: «*se … i netti patrimoniali non possono essere determinati*») il conteggio dei netti patrimoniali; e dovrebbe trattarsi di «*altre ragioni*» equiparabili alle due indicate dalla norma sul piano della loro gravità e della loro imputabilità agli amministratori[19]. Queste «*altre ragioni*», quindi, francamente dovrebbero essere assai rare (per la verità, non è neppure facile immaginarle).

Il legislatore della riforma, con ogni evidenza, ha posto una sanzione pesante a carico degli amministratori per il caso di cattiva tenuta delle scritture, o per la loro mancata consegna agli organi della procedura. Una specie particolare di "danno punitivo", difficile, se non impossibile, da giustificare in linea teorica, anche perché della tenuta delle scritture contabili sono per legge "responsabili" gli amministratori, ma in realtà questo compito (come molti altri) è affidato a dipendenti o professionisti esterni, la cui attività l'ammi-

---

[18] Di un «legislatore nostalgico» parlano, su questo punto, ABRIANI, Ant. ROSSI, *Nuova disciplina*, 408.

[19] Secondo CALANDRA BUONAURA, *Amministratori e gestione*, 21, «chi agisce sarà tenuto a dimostrare in modo rigoroso» l'esistenza di «*altre ragioni*» che possano giustificare il ricorso al criterio del deficit.

nistratore molto spesso non è tecnicamente in grado di controllare[20] (del resto, la creazione del «*dirigente preposto alla redazione dei documenti contabili societari*» – art. 154-*bis* TUF – muove proprio da questa consapevolezza, condivisa, evidentemente, dal legislatore – forse, da un legislatore più illuminato).

Ma proprio la prospettiva "punitiva", innegabile[21], dovrebbe indurre a dire (cosa che parrebbe fin qui mai emersa nella giurisprudenza "fallimentare") che il criterio del deficit patrimoniale potrebbe al più riguardare (nel caso di «*mancanza delle scritture*») solo gli amministratori in carica al momento dell'apertura della procedura, e forse neanche tutti, ma certo non i precedenti, e tanto meno i sindaci, perché su questi non potrebbe in alcun modo gravare né un obbligo di conservazione delle scritture, né un obbligo di consegna delle scritture agli organi della procedura.

Infine, è il caso di segnalare un'osservazione scontata, forse, anche se pochi fin qui se ne sono accorti. La liquidazione del danno in misura pari alla differenza tra passivo e attivo del fallimento (e lo stesso è da dire della liquidazione del danno in misura pari alla differenza dei netti patrimoniali) solo raramente, o quanto meno non sempre, consentirà di pervenire ad una liquidazione effettiva all'interno del giudizio di responsabilità[22]. L'accertamento del passivo e dell'attivo, come l'accertamento dei netti patrimoniali, è possibile solo se sono state espletate tutte le operazioni di accertamento dei valori attivi e passivi della società in liquidazione: la verifica dei crediti e le opposizioni allo stato passivo, le azioni recuperatorie e revocatorie, tutti i giudizi ordinari. È però improbabile che tutti questi giudizi possano essere conclusi – e su di essi si sia formato il giudicato – prima dell'avvio del giudizio di responsabilità, anzi, prima che maturino per questo le preclusioni *ex* art. 183, comma 6, c.p.c.

In questi casi almeno, il giudizio di responsabilità potrebbe quindi chiudersi (solo) con una condanna generica. La liquidazione effettiva dovrà poi essere effettuata all'interno di un secondo giudizio, il quale, tra l'altro, potrebbe essere avviato solo dopo il passaggio in giudicato di tutte le sentenze che hanno definito le varie vicende giudiziarie della liquidazione. Viene così a perdersi quella rapidità decisionale che il criterio della differenza tra passivo e attivo del fallimento sembra promettere, e questo dovrebbe indurre le curatele attrici ed i giudici a preferire una liquidazione con i criteri ordinari del codice civile, evitando la necessità di un secondo giudizio.

---

[20] DI CATALDO, *La liquidazione*, 26.

[21] Questa non è opinione isolata di chi scrive il presente commento. Si tratta, invece, di idea generalmente condivisa. Così si esprimeva, in uno dei suoi ultimi lavori, l'autorevolissimo CALANDRA BUONAURA, *Amministratori e gestione*, 22: «Nella versione finale, il testo (del Codice: parole aggiunte) ha virato verso una prescrizione che presenta un evidente carattere punitivo che, in fondo, non fa che confermare la deriva sanzionatoria che, a mio avviso, connota diversi aspetti della riforma».

[22] DI CATALDO, *La liquidazione*, 27.

Articolo 379

Nomina degli organi di controllo

1. All'articolo 2477 del codice civile il secondo e il terzo comma sono sostituiti dai seguenti: «La nomina dell'organo di controllo o del revisore è obbligatoria se la società: a) è tenuta alla redazione del bilancio consolidato; b) controlla una società obbligata alla revisione legale dei conti; c) ha superato per due esercizi consecutivi almeno uno dei seguenti limiti: 1) totale dell'attivo dello stato patrimoniale: 4 milioni di euro; 2) ricavi delle vendite e delle prestazioni: 4 milioni di euro; 3) dipendenti occupati in media durante l'esercizio: 20 unità. L'obbligo di nomina dell'organo di controllo o del revisore di cui alla lettera c) del secondo comma cessa quando, per tre esercizi consecutivi, non è superato alcuno dei predetti limiti.».

2. All'articolo 2477, quinto comma, del codice civile, dopo le parole «qualsiasi soggetto interessato» sono aggiunte le seguenti: «o su segnalazione del conservatore del registro delle imprese» e dopo il quinto comma è aggiunto il seguente: «Si applicano le disposizioni dell'articolo 2409 anche se la società è priva di organo di controllo.».

3. Le società a responsabilità limitata e le società cooperative costituite alla data di entrata in vigore del presente articolo, quando ricorrono i requisiti di cui al comma 1, devono provvedere a nominare gli organi di controllo o il revisore e, se necessario, ad uniformare l'atto costitutivo e lo statuto alle disposizioni di cui al predetto comma entro la data di approvazione dei bilanci relativi all'esercizio 2022, stabilita ai sensi dell'articolo 2364, secondo comma, del codice civile. Fino alla scadenza del termine, le previgenti disposizioni dell'atto costitutivo e dello statuto conservano la loro efficacia anche se non sono conformi alle inderogabili disposizioni di cui al comma 1. Ai fini della prima applicazione delle disposizioni di cui all'articolo 2477 del codice civile, commi secondo e terzo, come sostituiti dal comma 1, si ha riguardo ai due esercizi antecedenti la scadenza indicata nel primo periodo.

4. All'articolo 92 delle disposizioni per l'attuazione del codice civile e disposizioni transitorie, al primo comma, le parole «capi V e VI» sono sostituite dalle seguenti: «capi V, VI e VII».

Niccolò Abriani

Sommario: 1. L'organo sindacale della s.r.l.: presupposti della nomina obbligatoria. – 2. Decorrenza dei nuovi parametri e dell'obbligo di nomina. – 3. Controllo di legalità e revisione legale dei conti. – 4. L'opzione tra organo di controllo monocratico e collegiale. – 5. L'opzione tra organo di controllo interno e revisore esterno.

1. – In una ideale linea di continuità con la regola enunciata dall'originario art. 2488 del codice civile del 1942, la riforma del diritto societario, prima, la riforma della revisione legale dei conti, poi, e infine lo stesso Codice hanno ribadito il principio per il quale l'istituzione di un organo interno di controllo è obbligatoria solo per le società a responsabilità limitata che superano determinati criteri di tipo dimensionale. Al contempo, il legislatore ha ridefinito quelle soglie, abbandonando l'anacronistica previsione che ricollegava la nomina dell'organo di controllo o del revisore all'ammontare del capitale sociale e introducendo, sulla spinta di un vivace dibattito dottrinale [1], ulteriori ipotesi c.d. "qualitative" di nomina obbligatoria.

Su questo secondo versante il riferimento normativo è rappresentato dal comma 2 dell'art. 2477, che impone la nomina dell'organo sindacale o, in alternativa, del revisore esterno alla società a responsabilità limitata «*tenuta alla redazione del bilancio consolidato*» o che «*controlla una società obbligata alla revisione legale dei conti*».

Sul primo versante, le soglie al di sopra delle quali la s.r.l. deve procedere alla nomina dell'organo di controllo o del revisore sono state oggetto di una serie di riscritture culminate nell'art. 379, d.lgs. n. 14 del 2019 e nell'art. 2-*bis*, l. 14 giugno 2019, n. 55, di conversione del d.l. 18 aprile 2019, n. 32. Con la prima norma il legislatore delegato, con fedele trasposizione della già analitica disposizione contenuta nella lett. *g*) dell'art. 14, legge delega n. 155 del 2017, aveva inserito un nuovo comma 3 dell'art. 2477 c.c., che imponeva la nomina dell'organo di controllo monocratico (o del revisore), oltre che nelle ricordate ipotesi "qualitative" di cui al (reso ora autonomo) comma 2, anche nella s.r.l. che risulti avere «*superato per due esercizi consecutivi almeno uno dei seguenti limiti:*

1) totale dell'attivo dello stato patrimoniale: 2 milioni di euro;

2) ricavi delle vendite e delle prestazioni: 2 milioni di euro;

3) dipendenti occupati in media durante l'esercizio: 10 unità».

Senonché, a distanza di poche settimane dalla pubblicazione in Gazzetta Ufficiale della nuova disposizione (avvenuta il 14 febbraio 2019), e con anticipo rispetto alla vigenza degli obblighi di nomina imposti dalle nuove soglie (tendenzialmente posticipata a nove mesi dalla entrata in vigore dell'articolo e dunque al 16 dicembre del 2019, ma v. *infra*), il nostro legislatore – assecondando le sollecitazioni delle associazioni di categoria delle piccole imprese – ha provveduto a un'ulteriore revisione, con un ritocco questa volta al rialzo dei parametri. L'art. 2-*bis*, l. 14 giugno 2019, n. 55, di conversione del d.l. 18 aprile 2019, n. 32, riconduce infatti nuovamente nell'alveo unitario del comma 2 i presupposti che rendono obbligatoria la nomina dell'organo di controllo o del revisore, consegnandoci la versione in vigore al momento di pubblicazione della presente opera nei termini che seguono: «*La nomina dell'organo di controllo o del revisore è obbligatoria se la società:*

a) è tenuta alla redazione del bilancio consolidato;

b) controlla una società obbligata alla revisione legale dei conti;

---

[1] Sul tema del collegio sindacale nella s.r.l. all'indomani della riforma si vedano: ABRIANI, *Il collegio sindacale*, 167 ss.; ID., *I controlli*, 1985 ss.; BENAZZO, *Il collegio sindacale*, 727 ss.; BIANCHI, *Il controllo*; CAGNASSO, *La società*; ID., *Il ruolo*, 346 ss.; ID., *I controlli*, 2438 ss.; CAVALLI, *Il controllo legale*, 217 ss.; ID., *Il collegio sindacale*, 727 ss.; CERA, *I controlli*, 354 ss.; CORRADO, *Art. 2477*, 807 ss.; MARCIANO, *Art. 2477*, 135 ss.; MONTAGNANI, *Informazione e controlli*; QUATTROCCHIO, *Art. 2477*, 1893 ss.; RACUGNO, *Art. 2477*, 1611 ss.; SPOLIDORO, MUCCIARELLI, in *Il revisore legale*, 747 ss.; ZANARONE, *Introduzione alla nuova*, 58 ss.; ID., *Della società*, 1045 ss.

c) ha superato per due esercizi consecutivi almeno uno dei seguenti limiti: 1) totale dell'attivo dello stato patrimoniale: 4 milioni di euro; 2) ricavi delle vendite e delle prestazioni: 4 milioni di euro; 3) dipendenti occupati in media durante l'esercizio: 20 unità»[2].

Se tutti i parametri, qualitativi e quantitativi, tornano dunque ad essere racchiusi nel comma 2 dell'art. 2477, il comma 3 dell'art. 2477, così come riformulato ad opera del d.lgs. n. 14 del 2019, soggiunge che «*l'obbligo di nomina dell'organo di controllo o del revisore di cui alla lettera c) del terzo comma cessa quando, per tre esercizi consecutivi, non è superato alcuno dei predetti limiti*».

Sempre alla norma in commento si deve infine l'integrazione del comma 5 dell'art. 2477 c.c., la cui attuale formulazione prevede che, qualora la società a responsabilità limitata non provveda alla nomina dell'organo di controllo o del revisore entro il termine previsto dall'articolo 2477, comma 5, c.c., il tribunale provveda alla nomina, oltre che su richiesta di ogni interessato, anche «*su segnalazione del conservatore del registro delle imprese*».

Sono due le novità che emergono dal confronto tra la vecchia e la nuova disciplina.

Innanzi tutto, una sensibile riduzione delle soglie di riferimento, che sono ridotte per il totale dell'attivo dello stato patrimoniale (da 4,4 a 4 milioni) e più che dimezzate per i ricavi delle vendite e delle prestazioni (da 8,8 a 4 milioni) e per i dipendenti (da 50 a 20).

Una seconda novità è rappresentata dalla autonoma rilevanza assegnata a ciascuna di queste soglie, imponendosi la nomina dell'organo di controllo o del revisore qualora per due esercizi consecutivi sia superato anche uno soltanto («*almeno uno*») dei parametri indicati. Specularmente, l'obbligo viene meno solo se la società scende al di sotto di tutte le soglie («*non è superato alcuno*») per tre (e non più due) esercizi consecutivi.

Se l'autonomia dei parametri è senz'altro positiva (soprattutto per quanto attiene al fatturato, che rappresenta l'indicatore più significativo e meno manipolabile), meno chiara è la *ratio* sottesa alla rilevanza assegnata alla separata rilevazione nei successivi esercizi di riferimento di ciascuno di essi. Se infatti obiettivo della disposizione è accertare il consolidamento della crescita dimensionale della società, e la sua permanenza nel tempo, non pare pienamente coerente assegnare rilevanza autonoma alla perdurante sussistenza dei tre distinti parametri. Si pensi a una società che registri nell'esercizio 2020 un aumento eccezionale dei ricavi da 3,5 a 4,5 milioni, da cui derivi un utile destinato, a seguito dell'approvazione del bilancio nella primavera del 2021, a riserva in misura tale da accrescere il patrimonio netto da 3,9 a 4,1 milioni. In tale quadro, nonostante i ricavi ritornino dal 2021 al di sotto dei 4 milioni, il rafforzamento dell'attivo patrimoniale integrerebbe comunque il superamento di almeno uno dei limiti dimensionali per due esercizi consecutivi (con, tra l'altro, un singolare disincentivo ad un pur transitorio rafforzamento della patrimonializzazione della società).

---

[2] Merita di essere sottolineato che l'art. 2-*bis*, l. 14 giugno 2019, n. 55, non presente nella versione originaria e introdotto in sede di conversione del d.l. 18 aprile 2019, n. 32, modifica direttamente l'art. 2477 c.c. e non l'art. 379, d.lgs. n. 14 del 2019. Tale circostanza potrebbe giustificare il dubbio se la moratoria di nove mesi prevista dal comma 3 dell'art. 379, d.lgs. n. 14 del 2019 si debba intendere ancora operante o meno, con il corollario, in questo secondo caso, dell'immediata vigenza dei nuovi parametri (e conseguente rischio, in caso di omissione, di una nomina d'ufficio: e v. *infra* nel testo). Sembra tuttavia preferibile la prima opzione interpretativa, in quanto più rispondente al *favor* sotteso a quest'ultimo intervento legislativo e alla stessa struttura della norma che, nel consentire la proroga di nove mesi fa rinvio al comma 1 dell'art. 379, il quale interviene sull'art. 2477, così come novellato dallo stesso d.lgs. n. 14 del 2019 e ora riscritto dalla l. n. 55 del 2019.

Al di là di quest'ultimo rilievo, la nuova disciplina completa – e per alcuni versi corregge – un percorso, per altro alquanto ondivago, del nostro legislatore che aveva condotto a plurime riscritture dell'art. 2477 c.c. e aveva registrato l'abrogazione – da tempo sollecitata[3] – della regola che imponeva la nomina dell'organo di controllo nelle società a responsabilità limitata al mero raggiungimento di una soglia di capitale sociale pari a quello minimo stabilito per la società per azioni: regola inefficiente, che disincentivava la capitalizzazione di questa forma societaria, determinando un'irragionevole – e finanche folkloristica – proliferazione di s.r.l. con capitale subito al di sotto del parametro di legge[4]. In sede di commento a tale abrogazione si era auspicato che la modifica potesse «offrire al legislatore l'occasione per un ripensamento generale del sistema dei controlli in quella che è la forma societaria di gran lunga più diffusa, nel nostro come nella maggior parte degli ordinamenti societari stranieri», adottando una prospettiva volta ad «affrancare i presupposti dell'obbligatorietà dell'organo di controllo anche dal rinvio, parimenti infelice e decettivo, alle soglie al di sopra delle quali è preclusa la redazione del bilancio di esercizio in forma abbreviata (art. 2435-*bis* c.c.), che rispondono a una loro logica autonoma e non traslabile automaticamente ai controlli interni» e introducendo «soglie autonome e inferiori»[5].

Nel constatare la realizzazione di quell'auspicio, si può osservare che i nuovi parametri di riferimento inizialmente introdotti dalla versione originaria del d.lgs. n. 14 del 2019 erano evidentemente ispirati alla nozione di "microimpresa" delineata a livello europeo dalla raccomandazione 2003/361/CE, i cui limiti dimensionali sono, appunto, indicati in due milioni di attivo patrimoniale o di fatturato o dieci dipendenti; sicché, nel quadro sistematico del legislatore della riforma, veniva imposta una forma di controllo – nella forma dell'organo interno o del revisore esterno – a tutte le società a responsabilità limitata non "microimprese".

Sebbene l'ultima novella abbia poi "corretto" al rialzo le soglie, resta fermo l'obiettivo di fondo sotteso alla riforma: garantire che in tutte le realtà imprenditoriali non minimali siano esercitate da figure professionali indipendenti funzioni di controllo destinate ad appuntarsi sull'adeguatezza degli assetti imprenditoriali e, al contempo, a costituirne uno degli elementi qualificanti.

La conservazione dei parametri dimensionali ora indicati è giustificata dalla loro maggiore certezza rispetto ad altri criteri quantitativi, come per esempio quelli relativi alle dimensioni del patrimonio netto o dell'indebitamento, che avrebbero introdotto «gravi elementi di incertezza in una materia che richiede invece sicurezza di disciplina», senza contare che di per sé non paiono «in grado di conseguire l'obiettivo di assicurare una effettiva

[3] Da ultimo in ABRIANI, *Verso una riforma*, 701 ss.

[4] Tipicamente, 119.000 euro. Il merito di aver abolito questa anomalia è del d.l. 24 giugno 2014, n. 91, convertito, con modificazioni, dalla l. 11 agosto 2014, n. 116. Il parametro del capitale sociale era l'unico criterio formale che risultava di univoca applicazione, imponendo l'originaria istituzione del collegio ove la società fosse stata costituita con capitale almeno pari a (inizialmente, centoventimila e, a seguito del medesimo d.l. n. 91 del 2014) cinquantamila euro; ovvero, in caso di aumento del capitale sopra tale soglia, la contestuale assunzione da parte dei soci della decisione – non necessariamente collegiale – di nomina dei sindaci, designato il presidente del collegio e determinato il compenso.

[5] ABRIANI, *Art. 2477*, 605.

tutela agli interessi che si vogliono salvaguardare», in quanto risultano largamente disponibili da parte dei soci [6].

Un peculiare rilievo assume, in questa prospettiva, l'autonoma rilevanza oggi assegnata all'unico parametro veramente significativo della dimensione dell'impresa – e meno agevolmente "alterabile", rispetto agli altri – rappresentato dai ricavi delle vendite e delle prestazioni. Con un maggiore coraggio, si sarebbero più opportunamente potuti abrogare i riferimenti tanto ai dipendenti, quanto all'attivo patrimoniale: e ciò non soltanto per la più facile manipolazione di quest'ultimo dato, ma per l'indiretto effetto disincentivante rispetto dei due parametri in ordine, rispettivamente, all'investimento in risorse umane da parte della società e alla sua patrimonializzazione [7].

La convergenza della riduzione dei limiti dimensionali riferiti all'attività d'impresa, del riconoscimento della loro autonomia e della ridefinizione del numero di esercizi di riferimento viene così a determinare un sensibile ampliamento della platea delle società tenute alla nomina del sindaco o del revisore [8]. E tale obbligo è rafforzato dall'inserimento nel comma 6 dell'art. 2477 c.c. del ricordato inciso finale in base al quale, in caso di omissione da parte dell'assemblea, alla nomina provvede il tribunale, non più soltanto «*su richiesta di qualsiasi soggetto interessato*», ma anche «*su segnalazione del conservatore del registro delle imprese*». È dunque prevedibile che saranno attivati dei sistemi di elaborazione dei dati di bilancio, che condurranno alla segnalazione automatica delle omissioni con conseguente nomina d'ufficio dell'organo di controllo (sindaco unico o collegio, a seconda della previsione statutaria) [9].

L'intervento del tribunale, chiamato a procedere alla nomina d'ufficio dell'organo di controllo obbligatorio in caso di omissione da parte dei soci, costituisce una peculiarità della s.r.l. rispetto alla s.p.a., la cui disciplina non contempla analoga modalità proattiva per rimediare alla mancata attivazione dei soci rispetto alla quale gli unici interventi rimediali sono rappresentati dalla possibilità di ricorrere al tribunale per nominare i liquidatori in conseguenza della causa di scioglimento *ex* art. 2484, n. 3, o per dichiarare l'invalidità della delibera assembleare assunta in difetto di tale organo (ove la stessa abbia oggetto direttamente correlato alle funzioni del collegio, come ad esempio l'approvazione del bilancio). La regola in esame potrebbe offrire lo spunto per riconsiderare la tesi, ad oggi preva-

[6] Così la Relazione al d.lgs. 17 gennaio 2003, n. 6, § 11, in *Riv. soc.*, 2003, 150.

[7] In effetti, nella pur rara ipotesi che una società con un numero di dipendenti occupati mediamente superiore a venti unità registri ricavi non superiori a quattro milioni di euro, non si vede per quale ragione un investimento in robotica che consenta di ridurre i dipendenti al di sotto della soglia giustifichi il venir meno dell'obbligo di nomina dell'organo di controllo o del revisore.

[8] Le prime stime quantificavano in circa 80.000 le società tenute, nel breve tempo, alla nomina dell'organo di controllo collegiale o del revisore unico: BARATTA, LAURI, *L'attività*, 3.

[9] In caso di omessa nomina dell'organo o del revisore da parte della società, il tribunale non potrebbe che limitarsi a nominare l'organo di controllo. In assenza di diversa previsione statutaria, che imponga la forma collegiale, si tratterà di un sindaco unico investito tanto della revisione legale quanto del controllo di legalità. In particolare, il tribunale non potrebbe integrare il contratto di società, compiendo una valutazione sul modello di controllo da adottare: né sul carattere collegiale o monocratico dell'organo, né, tanto meno, sulla opzione tra controllo di legalità e mero affidamento della funzione di revisione legale a professionista esterno (soluzione, quest'ultima, che potrebbe peraltro risultare non conforme alle istanze di adeguatezza dei modelli organizzativi richiesti dalla legge: e v. *infra* nel testo).

lente, che esclude l'efficacia immediata della rinuncia all'incarico dei sindaci in assenza di supplenti destinati a subentrare. Le preoccupazioni sottese alla prospettata estensione all'organo sindacale (della s.r.l.) del meccanismo della *prorogatio* previsto per il (solo) organo amministrativo (della società azionaria) risultano invero sensibilmente attenuate dalla previsione della nomina ad opera del tribunale, rafforzando specularmente i dubbi su un'interpretazione che impone a professionisti dimissionari di restare in carica fino all'accettazione dei nuovi componenti, permettendo all'assemblea di prolungare la responsabilità dell'organo in modo illimitato nel tempo, rifiutandosi di nominare appunto i nuovi sindaci.

2. – Per quanto attiene alla decorrenza dell'obbligo della nomina dell'organo sindacale o del revisore in base ai nuovi parametri dimensionali, la versione originaria comma 3 della norma in commento prevedeva: «*le società a responsabilità limitata e le società cooperative costituite alla data di entrata in vigore del presente articolo, quando ricorrono i requisiti di cui al comma 1, devono provvedere a nominare gli organi di controllo o il revisore e, se necessario, ad uniformare l'atto costitutivo e lo statuto alle disposizioni di cui al predetto comma entro nove mesi dalla predetta data. Fino alla scadenza del termine, le previgenti disposizioni dell'atto costitutivo e dello statuto conservano la loro efficacia anche se non sono conformi alle inderogabili disposizioni di cui al comma 1. Ai fini della prima applicazione delle disposizioni di cui all'articolo 2477 del codice civile, commi terzo e quarto, come sostituiti dal comma 1, si ha riguardo ai due esercizi antecedenti la scadenza indicata nel primo periodo*».

Dal tenore letterale della norma si desumeva dunque che la data di riferimento per gli adeguamenti statutari alla nuova disciplina fosse originariamente rappresentata dal 16 dicembre 2019 (nove mesi dal 16 marzo, data di entrata in vigore delle norme in esame) e che i bilanci sulla base dei quali verificare la sussistenza dei presupposti fossero quelli relativi ai due esercizi precedenti a tale data (dunque i bilanci degli esercizi che si siano chiusi, di norma, al 31 dicembre 2017 e 31 dicembre 2018 o, più raramente, al 30 giugno 2018 e 30 giugno 2019). Altrettanto certo era che le società i cui statuti avessero replicato espressamente i vecchi parametri avrebbero goduto del "periodo di grazia" indicato dal legislatore, sicché sarebbero state obbligate a provvedere alla nomina a partire dalla fine del 2019 [10].

I successivi, reiterati interventi di proroga – a partire dal d.l. n. 162 del 2019 (il c.d. "Milleproroghe"), sino all'art. 1-*bis*, d.l. n. 118 del 2021, inserito in sede di conversione ad opera della l. n. 147 del 2021 – hanno posticipato l'obbligo di nomina sino ad arrivare finalmente

---

[10] Residuava, invece, un margine di dubbio per quelle società i cui statuti si limitino a riferire l'obbligatorietà della nomina dell'organo di controllo o del revisore, *per relationem*, a quanto previsto dalla disciplina legale: non era infatti chiaro se il termine di *nove mesi* dall'entrata in vigore di queste norme del decreto si riferisse al solo inciso che immediatamente lo precede («*uniformare l'atto costitutivo e lo statuto*») o anche al più generale dovere di «*provvedere a nominare gli organi di controllo o il revisore*» in base ai nuovi parametri. Nonostante l'incertezza del dato letterale, quest'ultima pareva senz'altro la soluzione da preferire; e ciò sia per evitare irragionevoli disparità di trattamento, sia alla luce del riferimento operato dalla norma – «*ai fini della prima applicazione*» – ai bilanci degli esercizi precedenti alla data del 16 dicembre 2019. Alla luce dell'interpretazione proposta doveva pertanto escludersi che le società il cui statuto imponga la nomina dell'organo di controllo (o del revisore) «*nei casi previsti dalla legge*» fosse tenuta a provvedervi già in sede di approvazione del bilancio al 31 dicembre 2018, nonostante tale approvazione avesse luogo dopo il 16 marzo 2019 (quando è già entrata in vigore la nuova disciplina) e ancorché da tale bilancio e da quello relativo all'esercizio 2017 risultasse superato uno dei nuovi limiti indicati dal nuovo art. 2477 c.c.

alla fissazione della data ultima nel giorno di approvazione del bilancio relativo all'esercizio 2022. Le soglie di riferimento sono dunque quelle riferibili agli esercizi 2021 e 2022.

Con riguardo alla disciplina "a regime", è destinato a riproporsi agli interpreti l'interrogativo relativo all'individuazione del momento di operatività dei parametri in esame: ci si chiede infatti se gli amministratori debbano procedere a una convocazione *ad hoc* dell'assemblea (o a sollecitare la decisione non collegiale) dei soci al termine del secondo esercizio in cui i parametri risultino superati o se la nomina possa essere deliberata (o decisa) in occasione dell'assemblea (o decisione extrassembleare) di approvazione del relativo bilancio; e, specularmente, se si possa procedere alla soppressione dell'organo sin dal termine del terzo esercizio consecutivo, nel quale la società sia scesa al di sotto delle soglie di rilevanza, o non occorra attendere l'approvazione del bilancio che tali dati viene a registrare. Sotto entrambi i profili pare preferibile l'opinione che assegna rilievo all'avvenuta formazione del bilancio, che rappresenta un presupposto imprescindibile ai fini dell'accertamento dei livelli previsti per l'attivo dello stato patrimoniale e per l'entità dei ricavi [11]. Tale interpretazione trova ora conforto nella ricordata formulazione letterale dell'ultimo comma dell'art. 2477 che impone alla «*assemblea che approva il bilancio in cui vengono superati i limiti indicati al terzo comma*» di «*provvedere, entro trenta giorni, alla nomina dell'organo di controllo o del revisore*».

Resta peraltro da stabilire se sia sufficiente la mera predisposizione e presentazione dei prospetti contabili da parte degli amministratori od occorra altresì quell'approvazione – anche non collegiale – da parte dei soci, attraverso la quale i dati in esame vengono riconosciuti come veri e reali e possono pertanto dirsi tecnicamente superati. Al riguardo è stata segnalata la difficoltà di dare una risposta unitaria al quesito, in quanto il superamento dei limiti «potrebbe risultare certo e provato anche sulla scorta delle scritture contabili», mentre la mancata approvazione del bilancio «potrebbe trovare motivazione in fattori del tutto indipendenti dalla contestazione di quei dati o, in ogni caso, ininfluenti a riportarli sotto i livelli fissati dalla legge» [12]. Alla luce di tali rilievi, che conservano la loro pregnanza anche nell'attuale scenario normativo, sembra potersi concludere che la nomina debba comunque aver luogo entro trenta giorni dalla data dell'assise assembleare avente all'ordine del giorno il bilancio dal quale risulta confermato il superamento di uno dei parametri di legge; sicché, ove dopo tale data la società non abbia provveduto, scatterà il diritto di "qualsiasi soggetto interessato" e il potere/dovere di segnalazione del conservatore del registro delle imprese di sollecitare la nomina al tribunale [13].

Naturalmente, in assenza del deposito di un bilancio approvato [14] sarà meno agevole riscontrare il superamento dei parametri di legge: quanto meno, di quelli relativi ai ricavi e

[11] V. i convincenti rilievi di CAVALLI, *I sindaci*, 713. In senso conforme, v. GIANNELLI, *Amministrazione e controllo*, 213.

[12] CAVALLI, *I sindaci*, 713.

[13] Nel senso che il primo alinea del comma 6 dell'art. 2477 vada letto come se imponesse di provvedere alla nomina entro trenta giorni dalla «*assemblea chiamata ad approvare il bilancio*», v. BENAZZO, *Il collegio sindacale*, 737.

[14] E v. già lo spunto di GIANNELLI, *Amministrazione e controllo*, il quale tende ad escludere che il bilancio di esercizio che accerta il superamento dei limiti debba essere necessariamente approvato dai soci.

all'attivo patrimoniale, mentre il numero medio degli addetti costituirà un dato oggettivo immediatamente verificabile *aliunde*. A quest'ultimo riguardo va sottolineato come, pur essendo il livello dei dipendenti ormai assurto a parametro autonomo, il cui superamento è di per sé solo sufficiente ad integrare la previsione della legge, anche in tal caso il *dies a quo* di decorrenza del termine di trenta giorni rimane comunque ancorato dalla legge alla data di assemblea di approvazione del bilancio.

È opinione prevalente che la procedura utilizzabile per la soppressione dell'organo di controllo sia destinata a variare a seconda che la sua nomina sia o meno prevista statutariamente. Qualora lo statuto non preveda l'istituzione di tale organo – o, come normalmente avviene, si limiti a replicare la regola legale, prevedendo l'obbligo di nomina al verificarsi dei presupposti contemplati dal codice – i sindaci rimarrebbero in carica fino alla permanenza di tali condizioni, con conseguente automatica decadenza dall'ufficio a seguito dell'approvazione del bilancio che segnala il venir meno di tali parametri per il terzo esercizio consecutivo. Da tale premessa discenderebbe il corollario che all'eventuale deliberazione dell'assemblea sul punto, comunque opportuna, potrebbe assegnarsi non già la portata di una deliberazione di revoca – che presupporrebbe del resto una giusta causa riferibile ai sindaci e soggetta al vaglio preventivo del tribunale (art. 2400, comma 2, c.c.) – ma piuttosto una funzione meramente dichiarativa e di accertamento di un effetto estintivo del rapporto già prodottosi *ex lege*[15]. A diversa conclusione si potrebbe tuttavia pervenire valorizzando la lettera della norma che si limita invero ad indicare il momento dal quale viene meno l'obbligo di nomina dell'organo di controllo, ma non si riferisce alla durata in carica dei suoi componenti, che, pertanto, ove già nominati, continuerebbero ad operare, con pienezza di funzioni (e doveri), fino alla scadenza del mandato la cui durata è fissata dalla legge imperativamente come (almeno) triennale[16].

3. – Quando la nomina dell'organo di controllo è obbligatoria, il comma 4 dell'art. 2477 prevede che trovino applicazione le disposizioni dettate per il collegio sindacale della società per azioni. Ai sindaci della società a responsabilità limitata spettano pertanto i poteri e competono le funzioni indicati dalle corrispondenti disposizioni in tema di s.p.a.

All'indomani della riforma 2003, sul punto si è assistito peraltro a un rovesciamento di prospettiva: mentre, infatti, nelle società a base azionaria il ruolo dei sindaci si impernia sul controllo di legalità e sul rispetto dei principi di corretta gestione, con affiancamento solo eventuale del controllo contabile (occorre infatti una clausola statutaria in tal senso, consentita peraltro nelle sole s.p.a. "non aperte" o non tenute alla redazione del bilancio

---

[15] Si veda ancora CAVALLI, *I sindaci*, 714, per il quale si finirebbe altrimenti per consentire il mantenimento di una struttura organizzativa, come l'organo sindacale, a prescindere da una conforme autorizzazione statutaria. In senso conforme ZANARONE, *Della società*, 1159, quanto meno in tutti i casi in cui non risulti presente una clausola statutaria che ugualmente preveda la nomina del collegio, e BENAZZO, *Il collegio sindacale*, 736 s., per il quale si potrebbe ipotizzare che nomina e cessazione debbano sempre essere (e rimanere) collegate (per ragioni di certezza) al dato formale rappresentato dall'approvazione del bilancio di esercizio, a prescindere dalla durata che il mandato risulterà in concreto avere.

[16] In tal senso v. CENTONZE, *Problemi in tema*, 254 ss. Secondo tale tesi, «il collegio sindacale continua ad operare, con pienezza di funzioni (e doveri), fino alla scadenza del mandato». E v. anche, sia pur in termini dubitativi, CORRADO, *Art. 2477*, 811.

consolidato: artt. 2403, comma 2, 2409-*bis*, comma 2, c.c.), nelle s.r.l. il collegio sindacale è chiamato a svolgere la «*revisione legale dei conti*»: come si poteva desumere dalla stessa rubrica dell'art. 2477 [17], ma soprattutto era reso esplicito dall'inciso finale del suo comma 4 che prevedeva che «*se l'atto costitutivo non dispone diversamente, la revisione legale dei conti è esercitata dal collegio sindacale*».

Al principio del tendenziale difetto di competenza dell'organo interno di controllo in ordine al controllo contabile – caratteristico delle società azionarie post riforma – faceva qui riscontro l'opposta regola in base alla quale il controllo contabile veniva esercitato dal collegio sindacale (obbligatorio), salvo diversa previsione statutaria. In assenza di tale deroga, l'organo sindacale della s.r.l. doveva pertanto essere costituito per intero da revisori contabili iscritti nel relativo registro istituito ai sensi del d.lgs. n. 30 del 2010, in attuazione della dir. 2006/43/CE del Parlamento europeo e del Consiglio del 17 maggio 2006.

In questo quadro si riteneva che, in difetto di diversa previsione, l'organo sindacale fosse altresì competente per il controllo del bilancio consolidato, alla cui redazione sono tenute le s.r.l. holding (ai sensi degli artt. 25 e 41, d.lgs. 9 aprile 1991, n. 127), ferma restando la possibilità per i soci di optare per l'affidamento di tale incarico a un revisore esterno. A quest'ultimo riguardo non sembrava potersi accogliere la proposta interpretativa secondo la quale il richiamo operato alla disciplina del collegio sindacale delle società azionarie avrebbe determinato l'estensione alla società a responsabilità limitata della regola, propria della s.p.a., che impone l'affidamento del controllo contabile a revisori esterni negli enti tenuti alla redazione del bilancio consolidato [18]. Ai sensi della lett. *a*) del comma 2 dell'art. 2477, l'obbligo di redazione del bilancio consolidato integra – al pari del controllo su società obbligata alla revisione legale dei conti – una fattispecie che rende obbligatoria la nomina dell'organo sindacale o, in alternativa, del revisore [19]. Da una lettura coordinata degli artt. 25 e 41, d.lgs. 9 aprile 1991, n. 127, da un lato, e dell'art. 2477, comma 4, c.c. dall'altro, si evinceva, per un verso, che il controllo sul bilancio consolidato è imperativamente demandato agli organi o ai soggetti ai quali è attribuito per legge quello sul bilancio di esercizio della società controllante; per altro verso, che nelle società a responsabilità limitata la funzione di revisione legale dei conti restava affidata in via suppletiva allo stesso collegio sindacale, essendo fatta espressamente salva una diversa disposizione dell'atto costitutivo volta ad attribuire tale competenza a un revisore esterno.

Sebbene la successiva abrogazione del comma dell'art. 2477 che, con norma dispositiva, assegnava il controllo contabile all'organo interno di controllo renda meno certo il

---

[17] Si noti che la rubrica dell'art. 2477 è tuttora «Collegio sindacale e revisione legale dei conti»; alla «revisione legale dei conti» fa altresì riferimento l'art. 2463, comma 2, n. 8, c.c. nel definire il contenuto dell'atto costitutivo della s.r.l., mentre il solo «controllo sui conti» è richiamato dal sintetico passaggio dedicato al collegio sindacale dalla Relazione ministeriale al d.lgs. 17 gennaio 2003, n. 6.

[18] In tal senso v. FORTUNATO, *I controlli nella riforma delle società*, 308; QUATTROCCHIO, *Art. 2477*, 1895, per i quali, ove sia richiesta la redazione del bilancio consolidato sarebbe sempre obbligatorio l'affidamento del compito di svolgere il controllo contabile a un revisore contabile o a una società di revisione; sempre in tal senso si veda altresì, sia pure dubitativamente, RORDORF, *I sistemi*, 671 s.

[19] Così già SALAFIA, *Il controllo legale*, 146 ss.; *contra*, in ordine alla disciplina introdotta dalla riforma del 2003, ABRIANI, *Il collegio sindacale*, 185 ss.

quadro di riferimento, sembra potersi confermare la tesi secondo la quale la funzione di revisione legale spetta tuttora all'organo sindacale, salvo che si proceda alla nomina del revisore esterno, che farebbe venir meno la stessa obbligatorietà dell'organo di controllo. Per contro, non sarebbe legittimo, in assenza di revisore esterno, sottrarre ai sindaci la competenza in ordine al controllo contabile, indirizzando le funzioni dell'organo al solo controllo sulla gestione ai sensi dell'art. 2403, comma 1, c.c.[20].

Tali indicazioni sistematiche sembrano pertanto convergere verso la seguente duplice conclusione:

a) nelle società a responsabilità limitata holding dotate di organo sindacale, quest'ultimo è naturalmente deputato anche al controllo del bilancio d'esercizio e consolidato, senza necessità di nominare un revisore[21];

b) le s.r.l. tenute alla redazione del bilancio consolidato potranno tuttavia procedere ad affidare l'incarico di controllo contabile a un revisore esterno[22].

Come anticipato, sulla falsariga di quanto disposto dal d.lgs. 24 febbraio 1998, n. 58 (Tuf) in materia di società quotate, il d.lgs. n. 30 del 2019 sulla «revisione legale dei conti» ha istituito un'ulteriore ipotesi di nomina obbligatoria del collegio sindacale, riferita, ai sensi della lett. *b*) del comma 2 dell'art. 2477, alla s.r.l. che «*controlla una società obbligata alla revisione legale dei conti*».

Tale fattispecie evoca, al pari di quella della s.r.l. holding tenuta alla redazione del bilancio consolidato di cui alla lett. *a*), il ruolo del collegio sindacale nelle s.r.l. appartenenti ad un gruppo di società[23], non senza segnalare gli adattamenti che la nozione di controllo di cui all'art. 2359 (richiamata dall'art. 2497-*sexies* per fondare la presunzione di direzione e coordinamento) può richiedere alla luce della peculiare disciplina della s.r.l., segnatamente con riferimento alla influenza dominante esercitabile sulla base di diritti particolari accordabili a singoli soci *ex* art. 2468 c.c. e, nelle s.r.l. PMI, di quote a voto plurimo[24].

4. – Prima delle novità introdotte dal d.lgs. n. 14 del 2019, l'organo sindacale delle società a responsabilità limitata è stato oggetto di interventi che hanno direttamente o indirettamente inciso sulla sua struttura e sulle sue funzioni. Tra questi ultimi fa spicco l'art. 16, comma 2, del ricordato Decreto Revisione (n. 39 del 2010), il quale prevede che la revisione legale non possa essere esercitata dal collegio sindacale non soltanto negli enti di interesse pubblico, ma anche nelle società controllate da enti di interesse pubblico, nelle società che controllano enti di interesse pubblico e nelle società sottoposte con questi ultimi a comune controllo, enti tra i quali rientrano numerose s.r.l.[25]. Tra i primi meritano di essere richiamati il d.l. 9 febbraio 2012, n. 5, convertito, con modificazioni, dalla l. 4 aprile 2012, n. 35 e il

[20] In tal senso v. ZANARONE, *Della società*, 1155; BENAZZO, *Il collegio sindacale*, 733; SPOLIDORO, MUCCIARELLI, in *Il revisore legale*, 747 ss.

[21] In senso conforme, ma solo con riguardo a questo primo profilo, SALAFIA, *Il controllo legale*.

[22] Controllo contabile che dovrà riguardare tanto il bilancio di esercizio quanto quello consolidato, in ossequio al principio di derivazione comunitaria dettato dal ricordato art. 41, d.lgs. 9 aprile 1991, n. 127.

[23] E v. MIOLA, *La s.r.l.*, 1117 ss.

[24] E v., anche per gli opportuni riferimenti bibliografici, ABRIANI, *La struttura finanziaria*, 501 ss.

[25] Sul punto, v. SPOLIDORO, MUCCIARELLI, in *Il revisore legale*, 751.

d.l. 24 giugno 2014, n. 91, convertito, con modificazioni, dalla l. 11 agosto 2014, n. 116.

La prima novità di assoluta rilevanza è stata l'introduzione del carattere naturalmente monocratico dell'organo di controllo. L'inciso finale del comma 1 dell'art. 2477 dispone infatti che «*se l'atto costitutivo non dispone diversamente, l'organo di controllo è costituito da un solo membro effettivo*»; sicché, nonostante la rubrica della norma evochi ancora il «*collegio sindacale*», oggi ha più senso parlare di sindaco unico e solo in termini residuali di organo collegiale.

L'istituto del sindaco unico ha sin da subito sollevato alcuni dubbi in ordine, da un lato, all'approccio operativo e alla configurazione organica dell'istituto, dall'altro, e soprattutto, all'avvicendamento "normativo" rispetto all'organo collegiale.

Sotto il primo profilo, le questioni sembrano ormai in gran parte superate dall'ultima formulazione del comma 4 (già 5) dell'art. 2477, ai sensi del quale «*nel caso di nomina di un organo di controllo, anche monocratico, si applicano le disposizioni sul collegio sindacale previste per la società per azioni*». Tale indicazione testuale vale a confermare che poteri, doveri e norme di funzionamento rimangono inalterati, ferma restando l'ovvia esigenza di riferire regole dettate sul presupposto della collegialità all'organo nella sua composizione monocratica[26].

Il dato normativo impone altresì di riconsiderare le impostazioni restrittive inizialmente prospettate in ordine al problema della previsione del sindaco supplente, la cui nomina appare (se non necessaria, quanto meno) opportuna, segnatamente in ipotesi di sindaco unico obbligatorio, alla luce della maggiore possibilità del «*venir meno di tutti i sindaci*». La tesi restrittiva, autorevolmente prospettata con riferimento all'originaria previsione del sindaco unico[27], non sembra più riproponibile alla luce dell'attuale dato normativo, che induce piuttosto ad interrogarsi sull'applicazione (non analogica, bensì) diretta delle corrispondenti disposizioni dettate in tema di società per azioni dagli artt. 2397 e 2401 c.c. Tali regole, che devono ritenersi ora espressamente richiamate dal comma 4 dell'art. 2477 c.c. per ogni ipotesi di organo di controllo «*anche monocratico*», parrebbero implicare, in primo luogo, la necessità di procedere alla nomina del supplente, adattando peraltro il precetto imperativo alla diversa configurazione dell'organo e ritenendo dunque (necessaria, ma comunque) sufficiente la nomina di un solo supplente.

Se le ragioni di ordine pubblico dirette a presidiare l'operatività, la continuità e l'indipendenza della funzione sembrano dunque orientare verso tale soluzione più rigorosa, nel nuovo contesto normativo non sembra più revocabile in dubbio la legittimità di clausole statutarie che prevedano la nomina di supplenti anche in ipotesi di organo monocratico, esplicitando in tal modo il meccanismo di sostituzione automatica al sindaco unico che cessi ante tempus dalla carica.

Sotto quest'ultimo profilo parrebbe *prima facie* rivestire un qualche residuo rilievo il

---

[26] In tal senso, CONSIGLIO NAZIONALE DEI DOTTORI COMMERCIALISTI E DEGLI ESPERTI CONTABILI, *Norme di comportamento del collegio sindacale delle società non quotate* (in particolare le *Norme* 2.1. e. 2.3).

[27] STELLA RICHTER JR., *E pluribus unum*, 172; CONSIGLIO NOTARILE DI MILANO, *Massima 123*. Tale interpretazione era stata ripresa anche dal Ministero dello Sviluppo Economico, Parere n. 0180772, 28 agosto 2012, nel quale si giungeva – in termini tanto apodittici, quanto sorprendenti – finanche a negare che il registro delle imprese potesse iscrivere la nomina di un supplente in caso di adozione da parte della s.r.l. del sistema di controllo interno monocratico.

dato desumibile dalla lettera del ricordato periodo finale del comma 1 dell'art. 2477. Tale disposizione, nel prevedere che l'organo di controllo è costituito «*da un solo membro effettivo*», potrebbe essere interpretata, ad una prima lettura, nel senso che, ai fini dell'introduzione del sindaco supplente, occorrerebbe l'espressa previsione statutaria in tal senso, fatta salva dall'inciso iniziale della norma («*se l'atto costitutivo non dispone diversamente*»). A ben vedere, tuttavia, per un verso, l'inciso in questione sembra riferirsi essenzialmente alla possibile introduzione dell'organo collegiale, mentre, per altro verso, è principio pacifico e risalente che l'organo sindacale è "costituito" unicamente dai suoi membri effettivi, posto che i supplenti vengono a farne parte soltanto a partire dal momento in cui subentrino ai sindaci cessati [28]. Deve pertanto confermarsi che la clausola che contempli la nomina del sindaco supplente non soltanto è perfettamente legittima, ma non è neppure presupposto necessario per la nomina del sindaco supplente, che potrà dunque aver luogo sulla base di una deliberazione assunta dai soci con i quozienti ordinariamente richiesti per la nomina dell'organo e anche in assenza di una previsione in tal senso contenuta nell'atto costitutivo [29].

Quanto all'impatto sulla preesistente regolamentazione statutaria della norma che prevede il sindaco unico come configurazione "naturale" dell'organo, sembra da escludersi che, in presenza di atti costitutivi che contemplino espressamente la presenza di un "collegio sindacale", questi vadano preventivamente modificati al fine di procedere alla nomina del sindaco unico. Risulta infatti preferibile, al riguardo, un'interpretazione evolutiva, volta a riconoscere la possibilità di deliberare direttamente la nomina del sindaco unico in tutte quelle situazioni in cui l'atto costitutivo prevedesse bensì il collegio sindacale, senza però mostrare «alcuna specifica volontà che possa ritenersi contraria o comunque diversa rispetto al nuovo regime costitutivo» [30].

In termini più generali, pare ragionevole ritenere che la dizione di cui al comma 1 dell'art. 2477, ai sensi della quale «*se lo statuto non dispone diversamente, l'organo di controllo è costituito da un solo membro effettivo*», vada letta nel senso che la società debba nominare il sindaco unico, salvo che lo statuto contenga una diversa previsione, consentendo o imponendo la nomina di un organo collegiale. Da tale angolo prospettico, eventuali clausole presenti in atti costitutivi più risalenti riferite al collegio sindacale valgono certamente a consentire la conferma dell'organo in forma collegiale, che altrimenti sarebbe preclusa. Viene in tal modo a configurarsi un sistema improntato all'"opt in", in base al quale la società può continuare a nominare l'organo di controllo collegiale se ed in quanto l'atto costitutivo lo consenta.

5. – Se risulta dunque più che fondato il dubbio che l'originaria previsione statutaria ri-

---

[28] Per tutti MINERVINI, *Sostituzione del sindaco*, in *Giur. comm.*, 1975, II, 464 ss., ora in *Scritti giuridici, Società*, 2, Napoli, 1996, 287 ss.

[29] E ciò anche a non voler accedere alla tesi che ne postula la necessità, per diretta applicazione degli artt. 2397 e 2401 c.c., il cui accoglimento è semmai destinato a fulminare di nullità le (peraltro rarissime) clausole che precludessero espressamente la nomina di supplenti.

[30] CONSIGLIO NOTARILE DI MILANO, *Massima n. 124*. In senso conforme ABRIANI, DE ANGELIS, *Il sindaco unico*, 6 ss.

ferita al "collegio sindacale" valga di per sé sola ad inibire la nomina di un organo monocratico, che in base alla legge rappresenta la configurazione suppletiva dell'organo di controllo in tutte le s.r.l., sembra invece decisamente da escludersi la possibilità di obliterare il vincolo statutario procedendo alla nomina del solo revisore esterno. Sotto tale profilo, il comma 1 dell'art. 2477 c.c. appare invero decisamente più pregnante, demandando all'atto costitutivo il compito di prevedere, in via alternativa, «*la nomina di un organo di controllo o di un revisore*». Tale alternativa, se è rimessa all'autonomia dei soci in assenza di previsioni dell'atto costitutivo, pare invece radicalmente preclusa in presenza di una clausola che postuli comunque la presenza di un organo di controllo interno al superamento dei parametri di cui all'art. 2477: in questo caso, infatti, l'opzione incide non soltanto sulla conformazione (monocratica o collegiale) di quest'ultimo, ma sulle stesse funzioni e sui poteri ad esercizio doveroso, preventivi e reattivi, al cui esercizio è legittimato unicamente l'organo di controllo.

Da queste premesse discende che ogni qualvolta nel contratto sociale sia presente una clausola che preveda la nomina di un organo sindacale, i soci potranno procedere alla nomina del solo revisore esterno unicamente previo adeguamento dell'atto costitutivo, mentre qualunque soggetto interessato potrà – e il conservatore del registro delle imprese dovrà – sollecitare la nomina da parte del tribunale del sindaco unico o del collegio (a seconda della concreta previsione statutaria).

Con riguardo all'opzione tra organo sindacale e revisore, la lettera dell'art. 2477 c.c. continua ad accordare una piena autonomia all'atto costitutivo – e, in assenza di clausole statutarie che operino a monte l'opzione, agli stessi soci al momento del conferimento o del rinnovo dell'incarico – in ordine alla scelta tra «*l'organo di controllo o il revisore*»; e ciò a prescindere dalla natura dei controlli (controllo sulla gestione o controllo legale dei conti) e dalla loro obbligatorietà [31].

L'opzione disgiuntiva di cui al comma 1 dell'art. 2477, per un verso, e la eliminazione dell'attribuzione automatica (ma derogabile) al collegio sindacale della funzione di revisione legale dei conti, per altro verso, perpetuano un modello dei controlli delle s.r.l. destrutturato, nel quale la volontà dei soci sembra potersi spingere fino ad una totale abdicazione alla funzione di controllo interno sulla gestione in luogo del mero controllo legale dei conti: e ciò non soltanto nel caso di configurazione facoltativa del sistema dei controlli societari, bensì anche nelle fattispecie in cui la nomina dell'organo di controllo risulti *ex lege* obbligatoria [32].

L'impatto sull'assetto corporativo della s.r.l. è evidente; ed altrettanto manifesti sono i corollari problematici, soprattutto in ordine alle competenze del sindaco o del revisore, derivanti dall'inopinata (e forsanche equivocata) parificazione delle due figure.

Ed è proprio partendo da quest'ultimo profilo che pare opportuno procedere nell'esegesi dell'art. 2477. Al di là dell'ammissibilità o meno della soppressione del controllo

---

[31] Di «arbitraggio normativo» parla BENAZZO, *I controlli interni*, 35. Sulla nuova formulazione della norma e sulla "fungibilità" tra organo sindacale e revisore esterno, v. anche CAGNASSO, *I controlli*, 2438 ss.; DEMURO, *Collegio sindacale*, 615; BUTTURINI, *L'ultima versione*, 412 ss.; SOTTORIVA, *La riforma*, 1180.

[32] In questo senso, il CONSIGLIO NAZIONALE DEI DOTTORI COMMERCIALISTI E DEGLI ESPERTI CONTABILI, *Il nuovo assetto*; CONSIGLIO NAZIONALE DEL NOTARIATO, Studio n. 113-2012/I, *La nuova disciplina*. In senso difforme peraltro le massime n. 124 del 2012 del notariato di Milano e n. 13 del 2012 del notariato del Triveneto che, con varie motivazioni, asseriscono l'ineludibilità dei controlli di cui all'art. 2403 anche in capo all'organo di revisione.

dell'organo sindacale, di cui si dirà tra breve, dal tenore letterale della norma si evince agevolmente che il riferimento all'organo di controllo è operato con riguardo all'organo (sia esso in forma di sindaco unico o di collegio sindacale), mentre quello al revisore è rivolto alla funzione di revisione legale dei conti.

Nella medesima prospettiva di distinzione tra organo e funzione si esprime anche (e più correttamente) la rubrica della norma intitolata al «*sindaco*» e «*alla revisione legale dei conti*»[33]. Non è dunque dato registrare alcuna variazione nell'ambito delle competenze tradizionalmente attribuite alle due figure. Come si è anticipato, l'organo sindacale è "naturalmente" investito anche della competenza in ordine alla revisione legale dei conti. Tale "naturale" attribuzione diviene anzi necessaria in assenza di un revisore esterno: in caso di nomina dei soli sindaci, esigenze di ragionevolezza e di concreta operatività inducono a ritenere ineludibile l'attribuzione della revisione in capo allo stesso organo di controllo[34].

Come si è ricordato, in assenza del revisore esterno, l'organo sindacale è "naturalmente" investito della funzione di revisore contabile legale dei conti anche qualora la s.r.l. sia tenuta alla redazione del bilancio consolidato, estendendosi in tal caso la competenza alla revisione su quest'ultimo[35], o controlli una società obbligata alla revisione legale dei conti. L'unico limite posto al riguardo dalla legge è rappresentato dall'ipotesi in cui la s.r.l. o la sua controllata siano qualificabili come "enti di interesse pubblico", ai sensi dell'art. 16, comma 1, d.lgs. n. 39 del 2010: in tal caso – così come se la s.r.l. sia controllata da enti di interesse pubblico e sottoposta con questi ultimi a comune controllo – la revisione legale non può essere esercitata dall'organo sindacale, dovendo essere necessariamente affidata a un revisore esterno (come impone l'art. 16, comma 2, d.lgs. n. 39 del 2010)[36].

Le conclusioni cui si è pervenuti sono destinate a valere altresì nelle altre ipotesi – ulteriori rispetto a quelle contemplate dal codice civile – in cui la legge obbliga la società a responsabilità limitata a nominare l'organo sindacale (o, più sovente, un vero e proprio collegio sindacale)[37]: organo che, anche in tal caso, deve pertanto ritenersi investito anche della revisione legale, salvo che sia esercitata l'opzione di nominare un revisore legale o una società abilitata all'esercizio della revisione legale[38].

[33] Solo apparente appare dunque la discrasia tra la congiunzione della rubrica e la disgiunzione del testo.

[34] Così BENAZZO, *Il collegio sindacale*, 733 ss.; MUCCIARELLI, SPOLIDORO, *Il revisore legale*, 747 ss., per i quali «vi sono ragioni sufficienti per risolvere la questione affermando che, ove la nomina del collegio sindacale sia obbligatoria, è implicitamente obbligatorio che la società sia sottoposta a revisione legale»; DEMURO, *Collegio sindacale*. Del resto, anche qualora si accedesse alla tesi – discutibile nelle premesse e di dubbia efficienza nei suoi approdi operativi – della contestuale fungibilità anche delle funzioni, per la quale il sindaco non svolgerebbe la revisione legale dei conti, rimanendo tale funzione soppressa, resterebbe comunque fermo che i componenti dell'organo di controllo, pur non dovendo adempiere a tutti i doveri formali previsti per il revisore, non potrebbero esimersi da un controllo anche di tipo contabile, per procedere compiutamente al controllo sulla gestione.

[35] L'art. 41, comma 2, d.lgs. n. 127 del 1991, così come modificato dal d.lgs. n. 39 del 2010, prevede che la revisione sia demandata al soggetto incaricato della revisione legale del bilancio di esercizio della società che redige il consolidato: e v. *supra*, anche con riguardo alla nuova ipotesi di nomina obbligatoria dell'organo introdotta dallo stesso d.lgs. n. 39 del 2010).

[36] E v. CONSIGLIO NAZIONALE DEI DOTTORI COMMERCIALISTI E DEGLI ESPERTI CONTABILI, *Il nuovo assetto*.

[37] Così, per le società sportive professionistiche, l'art. 10, l. 23 marzo 1981, n. 91 e successive modifiche.

[38] MUCCIARELLI, SPOLIDORO, *Il revisore legale*, 748.

Lo scenario è destinato a mutare nel caso di nomina del solo revisore esterno: in tale ipotesi non si potranno infatti estendere a quest'ultimo i doveri connessi al controllo sulla gestione tipici dell'organo di controllo; e, tanto meno, le prerogative, le legittimazioni e i poteri ad esercizio doveroso che a quest'ultimo soltanto competono. In tal senso sembra del resto militare, oltre alla natura esterna alla struttura organica dell'ente che connota da sempre la posizione del revisore, il rinvio operato dal comma 4 alla disciplina del collegio sindacale delle s.p.a. per la sola ipotesi di nomina di un "organo di controllo" e non anche del revisore.

In altri termini, non appare contestabile che la volontà legislativa si sia indirizzata verso il riconoscimento di una libertà di scelta da parte dei soci delle s.r.l. fra l'inserimento all'interno della struttura societaria di un vero e proprio organo di controllo (pluripersonale o uni personale), incaricato sia dei controlli gestionali, sia (secondo la tesi ritenuta preferibile) contabili, da un lato, e la nomina di un revisore esterno (persona fisica o società), investito della sola funzione di revisione legale dei conti ai sensi dell'art. 14, d.lgs. n. 39 del 2010, dall'altro.

Assolta tale "obbligazione alternativa", nell'una o nell'altra direzione, la società ben potrà prevedere statutariamente la compresenza di entrambe le funzioni; così come potrà diversamente strutturare, in presenza di un revisore esterno, la funzione di controllo interno[39].

Al di là del giudizio di merito sulle istanze di politica del diritto sottese al dettato normativo, il conseguente scenario che determinerebbe l'eventuale estraneità del controllo sulla gestione al generale sistema di governance nelle s.r.l. traduce in termini forse fin troppo radicali un orientamento peraltro non inedito in dottrina, per il quale già la riforma del 2003 avrebbe potuto permettere di superare l'obbligatorietà del controllo sulla gestione[40].

Le ragioni fondanti sono tuttavia da rintracciare su un piano parzialmente diverso, che va oltre la mera semplificazione degli assetti interni delle s.r.l., per approdare a una più generale accentuazione del *favor* verso il superamento di parametri dimensionali quale limite superiore all'elasticità organizzativa, nonché di complessiva riduzione dei costi interni, al fine di favorire lo sviluppo delle imprese o il superamento delle situazioni di crisi. Tali aperture dipendono da scelte di politica del diritto la cui impostazione presta il fianco a considerazioni critiche sia sotto il profilo esegetico[41], sia dal punto di vista sistematico[42], posto che tuttora imprese di dimensioni rilevantissime rivestono la forma di società a responsabilità limitata.

---

[39] Sulla configurabilità dei modelli alternativi di amministrazione e controllo e sulla ulteriore questione relativa alla possibilità di modulare in sede statutaria il diritto di controllo in presenza di organo sindacale, v. ABRIANI, *I controlli*, 2019 ss.

[40] Sulla compatibilità dell'opzione in esame rispetto alla disciplina comunitaria, v. ZANARONE, *Della società*, 1143.

[41] Per un efficace quadro di sintesi in chiave critica, v. MASTURZI, *Prime osservazioni*, 766. In ordine alle problematiche sollevate dall'introduzione del sindaco unico e poi in parte superate dai successivi correttivi normativi, v. per tutti STELLA RICHTER *jr.*, *E pluribus unum*, 173.

[42] Si pensi alla questione del soggetto che deve formulare le osservazioni in caso di riduzione di capitale ai sensi dell'art. 2482-*bis*. È vero che anche in questo caso la norma pone la disgiuntiva "alternativa", ma l'interpretazione più corretta pare quella che legge la stessa norma come limitata al caso in cui esista solo il revisore, unica ipotesi nella quale sarà compito di quest'ultimo presentare le osservazioni.

In conclusione, qualora l'atto costitutivo nulla disponga in merito all'organo di controllo o rimandi semplicemente alle vigenti disposizioni di legge, potrà legittimamente provvedersi alla nomina di un organo monocratico o di un revisore. Qualora i soci desiderino, in via facoltativa od obbligatoria, nominare un organo di controllo collegiale, tale scelta dovrà trovare corrispondenza in una espressa clausola dell'atto costitutivo.

In questo quadro, motivi di auspicabile flessibilità e di riduzione dei costi suggeriscono l'introduzione di clausole che consentano ai soci di scegliere di volta in volta il tipo di organo e "di controllo" cui assoggettare la società, con particolare attenzione rispetto alla nomina del solo revisore. Tale circostanza richiede, per un verso, un uso dell'autonomia statutaria più attento e, per altro verso, la piena consapevolezza di coloro che concorrono a tale scelta in ordine agli effetti che l'assenza del controllo sulla gestione può avere sia nei confronti sia della società, sia dei singoli soci.

Sotto il primo profilo, va osservato che in presenza del solo revisore, il difetto di un controllo professionale e indipendente sulla gestione non pare in alcun modo colmato dal pur sensibile rafforzamento del controllo individuale del socio (art. 2476, comma 2)[43].

Si tratta infatti di prerogative che: a) la legge riconosce in una prospettiva puramente "egoistica" dei soci non amministratori, per i quali un frettoloso ricorso ad un eccesso di imprenditorialità (e cogestione) potrebbe condurre a risultati controproducenti; b) non trovano applicazione nelle non infrequenti ipotesi in cui tutti i soci partecipino all'amministrazione della società; c) non includono il potere di ispezione del complesso aziendale che è invece riconosciuto all'organo sindacale[44].

La scelta del solo revisore comporta, oltre alla generale rinuncia al controllo di legalità e sul rispetto dei principi di corretta amministrazione, una ridotta capacità in ordine alle impugnative assembleari, alla competenza circa l'interpretazione delle scelte del consiglio di amministrazione e agli eventuali profili di responsabilità, alla valutazione dei conflitti di interesse, alla possibilità di convocare l'assemblea in caso di situazioni di particolare urgenza e gravità.

I rischi di inadeguatezza degli equilibri endosocietari derivanti da una così vistosa attenuazione delle garanzie previste dall'ordinamento corporativo, soprattutto nelle società a responsabilità limitata di maggiori dimensioni, non sembrano in definitiva bilanciati dall'istanza di semplificazione e dall'auspicato risparmio di costi alla base delle scelte di politica del diritto che hanno ispirato le recenti modifiche normative. Se sino a ieri appariva difficile prospettare una interpretazione antiletterale del dettato normativo, anche alla luce della *ratio* sottesa alla alternativa accordata dalla norma, il nuovo scenario introdotto dal d.lgs. n. 14 del 2019 sembra porre le premesse per una riconsiderazione critica e, almeno in parte, correttiva.

Il sindaco – e ancor meglio, il collegio sindacale – è infatti titolare di poteri ad esercizio doveroso di controllo sull'adeguatezza degli assetti organizzativi, amministrativi e contabili dell'impresa societaria e di legittimazione ad azioni (dalla convocazione dell'assemblea sino all'azione di responsabilità nei confronti degli amministratori e, secondo la tesi preferibile, alla denuncia di gravi irregolarità), che permettono un efficiente intervento proattivo,

[43] Sul punto v. ABRIANI, *I controlli*, 2036 ss.

[44] E v. ancora ABRIANI, *I controlli, ibidem*.

prima ancora che reattivo, che non trova alcun riscontro in capo al revisore esterno. Tali poteri-doveri possono rivelarsi particolarmente utili nella fase di emersione e prevenzione di quelle situazioni di pre-crisi (c.d. *twilight zone*) in cui molte delle imprese in forma di società a responsabilità limitata vengono purtroppo a trovarsi in questa delicata congiuntura economica: contesti nei quali la competenza e lo "scetticismo" professionale dei sindaci possono risultare – e in concreto, sovente risultano – particolarmente preziosi.

In tale quadro si iscrivono i nuovi doveri di monitoraggio, attivazione e segnalazione imposti all'organo di controllo, da un lato, e, dall'altro, al revisore, dal Codice (entrati in vigore dall'agosto del 2020), ma, ancor prima, i generali doveri di predisposizione di assetti adeguati alla prevenzione della crisi enunciati dalle norme del codice civile novellate dal d.lgs. n. 14 del 2019 (e in vigore dal marzo del 2019) [45].

Ora, sebbene il legislatore continui a prevedere l'alternativa tra la nomina dell'organo sindacale o la nomina del revisore, le regole di corretta amministrazione dell'impresa scolpite negli artt. 2086 e 2475 c.c., da un lato, e il ruolo assegnato all'organo di controllo dalla disciplina del Codice (sin dalla fase, prodromica, della composizione negoziata: artt. 17, comma 5, 21, comma 3, e soprattutto 25-*octies*), dall'altro, impongono, segnatamente nelle s.r.l. di maggiori dimensioni, di verificare se la semplice presenza di un revisore esterno sia effettivamente compatibile rispetto al generale dovere di istituire un assetto organizzativo, amministrativo e contabile adeguato alla natura e alle dimensioni dell'impresa, anche in funzione della rilevazione tempestiva della crisi dell'impresa e dei rischi di perdita della continuità aziendale.

La questione assume una peculiare delicatezza nelle società a responsabilità limitata holding, che si collocano al vertice di gruppi societari, per definizione obbligate alla nomina (almeno) di un revisore esterno in quanto tenute alla redazione del bilancio consolidato. Come noto, il principio di esclusiva spettanza della gestione dell'impresa in capo agli amministratori assume una configurazione del tutto peculiare nelle società sottoposte ad attività di direzione e coordinamento, in quanto le prerogative che gli artt. 2497 ss. (implicitamente, ma inequivocabilmente) accordano agli amministratori delle società poste al vertice del gruppo, determinano una radicale ridefinizione delle funzioni tipiche degli amministratori delle società che ne fanno parte. Queste ultime sembrano infatti destinate a essere soggette a una forma di «cogestione diseguale» alla quale sono chiamati a concorrere, su posizioni diverse, da un lato, gli amministratori della holding, ai quali è assegnato il potere di dirigere e coordinare l'amministrazione di tutte le società del gruppo, impartendo a tal fine indicazioni che, in quanto rispondenti ai principi di corretta gestione societaria e imprenditoriale delle controllate, sono di regola vincolanti per queste ultime; dall'altro, gli amministratori delle società controllate, che, nella sfera di gestione accentrata dalla capogruppo, restano privi di un autonomo potere di gestione nei confronti della società che li ha nominati e sono in linea di principio tenuti ad eseguire le direttive gestionali provenienti dagli amministratori della capogruppo, previa verifica della loro conformità

[45] Sul tema v. MONTALENTI, *La gestione*, 820 ss. e ABRIANI, *Corporate governance*, 253 ss. Sul ruolo dei sistemi di controllo interno anche ai fini della rilevazione dell'approssimarsi della crisi e dell'attivazione di rimedi tempestivi ed adeguati che impediscano il peggioramento della situazione e rendano inevitabile il fallimento, v. già SANDULLI, *I controlli*, 1100 ss.

all'interesse sociale, nella più lata prospettiva, estesa al risultato complessivo dell'attività di direzione e coordinamento, ora delineata dall'art. 2497.

Il potere di gestione sulle singole società del gruppo competerà dunque agli amministratori della capogruppo, mentre gli amministratori delle controllate saranno tenuti, da un lato, al compimento dei cc.dd. "atti di amministrazione" strumentali al funzionamento dell'organizzazione societaria[46], dall'altro, alla comunicazione alla holding delle informazioni necessarie per il corretto esercizio della direzione unitaria e soprattutto la traduzione operativa delle direttive gestionali impartite da quest'ultima. In questo secondo ambito, gli amministratori delle controllate saranno chiamati a svolgere un'essenziale funzione di "filtro" delle direttive della capogruppo, verificando preventivamente la loro conformità alla legge e negando l'attuazione a quelle che contrastino con l'interesse della società da loro amministrata, in quanto implichino sacrifici non adeguatamente compensati alla luce del complessivo risultato dell'attività di direzione e coordinamento o di altre operazioni intragruppo[47].

Tale distinzione di piani è destinata a proiettarsi anche sul tema di vertice della predisposizione degli assetti, in quanto da una lettura coordinata degli artt. 2086, comma 2, e 2497 c.c. si desume che presupposto indefettibile della «*corretta gestione societaria e imprenditoriale*», cui deve ispirarsi la direzione e coordinamento, è rappresentato dalla predisposizione di una struttura organizzativa del gruppo – e delle singole entità che lo compongono – in grado di cogliere quei segnali di difficoltà, di crescente tensione finanziaria e di aggravamento degli indici di rischio che caratterizzano la delicata fase che si colloca in un'area intermedia tra impresa in normali condizioni di esercizio e impresa in condizioni di crisi conclamata, seppure ancora reversibile[48].

Ora, in questo scenario il dovere di predisposizione di assetti adeguati all'interno del gruppo sembra imporre un supplemento di riflessione sull'effettiva corrispondenza al parametro normativo di un sistema di controlli nel quale non vi sia, a livello di holding (anche se non in forma di s.p.a.), un organo di controllo chiamato a monitorare sul rispetto dei principi organizzativi che il legislatore pone a presidio – e quale a priori – della corretta amministrazione del gruppo e della prevenzione dei rischi di crisi suscettibili di propagarsi all'interno delle varie entità in cui lo stesso si articola[49].

[46] Quali ad esempio, la redazione del bilancio d'esercizio, gli adempimenti pubblicitari, la convocazione dell'assemblea. Sul punto è d'obbligo il richiamo alla distinzione tra "gestione" e "amministrazione" delineata, con riferimento alla disciplina previgente alla novella in esame, da ANGELICI, voce *Società*, 997 ss., per il quale si potrebbero riconoscere, nell'ambito dei compiti commessi agli amministratori, due distinti livelli: da un lato, le mansioni inerenti alla "*amministrazione*" in senso stretto, ovvero all'organizzazione dell'ente nei vari aspetti degli adempimenti societari; dall'altro, le funzioni attinenti alla "*gestione*", più latamente intesa come direzione dell'attività imprenditoriale della società che costituisce l'oggetto della società e determinazione dei suoi indirizzi (e v. anche gli spunti di CABRAS, *La forma*, 38 ss.).

[47] O ancora in quanto rispondano a un interesse (non già dell'organizzazione imprenditoriale di gruppo complessivamente intesa, ma) unicamente dei soci di controllo o degli amministratori della *holding*.

[48] E v. ABRIANI, PANZANI, *Crisi e insolvenza*, 2301 s.

[49] Sul ruolo assegnato al collegio sindacale nell'ambito delle procedure di allerta originariamente previste dal Codice (ma con considerazioni in larga misura riferibili agli obblighi di vigilanza e segnalazioni contemplati dalla versione entrata in vigore il 14 luglio 2022), v. ABRIANI, *I controlli*, e in relazione alle s.r.l. di gruppo, MIOLA, *La s.r.l.*, 1117 ss.

Articolo 380

Cause di scioglimento delle società di capitali

1. All'articolo 2484, primo comma, del codice civile dopo il numero 7) è aggiunto il seguente:"7-bis) per l'apertura della procedura di liquidazione giudiziale e della liquidazione controllata. Si applicano, in quanto compatibili, gli articoli 2487 e 2487-bis".

2. All'articolo 2487-bis, terzo comma, del codice civile, è aggiunto, infine, il seguente periodo: "Quando nei confronti della società è stata aperta la procedura di liquidazione giudiziale o di liquidazione controllata, il rendiconto sulla gestione è consegnato anche, rispettivamente, al curatore o al liquidatore della liquidazione controllata.

Maria Laura Micucci

Sommario: 1. Scioglimento delle società di capitali a seguito di liquidazione giudiziale e controllata. – 2. Operatività della causa, nomina dei liquidatori ed obbligo di consegna del rendiconto sulla gestione.

1. – La norma in commento reintroduce tra le cause di scioglimento delle società di capitali l'apertura della liquidazione giudiziale[1], considerando anche l'ipotesi dei tipi capitalistici a cui non sono applicabili le norme sulla liquidazione giudiziale, bensì quelle sulla liquidazione controllata[2]. Tale scelta impone un ritorno alle considerazioni *ante* riforma del diritto societario del 2003[3], quando il fallimento era una delle cause di dissoluzione delle società di capitali, l'eliminazione della quale è stata ravvisata nell'abbandono dell'ottica sanzionatoria della procedura concorsuale[4]. Peraltro, la riforma aveva eliminato tale causa di scioglimento per le società di capitali, ma non per le società di persone *ex* art. 2308 c.c., dando così luogo ad un'evidente disparità di trattamento cui ha posto fine il Codice, come indicato nella legge delega[5].

---

[1] La norma è stata più volte modificata: l'attuale formulazione dell'art. 380 si deve all'art. 39, comma 1, d.lgs. 26 ottobre 2020, n. 147, che ha modificato la precedente versione.

[2] Cfr. Campobasso, *Dalla procedura*, 133 ss.

[3] In luogo di molti, Niccolini, *Scioglimento, liquidazione*, 381; Nigro, *Le società*, 294 ss.

[4] Per prediligerne una funzione riorganizzativa: Niccolini, *La nuova disciplina*, 223 s., secondo cui l'eliminazione dello scioglimento era volta ad evitare che vi fosse un'ulteriore sanzione a carico dell'imprenditore commerciale insolvente, in contrasto con la *ratio* della riforma del 2003; Bussoletti, *Il fallimento*, 117.

[5] Cfr. art. 14, comma 1, lett. *c*), l. n. 155 del 2017. In verità, tale frattura sistematica era da alcuni conte-

La reintroduzione siffatta causa di scioglimento ripropone il problema del difficile coordinamento tra la disciplina societaria e quella concorsuale[6], specie in ordine a due profili: l'operatività della causa e l'eventuale applicazione o meno delle regole ordinarie di liquidazione, in aggiunta a quelle concorsuali. Prima della riforma del 2003, si è perciò discusso circa la necessità di nominare o meno i liquidatori e parte della dottrina ha sostenuto la tesi affermativa per via dell'esigenza di distinguere quella parte del patrimonio sociale residua rispetto ai beni oggetto di spossessamento da liquidare secondo le regole generali[7].

In linea di principio, la relazione alla legge delega n. 155 del 2017 sembra risolvere tale questione, poiché attribuisce una tendenziale prevalenza alle regole dettate dal Codice rispetto alle norme di diritto societario[8]. Ne deriva che l'espresso rinvio agli artt. 2487 e 2487-*bis* c.c. induce a ritenere che le altre norme codicistiche non siano applicabili, mentre si deve verificare il grado di compatibilità di quelle oggetto di esplicito richiamo, tra cui proprio la nomina dei liquidatori.

2. – L'operatività dell'apertura della liquidazione giudiziale o controllata, quale causa di scioglimento delle società di capitali, non è la medesima prevista per le altre ipotesi contenute nell'art. 2484 c.c.[9]. Ciò deriva dall'assenza del richiamo dell'art. 2484 c.c. e dalla mancata modifica del suo comma 3; pertanto, in applicazione delle norme del Codice si può ricondurre tale momento all'iscrizione nel registro delle imprese della dichiarazione di apertura della liquidazione giudiziale ai sensi dell'art. 49, comma 4, ovvero controllata *ex* art. 270, comma 2, lett. *f*)[10].

L'apertura di tali procedure concorsuali non implica la messa in liquidazione delle società di capitali ai sensi dell'art. 2487 c.c., quale effetto tipico delle altre cause[11], ma comporta l'applicazione delle norme del Codice e, quindi, la nomina del curatore e dei vari

---

stata, vuoi perché si riteneva che le società di persone avessero delle specificità tali da mantenere il fallimento come causa di scioglimento diversamente dalle società di capitali, vuoi perché il fallimento era riconducibile ad altre cause di scioglimento come, ad esempio, la sopravvenuta impossibilità di conseguire l'oggetto sociale: BUSSOLETTI, *Il fallimento*, 116 s.; FERRI JR, *Impresa e società*, 1281 s., per il quale tale scelta è frutto di un'esigenza di semplificazione del legislatore. In argomento, anche, BALZARINI, *Art. 2484*, 36.

A prescindere dall'esistenza o meno di tale frattura sistematica, la reintroduzione della liquidazione giudiziale quale causa di scioglimento è stata comunque oggetto di vivaci critiche: D'ATTORRE, *La liquidazione giudiziale*, 1259, che ritiene la norma in contrasto con le norme del Codice sulla continuazione dell'attività di impresa anche durante la procedura concorsuale; NIGRO, *Il diritto societario*, 1219, secondo cui tale reintroduzione è ingiustificata ed attribuisce alla liquidazione giudiziale portata dissolutiva.

[6] Cfr. GHIONNI CRIVELLI VISCONTI, *Scioglimento e liquidazione*, 79 s., il quale per sostenere la prevalenza delle regole concorsuali sulle regole della liquidazione ordinaria argomenta anche dal dato comparatistico.

[7] Di tale avviso, NICCOLINI, *Interessi pubblici*, 566 ss.; NIGRO, *Le società*, 280, che individua un nucleo di diritti sottratti allo spossessamento, oltre ai beni sopravvenuti che non vengono appresi al patrimonio sociale.

[8] Cfr. art. 2, l. 19 ottobre 2017, n. 155.

[9] Cfr. GHIONNI CRIVELLI VISCONTI, *Scioglimento e liquidazione*, 92 ss.

[10] Di opinione differente, BARTALENA, *Le azioni*, 305 s., che argomenta dalla circostanza che il legislatore con l'art. 380 non ha modificato l'art. 2484, comma 3, c.c. volendo, quindi, mantenere inalterato l'assetto attuale e la decorrenza degli effetti delle cause di scioglimento.

[11] In proposito sembrano ancora attuali le considerazioni di: GALLESIO, PIUMA, *I poteri*, 240; NIGRO, *Le società*, 303 ss.

organi concorsuali preposti [12]. Il legislatore non ha preso posizione in modo netto sulla necessità di nominare i liquidatori secondo le regole ordinarie, ma le uniche norme che richiama, sia pure nei limiti della compatibilità, sono proprio gli artt. 2487 e 2487-*bis* c.c. sulla designazione e la pubblicità degli stessi. Ciò può significare che i liquidatori devono essere nominati [13], ma non che abbiano i loro "tradizionali" poteri, tra cui quello tipico di liquidazione dei beni, tanto è vero che sono espressamente privati di alcune competenze specifiche che sono attribuite al curatore [14].

Quanto al comma 2 della norma in esame, si prevede per entrambe le procedure liquidatorie la consegna del rendiconto sulla gestione rispettivamente al curatore o al liquidatore della liquidazione controllata (art. 2487-*bis*, comma 3, c.c.). Il tenore letterale della disposizione non fa altro che specificare un obbligo generale degli amministratori di consegnare tutta la documentazione contabile agli organi delle procedure concorsuali [15]. Qualora lo scioglimento sia conseguenza dell'apertura della liquidazione giudiziale o controllata, gli amministratori sono quindi tenuti ad informare sia i liquidatori che il curatore attraverso il rendiconto della gestione relativo al periodo successivo all'ultimo bilancio approvato. Al contrario, nel caso in cui la società sia già posta in stato di liquidazione, il liquidatore avrà già ricevuto in consegna siffatto documento, redatto in precedenza dagli amministratori e graverà su di lui l'onere di consegnarlo al curatore.

[12] Sulla preminenza del ruolo del curatore rispetto al liquidatore, BUSSOLETTI, *Il fallimento*, 116 ss.; FERRI JR., *Fallimento e scioglimento*, 15 ss.; ID., *Impresa e società*, 1281 ss., che osserva come spetti al curatore la liquidazione dell'attivo e la distribuzione dell'eventuale ricavato, mentre residua in capo ai liquidatori una competenza solo su quei beni estranei alla procedura concorsuale.

[13] Al riguardo, si vedano le considerazioni espresse nel vigore della vecchia disciplina, ma tuttora attuali, di NICCOLINI, *Interessi pubblici*, 572 ss., per il quale la figura del liquidatore non viene soppressa dal curatore, argomentando proprio dall'idea che quest'ultimo non si occupa della fase estintiva della società e il fallimento non incide su tutte le situazioni giuridiche imputabili alla stessa. Per l'A. le due figure possono coesistere ed un esempio è dato da una società già in liquidazione dichiarata poi fallita.

[14] I liquidatori sono stati privati dei loro poteri attribuendo, ad esempio, al curatore la redazione del bilancio dell'ultimo esercizio (art. 198, comma 2) e la competenza contabile (art. 231, comma 1).

[15] Oggi come ieri è infatti prevista la consegna delle scritture contabili e di ogni altra documentazione al curatore (art. 194, al pari del previgente art. 86 l. fall.), v. VACCARELLI, MASSIMI, *Art. 86*, 619 ss.; VASSALLI, *Il curatore*, 246.

Articolo 381

Disposizioni in materia di società cooperative ed enti mutualistici

1. All'articolo 2545-terdecies, primo comma, del codice civile, il secondo periodo è sostituito dal seguente: «Le cooperative che svolgono attività commerciale sono soggette anche a liquidazione giudiziale».

2. All'articolo 2545-sexiesdecies, primo comma, del codice civile, il primo periodo è sostituito dal seguente: «Fuori dai casi di cui all'articolo 2545-septiesdecies, in caso di irregolare funzionamento della società cooperativa, l'autorità di vigilanza può revocare gli amministratori e i sindaci, affidare la gestione della società a un commissario, determinando i poteri e la durata, al fine di sanare le irregolarità riscontrate e, nel caso di crisi o insolvenza, autorizzarlo a domandare l'accesso a una delle procedure regolatrici previste nel codice della crisi e dell'insolvenza.».

Giustino Di Cecco

Sommario: 1. Introduzione. – 2. La "rivoluzione mancata" in tema di insolvenza delle società cooperative. – 3. La legittimazione del commissario a domandare l'avvio di una delle procedure di soluzione della crisi. – 4. L'entrata in vigore delle modifiche introdotte dalla norma.

1. – Posta nella «*Parte seconda*» del Codice, espressamente dedicata alle «*Modifiche al Codice Civile*», la disposizione in commento [1] apporta una limitata variazione alle previgenti regole in tema di insolvenza delle società cooperative, nonostante l'attesa "rivoluzione normativa" annunciata sul punto dall'art. 15, legge delega 19 ottobre 2017, n. 155.

La disposizione, infatti, a parte il mero adeguamento lessicale dell'art. 2545-*terdecies*, comma 1, c.c. (ove il termine «*fallimento*» è sostituito con la locuzione «*liquidazione giudiziale*»), si limita ad introdurre al primo periodo del comma 1 dell'art. 2545-*sexiesdecies* c.c. la duplice modifica volta a precisare che la gestione commissariale può essere disposta unicamente al di «*fuori dai casi*» in cui è previsto lo scioglimento per atto dell'autorità ai sensi dell'art. 2545-*septiesdecies* c.c. [2] e deve essere adottata all'espresso «*fine di sanare le ir-*

[1] Nonostante il carattere (apparentemente) ampio della sua rubrica, recante «*Disposizioni in materia di società cooperative ed enti mutualistici*».

[2] Ossia per irregolarità diverse dal mancato perseguimento dello scopo mutualistico, dall'impossibilità di

regolarità riscontrate» salva la possibilità, nel «*nel caso di crisi o insolvenza*», di autorizzazione al commissario per «*domandare*» l'accesso ad «*una delle procedure regolatrici*» della crisi o dell'insolvenza previste dallo stesso Codice.

2. – Come già accennato, il comma 1 dell'art. 381 si limita ad apportare al secondo periodo del comma 1 dell'art. 2545-*terdecies* c.c. una modifica meramente formale disponendo che le società cooperative che esercitano attività commerciale sono assoggettate, oltre che a liquidazione coatta amministrativa ai sensi degli art. 293 ss., «*anche a liquidazione giudiziale*», invece che a «*fallimento*».

La disposizione conferma, quindi, la previgente regola secondo cui le società cooperative che esercitano attività commerciale sono soggette a liquidazione coatta amministrativa o a liquidazione giudiziale secondo il criterio di prevenzione disposto dall'art. 2545-*terdecies*, comma 2, c.c. [3] e, dunque, disattende integralmente l'attuazione dei principi espressamente previsti sul punto dalla legge delega n. 155 del 2017, laddove ai chiedeva al legislatore delegato il superamento del sistema dell'alternatività tra le due procedure in favore della generale applicazione della liquidazione giudiziale salvo che per i casi in cui la legislazione speciale prevede il ricorso alla sola liquidazione coatta amministrativa e per le ipotesi di scioglimento per gravi irregolarità di gestione.

Più precisamente, infatti, l'art. 15 della legge delega rimetteva all'esecutivo l'espresso compito di riformare in radice i presupposti (e dunque, l'ambito di applicazione) della liquidazione coatta amministrativa, precisando, quale espresso criterio direttivo, la generalizzata estensione della «*disciplina concorsuale ordinaria*», ossia della liquidazione giudiziale, «*anche alle imprese in stato di crisi o di insolvenza*» in precedenza «*soggette alla procedura di liquidazione coatta amministrativa*» (tra cui, in primo luogo, le società cooperative) [4], riservando (e pertanto circoscrivendo) in via d'eccezione «*il relativo regime speciale*» della procedura amministrativa, unicamente: (i) alle imprese esercitanti attività bancaria, di intermediazione finanziaria, assicurativa ed assimilate individuate dalle «*leggi speciali*» di settore; (ii) ed alle altre imprese soggette a vigilanza ammnistrativa soltanto in conseguenza «*all'accertamento di irregolarità e all'applicazione di sanzioni da parte delle autorità medesime*».

Il radicale cambiamento di impostazione, come rilevato anche nella relazione allo schema di legge delega n. 155 del 2017 [5], era preordinato, con particolare riferimento alle

---

raggiungere gli scopi statutari e dal mancato deposito del bilancio d'esercizio o dal mancato compimento di atti di gestione per due anni consecutivi.

[3] La norma, infatti, dispone che «*La dichiarazione di fallimento preclude la liquidazione coatta amministrativa e il provvedimento di liquidazione coatta amministrativa preclude la dichiarazione di fallimento*».

[4] Cfr. MORARA, *Crisi della cooperativa*, 23, secondo cui è «agevole sin dalle prime righe» della citata disposizione della legge delega «comprendere come l'ispirazione di questo intervento nella specifica materia sia quella di portare a compimento la volontà più volte aleggiata attorno alle precedenti tornate riformatrici: circoscrivere drasticamente l'ambito di applicazione della LCA ed in particolare di escludere da essa le cooperative, attraendole entro la disciplina ordinaria e giurisdizionale della crisi di impresa», secondo una modifica già proposta con la Riforma del 2006, anche se la «soluzione che ne uscì fu quella di non estendere alla LCA la forte spinta modernizzatrice che invece aveva investito il fallimento, con l'effetto netto di rendere la procedura amministrativa immediatamente più "vecchia", ancor meno adeguata alla bisogna e quindi comparativamente meno efficiente del fallimento stesso».

[5] Cfr. l'art. 15, comma 1, lett. *a)* e gli artt. 293 e 295 Schema di decreto legislativo recante Codice della crisi di impresa e dell'insolvenza in attuazione della l. 19 ottobre 2017, n. 155, approvato dal Consiglio dei ministri

società cooperative svolgenti attività commerciale, al superamento del c.d. doppio binario» previsto proprio dall'art. 2545-*terdecies* c.c. e cioè del concorso, disciplinato in base al criterio della prevenzione, tra procedura di fallimento e di liquidazione coatta amministrativa»[6] secondo un sistema che, nel regime previgente, non aveva mancato di sollevare critiche da parte di alcuni in quanto considerato poco funzionale e tendenzialmente fonte di rischi di sovrapposizione di competenze tra autorità governativa ed autorità giudiziaria[7].

Sicché, l'originaria versione della disposizione in commento[8] predisposta in base allo schema di decreto legislativo approvato dal Consiglio dei Ministri in data 8 novembre 2018, aveva disposto la modifica del comma 1 dell'art. 2545-*terdecies* c.c. prevedendo l'assoggettamento alla ordinaria procedura di liquidazione giudiziale di tutte le società cooperative esercenti attività commerciale, con la sola esclusione di quelle operanti in determinati settori pubblicamente "vigilati"[9] (quali ad esempio quello bancario ed assicurativo)[10].

Senonché, in sede di approvazione del citato schema di decreto legislativo, il Parlamento, con un vistosissimo *revirement*[11], ha soppresso pressoché integralmente le modifiche proposte in tema di ambito soggettivo di applicazione della liquidazione coatta amministrativa lasciando del tutto immutata l'impostazione precedente (salvo la mera trasposizione, nel nuovo Codice, della previgente disciplina della procedura di liquidazione coatta amministrativa della legge fallimentare, sia pure con i necessari adattamenti).

Per l'effetto, come accennato, il comma 1 dell'art. 381 è stato oggetto, nella versione de-

in data 8 novembre 2018. Al riguardo, cfr. inoltre, la *Relazione allo schema di legge delega per la riforma delle procedure concorsuali*, a firma di R. Rordorf, Presidente della *Commissione per elaborare proposte di interventi di riforma, ricognizione e riordino della disciplina delle procedure concorsuali*, ove si rilevava che eccettuati i «settori soggetti a particolare regime di vigilanza ad opera di autorità pubbliche a tal fine specificamente istituite, quali il settore bancario, quello assicurativo e dell'intermediazione finanziaria, nell'ambito dei quali» la liquidazione coatta amministrativa «risponde anche ad esigenze *sui generis* che chiamano necessariamente in causa la peculiare competenza delle anzidette autorità di settore, non sembrano più sussistere ragioni che, per imprese diverse – tra cui segnatamente le cooperative – giustifichino una disciplina della crisi e dell'insolvenza dell'impresa divergente da quella tracciata in via generale»; sicché, lo «sforzo di ricondurre ad unità sistematica la normative concorsuale … suggerisce quindi di riportare anche il fenomeno della crisi e dell'insolvenza delle imprese oggi soggette a liquidazione coatta nell'alveo della disciplina comune, circoscrivendo detto istituto speciale alle sole ipotesi in cui la necessità di liquidare l'impresa non discenda dall'insolvenza, ma costituisca lo sbocco di un procedimento amministrativo volto ad accertare e sanzionare gravi irregolarità intervenute nella gestione».

[6] Cristallizzato anche allo stesso art. 2545-*sexiesdecies* c.c.

[7] Cfr. ancora la *Relazione allo schema di legge delega per la riforma delle procedure concorsuali*, a firma del Presidente R. Rordorf.

[8] Corrispondente all'art. 380 del già citato Schema di decreto legislativo.

[9] La formulazione della disposizione prevista dallo Schema di decreto legislativo approvato dal Consiglio dei ministri in data 8 novembre 2018 forniva anche un'idonea giustificazione all'ampiezza della rubrica della stessa norma (rimasta, per quanto già detto, invariata) recante «*Disposizioni in materia di società cooperative ed enti mutualistici*».

[10] La puntuale elencazione delle imprese assoggettabili in via d'eccezione a liquidazione coatta amministrativa, con «*esclusione della procedura di liquidazione giudiziale*» era contenuta nell'art. 295 Schema di decreto legislativo approvato dal Consiglio dei ministri in data 8 novembre 2018.

[11] MORARA, LANDINI, *Il Codice*, 10 s., ove l'ulteriore considerazione che il «risultato netto che deriva dalla decisione repentina di mantenere tutto come prima è quello di aver perso una occasione (la ennesima) per mettere mano alla disciplina della LCA, armonizzandola e "sincronizzandola" con quella della liquidazione giudiziale», sicché, mentre quest'ultima appare «molto più avanzata, in sincronia con le esigenze della società e dell'economia del 2019», l'evoluzione della LCA resta «sostanzialmente ferma a quella della Legge fallimentare del 1942».

finitiva, del mero adeguamento lessicale di cui si è già detto, con una previsione normativa finanche superflua, atteso che l'art. 349 detta già la regola generale in base alla quale il termine «*fallimento*» debba essere sostituito con quello di «*liquidazione giudiziale*» in tutte le «*disposizioni normative vigenti*» (ivi incluso, dunque, l'art. 2545-*terdecies* c.c.), facendo peraltro espressamente salva la «*continuità della fattispecie*». Tanto è vero, infatti, che l'analogo riferimento testuale al "fallimento" è rimasto invariato addirittura anche nello stesso comma 2 del medesimo art. 2545-*terdecies* c.c. interessato, al comma 1, della modifica in commento.

3. – Il comma 2 dell'art. 381, nel novellare l'art. 2545-*sexiesdecies* c.c., sostituisce l'intero primo periodo del comma 1 della suddetta disposizione.

Invero la norma introdotta nel 2003 [12] era già stata oggetto di una significativa modifica con la Legge di bilancio per il 2018 [13] che, a decorrere dal 1° gennaio 2018, aveva introdotto una più puntuale definizione dei presupposti che legittimano l'autorità governativa a disporre la gestione commissariale ivi disciplinata. Si era previsto, infatti, che il provvedimento potesse essere adottato in presenza di *(i)* «*fondati indizi di crisi*», vero e proprio nuovo presupposto dell'istituto (ancorché di non agevole esatta definizione) [14] e *(ii)* di «*gravi irregolarità di funzionamento*» da imputare (opportunamente) all'organo gestorio della società (e non più di semplice «*irregolare funzionamento*» della cooperativa, come stabilito in precedenza), con il duplice (e condivisibile) effetto di circoscrivere il commissariamento ministeriale ai soli casi di *mala gestio* più rilevanti e di uniformare il relativo presupposto a quello del concorrente» [15] istituto del controllo giudiziario *ex* art. 2409 c.c. (come applicabile per effetto di quanto disposto dall'art. 2545-*quinquiesdecies*); (ii).

L'art. 381, comma 2, invece, nel disporre un'ulteriore correzione del testo dell'art. 2545-*sexiesdecies* c.c. (non senza destare qualche dubbio di eccesso di delega in merito all'ampiezza dei poteri discrezionali attribuiti all'autorità amministrativa nel valutare i presupposti del commissariamento) [16] opera in due distinte direzioni. Da un lato, infatti, reintroduce la formulazione del comma 1 risalente alla riforma delle società del 2003, così trascurando completamente, ed immotivatamente [17], le modifiche introdotte dalla legge di bilancio per il 2018 ed àncorando nuovamente la gestione commissariale *tout-court* ai casi di «*irregolare funzionamento*» delle cooperative. Dall'altro lato, delinea una netta separa-

[12] L'originario testo del comma 1 dell'art. 2545-*sexiesdecies* c.c. risale alla Riforma del diritto delle società del 2003 di cui al d.lgs. 17 gennaio 2003, n. 6 e, a seguito delle modifiche apportate a stretto giro dall'art. 33, d.lgs. 28 dicembre 2004, n. 310, prevedeva, per quel che qui più interessa, che «*In caso di irregolare funzionamento delle società cooperative, l'autorità di vigilanza può revocare gli amministratori e i sindaci, e affidare la gestione della società ad un commissario, determinando i poteri e la durata*».

[13] Cfr. l'art. 1, comma 936, lett. *c*), n. 1, l. 27 dicembre 2017, n. 205.

[14] Almeno sino alla entrata in vigore del nuovo Codice, che prevede espressamente, all'art. 2, comma 1, lett. *a*), la cogente definizione normativa di «*crisi*».

[15] MORARA, LANDINI, *Il Codice*, 15, i quali rilevano come «la nuova definizione del presupposto» della gestione commissariale qualifica «le "irregolarità" con una soglia di "gravità" per consentire il pur grave provvedimento» oltre ad essere «formulata in maniera tale da consentire che la irregolarità fosse riferita meglio al comportamento degli amministratori e non considerata come un mero evento naturale».

[16] MORARA, LANDINI, *Il Codice*, 15.

[17] Tanto da ingenerare il dubbio «che gli estensori della norma abbiano lavorato su un testo del Codice civile non aggiornato» (MORARA, LANDINI, *Il Codice*, 15).

zione tra le ipotesi che legittimano il commissariamento ministeriale e quelle (più gravi) che comportano lo scioglimento della società per atto governativo a norma dell'art. 2545-*septiesdecies* c.c., grazie alla duplice, nuova, previsione secondo cui la gestione commissariale va disposta «*fuori dai casi*» disciplinati dalla norma da ultimo citata e deve espressamente perseguire il «*fine di sanare le irregolarità riscontrate*» o, in caso di «*crisi o insolvenza*», consentire «*l'accesso a una delle procedure regolatrici previste nel codice*».

In tal modo, il comma 2 dell'art. 381 finisce per eliminare (in tal caso, opportunamente) dalla nuova formulazione del comma 1 dell'art. 2545-*sexiesdecies* c.c. anche l'ulteriore (e, per quanto detto, problematico) presupposto della gestione commissariale introdotto dalla legge di bilancio per il 2018, relativo alla sussistenza di «*fondati indizi di crisi*».

La norma precisa poi che allorquando si disponga la gestione commissariale di una cooperativa a causa del suo «*irregolare funzionamento*» il commissario, ove accerti il preesistente o sopraggiunto stato di «*crisi o insolvenza*», può essere altresì autorizzato dall'autorità amministrativa (*ab origine* o in corso di commissariamento) a «*domandare*» «*l'accesso a una delle procedure regolatrici previste nel codice*».

In base a tale (invero non chiarissimo) dettato normativo, il commissario (il cui ruolo è normalmente limitato al risanamento delle «*irregolarità riscontrate*» in base ai «*poteri*» attribuitigli) può essere legittimato [18] a richiedere (evidentemente a seconda del riscontrato grado di gravità del dissesto della cooperativa) l'accesso ad una delle procedure di regolazione della crisi della società [19].

In sostanza, si rimette al commissario l'onere (e l'obbligo) di scegliere, a seconda del grado del dissesto della cooperativa, il tipo di strumento da attivare, procedendo a (chiedere l'autorizzazione dall'ente di vigilanza per) presentare la domanda di accesso ad una delle procedure di regolazione della crisi o dell'insolvenza disciplinate dal Codice, fermo restando che, in caso di crisi insanabile, pare difficile pensare che il commissario, in luogo della richiesta all'autorità di vigilanza di apertura della liquidazione coatta amministrativa, presenti alla medesima autorità l'autorizzazione all'accesso alla liquidazione giudiziale.

4. – In chiusura, v'è da rilevare che la norma in commento, nonostante il fatto che apporti le ricordate «*modifiche al codice civile*» (come pure precisato dalla stessa rubrica della Parte seconda del Codice in cui è collocata), è stata (senza apparente motivo) esclusa dal novero delle attigue disposizioni entrate in vigore in via anticipata a norma dall'art. 389, comma 2, a decorrere dal «*trentesimo giorno successivo alla pubblicazione nella Gazzetta Ufficiale*» del Codice.

---

[18] Al riguardo, non risulta chiaro dalla norma se il commissario debba assumere tali iniziative in base ad un obbligo o, invece, ad una mera facoltà, sembrando preferibile la prima soluzione, anche al fine di evitare l'aggravamento della situazione di dissesto della cooperativa e l'incorrere del medesimo commissario nella conseguente responsabilità.

[19] In tale contesto, l'intervenuta abrogazione della procedura di composizione assistita della crisi, il d.lgs. 17 giugno 2022, n. 83 (di recepimento della Direttiva Insolvency) ha imposto la coerente soppressione della facoltà del commissario di richiedere, in luogo dell'accesso ad una delle procedure regolatrici della crisi o dell'insolvenza, «*la nomina del collegio o del commissario per la composizione assistita della crisi stessa*». Di contro, la mancata espressa previsione della possibilità di richiedere l'accesso alla composizione negoziata non è significativa in considerazione dell'intervenuta integrazione della disciplina di tale strumento nel novero della normativa generale delle "procedure" previste nel Codice della crisi.

Articolo 382

Cause di scioglimento delle società di persone

1. All'articolo 2272 del codice civile, al primo comma, dopo il numero 5) è aggiunto il seguente "5 bis) per l'apertura della procedura di liquidazione controllata".

2. All'articolo 2288 del codice civile, il primo comma è sostituito dal seguente: "E' escluso di diritto il socio nei confronti del quale è stata aperta o al quale è stata estesa la procedura di liquidazione giudiziale o di liquidazione controllata".

3. All'articolo 2308 del codice civile, il primo comma è sostituito dal seguente: "La società si scioglie, oltre che per le cause indicate dall'articolo 2272, per provvedimento dell'autorità governativa nei casi stabiliti dalla legge e per l'apertura della procedura di liquidazione giudiziale".

Alberto Jorio

L'art. 382 fa anch'esso parte delle disposizioni del d.lg. 12 gennaio 2019, n. 14, rese necessarie per l'adeguamento delle disposizioni del codice civile al nuovo Codice.

L'inserimento del n. 5-*bis* tra le cause di scioglimento della società semplice presuppone che questa società non sia un imprenditore commerciale, ma abbia svolto una delle attività che in caso di insolvenza comportano l'applicazione della liquidazione controllata del sovraindebitato, disciplinata dagli artt. 268-277, sorella minore della liquidazione giudiziale.

La sostituzione, nel primo comma dell'art. 2288 c.c., del riferimento al fallimento del socio con la nuova formula che menziona le procedure di liquidazione giudiziale e di liquidazione controllata è dovuta alla necessità di prevedere entrambe le ipotesi di liquidazione, a seconda che il socio sia un imprenditore commerciale sopra soglia ovvero un soggetto al quale si applica, in caso di insolvenza, la liquidazione controllata.

La modifica all'art. 2308 c.c. è in diretta corrispondenza con gli artt. 254 ss., che disciplinano la liquidazione giudiziale delle società con soci illimitatamente responsabili.

Articolo 383

Finanziamenti dei soci

1. All'articolo 2467, primo comma, del codice civile sono soppresse le parole «e, se avvenuto nell'anno precedente la dichiarazione di fallimento della società, deve essere restituito».

Tommaso Di Marcello

Sommario: 1. Contenuto normativo e riflessi sistematici della disposizione. – 2. Il computo del c.d. periodo sospetto. – 3. Il fondamento concorsuale dell'inefficacia del pagamento e l'obbligo di restituzione indipendente dall'apertura di una procedura concorsuale o di una liquidazione volontaria. La postergazione del credito tra diritto societario e diritto concorsuale. – 4. Il pagamento di crediti postergati nel quadro degli effetti del concorso sugli atti pregiudizievoli ai creditori.

1. – L'art. 383 ha modificato l'art. 2467 c.c., che regola i finanziamenti concessi dai soci alla s.r.l. in un momento di eccessivo indebitamento o in una situazione nella quale sarebbe stato ragionevole un conferimento. Il comma 1 dell'art. 2467 c.c. continua a determinare la postergazione del credito derivante da tali finanziamenti [1] ma non prevede più che, nel caso di rimborso nell'anno anteriore al fallimento della società, il socio sia tenuto a consegnare alla curatela la somma che ha ricevuto [2].

---

[1] Per la precisazione che la postergazione non determina la riqualificazione del prestito in conferimento, Cass., 15 maggio 2019, n. 12994. In dottrina, TERRANOVA, *Art. 2467*, 1462 ss.; ID., *Norme societarie*, 142-143; FERRI *jr*, *In tema*, 993; PRESTI, *Art. 2467*, 105; ZANARONE, *Della società*, 465; CAGNASSO, *La società*, 103; FORTUNATO, *La società*, 67; TOMBARI, *«Apporti spontanei»*, 562; OLIVIERI, *Questioni aperte*, 527; SCIUTO, *I finanziamenti*, 507; GIAMPAOLINO, *Profili fallimentari*, 78-79; VATTERMOLI, *Crediti subordinati*, 126-127; RUBINO DE RITIS, *Art. 2467*, 268; STRAMPELLI, *Distribuzioni ai soci*, 57; BALP, *I finanziamenti*, 353-354; MARCHISIO, *I "finanziamenti anomali"*, 1304 ss.; PACILEO, *Continuità e solvenza*, 469; NAZZICONE, *Concetti indeterminati*, 350. Per la diversa affermazione secondo cui vi sarebbe una riqualificazione del prestito, PORTALE, *I «finanziamenti»*, 679; ID., *Capitale sociale*, 150 nt. 273-*bis*, il quale perviene comunque al corretto risultato applicativo per cui il finanziamento postergato deve essere rimborsato con priorità rispetto ai conferimenti.

[2] Per un approfondimento sulle possibili implicazioni della norma e sul suo inquadramento nel sistema sia consentito il rinvio, anche per ulteriori riferimenti bibliografici, a DI MARCELLO, *La postergazione*, 639 ss.; e, con riferimento alla disciplina concorsuale del rimborso effettuato in favore del socio, ID., *Effetti della liquidazione*, 125 ss.

Nella Relazione illustrativa si legge che la previsione espunta dall'art. 2467 c.c. «*è stata inserita, per ragioni di coerenza sistematica, nel Codice della crisi e dell'insolvenza, all'articolo 164*», ossia nell'articolo in cui, oltre all'inefficacia dei pagamenti di crediti non scaduti già stabilita dall'art. 65 l. fall., è ora disposta anche l'inefficacia dei pagamenti di crediti postergati vantati da soci della società finanziata o da chi esercita attività di direzione e coordinamento sulla stessa o è con essa sottoposto a tale attività[3]. Tuttavia, la Relazione non spiega sotto quale profilo di disciplina il sistema avrebbe richiesto – «*per ragioni di coerenza*» – lo spostamento della norma sul rimborso dei crediti postergati dall'art. 2467 c.c. all'art. 164.

Il passaggio della Relazione sopra riportato potrebbe intendersi riferito ad uno o più dei tre seguenti profili: (*i*) la rideterminazione del c.d. periodo sospetto in conformità alla nuova disciplina degli effetti della procedura concorsuale sugli atti pregiudizievoli ai creditori, che fa decorrere a ritroso tale periodo dalla data della domanda di apertura del concorso (e non più dalla data della stessa apertura del concorso); (*ii*) l'implicito chiarimento che lo speciale obbligo restitutorio espressamente previsto in capo al socio in caso di dichiarazione di insolvenza della società, per un verso, discende da un'inefficacia dovuta all'apertura della procedura concorsuale[4], ma, per altro verso, non esclude la possibilità di individuare in via interpretativa un valore normativo della «*postergazione*» anche al di fuori delle ipotesi di procedura concorsuale o di liquidazione volontaria; (*iii*) l'esigenza di un coordinamento dell'inefficacia dei pagamenti di crediti postergati con il quadro delle regole relative agli effetti della procedura sugli atti pregiudizievoli ai creditori.

Indipendentemente da quali fossero in concreto gli obiettivi del legislatore storico, i risultati normativi sopra individuati sono stati, almeno in parte, conseguiti. Per ragioni espositive è opportuno considerarli separatamente.

2. – Con riferimento al primo dei profili illustrati, è evidente che il *dies a quo* per il calcolo a ritroso del periodo sospetto per l'inefficacia concorsuale del pagamento del credito postergato è stato individuato in maniera uniforme a quanto il Codice prevede per l'inefficacia o revocatoria degli atti anteriori alla procedura. In questo senso, una «*coerenza sistematica*» può ritenersi raggiunta. Resta però inteso che la coerenza del sistema non imponeva un adeguamento alle modalità di determinazione del periodo sospetto previsto dal Codice per la disciplina sugli atti pregiudizievoli ai creditori, né richiedeva l'inserimento dell'obbligo restitutorio nel medesimo articolo che dispone l'inefficacia dei pagamenti anticipati[5].

---

[3] Riguardo alla normativa anteriore al Codice, una parte della dottrina considera non agevole il corretto inquadramento della disposizione sull'obbligo di restituzione nel sistema delle revocatorie (PRESTI, *Art. 2467*, 117, anche nt. 65). Secondo un'altra parte della dottrina, la norma che prevede tale obbligo restitutorio deve essere considerata come un aggravamento del regime previsto dall'art. 67, comma 2, l. fall. per i pagamenti di debiti scaduti ed esigibili (FERRI JR, *In tema*, 976-978).

[4] Per la tesi secondo cui, nel sistema anteriore al Codice, l'art. 2467 c.c. non configura un'ipotesi di revocatoria, bensì «un'azione restitutoria di diversa natura», BERTACCHINI, *Gli effetti*, 1439.

[5] Ciò è dimostrato anche dal fatto che, nella disciplina di queste due tipologie di pagamento, l'inefficacia è sottoposta a presupposti distinti e diversa è anche la posizione assunta dal creditore che abbia restituito alla curatela le somme riscosse. Invero, da un lato, per i pagamenti di crediti postergati si richiede la prova delle

3. – Con riferimento al secondo dei tre profili sopra indicati (§ 1), le modifiche testuali apportate con lo spostamento della disciplina dei pagamenti di crediti postergati dall'art. 2467 c.c. all'art. 164 consentono di precisare che, nel caso di apertura della liquidazione giudiziale, il pagamento di un credito postergato effettuato nel periodo sospetto è sottoposto ad *inefficacia relativa*, mentre al di fuori del contesto concorsuale resta perfettamente efficace. Desumere da questi dati una preclusione di azioni restitutorie diverse dall'azione di inefficacia espressamente disciplinata per il contesto concorsuale non sarebbe tuttavia condivisibile, in quanto la questione dell'inefficacia e quella della ripetibilità delle somme sono distinte: un pagamento può dare luogo ad un'obbligazione restitutoria anche quando l'ordinamento gli riconosca piena efficacia. Resta pertanto possibile che in sede extraconcorsuale il pagamento di crediti postergati, perfettamente efficace, dia luogo ad un'azione di restituzione. Ciò legittima l'ipotesi che la postergazione del diritto al rimborso dei finanziamenti dei soci non si esaurisca nella norma di diritto concorsuale che ne prevede l'inefficacia, ma operi anche nel corso dell'ordinaria attività della società, ossia al di fuori di procedure concorsuali o liquidatorie[6].

In proposito merita di essere sottolineato che gli artt. 383 e 164, comma 2, Codice hanno messo in evidenza la distinzione tra le conseguenze concorsuali della postergazione (ossia la partecipazione del credito alla procedura in via postergata e l'inefficacia del pagamento effettuato nell'anno anteriore alla domanda di apertura del concorso), che trovano fondamento nella normativa concorsuale, e le possibili conseguenze civilistiche e societarie, che trovano fondamento nell'art. 2467 c.c. e, in materia di attività di direzione e coordinamento, nell'art. 2497-*quinquies* c.c.

L'applicabilità della postergazione nel corso dell'ordinaria attività della società è stata riconosciuta dalla Corte di cassazione. La Suprema Corte ha ritenuto che il credito postergato del socio finanziatore sia temporaneamente inesigibile e, richiamando l'esigenza di una valutazione obiettiva degli amministratori sulla situazione economico-finanziaria della società, ha ricordato che per il nuovo art. 2086 c.c. – riformulato dall'art. 375 – la società e, quindi, il suo organo amministrativo, ha il dovere di istituire un assetto organizzativo, amministrativo e contabile adeguato alla natura e alle dimensioni dell'impresa, an-

particolari condizioni di indebitamento della società finanziata al momento del prestito, che al contrario non è richiesta rispetto ai pagamenti anticipati; da un altro lato, per i pagamenti postergati il creditore che abbia restituito le somme alla curatela si insinua al passivo in via postergata (cfr., tra gli altri, CAGNASSO, *La società*, 116; CAMPOBASSO, *Finanziamento del socio*, 452; MAUGERI, *Sul regime*, 819), mentre nel caso dei pagamenti anticipati il creditore partecipa al concorso senza subire alcuna postergazione (salvo il caso di pagamento anticipato di un credito postergato). Diversa resta altresì la durata del periodo sospetto per l'inefficacia concorsuale: infatti, il periodo sospetto per i pagamenti di crediti postergati copre un solo anno anteriore al *dies a quo* fissato dalla legge, mentre per i pagamenti anticipati arriva a due anni anteriori a tale data (che l'art. 164 fissa nella data della domanda di apertura della procedura).

[6] Se messa a confronto con l'azione extraconcorsuale per la ripetizione dell'indebito, l'azione restitutoria concorsuale prevista dalla legge presenta per la curatela il vantaggio di non richiedere la prova che alla data del pagamento la società risultasse, in linea prospettica, incapace di soddisfare regolarmente le obbligazioni non postergate (cfr. MAUGERI, *Finanziamenti "anomali"*, 114-115; PRESTI, *Art. 2467*, 118; ABRIANI, *Finanziamenti «anomali»*, 336; ARCIDIACONO, *I prestiti*, 142; e, sostanzialmente nello stesso senso, pur senza incentrare il ragionamento sul profilo probatorio, BALP, *I finanziamenti*, 375). L'assenza di un vantaggio in termini di limiti cronologici per l'esercizio dell'azione è dunque controbilanciato dal fatto che la curatela ottiene un vantaggio sul piano probatorio.

che in funzione della rilevazione tempestiva della crisi dell'impresa e della perdita della continuità aziendale, nonché di attivarsi senza indugio per l'adozione e l'attuazione di uno degli strumenti previsti dall'ordinamento per il superamento della crisi e il recupero della continuità aziendale[7].

La Corte ha desunto l'operatività della postergazione da due ordini di considerazioni: innanzitutto, l'art. 2467 c.c. non determina una riqualificazione del prestito in conferimento ed evita dunque di sottoporre il prestito alla regola per cui l'eventuale rimborso può avvenire solo all'esito della liquidazione; inoltre, il medesimo articolo non attribuisce alcuna rilevanza alla conoscenza della situazione della società da parte del socio finanziatore o ad altri stati soggettivi di quest'ultimo e stabilisce che la postergazione si realizzi automaticamente al verificarsi delle situazioni oggettive considerate dal comma 2[8].

Si tratta a dire il vero di argomenti che non sono idonei a dimostrare che la società possa fare valere la postergazione nel corso della propria attività d'impresa[9]. Essi sono infatti per lo più compatibili anche con la tesi opposta, secondo la quale la postergazione può trovare attuazione soltanto nel concorso esecutivo o nella liquidazione volontaria. L'unico passaggio della sentenza della Suprema Corte incompatibile con quest'ultima tesi risiede nell'affermazione per la quale la postergazione si realizza in via automatica fin dal momento del prestito del socio in una delle situazioni di indebitamento individuate dalla norma: tuttavia, tale affermazione contiene una petizione di principio e non può costituire la premessa del ragionamento, in quanto rappresenta proprio ciò che deve essere dimostrato. Nella motivazione fornita dalla Corte è invece degno di nota il riferimento al fatto che la postergazione abbia mantenuto la propria collocazione nel codice civile, ossia tra le disposizioni societarie, e presenti pertanto rilevanti profili di autonomia dalla disciplina applicabile nelle procedure concorsuali[10].

4. – Con riferimento al terzo ed ultimo profilo segnalato sopra (§ 1), l'inserimento della disposizione sui rimborsi di crediti postergati nella sezione del Codice dedicata agli effetti della liquidazione giudiziale sugli atti pregiudizievoli ai creditori impone di verificare in quale misura l'obbligo restitutorio sia sottoposto alla disciplina di tale sezione.

Per quanto riguarda il termine di decadenza di tre anni dall'apertura della procedura concorsuale e quello di prescrizione di cinque anni dal compimento dell'atto (art. 170, omologo dell'art. 69-*bis*, comma 1, l. fall.), l'azione di inefficacia dei pagamenti postergati

[7] Cfr. Cass., 15 maggio 2019, n. 12994. Si vedano inoltre le considerazioni svolte in via incidentale nell'ordinanza di Cass., 24 ottobre 2017, n. 25163. Per ulteriori affermazioni, Cass. pen., 19 marzo 2019, n. 12186; e Cass. pen., 10 maggio 2017, n. 50188. Per un esame della giurisprudenza, BRIOLINI, *Il rimborso*, 42 ss.

[8] Cass., 15 maggio 2019, n. 12994. Nello stesso senso, tra gli altri, OLIVIERI, *Questioni aperte*, 519; BERTACCHINI, *Gli effetti*, 1437; MARCHISIO, *I "finanziamenti anomali"*, 1297; CAMPOBASSO, *Finanziamento del socio*, 451; ID., *La postergazione*, 243 e 252, ove si rileva che la postergazione legale del diritto al rimborso è un rischio che il socio accetta nel momento in cui concede credito alla società conoscendo o potendo conoscere lo stato di sottocapitalizzazione. Per uno sviluppo di tale prospettiva, BACCETTI, *Postergazione dei finanziamenti*, 822 ss. Diversamente, ZANARONE, *Della società*, 458; e, in parte, MAUGERI, *Finanziamenti "anomali"*, 225.

[9] Per alcuni rilievi critici relativi alla motivazione della sentenza, PACILEO, *La concezione*, 730 ss.

[10] Cass., 15 maggio 2019, n. 12994.

vi è sottoposta, dato che per l'art. 170 tali termini si applicano alle «*azioni revocatorie e di inefficacia disciplinate nella presente sezione*».

Per quanto concerne invece le esenzioni da revocatoria, esse hanno ad oggetto fattispecie diverse da quelle che possono coinvolgere il pagamento di crediti postergati, salva l'esenzione prevista per i pagamenti effettuati in esecuzione di un c.d. piano attestato, di un accordo di ristrutturazione dei debiti omologato o di un concordato preventivo (art. 166, comma 3, omologo dell'art. 67, comma 3, l. fall.). In ogni caso, l'inclusione della norma sul pagamento dei crediti postergati nell'art. 164 sembra mettere fuori gioco le esenzioni stabilite dall'art. 166, comma 3, che si riferiscono agli atti cc.dd. normali regolati dal comma 2 dello stesso articolo [11]. L'esenzione da revocatoria per atti e pagamenti compiuti nell'ambito di un concordato preventivo o di un accordo di ristrutturazione potrebbe di contro ritenersi applicabile al rimborso di prestiti che, in quanto effettuati in uno di questi contesti, beneficino della prededuzione per una percentuale che può arrivare fino all'ottanta per cento, ai sensi dell'art. 102 [12] (omologo dell'art. 182-*quater*, comma 3, l. fall.) [13].

Per quanto attiene alla limitazione degli effetti restitutori nel caso di inefficacia di rimborsi effettuati dalla società nell'ambito di rapporti reiterati o continuativi, stabilita dall'art. 171, comma 3, e dal precedente art. 70, comma 3, l. fall., la norma sembra applicabile anche all'inefficacia concorsuale di una pluralità di pagamenti di crediti postergati del medesimo socio nei confronti della società che derivino da rapporti reiterati o continuativi [14].

Per quanto riguarda, infine, il diverso interrogativo sulla possibilità di sottoporre il pagamento del credito postergato alla revocatoria ordinaria ai sensi dell'art. 165 (omologo dell'art. 66 l. fall.) nel caso in cui esso sia stato compiuto prima del periodo sospetto ma pur sempre entro il termine di prescrizione, la risposta dipende dal modo in cui si individua l'ambito di operatività della postergazione. Qualora si ritenga che la postergazione operi solo in sede di concorso o di liquidazione, il rimborso del prestito, nel corso dell'attività della società, è esigibile alla scadenza e, se effettuato, è esente da revocatoria ordinaria in base all'art. 2901, comma 3, c.c. [15]. Se invece si condivide la ricostruzione per cui la postergazione si applica anche nella fase dell'esercizio dell'impresa, il credito del socio risulta temporaneamente inesigibile *ex lege* fino all'eventuale recupero della capacità prospettica della società di soddisfare le obbligazioni non postergate: il rimborso costituisce

---

[11] Nella medesima direzione, con riferimento alla disciplina anteriore al Codice, Cass., 4 febbraio 2009, n. 2706 (la quale ritiene, in particolare, che al pagamento di crediti postergati non si applichi l'esenzione prevista dall'art. 67, comma 3, l. fall. per i pagamenti compiuti in esecuzione del concordato preventivo); e, in dottrina, BONFATTI, *Prestiti da soci*, 313; CAMPOBASSO, *La postergazione*, 256; ZANARONE, *Della società*, 474 s.; VATTERMOLI, *Crediti subordinati*, 131.

[12] Per approfondimenti e precisazioni a supporto di tale soluzione interpretativa sia consentito il rinvio a DI MARCELLO, *Effetti della liquidazione*, 139 ss. Sul rapporto tra prededucibilità ed esenzione dalla revocatoria cfr. inoltre, tra gli altri, COSTA, *Esenzione dall'azione*, 531 ss.; CALDERAZZI, *I finanziamenti*, 139-140.

[13] Sul regime stabilito da questa disposizione della legge fallimentare e sul relativo ambito di applicazione, nonché sui rapporti che essa determina tra prededuzione e disciplina della postergazione, sia consentito il rinvio, anche per riferimenti bibliografici, a DI MARCELLO, *La postergazione*, 657-658 nt. 43.

[14] Cfr., con riferimento all'art. 70, comma 3, l. fall., CAGNASSO, *La società*, 118; CAMPOBASSO, *Finanziamento del socio*, 451; ID., *La postergazione*, 256; RUBINO DE RITIS, *Art. 2467*, 288; e, per una soluzione analoga, già TERRANOVA, *Art. 2467*, 1486-1487. In senso contrario, ZANARONE, *Della società*, 474-475.

[15] Cfr. FERRI JR, *In tema*, 978; ZANARONE, *Della società*, 482.

pertanto un'oggettiva scorrettezza gestionale del patrimonio debitorio, potenzialmente dannosa per i creditori, e – ove sussistano anche i presupposti soggettivi dell'azione (la conoscenza del danno, sia da parte della società sia da parte del socio finanziatore) – può essere oggetto di revocatoria ordinaria[16].

[16] Cfr., tra gli altri, CAMPOBASSO, *La postergazione*, 253; e RUBINO DE RITIS, *Art. 2467*, 286.

Articolo 384
Abrogazioni di disposizioni del codice civile

1. Dalla data di entrata in vigore del presente codice, l'articolo 2221 del codice civile è abrogato.

Alberto Jorio

La disposizione è il portato naturale della riforma. La procedura di fallimento non esiste più e sono stati cancellati i termini "fallimento" e "fallito". Né è stato possibile sostituire la disposizione abrogata con altra disposizione, stante la complessità e la varietà delle soluzioni che regolano ora la crisi e l'insolvenza con l'introduzione del nuovo Codice.

Articolo 385

Modifiche all'articolo 3 del decreto legislativo n. 122 del 2005

1. All'articolo 3 del decreto legislativo 20 giugno 2005, n. 122 sono apportate le seguenti modificazioni:

a) il comma 1 è sostituito dal seguente: «1. La fideiussione è rilasciata da una banca o da un'impresa esercente le assicurazioni; essa deve garantire, nel caso in cui il costruttore incorra in una situazione di crisi di cui al comma 2 o, nel caso di inadempimento all'obbligo assicurativo di cui all'articolo 4, la restituzione delle somme e del valore di ogni altro eventuale corrispettivo effettivamente riscossi e dei relativi interessi legali maturati fino al momento in cui la predetta situazione si è verificata.»;

b) il comma 3 è sostituito dal seguente: «3. La fideiussione può essere escussa: a) a decorrere dalla data in cui si è verificata la situazione di crisi di cui al comma 2 a condizione che, per l'ipotesi di cui alla lettera a) del medesimo comma, l'acquirente abbia comunicato al costruttore la propria volontà di recedere dal contratto e, per le ipotesi di cui alle lettere b), c) e d) del comma 2, il competente organo della procedura concorsuale non abbia comunicato la volontà di subentrare nel contratto preliminare; b) a decorrere dalla data dell'attestazione del notaio di non aver ricevuto per la data dell'atto di trasferimento della proprietà la polizza assicurativa conforme al decreto ministeriale di cui all'articolo 4, quando l'acquirente ha comunicato al costruttore la propria volontà di recedere dal contratto di cui all'articolo 6.";

c) il comma 7 è sostituito dal seguente: «7. L'efficacia della fideiussione cessa nel momento in cui il fideiussore riceve dal costruttore o da un altro dei contraenti copia dell'atto di trasferimento della proprietà o di altro diritto reale di godimento sull'immobile o dell'atto definitivo di assegnazione il quale contenga la menzione di cui all'articolo 4, comma 1-quater.»;

d) dopo il comma 7 è aggiunto il seguente: «7-bis. Con decreto del Ministro della giustizia, di concerto con il Ministro dell'economia e delle finanze, da adottarsi entro novanta giorni dalla data di entrata in vigore della presente disposizione, è determinato il modello standard della fideiussione.».

Luca Restaino

Con l'art. 12, l. 19 ottobre 2017, n. 155, il Governo era stato delegato ad adottare disposizioni in materia di tutela dei diritti patrimoniali degli acquirenti di immobili da costruire, secondo i seguenti princìpi e criteri direttivi:

a) al fine di garantire il controllo di legalità da parte del notaio sull'adempimento dell'obbligo di stipulazione della fideiussione di cui agli artt. 2 e 3, d.lgs. 20 giugno 2005, n. 122, nonché dell'obbligo di rilascio della polizza assicurativa indennitaria di cui all'art. 4 del medesimo decreto legislativo, stabilire che l'atto o il contratto avente come finalità il trasferimento non immediato della proprietà o di altro diritto reale di godimento su un immobile da costruire, nonché qualunque atto avente le medesime finalità, debba essere stipulato per atto pubblico o per scrittura privata autenticata;

b) prevedere che dall'inadempimento dell'obbligo assicurativo di cui all'articolo 4 del citato d.lgs. n. 122 del 2005 consegua la nullità relativa del contratto, nei termini previsti dall'art. 2, comma 1, del medesimo decreto legislativo.

Gli artt. 385, 386, 387 e 388 costituiscono attuazione dei principi della legge delega.

In particolare, l'art. 385 ha introdotto alcune modifiche in merito alla disciplina relativa alla fideiussione.

In primo luogo si è previsto che la fideiussione possa essere rilasciata solo da una banca o da un'impresa di assicurazione e non più da uno degli intermediari finanziari iscritti nell'elenco di cui all'art. 107 TUB.

Peraltro il riferimento agli intermediari di cui all'art. 107 TUB doveva ritenersi già non più attuale in quanto l'elenco speciale di cui all'art. 107 TUB era stato soppresso dal d.lgs. 13 agosto 2010, n. 141 con la creazione di un albo unico degli intermediari nel quale erano confluiti sia gli intermediari iscritti nell'elenco generale di cui all'art. 106 TUB che quelli iscritti nell'elenco speciale *ex* art. 107 TUB.

Con la piena operatività dell'albo unico [1], è venuta meno anche la persistente sopravvivenza dell'elenco speciale di cui all'art. 107 TUB che era stata prevista fino all'emanazione del decreto attuativo istitutivo dell'elenco unico.

Già prima della modifica normativa in discorso il riferimento all'art. 107 TUB contenuto nell'art. 3, d.lgs. 20 giugno 2005, n. 122, doveva dunque ritenersi non più operante, con la conseguenza che l'eliminazione del riferimento all'art. 107 TUB finisce per avere la valenza di abrogazione espressa per i contratti soggetti alla disciplina del Codice e tacita per i contratti non soggetti alla disciplina del Codice.

Ne è una riprova la circostanza che nella Relazione illustrativa si afferma che «viene eliminato il riferimento all'art. 107 del TUB (ormai superato)».

La seconda novità normativa è la previsione che la fideiussione garantisca l'acquirente non solo in caso di situazione di crisi del venditore ma anche in caso di inadempimento all'obbligo di prestare la polizza assicurativa decennale.

In caso di mancata consegna della polizza, al promissario acquirente viene riconosciuto il diritto di recedere dal contratto e di chiedere il rimborso delle somme versate escutendo, se del caso, la fideiussione.

Viene, dunque, introdotta dal legislatore una fattispecie di escussione della fideiussione che prescinde del tutto dallo stato di crisi del costruttore, e che viene subordinata all'attestazione del notaio di non aver ricevuto per la data dell'atto di trasferimento della proprietà la polizza assicurativa conforme al modello approvato con decreto del MISE.

---

[1] Avvenuta il 24 dicembre 2015.

Conseguentemente si è previsto che l'efficacia della fideiussione non cessi con il trasferimento della proprietà ma valga fino al momento in cui il fideiussore riceva dal costruttore o da un altro dei contraenti copia dell'atto di trasferimento della proprietà o di altro diritto reale di godimento sull'immobile o dell'atto definitivo di assegnazione contenente la menzione degli estremi identificativi della polizza assicurativa e della sua conformità al decreto ministeriale.

Ultima novità introdotta dalla norma è la previsione di un modello standard per la fideiussione demandato ad un decreto che, peraltro, è stato adottato dal Ministero della giustizia il 6 giugno 2022, n. 125, ed entrato in vigore in data 8 settembre 2022, con decorrenza dell'obbligo di stipulare le fideiussioni in conformità al modello standard a partire dal 23 settembre 2022.

Peraltro un contratto preliminare ricevuto o autenticato dopo il 23 settembre 2022 può contenere il riferimento anche ad una fideiussione stipulata anteriormente al 23 settembre 2022, purché detta fideiussione sia conforme alle regole di cui all'art. 2, d.lgs. n. 122 del 2005 e ciò ai sensi dell'art. 389, comma 3, che consente alle parti – nelle more dell'adozione del decreto di cui all'art. 3, comma 7-*bis*, d.lgs. n. 122 del 2005 – di determinare il contenuto della fideiussione e della polizza assicurativa «*nel rispetto di quanto previsto dalle richiamate disposizioni*».

Il legislatore della riforma, che pur si è interessato dell'efficacia della fideiussione, nulla ha disposto, invece, sul tema della durata della fideiussione, ed in particolare sulla validità delle cc.dd. fideiussioni a data fissa, cioè di quelle fideiussioni che prevedano un termine di scadenza della garanzia coincidente con la data prevista nel contratto preliminare per la stipula del definitivo, senza prevedere meccanismi di proroga o di rinnovo automatico in caso di ritardo nel trasferimento della proprietà dell'immobile rispetto al termine originariamente convenuto per la stipula del definitivo.

A fronte di un orientamento giurisprudenziale che ne esclude la validità fin dall'inizio[2] è dato riscontrare un altro orientamento[3] che si esprime in termini di nullità sopravvenuta, ritenendo che la mancata previsione della proroga dell'efficacia, o del rilascio di una nuova garanzia fideiussoria, determini il sopravvenire di una causa di invalidità del contratto, in quanto la garanzia inidonea e non rispettosa del contenuto prescritto dalla norma, lasciando sfornito di adeguata tutela il promissario acquirente, deve essere equiparata alla fideiussione del tutto mancante.

Né il legislatore della riforma ha ritenuto di dover prendere posizione sul tema della sanatoria della nullità del contratto in caso di consegna differita della fideiussione, cioè dopo la stipula del contratto preliminare, fattispecie che recentemente ha visto l'intervento della Cassazione[4] la quale ha avuto modo di affermare che il rilascio della garanzia fideiussoria di cui all'art. 2, d.lgs. n. 122 del 2005 in data successiva alla stipula di un contratto preliminare di compravendita avente ad oggetto un immobile in corso di costruzio-

[2] Trib. Firenze, 25 novembre 2014, 11284, in *altalex.com*.

[3] Trib. Milano, 25 novembre 2015, n. 13278, in *I Contratti*, 2017, 3, 325, con nota di MASPES, *Nullità sopravvenuta*; Trib. Ferrara, 14 giugno 2018, inedita.

[4] Cass., 18 settembre 2020, n. 19510, in *Corr. giur.*, 2021, 6, 786, con nota di MEZZASOMA, *La nullità*.

ne non esclude l'operatività della nullità per mancanza della garanzia accessoria prescritta *ex lege*, nullità che peraltro è stata esclusa dalla medesima Cassazione[5] solo se l'immobile oggetto del preliminare sia stato nelle more ultimato e sia agibile perché, in tale ipotesi, verrebbe meno la necessità della tutela in favore del soggetto debole.

[5] Cass., 22 novembre 2019, n. 30555, in *Giur. it.*, 2020, 2, 273, con nota di IULIANI, *Le Sezioni unite*, e di PAGLIANTINI, *Una nullità*.

Articolo 386
Modifiche all'articolo 4 del decreto legislativo n. 122 del 2005

1. All'articolo 4 del decreto legislativo 20 giugno 2005, n. 122 sono apportate le seguenti modificazioni:

a) al comma 1, dopo le parole «all'atto del trasferimento della proprietà» sono inserite le seguenti: «a pena di nullità del contratto che può essere fatta valere solo dall'acquirente,»

b) dopo il comma 1 sono aggiunti i seguenti: «1-bis. Con decreto del Ministro dello sviluppo economico, di concerto con il Ministro della giustizia e con il Ministro dell'economia e delle finanze, da adottarsi entro novanta giorni dalla data di entrata in vigore della presente disposizione, sono determinati il contenuto e le caratteristiche della polizza di assicurazione e il relativo modello standard. 1-ter. In caso di inadempimento all'obbligo previsto dal comma 1, l'acquirente che abbia comunicato al costruttore la propria volontà di recedere dal contratto di cui all'articolo 6 ha diritto di escutere la fideiussione ai sensi dell'articolo 3, comma 3, lettera b). 1-quater. L'atto di trasferimento deve contenere la menzione degli estremi identificativi della polizza assicurativa e della sua conformità al decreto previsto dal comma 1-bis.».

Luca Restaino

Con l'art. 386 il legislatore ha previsto modifiche alla disciplina dettata con riguardo alla polizza assicurativa decennale: in primo luogo la consegna della polizza, al momento del trasferimento della proprietà, viene ora prevista a pena di nullità, relativa in quanto potrà essere fatta valere solo dall'acquirente; viene, poi, stabilito che il contenuto, le caratteristiche e il modello standard della polizza assicurativa siano determinati con decreto del Ministro dello Sviluppo Economico (entro novanta giorni dall'entrata in vigore del d.lgs. n. 14 del 2019); è stato, inoltre, introdotto l'obbligo di menzionare nell'atto traslativo gli estremi identificativi della polizza assicurativa con attestazione della sua conformità al decreto ministeriale; ed infine si è ribadita la possibilità di escutere la fideiussione in caso di mancata consegna della polizza assicurativa.

Per quanto attiene alla prima novità, e cioè la stipula e la consegna della polizza assicurativa indennitaria decennale come requisito di validità del contratto, il legislatore allinea la disciplina della polizza a quella già prevista per la fideiussione; entrambe sono ora previste a pena di nullità relativa, cioè suscettibile di essere fatta valere unicamente dalla parte nel cui interesse essa è posta, il promittente acquirente/acquirente.

A sua volta si prevede che l'atto di trasferimento deve contenere la menzione degli estremi identificativi della polizza assicurativa e della sua conformità al decreto ministeriale.

Va rilevato, peraltro, che solo la consegna della polizza e non anche la menzione della consegna nel contratto è prevista a pena di nullità per cui nel caso in cui la polizza sia stata consegnata ma nel contratto sia stata omessa la menzione della consegna il medesimo resterà valido, mentre nel caso opposto in cui nel contratto sia stata menzionata una polizza che, poi, si riveli inesistente (ad esempio, perché non sottoscritta) il contratto sarà nullo nonostante contenga la menzione della consegna della polizza.

Ciò non significa che la menzione della consegna della polizza possa essere omessa e ciò non solo perché il corretto svolgimento della funzione notarile postula il rispetto di tutte le norme di legge e non solo di quelle il cui rispetto sia prescritto a pena di nullità, ma anche perché il legislatore ha collegato alla consegna della polizza la cessazione dell'efficacia della fideiussione; più precisamente l'efficacia della fideiussione cessa nel momento in cui il fideiussore riceve copia dell'atto contenente la menzione degli estremi identificativi della polizza e della sua conformità al decreto ministeriale. Senza tale menzione, dunque, la fideiussione non perderebbe la sua efficacia.

Quanto al modello standard della polizza indennitaria decennale esso è stato adottato con decreto del MISE del 20 luglio 2022, n. 154, pubblicato nella Gazzetta Ufficiale del 21 ottobre 2022, n. 247, ed è entrato in vigore il 5 novembre 2022.

In un primo momento si era previsto che il decreto si applicasse alle sole polizze stipulate successivamente alla data di entrata in vigore del decreto in discorso, e quindi a quelle emesse a partire dal 5 novembre 2022 e non alle polizze emesse anteriormente a tale data, ferma la facoltà del contraente di chiedere a sue spese l'adeguamento della polizza al modello standard.

Per superare le incertezze che avevano caratterizzato la prima fase di applicazione del decreto n. 154 del 2022, si è stabilito, poi, con l'art. 12, comma 6-*bis*, d.l. n. 198 del 2022 (c.d. "decreto milleproroghe"), convertito nella l. 24 febbraio 2023, n. 14, in vigore dal 28 febbraio 2023, che «*le disposizioni di cui decreto ministeriale previsto dall'art. 4, comma 1 bis, non si applicano agli immobili per i quali il titolo edilizio sia stato rilasciato prima dell'entrata in vigore del medesimo decreto*».

Pertanto, l'obbligo di adeguare le polizze assicurative decennali alle disposizioni del decreto n. 154 del 2022 sussiste solo nel caso di compravendite aventi per oggetto immobili da costruire il cui titolo edilizio sia stato rilasciato dopo il 5 novembre 2022. Al contrario, in caso di compravendite aventi per oggetto immobili da costruire il cui titolo edilizio sia stato rilasciato prima del 5 novembre 2022 le polizze assicurative decennali anche se emesse dopo questa data possono essere rilasciate secondo gli schemi in uso in precedenza senza necessità di loro conformità al modello standard approvato con il decreto n. 154 del 2022.

È da ritenersi, invece, a tal fine comunque non sufficiente la pregressa sottoscrizione della polizza c.d. CAR "Contractor's All Risks", che consente di ottenere, alla fine dei lavori, la polizza indennitaria decennale postuma.

Il diritto di recesso per il caso di inadempimento all'obbligo di consegna della polizza assicurativa indennitaria decennale va coordinato, peraltro, con l'introduzione della consegna della polizza come requisito di validità del contratto.

In caso di mancata consegna della polizza l'acquirente *recte* il promissario acquirente ha davanti a sé due possibilità: la prima è quella di recedere dal contratto preliminare ed escutere la fideiussione.

Prima delle modifiche apportate dal Codice la fideiussione poteva essere escussa solo nel caso in cui si fosse verificata una situazione di crisi; oggi, invece, a seguito della novità apportata dalla riforma, la mancata consegna della polizza assicurativa decennale può consentire all'acquirente di attivare la polizza laddove il medesimo intenda recedere dal contratto preliminare.

La seconda possibilità che ha davanti a sé il promissario acquirente al quale non venga consegnata la polizza decennale postuma è quella di stipulare comunque il definitivo ancorché senza consegna della polizza. In tal caso rimane salvo il suo diritto a far valere la nullità del contratto definitivo per omessa consegna della polizza.

Non è, invece, stato precisato dal legislatore se il promissario acquirente possa escutere la fideiussione per recuperare le somme già versate anche nel caso in cui stipuli prima il contratto definitivo senza l'avvenuta consegna della polizza e poi si attivi per far valere la nullità del contratto.

Va, infatti, ricordato che anche dopo la stipula del definitivo e dopo il trasferimento della proprietà la fideiussione mantiene la sua efficacia, posto che l'efficacia della polizza cessa solo dopo che il fideiussore ha ricevuto copia dell'atto definitivo contenente la menzione degli estremi della polizza indennitaria decennale consegnata e della sua conformità al decreto ministeriale.

La norma nulla precisa al riguardo, prevedendo la possibilità dell'escussione solo per il caso del recesso; né argomenti per l'una o l'altra soluzione si ricavano dalla relazione illustrativa al decreto delegato.

In realtà la previsione della mancata cessazione di efficacia della fideiussione disposta per la mancata consegna della polizza indennitaria sembra poter svolgere il medesimo ruolo di garanzia anche per le ipotesi nelle quali l'acquirente intenda far valere la nullità del contratto per omessa consegna della polizza.

Non ha senso, infatti, prevedere per l'acquirente la possibilità di far valere la nullità del contratto definitivo privo della polizza se poi l'acquirente, che con la stipula del contratto definitivo ha acquistato la proprietà della cosa (libera da ipoteche e trascrizioni pregiudizievoli, arg. *ex* art. 8, d.lgs. n. 122 del 2005) ancorché sfornita della polizza, si ritrovi poi, fatta valere la nullità del contratto, nella posizione di semplice creditore non garantito del costruttore, in una posizione certamente deteriore rispetto a quella che aveva sia come promissario acquirente garantito dalla polizza per gli acconti versati (e dal privilegio speciale immobiliare) che come acquirente "garantito" dall'avvenuta acquisizione della proprietà della cosa libera da ipoteche e trascrizioni pregiudizievoli ancorché priva della polizza.

Il problema è che con la stipula del contratto definitivo il promissario acquirente versa integralmente il prezzo ma l'efficacia della polizza è limitata alle somme versate prima del contratto definitivo e non si estende a quelle che vengono versate in sede di contratto definitivo perché in quel momento il promittente acquirente acquista la proprietà della cosa libera da ipoteche e trascrizioni pregiudizievoli.

Quand'anche, dunque, si ritenga che la fideiussione sia escutibile dall'acquirente che faccia valere la nullità del contratto per omessa consegna della polizza assicurativa indennitaria decennale, comunque l'acquirente potrebbe avvalersi della fideiussione solo per gli acconti versati e non anche per le somme versate in sede di stipula del contratto definitivo.

Articolo 387

Modifiche all'articolo 5 del decreto legislativo n. 122 del 2005

1. All'articolo 5 del decreto legislativo 20 giugno 2005, n. 122, dopo il comma 1-bis, è aggiunto il seguente: «1-ter. Le modifiche apportate dal decreto legislativo di attuazione dell'art. 12 della legge 19 ottobre 2017, n. 155 si applicano ai contratti aventi ad oggetto immobili da costruire per i quali il titolo abilitativo edilizio sia stato richiesto o presentato successivamente alla data di entrata in vigore del decreto stesso.».

Luca Restaino

Le modifiche apportate dal Codice al d.lgs. 20 giugno 2005, n. 122 sono entrate in vigore il trentesimo giorno successivo alla pubblicazione in Gazzetta Ufficiale, e cioè il 16 marzo 2019. Esse si applicano ai contratti aventi per oggetto immobili da costruire per i quali il titolo abilitativo edilizio sia stato richiesto o presentato successivamente a tale data.

Ne consegue la sussistenza di un c.d. doppio binario:

– per gli immobili da costruire il cui titolo abilitativo sia stato richiesto (permesso di costruire) o presentato (DIA e/o SCIA) a decorrere dal 21 luglio 2005 e prima del 16 marzo 2019, continuerà a trovare applicazione la disciplina del d.lgs. n. 122 del 2005 *ante* riforma (non vi sarà, pertanto, l'obbligo di ricorrere alla forma dell'atto pubblico o della scrittura privata autenticata a pena di nullità, né l'obbligo di consegna, sempre a pena di nullità, della polizza assicurativa decennale, e la fideiussione non tutelerà l'acquirente nel caso di mancata consegna della polizza assicurativa);

– per gli immobili da costruire il cui titolo abilitativo sia stato richiesto (permesso di costruire) o presentato (SCIA) a partire dal 16 marzo 2019, si applicherà la disciplina del d.lgs. n. 122 del 2005 *post* riforma (obbligo di menzionare in atto la polizza indennitaria decennale, nullità dell'atto se la polizza indennitaria decennale non viene consegnata, possibilità di escutere la fideiussione in caso di mancata consegna della polizza indennitaria decennale).

In caso di varianti, per comprendere se si debba avere riguardo alla data del primo titolo edilizio ovvero a quella della variante per determinare la disciplina applicabile sarà necessario entrare nel merito della variante, con la conclusione che solo in caso di varianti sostanziali, tali da far ritenere che il progetto originario non sia stato solo modificato o integrato ma del tutto sostituito, si dovrà avere riguardo alla data della variante e non a quella del titolo originario.

Va segnalato, infine, che l'operatività della disciplina in esame non era subordinata all'emanazione da parte dei competenti ministeri dei decreti volti a determinare il modello standard della fideiussione nonché il contenuto, le caratteristiche ed il modello standard della polizza indennitaria decennale perché l'art. 389, comma 3, d.lgs. n. 14 del 2019 prevedeva che, nelle more dell'adozione di detti decreti ministeriali, il contenuto della fideiussione e della polizza assicurativa erano comunque determinati dalle parti nel rispetto di quanto previsto dagli artt. 3 e 4, d.lgs. n. 122 del 2005.

Articolo 388

Modifiche all'articolo 6 del decreto legislativo n. 122 del 2005

---

1. All'articolo 6, comma 1, del decreto legislativo 20 giugno 2005, n. 122 sono apportate le seguenti modificazioni:

a) all'alinea, dopo le parole «immobile oggetto del presente decreto», sono aggiunte le seguenti: «devono essere stipulati per atto pubblico o per scrittura privata autenticata»;

b) la lettera g) è sostituita dalla seguente: «g) gli estremi della fideiussione di cui all'articolo 2 e l'attestazione della sua conformità al modello contenuto nel decreto di cui all'articolo 3, comma 7-bis;».

Luca Restaino

L'art. 388 costituisce diretta attuazione dei principi della legge delega (l. 19 ottobre 2017, n. 155) che, al fine di garantire il controllo di legalità da parte del notaio sull'adempimento dell'obbligo di stipulazione della fideiussione di cui agli artt. 2 e 3. d.lgs. 20 giugno 2005, n. 122, nonché dell'obbligo di rilascio della polizza assicurativa indennitaria di cui all'art. 4 del medesimo decreto, già avevano stabilito (art. 12) che l'atto o il contratto avente come finalità il trasferimento non immediato della proprietà o di altro diritto reale di godimento su un immobile da costruire, nonché qualunque atto avente le medesime finalità, dovesse essere stipulato per atto pubblico o per scrittura privata autenticata.

A tal fine viene modificato l'art. 6, d.lgs. 20 giugno 2005, n. 122, prevedendo che i contratti preliminari e tutti gli altri contratti che siano comunque diretti al successivo acquisto in capo ad una persona fisica della proprietà o altro diritto reale su un immobile da costruire debbano essere stipulati per atto pubblico o per scrittura privata autentica, e, inoltre, che i contratti preliminari ed i contratti che siano comunque diretti al successivo acquisto in capo ad una persona fisica della proprietà o altro diritto reale su un immobile da costruire debbano contenere, fra l'altro, gli estremi della fideiussione di cui all'art. 2, d.lgs. n. 122 del 2005 e l'attestazione della sua conformità al modello standard approvato con decreto del Ministro della giustizia.

L'art. 388 introduce, dunque, un requisito di forma *ad substantiam* con la conseguenza che il contratto posto in essere in violazione del suddetto requisito di forma sarà affetto da nullità assoluta (e non relativa come quella prevista dagli artt. 2 e 4, d.lgs. n. 122 del 2005 per il caso di mancata consegna della fideiussione o della polizza assicurativa indennitaria), e come tale non sanabile.

Detto requisito di forma non è stato, però, previsto in generale per i contratti preliminari e per ogni altro contratto che abbia ad oggetto un immobile da costruire ma solo per i contratti che presentino i requisiti soggettivi e oggettivi di cui all'art. 1, d.lgs. n. 122 del 2005 e siano altresì soggetti alla disciplina di cui al Codice in base alla data di richiesta e/o presentazione del titolo edilizio.

Prevedere per il contratto preliminare di immobile da costruire e per gli atti ad essi equiparati la necessità dell'intervento del Notaio significa riconoscere al promissario acquirente non solo le tutele previste dal d.lgs. n. 122 del 2005, ma anche quelle connesse alla obbligatoria trascrizione del contratto; in particolare il promissario acquirente potrà avvalersi dell'effetto "prenotativo" della trascrizione di cui all'art. 2645-*bis*, comma 2, c.c., che farà prevalere il suo diritto rispetto a trascrizioni e/o iscrizioni pregiudizievoli intercorse tra la trascrizione del preliminare e quella del definitivo o della domanda giudiziale *ex* art. 2932 c.c. (purché la trascrizione del definitivo o della domanda giudiziale *ex* art. 2932 c.c. intervenga entro un anno dalla data di stipula fissata nel preliminare o comunque entro tre anni dalla sua trascrizione); ancora, potrà avvalersi del privilegio speciale (sull'immobile oggetto di preliminare) *ex* art. 2775-*bis* c.c. per i crediti che sorgono per effetto dell'inadempimento del preliminare (e non coperti dalla fideiussione) e ciò a condizione che gli effetti della trascrizione non siano cessati al momento: (i) della risoluzione del contratto risultante da atto avente data certa; (ii) della domanda giudiziale di risoluzione del contratto o di condanna al pagamento; (iii) della trascrizione del pignoramento; (iv) dell'intervento nell'esecuzione promossa da terzi.

La doppia tutela offerta oggi al promittente acquirente di un immobile da costruire pone, però, il tema del rapporto con l'esigenza del promittente venditore-costruttore di ricorrere a finanziamenti garantiti da ipoteca sul terreno sul quale è da costruire o in corso di costruzione l'immobile di cui una parte è stata compromessa.

Il tema è duplice ed attiene da un lato al rapporto tra trascrizione del preliminare e iscrizione dell'ipoteca e dall'altro al rapporto tra ipoteca e privilegio speciale immobiliare.

Il primo tema è oggetto della disciplina di cui all'art. 2825-*bis* c.c. il quale stabilisce che «*l'ipoteca iscritta su edificio o complesso condominiale, anche da costruire o in corso di costruzione, a garanzia di finanziamento dell'intervento edilizio ai sensi degli articoli 38 e seguenti del decreto legislativo 1° settembre 1993, n. 385, prevale sulla trascrizione anteriore dei contratti preliminari di cui all'articolo 2645 bis, limitatamente alla quota di debito derivante dal suddetto finanziamento che il promissario acquirente si sia accollata con il contratto preliminare o con altro atto successivo eventualmente adeguata ai sensi dell'articolo 39, comma 3, del citato decreto legislativo n. 385 del 1993*».

La disciplina di cui all'art. 2825-*bis* c.c. prende, però, in considerazione solo una fattispecie, quella dell'accollo da parte del promittente acquirente di una quota del mutuo del costruttore; fattispecie diventata nel corso degli anni assolutamente marginale perché normalmente il promittente acquirente preferisce ricorrere ad un finanziamento autonomo avendo necessità di una somma superiore rispetto a quella della quota derivante dal frazionamento del mutuo.

Per il promittente venditore–costruttore sorge allora un ostacolo alla concessione del mutuo edilizio, perché alla banca garantita da iscrizione sul terreno o sul fabbricato in corso di costruzione sono opponibili gli effetti della trascrizione del contratto definitivo che retroagiscono alla data della trascrizione del preliminare per la risoluzione dei conflitti *ex* art. 2644 c.c.

Il promittente acquirente quando diviene proprietario prevale, limitatamente all'unità immobiliare acquistata, sull'iscrizione ipotecaria a garanzia del mutuo del promittente venditore–costruttore e quindi la sua unità è libera dal vincolo.

Il promissario acquirente potrebbe sicuramente consentire alla cancellazione della trascrizione del preliminare a sensi dell'art. 2668, comma 4, c.c. Il contratto conserverebbe efficacia, ma il promissario acquirente si priverebbe della tutela data dalla sua trascrizione.

Una soluzione questa probabilmente eccessiva rispetto all'esigenza di assicurare alla Banca la priorità dell'iscrizione dell'ipoteca rispetto alla trascrizione del preliminare perché l'efficacia prenotativa della trascrizione del preliminare renderebbe quest'ultimo non più opponibile anche agli altri creditori che iscrivono ipoteca giudiziale o eseguono pignoramenti sull'immobile e agli altri acquirenti dal costruttore e farebbe, inoltre, venir meno anche il privilegio speciale sull'immobile in caso di inadempimento del costruttore.

Occorre, allora, domandarsi se il promissario acquirente possa postergare volontariamente gli effetti della trascrizione del suo preliminare rispetto alla sola iscrizione dell'ipoteca concessa dal promittente venditore sul terreno sul quale è in corso di costruzione o verrà costruito il fabbricato.

Al quesito, pur nel silenzio della legge, è stata data risposta positiva [1].

L'art. 2668, comma 4, c.c., nel prevedere che il promissario acquirente possa consentire la cancellazione della trascrizione del preliminare, quasi fossimo in presenza di una domanda giudiziale, dimostra che gli effetti della trascrizione del preliminare siano disponibili da parte del promittente acquirente in ragione degli effetti prenotativi che da detta trascrizione derivano.

Questa considerazione, unita alla natura iscrizionale del privilegio speciale del promissario acquirente, rende applicabili le regole sulla prelazione ipotecaria, tra le quali l'ammissibilità della postergazione del grado, che deve essere annotata a margine dell'iscrizione ai sensi dell'art. 2843 c.c.

Se il promissario acquirente può rinunciare, con la cancellazione, agli effetti della trascrizione, ne segue di necessità che ne possa disporre anche in forma parziale, potrà, cioè, consentire la posposizione degli effetti della propria trascrizione a quelli di una formalità successiva, prestando il consenso in forma autentica.

Sul piano pratico sarebbe possibile concedere la postergazione sia rispetto a una determinata iscrizione ipotecaria, quindi con consenso prestato dopo l'avvenuta iscrizione dell'ipoteca, sia rispetto a un'iscrizione futura, purché sia determinato o determinabile *ex* art. 1346 c.c. il rapporto di credito che l'iscrizione andrà a garantire.

Pertanto, nel contratto preliminare ben potrebbe essere inserita una clausola con la quale il promissario acquirente consente che gli effetti della trascrizione del preliminare siano postergati all'iscrizione dell'ipoteca che il promittente venditore concederà alla banca in sede di stipula del mutuo.

L'art. 2775-*bis* c.c., al fine di tutelare i crediti del promissario acquirente derivanti dal-

[1] CHIANALE, *La forma autentica.*

la mancata esecuzione del contratto preliminare, dispone al comma 1 che essi «*hanno privilegio speciale sul bene immobile oggetto del contratto preliminare, sempre che gli effetti della trascrizione non siano cessati al momento della risoluzione del contratto risultante da atto avente data certa, ovvero al momento della domanda giudiziale di risoluzione del contratto o di condanna al pagamento, ovvero al momento della trascrizione del pignoramento o al momento dell'intervento nella esecuzione promossa da terzi*».

La trascrizione del preliminare fa sorgere, pertanto, a favore dei crediti del promissario acquirente, un privilegio speciale immobiliare, subordinato alla condizione che gli effetti della trascrizione siano ancora in atto al momento in cui si verificano gli eventi che costituiscono causa del credito.

Si è a lungo discusso in dottrina e in giurisprudenza sugli effetti del privilegio speciale sul bene immobile che assiste i crediti del promittente acquirente conseguenti alla mancata esecuzione del contratto preliminare trascritto ai sensi dell'art. 2645-*bis* c.c., fin quando la Cassazione, con un intervento a Sezioni Unite [2], ha affermato che, siccome subordinato ad una particolare forma di pubblicità costitutiva (come previsto dall'ultima parte dell'art. 2745 c.c.), il privilegio di cui all'art. 2775-*bis* c.c. resta sottratto alla regola generale di prevalenza del privilegio sull'ipoteca, sancita, se non diversamente disposto, dal comma 2 dell'art. 2748 c.c., e soggiace agli ordinari principi in tema di pubblicità degli atti. Ne consegue che il conseguente credito del promissario acquirente, benché assistito da privilegio speciale, deve essere collocato con grado inferiore rispetto a quello dell'istituto di credito che, precedentemente alla trascrizione del contratto preliminare, abbia iscritto sull'immobile stesso ipoteca a garanzia del finanziamento concesso alla società costruttrice.

[2] Cass., SS.UU., 1 ottobre 2009, n. 21.045, in *Giur. it.*, 2010, 5, con nota di Siccherio. Sul tema si veda, per un'ampia sintesi, V. CEDERLE, *La trascrizione*, 414 ss.

Articolo 389

Entrata in vigore

1. Il presente decreto entra in vigore il 15 luglio 2022, salvo quanto previsto al comma 2.

2. Gli articoli 27, comma 1, 350, 356, 357, 359, 363, 364, 366, 375, 377, 378, 379, 385, 386, 387 e 388 entrano in vigore il trentesimo giorno successivo alla pubblicazione nella Gazzetta Ufficiale del presente decreto.

3. Le disposizioni di cui agli articoli 3 e 4 del decreto legislativo 20 giugno 2005, n. 122, come modificati dagli articoli 385 e 386 del presente codice, si applicano anche nelle more dell'adozione dei decreti di cui agli articoli 3, comma 7-bis, e 4, comma 1-bis, del predetto decreto legislativo e il contenuto della fideiussione e della polizza assicurativa è determinato dalle parti nel rispetto di quanto previsto dalle richiamate disposizioni. Fermo quanto previsto dal periodo precedente, le disposizioni di cui al decreto adottato ai sensi del predetto articolo 4, comma 1-bis, non si applicano agli immobili per i quali il titolo edilizio sia stato rilasciato prima della data di entrata in vigore del medesimo decreto.

Giustino Di Cecco

Sommario: 1. L'ampia *vacazio legis* di cui al comma 1 della disposizione. – 2. L'eterogeneo gruppo di norme delle quali si prevede una efficacia immediata. – 2.1. Le norme che agevolano una migliore gestione delle procedure. – 2.2. Le norme che facilitano l'attività istruttoria nelle procedure concorsuali. – 2.3. Le modifiche al codice civile in «*funzione ... preparatoria dell'entrata in vigore delle disposizioni in materia di misure d'allerta*». – 3. La tutela degli acquirenti degli immobili da costruire.

1. – La norma in commento, posta in apertura della «*Parte Quarta*» dedicata alle «*Disposizioni finali e transitorie*», stabilisce, al comma 1, la regola generale relativa alla data (più volte prorogata) di entrata in vigore delle nuove norme e, al tempo stesso, introduce, al comma 2, una nutrita serie di eccezioni a tale regola, individuando ben sedici disposizioni del c.c.i. per le quali è prescritta una differente (ed anticipata) data di entrata in vigore e prevede, al comma 3, una particolare disciplina di carattere transitorio relativa agli artt. 3 e 4 d.lgs. 20 giugno 2005, n. 122, per come novellati dal medesimo Codice.

È opportuno, dunque, procedere alla distinta analisi di ciascuno dei diversi precetti normativi.

Come già accennato, l'art. 389, comma 1[1] (come modificato, in rapida successione, nell'aprile 2020[2], nell'agosto 2021[3] e, da ultimo, nell'aprile 2022[4]), detta la regola generale secondo cui il d.lgs. 12 gennaio 2019, n. 14 ha efficacia a decorrere dal 16 luglio 2022.

Secondo la Relazione illustrativa, l'ampia *vacatio legis* (per alcuni «inusitata» già nella sua originaria formulazione)[5] si è resa opportuna non solo «*allo scopo di consentire ai soggetti destinatari della disciplina di adottare le necessarie misure organizzative*», ma per accordare a tutti gli operatori del settore «*un periodo adeguato di studio del testo*»[6].

Quali che fossero le motivazioni originarie della scelta, non v'è dubbio che la previsione di un sì ampio differimento dell'entrata in vigore del Codice ha consentito di tener conto, nei successivi interventi correttivi, delle numerose istanze di modifica avanzate *medio tempore* dal mondo delle imprese, delle professioni e della dottrina (quest'ultima, in vero, sempre più popolata, oltre che studiosi dell'accademia, anche da esponenti della stessa magistratura).

Ed infatti il Governo ha più volte fatto uso della delega ricevuta dalla l. 8 marzo 2019, n. 20[7] per apportare diverse modifiche alle norme (già introdotte nell'ordinamento ma) prima ancora che avessero efficacia anche del tutto indipendentemente dalla necessità di coordinare la novellata disciplina concorsuale con i principi dettati dalla direttiva (UE) 2019/1023 del Parlamento Europeo e del Consiglio del 20 giugno 2019 in tema di misure di ristrutturazione preventiva (c.d. "*Direttiva Insolvency*").

Il che, tuttavia, ha reso incerto, per tutto l'arco temporale intercorrente tra l'approvazione del decreto delegato e la sua entrata in vigore, l'effettivo assetto della disciplina introdotta dalla novella[8] e finito anche per rendere necessariamente titubante anche

---

[1] Che, nella sua originaria formulazione, prevedeva l'entrata in vigore del Codice, salve le eccezioni dei commi seguenti, «*decorsi diciotto mesi dalla data della sua pubblicazione nella Gazzetta Ufficiale*» e, dunque, a partire dal 15 agosto 2020 (stante l'avvenuta pubblicazione in data 14 febbraio 2019).

[2] Ad opera dell'art. 5, comma 1, d.l. 8 aprile 2020, n. 23, convertito, con modificazioni, dalla l. 5 giugno 2020, n. 40, che aveva differito la data di entrata in vigore al 1° settembre 2021.

[3] Ad opera dell'art. 1, d.l. 24 agosto 2021, n. 118 convertito, con modificazioni, dalla l. 21 ottobre 2021, n. 147 che ha differito il termine al 16 maggio 2022 ed ha introdotto al comma 1-*bis* all'art. 389 la disposizione (poi abrogata nel 2022) secondo cui «*Il titolo II della Parte prima* [ossia la sezione dedicata alle procedure di allerta e composizione assistita della crisi] *entra in vigore il 31 dicembre 2023*».

[4] Ad opera dell'art. 42, d.l. 30 aprile 2022, n. 36 conv. con modificazioni dalla l. 29 giugno 2022, n. 79.

[5] RORDORF, *Prime osservazioni*, 129.

[6] La circostanza, del tutto pacifica e condivisibile, è stata posta in risalto anche dai primi commentatori. Cfr., per tutti, NISIVOCCIA, *La disciplina transitoria*, il quale evidenzia che «Evidentemente il legislatore ha voluto lasciare a tutti il tempo di organizzarsi: tanto agli uffici quanto agli operatori. Di più: a ciascuno in funzione delle singole novità. A ciascuno il tempo di prendere confidenza con una legge tutta nuova, per quanto meno rivoluzionaria rispetto alle attese» aggiungendo che «insomma viviamo in una specie di confuso sogno, come diceva una poesia di Sandro Penna; e questo confuso sogno investe e riguarda anche la stessa entrata in vigore del nuovo Codice e, più in generale, la disciplina transitoria».

[7] Risulta, invece, spirato il termine per l'esercizio del potere di delega di cui alla l. 19 ottobre 2017, n. 155, che ha autorizzato il Governo ad emanare «*uno o più*» decreti legislativi per la riforma organica delle procedure concorsuali «*entro dodici mesi*» dalla data di entrata in vigore della medesima legge.

[8] L'art. 1, l. 8 marzo 2019, n. 20 autorizzava l'esecutivo a adottare, entro due anni dalla data di entrata in vigore dell'ultimo dei decreti legislativi varati in attuazione della l.-delega 19 ottobre 2017, n. 155 (purché nel rispetto dei «*principi e criteri direttivi*» da quest'ultima originariamente stabiliti) «*disposizioni integrative e cor-*

ogni tentativo di approfondimento teorico dei nuovi istituti[9].

2. – A differenza delle disposizioni del nuovo Codice propriamente «*dirette a disciplinare gli istituti di regolazione della crisi e dell'insolvenza*»[10] e la cui effettiva cogenza è stata significativamente differita sino al 16 luglio 2022, i successivi commi 2 e 3 della norma in commento individuano una nutrita serie di disposizioni la cui entrata in vigore è stata "anticipata" a decorrere dal «*trentesimo giorno successivo alla pubblicazione nella Gazzetta Ufficiale*» del d.lgs. 12 gennaio 2019, n. 14 (e dunque a far data dal 16 marzo 2019).

Al riguardo, è la medesima relazione illustrativa a premurarsi di esplicitare le diverse ragioni che hanno indotto il legislatore delegato ad attribuire, in evidente deroga al principio generale di cui al comma 1 dell'art. 389, una efficacia "quasi" immediata ad un insieme apparentemente disomogeneo di norme[11], precisando che si è deciso di non differire l'entrata in vigore di quelle disposizioni che (alternativamente) (i) «*possono immediatamente agevolare una migliore gestione delle procedure*»; (ii) possono facilitare sin da subito «*l'attività istruttoria nelle procedure concorsuali*»; (iii) apportano «*modifiche del codice civile che hanno una funzione in qualche modo preparatoria dell'entrata in vigore delle disposizioni in materia di misure d'allerta*»; (iv) sono caratterizzate da una «*attuazione*» che non necessita di «*particolari attività preparatorie*».

È opportuno, di seguito, soffermarsi sinteticamente su ciascuna delle diverse categorie appena evidenziate.

---

rettive dei decreti legislativi medesimi». Il che, in sostanza, consentiva ulteriori interventi legislativi delegati sino al 14 agosto 2022. Si noti che l'adozione di tali norme doveva avvenire secondo la procedura indicata dall'art. 1, comma 3, l.-delega 19 ottobre 2017, n. 155, ai sensi del quale i decreti delegati «*sono adottati su proposta del Ministro della giustizia, di concerto con il Ministro dell'economia e delle finanze e con il Ministro del lavoro e delle politiche sociali*» e sono «*successivamente trasmessi alla Camera dei deputati e al Senato della Repubblica, entro il sessantesimo giorno antecedente la scadenza del termine per l'esercizio della delega, per l'espressione dei pareri delle rispettive Commissioni parlamentari competenti per materia e per gli aspetti finanziari, da rendere entro il termine di trenta giorni, decorso inutilmente il quale i decreti possono essere comunque emanati*».

[9] I medesimi timori erano stati espressi anche da RORDORF, *Prime osservazioni*, 129, secondo cui l'ampiezza della disposta *vacatio legis*, originariamente pari a ben diciotto mesi, sottendeva una implicita «riserva di possibili interventi correttivi da parte del legislatore prima che il codice entri in vigore, e forse stando anche ad alcune pubbliche dichiarazioni del Ministro della giustizia – l'intenzione di completare frattanto il quadro della riforma del diritto concorsuale sul versante penale, che per la gran parte è rimasto sostanzialmente immutato». In senso analogo, si esprime anche NISIVOCCIA, *La disciplina transitoria*, secondo il quale non era possibile «dare per scontato che la riforma entri in vigore come previsto, che non accada ancora qualcosa, perché troppe cose sono successe in questi anni, troppi colpi di scena si sono succeduti per esserne certi fino in fondo».

[10] Come è dato leggere nella già citata Relazione illustrativa.

[11] Sottolinea, ad esempio, il carattere estremamente disomogeneo delle norme richiamate dal comma 2 FICHERA, *Codice della Crisi*, secondo cui, appunto, si è al cospetto di «disposizioni assai eterogenee, non avvinte tra loro da alcun collegamento sistematico, se non dalla mera considerazione – come emerge dalla relazione illustrativa – che si tratta comunque di disposizioni per le quali il legislatore non ha ritenuto necessario attendere il decorso del lungo periodo transitorio, vuoi perché non necessitano di misure organizzative, vuoi perché, anticipandone l'entrata in vigore, si ritiene di agevolare la programmata entrata in vigore di istituti codicistici nuovi (è il caso delle norme che modificano il Codice civile in materia societaria, finalizzate alle nuove misure di allerta e prevenzione), ovvero la trattazione delle procedure concorsuali già pendenti (si vedano le disposizioni sulle certificazioni dei debiti contributi e fiscali e quelle sul compenso del curatore nel caso di revoca del fallimento)».

2.1. – Il primo insieme di norme ricomprende innanzitutto l'art. 27, comma 1 e l'art. 350 [12], i quali prevedono una modifica della competenza a conoscere dei procedimenti relativi alla crisi ed alla insolvenza delle imprese e dei gruppi di grandi dimensioni.

La prima delle due disposizioni attribuisce, infatti, ai tribunali specializzati in materia di imprese disciplinati dal d.lgs. 27 giugno 2003, n. 168 la competenza («*per materia rispetto ad altri organi della giurisdizione ordinaria*» [13]) a decidere in ordine sia ai «*procedimenti di accesso a uno strumento di regolazione della crisi e dell'insolvenza o a una procedura di insolvenza*», sia a tutte le «*controversie che ne derivano*» [14], relativamente, in entrambi i casi, «*alle imprese in amministrazione straordinaria e ai gruppi di imprese di rilevante dimensione*». Inoltre, in espressa attuazione di uno dei principi stabiliti dalla legge delega, la norma àncora l'individuazione della competenza territoriale dei suddetti tribunali al nuovo criterio (di derivazione europea), del «*luogo in cui il debitore ha il centro degli interessi principali*» [15].

Correlativamente all'introduzione di tale nuovo parametro di allocazione della competenza territoriale, l'art. 350 modifica [16] sia l'art. 3, comma 1, d.lgs. 8 luglio 1999, n. 270 sulla amministrazione straordinaria, sia l'art. 2, comma 1, d.l. 23 dicembre 2003, n. 347 sulla ristrutturazione industriale delle grandi imprese in stato di insolvenza introducendovi l'espresso riferimento al tribunale «*competente ai sensi dell'articolo 27, comma 1, del codice della crisi e dell'insolvenza*».

Nell'ambito del medesimo gruppo di norme in esame, volto, per quanto detto, ad «*agevolare una migliore gestione delle procedure*», è possibile annoverare anche gli artt. 356 e 357.

Con la prima disposizione, il legislatore della novella ha istituito un «*albo*» dei soggetti («*costituiti anche in forma associata o societaria*») di nomina pretoria, chiamati a comporre gli organi di gestione o di controllo di procedimenti disciplinati dal Codice.

Si tratta di un «*albo unico*» (come chiarito dalla Relazione illustrativa) tenuto dal Ministero della giustizia al quale è affidata «*anche la vigilanza sull'attività degli iscritti*» e che si pone in evidente continuità sia con il «*registro nazionale*» nel quale, ai sensi dell'art. 28, ult. comma [17], «*confluiscono i provvedimenti di nomina dei curatori, dei commissari giudiziali e dei liquidatori giudiziali*», sia con il «*registro elettronico delle procedure di espropriazione forzata immobiliari, delle procedure d'insolvenza e degli strumenti di gestione della crisi*» di cui all'art. 3, d.l. 3 maggio 2016, n. 59, convertito con modificazioni dalla l. 30 giugno 2016, n. 119. Inoltre, al condivisibile scopo di assicurare che «*che il conferimento degli in-*

---

[12] Cfr. l'art. 2, comma 1, lett. *f*), l. 19 ottobre 2017, n. 155, ai sensi del quale il Governo, nell'esercizio della delega legislativa conferita, è tenuto a recepire «*ai fini della disciplina della competenza territoriale, la nozione di "centro degli interessi principali del debitore" definita dall'ordinamento dell'Unione*», con ovvio riferimento al regolamento (UE) 2015/848 del Parlamento Europeo e del Consiglio del 20 maggio 2015, relativo alle procedure di insolvenza.

[13] Come chiarisce la Relazione illustrativa.

[14] Come «*attualmente prevede l'art. 24 della legge fallimentare*», sempre secondo quanto chiarito dalla Relazione illustrativa.

[15] Al cui commento si rinvia per ogni ulteriore approfondimento.

[16] Apportandovi, in base a quanto precisato dalla Relazione ministeriale, delle mere «*variazioni lessicali*».

[17] Per come da ultimo aggiunto dall'art. 5, d.l. 27 giugno 2015, n. 83, convertito in l. 6 agosto 2015, n. 132.

carichi avvenga a favore di soggetti di comprovata professionalità e di specchiata onestà» [18], la norma subordina l'iscrizione e la permanenza nel suddetto albo non solo al possesso di stringenti requisiti di onorabilità, ma anche all'assolvimento di un espresso onere di aggiornamento professionale con cadenza biennale.

Il legislatore della novella ha, in tal modo, uniformato e razionalizzato i requisiti richiesti per la nomina di tutti gli incaricati della gestione e del controllo nelle procedure, che, nella "vecchia" legge fallimentare, erano disseminati in diverse disposizioni [19].

La regolamentazione relativa al «*funzionamento*» dell'albo è demandata, dall'art. 357, al Ministero della Giustizia (di concerto con il Ministro dell'economia e delle finanze) che, con proprio decreto del 3 marzo 2022, n. 75, ha individuato [20] le modalità di «*iscrizione*», «*sospensione e cancellazione*» dall'albo, nonché quelle «*di esercizio del potere di vigilanza*» da parte del medesimo Ministero, rinviando, a sua volta, ad un decreto dirigenziale del responsabile dei sistemi informatizzati del Ministero della giustizia l'individuazione delle specifiche tecniche per l'inserimento dei dati e per l'accesso alla parte riservata.

Ne consegue, pertanto, che nonostante la formale istituzione sia stata prevista già a decorrere dal 16 marzo 2019, il concreto funzionamento dell'albo è stato, di fatto, temporalmente posticipato alla data di emanazione del suddetto decreto ministeriale e del relativo decreto dirigenziale, che è intervenuto solo in data 30 dicembre 2022, con efficacia a decorrere dal 5 gennaio 2023 [21].

Ulteriori semplificazioni in punto di «*migliore gestione delle procedure*» conseguono anche alle novità rispettivamente introdotte dagli artt. 359 e 366.

La prima disposizione, in espressa attuazione dell'art. 40, comma 7 del medesimo Codice, incaricava il Ministero dello sviluppo economico, di concerto con il Ministero della giustizia e con il Ministero per la pubblica amministrazione (e previa acquisizione di appositi pareri da parte Agenzia per l'Italia digitale e del Garante per la protezione dei dati personali) del compito di istituire e realizzare (con decreto da emanarsi entro il 1° marzo 2020 ed avvalendosi delle già esistenti «*strutture informatiche*» delle Camere di commercio) la c.d. «*area web riservata*» prevista dall'art. 40, comma 6. Si tratta del necessario presupposto [in attuazione dell'art. 2, comma 1, lett. *i*), l.-delega 19 ottobre 2017, n. 155] della prevista «*procedura telematica alternativa*» (rispetto a quanto era previsto dall'art. 15,

---

[18] Come precisato dalla Relazione illustrativa.

[19] Come noto, infatti, nella previgente disciplina della legge fallimentare, i requisiti per la nomina a curatore, commissario giudiziale, liquidatore erano rispettivamente stabiliti dagli artt. 28 e 29, (e, ancorché tramite rinvio a questi ultimi) dall'art. 163, comma 2, n. 3 e dall'art. 182, comma 2.

[20] In base ad una «*elencazione*» che, come chiarisce la Relazione illustrativa, sancisce i «*contenuti … minimi del decreto*» e non assume, pertanto, «*carattere tassativo*».

[21] In via transitoria, i parametri che, *medio tempore*, dovevano presiedere alla nomina dei componenti del nuovo organismo di composizione della crisi d'impresa erano precisati dall'art. 352 (al cui commento si rinvia) a norma del quale «Sino alla istituzione presso il Ministero della giustizia dell'albo di cui all'articolo 356, i componenti del collegio di cui all'articolo 17, comma 1, lettere a) e b), sono individuati tra i soggetti iscritti all'albo dei dottori commercialisti e degli esperti contabili o all'albo degli avvocati i quali abbiano *svolto funzioni di commissario giudiziale, attestatore o abbiano assistito il debitore nella presentazione della domanda di accesso in almeno tre procedure di concordato preventivo che abbiano superato la fase dell'apertura o tre accordi di ristrutturazione dei debiti che siano stati omologati*».

comma 3, l. fall.) che consente alle cancellerie dei tribunali concorsuali di procedere in modo più agevole e rapido alla notificazione al debitore del ricorso per l'accesso ad una delle procedure di regolazione della crisi o dell'insolvenza e del conseguente decreto pretorio di fissazione dell'udienza, nella (sola e limitata) ipotesi (prevista dall'art. 40, comma 6) in cui il primo tentativo di notificazione «*a mezzo di posta elettronica certificata*» non sia risultato «*possibile*» o comunque non abbia avuto «*esito positivo*», purché «*per causa imputabile al destinatario*». Anche in tal caso, quindi, nonostante la norma in commento prevedesse l'immediata entrata in vigore dell'art. 359, la concreta operatività di tale meccanismo alternativo di notificazione è rimasta, di fatto, temporalmente subordinata all'emanazione del suddetto decreto ministeriale[22].

Sotto un diverso profilo, l'art. 366 dispone la sostituzione dell'art. 147 TUSG (di cui al d.p.r. 30 maggio 2002, n. 115), precisando che, se, all'esito del giudizio di impugnazione ora disciplinato dagli art. 51 ss. del nuovo Codice, la sentenza con cui il tribunale concorsuale ha disposto l'apertura della liquidazione giudiziale è revocata: (i) per un verso, le spese della procedura, ivi espressamente incluso il «*compenso del curatore*», sono poste a carico del creditore istante[23] o del debitore «*persona fisica*» che abbiano, rispettivamente, dato impulso «*con colpa*», o «*dato causa*» con il proprio «*comportamento*», alla apertura della stessa liquidazione giudiziale; (ii) per altro verso, la corte d'appello è tenuta ad accertare «*se l'apertura della procedura è imputabile al creditore o al debitore*». La Relazione illustrativa precisa che la disposizione «mira dunque a stabilire un criterio chiaro di individuazione del soggetto tenuto a farsi carico di tali spese e ad agevolare il curatore, il quale non ha titolo per partecipare personalmente al giudizio di reclamo, nel recupero del compenso liquidatogli dal tribunale», ponendosi in senso contrario all'indirizzo giurisprudenziale che ha inteso porre tali spese sempre a carico dell'Erario[24]. In via transitoria, il medesimo art. 366 precisa, al comma 2 che, nelle more dell'entrata in vigore del Codice, la disposizione di cui al riformato art. 147 TUSG è da applicarsi «*anche in caso di revoca dei fallimenti adottati con provvedimento emesso a norma dell'articolo 18*» della legge fallimentare, così eliminando ogni dubbio interpretativo circa la portata concreta del precetto avente immediata efficacia.

---

[22] Nel mentre l'art. 4-*ter*, l. 3 luglio 2023, n. 87, rubricato «*Proroga in materia di disciplina delle notificazioni eseguite dagli avvocati ai sensi dell'articolo 3-ter della legge 21 gennaio 1994, n. 532*» ha disposto che «*L'efficacia delle disposizioni dei commi 2 e 3 dell'articolo 3-ter della legge 21 gennaio 1994, n. 53, introdotto dal decreto legislativo 10 ottobre 2022, n. 149, è sospesa fino al 31 dicembre 2023. Fino a tale data, quando la notificazione ai sensi del comma 1 dell'articolo 3-ter della citata legge n. 53 del 1994 non è possibile o non ha esito positivo, essa è eseguita con le modalità ordinarie e si perfeziona, per il soggetto notificante, nel momento in cui è generata la ricevuta di accettazione della notificazione dallo stesso inviata mediante posta elettronica certificata o servizio elettronico di recapito certificato qualificato*».

[23] E ciò, come precisa la Relazione illustrativa, anche se il creditore ricorrente non sia stato «*condannato ai danni*».

[24] Cfr., ad esempio, Trib. Sulmona, 12 maggio 2011, in *ilcaso.it*, secondo cui «In caso di revoca di un fallimento la cui dichiarazione non sia conseguenza di un comportamento del debitore che abbia indotto il giudice in errore circa la sussistenza dei presupposti dello stesso, né di un comportamento colposo del creditore, le spese della procedura ed il compenso del curatore sono a carico dell'Erario».

2.2. – Il secondo gruppo di norme ad effetti "non differiti" è costituito dagli artt. 363 e 364 che, al già cennato fine di facilitare «*l'attività istruttoria nelle procedure concorsuali*», prevedono più snelle modalità di rilascio, da parte degli enti previdenziali e delle agenzie fiscali, delle certificazioni inerenti i debiti contributivi e tributari dei soggetti sottoposti a liquidazione giudiziale od a concordato preventivo. Si dispone, infatti, che «*su richiesta del debitore o del tribunale*» i suddetti enti rilasciano un «*certificato unico*», relativo: (i) nel caso degli enti previdenziali, ai «*crediti dagli stessi vantati nei confronti del debitore a titolo di contributi e premi assicurativi*» [25]; (ii) e, nel caso delle agenzie fiscali, alla «*esistenza di debiti risultanti dai rispettivi atti, dalle contestazioni in corso e da quelle già definite per le quali i debiti non sono stati soddisfatti*».

Anche in questa ipotesi, nonostante l'entrata in vigore delle due norme in commento sia stata fissata al 16 marzo 2019, la concreta operatività di tali modalità di rilascio dei suddetti certificati unici è stata subordinata all'adozione (entro novanta giorni dalla data di efficacia delle due disposizioni): (i) di un «*provvedimento*» [26] da parte dell'INPS [27] e dell'INAIL [28] regolante «*i contenuti della comunicazione ed i tempi per il rilascio del certificato unico*»; (ii) di appositi «*modelli*» da parte dell'Agenzia delle entrate per la certificazione dei «*carichi pendenti, risultanti al sistema informativo dell'anagrafe tributaria*» e della «*esistenza di contestazioni*», recanti idonee «*istruzioni agli uffici locali dell'Agenzia delle entrate competenti al rilascio*» e «*un fac-simile di richiesta delle certificazioni medesime da parte dei soggetti interessati*». Ancora una volta, nell'attesa dell'emanazione dei provvedimenti appena citati, l'art. 365 (certamente recante una disciplina transitoria, pur non essendo richiamata dalle relative norme del Codice), autorizzava, *medio tempore*, le cancellerie dei tribunali concorsuali ad acquisire («*direttamente*» [29]) «*dagli uffici competenti idonea certificazione sui debiti fiscali, contributivi e per premi assicurativi*».

2.3. – Il terzo (e di più rilevante impatto) insieme di norme ad efficacia immediata è costituito dalle disposizioni che hanno apportato al codice civile le modifiche ritenute necessarie in «*funzione (...) preparatoria*» della concreta operatività delle novità del Codice in tema di procedure di allerta (poi travolte dall'intervento correttivo attuato con il d.lgs. 17 giugno 2022, n. 83, che, come è noto, ha eliminato gli OCRI ed ha introdotto la nuova disciplina della composizione negoziata). Si tratta, in particolare, delle norme di cui agli artt. 375, 377, 378 e 379.

È noto che i richiamati strumenti di allerta – tanto nella originaria versione che imponeva cogenti obblighi di attivazione in presenza dei segnali di crisi, quanto in quella attuale che, al contrario, rimette al debitore la facoltà di accedere agli strumenti di regolazione della crisi – rispondono alla duplice, essenziale, esigenza (i) di consentire un rilevamento

---

[25] Cfr. l'art. 363, comma 1, al cui commento si rinvia.

[26] Sottoposto a preventiva approvazione del Ministero del lavoro e delle politiche sociali, di concerto con il Ministero dell'economia e delle finanze e, «*per i profili di competenza*», del Dipartimento della funzione pubblica.

[27] Di cui ai messaggi INPS n. 4696 del 28 dicembre 2021 e n. 322 del 21 gennaio 2022.

[28] Di cui alla determina del Direttore Generale INAIL del 4 luglio 2019, n. 30.

[29] Come aggiunge la Relazione illustrativa.

della situazione di crisi quanto più possibile precoce ed anticipato rispetto al degenerare di quest'ultima in uno stato di vera e propria insolvenza; (ii) e di apprestare i rimedi più adeguati al fine di farvi fronte in modo tempestivo.

Altrettanto noto è, per un verso, che l'intero assetto della disciplina italiana della crisi d'impresa necessitava da tempo dell'introduzione di simili misure, sia perché richieste dai dati empirici inequivocabilmente ricavabili dalla «esperienza delle procedure concorsuali» [30] (soprattutto se confrontati, in ottica comparata, con quelli degli altri ordinamenti più all'avanguardia sul punto) [31], sia perché sollecitate dal diritto dell'Unione europea [32]; e per altro verso, che i tentativi di modernizzare il sistema concorsuale italiano con la predisposizione di simili strumenti sono ampiamente risalenti nel tempo [33]. Il che spiega agevolmente, dunque, sia il fatto che l'istituzione di tali procedure sia stata unanimemente valutata dalla dottrina come uno tra i «risultati più rilevanti della riforma» [34], sia la ragione per la quale la novella dedica particolare «attenzione ai profili societari emergenti nel periodo ante crisi» all'evidente fine di far sì che il relativo governo produca «i minori danni possibili all'impresa medesima e agli *stakeholders*» [35].

Il corretto assunto di fondo che muove il legislatore della novella è la stretta correlazione tra la concreta probabilità di risolvere la situazione di crisi e l'efficienza dell'organizzazione aziendale dell'impresa. Ciò, non tanto nel senso che lo stato di crisi (e dunque, la "insolvenza prospettica") possa dipendere dalla inadeguatezza degli «*assetti organizzativi, amministrativi e contabili*» adottati (benché, in vero, non possa neppure escludersi una tale correlazione), quanto piuttosto nel senso che soltanto «*assetti*» di carattere organizzativo in grado di rilevare tempestivamente lo stato di crisi possono consentire la repentina adozione delle conseguenti misure idonee a farvi fronte con efficienza ed efficacia [36].

È così che, fornendo una prima e concreta base normativa all'altrimenti incerto «dirit-

---

[30] Così, RORDORF, *Prime osservazioni*, 133, secondo cui le «possibilità di salvaguardare i valori di un'impresa in difficoltà sono direttamente proporzionali alla tempestività dell'intervento risanatore e, viceversa, il ritardo nel percepire i prodromi di una crisi fa sì che, nella maggior parte dei casi, questa degeneri in vera e propria insolvenza sino a divenire irreversibile ed a rendere perciò velleitari e non di rado addirittura ulteriormente dannosi – i postumi tentativi di risanamento. L'esperienza delle procedure concorsuali attuate negli anni trascorsi ampiamente lo dimostra, e testimonia spesso della scarsa capacità delle imprese italiane – soprattutto le medie o piccole imprese – di promuovere autonomamente processi di ristrutturazione precoce»

[31] Tra cui, primo tra tutti, quello francese.

[32] Cfr., ad esempio, la raccomandazione 2014/135/UE.

[33] Già la Commissione Trevisanato propose l'introduzione nell'ordinamento italiano di procedure aventi queste caratteristiche ma, allora, a tale proposta, non seguì alcuna concreta attuazione.

[34] RORDORF, *Prime osservazioni*, 133.

[35] BOTTAI, *Le modifiche*, 3.

[36] Soluzione, peraltro, già adottata con riferimento alle società a controllo pubblico, obbligate, ai sensi dell'art. 6, comma 2, d.lgs. 19 agosto 2016, n. 175 a predisporre «specifici programmi di valutazione del rischio di crisi aziendale». Inoltre, l'art. 14 del medesimo testo unico in materia di società a partecipazione pubblica dispone che a seguito dell'emersione, in detti programmi, di «*uno o più indicatori di crisi aziendale, l'organo amministrativo della società a controllo pubblico adotta senza indugio i provvedimenti necessari al fine di prevenire l'aggravamento della crisi, di correggerne gli effetti ed eliminarne le cause, attraverso un idoneo piano di risanamento*».

to societario della crisi» di elaborazione dottrinale[37], la riforma, nel disporre una modifica espressa delle relative norme del codice civile[38], ha sancito un ampliamento: (i) degli obblighi inerenti l'adeguatezza degli assetti organizzativi funzionali anche alla rilevazione precoce (ed al conseguente superamento) della crisi (oltre che della perdita della continuità aziendale); (ii) delle ipotesi di responsabilità degli amministratori di società a responsabilità limitata verso i creditori sociali (iii) dell'ambito di applicazione dell'obbligo di nomina dell'organo di controllo e del revisore esterno delle società a responsabilità limitata.

Ed infatti, sotto il primo dei cennati profili, l'art. 375, oltre a modificarne la rubrica (ora sostituita in «*Gestione dell'impresa*»), aggiunge all'art. 2086 c.c. un secondo comma, che obbliga tutti gli imprenditori che operino «*in forma societaria o collettiva*»[39], non solo ad «*istituire un assetto organizzativo, amministrativo e contabile adeguato alla natura e alle dimensioni dell'impresa*» e che sia in grado rilevare tempestivamente la crisi dell'impresa e la perdita della continuità aziendale, ma anche ad «*attivarsi senza indugio per l'adozione e l'attuazione di uno degli strumenti previsti dall'ordinamento per il superamento della crisi e il recupero della continuità aziendale*».

L'art. 377 chiarisce, poi, che gli obblighi introdotti dal novellato art. 2086 c.c. sono posti a carico dell'organo gestorio di tutti i tipi di società e, in modo non del tutto opportuno, generalizza il precetto (poi oggetto di specifiche correzioni) secondo cui «*La gestione dell'impresa si svolge nel rispetto della disposizione di cui all'articolo 2086, secondo comma, e spetta esclusivamente agli amministratori*», riproducendolo (acriticamente) tanto nella disciplina delle società di persone dal modificato art. 2257, comma 1, c.c., quanto in quella della società per azioni dal modificato 2380-*bis*, comma 1, c.c. (anche con il sistema dualistico dal modificato art. 2409-*novies*, comma 1, c.c.[40]), quanto, infine, nel sistema normativo della società a responsabilità limitata dal modificato art. 2475, comma 1, c.c.[41]. Il tutto, evidentemente, senza tener conto delle peculiarità di ciascun tipo di società e del fatto che l'esclusività della competenza decisionale in materia di impresa è tratto caratteristico delle sole società per azioni.

Le conseguenti incertezze interpretative sono state poi superate con le modifiche apportate all'art. 2475, comma 1, c.c. e all'art. 2257, comma 1, c.c. dall'art. 40, commi 1 e 4, d.lgs. 26 ottobre 2020, n. 147 che ha introdotto il precetto secondo cui «*spetta esclusivamente agli amministratori*» la (sola) «*istituzione degli assetti di cui all'articolo 2086, secon-*

---

[37] Su cui, senza pretesa di esaustività, cfr. TOMBARI, *Principi e problemi*; PORTALE, *Verso un "diritto*, 1 ss.; MONTALENTI, *La gestione*, 821.

[38] Può inoltre aggiungersi, come è stato rilevato (da RIOLFO, *Il nuovo codice*, 400), che «oltre ad espresse modifiche di disposizioni codicistiche, nel Codice sono previste anche "deroghe" ad altre norme di diritto societario la cui giustificazione risiede nella necessità di fornire agli organi della procedura strumenti per una più efficiente ed efficace conduzione della procedura concorsuale attivata».

[39] Viceversa, l'imprenditore individuale, ai sensi dell'art. 3 «*deve adottare misure idonee a rilevare tempestivamente lo stato di crisi e assumere senza indugio le iniziative necessarie a farvi fronte*».

[40] L'omissione del riferimento alle società per azioni che adottano il sistema monistico è, con tutta evidenza, dovuto al fatto che l'art. 2409-*noviesdecies*, comma 1, c.c. richiama espressamente l'art. 2380-*bis* c.c. tra le norme applicabili al consiglio di amministrazione di cui all'art. 2409-*septiesdecies* c.c.

[41] Sul tema, tra i molti, v. CALVOSA, *Gestione dell'impresa*, 799 ss.; ATLANTE, MALTONI, RUOTOLO, *Il nuovo art. 2475 c.c.*; TRIMARCHI, *Codice della crisi*, 119.

do comma» e non anche l'intera "gestione dell'impresa" (che, come noto, in tali codici organizzativi può anche essere riservata alla collettività dei soci o a taluno di essi).

Per quanto concerne, invece, il secondo profilo di cui si è detto, il comma 1 dell'art. 378, nel modificare l'art. 2476 c.c., estende agli amministratori delle società a responsabilità limitata la medesima disciplina in tema di responsabilità verso i creditori sociali dettata per le società per azioni dall'art. 2394 c.c. In tal caso, il legislatore, invece che operare un mero (e più snello) rinvio alla norma da ultimo citata, ha preferito riprodurne integralmente il contenuto in un nuovo comma dell'art. 2476 c.c. (quasi a voler confermare l'idea che la precedente omissione fosse da considerarsi una lacuna normativa più che una consapevole scelta tipologica)[42].

Sotto un diverso profilo, il comma 2 dell'art. 378 aggiunge un nuovo comma all'art. 2486 c.c. introducendo (in attuazione di altro espresso principio della legge delega) specifici criteri di determinazione del danno ai quali fare riferimento nei giudizi di responsabilità intentati (in ogni caso, e dunque non soltanto nell'ambito di una di una procedura concorsuale) nei confronti dei componenti dell'organo gestorio di tutte le società di capitali in caso di violazione del previsto divieto di compiere azioni ultronee rispetto a quelle necessarie alla «*conservazione dell'integrità e del valore del patrimonio sociale*», previsto dal comma 1 della disposizione da ultimo citata[43].

Infine, per quanto attiene all'ultimo dei tre profili esposti, l'art. 379 («*in attuazione di uno specifico e dettagliato principio di delega*»[44] e «*sempre al fine di favorire l'emersione e la gestione tempestiva della crisi*»[45]), ha dilatato considerevolmente il numero delle società a responsabilità limitata vincolate alla nomina dell'organo di controllo (anche monocratico) e del revisore esterno. Ed infatti, ferme le ipotesi in cui tali società sono tenute alla redazione del bilancio consolidato e/o controllano una società obbligata alla revisione legale

[42] Cfr., da ultimo, sul dibattito ormai sopito, PEDERZINI., *La governance*, 48 ss., e, nello stesso volume, SPIOTTA, *La responsabilità*, 290 ss.

[43] Attualmente, pertanto, il nuovo comma 3 dell'art. 2486 prevede che «*salva la prova di un diverso ammontare, il danno risarcibile si presume pari alla differenza tra il patrimonio netto alla data in cui l'amministratore è cessato dalla carica o, in caso di apertura di una procedura concorsuale, alla data di apertura di tale procedura e il patrimonio netto determinato alla data in cui si è verificata una causa di scioglimento di cui all'articolo 2484, detratti i costi sostenuti e da sostenere, secondo un criterio di normalità, dopo il verificarsi della causa di scioglimento e fino al compimento della liquidazione*» aggiungendo inoltre che se «*è stata aperta una procedura concorsuale*» e, come sovente accade, «*mancano le scritture contabili o se a causa dell'irregolarità delle stesse o per altre ragioni i netti patrimoniali non possono essere determinati, il danno è liquidato in misura pari alla differenza tra attivo e passivo accertati nella procedura*». Al riguardo, la Relazione illustrativa chiarisce che la «*norma si fa carico di risolvere, anche in funzione deflattiva, il contrasto giurisprudenziale esistente in materia e l'obiettiva difficoltà di quantificare il danno in tutti i casi, nella pratica molto frequenti, in cui mancano le scritture contabili o le stesse sono state tenute in modo irregolare*».

[44] Secondo quanto chiarito dalla Relazione illustrativa.

[45] Sempre secondo quanto precisato dalla Relazione illustrativa. Al riguardo, la disposta modifica dell'art. 2477 c.c. va necessariamente letta in combinato disposto con l'art. 14 che fa espressamente carico agli organi di controllo societari, al revisore contabile o alla società di revisione, «*ciascuno nell'ambito delle proprie funzioni, hanno l'obbligo di verificare che l'organo amministrativo valuti costantemente, assumendo le conseguenti idonee iniziative, se l'assetto organizzativo dell'impresa è adeguato, se sussiste l'equilibrio economico finanziario e quale è il prevedibile andamento della gestione, nonché di segnalare immediatamente allo stesso organo amministrativo l'esistenza di fondati indizi della crisi*».

dei conti (ipotesi rimaste immutate rispetto al passato), la novella dispone: (i) una drastica riduzione dei limiti (di cui si continua a prevedere il necessario superamento «*per due esercizi consecutivi*») in precedenza fissati mediante rinvio all'art. 2435-*bis* c.c. e che l'art. 379 fissa in «*2 milioni di euro*» sia per il totale dell'attivo dello stato patrimoniale, sia per i ricavi delle vendite e delle prestazioni, ed in «*10 unità*» per i dipendenti occupati in media durante l'esercizio; (ii) la sufficienza del superamento di «*uno*» (e non più di «due») di detti limiti»; (iii) la subordinazione della cessazione del suddetto obbligo al mancato superamento dei medesimi limiti «*per tre esercizi consecutivi*» (e non più «*due*», come in passato).

In realtà, la suddetta dilatazione dell'ambito di applicazione dell'obbligo di nomina dell'organo di controllo nelle società a responsabilità limitata è stata quasi immediatamente ridimensionata dal d.l. 18 aprile 2019, n. 32, convertito in l. 14 giugno 2019, n. 55, che ha nuovamente elevato i suddetti limiti dimensionali, portando a «*4 milioni di euro*» sia il totale dell'attivo dello stato patrimoniale, sia i ricavi delle vendite e delle prestazioni, ed a «*20 unità*» i dipendenti occupati in media durante l'esercizio.

Il Codice stabilisce, inoltre, che, in caso di omessa nomina obbligatoria dell'organo di controllo da parte dell'assemblea, a tanto debba provvedere il tribunale non più soltanto «*su richiesta di qualsiasi soggetto interessato*», ma anche «*su segnalazione del conservatore del registro delle imprese*» (stante la propria «posizione privilegiata per le verifiche» [46]).

Il comma 3 dell'art. 379, nella sua versione finale, come risultante all'esito delle numerose modifiche intervenute fino alla data di entrata in vigore del Codice, concede, infine, in via transitoria, alle società a responsabilità limitata (ed alle «*società cooperative*») termine «*sino alla data di approvazione dei bilanci relativi all'esercizio 2022*» [47] per l'adeguamento (anche statutario) alle nuove previsioni, stabilendo, altresì, che fino alla «*scadenza*» del predetto «*termine, le previgenti disposizioni dell'atto costitutivo e dello statuto conservano la loro efficacia*» anche nel caso in cui le stesse non siano «*conformi alle inderogabili disposizioni*» vigenti (con l'ulteriore precisazione che, ai fini «*della prima applicazione*» di queste ultime, dalla medesima «*scadenza*» va computato a ritroso anche il periodo di «*due esercizi*» relativo al superamento dei limiti di cui si è detto).

Da ultimo, ma non certo per importanza, l'art. 379 aggiunge un ulteriore comma all'art. 2477 c.c. che estende espressamente alle società a responsabilità limitata («*anche se la società è priva di organo di controllo*») l'operatività del procedimento di denunzia al tribunale ai sensi dell'art. 2409 c.c., risolvendo così espressamente un ulteriore dubbio interpretativo postosi all'indomani della riforma del diritto societario del 2003 ed invero recependo una soluzione giurisprudenziale ormai pacifica all'indomani della pronuncia resa dalla Corte costituzionale con la sentenza n. 116 del 7 maggio 2014 [48].

---

[46] Così, RIOLFO, *Il nuovo codice*, 4014.

[47] Originariamente il termine era fissato in nove mesi a decorrere dalla entrata in vigore della novellata versione dell'art. 2477 c.c. e la Relazione illustrativa precisava che un «*termine più ampio non garantirebbe il pieno funzionamento degli organi alla data di entrata in vigore della riforma e, soprattutto, dei sistemi di allerta*».

[48] Tra gli arresti più recenti della giurisprudenza di merito sul tema cfr. Trib. Torino, 17 aprile 2018; Trib. Bologna, 4 febbraio 2015; Trib. Ascoli Piceno, 1° marzo 2013; Trib. Trieste, 21 gennaio 2011; Trib. Milano, 26 marzo 2010.

3. – L'ultimo gruppo di norme (la cui attuazione, come precisato dalla Relazione illustrativa, non necessita di «*particolari attività preparatorie*») è costituito dagli artt. 385-388, con i quali si apportano alcune significative modifiche alla disciplina del d.lgs. 20 giugno 2005, n. 122, allo scopo di rafforzare la tutela dei diritti patrimoniali degli acquirenti di immobili da costruire.

Come noto, l'originario impianto della ricordata normativa speciale si limitava a prevedere: *(i)* l'obbligo del rilascio, da parte del costruttore, anteriormente o contestualmente alla «*stipula*» di un contratto avente come «*finalità il trasferimento non immediato della proprietà o di altro diritto reale di godimento su un immobile da costruire*», di una garanzia fideiussoria[49] di importo corrispondente alle «*somme e al valore di ogni altro eventuale corrispettivo*» riscosso o da riscuotere dall'acquirente prima del «*trasferimento della proprietà o di altro diritto reale di godimento*» (cfr. gli artt. 2 e 3, d.lgs. n. 122 del 2005); il rispetto di tale obbligo era (ed è tutt'ora) sanzionato con la nullità (relativa) del contratto preliminare, azionabile dal solo promissario acquirente; *(ii)* la facoltà di quest'ultimo di escutere la fideiussione nel duplice caso di intervenuta trascrizione di un pignoramento sull'immobile da costruire (previa comunicazione della volontà di recesso da parte dello stesso acquirente) o di assoggettamento del costruttore ad una delle procedure concorsuali e di mancato subentro del «*competente organo*» gestorio nel contratto preliminare (v. l'art. 3, d.lgs. n. 122 del 2005); *(iii)* l'ulteriore obbligo, a carico del costruttore, di «*contrarre*» e «*consegnare*» all'acquirente, all'atto del definitivo trasferimento della proprietà, una «*polizza assicurativa indennitaria decennale*» a copertura dei danni «*materiali e diretti all'immobile*» e di quelli «*derivanti da rovina totale o parziale oppure da gravi difetti costruttivi delle opere*» (v. l'art. 4, d.lgs. n. 122 del 2005).

L'impianto normativo viene modificato in più punti dal legislatore delegato, dal momento che: *(i)* si prevede innanzitutto che tutti i contratti (anche diversi dai preliminari) disciplinati dal d.lgs. n. 122 del 2005 debbano essere stipulati (evidentemente a pena di nullità[50]) per atto pubblico o per scrittura privata autenticata; *(ii)* si stabilisce che la stipula e la consegna all'acquirente della polizza assicurativa (c.d. decennale postuma) sono previsti «*a pena di nullità*» (ancora una volta relativa, potendo essere fatta valere solo dal contraente "debole") dell'atto di trasferimento dell'immobile, al pari di quanto già disposto per la fideiussione con riferimento al contratto preliminare[51]; *(iii)* si demanda la determinazione del «*modello standard*»[52] della fideiussione o della polizza di assicurazione (oltre che, in tale

[49] L'originario testo della norma prevedeva che tale fideiussione dovesse essere rilasciata, oltre che da una banca e da un'impresa esercente le assicurazioni, anche da «*intermediari finanziari iscritti nell'elenco speciale di cui all'articolo 107 del testo unico delle leggi in materia bancaria e creditizia, di cui al decreto legislativo 1° settembre 1993, n. 385*». L'art. 385, nel sostituire il comma 1 dell'art. 3, d.lgs. n. 122 del 2005, ha correttamente eliso il (non più attuale) riferimento ivi contenuto all'«*elenco speciale di cui all'articolo 107*», attesa l'intervenuta abrogazione di tale elenco.

[50] Cfr. al riguardo, SIRONI, *Codice della crisi*, 249 il quale osserva che «Nonostante il silenzio della legge, non pare possa dubitarsi che il mancato rispetto» di tale «requisito formale … determini nullità assoluta dell'atto, trattandosi di forma richiesta *ad substantiam*, in relazione alla matrice pubblicistica sottesa alla riforma, che ha voluto anticipare la protezione del consumatore già alla fase della contrattazione preliminare degli immobili da costruire».

[51] Cfr. il nuovo art. 4, comma 1, d.lgs n. 122 del 2005, per come modificato dall'art. 386.

[52] Cfr., per la fideiussione, il nuovo art. 3, comma 7-*bis*, d.lgs. n. 122 del 2005, modificato dall'art. 385 e,

ultimo caso, anche del «*contenuto*» e delle «*caratteristiche*» della stessa) a due distinti decreti, da adottarsi entrambi entro novanta giorni dalla data di (immediata) efficacia degli artt. 385 e 386, rispettivamente, da parte del Ministero della giustizia (di concerto con il Ministro dell'economia e delle finanze)[53] e del Ministero dello sviluppo economico (di concerto con il Ministro della giustizia e con il Ministro dell'economia e delle finanze)[54]; *(iv)* si dispone che il contratto preliminare e quello definitivo di alienazione debbano contenere, rispettivamente, il primo, «*gli estremi della fideiussione*» prevista dall'art. 2[55], ed il secondo, «*la menzione degli estremi identificativi della polizza assicurativa*»[56] oltre alla attestazione della «*conformità*» di entrambe ai modelli ministeriali *standard*, onerando di tale verifica i notai roganti[57]; *(v)* si aggiungono due ulteriori (e concomitanti) ipotesi di possibile escussione della fideiussione da parte dell'acquirente (che abbia, in entrambi i casi, comunicato alla controparte "forte" «*la propria volontà di recedere dal contratto*» preliminare), e cioè: *(a)* il caso in cui il costruttore non abbia adempiuto all'«*obbligo assicurativo di cui all'articolo 4*» del d.lgs. n. 122 del 2005[58]; *(b)* l'eventualità che il notaio rogante attesti «*di non aver ricevuto per la data dell'atto di trasferimento della proprietà*» la medesima polizza assicurativa[59]; *(vi)* si subordina la cessazione dell'efficacia della fideiussione alla ricezione, da parte dell'ente fideiussore della «*copia dell'atto di trasferimento della proprietà o di altro diritto reale di godimento sull'immobile o dell'atto definitivo di assegnazione*» debitamente corredato della «*menzione*» degli estremi identificativi della polizza assicurativa e della «*conformità*» della stessa al modello ministeriale standard[60].

La disciplina così modificata, che come già detto è entrata "immediatamente" in vigore a partire dal 16 marzo 2019, è tuttavia soggetta ad uno speciale regime transitorio.

Ed infatti, per un verso, l'art. 387 aggiunge direttamente al testo dell'art. 5, d.lgs. n. 122 del 2005 il comma 1-*ter*, con il quale si precisa che le suddette «*modifiche*» apportate

---

per la polizza assicurativa (c.d. decennale postuma) l'art. 4, comma 1-*bis*, d.lgs. n. 122 del 2005, novellato dall'art. 386.

[53] Cfr. il decreto del Ministero della giustizia del 6 giugno 2022, n. 125 (pubblicato nella Gazzetta Ufficiale del 24 agosto 2022), recante il *Regolamento relativo al modello standard di garanzia fideiussoria relativa al trasferimento della proprietà o di altro diritto reale di godimento su un immobile da costruire, ai sensi dell'articolo 3, comma 7-bis del decreto legislativo 20 giugno 2005 n. 122.*

[54] Cfr. il decreto del Ministero dello sviluppo economico del 20 luglio 2022, n. 154 (pubblicato nella Gazzetta Ufficiale del 21 ottobre 2022), avente ad oggetto il *Regolamento recante il contenuto e le caratteristiche della polizza di assicurazione e il relativo modello standard, ai sensi dell'articolo 4 del decreto legislativo 20 giugno 2005, n. 122.*

[55] Cfr. il nuovo art. 6, comma 1, lett. *g*), d.lgs. n. 122 del 2005, per come sostituito dall'art. 388.

[56] Cfr. il nuovo art. 4, comma 1-*quater*, d.lgs. n. 122 del 2005, per come aggiunto dall'art. 386.

[57] Cfr. al riguardo, SIRONI, *Codice della crisi*, 249 s., il quale, sul presupposto che «lo scopo della norma è riconducibile all'esigenza (di ordine pubblico) di assicurare la conservazione nel tempo del patrimonio immobiliare e la tutela dell'interesse dell'acquirente», aggiunge che la «menzione nel contratto di trasferimento degli estremi identificativi della polizza assicurativa e della sua conformità al relativo modello standard» di cui al citato decreto ministeriale sia «obbligatoria in ogni vendita di immobile abitativo dal costruttore al consumatore, quand'anche non preceduta dal contratto preliminare».

[58] Cfr. il nuovo art. 4, comma 1-*ter*, d.lgs. n. 122 del 2005, modificato dall'art. 386.

[59] Cfr. il nuovo art. 3, comma 3, lett. *b*), d.lgs. n. 122 del 2005, modificato dall'art. 385.

[60] Cfr. il nuovo art. 3, comma 7, d.lgs. n. 122 del 2005, modificato dall'art. 385.

dal nuovo Codice[61] si applicano ai contratti aventi ad oggetto immobili da costruire per i quali «*il titolo abilitativo edilizio sia stato richiesto o presentato successivamente alla data di entrata in vigore*» dello stesso Codice[62]. Per altro verso, l'art. 389 ribadisce l'applicazione immediata anche dei novellati artt. 3 e 4, d.lgs. n. 122 del 2005, fermo restando che, nell'attesa della predisposizione dei modelli ministeriali *standard* sia della fideiussione, sia della polizza assicurativa decennale postuma (come previsti dai due articoli appena citati), il relativo «*contenuto è determinato dalle parti*» purché «*nel rispetto di quanto previsto dalle richiamate disposizioni*». Il che, tuttavia, legittima il dubbio se la funzione notarile di verifica della conformità dei relativi testi (con le conseguenze del caso) si debba estendere ai testi predisposti dalle parti rispetto alle previsioni normative o si possa reputare limitata alla sola conformità ai corrispondenti modelli ministeriali (evidentemente dopo l'effettiva predisposizione di questi ultimi).

[61] Nella dizione letterale – ed invero singolare – della norma «*dal decreto legislativo di attuazione dell'articolo 12 della legge 19 ottobre 2017, n. 155*».

[62] La nuova formulazione del comma 1-*ter* dell'art. 5, d.lgs. n. 122 del 2005 (secondo cui, testualmente «*Le modifiche apportate dal decreto legislativo di attuazione dell'articolo 12 della legge 19 ottobre 2017, n. 155 si applicano ai contratti aventi ad oggetto immobili da costruire per i quali il titolo abilitativo edilizio sia stato richiesto o presentato successivamente alla data di entrata in vigore del decreto stesso*» potrebbe dar adito, ad una prima lettura, a difficoltà interpretative, potendo legittimamente porsi il dubbio se come «*data di entrata in vigore del decreto*» debba intendersi quella fissata in via generale al 20 agosto 2020, o quella «*quasi*» immediata eccezionalmente stabilita al 16 marzo 2019 dalla norma in commento. La correttezza di tale seconda soluzione è avvalorata dallo stesso art. 389, che conferma l'immediata efficacia dei novellati artt. 3 e 4, d.lgs. n. 122 del 2005 «*anche nelle more dell'adozione*» dei corrispondenti modelli ministeriali standard.

Articolo 390
Disciplina transitoria

1. I ricorsi per dichiarazione di fallimento e le proposte di concordato fallimentare, i ricorsi per l'omologazione degli accordi di ristrutturazione, per l'apertura del concordato preventivo, per l'accertamento dello stato di insolvenza delle imprese soggette a liquidazione coatta amministrativa e le domande di accesso alle procedure di composizione della crisi da sovraindebitamento depositati prima dell'entrata in vigore del presente decreto sono definiti secondo le disposizioni del regio decreto 16 marzo 1942, n. 267, nonché della legge 27 gennaio 2012, n. 3.

2. Le procedure di fallimento e le altre procedure di cui al comma 1, pendenti alla data di entrata in vigore del presente decreto, nonché le procedure aperte a seguito della definizione dei ricorsi e delle domande di cui al medesimo comma sono definite secondo le disposizioni del regio decreto 16 marzo 1942, n. 267, nonché della legge 27 gennaio 2012, n. 3.

3. Quando, in relazione alle procedure di cui ai commi 1 e 2, sono commessi i fatti puniti dalle disposizioni penali del titolo sesto del regio decreto 16 marzo 1942, n. 267, nonché della sezione terza del capo II della legge 27 gennaio 2012, n. 3, ai medesimi fatti si applicano le predette disposizioni.

Giustino Di Cecco

Sommario: 1. Introduzione. – 2. La «*regola generale*» del comma 1 della disposizione: alcuni possibili dubbi interpretativi. – 3. la disciplina delle procedure «*pendenti*» prevista dal comma 2: il problema della consecuzione tra procedure. – 4. Il regime transitorio delle norme penali.

1. – La norma in commento completa la disciplina finale e transitoria prevista, per lo più, dall'art. 389[1].

Ed infatti, mentre la disposizione da ultimo citata dispone una generale (ed ampia) *vacatio legis* (di originari diciotto mesi, poi, incrementati addirittura a tre anni e mezzo), prevedendo, al contempo, l'entrata in vigore in via anticipata di alcune norme, l'art. 390 limita, sotto l'aspetto temporale, la portata applicativa del medesimo decreto

[1] Al cui commento si rimanda per ogni ulteriore approfondimento.

delegato alle sole procedure concorsuali avviate posteriormente alla data di generale efficacia del nuovo provvedimento, entrato effettivamente in vigore, come noto, il 15 luglio 2022.

Più in particolare, l'art. 390 si premura di individuare la disciplina (anche penale) applicabile, *ratione temporis*, alle procedure *(i)* avviate prima della scadenza del suddetto periodo di *vacatio legis*; e dunque «*pendenti*» alla data di entrata in vigore del nuovo Codice o *(ii)* aperte successivamente, ma sulla base di ricorsi o domande presentati anteriormente, stabilendo che, in entrambi i casi, continuino ad applicarsi le norme previgenti della legge fallimentare e della l. n. 3 del 2012 sulla composizione della crisi da sovraindebitamento.

2. – Come appena anticipato, il comma 1 dell'art. 390 si limita a stabilire, secondo la «*regola generale adottata*» [2], che i procedimenti introdotti *(i)* con ricorso per la dichiarazione di fallimento, *(ii)* con proposta di concordato fallimentare, *(iii)* con ricorso per l'omologazione degli accordi di ristrutturazione [3], *(iv)* con ricorso per l'apertura del concordato preventivo, *(v)* con ricorso volto all'accertamento dello stato di insolvenza delle imprese soggette a liquidazione coatta amministrativa ed infine, *(vi)* con domanda di accesso alle procedure di composizione della crisi da sovraindebitamento, sono «*definiti*» in base alle previgenti disposizioni rispettivamente dettate dalla legge fallimentare di cui al regio decreto risalente al 1942 e dalla l. n. 3 del 2012 sulla composizione della crisi da sovraindebitamento, purché il deposito dei rispettivi atti introduttivi sia avvenuta antecedentemente alla data del 15 luglio 2022.

La scelta normativa di individuare analiticamente le procedure alle quali applicare la prevista regola di diritto transitorio potrebbe legittimare qualche incertezza con riguardo alla data di entrata in vigore della disciplina relativa a potenziali sub-procedimenti o istituti concorsuali non espressamente menzionati dalla norma.

Se è indubbio che nel disposto elenco vadano incluse anche le procedure introdotte con i ricorsi con cui il debitore chiede di accedere: *(i)* ai concordati cc.dd. prenotativi o "in bianco" ai sensi dell'art. 161, comma 6, l. fall.; *(ii)* agli accordi di ristrutturazione con intermediari finanziari (ivi comprese le convenzioni di moratoria) *ex* art. 182-*septies* l. fall.; *(iii)* al *sub*-procedimento di cui all'art. 182-*bis* l. fall., a seguito del deposito della «*proposta di accordo*» disciplinata dalla medesima norma (non essendosi in presenza di autonome procedure, ma solo di particolari declinazioni di quelle menzionate espressamente), qualche perplessità si pone in relazione ai piani attestati di risanamento [4] previsti, con qualche differenza di disciplina, dall'art. 67, comma 3, lett. *d*), l. fall. e dall'art. 56 In tal caso, in-

[2] Come evidenziato dalla Relazione illustrativa, la quale precisa inoltre che si tratta di disciplina ispirata ad «evidenti ragioni di semplificazione» oltre che per «*evitare difficoltà operative nel passaggio da una sentenza o un decreto pronunciati ai sensi del r.d. n. 267 del 1942 o della legge n. 3 del 2012 a procedure definite diversamente anche solo sotto il profilo lessicale*».

[3] La cui espressa inclusione tra le «*procedure*» concorsuali (come testualmente confermato anche dal comma 2 dell'art. 389 elimina ogni dubbio sulla attribuzione di tale natura all'istituto di cui all'art. 182-*bis* l. fall., ponendo così termine all'ampio dibattito dottrinale sorto durante la vigenza del precedente regime (su cui cfr. VALENSISE, *Art. 182 bis*, 397; TARZIA, *Quale tutela*, 54 ss.).

[4] Disciplinati dall'art. 56.

fatti, occorre considerare che non si tratta di vere e proprie «*procedure concorsuali*» e che il relativo regime intertemporale non è irrilevante visto che, come noto, l'esplicazione dei rispettivi effetti (in punto di esenzione dalla azione revocatoria) può essere anche di molto successiva alla data della loro predisposizione. Anche in tal caso, tuttavia, non sembra potersi dubitare del fatto che essi vadano assoggettati alla disciplina della "vecchia" legge fallimentare nel caso in cui la data (certa) di attestazione o di pubblicazione (su richiesta del debitore) nel registro delle imprese sia antecedente al 15 luglio 2022 e a quella del nuovo Codice nel caso in cui sia successiva in diretta applicazione anche in tal caso della disposizione transitoria prevista dalla norma in commento (a seguito di una applicazione estensiva della «*regola generale adottata*»[5] dall'art. 390).

3. – Il comma 2 dell'art. 390 prevede che le medesime «*procedure di cui al comma 1*» (ivi incluso, in via espressa, quelle «*di fallimento*») siano parimenti assoggettate alla disciplina della "vecchia" legge fallimentare e della l. n. 3 del 2012 se «*pendenti*» alla data di entrata in vigore del nuovo Codice.

La soluzione è analoga a quella utilizzata dalla riforma del 2006[6], che prevedeva l'applicabilità, alle procedure pendenti, del regime anteriore, ed esattamente opposta a quella prescelta dal correttivo del 2007[7], che aveva invece assoggettato le stesse procedure pendenti alla nuova disciplina.

Tuttavia, al fine di evitare dubbi interpretativi e (secondo quanto già accaduto all'indomani della riforma del 2006[8]), il prevedibile formarsi di due orientamenti contrapposti circa l'applicabilità alle procedure aperte dopo l'entrata in vigore del Codice (ma sulla base di ricorsi proposti in data anteriore) delle norme rispettivamente vecchie o nuove, l'art. 390, comma 2 si premura di effettuare una scelta espressa in favore della precedente normativa anche con riferimento alle «*procedure aperte a seguito della definizione dei ricorsi e delle domande*» di cui al comma 1.

La norma, seppur con terminologia perfettibile, dispone chiaramente l'ultrattività della (vecchia) disciplina alle procedure (di fallimento, di liquidazione coatta amministrati-

[5] Come, per quanto già detto, precisa la Relazione illustrativa.

[6] Con l'art. 150, d.lgs. n. 5 del 2006, secondo cui i «*ricorsi per dichiarazione di fallimento e le domande di concordato fallimentare depositate prima dell'entrata in vigore*» del medesimo decreto, «*nonché le procedure di fallimento e di concordato fallimentare pendenti alla stessa data, sono definiti secondo la legge anteriore*».

[7] Di cui all'art. 22, d.lgs. n. 169 del 2007, ai sensi del quale le disposizioni del medesimo decreto trovavano applicazione «*ai procedimenti per dichiarazione di fallimento pendenti alla data della sua entrata in vigore, nonché alle procedure concorsuali e di concordato fallimentare aperte successivamente alla sua entrata in vigore*». Sul tema, sia consentito rinviare a DI CECCO, *Art. 22*, 2544 ss.

[8] Allorquando la dottrina e la giurisprudenza si divisero tra quanti sostenevano l'applicazione delle "vecchie" disposizioni (LO CASCIO, *Il nuovo fallimento*, 758 ss.; PANZANI, *La nuova disciplina*, 1219 ss.; in giurisprudenza, per tutte, Cass., 20 marzo 2008, n. 7471, in *Fallimento*, 2008, 1157, con nota di SPIOTTA, *Impugnazione della sentenza*) e quanti, invece, propendevano per l'applicazione della normativa di cui al d.lgs. n. 5 del 2006 (CASTIELLO D'ANTONIO, *Profili problematici*, 726; in giurisprudenza, senza pretesa di esaustività, cfr. Trib. Vicenza, 13 ottobre 2006 e Trib. Mondovì, 23 ottobre 2006, in *Fallimento*, 2006, 1407 con nota di Marrollo; Trib. Pistoia, 21 luglio 2006, in *Foro it.*, 2006, I, 3494, con nota di FABIANI, *Nuovi fallimenti*; Trib. Pescara, 18 ottobre 2006, in *Fallimento*, 2007, 110; Trib. La Spezia, 30 agosto 2006, in *Fallimento*, 2006, 1457.

va, di liquidazione dei beni *ex* art. 14-*ter*, l. n. 3 del 2012) aperte dopo il 15 luglio 2022, a seguito di ricorsi o domande presentate antecedentemente a tale data[9].

4. – L'ultimo comma dell'art. 390 (in modo sostanzialmente analogo ai primi due, che, peraltro, sono espressamente richiamati) estende il principio di diritto transitorio previsto dalla «*regola generale adottata*» dalla norma in commento anche alle disposizioni penali di cui al Titolo VI della previgente legge fallimentare ed a quelle del Capo II, sezione III della l. n. 3 del 2012 sulla composizione della crisi da sovraindebitamento.

Sicché, anche in tal caso, ne discende: *(i)* per un verso, che le "vecchie" norme penali continuano ad applicarsi posteriormente all'entrata in vigore del nuovo Codice, ma limitatamente alle condotte criminose poste in essere «*in relazione*» alle procedure ancora «*pendenti*» ed a quelle aperte dopo il 15 luglio 2022, ma sulla base di ricorsi o domande anteriori a tale data; *(ii)* e, per altro verso, che i reati commessi nell'ambito dei procedimenti introdotti dal 15 luglio 2022 in poi, seguiranno la disciplina prevista dal d.lgs. n. 14 del 2019.

Ne discende che, a partire dalla data da ultimo indicata, le fattispecie di reato previste in materia concorsuale saranno contemporaneamente assoggettate ad un duplice regime, a seconda che le relative procedure ricadano, *ratione temporis*, rispettivamente nell'ambito della previgente legge fallimentare (e della l. n. 3 del 2012) o del nuovo Codice.

La disciplina transitoria così prevista dalla riforma porta con sé due ulteriori e rilevanti conseguenze. La prima è che la coesistenza di tale "doppio binario" normativo è destinato a perdurare fintanto che le procedure ricadenti nell'ambito della pregressa disciplina non saranno completamente definite. La seconda è che soltanto la chiusura dell'ultimo di tali procedimenti determinerà (in assenza, al riguardo, di regole espresse da parte del d.lgs. n. 14 del 2019, e salvo in ogni caso il sopraggiungere di futuri decreti "correttivi"[10]) l'effettivo venir meno dell'efficacia delle pur abrogate "vecchie" norme penali previste dalla legge fallimentare e della l. n. 3 del 2012.

La rilevata coesistenza di tale doppio binario normativo in ambito penale concorsuale non sembra (astrattamente) porsi in contrasto né con il fondamentale principio costituzionale di eguaglianza, né con la disciplina relativa alla successione delle leggi penali nel tempo dettata dall'art. 2 c.p.[11].

---

[9] Ciò, anche allo scopo, secondo quanto precisato dalla Relazione illustrativa, di «evitare difficoltà operative nel passaggio da una sentenza o un decreto pronunciati ai sensi del r.d. n. 267 del 1942 o della legge n. 3 del 2012 a procedure definite diversamente anche solo sotto il profilo lessicale».

[10] Con la connessa, possibile conseguenza, tuttavia, che l'abrogazione delle fattispecie criminose comporti la revoca delle pronunce (anche definitive) di condanna emesse sulla base delle norme penali non più esistenti, come statuito, proprio in ambito concorsuale da Cass. pen., SS.UU., 26 febbraio 2009, n. 24468, in *Dir. pen. e processo*, 2009, 977, secondo cui il «reato di bancarotta societaria connessa alla procedura dell'amministrazione controllata risulta abolito a seguito della abrogazione dell'istituto dell'amministrazione controllata e la soppressione di ogni riferimento ad esso contenuto nel r.d. 16 marzo 1942, n. 267, ad opera dell'art. 147 d.lgs. n. 5 del 2006, con conseguente operatività della regola di cui al comma 2 dell'art. 2 c.p. e della disciplina di cui all'art. 673 c.p.p., ai fini della revoca della corrispondente statuizione di condanna».

[11] Con la sola eccezione del reato di «*Omessa trasmissione dell'elenco dei protesti cambiario*» di cui all'art. 235 l. fall. che non è stato riprodotto nel testo del d.lgs. n. 14 del 2019 che, dunque, può ritenersi implicita-

Ed infatti, il nuovo Codice si limita a riprodurre in modo sostanzialmente pedissequo (sia pur con le necessarie modifiche terminologiche e di coordinamento) il testo delle norme incriminatrici previste dalla legge fallimentare [12] e dalla legge sulla composizione della crisi da sovraindebitamento [13], in fedele esecuzione del principio espressamente sancito dall'art. 2, comma 1 lett. *a*), l. n. 155 del 2017 che vincolava il legislatore delegato ad effettuare un mero adeguamento «*dal punto di vista lessicale*» delle disposizioni penali concorsuali, «*ferma restando la continuità delle fattispecie criminose*» (secondo quanto, invero ambiguamente, precisato dalla medesima legge delega).

Lasciando ad altri ogni dovuto approfondimento, v'è da dire che l'art. 390, per un verso, non sembra essere esente da ogni possibile dubbio di incostituzionalità e, per altro sembro, sembra porsi in contrasto con la generale regola della obbligatoria applicazione retroattiva della legge penale maggiormente favorevole al reo ai sensi dell'art. 2 c.p. in ragione del fatto che omette di prevedere una norma transitoria che si premuri di estendere le «*misure premiali*» previste dal comma 2 dell'art. 25 per i corrispondenti reati disciplinati dal nuovo Codice agli artt. 322, 323, 325, 328, 329, 330, 331, 333 e 341, comma 2, lett. *a*) e *b*), «*limitatamente alle condotte poste in essere prima dell'apertura della procedura*» anche ai soggetti incriminati in base agli artt. 216 («*Bancarotta fraudolenta*»), 217 («*Bancarotta semplice*»), 218 («*Ricorso abusivo al credito*»), 222 («*Fallimento delle società in nome collettivo e in accomandita semplice*»), 223 («*Fatti di bancarotta fraudolenta*»), 224 («*Fatti di bancarotta semplice*»), 225 («*Ricorso abusivo al credito*»), 227 («*Reati dell'institore*») e 236, comma 2, nn. 1 e 2 («Concordato preventivo e accordo di ristrutturazione con intermediari finanziari e convenzione di moratoria») [14], della previgente legge fallimentare.

Si tratta, in particolare (i) della causa di esclusione della punibilità (concomitante e successiva) applicabile: a) quando «*il danno cagionato è di speciale tenuità*»; b) ed a coloro che, facilitando una emersione anticipata della crisi o dell'insolvenza ne abbiano ridotto le conseguenze pregiudizievoli presentando «*tempestivamente*» una delle procedure disciplinate dal Codice «*se, a seguito delle stesse, viene aperta una procedura di liquidazione giudiziale o di concordato preventivo ovvero viene omologato un accordo di ristrutturazione dei debiti*»; (ii) della circostanza attenuante («*ad effetto speciale*» ai sensi dell'art. 63, comma 3, c.p. [15]), che prevede («*Fuori dai casi in cui risulta un danno di speciale tenuità*») una riduzione della pena «*fino alla metà*» a favore dei soggetti che hanno chiesto l'accesso ad uno dei nuovi procedimenti di regolazione della crisi o dell'impresa se, alla relativa «*data di*

---

mente abrogato dal nuovo Codice in base alla regola dell'art. 2 c.p., secondo cui nessuno può essere condannato per una condotta che non è più prevista dalla legge come reato.

[12] Ad eccezione dell'art. 221 («*Fallimento con procedimento sommario*») e, per quanto già detto, dell'art. 235 l. fall.

[13] Cfr. gli artt. 322-345, al cui commento si rinvia.

[14] Secondo cui, nel «*caso di concordato preventivo, si applicano: 1) le disposizioni degli artt. 223 e 224 agli amministratori, direttori generali, sindaci e liquidatori di società; 2) la disposizione dell'art. 227 agli institori dell'imprenditore*».

[15] Ai sensi del quale «*Sono circostanze ad effetto speciale quelle che importano un aumento o una diminuzione della pena superiore ad un terzo*».

apertura … il valore dell'attivo inventariato o offerto ai creditori assicura il soddisfacimento di almeno un quinto dell'ammontare dei debiti chirografari e, comunque, il danno complessivo cagionato non supera l'importo di 2.000.000 euro» [16].

Ma, come detto, si tratta di questione meritevole di (ben altro) approfondimento specifico.

[16] Cfr. l'art. 25, comma 3, al cui commento si rimanda.

Articolo 391
Disposizioni finanziarie e finali

1. Per l'attuazione delle disposizioni di cui al presente decreto legislativo si provvede nel limite delle risorse finanziarie, umane e strumentali disponibili a legislazione vigente, senza nuovi o maggiori oneri per la finanza pubblica.

2. L'attuazione delle disposizioni di cui all'articolo 27 avviene nei limiti della dotazione organica del personale amministrativo e di magistratura.

Bibliografia

AA.VV., *Il nuovo diritto fallimentare. Aggiornamento al d.lgs. 169/2007* diretto da A. Jorio e coordinato da M. Fabiani, Zanichelli, Bologna, 2007.

AA.VV., *Piani di ristrutturazione dei debiti e ruolo dell'attestatore* diretto da S. Ambrosini, A. Tron, Zanichelli, Bologna, 2016.

AA.VV., *Commentario alla legge fallimentare* a cura di A. Caiafa, Dike Giuridica, Roma, 2017.

AA.VV., *Diritto fallimentare, Manuale breve*, Giuffrè, Milano, ed. 2013, 2017.

AA.VV., *Codice del fallimento. Il nuovo codice della crisi d'impresa e dell'insolvenza. Disciplina, novità, problemi applicativi*, Neldiritto Editore, Molfetta, 2019.

AA.VV., *Codice della crisi d'impresa e dell'insolvenza* a cura di G. Bonfante, in *Giur. it.*, 2019, 1943.

AA.VV., *Il nuovo sovraindebitamento dopo il Codice della crisi di impresa e dell'insolvenza"* Zanichelli, Bologna, 2019.

AA.VV., *I gruppi nel Codice della crisi d'impresa e dell'insolvenza* a cura di D. Vattermoli, Pacini, Pisa, 2020.

AA.VV., *La riforma delle procedure concorsuali. In ricordo di Vincenzo Buonocore* a cura di A. Jorio, R. Rosapepe, Giuffrè, Milano, 2021.

AA.VV., *Le crisi d'impresa e del consumatore. Liber amicorum per Alberto Jorio* a cura di S. Ambrosini, Zanichelli, Bologna, 2021.

AA.VV., *Gli immobili da costruire. Contributo allo studio sugli itinerari dell'attività negoziale notarile*, Edizioni Scientifiche Italiane, Napoli, 2022.

AA.VV., *La verifica dello stato passivo e i piani di riparto* a cura di A. Petteruti, Giappichelli, Torino, 2022.

AA.VV., *Codice della crisi d'impresa e dell'insolvenza. Aggiornato al d.lgs. 17 giugno 2002, n. 83* a cura di M. Giorgetti, A. Bonafine, Pacini, Pisa, 2023.

AA.VV., *L'ammissione al passivo dei crediti tributari* a cura del Comitato Centro Studi della Fondazione dei Dottori Commercialisti e degli Esperti Contabili di Firenze, in *www.fdcec.fi.it/images/guide_operative/giudiziaria/L_ammissione_al_passivo_dei_crediti_tributari/Guida_Operativa_3_-_Ammissione_al_passivo_crediti_tributari.pdf.*

AA.VV., *La composizione negoziata quale soluzione alla crisi d'impresa, Quaderno 90 dell'Ordine dei Dottori Commercialisti e degli Esperti Contabili di Milano* a cura di G. Rocca G., gennaio 2023, 47 e 52.

AA.VV., *Verso il nuovo codice della crisi*, in *www.fondazionenazionalecommercialisti.it.*

ABATE F., *L'irruzione della pec nella gestione delle procedure concorsuali*, in *Fallimento*, 2013, 505.

ABBADESSA P., *Il direttore generale*, in *Trattato delle società per azioni* diretto da G.E. Colombo, G.B. Portale, 4, *Amministratori, direttore generale*, Utet, Torino, 1991, 46.

ABBADESSA P., *Profili topici della nuova disciplina della delega amministrativa*, in *Il nuovo diritto delle società* - Liber amicorum *Gian Franco Campobasso*, II, Utet, Torino, 2006, 493.

ABETE L., *Il curatore fallimentare: linee di una possibile evoluzione*, in *Fallimento*, 2005, 1009.

ABETE L., *Artt. 28, 31-34, 36-38*, in *Il nuovo diritto fallimentare* diretto da A. Jorio e coordinato da M. Fabiani, Zanichelli, Bologna, 2006, 525.

ABETE L., *Art. 38*, in *Codice commentato del fallimento* diretto da G. Lo Cascio, Ipsoa, Milano, 2008, 337.

ABETE L., *Azione di responsabilità contro amministratori e sindaci*, in *Fallimento e altre procedure concorsuali* diretto da G. Fauceglia, L. Panzani, II, Utet, Torino, 2009, 1474.

ABETE L., *Art. 84*, in *La legge fallimentare dopo la riforma*, tomo II, Giappichelli, Torino, 2010, 1172.

ABETE L., *Art. 92*, in *La legge fallimentare dopo la riforma* a cura di A. Nigro, M. Sandulli, V. Santoro, Giappichelli, Torino, 2010, 1188.

ABETE L., *Il fallimento di imprenditori collettivi*, in *Le riforme delle procedure concorsuali* a cura di A. Didone, Giuffrè, Milano, 2016, 1314.

ABETE L., *Gli organi preposti alla liquidazione giudiziale*, in *Fallimento*, 2019, 1151.

ABRIANI N., *Concordato preventivo e ristrutturazione dell'impresa dopo il D.L. n. 118/2021: Que reste-t-il?*, in *dirittodellacrisi.it*.

ABRIANI N., *Il collegio sindacale nella società a responsabilità limitata*, in *Il collegio sindacale. Le nuove regole* a cura di R. Alessi, N. Abriani, U. Morera, Giuffrè, Milano, 2007.

ABRIANI N., *Il finanziamento dei soci alle imprese in crisi alla luce del nuovo art. 182* quater *l. fall.: dal* sous-sol *della postergazione all'attico della prededuzione*, in *Riv. dir. impr.*, 2010, 429.

ABRIANI N., *Finanziamenti «anomali» dei soci e regole di corretto finanziamento nella società a responsabilità limitata*, in *Il diritto delle società oggi. Innovazioni e persistenze, Studi in onore di Giuseppe Zanarone* diretto da P. Benazzo, M. Cera, S. Patriarca, Utet, Torino, 2011, 319.

ABRIANI N., *Le responsabilità nelle crisi dei gruppi*, in *Il nuovo dir. soc.*, 2012, 93.

ABRIANI N., *Proposte concorrenti, operazioni straordinarie e dovere della società di adempiere agli obblighi concordatari*, in *Giust. civ.*, 2016, 365.

ABRIANI N., *Per i creditori la carta dell'azione di responsabilità*, in *Il Sole 24 Ore*, 8 novembre 2017, 6.

ABRIANI N., *I controlli*, in *Le società a responsabilità limitata* a cura di C. Ibba, G. Marasà, Giuffrè, Milano, 2020.

ABRIANI N., *Sulla legittimazione alla presentazione della proposta concorrente di concordato preventivo*, in *dirittodellacrisi.it*, 2021.

ABRIANI N., *La disciplina dei gruppi di imprese nel Codice della crisi e dell'insolvenza*, in *dirittodellacrisi.it*, 2022.

ABRIANI N., BENEDETTI L., *Finanziamenti all'impresa in crisi e abusiva concessione del credito: un ulteriore frammento della disciplina speciale dell'impresa in crisi*, in *La nuova disciplina delle procedure concorsuali. Scritti in ricordo di Michele Sandulli*, Giappichelli, Torino, 2019, 3.

ABRIANI N., ROSSI A., *Nuova disciplina della crisi d'impresa e modificazioni del codice civile: prime letture*, in *Società*, 2019, 393.

ACCETTELLA F., *La liquidazione controllata del sovraindebitato: un primo commento*, in *Nuove leggi civili comm.*, 2020, 657.

ADDANTE A., *Prestito vitalizio ipotecario e schemi negoziali affini*, in *Banca, borsa, tit. cred.*, 2017, I, 497.

AGLIATA M., *Il tormentato rapporto tra lavoro e crisi di impresa*, in *Nuova giur. civ. comm.*, 2019, 1129.

AGOSTINELLI M., *Art. 106*, in *Codice del Fallimento* a cura di M. Bocchiola, P. Pajardi, A. Paluchowski A., Giuffrè, Milano, 2013.

AGOSTINELLI R., *Appunti sulla legittimazione attiva nell'azione ex art. 2497, comma 4, c.c.*, in *ilfallimentarista.it*.

AGUGLIA E., *Azioni di rilievo del fideiussore e fallimento del debitore garantito*, in *Dir. fall.*, 1984, II, 336.

AIELLO A., AURICCHIO A., COVINO G., JEANTET L., *Il piano attestato di risanamento e l'accordo di ristrutturazione dei debiti nel codice della crisi di impresa*, in *dirittobancario.it*.

AIELLO M., *Art. 77*, in *Il nuovo diritto fallimentare* diretto da A. Jorio e coordinato da M. Fabiani, Zanichelli, Bologna, 2006, 1233.

AIELLO M., *Il c.d. "patto para-concordatario": appunti per la ricostruzione della fattispecie*, in *Fallimento*, 2016, 1335.

AIELLO M., *L'associazione in partecipazione*, in *Crisi di impresa e procedure concorsuali* diretto da O. Cagnasso, L. Panzani, Utet, Torino, 2016, 1376.

AIELLO M., *Il controverso perimetro applicativo delle procedure competitive di cui all'art. 163-bis l. fall.: operazioni sul capitale sociale e concordato per assunzione*, in *Fallimento*, 1, 2019, 79.

AIELLO M., *La competitività nel concordato preventivo*, Giappichelli, Torino, 2019.

AINIS M., *La legge oscura: come e perché non funziona*, Laterza, Roma-Bari, 2010.

ALBANESE A., *Gli atti di ordinaria e straordinaria amministrazione (e l'annullabilità del contratto non autorizzato)*, in *Contratto e impresa*, 2008, 1141.

ALBI P., *Il diritto del lavoro e il Codice della crisi d'impresa e dell'insolvenza*, in *Dir. Mercato del Lavoro*, 2019, 75.

ALESSANDRI A., *Confisca nel diritto penale*, in *Dig. pen.*, III, Utet, Torino, 1989.

ALESSANDRI A., *Profili penalistici in tema di soluzioni concordate delle crisi d'impresa*, in *Riv. it. dir. proc pen.*, 2006, 111.

ALESSANDRI A., *Profili penali delle procedure concorsuali. Uno sguardo d'insieme*, Giuffrè, Milano, 2016.

ALESSANDRI A. (a cura di), *Reati in materia economica*, estratto del *Trattato Teorico-Pratico di Diritto Penale* diretto da F. Palazzo e C.E. Paliero, Giappichelli, Torino, 2017.

ALESSANDRI A., *Diritto penale commerciale*, IV, *I reati fallimentari*, Giappichelli, Torino, 2019.

ALESSANDRI A., *Novità penalistiche nel codice della crisi d'impresa*, in *Riv. it. dir. proc. penale*, 2019, 1847.

ALESSANDRI A., SEMINARA S., *Diritto penale commerciale*, I, *I principi generali*, Giappichelli, Torino, 2018.

ALESSI G., *I debiti di massa nelle procedure concorsuali*, Giuffrè, Milano, 1987.

ALIPRANDI F., MONZEGLIO E., TURCHI A., *Voto e maggioranze nel nuovo concordato in continuità: una prima lettura con diversi punti interrogativi*, in *ilcaso.it*.

ALLECA G.P., *Fallimento e regole societarie*, Giuffrè, Milano, 2016.

ALLECA G.P., *Titoli di debito e concordato*, in *Giur. comm.*, 2017, I, 1016.

ALLEGRI V., *La dichiarazione di fallimento come condizione obiettiva di punibilità dei reati di bancarotta prefallimentare*, in *Fallimento*, 1982, 481.

ALLEGRITTI F., *Art. 125*, in *Il nuovo fallimento* a cura di F. Santangeli, Giuffrè, Milano, 2006, 610.

ALLENA M., *La transazione fiscale nell'ordinamento tributario*, Cedam, Padova, 2017.

ALLEVA P.G., *Fallimento e tutela del lavoratore*, in *Riv. trim. dir. proc. civ.*, 1975, 214.

ALLEVA P.G., *La sorte del rapporto di lavoro nelle procedure concorsuali*, in *Dir. fall.*, 2001, I, 674.

ALPA G., *I principi generali. Una lettura giusrealistica*, in *Giust. civ.*, 2014, n. 4.

ALÙ M., *L'obbligatorietà delle comunicazioni del curatore ai creditori nei rispettivi domicili eletti ai sensi dell'art. 93 comma 2 legge fallim.*, in *Dir. fall.*, 2003, II, 595.

AMADARDO M., *Le misure cautelari e le misure protettive*, in *Crisi di Impresa, Il Sole24 ore*, n. 4, 38.

AMARELLI G., *I delitti di bancarotta alla luce del nuovo art. 217* bis *l. fall.: qualcosa è cambiato?*, in *Giust. pen.*, 553.

AMATORE R., *Il principio di infrazionabilità del credito e il giudicato endofallimentare*, in *ilfallimentarista.it*, novembre 2012.

AMATUCCI C., *Ancora un capitale per la s.r.l.? Sincerità del legislatore tra tutela dei creditori e rarefazione dei conferimenti*, in *Riv. soc.*, 2004, 1456.

AMATUCCI C., *Adeguatezza degli assetti, responsabilità degli amministratori e* Business Judgment Rule, in *Giur. comm.*, 2016, I, 643 nonché in *Assetti adeguati e modelli organizzativi*, diretto da M. Irrera, Zanichelli, Bologna, 2016, 999.

AMATUCCI C., *Diritto della "prognosi" e (dis)continuità del management nel concordato preventivo. Considerazioni critiche tra Chapter 11 e administration*, in *Crisi e insolvenza. Scritti in ricordo di Michele Sandulli*, Giappichelli, Torino, 2019, I, 35.

AMBROSETTI E.M., MEZZETTI E., RONCO M., *Diritto penale dell'impresa*, Zanichelli, Bologna, 2016.

AMBROSINI S., *Gli organi della procedura*, in *Fallimento*, 2006, 1035.

AMBROSINI S., *Chiusura e riapertura del fallimento*, in S. Ambrosini, G. Cavalli, A. Jorio, *Il fallimento*, in *Tratt. di dir. comm.* diretto da G. Cottino, XI, t. II, Cedam, Padova, 2008.

AMBROSINI S., *La liquidazione dell'attivo*, in *Il fallimento*, S. Ambrosini, G. Cavalli, A. Jorio, in *Tratt. di dir. comm.* diretto da G. Cottino, XI, t. I, Cedam, Padova, 2008.

AMBROSINI S., *La ripartizione dell'attivo*, in *Il fallimento*, S. Ambrosini, G. Cavalli, A. Jorio, in *Tratt. di dir. comm.* diretto da G. Cottino, XI, t. II, Cedam, Padova, 2008.

AMBROSINI S., *Il concordato fallimentare*, in S. AMBROSINI, G. CAVALLI, A. JORIO, *Il fallimento*, in *Tratt. di dir. comm.* diretto da G. Cottino, XI, t. II, Cedam, Padova, 2008.

AMBROSINI S., *Il concordato preventivo e gli accordi di ristrutturazione dei debiti*, in *Tratt. di dir. comm.* diretto da G. Cottino, XI, t. I, Cedam, Padova, 2008.

AMBROSINI S., *La domanda di concordato*, in *Il concordato preventivo* a cura di S. Ambrosini, P.G. Demarchi, M. Vitiello, Zanichelli, Bologna, 2009.

AMBROSINI S., *L'esdebitazione del fallito fra problemi interpretativi e dubbi di incostituzionalità*, in *Fallimento*, 2009, 129.

AMBROSINI S., *Gli accordi di ristrutturazione dei debiti*, in *Il nuovo diritto fallimentare. Novità ed esperienze applicative a cinque anni dalla riforma* diretto da A. Jorio, M. Fabiani, Zanichelli, Bologna, 2010, 1137.

AMBROSINI S., *Appunti in tema di concordato con continuità aziendale*, in *ilcaso.it*, agosto 2013.

AMBROSINI S., *Il concordato preventivo*, in *Trattato di diritto fallimentare e delle altre procedure concorsuali* diretto da F. Vassalli, F.P. Luiso, E. Gabrielli, IV, Giappichelli, Torino, 2014, 6.

AMBROSINI S., *Il nuovo concordato preventivo alla luce della "miniriforma" del 2015*, in *Dir. fall.*, 2015, I, 359.

AMBROSINI S., *Concordato preventivo e autonomia privata: i cc.dd. patti paraconcordatari*, in *Dir. fall.*, 2016, I, 1464.

AMBROSINI S., *La nuova crisi d'impresa: l. 132/15 e prossima riforma organica*, Zanichelli, Bologna, 2016.

AMBROSINI S., *La risoluzione del concordato preventivo e la (successiva?) dichiarazione di fallimento: profili ricostruttivi del sistema*, in *ilcaso.it*, settembre 2017.

AMBROSINI S., *Profili di riforma delle leggi in materia di amministrazione straordinaria delle grandi imprese in stato di insolvenza*, in *ilcaso.it*, novembre 2017.

AMBROSINI S., *Osservazioni e proposte sullo schema di decreto delegato: allerta, procedimento unitario e concordato preventivo*, in *osservatorio-oci-org*, 2018.

AMBROSINI S., *Crisi e insolvenza nel passaggio fra vecchio e nuovo assetto ordinamentale: considerazioni problematiche*, in *Dir. fall.*, 2019, 1.

AMBROSINI S., *Gli atti di frode nel concordato preventivo: un tema sempre attuale (e scivoloso)*, in *ilcaso.it*, giugno AMBROSINI S., *I principi generali*, in *Commento al codice della crisi d'impresa e dell'insolvenza* a cura di C. D'Arrigo, L. De Simone, F. Di Marzio, S. Leuzzi, Milano 2019, 29.

AMBROSINI S., *Appunti* flash *sull'art. 182*-quater *della legge fallimentare*, in *ilcaso.it*, 2020.

AMBROSINI S., *Assetti adeguati e "ibridazione" del modello s.r.l. nel quadro normativo riformato*, in *La società a responsabilità limitata: un modello transtipico alla prova del Codice della Crisi. Studi in onore di Oreste Cagnasso* a cura di M. Irrera, Giappichelli, Torino, 2020, 433.

AMBROSINI S., *I "princìpi generali" nel codice della crisi d'impresa*, in *Sovraindebitamento del consumatore e crisi d'impresa*, Wolters Kluwer, Milano, 2021, 63.

AMBROSINI S., *Il concordato semplificato: primi appunti*, in *ilcaso.it*, settembre 2021.

AMBROSINI S., *La "miniriforma" del 2021: rinvio (parziale) del CCI, composizione negoziata e concordato semplificato*, in *Dir. fall.*, 2021, I, 922.

AMBROSINI S., *Brevi appunti sulla nuova "sintassi" del concordato preventivo*, in *ilcaso.it*, giugno 2022.

AMBROSINI S., *Composizione negoziata*, in *Diritto della crisi e dell'insolvenza* a cura di S. Pacchi, S. Ambrosini, Zanichelli, Bologna, 2022, 73.

AMBROSINI S., *Concordato preventivo e soggetti protetti nel codice della crisi dopo la Direttiva Insolvency: i creditori e i lavoratori*, in *ilcaso.it*, giugno 2022.

AMBROSINI S., *Il codice della crisi dopo il d. lgs. n. 83/2022: brevi appunti su nuovi istituti, nozione di crisi, gestione dell'impresa e concordato preventivo (con una notazione di fondo)*, in *Dir. fall.*, 2022, 837 e in *ilcaso.it*, luglio 2022.

AMBROSINI S., *Il ricorso "a corrente alternata" alla continuità normativa fra legge fallimentare e Codice della crisi: la diversa (dubbia) soluzione adottata dalle Sezioni Unite"*, in *ilcaso.it*, marzo 2022.

AMBROSINI S., *La composizione negoziata compie un anno: breve itinerario fra le prime applicazioni*, in *ilcaso.it*, dicembre 2022.

AMBROSINI S., *Piano di ristrutturazione omologato: presupposti, requisiti, ambito di applicazione, gestione dell'impresa. E una (non lieve) criticità*, in *ilcaso.it*, agosto 2022.

AMBROSINI S., PACCHI S., *Diritto della crisi e dell'insolvenza*, Zanichelli, Bologna, 2022.

AMORESE M., *La responsabilità della banca per l'esercizio incauto del credito*, in *Le azioni di responsabilità* a cura di A. Caiafa, Neu, Roma, 2022, 333.

ANDREANI G., TUBELLI A., *Il trattamento dei tributi locali mediante l'accordo di ristrutturazione dei debiti*, in *Il fisco*, 2022, 3248.

ANDREONI M.M., *Accordo di ristrutturazione con intermediari e convenzione di moratoria*, in *Giur. it.*, 2017, 537.

ANDRETTO L., *Accertamento in sede fallimentare del credito per saldo passivo di conto corrente e onere probatorio della banca*, in *Fallimento*, 2017, 793.

ANDRETTO L., *L'efficacia probatoria degli estratti conto nell'accertamento del passivo*, in *Fallimento*, 2019, 149.

ANDRIOLI V., *Fallimento e atti che limitano la disponibilità dei beni*, in *Riv. dir. proc.*, 1961, 553.

ANDRIOLI V., *Commento al codice di procedura civile*, Jovene, Napoli, 1964, 374.

ANDRIOLI V., *Fallimento (diritto privato e processuale)*, in *Enc. dir.*, XVI, Giuffrè, Milano, 1967.

ANFUSO F., *Gli onorari dei professionisti nei procedimenti giudiziari: revoca del fallimento e compenso del curatore*, in *Dir. fall.*, I, 2001, 1126.

ANGELI F., *La procedura liquidatoria*, in *Il sovraindebitamento del consumatore tra diritto interno e ordinamenti stranieri* a cura di E. Llamas Pombo, L. Mezzasoma, U. Rana, F. Rizzo, Edizioni Scientifiche Italiane, Napoli, 2018, 229.

ANGELICI C., *La riforma delle società di capitali. Lezioni di diritto commerciale*, Cedam, Padova, 2006, 59.

ANGELICI C., *Le società per azioni. Principi e problemi*, in *Trattato Cicu-Messineo*, I, Giuffrè, Milano, 2012.

ANGIOLINO A.M., *Art. 69*, in *Codice del fallimento* di P. Pajardi, a cura di M. Bocchiola e A. Paluchowski, Giuffrè, Milano, 2009.

ANIELLO A., *Art. 342-348 bis*, in *La riforma Cartabia del processo civile. Commento al d.lgs. 10 ottobre 2022, n. 149* a cura di R. Tiscini, Pacini, Pisa, 2023, 471.

ANSALDI L., *Organismi di composizione della crisi da sovraindebitamento e Registro ministeriale*, in *Contratti*, 2015, 625.

ANTOLISEI F., *Manuale di diritto penale. Leggi complementari*, Giuffrè, Milano, ed. 1990, 1995, 1998, 2001, 2008.

ANTONINI A., *Il regresso del fideiussore nel fallimento del debitore garantito*, in *Fallimento*, 1986, 5.

ANTONIONI F., *La bancarotta semplice*, Napoli, 1962.

ANTONUCCI A., *Art. 5*, in *Commento al Testo unico delle leggi in materia bancaria e creditizia*, I, a cura di C. Costa, Giappichelli, Torino, 2013, 35.

APICE U., *Prededucibilità dei crediti sorti in pendenza di amministrazione controllata nel fallimento consecutivo*, in *Fallimento*, 1986.

APICE U., *Le vendite nelle procedure concorsuali e gli effetti sostanziali e processuali sulle garanzie reali concesse ai creditori*, in *Fallimento*, 1987, 302.

APICE U., *Effetti delle procedure concorsuali sui rapporti di fideiussione*, in *Dir. fall.*, 1992, I, 149.

APICE U., *Compensazione e procedure concorsuali*, in *Fallimento*, 1997, 337.

APICE U., *Trattato di diritto delle procedure concorsuali*, Giappichelli, Torino, 2010.

APICE U., MANCINELLI S., *Il fallimento e gli altri procedimenti di composizione della crisi*, Giappichelli, Torino, 2012.

APPIO C.L., *Emissione di cambiali finanziarie e accesso delle piccole e medie imprese al mercato dei capitali*, Cacucci, Bari, 2013.

APPIO C.L., *Prime riflessioni in tema di accordi di ristrutturazione del debito ex art. 182-septies fra ragioni creditorie e principio consensualistico*, in *ilcaso.it*, 2015.

APPIO C.L., *Brevi note in tema di esdebitazione del sovraindebitato nel Codice della crisi (e nella bozza di c.d. correttivo)*, in *Corti salernitane*, 2019, 597.

APPIO C.L., *Il* fresh start *del sovraindebitato «incapiente»*, in *I Battelli del Reno*, agosto 2020, 3.

APPIO C.L., *L'assoggettabilità in proprio alla procedura di liquidazione controllata del socio illimitatamente responsabile fra decreto correttivo e vuoti normativi*, in *Luiss Law Review*, 2021.

APRILE F., *Riflessioni concorsuali della riforma delle società cooperative*, in *Società*, 2004, 837.

APRILE F., *Artt. 10-11*, in *La legge fallimentare. Commentario teorico-pratico* a cura di M. Ferro, Cedam, Padova, 2007, 72.

APRILE F., *Art. 10*, in *La legge fallimentare. Commentario teorico-pratico. D.lgs. 12.9.2007, n. 169. Disposizioni integrative e correttive* a cura di M. Ferro, Cedam, Padova, 2008, 44.

APRILE F., *Artt. 72* quater, *82, l. fall.*, in *La legge fallimentare* A CURA di M. Ferro, Cedam, Padova, 2011.

APRILE F., *Note sparse in tema di interesse dei creditori e tutela dei posti di lavoro nel concordato preventivo in continuità*, in *dirittodellacrisi.it*, luglio 2022, 17.

APRILE F., VELLA P., *Artt. 92 - 93*, in *La legge fallimentare. Commentario teorico-pratico* a cura di M. Ferro, Cedam, Padova, 2011, 1016.

ARATO M., *Fallimento: le nuove norme introdotte con la l. 80/2005*, in *Dir. fall.*, 2006, I, 169.

ARATO M., *Il concordato preventivo con continuazione dell'attività d'impresa*, in *Crisi di imprese: casi e materiali* a cura di F. Bonelli, Giuffrè, Milano, 2011, 144.

ARATO M., *Il concordato con continuità aziendale*, in *ilfallimentarista.it*, agosto 2012.

ARATO M., *Brevi note sugli accordi di ristrutturazione dei debiti*, in *ilcaso.it*, aprile 2019.

ARATO M., *Il concordato con continuità nel Codice della crisi d'impresa e dell'insolvenza*, in *Fallimento*, 2019, 855.

ARATO M., *Il ruolo di soci e amministratori nei quadri di ristrutturazione preventiva*, in *dirittodellacrisi.it*, maggio 2022.

ARCELLA G., CARIONI S., NASTRI M., PIFFARETTI L., *La ricerca del titolare effettivo*, *Studio 1/2023 B*, Consiglio Nazionale del Notariato del 3 febbraio 2023, in *www.notariato.it*.

ARCIDIACONO D., *I prestiti dei soci nelle società di capitali*, Giappichelli, Torino, 2012.

ARIANI T., *Disciplina della riduzione del capitale per perdite in caso di presentazione di domanda di concordato preventivo*, in *Fallimento*, 2013, 112.

ARMELI B., *Artt. 171-172*, in *Commentario alla legge fallimentare* diretto da C. Cavallini, Egea, Milano, 2010.

ARMELI B., *Liquidazione coatta amministrativa*, in *ilfallimentarista.it*, maggio 2020.

ARTUSO E., BOGONI R., *Brevi spunti ricostruttivi sugli obblighi delle banche nella crisi d'impresa, alla luce della nuova composizione negoziata della crisi*, in *dirittodellacrisi.it*, gennaio 2022.

ASPRELLA C., *Art. 98*, in *La riforma del diritto fallimentare* a cura di F. Santangeli, Giuffrè, Milano, 2006.

ASPRELLA C., *Art. 102*, in *Il nuovo fallimento. Commentario al R.D. 16 marzo 1942, n. 267 coordinato con le modifiche apportate dalla legge 14 maggio 2005, n. 80 e dal d.lgs. 9 gennaio 2006, n. 6* a cura di F. Santangeli, Cedam, Padova, 2006, 472.

ASSONIME, *Le nuove regole societarie sull'emersione anticipata della crisi d'impresa e gli strumenti di allerta*, Circolare n. 19, agosto 2019.

ASSONIME, *Guida al Codice della Crisi*, dicembre 2022.

ASSONIME, *I doveri degli organi sociali per la prevenzione e gestione della crisi nel nuovo Codice della crisi*, Circolare n. 27, novembre 2022.

ATLANTE N., MALTONI M., RUOTOLO A., *Il nuovo art. 2475 c.c. Prima lettura*, in Consiglio Nazionale del Notariato, Studio n. 58-2019/1, in *www.notariato.it*.

ATLANTE N., MARICONDA G., *La riduzione del capitale per perdite*, in *Riv. notar.*, 2002, 53.

AUDINO A., *Art. 166 l.fall.*, in *Commentario breve alla legge fallimentare* a cura di A. Maffei Alberti, Cedam, Padova, 2009.

AUDINO A., *Art. 180*, in *Commentario breve alla legge fallimentare* a cura di A. Maffei Alberti, Cedam, Padova, 2013, 1189.

AUDINO A., *Art. 207*, in *Commentario breve alla legge fallimentare* a cura di A. Maffei Alberti, Cedam, Padova, 2000, 207.

AUDINO A., *Artt. 85, 86, 87*, in *Commentario breve al codice della crisi e dell'insolvenza* diretto da A. Maffei Alberti, Cedam, Padova, 2023.

AUGENTI A., *Il deposito telematico "frazionato" non giustifica il deposito tardivo dei documenti*, in *ilprocessotelematico.it*, giugno 2017.

AULETTA F., *Art. 6*, in *Commentario alla legge fallimentare* diretto da C. Cavallini, Egea, Milano, 2010, 124.

AULETTA F., *L'«iniziativa per la dichiarazione di fallimento» (specie del «creditore sedicente o non legittimato o rinunciante»)*, in *Fallimento*, 2010, 129.

AULETTA F., *Limiti del P.M. all'istanza di fallimento*, in *Riv. dir. proc.*, 2011, 698.

AULETTA F., *Il processo di fallimento*, in *Trattato delle procedure concorsuali* diretto da A. Jorio, B. Sassani, Giuffrè, Milano, 2014.

AULETTA F., *La "sciagurata consuetudine di apporre una doppia data in calce alle sentenze civili": dalle sezioni unite cure peggiori del male*, in *Corriere giur.*, 2017, 81.

AULETTA F., *Competenza e non competenza nel codice della crisi e dell'insolvenza: una decostruzione* praeter intentionem legislatoris?, in *Corriere giur.*, 2020, 647.

AULETTA G.G., *La revocatoria civile e fallimentare*, in *Riv. dir. comm.*, 1939, 497.

AURIEMMA M., *Sequestro preventivo ai fini della confisca nella responsabilità da reato degli enti collettivi*, in *Giur. it.*, 2013, III, 661.

AUTELITANO F., *Responsabilità patrimoniale del debitore ed esecuzione per rilascio di cose immobili nei confronti del fallito*, in *Giur. comm.*, 2006, 880.

AUTERI P., *Diritto d'autore*, in P. AUTERI, G. FLORIDIA, V. MANGINI, G. OLIVIERI, M. RICOLFI, R. ROMANO, P. SPADA, *Diritto Industriale*, Giappichelli, Torino, 2019, 773.

AZZARO A.M., *Artt. 129-141*, in *Commentario alla legge fallimentare* diretto da C. Cavallini, Egea, Milano, 2010.

AZZARO A.M., *Concordato preventivo ed autonomia privata*, in *Fallimento*, 2007, 1267.

AZZARO A.M., *Causa illecita e accordi concorsuali*, in *Giust. civ.*, 2019, 121.

AZZOLINA U., *A proposito del fallimento del fallito*, in *Riv. dir. comm.*, 1953, II, 242.

AZZOLINA U., *Il fallimento e le altre procedure concorsuali*, II, Utet, Torino, 1961.

BACCAGLINI L., *Fallimento dichiarato da tribunale incompetente e salvezza degli effetti della sentenza*, in *Fallimento*, 2013, 1366.

BACCAGLINI L., *Considerazioni in tema di opposizione allo stato passivo e termine per impugnare*, in *Fallimento*, 2014, VI, 683.

BACCAGLINI L., *Limiti probatori e azione di rivendica nel fallimento: un regolamento di confini tra l'art. 621 c.p.c. e le altre norme in materia di divieto di prova per testimoni*, in *Fallimento*, 2016, 702.

BACCAGLINI L., *Composizione negoziata della crisi e misure protettive: presupposti, conseguenze ed effetti della loro selettività sulle azioni esecutive individuali*, in *Fallimento*, 2022, 1105.

BACCAGLINI L., CALCAGNO L., *Le misure protettive e cautelari nel CCII*, in *dirittodellacrisi.it*, 2022.

BACCAGLINI L., DE SANTIS F., *Misure protettive e provvedimenti cautelari a presidio della composizione negoziata della crisi: profili processuali*, in *dirittodellacrisi.it*, 2021.

BACCETTI D., *Postergazione dei finanziamenti e tipi sociali*, in *Giur. comm.*, 2012, I, 804.

BACCETTI N., *Creditori extracontrattuali, patrimoni destinati e gruppi di società*, Giuffrè, Milano, 2009.

BAESSATO B., *Art. 104*-ter, in *Commento breve alla legge fallimentare* a cura di A. Maffei Alberti, Cedam, Padova, 2013, 720.

BAESSATO B., *Art. 216*, in *Commento breve alla legge fallimentare* a cura di A. Maffei Alberti, Cedam, Padova, 2023, 1676.

BAGAROTTO E.M., *L'ambito oggettivo di applicazione della transazione fiscale*, in *Rass. trib.*, 2011, 1472.

BALBI C.E., *Il curatore fallimentare pubblico ufficiale: onere d'informativa al Giudice delegato, onere di denuncia al pubblico ministero e diritto di difesa*, in *Giur. comm.*, 1998, 95.

BALDASSARRE A., *Il Parlamento come soggetto di indirizzo e controllo politico*, in *Attualità e attuazione della Costituzione*, Laterza, Roma-Bari, 1979, 18.

BALDONI C., *Sulla competenza internazionale dei giudici italiani a dichiarare il fallimento di un cittadino*, in *Riv. dir. priv.*, 1933, II, 225.

BALDUCCI B., *Il sequestro preventivo nel processo penale*, Giuffrè, Milano, 1991.

BALESTRA L., *I finanziamenti all'impresa in crisi nel c.d. decreto sviluppo*, in *Fallimento*, 2012, 1401.

BALESTRA L., *Brevi note sui crediti prededucibili e crediti ipotecari e pignoratizi*, in *Fallimento*, 2017, 5.

BALESTRA L., *Le restituzioni nel fallimento*, in *www.ca.milano.giustizia.it/ArchivioPubblico/B_132.pdf*.

BALLERINI G., *La distribuzione del (plus)valore ricavabile dal piano di ristrutturazione nella Direttiva (UE) 2019/1023 e l'alternativa fra* absolute priority rule *e* relative priority rule, in *Riv. dir. comm.*, 2021, I, 367.

BALP G., *I finanziamenti dei soci "sostitutivi" del capitale di rischio: ricostruzione della fattispecie e questioni interpretative*, in *Riv. soc.*, 2007, 345.

BALZARINI P., *Art. 2484*, in *Scioglimento e liquidazione delle società di capitali* a cura di L.A. Bianchi e G. Strampelli, Egea, Milano, 2016, 36.

BANA M., *Codice della crisi: nuove soglie per l'allerta fiscale*, in *Il Fisco*, 2022, 3347.

BANDINI G.L., *Impossibilità di reiterazione della domanda in base alla medesima "causa petendi"*, in *ilfallimentarista.it*, marzo 2014.

BARANCA M., *Gli effetti della liquidazione giudiziale sui rapporti giuridici pendenti*, in *Codice della crisi d'impresa e dell'insolvenza* a cura di M. Giorgetti, Pacini Giuridica, Pisa, 2019, 159.

BARATI S., *Le cessioni «aggregate»*, in *Le riforme delle procedure concors*uali a cura di A. Didone, Giuffrè, Milano, 2016, 1119.

BARATTA A.I., *Brevi spunti di riflessione su alcune norme del Codice della crisi e dell'insolvenza*, in *Giust. civ.*, 28 febbraio 2019, 6.

BARBA V., *Artt. 72*-bis, *73*, in *La legge fallimentare dopo la riforma* a cura di A. Nigro A., M. Sandulli, V. Santoro, Giappichelli, Torino, 2010, 1018.

BARBIERI A., *Revoca della sentenza di fallimento e compenso del curatore*, in *Fallimento*, 2003, 627.

BARIATTI S., *Il regolamento n. 1346/2000 davanti alla Corte di giustizia: il caso Eurofood*, in *Riv. dir. proc.*, 2007, 203.

BARIATTI S., CORNO G., *Centro degli interessi principali*, in *ilfallimentarista.it*.

BARILLÀ G.B., *Enti del terzo settore e diritto societario*, Giappichelli, Torino, 2022.

BARONCINI V., *Subingresso della curatela nei rapporti processuali del fallito: i riflessi sull'operatività del principio dell'onere della prova*, in *Giur. comm.*, II, 2016, 817.

BARONCINI V., *Le novità in materia di sovraindebitamento alla luce della L. 19 ottobre 2017, n. 155 e del Codice della crisi di impresa e dell'insolvenza*, in *Dir. fall.*, 2019, I, 401.

BARONCINI V., *Giurisdizione e competenza sulla dichiarazione di fallimento (e sull'apertura della liquidazione giudiziale)*, in *Fallimento*, 2021, 1445.

BARONCINI V., *L'esperto e il procedimento di composizione negoziata*, in *La crisi d'impresa e le nuove misure di risanamento* diretto da M. Irrera, S.A. Cerrato, coordinato da F. Pasquariello, Zanichelli, Bologna, 2022, 147.

BARONCINI V., *La figura dell'esperto e il procedimento di composizione negoziata*, in *Le crisi d'impresa e le nuove misure di risanamento* diretto da M. Irrera e S. Cerrato e coordinato da F. Pasquariello, Zanichelli, Bologna, 2022, 119.

BARRECA G.L., *Le nuove norme sulle controversie distributive*, in *Riv. trim. dir. proc. civ.*, 2008, 267.

BARTALENA A., *Crediti accordati in funzione od in esecuzione del concordato preventivo o dell'accordo di ristrutturazione dei debiti (art. 182-quater l.fall.)*, in *Società, banca e crisi di impresa*, Liber amicorum *Pietro Abbadessa* diretto da M. Campobasso, Di Cataldo, Guerrera, Sciarrone Alibrandi, Utet, Torino, 2014, 2945.

BARTALENA A., *Le azioni di responsabilità nel codice della crisi e dell'insolvenza*, in *Fallimento*, 2019, 298, 308.

BARTALENA A., *Assetti organizzativi e BJR*, in *Società*, 2020, 1346.

BARTOLACELLI A., *Struttura e funzionamento dell'organo amministrativi*, in *La* governance *delle società a responsabilità limitata* a cura di E. Pederzini, R. Guidotti, Cedam, Padova, 2018, 171.

BARTOLINI F., A*rtt. 120*-bis, *120*-ter, *120*-quater, *120*-quinquies, *371*, in *Codice della Crisi* *d'impresa e dell'insolvenza* diretto da F. Di Marzio, Giuffrè, Milano, 2022, 547.

BASILAVECCHIA M., *Agevolazioni, esenzioni ed esclusioni (dir. Tributario)*, in *Rass. trib.*, 2/2002, 421.

BASILAVECCHIA M., *La transazione dei ruoli*, in *Corr. trib.*, 15, 2005, 1217.

BASILE E., *I controversi rapporti tra confisca per equivalente e fallimento: legittimazione del curatore ad agire in sede esecutiva e criteri cronologici di prevalenza*, in *Diritto penale contemporaneo*, 4, 2017, 328.

BASSI A., *Riflessioni sull'affitto d'azienda e sull'affitto di opificio nel fallimento*, in *Riv. dir. civ.*, 1982, I, 321.

BASSI A., *Il fallimento d'ufficio*, in *Giur. Comm.*, 2002, I, 631.

BASSI A., *Lezioni di diritto fallimentare*, Il Mulino, Bologna, 2009.

BASSI A., *L'affitto di azienda*, in *Trattato di diritto fallimentare* a cura di V. Buonocore, A. Bassi, III, Cedam, Padova, 2011, 334.

BASSI A., *L'apparenza come criterio di imputazione della responsabilità per l'esercizio dell'impresa*, in *Giur. comm.*, 2016, I, 752.

BASSI A., *I presupposti delle procedure concorsuali nel codice della crisi e dell'insolvenza*, in *Giur. it.*, 2019, 1948.

BASTIA P., *Crisi e insolvenza dopo il Codice della crisi*, in *ilcaso.it*, agosto 2022.

BASTIA P., *Crisi e Insolvenza*, in *Crisi e insolvenza nel nuovo Codice. Commento tematico ai dd. lgs. nn. 14/2019 e 83/2022* a cura di S. Ambrosini, Zanichelli, Bologna, 2022, 151.

BASTIA P., *Gestione della crisi e piani di risanamento aziendali*, Giuffrè, Milano, 2022.

BASTIANON S., *Le azioni di responsabilità contro gli amministratori al tempo del Codice della crisi e dell'insolvenza*, in *ilfallimentarista.it*, 2019, 5.

BATTAGLIA G., *Il curatore, i rapporti processuali, il programma di liquidazione*, in *Giur. it.*, 2017, 230.

BATTAGLIA R., *Artt. art. 6, 14*-ter, *14*-quinquies, *14*-novies in *Codice commentato del fallimento*, IV ed., Ipsoa, Milanofiori Assago (MI), 2017.

BAUCO C., *Decreto "Milleproroghe" e disposizioni temporanee in materia di riduzione del capitale*, Documento di Ricerca della Fondazione Nazionale dei Commercialisti e del Consiglio Nazionale dei dottori Commercialisti ed Esperti Contabili, 25 marzo 2022.

BAVETTA C., *Art. 101 legge fallimentare e nuovo processo civile*, in *Fallimento*, 1994, 920.

BAVETTA G., *Appunti in tema di revoca del fallimento*, in *Dir. fall.*, 1971, I, 241.

BAVETTA G., *La liquidazione coatta amministrativa*, Giuffrè, Milano, 1974.

BAVETTA G., *La liquidazione coatta amministrativa*, in *Le procedure concorsuali. Procedure minori. Trattato* diretto da G. Ragusa Maggiore, C. Costa, Utet, Torino, 2001.

BAZZANI M., *Il Piano di ristrutturazione soggetto ad omologazione*, in *Il codice della crisi dopo il d.lgs. 17 giugno 2022, n. 83* a cura di S. Sanzo, Zanichelli, Bologna, 2022, 199.

BEGHIN M., *Giustizia tributaria e indisponibilità dell'imposta nei più recenti orientamenti dottrinali e giurisprudenziali. La transazione concordataria e l'accertamento con adesione*, in *Riv. dir. trib.*, 2010, 679.

BELLAGAMBA F., *La corruzione in atti giudiziari nella teoria generale del reato*, Giappichelli, Torino, 2017, 130.

BELLÈ R., *Art. 198, 199*, in *La legge fallimentare* a cura di M. Ferro, Cedam, Padova, 2009, 2310.

BELLÈ R., *I provvedimenti cautelari*, in *Fallimento e concordato fallimentare* a cura di A. Jorio, Utet, Milano, 2016, 682.

BELLOMI C., *Curatore sostituito nel corso della procedura e liquidazione definitiva del compenso*, in *Fallimento*, 2007, 785.

BELLOMI C., *La liquidazione del compenso al curatore che ha cessato le sue funzioni nel corso della procedura*, in *Fallimento*, 2007, 304.

BELLOMI C., *La liquidazione del compenso al curatore del fallimento revocato*, in *Fallimento*, 2014, 1182.

BELTRAMI P.D., *La disciplina dei finanziamenti alle imprese in crisi nelle operazioni di ristrutturazione dei debiti*, in *Banca, borsa, tit. cred.*, 2015, I, 43.

BELTRANI S., *La sentenza n. 10471 del 2014: sequestro preventivo dei beni gravati da pegno e ipoteca; applicabilità delle norme antimafia ai sequestri penali*, in *Riv. pen.*, 2015, I, 54.

BELVISO U., *Tipologia e normativa della liquidazione coatta amministrativa*, Jovene, Napoli, 1973.

BENASSI F., *I contratti in corso di esecuzione nel concordato preventivo: il compito dell'imprenditore di dar forma alla proposta e la tutela del terzo contraente*, in *Dir. fall.*, 2014, I, 554.

BENAZZO P., *Il collegio sindacale*, in *S.r.l. Commentario dedicato a G.B. Portale* a cura di A.A. Dolmetta e G. Presti, Milano, 2011.

BENAZZO P., *Crisi d'impresa, soluzioni concordate e capitale sociale*, in *Riv. soc.*, 2016, 241.

BENAZZO P., *Categorie di quote, diritto di voto e governance della "nuovissima" s.r.l.: quale ruolo e quale spazio per la disciplina azionaria nella s.r.l.-PMI aperta?*, in *Riv. soc.*, 2018, 1440.

BENAZZO P., *Il Codice della crisi d'impresa e l'organizzazione dell'imprenditore ai fini dell'allerta: diritto societario della crisi o crisi del diritto societario?*, in *Riv. soc.*, 2019, 274.

BENCINI R., *Il "successo sostenibile" della manifattura delle Porcellane Ginori: un modello societario del 1735*, in *Dante Alighieri Society Sydney*, 2020, in *www.dantealighieri.com.au.*

BENEDETTI G., *I patrimoni destinati ad uno specifico affare*, in *Trattato di diritto fallimentare e delle altre procedure concorsuali* diretto da F. Vassalli, F.P. Luiso, E. Gabrielli, III, Giappichelli, Torino, 2014.

BENEDETTI L., *Il trattamento dei creditori con diritti di prelazione nel nuovo concordato preventivo*, in *Giur. comm.*, 2013, 1044.

BENEDETTI L., *La disciplina dei finanziamenti up-stream della società eterodiretta alla capogruppo in situazione di difficoltà finanziaria*, in *Riv. soc.*, 2014, 747.

BENEDETTI L., *L'applicabilità della business judgment rule alle decisioni organizzative degli amministratori*, in *Riv. soc.*, 2019, 413.

BENEDETTI L., *Osservazioni sulla nuova disciplina della crisi del gruppo di società*, in *Atti del Corso di Perfezionamento "Il nuovo diritto fallimentare"*, Università di Firenze, 2019.

BENEDETTI L., *La disciplina della nuova finanza nella composizione negoziata*, in *La crisi d'impresa e le nuove misure di risanamento* diretto da M. Irrera, S.A. Cerrato, coordinato da F. Pasquariello, Zanichelli, Bologna, 2022, 291.

BENEDETTI L., *La nuova disciplina del concordato di gruppo: tra* separate entity *ed* enterprise approach, Giuffrè, Milano, 2022.

BENEDETTI L., *La nuova disciplina della composizione negoziata di gruppo: primi spunti di riflessione*, in *dirittodellacrisi.it*, 2022.

BENINCASA D., *Le procedure in caso di sovraindebitamento ai sensi dell'art. 2, 1° comma, lett. c)*, in *Giur. it.*, 2019, 2038.

BENINCASA D., *L'esdebitazione del sovraindebitato e del debitore incapiente*, in *La nuova disciplina del sovraindebitamento* diretto da M. Irrera e S. Cerrato e coordinato da F. Pasquariello, Zanichelli, Bologna, 2021, 392.

BENINCASA M., *Il curatore come parte di un procedimento civile è ancora pubblico ufficiale*, in *Fallimento*, 1983.

BENINCASA M., *Art. 53*, in *Commentario alla legge fallimentare* diretto da C. Cavallini, Egea, Milano, 2010, 1080.

BENOCCI A., *Dal fallimento alla liquidazione giudiziale: rivoluzione culturale o make-up di regolamentazione?*, in *Giur. comm.*, 2017, I, 759.

BENOCCI A., *Reforming Italian Insolvency Law: Bankruptcy vs Judicial Liquidation*, in *Eur. Bus. L. Rev.*, 2018, 291.

BENVENUTO G., *Gli atti in frode e l'inutilità della meritevolezza*, in *ilfallimentarista.it*.

BENVENUTO G., MEANI S., *Direttiva UE n. 1023/2019 sulla ristrutturazione preventiva, esdebitazione ed insolvenza: prime valutazioni*, in *www.ilfallimentarista.it*.

BENZI D., *Cessione dei crediti e modalità delle vendite*, in *Fallimento e altre procedure concorsuali* diretto da G. Fauceglia, L. Panzani, Utet, Torino, 2009.

BERLINGUER A., *La compromettibilità per arbitri*, Giappichelli, Torino, 1999.

BERNONI G., PAJARDI P., BOCCHIOLA M., GOCINI C., *Il curatore del fallimento*, Giuffrè, Milano, ed. 1988, 1995.

BERSANI G., FONTANA R., *I presupposti e il procedimento di dichiarazione del fallimento*, in *Fallimento e le altre procedure concorsuali* a cura di A. Caiafa, S. Romeo, Cedam, Padova, 2014, 111.

BERTACCHINI E., *Crisi d'impresa tra contraddizioni e giuridica "vaghezza". Riflessioni a margine del c.d. Decreto Sviluppo (d.l. 22 giugno 2012, n. 83, conv. dalla l. 7 agosto 2012, n. 134)*, in *Contratto e impresa*, 2013, 322.

BERTACCHINI E., *Gli effetti del fallimento sugli atti pregiudizievoli ai creditori*, in *Fallimento e concordato fallimentare* a cura di A. Jorio, Utet, Torino, 2016, 1369.

BERTANI M., *Struttura e contenuto del diritto sui segreti commerciali*, in *AIDA*, 2022, 585.

BERTEL C., *La bancarotta colposa*, in *Riv. trim. dir. pen. econ.*, 1993, 643.

BERTINO L., *Art. 74*, in *Commentario alla legge fallimentare* diretto da C. Cavallini, Egea, Milano, 2010, 421.

BERTOLOTTI A., *I finanziamenti dei soci*, in *Il nuovo diritto societario. Commentario* diretto da G. Cottino, Zanichelli, Bologna, 2009, 937.

BERTOLOTTI A., *Responsabilità e poteri da allerta: uno scenario possibile per amministratori, sindaci e revisori contabili (anche alla luce del progetto Rordorf di riforma delle procedure concorsuali)*, in *Crisi di impresa e insolvenza. Prospettive di riforma* a cura di L. Calvosa, Pacini, Pisa, 2017, 271.

BERTOLOTTI G., *Poteri e responsabilità nella gestione di società in crisi*, Giappichelli, Torino, 2017.

BERTONI V., *Reati e crisi d'impresa*, in *Crisi di Impresa, misure di prevenzione e diritto penale concorsuale*, a cura di M. Monteleone, L. D'Amore, F. Di Vizio, Ipsoa, Milano, 2021, 477.

BETTAZZI G., *Azioni che derivano dal fallimento*, in *ilfallimentarista.it*.

BETTAZZI G., *Cessazione dell'attività*, in *Fallimento*, 2019, 1267.

BETTAZZI G., *Gli effetti delle procedure concorsuali sul capitale sociale*, in *ilsocietario.it*, maggio 2019.

BETTAZZI G., *La "liberazione" dai debiti nella liquidazione giudiziale e nella liquidazione controllata*, in *Fallimento*, 2022, 1328.

BETTI E., *Teoria generale del negozio giuridico*, Edizioni Scientifiche Italiane, Napoli, 1952 (rist. II ed. 2002).

BIANCA C.M., *Diritto civile, 4, L'obbligazione*, Giuffrè, Milano, 1993.

BIANCA C.M., *Diritto civile, 3, Il contratto*, Giuffrè, Milano, 2000.

BIANCA C.M., *Diritto civile, 5, La responsabilità*, Giuffrè, Milano, 2012.

BIANCHI C., *Tipologia della crisi d'impresa e politiche di intervento operativo*, Rirea, Roma, 2004.

BIANCHI D., *Automatismi nel meccanismo sequestro-confisca ex D.Lgs. n. 231 e ricadute problematiche sulla procedura fallimentare*, in *Giur. it.*, 2015, 1995.

BIANCHI G., *Il contenuto. Una visione d'insieme*, in *Assetti adeguati e modelli organizzativi*, diretta da M. Irrera, Zanichelli, Bologna, 2016, 149.

BIANCHI S., FAROLFI A., *La procedura di liquidazione controllata*, in *La disciplina delle crisi da sovraindebitamento. Procedure, esdebitazione, aspetti penali e fiscali* a cura di D. Manente, B. Baessato, Giuffrè, Milano, 2022, 481.

BIANCO C., GIORGETTI M., RIVA P., STESURI A., ZAFARANA C., *Caratteri e disciplina del concordato fallimentare*, Quaderno n. 38 della Commissione gestione Crisi d'impresa e Procedure concorsuali, Milano, 2011.

BIFERALI G., *Credito al consumo e sovraindebitamento del consumatore*, Cedam, Padova, 2019.

BIGLIAZZI GERI L., *Profili sistematici dell'autotutela privata*, Giuffrè, Milano, 1974.

BIONE M., *Della dichiarazione di fallimento*, in *Commentario Scialoja-Branca. La legge fallimentare* a cura di F. Bricola, F. Galgano, G. Santini, Zanichelli-Il Foro Italiano, Bologna-Roma, 1974, 185.

BIPOLIN G.C., *Gli effetti del fallimento sul contratto di lavoro con riferimento alla disciplina prevista dalla L. 15/07/1966 n° 604*, in *Le Corti di Brescia, Venezia e Trieste*, 1970, XXIII, 13.

BISSOCOLI E., *La presunta incompatibilità tra lo stato di liquidazione (*recte *il piano di liquidazione) e la composizione negoziata della crisi d'impresa: un equivoco da evitare*, in *dirittodellacrisi.it*, agosto 2022.

BISSOCCOLI E., TURCHI A., *Il ruolo dei creditori finanziari nella composizione negoziata: opportunità, rischi e proposta di linee guida*, in *Ristrutturazioni aziendali*, 29 dicembre 2022.

BIZIOLI G., *Le misure premiali tributarie introdotte con il D.L. 24 agosto 2021, n. 118*, in *dirittodellacrisi.it*, novembre 2021.

BLANDINI A., *Sulla consapevolezza nel concordato preventivo (tra poteri del tribunale e autodeterminazione dei creditori)*, in *Impresa e Mercato. Studi dedicati a M. Libertini* a cura di V. Di Cataldo, V. Meli, R. Pennisi, Giuffrè, Milano, 2015, 1293.

BLANDINI A., *Brevi considerazioni critiche in materia di c.d. super società di fatto*, in *Crisi e insolvenza. In memoria di Michele Sandulli*, II, Torino, 2019, 91.

BLANDINI M., DE COSTANZO M., *Gli effetti del Fallimento sui rapporti giuridici preesistenti nella giurisprudenza*, Giuffrè, Milano, 2005.

BLATTI C., *Artt. 148, 149*, in *La legge fallimentare. Commentario teorico-pratico* a cura di M. Ferro, Cedam, Padova, 2007, 1128.

BOCCHINI R., *I contratti di somministrazione di servizi*, Giappichelli, Torino, 2006.

BOCCHINI R., *Le "cessioni" in funzione della chiusura anticipata della procedura fallimentare*, in *Dir. fall.*, 2017, 685.

BOCCHIOLA M., *Art. 23*, in *Codice del fallimento* a cura di P. Pajardi, Giuffrè, Milano, 2004.

BOCCHIOLA M., PALUCHOWSKI A., *Manuale di diritto fallimentare*, Giuffrè, Milano, 2002.

BOERO P., *La somministrazione*, in *Contratti commerciali* a cura di G. Cottino, in *Trattato di diritto commerciale e diritto pubblico dell'economia* diretto da F. Galgano, XVI, Cedam, Padova, 1991, 237.

BOGGIO L., *Gli accordi di salvataggio delle imprese in crisi*, Giuffrè, Milano, 2007.

BOGGIO L., *Concordato preventivo, accordi di ristrutturazione e prededuzione: crediti professionali e oltre*, in *Giur. it.*, 2013, 1822.

BOGGIO L., *L'accesso alle procedure di regolazione della crisi o dell'insolvenza*, in *Giur. it.*, 2019, 171.

BOGGIO L., *Falcidia del credito IVA: fine della disparità di trattamento per il sovraindebitato*, in *Giur. it.*, 2020, 606.

BOGGIO L., *Cristallizzazione del passivo, polizze fideiussorie e sostituzione di creditori*, in *Fallimento*, 2021, 859.

BOGGIO L., *La composizione negoziata della crisi dei gruppi di imprese*, in *La nuova crisi d'impresa e le misure di risanamento d.l. 118/2021 conv. in l. 147/2021* diretto da M. Irrera, S.A. Cerrato e coordinato da F. Pasquariello, Zanichelli, Bologna, 2022, 229.

BOLAFFIO L., *La legge sul Concordato Preventivo*, Verona, 1903.

BOMPANI A., *Le verifiche sindacali delle sole società in continuità aziendale dopo il 15 luglio 2022.*

Spunti di riflessione, proposte attuative e verbale di verifica sindacale. The rest is silence, in *Riv. dott. comm.*, 2022, 651.

Bonaccorsi F., De Santis L.V., *L'ambito soggettivo di applicazione delle "nuove" procedure di composizione della crisi di sovraindebitamento*, in *La riforma del sovraindebitamento nel codice della crisi d'impresa e dell'insolvenza* diretto da E. Pellecchia, L. Modica, Pacini Giuridica, Pisa, 2020.

Bonaccorsi Di Patti D., *Art. 248*, in *Il codice delle assicurazioni private* a cura di F. Capriglione, Cedam, Padova, 2007.

Bonaccorsi Di Patti D., *Sui termini di ammissione al passivo del creditore sopravveniente*, in *Dir. fall.*, 2013, II, 114.

Bonacina L., Pajardi P., *Gli effetti della sentenza dichiarativa di fallimento nei confronti del fallito*, Giuffrè, Milano, 1995.

Bonafine A., *L'atto processuale telematico. Forma, patologie, sanatorie*, Jovene, Napoli, 2017.

Bonato F., *Concessione e perdita della prededuzione tra legge fallimentare e codice della crisi – un'analisi diacronica*, in *ilcaso.it*.

Bonato M., *Poteri del commissario liquidatore e costituzione di parte civile nel processo penale di bancarotta nei confronti degli amministratori*, in *Cass. pen.*, 2016, 3822.

Bonechi A., *Art. 39*, *La legge fallimentare. Commentario tecnico-pratico* a cura di M. Ferro, Wolters Kluwer, Milano, 2014, 549.

Bonelli G., *Del fallimento*, in *Commentario al codice di commercio* a cura di E. Bensa, G. Bonelli G., III ed. a cura di Andrioli, Vallardi, Milano, 1938.

Bonfante G., *Codice della crisi e dell'insolvenza. La liquidazione coatta amministrativa*, in *Giur. it.*, 2019, 1943.

Bonfante G., *Il nuovo diritto della crisi e dell'insolvenza*, in *Giur. it.*, 2019, 1943.

Bonfante G., *L'insolvenza degli enti del terzo settore*, in *La nuova disciplina delle procedure concorsuali. In ricordo di Michele Sandulli*, Torino, 2019, 82.

Bonfatti S., *Ancora sulla chiusura del fallimento in pendenza di controversie relative all'accertamento del passivo*, in *Giur. comm.*, 1981, II, 717.

Bonfatti S., *La formazione dello stato passivo nel fallimento: dieci anni di giurisprudenza*, Giuffrè, Milano, 1981.

Bonfatti S., *Procedure concorsuali minori e prededuzione*, in *Giur. comm.*, 1986, I, 857.

Bonfatti S., *Il coobligato del fallito nel fallimento*, Milano, 1989.

Bonfatti S., *L'accertamento del passivo e dei diritti mobiliari*, in *Le procedure concorsuali. Il fallimento. Trattato* diretto da G. Ragusa Maggiore, C. Costa, III, Utet, Torino, 1997, 1.

Bonfatti S., *La disciplina delle crisi delle società fiduciarie e di revisione*, Giuffrè, Milano, 2001.

Bonfatti S., *Prestiti da soci, finanziamenti infragruppo e strumenti "ibridi" di capitale*, in *Il rapporto banca-impresa nel nuovo diritto societario* a cura di S. Bonfatti, G. Falcone, Giuffrè, Milano, 2004, 255.

Bonfatti S., *L'efficacia del decreto di omologazione del concordato fallimentare*, in *Il concordato fallimentare* a cura di P.G. Demarchi, Zanichelli, Bologna, 2008.

Bonfatti S., *Art. 196*, in *La legge fallimentare dopo la riforma* a cura di A. Nigro, M. Sandulli, V. Santoro Giappichelli, Torino, 2010, 2388.

Bonfatti S., *Il sostegno finanziario dell'impresa nelle procedure di composizione negoziale delle crisi*, in *ilcaso.it*, 2010.

Bonfatti S., *Le procedure di composizione negoziale delle crisi di impresa: opportunità e responsabilità*, in *ilcaso.it*, 2010.

Bonfatti S., *Gli effetti del fallimento sugli atti pregiudizievoli ai creditori. Le azioni revocatorie*, in

Trattato delle procedure concorsuali diretto da A. Jorio, B. Sassani, Giuffrè, Milano, II, 2014, 116.

BONFATTI S., *Amministrazione Straordinaria*, in *Enc. dir.*, Giuffrè, Milano, 2017.

BONFATTI S., *Il finanziamento all'impresa in crisi*, in *La continuità aziendale nelle procedure concorsuali* a cura di M. Ferro, S. Pacchi, G.M. Nonno, R. Brogi, Pacini, Pisa, 2017, 287.

BONFATTI S., *Il leasing è legge*, in *Riv. dir. banc.*, 2017, 1.

BONFATTI S., *Art. 80*, in *Commentario al Testo Unico delle Leggi in materia bancaria e creditizia* diretto da F. Capriglione, Wolters Kluwer, Milano, 2018, 1082.

BONFATTI S., *Estraneità degli Accordi di Ristrutturazione alla "sfera della concorsualità", in materia di prededuzione*, in *ilcaso.it*, settembre 2018.

BONFATTI S., *Le nuove procedure di composizione negoziale delle crisi d'impresa: Piani attestati di risanamento e Accordi di Ristrutturazione*, in *Dir. banc.*, 2018.

BONFATTI S., *La disciplina delle situazioni di "crisi" degli intermediari finanziari*, Giuffrè, Milano, 2021.

BONFATTI S., *La liquidazione coatta amministrativa nel fallimento e nel Codice della Crisi d'Impresa e dell'Insolvenza*, Pacini, Pisa, 2021.

BONFATTI S., *Ammissione con riserva del credito litigioso pendente davanti alla Corte di Cassazione nella liquidazione coatta delle banche in generale e delle "banche venete" in particolare*, in *Fallimento*, 2022, 944.

BONFATTI S., *Il sostegno finanziario alle imprese in crisi*, Pacini, Pisa, 2022.

BONFATTI S., *La liquidazione coatta amministrativa nel nuovo codice della crisi d'impresa e dell'insolvenza. Struttura della nuova disciplina*, in *dirittodellacrisi.it*.

BONFATTI S., *La procedura di liquidazione coatta amministrativa nel fallimento e nel codice della crisi d'impresa e dell'insolvenza*, Pacini, Pisa, 2022, 157.

BONFATTI S., *Profili della Composizione negoziata della crisi d'impresa – Gestione dell'impresa; Rinegoziazione dei contratti e cessione dell'azienda; Composizione negoziata della crisi "di gruppo"*, in *dirittodellacrisi.it.*, febbraio 2022.

BONFATTI S., CENSONI P.F., *Manuale di diritto fallimentare*, Cedam, Padova, ed. 2007, 2009, 2011.

BONFATTI S., CENSONI P.F., *Le disposizioni correttive ed integrative della riforma della legge fallimentare.* Appendice al volume *Manuale di diritto fallimentare*, Cedam, Padova, 2008.

BONFATTI S., CENSONI P.F., *Lineamenti di diritto fallimentare*, Cedam, Padova, 2017.

BONFATTI S., FALCONE G., *Art. 82*, in *Testo unico delle leggi in materia bancaria e creditizia* a cura di F. Belli, G. Contento, A. Patroni Griffi, M. Porzio, V. Santoro, Zanichelli, II, Bologna, 2003, 1342.

BONFATTI S., FALCONE G., *Artt. 2 e 3*, in *La legge fallimentare dopo la riforma* a cura di A. Nigro, M. Sandulli, V. Santoro Giappichelli, Torino, 2010, 36.

BONFATTI S., GUIDOTTI R. (a cura di), *Il ruolo dell'esperto nella composizione negoziata per la soluzione della crisi d'impresa*, Giappichelli, Torino, 2022.

BONFATTI S., RIZZO S., *La "vigilanza prudenziale" nel Codice della crisi d'impresa e dell'insolvenza*, in *dirittodellacrisi.it*, dicembre 2022.

BONGIORNO G., *Osservazioni in tema di universalità e territorialità del fallimento*, in *Dir. fall.*, 1974, I, 273.

BONGIORNO G., *L'autotutela esecutiva*, Giuffrè, Milano, 1984.

BONGIORNO G., *La liquidazione dell'attivo nel fallimento e le c.d. "procedure competitive"*, in *Dir. fall.*, 2012, I, 135.

BONGIORNO G., *Considerazioni critiche sul giudizio di fatto nella revocatoria fallimentare: l'abuso degli indizi per la prova dello stato di insolvenza*, in *Fallimento*, 2022, 403.

BONSIGNORI A., *Della liquidazione coatta amministrativa*, in *Commentario Scialoja-Branca. Legge fallimentare* a cura di F. Bricola, F. Galgano, G. Santini, Zanichelli-Il Foro Italiano, Bologna-Roma, 1974.

BONSIGNORI A., *Disposizioni generali*, in *Commentario Scialoja-Branca. Legge fallimentare* a cura di F, Bricola, F. Galgano, G. Santini, Zanichelli-Il Foro Italiano, Bologna-Roma, 1974.

BONSIGNORI A., *Liquidazione dell'attivo*, in *Commentario Scialoja-Branca. La legge fallimentare* a cura di F. Bricola, F. Galgano, G. Santini, Zanichelli-Il Foro Italiano, Bologna-Roma, 1976.

BONSIGNORI A., *Del concordato preventivo*, in *Commentario Scialoja-Branca. La legge fallimentare* a cura di F. Bricola, F. Galgano, G. Santini, Zanichelli, Bologna, 1979.

BONSIGNORI A., *Recensione a Lanfranchi*, *Sulla tutela dei diritti nel fallimento*, in *Dir. fall.*, I, 1982, 511.

BONSIGNORI A., *Il fallimento*, in *Trattato di diritto commerciale e di diritto pubblico dell'economia* diretto da F. Galgano, IX, Cedam, Padova, 1986.

BONSIGNORI A., *Il fallimento del socio*, in *Trattato di diritto commerciale e di diritto pubblico dell'economia* diretto da F. Galgano, X, Cedam, Padova, 1988, 163.

BONSIGNORI A., *Diritto fallimentare*, Utet, Torino, 1992.

BONSIGNORI A., *Factoring e fallimento*, in *Dir. fall.*, 1993, II, 601.

BONSIGNORI A., *Arbitrati e fallimento*, Cedam, Padova, 1995.

BONSIGNORI A. *Processi concorsuali minori*, Cedam, Padova, 1997.

BONSIGNORI A., *Fallimento delle società*, in *Commentario Scialoja-Branca. Legge fallimentare* a cura di F. Galgano, Zanichelli-Il Foro Italiano, Bologna-Roma, 1997.

BONSIGNORI A., FRASCAROLI SANTI E., NARDO G., ZOPPELLARI M., *Il concordato preventivo e quello stragiudiziale*, in *Le procedure concorsuali. Procedure minori. Trattato* diretto da G. Ragusa Maggiore, C. Costa, Utet, Torino, 2001.

BONTEMPELLI M., *Sequestro preventivo a carico della società fallita, tutela dei creditori di buona fede e prerogative del curatore*, in *Arch. pen.*, 2015.

BONTEMPELLI M., *Sequestro preventivo a carico della società fallita, tutela dei creditori di buona fede e prerogative del curatore*, in *Cass. pen.*, 2016, 2894.

BONTEMPELLI M., PAESE R., *La tutela dei creditori di fronte al sequestro e alla confisca*, in *Dir. pen. contemporaneo*, 2019, II, 123.

BORGIOLI A., *I direttori generali di società per azioni*, Milano, 1975.

BORIA P., *L'interesse fiscale*, Giappichelli, Torino, 2002.

BORIA P., *I principi costituzionali dell'ordinamento fiscale*, in *Diritto tributario* a cura di A. Fantozzi, Utet, Torino, 2012.

BORIA P., *L'illegittimità costituzionale del divieto di falcidia IVA nell'esdebitazione dei debitori non fallibili*, in *Riv. giur. trib.*, 2020, 17.

BORRÈ G., *Reclamo contro i decreti del giudice delegato e ricorso per cassazione ex art. 111, 2° comma, Cost.: spunti in tema di tutela dei diritti soggettivi nel fallimento*, in *Foro it.*, 1981, I, 144.

BORSARI R., *Il nuovo reato di falso in attestazioni e relazioni del professionista nell'ambito delle soluzioni concordate delle crisi d'impresa*, in *Diritto penale contemporaneo*, 2012, 97.

BORSELLI E., *Revoca del fallimento e pagamento delle spese e del compenso dovuto al curatore*, in *Dir. fall.*, 1975, I, 272.

BORTOLOTTI F., MANDRIOLI L., *Le offerte concorrenti nel concordato preventivo: questioni controverse (Parte II)*, in *Fallimento*, 2019, 110.

BORTOLUZZI P., *L'art. 72*-quater: *la "nuova" natura giuridica del* leasing *e le modalità di insinuazione al passivo*, in *www.osservatorio-oci.org*, 2012.

BORTOLUZZI P., *Art. 109*, in *La legge fallimentare. Commentario tecnico-pratico* a cura di M. Ferro, Wolters Kluwer, Milano, 2014.

BOSSI M., *Art. 79*, in *La legge fallimentare commentata* a cura di M. Giorgietti, F. Clemente, Franco Angeli, Milano, 2008.

BOSTICCO P., *Le azioni revocatorie nel fallimento*, in *Fallimento*, 2013.

BOSTICCO P., *I gruppi di società nel Codice della crisi d'impresa*, Giuffrè, Milano, 2022.

BOTTAI A., PEZZANO A., *Gli effetti della sentenza a SS.UU. n. 42093/2021 sulle prestazioni professionali a favore dell'impresa in crisi: non è solo una questione di prededuzione*, in *ilfallimentarista.it*, marzo 2022.

BOTTAI L.A., *Profili problematici dei crediti tributari (erariali) nel fallimento*, in *ilfallimentarista.it*, aprile 2015.

BOTTAI L.A., *Speciale decreto "contendibilità e soluzioni finanziarie" n. 83/2015: i finanziamenti interinali*, in *ilfallimentarista.it*, luglio 2015.

BOTTAI L.A., *Il curatore, Il compenso*, in *Fallimento e concordato fallimentare* a cura di A. Jorio, Utet, Torino, 2016, 1067.

BOTTAI L.A., *Il concordato preventivo con continuità aziendale: profili applicativi e prime prassi*, in AMBROSINI (a cura di), *Fallimento, soluzioni negoziate della crisi e disciplina bancaria*, Zanichelli, Bologna, 2017, 208.

BOTTAI L.A., *Le modifiche al codice civile dettate dalla L. n. 155/2017 e l'affermazione del "diritto concorsuale societario"*, in *ilfallimentarista.it*, aprile 2018.

BOTTAI L.A., *La rivoluzione del concordato liquidatorio semplificato*, in *dirittodellacrisi.it*, agosto 2021.

BOTTAI L.A., *La composizione negoziata di cui al D.L. 118/2021: svolgimento e conclusione delle trattative*, in *ilfallimentarista.it*, ottobre 2021.

BOTTAI L.A., PEZZANO A., RATTI M., SPADARO M., *Il concordato con attribuzioni ai soci: criticità e prospettive del nuovo art. 120* quater *CCII*, in *dirittodellacrisi.it*, 2022.

BOTTI L., *L'esdebitazione nella nuova liquidazione giudiziale*, in *Nuove leggi civili comm.*, 2021, 1017.

BOVE M., *Processo arbitrale e terzi*, in *Riv. arb.*, 1995, 784.

BOVE M., *Il patto compromissorio rituale*, in *Riv. dir. civ.*, 2002, 405.

BOVE M., *La giustizia privata*, Cedam, Padova, 2009, 128.

BOVE M., *Arbitrato e fallimento*, in *www.judicium.it*, 2019.

BOZZA G., *Arbitrato e fallimento*, in *Fallimento*, 1993, 483.

BOZZA G., *Revoca della sentenza dichiarativa di fallimento e responsabilità del creditore istante*, in *Fallimento*, 1994, 525.

BOZZA G., *Conflitti tra cause di prelazione*, in *Contratto e impresa*, 1996, 679.

BOZZA G., *L'ammissione del fideiussore solidale non ancora escusso*, in *Dir. fall.*, 2000, I, 1360.

BOZZA G., *La proposta di concordato preventivo, la formazione delle classi e le maggioranze richieste dalla nuova disciplina*, in *Fallimento*, 2005, 1208.

BOZZA G., *Art.* 94, in *Il nuovo diritto fallimentare. Commentario* diretto da A. Jorio e coordinato da M. Fabiani, I, Zanichelli, Bologna, 2006, 1420.

BOZZA G., *L'omologazione della proposta (i limiti alle valutazioni del giudice)*, in *Fallimento*, 2006, 1067.

BOZZA G., *Il vecchio, l'attuale e il (forse) prossimo art. 173 ult. parte della legge fallimentare*, in *Fallimento*, 2007, 689.

BOZZA G., *L'approvazione del programma di liquidazione e l'autorizzazione all'esecuzione*, in *Fallimento*, 2008, 1057.

BOZZA G., *La tutela dei diritti nella riforma fallimentare* a cura di M. Fabiani, A. Patti, Wolters Kluwer Italia, Milano, 2008, 569.

BOZZA G., *La facoltatività della formazione delle classi nel concordato preventivo*, in *Fallimento*, 2009, 425.

BOZZA G., *La ripartizione dell'attivo*, in *Il nuovo diritto fallimentare, novità ed esperienze applicative a cinque anni dalla riforma. Commentario* diretto da A. Jorio e M. Fabiani, Zanichelli, Bologna, 2010, 577.

BOZZA G., *Il contraddittorio incrociato e l'attività del G.D.*, in *Fallimento*, 2011, 1080.

BOZZA G., *La fase esecutiva del concordato preventivo con cessione dei beni*, in *Fallimento*, 2012, 768.

BOZZA G., *I contratti in corso di esecuzione nel concordato preventivo*, in *Fallimento*, 2013, 1121.

BOZZA G., *Le novità telematiche del decreto sviluppo*, in *Dir. fall.*, 2013, I, 157-185.

BOZZA G., *Lo stato passivo*, in *Trattato delle procedure concorsuali* a cura di A. Jorio, B. Sassani, II, Giuffrè, Milano, 2014.

BOZZA G., *Le proposte e le offerte concorrenti*, in *fallimentiesocietà.it*, 2015.

BOZZA G., *Le proposte concorrenti*, in *Fallimento, soluzioni negoziate della crisi e disciplina bancaria dopo le riforme del 2015 e 2016* a cura di S. Ambrosini, Zanichelli, Bologna, 2017, 225.

BOZZA G., *L'accertamento del passivo nel Codice della crisi d'impresa e dell'insolvenza*, in *Fallimento*, 2019, 1203.

BOZZA G., *Protezione del patrimonio negli accordi e nei concordati*, in *ilcaso.it*, marzo 2019.

BOZZA G., *Il concordato liquidatorio*, in *Fallimento*, 2020, 1123.

BOZZA G., *Il concordato semplificato introdotto dal d.l. n. 118 del 2021, convertito, con modifiche dalla l. n. 147 del 2021*, in *dirittodellacrisi.it*, novembre 2021.

BOZZA G., *Il fallimento del terzo datore di ipoteca e il procedimento di verifica dello stato passivo del diritto reale di garanzia*, in *Fallimento*, 2021, 373.

BOZZA G., *Il piano di ristrutturazione soggetto ad omologazione*, in *dirittodellacrisi.it*, giugno 2022.

BOZZA G., *Il sistema delle votazioni nei concordati tra presente e futuro*, in *dirittodellacrisi.it*, marzo 2022.

BOZZA G., *Le maggioranze per l'approvazione della proposta concordataria*, in *Studi sull'avvio del codice della crisi* a cura di L. De Simone, M. Fabiani, S. Leuzzi, in *dirittodellacrisi.it.*

BOZZA G., SCHIAVON G., *L'accertamento dei crediti nel fallimento e le cause di prelazione*, Milano, Giuffrè, 1992.

BRAN E., *La decorrenza del periodo sospetto nella revocatoria fallimentare: data del deposito della sentenza dichiarativa di fallimento o sua annotazione nel registro delle imprese*, in *Dir. fall.*, 2017, 651.

BRANCADORO G., *Linee evolutive della liquidazione coatta amministrativa*, in *Giur. comm.*, 1996, 322.

BRANCADORO G., *Sistemiche e rilevanza giuridica nelle discipline della crisi d'impresa*, in *Dir. fall.*, 2019, I, 1023.

BRENCA P., *Il commissario giudiziale: convocazione dei creditori. Relazione e stima*, in *Fallimento e altre procedure* a cura di G. Fauceglia, L. Panzani, Utet, Torino, 2009.

BRESCIA S., *La graduazione*, in *Diritto fallimentare* a cura di I. Greco, Pirola, Milano, 1995.

BRICCHETTI R., *La nuova fattispecie di bancarotta da illeciti societari*, in *La riforma del diritto societario. Quaderni del Consiglio Superiore della Magistratura*, 2004, 955.

BRICCHETTI R., *Art. 223 l. fall.*, in *Leggi penali complementari* a cura di T. Padovani, Milano, 2007, 128.

BRICCHETTI R., *Codice della crisi d'impresa: rassegna delle disposizioni penali e raffronto con quelle della legge fallimentare* in *Dir. pen. contemporaneo*, 2019, 79.

BRICCHETTI R., *Reati fallimentari e nuova disciplina della crisi di impresa*, in *Disposizioni penali nel codice della crisi di impresa* a cura di S. Pacchi, R. Guerrini, S. De Flamineis, Giappichelli, Torino, 2021, 9.

BRICCHETTI R., MUCCIARELLI F., SANDRELLI G., *Artt. 216-241*, in *Il nuovo diritto fallimentare* diretto da A. Jorio e coordinato da M. Fabiani, Zanichelli, Bologna, 2006.

BRICCHETTI R., PISTORELLI L., *Operazioni di risanamento, professionisti nel mirino*, in *Guida dir.*, 2012, 45.

BRICCHETTI R., PISTORELLI L., *Bancarotta, le operazioni escluse dall'incriminazione*, in *Guida dir.*, 2010, 94.

BRICCHETTI R., PISTORELLI L., *La bancarotta e gli altri reati fallimentari*, Milano, 2017, 70.

BRIGUGLIO A., *Domanda di ammissione al concordato preventivo e reazione all'inadempimento contrattuale del richiedente*, in *Dir. fall.*, 2014, 345.

BRIGUGLIO A., *Arbitrato e concordato preventivo*, in *Riv. arb.*, 2016, 239.

BRIGUGLIO A., GUERRERA F., *La cessione "autonoma" delle azioni revocatorie: problemi (processuali e sostanziali) e proposte di soluzione*, in *Dir. fall.*, 2008.

BRIOLINI F., *Questioni irrisolte in tema di piani di risanamento e di accordi di ristrutturazione dei debiti. Appunti sugli artt. 2467 e 2497*-quinques *c.c. e sull'art. 182*-quater *l.fall.*, in *Banca, borsa, tit. cred.*, 2012, 523.

BRIOLINI F., *Concordato preventivo e nuova finanza. Note sui «finanziamenti autorizzati» a norma dell'art. 182-quinquies, comma 1-3, legge fallim.*, in *Dir. fall.*, 2015, I, 1.

BRIOLINI F., *Art. 2392*, in *Le società per azioni* a cura di P. Abbadessa, G.B. Portale, Giuffrè, Milano, 2016.

BRIOLINI F., *I finanziamenti alla s.r.l. nelle procedure di allerta e di composizione assistita della crisi*, in *La società a responsabilità limitata: un modello transtipico alla prova del Codice della Crisi, Studi in onore di Oreste Cagnasso* a cura di Irrera, Giappichelli, Torino, 2020, 348.

BRIOLINI F., *Il rimborso dei finanziamenti dei soci alla luce della giurisprudenza più recente*, in *Patrimonio sociale e governo dell'impresa. Dialogo tra giurisprudenza, dottrina e prassi in ricorso di G.E. Colombo* a cura di G.A. Rescio, M. Speranzin, Giappichelli, Torino, 2020, 37.

BRIOLINI F., *Appunti sul ruolo del notaio nel codice della crisi (dopo il d.lgs. 17 giugno 2022, n. 83)*, in *Dir. fall.*, 2022, I, 988.

BRIZZI F., *Responsabilità gestorie in prossimità dello stato d'insolvenza e tutela dei creditori*, in *Riv. dir. comm.*, 2008, 1027.

BRIZZI F., *Le fattispecie dei crediti prededucibili da finanziamento nel concordato preventivo e negli accordi di ristrutturazione dei debiti*, in *Dir. fall.*, 2013, 832.

BRIZZI F. *Doveri degli amministratori e tutela dei creditori nel diritto societario della crisi*, Giappichelli, Torino, 2015.

BRIZZI F., *Proposte concorrenti nel concordato preventivo e governance dell'impresa in crisi*, in *Giur. comm.*, 2017, I, 336.

BROGI R., *Rapporti pendenti e contratti bancari*, in *Fallimento*, 2018.

BROGI R., *I rapporti pendenti nella liquidazione giudiziale*, in *Fallimento*, 2019, 1183.

BROGI R., *L'esecuzione del concordato preventivo nel Codice della crisi*, in *Fallimento*, 2020, 1322.

BROGI R., *L'esecuzione del concordato preventivo nel Codice della crisi*, in *Il concordato preventivo. Scritti in memoria di Giovanni Lo Cascio*, Ipsoa, Milano, 2021, 1322.

BROGI R., *Le esdebitazioni tra legge fallimentare e Codice della crisi*, in *Fallimento*, 2021, 293.

BROGI R., *Clausole generali e diritto concorsuale*, in *Fallimento*, 2022, 877.

BROGI R., *Codice della crisi d'impresa e procedimento unitario: le impugnazioni*, *QG*, 2022.

BROGI R., *I soci e gli strumenti di regolazione della crisi*, in *Fallimento*, 2022, 1290.

BRONZINI M., *Eccezionalità della insinuazione tardiva e conseguente rigore*, in *Dir. fall.*, 1977, II, 368.

BRUNELLI B., *Gli indirizzi virtuali qualificati per le notificazioni telematiche secondo la Cassazione*, in *Riv. trim. dir. proc. civ.*, 2019, III, 1039.

BRUNETTI A., *Diritto fallimentare italiano*, Foro italiano, Roma, 1932.

BRUNO F., *Artt. 170-171*, in *Il concordato preventivo e gli accordi di ristrutturazione dei debiti: commento per articoli* a cura di A. Nigro, M. Sandulli, V. Santoro, Giappichelli, Torino, 2014.

BRUNO S., CALETTI G.M., *L'art. 236 bis l.fall.: il reato di falso in attestazioni e relazioni*, in *Diritto Penale dell'Economia* a cura di A. Cadoppi, S. Canestrari, A. Manna, M. Papa, Utet, Torino, 2017, II, 2260.

BRUSCHETTA E., *La liquidazione dell'attivo. Tipologie di vendite, La ripartizione dell'attivo* in *La riforma delle procedure concorsuali* a cura di A. Didone, Giuffrè, Milano, 2016, 1145.

BUCCARELLA G., *Il concordato fallimentare, coattivo e straordinario*, Giuffrè, Milano, 2016.

BUFFELLI G., *Gli accordi di ristrutturazione dei debiti nel Codice della crisi di impresa e dell'insolvenza*, in *ilfallimentarista.it*, maggio 2019.

BUONOCORE V., *Le situazioni giuridiche soggettive dell'azionista*, Edizioni Scientifiche Italiane, Napoli, 1960.

BUONOCORE V., *Fallimento e impresa*, Morano, Napoli, 1969.

BUONOCORE V., *Adeguatezza, precauzione, gestione, responsabilità: chiose sull'art. 2381, commi terzo e quinto del codice civile*, in *Giur. comm.*, I, 2006, 5.

BURRONI D., *I piani attestati di risanamento nel Codice della crisi*, in *Crisi d'impresa*, 5, *Piani di risanamento e accordi di ristrutturazione dei debiti* a cura di Danovi A., Acciaro G., IlSole24Ore, Milano, 2019.

BURRONI D., *Presentazione della domanda di concordato preventivo, effetti*, in *Crisi d'impresa, il Sole24 ore* a cura di A. Danovi, G. Acciaro, marzo 2019, n. 3, 73.

BURRONI D., PORCARI A., *La liquidazione giudiziale e il concordato successivo, in (a cura di Sanzo) Il Codice della crisi dopo il d. lgs. 17 giugno 2022, n. 83*, Zanichelli, Bologna, 2022, 482.

BUSANI A., *La riforma della crisi di impresa riscrive il ruolo dei soci nella s.r.l.*, in *IlSole-24ore*, 19 febbraio 2019.

BUSETTO M., *Giudice penale e sentenza dichiarativa di fallimento*, Giuffrè, Milano, 2000, 154.

BUSSOLETTI M., *Il fallimento della società: lo scioglimento e le responsabilità, fra diritto vigente e progetto di riforma*, in *La nuova disciplina delle procedure concorsuali. Scritti in ricordo di Michele Sandulli*, Giappichelli, Torino, 2019, 116.

BUSUTTO E., *Reati commessi dall'imprenditore, Reati commessi dall'imprenditore e da soggetti diversi*, in *Il Sole 24 Ore*, 2019, 94.

BUTA G.M., *Artt. 2394, 2394*-bis in *Le società per azioni* a cura di P. Abbadessa, G.B. Portale, Giuffrè, Milano, 2016.

BUTTURINI P., *L'ultima versione dell'art. 2477 c.c. tra dubbi ermeneutici e interpretazioni "ortopediche": note a prima lettura*, in *Studium iuris*, 2013.

CABRAS G., *Arbitrati e procedure di insolvenza*, in M. RUBINO SAMMARTANO, *Il diritto dell'arbitrato*, II, Cedam, Padova, 2010, 1507.

CABRAS G., *Nota a Cass. 6 maggio 2015, n. 9100*, in *Giur. comm.*, 2015, II, 654.

CACCAVALE C., *Art. 44*, in *La legge fallimentare dopo la riforma* a cura di A. Nigro, M. Sandulli, V. Santoro, Giappichelli, Torino, 2010, 603.

CADOPPI A., *Reati commessi da persone diverse dal fallito. I reati del curatore e dei suoi ausiliari*, in *Commentario Scialoja-Branca. Legge fallimentare* a cura di F. Bricola, F. Galgano, G. Santini, Zanichelli-Il Foro Italiano, Bologna-Roma, 1977.

CADOPPI A., *Art. 4 D.lgs. 61/02*, in I *reati societari* a cura di A. Lanzi, A. Cadoppi, Cedam, Padova, 2007, 384.

CADOPPI A., CANESTRARI S., MANNA A., PAPA M., *Diritto Penale dell'Economia*, Utet, Torino, 2019.

CAGGIULA C., *Le relazioni governative al Parlamento*, in *Riv. trim. dir. pubbl.*, 1981, 401.

CAGNASSO O., *Art. 74*, in *Il nuovo diritto fallimentare* diretto da A. Jorio e coordinato da M. Fabiani, Zanichelli, Bologna, 2006, I, 1203.

CAGNASSO O., *Il ruolo del collegio sindacale nelle s.r.l. e nelle s.p.a.: profili di un confronto*, in *Giur. comm.*, 2006, 346.

CAGNASSO O., *La società a responsabilità limitata*, in *Trattato di diritto commerciale* diretto da G. Cottino, V, t. 1, Cedam, Padova, 2007 (rist. 2014).

CAGNASSO O., *Gli effetti del fallimento per i creditori*, in *Le nuove procedure concorsuali. Dalla riforma "organica" al decreto "correttivo"* a cura di S. Ambrosini, Zanichelli, Bologna, 2008, 91.

CAGNASSO O., *I contratti pendenti*, in *Le nuove procedure concorsuali. Dalla riforma "organica" al decreto "correttivo"* a cura di S. Ambrosini, Zanichelli, Bologna, 2008, 130.

CAGNASSO O., *Il concordato fallimentare della società*, in *Il concordato fallimentare* a cura di P. Demarchi, Zanichelli, Bologna, 2008, 49.

CAGNASSO O., *I controlli nella s.r.l.*, in *Giur. it.*, 2013, 2442.

CAGNASSO O., *Gli assetti adeguati nelle s.r.l.*, in *Nuovo dir. soc.*, 2014, 8.

CAGNASSO O., *Diritto societario e mercati finanziari*, in *Nuovo dir. soc.*, 2019, 849.

CAGNASSO O., *Liquidazione giudiziale e concordato nella liquidazione giudiziale delle società alla luce del codice della crisi: una prima lettura*, in *Diritto ed economia dell'impresa*, 2020, 427.

CAGNASSO O., *Profili organizzativi e disciplina applicabile alle s.r.l. e P.M.I.*, in *Società a responsabilità limitata, piccola e media impresa, mercati finanziari: un mondo nuovo?* a cura di P. Montalenti, M. Notari, Giuffrè, Milano, 2020, 59.

CAGNASSO O., *Scelte degli amministratori, attività preparatoria e istruttoria e assetti adeguati*, in *Giur. it.*, 2021, 110.

CAGNASSO O., *L'accesso agli strumenti di regolazione della crisi e dell'insolvenza delle società: la posizione degli amministratori*, in *dirittodellacrisi.it*, 2023.

CAGNASSO O., *Le modificazioni statutarie funzionali al buon esito della ristrutturazione*, in *Fallimento*, 2023, 239.

CAGNASSO O., IRRERA M., *Il fallimento delle società*, Ipsoa, Milano, 2007.

CAIAFA A., *Natura e validità del licenziamento di una pluralità di dipendenti attuato nel corso di una procedura di amministrazione straordinaria*, in *Fallimento*, 1984, 289.

CAIAFA A., *Nuove regole della crisi dell'impresa: risanamento e conservazione*, in *Dir. lav.*, 2001, 63.

CAIAFA A., *Vicende circolatorie dell'azienda nelle procedure concorsuali*, Cedam, Padova, 2001.

CAIAFA A., *Crisi di impresa: valutazione dinamica di un concetto*, in *Crisi di impresa e riforma della legge fallimentare* a cura di C. Piccininni, M. Santaroni, Bancaria Editrice, Roma, 2002, 93.

CAIAFA A., *Lezioni di diritto concorsuale*, Cedam, Padova, 2003.

CAIAFA A., *Le società agricole: profili concorsuali*, in *Nuovo dir. agr.*, 2004, 179.

CAIAFA A., *Il fallimento, i licenziamenti collettivi e ordinamento comunitario*, in *Dir. fall.*, 2005, II, 659

CAIAFA A., *Il trasferimento dell'azienda nelle imprese in crisi o insolventi*, Cedam, Padova, 2005.

CAIAFA A., *Nuovo diritto delle procedure concorsuali*, Cedam, Padova, 2006.

CAIAFA A., *Fallimento e sopravvivenza dell'impresa*, in *La nuova legge fallimentare "rivista e corretta"* a cura di S. Bonfatti, G. Falcone, Giuffrè, Milano, 2008, 404.

CAIAFA A., *Il giudizio di omologazione*, in *Il concordato fallimentare* a cura di S. Pacchi, Giuffrè, Milano, 2008, 145.

CAIAFA A., *La legge fallimentare riformata e corretta*, Cedam, Padova, 2008.

CAIAFA A., *L'istruttoria prefallimentare: i provvedimenti cautelari e conservativi a tutela del patrimonio e dell'impresa*, in *Dir. fall.*, 2008, 177.

CAIAFA A., *La liquidazione dell'attivo*, in *Le riforme della legge fallimentare* a cura di A. Didone, Utet, Torino, 2009.

CAIAFA A., *Crisi di impresa, trasferimento d'azienda e normativa comunitaria*, in *Dir. fall.*, 2010, II, 13.

CAIAFA A., *I rapporti di lavoro e la tutela del credito nelle crisi d'impresa*, Giappichelli, Torino, 2011.

CAIAFA A., *Decreto crescita e riforma del mercato del lavoro*, in *Temi rom.*, 2013, 30.

CAIAFA A., *La riforma del mercato del lavoro e procedure concorsuali*, Discendo Agitur, Roma, 2013.

CAIAFA A., *Jobs Act e procedure concorsuali*, Dike Giuridica, Roma, 2018.

CAIAFA A., *Riforma del mercato del lavoro e conservazione dell'azienda in crisi*, in *Crisi di impresa, rilevare, gestire, risolvere*, Roma, 2018, 144.

CAIAFA A., *Il nuovo codice della crisi e dell'insolvenza dell'impresa*, Dike Giuridica, Roma, 2019.

CAIAFA A., *La disciplina dei rapporti di lavoro nel nuovo codice della crisi e dell'insolvenza dell'impresa*, Neu, Roma, 2020, 191.

CAIAFA A., *Riflessioni a margine della legge 21 ottobre 2021, n. 147*, Neu, Roma, 2022, 103.

CAIAFA A., GIULIANI R., *Il fallimento e le altre procedure concorsuali* a cura di A. Caiafa, S. Romeo, I, Cedam, Padova, 2014.

CAIAFA A., PANZANI L., *Art. 182 quater*, in *Commentario alla legge fallimentare* a cura di A. Caiafa, Dike Giuridica, Roma, 2017, 839.

CAIAFA A., PETTERUTI A., *Diritto della crisi di impresa e dell'insolvenza*, Napoli, 2022.

CAIAFA A., SALVI A., *Il nuovo concordato preventivo*, Pacini, Pisa, 2016.

CAIAFA A., VALERIO A., *Diritto della crisi delle imprese*, Dike Giuridica, Roma, 2022.

CAIAZZO R., *Gli effetti del fallimento per il fallito*, in *Fallimento e concordati* a cura di P. Celentano, E. Forgillo, Cedam, Torino, 2009, 431.

CALANDRA BUONAURA V., *Gestione dell'impresa e competenze dell'assemblea nella società per azioni*, Giuffrè, Milano, 1985.

CALANDRA BUONAURA V., *Disomogeneità di interessi dei creditori concordatari e valutazione di convenienza del concordato*, in *Giur. comm.*, 2012, I, 18.

CALANDRA BONAURA V., *La gestione societaria dell'impresa in crisi*, in *Società, banche e crisi d'impresa*. Liber amicorum *Pietro Abbadessa* diretto da M. Campobasso, V. Cariello, V. Di Cataldo, F. Guerrera, A., Giappichelli, Torino, 3, 2014, 2593.

CALANDRA BUONAURA V., *L'amministrazione della società per azioni nel sistema tradizionale*, in *Trattato di diritto commerciale* fondato da V. Buonocore e diretto da R. Costi, Giappichelli, Torino, 2019.

CALANDRA BUONAURA V., *Amministrazione e gestione dell'impresa nel Codice della crisi*, in *Giur. comm.*, 2020, I, 5.

CALANDRA BUONAURA V., *Ruolo e responsabilità degli organi di controllo societari nel Codice della crisi e dell'insolvenza*, in *Giur. comm.*, 2021, 791-812.

CALDERAZZI R., *I finanziamenti dei soci nelle società di capitali*, Giuffrè, Milano, 2012.

CALICE E., *Vendita di immobili da costruire*, in *Dig. disc. priv., sez. civ.*, Utet, Torino, 2007, 1269.

CALLIES C., *Die Justitiabilität des Art. 72 Abs. 2 GG vor dem Hintergrund von kooperativem und kompetitivem Föderalismus*, in *DÖV*, 1997, 896.

CALÒ D., VIRGINTINO E., *I crediti prededucibili*, in *Le procedure concorsuale* a cura di A. Caiafa, II, Cedam, Padova, 2011, 1028.

CALONI A., *Bitcoin: profili civilistici e tutela dell'investitore*, in *Riv. dir. civ.*, 2019, 159.

CALVIGIONI S., *Quali strumenti processuali per la tutela dei creditori tra la concessione del sequestro preventivo penale e la pronuncia definitiva che dispone la confisca?*, in *Foro it.*, 2016, 684.

CALVIGIONI S., *Confisca dei beni del debitore e rapporto tra creditore cessionario e cedente*, in *Foro it.*, 2018, 635.

CALVO R., *Art. 1351*, in *Il Codice Civile. Commentario* fondato da P. Schlesinger e diretto da F.D. Busnelli, Giuffrè, Milano, 2016.

CALVOSA L., *Amministrazione del patrimonio*, in AA.VV., *Diritto fallimentare. Manuale breve*, Giuffrè, Milano, 2008.

CALVOSA L. (a cura di), *Crisi di impresa e insolvenza. Prospettive di riforma*, Pacini, Pisa, 2017.

CALVOSA L., *Le principali novità della riforma organica delle discipline della crisi di impresa e dell'insolvenza*, in *Crisi di impresa e insolvenza. Prospettive di riforma* a cura di L. Calvosa, Pacini, Pisa, 2017.

CALVOSA L., *Gestione dell'impresa e della società alla luce dei nuovi artt. 2086 e 2475 c.c.*, in *Società*, 2019, 799.

CAMPAGNA M.F., *Clausole di parametrazione monetaria (indice-merci, c.d. valuta estera, oro)*, in CONFORTINI M. (a cura di), *Clausole negoziali. Profili teorici e applicativi di clausole negoziali tipiche e atipiche*, II, Utet, Torino, 2019, 531.

CAMPAGNA M.F., *Criptomonete e obbligazioni pecuniarie*, in *Riv. dir. civ.*, 2019, 183.

CAMPIONE R., DE PAMPHILIS M., *I profili di responsabilità del curatore fallimentare e del commissario liquidatore nella liquidazione coatta amministrativa*, in *Contratto e impresa*, 2016, 1194.

CAMPOBASSO G.F., *Fallimento delle società per azioni ed esecuzione dei conferimenti in denaro*, in *Riv. dir. civ.*, 1976, I, 511.

CAMPOBASSO G.F., *Diritto commerciale. 1. Diritto dell'impresa* a cura di M. Campobasso, Utet, Torino, ed. 2013, 2019.

CAMPOBASSO G.F., *Diritto commerciale. 2. Diritto delle società* a cura di M. Campobasso, Utet, Torino, 2020.

CAMPOBASSO G.F., *Diritto commerciale. 3. Contratti, titoli di credito, procedure concorsuali* a cura di M. Campobasso, Utet, Torino, ed. 2021, 2022.

CAMPOBASSO M., *L'imputazione di conoscenza nelle società*, Giuffrè, Milano, 2002.

CAMPOBASSO M., *L'impatto della riforma sul sistema societario italiano: l'esperienza dei primi anni di applicazione*, in *Notariato*, 2008, 305.

CAMPOBASSO M., *Finanziamento del socio*, in *Banca, borsa, tit. cred.*, 2008, I, 441.

CAMPOBASSO M., *La postergazione dei finanziamenti dei soci*, in *S.r.l. Commentario*, dedicato a Giuseppe B. Portale, a cura di A.A. Dolmetta, G. Presti, Giuffrè, Milano, 2011, 238.

CAMPOBASSO M., *Nuovi principi e vecchi problemi nel concordato preventivo con "continuità aziendale"*, in *Società banche e crisi d'impresa, Liber amicorum Pietro Abbadessa*, III, Utet, Torino, 2014, 3015.

CAMPOBASSO M., *Dalla procedura di "liquidazione del patrimonio" alla "liquidazione controllata" del sovraindebitato*, in *La nuova disciplina delle procedure concorsuali. Scritti in ricordo di Michele Sandulli*, Giappichelli, Torino, 2019, 132.

CAMPOBASSO M., *Il futuro delle società di capitali*, in *Banca, borsa, tit. cred.*, 2019, I, 138.

CAMPOBASSO M., *La società a responsabilità limitata. un modello "senza qualità"?*, in *La società a responsabilità limitata: un modello transtipico alla prova del Codice della Crisi. Studi in onore di Oreste Cagnasso* a cura di M. Irrera, Giappichelli, Torino, 2020, 19.

CAMPOBASSO M., *La disciplina dei finanziamenti dei soci postergati dopo il correttivo al codice della crisi*, in *Banca, borsa, tit. cred.*, 2021, I, 171.

CAMPOBASSO M., *Il concordato liquidatorio semplificato: ma perché il concordato preventivo non trova pace?*, in *Nuove leggi civili comm.*, 2022, 112.

CANALE G., *Osservazioni ad Appello Roma, 27 marzo 1990, in tema di insinuazione tardiva al passivo fallimentare*, in *Giur. comm.*, 1991, II, 768.

CANALE G., *Le nuove norme sul concordato preventivo e sugli accordi di ristrutturazione*, in *Riv. dir. proc.*, 2005, 905.

CANALE G., *La formazione dello stato passivo e il sistema delle impugnazioni*, in, *La riforma della legge fallimentare. Profili della nuova disciplina* a cura di S. Ambrosini, Zanichelli, Bologna, 2006, 183.

CANALE G., *Arbitrato, concordato preventivo e procedure concorsuali minori*, in *Dir. fall.*, 2019, 34.

CANAZZA F., *Art. 1*, in *Codice commentato del fallimento* diretto da G. Lo Cascio, Ipsoa, Milano, 2017.

CANAZZA F., *Unicità di graduazione ed ordine dei privilegi mobiliari nella ripartizione dell'attivo fallimentare*, in *Fallimento*, 2018, 1427.

CANDIA U., *Gli organi preposti al fallimento*, in *Fallimento e concordati - Le soluzioni giudiziali e negoziate delle crisi d'impresa dopo le riforme* a cura di P. Celentano, E. Forgillo, Utet, Torino, 2008.

CANESTRARI S., *"Rischio d'impresa" e imputazione soggettiva nel diritto penale fallimentare*, in *Riv. trim. dir. pen. econ.*, 2003, 554.

CANNAVÒ G., *Liquidazione coatta amministrativa e concordato nelle società cooperative*, Giuffrè, Milano, 2010.

CANNELLA A., *Definitività dello stato passivo in relazione all'ammissione o esclusione dei crediti ed impossibilità di controvertere sull'esclusione in sede di provvedimento di ripartizione dell'attivo*, in *Giust. civ.*, I, 1999, 2677.

CANNELLA C., *Il trasferimento del titolo sportivo di un club fallito nell'ordinamento sportivo e statuale*, in *Riv. diritto e econ. dello sport*, 2017, 163.

CANTELE V., *Tardività della notifica al curatore* ex *art. 101 l. fall. e riproponibilità della domanda*, in *Fallimento*, 1991, 398.

CAPALBO F., *L'analisi delle condizioni di squilibrio in sede di verifica dei requisiti di accesso alla composizione negoziata della crisi*, in *dirittodellacrisi.it*, marzo 2022.

CAPELLI I., *Diritti patrimoniali sei soci e patto leonino. Sez. I – Scritture contabili, rendiconto, bilancio, utili*, in *Trattato delle società* diretto da V. Donativi, Giappichelli, Torino, 2022, I, 1774.

CAPEZZERA D., *Artt. 240-246, 251, 253, 313, 314*, in *Codice della crisi d'impresa e dell'insolvenza* diretto da F. Di Marzio, Giuffrè, Milano, 2022.

CAPO G., *I presupposti del fallimento*, in *Fallimento e altre procedure concorsuali* a cura di G. Fauceglia, L. Panzani, 1, Utet, Torino, 2009, 49.

CAPO G., *La chiusura del fallimento e l'esdebitazione del fallito*, in *Trattato di diritto fallimentare* diretto da V. Buonocore, A. Bassi, III, Cedam, Padova, 2011, 513.

CAPOCCHI A., *La responsabilità civile del curatore fallimentare*, in *Fallimento*, 2002, 63.

CAPOLUPO S., *Tributi locali: le principali novità della legge Finanziaria 2007*, in *Il Fisco*, 2007, 915.

CAPOTI P., *Il diritto penale del curatore fallimentare*, in *Crisi dell'impresa, procedure concorsuali e diritto penale dell'insolvenza. Aspetti problematici* a cura di R. Borsari, Padova University Press, Padova, 2015, 180.

CAPOZZOLO M., *Il centro degli interessi principali e il forum shopping tra regolamento (Ue) 2015/848 e codice della crisi d'impresa e dell'insolvenza*, in *Freedom Security & Justice*, 2021, 146.

CAPPA T., *Gli effetti del fallimento per il fallito*, in *Fallimento e concordato preventivo* a cura di A. Jorio, Utet, Torino, 2016, 1138.

CAPPONI B., *L'opposizione distributiva dopo la riforma dell'espropriazione forzata*, in *Corr. giur.*, 2006, 1760.

CAPRINO M., *La liquidazione giudiziale*, in *Il nuovo codice della crisi d'impresa e dell'insolvenza* a cura di S. Sanzo e D. Burroni, Zanichelli, Bologna, 2019.

CAPUTO A., *Pluralità dei fatti di bancarotta e ricadute processuali: l'intervento delle Sezioni Unite*, in *Cass. pen.*, 2012, 845.

CAPUTO E., *La dichiarazione di incostituzionalità di una norma inesistente*, in *Dir. fall.*, II, 1975, 637.

CAPUTO E., *Insinuazione tardiva e consumazione dell'azione*, in *Banca, borsa, tit. cred.*, 1980, II, 556.

CAPUTO NASSETTI F., *La disciplina fallimentare degli swap*, in *Giur. comm.*, 2012, 3.

CARAMAZZA G., *Natura e funzioni del riparto finale e tutela dei creditori*, in *Fallimento*, 1988, 752.

CARBONE C., *Il curatore nella liquidazione giudiziale. Aggiornato al d.lgs. 17 giugno 2022, n. 83*, Giappichelli, Torino, 2022.

CARBONE P. e V., *Rapporti tra la confisca di un immobile e le precedenti ipoteche*, in *Giur. it.*, 2013, VI, 1246.

CARBONE V., *Trasferimento fittizio di sede della società all'estero e fallimento dichiarato dal giudice italiano*, in *Corriere giur.*, 11/2011, 1497.

CARDILLO M., *La transazione fiscale dei tributi locali*, in *Il diritto tributario delle procedure concorsuali e delle imprese in crisi* a cura di F. Paparella, Giuffrè, Milano, 2013, 682.

CARDONE V., PONTIERI F., *Bancarotta fraudolenta e responsabilità penale dell'amministratore*, in *Riv. trim. dir. pen. ec.*, 2006, 257.

CARELLI F., *Le offerte concorrenti nel nuovo codice della crisi: tra novità e problemi irrisolti*, in *ilcaso.it*, marzo 2021.

CARIDI V., *Artt. 147 - 153*, in *La riforma della legge fallimentare* a cura di A. Nigro, M. Sandulli, II, Giappichelli, Torino, 2006, 909.

CARIDI V., *La sorte dei giudizi in corso alla data del fallimento nella prospettiva del diritto concorsuale*, in *Dir. fall.*, 2015, I, 573.

CARIDI V., *La revocatoria degli atti infragruppo nel cci*, in *Dir. fall.*, 2020, I, 629.

CARMELLINO G., *Interazioni tra la competenza funzionale del tribunale fallimentare e quella delle sezioni specializzate di impresa*, in *Fallimento*, 2021, 1114.

CARNAZZA F., *L'impugnazione del provvedimento di scioglimento dell'ammissione con riserva*, in *Fallimento*, 2020, 249.

CARNAZZA F., *Lo scrutinio sulla "particolare complessità della procedura" ai sensi dell'art. 101 l.fall.*, in *Fallimento*, 2022, 400.

CARNELUTTI F., *Una singolare questione in tema di chiusura del fallimento*, in *Riv. dir. proc.*, 1952, II, 280.

CARNELUTTI F., *Appunti sulla natura della bancarotta*, in *Riv. dir. proc.*, 1975, 1.

CARNEVALE P., *Il Parlamento*, in *Lineamenti di diritto pubblico* a cura di F. Modugno, Giappichelli, Torino, 2008, 330.

CARNEVALI F., TARABUSI M., *Composizione negoziata della crisi: la stima della liquidazione del patrimonio*, in *dirittodellacrisi.it*, gennaio 2022.

CAROSI F., *La disciplina delle offerte competitive nel concordato preventivo: tra la legge fallimentare e il codice della crisi d'impresa e dell'insolvenza*, in *Dir. fall.*, 2022, 943.

CARPI F., *La provvisoria esecutività della sentenza*, Giuffrè, Milano, 1979.

CARPINO B., *Vendita con riserva della proprietà*, in *Trattato di diritto privato* diretto da P. Rescigno, XI, Utet, Torino, 2004, 315.

CARRARA C., *Giurisdizione italiana in materia fallimentare ed effetti del fallimento dichiarato all'estero*, in *Dir. fall.*, 2001, I, 508.

CARRARA F., *Programma del corso di diritto criminale*, Lucca, 1871.

CARRARO G., *Atti pregiudizievoli: aspetti problematici vecchi e nuovi*, in *Nuova giur. civ. comm.*, 2019, 1118.

CARRATTA A., *Il procedimento di apertura delle procedure concorsuali: dalla legge delega al codice della crisi e dell'insolvenza*, in *Dir. fall.*, 2019, I, 1057.

CARRATTA A., *Impugnazioni e stabilità dell'accertamento del passivo nella liquidazione giudiziale*, in *Dir. fall.*, 2021, I, 510.

CARRERI C., *I reati di bancarotta*, Giuffrè, Milano, 1993.

CARRIÈRE P., *I* minibond *e le "nuove" obbligazioni partecipative: problemi di inquadramento sistematico*, in *Società*, 2014, 183.

CASA F., *Appunti sul credito fondiario tra privilegio processuale e concorso formale*, Ipsoa, Milano, 2015.

CASA F., *La "quadratura del cerchio"; note minime su una sentenza importante (Cass. Sez. Un., 31 dicembre 2021, n. 42093)*, in *ristruttuazioniaziendali.it*, gennaio 2022.

CASA F., *La ricorrente ambiguità dell'art. 173 l.fall.*, in *Fallimento*, 2022, 547.

CASA F., ALBIERO V., *Risoluzione e annullamento del concordato*, in *Crisi e insolvenza nel nuovo Codice* a cura di S. Ambrosini, Zanichelli, Bologna, 2022, 804.

CASA F., SEBASTIANO F., *I contratti in corso di esecuzione nel concordato preventivo*, in *Fallimento*, 2014, 597.

CASAROLI G., *La causazione dolosa del fallimento della società da parte di amministratori, direttori generali, sindaci e liquidatori*, in *Ind. pen.*, 1978, 423.

CASAROLI G., *Art. 223*, in A. MAFFEI ALBERTI, *Commentario Breve alla legge fallimentare*, Padova, 2013, 1519.

CASAROLI I., *Qualche riflessione sull'oggetto materiale del delitto di bancarotta*, in *Riv. trim. dir. pen. econ.*, 1991, 403.

CASELLI G., *Degli organi preposti al fallimento*, in *Commentario Scialoja-Branca. Legge fallimentare* a cura di F. Bricola, F. Galgano, G. Santini, Zanichelli-Il Foro Italiano, Bologna-Roma, 1977.

CASELLI G., *Vicende del rapporto di amministrazione*, in *Trattato Colombo, Portale*, IV, Utet, Torino, 1991, 1.

CASILLI A., *Artt. 114, 115, 117*, in *La legge fallimentare dopo la riforma* a cura di A. Nigro, M. Sandulli, V. Santoro, Giappichelli, Torino, 2010, 1605.

CASSANDRO T.E., *Concordato preventivo. I provvedimenti immediati*, in *Trattato di diritto delle procedure concorsuali* a cura di U. Apice, III, Giappichelli, Torino, 2011.

CASSANDRO, *Obbligazioni solidali e ammissione con riserva al passivo del fallimento*, in *Dir. e giur.*, 1966, I, 416.

CASSANI C., *La riforma del concordato preventivo: effetti penali*, in *Riv. trim. dir. pen. econ.*, 2006, 966.

CASSIANI M., *L'omologa del concordato fallimentare e la dichiarazione tardiva di credito*, in *Dir. fall.*, 1994, II, 567.

CASTAGNOLA A., *Le rivendiche mobiliari nel fallimento*, Giuffrè, Milano, 1996.

CASTAGNOLA A., *L'esdebitazione del fallito*, in *Giur. comm.*, 2006, I, 448.

CASTAGNOLA A., *Procedimento arbitrale, lodo e fallimento*, in *Riv. arb.*, 2016, 232.

CASTELLANO M., *Artt. 155, 156*, in *Il nuovo fallimento. Commentario* a cura di F. Santangeli, Giuffrè, Milano, 2006.

CASTELLI L., NATALONI D., RIZZI L., MOSTARDINI C., *Organi, assetti e responsabilità*, in *Il Codice della crisi dopo il d. lgs. 17 giugno 2022, n. 83* a cura di S. Sanzo, Zanichelli, Bologna, 2022, 632.

CASTIELLO D'ANTONIO A., *Sull'applicabilità dell'art. 202 l. fall. agli enti pubblici assoggettati a liquidazione concorsuale*, in *Diritto concorsuale amministrativo*, Cedam, Padova, 1997.

CASTIELLO D'ANTONIO A., *La nuova disciplina concorsuale delle società cooperative*, in *Dir. fall.*, 2003, 1443.

CASTIELLO D'ANTONIO A., *Profili problematici della disciplina transitoria della riforma della legge fallimentare*, in *Dir. fall.*, 2006, I, 726.

CASTIELLO D'ANTONIO A., FALCONE G., *Le liquidazioni coatte amministrative*, in *Le altre procedure concorsuali* in *Trattato di diritto fallimentare e delle altre procedure concorsuali* diretto da F. Vassalli, F.P. Luiso, E. Gabrielli, Giappichelli, Torino, 2014, 766.

CATALDO M., *Il controllo sugli atti del curatore ed il regime della responsabilità*, in *Fallimento*, 2007, 1014.

CATALDO M., *Carattere personale dell'incarico di curatore e regime di responsabilità*, in *Fallimento*, 2008, 1285.

CATALDO M., *Osservazioni a Trib. Taranto, dec., 2 febbraio 2011*, in *Fallimento*, 2011, 474.

CATALDO M., *La soggezione dell'impresa in crisi al regime di allerta e composizione assistita*, in *Fallimento*, 2016, 1021.

CATALDO M., *La verifica dell'ipoteca costituita dal fallito a garanzia di debiti altrui nel procedimento di formazione del passivo*, in *Fallimento*, 2019, 767.

CATALDO M., *Il termine per la presentazione delle domande di ammissione al passivo dei crediti sopravvenuti*, in *Fallimento*, 2020, 32.

CATERINO D., *La gestione/amministrazione del patrimonio del debitore non fallibile, nella riforma (ancora* in itinere*) della legislazione concorsuale: una nuova speranza?*, in *La nuova disciplina delle procedure concorsuali. Scritti in ricordo di Michele Sandulli*, Giappichelli, Torino, 2019.

CATTANO M., PALLADINO M., *La riforma del diritto fallimentare*, Egea, Milano, 2006.

CAVALAGLIO A., *La chiusura del fallimento*, in *Le procedure concorsuali. Trattato* diretto da G. Ragusa Maggiore, C. Costa, III, Utet, Torino, 1997.

CAVALAGLIO A., *Art. 130*, in *Il nuovo diritto fallimentare* diretto da A. Jorio e coordinato da M. Fabiani, Zanichelli, Bologna, 2006.

CAVALAGLIO A., *Le dichiarazioni tardive di crediti*, in *Dir. fall.*, 2009, I, 303.

CAVALAGLIO A., *I crediti prededucibili nelle procedure concorsuali (Parte prima: La disciplina previgente)*, in *Dir. fall.*, 2010, I, 449.

CAVALAGLIO A., *Le impugnazioni dello stato passivo*, in *Dir. fall.*, 2011, I, 211.

CAVALIERE T., *Le modificazioni del codice civile*, in *Giur. it.*, 2019, 2046.

CAVALLARO G., *Finanziamenti destinati ad uno specifico affare*, in *Fallimento*, 2009, 501.

CAVALLI G., *I sindaci*, in *Trattato delle società per azioni*, cura di G.E. Colombo e G.B. Portale, V, Utet, Torino, 1988.

CAVALLI G., *La dichiarazione di fallimento. Presupposti e procedimento - Il fallimento dell'imprenditore cessato - Gli effetti del fallimento per il debitore*, in *La riforma della legge fallimentare. Profili della nuova disciplina* a cura di S. Ambrosini, Zanichelli, Bologna, 2006, 12.

CAVALLI G., *Gli organi del fallimento - Gli effetti del fallimento per il debitore*, in *Fallimento* a cura di S. Ambrosini, G. Cavalli, A.Jorio, in *Trattato di diritto commerciale* diretto da Cottino, Cedam, Padova, 2008.

CAVALLI G., AMBROSINI S., JORIO A., *Il fallimento*, in *Trattato di diritto commerciale* diretto da G. Cottino, XI, Cedam, Padova, 2008.

CAVALLINI C., ARMELI B., *Artt. 65, 69-bis, 70*, in *Commentario alla legge fallimentare* diretto da C. Cavallini, Egea, Milano, 2010.

CAVALLO PERIN R., RACCA G.M., *La concorrenza nell'esecuzione dei contratti pubblici*, in *Dir. amm.*, 2010, 325.

CECCARINI A., *L'attività del liquidatore e i controlli del giudice*, in *La nuova composizione della crisi da sovraindebitamento* a cura di F. Di Marzio, F. Macario, G. Terranova, Giuffrè, Milano, 2013, 77.

CECCHELLA C., *L'arbitrato*, in *Giurisprudenza sistematica di diritto processuale civile* diretta da A. Proto Pisani, Utet, Torino, 1991, 13.

CECCHELLA C., *Il diritto fallimentare riformato*, Il Sole 24 Ore, Milano, 2007.

CECCHELLA C., *La nuova azione revocatoria tra conferme e limitazioni alla teoria antindennitaria*, in *Dir. e pratica fallim.*, 2008.

CECCHELLA C., *Il diritto della crisi d'impresa e dell'insolvenza*, Cedam, Padova, 2020.

CECCHELLA C., LUISO F.P., FORTUNATO S., *Il processo di fallimento*, II, Giappichelli, Torino, 2014.

CECCHERINI A., *Azione revocatoria, crediti portati da cambiale e azione di regresso*, in *Fallimento*, 1996, 652.

CECCHERINI A., *Revocatoria del pagamento del trattario nel fallimento del traente*, in *Fallimento*, 1998, 26.

CECCHINI P.G., *Concordato preventivo: le offerte concorrenti al microscopio*, in *Dir. fall.*, 2016, 1182.

CECCHINI P.G., *Fusioni, scissioni e trasformazioni nel nuovo concordato preventivo*, in *Fallimento*, 2019, 955.

CECCHINI P.G., *I contratti asimmetrici nella composizione negoziata*, in *dirittodellacrisi.it*, novembre 2021.

CEDERLE V., *La trascrizione del contratto preliminare e lo speciale privilegio immobiliare del promissario acquirente*, in *Fallimento*, 2013, 414.

CELENTANO P., *Art.* 22, in *La legge fallimentare dopo la riforma. Disposizioni generali. Fallimento* a cura di A. Nigro, M. Sandulli, V. Santoro, I, Giappichelli, Torino, 2010, 289.

CELENTANO P., *Accertamenti del passivo e ripartizioni dell'attivo*, in *Fallimento*, 2011, 1128.

CELENTANO P., *L'ammissione con riserva ed il suo scioglimento*, in *L'accertamento del passivo* a cura di M. Ferro, P. Bastia, G.M. Nonno, Ipsoa, Milano, 2011, 168.

CELENTANO P., MASCARELLO C., *Procedimento: la fase di ammissione*, in *Concordato preventivo, concordato fallimentare e accordi di ristrutturazione. Analisi giuridico-aziendalistica sulla composizione giudiziaria della crisi d'impresa nelle prassi dei tribunali italiani dopo la riforma* a cura di M. Ferro, A. Ruggiero, A. Di Carlo, Giappichelli, Torino, 2009, 357.

CELENTANO W., *Effetti del fallimento per i creditori*, *Fallimento e altre procedure concorsuali* a cura di G. Fauceglia, L. Panzani, Utet, Torino, 2009, 481.

CELORIA C., PAJARDI P., *Commentario della legge fallimentare*, Principato, Milano, 1960.

CENICCOLA A., *Il programma di liquidazione*, in *Fallimento e concordati* a cura di P. Celentano, E. Forgillo, Utet, Torino, 2008, 699.

CENSONI P.F., *Gli effetti del concordato preventivo sui rapporti giuridici preesistenti*, Giuffrè, Milano, 1988.

CENSONI P.F., *Gestione commissariale e funzione dell'amministrazione controllata*, Giuffrè, Milano, 1994.

CENSONI P.F., *La sorte dei rapporti pendenti nel fallimento nel caso di affitto di azienda*, in *Giur. comm.*, I, 2003, 330.

CENSONI P.F., *Gli effetti del fallimento sui rapporti giuridici pendenti*, in *Diritto fallimentare*, coordinato da A. Maffei Alberti, Zanichelli, Bologna, 2004, 222.

CENSONI, P.F., *Effetti sui rapporti giuridici preesistenti*, in *Le riforme della legge fallimentare* a cura di A. Didone, Utet, Torino, 2009.

CENSONI P.F., *Prescrizione, decadenza e "consecuzione di nuove procedure concorsuali" nella nuova azione revocatoria fallimentare*, in *Dir. fall.*, 2010, 171.

CENSONI P.F., *Sull'ammissibilità di classi con unico creditore nel concordato fallimentare e preventivo*, in *Fallimento*, 2010, 324.

CENSONI P.F., *Gli effetti della procedura di amministrazione straordinaria delle grandi imprese insolventi sui contratti preesistenti di somministrazione*, in *Fallimento*, 2012, 109.

CENSONI P.F., *Il concordato preventivo*, in *Trattato delle procedure concorsuali* diretto da A. Jorio, B. Sassani, IV, Giuffrè, Milano, 2016, 327.

CENSONI P.F., *L'annullamento del concordato preventivo e la riscrittura dell'art. 186 l.fall. ad opera della Suprema Corte: verso un diritto senza certezze*, in *Fallimento*, 2017, 29.

CENSONI P.F., *L'annullamento del concordato preventive e la riscrittura dell'art. 186 l.fall. ad opera della Suprema Corte: verso un diritto senza certezze*, in *Fallimento*, 2017, 3.

CENSONI P.F., *Il concordato "semplificato": un istituto enigmatico*, in *Ristrutturazioni aziendali*, 22 febbraio 2022.

CENTONZE M., *Problemi in tema di collegio sindacale obbligatorio nella s.r.l.*, in *Riv. dir. soc.*, 2009.

CENTONZE M., *L'esdebitazione di società nel codice della crisi*, un *Nuove leggi civ.*, 2021, 1326.

CENTONZE M., *Scioglimento della società per perdita di continuità aziendale*, in *Bilancio e revisione*, aprile 2022.

CERA M., *I controlli nelle società di capitali "chiuse" fra modelli legali ed evoluzione della realtà*, in *Giur. comm.*, 2006, I, 354.

CERQUETTI G., *Profili del dolo nei reati fallimentari e nei reati tributari*, in *Temi di diritto penale dell'economia e dell'ambiente* a cura di M. Catenacci, G. Marconi, Giappichelli, Torino, 2009, 35.

CERRATO A., *La nuova esdebitazione*, Pacini, Pisa, 2022.

CERRATO S.A., *Il mosaico dell'arbitrato al tempo del Codice della crisi:* nouvelle vague *o antiche aporie?*, in *Giur. comm.*, 2020, 66.

CERRATO S.A., *L'obbligo di istituire assetti adeguati nel prima della crisi (dal codice al d.l. 24 agosto 2021, n. 118)*, in *Nuovo dir. soc.*, 2021, 1289.

CERRATO S.A., PEIRA G., Risikogesellschaft *e* corporate governance*: prolegomeni sulla costruzione degli assetti organizzativi per la prevenzione dei rischi. Il caso delle imprese agroalimentari*, in *Riv. soc.*, 2019, 149.

CERULLI IRELLI V., *Note in tema di discrezionalità amministrativa e sindacato di legittimità*, in *Dir. proc. amm.*, 1984, IV, 463.

CESARE F., *L'esdebitazione nel Codice della crisi e dell'insolvenza*, in *ilfallimentarista.it*, maggio 2019.

CESARE F., *Spunti di riflessione sui sovraindebitamenti familiari*, in *ilfallimentarista.it*.

CETRA A., *L'impresa collettiva non societaria*, Giappichelli, Torino, 2003.

CHELI E., MACCHITELLA C., *L'attività conoscitiva delle Camere. Aspetti organizzativi ed evoluzione del sistema*, in *Parlamento, istituzioni, democrazia*, Giuffrè, Milano, 1980.

CHERUBINI C., *Azione revocatoria e nuove discipline del rito applicabile alle azioni derivanti dal fallimento*, in *Corriere giur.*, 2008, 850.

CHIANALE A., *L'ipoteca*, Utet, Torino, 2017.

CHIANALE A., *La forma autentica del preliminare di vendita di immobili in costruzione ex art. 388 c.c.i.i. minaccia il credito edilizio*, in *dirittobancario.it*.

CHIARAVIGLIO P., *Osservazioni penalistiche che a prima lettura sul progetto di codice della crisi e dell'insolvenza*, in *Dir. pen. contemporaneo*, 2018, 91.

CHIARAVIGLIO P., *Il reato di interesse privato del curatore fallimentare di cui all'art. 228 L.F. e l'art. 48 c.p. – brevi note*, in *Riv. dottori comm.*, 2022, 121.

CHIAROTTI F., *Il concetto di appartenenza nel diritto penale*, Giuffrè, Milano, 1950.

CHIODINO S., *Osservazioni in tema di accordo di ristrutturazione con intermediari finanziari ex art. 182-septies l. fall.*, in *Riv. giur. sarda*, 2018, 239.

CHIONNA V.V., *Società di capitali in liquidazione e concordato preventivo in "continuità aziendale"*, in *Dir. fall.*, 2023, I, 203.

CHIZZINI A., *Art. 116*, in *Le procedure concorsuali* a cura di G.U. Tedeschi, Utet, Torino, 1996.

CIAMPI F., *Fallimento del debitore principale e credito di regresso del fideiussore*, in *Fallimento*, 1986, 489.

CIAMPI F., *Patrimoni e finanziamenti destinati in rapporto con le regole di concorso fallimentare*, in *Società*, 2004, 1213.

CIAN M., *Nota a Cass. 6 maggio 2015, n. 9100*, in *Giur. comm.*, 2015, II, 657.

CIAN M., *S.r.l. PMI, s.r.l., s.p.a.: schemi argomentativi per una ricostruzione del sistema*, in *Riv. soc.*, 2018, 818.

CIAN M., *I requisiti qualificatori della società* in house, in *Giur. comm.*, 2019, I, 196.

CIAN M., *La criptovaluta – Alle radici dell'idea giuridica di denaro attraverso la tecnologia: spunti preliminari*, in *Banca, borsa, tit. cred.*, 2019, 315.

CICINELLI E., *La nuova disciplina del sovraindebitamento*, Nel diritto, Molfetta, 2022.

CIERVO G., *Prededucibilità dei crediti sorti «in funzione» della procedura concorsuale*, in *Giur. comm.*, 2013, II, 775.

CILLO D., *Le operazioni sul capitale sociale e le operazioni straordinarie a servizio del concordato preventivo e degli accordi di ristrutturazione dei debiti*, in *Riv. notar.*, 2017, 691.

CIMOLAI A., *L'autosospensione dagli obblighi di conservazione del capitale e i nuovi quadri di responsabilità degli organi sociali*, in *dirittodellacrisi.it*, febbraio 2022.

CINCOTTI C., *I conferimenti*, in *La nuova s.r.l. Prime letture e proposte interpretative*, Giuffrè, Milano, 2004.

CINELLI M., *Gli ammortizzatori sociali nel disegno di riforma del mercato del lavoro*, in *Riv. dir. sic. soc.*, 2012, 227.

CINELLI M., *Disoccupazione e Jobs Act, il senso delle nuove tutele*, in *Dir. lav. Marche*, 2015, 9.

CIOLLI I., *Le relazioni del Governo al Parlamento tra funzione di controllo e tecnica legislativa*, in *Pol. del dir.*, 2002, 53.

CIPPITANI R., *Concordato con continuità aziendale e partecipazione agli appalti pubblici*, in *Urb. app.*, 2014, 417.

CIVERRA E., *La società* in house *…è una società*, in *Società*, 2019, 323.

CLARICH M., *Manuale di diritto amministrativo*, Il Mulino, Bologna, 2013.

CLARICH M. (a cura di), *Commentario al codice dei contratti pubblici*, Giappichelli, Torino, 2019.

CLEMENTE A., APREA G., *Artt. 6, 112, 113*, in *La legge fallimentare dopo la riforma* a cura di A. Nigro, M. Sandulli, V. Santoro, Giappichelli, Torino, 2010, 74.

CNDCEC, *Relazione sul governo societario contenente programma di valutazione del rischio di crisi aziendale*, marzo 2019.

CNDCEC, *Norme di comportamento del collegio sindacale. Principi di comportamento del collegio sindacale di società non quotate*, gennaio 2021.

COCCO A., *Il ruolo delle procedure concorsuali e l'evento dannoso nella bancarotta*, in *Riv. it. dir. e proc. pen.*, 2014, 93.

COCCO G., *La bancarotta preferenziale*, Jovene, Napoli, 1987.

COCCO G., *"Fallimento", nota introduttiva agli artt. 223-235*, in *Commentario breve alle leggi penali*

complementari a cura di F. Palazzo, C.E. Paliero, Cedam, Padova, 2007, 265.
COCCO G., *Artt. 218, 225*, in *Commentario breve alle leggi penali complementari* a cura di F. Palazzo, C.E. Paliero, Cedam, Padova, 2007.
COCCO G., *Art. 217* bis. *Esenzione dai reati di bancarotta*, in *Leg. pen.*, 2011, 5.
COLESANTI V., *Fallimento e trascrizione delle domande giudiziali*, Giuffrè, Milano, 1972.
COLOMBO G.E., *L'azienda e il mercato*, in *Trattato di diritto commerciale* diretto da F. Galgano, III, Cedam, Padova, 1979.
COLOMBO G.E., *La disciplina contabile dei patrimoni destinati*, in *Banca, borsa, tit. cred.*, 2004, I, 30.
COLTRO CAMPI C., *Ordini di borsa e contratti di borsa*, in *Banca, borsa, tit. cred.*, 1976, II, 20.
COLUCCI F., *Un parziale* revirement *della Cassazione: ammessa la compensabilità del debito di conferimento del socio in sede di aumento del capitale sociale*, in *Giur. comm.*, 1997, II.
COMMISSO F., *Il ritardo incolpevole nella presentazione delle domande "supertardive"*, in *Fallimento*, 2016, 823.
COMMISSO F., *Due principi di diritto in tema di accertamento del passivo fallimentare*, in *Fallimento*, 2022, 972.
COMPORTI C., *Artt. 2447*-bis – *2447*-decies, in *La riforma delle società* a cura di M. Sandulli, V. Santoro, Giappichelli, Torino, 2003, 950.
COMPORTI M., *Gli effetti del fallimento sul contratto di lavoro*, Giuffrè, Milano, 1961.
COMPORTI M., *Art. 67*-bis, in *La riforma della legge fallimentare* a cura di A. Nigro, M. Sandulli, Giappichelli, Torino, 2006.
CONCA B., *Artt. 170-172*, in *Il nuovo diritto fallimentare* diretto da A. Jorio e coordinato da M. Fabiani, Zanichelli, Bologna, 2006.
CONFORTI G., *L'avviso ai creditori del fallimento* ex *art. 92 legge fallim. e l'onere delle spese conseguenti alla tardiva proposizione della domanda d'insinuazione*, in *Dir. fall.*, 1977, II, 474.
CONFORTI S., *Riflessioni a margine del c.d. giudicato implicito di rigetto endoconcorsuale*, in *Fallimento*, 2020, 242.
CONFORTI S., *Le impugnazioni dello stato passivo*, Giappichelli, Torino, 2021.
CONFORTINI V., *Between strategic use and abuse of insolvency law: shareholders' rights and corporate reorganisations under German Insolvenzordnung and Italian Insolvency Law*, in *Jus civile*, 2015, 346.
CONSIGLIO DI STATO, *Parere n. 832 del 13 maggio 2022 – Schema di decreto legislativo recante modifiche al codice della crisi di impresa e dell'insolvenza di cui al decreto legislativo 12 gennaio 2019, n. 14*, in *ilcaso.it*.
CONSOLO C., *La revocatoria ordinaria nel fallimento fra ragioni creditorie individuali e ragioni di massa*, in *Riv. dir. proc.*, 1998, 391.
CONSOLO C., *Spiegazioni di diritto processuale civile*, Giappichelli, Torino, 2019.
CONSULICH F., *Il diritto penale fallimentare al tempo del codice della crisi: un bilancio provvisorio*, in *La legislazione penale*, 20 maggio 2020, 42.
CONTE R., *Brevi note in tema di sospensione dei termini feriali ed istanza di ammissione al passivo*, in *Fallimento*, 2011, 220.
CONTI L., *Diritto penale commerciale*, Utet, Torino, ed. 1965, 1991.
COPPOLA A., *Artt. 52-60*, in *La legge fallimentare dopo la riforma* a cura di A. Nigro, M. Sandulli, V. Santoro, Giappichelli, Torino, 2010, 850.
COPPOLA M., FIMMANÒ F., *Enti pubblici e sovraindebitamento. Spunti di riflessione*, in *Dir. fall.*, 2018, I, 84.
CORAPI D., *La "povertà" nell'ordine giuridico del capitalismo*, in *Contratto e impresa*, 2021.

CORNO G, *Oltre Eurofood: caso Interedil, prevalenza diritto UE e rafforzata presunzione di coincidenza del COMI con sede statutaria*, in *ilfallimentarista.it*, dicembre 2011.

CORNO G., *Oltre Eurofood: caso Interedil, prevalenza del diritto UE e rafforzamento presunzione di coincidenza del COMI con sede statutaria*, in *Foro it.*, 2011, 537.

CORNO G., *Art. 97*, in *Codice del fallimento* a cura di M. Bocchiola, A. Paluchowski, Giuffrè, Milano, 2013.

CORNO G., BARIATTI S., *Il regolamento (UE) 2015/848 sulle procedure di insolvenza*, Milano, 2016.

CORRADO D., *Art.* 2477, in *Commentario alla riforma delle società* diretta da P.G. Marchetti, L.A. Bianchi, F. Ghezzi, M. Notari, Egea, Milano, 2008.

CORRADO D., *La liquidazione giudiziale di gruppo nel Codice della crisi e dell'insolvenza*, in *ilfallimentarista*, maggio 2019.

CORSI F., *La nozione giuridica di amministrazione*, Giuffrè, Milano, 1971.

CORSI F., *Il concetto di amministrazione nel diritto privato*, Giuffrè, Milano, 1974.

CORSO S., *Le azioni di responsabilità nel fallimento tra "azioni della massa" e "azioni individuali"*, in *Riv. dir. comm.*, 2010.

COSENTINO N., *I crediti prededucibili nel concordato preventivo*, in *Dir. fall.*, 2014.

COSSA M., *Art. 1284*, in *Commentario del codice civile* a cura di V. Cuffaro, Utet, Torino, 2013, 117.

COSSU F., *Dichiarato costituzionalmente illegittimo il divieto di falcidiabilità dell'IVA nella procedura di composizione della crisi da sovraindebitamento*, in *Dir. fall.*, 2020, II, 782.

COSSU M., *Azione di responsabilità della curatela fallimentare e quantificazione del danno risarcibile*, in *Giur. comm.*, 2016, II, 529.

COSTA C., *Gli effetti del fallimento sul fallito*, in *Le procedure concorsuali. Trattato* diretto da G. Ragusa Maggiore, C. Costa, II, Utet, Torino, 1997, 9.

COSTA C., *Artt. 2 e 3*, in *Il nuovo diritto fallimentare* diretto da A. Jorio e coordinato da M. Fabiani, Zanichelli, Bologna, 2006, 70.

COSTA C., *Esenzione dall'azione revocatoria e prededuzione nelle procedure stragiudiziali di risanamento delle imprese*, in *Dir. fall.*, 2010, I, 531.

COSTA C., *Procedure di salvataggio delle imprese, azione revocatoria e prededuzione nelle recenti evoluzioni normative*, in *La riforma della legge fallimentare. Atti del convegno, Palermo 18-19 giugno 2010*, Giuffrè, Milano, 2011, 21.

COSTA C., *Fallimento. Effetti per i creditori*, in *Treccani on line*.

COSTA C., *Profili problematici della disciplina della composizione delle crisi da sovraindebitamento*, in *Impresa e mercato. Studi dedicati a Mario Libertini* a cura di V. Di Cataldo, V. Meli, R. Pennisi, Giuffrè, Milano, 2015.

COSTA C., *Le procedure concorsuali transfrontaliere nel contesto extraeuropeo: le azioni che derivano dalla procedura*, in *Dir. fall.*, 2017, 792.

COSTANTINI L.A., *Codice della crisi e dell'insolvenza*, in *LG*, 2019, 766.

COSTANTINO G., *Profili processuali*, in *Fallimento*, 2005, 995.

COSTANTINO G., *La esdebitazione*, in *Foro it.*, 2006, V, 210.

COSTANTINO G., *Artt. 98-99*, in *La legge fallimentare dopo la riforma* a cura di A. Nigro, M Sandulli, V. Santoro, Giappichelli, Torino, 2010.

COSTANZA M., *Gli effetti della dichiarazione di fallimento per il fallito*, in *Fallimento*, 2005, 1017.

COSTANZA M., *Conto corrente, mandato e commissione*, in *Fallimento e concordato fallimentare* a cura di A. Jorio, Torino, Utet, 2016.

COSTANZA M., *La sorte del contratto di locazione finanziaria nel fallimento ed in altre procedure concorsuali*, in *Fallimento*, 2018.

COSTANZO P., *Revoca della dichiarazione di fallimento, debitore incolpevole e principio costituzionale di eguaglianza*, in *Giur. comm.*, 1975, II, 418.

COSTI R., *L'ordinamento bancario*, Mulino, Bologna, 2012.

COTRONEI G., *Insolvenza e liquidazione coatta della cooperativa nel nuovo diritto societario*, in *Riv. dir. coop.*, 2003.

COVINO C., *Se la domanda tardiva di credito, dichiarata inammissibile per mancata costituzione o notifica entro il termine perentorio, sia ulteriormente proponibile*, in *Foro it.*, 1956, IV, 143.

COZZOLI V., *L'amministrazione straordinaria delle grandi imprese in crisi: un bilancio e le prospettive di riforma*, in *ilcaso.it*, aprile 2017.

CRIVELLI A., *Profili applicativi delle procedure di accordo e di piano del consumatore*, in *Dir. fall.*, 2017, 534.

CRIVELLI A., *Il piano e la proposta nelle procedure di componimento della crisi da sovraindebitamento nella L. n. 3/2012 e nel CCII*, in *Fallimento*, 2019, 713.

CRIVELLI A., *Principali aspetti processuali nel procedimento di apertura della liquidazione controllata*, in *Fallimento*, 2021, 885.

CRIVELLI A., *Art. 6 D.L. 24-08-2021, n. 118 – Misure protettive*, in *Codice della Crisi d'impresa Commentato*, 2022, *onelegale.it*.

CUNEO V.L., *Le procedure concorsuali*, Giuffrè, Milano, ed. 1986, 2002.

CUOMO ULLOA F., *Gli effetti del fallimento per i creditori*, in *Il diritto fallimentare riformato. Commento sistematico* a cura di G. Schiano di Pepe, Appendice di aggiornamento, Cedam, Padova, 2008, 36.

CUONZO R., *Art. 80*, in *Commentario al Testo Unico Bancario* diretto da S. Bonfatti e coordinato da G. Falcone, Pacini, Pisa, 2021, 462.

CURTI GIALDINO A., *Natura del processo d'accertamento del passivo ed efficacia del provvedimento del giudice delegato*, in *Dir. fall.*, 1953, II, 166.

D'ADAMO P., *La monetizzazione dei beni all'interno della liquidazione giudiziale prevista dal D.Lgs. 12 gennaio 2019 n. 14*, in *Studi e materiali*, 2020.

D'AIELLO C.P., *Gli effetti della procedura di liquidazione del patrimonio*, in *La composizione delle crisi da sovraindebitamento* a cura di F. Fimmanò, G. D'Attorre, Giapeto, Napoli, 2019, 663.

D'AIUTO D., *Gli effetti del fallimento nell'associazione in partecipazione*, in *Il fallimento e le altre procedure concorsuali* diretto da G. Fauceglia, L. Panzani, II, Utet, Torino, 2009, 808.

D'ALESSANDRO F., *Revocatoria di pagamenti di debiti assistiti da garanzie*, in *Dir. fall.*, 1992, 168.

D'ALESSANDRO F., *Le disposizioni penali alla Legge fallimentare*, in *Commentario alla Legge fallimentare* diretto da C. Cavallini, Egea, Milano, 2010, 13.

D'ALESSANDRO F., *Il nuovo art. 217 bis l. fall.*, in *Società*, 2011, 201.

D'ALESSANDRO F., *Il delitto di false attestazioni e relazioni, tra incerte formulazioni legislative e difficili soluzioni esegetiche*, in *Crisi dell'impresa, procedure concorsuali e diritto penale dell'insolvenza* a cura di R. Borsari, Padova University Press, Padova, 2015, 552.

D'ALESSANDRO F., *Efficienza e giustizia distributiva nelle procedure concorsuali*, in *Riv. dir. comm.*, 2018, II, 375.

D'ALESSANDRO F., *La bancarotta da concordato preventivo e da accordi di ristrutturazione*, in *Dir. pen. proc.*, 2019, 1203.

D'ALONZO R., *La disciplina del procedimento unitario in sede di appello*, in *dirittodellacrisi.it*, giugno 2022.

D'ALONZO R., DE SANTIS F., *Il cd. procedimento unitario per l'accesso agli strumenti di regolazione della crisi e dell'insolvenza"*, in *dirittodellacrisi.it*.

D'AMICO G., *La compravendita*, in *Trattato di diritto civile del Consiglio Nazionale del Notariato* diretto da P. Perlingieri, Edizioni Scientifiche Italiane, Napoli, 2013.

D'AMICO G., *Il sovraindebitamento nel Codice della crisi e dell'insolvenza*, in *Contratti*, 2019, 318.

D'AMORA R., *Prededuzione e* par condicio*: riflessione sulle disuguaglianze funzionali*, in G. Minutoli, *Crisi di impresa ed economia criminale*, Ipsoa, Milano, 2011, 363.

D'AMORA S., *Note esegetiche sul nuovo concordato preventivo e le procedure ristrutturazione dei debiti*, in *www.tribunale-milano.net.*

D'AQUINO F., *Art. 104 ter*, in *La legge fallimentare. Commentario teorico pratico* a cura di M. Ferro, Cedam. Padova, 2007.

D'ARRIGO C., *Pagamento di cambiale scaduta, atti fra coniugi, decadenza dall'azione, revocatoria ordinaria*, in *Fallimento e altre procedure concorsuali* diretto da G. Fauceglia, L. Panzani, Utet, Torino, 2009.

D'ARRIGO C., *L'iniziativa per la dichiarazione di fallimento*, in *Crisi d'impresa e procedure concorsuali* a cura di O. Cagnasso, L. Panzani, Utet, Torino, 2016, 437.

D'ATTORRE G., *Art. 37-39, 116*, in *La riforma della legge fallimentare* a cura di A. Nigro, M. Sandulli, Giappichelli, Torino, 2006, 227.

D'ATTORRE G., *L'attribuzione ai creditori di partecipazioni sociali tra* par condicio creditorum *e principio di eguaglianza tra soci*, in *Riv. soc.*, 2011, 852.

D'ATTORRE G., *Concordato preventivo e responsabilità patrimoniale del debitore*, in *Riv. dir. comm.*, 2014, I, 359.

D'ATTORRE G., *La legittimazione del curatore all'esercizio delle azioni di responsabilità nelle imprese collettive non societarie*, in *Banca, borsa, tit. cred.*, 2015, I, 162.

D'ATTORRE G., *Le proposte di concordato preventivo concorrenti*, in *Fallimento*, 2015, 1163.

D'ATTORRE G., *Concordato con continuità ed ordine delle cause di prelazione*, in *Giur. comm.*, 2016, I, 39.

D'ATTORRE G., *Le utilità conseguite con l'esecuzione del concordato in continuità spettano solo ai creditori o anche al debitore?*, in *Fallimento*, 2017, 318.

D'ATTORRE G., *I piani di risanamento e di ristrutturazione nelle società pubbliche*, in *Fallimento*, 2018, 139.

D'ATTORRE G., *Gli ocri: compiti, composizione e funzionamento nel procedimento di allerta*, in *Fallimento*, 2019, 10.

D'ATTORRE G., *I concordati di gruppo nel codice della crisi d'impresa e dell'insolvenza*, in *Fallimento.*, 2019, 277.

D'ATTORRE G., *La formulazione legislativa dei principi generali nel codice delle crisi d'impresa e dell'insolvenza*, in *Banca, borsa, tit. cred.*, 2019, 461.

D'ATTORRE G., *La liquidazione giudiziale delle società di capitali e delle imprese collettive non societarie*, in *Fallimento*, 2019, 1257.

D'ATTORRE G., *Disposizioni temporanee in materia di riduzione del capitale ed obblighi degli amministratori di società in crisi*, in *Fallimento*, 2020, 597.

D'ATTORRE G., *Il voto nel concordato preventivo*, in *Fallimento*, 2020, 1304.

D'ATTORRE G., *Il concordato semplificato per la liquidazione del patrimonio*, in *Fallimento*, 2021, 1603.

D'ATTORRE G., *Il trasferimento dell'azienda nella composizione negoziata*, in *dirittodellacrisi.it*, novembre 2021.

D'ATTORRE G., *La liquidazione del patrimonio*, in *dirittodellacrisi.it*, dicembre 2021.

D'ATTORRE G., *Manuale di diritto della crisi e dell'insolvenza*, Giappichelli, Torino, 2021.

D'ATTORRE G., *Contratti pendenti nella liquidazione giudiziale e contemperamento tra interessi*, in *Dir. fall.*, 2022, 920.

D'Attorre G., *I principi generali del Codice della crisi d'impresa e dell'insolvenza*, in *dirittodellacrisi.it*, settembre 2022.

D'Attorre G., *La concorsualità "liquida" nella composizione negoziata*, in *Fallimento*, 2022, 301.

D'Attorre G., *Le regole di distribuzione del valore*, in *Fallimento*, 2022, 1223.

D'Attorre G., *Sostenibilità e responsabilità sociale nella crisi d'impresa*, in *dirittodellacrisi.it*, aprile 2022.

D'Avirro A., De Martino E., *I reati di bancarotta societaria*, Giuffrè, Milano, 2013, 176.

D'Orazio L., *Profili di diritto transitorio nel nuovo concordato preventivo*, in *Atti del convegno di Lanciano su La riforma del diritto fallimentare*, Giuffrè, Milano, 2005, 299.

D'Orazio L., *Il rebus delle classi dei creditori ed il controllo del tribunale*, in *Giur. merito*, 2009, I, 139.

D'Orazio L., *Artt. 93, 102*, in *Commentario alla legge fallimentare* diretto da C. Cavallini, Egea, Milano, 2010, 749.

D'Orazio L., *L'accertamento del passivo*, in *Le procedure concorsuali* a cura di A. Caiafa e coordinato da S. De Matteis, S. Scarafoni, I, Cedam, Padova, 2011, 659.

D'Orazio L., *La sospensione dei termini feriali nella verifica del passivo, tra diritto di difesa ed esigenze di celerità*, in *Fallimento*, 2013, 423.

D'Orazio L., *Il concordato preventivo con continuità aziendale e le gare pubbliche*, in *Procedure concorsuali e diritto pubblico* a cura di L. D'Orazio, L. Monteferrante, Ipsoa, Milano, 2017, 273.

D'Orazio L., *Il sovraindebitamento nel codice della crisi e dell'insolvenza*, in *Fallimento*, 2019, 697.

D'Orazio L., *Effetti della liquidazione giudiziale sui rapporti giuridici pendenti*, in *Evoluzione degli organi della crisi d'impresa. OCRI, Commissario giudiziale, Liquidatore Giudiziale, Curatore nella liquidazione giudiziale, OCC* a cura di M. Monteleone, Wolters Kluwer, Milano, 2021.

D'Orazio L., *Il rapporto fra liquidazione controllata e concordato minore*, in *Fallimento*, 2022, 1306.

D'Orsi S., *Concordato preventivo della società di persone e responsabilità dei soci illimitatamente responsabili*, in *giustiziacivile.com.*, maggio 2015.

D'Orsi S., *Conversione dei crediti in partecipazioni e proposte concorrenti. Creditori, soci e società tra statuto della partecipazione e del concorso*, in *Diritto ed economia delle crisi aziendali*, Maggioli, Santarcangelo di Romagna, 2020, 305.

D'Orsi S., *Le revocatorie* post-*fallimentari al vaglio delle Sezioni Unite*, in *Riv. dir. comm.*, 2020, II, 286.

D'Orsi S. *Il concordato preventivo parzialmente liquidatorio*, in *Giur. comm.*, 2021, I, 324.

D'Orsi S., *Il regime dei finanziamenti postergati. Tra esigibilità del rimborso e statuto della garanzia patrimoniale*, in *Riv. dir. comm.*, II, 2021, 781.

Dal Cero N. (a cura di), *Degli effetti del fallimento per i creditori*, in Pajardi P., *Codice del fallimento* a cura di M. Bocchiola, A. Paluchowski, Giuffrè, Milano, 2013, 688.

Daloiso R., *Gare di appalto e procedure fallimentari*, in *Urb. app.*, 1999, 765.

Damascelli D., Tassinari F., *Crisi d'impresa, la riforma non stravolge la* governance, in *IlSole24ore*, 2 marzo 2019.

Damiani F.S., *La composizione negoziata della crisi d'impresa*, in *Diritto della crisi d'impresa* a cura di G. Trisorio Liuzzi, Bari, 2023, 35.

Daniele E.A., *Brevi note sulla disciplina della sospensione dei termini processuali nel periodo ferial*, in *Giur.it.*, 2010, 1656.

Dattilo G., *Rendita (dir. priv.)*, in *Enc. dir.*, XXXIX, Giuffrè, Milano, 1988, 853.

Dawan D., *La bancarotta fraudolenta* a cura di A. Perini, D. Dawan, Cedam, Padova, 2001, 304.

De Angelis L., *Informazione e consultazione sindacale nel trasferimento di azienda: regime sanzionatoria e tutela processuale*, in *Foro it.*, 1999, V, 293.

De Angelis L., *Fallimento e rapporto di lavoro: brevi considerazioni dopo la riforma del 2006*, in *Foro it.*, 2007, V, 86.

De Angelis L., *L'influenza della nuova disciplina dell'insolvenza sul diritto dell'impresa e delle società, con particolare riguardo alle s.r.l.*, in *Rivista Orizzonti del diritto commerciale*, 2019, 1.

De Angelis L., *La responsabilità degli amministratori non esecutivi e degli organi di controllo con riguardo agli assetti societari*, in *Dir. fall.*, 2022, I, 3.

De Angelis L., *La responsabilità degli amministratori non esecutivi e degli organi di controllo con riguardo agli assetti societari*, in *Gli assetti organizzativi dell'impresa* a cura di L. Calcagno e F. Di Marzio, Quaderno 18, SSM, 2022, 151.

De Benedetto M., Martelli M., Rangone N., *La qualità delle regole*, Il Mulino, Bologna, 2011.

De Bernardin L., *La domanda di accesso agli strumenti di regolazione della crisi*, in *dirittodellacrisi.it*, 2022, 47.

De Bernardin L., *La domanda di accesso agli strumenti di regolazione della crisi*, in *Studio sull'avvio della crisi, Speciale Diritto della Crisi* a cura di L. De Simone, M. Fabiani, S. Leuzzi, 2022, 47.

De Biasi P., *La disciplina dell'azione revocatoria dei pagamenti effettuati tramite intermediari specializzati e compiuti nell'ambito dei sistemi di pagamento*, in, *La disciplina dell'azione revocatoria* a cura di S. Bonfatti, Giuffrè, Milano, 2005.

De Carolis V., *Cessazione della procedura di liquidazione giudiziale e concordato nella liquidazione giudiziale (art. 233-246)*, in *Codice della crisi d'impresa e dell'insolvenza. Commento al decreto legislativo 12 gennaio 2019, n. 14* a cura di M. Giorgetti, Pacini, Pisa, 2019.

De Cesari P., *Procedura principale e procedure territoriali – Nuovi spunti interpretativi forniti dalla Corte di giustizia*, in *Fallimento*, 2012, 535.

De Cesari P., *Il Regolamento 2015/848 e il nuovo approccio europeo alla crisi d'impresa*, in *Fallimento*, 2015, 1026.

De Cesari P., *La proposta di direttiva sulla ristrutturazione preventiva: principi e obiettivi*, in *Fallimento*, 2017, 1109.

De Cesari P., *Giurisdizione in tema di azione di simulazione assoluta. Confini applicativi del regolamento dell'Unione europea in tema di insolvenza transfrontaliera*, in *Fallimento*, 2022, 1082.

De Cesari P., Montella G., *Insolvenza transfrontaliera e giurisdizione italiana*, Ipsoa, Milano, 2009.

De Cesari P., Montella G., *Il nuovo diritto europeo della crisi d'impresa*, Giappichelli, Torino, 2017.

De Cesari P., Montella G., *La Corte di giustizia sul trasferimento (fittizio?) della sede sociale...*, in *Fallimento*, 2018, 108.

De Cesari P., Montella G., *La Corte di giustizia ribadisce la* vis attractiva *europea*, in *Fallimento*, 2019, 248.

De Cesari P., Montella G., *Il COMI tra diritto europeo e diritto nazionale italiano*, in *Fallimento*, 2022, 381.

De Cicco O., *Art. 150, 174, 176, 177*, in *Commentario alla legge fallimentare* diretto da C. Cavallini, Egea, Milano, 2010, 663.

De Crescenzo M., *Patrimoni destinati ad uno specifico affare*, in *Fallimento e altre procedure concorsuali. Trattato* diretto da G. Fauceglia, L. Panzani, Utet, Torino, 2009.

De Crescenzo U., Panzani L., *Il nuovo diritto fallimentare*, Ipsoa, Milano, 2005.

De Crescienzo U., *Il fallimento delle società di persone*, in *Fallimento e altre procedure concorsuali. Trattato* diretto da G. Fauceglia, L. Panzani, Utet, 2009, 1505.

De Crescienzo U., Mattei E., Panzani L., *La riforma organica delle procedure concorsuali. Commento al d.lgs. 9.1.2006, n. 5*, Ipsoa, Milano, 2006.

DE FERRA G., *Chiusura del fallimento in pendenza di opposizione allo stato passivo*, in *Dir. fall.*, 1958, II, 610.

DE FERRA G., *Effetti del fallimento per il fallito, Commentario Scialoja-Branca. Legge fallimentare* a cura di F. Bricola, F. Galgano, G. Santini, Zanichelli-Il Foro Italiano, Bologna-Roma, 1986.

DE FERRA G., *Manuale di diritto fallimentare*, Giuffrè, Milano, 2002.

DE FILIPPIS D., *Accordo del sovraindebitato: gli atti in frode, la semantica e il progressivo avvicinamento al concordato preventivo*, in *Dir. fall.*, 2021, II, 425.

DE FILIPPIS D., *La natura pubblica dell'organismo di composizione della crisi*, in *Giur. comm.*, 2022, I, 494.

DE FILIPPIS D., *S.r.l. PMI «aperta» (quote finanziarie, raccolta di capitale,* crowdfunding*)*, in *Trattato delle società* diretto da V. Donativi, 2022, Utet, Milano, 881.

DE FILIPPIS D., *Accordi di sostegno finanziario infragruppo bancario e diritto comune: (ancora) sull'"esportabilità" della disciplina*, in *I battelli del Reno*, 2023, 2.

DE LEO G.E., *Istanza di fallimento: la legittimazione attiva del pubblico ministero*, in *Giur. it.*, 2017, 2415.

DE MARCHI G., *Legittimazione attiva e limiti del controllo giurisdizionale nel rendiconto*, in *Fallimento*, 2006, 1319.

DE MARI M., *Gli assetti organizzativi societari*, in *Assetti adeguati e modelli organizzativi*, diretta da M. Irrera, Zanichelli, Bologna, 2016, 23.

DE MARINIS N., *Fallimento dell'impresa e rapporti di lavoro subordinato*, in *Contratti in esecuzione e fallimento* a cura di F. Di Marzio, Ipsoa, Milano, 2007, 329.

DE MARTINI A., *Esperienze pratiche e profili teorici dell'amministrazione controllata*, in *Dir. fall.*, 1947, I, 5.

DE MARTINI A., *Transazione stipulata dall'amministrazione fallimentare senza il parere del comitato dei creditori*, in *Giur. it.*, 1948, I, 136.

DE MATTEIS S., *Obbligazione restitutoria e condanna alla consegna nella revocatoria fallimentare*, in *Fallimento*, 2006, 409.

DE MATTEIS S., *L'istanza di fallimento del debitore. L'istruttoria prefallimentare*, in *Fallimento e altre procedure concorsuali* a cura di G. Fauceglia, L. Panzani, Utet, Torino, 2009, 155.

DE MATTEIS S., *L'emersione anticipata della crisi d'impresa*, Giuffrè, Milano, 2017.

DE MATTEIS S., *Esdebitazione del sovraindebitato nel codice della crisi e dell'insolvenza*, in *Corriere giur.*, 2020, 1379.

DE MATTEIS S., *La liquidazione controllata nel codice della crisi d'impresa e dell'insolvenza*, in *Dir. fall.*, 2021, I, 349.

DE MITA E., *Interesse fiscale e tutela del contribuente. Le garanzie costituzionali*, Giuffrè, Milano, 2006.

DE NOVA G., *I contratti pendenti nel fallimento*, in *Giur. comm.*, 2019, I, 561.

DE PRA A., *Concordato preventivo e contratti in corso (con uno sguardo ai contratti bancari)*, in *Giur. comm.*, 2014, II, 43.

DE PRA A., *Le condizioni dell'accordo di ristrutturazione dei debiti con intermediari finanziari*, in *Giur. comm.*, 2016, 1281.

DE RENZIS L., *I contratti relativi ad immobili da costruire ed il fallimento del costruttore*, in *Trattato delle procedure concorsuali* diretto da L. Ghia, C. Piccinini, F. Severini, II, Giuffrè, Milano, 2010, 406.

DE SABATO E., *Riproponibilità dell'insinuazione tardiva in caso di omessa iscrizione a ruolo*, in *Giur. comm.*, 2004, II, 468.

DE SANTIS A.D., *Gli effetti della liquidazione giudiziale sui rapporti giuridici pendenti*, in *Diritto della crisi d'impresa* a cura di G. Trisorio Liuzzi, Cacucci, Bari, 2023, 455.

DE SANTIS F., *La cessione delle azioni di massa*, in *Fallimento*, 2008, n. 10.

DE SANTIS F., *Segnalazione di insolvenza, iniziativa fallimentare del pubblico ministero e terzietà del giudice*, in *Fallimento*, 2009, 527.

DE SANTIS F., *La cessione dei diritti e delle azioni nella liquidazione concorsuale*, in *Trattato delle procedure concorsuali* diretto da L. Ghia, C. Piccininni, G. Severini, Utet giuridica, Milano, 2010.

DE SANTIS F., *La dichiarazione di fallimento*, in *Trattato di diritto fallimentare* diretto da V. Buonocore, A. Bassi, I, Cedam, Padova, 2010, 200.

DE SANTIS F., *Il processo per la dichiarazione di fallimento*, in *Trattato di diritto commerciale e di diritto pubblico dell'economia* diretto da F. Galgano, Cedam, Padova, 2012.

DE SANTIS F., *Le Sezioni Unite ed il giudizio di fattibilità della proposta di concordato preventivo: vecchi principi e nuove frontiere*, in *Società*, 2013, 435.

DE SANTIS F., *Il Giudice Delegato*, in *Trattato delle procedure concorsuali* diretto da A. Jorio, B. Sassani, IV, Giuffrè, Milano, 2014, 713.

DE SANTIS F., *Principio di prevenzione ed abuso della domanda di concordato: molte conferme e qualche novità dalle Sezioni Unite della Corte di Cassazione*, in *Fallimento*, 2015, 898.

DE SANTIS F., *Il processo uniforme per l'accesso alle procedure concorsuali*, in *Fallimento*, 2016, 1045-1054.

DE SANTIS F., *Procedimento di revoca del concordato preventivo e pagamenti non autorizzati di debiti concordatari; da ultimo, per l'espressa codificazione a livello normativo v. art. 2, co. 1, lett. g), l. 19 ottobre 2017, n. 155*, in *Fallimento*, 2016, 789.

DE SANTIS F., *Artt. 45 e 48*, in AULETTA F., *Regolamento di giurisdizione e di competenza. Composizione del tribunale*, Zanichelli, Bologna, 2019.

DE SANTIS F. *La chiusura della liquidazione giudiziale e i giudizi pendenti*, in *Fallimento*, 2019, 1236.

DE SANTIS F., *Le domande di tutela dichiarativa e costitutiva nel giudizio di verifica del passivo*, in *Crisi e insolvenza. In ricordo di Michele Sandulli*, Giappichelli, Torino, 2019, 229.

DE SANTIS F., *Le Sezioni Unite sulle azioni revocatorie promosse nei confronti della liquidazione giudiziale: declinazioni sistematiche e profili operativi*, in *Fallimento*, 2019, 321.

DE SANTIS F., *Il processo c.d. unitario per la regolazione della crisi o dell'insolvenza: effetti virtuosi ed aporie sistematiche*, in *Fallimento*, 2020, 157.

DE SANTIS F., *Il processo di concordato preventivo*, in *Fallimento*, 2020, 1261.

DE SANTIS F., *Esercizi virtuosi di cognizione ordinaria e necessità della difesa tecnica nel processo per l'apertura della liquidazione concorsuale*, in *Fallimento*, 2021, 630.

DE SANTIS F., *Le fasi introduttive del c.d. procedimento unitario*, in *Fallimento*, 2022, 1207.

DE SANTIS F., *Le Sezioni Unite e la dichiarazione di fallimento omissio medio*, in *Fallimento*, 2022, 461.

DE SEMO G., *Pagamento cambiario e fallimento*, in *Banca, borsa, tit. cred.*, 1956, I, 30.

DE SEMO G., *Diritto fallimentare*, Cedam, Padova, ed. 1959, 1964, 1968.

DE SENSI V., *La nuova disciplina della crisi da sovraindebitamento: dubbi sulla sua natura concorsuale*, in *Riv. dir. comm.*, 2013, I, 629.

DE SENSI V., *Adeguati assetti organizzativi e continuità aziendale: profili di responsabilità gestoria*, in *Riv. soc.*, 2017, 311.

DE SIMONE L., *Il requisito della novità della domanda tardiva*, in *Fallimento*, 2012, 309.

DE SIMONE L., *La gestione del processo telematico nelle procedure concorsuali*, in *Fallimento*, 2020, 1476.

DE SIMONE L., *L'accesso con "riserva" al procedimento unitario*, in *dirittodellacrisi.it*, 2022.

DE VITA R., *Il regime dei provvedimenti sulla risoluzione (e sull'annullamento) del concordato preventivo (e fallimentare)*, in *Fallimento*, 2016, 937.

DE VITIS S., *Art. 202*, in *La riforma della legge fallimentare* a cura di A. Nigro, M. Sandulli, Giappichelli, Torino, 2006.

DEGRASSI L., *Le relazioni al Parlamento. Verso nuove forme di collaborazione costituzionale*, Vita e Pensiero, Milano, 1993.

DEL FEDERICO L., *La transazione fiscale*, in *Le riforme delle procedure concorsuali* a cura di A. Didone, Giuffrè, Milano, 2016, 1866.

DEL VECCHIO F., *Le spese e gli interessi nel fallimento*, Giuffrè, Milano, ed. 1969, 1988.

DEL VECCHIO F., *Una sentenza parzialmente riparatrice*, in *Giur. comm.*, 1975, II, 413.

DEL VECCHIO F., *I crediti condizionali nelle procedure concorsuali*, in *Giur. comm.*, 1983, I, 353.

DEL VECCHIO F., *La graduabilità dei crediti verso la massa nel fallimento*, in *Fallimento*, 1983, 1006.

DEL VECCHIO F., *La liquidazione coatta amministrativa*, Giuffrè, Milano, 1998.

DEL VECCHIO F., *Le spese di procedura ed il compenso al curatore nel caso di revoca del fallimento vanno posti a carico dell'Erario: così parte della dottrina ed un recente revirement della cassazione*, in *Dir. fall.*, 2001, I, 948.

DELCURATOLO L., *Catch me if you can. Il forum shopping nei casi di insolvenza transfrontaliera*, in *Dir. fall.*, 2022, 1331.

DELITALA G., *Contributo alla determinazione giuridica del reato di bancarotta - L'oggetto della tutela nel reato di bancarotta* in *Diritto penale. Raccolta degli scritti*, Giuffrè, Milano, 1976, 723.

DELL'AVERSANA F., *Vendita e promessa di vendita di immobili da costruire*, in *Le vendite immobiliari. Tipologie e tutele* a cura di F. Bocchini, Giuffrè, Milano, 2022, 511.

DELL'OSSO A., *Periclitanti discrimina: tra società di fatto (tra società di capitali e persone fisiche), società apparente ed holding individuale*, in *Banca borsa tit. cred.*, 2013, I, 463.

DELLA CHA' A., *La previsione di insufficiente realizzo*, in *Giur. comm.*, 2009, I, 993.

DELLA ROCCA S., GRIECO F., *Il codice della crisi d'impresa e dell'insolvenza. Primo commento al D. Lgs. n. 14/2019*, Cedam, Padova, 2019.

DELLA ROCCA S., GRIECO F., *Il nuovo codice della crisi e dell'insolvenza*, Cedam, Padova, 2022, 159.

DELLA SANTINA R., *Prime riflessioni sulla liquidazione giudiziale dei beni nel Codice della crisi d'impresa e dell'insolvenza: ritorno al passato?*, in *ilcaso.it*.

DELLA SCALA M.G., *Organismo di diritto pubblico*, in *Dig. disc. pubbl.*, Utet, Torino, 2010, 340.

DELLE DONNE C., *Artt. 93-94*, in *Il nuovo fallimento. Commentario* a cura di F. Santangeli, Cedam, Padova, 2006, 400.

DELLE MONACHE S., *Sovraindebitamento del "debitore civile" e riforma del diritto della crisi d'impresa*, in *giustiziacivile.com*.

DEMARCHI ALBENGO P.G., *La fattispecie incriminatrice di cui al nuovo articolo 236 bis legge fall.: la responsabilità penale dell'attestatore*, in *ilcaso.it*, 2012.

DEMARCHI P.G., *Art. 116*, in *Il nuovo diritto fallimentare* diretto da A. Jorio e coordinato da M. Fabiani, Zanichelli, Bologna, 2006.

DEMARCHI P.G., *Legittimazione attiva e limiti del controllo nel giudizio di rendiconto*, in *Fallimento*, 2006.

DEMURO I., *Collegio sindacale e sindaco unico tra novità e incertezze, nuove competenze e semplificazioni*, in *Giur. comm.*, 2012.

DENOZZA F., *Norme, principi e clausole generali nel diritto commerciale: un'analisi funzionale*, in *Riv. dir. crit. priv.*, 2011, 379.

DENTE B., *L'analisi dell'efficacia delle politiche pubbliche*, Formez, Napoli, 1984.

DESANA E., *La cambiale*, in M. CALLEGARI, G. COTTINO, E. DESANA, G. SPATAZZA, *I titoli di credito*, in *Trattato di diritto commerciale* diretto da G. Cottino, Cedam, Padova, 2006.

DESANA E., *Le procedure di allerta (e cenni al loro probabile tramonto)*, in *Le crisi d'impresa e del consumatore dopo il d.l. 118/2021, Liber amicorum per Alberto Jorio* a cura di S. Ambrosini, Zanichelli, Bologna, 2021, 87.

DESIATO O., *L'esperimento delle domande di rivendicazione aventi ad oggetto beni mobili fungibili*, in *judicium.it*.

DESIDERIO L., *La liquidazione coatta amministrativa delle aziende di credito*, Giuffrè, Milano, 1981.

DI AMATO A., *Diritto penale dell'impresa*, Giuffrè, Milano, 1987.

DI AMATO A., *L'azione di responsabilità* ex *art. 146 legge fallimentare alle soglie della riforma del diritto societario*, in *Dir. fall.*, 2003, I, 20.

DI AMATO S., *Diritto della Crisi d'Impresa*, Giuffrè, Milano, ed. 2021, 2022.

DI BENEDETTO-STECCONI, *Il testo unico della intermediazione finanziaria. Commentario* a cura di C. Rabitti Bedogni, Milano, 1998.

DI BERNARDO A., SIGNORELLI A., *Giurisdizione e competenza nelle procedure di regolazione della crisi e dell'insolvenza*, in *Codice della Crisi d'impresa e dell'Insolvenza* a cura di M. C. Giorgetti, A. Bonafine, Pacini, Pisa, 2022, 68.

DI CATALDO V., *Dimensioni minime per il dovere di creare assetti e valutazione della diligenza nella loro creazione*, in *La società a responsabilità limitata: un modello transtipico alla prova del Codice della Crisi. Studi in onore di Oreste Cagnasso* a cura di M. Irrera, Giappichelli, Torino, 2020, 570.

DI CATALDO V., *La liquidazione del danno nel giudizio di responsabilità degli amministratori*, in *La riforma delle procedure concorsuali. In ricordo di Vincenzo Buonocore* a cura di A. Jorio, R. Rosapepe, Giuffrè, Milano, 2021, 23.

DI CATALDO V., ARCIDIACONO D., *Decisioni organizzative, dimensioni dell'impresa e BJR*, in *Giur. comm.*, 2021, I, 69.

DI CATALDO V., ROSSI S., *Nuove regole generali per l'impresa nel nuovo Codice della crisi e dell'insolvenza*, in *Riv. dir. soc.*, 2018, 745.

DI CATALDO V., ROSSI S., *Osservazioni in tema di revoca per giusta causa degli amministratori di società di capitali*, in *Giur. comm.*, 2022, II, 535.

DI CECCO G., *Art. 121*, in *Il nuovo diritto fallimentare* a cura di A. Nigro, M. Sandulli, Giappichelli, Torino, 2006, 748.

DI CECCO G., *Artt. 22, 37*, in *La legge fallimentare dopo la riforma* a cura di A. Nigro, M. Sandulli, V. Santoro, Giappichelli, Torino, 2010, 478.

DI CECCO G., *Offerte concorrenti e cessioni*, in *La nuova mini-riforma della legge fallimentare* a cura di M. Sandulli, G. D'Attorre, Giappichelli, Torino, 2016, 153.

DI CECCO G., *La conversione concordataria dei debiti in capitale di rischio: tre riflessioni (ed altrettante proposte) sulle peculiarità della disciplina applicabile alle operazioni di* debt to equity swap, in *Crisi e insolvenza. In ricordo di Michele Sandulli*, Giappichelli, Torino, 2019, 259.

DI COLA L., *Cessione del credito e rettificazione dello stato passivo*, in *Dir. fall.*, 2014, I, 352.

DI CORRADO C., *Un'occasione mancata per fare chiarezza in tema di insinuazione del coobligato non escusso*, in *Fallimento*, 2004, 1099.

DI CORRADO C., *Artt. 52, 113*-bis, in *La legge fallimentare. Commentario teorico-pratico* a cura di M. Ferro, Cedam, Padova, 2011, 616.

DI DIO A., *La cessione e la permuta di azienda*, in *Il regime fiscale delle operazioni straordinarie* a cura di E. Della Valle, V. Ficari, G. Marini, Giappichelli, Torino, 2009, 68.

DI GIROLAMO F., *Le obbligazioni e gli altri titoli di debito nel fallimento dell'emittente, con uno sguardo alla riforma del diritto societario*, in *Giur. comm.*, 2008, I, 1109.

DI GIROLAMO F., *La liquidazione e l'esdebitazione*, in *La crisi del soggetto non fallibile* a cura di A. Pisani Massamormile, Giappichelli, Torino, 2016.

DI GRAVIO D., *Il fideiussore escusso dopo il fallimento del debitore e la ragione della sua esclusione dal passivo*, in *Dir. fall.*, 1982, II, 181.

DI GRAVIO F., *Omessa notifica del ricorso di fallimento e condanna del creditore alle spese della procedura ed al compenso al curatore*, in *Dir. fall.*, 2002, II, 874.

DI IULIO A., *Le esenzioni dell'art. 70, 1° comma, l. fall.*, in *Gli effetti sugli atti pregiudizievoli ai creditori*, in *La dichiarazione e gli effetti del fallimento. Trattato di diritto delle procedure concorsuali* a cura di U. Apice, Giappichelli, Torino, 2010.

DI LAURO M., *Responsabilità del creditore istante dopo la presentazione della domanda di fallimento*, in *Dir. fall.*, 1992, II, 305.

DI LAURO M., *Privilegio speciale, acquisizione al fallimento del bene e ammissione al passivo: il responso delle Sezioni Unite*, in *Dir. fall.*, 2002, II, 379.

DI MARCELLO T., *Escussione del pegno di strumenti finanziari e fallimento*, in *Banca, borsa, tit. cred.*, 2011, 543.

DI MARCELLO T., *La postergazione «societaria» dei finanziamenti dei soci*, in *Riv. dir. comm.*, I, 2020, 639.

DI MARCELLO T., *Effetti della liquidazione giudiziale sul rimborso dei finanziamenti dei soci*, in *Giur. comm.*, 2021, I, 125.

DI MARTINO M.C., *Le vicende del contratto di assicurazione nella crisi d'impresa, NDS*, 2013.

DI MARTINO M.C., *La nuova revocatoria concorsuale delle rimesse bancarie all'esito del d. lgs. n. 147/20: una modifica "consistente" e "durevole"?*, in *Nuove leggi civ. comm.*, 2022, 879.

DI MARZIO F., *Vendita e procedure concorsuali*, in *I contratti di vendita* a cura di D. Valentino, in *Trattato dei contratti* diretto da P. Rescigno, E. Gabrielli, Utet, Torino, 2007.

DI MARZIO F., *Rapporti pendenti in generale*, in *Fallimento e altre procedure concorsuali* diretto da G. Fauceglia, L. Panzani, Utet Giuridica, Torino, 2009, 726.

DI MARZIO F., *La riforma delle discipline della crisi d'impresa e dell'insolvenza. Osservazioni sulla legge delega (l. n. 155/2017)*, Giuffrè, Milano, 2018.

DI MARZIO F., *Obbligazione, insolvenza, impresa*, Giuffrè, Milano, 2019.

DI MARZIO F. (diretto da), *Codice della crisi d'impresa e dell'insolvenza*, Giuffrè, Milano, 2022.

DI MARZIO F., *Introduzione alla composizione negoziata della crisi*, in *La composizione negoziata della crisi di impresa* a cura di A. Caiafa, Neu, Roma, 2022, 15.

DI MARZIO F., *Insolvenza civile e concorso*, in *giustiziacivile.com*.

DI MARZIO F., MACARIO F., TERRANOVA G. (a cura di), *La nuova composizione della crisi da sovraindebitamento*, Giuffrè, Milano, 2013.

DI MASCIO V., *La manifestazione del voto del creditore post-adunanza*, in *Giur. it.*, 2021, 1880.

DI RAIMO R., *Consumatore e mercato nelle discipline della crisi. Notazioni preliminari*, in *Riv. dir. bancario*, 2019, 176.

DI SABATO D., *I privilegi*, in *Trattato di Diritto Civile del Consiglio Nazionale del Notariato* diretto da P. Perlingieri, Edizioni Scientifiche Italiane, Napoli, 2008, 186.

DI SABATO F., *Il fallimento dell'imprenditore defunto*, in *Riv. trim. dir. proc. civ.*, 1962, 375.

DI SABATO F., *Sulla cancellazione d'ufficio dal registro delle imprese (d.p.r. 23 luglio 2004, n. 247)*, in *D. fall.*, 2005, I, 501.

DI SARLI M., *Art. 2504-quater*, in *Commentario alla riforma delle società* diretto da P. Marchetti, L.A. Bianchi, F. Ghezzi, M. Notari, Egea, Milano, 2006, 953.

DI SIENA M., *Illegittimità istruttorie, tutela del contribuente e giurisdizione amministrativa: un primo tentativo di inquadramento sistematico alla luce dell'art. 7 dello Statuto dei diritti del contribuente*, in *Rass. trib.*, 2005, 1293.

DIDONE A., *La dichiarazione tardiva di credito nel fallimento*, Giuffrè, Milano, 1991.

DIDONE A., *Decorrenza del termine per l'opposizione a stato passivo*, in *Fallimento*, 2001, 197.
DIDONE A. (a cura di), *Le riforme della legge fallimentare*, Utet, Torino, 2009.
DIDONE A., *La prededuzione dopo la L. n. 134 del 2012 (prededuzione "ai sensi" e prededuzione "ai sensi e per gli effetti?")*, in *Fallimento*, 2013, 919.
DIDONE A., *I rapporti pendenti*, in *Fallimento*, 2020, 1281.
DIDONE A., *Appunti su misure protettive e cautelari nel d.l. 118/2021*, in *ilcaso.it*, novembre 2021.
DIDONE V., *Inammissibilità della tardiva per l'ammissione della prelazione*, in *ilfallimentarista.it*, luglio 2016.
DIMUNDO A., *L'apertura delle procedure concorsuali*, in *Diritto fallimentare*, coordinato da G. Lo Cascio, Ipsoa, Milano, 1996, 228.
DIMUNDO A., *Gli effetti del fallimento sui rapporti giuridici preesistenti*, in *Il diritto fallimentare riformato* a cura di G. Schiano di Pepe, Cedam, Padova, 2007, 237.
DIMUNDO A., *La sospensione dell'obbligo di ridurre il capitale sociale per perdite rilevanti nelle procedure alternative al fallimento*, in *Fallimento*, 2013, 1157.
DIMUNDO A, *Art. 72-bis, 72*-ter, *74, 75, 78*, in *Codice commentato del fallimento* diretto da G. Lo Cascio, Ipsoa, Milano, 2017, 943.
DIMUNDO A., *Effetti del concordato preventivo per il debitore nel CCI*, in *Fallimento*, 2020, 1247.
DIMUNDO A., QUATRARO B., *Accertamento del passivo*, in *Fallimento e altre procedure concorsuali* diretto da G. Fauceglia, L. Panzani, Utet, Torino, 2009, 987.
DIMUNDO A., QUATRARO B., *La verifica dei crediti nelle procedure concorsuali. Contratti bancari, parabancari e del mercato finanziario*, Giuffrè, Milano, 2011.
DIMUNDO F., *Fallimento rapido senza accertamento del passivo: quale finalità?*, in *Fallimento*, 2010, 1063.
DIMUNDO F., *Crediti prededucibili: categorie*, in *ilfallimentarista.it*, luglio 2018.
DIMUNDO F., *Caducazione retroattiva della sospensione delle norme societarie sul capitale sociale in caso di inammissibilità della domanda di concordato*, in *ilfallimentarista.it*, maggio 2021.
DIMUNDO F., *Le azioni di responsabilità esperibili dagli organi delle procedure concorsuali: il regime attuale e la nuova disciplina introdotta dal codice della crisi e dell'insolvenza*, in *ilcaso.it*.
DOMINICI G.C., QUATTROCCHIO L., *La gestione dei crediti nelle procedure concorsuali: il realizzo atomistico, cessione in blocco, abbandono*, in *Diritto ed Economia dell'impresa*, 2016, n. 2.
DONATELLI S., *Osservazioni sulla responsabilità tributaria del cessionario d'azienda*, in *Rass. trib.*, 2003, 486.
DONATI A., VOLPE PUTZOLU G., *Manuale di diritto delle assicurazioni*, Giuffrè, Milano, 2019.
DONATI I., *La disciplina europea in materia di contratti pendenti nella crisi d'impresa*, in *giustiziacivile.com*, novembre 2020.
DONATIVI V., *Le obbligazioni nelle società per azioni*, in *Trattato di diritto privato* diretto da P. Rescigno, Utet, Torino, 2011, 189.
DONATIVI V., *I doveri di "allerta" degli organi di controllo societari e dei revisori (l'art. 14 del Codice della crisi e la nuova mappa dei rapporti endosocietari interorganici in funzione di prevenzione della crisi)*, in *Le crisi d'impresa e del consumatore dopo il d.l. 118/2021, Liber amicorum per Alberto Jorio* a cura di S. Ambrosini, Zanichelli, Bologna, 2021, 136.
DONGIACOMO G., *Le prove nel giudizio di verificazione tempestiva e tardiva*, in *Le procedure concorsuali* a cura di A. Caiafa e coordinato da S. De Matteis, S. Scarafoni, I, Cedam, Padova, 2011, 819.
DONGIACOMO G., MACRÌ U., NAZZICONE L., QUARANTA E., in *Organi sociali, responsabilità, controlli*, in *Società di capitali*, diretta da R. Rordorf, Giuffrè, Milano, 2019.
DONINI M., *Imputazione oggettiva dell'evento. «Nesso di rischio» ed imputazione per fatto proprio*, Giappichelli, Torino, 2006.

DONZELLI R., *Prime riflessioni sui profili processuali delle nuove procedure concorsuali in materia di sovraindebitamento*, in *Dir. fall.*, 2013, I, 609.

DONZELLI R., *Il procedimento di liquidazione del patrimonio. La fase di apertura e la fase di accertamento del passivo*, in *La "nuova" composizione della crisi da sovraindebitamento* a cura di F. Di Marzio, F. Macario, G. Terranova, in *Il Civilista*, Giuffrè, Milano, 2019.

DONZI E., *L'iniziativa per la dichiarazione di fallimento*, in *Fallimento e altre procedure concorsuali* a cura di G. Fauceglia, L. Panzani, I, Utet, Torino, 2009, 108.

DORDI C., *La Convenzione Europea su alcuni aspetti internazionali del fallimento: la consacrazione dell'universalità limitata degli effetti delle procedure concorsuali*, in *Riv. dir. int. comm.*, 1993, 621.

DOTTI F., SOGARO M., *Una pronuncia di merito conferma la tesi della libera realizzabilità della garanzia finanziaria ex D. Lgs. 170/2004 in costanza di fallimento*, in *dirittobancario.it*.

ENRIQUES L., GILOTTA S., *The Case Against a Special Regime for Intragroup Transactions*, in *European Business Organization Law Review*, 2 May 2023.

ESPOSITO C., *L'azione risarcitoria «di massa» per «concessione abusiva di credito»*, in *Fallimento*, 2005, 857.

ESPOSITO C., *Il programma di liquidazione*, in *La liquidazione dell'attivo fallimentare* a cura di F. Fimmanò, C. Esposito, Ipsoa, Milano, 2006.

ESPOSITO C., *Il programma di liquidazione: profili applicativi*, in *Il nuovo diritto fallimentare* diretto da A. Jorio e coordinato da M. Fabiani, Zanichelli, Bologna, 2006.

ESPOSITO C., *Il programma di liquidazione nel decreto correttivo*, in *Fallimento*, 2007, 1078.

ESPOSITO C., *Il programma di liquidazione*, Ipsoa, Milano, 2010.

ESPOSITO C., *Il ridimensionamento delle prerogative e le responsabilità dei soci nell'ambito degli strumenti di regolazione della crisi e dell'insolvenza*, in *Giust. civ.*, 2022, 377.

FABIANI E., PICCOLO L., *Vendita fallimentare e atto notarile*, Studio n. 31-2018/E, in *notariato.it*.

FABIANI M., *Quando una svista crea giurisprudenza; la sorte degli interessi post fallimentari sui crediti privilegiati*, in *Foro it.*, 1994, I, 466.

FABIANI M., *La somministrazione*, in *Fallimento*, 1998, suppl. 11, 86.

FABIANI M., *Società insolvente e responsabilità del socio unico*, Giuffrè, Milano, 1999.

FABIANI M., *La ritrovata astrattezza del privilegio speciale*, in *Fallimento*, 2002, 416.

FABIANI M., *Il giusto procedimento camerale di reclamo ex art. 26 l. fall., (Osservaz. a Cass. 16 ottobre 2001, n. 12594)*, in *Foro it.*, 2002, I, 77.

FABIANI M., *L'esecuzione del contratto preliminare nel concordato preventivo*, in *Fallimento*, 2002, 734.

FABIANI M., *La cessione delle azioni revocatorie nel fallimento*, in *Foro it.*, 2003.

FABIANI M., *Artt. 6, 7, 18, 19*, in *Il nuovo diritto fallimentare* diretto da A. Jorio e coordinato da M. Fabiani, Zanichelli, Bologna, 2006, I, 106.

FABIANI M., *Nuovi fallimenti e regime transitorio nel rimpianto di un legislatore inerte*, in *Foro it.*, 2006, I, 3494.

FABIANI M., *Nuovi equilibri fra gli organi del fallimento e centralità del reclamo ex art. 36 l. fall.*, in *Riv. trim. dir. proc. civ.*, 2007, 811.

FABIANI M., *Art. 36*, in *Codice commentato del fallimento* a cura di G. Lo Cascio, Ipsoa, Milano, 2008, 304.

FABIANI M., *Impugnazioni dello stato passivo, raccordo con il procedimento sommario e preclusioni*, in *Foro it.*, 2008, II, 1, 633.

FABIANI M., *L'azione revocatoria fallimentare*, in *Comm. Jorio-Fabiani*, Bologna, 2008.

FABIANI M., *Brevi riflessioni su omogeneità degli interessi ed obbligatorietà delle classi nei concordati*, in *Fallimento*, 2009, 435.

FABIANI M., *Le nuove regole del procedimento di estensione del fallimento al socio*, in *Giur. comm.*, 2009, I, 429.

FABIANI M., voce *Fallimento (tutela giurisdizionale)*, in *Dig. civ.*, Agg. IV, Torino, 2009.

FABIANI M., *La formazione dello stato passivo: i principi e la domanda*, in *Il nuovo diritto fallimentare, novità ed esperienze applicative a cinque anni dalla riforma. Commentario* diretto da A. Jorio, M. Fabiani, Zanichelli, Bologna, 2010, 315.

FABIANI M., *L'ennesima riforma della legge fallimentare. L'ulteriore* up-grade *degli accordi di ristrutturazione e l'incentivo ai finanziamenti nelle soluzioni concordate*, in *Fallimento*, 2010, 898.

FABIANI M., *Diritto fallimentare*, Zanichelli, Bologna, 2011.

FABIANI M., *L'efficacia dello stato passivo*, in *Fallimento*, 2011, 1100.

FABIANI M., *La ricerca di una tutela per i creditori di minoranza nel concordato fallimentare e preventivo*, in *Giur. comm.*, 2011, II, 298.

FABIANI M., *Per la chiarezza delle idee su proposta, piano e domanda di concordato preventivo e riflessi sulla fattibilità*, in *Fallimento*, 2011, 172.

FABIANI M., *Crescita economica, crisi e sovraindebitamento*, in *Corriere giur.*, 2012, 449.

FABIANI M., *La "programmazione" della liquidazione del concordato preventivo da parte del debitore e la natura delle vendite concordatarie*, in *Fallimento*, 2012, 919.

FABIANI M., *Nuovi incentivi per la regolazione concordata della crisi d'impresa*, in *Corriere giur.*, 2012, 1265.

FABIANI M., *Riflessioni precoci sull'evoluzione della disciplina della regolazione concordata della crisi d'impresa (appunti sul d.l. 83/2012 e sulla legge di conversione)*, in *ilcaso.it*, agosto 2012.

FABIANI M., *Vademecum per la domanda prenotativa di concordato preventivo*, in *ilcaso.it*, 2012.

FABIANI M., *La fattibilità del piano concordatario nella lettura delle Sezioni Unite*, in *Fallimento*, 2013, 149.

FABIANI M., *La questione "fattibilità" del concordato preventivo e la lettura delle Sezioni Unite*, in *Fallimento*, 2013, 49.

FABIANI M., *Poteri delle parti nella gestione della domanda prenotativa di concordato preventivo*, in *Fallimento*, 2013, 1051.

FABIANI M., *Concordato preventivo*, in *Comm. del Codice Civile e codici collegati Scialoja-Branca-Galgano* a cura di G. De Nova, Zanichelli, Bologna, 2014.

FABIANI M., *La chiusura del fallimento e la riapertura; Il concordato fallimentare*, in *Tratt. dir. fall. e delle altre procedure concorsuali* diretto da F. Vassalli, F.P. Luiso, E. Gabrielli, II, Giappichelli, Torino, 2014, 809.

FABIANI M., *La tutela dei diritti nelle procedure concorsuali*, in *Trattato delle procedure concorsuali* diretto da A. Jorio, B. Sassani, IV, Giuffrè, Milano, 2014, 456.

FABIANI M., *Fondamento e azione per la responsabilità degli amministratori di S.p.a. verso i creditori sociali nella crisi d'impresa*, in *Riv. soc.*, 2015.

FABIANI M., *Gli accordi di ristrutturazione nella cornice della tutela dei diritti e la rilevanza della fattispecie speciale di cui all'art. 182 septies l.fall. in chiave di collettivizzazione della crisi*, in *Fallimento*, 2016, 917.

FABIANI M. *I nuovi vincoli alla proposta di concordato preventivo visti dal prisma di una "lettura difensiva"*, in *Fallimento*, 2016, 574.

FABIANI M., *La rimodulazione del dogma della responsabilità patrimoniale e la de-concorsualizzazione del concordato preventivo*, in *ilcaso.it*, 2016.

FABIANI M., *Il diritto della crisi e dell'insolvenza*, Zanichelli, Bologna, 2017.

FABIANI M., *Giurisdizione e competenza nella riforma organica della legge fallimentare*, in *Judicium*, 2018, 6.

FABIANI M., *Gli effetti della liquidazione giudiziale sul debitore e sui creditori*, in *Fallimento*, 2019, 1161.

FABIANI M., *Il codice della crisi di impresa e dell'insolvenza tra definizioni, princìpi generali e qualche omissione*, in *Foro it.*, 2019, I, 62.

FABIANI M., *L'azione revocatoria ordinaria nella liquidazione giudiziale*, in *Nuove leggi civili comm.*, 2019, 1420.

FABIANI M., *La fase dell'allerta non volontaria e il ruolo dell'OCRI*, in *ilcaso.it*, ottobre 2019.

FABIANI M., *Le misure cautelari e protettive nel codice della crisi d'impresa*, in *Riv. dir. proc.*, 2019, 849.

FABIANI M., *Per la chiarezza delle idee su compensazione e postergazione*, in *Dir. banca e mercato fin.*, 2019, 35.

FABIANI M., *Il concordato con piano di continuità dopo il codice della crisi*, in *Foro it.* 2020, V, 45.

FABIANI M., *L'omologazione del nuovo concordato preventivo*, in *Fallimento*, 2020, 1319.

FABIANI M., *L'omologazione del nuovo concordato preventivo*, in *Fallimento*, 2020, 1314 e in *Scritti in memoria di Giovanni Lo Cascio*, Ipsoa, Milano, 2021, 1314.

FABIANI M., *La formazione dello stato passivo davanti al giudice delegato tra esperienza e codice della crisi*, in *Judicium*, 2021.

FABIANI M., *I contratti pendenti nell'amministrazione straordinaria alla luce del codice della crisi*, in *Giur. comm.*, 2022, I, 787.

FABIANI M., *Il valore della solidarietà nell'approccio e nella gestione della crisi di impresa*, in *Fallimento*, 2022, 5.

FABIANI M., *Introduzione ai principi generali e alle definizioni del codice della crisi*, in *Fallimento*, 2022, 1173.

FABIANI M., *L'avvio del codice della crisi*, in *www.dirittodellacrisi.it*, pubblicato il 5 maggio 2022.

FABIANI M., *La tutela giurisdizionale nel codice della crisi d'impresa. Speciale del Foro italiano*, n. 3/2022, Perugia, 2022.

FABIANI M., *Rivendica di cose fungibili in contesti concorsuali*, in *Fallimento*, 2022, 343.

FABIANI M., *Un affresco sulle nuove 'milestones' del concordato preventivo*, in *Dirittodellacrisi.it*, 6 ottobre 2022.

FABIANI M., *Sistema, principi e regole del diritto della crisi d'impresa*, La Tribuna-Il Foro italiano, Piacenza-Roma, 2023.

FABIANI M., NARDECCHIA G.B., *Commentario della legge fallimentare*, Ipsoa, Milano, 2007.

FABIANI M., NARDECCHIA G.B. (a cura di), *Codice della crisi d'impresa e dell'insolvenza. Formulario commentato*, Wolters Kluwer, Milano, 2023.

FABIANI M., NARDECCHIA G.B., *Artt. 237-239*, in *Codice della crisi d'impresa e dell'insolvenza. Formulario commentato*, Ipsoa, Milano, 2023, 2432.

FABIANI M., PAGNI I., *Introduzione alla composizione negoziata*, in *Fallimento*, 2021, 1483.

FABIANI M., PAGNI I., *I giudizi di omologazione nel Codice della crisi*, in DE SIMONE L., FABIANI M., LEUZZI S., *Studi sull'avvio del Codice della crisi*, in *dirittodellacrisi.it*, 2022.

FABIANI M., PAGNI I., *Il piano di ristrutturazione soggetto ad omologazione*, in *Fallimento*, 2022.

FABIANI M., PANZANI L., *La riforma del processo civile e le procedure concorsuali*, Cedam, Padova, 1994.

FABIANI M., PATTI A. (a cura di), *La tutela dei diritti nella riforma fallimentare*, Wolters Kluwer, Milano, 2008.

FACCIOLI M., *La responsabilità del creditore per la proposizione di un'istanza di fallimento infondata*, in *Resp. civ.*, 2009, 7.

FALAGIANI M., *Il fallimento del terzo datore di ipoteca: l'accertamento dei diritti del titolare di prelazione*, in *Fallimento*, 2016, 1217.

FALCONE G., *Patrimoni destinati e fallimento*, in *Le nuove procedure concorsuali per la prevenzione e la sistemazione delle crisi di impresa* a cura di S. Bonfatti, G. Falcone, Giuffrè, Milano, 2006.

FALCONE G., *La liquidazione coatta amministrativa*, in *La riforma organica delle procedure concorsuali* a cura di S. Bonfatti, L. Panzani, Ipsoa, Milano, 2008, 799.

FALCONE G., *La disciplina delle crisi delle imprese assicurative*, Giuffrè, Milano, 2009.

FALCONE G., *La liquidazione coatta amministrativa delle imprese di assicurazione, in Le altre procedure concorsuali*, in *Trattato di diritto fallimentare e delle altre procedure concorsuali* diretto da F. Vassalli, F.P. Luiso, E. Gabrielli, Giappichelli, Torino, 2014, 1035.

FALCONE G., *Il trattamento normativo del sovraindebitamento del consumatore*, in *Giur. comm.*, I, 2015, 132.

FALCONE G., *La nuova disciplina delle "convenzioni di moratoria" e l'intervento del professionista attestatore*, in *Dir. fall.*, 2015, 562.

FALCONE G., *I procedimenti per la composizione delle crisi da sovraindebitamento*, in *Le riforme delle procedure concorsuali* a cura di A. Didone, I, Giuffrè, Milano, 2016, 2111.

FALCONE G., *Il ruolo delle banche e degli intermediari finanziari nelle procedure di allerta e di composizione assistita delle crisi*, in *Dir. banc.*, 2019, 736.

FALCONE G., *"Stato di dissesto" e "Insolvenza" nella liquidazione coatta amministrativa delle banche*, in *Fallimento*, 2019, 225.

FALCONE G., *Accertamento dei crediti bancari*, in *Fallimento*, 2021, 105.

FALCONE G., *Linee di credito "autoliquidanti" e contratti pendenti: tra "Codice della crisi" e prospettive evolutive*, in *Dir. fall.*, 2021, I, 85.

FALSITTA G., *Manuale di diritto tributario – Parte generale*, Cedam, Padova, 2005.

FALSITTA G., *Funzione vincolata di riscossione dell'imposta e intransigibilità del tributo*, in *Riv. dir. trib.*, I, 2007, 1047.

FALSITTA G., *Giustizia e Tirannia Fiscale*, Giuffrè, Milano, 2008.

FALSITTA G., *Natura e funzione dell'imposta, con speciale riguardo al fondamento della sua «indisponibilità»*, in *Profili autoritativi e consensuali del diritto tributario* a cura di S. La Rosa, Giuffrè, Milano, 2008, 45.

FANELLI G., *Per una rivalutazione della preposizione institoria*, in *Studi in onore di De Gregorio*, I, Città di Castello, 1955, 470.

FANELLI R., *Composizione negoziata della crisi con gli incentivi del Fisco*, in *Quotidiano Ipsoa* del 4 settembre 2021.

FARENGA L., *Esercizio di impresa commerciale da parte di enti privati diversi dalle società e fallimento*, in *Dir. fall.*, 1981, I, 229.

FARENGA L., *Prime riflessioni sull'insolvenza di gruppo nel codice della crisi d'impresa e dell'insolvenza*, in *Dir. fall.*, I, 2019.

FARENGA L., *I contratti pendenti nel concordato preventivo alla luce del Codice della crisi d'impresa e dell'insolvenza*, in *Dir. fall.*, 2020, I, 287.

FARENGA L., *Manuale di diritto commerciale*, Giappichelli, Torino, 2022.

FARINA C., *I reati fallimentari*, in *Diritto penale dell'economia* a cura di R. Rampioni, Giappichelli, Torino, 2016, 258.

FARINA M., *I nuovi termini di decadenza per l'esercizio dell'azione revocatoria*, in *L'azione revocatoria nella nuova legge fallimentare* a cura di M. Farina, G. Tarzia, A. Di Iulio, Milano, 2006.

FARINA M., *Preclusioni e decadenze in sede di impugnazioni a stato passivo*, in *Fallimento*, 2008, 679.

FARINA M., *La decadenza nell'esercizio dell'azione revocatoria fallimentare*, in *Trattato di diritto delle procedure concorsuali* a cura di U. Apice, Torino, 2010.

FARINA M., *La legittimazione del P.M. a presentare la "richiesta" di fallimento in caso di insolvenza risultante in sede penale*, in *Fallimento*, 2011, 1163.

FARINA M., *Una non condivisibile limitazione all'applicazione dell'art. 27, comma 1, del Codice della crisi di impresa e dell'insolvenza*, in *Fallimento*, 2022, 42.

FARINA M., *L'impugnabilità dei provvedimenti relativi ai crediti ammessi con riserva*, in *Fallimento*, 2023, 209.

FARINA P., Revirement *della Cassazione in tema di improcedibilità delle domande tardive*, in *Dir. fall.*, II, 2005, 692.

FARINA P., *Il nuovo regime della domanda di concordato preventivo: abuso del diritto ed effetti sulle procedure esecutive e cautelari*, in *Dir. fall.*, 2013, I, 62.

FARINA P., *Il procedimento (tendenzialmente) unitario disegnato dagli artt. 40. c.c.i.i.: dalla disciplina dei princìpi processuali alla domanda di apertura*, in *Giust. civ.*, 2019, 1.

FAROLFI A., *Il rendiconto e la ripartizione dell'attivo*, in *Fallimento*, 2019, 1228.

FAROLFI A., *La frode nel sovraindebitamento dopo la l.n. 176/2020*, in *dirittodellacrisi.it*, giugno 2021.

FAROLFI A., *La liquidazione del patrimonio*, in *Fallimento*, 2021, 1623.

FAROLFI A., *Artt. 85, 86, 124, 137, 178, 185, 219, 280*, in *Codice della crisi d'impresa e dell'insolvenza. Commentario* diretto da F. Di Marzio, Giuffrè, Milano, 2022, 392.

FAROLFI A., *Il concordato liquidatorio: appunti introduttivi*, in *dirittodellacrisi.it*, marzo 2022.

FAROLFI A., *Speciale Decreto "contendibilità e soluzioni finanziarie" n. 83/2015 – Concordato preventivo: le novità di agosto*, in *ilfallimentarista.it*.

FAUCEGLIA G., *I patrimoni destinati ad uno specifico affare*, in *Fallimento*, 2003, 815.

FAUCEGLIA G., *I contratti bancari*, Giappichelli, Torino, 2005.

FAUCEGLIA G., *Revoca dell'ammissione al concordato preventivo e dichiarazione di fallimento in corso di procedura*; *Esecuzione, risoluzione e annullamento del concordato preventivo*, in *Fallimento e altre procedure concorsuali* a cura di G. Fauceglia, L. Panzani, III, Utet, Torino, 2009, 1769.

FAUCEGLIA G., *L'accertamento del passivo*, in *Crisi d'impresa e procedure concorsuali* diretto da O. Cagnasso, L. Panzani, II, Utet, Torino, 2016, 1593.

FAUCEGLIA G., *Art. 110*, *Codice dei contratti pubblici. Commentario di dottrina e giurisprudenza* a cura di G.M. Esposito, Utet, Torino, 2017, 1529.

FAUCEGLIA G., *"Così è (se vi pare)": l'orientamento dei giudici di merito in tema di fallimento di una società fatto tra società di capitali e persone fisiche*, in *Giur. comm.*, 2018, II, 744.

FAUCEGLIA G., *Il nuovo diritto della crisi e dell'insolvenza*, Giappichelli, Torino, ed. 2019, 2021, 2022.

FAUCEGLIA G., *Il piano di risanamento nel codice della crisi e dell'insolvenza*, in *Fallimento*, 2019, 1287.

FAUCEGLIA G., *La successione nei rapporti contrattuali nella cessione dell'azienda nel fallimento tra diritto dell'impresa e disciplina del concorso*, in *La nuova disciplina delle procedure concorsuali. Scritti in ricordo di Michele Sandulli*, Giappichelli, Torino, 2019, 359.

FAUCEGLIA G., *L'iniziativa per l'accesso alle procedure di regolazione della crisi o dell'insolvenza*, in *Scritti in onore di Giovanni Lo Cascio*, Nuova Edizione Universitaria, Roma, 2020, 257.

FAUCEGLIA G., *Supersocietà di fatto e comune intento dei soci: dalla magia delle parole alla necessaria dimostrazione di un'unica attività d'impresa*, in *Società*, 2020, 935.

FAUCEGLIA G., *Brevi note su concordato preventivo, operazioni societarie e nomina amministratore giudiziario*, in *Fallimento*, 2022, 1121.

FAUCEGLIA G., ROCCO DI TORREPADULA N., *Diritto dell'impresa in crisi*, Zanichelli, Bologna, 2010.

FAUCEGLIA G.B., *La liquidazione giudiziale della supersocietà di fatto e della società di capitali ad essa partecipante. Una lettura critica*, in *Società*, 2021, 1333.

FAVA R., *L'iniziativa dei creditori nella ristrutturazione dell'impresa in crisi fra passato, presente e futuro*, in *Dir. fall.*, 2022, 33.

FEDELE A., *Concorso alle spese pubbliche e diritti individuali*, in *Riv. dir. trib.*, 2002, 31.

FEDELE A., *Appunti alle lezioni di diritto tributario*, Giappichelli, Torino, 2005.

FEDELE R., *Impugnazioni*, in *Codice della Crisi d'impresa e dell'insolvenza* a cura di M. Giorgetti, A. Bonafine, Pacini, Pisa, 2022, 101.

FEDELE R., *L'iniziativa e il procedimento unitario per l'accesso alle procedure di regolazione della crisi o dell'insolvenza*; *Le misure cautelari e protettive e il procedimento* in *Codice della crisi d'impresa e dell'insolvenza, commentario al decreto legislativo 12 gennaio 2019, n. 14* a cura di M. Giorgetti, Pacini, Pisa, 2019, 55.

FEDERICO G., *Criteri di imputazione delle spese generali al creditore ipotecario*, in *Fallimento*, 2010, 1271.

FEDERICO G., *Artt. 42-49*, in *Codice commentato del fallimento* a cura di G. Lo Cascio, Ipsoa, Milano, 2013, 561.

FELICIONI A., *Effetti sui contratti in corso*, in AA.VV., *La riforma del fallimento*, Ipsoa, Milano, 2006,

FELLONI G., *Invio della domanda di insinuazione al passivo ad un indirizzo di pec errato*, in *Giur. it.*, 2018, 1907.

FERRANTE U., *Ancora sulla pretesa improponibilità della dichiarazione tardiva di credito nel caso di mancata costituzione in termini del creditore*, in *Foro it.*, 1960, I, 250, 1774.

FERRARA F. JR, *Curatore del fallimento*, in *Enc. dir.*, XI, Giuffrè, Milano, 1962.

FERRARA F. JR., *Il fallimento*, III ed., Giuffrè, Milano, 1974.

FERRARA F. JR., BORGIOLI A., *Il fallimento*, Giuffrè, Milano, 1985, 1989, 1995, 1998.

FERRARA F. JR., CORSI F., *Gli imprenditori e le società*, Giuffrè, Milano, 2006.

FERRARA F., *Amministrazione (atti di)*, in *Nuovo Digesto italiano*, I, Utet, Torino, 1937, 394.

FERRARA F., *Le spese della procedura ed il compenso al curatore in caso di revoca del fallimento*, in *Dir. fall.*, 1972, I, 187.

FERRARI M., *Art. 60*, in *Commentario breve alla legge fallimentare* a cura di A. Maffei Alberti, Cedam, Padova, 2009, 295.

FERRARI M., *Accordi di ristrutturazione dei debiti*, Altalex, 2019.

FERRARI P., *Trattamento di fine rapporto e condizioni di accesso al fondo di garanzia*, in *Giur. it.*, 2017, 425.

FERRARO P.P., *Art. 101*, in *La riforma della legge fallimentare* a cura di A. Nigro, M. Sandulli, Giappichelli, Torino, 2006, 574.

FERRARO P.P., *Artt. 101, 102, 103*, 108 *ter*, in *La legge fallimentare dopo la riforma. Fallimento* a cura di A. Nigro, M. Sandulli e V. Santoro, Torino, 2010, 1280.

FERRARO P.P., *La liquidazione controllata delle società sovraindebitate*, in *Riv. dir. soc.*, 2022, 155.

FERRI C., *Art. 26, in Il nuovo diritto fallimentare* diretto da A. Jorio e coordinato da M. Fabiani, Zanichelli, Bologna, 2006, 516.

FERRI C., *Gli organi del fallimento*, in *Fallimento*, 2006, 1225.

FERRI C., *La formazione dello stato passivo nel fallimento: procedimento di primo grado e impugnazioni*, in *Riv. dir. proc.*, 2007, V, 1253.

FERRI C., BELLOMI C., *La capacità processuale del fallito nell'inerzia del curatore*, in *Fallimento*, 2013, 948.

FERRI G., *Sull'interpretazione dell'art. 236, secondo comma della legge sul fallimento*, in *Riv. it. dir. pen.*, 1952, 722.
FERRI G., *Manuale di diritto commerciale*, Utet, Torino, 2015, 249.
FERRI G. jr., *Il conferimento documentato*, in *Riv. notar.*, 2002.
FERRI G. jr., *In tema di postergazione legale*, in *Riv. dir. comm.*, 2004, I, 969.
FERRI G. jr., *Fallimento e scioglimento delle società*, in *Riv. dir. comm.*, 2009, I, 15.
FERRI G. jr., *Il fallimento dell'imprenditore defunto*, in *Riv. dir. comm.*, 2010, I, 447.
FERRI G. jr., *Il presupposto oggettivo del fallimento*, in *Riv. dir. comm.*, 2010, I, 767.
FERRI G. jr., *Le pretese del terzo revocato nel fallimento*, Giuffrè, Milano 2011.
FERRI G. jr., *La struttura finanziaria della società in crisi*, in *Riv. dir. soc.*, 2012, 477.
FERRI G. jr., *Sovraindebitamento, piccoli imprenditori e imprese piccole*, in *Riv. dir. comm.*, 2012, I, 423.
FERRI G. jr., *Lo stato d'insolvenza*, in *Riv. notar.*, 2015, 1149.
FERRI G. jr., *Il ruolo dei soci nella ristrutturazione finanziaria dell'impresa alla luce di una recente proposta di direttiva europea*, in *Dir. fall.*, 2018, I, 531.
FERRI G. jr., *Impresa e società nella disciplina della liquidazione giudiziale: considerazione in margine al progetto di codice della crisi e dell'insolvenza*, in *Corriere giur.*, 2018, 1281.
FERRI G. jr., *Ristrutturazioni societarie e competenze organizzative*, in *Riv. soc.*, 2019, 233.
FERRI G. jr, *Autonomia delle masse e trasferimenti di risorse nel concordato preventivo di gruppo*, in *Corriere giur.*, 2020, 289.
FERRI G. jr., *Il concordato preventivo di gruppo: profili sostanziali*, in *I gruppi nel codice della crisi* a cura di D. Vattermoli, Pisa, Pacini, 2020, 35.
FERRI G. jr., ROSSI M., *La gestione dell'impresa organizzata in forma societaria*, in *Riv. dir. comm.*, 2020, I, 91.
FERRI G. jr., *La sospensione degli obblighi di riduzione del capitale per perdite tra passato prossimo e futuro remoto*, in *Riv. notar.*, 2021, 3.
FERRI G. jr., *Questioni attuali in tema di finanziamento dei soci e postergazione*, in *Riv. soc.*, 2022, 83.
FERRINI E., PIRANI S., *Art. 130 l.fall.*, in *Commentario alla legge fallimentare* a cura di A. Caiafa, Dike Giuridica, Roma, 2017.
FERRO M., *L'istruttoria prefallimentare*, Utet, Torino, 2001.
FERRO M., *Istruttoria prefallimentare e misure cautelari patrimoniali*, in *La tutela dei diritti nella riforma fallimentare* a cura di M. Fabiani, A. Patti, Wolters Kluwer, Milano, 2007, 29.
FERRO M., *I poteri del giudice delegato nell'istruttoria sull'insolvenza*, in *Fallimento*, 2008, 1043.
FERRO M., *Creditori della famiglia*, in *Le insinuazioni al passivo*, I a cura di M. Ferro, Cedam, Padova, 2010, 699.
FERRO M. (a cura di), *La legge fallimentare. Commentario teorico-pratico*, Cedam, Padova, ed. 2007, 2011, 2014.
FERRO M., *Sovraindebitamento e usura*, Ipsoa, Milano, 2012.
FERRO M., *Artt. 15, 162*, in *La legge fallimentare. Commentario teorico-pratico* a cura di M. Ferro, Cedam, Padova, 2014, 273.
FERRO M., *Allerta e composizione assistita della crisi nel D.lgs. n. 14/2019: le istituzioni della concorsualità preventiva*, in *Fallimento*, 2019, 419.
FERRO M., In itinere: *novità giurisprudenziali*, in *Fallimento*, 2019, 1007.
FERRO M., *La composizione negoziata e il riposizionamento delle istituzioni della concorsualità giudiziale dopo il d.l. n. 118/2021*, in *Fallimento*, 2021, 1573.
FERRO M., BASTIA P., NONNO G.M. (a cura di), *Il concordato preventivo e gli accordi di ristrutturazione dei debiti*, Ipsoa, Milano, 2013.

FEZZA F., *Il programma di liquidazione*, in *Trattato di diritto fallimentare* diretto da V. Buonocore, A. Bassi Cedam, Padova, 2011.

FICARELLA G., *La sospensione della liquidazione dei beni rivendicati nell'accertamento dello stato passivo*, in *Fallimento*, 2016, 709.

FICHERA G., *Accertamento del passivo*, in *Trattato delle procedure concorsuali* diretto da L. Ghia, C. Piccininni, F. Severini, 3, Utet, Torino, 2010, 541.

FICHERA G., *Codice della Crisi d'impresa: le residuali norme di immediata applicazione*, in *Quotidiano giuridico*, febbraio 2019.

FICHERA G., *Sul nuovo concordato semplificato: ovvero tutto il potere ai giudici*, in *dirittodellacrisi.it*, novembre 2021.

FICO A., *La fase introduttiva dell'accordo di ristrutturazione dei debiti disciplinato dall'art. 6 e. della legge n. 3/2012*, in AA.VV., *La composizione delle crisi da sovraindebitamento* a cura di F. Fimmanò, G. D'Attorre, Universitas Mercatorum Press, Roma, 2017, 482.

FICO D., *Assetti organizzativi dell'impresa*, in *ilsocietario.it*.

FICO D., *Il compenso del curatore fallimentare in presenza di revoca del fallimento*, in *ilfallimentarista.it*, luglio 2022.

FIENGO C., *Art. 72*-ter, *78* in *Commentario alla riforma del diritto fallimentare* diretto da C. Cavallini, Egea, Milano, 2010, 375.

FILIPPI P., *Art. 237*, in *La legge fallimentare* a cura di M. Ferro, Cedam, Padova, 2006.

FILIPPI P., *I reati fallimentari*, in *Il diritto penale dell'impresa* a cura di C. Parodi, Giuffrè, Milano 2017.

FILIPPI P., *Il processo prefallimentare*, in *Giur. merito*, 2007, 304.

FILIPPI P., *La dichiarazione dello stato di insolvenza. Gli organi della procedura, effetti e provvedimenti immediati*, in *La riforma della amministrazione straordinaria* a cura di S. Bonfatti, G. Falcone, Bancaria, Roma, 2000, 53.

FILIPPI P., *Sull'iniziativa del P.M. se la proposta di concordato diventa* notitia decotionis *qualificata e sui vantaggi compensativi del concordato di gruppo*, in *Giur. merito*, 2013, 1830.

FILOCAMO F.S., *Dichiarazione di fallimento nel corso della procedura*, in *La legge fallimentare* a cura di M. Ferro, Cedam, Padova, 2006, 1296.

FILOCAMO F.S., *Il finanziamento nel concordato preventivo e negli accordi di ristrutturazione dei debiti*, in *Il concordato preventivo e gli accordi di ristrutturazione dei debiti* a cura di M. Ferro, P. Bastia, G.M. Nonno, Ipsoa, Milano, 2013, 803.

FILOCAMO F.S., *Art. 174, 179, 180*, in *La legge fallimentare.* Commentario teorico-pratico a cura di M. Ferro, Cedam, Padova, 2014, 1346.

FIMMANÒ F., *Fallimento e circolazione dell'azienda socialmente rilevante*, Giuffrè, Milano, 2000.

FIMMANÒ F., *Art. 105*, in *Il nuovo diritto fallimentare* diretto da A. Jorio e coordinato da M. Fabiani, Zanichelli, Bologna, 2006, 1731.

FIMMANÒ F., *La liquidazione dell'attivo fallimentare*, Ipsoa, Milanofiori Assago, 2006.

FIMMANÒ F., *L'affitto endofallimentare dell'azienda*, in *Dir. fall.*, 2007, I, 439.

FIMMANÒ F., *La liquidazione dell'attivo fallimentare nel correttivo alla riforma*, in *Dir. fall.*, 2007, I, 845.

FIMMANÒ F., *L'affitto di azienda preesistente al fallimento*", in *Le nuove procedure concorsuali. Dalla riforma organica al decreto correttivo* a cura di S. Ambrosini, Zanichelli, Bologna, 2008, 140.

FIMMANÒ F., *Patrimoni destinati e tutela dei creditori nella società per azioni*, Giuffrè, Milano, 2008.

FIMMANÒ F., *I patrimoni destinati a specifici affari nella legge fallimentare*, in *Trattato di diritto fallimentare* diretto da A. Bassi, V. Buonocore, II, Cedam, Padova, 2010.

FIMMANÒ F., *Liquidazione programmata, salvaguardia dei valori aziendali e gestione ricollocativa dell'impresa fallita*; Par condicio creditorum *e concorso sui patrimoni destinati di società per azioni*, in *Il nuovo diritto fallimentare. Novità ed esperienze applicative a cinque anni dalla riforma* diretto da Jorio e M. Fabiani, Zanichelli, Bologna, 2010, 929.

FIMMANÒ F., *L'impresa in crisi come oggetto "proprio" della tutela cautelare*, in *Diritto delle imprese in crisi e tutela cautelare* a cura di F. Fimmanò, Giuffrè, Milano, 2012, 39.

FIMMANÒ F., *Contratti d'impresa in corso di esecuzione e concordato preventivo in continuità*, in *Dir. fall.*, 2014, I, 216.

FIMMANÒ F., *La crisi delle società di calcio professionistico a dieci anni dal caso Napoli*, in *ilcaso.it*, marzo 2015.

FIMMANÒ F., *Insolvenza delle società pubbliche, strumenti di allerta e prevenzione, piani di risanamento*, in *Le società pubbliche* a cura di F. Fimmanò, A. Catricalà, Edizioni Scientifiche Italiane, Napoli, 2016, 687.

FIMMANÒ F., *La gestione dell'impresa nell'ambito del fallimento*, in *Trattato delle procedure concorsuali* a cura di A. Jorio, B. Sassani, III, *Il Fallimento*, Giuffrè, Milano, 2016, 29.

FIMMANÒ F., *Fallimento della società di calcio, nomina cautelare del "pre-curatore" ed effetti sull'ordinamento sportivo*, in *Giur. comm.*, 2018, II, 762.

FIMMANÒ F., *Retrocessione dell'azienda affittata e responsabilità del concedente per i debiti dell'affittuario*, in *Fallimento*, 2018, 33.

FIMMANÒ F., *La resilienza dell'impresa di fronte alla crisi da coronavirus mediante affitto d'azienda alla newco-start up, auto-fallimento e concordato "programmati"*, in *Riv. notar.*, 2020, 165.

FIMMANÒ F., *Fallimento in estensione alla "supersocietà di fatto" ed accertamento dello stato di insolvenza*, in *Fallimento*, 2021, 761.

FIMMANÒ F., COPPOLA M., *Enti pubblici e sovraindebitamento. Spunti di riflessione*, in *Dir. fall.*, 2018, I, 84.

FIMMANÒ F., ESPOSITO C., *La liquidazione dell'attivo fallimentare*, Ipsoa, Milano, 2006.

FINARDI D., *Banca e fallimento: una verifica continua*, in *Fallimento*, 2002, 74.

FINARDI D., *Acquisibilità al fallimento delle somme derivanti da polizza vita: intervento delle Sezioni Unite*, in *Fallimento*, 2008.

FINCH V., *Corporate Insolvency Law*, Cambridge University Press, Cambridge, 2009.

FINCH V., MILMAN D., *Corporate Insolvency Law. Perspective and Principles*, Cambridge University Press, Cambridge, 2017.

FINOCCHIARO G., *I provvedimenti cautelari nel giudizio prefallimentare*, in *Fallimento*, 2018, 915.

FINOCCHIARO G., *L'accesso al fascicolo della procedura: ieri, oggi e domani*, in *Fallimento*, 2019, 443.

FINOCCHIARO G., *Tra* genus *e* species*: il pendolo delle discipline di competenza e notificazioni nel procedimento per la dichiarazione di fallimento*, in *Fallimento*, 2020, 191.

FIORE C., FIORE S., *Diritto penale. Parte generale*, Milano, 2020, 250.

FIORELLA A., MASUCCI M., *Gestione dell'impresa e reati fallimentari*, Giappichelli, Torino, 2014.

FIORELLA A., MASUCCI M., *I delitti di bancarotta*, in *Gli effetti del fallimento*, *parte del Trattato di diritto fallimentare e delle altre procedure concorsuali* a cura di F. Vassalli, F.P. Luiso, E. Gabrielli, III, Giappichelli, Torino 2014, 112.

FLETCHER I., *The Law of Insolvency*, Sweet & Maxwell, London, 2009.

FLORA G., *Verso una nuova stagione del diritto penale fallimentare?*, in *Riv. trim. dir. pen. econ.*, 2012, 892.

FOIS S., *Legalità (principio di)*, in *Enc. dir.*, Giuffrè, Milano, 1973, 659.

FONSI G., *Inapplicabilità dell'art. 2710 cod. civ. nei confronti del curatore fallimentare*, in *Dir. fall.*, 2003, II, 1025.

FONTANA R., *Artt. 84, 86, 87, 87-bis, 88, 89, 90*, in *Il nuovo diritto fallimentare* diretto da A. Jorio e coordinato da M. Fabiani, Zanichelli, Bologna, 2006, 1353.

FONTANA R., *Il programma di liquidazione*, in *Le nuove procedure concorsuali. Dalla riforma "organica" al decreto "correttivo"* a cura di S. Ambrosini, Zanichelli, Bologna, 2008, 236.

FONTANA R., *I presupposti e il procedimento di dichiarazione del fallimento*, in *Fallimento e le altre procedure concorsuali* a cura di A. Caiafa, S. Romeo, Cedam, Padova, 2014, 111.

FONTANA R., LEUZZI S., *La liquidazione dell'attivo. La vendita dell'azienda. Vendita dei beni mobili e immobili*, in *Fallimento e concordato fallimentare* a cura di A. Jorio, II, Utet, Torino, 2016.

FORGILLO E., *La ripartizione dell'attivo*, in *Fallimento e concordati. Le soluzioni giudiziali e negoziate della crisi d'impresa dopo le riforme* a cura di P. Celentano, E. Forgillo, Utet, Torino, 2008, 947.

FORGILLO E., *Chiusura e riapertura del fallimento*, in *Il fallimento e le altre procedure concorsuali* a cura di G. Fauceglia, L. Panzani, Torino, 2009, 1305.

FORGILLO E., *Art. 52*, in *La legge fallimentare dopo la riforma* a cura di A. Nigro, M. Sandulli, V. Santoro, Giappichelli, Torino, 2010, 735.

FORMIGGINI A., *L'impresa estera*, in *Dir. fall.*, 1952, I, 94.

FORMIGGINI A., *Il fallimento e i diritti sui beni immateriali*, in *Riv. dir. civ.*, 1956, I, 1109.

FORTE C., *Il codice delle leggi antimafia e delle misure di prevenzione: una nuova disciplina dei rapporti tra le misure di prevenzione patrimoniali e le procedure concorsuali*, in *Dir. fall.*, I, 2012, 1054.

FORTE G., *Rivalsa fra coobligati nel fallimento di uno di essi*, in *Foro Pad.*, 1960, I, 766.

FORTUNATO S., *I controlli nella riforma delle società*, in *Il nuovo diritto delle società di capitali e delle società cooperative* a cura di P. Rescigno, A. Sciarrone Alibrandi, Giuffrè, Milano, 2004, 308.

FORTUNATO S., *Nota a Cass. 6 maggio 2015, n. 9100*, in *Giur. comm.*, 2015, II, 659.

FORTUNATO S., *Considerazioni sul finanziamento alle imprese in crisi*, in *Regole e Mercato*, I a cura di M. Mancini, A. Paciello, V. Santoro, P. Valensise, Giappichelli, Torino, 2016, 361.

FORTUNATO S., *La società a responsabilità limitata. Lezioni sul modello societario più diffuso*, Giappichelli, Torino, 2017.

FORTUNATO S., *Codice della crisi e codice civile: impresa, assetti organizzativi e responsabilità*, in *Riv. soc.*, 2019, 952.

FORTUNATO S., *Assetti organizzativi e crisi di impresa: una sintesi*, in *Le crisi d'impresa e del consumatore dopo il d.l. 118/2021.* Liber amicorum *per Alberto Jorio* a cura di S. Ambrosini, Zanichelli, Bologna, 2021, 744.

FOSCHINI M., *La compensazione nel fallimento*, Morano, Napoli, 1965.

FOSCHINI M., *Fallimento, V, Effetti per i creditori*, in *Enc. giur.*, XIII, Giuffrè, Milano, 1989.

FRAGALI M., *Della fideiussione*, in *Commentario del codice civile* a cura di A. Scialoja, G. Branca, Zanichelli-Il Foro Italiano, Bologna-Roma, 1986.

FRAIOLI A.L., *Le tutele contro la disoccupazione, parr. da 1 a 14*, in *La riforma del lavoro 2012* a cura di A. Vallebona, Giappichelli, 2012.

FRANCHI M., *Considerazioni sui finanziamenti dei soci e infragruppo nella composizione negoziata della crisi*, in *Nuove leggi civ. comm.*, 2022, 533.

FRANCIOSO T.M., RAMPINI P., *Domande tardive. Insufficienza di attivo. Domande di rivendica e restituzione*, in *Fallimento e concordato fallimentare* a cura di A. Jorio, in *Nuova giurisprudenza sistematica di dir. civ. e comm.*, fondata da W. Bigiavi, diretta da G. Alpa ed altri, II, Utet, Torino, 2016, 2111.

FRANZONI M., *Delle società per azioni. Dell'amministrazione e del controllo*, in *Comm. del codice civile* a cura di A. Scialoja, G. Branca, Zanichelli-Il Foro Italiano, Bologna-Roma, 2008.

FRASCAROLI SANTI E., *L'esdebitazione del fallito: un premio per il fallito o un'esigenza del mercato?*, in *Dir. fall.*, 2008, I, 40.

FRASCAROLI SANTI E., *L'art. 83 bis l.f. e i problemi irrisolti nei rapporti tra fallimento e giudizio arbitrale*, in *Sull'arbitrato: Studi offerti a Giovanni Verde* a cura di F. Auletta, G. Califano, G. Della Pietra, N. Rascio, Jovene, Napoli, 2010, 371.

FRASCAROLI SANTI E., *Procedimenti di composizione della crisi da sovraindebitamento e di liquidazione del patrimonio*, in *Trattato di diritto fallimentare e delle altre procedure concorsuali* diretto da F. Vassalli, F.P. Luiso, E. Gabrielli, IV, *Le altre procedure concorsuali*, Giappichelli, Torino, 2014, 544.

FRASCAROLI SANTI E., *Il diritto fallimentare e delle procedure concorsuali. Testo aggiornato alla legge n. 132/2015 di conversione del d.l. 83/2015*, Cedam, Padova, 2016.

FREGONARA E., *Strumenti di ricorso al capitale di credito e di rischio nelle società a responsabilità innovative "chiuse"*, in *Banca, borsa, tit. cred.*, 2017, I, 589.

FREZZA F., *Il programma di liquidazione*, in *Trattato di diritto fallimentare* diretto da V. Buonocore, A. Bassi, III, Cedam, Padova, 2011, 243.

FRONTINI S., *In tema di responsabilità processuale e di responsabilità* ex *art. 21 l.f.*, in *Giust. civ.*, I, 1994, 1278.

FUMAGALLI L., *Apertura della procedura principale, competenza giurisdizionale e riconoscimento della decisione*, in *Giur. comm.*, 2007, II, 324.

FUMAGALLI L., *I protocolli tra le procedure nella disciplina transfrontaliera dell'insolvenza*, in A. NUZZO, G. MEO, A. LEANDRO, *Crisi transfrontaliera di impresa: orizzonti internazionali ed europei*, Cacucci, Bari, 2018, 185.

FUMU G., *Gli effetti del fallimento sul sequestro penale*, in *Riv. dir. proc.*, 2004, 7355.

FUZIO R., *Il PM fallimentare ed il codice della crisi di impresa e dell'insolvenza*, in *Scritti in onore di Giovanni Lo Cascio*, Nuova Edizione Universitaria, Roma, 2020, 395.

GABASSI G., *Nota a Trib. Como, 12 ottobre 2016*, in *Fallimento*, 2017, 219.

GABOARDI M., *Spunti sulla legge delega per la riforma delle procedure concorsuali: profili processuali*, in *Riv. soc.*, 2018, I, 137.

GABOARDI M., *L'imparzialità del giudice delegato tra onere di ricusazione e onere di conoscenza*, in *Fallimento*, 2022, 787.

GABRIELLI E., *Contratti di garanzia finanziaria, stabilità del mercato e procedure concorsuali*, in *Riv. dir. priv.*, 2005, 507.

GABRIELLI E., *Rapporti pendenti, trascrizione della domanda e procedure concorsuali*, in *Dir. fall.*, 2019, I, 55.

GABRIELLI E., *Il contratto preliminare nella disciplina dei contratti pendenti*, in *Dir. fall.*, 2022, 613.

GAETA M.M., *Limitazioni della efficacia della procura per l'ammissione allo stato passivo*, in *Giur. merito*, 2003, 1378.

GAETA S., *In tema di dichiarazione tardiva di credito nel fallimento*, in *Foro it.*, 1956, I, 418.

GAETA S., *Crediti con prededuzione e procedimento di verifica del passivo*, in *Dir. fall.*, 1962, II, 551.

GALANTI L., *Profili processuali ancora incerti nel sistema dei rapporti tra arbitrato e concordato preventivo*, in *Riv. trim. dir. proc. civ.*, 2018, 1139.

GALARDO M., *Contratto di appalto e fallimento*, in *Fallimento e altre procedure concorsuali* a cura di G. Fauceglia, L. Panzani, Utet, Torino, 2009.

GALGANO F., *L'iniziativa del debitore nel fallimento delle società personali*, in *Riv. dir. civ.*, 1959, I, 289.

GALGANO F., *Qual è l'oggetto della società holding?*, in *Contratto e impresa*, 1986, 327.

GALGANO F., *L'oggetto della holding è, dunque, l'esercizio mediato e indiretto dell'impresa di gruppo*, in *Contratto e impresa*, 1990, 401.

GALGANO F., *Sull'inammissibilità dell'accertamento dello stato di insolvenza di un ente pubblico economico sottoposto a liquidazione coatta amministrativa*, in *Dir. fall.*, 1990, II, 477.

GALGANO F., *Diritto commerciale. L'imprenditore*, Zanichelli, Bologna, 2011.

GALLESIO PIUMA M.E., *Brevi osservazioni sul concordato particolare del socio illimitatamente responsabile*, in *Giur. comm.*, 1978, II, 254.

GALLESIO PIUMA M.E., *I poteri dell'assemblea di società per azioni in liquidazione*, Giuffrè, Milano, 1986, 240.

GALLESIO PIUMA M.E., *Effetti del fallimento sugli atti pregiudizievoli ai creditori*, in *Commentario Scialoja-Branca. Legge fallimentare* a cura di F. Bricola, F. Galgano, G. Santini, Zanichelli-Il Foro Italiano, Bologna-Roma, 2000.

GALLETTI D., *Art. 161*, in *Il nuovo diritto fallimentare* diretto da A. Jorio e coordinato da M. Fabiani, Zanichelli, Bologna, 2006, 2325.

GALLETTI D., *La ripartizione del rischio di insolvenza. Il diritto fallimentare tra diritto ed economia*, Il Mulino, Bologna, 2006.

GALLETTI D. *La revoca dell'ammissione al concordato preventivo*, in *Giur. comm.*, 2009, I, 730.

GALLETTI D., *Art. 5*, in *Commentario alla legge fallimentare* diretto da C. Cavallini, Egea, Milano, 2010, 97.

GALLETTI D., *L'insorgere della crisi e il dover essere nel diritto societario. Obblighi di comportamento degli organi sociali in caso d'insolvenza*, in *ilfallimentarista.it*, settembre 2012.

GALLETTI D., *Nota a Cass. 6 maggio 2015, n. 9100*, in *Giur. comm.*, 2015, II, 663.

GALLETTI D., *Nel concordato le offerte di acquisto presentate da soggetti individuati non diventano revocabili per effetto della pubblicazione del bando*, in *ilfallimentarista.it*, gennaio 2016.

GALLETTI D., *Il dado è tratto: la prededuzione assiste ormai la mera continuazione dell'attività di impresa?*, in *ilfallimentarista.it*, febbraio 2018.

GALLETTI D., LAMANNA F., *Dal codice della crisi d'impresa e dell'insolvenza al primo decreto correttivo*, Giuffrè, Milano, 2020.

GALLETTI D., LAMANNA F., *Il primo correttivo al codice della crisi e dell'insolvenza*, Giuffrè, Milano, 2020.

GALLETTI D., *Art. 18*, in *Commentario al D.L. n. 118/2021*, in *onelegale.it*.

GALLETTI D., LAMANNA F., *Dall'emergenza Covid al correttivo del codice della crisi d'impresa*, Giuffrè, Milano, 2021.

GALLETTI D., *Regolazioni concordatarie di gruppo e tutele giurisdizionali*, in *Fallimento*, 2022, 1494.

GALLETTO T., *L'approccio italiano a taluni aspetti della insolvenza transnazionale al di fuori dell'ambito UE*, in *Foro pad.*, 2007, II, 206.

GALLONE A., *La liquidazione dell'attivo*, in *Crisi di impresa e procedure concorsuali* diretto da O. Cagnasso, L. Panzani, Utet, Torino, 2016, 1763.

GALLONE A., RAVINALE M., *L'affitto e la cessione d'azienda nella riforma fallimentare*, Ipsoa, Milano, 2008.

GAMBARDELLA G., *Il codice della crisi di impresa: nei delitti di bancarotta la liquidazione giudiziale prende il posto del fallimento*, in *Cass. pen.*, n. 2/2019, 510.

GAMBARDELLA M., *Condotte economiche e responsabilità penale*, Giappichelli, Torino, 2018.

GAMBARDELLA M., *Il nuovo codice della crisi di impresa e dell'insolvenza, un primo sguardo ai riflessi in ambito penale*, in *Dir. pen. contemporaneo*, ottobre 2018.

GAMBARDELLA M., *Il nuovo codice della crisi d'impresa e dell'insolvenza: un primo sguardo ai riflessi in ambito penale*, in *Dir. pen. contemporaneo* , novembre 2018.

GAMBARDELLA M., *Il nuovo codice della crisi d'impresa e dell'insolvenza: un primo sguardo ai riflessi in ambito penale*, in *Cass. pen.*, 6/2019, 1908.
GAMBARDELLA M., *La nuova disciplina della crisi d'impresa e il sistema del diritto penale fallimentare*, in *Cass. pen.*, n. 6/2021, 1908.
GAMBI L., *Le nuove misure protettive nel codice della crisi*, in *ilfallimentarista*, marzo 2019.
GAMBI L., *Concordato nella liquidazione giudiziale*, in *ilfallimentarista.it*, ottobre 2019
GAMBINO A., *I gruppi nelle procedure concorsuali minori*, in *Giur. comm.*, 1993, I, 367.
GARBAGNATI E., *Il concorso dei creditori nell'espropriazione singolare*, Giuffrè, Milano, 1938, 322.
GARBAGNATI E., *Fallimento ed azioni dei creditori*, in *Esecuzione individuale e fallimento: bilancio della legge fallimentare*, Giuffrè, Milano, 1961, 18.
GARCEA M., *I «gruppi finti». Appunti in tema di gruppi di società e interposizione nell'esercizio dell'impresa*, in *Riv. dir. civ.*, 2005, I, 205.
GARCEA M., *Il fallimento della società occulta tra società di capitali. Riferibilità dell'impresa e partecipazione di società di capitali a società di persone (un commento a Tribunale Forlì 9 febbraio 2008)*, in *Questioni e casi di diritto commerciale* a cura di P. Spada, III, Cedam, Padova, 2010, 171.
GARLATTI C., *Regolamento del Parlamento europeo e del Consiglio relativo alle procedure di insolvenza (rifusione)*, in *Fallimento*, 2015, 509.
GAROFALO D., *La Cassa integrazione guadagni*, in *Trattato di diritto del lavoro* diretto da M. Persiani, F. Carinci, IV, 2, Cedam, Padova, 2012.
GAROFALO D., *La tutela della disoccupazione involontaria nel Jobs Act 2*, in *Commentario breve della Riforma del Jobs Act* a cura di G. Zilio Grandi, M. Bias, Cedam, Padova, 2016, 335.
GAROFALO D., MARAZZA M., *Insolvenza del datore di lavoro e tutele del lavoratore*, Giappichelli, Torino, 2015.
GAROFOLI R., *Diritto penale. Parte speciale*, Neldiritto, Roma, 2009, 842.
GAROFOLI R., FERRARI G., *Manuale di diritto amministrativo*, Neldiritto, Roma, 2016.
GARRA A., *Art. 49*, in *Il nuovo fallimento* a cura di F. Santangeli, Giuffrè, Milano, 2006, 239.
GASPERINI M.P., *I termini processuali nel Codice della crisi, tra semplificazione e ragionevole durata delle procedure concorsuali*, in *Fallimento*, 2023, 9.
GAVARRINI S., *Il regime giuridico delle operazioni compiute dal correntista fallito o dal fallito correntista*, in *Giur. comm.*, 2013, II, 417.
GENNARI F., *I patrimoni destinati ad uno specifico affare*, Cedam, Padova, 2005.
GENOVESE A., *Effetti del fallimento sui contratti in corso di esecuzione. Prime considerazioni sulle novità della riforma*, in *Dir. fall.*, 2006, I, 1148.
GENOVIVA P., *Gli effetti del fallimento per il fallito e per i creditori*, in *Fallimento e altre procedure concorsuali* a cura di G. Fauceglia, L. Panzani, Utet, Torino, 2009, 443.
GENOVIVA P., *Gli effetti patrimoniali e personali del fallimento per il fallito*, in *Fallimento ed altre procedure concorsuali* a cura di G Fauceglia, L. Panzani, Utet, Torino, 2009, 462.
GENOVIVA P., *La nuova tariffa per la determinazione dei compensi del curatore fallimentare, del commissario e del liquidatore giudiziale nel concordato preventivo*, in *Fallimento*, 2012, 523.
GENTILI U., *Art. 79*, in *Trattato delle procedure concorsuali* diretto da L. Ghia, C. Piccinini, F. Severini, Giuffrè, Milano, 2010, 541.
GHEDINI A., RUSSOTTO M.L., *La meritevolezza del debitore: ieri, oggi e domani*, in *ilcaso.it*, febbraio 2021.
GHIDINI G., *I diritti di proprietà industriale nel fallimento*, in *Riv. dir. ind.*, 1974, I, 47.
GHIONNI CRIVELLI VISCONTI P., *Scioglimento e liquidazione delle società di capitali. Artt. 2484-2496 c.c.*, in *Commentario Schlesinger*, Milano, 2021.
GHIOTTO T.A., *Artt. 247-253*, in *Codice della crisi d'impresa e dell'insolvenza. Commento al decreto*

legislativo 12 gennaio 2019, n. 14 a cura di M. Giorgetti, Pacini, Pisa, 2019.

GIAMPAOLINO C.F., *Profili fallimentari*, in *Trattato delle società a responsabilità limitata* diretto da C. Ibba, G. Marasà, VIII, Cedam, Padova, 2012, 3.

GIAMPIERI A., *Il contratto di finanziamento destinato ad uno specifico affare*, in *Trattato di diritto fallimentare e delle altre procedure concorsuali. Gli effetti del fallimento* diretto da F. Vassalli, F.P. Luiso, E. Gabrielli, III, Giappichelli, Torino, 2014, 267.

GIANI R., *La partecipazione alle gare per l'affidamento dei contratti pubblici*, in *Procedure concorsuali e diritto pubblico* a cura di L. D'Orazio, L. Monteferrante, Ipsoa, Milano, 2017, 453.

GIANNATTASIO C., *La permuta. Il contratto estimatorio. La somministrazione*, in *Trattato di diritto civile e commerciale* già diretto da A. Cicu, F. Messineo e continuato da L. Mengoni, Giuffrè, Milano, 1974.

GIANNELLI A., *Contratti pubblici: stabilità del rapporto e interessi pubblici*, in *Il diritto dell'economia*, 2016, 127.

GIANNELLI G., *Artt. 2447-*bis *– 2447-*decies, in *Società di capitali. Commentario* a cura di G. Niccolini, A. Stagno d'Alcontres, Jovene, Napoli, 2004, 1210.

GIANNELLI G., *Artt. 155-156*, in *Commentario alla legge fallimentare* diretto da C. Cavallini, III, Egea, Milano, 2010.

GIANNELLI G., *Patrimoni e finanziamenti destinati*, in *Diz. dir. priv.*, promosso da N. Irti, *Dir. comm.* a cura di N. Abriani, Giuffrè, Milano, 2011.

GIANNELLI G., *Apertura e chiusura della procedura*, in *Diritto fallimentare. Manuale breve* a cura di Abriani N. e altri, Giuffrè, Milano, 2013.

GIANNELLI G., *Il procedimento di composizione della crisi da sovraindebitamento (La tutela dei creditori dell'insolvente civile tra regole di concorso e meritevolezza degli interessi)*, in *Attività di liquidazione e tutela dei creditori* a cura di F. Parente e L. Ruggeri, Edizioni Scientifiche Italiane, Napoli, 2014, 187.

GIANNELLI G., *Il procedimento di composizione della crisi da sovraindebitamento (la tutela dei creditori dell'insolvente civile tra regole di concorso e meritevolezza degli interessi)*, in *Impresa e mercato. Studi dedicati a Mario Libertini* a cura di V. Di Cataldo, V. Meli, R. Pennisi, III, Giuffrè, Milano, 2015.

GIANNINI M.S., *Il potere discrezionale della pubblica amministrazione*, Giuffrè, Milano, 1939.

GIAVARRINI S., *La procedura di liquidazione del patrimonio nella legge n. 3/2012*, in *Giur. comm.*, 2016, I, 712.

GINEVRA E., PRESCIANI C., *Il dovere di istituire assetti adeguati ex art. 2086 c.c.*, in *Nuove leggi civili comm.*, 2019, 1209.

GIOÈ C., *I limiti della transazione fiscale in materia di tributi locali*, in *Rass. trib.*, 1, 2011, 94.

GIORDANO A., *Art. 17, in Codice della crisi d'impresa e dell'insolvenza* diretto da F. Di Marzio, Giuffrè, Milano, 2022, 62.

GIORDANO A., TEDESCHI C., *Art. 346*, in *Commentario al codice della crisi di impresa e dell'insolvenza*, Ad Maiora, Trani, 2021, 1415.

GIORGETTI M., *La capacità processuale del fallito nei giudizi litisconsortili con il fallimento*, in *Fallimento*, 2003, 1083.

GIORGETTI M., *La liquidazione controllata nel sovraindebitamento*, in *ilfallimentarista.it*, febbraio 2019.

GIORGETTI M., *Decorrenza del termine per la riattivazione del processo interrotto per fallimento di una delle parti*, in *ilfallimentarista.it*, luglio 2021.

GIORGETTI M., *Artt. 1-11*, in *Codice della crisi e dell'insolvenza. Aggiornato al d.lgs. 17 giugno 2002, n. 83* a cura di M. Giorgetti, A. Bonafine, Pacini Giuridica, Pisa, 2023, 1.

GIORGETTI M., CLEMENTE F. (a cura di), *La legge fallimentare commentata – Linee interpretative e profili operativi dopo gli interventi di riforma*, Franco Angeli, Milano, 2013, 653.

GIORGETTI M., NADIN S., *Il procedimento di liquidazione del patrimonio del debitore sovraindebitato: i poteri del liquidatore giudiziale sul patrimonio*, in *Fallimento*, 2018, 1316.

GIORGETTI. M., PELLEGRINELLI P., *Artt. 98-99 l. fall.*, in *Trattato delle procedure concorsuali* a cura di A. Jorio, B. Sassani, II, Giuffrè, Milano, 2014.

GIORGI V., *Consecuzione di procedure concorsuali e prededucibilità dei crediti*, Giuffrè, Milano, 1996.

GIORGI V., *I patrimoni destinati nella nuova disciplina concorsuale*, in *Studi per Franco Di Sabato*, II, Edizioni Scientifiche Italiane, Napoli, 2009.

GIORGIERI F., *La riapertura del fallimento*, Giuffrè, Milano, 1983.

GIOVANARDI C.A., GUARNIERI G., LUDOVICO G., TREGLIA G., *Regolamento di giurisdizione e prosecuzione del giudizio di merito*, in *Il lavoro nella giurisprudenza*, 2011, 1257.

GIOVETTI A., *Art. 80 bis*, in *Il nuovo diritto fallimentare* diretto da A. Jorio e coordinato da M. Fabiani, Zanichelli, Bologna, 2006, I, 1293.

GIUDICI A., *Art. 72*-ter, in PAJARDI P., *Codice del fallimento*, VII ed., Giuffrè, Milano, 2013, 912.

GIUFFRÈ F., *Unità della Repubblica e distribuzione delle competenze nell'evoluzione del regionalismo italiano*, Giappichelli, Torino, 2012.

GIUFFREDI G., *Degli effetti del fallimento*, in *Le procedure concorsuali* a cura di G.U. Tedeschi, Utet, Torino, 1996, 302.

GIULIANI BALESTRINO U., *La colpa dell'imprenditore nella bancarotta semplice patrimoniale*, in *Studi in onore di Giuliano Vassalli. Evoluzione e riforma del diritto e della procedura penale, 1945-1990* a cura di M.C. Bassiouni, A.R. Latagliata, A.M. Stile, I, Giuffrè, Milano, 1991, 412.

GIULIANI BALESTRINO U., *La bancarotta e gli altri reati concorsuali*, Giuffrè, Milano, 2006.

GIULIANO E., *La compensazione con particolare riguardo alle procedure concorsuali*, Giuffrè, Milano, 1955.

GIULIANO M., *Il fallimento nel diritto processuale civile internazionale*, Milano, 1943.

GIUNTA F., *Lineamenti di diritto penale dell'economia*, I, *Delitti contro l'economia pubblica e reati societari*, Giappichelli, Torino, 2001.

GIURDANELLA G., *La prova del credito della banca nel fallimento: la Cassazione boccia l'applicazione del "saldo zero"*, in *Fallimento*, 2019, 64.

GIURDANELLA G., *Fallimento e mendato difensivo nei rapporti processuali pendenti*, in *Fallimento* 2020, 760.

GOLISANO M., *La nuova "transazione fiscale" dell'art. 63 del codice della crisi e dell'insolvenza: fra nuove difficoltà interpretative, inediti poteri sostitutivi e definitive conferme circa la vincolatezza della funzione esercitata*, in *Riv. trib. dir. trib.*, 3, 2019, 499.

GOMMELLINI A., *Art. 68, 69, 80*, in *La legge fallimentare dopo la riforma* a cura di A. Nigro, M. Sandulli, V. Santoro, I, 2010, 1564.

GOODE R., *Principles of Corporate Insolvency Law*, Sweet & Maxwell, London, 2011.

GRAGNOLI E., *I rapporti di lavoro subordinato nel concordato con continuità*, in *Fallimento*, 2014, 253.

GRAGNOLI E., *Il trattamento di fine rapporto, le procedure concorsuali, il trasferimento di azienda e l'intervento del Fondi di garanzia*, in *Il fallimento*, 2019, 168.

GRASSI E., *Transazione e indisponibilità dell'obbligazione tributaria*, in *Il Fisco*, 1, 2010, 1.

GRASSO R., *L'azione contro il garante del concordato preventivo risolto*, in *Giur. comm.*, 2010, II, 468.

GRAZIANI A., *L'impresa e l'imprenditore*, Napoli, 1959.

GRAZIANO N., NIGRO T., *Dal fallimento al nuovo codice della crisi d'impresa e dell'insolvenza dopo il D.lgs. 14/2019*, Revelino, Bologna, 2019.

GREGGIO M., *Finalità e tipologie di piano concordatario: prime osservazioni al "nuovo" art. 84 del Codice della crisi*, in DE SIMONE L., FABIANI M., LEUZZI S., *Studi sull'avvio del Codice della crisi*, in *dirittodellacrisi.it*, 2022.

GREGGIO M., *La prededuzione dei compensi dei professionisti secondo le Sezioni Unite: per la certezza si rischia l'ingiustizia?*, in *dirittodellacrisi.it*, gennaio 2022.

GREGGIO M., *La conservazione degli effetti degli atti autorizzati dal Tribunale*, in *dirittodellacrisi.it*, febbraio 2022.

GREGGIO M., *Finalità e tipologie di piano concordatario: prime osservazioni al "nuovo" art. 84 del Codice della crisi*, in *dirittodellacrisi.it*, agosto 2022.

GRIECO F., *Art. 217*, in DELLA ROCCA S., GRIECO F., *Il nuovo codice della crisi d'impresa e dell'insolvenza. Analisi e commento*, Wolters Kluwer, Milano, 2022, 332.

GRIECO F., *Art.* 65, in Codice *della Crisi d'impresa commentato*, in *onelegale.it*.

GRIFFINI, *Atti di frode e parziale reintroduzione, in via pretoria, del giudizio di meritevolezza*, in *Giur. it.*, 2015, 88.

GROSSI M.R., *La riforma della legge fallimentare*, Giuffrè, Milano, ed. 2005, 2008.

GROSSI M.R., *Art. 174*, in *Il nuovo diritto fallimentare* diretto da A. Jorio e coordinato da M. Fabiani, Zanichelli, Bologna, 2006, II, 2474.

GUALANDI L., ROSTAGNO S., *Il concorso dei creditori*, in *Il fallimento e le altre procedure concorsuali* diretto da L. Panzani, Utet, Torino, 2000, 485.

GUALTIERI P., *Art. 321*, in *Codice di Procedura Penale commentato* a cura di A. Giarda, G. Spangher, V ed., Ipsoa, Milano, 2023.

GUBITOSI M., *Codice della crisi d'impresa e del fallimento*, Tribuna, Piacenza, 2022.

GUERRERA F., *Gli effetti della liquidazione coatta amministrativa*, in *Le procedure concorsuali. Procedure minori*, *Trattato* diretto da G. Ragusa Maggiore, C. Costa, II, Utet, Torino, 2001.

GUERRERA F., *Art. 152*, in *Il nuovo diritto fallimentare* diretto da A. Jorio e coordinato da M. Fabiani, Zanichelli, Bologna, 2006, 2202.

GUERRERA F., *Aspetti problematici della nuova disciplina del concordato fallimentare*, in *Fallimento*, 2008.

GUERRERA F., *Art. 153-154*, in *La legge fallimentare dopo la riforma* a cura di A. Nigro, M. Sandulli, V. Santoro, Giappichelli, Torino, 2010, 2003.

GUERRERA F., *Compiti e responsabilità degli amministratori nella gestione dell'impresa in crisi*, in *La* governance *nelle società di capitali* a cura M. Vietti, Egea, Milano, 2013, 247.

GUERRERA F., *Le competenze degli organi sociali nelle procedure di regolazione negoziale della crisi*, in *Riv. soc.*, 2013, 1126.

GUERRERA F., *La ricapitalizzazione "forzosa" delle società in crisi: novità, problemi ermeneutici e difficoltà operative*, in *Dir. fall.*, 2016, I, 420.

GUERRERA F., *Crisi e insolvenza della società a partecipazione pubblica*, in *Giur. comm.*, 2017, I, 371.

GUERRERA F., *Il rapporto tra gli organi sociali e gli organi della procedura concorsuale nelle ristrutturazioni di società in crisi*, in *Dir. fall.*, 2018, I, 1085.

GUERRERA F., *La regolazione negoziale della crisi e dell'insolvenza dei gruppi di imprese nel nuovo CCII*, in *Dir. fall.*, 2019, I, 1318.

GUERRERA F., *La regolazione negoziale della crisi e dell'insolvenza dei gruppi di imprese nel nuovo CCII, in Il codice della crisi e dell'insolvenza: idee ed istituti*, in *Questione giustizia*, 2019, fasc. 2, 169.

GUERRERA F., *L'esecuzione "forzata" del concordato preventivo nell'art. 185 legge fall. e nell'art. 118 del nuovo Codice della crisi d'impresa e dell'insolvenza*, in *La nuova disciplina delle procedure con-*

corsuali. Scritti in ricordo di Michele Sandulli, Giappichelli, Torino, 2019, 403.

GUERRERA F., *L'espansione della regola di competenza esclusiva degli amministratori nel diritto societario della crisi fra dogmatismo del legislatore e criticità operative*, in *Riv. soc.*, 2022, 1271.

GUERRERA F., MALTONI M., *Concordati giudiziali e operazioni societarie di «riorganizzazione»*, in *Riv. soc.*, 2008, 17.

GUERRIERI G., *Le Sezioni Unite riconoscono la funzione distributiva della revocatoria fallimentare, ma il legislatore la... mette in crisi*, in *Giur. comm.*, 2007, II, 573.

GUERRIERI G., *Il controllo giudiziale sui piani attestati*, in *Giur. comm.*, 2012, 385.

GUERRINI L., *Il d.l. 118/21 sulla composizione negoziata della crisi d'impresa: l'alba di una buona fede concorsuale?*, in *Nuova giur. civ. comm.*, 2022, 243.

GUGLIELMUCCI G., *I contratti in corso di esecuzione nelle procedure concorsuali*, Cedam, Padova, 2006.

GUGLIELMUCCI L., *Artt. 74, 75*, in GUGLIEMUCCI L., ZANARONE G., DI CHIO G., MANGINI V., TEDESCHI G.U., *Effetti del fallimento sui rapporti giuridici preesisistenti*, *Commentario Scialoja-Branca. Legge fallimentare* a cura di F. Bricola, F. Galgano, G. Santini, Zanichelli, Bologna-Roma, 1979, 92.

GUGLIELMUCCI L., *Le maggioranze nel concordato proposto dalla società e dal socio illimitatamente responsabili*, in *Dir. fall.*, 1982, I, 205.

GUGLIELMUCCI L., *Effetti del fallimento per il fallito*, in *Commentario Scialoja-Branca. Legge fallimentare* a cura di F. Bricola, F. Galgano, G. Santini, Zanichelli, Bologna-Roma, 1986.

GUGLIELMUCCI L., *Lezioni di diritto fallimentare*, Giappichelli, Torino, 2003.

GUGLIELMUCCI L., *Art. 72*, in *Il nuovo diritto fallimentare* diretto da A. Jorio e coordinato da M. Fabiani, Zanichelli, Bologna, 2006, 1116.

GUGLIELMUCCI L., *Art. 126*, in *Codice commentato del fallimento* a cura di G. Lo Cascio, Ipsoa, Milano, 2013, 1631.

GUGLIELMUCCI L., *Diritto fallimentare*, Giappichelli, Torino, ed. 2007, 2008, 2012, 2014, 2015 e 2017.

GUGLIELMUCCI L., *Gli effetti sui rapporti giuridici preesistenti*, in *Il nuovo diritto fallimentare. Novità ed esperienze applicative a cinque anni dalla riforma* diretto da A. Jorio, M. Fabiani, Zanichelli, Bologna, 2010.

GUGLIELMUCCI L., *Gli effetti del fallimento per il fallito*, in *Trattato di diritto fallimentare e delle altre procedure concorsuali* diretto da F. Vassalli, F.P. Luiso, E. Gabrielli, III, Giappichelli, Torino, 2014.

GUIDI D., *Le sanzioni penali in materia di concordato preventivo tra vecchia e nuova disciplina*, in *Disposizioni penali nel codice della crisi di impresa* a cura di S. Pacchi, R. Guerrini, S. De Flammineis, Giappichelli, Torino, 2021, 136.

GUIDO A., *I "nuovi" piani attestati di risanamento nel "Codice della Crisi d'Impresa e dell'Insolvenza"*, 2019.

GUIDOTTI R., *Art. 142*, in *Commentario breve alla legge fallimentare* a cura di A. Maffei Alberti, Cedam, Padova, 2013, 917.

GUIDOTTI R., *La governance delle società nel Codice della Crisi di Impresa*, in *ilcaso.it*, marzo 2019.

GUIDOTTI R., *La crisi d'impresa nell'era Draghi: la composizione negoziata e il concordato semplificato*, in *ilcaso.it*, settembre 2021.

GUIDOTTI R., *Le proposte (e le offerte) concorrenti nel concordato preventivo*, in *Le crisi d'impresa e del consumatore* a cura di S. Ambrosini, Zanichelli, Bologna, 2021, 777.

GUIDOTTI R., *Le proposte (e le offerte) concorrenti nel concordato preventivo dopo il recepimento della Direttiva Insolvency*, in *Quad. di ristr. aziend.*, III, 2022, 52.

GUIOTTO A., *Nuove modifiche alla disciplina delle crisi da sovraindebitamento. La continua evoluzione dei rimedi alle crisi da sovraindebitamento (commento al d.l. 18 ottobre 2012, n. 179)*, in *Fallimento*, 2012, 1285.

GUIOTTO A., *I sistemi di allerta e l'emersione tempestiva della crisi*, in *Fallimento*, 2019, 410.

GUIOTTO A, *Il valore riservato ai soci nel concordato in continuità aziendale*, in *dirittodellacrisi.it*, 2023.

GUIZZI G., *L'amministrazione delle società a responsabilità limitata*, in *Nuovo diritto societario* a cura di M. De Tilla, G. Alpa, S. Patti, Milano, 2003.

GUIZZI G., *Patrimoni destinati e crisi societarie*, in *Riv. dir. comm.*, 2006, I, 776.

GUIZZI G., *Il passivo*, in AA.VV., *Diritto fallimentare. Manuale breve*, Giuffrè, Milano, 2008.

GUIZZI G., Mala gestio *dello specifico affare e del patrimonio destinato e responsabilità degli amministratori. Profili sistematici*, in *Riv. dir. comm.*, 2008, I, 399.

GUIZZI G., ROSSI M., *La crisi di società a partecipazione pubblica*, in *La governance delle società pubbliche nel d.lgs. n. 175/2016* a cura di G. Guizzi, Giuffrè, Milano, 2017, 271.

GUTTILLA L., DANIELE M., *Le perdite di capitale tra la normativa emergenziale e il Codice della crisi*, in *dirittodellacrisi.it*, giugno 2021.

HERZIG D., § 26, in BRAUN E., *Insolvenzordnung. Kommentar*, Beck, München, 2017, 232.

HOUBEN M., *I doveri di riservatezza nelle procedure di allerta e di composizione assistita della crisi*, in *Le nuove leggi civili commentate*, 2020, 740.

IACCARINO G., *Circolazione dei beni: la cassazione conferma che gli acquisti provenienti da donazioni indirette sono sicuri*, in *Notariato*, 2010, 508.

IACONO G., *Gli effetti della liquidazione giudiziale sugli atti a titolo gratuito e sui pagamenti di crediti non scaduti e postergati: le novità del Codice della crisi d'impresa e dell'insolvenza*, in *judicium.it*, 2022.

IACOVIELLO M.F., *Fallimento e sequestri penali*, in *Giust. pen.*, 2005, II, 65.

IANNELLO B., *Il nuovo diritto fallimentare*, Giuffrè, Milano, 2006.

IANNICELLI L., *I profili processuali della distribuzione del ricavato ed il rendimento del conto del curatore*, in *Trattato di diritto fallimentare* diretto da V. Buonocore, A. Bassi, III, Cedam, Padova, 2011, 445.

IANNICELLI L., *Liquidazione "in senso stretto", procedimento di distribuzione del ricavato e rendiconto del curatore: profili processuali*, in *Trattato delle procedure concorsuali* diretto da A. Jorio, B. Sassani, 2016, 397.

IBBA C., *Sul presupposto soggettivo del fallimento*, in *Riv. dir. civ.*, I, 2007, 797.

IBBA C., *Il fallimento dell'impresa cessata*, in *Riv. soc.*, 2008, 936.

IBBA C., *Il presupposto soggettivo del fallimento dopo il decreto correttivo*, in *Profili della nuova legge fallimentare* a cura di C. Ibba, Giappichelli, Torino, 2009, 3.

IBBA C., *Crisi dell'impresa a controllo pubblico e responsabilità degli organi sociali*, in *Le "nuove" società partecipate e in house providing* a cura di S. Fortunato, F. Vessia, Giuffrè, Milano, 2017, 64.

IBBA C., *Il registro delle imprese*, in *Trattato di diritto privato* diretto da G. Iudica, P. Zatti, Giuffrè, Milano, 2021.

IBBA C., DEMURO I., *Il fallimento dell'impresa pubblica in forma societaria*, in *Crisi d'impresa e procedure concorsuali* a cura di O. Cagnasso, L. Panzani, I, Utet, Torino, 2016, 367.

IBBA C., DEMURO I. (diretto da), *Le società a partecipazione pubblica*, Zanichelli, Bologna, 2018.

ILLUMINATI A., *Art. 25-sexies, 25-septies*, in *Codice della crisi d'impresa e dell'insolvenza. Commentario* diretto da F. Di Marzio, Giuffrè, Milano, 2022, 125.

IMBARDELLI F., *Organi della liquidazione amministrativa*, in *Commentario alla legge fallimentare* a cura di A. Caiafa, Dike, Roma, 2017, 908.

IMPAGNATIELLO G., *La provvisoria esecuzione e l'inibitoria nel processo civile*, Giuffrè, Milano, 2010.

IMPAGNATIELLO G., *Evoluzioni (e involuzioni) della giurisprudenza sull'opposizione allo stato passivo*, in *Fallimento*, 2013, 322.

IMPAGNATIELLO G., *L'accertamento del passivo*, in *Diritto delle procedure concorsuali* a cura di G. Trisorio Liuzzi, Giuffrè, Milano, 2013, 207.

INSOLERA G., *Riflessi penalistici della nuova disciplina del concordato preventivo e delle composizioni extragiudiziali della crisi della impresa*, in *Giur. comm.*, 2006, 452.

INZITARI B., *Effetti del fallimento per i creditori. Art. 51-63*, in *Commentario Scialoja-Branca. La legge fallimentare* a cura di F. Bricola, F. Galgano, G. Santini, Zanichelli-Il Foro Italiano, Bologna-Roma, 1988.

INZITARI B., *Effetti del fallimento per i creditori*, in *Le procedure concorsuali. Trattato* diretto da G. Ragusa Maggiore, C. Costa, II, Utet, Torino, 1997, 105.

INZITARI B., *Sospensione del contratto per sopravvenuto fallimento ed incerti poteri autorizzativi del comitato dei creditori*, in *Dir. fall.*, 2007, 306.

INZITARI B., *La responsabilità del comitato dei creditori*, in *Dir. fall.*, 2009, I, 183.

INZITARI B. *Sostituzione cautelare dell'amministratore per l'istruttoria prefallimentare ex art. 15, penultimo comma, legge fallimentare*, in *Dir. fall.*, II, 2009, 354.

INZITARI B., *Gli accordi di ristrutturazione con intermediari finanziari e la convenzione di moratoria: deroga al principio di relatività del contratto ed effetti sui creditori estranei*, in *Dir. fall.*, 2015, 517 e in *Contratto e impresa*, 2015, 1183.

IOZZO F., *Art. 48, 49*, in *Il nuovo diritto fallimentare. Novità ed esperienze applicative a cinque anni dalla riforma* diretto da A. Jorio, M. Fabiani, Zanichelli, Bologna, 2010, 753.

IOZZO F., *La chiusura del fallimento*, in *Crisi d'impresa e procedure concorsuali* diretto da O. Cagnasso, L. Panzani, Milano, 2016, 2248.

IOZZO F., *Profili processuali e sostanziali del procedimento unitario*, in *Crisi e insolvenza nel nuovo Codice* a cura di S. Ambrosini, Zanichelli, Bologna, 2022, 447.

IRACE A., *Art. 118, 119*, in *Il nuovo diritto fallimentare* a cura di A. Nigro, M. Sandulli, II, Giappichelli, Torino, 2006, 725.

IRACE A., *Art. 118*, in *La legge fallimentare dopo la riforma* a cura di A. Nigro, M. Sandulli, V. Santoro, II, Torino, 2010, 1640.

IRACE A., *Art. 182*-quinquies, in *Il concordato preventivo e gli accordi di ristrutturazione dei debiti* a cura di A. Nigro, M. Sandulli, V. Santoro, Giappichelli, Torino, 2014, 461.

IRRERA M., *Art. 2467*, in *Il nuovo diritto societario. Commentario* diretto da G. Cottino, G. Bonfante, O. Cagnasso, P. Montalenti, Zanichelli, Bologna, 2004, 1791.

IRRERA M., *Assetti organizzativi adeguati e governo delle società di capitali*, Giuffrè, Milano, 2005.

IRRERA M., *Artt. 148, 149, 150, 151, 153*, in *Il nuovo diritto fallimentare* diretto da A. Jorio e coordinato da M. Fabiani, Zanichelli, Bologna, 2006, 2190.

IRRERA M., *L'obbligo di corretta amministrazione e gli assetti adeguati*, in *Nuovo dir. soc.*, 2009, 18, 16.

IRRERA M. (opera diretta da), *Assetti adeguati e modelli organizzativi*, Zanichelli, Bologna, 2016.

IRRERA M., *Adeguatezza degli assetti organizzativi tra correttezza e* Business Judgment Rule, in *Crisi di impresa. Prevenzione e gestione dei rischi: nuovo codice e nuova cultura* a cura di P. Montalenti, M. Notari, Giuffrè, Milano, 2021, 81.

IULIANI A., *Le Sezioni unite e la nullità selettiva: l'incontrollabile soggettivismo della decisione*, in *Giur. it.*, 2020, 2, 273.

IVONE G., *Dal «contratto di somministrazione» ai «contratti ad esecuzione continuata o periodica»*, in *Fallimento e altre procedure concorsuali* diretto da G. Fauceglia, L. Panzani, Utet, Torino, 2009, 767.

IVONE G., *Misure protettive e cautelari, autorizzazione del tribunale e rinegoziazione dei contratti*, in *La nuova composizione negoziata per la soluzione della crisi d'impresa* a cura di G. Sancetta, A.I. Baratta, C. Ravazzin, Giuffrè, Milano, 2022, 106.

IVONE G., CARBONE P.L., *Il mediatore non conflittuale della crisi di impresa*, in *La composizione negoziata della crisi di impresa (aggiornata con il d.lgs. 17 giugno 2022 n. 83)* a cura di A. Caiafa, Nuova Editrice Universitaria - NEU, Roma, 2022, 409.

IZZO G., *Contrabbando: rapporti tra sequestro a fini di confisca e fallimento*, in *Consulente dell'impresa commerciale industriale*, 2007, VI, 918.

JAEGER N., *Il fallimento e le altre forme di tutela giurisdizionale*, Giuffrè, Milano, 1964.

JAEGER P.G., SACCHI R., voce *Fallimento (Effetti per il fallito)*, in *Enc. giur.*, XIII, 1989.

JEANTET L., *Il piano di concordato e la suddivisione dei creditori in classi*, in *Le crisi d'impresa e del consumatore* a cura di S. Ambrosini, Zanichelli, Bologna, 2021, 267.

JEANTET L., VALLINO P., *La responsabilità degli amministratori: guardare al passato, pensare al futuro e interpretare il presente*, in *IlSocietario.it*, 2019.

JORIO A., *Gli articoli 10 e 11 della legge fallimentare e le società commerciali*, in *Riv. soc.*, 1969, 342.

JORIO A., *I rapporti giuridici pendenti nel concordato preventivo*, Cedam, Padova, 1973.

JORIO A., *Gruppo di imprese, holding e socio tiranno*, in *Riv. dir. impresa*, 1991, 315.

JORIO A., *La crisi d'impresa. Il fallimento*, in *Trattato di diritto privato* diretto da G. Iudica, P. Zatti, Giuffrè, Milano, 2000.

JORIO A., *Gli effetti del fallimento per i creditori - Gli effetti del fallimento sugli atti pregiudizievoli ai creditori - I rapporti giuridici pendenti - Il fallimento delle società*, in *Il fallimento* a cura di S. Ambrosini, G. Cavalli, A. Jorio, nel *Trattato di diritto commerciale* diretto da G. Cottino, XI, t. II, Cedam, Padova, 2008, 359.

JORIO A., *Fallimento (dir. priv. e proc.)*, in *Enc. del dir. Annali*, III, 2010.

JORIO A., *Il concordato preventivo*, in *Il nuovo diritto fallimentare. Novità ed esperienze applicative a cinque anni dalla riforma* diretto da A. Jorio, M. Fabiani, Zanichelli, Bologna, 2010, 969.

JORIO A., *Dalla meritevolezza del debitore all'autonomia contrattuale: il difficile cammino del nuovo concordato preventivo*, in *Il diritto delle società oggi* diretto da P. Benazzo, M. Cera, S. Patriarca, Utet, Torino, 2011, 723.

JORIO A., *La riforma fallimentare: pregi e difetti delle nuove regole*, in *Giur. comm.*, 2013, I, 697.

JORIO A., *Nota a Cass. 6 maggio 2015, n. 9100*, in *Giur. comm.*, 2015, II, 667.

JORIO A., *Fallimento e concordato fallimentare*, in *Nuova giurisprudenza di diritto civile e commerciale – Diritto commerciale* diretto da O. Cagnasso e G. Cottino, Utet, Torino, 2016.

JORIO A., *Società di capitali socia di fatto e insolvenza*, in *Giur. comm.*, 2017, II, 636.

JORIO A., *Note minime su assetti organizzativi, responsabilità e quantificazione del danno risarcibile*, in *Giur. comm.*, 2021, I, 812.

JORIO A., *Le categorie del disagio e la responsabilizzazione dell'imprenditore*, in *Crisi e insolvenza nel nuovo Codice* a cura di S. Ambrosini, Zanichelli, Bologna, 2022, 1.

JORIO A., FORTUNATO S. (a cura di), *La riforma delle procedure concorsuali*, Giuffrè, Milano, 2004.

JUNGMANN C., *§ 208*, in SCHMIDT K., *Insolvenzordnung*, Beck, München, 2016, 1685.

KELLER F., DE CESARE M., *Liquidazione controllata del sovraindebitato*, in *Codice della crisi d'impresa e dell'insolvenza. Commento al decreto legislativo 12 gennaio 2019, n. 14* a cura di M. Giorgetti, Pacini, Pisa, 2019.

KELLER U., *§ 26*, in SCHMIDT K., *Insolvenzordnung*, Beck, München, 2016, 304.

KENNTNER V.M., *Normgeberwille und Verfassungsinterpretation – zur «historischen» Auslegung von Art. 72 Abs. 2 GG n. F.*, in *VBlBW*, 1999, 289.

KIEßNER F., § 208, in BRAUN E., *Insolvenzordnung. Kommentar*, Beck, München, 2017, 1100.

LA CROCE G., *La transazione fiscale nell'intreccio di norme generali, norme speciali e norme costituzionali: è possibile uscire dal labirinto? (Corte d'Appello di Milano, Sez. IV, decr. 14 maggio 2008)*, in *Fallimento*, 12, 2008, 1410.

LA CROCE G., *Il concordato nella liquidazione giudiziale*, in D'ARRIGO C., DE SIMONE L., DI MARZIO F., LEUZZI S., *Commento al Codice della crisi d'impresa e dell'insolvenza*, Giuffrè, Milano, 2019, 283.

LA MALFA A., *Rapporti tra la transazione fiscale e il concordato preventivo*, in *Corr. trib.*, 2009, 706.

LA MALFA A., *Le offerte concorrenti*, in *Fallimento. Soluzioni negoziate della crisi e disciplina bancaria* diretto da S. Ambrosini, Zanichelli, Bologna, 2017.

LA MONICA M., *Manuale di diritto penale commerciale*, Ipsoa, Milano, 1993.

LA ROSA F., *Patrimoni e finanziamenti destinati ad uno specifico affare – "Ottica destinazione" e "ottica separazione": analisi delle prospettive di sviluppo e dei profili di rischio connessi ai nuovi strumenti di "federalismo" patrimoniale e finanziario*, Giuffrè, Milano, 2007.

LA TERZA M., *Diritti dei lavoratori e trasferimento d'azienda*, in *Diritto del lavoro* a cura di G. Amoroso, V. Di Cerbo, A. Maresca, Giuffrè, Milano, 2007, 875.

LAMANDINI M., *I patrimoni "destinati" nell'esperienza societaria. Prime note sul d.lgs. 17-01-2003, n. 6*, in *Riv. soc.*, 2003, 490.

LAMANNA F., *La holding quale impresa commerciale (anche individuale) e il dogma della personalità giuridica*, in *Dir. fall.*, 1990, II, 510.

LAMANNA F., *La ripartizione dell'attivo*, in *Diritto fallimentare* a cura di I. Greco, Pirola, Milano, 1995.

LAMANNA F., *Insinuazione di crediti verso le società di persone ed estensione del (solo) privilegio generale al passivo personale dei soci*, in *Fallimento*, 2004, 166.

LAMANNA F., *La disciplina della ripartizione dell'attivo*, in *Fallimento*, 2005.

LAMANNA F., *Artt. 10, 11, 14, 53*, in *Il nuovo diritto fallimentare* diretto da A. Jorio e coordinato da M. Fabiani, Zanichelli, Bologna, 2006, 239.

LAMANNA F., *Il nuovo procedimento di accertamento del passivo*, Ipsoa, Milano, 2006.

LAMANNA F., *La "non contestazione" della domanda di insinuazione o di rivendica/restituzione nella verifica del passivo*, in *Giur. comm.*, 2008, I, 57.

LAMANNA F., *Art. 51*, in *Commentario alla legge fallimentare* diretto da C. Cavallini, Egea, Milano, 2010, 1053.

LAMANNA F., *Gli effetti del fallimento per i creditori*, in *Il nuovo diritto fallimentare. Novità ed esperienze applicative a cinque anni dalla riforma* diretto da A. Jorio, M. Fabiani, Zanichelli, Bologna, 2010, 241.

LAMANNA F., *La problematica relazione tra preconcordato e concordato con continuità aziendale alla luce delle speciali autorizzazioni del Tribunale*, in *ilfallimentarista.it*, 2012.

LAMANNA F., *I crediti prededucibili perché "funzionali" alle procedure concorsuali previste dall'art. 111, comma 2, l. fall.*, in *ilfallimentarista.it*, 2013.

LAMANNA F., *I rapporti giuridici pendenti*, in *Trattato delle procedure concorsuali* diretto da A. Jorio, B. Sassani, *Il Fallimento. Effetti. Stato Passivo*, II, Giuffrè, Milano, 2014, 485.

LAMANNA F., *La legge fallimentare dopo la miniriforma del d.l. n. 83/2015*, Giuffrè, Milano, 2015.

LAMANNA F., *La manovra di bilancio 2018 e i fondi fallimentari destinati al FUG: dalla tutela dei crediti alla speculazione forzosa erariale*, in *ilfallimentarista.it*, 2018.

LAMANNA F., *Il nuovo codice della crisi d'impresa e dell'insolvenza*, in *Il Civilista*, Giuffrè, Milano, 2019.

LAMANNA F., *Il rispristino dei finanziamenti ponte nel primo Correttivo del Codice della crisi*, in *ilfallimentarista*, aprile 2020.

LAMANNA F., *Nuove misure sulla crisi d'impresa del D.L. 118/2021: Penelope disfa il Codice della crisi recitando il "de profundis" per il sistema dell'allerta*, in *ilfallimentarista.it*, agosto 2021.

LAMANNA F., *Il codice della crisi e dell'insolvenza dopo il secondo correttivo, Commento integrato e aggiornato al D.lgs. 17 giugno 2022*, n. 83, Giuffrè, Milano, 2022.

LAMANNA F., *Il concordato semplificato: incentivo per la composizione negoziata o arma "sleale" e "letale"?*, in *ilfallimentarista.it*, aprile 2022.

LAMANNA F., *Il controllo giudiziale sulla fattibilità e la convenienza nel giudizio di omologazione del concordato preventivo, Relazione predisposta su invito dell'Ufficio dei referenti per la formazione decentrata presso la Suprema Corte di Cassazione in relazione all'incontro di studio dell'11 ottobre 2012 in Roma dal titolo "Controllo del giudice ed autonomia privata nel concordato preventivo (gli indirizzi del merito a confronto e le novità della legge n. 134 del 2012)", in www.osservatorio-oci.org.*

LAMANNA F., *Speciale decreto "Contendibilità e soluzioni finanziarie" n. 83/2015: concordato preventivo – "Proposte/piani ed "offerte concorrenti"*, in *ilfallimentarista.it.*

LAMANNA F., GALLETTI D., *Il primo Correttivo al Codice della crisi e dell'insolvenza*, Giuffrè, Milano, 2020.

LAMANNA F., GALLETTI D., *Dall'emergenza Covid al correttivo del codice della crisi d'impresa*, Giuffrè, Milano, 2021.

LAMBERTUCCI P., *La disciplina dei rapporti di lavoro nel trasferimento dell'impresa sottoposta a procedure concorsuali: prime note sul codice della crisi d'impresa e dell'insolvenza del 2019*, in *Riv. it. dir. lav.*, 2019, 153.

LANFRANCHI L., *Fallimento, IX) accertamento del passivo e dei diritti mobiliari dei terzi*, in *Enc. giur. Treccani*, XIII, 1989.

LANFRANCHI L. *Costituzione e procedure concorsuali*, Giappichelli, Torino, 2010.

LANNI P.P., *Il contratto nell'operazione (o procedimento) di ristrutturazione dei debiti*, in *questione giustizia.it.*

LANZI A., *Riflessi penali delle procedure concorsuali vecchie e nuove*, in *Ind. pen.*, 1982, 148.

LANZI A., *La tutela penale del credito d'impresa*, in *Riv. trim. dir. pen. econ.*, 2017.

LANZIO L., *Il «riscatto» nella disciplina dell'art. 60 della legge fallimentare*, in *Giur. it.*, 1989, IV, 150.

LAPERTOSA F., *Gli effetti del fallimento sull'appalto*, in *Procedure concorsuali e rapporti pendenti* a cura di S. Sanzo, Zanichelli, Bologna, 2009.

LASSANDARI A., *I licenziamenti e le procedure concorsuali*, in *Variazioni su temi di diritto del lavoro*, 2018, n. 1, 54.

LATELLA D., *Art. 199*, in *Il nuovo diritto fallimentare* diretto da A. Jorio e coordinato da M. Fabiani, Zanichelli, Bologna, 2006.

LATELLA D., *La cessione delle "azioni di pertinenza della massa" nel sistema di realizzazione concorsuale dell'attivo*, in *Dir. fall.*, 2014.

LATELLA D., *Nuovi assetti organizzativi societari e codice della crisi di impresa*, in *www.federnotizie.it.*

LATTES A., *Il diritto commerciale nella legislazione statutaria delle città italiane*, Hoepli, Milano, 1884.

LAVAGNA C., *Istituzioni di diritto pubblico*, Utet, Torino, 1982.

LAZZARA L., *Art. 72*-ter, in *Il nuovo fallimento* a cura di F. Santangeli, Giuffrè, Milano, 2006.

LAZZARA M.M., *Esdebitazione e meritevolezza: lineamenti per una ricerca per definire la condotta che "libera" dai debiti*, in *Dir. fall.*, 2021, I, 673.

LAZZARA P., *Autorità indipendenti e discrezionalità*, Cedam, Padova, 2001.

LAZZARA P., *La regolazione amministrativa: contenuto e regime*, in *Dir. amm.*, 2018, 351.

LEANDRO A., *A first Critical Appraisal of the New European Insolvency Regulation*, in *Dir. UE*, 2016, 215.

LEANDRO A., *Le procedure concorsuali transfrontaliere*, in *Trattato delle procedure concorsuali* a cura di A. Jorio, B. Sassani, III, Giuffrè, Milano, 2016, 739.

LEANDRO A., *Il centro degli interessi principali del debitore tra regolamento (UE) 2015/848 e Codice della crisi d'impresa e dell'insolvenza*, in *Riv. dir. int.*, 2020, 363.

LEFEBVRE D'OVIDIO A., PESCATORE G., TULLIO L., *Manuale di diritto della navigazione*, Giuffrè, Milano, 2016.

LEGNAIOLI M.L., *La disciplina delle vendite: l'art. 182 e l'art. 163 bis l.f.*, relazione al Convegno OCI del 19-20 maggio 2017, in *www.osservatorio-oci.org*.

LEGNANI D., MAZZEI M., BRIGUGLIO C., *Liquidazioni Coatte Amministrative speciali*, in *Codice Della Crisi e Della Insolvenza aggiornato al D.Lgs. 17 giugno 2022 n. 83* a cura di M. Giorgetti, A. Bonafine, Pacini, Pisa, 2023, 425.

LEGNANI D., MAZZEI M., *Liquidazioni coatte amministrative speciali (artt. 293-316)*, in *Codice della Crisi d'Impresa e dell'Insolvenza – aggiornato alla legge 21 ottobre 2021, n. 147* a cura di M. Giorgetti, A. Bonafine, Pacini, Pisa, 2022, 329.

LEGNANI S., MONTI S., DI GIOIA M.A., *I gruppi di imprese*, in *Il Codice della crisi dopo il d. lgs. 17 giugno 2022, n. 83* a cura di S. Sanzo, Zanichelli, Bologna, 2022, 601.

LENER A., *Vitalizio*, in *Nuoviss. Dig. It.*, XX, Utet, Torino, 1975, 1018.

LENER G., *Considerazioni intorno al plusvalore da continuità e alla "distribuzione" del patrimonio (tra regole di priorità assoluta e regole di priorità relativa)*, in *dirittodellacrisi.it*, febbraio 2022.

LENER G., *L'obbligazione di partecipare alle trattative nella composizione negoziata*, in *Riv. soc.*, 2022, 1170.

LENOCI V., *Le misure cautelari e protettive nella riforma concorsuale*, in *ilfallimentarista*, aprile 2018.

LENOCI V., *Il procedimento concorsuale liquidatorio*, in *Questione Giustizia*, 2019.

LENOCI V., *Artt. 222, 223 e 224*, in *Codice della crisi d'impresa e dell'insolvenza* diretto da F. Di Marzio, Giuffrè, Milano, 2022.

LENZI D., *I doveri dei creditori nella crisi d'impresa*, Giuffrè, Milano, 2022.

LEOGRANDE G., *Art. 73*, in *Commentario alla legge fallimentare* a cura di A. Maffei Alberti, Cedam, Padova, 2013, 1353.

LEONARD B., *The Development of Court-to-Court Communication*, in *Norton J. Bankr. L. Pract.*, 2008, 17 (5), 619-631.

LEOZAPPA A.M., *Concordato preventivo: fattibilità giuridica e modifiche organizzative*, in *Fallimento*, 2015, 881.

LEOZAPPA A.M., *Il sovraindebitamento del debitore fallibile, delle società professionali e degli enti pubblici*, in *Giur. comm.*, 2015, I, 574.

LEUZZI S., *La liquidazione del patrimonio dei soggetti sovraindebitati fra presente e futuro*, in *ilcaso.it*, marzo 2019.

LEUZZI S., *La procedura da 'sovraindebitamento': profili generali*, in CRIVELLI R., FONTANA A., LEUZZI S., NAPOLITANO A., ROLFI F., *Il Nuovo sovraindebitamento*, Zanichelli, Bologna, 2019, 10.

LEUZZI S., *Le procedure da sovraindebitamento: profili generali*, in *Il nuovo sovraindebitamento dopo il codice della crisi e dell'insolvenza*, Zanichelli, Torino, 2019.

LEUZZI S., *L'esercizio (non più provvisorio) dell'impresa del debitore nel quadro del codice della crisi e dell'insolvenza*, in *Dir. fall.*, 2019.

LEUZZI S., *L'esercizio dell'impresa e liquidazione dell'attivo*, in *ilfallimentarista.it*, 2019.

LEUZZI S., *Il credito del subappaltatore di opere pubbliche nel fallimento*, in *Fallimento*, 2020.

LEUZZI S., *Dalla crisi all'emergenza: la prededuzione al tempo del Covid-19*, in *dirittodellacrisi.it*, marzo 2021.

LEUZZI S., *Analisi differenziale fra concordati: concordato semplificato vs. ordinario*, in *dirittodella crisi.it*, novembre 2021.

LEUZZI S., *Privilegio processuale fondiario e fallimento fra interferenza e coesistenza*, in *inexecutivis.it*, giugno 2021.

LEUZZI S., *Appunti sul concordato preventivo ridisegnato*, in *dirittodellacrisi.it*, maggio 2022.

LEUZZI S., *Artt. 87, 90*, in *Codice della crisi d'impresa e dell'insolvenza* a cura di F. Di Marzio, Giuffrè, Milano, 2022.

LEUZZI S., *Il volto nuovo del concordato preventivo in continuità aziendale*, in *Studi sull'avvio del Codice della crisi* a cura di L. De Simone, M. Fabiani, S. Leuzzi, in *dirittodellacrisi.it*, 2022.

LEUZZI S., *Il volto nuovo del concordato preventivo in continuità aziendale*, in *dirittodellacrisi.it*, settembre 2022.

LEUZZI S., *L'evoluzione del valore della continuità aziendale nelle procedure concorsuali*, in *Nuove leggi civ. comm.*, 2022, 479.

LEUZZI S., *Le ammissioni "ultratardive" tra* overruling *ed errore scusabile*, in *Fallimento*, 2022, 551.

LIACI M., *Art. 30*, in *La legge fallimentare dopo la riforma* a cura di A. Nigro, M. Sandulli, V. Santoro, Giappichelli, Torino, 2010, 398.

LIBERTINI M., *Pagamento cambiario e revocatoria fallimentare. Un contributo alla teoria della revocatoria*, Giuffrè, Milano, 1974.

LIBERTINI M., *Clausole generali, norme di principio, norme a contenuto indeterminato. Una proposta di distinzione*, in *Riv. crit. dir. priv.*, 2011, 345.

LIBERTINI M., *Ancora a proposito di principi e clausole generali, a partire dall'esperienza del diritto commerciale*, in *Rivista Orizzonti del diritto commerciale*, 2018.

LIBERTINI M., *Crisi d'impresa e diritto della concorrenza*, in *Merc. conc. reg.*, 2021, 9.

LIBERTINI M., *Principio di adeguatezza organizzativa e disciplina dell'organizzazione delle società a controllo pubblico*, in *Giur. comm.*, 2021, I, 5.

LIBONATI B., *Il gruppo insolvente*, Nardini, Firenze, 1983.

LICCARDO P., *Fallimento e metodologie di acquisizione dell'azienda*, in *Fallimento*, 1996, 661.

LICCARDO P., *Art. 161*, in *La riforma della legge fallimentare* a cura di A. Nigro, M. Sandulli, Giappichelli, Torino, 2010, 2051.

LICCARDO P., *Artt. 172, 174*, in *La legge fallimentare dopo la riforma* a cura di A. Nigro, M. Sandulli, V. Santoro, Giappichelli, Torino, 2010.

LICCARDO P., *Neoliberismo concorsuale e le svalutazioni competitive: il mercato delle regole*, in *giustiziainsieme.it*, settembre 2021.

LICCARDO P., FEDERICO G., *Art. 108*, in *Il nuovo diritto fallimentare* diretto da A. Jorio e coordinato da M. Fabiani, Zanichelli, Bologna, 2006, 1801.

LICCI P., *Artt. 359-371; 373*, in *Codice della crisi d'impresa e dell'insolvenza, commentario al decreto legislativo 12 gennaio 2019, n. 14* a cura di M. Giorgetti, Pacini, Pisa, 2019, 325.

LIEBMAN S., *Obblighi di informazione e consultazione sindacale nel trasferimento d'azienda e condotta antisindacale: gli effetti concreti di una eventuale condanna ex art. 28 dello statuto dei lavoratori*, in *Orient. giur. lav.*, 1996, I, 324.

LIMITONE G., *Revocatoria concorsuale*, in *Le insinuazioni al passivo* a cura di M. Ferro, Cedam, Padova, 2006.
LIMITONE G., *Artt. 203*, in *La legge fallimentare. Commentario teorico-pratico* a cura di M. Ferro, Cedam, Padova, 2007.
LIMITONE G., *Artt. 111* bis, *111-ter, 111-quater*, in *La legge fallimentare. Commentario teorico-pratico* a cura di M. Ferro, Cedam, Padova, 2011.
LIMITONE G., *Art. 66, 69-bis, 70*, in *La legge fallimentare. Commentario teorico-pratico* a cura di M. Ferro, Cedam, Padova, 2014, 821.
LIMITONE G., *Secretazione del programma di liquidazione*, in *ilfallimentarista.it*, 2016.
LIMITONE G., *Misure cautelari e protettive nel Codice della crisi (alla prova della bolletta luce e gas)*, in *ilcaso.it*, 2022.
LO CASCIO G., *Il concordato preventivo*, Giuffrè, Milano, ed. 1979, 2008, 2011, 2017.
LO CASCIO G., *La responsabilità del curatore del fallimento*, in *Giur. comm.*, 1983, I, 843.
LO CASCIO G., *Ammissione al passivo del credito di regresso del fideiussore*, in *Giust. civ.*, 1987, I, p. 969.
LO CASCIO G., *Il fallimento e le altre procedure concorsuali*, Ipsoa, Milano, ed. 1991, 1998, 2007, 2008.
LO CASCIO G., *La liquidazione del compenso del curatore fallimentare e del commissario giudiziale nelle procedure concorsuali*, in *Giur. comm.*, 1993, 13.
LO CASCIO G., *Il nuovo fallimento: riflessioni sugli aspetti processuali e sulla disciplina transitoria*, in *Fallimento*, 2006, 758.
LO CASCIO G., *Organi del fallimento e controllo giurisdizionale*, in *Fallimento*, 2008, 369.
LO CASCIO G., *Finanziamenti alle imprese in crisi: nuove garanzie alle banche*, in *Corriere giur.*, 2010, 1265.
LO CASCIO G., *L'accertamento del passivo nel fallimento: lineamenti generali*, in *Fallimento*, 2011, 1021.
LO CASCIO G., *Concordato preventivo: natura giuridica e fasi giurisprudenziali alterne*, in *Fallimento*, 2013, 525.
LO CASCIO G., *L'ennesima modifica alla legge sulla composizione della crisi da sovraindebitamento (L. 27 gennaio 2012, n. 3)*, in *Fallimento*, 2013, 813.
LO CASCIO G., *Crisi delle imprese, attualità normative e tramonto della tutela concorsuale*, in *Fallimento*, 2013, 5.
LO CASCIO G., *La prededuzione nelle procedure concorsuali: vecchi e nuovi profili normativi ed interpretativi*, in *Fallimento*, 2015.
LO CASCIO G., *La legge fallimentare vigente e prospettive future*, in *Fallimento*, 2016, 393.
LO CASCIO G., *Legge fallimentare attuale, legge delega di riforma e decreti attuativi in fieri*, in *Fallimento*, 2018, 525.
LO CASCIO G., *Il codice della crisi di impresa e dell'insolvenza: considerazioni a prima lettura*, in *Fallimento*, 2019, 263.
LO MORO C., *Le obbligazioni solidali nel fallimento*, in *Le procedure concorsuali. Trattato* diretto da G. Ragusa Maggiore e C. Costa, Torino, 1997.
LO MORO BANZI C., *L'ammissione al passivo con riserva*, Cedam, Padova, 1981, 179.
LO MORO BANZI C., *Solidarietà, espropriazione e procedure concorsuali*, Cedam, Padova, 1989.
LO MUNDO E., *Art. 111-bis*, in *Codice commentato del fallimento* diretto da G. Lo Cascio, Ipsoa, Milano, 2008, 1060.
LOCATELLI F., *Brevi note sul rito camerale* sui generis *per le impugnazioni dello stato passivo*, in *Dir. fall.*, I, 2014, 64.

LOCORATOLO S., *«Patrimoni destinati» e insolvenza*, Edizioni Scientifiche Italiane, Napoli, 2005.

LOLLI A., PAOLUCCI M.G., *Procedure di composizione della crisi da sovraindebitamento*, in *nuovo dirittodellesocietà.it*, 2020.

LONGHI S., *Bancarotta e altri reati in materia commerciale*, Vallardi, Milano, 1930, 91.

LONGO D., *Le misure cautelari e protettive - La liquidazione giudiziale: apertura e impugnazioni*, in *Diritto della Crisi d'impresa* a cura di G. Trisorio Liuzzi, Cacucci, Bari, 2023, 149.

LORDI L., *Il fallimento e le altre procedure concorsuali*, Esi, Napoli, 1946.

LOTTINI R., *Modifica della legge fallimentare*, in *Fallimento*, 2010, 1371.

LOTTINI R., *Il nuovo art. 217* bis l. fall.: una riforma che tradisce le aspettative, in *Fallimento*, 2012, 1372.

LOTTINI R., *Art. 238*, in *Codice commentato del fallimento* diretto da G. Lo Cascio, Ipsoa, Milano, 2017, 2800.

LUCCI P., *Il socio illimitatamente responsabile e la composizione della crisi personale da sovraindebitamento*, in *Fallimento*, 2019, 943.

LUCIANO A.M., *La gestione della s.p.a. nella crisi pre-concorsuale*, Giuffrè, Milano, 2016.

LUGARO M., *Insinuazioni tardive: contestazioni del curatore (o del legale del fallimento) e poteri del giudice delegato*, in *Fallimento*, 1981, 874.

LUISO F.P., *Diritto processuale civile*, Giuffrè, Milano, 2021.

LUMINOSO A., *Vendita, preliminare di vendita e altri contratti traslativi*, in *Trattato di diritto fallimentare* diretto da F. Vassalli, F.P. Luiso, E. Gabrielli, III, Giappichelli, Torino, 2014, 206.

LUMINOSO A., *I contratti preliminari: dalla legge fallimentare al codice della Crisi d'impresa*, in *Contratto e impresa*, 2020, 1060.

LUNETTI C., *La disciplina dell'insolvenza transfrontaliera come fattore essenziale di una moderna riforma della crisi d'impresa*, in *Fallimento*, 2018, 123.

LUNGHINI B., *Artt. 122, 123, 233, 234, 235*, in *Commentario breve alla legge fallimentare* diretto da A. Maffei Alberti, Cedam, Padova, 2013, 830.

LUPARIA L., *Liquidatore del concordato e bancarotta societaria: il ripudio di una analogia* in malam partem, in *Società*, 2011, 329.

LUPONE A., *L'insolvenza transnazionale. Procedure concorsuali nello Stato e beni all'estero*, Cedam, Padova, 1995, 156.

MACAGNO G.P., *La Suprema Corte apre nuovi orizzonti all'iniziativa del Pubblico ministero*, in *Fallimento*, 2015, 193.

MACAGNO G.P., *Accertamento dei diritti del titolare di garanzia nel fallimento del terzo datore: l'orientamento della S.C. non appare in sintonia con il Codice della crisi d'impresa*, in *Fallimento*, 2020, 524.

MACAGNO G.P., *Covid-19: il diritto della crisi alla ricerca di una nuova normalità*, in *Fallimento*, 2021, 404.

MACAGNO G.P., *Il concordato preventivo liquidatorio*, in *Le crisi d'impresa e del consumatore* a cura di S. Ambrosini, Zanichelli, Bologna, 2021, 288.

MACAGNO G.P., *La distribuzione di valore tra regole di priorità assoluta e relativa. Il plusvalore da continuità*, in *dirittodellacrisi.it*, 2022.

MACAGNO G.P., *Termine per le domande "ultratardive": valutazione secondo ragionevolezza e onere della prova in capo al creditore*, in *Fallimento*, 2022, 1417.

MACAGNO G.P., MARRO S., MARTINES A., *Affitto e cessione d'azienda nell'ambito del concordato preventivo*, in *dirittoeconomiaimpresa.it*.

MACARIO F., *Contratti di durata*, in *Enc. dir. – I tematici*, Milano, 2021, 103.

MACARIO F., IVONE G., *Gli effetti del fallimento per i creditori: creditori privilegiati e chirografari. Compensazione e obbligazioni solidali*, in *Fallimento e concordato fallimentare* a cura di A. Jorio, Utet, Torino, 2016, 1342.

MACRÌ G., *Pagamento con surrogazione ed obbligo al "solvens" d'insinuarsi al passivo nel fallimento del debitore*, in *Dir. fall.*, II, 1993, 856.

MAFFEI ALBERTI A., *Il danno nella revocatoria fallimentare*, Cedam, Padova, 1970, 192.

MAFFEI ALBERTI A., *La chiusura del fallimento di società con soci illimitatamente responsabili*, in *Riv. trim. dir. proc. civ.*, 1974, 874.

MAFFEI ALBERTI A., *Procedure concorsuali*, in AA.VV., *Diritto commerciale*, Monduzzi, Bologna, 1993, 457.

MAFFEI ALBERTI A., *Artt. 2447*-bis – *2447*-decies, in *Il nuovo diritto delle società: commento sistematico al D. lgs. 17 gennaio 2003, n. 6 aggiornato al D. lgs. 28 dicembre 2004, n. 310* a cura di A. Maffei Alberti, Cedam, Padova, 2005, 1671.

MAFFEI ALBERTI A., *Commentario breve alla legge fallimentare*, Cedam, Padova, ed. 1995, 2000, 2009, 2013, 2017.

MAFFEI ALBERTI A., *Commentario breve alle leggi su crisi d'impresa ed insolvenza*, Cedam, Padova, 2023.

MAGNANI M., *Crisi d'impresa tra diritto del lavoro e mercato*, in *Arg. dir. lav.*, 2017, 1377.

MAISANO A., *Il concordato preventivo delle società*, Giuffrè, Milano, 1980.

MALTESE D., *Appalto privato*, in *I contratti in corso di esecuzione nelle procedure concorsuali* a cura di L. Guglielmucci, Cedam, Padova, 2006.

MALTONI A., *La società* in house *nel T.U. sulle partecipate pubbliche*, in *Urbanistica e appalti*, 2017, 7.

MALTONI M., *La fusione, la scissione e la trasformazione di società in concordato preventivo secondo il codice della crisi d'impresa (art. 116 d.lgs. 12 gennaio 2019, n. 14)*, in *Studio* 32/2020 del Consiglio Nazionale del Notariato, in *notariato.it*.

MALTONI M., *Fusione e scissione di società in concordato preventivo secondo il codice della crisi di impresa (con alcune riflessioni in merito ai nuovi articoli 120*-bis *e 120*-quinquies*)*, in *Riv. notar.*, 2022, 447.

MAMBRIANI A., RACUGNO G., *Bilancio e libri sociali. Gruppi di società*, in *Società di capitali*, diretta da R. Rordorf, Giuffrè, Milano, 2019.

MANCINELLI S., *Brevi note sulla chiusura della procedura fallimentare in pendenza di giudizi*, in *ilcaso.it*.

MANCINELLI S., *La rivisitazione del piano attestato di risanamento*, 2016.

MANCINI A., *Le "imprese sotto soglia" nel d.l. 118/2021: interazioni con il sovraindebitamento*, in *ilcaso.it*, settembre 2021.

MANCINI A., *Sovraindebitamento: dall'accordo* ex *l. 3/2012 al concordato minore (Note operative a seguito del d.lgs. 17 giugno 2022 n. 83)*, in *ilcaso.it*, agosto 2022.

MANCINI A., *Sovraindebitamento: le offerte concorrenti nel concordato minore*, in *ilcaso.it*.

MANCUSO C., *Le domande supertardive. Ritardo incolpevole e termine per il deposito dell'insinuazione*, in *Fallimento*, 2021, 361.

MANDRIOLI L., *La ripartizione dell'attivo, la chiusura del fallimento e l'esdebitazione del fallito*, in *ilcaso.it*, 2006.

MANDRIOLI L., *Il contratto di affitto di azienda*, in *La riforma organica delle procedure concorsuali* a cura di S. Bonfatti, L. Panzani, Ipsoa, Milano, 2008, 297.

MANDRIOLI L., *Transazione fiscale e concordato preventivo tra lacune normative e principi del concorso*, in *Giur. comm.*, 2008, I, 296.

MANDRIOLI L., *Art. 104*-ter, in *La legge fallimentare dopo la riforma* a cura di A. Nigro, M. Sandulli, V. Santoro, Giappichelli, Torino, 2010, 1396.

MANDRIOLI L., *I finanziamenti soci "interinali" nel concordato preventivo e negli accordi di ristrutturazione dei debiti*, in *Giur. comm.*, 2019, I, 615.

MANDRIOLI L., *Le vendite nel concordato preventivo*, in *dirittodellacrisi.it*.

MANENTE D., *Gli strumenti di regolazione delle crisi da sovraindebitamento dei debitori non fallibili. Introduzione alla disciplina della l. 27 gennaio 2012, n. 3, dopo il c.d. «decreto crescita*-bis», in *Dir. fall.*, 2013, I, 557.

MANENTE D., *Lineamenti del diritto della crisi d'impresa*, Cedam, Padova, 2022.

MANES P., PASQUARIELLO F., *Dei patrimoni destinati ad uno specifico affare – artt. 2447*-bis – *2447*-decies, in *Commentario del codice civile e codici collegati Scialoja-Branca* a cura di G. De Nova, Zanichelli-Il Foro Italiano, Bologna-Roma, 2013.

MANFREDI M.L., ALMINI F., *Concordato preventivo e sospensione feriale dei termini*, in *ilfallimentarista.it*, 2016.

MANGANO P., *Il diritto penale fallimentare nel sistema giuridico italiano*, Giuffrè, Milano, 1989, 48.

MANGANO P., *L'impresa come bene giuridico nei reati di bancarotta*, Cedam, Padova, 1998.

MANGANO P., *Disciplina penale del fallimento*, Giuffrè, Milano, 2003.

MANGANO R., *La revocatoria fallimentare delle attribuzioni indirette*, Giappichelli, Torino, 2005.

MANGIONE A., *Riflessioni penalistiche sulla riforma delle procedure concorsuali*, in *Riv. it. dir. proc. pen.*, 2006, 921.

MANNA A., *Introduzione dei reati contro la pubblica amministrazione*, in A. CADOPPI, S. CANESTRARI, A. MANNA, M. PAPA, *Trattato di diritto penale. Parte speciale II. I delitti contro la Pubblica Amministrazione*, Utet, Torino, 2008, 3.

MANNA A., PERDONÒ G.L., *Le singole fattispecie di reato*, in *Corso di diritto penale dell'impresa* a cura di A. Manna, Cedam, Padova, 2018, 559.

MANZINI N., CARELLI F., *Il ruolo dei creditori nella composizione negoziata*, in *ilcaso.it*, marzo 2022.

MARASÀ G., *La commercializzazione degli enti del libro I del codice civile*, in *Riv. dir. civ.*, 2023, 210.

MARCELLI A., *Ammissione al passivo fallimentare degli interessi relativi a mutuo con piano di ammortamento a rata costante (alla francese). L'articolo 2855 c.c.*, in *ilcaso.it*.

MARCHISIO E., *I "finanziamenti anomali" tra postergazione e prededuzione*, in *Riv. notar.*, 2012, 1295.

MARCIANO R., *Art.* 2477, in *La riforma delle società* a cura di M. Sandulli, V. Santoro, Giappichelli, Torino, 2003.

MARCONE A., *Atti pregiudizievoli compiuti tra coniugi*, in *Il fallimento e le altre procedure concorsuali* diretto da L. Panzani, Utet, Torino, 1999, II.

MARELLI F., *Il regime dell'eccezione di incompetenza nel procedimento per la dichiarazione di fallimento*, in *Fallimento*, 2012, 1435.

MARELLI F., *Novità in tema di competenza nel nuovo codice della crisi d'impresa e dell'insolvenza*, in *Riv. dir. proc.*, 2021, 260.

MARELLI F.E., *Liquidazione di acconti sul compenso del commissario giudiziale ed impugnazione del pubblico ministero*, in *Fallimento*, 2009, 984.

MARESCA D., *La modificazione sostanziale dei contratti di concessione di lunga durata durante l'esecuzione: commento alla direttiva 2014/23/UE*, in *Dir. comm. int.*, 2014, 749.

MARGHIERI A., *Manuale del diritto commerciale italiano*, Eugenio Marghieri, Napoli, 1894.

MARI A., RIDELLA G., *Gli effetti delle azioni di riduzione e restituzione nei confronti delle liberalità non donative secondo la corte di cassazione*, in *Famiglia e diritto*, 2011, 348.

MARIANI C.M., BORLONI G., *La disciplina processuale*, in SANZO S., *Il codice della crisi dopo il d.lgs. 17 giugno 2022, n. 83*, Zanichelli, Bologna, 2022, 101.

MARINI A., *La rendita perpetua e la rendita vitalizia*, in *Trattato di diritto privato. Obbligazioni e contratti* diretto da P. Schlesinger, V, Utet, Torino, 1985, 4.

MARINI C., *La bancarotta semplice (art. 217 legge fall.)*, in *Reati in materia economica*, Torino, 2017, 497.

MARINI G., *Note in tema di responsabilità per i debiti tributari del cessionario di azienda*, in *Riv. dir. trib.*, 2009, 181.

MARINI G., *La transazione fiscale*, in *Rass. trib.*, 5, 2010, 1193.

MARINI G., *La transazione fiscale: profili procedimentali e processuali*, in *Il diritto tributario delle procedure concorsuali e delle imprese in crisi* a cura di F. Paparella, Giuffrè, Milano, 2013, 661.

MARINUCCI E., *Nota sulla disciplina processuale dei crediti dopo la riforma*, in *Riv. dir. proc.*, 2012, 1005.

MARINUCCI G., DOLCINI E., GATTA G.L., *Manuale di Diritto Penale. Parte Generale*, Giuffrè, Milano, 2019.

MAROTTA F., *L'armonizzazione europea delle discipline nazionali in materia di insolvenza: la nuova direttiva europea riguardante i quadri di ristrutturazione preventiva, la seconda opportunità e le misure volte ad aumentare l'efficacia delle procedure di ristrutturazione*, in *ilcaso.it*.

MARROLLO A.C., *La ripartizione dell'attivo*, in *La riforma organica delle procedure concorsuali* a cura di S. Bonfatti, L. Panzani, Ipsoa, Milano, 2008, 489.

MARROLLO A.C., PEZZANO A., *La continuità aziendale nell'esercizio provvisorio: presupposti e connessioni*, in *Procedure concorsuali e diritto pubblico* a cura di L. D'Orazio, L. Monteferrante, Ipsoa, Milano, 2017, 507.

MARTINES T., *Diritto costituzionale*, Giuffrè, Milano, 2013.

MARTINETTO G., *I reclami contro i provvedimenti del giudice delegato e contro gli atti di amministrazione del curatore*, in *Dir. fall.*, 1968, I, 328.

MARTONE C., *Locazione e affitto*, in *I contratti in corso di esecuzione nelle procedure concorsuali* a cura di L. Guglielmucci, Cedam, Padova, 2006, 377.

MARTORANO F., *Lineamenti generali dei titoli di credito e titoli cambiari*, Morano, Napoli, 1979.

MARTORANO F., *Prime riflessioni sulla vendita dell'azienda nel fallimento*, in *Riv. dir. impr.*, 2008, 137.

MARTORANO F., *Art. 79*, in *La legge fallimentare dopo la riforma* a cura di A. Nigro, M. Sandulli, V. Santoro, Giappichelli, Torino, 2010, 1105.

MARZO G., *Surrogazione legale e privilegio speciale nel fallimento*, in *Giust. civ.*, I, 1997, 1329.

MARZO S., *Le misure cautelari e protettive nei giudizi di accesso alle procedure di regolazione della e dell'insolvenza*, in *ilfallimentarista*, marzo 2019.

MARZO S.F., *I crediti contestati nel concordato preventivo*, in *Dir. fall.*, 2021, 593.

MASOLDO S., *Trasferimento d'azienda e rinegoziazione dei contratti*, in *La crisi d'impresa e le nuove misure di risanamento* diretto da M. Irrera, S.A. Cerrato, coordinato da F. Pasquariello, Zanichelli, Bologna, 2022, 186.

MASPES I., *Nullità sopravvenuta del preliminare di compravendita di un immobile da costruire*, in *Contratti*, 2017, 3, 325.

MASTRANGELO G., *Le soluzioni del codice della crisi d'impresa e dell'insolvenza al problema della sovrapposizione dei sequestri penali con le procedure liquidatorie*, in *Sistema penale*, 5/2020, 103.

MASTROGIACOMO M., *La liquidazione dell'attivo fallimentare*, in *Trattato di diritto delle procedure concorsuali* diretto da U. Apice, Giappichelli, Torino, 2010, 259.

MASTURZI S., *Artt. 105, 106*, in *Commentario alla legge fallimentare* diretto da C. Cavallini, Egea, Milano, 2010, 959.

MASTURZI S., *La composizione delle crisi da sovraindebitamento mediante accordo di ristrutturazione dei debiti e soddisfazione dei crediti*, in *Dir. fall.*, 2014, I, 676.

MASTURZI S., *La rilevanza della prospettiva aziendale nella valutazione di adeguatezza degli assetti*, in *Nuovo dir. soc.*, 2021, 1859.

MASULLO M., *La sentenza dichiarativa di fallimento è condizione obiettiva di punibilità: quando affermare la verità non costa nulla*, in *Riv. it. dir. proc. pen.*, 2017, 1151.

MATTEI E., *Della ripartizione dell'attivo*, in *Fallimento e altre procedure concorsuali* a cura di G. Fauceglia, L. Panzani, II, Utet, Torino, 2009.

MATTEI E., *Della ripartizione dell'attivo*, in *Le procedure concorsuali* a cura di A. Caiafa, Cedam, Padova, 2011.

MAUGERI M., *Finanziamenti "anomali" dei soci e tutela del patrimonio nelle società di capitali*, Giuffrè, Milano, 2005.

MAUGERI M., *Dalla struttura alla funzione della disciplina sui finanziamenti dei soci*, in *Riv. dir. comm.*, 2008, I, 138.

MAUGERI M., *Sul regime concorsuale dei finanziamenti soci*, in *Giur. comm.*, 2010, I, 805.

MAUGERI M., *Note in tema di doveri degli amministratori nel governo del rischio di impresa (non bancaria)*, in *Rivista Orizzonti del diritto commerciale*, 2014, 1.

MAUGERI M., *Art. 2497*-quinquies, in *Le società per azioni, Codice civile e norme complementari. Commentario* diretto da P. Abbadessa, G.B. Portale, Giuffrè, Milano, 2016.

MAUGERI M., *Gruppo insolvente e competenza territoriale*, in *Banca, borsa, tit. cred.*, 2018, II, 222.

MAUGERI M., *Finanziamenti "anomali" dei soci e riorganizzazione dell'impresa nel codice della crisi*, in *Riv. dir. comm.*, 2020, I, 129.

MAUGERI M., *Finanziamenti infragruppo e codice della crisi*, in *Fallimento*, 2021, 1298.

MAUGERI M., *Partecipazione sociale e valore dell'impresa in crisi*, in *Oss. dir. civ. comm.*, 2021, 3.

MAZZACUVA N., *False comunicazioni sociali e fallimento: un rapporto controverso tra normativa vigente, interpretazione e prospettive di riforma*, in *Riv. trim. dir. pen. econ.*, 2001, 84.

MAZZIOTTI DI CELSO M., *Parlamento (principi generali e funzioni) (ad vocem)*, in *Enc. dir.*, 1981.

MAZZOCCA D., *Manuale di diritto fallimentare*, Jovene, Napoli, ed. 1986 e 1996.

MAZZONI A., *La responsabilità gestoria per scorretto esercizio dell'impresa priva della prospettiva di continuità aziendale*, in *Studi in ricordo di P.G. Jaeger*, Giuffrè, Milano, 2011, 813.

MAZZONI A., *The social aspects of MSME insolvencies: a global view and a new approach for law reform*, in *Riv. comm. intern.*, 2016, 361.

MAZZONI A., *Procedure concorsuali e standards internazionali: norme e principi di fonte Uncitral e Banca Mondiale*, in *Giur. comm.*, 2018, I, 43.

MAZZOTTA G., D'AVIRRO A., *Profili penali del controllo nelle società commerciali. Sindaci, revisori, autorità indipendenti*, in *Teoria e pratica del diritto*, Giuffrè, Milano, 2006, 337.

MCCORMACK G., *COMI and COMITY in European and US Insolvency Law*, in *L. Quart. Rev.*, 2012, 128 (2), 140-155.

MENCHINI S., MOTTO A., *L'accertamento del passivo e dei diritti reali e personali dei terzi sui beni*, in *Trattato di diritto fallimentare e delle altre procedure concorsuali* diretto da F. Vassalli, F.P. Luiso, E. Gabrielli, II, *Il processo di fallimento*, Giappichelli, Torino, 2014, 375.

MENCHINI S., MOTTO A., *L'accertamento del passivo e dei diritti di terzi sui beni compresi nella liquidazione giudiziale nel Codice della crisi d'impresa e dell'insolvenza*, in *Giust. civ.*, 2022, 415.

MENDITTO F., *Confisca di prevenzione e tutela dei terzi creditori. Un difficile bilanciamento di interessi. Approfondimento a margine dei recenti interventi della Corte costituzionale (sentenza n. 94 del 2015 e ordinanza n. 101 del 2015)*, in *Diritto penale contemporaneo*, luglio 2015.

MENGHINI L., *I contratti di lavoro*, in *I contratti in corso di esecuzione nelle procedure concorsuali* a cura di L. Guglielmucci, Cedam, Padova, 2006, 521.

MENTI P., *Socio d'opera e conferimenti del valore nella srl*, Giuffrè, Milano, 2006.

MEO G., *Il risanamento finanziato dai creditori*, Giuffrè, Milano, 2013.

MEO G., *I soci e il risanamento. Riflessioni a margine dello Schema di legge-delega proposto dalla Commissione di riforma*, in *Giur. comm.*, 2016, I, 286.

MEO G., PANZANI L., *Procedure unitarie "di gruppo" nel codice della crisi. Un "contrappunto"*, in *ilcaso.it*, dicembre 2019.

MEOLI B., *La continuazione temporanea dell'esercizio dell'impresa*, in *Fallimento*, 2005, 1042.

MEOLI B., SICA S., *Effetti sui rapporti giuridici preesistente*, in *Trattato di diritto fallimentare* diretto da V. Buonocore, A. Bassi, II, Cedam, Padova, 2010, 513.

MEOLI M., *Commissario liquidatore parte civile anche senza autorizzazione*, in *ilcaso.it*.

MERONE G., *Insinuazione tardiva e natura del decreto difforme del giudice delegato dopo l'intervento delle Sezioni Unite: punto e a capo*, in *Dir. fall.*, II, 2006, 572.

MERUZZI G., *L'adeguatezza degli assetti*, in *Assetti adeguati e modelli organizzativi*, opera diretta da M. Irrera, Zanichelli, Bologna, 2016, 41.

META I., *Esercizio provvisorio e liquidazione dell'attivo*, in *Il fallimento e le altre procedure concorsuali* a cura di A. Caiafa, S. Romeo, Cedam, Padova, 2014, 45.

MEVORACH I., *Appropriate Treatment of Corporate Groups in Insolvency: A Universal View*, in 8 *E.B.O.R.*, 2007, 188.

MEZZASOMA L., *La nullità di protezione tra violazione di obblighi di legge e abuso del diritto*, in *Corriere giur.*, 2021, 6, 786.

MEZZETTI E., *Codice antimafia e codice della crisi e dell'insolvenza: la regolazione del traffico delle precedenze in cui la spunta sempre la confisca*, in *Archivio pen. on line*, 2019.

MICCIO F., *Le dichiarazioni tardive dei crediti*, in *Trattato delle procedure concorsuali* diretto da L. Ghia, C. Piccininni, F. Severini, 3. *Gli organi del fallimento e la liquidazione dell'attivo*, Utet, Torino, 2010, 653.

MICCOLIS G., *La liquidazione dell'attivo*, in *Trattato di diritto fallimentare e delle altre procedure concorsuali* diretto da F. Vassalli, F.P. Luiso, E. Gabrielli, *Il processo di fallimento*, II, Utet, Torino, 2014, 685.

MICHELETTI D., *Il ricorso abusivo al credito come reato necessariamente condizionato*, in *Riv. trim. dir. pen. econ.*, 2007.

MICHELI G.A., *Il processo di fallimento nel quadro della tutela giurisdizionale dei diritti*, in *Riv. dir. civ.*, 1961, 1.

MICHELOTTI F., *La costruzione di un accordo di composizione della crisi da sovraindebitamento*, in *Fallimento*, 2019, 81.

MICHELOTTI F., *La gestione dell'impresa e il ruolo dell'esperto*, in *Fallimento*, 2021, 1561.

MICHELOTTI F., *Art. 8 d.l. 2408-2021, n. 118*, in *Commentario al Codice della Crisi*, 2022, in *onelegale.it*.

MICHIELI N., *Il ruolo dell'assemblea dei soci nei processi ristrutturativi dell'impresa in crisi alla luce del d.lgs. n. 83/2022*, in *Riv. soc.*, 2022, 843.

MIELE C., *Artt. 102, 104*-bis, *110, 112, 113*, in *La legge fallimentare. Commentario teorico-pratico* a cura di M. Ferro, Cedam, Padova, 2011, 994.

MIGNONE G., *Dei patrimoni destinati ad uno specifico affare*, in *Il nuovo diritto societario* diretto da G. Cottino, G. Bonfante, O. Cagnasso, P. Montalenti, II, Zanichelli, Bologna, 2004, 1620.

MILANO G., *Ipoteca per debito altrui secondo la nuova legge fallimentare*, in *Fallimento*, 2014, 583.

MINERVINI G., *Il fallito imprenditore commerciale: regime dei beni sopravvenuti e ammissibilità di un nuovo fallimento*, in *Riv. dir. comm.*, 1952, II, 294.

MINERVINI G., *Sostituzione del sindaco effettivo con il supplente della medesima categoria*, in *Giur. comm.*, 1975, II, 464 e in *Scritti giuridici, Società*, 2, Napoli, 1996, 287.

MINERVINI V., *Disciplina della crisi d'impresa e diritto della concorrenza: esigenza di una lettura a sistema (primi appunti ricostruttivi)*, in *Riv. dir. comm.*, 2018, II, 119.

MINERVINI V., *Composizione negoziata, norme unionali e (nuovo) Codice della crisi*, in *dirittodellacrisi.it*, marzo 2022.

MINUTOLI G., *Art. 106*, in *La legge fallimentare. Commentario teorico-pratico* a cura di M. Ferro, Cedam, Padova, 2007.

MINUTOLI G., *Artt. 25, 54, 55*, in *La legge fallimentare. Commentario teorico-pratico* a cura di M. Ferro, Cedam, Padova, 2011, 651.

MINUTOLI G., *Codice antimafia: il rapporto tra misure di prevenzione, fallimento e tutela dei terzi*, in *Fallimento*, 2011, 1273.

MINUTOLI G., *Verso una fallimentarizzazione del giudice della prevenzione antimafia*, in *Fallimento*, 2011, 1271.

MINUTOLI G., *Artt. 18, 125*, in *La legge fallimentare. Commentario teorico-pratico* a cura di M. Ferro, Cedam, Padova, 2014, 320.

MINUTOLI G., *L'adunanza dei creditori*, in *Crisi d'impresa e procedure concorsuali* diretto da O. Cagnasso, L. Panzani, III, Utet, Torino, 2016, 3590.

MINUTOLI G., *La nuova composizione negoziata e il ruolo del giudice (d.l. n. 118/2021)*, in *www.osservatorio-oci.it*.

MIOLA M., *Riflessioni sui doveri degli amministratori in prossimità dell'insolvenza*, in *Studi in onore di Umberto Belviso*, Cacucci, Bari, 2011, 609.

MIOLA M., *Art. 182*-sexies, in *Il Concordato preventivo e gli accordi di ristrutturazione dei debiti* a cura di A. Nigro, M. Sandulli, V. Santoro, Giappichelli, Torino, 2014, 480.

MIOLA M., *Profili del finanziamento dell'impresa in crisi tra finalità di risanamento e doveri gestori*, in *Riv. dir. civ.*, 2014, 1079.

MIOLA M., *Crisi di gruppi e finanziamenti infragruppo nel Codice della crisi d'impresa e dell'insolvenza*, in *Riv. soc.*, 2019, I, 306 e in *La nuova disciplina delle procedure concorsuali. In ricordo di Michele Sandulli*, Torino, 2019, 440.

MIOLA M., *La s.r.l. di gruppo*, in *Le società a responsabilità limitata* a cura di C. Ibba, G. Marasà, Giuffrè, Milano, 2020.

MIOLA M., *Le operazioni riorganizzative infragruppo nel codice della crisi di impresa*, in *Rivista Orizzonti del diritto commerciale*, 2021, 627.

MIOLA M., *Le operazioni societarie riorganizzative negli strumenti di regolazione della crisi e dell'insolvenza delle imprese e dei gruppi di imprese*, in *Trattato delle società*, I, diretto da V. Donativi, Utet, Milano, 2022, 626.

MIRAGLIA C., *Le vendite fallimentari: aspetti sostanziali*, in *Trattato di diritto fallimentare* diretto da V. Buonocore, A. Bassi, III, Cedam, Padova, 2011.

MIRONE A., *Compravendita e somministrazione*, in *I contratti in corso di esecuzione nelle procedure concorsuali* a cura di L. Guglielmucci, Cedam, Padova, 2006, 41.

MIRONE A., *Assetti organizzativi, riparti di competenze e modelli di amministrazione: appunti alla luce del decreto correttivo al codice della crisi e dell'insolvenza*, in *Giur. comm.*, I, 2022, 183.

MOLFESE F., *La prededuzione delle spese (art. 111) in caso di soccombenza della curatela in giudizio di opposizione*, in *Dir. fall.*, 1977, I, 415.

MONDINI P.F., *Osservazioni* a *Trib. Milano, 18 agosto 2005 e Trib. Milano, 18 ottobre 2004*, in *Banca, borsa, tit. cred.*, II, 2007, 395.

MONGILLO V., *La confisca del profitto nei confronti dell'ente in cerca d'identità: luci e ombre della recente pronuncia delle Sezioni Unite*, in *Cass. pen.*, 2008, 4544.

MONTAGNANI C., *Informazione e controlli nelle nuove società a responsabilità limitata*, Piccin, Padova, 2008.

MONTAGNANI C., *Artt. 147, 151*, in *Commentario alla legge fallimentare* a cura di C. Cavallini, Egea, Milano, 2010, 255.

MONTALENTI P., *La gestione dell'impresa di fronte alla crisi tra diritto societario e diritto concorsuale*, in *Riv. dir. soc.*, 2011, 820.

MONTALENTI P., *Nota a Cass. 6 maggio 2015, n. 9100*, in *Giur. comm.*, 2015, II, 670.

MONTALENTI P., *I gruppi di società: dottrina, giurisprudenza e prassi*, in *Diritto ed Economia dell'Impresa*, Torino, 2016, 76.

MONTALENTI P., *Diritto dell'impresa in crisi, diritto societario concorsuale, diritto societario della crisi: appunti*, in *Giur. comm.*, 2018, I, 62.

MONTALENTI P., *Gestione dell'impresa assetti organizzativi e procedure di allerta dalla «Proposta Rordorf» al Codice della crisi*, in *La nuova disciplina delle procedure concorsuali. In ricordo di Michele Sandulli*, Giappichelli, Torino, 2019, 482 (versione aggiornata di *Gestione dell'impresa assetti organizzativi e procedure di allerta nella riforma Rordorf*, in *Nuovo dir. soc.*, 2018, 951).

MONTALENTI P., *Il Codice della Crisi d'impresa e dell'insolvenza: assetti organizzativi adeguati, rilevazione della crisi, procedure di allerta nel quadro generale della riforma*, in *Giur. comm.*, 2020, I, 829.

MONTALENTI P., *Assetti organizzativi e organizzazione dell'impresa tra principi di corretta amministrazione BJR una questione di sistema*, in *Le crisi d'impresa e del consumatore dopo il d.l. 118/2021.* Liber amicorum *per Alberto Jorio* a cura di S. Ambrosini, Zanichelli, Bologna, 2021, 701.

MONTANARA G., *Gli altri reati fallimentari e le disposizioni processuali*, in *Trattato di diritto delle procedure concorsuali* diretto e coordinato da U. Apice, III, Giappichelli, Torino, 2011, 1024.

MONTANARI M., *I procedimenti di liquidazione e ripartizione dell'attivo fallimentare*, Cedam, Padova, 1995.

MONTANARI M., *Dell'accertamento del passivo e dei diritti mobiliari dei terzi - Della Ripartizione dell'attivo*, in *Le procedure concorsuali* a cura di G.U. Tedeschi, I, 2, Giappichelli, Torino, 1996.

MONTANARI M., *La riduzione del termine di decadenza per l'esercizio della revocatoria*, in *Fallimento*, 2005, 1029.

MONTANARI M., *Art. 18*, in *La riforma della legge fallimentare* a cura di A. Nigro, M. Sandulli, Giappichelli, Torino, 2006, 107.

MONTANARI M., *Art. 69*-bis, in *Il nuovo diritto fallimentare* diretto da A. Jorio e coordinato da M. Fabiani, Zanichelli, Bologna, 2006.

MONTANARI M., *Le insinuazioni tardive - Previsione di insufficiente realizzo dell'attivo fallimentare e domande di restituzione e rivendica - Nozione e presupposti della chiusura del fallimento*, in *Il nuovo diritto fallimentare, novità ed esperienze applicative a cinque anni dalla riforma. Commentario* diretto da A. Jorio, M. Fabiani, Zanichelli, Bologna, 2010, 427.

MONTANARI M., *Il procedimento delle opposizioni al passivo tra inquadramento di fondo e specifiche questioni applicative*, in *Fallimento*, 2011, 1116.

MONTANARI M., *Fallimento e azioni pendenti dei creditori nel sistema uscito dalla riforma*, in *Giur. comm.*, 2015, 94.

MONTANARI M., *Ancora sulla chiusura anticipata del fallimento in pendenza di giudizi*, in *ilcaso.it*, aprile 2016, 15.

MONTANARI M., *Chiusura "anticipata" del fallimento ai sensi dell'art. 118, comma 1, n. 4, l.fall.?*, in *Fallimento*, 2016, 1251.

MONTANARI M., *Declinatoria di competenza del giudice adito per la dichiarazione di fallimento e regolamento necessario di competenza* ex *art. 42 c.p.c.*, in *Fallimento*, 2018, 1011.

MONTANARI M., *La realizzazione dei crediti fondiari nel fallimento*, in *ilcaso.it*, settembre 2018.

MONTANARI M., *Il cosiddetto procedimento unitario per l'accesso alle procedure di regolazione della crisi e dell'insolvenza*, in *Fallimento*, 2019, 563.

MONTANARI M., *Il sempre problematico confine tra revoca dell'ammissione al concordato preventivo e giudizio di omologazione*, in *Fallimento*, 2019, 452.

MONTANARI M., *Profili processuali del nuovo Codice della crisi d'impresa e dell'insolvenza*, in *Nuove leggi civ. comm.*, 2019, 861.

MONTANARI M., *Il Codice della crisi d'impresa e dell'insolvenza: profili generali e processuali*, in *Riv. dir. proc.*, 2020, 1, 270.

MONTANARI M., *La ridefinita posizione delle Sezioni Unite in tema di revocatoria contro il fallimento del terzo acquirente*, in *Giur. comm.*, 2021, I.

MONTANARI M., *Le impugnazioni nel c.d. procedimento unitario*, 2022, in *dirittodellacrisi.it*.

MONTANARI M., *Le impugnazioni nel c.d. procedimento unitario*, in *dirittodellacrisi.it*, novembre 2022.

MONTANARI M., BACCAGLINI L., BARONCINI V., *La liquidazione del patrimonio del debitore non fallibile*, in *La nuova disciplina del sovraindebitamento* diretto da M. Irrera, S.A. Cerrato, Zanichelli, Bologna, 2021, 318.

MONTANARO M., *Artt. 107, 108,* 108 *ter*, *109*, in *Commentario alla legge fallimentare* diretto da C. Cavallini, Egea, Milano, 2010, 1056.

MONTANI E., *Gli altri reati fallimentari*, in ALESSANDRI A., *Reati in materia economica*, in *Trattato teorico pratico di diritto penale* a cura di F. Palazzo e C.E. Paliero, Giappichelli, Torino, 2012, 455.

MONTEFALCONE C., *Appunti in tema di interruzione della prescrizione in sede fallimentare – Costituzione in mora del curatore e avviso ai creditori ex art. 92 l. fall.*, in *Giur. merito*, 1997, 705.

MONTELEONE M., *Aspetti giuridici e gestori*, in *Curatore fallimentare* a cura di M. Monteleone, Wolters Kluwer, Milano, 2017.

MONTELLA G., *Riconoscibilità ed abitualità del COMI*, in *Fallimento*, 2013, 445.

MONTELLA G., *Ristrutturazione preventiva, e doveri dei dirigenti nella proposta di direttiva del 22 novembre 2016*, in *Fallimento*, 2017, 1116.

MONTELLA G., *La Corte di Giustizia e il COMI: eppur (forse) si muove!*, in *ilfallimentarista.it*, agosto 2019.

MONTELLA G., *Litispendenza e giurisdizione transnazionale tra normativa europea dell'insolvenza, CCII e diritto internazionale processuale*, in *Fallimento*, 2023, 32.

MONTESANO L., *La tutela giurisdizionale dei diritti*, Utet, Torino, 1995.

MONTEVERDE A., *Prededuzione del compenso dei professionisti ed accordi di ristrutturazione*, in *Giur. it.*, 2018.

MONTEVERDE A., *Le fasi della liquidazione giudiziale*, in *Giur. it.*, 2019.

MONTI A., *Art. 82*, in *Commentario alla legge fallimentare* diretto da C. Cavallini, Egea, Milano, 2010.

MORACE PINELLI A., *Artt. 46 e 47*, in *La legge fallimentare dopo la riforma* a cura di A. Nigro, M. Sandulli, V. Santoro, Giappichelli, Torino, 2010, 680.

MORARA P.L., *Crisi della cooperativa e ruolo della Vigilanza. Brevi appunti sull'attuazione dell'art. 15 della legge delega n. 155/2017*, in *Cooperative ed Enti Non Profit*, 2018, 23.

MORARA P.L., LANDINI F., *Il Codice della crisi di impresa e dell'insolvenza e le cooperative. Primi spunti di riflessione*, in *Cooperative e Enti non Profit*, 2019, 10.

MORELLO A., *La cessione dei patrimoni destinati*, in *Riv. dir. comm.*, 2010, I, 377.

MORERA U., *Il fido bancario*, Giuffrè, Milano, 1998.

MORESCHINI G., *I contratti pendenti nel concordato preventivo*, in STAUNOVO POLACCO E., IANNACONE T., PICARDI A., MORESCHINI G., *La crisi d'impresa e i contratti*, Giuffrè, Milano, 2018, 95.

MORRI S., *La composizione negoziata della crisi di cui al D.L. n. 118/2021: un rapido quadro e alcune riflessioni critiche*, in *ilfallimentarista.it*, agosto 2021.

MOSCARIELLO A., *Il controllo del Tribunale sulla "fattibilità economica" del piano di concordato preventivo con continuità aziendale*, in *Dir. fall.*, 2019, 213.

MOSCO G.D., *Le procedure di composizione della crisi da sovraindebitamento*, in *Luiss Law review*, 2019, I, 6.

MOTTO A., MENCHINI S., *L'accertamento del passivo e dei diritti reali e personali dei terzi sui beni*, in *Trattato di diritto fallimentare e delle altre procedure concorsuali* diretto da F. Vassalli, F.P. Luiso, E. Gabrielli, II, *Il processo di fallimento*, Giappichelli, Torino, 2014, 375.

MOZZARELLI M., *Appunti in tema di rischio organizzativo e procedimentalizzazione dell'attività imprenditoriale*, in *Amministrazione e controllo nel diritto delle società.* Liber amicorum Antonio Piras, Giappichelli, Torino, 2010, 728.

MUCCIARELLI F., *Art. 120*, in *Commentario delle "Modifiche del sistema penale" (l. 24 novembre 1981, n. 689)*, Ipsoa, Milano, 1982, 552.

MUCCIARELLI F., *Responsabilità penale dell'amministratore di fatto*, in *Le società*, 1989, 122.

MUCCIARELLI F., *Stato di crisi, piano attestato, accordi di ristrutturazione, concordato preventivo e fattispecie penali*, in *Riv. trim. dir. pen. econ.*, 2009, 825.

MUCCIARELLI F., *L'esenzione dai reati di bancarotta*, in *Dir. pen. proc.*, 2010, 1474.

MUCCIARELLI F., *L'art. 217 bis l. fall. e la disciplina penale delle procedure di soluzione della crisi di impresa*, in *Crisi di imprese. Casi e materiali* a cura di F. Bonelli, Giuffrè, Milano, 2011, 837.

MUCCIARELLI F., *Sentenza dichiarativa di fallimento e bancarotta: davvero incolmabile il divario fra teoria e prassi*, in *Dir. pen. contemporaneo*, 2015, 834.

MUCCIARELLI F., *Risvolti penalistici del codice della crisi d'impresa e dell'insolvenza: lineamenti generali*, in *Dir. pen. proc.*, 2019, 1191.

MUNARI A., *Impresa e capitale sociale nel diritto della crisi*, Giappichelli, Torino, 2014.

MUNARI A., *Concordato preventivo e destinazione dei canoni di locazione di immobili ipotecati: un possibile percorso interpretativo*, in *Giur. comm.*, 2017, I, 873.

MURATORE M., VENTORUZZO M., *Art. 67*-bis, in *Commentario alla legge fallimentare* a cura di C. Cavallini, Egea, Milano, 2010, 280.

MURINO F., *Le vicende dell'affitto di azienda nel fallimento*, in *Fallimento e le altre procedure concorsuali* diretto da G. Fauceglia, L. Panzani, II, Utet, Torino, 2009, 833.

MURINO F., *Sulla fattispecie di società di fatto tra società di capitali*, in *Giur. comm.*, 2014, II, 918.

MURONI R., *Nel caso Parmalat-Citibank la Cassazione ridimensiona la* vis attractiva *del tribunale fallimentare italiano nell'accertamento di crediti concorsuali soggetti a giurisdizione straniera*, in *ildirittodegliaffari.it*, 2019, 473.

MUZZACUVA N., AMATI E., *Diritto penale dell'economia*, Milano, 2018.

NAPOLEONI V., *Il fallimento dell'associazione non riconosciuta*, in *Fallimento*, 1994, 156.

NAPOLITANO A., *La cessione del quinto nell'ambito del piano del consumatore*, in *Fallimento*, 2018, 461.

NAPOLITANO A., *La liquidazione controllata del sovraindebitato e l'esdebitazione*, in AA.VV., *Il nuovo sovraindebitamento dopo il codice della crisi d'impresa e dell'insolvenza*, Zanichelli, Bologna, 2019.

NAPOLITANO A., *La prededuzione per funzionalità del credito del professionista*, in *dirittodellacrisi.it*, aprile 2021.

NAPPI S., *Negozi traslativi dell'impresa e rapporti di lavoro*, Edizioni Scientifiche Italiane, Napoli, 1999.

NARDECCHIA G.B., *Art. 177*, in *Il nuovo diritto fallimentare* diretto da A. Jorio e coordinato da M. Fabiani, Zanichelli, Bologna, 2006, 2489.

NARDECCHIA G.B., *Art. 101*, in *La legge fallimentare. Commentario teorico-pratico* a cura di M. Ferro, Cedam, Padova, 2008, 182.

NARDECCHIA G.B., *La ripartizione fisiologica e patologica dei poteri degli organi della procedura nell'esame della proposta di concordato fallimentare*, in *Fallimento*, 2008, 1715.

NARDECCHIA G.B., *Gli effetti del concordato preventivo sui creditori*, Ipsoa, Milanofiori Assago, 2011.

NARDECCHIA G.B., *Cessione dei beni e liquidazione: la ricerca di un difficile equilibrio tra autonomia privata e controllo giurisdizionale*, in *Fallimento*, 2012, 92.

NARDECCHIA G.B., *L'inammissibilità del concordato preventivo con riserva*, in *Fallimento*, 2013, 961.

NARDECCHIA G.B., *La fattibilità del concordato preventivo al vaglio delle sezioni unite*, in *Dir. fall.*, 2013, 185.

NARDECCHIA G.B., *Art. 77*, in *La legge fallimentare. Commentario teorico-pratico* a cura di M. Ferro, Cedam, Padova, 2014, 1041.

NARDECCHIA G.B., *I finanziamenti prededucibili di cui agli art. 182*-quater *e 182*-quinques *l.fall.*, in *Fallimento*, 2016, 1110.

NARDECCHIA G.B., *La cessione competitiva dell'azienda*, in *Fallimento*, 2017, 456.

NARDECCHIA G.B., *Accertamento, quantificazione e graduazione del credito fondiario: l'intervento del curatore nell'esecuzione individuale*, in *Fallimento*, 2018, 1389.

NARDECCHIA G.B., *La prededuzione e la lesione della* par condicio creditorum, in *Fallimento*, 2018, 418.

NARDECCHIA G.B., *La verifica del voto in sede di omologa e la prova di resistenza*, in *Fallimento*, 2018, 699.

NARDECCHIA G.B., *Il concordato nella liquidazione giudiziale*, in *Fallimento*, 2019, 127.

NARDECCHIA G.B., *Il nuovo codice della crisi d'impresa e dell'insolvenza. Disciplina, novità e problemi applicativi*, Neldiritto Editore, Molfetta, 2019.

NARDECCHIA G.B., *La prededuzione dei professionisti nel concordato preventivo*, in *Fallimento*, 2020, 181.

NARDECCHIA G.B., *La risoluzione*, in *Fallimento*, 2020, 1332.

NARDECCHIA G.B., *Anticipazioni del codice della crisi: le modifiche della legge fallimentare*, in *Le nuove misure di regolazione della crisi d'impresa* a cura di L. De Simone, M. Fabiani e S. Leuzzi, in *dirittodellacrisi.it*, novembre 2021, 166.

NARDECCHIA G.B., *Il finanziamento fondiario e le sue patologie*, in *Fallimento*, 2021, 1231.

NARDECCHIA G.B., *Il voto nel concordato preventivo*, in *Studi sull'avvio del codice della crisi* a cura di L. De Simone, M. Fabiani, S. Leuzzi, in *dirittodellacrisi.it*, settembre 2022, 142.

NARDECCHIA G.B., *L'omologazione dei concordati*, in *Fallimento*, 2022, 1235.

NARDECCHIA G.B., *La prededuzione secondo le Sezioni Unite*, in *Fallimento*, 2022, 365.

NARDO G., *Questioni in tema di arbitrato libero e fallimentare*, in *Dir. fall.*, 1999, I, 1216.

NARDO G., *Art. 75*, in *La legge fallimentare* a cura di M. Ferro, Cedam, Padova, 2011.

NARDONE A., *Art. 113*-bis, in *La riforma della legge fallimentare* a cura di A. Nigro, M. Sandulli, II, Giappichelli, Torino, 2006, 707.

NARDONE A., *Artt. 93-94*, in *La legge fallimentare dopo la riforma* a cura di A. Nigro, M. Sandulli, V. Santoro, Giappichelli, Torino, 2010, 1194.

NARDONE A., *Le convenzioni di moratoria*, in *La nuova mini-riforma della legge fallimentare*, Giappichelli, Torino, 2016, 317.

NASCOSI A., *Il nuovo volto delle controversie distributive ex art. 512 c.p.c.*, in *Riv. trim. dir. proc. civ.*, 2010, 213.

NATALINI A., *Il tempo delle riforme amministrative*, Il Mulino, Bologna, 2009.

NATOLI U., *Azione revocatoria fallimentare*, in *Enc. dir.*, Giuffrè, Milano, 1959.

NAZZICONE L., *Concetti indeterminati nella disciplina della s.r.l.: i finanziamenti anomali*, in *Scritti dedicati a Maurizio Converso* a cura di D. Dalfino, Roma TrE-Press, Roma, 2016, 341.

NERI V., *La crisi d'impresa nei contratti con la P.A. alla luce della legge delega 28 gennaio 2016, n. 11*, in *Urb. app.*, 2016, 253.

NEUBURGER B., KRASSER I., CONTARDI M., *Interferenze tra la disciplina concorsuale e le norme sui diritti industriali*, in *ilfallimentarista*, marzo 2018.

NICCOLINI G., *Interessi pubblici e interessi privati nella estinzione della società*, Giuffrè, Milano, 1990.

NICCOLINI G., *Scioglimento, liquidazione ed estinzione della società per azioni*, in *Trattato Colombo-Portale*, 7***, Utet, Torino, 1997, 381.

NICCOLINI G., *La nuova disciplina dello scioglimento, della liquidazione e dell'estinzione*, in *Riv. dir. imp.*, 2003, 213.

NICODEMO A., *Imprese pubbliche e settori speciali. L'autonomia contrattuale e le regole dell'evidenza pubblica*, Giappichelli, Torino, 2018.

NICOLA A., *Liquidazione coatta amministrativa: risvolti nel registro delle imprese*, in *Fallimento*, 2008, 558.

NICOLÒ R., *Azione revocatoria*, in *Commentario del codice civile* a cura di A. Scialoja, G. Branca, 1962.

NICOTRA A., PEZZETTA M., *Test pratico di risanamento con il vaglio dell'esperto. Perseguibilità del risanamento in base al rapporto flussi finanziari attesi/entità dell'indebitamento*, in *Eutekne.info*, ottobre 2021.

NIEDDU ARRICA F., *Il conferimento di prestazioni d'opera e servizi nella s.r.l.*, Giuffrè, Milano, 2010.

NIGRO A., *Il fallimento del socio illimitatamente responsabile*, Giuffrè, Milano, 1974.

NIGRO A., *Le società per azioni nelle procedure concorsuali*, in *Trattato delle società per azioni* diretto da G.E. Colombo, G.B. Portale, 4, Utet, Torino, 1993.

NIGRO A., *Artt. 10, 11, 68, 69-bis, 70* in *La riforma della legge fallimentare* a cura di A. Nigro, M. Sandulli, Giappichelli, Torino, 2006, 55.

NIGRO A., *Diritto societario e procedure concorsuali*, in *Il nuovo diritto delle società* – Liber amicorum *Gian Franco Campobasso*, I, Utet, Torino, 2006, 182.

NIGRO A., *La revocatoria fallimentare delle rimesse in conto corrente fra insipienza del legislatore e fantasia dei giudici*, in *Dir. banc.*, 2009, I, 103.

NIGRO A., *Art. 67* bis, in *La legge fallimentare dopo la riforma* a cura di A. Nigro, M. Sandulli, V. Santoro, Giappichelli, Torino, 2010.

NIGRO A., *La responsabilità delle banche nell'erogazione del credito alle imprese in "crisi"*, in *Giur. comm.*, 2011, I, 311.

NIGRO A., *La disciplina delle crisi patrimoniali delle imprese. Lineamenti generali*, in *Trattato di diritto privato* diretto da Bessone, XXV, Giappichelli, Torino, 2012, 260.

NIGRO A., *I soggetti delle procedure concorsuali*, in *Trattato di diritto fallimentare e delle altre proce-*

dure concorsuali diretto da F. Vassalli, F.P. Luiso, E. Gabrielli, I, *I presupposti dell'apertura delle procedure concorsuali*, Utet, Torino, 2013, 100.

NIGRO A., *Riduzione o perdita del capitale della società in crisi*, in *ilcaso.it*, aprile 2014.

NIGRO A., *Crisi dell'impresa e ruolo dell'informazione*, in *Crisi dell'impresa e ruolo dell'informazione* a cura di A. Paciello, G. Guizzi, Giuffrè, Milano, 2016, 3.

NIGRO A., *Gli accordi di ristrutturazione con "intermediari finanziari" e le convenzioni di moratoria*, in *Riv. dir. comm.*, 2016, 549.

NIGRO A., *La proposta di direttiva comunitaria in materia di disciplina della crisi delle imprese*, in *Riv. dir. comm.*, 2017, II, 201.

NIGRO A., *Il diritto societario della crisi: nuovi orizzonti?*, in *Riv. soc.*, 2018, 1207.

NIGRO A., *Osservazioni sul Codice della crisi*, in *Riv. dir. comm.*, 2018, 116.

NIGRO A., *Le ristrutturazioni societarie nel diritto italiano delle crisi: notazioni generali*, in *Riv. dir. comm.*, 2019, I, 379.

NIGRO A., *Gli imprenditori collettivi non societari nel diritto della crisi*, in *Riv. soc.*, 2020, 1592.

NIGRO A., *I gruppi nel Codice della crisi di impresa e dell'insolvenza: notazioni generali*, in *I gruppi nel Codice della crisi d'impresa e dell'insolvenza*, Pacini, Pisa, 2020, 17.

NIGRO A., *I princìpi generali della nuova riforma "organica" delle procedure concorsuali*, in *Dir. banca e mercato fin.*, 2020, I, 11.

NIGRO A., *Codice della crisi, secondo correttivo e diritto societario della crisi*, in *Dir. banca e mercato fin.* 2022, II, 97.

NIGRO A., *I gruppi nel codice della crisi e dell'insolvenza: notazioni generali*, in *ilcaso.it*.

NIGRO A., *La nuova disciplina degli strumenti di regolazione della crisi e dell'insolvenza delle società*, in *Quaderni di ristrutturazioni aziendali, - Speciale Codice della crisi dopo il d.lgs. n. 83/2022*, fasc. n. 3/2022, 116.

NIGRO A., *I soci illimitatamente responsabili nel nuovo diritto delle crisi*, in Liber Amicorum *Francesco Vassalli*, Giappichelli, Torino, 2023, 471.

NIGRO A., *I soci illimitatamente responsabili nel nuovo diritto delle crisi*, in *Dir. banca e mercato fin.*, 2023, 11.

NIGRO A., VATTERMOLI D., *Diritto della crisi delle imprese. Le procedure concorsuali*, Il Mulino, Bologna, ed. 2009, 2012, 2014, 2017, 2020 e 2021.

NISI N., *Centro degli interessi principali e trasferimento della sede statutaria: La Corte di Giustizia dell'Unione Europea torna sul regolamento n. 1346/2000 in materia di insolvenza transfrontaliera*, in *Liuc Papers* n. 246, *Serie Impresa e Istituzioni*, febbraio 2012.

NISIO N., *Il nuovo art. 80 l. fall.*, in *Dir. fall.*, 2009, 412.

NISIVOCCIA N., *Il sovraindebitamento nella riforma*, in *Riv. dir. proc.*, 2019, 842.

NISIVOCCIA N., *La disciplina transitoria del codice della Crisi*, in *ilfallimentarista.it*, luglio 2019.

NITROLA M., *Arbitrato e fallimento*, in *Contratti*, 2012, 756.

NIUTTA A., *Il finanziamento intragruppo*, Giuffrè, Milano, 2000.

NIUTTA A., *Patrimoni destinati e procedure concorsuali (a seguito della riforma che ha interessato il diritto fallimentare)*, in *Dir. fall.*, 2008, I, 299.

NOBILI R., SPOLIDORO M.S., *La riduzione di capitale*, in *Trattato delle società per azioni* diretto da G.E. Colombo, G.B. Portale, 6*, Utet, Torino, 1993, 328.

NOCERA I.L., *La convenzione di moratoria nella gestione della crisi d'impresa*, in *Dir. fall.*, 2016, 1090.

NOCERA I.L., *Analisi civilistica degli accordi di ristrutturazione dei debiti*, Giappichelli, Torino, 2017.

NOCERA I.L., *Causa concreta e fattibilità del concordato preventivo: la persistenza del dubbio*, in *Fallimento*, 2018, 63.

NOCERA I.L., *L'efficacia "estesa" degli accordi di ristrutturazione tra principio di conservazione, conflitto d'interessi e contrasto d'interessi*, in *Fallimento*, 2021, 546.

NOCITO W., *Dinamiche del regionalismo italiano ed esigenze unitarie*, Giuffrè, Milano, 2012, 121.

NONNO G., *Art. 103 l. fall., 104*-ter, *105, 107*, in *La legge fallimentare. Commentario teorico-pratico* a cura di M. Ferro, Cedam, Padova, 2011, 1393.

NORELLI E., *L'esdebitazione del fallito*, in *Riv. es. forzata*, 2006, 4, 708.

NORELLI E., *L'esdebitazione*, in *Il fallimento e le altre procedure concorsuali* a cura di L. Panzani, Utet, Torino, 2014, IV, 220.

NOTARI M., *Il problema dei c.d. aumenti di capitale sotto la parità contabile*, in *AGE*, 2017, 33.

NOTARI M., *Soci e amministratori: quali confini*?, relazione al Convegno di Torino del 21 marzo 2019.

NUNZIATA V., *Credito di regresso del fideiussore e ammissione allo stato passivo del fallimento del debitore garantito*, in *Dir. e giur.*, 1982, 189.

NUVOLONE P., *Il diritto penale del fallimento e delle altre procedure concorsuali*, Giuffrè, Milano, 1955.

NUZZO G. (a cura di), *Il principio di sussidiarietà nel diritto privato*, Giappichelli, Torino, 2014.

NUZZO G., *Il conflitto di interessi dei creditori nei concordati*, Giuffrè, Milano, 2019.

ODOARDI F., *L'inevitabile fine dell'infalcidiabilità dell'Iva anche per le procedure concorsuali "minori"*, in *Giur. cost.*, 2019, 3054.

OLIVIERI G., *Conferimenti assicurati e capitale di rischio nelle società a responsabilità limitata*, in *Il nuovo diritto delle società.* Liber amicorum *Gian Franco Campobasso*, 3, Utet, Torino, 2007.

OLIVIERI G., *Questioni aperte in tema di finanziamenti anomali dei soci nelle società di capitali*, in *Riv. dir. comm.*, 2013, I, 515.

OMAR P.J., *European Insolvency Law*, Ashgate, London, 2004.

ONZA M., *Gli adeguati assetti organizzativi: tra impresa azienda e società*, in *Riv. dir. comm.*, 2022, II, 1.

OPPO G., *I contratti di durata*, in *Riv. dir. comm.*, 1943, I, 143.

OPPO G., *L'impresa come fattispecie*, in *Riv. dir. civ.*, 1982, I, 112.

OPPO G., *La revoca fallimentare degli atti tra coniugi*, in *Riv. dir. civ.*, 1990, I, 340.

PACCHI S., *Il nuovo concordato preventivo*, Ipsoa, Milano, 2005.

PACCHI S., *La domanda di ammissione alla procedura*, in *Il nuovo concordato preventivo* a cura di S. Pacchi, Ipsoa, Milano, 2005, 106.

PACCHI S., *Il presupposto soggettivo*, in AA.VV., *Manuale di diritto fallimentare*, Giuffrè, Milano, 2007, 19.

PACCHI S., *La liquidazione coatta amministrativa*, in *Manuale di diritto fallimentare* a cura di E. Bertacchini, L. Gualandi, S. Pacchi, G. Pacchi, G. Scarselli, Giuffrè, Milano, 2007.

PACCHI S., *Artt. 42, 46, 48, 49*, in *La legge fallimentare dopo la riforma* a cura di A. Nigro, M. Sandulli, V. Santoro, Giappichelli, Torino, 2010.

PACCHI S., *La valutazione del piano del concordato preventivo: i poteri del tribunale e la relazione del commissario giudiziale*, in *Dir. fall.*, 2011, I, 101.

PACCHI S., *Il concordato fallimentare*, in *Crisi d'impresa e procedure concorsuali* diretto da O. Cagnasso, L. Panzani, II, Utet, Torino, 2016.

PACCHI S. *Il concordato fallimentare nella prospettiva della liquidazione dell'azienda*, in AA.VV., *La continuità aziendale nelle procedure concorsuali* a cura di M. Ferro, S. Pacchi, R. Brogi, G. Nonno, Pacini, Pisa, 2017.

PACCHI S., *Le misure urgenti in materia di crisi d'impresa e di risanamento aziendale (ovvero: i cambi di cultura sono sempre difficili)*, in *ilcaso.it*, giugno 2021.

PACCHI S. *L'esperto: un "alta" professionalità dinanzi alle trattative e alla gestione dell'impresa*, in *ilcaso.it*, dicembre 2022.

PACCHI S., *I procedimenti concorsuali per la crisi da sovraindebitamento*, in *www.institutoiberoamericanoderechoconcursal.org*.

PACCHI S., *La liquidazione giudiziale*, in *Crisi ed insolvenza nel nuovo Codice* a cura di S. Ambrosini, Zanichelli, Bologna, 2022.

PACCHI S., *La liquidazione giudiziale*, in *Il Codice della crisi dopo il d.lgs. 17 giugno 2022, n. 83* a cura di S. Sanzo, Zanichelli, Bologna, 2022.

PACCHI S., *Le segnalazioni per l'anticipata emersione della crisi. Così è se vi pare*, in *Quaderni di ristrutturazioni aziendali* n. 3/2022 - *Speciale Codice della crisi dopo il d.lgs. n. 83/2022*, Parte I, 87.

PACCHI, *L'allerta tra la reticenza dell'imprenditore e l'opportunismo del creditore. Dal codice della crisi alla composizione negoziata*, in *Il diritto fallimentare delle società*, dicembre 2022.

PACCHI S., *Gli sbocchi della composizione negoziata e, in particolare, il concordato semplificato*, in *ilcaso.it*, gennaio 2023.

PACCHI S., AMBROSINI S., *Diritto della crisi e dell'insolvenza*, Zanichelli, Bologna, ed. 2020, 2022.

PACCHI S., D'ORAZIO L., *Il concordato fallimentare*, in *Crisi d'impresa e procedure concorsuali* diretto da O. Cagnasso, L. Panzani, II, Utet, Torino, 2016.

PACIELLO A., *Art. 2484*, in *La riforma delle società* a cura di M. Sandulli, V. Santoro, Giappichelli, Torino, 2003, 239.

PACIELLO A., *Art. 104*, in *Le nuove procedure concorsuali* a cura di S. Ambrosini, Zanichelli, Bologna, 2008.

PACIELLO A., *Art.* 104-*ter*, in *Commentario alla legge fallimentare* diretto da C. Cavallini, Egea, Milano, 2010, 949.

PACIELLO A., *L'art. 2499 c.c.: appunti per una ricerca*, in *Riv. dir. comm.*, 2012, I, 31.

PACIELLO A., *Le deroghe al diritto societario di cui all'art. 182-*sexies *della legge fallimentare*, in *Impresa e mercato. Studi dedicati a Mario Libertini*, III, 2015, 1431.

PACILEO F., *Continuità e solvenza nella crisi di impresa*, Giuffrè, Milano, 2017.

PACILEO F., Cram down *e salvaguardie per i soci nel concordato preventivo con proposte concorrenti*, in *Riv. dir. comm.*, 2018, I, 65.

PACILEO F., *La concezione "sostanziale" dei finanziamenti "anomali" dei soci nella giurisprudenza recente e nella riforma del diritto della crisi d'impresa*, in *Dir. fall.*, 2020, I, 727.

PADELLARO M., *Artt. 170, 171*, in *La legge fallimentare dopo la riforma* a cura di A. Nigro, M. Sandulli, V. Santoro, t. III, Giappichelli, Torino, 2010, 2148.

PAGANINI A., *Il creditore tardivo incolpevole deve dimostrare la propria "innocenza"*, in *ilfallimentarista.it*, aprile 2014.

PAGLIANTINI S., *L'esdebitazione tra normativa vigente e codice della crisi (d.lgs. n. 14/19)*, in *Nuova giur. civ. comm.*, 2019, 684.

PAGLIANTINI S., *Una nullità di protezione (ancora) in cerca d'autore?*, in *Giur. it.*, 2020, 2, 280.

PAGLIARO A., *Il delitto di bancarotta*, Priulla, Palermo, 1957.

PAGLIARO A., *Problemi attuali del diritto penale fallimentare*, in *Riv. trim. dir. pen. econ.*, 1988, 519.

PAGLIARO A., *Il diritto penale tra norma e società. Scritti 1956-2008*, IV, *Altri scritti*, Giuffrè, Milano, 2009, 425.

PAGNI I., *Artt. 179, 180, 181*, in *Il nuovo diritto fallimentare* diretto da A. Jorio e coordinato da M. Fabiani, Zanichelli, Bologna, 2006, 2504.

PAGNI I., *Il controllo sugli atti degli organi della procedura fallimentare (e le nuove regole della tutela giurisdizionale)*, in *Fallimento*, 2007, 248.

PAGNI I., *Le azioni di massa e la sostituzione del curatore ai creditori*, in *Fallimento*, 2007, 1037.

PAGNI I., *I reclami. Sospensione feriale dei termini*, in *Fallimento e altre procedure concorsuali* a cura di G. Fauceglia, L. Panzani, Utet, Torino, 2009.

PAGNI I., *Artt. 179, 180, 181*, in *Commentario alla legge fallimentare* diretto da C. Cavallini, III, Egea, Milano, 2010, 703.

PAGNI I., *Formazione dello stato passivo: ruolo del curatore e del giudice delegato*, in *Il nuovo diritto fallimentare. Novità ed esperienze applicative a cinque anni dalla riforma* diretto da Jorio A., Fabiani M., Zanichelli, Bologna, 2010.

PAGNI I., *Del controllo del tribunale sulla proposta di concordato dopo la sentenza 23 gennaio 2013, n. 1521 (e sui rapporti tra concordato e fallimento)*, in *Corriere giur.*, 2013, 641.

PAGNI I., *Il controllo di fattibilità del piano concordatario dopo la sentenza 23 gennaio 2013, n. 1521: la prospettiva funzionale aperta dal richiamo alla causa concreta*, in *Fallimento*, 2013, 279.

PAGNI I., *L'omologazione del concordato fallimentare e le impugnazioni*, in *Trattato di diritto fallimentare e delle altre procedure concorsuali* a cura di F. Vassalli, F.P. Luiso, E. Gabrielli, Giappichelli, Torino, 2014, 1052.

PAGNI I., *I rapporti tra concordato e fallimento in pendenza dell'istruttoria fallimentare dopo le Sezioni unite del maggio* 2015, in *Fallimento*, 2015, 898.

PAGNI I., *Codice della crisi e dell'insolvenza: il procedimento unitario*, in *Corriere giur.*, 2019, 1157.

PAGNI I., *L'accesso alle procedure di regolazione nel codice della crisi e dell'insolvenza*, in *Fallimento*, 2019, 551.

PAGNI I, *Le misure protettive e le misure cautelari nel codice della crisi e dell'insolvenza*, in *Società*, 2019, 438.

PAGNI I., *L'alternativa tra la liquidazione giudiziale e gli strumenti di regolazione della crisi*, in *Fallimento*, 2022, 1195.

PAGNI I., *L'entrata in vigore del Codice della crisi: le nuove regole di accesso agli strumenti di regolazione della crisi e dell'insolvenza*, in *Riv. esec. forz.*, 2022, 625.

PAGNI I., FABIANI M., *I giudizi di omologazione nel Codice della Crisi*, in *dirittodellacrisi.it*.

PAGNI I., FABIANI M., *La transizione dal codice della crisi alla composizione negoziata (e viceversa)*, in *dirittodellacrisi.it*, novembre 2021.

PAGNI I., FABIANI M., *Il piano di ristrutturazione soggetto ad omologazione*, in *Fallimento*, 2022.

PAGNI I., FABIANI M., *Le operazioni straordinarie nel Codice della crisi di impresa e dell'insolvenza tra l'art. 116 e gli artt. 120-bis. CCII*, in *Riv. soc.*, 2022, 1308.

PAJARDI P., *Il sistema revocatorio (ordinario, fallimentare, penale tra teoria e applicazioni)*, Giuffrè, Milano, 1990.

PAJARDI P., *Manuale di diritto fallimentare*, Giuffrè, Milano, ed. 1986, 1988, 1993, 1998, 2002, 2008, 2009, 2013.

PAJARDI P., *Codice del Fallimento*, Giuffrè, Milano, ed. 1994, 2004, 2009, 2013, 2018.

PAJARDI P., BOCCHIOLA M., GOCINI C., PAJARDI G., *Il curatore del fallimento*, Giuffrè, Milano, 1995.

PALAZZOLO A., *L'inesistenza del principio della cristallizzazione del passivo nel concordato preventivo e le regole applicabili alla tutela del credito contestato*, in *Dir. fall.*, 2021, 773.

PALLADINO P., *L'amministratore di fatto tra reati fallimentari e reati societari*, in *Cass. pen.*, 2005, 3088.

PALMIERI A., PARDOLESI R., *Osservazioni* a *Cass., S.U., 15 novembre 2007, n. 23726*, in *Foro it.*, 2008, I, 1514.

PALMIERI M., *I finanziamenti dei soci alla luce del Codice ella crisi d'impresa e dell'insolvenza*, in *Giur. comm.*, 2020, I, 1004.

PALMIERI M., *La disciplina dei finanziamenti concessi dai soci e infragruppo in occasione di una composizione negoziata per la soluzione della crisi d'impresa*, in *Giur. comm.*, 2021, I, 1178.

PALUCHOWSKI A., *L'accertamento dei crediti della massa*, in *L'accertamento dei crediti nelle procedure concorsuali*. Atti del Convegno S.I.S.CO. del 9 novembre 1991, Milano, 1992, 123.

PALUCHOWSKY A., *Artt. 118, 119*, in *Il nuovo diritto fallimentare* diretto da A. Jorio e coordinato da M. Fabiani, Zanichelli, Bologna, 2006, 1913.

PALUCHOWSKI A., *Artt. 120, 121*, in *Codice del fallimento* a cura di P. Pajardi, M. Bocchiola, A. Paluchowski, Giuffrè, Milano, 2009, 1327.

PALUCHOWSKI A., *Art. 104*-ter, in *Codice del fallimento* a cura di P. Pajardi, M. Bocchiola, A. Paluchowski, Giuffrè, Milano, 2013, 1296.

PALUCHOWSKI A., *Artt. 106, 109*, in *Codice commentato del fallimento* diretto da G. Lo Cascio, Wolters Kluwer, Milano, 2015.

PALUCHOWSKI A., *La liquidazione dell'attivo nella liquidazione giudiziale*, in *Fallimento*, 2019, 1217.

PANETTA R., *Gli effetti della dichiarazione di fallimento sulla clausola arbitrale*, in *Nuova giur. civ. comm.*, 2011, 978.

PANI F., *Il credito prededucibile del professionista tra novità normative e giurisprudenziali*, in *ilcaso.it*, novembre 2021.

PANI F., *Prededuzioni e riparto: il* rebus *dei criteri di distribuzione in presenza di garanzie reali*, in *ilcaso.it*, febbraio 2022.

PANI F., *La prededuzione prima e dopo il Codice della crisi*, in *ilcaso.it*, agosto 2022.

PANNELLA P., *Gli effetti del fallimento per il debitore*, in *Il fallimento e le altre procedure concorsuali*, a cra di A. Caiafa, S. Romeo, Cedam, Padova, 2014, 208.

PANZANI L., *Decadenze e termini di costituzione nell'insinuazione tardiva al passivo del fallimento*, in *Fallimento*, 1990, 208.

PANZANI L., *Il sistema delle preclusioni e l'accertamento del passivo nelle procedure concorsuali*, in *Fallimento*, 1992, 1227.

PANZANI L., *Affitto di azienda e procedure diverse dall'amministrazione straordinaria*, in *Fallimento*, 1998, 449.

PANZANI L., *L'esecuzione del programma: vendita ed affitto di azienda*, in *Il fallimento e le altre procedure concorsuali* diretto da L. Panzani, Utet, Torino, 2002, 26.

PANZANI L., *Interpretazioni dinamiche e nuove letture del diritto fallimentare: gli amministratori e i soci*, in *Fallimento*, 2004, 971.

PANZANI L., *Artt. 142-144*, in *Il nuovo diritto fallimentare* diretto da A. Jorio e coordinato da M. Fabiani, Zanichelli, Bologna, 2006, 2114.

PANZANI L., *La nuova disciplina del fallimento e la disciplina transitoria*, in *Fallimento*, 2006, 1219.

PANZANI L., *La Riforma organica delle procedure concorsuali*, Ipsoa, Milano, 2006.

PANZANI L., *Le linee principali dello schema di decreto delegato: gli organi fallimentari e i poteri del giudice*, in *Fallimento*, 2006, 491.

PANZANI L., *L'esdebitazione. La riforma del fallimento e delle procedure esecutive individuali: una riforma mancata*, in *Società*, 2007, 475.

PANZANI L., *Il c.d. Decreto Sviluppo: primo commento sulle novità in materia concorsuale*, in *ilfallimentarista.it*, 2012.

PANZANI L., *Il concordato in bianco*, in *ilfallimentarista.it*, 2012.

PANZANI L., *La nozione di COMI nella disciplina comunitaria dell'insolvenza transfrontaliera: i casi Interedil e Rastelli*, in *Int'l lis*, 2012, 31.

PANZANI L., *L'esdebitazione e la disciplina del sovraindebitamento*, in *Trattato delle procedure concorsuali* a cura di A. Jorio, B. Sassani, III, Giuffrè, Milano, 2016.

PANZANI L., *Le alternative al fallimento. Il concordato e gli accordi di ristrutturazione dei debiti dopo il d.l. n. 83/2015*, in *Crisi di impresa e procedure concorsuali* a cura di O. Cagnasso, L. Panzani, Utet, Torino, 2016.

PANZANI L., *La liquidazione dei beni nel fallimento e nel concordato*, in *Fallimento*, 2017, 1129.

PANZANI L., *La proposta di Direttiva della Commissione UE:* early warning, *ristrutturazione e seconda chance*, in *Fallimento*, 2017, 129.

PANZANI L., *Dal "fallimento" alla liquidazione giudiziale. Note minime sulla nuova disciplina del CCII*, in *Fallimento*, 2019, 1141.

PANZANI L. *La natura costitutiva dell'azione revocatoria ed il credito per equivalente della curatela del* solvens *nei confronti del fallimento dell'*accipiens, in *dirittodellacrisi*, 2020.

PANZANI L., *Ancora sulla prededuzione dei crediti sorti in esecuzione del concordato preventivo*, in *Fallimento*, 2021, 939.

PANZANI L., *L'adeguamento delle procedure di composizione della crisi e dell'insolvenza alla Direttiva 1023/2019 tra difficoltà tecniche e nuove opportunità*, in *Riv. esec. forz.*, 2021, 851.

PANZANI L., *Il D.L. "Pagni" ovvero la lezione (positiva) del covid*, in *dirittodellacrisi.it*, agosto 2021.

PANZANI L., *Codice della crisi e gruppi di società*, in *Riv. soc.*, 2022, 1330.

PANZANI L., *Il piano di ristrutturazione soggetto ad omologazione*, in *ilcaso.it*, agosto 2022.

PANZANI L., *I doveri delle parti*, in *dirittodellacrisi.it*, settembre 2022.

PANZANI L., *La finalità del concordato preventivo*, in *Quaderni di ristrutturazione aziendale*, 2022, 21.

PANZANI L., in *Crisi e Insolvenza nel nuovo Codice* a cura di S. Ambrosini, Bologna, 2022.

PANZANI L., *L'assetto degli Organi nella liquidazione giudiziale e nelle altre procedure di regolazione della crisi*, in *Fallimento*, 2022, 1263.

PANZANI L., *Sorte ed effetti delle trattative nella composizione negoziata*, in *La composizione negoziata della crisi e dell'impresa* a cura di A. Caiafa, Nuova Editrice Universitaria, Roma, 2022, 481.

PANZANI L., *I contratti pendenti nella composizione negoziata con speciale riferimento ai rapporti di credito bancario*, in *dirittodellacrisi.it*, gennaio 2023.

PANZANI L., *L'imprenditore insolvente nella composizione negoziata*, in *Fallimento*, 2023, 253.

PANZANI L., *L'obbligo di predisposizione degli assetti adeguati anche per la prevenzione della crisi*, in *ilsocietario.it.*

PANZANI L., LA MARCA E., *Impresa vs. soci nella regolazione della crisi. Osservazioni preliminari su alcune principali novità introdotte con l'attuazione della Direttiva Insolvency*, in *Nuovo diritto delle società*, 2022, 1469.

PAOLETTI D., *Sull'accertamento dei c.d. "crediti verso la massa"*, in *Dir. fall.*, II, 1968, 222.

PAOLUCCI D., *Le iscrizioni a ruolo delle dichiarazioni tardive di credito (art. 101 legge fallimentare)*, in *Foro pad.*, 1964, 41.

PAPAGNI V., *Fallimento e inammissibilità dell'insinuazione tardiva*, in *ilfallimentarista.it.*, gennaio 2020.

PAPARELLA F. (a cura di), *Il diritto tributario delle procedure concorsuali e delle imprese in crisi*, Giuffrè, Milano, 2013.

PAPARELLA F., *Il rapporto tra diritto tributario e diritto fallimentare nel pensiero di Augusto Fantozzi*, in *Saggi in ricordo di Augusto Fantozzi*, Pacini, Pisa, 2020, 397.

PAPARELLA F., *L'impugnabilità del certificato dei carichi pendenti: l'assenza di tutela avverso gli atti ricognitivi dei debiti tributari anche nell'ipotesi di infedeltà dannosa per il richiedente*, in *Riv. telematica di diritto tributario* settembre 2020.

PAPI L., *Il rafforzamento del ruolo degli azionisti attraverso la modernizzazione dei processi di partecipazione informativa e decisionale: l'adunanza virtuale*, in *RDS*, 2017, 328.

PARENTE F., *Nuovo ordine dei privilegi e autonomia privata*, Jovene, Napoli, 1981.

PARENTE F., *Dei privilegi*, in *Commentario del Codice civile* diretto da Enrico Gabrielli, Utet, Torino, 2016, 1032.

PARENTE F., *I privilegi del credito: lessemi legislativi e iponimia delle fonti*, in *Rass. dir. civ.*, 2018, 177.

PARISI G., *Gruppi di imprese di rilevante dimensione e competenza territoriale nella disciplina transitoria del nuovo codice della crisi*, in *ilprocessocivile.com*, luglio 2019.

PARISI G., *L'accertamento del passivo nel codice della crisi e dell'insolvenza: natura ed effetti*, in *Dir. fall.*, I, 2019, 1091.

PARRINELLO M., *L'affitto di azienda e codice della crisi: gli interessi protetti ed il procedimento di formazione del contratto*, in *Riv. dir. comm.*, 2019, 512.

PARTISANI R., *I patrimoni destinati a specifici affari nella legge delle insolvenze*, in *Contratto e impresa*, 2006, 1559.

PASQUALI F., *Artt. 51-54 l.f.*, in *Commentario breve alla legge fallimentare* diretto da A. Maffei Alberti, Cedam, Padova, 2013, 334.

PASQUALI F., *Artt. 151-154*, in *Commentario breve alle leggi su crisi d'impresa ed insolvenza* diretto da A. Maffei Alberti, Cedam, Padova, 2023, 1131.

PASQUARIELLO C., *Le convenzioni di moratoria: una 'tregua' per risolvere la crisi*, in *Banca, borsa, tit. cred.*, 2018, 235.

PASQUARIELLO F., *Gestione e riorganizzazione dell'impresa nel fallimento*, Giuffrè, Milano, 2010.

PASQUARIELLO F., *Profili dei patrimoni destinati di s.p.a.*, Edizioni Scientifiche Italiane, Napoli, 2012.

PASQUARIELLO F., *Il concordato preventivo con continuità*, in *Nuove leggi civili comm.*, 2013, 1131.

PASQUARIELLO F., *La crisi del gruppo: consolidation o autonomia?*, in *Crisi di impresa e insolvenza. Prospettive di riforma* a cura di L. Calvosa, Pacini, Pisa, 2017, 299.

PASQUARIELLO F., *Le procedure di sovraindebitamento alla vigilia di una riforma*, in *Nuove leggi civili comm.*, 2018, 736.

PASQUARIELLO F., *Le procedure di sovraindebitamento*, in *Nuovo dir. soc.*, 2020, 59.

PASQUARIELLO F., *I gruppi di società transnazionali: scenari di crisi e di insolvenza*, in Governance *e mercati*, *Studi in onore di Paolo Montalenti*, II, Torino, Giappichelli, 2022, 1617.

PASQUARIELLO F., *Note generali. La gestione dell'impresa*, in *La crisi d'impresa e le nuove misure di risanamento* diretto da M. Irrera, S.A. Cerrato, coordinato da F. Pasquariello, Zanichelli, Bologna, 2022, 18.

PASSAFIUME S., *Il credito fondiario fra esecuzione e fallimento*, in *inexecutivis.it*.

PASTORE F., *Lezioni di diritto fallimentare*, Edizioni Scientifiche Italiane, Napoli, 1993.

PATELLI A., *Comunicazione del decreto di fissazione dell'udienza nel procedimento di insinuazione tardiva*, in *Fallimento*, 1990, 445.

PATERNÒ RADDUSA B., *Il commissario giudiziale*, in *Trattato delle procedure concorsuali* a cura di L. Ghia, C. Piccinini, F. Severini, Utet, Torino, 2011.

PATTI A., *Ammissione allo stato passivo del fallimento consecutivo al concordato preventivo del credito del difensore*, in *Fallimento*, 1995, 51.

PATTI A., *I privilegi*, Giuffrè, Milano, 2003.

PATTI A., *Art. 66*, in *Il nuovo diritto fallimentare* diretto da A. Jorio e coordinato da M. Fabiani, Zanichelli, Bologna, 2006, 889.

PATTI A., *I rapporti giuridici preesistenti nella prospettiva della liquidazione fallimentare*, in *Fallimento*, 2006, 880.

PATTI A., *L'affitto di azienda*, in *Fallimento*, 2007, 1098.

PATTI A., *Scioglimento di preliminare e giudizio pendente ex art. 2932 c.c.: quale legittimazione del fallito dopo la chiusura del fallimento?*, in *Fallimento*, 2008, 1168.

PATTI A., *La prededuzione dei crediti funzionali al concordato preventivo tra art. 111 ed art. 182 quater l. fall.*, in *Fallimento*, 2011, 1343.

PATTI A., *Le impugnazioni: natura e struttura*, in *Fallimento*, 2011, 1105.

PATTI A., *Rapporti pendenti ed esercizio provvisorio tra prededuzione e concorsualità, alla ricerca della regola da applicare*, in *Fallimento*, 2012, 1224.

PATTI A., *Il miglior soddisfacimento dei creditori: una clausola generale per il concordato preventivo?*, in *Fallimento*, 2013, 1099.

PATTI A., *Rapporti pendenti nel concordato preventivo riformato tra prosecuzione e scioglimento*, in *Fallimento*, 2013, 261.

PATTI A., *Gli effetti sui rapporti giuridici preesistenti*, in *Fallimento e concordato fallimentare* a cura di A. Jorio, Utet, Torino, 2016, 1598.

PATTI A., *Rapporti di lavoro e impresa in crisi*, in *Questione Giustizia*, 2019, 301.

PATTI A., *Tutela dei diritti dei lavoratori, salvaguardia dell'impresa e CCII*, in *Fallimento*, 2022, 1337.

PATTI S., *Principi, clausole generali e norme specifiche nell'applicazione giurisprudenziale*, in *Giust. civ.*, 2016.

PAVONE LA ROSA A., *L'insolvenza della società per azioni con patrimoni «separati»*, in *Il nuovo diritto delle società* – Liber amicorum *Gian Franco Campobasso* diretto da P. Abbadessa, G.B. Portale, I, Utet, Torino, 2006, 921.

PAVONE P., *Gli effetti della rinuncia agli atti nel giudizio di insinuazione tardiva di credito*, in *Fallimento*, 1986, 887.

PECORARO C., *Crediti prededucibili*, in *Il fallimento e le altre procedure concorsuali* a cura di A. Caiafa, S. Romeo, II, Cedam, Padova, 2014.

PEDERZINI E., *La* governance *dele nuove società a responsabilità limitata. Profili generali*, in *La* governance *delle società a responsabilità limitata* A CURA di E. Pederzini, R. Guidotti, Cedam, Padova, 2018, 1.

PEDRAZZI C., *Manuale di diritto penale dell'impresa. Parte generale e reati fallimentari*, Monduzzi, Bologna, 2000.

PEDRAZZI C., SGUBBI F., *Reati commessi dal fallito-Reati commessi da persone diverse dal fallito*, in *Commentario Scialoja-Branca. Legge fallimentare* a cura di F. Galgano, Zanichelli-Il Foro Italiano, Bologna-Roma, 1995.

PELAGI A., *Trasferimento d'azienda nelle imprese in crisi, il potere di recesso del cedente e del cessionario ed effetti del licenziamento illegittimo alla luce della giurisprudenza comunitaria*, in *Mass. giur. lav.*, 1998, 628.

PELLECCHIA E., *La composizione delle crisi da sovraindebitamento*, in *Nuove leggi civili comm.*, 2013, 1245.

PELLECCHIA E., *La definizione di sovraindebitamento nel codice della crisi e dell'insolvenza: cosa resta e cosa cambia*, in *Nuove leggi civili comm.*, 2019, 1135.

PELLECCHIA E., *La riforma organica del sovraindebitamento nel codice della crisi di impresa e dell'insolvenza*, in *La riforma del sovraindebitamento nel codice della crisi d'impresa e dell'insolvenza* diretto da E. Pellecchia, L. Modica, Pacini, Pisa, 2020.

PELLEGRINELLI P., *L'esdebitazione nella liquidazione giudiziale e nella liquidazione controllata*, in *Codice della crisi d'impresa e dell'insolvenza, aggiornato al D.lgs. 17 giugno 2022 n. 83* a cura di M. Giorgetti, Pacini, Pisa, 2022.

PELLEGRINI L., *L'interesse privato del curatore negli atti della liquidazione giudiziale nel nuovo codice della crisi d'impresa e dell'insolvenza*, in *Cass. pen.*, 2022, 1268.

PELLEGRINO G., *L'accertamento del passivo nelle procedure concorsuali*, Cedam, Padova, 1992.

PELLEGRINO G., *L'insinuazione al passivo - La domanda di ammissione al passivo - Modifiche dello stato passivo - Le dichiarazioni tardive di crediti*, in *Trattato di diritto delle procedure concorsuali* diretto da U. Apice, II, *La procedura fallimentare*, Giappichelli, Torino, 2010, 99.

PELLEGRINO G., *L'azione revocatoria relativa ai patrimoni destinati ad uno specifico affare: profili ricostruttivi*, in *Dir. fall.*, 2013, I, 701.

PELLEGRINO P.L., *Le procedure concorsuali nel Codice dei contratti pubblici ex d. lg. 12 aprile 2006*, n. 163, in *Giur. merito*, 2008, 1203.

PENTA A., *L'esercizio del privilegio speciale dei crediti nel fallimento*, in *Dir. fall.*, 2005, II, 216.

PENTA A., *I rapporti tra esecuzione concorsuale ed esecuzione individuale. Il credito fondiario*, in *Dir. fall.*, 2010, 286.

PENTA A., *La revoca del concordato preventivo*, in *Fallimento*, 2011, 735.

PENTA A., *La liquidazione dell'attivo fallimentare*, Cedam, Padova, 2016.

PERASSI M., *Art. 203*, in *Commentario al testo unico delle disposizioni in materia di intermediazione finanziaria* a cura di G. Alpa e F. Capriglione, Cedam, Padova, 1998, 1814.

PERCOCO G., *La conversione dei crediti bancari in strumenti finanziari partecipativi quale strategia durante la crisi temporanea dell'impresa societaria*, in *Dir. fall.*, 2017, I, 1423.

PERDONÒ G.L., *I reati commessi dal curatore fallimentare - Ricorsi per ammissione al passivo di crediti simulati e distrazioni*, in *Trattato delle procedure concorsuali* a cura di L. Ghia, C. Piccininni, F. Severini, VI, *Gli adempimenti fiscali*, Utet, Torino, 2012, 265.

PERINI A., *La bancarotta fraudolenta* a cura di A. Perini, D. Dawan, Cedam, Padova, 2001, 304.

PERINI A., *Prime osservazioni sui profili penali della nuova legge sul risparmio*, in *Giur. it.*, 2006.

PERRINO A.M., *La chiusura del fallimento*, in *Fallimento e concordati. Le soluzioni giudiziali e negoziate delle crisi d'impresa dopo le riforme* a cura di P. Celentano, E. Forgillo, Utet, Torino, 2008, 995.

PERRINO A.M., *Artt. 53-56*, in *La legge fallimentare dopo la riforma* a cura di A. Nigro, M. Sandulli, V. Santoro, Giappichelli, Torino, 2010, 816.

PERRINO A.M., *Questioni vecchie e nuove in tema di competenza*, in *Fallimento*, 2010, 296.

PERRINO A.M., *Codice dei contratti e degli appalti pubblici e concordato preventivo con continuità aziendale tra distonie, incongruenze e rischio di cortocircuito*, in *Foro it.*, 2016, V, 304.

PERRINO A.M., *Artt. 162, 172, 180, 182-sexies*, in *Codice commentato del fallimento* diretto da G. Lo Cascio, Ipsoa, Milano, 2017.

PERRINO M., *Programma di liquidazione e tecniche di cessione in blocco*, in *Dir. fall.*, 2006, I, 1087.

PERRINO M., *Cessioni "individuali" e "in blocco" dei diritti controversi come modalità liquidatoria concorsuale*, in *Dir. fall.*, 2009, n. 1.

PERRINO M., *La liquidazione dei beni nel fallimento e nei concordati mediante cessione*, in *Giur. comm.*, 2009, n. 1.

PERRINO M., *Artt. 10-11*, in *La legge fallimentare dopo la riforma* a cura di A. Nigro, M. Sandulli, V. Santoro, Giappichelli, Torino, 2010, 132.

PERRINO M., *Artt. 170-182*, in *Codice commentato del fallimento* a cura di G. Lo Cascio, Ipsoa, Milano, 2017, 2338.

PERRINO M., *La "crisi" delle procedure di rimedio al sovraindebitamento (e degli accordi di ristrutturazione dei debiti)*, in *Impresa e mercato. Studi dedicati a Mario Libertini* a cura di V. Di Cataldo, V. Meli, R. Pennisi, Giuffrè, Milano, 2015, 1453.

PERRINO M., *Gli accordi di ristrutturazione con banche e intermediari finanziari e le convenzioni di moratoria*, in *Dir. fall.*, 2016, 1441.

PERRINO M., *Crisi di impresa e allerta: indici, strumenti e procedure*, in *Corriere giur.*, 2019, 653 e in *La nuova disciplina delle procedure concorsuali. Scritti in ricordo di Michele Sandulli*, Giappichelli, Torino, 2019.

PERRINO M., "Relative priority rule" *e diritti dei soci nel concordato preventivo in continuità*, in *dirittodellacrisi.it*, 2022.

PERRONE L., *Discrezionalità e norma interna nell'imposizione tributaria*, Giuffrè, Milano, 1969.

PERRONE L., *Discrezionalità amministrativa (dir. trib.)*, in *Dizionario di diritto pubblico* a cura di S. Cassese, Giuffrè, Milano, 2006.

PERROTTI P., *Art. 115*, in *Il nuovo diritto fallimentare* diretto da A. Jorio e coordinato da M. Fabiani, Zanichelli, Bologna, 2006.

PESCATORE G., *La funzione di garanzia dei patrimoni destinati*, Giuffrè, Milano, 2008.

PESCATORE G., *Artt. 67*-bis, *72*-ter, in *Commentario breve alla legge fallimentare* a cura di A. Maffei Alberti, VI ed., Cedam, Padova, 2013, 478.

PESSI R., *Profili giuslavoristici delle procedure concorsuali*, in *LPO*, 2010, 33.

PETTERUTI A., *La composizione negoziata della crisi fra direttiva insolvency e codice della crisi e dell'insolvenza di impresa - Il presupposto oggettivo: "pre-crisi" crisi ed insolvenza*, in *La composizione negoziata della crisi di impresa (aggiornata con il d.lgs. 17 giugno 2022 n. 83)* a cura di A. Caiafa, Nuova Editrice Universitaria - NEU, Roma, 2022, 49.

PEZZANO A., RATTI M., *Il nuovo concordato nella liquidazione giudiziale*, in *La riforma del fallimento, Italia Oggi*, Serie speciale n. 2, 23 gennaio 2019, 230.

PEZZANO A., RATTI M., *Le purgazioni (im)possibili dei vincoli afflittivi nelle procedure concorsuali*, in *dirittodellacrisi.it*, marzo 2021.

PEZZANO A., RATTI M., *Il concordato preventivo semplificato: un'innovazione solo per i debitori meritevoli, funzionale al migliore soddisfacimento dei creditori (ed a qualche salvataggio d'impresa)*, in *dirittodellacrisi.it*, ottobre 2021.

PEZZANO A., RATTI M., *La conservazione degli effetti in caso di insuccesso della composizione negoziata*, in *dirittodellacrisi.it*, novembre 2021.

PEZZANO G., *Sulla riproponibilità della domanda di dichiarazione tardiva di credito nel fallimento*, in *Foro it.*, 1968, I, 2177.

PEZZANO G., *Sulla espropriazione mobiliare in corso alla dichiarazione di fallimento del debitore*, in *Foro it.*, 1969, I, 2952.

PICA L., *Il concordato preventivo*, in *Fallimento e concordati* a cura di P. Celentano, E. Forgillo, Utet, Torino, 2008.

PICARDI A., *L'esecuzione del concordato preventivo alla luce del codice della crisi d'impresa e dell'insolvenza*, in *Giust. civ.*, n. 2019, 3.

PICARDI A., *Artt. 6, 284-292*, in *Codice della crisi d'impresa e dell'insolvenza* diretto da F. Di Marzio, Giuffrè, Milano, 2022.

PICARDI N., *La dichiarazione del fallimento. Dal procedimento al processo*, Giuffrè, Milano, 1974.

PICCIAU A., *L'azione revocatoria nella liquidazione giudiziale*, in *Fallimento*, 2019, 1171.

PICCININI G., *Fallibilità della holding personale ed esenzione dal fallimento dell'impresa agricola*, in *ilfallimentarista.it*, maggio 2019.

PIERRI R., *Gli effetti del fallimento sui contratti bancari in corso*, in *Fallimento e le altre procedure concorsuali* a cura di G. Fauceglia, L. Panzani, Utet, Torino, 2009.

PINI A., PORCARI A., *La disciplina residuale*, in *Il nuovo Codice della crisi di impresa e dell'insolvenza* a cura di S. Sanzo, D. Burroni, Zanichelli, Bologna, 2019, 265.

PINTO V., *Funzione amministrativa e diritti degli azionisti*, Giappichelli, Torino, 2008.

PINTO V., *La responsabilità da concessione abusiva di credito fra unità e pluralità*, in *Giur. comm.*, 2011, II, 1173.

PINTO V., *Art. 2380-bis*, in *Le società per azioni. Codice civile e norme complementari* A CURA di P. Abbadessa, G.B. Portale, I, Giuffrè, Milano, 2016, 1167.

PINTO V., *Concordato preventivo e organizzazione sociale*, in *Riv. soc.*, 2017, 100.

PINTO V., *Le fattispecie di continuità aziendale nel concordato nel Codice della Crisi*, in *Giur. comm.*, 2020, I, 372.

PINTO V., *Diritto delle società e procedure concorsuali nel Codice della Crisi*, in *Riv. dir. comm.*, 2021, 119.

PIRAS A., *Fallimento in pendenza di fallimento?*, in *Giur. comm.*, 1975, I, 77.

PIRISI F.G.G., *L'omologazione del concordato preventivo*, in *Crisi d'impresa e procedure concorsuali* a cura di O. Cagnasso, L. Panzani, III, Utet, Torino, 2016, 3684.

PISANI MASSAMORMILE A., *I conferimenti nelle società per azioni. Acquisti pericolosi, prestazioni accessorie. Artt. 2342-2345*, in *Il codice civile. Commentario* diretto da P. Schlesinger, Giuffrè, Milano, 1994.

PISANI MASSAMORMILE A., *La responsabilità degli organi della liquidazione coatta amministrativa delle banche*, in *La nuova disciplina dell'impresa bancaria* a cura di U. Morera, A. Nuzzo, III, Giuffrè, Milano, 1996.

PISANI MASSAMORMILE A., *La prededuzione ed i finanziamenti alle imprese in crisi*, in *Banca, borsa, tit. cred.*, 2015, 1.

PISANI MASSAMORMILE A., *Una legge sfortunata, intempestiva ed affollata*, in *La crisi del soggetto non fallibile* a cura di A. Pisani Massamormile,Giappichelli, Torino, 2016.

PISANI N., *Abuso d'Ufficio*, in *Manuale di diritto penale. Delitti contro la Pubblica Amministrazione* a cura di S. Canestrari, L. Cornacchia, G. De Simone, Il Mulino, Bologna, 2016.

PISANI N., *Crisi di impresa e diritto penale*, Il Mulino, Bologna, 2018.

PISCITELLO P., *Ambito di applicazione delle discipline delle crisi*, in AA.VV., *Diritto fallimentare. Manuale breve*, Giuffrè, Milano, 2008, 120.

PISCITELLO P., *Riflessioni su concordati "predatori" ed offerte concorrenti*, in *Riv. dir. civ.*, 2020, 760.

PISTORELLI L., *Confisca del profitto del reato e responsabilità degli enti nell'interpretazione delle sezioni unite*, in *Cass. pen.*, 2008, 4544.

PISTORELLI L., *Novità legislative: D.L. 31 maggio 2010, n. 78, convertito con modificazione nella Legge 30 luglio 2010, n. 122, recante "Misure urgenti in materia di stabilizzazione finanziaria e di competitività economica"*, Relazione del 3 agosto 2010, in *www.cortedicassazione.it.*

PIVA D., *Sequestri e liquidazione giudiziale nel codice della crisi e dell'insolvenza: tra regole ed eccezioni*, in *Arch. pen.*, 2022, I, 2.

PIZZOFERRATO A., *Il trasferimento di azienda nelle imprese in crisi*, in *Quaderni dir. lav. Il trasferimento di azienda*, 2004, 159.

PLATANIA F., *Artt. 199, 200, 202*, in *Codice commentato del fallimento* diretto da G. Lo Cascio, Ipsoa, Milano, 2008.

PLATANIA F., *Le misure protettive e cautelari nel Codice della crisi*, in *ilfallimentarista*, febbraio 2019.

PLATANIA F., *Composizione negoziata: misure protettive e cautelari e sospensione degli obblighi ex artt. 2446 e 2447 c.c.*, in *ilfallimentarista.it*, ottobre 2021.

PLENTEDA D., *I rapporti giuridici pendenti nel fallimento riformato*, Il Sole 24 Ore, Milano, 2008.

POFI E., *Sulla domanda tardiva del lavoratore già ammesso al passivo per altri crediti derivanti dal medesimo rapporto di lavoro*, in *Dir. fall.*, 2013, II, 452.

POLI G., *Obbligazioni convertibili e fallimento*, in *Riv. Soc.*, 1976, 1120.

POLI G.G., *Le notificazioni telematiche verso "pubblici elenchi", tra chiarimenti attesi ed errori incorreggibili*, in *Giur. It.*, 2020, II, 321.

POLI S., *Il "concordato di gruppo": I) profili problematici, agnosticismo del legislatore e supplenza giurisprudenziale*, in *Contratto e impresa*, 2014, 1345.

POLI S., *Il concordato preventivo di gruppo*, in *Giur. comm.*, 2014, 735.
POLI S., *Il concordato di gruppo: II) verifica critica degli approdi giurisprudenziali con tentativo di ricavare dal sistema le chiavi per un parziale superamento del dogma della separazione delle masse (attive)*, in *Contratto e impresa*, 2015, 100.
POLICARO G.A., *La crisi d'impresa e gli strumenti di monitoraggio nel disegno di legge di riforma fallimentare*, in *Giur. Comm.*, 2017, 1038.
POLISENO B., *Gli effetti della liquidazione giudiziale sugli atti pregiudizievoli*, in *Diritto della crisi di impresa* a cura di G. Trisorio Liuzzi, Cacucci, Bari, 2023.
POLITELLI G., *Codice della crisi d'impresa: le nuove procedure concorsuali e l'attività notarile*, in *Quotidiano giuridico*, maggio 2019.
PORCARI A., RIZZUTO M., PRESTIA C., CHIARPARIN SIGNORELLI F., *Il sovraindebitamento*, in *Il codice della crisi dopo il d.lgs. 17 giugno 2022, n. 83* a cura di S. Sanzo, Zanichelli, Bologna, 2022, 498.
PORCELLI G., *L'apertura di credito bancario*, in *Contratti bancari* a cura di E. Capobianco, Wolters Kluwer, Milano, 2021.
PORTALE G.B., *I «finanziamenti» dei soci nelle società di capitali*, in *Banca, borsa, tit. cred.*, 2003, I, 663.
PORTALE G.B., *Capitale sociale e società per azioni sottocapitalizzata*, in *Trattato delle società per azioni* diretto da G.E. Colombo, G.B. Portale, 1**, Utet, Torino, 2004, 41.
PORTALE G.B., *La legge fallimentare rinnovata: note introduttive (con postilla sulla disciplina delle società di capitali)*, in *Banca, borsa, tit. cred.*, 2007.
PORTALE G.B., *Verso in "diritto societario della crisi"?*, in *Diritto societario e crisi d'impresa* a cura di U. Tombari, Giappichelli, Torino, 2014, 1.
PORZIO M., *La cancellazione*, in *Il nuovo diritto delle società.* Liber amicorum *Gian Franco Campobasso*, IV, Utet, Torino, 2007, 88.
PORZIO M., *Effetti del fallimento sugli atti pregiudizievoli ai creditori*, in *Trattato di diritto fallimentare* diretto da V. Buonocore, A. Bassi, II, Padova, 2010.
POSTIGLIONE A., *Gli accantonamenti nella ripartizione dell'attivo*, in *Riv. dir. comm.*, 2022, II, 571.
PRATIS C.M., *Disciplina giuridica delle aziende di credito*, Giuffrè, Milano, 1959.
PRESTI G., *Ipoteca per debito altrui e fallimento*, Giuffrè, Milano, 1992.
PRESTI G., *Art. 2467*, in *Codice commentato delle s.r.l.* diretto da P. Benazzo, S. Patriarca, Utet, Torino, 2006, 98.
PRESTI G., *Il mandato e la commissione*, in *Procedure concorsuali e rapporti pendenti* a cura di S. Sanzo, Zanichelli, Bologna, 2009.
PRESTI G., *Rigore è quando arbitro fischia?*, in *Fallimento*, 2009, 25.
PRESTI G., *Stato di crisi e stato di insolvenza*, in *Crisi d'impresa e procedure concorsuali* diretto da O. Cagnasso, L. Panzani, I, Utet, Torino, 2016, 402.
PRESTI G., *Il legislatore Humpty Dumpty*, in *La società a responsabilità limitata: un modello transtipico alla prova del Codice della Crisi. Studi in onore di Oreste Cagnasso* a cura di M. Irrera, Giappichelli, Torino, 2020, 676.
PREZIOSI S., *Nel concordato preventivo*, in *Trattato delle procedure concorsuali* diretto da L. Ghia, C. Piccininni, F. Severini, Utet, Torino, 2012, 340.
PROFETA V., *L'opponibilità dell'arbitrato rituale al fallimento*, in *Dir. fall.*, 1991, I, 1172.
PROIA A., *La disciplina degli effetti della liquidazione giudiziale sui rapporti di lavoro*, in *Mass. Giur. Lav.*, 4/2019, 92.
PROIA G., *Sulla "intenzione" di trasferire l'azienda, nella procedura sindacale prevista dall'art. 47 della legge n. 428/1990*, in *Arg. dir. lav.*, 1995, I, 91.

PROTO C., *Rapporti che proseguono ex lege con la massima*, in *Il fallimento* diretto a L. Panzani, Utet, Torino, 1999, 349.

PROTO C., *Gli organi della procedura – Della vendita dell'attivo fallimentare*, in *Il diritto fallimentare riformato* a cura di Schiano di Pepe, Cedam, Padova, 2007, 445.

PROTO C., *Art. 84, in Codice commentato del fallimento* diretto da G. Lo Cascio, Ipsoa, Milano, 2018, 814.

PROVAGGI G., *Composizione negoziata: come si applicano le misure premiali*, in *Quotidiano Ipsoa*, 19 luglio 2022.

PROVINCIALI R., *Manuale di diritto fallimentare*, Giuffrè, Milano, ed. 1969, 1964, 1970, 1974.

PUNZI C., *La dichiarazione di fallimento*, in *Riv. Dir. proc.*, 2008, 1501.

PUNZO M., *Il delitto di bancarotta*, Torino, 1953, 24.

QUARANTA E., *Art. 106*, in *Il nuovo fallimento* a cura di F. Santangeli, Milano, Giuffrè, 2006.

QUARANTA E., *La liquidazione dell'attivo*, in *Fallimento e concordati. Le soluzioni giudiziali e negoziate dalla crisi di impresa dopo le riforme* diretto da P. Celentano, E. Forgillo, Utet, Torino, 2008.

QUATRARO B., *Il programma di liquidazione: profili generali*, in *Il nuovo diritto fallimentare* diretto da A. Jorio e coordinato da M. Fabiani, Zanichelli, Bologna, 2006, 1661.

QUATRARO B., *Relazione al forum sulla riforma della legge fallimentare*, Cedam, Padova, 2006.

QUATRARO B., BURCHI B., *La deliberazione e l'omologazione del concordato preventivo*, in *Il nuovo dir. soc.*, 2016, 7.

QUATRARO B., DIMUNDO F., *La verifica dei crediti nelle procedure concorsuali – Contratti bancari, parabancari e del mercato finanziario*, Milano, 2011.

QUATRARO B., GIORGETTI M., FUMAGALLI A., *Revocatoria ordinaria e fallimentare*, Milano, 2009.

QUATRATO B., D'AMORA S., *Il curatore fallimentare. Adempimenti-Doveri-Responsabilità*, Giuffrè, Milano, 1999.

QUATTROCCHIO L.M., *Art.* 2477, in *Il nuovo diritto societario. Commentario* diretto da G. Cottino, G. Bonfante, O. Cagnasso, P. Montalenti, Zanichelli, Bologna, 2004, 1893.

QUETGLAS R.S., *La calificación del concurso*, in *Fundamentos de derecho empresarial*, IV, *Derecho concursal*, coordinador R.S. Quetglas, Thomson Reuters Aranzadi, Cizur Menor (Navarra), III, 2018.

RABITTI M., *Responsabilità da deficit organizzativo*, in *Assetti adeguati e modelli organizzativi*, opera diretta da M. Irrera, Zanichelli, Bologna, 2016, 955.

RACUGNO G., *Art. 2477*, in *Società di capitali* a cura di G. Nicolini, A. Stagno d'Alcontres, III, Jovene, Napoli, 2004, 1611.

RACUGNO G., *Concordato preventivo, accordi di ristrutturazione e transazione fiscale*, in *Trattato di diritto fallimentare* diretto da V. Buonocore, A. Bassi, Cedam, Padova, 2010, I, 470.

RACUGNO G., *Nota a Cass. 6 maggio 2015, n. 9100*, in *Giur. Comm.*, 2015, II, 672.

RACUGNO G., *Crisi d'impresa di società a partecipazione pubblica*, in *Riv. Soc.*, 2016,1144.

RACUGNO G., *I gruppi di imprese nella regolazione della crisi e dell'insolvenza. Appunti*, in *Dir. fall.*, I, 2020, 1269.

RAFFAELLI G.A., *Istituzioni di diritto fallimentare*, Giuffrè, Milano, 1932.

RAFFIOTTA E.C., *Il governo multilivello dell'economia studio sulle trasformazioni dello stato costituzionale in Europa*, Bononia University Press, Bologna, 2013.

RAGO G., *Manuale della revocatoria fallimentare. Profili sistematici di dottrina e giurisprudenza*, Cedam, Padova, 2006.

RAGUSA MAGGIORE G., *Contributo alla teoria unitaria della revocatoria fallimentare*, Giuffrè, Milano, 1960.

RAGUSA MAGGIORE G., *Il sistema dei privilegi nel fallimento*, Giuffrè, Milano, 1967.

RAGUSA MAGGIORE G., *Diritto fallimentare*, Morano, Napoli, 1974.

RAGUSA MAGGIORE G., *La cessazione dell'impresa commerciale e il fallimento*, in *Riv. Dir. civ.*, 1977, I, 172.

RAGUSA MAGGIORE G., *La morte dell'imprenditore e il fallimento*, in *Dir. fall.*, 1978, I, 5.

RAGUSA MAGGIORE G., *Sulle modalità di soddisfacimento dei debiti di massa*, in *Dir. fall.*, II, 1986, 866.

RAGUSA MAGGIORE G., *Fallimento (liquidazione e ripartizione dell'attivo)*, in *Enc. Dir.*, XVI, 1989.

RAGUSA MAGGIORE G., *Istituzioni di diritto fallimentare*, Cedam, Padova, 1994.

RAMPINI P., FRANCIOSO T.M., *Domande tardive. Insufficienza di attivo. Domande di rivendica e restituzione*, in *Fallimento e concordato fallimentare* a cura di A. Jorio, in *Nuova giurisprudenza sistematica di dir. civ. e comm.*, fondata da W. Bigiavi, diretta da G. Alpa ed altri, II, Utet, Torino, 2016, 2079.

RANA G., *Il procedimento di apertura della liquidazione controllata*, in *Dir. fall.*, 2023, I, 76.

RANA G., *Le regole del procedimento unitario della crisi d'impresa dopo il d.lgs. n. 83/2022*, in *Fallimento*, 2023, 153.

RANA U., *Il non facile coordinamento tra composizione negoziata, regolazione concorsuale della crisi e iniziative cautelari*, in *Fallimento*, 2022, 154.

RANALLI R., *La convenzione di moratoria di cui all'art. 182-septies*, in *Fallimento*, 2016, 889.

RANALLI R., *I Piani negli accordi di ristrutturazione e nei concordati preventivi in continuità tra il regime attuale e la loro evoluzione*, in *Fallimento*, 2018, 1477.

RANALLI R., *Le misure di allerta. Dagli adeguati assetti sino al procedimento avanti all'OCRI*, Giuffrè, Milano, 2019.

RANALLI R., *Gli ostacoli normativi e culturali alle proposte concorrenti nel concordato preventivo in continuità*, in *Fallimento*, 2021, 5.

RANALLI R., *Le indicazioni contenute nella piattaforma: il test, la* check-list, *il protocollo e le possibili proposte*, in *dirittodellacrisi.it*, novembre 2021.

RANALLI R., *Il codice della crisi e gli "indicatori significativi": la pericolosa conseguenza di un equivoco al quale occorre porre rimedio*, in *ilcaso.it*.

RANALLI R., *La* governance *dell'impresa in crisi: i rafforzamenti, le opportunità e i possibili sviluppi derivanti dalla composizione negoziata*, in *dirittodellacrisi.it*.

RANDAZZO F., *Il "consolidamento" del debito tributario nella transazione fiscale*, in *Riv. dir. trib.*, I, 2008, 836.

RANDAZZO F., *Le misure premiali nella composizione negoziata della crisi d'impresa*, in *Dir. prat. trib.*, 2022, 83.

RANIELI M., *Proposte di concordato preventivo concorrenti, trasferimento del controllo ed esenzione dall'obbligo di opa per salvataggio "ostile"*, in *Riv. dir. banc.*, 2017, 59.

RANIELI M., *L'autorizzazione alla costituzione di garanzie a beneficio del credito da finanziamento interinale prededucibile nel concordato preventivo in bianco. La concessione di pegno sul marchio*, in *Banca, borsa, tit. cred.*, 2018, II, 640.

RANUCCI R., *L'esdebitazione nella liquidazione del patrimonio della persona fisica non fallibile*, in *La composizione della crisi da sovraindebitamento* a cura di F. Fimmanò, G. D'Attorre, Giapeto, Napoli, 2017, 659.

RANUCCI R., *Le società a controllo pubblico: forme e modalità di controllo da parte di una pluralità di soci pubblici*, in *Riv. Corte conti*, 2019, 179.

RASILE F.-ZANOTTI G., *L'art. 6 del CCI e la prededucibilità dei crediti professionali: spunti e riflessioni per il prossimo decreto correttivo*, in *dirittodellacrisi.it*, agosto 2022.

RATTI L., *Tutela del lavoro e libertà d'impresa alla prova del diritto europeo, in Il lavoro nella giurisprudenza*, 2017, 433.

RAVINA C., *Gli organi della procedura nel codice della crisi e dell'insolvenza*, in *ilfallimentarista.it*, febbraio 2019.

RAVINALE M., *Esercizio provvisorio*, in *Crisi d'impresa e procedure concorsuali* a cura di O. Cagnasso, L. Panzani, Utet, Torino, 2016.

RAVINALE M., GALLONE A., *L'affitto e la cessione d'azienda nella riforma fallimentare*, Ipsoa, Milano, 2008.

RAZZANTE R., *Sull'applicabilità della misura della confisca antimafia a quella penale*, in *Giur. it.*, 2014, VIII-IX, 2034.

RAZZANTE R., *Manuale di legislazione e prassi dell'antiriciclaggio*, Giappichelli, Torino, 2020.

RAZZINI R., MORGESE M., *Presupposti della liquidazione e organi preposti*, in *Codice della Crisi d'impresa e Dell'Insolvenza, Aggiornato al d.lgs. 17 giugno 2022, n. 83* a cura di M. Giorgetti, A. Bonafine, Pacini, Pisa, 2022, 146.

RE F.A., *La crisi delle società* in house *tra regole concorsuali e disciplina dei contratti pubblici*, in *Dir. fall.*, 2019, I, 650.

REBECCA G., SPEROTTI G., *Il riparto fallimentare*, Giuffrè, Milano, 2008.

REBECCA G., RONCATO M.E., SPEROTTI G., *Il riparto nelle procedure concorsuali*, Wolters Kluwer, Milano, 2021.

RECCIA E., *Il mutato orientamento della Cassazione: la dichiarazione di fallimento è una condizione obiettiva di punibilità estrinseca*, in *Dir. pen. cont.*, 2017, 1.

RENNA M., VACCARI S., *Crisi d'impresa e contratti pubblici. Riflessioni critiche sull'istituto dell'avvalimento obbligatorio e 'rinforzato'*, in *Federalismi.it*, 2023, 88.

RENZI S., *Una lettura lavoristica del concordato preventivo riformato dal codice della crisi d'impresa e dell'insolvenza*, in *Riv. it. dir. lav.*, 2021, 453.

RESCIGNO G.U., *Tecnica legislativa (ad vocem)*, in *Enc. giur.*, 1993.

RESCIGNO G.U., *Corso di diritto pubblico*, Zanichelli, Bologna, 2014.

RESCIGNO M., *Procedure concorsuali. Fallimento delle società, II Diritto*, in *Enc. giur.*, XXII, 2007.

RESCIGNO M., *Il problema dell'azione dei creditori*, in *S.r.l. – Commentario*, dedicato a G.B. Portale a cura di A.A. Dolmetta, G. Presti, Giuffrè, Milano, 2011.

RESCIGNO M., *Il concordato di gruppo: considerazioni sparse tra fisiologia e patologia dell'istituto*, in *La riforma delle procedure concorsuali*, in ricordo di V. Buonocore a cura di A. Jorio, R Rosapepe, Giuffrè, Milano, 2021, 269.

RESCIGNO P., *Arbitrato e autonomia contrattuale*, in *Riv. arb.*, 1991, 29.

RESCIO G.A., *Brevi note sulla "gestione esclusiva" da parte degli amministratori di s.r.l.: distribuzione del potere decisionale e doveri gestori*, in *ilsocietario.it*.

RESTAINO L., *Art. 81*, in *La legge fallimentare dopo la riforma* a cura di A. Nigro, M. Sandulli, V. Santoro, Giappichelli, Torino, 2010.

RESTUCCIA D., *La Corte di Cassazione riconosce l'ammissibilità di una supersocietà di fatto: il difficile rapporto con l'attività di direzione e coordinamento*, in *Dir. fall.*, 5, 2016, 1247.

REVIGLIONO P., *I poteri sostitutivi del curatore ex art. 264 codice della crisi e dell'insolvenza*, in *Riv. dir. comm.*, 2021, II, 641.

RICCI E.F., *Azioni esecutive in corso di fallimento e tutela del creditore rispetto ai terzi*, in *Giur. comm.*, 1987, I, 222.

RICCI E.F., *Lezioni sul fallimento*, Giuffrè, Milano, 1997.

RICCI E.F., *Procedure liquidatorie. Procedure conservative e tecniche di individuazione del patrimonio*, in *Giur. comm.*, 2001, 36.

RICCI E.F., *Note sugli organi del fallimento dopo le riforme*, in *Giur. comm.*, 2008, I, 181.

RICCI G., *Sui parametri di ammissibilità delle domande "supertardive" di insinuazione al passivo*, in *Dir. fall.*, II, 2016, 228.

RICCI G., *Il coordinamento tra il procedimento di revoca del concordato preventivo ed il giudizio di omologazione, e la funzione generalpreventiva degli atti in frode ai creditori. Rilievi processuali*, in *Dir. fall.*, 2020, II, 630.

RICCIARDIELLO E., *Gli accordi di sostegno finanziario infragruppo nella crisi dei gruppi bancari*, in *Riv. dir. banc. e mercato fin.*, 2016, 683.

RICCIARDIELLO E., *Il fallimento della "holding" di fatto occulta tra abuso dell'attività di direzione e coordinamento e fallimento in estensione*, in *Dir. fall.*, 2017, II, 1265.

RICCIARDIELLO E., *I lineamenti del nuovo concordato preventivo*, in *Dir. fall.*, 2022, I, 1.

RICCIUTO V., *Il sovraindebitamento nella legge delega sulle crisi d'impresa*, in *Il consumatore e la riforma del diritto fallimentare* a cura di E. Llamas Pombo, L. Mezzasoma, U. Rana, V. Rizzo, ESI, Napoli, 2019.

RICOLFI M., *I segni distintivi di impresa. Marchio ditta insegna*, Giappichelli, Torino, 2009, 75.

RIEDI S., *La chiusura del fallimento*, in *Il diritto processuale del fallimento* a cura di V. Vitalone, S. Chimenti, S. Riedi, Giappichelli, Torino, 2008, 357.

RIMATO A., *Proposte concorrenti e mercati delle proposte nel nuovo concordato preventivo*, in *fallimentiesocieta.it*, 2015.

RINALDI P., *La composizione negoziata della crisi e i rapporti con gli intermediari creditizi*, in *ilcaso.it*, settembre 2021.

RINALDI R., *Art. 110*, in *Codice dei contratti pubblici commentato* a cura di L.R. Perfetti, Ipsoa, Milano, 2017, 1003.

RINALDI V., *La cessione del credito, Il fallimento del debitore ceduto e l'art. 45 l. fall.*, in *Fallimento*, 2005.

RIOLFO G., *Il nuovo codice della crisi d'impresa e dell'insolvenza e le modifiche al codice civile: il diritto societario tra "rivisitazione" e "restaurazione"*, in *Contratto e impresa*, 2019, 399.

RISPOLI FARINA M., *I rimedi alle crisi da sovraindebitamento: un assetto definitivo alla crisi del consumatore?*, in *Le procedure di composizione negoziale delle crisi e del sovraindebitamento* a cura di S. Bonfatti, G. Falcone, Giuffrè, Milano, 2014.

RISPOLI FARINA M., *La nuova disciplina del sovraindebitamento del consumatore*, in *Dir. fall.*, 2014, I, 643.

RIVA P., *Negoziazione distributiva e negoziazione cooperativa*, in *La mediazione civile. Le tecniche di gestione dei conflitti* a cura di M.R. Astorina, C. Mezzabotta, Milano, 2011, 23.

RIVA P., *Presupposto oggettivo e piattaforma nazionale*, in *Le crisi d'impresa e le nuove misure di risanamento* diretto da M. Irrera e S. Cerrato e coordinato da F. Pasquariello, Zanichelli, Bologna, 2022, 35.

RIVERSO R., *L'involontarietà della disoccupazione quale condizione della tutela previdenziale*, in *Prev. ass. pubbl. priv.*, 2004, 33.

RIVOLTA G.C.M., *L'esercizio dell'impresa nel fallimento*, Giuffrè, Milano, 1969.

RIVOLTA G.C.M., *L'affitto e la vendita dell'azienda nel fallimento*, Giuffrè, Milano, 1973.

RIZZI A., *La disciplina dell'amministrazione straordinaria nella sistematica della riforma della crisi d'impresa e del diritto concorsuale*, in *Giur. comm.*, 2022, I, 1267.

RIZZI L., *Strumenti negoziali e stragiudiziali soggetti ad omologazione*, in *Il nuovo Codice della crisi di impresa e dell'insolvenza*, cura di S. Sanzo, D. Burroni, Zanichelli, Bologna, 2019, 121.

RIZZO F., *Sovraindebitamento e* par condicio, in *Il sovraindebitamento del consumatore tra diritto interno e ordinamenti stranieri* a cura di E. Llamas Pombo, L. Mezzasoma, U. Rana, F. Rizzo, Edizioni Scientifiche Italiane, Napoli, 2018, 157.

ROCCO DI TORREPADULA N., *Patrimoni destinati ed insolvenza*, in *Giur. comm.*, 2004, I, 40.

ROCCO DI TORREPADULA N., *Artt. 42, 46, 47, 48*, in *Il nuovo diritto fallimentare* diretto da A. Jorio e coordinato da M. Fabiani, Zanichelli, Bologna, 2006.

ROCCO DI TORREPADULA N., *Un complicato* menage a troise*: giudice delegato, comitato dei creditori e curatore*, in *Dir. fall.*, 2008, I, 3

ROCCO DI TORREPADULA N., *Artt. 40-41*, in *La legge fallimentare dopo la riforma* a cura di A. Nigro, M. Sandulli, V. Santoro, Giappichelli, Torino, 2010, 544.

ROCCO DI TORREPADULA N., *La reintegrazione della garanzia patrimoniale*, in FAUCEGLIA G., ROCCO DI TORREPADULA N., *Diritto dell'impresa in crisi*, Zanichelli, Bologna, 2010.

ROCCO DI TORREPADULA N., *Il conto corrente dopo il fallimento*, in *Dir. fall.*, 2012, II, 334.

ROCCO DI TORREPADULA N., *Art. 172*, in *Il concordato preventivo e gli accordi di ristrutturazione dei debiti: commento per articoli* a cura di A. Nigro, M. Sandulli, V. Santoro, Giappichelli, Torino, 2014.

ROCCO DI TORREPADULA N., *I nuovi compiti del commissario giudiziale*, in *La nuova mini-riforma della legge fallimentare* a cura di M. Sandulli, G. D'Attorre, Giappichelli, Torino, 2016.

RODOTÀ S., *Il tempo delle clausole generali*, in *Riv. crit. dir. priv.*, 1986, 709.

ROJAS ELGUETA G., *L'esdebitazione del debitore civile: una rilettura del rapporto* civil law-common law, in *Banca, borsa, tit. cred.*, 2012, I, 310.

ROLFI F., *Istanza di fallimento, legittimazione attiva ed accertamento della qualità di creditore*, in *Fallimento*, 2011, 1193.

ROLFI F., *Il concordato minore*, in *Il nuovo sovraindebitamento dopo il Codice della crisi d'impresa e dell'insolvenza*, Zanichelli, Bologna, 2019, 139.

ROLFI F., *Art. 165, 215 - 218*, in *Codice della crisi d'impresa e dell'insolvenza. Commentario* diretto da F. Di Marzio, Giuffrè, Milano, 2022, 757.

ROMANO A., *Il cittadino e la pubblica amministrazione*, in *Il diritto amministrativo degli anni '80, Atti del XXX Convegno di studi di scienza dell'amministrazione*, Giuffrè, Milano, 1987, 155.

ROMANO A., *Amministrazione, legalità e ordinamenti giuridici*, in *Dir. amm.*, 1999, 111.

ROMANO E., *Confisca e tutela dei terzi: tra buona fede e colpevole affidamento*, in *Cass. pen.*, 2016, 2894.

ROMANO M., *Teoria del reato, punibilità, soglie espresse di offensività (e cause di esclusione del tipo)*, in *Studi in onore di Giorgio Marinucci*, Milano, 2006, 1737.

ROMANO R., SPADA P., *Parte Generale*, in P. AUTERI, G. FLORIDIA, V. MANGINI, G. OLIVIERI, M. RICOLFI, R. ROMANO, P. SPADA, *Diritto Industriale*, Giappichelli, Torino, 2019, 773.

ROMUALDI L., *Osservazioni a Trib. Napoli, 1° marzo 2011, in tema di contratto di mutuo e prova della erogazione della somma a favore del mutuatario*, in *Banca, borsa, tit. cred.*, II, 2012, 365.

RONCO S., *Gli effetti del fallimento sugli atti pregiudizievoli per i creditori*, in *Crisi d'impresa e procedure concorsuali* a cura di O. Cagnasso, L. Panzani, I, Utet, Milano, 2021, 1159.

RONCOLETTA P., *Art. 1*, in *Codice del fallimento* a cura di P. Pajardi, Giuffrè, Milano, 2009, 23.

RONCOLETTA P., *Art. 22*, in *Codice del fallimento*, fondato da Piero Pajardi a cura di M. Bocchiola, A. Paluchowski, Giuffrè, Milano, 2013, 339.

RONDINONE N., *Tecniche di coinvolgimento di domini e holders nel fallimento delle imprese eterodirette e "superamento" della spendita del nome*, in *Riv. soc.*, 2015, 1075.

ROPPO V., *Il contratto*, in *Trattato di diritto privato* a cura di G. Iudica e P. Zatti, Giuffrè, Milano, 2001.

RORDORF R., *La liquidazione nelle crisi da sovraindebitamento*, in *Attività di liquidazione e tutela dei creditori* a cura di F. Parente, L. Ruggeri, Edizioni Scientifiche Italiane, Napoli, 2014, 155.

RORDORF R., *Doveri e responsabilità degli organi di società alla luce del codice della crisi d'impresa e dell'insolvenza*, in *Riv. soc.*, 2019, 929.

RORDORF R., *Prime osservazioni sul Codice della crisi e dell'insolvenza*, in *Contratti*, 2019, 129.

RORDORF R., *Abuso de diritto, abuso del processo, abuso del concordato*, in *Fallimento*, 2020, 1199.

RORDORF R., *I doveri dei soggetti coinvolti nella regolazione della crisi nell'ambito dei principi generali del codice della crisi d'impresa e dell'insolvenza*, in *Fallimento*, 2021, 589.

RORDORF R., *L'obbligo delle banche di comunicare le modifiche degli affidamenti agli organi di controllo delle società loro clienti ex art. 14, comma 4, CCII*, in *dirittodellacrisi.it*, maggio 2021.

RORDORF R., *Gli assetti organizzativi dell'impresa ed i doveri degli amministratori di società delineati dal novellato art. 2086, comma 2, c.c.*, in *Gli assetti organizzativi dell'impresa* a cura di L. Calcagno e F. Di Marzio, Quaderno 18, SSM, Roma, 2022, 53.

ROSAPEPE R., *Art. 2464*, in *La riforma delle società* a cura di M. Sandulli, V. Santoro, Giappichelli, Torino, 2003.

ROSAPEPE R., *Effetti nei confronti del fallito - Effetti nei confronti dei creditori*, in *Trattato di diritto fallimentare* diretto da V. Buonocore, A. Bassi, Cedam, Padova, 2010, 267.

ROSAPEPE R., *L'accertamento del passivo*, in *Trattato di diritto fallimentare* diretto da V. Buonocore, A. Bassi, III, Cedam, Padova, 2011, 55.

ROSAPEPE R., *Gli effetti nei confronti dei creditori*, in *Trattato di diritto fallimentare e delle altre procedure concorsuali* diretto da F. Vassalli, F.P. Luiso e E. Gabrielli, Giappichelli, Torino, 2014, 49.

ROSAPEPE R., *La composizione assistita della crisi*, in *Giur. comm.*, 2021, I, 463.

ROSSI A., in ANTOLISEI F., *Manuale di diritto penale, Leggi complementari*, II, Giuffrè, Milano, 2008.

ROSSI A., *Illeciti penali nelle procedure concorsuali. Parte speciale*, in *Trattato di diritto penale* diretto da C.F. Grosso, T. Padovani, A. Pagliaro, Giuffrè, Milano, 2014, 187.

ROSSI A., *Causazione del fallimento della società con dolo o per effetto di operazioni dolose: peculiarità, anomalie testuali e controversie esegetiche alla luce della sentenza sul caso Parmalat-Capitalia*, in *Dir. pen. cont., Riv. trim.*, n. 4, 2015, 432.

ROSSI A., *Il contenuto delle proposte concorrenti nel concordato preventivo (prime riflessioni)*, in *ilcaso.it*, novembre 2015.

ROSSI A., *La* governance *dell'impresa in fase di ristrutturazione*, in *Fallimento*, 2015, 253.

ROSSI A., *Il contenuto delle proposte concorrenti*, in *Fallimento, soluzioni negoziate della crisi e disciplina bancaria dopo le riforme del 2015 e 2016* a cura di S. Ambrosini, Zanichelli, Bologna, 2017, 289.

ROSSI A., *Il migliore soddisfacimento dei creditori (quattro tesi)*, in *Fallimento*, 2017, 637.

ROSSI A., *L'esecuzione del concordato di risanamento, tra* governance *e conflitti*, in *Fallimento*, 2017, 1005.

ROSSI A., *La legge delega per la riforma della disciplina della crisi d'impresa: una prima lettura*, in *Società*, 2017, 1375.

ROSSI A., *I profili penalistici del codice della crisi d'impresa e dell'insolvenza: luci ed ombre dei dati normativi, in un contesto programmatico. I "riflessi" su alcune problematiche in campo societario*, in *Riv. it. dir. proc. pen.*, 2019, 1166.

ROSSI A., *I presupposti della CNC, tra debiti dell'imprenditore e risanamento dell'impresa*, in *diritto dellacrisi.it*, novembre 2021.

ROSSI A., *Il presupposto oggettivo tra crisi dell'imprenditore e risanamento dell'impresa*, in *Fallimento*, 2021, 1501.

ROSSI A., *I soci nella regolazione della crisi della società debitrice*, in *Società*, 2022, 945.

ROSSI A., *L'apertura del concordato semplificato*, in *dirittodellacrisi.it*, marzo 2022.

ROSSI M., *Appunti su definitività ed efficacia del decreto di omologazione del concordato fallimentare*, in *Riv. dir. fall.*, 2018, I, 859.

ROSSI M., *Dalla revoca delle rimesse in conto corrente bancario alla revoca del "rientro" (dopo il d. lgs. n. 147/2020): novità nella continuità*, in *Giur. comm.*, I, 2022.

ROSSI S., *Liquidazione dei patrimoni destinati e tutela dei creditori particolari tra codice civile e nuove norme di diritto concorsuale*, in *Giur. comm.*, 2006, I, 896.

ROSSI VANNINI A., in ROSSI VANNINI A., MAZZACUVA N., *Disposizioni finali*, in *Commentario Scialoja-Branca. Legge fallimentare* a cura di F. Galgano, Zanichelli-Il Foro Italiano, Bologna-Roma, 1997.

ROTONDI F., *Licenziamenti collettivi: obbligo di amplificazione della procedura di cui alla legge n. 223/1991 anche all'impresa fallita*, in *Fallimento*, 2009, 1154.

ROVATI B., *L'esercizio provvisorio e l'affitto d'azienda*, in *Commentario alla legge fallimentare* diretto da C. Cavallini, Egea, Milano, 2010.

ROVERONI R., *Ripartizioni dell'attivo, nuovi profili con prudenza*, in *Focus. Custodia dei beni, liquidazione e responsabilità, NDSoc*, 2006, 33.

RUBINO D., *L'appalto*, in *Trattato di diritto civile italiano* diretto da F. Vassalli, Utet, Torino, 1980.

RUBINO DE RITIS M., *Il* beneficium excussionis *del socio e la dichiarazione di fallimento della società in nome collettivo*, in *Giur. comm.*, 1989, II, 213.

RUBINO DE RITIS M., *La costituzione dei patrimoni destinati ad uno specifico affare*, in *Il nuovo diritto delle società.* Liber amicorum *Gian Franco Campobasso* diretto da P. Abbadessa, G.B. Portale, I, Torino, 2006, 817.

RUBINO DE RITIS M., *Art. 2467*, in *Delle società – Dell'azienda – Della concorrenza* a cura di D. Santosuosso, in *Commentario del codice civile* diretto da E. Gabrielli, Utet, Torino, 2015, 262.

RUGANI A., *I rapporti tra misure cautelari reali e procedure concorsuali nel codice della crisi d'impresa e dell'insolvenza (D.Lgs. 12 gennaio 2019 N. 14)*, in *www.lalegislazionepenale.eu*, maggio 2019.

RUGGIERI E.M.P., *Disponibilità della domanda di concordato preventivo: fino a quale momento è ammissibile una rinuncia*, in *Dir. giust.*, ottobre 2019.

RUGGIERO A., *Artt. 110, 111-ter e 111-quater, 112, 113*, in *Il nuovo diritto fallimentare* diretto da A. Jorio e coordinato da M. Fabiani, Zanichelli, Bologna, 2006.

RUGGIERO A., *Conti speciali*, in *Il nuovo diritto fallimentare. Novità ed esperienze applicative a cinque anni dalla riforma* diretto da A. Jorio, M. Fabiani, Zanichelli, Bologna, 2010, 1852.

RUISI G., MAFFEI ALBERTI A., JORIO A., TEDESCHI G.U., *Il fallimento*, in *Giur. sistematica di dir. civ. e comm.*, fondata da W. Bigiavi, *Le società per azioni*, II, Utet, Torino, 1978.

RUOSI W.M., *Art. 130*, in *La riforma della legge fallimentare* a cura di A. Nigro, M. Sandulli, II, Torino, 2006.

RUOTOLO M., *Le relazioni del Governo al Parlamento sulla attuazione delle leggi*, in *Boll. inf. parl. cost.*, 1985, 178.

RUSCELLO F., CORDIANO A., *Art. 2764*, in *Codice civile annotato con la dottrina e la giurisprudenza* a cura di G. Perlingieri, Edizioni Scientifiche Italiane, Napoli, 2010, 453.

RUSSO F., RUVOLO M. (a cura di), *Le notificazioni nel processo civile*, La Tribuna, Piacenza, 2014.

RUSSO L.A., *L'accertamento del passivo nel fallimento*, Ipsoa, Milano, 1995.

RUSSO R., *L'atto di frode come causa di annullamento del concordato preventivo. Un'anticipazione della riforma Rordorf?*, in *Giur. it.*, 2017, 890.

RUSSO R., *Collegio sindacale e prevenzione della crisi d'impresa*, in *Giur. comm.*, 2018, I, 119.

RUSSO R., *Il giano bifronte della composizione negoziata: la circolazione dell'azienda tra nuovo dato legislativo e problemi irrisolti*, in *ilcaso.it*, agosto 2022.

RUSSOLILLO P., *La nuova disciplina di liquidazione dell'attivo*, in *Evoluzione degli organi della crisi d'impresa* a cura di M. Monteleone, Wolters Kluwer, Milano, 2021, 791.

SABATELLI E., *La revocatoria degli atti anormali nella riforma del diritto fallimentare*, in *Dir. fall.*, 6, 2007.

SABATELLI E., *La prova della scientia decotionis nella disciplina delle revocatorie fallimentari*, in *Banca, borsa, tit. cred.*, 2008.

SABATELLI E., *L'esercizio provvisorio dell'impresa nel fallimento tra interessi concorsuali, interessi particolari dei creditori e interessi c.d. sociali*, in *Dir. fall.*, 2011, I, 127.

SACCHI R., *Gli obbligazionisti nel concordato della società*, Giuffrè, Milano, 1981.

SACCHI R., *Dai soci di minoranza ai creditori di minoranza*, in *Fallimento*, 2009, 1063.

SACCHI R., *La responsabilità gestionale nella crisi dell'impresa societaria*, in *Giur. comm.*, I, 2014, 304.

SACCHI R., *Amministrazione e controllo nell'impresa azionaria dopo la riforma del 2003*, in *Impresa e mercato. Studi dedicati a Mario Libertini* a cura di V. Di Cataldo, V. Meli, R. Pennisi, I, Giuffrè, Milano, 2015, 565.

SACCHI R., *Nota a Cass. 6 maggio 2015, n. 9100*, in *Giur. comm.*, 2015, II, 676.

SACCHI R., *Le operazioni straordinarie nel concordato preventivo*, in *Riv. dir. soc.*, 2016, 776.

SACCHI R., *Sul così detto diritto societario della crisi: una categoria concettuale inutile o dannosa?*, in *Nuove leggi civ. comm.*, 2018, 1280.

SACCHI R., *Sui trasferimenti di risorse nell'ambito del concordato di gruppo nel c.c.i.i.*, in *Nuove leggi civ. comm.*, 2021, 311

SACCHI R., DALMARTELLO A., SEMEGHINI D., *I presupposti del fallimento. Il presupposto oggettivo*, in *Fallimento e concordato fallimentare*, in a cura di A. Jorio, in *Nuova Giurisprudenza sistematica di diritto civile e commerciale* fondata da W. Bigiavi e diretta da G. Alpa, G. Bonilini, U. Breccia, O. Cagnasso, F. Carinci, M. Confortini, G. Cottino, A. Jannarelli, M. Sesta, Utet, Torino, 2016.

SALAMONE L., *I patrimoni destinati a specifici affari nella s.p.a. riformata: insolvenza, esecuzione individuale e concorsuale*, in *Riv. esec. forzata*, 2005, 74.

SALAMONE L., *I «finanziamenti destinati», tra separazione patrimoniale e garanzia senza spossessamento*, in *Il nuovo diritto delle società.* Liber amicorum *Gian Franco Campobasso* diretto da P. Abbadessa, G.B. Portale, I, Utet, Torino, 2006, 877.

SALANITRO N., *Artt. 10-12*, in *Disposizioni generali. Della dichiarazione di fallimento*, in *Commentario Scialoja-Branca. La legge fallimentare* a cura di F. Bricola, F. Galgano, G. Santini, Zanichelli-S.E.F.I., Bologna-Roma, 1974, 308.

SALANITRO N., *Il fallimento dell'imprenditore defunto*, Giuffrè, Milano, 1974.

SALERNO F., *Legge di riforma del diritto internazionale privato e giurisdizione fallimentare*, in *Riv. dir. int. priv. e proc.*, 1998, 6.

SALERNO F., *L'esdebitazione del consumatore, tra meritevolezza e responsabilità del finanziatore*, in *Fallimento*, 2019, 11.

SALERNO F., *La buona fede e il bilanciamento degli interessi nella composizione negoziata della crisi di impresa*, in *Variazioni su temi di diritto del lavoro*, 2022, 433.

SALERNO M., *La riforma della crisi d'impresa. D.lgs. 12 gennaio 2019, n. 14 (Codice della crisi d'impresa e dell'insolvenza)*, Napoli, 2019.

SALETTI A., *La formazione dello stato passivo: un tema in evoluzione*, in *Giur. it.*, 2006, II, 431.

SALVANESCHI L., *L'arbitrato con pluralità di parti*, Padova, 1999, 100.

SALVATO L., *Debiti di massa e* mora debendi, in *Dir. fall.*, 1990, I, 532.

SALVATO L., *Nuove regole per la domanda di concordato preventivo con riserva*, in *ilfallimentarista*, 2013.

SAMMARCO A.A., *Esercizio dell'azione penale. La costituzione di parte civile*, in *Trattato delle procedure concorsuali*, Utet, Torino, 2012, 387.

SAMPIETRO E., *Revoca del fallimento e responsabilità del creditore istante*, in *Fallimento*, 2000, 1347.

SANDRELLI G., *I reati della legge fallimentare diversi dalla bancarotta. Il ruolo del curatore nel processo penale*, Giuffrè, Milano, 1990.

SANDRELLI G., *I reati della legge fallimentare diversi dalla bancarotta*, Giuffrè, Milano, 2003.

SANDRELLI G., *La riforma della legge fallimentare: i riflessi penali*, in *Cass. pen.*, 2006, 1301.

SANDRELLI G., LOTTINI R., *Artt. 216-241*, in *Codice commentato del fallimento* diretto da G. Lo Cascio, III, Ipsoa, Milano, 2015.

SANDULLI M., *Gratuità dell'attribuzione e revocatoria fallimentare*, Jovene, Napoli, 1976.

SANDULLI M., *Art. 2392*, in *La riforma delle società* a cura di Sandulli M., Santoro V., Giappichelli, Torino, 2003, 473.

SANDULLI M., *Art. 5*, in *Il nuovo diritto fallimentare* diretto da A. Jorio e coordinato da M. Fabiani, Zanichelli, Bologna, 2006, I, 100.

SANDULLI M., *Artt. 106, 107, 109*, in *La riforma della legge fallimentare* a cura di A. Nigro, M. Sandulli, Giappichelli, Torino, 2006.

SANDULLI M., *La crisi dell'impresa*, in *Manuale di diritto commerciale* a cura di V. Buonocore, Giappichelli, Torino, 2006.

SANDULLI M., *La crisi dell'impresa. Il fallimento e le altre procedure concorsuali*, Giappichelli, Torino, ed. 2007, 2009.

SANDULLI M., *Artt. 64-65*, in *La legge fallimentare dopo la riforma* a cura di A. Nigro, M. Sandulli, V. Santoro, Giappichelli, Torino, 2010, 888.

SANDULLI M., *Art. 160*, in *Il concordato preventivo e gli accordi di ristrutturazione dei debiti* a cura di A. Nigro, M. Sandulli, V. Santoro V., Giappichelli, Torino, 2014, 11.

SANDULLI M., *Il presupposto oggettivo*, in *Trattato delle procedure concorsuali* diretto da A. Jorio, B. Sassani, I, Giuffrè, Milano, 2014, 163.

SANDULLI M., *Il tempo è danaro (anche nelle procedure concorsuali)*, in *Società, banche e crisi di impresa.* Liber amicorum *Pietro Abbadessa* diretto da M. Campobasso, V. Cariello, M. Di Cataldo, F. Guerrera, A. Sciarrone Alibrandi, Utet, Torino, 2014.

SANDULLI M., *L'inefficacia degli atti a titolo gratuito*, in *Trattato di diritto fallimentare e delle altre procedure concorsuali* diretto da F. Vassalli, F.P. Luiso, E. Gabrielli, III, Giappichelli, Torino, 2014.

SANDULLI M., *La inefficacia degli atti a titolo gratuito*, in *La nuova mini-riforma della legge fallimentare* a cura di M. Sandulli, G. D'Attorre, Torino, 2016, 9.

SANDULLI M., D'ATTORRE G., *Manuale delle procedure concorsuali*, Giappichelli, Torino, 2016.

SANGIOVANNI V., *Obbligazioni e titoli di debito nel fallimento delle società*, in *Fallimento*, 2010, 1229.

SANGIOVANNI V., *Le particolarità fallimentari del credito fondiario*, in *Fallimento*, 2011, 1146.

SANTAGATA C., *Le fusioni*, in *Trattato delle società per azioni* diretto da G.E. Colombo, G.B. Portale, 7**1, Utet, Torino, 2004, 606.

SANTAGATA R., *Patrimoni destinati e rapporti intergestori. I conflitti in società multidivisionali*, Giappichelli, Torino, 2008.

SANTAGATA R., *Dei patrimoni destinati ad uno specifico affare. Artt. 2447*-bis-*2446*-decies, in *Il co-*

dice civile commentato fondato da P. Schlesinger e diretto da F.D. Busnelli, Giuffrè, Milano, 2014.

SANTAGATA R., *Concordato preventivo "di gruppo" e "teoria dei vantaggi compensativi"*, in *Riv. dir. impr.*, 2015, 213.

SANTAGATA R., *Il concordato di gruppo nel Progetto di riforma Rordorf: prime impressioni*, in *Riv. dir. impr.*, 2016, 681.

SANTAGATA R., *Concordato preventivo 'meramente dilatorio' e nuovo 'Codice della crisi e dell'insolvenza': verso il tramonto dell'abuso di diritto (o del processo)?*, in *Dir. fall.*, 2019, I, 333.

SANTANGELI F., *Art. 10*, in *Il nuovo fallimento* a cura di F. Santangeli, Giuffrè, Milano, 2006, 53.

SANTANGELI F., *Il curatore*, in *Trattato delle procedure concorsuali* diretto da A. Jorio, B. Sassani, I, Giuffrè, Milano, 2014, 821.

SANTANGELI F., *Il procedimento unitario nella crisi dell'impresa*, in *www.ildirittoprocessualecivile.it*, 2020.

SANTANGELI F., *Il piano attestato di risanamento* ex *art. 56 d. lg. n. 14/2019 a seguito del correttivo*, in *dirittodellacrisi*, 2021.

SANTARELLI U., *Per la storia del fallimento nelle legislazioni italiane dell'età intermedia*, Cedam, Padova, 1964.

SANTINI G., *L'azione causale nel diritto cambiario*, Cedam, Padova, 1968.

SANTONI A., *Gli azionisti e i detentori di strumenti di capitale nella proposta di direttiva in materia di crisi d'impresa*, in *Riv. dir. comm.*, 2018, I, 335.

SANTORIELLO C., *I reati di bancarotta*, Torino, 2000.

SANTORIELLO C., *I reati del curatore fallimentare*, Cedam, Padova, 2002.

SANTORIELLO C., *I reati commessi dalla persona diversa dal fallito*, in *La disciplina penale dell'economia. Società, fallimento, finanza* a cura di C. Santoriello, I, Giappichelli, Torino, 2008, 452.

SANTORIELLO C., *La confisca e la criminalità d'impresa*, in *La giustizia penale patrimoniale* a cura di A. Bargi, A. Cisterna, II, Utet, Torino, 2011, 870.

SANTORIELLO C., *La bancarotta fraudolenta impropria: l'art. 223, comma 2, R.D. n. 267 del 1942*, in *Società*, 2015.

SANTORO V., *Art. 142*, in *La riforma della legge fallimentare* a cura di A. Nigro, M. Sandulli, II, Giappichelli, Torino, 2006.

SANTORO V., *Art. 142*, in *La legge fallimentare dopo la riforma* a cura di A. Nigro, M. Sandulli, V. Santoro, Giappichelli, Torino, 2010, 1864.

SANTORO V., *I finanziamenti interinali "urgenti" nel preconcordato e nel preaccordo di ristrutturazione*, in *La nuova mini-riforma della legge fallimentare* a cura di M. Sandulli e G. D'Attorre, Giappichelli, Torino, 2016, 267.

SANTOSUOSSO D.U., *I patrimoni destinati e la nuova legge fallimentare: la forza del principio di separazione*, in *Il nuovo diritto della crisi di impresa e del fallimento* a cura di F. Di Marzio, Ita Edizioni, Torino, 2006.

SANTOSUOSSO D.U., *Art. 155*, in *La legge fallimentare dopo la riforma* a cura di A. Nigro, M. Sandulli, V. Santoro, Giappichelli, Torino, 2010.

SANTOSUOSSO D.U., *I patrimoni destinati*, in *Trattato delle procedure concorsuali* diretto da L. Ghia, C. Piccininni, F. Severini, Utet, Torino, 2010.

SANTOSUOSSO D.U., *Gruppi di società Gruppi di società*, in IRTI N., *Dizionari del diritto privato, Diritto Commerciale* (a cura di N. Abriani), Giuffrè, Milano, 2011, 459.

SANTOSUOSSO D.U., *Abuso di eterodirezione e poteri del curatore*, in *Dir. fall.*, 2020, 1255.

SANZO S., *Fallimento e contratti ad esecuzione continuata o periodica*, in *Procedure concorsuali e rapporti pendenti* a cura di S. Sanzo, Zanichelli, Bologna, 2009, 85.

SANZO S., *Gli effetti del fallimento per i creditori*, in *Crisi d'impresa e procedure concorsuali* diretto da O. Cagnasso, L. Panzani, I, Utet, Torino, 2016, 1112.

SANZO S., *I principi generali e le disposizioni di immediata attuazione - La disciplina procedimentale. Le norme generali, le procedure di allerta e di composizione della crisi, il procedimento unitario di regolazione della crisi o dell'insolvenza*, in *Il nuovo Codice della crisi di impresa e dell'insolvenza* a cura di S. Sanzo, D. Burroni, Zanichelli, Bologna, 2019, 8.

SANZO S., *Principi generali, allerta e composizione negoziata*, in *Il Codice della crisi dopo il d.lgs. 17 giugno 2022, n. 83* a cura di S. Sanzo, Zanichelli, Bologna, 2022, 11.

SARDELLA M.M., *Concordato nella liquidazione giudiziale - L'esdebitazione*, in *Il nuovo Codice della crisi di impresa e dell'insolvenza* a cura di S. Sanzo, D. Burroni, Zanichelli, Bologna, 2019.

SASSANI B., TISCINI R., *L'accertamento del passivo*, in *Il nuovo diritto fallimentare* a cura di G. Olivieri, P. Piscitello, Editoriale Scientifica, Napoli, 2007, 135.

SATTA S., *Istituzioni di diritto fallimentare*, Soc. ed. del «Foro italiano», Roma, ed. 1952, 1957, 1976.

SATTA S., *Diritto fallimentare*, Cedam, Padova, ed. 1974, 1990, 1996.

SAVI G.P., *Il fallimento dell'imprenditore defunto*, Giuffrè, Milano, 1976.

SCALERA I., *Teoria generale del reato di bancarotta*, Giuffrè, Milano, 1969.

SCALERA I., *La reclamabilità allargata dell'art. 119 legge fallim.*, in *Dir. fall.*, 2003, II, 169.

SCANO A.D., *Gli atti estranei allo specifico affare*, Giappichelli, Torino, 2010.

SCANO D., *Il curatore*, in *Tratt. di diritto fallimentare* diretto da V. Buonocore, A. Bassi, II, Cedam, Padova, 2010.

SCARAFONI S., *La riforma del concordato preventivo*, in *Dir. fall.*, 2005, I, 840.

SCARAFONI S., *Il pubblico ministero nel concordato preventivo: disciplina ante novella e post novella*, in *Dir. fall.*, 2010.

SCARAFONI S., *Art. 155*, in *La legge fallimentare. Comm. teorico-pratico* a cura di M. Ferro, Cedam, Padova, 2011.

SCARAFONI S., SCARAFONI F., *Artt. 77-78*, in *Commentario alla legge fallimentare* a cura di A. Caiafa, Dike Giuridica, Roma, 2017, 365.

SCARSELLI G., BERTACCHINI E., GUALANDI L., PACCHI G., PACCHI S., *Manuale di diritto fallimentare*, Giuffrè, Milano, 2007.

SCARSO A.P., *Art. 73*, in *Commentario alla legge fallimentare* diretto da C. Cavallini, Egea, Milano, 2010, 209.

SCHIANO DI PEPE G., *Il diritto fallimentare riformato*, Cedam, Padova, 2007.

SCHIANO DI PEPE G., *Patrimoni destinati e insolvenza: una* liason *davvero* dangereuse?, in *Dir. fall.*, 2011, I, 517.

SCHIAVANO G., *Riflessioni sull'interesse privato del curatore*, in *Riv. trim. dir. pen. econ.*,1992, 143.

SCHIAVANO G., *I reati fallimentari: oggi*, in *Riv. trim. dir pen. ec.*, 2011, n. 3, 693.

SCHIAVON G., *La compensazione* ex *art. 56 legge fallimentare del credito del fideiussore escusso dopo il fallimento*, in *Fallimento*, 1987, 93.

SCHIAVON G., *Le dichiarazioni tardive di credito*, in *Fallimento*, 1990, 943.

SCHIERA M.R., *Artt. 57*-60 in *La legge fallimentare. Commentario teorico-pratico* a cura di M. Ferro, Utet, Torino, 2014, 768.

SCHIUMA L., *Art. 2359*, in *Commentario del codice civile* diretto da E. Gabrielli, *Delle società, dell'azienda, della concorrenza* a cura di D.U. Santosuosso, Cedam, Padova, 2015, 1288.

SCHMITT C., *Il custode della costituzione*, trad. a cura di A. Caracciolo, Milano, Giuffrè, 1981.

SCIACCA M., *L'istruttoria prefallimentare: profili processuali*, in *Dir. fall.*, 2007, I, 82.

SCIUTO M., *I finanziamenti dei soci nell'art. 2467 c.c. e nell'art. 182*-quater *l.fall.*, in *Dir. banc. merc. fin.*, 2011, I, 506.

SCIUTO M., *Imputazione e responsabilità nel contratto di rete (ovvero dell'incapienza del patrimonio separato)*, in *Il contratto di rete per la crescita delle imprese* a cura di F. Cafaggi, P. Iamiceli, G.D. Mosco, Giuffrè, Milano, 2012.

SCIUTO M., *"Adempimento" del concordato e programma societario*, in *Impresa e mercato. Studi dedicati a Mario Libertini* a cura di V. Di Cataldo, V. Meli, R. Pennisi, 3, Milano, 2015, 1481.

SCIUTO M., *Diritto della crisi di impresa*, in *Diritto commerciale* a cura di M. Cian, Giappichelli, Torino, 2019, 238.

SCIUTO M., *Le ragioni della liquidazione giudiziale di gruppo*, in *I gruppi nel Codice della crisi d'impresa e dell'insolvenza*, Pacini, Pisa, 2020, 64.

SCIUTO M., *Quel che resta degli obblighi di segnalazione nel Codice della crisi*, in *ilfallimentarista.it*, luglio 2022.

SCOCA F.G., *La discrezionalità nel pensiero del Giannini e nella dottrina successiva*, in *Riv. trim. dir. pubb.*, 2000, 1045.

SCOCA S.S., *Potestà impositiva e situazioni soggettive del contribuente*, in *Dir. prat. trib.*, 2015, 387.

SCOGNAMIGLIO G., *Art. 2497*, in *Commentario del codice civile* diretto da E. Gabrielli, Torino, Utet, 2015, 1085.

SCOGNAMIGLIO G., *La disciplina del gruppo societario in crisi o insolvente, Prime riflessioni a valle del recente disegno di legge delega per la riforma organica della legge fallimentare*, in *Le proposte per una riforma della legge fallimentare. Un dibattito dedicato a Franco Bonelli* a cura di M. Arato e G. Domenichini, Milano, 2017, 21.

SCOGNAMIGLIO G., *I gruppi di imprese nel CCII: fra unità e pluralità*, in *Società*, 4, 2019, 413-414.

SCOGNAMIGLIO G., *La crisi e l'insolvenza dei gruppi di società: prime considerazioni critiche sulla nuova disciplina*, in *Rivista Orizzonti del diritto commerciale*, 2019, 669.

SCOGNAMIGLIO G., VIOLA F., *I soci nella ristrutturazione dell'impresa. Prime riflessioni*, in *Nuovo dir. soc.*, 2022, 1163.

SCOLLO L., *Promulgato il nuovo regolamento (Ue) n. 2015/848 sulle procedure di insolvenza transfrontaliere: principali profili di riforma*, in *Dir. comm. internaz.*, 2015, 907.

SCOPSI M., *La procedura di concordato minore*, in *La riforma del sovraindebitamento nel codice della crisi d'impresa e dell'insolvenza* a cura di E. Pellecchia, L. Modica, Pacini, Pisa, 2019, 227.

SCUCCIMARRA R., *L'azione di riduzione nelle donazioni indirette*, in *Immobili e proprietà*, 2011, 105.

SDINO R., *L'accertamento del passivo*, in *Fallimento e concordati. Le soluzioni giudiziali e negoziate della crisi d'impresa dopo le riforme* a cura di P. Celentano, E. Forgillo, Utet, Torino, 2008, 639.

SELLAROLI G., *Considerazioni sull'elemento psicologico della bancarotta semplice*, in *Giust. pen.*, 1961, II, 787.

SELLERI M., *Art. 78*, in *Commentario breve alla legge fallimentare* a cura di A. Maffei Alberti, Cedam, Padova, 2013.

SELVAGGI N., *Le altre fattispecie di reati fallimentari*, in *Trattato di diritto fallimentare e delle altre procedure concorsuali* diretto da F. Vassalli, F.P. Luiso, E. Gabrielli, III, Giappichelli, Torino, 2014, 164.

SEMIANI BIGNARDI F., *La ritenzione nell'esecuzione singolare e nel fallimento*, Antonio Milani, Padova, 1960.

SEMIANI BIGNARDI F., *Il curatore del fallimento pubblico ufficiale*, Cedam, Padova, 1965.

SEMINARA S., *Nuovi illeciti penali e amministrativi nella legge sulla tutela del risparmio*, in *Dir. pen. proc.*, 2006, 549.

SERIO G., *Il socio limitatamente responsabile nel fallimento della società*, Milano, 1977.

SERRA L., *Piano attestato di risanamento*, in *www.altalex.com*.

SEVERINO DI BENEDETTO P., *I delitti dei pubblici ufficiali contro la pubblica amministrazione. Le qualifiche soggettive*, Giuffrè, Milano, 1983.

SGUBBI F., *Profili evolutivi della bancarotta preferenziale*, in *Diritto penale fallimentare. Problemi attuali* a cura di N. Pisani, 2010, 66.

SGUBBI F., *Crisi d'impresa, procedure di salvataggio e reati fallimentari*, in *Riv. it. dir. proc. pen.*, 2014, 667.

SGUBBI F., PEDRAZZI C., *Reati commessi dal fallito, Reati commessi da persone diverse dal fallito*, in *Commentario Scialoja-Branca, Legge fallimentare* a cura di F. Galgano, Zanichelli-Il Foro Italiano, Bologna-Roma, 1995.

SICARDI S., *Controllo e indirizzo parlamentare*, in *Dig. disc. pubbl.*, 1989, 105.

SICLARI D., *Il controllo parlamentare sugli atti non normativi del Governo e l'esame di documenti trasmessi al Parlamento dal Governo e da altre autorità: profili evolutivi*, in *Funzioni parlamentari non legislative e forma di governo: l'esperienza dell'Italia* a cura di R. Dickmann, S. Staiano, Giuffrè, Milano, 2008, 339.

SIDREA (Società italiana dei docenti di ragioneria e di economia aziendale), *Le parole della crisi. La lettura degli aziendalisti italiani*, in *www.sidrea.it*, marzo 2021.

SILVESTRINI A., *Artt. 111, 111-ter, 111-quater*, in *La legge fallimentare dopo la riforma* a cura di A. Nigro, M. Sandulli, V. Santoro, Giappichelli, Torino, 2010, 1555.

SILVESTRINI L., *La risoluzione del concordato preventivo*, in *Fallimento*, 2016, 512.

SIMONCELLI V., *La sentenza di ammissione al passivo di un fallimento e la interruzione della prescrizione*, in *Riv. dir. comm.*, 1908, II, 232.

SIMONETTI B., *Il* leasing *ieri e oggi – Il* rebus *dell'art. 1526 c.c.*, in *Fallimento*, 2019, 1321.

SIRONI E.M., *Codice della crisi di impresa e dell'insolvenza e funzione notarile*, in *Notariato*, 2019, 249.

SISIA S., TREMOLADA C., *Il nuovo Codice della crisi e le sue ricadute sulla disciplina della bancarotta*, in *ilfallimentarista*, 2019.

SOANA G., *I reati fallimentari*, in *Collana pratica Giuridica*, Giuffrè, Milano, 2012.

SOLDATI N., *Tutela del consumatore e procedure di sovraindebitamento*, Giappichelli, Torino, 2019.

SOLDATI N., *Il concordato minore nel codice della crisi d'impresa e dell'insolvenza quale evoluzione dell'accordo con i creditori*, in *dirittodellacrisi*, 2021.

SOLIDORO A., *Gli strumenti stragiudiziali: piani attestati e accordi di ristrutturazione nella riforma del Codice della crisi*, in *Crisi e risanamento*, n. 33/2019.

SOTGIU N., *Rapporti tra arbitrato e procedure concorsuali*, in PUNZI C., *Disegno sistematico dell'arbitrato*, III, Cedam, Padova, 2012, 474.

SOTTORIVA C., *La qualificazione del c.d. "titolo sportivo" nel trasferimento d'azienda nell'ambito di procedure concorsuali*, in *Società*, 2011, 769.

SPADA M.L., *Gli organi preposti alla liquidazione giudiziale*, in *Diritto della crisi d'impresa* a cura di G. Trisorio Liuzzi, Cacucci, Bari, 2023, 343.

SPADA P., *L'interposizione nell'esercizio dell'impresa: preconcetti e rimedi "spuntati"*, in *Questioni e casi di diritto commerciale* a cura di Spada, III, Cedam, Padova, 2010, 140.

SPADARO M., *Crediti sopravvenuti al fallimento e termine finale per l'insinuazione tardiva al passivo*, in *Fallimento*, 2016, 20.

SPADARO M., *Il trattamento dei crediti tributarie e contributivi secondo il nuovo art. 182 ter l. fall.*, in *Fallimento*, 1, 2018, 7.

SPADARO M., *D.lgs. n. 14/2019: concordato preventivo, liquidazione giudiziale e prededuzioni*, Utet, Torino, 2019.

SPADARO M., *La protezione del patrimonio del debitore in concordato preventivo, tra interpretazione estensiva dell'art. 168 l. fall. e nuove misure protettive e cautelari previste dal codice della crisi*, in *Fallimento*, 2019, 521.

SPADARO M., *Concordato con riserva e decorrenza del termine per il deposito della proposta e del piano*, in *Fallimento*, 2021, 570.

SPADARO M., *Il concordato delle società*, in *Diritto della crisi* (fascicolo cartaceo), 2022, 111.

SPADARO M., *Sequestro penale dell'intera massa attiva e chiusura del fallimento*, in *Fallimento*, 2023, 137.

SPAGNUOLO D., *Artt. 27-35*, in *La riforma della legge fallimentare* a cura di A. Nigro, M. Sandulli, Giappichelli, Torino, 2006, 164.

SPAGNUOLO D., *Artt. 32-35, 167-169*, in *La legge fallimentare dopo la riforma* a cura di A. Nigro, M. Sandulli, V. Santoro, Giappichelli, Torino, 2010, 415.

SPAGNUOLO D., *La cambiale finanziaria tra forma cartolare e funzione finanziaria*, Giappichelli, Torino, 2012.

SPAGNUOLO D., *Artt. 166-169*, in *Il concordato preventivo e gli accordi di ristrutturazione* a cura di A. Nigro, M. Sandulli, V. Santoro, Giappichelli, Torino, 2014, 155.

SPAGNUOLO D., *La nuova disciplina degli organi del fallimento*, in *La nuova mini-riforma della legge fallimentare* a cura di M. Sandulli, G. D'Attorre, Giappichelli, Torino, 2016, 31.

SPAGNUOLO D., *Il compenso del commissario giudiziale nel concordato preventivo di società pubbliche alla luce del TUSP e del nuovo codoice della crisi e dell'insolvenza*, in *Dir. fall.*, 2019, I, 432.

SPAMPINATO G., *Le conseguenze della mancata costituzione in giudizio del creditore tardivo al vaglio della Corte costituzionale*, in *Dir. fall.*, 1989, II, 533.

SPATARO M., *Atti in frode ai creditori e dovere di una compiuta disclosure: alcune riflessioni*, in *ilfalli mentarista.it*, ottobre 2022.

SPIOTTA M., *Artt. 68, 69, 72*-ter, *75, 200-202*, in *Il nuovo diritto fallimentare* diretto da A. Jorio e coordinato da M. Fabiani, Zanichelli, Bologna, 2006.

SPIOTTA M., *Impugnazione della sentenza dichiarativa di fallimento depositata dopo il 16 luglio 2006 su ricorso di data anteriore*, in *Fallimento*, 2008, 1157.

SPIOTTA M., *L'esdebitazione del fallito e il diritto di difesa dei creditori*, in *Giur. comm.*, 2009, 288.

SPIOTTA M., *Legittimazione, ad escutere le garanzie prestate da terzi per un concordato preventivo risolto e sfociato in fallimento*, in *Giur. comm.*, 2010, II, 468.

SPIOTTA M., *Il risorgere dell'iniziativa officiosa sotto mentite spoglie?*, in *Giur. it.*, 2013, 71.

SPIOTTA M., *Il nuovo programma di liquidazione e la sua attuazione*, in *Trattato delle procedure concorsuali* diretto da A. Jorio, B. Sassani, III, Giuffrè, Milano, 2016, 319.

SPIOTTA M., *L'accertamento del passivo. Le domande tempestive e i mezzi di impugnazione*, in *Fallimento e concordato fallimentare* a cura di A. Jorio, in *Nuova giur. sist. di dir. civ. e comm.* fondata da W. Bigiavi, Utet, Torino, 2016, 1973.

SPIOTTA M., *La non frazionabilità del decreto di esecutività dello stato passivo*, in *Fallimento*, 2017, 896.

SPIOTTA M., *Brevi riflessioni sulle discrepanze tra gli artt. 3 e 375 cci*, in *ilsocietario.it*, 2019.

SPIOTTA M., *Il ruolo del fattore tempo nella crisi d'impresa*, in *Crisi e Insolvenza. Scritti in ricordo di Michele Sandulli*, Giappichelli, Torino, 2019, 664.

SPIOTTA M., *La disciplina dei gruppi*, in *Codice della crisi d'impresa e dell'insolvenza* a cura di G. Bonfante, in *Giur. it.*, 2019, 2014.

SPIOTTA M., *Il parametro del soddisfacimento dei creditori ai fini dell'esdebitazione nel caso di fallimento in ripercussione*, in *Fallimento*, 2021, 36.

SPIOTTA M., *Check-list e Test pratico di risanabilità: presupposti teorici e implicazioni sistematiche*, in *Il nuovo diritto delle Società*, 2022, 1639.

SPIOTTA M., *Il concordato semplificato per la liquidazione del patrimonio*, in *La crisi d'impresa e le nuove misure di risanamento* diretto da M. Irrera, S.A. Cerrato, coordinato da F. Pasquariello, Zanichelli, Bologna, 2022, 422.

SPIOTTA M., *Il d. lgs. n. 83/2022 rafforza la teoria dei vantaggi compensativi*, in Governance *e mercati, Studi in onore di Paolo Montalenti*, III, Torino, Giappichelli, 2022, 1965.

SPIOTTA M., *La responsabilità degli amministratori*, in *La governance delle società a responsabilità limitata* a cura di Pederzini E. e Guidotti R., Cedam, Padova, 2022, 290.

SPIOTTA M., *Scioglimento della società – Tanto tuonò che piovve: perdita del* going concern *e scioglimento della società*, in *Giur. it.*, 2022.

SPOLIDORO G., MUCCIARELLI G., *Art. 2477*, in *Il revisore legale dei conti, Commentario in onore di G.B. Portale*, Giuffrè, Milano, 2011.

SPOLIDORO M.S., *Fallimento e diritti di proprietà intellettuale*, in *Riv. dir. ind.*, 2002, I, 604.

SPOLIDORO M.S., *I conferimenti in denaro*, in *Trattato delle società per azioni* diretto da G.E. Colombo, G.B. Portale, 1**, Utet, Torino, 2004.

SPOLIDORO M.S., *Conferimenti d'opera e servizi nelle società a responsabilità limitata: una riforma non riuscita*, in *Studi per Francesco Di Sabato*, IV, Società, Napoli, 2009.

SPOLIDORO M.S., *Note critiche sulla "gestione dell'impresa" nel nuovo art. 2086 c.c. (con una postilla sul ruolo dei soci)*, in *Riv. soc.*, 2019, 253.

STALLA G., *La liquidazione coatta amministrativa*, in *Il fallimento e le altre procedure concorsuali* diretto da L. Panzani, V, Utet, Torino, 2000, 228.

STAMPANONI BOSSI G., *Il mercato di voto: considerazioni in merito alla configurabilità del tentativo e alla individuazione dei soggetti attivi nel caso di concordato preventivo*, in *Cass. pen.*, n. 01/2018, 390.

STANGHELLINI L., *La revoca delle donazioni tra coniugi*, in *Giur. comm.*, 1993, II, 590.

STANGHELLINI L., «Fresh start»*: implicazioni di* «policy», in *Analisi giuridica dell'economia*, 2004, 442.

STANGHELLINI L., *Art. 124*, in *Il nuovo diritto fallimentare* diretto da A. Jorio e coordinato da M. Fabiani, Zanichelli, Bologna, 2006.

STANGHELLINI L., *L'approvazione dei creditori nel concordato preventivo: legittimazione al voto, maggioranze e voto per classi*, in *Fallimento*, 2006, 1059.

STANGHELLINI L., *Il credito «irresponsabile» alle imprese e ai privati: profili generali e tecniche di tutela*, in *Società*, 2007, 395.

STANGHELLINI L., *La crisi di impresa fra diritto ed economia. Le procedure di insolvenza*, il Mulino, Bologna, 2007.

STANGHELLINI L., *Finanziamenti-ponte e finanziamenti alla ristrutturazione*, in *Fallimento*, 2010, 1346.

STANGHELLINI L., *Directors' duties and the optimal timing of insolvency. A reassessment of the "recapitalize or liquidate" rule*, in *Il diritto delle società oggi. Innovazioni e persistenze* a cura di P. Benazzo, M. Cera, S. Patriarca, Utet, Torino, 2011, 733.

STANGHELLINI L., *Il concordato con continuità aziendale*, in *Società, banche e crisi di impresa* a cura di M. Campobasso, V. Cariello, V. Di Cataldo, F. Guerrera, A. Sciarrone Alibrandi, III, Utet, Torino, 2014, 3228.

STANGHELLINI L., *La proposta di direttiva UE in materia di insolvenza*, in *Fallimento*, 2017, 873.

STANGHELLINI L., *Il codice della crisi di impresa: una primissima lettura (con qualche critica)*, in *Corriere giur.*, 2019, 449.

STANGHELLINI L., *Verso uno statuto dei diritti dei soci di società in crisi*, in *Riv. dir. soc.*, 2020, 295.

STANGHELLINI L., *Il codice della crisi dopo il d.lgs. 83/2022: la tormentata attuazione della direttiva europea in materia di "quadri di ristrutturazione preventiva"*, in *Ristrutturazioni aziendali*, 2022.

STASI E., *L'esercizio provvisorio*, in *Fallimento*, 2007, 853.

STASI E., *Liquidazione coatta amministrativa*, in *Fallimento e altre procedure concorsuali* diretto da G. Fauceglia, L. Panzani, III, Utet, Torino, 2009.

STASI E., *Art. 182 ter*, in *Codice commentato del fallimento* a cura di G. Lo Cascio, Ipsoa, Milano, 2017, 2441.

STASI E., *Ammissibile la falcidia dell'iva anche nelle procedure di sovraindebitamento*, in *Fallimento*, 2020, 1167.

STAUNOVO POLACCO E., *Il ritardo non imputabile nell'insinuazione al passivo "supertardiva"*, in *Fallimento*, 2010, 67.

STELLA F., *Fatti di bancarotta e intervento del magistero punitivo*, in *La crisi dell'impresa e l'intervento del giudice, Atti del convegno C.I.S.* (6-8 ottobre 1978), Giuffrè, Milano, 1978, 138.

STELLA RICHTER M. JR., *La riapertura del fallimento*, in AA.VV., *Diritto fallimentare. Manuale breve*, 2008, Milano, 204.

STRAMPELLI G., *Distribuzioni ai soci e tutela dei creditori. L'effetto degli IAS/IFRS*, Giappichelli, Torino, 2009.

STRAMPELLI G., *Capitale sociale e struttura finanziaria nella società in crisi*, in *Riv. soc.*, 2012, 605.

STRAMPELLI G., *La preservazione (?) della continuità aziendale nella crisi da Covid-19: capitale sociale e bilanci nei decreti "Liquidità" e "Rilancio"*, in *Riv. soc.*, 2020, 366.

SUDIERO F., *L'allerta interna di cui all'art. 15 del decreto legge n. 118/2021: un nuovo potere "proattivo" dell'organo di controllo ed un confronto con l'art. 14 del Codice della crisi d'impresa e dell'insolvenza*, in *La crisi d'impresa e le nuove misure di risanamento. D.L. 118/2021 comv. in L. 147/2021* diretto da M. Irrera e S.A. Cerrato e coordinato da F. Pasquariello, Zanichelli, Bologna, 2022, 86.

TAGLIARINI F., *Profili salienti della bancarotta fraudolenta preferenziale*, in *Ind. pen.*, 1992, 743.

TAMPONI M., *Procedure concorsuali e inflazione*, in *Giur. comm.*, 1984, I, 1130.

TARANTINO G., *Fallimento: utilizzo degli estratti conto e delle scritture contabili*, in *ilfallimentarista.it*, luglio 2019.

TARANTINO G., *L'accertamento del passivo e la liquidazione dell'attivo*, in *La composizione delle crisi da sovraindebitamento* a cura di F. Fimmanò, G. D'Attorre, III ed., Giapeto, Napoli, 2019, 680.

TARUFFO M., *La motivazione della sentenza civile*, Cedam, Padova, 1975.

TARZIA G., *Gli effetti del fallimento sui rapporti pendenti dopo la riforma e il decreto correttivo*, in *Fallimento*, 2007, 1387.

TARZIA G., *La tutela dei creditori concorsuali dopo la riforma: ridotta o diversa?*, in *Fallimento*, 2007, 374.

TARZIA G., *La cessione delle azioni revocatorie prima e dopo la riforma*, in *Fallimento*, 2008.

TARZIA G., *Quale tutela per gli accordi con il finanziatore nella ristrutturazione dei debiti?*, in *Fallimento*, 2009, 54.

TARZIA G., *L'estensione della prelazione ipotecaria al credito per interessi: un intervento chiarificatore della Cassazione*, in *Fallimento*, 2013, 1359.

TARZIA G., *Il contratto di somministrazione*, in *Fallimento*, 2018, 10, 1167.

TARZIA G., *Intervento di terzi, proposte e offerte concorrenti nel concordato preventivo*, in *Fallimento*, 2020, 1289.

TEDESCHI G.U., *Della dichiarazione di fallimento*, in *Disposizioni generali. Della dichiarazione di fallimento. Artt. 1-22*, in *Commentario Scialoja-Branca. La legge fallimentare* a cura di F. Bricola, F. Galgano, G. Santini, Zanichelli-Il Foro Italiano, Bologna-Roma, 1974.

TEDESCHI G.U., *Della chiusura del fallimento*, in *Chiusura del fallimento. Concordato. Riabilitazione civile. Art. 118-145*, in *Commentario Scialoja-Branca. La legge fallimentare* a cura di F. Bricola, F. Galgano, G. Santini, Zanichelli-Il Foro Italiano, Bologna-Roma, 1977.

TEDESCHI G.U., *Il collegio sindacale*, in *Il Codice Civile. Commentario diretto da P. Schlesinger*, Giuffrè, Milano, 1992.

TEDESCHI G.U., *Manuale di diritto fallimentare*, Cedam, Padova, ed. 2001, 2006.

TEDESCHI G.U., *L'accertamento del passivo*, in *Le riforme della legge fallimentare* a cura di A. Didone, Utet, Torino, 2009, 887.

TEDESCHI G.U., *Gli atti pregiudizievoli ai creditori*, in *Tratt. di dir. priv.* diretto da P. Rescigno, XVI, tomo 2, Utet, Torino, 2011.

TEDESCHI G.U., *Proposte e offerte concorrenti di concordato preventivo*, in *Dir. fall.*, 2016, I, 1406.

TEDESCHI G.U., RUISI G., JORIO A., MAFFEI ALBERTI A., *Il fallimento*, agg. da P.F. Censoni, in *Giur. sistematica di dir. civ. e comm.*, fondata da W. Bigiavi, IV, Utet, Torino, 1978.

TEDIOLI F., *Il procedimento di ripartizione dell'attivo fallimentare*, in *Obblig. e contr.*, 2011, V, 375.

TEDOLDI A., *Art. 50*, in *Commentario breve alle leggi su crisi d'impresa ed insolvenza* a cura di A. Maffei Alberti, Cedam, Padova, 2023, 331.

TERRANOVA G., *Effetti del fallimento sugli atti pregiudizievoli ai creditori*, tomo I, *Parte generale*, in *Commentario Scialoja-Branca. Legge fallimentare* a cura di F. Bricola, F. Galgano, Zanichelli-Il Foro Italiano, Bologna-Roma, 1993.

TERRANOVA G., *Lo stato d'insolvenza. Per una concezione formale del presupposto oggettivo del fallimento*, in *Giur. comm.*, I, 1996, 82.

TERRANOVA G., *Effetti del fallimento sugli atti pregiudizievoli ai creditori*, tomo III, *Parte speciale*, in *Commentario Scialoja-Branca. Legge fallimentare* a cura di F. Galgano, Zanichelli-Il Foro Italiano, Bologna-Roma, 2002.

TERRANOVA G., *Art. 2467*, in *Società di capitali* a cura di G. Niccolini, A. Stagno d'Alcontres, Jovene, Napoli, 2004, 1449.

TERRANOVA G., *La nuova disciplina delle revocatorie fallimentari*, Cedam, Padova, 2006.

TERRANOVA G., *Stato di crisi, stato d'insolvenza, incapienza patrimoniale*, in *Dir. fall.*, 2006, I, 547.

TERRANOVA G., *Par condicio e danno nelle revocatorie fallimentari*, in *Dir. fall.*, 2010, I.

TERRANOVA G., *"Insolvenza" e concetti affini nel diritto vigente*, in ID., *Insolvenza stato di crisi sovraindebitamento*, Giappichelli, Torino, 2013.

TERRANOVA G., *Il concordato "con continuità aziendale" e i costi dell'intermediazione giuridica*, in *Dir. fall.*, 2013, I, 1.

TERRANOVA G., *Insolvenza, stato di crisi, sovraindebitamento*, Giappichelli, Torino, 2013.

TERRANOVA G., *La fattibilità del concordato*, in *Fallimento*, 2013, 149.

TERRANOVA G., *Lo stato d'insolvenza*, in *Trattato di diritto fallimentare e delle altre procedure concorsuali* diretto da F. Vassalli, F.P. Luiso, E. Gabrielli, I, Giappichelli, Torino, 2013, 180.

TERRANOVA G., *Ancora sulla revoca delle rimesse in conto corrente*, in *Banca, borsa, tit. cred.*, 2016, I, 509.

TERRANOVA G., *L'autonomia del diritto concorsuale. Problemi e prospettive*, Giappichelli, Torino 2016.

TERRANOVA G., *Norme societarie dotate di valenze concorsuali: un problema non solo di diritto europeo*, in *Riv. dir. comm.*, 2017, II, 136.

TERRANOVA G., *Prime impressioni sul progetto di Codice della Crisi d'impresa*, in *Riv. dir. comm.*, 2018, II, 387-444.

TERRANOVA G., *Le procedure concorsuali*, Giappichelli, Torino, 2019.

TERRUSI F., *Autorizzazione del tribunale e rinegoziazione dei contratti*, in *Composizione negoziata della crisi di impresa, aggiornata con il d.lgs. 17 giugno 2022, n. 83* a cura di Caiafa A., Nuova Editrice Universitaria, Roma, 2022, 141.

TETI R., *L'apertura di credito*, in TETI R., MARANO P., *Apertura di credito. Anticipazione – Sconto*, Giuffrè, Milano, 1999.

TETTO F., *La (ritrovata) indipendenza del professionista attestatore nelle soluzioni concordate della crisi d'impresa*, in *Fallimento*, 6/2013, 688.

TETTO F., *Sequestri penali, confische e fallimento*, in *Fallimento*, 2018, II, 187.

TISCINI R., *Brevi note sulla legittimità costituzionale della partecipazione del giudice delegato al collegio che decide sul reclamo ex art. 26 l.fall.*, in *Giust. civ.*, 1998, 2999.

TISCINI R., *Il reclamo endofallimentare alla prova della giurisprudenza di legittimità*, in *Riv. esecuzione forzata*, 2000, 73.

TISCINI R., *Il ricorso straordinario in Cassazione*, Giappichelli, Torino, 2005.

TISCINI R., *Art. 23*, in *La riforma della legge fallimentare* a cura di A. Nigro, M. Sandulli, I, Giappichelli, Torino, 2006.

TISCINI R., *Art. 23*, in *La riforma della legge fallimentare* a cura di S. Ambrosini, Zanichelli, Bologna, 2006, 152-153.

TISCINI R., *Art. 36*, in *La legge fallimentare dopo la riforma* a cura di A. Nigro, M. Sandulli, V. Santoro, Giappichelli, Torino, 2010.

TISCINI R., *Potere di azione per la dichiarazione di fallimento e potere di segnalazione dello stato di insolvenza: entità eterogenee a confronto*, in *Fallimento*, 2011, 327.

TISCINI R., *Principio di prevalenza del concordato sul fallimento. La parola alle Sezioni Unite*, in *Riv. esecuz. forz.*, 2014, 768.

TISCINI R., *I provvedimenti de potestate e la giurisprudenza della Corte di Cassazione. Dalla protezione di interessi alla tutela dei diritti*, in *Judicium*, 2019, 4, 474.

TISCINI R., *Procedimento unitario e coordinamento tra strumenti di regolazione della crisi e dell'insolvenza e liquidazione giudiziale*, in *Il Processo*, 2022, 785.

TODESCHINI PREMUDA A., *Liberalità atipiche ed azione di riduzione: dalla legittima in natura alla legittima come diritto di credito*, in *Nuova giur. civ.*, 2010, 1238.

TOMASI T., *Buona fede del creditore*, Tab, Roma, 2022.

TOMASSO F., *La liquidazione coatta amministrativa tra prospettive di sostanziale abrogazione e criticità odierne*, in *Fallimento*, 2016, 1113.

TOMBARI U., *«Apporti spontanei» e «prestiti» dei soci nelle società di capitali*, in *Il nuovo diritto delle società.* Liber amicorum *Gian Franco Campobasso* diretto da P. Abbadessa e G.B. Portale, I, Utet, Torino, 2006, 553.

TOMBARI U., *Crisi di impresa e doveri "corretta gestione e societaria" della società capogruppo*, in *Riv. dir. comm.*, 2011, I, 644.

TOMBARI U., *I finanziamenti dei soci e i finanziamenti infragruppo dopo il decreto sviluppo: prededucibilità o postergazione? Prime considerazioni di diritto societario della crisi*, in *ilfallimentarista.it*.

TOMBARI U., *Principi e problemi di "diritto societario della crisi"*, in *Riv. soc.*, 2013, 1138.

TOMBARI U., *Princìpi e problemi di "diritto societario della crisi"*, in *Società, banche e crisi di impresa.* Liber amicorum *Pietro Abbadessa* diretto da M. Campobasso, V. Cariello, M. Di Cataldo, F. Guerrera, A. Sciarrone Alibrandi, Utet, Torino, 2014.

TOMMASI F. (a cura di), *Il nuovo codice della crisi d'impresa e dell'insolvenza. Il commento operativo*, La Tribuna, Piacenza, 2022.

TOMMASO F., *La liquidazione coatta amministrativa tra prospettive di sostanziale abrogazione e criticità odierne*, in *Fallimento*, 2010, 1113.

TOSATO A., *Art. 137*, in UBERTAZZI L.C., *Commentario alle leggi su proprietà intellettuale e concorrenza*, Giuffrè, Milano, 2019, 900.

TOSI L., *Il delicato rapporto tra autorità e consenso in ambito tributario: il caso della transazione fiscale*, in *Giust. trib.*, 1, 2008, 12.

TOSI L., *La transazione fiscale: profili sostanziali*, in *Il diritto tributario delle procedure concorsuali e delle imprese in crisi* a cura di F. Paparella, Giuffrè, Milano, 2013, 647.

TRABUCCHI A., *Amministrazione (atti di)*, in *Novissimo Digesto italiano*, I, Utet, Torino, 1958, 544.

TRAVAGLINO G., *La "fattibilità" del concordato preventivo*, in *Corr. merito*, 2013, 403.

TRAVI A., *Istanza per ammissione al passivo non esaminata recente*, in *Giur. it.*, 1958, I, 2, 456.

TRENTINI C., *Modalità di verifica dei crediti nel concordato preventivo*, in *Fallimento*, 2003.

TRENTINI C., *Accordi di ristrutturazione dei debiti: questioni varie ed* impar condicio creditorum, in *Fallimento*, 2012, 463.

TRENTINI C., *Ammissibilità del pagamento dilazionato dei creditori privilegiati nel concordato preventivo*, in *Fallimento*, 2021, 349.

TRENTINI C., *Presupposto soggettivo*, in AA.VV., *Le crisi d'impresa e le nuove misure di risanamento* diretto da M. Irrera e S. Cerrato e coordinato da F. Pasquariello, Zanichelli, Bologna, 2022, 60.

TRICOMI S., *Nota sulla tassatività delle ipotesi di accantonamento previste dall'art. 113 della legge fallimentare*, in *Dir. fall.*, 2005, I, 406.

TRICOMI S., *L'art. 67* bis *della legge fallimentare e la tutela dei creditori*, in *Dir. fall.*, 2009, I, 392.

TRIMARCHI G., *La ricapitalizzazione delle società (di capitali) in crisi e disciplina del concordato preventivo*, in *Nuovo dir. soc.*, 2018, 1663.

TRIMARCHI G.A.M., *Codice della crisi: riflessioni sulle prime norme*, in *Notariato*, 2019, 120.

TRINCHI A., *Artt. 36, 110, 112, 113*-bis, *116*, *Commentario alla legge fallimentare* diretto da C. Cavallini, Egea, Milano, 2010.

TRISORIO LIUZZI G., *L'esercizio provvisorio e la liquidazione dell'attivo*, in *Foro it.*, 2006, 197.

TRISORIO LIUZZI G., *Cessione delle azioni di massa nel fallimento*, in *Fallimento*, 2009, 7.

TRISORIO LIUZZI G., *La domanda di ammissione del credito*, in *Fallimento*, 2011, 1034.

TRISORIO LIUZZI G., *Domanda tempestiva di ammissione del credito in chirografo e inammissibilità della successiva richiesta di privilegio*, in *Fallimento*, 2012, 427.

TRISORIO LIUZZI G., *Giurisdizione, competenza cessazione dell'attività, iniziativa per l'accesso alle procedure di regolazione*, in *Diritto della crisi d'impresa* a cura di G. Trisorio Liuzzi, Cacucci, Bari, 2023, 98.

TRISORIO LIUZZI G., PAGNI I., *I reclami. Sospensione feriale dei termini*, in *Fallimento e altre procedure concorsuali* a cura di G. Fauceglia, L. Panzani, Utet, Torino, 2009, 407.

TROYER L., *Le responsabilità penali relative alle soluzioni concordate delle crisi d'impresa*, in *Riv. dott. comm.*, 2008, 1, 111.

TRUBIANI F., *Art. 34 – l. n. 392/1978*, in *Codice civile. Rassegna di dottrina e giurisprudenza*, IV, *Delle obbligazioni* a cura di S. Ruperto, Giuffrè, Milano, 2022, 354.

TUCCARI E., *Della nuova funzione di indirizzo e controllo del Parlamento*, in *Democrazia e diritto*, 1971, 35.

TULLINI P., *Tutela del lavoro nella crisi di impresa e assetto delle procedure concorsuali: prove di dialogo*, in *Riv. it. dir. lav.*, 2014, I, 199.

TULLINI P., *Retrocessione al fallimento dell'azienda in affitto e licenziamento dei lavoratori*, in *Giur. comm.*, 2016, II, 418.

TURRONI D., *Il "concorso tra le impugnazioni" nell'intreccio fra omologazione del concordato preventivo e fallimento*, in *Dir. fall.*, II, 2017, 1198.

UBERTAZZI L.C., *Spunti sulla valutazione dei marchi*, in *Riv. dir. ind.*, 2006, I, 116.
UBERTAZZI L.C., *Prededuzione e* par condicio creditorum, in *Dir. banca e merc. fin.*, 2018, 513.
UBERTAZZI L.C., *Prededuzione e par condicio creditorum*, in *La nuova disciplina delle procedure concorsuali. Scritti in ricordo di Michele Sandulli*, Giappichelli, Torino, 2019, 653.
UBERTAZZI T.M., *Accordi di moratoria, convenzioni interbancarie e bancarie nei risanamenti di imprese: profili civilistici e qualificatori*, in *Contratto e impresa*, 2015, 340.
UNCITRAL, *Legislative Guide on Insolvency Law*, Vienna, 2013.
UNIONCAMERE, *La composizione negoziata della crisi d'impresa. Terza edizione dell'Osservatorio semestrale*, in *unioncamere.gov.it*.
UNIONCAMERE, *Online lunedì la piattaforma telematica per la composizione negoziata per le crisi. Comunicato stampa del 12 novembre 2021*.
USAI A., *Esecuzione, risoluzione e annullamento del concordato preventivo*, in *Crisi di impresa e procedure concorsuali* a cura di O. Cagnasso, L. Panzani, III, Utet, Torino, 2016, 3788.
USAI N., *Le operazioni sul capitale della società nel Codice della crisi*, in *ilcaso.it*.
USLENGHI M., LIEDHOLM P., in *Il nuovo Codice della crisi di impresa e dell'insolvenza* a cura di S. Sanzo, D. Burroni, Zanichelli, Bologna, 2019, 392.

VACCARELLA R., *La solidarietà passiva nel fallimento*, in *Dir. fall.*, 1967, I, 46.
VACCARELLI S., MASSIMI L., *Art. 86*, in *Commentario alla legge fallimentare* diretto da C. Cavallini, Egea, Milano, 2010, 619.
VACCHIANO M., *Sulle orme della società occulta: tra «imprenditore individuale apparente» già fallito e società «di comodo»*, in *Foro it.*, 1995, I, 3227.
VALENSISE P., *Art. 182*-bis, in *La riforma della legge fallimentare* a cura di A. Nigro e M. Sandulli, Giappichelli, Torino, 2006, 1081.
VALENSISE P., *Il procedimento di presentazione della proposta di concordato fallimentare dopo il d.lgs. n. 169/2007*, in *Il concordato fallimentare* a cura di G. De Marchi, Zanichelli, Bologna, 2008, 55.
VALENSISE P., *Art. 182*-quater, in *La legge fallimentare dopo la riforma* a cura di A. Nigro, M. Sandulli, V. Santoro, Giappichelli, Torino, 2010, 2336.
VALENSISE P., *Gli accordi di ristrutturazione dei debiti ex art. 182-bis: spunti per una prosecuzione del dibattito sull'inquadramento*, in *Studi in onore di Umberto Belviso*, Cacucci, Bari, 2011, 1485.
VALENSISE P., *Gli accordi di ristrutturazione dei debiti nella legge fallimentare*, Giappichelli, Torino, 2012.
VALENSISE P., *Artt. 182*-bis, *182*-quater, in *Il concordato preventivo e gli accordi di ristrutturazione dei debiti* a cura di A. Nigro, M. Sandulli, V. Santoro, Giappichelli, Torino, 2014, 446.
VALENSISE P., *Osservazioni sull'accordo di ristrutturazione con gli intermediari finanziari ex art. 182*-septies *l. fall.*, in *La nuova mini-riforma della legge fallimentare* a cura di M. Sandulli, G. D'Attorre, Giappichelli, Torino, 2016, 287.
VALENSISE P., *La "prima volta" della Suprema Corte di Cassazione in merito alla natura degli accordi di ristrutturazione. Sorprese o conferme? Le prospettive della nuova riforma*, in *Banca, borsa, tit. cred.*, 2018, II, 521.
VALENSISE P., *Il ruolo dell'organo di controllo nella procedura di c.d. "allerta" ex art. 4 della Legge-delega 19 ottobre 2017, n. 155. Prime considerazioni sul testo del "Codice della crisi" in corso di approvazione: nuove soluzioni o nuovi problemi?*, in *La nuova disciplina delle procedure concorsuali. Scritti in ricordo di Michele Sandulli*, Giappichelli, Torino, 2019, 35.
VALENSISE P., *Organi di controllo e procedure di allerta*, in *Giur. comm.*, 2019, I, 583.
VALENSISE P., *Il dovere di segnalazione dell'organo di controllo ai tempi del CCI*, in *Analisi Giuridica dell'Economia – AGE*, 2023, 109.

VALENSISE P., DI CECCO G., SPAGNUOLO D., *Finanziamenti dell'impresa in crisi. Disciplina, problemi e prospettiva*, in *Regole e mercato* a cura di M. Mancini, A. Paciello, V. Santoro, P. Valensise, Giappichelli, Torino, 2016, 323.

VALERIO A., *Art. 66*, in *Commentario alla legge fallimentare* a cura di A. Caiafa, Dike Giuridica, Roma, 2017, 289.

VALLAURI M.L., *Il lavoro nella crisi di impresa*, Franco Angeli, Milano, 2013.

VALSECCHI E., *La rendita perpetua e la rendita vitalizia*, in *Trattato di dir. civ. e comm.* diretto da A. Cicu e F. Messineo, continuato da L. Mengoni e P. Schlesinger, Giuffrè, Milano, 1961.

VANETTI C.B., *Il concordato di gruppo nel codice della crisi di impresa; una sintesi e alcune osservazioni*, in *Patrimonio sociale e governo dell'impesa*, in ricordo di G.E. Colombo a cura di G.A. Rescio, Giappichelli, Torino, 2020, 250.

VANZETTI A., DI CATALDO V., SPOLIDORO M.S., *Manuale di diritto industriale*, Giuffrè, Milano, 2021.

VANZETTI M., *Pluralità di dichiarazioni di fallimento nei confronti di un medesimo soggetto*, in *Riv. dir. proc.*, 2010, 1038.

VANZETTI M., *Compensazione e processo fallimentare*, Giuffrè, Milano, 2012.

VANZETTI M., *L'insolvenza transnazionale nell'Unione Europea: una panoramica della disciplina in vigore*, in *Rev. Fac. Direito UFMG, Belo Horizonte, n. 78*, 2021, 303-327.

VAROTTI L., *Articolo 182 septies. Accordo di ristrutturazione con intermediari finanziari e convenzione di moratoria*, in *Fallimento*, 2016, 889.

VARRASO G., *Il sequestro a fini di confisca: dalle scelte del codice del 1988 alla legge n. 161 del 2017*, in *Diritto penale contemporaneo*, gennaio 2018.

VASSALLI F., *Diritto fallimentare*, I, Giappichelli, Torino, ed. 1994, 1997, 2002.

VASSALLI F., *Art. 147*, in *La legge fallimentare dopo la riforma* a cura di A. Nigro, M. Sandulli, V. Santoro, Giappichelli, Torino, 2010, 1927.

VASSALLI F., *Gli organi preposti alla gestione della procedura*, in *Trattato di diritto fallimentare e delle altre procedure concorsuali* diretto da F. Vassalli, F.P. Luiso, E. Gabrielli, II, Torino, 2014.

VATTERMOLI D. *Artt. 73, 75, 78, 199-201*, in *La riforma della legge fallimentare* a cura di A. Nigro, M. Sandulli, Giappichelli, Torino, 2006, 462.

VATTERMOLI D., *Gli effetti del fallimento sui rapporti giuridici preesistenti*, in A. Nigro, D. Vattermoli, *Diritto della crisi delle imprese. Le procedure concorsuali*, Il Mulino, Bologna, 2009.

VATTERMOLI D., *La "cessione" delle revocatorie*, in *Giur. comm.*, 2009, 3.

VATTERMOLI D., *Artt. 72, 72-*ter, *105, 106*, in *La legge fallimentare dopo la riforma* a cura di A. Nigro, M. Sandulli, V. Santoro, Giappichelli, Torino, 2010, 1023.

VATTERMOLI D., *Gruppi insolventi e "consolidamento" di patrimoni* (substantial consolidation), in *RDS*, 2010, 586.

VATTERMOLI D., *Crediti subordinati e concorso tra creditori*, Giuffrè, Milano, 2012.

VATTERMOLI D., *La procedura di liquidazione del patrimonio del debitore alla luce del diritto «oggettivamente» concorsuale*, in *Dir. fall.*, 2013, I, 762.

VATTERMOLI D., *Concordato in continuità aziendale*, absolute priority rule *e* new value exception, in *Riv. dir. comm.*, 2014, II, 331.

VATTERMOLI D., *Accordi di ristrutturazione con intermediari finanziari e convenzione di moratoria*, in *Dir. banca e mercato fin.*, 2015, 65.

VATTERMOLI D., *L'esdebitazione tra presente e futuro*, in *Riv. dir. comm.*, 2018, I, 485.

VATTERMOLI D., *La posizione dei soci nelle ristrutturazioni. Dal principio di neutralità organizzativa alla* residual owner doctrine?, in *Riv. soc.*, 2018, 858.

VATTERMOLI D., *Gli* insolvency protocols *nelle operazioni di ristrutturazione del gruppo di imprese in crisi*, in *Dir. banca e mercato fin.*, 2019, 11.

VATTERMOLI D., *La disciplina del sovraindebitamento nel Codice della crisi e dell'insolvenza*, in *giustiziacivile.com*, gennaio 2019.

VATTERMOLI D., *Il concordato minore. Aspetti sostanziali*, in *Fallimento*, 2020, 441.

VATTERMOLI D., *Contratti pendenti e procedure per la soluzione della crisi da sovraindebitamento*, in *Riv. dir. comm.*, 2022, I, 589.

VATTERMOLI D., *La disciplina del sovraindebitamento nel Codice della crisi e dell'insolvenza*, in *giustiziacivile.com*.

VATTERMOLI D., MADAUS S., PASQUARIELLO F., *Transnational protocols: a cooperative tool for managing cross-border insolvency*, Cedam, Padova, 2021.

VELLA P., *Il controllo giudiziale sulla domanda di concordato preventivo "con riserva"*, in *Fallimento*, 2013, 89.

VELLA P., *Artt. 46-49, 78* in *La legge fallimentare. Commentario teorico-pratico* a cura di M. Ferro, Cedam, Padova, 2014, 657.

VELLA P., *L'allerta nel Codice della crisi e dell'insolvenza alla luce della Direttiva (UE) 2019/1023*, in *ilcaso.it*, luglio 2019.

VELLA P., *I quadri di ristrutturazione preventiva nella direttiva UE 2019/1023 e nel diritto nazionale*, in *Fallimento*, 2020,1033.

VELLA P., *Le finalità della composizione negoziata e la struttura del percorso. Confronto col CCII*, in *Fallimento*, 2021, 1492.

VELLA P., *La spinta innovativa dei quadri di ristrutturazione preventiva europei sull'istituto del concordato preventivo in continuità aziendale*, in *dirittodellacrisi.it*, febbraio 2022.

VELLANI C., *L'approccio giurisdizionale all'insolvenza transfrontaliera*, Giuffrè, Milano, 2006.

VELLUZZI V., *Le clausole generali. Semantica e politica del diritto*, Giuffrè, Milano, 2010.

VENTORUZZO M., *Continuità aziendale, perdite sul capitale e finanziamenti soci nella legislazione emergenziale da Covid-19*, in *Società*, 2020, 525.

VERDE G., *Lineamenti di diritto dell'arbitrato*, Giappichelli, Torino, 2010.

VERDOLIVA F., *Artt. 63-64*, in *Commentario breve al codice antimafia e alle altre misure di prevenzione* a cura di G. Spangher, A. Marandola, Cedam, Padova, 2019.

VERNA G., *Il nuovo codice della crisi di impresa e dell'insolvenza*, Maggioli, Santarcangelo di Romagna, 2019.

VERNA G., *Strumenti per il nuovo assetto organizzativo delle società*, in *Società*, 2019, 930.

VESSIA F., *Gli effetti del fallimento sul contratto di affitto di azienda pendente*, in *Riv. dir. comm.*, 2009, 966.

VICARI A., *I doveri degli organi sociali e dei revisori in situazioni di crisi di impresa*, in *Giur. comm.*, 2013, I, 128.

VIGGIANO M., *Art. 137*, in *Commentario al Codice della crisi d'impresa e dell'insolvenza* a cura di A. Giordano, C. Tedeschi, Ad maiora editore, Trani, 2021, 524.

VIGO R., *Compensazione del credito pignorato e compensazione nel corso del fallimento*, Giuffrè, Milano, 1994.

VIGO R., *Il fallimento delle società*, in *Le procedure concorsuali. Il fallimento* diretto da G. Ragusa Maggiore, C. Costa, Utet, Torino, 1997, 731.

VIGO R., *Effetti del fallimento del locatore sull'affitto di azienda*, in *Giur. comm.*, 1998, I, 82.

VIGO R., *Poteri e rappresentatività del "nuovo" comitato dei creditori*, in *Riv. dir. civ.*, 2007, II, 113.

VIGO R., *La crisi del patrimonio destinato*, in *Studi per Franco Di Sabato*, II, Edizioni Scientifiche Italiane, Napoli, 2009.

VIGOTTI F., *La ripartizione dell'attivo fallimentare*, in *Il diritto fallimentare riformato* a cura di G. Schiano Di Pepe, Cedam, Padova, 2007, 461.

VINCIGUERRA S., in CANTILLO M., PIERI S., QUAINI M., RACHELI S., VINCIGUERRA S., *Il fallimento e le altre procedure concursuali* diretto e coordinato da M. Longo, Utet, Torino, 1981.

VINCRE S., *Arbitrato rituale e fallimento*, Cedam, Padova, 1996, 97.

VIOLA F., *Rapporti tra creditori e tra soci e creditori nella distribuzione del patrimonio di società in concordato preventivo, tra priorità assoluta e relativa*, in *Rivista Orizzonti del diritto commerciale*, 2020, 841.

VIOLA F., *I soci nella ristrutturazione dell'impresa*, in *Nuovo diritto delle società*, 2022, 1163.

VIOLA F., *Il ruolo dell'assemblea dei soci nelle società in concordato preventivo*, in *Rivista Orizzonti del diritto commerciale*, 2022, 255.

VIOTTI G., *Credito del subappaltatore e prededuzione: una questione chiusa?*, in *Fallimento*, 2019.

VITALE F., *Nuovi profili penali della crisi d'impresa: l'esenzione dai reati di bancarotta e la responsabilità del professionista attestatore*, in *Arch. Pen.*, n. 1 del 2014, 4 e 5.

VITALE S., *La domanda di insinuazione tardiva al passivo fallimentare e l'interruzione della prescrizione*, in *Giur. merito*, 1999, 239.

VITALI M.L., *Profili di diritto societario delle «proposte concorrenti» nella "nuova" disciplina di concordato preventivo*, in *Riv. soc.*, 2016, 870.

VITALI M.L., *Sistemi di allerta e crisi di gruppo nel nuovo codice della crisi d'impresa e dell'insolvenza: prime riflessioni (anche) alla luce delle recenti tendenze europee*, in *Dir. fall.*, 2019, I, 555.

VITALONE V., *Il nuovo concordato preventivo*, Il Sole 24 Ore, Milano, 2005.

VITIELLO M., *Esame della proposta e comunicazione ai creditori*, in *Il nuovo diritto fallimentare* diretto da A. Jorio e coordinato da M. Fabiani, Zanichelli, Bologna, 2006.

VITIELLO M., *Il programma di liquidazione nelle prassi applicative dei tribunali*, in *La crisi d'impresa. Questioni controverse del nuovo diritto fallimentare* a cura di F. Di Marzio, Cedam, Padova, 2010, 188.

VITIELLO M., *Il concordato semplificato: tra liquidazione del patrimonio e continuità indiretta*, in *ilfallimentarista.it*, aprile 2022.

VITIELLO M., *La chiusura anticipata del fallimento nella pendenza di giudizi*, in *ilfallimentarista.it*.

VITIELLO M., *Vendite Concorsuali e offerte concorrenti: la fine dell'era delle proposte di concordato chiuse*, in *ilfallimentarista.it*.

VITOLO R., *Arbitrato e fallimento*, in *Fallimento e altre procedure concorsuali* a cura di G. Fauceglia, L. Panzani, II, Utet, Torino, 2009, 933.

VITTORINI GIULIANO S., *Sui limiti di utilizzabilità della relazione del curatore fallimentare*, in *Indice pen.*, 1993, 439

VIVALDI R., *La ripartizione dell'attivo*, in *Trattato delle procedure concorsuali* diretto da L. Ghia, C. Piccininni, F. Severini, III, Utet, Torino, 2010, 274.

VOLPONI C., *La revoca del curatore*, in *Dir. fall.*, 2003, 1857.

VONA G., *Art. 207*, in *Commentario alla legge fallimentare* a cura di A. Caiafa, Dike, Roma, 2017, 940.

VONA G., *L'art. 83-bis: effetti del fallimento sui giudizi arbitrali*, in *Dir. fall.*, 2014, I, 284.

VULLO E., *Le sezioni unite si pronunciano per l'inammissibilità della riconvenzionale nei confronti del curatore*, in *Corriere giur.* 2005, 197.

WESSELS B., *Harmonization of Insolvency Law in Europe*, in *Eur. Comp. L.*, 2010, 27.

ZACCARIA A., FACCIOLI M., *Art. 22*, in *Commentario breve alla legge fallimentare* a cura di A. Maffei Alberti, Padova, 2013, 124.

ZACCARIA A., TESCARO M., *Art. 137*, in *Commentario breve alle leggi su crisi d'impresa ed insolvenza* diretto da A. Maffei Alberti, Cedam, Padova, 2023, 1008.

ZAMPOGNA G., *Artt. 214-219*, in *Commentario al Codice della crisi d'impresa e dell'insolvenza* a cura di A. Giordano, C. Tedeschi, Ad maiora editore, Trani, 2021, 898.

ZANARDO A., *Art. 142*, in *Commentario alla legge fallimentare* diretto da C. Cavallini, III, Egea, Milano, 2010.

ZANARONE G., *La risoluzione del contratto nel fallimento*, Giuffrè, Milano, 1970.

ZANARONE G., *Art. 73*, in L. GUGLIELMUCCI, L. ZANARONE, G. DI CHIO, V. MANGINI, G.U. TEDESCHI, *Effetto del fallimento sui rapporti giuridici preesistenti*, in *Commentario del codice civile* a cura di A. Scialoja, G. Branca, Zanichelli, Bologna, 1979, 167.

ZANARONE G., *Introduzione alla nuova società a responsabilità limitata*, in *Riv. soc.*, 2003.

ZANARONE G., *Della società a responsabilità limitata*, in *Il Codice civile. Commentario* diretto da F.D. Busnelli, Giuffrè, Milano, 2010.

ZANICHELLI V., *La nuova disciplina del fallimento e delle altre procedure concorsuali dopo il d.lgs. n. 169/2007*, Utet, Torino, 2008.

ZANICHELLI V., *I concordati giudiziali*, Utet, Torino, 2010.

ZANICHELLI V., *Fallimento dichiarato da tribunale incompetente e concordato preventivo: prosecuzione del procedimento o cassazione della sentenza?*, in *Fallimento*, 2013, 1454.

ZANICHELLI V., *Gli effetti del fallimento per il fallito e i creditori*, in *Trattato delle procedure concorsuali. Il Fallimento, Effetti – Stato passivo* diretto da A. Jorio, B. Sassani, Giuffrè, Milano, 2014, 91.

ZANICHELLI V., *Gli organi fallimentari, Le riforme delle procedure concorsuali* a cura di A. Didone, Giuffrè, Milano, 2016.

ZANICHELLI V., *Requisiti soggettivi ed oggettivi del piano del consumatore*, in *ilfallimentarista.it*, febbraio 2017.

ZANICHELLI V., *Presupposti del credito per ritardata consegna di immobile e ammissibilità della domanda supertardiva*, in *Fallimento*, 2019, 211.

ZANICHELLI V., *Pagamenti e atti non autorizzati; questi e quelli per la Cassazione pari sono*, in *Fallimento*, 2020, 384.

ZANICHELLI V., *Prededuzione dei crediti tra interpretazioni attuali (incerte) e possibili soluzioni future*, in *Fallimento*, 2020, 553.

ZANICHELLI V., *Gli esiti possibili della composizione negoziata*, in *dirittodellacrisi.it*, 26 ottobre 2021.

ZANICHELLI V., *I contratti pendenti di finanziamento autoliquidanti tra presente e futuro (in progress)*, in *Fallimento*, 2021, 43.

ZANICHELLI V., *Commento a prima lettura del decreto legislativo 17 giugno 2022 n. 83 pubblicato in G.U. il 1 luglio 2022*, in *dirittodellacrisi.it*, luglio 2022.

ZANICHELLI V., *La qualificazione come mancanza di accordo dell'adesione sospensivamente condizionata al cram down fiscale*, in *Fallimento*, 2023.

ZECCA F., *Art. 112, 113*-bis, in *La legge fallimentare dopo la riforma* a cura di A. Nigro, M. Sandulli, V. Santoro, Giappichelli, Torino, 2010, 1582.

ZHANG D., *Reconsidering Procedural Consolidation for Multinational Corporate Groups in the Context of the Recast European Insolvency Regulation*, in *Int. Insolv. Rev.*, 2017, 332.

ZIINO S., *La suprema corte limita il privilegio processuale in favore del credito fondiario*, in *www.dirittofallimentaresocieta.it*.

ZOCCA L., *Equilibrio economico, patrimoniale e finanziario nel nuovo codice della crisi d'impresa e dell'insolvenza riflessi sulla procedura di allerta*, in *Giust. civ.*, 2019, 1.

ZOPPELLARI M., *Art. 112*, in *Il nuovo fallimento* a cura di F. Santangeli, Milano, 2006.

ZOPPELLARI M., *Art. 207*, in *La legge fallimentare* a cura di M. Ferro, Cedam, Padova, 2007, 1590.

ZORZI A., *Decorrenza e natura del termine annuale* ex *art. 10 l. fall. per l'imprenditore individuale*, in *Giur. comm.*, 2002, II, 567.

ZORZI A., *Gli effetti della mancata proposizione delle osservazioni al piano di riparto sull'impugnabilità del decreto di esecutività ante riforma 2006*, in *Fallimento*, 2016.

ZORZI A., *L'accordo di ristrutturazione con banche e intermediari finanziari (art. 182-septies l. fall.): le categorie di creditori e l'efficacia nei confronti dei non aderenti*, in *Dir. fall.*, 2017, I, 405.

ZORZI A., *Piani di risanamento e accordi di ristrutturazione nel codice della crisi*, in *Fallimento*, 2019, 993.

ZUCCONI GALLI FONSECA E., *Art. 806*, in *Arbitrato* diretto da F. Carpi, Il Mulino, Bologna, 2016, 128.

ZUCO D., *Revirement di un revirement: caotiche oscillazioni nell'approccio al fallimento del terzo datore di ipoteca lambiscono l'orientamento della Suprema Corte*, in *inexecutivis*, luglio 2019.

ZUDDAS G., *Somministrazione, Concessione di vendita,* Franchising, in *Trattato di diritto commerciale* diretto da V. Buonocore, Giappichelli, Torino, 2003.

ZULBERTI M., *Novità in tema di accertamento del passivo nella liquidazione giudiziale: riflessioni a prima lettura*, in *Il dir. degli affari*, 2019, II, 1.

ZULBERTI M., *Novità in tema di accertamento del passivo nella liquidazione giudiziale: riflessioni a prima lettura*, in *Dir. fall.*, I, 2020, 673.

ZUMBRO P.H., *Cross-Border Insolvencies and International Protocols – an Imperfect but Effective Tool*, in 11 *Bus. L. Int'l*, 2010, 157.

Finito di stampare nel mese di gennaio 2024
nella Rotolito S.p.A. – Via Sondrio, 3
20096 Pioltello (MI)

LE NUOVE LEGGI DEL DIRITTO DELL'ECONOMIA

Collana diretta da MICHELE SANDULLI e VITTORIO SANTORO

Volumi pubblicati:

1. FAUSTO GIUNTA (a cura di), *I nuovi illeciti penali e amministrativi riguardanti le società commerciali. Commentario del D.Lgs. 11 aprile 2002, n. 61*, 2002, pp. XXII-346.

MICHELE SANDULLI e VITTORIO SANTORO (a cura di), *La riforma delle società*, Commentario del d.lgs. 17 gennaio 2003, n. 6:

2/I. *Società per azioni. Società in accomandita per azioni. Tomo I. Artt. 2325-2422 cod. civ.*, 2003, pp. L-794.

2/II. *Società per azioni. Società in accomandita per azioni. Tomo II. Artt. 2423-2461 cod. civ.*, 2003, pp. IV/795-1094.

3. *Società a responsabilità limitata. Liquidazione, gruppi, trasformazione, fusione, scissione. Artt. 2462-2510 cod. civ.*, 2003, pp. XXVIII-532.

4. *Società cooperative. Artt. 2511-2548 cod. civ.*, 2003, pp. XXII-254.

5. BRUNO SASSANI (a cura di), *La riforma delle società. Il processo*, 2003, pp. XX-388.

6. MICHELE SANDULLI e VITTORIO SANTORO (a cura di), *La riforma delle società. Aggiornamento commentato. Diritto sostanziale*, seconda edizione, 2006, pp. XXII-226.

7/I. ALESSANDRO NIGRO e MICHELE SANDULLI (a cura di), *La riforma della legge fallimentare. Tomo I. Artt. 1-103*, 2006, pp. LX-602.

7/II. ALESSANDRO NIGRO e MICHELE SANDULLI (a cura di), *La riforma della legge fallimentare. Tomo II. Artt. 104-215. Disposizioni penali e disciplina transitoria*, 2006, pp. IV/603-1068.

8. ALESSANDRO NIGRO e VITTORIO SANTORO (a cura di), *La tutela del risparmio*, 2007, pp. XXXIV-690.

9. ENRICO MINERVINI e LILIANA ROSSI CARLEO (a cura di), *Le modifiche al codice del consumo*, 2009, pp. XXII-634.

10. ANTONIA IRACE e MARILENA RISPOLI FARINA (a cura di), *Commento al decreto legislativo 17 settembre 2007, n. 164*, 2009, pp. XXIV-456.

Alessandro Nigro, Michele Sandulli e Vittorio Santoro (a cura di), *La legge fallimentare dopo la riforma:*

11/I. *Disposizioni generali e fallimento. Tomo I - Artt. 1-83* bis, 2010, pp. LXXXVI-1146.

11/II. *Fallimento. Tomo II - Artt. 84-159*, 2010, pp. IV/1147-2034.

11/III. *Concordato preventivo e accordi di ristrutturazione liquidazione coatta amministrativa. Tomo III - Artt. 160-215. Disciplina transitoria*, 2010, pp. IV/2035-2574.

12. Giuseppe Fauceglia (a cura di), *Commentario all'offerta pubblica di acquisto*, 2010, pp. XVI-344.

13. Marco Mancini, Marilena Rispoli Farina, Vittorio Santoro, Antonella Sciarrone Alibrandi, Onofrio Troiano (a cura di), *La nuova disciplina dei servizi di pagamento*, 2011, pp. XXXIV-790.

Francesco Vella (a cura di), *Commentario T.U.F. Decreto legislativo 24 febbraio 1998, n. 58 e successive modificazioni*:

14/I. *Tomo I - Artt. 1-101*, 2012, pp. XCVI-1002.

14/II. *Tomo II - Artt. 101* bis-216, 2012, pp. IV/1003-2174.

15. Alessandro Nigro, Michele Sandulli e Vittorio Santoro (a cura di), *Il concordato preventivo e gli accordi di ristrutturazione dei debiti. Commento per articoli*, 2014, pp. XVIII-606.

16. Michele Sandulli-Giacomo D'Attorre (a cura di), *La nuova mini-riforma della legge fallimentare*, 2016, pp. XIV-370.

17. Paolo Valensise–Giustino Di Cecco-Domenico Spagnuolo (a cura di), *Il Codice della crisi. Commentario*, 2024, pp. LXXX-2160.